Contenido y orden Español-Alemán

Schnee *m*
identificación fiscal Steuer-

Todas las **entradas** están ordenadas alfabéticamente y se destacan en color.

de cama Tagesdecke *f;* **a** ~

Las cifras arábigas voladas diferencian palabras diferentes, escritas de igual manera (**homógrafos**).

vi, vt (mit einem Schiff) fah-
surfen

La **tilde** sustituye en los ejemplos ilustrativos y modismos a la entrada anterior.

Se indica la **forma femenina** de los sustantivos y los adjetivos.

m
av

Las indicaciones de los **plurales irregulares** se encuentran inmediatamente después de la entrada.

or, pésimo>

Las **formas de gradación irregulares** se indican en la forma de grado positivo.

:>
ores: fotografío>
e>

Las indicaciones de las **formas irregulares de los verbos** se encuentran inmediatamente después de la entrada.

ssern; (*superar*) übertreffen **II.**
1; **¡que se mejore!** gute Bes-
en

Las **cifras romanas** indican las distintas partes de la oración.
Las **cifras arábigas** señalan las distintas acepciones.

Numerosas **indicaciones** llevan a la traducción correcta:

. (ARTE, LIT) Klassik *f* **2.** (ARQUIT:

- indicaciones de **especialidad**

(*persona*) hinkend; (*animal*)
Bein **2.** (*mueble*) wack(e)lig **II.**

- **definiciones** y **sinónimos**, **sujetos** y **complementos** típicos y otras **explicaciones**

m) Zahlung *f;* (*Ven*) Spende *f*

- indicaciones de **uso** y **significado en Latinoamérica**

m

- indicaciones

PONS

Standardwörterbuch

Spanisch – Deutsch
Deutsch – Spanisch

Ernst Klett Sprachen
Barcelona · Budapest · London · Posen · Sofia · Stuttgart

PONS Standardwörterbuch Spanisch-Deutsch/Deutsch-Spanisch

Bearbeitet von: Concepción Gil Bayo, Nely Milagros Iglesias Iglesias, Marieluise Schmitz

Entwickelt auf der Basis des KLETT - VOX Diccionario Esencial
Deutsch-Spanisch/Español-Alemán

Spanische Phonetik: Josep Ràfols i Ventosa

Unter Mitwirkung und Leitung der Verlagsredaktion PONS

Die Deutsche Bibliothek - CIP-Einheitsaufnahme

Ein Titeldatensatz für diese Publikation ist
bei der Deutschen Bibliothek erhältlich

1. Auflage 2001 - Nachdruck 2003 (1,03)

Internet: www.pons.de
E-Mail: info@pons.de

Redaktion: María Teresa Gondar Oubiña
Sprachdatenverarbeitung: Andreas Lang, conTEXT AG
für Informatik und Kommunikation, Zürich
Einbandgestaltung: Ira Häußler, Stuttgart
Logoentwurf: Erwin Poell, Heidelberg
Satz: Dörr + Schiller GmbH, Stuttgart
Druck: Clausen und Bosse, Leck
Printed in Germany
ISBN 3-12-517296-9

Inhaltsverzeichnis

Índice

Liste der angewandten phonetischen Zeichen
Lista de los símbolos fonéticos utilizados

Die deutsche Phonetik
La fonética alemana

[ː]	Abend	[ˈaːbənd]
[ʔ]	Einöde	[ˈaɪnʔøːdə]
[ø]	eintönig	[ˈaɪntøːnɪç]
[ɑ]	digital	[digiˈtɑːl]
[ɛ]	Aspekt	[asˈpɛkt]
[ã]	engagieren	[ãgaˈʒiːrən]
[ɑ̃]	Engagement	[ãgaʒəˈmɑ̃ː]
[ç]	Mädchen	[ˈmɛːtçən]
[ə]	Made	[ˈmaːdə]
[ɛ̃]	Cousin	[kuˈzɛ̃ː]
[ɪ]	Diktat	[dɪkˈtaːt]
[ʒ]	Manege	[maˈneːʒə]
[ŋ]	mangels	[ˈmaŋəls]
[ɔ]	Mailbox	[ˈmɛɪlbɔks]
[o̯]	Foyer	[fo̯aˈjeː]
[œ]	erörtern	[ɛɐˈœrtɐn]
[õ]	Bon	[bõː]
[ɔ̃]	Annonce	[aˈnɔ̃sə]
[œ̃]	Parfum	[parˈfœ̃ː]
[ɐ]	Partitur	[partiˈtuːɐ]
[ʃ]	Schnee	[ʃneː]
[θ]	Thriller	[ˈθrɪlɐ]
[u̯]	Ecuador	[eku̯aˈdoːɐ]
[ʊ]	Bau	[baʊ]
[x]	Joch	[jɔx]
[ʏ]	Olympiade	[olʏmˈpjaːdə]
[dʒ]	Jet	[dʒɛt]

Die spanische Phonetik
La fonética española

Halbvokale bzw. Halbkonsonanten

Zeichen	Beispiele	Kommentare
[i̯]	bai**l**e, ho**y**, desprecié**i**s	*Tritt in den Diphthongen* ***ai, ei, oi*** *bzw.* ***ay, ey, oy*** *und als letztes Element in Triphthongen auf.*
[j]	b**i**eldo, apreci**á**is	*Wenn* ***i*** *als erstes Element in Diphthongen oder Triphthongen gesprochen wird.*
[u̯]	a**u**tobús, ca**u**sa	*Tritt in den Diphthongen* ***au, eu, ou*** *auf.*
[w]	b**u**eno, c**u**erda	*Wenn* ***u*** *als erstes Element in Diphthongen oder Triphthongen gesprochen wird.*

Konsonanten

Zeichen	Beispiele	Kommentare
[p]	**p**alo	
[b]	**v**ivir, ham**b**re	Verschlusslaut. Gesprochen im absoluten Anlaut nach Pause und im Inlaut nach vorausgehendem Nasal.
[β]	o**b**jeto, pue**b**lo	Reibelaut. Gesprochen wenn es sich nicht im absoluten Anlaut oder hinter **m**, **n** befindet.
[m]	ma**m**á, co**n**vivir	Jedes nicht wortauslautende **m** und **n** vor [p] [b].
[ɱ]	e**n**fermo, i**n**fante	Jedes **n**, das sich vor **f** befindet.
[n]	**n**o, a**n**tes	
[n̥]	o**n**ce, co**n**cie**n**cia	**n** in Verbindung mit darauffolgendem [θ].
[n̪]	co**n**de, a**n**tes	Dentalisiertes **n.** Steht in Verbindung mit folgendem [t] oder [d].
[ŋ]	fi**n**ca, le**n**gua, e**n**jambre	Bei silbenauslautendem **n** in Verbindung mit folgendem velaren Konsonant.
[ɲ]	ni**ñ**a	**ñ** im Silbenanlaut und silbenauslautendes **n** vor palatalem Konsonant.
[f]	ca**f**é	
[k]	**k**ilo, **c**osa, **q**ue, a**c**tor	Tritt in den Gruppen **c + a,o,u** und **qu + e,i** auf und bei silbenauslautendem **c**.
[g]	**g**arra, **gu**itarra,	Verschlusslaut. Tritt im absoluten Anlaut oder im Inlaut mit vorausgehendem Nasal in den Gruppen **g + a,o,u** und **gu + e,i** auf.
[x]	a**j**o, **G**éminis	Entspricht **j** und den Gruppen **g + e,i**.
[ɣ]	peli**g**ro, barri**g**a	Reibelaut. Tritt in den Gruppen **g + a,o,u** und **gu + e,i** auf, wenn es nicht im absoluten Anlaut steht oder auf **n** folgt.
[t]	**t**ar**t**a, **t**odo	Verschlusslaut. Entspricht **d** im absoluten Anlaut oder nach **n** oder **l**.
[d]	**d**onde, pel**d**año	Verschlusslaut. Entspricht **d**, wenn es sich im absoluten Anlaut oder nach **n** oder **l** befindet.

[ð]	de**d**o, escu**d**o	Reibelaut. Entspricht **d**, wenn es sich nicht im absoluten Anlaut oder nach **n** oder **l** befindet.
[θ]	**c**inco, **z**ar**z**a, cru**z**	Tritt in den Gruppen **c + e,i** und **z + a,o,u** auf und im Auslaut.
[l]	**l**a, sa**l**	
[l̟]	ca**l**cetín, du**l**ce	Interdentales **l.** Steht in Verbindung mit folgendem [θ].
[l̪]	a**l**to, sue**l**do	Dentales **l**. Steht in Verbindung mit folgendem [**t**] oder [**d**].
[ʎ]	**ll**uvia marti**ll**o	Entspricht **ll** und silbenauslautendem **l** vor palatalem Konsonant.
[s]	a**s**í, co**s**er	
[r]	ca**r**o, ing**r**ato	Entspricht dem Schriftzeichen **r**, wenn es am Wortanfang steht oder aber auf **n, l, s** folgt.
[rr]	**r**eo, Is**r**ael	Entspricht -**rr**- und **r**- am Wortanfang oder -**r**- am Silbenanfang nach **n, l, s**.
[tʃ]	**ch**ino	
[ɟ]	**hi**erro, **yu**nque, co**y**ote	Palataler Reibelaut. Gesprochen, wenn y, hi im Silbenanlaut – außer wenn n, l vorausgehen – oder im Anlaut einer schwachbetonten Silbe stehen.
[dʒ]	**j**azz, **G**iga	Palatale Affrikata. Wie Englisch **g**entleman, **j**ump.
[ʃ]	**sh**ock	Wie Englisch **sh**ock, **sh**ow.

Abkürzungen

deutsch-spanisch
alemán-español

Abreviaturas

spanisch-deutsch
español-alemán

	alte Schreibung	grafía antigua	
|	zusammengesetztes, trennbares Verb	verbo con prefijo separable	
=	Kontraktion	contracción	=
*	Partizip ohne ge-	participio sin ge-	*
≈	entspricht etwa	equivale a	≈
–	Sprecherwechsel	cambio de interlocutores	–
a.	auch	también	
Abk.	Abkürzung	abreviatura	*abr*
abw	abwertend	peyorativo	
adj	Adjektiv	adjetivo	*adj*
ADMIN	Verwaltung	administración	ADMIN
adv	Adverb	adverbio	*adv*
AERO	Luftfahrt	aeronáutica	AERO
AGR	Landwirtschaft	agricultura	AGR
akk	Akkusativ	acusativo	*akk*
Am	Lateinamerikanismus	americanismo	*Am*
	Zentralamerika	América Central	*AmC*
	Südamerika	América del Sur	*AmS*
ANAT	Anatomie	anatomía	ANAT
And	Anden	zona andina	*And*
Ant	Antillen	Antillas	*Ant*
ARCHIT	Architektur	arquitectura	
Arg	Argentinien	República Argentina	*Arg*
	Slang	argot	*argot*
	Architektur	arquitectura	ARQUIT
art best	bestimmter Artikel	artículo determinado	*art det*
	Kunst(geschichte)	(historia del) arte	ARTE
art unbest	unbestimmter Artikel	artículo indeterminado	*art indet*
ASTR	Astrologie, Astronomie	astrología, astronomía	ASTR
	Vergrößerungsform	aumentativo	*aum*
	Österreich	Austria	*Austr*
AUTO	Auto und Verkehr	automóvil y tráfico	AUTO
aux	Hilfsverb	verbo auxiliar	*aux*
BERGB	Bergbau	minería	
BIOL	Biologie	biología	BIOL
Bol	Bolivien	Bolivia	*Bol*
BOT	Botanik	botánica	BOT
CHEM	Chemie	química	
Chil	Chile	Chile	*Chil*
	Film	cinematografía	CINE

	Kolumbien	Colombia	*Col*
COM	Handel	comercio	COM
	Komparativ	comparativo	*compar*
	Konjunktion	conjunción	*conj*
CRi	Costa Rica	Costa Rica	*CRi*
CSur	Cono Sur (Argentinien, Chile, Paraguay, Uruguay)	Cono Sur (República Argentina, Chile, Paraguay, Uruguay)	*CSur*
Cuba	Cuba	Cuba	*Cuba*
dat	Dativ	dativo	*dat*
DomR	Dominikanische Republik	República Dominicana	
	Sport	deporte	DEP
	Verkleinerungsform	diminutivo	*dim*
	Ökologie	ecología	ECOL
	Wirtschaft	economía	ECON
Ecua	Ecuador	Ecuador	*Ecua*
	Vereinigte Staaten von Amerika	Estados Unidos	*EE.UU.*
EISENB	Eisenbahn	ferrocarril	
ELEK	Elektrotechnik	electrotecnia	ELEC
	gehoben, literarisch	elevado, literario	*elev*
ElSal	El Salvador	El Salvador	*ElSal*
	Schulwesen	enseñanza	ENS
etw	etwas	algo	
EU	Europäische Union	Unión Europea	
f	Femininum	femenino	*f*
fam	umgangssprachlich	familiar	*fam*
	Eisenbahn	ferrocarril	FERRO
fig	übertragen, figurativ	sentido figurado	*fig*
FILM	Film	cinematografía	
	Philippinen	Filipinas	*Fili*
	Philosophie	filosofía	FILOS
FIN	Finanzen, Börse	finanzas, bolsa	FIN
	Physik	física	FÍS
formal	geschriebene Sprache, Verwaltungssprache	lenguaje escrito, lenguaje administrativo	*formal*
FOTO	Fotografie	fotografía	FOTO
GASTR	Gastronomie	gastronomía	GASTR
geh	gehoben, literarisch	elevado, literario	
gen	Genitiv	genitivo	*gen*
GEO	Geographie, Geologie	geografía, geología	GEO
ger	Gerundium	gerundio	*ger*
Guat	Guatemala	Guatemala	*Guat*
Guay	Guayana	Guayana	*Guay*
GuinEc	Guinea Ecuatorial	Guinea Ecuatorial	*GuinEc*
HIST	Geschichte	historia	HIST
Hond	Honduras	Honduras	*Hond*

imp	Imperfekt	imperfecto	*imp*
	Indikativ	indicativo	*ind*
inf	Infinitiv	infinitivo	*inf*
INFOR	Informatik, Computer	informática, ordenadores	INFOR
interj	Interjektion	interjección	*interj*
inv	invariabel, unveränderlich	invariable	*inv*
iron	ironisch	irónico	*irón*
irr	unregelmäßig	irregular	*irr*
jd	jemand	alguien (nominativo)	*jd*
jdm	jemandem	alguien (dativo)	*jdm*
jdn	jemanden	alguien (acusativo)	*jdn*
jds	jemandes	alguien (genitivo)	*jds*
JUR	Jura, Recht	jurisdicción, derecho	JUR
Kol	Kolumbien	Colombia	
kompar	Komparativ	comparativo	
konj	Konjunktion	conjunción	
KUNST	Kunst(geschichte)	(historia del) arte	
LING	Linguistik, Grammatik	lingüística, gramática	LING
LIT	Literatur(wissenschaft)	(ciencia de la) literatura	LIT
	Wendung	locución	*loc*
m	Maskulinum	masculino	*m*
MAm	Mittelamerika	América Central	
MATH	Mathematik	matemáticas	MAT
MED	Medizin	medicina	MED
METEO	Meteorologie	meteorología	METEO
Mex	Mexico	México, Méjico	*Méx*
mf	Maskulinum und Femininum	masculino y femenino	*mf*
MIL	Militär	fuerzas armadas	MIL
	Bergbau	minería	MIN
MUS	Musik	música	MÚS
NAUT	Nautik, Seefahrt	náutica, navegación	NÁUT
Nic	Nicaragua	Nicaragua	*Nic*
nom	Nominativ	nominativo	*nom*
nordd	norddeutsch	Alemania del Norte	
nt	Neutrum	neutro	*nt*
o	oder	o	
ÖKOL	Ökologie	ecología	
Österr	Österreich	Austria	
Pan	Panama	Panamá	*Pan*
Par	Paraguay	Paraguay	*Par*
part	Partikel	partícula	
Peru	Peru	Perú	*Perú*
	abwertend	peyorativo	*pey*
Phili	Philippinen	Filipinas	

PHILOS	Philosophie	filosofía	
PHYS	Physik	física	
pl	Plural	plural	*pl*
POL	Politik	política	POL
pp	Partizip Perfekt	participio pasado	*pp*
	Publizistik, Presse	prensa, periodismo	PREN
präp	Präposition	preposición	*prep*
präs	Präsens	presente	*pres*
	‚Pretérito'	pretérito indefinido	*pret*
PRico	Puerto Rico	Puerto Rico	*PRico*
pron dem	Demonstrativpronomen	pronombre demostrativo	*pron dem*
pron indef	Indefinitpronomen	pronombre indefinido	*pron indef*
pron inter	Interrogativpronomen	pronombre interrogativo	*pron inter*
pron pers	Personalpronomen	pronombre personal	*pron pers*
pron poss	Possessivpronomen	pronombre posesivo	*pron pos*
pron refl	Reflexivpronomen	pronombre reflexivo	*pron refl*
pron rel	Relativpronomen	pronombre relativo	*pron rel*
prov	Sprichwort	proverbio	*prov*
PSYCH	Psychologie	psicología	PSICO
PUBL	Publizistik, Presse	prensa, periodismo	
	Chemie	química	QUÍM
®	eingetragenes Warenzeichen	marca registrada	®
RADIO	Rundfunk	radio	RADIO
	Dominikanische Republik	República Dominicana	*RDom*
reg	regional	regional	*reg*
REL	Religion	religión	REL
RíoPl	Río de la Plata	Río de la Plata	*RíoPl*
RR	reformierte Schreibung	grafía reformada	
s.	siehe	véase	
SAm	Südamerika	América del Sur	
SCH	Schulwesen	enseñanza	
sg	Singular	singular	*sg*
sl	Slang	argot	
SOZIOL	Soziologie	sociología	SOCIOL
SPORT	Sport	deporte	
subj	‚Subjuntivo'	subjuntivo	*subj*
südd	süddeutsch	Alemania del Sur	
superl	Superlativ	superlativo	*superl*
	auch	también	*t.*
	Stierkampfkunst	tauromaquia	TAUR
	Theater	teatro	TEAT
TECH	Technik	técnica	TÉC
TEL	Telekommunikation	telecomunicación	TEL
THEAT	Theater	teatro	

	Typografie	tipografía	TIPO
TV	Fernsehen	televisión	TV
TYPO	Typografie	tipografía	
Ud.	Sie (Singular)	Usted	*Ud.*
Uds.	Sie (Plural)	Ustedes	*Uds.*
	Europäische Union	Unión Europea	UE
UNIV	Universität	universidad	UNIV
Urug	Uruguay	Uruguay	*Urug*
	siehe	véase	*v.*
Ven	Venezuela	Venezuela	*Ven*
vi	intransitives Verb	verbo intransitivo	*vi*
	unpersönliches Verb	verbo impersonal	*vimpers*
vr	reflexives Verb	verbo reflexivo	*vr*
vt	transitives Verb	verbo transitivo	*vt*
vulg	vulgär	vulgar	*vulg*
vunpers	unpersönliches Verb	verbo impersonal	
Wend	Wendung	locución	
WIRTSCH	Wirtschaft	economía	
ZAm	Zentralamerika	América Central	
ZOOL	Zoologie	zoología	ZOOL

A

A

A, a [a] *f* A, a *nt*

a [a] *prep* **1.** (*dirección*) zu +*dat;* **ir ~ Barcelona/Suiza** nach Barcelona/in die Schweiz fahren; **llegar ~ Madrid** in Madrid ankommen; **ir ~ casa de alguien** zu jdm gehen; **ir ~ la escuela** in die Schule gehen; **voy ~l servicio** (*fam*) ich gehe aufs Klo **2.** (*posición*) an +*dat;* **estar sentado ~ la mesa** am Tisch sitzen; **~ la derecha** rechts; **~l sur (de)** südlich (von); **~l sol** in der Sonne **3.** (*distancia*): **~ 10 kilómetros de aquí** 10 Kilometer von hier (entfernt) **4.** (*tiempo*) um +*akk;* (*hasta*) bis; **~ las tres** um drei (Uhr); **~l mediodía** mittags; **~ los veinte años** mit zwanzig Jahren; **~l poco rato** kurz danach; **¿~ cuántos estamos?** den Wievielten haben wir heute? **5.** (*modo*): **~ pie** zu Fuß; **~ oscuras** im Dunkeln **6.** (*complemento (in)directo*): **he visto ~ tu hermano** ich habe deinen Bruder gesehen **7.** (*con infinitivo*) zu; **empezó ~ correr** er/sie fing an zu laufen **8.** (*complemento de verbo*): **jugar ~ los dados** Würfel spielen **9.** (*loc*): **el partido terminó dos ~ dos** das Spiel endete zwei zu zwei; **¡~ que llueve mañana!** wetten, dass es morgen regnet!; **~ Pedro le gusta mucho nadar, ¿~ que sí, Pedro?** Pedro schwimmt sehr gerne; nicht wahr, Pedro?

abad(esa) [a'βa$^{\eth}$, aβa'ðesa] *m(f)* Abt *m,* Äbtissin *f*

abajo [a'βaxo] *adv* **1.** (*movimiento*) hinunter; **de arriba ~** von oben nach unten **2.** (*estado*) unten; **hacia ~** nach unten

abalanzarse [aβalan̪'θarse] <z→c> *vr* sich stürzen (*sobre/contra* auf +*akk*)

abandonado, -a [aβan̪do'naðo, -a] *adj* *ser* nachlässig; (*desaseado*) schlampig

abandonar [aβan̪do'nar] *vt* **1.** verlassen; (*desamparar*) im Stich lassen; **niño abandonado** Findelkind *nt* **2.** (*renunciar*) aufgeben

abandono [aβan̪'dono] *m* **1.** Verlassen *nt;* (*de un niño*) Aussetzung *f* **2.** (*renuncia*) Verzicht *m* **3.** (*descuido*) Vernachlässigung *f;* **en un momento de ~** in einem schwachen Augenblick

abanicar [aβani'kar] <c→qu> **I.** *vt* zufächeln +*dat* **II.** *vr:* **~se** sich *dat* (Luft) zufächeln

abanico [aβa'niko] *m* Fächer *m*

abaratar [aβara'tar] **I.** *vt* verbilligen; (*precios*) herabsetzen; **~ costes** Kosten senken **II.** *vr:* **~se** billiger werden

abarcar [aβar'kar] <c→qu> *vt* umfassen

abarrotar [aβarro'tar] *vt* überfüllen (*de* mit +*dat*)

abastecer [aβaste'θer] *irr como crecer* **I.** *vt* versorgen (*de/con* mit +*dat*) **II.** *vr:* **~se** sich versorgen (*de/con* mit +*dat*)

abasto [a'βasto] *m:* **dar ~** ausreichen

abatible [aβa'tiβle] *adj:* **asiento ~** Liegesitz *m*

abatido, -a [aβa'tiðo, -a] *adj* niedergeschlagen

abatir [aβa'tir] **I.** *vt* (*muro*) niederreißen; (*desmontar*) abbauen; (*humillar*) demütigen **II.** *vr:* **~se** sich stürzen (*sobre* auf +*akk*); (*desanimarse*) den Mut verlieren

abdicación [aβðika'θjon] *f* Abdankung *f;* **~ al trono** Thronverzicht *m*

abdicar [aβði'kar] <c→qu> *vt* abdanken

abdomen [aβ'ðomen] *m* Unterleib *m*

abdominal [aβðomi'nal] **I.** *adj* Bauch- **II.** *m* Bauchmuskelübung *f*

abecé [aβe'θe] *m* Abc *nt*

abecedario [aβeθe'ðarjo] *m* Alphabet *nt*

abedul [aβe'ðul] *m* Birke *f*

abeja [a'βexa] *f* Biene *f*

abejorro [aβe'xorro] *m* Hummel *f*

aberración [aβerra'θjon] *f* **1.** (*desviación*) Abweichung *f;* **~ mental** Sinnesstörung *f* **2.** (*en la conducta*) Verirrung *f* **3.** (*disparate*) Unsinn *m* **4.** (*Am*) Irrtum *m*

aberrante [aβe'rran̪te] *adj* abwegig; (*disparatado*) unsinnig

abertura [aβer'tura] *f* Öffnen *nt;* (*hueco*) Öffnung *f*

abeto [a'βeto] *m* Tanne *f;* **~ rojo** Fichte *f*

abiertamente [aβjerta'men̪te] *adv* offen

abierto, -a [a'βjerto, -a] *adj* offen; **un libro ~** ein aufgeschlagenes Buch

abismal [aβis'mal] *adj* gewaltig

abismar [aβis'mar] **I.** *vt* **1.** (*sumir*) in einen Abgrund stürzen; **~ a alguien en la desesperación** jdn zur Verzweiflung bringen **2.** (*confundir*) verwirren **II.** *vr:* **~se 1.** (*hundirse*) versinken **2.** (*Am: asombrarse*) staunen

abismo [a'βismo] *m* **1.** (GEO) Abgrund *m* **2.** (*diferencia*) Kluft *f*

abjurar [aβxu'rar] *vi, vt* abschwören (*de* +*dat*)

ablandar [aβlan̩'dar] *vr:* ~**se** sich besänftigen lassen; (*convencerse*) sich erweichen lassen

abnegación [aβneɣa'θjon] *f:* **con** ~ selbstlos

abnegado, **-a** [aβne'ɣaðo, -a] *adj* selbstlos

abnegarse [aβne'ɣarse] *irr como fregar vr* sich aufopfern (*por/en favor de* für +*akk*)

abocado, **-a** [aβo'kaðo, -a] *adj:* ~ **al fracaso** zum Scheitern verurteilt

abofetear [aβofete'ar] *vt* ohrfeigen

abogacía [aβoɣa'θia] *f* Anwaltsberuf *m;* **ejercer la** ~ als Anwalt tätig sein

abogado, **-a** [aβo'ɣaðo, -a] *m, f* (Rechts)anwalt, -wältin *m, f;* ~ **defensor** (Straf)verteidiger *m*

abogar [aβo'ɣar] <g→gu> *vi* sich einsetzen (*por/en favor de* für +*akk*)

abolición [aβoli'θjon] *f* Abschaffung *f*

abolir [aβo'lir] *irr vt* abschaffen

abolladura [aβoʎa'ðura] *f* Beule *f*

abollar [aβo'ʎar] *vt* verbeulen

abombar [aβom'bar] **I.** *vt* wölben **II.** *vr:* ~**se** sich wölben; (*Am: alimentos*) verderben

abominable [aβomi'naβle] *adj* abscheulich

abominación [aβomina'θjon] *f* Abscheu *m o f*

abominar [aβomi'nar] *vt* **1.** (*aborrecer*) verabscheuen **2.** (*renegar*) verfluchen

abonado, **-a** [aβo'naðo, -a] *m, f* (*a revistas/espectáculos*) Abonnent(in) *m(f);* (*a electricidad/gas*) Abnehmer(in) *m(f);* (*al teléfono*) Fernsprechteilnehmer(in) *m(f)*

abonar [aβo'nar] **I.** *vt* **1.** (*garantizar*) bürgen (für +*akk*) **2.** (*pagar*) bezahlen; ~ **en cuenta** gutschreiben **3.** (*terreno*) düngen **4.** (PREN) abonnieren **II.** *vr:* ~**se** abonnieren (*a* +*akk*); ~**se a la temporada de ópera** ein Abonnement für die Oper nehmen

abono [a'βono] *m* **1.** (TEAT, PREN) Abonnement *nt* **2.** (*para transporte público*) Zeitkarte *f;* ~ **mensual** Monatskarte *f;* **sacar un** ~ eine Dauerkarte kaufen **3.** (*pago*) Bezahlung *f* **4.** (*fertilizante*) Dünger *m;* ~ **químico** Kunstdünger *m*

abordaje [aβor'ðaxe] *m* Entern *nt;* **tomar al** ~ entern

abordar [aβor'ðar] **I.** *vt* **1.** (*chocar*) rammen **2.** (*persona*) ansprechen **3.** (*tema*) anschneiden; (*problema*) angehen **II.** *vi* (NÁUT) anlegen

aborigen [aβo'rixen] *mf* Ureinwohner(in) *m(f)*

aborrecer [aβorre'θer] *irr como crecer vt* verabscheuen; ~ **a alguien de muerte** jdn auf den Tod nicht ausstehen können

abort [a'βor] *m* (INFOR) Abbruch *m*

abortar [aβor'tar] **I.** *vi* **1.** (*provocado*) abtreiben **2.** (*espontáneo*) eine Fehlgeburt haben **3.** (*fracasar*) scheitern **II.** *vt* (*hacer fracasar*) vereiteln

aborto [a'βorto] *m* (*provocado*) Abtreibung *f;* (*espontáneo*) Fehlgeburt *f*

abotonar [aβoto'nar] *vt* zuknöpfen

abrasar [aβra'sar] **I.** *vi* (*sol*) brennen; (*comida*) heiß sein **II.** *vt* **1.** (*quemar*) verbrennen **2.** (*dolor*) brennen (in +*dat*); **la sed me abrasa** (**la garganta**) ich sterbe vor Durst **3.** (*odio*) verzehren **III.** *vr:* ~**se** sich verbrennen; (*t. fig*) vergehen (*de/en* vor +*dat*)

abrazar [aβra'θar] <z→c> *vt, vr:* ~**se** (sich) umarmen

abrazo [a'βraθo] *m* Umarmung *f;* **dar un** ~ **a alguien** jdn umarmen; **un** (**fuerte**) ~ (*en cartas*) liebe Grüße

abrebotellas [aβreβo'teʎas] *m inv* Flaschenöffner *m*

abrecartas [aβre'kartas] *m inv* Brieföffner *m*

abrelatas [aβre'latas] *m inv* Dosenöffner *m*

abreviado, **-a** [aβre'βjaðo, -a] *adj* verkürzt; (*corto*) kurz

abreviar [aβre'βjar] *vt* verkürzen; (*palabras*) abkürzen; (*texto*) kürzen

abreviatura [aβreβja'tura] *f* Abkürzung *f*

abridor [aβri'ðor] *m* Öffner *m*

abrigado, **-a** [aβri'ɣaðo, -a] *adj:* **estar** ~ warm angezogen sein

abrigar [aβri'ɣar] <g→gu> *vr:* ~**se** sich warm anziehen

abrigo [a'βriɣo] *m* **1.** (*prenda*) Mantel *m;* ~ **de pieles** Pelzmantel *m;* **ropa de** ~ warme Kleidung **2.** (*refugio*) Obdach *nt;* **al** ~ **de** unter dem Schutz +*gen*

abril [a'βril] *m* April *m; v. t.* **marzo**

abrir [a'βrir] *irr* **I.** *vt* **1.** (*algo cerrado*) öffnen; (*libro*) aufschlagen; (*grifo*) aufdrehen; ~

A

de par en par sperrangelweit öffnen; ~ **paso** Platz machen **2.** (*canal, túnel*) bauen; (*agujero*) graben **3.** (*perspectivas*) eröffnen; (*mercado*) erschließen **II.** *vi* **1.** (*tiempo*) sich aufklären **2.** (*loc*): **en un ~ y cerrar de ojos** im Nu **III.** *vr:* **~se** sich öffnen; (*confiar*) sich anvertrauen *+dat;* (*perspectivas*) sich eröffnen; (*argot*) abhauen

abrochar [aβro'ʧar] *vt:* **abróchense los cinturones** (**de seguridad**) legen Sie die Sicherheitsgurte an

abrumador(a) [aβruma'ðor(a)] *adj* bedrückend; (*apabullante*) überwältigend

abrupto, -a [a'βrupto, -a] *adj* **1.** (*camino, abismo*) steil **2.** (*carácter*) schroff

absceso [aᵝs'θeso] *m* Abszess *m*

absentismo [aβsen̦'tismo] *m:* ~ **laboral** Fehlen *nt* (am Arbeitsplatz)

absolución [aβsolu'θjon] *f* **1.** (JUR) Freispruch *m;* ~ **por falta de pruebas** Freispruch mangels Beweisen **2.** (REL) Absolution *f;* **dar la ~ a alguien** jdm die Absolution erteilen

absolutamente [aβsoluta'men̦te] *adv* absolut; (*completamente*) völlig; (*negación*) strikt; ~ **nada** überhaupt nichts

absoluto, -a [aβso'luto, -a] *adj:* **en ~** keineswegs; **nada en ~** gar nichts

absolver [aβsol'βer] *irr como volver vt* (JUR) freisprechen; (REL) lossprechen

absorber [aβsor'βer] *vt* **1.** (*t. fig*) aufsaugen; (*cautivar*) fesseln; ~ **la atención de alguien** jds Aufmerksamkeit beanspruchen **2.** (*empresa*) aufkaufen

absorto, -a [aβ'sorto, -a] *adj* versunken (*en* in *+akk*)

abstención [aᵝsten̦'θjon] *f* (Stimm)enthaltung *f*

abstenerse [aᵝste'nerse] *irr como tener vr* (*t.* POL) sich enthalten; ~ **de votar** sich der Stimme enthalten

abstinencia [aᵝsti'nen̦θja] *f* Enthaltsamkeit *f;* (*de alcohol*) Abstinenz *f;* ~ **de consumo** Konsumverzicht *m*

abstinente [aᵝsti'nen̦te] *adj* enthaltsam

abstracción [aᵝstraᵞ'θjon] *f* Abstraktion *f*

abstracto, -a [aᵝs'trakto, -a] *adj* abstrakt

abstraer [aᵝstra'er] *irr como traer* **I.** *vt* abstrahieren **II.** *vr:* **~se en algo** sich in etw vertiefen

abstraído, -a [aᵝstra'iðo, -a] *adj* in Gedanken versunken

absurdo, -a [aβ'surðo, -a] *adj* absurd

abuchear [aβuʧe'ar] *vt* ausbuhen

abuelo, -a [a'βwelo, -a] *m, f* Großvater, -mutter *m, f;* **los ~s** die Großeltern

abulense [aβu'lense] *adj* aus Ávila

abulia [a'βulja] *f* Willensschwäche *f*

abultado, -a [aβul̦'taðo, -a] *adj* groß; (*labios*) dick

abultar [aβul̦'tar] **I.** *vi* viel Raum einnehmen **II.** *vt* vergrößern; (*exagerar*) aufbauschen

abundancia [aβun̦'dan̦θja] *f* (*cantidad*) Fülle *f;* (*de bienes*) Überangebot *nt;* **vivir en la ~** im Überfluss leben; **nadar en la ~** im Geld schwimmen; **en ~** in Hülle und Fülle

abundante [aβun̦'dan̦te] *adj* reichlich

abundar [aβun̦'dar] *vi* reichlich vorhanden sein

aburrido, -a [aβu'rriðo, -a] *adj* **1.** *ser* (*pesado*) langweilig **2.** *estar* (*harto*) überdrüssig (*de +gen*); **estar ~ de algo** etw satt haben

aburrimiento [aβurri'mjen̦to] *m* Langeweile *f;* (*fastidio*) Überdruss *m*

aburrir [aβu'rrir] **I.** *vt* langweilen; (*fastidiar*) auf die Nerven gehen *+dat* **II.** *vr:* **~se** sich langweilen (*con* bei *+dat*)

abusar [aβu'sar] *vi* **1.** (*usar indebidamente*) missbrauchen (*de +akk*) **2.** (*aprovecharse*) ausnutzen (*de +akk*); ~ **de una mujer** eine Frau vergewaltigen; ~ **de su salud** sich überanstrengen

abuso [a'βuso] *m* Missbrauch *m;* ~ **de autoridad** Amtsmissbrauch *m;* ~ **deshonesto** Unzucht *f;* **este precio es un ~** dieser Preis ist unverschämt hoch

a.C. ['an̦tes ðe 'kristo] *abr de* **antes de Cristo** v. Chr.

acá [a'ka] *adv* hier; **para ~** hierher; **¡ven ~!** komm her!; ~ **y allá** mal hier, mal dort

acabado, -a [aka'βaðo, -a] *adj* fertig; (*salud*) kraftlos

acabar [aka'βar] **I.** *vi* **1.** (*terminar*) enden (*en* mit *+dat*); ~ **bien/mal** gut/schlecht ausgehen **2.** (*una acción*): **el libro acaba de publicarse** das Buch ist soeben erschienen **3.** (*agotar*): **este niño ~á conmigo** dieses Kind macht mich noch völlig fertig **4.** (*finalmente*): **~ás por comprenderlo** du wirst es schließlich einsehen **II.** *vt* beenden; (*consumir*) aufbrauchen **III.** *vr:* **~se** enden; **la mantequilla se ha acabado** die Butter ist alle; **¡se acabó!** und damit basta!

acacia [a'kaθja] *f* Akazie *f*

academia [aka'ðemja] *f* Akademie *f;* (*colegio*) (Privat)schule *f*

académico, **-a** [aka'ðemiko, -a] *adj* akademisch

acaecer [akae'θer] *irr como crecer vi* sich ereignen

acaecimiento [akaeθi'mjen̩to] *m* Ereignis *nt*

acallar [aka'ʎar] *vt* **1.** (*hacer callar*) zum Schweigen bringen **2.** (*apaciguar*) beschwichtigen; (*conciencia*) beruhigen; (*hambre*) stillen

acalorado, **-a** [akalo'raðo, -a] *adj* hitzig

acalorar [akalo'rar] *vr:* ~**se** **1. se acaloró al correr** ihm/ihr wurde beim Laufen warm **2.** (*apasionarse*) sich ereifern (*con* über +*akk*) **3.** (*enfadarse*) in Wut geraten (*por* wegen +*gen/dat*); **se acalora por nada** er/sie regt sich wegen Nichtigkeiten auf

acampar [akam'par] *vi* campen

acantilado [akan̩ti'laðo, -a] *m* Steilküste *f*

acaparar [akapa'rar] *vt* **1.** (*objetos*) hamstern **2.** (*apoderarse*) (für sich) beanspruchen; ~ **todas las miradas** alle Blicke auf sich ziehen

acariciar [akari'θjar] *vt* streicheln; (*idea, plan*) hegen

acarrear [akarre'ar] *vt* transportieren; (*ocasionar*) verursachen

acaso [a'kaso] *adv* vielleicht; **¿está ~ enfermo?** ist er etwa krank?; **por si ~** (*en caso de*) falls; (*en todo caso*) vorsichtshalber

acatar [aka'tar] *vt* achten; (*obedecer*) befolgen; (*AmS*) begreifen

acatarrarse [akata'rrarse] *vr* sich erkälten

acaudalado, **-a** [akau̯ða'laðo, -a] *adj* wohlhabend

acceder [aɣθe'ðer] *vi* **1.** (*consentir*) einwilligen (*a* in +*akk*); ~ **a una petición** einer Bitte entsprechen **2.** (*tener acceso*) Zugang haben (*a* zu +*dat*) **3.** (*ascender*) aufsteigen; ~ **a la presidencia** den Vorsitz übernehmen

accesible [aɣθe'siβle] *adj* zugänglich; (*precios*) erschwinglich; (*explicación*) verständlich

accésit [aɣ'θesit] *m inv* Trostpreis *m*

acceso [aɣ'θeso] *m* **1.** (*a pie*) Zugang *m* (*a* zu +*dat*); **de fácil ~** leicht zugänglich; **libre ~** freier Zutritt **2.** (*ataque*) Anfall *m*

accesorio [aɣθe'sorjo, -a] *m* **1.** Accessoire *nt* **2.** *pl* (*de máquinas*) Zubehör *nt*

accidental [aɣθiðen̩'tal] *adj* zufällig

accidentarse [aɣθiðen̩'tarse] *vr* verunglücken

accidente [aɣθi'ðen̩te] *m* Unfall *m;* ~ **en cadena** Massenkarambolage *f;* ~ **de circulación** Verkehrsunfall *m;* **sufrir un ~** einen Unfall haben; **por ~** zufällig

acción [aɣ'θjon] *f* **1.** (*acto, t.* LIT) Handlung *f;* (POL) Aktion *f;* **¡~!** (CINE) Aufnahme! **2.** (*influencia*) (Ein)wirkung *f;* **de ~ retardada** (*bomba*) mit Zeitzünder **3.** (FIN) Aktie *f*

accionar [aɣθjo'nar] *vt* betätigen

accionista [aɣθjo'nista] *mf* Aktionär(in) *m(f)*

acechar [aθe'tʃar] *vt* belauern

acecho [a'θetʃo] *m* Lauern *nt;* **estar al ~** auf der Lauer liegen

aceite [a'θei̯te] *m* Öl *nt*

aceitera [aθei̯'tera] *f* **1.** (*recipiente*) Ölkanne *f* **2.** *pl* (*vinagreras*) Menage *f*

aceitoso, **-a** [aθei̯'toso, -a] *adj* ölig

aceituna [aθei̯'tuna] *f* Olive *f*

aceitunado, **-a** [aθei̯tu'naðo, -a] *adj* oliv(grün)

aceleración [aθelera'θjon] *f* Beschleunigung *f*

acelerador [aθelera'ðor] *m* Gaspedal *nt;* **pisar el ~** Gas geben

acelerar [aθele'rar] **I.** *vi* beschleunigen; (AUTO) Gas geben; **¡no aceleres tanto!** gib nicht so viel Gas! **II.** *vt* beschleunigen; ~ **el paso** schneller gehen

acelga [a'θelɣa] *f* Mangold *m*

acento [a'θen̩to] *m* **1.** (*prosódico*) Betonung *f;* **el ~ cae en la primera sílaba** die Betonung liegt auf der ersten Silbe **2.** (*signo*) Akzent *m;* **hablar alemán sin ~** akzentfrei Deutsch sprechen **3.** (*entonación*) Tonfall *m* **4.** (*énfasis*) Nachdruck *m;* **poner especial ~ en algo** Nachdruck auf etw legen

acentuación [aθen̩twa'θjon] *f* Betonung *f;* (*ortográfica*) Akzentsetzung *f*

acentuado, **-a** [aθen̩tu'aðo, -a] *adj* **1.** (*al pronunciar*) betont; (*al escribir*) mit Akzent; **no ~** unbetont **2.** (*marcado*) ausgeprägt

acentuar [aθen̩tu'ar] <*1. pres:* acentúo> **I.** *vt* **1.** (*al pronunciar*) betonen; (*al escribir*) einen Akzent setzen (auf +*akk*) **2.** (*resaltar*) hervorheben **3.** (*aumentar*) verschärfen **II.** *vr:* ~**se** (*Am*) sich verschlimmern

acepción [aθeβ'θjon] *f* Bedeutung *f*

aceptable [aθep'taβle] *adj* annehmbar

aceptación [aθepta'θjon] *f* Zustimmung *f;* **tener** ~ Beifall finden

aceptado [aθep'taðo] *interj* (*Am*) einverstanden

aceptar [aθep'tar] *vt* annehmen; ~ **un compromiso** eine Einladung annehmen; **no** ~ **excusas** keine Entschuldigung gelten lassen

acequia [a'θekja] *f* Bewässerungsgraben *m;* (*Méx*) Abwasserkanal *m*

acera [a'θera] *f* Bürgersteig *m;* **ser de la** ~ **de enfrente** (*fam*) vom anderen Ufer sein

acerca [a'θerka] *prep:* ~ **de** (*sobre*) über +*akk;* (*en relación a*) in Bezug auf +*akk*

acercamiento [aθerka'mjeṇto] *m* Annäherung *f* (*a* an +*akk*)

acercar [aθer'kar] <c→qu> **I.** *vt* **1.** (*poner más cerca*) näher bringen (*a* +*dat*); **acerca la silla a la mesa** rück den Stuhl an den Tisch **2.** (*traer*) (her)bringen **3.** (*fam: llevar*) bringen (*a* zu +*dat*) **II.** *vr:* ~**se** sich nähern (*a* +*dat*); (*ir*) vorbeischauen (*a* bei +*dat*)

acero [a'θero] *m* Stahl *m;* **tener nervios de** ~ (*fam*) Nerven wie Drahtseile haben

acérrimo, -a [a'θerrimo, -a] *adj* begeistert

acertado, -a [aθer'taðo, -a] *adj* richtig; (*atinado*) treffend

acertar [aθer'tar] <e→ie> **I.** *vi* **1.** (*dar*) treffen **2.** (*hacer con acierto*) das Richtige tun **3.** (*por casualidad*): ~ **a hacer algo** zufällig etw tun **4.** (*conseguir*): **no acerté a encontrar la respuesta** es gelang mir nicht die Lösung zu finden **5.** (*encontrar*) finden (*con* +*akk*) **II.** *vt* treffen; (*encontrar*) finden; (*adivinar*) erraten

acertijo [aθer'tixo] *m* Rätsel *nt*

acetona [aθe'tona] *f* Aceton *nt*

achacoso, -a [aʧa'koso, -a] *adj* anfällig; **estar** ~ kränkeln

achaque [a'ʧake] *m* Beschwerde *f*

achatado, -a [aʧa'taðo, -a] *adj:* **nariz achatada** Stumpfnase *f*

achicar [aʧi'kar] <c→qu> **I.** *vt* verkleinern; (*intimidar*) einschüchtern **II.** *vr:* ~**se** **1.** (*empequeñecerse*) kleiner werden **2.** (*acoquinarse*) sich einschüchtern lassen; (*no atreverse*) zurückschrecken; (*ceder*) klein beigeben **3.** (*Am*) sich erniedrigen (*ante* vor +*dat*)

achicharrar [aʧiʧa'rrar] **I.** *vt* verbrennen; (*comida*) anbrennen lassen; **estoy achicharrado** ich komme um vor Hitze **II.** *vr:* ~**se** **1.** (*comida*) anbrennen **2.** (*persona*) vor Hitze umkommen; (*planta*) (vor Hitze) eingehen

achicoria [aʧi'korja] *f* Zichorie *f*

achinado, -a [aʧi'naðo, -a] *adj* **1.** (*forma*): **ojos** ~**s** Schlitzaugen *ntpl* **2.** (*CSur*) pöbelhaft

achís [a'ʧis] *interj* hatschi

achispar [aʧis'par] *vr:* ~**se** sich *dat* einen Schwips antrinken *fam*

acholar [aʧo'lar] **I.** *vt* (*Chil, Perú*) **1.** (*avergonzar*) beschämen **2.** (*amilanar*) einschüchtern **II.** *vr:* ~**se** (*Arg, Chil, Perú: acobardarse*) verzagen

achuchado, -a [aʧu'ʧaðo, -a] *adj* (*fam*) schwierig; (*de dinero*) blank

achuchar [aʧu'ʧar] *vt* **1.** (*fam: persona*) aufhetzen (*contra* gegen +*akk*); (*perro*) hetzen (*contra* auf +*akk*) **2.** (*atosigar*) drängen **3.** (*fam*) liebkosen; (*abrazar*) (zärtlich) an sich drücken

achucutado, -a [aʧuku'taðo, -a] *adj* (*Am*) niedergeschlagen; (*Col*) traurig

achumarse [aʧu'marse] *vr* (*Am*) sich betrinken

acicalarse [aθika'larse] *vr* sich herausputzen

acidez [aθi'ðeθ] *f* Säure *f;* ~ **de estómago** Sodbrennen *nt*

ácido[1] ['aθiðo] *m* (QUÍM) Säure *f;* (*fam*) Acid *nt*

ácido, -a[2] ['aθiðo, -a] *adj* sauer; (*mordaz*) bissig

acierto [a'θjerto] *m* **1.** (*en el tiro*) Treffsicherheit *f* **2.** (*éxito*) Treffer *m;* (*en la lotería*) Richtige(r) *m fam;* **el casarte ha sido un** ~ mit deiner Ehe hast du einen guten Griff getan **3.** (*habilidad*) Geschick *nt;* **hacer algo con** ~ sich bei etw *dat* geschickt anstellen

aclamar [akla'mar] *vt* zujubeln +*dat;* (POL) durch Zuruf wählen

aclaración [aklara'θjon] *f* Aufhellung *f;* (*explicación*) Erklärung *f;* (*de un crimen*) Aufklärung *f*

aclarar [akla'rar] **I.** *vt* **1.** (*hacer más claro*) aufhellen **2.** (*explicar*) erklären **3.** (*crimen, secreto*) aufklären **II.** *vr:* ~**se** sich aufklären; (*fam*) klarkommen **III.** *vimpers:* **está aclarando** es heitert auf

aclaratorio, -a [aklara'torjo, -a] *adj* (er)klärend

A

aclimatar [aklima'tar] *vt, vr:* ~**se** (sich) gewöhnen (*a* an +*akk*); (*en un lugar*) (sich) eingewöhnen (*en* in +*dat*)

acné [aɣ'ne] *m o f* Akne *f*

acobardar [akoβar'ðar] **I.** *vt* Angst einjagen +*dat;* (*con palabras*) einschüchtern; **le acobarda el fuego** er hat Angst vor Feuer **II.** *vr:* ~**se** den Mut verlieren (*ante/frente a* angesichts +*gen*); (*intimidarse*) sich einschüchtern lassen

acogedor(a) [akoxe'ðor(a)] *adj* freundlich

acoger [ako'xer] <g→j> **I.** *vt* aufnehmen; (*recibir*) empfangen **II.** *vr:* ~**se** Schutz suchen (*a* bei +*dat*); (*basarse*) sich berufen (*a* auf +*akk*); (*como pretexto*) vorschieben (*a* +*akk*)

acogida [ako'xiða] *f* Aufnahme *f;* (*recibimiento*) Empfang *m;* **el proyecto no tuvo una buena** ~ das Projekt fand keinen Beifall

acojonado, -a [akoxo'naðo, -a] *adj* (*vulg*) **1.** verängstigt; (*acobardado*) feige; **ahora está** ~ jetzt bekommt er kalte Füße *fam* **2.** (*impresionado*) beeindruckt

acojonante [akoxo'nan̪te] *adj* (*vulg: fantástico*) geil *fam;* (*impresionante*) tierisch *fam*

acojonar [akoxo'nar] **I.** *vt* (*vulg*) **1.** Angst einjagen +*dat;* (*intimidar*) einschüchtern **2.** (*impresionar*) beeindrucken **II.** *vr:* ~**se** (*vulg*) **1.** Schiss kriegen *fam;* (*acobardarse*) sich einschüchtern lassen **2.** (*alucinar*) beeindruckt sein

acometer [akome'ter] **I.** *vi* angreifen **II.** *vt* **1.** (*embestir*) angreifen **2.** (*emprender*) in Angriff nehmen **3.** (*ataque de tos, fiebre*) befallen; (*risa*) überkommen; (*sueño*) überfallen

acomodado, -a [akomo'ðaðo, -a] *adj* bequem; (*rico*) wohlhabend

acomodador(a) [akomoða'ðor(a)] *m(f)* (TEAT, CINE) Platzanweiser(in) *m(f)*

acomodar [akomo'ðar] **I.** *vt* anpassen (*a* +*dat, a* an +*akk*); (*albergar*) unterbringen **II.** *vr:* ~**se** sich anpassen (*a* an +*akk, a* +*dat*); (*ponerse cómodo*) es sich *dat* bequem machen

acomodo [ako'moðo] *m* **1.** (*adaptación*) Anpassung *f* (*a* an +*akk*) **2.** (*alojamiento*) Unterkunft *f* **3.** (*ocupación*) Anstellung *f;* **buscar** ~ eine Stelle suchen **4.** (*Am: soborno*) Bestechung *f*

acompañado, -a [akompa'ɲaðo, -a] *adj:* **bien/mal** ~ in guter/schlechter Begleitung

acompañante [akompa'ɲan̪te] *mf* Begleiter(in) *m(f)*

acompañar [akompa'ɲar] *vt* **1.** (*t.* MÚS) begleiten; ~ **a alguien a casa** jdn nach Hause begleiten; **te acompaño en el sentimiento** herzliches Beileid **2.** (*hacer compañía*) Gesellschaft leisten +*dat*

acompasado, -a [akompa'saðo, -a] *adj* (MÚS) rhythmisch; (*pausado*) ruhig

acomplejado, -a [akomple'xaðo, -a] *adj* voller Komplexe

acomplejar [akomple'xar] **I.** *vt* Komplexe verursachen +*dat* **II.** *vr:* ~**se** Komplexe bekommen

acondicionado, -a [akon̪diθjo'naðo, -a] *adj:* **bien/mal** ~ in gutem/schlechtem Zustand; **la habitación tiene aire** ~ das Zimmer hat eine Klimaanlage

acondicionador [akon̪diθjona'ðor] *m* **1.** (*de aire*) Klimaanlage *f* **2.** (*para el pelo*) (Pflege)spülung *f*

acondicionar [akon̪diθjo'nar] *vt* herrichten; (*climatizar*) klimatisieren

acongojar [akoŋgo'xar] *vt* bekümmern

aconsejable [akonse'xaβle] *adj* ratsam

aconsejar [akonse'xar] *vt* beraten; ~ **algo a alguien** jdm etw raten

acontecer [akon̪te'θer] *irr como crecer vi* sich ereignen

acontecimiento [akon̪teθi'mjen̪to] *m* Ereignis *nt*

acopio [ako'pjo] *m* Vorrat *m;* **hacer** ~ **de algo** einen Vorrat an etw *dat* anlegen

acoplar [ako'plar] **I.** *vt* anpassen (*a* an +*akk*); (*juntar*) zusammenfügen **II.** *vr:* ~**se** sich anpassen (*a* an +*akk, a* +*dat*)

acoquinar [akoki'nar] **I.** *vt* einschüchtern **II.** *vr:* ~**se** sich einschüchtern lassen

acorazar [akora'θar] <z→c> **I.** *vt:* **cámara acorazada** Panzerschrank *m* **II.** *vr:* ~**se** sich wappnen

acordar [akor'ðar] <o→ue> **I.** *vt* vereinbaren; (*decidir*) beschließen **II.** *vr:* ~**se** sich erinnern (*de* an +*akk*); **si mal no me acuerdo** wenn ich mich recht erinnere; **¡acuérdate de decírselo!** denk daran es ihm/ihr zu sagen!

acorde [a'korðe] *adj* übereinstimmend; ~ **con alguien** in Übereinstimmung mit jdm; **estar** ~ **con alguien** mit jdm übereinstimmen

acordeón [akorðe'on] *m* Akkordeon *nt*

acorralar [akorra'lar] *vt* **1.** (*ganado*) einpferchen **2.** (*cercar*) einkreisen **3.** (*intimidar*) einschüchtern

acortar [akor'tar] **I.** *vt* (ab)kürzen **II.** *vr:* ~**se** kürzer werden

acosar [ako'sar] *vt* **1.** (*perseguir*) hetzen **2.** (*asediar*) bedrängen

acoso [a'koso] *m* Verfolgung *f*

acostar [akos'tar] <o→ue> **I.** *vt* ins Bett bringen **II.** *vr:* ~**se 1.** (*descansar*) sich hinlegen; (*ir a la cama*) ins Bett gehen; **estar acostado** im Bett sein; ~**se con alguien** mit jdm schlafen **2.** (*AmC, Méx*) entbinden

acostumbrado, **-a** [akostum'braðo, -a] *adj* gewohnt; **mal** ~ verwöhnt

acostumbrar [akostum'brar] **I.** *vi:* ~ **a hacer algo** gewöhnlich etw tun; **como se acostumbra a decir** wie man zu sagen pflegt **II.** *vt:* ~ **a alguien a hacer algo** jdn daran gewöhnen etw zu tun **III.** *vr:* ~**se** sich *dat* angewöhnen (*a* +*akk*); (*no extrañar*) sich gewöhnen (*a* an +*akk*)

acotación [akota'θjon] *f* Randbemerkung *f;* (TEAT) Bühnenanweisung *f*

acotar [ako'tar] *vt:* **terreno acotado** Privatbesitz *m*

acre ['akre] *adj* <acérrimo> herb; (*mordaz*) bissig

acrecentar [akreθen̪'tar] <e→ie> *vt* vermehren

acreditado, **-a** [akreði'taðo, -a] *adj* angesehen

acreditar [akreði'tar] **I.** *vt* bestätigen; (*dar reputación*) Ansehen verleihen +*dat* **II.** *vr:* ~**se** Ansehen erwerben

acreedor(a) [akre(e)'ðor(a)] *m(f)* Gläubiger(in) *m(f)*

acribillar [akriβi'ʎar] *vt* **1.** (*abrir agujeros*) durchlöchern; **acribillado a balazos** von Kugeln durchsiebt **2.** (*importunar*) bedrängen; ~ **a alguien a preguntas** jdn mit Fragen überhäufen

acrílico, **-a** [a'kriliko, -a] *adj:* **fibra acrílica** Acryl *nt*

acrobacia [akro'βaθja] *f* Akrobatik *f*

acróbata [a'kroβata] *mf* Akrobat(in) *m(f)*

acrobático, **-a** [akro'βatiko, -a] *adj* akrobatisch

acrónimo [a'kronimo] *m* Akronym *nt*

acta ['akta] *f* **1.** (*de una reunión*) Protokoll *nt;* **levantar** ~ **de algo** etw protokollieren; **hacer constar en** ~ zu Protokoll geben **2.** (*certificado*) Urkunde *f* **3.** (JUR) Akte *f;* **Acta Única Europea** Einheitliche Europäische Akte

actitud [akti'tu^{ð}] *f* **1.** (*corporal*) Haltung *f* **2.** (*disposición*) Einstellung *f;* **adoptar una** ~ **reservada** eine reservierte Haltung einnehmen **3.** (*comportamiento*) Verhalten *nt;* **adoptar una** ~ **incomprensible** ein unverständliches Verhalten an den Tag legen

activamente [aktiβa'men̪te] *adv* tatkräftig

activar [akti'βar] *vt* **1.** (*avivar*) beleben **2.** (*acelerar*) beschleunigen **3.** (QUÍM, FÍS, INFOR) aktivieren; ~ **una bomba** eine Bombe zünden

actividad [aktiβi'ða^{ð}] *f* Tätigkeit *f;* (*ocupación*) Beschäftigung *f;* ~ **profesional** Beruf *m;* **volcán en** ~ aktiver Vulkan

activo[1] [ak'tiβo] *m* Aktiva *ntpl*

activo, **-a**[2] [ak'tiβo, -a] *adj* aktiv; (*sustancia, medicamento*) wirksam

acto ['akto] *m* **1.** (*acción*) Handlung *f;* ~ **sexual** Geschlechtsakt *m;* ~ **de violencia** Gewalttat *f;* ~ **de voluntad** Willenserklärung *f;* ~ **seguido...** gleich darauf ...; **en el** ~ auf der Stelle **2.** (*ceremonia*) Festakt *m* **3.** (TEAT) Akt *m*

actor [ak'tor(a)] *m*, **actriz** *f* (TEAT, CINE) Schauspieler(in) *m(f);* ~ **de cine** Filmschauspieler *m;* **primer** ~ Hauptdarsteller *m*

actuación [aktwa'θjon] *f* **1.** (*conducta*) Handeln *nt;* **la** ~ **de la policía** das Vorgehen der Polizei **2.** (*actividad*) Tätigkeit *f* **3.** (TEAT, MÚS) Auftritt *m;* ~ **en directo** Liveauftritt *m*

actual [aktu'al] *adj* aktuell

actualidad [aktwaliða^{ð}] *f* **1.** (*presente*) Gegenwart *f;* **en la** ~ heutzutage **2.** (*cualidad*) Aktualität *f;* **de** ~ aktuell; **estar de** ~ modern sein

actualizar [aktwali'θar] <z→c> *vt* aktualisieren

actualmente [aktwal'men̪te] *adv* zur Zeit

actuar [aktu'ar] <*1. pres:* actúo> *vi* **1.** (*obrar, hacer*) handeln **2.** (*tener efecto*) wirken (*sobre* auf +*akk*) **3.** (TEAT) auftreten **4.** (JUR) auftreten (*de/como* als +*nom*); ~ **contra alguien** gegen jdn vorgehen

acuarela [akwa'rela] *f* Aquarell *nt*

acuario [a'kwarjo] *m* Aquarium *nt*

Acuario [a'kwarjo] *m* Wassermann *m*

acuático, **-a** [a'kwatiko, -a] *adj* Wasser-

acuchillar [akuʧi'ʎar] *vt* (*herir*) niederstechen; (*matar*) erstechen

acudir [aku'ðir] *vi* **1.**(*ir*) sich einfinden (*a* in +*dat*, *a* bei +*dat*); ~ **a una cita** zu einem Rendezvous gehen; ~ **al trabajo** zur Arbeit gehen; ~ **a las urnas** wählen gehen **2.**(*corriendo*) herbeieilen; ~ **en socorro** (**de alguien**) (jdm) zu Hilfe eilen

acueducto [akwe'ðukto] *m* Aquädukt *m o nt*

acuerdo [a'kwerðo] *m* **1.**(*convenio*) Vereinbarung *f;* **llegar a un** ~ sich einigen **2.**(*político*) Abkommen *nt* **3.**(*decisión*) Beschluss *m;* **tomar un** ~ einen Beschluss fassen **4.**(*conformidad*) Übereinstimmung *f;* **de** ~ einverstanden; **de común** ~ in gegenseitigem Einverständnis; **de** ~ **con** gemäß +*dat;* **estar de** ~ **con alguien** mit jdm einer Meinung sein; **ponerse de** ~ sich einigen

acumulación [akumula'θjon] *f* **1.**(*amontonamiento*) Anhäufung *f* **2.**(*de cosas reunidas*) Ansammlung *f*

acumular [akumu'lar] *vt* **1.**ansammeln; (*amontonar*) anhäufen **2.**(ELEC) speichern

acunar [aku'nar] *vt* wiegen

acuñar [aku'ɲar] *vt* prägen

acupuntura [akupuṇ'tura] *f* Akupunktur *f*

acurrucarse [akurru'karse] <c→qu> *vr* sich (zusammen)kauern

acusación [akusa'θjon] *f* **1.**(*inculpación*) Beschuldigung *f* **2.**(JUR: *en juicio*) Anklage *f;* (*escrito*) Anklageschrift *f*

acusado, -a [aku'saðo, -a] *m, f* Angeklagte(r) *mf*

acusar [aku'sar] *vt* **1.**(*culpar*) beschuldigen; **le acusan de asesinato** er wird des Mordes beschuldigt **2.**(*en juicio*) anklagen **3.**(ECON) bestätigen; ~ **recibo de un pedido** einen Auftrag bestätigen

acusativo [akusa'tiβo] *m* Akkusativ *m*

acuse [a'kuse] *m:* ~ **de recibo** Empfangsbestätigung *f*

acústica [a'kustika] *f* Akustik *f*

acústico, -a [a'kustiko, -a] *adj* akustisch

adaptable [aðap'taβle] *adj* anpassungsfähig

adaptación [aðapta'θjon] *f* **1.**(*acomodación*) Anpassung *f* (*a* an +*akk*) **2.**(LIT, MÚS, TEAT) Bearbeitung *f;* **la** ~ **de una obra de teatro al cine** die Verfilmung eines Theaterstückes

adaptador [aðapta'ðor] *m* Adapter *m*

adaptar [aðap'tar] **I.** *vt* **1.**(*acomodar*) anpassen (*a* an +*akk, a* +*dat*) **2.**(*ajustar*) einpassen; ~ **algo a algo** etw auf etw abstimmen **3.**(LIT, MÚS) bearbeiten (*a* für +*akk*); ~ **una novela a la pantalla** einen Roman verfilmen **II.** *vr:* ~**se** sich anpassen (*a* +*dat, a* an +*akk*)

adecentar [aðeθeṇ'tar] **I.** *vt* herrichten **II.** *vr:* ~**se** sich zurechtmachen

adecuado, -a [aðe'kwaðo, -a] *adj* angemessen; (*apto*) geeignet

adecuar [aðe'kwar] *vt, vr:* ~**se** (sich) anpassen (*a* an +*akk*)

adefesio [aðe'fesjo] *m:* **estar hecho un** ~ wie eine Vogelscheuche aussehen

a. de (J)C. ['aṇtes ðe (xesu)'kristo] *abr de* **antes de (Jesu)cristo** v. Chr.

adelantado, -a [aðelaṇ'taðo, -a] *adj* **1.**(*precoz*) frühreif **2.**(*avanzado*) fortgeschritten; **estar muy** ~ weit fortgeschritten sein; **por** ~ im Voraus

adelantamiento [aðelaṇta'mjeṇto] *m:* **realizar un** ~ überholen

adelantar [aðelaṇ'tar] **I.** *vi* **1.**(*reloj*) vorgehen **2.**(*progresar*) vorwärts kommen; **no adelanto nada** ich mache keine Fortschritte **3.**(*coche*) überholen **II.** *vt* **1.**(*avanzar*) vorrücken; ~ **unos pasos** ein paar Schritte vorgehen **2.**(*coche, persona*) überholen **3.**(*reloj*) vorstellen **4.**(*viaje, partida*) vorverlegen **5.**(*idea*) vorwegnehmen **6.**(*paga*) vorstrecken **7.**(*loc*): **¿qué adelantas con esto?** was bringt dir das? **III.** *vr:* ~**se** vorangehen; (*llegar antes*) früher eintreffen; (*aventajar*) zuvorkommen; (*reloj*) vorgehen

adelante [aðe'laṇte] *adv* vor(wärts); **¡~!** herein!; **de hoy en** ~ von heute an; **sacar una familia** ~ eine Familie durchbringen; **seguir** ~ weitergehen; **véase más** ~ siehe unten

adelanto [aðe'laṇto] *m* Fortschritt *m;* (*anticipo*) Vorschuss *m*

adelgazar [aðelɣa'θar] <z→c> *vt, vi* abnehmen

ademán [aðe'man] *m* **1.**(*gesto*) Gebärde *f;* **hacer** ~ **de salir** sich anschicken zu gehen **2.**(*actitud*) Haltung *f;* **en** ~ **de** bereit zu

además [aðe'mas] *adv* außerdem

adentrarse [aðeṇ'trarse] *vr* hineingehen (*en* in +*akk*)

adentro [a'ðeṇtro] *adv* **1.**(*lugar*) darin **2.**(*lugar y movimiento*) hinein; **mar** ~ seewärts; **el grito le salió de muy** ~ sein/ihr Schrei kam aus tiefster Seele

adentros [a'ðen̪tros] *mpl* Innere(s) *nt;* **para sus** ~ innerlich

adepto, **-a** [a'ðepto, -a] *m, f* Mitglied *nt*

aderezar [aðere'θar] <z→c> *vt* würzen

adeudar [aðeu̯'ðar] **I.** *vt* **1.** (*deber*) schulden **2.** (*cargar*) belasten **II.** *vr:* **~se** sich verschulden

adherir [aðe'rir] *irr como sentir* **I.** *vt* (auf)kleben (*a* auf +*akk*) **II.** *vr:* **~se** haften (*a* an +*dat*); (*a una opinión*) zustimmen (*a* +*dat*); (*a un partido*) beitreten (*a* +*dat*)

adhesivo [aðe'siβo, -a] *m* Aufkleber *m*

adicción [aðiɣ'θjon] *f* Sucht *f;* ~ **a las drogas** Drogenabhängigkeit *f*

adición [aði'θjon] *f* Addition *f*

adicional [aðiθjo'nal] *adj* zusätzlich

adicto, **-a** [a'ðikto, -a] **I.** *adj* **1.** (*leal*) ergeben **2.** (*que tiene adicción*) süchtig; ~ **a las drogas** drogensüchtig; ~ **a la televisión** (*fam*) fernsehsüchtig **II.** *m, f* **1.** (*dependiente*) Süchtige(r) *mf* **2.** (*CSur*) Anhänger(in) *m(f)* (*a* +*gen*)

adiestrar [aðjes'trar] *vt* **1.** (*personas*) schulen (*en* in +*dat, para* für +*akk*) **2.** (*animales*) abrichten (*para* zu +*dat*); (*para el circo*) dressieren

adinerado, **-a** [aðine'raðo, -a] *adj* vermögend

adiós [a'ðjos] **I.** *interj* auf Wiedersehen; (*sorpresa*) ach (Gott) **II.** *m* Abschied *m*

aditivo [aði'tiβo, -a] *m* Zusatzstoff *m*

adivinanza [aðiβi'nan̪θa] *f* Rätsel *nt*

adivinar [aðiβi'nar] *vt* **1.** (*el futuro*) wahrsagen **2.** (*conjeturar*) raten; (*acertar*) erraten; **¡adivina cuántos años tengo!** rat mal, wie alt ich bin! **3.** (*vislumbrar*) erahnen

adjetivo [aðxe'tiβo] *m* Adjektiv *nt*

adjudicar [aðxuði'kar] <c→qu> **I.** *vt* **1.** (*premio*) verleihen; (*beca*) vergeben **2.** (*en una subasta*) zuschlagen **II.** *vr:* **~se** sich *dat* aneignen; (*victoria*) erringen

adjuntar [aðxun̪'tar] *vt* beilegen

adjunto, **-a** [að'xun̪to, -a] *adj* beiliegend; (*auxiliar*) stellvertretend

administración [aðministra'θjon] *f* **1.** (*dirección*) Verwaltung *f;* ~ **municipal** Stadtverwaltung *f* **2.** (*órgano*) Behörde *f;* **la** ~ **de correos** die Post; **la** ~ **española** die spanischen Behörden **3.** (*de medicamentos*) Verabreichung *f;* (*de sacramentos*) Spenden *nt* **4.** (*Arg: gobierno*) Regierung *f*

administrador(**a**) [aðministra'ðor(a)] *m(f)* Verwalter(in) *m(f)*

administrar [aðminis'trar] *vt* **1.** (*dirigir, cuidar*) verwalten; ~ **justicia** Recht sprechen **2.** (*racionar*) einteilen; (*suministrar*) verteilen **3.** (*medicamentos*) verabreichen

administrativo, **-a** [aðministra'tiβo, -a] **I.** *adj* Verwaltungs- **II.** *m, f* Verwaltungsangestellte(r) *mf*

admirable [aðmi'raβle] *adj* bewundernswert

admiración [aðmira'θjon] *f* Bewunderung *f;* (*asombro*) Verwunderung *f;* (*signo*) Ausrufezeichen *nt*

admirado, **-a** [aðmi'raðo, -a] *adj* erstaunt; **me quedé admirada de tus conocimientos** ich war erstaunt über deine Kenntnisse

admirador(**a**) [aðmira'ðor(a)] *m(f)* Bewunderer, -in *m, f*

admirar [aðmi'rar] **I.** *vt* bewundern; (*asombrar*) verwundern **II.** *vr:* **~se** sich wundern (*de* über +*akk*)

admisible [aðmi'siβle] *adj* zulässig

admisión [aðmi'sjon] *f* **1.** (*en una asociación*) Aufnahme *f* (*en* in +*akk*); (UNIV) Zulassung *f* (*en* zu +*dat*) **2.** (TÉC) Zufuhr *f*

admitir [aðmi'tir] *vt* **1.** aufnehmen (*en* in +*akk*) **2.** (*reconocer*) zugeben **3.** (*permitir*) zulassen

ADN [aðe'ene] *m abr de* **ácido desoxirribonucleico** DNS *f*

adobar [aðo'βar] *vt* marinieren; (*con sal*) pökeln

adobe [a'ðoβe] *f* Luftziegel *m*

adobo [a'ðoβo] *m* (*salsa*) Marinade *f*

adoctrinar [aðoktri'nar] *vt* indoktrinieren

adolecer [aðole'θer] *irr como crecer vi* erkranken (*de* an +*dat*)

adolescencia [aðoles'θen̪θja] *f* Jugend *f*

adolescente [aðoles'θen̪te] *mf* Jugendliche(r) *mf*

adonde [a'ðon̪de] *adv* (*relativo*) wohin

adónde [a'ðon̪de] *adv* (*interrogativo*) wohin

adondequiera [aðon̪de'kjera] *adv:* ~ **que** +*subj* wo(hin) auch immer

adopción [aðoβ'θjon] *f* **1.** (*de niños*) Adoption *f* **2.** (*de nacionalidad/religión*) Annahme *f* **3.** (*de medidas*) Ergreifen *nt*

adoptar [aðop'tar] *vt* **1.** (*niño*) adoptieren **2.** (*nacionalidad*) annehmen **3.** (*medida*) ergreifen; (*acuerdo*) fassen

adoptivo, -a [aðop'tiβo, -a] *adj* Adoptiv-; (*cosas*) Wahl-

adoquín [aðo'kin] *m* Pflasterstein *m*

adorable [aðo'raβle] *adj* entzückend

adorar [aðo'rar] *vt* anbeten

adormecer [aðorme'θer] *irr como crecer* **I.** *vt* **1.** (*personas*) einschläfern **2.** (*dolor*) stillen **II.** *vr:* ~**se** einschlafen

adormilarse [aðormi'larse] *vr* einnicken

adornar [aðor'nar] *vt, vr:* ~**se** (sich) schmücken (*con* mit +*dat*)

adorno [a'ðorno] *m* Schmuck *m;* (*ornamento*) Verzierung *f*

adosado, -a [aðo'saðo, -a] *adj:* **casa adosada** Reihenhaus *nt*

adquirir [aðki'rir] *irr vt* erlangen; (*comprar*) erwerben

adquisición [aðkisi'θjon] *f* Erwerb *m;* (*de una empresa*) Übernahme *f;* **este coche es una buena** ~ mit diesem Auto haben wir einen guten Kauf gemacht

adquisitivo, -a [aðkisi'tiβo, -a] *adj:* **poder** ~ Kaufkraft *f*

adrede [a'ðreðe] *adv* absichtlich

adrenalina [aðrena'lina] *f* Adrenalin *nt*

Adriático [a'ðrjatiko] *m* Adria *f*

adscribir [a^{ð}skri'βir] *irr como escribir vt* zuschreiben; (*destinar*) zuteilen

aduana [a'ðwana] *f* Zoll *m*

aduanero, -a [aðwa'nero, -a] *m, f* Zollbeamte(r) *mf,* beamtin *f*

aducir [aðu'θir] *irr como traducir vt* (*razón*) anführen; (*prueba*) beibringen

adueñarse [aðwe'ɲarse] *vr* sich bemächtigen (*de* +*gen*)

adulador(a) [aðula'ðor(a)] *m(f)* Schmeichler(in) *m(f)*

adular [aðu'lar] *vt* schmeicheln +*dat*

adulterar [aðul̩te'rar] *vt* verfälschen; (*bebidas*) panschen

adulterio [aðul̩'terjo] *m* Ehebruch *m*

adúltero, -a [a'ðul̩tero, -a] *m, f* Ehebrecher(in) *m(f)*

adulto, -a [a'ðul̩to, -a] *m, f* Erwachsene(r) *mf*

advenedizo, -a [aðβene'ðiθo, -a] *m, f* (*pey*) Emporkömmling *m*

adverbial [aðβer'βjal] *adj* adverbial

adverbio [að'βerβjo] *m* Adverb *nt;* ~ **de modo/de lugar/de tiempo** Modal-/Lokal-/Temporaladverb *nt*

adversario, -a [aðβer'sarjo, -a] *m, f* Gegner(in) *m(f)*

adversidad [aðβersi'ða^{ð}] *f* Widrigkeit *f;* (*desgracia*) Unglück *nt*

advertencia [aðβer'ten̪θja] *f* Warnung *f;* (*indicación*) Hinweis *m*

advertir [aðβer'tir] *irr como sentir vt* (*reparar*) bemerken; (*indicar*) hinweisen (auf +*akk*); (*aconsejar*) raten

adviento [að'βjen̪to] *m* Advent *m*

adyacente [aðɟa'θen̪te] *adj* angrenzend

aéreo, -a [a'ereo, -a] *adj:* **base aérea** Luftstützpunkt *m;* **compañía aérea** Fluggesellschaft *f;* **por vía aérea** per Luftpost

aeróbic [ae'roβi^{k}] *m* Aerobic *nt*

aerodinámico, -a [aeroði'namiko, -a] *adj* aerodynamisch

aeródromo [ae'roðromo] *m* Flugplatz *m*

aeroespacial [aeroespa'θjal] *adj* Luft- und Raumfahrt-

aerolínea [aero'linea] *f* Fluggesellschaft *f*

aeronauta [aero'nau̯ta] *mf* Pilot(in) *m(f)*

aeronáutica [aero'nau̯tika] *f* Luftfahrt *f*

aeronave [aero'naβe] *f* Luftfahrzeug *nt;* ~ **espacial** Raumschiff *nt*

aeroplano [aero'plano] *m* Flugzeug *nt*

aeropuerto [aero'pwerto] *m* Flughafen *m*

afable [a'faβle] *adj* umgänglich (*con/para con* gegenüber +*dat*)

afamado, -a [afa'maðo, -a] *adj* berühmt

afán [a'fan] *m* **1.** (*ahínco*) Eifer *m;* (*ambición*) Streben *nt* (*de* nach +*dat*); ~ **de lucro** Gewinnstreben *nt;* **poner mucho ~ en algo** etw mit viel Eifer machen **2.** (*anhelo*) Sehnsucht *f* (*de* nach +*dat*)

afanar [afa'nar] **I.** *vi* schwer arbeiten **II.** *vt* (*fam*) klauen **III.** *vr:* ~**se** sich abmühen

afección [afe^{ɣ}'θjon] *f* **1.** (MED) Leiden *nt* **2.** (*inclinación*) Zuneigung *f*

afeccionarse [afe^{ɣ}θjo'narse] *vr* (*Chil, RíoPl*) mögen (*de* +*akk*)

afectación [afekta'θjon] *f:* **comportarse con** ~ sich affektiert benehmen

afectado, -a [afek'taðo, -a] *adj* (*amanerado*) affektiert

afectar [afek'tar] **I.** *vt* **1.** (*aparentar*) vortäuschen **2.** (*atañer*) betreffen **3.** (*dañar*) schädigen **4.** (*impresionar*) nahe gehen +*dat* **II.** *vr:* ~**se** (*Am*) sich anstecken

afectivo, -a [afek'tiβo, -a] *adj* sensibel; (*cariñoso*) liebevoll

afecto [a'fekto, -a] *m* Zuneigung *f* (*a* für

+*akk*)

afectuoso, **-a** [afektu'oso, -a] *adj* **1.** (*cariñoso*) liebevoll **2.** (*cordial*) herzlich; **afectuosamente** mit freundlichen Grüßen

afeitado [afei̯'taðo] *m* Rasur *f*; ~ **húmedo** Nassrasur *f*

afeitar [afei̯'tar] *vt, vr:* ~**se** (sich) rasieren; **máquina de** ~ Rasierapparat *m*

aferrar [afe'rrar] **I.** *vt* fest halten **II.** *vr:* ~**se** sich fest halten (*a* an +*dat*)

afgano, **-a** [af'ɣano, -a] **I.** *adj* afghanisch **II.** *m, f* Afghane, -in *m, f*

afianzar [afjan̩'θar] <z→c> **I.** *vt* befestigen; (*dar firmeza*) bestärken (*en* in +*dat*) **II.** *vr:* ~**se** sich behaupten

afiche [a'fiʧe] *m* (*CSur*) Plakat *nt*

afición [afi'θjon] *f* **1.** (*inclinación*) Vorliebe *f* **2.** (*pasatiempo*) Steckenpferd *nt;* **hacer algo por** ~ etw als Hobby betreiben **3.** (*afecto*) Zuneigung *f*

aficionado, **-a** [afiθjo'naðo, -a] **I.** *adj* **1.** (*no profesional*) Hobby- **2.** (*que siente afición*): **ser** ~ **a la arquitectura** sich für Architektur begeistern **II.** *m, f* **1.** (*amante*) Liebhaber(in) *m(f)*; (DEP) Fan *m;* ~ **a la ópera** Opernliebhaber *m* **2.** (*no profesional*) Amateur(in) *m(f)*

aficionar [afiθjo'nar] **I.** *vt:* ~ **a alguien a algo** bei jdm besonderes Interesse für etw wecken **II.** *vr:* ~**se a algo** (*acostumbrarse*) sich *dat* etw angewöhnen; (*prendarse*) etw gerne tun

afilado, **-a** [afi'laðo, -a] *adj* **1.** (*nariz*) spitz; (*cara*) schmal **2.** (*mordaz*) bissig; **lengua afilada** (*fig*) spitze Zunge

afilalápices [afila'lapiθes] *m inv* Bleistiftspitzer *m*

afilar [afi'lar] *vt* (*cuchillo, sentidos*) schärfen; (*lápiz*) (an)spitzen

afiliación [afilja'θjon] *f* **1.** (*acto*) Beitritt *m* (*a* zu +*dat*) **2.** (*pertenencia*) Mitgliedschaft *f;* ~ **política** Parteimitgliedschaft *f*

afiliado, **-a** [afi'ljaðo, -a] *m, f* Mitglied *nt;* ~ **a un sindicato** Gewerkschaftsmitglied *nt*

afiliar [afi'ljar] *vr:* ~**se** beitreten (*a* +*dat*)

afín [a'fin] *adj* verwandt

afinar [afi'nar] **I.** *vi* richtig singen; (*tocando*) richtig spielen **II.** *vt* (MÚS) stimmen

afincarse [afiŋ'karse] <c→qu> *vr* sich niederlassen (*en* in +*dat*)

afinidad [afini'ða^{ð}] *f* Ähnlichkeit *f*

afirmación [afirma'θjon] *f* **1.** Bestätigung *f;* (*de preguntas*) Bejahung *f* **2.** (*aseveración*) Behauptung *f*

afirmar [afir'mar] **I.** *vt* **1.** bejahen; (*dar por cierto*) bestätigen; ~ **con la cabeza** zustimmend nicken **2.** (*aseverar*) behaupten **II.** *vr:* ~**se** sich bestätigen; (*ratificarse*) bestätigen (*en* +*akk*)

afirmativo, **-a** [afirma'tiβo, -a] *adj* bejahend; **en caso** ~ gegebenenfalls; **respuesta afirmativa** positive Antwort

aflicción [afli^{ɣ}'θjon] *f* Kummer *m* (*por* über +*akk*)

afligir [afli'xir] <g→j> **I.** *vt* **1.** (*atormentar*) quälen **2.** (*apenar*) betrüben **II.** *vr:* ~**se** betrübt sein (*con/por/de* über +*akk*)

afligirse <g→j> *vr* betrübt sein (*con/por/de* über +*akk*)

aflojar [aflo'xar] **I.** *vi* nachlassen **II.** *vt* **1.** (*cuerda, nudo*) lockern **2.** (*fam: dinero*) herausrücken **3.** (*velocidad*) drosseln; ~ **el paso** langsamer gehen **III.** *vr:* ~**se** sich lockern

afluencia [a'flwen̩θja] *f* Andrang *m*

afluente [a'flwen̩te] *m* Nebenfluss *m*

afluir [aflu'ir] *irr como huir vi* (*río, calle*) münden (*a* in +*akk*)

afonía [afo'nia] *f* Heiserkeit *f*

afónico, **-a** [a'foniko, -a] *adj* heiser

aforo [a'foro] *m* **1.** (*de una cantidad*) Messung *f* **2.** (*en un estadio*) Kapazität *f;* **la sala tiene un** ~ **de 300 personas** der Saal fasst 300 Personen

afortunadamente [afortunaða'men̩te] *adv* glücklicherweise, zum Glück

afortunado, **-a** [afortu'naðo, -a] *adj* glücklich; **¡qué afortunada eres!** hast du ein Glück!

afrenta [a'fren̩ta] *f* **1.** (*vergüenza*) Schande *f* **2.** (*ofensa*) Beleidigung *f;* **hacer** ~ **a alguien** jdn beleidigen

afrentar [afren̩'tar] **I.** *vt* beleidigen **II.** *vr:* ~**se** sich schämen (*de/por* für +*akk*)

África ['afrika] *f* Afrika *nt*

africano, **-a** [afri'kano, -a] *adj* afrikanisch

afrodisiaco [afroði'sjako] *m*, **afrodisíaco** [afroði'siako] *m* Aphrodisiakum *nt*

afrontar [afron̩'tar] *vt:* ~ **un problema** ein Problem in Angriff nehmen

afuera [a'fwera] *adv* **1.** (*estado*) draußen; **la parte de** ~ der äußere Teil **2.** (*movimiento*) hinaus; **¡~!** (*fam*) raus!

afueras [a'fweras] *fpl* Umgebung *f;* ~ **de la**

A

ciudad Stadtrand *m*

agachar [aɣa'tʃar] **I.** *vt* beugen **II.** *vr:* **~se** sich bücken; (*Am*) nachgeben

agalla [a'ɣaʎa] *f* Kieme *f;* **tener ~s** (*fig*) Mut haben

agarrada [aɣa'rraða] *f* (*fam*): **tener una ~** Krach haben

agarrado, -a [aɣa'rraðo, -a] *adj* geizig

agarrador [aɣarra'ðor] *m* Griff *m*

agarrar [aɣa'rrar] **I.** *vi* Wurzeln schlagen; (*comida*) anbrennen **II.** *vt* **1.** (*asir*) packen (*de/por* an +*dat*); (*tomar*) nehmen **2.** (*delincuente, oportunidad*) ergreifen **3.** (*enfermedad*) bekommen; **~ una borrachera** sich *dat* einen Rausch antrinken **III.** *vr:* **~se 1.** (*asirse*) sich fest halten (*a* an +*dat*) **2.** (*comida*) anbrennen (*a* an +*dat*) **3.** (*Am*) ergreifen

agarrotar [aɣarro'tar] **I.** *vt* lähmen; (*oprimir*) unterdrücken **II.** *vr:* **~se** steif werden; (*por el miedo*) erstarren; (TÉC) sich festfressen

agasajar [aɣasa'xar] *vt* liebenswürdig empfangen; (*con regalos*) reichlich beschenken

agencia [a'xen̩θja] *f* **1.** (*empresa*) Agentur *f;* **~ inmobiliaria** Immobilienbüro *nt;* **~ de publicidad** Werbeagentur *f;* **~ de transportes** Spedition *f;* **Agencia Tributaria** Finanzamt *nt;* **~ de viajes** Reisebüro *nt* **2.** (*sucursal*) Zweigstelle *f*

agenciar [axen̩'θjar] *vt, vr:* **~se** (sich *dat*) beschaffen

agenda [a'xen̩da] *f* Terminkalender *m;* **~ de bolsillo** Taschenkalender *m;* **tener una ~ apretada** einen vollen Terminkalender haben

agente [a'xen̩te] *mf* **1.** (*representante*) Vertreter(in) *m(f);* **~ de bolsa** Börsenmakler *m* **2.** (*funcionario*): **~ judicial** Gerichtsvollzieher(in) *m(f);* **~ de policía** Polizist(in) *m(f)* **3.** (*espía*) Agent(in) *m(f)*

ágil ['axil] *adj* flink; (*mental*) (geistig) agil; (*hábil*) geschickt

agilidad [axili'ðað] *f* **1.** (*física*) Flinkheit *f;* **~ de dedos** Fingerfertigkeit *f* **2.** (*mental*) (geistige) Agilität *f* **3.** (*habilidad*) Geschick *nt*

agitación [axita'θjon] *f* **1.** (*movimiento*) heftige Bewegung *f;* (*de un líquido*) Schütteln *nt* **2.** (*excitación*) Aufregung *f;* (*intranquilidad, t.* POL) Unruhe *f*

agitado, -a [axi'taðo, -a] *adj* (*vida*) hektisch

agitar [axi'tar] **I.** *vt* **1.** (*mover*) hin und her bewegen; **agítese antes de usarlo** vor Gebrauch schütteln **2.** (*intranquilizar*) in Unruhe versetzen **3.** (*sublevar*) aufhetzen **II.** *vr:* **~se 1.** (*moverse*) sich hin und her bewegen **2.** (*excitarse*) sich aufregen

aglomeración [aɣlomera'θjon] *f* Anhäufung *f;* **~ de gente** Menschenauflauf *m*

aglomerar [aɣlome'rar] **I.** *vt* (*reunir*) sammeln; (*amontonar*) anhäufen **II.** *vr:* **~se** sich ansammeln

aglutinar [aɣluti'nar] *vt* **1.** (*pegar*) binden **2.** (*unir*) verbinden; (*fig*) in Einklang bringen

agobiado, -a [aɣo'βjaðo, -a] *adj* **1.** (*espalda*) gebeugt; **estoy ~ de deudas** ich bin hoch verschuldet **2.** (*cansado*) erschöpft; **~ por los años** altersschwach

agobiante [aɣo'βjan̩te] *adj* mühsam; (*persona*) aufdringlich; (*calor*) drückend

agobiar [aɣo'βjar] **I.** *vt* **1.** (*abrumar*) bedrücken; **¡no me agobies!** lass mich in Ruhe! **2.** (*de trabajo*) überhäufen (*de* mit +*dat*) **II.** *vr:* **~se** sich überarbeiten; (*angustiarse*) deprimiert sein (*con/por* wegen +*gen/dat*)

agobio [a'ɣoβjo] *m* Überlastung *f;* (*cansancio*) Erschöpfung *f;* (*angustia*) Niedergeschlagenheit *f*

agolparse [aɣol'parse] *vr* (*personas*) zusammenlaufen; (*sucesos*) sich überstürzen

agonía [aɣo'nia] *f* Todeskampf *m;* (*angustia*) Kummer *m*

agonizar [aɣoni'θar] <z→c> *vi* im Sterben liegen

agosto [a'ɣosto] *m* August *m;* *v. t.* **marzo**

agotado, -a [aɣo'taðo, -a] *adj* (*libro*) vergriffen

agotador(a) [aɣota'ðor(a)] *adj* anstrengend; **hace un calor ~** die Hitze macht einem zu schaffen

agotamiento [aɣota'mjen̩to] *m* Erschöpfung *f*

agotar [aɣo'tar] **I.** *vt* (*existencias*) aufbrauchen; (*mercancía*) ausverkaufen **II.** *vr:* **~se** (*mercancía*) ausgehen; (*fuerzas, tema*) sich erschöpfen

agraciado, -a [aɣra'θjaðo, -a] *adj* **1.** (*bien parecido*) gut aussehend **2.** (*afortunado*) begünstigt (*por* von +*dat*); **salir ~ en la lotería** in der Lotterie gewinnen

agradable [aɣra'ðaβle] *adj* **1.** angenehm; (*lugar*) gemütlich; **~ al paladar** wohlschmeckend; **es ~ a la vista** das ist ein schöner Anblick **2.** (*persona*) freundlich (*con/para con* zu +*dat*)

agradar [aɣra'ðar] *vi* gefallen +*dat;* **me agrada oír música** ich höre gern Musik; **quieres ~ a todos** du willst es allen recht machen

agradecer [aɣraðe'θer] *irr como crecer vt* danken (für +*akk*); **te agradezco la invitación** ich danke dir für die Einladung; **le ~ía mucho si...** +*subj* ich wäre Ihnen sehr dankbar, wenn ...

agradecido, **-a** [aɣraðe'θiðo, -a] *adj* dankbar (*por* für +*akk*); **le estoy sumamente ~** ich bin Ihnen unendlich dankbar

agradecimiento [aɣraðeθi'mjen̪to] *m* Dank *m* (*por* für +*akk*)

agrado [a'ɣraðo] *m* **1.** (*afabilidad*) Freundlichkeit *f;* **tratar a alguien con ~** jdn freundlich behandeln **2.** (*complacencia*) Wohlgefallen *nt;* **esto no es de mi ~** das gefällt mir nicht

agrandar [aɣran̪'dar] *vt, vr:* **~se** (sich) vergrößern

agrario, **-a** [a'ɣrarjo, -a] *adj* landwirtschaftlich

agravamiento [aɣraβa'mjen̪to] *m* **1.** (MED) Verschlimmerung *f* **2.** (*recrudecimiento*) Verschärfung *f*

agravar [aɣra'βar] *vt, vr:* **~se** (*enfermedad*) (sich) verschlimmern; (*situación*) (sich) verschärfen

agraviar [aɣra'βjar] *vt* beleidigen

agravio [a'ɣraβjo] *m* **1.** (*ofensa*) Beleidigung *f* **2.** (JUR) Beeinträchtigung *f;* **~ material** materieller Schaden; **sufrir ~s** Unrecht erleiden

agredir [aɣre'ðir] *vt* angreifen

agregado, **-a** [aɣre'ɣaðo, -a] *m, f* **1.** (*diplomático*) Attaché *m;* **~ comercial** Handelsattaché *m* **2.** (*adjunto*) Gehilfe, -in *m, f*

agregar [aɣre'ɣar] <g→gu> **I.** *vt* hinzufügen (*a* +*dat*); (*destinar*) zuteilen (*a* +*dat*) **II.** *vr:* **~se** sich anschließen

agresión [aɣre'sjon] *f* Angriff *m*

agresividad [aɣresiβi'ða[ð]] *f* Aggressivität *f*

agresivo, **-a** [aɣre'siβo, -a] *adj* aggressiv

agreste [a'ɣreste] *adj* ländlich; (*vegetación*) wild

agriar [a'ɣrjar] *vr:* **~se** sauer werden

agrícola [a'ɣrikola] *adj* landwirtschaftlich; **cooperativa ~** Agrargenossenschaft *f*

agricultor(a) [aɣrikul̪'tor(a)] *m(f)* Bauer *m,* Bäuerin *f*

agricultura [aɣrikul̪'tura] *f* Landwirtschaft *f*

agridulce [aɣri'ðul̪θe] *adj* süß-sauer

agrietar [aɣrje'tar] **I.** *vt* rissig machen **II.** *vr:* **~se** rissig werden; (*piel*) aufspringen

agrio, **-a** ['aɣrjo, -a] *adj* sauer; (*crítica*) herb

agrónomo, **-a** [a'ɣronomo, -a] *m, f* Diplomlandwirt(in) *m(f)*

agropecuario, **-a** [aɣrope'kwarjo, -a] *adj* Agrar-

agroturismo [aɣrotu'rismo] *m* Land-Tourismus *m*

agrupación [aɣrupa'θjon] *f* Gruppierung *f;* (*conjunto*) Gruppe *f;* (*asociación*) Verein *m*

agrupar [aɣru'par] *vt, vr:* **~se** (sich) gruppieren

agua ['aɣwa] *f* **1.** (*líquido*) Wasser *nt;* **~ dentífrica** Mundwasser *nt;* **~ con gas** kohlensäurehaltiges Wasser; **~ del grifo** Leitungswasser *nt;* **~ mineral** Mineralwasser *nt;* **~ nieve** Schneeregen *m;* **~ potable** Trinkwasser *nt;* **~s residuales** Abwässer *ntpl* **2.** *pl* (*mar, río*) Gewässer *nt;* **~s interiores** Binnengewässer *nt;* **~s jurisdiccionales** Hoheitsgewässer *nt* **3.** *pl:* **~s menores** Urin *m* **4.** *pl:* **~s termales** Thermalbad *nt*

aguacate [aɣwa'kate] *m* Avocado *f*

aguacero [aɣwa'θero] *m* Platzregen *m*

aguachirle [aɣwa'ʧirle] *f* (*pey*) Spülwasser *nt*

aguacil [aɣwa'θil] *m* (*CSur*) Libelle *f*

aguado, **-a** [a'ɣwaðo, -a] *adj* verwässert; (*fruta*) wäss(e)rig

aguafiestas [aɣwa'fjestas] *mf inv* Spielverderber(in) *m(f)*

aguafuerte [aɣwa'fwerte] *m* Radierung *f;* **grabar al ~** radieren

aguanieve [aɣwa'njeβe] *f* Schneeregen *m*

aguantar [aɣwan̪'tar] **I.** *vt* **1.** (*sostener, durar*) halten; **este abrigo ~á mucho** dieser Mantel wird lange halten **2.** (*soportar*) ertragen; **no aguanto más** mir reicht's; **no poder ~ a alguien** jdn nicht ausstehen können **3.** (*contener*) zurückhalten; **~ la risa** sich *dat* das Lachen verkneifen **II.** *vr:* **~se 1.** (*contenerse*) sich beherrschen **2.** (*soportar*) es aushalten **3.** (*conformarse*) sich zufrieden geben **4.** (*sostenerse*) sich halten; **~se de pie** sich aufrecht halten

aguante [a'ɣwan̪te] *m* **1.** (*paciencia*) Geduld *f* **2.** (*tolerancia*) Duldsamkeit *f;* **tener mucho** ~ ein dickes Fell haben *fam* **3.** (*resistencia*) Ausdauer *f*

aguar [a'ɣwar] <gu→gü> **I.** *vt* verwässern; (*frustrar*) verderben **II.** *vr:* **~se** sich mit Wasser füllen; (*estropearse*) ins Wasser fallen *fam*

aguardar [aɣwar'ðar] **I.** *vt* warten; ~ **unos días** einige Tage warten; ~ **algo/a alguien** auf etw/jdn warten **II.** *vr:* **~se** (ab)warten

aguardiente [aɣwar'ðjen̪te] *m* Schnaps *m*

aguarrás [aɣwa'rras] *m* Terpentin *nt*

agudeza [aɣu'ðeθa] *f* **1.** (*del cuchillo*) Schärfe *f;* ~ **visual** Sehschärfe *f* **2.** (*perspicacia*) Scharfsinn *m* **3.** (*ingenio*) Witz *m*

agudizar [aɣuði'θar] <z→c> **I.** *vt* (ver)schärfen **II.** *vr:* **~se** sich verschärfen; (*enfermedad*) sich verschlimmern

agudo, -a [a'ɣuðo, -a] *adj* **1.** (*afilado*) spitz **2.** (*sagaz*) scharfsinnig; **vista aguda** scharfer Blick **3.** (*ingenioso*) geistreich **4.** (*dolor*) stechend; (*enfermedad*) akut; (*olor*) scharf **5.** (*sonido*) hoch **6.** (LING) endbetont

agüero [a'ɣwero] *m:* **de mal** ~ Unheil verkündend; **ser de buen** ~ Glück bringen

aguijón [aɣi'xon] *m* Stachel *m*

águila ['aɣila] *f* Adler *m*

aguileño, -a [aɣi'leɲo, -a] *adj* Adler-; **rostro** ~ kantiges Gesicht

aguinaldo [aɣi'nal̪do] *m* ≈Weihnachtsgeld *nt*

aguja [a'ɣuxa] *f* **1.** (*general*) Nadel *f* **2.** (*del reloj*) Zeiger *m*

agujerear [aɣuxere'ar] *vt* lochen; (*hacer muchos agujeros*) durchlöchern

agujero [aɣu'xero] *m* Loch *nt;* ~ **de ozono** Ozonloch *nt*

agujetas [aɣu'xetas] *fpl* Muskelkater *m*

aguzar [aɣu'θar] <z→c> *vt:* ~ **los sentidos** die Sinne schärfen; ~ **la vista** scharf hinsehen

ah [a] *interj* ah; (*asombrado*) ach

ahí [a'i] **I.** *adv* **1.** (*lugar*) dort; **me voy por** ~ ich gehe kurz spazieren **2.** (*loc*): **por ~, por** ~ ungefähr; **¡~ es nada!** nicht schlecht! **II.** *conj:* **de** ~ **que** +*ind/subj* deshalb

ahijado, -a [ai'xaðo, -a] *m, f* Patenkind *nt*

ahínco [a'iŋko] *m* Eifer *m;* (*empeño*) Nachdruck *m*

ahogado, -a [ao'ɣaðo, -a] *adj:* **estar** ~ **de trabajo** mit Arbeit überhäuft sein

ahogar [ao'ɣar] <g→gu> **I.** *vt* (*en el agua*) ertränken; (*estrangular*) erwürgen; (*asfixiar*) ersticken; (*angustiar*) bedrücken **II.** *vr:* **~se 1.** (*en el agua*) ertrinken **2.** (*asfixiarse*) ersticken; **~se de calor** vor Hitze umkommen **3.** (*motor*) absaufen *fam*

ahogo [a'oɣo] *m* **1.** (*sofocación*) Atemnot *f* **2.** (*asfixia*) Erstickung *f* **3.** (*angustia*) Beklemmung *f*

ahondar [aon̪'dar] *vi* sich intensiv beschäftigen (*en* mit +*dat*)

ahora [a'ora] *adv* jetzt; (*dentro de un momento*) gleich; ~ **bien** allerdings; **de** ~ **en adelante** von nun an; **hasta** ~ bisher; **por** ~ einstweilen; **¡~ (lo entiendo)!** jetzt begreife ich es!; ~ **mismo vengo** ich komme gleich; **acaba de salir** ~ **mismo** er/sie ist gerade weggegangen; **¡ven** ~ **mismo!** komm sofort!; **¿y** ~ **qué?** was nun?

ahorcado, -a [aor'kaðo, -a] *m, f* Erhängte(r) *mf;* (*en la horca*) Gehenkte(r) *mf*

ahorcar [aor'kar] <c→qu> *vr:* **~se** sich erhängen (*en/de* an +*dat*)

ahorrador(a) [aorra'ðor(a)] *adj* sparsam

ahorrar [ao'rrar] **I.** *vt* (ein)sparen **II.** *vr:* **~se** sich *dat* (er)sparen

ahorrativo, -a [aorra'tiβo, -a] *adj* sparsam

ahorro [a'orro] *m* Sparen *nt;* (*cantidad*) Ersparte(s) *nt*

ahumado, -a [au'maðo, -a] *adj* (*color*) rauchfarben; (*cristal*) getönt

ahumar [au'mar/au̯'mar] **I.** *vt* **1.** (GASTR) räuchern **2.** (*llenar de humo*) verrauchen **II.** *vr:* **~se** (*ennegrecerse*) vom Rauch schwarz werden; (*un guiso*) Rauchgeschmack annehmen

ahuyentar [au̯ɟen̪'tar] *vt* verscheuchen

ai [ai̯] *m* (*Arg, Par*) Faultier *nt*

airar [ai̯'rar] *irr* **I.** *vt* erzürnen **II.** *vr:* **~se** zornig werden

airbag ['erβaɣ] *m* Airbag *m*

aire ['ai̯re] *m* **1.** (*atmósfera*) Luft *f;* ~ **acondicionado** Klimaanlage *f;* **al** ~ **libre** unter freiem Himmel; **dejar una pregunta en el** ~ eine Frage offen lassen; **¡~!** verschwinde! **2.** (*viento*) Wind *m;* **corriente de** ~ Luftzug *m;* **hoy hace** ~ heute ist es windig **3.** (*aspecto*) Aussehen *nt;* **darse ~s de grandeza** großtun; **¡tiene unos ~s!** der/die macht immer ein Getue! **4.** (*Arg, Par*) steifer Hals *m*

airear [ai̯re'ar] **I.** *vt* lüften **II.** *vr:* **~se** an die (frische) Luft gehen

airoso, **-a** [a̯iˈroso, -a] *adj:* **salir ~ de algo** bei etw *dat* gut abschneiden

aislado, **-a** [ai̯sˈlaðo, -a] *adj* einzeln

aislamiento [ai̯slaˈmjen̩to] *m* **1.** (*t.* TÉC) Isolation *f;* **~ acústico** Schalldämmung *f* **2.** (*retiro*) Abgeschiedenheit *f*

aislante [ai̯sˈlan̩te] *adj:* **cinta ~** Isolierband *nt*

aislar [ai̯sˈlar] *vt, vr:* **~se** (sich) isolieren

ajardinado, **-a** [axarðiˈnaðo, -a] *adj* begrünt

ajedrez [axeˈðreθ] *m* Schach(spiel) *nt*

ajeno, **-a** [aˈxeno, -a] *adj* **1.** (*de otro*) fremd; **la felicidad ajena** das Glück anderer **2.** *ser* (*impropio*) untypisch; **esto es ~ a su carácter** das ist nicht typisch für ihn/sie **3.** *estar* (*ignorante*) unwissend; **estar ~ a algo** von etw *dat* nichts wissen

ajetreo [axeˈtreo] *m* Hetzerei *f;* (*en un sitio*) geschäftiges Treiben *nt*

ají [aˈxi] *m* (*AmS, Ant*) **1.** (*arbusto*) Pfefferstrauch *m* **2.** (*pimentón*) Paprika *m;* (*de las Indias*) Cayennepfeffer *m*

ajilimoje [axiliˈmoxe] *m,* **ajilimójili** [axiliˈmoxili] *m* pikante Knoblauchtunke *f*

ajillo [aˈxiʎo] *m:* **al ~** mit gehacktem Knoblauch und Petersilie gebraten

ajo [ˈaxo] *m* Knoblauch *m*

ajuar [aˈxwar] *m* Aussteuer *f*

ajustable [axusˈtaβle] *adj* verstellbar

ajustado, **-a** [axusˈtaðo, -a] *adj* (*ropa*) eng (anliegend); (*adecuado*) angemessen

ajustar [axusˈtar] **I.** *vi* genau passen **II.** *vt* **1.** (*adaptar*) anpassen (*a* an *+akk*) **2.** (TÉC) einstellen **3.** (*acordar*) vereinbaren; **~ cuentas** abrechnen **III.** *vr:* **~se** **1.** (*ponerse de acuerdo*) übereinkommen **2.** (*adaptarse*) sich anpassen (*a* an *+akk*); **no ~se al tema** vom Thema abschweifen; **~se a la verdad** sich an die Wahrheit halten

ajuste [aˈxuste] *m:* **~ de cuentas** Abrechnung *f*

ajusticiar [axustiˈθjar] *vt* hinrichten

al [al] = **a + el** *v.* **a**

ala [ˈala] *f* Flügel *m;* **~ del sombrero** Hutkrempe *f;* **ahuecar el ~** sich auf die Socken machen; **estar tocado del ~** (*fam*) einen Dachschaden haben

Alá [aˈla] *m* Allah *m*

alabanza [alaˈβan̩θa] *f* Lob *nt;* **deshacerse en ~s para con alguien** jdn in den Himmel heben

alabar [alaˈβar] **I.** *vt* loben (*por* für *+akk*) **II.** *vr:* **~se** prahlen (*de* mit *+dat*)

alabastro [alaˈβastro] *m* Alabaster *m*

alacena [alaˈθena] *f* Speiseschrank *m*

alacrán [alaˈkran] *m* Skorpion *m*

alado, **-a** [aˈlaðo, -a] *adj* beflügelt; (*ligero*) flink

alambique [alamˈbike] *m* Destillierkolben *m*

alambrada [alamˈbraða] *f* (Stacheldraht)zaun *m*

alambre [aˈlambre] *m* Draht *m*

alambrista [alamˈbrista] *mf* Seiltänzer(in) *m(f)*

alameda [alaˈmeða] *f* Pappelwald *m;* (*paseo* (*de álamos*)) (Pappel)allee *f*

álamo [ˈalamo] *m* Pappel *f*

alarde [aˈlarðe] *m* Prahlerei *f;* **hacer ~ de algo** (*presumir*) mit etw *dat* angeben; (*ostentar*) etw zur Schau tragen

alardear [alarðeˈar] *vi:* **~ de algo** (*presumir*) mit etw *dat* angeben; (*ostentar*) etw zur Schau tragen

alargado, **-a** [alarˈɣaðo, -a] *adj* länglich

alargar [alarˈɣar] <g→gu> **I.** *vt* **1.** (*la extensión*) verlängern; **~ la mano** die Hand hinhalten **2.** (*la duración*) ausdehnen **3.** (*retardar*) verzögern **II.** *vr:* **~se** länger werden; (*retardarse*) sich verzögern

alarido [alaˈriðo] *m* Geschrei *nt*

alarma [aˈlarma] *f* Alarm *m;* **falsa ~** blinder Alarm; **dar la ~** Alarm geben; **~ social** Unruhe in der Bevölkerung

alarmar [alarˈmar] **I.** *vt* **1.** (*dar la alarma*) alarmieren **2.** (*inquietar*) beunruhigen; **noticia alarmante** Schreckensnachricht *f* **II.** *vr:* **~se** unruhig werden

alarmista [alarˈmista] *mf* Schwarzseher(in) *m(f)*

alavés, **-esa** [alaˈβes, -esa] *adj* aus Álava

alba [ˈalβa] *f* Morgendämmerung *f;* **al rayar el ~** bei Tagesanbruch

albacea [alβaˈθea] *mf* Testamentsvollstrecker(in) *m(f)*

albaceteño, **-a** [alβaθeˈteɲo, -a] *adj* aus Albacete

albahaca [alˈβaka/alβaˈaka] *f* Basilikum *nt*

albanés, **-esa** [alβaˈnes, -esa] *adj* albanisch

Albania [alˈβanja] *f* Albanien *nt*

albañil [alβaˈɲil] *mf* Maurer(in) *m(f)*

albañilería [alβaɲile'ria] *f* Maurerhandwerk *nt*

albarán [alβa'ran] *m* Lieferschein *m*

albaricoque [alβari'koke] *m* Aprikose *f*

albatros [al'βatros] *m inv* Albatros *m*

albedrío [alβe'ðrio] *m* Willkür *f;* **libre ~** freier Wille

albergar [alβer'ɣar] <g→gu> **I.** *vt* beherbergen **II.** *vr:* **~se** absteigen

albergue [al'βerɣe] *m:* **~ juvenil** Jugendherberge *f;* **~ de montaña** Berghütte *f*

albino, -a [al'βino, -a] *m, f* Albino *m*

albóndiga [al'βon̪diɣa] *f* Fleischkloß *m*

albornoz [alβor'noθ] *m* Bademantel *m*

alborotado, -a [alβoro'taðo, -a] *adj* aufgeregt

alborotar [alβoro'tar] **I.** *vi* lärmen; (*niños*) toben **II.** *vt* **1.** (*excitar*) erregen **2.** (*desordenar*) durcheinander bringen **III.** *vr:* **~se** sich aufregen

alboroto [alβo'roto] *m* Stimmengewirr *nt;* (*ruido*) Krach *m*

alborozo [alβo'roθo] *m* Freude *f*

albufera [alβu'fera] *f* Lagune *f*

álbum ['alβun] *m* <álbum(e)s> Album *nt*

albur [al'βur] *m* Weißfisch *m*

alcachofa [alka'ʧofa] *f* Artischocke *f*

alcahuete, -a [alka'wete, -a] *m, f* Kuppler(in) *m(f)*

alcalde(sa) [al'kal̪de, alkal̪'desa] *m(f)* (Ober)bürgermeister(in) *m(f)*

alcaldía [alkal̪'dia] *f* Bürgermeisteramt *nt*

álcali ['alkali] *m* (QUÍM) Alkali *nt*

alcalino, -a [alka'lino, -a] *adj* alkalisch

alcance [al'kan̪θe] *m* **1.** (*distancia*) Reichweite *f;* **de ~ limitado** von geringer Reichweite; **al ~ de la mano** in Reichweite **2.** (*importancia*) Tragweite *f;* **de mucho/poco ~** bedeutend/unbedeutend

alcanfor [alkaɱ'for] *m* Kampfer *m*

alcantarilla [alkan̪ta'riʎa] *f* Abwasserkanal *m;* (*sumidero*) Gully *m o nt*

alcantarillado [alkan̪tari'ʎaðo] *m* Kanalisationssystem *nt*

alcanzar [alkan̪'θar] <z→c> **I.** *vi* reichen (*a/hasta* bis (zu) +*dat, para* für +*akk*) **II.** *vt* einholen; (*llegar*) erreichen; (*entender*) verstehen

alcaparra [alka'parra] *f* Kaper *f*

alcatraz [alka'traθ] *m* **1.** (ZOOL) Basstölpel *m* **2.** (BOT) Aronstab *m*

alcázar [al'kaθar] *m* Festung *f*

alce ['al̪θe] *m* Elch *m*

alcista [al̪'θista] **I.** *adj:* **mercado ~ de la bolsa** Haussebörse *f;* **movimiento ~ de los precios** Preisauftrieb *m* **II.** *mf* Haussier *m*

alcoba [al'koβa] *f* Schlafzimmer *nt*

alcohol [al'kol/alko'ol] *m* Alkohol *m;* **~ de quemar** Brennspiritus *m;* **bebida sin ~** alkoholfreies Getränk; **no tomo ~** ich trinke keinen Alkohol

alcohólico, -a [al'koliko/alko'oliko, -a] **I.** *adj* **1.** alkoholisch **2.** *v.* **alcoholizado II.** *m, f* Alkoholiker(in) *m(f)*

alcoholismo [alko(o)'lismo] *m sin pl* Alkoholismus *m*

alcoholizado, -a [alko(o)li'θaðo, -a] *adj* alkoholabhängig

alcoholizar [alko(o)li'θar] <z→c> **I.** *vt* alkoholisieren **II.** *vr:* **~se** zum Alkoholiker werden

alcornoque [alkor'noke] *m* **1.** (BOT) Korkeiche *f* **2.** (*persona*): (**pedazo de**) **~** Dummkopf *m*

alcurnia [al'kurnja] *f:* **de ~** von Adel

aldea [al̪'dea] *f* Dorf *nt*

aldeano, -a [al̪de'ano, -a] *m, f* Dorfbewohner(in) *m(f)*

ale ['ale] *interj* auf

aleación [alea'θjon] *f* Legierung *f*

aleatorio, -a [alea'torjo, -a] *adj* zufällig

alegación [aleɣa'θjon] *f* **1.** (JUR): **~ de culpabilidad** Schuldigsprechung *f* **2.** *pl* (*objeciones*) Einwände *mpl*

alegar [ale'ɣar] <g→gu> **I.** *vt* vorbringen **II.** *vi* (*Am*) streiten

alegoría [aleɣo'ria] *f* Allegorie *f*

alegrar [ale'ɣrar] **I.** *vt* erfreuen **II.** *vr:* **~se** sich freuen (*de/con* über +*akk*)

alegre [a'leɣre] *adj* fröhlich; (*divertido*) lustig; **estar ~** (*fam*) einen Schwips haben

alegría [ale'ɣria] *f* Freude *f;* **llevarse una gran ~** sich sehr freuen

alejamiento [alexa'mjen̪to] *m* Entfernung *f;* (*fig*) Distanz *f*

alejar [ale'xar] **I.** *vt* **1.** (*distanciar*) entfernen (*de* von +*dat*) **2.** (*ahuyentar*) vertreiben (*de* aus +*dat*) **II.** *vr:* **~se** sich entfernen (*de* von +*dat*); (*retirarse*) sich zurückziehen (*de* von +*dat*); **todos se alejan de él** alle gehen ihm aus dem Weg

alelar [ale'lar] *vt, vr:* **~se** verblöden

aleluya [ale'luɟa] **I.** *interj* halleluja **II.** *m o f* Halleluja *nt*

alemán[1] [ale'man] *m* (*lengua*) Deutsch(e) *nt;* **alto** ~ Hochdeutsch *nt;* **decir algo en** ~ etw auf Deutsch sagen

alemán, -ana[2] [ale'man, -ana] **I.** *adj* deutsch **II.** *m, f* Deutsche(r) *mf*

Alemania [ale'manja] *f* Deutschland *nt;* **República Federal de** ~ Bundesrepublik *f* Deutschland

alentar [alen̩'tar] <e→ie> **I.** *vt* ermutigen **II.** *vr:* **~se** Mut fassen; (*Hond, Méx*) sich erholen

alerce [a'lerθe] *m* Lärche *f*

alergia [a'lerxia] *f* Allergie *f* (*a* gegen +*akk*); ~ **alimentaria** Lebensmittelallergie *f;* ~ **al polen** Heuschnupfen *m;* **esto me da** ~ dagegen bin ich allergisch

alérgico, -a [a'lerxiko, -a] *adj* allergisch (*a* gegen +*akk*)

alergólogo, -a [aler'ɣoloɣo, -a] *m, f* Allergologe, -in *m, f*

alerta [a'lerta] **I.** *adj* wachsam; **estar ~ de algo** etw aufmerksam verfolgen **II.** *f* Alarm *m;* **dar la** ~ Alarm schlagen; **poner en ~ a alguien** jdn in Alarmzustand versetzen **III.** *interj* Vorsicht

aleta [a'leta] *f* **1.** Flosse *f;* (*de un buzo*) Schwimmflosse *f* **2.** (ANAT) Nasenflügel *m*

aletear [alete'ar] *vi* **1.** (*ave*) mit den Flügeln schlagen **2.** (*pez*) zappeln **3.** (*fam: cobrar fuerza*) zu Kräften kommen

alevosía [aleβo'sia] *f:* **con** ~ hinterlistig

alfabético, -a [alfa'βetiko, -a] *adj* alphabetisch; **estar por orden** ~ alphabetisch geordnet sein

alfabetizar [alfaβeti'θar] <z→c> *vt* alphabetisieren

alfabeto [alfa'βeto] *m* Alphabet *nt*

alfalfa [al'falfa] *f* Luzerne *f*

alfarería [alfare'ria] *f* Töpferei *f;* (*oficio*) Töpferhandwerk *nt*

alfarero, -a [alfa'rero, -a] *m, f* Töpfer(in) *m(f)*

alférez [al'fereθ] *m* Leutnant *m*

alfil [al'fil] *m* (*en ajedrez*) Läufer *m*

alfiler [alfi'ler] *m* **1.** (*aguja*) Stecknadel *f* **2.** (*broche*) Anstecknadel *f;* ~ **de corbata** Krawattennadel *f;* ~ **de gancho** (*Arg*) Sicherheitsnadel *f*

alfombra [al'fombra] *f* Teppich *m;* ~ **persa** Perserteppich *m*

alfombrado [alfom'braðo] *m* (*Am*) Teppichboden *m*

alfombrar [alfom'brar] *vt* mit Teppich auslegen

alfombrilla [alfom'briʎa] *f* **1.** (*estera*) Fußmatte *f;* ~ **de baño** Badematte *f* **2.** (MED) Röteln *pl* **3.** (INFOR) Mousepad *nt*

alforja [al'forxa] *f* (Sattel)tasche *f*

alga ['alɣa] *f* Alge *f*

algarabía [alɣara'βia] *f* Geschrei *nt*

algarada [alɣa'raða] *f* Krawall *m*

algarrobo [alɣa'rroβo] *m* Johannisbrotbaum *m*

algazara [alɣa'θara] *f* (Freuden)geschrei *nt*

álgebra ['alxeβra] *f* Algebra *f*

álgido, -a ['alxiðo, -a] *adj* **1.** (*muy frío*) eisig; **fiebre álgida** Schüttelfrost *m* **2.** (*culminante*): **el período ~ del Barroco** die Blütezeit des Barocks

algo ['alɣo] **I.** *pron indef* etwas; ~ **es** ~ besser das als nichts; **¿quieres ~?** möchtest du (et)was?; **¿apostamos ~?** wollen wir wetten?; **me suena de** ~ das kommt mir irgendwie bekannt vor; **se cree** ~ er/sie macht sich wichtig; **por ~ lo habrá dicho** er/sie wird es aus gutem Grund gesagt haben **II.** *adv* ein bisschen; **aún falta ~ hasta llegar** bis dahin fehlt noch ein Stückchen; ~ **así como** ungefähr

algodón [alɣo'ðon] *m* **1.** (*planta, tejido*) Baumwolle *f;* **una camisa de** ~ ein Baumwollhemd **2.** (*cosmético*) Watte *f;* ~ **hidrófilo** Verbandswatte *f* **3.** (*dulce*) Zuckerwatte *f*

alguacil [alɣwa'θil] *m* Gerichtsbote *m;* (ADMIN) Gemeindediener *m*

alguien ['alɣjen] *pron indef* jemand; **¿hay ~ aquí?** ist da jemand?; ~ **me lo ha contado** irgendjemand hat es mir erzählt; **se cree** ~ er/sie spielt sich auf

algún [al'ɣun] *adj v.* **alguno I.**

alguno, -a [al'ɣuno, -a] **I.** *adj* <algún> **1.** (*antepuesto: indef*) irgendein; **¿alguna pregunta?** irgendwelche Fragen?; **de alguna manera** irgendwie; **en algún sitio** irgendwo; **alguna vez** gelegentlich; **algún día** eines Tages **2.** (*postpuesto: ninguno*) kein(e); **en sitio** ~ nirgendwo; **persona alguna** niemand **II.** *pron indef* jemand; **~s de los presentes** einige der Anwesenden; **~s ya se han ido** manche sind schon gegangen

alhaja [a'laxa] *f* Juwel *nt;* **¡esta chica es una ~!** dieses Mädchen ist ein Juwel!; **¡menuda ~, este niño!** dieser Junge ist ja ein sauberes Früchtchen!

aliado, **-a** [ali'aðo, -a] **I.** *adj* verbündet; (POL) alliiert **II.** *m, f* Verbündete(r) *mf;* **los ~s** (POL) die Alliierten

alianza [ali'an̦θa] *f* **1.**(*pacto*) Bündnis *nt;* **~ Atlántica** Atlantikpakt *m* **2.**(*anillo*) Ehering *m*

aliar [ali'ar] <*1. pres:* alío> *vr:* **~se** sich verbünden

alias ['aljas] *adv* alias

alicaído, **-a** [alika'iðo, -a] *adj* matt; (*deprimido*) deprimiert

alicantino, **-a** [alikan̦'tino, -a] *adj* aus Alicante

alicates [ali'kates] *mpl* Greifzange *f;* **~ universales** Kombizange *f*

aliciente [ali'θjen̦te] *m* Anreiz *m*

aliento [a'ljen̦to] *m* **1.**(*respiración*) Atem *m;* **mal ~** Mundgeruch *m;* **sin ~** außer Atem; **cobrar ~** wieder zu Atem kommen **2.**(*vaho*) Hauch *m* **3.**(*ánimo*) Mut *m;* **dar ~ a alguien** jdm Mut einflößen

aligerar [alixe'rar] **I.** *vi* sich beeilen **II.** *vt* **1.**(*cargas*) erleichtern **2.**(*aliviar*) lindern **3.**(*acelerar*) beschleunigen; **~ el paso** schneller gehen

alimaña [ali'maɲa] *f* (*animal*) Raubzeug *nt;* (*persona*) Schurke, -in *m, f*

alimentación [alimen̦ta'θjon] *f* **1.** Ernährung *f;* (*aprovisionamiento*) Verpflegung *f;* **industria de la ~** Nahrungsmittelindustrie *f* **2.**(*de animales*) Fütterung *f*

alimentar [alimen̦'tar] **I.** *vi* nahrhaft sein **II.** *vt* **1.** ernähren; (*aprovisionar*) verpflegen; **~ el odio** den Hass schüren **2.**(*animales*) füttern **III.** *vr:* **~se** sich ernähren (*de* von +*dat*)

alimenticio, **-a** [alimen̦'tiθjo, -a] *adj:* **pensión alimenticia** Unterhalt *m;* **productos ~s** Nahrungsmittel *ntpl*

alimento [ali'men̦to] *m* **1.**(*sustancia*) Nahrung *f;* **los ~s** die Nahrungsmittel; **~ básico** Grundnahrungsmittel *nt* **2.**(*alimentación*) Ernährung *f;* **de mucho/poco ~** sehr/wenig nahrhaft

alinear [aline'ar] **I.** *vt* **1.**(*poner en línea*) (in Reih und Glied) aufstellen **2.**(DEP) in die Mannschaft aufnehmen; (*para un partido*) aufstellen **3.**(POL): **país no alineado** blockfreies Land **II.** *vr:* **~se** **1.**(*ponerse en fila*) sich (in Reih und Glied) aufstellen; (*estar en fila*) in einer Reihe stehen **2.**(POL) sich anschließen (*con* +*dat*)

aliñar [ali'ɲar] *vt* würzen; (*ensalada*) anmachen

aliño [a'liɲo] *m* **1.**(*acción*) Zubereitung *f* **2.**(*condimento*) Gewürz *nt;* (*para ensalada*) Dressing *nt*

alioli [ali'oli] *m* Knoblauchölsoße *f*

alisar [ali'sar] *vt* glätten

aliso [a'liso] *m* Erle *f*

alistar [alis'tar] *vr:* **~se** **1.**(*inscribirse*) sich einschreiben **2.**(MIL) sich (freiwillig) melden; (*en la marina*) anheuern

aliteración [alitera'θjon] *f* Alliteration *f*

aliviar [ali'βjar] **I.** *vt* **1.**(*carga*) leichter machen **2.**(*persona*) entlasten; (*de una preocupación*) erleichtern **3.**(*dolor, pena*) mildern **II.** *vr:* **~se** (*dolor, pena*) nachlassen; (*de una enfermedad*) sich erholen

alivio [a'liβjo] *m* **1.**(*aligeramiento*) Erleichterung *f* **2.**(*de una enfermedad*) Besserung *f* **3.**(*loc*): **vestir de ~** Trauer tragen

allá [a'ʎa] *adv* **1.**(*lugar*) dort; **el más ~** (REL) das Jenseits **2.**(*dirección*) dorthin; **ponte más ~** stelle dich weiter weg **3.**(*tiempo*) damals; **~ por el año 64** um das Jahr 64 herum **4.**(*loc*): **¡~ tú!** (*fam*) das ist deine Sache!

allanamiento [aʎana'mjen̦to] *m:* **~ de morada** Hausfriedensbruch *m*

allanar [aʎa'nar] **I.** *vt* **1.**(*terreno, camino*) ebnen **2.**(*construcción*) niederreißen **3.**(*dificultades*) beheben **4.**(JUR): **~ una casa** Hausfriedensbruch begehen **II.** *vr:* **~se** sich fügen (*a* +*dat*); **no se allana nunca** er/sie gibt nie nach; **~se a las órdenes** die Anordnungen befolgen

allegado, **-a** [aʎe'ɣaðo, -a] *m, f* Verwandte(r) *mf*

allegar [aʎe'ɣar] <g→gu> *vt* (*recursos*) aufbringen; (*pruebas, datos*) sammeln

allende [a'ʎen̦de] *adv* jenseits; **~ las montañas** jenseits der Berge

allí [a'ʎi] *adv* **1.**(*lugar*) dort; **~ cerca, por ~** dort in der Nähe; **¡~ viene!** da kommt er/sie! **2.**(*dirección*) dorthin; **hasta ~** bis dahin

alma ['alma] *f* Seele *f;* **¡~ mía!** mein Liebling!; **agradecer con el ~** von Herzen danken; **no tener ~** herzlos sein; **me llega al ~** das geht mir sehr nahe

almacén [alma'θen] *m* (*depósito*) Lager *nt;* **grandes almacenes** Kaufhaus *nt*

almacenaje [almaθe'naxe] *m,* **almacenamiento** [almaθena'mjen̦to] *m* (Ein)lagerung *f;* (INFOR) Speicherung *f*

almacenar [almaθe'nar] *vt* **1.** (*mercancías*) (ein)lagern **2.** (INFOR) speichern; ~ **en disco duro** auf der Festplatte (ab)speichern

almacenero, -a [almaθe'nero, -a] *m, f* (*CSur*) Lebensmittelhändler(in) *m(f)*

almacenista [almaθe'nista] *mf* Großhändler(in) *m(f)*

almanaque [alma'nake] *m* Almanach *m*

almeja [al'mexa] *f* Venusmuschel *f*

almena [al'mena] *f* Zinne *f*

almendra [al'meṇdra] *f* Mandel *f;* ~**s garapiñadas** gebrannte Mandeln

almendro [al'meṇdro] *m* Mandelbaum *m*

almeriense [alme'rjense] *adj* aus Almería

almiar [al'mjar] *m* Heuhaufen *m*

almíbar [al'miβar] *m* Sirup *m*

almidón [almi'ðon] *m* Stärke *f;* (*para telas*) Wäschestärke *f;* (*alimento*) Stärkemehl *nt*

almidonar [almiðo'nar] *vt* stärken

almirante [almi'raṇte] *m* Admiral *m*

almirez [almi'reθ] *m* Mörser *m*

almizcle [al'miθkle] *m* Moschus *m*

almohada [almo'aða] *f* (Kopf)kissen *nt;* **consultar algo con la** ~ (*fam*) etw überschlafen

almohadilla [almoa'ðiʎa] *f:* ~ **de tinta** Stempelkissen *nt*

almohadón [almoa'ðon] *m* Kissen *nt;* (*del sofá*) Sofakissen *nt*

almorranas [almo'rranas] *fpl* Hämorrhoiden *fpl*

almorzar [almor'θar] *irr como forzar vi, vt* zu Mittag essen; (*reg*) frühstücken

almuerzo [al'mwerθo] *m* **1.** (*al mediodía*) Mittagessen *nt;* ~ **de negocios** Geschäftsessen *nt;* **¿qué hay de ~?** was gibt es zum Mittagessen? **2.** (*reg*) Frühstück *nt*

alocado, -a [alo'kaðo, -a] *adj* verrückt; (*imprudente*) leichtfertig

alojamiento [aloxa'mjeṇto] *m* Unterkunft *f;* (*acción*) Unterbringung *f*

alojar [alo'xar] **I.** *vt* **1.** (*albergar*) beherbergen **2.** (*procurar alojamiento*) unterbringen; (*tropa*) einquartieren **II.** *vr:* ~**se** **1.** unterkommen; (*en un hotel*) absteigen; (MIL) sich einquartieren **2.** (*meterse*) stecken (*en* in +*dat*)

alondra [a'loṇdra] *f* Lerche *f*

alopecia [alo'peθja] *f* Haarausfall *m*

alpaca [al'paka] *f* Alpaka *nt*

alpargata [alpar'ɣata] *f* ≈Espadrille *f*

Alpes ['alpes] *mpl* Alpen *pl*

alpinismo [alpi'nismo] *m* Bergsteigen *nt*

alpinista [alpi'nista] *mf* Bergsteiger(in) *m(f)*

alpino, -a [al'pino, -a] *adj* Alpen-

alpiste [al'piste] *m* Vogelfutter *nt*

alquilar [alki'lar] **I.** *vt* (*dejar*) vermieten; (*tomar en alquiler*) mieten **II.** *vr:* ~**se**: **se alquila** zu vermieten

alquiler [alki'ler] *m* Miete *f*

alquimia [al'kimja] *f* Alchimie *f*

alquimista [alki'mista] *mf* Alchimist(in) *m(f)*

alquitrán [alki'tran] *m* Teer *m*

alrededor [alrreðe'ðor] *adv* **1.** (*local*) ringsherum; ~ **de la plaza** rings um den Platz; **un viaje ~ de la tierra** eine Reise rund um die Welt **2.** (*aproximadamente*): ~ **de** um

alrededores [alrreðe'ðores] *mpl* Umgebung *f*

Alsacia [al'saθja] *f* Elsass *nt;* ~**-Lorena** Elsass-Lothringen *nt*

alsaciano, -a [alsa'θjano, -a] *adj* elsässisch

alta ['aḷta] *f* **1.** (*documento*) Entlassungsschein *m;* **dar el** ~ gesundschreiben; **dar de ~ del hospital** aus dem Krankenhaus entlassen **2.** (*inscripción*) Anmeldung *f;* (*ingreso*) Beitritt *m;* **darse de ~ en (el registro de) una ciudad** sich beim Einwohnermeldeamt anmelden

altamente [aḷta'meṇte] *adv* äußerst; ~ **cualificado** hoch qualifiziert

altanería [aḷtane'ria] *f* Überheblichkeit *f*

altanero, -a [aḷta'nero, -a] *adj* überheblich

altar [aḷ'tar] *m* Altar *m*

altavoz [aḷta'βoθ] *m* Lautsprecher *m*

alteración [aḷtera'θjon] *f* **1.** (*de planes*) (Ver)änderung *f;* ~ **del horario** Fahrplanänderung *f* **2.** (*perturbación*) Störung *f* **3.** (*irritación*) Erregung *f* **4.** (*adulteración*) Verfälschung *f*

alterado, -a [aḷte'raðo, -a] *adj* durcheinander; (*demudado*) verstört

alterar [aḷte'rar] **I.** *vt* ändern; (*perturbar*) stören; (*irritar*) aufregen; (*alimentos*) verderben **II.** *vr:* ~**se** sich ändern; (*irritarse*) sich aufregen (*por* über +*akk*); (*alimentos*) verderben

altercado [aḷter'kaðo] *m* Auseinandersetzung *f*

alternar [al̦ter'nar] **I.** *vi* **1.** (*turnarse*) sich abwechseln (*en* bei +*dat*) **2.** (*tratar*): ~ **con alguien** mit jdm verkehren **3.** (*en un club nocturno*) animieren **II.** *vt* abwechseln; ~ **el trabajo con la diversión** abwechselnd arbeiten und frei haben **III.** *vr:* ~**se** sich abwechseln (*en* bei +*dat*)

alternativa [al̦terna'tiβa] *f* **1.** (*opción*) Alternative *f;* **no le queda otra ~ que...** er/sie hat keine andere Wahl als ... **2.** (TAUR) Zulassung *f* als Matador

alternativamente [al̦ternatiβa'men̦te] *adv* abwechselnd

alternativo, **-a** [al̦terna'tiβo, -a] *adj* alternativ; (*con alternación*) wechselnd

alterne [al̦'terne] *m:* **chica de** ~ Animierdame *f;* **bar de** ~ Animierlokal *nt*

alterno, **-a** [al̦'terno, -a] *adj:* **en días ~s** jeden zweiten Tag

alteza [al̦'teθa] *f:* **Su Alteza Real** Ihre Königliche Hoheit

altibajos [al̦ti'βaxos] *mpl* **1.** (*de un terreno*) Unebenheiten *fpl* **2.** (*cambios*) Auf und Ab *nt;* **es una persona con muchos** ~ seine/ihre Stimmung ändert sich ständig

altiplanicie [al̦tipla'niθje] *f,* **altiplano** [al̦ti'plano] *m* Hochebene *f*

altitud [al̦ti'tuᶞ] *f* Höhe *f;* **Madrid está a una ~ de 640 metros sobre el nivel del mar** Madrid liegt 640 Meter über dem Meeresspiegel

altivez [al̦ti'βeθ] *f* Überheblichkeit *f*

altivo, **-a** [al̦'tiβo, -a] *adj* überheblich

alto¹ ['al̦to] **I.** *interj* halt; **¡~ el fuego!** Feuer einstellen! **II.** *m* **1.** (*descanso*) Pause *f;* ~ **el fuego** Waffenstillstand *m* **2.** (*altura*) Höhe *f;* **medir 8 metros de** ~ 8 Meter hoch sein **III.** *adv* **1.** (*en voz alta*) laut **2.** (*en un lugar elevado*) hoch; **ponlo en lo más** ~ stell es ganz nach oben **3.** (*loc*): **pasar una pregunta por** ~ eine Frage übergehen; **por todo lo** ~ prächtig

alto, **-a²** ['al̦to, -a] *adj* **1.** (*en general*) hoch; **~s cargos** Führungskräfte *fpl;* **notas altas** (MÚS) hohe Töne; **de alta calidad** von erstklassiger Qualität; **tener un ~ concepto de alguien** eine hohe Meinung von jdm haben; **hablar en voz alta** laut sprechen **2.** (*ser viviente*) groß **3.** (*en la parte superior*) obere(r, s); **clase alta** Oberschicht *f* **4.** (GEO: *territorio*) Hoch-; (*río*) Ober-; **la alta montaña** das Hochgebirge; **el ~ Rin** der Oberrhein **5.** (*tiempo*) spät; **a altas horas de la noche** spätabends

altoparlante [al̦topar'lan̦te] *m* (*Am*) Lautsprecher *m*

altramuz [al̦tra'muθ] *m* Lupine *f*

altruista [al̦tru'ista] *adj* selbstlos

altura [al̦'tura] *f* **1.** (*altitud, de un sonido*) Höhe *f;* **de gran ~** hoch; **a gran ~** in großer Höhe; **estar a la ~ de Valencia** auf der Höhe von Valencia liegen; **estar a la ~ de las circunstancias** der Situation gewachsen sein; **a estas ~s** zu diesem Zeitpunkt **2.** (*estatura*) Größe *f*

alubia [a'luβja] *f* Bohne *f*

alucinación [aluθina'θjon] *f* Halluzination *f*

alucinado, **-a** [aluθi'naðo, -a] *adj* (*fam: asombrado*): **miraba ~ a la chica** er starrte wie gebannt auf das Mädchen; **me quedé ~ al leerlo en el periódico** ich war ganz platt, als ich es in der Zeitung las

alucinante [aluθi'nan̦te] *adj* (*fam: fantástico*) klasse; (*increíble*) unglaublich

alucinar [aluθi'nar] **I.** *vi* (*fam*) **1.** (*hablando*) halluzinieren; **¡tú alucinas!** (*fig*) red doch kein Unsinn! **2.** (*quedar fascinado*) verblüfft sein **II.** *vt* (*fam*) **1.** blenden; (*cautivar*) fesseln **2.** (*entusiasmar*) begeistern

alud [a'luᶞ] *m* Lawine *f;* **un ~ de gente** eine große Menschenmenge

aludir [alu'ðir] *vi* (*referirse*) anspielen (*a* auf +*akk*); **darse por aludido** sich betroffen fühlen; **no darse por aludido** sich *dat* nichts anmerken lassen

alumbrado [alum'braðo] *m* Beleuchtung *f;* ~ **público** Straßenbeleuchtung *f*

alumbramiento [alumbra'mjen̦to] *m* Beleuchtung *f*

alumbrar [alum'brar] **I.** *vi* **1.** (*iluminar*) leuchten; **la lámpara alumbra poco** die Lampe gibt wenig Licht **2.** (*parir*) entbinden **II.** *vt* **1.** beleuchten; (*a alguien*) anleuchten **2.** (*parir*) zur Welt bringen

aluminio [alu'minjo] *m* Aluminium *nt*

alumnado [alum'naðo] *m* (*de escuela*) Schülerschaft *f;* (*de universidad*) Studentenschaft *f*

alumno, **-a** [a'lumno, -a] *m, f* (*de escuela*) Schüler(in) *m(f);* (*de universidad*) Student(in) *m(f)*

alusión [alu'sjon] *f* **1.** (*insinuación*) Anspielung *f* (*a* auf +*akk*); **hacer una ~ a algo**

etw andeuten **2.** (*mención*) Erwähnung *f* (*a* +*gen*)

aluvión [alu'βjon] *m* **1.** (*inundación*) Überschwemmung *f* **2.** (*sedimento*) Ablagerung *f;* **tierra de** ~ Schwemmland *nt* **3.** (*cantidad*) Schwall *m*

alza ['al̪θa] *f* Anstieg *m;* **ir en** ~ steigen

alzamiento [al̪θa'mjen̪to] *m* Aufstand *m*

alzar [al̪'θar] <z→c> **I.** *vt* **1.** (*levantar*) heben; (*precio*) erhöhen; (*puño, voz*) erheben; ~ **pelo** (*AmC, Méx*) Angst haben **2.** (*poner vertical*) aufrichten **3.** (*sostener*) hochhalten **4.** (): ~ **el vuelo** (*fig*) das Elternhaus verlassen **II.** *vr:* ~**se 1.** (*levantarse, destacar*) sich erheben **2.** (*Am: sublevarse*) sich auflehnen **3.** (*Am: robar*) stehlen; ~**se con la pasta** (*fam*) mit der Kohle durchbrennen

ama ['ama] *f* Herrin *f;* (*propietaria*) Besitzerin *f;* ~ **de casa** Hausfrau *f;* ~ **de llaves** Haushälterin *f*

amabilidad [amaβili'ðaᵈ] *f* Freundlichkeit *f;* **tuvo la** ~ **de avisarme** er/sie war so freundlich mir Bescheid zu sagen; **le agradezco su** ~ das ist sehr freundlich von Ihnen

amable [a'maβle] *adj* freundlich; **ser** ~ (**para**) **con alguien** freundlich zu jdm sein; **¿sería Ud. tan** ~ **de explicármelo?** wären Sie so freundlich es mir zu erklären?

amaestrar [amaes'trar] *vt* (*animales*) abrichten; (*caballos*) zureiten; (*para el circo*) dressieren

amago [a'maɣo] *m* Drohung *f;* (*indicio*) Anzeichen *nt* (*de* für +*akk*)

amainar [amai̯'nar] *vi* nachlassen

amalgama [amal'ɣama] *f* Amalgam *nt*

amamantar [amaman̪'tar] *vt* (*bebé*) stillen; (*cachorro*) säugen

amanecer [amane'θer] **I.** *vimpers* dämmern; **está amaneciendo** es dämmert **II.** *irr como crecer vi* aufwachen **III.** *m* Tagesanbruch *m;* **al** ~ bei Tagesanbruch

amanecida [amane'θiða] *f* (*Am*) Tagesanbruch *m*

amanerado, **-a** [amane'raðo, -a] *adj* (*persona*) geziert; (*estilo*) gekünstelt

amanerarse [amane'rarse] *vr* (*persona*) sich zieren

amansar [aman'sar] **I.** *vt* (*animal*) zähmen; (*persona*) bändigen; (*sosegar*) besänftigen **II.** *vr:* ~**se** zahm werden

amante [a'man̪te] **I.** *adj:* **soy poco** ~ **de hablar en público** ich spreche nicht gerne vor Publikum **II.** *mf* **1.** (*querido*) Liebhaber(in) *m(f)* **2.** *pl* (*pareja*) Liebespaar *nt* **3.** (*aficionado*) Liebhaber(in) *m(f);* **un** ~ **de la naturaleza** ein Naturfreund

amañar [ama'ɲar] *vt* **1.** (*plan, asunto*) deichseln *fam* **2.** (*resultado, documento*) fälschen

amapola [ama'pola] *f* Klatschmohn *m*

amar [a'mar] *vt* lieben

amargar [amar'ɣar] <g→gu> **I.** *vt* verbittern; ~ **la vida a alguien** jdm das Leben schwer machen **II.** *vi* bitter schmecken; **la verdad amarga** die Wahrheit tut weh **III.** *vr:* ~**se** verbittert werden

amargo, **-a** [a'marɣo, -a] *adj* bitter

amargor [amar'ɣor] *m,* **amargura** [amar'ɣura] *f* bitterer Geschmack *m;* (*sentimiento*) Verbitterung *f*

amarillear [amariʎe'ar] *vt* vergilben

amarillento, **-a** [amari'ʎen̪to, -a] *adj* vergilbt

amarillo, **-a** [ama'riʎo, -a] *adj* gelb

amarradero [amarra'ðero] *m* Anlegeplatz *m*

amarrar [ama'rrar] **I.** *vt* **1.** (*atar*) festbinden (*a* an +*dat*); **tener a alguien muy amarrado** (*fig*) jdm wenig Freiraum lassen **2.** (NÁUT) vertäuen **II.** *vr:* ~**se** (*Am*) heiraten

amartillar [amarti'ʎar] *vt* **1.** (*arma*) spannen **2.** (*fam: negocio*) absichern

amasandería [amasan̪de'ria] *f* (*AmS*) Bäckerei *f*

amasar [ama'sar] *vt* kneten; (*fortuna*) anhäufen

amateur [ama'ter] *mf* <amateurs> Amateur(in) *m(f)*

amatista [ama'tista] *f* Amethyst *m*

amatorio, **-a** [ama'torjo, -a] *adj* Liebes-

amazona [ama'θona] *f* Amazone *f*

ámbar ['ambar] **I.** *m* Bernstein *m* **II.** *adj inv* bernsteinfarben

Amberes [am'beres] *f* Antwerpen *nt*

ambición [ambi'θjon] *f* Ehrgeiz *m*

ambicionar [ambiθjo'nar] *vt* streben (nach +*dat*)

ambicioso, **-a** [ambi'θjoso, -a] *adj* ehrgeizig

ambientador [ambjen̪ta'ðor] *m* Raumspray *m o nt*

ambientar [ambjen̪'tar] **I.** *vt* ansiedeln; **la novela está ambientada en Lima** der Roman spielt in Lima **II.** *vr:* ~**se** sich eingewöhnen (*en* in +*dat*)

ambiente [am'bjen̩te] *m* **1.** (*aire*) Luft *f* **2.** (*medio*) Milieu *nt;* **medio ~** Umwelt *f;* **nocivo para el medio ~** umweltschädlich **3.** (*social*) Kreis *m* **4.** (*atmósfera*) Stimmung *f;* **dar ~** Stimmung machen; **no había ~ en la calle** es war nicht viel los auf der Straße **5.** (*CSur*) Raum *m;* **un departamento de cuatro ~s** eine Vierzimmerwohnung

ambigüedad [ambiɣwe'ðað] *f* **1.** (*de doble significado*) Zweideutigkeit *f;* **sin ~es** eindeutig **2.** (*de más significados*) Mehrdeutigkeit *f*

ambiguo, -a [am'biɣwo, -a] *adj* (*de doble significado*) zweideutig; (*de más significados*) mehrdeutig

ámbito ['ambito] *m* **1.** (*contorno*) Umkreis *m* **2.** (*espacio*) Bereich *m;* **en el ~ nacional** auf nationaler Ebene

ambivalente [ambiβa'len̩te] *adj* ambivalent

ambos, -as ['ambos, -as] *adj* beide

ambulancia [ambu'lan̩θja] *f* Krankenwagen *m*

ambulante [ambu'lan̩te] *adj* umherziehend; **circo ~** Wanderzirkus *m;* **vendedor ~** Hausierer *m;* **venta ~** fahrendes Gewerbe

ambulatorio [ambula'torjo, -a] *m* Ambulanz *f*

ameba [a'meβa] *f* Amöbe *f*

amedrentar [ameðren̩'tar] *vt* einschüchtern; (*intimidar*) Angst machen +*dat*

amén [a'men] **I.** *m* Amen *nt;* **decir ~ a todo** zu allem ja und amen sagen; **en un decir ~** (*fam*) im Handumdrehen **II.** *prep:* **~ de** außer +*dat*

amenaza [ame'naθa] *f* (Be)drohung *f*

amenazar [amena'θar] <z→c> **I.** *vt* (*intimidar*) bedrohen; **¿me está amenazando?** soll das eine Drohung sein? **II.** *vi, vt* (*presagiar*) drohen

amenizar [ameni'θar] <z→c> *vt* angenehm machen; (*entretener*) (gut) unterhalten

ameno, -a [a'meno, -a] *adj* **1.** angenehm; (*paisaje*) lieblich **2.** (*entretenido*) unterhaltsam

América [a'merika] *f* Amerika *nt;* **~ Central** Mittelamerika *nt;* **~ Latina** Lateinamerika *nt;* **~ del Norte/del Sur** Nord-/Südamerika *nt;* **hacer las ~s** (*fig*) ein Vermögen machen

americana [ameri'kana] *f* Sakko *m o nt*

americanismo [amerika'nismo] *m* Lateinamerikanismus *m*

americano, -a [ameri'kano, -a] *m, f* (*de América del Sur*) Südamerikaner(in) *m(f);* (*estadounidense*) Amerikaner(in) *m(f)*

amerindio, -a [ame'rin̩djo, -a] *adj* indianisch

ametralladora [ametraʎa'ðora] *f* Maschinengewehr *nt*

amigable [ami'ɣaβle] *adj* freundschaftlich, freundlich

amígdala [a'miɣðala] *f* Mandel *f*

amigdalitis [amiɣða'litis] *f inv* Mandelentzündung *f*

amigo, -a [a'miɣo, -a] **I.** *adj* **1.** (*que tiene la amistad*) befreundet; **somos (muy) ~s desde la infancia** wir sind seit unserer Kindheit (sehr gut) befreundet; **¡y tan ~s!** und damit hat sich's! **2.** (*amistoso*) freundschaftlich **3.** (*aficionado, partidario*): **ser ~ de algo** etw mögen **II.** *m, f* **1.** (*general*) Freund(in) *m(f);* **~ de lo ajeno** Dieb *m;* **~ por correspondencia** Brieffreund *m;* **hacerse ~ de alguien** sich mit jdm anfreunden **2.** (*amante*) Geliebte(r) *mf* **3.** (*adepto*) Anhänger(in) *m(f)*

amiguete [ami'ɣete] *m* (*fam*) Kumpel *m*

amilanar [amila'nar] **I.** *vt* einschüchtern; (*desanimar*) entmutigen **II.** *vr:* **~se** verzagen; (*abatirse*) sich entmutigen lassen

aminoácido [amino'aθiðo] *m* Aminosäure *f*

aminorar [amino'rar] **I.** *vi* nachlassen **II.** *vt* verringern; **~ el paso** den Schritt verlangsamen

amistad [amis'tað] *f* **1.** (*entre amigos*) Freundschaft *f;* **tener ~ con alguien** mit jdm befreundet sein; **trabar ~ con alguien** mit jdm Freundschaft schließen **2.** *pl* (*amigos*) Freunde *mpl*

amistar [amis'tar] **I.** *vi* (*Méx*) Freundschaft schließen **II.** *vr:* **~se** (*CSur*) sich anfreunden

amistoso, -a [amis'toso, -a] *adj* **1.** (*persona*) freundlich **2.** (*cosa*) freundschaftlich; **partido ~** Freundschaftsspiel *nt* **3.** (*discusión*) friedlich; **llegar a un acuerdo ~** sich gütlich einigen

amnesia [am'nesja] *f* Gedächtnisverlust *m*

amnistía [amnis'tia] *f* Amnestie *f;* **Amnistía Internacional** Amnesty International; **conceder ~ a alguien** jdn amnestieren

amo ['amo] *m* Hausherr *m;* (*propietario*) Besitzer *m;* (*patrón*) Arbeitgeber *m*

amodorrarse [amoðo'rrarse] *vr* schläfrig werden

amolar [amo'lar] <o→ue> *vr:* ~**se** (*vulg: críticas*) hinunterschlucken *fam;* **¡que se amuele!** zum Teufel mit ihm/ihr! *fam*

amoldar [amol̯'dar] *vr:* ~**se** sich anpassen (*a* +*dat*)

amonestación [amonesta'θjon] *f* **1.** (*advertencia*) Ermahnung *f;* (*reprensión*) Verwarnung *f;* **tarjeta de** ~ (DEP) gelbe Karte **2.** (*de los novios*) Aufgebot *nt;* **correr las amonestaciones** das Aufgebot verlesen

amonestar [amones'tar] **I.** *vt* **1.** ermahnen; (*reprender*) verwarnen **2.** (*los novios*) aufbieten **II.** *vr:* ~**se** das Aufgebot bestellen

amoníaco [amo'niako] *m* Ammoniak *nt*

amontonar [amon̪to'nar] **I.** *vt* **1.** (*tierra, heno*) aufhäufen; (*periódicos, cajas*) stapeln **2.** (*conocimientos, dinero*) anhäufen; **los refugiados estaban amontonados en el transbordador** die Flüchtlinge waren auf der Fähre zusammengepfercht **II.** *vr:* ~**se** **1.** (*cosas*) sich häufen **2.** (*personas*) sich drängen **3.** (*sucesos, noticias*) sich überstürzen

amontonarse [amon̪to'nar] *vr* sich häufen; (*personas*) sich drängen; (*noticias*) sich überstürzen

amor [a'mor] *m* Liebe *f;* ~ **al prójimo** Nächstenliebe *f;* ~ **propio** Ehrgefühl *nt;* **¡~ mío!** mein Liebling!; **mi gran ~ es el cine** meine große Leidenschaft ist der Film; **hacer el ~ con alguien** (*fam*) mit jdm schlafen; **por ~ al arte** umsonst; **¡por ~ de Dios!** um Gottes willen!

amoratado, **-a** [amora'taðo, -a] *adj* dunkelviolett; **un ojo** ~ ein blaues Auge; **tengo los labios ~s de frío** meine Lippen sind blau vor Kälte

amordazar [amorða'θar] <z→c> *vt* knebeln; (*fig*) mundtot machen

amorfo, **-a** [a'morfo, -a] *adj* formlos

amorío(s) [amo'rios] *m(pl)* (*pey*) Affäre *f*

amoroso, **-a** [amo'roso, -a] *adj* Liebes-; (*cariñoso*) liebevoll (*con/para con* zu +*dat*)

amortiguador [amortiɣwa'ðor] *m* Stoßdämpfer *m*

amortiguar [amorti'ɣwar] <gu→gü> *vt* dämpfen; (*golpe, caída*) auffangen

amortización [amortiθa'θjon] *f* (*de una deuda*) Tilgung *f;* (*fiscal*) Abschreibung *f*

amortizar [amorti'θar] <z→c> *vt* (*deuda*) tilgen; (*fiscalmente*) abschreiben; (*inversión*) amortisieren

amotinar [amoti'nar] **I.** *vt* aufhetzen **II.** *vr:* ~**se** sich auflehnen

amparar [ampa'rar] **I.** *vt* (be)schützen (*contra/de* vor +*dat*); ~ **a alguien** jdm Schutz gewähren; **la constitución ampara la libertad de religión** die Verfassung gewährleistet die Religionsfreiheit **II.** *vr:* ~**se** sich schützen (*contra/de* vor +*dat*)

amparo [am'paro] *m* Schutz *m;* (*refugio*) Zuflucht *f*

amperio [am'perjo] *m* Ampere *nt*

ampliación [amplja'θjon] *f* Vergrößerung *f;* (*de conocimientos*) Erweiterung *f;* ~ **de RAM** RAM-Erweiterung *f*

ampliar [ampli'ar] <*1. pres:* amplío> *vt* vergrößern; (*conocimientos*) erweitern; (*capital, número*) erhöhen; (*territorio*) ausdehnen; (*edificio, carretera*) ausbauen; (*sonido*) verstärken; **edición ampliada** erweiterte Ausgabe

amplificador [amplifika'ðor] *m* Verstärker *m*

amplio, **-a** ['ampljo, -a] *adj* **1.** (*casa*) geräumig **2.** (*informe*) ausführlich; (*experiencia, oferta*) umfangreich; (*interés*) vielfältig; **amplias partes de la población** weite Teile der Bevölkerung; **en un sentido más** ~ im weiteren Sinne

amplitud [ampli'tuᵈ] *f* Ausdehnung *f;* (*de conocimientos*) Umfang *m;* (*de un informe*) Ausführlichkeit *f*

ampolla [am'poʎa] *f* **1.** (*en la piel, burbuja*) Blase *f;* **tener ~s en los pies** Blasen an den Füßen haben **2.** (*para inyecciones*) Ampulle *f*

amputar [ampu'tar] *vt* amputieren

amueblar [amwe'βlar] *vt* möblieren

amuermado, **-a** [amwer'maðo, -a] *adj* (*fam: con ser*) todlangweilig; (*con estar*) (zu Tode) gelangweilt

amuermar [amwer'mar] **I.** *vt* (*fam*) **1.** (*aburrir*) anöden **2.** (*droga*) bedröhnen **3.** (*calor*) schlaff machen **II.** *vr:* ~**se** (*fam*) sich anöden

amuleto [amu'leto] *m* Amulett *nt*

amurallar [amura'ʎar] *vt* mit einer Mauer umgeben

anabolizante [anaβoli'θan̪te] *m* Anabolikum *nt*

anacardo [ana'karðo] *m* Cashewnuss *f*

anaconda [ana'kon̪da] *f* Anakonda *f*

anagrama [ana'ɣrama] *m* Anagramm *nt*

anal [a'nal] *adj* anal

anales [a'nales] *mpl* **1.** (HIST) Annalen *pl* **2.** (*de una universidad/sociedad*) Jahrbuch *nt*

analfabetismo [analfaβe'tismo] *m sin pl* **1.** (*estado*) Analphabetismus *m* **2.** (*analfabetos*) Analphabetentum *nt*

analfabeto, **-a** [analfa'βeto, -a] *m, f* Analphabet(in) *m(f)*

analgésico [anal'xesiko] *m* Schmerzmittel *nt*

análisis [a'nalisis] *m inv* **1.** (*general*) Analyse *f* **2.** (MED) Untersuchung *f;* ~ **del grupo sanguíneo** Blutgruppenbestimmung *f*

analista [ana'lista] *mf* **1.** (*de anales*) Chronist(in) *m(f)* **2.** (*que analiza*) Analytiker(in) *m(f);* ~ **de sistemas** (INFOR) Systemanalytiker(in) *m(f);* **el médico mandó las pruebas al** ~ der Arzt schickte die Proben ins Labor

analítico, **-a** [ana'litiko, -a] *adj* analytisch

analizar [anali'θar] <z→c> *vt* analysieren; (MED) untersuchen; (*resultado*) auswerten

analogía [analo'xia] *f* Analogie *f;* **por** ~ **con algo** in Analogie zu etw *dat*

análogo, **-a** [a'naloɣo, -a] *adj* analog (*a* zu +*dat*)

ananá(s) [ana'na(s)] *m* (*Am*) Ananas *f*

anaranjado, **-a** [anaran̪'xaðo, -a] *adj* orange

anarquía [anar'kia] *f* Anarchie *f*

anarquismo [anar'kismo] *m* Anarchismus *m*

anarquista [anar'kista] *mf* Anarchist(in) *m(f)*

anatomía [anato'mia] *f* Anatomie *f*

anatómico, **-a** [ana'tomiko, -a] *adj* anatomisch; (*adaptado al cuerpo*) körpergerecht

anca ['aŋka] *f:* ~**s de rana** Froschschenkel *mpl*

ancestral [an̪θes'tral] *adj* Ahnen-; (*tradicional*) überliefert; (*antiguo*) uralt

ancho[1] ['antʃo] *m* Breite *f;* **tener cinco metros de** ~ fünf Meter breit sein

ancho, **-a**[2] ['antʃo, -a] *adj* **1.** (*vasto*) breit; (*vestidos*) weit; ~ **de espaldas** breitschult(e)rig; **a lo** ~ der Breite nach **2.** (*loc*): **¡me quedé** ~ **después del examen!** nach der Prüfung war ich sehr erleichtert; **me despaché a mis anchas con él** ich habe ihm die Wahrheit ins Gesicht gesagt; **estar a sus anchas** ganz in seinem Element sein

anchoa [an'tʃoa] *f* Anschovis *f*

anchura [an'tʃura] *f* Breite *f;* (*de un vestido*) Weite *f*

ancianidad [an̪θjani'ða^{ð}] *f* Alter *nt*

anciano, **-a** [an̪'θjano, -a] **I.** *adj* alt **II.** *m, f* Alte(r) *mf*

ancla ['aŋkla] *f* Anker *m;* **echar** ~**s** vor Anker gehen; **levar** ~**s** den Anker lichten

anclar [aŋ'klar] **I.** *vi* ankern; **estar anclado** vor Anker liegen **II.** *vt* verankern

andadas [an̪'daðas] *fpl:* **volver a las** ~ in alte Gewohnheiten verfallen

Andalucía [an̪dalu'θia] *f* Andalusien *nt*

andaluz(a) [an̪da'luθ(a)] *adj* andalusisch

andamiaje [an̪da'mjaxe] *m,* **andamio** [an̪'damjo] *m* (Bau)gerüst *nt*

andante [an̪'dan̪te] *adj* umherziehend; **parecer un cadáver** ~ wie eine wandelnde Leiche aussehen

andanza [an̪'dan̪θa] *f* Abenteuer *nt*

andar [an̪'dar] *irr vi* **1.** (*caminar*) (zu Fuß) gehen; ~ **a gatas** auf allen Vieren gehen; (*bebés*) krabbeln; ~ **de prisa** schnell gehen; ~ **detrás de algo** hinter etw *dat* her sein; **desde la estación hay 10 minutos andando** vom Bahnhof aus sind es 10 Minuten zu Fuß **2.** (*reloj*) gehen; (*máquina*) laufen **3.** (*tiempo*) vergehen **4.** (*estar*): ~ **atareado** sehr beschäftigt sein; ~ **metido en un asunto** in eine Sache verwickelt sein; ~ **haciendo algo** gerade dabei sein etw zu tun; ~ **mal de dinero** schlecht bei Kasse sein **5.** (*loc*): ~ **a golpes** sich prügeln; ~ **con cuidado** sich vorsehen; **no hay que** ~ **con bromas con él** mit ihm ist nicht zu spaßen; ~ **con miramientos** rücksichtsvoll vorgehen; ~ **con rodeos** Umschweife machen; **no andes en mi escritorio** wühl nicht auf meinem Schreibtisch herum

andén [an̪'den] *m* Bahnsteig *m;* (*de muelle*) Kai *m*

Andes ['an̪des] *mpl* Anden *pl*

andinismo [an̪di'nismo] *m* (*Am*) Bergsteigen *nt*

andinista [an̪di'nista] *mf* (*Am*) Bergsteiger(in) *m(f)*

andino, **-a** [an̪'dino, -a] *adj* Anden-; **vegetación andina** andine Vegetation

> **Andorra** ist ein kleiner, demokratischer Staat (nur 467 Quadratkilometer groß), mit einem parlamentarischen Fürstentum als Staatsform, der im Norden und im Osten an Frankreich, im Westen und im Süden an Spanien grenzt.

andorrano, **-a** [an̪do'rrano, -a] *adj* andorranisch
andrajo [an̪'draxo] *m* Fetzen *m*
andrajoso, **-a** [an̪dra'xoso, -a] *adj* zerlumpt
anécdota [a'neɣðota] *f* Anekdote *f*
anejo[1] [a'nexo] *m* **1.** (*edificio*) Anbau *m* **2.** (*carta,* A. INFOR) Anlage *f*
anejo, **-a**[2] [a'nexo, -a] *adj* (*a edificios*) angebaut; (*a cartas*) beiliegend
anemia [a'nemja] *f* Blutarmut *f*
anémona [a'nemona] *f* Anemone *f*
anestesia [anes'tesja] *f* Betäubung *f*
anestesiar [aneste'sjar] *vt* betäuben
anestésico [anes'tesiko] *m* Betäubungsmittel *nt*
anestesista [aneste'sista] *mf* Anästhesist(in) *m(f)*
anexión [ane$^{\gamma}$'sjon] *f* Annexion *f*
anexionar [ane$^{\gamma}$sjo'nar] *vt* annektieren
anexo, **-a** [a'ne$^{\gamma}$so, -a] *adj* (*a edificios*) angebaut; (*a cartas*) beiliegend
anfibio [aɱ'fiβjo, -a] *m* Amphibie *f*
anfiteatro [aɱfite'atro] *m* Amphitheater *nt*
anfitrión, **-ona** [aɱfi'trjon, -ona] *m, f* Gastgeber(in) *m(f)*
ánfora ['aɱfora] *f* Amphore *f;* (*Méx*) Wahlurne *f*
ángel ['aŋxel] *m* Engel *m;* ~ **de la guarda** Schutzengel *m*
angelical [aŋxeli'kal] *adj* engelhaft; **rostro** ~ Engelsgesicht *nt*
angina [aŋ'xina] *f:* ~ **de pecho** Angina pectoris *f;* ~**s** Angina *f*
anglicismo [aŋgli'θismo] *m* Anglizismus *m*
angosto, **-a** [aŋ'gosto, -a] *adj* eng
anguila [aŋ'gila] *f* Aal *m*
angula [aŋ'gula] *f* Glasaal *m*
angular [aŋgu'lar] *adj* Winkel-
ángulo ['aŋgulo] *m* **1.** (MAT) Winkel *m;* ~ **recto** rechter Winkel; **en** ~ winkelförmig **2.** (*arista*) Kante *f*
anguloso, **-a** [aŋgu'loso, -a] *adj* **1.** (*lugar*) wink(e)lig **2.** (*cara*) kantig
angurria [aŋ'gurrja] *f* (*Am: fam*) **1.** Gelüste *ntpl* **2.** (*codicia*) Habgier *f*
angustia [aŋ'gustja] *f* **1.** (*aprieto*) Beklemmung *f* **2.** (*temor*) Angst *f;* ~ **vital** Lebensangst *f* **3.** (*aflicción*) Kummer *m;* **dar** ~ bedrücken
angustiar [aŋgus'tjar] **I.** *vt* beklemmen; (*causar temor*) verängstigen **II.** *vr:* ~**se** beklommen sein; (*atemorizarse*) sich ängstigen
angustioso, **-a** [aŋgus'tjoso, -a] *adj* angstvoll; (*inquietante*) beängstigend
anhelar [ane'lar] *vt* sich sehnen (nach +*dat*)
anhelo [a'nelo] *m* Sehnsucht *f* (*de* nach +*dat*)
anidar [ani'ðar] *vi* nisten; (*morar*) wohnen
anilla [a'niʎa] *f* **1.** Ring *m* **2.** *pl* (DEP) Ringe *mpl*
anillo [a'niʎo] *m* Ring *m;* ~ **de boda** Ehering *m;* **esta solución me viene como** ~ **al dedo** diese Lösung kommt mir wir gerufen
ánima ['anima] *f* (*alma*) Seele *f;* **a las** ~**s** abends
animación [anima'θjon] *f* **1.** (*acción de animarse*) Belebung *f;* **dar** ~ beleben **2.** (*viveza*) Lebhaftigkeit *f* **3.** (*actividad*) Betrieb *m;* **había mucha** ~ **en la calle** die Straße war sehr belebt
animado, **-a** [ani'maðo, -a] *adj* **1.** (*persona*) fröhlich; **no estar muy** ~ nicht besonders bei Laune sein; **no estar muy** ~ keine rechte Lust haben **2.** (*lugar*) belebt **3.** (*actividad*) lebhaft
animador(a) [anima'ðor(a)] **I.** *adj* ermutigend **II.** *m(f)* **1.** (*artista*) Alleinunterhalter(in) *m(f)* **2.** (*de turistas*) Animateur(in) *m(f)* **3.** (*presentador*) Moderator(in) *m(f)*
animal [ani'mal] **I.** *adj* **1.** tierisch; **comportamiento** ~ Tierverhalten *nt* **2.** (*grosero*) roh; **el aspecto** ~ **del hombre** das Tier im Menschen **II.** *m* **1.** (ZOOL) Tier *nt;* ~**es de caza** Wild *nt;* ~ **de compañía** Haustier *nt;* ~ **de presa** Raubtier *nt* **2.** (*pey*) Rohling *m*
animalada [anima'laða] *f* (*fam*) Unsinn *m;* (*barbaridad*) Barbarei *f;* (*cantidad*) Unmenge *f*
animar [ani'mar] **I.** *vt* **1.** (*infundir vida*) beleben; (*dar ánimo*) animieren **2.** (*alentar*) ermutigen **3.** (*persona triste*) aufmuntern **4.** (*habitación*) aufheitern; (*economía*) ankurbeln **II.** *vr:* ~**se** **1.** (*cobrar vida*) sich bele-

ben **2.** (*atreverse*) Mut fassen **3.** (*decidirse*) sich entschließen; **¿te animas?** machst du mit? **4.** (*alegrarse*) in Stimmung kommen

ánimo ['animo] *m* **1.** (*espíritu*) Gemüt *nt;* **no estoy con ~s de...** ich bin nicht in der Verfassung zu ... **2.** (*energía*) Kraft *f;* (*valor*) Mut *m;* **¡~!** Kopf hoch!; **cobrar ~** Mut fassen; **dar ~** Mut einflößen **3.** (*intención*) Absicht *f* (*de* zu +*dat*); **con ~ de...** in der Absicht zu ...; **sin ~ de lucro** gemeinnützig; **sin ~ de ofender a nadie** ohne jemandem zu nahe treten zu wollen

aniñado, -a [ani'ɲaðo, -a] *adj* kindlich; (*pey*) kindisch

aniquilar [aniki'lar] *vt* vernichten

anís [a'nis] <anises> *m* Anis *m*

aniversario [aniβer'sarjo] *m* Jahrestag *m;* **~ de bodas** Hochzeitstag *m;* **~ de muerte** Todestag *m*

ano ['ano] *m* After *m*

anoche [a'notʃe] *adv* (*al atardecer*) gestern Abend; (*entrada la noche*) gestern Nacht; **antes de ~** vorgestern Abend; **~ no pude dormir** letzte Nacht konnte ich nicht schlafen

anochecer [anotʃe'θer] **I.** *irr como crecer vimpers:* **anochece** es wird dunkel **II.** *m* Abenddämmerung *f;* **al ~** bei Einbruch der Dunkelheit

anodino, -a [ano'ðino, -a] *adj* nichts sagend; (*persona*) fade

ánodo ['anoðo] *m* Anode *f*

anomalía [anoma'lia] *f* Anomalie *f*

anonimato [anoni'mato] *m* Anonymität *f;* **mantener el ~** die Anonymität wahren

anónimo[1] [a'nonimo] *m* Anonymus *m;* (*escrito*) anonymer Brief *m*

anónimo, -a[2] [a'nonimo, -a] *adj* anonym; **sociedad anónima** (ECON) Aktiengesellschaft *f*

anorak [ano'ra^{k}] <anoraks> *m* Anorak *m*

anorexia *f sin pl* (MED) Appetitlosigkeit *f,* Anorexie *f*

anormal [anor'mal] *adj* anormal

anotación [anota'θjon] *f* Notiz *f*

anotar [ano'tar] *vt* notieren; (*en un registro*) eintragen

anquilosar [aŋkilo'sar] **I.** *vt* versteifen **II.** *vr:* **~se** steif werden

ansia ['ansja] *f* Unruhe *f;* (*afán*) Sehnsucht *f* (*de* nach +*dat*); **~ de poder** Machthunger *m*

ansiar [an'sjar] <*1. pres:* ansío> *vt* sich sehnen (nach +*dat*); **el momento ansiado** der ersehnte Augenblick

ansiedad [ansje'ða^{ð}] *f* Angst *f*

ansioso, -a [an'sjoso, -a] *adj* sehnsuchtsvoll; (*impaciente*) ungeduldig

antagónico, -a [an̪ta'ɣoniko, -a] *adj* **1.** (*opuesto*) gegensätzlich **2.** (*rival*) gegnerisch

antagonismo [an̪taɣo'nismo] *m* Gegensatz *m;* (*rivalidad*) Gegnerschaft *f*

antagonista [an̪taɣo'nista] *mf* Gegner(in) *m(f)*

antaño [an̪'taɲo] *adv* früher

antártico, -a [an̪'tartiko, -a] *adj* antarktisch; **polo ~** Südpol *m;* **Océano Glacial Antártico** Südpolarmeer *nt*

Antártida [an̪'tartiða] *f* Antarktis *f*

ante ['an̪te] **I.** *m* Wildleder *nt* **II.** *prep* **1.** (*posición*) vor +*dat* **2.** (*con movimiento*) vor +*akk* **3.** (*en vista de*) angesichts +*gen* **4.** (*en comparación con*) neben +*dat*

anteanoche [an̪tea'notʃe] *adv* vorgestern Abend

anteayer [an̪tea'ɟer] *adv* vorgestern

antebrazo [an̪te'βraθo] *m* Unterarm *m*

antecámara [an̪te'kamara] *f* Vorzimmer *nt*

antecedente [an̪teθe'ðen̪te] **I.** *adj* vorhergehende(r, s) **II.** *m* **1.** (LING) Bezugswort *nt* **2.** *pl* (*circunstancias*) Vorgeschichte *f;* (*de una persona*) Vorleben *nt,* **~s penales** Vorstrafe *f*

anteceder [an̪teθe'ðer] *vt v.* **preceder**

antecesor(a) [an̪teθe'sor(a)] *m(f)* Vorgänger(in) *m(f);* (*antepasado*) Vorfahr(e), -in *m, f*

antedicho, -a [an̪te'ðitʃo, -a] *adj* oben genannt

antelación [an̪tela'θjon] *f:* **con ~** im Voraus; **con la debida ~** rechtzeitig

antemano [an̪te'mano] *adv:* **de ~** im Voraus; **calcular de ~** vorausberechnen

antena [an̪'tena] *f* **1.** (*de telecomunicaciones*) Antenne *f* **2.** (ZOOL) Fühler *m;* **estar con las ~s puestas** (*irón*) die Ohren spitzen

anteojo [an̪te'oxo] *m* Opernglas *nt;* (*prismáticos*) Fernglas *nt*

antepasado, -a [an̪tepa'saðo, -a] *m, f* Vorfahr(e), -in *m, f*

antepecho [an̪te'petʃo] *m* **1.** (*barandilla*) Geländer *nt* **2.** (*pretil*) Brüstung *f*

antepenúltimo, **-a** [an̪tepe'nul̪timo, -a] *adj* vorvorletzte(r, s)

anteponer [an̪tepo'ner] *irr como poner* **I.** *vt* **1.** (*poner delante*): ~ **algo a algo** etw vor etw stellen **2.** (*dar preferencia*) den Vorrang geben +*dat* (*a* vor +*dat*) **II.** *vr:* ~**se 1.** (*ponerse delante*): ~**se a alguien** sich vor jdn stellen **2.** (*tener preferencia*) den Vorrang haben (*a* vor +*dat*)

anterior [an̪te'rjor] **I.** *adj* vorige(r, s); **la noche ~ había llovido** in der Nacht zuvor hatte es geregnet; **en la página ~** auf der vorhergehenden Seite; **el presidente ~** der vorige Präsident **II.** *prep:* ~ **a** vor +*dat*

anterioridad [an̪terjori'ða^{ð}] *prep:* **con ~ a** vor +*dat*

anteriormente [an̪terjor'men̪te] *adv* vorher

antes ['an̪tes] **I.** *adv* **1.** (*de tiempo*) vorher; (*hace un rato*) vorhin; (*antiguamente*) früher; (*primero*) zuerst; **poco ~** kurz vorher; **cuanto ~** so schnell wie möglich; **~ de nada** zuerst; **~ que nada** vor allem; **los cardenales van ~ que los obispos** die Kardinäle kommen vor den Bischöfen **2.** (*comparativo*) lieber **II.** *prep:* **~ de** vor +*dat* **III.** *conj* **1.** (*temporal*) bevor; **~ (de) que llegues** bevor du kommst **2.** (*adversativo*) sondern; **no estoy satisfecho con el examen, ~ bien decepcionado** ich bin nicht zufrieden mit der Prüfung, um nicht zu sagen enttäuscht

antiaéreo, **-a** [an̪tja'ereo, -a] *adj* (MIL) Flugabwehr-; **antialcohólico**, **-a** [an̪tjal'koliko, -a/an̪tjalko'oliko, -a] **I.** *adj* antialkoholisch **II.** *m, f* Antialkoholiker(in) *m(f);* **antibalas** [an̪ti'βalas] *adj inv* kugelsicher

antibiótico [an̪ti'βjotiko] *m* Antibiotikum *nt*

anticiclón [an̪tiθi'klon] *m* Hoch(druckgebiet) *nt*

anticipación [an̪tiθipa'θjon] *f* **1.** (*de una fecha*) Vorverlegung *f* **2.** (*de un suceso*) Vorwegnahme *f* **3.** (*a la acción de otro*) Vorgriff *m* (*de* auf +*akk*) **4.** (*llegada adelantada*) Verfrühung *f* **5.** (*loc*): **con ~** (*pago*) im Voraus

anticipadamente [an̪tiθipaða'men̪te] *adv* im Voraus; **jubilar ~ a alguien** jdn vorzeitig in den Ruhestand versetzen

anticipado, **-a** [an̪tiθi'paðo, -a] *adj* (*elecciones*) vorgezogen; **pagar por ~** im Voraus (be)zahlen

anticipar [an̪tiθi'par] **I.** *vt* (*fecha*) vorverlegen; (*suceso*) vorwegnehmen; (*dinero*) vorstrecken **II.** *vr:* ~**se a alguien** jdm zuvorkommen

anticipo [an̪ti'θipo] *m* Vorschuss *m;* (*de un pago*) Anzahlung *f*

anticonceptivo[1] [an̪tikon̪θep'tiβo] *m* Verhütungsmittel *nt*

anticonceptivo, **-a**[2] [an̪tikon̪θep'tiβo, -a] *adj:* **píldora anticonceptiva** Antibabypille *f*

anticonstitucional [an̪tiko^{n}stituθjo'nal] *adj* verfassungswidrig

anticuado, **-a** [an̪ti'kwaðo, -a] *adj* veraltet, antiquiert; (*vestido*) altmodisch

anticuario, **-a** [an̪ti'kwarjo, -a] *m, f* Antiquitätenhändler(in) *m(f)*

anticuerpo [an̪ti'kwerpo] *m* Antikörper *m;* **antideportivo**, **-a** [an̪tiðepor'tiβo, -a] *adj* unsportlich; **antideslizante** [an̪tiðesli'θan̪te] *adj* rutschfest

antídoto [an̪'tiðoto] *m* Gegengift *nt;* (*para evitar errores*) Gegenmittel *nt*

antieconómico, **-a** [an̪tjeko'nomiko, -a] *adj* unwirtschaftlich; **antiestético**, **-a** [an̪tjes'tetiko, -a] *adj* unästhetisch

antifaz [an̪ti'faθ] *m* Augenmaske *f*

antigás [an̪ti'ɣas] *adj inv:* **máscara ~** Gasmaske *f*

antigualla [an̪ti'ɣwaʎa] *f* (*pey*) **1.** (*objeto*) (alter) Plunder *m* **2.** (*costumbre, estilo*) alter Zopf *m*

antiguamente [an̪tiɣwa'men̪te] *adv* früher

antigüedad [an̪tiɣwe'ða^{ð}] *f* **1.** (*edad antigua*) Altertum *nt;* **la ~ clásica** die Antike **2.** (*objeto*) Antiquität *f* **3.** (*en una empresa*) Betriebszugehörigkeit *f*

antiguo, **-a** [an̪'tiɣwo, -a] *adj* <antiquísimo> **1.** (*de muchos años*) alt; (*relación*) langjährig **2.** (*anticuado*) überholt; **está chapado a la antigua** er ist altmodisch **3.** (*de la antigüedad*) antik **4.** (*anterior*) ehemalig **5.** (*en un cargo*): **es el más ~ en esta empresa** er ist der Dienstälteste in dieser Firma

antihigiénico, **-a** [an̪ti(i)'xjeniko, -a] *adj* unhygienisch; **antiinflamatorio**, **-a** [an̪ti(i)ɱflama'torjo, -a] *adj* entzündungshemmend

antílope [an̪'tilope] *m* Antilope *f*

antinatural [an̪tinatu'ral] *adj* unnatürlich

antinomia [an̪ti'nomja] *f* Widerspruch *m*

antiparras [an̪ti'parras] *fpl* (*fam*) Brille *f*

antipatía [an̩tipa'tia] *f* Abneigung *f* (*a/contra/hacia* gegen +*akk*)
antipático, **-a** [an̩ti'patiko, -a] *adj* unsympathisch
antiquísimo, **-a** [an̩ti'kisimo, -a] *adj superl de* **antiguo**
antirreglamentario, **-a** [an̩tirreɣlamen̩'tarjo, -a] *adj* regelwidrig
antirrobo [an̩ti'rroβo] *m* Diebstahlschutz *m*
antisemita [an̩tise'mita] **I.** *adj* antisemitisch **II.** *mf* Antisemit(in) *m(f)*
antisemitismo [an̩tisemi'tismo] *m* Antisemitismus *m*
antiséptico, **-a** [an̩ti'septiko, -a] *adj* antiseptisch; **antisocial** [an̩tiso'θjal] *adj* unsozial; **antiterrorista** [an̩titerro'rista] *adj* Antiterror-; **lucha** ~ Kampf gegen den Terrorismus
antítesis [an̩'titesis] *f inv* (LIT, FILOS) Antithese *f;* (*contrario*) Gegenteil *nt*
antojadizo, **-a** [an̩toxa'ðiθo, -a] *adj* launenhaft
antojarse [an̩to'xarse] *vimpers* **1.** (*encapricharse*): **se me antojó un helado** ich bekam Lust auf ein Eis; **hace siempre lo que se le antoja** er/sie macht immer, wozu er/sie Lust hat **2.** (*tener la sensación*): **se me antoja que va a nevar** ich glaube, es wird bald schneien
antojo [an̩'toxo] *m* **1.** (*capricho*) Laune *f;* **a mi** ~ wie es mir gefällt **2.** (*de una embarazada*) Gelüst(e) *nt;* **tener ~s** (*ganas*) Gelüste haben; (*CSur*) schwanger sein **3.** (*mancha*) Muttermal *nt* **4.** (*Méx*) Appetit *m*
antología [an̩tolo'xia] *f* Anthologie *f*
antonomasia [an̩tono'masja] *f:* **por** ~ schlechthin
antorcha [an̩'tortʃa] *f* Fackel *f*
antro ['an̩tro] *m* (*pey*): **un** ~ **de corrupción** eine Lasterhöhle
antropófago, **-a** [an̩tro'pofaɣo, -a] *m, f* Kannibale, -in *m, f*
antropología [an̩tropolo'xia] *f* Anthropologie *f*
antropólogo, **-a** [an̩tro'poloɣo, -a] *m, f* Anthropologe, -in *m, f*
anual [anu'al] *adj* (*que dura un año*) Jahres-; (*que sucede cada año*) jährlich
anualmente [anwal'men̩te] *adv* jährlich
anuario [anu'arjo] *m* Jahrbuch *nt*
anubarrado, **-a** [anuβa'rraðo, -a] *adj* bewölkt
anudar [anu'ðar] *vt, vr:* ~**se** (sich) verknoten
anulación [anula'θjon] *f* **1.** (*de una ley*) Aufhebung *f* **2.** (*de una sentencia/un matrimonio*) Annullierung *f* **3.** (*de un contrato*) Auflösung *f;* (*de un pedido*) Stornierung *f;* (*de una subscripción*) Kündigung *f* **4.** (*de una decisión/un permiso*) Widerruf *m*
anular [anu'lar] *vt* **1.** (*ley*) aufheben **2.** (*sentencia, matrimonio*) annullieren **3.** (*contrato*) auflösen; (*pedido*) stornieren; (*subscripción*) kündigen **4.** (*decisión, permiso*) widerrufen **5.** (*cita*) absagen
anunciación [anun̩θja'θjon] *f* Verkündigung *f*
anunciar [anun̩'θjar] **I.** *vt* **1.** (*dar noticia de algo*) bekannt geben; (*de antemano*) ankündigen; (*por teléfono/radio*) durchsagen **2.** (*dar publicidad*) werben (für +*akk*) **II.** *vr:* ~**se** werben; (*el verano*) sich ankündigen
anuncio [a'nun̩θjo] *m* **1.** Bekanntgabe *f;* (*de antemano*) Ankündigung *f* **2.** (*publicidad*) (Werbe)spot *m;* (*en un periódico*) Anzeige *f;* ~ **por palabras** Kleinanzeigen *fpl*
anverso [am'berso] *m* Vorderseite *f*
anzuelo [an̩'θwelo] *m* **1.** (*para pescar*) Angelhaken *m;* **morder el** ~ anbeißen **2.** (*fam: aliciente*) Köder *m;* **picar en** [*o* **tragar**] **el** ~ anbeißen
añadidura [aɲaði'ðura] *f:* **por** ~ außerdem
añadir [aɲa'ðir] *vt* hinzufügen (*a* +*dat*); **a esto hay que** ~ **que...** hinzu kommt, dass ...
añejo, **-a** [a'ɲexo, -a] *adj* alt; (*vino*) gealtert
añicos [a'ɲikos] *mpl* Scherben *fpl;* **hacer algo** ~ etw zertrümmern; **estoy hecho** ~ (*fam*) ich bin fix und fertig
año ['aɲo] *m* Jahr *nt;* ~ **bisiesto** Schaltjahr *nt;* ~ **natural** Kalenderjahr *nt;* **la víspera de** ~ **nuevo** der Silvesterabend; **los ~s 60** die 60er Jahre; **en el** ~ **1960** (im Jahre) 1960; **el** ~ **de la pera** (*fam*) anno dazumal; **cumplir ~s** Geburtstag haben; **¿cuántos ~s tienes?** wie alt bist du?; **estar de buen** ~ dick sein
añoranza [aɲo'ran̩θa] *f* Sehnsucht *f;* (*morriña*) Heimweh *nt*
añorar [aɲo'rar] *vt* sich sehnen (nach +*dat*); (*tener morriña*) Heimweh haben (*de* nach +*dat*); ~ **los viejos tiempos** den alten Zeiten nachtrauern
aorta [a'orta] *f* Hauptschlagader *f*

apacible [apa'θiβle] *adj* (*persona*) sanftmütig; (*temperamento*) ruhig; (*tiempo*) mild

apaciguar [apaθi'ɣwar] <gu→gü> **I.** *vt* **1.** (*aplacar*) besänftigen **2.** (*calmar*) beruhigen; (*dolor*) mildern **II.** *vr:* **~se** sich beruhigen

apadrinar [apaðri'nar] *vt* (*en un bautizo*) Pate stehen (bei +*dat*); (*en una boda*) Trauzeuge sein (bei +*dat*)

apagado, **-a** [apa'ɣaðo, -a] *adj* (*sonido*) gedämpft; (*persona*) niedergeschlagen; (*color*) trüb

apagar [apa'ɣar] <g→gu> **I.** *vt* **1.** (*luz, cigarrillo*) ausmachen **2.** (*fuego, cal*) löschen; ~ **el fuego con una manta** das Feuer mit einer Decke ersticken **3.** (*sed, hambre*) stillen **4.** (*protesta, disturbio*) ersticken **5.** (*televisor, radio*) ausmachen **6.** (*vela*) ausblasen **7.** (*loc*): **¡apaga y vámonos!** jetz reicht's aber!; **hoy está apagado** heute ist er nicht in Form **II.** *vr:* **~se** ausgehen

apagón [apa'ɣon] *m* Stromausfall *m*

apalabrar [apala'βrar] *vt* verabreden

apalancar [apalaŋ'kar] <c→qu> *vr:* **~se** (*fam*) herumlungern

apalear [apale'ar] *vt* **1.** (AGR) worfeln **2.** (*dinero*) scheffeln **3.** (*a alguien*) verprügeln **4.** (*una alfombra*) ausklopfen **5.** (*un árbol*) schlagen (gegen +*akk*); ~ **un manzano** Äpfel vom Baum abschlagen

apañado, **-a** [apa'ɲaðo, -a] *adj* **1.** (*hábil*) geschickt **2.** (*adecuado*) geeignet **3.** (*fam: equivocado*): **estás ~ si crees que te voy a ayudar** wenn du glaubst, dass ich dir helfe, bist du schief gewickelt

apañar [apa'ɲar] **I.** *vt* **1.** (*remendar*) flicken **2.** (*loc*): **¡ya te ~é yo!** dir werde ich helfen! **II.** *vr:* **~se** **1.** (*darse maña*) sich geschickt anstellen **2.** (*arreglárselas*) zurechtkommen; **no sé cómo te las apañas** ich weiß nicht, wie du das machst

aparador [apara'ðor] *m* Anrichte *f*

aparato [apa'rato] *m* **1.** (*utensilio, t.* DEP) Gerät *nt;* ~ **de televisión** Fernsehgerät *nt* **2.** (TEL) Apparat *m;* **ponerse al ~** ans Telefon gehen; **el señor X está al ~** Herr X ist am Apparat **3.** (ANAT): ~ **digestivo** Verdauungsapparat *m*

aparatoso, **-a** [apara'toso, -a] *adj:* **un accidente ~** ein spektakulärer Unfall

aparcamiento [aparka'mjen̪to] *m* Parken *nt;* (*lugar*) Parkplatz *m*

aparcar [apar'kar] <c→qu> *vt* parken

aparear [apare'ar] **I.** *vt* **1.** (*animales*) paaren **2.** (*formar un par*) paarweise anordnen; ~ **personas** Paare bilden **II.** *vr:* **~se** (*animales*) sich paaren; (*formar un par*) ein Paar bilden

aparecer [apare'θer] *irr como crecer* **I.** *vi* erscheinen; (*algo inesperado*) auftauchen **II.** *vr:* **~se** erscheinen

aparejador(a) [aparexa'ðor(a)] *m(f)* Bauführer(in) *m(f)*

aparentar [aparen̪'tar] *vt* vorgeben; ~ **estar enfermo** sich krank stellen

aparente [apa'ren̪te] *adj* **1.** (*que parece y no es*) scheinbar **2.** (*perceptible a la vista*) sichtbar **3.** (*adecuado*) passend **4.** (*de buen aspecto*) reizvoll

aparentemente [aparen̪te'men̪te] *adv* anscheinend

aparición [apari'θjon] *f* **1.** Erscheinen *nt;* (*de algo inesperado*) Auftauchen *nt* **2.** (*visión*) Erscheinung *f*

apariencia [apa'rjenθja] *f* **1.** (*aspecto*) Aussehen *nt* **2.** (*signos*) (An)schein *m;* **en ~** dem Anschein nach; **guardar las ~s** den Schein wahren

apartado[1] [apar'taðo] *m:* ~ **de Correos** Postfach *nt*

apartado, **-a**[2] [apar'taðo, -a] *adj* abgelegen

apartamento [aparta'men̪to] *m* Wohnung *f*

apartamiento [aparta'mjen̪to] *m* **1.** (*separación*) Trennung *f* **2.** (*apartamento*) Wohnung *f*

apartar [apar'tar] **I.** *vt* **1.** (*separar*) trennen **2.** (*poner a un lado*) beiseite legen **3.** (*de un cargo*) entfernen (*de* aus +*dat*) **4.** (*de un propósito*) abbringen **5.** (*la vista*) abwenden **6.** (*la atención*) ablenken **II.** *vr:* **~se** **1.** (*separarse*) sich trennen **2.** (*de un camino*) abweichen; **¡apártate!** geh aus dem Weg!

aparte [a'parte] **I.** *adv* (*en otro sitio*) beiseite; **esta cuestión debe tratarse ~** auf diese Frage muss gesondert eingegangen werden **II.** *prep* **1.** (*separado*): **él estaba ~ del grupo** er war abseits der Gruppe **2.** (*además de*): ~ **de** abgesehen von +*dat;* **esta sopa ~ de mala está fría** diese Suppe schmeckt nicht nur schlecht, sie ist auch noch kalt **III.** *m:* **punto y ~** Punkt und neuer Absatz **IV.** *adj inv* separat; **en un plato ~** auf einem extra Teller

apasionado, -a [apasjo'naðo, -a] *adj* leidenschaftlich; (*entusiasta*) begeistert

apasionante [apasjo'nante] *adj* spannend; (*sensación*) überwältigend

apasionar [apasjo'nar] **I.** *vt* begeistern **II.** *vr:* ~**se** sich begeistern (*por* für +*akk*)

apatía [apa'tia] *f* Teilnahmslosigkeit *f*

apático, -a [a'patiko, -a] *adj* apathisch

apátrida [a'patriða] *adj* staatenlos

apear [ape'ar] **I.** *vt* abbringen (*de* von +*dat*) **II.** *vr:* ~**se** aussteigen (*de* aus +*dat*); (*de un caballo*) absitzen (*de* von +*dat*)

apechugar [apetʃu'ɣar] <g→gu> *vi* sich abfinden; ~ **con las consecuencias** die Konsequenzen tragen

apedrear [apeðre'ar] **I.** *vimpers* hageln **II.** *vt* mit Steinen bewerfen; (*lapidar*) steinigen

apegado, -a [ape'ɣaðo, -a] *adj:* **estar ~ a alguien** an jdm hängen

apegarse [ape'ɣarse] <g→gu> *vr* lieb gewinnen (*a* +*akk*)

apego [a'peɣo] *m* Zuneigung *f* (*a* zu +*dat*); **tener un gran ~ a algo** etw sehr mögen

apelación [apela'θjon] *f* (JUR: *recurso*) Berufung *f;* (*invocación*) Appell *m* (*a* an +*akk*)

apelar [ape'lar] *vi* **1.** (*invocar*) appellieren (*a* an +*akk*); (*referirse*) sich berufen (*a* auf +*akk*) **2.** (*recurrir: a alguien*) sich wenden (*a* an +*akk*); (*a algo*) greifen (*a* zu +*dat*); **~ a todos los medios** kein Mittel unversucht lassen **3.** (JUR: *recurrir*) Berufung einlegen (*de* gegen +*akk*); **la sentencia ha sido apelada** gegen das Urteil wurde Berufung eingelegt

apelativo [apela'tiβo] *m* Beiname *m;* **~ cariñoso** Kosename *m*

apellidar [apeʎi'ðar] *vr:* ~**se** (mit Familiennamen) heißen; **se apellida Martínez** sein/ihr Nachname ist Martínez

apellido [ape'ʎiðo] *m* Nachname *m;* **~ de soltera** Mädchenname *m;* **primer** ~ Familienname des Vaters

apelmazar [apelma'θar] <z→c> **I.** *vt* zusammenpressen **II.** *vr:* ~**se** hart werden; (*harina*) verklumpen

apelotonar [apeloto'nar] **I.** *vt* zusammenballen; (*personas*) zusammenpferchen **II.** *vr:* ~**se** verklumpen; (*personas*) sich zusammendrängen

apenar [ape'nar] **I.** *vt* bekümmern **II.** *vr:* ~**se** sich grämen (*por* über +*akk*); (*Am*) sich schämen (*por* für +*akk, wegen* +*gen/dat*)

apenas [a'penas] **I.** *adv* **1.** (*casi no*) kaum; **~ había nadie** es war kaum jemand da **2.** (*tan solo*) erst; (*escasamente*) knapp; **~ hace una hora** vor knapp einer Stunde **II.** *conj* (*tan pronto como*) kaum

apéndice [a'pendiθe] *m* Anhang *m*

apendicitis [apendi'θitis] *f inv* Blinddarmentzündung *f*

apercibir [aperθi'βir] **I.** *vt* **1.** (*avisar*) aufmerksam machen (*de* auf +*akk*); (*advertir*) warnen (*de* vor +*dat*) **2.** (*amonestar*) tadeln (*por* wegen +*gen/dat, por* für +*akk*); (JUR) verwarnen; **le han apercibido con el despido** sie haben ihm mit seiner Entlassung gedroht **II.** *vr:* ~**se 1.** (*prepararse*) sich vorbereiten (*a/para* auf +*akk*) **2.** (*percatarse*) sich *dat* bewusst werden (*de* +*gen*); **me he apercibido de lo importante que es el examen** mir ist die Wichtigkeit der Prüfung klar geworden

aperitivo [aperi'tiβo] *m* Aperitif *m;* (*comida*) Appetithappen *m*

apertura [aper'tura] *f* Öffnen *nt,* Eröffnung *f*

apestar [apes'tar] **I.** *vi* **1.** (*oler mal*) stinken (*a* nach +*dat*) **2.** (*estar lleno*) wimmeln (*de* von +*dat*) **II.** *vt* **1.** (*fam: fastidiar*) nerven **2.** (*llenar*) überschwemmen; **el mercado está apestado de gente** der Markt wimmelt nur so von Menschen **III.** *vr:* ~**se** (*Am*) sich anstecken

apestoso, -a [apes'toso, -a] *adj* stinkend; (*fastidioso*) lästig

apetecer [apete'θer] *irr como crecer vi* **1.** (*tener ganas de*) Lust haben (*de* auf +*akk*); **me apetece un helado** ich habe Lust auf ein Eis **2.** (*gustar*): **una copa de vino siempre apetece** ein Glas Wein schmeckt immer

apetecible [apete'θiβle] *adj* wünschenswert; (*objetivo*) erstrebenswert

apetito [ape'tito] *m* **1.** (*de comida*) Appetit *m* (*de* auf +*akk*); **abrir el ~** Appetit machen **2.** (*deseo*) Verlangen *nt* (*de* nach +*dat*); **~ sexual** Fleischeslust *f*

apetitoso, -a [apeti'toso, -a] *adj* appetitlich; (*sabroso*) köstlich

apiadar [apja'ðar] **I.** *vt* Mitleid erregen **II.** *vr:* ~**se** bemitleiden (*de* +*akk*)

ápice ['apiθe] *m* **1.** (*punta*) Spitze *f* **2.** (*nada*): **no ceder un ~** keinen Zollbreit nachgeben; **no entender un ~** nicht das Geringste verstehen

apicultor(a) [apikul̪'tor(a)] *m(f)* Imker(in) *m(f)*

apicultura [apikul̪'tura] *f* Bienenzucht *f*

apilar [api'lar] **I.** *vt* aufhäufen; (*periódicos*) (auf)stapeln **II.** *vr:* ~**se** sich stapeln

apiñar [api'ɲar] **I.** *vt* aufeinander stapeln; (*personas*) zusammendrängen; (*animales*) zusammenpferchen **II.** *vr:* ~**se** sich drängen

apio ['apjo] *m* Sellerie *m o f*

apisonadora [apisona'ðora] *f* Straßenwalze *f*

apisonar [apiso'nar] *vt* walzen

aplacar [apla'kar] <c→qu> **I.** *vt* besänftigen; (*dolor*) lindern; (*hambre, sed*) stillen **II.** *vr:* ~**se** sich beruhigen

aplanar [apla'nar] **I.** *vt* ebnen; (*desanimar*) entmutigen **II.** *vr:* ~**se** den Mut verlieren

aplastante [aplas'tan̪te] *adj* überwältigend; (*derrota*) vernichtend

aplastar [aplas'tar] *vt* **1.** zerquetschen; (*con la mano*) zerdrücken; (*con el pie*) zertreten **2.** (*derrotar*) (vernichtend) schlagen **3.** (*abatir*) entmutigen

aplaudir [aplau̯'ðir] **I.** *vi* applaudieren; **el publico rompió a** ~ das Publikum fing an zu klatschen **II.** *vt* applaudieren +*dat;* (*alabar*) loben

aplauso [a'plau̯so] *m* Applaus *m*

aplazamiento [aplaθa'mjen̪to] *m* Verlegung *f* (*a/hasta* auf +*akk*); (*viaje, partido*) Verschiebung *f* (*a/hasta* auf +*akk*)

aplazar [apla'θar] <z→c> *vt* **1.** (*fecha*) verlegen **2.** (*viaje, partido*) verschieben (*a/hasta* auf +*akk*); ~ **el viaje una semana** die Reise um eine Woche verschieben **3.** (*Am*) durchfallen lassen

aplicación [aplika'θjon] *f* Auftragen *nt;* (*venda*) Anlegen *nt;* (*método*) Anwendung *f*

aplicado, -a [apli'kaðo, -a] *adj* fleißig

aplicar [apli'kar] <c→qu> **I.** *vt* **1.** (*pintura, crema*) auftragen (*a* auf +*akk*); ~ **dando un ligero masaje** leicht einmassieren; **aplicado con regularidad...** bei regelmäßiger Anwendung ... **2.** (*venda*) anlegen **3.** (*teoría, método*) anwenden (*a* auf +*akk*) **4.** (*conocimientos, habilidades*) verwenden (*a* für +*akk*) **5.** (JUR): ~ **una sanción** eine Geldstrafe auferlegen **II.** *vr:* ~**se** sich bemühen; (*emplearse*) Anwendung finden

aplique [a'plike] *m* Wandleuchte *f*

aplomo [a'plomo] *m* Selbstsicherheit *f;* **perder el** ~ die Fassung verlieren

apocar [apo'kar] <c→qu> **I.** *vt* einschüchtern **II.** *vr:* ~**se** verzagen

apodar [apo'ðar] *vr:* ~**se...** (*tener el sobrenombre*) den Beinamen ... haben; (*el apodo*) den Spitznamen ... haben

apoderado, -a [apoðe'raðo, -a] *m, f* Bevollmächtige(r) *mf;* (COM) Prokurist(in) *m(f)*

apoderar [apoðe'rar] **I.** *vt* bevollmächtigen **II.** *vr:* ~**se** sich bemächtigen (*de* +*gen*)

apodo [a'poðo] *m* Spitzname *m*

apogeo [apo'xeo] *m* Gipfel *m;* **estar en el** ~ **de su carrera** auf dem Höhepunkt seiner Laufbahn stehen

apolillar [apoli'ʎar] *vr:* ~**se** von Motten zerfressen werden

apolítico, -a [apo'litiko, -a] *adj* unpolitisch

apología [apolo'xia] *f* Verteidigung *f*

apoltronarse [apol̪tro'narse] *vr* träge werden; (*repantigarse*) es sich *dat* bequem machen

apoplejía [apople'xia] *f* Schlaganfall *m*

apoquinar [apoki'nar] *vt* (*fam*) blechen

aporrear [aporre'ar] *vt* heftig schlagen

aportación [aporta'θjon] *f* Beitrag *m* (*a/para* zu +*dat*)

aportar [apor'tar] *vt* (mit)bringen; (*contribuir*) beitragen (*a* zu +*dat*)

aposentar [aposen̪'tar] **I.** *vt* (*albergar*) beherbergen; (*procurar alojamiento*) unterbringen **II.** *vr:* ~**se** unterkommen; (MIL) sich einquartieren

aposento [apo'sen̪to] *m* Unterkunft *f;* (*cuarto*) Zimmer *nt*

aposición [aposi'θjon] *f* Apposition *f*

apósito [a'posito] *m* (*vendaje*) Wundverband *m;* (*adhesivo*) Heftpflaster *nt*

aposta [a'posta] *adv* absichtlich

apostar [apos'tar] <o→ue> **I.** *vi* setzen (*por* auf +*akk*) **II.** *vt, vr:* ~**se** wetten (um +*akk*); **¿qué/cuánto apostamos?** worum/um wie viel wetten wir?

a posteriori [a poste'rjori] *adv* nachträglich

apostilla [apos'tiʎa] *f* Randbemerkung *f*

apóstol [a'postol] *m* Apostel *m;* **Hechos de los Apóstoles** Apostelgeschichte *f*

apóstrofo [a'postrofo] *m* Apostroph *m*

apoteósico, -a [apote'osiko, -a] *adj* enorm; **éxito** ~ Riesenerfolg *m*

apoteosis [apote'osis] *f inv* **1.** (*de un héroe*) Vergöttlichung *f* **2.** (*de un espectáculo*)

Höhepunkt *m*

apoyar [apo'ɟar] **I.** *vt* **1.** (*colocar sobre*) stützen (*en* auf +*akk*); (*contra*) lehnen (*en* an +*akk*) **2.** (*fundar*) stützen (*en* auf +*akk*); ~ (**con pruebas**) belegen **3.** (*patrocinar*) unterstützen; (*ayudar*) beistehen +*dat* **II.** *vr:* ~**se 1.** (*descansar sobre*) sich stützen (*en* auf +*akk*); (*contra*) sich lehnen (*en/contra* gegen +*akk*); ~**se con la mano** sich mit der Hand abstützen **2.** (*fundarse*) beruhen (*en* auf +*dat*)

apoyo [a'poɟo] *m* **1.** (*sostén*) Halt *m;* (*soporte*) Stütze *f* **2.** (*respaldo*) Unterstützung *f;* (*ayuda*) Hilfe *f*

apreciable [apre'θjaβle] *adj* beträchtlich; (*digno de estima*) schätzenswert

apreciación [apreθja'θjon] *f* **1.** (*de una moneda*) Bewertung *f* **2.** (*de una casa*) Schätzung *f* **3.** (*del tamaño*) Abschätzung *f* **4.** (*juicio*) Einschätzung *f* **5.** (*captación*) Wahrnehmung *f*

apreciado, -a [apre'θjaðo, -a] *adj:* ~**s Sres:** sehr geehrte Herren,

apreciar [apre'θjar] *vt* **1.** (*estimar*) schätzen **2.** (*tamaño, distancia*) abschätzen **3.** (*captar*) wahrnehmen; **el médico apreció una contusión en el pecho** der Arzt stellte eine Prellung in der Brust fest

aprecio [a'preθjo] *m* **1.** (*afecto*) Zuneigung *f;* **te tengo un gran** ~ ich mag dich sehr **2.** (*estima*) Wertschätzung *f;* **gran** ~ Hochachtung *f*

aprehensión [apre(e)n'sjon] *f* **1.** (*acción de coger*) Ergreifung *f;* (*del botín*) Beschlagnahmung *f* **2.** (*percepción*) Wahrnehmung *f;* (*comprensión*) Begreifen *nt*

apremiante [apre'mjan̪te] *adj* dringend

apremiar [apre'mjar] *vi:* **el tiempo apremia** die Zeit drängt

aprender [apren̪'der] *vt* lernen; **fácil de** ~ leicht erlernbar; ~ **a leer** lesen lernen; ~ **de memoria** auswendig lernen; **estoy aprendiendo a conducir** ich lerne gerade Auto fahren

aprendiz(a) [apren̪'diθ(a)] *m(f)* Lehrling *m*

aprendizaje [apren̪di'θaxe] *m* (Er)lernen *nt;* (*formación profesional*) Lehre *f*

aprensión [apren'sjon] *f* **1.** (*recelo*) Bedenken *ntpl;* **me da** ~ **decírtelo** ich traue mich nicht es dir zu sagen **2.** (*asco*) Ekel *m;* **he cogido** ~ **a la leche** ich finde Milch ek(e)lig **3.** (*temor*) Befürchtung *f;* (*impresión*) Gefühl *nt* **4.** (*figuración*) Einbildung *f*

apresar [apre'sar] *vt* (*hacer presa*) packen; (*delincuente*) verhaften

apresurado, -a [apresu'raðo, -a] *adj* eilig; (*con excesiva prisa*) übereilt

apresuramiento [apresura'mjen̪to] *m* **1.** (*rapidez*) Schnelligkeit *f* **2.** (*acción*) Beschleunigung *f*

apresurar [apresu'rar] *vr:* ~**se** sich beeilen; **¡no te apresures!** lass dir nur Zeit!

apretado, -a [apre'taðo, -a] *adj* **1.** (*oprimido*) dicht **2.** (*tapón, tornillo*) fest sitzend; (*vestido*) eng **3.** (*personas*) dicht gedrängt **4.** (*loc*): **estar** ~ **de dinero** schlecht bei Kasse sein; **estar** ~ **de tiempo** keine Zeit haben

apretar [apre'tar] <e→ie> **I.** *vi* **1.** (*calor*) drückender werden **2.** (*vestido*) eng sitzen **3.** (*deudas, problemas*) schwer lasten (*a* auf +*dat*) **4.** (*loc*): **este profesor aprieta mucho en los exámenes** dieser Lehrer stellt sehr schwierige Prüfungen **II.** *vt* **1.** (*hacer presión*) drücken; ~ **el timbre** auf die Klingel drücken; ~ **la ropa en la maleta** die Kleider in den Koffer stopfen **2.** (*acosar*) bedrängen **3.** (*loc*): ~ **las manos** die Hände zusammenpressen; ~ **el paso** den Schritt beschleunigen; ~ **el puño** die Faust ballen; ~ **un nudo** einen Knoten fester anziehen **III.** *vr:* ~**se 1.** (*estrecharse*) enger werden **2.** (*agolparse*) sich drängen **3.** (*ceñirse*): ~**se el cinturón** den Gürtel enger schnallen

apretón [apre'ton] *m* **1.** (*presión*) Druck *m* **2.** (*sprint*) Spurt *m* **3.** (*aprieto*) Bedrängnis *f* **4.** (*apretura*) Gedränge *nt*

apretujar [apretu'xar] **I.** *vt* (*fam*) zerknautschen **II.** *vr:* ~**se** drängeln

aprieto [a'prjeto] *m* Bedrängnis *f;* ~ **económico** finanzieller Engpass; **estar en un** ~ in der Klemme sein

a priori [a pri'ori] *adv* von vorn(e)herein

aprisa [a'prisa] *adv* schnell

aprisionar [aprisjo'nar] *vt:* **quedarse aprisionado en el barro** im Lehm festsitzen

aprobación [aproβa'θjon] *f* Billigung *f;* (*de un proyecto*) Genehmigung *f;* **encontrar la** ~ **de alguien** jds Zustimmung finden

aprobado [apro'βaðo] *m* (ENS): **he sacado un** ~ **en mates** ich habe die Matheprüfung bestanden

aprobar [apro'βar] <o→ue> **I.** *vt* **1.** (*deci-*

sión, propuesta) billigen; (*proyecto*) genehmigen; (*moción*) annehmen; (*ley*) verabschieden; ~ **las condiciones** mit den Bedingungen einverstanden sein; **la solicitud fue aprobada** der Antrag wurde genehmigt **2.** (*examen*) bestehen **3.** (*a un alumno*) bestehen lassen **II.** *vi* (ENS) bestehen

apropiación [apropja'θjon] *f:* ~ **indebida** Unterschlagung *f*

apropiado, **-a** [apro'pjaðo, -a] *adj* geeignet (*a/para* für +*akk*); (*oportuno*) angebracht

apropiar [apro'pjar] *vr:* ~**se** sich *dat* aneignen (*de* +*akk*)

aprovechable [aproβe'ʧaβle] *adj* brauchbar; (*residuos*) verwertbar

aprovechamiento [aproβeʧa'mjen̪to] *m* Nutzung *f;* (*de una idea/residuos*) Verwertung *f*

aprovechar [aproβe'ʧar] **I.** *vi* **1.** (*valer*) von Nutzen sein **2.** (*sentar bien*) gut bekommen; **¡que aproveche!** guten Appetit! **II.** *vt* nutzen; (*abusar*) ausnutzen **III.** *vr:* ~**se** **1.** (*sacar provecho*) profitieren (*de* von +*dat*) **2.** (*abusar*) ausnutzen (*de* +*akk*); (*explotar*) ausbeuten (*de* +*akk*)

aprovisionar [aproβisjo'nar] *vt* versorgen (*de/con* mit +*dat*)

aproximación [aproˠsima'θjon] *f* **1.** (*acercamiento*) Annäherung *f* (*a* an +*akk*) **2.** (*en una lotería*) Trostpreis *m*

aproximado, **-a** [aproˠsi'maðo, -a] *adj* ungefähr

aproximar [aproˠsi'mar] **I.** *vt* heranrücken **II.** *vr:* ~**se** näher kommen; (*a un punto*) sich nähern (*a* +*dat*)

aptitud [apti'tuᵈ] *f* Eignung *f* (*para* für +*akk*, *para* zu +*dat*); ~ **para el servicio militar** Wehrdiensttauglichkeit *f;* **tener ~es físicas para la natación** für den Schwimmsport alle körperlichen Voraussetzungen mitbringen

apto, **-a** ['apto, -a] *adj* geeignet (*para* für +*akk*)

apuesta [a'pwesta] *f* Wette *f;* (*cantidad*) Einsatz *m*

apuesto, **-a** [a'pwesto, -a] *adj* gut aussehend

apuntador(a) [apun̪ta'ðor(a)] *m(f)* Souffleur *m*, Souffleuse *f*

apuntar [apun̪'tar] **I.** *vi* sich zeigen; (*día*) anbrechen **II.** *vt* **1.** (*con un arma*) zielen (*a* auf +*akk*); **¡apunten!** legt an! **2.** (*con el dedo*) zeigen (*a* auf +*akk*) **3.** (*anotar*) notieren **4.** (*inscribir*) anmelden (*en* in +*dat*) **5.** (*indicar*) hinweisen (*a* auf +*akk*); ~ **a que...** darauf hinweisen, dass ... **III.** *vr:* ~**se** **1.** sich anmelden (*a* zu +*dat*) **2.** (*éxito, tanto*) verbuchen

apunte [a'pun̪te] *m* Notiz *f;* **tomar ~s** mitschreiben; **¿me dejas los ~s de mates?** kannst du mir die Matheunterlagen leihen?

apuñalar [apuɲa'lar] *vt* erstechen

apurado, **-a** [apu'raðo, -a] *adj* **1.** (*agotado*) erschöpft; ~ **de dinero** knapp bei Kasse **2.** (*dificultoso*) schwierig; **verse** ~ in der Klemme sitzen **3.** (*Am*) eilig; **estar** ~ es eilig haben

apurar [apu'rar] **I.** *vt* **1.** austrinken; (*plato*) leer essen **2.** (*paciencia*) erschöpfen; ~ **todos los medios** nichts unversucht lassen **3.** (*angustiar*) quälen; (*atosigar*) plagen; **¡no me apures, mi paciencia tiene un límite!** treib es nicht auf die Spitze, meine Geduld hat bald ein Ende! **4.** (*con alabanzas*) verlegen machen **5.** (*Am*) drängen **II.** *vr:* ~**se** **1.** (*preocuparse*) sich *dat* Sorgen machen **2.** (*Am*) sich beeilen; **¡no te apures!** es eilt nicht!

apuro [a'puro] *m* **1.** Bedrängnis *f;* (*dificultad*) Schwierigkeit *f;* **estar en un** ~ in der Patsche sitzen; **poner en** ~ in Verlegenheit bringen **2.** (*estrechez*) finanzielle Notlage *f;* **sufrir grandes ~s** große Not leiden **3.** (*vergüenza*) Scham *f;* **me da ~ pedirle el dinero** es ist mir peinlich ihn/sie um das Geld zu bitten **4.** (*Am*) Eile *f*

aquejar [ake'xar] *vt:* **le aqueja una enfermedad grave** er/sie leidet an einer schweren Krankheit

aquel[1] [a'kel] *m:* **tener un** ~ das gewisse Etwas haben

aquel, **-ella**[2] [a'kel, -eʎa] **I.** *adj* <aquellos, -as> diese(r, s); (*que vemos allí*) der/die/das dort; **aquella casa es nuestra** das Haus dort gehört uns; **¿qué fue del hombre ~?** was ist aus diesem Mann geworden?; **¿estábais de acuerdo en ~ punto?** wart ihr euch in dem Punkt einig? **II.** *pron dem v.* **aquél, aquélla, aquello**

aquél, **aquélla**, **aquello** [a'kel, a'keʎa, a'keʎo] *pron dem* <aquéllos, -as> diese(r, s); (*que vemos allí*) der/die/das dort; ~ **me gusta, éste no** der dort gefällt mir, dieser

hier nicht; **¿qué es aquello?** was ist das (dort)?; **como decía** ~ wie jener sagte; ~ **que colabore recibirá un premio** jeder, der mitmacht, bekommt eine Belohnung; **oye, ¿qué hay de aquello?** und, wie steht's damit?
aquí [a'ki] *adv* **1.** (*de lugar*) hier; (*con movimiento*) hierher; (**por**) ~ **cerca** hier in der Nähe; ~ **dentro** darin; **éste de** ~ der hier; **¡ah,** ~ **estás!** da bist du ja! **2.** (*de tiempo*): **de** ~ **en adelante** von nun an; **hasta** ~ bis jetzt
Aquisgrán [akis'ɣran] *m* Aachen *nt*
ara ['ara] *m* (*Am*) Papagei *m*
árabe ['araβe] *adj* arabisch
Arabia [a'raβja] *f* Arabien *nt;* ~ **Saudita** Saudiarabien *nt*
arábigo, -a [a'raβiɣo, -a] *adj* arabisch
arado [a'raðo] *m* Pflug *m*
Aragón [ara'ɣon] *m* Aragonien *nt*
aragonés, -esa [araɣo'nes, -esa] *adj* aragonisch
arancel [araṇ'θel] *m* Tarif *m*
arándano [a'raṇdano] *m* Heidelbeere *f*
araña [a'raɲa] *f* **1.** (ZOOL) Spinne *f;* **tela de** ~ Spinnennetz *nt* **2.** (*candelabro*) Kronleuchter *m*
arañar [ara'ɲar] **I.** *vt* kratzen; (*dañar*) zerkratzen **II.** *vi* kratzen **III.** *vr:* ~**se** sich *dat* zerkratzen
arañazo [ara'ɲaθo] *m* Kratzer *m*
arar [a'rar] *vt* pflügen
arbitraje [arβi'traxe] *m* **1.** (*juicio*) Schiedsspruch *m* **2.** (*de una disputa*) Schlichtung *f*
arbitral [arβi'tral] *adj* schiedsrichterlich; **jurisdicción** ~ Schiedsgerichtbarkeit *f*
arbitrar [arβi'trar] **I.** *vt* **1.** (*disputa*) schlichten **2.** (*medios, recursos*) aufbringen **3.** (DEP) pfeifen **II.** *vi* (JUR) einen Schiedsspruch fällen
arbitrariedad [arβitrarje'ða^ð] *f* **1.** (*cualidad*) Willkür *f* **2.** (*acción*) Willkürmaßnahme *f*
arbitrario, -a [arβi'trarjo, -a] *adj* beliebig; (*voluble*) willkürlich
árbitro, -a ['arβitro, -a] *m, f* **1.** (*mediador*) Schlichter(in) *m(f)* **2.** (JUR, DEP) Schiedsrichter(in) *m(f)*
árbol ['arβol] *m* Baum *m;* ~ **genealógico** Stammbaum *m*
arbolado [arβo'laðo] *m,* **arboleda** [arβo'leða] *f* Baumgruppe *f*
arbusto [ar'βusto] *m* Strauch *m*
arca ['arka] *f* Truhe *f;* **las** ~**s del estado** die Staatskasse
arcada [ar'kaða] *f* Brechreiz *m*
arcaico, -a [ar'kai̯ko, -a] *adj* veraltet
arcángel [ar'kaŋxel] *m* Erzengel *m*
arcano[1] [ar'kano] *m* Geheimnis *nt*
arcano, -a[2] [ar'kano, -a] *adj* geheim
arcén [ar'θen] *m* Rand(streifen) *m*
archipiélago [artʃi'pjelaɣo] *m* Archipel *m;* **el** ~ **canario** die Kanarischen Inseln
archisabido, -a [artʃisa'βiðo, -a] *adj* (*fam*) äußerst bekannt
archivador [artʃiβa'ðor] *m* Aktenschrank *m;* (*carpeta*) (Akten)ordner *m*
archivar [artʃi'βar] *vt* (*documentos*) ablegen; (*en una carpeta*) abheften; (INFOR) speichern; (*un asunto*) zu den Akten legen
archivo [ar'tʃiβo] *m* Archiv *nt;* (INFOR) Datei *f;* (*Col*) Büro *nt*
arcilla [ar'θiʎa] *f* Ton *m*
arco ['arko] *m* **1.** (*t.* ARQUIT, ELEC, MAT, MÚS) Bogen *m* **2.** (METEO): ~ **iris** Regenbogen *m*
arcón [ar'kon] *m* große Truhe *f*
arder [ar'ðer] *vi* brennen; ~ **con fuerza** lodern; ~ **sin llama** glimmen; **estoy que ardo** ich bin wütend
ardid [ar'ði^ð] *m* List *f*
ardiente [ar'ðjeṇte] *adj* glühend; (*persona*) leidenschaftlich
ardilla [ar'ðiʎa] *f* Eichhörnchen *nt*
ardor [ar'ðor] *m* Hitze *f;* ~ **de estómago** Sodbrennen
arduo, -a ['arðwo, -a] *adj* mühsam; (*vida*) mühselig
área ['area] *f* **1.** (*superficie, extensión*) Fläche *f* **2.** (*terreno*) Gelände *nt;* ~ **de descanso** Rastplatz *m* **3.** (*zona*) Gebiet *nt;* ~ **de castigo** (DEP) Strafraum *m*
arena [a'rena] *f* **1.** (*material*) Sand *m;* ~**s movedizas** Treibsand *m* **2.** (*lugar*) Arena *f*
arenal [are'nal] *m* Sandfläche *f*
arenoso, -a [are'noso, -a] *adj* **1.** (*con arena*) sandig **2.** (*parecido*) sandartig
arenque [a'reŋke] *m* Hering *m*
arete [a'rete] *m* Ohrring *m*
argamasa [arɣa'masa] *f* Mörtel *m*
Argel [ar'xel] *m* Algier *nt*
Argelia [ar'xelja] *f* Algerien *nt*
argelino, -a [arxe'lino, -a] *adj* algerisch
Argentina [arxeṇ'tina] *f* Argentinien *nt*
argentino, -a [arxeṇ'tino, -a] *adj* argentinisch

argolla [ar'ɣoʎa] *f* Ring *m*
argot [ar'ɣo^{t}] <argots> *m* Jargon *m*
argüir [arɣu'ir] *irr como huir* **I.** *vt* schließen (*de* aus +*dat*); (*alegar*) anführen (*como* als +*akk*) **II.** *vi* argumentieren
argumentación [arɣumen̪ta'θjon] *f* Argumentation *f*
argumentar [arɣumen̪'tar] **I.** *vt* schließen; (*defender*) begründen **II.** *vi* argumentieren
argumento [arɣu'men̪to] *m* **1.** (*razonamiento*) Argument *nt* **2.** (LIT, CINE, TEAT) Handlung *f* **3.** (*Am: discusión*) Diskussion *f* **4.** (*Am: alegato*) Auseinandersetzung *f*
aria ['arja] *f* Arie *f*
aridez [ari'ðeθ] *f* Trockenheit *f*
árido, -a ['ariðo, -a] *adj* trocken; (*terreno*) karg
Aries ['arjes] *m* Widder *m*
ariete [a'rjete] *m* (DEP) Mittelstürmer(in) *m(f)*
aristocracia [aristo'kraθja] *f* Aristokratie *f*
aristócrata [aris'tokrata] *mf* Aristokrat(in) *m(f)*
aristocrático, -a [aristo'kratiko, -a] *adj* aristokratisch
aritmética [ari^{ð}'metika] *f* Arithmetik *f*
aritmético, -a [ari^{ð}'metiko, -a] *adj* arithmetisch
arlequín [arle'kin] *m* Harlekin *m*
arma ['arma] *f* Waffe *f;* ~ **blanca** Stichwaffe *f;* ~ **de fuego** Schusswaffe *f;* ~ **homicida** Tatwaffe *f;* ~ **de reglamento** Dienstwaffe *f;* **¡apunten ~s!** legt an!; **¡descansen ~s!** Gewehr ab!; **llegar a las ~s** handgreiflich werden
armada [ar'maða] *f* **1.** (*fuerzas navales*) Kriegsmarine *f* **2.** (*escuadra*) Kriegsflotte *f;* (HIST) Armada *f*
armadillo [arma'ðiʎo] *m* Gürteltier *nt*
armado, -a [ar'maðo, -a] *adj* ausgestattet (*de* mit +*dat*)
armador(a) [arma'ðor(a)] *m(f)* Reeder(in) *m(f)*
armadura [arma'ðura] *f* (Ritter)rüstung *f*
armamento [arma'men̪to] *m* Bewaffnung *f;* (*de un país*) Aufrüstung *f*
armar [ar'mar] **I.** *vt* **1.** (*proveer de armas*) bewaffnen **2.** (*embarcación*) ausrüsten **3.** (*cama*) aufstellen; (*tienda de campaña*) aufschlagen **4.** (*fam: jaleo, pelea*) anzetteln; **~la** (*fig*) Krach schlagen **II.** *vr:* **~se 1.** (*con armas*) sich bewaffnen **2.** (*de paciencia/valor*) sich wappnen (*de* mit +*dat*) **3.** (*loc*): **se va a ~ la gorda** (*fam*) es wird einen Riesenkrach geben
armario [ar'marjo] *m* Schrank *m;* ~ **empotrado** Einbauschrank *m;* ~ **ropero** Kleiderschrank *m*
armatoste [arma'toste] *m* Trödel *m*
armazón [arma'θon] *m o f* **1.** (*armadura*) Gestell *nt* **2.** (*esqueleto*) Skelett *nt*
Armenia [ar'menja] *f* Armenien *nt*
armenio, -a [ar'menjo, -a] *adj* armenisch
armiño [ar'miɲo] *m* Hermelin *nt*
armisticio [armis'tiθjo] *m* Waffenstillstand *m*
armonía [armo'nia] *f* **1.** (*consonancia*) Harmonie *f* **2.** (*relación armoniosa*) Eintracht *f;* **falta de** ~ Missstimmung *f*
armónica [ar'monika] *f* Mundharmonika *f*
armónico, -a [ar'moniko, -a] *adj* harmonisch
armonio [ar'monjo] *m* Harmonium *nt*
armonioso, -a [armo'njoso, -a] *adj* wohlklingend
armonizar [armoni'θar] <z→c> **I.** *vi* harmonieren **II.** *vt* harmonisieren
árnica ['arnika] *f* Arnika *f*
aro ['aro] *m* Ring *m;* **le haré pasar por el** ~ (*fig*) ich werde ihn schon dazu bringen; **ahora tienes que pasar por el** ~ (*fig*) nun musst du es durchstehen
aroma [a'roma] *m* Duft *m;* (*sabor*) Aroma *nt*
aromático, -a [aro'matiko, -a] *adj* duftend
arpa ['arpa] *f* Harfe *f*
arpón [ar'pon] *m* Harpune *f*
arqueado, -a [arke'aðo, -a] *adj* krumm
arquear [arke'ar] **I.** *vt* **1.** (*doblar*) biegen; (*espalda*) krümmen; **el gato arqueó su lomo** die Katze machte einen Buckel **2.** (*cejas*) hochziehen **II.** *vr:* **~se** sich biegen
arqueología [arkeolo'xia] *f* Archäologie *f*
arqueológico, -a *adj* archäologisch
arqueólogo, -a [arke'oloɣo, -a] *m, f* Archäologe, -in *m, f*
arquero, -a [ar'kero, -a] *m, f* **1.** (*con arco*) Bogenschütze, -in *m, f* **2.** (*portero*) Torwart, -frau *m, f*
arquetipo [arke'tipo] *m* Archetypus *m*
arquitecto, -a [arki'tekto, -a] *m, f* Architekt(in) *m(f)*

A

arquitectónico, -a [arkitek'toniko] *adj* architektonisch

arquitectura [arkitek'tura] *f* Architektur *f*

arrabal [arra'βal] *m* Vorstadt *f*

arraigar [arrai̯'ɣar] <g→gu> **I.** *vi, vr:* ~**se** Wurzeln schlagen **II.** *vi* zur festen Gewohnheit werden (*en* bei +*dat*)

arraigo [a'rrai̯ɣo] *m* Verwurzelung *f;* **tener** ~ (*influencia*) einflussreich sein

arrancar [arraŋ'kar] <c→qu> **I.** *vi* **1.** (*vehículo*) starten **2.** (*iniciar*) anfangen; ~ **a correr** zu laufen anfangen **II.** *vt* **1.** (*plantas*) (her)ausreißen; **el viento arrancó el árbol** der Wind entwurzelte den Baum **2.** (*pegatina, póster*) abreißen **3.** (*quitar con violencia*) entreißen; **le ~on el arma** sie entrissen ihm/ihr die Waffe **4.** (*muela*) ziehen **5.** (*loc*): ~ **una promesa a alguien** jdm ein Versprechen abringen

arranque [a'rraŋke] *m* **1.** Energie *f;* (*decisión*) Initiative *f;* **tomar** ~ Anlauf nehmen **2.** (*arrebato*) Anwandlung *f;* **no tengas esos ~s** reagier nicht so heftig **3.** (INFOR) Start *m*

arrasar [arra'sar] **I.** *vt* **1.** (*allanar*) einebnen **2.** (*edificios*) dem Erdboden gleichmachen; (*región*) verwüsten **3.** (*vaso*) bis zum Rand füllen **II.** *vi* (*cielo*) aufklaren **III.** *vr:* ~**se** (*cielo*) aufklaren

arrastrar [arras'trar] **I.** *vt* **1.** (*tirar*) ziehen (*de* aus +*dat*); (*algo pesado*) schleifen; (*remolcar*) schleppen; **el agua arrastra las piedras** das Wasser reißt die Steine mit; ~ **a alguien a hacer algo** jdn dazu verleiten etw zu tun **2.** (*acarrear*) nach sich *dat* ziehen **3.** (*arrebatar*) mitreißen **II.** *vi* (*cartas*) einen Trumpf ausspielen **III.** *vr:* ~**se** kriechen

arrastre [a'rrastre] *m:* **estar para el** ~ (*fam*) völlig erledigt sein

arre ['arre] *interj* hü

arrear [arre'ar] **I.** *vt* **1.** (*ganado*) antreiben **2.** (*golpe*) versetzen; (*bofetada*) verpassen **II.** *vi* sich beeilen; **¡arrea!** (*rápido*) Tempo!; (*atiza*) Donnerwetter!

arrebañar [arreβa'ɲar] *vt* (*un plato*) leer essen

arrebatar [arreβatar] **I.** *vt* entreißen; (*extasiar*) bezaubern; (*conmover*) mitreißen **II.** *vr:* ~**se** wütend werden (*por* auf/über +*akk*)

arrebato [arre'βato] *m* Anfall *m;* ~ **de cólera** Zornausbruch *m*

arrechucho [arre'ʧuʧo] *m* (*fam*) Unpässlichkeit *f*

arreciar [arre'θjar] *vi* stärker werden

arrecife [arre'θife] *m* Riff *nt*

arreglado, -a [arre'ɣlaðo, -a] *adj* **1.** (*ordenado*) ordentlich **2.** (*cuidado*) gepflegt **3.** (*loc*): **¡estamos ~s!** jetzt sitzen wir ganz schön in der Tinte!

arreglar [arre'ɣlar] **I.** *vt* **1.** (*ordenar*) in Ordnung bringen **2.** (*acicalar*): ~ **a los niños para salir** die Kinder zum Weggehen fertigmachen; **¡ya te ~é yo!** (*fig*) wenn ich dich erwische! **3.** (*acordar*) vereinbaren; ~ **las cuentas con alguien** mit jdm abrechnen **4.** (*reparar*) reparieren; (*ropa, zapatos*) flicken **5.** (*aliñar*) anmachen **II.** *vr:* ~**se 1.** (*vestirse, peinarse*) sich zurechtmachen **2.** (*componérsela*): **no sé cómo te las arreglas** ich weiß nicht, wie du das machst; **¿cómo te has arreglado para convencerle?** wie hast du es geschafft ihn zu überreden? **3.** (*ponerse de acuerdo*) sich einigen **4.** (*avenirse*) auskommen **5.** (*loc*): **el día se está arreglando** der Himmel klärt sich auf

arreglo [a'rreɣlo] *m* **1.** (*ajuste*) Regelung *f;* **con ~ a lo convenido** gemäß der Vereinbarung **2.** (*reparación*) Reparatur *f;* (*mejora*) Verbesserung *f;* **este trabajo ya no tiene** ~ diese Arbeit ist völlig verpfuscht **3.** (*acuerdo*) Vereinbarung *f*

arremangar [arremaŋ'gar] <g→gu> *vt, vr:* ~**se** hochkrempeln; ~**se la camisa** (sich *dat*) die Hemdsärmel hochkrempeln

arremeter [arreme'ter] *vi* (*atacar*) anstürmen; (*despotricar*) wettern

arrendador(a) [arreṇda'ðor(a)] *m(f)* Vermieter(in) *m(f);* (*de un terreno/negocio*) Verpächter(in) *m(f)*

arrendamiento [arreṇda'mjeṇto] *m* **1.** (*arriendo*) Miete *f;* (*de un terreno/negocio*) Pacht *f;* ~ **financiero** Leasingvertrag *m;* ~ **rústico** Landpacht *f* **2.** (*contrato*) Mietvertrag *m;* (*de un terreno/negocio*) Pachtvertrag *m* **3.** (*precio*) Miete *f;* (*de un terreno/negocio*) Pachtzins *m*

arrendar [arreṇ'dar] <e→ie> *vt* **1.** (*ceder*) vermieten; (*terreno, negocio*) verpachten **2.** (*tomar*) mieten; (*terreno, negocio*) pachten

arrendatario, -a [arreṇda'tarjo, -a] *m, f* Mieter(in) *m(f);* (*de un terreno/negocio*) Pächter(in) *m(f)*

arrepentido, -a [arrepeṇ'tiðo, -a] *adj* reuevoll

arrepentimiento [arrepe̩nti'mje̩nto] *m* Reue *f*

arrepentirse [arrepe̩n'tirse] *irr como sentir vr* (*lamentar*) Reue empfinden; ~ **de algo** etw bereuen

arrestar [arres'tar] *vt* festnehmen

arresto [a'rresto] *m* **1.** (*detención*) Festnahme *f* **2.** (*reclusión*) Arrest *m;* ~ **domiciliario** Hausarrest *m*

arriar [arri'ar] <*1. pres:* arrío> *vt* (*bandera*) einholen

arriba [a'rriβa] *adv* **1.** (*posición*) oben; **más** ~ weiter oben; **de** ~ **abajo** von oben nach unten; **leer un libro de** ~ **abajo** ein Buch vom Anfang bis zum Ende lesen; **¡manos** ~**!** Hände hoch! **2.** (*más de*): **precios de 1000 pesetas para** ~ Preise ab 1000 Peseten (aufwärts) **3.** (*con movimiento*): **río** ~ flussaufwärts; **¡**~**!** auf! **4.** (*CSur*): **de** ~ kostenlos; (*sin merecerlo*) grundlos

arribar [arri'βar] *vi* (*barco*) einlaufen

arribista [arri'βista] *mf* Emporkömmling *m*

arriendo [a'rrje̩ndo] *m v.* **arrendamiento**

arriesgado, -a [arrjes'ɣaðo, -a] *adj* riskant

arriesgar [arrjes'ɣar] <g→gu> **I.** *vt* aufs Spiel setzen **II.** *vr:* ~**se** sich einer Gefahr aussetzen

arrimar [arri'mar] **I.** *vt* **1.** (*acercar*) heranrücken (*a* an +*akk*) **2.** (*apoyar*) anlehnen (*a* an +*akk*) **3.** (*loc*): ~ **el hombro** zupacken **II.** *vr:* ~**se 1.** (*acercarse*) näher treten; ~**se al sol que más calienta** sein Fähnchen nach dem Wind drehen **2.** (*apoyarse*) sich anlehnen (*a* an +*akk*); **el niño se arrimó a su madre** das Kind schmiegte sich an seine Mutter **3.** (*Am*) in wilder Ehe leben

arrinconado, -a [arriŋko'naðo, -a] *adj* abgelegen; (*desatendido*) vernachlässigt

arrinconar [arriŋko'nar] **I.** *vt* **1.** (*un objeto*) in die Ecke stellen **2.** (*dinero*) beiseite legen **3.** (*acosar*) in die Enge treiben **4.** (*de un cargo*) aus dem Verkehr ziehen **5.** (*rehuir a alguien*) links liegen lassen **II.** *vr:* ~**se** sich zurückziehen

arroba [a'rroβa] *f* (INFOR) Klammeraffe *m*

arrodillarse [arroði'ʎarse] *vr* (sich) niederknien

arrogancia [arro'ɣa̩nθja] *f* Arroganz *f*

arrogante [arro'ɣa̩nte] *adj* arrogant

arrogarse [arro'ɣarse] <g→gu> *vr* sich *dat* anmaßen; ~ **la facultad de juzgar a los demás** sich *dat* anmaßen über andere zu urteilen

arrojado, -a [arro'xaðo, -a] *adj* verwegen

arrojar [arro'xar] **I.** *vt* **1.** (*lanzar*) werfen; **el caballo arrojó al jinete** das Pferd warf den Reiter ab **2.** (*emitir*) ausstoßen; **la chimenea arroja humo** der Schornstein raucht; ~ **beneficios** Gewinne abwerfen **II.** *vr:* ~**se** sich stürzen; ~**se al agua** ins Wasser springen

arrojo [a'rroxo] *m* Verwegenheit *f*

arrollador(a) [arroʎa'ðor(a)] *adj* überwältigend; (*persona*) hinreißend

arrollar [arro'ʎar] *vt* **1.** (*enrollar*) aufwickeln **2.** (*atropellar*) überfahren **3.** (*derrotar*) (vernichtend) schlagen **4.** (*las leyes*) missachten

arropar [arro'par] **I.** *vt* zudecken **II.** *vr:* ~**se 1.** (*en la cama*) sich zudecken **2.** (*abrigarse*) sich warm anziehen

arroyo [a'rroɟo] *m* Bach *m*

arroz [a'rroθ] *m* Reis *m;* ~ **con leche** Milchreis *m*

arrozal [arro'θal] *m* Reisfeld *nt*

arruga [a'rruɣa] *f* Falte *f;* ~ **en la frente** Stirnfalte *f*

arrugar [arru'ɣar] <g→gu> **I.** *vt* **1.** (*papel, vestido*) zerknittern **2.** (*loc*): ~ **la frente** die Stirn runzeln; ~ **la nariz** die Nase rümpfen **II.** *vr:* ~**se** knittern

arruinar [arrwi'nar] **I.** *vt* ruinieren; (*destruir*) zerstören **II.** *vr:* ~**se** sich ruinieren

arrullar [arru'ʎar] **I.** *vt* (*a un niño*) in den Schlaf wiegen **II.** *vi* (ZOOL) gurren **III.** *vr:* ~**se** turteln

arsenal [arse'nal] *m* **1.** (*de municiones*) (Waffen)arsenal *nt* **2.** (NÁUT) Werft *f*

arsénico [ar'seniko] *m* Arsen *nt*

arte ['arte] *m o f* **1.** (*t.* PINTURA) Kunst *f;* ~ **culinario** Kochkunst *f* **2.** (*habilidad*) Geschick *nt* **3.** (*maña*) Trick *m;* **como por** ~ **de magia** wie durch Hexerei

artefacto [arte'fakto] *m:* ~ **explosivo** Sprengkörper *m*

arteria [ar'terja] *f* Arterie *f*

arterio(e)sclerosis [arterjo(e)skle'rosis] *f inv* Arteriosklerose *f*

artesa [ar'tesa] *f* Backtrog *m*

artesanía [artesa'nia] *f* **1.** (*arte*) Handwerkskunst *f* **2.** (*obra*) Kunsthandwerk *nt;* **jarrón de** ~ in Handarbeit hergestellte Vase

artesano, -a [arte'sano, -a] *m, f* Handwerker(in) *m(f)*

ártico, **-a** ['artiko, -a] *adj* arktisch; **polo ~** Nordpol *m*

articulación [artikula'θjon] *f* (TÉC, ANAT) Gelenk *nt;* (LING) Artikulation *f*

articulado, **-a** [artiku'laðo, -a] *adj* **1.** (*con articulación*) gelenkig **2.** (*lenguaje*) artikuliert

articular [artiku'lar] **I.** *vt* **1.** (*unir*) miteinander verbinden **2.** (LING) artikulieren **II.** *adj* Gelenk-

artículo [ar'tikulo] *m* **1.** (*mercancía*) (Verkaufs)artikel *m;* **~ en oferta** Sonderangebot *nt* **2.** (PREN) (Zeitungs)artikel *m* **3.** (JUR, LING) Artikel *m* **4.** (*en un diccionario*) Eintrag *m*

artífice [ar'tifiθe] *mf* **1.** (*autor*) Urheber(in) *m(f)* **2.** (*artista*) Künstler(in) *m(f)*

artificial [artifi'θjal] *adj* **1.** (*no natural*) künstlich; **seda ~** Kunstseide *f* **2.** (*falso*) gekünstelt

artificio [arti'fiθjo] *m* **1.** (*mecanismo*) Vorrichtung *f;* (*aparato*) Apparat *m* **2.** (*habilidad*) Geschick *nt;* (*truco*) Kniff *m;* **un ~ técnico** ein technischer Kunstgriff

artillería [artiʎe'ria] *f* (MIL) Artillerie *f;* **una ~ de medidas** (*fig*) eine ganze Batterie (von) Maßnahmen

artimaña [arti'maɲa] *f* List *f*

artista [ar'tista] *mf* **1.** (ARTE) Künstler(in) *m(f)* **2.** (*de circo*) Artist(in) *m(f)* **3.** (TEAT) Schauspieler(in) *m(f)*

artístico, **-a** [ar'tistiko, -a] *adj* künstlerisch; (*hecho con arte*) kunstvoll

artritis [ar'tritis] *f inv* Arthritis *f*

artrosis [ar'trosis] *f inv* Arthrose *f*

arzobispo [arθo'βispo] *m* Erzbischof *m*

as [as] *m* Ass *nt*

asa ['asa] *f* Henkel *m;* (*de maleta*) Griff *m*

asado [a'saðo] *m* Braten *m*

asador [asa'ðor] *m* (*parrilla*) Grill *m*

asalariado, **-a** [asala'rjaðo, -a] *m, f* Lohnempfänger(in) *m(f)*

asaltar [asal̩'tar] *vt* **1.** (*fortaleza, ciudad*) stürmen **2.** (*a una persona*) überfallen; **me asaltó el pánico** ich geriet in Panik

asalto [a'sal̩to] *m* **1.** (*a una fortaleza/ciudad*) Sturm(angriff) *m* (*a* auf +*akk*) **2.** (*a un banco/alguien*) Überfall *m* (*a* auf +*akk*) **3.** (*boxeo*) Runde *f*

asamblea [asam'blea] *f* Versammlung *f;* **~ general** Hauptversammlung *f;* **~ plenaria** Vollversammlung *f;* **~ de trabajadores** Betriebsversammlung *f*

asar [a'sar] **I.** *vt* braten; **cochinillo asado** Spanferkel *nt;* **~ a fuego lento** schmoren; **~ a la parrilla** grillen **II.** *vr:* **~se: en esta casa se asa uno vivo** (*fam*) in diesem Haus kommt man um vor Hitze

asbesto [as'βesto] *m* Asbest *m*

ascendencia [asθen̪'den̪θja] *f* **1.** (*antepasados*) Vorfahren *mpl* **2.** (*procedencia*) Herkunft *f*

ascendente [asθen̪'den̪te] **I.** *adj* aufsteigend; **en orden ~** in aufsteigender Reihenfolge **II.** *m* Aszendent *m*

ascender [asθen̪'der] <e→ie> *vi* **1.** (*subir*) steigen; (*cuesta*) ansteigen; (DEP) aufsteigen; **el equipo ascendió a primera** die Mannschaft stieg in die erste Liga auf **2.** (*de empleo*) aufsteigen (*a* zu +*dat*) **3.** (COM: *cantidad, cuenta*) sich belaufen (*a* auf +*akk*)

ascendiente[1] [asθen̪'djen̪te] *mf* Vorfahr(e), -in *m, f*

ascendiente[2] [asθen̪'djen̪te] *m* (*influencia*) Einfluss *m*

ascensión [asθen'sjon] *f* **1.** (*a una montaña*) Aufstieg *m* **2.** (*de Cristo*) Himmelfahrt *f;* **el día de la Ascensión** der Himmelfahrtstag **3.** (*del rey*) Thronbesteigung *f*

ascenso [as'θenso] *m* **1.** (DEP) Aufstieg *m;* **el ~ a primera** der Aufstieg in die erste Liga **2.** (*promoción*) Beförderung *f*

ascensor [asθen'sor] *m* Aufzug *m*

ascético, **-a** [as'θetiko, -a] *adj* asketisch

asco ['asko] *m* **1.** (*de algo*) Ekel *m* (*de* vor +*dat*); **las espinacas me dan ~** ich kann Spinat nicht ausstehen **2.** (*de alguien*) Abscheu *m o f* (*de* vor +*dat*); **este hombre me da ~** dieser Mann stößt mich ab **3.** (*loc, fam*): **¡qué ~ de gente!** diese Leute sind unerträglich!; **estoy muerto de ~** ich langweile mich zu Tode

ascua ['askwa] *f* Glut *f*

aseado, **-a** [ase'aðo, -a] *adj* sauber; (*arreglado*) ordentlich

asear [ase'ar] **I.** *vt* sauber machen **II.** *vr:* **~se** sich zurechtmachen

asediar [ase'djar] *vt* **1.** (*ciudad*) belagern **2.** (*con preguntas*) bestürmen; (*con peticiones*) plagen

asedio [a'sedjo] *m* Belagerung *f*

asegurado, **-a** [aseɣu'raðo, -a] *m, f* Versicherungsnehmer(in) *m(f)*

asegurador(a) [aseɣura'ðor(a)] *m(f)* Versicherungsgeber(in) *m(f)*

asegurar [aseɣu'rar] **I.** *vt* **1.** (*fijar*) festmachen **2.** (*afirmar*) versichern; (*prometer*) versprechen; (*garantizar*) zusichern **3.** (*concertar un seguro*) versichern **II.** *vr:* ~**se** **1.** (*contra un peligro*) sich absichern **2.** (*comprobar*) nachsehen

asemejarse [aseme'xarse] *vr* ähneln (*a* +*dat*)

asentado, **-a** [asen̪'taðo, -a] *adj* **1.** (*juicioso*) vernünftig **2.** (*estable*) fest

asentar [asen̪'tar] <e→ie> *vr:* ~**se** sich niederlassen; (*polvo, líquidos*) sich setzen

asentimiento [asen̪ti'mjen̪to] *m* Zustimmung *f* (*a* zu +*dat*)

asentir [asen̪'tir] *irr como sentir vi* **1.** (*aprobar*) zustimmen (*a* +*dat*); ~ **con la cabeza** nicken **2.** (*consentir*) einwilligen (*a* in +*akk*)

aseo [a'seo] *m* Sauberkeit *f;* ~ **personal** Körperpflege *f;* (**cuarto de**) ~ Badezimmer *nt*

aséptico, **-a** [a'septiko, -a] *adj* keimfrei

asequible [ase'kiβle] *adj* **1.** (*alcanzable*) erreichbar **2.** (*precio*) erschwinglich; **no** ~ unerschwinglich **3.** (*persona*) zugänglich

aserradero [aserra'ðero] *m* Sägewerk *nt*

asesinar [asesi'nar] *vt* ermorden

asesinato [asesi'nato] *m* Mord *m* (*de* an +*dat*)

asesino, **-a** [ase'sino, -a] *m, f* Mörder(in) *m(f);* ~ (**a sueldo**) Killer *m*

asesor(**a**) [ase'sor(a)] *m(f)* Berater(in) *m(f)*

asesorar [aseso'rar] **I.** *vt* beraten **II.** *vr:* ~**se** sich beraten (*de* über +*akk*)

asesoría [aseso'ria] *f* Beratungsstelle *f*

asestar [ases'tar] *vt* versetzen; ~ **un tiro a alguien** einen Schuss auf jdn abgeben

aseverar [aseβe'rar] *vt* behaupten

asfaltar [asfal̪'tar] *vt* asphaltieren

asfalto [as'fal̪to] *m* Asphalt *m*

asfixia [as'fiˠsja] *f* Ersticken *nt*

asfixiante [asfiˠ'sjan̪te] *adj* erstickend; **una atmósfera** ~ stickige Luft; **hace un calor** ~ es ist erstickend heiß

asfixiar [asfiˠ'sjar] *vt, vr:* ~**se** ersticken

así [a'si] **I.** *adv* **1.** (*de modo*) so; ~ ~ einigermaßen; ~ **que** ~, ~ **o asá** so oder so; ~ **y todo** trotz allem; **¡**~ **es!** ja, genau!; **soy** ~ so bin ich nun einmal **2.** (*expresión de deseo*): **¡**~ **revientes!** hoffentlich krepierst du! **3.** (*de cantidad*): ~ **de grande** so groß **II.** *adj* solch; **un sueldo** ~ solch ein Gehalt; **una cosa** ~ etwas Derartiges

Asia ['asja] *f* Asien *nt;* ~ **menor** Kleinasien *nt*

asiático, **-a** [a'sjatiko, -a] *adj* asiatisch

asiduo, **-a** [a'siðwo, -a] *adj* häufig; (*regular*) regelmäßig

asiento [a'sjen̪to] *m* Sitz *m;* **un culo de mal** ~ (*fam*) ein unruhiger Geist; **tomar** ~ Platz nehmen

asignación [asiɣna'θjon] *f* **1.** (*de un trabajo*) Zuweisung *f* (*a* zu +*dat*); ~ **de recursos** Mittelzuweisung *f* **2.** (*de una fecha/un sueldo*) Festsetzung *f* **3.** (INFOR) Zuordnung *f* (*a* zu +*dat*); ~ **de una tecla** Tastenbelegung *f;* ~ **al teclado** Tastaturbelegung *f*

asignar [asiɣ'nar] *vt* zuweisen; (*fijar*) festsetzen

asignatura [asiɣna'tura] *f* (ENS) Fach *nt;* ~ **pendiente** noch zu bestehendes Fach

asilado, **-a** [asi'laðo, -a] *m, f* Asylant(in) *m(f)*

asilo [a'silo] *m* Asyl *nt;* (*de ancianos*) Altenheim *nt*

asimetría [asime'tria] *f* Asymmetrie *f*

asimétrico, **-a** [asi'metriko, -a] *adj* asymmetrisch

asimilación [asimila'θjon] *f* **1.** (*nivelación*) Gleichstellung *f* (*a* mit +*dat*) **2.** (BOT, LING) Assimilation *f*

asimilar [asimi'lar] *vt* gleichstellen (*a* mit +*dat*); (*conocimientos*) aufnehmen

asimismo [asi'mismo] *adv* auch

asir [a'sir] *irr* **I.** *vt* (*sujetar*) fassen; (*con fuerza*) packen **II.** *vr:* ~**se** sich fest halten (*a* an +*dat*)

asistencia [asis'ten̪θja] *f* **1.** (*ayuda*) Hilfe *f;* ~ **médica** ärztliche Betreuung; ~ **social** Sozialarbeit *f* **2.** (*presencia*) Anwesenheit *f* **3.** (*participación*) Teilnahme *f* (*a* an +*dat*)

asistenta [asis'ten̪ta] *f* Haushaltshilfe *f*

asistente [asis'ten̪te] *mf* Assistent(in) *m(f);* (*participante*) Teilnehmer(in) *m(f)*

asistido, **-a** [asis'tiðo, -a] *adj:* ~ **por ordenador** computergestützt; **dirección asistida** Servolenkung *f;* **respiración asistida** künstliche Beatmung

asistir [asis'tir] **I.** *vi* teilnehmen (*a* an +*dat*) **II.** *vt* helfen +*dat;* **asistido por ordenador** computergestützt

asma ['asma] *m* Asthma *nt*

asmático, **-a** [as'matiko, -a] **I.** *adj* asthmatisch **II.** *m, f* Asthmatiker(in) *m(f)*

asno ['asno] *m* Esel *m*

asociación [asoθja'θjon] *f* **1.** (*acción*) Vereinigung *f* **2.** (*mental*) Assoziation *f;* ~ **de ideas** Gedankenassoziation *f* **3.** (*organización*) Verband *m;* ~ **de vecinos** ≈Bürgerinitiative *f*

asociar [aso'θjar] **I.** *vt* **1.** (*juntar*) vereinen (*a* zu +*dat*); (POL) assoziieren (*a/con* mit +*dat*) **2.** (*mental*) assoziieren; **la asocio con alguien** ich bringe sie mit jdm in Zusammenhang **II.** *vr:* ~**se** sich zusammenschließen

asolar [aso'lar] <o→ue> *vt* verwüsten

asomar [aso'mar] **I.** *vt* zeigen; (*parte del cuerpo*) hinausstrecken; ~ **la cabeza por la ventana** den Kopf zum Fenster hinausstrecken **II.** *vi* (*aparecer*) auftauchen; (*fig*) sich abzeichnen; **asoma el día** der Tag bricht an **III.** *vr:* ~**se** sich zeigen; (*una parte del cuerpo*) hinausgestreckt werden

asombrar [asom'brar] **I.** *vt* in Erstaunen versetzen **II.** *vr:* ~**se** sich wundern (*de* über +*akk*)

asombro [a'sombro] *m* Staunen *nt;* **poner cara de** ~ ein erstauntes Gesicht machen; **no salir de su** ~ aus dem Staunen nicht herauskommen

asombroso, **-a** [asom'broso, -a] *adj* erstaunlich; (*increíble*) unglaublich

asomo [a'somo] *m* Spur *f;* **no pienso en ello ni por** ~ ich denke nicht im Entferntesten daran

asonancia [aso'nan̪θja] *f* Assonanz *f*

aspa ['aspa] *f* **1.** (*figura*) Kreuz *nt;* **marcar con un** ~ ankreuzen **2.** (*de molino*) Flügel *m*

aspecto *m* **1.** (*apariencia*) Erscheinung *f;* (*de una persona*) Aussehen *nt,* Erscheinungsbild *nt* **2.** (*punto de vista*) Gesichtspunkt *m*

áspero, **-a** ['aspero, -a] *adj* rau; (*sabor*) bitter; (*persona*) barsch

aspiración [aspira'θjon] *f:* **tener grandes aspiraciones** hoch hinauswollen

aspiradora [aspira'ðora] *f* Staubsauger *m*

aspirante [aspi'ran̪te] *mf* Anwärter(in) *m(f)* (*a/para* auf +*akk*)

aspirar [aspi'rar] *vt* **1.** (*inspirar*) einatmen **2.** (*aspirador*) saugen **3.** (*pretender*) streben (*a* nach +*dat*); ~ **a mucho en la vida** im Leben hoch hinauswollen

aspirina® [aspi'rina] *f* Aspirin® *nt*

asquear [aske'ar] **I.** *vt* anwidern; (*fastidiar*) anöden *fam* **II.** *vi* Ekel empfinden

asquerosidad [askerosi'ðað] *f* Schweinerei *f*

asqueroso, **-a** [aske'roso, -a] *adj* ekelhaft; (*ordinario*) ordinär

asta ['asta] *f* **1.** (*de bandera*) Fahnenstange *f;* **a media** ~ auf halbmast **2.** (*cuerno*) Horn *nt*

asterisco [aste'risko] *m* Sternchen *nt*

astilla [as'tiʎa] *f* Splitter *m;* **clavarse una** ~ sich *dat* einen Splitter einreißen

astillar [asti'ʎar] **I.** *vt* (*partir*) spalten **II.** *vr:* ~**se** **1.** (*hacerse astillas*) zersplittern **2.** (*rajarse*) sich spalten

astillero [asti'ʎero] *m* (Schiffs)werft *f*

astro ['astro] *m* Stern *m*

astrología [astrolo'xia] *f* Astrologie *f*

astrólogo, **-a** [as'troloɣo, -a] *m, f* Astrologe, -in *m, f*

astronauta [astro'nau̯ta] *mf* Astronaut(in) *m(f)*

astronomía [astrono'mia] *f* Astronomie *f*

astronómico, **-a** [astro'nomiko, -a] *adj* astronomisch

astrónomo, **-a** [as'tronomo, -a] *m, f* Astronom(in) *m(f)*

astucia [as'tuθja] *f* Schläue *f*

asturiano, **-a** [astu'rjano, -a] *adj* asturisch

Asturias [as'turjas] *f* Asturien *nt;* **el Príncipe de** ~ der spanische Kronprinz

astuto, **-a** [as'tuto, -a] *adj* schlau

asueto [a'sweto] *m:* (**día de**) ~ schulfreier Tag; **un rato de** ~ eine kurze Pause

asumir [asu'mir] *vt* (*hacerse cargo*) übernehmen; (*Am*) annehmen

asunto [a'sun̪to] *m* Angelegenheit *f;* (*negocio*) Geschäft *nt*

asustadizo, **-a** [asusta'ðiθo, -a] *adj* schreckhaft

asustar [asus'tar] **I.** *vt* **1.** (*sobresaltar*) erschrecken; (*atemorizar*) Angst machen +*dat;* **la responsabilidad no me asusta** die Verantwortung schreckt mich nicht **2.** (*de un propósito*) abschrecken **3.** (*ahuyentar*) verscheuchen **4.** (*escandalizar*) Anstoß erregen (bei +*dat*) **II.** *vr:* ~**se** **1.** (*sobresaltarse*) sich erschrecken (*por/de/con* über +*akk*); (*tener miedo*) Angst bekommen; **no te asustes** (hab) keine Angst **2.** (*de un propósito*) sich abschrecken lassen **3.** (*escandalizarse*) Anstoß nehmen (*de* an +*dat*)

atacar [ata'kar] <c→qu> **I.** *vt* angreifen; (*sueño*) überkommen **II.** *vi* (DEP) angreifen

atado [a'taðo] *m* Bündel *nt*

atadura [ata'ðura] *f* **1.** (*acción*) Binden *nt* **2.** (*cosa para atar*) Fessel *f*

atajo [a'taxo] *m* Abkürzung *f*

atalaya [ata'laɟa] *f* Wach(t)turm *m*

atañer [ata'ɲer] <*3. pret:* atañó> *vimpers* angehen; **eso no te atañe** das geht dich nichts an; **por lo que atañe a tu empleo** was deine Stelle angeht

ataque [a'take] *m* **1.** (*embestida, crítica*) Angriff *m;* ~ **por sorpresa** Überraschungsangriff *m* **2.** (MED) Anfall *m;* ~ **al** [*o* **de**] **corazón** Herzinfarkt *m*

atar [a'tar] *vt* **1.** (*sujetar*) festbinden (*a* an +*dat*); (*juntar*) zusammenbinden; (*a un cautivo*) fesseln; ~ **las manos a la espalda** die Hände hinter dem Rücken zusammenbinden; ~ **al perro** den Hund an die Leine legen; ~ **corto a alguien** jdn kurzhalten; **estar atado de pies y manos** an Händen und Füßen gefesselt sein **2.** (*cerrar*) zubinden; (*un paquete*) verschnüren **3.** (*comprometer*): **esta profesión ata mucho** dieser Beruf beansprucht einen sehr

atardecer [atarðe'θer] *m:* **al** ~ bei Einbruch der Dunkelheit

atascar [atas'kar] <c→qu> **I.** *vt* **1.** (*cañería*) verstopfen **2.** (*rueda, proceso*) blockieren **II.** *vr:* ~**se 1.** (*cañería*) verstopfen; **el desagüe se ha atascado** der Ausguss ist verstopft **2.** (*coche*) stecken bleiben **3.** (*mecanismo*) blockieren

atasco [a'tasko] *m* **1.** (*de una cañería*) Verstopfung *f* **2.** (*de un mecanismo*) Blockierung *f* **3.** (*de tráfico*) (Verkehrs)stau *m*

ataúd [ata'uᵈ] *m* Sarg *m*

ataviar [ataβi'ar] <*1. pres:* (me) atavío> *vt, vr:* ~**se** (*arreglar*) (sich) herausputzen; (*adornar*) (sich) schmücken

atavío [ata'βio] *m* (*adorno*) Schmuck *m;* (*atuendo*) Aufmachung *f*

ateísmo [ate'ismo] *m* Atheismus *m*

atemorizar [atemori'θar] <z→c> *vt, vr:* ~**se** (sich) ängstigen

Atenas [a'tenas] *f* Athen *nt*

atención [ateṇ'θjon] *f* **1.** (*vigilancia*) Aufmerksamkeit *f;* ~ **médica** ärztliche Betreuung; **falta de** ~ Unaufmerksamkeit *f;* **¡~, por favor!** Achtung, Achtung!; **el profesor me llamó la** ~ der Lehrer tadelte mich; **estamos llamando la** ~ wir fallen auf **2.** (*cartas*): **a la** ~ **de...** zu Händen von ...

atender [ateṇ'der] <e→ie> *vt* **1.** (*prestar atención*) beachten; (*escuchar*) zuhören +*dat* **2.** (*tener en cuenta*) berücksichtigen **3.** (*seguir*) befolgen; (*deseo, petición*) nachkommen +*dat;* ~ **una solicitud** einem Antrag stattgeben **4.** (*cuidar*) sich kümmern (*a* um +*akk*) **5.** (*tratar*) behandeln **6.** (*despachar*) bedienen; **¿le atienden?** werden Sie schon bedient? **7.** (*llamada*) entgegennehmen

atenerse [ate'nerse] *irr como tener vr* sich halten (*a* an +*akk*)

atentado [ateṇ'taðo] *m* Attentat *nt* (*contra* auf +*akk*); ~ **terrorista** Terroranschlag *m;* **el autor de un** ~ der Attentäter; **ser víctima de un** ~ einem Attentat zum Opfer fallen

atentamente [ateṇta'meṇte] *adv:* (**muy**) ~ mit freundlichen Grüßen

atentar [ateṇ'tar] *vi* ein Attentat verüben (*contra* auf +*akk*); (*infringir*) verstoßen (*contra* gegen +*akk*)

atento, -a [a'teṇto, -a] *adj* aufmerksam

atenuante [atenu'aṇte] **I.** *adj* (JUR) (straf)mildernd **II.** *m* **1.** (JUR) mildernder Umstand *m* **2.** (*Am: perdón*) Entschuldigung *f*

atenuar [atenu'ar] <*1. pres:* (me) atenúo> **I.** *vt* abschwächen **II.** *vr:* ~**se** schwächer werden

ateo, -a [a'teo, -a] *m, f* Atheist(in) *m(f)*

aterirse [ate'rirse] *irr como abolir vr* erstarren; **quedarse aterido** starr vor Kälte sein

aterrador(a) [aterra'ðor(a)] *adj* schreckenerregend; **noticias ~as** Schreckensnachrichten *fpl*

aterrar [ate'rrar] **I.** *vt* (*atemorizar*) Angst machen +*dat;* (*sobresaltar*) erschrecken **II.** *vr:* ~**se** (*sobresaltarse*) (sich) erschrecken; (*tener miedo*) Angst bekommen

aterrizaje [aterri'θaxe] *f* Landung *f;* ~ **forzoso** Notlandung *f*

aterrizar [aterri'θar] <z→c> *vi* landen

aterrorizar [aterrori'θar] <z→c> **I.** *vt* **1.** (POL, MIL) terrorisieren **2.** (*causar terror*) Angst einjagen +*dat;* **me aterroriza volar** ich habe schreckliche Angst vor dem Fliegen **II.** *vr:* ~**se** Angst bekommen; (*sobresaltarse*) sich erschrecken

atestado [ates'taðo] *m:* ~ (**policial**) (Polizei)protokoll *nt*

atestar [ates'tar] *vt* bis oben hin füllen (*de* mit +*dat*); **el maletero está atestado** der Kofferraum ist bis oben hin voll

atestiguar [atesti'ɣwar] <gu→gü> *vt* bezeugen

atiborrar [atiβo'rrar] *vt, vr:* **~se** (sich) voll stopfen (*de* mit +*dat*)

ático ['atiko] *m* Dachwohnung *f*

atípico, -a [a'tipiko, -a] *adj* untypisch

atisbar [atis'βar] **I.** *vt* erspähen **II.** *vr:* **~se** sich abzeichnen

atisbo [a'tisβo] *m* Anzeichen *nt;* **un ~ de esperanza** ein Fünkchen Hoffnung

atizar [ati'θar] <z→c> *vt* **1.** (*fuego, pasión*) schüren **2.** (*bofetada*) verpassen **3.** (*loc*): **¡atiza!** Donnerwetter!

atlántico, -a [aᶞ'lan̪tiko, -a] *adj* atlantisch

Atlántico [aᶞ'lan̪tiko] *m* Atlantik *m*

atlas ['aᶞlas] *m inv* Atlas *m*

atleta [aᶞ'leta] *mf* (Leicht)athlet(in) *m(f)*

atlético, -a [aᶞ'letiko, -a] *adj* athletisch

atletismo [aᶞle'tismo] *m* Leichtathletik *f*

atmósfera [aᶞ'mosfera] *f* Atmosphäre *f*

atolladero [atoʎa'ðero] *m:* **sacar a alguien de un ~** jdm aus der Patsche helfen

Atolli (auch: **atol** oder **atole**) ist ein mexikanisches Getränk, das warm getrunken wird. Es wird mit Maismehl und Milch bzw. Wasser zubereitet.

atolón [ato'lon] *m* Atoll *nt*

atolondrado, -a [atolon̪'draðo, -a] *adj* töricht

atómico, -a [a'tomiko, -a] *adj* atomar; **refugio ~** Atombunker *m*

átomo ['atomo] *m* Atom *nt*

atónito, -a [a'tonito, -a] *adj* verblüfft

átono, -a ['atono, -a] *adj* unbetont

atontado, -a [aton̪'taðo, -a] *adj* dumm; (*distraído*) zerstreut

atontar [aton̪'tar] **I.** *vt* **1.** (*aturdir*) betäuben **2.** (*pasmar*) verblüffen **3.** (*entontecer*) verdummen **II.** *vr:* **~se 1.** (*pasmarse*) verblüfft sein **2.** (*entontecer*) verdummen

atormentar [atormen̪'tar] **I.** *vt* plagen; (*mortificar*) quälen **II.** *vr:* **~se** sich (ab)quälen

atornillador [atorniʎa'ðor] *m* Schraubenzieher *m*

atornillar [atorni'ʎar] *vt* festschrauben; (*fijar*) anschrauben; (*juntar*) zusammenschrauben

atorrante [ato'rran̪te] *mf* (*CSur: fam*) Penner(in) *m(f)*

atosigar [atosi'ɣar] <g→gu> **I.** *vt* drängen; (*importunar*) belästigen **II.** *vr:* **~se 1.** (*apresurarse*) sich abhetzen; **no te atosigues** immer mit der Ruhe **2.** (*inquietarse*) beunruhigt sein

atracadero [atraka'ðero] *m* Pier *m o f*

atracador(a) [atraka'ðor(a)] *m(f)* Straßenräuber(in) *m(f)*

atracar [atra'kar] <c→qu> **I.** *vi* (NÁUT) anlegen **II.** *vt* **1.** (NÁUT) festmachen **2.** (*asaltar*) überfallen

atracción [atraʸ'θjon] *f* **1.** (*atractivo, t.* FÍS) Anziehungskraft *f* **2.** (*circense*) Attraktion *f* **3.** *pl:* **parque de atracciones** Vergnügungspark *m*

atraco [a'trako] *m* (Raub)überfall *m* (*a* auf +*akk*); **~ a un banco** Banküberfall *m;* **~ a mano armada** bewaffneter Überfall

atracón [atra'kon] *m* (*fam*) Schlemmerei *f;* **darse un ~ de dulces** sich mit Süßigkeiten vollstopfen

atractivo, -a [atrak'tiβo, -a] *adj* attraktiv

atraer [atra'er] *irr como traer* **I.** *vt* (*cautivar, t.* FÍS) anziehen; **sentirse atraído hacia alguien** sich zu jdm hingezogen fühlen **II.** *vr* (*ganarse*) für sich gewinnen; **~se las simpatías de alguien** jds Zuneigung gewinnen

atragantar [atraɣan̪'tar] *vr:* **~se 1.** (*al comer*) sich verschlucken (*con* an +*dat*) **2.** (*al hablar*) stecken bleiben

atrancar [atraŋ'kar] <c→qu> **I.** *vt* verriegeln **II.** *vr:* **~se** verstopfen; (*un coche, al hablar*) stecken bleiben

atrapar [atra'par] *vt* fangen; (*ladrón*) fassen; (*animal escapado*) einfangen

atrás [a'tras] *adv* **1.** (*hacia detrás*) nach hinten; **¡~!** zurück(treten)!; **contar ~** rückwärts zählen **2.** (*detrás*) hinten; **rueda de ~** Hinterrad *nt;* **quedarse ~** zurückbleiben **3.** (*de tiempo*): **años ~** vor Jahren **4.** (*loc*): **echarse ~ de un acuerdo** von einer Vereinbarung zurücktreten; **volver la vista ~** in die Vergangenheit zurückblicken

atrasado, -a [atra'saðo, -a] *adj* zurückgeblieben; (*país*) unterentwickelt

atrasar [atra'sar] **I.** *vt* **1.** (*aplazar*) verschieben **2.** (*reloj*) zurückstellen **3.** (*progreso*) hemmen **II.** *vr:* **~se 1.** (*quedarse atrás*) zurückbleiben **2.** (*retrasarse*) sich verspäten; **el tren se ha atrasado** der Zug hatte Verspätung

atraso [a'traso] *m* (*en una carrera*) Zeitrückstand *m;* (*de un tren*) Verspätung *f;* (*de un país*) Rückständigkeit *f*

atravesar [atraβe'sar] <e→ie> **I.** *vt* **1.**(*persona*): ~ **la calle/la frontera** die Straße/die Grenze überqueren; ~ **la sala/la ciudad** den Saal/die Stadt durchqueren; ~ **un río nadando** einen Fluss durchschwimmen **2.**(*cuerpo*): ~ **algo con una aguja** etw mit einer Nadel durchstechen; ~ **algo taladrando** etw durchbohren **II.** *vr:* ~**se 1.**(*ponerse entremedio*): **no te atravieses en mi camino** komm mir nicht in die Quere **2.**(*no soportar*): **se me atraviesa ese tipo** ich ertrage diesen Typ nicht

atreverse [atre'βerse] *vr* **1.**(*osar*) sich trauen; ~ **a hacer algo** sich trauen etw zu tun **2.**(*insolentarse*) sich *dat* erlauben; **¡no te atreverás!** du wirst dich hüten!

atrevido, -a [atre'βiðo, -a] *adj* kühn; (*insolente*) frech

atribución [atriβu'θjon] *f* **1.**(*de un hecho*) Zuschreibung *f* **2.**(*competencia*) Befugnis *f;* **atribuciones de un empleado** Amtsbefugnisse *fpl;* **tiene atribuciones mías para llevar las negociaciones** ich habe ihn/sie ermächtigt die Verhandlungen zu führen

atribuir [atriβu'ir] *irr como huir* **I.** *vt* zuschreiben; ~ **la culpa de algo a alguien** jdm die Schuld an etw *dat* zuschreiben **II.** *vr:* ~**se** sich *dat* zuschreiben

atributo [atri'βuto] *m* Eigenschaft *f;* (*t.* LING) Attribut *nt*

atril [a'tril] *m* Notenständer *m;* (*de mesa*) Lesepult *nt*

atrio ['atrjo] *m* Atrium *nt*

atrocidad [atroθi'ða^ð] *f* **1.**(*cosa atroz*) Scheußlichkeit *f* **2.**(*crimen*) Gräueltat *f* **3.**(*disparate*) Unsinn *m;* **¡no digas ~es!** red doch keinen Unsinn!

atronador(a) [atrona'ðor(a)] *adj* ohrenbetäubend; (*aplauso*) donnernd

atropellar [atrope'ʎar] *vt* **1.**(*vehículo*) überfahren; **por poco me atropellan** beinahe wäre ich überfahren worden **2.**(*empujar*) anrempeln

atropello [atro'peʎo] *m* **1.**(*colisión*) Zusammenstoß *m;* (*accidente*) Verkehrsunfall *m* **2.**(*empujón*) Schubs *m* **3.**(*insulto*) Beleidigung *f* **4.**(*loc*): **¡esto es un ~!** das ist ein Unding!

atroz [a'troθ] *adj* grässlich; (*cruel*) grausam

atufar [atu'far] **I.** *vt* **1.**(*marear*) benebeln **2.**(*enfadar*) ärgern **II.** *vr:* ~**se 1.**(*marearse*) benommen sein **2.**(*enfadarse*) sich ärgern

atún [a'tun] *m* Thunfisch *m*

aturdido, -a [atur'ðiðo, -a] *adj* verblüfft

aturdimiento [aturði'mjen̦to] *m* **1.**(*por un golpe*) Betäubung *f* **2.**(*por una mala noticia*) Bestürzung *f* **3.**(*irreflexión*) Gedankenlosigkeit *f*

aturdir [atur'ðir] **I.** *vt* **1.**(*los sentidos*) betäuben **2.**(*una mala noticia*) bestürzen **3.**(*pasmar*) verblüffen **II.** *vr:* ~**se 1.**(*los sentidos*) benommen sein **2.**(*por una desgracia*) bestürzt sein **3.**(*pasmarse*) verblüfft sein

atusar [atu'sar] *vr:* ~**se** sich herausputzen

audacia [au̯'ðaθja] *f* Kühnheit *f*

audaz [au̯'ðaθ] *adj* kühn

audible [au̯'ðiβle] *adj* hörbar

audición [au̯ði'θjon] *f* **1.**(*acción*) Hören *nt* **2.**(*facultad*) Gehör *nt* **3.**(*concierto*) Konzert *nt;* (*lectura*) Lesung *f* **4.**(TEAT) Vorsprechen *nt;* (*músico*) Vorspielen *nt;* (*cantante*) Vorsingen *nt;* **pasar una** ~ (*actor*) vorsprechen; (*instrumentista*) vorspielen; (*cantante*) vorsingen

audiencia [au̯'ðjen̦θja] *f* **1.**(TEL, RADIO) Zuhörerschaft *f;* **nivel de** ~ Einschaltquote *f* **2.**(POL) Audienz *f* **3.**(JUR: *sesión*) Anhörung *f*

audífono [au̯'ðifono] *m* Hörgerät *nt;* (*Am*) (Telefon)hörer *m*

auditivo, -a [au̯ði'tiβo, -a] *adj* Gehör-

auditor(a) [au̯ði'tor(a)] *m(f)* (ECON, FIN) Wirtschaftsprüfer(in) *m(f)*

auditorio [au̯ði'torjo] *m* **1.**(*público*) Zuhörerschaft *f* **2.**(*sala*) (Konzert)saal *m*

auge ['au̯xe] *m* Höhepunkt *m;* (*de una época*) Blütezeit *f*

augurar [au̯ɣu'rar] *vt* voraussagen

augurio [au̯'ɣurjo] *m* Vorzeichen *nt*

aula ['au̯la] *f* **1.**(*de escuela*) Klassenzimmer *nt* **2.**(*de universidad*) Hörsaal *m;* ~ **magna** Audimax *nt*

aullar [au̯'ʎar] *irr vi* (*animal*) heulen

aullido [au̯'ʎiðo] *m* Heulen *nt*

aumentar [au̯men̦'tar] **I.** *vi* **1.**(*en intensidad*) zunehmen **2.**(*en cantidad*) zunehmen (um +*akk*) **3.**(*en extensión*) vergrößern **II.** *vt* **1.**(*intensidad*) steigern **2.**(*precios*) erhöhen **3.**(*de extensión*) vergrößern

aumento [au̯'men̦to] *m* **1.**(*en la intensidad*) Zunahme *f;* (*de los esfuerzos*) Verstärkung *f;* **ir en ~** ständig zunehmen **2.** (*de población*) Zuwachs *m* (*de* um +*akk*); (*de precio, suma*) Erhöhung *f* (*de* um +*akk*); (*de valor, ventas*) Steigerung *f* (*de* um +*akk*) **3.** (*en la extensión*) Vergrößerung *f*

aun [au̯n] **I.** *adv* **1.** (*hasta*) sogar **2.** (*loc*): **~ así** (aber) trotzdem; **ni ~** nicht einmal **II.** *conj:* **~ cuando** selbst wenn

aún [a'un] *adv* **1.** (*todavía*) (immer) noch; **~ no** noch nicht **2.** (*con comparativo*) noch

aunar [au̯'nar] *irr como aullar* **I.** *vt* **1.** (*unir*) vereinen; **~ esfuerzos** gemeinsame Anstrengungen machen **2.** (*unificar*) vereinigen **II.** *vr:* **~se** sich zusammentun

aunque ['au̯ŋke] *conj* **1.** (*concesiva: a pesar de que, incluso si*) auch wenn; **~ es viejo, aún puede trabajar** obwohl er alt ist, kann er immer noch arbeiten; **~ parezca extraño** so seltsam es auch scheinen mag **2.** (*adversativa*) aber

aúpa [a'upa] *interj* auf, hoch; **ser de ~** gefährlich sein

au pair [o'per] *mf* Aupairmädchen *nt,* Aupairboy *m;* **puesto de ~** Aupairstelle *f*

aupar [au̯'par] *irr como aullar vt* hochheben

aura ['au̯ra] *f* Aura *f*

aureola [au̯re'ola] *f* Heiligenschein *m*

auricular [au̯riku'lar] *m* **1.** (TEL) (Telefon)hörer *m;* **coger/colgar el ~** den Hörer abnehmen/auflegen **2.** (*de música*) Kopfhörer *m*

aurora [au̯'rora] *f* Morgenröte *f*

auscultar [au̯skul̩'tar] *vt* (MED) abhorchen

ausencia [au̯'sen̩θja] *f* Abwesenheit *f;* (*falta*) Mangel *m* (*de* an +*dat*)

ausentarse [au̯sen̩'tarse] *vr* weggehen

ausente [au̯'sen̩te] *adj* **1.** (*no presente*) abwesend; **estar ~** nicht da sein; **estar ~ del trabajo** am Arbeitsplatz fehlen **2.** (*distraído*) (geistes)abwesend

auspiciar [au̯spi'θjar] *vt* voraussagen; (*patrocinar*) die Schirmherrschaft übernehmen (über +*akk*)

austeridad [au̯steri'ða^{ð}] *f* **1.** (*de las costumbres*) Strenge *f* **2.** (*del modo de vida*) Enthaltsamkeit *f* **3.** (*de un lugar*) Kargheit *f* **4.** (*de un estilo*) Einfachheit *f*

austero, -a [au̯s'tero, -a] *adj* enthaltsam; (*lugar*) karg; (*estilo*) einfach

austral [au̯s'tral] *adj* südlich, Süd-

Australia [au̯s'tralja] *f* Australien *nt*

australiano, -a [au̯stra'ljano, -a] *adj* australisch

Austria ['au̯strja] *f* Österreich *nt*

austriaco, -a [au̯s'trjako, -a], **austríaco, -a** [au̯s'triako, -a] *adj* österreichisch

autenticidad [au̯ten̩tiθi'ða^{ð}] *f* Echtheit *f*

auténtico, -a [au̯'ten̩tiko, -a] *adj* echt; **un ~ fracaso** ein glatter Fehlschlag

autista [au̯'tista] *mf* Autist(in) *m(f)*

autoadhesivo, -a [au̯toaðe'siβo, -a] *adj* selbstklebend; **papel ~** Selbstklebefolie *f*

autobiografía [au̯toβjoɣra'fia] *f* Autobiografie *f*

autobiográfico, -a [au̯toβjo'ɣrafiko, -a] *adj* autobiografisch

autobús [au̯to'βus] *m* (Omni)bus *m*

autocar [au̯to'kar] <autocares> *m* (Reise)bus *m*

autocarril [au̯toka'rril] *m* (*Am*) Schnellstraße *f*

autochoque [au̯to'tʃoke] *m* (Auto)skooter *m*

autocine [au̯to'θine] *m* Autokino *nt*

autóctono, -a [au̯'toktono, -a] *adj* einheimisch

autodefensa [au̯toðe'fensa] *f* Selbstverteidigung *f*

autodominio [au̯toðo'minjo] *m* Selbstbeherrschung *f*

autoescuela [au̯toes'kwela] *f* Fahrschule *f*

autoestop [au̯toes'top] *m:* **hacer ~** trampen

autoestopista [au̯toesto'pista] *mf* Anhalter(in) *m(f)*

automóvil [au̯to'moβil] *m* Auto *nt;* **~ de carreras** Rennwagen *m;* **~ eléctrico** Elektroauto *nt;* **~ todo terreno** Geländefahrzeug *nt;* **Salón del Automóvil** Automobilmesse *f*

automovilístico, -a [au̯tomoβi'listiko, -a] *adj* Auto-; **parque ~** Fuhrpark *m*

auto(e)stop [au̯to(e)s'top] *m:* **hacer ~** trampen

auto(e)stopista [au̯toesto'pista] *mf* Anhalter(in) *m(f)*

autógrafo [au̯'toɣrafo] *m* Autogramm *nt*

autolavado [au̯tola'βaðo] *m:* **túnel de ~** Waschstraße *f*

automático[1] [au̯to'matiko] *m* Druckknopf *m*

automático, -a[2] [au̯to'matiko, -a] *adj* automatisch

automatizar [au̯tomati'θar] <z→c> *vt*

automatisieren

auto(móvil) [au̯to'(moβil)] *m* Auto *nt*

automovilismo [au̯tomoβi'lismo] *m* Rennsport *m*

automovilista [au̯tomoβi'lista] *mf* Autofahrer(in) *m(f)*

autonomía [au̯tono'mia] *f* (POL) Autonomie *f;* (*de una persona*) Unabhängigkeit *f;* (*territorio*) autonome Region *f*

autonómico, -a [au̯to'nomiko, -a] *adj:* **política autonómica** Regionalpolitik *f;* **elecciones autonómicas** Wahlen in den autonomen Regionen

autónomo, -a [au̯'tonomo, -a] *adj* **1.** (POL) autonom; **la comunidad autónoma de Galicia** die autonome Region Galicien **2.** (*trabajador*) selb(st)ständig; **trabajar de ~** selb(st)ständig arbeiten

autopista [au̯to'pista] *f* Autobahn *f;* **~ de peaje** gebührenpflichtige Autobahn; **~ de la información** [*o* **de datos**] (INFOR) Datenautobahn *f*

autopsia [au̯'toβsja] *f* Autopsie *f*

autor(a) [au̯'tor(a)] *m(f)* (LIT) Autor(in) *m(f);* (MÚS) Komponist(in) *m(f);* **derechos de ~** Urheberrechte *ntpl*

autoridad [au̯tori'ðaᶞ] *f* **1.** (*poder*) Macht *f;* (*de alguien*) Autorität *f;* **~ del estado** Staatsgewalt *f;* **~ judicial** richterliche Gewalt; **~ de los padres** elterliche Autorität; **¡aquí soy yo la ~!** hier bestimme ich! **2.** (*institución estatal*) Behörde *f* **3.** *pl* (*policía*) Polizei *f;* **desacato a la ~** Widerstand gegen die Staatsgewalt **4.** (*experto*) Autorität *f*

autoritario, -a [au̯tori'tarjo, -a] *adj* autoritär

autorización [au̯toriθa'θjon] *f* **1.** (*permiso*) Erlaubnis *f* (*para* zu +*dat*) **2.** (*facultad*) Ermächtigung *f* (*para* zu +*dat*) **3.** (*derecho*) Berechtigung *f* (*para* zu +*dat*)

autorizado, -a [au̯tori'θaðo, -a] *adj* befugt; **persona no autorizada** Unbefugte(r) *m*

autorizar [au̯tori'θar] <z→c> *vt* genehmigen; (*facultar*) ermächtigen (*a/para* zu +*dat*); (*dar derecho*) berechtigen (*a/para* zu +*dat*)

autoservicio [au̯toser'βiθjo] *m* Selbstbedienung *f*

autovía [au̯to'βia] *f* Schnellstraße *f*

auxiliar[1] [au̯ˠsi'ljar] **I.** *mf* Assistent(in) *m(f);* **~ técnico sanitario** medizinisch-technischer Assistent *m;* **~ de vuelo** Steward *m,* Stewardess *f* **II.** *vt* helfen +*dat*

auxiliar[2] [au̯ˠsi'ljar] *m* Hilfsverb *nt*

auxilio [au̯ˠ'siljo] *m* Hilfe *f;* **primeros ~s** erste Hilfe; **pedir ~** um Hilfe rufen

avalancha [aβa'lanʧa] *f* Lawine *f*

avance [a'βaṇθe] *m:* **~ informativo** Nachrichtenüberblick *m*

avanzado, -a [aβaṇ'θaðo, -a] *adj* fortgeschritten; (*método*) fortschrittlich; (*modelo*) weiterentwickelt

avanzar [aβaṇ'θar] <z→c> *vi* **1.** (*seguir adelante*) weitergehen; **~ hacia alguien** auf jdn zugehen **2.** (*progresar*) vorankommen; **no ~ nada** keine Fortschritte machen

avaricia [aβa'riθja] *f* Habgier *f*

avaricioso, -a [aβari'θjoso, -a] *adj,* **avariento, -a** [aβa'rjeṇto, -a] *adj* habgierig

avaro, -a [a'βaro, -a] *adj* geizig

avasallar [aβasa'ʎar] **I.** *vt* **1.** (*subyugar*) unterwerfen **2.** (*atropellar*) überrollen **II.** *vr:* **~se** sich unterwerfen

avatares [aβa'tares] *mpl:* **los ~ de la vida** die Wechselfälle des Lebens; **los ~ de la suerte** die Launenhaftigkeit des Glücks

ave ['aβe] *f* Vogel *m;* **~s de corral** Geflügel *nt;* **~ de paso** Zugvogel *m*

AVE ['aβe] *m abr de* **Alta Velocidad Española** ≈ICE *m*

avecinarse [aβeθi'narse] *vr* bevorstehen; (*tormenta*) aufziehen

avellana [aβe'ʎana] *f* Haselnuss *f*

avemaría [aβema'ria] *f* **1.** (*oración*) Ave-Maria *nt* **2.** (*loc*): **al ~** bei Einbruch der Nacht; **en un ~** im Handumdrehen; **saberse algo como el ~** etw wie am Schnürchen können

avena [a'βena] *f* Hafer *m*

avenencia [aβe'neṇθja] *f* **1.** (*acuerdo*) Übereinkunft *f* **2.** (*armonía*) Eintracht *f;* **en buena ~** in Eintracht **3.** (JUR) Vergleich *m*

avenida [aβe'niða] *f* Allee *f*

avenido, -a [aβe'niðo, -a] *adj:* **dos personas bien avenidas** zwei gut befreundete Menschen; **una pareja mal avenida** ein unglückliches Paar

avenir [aβe'nir] *irr como venir vr:* **~se** sich einigen (*en* über +*akk*)

aventajado, -a [aβeṇta'xaðo, -a] *adj* (*alumno*) hervorragend; **de estatura aventajada** hochgewachsen

aventajar [aβeṇta'xar] *vt* übertreffen (*en*

an +*dat*)

aventar [aβen̪'tar] <e→ie> **I.** *vt* **1.** (*echar aire a algo*) belüften **2.** (*dispersar el viento*) fortwehen **3.** (*el grano*) worfeln **II.** *vr:* **~se** **1.** (*fam: pirárselas*) abhauen **2.** (*las velas*) sich blähen

aventura [aβen̪'tura] *f* Abenteuer *nt;* (*amorosa*) (Liebes)affäre *f*

aventurado, -a [aβen̪tu'raðo, -a] *adj* gewagt

aventurar [aβen̪tu'rar] **I.** *vt* riskieren; (*algo atrevido*) wagen **II.** *vr:* **~se** sich wagen

aventurero, -a [aβen̪tu'rero, -a] *adj* abenteuerlich; (*fig*) gewagt; **espíritu ~** Abenteuerlust *f*

avergonzado, -a [aβerɣon̪'θaðo, -a] *adj* (*sonrisa*) verschämt; **sentirse ~** sich schämen

avergonzar [aβerɣon̪'θar] *irr* **I.** *vt* beschämen **II.** *vr:* **~se** sich schämen (*de/por* wegen +*gen/dat*)

avería [aβe'ria] *f* Panne *f;* (TÉC) Störung *f*

averiar [aβeri'ar] <*1. pres:* averío> **I.** *vt* beschädigen **II.** *vr:* **~se** **1.** (AUTO) eine Panne haben **2.** (TÉC) gestört sein **3.** (NÁUT) havarieren

averiguar [aβeri'ɣwar] <gu→gü> *vt* ermitteln; (*dar con*) ausfindig machen

aversión [aβer'sjon] *f* Abneigung *f* (*a* gegen +*akk*)

avestruz [aβes'truθ] *m* Strauß *m*

aviación [aβja'θjon] *f* Luftfahrt *f*

aviador(a) [aβja'ðor(a)] *m(f)* (AERO, MIL) Flieger(in) *m(f)*

aviar [aβi'ar] <*1. pres:* avío> **I.** *vt* **1.** (*habitación*) herrichten; (*comida*) zubereiten **2.** (*apresurar*) sich beeilen **3.** (*AmS*) (aus)leihen **4.** (*loc*): **estar aviado** in der Klemme sitzen **II.** *vr:* **~se** sich zurechtmachen

avícola [a'βikola] *adj* Geflügel-

avicultura [aβikul̪'tura] *f* Geflügelzucht *f*

avidez [aβi'ðeθ] *f* Gier *f* (*de* nach +*dat*)

ávido, -a ['aβiðo, -a] *adj* **1.** (*ansioso*) gierig (*de* nach +*dat*) **2.** (*codicioso*) habgierig

avilés, -esa [aβi'les, -esa] *adj* aus Ávila

avinagrarse [aβina'ɣrarse] *vr* (*vino*) sauer werden; (*persona*) missmutig werden

avío [a'βio] *m* **1.** (*apresto*) Vorbereitung *f* **2.** (*provisión*) Proviant *m* **3.** (*AmS: de dinero*) Darlehen *nt;* (*de utensilios*) Ausleihen *nt* **4.** *pl* (*utensilios*): **~s de coser** Nähzeug *nt;* **~s de escribir** Schreibwaren *fpl*

avión [aβi'on] *m* Flugzeug *nt;* **por ~** (*correos*) per Luftpost

avioneta [aβjo'neta] *f* Sportflugzeug *nt*

avisador [aβisa'ðor] *m:* **~ de movimientos** Bewegungsmelder *m*

avisar [aβi'sar] *vt* **1.** (*dar noticia*) benachrichtigen; **llegar sin ~** unangemeldet kommen **2.** (*advertir*) aufmerksam machen (*de* auf +*akk*) **3.** (*poner sobre aviso*) warnen **4.** (*llamar*) rufen

aviso [a'βiso] *m* **1.** (*notificación*) Benachrichtigung *f;* **sin previo ~** unangemeldet **2.** (*advertencia*) Warnung *f;* **~ de bomba** Bombendrohung *f;* **estar sobre ~** auf der Hut sein; **poner sobre ~** warnen **3.** (*Am: en el periódico*) Anzeige *f;* (*en otros medios*) Werbung *f*

avispa [a'βispa] *f* Wespe *f*

avispado, -a [aβis'paðo, -a] *adj* aufgeweckt

avispero [aβis'pero] *m* **1.** (*nido*) Wespennest *nt;* **meterse en un ~** (*fig*) in ein Wespennest stechen **2.** (*avispas*) Wespenschwarm *m*

avistar [aβis'tar] *vt* sichten

avivar [aβi'βar] *vt:* **~ el paso** den Schritt beschleunigen

avizor [aβi'θor] *adj:* **estar ojo ~** auf der Hut sein

axila [aɣ'sila] *f* Achsel(höhle) *f*

axioma [aɣ'sjoma] *m* Axiom *nt*

ay [ai̯] *interj* **1.** (*de dolor*) autsch **2.** (*de pena*) ach **3.** (*de miedo*) oh, mein Gott **4.** (*de sorpresa*) oh; **¡~, qué divertido!** ach, wie lustig! **5.** (*de amenaza*) wehe; **¡~, si vienes tarde!** wehe dir, wenn du zu spät kommst!; **¡~ del que...!** +*subj* wehe dem, der ...!

ayer [a'ɟer] *adv* gestern; **~** (**por la**) **noche** gestern Abend; **~ hace una semana** gestern vor einer Woche; **no he nacido ~** ich bin nicht von gestern

ayo, -a ['aɟo, -a] *m, f* (*tutor*) Hauslehrer(in) *m(f)*

ayote [a'ɟote] *m* (*AmC, Méx*), **ayotli** [a'ɟoðli] *m* (*AmC*) Kürbis *m*

ayuda [a'ɟuða] *f* Hilfe *f*

ayudante [aɟu'ðan̪te] *mf* Helfer(in) *m(f);* (*cargo*) Assistent(in) *m(f)*

ayudar [aɟu'ðar] **I.** *vt* helfen +*dat;* **¿le puedo ~ en algo?** kann ich Ihnen behilflich sein? **II.** *vr:* **~se** einander helfen; (*valerse de*)

sich bedienen
ayunar [aɟu'nar] *vi* fasten
ayunas [a'ɟunas] *adv:* **en** ~ nüchtern
ayuno [a'ɟuno, -a] *m* Fasten *nt*
ayuntamiento [aɟun̪ta'mjen̪to] *m* **1.** Gemeinderat *m;* (*de una ciudad*) Stadtrat *m* **2.** (*edificio*) Rathaus *nt*
azabache [aθa'βaʧe] *m:* **ojos de** ~ pechschwarze Augen
azada [a'θaða] *f* Hacke *f*
azafata [aθa'fata] *f* **1.** (AERO) Stewardess *f;* ~ **de congresos** (Messe)hostess *f* **2.** (*Chil*) Tablett *nt*
azafrán [aθa'fran] *m* Safran *m*
azahar [a'θar/aθa'ar] *m* Orangenblüte *f*
azalea [aθa'lea] *f* Azalee *f*
azar [a'θar] *m* Zufall *m;* **juegos de** ~ Glücksspiele *ntpl;* **al** ~ aufs Geratewohl; **los** ~**es de la vida** die Wechselfälle des Lebens
Azerbaiyán [aθerβa'ɟan] *m* Aserbaidschan *nt*
Azores [a'θores] *fpl* Azoren *pl*
azotaina [aθo'tai̯na] *f* Tracht *f* Prügel; **dar una** ~ übers Knie legen
azotar [aθo'tar] *vt* **1.** (*con un látigo*) auspeitschen; (*con la mano*) verprügeln; **el viento me azota (en) la cara** der Wind peitscht mir ins Gesicht **2.** (*producir daños*) verwüsten; **una epidemia azota la región** eine Seuche wütet in der Region
azote [a'θote] *m* Klaps *m* auf den Po
azotea [aθo'tea] *f* Dachterrasse *f;* **estar mal de la** ~ (*fam*) einen Dachschaden haben
azteca [aθ'teka] *mf* Azteke, -in *m, f*
azúcar [a'θukar] *m* Zucker *m;* **tener el** ~ **muy alto** einen sehr hohen Blutzuckerspiegel haben
azucarar [aθuka'rar] **I.** *vt* zuckern **II.** *vr:* ~**se** (*cristalizarse*) kristallisieren
azucarero [aθuka'rero] *m* Zuckerdose *f*
azucena [aθu'θena] *f* Lilie *f*
azufre [a'θufre] *m* Schwefel *m*
azul [a'θul] *adj* blau; ~ **celeste** himmelblau; ~ **verdoso** blaugrün
azulado, -a [aθu'laðo, -a] *adj* bläulich
azulejo [aθu'lexo] *m* Kachel *f*
azulgrana [aθul'ɣrana] *adj:* **el equipo** ~ der F.C. Barcelona
azuzar [aθu'θar] <z→c> *vt* aufhetzen

B

B, b [be] *f* B, b *nt*
baba ['baβa] *f* **1.** (*de la boca*) Geifer *m* **2.** (*del caracol*) Schleim *m*
babear [baβe'ar] *vi* geifern
babero [ba'βero] *m* Lätzchen *nt*
bable ['baβle] *m asturischer Dialekt*
babor [ba'βor] *m* (NÁUT) Backbord *nt;* **a** ~ backbord(s)
babosa [ba'βosa] *f* Nacktschnecke *f;* (*Am*) Blödsinn *m*
babosear [baβose'ar] **I.** *vt* begeifern **II.** *vi* (*fam*) faseln
baboso, -a [ba'βoso, -a] *adj* voller Sabber; (*zalamero*) schleimig; (*Am*) dämlich
baca ['baka] *f* (Dach)gepäckträger *m*
bacalao [baka'lao] *m* **1.** (GASTR) Kabeljau *m;* (*salado*) Stockfisch *m* **2.** (MÚS) Techno *m*
bacán [ba'kan] *m* (*Am*) reicher Mann *m*
bachata [ba'ʧata] *f* (*Am*) Party *f*
bache ['baʧe] *m* Schlagloch *nt;* (*psíquico*) Tief *nt*
bachillerato [baʧiʎe'rato] *m* Abitur *nt*
bacía [ba'θia] *f* **1.** (*recipiente*) Behälter *m* **2.** (*para animales*) (Fress)napf *m*
bacilo [ba'θilo] *m* Bazillus *m*
backup [ba'kaᵖ] *m* <backups> (INFOR) Backup *nt*
bacteria [bak'terja] *f* Bakterie *f*
bactericida [bakteri'θiða] **I.** *adj* keimtötend **II.** *m* keimtötendes Mittel *nt*
badajocense [baðaxo'θense] *adj* aus Badajoz
Baden-Wurtemberg ['baðem 'burtemberˠ] *m* Baden-Württemberg *nt*
bádminton ['baðmin̪ton] *m* (DEP) Badminton *nt*
bafle ['bafle] *m* Lautsprecher *m*
bagaje [ba'ɣaxe] *m:* ~ **intelectual** (*fig*) Wissen *nt*
bagatela [baɣa'tela] *f* Kleinigkeit *f*
bah [ba] *interj* (*incredulidad*) ach was!; (*desprecio*) bah!; (*conformidad*) na gut!

bahía [ba'ia] *f* (Meeres)bucht *f*
bailador(a) [bai̯la'ðor(a)] *m(f)* Tänzer(in) *m(f)*
bailar [bai̯'lar] **I.** *vi* tanzen; (*objetos*) wackeln **II.** *vt* tanzen
bailarín, -ina [bai̯la'rin, -ina] *m, f* (Ballett)tänzer(in) *m(f)*
baile ['bai̯le] *m* **1.** (*acto*) Tanzen *nt* **2.** (*danza*) Tanz *m* **3.** (*fiesta*) Tanzfest *nt;* (*de etiqueta*) Ball *m*
baja ['baxa] *f* **1.** Rückgang *m;* (*de precio*) Senkung *f* **2.** (*cese de trabajo: temporal*) Beurlaubung *f;* (*definitivo*) Entlassung *f;* **darse de ~** (*temporalmente*) sich beurlauben lassen; (*por enfermedad*) sich krankmelden; (*definitivamente*) kündigen; **estar de ~** (**por enfermedad**) krankgeschrieben sein **3.** (*en una asociación*) Abmeldung *f* **4.** (*documento*) Kündigungsschreiben *nt;* (*del médico*) Krankschreibung *f*
bajada [ba'xaða] *f* **1.** (*descenso*) Abstieg *m;* **~ de tipos** (ECON) Zinssenkung *f* **2.** (*camino*) (hinunterführender) Weg *m* **3.** (*pendiente*) Gefälle *nt*
bajamar [baxa'mar] *f* Ebbe *f*
bajar [ba'xar] **I.** *vi* **1.** (*ir hacia abajo*) hinuntergehen; (*venir hacia abajo*) herunterkommen; **~ en ascensor** im Aufzug hinunterfahren **2.** (*del coche*) (aus)steigen (*de* aus *+dat*) **3.** (*disminuir*) abnehmen; (*temperatura*) sinken **II.** *vt* **1.** (*transportar*) herunterbringen; (*coger*) herunterholen; **~ las persianas** die Rollläden herunterlassen **2.** (*escaleras*) heruntergehen **3.** (*precios*) senken **4.** (*voz*) senken; (*radio*) leise(r) stellen **III.** *vr:* **~se** (ab)steigen (*de* von *+dat*); (*del coche*) (aus)steigen (*de* aus *+dat*)
bajo[1] ['baxo] **I.** *m* Bass *m;* (*piso*) Erdgeschoss *nt* **II.** *adv* niedrig; (*voz*) leise **III.** *prep* **1.** (*colocar debajo*) unter *+akk* **2.** (*por debajo de*) unter *+dat;* **~ llave** unter Verschluss; **~ la lluvia** im Regen; **~ fianza** gegen Kaution; **~ la condición de que...** *+subj* unter der Bedingung, dass ...
bajo, -a[2] ['baxo, -a] <más bajo *o* inferior, bajísimo> *adj* **1.** *estar* tief (liegend) **2.** *ser* klein(gewachsen); **tener la moral baja** niedergeschlagen sein **3.** (*voz*) leise
bajón [ba'xon] *m* (*descenso*) (rapider) Rückgang *m;* (*de precios*) Preissturz *m*
bakalao [baka'lao] *m* (*argot*) Techno *m*
bala ['bala] *f* (Gewehr)kugel *f;* **como una ~** blitzschnell
balada [ba'laða] *f* Ballade *f*
balance [ba'lan̩θe] *m* Bilanz *f;* **hacer un ~** eine Bilanz aufstellen
balancear [balan̩θe'ar] *vr:* **~se** schaukeln
balanceo [balan̩'θeo] *m* **1.** (*vaivén*) Schwanken *nt;* (NÁUT) Schlingern *nt* **2.** (*vacilación*) Unentschlossenheit *f*
balanza [ba'lan̩θa] *f* **1.** (*pesa*) Waage *f* **2.** (COM) Bilanz *f;* **~ de pagos** Zahlungsbilanz *f*
balar [ba'lar] *vi* (*oveja*) blöken; (*cabra*) meckern; (*ciervo*) röhren
balaustrada [balau̯s'traða] *f* Brüstung *f*
balazo [ba'laθo] *m* (Ein)schuss *m*
balbucear [balβuθe'ar] *vi, vt* stammeln; (*niño*) lallen
balbuceo [balβu'θeo] *m* Gestammel *nt;* (*de niños*) Lallen *nt;* **balbucir** [balβu'θir] *vi, vt v.* **balbucear**
Balcanes [bal'kanes] *mpl* Balkan *m*
balcón [bal'kon] *m* Balkon *m*
balda ['bal̩da] *f* Regalbrett *nt*
baldado, -a [bal̩'daðo, -a] *adj* erschöpft
baldaquín [bal̩da'kin] *m* Baldachin *m*
balde ['bal̩de] *m* **1.** (*cubo*) Kübel *m* **2.** (*loc*): **obtener algo de ~** etw umsonst bekommen
baldío, -a [bal̩'dio, -a] *adj* brach; (*inútil*) zwecklos
baldosa [bal̩'dosa] *f* Fliese *f*
baldosín [bal̩do'sin] *m* Kachel *f*
balear [bale'ar] **I.** *vt* (*Am*) schießen (auf *+akk*); (*herir*) anschießen; (*matar*) erschießen **II.** *vr:* **~se** (*Am*) aufeinander schießen; (*disputar*) sich herumstreiten **III.** *adj* balearisch
Baleares [bale'ares] *fpl:* **las islas ~** die Balearen
ballena [ba'ʎena] *f* Wal *m*
ballet [ba'le] <ballets> *m* Ballett *nt*
balneario [balne'arjo] *m* Heilbad *nt;* (*estación*) Kurort *m*
balompié [balom'pje] *m* Fußball *m*
balón [ba'lon] *m* Ball(on) *m*
baloncesto [balon̩'θesto] *m* Basketball *m*
balonmano [baloⁿ'mano/baloᵐ'mano] *m* Handball *m*
balonvolea [balombo'lea] *m* Volleyball *m*
balsa ['balsa] *f* **1.** (*charca*) Tümpel *m* **2.** (NÁUT: *barca*) Fähre *f;* (*plataforma*) Floß *nt*
balsámico, -a [bal'samiko, -a] *adj* balsa-

misch
bálsamo ['balsamo] *m* Balsam *m*
báltico, -a ['baltiko, -a] *adj* baltisch; **el mar** ~ die Ostsee; **los países ~s** das Baltikum
baluarte [ba'lwarte] *m* Schutzwall *m;* **un ~ de la libertad** ein Bollwerk der Freiheit
bambolear [bambole'ar] *vr:* **~se** schaukeln
bambú [bam'bu] *m* Bambus *m;* (*caña*) Bambusrohr *nt*
banal [ba'nal] *adj* banal
banalidad [banali'ðað] *f* Banalität *f*
banalizar [banali'θar] <z→c> *vt* banalisieren
banana [ba'nana] *f* (*Am*) Banane *f*
banca ['baŋka] *f* **1.** (FIN) Bankwesen *nt;* **~ electrónica** Electronic Banking *nt* **2.** (*en juegos de azar*) Bank *f* **3.** (*AmS*) Beziehungen *fpl*
bancario, -a [baŋ'karjo, -a] *adj* Bank-; **cuenta bancaria** Bankkonto *nt*
bancarrota [baŋka'rrota] *f* Bankrott *m*
banco ['baŋko] *m* **1.** (*asiento*) (Sitz)bank *f* **2.** (TÉC) Werkbank *f* **3.** (FIN) Bank *f;* **~ en casa** Homebanking *nt;* **Banco Central Europeo** Europäische Zentralbank; **~ emisor** Notenbank *f;* **Banco Mundial** Weltbank *f* **4.** (*loc*): **~ de datos** (INFOR) Datenbank *f*
banda ['banda] *f* **1.** Band *nt;* (*franja*) Streifen *m* **2.** (*pandilla*) Bande *f;* **~ terrorista** Terrororganisation *f* **3.** (*de música*) (Musik)kapelle *f;* (*de música moderna*) Band *f* **4.** (*como insignia*) Schärpe *f* **5.** (*loc*): **~ sonora** Soundtrack *m*
bandada [ban'daða] *f* Schwarm *m;* (*de personas*) (große) Menge *f*
bandeja [ban'dexa] *f* Tablett *nt*
bandera [ban'dera] *f* Fahne *f;* (*en un barco*) Flagge *f*
bandido, -a [ban'diðo, -a] *m, f* Verbrecher(in) *m(f);* (*persona pilla*) Gauner(in) *m(f)*
bando ['bando] *m* Erlass *m;* (*proclama*) Bekanntmachung *f;* (*partido*) Partei *f*
bandolero [bando'lero] *m* (Straßen)räuber *m*
banquero, -a [baŋ'kero, -a] *m, f* Bankier *m;* (*en juegos de azar*) Bankhalter(in) *m(f)*
banqueta [baŋ'keta] *f* Hocker *m;* (*para los pies*) Fußschemel *m;* (*AmC*) Gehsteig *m*
banquete [baŋ'kete] *m* Festessen *nt*
banquillo [baŋ'kiʎo] *m* (Anklage)bank *f*
bañadera [baɲa'ðera] *f* (*Am*) Badewanne *f*
bañador [baɲa'ðor] *m* (*de mujer*) Badeanzug *m;* (*de hombre*) Badehose *f*
bañar [ba'ɲar] **I.** *vt* **1.** (*lavar*) baden **2.** (*recubrir*) überziehen (*con/en* mit +*dat*); **bañado en sudor** schweißgebadet **II.** *vr:* **~se** (sich) baden
bañera [ba'ɲera] *f* Badewanne *f*
bañista [ba'ɲista] *mf* Badende(r) *mf;* (*en un balneario*) Badegast *m*
baño ['baɲo] *m* **1.** (*acto*) Bad *nt;* **~ María** (GASTR) Wasserbad *nt;* **~ de sangre** Blutbad *nt* **2.** (*cuarto*) Bad(ezimmer) *nt;* **ir al ~** auf die Toilette gehen
bar [bar] *m* (Steh)café *nt;* (*tasca*) Kneipe *f*
baraja [ba'raxa] *f* Kartenspiel *nt;* **una ~ de posibilidades** verschiedene Möglichkeiten
barajar [bara'xar] *vt* **1.** (*los naipes*) mischen **2.** (*varias posibilidades*) in Betracht ziehen; **se barajan varios nombres** einige Namen sind im Gespräch **3.** (*Am*) verhindern
barandilla [baran'diʎa] *f* Geländer *nt;* (*pasamanos*) Handlauf *m*
barato, -a [ba'rato, -a] *adj* billig
barba ['barβa] *f* Bart *m;* **dejarse ~** sich *dat* einen Bart wachsen lassen; **por ~** pro Nase
barbacoa [barβa'koa] *f* (Brat)rost *m;* (*fiesta*) Grillparty *f*
barbaridad [barβari'ðað] *f:* **¡qué ~!** wie schrecklich!
barbarie [bar'βarje] *f* Barbarei *f*
bárbaro, -a ['barβaro, -a] *adj* (*cruel*) grausam; (*fam*) großartig, toll; (HIST) barbarisch
barbear [barβe'ar] *vt* (*AmC*) schmeicheln +*dat;* (*acariciar*) streicheln
barbería [barβe'ria] *f* Herrensalon *m*
barbero [bar'βero] *m* Herrenfriseur *m*
barbilla [bar'βiʎa] *f* Kinn *nt*
barbitúrico [barβi'turiko] *m* Barbiturat *nt*
barbo ['barβo] *m* Barbe *f*
barbudo, -a [bar'βuðo, -a] *adj* bärtig
barca ['barka] *f* (Fischer)boot *nt;* **dar un paseo en ~** eine Bootsfahrt machen
barcelonés, -esa [barθelo'nes, -esa] *adj* aus Barcelona
barco ['barko] *m* Schiff *nt;* **~ cisterna** Tanker *m*
baremo [ba'remo] *m* Kriterienkatalog *m*
barítono [ba'ritono] *m* Bariton *m*

B

barniz [bar'niθ] *m* **1.** (*laca*) Lack *m;* (*para madera*) Firnis *m* **2.** (*para loza*) Glasur *f* **3.** (*afeite*) Schminke *f*

barnizar [barni'θar] <z→c> *vt* lackieren; (*madera*) firnissen

barómetro [ba'rometro] *m* Barometer *nt*

barón, **-onesa** [ba'ron, baro'nesa] *m, f* Baron(in) *m(f)*

barquero, **-a** [bar'kero, -a] *m, f* Fährmann, -frau *m, f*

barquillo [bar'kiʎo] *m* (Eis)waffel *f*

barra ['barra] *f* **1.** (*pieza larga*) Stange *f;* **~s asimétricas** Stufenbarren *m;* **~ de labios** Lippenstift *m* **2.** (*de pan*) Baguette *f o nt;* (*de chocolate*) Tafel *f* **3.** (*en un bar*) Theke *f;* **~ americana** intimes Nachtlokal **4.** (INFOR): **~ de menú** Menüleiste *f*

barraca [ba'rraka] *f* **1.** (*vivienda provisional*) Baracke *f* **2.** (*chabola*) Hütte *f* **3.** (*Am:* MIL) Kaserne *f* **4.** (*Am: almacén*) Lager *nt*

barranco [ba'rraŋko] *m* Abgrund *m;* (*despeñadero*) Schlucht *f*

barrena [ba'rrena] *f* **1.** (*taladrador*) Bohrer *m* **2.** (AERO) Trudeln *nt*

barrenar [barre'nar] *vt* (durch)bohren

barrendero, **-a** [barreṇ'dero, -a] *m, f* Straßenkehrer(in) *m(f)*

barreño [ba'rreɲo] *m* Waschtrog *m*

barrer [ba'rrer] *vt* kehren; **~ para dentro** auf seinen eigenen Vorteil bedacht sein

barrera [ba'rrera] *f* **1.** (*barra*) Schranke *f;* (*en la frontera*) Schlagbaum *m;* **~ lingüística** Sprachbarriere *f;* **~ del sonido** Schallmauer *f* **2.** (*valla*) Absperrung *f*

barriada [ba'rrjaða] *f* (Stadt)viertel *nt;* (*Am*) Elendsviertel *nt*

barricada [barri'kaða] *f* Barrikade *f*

barriga [ba'rriɣa] *f* Bauch *m;* **rascarse la ~** faulenzen

barrigón [barri'ɣon, -ona] *m* dicker Bauch *m*

barril [ba'rril] *m* **1.** (*cuba*) Fass *nt;* **cerveza de ~** Fassbier *nt* **2.** (*Am*) Drachen *m*

barrio ['barrjo] *m* (Stadt)viertel *nt;* **~ chino** Rotlichtviertel *nt;* **~ comercial** Einkaufsviertel *nt;* **irse al otro ~** (*fam fig*) abkratzen

barrizal [barri'θal] *m* Sumpf *m*

barro ['barro] *m* Schlamm *m*

barroco [ba'rroko] *m* Barock *m o nt*

barrote [ba'rrote] *m* (Eisen)stange *f;* **entre ~s** (*fam*) hinter Gittern

barruntar(se) [barruṇ'tar(se)] *vt, vr* ahnen

bártulos ['bartulos] *mpl* (Sieben)sachen *fpl*

barullo [ba'ruʎo] *m* (*fam*) Krach *m;* (*desorden*) Durcheinander *nt;* (*ruidoso*) Tumult *m*

basar [ba'sar] *vr:* **~se** (*teoría*) basieren (*en* auf +*dat*); (*persona*) sich stützen (*en* auf +*akk*)

báscula ['baskula] *f* (Schnell)waage *f*

base ['base] *f* Grundlage *f;* **~ de datos** (INFOR) Datenbank *f;* **a ~ de bien** (*fam*) sehr gut; **partir de la ~ de que...** davon ausgehen, dass ...

básico, **-a** ['basiko, -a] *adj* grundlegend

Basilea [basi'lea] *f* Basel *nt*

basílica [ba'silika] *f* Basilika *f*

basket ['baske^t] *m* Basketball *m*

bastante [bas'taṇte] **I.** *adj* genügend (*para* für +*akk*, um zu +*inf*); **tengo ~ frío** mir ist ziemlich kalt **II.** *adv* (*suficientemente*) genug; (*considerablemente*) ziemlich; **con esto tengo ~** das genügt mir

bastar [bas'tar] **I.** *vi* genügen; **¡basta!** genug! **II.** *vr:* **~se (uno) solo** alleine zurechtkommen

bastardo, **-a** [bas'tarðo, -a] **I.** *adj* **1.** (*hijo*) unehelich **2.** (BOT) hybrid **3.** (*vil*) schändlich **II.** *m, f* Bastard *m*

bastidor [basti'ðor] *m:* **entre ~es** hinter den Kulissen

bastilla [bas'tiʎa] *f* Saum *m*

basto, **-a** ['basto, -a] *adj* grob; (*vulgar*) vulgär; (*mal hecho*) minderwertig

bastón [bas'ton] *m* Spazierstock *m*

bastoncillo [bastoṇ'θiʎo] *m dim de* **bastón** Stäbchen *nt;* **~s de algodón** Wattestäbchen *ntpl*

bastos ['bastos] *mpl spanische Spielkartenfarbe;* **as de ~** ≈Kreuzass *nt*

basura [ba'sura] *f* Abfall *m;* **echar algo a la ~** etw wegwerfen

basural [basu'ral] *m* (*Am*) Mülldeponie *f*

basurero[1] [basu'rero] *m* Mülldeponie *f;* (*recipiente*) Mülleimer *m*

basurero, **-a[2]** [basu'rero, -a] *m, f* Müllwerker(in) *m(f)*

bata ['bata] *f* Morgenrock *m;* (*guardapolvos*) Kittel *m;* (*vestido*) Kleid *nt*

batacazo [bata'kaθo] *m* **1.** (*golpe*) Bums *m fam* **2.** (*caída*) Sturz *m;* **se pegó un ~** (*fam*) er/sie ist auf die Nase gefallen **3.** (*CSur*) Glückstreffer *m*

bataclán [bata'klan] *m* (*Am*) Stripteasevorführung *f*

batalla [ba'taʎa] *f* Schlacht *f*

batallita [bata'ʎita] *f* (*fam*) Anekdote *f*

batallón [bata'ʎon] *m* Bataillon *nt;* (*fam*) Horde *f*

batata [ba'tata] **I.** *adj* (*CSur*) kleinmütig **II.** *f* **1.** (*planta*) Batate *f* **2.** (*tubérculo*) Süßkartoffel *f* **3.** (*CSur: susto*) Schreck(en) *m* **4.** (*Am*): ~ **de la pierna** Wade *f*

bate ['bate] *m:* ~ **de béisbol** Baseballschläger *m*

batería[1] [bate'ria] *f* **1.** (*t.* TÉC) Batterie *f;* ~ **de cocina** (Koch)topf-Set *nt;* ~ **solar** Solarzelle *f;* **aparcar en** ~ quer parken **2.** (MÚS) Schlagzeug *nt*

batería[2] [bate'ria] *mf* Schlagzeuger(in) *m(f)*

batida [ba'tiða] *f* Treibjagd *f;* (*de la policía*) Razzia *f;* (*Am*) Prügel *mpl*

batido [ba'tiðo] *m* Mixgetränk *nt;* ~ **de fresa** Erdbeershake *m*

batidora [bati'ðora] *f* Mixer *m*

batín [ba'tin] *m* Morgenrock *m*

batir [ba'tir] **I.** *vt* **1.** (*golpear*) schlagen; ~ **palmas** (Beifall) klatschen; ~ **un récord** einen Rekord brechen **2.** (*lluvia*) prasseln (auf/an/gegen +*akk*) **3.** (*un terreno*) erkunden **4.** (*CSur*) denunzieren **II.** *vr:* ~**se** kämpfen; (*en duelo*) sich schlagen

batuta [ba'tuta] *f* Taktstock *m;* **llevar la** ~ (*fam fig*) den Ton angeben

baúl [ba'ul] *m* Truhe *f;* (*Am*) Kofferraum *m*

bautismal [baṷtis'mal] *adj:* **pila** ~ Taufbecken *nt*

bautismo [baṷ'tismo] *m* Taufe *f*

bautizar [baṷti'θar] <z→c> *vt* taufen

bautizo [baṷ'tiθo] *m* Taufe *f*

bávaro, -a ['baβaro, -a] *adj* bay(e)risch

Baviera [ba'βjera] *f* Bayern *nt*

baya ['baɟa] *f* Beere *f*

bayeta [ba'ɟeta] *f* Scheuerlappen *m*

bayoneta [baɟo'neta] *f* Bajonett *nt*

baza ['baθa] *f* **1.** (*naipes*) Stich *m;* **meter** ~ (*fam*) sich einmischen (*en* in +*akk*) **2.** (*provecho*) Nutzen *m;* **sacar** ~ **de algo** seinen Vorteil aus etw *dat* ziehen

bazar [ba'θar] *m* Basar *m*

bazo ['baθo] *m* Milz *f*

bazofia [ba'θofja] *f* Fraß *m fam pey;* (*cosa*) Schund *m*

be [be] **I.** *interj* mäh! **II.** *f* B *nt*

beata [be'ata] *f* Laienschwester *f*

beatería [beate'ria] *f* **1.** (*devoción exagerada*) Frömmelei *f* **2.** (*devoción falsa*) Scheinheiligkeit *f*

beatificar [beatifi'kar] <c→qu> *vt* selig sprechen

beato, -a [be'ato, -a] **I.** *adj* **1.** (*elev: feliz*) glücklich **2.** (*beatificado*) selig **3.** (*piadoso*) fromm **II.** *m, f* **1.** (*persona beatificada*) Selige(r) *mf* **2.** (*exageradamente devota*) Frömmler(in) *m(f)*

bebe, -a ['beβe, -a] *m, f* (*Am*) Baby *nt*

bebé [be'βe] *m* Baby *nt*

bebedero [beβe'dero] *m* Tränke *f*

bebedizo [beβe'ðiθo] *m* (*medicinal*) Heiltrunk *m;* (*enamoradizo*) Liebestrank *m*

bebedor(a) [beβe'ðor(a)] *m(f)* Trinker(in) *m(f)*

beber [be'βer] **I.** *vi, vt* trinken; ~ **de la botella** aus der Flasche trinken **II.** *vr:* ~**se** trinken; **bebérselo todo** ganz austrinken

bebida [be'βiða] *f* Getränk *nt;* **darse a la** ~ dem Alkohol verfallen

bebido, -a [be'βiðo, -a] *adj* angetrunken

beca ['beka] *f* Stipendium *nt;* **conceder una** ~ **a alguien** jdm ein Stipendium gewähren

becar [be'kar] <c→qu> *vt* ein Stipendium gewähren +*dat*

becario, -a [be'karjo, -a] *m, f* Stipendiat(in) *m(f)*

becerro, -a [be'θerro, -a] *m, f* Kalb *nt*

bechamel [betʃa'mel] *f* Béchamelsoße *f*

bedel(a) [be'ðel(a)] *m(f)* Hausmeister(in) *m(f)*

beduino, -a [be'ðwino, -a] *m, f* Beduine, -in *m, f*

begonia [be'ɣonja] *f* Begonie *f*

beicon ['beḭkon] *m* Schinkenspeck *m*

beige [beḭs] *adj* beige

béisbol ['beisβol] *m* Baseball *m*

belén [be'len] *m* (Weihnachts)krippe *f*

> Typisch für die spanische Weihnachtsfeier ist es, einen **belén** aufzubauen, mit figürlichen Nachbildungen der **Virgen María** und des **San José** mit dem **Niño Jesús** in der Krippe, umgeben von den Hirten und ihren Tieren, den Engeln, den Heiligen Drei Königen und dem Weihnachtsstern.

Belén [be'len] *m* Bethlehem *nt*

belga ['belɣa] *adj* belgisch

Bélgica ['belxika] *f* Belgien *nt*
Belgrado [bel'ɣraðo] *m* Belgrad *nt*
belicista [beli'θista] *adj* kriegshetzerisch
bélico, **-a** ['beliko, -a] *adj* kriegerisch
belicoso, **-a** [beli'koso, -a] *adj* kriegerisch
beligerante [belixe'ran̪te] *adj* Krieg führend; **actitud** ~ aggressive Haltung
bellaco, **-a** [be'ʎako, -a] *m, f* Schurke, -in *m, f*
belleza [be'ʎeθa] *f* Schönheit *f*
bello, **-a** ['beʎo, -a] *adj* schön
bellota [be'ʎota] *f* Eichel *f*
bembo, **-a** ['bembo, -a] *adj* (*Am*) dumm
bemol [be'mol] **I.** *adj* (MÚS) vermindert **II.** *m* (MÚS) Erniedrigungszeichen *nt*
benceno [ben̪'θeno] *m* (QUÍM) Benzol *nt*
bencina [ben̪'θina] *f* Benzin *nt*
bendecir [ben̪de'θir] *irr como decir vt* segnen; ~ **la mesa** das Tischgebet sprechen
bendición [ben̪di'θjon] *f* **1.** Segnung *f* **2.** (*cosa magnífica*) Wohltat *f*
bendito, **-a** [ben̪'dito, -a] *adj* **1.** (REL) gesegnet; (*santo*) heilig **2.** (*dichoso*) (glück)selig **3.** (*simple*) einfältig
benefactor(a) [benefak'tor(a)] *m(f)* Wohltäter(in) *m(f)*
beneficencia [benefi'θen̪θja] *f* Wohlfahrtspflege *f*
beneficiar [benefi'θjar] **I.** *vt* zustatten kommen +*dat* **II.** *vr:* ~**se** Nutzen ziehen (*de/con* aus +*dat*)
beneficiario, **-a** [benefi'θjarjo, -a] *m, f* Nutznießer(in) *m(f)*
beneficio [bene'fiθjo] *m* **1.** (*bien*) Wohltat *f* **2.** (*provecho*) Nutzen *m;* **a** ~ **de** zugunsten +*gen* **3.** (FIN) Gewinn *m* **4.** (*Am*) Schlachten *nt*
beneficioso, **-a** [benefi'θjoso, -a] *adj* vorteilhaft; (*útil*) nützlich
benéfico, **-a** [be'nefiko, -a] *adj* wohltuend; (*caritativo*) wohltätig
beneplácito [bene'plaθito] *m* Genehmigung *f;* (*consentimiento*) Zustimmung *f*
benévolo, **-a** [be'neβolo, -a] *adj* wohlgesinnt; (*clemente*) nachsichtig
bengala [beŋ'gala] *f* Leuchtrakete *f*
benigno, **-a** [be'niɣno, -a] *adj* (*persona*) gütig (*con* zu +*dat*); (*clima*) mild
benjamín[1] [beŋxa'min] *m* Pikkolo *m*
benjamín, **-ina**[2] [beŋxa'min, -ina] *m, f* Benjamin *m;* (*de un grupo*) Jüngste(r) *mf*
beodo, **-a** [be'oðo, -a] *adj* betrunken
berberecho [berβe'reʧo] *m* Herzmuschel *f*
bereber [bere'βer], **beréber** [be'reβer] *adj* berberisch
berenjena [bereŋ'xena] *f* Aubergine *f*
Berlín [ber'lin] *m* Berlin *nt*
berlina [ber'lina] *f* **1.** (*vehículo*) Limousine *f* **2.** (*Am: pastel*) Berliner *m*
berlinés, **-esa** [berli'nes, -esa] *adj* berlinerisch
bermejo, **-a** [ber'mexo, -a] *adj* scharlachrot; (*de cabello*) rotblond; (*de animales*) rotbraun
bermudas [ber'muðas] *mpl* Bermudashorts *pl*
Berna ['berna] *f* Bern *nt*
berrear [berre'ar] *vi* **1.** (*animal*) brüllen; (*oveja*) blöken **2.** (*llorar*) plärren **3.** (*fam*) grölen
berrinche [be'rrinʧe] *m* (*fam*) Geplärre *nt;* (*enfado*) Wutanfall *m*
berro ['berro] *m* (Brunnen)kresse *f*
berza ['berθa] *f* Kohl *m*
berzotas [ber'θotas] *mf inv* (*fam*) Niete *f*
besar(se) [be'sar(se)] *vt, vr* (sich) küssen
beso ['beso] *m* Kuss *m*
bestia[1] ['bestja] **I.** *adj* brutal **II.** *mf* Rohling *m;* (*ignorante*) Dummkopf *m*
bestia[2] ['bestja] *f* Tier *nt;* (*animal salvaje*) Bestie *f*
bestial [bes'tjal] *adj* **1.** (*muy brutal*) bestialisch **2.** (*fam*) tierisch; (*grande*) riesengroß; (*bueno*) toll
bestialidad [bestjali'ðaᵈ] *f* **1.** (*cualidad*) Bestialität *f* **2.** (*crueldad*) Gräueltat *f* **3.** (*fam: gran cantidad*) Unmenge *f*
besugo [be'suɣo] *m* Brasse *f;* (*fam*) Schwachkopf *m*
besuquear [besuke'ar] *vt* (ab)küssen
betarraga [beta'rraɣa] *f* (*Am*) rote Beete *f*
betún [be'tun] *m* Schuhcreme *f;* **negro como el** ~ pechschwarz
bianual [bianu'al] *adj* halbjährlich
biberón [biβe'ron] *m* (Saug)flasche *f*
Biblia ['biβlja] *f* Bibel *f*
bíblico, **-a** ['biβliko, -a] *adj* biblisch
bibliobús [biβljo'bus] *m* Bücherbus *m*
bibliografía [biβljoɣra'fia] *f* Bibliographie *f*
bibliográfico, **-a** [biβljo'ɣrafiko, -a] *adj* bibliographisch
biblioteca [biβljo'teka] *f* Bücherei *f;* (*mue-*

ble) Bücherschrank *m*

bibliotecario, -a [biβljote'karjo, -a] *m, f* Bibliothekar(in) *m(f)*

bicarbonato [bikarβo'nato] *m* Bikarbonat *nt;* ~ **sódico** Natron *nt*

bíceps ['biθeβs] *m inv* Bizeps *m*

bicho ['bitʃo] *m* **1.** (*animal*) (kleines) Tier *nt* **2.** (*persona*) Kerl *m;* ~ **raro** komischer Kauz; **mal** ~ Aas *nt* **3.** *pl* (*insectos*) Ungeziefer *nt*

bici ['biθi] *f* (*fam*) *abr de* **bicicleta** Rad *nt*

bicicleta [biθi'kleta] *f* Fahrrad *nt;* ~ **de carreras** Rennrad *nt;* ~ **estática** Hometrainer *m;* ~ **de montaña** Mountainbike *nt*

bicicross [biθi'kros] *m sin pl* Mountainbiking *nt*

bicoca [bi'koka] *f* Schnäppchen *nt*

bidé [bi'ðe] *m* <bidés>, **bidet** [bi'ðe] *m* <bidets> Bidet *nt*

bidón [bi'ðon] *m* Kanister *m*

biela [bi'ela] *f* (TÉC) Pleuelstange *f*

bieldo ['bjel̩do] *m* Heugabel *f;* (*en forma de rastrillo*) Rechen *m*

Bielorrusia [bjelo'rrusja] *f* Weißrussland *nt*

bielorruso, -a [bjelo'rruso, -a] *adj* weißrussisch

bien ['bjen] **I.** *m* **1.** (*bienestar*) Wohl *nt* **2.** (*bondad moral*) Gute(s) *nt* **3.** (*provecho*) Nutzen *m* **4.** (ECON) Gut *nt* **II.** *adv* **1.** (*de modo conveniente*) gut; (*correctamente*) richtig; **ahora** ~ also; **y** ~ nun; ~ **mirado** eigentlich; **estar** ~ **de salud** gesund sein; **hacer algo** ~ etw richtig machen; **hacer** ~ **en...** +*inf* gut daran tun zu ... +*inf;* **¡pórtate** ~**!** benimm dich!; **tener a** ~**...** +*inf* es für richtig halten zu ... +*inf;* **te está** ~ das geschieht dir recht **2.** (*con gusto*) wohl; (*agradable*) schön **3.** (*seguramente*) sicher **4.** (*muy*) sehr; **es** ~ **fácil** es ist ganz einfach **5.** (*asentimiento*) einverstanden; **¡está** ~**!** in Ordnung! **6.** (*loc*): ~ **es verdad que...** es ist wohl wahr, dass ...; ~ **que mal** jedenfalls **III.** *adj* vornehm **IV.** *conj* **1.** (*aunque*): ~ **que** obschon; **si** ~ obwohl **2.** (*o... o*): ~**...** ~**...** entweder ... oder ... **3.** (*apenas*): **no** ~**... (cuando...)** kaum ... (als ...) **V.** *interj* prima!

bienestar [bjenes'tar] *m* **1.** (*estado*) Wohlbefinden *nt* **2.** (*riqueza*) Wohlstand *m;* **estado del** ~ Wohlfahrtsstaat *m*

bienhechor(a) [bjene'tʃor(a)] *m(f)* Wohltäter(in) *m(f)*

bienintencionado, -a [bjenin̩ten̩θjo'naðo, -a] *adj* gut gemeint

bienio [bi'enjo] *m* Biennium *nt*

bienvenida [bjembe'niða] *f* Willkommen *nt;* **dar la** ~ **a alguien** jdn willkommen heißen

bienvenido, -a [bjembe'niðo, -a] *interj* willkommen!; **¡**~ **a casa!** willkommen zu Hause!

bife ['bife] *m* (*Am*) Steak *nt;* (*sopapo*) Ohrfeige *f*

bifurcación [bifurka'θjon] *f* Abzweigung *f;* (*de un camino*) Gab(e)lung *f*

bifurcarse [bifur'karse] <c→qu> *vr* sich gabeln

bigamia [bi'ɣamja] *f* Doppelehe *f*

bigote [bi'ɣote] *m* Schnurrbart *m*

bigotudo, -a [biɣo'tuðo, -a] *adj* schnauzbärtig

bigudí [biɣu'ði] *m* Lockenwickler *m*

bikini [bi'kini] *m* Bikini *m*

bilis ['bilis] *f inv* Galle *f;* (*cólera*) Wut *f*

billar [bi'ʎar] *m* Billard(spiel) *nt;* ~ **americano** Pool(billard) *nt*

billete [bi'ʎete] *m* **1.** (*pasaje*) Fahrschein *m;* ~ **de ida y vuelta** Rückfahrkarte *f;* **sacar un** ~ eine Fahrkarte lösen **2.** (*entrada*) Eintrittskarte *f* **3.** (FIN) (Geld)schein *m* **4.** (*en una rifa*) (Lotterie)los *nt;* ~ **premiado** Treffer *m;* ~ **no premiado** Niete *f*

billetera [biʎe'tera] *f,* **billetero** [biʎe'tero] *m* Brieftasche *f*

billón [bi'ʎon] *m* Billion *f*

bingo ['biŋgo] *m* Bingo *nt*

binoculares [binoku'lares] *mpl* Fernglas *nt*

binóculo [bi'nokulo] *m* Kneifer *m*

biodegradable [bioðeɣra'ðaβle] *adj* biologisch abbaubar

biodiversidad [bioðiβersi'ða^ð] *f* Artenvielfalt *f*

biografía [bjoɣra'fia] *f* Biografie *f*

biógrafo, -a [bi'oɣrafo, -a] *m, f* Biograf(in) *m(f)*

biología [biolo'xia] *f* Biologie *f*

biólogo, -a [bi'oloɣo, -a] *m, f* Biologe, -in *m, f*

biopsia [bi'oβsja] *f* Biopsie *f*

bioquímica [bio'kimika] *f* Biochemie *f*

biorritmo [bio'rriðmo] *m* Biorhythmus *m*

biosfera [bios'fera] *f* Biosphäre *f*

biosistema [biosis'tema] *m* Biosystem *nt*

bipartidismo [biparti'ðismo] *m* (POL)

Zweiparteiensystem *nt*
biplano [bi'plano] *m* Doppeldecker *m*
biquini [bi'kini] *m* Bikini *m*
birlar [bir'lar] *vt* (*fam*) wegschnappen; **Carlos le birló la novia** Carlos hat ihm die Freundin ausgespannt
birra ['birra] *f* (*argot*) Bier *nt*
birria ['birrja] *f* (*persona*) Vogelscheuche *f;* (*objeto*) Plunder *m;* (*obra*) Schund *m*
biruje [bi'ruxe] *m* (*Am*), **biruji** [bi'ruxi] *m* eisiger Wind *m*
bis [bis] *interj* noch einmal!
bisabuelo, -a [bisa'βwelo, -a] *m, f* Urgroßvater, -mutter *m, f*
bisagra [bi'saɣra] *f* Scharnier *nt;* (*quicio*) Türangel *f*
bisbis(e)ar [bisβise'ar/bisβi'sar] *vt* (*fam*) murmeln; (*cuchichear*) flüstern
biscote [bis'kote] *m* Zwieback *m*
bisexual [bise^{y}'swal] *adj* bisexuell
bisiesto [bi'sjesto] *adj:* **año** ~ Schaltjahr *nt*
bisílabo, -a [bi'silaβo, -a] *adj* zweisilbig
bisnieto, -a [bis'njeto, -a] *m, f* Urenkel(in) *m(f)*
bisonte [bi'sonte] *m* (*americano*) Bison *m;* (*europeo*) Wisent *m*
bisoñé [biso'ɲe] *m* Toupet *nt*
bisté [bis'te] *m* <bistés>, **bistec** [bis'te] *m* <bistecs> (Beef)steak *nt*
bisturí [bistu'ri] *m* Skalpell *nt*
bisutería [bisute'ria] *f* Modeschmuck *m*
bit [bi^{t}] *m* <bits> (INFOR) Bit *nt;* ~ **de parada** Stoppbit *nt*
bizco, -a ['biθko, -a] *adj* schielend
bizcocho [biθ'kotʃo] **I.** *adj* (*Méx*) feige **II.** *m* Biskuit *m o nt;* (*Am*) (Rühr)kuchen *m*
Bizkaia [biθ'kaɟa] *f* Biskaya *f*
biznieto, -a [biθ'njeto, -a] *m, f* Urenkel(in) *m(f)*
blanca ['blaŋka] *f:* **estar sin** ~ (*fam*) keinen Pfennig haben
Blancanieves [blaŋka'njeβes] *f* Schneewittchen *nt*
blanco[1] ['blaŋko] *m:* **película en ~ y negro** Schwarzweißfilm *m;* **cheque en** ~ Blankoscheck *m;* **tener la mente en** ~ ein Blackout haben; **dar en el** ~ ins Schwarze treffen; **pasar la noche en** ~ eine schlaflose Nacht verbringen
blanco, -a[2] ['blaŋko, -a] **I.** *adj* weiß; (*tez*) bleich **II.** *m, f* Weiße(r) *mf*
blando, -a ['blando, -a] *adj* weich; (*carácter*) nachsichtig
blasfemar [blasfe'mar] *vi* (REL) lästern; (*maldecir*) fluchen (*de* auf/über +*akk*)
blasfemia [blas'femja] *f* Gotteslästerung *f*
blasfemo, -a [blas'femo, -a] **I.** *adj* gotteslästerlich **II.** *m, f* Gotteslästerer, -in *m, f*
blasón [bla'son] *m* Wappen(schild) *nt*
bledo ['bleðo] *m:* (**no**) **me importa un** ~ das ist mir völlig schnuppe *fam*
blindado [blin'daðo] *m* (MIL) Panzer(wagen) *m*
blindar [blin'dar] *vt* panzern
bloc [blo^{k}] *m* <blocs> (Schreib)block *m*
blofear [blofe'ar] *vi* (*Am*) bluffen
bloque ['bloke] *m* Block *m;* ~ **de viviendas** Wohnblock *m*
bloquear [bloke'ar] **I.** *vt* (ver)sperren; (*aislar*) einschließen; (MIL) belagern; (FIN) sperren; (DEP) blocken **II.** *vr:* **~se** blockieren
bloqueo [blo'keo] *m* Sperre *f;* ~ **comercial** Handelsembargo *nt*
blusa ['blusa] *f* Bluse *f*
blusón [blu'son] *m* Kittel *m*
boa ['boa] *f* Boa *f*
bobada [bo'βaða] *f* Dummheit *f;* **decir ~s** albernes Zeug reden
bobalicón, -ona [boβali'kon, -ona] *m, f* Einfaltspinsel *m*
bobina [bo'βina] *f* Rolle *f*
bobo, -a ['boβo, -a] *adj* albern
boca ['boka] *f* **1.** Mund *m;* (*de animal*) Maul *nt;* ~ **a** ~ Mund zu Mund Beatmung *f;* ~ **abajo** bäuchlings; ~ **arriba** rücklings **2.** (*abertura*) Öffnung *f;* ~ **de metro** Eingang zur Metrostation
bocacalle [boka'kaʎe] *f* (*calle secundaria*) Seitenstraße *f*
bocadillo [boka'ðiʎo] *m* belegtes Brötchen *nt*
bocado [bo'kaðo] *m* Bissen *m*
bocajarro [boka'xarro] *adv:* **a** ~ (*tiro*) aus nächster Nähe; **decir algo a** ~ etw geradeheraus sagen
bocanada [boka'naða] *f* Rauchwolke *f*
boceras [bo'θeras] *mf inv* Schwätzer(in) *m(f)*
boceto [bo'θeto] *m* Skizze *f*
bochar [bo'tʃar] *vt* (*Am: fam*) eine Abfuhr erteilen +*dat*
boche ['botʃe] *m* (*CSur: fam*) Ärger *m;* (*Am: fam*) Abfuhr *f*
bochorno [bo'tʃorno] *m* **1.** (METEO) Schwü-

le *f* **2.** (*sofocación*) (Hitze)wallung *f* **3.** (*vergüenza*) Scham *f;* **me da ~ que esté mirando** es ist mir peinlich, dass er/sie zuschaut

bochornoso, -a [botʃor'noso, -a] *adj* schwül; (*vergonzoso*) beschämend

bocina [bo'θina] *f* Hupe *f;* **tocar la ~** hupen

bocio ['boθjo] *m* Kropf *m*

boda ['boða] *f* Hochzeit *f;* (*fiesta*) Hochzeitsfest *nt;* **noche de ~s** Hochzeitsnacht *f*

bodega [bo'ðeɣa] *f* **1.** Weinkeller *m;* (*establecimiento*) (Wein)kellerei *f;* (*taberna*) Weinschänke *f* **2.** (*despensa*) Vorratskammer *f*

bodegón [boðe'ɣon] *m* **1.** (*taberna*) (Wein)schänke *f* **2.** (*casa de comidas*) einfaches Speiselokal *nt* **3.** (ARTE) Stillleben *nt*

bodrio ['boðrjo] *m* (*pey: cosa de mala calidad*) Schund *m*

body ['boði] *m* <bodies> Body(suit) *m*

BOE ['boe] *m abr de* **Boletín Oficial del Estado** ≈Bundesgesetzblatt *nt*

bofe ['bofe] *m:* **echar los ~s** (**por algo**) sich (für etw) abrackern

bofetada [bofe'taða] *f* Ohrfeige *f;* **dar una ~ a alguien** jdn ohrfeigen

bofia ['bofja] *f* (*vulg*) Polente *f fam,* Bullen *mpl fam*

boga ['boɣa] *f:* **esta canción está en ~** dieses Lied ist in

bogavante [boɣa'βante] *m* Hummer *m*

bogotano, -a [boɣo'tano, -a] *adj* aus Bogotá

Bohemia [bo'emja] *f* Böhmen *nt*

bohemio, -a [bo'emjo, -a] *m, f* Böhme, -in *m, f;* (*gitano*) Zigeuner(in) *m(f)*

boicot [boi̯'ko$^{(t)}$] <boicots> *m* Boykott *m*

boicotear [boi̯kote'ar] *vt* boykottieren

boina ['boi̯na] *f* Baskenmütze *f*

bol [bol] *m* Schale *f*

bola ['bola] *f* **1.** (*cuerpo esférico*) Kugel *f;* **~ del mundo** Erdkugel *f;* **~ de nieve** Schneeball *m* **2.** (*fam*) Lüge *f* **3.** (*loc*): **no dar pie con ~** überhaupt nicht zurechtkommen

bolado [bo'laðo] *m* (*Am*) Angelegenheit *f*

bolchevique [boltʃe'βike] *adj* bolschewistisch

boleadoras [bolea'ðoras] *fpl* (*AmS*) Bola *f*

bolera [bo'lera] *f* Kegelbahn *f*

bolero [bo'lero] *m* Bolero *m*

boleta [bo'leta] *f* (*Am*) Urkunde *f;* (*para votar*) Stimmzettel *m*

boletería [bolete'ria] *f* (*Am*) Schalter *m*

boletín [bole'tin] *m* **1.** (*publicación*) Bulletin *nt;* **~ informativo** Mitteilungsblatt *nt* **2.** (*informe*) Bericht *m;* **~ de noticias** Nachrichten *fpl*

boleto [bo'leto] *m* (*Am*) Eintrittskarte *f;* (*billete*) Fahrschein *m*

boliche [bo'litʃe] *m* (*Am*) Krämerladen *m* mit Ausschank

bólido ['boliðo] *m* Rennwagen *m*

bolígrafo [bo'liɣrafo] *m* Kugelschreiber *m*

bolillo [bo'liʎo] *m* Klöppel *m;* (*Am*) kleines Weißbrot *nt*

bolívar [bo'liβar] *m* Bolivar *m*

Bolivia [bo'liβja] *f* Bolivien *nt*

> **Bolivia** ist das fünftgrößte Land Südamerikas. Die Hauptstadt **La Paz** ist gleichzeitig die größte Stadt des Landes. Die offiziellen Landessprachen in Bolivien sind neben Spanisch, auch **quechua** und **aimara** (auch: **aimará**). Die Währungseinheit ist der **boliviano**.

boliviano, -a [boli'βjano, -a] *adj* bolivianisch

bollería [boʎe'ria] *f* Feinbäckerei *f*

bollo ['boʎo] *m* **1.** (*panecillo*) Brötchen *nt* **2.** (*chichón*) Beule *f* **3.** (*Am*) Faustschlag *m*

bolo ['bolo] *m* Kegel *m*

bolsa ['bolsa] *f* **1.** (*saco*) Beutel *m;* **~ de agua caliente** Wärmflasche *f;* **~ de basura** Abfalltüte *f* **2.** (*bolso*) (Trage)tasche *f;* **~ de plástico** Plastiktüte *f* **3.** (FIN) Börse *f;* **~ de trabajo** Stellenvermittlung *f*

bolsillo [bol'siʎo] *m* Tasche *f;* **edición de ~** Taschenausgabe *f*

bolso ['bolso] *m* Tasche *f*

bomba ['bomba] *f* **1.** Bombe *f;* **~ de mano** Handgranate *f;* **~ de relojería** Zeitbombe *f;* **a prueba de ~s** (*fig*) bombensicher **2.** (TÉC) Pumpe *f*

bombacha [bom'batʃa] *f* (*CSur*) Unterhose *f*

bombardear [bombarðe'ar] *vt* bombardieren

bombardeo [bombar'ðeo] *m:* **~ aéreo** Luftangriff *m*

bombazo [bom'baθo] *m* Bombenexplosion *f;* (*fam*) Knüller *m*

bombear [bombe'ar] *vt* bombardieren; (*un líquido*) pumpen

bombero [bom'bero] *m* **1.** Feuerwehrmann *m* **2.** *pl* (*cuerpo*) Feuerwehr *f*
bombilla [bom'biʎa] *f* Glühbirne *f;* (*AmS*) Trinkhalm *m*
bombín [bom'bin] *m* Melone *f;* (*bomba de aire*) Luftpumpe *f*
bombo ['bombo] *m* große Trommel *f*
bombón [bom'bon] *m* Praline *f*
bombona [bom'bona] *f* Gasflasche *f*
bombonera [bombo'nera] *f* Pralinenpackung *f*
bonachón, -ona [bona'tʃon, -ona] *adj* gutmütig
bonaerense [bonae'rense] *adj* aus Buenos Aires
bondad [bon̪'da$^{\eth}$] *f* **1.** (*cualidad de bueno*) Güte *f* **2.** (*amabilidad*) Freundlichkeit *f;* **tenga la ~ de seguirme** seien Sie so freundlich und folgen Sie mir
bondadoso, -a [bon̪da'ðoso, -a] *adj* gütig
bonete [bo'nete] *m* Birett *nt*
bonetería [bonete'ria] *f* (*Am*) Kurzwarenhandlung *f*
bonificación [bonifika'θjon] *f* Gutschrift *f;* (*gratificación*) Vergütung *f;* (*rebaja*) Rabatt *m*
bonificar [bonifi'kar] <c→qu> *vt* gutschreiben; (*gratificar*) vergüten
bonito[1] [bo'nito] **I.** *m* Bonito *m* **II.** *adv* (*Am*) gut
bonito, -a[2] [bo'nito, -a] *adj* hübsch
bono ['bono] *m* Gutschein *m;* (COM) Schuldverschreibung *f*
bonsái [bon'sai̯] *m* <bonsais> Bonsai *m*
boñiga [bo'ɲiɣa] *f* Mist *m*
boquerón [boke'ron] *m Art Sardelle*
boquete [bo'kete] *m* enge Öffnung *f*
boquiabierto, -a [bokja'βjerto, -a] *adj:* **dejar a alguien ~** jdn verblüffen
boquilla [bo'kiʎa] *f* (*de pipa, t.* MÚS) Mundstück *nt;* **~ de filtro** Filter *m;* **decir algo de ~** etw unverbindlich sagen
borboll(e)ar [borβoʎe'ar/borβo'ʎar] *vi* sprudeln
borbónico, -a [bor'βoniko, -a] *adj* bourbonisch
borbotón [borβo'ton] *m* Sprudeln *nt*
borda ['borða] *f:* **motor fuera (de) ~** Außenbordmotor *m;* **echar algo por la ~** etw über Bord werfen
bordado[1] [bor'ðaðo] *m* Stickarbeit *f*
bordado, -a[2] [bor'ðaðo, -a] *adj* **1.** bestickt **2.** (*perfecto*) hervorragend
bordar [bor'ðar] *vt* (be)sticken; (*ejecutar con primor*) hervorragend ausführen
borde ['borðe] *m* Rand *m;* (*de mesa*) Kante *f*
bordear [borðe'ar] **I.** *vt* **1.** (*ir por el borde*) entlanggehen; (*en coche*) entlangfahren **2.** (*aproximarse a un estado*) sich nähern +*dat;* **su comportamiento bordea la locura** sein/ihr Benehmen grenzt an Wahnsinn **II.** *vi* (NÁUT) kreuzen
bordillo [bor'ðiʎo] *m* Bordstein *m*
bordo ['borðo] *m* Bord *m;* **ir a ~** sich einschiffen
borrachera [borra'tʃera] *f* Rausch *m;* **agarrar una ~** sich betrinken
borracho, -a [bo'rratʃo, -a] **I.** *adj* **1.** *ser* trunksüchtig; **es un ~** er ist ein Trinker **2.** *estar* betrunken; **está ~ como una cuba** (*fam*) er ist sternhagelvoll **II.** *m, f* Trinker(in) *m(f);* (*ebrio*) Betrunkene(r) *mf*
borrador [borra'ðor] *m* Konzept *nt*
borrar [bo'rrar] **I.** *vt* **1.** ausradieren; (*con esponja*) auswischen **2.** (*tachar*) (durch)streichen **3.** (INFOR) löschen **4.** (*huellas*) beseitigen **II.** *vr:* **~se** austreten (*de* aus +*dat*)
borrasca [bo'rraska] *f* Gewitter *nt*
borrascoso, -a [borras'koso, -a] *adj* stürmisch; (*desenfrenado*) liederlich
borrego, -a [bo'rreɣo, -a] *m, f* (ein- bis zweijähriges) Lamm *nt;* (*persona*) Schafskopf *m pey;* (*Am*) Ente *f*
borrico, -a [bo'rriko, -a] *m, f* Esel(in) *m(f)*
borrón [bo'rron] *m* Klecks *m;* **~ y cuenta nueva** Schwamm drüber
borroso, -a [bo'rroso, -a] *adj* verschwommen
Bósforo ['bosforo] *m* Bosporus *m*
Bosnia ['bosnja] *f* Bosnien *nt*
Bosnia-Herzegovina ['bosnja (x)erθeɣo'βina] *f* Bosnien-Herzegowina *nt*
bosnio, -a ['bosnjo, -a] *adj* bosnisch
bosque ['boske] *m* Wald *m*
bosquejar [boske'xar] *vt* skizzieren
bosquejo [bos'kexo] *m* Skizze *f*
bostezar [boste'θar] <z→c> *vi* gähnen
bostezo [bos'teθo] *m* Gähnen *nt*
bota ['bota] **I.** *adj* (*Méx*) unbeholfen; (*borracho*) betrunken **II.** *f* **1.** (*calzado*) Stiefel *m;* **ponerse las ~s** (*fig fam*) das große Geld machen **2.** (*especie de botella*) lederne

Weinflasche

botador(a) [bota'ðor(a)] *adj* (*Am*) verschwenderisch

botánica [bo'tanika] *f* Botanik *f*

botánico, -a [bo'taniko, -a] **I.** *adj* botanisch **II.** *m, f* Botaniker(in) *m(f)*

botar [bo'tar] **I.** *vi* **1.** (*pelota*) aufprallen **2.** (*persona*) hüpfen; **está que bota** er/sie tobt vor Wut **II.** *vt* **1.** (*pelota*) prellen **2.** (*Am: tirar*) wegwerfen **3.** (*Am: expulsar*) entlassen; **le ~on del colegio** er/sie ist von der Schule geflogen **4.** (*Am: derrochar*) verschwenden; (*extraviar*) verlieren

botarate [bota'rate] *m* unbesonnener Mensch *m;* (*Am*) Verschwender *m*

bote ['bote] *m* **1.** (*golpe*) Stoß *m* **2.** (*salto*) Sprung *m;* **pegar un ~** mit einem Satz aufspringen **3.** (*de pelota*) Aufprall *m;* **la pelota dio cuatro ~s** der Ball ist viermal aufgeprallt **4.** (*vasija*) Dose *f;* **chupar del ~** (*fam*) absahnen; **tener a alguien en el ~** (*fam*) jdn in der Tasche haben **5.** (*en la lotería*) Jackpot *m* **6.** (*en los bares*) Trinkgeldkasse *f* **7.** (NÁUT) Boot *nt;* **~ salvavidas** Rettungsboot *nt*

botella [bo'teʎa] *f* Flasche *f;* **~ de cerveza** Flasche Bier; **cerveza de ~** Flaschenbier *nt*

botija [bo'tixa] *f* (Ton)krug *m;* (*Am*) vergrabener Schatz *m*

botín [bo'tin] *m* Schnürstiefel *m;* (MIL) (Kriegs)beute *f*

botiquín [boti'kin] *m* Hausapotheke *f;* (*de emergencia*) Verband(s)kasten *m*

botón [bo'ton] *m* Knopf *m;* (ELEC) (Druck)knopf *m;* (*CSur: pey*) Bulle *m fam*

botones [bo'tones] *m inv* Page *m;* (*pey*) Laufbursche *m*

boutique [bu'tiᵏ] *f* Boutique *f*

bóveda ['boβeða] *f* Gewölbe *nt;* (*cripta*) Krypta *f*

bovino, -a [bo'βino, -a] *adj* Rind(er)-

box [boᵞs] *m* Box *f;* (*Am*) Boxkampf *m;* (*AmC*) Postfach *nt*

boxeador(a) [boᵞsea'ðor(a)] *m(f)* Boxer(in) *m(f)*

boxear [boᵞse'ar] *vi* boxen

boxeo [boᵞ'seo] *m* Boxkampf *m*

boya ['boɟa] *f* Boje *f*

boyante [bo'ɟan̪te] *adj:* **el negocio va ~** das Geschäft floriert

boy scout ['boi̯ es'kauᵗ] <boy scouts> *mf* Pfadfinder(in) *m(f)*

bozal [bo'θal] *m* Maulkorb *m;* (*Am*) Halfter *m o nt*

bracero [bra'θero] *m* Tagelöhner *m;* (*peón*) Hilfsarbeiter *m*

braga ['braɣa] *f* Schlüpfer *m;* **estar en ~s** (*fig fam*) völlig pleite sein

bragapañal [braɣapa'ɲal] *m* Windelhöschen *nt*

bragueta [bra'ɣeta] *f* Hosenschlitz *m*

braille ['brai̯le] *m* Brailleschrift *f*

bramar [bra'mar] *vi* (*animal*) brüllen; (*ciervo*) röhren; **está que brama** er/sie tobt vor Wut

bramido [bra'miðo] *m* **1.** (*animales*) Gebrüll *nt,* Brüllen *nt;* (*ciervos*) Röhren *nt* **2.** (*persona*) Wüten *nt,* Toben *nt* **3.** (*viento*) Heulen *nt* **4.** (*oleaje*) Tosen *nt*

Brandeburgo [bran̪de'βurɣo] *m* Brandenburg *nt*

brandy ['bran̪di] *m* Weinbrand *m*

branquia ['braŋkja] *f* Kieme *f*

brasa ['brasa] *f* (*de leña*) (Holz)glut *f;* (*de carbón*) (Kohlen)glut *f;* **a la ~** gegrillt

brasero [bra'sero] *m* **1.** (*como calefacción*) Kohlenbecken *nt* **2.** (*Am: fuego*) Feuerstelle *f;* (*hogar*) (Küchen)herd *m*

Brasil [bra'sil] *m:* (**el**) **~** Brasilien *nt*

brasileño, -a [brasi'leɲo, -a] *adj* brasilianisch

bravío, -a [bra'βio, -a] *adj* **1.** (*animal: salvaje*) wild; (*sin domar*) ungezähmt **2.** (*planta*) wild (wachsend) **3.** (*persona*) ungestüm

bravo¹ ['braβo] *interj* bravo!

bravo, -a² ['braβo, -a] *adj* **1.** (*valiente*) tapfer **2.** (*salvaje: animal*) wild; (*persona*) wütend; (*mar*) stürmisch **3.** (*Am*) scharf

bravucón, -ona [braβu'kon, -ona] *m, f* Prahlhans *m*

brazalete [braθa'lete] *m* Armband *nt;* (*banda*) Armbinde *f*

brazo ['braθo] *m* Arm *m;* **~ derecho** (*fig*) rechte Hand; **~ de gitano** (*fig: pastel*) Biskuitrolle *f;* **cruzarse de ~s** (*fig*) die Hände in den Schoß legen; **dar el ~ a torcer** klein beigeben

brea ['brea] *f* Teer *m;* (*pez*) Pech *nt*

brebaje [bre'βaxe] *m* Gesöff *nt;* (*medicina*) Mixtur *f*

brecha ['bretʃa] *f:* **estar en la ~** (sehr) engagiert sein

brécol(es) ['brekol(es)] *m(pl)* Brokkoli *pl*

bregar [bre'ɣar] <g→gu> *vi* (*reñir*) sich streiten (*con* mit +*dat*); (*luchar*) kämpfen

B

(*con* gegen +*akk*); (*trabajar duro*) sich abrackern

breque ['breke] *m* (*Am*) **1.** (*freno*) Bremse *f;* **apretar el ~** (*fig*) sich bemühen **2.** (*vagón*) Gepäckwagen *m*

Bretaña [bre'taɲa] *f* Bretagne *f;* **Gran ~** Großbritannien *nt*

brete ['brete] *m:* **estar en un ~** in der Patsche sitzen

breva ['breβa] *f* **1.** (*higo*) (frühe) Feige *f* **2.** (*Am*) Kautabak *m* **3.** (*ganga*) Glücksfall *m;* **no caerá esa ~** daraus wird nichts werden

breve ['breβe] *adj* **1.** (*de duración*) kurz; **en ~** in Kürze **2.** (*de extensión*) knapp; **ser ~** sich kurz fassen

brevedad [breβe'ða^{ð}] *f* **1.** (*corta duración*) Kürze *f;* **a la mayor ~ posible** baldmöglichst **2.** (*corta extensión*) Knappheit *f*

bribón, -ona [bri'βon, -ona] *m, f* Schurke, -in *m, f;* (*pícaro*) Gauner(in) *m(f);* (*niño*) Strolch *m*

bricolaje [briko'laxe] *m* Basteln *nt*

brida [bri'ða] *f* Zaum *m*

brigada [bri'ɣaða] *f* (MIL) Brigade *f;* (*de obreros*) Kolonne *f;* (*de policía*) Einheit *f*

brillante [bri'ʎan̪te] *m* Brillant *m*

brillantina [briʎan̪'tina] *f* (Haar)pomade *f*

brillar [bri'ʎar] *vi* glänzen; **~ por su ausencia** (*irón*) durch Abwesenheit glänzen

brillo ['briʎo] *m* Glanz *m;* **dar ~ a algo** etw (auf Hochglanz) polieren

brincar [briŋ'kar] <c→qu> *vi* hüpfen; **~ de alegría/de rabia** außer sich *dat* vor Freude/vor Wut sein

brinco ['briŋko] *m* Sprung *m;* **dar ~s** springen; **de un ~** mit einem Satz

brindar [brin̪'dar] **I.** *vi* (*levantar la copa*) anstoßen; **~ por alguien** auf jdn anstoßen **II.** *vt* (an)bieten; (TAUR) widmen **III.** *vr:* **~se** sich anbieten

brindis ['brin̪dis] *m inv* **1.** (*el levantar los vasos*) Zutrinken *nt* **2.** (*frase con que se brinda*) Trinkspruch *m;* **echar un ~** einen Toast ausbringen

brío ['brio] *m* Energie *f;* (*pujanza*) Schwung *m;* (*garbo*) Anmut *f*

brisa ['brisa] *f* Brise *f*

británico, -a [bri'taniko, -a] *adj* britisch

brit-pop ['britpop] *m* (MÚS) Britpop *m*

brizna ['briθna] *f* **1.** (*hebra*) Fädchen *nt* **2.** (BOT) Faser *f* **3.** (*porción diminuta*) Krume *f;* **no tiene ni una ~ de humor** er/sie hat kein bisschen Humor **4.** (*Am*) Sprühregen *m*

brocado [bro'kaðo] *m* Brokat *m*

brocha ['brotʃa] *f* (Maler)pinsel *m;* **pintor de ~ gorda** Maler *m*

broche ['brotʃe] *m* **1.** Druckknopf *m;* (*de adorno*) Anstecknadel *f;* **~ de oro** (*fig*) krönender Abschluss **2.** (*Am*) Büroklammer *f* **3.** *pl* (*Am: gemelos*) Manschettenknöpfe *mpl*

brocheta [bro'tʃeta] *f* (Brat)spieß *m*

broma ['broma] *f* Scherz *m;* (*tontería*) Unfug *m;* **~s aparte…** Spaß beiseite …; **no estoy para ~s** ich bin nicht zum Scherzen aufgelegt

bromear [brome'ar] *vi, vr:* **~se** spaßen

bromista [bro'mista] **I.** *adj* witzig **II.** *mf* Spaßvogel *m*

bromo ['bromo] *m* (QUÍM) Brom *nt*

bronca ['broŋka] *f* **1.** (*riña*) Streit *m;* **se armó una ~ tremenda** es gab einen Riesenkrach **2.** (*reprimenda*) Zurechtweisung *f* **3.** (*tumulto*) Krawall *m* **4.** (*Am*) Ärger *m;* **me da ~** das macht mich ärgerlich

bronce ['bron̪θe] *m* Bronze *f*

bronceado, -a [bron̪θe'aðo, -a] *adj* bronzefarbig; (*piel*) (sonnen)gebräunt

bronceador [bron̪θea'ðor] *m* Sonnenschutzmittel *nt*

broncear [bron̪θe'ar] *vr:* **~se** sich bräunen

bronco, -a ['broŋko, -a] *adj* heiser; (*genio*) schroff; (*Am: caballo*) wild

bronquio ['broŋkjo] *m* Bronchie *f*

bronquitis [broŋ'kitis] *f inv* Bronchitis *f*

broqueta [bro'keta] *f* (Brat)spieß *m*

brotar [bro'tar] *vi* **1.** (BOT) knospen; (*árbol*) ausschlagen; (*semilla*) aufkeimen **2.** (*agua*) (hervor)quellen (*de* aus +*dat*) **3.** (*enfermedad*) sich zeigen

brote ['brote] *m* Knospe *f;* (*comienzo*) Aufkeimen *nt;* (*erupción*) Ausbruch *m*

bruces ['bruθes] *adv:* **caer de ~** auf die Nase fallen

bruja ['bruxa] *f* Hexe *f*

Brujas ['bruxas] *f* Brügge *nt*

brujería [bruxe'ria] *f* Hexerei *f*

brujo ['bruxo] *m* Hexenmeister *m;* (*Am*) Medizinmann *m*

brújula ['bruxula] *f* Kompass *m;* (*aguja*) Magnetnadel *f;* **perder la ~** (*t. fig*) die Orientierung verlieren

bruma ['bruma] *f* leichter Nebel *m*

brumoso, -a [bru'moso, -a] *adj* neblig

bruñir [bru'ɲir] <*3. pret:* bruñó> *vt* **1.** (*sacar brillo*) polieren **2.** (*fig fam: maquillar*) schminken **3.** (*Am: molestar*) belästigen

brusco, -a ['brusko, -a] *adj* plötzlich; (*áspero*) schroff

Bruselas [bru'selas] *fpl* Brüssel *nt*

brutal [bru'tal] *adj* **1.** (*violento*) brutal **2.** (*desconsiderado*) schonungslos **3.** (*fam: enorme*) ungeheuerlich **4.** (*fam: estupendo*) toll

brutalidad [brutali'ðaᵈ] *f* Brutalität *f;* (*acción violenta*) Gewalttat *f;* (*acción cruel*) Ungeheuerlichkeit *f;* (*cantidad excesiva*) Übermaß *nt;* (*estupidez*) Dummheit *f*

bruto[1] ['bruto] *adj* **1.** (*tosco*) roh; **diamante en** ~ Rohdiamant *m* **2.** (*peso*) brutto

bruto, -a[2] ['bruto, -a] *adj* brutal; (*rudo*) grob; (*estúpido*) dumm

buceador(a) [buθea'ðor(a)] *m(f)* (Sport)taucher(in) *m(f)*

bucear [buθe'ar] *vi* tauchen

buceo [bu'θeo] *m* (Sport)tauchen *nt*

buche ['butʃe] *m* Kropf *m;* (*fam*) Magen *m;* (*bocanada*) Schluck *m*

bucle ['bukle] *m* (Ringel)locke *f*

budismo [bu'ðismo] *m sin pl* Buddhismus *m*

budista [bu'ðista] *mf* Buddhist(in) *m(f)*

buen [bwen] *adj v.* **bueno**

buenamente [bwena'mente] *adv* mühelos; (*voluntariamente*) freiwillig

buenaventura [bwenaβen'tura] *f* **1.** (*suerte*) Glück *nt* **2.** (*adivinación*) Wahrsagung *f;* **echar la** ~ **a alguien** jdm die Zukunft voraussagen

buenazo, -a [bwe'naθo, -a] *m, f* herzensguter Mensch *m*

bueno[1] ['bweno] *interj* na gut!

bueno, -a[2] ['bweno, -a] *adj* <mejor *o* más bueno, el mejor *o* bonísimo *o* buenísimo> (*delante de un substantivo masculino: buen*) **1.** (*calidad*) gut; (*tiempo*) schön; **~s días** guten Morgen; **buenas (tardes/noches)** guten Tag/Abend; **buen viaje** gute Reise; **hace** ~ es ist schönes Wetter; **dar algo por** ~ etw gutheißen; **estar de buenas** gut aufgelegt sein **2.** (*apropiado*) geeignet **3.** (*fácil*) leicht; **el libro es** ~ **de leer** das Buch liest sich gut **4.** (*honesto*) anständig; (*bondadoso*) gütig; (*niño*) lieb; **es buena gente** das sind anständige Leute **5.** (*sano*) gesund **6.** (*fam: atractivo*) attraktiv; **está buenísima** sie sieht klasse aus **7.** (*bastante*) beträchtlich **8.** (*bonito*) schön; **¡buena la has hecho!** (*fig*) da hast du etwas Schönes angerichtet!; **¡estaría ~!** (*fig*) das wäre noch schöner!

buey [bwei̯] *m* Ochse *m;* (*AmC*) betrogener Ehemann *m*

búfalo ['bufalo] *m* Büffel *m*

bufanda [bu'fanda] *f* Schal *m*

bufar [bu'far] *vi* **1.** schnauben; (*gato*) fauchen; **está que bufa** er/sie ist außer sich *dat* **2.** (*Am*) stinken

bufé [bu'fe] *m* Büfett *nt*

bufete [bu'fete] *m* (Rechts)anwaltskanzlei *f;* **abrir** ~ sich als Anwalt niederlassen

bufido [bu'fiðo] *m* (Wut)schnauben *nt;* (*exabrupto*) Rüffel *m*

bufón, -ona [bu'fon, -ona] *m, f* Spaßmacher(in) *m(f);* (TEAT) Narr *m*

buganvilla [buɣam'biʎa] *f* (BOT) Bougainvillea *f*

buhardilla [bwar'ðiʎa] *f* Dachluke *f;* (*desván*) Dachboden *m*

búho ['buo] *m* Uhu *m*

buitre ['bwitre] *m* (*t. fam*) (Aas)geier *m*

bujía [bu'xia] *f* (Wachs)kerze *f;* (AUTO) Zündkerze *f*

bula ['bula] *f* (päpstliche) Bulle

bulbo ['bulβo] *m* (Blumen)zwiebel *f,* Knolle *f*

bulevar [bule'βar] *m* Boulevard *m*

Bulgaria [bul'ɣarja] *f* Bulgarien *nt*

búlgaro, -a ['bulɣaro, -a] *adj* bulgarisch

bulimia [bu'limja] *f* Bulimie *f*

bulla ['buʎa] *f* Krach *m;* (*aglomeración*) Gedränge *nt;* (*Am*) Schlägerei *f*

bulldozer [bul'ðoθer] *m,* **bulldózer** [bul'ðoθer] *m* Bulldozer *m*

bullicio [bu'ʎiθjo] *m* Lärm *m;* (*tumulto*) Tumult *m*

bullicioso, -a [buʎi'θjoso, -a] *adj* laut

bullir [bu'ʎir] <*3. pret:* bulló> *vi* **1.** kochen; (*borbotar*) sprudeln; **~le a alguien la sangre (en las venas)** (*fig*) voller Tatendrang sein **2.** (*agitarse*) sich tummeln; (*moverse*) sich regen **3.** (*pulular*) wimmeln

bulo ['bulo] *m* Gerücht *nt*

bulto ['bulto] *m* **1.** (*tamaño*) Umfang *m* **2.** (*importancia*) Bedeutung *f;* **un error de** ~ ein bedeutender Fehler **3.** (*cuerpo indistinguible*) undeutliche Gestalt *f* **4.** (*fardo*) Bündel *nt* **5.** (*paquete*) Gepäckstück *nt* **6.** (MED)

Geschwulst *f* **7.** (*loc*): **a ~** ungefähr; **escurrir el ~** (*fam*) sich verdrücken

bumerán [bume'ran] *m*, **bumerang** [bume'ran] *m* Bumerang *m*; **efecto ~** Bumerangeffekt *m*

bungaló [buŋga'lo] *m*, **bungalow** [buŋga'lo] *m* Bungalow *m*

bungee ['buntʃi] *m* Bungee-Springen *nt*

búnker ['bunker] *m* Bunker *m*

buñuelo [bu'ɲwelo] *m* ≈Krapfen *m*; **~ de viento** Windbeutel *m*

BUP [bup] *m abr de* **Bachillerato Unificado Polivalente** ≈(gymnasiale) Oberstufe *f*

buque ['buke] *m* Schiff *nt*; **~ de pasajeros** Passagierdampfer *m*

buqué [bu'ke] *m* Bukett *nt*

burbuja [bur'βuxa] *f* (Luft)blase *f*

burbujear [burβuxe'ar] *vi* sprudeln

burdel [bur'ðel] *m* Bordell *nt*

Burdeos [bur'ðeos] *m* Bordeaux *nt*

burdo, -a ['burðo, -a] *adj* grob; (*excusa*) plump

bureo [bu'reo] *m*: **ir de ~** einen draufmachen *fam*

burgalés, -esa [burɣa'les, -esa] *adj* aus Burgos

burgués, -esa [bur'ɣes, -esa] *m, f* Bürger(in) *m(f)*; (*persona mediocre*) Spießer(in) *m(f)*

burguesía [burɣe'sia] *f* Bürgertum *nt*

burla ['burla] *f* **1.** (*mofa*) Spott *m*; **hacer ~ de alguien** sich über jdn lustig machen **2.** (*broma*) Scherz *m*; **~s aparte** Spaß beiseite **3.** (*engaño*) (übler) Streich *m*

burlar [bur'lar] **I.** *vt* verspotten; (*engañar*) täuschen; (*frustrar*) zunichte machen **II.** *vr*: **~se** Spaß machen

burlón, -ona [bur'lon, -ona] *adj* spöttisch

burocracia [buro'kraθja] *f* Bürokratie *f*

burócrata [bu'rokrata] *mf* Bürokrat(in) *m(f)*

burocrático, -a [buro'kratiko, -a] *adj* bürokratisch

burrada [bu'rraða] *f* (*fam*) **1.** (*disparate*) Unsinn *m*; **decir ~s** dummes Zeug reden **2.** (*cantidad grande*) Unmenge *f*

burro[1] ['burro] *m* **1.** (*armazón*) (Säge)bock *m* **2.** (*AmC: escalera*) Zimmerleiter *f*; (*columpio*) Schaukel *f*

burro, -a[2] ['burro, -a] **I.** *adj* dumm; (*obstinado*) stur **II.** *m, f* **1.** (ZOOL) Esel(in) *m(f)*; **~ de carga** (*t. fig*) Packesel *m* **2.** (*persona tonta*) Trottel *m*; **~ cargado de letras** Fachidiot *m* **3.** (*loc*): **apearse del ~** nachgeben; **no ver tres en un ~** stockblind sein

bursátil [bur'satil] *adj* Börsen-

bus [bus] *m* Bus *m*

busca ['buska] *f* Suche *f*; **en ~ de alguien** auf der Suche nach jdm

buscapleitos [buska'pleitos] *mf inv* (*Am*) Unruhestifter(in) *m(f)*

buscar [bus'kar] <c→qu> *vi, vt* suchen; **ir a ~** (ab)holen; **él se la ha buscado** er hat es nicht anders gewollt

buscavidas [buska'βiðas] *mf inv* Lebenskünstler(in) *m(f)*

buscona [bus'kona] *f* Hure *f*

búsqueda ['buskeða] *f* Suche *f*

busto ['busto] *m* Büste *f*; (ANAT) Oberkörper *m*

butaca [bu'taka] *f* Lehnstuhl *m*; (*de cine, de teatro*) Parkettsitz *m*

butano [bu'tano] *m* Butan(gas) *nt*

butifarra [buti'farra] *f katalanische Presswurst*; (*salchicha*) Bratwurst *f*; (*Am*) zu weiter Strumpf *m*

buzo ['buθo] *m* Taucher *m*

buzón [bu'θon] *m* Briefkasten *m*; **~ (electrónico)** Mailbox *f*

byte [bait] *m* (INFOR) Byte *nt*; **~ de control** Prüfbyte

C

C, c [θe] *f* C, c *nt*
C/ ['kaʎe] *abr de* **calle** Str.
cabalgar [kaβal'ɣar] <g→gu> *vi, vt* reiten
cabalgata [kaβal'ɣata] *f* Umzug *m*
caballa [ka'βaʎa] *f* Makrele *f*
caballero [kaβa'ʎero] *m* Herr *m;* (*galán*) Gentleman *m;* (HIST) Ritter *m*
caballete [kaβa'ʎete] *m* (*de mesa*) Bock *m;* (*de cuadro*) Staffelei *f*
caballo [ka'βaʎo] *m* **1.** Pferd *nt;* **a ~** zu Pferde **2.** (*argot*) Heroin *nt*
cabaña [ka'βaɲa] *f* Hütte *f*
cabaré [kaβa're] *m,* **cabaret** [kaβa're] *m* <cabarets> Kabarett *nt*
cabecear [kaβeθe'ar] *vi* den Kopf schütteln; (*dormitar*) einnicken
cabecera [kaβe'θera] *f:* **médico de ~** Hausarzt *m*
cabecilla [kaβe'θiʎa] *mf* Anführer(in) *m(f)*
cabello [ka'βeʎo] *m* Haar(e) *nt(pl)*
caber [ka'βer] *irr vi* **1.** (*tener espacio*) (hinein)passen (*en* in +*akk*); **no ~ en sí de...** außer sich *dat* sein vor ... **2.** (*pasar*) durchgehen (*por* durch +*akk*) **3.** (*loc*): **no cabe duda** (**de que...**) es steht außer Zweifel(, dass ...)
cabeza[1] [ka'βeθa] *f* Kopf *m;* **de ~** kopfüber; **se me va la ~** mir wird schwindelig; **traer de ~** Kummer machen
cabeza[2] [ka'βeθa] *m:* **~ de familia** Familienoberhaupt *nt;* **~ rapada** Skinhead *m*
cabezada [kaβe'θaða] *f:* **dar** [*o* **echar**] **una ~** (*fam*) ein Nickerchen machen
cabezazo [kaβe'θaθo] *m* Schlag *m* (auf den Kopf)
cabezón, -ona [kaβe'θon, -ona] *m, f* Dickkopf *m*
cabida [ka'βiða] *f* Fassungsvermögen *nt*
cabina [ka'βina] *f* Kabine *f*
cabizbajo, -a [kaβiθ'βaxo, -a] *adj* niedergeschlagen
cable ['kaβle] *m* Kabel *nt;* **echar un ~ a alguien** (*fam*) jdm aus der Klemme helfen
cabo ['kaβo] *m* **1.** (*extremo*) Ende *nt;* **al fin y al ~** letzten Endes; **llevar a ~** vollbringen **2.** (GEO) Kap *nt;* **Ciudad del Cabo** Kapstadt *nt* **3.** (*loc*): **al ~ de** nach +*dat*
cabra ['kaβra] *f* Ziege *f;* **~ montés** Steinbock *m;* **estar como una ~** (*fam*) spinnen
cabrear [kaβre'ar] **I.** *vt* (*fam*) wütend machen **II.** *vr:* **~se** (*fam*) wütend sein
cabriola [ka'βrjola] *f* Kapriole *f;* **hacer ~s** herumspringen
cabrón, -ona [ka'βron, -ona] *m, f* (*vulg pey*) Arschloch *nt*
caca ['kaka] *f* (*fam*) **1.** (*lenguaje infantil*) Aa *nt* **2.** (*chapuza*) Mist *m*
cacahuete [kaka'wete] *m* Erdnuss *f*
cacao [ka'kao] *m* Kakao *m*
cacarear [kakare'ar] *vi* gackern
cacerola [kaθe'rola] *f* (flacher) Kochtopf *m*
cacharro [ka'ʧarro] *m* **1.** (*recipiente*) Topf *m* **2.** (*fam pey: aparato*) Schrott *m* **3.** (*fam pey: trasto*) Kram *m*
cachas ['kaʧas] *adj inv* (*fam*) kräftig; (*vulg*) scharf *fam*
cachear [kaʧe'ar] *vt* durchsuchen
cachemir [kaʧe'mir] *m* Kaschmir *m*
cachete [ka'ʧete] *m* Klaps *m*
cachimba [ka'ʧimba] *f* (*Am*) Pfeife *f*
cachondear [kaʧon̩de'ar] *vr:* **~se** (*vulg*) verarschen (*de* +*akk*)
cachondeo [kaʧon̩'deo] *m* **1.** (*fam*) Ulk *m;* (*juerga*) Heidenspaß *m* **2.** (*vulg*) Spott *m*
cachondo, -a [ka'ʧon̩do, -a] *adj* **1.** (*vulg*) geil *fam;* **poner a alguien ~** jdn aufgeilen *fam* **2.** (*fam*) witzig
cachorro, -a [ka'ʧorro, -a] **I.** *adj* (*Am*) verächtlich **II.** *m, f* Welpe *m*
cacique [ka'θike] *m* (*jefe indio*) Kazike *m;* (*tirano*) Dorftyrann *m*
caco ['kako] *m* (*argot*) Langfinger *m*
cacto ['kakto] *m* Kaktus *m*
cada ['kaða] *adj* jede(r, s); **~ uno/una** jeder/jede; **~ hora** stündlich; **¿~ cuánto?** wie oft?
cadáver [ka'ðaβer] *m* Leiche *f;* (*de animales*) Kadaver *m*
cadena [ka'ðena] *f* **1.** (*t. fig*) Kette *f;* **~ perpetua** lebenslängliche Gefängnisstrafe; **trabajo en ~** Fließbandarbeit *f* **2.** (*sucesión*) Serie *f;* **reacción en ~** Kettenreaktion *f* **3.** (RADIO, TV) Programm *nt*
cadera [ka'ðera] *f* Hüfte *f*
cadmio ['kaðmjo] *m* (QUÍM) Kadmium *nt*

caducar [kaðu'kar] <c→qu> *vi* (*documento*) ungültig werden; (*producto*) verfallen

caducidad [kaðuθi'ða^{ð}] *f:* **fecha de ~** (*de documentos*) Gültigkeitsdauer *f;* (*de productos*) Haltbarkeitsdatum *nt*

caduco, -a [ka'ðuko, -a] *adj* **1.** (*personas*) altersschwach **2.** (*perecedero*) vergänglich

caer [ka'er] *irr* **I.** *vi* **1.** (*objeto, persona*) (herunter)fallen; (*precio*) fallen (*en* auf +*akk*); **~ (en) redondo** (*fam*) umkippen; **tu amigo me cae bien** ich kann deinen Freund gut leiden **2.** (*fam*) liegen; **¿por dónde cae Jerez?** wo liegt Jerez? **3.** (*loc*): **estar al ~** (*fam*) kurz bevorstehen **II.** *vr:* **~se** (*desplomarse*) stürzen; (*pelo, dientes*) ausfallen; **~se de sueño** todmüde sein

café [ka'fe] *m* Kaffee *m;* **~ con leche** Milchkaffee *m;* **~ solo** Espresso *m*

cafeína [kafe'ina] *f* Koffein *nt*

cafetera [kafe'tera] *f* Kaffeekanne *f;* **~ eléctrica** Kaffeemaschine *f*

cafetería [kafete'ria] *f* Café *nt*

cagar [ka'ɣar] <g→gu> **I.** *vi* (*vulg*) scheißen **II.** *vt* (*vulg*) versauen *fam* **III.** *vr:* **~se** (*vulg*) Schiss haben *fam;* **¡me cago en diez!** verdammt noch mal! *fam*

caída [ka'iða] *f* Fall *m,* Sturz *m*

caimán [kai̯'man] *m* Kaiman *m*

Cairo ['kai̯ro] *m:* **El ~** Kairo *nt*

caja ['kaxa] *f* **1.** (*recipiente*) Kasten *m;* (*de madera*) (Holz)kiste *f;* (*de cartón: pequeña*) (Papp)schachtel *f;* (*grande*) Karton *m;* **~ fuerte** Tresor *m;* **~ de herramientas** Werkzeugkasten *m* **2.** (AUTO): **~ de cambios** Getriebe *nt* **3.** (FIN) Kasse *f;* **Caja (Postal) de Ahorros** (Post)sparkasse *f*

cajero, -a [ka'xero, -a] *m, f* Kassierer(in) *m(f);* **~ automático** Geldautomat *m*

cajetilla [kaxe'tiʎa] *f* (Zigaretten)schachtel *f*

cajón [ka'xon] *m* (großer) Kasten *m,* (große) Kiste *f;* (*deslizante*) Schublade *f;* **eso es de ~** (*fam*) das versteht sich von selbst

cake [kei̯^{k}] *m* (*Am*) Kuchen *m*

cal [kal] *f* Kalk *m*

calabacín [kalaβa'θin] *m* Zucchini *f*

calabaza [kala'βaθa] *f* Kürbis *m;* **dar ~s a alguien** (*fam*) jdm einen Korb geben

calabozo [kala'βoθo] *m* Kerker *m*

calada [ka'laða] *f* (*fam*) Zug *m;* **¿me das una ~?** lässt du mich mal ziehen?

calamar [kala'mar] *m* Tintenfisch *m*

calambre [ka'lambre] *m* (Muskel)krampf *m;* (*eléctrico*) Stromschlag *m*

calamidad [kalami'ða^{ð}] *f* Katastrophe *f;* (*miseria*) Not *f;* (*fam*) Niete *f*

calaña [ka'laɲa] *f:* **ser de mala ~** bösartig sein

calar [ka'lar] *vr:* **~se** nass werden; (*motor*) absaufen *fam*

calavera [kala'βera] *f* Totenkopf *m*

calcañar [kalka'ɲar] *m* Ferse *f*

calcar [kal'kar] <c→qu> *vt* abpausen; **es calcado a su padre** er ist seinem Vater wie aus dem Gesicht geschnitten

calceta [kal̪'θeta] *f* Strickarbeit *f*

calcetín [kal̪θe'tin] *m* Socke *f*

calcificar [kal̪θifi'kar] <c→qu> *vr, vt:* **~se** verkalken (lassen)

calcinar [kal̪θi'nar] *vr:* **~se** verbrennen

calcio ['kal̪θjo] *m* Kalzium *nt*

calcomanía [kalkoma'nia] *f* Abziehbild *nt*

calculador(a) [kalkula'ðor(a)] *adj* berechnend

calculadora [kalkula'ðora] *f* Rechenmaschine *f*

calcular [kalku'lar] **I.** *vi* rechnen **II.** *vt* **1.** berechnen; (*de antemano*) kalkulieren **2.** (*aproximadamente*) (ab)schätzen

cálculo ['kalkulo] *m* **1.** (*matemático*) Rechnen *nt* **2.** (*cómputo*) Berechnung *f* **3.** (*t.* ECON) Kalkulation *f* **4.** (MED) Stein *m*

caldear [kal̪de'ar] *vt* **1.** erwärmen; (*con estufa*) beheizen **2.** (*acalorar*) anheizen

caldera [kal̪'dera] *f* Kessel *m*

calderilla [kal̪de'riʎa] *f* Kleingeld *nt*

caldero [kal̪'dero] *m* (kleiner) Kessel *m*

caldo ['kal̪do] *m* Brühe *f*

calefacción [kalefa^{ɣ}'θjon] *f* Heizung *f*

calefactor [kalefak'tor] *m* Heizlüfter *m;* (*persona*) Heizungsmonteur *m*

caleidoscopio [kalei̯ðos'kopjo] *m* Kaleidoskop *nt*

calendario [kalen̪'darjo] *m* Kalender *m*

calentador [kalen̪ta'ðor] *m* Heizgerät *nt*

calentamiento [kalen̪ta'mjen̪to] *m* **1.** (*caldeamiento*) Erwärmen *nt,* Erhitzen *nt* **2.** (DEP) Aufwärmen *nt*

calentar [kalen̪'tar] <e→ie> **I.** *vi* (*dar calor*) wärmen **II.** *vt* **1.** (*caldear*) (er)wärmen; (*con calefacción*) heizen; **~ agua** Wasser heiß machen **2.** (*enfadar*) aufregen; (*excitar*) erregen **3.** (*vulg: sexualmente*) aufgeilen *fam*

4. (*fam: pegar*) versohlen **III.** *vr:* **~se** sich (er)wärmen; (*enfadarse*) sich aufregen; (DEP) sich warm machen

calentura [kaleṇ'tura] *f* Fieber(bläschen) *nt*

calibrar [kali'βrar] *vt* messen; (*calcular*) abschätzen

calibre [ka'liβre] *m* Kaliber(maß) *nt*

calidad [kali'ða^{d}] *f* **1.** (*clase*) Qualität *f;* **de primera ~** erstklassig **2.** (*loc*): **en ~ de** als

cálido, -a ['kaliðo, -a] *adj* warm

caliente [ka'ljeṇte] *adj* **1.** warm; (*ardiente*) heiß **2.** (*acalorado*) hitzig; **poner(se) ~** (*vulg*) (sich) aufgeilen *fam*

califa [ka'lifa] *m* Kalif *m*

calificación [kalifika'θjon] *f* **1.** (*denominación*) Bezeichnung *f;* (*evaluación*) Beurteilung *f* **2.** (*cualificación*) Qualifizierung *f* **3.** (*nota*) Note *f*

calificado, -a [kalifi'kaðo, -a] *adj* qualifiziert

calificar [kalifi'kar] <c→qu> *vt* **1.** bezeichnen (*de* als *+akk*); (*evaluar*) beurteilen **2.** (*atribuir una cualidad*) kennzeichnen (*de* als *+akk*) **3.** (ENS) benoten

California [kali'fornja] *f* Kalifornien *nt*

caligrafía [kaliɣra'fia] *f* Kalligraphie *f*

cáliz ['kaliθ] *m* (Blumen)kelch *m*

callado, -a [ka'ʎaðo, -a] *adj* (*con estar*) schweigend; (*silencioso*) still; (*con ser*) schweigsam

callar [ka'ʎar] *vi, vr:* **~se** schweigen (*de/por* vor/aus *+dat*)

calle ['kaʎe] *f* Straße *f;* **~ peatonal** Fußgängerzone *f;* **hacer la ~** (*fam*) auf den Strich gehen

callejero [kaʎe'xero] *m* Straßenverzeichnis *nt*

callejón [kaʎe'xon] *m* Gasse *f;* **~ sin salida** Sackgasse *f*

callista [ka'ʎista] *mf* Fußpfleger(in) *m(f)*

callo ['kaʎo] *m* **1.** (*callosidad*) Hornhaut *f,* Schwiele *f;* (*ojo de gallo*) Hühnerauge *nt;* **dar el ~** (*fam*) schuften **2.** *pl* (GASTR) Kaldaunen *fpl*

calma ['kalma] *f* **1.** (*tranquilidad*) Ruhe *f;* (*silencio*) Stille *f* **2.** (*serenidad*) Gelassenheit *f*

calmante [kal'maṇte] *m* Beruhigungsmittel *nt;* (*analgésico*) Schmerzmittel *nt*

calmar [kal'mar] **I.** *vi* (*viento*) abflauen **II.** *vt* beruhigen; (*dolor, hambre*) stillen **III.** *vr:* **~se** sich beruhigen; (*dolor*) nachlassen

caló [ka'lo] *m* Zigeunersprache *f*

calor [ka'lor] *m* **1.** (*de un cuerpo*) Wärme *f* **2.** (*clima*) Hitze *f;* **~ sofocante** Schwüle *f* **3.** (*entusiasmo*) Eifer *m* **4.** (*afecto*) Wärme *f*

caloría [kalo'ria] *f* Kalorie *f;* **bajo en ~s** kalorienarm

calumnia [ka'lumnja] *f* Verleumdung *f*

calumniar [kalum'njar] *vt* verleumden

caluroso, -a [kalu'roso, -a] *adj* heiß; (*cálido*) warm

calva ['kalβa] *f* Glatze *f*

calvario [kal'βarjo] *m* (REL) Kreuzweg *m*

calvo, -a ['kalβo, -a] *adj* kahlköpfig; **estar ~** eine Glatze haben

calzada [kaḷ'θaða] *f* (gepflasterte) Straße *f*

calzado [kaḷ'θaðo] *m* Schuhwerk *nt,* Schuhe *mpl*

calzador [kaḷθa'ðor] *m* Schuhlöffel *m*

calzar [kaḷ'θar] <z→c> **I.** *vt* (*poner zapatos*) anziehen; (*llevar puesto*) tragen; (*poner una cuña*) verkeilen **II.** *vr:* **~se** (*zapatos*) (sich *dat*) anziehen

calzón [kaḷ'θon] *m* (*Am*) Hose *f*

calzoncillo(s) [kaḷθoṇ'θiʎo(s)] *m(pl)* Herrenunterhose *f*

cama ['kama] *f* Bett *nt*

camaleón [kamale'on] *m* Chamäleon *nt*

cámara ['kamara] *f* **1.** (FOTO) Kamera *f;* **~ fotográfica** [*o* **de fotos**] Fotoapparat *m;* **~ de vídeo** Videokamera *f* **2.** (POL): **Cámara Alta** Oberhaus *nt;* **Cámara Baja** Abgeordnetenhaus *nt* **3.** **~ frigorífica** Kühlhaus *nt*

camaradería [kamaraðe'ria] *f* Kameradschaft *f*

camarero, -a [kama'rero, -a] *m, f* Kellner(in) *m(f),* Bedienung *f;* **¡~!** Herr Ober!

camarilla [kama'riʎa] *f* (*t.* POL: *pey*) Clique *f*

camarón [kama'ron] *m* Garnele *f*

camarote [kama'rote] *m* Kabine *f*

camastro [ka'mastro] *m* Pritsche *f*

cambiante [kam'bjaṇte] *adj* wechselhaft; (*pey*) launisch

cambiar [kam'bjar] **I.** *vi* **1.** (*transformarse*) sich (ver)ändern **2.** (*con 'de': alterar*) ändern; **~ de casa** umziehen; **~ de coche** sich *dat* ein neues Auto kaufen **II.** *vt* **1.** (*trocar*) auswechseln, austauschen; (*algo comprado*) umtauschen; **~ dinero** Geld wechseln **2.** (*variar*) (ver)ändern; **~ algo de lugar** etw umstellen **III.** *vr* **1.** (*transformarse*) sich verwandeln (*en* in *+akk*) **2.**(*de ropa*) sich umziehen; (*de casa*) umziehen

cambio ['kambjo] *m* **1.**(*alteración*) (Ver)änderung *f;* ~ **climático** Klimaveränderung *f;* ~ **de domicilio** Wohnungswechsel *m;* **en** ~ stattdessen **2.**(*sustitución*) Auswechs(e)lung *f,* Austausch *m;* ~ **de aceite** Ölwechsel *m* **3.**(*transformación, intercambio*) Wandel *m;* **Libre** ~ (COM) Freihandel *m;* **a** ~ **de algo** für etw **4.**(*en un comercio*) Umtausch *m* **5.**(FIN) (Wechsel)kurs *m;* **al** ~ **del día** zum Tageskurs **6.**(*suelto*) Kleingeld *nt;* **¿tiene** ~ **de 2000 pesetas?** können Sie 2000 Peseten wechseln? **7.**(TÉC) Schaltung *f;* ~ **de marchas** Gangschaltung *f*

Camboya [kam'boɟa] *f* Kambodscha *nt*

camelar [kame'lar] *vt* (*fam*) beschwatzen; (*seducir*) verführen

camelia [ka'melja] *f* Kamelie *f*

camello, -a [ka'meʎo, -a] *m, f* Kamel *nt;* (*argot*) Pusher(in) *m(f)*

Camerún [kame'run] *m* Kamerun *nt*

camilla [ka'miʎa] *f* Krankenbahre *f*

camillero, -a [kami'ʎero, -a] *m, f* Sanitäter(in) *m(f)*

caminar [kami'nar] *vi* (zu Fuß) gehen; (*Am: funcionar*) gehen

caminata [kami'nata] *f* (beschwerlicher) langer Fußmarsch *m*

camino [ka'mino] *m* **1.**(*senda*) Weg *m;* **a medio** ~ halbwegs; **abrirse** ~ sich *dat* Raum schaffen; **ponerse en** ~ sich auf den Weg machen **2.**(*distancia*) Strecke *f;* **está a dos horas de** ~ es sind zwei Wegstunden von hier

camión [ka'mjon] *m* Laster *m,* Lkw *m;* ~ **de la basura** Müllwagen *m*

camionero, -a [kamjo'nero, -a] *m, f* Lastwagenfahrer(in) *m(f),* Lkw-Fahrer(in) *m(f)*

camioneta [kamjo'neta] *f* **1.**(*furgoneta*) Kleinlaster *m;* ~ **de reparto** Lieferwagen *m* **2.**(*Am*) Bus *m*

camisa [ka'misa] *f* (Ober)hemd *nt;* ~ **de fuerza** Zwangsjacke *f*

camiseta [kami'seta] *f* (*exterior*) T-Shirt *nt;* (*interior*) Unterhemd *nt;* (DEP) Trikot *nt*

camisón [kami'son] *m* Nachthemd *nt*

camote [ka'mote] *m* (*Am*) Süßkartoffel *f;* (*molestia*) Nervtöter *m;* (*amante*) Geliebte(r) *mf*

campamento [kampa'meṇto] *m* Lager *nt;* ~ **de veraneo** Ferienlager *nt*

campana [kam'pana] *f* Glocke *f*

campanada [kampa'naða] *f* Glockenschlag *m;* **dar la** ~ (*fig*) den Vogel abschießen *fam*

campanario [kampa'narjo] *m* Glockenturm *m*

campanilla [kampa'niʎa] *f* **1.**(*campana pequeña*) Glöckchen *nt;* (*de la puerta*) Klingel *f* **2.**(ANAT) Zäpfchen *nt* **3.**(BOT) Glockenblume *f*

campante [kam'paṇte] *adj* (*fam*): **quedarse tan** ~ sich nicht erschüttern lassen

campaña [kam'paɲa] *f:* **tienda de** ~ Zelt *nt;* ~ **antitabaco** Antiraucherkampagne *f;* ~ **electoral** Wahlkampf *m*

campar [kam'par] *vi* lagern

campechano, -a [kampe'ʧano, -a] *adj* leutselig; (*cordial*) freundlich

campeón, -ona [kampe'on, -ona] *m, f* Sieger(in) *m(f);* (DEP) Meister(in) *m(f)*

campeonato [kampeo'nato] *m* Meisterschaft *f;* **de** ~ (*fam*) mordsmäßig

campesino, -a [kampe'sino, -a] *m, f* Bauer *m,* Bäuerin *f*

camping ['kampiŋ] *m* **1.**(*campamento*) Campingplatz *m* **2.**(*acampada*) Zelten *nt;* **hacer** ~ zelten

campo ['kampo] *m* **1.** Land *nt;* (*de cultivo*) Acker *m,* Feld *nt;* **gente del** ~ Landbevölkerung *f;* **ir al** ~ ins Grüne fahren **2.**(*terreno*) Feld *nt;* (DEP) (Sport)platz *m* **3.**(*t.* POL, MIL) Lager *nt,* Camp *nt*

camuflaje [kamu'flaxe] *m* Tarnung *f*

camuflar [kamu'flar] *vt* tarnen; (*fig*) verbergen

cana ['kana] *f* graues Haar *nt;* **echar una** ~ **al aire** (*fig*) sich *dat* eine Eskapade leisten

Canadá [kana'ða] *m:* (**el**) ~ Kanada *nt*

canadiense **I.** *adj* kanadisch **II.** *mf* Kanadier(in) *m(f)*

canal [ka'nal] *m o f* **1.**(*cauce artificial*) Kanal *m* **2.**(GEO: *paso natural*) Meerenge *f;* **el Canal de la Mancha** der Ärmelkanal **3.**(TV) Sender *m;* ~ **de televisión** Fernsehsender *m*

canalización [kanaliθa'θjon] *f* **1.**(*de un río*) Kanalisierung *f* **2.**(*alcantarillado*) Kanalisation *f*

canalizar [kanali'θar] <z→c> *vt* kanalisieren; (*encauzar*) gezielt lenken

canalla [ka'naʎa] *mf* (*pey*) Schurke, -in *m, f*

canalón [kana'lon] *m* Dachrinne *f*

Canarias [ka'narjas] *fpl:* **las Islas** ~ die Kanarischen Inseln
canario[1] [ka'narjo] *m* Kanarienvogel *m*
canario, -a[2] [ka'narjo, -a] *adj* kanarisch
canasta [ka'nasta] *f* (*t.* DEP) Korb *m*
cancelar [kaṇθe'lar] *vt* **1.** (*anular*) streichen; ~ **una cita** eine Verabredung absagen **2.** (*rescindir*) aufheben **3.** (FIN: *una cuenta*) löschen
cáncer ['kaṇθer] *m* Krebs *m*
cancerígeno, -a [kaṇθe'rixeno, -a] *adj* Krebs erzeugend
canceroso, -a [kaṇθe'roso, -a] *adj* krebs(art)ig; (MED) kanzerös; **tumor** ~ Krebsgeschwulst *f*
cancha ['kantʃa] *f* **1.** (*de deporte*) Sportplatz *m* **2.** (*Am: hipódromo*) Pferderennbahn *f* **3.** (*Am: espacio*) Platz *m*, Raum *m*
canciller [kaṇθi'ʎer] *mf* (Bundes)kanzler(in) *m(f)*; (*Am*) Außenminister(in) *m(f)*
canción [kaṇ'θjon] *f* Lied *nt*; ~ **popular** Volkslied *nt*
candado [kaṇ'daðo] *m* Vorhängeschloss *nt*
candelabro [kaṇde'laβro] *m* Kerzenleuchter *m*
candente [kaṇ'deṇte] *adj* **1.** (*al rojo*) glühend **2.** (*palpitante*) brennend
candidato, -a [kaṇdi'ðato, -a] *m, f* **1.** (*aspirante*) Bewerber(in) *m(f)* **2.** (POL) Kandidat(in) *m(f)*; ~ **al título** (DEP) Titelanwärter *m*
candidatura [kaṇdiða'tura] *f* **1.** (*presentación*) Bewerbung *f*; (POL) Kandidatur *f* **2.** (*lista*) Kandidatenliste *f* **3.** (*papeleta*) Stimmzettel *m*
cándido, -a ['kaṇdiðo, -a] *adj* blütenweiß; (*inocente*) unschuldig; (*ingenuo*) naiv
candil [kaṇ'dil] *m* Öllampe *f*; (*Am*) Kerzenleuchter *m*
canela [ka'nela] *f* Zimt *m*
canelón [kane'lon] *m* **1.** Dachrinne *f* **2.** *pl* (GASTR) Cannelloni *pl*
cangrejo [kaŋ'grexo] *m* Krebs *m*; ~ **de mar** Krabbe *f*; ~ **de río** Flusskrebs *m*
canguro[1] [kaŋ'guro] *m* Känguru *nt*
canguro[2] [kaŋ'guro] *mf* (*fam*) Babysitter(in) *m(f)*
caníbal [ka'niβal] *mf* Kannibale, -in *m, f*
canica [ka'nika] *f* Murmel *f*
canoa [ka'noa] *f* Kanu *nt*
canon ['kanon] *m* **1.** Kanon *m* **2.** *pl* Vorschriften *fpl*
canoso, -a [ka'noso, -a] *adj* grauhaarig
cansado, -a [kan'saðo, -a] *adj* **1.** *estar* (*fatigado*) müde **2.** *estar* (*harto*) überdrüssig (*de* +*gen*) **3.** *ser* (*fatigoso*) ermüdend **4.** (*Am*): **a las cansadas** sehr spät, nach langem Warten
cansancio [kan'saṇθjo] *m* Müdigkeit *f*
cansar [kan'sar] **I.** *vi* anstrengend sein; (*hastiar*) langweilig werden **II.** *vt* müde machen; (*hastiar*) langweilen **III.** *vr:* ~**se** müde werden; ~**se de algo** etw *gen* überdrüssig werden
Cantabria [kaṇ'taβrja] *f* Kantabrien *nt*
cantábrico, -a [kaṇ'taβriko, -a] *adj* kantabrisch; **el Mar Cantábrico** das Kantabrische Meer
cantante [kaṇ'taṇte] *mf* Sänger(in) *m(f)*
cantar [kaṇ'tar] *vi, vt* **1.** (*personas, pájaros, argot*) singen; **en menos que canta un gallo** (*fam*) im Nu **2.** (*fam*) stinken
cántaro ['kaṇtaro] *m* (Henkel)krug *m*; **está lloviendo a** ~**s** es gießt in Strömen
cantera [kaṇ'tera] *f* Steinbruch *m*
cantero [kaṇ'tero] *m* **1.** (*picapedrero*) Steinmetz *m* **2.** (*Am: sembradío*) Beet *nt*
cántico ['kaṇtiko] *m* (REL) Lobgesang *m*
cantidad [kaṇti'ðaᵈ] **I.** *f* **1.** Menge *f*; (*número*) Anzahl *f*; **¿qué** ~ **necesitas?** wie viel brauchst du? **2.** (*suma de dinero*) Betrag *m* **II.** *adv* (*fam*) sehr viel
cantimplora [kaṇtim'plora] *f* Feldflasche *f*
cantina [kaṇ'tina] *f* Kantine *f*
canto ['kaṇto] *m* **1.** (*cantar*) Singen *nt*; (*canción*) Gesang *m*; ~ **de los pájaros** Vogelgesang *m*; **estudia** ~ er/sie studiert Gesang **2. poner de** ~ hochkant stellen
cantón [kaṇ'ton] *m* **1.** (*esquina*) Ecke *f* **2.** (ADMIN, POL) Kanton *m* **3.** (MIL) Quartier *nt*
canuto [ka'nuto] *m* Röhre *f*; (*argot*) Joint *m*
caña ['kaɲa] *f* **1.** (AGR, BOT) Rohr *nt*; (*tallo de cereal*) Halm *m*; ~ **de azúcar** Zuckerrohr *nt* **2.** (*de pescar*) Angel(rute) *f* **3.** (*de cerveza*) Glas *nt* gezapftes Bier
cáñamo ['kaɲamo] *m* Hanf *m*
cañería [kaɲe'ria] *f* Rohrleitung *f*; ~ **del agua** Wasserleitung *f*
cañizal [kaɲi'θal] *m*, **cañizar** [kaɲi'θar] *m* Röhricht *nt*
caño ['kaɲo] *m* Röhre *f*; (*de la fuente*) Ausflussrohr *nt*
cañón [ka'ɲon] *m* **1.** (*tubo*) Rohr *nt*; ~ **de**

C

escopeta Gewehrlauf *m* **2.** (MIL) Kanone *f* **3.** (GEO): **el Cañón del Colorado** der Grand Canyon
caoba [ka'oβa] *f* Mahagoni(holz) *nt*
caos ['kaos] *m inv* Chaos *nt*
caótico, -a [ka'otiko, -a] *adj* chaotisch
capa ['kapa] *f* **1.** (*prenda*) Cape *nt;* **defender a ~ y espada** aufs Äußerste verteidigen **2.** (TAUR) Capa *f* **3.** ~ **aislante** Isolierschicht *f;* ~ **de nieve** Schneedecke *f;* ~ **de ozono** Ozonschicht *f*
capacho [ka'patʃo] *m* Tragekorb *m*
capacidad [kapaθi'ðaᵈ] *f* **1.** (*cabida*) Fassungsvermögen *nt* **2.** (FÍS: *potencia*) Leistung(sfähigkeit) *f* **3.** (*aptitud*) Fähigkeit *f* (*para* zu +*dat*); ~ **adquisitiva** Kaufkraft *f*
capacitado, -a [kapaθi'taðo, -a] *adj* befähigt (*para* zu +*dat*), qualifiziert (*para* für +*akk*)
capacitar [kapaθi'tar] **I.** *vt* **1.** (*formar*) schulen; (*preparar*) befähigen (*para* zu +*dat*) **2.** (*Am:* JUR: *habilitar*) bevollmächtigen **II.** *vr:* ~**se** den Befähigungsnachweis erbringen (*para* für +*akk*)
capar [ka'par] *vt* (*fam*) kastrieren
capataz [kapa'taθ] *m* Vorarbeiter *m*
capaz [ka'paθ] *adj* befähigt; (*en condiciones*) fähig; (*Am*) vielleicht
capellán [kape'ʎan] *m* **1.** (*con capellanía*) Kaplan *m* **2.** (*clérigo*) Geistliche(r) *m*
capicúa [kapi'kua] *m* symmetrische Zahl *f*
capilla [ka'piʎa] *f* Kapelle *f;* ~ **ardiente** Aufbahrung *f*
capital¹ [kapi'tal] **I.** *adj* wesentlich, Haupt-; **letra** ~ (*Am*) Großbuchstabe *m;* **pena** ~ Todesstrafe *f* **II.** *m* Kapital *nt*
capital² [kapi'tal] *f* Hauptstadt *f;* (*gran ciudad*) Großstadt *f*
capitalismo [kapita'lismo] *m* Kapitalismus *m*
capitalista [kapita'lista] *mf* Kapitalist(in) *m(f)*
capitán [kapi'tan] *m* **1.** (MIL) Hauptmann *m;* ~ **general** Oberbefehlshaber *m* **2.** (AERO, NÁUT) (Flug)kapitän *m* **3.** (DEP) Mannschaftskapitän *m* **4.** (*de una banda*) Anführer *m*
capitel [kapi'tel] *m* (ARQUIT) **1.** (*en una columna*) Kapitell *nt* **2.** (*chapitel*) Turmspitze *f*
capitulación [kapitula'θjon] *f* Kapitulation *f*
capitular [kapitu'lar] *vi* eine Vereinbarung treffen; (*rendirse*) kapitulieren
capítulo [ka'pitulo] *m* Kapitel *nt*
capot [ka'po] *m* Motorhaube *f*
capota [ka'pota] *f* (AUTO) Verdeck *nt*
capote [ka'pote] *m* **1.** (*abrigo sin mangas*) Cape *nt;* ~ **de monte** (*Am*) Poncho *m* **2.** (TAUR) große Capa *f*
capricho [ka'pritʃo] *m* Laune *f;* **darse un** ~ sich *dat* etwas gönnen
caprichoso, -a [kapri'tʃoso, -a] *adj* eigensinnig; (*pey*) launenhaft
Capricornio [kapri'kornjo] *m* Steinbock *m*
cápsula ['kaβsula] *f* (*t.* ANAT) Kapsel *f;* (BOT) Hülse *f*
captar [kap'tar] *vt* sammeln; (*capital*) aufbringen; (*percibir*) wahrnehmen; (*comprender*) begreifen
captura [kap'tura] *f* Ergreifung *f;* (*detención*) Festnahme *f*
capturar [kaptu'rar] *vt* (*apresar*) ergreifen; (*detener*) festnehmen; (*cazar, pescar*) fangen
capucha [ka'putʃa] *f* **1.** (*para la cabeza*) Kapuze **2.** (TIPO) Zirkumflex *m*
capullo [ka'puʎo] *m* **1.** (BOT) Knospe *f* **2.** (ZOOL) Kokon *m;* **salir del** ~ ausschlüpfen **3.** (*fam*) Vorhaut *f* **4.** (*vulg*) Arschloch *nt*
caqui ['kaki] *adj* kakifarben
cara ['kara] **I.** *f* **1.** (*rostro*) Gesicht *nt;* ~ **a** ~ von Angesicht zu Angesicht; (**no**) **dar la** ~ (nicht) zu etwas stehen; **echar en** ~ vorwerfen **2.** (*expresión*) Miene *f;* **una ~ de pocos amigos** (*fam*) ein unfreundliches Gesicht **3.** (*aspecto*) Aussehen *nt;* **tener buena/mala** ~ (*fam*) gut/schlecht aussehen **4.** (*lado*) Seite *f* **5.** (*fam*): **¡qué ~!** was für eine Frechheit!; **tener mucha** ~ unverschämt sein **II.** *prep* (*en dirección a*): (**de**) ~ **a** gegenüber; **de** ~ **al futuro** in Hinblick auf die Zukunft **III.** *conj:* **de** ~ **a** +*inf* um … zu +*inf*
caracol [kara'kol] *m* Schnecke *f*
caracola [kara'kola] *f* Meeresschnecke *f*
carácter [ka'rakter] <caracteres> *m* **1.** (*personalidad*) Charakter *m,* Wesen *nt* **2.** (*temperamento fuerte*) Charakterstärke *f* **3.** (*índole*) Art *f;* **con** ~ **de** als
característica [karakte'ristika] *f* Merkmal *nt;* (*cualidad*) Eigenschaft *f*
característico, -a [karakte'ristiko, -a] *adj* charakteristisch; **rasgo** ~ Merkmal *nt*
caracterizar [karakteri'θar] <z→c> **I.** *vt*

charakterisieren; (*describir*) schildern (*como* als +*akk*); (TEAT) darstellen **II.** *vr:* ~**se** sich auszeichnen (*por* durch +*akk*)

caradura [kara'ðura] *mf* (*fam*) unverschämter Mensch *m*

caramba [ka'ramba] *interj* (*fam*): **¡(qué) ~!** (*enfado*) verdammt noch mal!; (*extrañeza*) herrje!; (*admiración*) Donnerwetter!

carámbano [ka'rambano] *m* Eiszapfen *m*

carambola [karam'bola] *f* **1.** (*fam: trampa*) Schwindel *m* **2.** (*en el billar*) Karambole *f*; **de** [*o* **por**] ~ (*fam*) mit etwas Glück

caramelo [kara'melo] *m* Karamell(zucker) *m*; (*golosina*) Bonbon *m o nt*

caraqueño, -a [kara'keɲo, -a] *adj* aus Caracas

carátula [ka'ratula] *f* Titelblatt *nt*; (*de un disco*) Plattencover *nt*

caravana [kara'βana] *f* **1.** (*recua*) Karawane *f* **2.** (*embotellamiento*) Stau *m* **3.** (*remolque*) Wohnwagen *m*

carbón [kar'βon] *m* Kohle *f*

carbonato [karβo'nato] *m* (QUÍM) Karbonat *nt*

carbono [kar'βono] *m* Kohlenstoff *m*; **dióxido de** ~ Kohlendioxyd *nt*

carburador [karβura'ðor] *m* Vergaser *m*

carburante [karβu'ran̪te] *m* Kraftstoff *m*, Treibstoff *m*

carburo [kar'βuro] *m* (QUÍM) Karbid *nt*

carcajada [karka'xaða] *f* Gelächter *nt*; **reírse a ~s** lauthals lachen

carcasa [kar'kasa] *f* Gehäuse *nt*

cárcel ['karθel] *f* Gefängnis *nt*

carcelero, -a [karθe'lero, -a] *m, f* Gefängniswärter(in) *m(f)*

carcoma [kar'koma] *f* Holzwurm *m*; (*polvillo*) Holzmehl *nt*

carcomer [karko'mer] **I.** *vt* zerfressen **II.** *vr:* ~**se** zerfallen

cardar [kar'ðar] *vt* toupieren

cardenal [karðe'nal] *m* Kardinal *m*; (*hematoma*) blauer Fleck *m*

cardiaco, -a [kar'ðjako, -a] *adj*, **cardíaco, -a** [kar'ðiako, -a] *adj* Herz-; **ataque** ~ Herzanfall *m*; **paro** ~ Herzstillstand *m*

cardinal [karði'nal] *adj* Haupt-; **los cuatro puntos ~es** die vier Himmelsrichtungen; **número** ~ Kardinalzahl *f*

cardiólogo, -a [kar'ðjoloɣo, -a] *m, f* Herzspezialist(in) *m(f)*

cardiovascular [karðjoβasku'lar] *adj* (MED) kardiovaskulär

cardo ['karðo] *m* Distel *f*; (*verdura*) Kardone *f*; (*fam pey*) kratzbürstige Person *f*

carear [kare'ar] **I.** *vt* **1.** (JUR) gegenüberstellen **2.** (*cotejar*) gegeneinander halten **II.** *vr:* ~**se** sich auseinander setzen; (JUR) konfrontiert werden

carecer [kare'θer] *irr como crecer vi* nicht haben (*de* +*akk*); **carece de importancia** es ist belanglos

carencia [ka'ren̪θja] *f* **1.** (*falta*) Fehlen *nt* (*de* von +*dat*) **2.** (*t.* ECON, MED: *escasez*) Mangel *m* (*de* an +*dat*)

carente [ka'ren̪te] *adj* frei (*de* von +*dat*), ohne (*de* +*akk*); ~ **de interés** uninteressant

careo [ka'reo] *m* (*t.* JUR) Konfrontation *f*

careta [ka'reta] *f* Maske *f*

carga ['karɣa] *f* **1.** (*llenado*) Beladung *f* **2.** (*cargamento*) (Trag)last *f*; (*flete*) Fracht *f*; **animal de** ~ Lasttier *nt*; **buque de** ~ Frachter *m* **3.** (*obligación*) Verpflichtung *f*; **ser una ~ para alguien** jdm zur Last fallen

cargado, -a [kar'ɣaðo, -a] *adj* **1.** (*con cargamento*) beladen; (*lleno*) voll (*con/de* mit +*dat*); ~ **de problemas** problembeladen **2.** (FÍS, TÉC) geladen; **la batería está cargada** die Batterie ist geladen **3.** (*pesado*) drückend; **aire** ~ schlechte Luft; **un ambiente** ~ (*fig*) eine geladene Stimmung **4.** (*fuerte*) kräftig; **un café muy** ~ ein sehr starker Kaffee

cargamento [karɣa'men̪to] *m* Ladung *f*, Fracht *f*

cargar [kar'ɣar] <g→gu> **I.** *vi* **1.** (*llevar*) tragen (*con* +*akk*) **2.** ~ **en cuenta** das Konto belasten **II.** *vt* **1.** (*para el transporte*) (be)laden; (*arma*) laden **2.** (*achacar*) belasten **3.** (*fam*) reizen; **este tipo me carga** dieser Typ geht mir auf die Nerven **4.** (*argot*): **a Paco le han cargado las mates** Paco ist in Mathe durchgefallen **5.** (*Am*): **¿cargas dinero?** hast du Geld dabei? **III.** *vr:* ~**se** **1.** (*llenarse*) sich füllen (*con/de* mit +*dat*) **2.** (*fam: romper*) kaputtmachen; **¡te la vas a ~!** (*fig*) das wird dir noch Leid tun! **3.** (*fam: matar*) umbringen

cargo ['karɣo] *m* **1.** (FIN) Soll *nt*; ~ **a cuenta** Lastschrift *f* **2.** (*reproche*) Vorwurf *m*; ~ **de conciencia** Gewissensbisse *mpl* **3.** (*puesto*) Amt *nt*, Posten *m*

caribe [ka'riβe] *m* Karibe *m*; (*Am*) grausamer Mensch *m*

Caribe [ka'riβe] *m:* **el** (**Mar**) ~ die Karibik

caribeño, **-a** [kari'βeɲo, -a] *adj* karibisch

caricatura [karika'tura] *f* (*dibujo*) Karikatur *f*

caricaturista [karikatu'rista] *mf* Karikaturist(in) *m(f)*

caricia [ka'riθja] *f* Liebkosung *f*

caridad [kari'ða^{ð}] *f* Nächstenliebe *f;* (*limosna*) Almosen *nt*

caries ['karjes] *f inv* Karies *f*

carillón [kari'ʎon] *m* Glockenspiel *nt*

Carintia [ka'rin̪tja] *f* Kärnten *nt*

cariño [ka'riɲo] *m* **1.** Zuneigung *f;* (*amor*) Liebe *f;* **sentir ~ por alguien** jdn lieb haben **2.** (*persona querida*): **¡~** (**mío**)! (mein) Liebling! **3.** (*mimo*) Liebkosung *f;* **hacer ~s** (*fam*) liebkosen

cariñoso, **-a** [kari'ɲoso, -a] *adj* liebevoll (*con* zu +*dat*), zärtlich (*con* zu +*dat*)

carioca [ka'rjoka] *adj* aus Rio de Janeiro; (*brasileño*) brasilianisch

carisma [ka'risma] *m* Charisma *nt*

caritativo, **-a** [karita'tiβo, -a] *adj* wohltätig

cariz [ka'riθ] *m* Eindruck *m;* (*situación*) Lage *f*

carmesí [karme'si] *adj* karm(es)inrot

carmín [kar'min] *m:* (**barra de**) ~ Lippenstift *m*

carnal [kar'nal] *adj* **1.** (REL) fleischlich; **trato ~** Beischlaf *m* **2.** (*consanguíneo*) leiblich; **somos primos ~es** wir sind Cousins ersten Grades

carnaval [karna'βal] *m* Karneval *m,* Fasching *m*

carne ['karne] *f* **1.** (*del cuerpo*) Fleisch *nt;* **~ de gallina** Gänsehaut *f* **2.** (*alimento, plato*) Fleisch(gericht) *nt;* **~ asada** Braten *m;* **~ picada** Hackfleisch *nt*

carné [kar'ne] *m* <carnés> Ausweis *m;* **~ de conducir**, **~ de manejo** (*Am*) Führerschein *m*

carnero [kar'nero] *m* Widder *m*

carnet [kar'ne] *m* <carnets> *v.* **carné**

carnicería [karniθe'ria] *f* Metzgerei *f;* (*masacre*) Blutbad *nt,* Gemetzel *nt*

carnicero, **-a** [karni'θero, -a] *m, f* Fleischer(in) *m(f),* Metzger(in) *m(f)*

carnívoro, **-a** [kar'niβoro, -a] *adj* Fleisch fressend; **animal ~** Fleischfresser *m*

caro^{1} ['karo] *adv* teuer

caro, **-a**^{2} ['karo, -a] *adj* teuer

carpa ['karpa] *f* **1.** (ZOOL) Karpfen *m* **2.** (*entoldado gigante*) Zelt *nt;* **~ del circo** Zirkuszelt *nt* **3.** (*Am: tienda de campaña*) Zelt *nt* **4.** (*Am: puesto de mercado*) Marktstand *m*

carpeta [kar'peta] *f* (Schreib)mappe *f*

carpintería [karpin̪te'ria] *f* Tischlerei *f,* Schreinerei *f*

carpintero, **-a** [karpin̪'tero, -a] *m, f* Tischler(in) *m(f),* Schreiner(in) *m(f);* **pájaro ~** Specht *m*

carpir [kar'pir] *vt* (*Am*) jäten

carraspear [karraspe'ar] *vi* hüsteln, sich räuspern

carrera [ka'rrera] *f* **1.** (*movimiento*) Laufen *nt* **2.** (DEP) (Wett)rennen *nt;* **~ de relevos** Staffellauf *m;* **coche de ~s** Rennwagen *m* **3.** (*profesión*) Karriere *f,* Laufbahn *f;* **~ profesional** beruflicher Werdegang **4.** (*estudios superiores*) Studium *nt;* **persona de ~** Akademiker(in) *m(f);* **hacer una ~** studieren **5.** (*calle*) Straße *f;* (*Am*) Allee *f;* **hacer la ~** (*fam*) auf den Strich gehen **6.** (*en un tejido*) Laufmasche *f*

carreta [ka'rreta] *f* Karre *f,* Karren *m*

carrete [ka'rrete] *m* Rolle *f,* Spule *f;* **~ de película** Filmrolle *f*

carretera [karre'tera] *f* (Land)straße *f,* (Schnell)straße *f;* **~ de circunvalación** Ringstraße *f*

carretilla [karre'tiʎa] *f* Schubkarre *f*

carril [ka'rril] *m* **1.** (*en la carretera*) Spur *f;* **~ de adelantamiento** Überholspur *f* **2.** (*t.* TÉC) (Führungs)schiene *f*

carrillo [ka'rriʎo] *m* (*fam*) Backe *f*

carro ['karro] *m* **1.** (*vehículo*) Fuhrwerk *nt;* (*carreta*) Karren *m;* **~ acorazado** [*o* **blindado**] Panzer *m;* **¡para el ~!** (*fam*) mach mal halblang! **2.** (*Am*) Wagen *m*

carrocería [karroθe'ria] *f* Karosserie *f*

carroña [ka'rroɲa] *f* Aas *nt*

carroza [ka'rroθa] *f* Karosse *f,* Staatskutsche *f*

carruaje [ka'rrwaxe] *m* Fuhrwerk *nt;* (*de caballos*) Kutsche *f*

carrusel [karru'sel] *m* **1.** (*tiovivo*) Karussell *nt* **2.** (*ecuestre*) Kavalkade *f*

carta ['karta] *f* **1.** Brief *m;* (*escrito*) Schreiben *nt;* **~ certificada** Einschreibebrief *m* **2.** (*t.* JUR) Urkunde *f;* **Carta Magna** Grundgesetz *nt* **3.** (*naipes*) Spielkarte *f;* **echar las ~s a alguien** jdm wahrsagen **4.** (GEO) Karte *f;* **~ astral** Horoskop *nt* **5.** (*menú*) Speisekarte *f*

cartearse [karte'arse] *vr* sich *dat* schreiben

cartel [kar'tel] *m* Plakat *nt;* (*aviso*) Anschlag *m;* (*rótulo*) Schild *nt*

cártel ['kartel] *m* Kartell *nt*

cartelera [karte'lera] *f:* **estar en ~** aufgeführt werden

cartera [kar'tera] *f* (*de bolsillo*) Brieftasche *f;* (*de mano*) (Damen)handtasche *f;* (*portafolios*) Aktentasche *f;* (*escolar*) Schultasche *f*

carterista [karte'rista] *mf* Taschendieb(in) *m(f)*

cartero, -a [kar'tero, -a] *m, f* Briefträger(in) *m(f),* Postbote, -in *m, f*

cartílago [kar'tilaɣo] *m* Knorpel *m*

cartilla [kar'tiʎa] *f* **1. ~ de ahorros** Sparbuch *nt* **2.** (*Am*) Ausweis *m*

cartón [kar'ton] *m* **1.** (*material*) Pappe *f;* **caja de ~** Karton *m* **2.** (*envase*) Packung *f;* **~ de leche** Milchtüte *f;* **un ~ de tabaco** eine Stange Zigaretten

cartucho [kar'tutʃo] *m* Patrone *f*

cartulina [kartu'lina] *f* (feine) Pappe *f*

casa ['kasa] *f* **1.** (*edificio*) Haus *nt;* **~ adosada** Reihenhaus *nt;* **~ de campo** Landhaus *nt* **2.** (*vivienda*) Wohnung *f* **3.** (*hogar*) Zuhause *nt;* **a ~** nach Haus(e); **en ~** zu Haus(e); **no parar en ~** immer unterwegs sein **4.** (ECON) Firma *f;* **~ discográfica** Schallplattenfirma *f* **5. ~ real** Dynastie *f*

casar [ka'sar] **I.** *vi* zusammenpassen **II.** *vt* **1.** (*unir en matrimonio*) verheiraten; **estar** [*o* **ser**] **casado** verheiratet sein; **los recién casados** das frisch vermählte Paar **2.** (*combinar*) kombinieren; (*piezas*) zusammenfügen **III.** *vr:* **~se** heiraten (*con +akk*); **~se por la Iglesia** kirchlich heiraten; **~se por lo civil** standesamtlich heiraten

cascabel [kaska'βel] *m* Schelle *f;* **serpiente de ~** Klapperschlange *f*

cascada [kas'kaða] *f* Wasserfall *m;* (*artificial*) Kaskade *f*

cascado, -a [kas'kaðo, -a] *adj* zerbrochen; (*fam*) kaputt

cascanueces [kaska'nweθes] *m inv* Nussknacker *m*

cascar [kas'kar] <c→qu> **I.** *vi* **1.** (*charlar*) schwatzen **2.** (*vulg*) verrecken *fam* **II.** *vt* **1.** (*romper*) zerschlagen; **~ un huevo** ein Ei aufschlagen; **~ una nuez** eine Nuss knacken **2.** (*fam*) (ver)hauen

cáscara ['kaskara] *f* Schale *f;* **~ de limón** Zitronenschale *f;* **¡~s!** (*fig fam*) Manometer!

cascarrabias [kaska'rraβjas] *mf inv* (*fam*) Meckerfritze *m,* Meckertante *f*

casco ['kasko] *m* **1.** (*para la cabeza*) Helm *m;* **los ~s azules** die Blauhelme **2.** (*fam*): **ligero de ~s** leichtsinnig **3.** (*de un avión/barco*) Rumpf *m* **4.** (*botella*) Leergut *nt* **5.** (*centro ciudad*) Stadtmitte *f;* **~ antiguo** Altstadt *f* **6.** *pl* (*auriculares*) Kopfhörer *m*

cascote [kas'kote] *m* Schuttbrocken *m;* **~s** Schutt *m*

caserío [kase'rio] *m* Aussiedlerhof *m*

casero, -a [ka'sero, -a] **I.** *adj* **1.** (*hecho en casa*) hausgemacht; **cocina casera** Hausmannsküche *f;* **remedio ~** Hausmittel *nt* **2.** (*hogareño*) häuslich **II.** *m, f* Hausbesitzer(in) *m(f);* (*administrador*) (Haus)verwalter(in) *m(f)*

caseta [ka'seta] *f* (*de feria*) Jahrmarktsbude *f;* (*de muestras*) Messestand *m;* **~ del perro** Hundehütte *f*

casete[1] [ka'sete] *m o f* Kassette *f;* **~ de vídeo** Videokassette *f*

casete[2] [ka'sete] *m* Kassettenrecorder *m*

casi ['kasi] *adv* fast, beinahe; **~ ~** so gut wie

casilla [ka'siʎa] *f* (*en la cuadrícula*) Kästchen *nt;* **sacar a alguien de sus ~s** (*fig*) jdn aus dem Häuschen bringen

casillero [kasi'ʎero] *m* Fächerregal *nt*

casino [ka'sino] *m* (Spiel)kasino *nt;* (*club*) Klub *m*

caso ['kaso] *m* **1.** (*hecho*) (Vor)fall *m;* (*circunstancia*) Umstand *m;* (JUR) Rechtsfall *m;* **~ aislado** Einzelfall *m;* **¡eres un ~!** (*fam*) du bist mir einer/eine!; **yo, en tu ~...** ich an deiner Stelle ...; **en ~ de...** *+inf* falls ...; **en ningún ~** auf keinen Fall; **en tal ~** in diesem Fall; **en todo ~** allenfalls **2.** (*loc*): **hacer ~ a alguien** jdn beachten; (*obedecer*) auf jdn hören; (*creer*) jdm glauben **3.** (LING) Kasus *m,* Fall *m*

caspa ['kaspa] *f* (Kopf)schuppen *fpl*

casquete [kas'kete] *m* **1.** (*casco*) Helm *m* **2.** (*gorrilla*) Kappe *f;* **~ polar** Polarzone *f*

cassette[1] [ka'sete] *m o f v.* **casete**[1]

cassette[2] [ka'sete] *m v.* **casete**[2]

casta ['kasta] *f* Rasse *f;* (*linaje*) Geschlecht *nt;* (*clase social*) Kaste *f*

castaña [kas'taɲa] *f* **1.** (*fruto*) Kastanie *f;* **~s asadas** heiße Maronen **2.** (*fam*): **darse una ~ contra algo** gegen etw knallen **3.** (*fam*) Rausch *m* **4.** (*fam*): **a toda ~** volle Pulle

castañetear [kastaɲete'ar] *vi* (mit den Fingern) schnalzen; (*tocar las castañuelas*) mit den Kastagnetten klappern
castaño[1] [kas'taɲo] *m* Kastanienbaum *m*
castaño, -a[2] [kas'taɲo, -a] *adj* brünett
castañuela [kasta'ɲwela] *f* Kastagnette *f*
castellano[1] [kaste'ʎano] *m* Spanisch(e) *nt;* (*variedad*) kastilische Mundart *f*
castellano, -a[2] [kaste'ʎano, -a] *adj* kastilisch; **la lengua castellana** die spanische Sprache
castellanohablante [kasteʎanoa'βlan̩te] *adj* Spanisch sprechend, spanischsprachig
castidad [kasti'ða^{ð}] *f* Keuschheit *f*
castigar [kasti'ɣar] <g→gu> *vt* (be)strafen (*por* für *+akk*); (*físicamente*) züchtigen
castigo [kas'tiɣo] *m* Bestrafung *f,* Strafe *f*
Castilla [kas'tiʎa] *f* Kastilien *nt*
Castilla-La Mancha [kas'tiʎa la 'manʧa] *f* Südkastilien *nt*
Castilla-León [kas'tiʎa le'on] *f* Nordkastilien *nt*
castillo [kas'tiʎo] *m* Burg *f;* (*palacio*) Schloss *nt*
castizo, -a [kas'tiθo, -a] *adj* volkstümlich; (*auténtico*) authentisch
casto, -a ['kasto, -a] *adj* keusch
castor [kas'tor] *m* Biber *m*
castrar [kas'trar] *vt* kastrieren; (*hombre*) entmannen
casual [ka'swal] *adj* zufällig; **por un ~** (*fam*) zufällig(erweise)
casualidad [kaswali'ða^{ð}] *f* Zufall *m;* **de** [*o* **por**] **~** zufällig(erweise); **¡qué ~!** so ein Zufall!; **da la ~ que conozco a tu mujer** zufällig kenne ich deine Frau
casualmente [kaswal'men̩te] *adv* durch Zufall
cata ['kata] *f:* **~ de vinos** Weinprobe *f*
catalán[1] [kata'lan] *m* Katalanisch(e) *nt*
catalán, -ana[2] [kata'lan, -ana] *adj* katalanisch
catalejo [kata'lexo] *m* Fernrohr *nt*
catalizador [kataliθa'ðor] *m* Katalysator *m*
catalogar [katalo'ɣar] <g→gu> *vt* katalogisieren; (*clasificar*) einordnen
catálogo [ka'taloɣo] *m* Katalog *m;* **~ de materias** Schlagwortverzeichnis *nt;* **casa de ventas por ~** Versandhaus *nt;* **en ~** lieferbar
Cataluña [kata'luɲa] *f* Katalonien *nt*
catamarán [katama'ran] *m* (DEP) Katamaran *m*
cataplasma [kata'plasma] *f* **1.** (MED) Kataplasma *nt,* Wickel *m* **2.** (*fam: pesado*) Nervensäge *f*
catapultar [katapul̩'tar] *vt* katapultieren
catar [ka'tar] *vt* **1.** (*probar*) probieren **2.** (*experimentar*) erleben
catarata [kata'rata] *f* **1.** (*salto de agua*) Wasserfall *m;* **las ~s del Niágara** die Niagarafälle **2.** (MED) grauer Star *m*
catarro [ka'tarro] *m* Erkältung *f;* **~ de nariz** Schnupfen *m*
catastro [ka'tastro] *m* Kataster *m o nt;* **oficina del ~** Katasteramt *nt*
catástrofe [ka'tastrofe] *f* Katastrophe *f;* (*accidente*) Unglück *nt*
catastrófico, -a [katas'trofiko, -a] *adj:* **zona catastrófica** Katastrophengebiet *nt*
catchup ['keʧup] *m* <catchups> Ketschup *m o nt*
cate ['kate] *m* (*fam*) **1.** (*bofetada*) Backpfeife *f* **2.** (*suspenso*): **me han dado dos ~s** sie haben mich zweimal durchfallen lassen
catear [kate'ar] *vt* (*fam*) durchfallen lassen
catecismo [kate'θismo] *m* Katechismus *m*
cátedra ['kateðra] *f* (*púlpito*) Katheder *m o nt;* (*docencia*) Lehrstuhl *m*
catedral [kate'ðral] *f* Kathedrale *f*
catedrático, -a [kate'ðratiko, -a] *m, f* Professor(in) *m(f);* **~ de instituto** Studienrat *m*
categoría [kateɣo'ria] *f* **1.** (*clase, t.* FILOS) Kategorie *f,* Gruppe *f* **2.** (*calidad*) Qualität *f;* **de primera ~** erstklassig **3.** (*rango*) (Dienst)rang *m;* **dar ~** Prestige geben
catequesis [kate'kesis] *f inv* Katechese *f;* (*clase*) Religionsunterricht *m*
catéter [ka'teter] *m* Katheter *m*
cateto [ka'teto] *m* (MAT) Kathete *f*
catolicismo [katoli'θismo] *m* Katholizismus *m*
católico, -a [ka'toliko, -a] *m, f* Katholik(in) *m(f)*
catorce [ka'torθe] *adj inv* vierzehn; *v. t.* **ocho**
catre ['katre] *m* (*t. pey*) Pritsche *f;* (*fam*) Falle *f*
Cáucaso ['kau̯kaso] *m:* **el ~** der Kaukasus
cauce ['kau̯θe] *m* **1.** (GEO) Flussbett *nt* **2.** **~ jurídico** [*o* **legal**] Rechtsweg *m;* **~ reglamentario** Dienstweg *m*

caucho ['kau̯tʃo] *m* (BOT) Kautschuk *m*

caudal [kau̯'ðal] *m* **1.** (*de agua*) Wassermenge *f* **2.** (*dinero*) Vermögen *nt;* **caja de ~es** Tresor *m* **3.** (*abundancia*) Fülle *f;* **un ~ de conocimientos** ein umfangreiches Wissen

caudillo [kau̯'ðiʎo] *m:* **el Caudillo** *Beiname Francos während seiner Diktatur*

causa ['kau̯sa] *f* **1.** (*origen*) Ursache *f;* (*motivo*) Grund *m;* **~ del despido** Entlassungsgrund *m* **2.** (*t.* POL) Ideal *nt;* **morir por la ~** für seine Überzeugung sterben **3.** (JUR) Rechtssache *f* **4.** (*loc*): **a** [*o* **por**] **~ de** wegen *+gen/dat*

causante [kau̯'san̪te] *mf* Urheber(in) *m(f);* (*culpable*) Verursacher(in) *m(f)*

causar [kau̯'sar] *vt* verursachen; **~ efecto** wirken; **~ problemas** Probleme bereiten; **~ risa** zum Lachen bringen

cautela [kau̯'tela] *f* Vorsicht *f;* (*cuidado*) Behutsamkeit *f;* (*reserva*) Vorbehalt *m*

cauteloso, -a [kau̯te'loso, -a] *adj* **1.** (*prudente*) vorsichtig; (*cuidadoso*) behutsam; (*desconfiado*) misstrauisch **2.** (*malicioso*) arglistig

cautivador(a) [kau̯tiβa'ðor(a)] *adj* **1.** (*fascinante*) fesselnd **2.** (*seductor*) verführerisch

cautivar [kau̯ti'βar] *vt* gefangen nehmen; (*fascinar*) bannen; (*seducir*) verführen

cautiverio [kau̯ti'βerjo] *m,* **cautividad** [kau̯tiβi'ða^{d}] *f* Gefangenschaft *f*

cautivo, -a [kau̯'tiβo, -a] **I.** *adj* gefangen **II.** *m, f* Gefangene(r) *mf*

cauto, -a ['kau̯to, -a] *adj* vorsichtig; (*cuidadoso*) behutsam

cava ['kaβa] *m* (spanischer) Sekt *m*

Cava wird der spanische Sekt genannt. Dieser qualitativ hervorragende Schaumwein wird in Sektkellereien im Nordosten Spaniens hergestellt.

cavar [ka'βar] *vi, vt* graben

caverna [ka'βerna] *f* Höhle *f;* (*gruta*) Grotte *f*

caviar [ka'βjar] *m* Kaviar *m*

cavilar [kaβi'lar] *vt* (nach)grübeln (über *+akk*)

cayado [ka'ɟaðo] *m* (Hirten)stab *m*

caza ['kaθa] *f* **1.** (*montería*) Jagd *f;* **ir de** [*o* **a la**] **~** auf die Jagd gehen **2.** (*animales*) Wild *nt;* **~ mayor** Hochwild *nt*

cazador(a) [kaθa'ðor(a)] *m(f)* Jäger(in) *m(f);* **~ furtivo** Wilderer *m*

cazadora [kaθa'ðora] *f* (Wind)jacke *f;* **~ de piel** Lederjacke *f*

cazar [ka'θar] <z→c> *vt* **1.** (*atrapar*) jagen; (*con una trampa*) fangen; (*matar*) erlegen **2.** (*conseguir*) einen guten Fang machen (mit *+dat*) **3.** (*capturar*) fassen

cazo ['kaθo] *m* Topf *m* (mit Stiel); (*cucharón*) Schöpflöffel *m*

cazuela [ka'θwela] *f* Kasserolle *f*

cazurro, -a [ka'θurro, -a] *m, f* Griesgram *m;* (*astuto*) verschlossener Mensch *m*

c.c. ['kwen̪ta korrjen̪te], **C.C.** ['kwen̪ta korrjen̪te], **c/c** ['kwen̪ta korrjen̪te] *f* (COM) *abr de* **cuenta corriente** Kontokorrent *nt*

CC.AA. *abr de* **Comunidades Autónomas** Autonome Regionen

cebada [θe'βaða] *f* Gerste *f*

cebar [θe'βar] **I.** *vt* **1.** (*engordar*) mästen **2.** (*el anzuelo, una trampa*) mit einem Köder versehen **3.** (*máquina*) starten **4.** (*esperanza*) nähren; (*cólera*) schüren **II.** *vr:* **~se: se cebó en él** er/sie ließ seine/ihre ganze Wut an ihm aus

cebo ['θeβo] *m* **1.** (*alimento*) Mastfutter *nt* **2.** (*de un anzuelo*) Köder *m* **3.** (*algo atractivo*) Lockmittel *nt;* (*fig*) Lockvogel *m*

cebolla [θe'βoʎa] *f* (Gemüse)zwiebel *f*

cebolleta [θeβo'ʎeta] *f* **1.** (BOT: *cebolla tierna*) Frühlingszwiebel *f;* (*cebollino*) Lauchzwiebel *f* **2.** (BOT: *tallo fino, muy aromático*) Schnittlauch *m* **3.** (*vulg: pene*) Schwanz *m fam*

cebra ['θebra] *f* Zebra *nt;* **paso de ~** Zebrastreifen *m*

cebú [θe'βu] *m* (ZOOL) Zebu *m o nt*

ceceo [θe'θeo] *m* (*defecto*) Lispeln *nt*

In bestimmten Regionen, z. B. in bestimmten Gegenden Andalusiens, wird das spanische ‚s' als ‚c' ausgesprochen: ‚cocer' statt ‚coser'. Dieses sprachliche Phänomen wird **ceceo** genannt.

cedazo [θe'ðaθo] *m* Sieb *nt*

ceder [θe'ðer] **I.** *vi* **1.** (*disminuir*) abnehmen; **cedió la lluvia** der Regen ließ nach **2.** (*capitular*) nachgeben (*a/ante/en +dat*) **3.** (*cuerda, rama*) nachgeben; (*edificio, puente*) einstürzen **II.** *vt* abgeben (*a* an

+*akk*); (*transferir*) überlassen

cédula ['θeðula] *f* Urkunde *f*, Dokument *nt*

cegar [θe'ɣar] *irr como fregar* **I.** *vi* erblinden **II.** *vt* blenden; **le ciega la ira** er/sie ist blind vor Wut **III.** *vr:* **~se** blind sein (*de/por* vor +*dat*), geblendet sein (*de/por* von +*dat*)

ceguera [θe'ɣera] *f* Blindheit *f;* (*de la razón*) Verblendung *f*

Ceilán [θei̯'lan] *m* Ceylon *nt*

ceja ['θexa] *f* (Augen)braue *f;* **fruncir las ~s** die Augenbrauen zusammenziehen

cejar [θe'xar] *vi* **1.** (*en discusiones*) nachgeben **2.** (*cesar*) aufgeben (*en* +*akk*); **sin ~** unaufhörlich

celador(a) [θela'ðor(a)] *m(f)* Aufseher(in) *m(f);* (*de cárcel*) Gefängniswärter(in) *m(f)*

celar [θe'lar] *vt* **1.** (*encubrir*) verbergen **2.** (*vigilar*) überwachen

celda ['θel̩da] *f* Zelle *f;* (*en prisión*) Gefängniszelle *f;* **~ de castigo** Einzelhaftzelle *f*

celebración [θeleβra'θjon] *f* **1.** (*acto*) Feiern *nt;* **la ~ de una misa** die Abhaltung eines Gottesdienstes **2.** (*festividad*) Feier *f*

celebrar [θele'βrar] *vt* **1.** (*mérito, acontecimiento*) feiern **2.** (*reuniones, audiencia*) abhalten **3.** (*alegrarse*) sich freuen (über +*akk*)

célebre ['θeleβre] <celebérrimo> *adj* berühmt (*por* für +*akk*)

celebridad [θeleβri'ða^{ð}] *f* **1.** (*alguien ilustre*) Berühmtheit *f* **2.** (*renombre*) Ruhm *m* **3.** (*festejo*) Feierlichkeit *f*

celeste [θe'leste] *adj* **1. cuerpos ~s** Himmelskörper *mpl* **2.** (*color*) himmelblau

celestial [θeles'tjal] *adj* himmlisch

celibato [θeli'βato] *m* Zölibat *m o nt*

celo ['θelo] *m* **1.** (*afán*) Eifer *m* **2.** *pl* (*por amor*) Eifersucht *f;* **tener ~s** eifersüchtig sein **3.** *pl* (*sospecha*) Misstrauen *nt* **4.** *pl* (*envidia*) Neid *m* **5.** (*animales*) Brunstzeit *f;* **estar en ~** (*caza*) brünstig sein **6.** (*autoadhesivo*) Tesafilm® *m*

celoso, -a [θe'loso, -a] *adj* eifersüchtig (*de* auf +*akk*); (*con envidia*) neidisch (*de* auf +*akk*)

celta ['θel̩ta] *adj* keltisch

célula ['θelula] *f* Zelle *f*

celulitis [θelu'litis] *f inv* Zellulitis *f*

cementerio [θemen̩'terjo] *m* Friedhof *m;* **~ de coches** Autofriedhof *m;* **~ nuclear** Endlager für atomare Abfälle

cemento [θe'men̩to] *m* Zement *m;* **~ armado** Stahlbeton *m*

cena ['θena] *f* Abendessen *nt*

cenador [θena'ðor] *m* Gartenlaube *f*

cenagal [θena'ɣal] *m* Morast *m*

cenar [θe'nar] *vi, vt* zu Abend essen

cenicero [θeni'θero] *m* Aschenbecher *m*

cenicienta [θeni'θjen̩ta] *f,* **Cenicienta** [θeni'θjen̩ta] *f* Aschenbrödel *nt,* Aschenputtel *nt*

ceniciento, -a [θeni'θjen̩to, -a] *adj* aschfarben

cenit [θe'nit] *m* Zenit *m;* (*apogeo*) Höhepunkt *m*

ceniza [θe'niθa] *f* Asche *f*

cenizo [θe'niθo] *m* Unglücksbringer *m*

censar [θen'sar] *vi* eine Volkszählung durchführen

censo ['θenso] *m* Volkszählung *f;* **~ electoral** Wählerliste *f*

censura [θen'sura] *f* **1.** (*crítica*) Zensur *f;* **someter a la ~** zensieren **2.** (POL): **moción de ~** Misstrauensantrag *m* **3.** (*vituperación*) Kritik *f*

censurar [θensu'rar] *vt* zensieren; (*vituperar*) kritisieren

centavo [θen̩'taβo, -a] *m* ≈Pfennig *m;* (*Am: moneda*) Centavo *m*

centella [θen̩'teʎa] *f* **1.** (*rayo*) Blitz *m* **2.** (*chispa*) Funke *m* **3.** (*destello*) Funkeln *nt*

centell(e)ar [θen̩teʎe'ar/θen̩te'ʎar] *vi* Funken sprühen; (*estrella*) funkeln

centena [θen̩'tena] *f* Hundert *nt*

centenar [θen̩te'nar] *m* Hundert *nt*

centenario [θen̩te'narjo, -a] *m* hundertster Jahrestag *m;* (*festividad*) Jahrhundertfeier *f*

centeno [θen̩'teno] *m* Roggen *m*

centésimo [θen̩'tesimo, -a] *m* (*Am: moneda*) Centésimo *m*

centígrado [θen̩'tiɣraðo] *m:* **grado ~** Celsiusgrad *nt*

centímetro [θen̩'timetro] *m* Zentimeter *m o nt*

céntimo ['θen̩timo, -a] *m* hundertstel Peseta *f;* (*AmC*) Céntimo *m;* **estar sin un ~** nicht einen Pfennig haben

centinela [θen̩ti'nela] *mf* Wächter(in) *m(f);* (MIL) Wach(t)posten *m*

centollo, -a [θen̩'toʎo, -a] *m, f* Meerspinne *f*

centrado, -a [θen̩'traðo, -a] *adj* zentriert; (*forma de ser*) ausgeglichen

central [θen̩'tral] **I.** *adj* **1.** (*en el centro*)

Zentral-, Mittel-; **Europa Central** Mitteleuropa *nt* **2.** (*esencial*) zentral, wesentlich **3.** (*principal*) Zentral-, Haupt-; **comité** ~ Zentralkomitee *nt;* **estación** ~ Hauptbahnhof *m* **II.** *f* **1.** (*oficina*) Zentrale *f,* Hauptstelle *f;* ~ **de Correos** Hauptpost *f* **2.** (TÉC) Werk *nt,* Anlage *f;* ~ **hidroeléctrica** Wasserkraftwerk *nt;* ~ **nuclear** Kernkraftwerk *nt*

centralismo [θen̩tra'lismo] *m* Zentralismus *m*

centralita [θen̩tra'lita] *f* Telefonzentrale *f*

centralizar [θen̩trali'θar] <z→c> *vt* zentralisieren

centrar [θen̩'trar] **I.** *vt* **1.** (TÉC: *colocar*) zentrieren **2.** (*aunar esfuerzos*) konzentrieren (*en* auf +*akk*) **3.** (*interés, atención*) bündeln **II.** *vr:* ~**se 1.** (*basarse*) beruhen (*en* auf +*dat*) **2.** (*familiarizarse*) sich einleben (*en* in +*dat*); (*en un trabajo*) sich einarbeiten (*en* in +*akk*) **3.** (*interés, atención, miradas*) sich richten (*en* auf +*akk*)

céntrico, -a ['θen̩triko, -a] *adj* im Mittelpunkt (liegend); **piso** ~ zentral gelegene Wohnung

centro ['θen̩tro] *m* **1.** (*t.* POL) Zentrum *nt,* Mitte *f;* (*de la ciudad*) Stadtzentrum *nt;* ~ **de gravedad** Schwerpunkt *m;* ~ **industrial** Industriezentrum *nt* **2.** (*institución*) Zentrum *nt;* ~ **de enseñanza** Ausbildungsstätte *f*

centroafricano, -a [θen̩troafri'kano, -a] *adj* zentralafrikanisch

Centroamérica [θen̩troa'merika] *f* Mittelamerika *nt*

centroamericano, -a [θen̩troameri'kano, -a] *adj* mittelamerikanisch

Centroeuropa [θen̩troeu̯'ropa] *f* Mitteleuropa *nt*

centuplicar [θen̩tupli'kar] <c→qu> *vt* verhundertfachen

ceñido, -a [θe'ɲiðo, -a] *adj* **1.** (*vestido*) eng (anliegend) **2.** (*forma de expresión*) spärlich **3.** (*ahorrador*) sparsam

ceñir [θe'ɲir] *irr vr:* ~**se 1.** (*ajustarse*) sich beschränken (*a* auf +*akk*); (*al hablar*) sich kurz fassen; ~**se al presupuesto** sich strikt auf das Budget beschränken **2.** (*vestido*) eng anliegen (*a* um +*akk*)

ceño ['θeɲo] *m:* **fruncir el** ~ die Stirn runzeln

cepa ['θepa] *f* (Wein)stock *m;* **de pura** ~ waschecht

cepillar [θepi'ʎar] **I.** *vt* **1.** (*cabello, traje*) bürsten **2.** (TÉC: *madera*) hobeln **3.** (*argot*) klauen **4.** (*Am: argot*) kriechen (*a* vor +*dat*) **II.** *vr:* ~**se a una chica** ein Mädchen flachlegen *fam*

cepillo [θe'piʎo] *m* **1.** (*para el cabello*) (Haar)bürste *f;* (*para un traje*) (Kleider)bürste *f;* (*de limpiar*) Schrubber *m;* ~ **de barrer** Kehrbesen *m;* ~ **de dientes** Zahnbürste *f;* **pasar el** ~ kehren **2.** (*para madera*) Hobel *m* **3.** (*en misa*) Klingelbeutel *m*

cepo ['θepo] *m* Fangeisen *nt;* (*emboscada*) Falle *f;* **caer en el** ~ in die Falle gehen

ceporro, -a [θe'porro, -a] *m, f* Dummkopf *m;* (*tosco*) Grobian *m*

cera ['θera] *f* (Kerzen)wachs *nt;* ~ **de los oídos** Ohrenschmalz *nt;* **museo de** ~ Wachsfigurenkabinett *nt;* **blanco como la** ~ kreidebleich

cerámica [θe'ramika] *f* Keramik *f*

cerca ['θerka] **I.** *adv* **1.** (*en el espacio*) nah(e); **aquí** ~ hier in der Nähe; **mirar de** ~ aus der Nähe betrachten **2.** (*en el tiempo*) bald **II.** *prep* **1.** (*lugar*): ~ **de** nahe bei +*dat,* in der Nähe von +*dat* **2.** (*cantidad*) fast **III.** *f* Umzäunung *f,* Zaun *m*

cercanía [θerka'nia] *f* **1.** Nähe *f;* (*vecindad*) Nachbarschaft *f* **2.** *pl* (*alrededores*) Umgebung *f*

cercano, -a [θer'kano, -a] *adj* nahe

cercar [θer'kar] <c→qu> *vt* **1.** (*vallar*) einzäunen **2.** (*rodear*) umringen **3.** (MIL) belagern; (*rodear*) umzingeln

cerciorar [θerθjo'rar] *vr:* ~**se** sich *dat* Gewissheit verschaffen (*de* über +*akk*)

cerco ['θerko] *m* **1.** (*anillo*) Ring *m;* (*borde*) Rand *m* **2.** (*valla*) Zaun *m,* Umzäunung *f* **3.** (MIL) Belagerung *f*

cerda ['θerða] *f* Sau *f;* (*pelo*) Borste *f*

Cerdeña [θer'ðeɲa] *f* Sardinien *nt*

cerdo, -a ['θerðo, -a] **I.** *adj* (*sucio*) schweinisch **II.** *m, f* **1.** (ZOOL) Schwein *nt;* (*hembra*) Sau *f;* **carne de** ~ Schweinefleisch *nt* **2.** (*insulto*) (Dreck)schwein *nt,* (Dreck)sau *f*

cereales [θere'ales] *mpl* Getreide *nt*

cerebro [θe'reβro] *m* **1.** (ANAT) (Ge)hirn *nt* **2.** (*inteligencia*) Verstand *m*

ceremonia [θere'monja] *f* Zeremonie *f;* (*celebración*) Feierlichkeiten *fpl*

ceremonioso, -a [θeremo'njoso, -a] *adj* **1.** (*solemne*) feierlich; (*formal*) förmlich **2.** (*persona*) steif

cereza [θe'reθa] *f* Kirsche *f*

C

cerezo [θe'reθo] *m* Kirschbaum *m*
cerilla [θe'riʎa] *f* Streichholz *nt*
cernir [θer'nir] *irr vt* sieben; (*observar*) beobachten
cero ['θero] *m* **1.** (MAT) Null *f* **2.** (*punto inicial*) Nullpunkt *m;* **ocho grados bajo/sobre** ~ acht Grad unter/über Null; **partir de** ~ bei Null anfangen **3.** (*valor*) Niete *f*
cerrado, -a [θe'rraðo, -a] *adj* **1.** *estar* (*no abierto*) geschlossen; (*con llave*) abgeschlossen; **la puerta está cerrada** die Tür ist zu **2.** *ser* (*actitud*) verschlossen **3.** *ser* (*curva*) scharf **4.** *ser* (*tosco*) ungeschliffen; ~ **de mollera** (*fam*) begriffsstutzig
cerradura [θerra'ðura] *f* Schloss *nt*
cerrajería [θerraxe'ria] *f* **1.** (*taller*) Schlosserei *f* **2.** (*oficio*) Schlosserhandwerk *nt*
cerrajero, -a [θerra'xero, -a] *m, f* Schlosser(in) *m(f)*
cerrar [θe'rrar] <e→ie> **I.** *vt* **1.** (*paraguas, ojos*) schließen; ~ **el pico** (*fam*) den Schnabel halten; ~ **archivo** Datei schließen **2.** (*con llave*) abschließen **3.** (*carretera, puerto*) sperren; ~ **el paso a alguien** jdm den Weg versperren **4.** (*agua*) abdrehen **5.** (*establecimiento*) schließen **6.** (*actividad, ciclo, negociación*) abschließen **II.** *vr:* ~**se 1.** (*puerta*): **la puerta se cerró sola** die Türe ist von allein zugefallen **2.** (*herida*) verheilen **3.** (*obstinarse*) sich versteifen (*en* auf +*akk*) **4.** (*el cielo*) sich zuziehen **5.** (*ser intransigente*) sich verschließen (*a* gegenüber +*dat*)
cerril [θe'rril] *adj* **1.** (*obstinado*) eigensinnig **2.** (*torpe*) begriffsstutzig **3.** (*caballerías*) wild
cerro ['θerro] *m* Anhöhe *f;* (*colina*) Hügel *m*
cerrojo [θe'rroxo] *m* Riegel *m;* **echar el** ~ **a la puerta** die Tür verriegeln
certamen [θer'tamen] *m* Wettbewerb *m*
certeza [θer'teθa] *f* Gewissheit *f*
certidumbre [θerti'ðumbre] *f* Gewissheit *f,* Sicherheit *f*
certificación [θertifika'θjon] *f* Bescheinigung *f*
certificado[1] [θertifi'kaðo] *m* Bescheinigung *f,* Zertifikat *nt;* ~ **de aptitud** Befähigungsnachweis *m;* ~ **de asistencia** Teilnahmebescheinigung *f;* ~ **médico** ärztliches Attest
certificado, -a[2] [θertifi'kaðo, -a] *adj* **1.** (JUR) beglaubigt **2.** (*correos*) per Einschreiben; **carta certificada** Einschreibebrief *m*
certificar [θertifi'kar] <c→qu> *vt* bescheinigen; (JUR) beglaubigen; (*correos*) per Einschreiben verschicken
cerumen [θe'rumen] *m* Ohrenschmalz *nt*
cervecería [θerβeθe'ria] *f* Brauerei *f;* (*bar*) Kneipe *f*
cerveza [θer'βeθa] *f* Bier *nt;* ~ **de barril** Fassbier *nt;* ~ **sin** alkoholfreies Bier
cervical [θerβi'kal] *adj* Nacken-, Genick-
Cervino [θer'βino] *m:* **Monte** ~ Matterhorn *nt*
cerviz [θer'βiθ] *f* Nacken *m,* Genick *nt*
cesante [θe'sant̪e] *adj* **1.** (*suspendido*) suspendiert **2.** (*parado*) arbeitslos
cesar [θe'sar] **I.** *vi* **1.** (*parar*) aufhören; **sin** ~ unaufhörlich **2.** (*en una profesión*) (aus)scheiden (*en* aus +*dat*) **II.** *vt* **1.** (*pagos*) einstellen **2.** (*despedir*) entlassen; (*funcionario*) des Amtes entheben
cesárea [θe'sarea] *f* Kaiserschnitt *m*
cese ['θese] *m* **1.** (*que termina*) Beendigung *f;* (*interrupción*) Unterbrechung *f;* ~ **de pagos** Zahlungseinstellung *f* **2.** (*de obrero*) Kündigung *f;* (*de funcionario*) Suspendierung *f;* ~ **en el cargo** Ausscheiden aus dem Amt **3.** (JUR: *proceso*) Einstellung *f*
cesio ['θesjo] *m* (QUÍM) Cäsium *nt*
cesión [θe'sjon] *f* **1.** (*entrega*) Abtretung *f* **2.** (JUR) Zession *f*
césped ['θespe^ð] *m* Rasen *m*
cesta ['θesta] *f* Korb *m*
cesto ['θesto] *m* (großer) Korb *m*
cesura [θe'sura] *f* Einschnitt *m,* Zäsur *f*
ceta ['θeta] *f* Z *nt*
cetáceo [θe'taθeo] *m* Meeressäugetier *nt*
cetrería [θetre'ria] *f* Falkenjagd *f;* (*cría*) Falkenzucht *f*
cetro ['θetro] *m* Zepter *nt*
ceutí [θeu̯'ti] *adj* aus Ceuta
chabacanería [ʧaβakane'ria] *f* Vulgarität *f*
chabacano, -a [ʧaβa'kano, -a] *adj* unanständig
chabola [ʧa'βola] *f* (*casucha*) Baracke *f,* Slumhütte *f*
chabolismo [ʧaβo'lismo] *m* Verslumung *f*
chacal [ʧa'kal] *m* Schakal *m*
chácara ['ʧakara] *f* (*Am*) Landgut *nt;* (MED) Geschwür *nt*
chacarero, -a [ʧaka'rero, -a] *m, f* (*Am*) Bauer *m,* Bäuerin *f;* (*dueño*) Landbesitzer(in) *m(f);* (*trabajador*) Feldarbeiter(in) *m(f)*

chacha ['ʧaʧa] *f* (*fam*) Dienstmädchen *nt;* (*de limpieza*) Putzfrau *f*

cháchara ['ʧaʧara] *f* (*fam*): **estar de** ~ ein Schwätzchen halten

chacho, -a ['ʧaʧo, -a] *m, f* (*fam*) Kleine(r) *mf*

chacra ['ʧakra] *f* (*Am: granja*) kleine Farm *f;* (*finca*) kleines (Land)gut *nt*

chafar [ʧa'far] *vt* **1.** (*aplastar*) platt drücken; (*deshacer*) zerquetschen **2.** (*desmoralizar*) erschüttern **3.** (*confundir*) verwirren; **quedar(se) chafado** sprachlos sein **4.** (*estropear*) zunichte machen; **le ~on sus proyectos** sie haben seine/ihre Pläne über den Haufen geworfen

chaflán [ʧa'flan] *m* Straßenecke *f;* (*en un edificio*) Hausecke *f*

chal [ʧal] *m* Schal *m*

chalado, -a [ʧa'laðo, -a] *adj* (*fam*) verrückt

chalar [ʧa'lar] **I.** *vt* (*fam*) verrückt machen **II.** *vr:* **~se** (*fam*) verrückt werden; **~se por alguien** sich in jdn verknallen

chalé [ʧa'le] *m* Einfamilienhaus *nt,* Villa *f*

chaleco [ʧa'leko] *m* Weste *f;* ~ **salvavidas** Schwimmweste *f*

chalupa [ʧa'lupa] *f* Schaluppe *f*

champán [ʧam'pan] *m,* **champaña** [ʧam'paɲa] *m* Champagner *m*

champiñón [ʧam'piɲon] *m* Champignon *m*

champú [ʧam'pu] *m* Shampoo *nt*

chamuscado, -a [ʧamus'kaðo, -a] *adj* angesengt; (*fam*) argwöhnisch

chamuscar [ʧamus'kar] <c→qu> **I.** *vt* (*quemar*) ansengen; (*aves*) absengen **II.** *vr:* **~se 1.** (*quemarse*) ansengen **2.** (*fam: ponerse receloso*) argwöhnisch werden **3.** (*fam: amoscarse*) einschnappen

chamusquina [ʧamus'kina] *f* **1.** (*fam*) Streit *m;* (*pelea*) Rauferei *f* **2.** (*loc*): **esto huele a** ~ (*sospechoso*) das sieht verdächtig aus; (*peligroso*) das wird zu brenzlig

chancho[1] ['ʧanʧo] *m* (*Am*) Schwein *nt*

chancho, -a[2] ['ʧanʧo, -a] *adj* (*Am*) schmutzig; (*desaseado*) liederlich

chanchullo [ʧan'ʧuʎo] *m* (*fam*) **1.** (*trampa*) Schwindel *m,* Betrug *m* **2.** (*manejo*) Machenschaft *f*

chancla ['ʧaŋkla] *f* **1.** (*zapato viejo*) ausgetretener (Haus)schuh *m* **2.** (*zapatilla*) Pantoffel *m*

chancleta [ʧaŋ'kleta] *f* Schlappen *m fam;* (*Am*) Baby *nt*

chanclo ['ʧaŋklo] *m* Holzschuh *m*

chándal ['ʧan̪dal] *m* <chándals> Jogginganzug *m*

chantaje [ʧan̪'taxe] *m* Erpressung *f*

chantajear [ʧan̪taxe'ar] *vt* erpressen

chantajista [ʧan̪ta'xista] *mf* Erpresser(in) *m(f)*

chanza ['ʧaṇθa] *f* Scherz *m,* Spaß *m;* **estar de** ~ scherzen

chapa ['ʧapa] *f* **1.** (*metal*) Blech *nt* **2.** (*lámina*) Platte *f;* (*de madera*) Furnier *nt* **3.** (*tapón*) Kron(en)korken *m* **4.** (*Am*) (Tür)schloss *nt* **5.** *pl* (*juego*) ≈Münzspiel *nt*

chapar [ʧa'par] *vt* (*con un metal*) plattieren; (*con un metal precioso*) dublieren; (*con oro*) vergolden; (*con madera*) furnieren; (*con baldosines*) belegen (*con/de* mit +*dat*)

chaparrón [ʧapa'rron] *m* **1.** Regenguss *m;* (*chubasco*) Platzregen *m* **2.** (*fam*) Unmenge *f*

chap(e)ado, -a [ʧap(e)'aðo] *adj* **1.** (*de metal*) plattiert; (*de un metal precioso*) dubliert; (*de oro*) vergoldet **2.** (*loc*): ~ **a la antigua** altmodisch

chapear [ʧape'ar] **I.** *vt* **1.** (*con un metal*) plattieren; (*con oro*) vergolden; (*con madera*) furnieren; (*con baldosines*) belegen (*con/de* mit +*dat*) **2.** (*Am: la tierra*) jäten **II.** *vi* (*chacolotear*) klappern

chapero [ʧa'pero] *m* (*argot: homosexual*) Schwule(r) *m;* (*prostituto*) Strichjunge *m*

chapotear [ʧapote'ar] *vi* (*persona*) planschen; (*agua*) plätschern

chapucear [ʧapuθe'ar] **I.** *vt* stümperhaft erledigen **II.** *vi* stümpern

chapucero, -a [ʧapu'θero, -a] *m, f* Pfuscher(in) *m(f) fam*

chapurr(e)ar [ʧapurre'ar/ʧapu'rrar] *vt* radebrechen

chapuza [ʧa'puθa] *f* Pfusch *m fam,* Gelegenheitsarbeit *f*

chapuzón [ʧapu'θon] *m* Sprung *m* ins Wasser; **darse un** ~ kurz schwimmen gehen

chaque [ʧa'ke] *m* Cut(away) *m*

chaqueta [ʧa'keta] *f* Jacke *f;* (*americana*) Jackett *nt;* **cambiar de** ~ (*fig*) umschwenken

chaquetón [ʧake'ton] *m* Winterjacke *f*

charanga [ʧa'raŋga] *f* (kleine) Musikkapelle *f;* (*Am*) Tänzchen *nt*

charca ['ʧarka] *f* Tümpel *m*
charco ['ʧarko] *m* Pfütze *f*, Lache *f*
charcutería [ʧarkute'ria] *f* Wurstwaren *fpl;* (*tienda*) Metzgerei *f*
charla ['ʧarla] *f* **1.** Plauderei *f;* **estar de ~** plaudern **2.** (INFOR) Chat *m*
charlar [ʧar'lar] *vi* plaudern
charlatán, -ana [ʧarla'tan, -ana] *m, f* Schwätzer(in) *m(f);* (*chismoso*) Klatschmaul *nt;* (*vendedor*) Marktschreier(in) *m(f)*
charol [ʧa'rol] *m* Lackleder *nt;* (*Am*) Tablett *nt*
chárter ['ʧarter] *adj inv* Charter-; **vuelo ~** Charterflug *m*
chasca ['ʧaska] *f* Reisig *nt;* (*Am*) wirres Haar *nt*
chascar [ʧas'kar] <c→qu> *vi* (*con la lengua*) schnalzen; (*con el látigo*) knallen
chasco[1] ['ʧasko] *m* Enttäuschung *f;* (*fracaso*) Reinfall *m fam*
chasco, -a[2] ['ʧasko, -a] *adj* (*Am*) wirr
chasis ['ʧasis] *m inv* Fahrgestell *nt*
chasquear [ʧaske'ar] **I.** *vt* im Stich lassen **II.** *vi* (*con la lengua*) schnalzen; (*con el látigo*) knallen; (*fuego*) knistern
chasquido [ʧas'kiðo] *m* (*de lengua*) Schnalzen *nt;* (*de látigo*) Knallen *nt;* (*de la madera*) Knarren *nt*
chatarra [ʧa'tarra] *f* Alteisen *nt*
chatarrería [ʧatarre'ria] *f* Schrotthandel *m*
chatarrero, -a [ʧata'rrero, -a] *m, f* Schrotthändler(in) *m(f)*
chato, -a ['ʧato, -a] **I.** *adj* **1.** (*nariz*) platt; (*redondeada*) stumpf **2.** (*persona*) stumpfnasig **II.** *m, f* (*fam*) Kleiner *m*, Kleine *f*, Kleines *nt*
chaval(a) [ʧa'βal(a)] *m(f)* (*chico*) Junge *m*, Bursche *m;* (*chica*) Mädchen *nt;* (*joven*) junger Mann *m*, junge Frau *f*
checo, -a ['ʧeko, -a] *adj* tschechisch; **República Checa** Tschechische Republik
checo(e)slovaco, -a [ʧeko(e)slo'βako, -a] *adj* tschechoslowakisch

Cheli heißt der authentische Madrider Argot, eine saloppe Umgangssprache, die besonders Jugendliche sehr gern verwenden.

chelín [ʧe'lin] *m* Schilling *m*
chelo ['ʧelo] *m* Cello *nt*
chepa ['ʧepa] *f* (*fam*) Buckel *m*, Höcker *m*
cheque ['ʧeke] *m* Scheck *m;* **~ bancario** Bankscheck *m;* **~ en blanco** Blankoscheck *m;* **~ sin fondo** ungedeckter Scheck; **~ de viaje** Reisescheck *m*
chequear [ʧeke'ar] **I.** *vt* (*Am: la salud*) untersuchen; (*un documento*) prüfen; (*un mecanismo*) überprüfen **II.** *vr:* **~se** sich untersuchen lassen
chequeo [ʧe'keo] *m* (*de la salud*) Check-up *m o nt;* (*de un mecanismo*) Inspektion *f*
Chequia ['ʧekja] *f* Tschechien *nt*
chica ['ʧika] **I.** *adj* klein **II.** *f* **1.** (*niña*) Mädchen *nt* **2.** (*joven*) junge Frau *f;* (*tratamiento cariñoso*) Kleine *f fam* **3.** (*criada*) Dienstmädchen *nt*
chicano, -a [ʧi'kano, -a] *m, f Einwohner(in) der USA mit mexikanischen Vorfahren*
chicarrón, -ona [ʧika'rron, -ona] *m, f* kräftiger Junge *m*, kräftiges Mädchen *nt*
chicha ['ʧiʧa] *f* (*fam*) Fleisch *nt*
chicharrón [ʧiʧa'rron] *m knusprig gebratene Schweineschwarten*
chichón [ʧi'ʧon] *m* Beule *f*
chicle ['ʧikle] *m* Kaugummi *m o nt*
chico[1] ['ʧiko] *m* **1.** (*niño*) Junge *m* **2.** (*joven*) junger Mann *m;* (*tratamiento cariñoso*) Kleiner *m fam* **3.** (*para los recados*) Laufbursche *m*
chico, -a[2] ['ʧiko, -a] *adj* klein
chiflado, -a [ʧi'flaðo, -a] *adj* (*fam*) übergeschnappt
chiflar [ʧi'flar] **I.** *vt* (*fam: gustar*) gefallen +*dat;* **me chiflan las aceitunas** ich esse für mein Leben gerne Oliven **II.** *vr:* **~se** (*fam*) versessen sein (*por* auf +*akk*)
chile ['ʧile] *m* Chili *m;* (*especia*) Cayennepfeffer *m*
Chile ['ʧile] *m* Chile *nt*

Die Hauptstadt **Chiles** (offiziell: **República de Chile**) ist **Santiago (de Chile)**. Das Land erstreckt sich von Norden nach Süden über mehr als viertausend Kilometer, wobei seine durchschnittliche Breite aber nur einhundertachtzig Kilometer beträgt. Die offizielle Landessprache ist Spanisch. Die Währungseinheit Chiles ist der **peso chileno**.

chileno, -a [ʧi'leno, -a] *adj* chilenisch
chillar [ʧi'ʎar] *vi* **1.** (*persona*) kreischen, schreien; **¡no me chilles!** schrei mich nicht an! **2.** (*animal salvaje*) heulen; (*ave*) krei-

schen **3.** (*frenos, puerta*) quietschen **4.** (*colores*) grell sein **5.** (*Am*) schluchzen

chillido [tʃi'ʎiðo] *m* **1.** (*de persona*) Kreischen *nt* **2.** (*de animal salvaje*) Heulen *nt;* (*de ave*) Kreischen *nt* **3.** (*de frenos, puerta*) Quietschen *nt* **4.** (*Am*) Schluchzen *nt*

chimenea [tʃime'nea] *f* Schornstein *m;* (*hogar*) Kamin *m*

chimpancé [tʃimpaṇ'θe] *mf* Schimpanse, -in *m, f*

china ['tʃina] *f* **1.** (*piedra*) Kieselstein *m* **2.** (*Am: india*) junge indianische Frau *f;* (*mestiza*) Mestizin *f* **3.** (*Am: amante*) Geliebte *f*

China ['tʃina] *f:* (**la**) ~ China *nt*

chinchar [tʃin'tʃar] **I.** *vt* (*fam*) belästigen; (*fastidiar*) nerven **II.** *vr:* ~**se** (*fam*) sich ärgern; **¡chínchate!** das hast du davon!

chinche[1] ['tʃintʃe] *m o f* Wanze *f*

chinche[2] ['tʃintʃe] *mf* (*fam*) Nervensäge *f*

chincheta [tʃin'tʃeta] *f* Reißzwecke *f*

chinela [tʃi'nela] *f* Hausschuh *m*

chingar [tʃiŋ'gar] <g→gu> **I.** *vt* **1.** (*fam: bebidas alcohólicas*) saufen **2.** (*fam: molestar*) auf die Nerven gehen +*dat* **3.** (*vulg: joder*) ficken **II.** *vr:* ~**se** (*fam*) **1.** (*emborracharse*) sich besaufen **2.** (*Am: fam: frustrarse*) in die Hose gehen **3.** (*Am: fallar*) versagen

chino[1] ['tʃino] *m* (*Am: indio*) junger indianischer Mann *m;* (*mestizo*) Mestize *m;* **engañar a alguien como a un** ~ (*fam*) jdn gewaltig übers Ohr hauen

chino, -a[2] ['tʃino, -a] *adj* chinesisch

chip [tʃip] *m* (INFOR) Chip *m*

Chipre ['tʃipre] *f* Zypern *nt*

chipriota [tʃi'prjota] *adj* zypr(iot)isch

chiquillo, -a [tʃi'kiʎo, -a] *m, f* (*niño*) (kleines) Kind *nt;* (*chico*) (kleiner) Junge *m;* (*chica*) (kleines) Mädchen *nt*

chirigota [tʃiri'ɣota] *f* Jux *m,* Scherz *m*

chirimbolo [tʃirim'bolo] *m* (*fam*) **1.** (*chisme*) Ding *nt* **2.** *pl* Kram *m,* Zeug *nt*

chiringuito [tʃiriŋ'gito] *m* Imbiss(stand) *m*

chiripa [tʃi'ripa] *f* (*fam*) glücklicher Zufall *m;* (*en el juego*) Zufallstreffer *m*

chirona [tʃi'rona] *f* (*fam*) Kittchen *nt,* Knast *m*

chirriar [tʃirri'ar] <*1. pres:* chirrío> *vi* (*metal*) quietschen; (*madera*) knarren

chisme ['tʃisme] *m* **1.** (*habladuría*) Klatsch *m fam,* Gerede *nt;* **andar con** ~**s** tratschen *fam* **2.** (*objeto*) Ding *nt;* **recoge esos** ~**s** räum diesen Kram weg

chismorrear [tʃismorre'ar] *vi* tratschen *fam*

chismoso, -a [tʃis'moso, -a] *adj* klatschhaft

chispa ['tʃispa] *f* **1.** (*t.* ELEC) Funke(n) *m;* **echar** ~**s** Funken sprühen; (*fig*) fuchsteufelswild sein **2.** (*ingenio*) Geist *m,* Esprit *m;* (*gracia*) Witz *m;* **ser una** ~ sehr aufgeweckt sein **3.** (*fam*) Schwips *m*

chispear [tʃispe'ar] **I.** *vi* **1.** (*centellear*) Funken sprühen **2.** (*brillar*) funkeln **II.** *vimpers* (*lloviznar*) nieseln

chistar [tʃis'tar] *vi* mucksen *fam;* **no** ~ keinen Ton sagen

chiste ['tʃiste] *m* **1.** (*cuento*) Witz *m;* (*broma*) Scherz *m;* ~ **verde** unanständiger Witz; **no tiene** ~ **la cosa** das ist gar nicht witzig **2.** (*gracia*) Pointe *f*

chistoso, -a [tʃis'toso, -a] *adj* witzig

chita ['tʃita] *f:* **a la** ~ **callando** (*fig*) im Geheimen

chitón [tʃi'ton] *interj:* **¡~!** still!

chivar [tʃi'βar] *vr:* ~**se** (*fam*) petzen; (*Am*) sich ärgern

chivatazo [tʃiβa'taθo] *m* (*fam*) Tipp *m,* Wink *m;* **dar el** ~ petzen

chivato, -a [tʃi'βato, -a] *m, f* (*fam*) Petze *f*

chivo, -a ['tʃiβo, -a] *m, f:* ~ **expiatorio** Sündenbock *m*

chocante [tʃo'kaṇte] *adj* merkwürdig; (*sorprendente*) verwunderlich; (*Am*) ärgerlich; (*repugnante*) abstoßend

chocar [tʃo'kar] <c→qu> **I.** *vi* **1.** (*vehículos*) kollidieren; (*dar*) aufprallen (*contra* auf +*akk*); (*coches*) auffahren (*contra* auf +*akk*) **2.** (*encontrarse*) stoßen (*con* auf +*akk*); (*personas*) zusammenstoßen; (*discutir*) aneinander geraten **II.** *vt* **1.** (*entrechocar*) aneinander stoßen; ~ **las copas** anstoßen; **¡chócala!** (*fam*) schlag ein! **2.** (*sorprender*) erstaunen **3.** (*perturbar*) erschüttern; (*escandalizar*) schockieren **4.** (*Am*) abstoßen

chochear [tʃotʃe'ar] *vi* senil werden

chocho, -a ['tʃotʃo, -a] *adj* senil; **estar** ~ **por alguien** in jdn vernarrt sein

chocolate [tʃoko'late] *m* Schokolade *f;* (*argot*) Shit *m o nt*

chocolatería [tʃokolate'ria] *f* ≈Café *nt*

chocolatina [tʃokola'tina] *f* Schokoladenriegel *m*

C

chofer [tʃo'fer] *m,* **chófer** ['tʃofer] *m* (*de un automóvil*) Fahrer *m;* (*personal*) Chauffeur *m;* (*de un camión*) (Kraft)fahrer *m*
chollo ['tʃoʎo] *m* (*fam: suerte*) Glück *nt;* (*ganga*) Schnäppchen *nt*
cholo, -a ['tʃolo, -a] *m, f* (*Am*) **1.** (*indio*) *in die kreolische Gesellschaft integrierte(r) Indianer(in)* **2.** (*mestizo*) Mestize, -in *m, f*
chopo ['tʃopo] *m* Pappel *f*
choque ['tʃoke] *m* **1.** (*golpe*) Stoß *m* **2.** (*impacto*) Aufprall *m* **3.** (*colisión*) Kollision *f;* **~ de frente** Frontalzusammenstoß *m* **4.** (*encuentro*) Zusammenstoß *m* **5.** (*t.* MED) Schock *m*
choricear [tʃoriθe'ar] *vt* (*fam*) mitgehen lassen
chorizo¹ [tʃo'riθo] *m* luftgetrocknete Paprikawurst
chorizo, -a² [tʃo'riθo, -a] *m, f* (*fam*) (Taschen)dieb(in) *m(f)*
chorrada [tʃo'rraða] *f* Unfug *m;* (*fam*) unnützes Zeug *nt*
chorrear [tʃorre'ar] *vi* rinnen; (*gotear*) tropfen; (*concurrir lentamente*) tröpfchenweise eintreffen
chorro ['tʃorro] *m* **1.** (*hilo*) Strahl *m;* (*porción*) Guss *m;* (*de un ingrediente*) Schuss *m* **2.** (*torrente*) Strom *m;* (*montón*) Schwall *m;* **beber a ~s** in großen Zügen trinken; **llover a ~s** in Strömen regnen
choteo [tʃo'teo] *m* (*diversión*) Spaß *m,* Vergnügen *nt;* (*burla*) Spott *m*
choza ['tʃoθa] *f* Hütte *f;* (*vivienda*) Bruchbude *f*
chubasco [tʃu'βasko] *m* Regenschauer *m;* (*chaparrón*) Platzregen *m*
chubasquero [tʃuβas'kero] *m* Regenmantel *m*
chuchería [tʃutʃe'ria] *f* Süßigkeit *f*
chucho ['tʃutʃo] *m* **1.** (*fam*) Köter *m* **2.** (*Am: escalofrío*) Schüttelfrost *m;* (*fiebre*) Wechselfieber *nt*
chucrú [tʃu'kru] *m,* **chucrut** [tʃu'kru] *m,* **chucruta** [tʃu'kruta] *f* Sauerkraut *nt*
chufa ['tʃufa] *f* Erdmandel *f*
chufla ['tʃufla] *f* Witz *m,* Scherz *m*
chulada [tʃu'laða] *f* Frechheit *f;* (*fam*) tolle Sache *f*
chulear [tʃule'ar] **I.** *vi, vr:* **~se** angeben **II.** *vr:* **~se** sich lustig machen (*de* über +*akk*)
chulería [tʃule'ria] *f* Angeberei *f;* (*frescura*) Dreistigkeit *f*
chuleta [tʃu'leta] **I.** *f* **1.** (*costilla*) Kotelett *nt* **2.** (*fam: apunte*) Spickzettel *m* **3.** (*fam: bofetada*) Ohrfeige *f* **II.** *adj* (*fam*): **ponerse ~** frech werden
chuletón [tʃule'ton] *m* (T-Bone-)Steak *nt*
chulo¹ ['tʃulo] *m* **1.** (*gandul*) Tunichtgut *m;* (*mal educado*) Flegel *m* **2.** (*argot: proxeneta*) Zuhälter *m* **3.** (*dandi*) Dandy *m*
chulo, -a² ['tʃulo, -a] **I.** *adj* **1.** angeberisch; (*presumido*) eingebildet **2.** (*fresco*) unverschämt; **ponerse ~** frech werden **3.** (*fam: elegante*) schick **II.** *m, f* Angeber(in) *m(f);* (*exagerador*) Aufschneider(in) *m(f)*
chumbera [tʃum'bera] *f* (BOT) Feigenkaktus *m*
chumbo ['tʃumbo] *m* Kaktusfeige *f*
chunga ['tʃuŋga] *f* (*fam*): **estar de ~** scherzen
chungo, -a ['tʃuŋgo, -a] *adj* (*fam*) **1.** (*malo*) schlecht **2.** (*persona: rara*) komisch; (*enfermiza*) angeschlagen
chupa-chups® [tʃupa'tʃuβs] *m inv* Lolli *m*
chupada [tʃu'paða] *f* Zug *m*
chupado, -a [tʃu'paðo, -a] *adj* **1.** mager; (*consumido*) ausgemergelt **2.** (*fam*) kinderleicht **3.** (*Am*) betrunken
chupar [tʃu'par] **I.** *vt* **1.** (*extraer*) aussaugen **2.** (*caramelo*) lutschen; (*helado*) schlecken **3.** (*cigarrillo*) ziehen (an +*dat*) **4.** (*salud*) zehren (an +*dat*) **II.** *vi* **1.** (*aprovecharse*) schmarotzen; **~ del bote** auf Kosten anderer leben **2.** (*Am: fam*) saufen *pey;* (*fumar*) qualmen **III.** *vr:* **~se los dedos** (*fig fam*) sich *dat* die Finger lecken
chuparruedas [tʃupa'rrweðas] *mf inv* Windschattenfahrer(in) *m(f)*
chupatintas [tʃupa'tin̪tas] *m inv* (*pey*) Bürohengst *m*
chupete [tʃu'pete] *m* Schnuller *m;* (*Am*) Lolli *m*
chupetear [tʃupete'ar] *vi, vt* lutschen
chupetón [tʃupe'ton] *m* Knutschfleck *m*
chupón, -ona [tʃu'pon, -ona] *m, f* Schmarotzer(in) *m(f)*
churrasco [tʃu'rrasko] *m* Barbecue *nt;* (*carne*) gegrilltes Fleisch *nt*
churrete [tʃu'rrete] *m* Fleck *m*
churro ['tʃurro] *m* **1.** (GASTR) *frittiertes Spritzgebäck* **2.** (*chapuza*) Murks *m* **3.** (*suerte*) Glück *nt*

Beim **churro** handelt es sich um frittiertes Spritzgebäck. Spaniens typischstes Frühstück ist **chocolate** (heiße Schokolade) **con churros**. **Churros** bekommt man entweder in einer **churrería**, in einer **cafetería** oder man kauft sie **en un puesto de churros** (an einer Bude auf der Straße).

chusma ['ʧusma] *f* Pöbel *m*

chutar [ʧu'tar] **I.** *vt* schießen; **esto va que chuta** (*fam*) das klappt wie geschmiert **II.** *vr:* **~se** (*argot*) sich *dat* einen Schuss setzen

chute ['ʧute] *m* (*argot*) Schuss *m*

Cía ['θia] *abr de* **compañía** Co.

cianuro [θja'nuro] *m* Zyanid *nt*

ciberbar [θiβer'βar] *m* Cybercafé *nt*

ciberespacio [θiβeres'paθjo] *m* Cyberspace *m*

cibernauta [θiβer'naʊta] *m* (Netz)surfer(in) *m(f)*

cibernética [θiβer'netika] *f* Kybernetik *f*

ciberpirado [θiβerpiraðo] *m* Netzpirat *m*

cicatería [θikate'ria] *f* Knaus(e)rigkeit *f*

cicatriz [θika'triθ] *f* Narbe *f*

cicatrizar [θikatri'θar] <z→c> **I.** *vi, vr:* **~se** vernarben **II.** *vt* heilen lassen

ciclamen [θi'klamen] *m* (BOT) Alpenveilchen *nt*

ciclismo [θi'klismo] *m* Radsport *m*

ciclista [θi'klista] **I.** *adj* Rad- **II.** *mf* Radfahrer(in) *m(f);* (DEP) Radsportler(in) *m(f)*

ciclo ['θiklo] *m* Zyklus *m;* ~ **económico** Wirtschaftszyklus *m*

ciclomotor [θiklomo'tor] *m* Moped *nt*

ciclón [θi'klon] *m* Zyklon *m,* Wirbelsturm *m;* (*borrasca*) Bö(e) *f*

ciego, -a ['θjeɣo, -a] **I.** *adj* blind; **quedarse ~** erblinden **II.** *m, f* Blinde(r) *mf* **III.** *adv:* **a ciegas** blindlings; **obrar a ciegas** unüberlegt handeln

cielo ['θjelo] **I.** *m* **1.** (*atmósfera*) Himmel *m;* **a ~ raso** unter freiem Himmel; **como caído del ~** wie gerufen! **2.** (*apelativo cariñoso*) Schatz *m* **II.** *interj:* **¡~s!** (ach) du lieber Himmel!

ciempiés [θjem'pjes] *m inv* Tausendfüß(l)er *m*

cien [θjen] *adj inv* hundert; **al ~ por ~** hundertprozentig; *v. t.* **ochocientos**

ciénaga ['θjenaɣa] *f* Morast *m*

ciencia ['θjen̪θja] *f* **1.** (*saber*) Wissen *nt;* **a** [*o* **de**] **~ cierta** mit Sicherheit **2.** (*disciplina*) Wissenschaft *f;* **~s políticas** Politikwissenschaft *f*

ciencia-ficción ['θjen̪θja-fiᵞ'θjon] *f* Sciencefiction *f*

cieno ['θjeno] *m* Schlick *m*

científico, -a [θjen̪'tifiko, -a] **I.** *adj* wissenschaftlich **II.** *m, f* Wissenschaftler(in) *m(f)*

ciento ['θjen̪to] **I.** *adj* <cien> *inv* hundert; *v. t.* **ochenta II.** *m:* **~s de huevos** Hunderte von Eiern; **el cinco por ~** fünf Prozent

cierre ['θjerre] *m* **1.** (*t.* ECON) Schließen *nt;* (PREN) Redaktionsschluss *m* **2.** (AUTO): **~ centralizado** Zentralverriegelung *f*

ciertamente [θjerta'men̪te] *adv* gewiss, sicherlich

cierto[1] ['θjerto] *adv* gewiss; **por ~** übrigens

cierto, -a[2] ['θjerto, -a] *adj* <certísimo> **1.** wahr; (*seguro*) sicher; **estar en lo ~** Recht haben **2.** (*alguno*) gewiss; **~ día** eines Tages

ciervo, -a ['θjerβo, -a] *m, f* Hirsch *m,* Hirschkuh *f*

cifra ['θifra] *f* Ziffer *f*

cifrar [θi'frar] **I.** *vt* verschlüsseln; (*calcular*) berechnen; (*resumir*) setzen (*en* auf +*akk*) **II.** *vr:* **~se** sich belaufen (*en* auf +*akk*)

cigala [θi'ɣala] *f* Kronenhummer *m*

cigarra [θi'ɣarra] *f* **1.** (ZOOL) Zikade *f* **2.** (*bolsa*) Geldbeutel *m*

cigarrillo [θiɣa'rriʎo] *m* Zigarette *f*

cigarro [θi'ɣarro] *m* Zigarre *f*

cigüeña [θi'ɣweɲa] *f* Storch *m*

cilindrada [θilin̪'draða] *f* Hubraum *m*

cilindro [θi'lin̪dro] *m* Zylinder *m*

cima ['θima] *f* **1.** (*cumbre*) Spitze *f;* **~ del árbol** (Baum)wipfel *m;* **~ del monte** (Berg)gipfel *m* **2.** (*cúspide*) Höhepunkt *m*

cimbrar [θim'brar], **cimbrear** [θimbre'ar] **I.** *vt* schwingen; (*doblar*) biegen **II.** *vr:* **~se** schwingen; (*doblarse*) sich biegen

cimentar [θimen̪'tar] <e→ie> *vt* gründen; (*fundamentar*) fundamentieren; (*consolidar*) begründen

cimiento [θi'mjen̪to] *m* Fundament *nt*

cinc [θiŋ] *m* Zink *nt*

cincel [θin̪'θel] *m* Meißel *m*

cincelar [θin̪θe'lar] *vt* ziselieren

cinco ['θiŋko] *adj inv* fünf; **estar sin ~** blank sein; *v. t.* **ocho**

cincuenta [θiŋ'kwen̪ta] *adj inv* fünfzig; *v. t.* **ochenta**

C

cine ['θine] *m* **1.** (*sala*) Kino *nt* **2.** (*séptimo arte*) Film *m*, Filmkunst *f*; ~ **mudo** Stummfilm *m*

cinemateca [θinema'teka] *f* Filmarchiv *nt*

cíngaro, **-a** ['θiŋgaro, -a] *m, f* Zigeuner(in) *m(f)*

cínico, **-a** ['θiniko, -a] *adj* zynisch

cinismo [θi'nismo] *m* **1.** (*desvergüenza*) Zynismus *m* **2.** (FILOS) Kynismus *m*

cinta ['θin̪ta] *f* Band *nt*; ~ **adhesiva** Klebeband *nt*; ~ **aislante** Isolierband *nt*; ~ **del pelo** Haarband *nt*

cinto ['θin̪to] *m* Gürtel *m*

cintura [θin̪'tura] *f* Taille *f*; ~ **de avispa** Wespentaille *f*

cinturón [θin̪tu'ron] *m* **1.** (*ceñidor*) Gürtel *m*; **apretarse el** ~ (*fig*) den Gürtel enger schnallen **2.** (*correa*) Gurt *m*; **ponerse el** ~ sich anschnallen

ciprés [θi'pres] *m* Zypresse *f*

circense [θir'θense] *adj* Zirkus-

circo ['θirko] *m* Zirkus *m*; ~ **ambulante** Wanderzirkus *m*

circuito [θirku'ito] *m* **1.** (*trayecto de carrera*) Rennstrecke *f* **2.** (*recorrido*) Rundfahrt *f* **3.** (ELEC) Stromkreis *m*; **corto** ~ Kurzschluss *m*

circulación [θirkula'θjon] *f* **1.** (*ciclo*) Kreislauf *m*; ~ **sanguínea** Blutkreislauf *m* **2.** (*tránsito*) Verkehr *m* **3.** (ECON) Umlauf *m*; **retirar de la** ~ aus dem Verkehr ziehen

circular [θirku'lar] **I.** *adj* kreisförmig **II.** *vi* **1.** (*personas*) hin und her gehen; **¡circulen!** (bitte) weitergehen! **2.** (*vehículos*) hin und her fahren **III.** *f* Rundschreiben *nt*

circulatorio, **-a** [θirkula'torjo, -a] *adj* (MED) Kreislauf-

círculo ['θirkulo] *m* Kreis *m*; ~ **de amistades** Freundeskreis *m*; ~ **vicioso** Teufelskreis *m*

circuncisión [θirkun̪θi'sjon] *f* Beschneidung *f*

circundar [θirkun̪'dar] *vt* umgeben

circunferencia [θirkuɱfe'ren̪θja] *f* Kreis *m*; (*contorno*) Umfang *m*

circunscribir [θirkuⁿskri'βir] *irr como escribir vr:* ~**se** sich beschränken (*a* auf +*akk*)

circunscripción [θirkuⁿskriβ'θjon] *f* **1.** (*concreción*) Einschränkung *f* **2.** (MAT) Umschreibung *f* **3.** (*distrito*) Bezirk *m*

circunscrito, **-a** [θirkuⁿs'krito, -a] *pp de* **circunscribir**

circunstancia [θirkuⁿs'tan̪θja] *f* Umstand *m*; **en estas** ~**s** unter diesen Umständen

circunstancial [θirkuⁿstan̪'θjal] *adj* umstandsbedingt

circunvalación [θirkumbala'θjon] *f*: **carretera de** ~ Umgehungsstraße *f*

cirio ['θirjo] *m* (lange, dicke) Wachskerze *f*; (*fam*) Durcheinander *nt*

cirrosis [θi'rrosis] *f inv* Zirrhose *f*

ciruela [θi'rwela] *f* Pflaume *f*

ciruelo [θi'rwelo] *m* **1.** (*pruno*) Pflaumenbaum *m* **2.** (*fam: tonto*) Dummkopf *m*

cirugía [θiru'xia] *f* Chirurgie *f*

cirujano, **-a** [θiru'xano, -a] *m, f* Chirurg(in) *m(f)*

ciscar [θis'kar] <c→qu> *vr:* ~**se** (*fam*) sein großes Geschäft machen

cisco ['θisko] *m* **1.** (*carbón*) (Kohlen)grus *m*; **estar hecho un** ~ (*fam*) fix und fertig sein **2.** (*jaleo*) Krach *m*

Cisjordania [θisxor'ðanja] *f* Westjordanland *nt*

cisne ['θisne] *m* Schwan *m*

cisterna [θis'terna] **I.** *adj* Tank-; **barco** ~ Tanker *m* **II.** *f* Zisterne *f*; (*de un retrete*) Spülkasten *m*

cisura [θi'sura] *f* Riss *m*; (*incisión*) Einstich *m*

cita ['θita] *f* **1.** (*convocatoria*) Termin *m* **2.** (*encuentro*) Verabredung *f*; ~ **anual** jährliches Treffen; ~ **a ciegas** Blind date *nt*; **tener una** ~ **con alguien** mit jdm verabredet sein **3.** (*mención*) Zitat *nt*

citación [θita'θjon] *f* (JUR) Vorladung *f*

citar [θi'tar] **I.** *vt* zu einem Termin einladen; (*mencionar*) zitieren; (JUR) (vor)laden **II.** *vr:* ~**se** sich verabreden

cítricos ['θitrikos] *mpl* (*frutas*) Zitrusfrüchte *fpl*; (*plantas*) Zitruspflanzen *fpl*

ciudad [θju'ðaᵈ] *f* Stadt *f*; ~ **hermanada** Partnerstadt *f*; ~ **universitaria** Campus *m*

ciudadanía [θjuðaða'nia] *f* **1.** (*nacionalidad*) Staatsangehörigkeit *f* **2.** (*conjunto de ciudadanos*) Bürgerschaft *f* **3.** (*civismo*) Bürgersinn *m*

ciudadano, **-a** [θjuða'ðano, -a] *m, f* (*residente*) Städter(in) *m(f)*; (*súbdito*) Staatsbürger(in) *m(f)*; (*referente a una ciudad*) Bürger(in) *m(f)*

ciudadrealeño, **-a** [θjuðaᵈrrea'leɲo, -a]

adj aus Ciudad Real

cívico, -a ['θiβiko, -a] *adj* (*de la ciudad*) städtisch; (*del ciudadano*) bürgerlich; (*del civismo*) zivilisiert

civil [θi'βil] *adj* bürgerlich; **derecho** ~ Zivilrecht *nt;* **guerra** ~ Bürgerkrieg *m*

civilización [θiβiliθa'θjon] *f* Zivilisation *f*

civilizar [θiβili'θar] <z→c> *vt* zivilisieren

civismo [θi'βismo] *m* Bürgersinn *m*

cizaña [θi'θaɲa] *f* Zwietracht *f*

clamar [kla'mar] **I.** *vi* flehen **II.** *vt* fordern

clamor [kla'mor] *m* Jammern *nt*

clamoroso, -a [klamo'roso, -a] *adj* **1.** (*acompañado de clamor*): **triunfo** ~ Triumphgeschrei *nt* **2.** (*sensacional*) grandios

clan [klan] *m* Clan *m*

clandestinidad [klaṇdestini'ða^{ð}] *f* **1.** (*secreto*) Heimlichkeit *f* **2.** (POL) Untergrund *m*

clandestino, -a [klaṇdes'tino, -a] *adj* **1.** (*secreto*) heimlich; **reunión clandestina** geheimes Treffen **2.** (*ilegal*): **movimiento** ~ Untergrundbewegung *f*

claqué [kla'ke] *f* Stepp(tanz) *m*

claqueta [kla'keta] *f* (CINE) Klappe *f*

clara ['klara] *f* **1.** (*del huevo*) Eiweiß *nt* **2.** (*bebida*) Radler *m südd,* Alsterwasser *nt nordd*

claraboya [klara'βoɟa] *f* (*en el techo*) (Dach)luke *f;* (*en la pared*) Oberlicht *nt*

claramente [klara'meṇte] *adv* deutlich

clarear [klare'ar] *vi* **1.** (*amanecer*) hell werden; **al** ~ **el día** bei Tagesanbruch **2.** (*despejarse*) aufklaren **3.** (*concretarse*) deutlich werden

clarete [kla'rete] *m* Rosé(wein) *m*

claridad [klari'ða^{ð}] *f* Helligkeit *f;* (*lucidez*) Klarheit *f*

clarificación [klarifika'θjon] *f* **1.** (*iluminación*) Erhellung *f* **2.** (*aclaración*) Klärung *f*

clarificar [klarifi'kar] <c→qu> *vt* erhellen; (*aclarar*) klären

clarín [kla'rin] *m* **1.** (*instrumento*) Bügelhorn *nt* **2.** (*músico*) Bügelhornbläser *m*

clarinete [klari'nete] *m* Klarinette *f*

clarividente [klariβi'ðeṇte] *mf* hellsichtige Person *f;* (*persona que percibe*) Hellseher(in) *m(f)*

claro[1] ['klaro] **I.** *interj* (na) klar!; **¡~ que sí!** ja, natürlich!, aber klar (doch)! **II.** *adv* deutlich

claro, -a[2] ['klaro, -a] *adj* **1.** (*iluminado*) hell; **azul** ~ hellblau **2.** (*evidente*) klar; **poner** [*o* **sacar**] **en** ~ klarstellen **3.** (*franco*) offen

clase ['klase] *f* **1.** (*tipo*) Sorte *f,* Art *f;* **trabajos de toda** ~ Arbeiten jeder Art **2.** (BIOL) Klasse *f* **3.** (*grupo social*) (Gesellschafts)schicht *f;* ~ **media** Mittelschicht *f* **4.** (*grupo de alumnos*) Klasse *f;* (*curso*) Unterricht *m;* **dar** ~ unterrichten **5.** (*categoría*) Klasse *f;* ~ **turista** Touristenklasse *f*

clasicismo [klasi'θismo] *m* **1.** (ARTE, LIT) Klassik *f* **2.** (ARQUIT: *neoclasicismo*) Klassizismus *m*

clásico, -a ['klasiko, -a] **I.** *adj* klassisch **II.** *m, f* Klassiker(in) *m(f)*

clasificación [klasifika'θjon] *f* Sortierung *f;* (BIOL) Klassifikation *f*

clasificar [klasifi'kar] <c→qu> **I.** *vt* sortieren (*por* nach +*dat*); (BIOL) klassifizieren (*por* nach +*dat*) **II.** *vr:* **~se** sich qualifizieren

clasismo [kla'sismo] *m* Standesdünkel *m pey*

claudicar [klau̯ði'kar] <c→qu> *vi* weich werden; (*ceder*) nachgeben

claustro ['klau̯stro] *m* (*galería*) Kreuzgang *m;* (*conjunto de profesores*) Lehrkörper *m;* (*reunión de profesores*) Lehrerversammlung *f*

claustrofobia [klau̯stro'foβja] *f* Klaustrophobie *f*

cláusula ['klau̯sula] *f* Klausel *f*

clausura [klau̯'sura] *f* **1.** (*cierre*) Schließung *f;* **sesión de** ~ Schlusssitzung *f* **2.** (*en un convento*) Klausur *f*

clausurar [klau̯su'rar] *vt* schließen

clavado, -a [kla'βaðo, -a] *adj* sehr ähnlich; (*exacto*) genau

clavar [kla'βar] **I.** *vt* **1.** (*enclavar*) annageln **2.** (*fijarse*) fixieren; **tener la vista clavada en algo** den Blick starr auf etw richten **3.** (*fam: cobrar*) abknöpfen **II.** *vr:* **~se una astilla en el dedo** sich *dat* einen Span in den Finger treiben

clave ['klaβe] *f* **1.** (*código*) Kode *m;* ~ **de acceso** Passwort *nt;* **en** ~ codiert **2.** (*secreto*) Schlüssel *m* (*de* +*gen*) **3.** (MÚS) (Noten)schlüssel *m*

clavel [kla'βel] *m* Nelke *f*

clavícula [kla'βikula] *f* Schlüsselbein *nt*

clavija [kla'βixa] *f* **1.** (TÉC) Stift *m* **2.** (*enchufe*) Stecker *m* **3.** (*loc*): **apretar las ~s a alguien** mit jdm ein ernstes Wörtchen reden

clavo ['klaβo] *m* (*punta*) Nagel *m;* (*espe-*

cia) (Gewürz)nelke *f*
claxon ['klaˠson] *m* Hupe *f*
clemencia [kle'men̩θja] *f* Milde *f,* Nachsicht *f*
clemente [kle'men̩te] *adj* nachsichtig
clementina [klemen̩'tina] *f* Klementine *f*
cleptómano, -a [klep'tomano, -a] *m, f* Kleptomane, -in *m, f*
clerical [kleri'kal] *adj* geistlich
clérigo ['kleriɣo] *m* Geistliche(r) *m*
clero ['klero] *m* Geistlichkeit *f*
clic [klik] *m* Klicken *nt;* **hacer** ~ anklicken
cliché [kli'ʧe] *m* Klischee *nt;* (FOTO) Negativ *nt*
cliente, -a ['kljen̩te, -a] *m, f* Kunde, -in *m, f;* ~ **fijo** Stammkunde *m*
clientela [kljen̩'tela] *f* Kundschaft *f*
clima ['klima] *m* Klima *nt*
climatizar [klimati'θar] <z→c> *vt* klimatisieren
climatología [klimatolo'xia] *f* Klimatologie *f*
clínica ['klinika] *f* Klinik *f*
clínico ['kliniko] *m* Krankenhaus *nt*
clip [klip] *m* Büroklammer *f*
clítoris ['klitoris] *m inv* Klitoris *f*
cloaca [klo'aka] *f* Kloake *f*
clon [klon] *m* **1.** (BIOL) Klon *m* **2.** (*payaso*) Clown *m*
clonar [klo'nar] *vt* klon(ier)en
cloro ['kloro] *m* Chlor *nt*
clorofila [kloro'filja] *f* Chlorophyll *nt*
club [kluᵝ] <clubs *o* clubes> *m* Klub *m;* ~ **de alterne** Animierlokal *nt;* ~ **deportivo** Sportverein *m*
cm [θen̩'timetro] *abr de* **centímetro** cm
coaccionar [koaˠθjo'nar] *vt* zwingen; (JUR) nötigen
coagulación [koaɣula'θjon] *f* **1.** (*sangre*) Gerinnung *f* **2.** (QUÍM) Koagulation *f*
coagular [koaɣu'lar] *vt, vr:* ~**se** (MED) gerinnen (lassen)
coágulo [ko'aɣulo] *m* (MED) Gerinnsel *nt*
coalición [koali'θjon] *f* Koalition *f*
coartada [koar'taða] *f* Alibi *nt*
coartar [koar'tar] *vt* (*libertad*) einschränken; (*persona*) einengen
coba ['koβa] *f* Schmeichelei *f;* **darle** ~ **a alguien** jdm Honig um den Bart schmieren *fam*
cobalto [ko'βal̩to] *m* Kobalt *nt*
cobarde [ko'βarðe] *m* Feigling *m*
cobardía [koβar'ðia] *f* Feigheit *f*
cobaya [ko'βaɟa] *m o f* Meerschweinchen *nt*
cobertizo [koβer'tiθo] *m* Vordach *nt;* (*cabaña*) Schuppen *m*
cobertor [koβer'tor] *m* Bettdecke *f*
cobertura [koβer'tura] *f* **1.** Bedeckung *f;* (*que protege*) Abdeckung *f* **2.** (COM) Deckung *f*
cobijar [ko'βixar] **I.** *vt* **1.** (*proteger*) (be)schützen **2.** (*acoger*) Unterschlupf bieten +*dat* **3.** (*albergar*) beherbergen **II.** *vr:* ~**se** Unterschlupf finden (*bajo* unter +*dat*)
cobijo [ko'βixo] *m* Unterschlupf *m*
cobra ['koβra] *f* Kobra *f*
cobrador(a) [koβra'ðor(a)] *m(f)* Kassierer(in) *m(f);* (*de tranvía*) Schaffner(in) *m(f)*
cobrar [ko'βrar] **I.** *vt* **1.** (*suma*) kassieren; (*cheque*) einlösen; (*sueldo*) verdienen; **¿me cobra, por favor?** zahlen, bitte! **2.** (*deudas*) eintreiben **3.** (*conseguir*): ~ **ánimos** Kraft schöpfen **II.** *vi* **1.** (*sueldo*) Zahltag haben **2.** (*fam*) Prügel beziehen; **¡que vas a ~!** du fängst dir gleich eine!
cobre ['koβre] *m* Kupfer *nt;* (*Am*) Kupfermünze *f*
cobro ['koβro] *m* **1.** (*como fuente financiera*) Einnahme *f* **2.** (*acto de cobrar*) (Ein)kassieren *nt,* Berechnung *f* **3.** (FIN: *impuestos*) Erhebung *f;* (*pago*) Zahlung *f;* (*por el banco*) Einziehung *f;* ~ **pendiente** ausstehende Zahlung; **a** ~ **revertido** zu Lasten des Empfängers
coca ['koka] *f* **1.** (BOT) Kokastrauch *m* **2.** (*droga*) Kokain *nt* **3.** (*de pelo*) Haarknoten *m* **4.** (*fam: cabeza*) Rübe *f*
coca(ína) [koka'(ina)] *f* Kokain *nt*
cocainómano, -a [kokai̯'nomano, -a] *m, f* Kokainsüchtige(r) *mf*
cocción [koˠ'θjon] *f* **1.** (*acto*) Kochen *nt* **2.** (*duración*) Kochzeit *f;* (*en el horno*) Backzeit *f*
cocear [koθe'ar] *vi* ausschlagen
cocer [ko'θer] *irr* **I.** *vt* (*cocinar*) kochen; (*hervir*) sieden; (*al horno*) backen **II.** *vi* (*hervir*) kochen **III.** *vr:* ~**se** **1.** (*cocinarse*) gekocht werden **2.** (*tramarse*) sich zusammenbrauen **3.** (*fam*) vor Hitze eingehen
cochambroso, -a [koʧam'broso, -a] *adj* (*fam*) dreckig; (*asqueroso*) eklig
coche ['koʧe] *m* **1.** (*automóvil*) Auto *nt;* ~ **de bomberos** Feuerwehrwagen *m;* ~ **de**

carreras Rennwagen *m;* ~ **de línea** Linienbus *m;* **ir en** ~ fahren **2.** (FERRO) Wagon *m* **3.** (*de caballos*) Kutsche *f*

coche-cama ['kotʃe-'cama] <coches-cama> *m* (FERRO) Schlafwagen *m*

cochecito [kotʃe'θito] *m* Kinderwagen *m*

coche-patrulla ['kotʃe-pa'truʎa] <coches-patrulla> *m* Streifenwagen *m*

cochera [ko'tʃera] *f* Garage *f*

coche-restaurante ['kotʃe-restau̯'ran̩te] <coches-restaurante> *m* (FERRO) Speisewagen *m*

cochinada [kotʃi'naðа] *f,* **cochinería** [kotʃine'ria] *f* (*fam*) Schweinerei *f*

cochinillo [kotʃi'niʎo] *m* Ferkel *nt*

cochino, -a [ko'tʃino, -a] *m, f* **1.** (*macho*) Schwein *nt;* (*hembra*) Sau *f* **2.** (*fam*) (Dreck)schwein *nt*

cocido [ko'θiðo] *m* Kichererbseneintopf *m*

cociente [ko'θjen̩te] *m* (MAT) Quotient *m*

cocina [ko'θina] *f* **1.** (*habitación*) Küche *f* **2.** (*aparato*) Herd *m* **3.** (*arte*) Kochkunst *f;* **la** ~ **alemana** die deutsche Küche; **libro de** ~ Kochbuch *nt*

cocinar [koθi'nar] *vt, vi* kochen

cocinero, -a [koθi'nero, -a] *m, f* Koch *m,* Köchin *f*

coco ['koko] *m* **1.** (*fruto*) Kokosnuss *f* **2.** (*árbol*) Kokospalme *f* **3.** (*fam: cabeza*) Birne *f,* Schädel *m;* (*cerebro*) Hirn *nt;* **comerse el** ~ sich *dat* den Kopf zerbrechen **4.** (*fam: ogro*) schwarzer Mann *m*

cocodrilo [koko'ðrilo] *m* Krokodil *nt*

cocotero [koko'tero] *m* Kokospalme *f*

coctel [kok'tel] <coctels> *m,* **cóctel** ['koktel] <cócteles> *m* Cocktail *m*

coctelera [kokte'lera] *f* Cocktailbecher *m*

codazo [ko'ðaθo] *m* Ellbogenstoß *m*

codear [koðe'ar] **I.** *vi* mit den Ellbogen stoßen **II.** *vr:* ~**se** verkehren

codicia [ko'ðiθja] *f* (*de algo material*) Habgier *f;* (*de algo inmaterial*) Begierde *f,* Gier *f* (*de* nach +*dat*)

codiciar [koði'θjar] *vt* begehren

codicioso, -a [koði'θjoso, -a] *adj* habgierig

codificar [koðifi'kar] <c→qu> *vt* kodieren; (JUR) kodifizieren; (*t.* INFOR) verschlüsseln

código ['koðiɣo] *m* **1.** (JUR) Kodex *m,* Gesetzbuch *nt;* ~ **de circulación** Straßenverkehrsordnung *f;* **Código Civil** Bürgerliches Gesetzbuch **2.** (*de señales*) Kode *m;* ~ **de barras** Balkenkode *m* **3.** (*t.* ECON) Zahl *f,* Ziffer *f;* ~ **bancario** Bankleitzahl *f;* ~ **postal** Postleitzahl *f*

codillo [ko'ðiʎo] *m* Eisbein *nt*

codo ['koðo] *m* Ell(en)bogen *m;* **empinar el** ~ (*fam*) einen heben; **hablar por los** ~**s** (*fam*) reden wie ein Wasserfall

codorniz [koðor'niθ] *f* Wachtel *f*

coeficiente [koefi'θjen̩te] *m* (MAT) Koeffizient *m*

coetáneo, -a [koe'taneo, -a] *m, f* Zeitgenosse, -in *m, f*

coexistencia [koeˠsis'ten̩θja] *f* Koexistenz *f*

coexistir [koeˠsis'tir] *vi* koexistieren

cofia ['kofja] *f* Haube *f*

cofradía [kofra'ðia] *f* (*hermandad*) Laienbruderschaft *f;* (*gremio*) Zunft *f;* (*asociación*) Verein *m*

cofre ['kofre] *m* Truhe *f*

cogedor [koxe'ðor] *m* Kehrichtschaufel *f*

coger [ko'xer] <g→j> **I.** *vt* **1.** (*agarrar*) festhalten (*de/por* an +*dat*), fassen (*de/por* an +*dat*); (*objeto caído*) aufheben; ~**las al vuelo** es sofort kapieren *fam;* **le cogió del brazo** er/sie hielt ihn am Arm fest **2.** (*tocar*) in die Hände nehmen **3.** (*quitar*) wegnehmen **4.** (*personas*) fassen; (*apresar*) festnehmen **5.** (*flores*) pflücken **6.** (AUTO) überfahren **7.** (*vicio, enfermedad*) bekommen; ~ **frío** sich erkälten; ~**le cariño a alguien** jdn lieb gewinnen **8.** (*tomar*) nehmen; ~ **el tren** den Zug nehmen **9.** (*Am: vulg*) ficken **II.** *vi* Platz haben; (*Am: vulg*) ficken (*con* +*akk*) **III.** *vr:* ~**se algo** sich *dat* etw einklemmen

cogida [ko'xiða] *f* Stierkampfunfall *m*

cognitivo, -a [koɣni'tiβo, -a] *adj* (PSICO) kognitiv

cogollo [ko'ɣoʎo] *m* (*de col, lechuga*) Herz *nt*

cogote [ko'ɣote] *m* **1.** (*de la cabeza*) Hinterkopf *m* **2.** (*nuca*) Nacken *m;* **estar hasta el** ~ (*fam*) die Nase voll haben

cogotudo [koɣo'tuðo] *m* (*Am*) Emporkömmling *m*

cohabitar [koaβi'tar] *vi* (ehelich) zusammenleben; (*pey*) in wilder Ehe leben

cohecho [ko'etʃo] *m* Bestechung *f,* Korruption *f*

coherencia [koe'ren̩θja] *f* Zusammenhang *m*

coherente [koe'ren̩te] *adj* zusammenhän-

C

gend

cohesión [koe'sjon] *f* Zusammenhalt *m*

cohesionar [koesjo'nar] *vt* zusammenhalten

cohete [ko'ete] *m* (*explosivo*) Feuerwerkskörper *m;* (*misil*) Rakete *f*

cohibido, -a [koi̯'βiðo, -a] *adj* verschüchtert; (*inhibido*) gehemmt

cohibir [koi̯'βir] *irr como prohibir* **I.** *vt* (*intimidar*) einschüchtern; (*incomodar*) hemmen; (*refrenar*) befangen machen **II.** *vr:* **~se** den Mut verlieren

coincidencia [koi̯n̪θi'ðen̪θja] *f* Überschneidung *f;* **¡qué ~!** was für ein Zufall!

coincidente [koi̯n̪θi'ðen̪te] *adj* **1.** (*simultáneo*) zusammenfallend **2.** (*concordante*) übereinstimmend **3.** (*en el mismo lugar*) zusammentreffend

coincidir [koi̯n̪θi'ðir] *vi* **1.** (*sucesos*) zusammenfallen **2.** (*toparse*) zusammentreffen; **~ con alguien** jdn zufällig treffen **3.** (*concordar*) übereinstimmen; **~ con alguien** mit jdm einer Meinung sein

coito ['koi̯to] *m* Koitus *m,* Beischlaf *m*

cojear [koxe'ar] *vi* (*persona*) humpeln; (*animal*) lahmen; (*mueble*) wackeln

cojín [ko'xin] *m* Kissen *nt*

cojo, -a ['koxo, -a] **I.** *adj* **1.** (*persona*) hinkend; (*animal*) lahm; **a la pata coja** auf einem Bein **2.** (*mueble*) wack(e)lig **II.** *m, f* Hinkende(r) *mf*

cojón [ko'xon] *m* (*vulg*) **1.** *pl* (*testículos*) Eier *ntpl fam* **2.** *pl:* **¡cojones!** Mist! *fam*

cojonudo, -a *adj* (*argot*) Super-, Wahnsinns-; **un tío ~** (*estupendo*) ein Mordskerl; (*atractivo*) ein geiler Typ

cojudo, -a [ko'xuðo, -a] *adj* (*Am*) dumm

col [kol] *m* Kohl *m;* **~es de Bruselas** Rosenkohl *m*

cola ['kola] *f* **1.** (ANAT: *rabo*) Schwanz *m* **2.** (*de vestido*) Schleppe *f* **3.** (*al esperar*) Schlange *f;* **ponerse a la ~** sich (hinten) anstellen **4.** (*de un cometa*) Schweif *m* **5.** (*pegamento*) Leim *m* **6.** (*vulg*) Schwanz *m fam*

colaboración [kolaβora'θjon] *f* Zusammenarbeit *f,* Mitwirkung *f*

colaborador(a) [kolaβora'ðor(a)] **I.** *adj* **1.** (*cooperativo*) zusammenarbeitend, mitwirkend **2.** (POL) kollaborierend **II.** *m(f)* Mitarbeiter(in) *m(f)*

colaborar [kolaβo'rar] *vi* zusammenarbeiten (*con* mit +*dat*), mitwirken (*en* an +*dat*)

colación [kola'θjon] *f* **1.** (JUR: *mención*) urkundliche Erwähnung *f;* (*de bienes*) Vergleich *m* **2.** (*pey: mencionar*): **sacar a ~** zur Sprache bringen **3.** (*comida*) leichte (Zwischen)mahlzeit *f,* Snack *m*

colada [ko'laða] *f* Wäsche *f*

colado, -a [ko'laðo, -a] *adj* (*fam*) verknallt (*por* in +*akk*)

colador [kola'ðor] *m* Sieb *nt*

colapsar [kolap'sar] **I.** *vt* (*tráfico*) zum Erliegen bringen **II.** *vi, vr:* **~se** (*tráfico*) zum Erliegen kommen

colapso [ko'lapso] *m* **1.** (MED) Kollaps *m* **2.** (*destrucción*) Zusammenbruch *m;* (*paralización*) Stillstand *m*

colar [ko'lar] <o→ue> *vr:* **~se** **1.** (*fam: entrar*) sich durchschleichen; (*una moneda*) durchfallen **2.** (*en una cola*) sich vordrängeln

colcha ['kolʧa] *f* Tagesdecke *f*

colchón [kol'ʧon] *m* Matratze *f*

colchoneta [kolʧo'neta] *f* Luftmatratze *f;* (DEP) Matte *f*

colear [kole'ar] *vi* **1.** (*la cola*) (mit dem Schwanz) wedeln **2.** (*durar*) andauern

colección [koleᵞ'θjon] *f* (*recopilación*) Sammlung *f;* (*de moda*) Kollektion *f;* (*fam*) Menge *f*

coleccionar [koleᵞθjo'nar] *vt* sammeln

coleccionista [koleᵞθjo'nista] *mf* Sammler(in) *m(f)*

colecta [ko'lekta] *f* (REL: *en misa*) Kollekte *f;* (*recaudación*) Sammeln *nt* (für wohltätige Zwecke)

colectividad [kolektiβi'ðaᵈ] *f* Kollektivität *f*

colectivo, -a [kolek'tiβo, -a] *adj* kollektiv; **acción colectiva** gemeinsame Aktion

colega [ko'leɣa] *mf* Kollege, -in *m, f;* (*argot*) Kumpel *m*

colegiado, -a [kole'xjaðo, -a] *m, f* Angehörige(r) *mf* einer Berufskammer; (DEP) Schiedsrichter(in) *m(f)*

colegial(a) [kole'xjal(a)] **I.** *adj* **1.** (*de un colegio*) Schul-, Schüler- **2.** (*inexperto*) unerfahren **II.** *m(f)* **1.** (*alumno*) Schüler(in) *m(f)* **2.** (*inexperto*) Grünschnabel *m*

colegio [ko'lexjo] *m* **1.** (ENS) Schule *f;* **ir al ~** zur Schule gehen **2.** (*Am: universidad*) Hochschule *f;* **~ mayor** Studentenwohnheim *nt* **3. ~ de abogados** Anwaltskammer *f*

cólera¹ ['kolera] *m* Cholera *f*

cólera² ['kolera] *f:* **acceso de ~** Wutanfall *m*

colérico, -a [ko'leriko, -a] *adj* (jäh)zornig

colesterol [koleste'rol] *m* Cholesterin *nt*

coletilla [kole'tiʎa] *f* **1.** (TAUR) Stierkämpferzöpfchen *nt* **2.** (*de un escrito*) Postskriptum *nt* **3.** (*palabra*) Floskel *f*

colgador [kolɣa'ðor] *m* (*en general*) Aufhängevorrichtung *f;* (*gancho*) Haken *m;* (*percha*) Bügel *m*

colgante [kol'ɣan̪te] *m* Anhänger *m*

colgar [kol'ɣar] *irr* **I.** *vt* **1.** (*pender*) hängen (*de/en* an +*akk*); (*decorar*) behängen (*de* mit +*dat*); (*ahorcar*) erhängen (*de* an +*dat*); ~ **el teléfono** den (Telefon)hörer auflegen **2.** (*dejar*) aufgeben; ~ **los libros** das Studium aufgeben **II.** *vi* **1.** hängen (*de/en* an/von +*dat*) **2.** (TEL) auflegen **III.** *vr:* ~**se** sich erhängen (*de/en* an +*dat*)

colibrí [koli'βri] *m* Kolibri *m*

cólico ['koliko] *m* Kolik *f*

coliflor [koli'flor] *f* Blumenkohl *m*

colilla [ko'liʎa] *f* Zigarettenkippe *f*

colina [ko'lina] *f* Hügel *m*

colindar [kolin̪'dar] *vi* grenzen (*con* an +*akk*)

colirio [ko'lirjo] *m* Augentropfen *mpl*

colisión [koli'sjon] *f* Zusammenstoß *m*

colisionar [kolisjo'nar] *vi* zusammenstoßen (*con/contra* mit +*dat*), kollidieren (*con/contra* mit +*dat*)

collado [ko'ʎaðo] *m* Hügel *m;* (*puerto*) (Gebirgs)pass *m*

collage [ko'laʃ] *m* Collage *f*

collar [ko'ʎar] *m* Halskette *f;* (*de joyas o perlas*) Kollier *nt;* ~ **de perro** Hundehalsband *nt*

colmado, -a [kol'maðo, -a] *adj* (rand)voll; **un año ~ de felicidad** ein glückliches Jahr

colmar [kol'mar] *vt* **1.** (*vaso*) bis zum Rand füllen (*de* mit +*dat*) **2.** (*alabanzas*) überschütten (*de* mit +*dat*) **3.** (*esperanzas*) erfüllen

colmena [kol'mena] *f* Bienenstock *m*

colmillo [kol'miʎo] *m* Eckzahn *m*

colmo ['kolmo] *m:* **para ~** obendrein; **¡esto es el ~!** das ist (doch) der Gipfel!

colocado, -a [kolo'kaðo, -a] *adj* (*argot: bebido*) blau; (*drogado*) high

colocar [kolo'kar] <c→qu> **I.** *vt* **1.** (*emplazar*) stellen; (*según un orden*) (an)ordnen; (*poner*) legen **2.** (COM) anlegen **II.** *vr:* ~**se** **1.** (*empleo*) eine Anstellung finden **2.** (*sombrero, gafas*) sich *dat* aufsetzen **3.** (*posicionarse*) sich hinstellen; (*sentarse*) Platz nehmen **4.** (*argot: alcohol*) sich betrinken; (*drogas*) Drogen nehmen; (*heroína*) sich *dat* einen Schuss setzen

Colombia [ko'lombja] *f* Kolumbien *nt*

C

Colombia (offiziell: **República de Colombia**) liegt im Nordwesten Südamerikas, zwi-schen der Karibik und dem Pazifik. Die Hauptstadt **(Santa Fe de) Bogotá** ist gleichzeitig die größte Stadt des Landes. Die offizielle Landessprache Kolumbiens ist Spanisch. Die Währungseinheit ist der **peso**.

colombiano, -a [kolom'bjano, -a] *adj* kolumbianisch

colon [ko'lon] *m* Grimmdarm *m*

Colón [ko'lon] *m* (*Cristóbal*) Kolumbus *m;* (*moneda*) Colón *m*

colonia [ko'lonja] *f* **1.** (BIOL, POL) Kolonie *f* **2.** *pl* (*para niños*) Ferienkolonie *f* **3.** (*barrio*) Stadtviertel *nt* **4.** (*perfume*) Kölnischwasser *nt*

Colonia [ko'lonja] *f* Köln *nt*

colonial *adj* Kolonial-; **productos ~es** Kolonialwaren *fpl*

colonialismo [kolonja'lismo] *m* Kolonialismus *m*

colonización [koloniθa'θjon] *f* **1.** (POL: *conquista*) Kolonisierung *f* **2.** (*población*) Besied(e)lung *f*

colonizar [koloni'θar] <z→c> *vt* kolonisieren; (*poblar*) besiedeln

coloquial [kolo'kjal] *adj* umgangssprachlich

coloquio [ko'lokjo] *m* **1.** (*conversación*) Gespräch *nt;* (*científico*) Kolloquium *nt* **2.** (*congreso*) Kongress *m*

color [ko'lor] *m* Farbe *f;* **película en ~** Farbfilm *m;* **un hombre de ~** ein Farbiger

colorado, -a [kolo'raðo, -a] *adj:* **ponerse ~** erröten

colorante [kolo'ran̪te] *m* Farbstoff *m*

colorar [kolo'rar] *vt* färben, kolorieren

colorear [kolore'ar] *vt* färben; (*pintar*) anmalen

colorido [kolo'riðo] *m* (*conjunto*) Färbung *f;* (*tipismo*) (Lokal)kolorit *nt*

colosal [kolo'sal] *adj* (*t. fam*) kolossal

columna [ko'lumna] *f* **1.** (*pilar*) Säule *f* **2.** (*montón*) Stapel *m* **3.** (*periódico*) Kolumne *f* **4.** (MIL) Kolonne *f* **5.** (ANAT): ~ **vertebral** Wirbelsäule *f*

columnista [kolum'nista] *mf* Kolumnist(in) *m(f)*

columpiar [kolum'pjar] **I.** *vt* schaukeln; (*mecer*) wiegen **II.** *vr:* ~**se** schaukeln

columpio [ko'lumpjo] *m* Schaukel *f;* (*Am*) Schaukelstuhl *m*

colza ['kol̪θa] *f* (BOT) Raps *m*

coma[1] ['koma] *m* (MED) Koma *nt*

coma[2] ['koma] *f* (LING) Komma *nt*

comadre [ko'maðre] *f* Taufpatin *f;* (*fam*) (befreundete) Nachbarin *f*

comadrona [koma'ðrona] *f* Hebamme *f*

comandante [koman̪'dan̪te] *m* **1.** (MIL) Befehlshaber *m;* (*grado*) Kommandant *m,* Oberst *m* **2.** (NÁUT) (Schiffs)kapitän *m* **3.** (AERO) (Flug)kapitän *m*

comando [ko'man̪do] *m* **1.** (MIL) Kommando *nt* **2.** (INFOR) Befehl *m;* ~ **de arranque** Startbefehl *m*

comarca [ko'marka] *f* (*zona*) Gegend *f;* (*región*) Gebiet *nt;* (ADMIN) (Land)kreis *m*

comba ['komba] *f* Hüpfseil *nt;* **saltar a la** ~ seilhüpfen

combar [kom'bar] *vr:* ~**se** sich biegen

combate [kom'bate] *m* **1.** (*lucha*) Kampf *m,* Gefecht *nt;* (*batalla*) Schlacht *f;* ~ **naval** Seeschlacht *f* **2.** (DEP) Wettkampf *m;* ~ **de boxeo** Boxkampf *m;* **fuera de** ~ kampfunfähig

combatir [komba'tir] **I.** *vi* kämpfen **II.** *vt* bekämpfen; (*rebatir*) anfechten

combinación [kombina'θjon] *f* **1.** (*composición*) Zusammenstellung *f;* (*t.* MAT) Kombination *f* **2.** (QUÍM) Verbindung *f* **3.** (*de transportes*) Verbindung *f* **4.** (*lencería*) Unterrock *m*

combinado [kombi'naðo] *m* Cocktail *m;* (*ropa*) Kombination *f*

combinar [kombi'nar] **I.** *vi* passen (*con* zu +*dat*) **II.** *vt* **1.** (*componer*) zusammenstellen **2.** (*unir*) verbinden; ~ **ideas** Gedanken verknüpfen **3.** (*coordinar*) abstimmen (*con* auf +*akk*) **4.** (MAT) kombinieren **III.** *vr:* ~**se** sich verbinden

combustible [kombus'tiβle] *m* Brennstoff *m;* (*carburante*) Kraftstoff *m*

combustión [kombus'tjon] *f* (FÍS, QUÍM) Abbrennen *nt,* Verbrennung *f;* (*con llama*) Verfeuerung *f*

comecocos [kome'kokos] *m inv* **1.** (*fam: obsesión*) Kopfnuss *f* **2.** (INFOR: *juego*) Jump-And-Run-Spiel *nt*

comedia [ko'meðja] *f* **1.** (TEAT: *obra*) Schauspiel *nt;* (*divertida*) Lustspiel *nt* **2.** (CINE) Komödie *f* **3.** (*fam*) Theater *nt*

comediante, -a [kome'ðjan̪te, -a] *m, f* Schauspieler(in) *m(f);* (*farsante*) Komödiant(in) *m(f)*

comedido, -a [kome'ðiðo, -a] *adj* **1.** gemäßigt (*en* in +*dat*); (*contenido*) zurückhaltend (*en* mit +*dat*) **2.** (*modesto*) bescheiden **3.** (*Am*) hilfsbereit

comedirse [kome'ðirse] *irr como pedir vr* **1.** (*moderarse*) sich mäßigen; (*contenerse*) sich zurückhalten (*en* mit +*dat*) **2.** (*Am: ofrecerse*) sich bereit erklären (*a* zu)

comedor [kome'ðor] *m* Esszimmer *nt;* (*en una empresa*) Kantine *f;* ~ **universitario** Mensa *f*

comensal [komen'sal] *mf* (Tisch)gast *m*

comentar [komen̪'tar] *vt* **1.** (*hablar sobre algo*) besprechen; (*hacer comentarios*) kommentieren; (*explicar*) erläutern; (*analizar*) auslegen **2.** (*fam*) erzählen

comentario [komen̪'tarjo] *m* Kommentar *m;* (*aclaración*) Erläuterung *f*

comentarista [komen̪ta'rista] *mf* Kommentator(in) *m(f)*

comenzar [komen̪'θar] *irr como empezar* **I.** *vi* anfangen (*con/por* mit +*dat*); ~ **a** +*inf* anfangen zu +*inf;* **para** ~ als Erstes **II.** *vt* anfangen

comer [ko'mer] **I.** *vi* **1.** (*alimentarse*) essen; (*animales*) fressen; **dar de** ~ **a un animal** ein Tier füttern; ~ **caliente** eine warme Mahlzeit haben **2.** (*almorzar*) zu Mittag essen; **antes/después de** ~ vor/nach dem (Mittag)essen **II.** *vt* **1.** (*ingerir*) essen; (*animales*) fressen **2.** (*fig: consumir*) nagen (an +*dat*) **III.** *vr:* ~**se** (auf)essen; ~**se a alguien a besos** jdn abküssen; **está para comérsela** sie ist zum Anbeißen

comercial[1] [komer'θjal] **I.** *adj:* **calle** ~ Geschäftsstraße *f;* **centro** ~ Einkaufszentrum *nt* **II.** *mf* Außendienstmitarbeiter(in) *m(f),* Handelsvertreter(in) *m(f)*

comercial[2] [komer'θjal] *m* (*Am*) Werbespot *m*

comercialización [komerθjaliθa'θjon] *f* Vermarktung *f,* Kommerzialisierung *f;* (*puesta en circulación*) Inverkehrbringen *nt*

comercializar [komerθjali'θar] <z→c>

vt vermarkten

comerciante, -a [komer'θjan̩te, -a] *m, f* Händler(in) *m(f)*; (*negociante*) Geschäftsmann, -frau *m, f*

comerciar [komer'θjar] *vi* handeln (*con* mit +*dat*)

comercio [ko'merθjo] *m* **1.**(*actividad*) Handel *m;* (*venta*) Gewerbe *nt;* ~ **ambulante** Straßenverkauf *m;* ~ **exterior** Außenhandel *m;* ~ **al por mayor** Großhandel *m* **2.**(*tienda*) Laden *m,* Geschäft *nt*

comestibles [komes'tiβles] *mpl* Lebensmittel *ntpl;* **tienda de** ~ Lebensmittelgeschäft *nt*

cometa[1] [ko'meta] *m* (ASTR) Komet *m*

cometa[2] [ko'meta] *f* (*juguete*) Drachen *m*

cometer [kome'ter] *vt* begehen; (*perpetrar*) verüben

cometido [kome'tiðo] *m* (*encargo*) Auftrag *m;* (*tarea*) Aufgabe *f;* (*obligación*) Pflicht *f*

comezón [kome'θon] *f* Juckreiz *m;* (*malestar*) Unbehagen *nt*

cómic ['komi^k] *m* <cómics> Comic *m*

comicios [ko'miθjos] *mpl* (*elecciones*) Wahlen *fpl*

cómico, -a ['komiko, -a] **I.** *adj* (*divertido*) witzig **II.** *m, f* Komiker(in) *m(f)*

comida [ko'miða] *f* Essen *nt,* Nahrung *f;* (*comestibles*) Lebensmittel *ntpl;* ~ **basura** Junk-food *nt;* ~ **casera** Hausmannskost *f;* ~ **rápida** Fastfood *nt;* ~ **de negocios** Geschäftsessen *nt*

comidilla [komi'ðiʎa] *f* (*fam fig*) Stadtgespräch *nt*

comienzo [ko'mjen̩θo] *m* Anfang *m,* Beginn *m;* **al** ~ am Anfang; **a ~s de mes** Anfang des Monats

comilona [komi'lona] *f* (*fam*) Fressorgie *f*

comino [ko'mino] *m* Kümmel *m;* **no valer un** ~ keinen Deut wert sein

comisaría [komisa'ria] *f* (Polizei)wache *f;* ~ **de policía** Polizeirevier *nt*

comisario, -a [komi'sarjo, -a] *m, f* **1.**(*delegado*) Beauftragte(r) *mf;* (*representante*) Vertreter(in) *m(f)* **2.**(*de policía, t.* UE) Kommissar(in) *m(f)*

comisión [komi'sjon] *f* **1.**(*delegación*) Kommission *f;* (*comité*) Komitee *nt;* **Comisión Europea** (UE) Europäische Kommission; ~ **parlamentaria** Parlamentsausschuss *m;* ~ **permanente** Ständiger Rat **2.**(COM) Provision *f;* **a** ~ auf Provision(sbasis)

comisura [komi'sura] *f:* ~ **de los labios** Mundwinkel *m*

comité [komi'te] *m* Komitee *nt;* (*junta*) Ausschuss *m;* ~ **central** Zentralkomitee *nt;* ~ **de empresa** Betriebsrat *m*

comitiva [komi'tiβa] *f* Gefolge *nt;* ~ **fúnebre** Leichenzug *m*

como ['komo] **I.** *adv* **1.**(*del modo que*) wie; **hazlo** ~ **quieras** mach es, wie du willst; ~ **quien dice** sozusagen **2.**(*comparativo*) wie **3.**(*aproximadamente*) ungefähr; **hace** ~ **un año** etwa vor einem Jahr **4.**(*y también*) sowie **5.**(*en calidad de*) als; **trabaja** ~ **camarero** er arbeitet als Kellner **II.** *conj* **1.**(*causal*) da **2.**(*condicional*) wenn, falls **3.**(*con 'si' +subj o con 'que'*) als ob, als wenn **4.**(*completiva*) dass **5.**(*final*): ~ **para** um zu **6.**(*temporal*) sobald

cómo ['komo] *adv* **1.**(*modal, exclamativo*) wie; **¿~ estás?** wie geht's dir?; **¿~ (dice)?** wie bitte? **2.**(*por qué*) wieso; **¿~ (no)?** wieso (nicht)?; **¡~ no!** aber klar!

cómoda ['komoða] *f* Kommode *f*

comodidad [komoði'ða^ð] *f* **1.** Bequemlichkeit *f;* (*ambiente acogedor*) Gemütlichkeit *f* **2.**(*conveniencia*) Nutzen *m;* (*beneficio*) Vorteil *m*

comodín [komo'ðin] *m* Joker *m*

cómodo, -a ['komoðo, -a] *adj* **1.** *ser* (*cosa*) bequem; (*acogedor*) gemütlich; (*fácil*) leicht **2.** *ser* (*persona*) bequem **3.** *estar* (*a gusto*) bequem; **¡ponte ~!** mach's dir bequem!

comoquiera [komo'kjera] **I.** *adv* irgendwie, wie auch immer **II.** *conj* **1.**(*causal*): ~ **que** da … ja **2.**(*concesiva*): ~ **que** auch wenn; ~ **que sea** wie es auch sein mag

compact (**disc**) ['kompak (ðis^k)] *m* CD *f*

compacto, -a [kom'pakto, -a] *adj* kompakt; (*denso*) dicht

compadecer [kompaðe'θer] *irr como crecer* **I.** *vt* bedauern **II.** *vr:* **~se** (*sentir*) Mitleid haben (*de* mit +*dat*); (*actuar*) sich erbarmen (*de* +*gen*)

compadre [kom'paðre] *m* Pate *m;* (*amigo*) Freund *m*

compaginar [kompaxi'nar] **I.** *vt* vereinbaren; (*armonizar*) harmonisieren **II.** *vr:* **~se** zusammenpassen; (*armonizar*) in Einklang stehen

compañerismo [kompaɲe'rismo] *m* Kameradschaftssinn *m*

C

compañero, -a [kompa'ɲero, -a] *m, f* Gefährte, -in *m, f;* (*amigo*) Freund(in) *m(f);* (*pareja*) Lebensgefährte, -in *m, f;* (*camarada*) Kamerad(in) *m(f);* (POL) Genosse, -in *m, f;* (*colaborador*) Mitarbeiter(in) *m(f);* ~ **de clase** Schulkamerad *m;* (UNIV) Kommilitone *m;* ~ **de piso** Mitbewohner *m;* ~ **de trabajo** Arbeitskollege *m*

compañía [kompa'ɲia] *f* **1.** (*acompañamiento*) Gesellschaft *f;* **animal de** ~ Haustier *nt;* **hacer** ~ **a alguien** jdm Gesellschaft leisten **2.** (*acompañante*) Begleitung *f* **3.** (TEAT) Ensemble *nt,* Truppe *f* **4.** (COM) Gesellschaft *f;* ~ **aérea** Fluggesellschaft *f* **5.** (MIL) Kompanie *f*

comparación [kompara'θjon] *f* Vergleich *m;* **en** ~ **con algo** im Vergleich zu etw *dat*

comparar [kompa'rar] *vt, vr:* ~**se** (sich) vergleichen (*a/con* mit +*dat*); (*equipararse*) (sich) gleichstellen (*a/con* +*dat*)

comparativo [kompara'tiβo] *m* Komparativ *m*

comparecencia [kompare'θen̪θja] *f* (*t.* JUR) Erscheinen *nt;* (*como testigo/experto*) Auftreten *nt;* **no** ~ Nichterscheinen *nt*

comparecer [kompare'θer] *irr como crecer vi* (*t.* JUR) erscheinen; (*como testigo*) auftreten

comparsa [kom'parsa] *mf* (*t. fig*) Statist(in) *m(f)*

compartim(i)ento [komparti'm(j)en̪to] *m* Abteilung *f;* (FERRO) Abteil *nt*

compartir [kompar'tir] *vt* teilen; (*repartirse*) verteilen (*entre* unter +*dat*)

compás [kom'pas] *m* **1.** (*en dibujo*) Zirkel *m* **2.** (AERO, NÁUT) Kompass *m* **3.** (*ritmo*) Rhythmus *m;* (MÚS) Takt *m*

compasión [kompa'sjon] *f* Mitleid *nt* (*de* mit +*dat*); **sin** ~ erbarmungslos

compasivo, -a [kompa'siβo, -a] *adj* teilnahmsvoll

compatibilidad [kompatiβili'ðað] *f* (*t.* INFOR, MED) Kompatibilität *f;* (TÉC) Vereinbarkeit *f;* (LING) Kombinierbarkeit *f*

compatible [kompa'tiβle] *adj* zusammenpassend; (*t.* INFOR, MED) kompatibel; (ADMIN, TÉC) vereinbar; (LING) kombinierbar

compatriota [kompa'trjota] *mf* Landsmann, -männin *m, f*

compeler [kompe'ler] *vt* nötigen (*a* zu +*dat*)

compendiar [kompen̪'djar] *vt* **1.** (*resumir*) zusammenfassen **2.** (*representar*) ausdrücken

compendio [kom'pen̪djo] *m* Zusammenfassung *f;* (*manual*) Abriss *m*

compenetrarse [kompene'trarse] *vr* sich identifizieren; (*fundirse*) eins werden

compensación [kompensa'θjon] *f* (JUR, MED) Kompensation *f;* (*equilibrio*) Ausgleich *m;* (*neutralización*) Aufhebung *f;* (*indemnización*) Entschädigung *f;* (*restitución*) Ersatz *m;* ~ **por despido** Abfindung *f*

compensar [kompen'sar] *vt* ausgleichen (*con* durch +*akk*); (COM: *indemnizar*) entschädigen (*de* für +*akk*)

competencia [kompe'ten̪θja] *f* **1.** (*t.* COM) Wettbewerb *m;* (DEP) Wettstreit *m;* (*rivalidad*) Konkurrenz *f;* ~ **desleal** unlauterer Wettbewerb **2.** (*aptitud*) Fähigkeit *f* **3.** (*responsabilidad*) Zuständigkeit *f;* **esto** (**no**) **es de mi** ~ dafür bin ich (nicht) zuständig

competente [kompe'ten̪te] *adj* fähig; (*apto*) tauglich; (*t.* LING) kompetent; (*versado*) sachkundig

competer [kompe'ter] *vi* (*t.* JUR) obliegen +*dat*

competición [kompeti'θjon] *f* (*t.* DEP) Wettbewerb *m,* Wettkampf *m*

competidor(a) [kompeti'ðor(a)] *m(f)* (*t.* ECON) Konkurrent(in) *m(f),* Wettbewerber(in) *m(f)*

competir [kompe'tir] *irr como pedir vi* konkurrieren (*por* um +*akk*); (*igualarse*) konkurrieren können (*en* in +*dat*)

competitividad [kompetitiβi'ðað] *f* Konkurrenzfähigkeit *f,* Wettbewerbsfähigkeit *f;* (*espíritu*) Wettbewerbsgeist *m*

competitivo, -a [kompeti'tiβo, -a] *adj* konkurrenzfähig; **espíritu** ~ Wettbewerbsgeist *m*

compilar [kompi'lar] *vt* (*t.* INFOR) kompilieren

compinche [kom'pintʃe] *mf* (*fam pey*) Kumpan(in) *m(f)*

complacencia [kompla'θen̪θja] *f* **1.** (*agrado*) (Wohl)gefallen *nt;* (*satisfacción*) Befriedigung *f;* (*placer*) Vergnügen *nt* **2.** (*atención*) Gefälligkeit *f* **3.** (*indulgencia*) Nachsicht *f*

complacer [kompla'θer] *irr como crecer* **I.** *vt* **1.** (*gustar*) gefallen +*dat* **2.** (*agradar*) freuen **3.** (*hacer un favor*) eine Gefälligkeit erweisen +*dat,* jdm (gegenüber) gefällig sein;

~ **una petición** eine Bitte erfüllen **II.** *vr:* ~**se** Gefallen finden (*en/de* an +*dat*); (*alegrarse*) sich freuen

complaciente [kompla'θjen̪te] *adj* gefällig

complejidad [komplexi'ða^{ð}] *f* **1.** (*multifacetismo*) Vielschichtigkeit *f,* Komplexität *f* **2.** (*complicación*) Kompliziertheit *f;* (*dificultad*) Schwierigkeit *f*

complejo[1] [kom'plexo] *m* **1.** ~ **deportivo** Sportzentrum *nt;* ~ **hotelero** Hotelkomplex *m;* ~ **turístico** touristische Anlage **2.** ~ **de culpabilidad** Schuldkomplex *m;* ~ **de superioridad** übersteigertes Selbstbewusstsein

complejo, -a[2] [kom'plexo, -a] *adj* kompliziert; (*difícil*) schwierig

complemento [komple'men̪to] *m* **1.** (*paga*) Zulage *f;* (*recargo*) Zuschlag *m* **2.** (*accesorio*) Accessoire *nt* **3.** (LING) Objekt *nt*

completamente [kompleta'men̪te] *adv* komplett

completar [komple'tar] **I.** *vt* vervollständigen; (*perfeccionar*) vervollkommnen **II.** *vr:* ~**se** sich ergänzen

completo, -a [kom'pleto, -a] *adj* (*íntegro*) vollständig; (*perfecto*) vollkommen; (*total*) total; (*lleno*) voll; **pensión completa** Vollpension *f*

complexión [komple^{ɣ}'sjon] *f* Körperbau *m;* (*Am*) Teint *m*

complicación [komplika'θjon] *f* **1.** (*t.* MED: *problema*) Komplikation *f,* Schwierigkeit *f* **2.** (*complejidad*) Kompliziertheit *f* **3.** (*confusión*) Verwirrung *f;* (*enredo*) Verwicklung *f*

complicar [kompli'kar] <c→qu> *vr:* ~**se** kompliziert werden; (*agravarse*) sich verschlimmern

cómplice ['kompliθe] *mf* (*t.* JUR) Komplize, -in *m, f* (*de/en* bei +*dat*); **hacerse ~ de alguien/algo** jdm/bei etw *dat* Beihilfe leisten

complicidad [kompliθi'ða^{ð}] *f* (JUR) Beihilfe *f*

compló [kom'plo] *m* <complós>, **complot** [kom'plo^{t}] *m* <complots> Komplott *nt*

componente [kompo'nen̪te] *m* Bestandteil *m*

componer [kompo'ner] *irr como poner* **I.** *vt* **1.** (*formar*) zusammensetzen **2.** (*constituir*) bilden **3.** (MÚS) komponieren **4.** (*Am: castrar*) kastrieren **5.** (*Am: curar*) einrenken **II.** *vr:* ~**se** bestehen (*de* aus +*dat*); (*Am*) sich bessern

comportamiento [komporta'mjen̪to] *m* Benehmen *nt;* (*t.* PSICO, TÉC) Verhalten *nt*

comportar [kompor'tar] **I.** *vt* miteinschließen; **esto (no) comporta que** +*subj* das bedeutet (nicht), dass ... **II.** *vr:* ~**se** sich benehmen

composición [komposi'θjon] *f* (*obra*) Werk *nt;* (*redacción*) Aufsatz *m*

compositor(a) [komposi'tor(a)] *m(f)* Komponist(in) *m(f)*

compostura [kompos'tura] *f* **1.** (*realización*) Anfertigung *f* **2.** (*comedimiento*) Mäßigkeit *f;* (*decencia*) Anstand *m*

compota [kom'pota] *f* Kompott *nt*

compra ['kompra] *f* Kauf *m*

comprador(a) [kompra'ðor(a)] *m(f)* Käufer(in) *m(f)*

comprar [kom'prar] **I.** *vt* **1.** (*adquirir*) (ein)kaufen; ~ **a plazos** auf Raten kaufen **2.** (*corromper*) bestechen **II.** *vr:* ~**se** sich *dat* kaufen

comprender [kompren̪'der] *vt* **1.** (*contener*) enthalten; (*abarcar*) umfassen **2.** (*entender*) verstehen; **hacerse** ~ sich verständigen; ~ **mal** missverstehen

comprensible [kompren'siβle] *adj* verständlich

comprensión [kompren'sjon] *f* Auffassungsvermögen *nt*

comprensivo, -a [kompren'siβo, -a] *adj* verständnisvoll

compresa [kom'presa] *f* (*t.* MED) Kompresse *f;* (*higiénica*) Damenbinde *f*

comprimido [kompri'miðo] *m* Tablette *f*

comprimir [kompri'mir] *vt* komprimieren; (*gas*) verdichten

comprobación [komproβa'θjon] *f* **1.** (*control*) Kontrolle *f* **2.** (*verificación*) Nachweis *m;* (*constatación*) Feststellung *f*

comprobante [kompro'βan̪te] *m:* ~ **de compra** Kassenbeleg *m*

comprobar [kompro'βar] <o→ue> *vt* **1.** (*controlar*) kontrollieren **2.** (*verificar*) nachweisen; (*constatar*) feststellen

comprometedor(a) [komprometeˈðor(a)] *adj* heikel; (JUR) belastend

comprometer [komprome'ter] *vr:* ~**se** **1.** (*implicarse*) sich involvieren **2.** (*obligar-*

se) sich verpflichten (*a* zu +*dat, con* gegenüber +*dat*); (*vincularse*) sich engagieren; ~**se** (**en matrimonio**) sich verloben

comprometido, -a [komprome'tiðo, -a] *adj* **1.**(*expuesto*) riskant; (*delicado*) heikel **2.**(SOZIOL) (politisch) engagiert

compromiso [kompro'miso] *m* **1.**(*vinculación*) Verbindlichkeit *f;* **visita de** ~ Anstandsbesuch *m;* **sin** ~ unverbindlich; (**soltero y**) **sin** ~ ungebunden **2.**(*promesa*) Versprechen *nt;* ~ **matrimonial** Verlobung *f* **3.**(*aprieto*) heikle Lage *f*

compuesto [kom'pwesto] *m* (*t.* QUÍM) Verbindung *f;* (LING) Kompositum *nt*

compulsa [kom'pulsa] *f* (JUR) Beglaubigung *f*

compulsar [kompul'sar] *vt* beglaubigen

compulsivo, -a [kompul'siβo, -a] *adj* zwingend

compungido, -a [kompuŋ'xiðo, -a] *adj* bedrückt

compungir [kompuŋ'xir] <g→j> **I.** *vt* mit Reue erfüllen **II.** *vr:* ~**se** (*sentir arrepentimiento*) zerknirscht werden

computador [komputa'ðor(a)] *m* (*Am*), **computadora** [komputa'ðora] *f* (*Am*) Computer *m*

computar [kompu'tar] *vt* berechnen; (*considerar*) anrechnen

computerizar [komputeri'θar] <z→c> *vt* computerisieren

cómputo ['komputo] *m* Berechnung *f*

comulgar [komul'ɣar] <g→gu> *vi* zur Kommunion gehen

común [ko'mun] *adj* **1.**(*conjunto*) gemeinsam (*a* mit +*dat*); (*de la comunidad*) gemeinschaftlich; **de** ~ **acuerdo** nach gegenseitiger Übereinkunft; **en** ~ gemeinsam; **tener algo/no tener nada en** ~ **con alguien** mit jdm etwas/nichts gemeinsam haben **2.**(*normal*) gewöhnlich; (*corriente*) geläufig; **sentido** ~ gesunder Menschenverstand; **poco** ~ ungewöhnlich

comuna [ko'muna] *f* **1.**(HIST) Kommune *f* **2.**(*Am: municipio*) Gemeinde *f* **3.**(*piso compartido*) Wohngemeinschaft *f;* (*en los sesenta*) Kommune *f*

comunal [komu'nal] *adj:* **elecciones** ~**es** Kommunalwahlen *fpl*

comunicación [komunika'θjon] *f* **1.**(*t.* TÉC, TEL) Kommunikation *f;* (*entendimiento*) Verständigung *f* **2.**(*comunicado*) Mitteilung *f;* (*ponencia*) Vortrag *m* **3.**(*conexión*) Anschluss *m;* ~ **telefónica** Telefongespräch *nt* **4.**(*de transporte*) Verkehrsverbindung *f* **5.** *pl* (*sistema*) Verbindungen *fpl;* (TEL) Fernmeldewesen *nt*

comunicado [komuni'kaðo] *m* Mitteilung *f*

comunicar [komuni'kar] <c→qu> **I.** *vi* in Verbindung stehen; (*teléfono*) besetzt sein **II.** *vt* (*informar*) mitteilen; (*dar a conocer*) bekannt machen **III.** *vr:* ~**se 1.**(*entenderse*) kommunizieren; (*hacerse entender*) sich verständigen **2.**(*relacionarse*) verkehren

comunicativo, -a [komunika'tiβo, -a] *adj* mitteilsam; (*hablador*) gesprächig

comunidad [komuni'ða^{d}] *f* Gemeinschaft *f;* ~ **de vecinos** Hausgemeinschaft *f;* ~ **autónoma** autonome Region

comunión [komu'njon] *f* (REL) Kommunion *f*

comunismo [komu'nismo] *m* Kommunismus *m*

comunista [komu'nista] *mf* Kommunist(in) *m(f)*

comunitario, -a [komuni'tarjo, -a] *adj* Gemeinde-; (UE) EU-

con [kon] **I.** *prep* **1.**(*compañía*) mit +*dat;* (*relación*) (zusammen) mit +*dat;* **¿vienes** ~ **nosotros?** kommst du mit (uns)? **2.**(*instrumento, modo*) mit +*dat,* durch +*akk;* **estar** ~ **la gripe** Grippe haben **3.**(MAT) Komma; **3** ~ **5** 3 Komma 5 **4.**(*actitud*): (**para**) ~ zu +*dat,* gegenüber +*dat;* **es agradable** ~ **nosotros** er/sie ist freundlich zu uns **5.**(*circunstancia*) bei +*dat;* ~ **este tiempo...** bei diesem Wetter ... **6.**(*a pesar de*) trotz +*dat;* ~ **todo** trotz allem **II.** *conj* **1.**(*condicional*): ~ +*inf* wenn ...; ~ **que** +*subj* wenn ...; ~ **que llames es suficiente** es reicht, wenn du anrufst; ~ **sólo que** +*subj* wenn ... nur ... **2.**(*concesiva*) obwohl

cóncavo, -a ['koŋkaβo, -a] *adj* konkav

concebir [kon̪θe'βir] *irr como pedir vt* (*engendrar*) empfangen; (*imaginar*) begreifen; (*planear*) planen

conceder [kon̪θe'ðer] *vt* gewähren; (*aprobar*) genehmigen; ~ **la palabra** das Wort erteilen; ~ **un premio** einen Preis verleihen

concejal(a) [kon̪θe'xal(a)] *m(f)* Stadtrat, -rätin *m, f*

concejo [kon̪'θexo] *m* Stadtrat *m*

concentración [kon̪θen̪tra'θjon] *f* (*t.*

MIL) Konzentration *f;* (ADMIN) Zentralisierung *f;* **campo de ~** Konzentrationslager *nt*

concentrado [kon̪θen̪'traðo] *m:* **~ de tomate** Tomatenmark *nt*

concentrar [kon̪θen̪'trar] **I.** *vt* (*t.* MIL) konzentrieren; (ADMIN) zentralisieren **II.** *vr:* **~se** zusammenkommen; (*centrarse*) sich konzentrieren (*en* auf +*akk*)

concepción [kon̪θeβ'θjon] *f* **1.** (*embarazo*) Empfängnis *f* **2.** (*idea*) Konzeption *f* **3.** (*mentalidad*) Anschauung *f;* (*interpretación*) Auffassung *f*

concepto [kon̪'θepto] *m* **1.** (*noción*) Begriff *m* **2.** (*opinión*) Auffassung *f* **3.** (*loc*): **bajo ningún ~** unter keinen Umständen; **en ~ de** als +*nom;* (COM) für +*akk*

concernir [kon̪θer'nir] *irr como cernir vi* **1.** (*afectar*) betreffen; **en** [*o* **por**] **lo que concierne a alguien...** was jdn betrifft ... **2.** (*corresponder*) zustehen +*dat*

concertar [kon̪θer'tar] <e→ie> *vt* (*armonizar*) in Einklang bringen; (*acordar*) vereinbaren

concesión [kon̪θe'sjon] *f* **1.** (*acción*) Erteilung *f* **2.** (*efecto*) Genehmigung *f;* (COM, JUR) Konzession *f;* (*licencia*) Lizenz *f* **3.** (*de una beca*) Gewährung *f;* (*de un premio*) Verleihung *f* **4.** (*consentimiento*) Zugeständnis *nt*

concha ['kontʃa] *f* **1.** (*del molusco*) Muschel(schale) *f* **2.** (*Am*) Frechheit *f* **3.** (*Am: vulg*) Muschi *f fam,* Möse *f fam*

conciencia [kon̪'θjen̪θja] *f* Gewissen *nt;* **me remuerde la ~** ich habe Gewissensbisse; **a ~** gewissenhaft; (*conscientemente*) bewusst; **tomar ~ de algo** sich *dat* etw *gen* bewusst werden

concienciar [kon̪θjen̪'θjar] *vr:* **~se** sich überzeugen (*de* von +*dat*); (*sensibilizarse*) sensibilisiert werden (*de* für +*akk*)

concienzudo, -a [kon̪θjen̪'θuðo, -a] *adj* gewissenhaft

concierto [kon̪'θjerto] *m* (*armonía*) Einklang *m;* (MÚS) Konzert *nt*

conciliación [kon̪θilja'θjon] *f* Konziliation *f;* (*reconciliación*) Versöhnung *f;* (*de opiniones*) Einigung *f;* (JUR) Schiedsverfahren *nt;* **~ laboral** Schlichtung *f*

conciliador(a) [kon̪θilja'ðor(a)] *adj* versöhnlich; (*amable*) verbindlich; (*pacífico*) friedlich

conciliar [kon̪θi'ljar] **I.** *vt* (*reconciliar*) versöhnen; (*armonizar*) in Einklang bringen; **~ el sueño** einschlafen **II.** *vr:* **~se** sich versöhnen; (*granjearse*) sich *dat* zuziehen

concilio [kon̪'θiljo] *m* **1.** (*reunión*) Versammlung *f* **2.** (REL) Konzil *nt*

conciso, -a [kon̪'θiso, -a] *adj* kurz (gefasst); (*sobrio*) knapp

conciudadano, -a [kon̪θjuða'ðano, -a] *m, f* Mitbürger(in) *m(f)*

concluir [koŋklu'ir] *irr como huir* **I.** *vi* enden; **¡asunto concluido!** erledigt! **II.** *vt* **1.** zu Ende bringen; (*negocio*) (ab)schließen **2.** (*deducir*) schließen (*de* aus +*dat*) **III.** *vr:* **~se** zu Ende gehen

conclusión [koŋklu'sjon] *f* **1.** (*final*) (Ab)schluss *m;* **en ~** (*en suma*) kurz und gut; (*por último*) letztendlich **2.** (*deducción*) (Schluss)folgerung *f*

concluyente [koŋklu'ʝen̪te] *adj* endgültig; (*determinante*) entscheidend

concordancia [koŋkor'ðan̪θja] *f* **1.** (*correspondencia*) Übereinstimmung *f* **2.** (LING) Kongruenz *f*

concordar [koŋkor'ðar] <o→ue> *vi* übereinstimmen; (LING) kongruieren

concordia [koŋ'korðja] *f* Eintracht *f*

concretar [koŋkre'tar] *vt* (*precisar*) konkretisieren; (*combinar*) zusammensetzen; (*limitar*) beschränken (*a* auf +*akk*)

concretizar [koŋkreti'θar] <z→c> *vt* konkretisieren

concreto, -a [koŋ'kreto, -a] *adj* konkret; **en ~** konkret

concurrencia [koŋku'rren̪θja] *f* **1.** (*coincidencia*) Zusammentreffen *nt* **2.** (*asistencia*) Beteiligung *f* **3.** (*público*) Publikum *nt* **4.** (*ayuda*) Unterstützung *f* **5.** (*competencia*) Konkurrenz *f*

concurrido, -a [koŋku'rriðo, -a] *adj* gut besucht

concurrir [koŋku'rrir] *vi* **1.** (*coincidir en el lugar*) zusammenkommen; (*en el tiempo*) zusammenfallen **2.** (*concursar*) konkurrieren (*por* um +*akk*) **3.** (*presenciar*) beiwohnen (*en* +*dat*)

concursante [koŋkur'san̪te] *mf* (Wettbewerbs)teilnehmer(in) *m(f)*

concursar [koŋkur'sar] *vt, vi* (an einem Wettbewerb) teilnehmen

concurso [koŋ'kurso] *m* **1.** (*oposición*) Ausschreibung *f* **2.** (*torneo*) Wettbewerb *m* **3.** (*asistencia de público*) Teilnahme *f*

conde(sa) ['kon̪de, kon'desa] *m(f)* Graf *m,* Gräfin *f*

condecoración [kon̪dekora'θjon] *f* **1.** (*distinción*) Auszeichnung *f* **2.** (*galardón*) Orden *m*

condecorar [kon̪deko'rar] *vt* auszeichnen

condena [kon̪'dena] *f* Verurteilung *f;* **cumplir una** ~ eine Strafe verbüßen

condenado, -a [kon̪de'naðo, -a] **I.** *adj* (*fam*) verflixt **II.** *m, f* **1.** (*reo*) Veurteilte(r) *mf* **2.** (REL) Verdammte(r) *mf* **3.** (*fam: endemoniado*) verflixter Kerl *m,* verflixtes Weib *nt* **4.** (*fam: niño*) Racker *m*

condenar [kon̪de'nar] **I.** *vt* verurteilen (*a* zu +*dat*); (REL) verdammen **II.** *vr:* ~**se** verdammt werden; (*acusarse*) sich schuldig bekennen

condensar [kon̪den'sar] *vt* kondensieren; (*abreviar*) kürzen (*en* auf +*akk*)

condesa [kon̪'desa] *f v.* **conde**

condescender [kon̪desθen̪'der] <e→ie> *vi* **1.** (*avenirse*) nachgeben (*con* +*dat*) **2.** (*rebajarse*) entgegenkommend sein; (*irón*) sich herablassen

condescendiente [kon̪desθen̪'djen̪te] *adj* nachgiebig; (*complaciente*) entgegenkommend

condición [kon̪di'θjon] *f* **1.** (*índole de una cosa*) Beschaffenheit *f* **2.** (*estado*) Verfassung *f,* Zustand *m* **3.** (*situación*) Situation *f* (*de* als +*nom*) **4.** (*requisito*) Bedingung *f;* **a ~ de que...** +*subj* unter der Bedingung, dass ...; **sin condiciones** bedingungslos

condicional [kon̪diθjo'nal] *adj* **1.** bedingt; **libertad** ~ (JUR) Freilassung auf Bewährung **2.** (LING) konditional

condicionar [kon̪diθjo'nar] *vt* abhängig machen (*a* von +*dat*); (*acondicionar*) konditionieren

condimentar [kon̪dimen̪'tar] *vt* würzen

condimento [kon̪di'men̪to] *m* Gewürz *nt*

condolencia [kon̪do'len̪θja] *f* Beileid *nt*

condolerse [kon̪do'lerse] <o→ue> *vr* Mitleid haben (*de* mit +*dat*)

condón [kon̪'don] *m* Kondom *m o nt*

condonar [kon̪do'nar] *vt* erlassen

cóndor ['kon̪dor] *m* Kondor *m*

conducción [kon̪duɣ'θjon] *f* **1.** (*transporte*) Beförderung *f* **2.** (*conducto, administración*) Leitung *f*

conducir [kon̪du'θir] *irr como traducir* **I.** *vt* **1.** (*llevar*) bringen; (*transportar*) befördern **2.** (*guiar*) führen **3.** (*pilotar*) fahren **II.** *vi* führen (*a* zu +*dat*); (*pilotar*) fahren

conducta [kon̪'dukta] *f* Benehmen *nt;* (*de un prisionero*) Führung *f*

conducto [kon̪'dukto] *m* **1.** (*tubo*) Leitung *f* **2.** (MED) Kanal *m;* ~ **auditivo** Gehörgang *m*

conductor(a) [kon̪duk'tor(a)] *m(f)* Leiter(in) *m(f);* (*chófer*) Fahrer(in) *m(f)*

conectar [konek'tar] **I.** *vt* verbinden; (*enchufar*) anschließen **II.** *vi* Kontakt aufnehmen

conejo [ko'nexo] *m* Kaninchen *nt;* ~ **de Indias** Meerschweinchen *nt;* (*fig*) Versuchskaninchen *nt*

conexión [koneɣ'sjon] *f* Verbindung *f;* (*del teléfono*) Anschluss *m*

confabularse [koɱfaβu'larse] *vr* sich verschwören

confección [koɱfeɣ'θjon] *f* Anfertigung *f;* (*de vestidos*) Konfektion *f*

confeccionar [koɱfeɣθjo'nar] *vt* anfertigen

confederación [koɱfeðera'θjon] *f* Bündnis *nt;* (*entre Estados*) Konföderation *f*

conferencia [koɱfe'ren̪θja] *f* **1.** (*charla*) Vortrag *m* **2.** (*encuentro*) Konferenz *f;* ~ **de prensa** Pressekonferenz *f* **3.** (*llamada telefónica*) Ferngespräch *nt*

conferenciante [koɱferen̪'θjan̪te] *mf* Redner(in) *m(f)*

conferir [koɱfe'rir] *irr como sentir vt* verleihen; (*derechos*) zugestehen

confesar [koɱfe'sar] <e→ie> **I.** *vt* **1.** (*admitir*) gestehen **2.** (*manifestar algo oculto*) preisgeben **3.** (REL) beichten; (*oír*) die Beichte abnehmen **II.** *vr:* ~**se** die Beichte ablegen

confesión [koɱfe'sjon] *f* Geständnis *nt;* (*sacramento*) Beichte *f;* (*credo religioso*) Konfession *f*

confes(i)onario [koɱfes(j)o'narjo] *m* Beichtstuhl *m*

confesor [koɱfe'sor] *m* Beichtvater *m*

confiado, -a [koɱfi'aðo, -a] *adj* (*con ser*) vertrauensselig; (*con estar*) zuversichtlich

confianza [koɱfi'an̪θa] *f* **1.** (*crédito*) Vertrauen *nt;* **amiga de** ~ enge Freundin **2.** (*esperanza*) Zuversicht *f* **3.** (*familiaridad*) Vertrautheit *f*

confiar [koɱfi'ar] <*1. pres:* confío> **I.** *vi* vertrauen (*en* +*dat*) **II.** *vt* anvertrauen **III.** *vr:* ~**se** sich verlassen (*a* auf +*akk*); (*sincerarse*) sich anvertrauen (*a* +*dat*)

confidencia [koɱfi'ðeṇθja] *f* vertrauliche Mitteilung *f*
confidencial [koɱfiðeṇ'θjal] *adj* vertraulich
confidencialidad *f* Vertraulichkeit *f*
confidente [koɱfi'ðeṇte] *mf* Vertraute(r) *mf*; (*espía*) Informant(in) *m(f)*
configuración [koɱfiɣura'θjon] *f* **1.** (*formación*) Gestaltung *f* **2.** (*forma*) Gestalt *f* **3.** (INFOR) Konfiguration *f*
configurar [koɱfiɣu'rar] **I.** *vt* gestalten; (INFOR) konfigurieren **II.** *vr:* ~**se** sich herausbilden
confín [koɱ'fin] *m* Grenze *f*; (*final*) Ende *nt*
confirmación [koɱfirma'θjon] *f* **1.** (*ratificación*) Bestätigung *f* **2.** (REL: *iglesia católica*) Firmung *f*; (*protestante*) Konfirmation *f*
confirmar(se) [koɱfir'mar] *vt, vr* (sich) bestätigen
confiscar [koɱfis'kar] <c→qu> *vt* beschlagnahmen
confitar [koɱfi'tar] *vt* **1.** (*azucarar*) zuckern; (*almibarar*) kandieren **2.** (*engolosinar*) falsche Hoffnungen machen +*dat*
confitería [koɱfite'ria] *f* Süßwarengeschäft *nt*
conflictividad [koɱfliktiβi'ða^ð] *f* Brisanz *f*
conflictivo, -a *adj* konfliktgeladen, brisant
conflicto [koɱ'flikto] *m* Konflikt *m*
confluencia [koɱflu'eṇθja] *f* Zusammenfluss *m*
confluir [koɱflu'ir] *irr como huir vi* zusammenfließen
conformar [koɱfor'mar] **I.** *vt* (*formar*) formen; (*ajustar*) anpassen (*a* an +*akk*); (*contentar*) zufrieden stellen **II.** *vr:* ~**se** sich zufrieden geben
conforme [koɱ'forme] **I.** *adj:* **estar ~ con algo** mit etw *dat* übereinstimmen **II.** *adv* (*como*) (so) wie; (*según*) gemäß (*a* +*dat*)
conformidad [koɱformi'ða^ð] *f* Übereinstimmung *f*; (*aprobación*) Genehmigung *f*
confort [koɱ'for^t] *m sin pl* Komfort *m*
confortable [koɱfor'taβle] *adj* aufmunternd; (*cómodo*) komfortabel
confortar [koɱfor'tar] *vt* **1.** (*vivificar*) stärken **2.** (*consolar*) trösten
confrontación [koɱfroṇta'θjon] *f* (*comparación*) Vergleich *m*; (*careo*) Gegenüberstellung *f*; (*enfrentamiento*) Konfrontation *f*
confrontar [koɱfroṇ'tar] **I.** *vt* vergleichen; (*carear*) gegenüberstellen (*con* +*dat*) **II.** *vr:* ~**se** (sich *dat*) gegenüberstehen
confundir [koɱfuṇ'dir] **I.** *vt* verwechseln **II.** *vr:* ~**se** sich täuschen (*de* in +*dat*)
confusión [koɱfu'sjon] *f* Verwechslung *f*
confuso, -a [koɱ'fuso, -a] *adj* verworren
congelador [koŋxela'ðor] *m* Gefrierschrank *m*
congelar [koŋxe'lar] **I.** *vt* gefrieren (lassen); (*helar*) erfrieren **II.** *vr:* ~**se** gefrieren; (*helarse*) erfrieren
congeniar [koŋxe'njar] *vi* harmonieren
congénito, -a [koŋ'xenito, -a] *adj* angeboren
congestión [koŋxes'tjon] *f* (MED) Hyperämie *f*
congestionar [koŋxestjo'nar] **I.** *vt* **1.** (MED) Blutandrang verursachen (in +*dat*) **2.** (*aglomerar*) verstopfen **II.** *vr:* ~**se** **1.** (MED) Blutandrang haben **2.** (*aglomerarse*) sich stauen
conglomerado *m* (*t.* GEO) Konglomerat *nt*
conglomerar [koŋglome'rar] **I.** *vt* binden **II.** *vr:* ~**se** sich verbinden
congoja [koŋ'goxa] *f* Schmerz *m*
congraciar [koŋgra'θjar] **I.** *vt* beliebt machen (*con* bei +*dat*) **II.** *vr:* ~**se** die Gunst erlangen (*con* +*gen*)
congratular [koŋgratu'lar] **I.** *vt* beglückwünschen **II.** *vr:* ~**se** sich freuen (*de/por* über +*akk*)
congregación [koŋgreɣa'θjon] *f* **1.** (*reunión*) Versammlung *f* **2.** (REL) Kongregation *f*
congregar [koŋgre'ɣar] <g→gu> *vt, vr:* ~**se** (sich) versammeln
congresista [koŋgre'sista] *mf* Kongressteilnehmer(in) *m(f)*
congreso [koŋ'greso] *m* Kongress *m*; (POL) Abgeordnetenhaus *nt*
congrio ['koŋgrjo] *m* Meeraal *m*
congruencia [koŋ'grweṇθja] *f* **1.** (*coherencia*) Übereinstimmung *f* **2.** (MAT) Kongruenz *f*
cónico, -a ['koniko, -a] *adj* kegelförmig
conjetura [koŋxe'tura] *f* Mutmaßung *f*
conjeturar [koŋxetu'rar] *vt* mutmaßen
conjugar [koŋxu'ɣar] <g→gu> *vt* in Einklang bringen; (LING) konjugieren
conjunción [koŋxuṇ'θjon] *f* **1.** (*unión*)

C

Verbindung *f* **2.** (ASTR, LING) Konjunktion *f*

conjuntamente [koŋxun̪ta'men̪te] *adv* zusammen

conjuntar [koŋxun̪'tar] *vi* zusammenpassen

conjuntivitis [koŋxun̪ti'βitis] *f inv* Bindehautentzündung *f*

conjunto [koŋ'xun̪to] *m* **1.** (*unido*) Einheit *f* **2.** (*totalidad*) Gesamtheit *f;* **en ~** insgesamt **3.** (*en representaciones artísticas*) Ensemble *nt* **4.** (*prenda de vestir*) Ensemble *nt* **5.** (MAT) Menge *f;* ~ **vacío** Leermenge *f*

conjura [koŋ'xura] *f,* **conjuración** [koŋxura'θjon] *f* Verschwörung

conjurar [koŋxu'rar] **I.** *vi* konspirieren **II.** *vt* beschwören; (*alejar*) bannen **III.** *vr:* **~se** sich verschwören

conllevar [konʎe'βar] *vt* **1.** (*soportar*) ertragen **2.** (*implicar*) mit sich *dat* bringen

conmemoración [ko^{n}memora'θjon/ko^{m}memora'θjon] *f* Gedenken *nt;* **en ~ de alguien** zum Gedenken an jdn

conmemorar [ko^{n}memo'rar/ko^{m}memo'rar] *vt* gedenken +*gen*

conmemorativo, -a [ko^{n}memora'tiβo, -a/ko^{m}memora'tiβo, -a] *adj* Gedenk-, Gedächtnis-

conmigo [ko^{n}'miɣo/ko^{m}'miɣo] *pron pers* mit mir, bei mir

conmocionar [ko^{n}moθjo'nar/ko^{m}moθjo'nar] **I.** *vt* erschüttern **II.** *vr:* **~se** erschüttert sein

conmovedor(a) [ko^{n}moβe'ðor(a)/ko^{m}moβe'ðor(a)] *adj* rührend

conmover [ko^{n}mo'βer/ko^{m}mo'βer] <o→ue> **I.** *vt* bewegen; (*conmocionar*) erschüttern **II.** *vr:* **~se** ergriffen sein; (*conmocionarse*) erschüttert sein

conmutación [ko^{n}muta'θjon/ko^{m}muta'θjon] *f* **1.** (*permuta*) Tausch *m* **2.** (LING) Kommutation *f*

conmutador [ko^{n}muta'ðor/ko^{m}muta'ðor] *m* (ELEC) Schalter *m*

conmutar [ko^{n}mu'tar/ko^{m}mu'tar] *vt* tauschen; (*una pena*) umwandeln (*por* in +*akk*)

cono ['kono] *m* Kegel *m*

Cono Sur wird der wirtschaftliche Zusammenschluss folgender vier Länder im südlichsten Teil Lateinamerikas genannt: **Argentina, Chile, Paraguay** und **Uruguay**.

conocedor(a) [konoθe'ðor(a)] **I.** *adj* kundig (*de* +*gen*) **II.** *m(f)* Kenner(in) *m(f)*

conocer [kono'θer] *irr como crecer* **I.** *vt* kennen; ~ **de vista** vom Sehen kennen; **dar a ~** bekannt geben **II.** *vi* sich auskennen (*de* mit +*dat*) **III.** *vr:* **~se** sich kennen

conocido, -a [kono'θiðo, -a] **I.** *adj* bekannt **II.** *m, f* Bekannte(r) *mf*

conocimiento [konoθi'mjen̪to] *m* **1.** (*entendimiento*) Kenntnis *f* **2.** (*inteligencia*) Vernunft *f* **3.** *pl* (*nociones*) Kenntnisse *fpl*

conque ['koŋke] *conj* (*fam*) also

conquense [koŋ'kense] *adj* aus Cuenca

conquista [koŋ'kista] *f* Eroberung *f*

conquistador(a) [koŋkista'ðor(a)] *m(f)* Eroberer, -in *m, f;* **~es** (**de América**) Konquistadoren *mpl*

conquistar [koŋkis'tar] *vt* erobern

consagración [konsaɣra'θjon] *f* **1.** (*bendición*) Weihe *f;* (*de la hostia*) Konsekration *f* **2.** (*dedicación*) Aufopferung *f* **3.** (*adquisición de fama*) Auszeichnung *f*

consagrar [konsa'ɣrar] **I.** *vt* **1.** weihen; (*la hostia*) konsekrieren **2.** (*sacrificadamente*) opfern **II.** *vr:* **~se** (*dedicarse*) sich verschreiben (*a* +*dat*); (*acreditarse*) sich auszeichnen

consanguíneo, -a [konsaŋ'gineo, -a] *adj* blutsverwandt

consciencia [ko^{n}s'θjen̪θja] *f* Bewusstsein *nt*

consciente [ko^{n}s'θjen̪te] *adj* bewusst (*de* +*gen*); **estar ~** bei Bewusstsein sein; **ser ~** (*meticuloso*) gewissenhaft sein; (*responsable*) vernünftig sein

consecución [konseku'θjon] *f* Erreichung *f,* Erlangung *f*

consecuencia [konse'kwen̪θja] *f* Auswirkung *f,* Folge *f;* **a ~ de** infolge +*gen*

consecuente [konse'kwen̪te] *adj* konsequent

consecuentemente [konsekwen̪te'men̪te] *adv* folglich

consecutivo, -a [konseku'tiβo, -a] *adj* aufeinander folgend; (LING) konsekutiv

conseguir [konse'ɣir] *irr como seguir vt* (*obtener*) erreichen, erlangen; (*tener éxito*) gelingen

consejero, -a [konse'xero, -a] *m, f* **1.** (*guía*) Berater(in) *m(f)* **2.** (*miembro de un consejo*) Rat *m,* Rätin *f;* ~ **de embajada** Botschaftsrat *m* **3.** (*de una autonomía*) Minister(in) *m(f)*

consejo [kon'sexo] *m* **1.** (*recomendación*) Rat(schlag) *m* **2.** (*organismo*) Rat *m;* **Consejo Europeo** Europäischer Rat; **Consejo de Ministros** Ministerrat *m* **3.** (*reunión*) Ratsversammlung *f*

consenso [kon'senso] *m* Konsens *m*

consentido, -a [konsen̪'tiðo, -a] *adj* verwöhnt

consentimiento [konsen̪ti'mjen̪to] *m* Zustimmung *f* (*para* zu +*dat*)

consentir [konsen̪'tir] *irr como sentir* **I.** *vi* zulassen; (*tolerar*) dulden **II.** *vt* **1.** genehmigen; (*tolerar*) dulden **2.** (*mimar*) verwöhnen

conserje [kon'serxe] *mf* Hausmeister(in) *m(f)*

conserjería [konserxe'ria] *f* Hausmeisterposten *m;* (*oficina*) Hausmeisterloge *f*

conserva [kon'serβa] *f* Konserve *f;* (*conservación*) Konservierung *f*

conservación [konserβa'θjon] *f* Erhaltung *f;* (*guarda*) (Auf)bewahrung *f*

conservador(a) [konserβa'ðor(a)] *adj* (*t.* POL) konservativ

conservar [konser'βar] **I.** *vt* (*mantener*) erhalten; (*guardar*) (auf)bewahren **II.** *vr:* ~**se** erhalten bleiben; (*mantenerse*) sich halten

conservatorio [konserβa'torjo] *m* Konservatorium *nt*

considerable [konsiðe'raβle] *adj* beachtlich

consideración [konsiðera'θjon] *f* **1.** (*reflexión*) Erwägung *f;* **en ~ a** angesichts +*gen* **2.** (*respeto*) Respekt *m;* **falta de ~** Respektlosigkeit *f*

considerado, -a [konsiðe'raðo, -a] *adj* angesehen; (*atento*) rücksichtsvoll

considerar [konsiðe'rar] **I.** *vt* (*reflexionar*) überdenken; (*juzgar*) halten (für +*akk*); (*apreciar*) respektieren **II.** *vr:* ~**se** sich halten (für +*akk*)

consigna [kon'siɣna] *f* Gepäckaufbewahrung *f*

consignar [konsiɣ'nar] *vt* **1.** (*asignar*) anweisen **2.** (*protocolar*) (schriftlich) niederlegen **3.** (*poner en depósito*) zur Aufbewahrung geben **4.** (COM) konsignieren

consignatario, -a [konsiɣna'tarjo, -a] *m, f* Empfänger(in) *m(f)*

consigo [kon'siɣo] *pron pers* mit sich *dat,* bei sich *dat*

consiguiente [konsi'ɣjen̪te] *adj* dementsprechend; **por ~** folglich

consistencia [konsis'ten̪θja] *f* Konsistenz *f*

consistir [konsis'tir] *vi* (*componerse*) bestehen (*en* aus +*dat*); (*ser*) bestehen (*en* in +*dat*); (*radicar*) beruhen (*en* auf +*dat*)

consola [kon'sola] *f* **1.** (*mesa*) Konsole *f* **2.** (ELEC) Schalttafel *f*

consolar(se) [konso'lar] <o→ue> *vt, vr* (sich) trösten

consolidación [konsoliða'θjon] *f* **1.** (*intensificación*) Festigung *f;* (*t.* ECON) Konsolidierung *f* **2.** (*robustecimiento*) Verstärkung *f*

consolidar [konsoli'ðar] **I.** *vt* festigen; (*t.* ECON) konsolidieren **II.** *vr:* ~**se** sich festigen

consomé [konso'me] *m* Consommé *f o nt*

consonancia [konso'nan̪θja] *f:* **en ~ con** in Einklang mit

consonante [konso'nan̪te] *f* Konsonant *m*

consorcio [kon'sorθjo] *m* Konsortium *nt*

conspiración [ko^{n}spira'θjon] *f* Verschwörung *f*

conspirar [ko^{n}spi'rar] *vi* sich verschwören; (*intrigar*) intrigieren

constancia [ko^{n}s'tan̪θja] *f* **1.** (*firmeza*) Beständigkeit *f* **2.** (*perseverancia*) Ausdauer *f* **3.** (*certeza*) Gewissheit *f* **4.** (*noticia*) Vermerk *m;* **dejar ~ de algo** etw vermerken

constante [ko^{n}s'tan̪te] *adj* konstant (*en* in +*dat*)

Constanza [ko^{n}s'tan̪θa] *f* Konstanz *nt;* **Lago de ~** Bodensee *m*

constar [ko^{n}s'tar] *vi* **1.** (*ser cierto*) feststehen **2.** (*figurar*) aufgeführt sein; **hacer ~ algo** etw bekunden **3.** (*componerse*) bestehen (*de* aus +*dat*)

constatar [ko^{n}sta'tar] *vt* bestätigen

constelación [ko^{n}stela'θjon] *f* Sternbild *nt;* (ASTR) Konstellation *f*

consternar [ko^{n}ster'nar] *vt, vr:* ~**se** bestürzt (sein)

constipado [ko^{n}sti'paðo] *m* Erkältung *f;* ~ **nasal** Schnupfen *m*

constipar [ko^{n}sti'par] *vr:* ~**se** sich erkälten

constitución [ko^{n}stitu'θjon] *f* **1.** (*formación*) Bildung *f* **2.** (*establecimiento*) Gründung *f* **3.** (*complexión*) Konstitution *f* **4.** (JUR, POL) Verfassung *f*

constitucional [ko^{n}stituθjo'nal] *adj* Verfassungs-

constituir [ko^{n}stitu'ir] *irr como huir vt* (*formar*) bilden; (*ser*) darstellen; (*estable-*

cer) gründen

construcción [ko^{n}stru^y'θjon] *f* Bau *m;* (*sector*) Bauwesen *nt*

constructivo, -a [ko^{n}struk'tiβo, -a] *adj* konstruktiv

constructor(a) [ko^{n}struk'tor(a)] *m(f)* Bauunternehmer(in) *m(f)*

construir [ko^{n}stru'ir] *irr como huir vt* **1.** bauen; (*producir*) herstellen **2.** (LING) bilden

consuelo [kon'swelo] *m* Trost *m*

cónsul ['konsul] *mf* Konsul(in) *m(f)*

consulado [konsu'laðo] *m* Konsulat *nt*

consulta [kon'sul̪ta] *f* Praxis *f;* **hora de ~** Sprechstunde *f*

consultar [konsul̪'tar] *vt* um Rat fragen; (*libro*) nachschlagen (in +*dat*)

consultoría [konsul̪to'ria] *f* Beratungsstelle *f;* (*empresa*) Consultingfirma *f*

consultorio [konsul̪'torjo] *m* **1.** (*establecimiento*) Beratungsstelle *f;* (*de un médico*) (Arzt)praxis *f* **2.** (*en la radio*) Fragestunde *f*

consumar [konsu'mar] *vt* vollenden

consumición [konsumi'θjon] *f* (*bar*) Verzehr *m;* (*agotamiento*) Verbrauch *m*

consumidor(a) [konsumi'ðor(a)] *m(f)* Verbraucher(in) *m(f);* (*cliente*) Gast *m;* **~ final** Endverbraucher *m*

consumir [konsu'mir] **I.** *vt* (*gastar*) verbrauchen; (*acabar*) aufbrauchen; (*comer*) verzehren **II.** *vr:* **~se** (*persona*) sich quälen; (*gastarse*) ausgehen

consumo [kon'sumo] *m* Verbrauch *m;* **bienes de ~** Konsumgüter *ntpl;* **sociedad de ~** Konsumgesellschaft *f*

contabilidad [kon̪taβili'ða^d] *f* Buchhaltung *f*

contabilizar [kon̪taβili'θar] <z→c> *vt* buchen

contable [kon̪'taβle] *mf* Buchhalter(in) *m(f)*

contactar [kon̪tak'tar] *vi, vt* Kontakt aufnehmen (*con/a* mit +*dat*)

contacto [kon̪'takto] *m* **1.** (*tacto*) Berührung *f* **2.** (*relación*) Verbindung *f,* Kontakt *m* **3.** (ELEC) Kontakt *m* **4.** (*persona*) Kontaktperson *f*

contado [kon̪'taðo] *m:* **al ~** bar

contador [kon̪ta'ðor] *m* (*del agua, de la luz*) Zähler *m*

contagiar [kon̪ta'xjar] **I.** *vt* anstecken (*con/por* durch +*akk*) **II.** *vr:* **~se** sich anstecken (*de* mit +*dat, con/por* durch +*akk*)

contagio [kon̪'taxjo] *m* Ansteckung *f*

contaminación [kon̪tamina'θjon] *f* Verseuchung *f;* **~ ambiental** Umweltverschmutzung *f;* **~ radiactiva** radioaktive Verseuchung

contaminante [kon̪tami'nan̪te] *adj* umweltverschmutzend

contaminar [kon̪tami'nar] **I.** *vt* verseuchen; (*contagiar*) anstecken **II.** *vr:* **~se** verseucht werden; (*contagiarse*) sich anstecken

contar [kon̪'tar] <o→ue> **I.** *vi* **1.** (*hacer cuentas, valer*) zählen; **eso no cuenta** das zählt nicht **2.** (*con 'con': confiar*) zählen (*con* auf +*akk*); **puedes ~ conmigo** du kannst dich auf mich verlassen **3.** (*con 'con': tener en cuenta*) rechnen (*con* mit +*dat*) **II.** *vt* **1.** (*numerar, incluir*) zählen **2.** (*calcular*) berechnen **3.** (*narrar*) erzählen; **¿qué cuentas?** (*saludo*) hallo, was gibt's Neues? **4.** (*tener*) haben **III.** *vr:* **~se** (sich) zählen (*entre* zu +*dat*)

contemplación [kon̪templa'θjon] *f* **1.** (*observación*) Betrachtung *f* **2.** (REL) Kontemplation *f*

contemplar [kon̪tem'plar] *vt* betrachten; (*considerar*) berücksichtigen

contemplativo, -a [kon̪templa'tiβo, -a] *adj* beschaulich

contemporáneo, -a [kon̪tempo'raneo, -a] *m, f* Zeitgenosse, -in *m, f*

contendiente [kon̪ten̪'djen̪te] *mf* Gegner(in) *m(f)*

contenedor [kon̪tene'ðor] *m* Container *m*

contener [kon̪te'ner] *irr como tener* **I.** *vt* enthalten; (*refrenar*) zurückhalten **II.** *vr:* **~se** sich beherrschen

contenido [kon̪te'niðo] *m* Inhalt *m;* (*concentración*) Gehalt *m*

contentar [kon̪ten̪'tar] **I.** *vt* zufrieden stellen **II.** *vr:* **~se** sich begnügen

contento, -a [kon̪'ten̪to, -a] *adj* **1.** froh, fröhlich **2.** (*satisfecho*) zufrieden

contestación [kon̪testa'θjon] *f* Antwort *f*

contestador [kon̪testa'ðor] *m* Anrufbeantworter *m*

contestar [kon̪tes'tar] **I.** *vi* antworten **II.** *vt* antworten (*a* auf +*akk*); (*replicar*) widersprechen (*a* +*dat*)

contexto [kon̪'testo] *m* Zusammenhang *m,* Kontext *m*

contienda [koṇ'tjeṇda] *f* Streit *m;* (*batalla*) Kampf *m*
contigo [koṇ'tiɣo] *pron pers* mit dir, bei dir; **me siento** ~ ich setze mich zu dir
contiguo, -a [koṇ'tiɣwo, -a] *adj* nebeneinander liegend
continencia [koṇti'neṇθja] *f* (*moderación*) Mäßigkeit *f;* (*castidad*) Keuschheit *f*
continental [koṇtineṇ'tal] *adj* kontinental
continente [koṇti'neṇte] *m* Kontinent *m*
continuación [koṇtinwa'θjon] *f* Fortsetzung *f;* **a** ~ danach, anschließend
continuar [koṇtinu'ar/koṇti'nwar] <*1. pres:* continúo> **I.** *vi* **1.** (*perdurar*) fortdauern; **continúa lloviendo** es regnet immer noch; ~**á** Fortsetzung folgt **2.** (*seguir*) fortfahren **II.** *vt* fortsetzen
continuidad [koṇtinwi'ðaᵈ] *f* Kontinuität *f,* Fortdauer *f*
continuo, -a [koṇ'tinwo, -a] *adj* ständig
contonearse [koṇtone'arse] *vr* sich in den Hüften wiegen
contorno [koṇ'torno] *m* **1.** Kontur *f,* Umriss *m* **2.** *(pl)* (*territorio*) Umgebung *f*
contra ['koṇtra] **I.** *prep* **1.** (*posición, dirección*) gegen +*akk,* an +*akk;* (*enfrente*) gegenüber +*dat* **2.** (*oposición, contrariedad*) gegen +*akk;* **yo he votado en** ~ ich habe dagegen gestimmt; **estoy en** ~ **de este proyecto** ich bin gegen diesen Plan **II.** *m:* **los pros y los** ~**s** das Pro und Kontra
contraataque [koṇtra(a)'take] *m* Gegenangriff *m*
contrabajo [koṇtra'βaxo] *m* **1.** (*instrumento*) Kontrabass *m* **2.** (*músico*) Kontrabassist(in) *m(f)*
contrabandista [koṇtraβaṇ'dista] *mf* Schmuggler(in) *m(f)*
contrabando [koṇtra'βaṇdo] *m* Schmuggel *m;* **pasar algo de** ~ etw durchschmuggeln
contracción [koṇtraᵞ'θjon] *f* **1.** *pl* (MED) Wehen *fpl* **2.** (LING) Kontraktion *f*
contracorriente [koṇtrako'rrjeṇte] *f* (*agua*) Gegenströmung *f;* (*electricidad*) Gegenstrom *m*
contractual [koṇtraktu'al] *adj* vertraglich
contradecir [koṇtraðe'θir] *irr como decir vt, vr:* ~**se** (sich *dat*) widersprechen
contradicción [koṇtraðiᵞ'θjon] *f* Widerspruch *m*
contradictorio, -a [koṇtraðik'torjo, -a] *adj* widersprüchlich
contraer [koṇtra'er] *irr como traer* **I.** *vt* **1.** (*encoger*) zusammenziehen **2.** (*adquirir: deudas*) machen; (*enfermedad*) bekommen **II.** *vr:* ~**se** sich zusammenziehen; (*limitarse*) sich beschränken (*a* auf +*akk*)
contraespionaje [koṇtraespjo'naxe] *m* Spionageabwehr *f;* (*actividad*) Gegenspionage *f*
contraindicación [koṇtraiṇdika'θjon] *f* (MED) Gegenanzeige *f*
contraluz [koṇtra'luθ] *m o f* Gegenlicht *nt;* (FOTO) Gegenlichtaufnahme *f*
contramedida [koṇtrame'ðiða] *f* Gegenmaßnahme *f*
contraofensiva [koṇtraofen'siβa] *f* Gegenoffensive *f*
contraoferta [koṇtrao'ferta] *f* Gegenangebot *nt*
contraorden [koṇtra'orðen] *f* Gegenbefehl *m*
contrapartida [koṇtrapar'tiða] *f* Gegenleistung *f;* (*contabilidad*) Gegenposten *m*
contraposición [koṇtraposi'θjon] *f* Gegenüberstellung *f;* **en** ~ **a algo** im Gegensatz zu etw *dat*
contraproducente [koṇtraproðu'θeṇte] *adj:* **sería** ~ das würde das Gegenteil bewirken
contrariar [koṇtrari'ar] <*1. pres:* contrarío> *vt* **1.** behindern; (*plan*) durchkreuzen **2.** (*disgustar*) ärgern
contrariedad [koṇtrarje'ðaᵈ] *f* Zwischenfall *m;* (*decepción*) Ärger *m*
contrario, -a [koṇ'trarjo, -a] **I.** *adj* entgegengesetzt (*a* +*dat*); **al** ~ (ganz) im Gegenteil; **en caso** ~ andernfalls; **de lo** ~ andernfalls **II.** *m, f* Gegner(in) *m(f)*
contrarreforma [koṇtrarre'forma] *f* (HIST) Gegenreformation *f*
contrarrestar [koṇtrarres'tar] *vt* entgegenwirken +*dat*
contrasentido [koṇtraseṇ'tiðo] *m* **1.** (*contradicción*) Widerspruch *m* **2.** (*disparate*) Unsinn *m*
contraseña [koṇtra'seɲa] *f* Losungswort *nt*
contrastar **I.** *vi* im Gegensatz stehen (*con* zu +*dat*) **II.** *vt* prüfen
contraste [koṇ'traste] *m* **1.** (*t.* FOTO) Kontrast *m* **2.** (*señal*) Stempel *m*
contratación [koṇtrata'θjon] *f* Vertrags-

C

abschluss *m;* (*personal*) Einstellung *f*

contratar [kon̪tra'tar] *vt* **1.** (*trabajador*) einstellen; (*artista*) engagieren **2.** (*encargar*) beauftragen

contratiempo [kon̪tra'tjempo] *m* Zwischenfall *m;* **¡qué ~!** wie unangenehm!

contratista [kon̪tra'tista] *mf* Unternehmer(in) *m(f)*

contrato [kon̪'trato] *m* Vertrag *m;* **~ de alquiler** Mietvertrag *m*

contravenir [kon̪traβe'nir] *irr como venir vt, vi* verstoßen (*de* gegen +*akk*)

contraventana [kon̪traβen̪'tana] *f* Fensterladen *m*

contrayente [kon̪tra'ɟen̪te] *mf* Vertragschließende(r) *mf;* (*de un matrimonio*) Eheschließende(r) *mf;* **~s** Vertragspartner *mpl*

contribución [kon̪triβu'θjon] *f* **1.** (*aportación*) Beitrag *m* **2.** (*impuesto*) Steuer *f;* **~ municipal** Gemeindesteuer *f*

contribuir [kon̪triβu'ir] *irr como huir* **I.** *vi* **1.** (*ayudar*) beitragen (*a* zu +*dat*) **2.** (*tributar*) Steuern zahlen **II.** *vt* (*aportar*) beitragen (*a* zu +*dat*); (*pagar*) (be)zahlen

contribuyente [kon̪triβu'ɟen̪te] *mf* Steuerzahler(in) *m(f)*

contrincante [kon̪triŋ'kan̪te] *mf* Gegner(in) *m(f)*, Widersacher(in) *m(f)*

control [kon̪'trol] *m* Kontrolle *f;* **~ al azar** Stichprobe *f;* **~ a distancia** Fernsteuerung *f;* **torre de ~** (AERO) Kontrollturm *m*

controlador[1] [kon̪trola'ðor] *m* (INFOR) Treiber *m;* **~ de la impresora** Druckertreiber *m*

controlador(a)[2] [kon̪trola'ðor(a)] *m(f)* Prüfer(in) *m(f);* **~ de vuelo** [*o* **de tráfico aéreo**] Fluglotse *m*

controlar [kon̪tro'lar] **I.** *vt* überwachen **II.** *vr:* **~se** sich beherrschen

controversia [kon̪tro'βersja] *f* Kontroverse *f*

controvertido, -a [kon̪troβer'tiðo, -a] *adj* umstritten

contundente [kon̪tun̪'den̪te] *adj* überzeugend; **prueba ~** schlagender Beweis

contusión [kon̪tu'sjon] *f* Quetschung *f*

convalecencia [kombale'θen̪θja] *f* Genesung *f*

convaleciente [kombale'θjen̪te] *mf* Rekonvaleszent(in) *m(f)*

convalidación [kombaliða'θjon] *f* (*de un título*) Anerkennung *f*

convalidar [kombali'ðar] *vt* (*título*) anerkennen

convencer [komben̪'θer] <c→z> **I.** *vt* überzeugen (*de* von +*dat*); (*satisfacer*) zufrieden stellen **II.** *vr:* **~se** sich überzeugen (*de* von +*dat*)

convencido, -a [komben̪'θiðo, -a] *adj* überzeugt

convencimiento [komben̪θi'mjen̪to] *m* Überzeugung *f*

convención [komben̪'θjon] *f* Abkommen *nt;* **la Convención de Ginebra** die Genfer Konvention

convencional [komben̪θjo'nal] *adj* **1.** (*acostumbrado*) herkömmlich, konventionell; **armas ~es** konventionelle Waffen **2.** (*no espontáneo*) förmlich

conveniencia [kombe'njen̪θja] *f* **1.** (*provecho*) Zweckmäßigkeit *f* **2.** (*acuerdo*) Konvention *f* **3.** (*oportunidad*) Angemessenheit *f* **4.** (*decencia*) Schicklichkeit *f*

conveniente [kombe'njen̪te] *adj* **1.** (*adecuado*) angemessen **2.** (*provechoso*) zweckmäßig; (*útil*) nützlich

convenio [kom'benjo] *m* Abkommen *nt;* **~ colectivo** Tarifvertrag *m*

convenir [kombe'nir] *irr como venir vi, vt* **1.** (*acordar*) vereinbaren (*en* +*akk*) **2.** (*concluir*) sich *dat* einig werden (über +*akk*) **3.** (*ser oportuno*) angebracht sein; (*ser bueno*) gut sein (*a* für +*akk*); **esa mujer no le conviene a ese muchacho** diese Frau passt nicht zu dem jungen Mann

convento [kom'ben̪to] *m* Kloster *nt*

convergencia [komber'xen̪θja] *f* Übereinstimmung *f;* (MAT, ECON) Konvergenz *f*

converger [komber'xer] <g→j> *vi*, **convergir** [komber'xir] <g→j> *vi* (*línea*) zusammenlaufen; (*coincidir*) übereinstimmen

conversación [kombersa'θjon] *f* Gespräch *nt;* **~ telefónica** Telefongespräch *nt;* **la ~ versa sobre...** das Gespräch dreht sich um ...

conversar [komber'sar] *vi* sich unterhalten

conversión [komber'sjon] *f* **1.** (*transformación*) Verwandlung *f* **2.** (INFOR): **~ de datos** Datenkonvertierung *f* **3.** (REL) Bekehrung *f* **4.** (MAT) Umrechnung *f;* **tabla de ~** Umrechnungstabelle *f*

converso, -a [kom'berso, -a] *m, f* (REL) Konvertit *m*

convertir [komber'tir] *irr como sentir* **I.** *vt* **1.** (*transformar*) verwandeln (*en* in +*akk*); ~ **en dinero** zu Geld machen **2.** (REL) bekehren (*a* zu +*dat*) **3.** (COM) umwandeln **4.** (TÉC) überführen **II.** *vr:* ~**se** **1.** sich verwandeln (*en* in +*akk*) **2.** (REL) sich bekehren (*a* zu +*dat*)

convexo, -a [kom'beʸso, -a] *adj* konvex; **lente convexa** Konvexlinse *f*

convicción [kombiʸ'θjon] *f* Überzeugung *f*

convidar [kombi'ðar] *vt* einladen (*a* zu +*dat*)

convincente [kombin̪'θen̪te] *adj* überzeugend; (*argumento, prueba*) stichhaltig

convite [kom'bite] *m* Einladung *f* (*a* zu +*dat*); (*banquete*) Festmahl *nt*

convivencia [kombi'βen̪θja] *f* Zusammenleben *nt*

convivir [kombi'βir] *vi* zusammenleben

convocar [kombo'kar] <c→qu> *vt* **1.** (*citar para algo*) aufrufen; (MIL) einberufen; **me ~on al examen** ich wurde zur Prüfung geladen **2.** (*concurso*) ausschreiben **3.** (*reunión*) einberufen; ~ **elecciones** Wahlen einberufen

convoy [kom'boi̯] *m* **1.** (*t.* MIL) Konvoi *m* **2.** (*escolta*) Geleit *nt;* (MIL) Eskorte *f* **3.** (*fam: vinagreras*) Menage *f*

convulsión [kombul'sjon] *f* (MED) Konvulsion *f;* (*t.* POL) Unruhe *f;* (*t.* GEO) Erschütterung *f*

conyugal [konɟu'ɣal] *adj* ehelich

cónyuge ['konɟuxe] *mf* Ehemann, -frau *m, f*

coña ['koɲa] *f* (*vulg*) **1.** (*broma*) Verarschung *f;* **tomar a** ~ nicht ernst nehmen **2. eres la** ~ du bist unmöglich *fam*

coñá [ko'ɲa] *m,* **coñac** [ko'ɲaᵏ] *m* <coñacs> Kognak *m,* Weinbrand *m*

coñazo [ko'ɲaθo] *m* (*vulg*) **1.** (*persona*) Nervensäge *f fam* **2.** (*cosa*) Sauerei *f fam;* **¡esto es un ~!** das ist ein Hammer! *fam*

coño ['koɲo] **I.** *interj* verdammt! **II.** *m* (*vulg*) Fotze *f;* **vive en el quinto** ~ er/sie wohnt am Arsch der Welt *fam;* **¿qué ~ te importa?** das geht dich einen feuchten Dreck an! *fam* **III.** *adj* (*Chil*) geizig

cooperación [ko(o)pera'θjon] *f* Zusammenarbeit *f;* (*t.* ECON, POL) Kooperation *f*

cooperador(a) [ko(o)pera'ðor(a)] *m(f)* Mitarbeiter(in) *m(f)*

cooperar [ko(o)pe'rar] *vi* **1.** (*juntamente*) zusammenarbeiten; (*t.* POL, ECON) kooperieren **2.** (*participar*) mitarbeiten (*en* bei +*dat*)

cooperativa [ko(o)pera'tiβa] *f* Genossenschaft *f*

cooperativo, -a [ko(o)pera'tiβo, -a] *adj* kooperativ

coordinación [ko(o)rðina'θjon] *f* Koordination *f*

coordinador(a) [ko(o)rðina'ðor(a)] *m(f)* Koordinator(in) *m(f)*

coordinar [ko(o)rði'nar] *vt* koordinieren; (*armonizar*) aufeinander abstimmen

copa ['kopa] *f* **1.** (*vaso*) (Stiel)glas *nt;* **una ~ de vino** ein Glas Wein; **una ~ para el vino** ein Weinglas; **ir de ~s** etwas trinken gehen; **tener una ~ de más** beschwipst sein *fam* **2.** (*de árbol*) (Baum)krone *f* **3.** (DEP) Pokal *m*

copar [ko'par] *vt* **1.** in die Enge treiben; **estar copado** festsitzen **2.** (*votos*) für sich gewinnen; (*premios*) gewinnen; ~ **la banca** (*en un juego*) die Bank sprengen

copartícipe [kopar'tiθipe] *mf* (*codueño*) Mitinhaber(in) *m(f);* (*socio*) Mitteilhaber(in) *m(f)*

Copenhague [kope'naɣe] *m* Kopenhagen *nt*

copete [ko'pete] *m* **1.** (*de persona*) (Haar)tolle *f* **2.** (*de ave*) Haube *f;* (*de caballo*) Schopf *m* **3.** (*altanería*) Hochmut *m* **4.** (*linaje*) Rang *m;* **ser de alto** ~ von hohem Rang sein

copia ['kopja] *f* **1.** (*de un escrito*) Kopie *f;* (*al carbón*) Durchschlag *m;* ~ **certificada** beglaubigte Kopie; ~ **en limpio** Reinschrift *f;* ~ **de seguridad** (INFOR) Sicherheitskopie *f* **2.** (FOTO) Abzug *m*

copiar [ko'pjar] *vt* **1.** abschreiben; (*a máquina*) abtippen **2.** (ARTE) abmalen; (*imitar*) kopieren **3.** (*un comportamiento*) nachahmen

copiloto, -a [kopi'loto, -a] *m, f* (AERO) Kopilot(in) *m(f);* (AUTO) Beifahrer(in) *m(f)*

copioso, -a [ko'pjoso, -a] *adj* (*exuberante*) üppig; (*abundante*) reichlich

copo ['kopo] *m* Flocke *f;* ~ **de nieve** Schneeflocke *f*

copón [ko'pon] *m:* **del** ~ (*fam*) gewaltig

copular [kopu'lar] **I.** *vt* verbinden; (BIOL) paaren **II.** *vi, vr:* ~**se** sich paaren

coquetear [kokete'ar] *vi* **1.** (*flirtear*) kokettieren **2.** (*considerar*) liebäugeln

coqueto, -a [ko'keto, -a] *adj* kokett; (*en-*

C

cantador) reizend

coraje [ko'raxe] *m* **1.** (*valor*) Mut *m,* Courage *f;* **tener** ~ mutig sein **2.** (*ira*) Wut *f,* Zorn *m;* **dar** ~ wütend machen

coral [ko'ral] *m* Koralle *f*

Corán [ko'ran] *m* Koran *m*

coraza [ko'raθa] *f* (MIL) Brustharnisch *m;* (ZOOL) Panzer *m;* (*protección*) Schutz *m*

corazón [kora'θon] *m* **1.** (ANAT) Herz *nt;* **duro de** ~ hartherzig; **de todo** ~ von ganzem Herzen; **hacer algo de** ~ etw von Herzen gern tun; **no tener** ~ herzlos sein; **hacer de tripas** ~ sich *dat* ein Herz fassen **2.** (*centro*) Zentrum *nt,* Mittelpunkt *m* **3.** (*interior*) Innere(s) *nt,* Kern *m;* (*de la fruta*) Herz *nt* **4.** (*apelativo cariñoso*) Liebling *m;* ~ (**mío**) (mein) Schatz

corazonada [koraθo'naða] *f* Ahnung *f*

corbata [kor'βata] *f* Krawatte *f*

Córcega ['korθeɣa] *f* Korsika *nt*

corchea [kor'ʧea] *f* (MÚS) Achtelnote *f*

corchete [kor'ʧete] *m* (*broche*) Haken *m;* (TIPO) eckige Klammer *f*

corcho ['korʧo] **I.** *m* Kork(en) **II.** *interj:* **¡~!** Donnerwetter!

cordel [kor'ðel] *m* Schnur *f*

cordero¹ [kor'ðero] *m* Lammfleisch *nt*

cordero, -a² [kor'ðero, -a] *m, f* Lamm *nt;* ~ **asado** Lammbraten *m*

cordial [kor'ðjal] *adj* herzlich

cordialidad [korðjali'ðaᵈ] *f* Herzlichkeit *f*

cordillera [korði'ʎera] *f* Gebirgskette *f*

córdoba ['korðoβa] *m* (*Nic: moneda*) Córdoba *m*

Córdoba ['korðoβa] *f* Córdoba *nt*

cordobés, -esa [korðo'βes, -esa] *adj* aus Córdoba

cordón [kor'ðon] *m* Kordel *f;* (*de zapatos*) Schnürsenkel *m;* ~ **umbilical** (ANAT) Nabelschnur *f*

cordura [kor'ðura] *f* Vernunft *f;* (*juicio*) Verstand *m*

corear [kore'ar] *vt* **1.** (*acompañar*) (mit) einstimmen (in +*akk*); (*cantando*) mitsingen **2.** (*asentir*) (begeistert) zustimmen +*dat*

coreografía [koreoɣra'fia] *f* Choreographie *f*

coreógrafo, -a [kore'oɣrafo, -a] *m, f* Choreograph(in) *m(f)*

corintio, -a [ko'rintjo, -a] **I.** *adj* korinthisch **II.** *m, f* Korinther(in) *m(f)*

corista [ko'rista] *mf* Chorsänger(in) *m(f)*

cornada [kor'naða] *f* Stoß *m* mit den Hörnern

cornamenta [korna'menta] *f* Gehörn *nt*

córnea ['kornea] *f* Hornhaut *f*

cornear [korne'ar] *vt* mit den Hörnern stoßen

corneja [kor'nexa] *f* Krähe *f*

córner ['korner] *m* (DEP) Eckball *m*

corneta¹ [kor'neta] *f* (Signal)horn *nt*

corneta² [kor'neta] *m* (MIL) Fähnrich *m*

cornudo, -a [kor'nuðo, -a] *adj* gehörnt; **marido** ~ Hahnrei *m*

coro ['koro] *m* Chor *m;* **a** ~ einstimmig

corona [ko'rona] *f* **1.** (*adorno*) Krone *f;* ~ **de espinas** Dornenkrone *f* **2.** (*de flores*) Kranz *m* **3.** (*de los dientes*) (Zahn)krone *f*

coronación [korona'θjon] *f* Krönung *f*

coronar [koro'nar] *vt* **1.** (*una persona*) krönen **2.** (*una obra*) den krönenden Abschluss bilden +*gen;* (*perfeccionarla*) krönen **3.** (ARQUIT) bekrönen

coronel(a) [koro'nel(a)] *m(f)* Oberst *m,* Frau Oberst *f*

coronilla [koro'niʎa] *f:* **estar hasta la ~ de algo** (*fam*) von etw *dat* die Nase voll haben

corpiño [kor'piɲo] *m* Mieder *nt*

corporación [korpora'θjon] *f* **1.** ~ **de estudiantes** Studentenverbindung *f* **2.** (*de una profesión*) Innung *f*

corporal [korpo'ral] *adj* körperlich

corporativo, -a [korpora'tiβo, -a] *adj* korporativ

corpulencia [korpu'lenθja] *f* **1.** (*de alguien*) Beleibtheit *f,* Korpulenz *f* **2.** (*de algo*) Wuchtigkeit *f*

corpulento, -a [korpu'lento, -a] *adj* beleibt

corral [ko'rral] *m* **1.** (*cercado*) Gehege *nt;* (*para gallinas*) Hühnerhof *m* **2.** (*para niños*) Laufstall *m*

correa [ko'rrea] *f* (*tira*) Lederriemen *m;* (*cinturón*) (Leder)gürtel *m;* (TÉC) Riemen *m*

corrección [korreʸ'θjon] *f* Korrektur *f;* (*comportamiento*) korrektes Verhalten *nt*

correccional [korreʸθjo'nal] *m* Erziehungsanstalt *f*

correcto, -a [ko'rrekto, -a] *adj* richtig; (*impecable*) tadellos; (*sin errores*) fehlerfrei; (*apropiado*) angemessen

corredor¹ [korre'ðor] *m* Flur *m,* Gang *m*

corredor(a)² [korre'ðor(a)] *m(f)* **1.** (DEP: *a pie*) Läufer(in) *m(f);* (*en coche*) Rennfahrer(in) *m(f)*; ~ **de fondo** Langstreckenläufer *m* **2.** (COM) Makler(in) *m(f)*; ~ **de fincas** Grundstücksmakler *m*

correduría [korreðu'ria] *f* Maklergeschäft *nt*; (*oficina*) Maklerbüro *nt*

corregir [korre'xir] *irr como elegir* **I.** *vt* **1.** (*t.* TIPO) korrigieren **2.** (*sacar de dudas*) richtig stellen **II.** *vr*: **~se** sich bessern; (*moderarse*) sich zügeln

correlación [korrela'θjon] *f* Wechselbeziehung *f*

correlacionar [korrelaθjo'nar] **I.** *vi* in Wechselbeziehung stehen (*con* mit/zu +*dat*) **II.** *vt* in Wechselbeziehung setzen (*con* mit/zu +*dat*)

correlativo, -a [korrela'tiβo, -a] *adj* wechselseitig; (*de sucesión inmediata*) fortlaufend

correo [ko'rreo] *m* **1.** (*persona*) Kurier *m* **2.** (*correspondencia*) Post *f*; ~ **aéreo** Luftpost *f*; ~ **electrónico** E-Mail *f*; ~ **urgente** Eilzustellung *f*; **echar al** ~ in den Briefkasten werfen **3.** (*servicio*) Post *f*, Postdienst *m*; **a vuelta de** ~ postwendend

Correos [ko'rreos] *mpl* Postamt *nt*; **ir a** ~ zur Post gehen

correoso, -a [korre'oso, -a] *adj* (*elástico*) biegsam; (*comida*) zäh; (*persona*) ausdauernd

correr [ko'rrer] **I.** *vi* **1.** (*caminar*) rennen, laufen; **echarse a** ~ losrennen **2.** (*apresurarse*) eilen; **a todo** ~ in aller Eile **3.** (*conducir*) schnell fahren **4.** (*tiempo*) vergehen **5.** (*rumor*) umgehen **6.** (*loc*): **eso corre de mi cuenta** das geht auf meine Rechnung **II.** *vt* **1.** (*un mueble*) verrücken **2.** (*loc*): **~la** (*fam*) einen draufmachen; ~ **la misma suerte** das gleiche Schicksal erleiden; **corre prisa** es eilt; **dejar** ~ **algo** (*fig*) etw laufen lassen **III.** *vr*: **~se** **1.** (*moverse*) (zur Seite) rücken **2.** (*argot: eyacular*) kommen **3.** (*colores*) verlaufen

correspondencia [korrespon̪'den̪θja] *f* **1.** (*correo*) Post *f*, Korrespondenz *f*; (*de cartas*) Briefwechsel *m*; **curso por** ~ Fernkurs(us) *m* **2.** (*equivalente*) Entsprechung *f*

corresponder [korrespon̪'der] **I.** *vi* **1.** (*equivaler*) entsprechen (*a* +*dat*) **2.** (*armonizar*) passen (*a* zu +*dat*) **3.** (*convenir*) übereinstimmen (*con* mit +*dat*) **4.** (*pertenecer*) gehören (*a* zu +*dat*) **5.** (*incumbir*) zustehen +*dat*; **no me corresponde criticarlo** ich habe kein Recht ihn zu kritisieren **II.** *vr*: **~se** (*ser equivalente*) sich entsprechen; (*armonizar*) zueinander passen; (*convenir*) übereinstimmen

correspondiente [korrespon̪'djen̪te] *adj* entsprechend; (*apropiado*) passend (*a* zu +*dat*)

corresponsal [korrespon'sal] *mf* (PREN) Korrespondent(in) *m(f)*

corretear [korrete'ar] *vi* umherlaufen; (*niños*) herumtollen

corrida [ko'rriða] *f* **1.** (TAUR) Stierkampf *m*, Corrida *f* **2.** (*vulg*) Orgasmus *m*

corrido, -a [ko'rriðo, -a] *adj* **1.** (*movido*) verschoben **2.** (*t.* ARQUIT) durchgehend

corriente [ko'rrjen̪te] **I.** *adj* **1.** (*fluente*) fließend **2.** (*actual*) laufend; (*moneda*) kursierend; **estar al** ~ (**en algo**) (mit etw *dat*) auf dem Laufenden sein **3.** (*ordinario*) gewöhnlich; **un día** ~ ein Tag wie jeder andere **4.** (*presente*) aktuell **II.** *f* **1.** (*de agua, electricidad*) Strom *m*; (*de viento, agua*) Strömung *f*; ~ **de aire** Luftzug *m*; **hace** ~ es zieht **2.** (ARTE, LIT) Strömung *f*

corrimiento [korri'mjen̪to] *m*: ~ **de tierras** Erdrutsch *m*

corro ['korro] *m* **1.** (*círculo*) Kreis *m*, Zirkel *m*; (*peña*) Runde *f*; **hacer** ~ (*rodear*) einen Kreis bilden **2.** (*juego*) Ringelreigen *m*

corroborar [korroβo'rar] *vt* bekräftigen; (*fortalecer*) stärken

corroer [korro'er] *irr como roer* **I.** *vt* **1.** zersetzen; (*por ácido*) korrodieren **2.** (*una persona*) nagen (an +*dat*) **II.** *vr*: **~se** korrodieren; (*persona*) sich vor Gram verzehren

corromper [korrom'per] **I.** *vt* **1.** (*descomponer*) verderben **2.** (*sobornar*) bestechen **3.** (*pervertir*) verderben **II.** *vr*: **~se** **1.** verderben; (*alimentos*) verfaulen; (*cadáver*) verwesen **2.** (*degenerar*) (sittlich) verkommen

corrosión [korro'sjon] *f* **1.** (*de metal, t.* GEO) Korrosion *f* **2.** (QUÍM, TÉC) Ätzung *f*

corrupción [korruβ'θjon] *f* **1.** Zersetzung *f*; (*de alimentos*) Fäulnis *f* **2.** (*de la moral*) (Sitten)verfall *m* **3.** (*soborno*) Korruption *f*

corrupto, -a [ko'rrupto, -a] *adj* korrupt; (*inmoral*) (sittlich) verkommen

corsé [kor'se] *m* Korsett *nt*

cortacésped [korta'θespe^ð] *m* Rasenmäher *m*

cortada [kor'taða] *f* (*Am*) Schnittwunde *f*

cortado[1] [kor'taðo] *m* Kaffee *m* mit wenig

Milch

cortado, -a² [kor'taðo, -a] *adj* (*leche*) sauer; (*persona*) verschämt

cortafuegos [korta'fweɣos] *m inv* (AGR) Feuerschneise *f;* (ARQUIT) Brandmauer *f*

cortar [kor'tar] **I.** *vt* **1.** schneiden; (*por el medio*) durchschneiden; (*en pedazos*) zerschneiden; (*un árbol*) fällen; (*la carne*) zerlegen; (*leña*) hacken; (*el césped*) mähen **2.** (*cartas*) abheben **3.** (*una carretera*) sperren **4.** (*la comunicación*) unterbrechen; ~ **la línea** das Telefon abstellen **II.** *vi* **1.** (*tajar*) schneiden **2. cortó con su novio** sie hat mit ihrem Freund Schluss gemacht **III.** *vr:* ~**se 1.** (*t.* MAT) sich schneiden **2.** (*turbarse*) verlegen werden; **no se cortó ni un pelo** (*fam fig*) es war ihr/ihm kein bisschen peinlich **3.** (*leche*) sauer werden **4.** (*luz*) ausfallen; (TEL) unterbrochen werden

cortaúñas [korta'uɲas] *m inv* Nagelzwicker *m*

corte¹ ['korte] *m* (*herida*) Schnittwunde *f;* (*tajo*) (Ein)schnitt *m;* **me da ~ tener que decírselo** (*fig*) es ist mir peinlich, es ihm/ihr sagen zu müssen

corte² ['korte] *f* Hof *m;* (*séquito*) Gefolge *nt*

cortejar [korte'xar] *vt* den Hof machen +*dat*

cortejo [kor'texo] *m* **1.** (*halago*) Umwerben *nt* **2.** (*séquito*) Gefolge *nt* **3.** (*desfile*) Fest(um)zug *m;* ~ **fúnebre** Leichenzug *m*

Cortes ['kortes] *fpl* spanisches Parlament *nt*

cortés [kor'tes] *adj* höflich

cortesía [korte'sia] *f* (*cortesanía*) Höflichkeit *f;* (*gentileza*) Freundlichkeit *f;* **fórmula de** ~ Höflichkeitsfloskel *f*

corteza [kor'teθa] *f* (*de un tronco, del queso*) Rinde *f;* (*de una fruta*) Schale *f;* (*del pan*) Kruste *f;* ~ **terrestre** (GEO) Erdkruste *f*

cortijo [kor'tixo] *m* Landgut *nt*

cortina [kor'tina] *f* Vorhang *m;* ~ **de humo** (MIL) Rauchwand *f*

corto, -a ['korto, -a] *adj* **1.** (*pequeño*) kurz; ~ **de oído** schwerhörig; ~ **de vista** kurzsichtig; **a la corta o a la larga...** über kurz oder lang ... **2.** (*breve*) knapp **3.** (*de poco entendimiento*) beschränkt

cortocircuito [kortoθirku'ito] *m* Kurzschluss *m*

cortometraje [kortome'traxe] *m* Kurzfilm *m*

coruñés, -esa [koru'ɲes, -esa] *adj* aus La Coruña

corzo, -a ['korθo, -a] *m, f* Rehbock *m,* Rehgeiß *f*

cosa ['kosa] *f* **1.** (*objeto material*) Sache *f,* Gegenstand *m* **2.** (*objeto inmaterial, asunto*) Angelegenheit *f,* Sache *f;* **eso es ~ tuya/mía** das ist deine/meine Sache; **¿sabes una ~?** weißt du was?; **no valer gran ~** nicht viel taugen **3.** (*circunstancia*) Sache *f,* Ding *nt fam;* **como si tal ~** als ob nichts geschehen wäre **4.** (*ocurrencia*) Einfall *m;* **esas son ~s de Inés** das ist typisch Inés **5.** *pl* (*pertenencias*) Sachen *fpl*

coscorrón [kosko'rron] *m* Schlag *m* (auf den Kopf)

cosecha [ko'setʃa] *f* Ernte *f*

cosechadora [kosetʃa'ðora] *f* Mähdrescher *m*

cosechar [kose'tʃar] *vi, vt* ernten

coser [ko'ser] **I.** *vt* nähen; (*un botón*) annähen **II.** *vi* nähen; **esto es ~ y cantar** das ist kinderleicht

cosmética [kos'metika] *f* Schönheitspflege *f,* Kosmetik *f*

cosmético, -a [kos'metiko, -a] *adj* kosmetisch; **producto** ~ Kosmetikum *nt*

cósmico, -a ['kosmiko, -a] *adj* kosmisch

cosmonauta [kosmo'nau̯ta] *mf* Astronaut(in) *m(f),* Kosmonaut(in) *m(f)*

cosmopolita [kosmopo'lita] *mf* Kosmopolit(in) *m(f)*

cosmos ['kosmos] *m* Kosmos *m*

cosquillas [kos'kiʎas] *fpl:* **hacer** ~ kitzeln; **tener** ~ kitz(e)lig sein; **buscar las ~ a alguien** (*fig*) jdn provozieren

cosquilleo [koski'ʎeo] *m* Kitzeln *nt*

costa ['kosta] *f* **1.** (GEO) Küste *f;* **Costa Azul** Côte d'Azur *f;* **Costa de Marfil** Elfenbeinküste *f* **2.** (*loc*): **a toda** ~ um jeden Preis

> **Costa del Sol** ist der Name der Küste im Süden Spaniens, von **Tarifa** (im Westen) bis Almería (im Osten). Die Provinzen **Cádiz, Málaga, Granada** und **Almería** liegen an dieser Küste. Am bekanntesten ist wohl **Málagas** Küste (speziell **Marbella** und **Fuengirola**), wo Spaniens prominente Persönlichkeiten sehr gern Urlaub machen.

costado [kos'taðo] *m* Seite *f;* **entrar de** ~ seitwärts hereinkommem

costar [kos'tar] <o→ue> *vi, vt* **1.** (*valer*) kosten; ~ **caro** teuer sein; **esto te va a** ~

caro das wird dich teuer zu stehen kommen **2.** (*resultar difícil*) schwer fallen

> **Costa Rica** liegt in Zentralamerika und grenzt an Nicaragua und Panama, an die Karibik und an den Pazifik. Die Hauptstadt **Costa Ricas** heißt **San José**. Spanisch ist die offizielle Landessprache. Die Währungseinheit ist der **colón**.

costarricense [kostarri'θense] *adj* costaricanisch
costarriqueño, **-a** [kostarri'keɲo, -a] **I.** *adj* costaricanisch **II.** *m, f* Costaricaner(in) *m(f)*
coste ['koste] *m* Kosten *pl;* ~ **total** Gesamtkosten *pl;* ~ **de la vida** Lebenshaltungskosten *pl*
costear [koste'ar] *vt* finanzieren
costilla [kos'tiʎa] *f* (*t.* ANAT) Rippe *f;* (GASTR) Rippchen *nt*
costillar [kosti'ʎar] *m* **1.** (*costillas*) Rippen *fpl* **2.** (*fam: tórax*) Brustkasten *m*
costo ['kosto] *m* Kosten *pl;* (*Am*) Mühe *f*
costoso, **-a** [kos'toso, -a] *adj* (*en dinero*) teuer; (*en esfuerzo*) mühsam
costra ['kostra] *f* Kruste *f,* Rinde *f;* (MED) Schorf *m*
costumbre [kos'tumbre] *f* **1.** (*hábito*) (An)gewohnheit *f;* **como de** ~ wie gewöhnlich **2.** (*tradición*) Sitte *f,* Brauch *m*
costura [kos'tura] *f* (*t.* MED) Naht *f;* (*confección*) Nähen *nt*
costurero [kostu'rero] *m* Nähkasten *m*
cota ['kota] *f* (*t.* GEO) Höhe *f*
cotejar [kote'xar] *vt* vergleichen; (*confrontar*) gegenüberstellen
cotidiano, **-a** [koti'ðjano, -a] *adj* (all)täglich
cotilla [ko'tiʎa] *mf* (*fam pey*) Klatschmaul *nt*
cotillear [kotiʎe'ar] *vi* (*fam pey*) klatschen
cotización [kotiθa'θjon] *f* (COM, FIN) Kurs *m,* Notierung *f;* (*pago de una cuota*) Beitragszahlung *f*
cotizar [koti'θar] <z→c> **I.** *vt* (COM, FIN) notieren (*a* mit +*dat*); (*estimar*) schätzen **II.** *vi* (*pagar*) Beiträge zahlen **III.** *vr:* ~**se** (COM, FIN) notiert werden; (*ser popular*) hoch im Kurs stehen
coto ['koto] *m* eingefriedetes Grundstück *nt;* ~ **de caza** Jagdrevier *nt*
cotorra [ko'torra] *f* Sittich *m;* (*fam*) Quasselstrippe *f*
COU [kou̯] *m abr de* **Curso de Orientación Universitaria** *einjähriger Vorbereitungskurs auf das Universitätsstudium*
coxis ['ko^{y}sis] *m inv* Steißbein *nt*
coyote [ko'ɟote] *m* Kojote *m*
coyuntura [koɟuṇ'tura] *f* Umstände *mpl;* (ECON) Konjunktur *f*
coyuntural [koɟuṇtu'ral] *adj* (ECON) konjunkturell
coz [koθ] *f* Ausschlagen *nt;* (*golpe*) Hufschlag *m;* (*de personas*) Fußtritt *m;* **dar coces** ausschlagen
crack [kra^{k}] *m* (ECON) Crash *m;* (*droga*) Crack *m*
cracker ['kra^{k}er] *mf* (INFOR) Hacker(in) *m(f)*
cráneo ['kraneo] *m* Schädel *m*
cráter ['krater] *m* Krater *m*
creación [krea'θjon] *f* (REL, ARTE) Schöpfung *f;* (*elaboración*) Schaffung *f*
creador(**a**) [krea'ðor(a)] *m(f)* Schöpfer(in) *m(f)*
crear [kre'ar] *vt* **1.** (*hacer*) erschaffen **2.** (*fundar*) einrichten **3.** (INFOR) erstellen; ~ **archivo** Datei erstellen
creatividad [kreatiβi'ða^{ð}] *f* Kreativität *f*
creativo, **-a** [krea'tiβo, -a] *adj* kreativ
crecer [kre'θer] *irr* **I.** *vi* (*aumentar*) wachsen; (*relativo a la luna*) zunehmen; (*relativo al agua*) steigen **II.** *vr:* ~**se** über sich selbst hinauswachsen
creces ['kreθes] *fpl:* **con** ~ reichlich
crecida [kre'θiða] *f* Hochwasser *nt*
crecimiento [kreθi'mjeṇto] *m* (*t.* ECON) Wachstum *nt*
credencial [kreðeṇ'θjal] *f* Ernennungsurkunde *f*
credibilidad [kreðiβili'ða^{ð}] *f* Glaubwürdigkeit *f*
crédito ['kreðito] *m* **1.** (FIN: *préstamo*) Kredit *m;* **pedir un** ~ einen Kredit aufnehmen **2.** (*fama*) Renommee *nt* **3.** (*confianza*) Glaube *m,* Vertrauen *nt;* **dar** ~ **a algo/alguien** etw *dat*/jdm Glauben schenken
credo ['kreðo] *m* **1.** (*creencias*) Glaube *m* **2.** (*oración, dogma*) Glaubensbekenntnis *nt*
credulidad [kreðuli'ða^{ð}] *f* Leichtgläubigkeit *f*
crédulo, **-a** ['kreðulo, -a] *adj* leichtgläubig
creencia [kre'eṇθja] *f* Glaube *m*
creer [kre'er] *irr como leer* **I.** *vi* (*ser creyen-*

C

te) gläubig sein **II.** *vt* **1.** (*dar por cierto*) glauben (*en* an +*akk*); ~ **en Dios** an Gott glauben **2.** (*pensar*) glauben, denken; **¡ya lo creo!** das will ich wohl meinen! **3.** (*dar crédito*) glauben +*dat;* **no te creo** ich glaube dir nicht **III.** *vr:* ~**se** **1.** (*tener por probable*) glauben **2.** (*considerarse*) sich halten (für +*akk*); **¡qué te has creído!** was fällt dir ein!

creíble [kre'iβle] *adj* glaubhaft

creído, **-a** [kre'iðo, -a] *adj* (*con ser, fam*) eingebildet

crema ['krema] **I.** *adj* cremefarben **II.** *f* (*nata*) Sahne *f;* (*natillas, pasta*) Creme *f*

cremación [krema'θjon] *f* Einäscherung *f*

cremallera [krema'ʎera] *f* Reißverschluss *m*

crematorio[1] [krema'torjo] *m* Krematorium *nt*

crematorio, **-a**[2] [krema'torjo, -a] *adj:* **horno** ~ Verbrennungsofen *m*

cremoso, **-a** [kre'moso, -a] *adj* cremig

crepitar [krepi'tar] *vi* knistern

crepuscular [krepusku'lar] *adj* dämmerig

crepúsculo [kre'puskulo] *m* Dämmerung *f*

crespón [kres'pon] *m* (Trauer)flor *m*

cresta ['kresta] *f* (*del gallo*) (Hahnen)kamm *m;* (*de una ola*) (Wellen)kamm *m;* (*de una montaña*) Kamm *m*

Creta ['kreta] *f* Kreta *nt*

cretino, **-a** [kre'tino, -a] *m, f* (MED: *t. fig*) Kretin *m*

creyente [kre'ɟeṇte] *mf* Gläubige(r) *mf*

cría ['kria] *f* Zucht *f;* (*cachorro*) Junge(s) *nt*

criado, **-a** [kri'aðo, -a] *m, f* Diener *m,* Dienstmädchen *nt*

crianza [kri'aṇθa] *f* Aufzucht *f*

criar [kri'ar] <*1. pres:* crío> **I.** *vt* **1.** (*alimentar*) ernähren; (*mamíferos*) säugen **2.** (*reproducir y cuidar*) züchten **3.** (*educar*) aufziehen **II.** *vr:* ~**se** aufwachsen

criatura [kria'tura] *f* Geschöpf *nt;* (*niño*) Säugling *m*

criba ['kriβa] *f* Sieb *nt*

cribar [kri'βar] *vt* (aus)sieben

Crimea [kri'mea] *f* Krim *f*

crimen ['krimen] *m* Verbrechen *nt*

criminal [krimi'nal] **I.** *adj* **1.** (*delincuente*) kriminell **2.** (*policía*) Kriminal- **II.** *mf* Kriminelle(r) *mf*

criminalidad [kriminali'ðaᶞ] *f* Kriminalität *f*

criminalista [krimina'lista] *mf* Kriminalist(in) *m(f)*

criminología [kriminolo'xia] *f* Kriminologie *f*

crío, **-a** ['krio, -a] *m, f* Kleinkind *nt*

criollo, **-a** [kri'oʎo, -a] *m, f* Kreole, -in *m, f*

cripta ['kripta] *f* Krypta *f*

críptico, **-a** ['kriptiko, -a] *adj* kryptisch

crisálida [kri'saliða] *f* (ZOOL) Puppe *f*

crisantemo [krisaṇ'temo] *m* Chrysantheme *f*

crisis ['krisis] *f inv* (*t.* ECON) Krise *f;* ~ **nerviosa** Nervenzusammenbruch *m*

crisma ['krisma] *f* (*fam*) Rübe *f*

crisol [kri'sol] *m* **1.** (*craza*) Schmelztiegel *m* **2.** (*prueba*) Prüfstein *m*

crispación [krispa'θjon] *f* Gereiztheit *f*

crispar [kris'par] **I.** *vt* verkrampfen; (*exasperar*) reizen **II.** *vr:* ~**se** sich verkrampfen; (*exasperarse*) gereizt werden

cristal [kris'tal] *m* Kristall *m;* (*vidrio*) Glas *nt*

cristalera [krista'lera] *f* **1.** (*aparador*) Vitrine *f* **2.** (*puerta*) Glastür *f*

cristalino, **-a** [krista'lino, -a] *adj* kristallin; (*transparente*) kristallklar

cristalizar [kristali'θar] <z→c> **I.** *vi, vr:* ~**se** (*sustancia*) kristallisieren; (*ideas, sentimientos*) sich (heraus)kristallisieren **II.** *vt* kristallisieren lassen

cristiandad [kristjaṇ'daᶞ] *f* **1.** (*fieles*) Christenheit *f* **2.** (*países*) christliche Länder *ntpl*

cristianismo [kristja'nismo] *m* Christentum *nt*

cristiano[1] [kris'tjano] *m* (*fam*) **1.** (*persona*) Mensch *m* **2. hablar en** ~ (*fig*) Klartext reden

cristiano, **-a**[2] [kris'tjano, -a] **I.** *adj* christlich **II.** *m, f* (*fiel*) Christ(in) *m(f)*

cristo ['kristo] *m* (*fam*): **todo** ~ jeder

Cristo ['kristo] *m* (Jesus) Christus *m*

criterio [kri'terjo] *m* Urteilsvermögen *nt;* (*opinión*) Meinung *f*

crítica ['kritika] *f* Kritik *f*

criticar [kriti'kar] <c→qu> **I.** *vt* kritisieren **II.** *vi* lästern

crítico, **-a** ['kritiko, -a] **I.** *adj* kritisch **II.** *m, f* Kritiker(in) *m(f)*

criticón, **-ona** [kriti'kon, -ona] *m, f* Nörgler(in) *m(f)*

Croacia [kro'aθja] *f* Kroatien *nt*

croar [kro'ar] *vi* quaken
croata [kro'ata] *adj* kroatisch
cromo ['kromo] *m* Chrom *nt*
cromosoma [kromo'soma] *m* Chromosom *nt*
crónica ['kronika] *f* Chronik *f;* (*artículo*) Reportage *f*
crónico, -a ['kroniko, -a] *adj* (*t.* MED) chronisch
cronista [kro'nista] *mf* **1.**(*historiador*) Chronist(in) *m(f)* **2.**(*periodista*) Berichterstatter(in) *m(f)*
cronología [kronolo'xia] *f* Chronologie *f*
cronológico, -a [krono'loxiko, -a] *adj* chronologisch
cronometrar [kronome'trar] *vt:* ~ **el tiempo** die Zeit stoppen
cronómetro [kro'nometro] *m* Chronometer *nt;* (DEP) Stoppuhr *f*
croquet ['kroke^t] *m* Krocket *nt*
croqueta [kro'keta] *f* Krokette *f*
croquis ['krokis] *m inv* Skizze *f,* Kroki *nt*
cruasán [krwa'san] *m* Croissant *nt*
cruce ['kruθe] *m* **1.**(*acción*) Kreuzen *nt* **2.**(*intersección*) Schnittpunkt *m* **3.**(*t.* BIOL) Kreuzung *f;* ~ **de peatones** Fußgängerüberweg *m*
crucero [kru'θero] *m* (NÁUT: *buque*) Kreuzer *m;* (*viaje*) Kreuzfahrt *f*
crucial [kru'θjal] *adj* entscheidend
crucificado [kruθifi'kaðo] *m:* **el** ~ der Gekreuzigte
crucificar [kruθifi'kar] <c→qu> *vt* kreuzigen; (*atormentar*) quälen
crucifijo [kruθi'fixo] *m* Kruzifix *nt*
crucigrama [kruθi'ɣrama] *m* Kreuzworträtsel *nt*
crudeza [kru'ðeθa] *f* Strenge *f,* Härte *f;* (*rudeza*) Grobheit *f;* (*crueldad*) Brutalität *f*
crudo[1] ['kruðo] *m* Rohöl *nt*
crudo, -a[2] ['kruðo, -a] *adj* **1.**(*sin cocer, natural*) roh **2.**(*aplicado al tiempo*) rau **3.**(*blanco-amarillento*) rohweiß **4.**(*despiadado*) brutal
cruel [cru'el] *adj* <crudelísimo> grausam (*con* zu +*dat,* gegen +*akk*)
crueldad [kruel'ða^ð] *f* Grausamkeit *f* (*con* gegenüber +*dat*)
cruento, -a [kru'en̩to, -a] *adj* blutig
crujiente [kru'xjen̩te] *adj* knisternd; (*pan*) knusprig
crujir [kru'xir] *vi* knistern; (*dientes*) knirschen
crupier [kru'pjer] *m* Croupier *m*
crustáceo [krus'taθeo] *m* Krebstier *nt*
cruz [kruθ] *f* **1.**(*aspa, crucifijo*) Kreuz *nt;* **Cruz Roja** Rotes Kreuz **2.**(*de una moneda o medalla*) Rückseite *f;* **¿cara o ~?** Kopf oder Zahl? **3.**(*suplicio*) Kreuz *nt fig;* **llevar una ~** eine schwere Last zu tragen haben
cruzada [kru'θaða] *f* Kreuzzug *m*
cruzar [kru'θar] <z→c> **I.** *vt* **1.**(*atravesar*) kreuzen; (*de un lado al otro*) überqueren; ~ **los brazos** die Arme verschränken; ~ **algo con una raya** etw durchstreichen **2.**(BIOL) kreuzen **II.** *vr:* ~**se** (*atravesarse*) sich kreuzen; (*encontrarse*) begegnen (*con* +*dat*); ~**se con alguien** jds Weg kreuzen
cu [ku] *f* Q *nt*
cuaderno [kwa'ðerno] *m* Heft *nt*
cuadra ['kwaðra] *f* **1.**(*establo*) Stall *m* **2.**(*lugar sucio*) Saustall *m fam* **3.**(*Am*) Häuserblock *m*
cuadrado[1] [kwa'ðraðo] *m* (*t.* ASTR) Quadrat *nt;* **elevar al ~** ins Quadrat erheben
cuadrado, -a[2] [kwa'ðraðo, -a] *adj* quadratisch; **metro ~** Quadratmeter *m;* **tener la cabeza cuadrada** ein Dickschädel sein *fam*
cuadrar [kwa'ðrar] **I.** *vi* **1.**(*ajustarse, convenir*) passen (*con* zu +*dat*) **2.**(*coincidir*) ausgeglichen sein **II.** *vt* (*una cuenta*) ausgleichen **III.** *vr:* ~**se** strammstehen
cuadrícula [kwa'ðrikula] *f* Karierung *f;* **papel de ~** kariertes Papier
cuadrilátero [kwaðri'latero] *m* (Box)ring *m*
cuadrilla [kwa'ðriʎa] *f* (*brigada*) Kolonne *f;* (*de amigos*) Clique *f;* (*pey: de maleantes*) Rotte *f,* Bande *f*
cuadro ['kwaðro] *m* **1.**(*rectángulo*) Rechteck *nt;* **a ~s** kariert **2.**(*pintura*) Gemälde *nt* **3.**(*marco*) Rahmen *m*
cuajada [kwa'xaða] *f* Quark *m*
cuajar [kwa'xar] **I.** *vi* **1.**(*espesarse*) gerinnen; (*la nieve*) liegen bleiben **2.**(*fam: realizarse*) klappen **II.** *vt* **1.**(*solidificar*) eindicken **2.**(*cubrir*) überhäufen **III.** *vr:* ~**se** **1.**(*coagularse*) gerinnen **2.**(*llenarse*) sich füllen (*de* mit +*dat*) **3.**(*solidificarse*) eindicken
cual [kwal] *pron rel* **1.**(*relativo explicativo*): **el/la ~** der/die, welcher/welche; **lo ~** was; **los/las ~es** die, welche; **cada ~** jede(r) (Einzelne) **2.**(*relativo correlativo*): **tal o ~** der/

C

die/das eine oder andere; **sea ~ sea su intención** was er/sie auch immer vorhat

cuál [kwal] **I.** *pron inter* welche(r, s); **¿~ es el tuyo?** welches ist deins? **II.** *adj* (*Am*) welche(r, s) **III.** *pron indef* **1.** (*distributivo*): **~ más ~ menos** der eine mehr, der andere weniger **2.** (*ponderativo*): **tengo tres hermanas a ~ más bella** ich habe drei Schwestern, eine hübscher als die andere

cualesquier(a) [kwales'kjera] *pron indef pl de* **cualquiera**

cualidad [kwali'ða^{ð}] *f* Eigenschaft *f,* Qualität *f*

cualificación [kwalifika'θjon] *f* Klassifikation *f;* (*calificación*) Qualifikation *f*

cualificar [kwalifi'kar] <c→qu> *vt* qualifizieren

cualitativo, -a [kwalita'tiβo, -a] *adj* qualitativ

cualquiera [kwal'kjera] **I.** *pron indef* (*delante de un substantivo: cualquier*) irgendein(e, er, s); **en un lugar ~** irgendwo; **a cualquier hora** jederzeit; **cualquier cosa** irgendwas **II.** *mf:* **ser una ~** (*pey*) eine Hure sein

cuan [kwan] *adv* so; **cayó ~ largo era** er fiel der Länge nach hin

cuando ['kwan̪do] *conj* **1.** (*presente*) wenn; **de ~ en ~** ab und zu **2.** (*pasado: con imperfecto*) wenn; (*con indefinido*) als **3.** (*futuro; +subj*) sobald; **~ quiera** jederzeit **4.** (*relativo*): **el lunes es ~ no trabajo** montags arbeite ich nicht **5.** (*condicional*) wenn, falls; **~ más** [*o* **mucho**] höchstens; **~ menos** mindestens **6.** (*aunque*): **aun ~** auch wenn

cuándo ['kwan̪do] *adv* wann

cuantía [kwan̪'tia] *f* (*suma*) Ausmaß *nt,* Umfang *m;* (*valía*) Bedeutung *f*

cuantificar [kwan̪tifi'kar] <c→qu> *vt* quantifizieren

cuantioso, -a [kwan̪'tjoso, -a] *adj* reichlich

cuantitativo, -a [kwan̪tita'tiβo, -a] *adj* quantitativ

cuanto[1] ['kwan̪to] **I.** *adv:* **~... tanto...** je ..., desto ...; **~ antes** möglichst bald; **~ más que...** umso mehr, als ... **II.** *prep* (*por lo que se refiere a*): **en ~ a** bezüglich *+gen* **III.** *conj* **1.** (*temporal*): **en ~ (que** *+subj*) sobald **2.** (*puesto que*): **por ~ que** da **IV.** *m* (FÍS) Quant *nt*

cuanto, -a[2] ['kwan̪to, -a] **I.** *pron rel* **1.** (*neutro*) alles, was ...; **tanto... ~** so viel ... wie **2.** *pl* alle, die ...; **la más hermosa de cuantas conozco** die Hübscheste von allen, die ich kenne **II.** *pron indef:* **unos ~s/unas cuantas** einige, ein paar

cuánto[1] ['kwan̪to] *adv* **1.** (*interrogativo*) wie viel; **¿a ~?** wie teuer? **2.** (*exclamativo*) wie sehr; **¡~ llueve!** wie stark es regnet!

cuánto, -a[2] ['kwan̪to, -a] **I.** *adj* wie viel; **¿~ tiempo?** wie lange?; **¿cuántas veces?** wie oft? **II.** *pron inter* wie viel

cuarenta [kwa'ren̪ta] *adj inv* vierzig; *v. t.* **ochenta**

cuarentena [kwaren̪'tena] *f* Quarantäne *f*

cuaresma [kwa'resma] *f* Fastenzeit *f*

cuartear [kwarte'ar] **I.** *vt* **1.** (*dividir en cuartos*) vierteln **2.** (*zigzaguear*) im Zickzack entlangfahren **II.** *vr:* **~se** rissig werden

cuartel [kwar'tel] *m* **1.** (MIL: *acuartelamiento*) Quartier *nt;* **~ general** Hauptquartier *nt* **2.** (MIL: *edificio*) Kaserne *f*

cuartelillo [kwarte'liʎo] *m* Revier *nt*

cuarteto [kwar'teto] *m* Quartett *nt*

cuartilla [kwar'tiʎa] *f* Quartblatt *nt,* kleines Blatt *nt*

cuarto[1] ['kwarto] *m* **1.** (*habitación*) Zimmer *nt;* **~ de aseo** Toilette *f;* **~ de baño** Badezimmer *nt;* **~ de estar** Wohnzimmer *nt;* **~ trastero** Rumpelkammer *f* **2.** *pl* (*fam: dinero*) Knete *f*

cuarto, -a[2] ['kwarto, -a] **I.** *adj* vierte(r, s); (*parte*) viertel **II.** *m, f* Viertel *nt;* **~ creciente/menguante** erstes/letztes (Mond)viertel; **~ de hora** Viertelstunde *f;* **es la una y/menos ~** es ist Viertel nach/vor eins; *v. t.* **octavo**

cuarzo ['kwarθo] *m* Quarz *m*

cuatrero, -a [kwa'trero, -a] *m, f* Viehdieb(in) *m(f)*

cuatrimestre [kwatri'mestre] *m* Zeitraum *m* von vier Monaten

cuatro ['kwatro] *adj inv* vier; *v. t.* **ocho**

cuatrocientos, -as [kwatro'θjen̪tos, -as] *adj* vierhundert; *v. t.* **ochocientos**

cuatrojos [kwa'troxos] *mf inv* (*argot*) Brillenschlange *f*

cuba ['kuβa] *f* Kübel *m;* **estar como una ~** (*fam*) sternhagelvoll sein

Cuba ['kuβa] *f* Kuba *nt*

Cuba (offiziell: **República de Cuba**) ist die größte der Westindischen Inseln. Die

Hauptstadt und zugleich größte Stadt Kubas ist **La Habana**. Die offizielle Landessprache ist Spanisch. Die Währungseinheit ist der **peso cubano**.

cubano, -a [ku'βano, -a] *adj* kubanisch
cubertería [kuβerte'ria] *f* Besteck *nt*
cúbico, -a ['kuβiko, -a] *adj:* **metro** ~ Kubikmeter *m*
cubierta [ku'βjerta] *f* (Schiffs)deck *nt*
cubierto[1] [ku'βjerto] *m* **1.** (*t.* GASTR) Gedeck *nt* **2.** (*cubertería*) Besteck *nt* **3. ponerse a** ~ sich unterstellen
cubierto, -a[2] [ku'βjerto, -a] *adj* **1.** (*tiempo*) bedeckt, bewölkt **2. cheque** ~ gedeckter Scheck *m*
cubilete [kuβi'lete] *m* (*en juegos*) Würfelbecher *m*
cubismo [ku'βismo] *m* (ARTE) Kubismus *m*
cubitera [kuβi'tera] *f* Eiswürfelschale *f*
cubito [ku'βito] *m* Eiswürfel *m*
cubo ['kuβo] *m* Eimer *m;* (*hexaedro*) Würfel *m*
cubrir [ku'βrir] *irr como abrir* **I.** *vt* **1.** (*tapar*) bedecken (*con/de* mit +*dat*), abdecken (*con/de* mit +*dat*) **2.** (*ocultar*) verdecken **3.** (*recorrer*) zurücklegen **4.** (*rellenar*) (auf)füllen **5.** (*gastos*) decken **6.** (*vacante*) besetzen **7.** (ZOOL) decken **II.** *vr:* ~**se 1.** (*revestirse, llenarse*) sich bedecken **2.** (*ponerse el sombrero*) seinen Hut aufsetzen **3.** (*el cielo*) sich bedecken **4.** (*protegerse*) sich schützen (*contra* vor +*dat*)
cucaracha [kuka'raʧa] *f* Kakerlak *m*
cuchara [ku'ʧara] *f* Löffel *m;* ~ **de palo** Holzlöffel *m;* ~ **sopera** Suppenlöffel *m*
cucharada [kuʧa'raða] *f* (*porción*) Löffel *m;* **una** ~ **de azúcar** ein Löffel (voll) Zucker
cucharilla [kuʧa'riʎa] *f* Teelöffel *m*
cucharón [kuʧa'ron] *m* Schöpflöffel *m*
cuchichear [kuʧiʧe'ar] *vi* tuscheln
cuchilla [ku'ʧiʎa] *f* Rasierklinge *f*
cuchillada [kuʧi'ʎaða] *f* Messerstich *m;* (*herida*) Stichwunde *f*
cuchillo [ku'ʧiʎo] *m* Messer *nt;* ~ **de bolsillo** Taschenmesser *nt;* ~ **de cocina** Küchenmesser *nt*
cuchitril [kuʧi'tril] *m* (*vivienda*) Loch *nt pey*
cuclillas [ku'kliʎas] *fpl:* **estar en** ~ in der Hocke sitzen
cuclillo [ku'kliʎo] *m* Kuckuck *m*
cuco[1] ['kuko] *m* Kuckuck *m*
cuco, -a[2] ['kuko, -a] *adj* (*astuto*) gerissen; (*bonito*) hübsch
cucurucho [kuku'ruʧo] *m* **1.** (*de papel*) Papiertüte *f* **2.** (*de helado*) (Eis)hörnchen *nt* **3.** (*Am*) Zeichnungsrolle *f* **4.** (*gorro de procesión*) Büßermütze *f*
cuello ['kweʎo] *m* **1.** (ANAT) Hals *m;* ~ **uterino** Gebärmutterhals *m* **2.** (*de una prenda*) Kragen *m* **3.** (*de un recipiente*) Hals *m;* ~ **de botella** Flaschenhals *m;* (*Am: fig*) Engpass *m*
cuenca ['kweŋka] *f* **1.** (GEO) Becken *nt;* ~ **del río** Flussbecken *nt* **2.** (*región*) (Fluss)gebiet *nt* **3.** (*de los ojos*) Augenhöhle *f*
cuenco ['kweŋko] *m* Napf *m*
cuenta ['kweṇta] *f* **1.** (*cálculo*) (Be)rechnung *f;* (*calculación final*) Abrechnung *f;* ~ **atrás** Countdown *m;* **pagar la** ~ die Rechnung begleichen; **establecerse por su** ~ sich selb(st)ständig machen; **tener en** ~ bedenken; **darse** ~ **de algo** etw (be)merken **2.** (*en el banco*) Konto *nt;* ~ **corriente** Girokonto *nt;* ~ **de crédito** Kreditkonto *nt*
cuentagotas [kweṇta'ɣotas] *m inv* Pipette *f;* **a** ~ (*fig*) spärlich
cuentista [kewṇ'tista] *mf* **1.** (*chismoso*) Klatschmaul *nt fam* **2.** (*fanfarrón*) Angeber(in) *m(f)* **3.** (*narrador*) (Geschichten)erzähler(in) *m(f)*
cuento ['kweṇto] *m* (Kurz)geschichte *f,* Erzählung *f;* ~ **chino** Lüge *f;* ~ **de hadas** Märchen *nt;* **tener mucho** ~ (*presumir*) angeben; (*exagerar*) übertreiben; **dejarse de** ~**s** zur Sache kommen; **eso no viene a** ~ das hat damit nichts zu tun
cuerda ['kwerða] *f* **1.** (*cordel*) Strick *m,* Leine *f;* ~ **métrica** Messband *nt* **2.** (*del reloj*) (Aufzug)feder *f;* **dar** ~ **al reloj** die Uhr aufziehen; **dar** ~ **a alguien** jdn animieren **3.** (ANAT): ~**s vocales** Stimmbänder *ntpl* **4.** (*de instrumentos*) Saite *f*
cuerdo, -a ['kwerðo, -a] *adj* vernünftig
cuerno ['kwerno] *m* **1.** (MÚS, ZOOL) Horn *nt* **2.** (*loc, fam*): **ponerle a alguien los** ~**s** jdm Hörner aufsetzen; **¡y un** ~**!** ich pfeife darauf!; **¡que se vaya al** ~**!** der Teufel soll ihn/sie holen!
cuero ['kwero] *m* Leder *nt;* ~ **cabelludo** Kopfhaut *f;* **estar en** ~**s** splitternackt sein
cuerpo ['kwerpo] *m* **1.** (*del hombre o del animal*) Körper *m,* Leib *m;* (*sólo el tronco*) Rumpf *m;* (*de una mujer*) Figur *f;* (*cadáver*)

C

Leiche *f;* **tomar** ~ Gestalt annehmen; **estar de** ~ **presente** aufgebahrt sein; **hacer de(l)** ~ seine Notdurft verrichten **2.** (*t.* MAT) Körper *m;* ~ **celeste** Himmelskörper *m* **3.** ~ **de bomberos** Feuerwehr; ~ **diplomático** diplomatisches Korps *m*

cuervo ['kwerβo] *m* Rabe *m*

cuesta ['kwesta] *f* Abhang *m;* ~ **abajo/arriba** bergab/bergauf

cuestación [kwesta'θjon] *f* Kollekte *f,* Sammlung *f*

cuestión [kwes'tjon] *f* Frage *f,* Problem *nt;* ~ **de confianza** Vertrauensfrage *f;* ~ **de gustos** Geschmackssache *f*

cuestionable [kwestjo'naβle] *adj* fraglich, zweifelhaft

cuestionar [kwestjo'nar] *vt* diskutieren

cuestionario [kwestjo'narjo] *m* Fragebogen *m*

cueva ['kweβa] *f* Höhle *f*

cuidado [kwi'ðaðo] *m* **1.** (*esmero y precaución*) Sorgfalt *f,* Vorsicht *f;* **¡~!** Achtung!; **¡anda con ~!** sei vorsichtig!; **ser de** ~ gefährlich sein; **eso me tiene sin** ~ das lässt mich kalt **2.** (*asistencia*) Pflege *f;* (*de maquinarias*) Wartung *f;* ~ **médico** medizinische Betreuung; ~ **preventivo** Vorbeugung *f*

cuidadoso, -a [kwiða'ðoso, -a] *adj* (*diligente*) sorgfältig; (*preocupado*) fürsorglich

cuidar [kwi'ðar] **I.** *vi* aufpassen (*de* auf +*akk*) **II.** *vt* pflegen; ~ **a los niños** die Kinder betreuen; ~ **la casa** den Haushalt besorgen **III.** *vr:* **~se** **1.** (*de un peligro*) sich hüten (*de* vor +*dat*) **2.** (*preocuparse*) sich kümmern (*de* um +*akk*) **3.** (*no esforzarse*) sich schonen; (*por su salud*) auf seine Gesundheit achten; (*por su aspecto*) sich pflegen; (*darse buena vida*) es sich *dat* gut gehen lassen; **¡cuídate!** pass auf dich auf!

culebra [ku'leβra] *f* Schlange *f*

culebrón [kule'βron] *m* (TV) Seifenoper *f*

culinario, -a [kuli'narjo, -a] *adj* kulinarisch

culminación [kulmina'θjon] *f* Höhepunkt *m*

culminante [kulmi'nan̪te] *adj* überragend; **punto** ~ Höhepunkt *m*

culminar [kulmi'nar] *vi* den Höhepunkt erreichen

culo ['kulo] *m* **1.** (*trasero*) Gesäß *nt,* Hintern *m fam;* **caer de** ~ auf den Hintern fallen; **lamer el** ~ **a alguien** (*vulg*) jdm in den Arsch kriechen; **¡vete a tomar por el ~!** (*vulg*) scher dich zum Teufel! *fam* **2.** (*de vaso o botella*) Boden *m*

culpa ['kulpa] *f* Schuld *f;* **y ¿qué** ~ **tengo yo?** was kann ich denn dafür?

culpabilidad [kulpaβili'ðað] *f:* **sentimiento de** ~ Schuldgefühl *nt*

culpabilizar [kulpaβili'θar] <z→c> *vt* beschuldigen

culpable [kul'paβle] **I.** *adj* schuldig; **declarar** ~ für schuldig erklären; **ser** ~ **de algo** an etw *dat* Schuld haben **II.** *mf* Schuldige(r) *mf*

culpar [kul'par] **I.** *vt* beschuldigen (*de/por* +*gen*) **II.** *vr:* **~se** sich schuldig fühlen (*de* wegen +*gen/dat*)

cultivar [kul̪ti'βar] **I.** *vt* **1.** (AGR) anbauen **2.** (*conservar*) kultivieren **II.** *vr:* **~se** sich bilden

cultivo [kul̪'tiβo] *m* (AGR) Anbau *m*

culto, -a ['kul̪to] *adj* gebildet

cultura [kul̪'tura] *f* Kultur *f;* ~ **general** Allgemeinbildung *f*

cultural [kul̪tu'ral] *adj* kulturell

culturismo [kul̪tu'rismo] *m* Bodybuilding *nt*

cumbre ['kumbre] *f* **1.** (*cima*) Gipfel *m* **2.** (*reunión*) Gipfeltreffen *nt;* ~ **ministerial** Ministertreffen *nt* **3.** (*culminación*) Höhepunkt *m*

cumpleaños [kumple'aɲos] *m inv* Geburtstag *m*

cumplido[1] [kum'pliðo] *m* Höflichkeitsbezeugung *f;* **visita de** ~ Höflichkeitsbesuch *m*

cumplido, -a[2] [kum'pliðo, -a] *adj* **1.** (*acabado*) erledigt; **¡misión cumplida!** Auftrag erfüllt! **2.** (*abundante*) weit **3.** (*cortés*) höflich **4.** (*un soldado*) ausgedient

cumplimentar [kumplimen̪'tar] *vt* ausfüllen

cumplir [kum'plir] **I.** *vi* **1.** (*hacer su deber*) pflichtbewusst sein; ~ **con su deber** seine Pflicht erfüllen; **hacer algo sólo por** ~ etw nur der Form halber tun **2.** (*soldado*) seinen Militärdienst beenden **3.** (*plazo*) ablaufen **II.** *vt* **1.** (*una orden*) ausführen **2.** (*un encargo*) erledigen **3.** (*una promesa, condición*) erfüllen **4.** (*un plazo*) einhalten **5.** (*el servicio militar*) ableisten **6.** (*una pena*) verbüßen **7.** (*años*): **en mayo cumplo treinta años** im Mai werde ich dreißig (Jahre alt) **III.** *vr:* **~se** in Erfüllung gehen

cuna ['kuna] *f* Wiege *f*

cundir [kun̪'dir] *vi* (*epidemia*) sich ausbreiten; (*un rumor*) rumgehen; (*una noticia*) sich verbreiten; (*un trabajo*) vorangehen; (*dar mucho de sí*) (sehr) ergiebig sein

cuneta [ku'neta] *f* Straßengraben *m*

cuña ['kuɲa] *f* Keil *m*

cuñado, -a [ku'ɲaðo, -a] *m, f* Schwager *m*, Schwägerin *f*

cuño ['kuɲo] *m* Prägung *f*

cuota ['kwota] *f* **1.** (*porción*) Quote *f*, Anteil *m*; ~ **de mercado** Marktanteil *m* **2.** (*contribución*) Beitrag *m*, Gebühr *f*; ~ **de socio** Mitgliedsbeitrag *m*

cupé [ku'pe] *m* Coupé *nt*

cupo ['kupo] *m* (ECON) Kontingent *nt*

cupón [ku'pon] *m* Kupon *m*, Abschnitt *m*; (*de lotería*) Lotterieanteilschein *m*; ~ **de descuento** Rabattmarke *f*

cúpula ['kupula] *f* **1.** (*media esfera*) Kuppel *f* **2.** (*máximos dirigentes*) Spitze *f*; ~ **dirigente** Führungsspitze *f*

cura[1] ['kura] *m* Pfarrer *m*, Priester *m*

cura[2] ['kura] *f* **1.** (*curación*) Heilung *f* **2.** (*tratamiento*) Kur *f*, Behandlung *f*; **primera** ~ erste Hilfe

curable [ku'raβle] *adj* heilbar

curación [kura'θjon] *f* Heilung *f*

curado, -a [ku'raðo, -a] *adj* **1.** (*sanado*) geheilt **2.** (*endurecido*) gehärtet **3.** (*salado*) gepökelt; (*ahumado*) geräuchert; **jamón** ~ luftgetrockneter Schinken **4.** (*Am*) betrunken

curandero, -a [kuran̪'dero, -a] *m, f* Medizinmann *m*; (*charlatán*) Kurpfuscher(in) *m(f)*

curar [ku'rar] **I.** *vi* genesen **II.** *vt* **1.** (*a un enfermo: tratar*) behandeln; (*sanar*) heilen **2.** (*ahumar*) räuchern; (*salar*) pökeln **III.** *vr:* ~**se** genesen; ~**se en salud** vorbeugen

curativo, -a [kura'tiβo, -a] *adj* heilend

curiosear [kurjose'ar] *vi* (neugierig) herumschnüffeln

curiosidad [kurjosi'ðað] *f* **1.** (*indiscreción*) Neugier(de) *f*; **despertar la** ~ die Neugier wecken **2.** (*cosas poco corrientes*) Kuriosität *f*

curioso, -a [ku'rjoso, -a] *adj* **1.** (*indiscreto*) neugierig **2.** (*interesante*) sonderbar; **¡qué** ~**!** wie merkwürdig! **3.** (*aseado*) reinlich

currante [ku'rran̪te] *mf* (*fam*) Arbeiter(in) *m(f)*

currar [ku'rrar] *vi* (*fam*) schaffen

curriculum (**vitae**) [ku'rrikulun 'bite] *m*, **currículum** (**vitae**) [ku'rrikulun 'bite] *m* Lebenslauf *m*

curro ['kurro] *m* (*fam*) Arbeit *f*

curry ['kurri] *m* Curry *nt*

cursar [kur'sar] *vt* **1.** (*una orden*) erteilen **2.** (*cursos*) belegen; (*carrera*) studieren

cursi ['kursi] *adj* (*fam: una persona*) affektiert; (*una cosa*) kitschig

cursillo [kur'siʎo] *m* Kurzlehrgang *m*

cursiva [kur'siβa] *f* Kursivschrift *f*

cursivo, -a [kur'siβo, -a] *adj* kursiv

curso ['kurso] *m* **1.** (*transcurso*) (Ver)lauf *m*, Ablauf *m*; **estar en** ~ in Bearbeitung sein; **dar** ~ **a una solicitud** ein Gesuch weiterleiten **2.** (FIN: *circulación*) Umlauf *m*; **estar en** ~ im Umlauf sein **3.** (FIN: *cambio*) Kurs *m*; ~ **del cambio** Wechselkurs *m* **4.** (*de enseñanza*) Kurs(us) *m*, Lehrgang *m*; ~ **escolar** Schuljahr *nt*; **asistir a un** ~ an einem Lehrgang teilnehmen; **dar un** ~ einen Kurs abhalten; **perder el** ~ nicht versetzt werden

cursor [kur'sor] *m* **1.** (TÉC) Läufer *m* **2.** (INFOR) Cursor *m*

curtido, -a [kur'tiðo, -a] *adj* (*una persona*) abgehärtet; (*pieles*) gegerbt

curtir [kur'tir] *vt* (*tratar pieles*) gerben; (*tostar el cutis*) bräunen; (*acostumbrar a la vida dura*) abhärten

curva ['kurβa] *f* Kurve *f*; ~ **de natalidad** Geburtenkurve *f*

cúspide ['kuspiðe] *f* Spitze *f*, Gipfel *m*; (*fig*) Höhepunkt *m*

custodia [kus'toðja] *f* Verwahrung *f*; **estar bajo la** ~ **de alguien** unter jds Obhut stehen

custodiar [kusto'ðjar] *vt* (*una cosa*) verwahren; (*una persona*) beaufsichtigen

cutis ['kutis] *m inv* (Gesichts)haut *f*

cuyo, -a ['kuɟo, -a] *pron rel* dessen, deren; **por cuya causa** weshalb

D

D, d [de] *f* D, d *nt*

D. [don] *abr de* **Don** Hr.

Dª ['doɲa] *abr de* **Doña** Fr.

dactilar [dakti'lar] *adj:* **huellas ~es** Fingerabdrücke *mpl*

dado[1] ['daðo] **I.** *m* **1.** (*cubo*) Würfel *m* **2.** *pl* (*juego*) Würfelspiel *nt;* **jugar a los ~s** würfeln **II.** *conj* **1.** (*ya que*): **~ que llueve...** da es (ja) regnet ... **2.** (*supuesto que*): **~ que sea demasiado difícil...** wenn es zu schwierig ist ...

dado, -a[2] ['daðo, -a] *adj* gegeben; **en el caso ~** gegebenenfalls

daga ['daɣa] *f* Dolch *m*

dalia ['dalja] *f* Dahlie *f*

dálmata ['dalmata] *m* Dalmatiner *m*

daltónico, -a [dal̩'toniko, -a] *adj* farbenblind

dama ['dama] *f* Dame *f;* (**juego de**) **~s** Damespiel *nt*

damnificar [damnifi'kar] <c→qu> *vt* schädigen

danés, -esa [da'nes, -esa] *adj* dänisch

Danubio [da'nuβjo] *m* Donau *f*

danza ['dan̪θa] *f* (*acción*) Tanzen *nt;* (*baile*) Tanz *m;* **en ~** (*fam fig*) in Aktion

danzar [dan̪'θar] <z→c> **I.** *vi* **1.** (*bailar, girar*) tanzen; (*moverse*) herumtanzen **2.** (*entremeterse*) sich einmischen **II.** *vt* tanzen

dañar [da'ɲar] **I.** *vi* schaden **II.** *vt* (be)schädigen; **~ la imagen** dem Image schaden **III.** *vr:* **~se** beschädigt werden; (*fruta, cosecha*) verderben

dañino, -a [da'ɲino, -a] *adj* schädlich

daño ['daɲo] *m* **1.** (*perjuicio*) Schaden *m;* **~s ecológicos** Umweltschäden *mpl;* **~ material** Sachschaden *m;* **~s y perjuicios** Schadensersatz *m* **2.** (*dolor*) Verletzung *f;* **hacer ~ a alguien** jdm wehtun; **hacerse ~** sich verletzen; **no hace ~** es tut nicht weh

dar [dar] *irr* **I.** *vt* **1.** geben; (*regalar*) schenken; **~ un abrazo a alguien** jdn umarmen; **¿a quién le toca ~ (las cartas)?** wer gibt?; **~ permiso** die Erlaubnis erteilen **2.** (*producir*): **la vaca da leche** die Kuh gibt Milch **3.** (*celebrar*) veranstalten; **~ una fiesta** eine Party geben **4.** (*causar*): **me das pena** du tust mir leid; **~ miedo** Angst machen **5.** (*expresar*): **~ recuerdos** Grüße ausrichten **6.** (*hacer*): **~ un paseo** einen Spaziergang machen; **no ~ golpe** (*fam*) keinen Schlag tun **7.** (*encender*): **~ la luz** das Licht anmachen **8.** (*sonar*): **el reloj ha dado las dos** die Uhr hat zwei geschlagen **9.** (*aplicar*) auftragen **10.** (+ *'de'*): **~ de alta** gesundschreiben; **~ de baja** (*doctor*) krankschreiben; (*persona*) abmelden **11.** (+ *'a'*): **~ a conocer algo** etw bekannt geben **12.** (*loc, fam*): **me has dado el día** du hast mir den Tag vermasselt **II.** *vi* **1.** (+ *'a'*): **la ventana da al patio** das Fenster geht auf den Hof **2.** (+ *'con'*): **~ con la solución** auf die Lösung kommen **3.** (+ *'contra'*) stoßen (*contra* an/gegen +*akk*) **4.** (*caer*): **~ de espaldas/de narices en el suelo** rückwärts/vornüber auf den Boden fallen; **~ en la trampa** in die Falle gehen **5.** (*acertar*): **~ en el clavo** (*fig*) den Nagel auf den Kopf treffen **6.** (+ *'para'*): **~ para vivir** zum Leben reichen **7.** (+ *'por'* + *adjetivo*): **~ por muerto** für tot erklären; **~ por concluido** als abgeschlossen betrachten **8.** (+ *'por'* + *verbo*): **le ha dado por dejarse el pelo largo** nun will er/sie unbedingt das Haar lang tragen **9.** (+ *'que'* + *verbo*): **~ que hablar** von sich *dat* reden machen; **~ que pensar** zu denken geben **10.** (*loc*): **(me) da igual** das ist (mir) egal; **¡qué más da!** (*fam*) was soll's!; **no me da la gana** (*fam*) ich habe keine Lust; **~ de sí** (*jersey*) weiter werden **III.** *vr:* **~se 1.** (*suceder*) vorkommen **2.** (*frutos*) gedeihen **3.** (+ *'a': consagrarse*) sich widmen +*dat;* (*entregarse*) verfallen +*dat;* **~se a la bebida** dem Alkohol verfallen **4.** (+ *'contra'*) sich stoßen (*contra* an +*dat*) **5.** (+ *'por'* + *adjetivo: creerse*) sich halten (*por* für +*akk*); **~se por aludido** sich angesprochen fühlen; **~se por vencido** sich geschlagen geben **6.** (+ *'a'* + *verbo*): **~se a entender** sich verständlich machen **7.** (+ *'de'*): **~se de baja/alta** sich krankschreiben/gesundschreiben lassen **8.** (+ *sustantivo*): **~se cuenta de algo** etw merken; **~se prisa** sich beeilen

dardo ['darðo] *m:* **jugar a los ~s** (eine Partie) Darts spielen

datar [da'tar] **I.** *vi* stammen (*de* aus +*dat*) **II.** *vt* datieren

dátil ['datil] *m* Dattel *f*
dativo [da'tiβo] *m* Dativ *m*
dato ['dato] *m* **1.** (*circunstancia*) Angabe *f;* **~s personales** Personalien *pl* **2.** *pl* Daten *pl*
dcha. [de'retʃa] *abr de* **derecha** re.
d. de J.C. [des'pwes ðe xesu'kristo] *abr de* **después de Jesucristo** n. Chr.
de [de] *prep* **1.** (*posesión*): **los hijos ~ Ana** Anas Kinder **2.** (*origen*) von +*dat,* aus +*dat;* **ser ~ Italia** aus Italien kommen; **~ ti a mí** unter uns **3.** (*material*) aus +*dat;* **~ oro** golden **4.** (*cualidad*) mit +*dat;* **un hombre ~ buen corazón** ein Mensch mit einem guten Herzen **5.** (*temporal*) von +*dat* **6.** (*finalidad*): **máquina ~ escribir** Schreibmaschine *f* **7.** (*causa*) vor +*dat* **8.** (*partitivo*): **un kilo ~ tomates** ein Kilo Tomaten; **un vaso ~ agua** ein Glas Wasser **9.** (+ *nombre propio*): **la ciudad ~ Cuzco** die Stadt Cuzco; **pobre ~ mí** ich Arme(r) **10.** (*loc*): **~ niño** als Kind; **más ~ 5.000 pesetas** mehr als 5.000 Peseten; **~ no** (*Am*) ansonsten
deambular [deambu'lar] *vi* herumstreifen
debajo [de'βaxo] **I.** *adv* unten **II.** *prep:* **~ de** (*local*) unter +*dat;* (*con movimiento*) unter +*akk*
debate [de'βate] *m* Debatte *f*
debatir [deβa'tir] *vt* erörtern
debe ['deβe] *m* Soll *nt*
deber [de'βer] **I.** *vi* (*suposición*): **deben de ser las nueve** es muss neun Uhr sein **II.** *vt* **1.** (*estar obligado*) müssen; **no ~ías haberlo dicho** du hättest es nicht sagen sollen **2.** (*tener que dar*) schulden **III.** *vr:* **~se** zurückzuführen sein (*a* auf +*akk*) **IV.** *m* **1.** (*obligación*) Pflicht *f* **2.** *pl* (*tareas*) Hausaufgaben *fpl;* **tener muchos ~es** viel aufhaben
debido[1] [de'βiðo] *prep:* **~ a** wegen +*gen/dat*
debido, -a[2] [de'βiðo, -a] *adj:* **como es ~** wie es sich gehört
débil ['deβil] *adj* schwach
debilidad [deβili'ða^ð] *f* Schwäche *f* (*por* für +*akk*)
debilitar [deβili'tar] *vt* schwächen
debitar [deβi'tar] *vt* (*Am*) **1.** (*anotar*) im Soll buchen **2.** (*adeudar*) schulden
débito ['deβito] *m* Schuld *f;* (*debe*) Soll *nt;* **~ conyugal** eheliche Pflicht
debut [de'βu^(t)] <debuts> *m* Debüt *nt*
debutar [deβu'tar] *vi* debütieren (*como* als +*nom*)
década ['dekaða] *f* Jahrzehnt *nt;* **la ~ de los 40** die 40er-Jahre
decadencia [deka'ðen̩θja] *f* Dekadenz *f;* (*de una época*) Niedergang *m*
decadente [deka'ðen̩te] *adj* dekadent
decaer [deka'er] *irr como caer vi* nachlassen
decaído, -a [deka'iðo, -a] *adj* niedergeschlagen
decano, -a [de'kano, -a] *m, f* Dekan(in) *m(f)*
decapitar [dekapi'tar] *vt* enthaupten
decatlón [dekað'lon] *m* Zehnkampf *m*
decena [de'θena] *f* zehn Stück *ntpl*
decencia [de'θen̩θja] *f* Anstand *m*
decenio [de'θenjo] *m* Jahrzehnt *nt*
decente [de'θen̩te] *adj* anständig
decepción [deθeβ'θjon] *f* Enttäuschung *f*
decepcionar [deθeβθjo'nar] *vt* enttäuschen
deceso [de'θeso] *m* Tod *m*
decibel(io) [deθi'βel(jo)] *m* Dezibel *nt*
decididamente [deθiðiða'men̩te] *adv* entschieden; (*definitivamente*) definitiv
decidido, -a [deθi'ðiðo, -a] *adj* energisch
decidir [deθi'ðir] **I.** *vi* entscheiden (*sobre* über +*akk*) **II.** *vt* entscheiden; (*acordar*) beschließen; (*mover a*) veranlassen **III.** *vr:* **~se** sich entscheiden (*por* für +*akk, en contra de* gegen +*akk*)
décima ['deθima] *f:* **tener ~s** erhöhte Temperatur haben
decimal [deθi'mal] *adj:* **número ~** Dezimalzahl *f*
décimo, -a ['deθimo, -a] *adj* zehnte(r, s); (*parte*) zehntel; *v. t.* **octavo**
decimonono, -a [deθimo'nono, -a], **decimonoveno, -a** [deθimono'βeno, -a] *adj* (*parte*) neunzehntel; (*numeración*) neunzehnte(r, s); *v. t.* **octavo**
decimotercero, -a [deθimoter'θero, -a], **decimotercio, -a** [deθimo'terθjo, -a] *adj* (*parte*) dreizehntel; (*numeración*) dreizehnte(r, s); *v. t.* **octavo**
decir [de'θir] *irr* **I.** *vi* sagen (*de* über +*akk*); **~ que sí** ja sagen; **diga, dígame** (TEL) ja, hallo?; **es** [*o* **quiere**] **~** das heißt; **¡no me digas!** (*fam*) was du nicht sagst!; **~ por ~** (nur so) daherreden; **por ~lo así** sozusagen; **¡quién lo diría!** wer hätte das gedacht!; **y que lo digas** du sagst es **II.** *vt* **1.** sagen; (*comunicar*) mitteilen; **dicho y hecho** gesagt, getan;

D

como se ha dicho wie gesagt **2.** (*loc*): **no es muy guapa, que digamos** sie ist nicht gerade hübsch **III.** *vr:* ~**se** sagen; **¿cómo se dice en alemán?** wie sagt man das auf Deutsch? **IV.** *m* Redensart *f;* **es un** ~ wie man so sagt

decisión [deθi'sjon] *f* **1.** (*resolución*) Entscheidung *f;* **tomar una** ~ eine Entscheidung treffen **2.** (*firmeza*) Entschlossenheit *f;* **tener** ~ entschlossen sein

decisivo, **-a** [deθi'siβo, -a] *adj* entscheidend

declamar [dekla'mar] *vt* vortragen

declaración [deklara'θjon] *f* Erklärung *f;* (JUR) Aussage *f;* ~ **de la renta** Einkommensteuererklärung *f;* **prestar** ~ aussagen

declarar [dekla'rar] **I.** *vi* aussagen **II.** *vt* erklären; ~ **a alguien culpable** jdn für schuldig erklären **III.** *vr:* ~**se** **1.** (*aparecer*) ausbrechen **2.** (*manifestarse*) sich erklären; (*amor*) eine Liebeserklärung machen +*dat;* ~**se en huelga** streiken; ~**se inocente** sich für unschuldig erklären; ~**se en quiebra** Konkurs anmelden

declinación [deklina'θjon] *f* Deklination *f*

declinar [dekli'nar] *vt* **1.** (*rechazar*) ablehnen; (*invitación*) ausschlagen **2.** (LING) deklinieren

declive [de'kliβe] *m* Gefälle *nt;* (*decadencia*) Niedergang *m*

decodificador [dekoðifika'ðor] *m* (TV) Decoder *m*

decolaje [deko'laxe] *m* (*Am*) Start *m*

decolar [deko'lar] *vi* (*Am*) starten

decolorar [dekolo'rar] *vt* entfärben; (*el sol*) ausbleichen

decomisar [dekomi'sar] *vt* beschlagnahmen

decoración [dekora'θjon] *f* Dekoration *f*

decorado [deko'raðo] *m* Bühnenbild *nt*

decorador(**a**) [dekora'ðor(a)] *m(f)* Dekorateur(in) *m(f);* ~ **de interiores** Raumausstatter *m*

decorar [deko'rar] *vt* dekorieren; (*con muebles*) einrichten

decorativo, **-a** [dekora'tiβo, -a] *adj* anständig

decoro [de'koro] *m* **1.** (*dignidad*) Würde *f;* **con** ~ würdevoll **2.** (*respeto*) Respekt **3.** (*pudor*) Anstand *m;* **con** ~ anständig

decrecer [dekre'θer] *irr como crecer vi* abnehmen; (*nivel, fiebre*) fallen

decretar [dekre'tar] *vt* verfügen

decreto [de'kreto] *m* Verfügung *f;* ~ **gubernamental** Regierungserlass *m*

dedal [de'ðal] *m* Fingerhut *m*

dedicación [deðika'θjon] *f:* ~ **plena** Ganztagsbeschäftigung *f*

dedicar [deði'kar] <c→qu> **I.** *vt* widmen **II.** *vr:* ~**se** sich widmen (*a* +*dat*); (*profesionalmente*) tätig sein (*a* in +*dat*); ~**se a la enseñanza** als Lehrer tätig sein; **¿a qué se dedica Ud.?** was machen Sie beruflich?

dedicatoria [deðika'torja] *f* Widmung *f*

dedillo [deði'ʎo] *m* (*fam*): **saberse algo al** ~ etw aus dem Effeff können

dedo ['deðo] *m* (*de mano*) Finger *m;* (*de pie*) Zeh *m;* ~ **del corazón** Mittelfinger *m;* ~ **gordo** großer Zeh; ~ **índice** Zeigefinger *m;* ~ **meñique** kleiner Finger; ~ **pulgar** Daumen *m;* **la comida está para chuparse los** ~**s** (*fam*) das Essen ist köstlich; **ir a** ~ (*fam*) trampen; **nombrar a** ~ willkürlich nominieren; **no tener dos** ~**s de frente** (*fam*) schwer von Begriff sein

deducción [deðuᵞ'θjon] *f* **1.** (*derivación*) Folgerung *f* **2.** (ECON) Abzug *m;* (*fiscal*) Abschreibung *f;* ~ **estándar** Pausch(al)betrag *m;* ~ **por hijo** Kinderfreibetrag *m*

deducir [deðu'θir] *irr como traducir vt* **1.** (*derivar*) folgern (*de* aus +*dat*) **2.** (*descontar*) abziehen; (*de impuestos*) absetzen

defecto [de'fekto] *m* **1.** (*carencia*) Mangel *m;* **en su** ~ bei Fehlen **2.** (*falta*) Fehler *m;* ~ **físico** Gebrechen *nt*

defectuoso, **-a** [defektu'oso, -a] *adj* fehlerhaft

defender [defen̩'der] <e→ie> **I.** *vt* **1.** (*t.* JUR) verteidigen (*de/contra* vor +*dat*) **2.** (*proteger*) (be)schützen (*de/contra* vor +*dat*) **3.** (*ideas*) eintreten (für +*akk*) **II.** *vr:* ~**se** sich verteidigen; (*arreglárselo*) zurechtkommen

defensa [de'fensa] *f* **1.** (*t.* JUR, DEP) Verteidigung *f;* **en legítima** ~ in Notwehr; **acudir en** ~ **de alguien** jdm zu Hilfe eilen **2.** (*protección*) Schutz *m* **3.** (BIOL) Abwehrkräfte *fpl;* **tener** ~**s** immun sein

defensor(**a**) [defen'sor(a)] *m(f)* Verteidiger(in) *m(f);* (*de ideas*) Verfechter(in) *m(f);* ~ **de la naturaleza** Naturschützer *m*

deficiencia [defi'θjen̩θja] *f* Mangel *m*

deficiente [defi'θjen̩te] **I.** *adj* mangelhaft **II.** *mf:* ~ **mental** geistig Behinderte(r) *mf*

déficit ['defiθit] *m inv* Defizit *nt;* (*escasez*)

Mangel *m* (*de* an +*dat*)
definición [defini'θjon] *f* Definition *f*
definido, -a [defi'niðo, -a] *adj* deutlich; (LING) bestimmt
definir [defi'nir] **I.** *vt* definieren **II.** *vr:* ~**se** sich entscheiden
definitivo, -a [defini'tiβo, -a] *adj* **1.** (*irrevocable*) endgültig; **en definitiva** letzten Endes **2.** (*decisivo*) ausschlaggebend
deformación [deforma'θjon] *f* **1.** (*alteración*) Verformung *f* **2.** (*desfiguración*) Entstellung *f*
deformar [defor'mar] **I.** *vt* **1.** verformen; (*imágenes*) verzerren **2.** (*desfigurar*) entstellen **II.** *vr:* ~**se** sich verformen
deforme [de'forme] *adj* verzerrt
defraudar [defrau̯'ðar] *vt* **1.** betrügen; (*dinero*) unterschlagen; ~ **a Hacienda** Steuern hinterziehen **2.** (*decepcionar*) enttäuschen
defunción [defun̩'θjon] *f* Todesfall *m*
degenerar [dexene'rar] *vi* degenerieren; ~ **en** sich entwickeln zu +*dat*
degollar [deɣo'ʎar] <o→ue> *vt* enthaupten
degradar [deɣra'ðar] *vt* degradieren; (*calidad*) verschlechtern; (*humillar*) demütigen
degustación [deɣusta'θjon] *f:* ~ **de vinos** Weinprobe *f*
degustar [deɣus'tar] *vt* kosten
dehesa [de'esa] *f* Weide *f*
dejadez [dexa'ðeθ] *f* Nachlässigkeit *f*
dejado, -a [de'xaðo, -a] *adj* (*con ser*) nachlässig
dejar [de'xar] **I.** *vi:* ~ **de** +*inf* aufhören zu +*inf;* **no** ~ **de** +*inf* (*no olvidar*) nicht vergessen zu +*inf;* **¡no deje de venir!** Sie müssen unbedingt kommen! **II.** *vt* **1.** (*en general*) lassen; ~ **el libro sobre la mesa** das Buch auf den Tisch legen; **¡déjalo ya!** hör auf damit!; ~ **caer** fallen lassen; ~ **claro** klarstellen; ~ **constancia** protokollieren; ~ **a deber** anschreiben lassen; ~ **en paz** in Ruhe lassen **2.** (*abandonar*) verlassen; ~ **la carrera** das Studium abbrechen **3.** (*permitir: algo*) zulassen; **no me dejan salir** sie lassen mich nicht ausgehen **4.** (*entregar*) überlassen; (*prestar*) leihen; (*en herencia*) hinterlassen; ~ **un recado** eine Nachricht hinterlassen; **dejo el asunto en tus manos** ich vertraue dir die Angelegenheit an **III.** *vr:* ~**se** sich gehen lassen
deje ['dexe] *m* Akzent *m*
del [del] = **de + el** *v.* **de**
delantal [delan̩'tal] *m* Schürze *f*
delante [de'lan̩te] **I.** *adv* **1.** (*ante, en la parte delantera*) vorn(e); **de** ~ von vorn; **abierto por** ~ vorne offen **2.** (*enfrente*) davor **II.** *prep:* ~ **de** (*local*) vor +*dat;* (*movimiento*) vor +*akk;* ~ **mío** [*o* **de mí**] in meiner Gegenwart
delatar [dela'tar] **I.** *vt* anzeigen; (*manifestar*) verraten **II.** *vr:* ~**se** sich verraten (*con* durch +*akk*)
delegación [deleɣa'θjon] *f* **1.** (*atribución*) Auftrag *m;* ~ **de poderes** Übertragung von Befugnissen; **actuar por** ~ **de alguien** in jds Auftrag handeln **2.** (*comisión*) Delegation *f* **3.** (*oficina*) Amt *nt;* **Delegación de Hacienda** Finanzamt *nt*
delegado, -a [dele'ɣaðo, -a] *m, f* Delegierte(r) *mf*
delegar [dele'ɣar] <g→gu> *vt* **1.** (*encargar*) delegieren (*en* an +*akk*); ~ **algo en alguien** jdn mit etw *dat* beauftragen **2.** (*transferir*) übertragen
deleitar [delei̯'tar] **I.** *vt* ergötzen **II.** *vr:* ~**se** sich ergötzen (*con/en* an +*dat*)
deleite [de'lei̯te] *m* Wonne *f;* **con** ~ genüsslich
deletrear [deletre'ar] *vt* buchstabieren
delfín [del'fin] *m* Delphin *m*
delgado, -a [del'ɣaðo, -a] *adj* dünn; (*esbelto*) schlank
deliberado, -a [deliβe'raðo, -a] *adj* (wohl) überlegt; (*intencionado*) absichtlich
deliberar [deliβe'rar] *vi, vt* abwägen; (*discutir*) beratschlagen (*sobre/acerca de* über +*akk*)
delicadeza [delika'ðeθa] *f* **1.** (*finura*) Feinfühligkeit *f;* **con** ~ feinfühlig **2.** (*debilidad*) Empfindlichkeit *f* **3.** (*miramiento*) Zuvorkommenheit *f;* **tener la** ~ **de...** so zuvorkommend sein und ...
delicado, -a [deli'kaðo, -a] *adj* **1.** (*fino, frágil*) zart **2.** (*exquisito*) köstlich **3.** (*atento*) feinfühlig **4.** (*enfermizo*) anfällig; **ser** ~ **de salud** eine schwache Gesundheit haben **5.** (*asunto*) heikel
delicia [de'liθja] *f* Wonne *f*
delicioso, -a [deli'θjoso, -a] *adj* (*persona*) reizend; (*comida*) köstlich
delictivo, -a [delik'tiβo, -a] *adj:* **acto** ~ Straftat *f*
delimitar [delimi'tar] *vt* abgrenzen

D

delincuencia [deliŋ'kwen̪θja] *f* Kriminalität *f;* ~ **juvenil** Jugendkriminalität *f*

delincuente [deliŋ'kwen̪te] *mf* Straftäter(in) *m(f);* ~ **reincidente** Wiederholungstäter(in) *m(f)*

delinear [deline'ar] *vt* skizzieren

delinquir [deliŋ'kir] <qu→c> *vi* straffällig werden

delirar [deli'rar] *vi* fantasieren; (*disparatar*) Unsinn reden

delirio [de'lirjo] *m:* ~ **de grandezas** Größenwahn(sinn) *m*

delito [de'lito] *m* Delikt *nt;* ~ **contra los derechos humanos** Menschenrechtsverletzung *f;* ~ **de guerra** Kriegsverbrechen *nt;* **cuerpo del** ~ Beweisstück *nt*

delta ['del̪ta] *m* Delta *nt;* **ala** ~ Drachenfliegen *nt*

demacrarse [dema'krarse] *vr* abmagern

demanda [de'man̪da] *f* **1.** (*petición*) Forderung *f;* ~ **de empleo** Stellengesuch *nt* **2.** (COM) Nachfrage *f* (*de* nach +*dat*) **3.** (JUR) Klage *f;* **presentar una** ~ **contra alguien** Klage gegen jdn erheben

demandado, -a [deman̪'daðo, -a] *m, f* Beklagte(r) *mf*

demandante [deman̪'dan̪te] *mf* Antragsteller(in) *m(f);* (JUR) Kläger(in) *m(f)*

demandar [deman̪'dar] *vt* **1.** fordern; (*solicitar*) beantragen **2.** (JUR) verklagen (*por* wegen +*gen/dat*)

demás [de'mas] *adj* übrige(r, s); **...** **y** ~**...** ... und weitere ...

demasiado¹ [dema'sjaðo] *adv* (+ *adj*) (all)zu; (+ *verbo*) zu viel

demasiado, -a² [dema'sjaðo, -a] *adj* zu viel; **hace** ~ **calor** es ist zu heiß

demencia [de'men̪θja] *f* Schwachsinn *m*

democracia [demo'kraθja] *f* Demokratie *f*

demócrata [de'mokrata] **I.** *adj* demokratisch **II.** *mf* Demokrat(in) *m(f)*

democrático, -a [demo'kratiko, -a] *adj* demokratisch

demográfico, -a [demo'ɣrafiko, -a] *adj:* **explosión demográfica** Bevölkerungsexplosion *f*

demoler [demo'ler] <o→ue> *vt* (*edificio*) abreißen; (*fig*) zunichte machen

demonio [de'monjo] *m* Teufel *m;* **¡~(s)!** zum Teufel!; **saber a ~s** scheußlich schmecken; **¡vete al ~!** scher dich zum Teufel!

demora [de'mora] *f* Verspätung *f;* (*en el pago/la entrega*) Verzug *m*

demorar [demo'rar] **I.** *vt* hinauszögern **II.** *vr:* **~se** sich aufhalten; (*retrasarse*) sich verspäten

demostración [demostra'θjon] *f* Beweis *m;* (*argumentación*) Beweisführung *f*

demostrar [demos'trar] <o→ue> *vt* beweisen; (*mostrar*) zeigen

demostrativo, -a [demostra'tiβo, -a] *adj:* **pronombre** ~ Demonstrativpronomen *nt*

demudar [demu'ðar] *vt* verändern

denegar [dene'ɣar] *irr como fregar vt* ablehnen; ~ **un derecho a alguien** jdm ein Recht absprechen

denigrar [deni'ɣrar] *vt* erniedrigen; (*calumniar*) in Verruf bringen; (*injuriar*) beleidigen

denominación [denomina'θjon] *f* Bezeichnung *f*

denominador [denomina'ðor] *m* (MAT) Nenner *m;* **reducir a un común** ~ (*t. fig*) auf einen gemeinsamen Nenner bringen

denominar(se) [denomina'r(se)] *vt, vr* (sich) nennen

denotar [deno'tar] *vt* bedeuten

densidad [densi'ðað] *f* Dichte *f*

denso, -a ['denso, -a] *adj* dicht; (*espeso*) dick

dentadura [den̪ta'ðura] *f* Gebiss *nt*

dentellada [den̪te'ʎaða] *f* Biss *m;* (*herida*) Bisswunde *f*

dentífrico [den̪'tifriko, -a] *m* Zahncreme *f*

dentista [den̪'tista] *mf* Zahnarzt, -ärztin *m, f*

dentro ['den̪tro] **I.** *adv* (dr)innen; **a** ~ innen; **desde** ~ von innen heraus; (*fig*) von Herzen; **por** ~ innen; (*fig*) im Herzen **II.** *prep* **1.** ~ **de** (*local*) in +*dat;* ~ **de lo posible** im Rahmen des Möglichen **2.** ~ **de** (*con movimiento*) in +*akk;* **mirar** ~ **de la habitación** ins Zimmer reinschauen **3.** ~ **de** (*temporal*) in +*dat;* ~ **de poco** bald

denuncia [de'nun̪θja] *f* (Straf)anzeige *f;* **hacer una** ~ Anzeige erstatten (*ante* bei +*dat, por* wegen +*gen/dat*)

denunciar [denun̪'θjar] *vt* anzeigen (*por* wegen +*gen/dat, ante* bei +*dat*); (*delatar*) denunzieren

deparar [depa'rar] *vt* bescheren

departamento [departa'men̪to] *m* **1.** (*de un establecimiento*) Abteilung *f;* ~ **de con-**

tabilidad Buchhaltung *f* **2.**(*de un objeto*) Fach *nt* **3.**(*ministerio*) Ministerium *nt* **4.**(*distrito*) Bezirk *m* **5.**(UNIV) Fachbereich *m* **6.**(FERRO) Abteil *nt* **7.**(*Am: apartamento*) Wohnung *f*

dependencia [depeṇ'deṇθja] *f* **1.**(*sujeción*) Abhängigkeit *f;* **vivir en ~ de alguien** von jdm abhängig sein **2.** *pl* (*habitaciones*) Räumlichkeiten *fpl*

depender [depeṇ'der] *vi* abhängig sein (*de* von +*dat*); **eso depende de Ud.** das liegt an Ihnen; **¡depende!** es kommt darauf an!

dependiente[1] [depeṇ'djeṇte] *adj* abhängig (*de* von +*dat*)

dependiente, -a[2] [depeṇ'djeṇte, -a] *m, f* Verkäufer(in) *m(f)*

depilar(se) [depi'lar(se)] *vt, vr* (sich) enthaaren; **~se las cejas** sich *dat* die Augenbrauen zupfen

deplorable [deplo'raβle] *adj* bedauerlich; **espectáculo ~** jämmerliche Vorstellung

deponer [depo'ner] *irr como poner vt* **1.**(*destituir*) absetzen; **~ de un cargo** eines Amtes entheben **2.**(*deshacerse de*) ablegen; **~ las armas** die Waffen niederlegen

deportación [deporta'θjon] *f* Deportation *f*

deportar [depor'tar] *vt* deportieren

deporte [de'porte] *m* Sport *m;* **~ de (alta) competición** (Hoch)leistungssport *m;* **~ hípico** Reitsport *m;* **~s de invierno** Wintersportarten *fpl;* **hacer ~** Sport treiben

deportista [depor'tista] *mf* Sportler(in) *m(f);* **~ aficionado** Amateur(sportler) *m;* **~ profesional** Profi(sportler) *m*

deportivo [depor'tiβo, -a] *m* Sportwagen *m*

depositar [deposi'tar] **I.** *vt* deponieren; (FIN) einlegen; **~ su confianza en alguien** sein Vertrauen in jdn setzen **II.** *vr:* **~se** sich absetzen

depósito [de'posito] *m* **1.**(*el guardar*) Aufbewahrung *f;* **en ~** in Verwahrung **2.**(AUTO) Tank *m* **3.** **~ de cadáveres** Leichenhaus *nt*

depre ['depre] *f* (*fam*): **estar con la ~** down sein

depreciar [depre'θjar] **I.** *vt* (*desvalorizar*) den Wert mindern +*gen;* (*moneda*) abwerten **II.** *vr:* **~se** an Wert verlieren

depresión [depre'sjon] *f* Depression *f*

depresivo, -a [depre'siβo, -a] *adj* depressiv

deprimir [depri'mir] *vr:* **~se** Depressionen bekommen

deprisa [de'prisa] *adv* schnell

depuración [depura'θjon] *f* Reinigung *f;* (POL) Säuberung *f*

depurar [depu'rar] *vt* reinigen

derecha [de'retʃa] *f* **1.**(*diestra*) rechte Hand *f* **2.**(*lado*) rechte Seite *f;* **doblar a la ~** (nach) rechts abbiegen **3.**(POL) Rechte *f;* **de ~(s)** rechtsorientiert

derecho[1] [de'retʃo] **I.** *adv* direkt **II.** *m* **1.**(*legitimidad*) Recht *nt* (*a* auf +*akk*); **con ~ a** berechtigt zu +*dat;* **tener ~ a** berechtigt sein zu +*dat;* **¡no hay ~!** (*fam*) das gibt es nicht! **2.**(*jurisprudencia*) Recht *nt;* (*ciencia*) Rechtswissenschaft *f;* **estudiar ~** Jura studieren; **de ~** von Rechts wegen

derecho, -a[2] [de'retʃo, -a] *adj* **1.**(*diestro*) rechte(r, s) **2.**(*recto*) gerade **3.**(*erguido*) aufrecht; **ponerse ~** sich aufrichten **4.**(*justo*) aufrecht; **a derechas** wie es sich gehört **5.**(*directo*) direkt

derivación [deriβa'θjon] *f* (*t.* LING, MAT: *deducción*) Ableitung *f;* **~ a tierra** (ELEC) Erdung *f*

derivado [deri'βaðo] *m* Derivat *nt*

derivar [deri'βar] **I.** *vi* hervorgehen (*de* aus +*dat*); (*tornar*) sich umwandeln (*hacia* zu +*dat*) **II.** *vt* **1.**(*t.* LING: *deducir*) ableiten **2.**(*desviar*) umleiten; **~ una conversación hacia otro tema** ein Gespräch auf ein anderes Thema lenken **III.** *vr:* **~se** sich ableiten (*de* aus +*dat*)

dermatólogo, -a [derma'toloɣo, -a] *m, f* Hautarzt, -ärztin *m, f*

derogar [dero'ɣar] <g→gu> *vt* aufheben; (*destruir*) zerstören

derramar [derra'mar] **I.** *vt* ausschütten; (*sin querer*) verschütten; (*lágrimas/sangre*) vergießen **II.** *vr:* **~se** (*esparcirse: líquidos*) auslaufen; (*otros*) rieseln

derrame [de'rrame] *m:* **~ cerebral** Gehirnschlag *m*

derrapar [derra'par] *vi* ins Schleudern geraten

derredor [derre'ðor] *m* Umkreis *m;* **en ~** ringsherum

derretir [derre'tir] *irr como pedir vr:* **~se** **1.**(*deshacerse*) schmelzen **2.**(*fam: consumirse*): **~se de calor** vor Hitze vergehen

derribar [derri'βar] *vt* **1.**(*edificio*) niederreißen; (*puerta*) einschlagen; (*árbol*) fällen

D

2. (*jinete*) abwerfen; (*boxeador*) niederwerfen **3.** (*del cargo/poder*) stürzen; (*humillar*) demütigen

derrocar [derro'kar] <c→qu> *vt* (herab)stürzen

derrochar [derro'tʃar] *vt* verschwenden; (*fam*) strotzen (vor +*dat*)

derroche [de'rrotʃe] *m* Verschwendung *f*

derrota [de'rrota] *f* Niederlage *f*

derrotar [derro'tar] *vt* schlagen; (*desmoralizar*) zugrunde richten

derrumbar [derrum'bar] **I.** *vt* niederreißen; (*moralmente*) deprimieren **II.** *vr:* ~**se** (*edificio*) einstürzen; (*esperanzas*) sich zerschlagen

desabotonar [desaβoto'nar] *vt, vr:* ~**se** aufknöpfen

desabrochar [desaβro'tʃar] *vt, vr:* ~**se** aufknöpfen

desacatar [desaka'tar] *vt* missachten

desacato [desa'kato] *m* Missachtung *f* (*a* +*gen*)

desacertado, -a [desaθer'taðo, -a] *adj* verfehlt

desacierto [desa'θjerto] *m* (*falta*) Fehler *m;* (*equivocación*) Irrtum *m*

desaconsejar [desakonse'xar] *vt* abraten (von +*dat*); ~ **algo a alguien** jdm von etw *dat* abraten

desacorde [desa'korðe] *adj:* **estar ~ con algo/alguien** etw *dat*/jdm nicht zustimmen

desacostumbrar [desakostum'brar] **I.** *vt* abgewöhnen; ~ **a alguien de algo** jdm etw abgewöhnen **II.** *vr:* ~**se** sich *dat* abgewöhnen (*a/de* +*akk*)

desacreditar [desakreði'tar] **I.** *vt* in Verruf bringen **II.** *vr:* ~**se** in Verruf kommen

desactivar [desakti'βar] *vt* (*explosivos*) entschärfen

desacuerdo [desa'kwerðo] *m* Unstimmigkeit *f;* **estar en** ~ nicht übereinstimmen

desafiar [desafi'ar] <*1. pres:* desafío> *vt* herausfordern (*a* zu +*dat*); **te desafío a que no lo intentas** ich wette mit dir, dass du es nicht wagst

desafinado, -a [desafi'naðo, -a] *adj* (*tono*) falsch

desafinar [desafi'nar] *vi* falsch singen; (*al tocar*) falsch spielen; (*instrumento*) verstimmt sein

desafío [desa'fio] *m* Herausforderung *f*

desaforado, -a [desafo'raðo, -a] *adj* (*fuera de la ley*) gesetzwidrig; (*desmedido*) maßlos

desafortunado, -a [desafortu'naðo, -a] *adj* unglücklich

desagradable [desaɣra'ðaβle] *adj* **1.** (*no agradable*) unangenehm (*a* für +*akk*) **2.** (*repulsivo*) widerlich (*a* für +*akk*); **ser ~ al gusto** ekelhaft schmecken

desagradar [desaɣra'ðar] *vi* missfallen +*dat*

desagradecido, -a [desaɣraðe'θiðo, -a] *adj* undankbar

desagüe [de'saɣwe] *m* Abfluss *m*

desaguisado[1] [desaɣi'saðo] *m* **1.** (*agravio*) Beleidigung *f* **2.** (*fam: lío*) Durcheinander *nt*

desahogado, -a [desao'ɣaðo, -a] *adj* (*lugar*) geräumig; (*adinerado*) auskömmlich

desahogar [desao'ɣar] <g→gu> *vr:* ~**se** sich *dat* Erleichterung verschaffen; ~**se con alguien** sich bei jdm aussprechen

desahogo [desa'oɣo] *m* Erleichterung *f;* (*holgura económica*) Auskommen *nt*

desahuciado, -a [desau̯'θjaðo, -a] *adj* unheilbar krank

desaire [de'sai̯re] *m* Kränkung *f;* (*desprecio*) Geringschätzung *f;* (*desatención*) Unhöflichkeit *f*

desajustar [desaxus'tar] *vt* in Unordnung bringen; (*máquina*) verstellen

desalentador(a) [desalen̪ta'ðor(a)] *adj* entmutigend

desaliento [desa'ljen̪to] *m* Mutlosigkeit *f;* (*de fuerzas*) Schwäche *f*

desaliñado, -a [desali'ɲaðo, -a] *adj* ungepflegt

desalmado, -a [desal'maðo, -a] *m, f* Barbar(in) *m(f)*

desalojar [desalo'xar] *vt* (*abandonar: casa*) räumen; (*puesto*) verlassen

desamor [desa'mor] *m* Lieblosigkeit *f*

desamparar [desampa'rar] *vt* verlassen; (*posesiones*) aufgeben; (*desasistir*) im Stich lassen

desamparo [desam'paro] *m* Schutzlosigkeit *f;* (*abandono*) Verlassen *nt*

desamueblado, -a [desamwe'βlaðo, -a] *adj* unmöbliert

desamueblar [desamwe'βlar] *vt* ausräumen

desandar [desan̪'dar] *irr como andar vt:* ~ **lo andado** (*fig*) wieder von vorne beginnen

desangrar [desaŋ'grar] *vr:* ~**se** verbluten

desanimado, **-a** [desani'maðo, -a] *adj* mutlos

desanimar [desani'mar] **I.** *vt* entmutigen **II.** *vr:* ~**se** den Mut verlieren

desánimo [de'sanimo] *m* Mutlosigkeit *f*

desanudar [desanu'ðar] *vt* aufknoten

desapacible [desapa'θiβle] *adj* (*persona*) unfreundlich; (*tiempo*) ungemütlich

desaparecer [desapare'θer] *irr como crecer vi* verschwinden

desapego [desa'peɣo] *m* Abneigung *f* (*hacia* gegen +*akk*)

desapercibido, **-a** [desaperθi'βiðo, -a] *adj* **1.** (*inadvertido*) unbemerkt; **pasar** ~ nicht auffallen **2.** (*desprevenido*) unvorbereitet; **coger** ~ völlig unvorbereitet treffen

desaprensivo, **-a** [desapren'siβo, -a] *adj* rücksichtslos

desaprobar [desapro'βar] <o→ue> *vt* missbilligen

desaprovechar [desaproβe'ʧar] *vt* sich *dat* entgehen lassen

desarmar [desar'mar] **I.** *vi* (POL) abrüsten **II.** *vt* entwaffnen

desarme [de'sarme] *m* Abrüstung *f*

desarraigar [desarrai̯'ɣar] <g→gu> *vt* entwurzeln; (*costumbre, creencia*) ausrotten

desarreglo [desarre'ɣlo] *m* Unordnung *f;* (*molestia*) Störung *f*

desarrollar [desarro'ʎar] **I.** *vt* **1.** (*aumentar*) entwickeln; ~ **relaciones comerciales** Handelsbeziehungen ausbauen **2.** (*tratar en detalle*) darlegen **II.** *vr:* ~**se** sich entwickeln; (*tener lugar*) sich abspielen

desarrollo [desa'rroʎo] *m* **1.** (*progreso*) Entwicklung *f;* (*crecimiento*) Wachstum *nt;* **país en vías de** ~ Entwicklungsland *nt* **2.** (*proceso*) Ablauf *m*

desarticular [desartiku'lar] **I.** *vt* **1.** (*piezas*) zerlegen **2.** (*articulación*) ausrenken **3.** (*grupo*) auflösen; (*banda*) zerschlagen **II.** *vr:* ~**se** **1.** (*piezas*) auseinander gehen **2.** (*articulación*) sich *dat* ausrenken **3.** (*grupo*) sich auflösen

desaseado, **-a** [desase'aðo, -a] *adj* ungepflegt

desasosiego [desaso'sjeɣo] *m* Unruhe *f*

desastre [de'sastre] *m* Katastrophe *f;* **ser un** ~ (*fam: alguien*) völlig chaotisch sein

desastroso, **-a** [desas'troso, -a] *adj* katastrophal

desatado, **-a** [desa'taðo, -a] *adj* entfesselt; **estar** ~ (*fig*) wild sein

desatar [desa'tar] **I.** *vt* **1.** (*soltar*) losbinden; (*nudos*) lösen; (*paquete, zapatos*) aufschnüren **2.** (*causar*) entfesseln **II.** *vr:* ~**se** **1.** (*soltarse*) sich losbinden; (*nudo*) aufgehen **2.** (*desligarse*) sich lösen **3.** (*desencadenarse*) sich entfesseln

desatascar [desatas'kar] <c→qu> *vt* **1.** (*desobstruir*) frei machen **2.** (*sacar del atascadero*) aus dem Schlamm ziehen; ~ **a alguien** jdm aus der Bedrängnis helfen

desatención [desaten̪'θjon] *f* **1.** (*distracción*) Unaufmerksamkeit *f* **2.** (*descortesía*) Unhöflichkeit *f*

desatender [desaten̪'der] <e→ie> *vt* vernachlässigen

desatento, **-a** [desa'ten̪to, -a] *adj* **1.** (*distraído*) unaufmerksam; (*negligente*) nachlässig **2.** (*descortés*) unhöflich (*con* zu +*dat*)

desatino [desa'tino] *m* Fehler *m;* (*torpeza*) Ungeschick *nt*

desatornillador [desatorniʎa'ðor] *m* (*Am*) Schraubenzieher *m*

desatornillar [desatorni'ʎar] *vt* abschrauben; ~ **un tornillo** eine Schraube lösen

desatrancar [desatraŋ'kar] <c→qu> *vt* (*puerta*) entriegeln; (*desatascar*) eine Verstopfung beseitigen (in +*dat*)

desautorizado, **-a** [desau̯tori'θaðo, -a] *adj* unbefugt

desautorizar [desau̯tori'θar] <z→c> *vt* (*inhabilitar*) die Befugnis aberkennen +*dat*

desavenencia [desaβe'nen̪θja] *f* **1.** (*desacuerdo*) Uneinigkeit *f* **2.** (*discordia*) Streitigkeit *f*

desayunar [desaɟu'nar] *vi, vt* frühstücken; ~ **fuerte** gut frühstücken

desayuno [desa'ɟuno] *m* Frühstück *nt*

desazón [desa'θon] *f* Unbehagen *nt;* (*malestar*) Unwohlsein *nt;* (*picor*) Juckreiz *m*

desbancar [desβaŋ'kar] <c→qu> *vt* verdrängen

desbarajuste [desβara'xuste] *m* Durcheinander *nt;* **¡esto es un** ~ **total!** hier geht alles drunter und drüber!

desbaratar [desβara'tar] *vt* auseinander nehmen; (*arruinar*) vereiteln

desbloquear [desβloke'ar] *vt* freilegen; (FIN) freigeben; (POL) die Blockade aufheben +*gen*

D

desbordamiento [desβorða'mjeṇto] *m* Überflutung *f;* (INFOR) Overflow *m;* (*fig*) Ausbruch *m*

desbordante [desβor'ðaṇte] *adj* überschäumend; ~ **de alegría** überaus froh

desbordar [desβor'ðar] **I.** *vi, vr:* ~**se** (*líquido*) überlaufen; (*río*) über die Ufer treten; ~ **de alegría** vor Freude ganz aus dem Häuschen sein; ~ **de emoción** ganz gerührt sein **II.** *vt* überschreiten

descabellado, **-a** [deskaβe'ʎaðo, -a] *adj* wahnwitzig

descabezado, **-a** [deskaβe'θaðo, -a] *adj* hirnlos

descafeinado, **-a** [deskafei̯'naðo, -a] *adj* koffeinfrei

descalcificar [deskal̩θifi'kar] <c→qu> *vt* entkalken

descalificación [deskalifika'θjon] *f* **1.** (*desacreditación*) Diskreditierung *f* **2.** (*eliminación*) Disqualifikation *f*

descalificar [deskalifi'kar] <c→qu> *vt* **1.** (*desacreditar*) diskreditieren **2.** (*eliminar*) disqualifizieren

descalzar [deskal̩'θar] <z→c> *vr:* ~**se** (*alguien*) (sich *dat*) die Schuhe ausziehen

descalzo, **-a** [des'kal̩θo, -a] *adj* barfuß; (*fig*) bettelarm

descambiar [deskam'bjar] *vt* (*fam*) umtauschen

descaminar [deskami'nar] *vt:* **ir descaminado** (*fig*) sich irren

descampado [deskam'paðo] *m* offenes Feld *nt;* **en** ~ auf freiem Feld

descansado, **-a** [deskan'saðo, -a] *adj* (*con estar*) ausgeschlafen; (*con ser*) bequem

descansar [deskan'sar] *vi* sich ausruhen; (*recuperarse*) sich erholen; (*en una marcha*) rasten; (*dormir*) schlafen; **¡que descanses!** schlaf gut!; **¡que Ud. descanse!** angenehme Ruhe!

descansillo [deskan'siʎo] *m* Treppenabsatz *m*

descanso [des'kanso] *m* **1.** Ausruhen *nt;* (*recuperación*) Erholung *f;* **día de** ~ Ruhetag *m* **2.** (*pausa*) Pause *f;* (*alto*) Rast *f;* (DEP) Halbzeit *f;* **sin** ~ ununterbrochen **3.** (*alivio*) Erleichterung *f*

descapotable [deskapo'taβle] *adj:* (**coche**) ~ Kabrio(lett) *nt*

descarado, **-a** [deska'raðo, -a] *adj* **1.** (*desvergonzado*) dreist **2.** (*evidente*) unverhüllt

descarga [des'karɣa] *f* **1.** (*de mercancías*) Abladen *nt* **2.** (ELEC) Entladung *f;* ~ **eléctrica** elektrischer Schlag

descargar [deskar'ɣar] <g→gu> **I.** *vt* **1.** (*carga*) abladen; ~ **el vientre** seine Notdurft verrichten **2.** (ELEC, FÍS) entladen; (*corriente*) ableiten **3.** (*disparar*) abfeuern; ~ **un golpe sobre...** einen Schlag versetzen ... +*dat* **4.** (*desahogar*) auslassen; ~ **su mal genio en** [*o* **sobre**] **alguien** seine schlechte Laune an jdm auslassen **5.** (FIN) entlasten **II.** *vr:* ~**se 1.** (*vaciarse*) sich leeren; (ELEC, FÍS) sich entladen **2.** (*librarse*) sich entledigen (*de* +*gen*) **3.** (*desahogarse*) sich abreagieren

descaro [des'karo] *m* Frechheit *f*

descarriar [deskarri'ar] <*1. pres:* **descarrío**> *vr:* ~**se** sich verirren; (*descaminarse*) auf Abwege geraten

descarrilar [deskarri'lar] *vi* entgleisen

descartar [deskar'tar] **I.** *vt* ausschließen **II.** *vr:* ~**se** Karten abwerfen

descendencia [desθeṇ'deṇθja] *f* Nachkommenschaft *f;* **tener** ~ Nachwuchs bekommen

descendente [desθeṇ'deṇte] *adj* fallend

descender [desθeṇ'der] <e→ie> *vi* hinuntergehen; (*disminuir*) zurückgehen; (*proceder*) abstammen (*de* von +*dat*)

descendiente [desθeṇ'djeṇte] *mf* Nachkomme *m*

descenso [des'θenso] *m* Abstieg *m;* (*disminución*) Rückgang *m*

descentralizar [desθeṇtrali'θar] <z→c> *vt* dezentralisieren

descifrar [desθi'frar] *vt* entziffern; (*código*) dechiffrieren

descodificador [deskoðifika'ðor] *m* Decoder *m*

descojonante [deskoxo'naṇte] *adj* (*argot*) zum Schieflachen

descojonarse [deskoxo'narse] *vr* (*argot*) sich schieflachen (*de* über +*akk*)

descolgar [deskol'ɣar] *irr como colgar vt* abhängen; (*teléfono*) abnehmen; (*bajar*) herunterlassen

descolorar [deskolo'rar], **descolorir** [deskolo'rir] *vt:* **estar descolorido** ausgewaschen sein

descomedido, **-a** [deskome'ðiðo, -a] *adj* übermäßig; (*insolente*) ungehörig

descompensar [deskompen'sar] **I.** *vt* aus dem Gleichgewicht bringen; **estar des-**

compensado unausgeglichen sein **II.** *vr:* **~se** aus dem Gleichgewicht geraten

descomponer [deskompo'ner] *irr como poner vr:* **~se** zerfallen; (*corromperse*) verwesen; (*enfermar*) Durchfall bekommen; (*encolerizarse*) außer sich *dat/akk* geraten

descomposición [deskomposi'θjon] *f:* ~ (**de vientre**) Durchfall *m*

descompuesto, **-a** [deskom'pwesto, -a] *adj* unordentlich; (*podrido*) verfault; (*alterado*) verzerrt; (*enfermo*) an Durchfall leidend

descomunal [deskomu'nal] *adj* ungeheuerlich

desconcertar [deskoṇθer'tar] <e→ie> *vt* **1.** (*desbaratar*) durcheinander bringen; (*planes*) vereiteln **2.** (*pasmar*) verblüffen

desconchado [deskon'ʧaðo] *m* abgebröckelte Stelle *f*

desconcierto [deskoṇ'θjerto] *m* Unordnung *f;* (*desorientación*) Unsicherheit *f*

desconectar [deskonek'tar] **I.** *vi, vt* abschalten; (*radio, tele*) ausschalten **II.** *vi* (*fam*) abschalten

desconfiado, **-a** [deskoɱfi'aðo, -a] *adj* misstrauisch

desconfianza [deskoɱfi'aṇθa] *f* Misstrauen *nt*

desconfiar [deskoɱfi'ar] <*1. pres:* desconfío> *vi* misstrauen (*de +dat*); **desconfío de conseguirlo** ich bezweifle, dass es mir gelingt

descongelar [deskoŋxe'lar] **I.** *vt* auftauen; (*el frigorífico*) abtauen; (FIN) freigeben; ~ **los salarios** den Lohnstopp aufheben **II.** *vr:* **~se** auftauen

descongestionar [deskoŋxestjo'nar] *vt* entlasten; (MED) entstauen

desconocer [deskono'θer] *irr como crecer vt* nicht wissen; (*no conocer*) nicht kennen; (*negar*) verleugnen

desconocido, **-a** [deskono'θiðo, -a] **I.** *adj* unbekannt **II.** *m, f* Unbekannte(r) *mf;* **un completo** ~ ein wildfremder Mensch

desconocimiento [deskonoθi'mjeṇto] *m* Unkenntnis *f;* (*ignorancia*) Unwissenheit *f,* **por** ~ **de los hechos** in Verkennung der Tatsachen

desconsiderado, **-a** [deskonsiðe'raðo, -a] *adj* rücksichtslos

desconsolado, **-a** [deskonso'laðo, -a] *adj* trostlos; (*inconsolable*) untröstlich

desconsolar [deskonso'lar] <o→ue> **I.** *vt* betrüben **II.** *vr:* **~se** sich trostlos fühlen

desconsuelo [deskon'swelo] *m* Trostlosigkeit *f*

descontado, **-a** [deskoṇ'taðo, -a] *adj:* **dar algo por** ~ etw für selbstverständlich halten

descontar [deskoṇ'tar] <o→ue> *vt* abziehen (*de* von *+dat*); (*letras*) diskontieren; (*descartar*) ausschließen

descontento, **-a** [deskoṇ'teṇto, -a] *adj* unzufrieden

descontrolarse [deskoṇtro'larse] *vr* außer Kontrolle geraten; (*persona*) außer sich *dat/akk* geraten

descorazonar [deskoraθo'nar] **I.** *vt* entmutigen **II.** *vr:* **~se** verzagen

descorchar [deskor'ʧar] *vt* entkorken

descorrer [desko'rrer] **I.** *vt* zurückziehen; (*cortinas*) aufziehen; (*cerrojo*) zurückschieben **II.** *vr:* **~se** sich von selbst öffnen

descortés [deskor'tes] *adj* unhöflich

descortesía [deskorte'sia] *f* Unhöflichkeit *f*

descoser [desko'ser] **I.** *vt* (*costura*) auftrennen; **tengo la manga descosida** mein Ärmel hat sich gelöst **II.** *vr:* **~se** aufgehen; **se me ha descosido un botón** mein Knopf ist ab

descosido, **-a** [desko'siðo, -a] *adj:* **como un** ~ (*loco*) wie ein Wilder; **hablar como un** ~ alles ausplappern

descoyuntar [deskoɟuṇ'tar] *vt:* **estar descoyuntado** (*fig*) fix und fertig sein

descrédito [des'kreðito] *m* Verruf *m;* **caer en** ~ in Verruf geraten

descreído, **-a** [deskre'iðo, -a] *adj* ungläubig

descremar [deskre'mar] *vt* entrahmen

describir [deskri'βir] *irr como escribir vt* beschreiben; (*hechos*) schildern

descripción [deskriβ'θjon] *f* Beschreibung *f;* (*de hechos*) Schilderung *f*

descuajaringar [deskwaxariŋ'gar] <g→gu> *vr:* **~se de risa** (*fam*) sich schieflachen

descuartizar [deskwarti'θar] <z→c> *vt* zerlegen; (*en cuatro*) vierteln

descubierto[1] [desku'βjerto] *m* **1.** (*lugar*): **al** ~ unter freiem Himmel; (MIN) über Tage **2.** (*bancario*) Kontoüberziehung *f;* **al** ~ (*cuenta*) überzogen; (*cheque*) ungedeckt **3.** (*en evidencia*): **quedar al** ~ entlarvt werden

descubierto, **-a**[2] [desku'βjerto, -a] *adj*

D

unbedeckt; (*sin techo*) unüberdacht; (*cielo*) heiter; **a pecho** ~ unbewaffnet; (*fig*) waghalsig

descubridor(a) [deskuβri'ðor(a)] *m(f)* Entdecker(in) *m(f)*

descubrimiento [deskuβri'mjento] *m* Entdeckung *f;* (*revelación*) Enthüllung *f*

descubrir [desku'βrir] *irr como abrir* **I.** *vt* enthüllen; (*encontrar*) entdecken; (*averiguar*) herausfinden; (*inventar*) erfinden; (*revelar*) enthüllen; (*desenmascarar*) entlarven **II.** *vr:* **~se** den Hut ziehen; (*traicionarse*) sich bloßstellen; (*desenmascararse*) sich entlarven (*como* als +*akk*)

descuento [des'kwento] *m* Abzug *m;* (*rebaja*) Ermäßigung *f;* (COM) Rabatt *m*

descuidado, -a [deskwi'ðaðo, -a] *adj:* **aspecto** ~ ungepflegtes Äußeres; **coger** ~ überrumpeln

descuidar [deskwi'ðar] **I.** *vi:* **¡descuida!** lass das nur meine Sorge sein! **II.** *vt* vernachlässigen; (*ignorar*) unbeachtet lassen **III.** *vr:* **~se** sich vernachlässigen; (*distraerse*) nicht aufpassen

descuido [des'kwiðo] *m* **1.** Unachtsamkeit *f;* (*de cuidado*) Nachlässigkeit *f* **2.** (*error*) Fehler *m;* **por** ~ aus Versehen

desde ['desðe] **I.** *prep* **1.** (*temporal: pasado*) seit +*dat;* (*a partir de*) ab +*dat;* **~... hasta...** von ... bis ...; **¿~ cuándo?** seit wann?; **¿~ cuándo vives aquí?** wie lange wohnst du schon hier?; **~ entonces** seitdem; **~ hace un mes** seit einem Monat; **~ hace poco/mucho** seit kurzem/langem; **~ ya** ab sofort **2.** (*local*) von +*dat;* **te llamo ~ una cabina** ich rufe von einer Telefonzelle (aus) an **II.** *adv:* **~ luego** (*por supuesto*) selbstverständlich **III.** *conj:* **~ que** seit(dem)

desdecir [desðe'θir] *irr como decir* **I.** *vi* nicht entsprechen (*de* +*dat*) **II.** *vr:* **~se de algo** etw zurücknehmen; **~se de una promesa** ein Versprechen nicht halten

desdén [des'ðen] *m* Verachtung *f*

desdentado, -a [desðen'taðo, -a] *adj* zahnlos

desdeñable [desðe'ɲaβle] *adj* verachtenswert; **nada** ~ nicht zu verachten

desdeñar [desðe'ɲar] *vt* verachten; (*rechazar*) verschmähen

desdicha [des'ðitʃa] *f* Unglück *nt;* (*miseria*) Elend *nt*

desdichado, -a [desði'tʃaðo, -a] *adj* unglücklich; **es un** ~ er ist ein armer Teufel

desdoblar [desðo'βlar] **I.** *vt* **1.** (*desplegar*) auseinander falten; (*extender*) ausbreiten; (*fig*) entfalten **2.** (*dividir*) spalten **II.** *vr:* **~se 1.** (*abrirse*) sich auseinander falten; (*fig*) sich entfalten **2.** (*dividirse*) sich spalten

deseable [dese'aβle] *adj* wünschenswert; (*sexualmente*) begehrenswert

desear [dese'ar] *vt* wünschen; (*sexualmente*) begehren; **hacerse** ~ auf sich warten lassen; **¿desea algo más?** haben Sie noch einen Wunsch?

desecar [dese'kar] <c→qu> *vt, vr:* **~se** austrocknen

desechable [dese'tʃaβle] *adj:* **guantes ~s** Einmalhandschuhe *mpl;* **nada** ~ gar nicht zu verachten

desechar [dese'tʃar] *vt* **1.** wegwerfen; (*ropa*) ablegen **2.** (*descartar*) ausschließen **3.** (*desdeñar*) verschmähen

desecho(s) [de'setʃo(s)] *m(pl)* Abfall *m;* (*basura*) Müll *m;* **~s tóxicos** Giftmüll *m*

desembalar [desemba'lar] *vt* auspacken

desembarazar [desembara'θar] <z→c> **I.** *vr:* **~se** sich befreien **II.** *vi* (*Chil*) entbinden

desembarcar [desemβar'kar] <c→qu> **I.** *vi* landen **II.** *vt* ausschiffen; (*descargar*) ausladen

desembarco [desem'barko] *m* (*arribada*) Landung *f*

desembargar [desembar'ɣar] <g→gu> *vt* freigeben

desembarque [desem'barke] *m* Landung *f;* (*descarga*) Ausladung *f*

desembocadura [desemboka'ðura] *f* (Ein)mündung *f*

desembocar [desembo'kar] <c→qu> *vi* (*río*) (ein)münden (*en* in +*akk*); (*situación*) führen (*en* zu +*dat*)

desembolsar [desembol'sar] *vt* **1.** (*sacar*) aus der Tasche nehmen **2.** (*pagar*) zahlen; (*gastar*) ausgeben

desembolso [desem'bolso] *m* Zahlung *f*

desembragar [desembra'ɣar] <g→gu> *vi, vt* (AUTO) auskuppeln

desembrollar [desembro'ʎar] *vt* (*fam*) entwirren; (*fig*) klären

desembuchar [desembu'tʃar] *vi, vt* (*fam: confesar*) auspacken; **¡desembucha de una vez!** nun schieß schon los!

desempacar [desempa'kar] <c→qu> *vt*

auspacken

desempaquetar [desempake'tar] *vt* auspacken

desempeñar [desempe'ɲar] *vt* **1.** (*préstamo*) einlösen **2.** (*cargo*) ausüben; (*trabajo*) ausführen; ~ **un papel** eine Rolle spielen

desempeño [desem'peɲo] *m* **1.** (*de un préstamo*) Einlösung *f* **2.** (*ejercicio*) Ausübung *f;* (*realización*) Ausführung *f*

desempleado, -a [desemple'aðo, -a] **I.** *adj* arbeitslos **II.** *m, f* Arbeitslose(r) *mf*

desempleo [desem'pleo] *m* Arbeitslosigkeit *f*

desempolvar [desempol'βar] *vt* abstauben; (*lo olvidado*) auffrischen

desencadenar [deseŋkaðe'nar] **I.** *vt* losketten; (*provocar*) auslösen **II.** *vr:* ~**se** ausbrechen

desencajar [deseŋka'xar] **I.** *vt* lösen; (MED) verrenken; (*cara*) verzerren **II.** *vr:* ~**se** ausrasten; (MED) sich *dat* verrenken

desencanto [deseŋ'kan̪to] *m* Enttäuschung *f;* (*desilusión*) Ernüchterung *f*

desenchufar [desenʧu'far] *vt* den Stecker herausziehen (von +*dat*)

desenfadado, -a [deseɱfa'ðaðo, -a] *adj* ungezwungen; (*relajado*) locker

desenfado [deseɱ'faðo] *m* Ungezwungenheit *f*

desenfocado, -a [deseɱfo'kaðo, -a] *adj* (FOTO) unscharf

desenfrenado, -a [deseɱfre'naðo, -a] *adj* ungezügelt

desenfreno [deseɱ'freno] *m* Zügellosigkeit *f*

desenganchar [deseŋgan'ʧar] **I.** *vt* losmachen; (*caballos*) abspannen; (FERRO) abkoppeln **II.** *vr:* ~**se** (*argot*) clean werden

desengañar [deseŋga'ɲar] **I.** *vt* die Augen öffnen +*dat* **II.** *vr:* ~**se** (*decepcionarse*) enttäuscht sein; **pronto te ~ás** dir werden bald die Augen aufgehen

desengaño [deseŋ'gaɲo] *m* Enttäuschung *f;* **sufrir un ~ amoroso** sich unglücklich verlieben

desengrasar [deseŋgra'sar] *vt* entfetten

desenlace [desen'laθe] *m* Ende *nt;* **la película tiene un ~ feliz** der Film hat ein Happyend

desenmascarar [deseⁿmaska'rar/deseᵐmaska'rar] **I.** *vt* demaskieren; (*fig*) bloßstellen **II.** *vr:* ~**se** sich demaskieren; (*fig*) sich entpuppen (*como* als +*nom*)

desenredar [desenrre'ðar] **I.** *vt* entwirren; (*pelo*) durchkämmen **II.** *vr:* ~**se** (*fam*) heil herauskommen (*de* aus +*dat*)

desenroscar [desenrros'kar] <c→qu> *vt* ausrollen; (*sacar de la rosca*) abschrauben; (*abrir*) aufschrauben

desentenderse [desen̪ten̪'derse] <e→ie> *vr* **1.** (*fingir ignorancia*) sich unwissend stellen; **hacerse el desentendido** so tun, als wüsste man von nichts **2.** (*despreocuparse*) sich nicht (mehr) kümmern (*de* um +*akk*); ~ **de un problema** von einem Problem nichts mehr wissen wollen

desenterrar [desen̪te'rrar] <e→ie> *vt* ausgraben; ~ **viejos recuerdos** alte Erinnerungen auffrischen

desentonar [desen̪to'nar] *vi* **1.** falsch singen; (*tocar*) falsch spielen **2.** (*no combinar*) nicht passen (*con* zu +*dat*)

desenvolver [desembol'βer] *irr como volver* **I.** *vt* auspacken **II.** *vr:* ~**se** sich entwickeln; (*manejarse*) zurechtkommen

deseo [de'seo] *m* Wunsch *m;* (*necesidad*) Verlangen *nt;* (*sexual*) Lust *f;* ~ **imperioso** dringender Wunsch; ~**s de venganza** Rachsucht *f*

deseoso, -a [dese'oso, -a] *adj:* **estar ~ de hacer algo** begierig darauf sein, etw zu tun; **estoy ~ de conocerle** ich würde Sie gerne einmal kennen lernen

desequilibrio [deseki'liβrjo] *m* **1.** Ungleichgewicht *nt;* (*descompensación*) Unausgewogenheit *f* **2.** ~ **mental** Geistesstörung *f*

desertar [deser'tar] *vi* (MIL) desertieren (*de* von +*dat*)

desértico, -a [de'sertiko, -a] *adj* Wüsten-

desesperación [desespera'θjon] *f* **1.** (*desmoralización*) Verzweiflung *f;* **con ~** verzweifelt; **caer en la ~** verzweifeln **2.** (*enojo*) Wut *f* **3.** (*que desespera*) Ärgernis *nt*

desesperado, -a [desespe'raðo, -a] *adj* verzweifelt; (*situación*) hoffnungslos; (*enojado*) wütend

desesperante [desespe'ran̪te] *adj* **1.** (*sin esperanza*) hoffnungslos **2.** (*exasperante*) nervenaufreibend

desesperar [desespe'rar] **I.** *vt* die Hoffnung nehmen +*dat;* (*exasperar*) zur Verzweiflung treiben **II.** *vt, vr:* ~**se** verzweifeln (*de* an +*dat*); **¡no te desesperes!** Kopf hoch!

desestimar [desesti'mar] *vt:* ~ **una demanda** eine Klage abweisen

desfallecer [desfaʎe'θer] *irr como crecer vi* ermüden; (*colapsar*) zusammenbrechen (*de* vor +*dat*); **sin** ~ unermüdlich

desfasado, **-a** [desfa'saðo, -a] *adj* altmodisch; (*cosa*) veraltet; **estar** ~ nicht auf dem neuesten Stand sein

desfase [des'fase] *m* (*diferencia*) Unterschied *m;* ~ **con la realidad** Abweichung von der Realität

desfavorable [desfaβo'raβle] *adj* nachteilig; (*negativo*) ungünstig

desfigurar [desfiɣu'rar] *vt* **1.** (*afear*) verunstalten; (*las facciones*) entstellen; (*el cuerpo*) verstümmeln **2.** (*deformar*) verformen; (*una imagen, un sonido*) verzerrt wiedergeben; (*un texto*) verstümmeln; (*la realidad*) verdrehen **3.** (*disfrazar*) verkleiden; (*hacer irreconocible*) unkenntlich machen

desfiladero [desfila'ðero] *m* Schlucht *f*

desfilar [desfi'lar] *vi* vorbeiziehen; (MIL) vorbeimarschieren

desfile [des'file] *m* **1.** (*acción*) Vorbeiziehen *nt;* (*de tropas*) Vorbeimarschieren *nt;* (*parada*) (Militär)parade *f;* (*de modelos*) Modenschau *f;* (POL) Marsch *m;* (*en una fiesta*) Umzug *m* **2.** (*personas*) Zug *m,* Kolonne *f;* **participar en el** ~ im Zug mitmarschieren

desgana [des'ɣana] *f* (*fam*) **1.** (*inapetencia*) Appetitlosigkeit *f;* **comer con** ~ sich zum Essen zwingen **2.** (*falta de interés*) Unlust *f;* **con** ~ widerwillig

desgarrador(**a**) [desɣarra'ðor(a)] *adj* herzzerreißend

desgarrar [desɣa'rrar] *vt, vr:* ~**se** (*romperse*) zerreißen; **esto me desgarra el corazón** das bricht mir das Herz

desgastar [desɣas'tar] *vt:* **ese pantalón está desgastado por las rodillas** diese Hose ist an den Knien durchgescheuert

desgaste [des'ɣaste] *m* Abnutzung *f;* (*consumo*) Verbrauch *m*

desglosar [desɣlo'sar] *vt:* ~ **los gastos** die Kosten (einzeln) aufschlüsseln

desgracia [des'ɣraθja] *f* **1.** (*suerte adversa*) Pech *nt;* **por** ~ leider **2.** (*acontecimiento*) Unglück *nt;* **es una** ~ **que...** +*subj* es ist schrecklich, dass ...; **eres una verdadera** ~ dir gelingt einfach gar nichts **3. caer en** ~ in Ungnade fallen

desgraciadamente [desɣraθjaða'meṇte] *adv* leider

desgraciado, **-a** [desɣra'θjaðo, -a] *adj* **1.** (*sin suerte*) glücklos **2.** (*infeliz*) unglücklich **3.** (*pobre*) arm(selig)

desgraciar [desɣra'θjar] **I.** *vt* **1.** (*estropear*) ruinieren **2.** (*disgustar*) verärgern **II.** *vr:* ~**se** (*malograrse*) missglücken

desgravable [desɣra'βaβle] *adj* abzugsfähig

desgravación [desɣra'βaθjon] *f* Steuererleichterung *f;* (*abolición de un impuesto*) Steuerbefreiung *f;* (*de un gasto*) Abzug *m*

desgravar [desɣra'βar] *vt* von der Steuer befreien; (*deducir*) (von der Steuer) abziehen

desguace [des'ɣwaθe] *m* Verschrottung *f;* **estar para el** ~ (*fam*) schrottreif sein

deshabitado, **-a** [desaβi'taðo, -a] *adj* unbewohnt; **ciudad deshabitada** Geisterstadt *f*

deshabitar [desaβi'tar] *vt* **1.** (*un edificio*) räumen; ~ **un piso** aus einer Wohnung ausziehen **2.** (*despoblar*) entvölkern

deshacer [desa'θer] *irr como hacer* **I.** *vt* **1.** (*un paquete*) auspacken **2.** (*romper*) kaputtmachen **3.** (*plan*) zunichte machen **4.** (*disolver*) auflösen **II.** *vr:* ~**se 1. se me ha deshecho el helado** das Eis ist mir weggeschmolzen; ~**se de impacienca** vor lauter Ungeduld vergehen; ~**se de nervios** übernervös sein; ~**se por algo** (ganz) verrückt nach etw *dat* sein; **se deshace por complacernos** er/sie tut alles, um uns zufrieden zu stellen; ~**se a trabajar** wie besessen arbeiten **2.** (*romperse*) kaputtgehen **3.** (*desprenderse*) sich entledigen (*de* +*gen*); (*vender*) verkaufen (*de* +*akk*)

deshecho, **-a** [de'setʃo, -a] **I.** *pp de* **deshacer II.** *adj* **1.** (*deprimido*) am Boden zerstört; **dejar a alguien** ~ jdn fertig machen *fam* **2.** (*cansado*) erschöpft; **estar** ~ völlig erledigt sein **3.** (*tormenta*) heftig; (*lluvia*) strömend

deshelar [dese'lar] <e→ie> **I.** *vt* (*hielo*) schmelzen (lassen); (*una nevera*) abtauen **II.** *vr:* ~**se** (*nieve*) schmelzen; (*nevera*) abtauen

desheredar [desere'ðar] *vt* enterben

deshidratar [desiðra'tar] **I.** *vt* **1.** (*quitar agua*) Wasser entziehen +*dat;* (*suelo, cuerpo*) entwässern **2.** (*secar*) austrocknen; (*ali-

mentos) trocknen; (*tierra*) ausdörren **II.** *vr:* **~se** austrocknen; (*tierra*) ausdörren; (*cuerpo*) Flüssigkeit verlieren

deshielo [des'ɟelo] *m* Tauwetter *nt*

deshilachar [desila'ʧar] *vt, vr:* **~se** ausfransen

deshinchar [desin'ʧar] *vr:* **~se 1.** (*perder aire*) Luft verlieren; **se me ha deshinchado la rueda de la bici** mein Fahrradreifen ist platt **2.** (*una inflamación*) abschwellen

deshojar [deso'xar] *vt* entblättern; (*un árbol*) entlauben; **~ una flor** die Blütenblätter abzupfen

deshonesto, -a [deso'nesto, -a] *adj* unsittlich; (*tramposo*) unehrlich

deshonor [deso'nor] *m* Schande *f*

deshonra [des'onrra] *f* Schande *f;* **ser una ~ para la empresa** das Ansehen der Firma ruinieren

deshonrar [deson'rrar] *vt:* **~ a alguien** jds Ansehen ruinieren

deshora [de'sora] *f* Unzeit *f;* **hablar a ~(s)** dazwischenreden; **dormir a ~s** zu den unmöglichsten Zeiten schlafen

desidia [de'siðja] *f* Schlampigkeit *f;* (*pereza*) Faulheit *f*

desierto[1] [de'sjerto] *m* Wüste *f*

desierto, -a[2] [de'sjerto, -a] *adj* **1.** (menschen)leer; (*zona*) unbesiedelt **2.** (*como un desierto*) öde **3.** (*sin participantes*): **el premio fue declarado ~** der Preis wurde nicht vergeben

designación [desiɣna'θjon] *f* **1.** (*nombramiento*) Ernennung *f;* **~ de candidatos** Aufstellung von Kandidaten (zur Wahl) **2.** (*nombre*) Bezeichnung *f;* **~ del contenido** Inhaltsangabe *f*

designar [desiɣ'nar] *vt* **1.** (*dar un nombre*) bezeichnen (*por* als +*akk*) **2.** (*destinar*) bestimmen; (*fecha*) festsetzen; (*nombrar*) ernennen (*para* zu +*dat*); **~ un candidato** einen Kandidaten aufstellen

designio [de'siɣnjo] *m* Plan *m;* (*propósito*) Absicht *f;* **su ~ es convertirse en multimillonario** er will es zum Multimillionär bringen

desigual [desi'ɣwal] *adj* ungleich; (*injusto*) unfair; (*irregular*) uneben

desigualdad [desiɣwal̪'daᵈ] *f* Verschiedenheit *f;* (*injusticia*) Ungerechtigkeit *f*

desilusión [desilu'sjon] *f* Enttäuschung *f;* **sufrir una ~** enttäuscht werden

desilusionante [desilusjo'nan̪te] *adj* ernüchternd

desilusionar [desilusjo'nar] **I.** *vt* die Illusionen rauben +*dat;* (*decepcionar*) enttäuschen **II.** *vr:* **~se 1.** seine Illusionen verlieren; (*ver claro*) die Wahrheit erkennen **2.** (*decepcionarse*) enttäuscht sein

desinencia [desi'nen̪θja] *f* Endung *f;* **~ nominal** Substantivendung *f*

desinfectante [desiɱfek'tan̪te] *m* Desinfektionsmittel *nt*

desinfectar [desiɱfek'tar] *vt* desinfizieren

desinflado, -a [desiɱ'flaðo, -a] *adj* platt

desinflar [desiɱ'flar] *vr:* **~se** die Luft verlieren; **se me ha desinflado la rueda de atrás** mein Hinterreifen ist platt

desintegración [desin̪teɣra'θjon] *f* Auflösung *f;* (*de un territorio*) Teilung *f;* (*de una ruina*) Zerfall *m;* (*de un grupo*) Trennung *f;* (*debido al clima*) Verwitterung *f;* (FÍS) Spaltung *f;* (QUÍM) Zersetzung *f*

desintegrar [desin̪te'ɣrar] *vt, vr:* **~se** zerfallen, (sich) auflösen

desinterés [desin̪te'res] *m* **1.** (*indiferencia*) Gleichgültigkeit *f;* **sentir ~ por algo** an etw *dat* kein Interesse haben **2.** (*altruismo*) Selbstlosigkeit *f;* **hacer algo con ~** etw ohne Eigennutz tun

desintoxicación [desin̪toˠsika'θjon] *f* Entgiftung *f;* (*de una droga*) Entziehung *f*

desintoxicar [desin̪toˠsi'kar] <c→qu> **I.** *vt* entgiften; (*de una droga*) von einer Sucht heilen **II.** *vr:* **~se** seinen Körper entgiften; (*de una droga*) sich einer Entziehung unterziehen

desistir [desis'tir] *vi* aufgeben (*de* +*akk*); (*de un derecho*) verzichten (*de* auf +*akk*)

desleal [desle'al] *adj* untreu; (*traidor*) verräterisch; **competencia ~** unlauterer Wettbewerb; **ser ~ con [*o* a] alguien** (*injusto*) sich jdm gegenüber unfair benehmen

deslealtad [desleal̪'taᵈ] *f* (*infidelidad*) Untreue *f;* (*injusticia*) unfaires Verhalten *nt;* (POL) Illoyalität *f* (*con* gegenüber +*dat*)

desleír [desle'ir] *irr como reír vt, vr:* **~se** (sich) auflösen

deslenguado, -a [desleŋ'gwaðo, -a] *adj* **1.** (*chismoso*) klatschhaft; **¡no seas ~!** hör auf zu lästern! **2.** (*desvergonzado*) vulgär; **ser ~** ein schmutziges Mundwerk haben

desliz [des'liθ] *m* Ausrutscher *m;* (*adulte-*

D

rio) Seitensprung *m*

deslizante [desli'θan̩te] *adj* rutschig; (*que se desliza*) Gleit-

deslizar [desli'θar] <z→c> **I.** *vt* (*pasar*): ~ **la mano sobre algo** mit der Hand über etw streichen **II.** *vi* (dahin)gleiten (*sobre/por* über +*akk*) **III.** *vr:* ~**se** (*resbalar*) (dahin)gleiten (*sobre* über +*akk*); (AUTO) ins Schleudern geraten; ~**se por un tobogán** eine Rutschbahn hinunterrutschen

deslucido, **-a** [deslu'θiðo, -a] *adj* schäbig; (*actuación*) farblos; (*sin gracia*) unscheinbar

deslucir [deslu'θir] *irr como lucir* **I.** *vt* **1.** (*estropear*) ruinieren; **la lluvia deslució la procesión** wegen des Regens fiel die Prozession ins Wasser **2.** (*quitar el lustre*) abnutzen; (*una prenda*) abtragen; (*un tejido*) verschleißen; (*colores*) ausbleichen **3.** (*desacreditar*) in Verruf bringen **II.** *vr:* ~**se 1.** (*perder el lustre*) sich abnutzen; (*perder el brillo*) stumpf werden; (*colores*) verblassen **2.** (*desacreditarse*) in Verruf geraten

deslumbrador(a) [deslumbra'ðor(a)] *adj*, **deslumbrante** [deslum'bran̩te] *adj* überwältigend; (*mujer*) atemberaubend

deslumbrar [deslum'brar] *vt* blenden

desmadrado, **-a** [desma'ðraðo, -a] *adj* hemmungslos

desmadrarse [desma'ðrarse] *vr* (*fam: desenfrenarse*) aus der Rolle fallen; (*alocarse*) ausflippen; **¡no te desmadres!** jetzt krieg dich bitte wieder ein!

desmán [des'man] *m* Ausschreitung *f*; (*exceso*) Ausschweifung *f*

desmantelar [desman̩te'lar] *vt* niederreißen; (*un edificio*) abreißen; (*desmontar*) zerlegen; (*abandonar*) räumen

desmaquillador(a) [desmakiʎa'ðor(a)] *adj:* **leche** ~**a** Reinigungsmilch *f*

desmaquillar(se) [desmakiʎa'r(se)] *vt, vr* (sich) abschminken

desmayado, **-a** [desma'ɟaðo, -a] *adj* **1.** (*sin conocimiento*) ohnmächtig **2.** (*sin fuerza*) schwach; (*color*) blass

desmayar [desma'ɟar] *vr:* ~**se** in Ohnmacht fallen

desmayo [des'maɟo] *m* Ohnmacht *f*; (*desánimo*) Mutlosigkeit *f*; (*debilidad*) Schwäche *f*

desmedido, **-a** [desme'ðiðo, -a] *adj* maßlos; **tener un apetito** ~ übermäßig viel essen

desmejorar [desmexo'rar] *vi* abbauen; **con la gripe has desmejorado mucho** die Grippe hat dir sehr zugesetzt

desmentir [desmen̩'tir] *irr como sentir vt* **1.** abstreiten; (*una noticia*) dementieren; **el ministro desmintió la noticia sobre su dimisión** der Minister dementierte die Meldung über seinen Rücktritt **2.** (*demostrar que es falso*) widerlegen; ~ **una sospecha** einen Verdacht zerstreuen **3.** (*desdecir*) widersprechen +*dat*; **este vino desmiente su marca** dieser Wein ist schlechter, als es die Marke vermuten lässt

desmenuzar [desmenu'θar] <z→c> **I.** *vt* zerkleinern; (*analizar*) auseinander nehmen **II.** *vr:* ~**se** bröckeln

desmerecer [desmere'θer] *irr como crecer* **I.** *vt* (*no merecer*) nicht verdienen; **desmereces mi amor** du bist meiner Liebe nicht würdig **II.** *vi* sich verschlechtern; (*ser inferior*) schlechter sein (*de* als +*nom*)

desmesurado, **-a** [desmesu'raðo, -a] *adj* **1.** (*enorme*) riesig **2.** (*excesivo*) maßlos; **beber de una forma desmesurada** übermäßig (viel) trinken **3.** (*desvergonzado*) frech

desmigajar [desmiɣa'xar] *vt, vr:* ~**se** (zer)bröckeln

desmilitarizar [desmilitari'θar] <z→c> *vt* entmilitarisieren

desmirriado, **-a** [desmi'rrjaðo, -a] *adj* abgezehrt; (*raquítico*) schmächtig

desmontar [desmon̩'tar] **I.** *vt* **1.** (*un mecanismo*) auseinander bauen **2.** (*una pieza: quitar*) abmontieren **3.** (*una estructura*) abbauen **II.** *vi* (*de un caballo*) vom Pferd (ab)steigen **III.** *vr:* ~**se** absteigen

desmonte [des'mon̩te] *m* Rodung *f*

desmoralizador(a) [desmoraliθa'ðor(a)] *adj* entmutigend

desmoralizar [desmorali'θar] <z→c> **I.** *vt* entmutigen **II.** *vr:* ~**se** an Selbstvertrauen verlieren

desmoronamiento [desmorona'mjen̩to] *m* **1.** (*arruinamiento*) Zerfall *m*; (*de un edificio*) Einsturz *m* **2.** (*disminución*) Schwinden *nt*; (*de un sentimiento*) Abflauen *nt*; (*de un imperio*) Untergang *m*; (*de una ideología*) Scheitern

desmoronar [desmoro'nar] *vr:* ~**se** **1.** (*deshacerse*) zerfallen **2.** (*imperio*) untergehen; (*ideología*) scheitern **3.** (*persona*) am Boden zerstört sein

desnatar [desna'tar] *vt* entrahmen

desnaturalizado, **-a** [desnaturali'θaðo, -a] *adj* (*animal*) entartet; (*alimentos*) ungenießbar; (*hijo*) missraten; **madre desnaturalizada** Rabenmutter *f*
desnivel [desni'βel] *m* **1.** Gefälle *nt;* (*pendiente*) Steigung *f* **2.** (*disparidad*) Unterschied *m;* ~ **cultural** Kulturgefälle *nt*
desnivelar [desniβe'lar] **I.** *vt* (*un terreno*) uneben machen; (*desequilibrar*) aus dem Gleichgewicht bringen **II.** *vr:* ~**se** schief sein; (*perder el equilibrio*) aus dem Gleichgewicht geraten
desnucar [desnu'kar] <c→qu> *vr:* ~**se** sich *dat* das Genick brechen
desnudar [desnu'ðar] *vt, vr:* ~**se** (sich) ausziehen
desnudo, **-a** [des'nuðo, -a] *adj* nackt; (*paisaje*) kahl
desnutrición [desnutri'θjon] *f* Unterernährung *f*
desobedecer [desoβeðe'θer] *irr como crecer vi* nicht gehorchen
desobediencia [desoβe'ðjeṇθja] *f* Ungehorsam *m;* (MIL, POL) Gehorsamsverweigerung *f*
desobediente [desoβe'ðjeṇte] *adj* ungehorsam
desocupado, **-a** [desoku'paðo, -a] **I.** *adj* **1.** (*parado*) arbeitslos **2.** (*vacío*) leer; **estoy** ~ ich habe nichts zu tun **II.** *m, f* Arbeitslose(r) *mf*
desocupar [desoku'par] **I.** *vt* **1.** (*desembarazar*) frei machen; (*carretera*) räumen; (*evacuar*) evakuieren; ~ **una vivienda** aus einer Wohnung ausziehen **2.** (*vaciar*) leeren **II.** *vr:* ~**se 1.** (*de una ocupación*) freihaben; **cuando pueda ~me** wenn ich mich freimachen kann **2.** (*quedarse vacante*) frei werden
desodorante [desoðo'raṇte] *m* Deo *nt*
desoír [deso'ir] *irr como oír vt* nicht hören (auf +*akk*)
desolación [desola'θjon] *f* **1.** (*devastación*) Verwüstung *f* **2.** (*desconsuelo*) Verzweiflung *f*
desolado, **-a** [deso'laðo, -a] *adj* trostlos; (*desconsolado*) verzweifelt
desolar [deso'lar] <o→ue> **I.** *vt* **1.** (*destruir*) verwüsten **2.** (*afligir*) erschüttern **II.** *vr:* ~**se** erschüttert sein
desorbitado, **-a** [desorβi'taðo, -a] *adj* **1.** (*ojos*) weit aufgerissen **2.** (*desmedido*) maßlos
desorbitar [desorβi'tar] **I.** *vt* (*exagerar*) übertreiben; (*dar demasiada importancia*) überbewerten **II.** *vr:* ~**se** (*asunto*) außer Kontrolle geraten; **se le ~on los ojos** (*fig*) ihm/ihr fielen die Augen aus dem Kopf
desorden [de'sorðen] *m* Unordnung *f;* (*confusión*) Verwirrung *f;* ~ **público** Störung der öffentlichen Ordnung; **el piso está en** ~ die Wohnung ist nicht aufgeräumt
desordenar [desorðe'nar] *vt* durcheinander bringen
desorganización [desorɣaniθa'θjon] *f* Unordnung *f,* Chaos *nt*
desorganizar [desorɣani'θar] <z→c> **I.** *vt* desorganisieren; (*planes*) zunichte machen **II.** *vr:* ~**se 1.** (*persona*) den Überblick verlieren **2.** (*organización*) in Unordnung geraten
desorientación [desorjeṇta'θjon] *f* **1.** (*extravío*) Irreführung *f* **2.** (*confusión*) Verwirrung *f* **3.** (*falta de orientación*) Orientierungslosigkeit *f*
desorientar [desorjeṇ'tar] *vr:* ~**se** sich verirren; (*confundirse*) verwirrt sein
despabilado, **-a** [despaβi'laðo, -a] *adj* aufgeweckt; (*despierto*) wach
despabilar [despaβi'lar] **I.** *vt* **1.** (*despertar*) munter machen **2.** (*avivar*) aufrütteln **3.** (*acabar deprisa*) schnell erledigen; (*fortuna*) durchbringen; (*comida*) verdrücken *fam* **4.** (*robar*) stehlen **5.** (*matar*) erledigen **II.** *vi* **1.** (*darse prisa*) sich beeilen **2.** (*avivarse*): **si quieres empezar a trabajar por tu cuenta, tienes que** ~ wenn du dich selb(st)ständig machen willst, musst du noch einiges lernen **III.** *vr:* ~**se 1.** (*sacudir el sueño*) munter werden **2.** (*darse prisa*) sich beeilen **3.** (*avivarse*): **se ha despabilado desde que va al colegio** seit er/sie zur Schule geht, ist er/sie viel aufgeweckter
despachar [despa'tʃar] **I.** *vt* **1.** abschicken; (*mensajero*) entsenden **2.** (*concluir*) erledigen **3.** (*atender*) bedienen **4.** (*vender*) verkaufen **II.** *vi* fertig werden; (*atender*) bedienen **III.** *vr:* ~**se 1.** (*darse prisa*) sich beeilen **2.** (*desahogarse*) sich *dat* Luft machen
despacho [des'patʃo] *m* **1.** Büro *nt;* (*en casa*) Arbeitszimmer *nt;* **mesa de** ~ Schreibtisch *m* **2.** (*tienda*) Laden *m;* ~ **de localidades** Vorverkaufsstelle *f*
despacio [des'paθjo] **I.** *adv* langsam; (*calladamente*) leise **II.** *interj* immer mit der

D

Ruhe

despampanante [despampa'nan̪te] *adj* fantastisch; (*mujer*) atemberaubend

desparejado, -a [despare'xaðo, -a] *adj* **1.** (*sin pareja*) einzeln; **este calcetín está ~** zu dieser Socke fehlt das Gegenstück **2.** (*dispar*) ungleich; **estos calcetines están ~s** diese Socken passen nicht zusammen

desparpajo [despar'paxo] *m* **1.** Ungezwungenheit *f;* (*en el hablar*) Redegewandtheit *f;* **con ~** ungezwungen **2.** (*Am*) Chaos *nt*

desparramar [desparra'mar] **I.** *vt* verteilen; (*un líquido*) verschütten; (*Arg*) verdünnen **II.** *vr:* **~se** sich verteilen; (*un líquido*) fließen

despavorido, -a [despaβo'riðo, -a] *adj* entsetzt

despecho [des'petʃo] *m* Zorn *m;* **a ~ de** trotz *+gen*

despectivo, -a [despek'tiβo, -a] *adj* **1.** verächtlich; (*desdeñoso*) herablassend; (*tono*) abfällig; **tratar de manera despectiva** von oben herab behandeln **2.** (LING) pejorativ

despedazar [despeða'θar] <z→c> **I.** *vt* kaputtmachen; **la bomba le despedazó la mano** die Bombe zerfetzte ihm/ihr die Hand **II.** *vr:* **~se** kaputtgehen; **se me despedazó el alma cuando vi tanta miseria** (*fig*) beim Anblick von so viel Leid zerriss es mir das Herz

despedida [despe'ðiða] *f* **1.** (*separación*) Abschied *m* **2. ~ de soltero** Polterabend *m*

despedir [despe'ðir] *irr como pedir* **I.** *vt* **1.** (*decir adiós*) verabschieden; **vinieron a ~me al aeropuerto** sie brachten mich zum Flughafen **2.** (*de un empleo*) entlassen **3.** (*difundir*) ausstoßen; **el volcán despide fuego** der Vulkan speit Feuer **4.** (*lanzar*) schleudern **II.** *vr:* **~se 1.** (*decir adiós*) sich verabschieden **2.** (*dejar un empleo*) kündigen; **~se de un trabajo** eine Stelle aufgeben **3.** (*de obtener/conseguir algo*): **despídete de ese dinero** das Geld siehst du nie wieder

despegado, -a [despe'ɣaðo, -a] *adj* **1.** (*poco cariñoso*) kühl **2.** (*áspero*) unfreundlich

despegar [despe'ɣar] <g→gu> **I.** *vt* abmachen; **~ dos hojas** zwei Blätter voneinander lösen; **estar sin ~ los labios** kein Wort sagen **II.** *vi* starten; **la economía no despega** die Wirtschaft kommt nicht in Gang **III.** *vr:* **~se 1.** sich (ab)lösen; (*deshacerse*) auseinander fallen **2.** (*perder el afecto*) sich abwenden

despegue [des'peɣe] *m* **1.** (AERO) Start *m* **2.** (ECON) wirtschaftlicher Aufschwung *m*

despeinado, -a [despei̯'naðo, -a] *adj* ungekämmt

despeinar [despei̯'nar] **I.** *vt* das Haar zerzausen *+dat* **II.** *vr:* **me despeiné** meine Frisur geriet in Unordnung

despejado, -a [despe'xaðo, -a] *adj* (*sin nubes*) wolkenlos; (*sin obstáculos*) frei; (*despierto*) munter; (*cabeza*) klar

despejar [despe'xar] **I.** *vt* **1.** (*un lugar*) frei machen; (*mesa*) abräumen; (*sala*) räumen **2.** (*una situación*) (auf)klären **3.** (*una persona*) munter machen **4.** (DEP) abwehren; **~ el tiro a córner** den Ball ins Toraus kicken **II.** *vr:* **~se 1.** (*cielo, misterio*) sich aufklären; **parece que se va a ~ el día** es sieht so aus, als ob sich das Wetter heute noch bessert **2.** (*despabilarse*) munter werden; (*mentalmente*) einen klaren Kopf bekommen **3.** (*adquirir desenvoltura*) seine Befangenheit ablegen

despelotarse [despelo'tarse] *vr* (*fam*) sich ausziehen; (*de risa*) sich totlachen

despensa [des'pensa] *f* Speisekammer *f;* (*Arg*) Lager *nt*

despeñadero [despeɲa'ðero, -a] *m* Abgrund *m*

despeñar [despe'ɲar] **I.** *vt* herabstürzen; **~ a alguien por un precipicio** jdn in den Abgrund stürzen **II.** *vr:* **~se** (ab)stürzen

desperdiciar [desperði'θjar] *vt* verschwenden; (*ocasión*) verpassen

desperdicio [desper'ðiθjo] *m* **1.** (*residuo*) Abfall *m;* **~s biológicos** Biomüll *m* **2.** (*malbaratamiento*) Verschwendung *f;* **no tener ~** sehr nützlich sein

desperdigar(se) <g→gu> *vt, vr* (sich) zerstreuen

desperezarse [despere'θarse] <z→c> *vr* sich recken

desperfecto [desper'fekto] *m* **1.** (*deterioro*) Schaden *m* **2.** (*defecto*) Fehler *m;* **esta máquina tiene un pequeño ~** diese Maschine ist leicht defekt

despertador [desperta'ðor] *m* Wecker *m*

despertar [desper'tar] <e→ie> **I.** *vt* wecken **II.** *vr:* **~se** aufwachen

despiadado, -a [despja'ðaðo, -a] *adj* erbarmungslos

despido [des'piðo] *m* Kündigung *f*

despierto, -a [des'pjerto, -a] *adj* **1.** (*insomne*) wach **2.** (*listo*) aufgeweckt; **mente despierta** reger Verstand

despilfarrar [despilfa'rrar] *vt* verschwenden

despilfarro [despil'farro] *m* Verschwendung *f*

despintar [despin̩'tar] **I.** *vt* **1.** (*colores*) auswaschen **2.** (*la realidad*) verzerren **II.** *vr:* **~se 1.** (*borrarse*) verblassen; **~se con el sol** in der Sonne verblassen **2.** (*fam: de la memoria*): **este asunto no se me despinta** diese Sache geht mir nicht aus dem Kopf

despistado, -a [despis'taðo, -a] **I.** *adj* zerstreut **II.** *m, f:* **eres un ~** wo hast du nur deine Gedanken?

despistar [despis'tar] **I.** *vt* irreführen **II.** *vr:* **~se 1.** (*perderse*) sich verirren **2.** (*desconcertarse*) durcheinander kommen

despiste [des'piste] *m* Verwirrung *f;* **un ~ lo tiene cualquiera** das kann jedem mal passieren

desplante [des'plan̩te] *m* Frechheit *f*

desplazado, -a [despla'θaðo, -a] *adj* deplatziert

desplazamiento [desplaθa'mjen̩to] *m* Umzug *m;* (*remoción*) Verschiebung *f*

desplazar [despla'θar] <z→c> *vt* **1.** (*muebles*) verschieben; (*enfermos*) verlagern **2.** (*suplantar*) aus dem Amt verdrängen

desplegable [desple'ɣaβle] *adj:* **silla ~** Klappstuhl *m*

desplegar [desple'ɣar] *irr como fregar vt* **1.** (*abrir*) öffnen; (*desdoblar*) auseinander falten **2.** (MIL) ausschwärmen lassen **3.** (*desarrollar*) entfalten; **~ toda su fantasía** seine ganze Fantasie einsetzen

desplomarse [desplo'marse] *vr* (*casa*) einstürzen; (*persona*) zusammenbrechen

desplumar [desplu'mar] *vt* **1.** (*plumas*) rupfen **2.** (*robar*) ausrauben; **~ a alguien jugando a las cartas** jdn beim Kartenspiel ausnehmen *fam*

despoblado, -a [despo'βlaðo, -a] *adj* unbewohnt

despoblar [despo'βlar] <o→ue> *vt* (*de habitantes*) entvölkern; (*un bosque*) abholzen

despojar [despo'xar] **I.** *vt* wegnehmen; **la ~on de todo** sie haben ihr alles weggenommen **II.** *vr:* **~se** verzichten (*de* auf +*akk*); (*quitar*) ablegen (*de* +*akk*)

despojo [des'poxo] *m* **1.** (*presa*) Beute *f;* **~ del mar** Strandgut *nt* **2.** *pl* (*restos*) Überreste *mpl;* (*del matadero*) Schlachtabfall *m;* (*escombros*) Bauschutt *m;* (*mortales*) sterbliche Überreste *mpl*

D

desposeer [despose'er] *irr como leer vt* **1.** (*expropiar*) enteignen **2.** (*no reconocer*) aberkennen; **la desposeyeron de sus derechos** ihre Rechte wurden ihr aberkannt **3.** (*destituir*): **~ de su cargo** absetzen

déspota ['despota] *mf* Despot(in) *m(f)*

despotricar [despotri'kar] <c→qu> *vi* (*fam*) herziehen (über +*akk*)

despreciable [despre'θjaβle] *adj* verwerflich

despreciar [despre'θjar] *vt* verachten; (*rechazar*) verschmähen; (*oferta*) ausschlagen

desprecio [des'preθjo] *m* Verachtung *f*

desprender [despren̩'der] *vr:* **~se 1.** (*soltarse*) sich lösen **2.** (*deshacerse*) weggeben (*de* +*akk*) **3.** (*deducirse*): **de tu comportamiento se desprende que...** aus deinem Verhalten lässt sich schließen, dass ...

desprendido, -a [despren̩'diðo, -a] *adj* großzügig

desprendimiento [despren̩di'mjen̩to, -a] *m* **1.** (*separación*) (Los)lösung *f;* **~ de tierras** Erdrutsch *m* **2.** (*generosidad*) Großzügigkeit *f*

despreocupación [despreokupa'θjon] *f* **1.** (*indiferencia*) Unbekümmertheit *f* **2.** (*insensatez*) Unvernunft *f*

despreocupado, -a [despreoku'paðo, -a] *adj* leichtsinnig; (*ingenuo*) unbefangen

despreocuparse [despreoku'parse] *vr* sich entspannen; (*desatender*) vernachlässigen (*de* +*akk*)

desprestigiar [despresti'xjar] **I.** *vt* herabwürdigen **II.** *vr:* **~se** sein Ansehen verlieren

desprevenido, -a [despreβe'niðo, -a] *adj* unvorbereitet; **coger ~** überrumpeln

desproporción [despropor'θjon] *f* Missverhaltnis *nt*

desproporcionado, -a [desproporθjo'naðo, -a] *adj* unverhältnismäßig

despropósito [despro'posito] *m* Unsinn *m;* **sólo dices ~s** du redest nur Unsinn

desprovisto, -a [despro'βisto, -a] *adj:* **~ de** ohne +*akk;* **el estadio está ~ de las nor-**

mas de seguridad necesarias der Sicherheitsstandard des Stadions ist nicht ausreichend

después [des'pwes] **I.** *adv* **1.**(*tiempo*) nachher; ~ **de todo** (*concesivo*) trotz allem; ~ **de la cena** nach dem Essen; **una hora** ~ eine Stunde später **2.**(*espacio*): ~ **de** hinter +*dat* **II.** *conj:* ~ (**de**) **que** nachdem

despuntar [despun̩'tar] *vi* **1.**(*brotar*) knospen **2.**(*amanecer*) anbrechen; **al** ~ **la aurora** bei Tagesanbruch **3.**(*distinguirse*) sich hervortun; **despunta en inglés** in Englisch ist er/sie besonders gut

desquiciar [deski'θjar] *vr:* ~**se** den Halt verlieren

desquitar [deski'tar] *vt, vr:* ~**se** wiedergewinnen; ~**se de una pérdida** einen Verlust wieder gutmachen

desquite [des'kite] *m* (*satisfacción*) Genugtuung *f;* (*venganza*) Vergeltung *f;* **tomar**(**se**) **el** ~ sich rächen

destacable [desta'kaβle] *adj* erwähnenswert

destacado, **-a** [desta'kaðo, -a] *adj* herausragend

destacamento [destaka'men̩to] *m* (*policía*) Polizeieinheit *f*

destacar [desta'kar] <c→qu> **I.** *vi* hervorstechen; ~ **en el deporte** im Sport ein Ass sein **II.** *vt* hervorheben **III.** *vr:* ~**se** sich abheben (*de/entre* von +*dat*)

destajo [des'taxo] *m* Akkordarbeit *f;* **a** ~ (*Arg, Chil*) aufs Geratewohl

destapar [desta'par] **I.** *vt* **1.**(*abrir*) aufmachen **2.**(*desabrigar*) aufdecken **3.**(*secretos*) enthüllen **II.** *vr:* ~**se** aufgehen; (*desabrigarse*) sich aufdecken; (*descubrirse*) sich bloßstellen

destartalado, **-a** [destarta'laðo, -a] *adj* verwahrlost

destellar [deste'ʎar] *vi* funkeln

destello [des'teʎo] *m* **1.**(*rayo*) Strahl *m* **2.**(*reflejo*) Abglanz *m* **3.**(*resplandor*) Schimmer *m* **4.**(*indicio*) Anflug *m*

destemplado, **-a** [destem'plaðo, -a] *adj* (*tiempo*) unfreundlich; (*persona*) unpässlich

desteñido, **-a** [deste'ɲiðo, -a] *adj* verwaschen

desteñir [deste'ɲir] *irr como ceñir* **I.** *vi* abfärben **II.** *vt* **1.**(*descolorar*) ausbleichen; (QUÍM) entfärben **2.**(*manchar*) verfärben **III.** *vr:* ~**se** verblassen

desternillarse [desterni'ʎarse] *vr:* ~ **de risa** sich totlachen

desterrar [deste'rrar] <e→ie> *vt* **1.**(*exiliar*) verbannen; ~ **del país** des Landes verweisen **2.**(*alejar*) vertreiben

destiempo [des'tjempo] *m:* **a** ~ ungelegen

destierro [des'tjerro] *m* **1.**(*pena*) Verbannung *f* **2.**(*lugar*) Exil *nt* **3.**(*lugar muy alejado*) abgelegener Ort *m*

destilación [destila'θjon] *f* Destillation *f*

destilar [desti'lar] **I.** *vi* tröpfeln **II.** *vt* **1.**(*alambicar*) destillieren **2.**(*filtrar*) filtrieren **3.**(*soltar*) absondern; **la herida destila sangre** die Wunde blutet **4.**(*sentimiento*) offenbaren; **la crítica destila mala leche** die Kritik steckt voller Bosheiten

destilería [destile'ria] *f* Brennerei *f*

destinar [desti'nar] *vt* **1.**(*dedicar*) bestimmen (*a* für +*akk*); (*asignar*) zuweisen +*dat* **2.**(*enviar*) versetzen **3.**(*designar*) ernennen; ~ **para Ministro de Defensa** zum Verteidigungsminister ernennen

destinatario, **-a** [destina'tarjo, -a] *m, f* Empfänger(in) *m(f)*

destino [des'tino] *m* **1.**(*hado*) Schicksal *nt* **2.**(*empleo*) Anstellung *f* **3.**(*destinación*) Bestimmungsort *m;* **estación de** ~ Endstation *f;* **el barco sale con** ~ **a México** das Schiff fährt nach Mexiko

destitución [destitu'θjon] *f* Entlassung *f;* ~ **del cargo** Amtsenthebung *f*

destituir [destitu'ir] *irr como huir vt* entlassen; ~ **al jefe de gobierno** den Regierungschef absetzen

destornillador [destorniʎa'ðor] *m* Schraubenzieher *m*

destornillar [destorni'ʎar] *vt* abschrauben

destreza [des'treθa] *f* Geschicklichkeit *f;* ~ **manual** Handfertigkeit *f;* **con** ~ geschickt

destripador(**a**) [destripa'ðor(a)] *m(f):* **Jack el** ~ Jack the Ripper

destripar [destri'par] *vt* **1.**(*despanzurrar*) ausnehmen **2.**(*despachurrar, t. fig*) zerquetschen **3.**(*estropear*) vermasseln

destrozar [destro'θar] <z→c> *vt* **1.**(*física o moralmente*) zerstören **2.**(*fam*) schaffen; **el viaje me ha destrozado** von der langen Reise bin ich völlig gerädert **3.**(*enemigo*) vernichten

destrucción [destruˠ'θjon] *f* Zerstörung *f*

destructivo, **-a** [destruk'tiβo, -a] *adj* destruktiv

destruir [destru'ir] *irr como huir vt* vernichten; (*física o moralmente*) zugrunde richten
desubicado, -a [desuβi'kaðo, -a] *adj* (*Am*) desorientiert; (*fig*) zerstreut
desunión [desu'njon] *f* Trennung *f;* (*discordia*) Uneinigkeit *f*
desunir [desu'nir] *vt, vr:* ~**se** **1.** (*separar*) (sich) trennen **2.** (*enemistar*) (sich) entzweien
desuso [de'suso] *m:* **caer en** ~ aus dem Gebrauch kommen
desvalido, -a [desβa'liðo, -a] *adj* schutzlos
desvalijar [desβali'xar] *vt* ausrauben
desvalorizar [desβalori'θar] <z→c> *vt* abwerten
desván [des'βan] *m* Dachboden *m*
desvanecer [desβane'θer] *irr como crecer vr:* ~**se** verschwinden; (*desmayarse*) ohnmächtig werden
desvanecimiento [desβaneθi'mjen̪to] *m* **1.** (*desaparición*) Verschwinden *nt* **2.** (*mareo*) Schwindel *m*
desvariar [desβari'ar] <*1. pres:* desvarío> *vi* fantasieren
desvelar [desβe'lar] **I.** *vt* wach halten **II.** *vr:* ~**se** sich abmühen (*por* für +*akk*)
desvelo [des'βelo] *m* **1.** (*insomnio*) Schlaflosigkeit *f* **2.** (*despabilamiento*) Munterkeit *f* **3.** *(pl)* (*celo*) Eifer *m* **4.** *(pl)* (*atención*) Sorge *f*
desventaja [desβen̪'taxa] *f* Nachteil *m*
desventura [desβen̪'tura] *f* Unglück *nt*
desventurado, -a [desβen̪tu'raðo, -a] *adj* unglücklich
desvergonzado, -a [desβerɣon̪'θaðo, -a] *adj* schamlos
desvergüenza [desβer'ɣwen̪θa] *f* Unverschämtheit *f*
desvestir(se) [desβes'tir(se)] *irr como pedir vt, vr* (sich) ausziehen
desviación [desβja'θjon] *f* **1.** (*torcedura*) Abweichung *f;* ~ **de la columna vertebral** Rückgratverkrümmung *f* **2.** (*del tráfico*) Umleitung *f*
desviar [desβi'ar] <*1. pres:* desvío> **I.** *vt* (*del camino*) umleiten; ~ **una cuestión** einer Frage ausweichen **II.** *vr:* ~**se** (*del camino/tema*) abkommen (*de* von +*dat*); (*extraviarse*) abhanden kommen
desvincular [desβiŋku'lar] **I.** *vt* befreien **II.** *vr:* ~**se** sich lösen
desvío [des'βio] *m* **1.** (*desviación*) Abweichung *f* **2.** (*carretera*) Umgehungsstraße *f;* (*temporal*) Umleitung *f*
desvivirse [desβi'βirse] *vr* **1.** (*chiflarse*) ganz versessen sein (*por* auf +*akk*) **2.** (*afanarse*): ~ **con** [*o* **por**] **alguien** alles für jdn tun
detallado, -a [deta'ʎaðo, -a] *adj* ausführlich
detalle [de'taʎe] *m* **1.** (*pormenor*) Detail *nt;* **venta al** ~ Einzelverkauf *m;* **entrar en** ~**s** ins Detail gehen **2.** (*finura*) Aufmerksamkeit *f;* **has tenido un** ~ **regalándome las flores** es war sehr aufmerksam von dir, mir die Blumen zu schenken
detectar [detek'tar] *vt* entdecken
detective [detek'tiβe] *mf* Detektiv(in) *m(f)*
detector [detek'tor] *m:* ~ **de humo** Rauchgasanzeiger *m*
detención [deten̪'θjon] *f* **1.** (*parada*) Anhalten *nt;* (*de la correspondencia*) Zurückhalten *nt;* ~ **del crecimiento** Wachstumshemmung *f* **2.** (*encarcelamiento*) Festnahme *f* **3.** (*dilación*) Verzögerung *f;* **sin** ~ unverzüglich **4.** (*prolijidad*) Ausführlichkeit *f*
detener [dete'ner] *irr como tener* **I.** *vt* **1.** anhalten; (*correspondencia*) zurückhalten **2.** (*encarcelar*) festnehmen **3.** ~ (**en su poder**) einbehalten **II.** *vr:* ~**se** innehalten; (*entretenerse*) sich aufhalten (*en* mit +*dat*)
detenido, -a [dete'niðo, -a] *m, f* Häftling *m*
detenimiento [deteni'mjen̪to] *m* Ausführlichkeit *f;* **con** ~ ausführlich
detergente [deter'xen̪te] *m* Reinigungsmittel *nt;* ~ **para lavar la ropa** Waschpulver *nt*
deteriorar [deterjo'rar] *vr:* ~**se** **1.** (*empeorarse*) sich verschlechtern **2.** (*estropearse*) verderben
deterioro [dete'rjoro] *m* **1.** (*desmejora*) Verschlechterung *f* **2.** (*daño*) Schaden *m* **3.** (*echarse a perder*) Verderben *nt*
determinación [determina'θjon] *f* **1.** (*fijación*) Bestimmung *f;* ~ **de objetivos** Zielsetzung *f* **2.** (*decisión*) Entschluss *m* **3.** (*audacia*) Bestimmtheit *f*
determinado, -a [determi'naðo, -a] *adj* bestimmt
determinante [determi'nan̪te] *adj* entscheidend; (**palabra**) ~ (LING) Bestimmungs-

D

wort *nt*

determinar [determi'nar] **I.** *vt* **1.** bestimmen; (*plazo*) festlegen **2.** (*decidir*) beschließen **II.** *vr:* **~se a...** beschließen zu ...

detestable [detes'taβle] *adj* abscheulich

detestar [detes'tar] *vt* verabscheuen; (*odiar*) hassen

detonación [detona'θjon] *f* Detonation *f*

detonador [detona'ðor] *m* Zündkapsel *f*

detonante [deto'nan̩te] *adj* explosiv; (*Am*) störend

detonar [deto'nar] **I.** *vi* explodieren **II.** *vt* zünden

detrás [de'tras] **I.** *adv* **1.** (*local*) hinten; **allí ~** dahinter **2.** (*en el orden*): **el que está ~** der Hintermann **II.** *prep* **1.** (*local: tras*): **~ de** hinter +*dat;* (*con movimiento*) hinter +*akk;* **ir ~ de alguien** jdm folgen **2.** (*en el orden*): **uno ~ de otro** einer nach dem anderen

detrimento [detri'men̩to] *m* **1.** (*daño*) Schaden *m* **2.** (*perjuicio*) Nachteil *m;* **en ~ de la salud** auf Kosten der Gesundheit

deuda ['deu̯ða] *f* **1.** (*débito*) Schuld *f;* **~ del Estado** Staatsverschuldung *f;* **~ externa** Auslandsschuld *f;* **~ interna** Inlandsschuld *f;* **~ pendiente** ausstehende Schuld; **~ vencida** überfällige Schuld; **contraer ~s** Schulden machen; **sin ~s** schuldenfrei **2.** (*moral*) moralische Verpflichtung *f;* **estar en ~ con alguien** in jds Schuld stehen

deudor(a) [deu̯'ðor(a)] *m(f)* Schuldner(in) *m(f)*

devaluación [deβalwa'θjon] *f* Abwertung *f*

devaluar [deβalu'ar] <*1. pres:* devalúo> *vt* abwerten

devanarse [deβa'narse] *vr* **1.** (*Cuba*) sich vor Lachen krümmen **2. ~se los sesos** sich *dat* den Kopf zerbrechen

devastar [deβas'tar] *vt* verwüsten

devenir [deβe'nir] *irr como venir vi* geschehen; (*convertirse*) werden (*en* zu +*dat*)

devoción [deβo'θjon] *f* **1.** (*religión*) Frömmigkeit *f* **2.** (*respeto*) Ehrfurcht *f;* **rezar con ~** andächtig beten **3.** (*fervor*) Hingabe *f* **4.** (*afición*) Zuneigung *f*

devolución [deβolu'θjon] *f* Rückgabe *f*

devolver [deβol'βer] *irr como volver* **I.** *vt* zurückgeben; (*fig*) wiedergeben; **~ la comida** sich übergeben; **~ un favor** eine Gefälligkeit erwidern **II.** *vr:* **~se** (*Am*) zurückkehren; **~se a casa** nach Hause zurückgehen

devorar [deβo'rar] *vt* verschlingen

devoto, -a [de'βoto, -a] *adj* **1.** (*religioso*) gläubig **2.** (*adicto*) ergeben

día ['dia] *m* Tag *m;* **~ de año nuevo** Neujahrstag *m;* **~ de baja** Ausfalltag *m;* **~ de cumpleaños** Geburtstag *m;* **~ de descanso** Ruhetag *m;* **~ festivo** Feiertag *m;* **~ laborable** Werktag *m;* **~ del santo** Namenstag *m;* **a ~s** unregelmäßig; **al otro ~** am nächsten Tag; **¡buenos ~s!** guten Tag!; (*por la mañana*) guten Morgen!; **de ~** tagsüber; **del ~** aktuell; **todo el ~** den ganzen Tag (über); **todos los ~s** jeden Tag; **de hoy en ocho ~s** heute in acht Tagen; **~ y noche** fortwährend; **durante ~s enteros** tagelang; **el ~ de hoy** heute; **el ~ de mañana** in der Zukunft; **el ~ menos pensado** eines schönen Tages; **el ~ que...** als ...; **el otro ~** neulich; **en su ~** zum rechten Zeitpunkt; **¡hasta otro ~!** bis bald!; **hoy (en) ~** heutzutage; **un buen ~** eines schönen Tages; **un ~ de estos** in den nächsten Tagen; **dar a alguien el ~** jdm den Tag verderben; **estar al ~** auf dem Laufenden sein; **hace buen ~** heute ist schönes Wetter; **un ~ es un ~** einmal ist keinmal; **mañana será otro ~** morgen ist auch noch ein Tag; **vivir al ~** nur für den Tag leben

diabetes [dja'βetes] *f inv* Diabetes *m*

diabético, -a [dja'βetiko, -a] **I.** *adj* zuckerkrank **II.** *m, f* Diabetiker(in) *m(f)*

diablo [di'aβlo] *m* Teufel *m;* **¡~s!** Donnerwetter!; **¿cómo ~s...?** wie zum Teufel ...?; **¿qué ~s pasa aquí?** was zum Teufel ist hier los?

diabólico, -a [dja'βoliko, -a] *adj* **1.** (*maligno*) teuflisch **2.** (*complicado*) vertrackt

diadema [dja'ðema] *f* Diadem *nt*

diáfano, -a [di'afano, -a] *adj* durchsichtig; (*claro*) klar

diafragma [dja'fraɣma] *m* **1.** (ANAT) Zwerchfell *nt* **2.** (FOTO) Blende *f* **3.** (*membrana*) Membran(e) *f* **4.** (*preservativo*) Diaphragma *nt*

diagnosis [djaɣ'nosis] *f inv* Diagnose *f*

diagnosticar [djaɣnosti'kar] <c→qu> *vt* diagnostizieren

diagnóstico [djaɣ'nostiko] *m* Diagnose *f;* **~ precoz** Früherkennung *f*

diagonal [djaɣo'nal] *adj* diagonal; **en ~** übereck

diagrama [dja'ɣrama] *m* Diagramm *nt*

dial [di'al] *m* **1.** (*indicador*) Anzeige *f* **2.** (*del*

teléfono) Wählscheibe *f*
dialéctica [dja'lektika] *f* Dialektik *f*
dialecto [dja'lekto] *m* Dialekt *m*
diálisis [di'alisis] *f inv* Dialyse *f*
dialogar [djalo'ɣar] <g→gu> *vi* miteinander sprechen
diálogo [di'aloɣo] *m* Gespräch *nt;* (LIT) Dialog *m*
diamante [dja'mante] *m* Diamant *m*
diámetro [di'ametro] *m* Durchmesser *m*
diana [di'ana] *f* **1.** (MIL) Weckruf *m* **2. hacer ~** ins Schwarze treffen
diapasón [djapa'son] *m* Stimmgabel *f*
diapositiva [djaposi'tiβa] *f* Dia *nt*
diario[1] [di'arjo] *m* Tageszeitung *f;* (*memorias*) Tagebuch *nt*
diario, -a[2] [di'arjo, -a] *adj* täglich; **a ~** täglich
diarrea [dja'rrea] *f* Durchfall *m*
dibujante [diβu'xante] *mf* Zeichner(in) *m(f)*
dibujar [diβu'xar] *vt* zeichnen; **~ copiando** abzeichnen; **~ según modelo** nach Vorlage zeichnen; **~ a pulso** freihändig zeichnen
dibujo [di'βuxo] *m* **1.** (*acción*) Zeichnen *nt* **2.** (*resultado*) Zeichnung *f;* **~s animados** Zeichentrickfilm *m* **3.** (*muestra*) Muster *nt;* **con ~s** gemustert
diccionario [diᵞθjo'narjo] *m* **1.** (*de consulta*) Lexikon *nt;* **~ enciclopédico** Enzyklopädie *f* **2.** (*de vocabulario*) Wörterbuch *nt;* **~ de alemán-español** deutsch-spanisches Wörterbuch
dicha ['ditʃa] *f* (*suerte*) Glück *nt*
dicharachero, -a [ditʃara'tʃero, -a] *adj* spaßhaft
dicho[1] ['ditʃo] *m* Sprichwort *nt*
dicho, -a[2] ['ditʃo, -a] *adj:* **dicha gente** besagte Leute
dichoso, -a [di'tʃoso, -a] *adj* glücklich (*de* über +*akk*)
diciembre [di'θjembre] *m* Dezember *m; v. t.* **marzo**
dictado [dik'taðo] *m* Diktat *nt*
dictador(a) [dikta'ðor(a)] *m(f)* Diktator(in) *m(f)*
dictadura [dikta'ðura] *f* Diktatur *f*
dictamen [dik'tamen] *m* **1.** (*peritaje*) Gutachten *nt* **2.** (*informe*) Stellungnahme *f* **3.** (JUR): **~ judicial** Gerichtsurteil *nt*
dictar [dik'tar] *vt* diktieren; (*una sentencia*) verkünden; (*una ley*) erlassen; (*Am*) (ab)halten
didáctico, -a [di'ðaktiko, -a] *adj* didaktisch; **material ~** Lehrmaterial *nt*
diecinueve [djeθi'nweβe] *adj inv* neunzehn; *v. t.* **ocho**
dieciocho [djeθi'otʃo] *adj inv* achtzehn; *v. t.* **ocho**
dieciséis [djeθi'sei̯s] *adj inv* sechzehn; *v. t.* **ocho**
diecisiete [djeθi'sjete] *adj inv* siebzehn; *v. t.* **ocho**
diente ['djente] *m* **1.** (*muela*) Zahn *m;* **~ incisivo** Schneidezahn *m;* **~ de leche** Milchzahn *m;* **~ molar** Backenzahn *m* **2.** (BOT): **~ de ajo** Knoblauchzehe *f*
diesel ['djesel] *m* Diesel *m*
diestro[1] ['djestro] *m* Stierkämpfer *m*
diestro, -a[2] ['djestro, -a] <destrísimo *o* diestrísimo> *adj* **1.** (*a la derecha*) rechte(r, s); **a ~ y siniestro** (*fig*) kreuz und quer **2.** (*hábil*) geschickt
dieta [di'eta] *f* **1.** (*para adelgazar*) Diät *f;* **estar a ~** Diät halten **2.** (*alimentación*): **~ alimenticia** Ernährungsweise *f*
dietético, -a [dje'tetiko, -a] *adj* diätetisch; **régimen ~** Diätkur *f*
diez [djeθ] *adj inv* zehn; *v. t.* **ocho**
difamación [difama'θjon] *f* Verleumdung *f*
difamar [difa'mar] *vt* diffamieren
difamatorio, -a [difama'torjo, -a] *adj* verleumderisch
diferencia [dife'renθja] *f* **1.** (*desigualdad*) Unterschied *m;* **a ~ de algo** im Unterschied zu etw *dat* **2.** (*desacuerdo*) Meinungsverschiedenheit *f* **3.** (MAT) Differenz *f*
diferenciar [diferen'θjar] **I.** *vt* unterscheiden **II.** *vr:* **~se** sich unterscheiden (*de* von +*dat*)
diferente [dife'rente] *adj* verschieden; **~s veces** mehrere Male; **España es ~** Spanien ist anders
diferir [dife'rir] *irr como sentir vi* verschieden sein; **~ de algo** sich von etw *dat* unterscheiden
difícil [di'fiθil] *adj* (*duro*) schwer; (*complicado*) schwierig; **~ de explicar** schwer zu erklären; **de ~ acceso** schwer zugänglich
difícilmente [difiθil'mente] *adv* kaum
dificultad [difikul'taᵈ] *f* Schwierigkeit *f;* **estar en ~es** in Schwierigkeiten stecken; **expresarse con ~** sich schwer ausdrücken

D

können; **poner ~es a alguien** jdm Schwierigkeiten machen; **ahí está la ~** hier liegt das Problem

dificultar [difikul̪'tar] *vt* erschweren; **~ la circulación** den Verkehr behindern

dificultoso, -a [difikul̪'toso, -a] *adj* schwierig; (*laborioso*) mühsam

difteria [dif'terja] *f* Diphtherie *f*

difuminar [difumi'nar] *vt* (*dibujo*) verwischen

difundir [difun̪'dir] **I.** *vt* verbreiten; **~ por la radio** im Rundfunk senden **II.** *vr:* **~se** sich verbreiten

difunto, -a [di'fun̪to, -a] **I.** *adj* verstorben **II.** *m, f* Verstorbene(r) *mf;* **día de ~s** Allerseelentag *m*

difusión [difu'sjon] *f* Verbreitung *f;* (TV, RADIO) Sendung *f*

difuso, -a [di'fuso, -a] *adj* weitläufig; (*vago*) unklar

digerir [dixe'rir] *irr como sentir vt* verdauen; (*a una persona*) ertragen

digestión [dixes'tjon] *f* Verdauung *f*

digestivo, -a [dixes'tiβo, -a] *adj:* **aparato ~** Verdauungsapparat *m*

digital [dixi'tal] *adj* digital

digitalizar [dixitali'θar] <z→c> *vt* digitalisieren

dígito ['dixito] *m* (MAT) einstellige Zahl *f;* (INFOR) Ziffer *f*

dignarse [diɣ'narse] *vr* sich herablassen ((*de*) zu +*inf*); **se dignaron invitarnos a su fiesta** (*irón*) sie hatten die Güte, uns zu ihrem Fest einzuladen

dignidad [diɣni'ða^{ð}] *f* Würde *f;* **con ~** würdevoll

digno, -a ['diɣno, -a] *adj* würdig; **~ de confianza** vertrauenswürdig; **~ de mención** erwähnenswert; **~ de ver** sehenswert

dilación [dila'θjon] *f* Aufschub *m;* (*retraso*) Verzögerung *f;* **sin ~** unverzüglich

dilapidar [dilapi'ðar] *vt* verschwenden

dilatación [dilata'θjon] *f* **1.** (*ampliación*) Ausdehnung *f;* (MED) Erweiterung *f;* **~ del mercado** (COM) Markterweiterung *f* **2.** (*desahogo*) Erleichterung *f*

dilatar [dila'tar] **I.** *vt* **1.** (*extender*) ausdehnen; (MED) erweitern **2.** (*prolongar*) verlängern **II.** *vr:* **~se** sich ausdehnen; (*Am*) sich aufhalten

dilema [di'lema] *m* Dilemma *nt*

diligencia [dili'xen̪θja] *f* **1.** (*esmero*) Sorgfalt *f* **2.** (*agilidad*) Schnelligkeit *f* **3.** (*trámite*) Erledigung *f;* **~s policiales** polizeiliche Ermittlungen **4.** (*asunto administrativo*) Amtshandlung *f;* **~ policial** polizeiliche Maßnahme **5.** (*nota oficial*) Verfügung *f;* **~ de notificación** Benachrichtigung *f*

diligente [dili'xen̪te] *adj* (*cuidadoso*) sorgfältig; (*aplicado*) fleißig; (*ágil*) flink

diluir [dilu'ir] *irr como huir* **I.** *vt* verdünnen; (*sólidos*) auflösen **II.** *vr:* **~se** sich auflösen

diluviar [dilu'βjar] *vimpers* in Strömen regnen

diluvio [di'luβjo] *m* Sintflut *f*

dimensión [dimen'sjon] *f* **1.** (*extensión*) Dimension *f;* **de dos dimensiones** zweidimensional **2.** (*tamaño*) Größe *f;* (*medida*) Maß *nt;* (*fig*) Ausmaß *nt*

diminutivo [diminu'tiβo, -a] *m* Diminutiv *nt*

diminuto, -a [dimi'nuto, -a] *adj* winzig

dimisión [dimi'sjon] *f* Rücktritt *m;* **presentar la ~** zurücktreten

dimitir [dimi'tir] *vt, vi* zurücktreten; **~ de un cargo** ein Amt niederlegen

Dinamarca [dina'marka] *f* Dänemark *nt*

dinamarqués, -esa [dinamar'kes, -esa] *adj* dänisch

dinámica [di'namika] *f* Dynamik *f*

dinámico, -a [di'namiko, -a] *adj* dynamisch

dinamismo [dina'mismo] *m* Schwung *m*

dinamita [dina'mita] *f* Dynamit *nt*

dinamo [di'namo] *f,* **dínamo** ['dinamo] *f* Dynamo *m*

dinastía [dinas'tia] *f* Dynastie *f*

dineral [dine'ral] *m* Unsumme *f;* **costar un ~** (*fam*) ein Heidengeld kosten

dinero [di'nero] *m* Geld *nt;* **~ suelto** Kleingeld *nt;* **hacer ~** das große Geld machen; **estar mal de ~** schlecht bei Kasse sein; **ser alguien de ~** wohlhabend sein

dinosaurio [dino'sau̯rjo] *m* Dinosaurier *m*

diñar [di'ɲar] *vt:* **~la** (*fam*) ins Gras beißen

diócesis [di'oθesis] *f inv* Diözese *f*

diodo [di'oðo] *m* Diode *f*

dioptría [djop'tria] *f* Dioptrie *f*

dios(a) [djos, 'djosa] *m(f)* Gott *m,* Göttin *f*

Dios [djos] *m* Gott *m;* **~ mediante** mit Gottes Hilfe; **¡~ mío!** oh, mein Gott!; **~ te bendiga** vergelt's Gott!; **a la buena de ~** aufs Geratewohl; **como ~ manda** wie es sich gehört; **~ lo llamó** Gott hat ihn zu sich geholt;

¡por ~! um Gottes willen!; **que sea lo que ~ quiera** wie's kommt, so kommt's; **todo ~** Gott und die Welt; **¡válgame ~!** Gott steh mir bei!; **¡vaya por ~!** es ist nicht zu fassen!

dióxido [di'oˠsiðo] *m* Dioxid *nt*

diploma [di'ploma] *m* Diplom *nt;* ~ **de bachiller(ato)** Abiturzeugnis *nt;* ~ **universitario** Hochschuldiplom *nt*

diplomacia [diplo'maθja] *f* Diplomatie *f*

diplomado, **-a** [diplo'maðo, -a] *adj* diplomiert; **traductora diplomada** Diplomübersetzerin *f*

diplomático, **-a** [diplo'matiko, -a] **I.** *adj* diplomatisch **II.** *m, f* Diplomat(in) *m(f)*

diptongo [dip'toŋgo] *m* Diphthong *m*

diputación [diputa'θjon] *f* **1.** (*delegación*) Abordnung *f;* ~ **provincial** Provinzialrat *m* **2.** (*personas*) Abgeordnetenversammlung *f* **3.** (*Méx*) Rathaus *nt*

diputado, **-a** [dipu'taðo, -a] *m, f* Abgeordnete(r) *mf*

dique ['dike] *m* Deich *m;* (NÁUT) Dock *nt*

dirección [direˠ'θjon] *f* **1.** (*rumbo*) Richtung *f;* **en ~ opuesta** in umgekehrter Richtung; **el viento soplaba en ~ oeste** der Wind blies gen Westen; **salir con ~ a España** nach Spanien reisen **2.** (*administración, mando*) Direktion *f;* ~ **central** Zentralverwaltung *f;* ~ **comercial** Geschäftsführung *f* **3.** (*guía*) Leitung *f;* **bajo la ~ de** unter der Leitung von **4.** (*señas*) Adresse *f* **5.** (*conducción*) Lenkung *f*

directiva [direk'tiβa] *f* Vorstand *m;* (*instrucción*) Richtlinie *f*

directivo, **-a** [direk'tiβo, -a] **I.** *adj* leitend; **junta directiva** Vorstand *m* **II.** *m, f* leitender Angestellter *m,* leitende Angestellte *f;* (*manager*) Manager(in) *m(f)*

directo, **-a** [di'rekto, -a] *adj* **1.** (*recto*) gerade **2.** (*inmediato, franco*) direkt; **transmisión en ~** Direktübertragung *f*

director(a) [direk'tor(a)] *m(f)* Leiter(in) *m(f);* (*jefe*) Direktor(in) *m(f);* ~ **(de escena)** (CINE, TEAT) Regisseur *m;* ~ **(de escuela)** Rektor *m;* ~ **de fábrica** Werksleiter *m*

directriz [direk'triθ] *f* Richtlinie *f*

dirigente [diri'xeṇte] *mf* Führer(in) *m(f)*

dirigir [diri'xir] <g→j> **I.** *vt* **1.** (*el tráfico*) regeln **2.** (*un envío, palabras*) richten (*a* an +*akk*) **3.** (*la vista*) richten (*hacia* auf +*akk*) **4.** (*una nación*) regieren; (*empresa, debate*) leiten; (*orquesta*) dirigieren **5.** (CINE, TEAT, TV) Regie führen (bei +*dat*); **una película dirigida por…** Regie führte … **II.** *vr:* ~**se** (*a un lugar*) sich begeben (*a/hacia* nach +*dat*); (*a una persona*) sich wenden (*a* an +*akk*)

discernir [disθer'nir] *irr como cernir vt* (*diferenciar*) unterscheiden; ~ **entre lo bueno y lo malo** das Gute vom Bösen unterscheiden können

disciplina [disθi'plina] *f* Disziplin *f*

disciplinado, **-a** [disθipli'naðo, -a] *adj* diszipliniert

discípulo, **-a** [dis'θipulo, -a] *m, f* Schüler(in) *m(f);* (*seguidor*) Anhänger(in) *m(f)*

disc-jockey [dis'ɟokei̯] <dis yoqueis> *mf* Diskjockey *m*

disco ['disko] *m* **1.** (*lámina circular*) Scheibe *f;* (*en el teléfono*) Wählscheibe *f* **2.** (MÚS) Schallplatte *f* **3.** (INFOR) Platte *f;* ~ **duro** Festplatte *f*

discográfico, **-a** [disko'ɣrafiko, -a] *adj* (Schall)platten-

díscolo, **-a** ['diskolo, -a] *adj* widerspenstig

disconforme [diskoɱ'forme] *adj* nicht einverstanden

disconformidad [diskoɱformi'ða^{ð}] *f* Ablehnung *f* (*con* +*gen*); (*entre personas*) Uneinigkeit *f*

discontinuo, **-a** [diskoṇ'tinwo, -a] *adj* unstetig; (*interrumpido*) unzusammenhängend

discordancia [diskor'ðaṇθja] *f* Uneinigkeit *f;* (MÚS) Missklang *m*

discordante [diskor'ðaṇte] *adj* (*opinión*) abweichend; (MÚS) misstönend

discordia [dis'korðja] *f* Zwietracht *f*

discoteca [disko'teka] *f* Diskothek *f*

discreción [diskre'θjon] *f* Diskretion *f;* **a ~** nach Belieben; **bajo ~** vertraulich; **con ~** umsichtig

discrepancia [diskre'paṇθja] *f* **1.** (*entre cosas*) Diskrepanz *f* **2.** (*entre personas*) Unstimmigkeit *f*

discrepante [diskre'paṇte] *adj* nicht übereinstimmend

discrepar [diskre'par] *vi* **1.** (*diferenciarse*) abweichen **2.** (*disentir*) anderer Meinung sein (*de* als +*nom*); **discrepo de lo que Ud. piensa sobre eso** ich stimme Ihrer Meinung darüber nicht zu

discreto, **-a** [dis'kreto, -a] *adj* diskret

discriminación [diskrimina'θjon] *f* Unterscheidung *f;* (*perjuicio*) Diskriminierung *f*

discriminar [diskrimi'nar] *vt* (*cosas*) unterscheiden; (*personas*) diskriminieren
discriminatorio, **-a** [diskrimina'torjo, -a] *adj* diskriminierend
disculpa [dis'kulpa] *f* **1.**(*perdón*) Entschuldigung *f;* **pedir ~s** sich entschuldigen **2.**(*pretexto*) Ausrede *f;* **¡qué ~ más tonta!** so eine faule Ausrede!; **¡no valen ~s!** keine Ausreden!
disculpable [diskul'paβle] *adj* verzeihlich
disculpar [diskul'par] **I.** *vt* (*perdonar*) verzeihen; (*justificar*) entschuldigen **II.** *vr:* **~se con alguien por algo** sich bei jdm wegen etw *gen/dat* entschuldigen
discurrir [disku'rrir] *vt* sich *dat* ausdenken
discurso [dis'kurso] *m* Rede *f;* **pronunciar un ~** eine Rede halten
discusión [disku'sjon] *f* **1.**(*debate*) Diskussion *f;* **~ pública** Podiumsdiskussion *f* **2.**(*riña*) Auseinandersetzung *f;* **sin ~** ohne Zweifel
discutible [disku'tiβle] *adj* erwägenswert; (*dudoso*) zweifelhaft
discutido, **-a** [disku'tiðo, -a] *adj* umstritten
discutir [disku'tir] **I.** *vi, vt* **1.**(*hablar*) diskutieren; **~ un plan a fondo** einen Plan eingehend besprechen **2.**(*pelear*) (sich) streiten (*de* über +*akk*) **II.** *vt* (*contradecir*): **siempre me discutes lo que digo** du stellst immer alles, was ich sage, in Frage
disecar [dise'kar] <c→qu> *vt* ausstopfen; (*secar una planta*) trocknen
diseminar [disemi'nar] **I.** *vt* (*semillas*) verstreuen; (*noticias*) verbreiten **II.** *vr:* **~se** sich verbreiten
disentería [disen̪te'ria] *f* Ruhr *f*
disentimiento [disen̪ti'mjen̪to] *m* Meinungsverschiedenheit *f*
disentir [disen̪'tir] *irr como sentir vi* anderer Meinung sein (*de* als +*nom*); **disiento de tu opinión** ich bin nicht deiner Meinung
diseñador(a) [diseɲa'ðor(a)] *m(f)* Zeichner(in) *m(f);* (*decorador*) Designer(in) *m(f)*
diseñar [dise'ɲar] *vt* **1.** zeichnen; (*delinear*) skizzieren **2.**(*proyectar*) entwerfen
diseño [di'seɲo] *m* **1.**(*dibujo*) Zeichnung *f;* (*boceto*) Skizze *f;* (*esbozo*) Entwurf *m* **2.**(*forma*) Design *nt* **3.**(*en tejidos*) Muster *nt*
disertación [diserta'θjon] *f* (wissenschaftliche) Abhandlung *f*
disertar [diser'tar] *vi* (*por escrito*) abhandeln (*sobre* +*akk*); (*oralmente*) einen Vortrag halten (*sobre* über +*akk*)
disfraz [dis'fraθ] *m* Verkleidung *f*
disfrazar [disfra'θar] <z→c> *vr:* **~se** sich verkleiden (*de* als +*nom*)
disfrutar [disfru'tar] *vi, vt* **1.**(*gozar*) genießen (*de* +*akk*); **~ de excelente salud** sich bester Gesundheit erfreuen **2.**(*poseer*) haben (*de* +*akk*) **3.**(*utilizar*) nutzen ((*de*) +*akk*)
disfrute [dis'frute] *m* Genuss *m;* (*aprovechamiento*) Nutzung *f*
disgregar [disɣre'ɣar] <g→gu> *vr:* **~se** **1.**(*gente*): **el público se disgregó al terminar el espectáculo** das Publikum zerstreute sich nach der Vorstellung in alle Richtungen **2.**(*materia*) zerfallen
disgustar [disɣus'tar] **I.** *vt* missfallen +*dat;* (*enfadar*) erzürnen +*dat* **II.** *vr:* **~se** **1.**(*enfadarse*) sich ärgern (*por/de* über +*akk*) **2.**(*ofenderse*): **se ha disgustado por tus comentarios** deine Äußerungen haben ihn/sie verletzt
disgusto [dis'ɣusto] *m* **1.**(*desagrado*) Missfallen *nt;* (*repugnancia*) Ekel *m;* **estar a ~** sich unbehaglich fühlen **2.**(*aflicción*) Kummer *m;* (*enfado*) Ärger *m*
disidente [disi'ðen̪te] **I.** *adj* anders denkend **II.** *mf* Dissident(in) *m(f)*
disimular [disimu'lar] **I.** *vi* sich verstellen; (*ocultar*) sich *dat* nichts anmerken lassen **II.** *vt* **1.**(*ocultar*) verbergen; **~ el miedo** sich *dat* die Angst nicht anmerken lassen **2.**(*paliar*) beschönigen
disimulo [disi'mulo] *m* **1.**(*fingimiento*) Verstellung *f;* **con ~** unauffällig **2.**(*tolerancia*) Nachsicht *f*
disipar [disi'par] **I.** *vt* **1.**(*nubes, nieblas*) auflösen; (*dudas*) beseitigen **2.**(*derrochar*) vergeuden **II.** *vr:* **~se** sich auflösen; (*dudas*) verschwinden; **~se en humo** verrauchen
dislexia [dis'leʸsja] *f* Legasthenie *f*
disléxico, **-a** [dis'leʸsiko, -a] *m, f* Legastheniker(in) *m(f)*
dislocación [disloka'θjon] *f* **1.** Verlagerung *f;* (GEO) Verschiebung *f* **2.**(MED) Verrenkung *f*
dislocar [dislo'kar] <c→qu> **I.** *vt* verlagern; (MED) verrenken **II.** *vr:* **~se** auseinander gehen; (*desarticularse*) sich *dat* verrenken
disminución [disminu'θjon] *f* Verringe-

rung *f;* ~ **de la pena** (JUR) Strafmilderung *f;* ~ **de peso** Gewichtabnahme *f;* ~ **de los precios** Preissenkung *f;* ~ **de las ventas** Absatzrückgang *m*

disminuir [disminu'ir] *irr como huir* **I.** *vi* (*en intensidad*) nachlassen; (*número*) zurückgehen **II.** *vt* verringern; (*precio, sueldo*) senken

disociar [diso'θjar] **I.** *vt* auflösen; (*separar*) trennen **II.** *vr:* ~**se** sich auflösen

disoluble [diso'luβle] *adj* löslich

disolución [disolu'θjon] *f* **1.** Auflösung *f;* (*de la familia*) Zerrüttung *f;* (*de las costumbres*) Sittenverfall *m;* ~ **de contrato** Vertragsaufhebung *f* **2.** (QUÍM) Lösung *f*

disolvente [disol'βen̩te] *m* Lösungsmittel *nt*

disolver [disol'βer] *irr como volver vt, vr:* ~**se** (sich) auflösen

disolver(se) *irr como volver vt, vr* (sich) auflösen

disonancia [diso'nan̩θja] *f* (MÚS) Dissonanz *f;* (*desproporción*) Missverhältnis *nt;* (*discordancia*) Unstimmigkeit *f*

dispar [dis'par] *adj* ungleich

disparado, -a [dispa'raðo, -a] *adj:* **salir** ~ sich blitzschnell davonmachen

disparador [dispara'ðor] *m* **1.** (*de un arma*) Abzug *m* **2.** (FOTO) Auslöser *m;* ~ **automático** Selbstauslöser *m*

disparar [dispa'rar] **I.** *vt* **1.** (*un tiro, flechas*) abschießen; (*un proyectil*) abfeuern **2.** (*el arma*) abdrücken **II.** *vi* **1.** (*tirar*): ~ **contra alguien** auf jdn schießen **2.** (*Am: caballo*) durchgehen **3.** (*un arma*) losgehen **III.** *vr:* ~**se** (*arma*) losgehen

disparatado, -a [dispara'taðo, -a] *adj* unsinnig; (*fam: desmesurado*) ungeheuer

disparatar [dispara'tar] *vi* (*hablar*) Unsinn reden; (*obrar*) unüberlegt handeln

disparate [dispa'rate] *m* **1.** (*insensatez*) Unsinn *m* **2.** (*fam*): **costar un** ~ ein Vermögen kosten

disparidad [dispari'ðaᵈ] *f* Unterschiedlichkeit *f*

disparo [dis'paro] *m* (Ab)schuss *m;* ~ **de partida** Startschuss *m*

dispensable [dispen'saβle] *adj* erlässlich

dispensar [dispen'sar] *vt* **1.** (*otorgar*) erteilen **2.** (*librar*) befreien (*de* von +*dat*); ~ **a alguien del servicio militar** jdn vom Wehrdienst freistellen **3.** (*excusar*) entschuldigen

dispepsia [dis'peβsja] *f* Verdauungsstörung *f*

dispersar [disper'sar] **I.** *vt* zerstreuen; (*personas, animales*) auseinander treiben; (*una manifestación*) auflösen **II.** *vr* (*personas, animales*) auseinander laufen

dispersión [disper'sjon] *f* Zerstreuung *f;* (FÍS) Streuung *f;* ~ **de la luz** Lichtstreuung *f;* **pintura de** ~ Dispersionsfarbe *f;* **la** ~ **de los manifestantes** das Auseinandertreiben der Demonstranten

disperso, -a [dis'perso, -a] *adj* zerstreut

disponer [dispo'ner] *irr como poner* **I.** *vi* verfügen (*de* über +*akk*); **puedes** ~ **de mí cuando quieras** ich stehe dir jederzeit zur Verfügung **II.** *vt* **1.** (*colocar*) anordnen; ~ **las sillas en círculo** die Stühle im Kreis aufstellen **2.** (*preparar*) vorbereiten; (*la mesa*) decken; ~ **las camas para los huéspedes** die Betten für die Gäste richten **3.** (*determinar*) verfügen; ~ **en testamento** testamentarisch verfügen **III.** *vr:* ~**se 1.** (*colocarse*) sich aufstellen **2.** (*prepararse*) sich vorbereiten (*a/para* zu +*inf*); **me disponía a escribir la carta cuando...** ich war im Begriff den Brief zu schreiben, als ...

disponibilidad [disponiβili'ðaᵈ] *f* Verfügbarkeit *f*

disponible [dispo'niβle] *adj* verfügbar

disposición [disposi'θjon] *f* **1.** (*colocación*) Anordnung *f* **2.** (*de ánimo/salud*) Verfassung *f* **3.** (*para algún fin*) Bereitschaft *f;* ~ **de servicio** Betriebsbereitschaft *f;* **estar en** ~ **de hacer algo** bereit sein etw zu tun **4.** (*disponibilidad*) Verfügung *f;* **de libre** ~ zur freien Verfügung; **estoy a tu** ~ ich stehe dir zur Verfügung; **poner a** ~ zur Verfügung stellen **5.** (*talento*) Veranlagung *f;* **tener** ~ **para la música** musikalisch begabt sein **6.** (*resolución*) Bestimmung *f;* ~ **legal** gesetzliche Vorschrift; **última** ~ letzter Wille

dispositivo [disposi'tiβo] *m* Vorrichtung *f;* ~ **de alarma** Alarmanlage *f;* ~ **antirrobo** Diebstahlsicherung *f*

dispuesto, -a [dis'pwesto, -a] *adj* **1.** (*preparado*) bereit; **estar** ~ **a trabajar** arbeitswillig sein **2.** (*habilidoso*) geschickt

disputa [dis'puta] *f* Streit *m;* (*conversación*) Streitgespräch *nt*

disputar [dispu'tar] **I.** *vi* streiten (*de/sobre* über +*akk*) **II.** *vt* **1.** (*controvertir*) streitig machen **2.** (*competir*) kämpfen (*por* um

+*akk*); ~ **una carrera** ein Rennen austragen **III.** *vr:* ~**se** sich streiten (um +*akk*)

disquete [dis'kete] *m* Diskette *f;* ~ **de arranque** Startdiskette *f;* ~ **de destino** Zieldiskette *f;* ~ **para instalación** Installationsdiskette *f*

disquetera [diske'tera] *f* Diskettenlaufwerk *nt*

disquisición [diskisi'θjon] *f* Studie *f*

distancia [dis'taṇθja] *f* Entfernung *f;* (*fig*) Distanz *f;* ~ **de seguridad** Sicherheitsabstand *m;* **guardar las** ~**s** (*fig*) Distanz wahren

distanciado, -a [distaṇ'θjaðo, -a] *adj* entfernt; (*fig*) distanziert

distanciamiento [distaṇθja'mjeṇto] *m* (*fig*) Distanzierung *f*

distanciar [distaṇ'θjar] *vr:* ~**se** (*de una persona*) sich distanzieren; (*de un lugar*) sich entfernen

distante [dis'taṇte] *adj* entfernt; (*persona*) distanziert

distar [dis'tar] *vi* entfernt sein; **disto mucho de creerlo** ich bin weit davon entfernt, es zu glauben

distender [disteṇ'der] <e→ie> *vt* **1.** (*estirar*) dehnen **2.** (*aflojar*) lockern; (*fig*) entspannen

distensión [disten'sjon] *f* Dehnung *f;* (MED) Zerrung *f;* (POL, TÉC) Entspannung *f*

distinción [distiṇ'θjon] *f* **1.** (*diferenciación*) Unterscheidung *f;* **no hacer** ~ keinen Unterschied machen **2.** (*honor*) Auszeichnung *f*

distinguido, -a [distiŋ'giðo, -a] *adj* (*en cartas*) sehr geehrte(r); ~ **amigo:...** hochverehrter Freund, ...

distinguir [distiŋ'gir] <gu→g> **I.** *vt* **1.** (*diferenciar*) unterscheiden **2.** (*divisar*) erkennen **3.** (*condecorar*) auszeichnen **II.** *vr:* ~**se** (*poder ser visto*) deutlich werden; (*ser diferente*) sich hervortun

distintivo [distiṇ'tiβo, -a] *m* Merkmal *nt*

distinto, -a [dis'tiṇto, -a] *adj* unterschiedlich; **es** ~ **a** [*o* **de**] **los demás** er ist anders als die anderen

distorsión [distor'sjon] *f* (MED) Verstauchung *f;* (*falseamento*) Verfälschung *f*

distorsionar [distorsjo'nar] *vr:* ~**se** sich *dat* verstauchen

distracción [distraᵞ'θjon] *f* Ablenkung *f;* (*falta de atención*) Unaufmerksamkeit *f*

distraer [distra'er] **I.** *vt* ablenken; (*entretener*) unterhalten **II.** *vr:* ~**se** sich ablenken; (*no atender*) unaufmerksam sein

distraído, -a [distra'iðo, -a] **I.** *adj* unaufmerksam; (*entretenido*) unterhaltsam; (*Chil, Méx*) zerlumpt **II.** *m, f:* **hacerse el** ~ sich dumm stellen

distribución [distriβu'θjon] *f* **1.** (*repartición*) Verteilung *f* **2.** (COM) Vertrieb *m;* ~ **exclusiva** Alleinvertrieb *m*

distribuidor[1] [distriβwi'ðor] *m* Verteiler *m*

distribuidor(a)[2] [distriβwi'ðor(a)] *m(f)* Vertreter(in) *m(f)*

distribuir [distriβu'ir] *irr como huir* **I.** *vt* **1.** (*repartir*) verteilen; (*disponer*) einteilen; (*información*) verbreiten **2.** (COM) vertreiben **II.** *vr:* ~**se** sich verteilen

distrito [dis'trito] *m* Bezirk *m;* ~ **electoral** Wahlkreis *m;* ~ **judicial** Gerichtsbezirk *m;* ~ **de policía** Polizeirevier *nt*

disturbio [dis'turβjo] *m* Unruhe *f*

disuadir [diswa'ðir] *vt* umstimmen; ~ **a alguien de algo** jdn von etw *dat* abbringen

disuasivo, -a [diswa'siβo, -a] *adj* Überredungs-; (POL, MIL) Abschreckungs-; **poder** ~ Überredungskunst *f*

disyuntiva [disɟuṇ'tiβa] *f* Alternative *f*

disyuntivo, -a [disɟuṇ'tiβo, -a] *adj* trennend; **conjunción disyuntiva** (LING) disjunktive Konjunktion

diurético, -a [dju'retiko, -a] *adj* harntreibend

diurno, -a [di'urno, -a] *adj* täglich; **trabajo** ~ Tagesarbeit *f*

diva ['diβa] *f* Diva *f*

divagación [diβaɣa'θjon] *f* **1.** (*desviación*) Abschweifung *f* **2.** *pl* (*sin concierto*) unzusammenhängendes Gerede *nt*

divagar [diβa'ɣar] <g→gu> *vi* abschweifen; (*hablar sin concierto*) unzusammenhängendes Zeug reden

diván [di'βan] *m* Diwan *m*

divergencia [diβer'xeṇθja] *f* Abweichung *f;* (MAT) Divergenz *f*

divergente [diβer'xeṇte] *adj* entgegengesetzt; (MAT) divergent; **opiniones** ~**s** abweichende Meinungen

divergir [diβer'xir] <g→j> *vi* (*t.* MAT) divergieren; (*opiniones*) voneinander abweichen; (*personas*) verschiedener Meinung sein

diversidad [diβersi'ða^{ð}] *f* Vielfalt *f*

diversificar(se) <c→qu> *vt, vr* (sich) verschiedenartig gestalten

diversión [diβer'sjon] *f* Vergnügen *nt;* (*pasatiempo*) Zeitvertreib *m*

diverso, -a [di'βerso, -a] *adj* **1.** (*distinto*) unterschiedlich **2.** (*variado*) vielseitig **3.** *pl* (*varios*) verschiedene; (*muchos*) mehrere

divertido, -a [diβer'tiðo, -a] *adj* lustig; (*Am*) angeheitert

divertir [diβer'tir] *irr como sentir* **I.** *vt* unterhalten **II.** *vr:* **~se** sich amüsieren (*en* über *+akk*); **¡que te diviertas!** viel Spaß!

dividir [diβi'ðir] **I.** *vt* teilen (*en* in *+akk*); (*distribuir*) aufteilen (*entre* unter *+dat*); (*separar*) trennen; (MAT) dividieren (*entre/por* durch *+akk*) **II.** *vr:* **~se** sich teilen; (*agruparse*) unterteilt sein (*en* in *+akk*); (*enemistarse*) sich entzweien

divinidad [diβini'ða^{ð}] *f* Göttlichkeit *f;* (*deidad*) Gottheit *f*

divino, -a [di'βino, -a] *adj* göttlich

divisa [di'βisa] *f* **1.** Abzeichen *nt;* (*mote*) Devise *f* **2.** *pl* (*moneda*) Devisen *fpl*

divisar [diβi'sar] *vt* ausmachen; **divisé a lo lejos un vehículo** ich konnte in der Ferne ein Fahrzeug ausmachen

divisible [diβi'siβle] *adj* teilbar; **ser ~ por dos** durch zwei teilbar sein

división [diβi'sjon] *f* Division *f;* (*partición*) Teilung *f;* (*separación*) Trennung *f*

divisor [diβi'sor] *m* (MAT) Teiler *m;* **máximo común ~** größter gemeinsamer Teiler

divorciar [diβor'θjar] *vr:* **~se** sich scheiden lassen

divorcio [di'βorθjo] *m* (Ehe)scheidung *f;* (*Col*) Frauengefängnis *nt*

divulgación [diβulɣa'θjon] *f:* **libro de ~** populärwissenschaftliches Buch

divulgar [diβul'ɣar] <g→gu> **I.** *vt* verbreiten; (*dar a conocer*) bekannt geben **II.** *vr:* **~se** (*propagarse*) sich verbreiten; (*conocerse*) bekannt werden

Dn. [don] *abr de* **don** ≈Hr.

DNI [de(e)ne'i] *m abr de* **Documento Nacional de Identidad** Personalausweis *m*

Dña. ['doɲa] *abr de* **doña** ≈Fr.

do [do] <does> *m* C *nt;* **~ bemol** Ces *nt;* **~ de pecho** hohes C; **~ sostenido** Cis *nt*

dobladillo [doβla'ðiʎo] *m* Saum *m*

doblaje [do'βlaxe] *m* Synchronisation *f*

doblar [do'βlar] **I.** *vt* **1.** (*arquear*) biegen **2.** (*plegar*) falten; **no ~** nicht knicken **3.** (*duplicar*) verdoppeln; **mi madre me dobla en edad** meine Mutter ist doppelt so alt wie ich **4.** (*una película*) synchronisieren **5.** (*rodear*) umfahren; **~ la esquina** um die Ecke biegen **II.** *vi* läuten; (*torcer*) abbiegen (*a* nach *+dat*) **III.** *vr:* **~se** sich biegen

doble ['doβle] **I.** *adj inv* doppelt **II.** *mf* Doppelgänger(in) *m(f)*

doblegar [doβle'ɣar] <g→gu> *vr:* **~se** sich beugen; **se doblegó a mis súplicas** er/sie gab meinem Bitten nach

doblez[1] [do'βleθ] *m* (*pliegue*) Falte *f*

doblez[2] [do'βleθ] *m o f* (*hipocresía*) Falschheit *f*

doce ['doθe] *adj inv* zwölf; *v. t.* **ocho**

docena [do'θena] *f* Dutzend *nt;* **una ~ de huevos** ein Dutzend Eier

docencia [do'θeṇθja] *f* Unterrichten *nt;* **dedicarse a la ~** unterrichten

docente [do'θeṇte] *mf* Dozent(in) *m(f)*

dócil ['doθil] *adj* fügsam; (*manso*) zahm

docilidad [doθili'ða^{ð}] *f* **1.** (*inteligencia*) Gelehrigkeit *f* **2.** (*sumisión*) Fügsamkeit *f* **3.** (*mansedumbre*) Zahmheit *f* **4.** (*del metal*) Geschmeidigkeit *f*

doctor(a) [dok'tor(a)] *m(f)* Doktor(in) *m(f)*

doctorado [dokto'raðo] *m* **1.** (*grado*) Doktorwürde *f* **2.** (*estudios*): **curso de ~** ≈Doktorandenkolloquium *nt*

doctoral [dokto'ral] *adj:* **tesis ~** Doktorarbeit *f*

doctrina [dok'trina] *f* Doktrin *f*

documentación [dokumeṇta'θjon] *f* **1.** (*estudio*) Dokumentation *f* **2.** (*documentos*) Unterlagen *fpl*

documentado, -a [dokumeṇ'taðo, -a] *adj* gut unterrichtet

documental [dokumeṇ'tal] *m* Dokumentarfilm *m*

documentar [dokumeṇ'tar] *vt* dokumentieren

documento [doku'meṇto] *m* Dokument *nt;* **Documento Nacional de Identidad** Personalausweis *m*

dodotis® [do'ðotis] *m inv* Pampers® *f*

dogma ['doɣma] *m* Dogma *nt*

dogmático, -a [doɣ'matiko, -a] *adj* dogmatisch

dogo ['doɣo] *m* Dogge *f*

dólar ['dolar] *m* Dollar *m*

dolencia [do'leṇθja] *f* Leiden *nt;* ~ **respiratoria** Atemwegserkrankung *f*

doler [do'ler] <o→ue> **I.** *vi* schmerzen; **me duele la cabeza** ich habe Kopfschmerzen **II.** *vr:* ~**se** klagen (*de* über +*akk*)

dolido, **-a** [do'liðo, -a] *adj* gekränkt; **estoy ~ por tus palabras** deine Worte haben mich gekränkt

dolor [do'lor] *m* Schmerz *m;* ~ **de cabeza** Kopfschmerzen *mpl*

dolorido, **-a** [dolo'riðo, -a] *adj* **1.** (*dañado*) schmerzend; **tener la rodilla dolorida** Schmerzen im Knie haben **2.** (*apenado*) traurig

doloroso, **-a** [dolo'roso, -a] *adj* schmerzhaft; (*lamentable*) traurig

domar [do'mar] *vt* bändigen

domesticado, **-a** [domesti'kaðo, -a] *adj:* **animal** ~ Haustier *nt*

domesticar [domesti'kar] <c→qu> *vt* domestizieren; (*personas*) bändigen

doméstico, **-a** [do'mestiko, -a] *adj* Haus-

domiciliación [domiθilja'θjon] *f* Dauerauftrag *m*

domiciliar [domiθi'ljar] **I.** *vt* abbuchen lassen; ~ **el alquiler** einen Dauerauftrag für die Miete einrichten **II.** *vr:* ~**se** ansässig werden (*en* in +*dat*)

domiciliario, **-a** [domiθi'ljarjo, -a] *adj* Haus-

domicilio [domi'θiljo] *m* Wohnsitz *m;* (*una empresa*) Sitz *m*

dominante [domi'nan̪te] *adj* (*persona, t.* BIOL) dominant

dominar [domi'nar] **I.** *vi* **1.** (*imperar*) herrschen **2.** (*sobresalir*) emporragen (*sobre* über +*akk*) **3.** (*predominar*) vorherrschen; **dominante en el mercado** marktführend **II.** *vt* **1.** (*conocer*) beherrschen **2.** (*reprimir*) bezwingen; ~ **el odio** den Hass unterdrücken **3.** (*sobresalir*) überragen **4.** (*divisar*) überblicken **III.** *vr:* ~**se** sich beherrschen

domingo [do'miŋgo] *m* Sonntag *m;* ~ **de Ramos** Palmsonntag *m; v. t.* **lunes**

dominguero, **-a** [domiŋ'gero, -a] *m, f* (*pey*) Sonntagsfahrer(in) *m(f)*

dominical [domini'kal] **I.** *adj* Sonntags-; **descanso** ~ Sonntagsruhe *f* **II.** *m* (PREN) Sonntagsbeilage *f*

dominicano, **-a** [domini'kano, -a] *adj* dominikanisch

dominio [do'minjo] *m* Beherrschung *f;* (*poder*) Herrschaft *f*

dominó [domi'no] <dominós> *m* Domino(spiel) *nt*

don¹ [don] *m* Gabe *f;* **tener ~ de gentes** gut mit Menschen umgehen können

don² [don, 'doɲa] *m*, **doña** *f* Don *m*, Doña *f* (*in Verbindung mit dem Vornamen gebrauchte spanische Anrede für Herr/Frau*)

donación [dona'θjon] *f* Spende *f*

donador(a) [dona'ðor(a)] *m(f)* Spender(in) *m(f)*

donaire [do'nai̯re] *m* Anmut *f*

donante [do'nan̪te] *mf* Spender(in) *m(f)*

donar [do'nar] *vt* spenden

donativo [dona'tiβo] *m* Spende *f*

doncella [doṇ'θeʎa] *f* Zofe *f;* (*elev*) Mädchen *nt*

donde ['don̪de] *adv* wo; **a** [*o* **hacia**] ~ wohin; **de** ~ woher; **en** ~ wo; **la calle ~ vivo** die Straße, in der ich wohne; **estuve ~ Luisa** ich war bei Luisa

dónde ['don̪de] *pron inter o pron rel* wo; **¿a** [*o* **hacia**] **~?** wohin?; **¿de ~?** woher?; **¿en ~?** wo?

dondequiera [don̪de'kjera] *adv:* ~ **que estés** wo immer du (auch) sein magst

donostiarra [donos'tjarra] *adj* aus San Sebastián

donut ['donuᵗ] *m* <donuts> Doughnut *m*

doña ['doɲa] *f v.* **don**

dopar [do'par] *vt, vr:* ~**se** dopen

doping ['dopiŋ] *m* Doping *nt*

dorada [do'raða] *f* Goldbrasse *f*

dorado, **-a** [do'raðo, -a] *adj* golden

dormilón, **-ona** [dormi'lon, -ona] *m, f* (*fam*) Schlafmütze *f*

dormir [dor'mir] *irr* **I.** *vi* **1.** (*descansar*) schlafen; ~ **a pierna suelta** wie ein Murmeltier schlafen; ~ **de un tirón** durchschlafen; **quedarse dormido** einschlafen **2.** (*pernoctar*) übernachten; ~ **en casa de alguien** bei jdm übernachten **II.** *vt* (*a un niño*) zum (Ein)schlafen bringen; (*a un paciente*) betäuben; ~ **la siesta** eine Siesta machen **III.** *vr:* ~**se 1.** (*adormecerse*) einschlafen; **se me ha dormido el brazo** mein Arm ist eingeschlafen **2.** (*descuidarse*) unaufmerksam sein; ~**se en los laureles** sich auf seinen Lorbeeren ausruhen

dormitorio [dormi'torjo] *m* Schlafzimmer *nt*

dorsal [dor'sal] *adj:* **espina** ~ Rückgrat *nt*

dorso ['dorso] *m* **1.** (ANAT) Rücken *m;* ~ **de la mano** Handrücken *m* **2.** (*reverso*) Rückseite *f*

dos [dos] *adj inv* zwei; ~ **puntos** Doppelpunkt *m;* **cada** ~ **por tres** ständig; **en un** ~ **por tres** im Nu; **de** ~ **en** ~ paarweise; *v. t.* **ocho**

doscientos, **-as** [dos'θjen̪tos, -as] *adj* zweihundert; *v. t.* **ochocientos**

dosificar [dosifi'kar] <c→qu> *vt* dosieren

dosis ['dosis] *f inv* Dosis *f;* **una buena** ~ **de pacienca** eine ganze Menge Geduld

dotado, **-a** [do'taðo, -a] *adj* begabt

dotar [do'tar] *vt* aussteuern; (*equipar*) ausstatten (*de/con* mit +*dat*)

dote[1] ['dote] *m o f* Mitgift *f*

dote[2] ['dote] *f:* ~ **de mando** Führungsgeschick *nt*

Dr(**a**). [dok'tor(a)] *abr de* **doctor**(**a**) Dr.

dragón [dra'ɣon] *m* Drache *m*

drama ['drama] *m* Drama *nt*

dramático, **-a** [dra'matiko, -a] *adj* dramatisch; **autor** ~ Dramatiker *m*

dramatizar [dramati'θar] <z→c> *vt* dramatisieren

dramaturgo, **-a** [drama'turɣo, -a] *m, f* Dramatiker(in) *m(f)*

drástico, **-a** ['drastiko, -a] *adj* drastisch

drenaje [dre'naxe] *m* Dränage *f*

drenar [dre'nar] *vt* dränieren

Dresde ['dresðe] *m* Dresden *nt*

driblar [dri'βlar] *vi, vt* dribbeln; ~ **a un contrario** einen Gegenspieler umspielen

droga ['droɣa] *f* Droge *f;* ~ **de diseño** Designerdroge *f*

drogadicto, **-a** [droɣa'dikto, -a] *adj* drogenabhängig

drogado, **-a** [dro'ɣaðo, -a] *adj:* **estar** ~ unter Drogen stehen

drogar [dro'ɣar] <g→gu> **I.** *vt* Drogen verabreichen +*dat* **II.** *vr:* ~**se** Drogen nehmen

droguería [droɣe'ria] *f* Drogerie *f*

dromedario [drome'ðarjo] *m* Dromedar *nt*

dublinés, **-esa** [duβli'nes, -esa] *adj* aus Dublin

ducado [du'kaðo] *m* Herzogtum *nt*

ducha ['dutʃa] *f* Dusche *f*

duchar(**se**) [du'tʃar(se)] *vt, vr* (sich) duschen

ducho, **-a** ['dutʃo, -a] *adj* bewandert (*en* in +*dat*)

duda ['duða] *f* **1.** (*indecisión*) Unschlüssigkeit *f* **2.** (*incredulidad*) Zweifel *m;* **salir de** ~**s** Gewissheit erlangen; **sin** ~ (**alguna**) zweifellos; **no cabe la menor** ~ es besteht nicht der geringste Zweifel; **poner algo en** ~ etw in Zweifel ziehen

dudar [du'ðar] **I.** *vi* zweifeln (*de* an +*dat*); (*vacilar*) (sich *dat*) unschlüssig sein **II.** *vt* bezweifeln

dudoso, **-a** [du'ðoso, -a] *adj* zweifelhaft; (*indeciso*) unschlüssig

duelo ['dwelo] *m* **1.** (*desafío*) Duell *nt* **2.** (*funerales*) Trauerfeier *f*

duende ['dwen̪de] *m* **1.** (*fantasma*) Kobold *m* **2.** **tener** ~ das gewisse Etwas haben

dueño, **-a** ['dweɲo, -a] *m, f* Besitzer(in) *m(f);* (*amo*) Herr(in) *m(f);* **hacerse** ~ **de algo** (*apropiarse*) sich etw *gen* bemächtigen; (*dominar*) etw *gen* Herr werden; **no ser** ~ **de sí mismo** nicht mehr Herr seiner Sinne sein

dulce ['dul̪θe] **I.** *adj* süß; (*suave*) sanft; (*agradable*) angenehm **II.** *m* Süßspeise *f*

dulzor [dul̪'θor] *m,* **dulzura** [dul̪'θura] *f* **1.** (*sabor*) Süße *f* **2.** (*suavidad*) Sanftheit *f* **3.** (*bondad*) Wärme *f*

duna ['duna] *f* Düne *f*

dúo ['duo] *m* Duo *nt;* **cantar a** ~ im Duett singen

dúplex ['dupleˠs] *m* Maison(n)ette *f*

duplicado [dupli'kaðo] *m:* **por** ~ in doppelter Ausfertigung

duplicar [dupli'kar] <c→qu> *vt, vr:* ~**se** (sich) verdoppeln

duque(**sa**) ['duke, du'kesa] *m(f)* Herzog(in) *m(f)*

duración [dura'θjon] *f* Dauer *f*

duradero, **-a** [dura'ðero, -a] *adj* dauerhaft; (*producto*) haltbar

durante [du'ran̪te] *prep* während +*gen;* **hablar** ~ **una hora** eine Stunde lang sprechen

durar [du'rar] *vi* **1.** (*extenderse*) andauern; ~ **todo el día** den ganzen Tag dauern **2.** (*permanecer*) sich halten **3.** (*resistir*) halten

durazno [du'raθno] *m* (*Am*) Pfirsich *m*

dureza [du'reθa] *f* Härte *f*

duro[1] ['duro] **I.** *m* Fünfpesetenstück *nt* **II.** *adv* hart

duro, **-a**[2] ['duro, -a] *adj* hart; ~ **de corazón** hartherzig; **a duras penas** mit Müh und Not

E

E, e [e] *f* E, e *nt*
e [e] *conj* (*ante* '(h)i') und
E ['este] *abr de* **Este** O
ea ['ea] *interj* los
ebanista [eβa'nista] *mf* Möbeltischler(in) *m(f)*
ebrio, **-a** ['eβrjo, -a] *adj* (*elev*) **1.** (*borracho*) betrunken **2.** (*extasiado*) trunken (*de* vor +*dat*); (*ciego*) blind (*de* vor +*dat*)
eccema [e^{ɣ}'θema] *m* Ekzem *nt*
echar [e'ʧar] **I.** *vt* **1.** (*tirar*) werfen; (*carta*) einwerfen **2.** (*verter*) eingießen (*en* in +*akk*) **3.** (*expulsar*) hinauswerfen (*de* aus +*dat*); (*despedir*) entlassen **4.** (*emitir*) ausstoßen; ~ **humo** rauchen **5.** (*tumbar*) legen **6.** (*proyectar*) zeigen; (TEAT) aufführen **7.** (*calcular*): **te echo 30 años** ich schätze dich auf 30 **8.** (*loc*): ~ **chispas** (*fam*) vor Wut schäumen; ~ **cuentas** rechnen; ~ **la culpa a alguien** die Schuld auf jdn schieben; ~ **en falta** vermissen; ~ **gasolina** tanken; ~**las** (*Chil:* ~ *a correr*) davonlaufen; ~**le** (*Perú*) sich (ständig) betrinken; ~ **de menos** vermissen; ~ **a perder** verderben; ~ **pestes** (*fam*) fluchen; ~ **a suertes** losen; ~ **por tierra** (*fig*) zunichte machen; ~ **un trago** (*fam*) einen Schluck trinken **II.** *vi* **1.** (*lanzar*) werfen **2.** (*verter*) einschenken **3.** (*empezar*) anfangen (*a* zu +*inf*); ~ **a correr** loslaufen **III.** *vr:* ~**se** **1.** (*postrarse*) sich hinlegen; **me eché en la cama** ich legte mich ins Bett **2.** (*lanzarse*) sich stürzen (*sobre* auf +*akk*); ~**se a los pies de alguien** sich jdm zu Füßen werfen **3.** (*empezar*) anfangen (*a* zu +*inf*); ~**se a llorar** in Tränen ausbrechen **4.** (*fam: iniciar una relación*): ~**se un novio** sich *dat* einen Freund zulegen
eclesiástico, **-a** [ekle'sjastiko, -a] *adj* kirchlich
eclipse [e'kliβse] *m:* ~ **solar** Sonnenfinsternis *f*
eco ['eko] *m* Echo *nt;* (*repercusión*) Nachklang *m*
ecografía [ekoɣra'fia] *f* **1.** (*técnica*) Ultraschall *m* **2.** (*imagen*) Ultraschallbild *nt*
ecología [ekolo'xia] *f* Ökologie *f*
ecológico, **-a** [eko'loxiko, -a] *adj* ökologisch
ecologismo [ekolo'xismo] *m sin pl* Umweltschutz *m*
ecologista [ekolo'xista] **I.** *adj* Umweltschutz- **II.** *mf* Umweltschützer(in) *m(f)*
economía [ekono'mia] *f* **1.** (*situación, sistema*) Wirtschaft *f* **2.** (*ciencia*) Wirtschaftswissenschaft *f;* ~ **de la empresa** Betriebswirtschaft *f;* ~ **política** Volkswirtschaft(slehre) *f*
económico, **-a** [eko'nomiko, -a] *adj* **1.** (ECON) wirtschaftlich; **estudiar ciencias económicas** Wirtschaftswissenschaften studieren **2.** (*barato*) preiswert
economista [ekono'mista] *mf* Wirtschaftswissenschaftler(in) *m(f)*
economizar [ekonomi'θar] <z→c> *vi, vt* sparen; **no** ~ **esfuerzos** keine Mühe scheuen
ecosistema [ekosis'tema] *m* Ökosystem *nt*
ecotasa [eko'tasa] *f* (ECOL) Ökosteuer *f*
ecotest [eko'tes^{t}] *m* Umweltverträglichkeitsprüfung *f*
ecu ['eku] *m* Ecu *m o f*
ecuación [ekwa'θjon] *f* Gleichung *f*
ecuador [ekwa'ðor] *m* Äquator *m*

> **Ecuador** liegt im nordwestlichen Teil Südamerikas. Im Norden grenzt es an Kolumbien, im Osten und im Süden an Peru, im Westen an den Pazifik. Die Hauptstadt heißt **Quito**. Die offizielle Landessprache ist Spanisch. Die Währungseinheit **Ecuadors** ist der **sucre**.

ecuatorial [ekwato'rjal] *adj* äquatorial
ecuatoriano, **-a** [ekwato'rjano, -a] *adj* ecuadorianisch
eczema [e^{ɣ}'θema] *m* Ekzem *nt*
edad [e'ða^{ð}] *f* **1.** (*años*) Alter *nt;* ~ **del pavo** Flegeljahre *ntpl;* **mayor de** ~ volljährig; **menor de** ~ minderjährig; **a la** ~ **de...** im Alter von ... +*dat;* **¿qué** ~ **tiene?** wie alt sind Sie? **2.** (*época*) Zeitalter *nt;* ~ **media** Mittelalter *nt;* ~ **de piedra** Steinzeit *f*
edema [e'ðema] *m* Ödem *nt*
edición [eði'θjon] *f* **1.** (*impresión*) Ausgabe *f;* ~ **de bolsillo** Taschenausgabe *f;* ~ **pira-**

ta Raubdruck *m* **2.** (*conjunto de ejemplares*) Auflage *f*

edicto [e'ðikto] *m* Erlass *m*

edificación [eðifika'θjon] *f* Bau *m*

edificar [eðifi'kar] <c→qu> *vt* (er)bauen

edificio [eði'fiθjo] *m* Gebäude *nt*

editar [eði'tar] *vt* herausgeben

editor(a) [eði'tor(a)] *m(f)* Herausgeber(in) *m(f)*

editorial [eðito'rjal] *f* Verlag *m*

edredón [eðre'ðon] *m* Federbett *nt*

educación [eðuka'θjon] *f* **1.** (*enseñanza*) Ausbildung *f;* ~ **de adultos** Erwachsenenbildung *f;* ~ **física** (ENS) Sportunterricht *m;* **Educación General Básica** Grund- und Hauptschulwesen *nt* (*in Spanien*)*;* ~ **preescolar** Vorschulerziehung *f* **2.** (*comportamiento*) Erziehung *f;* **el niño no tiene** ~ das Kind ist unerzogen

educado, -a [eðu'kaðo, -a] *adj:* **bien** ~ wohlerzogen; **mal** ~ unerzogen

educar [edu'kar] <c→qu> *vt* **1.** (*dar instrucción*) ausbilden **2.** (*dirigir*) erziehen; **los padres educan a los hijos** die Eltern erziehen ihre Kinder **3.** (*facultades*) schulen; **debes** ~ **tu oído** du musst dein Gehör schulen

edulcorante [eðulko'rante] *m* Süßstoff *m*

edutenimiento [eðuteni'mjento] *m* Edutainment *nt*

EE.UU. [es'taðos u'niðos] *mpl abr de* **Estados Unidos** USA *pl*

efe ['efe] *f* (*letra*) F, f *nt*

efectivamente [efektiβa'mente] *adv* wirklich, tatsächlich

efectividad [efektiβi'ðað] *f* Wirksamkeit *f*

efectivo[1] [efek'tiβo] *m* (*dinero*) Bargeld *nt*

efectivo, -a[2] [efek'tiβo, -a] *adj* **1.** (*que hace efecto*) wirksam **2.** (*auténtico*) wirklich; **hacer** ~ (*cheque*) einlösen

efecto [e'fekto] *m* (*consecuencia*) Wirkung *f;* (*resultado*) Ergebnis *nt;* ~ **invernadero** Treibhauseffekt *m;* **hacer** ~ wirken; **en** ~ tatsächlich; **con** ~**s retroactivos** rückwirkend; **para los** ~**s** praktisch

efectuar [efektu'ar] <*1. pres:* efectúo> *vt* durchführen

efervescente [eferβes'θente] *adj:* **pastilla** ~ Brausetablette *f*

eficacia [efi'kaθja] *f* **1.** (*resultado positivo*) Wirksamkeit *f;* ~ **económica** Wirtschaftlichkeit *f;* **con** ~ erfolgreich; **sin** ~ erfolglos **2.** (TÉC) Leistung *f*

eficaz [efi'kaθ] *adj* (*eficiente*) wirksam; (TÉC) leistungsfähig; (*persona*) tatkräftig

eficiencia [efi'θjenθja] *f* **1.** (*eficacia*) Wirksamkeit *f;* (TÉC) Leistungsfähigkeit *f* **2.** (*persona*) Tüchtigkeit *f*

eficiente [efi'θjente] *adj* wirksam; (TÉC) leistungsfähig; (*persona*) tüchtig

efusivo, -a [efu'siβo, -a] *adj* herzlich

EGB [exe'βe] *f abr de* **Educación General Básica** (spanisches) Grundschulwesen *nt*

Egeo [e'xeo] *m:* **el mar** ~ das Ägäische Meer

egipcio, -a [e'xiβθjo, -a] *adj* ägyptisch

Egipto [e'xipto] *m* Ägypten *nt*

egocéntrico, -a [eɣo'θentriko, -a] *adj* egozentrisch

egoísmo [eɣo'ismo] *m* Egoismus *m*

egoísta [eɣo'ista] *adj* egoistisch

eh [e] *interj* **1.** (*advertencia*) he; **no vuelvas a hacerlo, ¿~?** tu das bloß nicht noch mal! **2.** (*susto, incomprensión*): **¿~?** wie?

ej. [e'xemplo] *abr de* **ejemplo** Bsp.; **p.~** z. B.

eje ['exe] *m* Achse *f*

ejecución [exeku'θjon] *f* **1.** (*realización*) Ausführung *f;* (*de proyectos*) Durchführung *f;* **poner en** ~ ausführen **2.** (*sentencia de muerte*) Hinrichtung *f*

ejecutar [exeku'tar] *vt* ausführen

ejecutivo, -a [exeku'tiβo, -a] **I.** *adj:* **poder** ~ Exekutive *f* **II.** *m, f* Führungskraft *f;* ~ **de marketing** Marketingmanager *m*

ejemplar [exem'plar] **I.** *adj* vorbildlich **II.** *m* Exemplar *nt;* ~ **de muestra** Probeexemplar *nt*

ejemplo [e'xemplo] *m* Beispiel *nt;* **dar buen** ~ mit gutem Beispiel vorangehen; **por** ~ zum Beispiel

ejercer [exer'θer] <c→z> **I.** *vt* ausüben; (*derechos*) geltend machen **II.** *vi* arbeiten; ~ **de profesor** als Lehrer arbeiten; ~ **de médico** praktizieren

ejercicio [exer'θiθjo] *m* **1.** (*de una profesión*) Ausübung *f;* **en** ~ ausübend **2.** (DEP) Übung *f;* (*entrenamiento*) Training *nt;* **tener falta de** ~ nicht genug Bewegung haben **3.** (ENS: *para practicar*) Übung *f;* (*prueba*) Aufgabe *f*

ejercitar [exerθi'tar] **I.** *vt* **1.** (*profesión*) ausüben; (*actividad*) (be)treiben; ~ **la cirugía** als Chirurg tätig sein **2.** (*desarrollar*) trainieren **II.** *vr:* ~**se** sich üben (*en* in +*dat*);

E

~**se en natación** schwimmen lernen
ejército [e'xerθito] *m* (MIL: *tropas*) Heer *nt;* (*fuerzas armadas*) Armee *f;* ~ **del aire** Luftwaffe *f;* ~ **profesional** Berufsarmee *f*
el, **la**, **lo** [el, la, lo] <los, las> *art det* der, die, das; **el puente** die Brücke; **la mesa** der Tisch; **lo bueno** das Gute; **la India** Indien *nt;* **los amigos** die Freunde; **¡la de gente que vino!** die Leute kamen in Massen!; **lo antes posible** schnellstmöglich; **lo más pronto posible** so bald wie möglich; **hazlo lo mejor que puedas** mach es so gut wie du kannst
él [el] *pron pers 3. sg m* **1.** (*sujeto*) er **2.** (*trás preposición: acusativo*) ihn; (*dativo*) ihm; **el libro es de** ~ (*suyo*) das Buch ist seins
elaboración [elaβora'θjon] *f* Herstellung *f;* (*de comidas*) Zubereitung *f*
elaborar [elaβo'rar] *vt* (*fabricar*) herstellen; (*una idea*) ausarbeiten
elástico, **-a** [e'lastiko, -a] *adj* elastisch
Elba ['elβa] *m* **1.** (*río*): **el** ~ die Elbe **2.** (*isla*) Elba *nt*
ele ['ele] *f* L, l *nt*
elección [ele^ʏ'θjon] *f* (Aus)wahl *f;* **elecciones legislativas** Parlamentswahlen *fpl;* **lo dejo a su** ~ ich überlasse Ihnen die Wahl
elector(a) [elek'tor(a)] *m(f)* Wähler(in) *m(f)*
electorado [elekto'raðo] *m* Wählerschaft *f*
electoral [elekto'ral] *adj:* **colegio** ~ Wahllokal *nt*
electricidad [elektriθi'ða^ð] *f* Elektrizität *f*
electricista [elektri'θista] **I.** *adj* Elektro- **II.** *mf* Elektriker(in) *m(f)*
eléctrico, **-a** [e'lektriko, -a] *adj* elektrisch; **máquina eléctrica** Elektrogerät *nt*
electrodo [elek'troðo] *m* Elektrode *f;* ~ **negativo** Kathode *f;* ~ **positivo** Anode *f*
electrodoméstico [elektroðo'mestiko] *m* Haushaltsgerät *nt*
electrón [elek'tron] *m* Elektron *nt*
electrónica [elek'tronika] *f* Elektronik *f*
electrónico, **-a** [elek'troniko, -a] *adj* elektronisch
elefante, **-a** [ele'fan̪te, -a] *m, f* Elefant *m,* Elefantenkuh *f*
elegancia [ele'ɣan̪θja] *f* Eleganz *f*
elegante [ele'ɣan̪te] *adj* elegant; (*con buen gusto*) geschmackvoll
elegir [ele'xir] *irr vi, vt* wählen (*de/entre* zwischen +*dat*); **a** ~ nach Wahl
elemental [elemen̪'tal] *adj* elementar; **conocimientos** ~**es** Grundkenntnisse
elemento [ele'men̪to] *m* **1.** Element *nt* **2.** *pl* Naturgewalten *fpl*
elepé [ele'pe] *m* Langspielplatte *f*
elevación [eleβa'θjon] *f* **1.** (*subida*) Erhöhung *f* **2.** (GEO) Anhöhe *f*
elevado, **-a** [ele'βaðo, -a] *adj* (*alto*) hoch; (*nivel, estilo*) gehoben
elevador [eleβa'ðor] *m* (*AmC*) Aufzug *m*
elevalunas [eleβa'lunas] *m inv* Fensterheber *m*
elevar [ele'βar] *vt* erhöhen; ~ **a una potencia** (MAT) potenzieren; **tres elevado a cuatro** drei hoch vier
eliminación [elimina'θjon] *f* **1.** (*supresión*) Beseitigung *f;* (*de errores*) Behebung *f* **2.** (MED) Ausscheidung *f* **3.** (DEP: *ser eliminado*) Ausscheiden *nt*
eliminar [elimi'nar] *vt* **1.** (*suprimir, matar*) beseitigen; (*fallos*) beheben; ~ **a la competencia** die Konkurrenz verdrängen **2.** (MED) ausscheiden **3.** (DEP) besiegen; **fueron eliminados en la cuarta prueba** sie schieden in der vierten Runde aus
elipse [e'liβse] *f* Ellipse *f*
élite ['elite] *f* Elite *f*
elitista [eli'tista] *adj* elitär
elixir [eli^ʏ'sir] *m* Elixier *nt*
ella ['eʎa] *pron pers 3. sg f* **1.** (*sujeto*) sie **2.** (*tras preposición: acusativo*) sie; (*dativo*) ihr; **el abrigo es de** ~ (*suyo*) der Mantel ist ihrer
ellas ['eʎas] *pron pers 3. pl f* **1.** (*sujeto*) sie *pl* **2.** (*tras preposición: acusativo*) sie; (*dativo*) ihnen; **el coche es de** ~ (*suyo*) das Auto gehört ihnen
ello ['eʎo] *pron pers 3. sg nt* **1.** (*sujeto*) das **2.** (*tras preposición*): **para** ~ dafür; **por** ~ darum; **estar en** ~ schon dabei sein; **¡a ~!** nur zu!
ellos ['eʎos] *pron pers 3. pl m* **1.** (*sujeto*) sie *pl* **2.** (*tras preposición: acusativo*) sie; (*dativo*) ihnen; **estos niños son de** ~ (*suyos*) das sind ihre Kinder
elocuencia [elo'kwen̪θja] *f* Beredsamkeit *f;* **con** ~ beredt
elocuente [elo'kwen̪te] *adj* **1.** (*hablando*) beredt **2.** (*claro*) viel sagend; **las pruebas son** ~**s** die Beweise sprechen für sich
elogiar [elo'xjar] *vt* loben
elogio [e'loxjo] *m* Lob *nt;* **hacer** ~**s** loben;

recibir ~s Lob ernten
elote [e'lote] *m* (*AmC*) Maiskolben *m*
eludir [elu'ðir] *vt:* ~ **su responsabilidad** sich seiner Verantwortung entziehen
emanar [ema'nar] **I.** *vi* **1.** (*escaparse*) ausströmen (*de* aus +*dat*); (*líquido*) ausfließen (*de* aus +*dat*) **2.** (*tener su origen*) hervorgehen (*de* aus +*dat*) **II.** *vt* ausstrahlen
emancipación [emaṇθipa'θjon] *f* Emanzipation *f*
emancipar [emaṇθi'par] **I.** *vt* (*liberar*) befreien; (*feminismo*) emanzipieren **II.** *vr:* **~se** sich emanzipieren
embadurnar [embaður'nar] *vr:* **~se** sich beschmieren (*de/con* mit +*dat*)
embajada [emba'xaða] *f* Botschaft *f*
embajador(a) [embaxa'ðor(a)] *m(f)* Botschafter(in) *m(f)*
embalaje [emba'laxe] *m* Verpackung *f*
embalar [emba'lar] **I.** *vt* verpacken **II.** *vr:* **~se** lossausen
embalsamar [embalsa'mar] *vt* **1.** (*cadáveres*) einbalsamieren **2.** (*perfumar*) parfümieren
embalse [em'balse] *m* Stausee *m*
embarazada [embara'θaða] *adj* schwanger
embarazo [emba'raθo] *m* Schwangerschaft *f*
embarazoso, -a [embara'θoso, -a] *adj* peinlich
embarcación [embarka'θjon] *f* Schiff *nt*
embarcadero [embarka'ðero] *m* Landungsbrücke *f*
embarcar [embar'kar] <c→qu> *vi, vr:* **~se** an Bord gehen
embargar [embar'ɣar] <g→gu> *vt* **1.** (*retener*) beschlagnahmen **2.** (*absorber*) gefangen nehmen **3.** (*molestar*) behindern
embargo [em'barɣo] **I.** *m* (*retención*) Embargo *nt;* (*confiscación*) Beschlagnahmung *f* **II.** *conj:* **sin** ~ trotzdem
embarque [em'barke] *m:* **tarjeta de** ~ Bordkarte *f*
embaucador(a) [embau̯ka'ðor(a)] *m(f)* Betrüger(in) *m(f)*
embaucar [embau̯'kar] <c→qu> *vt* betrügen
embellecer [embeʎe'θer] *irr como crecer vt* **1.** (*hacer más bonito*) verschönern **2.** (*idealizar*) idealisieren
embestida [embes'tiða] *f* Angriff *m*
emblema [em'blema] *m* Emblem *nt*
embobar [embo'βar] **I.** *vt* (*asombrar*) verblüffen; (*fascinar*) faszinieren **II.** *vr:* **~se** (*de asombro*) erstaunt sein (*con/en* über +*akk*); (*de fascinación*) fasziniert sein (*con/en* von +*dat*)
embocar [embo'kar] <c→qu> *vt* (*enfilar*) (hin)einfahren (in +*akk*); **el barco emboca el puerto** das Schiff fährt in den Hafen ein
embolia [em'bolja] *f* Embolie *f;* ~ **cerebral** Gehirnschlag *m*
embolsar [embol'sar] *vt* **1.** (*meter*) einpacken **2.** (*dinero*) verdienen
emborrachar [emborra'ʧar] **I.** *vt* betrunken machen **II.** *vr:* **~se** sich betrinken (*con/de* mit +*dat*)
emborronar [emborro'nar] *vt* (*de tachaduras*) verschmieren; (*escribir*) hinkritzeln
emboscada [embos'kaða] *f* Hinterhalt *m;* **tender una ~ a alguien** jdm eine Falle stellen
embotellado, -a [embote'ʎaðo, -a] *adj:* **vino** ~ Flaschenwein *m*
embotellamiento [emboteʎa'mjeṇto] *m* **1.** (*de vino*) Flaschenabfüllung *f* **2.** (*de tráfico*) Stau *m*
embotellar [embote'ʎar] **I.** *vt* **1.** (*líquido*) (in Flaschen) abfüllen **2.** (*tráfico*) lahm legen **3.** (*fam: lección*) pauken **II.** *vr:* **~se 1.** (*fam: lección*) pauken **2.** (*tráfico*) sich stauen
embrague [em'braɣe] *m* Kupplung *f*
embriagar [embrja'ɣar] <g→gu> **I.** *vi, vt* **1.** (*emborrachar*) betrunken machen **2.** (*enajenar*) berauschen; **este perfume embriaga** das ist ein betörendes Parfum **II.** *vr:* **~se** (*emborracharse*) sich betrinken
embriaguez [embrja'ɣeθ] *f* (Be)trunkenheit *f;* **en estado de** ~ in betrunkenem Zustand
embrión [embri'on] *m* Embryo *m*
embrionario, -a [embrjo'narjo, -a] *adj* embryonal
embrollar [embro'ʎar] *vt* **1.** verwirren; **lo embrollas más de lo necesario** du machst die Sache komplizierter als nötig **2.** (*Chil, Urug*) betrügen
embrollo [em'broʎo] *m* **1.** (*lío*) Durcheinander *nt;* **meterse en un** ~ sich in eine verzwickte Lage bringen **2.** (*chanchullo*) Intrige *f;* **este negocio seguro que es un** ~ an diesem Geschäft ist mit Sicherheit etwas faul

E

embromado, -a [embro'maðo, -a] *adj* (*Am: fam: difícil*) schwierig; (*molesto*) lästig

embrujado, -a [embru'xaðo, -a] *adj* Geister-; **castillo** ~ Spukschloss *nt*

embrujar [embru'xar] *vt* (*hacer brujería*) verhexen; (*embelesar*) verzaubern

embudo [em'buðo] *m* Trichter *m*

embuste [em'buste] *m* Lüge *f*

embustero, -a [embus'tero, -a] *adj* verlogen; **¡qué tío más ~!** der lügt ja wie gedruckt!

embutido [embu'tiðo] *m* Wurst *f;* **~s** Wurstwaren *fpl*

embutir [embu'tir] **I.** *vt* **1.** (*cosas*) (hinein)stopfen (*en* in +*akk*); (*personas*) hineinzwängen (*en* in +*akk*); ~ **lana en un cojín** ein Kissen mit Wolle füllen; **íbamos embutidos en el tranvía** wir waren in der Straßenbahn zusammengepfercht **2.** (*el embutido*) füllen **II.** *vr:* **~se** (*de comida*) sich voll stopfen (*de* mit +*dat*)

eme ['eme] *f* M, m *nt*

emergencia [emer'xeṇθja] *f* Notfall *m;* **estado de** ~ Notstand *m*

emergente [emer'xeṇte] *adj:* **país** ~ Schwellenland *nt*

emerger [emer'xer] <g→j> *vi* (*del agua*) auftauchen (*de* aus +*dat*); (*de la superficie*) hervorragen (*de* aus +*dat*)

emeritense [emeri'tense] *adj* aus Mérida

emigración [emiɣra'θjon] *f* Auswanderung *f* (*a* nach +*dat,* in +*akk*)

emigrante [emi'ɣraṇte] *mf* Emigrant(in) *m(f)*

emigrar [emi'ɣrar] *vi* auswandern

eminencia [emi'neṇθja] *f* **1.** (*título*) Eminenz *f* **2. ser una ~ en literatura contemporánea** ein Experte für zeitgenössische Literatur sein

eminente [emi'neṇte] *adj* **1.** (*elevado*) hoch (gelegen) **2.** (*sobresaliente*) herausragend

emisión [emi'sjon] *f* Ausstrahlung *f;* (*en directo*) Übertragung *f*

emisor(a) [emi'sor(a)] *adj* **1.** (TV, RADIO) Sende- **2.** (FIN): **banco** ~ Notenbank *f*

emisora [emi'sora] *f* Sender *m;* ~ **de radio** Rundfunksender *m;* ~ **de televisión** Fernsehsender *m*

emitir [emi'tir] *vt* (TV, RADIO) senden; (*en directo*) übertragen; (*luz, calor, olor*) ausstrahlen

emoción [emo'θjon] *f* Gefühlsregung *f;* **lleno de emociones** emotionsgeladen; **palabras llenas de** ~ sehr bewegte Worte; **sin** ~ emotionslos; **sentir una honda** ~ tief bewegt sein

emocional [emoθjo'nal] *adj* emotional

emocionante [emoθjo'naṇte] *adj* spannend

emocionar [emoθjo'nar] **I.** *vt* bewegen; **este libro no me emociona** dieses Buch lässt mich kalt; **tus palabras me ~on** deine Worte gingen mir zu Herzen **II.** *vr:* **~se** gerührt sein

emotivo, -a [emo'tiβo, -a] *adj* emotional

empachado, -a [empa'ʧaðo, -a] *adj:* **estoy** ~ ich habe zu viel gegessen

empachar [empa'ʧar] **I.** *vt* **1.** (*indigestar*) nicht bekommen +*dat* **2.** (*turbar*) verlegen machen; **para decirlo no me empacha que estés delante** deine Anwesenheit hindert mich nicht daran, es zu sagen **II.** *vr:* **~se 1.** (*indigestarse*) sich *dat* den Magen verderben; (*comer demasiado*) sich *dat* den Magen voll schlagen **2.** (*turbarse*) in Verlegenheit geraten; **no ~se de expresar sus sentimientos** sich nicht schämen seine Gefühle zu offenbaren

empacho [em'paʧo] *m* Magenverstimmung *f*

empadronamiento [empaðrona'mjeṇto] *m* Einwohnermeldeamt *nt*

empadronar [empaðro'nar] *vr:* **~se** sich ins Einwohnerregister eintragen; (*en Alemania*) sich anmelden

empalagoso, -a [empala'ɣoso, -a] *adj* (*alimento*) süßlich; (*persona*) lästig

empalmar [empal'mar] *vi:* **esta carretera empalma con la nacional** über diese Landstraße kommt man zur Bundesstraße

empalme [em'palme] *m:* **estación de** ~ Umsteigebahnhof *m*

empanada [empa'naða] *f* Pastete *f*

empanadilla [empana'ðiʎa] *f* Pastete *f*

empanar [empa'nar] *vt* panieren

empañarse [empa'ɲarse] *vr* (*ventana*) beschlagen; (*metal*) anlaufen

empapar [empa'par] **I.** *vt:* **el vendaje está empapado de sangre** der Verband ist von Blut durchtränkt **II.** *vr:* **~se** (völlig) nass werden

empapelar [empape'lar] *vi, vt* tapezieren

empaque [em'pake] *m* **1.** (*el empaquetar*)

Verpacken *nt* **2.** (*semblante*) Aussehen *nt;* (*del rostro*) Gesichtsausdruck *m*

empaquetar [empake'tar] *vt* verpacken

emparedado [empare'ðaðo] *m* Sandwich *m o nt*

emparejar [empare'xar] **I.** *vi* **1.** (*ponerse al lado*): ~ **con alguien** jdn einholen **2.** (*ponerse al nivel*) gleichziehen **II.** *vt* **1.** (*juntar*) (miteinander) paaren; **ya estoy emparejado** ich habe bereits einen Partner; **me quieren ~ con ella** sie wollen mich mit ihr verkuppeln **2.** (*nivelar*) auf dieselbe Höhe bringen **3.** (*ventana*) anlehnen **III.** *vr:* **~se** (*formar pareja*) ein Paar bilden; (*parejas*) Paare bilden; **en el siguiente partido quedé emparejado con Juan** in der folgenden Runde spielte ich mit Juan zusammen

emparentar [emparen̩'tar] <e→ie> *vi:* ~ **con una familia** in eine Familie einheiraten

empastar [empas'tar] *vt* **1.** füllen; ~ **un diente** einen Zahn mit einer Füllung versehen **2.** (*libro*) kartonieren

empaste [em'paste] *m* **1.** (*relleno*) Füllen *nt;* (*cubrir*) Bestreichen *nt* **2.** (MED) (Zahn)füllung *f*

empatar [empa'tar] **I.** *vi* unentschieden ausgehen; ~ **a uno** eins zu eins unentschieden spielen **II.** *vt* **1.** (*Am*) miteinander verbinden **2.** (*Ven*) belästigen

empate [em'pate] *m* Unentschieden *nt;* **gol del ~** Ausgleichstreffer *m*

empedernido, -a [empeðer'niðo, -a] *adj:* **bebedor ~** Gewohnheitstrinker *m;* **solterón ~** eingefleischter Junggeselle

empeñar [empe'ɲar] **I.** *vt* (*objetos*) verpfänden; ~ **la palabra** sein Wort geben **II.** *vr:* **~se 1.** (*insistir*) (hartnäckig) bestehen (*en* auf +*dat*); **se empeña en hablar contigo** er/sie will unbedingt mit dir sprechen; **no te empeñes** hör auf zu drängen **2.** (*endeudarse*) sich verschulden **3.** (*mediar*) sich einsetzen (*por* für +*akk*)

empeño [em'peɲo] *m* **1.** (*de objetos*) Verpfändung *f;* **casa de ~s** Pfandhaus *nt* **2.** (*compromiso*) Verpflichtung *f* **3.** (*afán*) Eifer *m;* **con ~** beharrlich; **pondré ~ en…** ich werde alles daransetzen zu …

empeorar [empeo'rar] *vt, vi, vr:* **~se** (sich) verschlechtern

empequeñecer [empekeɲe'θer] *irr como crecer vt* verkleinern

emperador [empera'ðor] *m* (POL) Kaiser *m;* (ZOOL) Schwertfisch *m*

emperatriz [empera'triθ] *f* Kaiserin *f*

emperrarse [empe'rrarse] *vr* (*fam*) (hartnäckig) bestehen (*en* auf +*dat*)

empezar [empe'θar] *irr vi, vt* beginnen; **¡no empieces!** fang nicht schon wieder damit an!; **para ~ me leeré el periódico** zunächst einmal werde ich die Zeitung lesen

empinado, -a [empi'naðo, -a] *adj* (*edificio*) hoch; (*pendiente*) steil

empinar [empi'nar] **I.** *vt:* ~ **el codo** (*fig fam*) saufen **II.** *vr:* **~se** sich auf die Fußspitzen stellen

empipada [empi'paða] *f* (*Am*) Schlemmerei *f;* **darse una ~ de chocolate** Unmengen von Schokolade essen

empiparse [empi'parse] *vr* (*Am*) sich satt essen

empírico, -a [em'piriko, -a] *adj* empirisch

emplaste [em'plaste] *m* Gips *m*

emplasto [em'plasto] *m* Pflaster *nt*

emplazar [empla'θar] <z→c> *vt* (*citar*) zitieren; (JUR) vorladen; (*situar*) platzieren

empleado, -a [emple'aðo, -a] *m, f* Angestellte(r) *mf;* ~ **de oficina** Sachbearbeiter *m;* ~ **de ventanilla** Schalterbeamte(r) *m;* **los ~s de una empresa** die Belegschaft einer Firma

empleador(a) [emplea'ðor(a)] *m(f)* (*Am*) Arbeitgeber(in) *m(f)*

emplear [emple'ar] **I.** *vt* **1.** (*colocar*) einstellen; (*ocupar*) beschäftigen **2.** (*usar*) benutzen; (*fuerza, tiempo*) aufwenden; **¡te está bien empleado!** das geschieht dir (ganz) recht! **II.** *vr:* **~se 1.** (*colocarse*) eine Anstellung finden (*como/de* als +*nom*) **2.** (*usarse*) benutzt werden **3.** (*esforzarse*): **~se a fondo** sein Bestes tun

empleo [em'pleo] *m* **1.** (*trabajo*) Stelle *f;* (*ocupación*) Beschäftigung *f;* **no tener ~** arbeitslos sein **2.** (*uso*) Benutzung *f;* (*de fuerza, tiempo*) Aufwendung *f;* **modo de ~** Gebrauchsanweisung *f*

empobrecer [empoβre'θer] *irr como crecer* **I.** *vt* arm machen **II.** *vi, vr:* **~se** verarmen

empobrecimiento [empoβreθi'mjen̩to] *m* Verarmung *f*

empollar [empo'ʎar] **I.** *vi* (*fam*) büffeln **II.** *vt* (*ave*) ausbrüten; (*fam*) pauken

empollón, -ona [empo'ʎon, -ona] *m, f* (*fam*) Streber(in) *m(f)*

empotrado, -a [empo'traðo, -a] *adj:* **muebles ~s** Einbaumöbel *ntpl*
empotrar [empo'trar] *vt* einbauen (*en* in +*akk*); (*en una pared*) einmauern (*en* in +*akk*)
emprendedor(a) [empreṇde'ðor(a)] *adj* unternehmungslustig
emprender [empreṇ'der] *vt* **1.** (*trabajo*) in Angriff nehmen; (*negocio*) gründen; **~ la marcha** sich auf den Weg machen; **~ la vuelta** den Rückweg antreten **2.** (*loc, fam*): **~la con alguien** es mit jdm aufnehmen
empresa [em'presa] *f* **1.** (*operación*) Unternehmen *nt* **2.** (ECON) Betrieb *m;* (*compañía*) Unternehmen *nt;* **~ de mensajería y paquetería** Kurier- und Paketdienst *m;* **mediana ~** mittelständischer Betrieb; **pequeña ~** Kleinbetrieb *m*
empresarial [empresa'rjal] *adj* (*del empresario*) unternehmerisch; (*de la empresa*) Betriebs-; (*compañía*) Unternehmens-
empresario, -a [empre'sarjo, -a] *m, f* Unternehmer(in) *m(f)*
empresora [empre'sora] *f* Drucker *m*
empujar [empu'xar] *vi, vt* **1.** (*dar empujón*) schieben; (*con violencia*) stoßen; (*multitud*) drängeln; **me empujó contra la pared** er/sie drückte mich gegen die Wand **2.** (*instar*) drängen; **su familia le empuja a que se case** seine Familie drängt ihn zur Heirat
empuje [em'puxe] *m:* **no tienes el ~ suficiente para llevar la empresa** du hast nicht den nötigen Schwung, um die Firma zu leiten
empujón [empu'xon] *m* Stoß *m;* **dar un ~ a alguien** jdn stoßen
empuñar [empu'ɲar] *vt:* **~ las armas** zu den Waffen greifen
emular [emu'lar] *vt* nacheifern +*dat*
emulsión [emul'sjon] *f* Emulsion *f*
en [en] *prep* **1.** (*lugar*) in +*dat,* auf +*dat,* an +*dat;* (*con movimiento*) in +*akk,* auf +*akk,* an +*akk;* **el libro está ~ el cajón** das Buch ist in der Schublade; **pon el libro ~ el cajón** leg das Buch in die Schublade; **estar ~ el campo/~ la ciudad/~ una isla** auf dem Lande/in der Stadt/auf einer Insel sein; **vacaciones ~ el mar** Urlaub an der See; **jugar ~ la calle** auf der Straße spielen; **vivo ~ la calle Mozart** ich wohne in der Mozartstraße; **estoy ~ casa** ich bin zu Hause; **estoy ~ casa de mis padres** ich bin bei meinen Eltern; **trabajo ~ una empresa japonesa** ich arbeite bei einer japanischen Firma **2.** (*tiempo*) in +*dat;* **~ el año 2000** im Jahre 2000; **~ otra ocasión** bei einer anderen Gelegenheit; **~ aquellos tiempos** damals; **~ todo el día** den ganzen Tag **3.** (*modo, estado*): **~ absoluto** auf (gar) keinen Fall; **~ voz alta** laut; **decir algo ~ español** etw auf Spanisch sagen; **de dos ~ dos** paarweise; **pagar ~ marcos** in Mark bezahlen **4.** (*medio*): **he venido ~ avión** ich bin geflogen **5.** (*ocupación*): **doctor ~ filosofía** Doktor der Philosophie; **estar ~ la mili** beim Militär sein; **trabajar ~ Correos/~ una fábrica** bei der Post/in einer Fabrik arbeiten **6.** (*con verbo*): **pienso ~ ti** ich denke an dich; **no confío ~ él** ich vertraue ihm nicht; **ingresar ~ un partido** in eine Partei eintreten; **ganar ~ importancia** an Bedeutung gewinnen **7.** (*cantidades*): **me he equivocado sólo ~ 1.000 pts.** ich habe mich nur um 1.000 Peseten verrechnet
enajenación [enaxena'θjon] *f:* **~ mental** Geistesgestörtheit *f*
enamoradizo, -a [enamora'ðiθo, -a] *adj:* **es un joven ~** er fängt leicht Feuer
enamorado, -a [enamo'raðo, -a] **I.** *adj* verliebt (*de* in +*akk*) **II.** *m, f:* **día de los ~s** Valentinstag *m*
enamorar [enamo'rar] **I.** *vt* **1.** (*conquistar*) verliebt machen **2.** (*cortejar*) den Hof machen +*dat* **II.** *vr:* **~se 1.** (*de alguien*) sich verlieben (*de* in +*akk*) **2.** (*de una cosa*) angetan sein (*de* von +*dat*)
enano, -a [e'nano, -a] *m, f* Zwerg(in) *m(f);* **disfrutar como un ~** sich köstlich amüsieren
encabezamiento [eŋkaβeθa'mjeṇto] *m* **1.** (*escrito/libro*) Kopf *m;* (*de un artículo*) Überschrift *f* **2.** (*carta*) Briefkopf *m;* (*tratamiento*) Anrede *f*
encabezar [eŋkaβe'θar] <z→c> *vt* (*lista, grupo*) anführen; (*un escrito*) einleiten
encabritarse [eŋkaβri'tarse] *vr* (*animal*) sich aufbäumen; (*persona*) wütend sein
encajar [eŋka'xar] **I.** *vi* **1.** (*t.* TÉC) passen; **la puerta encaja mal** die Tür klemmt **2.** (*datos, hechos*) passen (*con* zu +*dat*); **¡ves como todo encaja!** sieh mal, wie alles zusammenpasst! **II.** *vt* **1.** (*t.* TÉC) einpassen (*en* in +*akk*); **~ dos piezas** zwei Stücke ineinander fügen **2.** (*fam: golpe*) versetzen **3.** (*fam:*

aceptar) annehmen; **no ~ la muerte de alguien** jds Tod nicht verkraften; **no sabes ~ una broma** du verstehst keinen Spaß **III.** *vr:* **~se 1.** (*empotrarse*) stecken bleiben (*en* in +*dat*) **2.** (*atascarse*) klemmen; (*acción*) sich verklemmen

encaje [eŋ'kaxe] *m* (*tejido*) Spitze *f*

encajonar [eŋkaxo'nar] **I.** *vt* (*a la fuerza*) (hinein)zwängen; (*personas*) zusammenpferchen **II.** *vr:* **~se** sich hineinzwängen (*en* in +*akk*)

encallar [eŋka'ʎar] *vi* stranden

encaminar [eŋkami'nar] *vt* **1.** (*orientar*) auf den richtigen Weg bringen (*a* nach/zu +*dat*) **2.** (*dirigir*) lenken (*hacia* auf +*akk*); **~ la conversación hacia un punto** das Gespräch auf einen Punkt lenken; **~ los negocios** die Geschäfte in Gang bringen

encamotarse [eŋkamo'tarse] *vr* (*Am*) sich verlieben (*en* in +*akk*)

encandilar [eŋkan̪di'lar] **I.** *vt* blenden; **tu belleza lo encandiló** er war von deiner Schönheit geblendet; **escuchar encandilado** gebannt zuhören **II.** *vr:* **~se 1.** (*Am*) Angst haben **2.** (*PRico*) sich ärgern

encantado, -a [eŋkan̪'taðo, -a] *adj* (hoch)erfreut (*de/con* über +*akk*); **¡~ de conocerle!** sehr angenehm!; **estoy ~ de la vida** ich fühle mich sehr wohl

encantador(a) [eŋkan̪ta'ðor(a)] *adj* (*persona*) reizend; (*lugar*) zauberhaft; (*música*) bezaubernd

encantar [eŋkan̪'tar] *vt* **1.** (*hechizar*) verzaubern; (*serpientes*) beschwören **2.** (*gustar*) gefallen +*dat;* **me encanta viajar** ich reise sehr gern **3.** (*cautivar*) begeistern; (*fascinar*) faszinieren

encanto [eŋ'kan̪to] *m* **1.** (*hechizo*) Zauber *m* **2.** (*atractivo*) Reiz *m;* **¡es un ~ de niño!** das ist ein goldiges Kind!

encapricharse [eŋkapri'ʧarse] *vr* **1.** (*con una cosa*) unbedingt wollen (*con* +*akk*) **2.** (*con una persona*) sich vernarren (*con* in +*akk*); **te has encaprichado con ella** sie hat es dir angetan

encaramarse [eŋkara'marse] *vr:* **~ a un árbol** (auf) einen Baum hinaufklettern

encarcelar [eŋkarθe'lar] *vt* inhaftieren; **estar encarcelado** sich in Haft befinden

encarecidamente [eŋkareθiða'men̪te] *adv* eindringlich; **le ruego ~...** ich bitte Sie inständig ...

encargado, -a [eŋkar'ɣaðo, -a] **I.** *adj* beauftragt (*de* mit +*dat*) **II.** *m, f* Beauftragte(r) *mf;* **~ de prensa** Pressesprecher *m*

encargar [eŋkar'ɣar] <g→gu> **I.** *vt* **1.** (*encomendar*) anvertrauen; (*cargo*) übertragen **2.** (*recomendar*) empfehlen; **le encargué que fuera discreta** ich riet ihr zur Diskretion **3.** (*pedir*) bestellen **4.** (*trabajo*) in Auftrag geben **II.** *vr:* **~se** sich kümmern (*de* um +*akk*); **tengo que ~me aún de un par de cosas** ich muss noch ein paar Sachen erledigen

encargo [eŋ'karɣo] *m* **1.** (*pedido*) Bestellung *f;* **~ por anticipado** Vorbestellung *f;* **~ por catálogo** Katalogbestellung *f* **2.** (*trabajo*) Auftrag *m;* **traje de ~** Maßanzug *m;* **por ~ de...** im Auftrag von ...; **hacer ~s** Besorgungen machen

encariñado, -a [eŋkari'ɲaðo, -a] *adj:* **estar ~ con alguien** jdn gern haben

encariñarse [eŋkari'ɲarse] *vr* (*de algo*) mögen (*con* +*akk*); (*de alguien*) lieb gewinnen (*con* +*akk*)

encarnación [eŋkarna'θjon] *f* **1.** (REL) Inkarnation *f* **2.** (*personificación*) Verkörperung *f;* **la ~ del horror** der Inbegriff des Schreckens

encarnado, -a [eŋkar'naðo, -a] *adj* (*rojo*) rot

encasillarse [eŋkasi'ʎarse] *vr* sich festlegen (*en* auf +*akk*)

encausar [eŋkau̯'sar] *vt* verklagen

encauzar [eŋkau̯'θar] <z→c> *vt:* **~ su vida** sein Leben neu ordnen

encéfalo [en̪'θefalo] *m* Gehirn *nt*

encendedor [en̟θen̪de'ðor] *m* Feuerzeug *nt*

encender [en̟θen̪'der] <e→ie> **I.** *vi* zünden **II.** *vt* (*llama*) anzünden; (*conectar*) anmachen; (*pasiones*) entflammen; (AUTO) zünden **III.** *vr:* **~se** (*desencadenarse*) aufflammen; (*inflamarse*) sich entzünden

encendido, -a [en̟θen̪'diðo, -a] *adj:* **la luz está encendida** das Licht ist an

encerrar [en̟θe'rrar] <e→ie> **I.** *vt* **1.** (*depositar, recluir*) einschließen (*en* in +*akk/dat*); (*aprisionar*) einsperren (*en* in +*dat*) **2.** (*contener*) enthalten; **la oferta encerraba una trampa** hinter dem Angebot verbarg sich eine Falle **II.** *vr:* **~se** (*fig*) sich zurückziehen (*en* in +*akk*)

encerrona [en̟θe'rrona] *f* Falle *f;* **prepa-**

E

rar una ~ a alguien jdm eine Falle stellen
encestar [eṇθes'tar] *vi* einen Korb werfen
enchastrar [enʧas'trar] *vt* (*CSur*) beschmutzen
enchilada [enʧi'laða] *f* (*AmC*) Enchilada *f*
enchilado, -a [enʧi'laðo, -a] *adj* (*Méx*) **1.** (*bermejo*) blutrot **2.** (*colérico*) cholerisch; (*rabioso*) zornig
enchilar [enʧi'lar] *vr:* ~**se** (*AmC*) wütend werden
enchinar [enʧi'nar] *vr:* ~**se** (*Méx*) den Mut verlieren
enchinchar [enʧin'ʧar] **I.** *vt* (*Guat, RDom*) belästigen; (*Méx*) hinhalten **II.** *vr:* ~**se** (*Arg*) schlechte Laune bekommen
enchironar [enʧiro'nar] *vt* (*argot*) einlochen
enchivarse [enʧi'βarse] *vr* (*Col, Ecua*) wütend werden
enchufar [en'ʧufar] *vt* **1.** (ELEC) einstecken **2.** (TÉC: *conectar*) anschließen **3.** (*fam: persona*) ein Pöstchen verschaffen (*a* +*dat*)
enchufe [en'ʧufe] *m* **1.** (*clavija*) Stecker *m* **2.** (*toma*) Steckdose *f* **3.** (*fam*): **tener** ~ Beziehungen haben
encía [eṇ'θia] *f* Zahnfleisch *nt*
enciclopedia [eṇθiklo'peðja] *f* Enzyklopädie *f*
enciclopédico, -a [eṇθiklo'peðiko, -a] *adj:* **diccionario** ~ Sachwörterbuch *nt*
encierro [eṇ'θjerro] *m* **1.** (*reclusión*) Einsperren *nt;* (*prisión*) Haft *f* **2.** (TAUR) *Eintreiben* (*in die Arenastallungen*)*;* (*fiesta*) *Volksfest, bei dem die Kampfstiere auf die Straßen gelassen werden*
encima [eṇ'θima] **I.** *adv* **1.** (*arriba*) obendrauf; **llevar** [*o* **tener**] ~ (*consigo*) dabei haben; **ya tenemos bastante** ~ (*fig*) wir haben schon genug Sorgen; **quitarse de** ~ loswerden; **se nos echa el tiempo** ~ die Zeit rennt uns davon **2.** (*además*) obendrein **3.** (*superficialmente*): **por** ~ oberflächlich **II.** *prep* **1.** (*local: sobre*): (**por**) ~ **de** (*sin contacto*) über +*dat;* **el libro está** ~ **de la mesa** das Buch liegt auf dem Tisch; **viven** ~ **de nosotros** sie wohnen über uns; **estar** ~ **de alguien** (*fig*) ein Auge auf jdn haben **2.** (*con movimiento*): (**por**) ~ **de** (*sin contacto*) über +*akk;* **pon esto** ~ **de la cama** leg das auf das Bett; **cuelga la lámpara** ~ **de la mesa** häng die Lampe über den Tisch **3.** (*más alto*): **el rascacielos está por** ~ **de la catedral** dieser Wolkenkratzer ist höher als die Kathedrale
encina [eṇ'θina] *f* Steineiche *f*
encinta [eṇ'θiṇta] *adj* schwanger; **dejar** ~ schwängern
enclave [eŋ'klaβe] *m* Enklave *f*
enclenque [eŋ'kleŋke] *adj* mick(e)rig
encoger [eŋko'xer] <g→j> **I.** *vi* (*tejido*) einlaufen; (*madera*) schrumpfen **II.** *vr:* ~**se** **1.** (*contraerse*) sich zusammenziehen; ~**se de hombros** die Achseln zucken **2.** (*reducirse*) schrumpfen
encolerizarse [eŋkoleri'θarse] <z→c> *vr:* ~**se** in Zorn geraten
encontradizo, -a [eŋkoṇtra'ðiθo, -a] *adj:* **hacerse el** ~ jdm scheinbar zufällig über den Weg laufen
encontrado, -a [eŋkoṇ'traðo, -a] *adj:* **opiniones encontradas** gegensätzliche Meinungen
encontrar [eŋkoṇ'trar] <o→ue> **I.** *vt* (*hallar*) finden; (*coincidir con*) treffen; (*considerar*) finden **II.** *vr:* ~**se** **1.** (*estar*) sich befinden; (*sentirse*) sich fühlen **2.** (*citarse*) sich treffen (*con* mit +*dat*) **3.** (*coincidir*) treffen (*con* +*akk*) **4.** (*loc*): ~**se con un problema** auf ein Problem stoßen; ~**se con una sorpresa desagradable** eine böse Überraschung erleben
encontronazo [eŋkoṇtro'naθo] *m* (*fam*): **tener un** ~ **con alguien** einen Zusammenstoß mit jdm haben
encorvado, -a [eŋkor'βaðo, -a] *adj* krumm
encorvar [eŋkor'βar] **I.** *vt* (*cosa*) biegen; (*cuerpo*) beugen **II.** *vr:* ~**se** (*cosa*) sich krümmen; (*persona*) sich bücken
encrucijada [eŋkruθi'xaða] *f* (*cruce*) Kreuzung *f;* **estar en una** ~ (*fig*) am Scheideweg stehen
encuadernación [eŋkwaðerna'θjon] *f* **1.** (*encuadernado*) (Buch)binden *nt* **2.** (*cubierta*) Einband *m;* ~ **en rústica** Pappeinband *m;* ~ **en tela** Leineneinband *m*
encuadernador(a) [eŋkwaðerna'ðor(a)] *m(f)* Buchbinder(in) *m(f)*
encuadernar [eŋkwaðer'nar] *vt* binden; **sin** ~ nicht gebunden
encuadrar [eŋkwa'ðrar] *vt* **1.** (*enmarcar*) einrahmen **2.** (CINE, FOTO, TV) einstellen
encubrir [eŋku'brir] *irr como abrir vt* (*ocultar*) verbergen; (*un delito*) decken

encuentro [eŋ'kwen̪tro] *m* Begegnung *f;* (*cita, reunión*) Treffen *nt;* ~ **amistoso** (DEP) Freundschaftsspiel *nt*

encuerar [eŋkwe'rar] *vt, vr:* ~**se** (*Am*) (sich) ausziehen

encuesta [eŋ'kwesta] *f* Umfrage *f;* ~ **por muestreo** Stichprobenerhebung *f;* **hacer una** ~ eine Umfrage durchführen

endeble [en̪'deβle] *adj* schwach; (*enfermizo*) schwächlich

endemoniado, -a [en̪demo'njaðo, -a] *adj* **1.**(*poseso*) vom Teufel besessen **2.**(*malo*) teuflisch **3.**(*fam*) verteufelt; **tienes un genio** ~ du hast einen verdammt schwierigen Charakter; **tengo un hambre endemoniada** ich habe einen teuflischen Hunger

enderezar [en̪dere'θar] <z→c> *vt* gerade biegen

endeudarse [en̪deu̯'ðarse] *vr* sich verschulden

endiablado, -a [en̪dja'βlaðo, -a] *adj v.* **endemoniado**

endibia [en̪'diβja] *f* Chicorée *m o f*

endrogarse [en̪dro'ɣarse] <g→gu> *vr* (*Am*) Drogen nehmen; (*Méx, Perú*) Schulden machen (*con* bei +*dat*)

endulzar [en̪dul̪'θar] <z→c> *vt* (ver)süßen

endurecerse *irr como crecer vr* **1.**(*ponerse duro*) hart werden; (*sentimientos*) hartherzig werden **2.**(*hacerse resistente*) sich abhärten (*con/en/por* durch +*akk*) **3.**(*agudizarse*) sich verschärfen

ene ['ene] *f* (*letra*) N, n *nt*

eneldo [e'nel̪do] *m* Dill *m*

enema [e'nema] *m:* **poner un** ~ **a alguien** jdm einen Einlauf machen

enemigo, -a [ene'miɣo, -a] <enemicísimo> **I.** *adj* feindlich; (*hostil*) feindselig; **país** ~ Feindesland *nt* **II.** *m, f* Feind(in) *m(f);* (*contrario*) Gegner(in) *m(f);* ~ **acérrimo** Erzfeind *m;* ~**s mortales** Todfeinde *mpl;* **ser** ~ **de algo** gegen etw sein

enemistad [enemis'ta^{ð}] *f* Feindschaft *f;* (*hostilidad*) Feindseligkeit *f*

enemistar [enemis'tar] *vt, vr:* ~**se** (sich) verfeinden

energético, -a [ener'xetiko, -a] *adj* energetisch; **fuentes energéticas** Energiequellen *fpl*

energía [ener'xia] *f* (*t.* FÍS) Energie *f;* (*fuerza*) Kraft *f;* ~ **nuclear** Kernkraft *f;* ~**s renovables** erneuerbare Energien; **con** ~ (*fig*) (tat)kräftig; **con toda su** ~ mit aller Kraft; **sin** ~ (*fig*) kraftlos

enérgico, -a [e'nerxiko, -a] *adj* **1.**(*fuerte*) energisch **2.**(*decidido*) entschlossen **3.**(*estricto*) streng; **ponerse** ~ **con alguien** jdm gegenüber strengere Saiten aufziehen **4.**(*efectivo*) wirksam

energúmeno, -a [ener'ɣumeno, -a] *m, f* (*fam*): **se puso a gritar como un** ~ er fing an wie verrückt zu schreien

enero [e'nero] *m* Januar *m; v. t.* **marzo**

enésimo, -a [e'nesimo, -a] *adj* (*fam*): **por enésima vez** zum zigsten Mal

enfadar [eɱfa'ðar] **I.** *vt* **1.**(*irritar*) ärgern; **estar enfadado con alguien** jdm böse sein **2.**(*Am*) langweilen **II.** *vr:* ~**se** **1.**(*irritarse*) sich ärgern (*con* über +*akk*); ~**se con alguien** auf jdn böse werden **2.**(*Am*) sich langweilen

enfado [eɱ'faðo] *m* Ärger

énfasis ['eɱfasis] *m inv:* **poner** ~ **en algo** Nachdruck auf etw legen

enfático, -a [eɱ'fatiko, -a] *adj* eindringlich; (*insistente*) nachdrücklich

enfatizar [eɱfati'θar] <z→c> **I.** *vi* Nachdruck legen (*en* auf +*akk*) **II.** *vt* betonen

enfermar [eɱfer'mar] **I.** *vi, vr:* ~**se** erkranken (*de* an +*dat*) **II.** *vt* krank machen

enfermedad [eɱferme'ða^{ð}] *f* Krankheit *f;* ~ **del hígado** Leberleiden *nt*

enfermera [eɱfer'mera] *f* Krankenschwester *f;* (*en una consulta*) Arzthelferin *f*

enfermería [eɱferme'ria] *f* Krankenstation *f*

enfermero [eɱfer'mero] *m* Krankenpfleger *m;* (*camillero*) Sanitäter *m*

enfermizo, -a [eɱfer'miθo, -a] *adj* (*de mala salud*) kränklich; (*morboso*) krankhaft

enfermo, -a [eɱ'fermo, -a] **I.** *adj* krank; ~ **del corazón** herzkrank; ~ **de gravedad** schwer krank; **caer** ~ erkranken (*de* an +*dat*); **ponerse** ~ krank werden **II.** *m, f* Kranke(r) *mf*

enflaquecer [eɱflake'θer] *irr como crecer* **I.** *vi, vr:* ~**se** abmagern **II.** *vt* abmagern lassen

enfocar [eɱfo'kar] <c→qu> *vt:* **no enfocas bien el problema** dieses Problem betrachtest du vom falschen Standpunkt aus

enfoque [eɱ'foke] *m* Standpunkt *m*

E

enfrentamiento [eɱfren̪ta'mjen̪to] *m* Konfrontation *f;* (*encontronazo*) Zusammenstoß *m*

enfrentar [eɱfren̪'tar] **I.** *vt* **1.** (*encarar*) gegenüberstellen *+dat;* (*confrontar*) konfrontieren (*con* mit *+dat*) **2.** (*hacer frente*) sich stellen *+dat;* ~ **los hechos** den Tatsachen ins Auge blicken **3.** (*enemistar*) entzweien **II.** *vr:* ~**se** **1.** (*encararse*) sich gegenüberstehen **2.** (*afrontar*) zusammenstoßen; **los manifestantes se ~on con la policía** es kam zu Zusammenstößen zwischen Demonstranten und der Polizei **3.** (*confrontar*) sich auseinander setzen **4.** (*oponerse*) die Stirn bieten *+dat;* **estar enfrentado a alguien** mit jdm überworfen sein

enfrente [eɱ'fren̪te] **I.** *adv* gegenüber; **allí ~** dort drüben **II.** *prep* (*local: frente a*): ~ **de** gegenüber *+dat/gen;* ~ **mío** [*o* **de mí**] mir gegenüber; ~ **del teatro** gegenüber des Theaters

enfriar [eɱfri'ar] <*1. pres:* enfrío> **I.** *vt, vi* (ab)kühlen **II.** *vr:* ~**se** (*perder calor*) kalt werden; (*refrescar*) abkühlen; (*acatarrarse*) sich erkälten

enfurecer [eɱfure'θer] *irr como crecer* **I.** *vt* wütend machen **II.** *vr:* ~**se** wütend werden (*con/contra* auf *+akk*)

enganchar [eŋgan'ʧar] **I.** *vt* **1.** (*sujetar*) festhaken; (*remolque*) einhängen **2.** (*prender*) verhaken; (TAUR) auf die Hörner nehmen **3.** (*fam: atrapar*) sich *dat* schnappen **4.** (MIL) anwerben **5.** (FERRO, TÉC) koppeln **II.** *vr:* ~**se** **1.** (*sujetarse*) sich festhaken (*de* an *+dat*) **2.** (*prenderse*) hängen bleiben (*de/con* an *+dat*) **3.** (MIL) sich anwerben lassen **4.** (*argot*): **estar enganchado** an der Nadel hängen

engañabobos [eŋgaɲa'βoβos] *mf inv* (*fam: timador*) Bauernfänger(in) *m(f)*

engañar [eŋga'ɲar] **I.** *vi* trügen; **las apariencias engañan** der Schein trügt **II.** *vt* betrügen; (*desorientar*) täuschen

engaño [eŋ'gaɲo] *m* (*mentira*) Betrug *m;* (*ilusión*) Täuschung *f*

engañoso, -a [eŋga'ɲoso, -a] *adj:* **publicidad engañosa** irreführende Werbung

engatusar [eŋgatu'sar] *vt* bezirzen

engendrar [eŋxen̪'drar] *vt* **1.** (*concebir*) zeugen **2.** (*causar*) erzeugen; **la pobreza engendra violencia** Armut führt zu Gewalt

englobar [eŋglo'βar] *vt* (*incluir*) umfassen; (*resumir*) zusammenfassen

engolillarse [eŋgoli'ʎarse] *vr* (*Cuba*) Schulden machen (*con* bei *+dat*); (*Perú*) wütend werden

engomar [eŋgo'mar] *vt* (*cabello*) festigen

engordar [eŋgor'ðar] **I.** *vi* (*ponerse gordo*) dick werden; (*poner gordo*) dick machen **II.** *vt* (AGR) mästen

engorroso, -a [eŋgo'rroso, -a] *adj* (*dificultoso*) hinderlich; (*molesto*) lästig

engranaje [eŋgra'naxe] *m* (*encaje*) Verzahnung *f;* (*mecanismo*) Räderwerk *nt;* (*sistema*) Getriebe *nt*

engrandecer [eŋgran̪de'θer] *irr como crecer vt* (*exagerar*) übertreiben; (*enaltecer*) verherrlichen

engrasar [eŋgra'sar] *vt* (*con grasa*) einfetten; (AUTO) schmieren

engrase [eŋ'grase] *m* **1.** (*engrasado*) Einfetten *nt;* (AUTO, TÉC) Schmierung *f* **2.** (*grasa*) Fett *nt;* (*lubricante*) Schmiermittel *nt*

engreído, -a [eŋgre'iðo, -a] *adj* eingebildet; (*Am*) verwöhnt

engreír [eŋgre'ir] *irr como reír* **I.** *vt* **1.** (*envanecer*) eingebildet machen **2.** (*Am: mimar*) verhätscheln **II.** *vr:* ~**se** **1.** (*envanecerse*) eingebildet werden; (*presumir*) angeben **2.** (*Am: hacerse mimado*) verhätschelt werden

engrosar [eŋgro'sar] <o→ue> *vi, vr:* ~**se** zunehmen; (*aumentar*) wachsen

engualichar [eŋgwali'ʧar] *vt* (*Arg: endemoniar*) verhexen; (*al amante*) bezirzen

enguandos [eŋ'gwan̪dos] *mpl* (*Col: superfluos*) Kram *m;* (*evasivas*) Vorwand *m*

enguaracarse [eŋgwara'karse] <c→qu> *vr* (*AmC*) sich verstecken

engubiar [eŋgu'βjar] *vt* (*Urug*) besiegen

engullir [eŋgu'ʎir] <*3. pret:* engulló> *vi, vt* (ver)schlingen

enharinar [enari'nar] *vt* in Mehl wenden

enhebrar [ene'βrar] *vt* einfädeln

enhorabuena [enora'βwena] *f* Glückwunsch *m;* **dar la ~ a alguien** jdm gratulieren; **¡~!** herzlichen Glückwunsch!

enigma [e'niɣma] *m* Rätsel *nt;* **descifrar un ~** ein Rätsel lösen

enigmático, -a [eniɣ'matiko, -a] *adj* rätselhaft; (*misterioso*) geheimnisvoll

enjabonar [eŋxaβo'nar] *vt* einseifen

enjambre [eŋ'xambre] *m* Bienenschwarm *m*

enjaular [eŋxa̯u'lar] *vt* (*encerrar*) einsperren; (*en una jaula*) in einen Käfig sperren

enjetarse [eŋxe'tarse] *vr* (*Arg, Méx: enojarse*) zornig werden; (*ofenderse*) beleidigt sein

enjuagar [eŋxwa'ɣar] <g→gu> *vt* ausspülen; (*aclarar*) abspülen

enjuague [eŋ'xwaɣe] *m* Spülung *f*

enjugamanos [eŋxuɣa'manos] *m inv* (*Am*) Handtuch *nt*

enjugar [eŋxu'ɣar] <g→gu> **I.** *vt* **1.** (*secar*) abtrocknen; (*limpiar*) abwischen **2.** (*una deuda*) erlassen **II.** *vr:* **~se 1.** (*secarse*) sich abtrocknen **2.** (*adelgazar*) abmagern

enjuiciar [eŋxwi'θjar] *vt* **1.** (*juzgar*) beurteilen; (*censurar*) verurteilen **2.** (*procesar*) den Prozess machen +*dat;* (*sentenciar*) das Urteil fällen (über +*akk*)

enlace [en'laθe] *m* **1.** (*conexión*) Verbindung *f;* (*t.* ELEC, FERRO) Anschluss *m;* ~ **ferroviario** Bahnanschluss *m* **2.** (*boda*) Vermählung *f* **3.** (*contacto*) Verbindungsmann *m,* Verbindungsfrau *f;* ~ **policial** V-Mann *m*

enlazar [enla'θar] <z→c> **I.** *vi* Anschluss haben (*con* an +*akk*) **II.** *vt* anknüpfen (*con* an +*akk*); (ELEC, TÉC) anschließen (*con* an +*akk*)

enloquecer [enloke'θer] *irr como crecer* **I.** *vi, vr:* **~se** verrückt werden; ~ **de dolor** vor Schmerzen verrückt werden; ~ **de rabia** vor Wut außer sich *dat/akk* geraten; ~ **por alguien** nach jdm verrückt sein **II.** *vt* in den Wahnsinn treiben; **me enloquecen los pasteles** ich bin verrückt auf Kuchen

enlutar [enlu'tar] *vt:* **mujeres enlutadas** Frauen in Trauerkleidern

enmarcar [e^{n}mar'kar/e^{m}mar'kar] <c→qu> *vt* einrahmen

enmienda [e^{n}'mjeṇda/e^{m}'mjeṇda] *f* **1.** Berichtigung *f;* **no tener** ~ (*fig*) ein hoffnungsloser Fall sein **2.** (*modificación*) (Ab)änderung *f;* (*de una ley*) Novellierung *f*

enmohecer [e^{n}moe'θer/e^{m}moe'θer] *irr como crecer vi, vr:* **~se** verschimmeln

enmudecer [e^{n}muðe'θer/e^{m}muðe'θer] *irr como crecer vi* verstummen; ~ **de miedo** sprachlos vor Angst sein

ennegrecer [enneɣre'θer] *irr como crecer* **I.** *vt* **1.** (*poner negro*) schwärzen **2.** (*oscurecer*) verfinstern; (*ensombrecer*) überschatten **II.** *vr:* **~se 1.** (*ponerse negro*) schwarz werden **2.** (*oscurecerse*) sich verfinstern; (*ensombrecer*) sich verdüstern

ennegrecerse *irr como crecer vr* (*ponerse negro*) schwarz werden; (*oscurecerse*) sich verfinstern

ennoblecer [ennoβle'θer] *irr como crecer vt* **1.** (*conceder el título*) adeln **2.** (*mejorar*) veredeln; (*refinar*) verfeinern **3.** (*enaltecer*) verherrlichen

enojar [eno'xar] *vr:* **~se** sich ärgern (*con* über +*akk*); **estar enojado** böse sein

enojo [e'noxo] *m* Ärger *m;* **con** ~ unwillig

enorgullecer [enorɣuʎe'θer] *irr como crecer* **I.** *vt* mit Stolz erfüllen **II.** *vr:* **~se** stolz sein (*de* auf +*akk*)

enorme [e'norme] *adj* enorm; (*gigantesco*) gewaltig; (*desmedido*) ungeheuer

enormidad [enormi'ða^{ð}] *f* **1.** (*tamaño*) enorme Größe *f;* (*fig*) ungeheueres Ausmaß *nt* **2.** (*cantidad*) Unmenge *f*

enraizado, -a [enrra i̯'θaðo, -a] *adj:* **una costumbre muy enraizada** eine fest verwurzelte Sitte

enredadera [enrreða'ðera] *f* Schlingpflanze *f*

enredar [enrre'ðar] **I.** *vi* (*niño*) Unfug treiben; **¡no andes enredando con las cerillas!** spiel nicht mit den Streichhölzern herum! **II.** *vt* **1.** (*liar*) verwickeln; (*confundir*) durcheinander bringen **2.** (*enemistar*) aufhetzen **III.** *vr:* **~se** sich verwickeln

enredo [en'rreðo] *m* Wirrwarr *m;* (*mentira*) Lüge *f;* (*asunto*) Affäre *f*

enrevesado, -a [enrreβe'saðo, -a] *adj* (*intrincado*) verwickelt; (*difícil*) verzwickt

enriquecer [enrrike'θer] *irr como crecer* **I.** *vt* (*hacer rico*) reich machen; (*engrandecer*) bereichern **II.** *vr:* **~se** reich werden; **~se** (**a costa ajena**) sich (auf fremde Kosten) bereichern

enriquecimiento [enrrikeθi'mjeṇto] *m* Bereicherung *f*

enrojecer [enrroxe'θer] *irr como crecer vi, vr:* **~se** erröten; ~ **de ira** rot vor Wut werden

enrolar [enrro'lar] *vt* (NÁUT) anheuern; (MIL) einberufen

enrollado, -a [enrro-] *adj* (*argot*) voll dabei; **es una profesora muy enrollada** die Lehrerin ist voll stark

enrollar [enrro'ʎar] **I.** *vt* zusammenrollen **II.** *vr:* **~se** (*explicando*) ausschweifen; **~se como una persiana** reden wie ein Buch

enroscar [enrros'kar] <c→qu> *vt, vr:* **~se**

(sich) zusammenrollen

enrostrar [enrros'trar] *vt* (*Am*) vorwerfen

enrular [enrru'lar] *vt* (*CSur*) locken

ensaimada [ensai̯'maða] *f Blätterteiggebäck aus Mallorca*

ensalada [ensa'laða] *f* Salat *m;* ~ **de frutas** Obstsalat *m*

ensaladera [ensala'ðera] *f* Salatschüssel *f*

ensaladilla [ensala'ðiʎa] *f:* ~ **rusa** *Kartoffelsalat mit Gemüse und Majonäse*

ensalzar [ensal̪'θar] <z→c> **I.** *vt* preisen **II.** *vr:* ~**se** sich rühmen

ensamblar [ensam'blar] *vt* zusammenfügen

ensanchar [ensan'tʃar] *vt* erweitern

ensayar [ensa'ɟar] *vt* (*probar*) versuchen; (TEAT) proben

ensayo [en'saɟo] *m* **1.** (TEAT) Probe *f* **2.** (LIT) Essay *m o nt* **3.** (*prueba*) Test *m;* **tubo de** ~ Reagenzglas *nt*

enseguida [ense'ɣiða] *adv* sofort

enseña [en'seɲa] *f* Fahne *f;* (*estandarte*) Banner *nt*

enseñanza [ense'ɲan̪θa] *f* **1.** (*sistema*) Bildungswesen *nt;* ~ **primaria** Volksschulwesen *nt;* ~ **privada** Privatschulwesen *nt;* ~ **pública** öffentliches Schulwesen; ~ **secundaria** Sekundarschulwesen *nt;* ~ **superior** Hochschulwesen *nt* **2.** ~ **a distancia** Fernstudium *nt;* **dedicarse a la** ~ in der Lehre tätig sein

enseñar [ense'ɲar] *vt* **1.** (*instruir*) lehren; (*dar clases*) unterrichten; (*explicar*) erklären; **ella me enseñó a tocar la flauta** sie hat mich Flöte spielen gelehrt **2.** (*mostrar*) zeigen

enseres [en'seres] *mpl* Sachen *fpl*

ensillar [ensi'ʎar] *vt* satteln

ensimismarse [ensimis'marse] *vr* in Gedanken versunken sein; (*Col, Chil*) eingebildet werden

ensombrecer [ensombre'θer] *irr como crecer* **I.** *vt* (*oscurecer*) verdüstern; (*ofuscar*) überschatten **II.** *vr:* ~**se 1.** (*entristecerse*) traurig werden **2.** (*oscurecerse*) sich verdüstern

ensopar [enso'par] *vr:* ~**se** (*AmS*) (klatsch)nass werden

ensordecedor(a) [ensorðeθe'ðor(a)] *adj* ohrenbetäubend

ensordecer [ensorðe'θer] *irr como crecer* **I.** *vi* (*quedarse sordo*) taub werden **II.** *vt* (*ruido*) betäuben

ensortijado, -a [ensorti'xaðo, -a] *adj* kraus

ensortijar [ensorti'xar] *vt* (*pelo*) kräuseln

ensuciar [ensu'θjar] **I.** *vt* beschmutzen (*con/de* mit +*dat*) **II.** *vr:* ~**se** sich schmutzig machen

ensueño [en'sweɲo] *m* Traum; **de** ~ traumhaft

entablar [en̪ta'βlar] *vt* (*conversación*) anfangen; (*negociaciones*) aufnehmen; (*amistad*) (an)knüpfen; ~ **relaciones comerciales** Geschäftsbeziehungen aufnehmen

entablillar [en̪taβli'ʎar] *vt* schienen

entallado, -a [en̪ta'ʎaðo, -a] *adj* tailliert

entallar [en̪ta'ʎar] **I.** *vt* (*vestido*) auf Taille arbeiten **II.** *vi, vr:* ~**se** in der Taille anliegen; **la chaqueta entalla bien** die Jacke sitzt in der Taille gut

entarimado [en̪tari'maðo] *m* Parkett *nt*

ente ['en̪te] *m* **1.** (FILOS) Wesen *nt* **2.** (*autoridad*) Behörde *f;* **el Ente Público** das öffentliche Fernsehen

entendederas [en̪ten̪de'ðeras] *fpl* (*fam*) Grips *m;* **es muy corto de** ~ er ist schwer von Begriff

entender [en̪ten̪'der] <e→ie> **I.** *vi* **1.** (*saber*) verstehen **2.** (*ocuparse con*) sich befassen (*en* mit +*dat*) **II.** *vt* **1.** (*comprender*) verstehen; **lo entendieron mal** sie haben es missverstanden; **le dio a** ~ **a su novia que...** er gab seiner Freundin zu verstehen, dass ... **2.** (*creer*) glauben; **yo no lo entiendo así** ich bin (da) anderer Meinung **III.** *vr:* ~**se 1.** (*llevarse*) sich verstehen **2.** (*ponerse de acuerdo*): **para el precio entiéndete con mi socio** über den Preis musst du mit meinem Partner verhandeln **3.** (*fam: liarse*) ein Verhältnis haben **4.** (*fam: desenvolverse*) zurechtkommen; **¡que se las entienda!** das ist seine/ihre Sache! **IV.** *m* Meinung *f;* **a mi** ~ meiner Meinung nach

entendimiento [en̪ten̪di'mjen̪to] *m:* **obrar con** ~ überlegt handeln; **un hombre de mucho** ~ ein sehr intelligenter Mann

enterado, -a [en̪te'raðo, -a] *adj* eingeweiht (*de* in +*akk*); **no se dio por** ~ er stellte sich dumm

enteramente [en̪tera'men̪te] *adv* völlig

enterar [en̪te'rar] **I.** *vt* **1.** informieren (*de* über +*akk*) **2.** (*Am:* COM) (ein)zahlen **II.** *vr:* ~**se** (*saber de algo*) erfahren; **me enteré de**

la explosión por la radio ich habe aus dem Radio von der Explosion erfahren; **¡para que se entere!** (*fam*) damit Sie das endlich kapieren!

entereza [en̪te'reθa] *f* Standhaftigkeit *f;* **a la muerte de su madre demostraron mucha** ~ sie waren sehr tapfer, als ihre Mutter starb

enternecer [eterne'θer] *irr como crecer vr:* ~**se** gerührt sein

entero, -a [en̪'tero, -a] *adj* ganz; **por** ~ völlig

enterrador(a) [en̪terra'ðor(a)] *m(f)* Totengräber(in) *m(f)*

enterrar [en̪te'rrar] <e→ie> *vt* (*a un muerto, esperanzas*) begraben; (*un objeto*) vergraben

entidad [enti'ða^{ð}] *f:* ~ **aseguradora** Versicherungsgesellschaft *f;* ~ **crediticia** Kreditbank *f*

entierro [en̪'tjerro] *m* Beerdigung *f*

entonación [en̪tona'θjon] *f* Intonation *f*

entonar [en̪to'nar] **I.** *vi* **1.**(*canción*) den Ton halten **2.**(*armonizar*) passen (*con* zu +*dat*); **los colores de las cortinas no entonan con los de la pared** die Farben der Vorhänge beißen sich mit denen der Wand **II.** *vt* **1.**(*canción*) anstimmen **2.**(*fortalecer*) stärken

entonces [en̪'ton̪θes] *adv* **1.**(*temporal*) damals; **desde** ~ seitdem; **hasta** ~ bis dahin **2.**(*modal*) dann; **¿y** ~ **qué pasó?** na, und was geschah dann?; **¡**~**!** also das will ich meinen!

entornar [en̪tor'nar] *vt* anlehnen

entorno [en̪'torno] *m* Umgebung *f;* (*medio ambiente*) Umwelt *f*

entorpecer [en̪torpe'θer] *irr como crecer vt* **1.**(*movimiento*) lähmen; **el frío me entorpecía los dedos** die Kälte ließ meine Finger erstarren **2.**(*dificultar*) behindern

entrada [en̪'traða] *f* **1.**(*puerta*) Eingang *m;* (*para coche*) Einfahrt *f;* ~ **a la autopista** Autobahnauffahrt *f;* ~ **trasera** Hintereingang *m* **2.**(*traspaso*) Eintritt *m;* **se prohibe la** ~ Zutritt verboten! **3.** ~ **en vigor** Inkrafttreten *nt* **4.**(*cine, teatro*) Eintrittskarte *f;* ~ **gratuita** Freikarte *f;* ~ **libre** Eintritt frei **5.**(GASTR) Vorspeise *f* **6.** *pl* (*pelo*) Geheimratsecken *fpl* **7.**(MÚS) Einsatz *m;* **dar la** ~ den Einsatz geben **8.**(*depósito*) Anzahlung *f* **9.**(*loc*): **de** ~ auf den ersten Blick

entrado, -a [en̪'traðo, -a] *adj:* **un señor** ~ **en años** ein älterer Herr; **llegamos entrada la noche** wir kamen erst in der Nacht an

entrador(a) [en̪tra'ðor(a)] *adj* **1.**(*AmS: animoso*) tapfer; (*atrevido*) mutig **2.**(*Arg: simpático*) nett **3.**(*Am: enamoradizo*) schwärmerisch **4.**(*Chil: entremetido*) zudringlich **5.**(*Guat, Nic: compañero*) kameradschaftlich

entrampar [en̪tram'par] *vr:* ~**se** Schulden machen

entrante [en̪'tran̪te] *adj:* **a primeros del mes** ~ Anfang nächsten Monats

entraña [en̪'traɲa] *f pl* Eingeweide *ntpl;* **echar las** ~**s** (*fam*) sich übergeben

entrañable [en̪tra'ɲaβle] *adj* innig

entrañar [en̪tra'ɲar] *vt* mit sich bringen; ~ **graves peligros** große Risiken in sich bergen

entrar [en̪'trar] *vi* **1.**(*pasar*) hineingehen (*a/en* in +*akk*); **el tren entra en la estación** der Zug fährt in den Bahnhof ein; **¡entre!** herein! **2.**(*caber*) hineinpassen; ~ **en el armario** in den Schrank passen **3.**(*zapato, ropa*) passen; **no me entra el anillo** der Ring passt mir nicht **4.**(*empezar*) beginnen; **el verano entra el 21 de junio** der Sommer beginnt am 21. Juni; **cuando entró de alcalde...** als er als Bürgermeister antrat, ... **5.**(*penetrar*) hineingehen **6.**(*como miembro*) eintreten (*en* in +*akk*); ~ **en la Academia de Ciencias** in die Akademie der Wissenschaften aufgenommen werden **7.**(*formar parte*): **eso no entraba en mis cálculos** damit habe ich nicht gerechnet **8.**(MÚS) einsetzen **9.**(*loc*): **no** ~ **en detalles** nicht auf Einzelheiten eingehen; ~ **en calor** warm werden; **me entró el sueño** ich wurde müde; **me entró el hambre** ich bekam Hunger

entre ['en̪tre] *prep* **1.**(*local, temporal*) zwischen +*dat;* **pasar por** ~ **las mesas** zwischen den Tischen durchgehen; ~ **semana** unter der Woche; **ven** ~ **las cinco y las seis** komm zwischen fünf und sechs; ~ **tanto** inzwischen; **le cuento** ~ **mis amigos** ich zähle ihn zu meinen Freunden; **un ejemplo** ~ **muchos** ein Beispiel unter vielen **2.**(*con movimiento*) zwischen +*akk;* **¡guárdalo** ~ **los libros!** leg es zwischen die Bücher!; **me senté** ~ **los dos** ich setzte mich zwischen die beiden **3.**(MAT) durch +*akk*

entreabierto, -a [en̪trea'βjerto, -a] *adj*

E

halb offen

entreabrir [en̪trea'βrir] *irr como abrir vt* halb öffnen

entreacto [en̪tre'akto] *m* (*intermedio*) Pause *f*

entrecejo [en̪tre'θexo] *m* (*ceño*) Stirnrunzeln *nt;* **fruncir el** ~ die Stirn runzeln

entrecomillar [en̪trekomi'ʎar] *vt* in Anführungszeichen setzen

entrecortado, -a [en̪trekor'taðo, -a] *adj:* **con la voz entrecortada por los sollozos** mit von Tränen erstickter Stimme

entredicho [en̪tre'ðitʃo] *m:* **poner algo en** ~ etw in Zweifel ziehen

entrega [en̪'treɣa] *f* **1.** (*dedicación*) Engagement *nt* **2.** (*fascículo*) Lieferung *f;* **novela por ~s** Fortsetzungsroman *m* **3.** (*de documentos*) Übergabe *f;* (*ceremonia*) Überreichung *f;* ~ **de premios** Preisverleihung *f;* **hacer ~ de algo** etw überreichen **4.** (COM) Lieferung *f;* ~ **a domicilio** Lieferung frei Haus **5.** (MIL) Übergabe *f*

entregar [en̪tre'ɣar] <g→gu> **I.** *vt* abgeben (*a* bei +*dat*); (COM) abliefern (*a* bei +*dat*); (*premio*) verleihen **II.** *vr:* **~se 1.** (*desvivirse*) sich widmen (*a* +*dat*); **~se a la bebida** anfangen zu trinken **2.** (*delincuente*) sich stellen **3.** (MIL) sich ergeben **4.** (*sexo*) sich hingeben

entrelazar [en̪trela'θar] <z→c> *vt, vr:* **~se** (sich) verflechten

entremedias [en̪tre'meðjas] *adv* **1.** (*local*) dazwischen; ~ **de...** zwischen ... +*dat* **2.** (*temporal*) währenddessen

entremés [en̪tre'mes] *m* Vorspeise *f*

entremeterse [en̪treme'θerse] *vr* sich einmischen (*en* in +*akk*)

entremezclar [en̪tremeθ'klar] *vt* vermischen

entrenador(a) [en̪trena'ðor(a)] *m(f)* Trainer(in) *m(f);* ~ **domicilario** Hometrainer *m*

entrenamiento [en̪trena'mjen̪to] *m* Training *nt*

entrenar [en̪tre'nar] *vt, vr:* **~se** trainieren

entrepierna [en̪tre'pjerna] *f* **1.** (*muslo*) Innenseite *f* des Oberschenkels; **esto se me pasa por la** ~ (*vulg*) das geht mir am Arsch vorbei **2.** (*Chil*) Badehose *f*

entresacar [en̪tresa'kar] <c→qu> *vt* heraussuchen (*de* aus +*dat*)

entresuelo [en̪tre'swelo] *m* Zwischengeschoss *nt*

entretanto [en̪tre'tan̪to] *adv* inzwischen

entretecho [en̪tre'tetʃo] *m* (*CSur*) Dachboden *m*

entretela [en̪tre'tela] *f* Zwischenfutter *nt*

entretener [en̪trete'ner] *irr como tener* **I.** *vt* **1.** (*detener*) aufhalten **2.** (*apartar la atención*) ablenken **3.** (*divertir*) unterhalten; **sabe como ~ a los niños** er/sie kann Kinder gut bei Laune halten **4.** (*asunto*) hinauszögern; ~ **a alguien con excusas** jdn mit Ausreden vertrösten **II.** *vr:* **~se 1.** (*pasar el rato*) sich *dat* die Zeit vertreiben; **~se con revistas** sich *dat* die Zeit mit Zeitschriftenlesen vertreiben **2.** (*tardar*) aufgehalten werden; **¡no te entretengas!** beeil dich! **3.** (*apartar la atención*) sich ablenken lassen (*con* von +*dat*)

entretenido, -a [en̪trete'niðo, -a] *adj* unterhaltsam

entretenimiento [en̪treteni'mjen̪to] *m* Unterhaltung *f;* (*pasatiempo*) Zeitvertreib *m*

entretiempo [en̪tre'tjempo] *m* Übergangszeit *f*

entrever [en̪tre'βer] *irr como ver vt* ahnen; (*intenciones*) durchschauen

entrevista [en̪tre'βista] *f* **1.** Interview *nt;* **hacer una ~ a alguien** jdn interviewen **2.** (*reunión*) Besprechung *f;* ~ **de trabajo** Vorstellungsgespräch *nt*

entrevistar [en̪treβis'tar] **I.** *vt* interviewen **II.** *vr:* **~se** sich treffen

entristecer [en̪triste'θer] *irr como crecer* **I.** *vt* traurig machen **II.** *vr:* **~se** traurig werden

entrometerse [en̪trome'terse] *vr* sich einmischen (*en* in +*akk*)

entrometido, -a [en̪trome'tiðo, -a] *adj o m, f v.* **entremetido**

entuerto [en̪'twerto] *m* Unrecht *nt*

entumecerse [en̪tume'θerse] *irr como crecer vr* einschlafen

entumecido, -a [en̪tume'θiðo, -a] *adj* erstarrt; (*pierna*) taub

enturbiar [en̪tur'βjar] *vt* trüben

entusiasmar [en̪tusjas'mar] **I.** *vt* begeistern **II.** *vr:* **~se** sich begeistern (*con/por* für +*akk*)

entusiasmo [en̪tu'sjasmo] *m* Begeisterung *f*

entusiasta [en̪tu'sjasta] **I.** *adj* begeistert **II.** *mf:* **una ~ del ballet** eine große Anhängerin des Balletts

enumeración [enumera'θjon] *f* Aufzählung *f*

enumerar [enume'rar] *vt* aufzählen

enunciar [enun̩'θjar] *vt* erläutern

enunciativo, -a [enun̩θja'tiβo, -a] *adj:* **oración enunciativa** Aussagesatz *m*

envanecer [embane'θer] *irr como crecer* **I.** *vt* stolz machen **II.** *vr:* ~**se 1.** (*enorgullecerse*) stolz sein (*de* auf +*akk*) **2.** (*engreírse*) eingebildet werden

envasar [emba'sar] *vt* abfüllen

envase [em'base] *m* **1.** (*paquete*) Verpackung *f;* (*recipiente*) Behälter *m;* (*botella*) Flasche *f* **2.** *pl* (*cascos*) Leergut *nt* **3.** ~ **al vacío** Vakuumverpackung *f*

envejecer [embexe'θer] *irr como crecer* **I.** *vt* alt machen **II.** *vi* altern

envenenar [embene'nar] *vt* vergiften

envergadura [emberɣa'ðura] *f* Bedeutung *f*

envés [em'bes] *m* Rückseite *f*

enviado, -a [embi'aðo, -a] *m, f* Abgesandte(r) *mf;* ~ **especial** (PREN, TV, RADIO) Sonderberichterstatter *m*

enviar [embi'ar] <*1. pres:* envío> *vt* schicken; ~ (**a**) **por algo a alguien** jdn etw holen lassen; ~ **por correo** mit der Post schicken

envidia [em'bidja] *f* Neid *m;* **tener** ~ **a alguien** jdn beneiden; **tener** ~ **de algo** auf etw neidisch sein

envidiable [embi'ðjaβle] *adj* beneidenswert

envidiar [embi'ðjar] *vt* beneiden (*por* um +*akk*)

envidioso, -a [embi'djoso, -a] *adj* neidisch (*de* auf +*akk*)

envío [em'bio] *m* Sendung *f;* (*expedición*) Versand *m;* ~ **a domicilio** Lieferung frei Haus; ~ **contra reembolso** Nachnahmesendung *f;* ~ **urgente** Eilsendung *f;* **gastos de** ~ Versandkosten *pl*

enviudar [embju'ðar] *vi* verwitwen

envoltorio [embol̩'torjo] *m* Verpackung *f*

envoltura [embol̩'tura] *f* (*embalaje*) Verpackung *f;* **en** ~ **original** originalverpackt

envolver [embol'βer] *irr como volver vt* einpacken (*en/con* in +*akk*); ~ **en papel de regalo** als Geschenk einpacken

envuelto, -a [em'bwel̩to, -a] *pp de* **envolver**

enyesar [enɟe'sar] *vt* eingipsen

enzima [en̩'θima] *m o f* Enzym *nt*

eñe ['eɲe] *f* Ñ, ñ *nt*

eólico, -a [e'oliko, -a] *adj* Wind-; **central eólica** Windkraftwerk *nt*

epa ['epa] *interj* (*Am*) he; (*Chil*) auf

épica ['epika] *f sin pl* Epik *f*

epicentro [epi'θen̩tro] *m* Epizentrum *nt*

épico, -a ['epiko, -a] *adj* episch; **poema** ~ Epos *nt*

epidemia [epi'ðemja] *f* Epidemie *f*

epilepsia [epi'leβsja] *f* Epilepsie *f*

epiléptico, -a [epi'leptiko, -a] **I.** *adj* epileptisch **II.** *m, f* Epileptiker(in) *m(f)*

epílogo [e'piloɣo] *m* Nachwort *nt*

episcopal [episko'pal] *adj:* **sede** ~ Bischofssitz *m*

episodio [epi'sodjo] *m* Episode *f;* (*parte*) Teil *m*

epitafio [epi'tafjo] *m* Grabschrift *f*

época ['epoka] *f* **1.** (HIST) Epoche *f;* **coches de** ~ Oldtimer *mpl;* **muebles de** ~ Stilmöbel *ntpl* **2.** (*tiempo*) Zeit *f;* ~ **de las lluvias** Regenzeit *f;* **es la** ~ **más calurosa del año** das ist die wärmste Jahreszeit; **en aquella** ~ damals

epopeya [epo'peɟa] *f* Epos *nt*

equilibrado, -a [ekili'βraðo, -a] *adj* ausgeglichen; (*sensato*) vernünftig

equilibrar(se) [ekili'βrarse] *vt, vr* (sich) ausgleichen

equilibrio [eki'liβrjo] *m* **1.** (*en general*) Gleichgewicht *nt;* **mantener el** ~ das Gleichgewicht halten **2.** (*armonía, mesura*) Ausgewogenheit *f*

equilibrista [ekili'βrista] *mf* Seiltänzer(in) *m(f)*

equino, -a [e'kino, -a] *adj* Pferde-

equipaje [eki'paxe] *m* Gepäck *nt;* **entrega de** ~**s** Gepäckausgabe *f;* **exceso de** ~ Übergepäck *nt*

equipar [eki'par] *vt* ausrüsten (*con/de* mit +*dat*); (*de ropa, un lugar*) ausstatten (*con/de* mit +*dat*)

equiparar [ekipa'rar] *vt* (*igualar*) angleichen (*con* an +*akk*); (*comparar*) vergleichen (*con* mit +*dat*)

equipo [e'kipo] *m* **1.** (*grupo*) Team *nt* **2.** (DEP) Mannschaft *f;* **carrera por** ~**s** Mannschaftsrennen *nt* **3.** (*utensilios*) Ausrüstung *f;* ~ **de alta fidelidad** Hi-Fi-Anlage *f*

equis ['ekis] **I.** *adj inv* x; **rayos** ~ Röntgenstrahlen *mpl;* ~ **pesetas** X Peseten; **el señor**

E

~ Herr Sowieso **II.** *f inv* (*letra*) X, x *nt*

equitación [ekita'θjon] *f* Reitsport *m;* (*montar*) Reiten *nt;* **escuela de** ~ Reitschule *f*

equitativamente [ekitatiβa'men̪te] *adv* gerechterweise

equitativo, -a [ekita'tiβo, -a] *adj* gerecht

equivalencia [ekiβa'len̪θja] *f* Gleichwertigkeit *f;* (LING, MAT) Äquivalenz *f*

equivalente [ekiβa'len̪te] *adj* gleichwertig (*a* mit +*dat*); (LING, MAT) äquivalent

equivaler [ekiβa'ler] *irr como valer vi* entsprechen (*a* +*dat*)

equivocación [ekiβoka'θjon] *f* Irrtum *m;* (*error*) Fehler *m;* **por** ~ aus Versehen

equivocado, -a [ekiβo'kaðo, -a] *adj* irrtümlich, falsch; **¡está Ud. ~!** da irren Sie sich!

equivocar [ekiβo'kar] <c→qu> **I.** *vt* (*confundir*) verwechseln; (*desconcertar*) durcheinander bringen **II.** *vr:* **~se** sich irren (*de/en* in +*dat*); **~se de camino** sich verlaufen; **~se de carretera** sich verfahren; **~se al escribir** sich verschreiben; **~se de número** (**de teléfono**) sich verwählen

equívoco [eki'βoko] *m* (*Am*) Irrtum *m*

era ['era] *f* **1.** (*período*) Zeitalter *nt;* ~ **postcomunista** postkommunistische Ära; ~ **terciaria** Tertiär *nt* **2.** (*para trigo*) Tenne *f*

erección [ereʏ'θjon] *f* Erektion *f*

erecto, -a [e'rekto, -a] *adj* steif

eremita [ere'mita] *mf* Einsiedler(in) *m(f)*

erguido, -a [er'ɣiðo, -a] *adj* aufrecht

erguir [er'ɣir] *irr vt* aufrichten; **con la cabeza erguida** hocherhobenen Hauptes

erigir [eri'xir] <g→j> *vt* **1.** (*construir*) errichten **2.** (*nombrar*) ernennen; **la erigieron presidente** sie wurde zur Präsidentin ernannt

erizar [eri'θar] <z→c> **I.** *vt* (*el pelo*) sträuben; (*un asunto*) erschweren **II.** *vr:* **~se** (*pelo*) sich sträuben; (*persona*) nervös werden

erizo [e'riθo] *m* Igel *m*

ermita [er'mita] *f* Wallfahrtskirche *f*

ermitaño, -a [ermi'taɲo, -a] *m, f* Einsiedler(in) *m(f);* **ser un** ~ sehr zurückgezogen leben

erogación [eroɣa'θjon] *f* (*Am*) Zahlung *f;* (*Ven*) Spende *f*

erógeno, -a [e'roxeno, -a] *adj* erogen

erosión [ero'sjon] *f* **1.** (*desgaste*) Abnutzung *f;* (*desaparición*) Schwinden *nt* **2.** (GEO) Erosion *f*

erótico, -a [e'rotiko, -a] *adj* erotisch

erotismo [ero'tismo] *m* Erotik *f*

erradicar [erraði'kar] <c→qu> *vt* ausrotten

errar [e'rrar] *irr* **I.** *vi* (*equivocarse*) sich irren (*en* in +*dat*); (*sin orientación*) umherirren (*por* in +*dat*) **II.** *vt* verfehlen; ~ **el golpe** danebenschlagen **III.** *vr:* **~se** sich irren (*en* in +*dat*)

errata [e'rrata] *f* Druckfehler *m*

erre ['erre] *f* R, r *nt;* ~ **que** ~ (*fam*) stur

erróneo, -a [e'rroneo, -a] *adj* falsch; **decisión errónea** Fehlentscheidung *f*

error [e'rror] *m* **1.** (*falta*) Fehler *m;* ~ **de cálculo** Rechenfehler *m;* ~ **ortográfico** Rechtschreibfehler *m;* **cometer un** ~ einen Fehler machen **2.** (*equivocación*) Irrtum *m;* **estar en un** ~ sich irren

eructar [eruk'tar] *vi* aufstoßen

eructo [e'rukto] *m* Rülpser *m fam*

erudición [eruði'θjon] *f* Bildung *f;* (*sabiduría*) Weisheit *f*

erudito, -a [eru'ðito, -a] *adj* gebildet; (*sabio*) weise

erupción [eruβ'θjon] *f* **1.** (GEO) Eruption *f;* ~ **volcánica** Vulkanausbruch *m* **2.** (MED) Ausschlag *m*

esa(s) ['esa(s)] *adj o pron dem v.* **ese, -a**

ésa(s) ['esa(s)] *pron dem v.* **ése**

esbelto, -a [es'βel̪to, -a] *adj* schlank

esbozar [esβo'θar] <z→c> *vt* **1.** (*dibujo*) skizzieren **2.** (*un tema*) umreißen **3. esbozó una sonrisa** ein Lächeln huschte über sein/ihr Gesicht

esbozo [es'βoθo] *m* (*dibujo*) Skizze *f;* (*de un proyecto*) Entwurf *m*

escabeche [eska'βeʧe] *m* **1.** (*adobo*) Marinade *f;* **atún en** ~ marinierter Thunfisch; **poner en** ~ marinieren **2.** (*pescado*) marinierter Fisch *m*

escabullirse [eskaβu'ʎirse] <*3. pret:* **se escabulló**> *vr* sich wegschleichen; ~ (**por**) **entre la multitud** in der Menge untertauchen

escacharrar [eskaʧa'rrar] **I.** *vt* ruinieren; (*romper*) kaputtmachen *fam;* (*plato*) zerbrechen; (*proyecto*) zunichte machen; **la lluvia nos escacharró la fiesta** der Regen verdarb uns das ganze Fest; **escacharró nuestros planes** er/sie machte uns einen Strich durch die Rechnung **II.** *vr:* ~**se** ruiniert sein; (*romperse*) kaputtgehen; (*plato*) zerbrechen; (*proyecto*) scheitern; (*plan*) sich zerschlagen

escafandra [eska'fan̪dra] *f* Taucheranzug *m;* ~ **espacial** Raumanzug *m*

escala [es'kala] *f* **1.**(*serie*) Skala *f* **2.**(*musical*) Tonleiter *f* **3.**(*proporción*) Verhältnis *nt;* (*de un mapa*) Maßstab *m;* **a** ~ maßstabsgerecht; **un mapa a** ~ **1:100.000** eine Karte im Maßstab (von) 1:100.000 **4.**(*de medición*) Skala *f;* ~ **milimétrica** Millimetereinteilung *f* **5.**(*medida*) Maß *nt;* **a** ~ **mundial** weltweit; **a** ~ **nacional** landesweit; **en gran** ~ in großem Umfang **6.**(AERO) Zwischenlandung *f*

escalada [eska'laða] *f:* ~ **libre** Freeclimbing *nt*

escalafón [eskala'fon] *m:* **subir en el** ~ befördert werden

escalar [eska'lar] **I.** *vi* **1.**(*en las montañas*) bergsteigen **2.**(*social/profesionalmente*) aufsteigen **II.** *vt* (hinauf)steigen (auf +*akk*); ~ **un muro** über eine Mauer klettern

escaldado, -a [eskal̪'daðo, -a] *adj* vorsichtig; **salir** ~ schlechte Erfahrungen gemacht haben

escaldar [eskal̪'dar] **I.** *vt* **1.**(GASTR) abbrühen **2.**(MED) verbrennen; (*con agua hirviendo*) verbrühen **II.** *vr:* ~**se** sich verbrennen; (*con agua hirviendo*) sich verbrühen

escalera [eska'lera] *f* **1.**(*escalones*) Treppe *f;* ~ **abajo** treppab; ~ **arriba** treppauf; ~ **de caracol** Wendeltreppe *f;* ~ **mecánica** [*o* **automática**] Rolltreppe *f;* ~ **de servicio** Hintertreppe *f* **2.**(*pasillo*) Treppenhaus *nt* **3.**(*escala*) Leiter *f;* ~ **de cuerda** Strickleiter *f*

escalofriante [eskalo'frjan̪te] *adj* **1.**(*pavoroso*) schaurig; **película** ~ Gruselfilm *m* **2.**(*asombroso*) haarsträubend

escalofrío [eskalo'frio] *m* (*sensación*) Schauder *m;* (MED) Schüttelfrost *m*

escalón [eska'lon] *m* Stufe *f;* (*de una escala*) (Leiter)sprosse *f;* **subir un** ~ befördert werden

escalope [eska'lope] *m* Schnitzel *nt*

escalpelo [eskal'pelo] *m* Skalpell *nt*

escama [es'kama] *f* Schuppe *f*

escamado, -a [eska'maðo, -a] *adj* schuppig; (*fam*) misstrauisch

escampar [eskam'par] *vimpers:* **espera hasta que escampe** warte, bis es aufhört zu regnen

escandalizar [eskan̪dali'θar] <z→c> **I.** *vi* Lärm machen **II.** *vt* (*indignar*) Anstoß erregen (bei +*dat*); (*horrorizar*) schockieren; (*alborotar*) Unruhe stiften (bei +*dat,* in +*dat*) **III.** *vr:* ~**se** (*indignarse*) Anstoß nehmen (*de/por* an +*dat*); (*estar horrorizado*) schockiert sein (*de/por* über +*akk*)

escándalo [es'kan̪dalo] *m* **1.**(*ruido*) Lärm *m;* (*gritos*) Geschrei *nt;* **armar un** [*o* **dar el**] ~ Lärm machen; **se armó un** ~ (*fam*) ein Riesenlärm brach los **2.**(*que provoca*) Skandal *m;* ~ **público** öffentliches Ärgernis; **de** ~ skandalös **3.¡qué** ~**!** das ist ja kaum zu fassen!

escandaloso, -a [eskan̪da'loso, -a] *adj* **1.**skandalös; **precios** ~**s** Wucherpreise *mpl* **2.**(*ruidoso*) laut

Escandinavia [eskan̪di'naβja] *f* Skandinavien *nt*

escandinavo, -a [eskan̪di'naβo, -a] *adj* skandinavisch

escanear [eskane'ar] *vt* scannen

escáner [es'kaner] *m* Scanner *m;* ~ **en color** Farbscanner *m*

escaño [es'kaɲo] *m* (*de diputado*) Sitz *m*

escapar [eska'par] **I.** *vi, vr:* ~**se** **1.**(*de un encierro*) entkommen (*de* aus +*dat*); (*de la cárcel*) ausbrechen (*de* aus +*dat*) **2.**(*de un peligro*) entrinnen (*de* +*dat*); **logré** ~ ich kam ungeschoren davon **3.**(*deprisa, ocultamente*) entwischen; ~**se de casa** von zu Hause ausreißen **II.** *vr:* ~**se**: **se me ha escapado que te vas a casar** ich habe aus Versehen gesagt, dass du heiratest; **no se te escapa ni una** dir entgeht nichts

escaparate [eskapa'rate] *m* Schaufenster *nt*

escapatoria [eskapa'torja] *f* **1.**(*lugar*) Fluchtweg *m;* **no hay** ~ (*fig*) es gibt kein Entrinnen **2.**(*excusa*) Ausflucht *f* **3.**(*solución*) Ausweg *m;* **no tener** ~ sich in einer ausweglosen Lage befinden

escape [es'kape] *m* **1.**(*de un gas/líquido*) Leck *nt* **2.**(*solución*) Ausweg *m;* **no tenía** ~ (*de una amenaza*) es gab kein Entrinnen; **no había ningún** ~ **a la situación** die Situation war ausweglos **3.**(AUTO) Auspuff *m;* **tubo de** ~ Auspuffrohr *nt* **4.**(*loc*): **a** ~ in Windeseile; **dame a** ~ **las tijeras** gib mir bitte ganz schnell die Schere

escarabajo [eskara'βaxo] *m* Käfer *m*

escaramujo [eskara'muxo] *m* Hagebutte *f*

E

escaramuza [eskara'muθa] *f* Geplänkel *nt*

escarbar [eskar'βar] **I.** *vi* **1.** (*en la tierra*) scharren (*en* in +*dat*) **2.** (*escudriñar*) herumstochern (*en* in +*dat*) **II.** *vt* **1.** (*la tierra*) aufwühlen; ~ **la arena** im Sand scharren **2.** (*tocar*) herumstochern (in +*dat*) **3.** (*limpiar*) reinigen; ~ **los dientes** die Zähne von Speiseresten befreien

escarceo [eskar'θeo] *m:* **sin ~s** ohne Umschweife

escarcha [es'karʧa] *f* (Rau)reif *m*

escarlata [eskar'lata] *adj* scharlachrot

escarlatina [eskarla'tina] *f* Scharlach *m*

escarmentar [eskarmen̪'tar] <e→ie> **I.** *vi* dazulernen; ~ **en cabeza ajena** aus dem Schaden anderer klug werden **II.** *vt:* **quedar** [*o* **estar**] **escarmentado de algo** von etw *dat* nichts mehr wissen wollen

escarmiento [eskar'mjen̪to] *m:* **me sirvió de** ~ das war mir eine Lehre

escarnio [es'karnjo] *m* Spott *m;* **con** ~ spöttisch

escarola [eska'rola] *f* Endiviensalat *m*

escarpado, **-a** [eskar'paðo, -a] *adj* steil; (*montaña*) schroff

escasamente [eskasa'men̪te] *adv* kaum; **hace ~ dos horas que se han ido** sie sind vor knapp zwei Stunden gegangen

escasear [eskase'ar] *vi* **1.** (*faltar*) knapp sein; **escasea la leche** es mangelt an Milch **2.** (*ir a menos*) knapp werden

escasez [eska'seθ] *f* **1.** (*insuficiencia*) Knappheit *f* **2.** (*falta*) Mangel *m* (*de* an +*dat*); ~ **de lluvias** spärliche Regenfälle; ~ **de viviendas** Wohnungsnot *f* **3.** (*pobreza*) Armut *f;* **vivir con** ~ Mangel leiden

escaso, **-a** [es'kaso, -a] *adj* spärlich; (*cantidad, tiempo*) knapp; ~ **de palabras** wortkarg; **andar ~ de dinero** knapp bei Kasse sein

escatimar [eskati'mar] *vt* geizen (mit +*dat*)

escayola [eska'ɟola] *f* Gips *m;* **¿cuándo te quitan la escayola?** wann nehmen sie dir den Gips ab?

escayolar [eskaɟo'lar] *vt* eingipsen; **llevar el brazo escayolado** den Arm in Gips haben

escena [es'θena] *f* **1.** (*parte del teatro*) Bühne *f;* **aparecer en ~** auftreten; **poner en ~** inszenieren; **puesta en ~** Inszenierung *f;* **salir a la ~** auftreten; **salir de la ~** abtreten **2.** (*parte de una obra*) Szene *f;* ~ **final** Schlussszene *f;* **cambio de ~** Szenenwechsel *m* **3.** (*suceso, reproche*) Szene *f;* **hacer una ~ ridícula** sich unmöglich aufführen

escenario [esθe'narjo] *m* **1.** (*parte del teatro*) Bühne *f* **2.** (*lugar*) Schauplatz *m;* ~ **del crimen** Tatort *m*

escénico, **-a** [es'θeniko, -a] *adj:* **escuela de arte ~** Schauspielschule *f*

escenografía [esθenoɣra'fia] *f* Bühnenbild *nt*

escepticismo [esθepti'θismo] *m* Skepsis *f*

escéptico, **-a** [es'θeptiko, -a] *adj* skeptisch; **ser ~ respecto a algo** an etw *dat* Zweifel hegen

escisión [esθi'sjon] *f* Teilung *f;* (*t.* FÍS) Spaltung *f*

esclarecer [esklare'θer] *irr como crecer* **I.** *vt* **1.** (*iluminar*) erleuchten **2.** (*explicar*) erklären; (*un crimen/misterio*) aufklären; ~ **un asunto** Licht in eine Angelegenheit bringen **II.** *vimpers:* **está esclareciendo** es dämmert

esclavitud [esklaβi'tuᶞ] *f* Sklaverei *f;* **someter a la ~** versklaven

esclavizar [esklaβi'θar] <z→c> **I.** *vt* **1.** (*cautivar*) versklaven **2.** (*dominar*) unterjochen; ~ **a alguien** (*hacer depender*) jdn von sich *dat* abhängig machen; **la empresa te ha esclavizado** du lebst nur für die Firma **II.** *vr:* **~se** sich unterwerfen

esclavo, **-a** [es'klaβo, -a] *m, f* Sklave, -in *m, f;* **ser un ~** (*fig*) hart arbeiten

esclerosis [eskle'rosis] *f inv* Sklerose *f;* ~ **múltiple** multiple Sklerose

esclusa [es'klusa] *f* **1.** (*recinto*) Schleuse *f;* ~ **de navegación** Schiffschleuse *f* **2.** (*puerta*) Schleusentor *nt*

escoba [es'koβa] *f* Besen *m*

escobazo [esko'βaθo] *m* Besenhieb *m*

escobilla [esko'βiʎa] *f* (*escoba*) Handfeger; (AUTO) Wischblatt *nt*

escocedura [eskoθe'ðura] *f* (*picor*) Brennen *nt;* (*irritación*) Entzündung *f*

escocer [esko'θer] *irr como cocer vi* brennen

escocés, **-esa** [esko'θes, -esa] *adj* schottisch; **falda escocesa** Kilt *m*

Escocia [es'koθja] *f* Schottland *nt*

escoger [esko'xer] <g→j> **I.** *vi* sich *dat*

das Beste herauspicken; **no has sabido** ~ du hast die falsche Wahl getroffen **II.** *vt* (aus)wählen (*de* aus +*dat*, *de entre* unter +*dat*); (*persona*) auserwählen

escogido, -a [esko'xiðo, -a] *adj ser* (*selecto*) ausgewählt; (*persona*) auserwählt

escolar [esko'lar] **I.** *adj* schulisch; **curso** ~ Schuljahr *nt;* **en edad** ~ schulpflichtig **II.** *mf* Schüler(in) *m(f)*

escolaridad [eskolari'ðaᵈ] *f* Schulausbildung *m;* **la** ~ **es obligatoria** es besteht Schulpflicht

escolarización [eskolariθa'θjon] *f* Einschulung *f*

escolarizar [eskolari'θar] <z→c> *vt* einschulen

escolero, -a [esko'lero, -a] *m, f* (*Perú*) Schüler(in) *m(f)*

escollo [es'koʎo] *m* Klippe *f;* (*riesgo*) Gefahr *f*

escolta [es'kol̩ta] *f* **1.** (MIL) Eskorte *f* **2.** (*guardaespaldas*) Leibwächter *f*

escoltar [eskol̩'tar] *vt* geleiten; (MIL) eskortieren

escombro [es'kombro] *m* (Bau)schutt *m;* (*de una ruina*) Trümmer *ntpl*

esconder [eskon̩'der] **I.** *vt* (*ocultar*) verstecken (*de* vor +*dat*); (*de las miradas*) verbergen (*de* vor +*dat*) **II.** *vr:* ~**se** (*persona*) sich verstecken (*de* vor +*dat*); (*cosas*) verborgen sein

escondidas [eskon̩'diðas] *adv:* **a** ~ heimlich

escondido, -a [eskon̩'diðo, -a] *adj* (*secreto*) geheim; (*retirado*) abgelegen

escondite [eskon̩'dite] *m* **1.** (*juego*) Versteckspiel *nt;* **jugar al** ~ Versteck(en) spielen **2.** (*lugar*) Versteck *nt*

escondrijo [eskon̩'drixo] *m* Versteck *nt*

escopeta [esko'peta] *f* Gewehr *nt*

escopetear [eskopete'ar] *vt* (*Méx*) sticheln; (*Ven*) über den Mund fahren (*a* +*dat*) *fam*

escorbuto [eskor'βuto] *m* Skorbut *m*

escorchar [eskor'tʃar] *vt* (*Arg*): **¡no me escorches la paciencia!** lass mich in Ruhe!

escoria [es'korja] *f* Abschaum *m*

Escorpio [es'korpjo] *m* (ASTR) Skorpion *m*

escorpión [eskor'pjon] *m* Skorpion *m*

escotado, -a [esko'taðo, -a] *adj* (*vestido*) ausgeschnitten; (*mujer*) dekolletiert

escotar [esko'tar] *vi:* ~ **entre todos** zusammenlegen

escote [es'kote] *m* **1.** (Hals)ausschnitt *m;* ~ **en pico** V-Ausschnitt *m* **2.** (*busto*) Dekolletee *nt*

escotilla [esko'tiʎa] *f* Luke *f*

escozor [esko'θor] *m* Brennen *nt*

escribir [eskri'βir] *irr* **I.** *vi, vt* schreiben; ~ **algo a mano** etw von Hand schreiben; **escrito a máquina** maschinengeschrieben; **¿cómo se escribe tu nombre?** wie wird dein Name geschrieben? **II.** *vr:* ~**se** korrespondieren; **se escriben mucho** sie schreiben sich *dat* oft

escrito [es'krito, -a] *m* Schreiben *nt;* **por** ~ schriftlich

escritor(a) [eskri'tor(a)] *m(f)* Schriftsteller(in) *m(f)*

escritorio [eskri'torjo] *m* Schreibtisch *m;* (INFOR) Arbeitsoberfläche *f*

escritura [eskri'tura] *f* **1.** (*acto*) Schreiben *nt* **2.** (*signos*) Schrift *f;* ~ **fonética** Lautschrift *f* **3.** (*documento*) Schriftstück *nt;* **mediante** ~ urkundlich **4. las Sagradas Escrituras** die Heilige Schrift

escriturar [eskritu'rar] *vt* notariell beurkunden

escroto [es'kroto] *m* Hodensack *m*

escrúpulo [es'krupulo] *m* **1.** (*duda*) Skrupel *m;* **ser una persona sin** ~**s** skrupellos sein **2.** (*escrupulosidad*) Gewissenhaftigkeit *f* **3.** (*aprensión*) Ekel *m;* **me da** ~ **beber de latas** ich finde es eklig, aus Dosen zu trinken

escrupulosidad [eskrupulosi'ðaᵈ] *f* Gewissenhaftigkeit *f*

escrupuloso, -a [eskrupu'loso, -a] *adj* (*meticuloso*) gewissenhaft; (*honrado*) anständig; (*delicado*) empfindlich

escrutar [eskru'tar] *vt* (*mirar*) mustern; (*controlar*) prüfen; (*recontar*) auszählen

escrutinio [eskru'tinjo] *m* (*examen*) Musterung *f;* (*control*) Prüfung *f;* (*recuento*) Stimmenauszählung *f*

escuadra [es'kwaðra] *f* **1.** (*para dibujar*) Zeichendreieck *nt;* **a** ~ rechtwinklig **2.** (*de apoyo/fijación*) Winkel *m* **3.** (MIL) Trupp *m*

escuadrilla [eskwa'ðriʎa] *f* Staffel *f*

escuadrón [eskwa'ðron] *m* Geschwader *nt*

escuálido, -a [es'kwaliðo, -a] *adj* dürr

escucha [es'kutʃa] *f:* ~ **telefónica** Abhören eines Telefons; **estar a la** ~ ganz Ohr sein

escuchar [esku'tʃar] **I.** *vi* zuhören **II.** *vt*

E

1. (*oír*) hören; (*seguir*) anhören; (*en secreto*) belauschen; ~ **un concierto** sich *dat* ein Konzert anhören; ~ (**la**) **radio** Radio hören **2.** (*prestar atención*) zuhören (*a +dat*); **¡escúchame bien!** pass gut auf! **3.** (*obedecer*) hören (auf *+akk*)

escudo [es'kuðo] *m* (Schutz)schild *m;* ~ (**de armas**) Wappen *nt*

escuela [es'kwela] *f* Schule *f;* ~ **de idiomas** Sprachschule *f;* ~ **superior técnica** technische Hochschule; ~ **taller** Lehrwerkstatt *f*

escueto, -a [es'kweto, -a] *adj* (*sin adornos*) nüchtern; (*lenguaje*) sachlich

escuincle, -a [es'kwiŋkle, -a] *m, f* (*Méx: fam*) Junge *m,* Mädchen *nt*

esculcar [eskul'kar] <c→qu> *vt* (*Am*) durchsuchen

esculpir [eskul'pir] *vt:* ~ **a cincel** meißeln; ~ **en madera** (in Holz) schnitzen

escultor(a) [eskul̪'tor(a)] *m(f)* Bildhauer(in) *m(f);* ~ **de madera** Holzschnitzer *m*

escultura [eskul̪'tura] *f* **1.** (*obra*) Skulptur *f;* ~ **de madera** Holzschnitzerei *f* **2.** (*arte*) Bildhauerkunst *f;* ~ **en madera** Holzschnitzerei *f*

escultural [eskul̪tu'ral] *adj:* **esta chica tiene medidas ~es** dieses Mädchen hat Idealmaße

escupidera [eskupi'ðera] *f* Spucknapf *m;* (*Am*) Nachttopf *m*

escupir [esku'pir] **I.** *vi* spucken; (*vulg*) singen *fam* **II.** *vt* **1.** (*por la boca*) ausspucken; ~ **sangre** Blut spucken **2.** (*soltar*) abgeben; ~ **a alguien a la cara** (*fig*) jdn schwer beleidigen **3.** (*arrojar*) ausstoßen; ~ **fuego** Feuer speien **4.** (*vulg*) ausspucken *fam*

escurreplatos [eskurre'platos] *m inv* Geschirrständer *m*

escurridizo, -a [eskurri'ðiθo, -a] *adj* (*terreno*) rutschig; (*respuesta*) ausweichend; (*problema*) schwer fassbar

escurrir [esku'rrir] **I.** *vi* (*gotear*) tropfen; (*ropa, verdura*) abtropfen **II.** *vr:* **~se 1.** (*resbalar*) ausrutschen **2.** (*desaparecer*) entwischen; **~se** (**por**) **entre la gente** in der Menge untertauchen **3.** (*escaparse*) entgleiten; **~se por un agujero** durch ein Loch rutschen

esdrújulo, -a [es'ðruxulo, -a] *adj* auf der drittletzten Silbe betont

ese[1] ['ese] *f* S, s *nt;* **ir haciendo ~s** (*fam*) torkeln

ese, -a[2] ['ese, -a] **I.** *adj* <esos, -as> diese(r, s); (*Am*) jene(r, s); **¿~ coche es tuyo?** ist das dein Auto?; **el chico ~ no me cae bien** der Typ da ist mir nicht sympathisch **II.** *pron dem v.* **ése, ésa, eso**

ése, ésa, eso ['ese, 'esa, 'eso] *pron dem* <ésos, -as> der/die/das; **me lo ha dicho ésa** die da hat es mir erzählt; **llegaré a eso de las doce** ich komme so gegen zwölf Uhr an; **eso mismo te acabo de decir** genau das habe ich soeben zu dir gesagt; **lejos de eso** ganz im Gegenteil; **no es eso** darum geht es doch gar nicht; **por eso** (**mismo**) (gerade) deswegen; **¿y eso?** wieso das?; **¿y eso qué?** na und?; **¡eso sí que no!** das kommt nicht in die Tüte! *fam; v. t.* **ese, -a**

esencia [e'sen̪θja] *f* **1.** (*naturaleza*) Wesen *nt* **2.** (*fondo*) Wesentliche(s) *nt;* **quinta ~** Quintessenz *f;* **en ~** im Wesentlichen **3.** (QUÍM) Essenz *f;* ~ **de rosas** Rosenöl *nt*

esencial [esen̪'θjal] *adj* wesentlich; (*indispensable*) unerlässlich (*a/para* für *+akk*)

esencialmente [esen̪θjal'men̪te] *adv* im Wesentlichen

esfera [es'fera] *f* **1.** (MAT) Kugel *f* **2.** (*del reloj*) Zifferblatt *nt* **3.** (*t.* ASTR) Sphäre *f;* ~ **de influencia** Einflussbereich *m* **4. las altas ~s de la sociedad** die besseren Kreise

esférico, -a [es'feriko, -a] *adj* kugelförmig; (ASTR, MAT) sphärisch

esfinge [es'fiŋxe] *f* **1.** (*animal fabuloso*) Sphinx *f;* **ser una ~** (*fig*) undurchschaubar sein **2.** (ZOOL) Nachtfalter *m*

esforzar [esfor'θar] *irr como forzar* **I.** *vt* **1.** (*forzar*) anstrengen; ~ **demasiado la vista** die Augen überanstrengen **2.** (*dar fuerza*) verstärken; ~ **la voz** die Stimme heben **II.** *vr:* **~se** (*moralmente*) sich bemühen (*en/por/para* zu *+inf*); (*físicamente*) sich anstrengen (*en/por/para* zu *+inf*)

esfuerzo [es'fwerθo] *m* Anstrengung *f;* **sin ~** mühelos; **hacer un ~** sich anstrengen

esfumar [esfu'mar] *vr:* **~se** verschwinden

esgrima [es'ɣrima] *f* Fechten *nt;* **practicar la ~** fechten

esguince [es'ɣin̪θe] *m* Verstauchung *f;* **hacerse un ~ en el tobillo** sich *dat* den Knöchel verstauchen

eslabón [esla'βon] *m* (*de una cadena*) (Ketten)glied *nt;* (*entre acontecimientos*) Bindeglied *nt*

eslavo, **-a** [es'laβo, -a] *adj* slawisch
eslogan [es'loɣan] *m* Slogan *m*
eslovaco, **-a** [eslo'βako, -a] *adj* slowakisch
Eslovaquia [eslo'βakja] *f* Slowakei *f*
Eslovenia [eslo'βenja] *f* Slowenien *nt*
esloveno, **-a** [eslo'βeno, -a] *adj* slowenisch
esmaltar [esmal̩'tar] *vt* emaillieren; (*cerámica*) glasieren
esmalte [es'mal̩te] *m* Email *nt;* (*de uñas*) Nagellack *m;* (*de los dientes*) Zahnschmelz *m*
esmerado, **-a** [esme'raðo, -a] *adj* sorgfältig
esmeralda [esme'ral̩da] *f* Smaragd *m*
esmerarse [esme'rarse] *vr* (*obrar con esmero*) sorgfältig arbeiten; (*esforzarse*) sich bemühen (*en* zu *+inf*); (*lucirse*) sich hervortun
esmero [es'mero] *m* Sorgfalt *f;* **con** ~ gewissenhaft
esmirriado, **-a** [esmi'rrjaðo, -a] *adj* dürr; (*raquítico*) schmächtig
esmoquin [es'mokin] *m* Smoking *m*
esnifar [esni'far] *vt* (*argot: cocaína*) schnupfen
esnob [es'noᵝ] **I.** *adj* versnobt **II.** *mf* Snob *m*
esnobismo [esno'βismo] *m* Snobismus *m*
eso ['eso] *pron dem v.* **ése**, **ésa**, **eso**
esófago [e'sofaɣo] *m* Speiseröhre *f*
esos ['esos] *adj v.* **ese**
ésos ['esos] *pron dem v.* **ése**
esotérico, **-a** [eso'teriko, -a] *adj* esoterisch
esoterismo [esote'rismo] *m* Esoterik *f*
espabilado, **-a** [espaβi'laðo, -a] *adj* (*listo*) aufgeweckt; (*despierto*) wach
espabilar [espaβi'lar] **I.** *vi* (*darse prisa*) sich beeilen; (*avivarse*) dazulernen **II.** *vt* (*despertar*) munter machen; (*avivar*) aufrütteln; (*acabar deprisa*) schnell erledigen **III.** *vr:* **~se** **1.** (*sacudir el sueño*) munter werden; **tómate un café para ~te** trink einen Kaffee, damit du richtig wach wirst **2.** (*darse prisa*) sich beeilen **3.** (*avivarse*): **se ha espabilado desde que va al colegio** seit er/sie zur Schule geht, ist er/sie viel aufgeweckter **4.** (*Am*) sich aus dem Staub machen *fam*
espaciador [espaθja'ðor] *m* Leertaste *f*
espacial [espa'θjal] *adj* räumlich; **estación** ~ Raumstation *f*
espaciar [espa'θjar] **I.** *vt* (*sillas*) auseinanderrücken; (*alumnos*) auseinander setzen; (*letras*) sperren; ~ **las visitas** zwischen den Besuchen Zeit verstreichen lassen; ~ **los árboles** einen Zwischenraum zwischen den Bäumen lassen **II.** *vr:* **~se** (*en un discurso*) ausschweifen
espacio [es'paθjo] *m* **1.** (*área*) Raum *m;* (*superficie*) Fläche *f;* (*trayecto*) Strecke *f;* ~ **virtual** Cyberspace *m;* ~ **vital** Lebensraum *m;* ~ **web** Web-Seite **2.** (*entre objetos*) Zwischenraum *m;* (INFOR) Leerzeichen *nt* **3.** (*de tiempo*) Zeitraum *m;* **en el** ~ **de dos meses** innerhalb von zwei Monaten; **por** ~ **de tres horas** drei Stunden lang **4.** (ASTR) Weltraum *m* **5.** (*programa*) Sendung *f;* ~ **informativo** Nachrichtensendung *f*
espacioso, **-a** [espa'θjoso, -a] *adj* geräumig
espada [es'paða] *f* Schwert *nt;* (DEP) Degen *m;* ~ **negra** Florett *nt;* **pintan ~s** ≈Schwert ist Trumpf
espagueti(**s**) [espa'ɣeti(s)] *m(pl)* Spaghetti *pl;* **~s a la boloñesa** Spaghetti Bolognese
espalda [es'pal̩da] *f* Rücken *m;* **ancho de ~s** breitschult(e)rig; **andar de ~s** rückwärts gehen; **estar a ~s de alguien** hinter jdm sein; **estar de ~s a la pared** mit dem Rücken zur Wand stehen; **volver la** ~ **a alguien** (*fam fig*) jdn links liegen lassen
espantadizo, **-a** [espan̪ta'ðiθo, -a] *adj* (*persona*) schreckhaft; (*caballo*) scheu
espantapájaros [espan̪ta'paxaros] *m inv* Vogelscheuche *f*
espantar [espan̪'tar] **I.** *vt* (*dar susto*) erschrecken; (*a un animal*) verscheuchen; (*asombrar*) erstaunen **II.** *vr:* **~se** (*personas*) sich erschrecken (*de/por* bei/vor *+dat*); (*animales*) scheu werden
espanto [es'pan̪to] *m* **1.** (*miedo*) Schrecken *m;* **¡qué ~!** wie entsetzlich!; **hace un calor de** ~ es ist schrecklich heiß **2.** (*Am*) Gespenst *nt*
espantosidad [espan̪tosi'ðaᵈ] *f* (*Am*) Grauen *nt*
espantoso, **-a** [espan̪'toso, -a] *adj* entsetzlich
España [es'paɲa] *f* Spanien *nt*

España (offiziell: **Reino de España**) ist eine konstitutionelle Monarchie mit einem Zweikammersystem. König **Juan Carlos I.** wurde am 22.11.1975 zum Staatsoberhaupt

E

ernannt; Thronfolger ist Kronprinz **Felipe de Asturias**. Offizielle Landessprache ist Spanisch, seit 1978 sind auch **el gallego** (Galicisch), **el catalán** (Katalanisch) und **el euskera/el vasco** (Baskisch) als Nationalsprachen anerkannt.

español[1] [espa'ɲol] *m* Spanisch(e) *nt;* **clases de** ~ Spanischunterricht *m;* **aprender** ~ Spanisch lernen; **traducir al** ~ ins Spanische übersetzen

español(a)[2] [espa'ɲol(a)] **I.** *adj* spanisch **II.** *m(f)* Spanier(in) *m(f)*

esparadrapo [espara'ðrapo] *m* Heftpflaster *nt*

esparcimiento [esparθi'mjen̩to] *m* Zerstreuung *f*

esparcir [espar'θir] <c→z> **I.** *vt* verstreuen **II.** *vr:* ~**se** **1.** (*cosas*) verstreut werden **2.** (*distraerse*) sich zerstreuen; **¿qué haces para ~te?** was machst du als Zeitvertreib?

espárrago [es'parraɣo] *m* Spargel *m;* **¡vete a freír ~s!** (*fam*) scher dich zum Teufel!

espasmo [es'pasmo] *m* Krampf *m*

espasmódico, -a [espas'moðiko, -a] *adj* krampfartig

espátula [es'patula] *f* (TÉC) Spachtel *m;* (MED) Spatel *m*

especia [es'peθja] *f* Gewürz *nt*

especial [espe'θjal] *adj* besonders; (*adecuado*) speziell; (*raro*) seltsam; **edición** ~ Sonderausgabe *f;* **en** ~ insbesondere; **él es para mí alguien muy** ~ er bedeutet mir sehr viel

especialidad [espeθjali'ðaᵈ] *f* (*de un restaurante*) Spezialität *f;* (*rama*) Spezialgebiet *nt;* (DEP) Disziplin *f*

especialista [espeθja'lista] *mf* (*experto*) Spezialist(in) *m(f)* (*en* für *+akk*); (*médico*) Facharzt, -ärztin *m, f;* (CINE) Stuntman, -woman *m, f*

especialización [espeθjaliθa'θjon] *f* Spezialisierung *f* (*en* auf *+akk*)

especializar [espeθjali'θar] <z→c> *vi, vr:* ~**se** sich spezialisieren (*en* auf *+akk*); **personal especializado** Fachkräfte *fpl*

especialmente [espeθjal'men̩te] *adv* besonders; **lo he hecho** ~ **para ti** ich habe es extra für dich gemacht

especie [es'peθje] *f* Art *f;* ~ **amenazada de extinción** vom Aussterben bedrohte Tierart; **la** ~ **animal** die Tiere

especificación [espeθifika'θjon] *f* **1.** (*explicación*) genaue Darlegung *f* **2.** (*precisión*) Angabe *f*

especificar [espeθifi'kar] <c→qu> *vt* im Einzelnen darlegen

específico, -a [espe'θifiko, -a] *adj* spezifisch

espécimen [es'peθimen] *m* <especímenes> (*ejemplar*) Exemplar *nt;* (*muestra*) Probe *f*

espectacular [espektaku'lar] *adj* spektakulär

espectáculo [espek'takulo] *m* **1.** (TEAT) Schauspiel *nt;* (*de variedades*) Show *f;* ~ **deportivo** Sportereignis *nt* **2.** (*visión*) Anblick *m* **3.** (*fam*): **dar el** [*o* **un**] ~ eine Szene machen

espectador(a) [espekta'ðor(a)] *m(f)* Zuschauer(in) *m(f)*

espectro [es'pektro] *m* (*fantasma*) Gespenst *nt;* (FÍS) Spektrum *nt*

especulación [espekula'θjon] *f* Spekulation *f*

especulador(a) [espekula'ðor(a)] *m(f)* Spekulant(in) *m(f)*

especular [espeku'lar] *vi* spekulieren; ~ **en la Bolsa** an der Börse spekulieren

especulativo, -a [espekula'tiβo, -a] *adj* **1.** (*que especula*) spekulativ **2.** (*teórico*) theoretisch

espejismo [espe'xismo] *m* (*óptico*) Fata Morgana *f;* (*de la imaginación*) Illusion *f*

espejo [es'pexo] *m* Spiegel *m;* ~ **retrovisor** Rückspiegel *m;* **mirarse al** ~ sich im Spiegel betrachten

espeluznante [espeluθ'nan̩te] *adj* haarsträubend

espera [es'pera] *f* (*acción*) Warten *nt;* (*estado*) Erwartung *f;* (*duración*) Wartezeit *f;* **lista de** ~ Warteliste *f;* **tuvimos dos horas de** ~ wir mussten zwei Stunden lang warten

esperanza [espe'ran̩θa] *f* Hoffnung *f;* ~ **de vida** Lebenserwartung *f;* **no tener ~s** keine Hoffnung haben; **abrigar ~s** Hoffnungen hegen; **estar en estado de buena** ~ guter Hoffnung sein

esperanzador(a) [esperan̩θa'ðor(a)] *adj* hoffnungsvoll

esperar [espe'rar] **I.** *vi* **1.** (*aguardar*) warten (auf *+akk*); (*con paciencia*) abwarten; **hacerse de** ~ auf sich warten lassen; **es de**

~ **que...** +*subj* es ist zu erwarten, dass ...; **¡que se espere!** er/sie soll gefälligst warten; **espera, que no lo encuentro** Augenblick, ich finde es jetzt nicht; **ganaron la copa tan esperada** sie gewannen den heiß ersehnten Pokal **2.** (*confiar*) hoffen; **espero que sí** ich hoffe doch; **espero que nos veamos pronto** hoffentlich sehen wir uns bald **II.** *vt* **1.** (*aguardar*) warten (auf +*akk*); (*un bebé, recibir, pensar*) erwarten; (*con paciencia*) abwarten; **te espero mañana a las nueve** ich erwarte dich morgen um neun Uhr; **ya me lo esperaba** das dachte ich mir schon **2.** (*confiar*) hoffen (auf +*akk*)

esperma [es'perma] *m* Sperma *nt*

esperpento [esper'pen̪to] *m* groteske Figur *f*

espesar [espe'sar] **I.** *vt* (*líquido*) eindicken; (*salsa*) binden **II.** *vr:* ~**se** (*bosque*) dichter werden; (*niebla*) sich verdichten; (*salsa*) eindicken

espeso, -a [es'peso, -a] *adj* (*cabello, niebla, bosque*) dicht; (*líquido*) dick(flüssig)

espesor [espe'sor] *m* (*grosor*) Dicke *f;* (*densidad*) Dichte *f*

espesura [espe'sura] *f* (*del cabello/bosque*) Dichte *f;* (*de un líquido*) Dickflüssigkeit *f*

espía [es'pia] *mf* Spion(in) *m(f);* (*de la policía*) Spitzel *m;* ~ **doble** Doppelagent(in) *m(f)*

espiantar [espjan̪'tar] **I.** *vi, vr:* ~**se** (*Arg, Chil: fam: alejarse*) weggehen; (*huir*) fliehen **II.** *vt* (*RíoPl*) klauen

espiar [espi'ar] <*1. pres:* espío> **I.** *vi* (*hacer espionaje*) spionieren **II.** *vt* (*algo*) ausspionieren; (*a alguien*) nachspionieren +*dat;* (*para la policía*) bespitzeln

espiga [es'piɣa] *f* Ähre *f*

espina [es'pina] *f* **1.** (*de pescado*) Gräte *f* **2.** (BOT) Dorn *m* **3.** (*astilla*) Splitter *m* **4.** (ANAT): ~ (**dorsal**) Rückgrat *nt* **5.** (*inconveniente*) Schwierigkeit *f;* **dar mala** ~ (*fam*) argwöhnisch machen

espinaca [espi'naka] *f* Spinat *m*

espinal [espi'nal] *adj* Rückgrat-; **médula** ~ Rückenmark *nt*

espinazo [espi'naθo] *m* Rückgrat *nt*

espinilla [espi'niʎa] *f* **1.** (ANAT) Schienbein *nt* **2.** (MED) Mitesser *m;* **sacarse una** ~ sich *dat* einen Mitesser ausdrücken

espino [es'pino] *m* **1.** (BOT): ~ **albar** Weißdorn *m* **2.** (TÉC): **alambre de** ~ Stacheldraht *m*

espinoso, -a [espi'noso, -a] *adj,* **espinudo, -a** [espi'nuðo] *adj* (*AmC, CSur*) **1.** (*planta*) dornig; (*pescado*) grätig **2.** (*problema*) haarig

espionaje [espjo'naxe] *m* Spionage *f*

espiración [espira'θjon] *f* Ausatmen *nt*

espiral [espi'ral] *adj* spiralförmig

espirar [espi'rar] *vi* ausatmen

espiritismo [espiri'tismo] *m* Spiritismus *m;* **sesión de** ~ spiritistische Sitzung

espiritista [espiri'tista] *adj* spiritistisch

espíritu [es'piritu] *m* Geist *m;* (*ánimo*) Gemüt *nt;* (*valor*) Mut *m;* ~ **de compañerismo** kameradschaftlicher Geist; ~ **de contradicción** Widerspruchsgeist *m;* ~ **emprendedor** Unternehmungsgeist *m;* ~ **de la época** Zeitgeist *m;* **el Espíritu Santo** der Heilige Geist

espiritual [espiritu'al] *adj* **1.** (ver)geistigt; **vida** ~ Seelenleben *nt* **2.** (REL) geistlich

espita [es'pita] *f* Zapfhahn *m;* ~ **del gas** Gashahn *m*

espléndido, -a [es'plen̪diðo, -a] *adj* (*generoso*) großzügig; (*aspecto*) prächtig; (*día*) herrlich

esplendor [esplen̪'dor] *m* Glanz *m;* (*fig*) Pracht *f*

esplendoroso, -a [esplen̪do'roso, -a] *adj* (*fig*) prachtvoll

espliego [es'pljeɣo] *m* Lavendel *m*

espolvorear [espolβore'ar] *vt* (GASTR) bestäuben

esponja [es'poŋxa] *f* Schwamm *m;* **beber como una** ~ (*fam*) saufen wie ein Loch

esponjoso, -a [espoŋ'xoso, -a] *adj* schaumig

espontaneidad [espon̪tanei̯'ðað] *f* Spontan(e)ität *f*

espontáneo, -a [espon̪'taneo, -a] *adj* spontan

espora [es'pora] *f* Spore *f*

esporádico, -a [espo'raðiko, -a] *adj* sporadisch

esportivo, -a [espor'tiβo, -a] *adj* (*Am: deportivo*) sportlich; (*afectando descuido*) lässig

esposar [espo'sar] *vt* Handschellen anlegen +*dat*

esposas [es'posas] *fpl* (*manillas*) Handschellen *fpl*

E

esposo, -a [es'poso, -a] *m, f* Ehemann, -frau *m, f;* **le presento a mi esposa** ich möchte Ihnen meine Frau vorstellen; **salude a su ~ de mi parte** grüßen Sie Ihren Mann von mir; **los ~s** das Ehepaar

espray [es'prai̯] *m* Spray *m o nt*

esprint [es'prin̩t] *m* Sprint *m*

esprintar [esprin̩'tar] *vt* sprinten

esprínter [es'prin̩ter] *mf* Sprinter(in) *m(f)*

espuela [es'pwela] *f* (An)sporn *m*

espuma [es'puma] *f* **1.** (*burbujas*) Schaum *m;* (*de las olas*) Gischt *m o f;* ~ **de afeitar** Rasierschaum *m* **2.** (*materia*) Schaumstoff *m*

espumarajo [espuma'raxo] *m:* **echar ~s por la boca** (*fig*) vor Wut schäumen

espumoso, -a [espu'moso, -a] *adj* (*masa*) schaumig; (*líquido*) schäumend; **vino ~** Schaumwein *m*

esputo [es'puto] *m* Speichel *m;* (MED) Auswurf *m*

esqueje [es'kexe] *m* Steckling *m*

esquela [es'kela] *f* **1.** (*nota*) kurze Mitteilung *f* **2.** (*necrológica*): ~ (**mortuoria**) Todesanzeige *f;* **publicar una ~** eine Todesanzeige aufgeben

esquelético, -a [eske'letiko, -a] *adj* (ANAT) Skelett-; (*persona*) spindeldürr

esqueleto [eske'leto] *m* Skelett *nt*

esquema [es'kema] *m* (*gráfico*) Schema *nt;* (*de una clase*) Konzept *nt*

esquemático, -a [eske'matiko, -a] *adj* schematisch

esquí [es'ki] *m* **1.** (*patín*) Ski *m;* ~ **de fondo** Langlaufski *m* **2.** (*deporte*) Skisport *m;* ~ **acuático** Wasserski *nt*

esquiador(a) [eskja'ðor(a)] *m(f)* Skiläufer(in) *m(f);* ~ **de fondo** Langläufer *m*

esquiar [eski'ar] <*1. pres:* esquío> *vi* Ski laufen

esquilar [eski'lar] *vt* (*ovejas*) scheren; (*perros*) trimmen

esquimal [eski'mal] *adj* eskimoisch; **perro ~** Husky *m*

esquina [es'kina] *f* (*de un edificio*) (Straßen)ecke *f;* (*de una mesa*) Ecke *f;* **hacer un saque de ~** (DEP) einen Eckball ausführen; **a la vuelta de la ~** um die Ecke; **doblar la ~** um die Ecke biegen

esquinazo [eski'naθo] *m* (*fam*): **dar ~ a alguien** (*dejar plantado*) jdn versetzen; (*rehuir*) jdm aus dem Weg gehen

esquirla [es'kirla] *f* Splitter *m*

esquivar [eski'βar] *vt* (*golpe*) ausweichen +*dat;* (*a alguien*) aus dem Weg gehen +*dat*

esquivo, -a [es'kiβo, -a] *adj* (*huidizo*) scheu; (*arisco*) spröde

esquizofrenia [eskiθo'frenja] *f* Schizophrenie *f*

esquizofrénico, -a [eskiθo'freniko, -a] *adj* schizophren

esta ['esta] *adj v.* **este, -a**

ésta ['esta] *pron dem v.* **éste**

estabilidad [estaβili'ðaᵈ] *f* Stabilität *f*

estabilizar [estaβili'θar] <z→c> **I.** *vt* stabilisieren; (*trabajo*) sichern; (*amistad*) festigen **II.** *vr:* ~**se** sich stabilisieren

estable [es'taβle] *adj* stabil; (*trabajo*) dauerhaft; (*tiempo*) beständig; (*carácter*) standhaft

establecer [estaβle'θer] *irr como crecer* **I.** *vi* festlegen **II.** *vt* (*fundar*) gründen; (*costumbre, relaciones*) aufnehmen; (*conexión*) herstellen **III.** *vr:* ~**se** (*instalarse*) sich niederlassen (*en* in +*dat, de* als +*nom*)

establecimiento [estaβleθi'mjen̩to] *m* **1.** (*fundación*) Gründung *f;* (*de una costumbre*) Einführung *f;* (*de relaciones*) Aufnahme *f* **2.** (*tienda*) Geschäft *nt* **3.** (*institución*) Institution *f;* (*pública*) öffentliche Einrichtung *f* **4.** (*de personas*) Ansiedelung *f*

establo [es'taβlo] *m* **1.** (*cuadra*) Stall *m;* **esta casa es un ~** (*fig*) dieses Haus ist ein Saustall *fam* **2.** (*Cuba*) Garage *f;* (*para alquilar*) Autoverleih *m*

estaca [es'taka] *f* Pfahl *m*

estacada [esta'kaða] *f:* **dejar a alguien en la ~** jdn im Stich lassen

estación [esta'θjon] *f* **1.** (*del año*) Jahreszeit *f;* ~ **de las lluvias** Regenzeit *f* **2.** (*de trenes*) Bahnhof *m;* (*parada*) Station *f;* ~ **de autobuses** Busbahnhof *m;* ~ **central** Hauptbahnhof *m;* ~ **de destino** Bestimmungsbahnhof *m;* ~ **de metro** U-Bahn-Station *f* **3.** (*t.* REL) Station *f;* ~ **meteorológica** Wetterwarte *f;* ~ **de servicio** Tankstelle *f*

estacionamiento [estaθjona'mjen̩to] *m* **1.** (*colocación*) Aufstellung *f;* (*de personas*) Postierung *f;* (MIL) Stationierung *f* **2.** (MIL: *posición*) Stellung *f* **3.** (AUTO: *acción*) Parken *nt;* (*lugar*) Parkplatz *m*

estacionar [estaθjo'nar] *vt* (*colocar*) aufstellen; (AUTO) parken

estadio [es'taðjo] *m* (DEP) Stadion *nt;* (MED) Stadium *m*

estadística [esta'ðistika] *f* Statistik *f*

estadístico, -a [esta'ðistiko, -a] *adj* statistisch

estado [es'taðo] *m* **1.** (*condición*) Zustand *m;* (*situación*) Lage *f;* ~ **de alarma** Alarmzustand *m;* ~ **civil** Familienstand *m;* ~ **de las cosas** (*general*) Stand der Dinge; (*de un hecho concreto*) Sachlage *f;* ~ **de cuenta** Kontostand *m;* ~ **gaseoso** gasförmiger Zustand; ~ **de salud** Gesundheitszustand *m;* **en buen ~ de conservación** gut erhalten; **en ~ de embriaguez** in betrunkenem Zustand; **en ~ de merecer** unverheiratet **2.** (POL) Staat *m;* ~ **comunitario** Mitgliedsstaat der Europäischen Union; ~ **miembro** Mitgliedsstaat *m* **3.** (MIL): ~ **mayor** Generalstab *m*

Estados Unidos [es'taðos u'niðos] *mpl* Vereinigte Staaten *mpl*

estadounidense [estaðouni'ðense] *mf* (US-)Amerikaner(in) *m(f)*

estafa [es'tafa] *f* Betrug *m*

estafador(a) [estafa'ðor(a)] *m(f)* Betrüger(in) *m(f)*

estafar [esta'far] *vt* betrügen

estafeta [esta'feta] *f* Postamt *nt*

estalactita [estalak'tita] *f* Stalaktit *m*

estalagmita [estalaɣ'mita] *f* Stalagmit *m*

estallar [esta'ʎar] *vi* **1.** (*globo, neumático*) platzen; (*bomba*) explodieren **2.** (*revolución, incendio*) ausbrechen; **al ~ la guerra** bei Kriegsausbruch

estallido [esta'ʎiðo] *m* **1.** (*ruido*) Knall *m;* (*de un globo*) Platzen *nt;* (*explosión*) Explosion *f* **2.** (*de una revolución*) Ausbruch *m;* ~ **de cólera** Zornausbruch *m*

estampa [es'tampa] *f* **1.** (*dibujo*) Bild *nt;* ~ **de la Virgen** Marienbild *nt* **2.** (*huella*) Abdruck *m* **3.** (*impresión*) Eindruck *m;* (*aspecto*) Aussehen *nt;* **¡maldita sea tu ~!** verflucht seist du!; **ser la viva ~ de su padre** (*fam*) seinem Vater wie aus dem Gesicht geschnitten sein

estampado[1] [estam'paðo] *m:* **no me gusta este ~** dieses (Stoff)muster gefällt mir nicht

estampado, -a[2] [estam'paðo, -a] *adj* bedruckt

estampar [estam'par] **I.** *vt* **1.** (*en papel/tela*) drucken (*en/sobre* auf +*akk*); ~ **un dibujo en una camiseta** ein T-Shirt mit einer Zeichnung bedrucken **2.** (TÉC) (ein)stanzen; **se me quedó estampado en la cabeza** (*fig*) das hat sich mir eingeprägt **3.** (*huella*) hinterlassen; ~ **una firma** unterzeichnen **4.** (*fam*) verpassen; ~ **una bofetada a alguien** jdm eine knallen **II.** *vr:* **~se** (*fam*) prallen

estampido [estam'piðo] *m* Knall *m;* **dar un ~** knallen

estampilla [estam'piʎa] *f* (*Am*) Briefmarke *f*

estancamiento [estaŋka'mjen̪to] *m* **1.** (*del agua*) (Auf)stauung *f* **2.** (*de una mercancía*) Monopolisierung *f* **3.** (*de los negocios*) Stagnation *f;* (*de un proceso*) Stillstand *m;* ~ **coyuntural** Konjunkturstillstand *m*

estancar [estaŋ'kar] <c→qu> **I.** *vt* **1.** (*un río*) (auf)stauen; **aguas estancadas** Stauwasser *nt* **2.** (*mercancía*) monopolisieren **3.** (*proceso*) zum Stillstand bringen **II.** *vr:* **~se 1.** (*río*) sich (auf)stauen **2.** (*negocio*) stagnieren; **quedarse estancado** ins Stocken geraten

estancia [es'tan̪θja] *f* **1.** (*permanencia*) Aufenthalt *m;* ~ **en un hospital** Krankenhausaufenthalt *m* **2.** (*habitación*) Wohnraum *m* **3.** (*Am*) Landgut *nt*

estanciera [estan̪'θjera] *f* (*Arg*) Lieferwagen *m*

estanciero, -a [estan̪'θjero, -a] *m, f* (*AmS: de ganado*) Farmer(in) *m(f);* (*de latifundios*) Großgrundbesitzer(in) *m(f)*

estanco [es'taŋko, -a] *m* Tabak(waren)laden *m*

estándar [es'tan̪dar] *adj* Standard-; **tipo ~** Standardversion *f*

estandarizar [estan̪dari'θar] <z→c> *vt* standardisieren

estandarte [estan̪'darte] *m* Standarte *f*

estanque [es'taŋke] *m* Teich *m*

estante [es'tan̪te] *m* **1.** (*para libros*) Bücherbrett *nt;* (*para muebles*) (Einlege)boden *m;* (*en una tienda*) Ständer *m* **2.** (*mueble*) Regal *nt*

estantería [estan̪te'ria] *f* Regal *nt*

estaño [es'taɲo] *m* Zinn *nt*

estar [es'tar] *irr* **I.** *vi* **1.** (*hallarse*) sein; (*un objeto: derecho*) stehen; (*tumbado*) liegen; (*colgando*) hängen (*en* an +*dat*); (*durante un tiempo*) sich aufhalten; **Valencia está en la costa** Valencia liegt an der Küste; **¿está Pepe?** ist Pepe da?; **¿dónde estábamos?** wo waren wir stehen geblieben?; **¿está la comida?** ist das Essen fertig? **2.** (*sentirse*) sich fühlen; **¿cómo estás?** wie geht es dir?; **ya estoy mejor** es geht mir schon besser **3.** (+ *adjetivo/participio*): ~ **cansado** müde sein; ~ **sentado** sitzen; ~ **ubicado** (*Am*) sich befinden **4.** (+ *bien/mal*): ~ **mal de la cabeza** spinnen; ~ **mal de dinero** schlecht bei Kasse sein; **eso te está bien empleado** (*fam*) das geschieht dir recht; **esa blusa te está bien** diese Bluse steht dir gut **5.** (+ *a*): ~ **al caer** (*persona*) bald kommen; (*suceso*) bevorstehen; ~ **al día** auf dem Laufenden sein; **estamos a uno de enero** heute ist der 1. Januar; **¿a qué estamos?** den Wievielten haben wir heute?; **las peras están a 150 pesetas el kilo** die Birnen kosten 150 Peseten das Kilo; **están uno a uno** das Spiel steht eins zu eins **6.** (+ *con*): **estoy con mi novio** ich bin mit meinem Freund zusammen **7.** (+ *de*): ~ **de mal humor** schlecht gelaunt sein; ~ **de pie** stehen; ~ **de suerte** Glück haben; ~ **de secretario** als Sekretär arbeiten; ~ **de viaje** verreist sein **8.** (+ *en*): **el problema está en el dinero** das Problem ist das Geld; **siempre estás en todo** dir entgeht nichts **9.** (+ *para*): **hoy no estoy para bromas** heute bin ich nicht zu Späßen aufgelegt; **el tren está para salir** der Zug fährt in Kürze ab **10.** (+ *por*): **estoy por llamarle** ich bin versucht ihn anzurufen; **eso está por ver** das wird sich zeigen **11.** (+ *gerundio*): **¿qué estás haciendo?** was machst du da?; **estoy escribiendo una carta** ich bin gerade dabei, einen Brief zu schreiben; **¡lo estaba viendo venir!** ich habe es kommen sehen! **12.** (+ *que*): **estoy que no me tengo** ich bin fix und fertig; **está que trina** er/sie ist außer sich *dat* **13.** (*loc*): **a las 10 en casa, ¿estamos?** du bist um 10 Uhr zu Hause, verstanden? **II.** *vr:* ~**se**: **¡estáte quieto!** (*callado*) sei ruhig!; (*quieto*) Hände weg!

estatal [esta'tal] *adj* staatlich

estática [es'tatika] *f sin pl* Statik *f*

estático, -a [es'tatiko, -a] *adj* statisch

estatua [es'tatwa] *f* Statue *f*

estatura [esta'tura] *f* Statur *f;* **¿qué ~ tienes?** wie groß bist du?

estatus [es'tatus] *m* Status *m*

estatuto [esta'tuto] *m* **1.** (*de una sociedad*) Satzung *f* **2.** (JUR) Gesetz *nt;* ~ **de los trabajadores** Betriebsverfassungsgesetz *nt*

este[1] ['este] *m* Osten *m*

este, -a[2] ['este, -a] **I.** *adj* <estos, -as> diese(r, s); ~ **perro es el mío** das ist mein Hund **II.** *pron dem v.* **éste, ésta, esto**

éste, ésta, esto ['este, 'esta, 'esto] *pron dem* <éstos, -as> der/die/das; (a) **éstos no los he visto nunca** die habe ich nie gesehen; ~ **se cree muy importante** der hält sich für sehr wichtig; **¡ésta sí que es buena!** das ist ja ein Ding!; **te lo juro, por ésta(s)** darauf kannst du Gift nehmen; *v. t.* **este, -a[2]**

estelar [este'lar] *adj* **1.** (ASTR) stellar; **sistema** ~ Sternsystem *nt* **2.** (*extraordinario*): **invitado** ~ Stargast *m;* **programa** ~ (TV) Erfolgssendung *f*

estelaridad [estelari'ða$^{\eth}$] *f* (*Chil*) Beliebtheit *f*

estenografía [estenoɣra'fia] *f* Stenografie *f*

estenografiar [estenoɣrafi'ar] <*1. pres:* estenografío> *vt* stenografieren

estepa [es'tepa] *f* Steppe *f*

estera [es'tera] *f* (Fuß)matte *f*

estéreo [es'tereo] *adj* (*fam*) stereo(phon)

estereofónico, -a [estereo'foniko, -a] *adj* Stereo-, stereophon(isch)

estereotipado, -a [estereoti'paðo, -a] *adj* stereotyp

estereotipo [estereo'tipo] *m* Stereotyp *nt*

estéril [es'teril] *adj* **1.** (*persona, tierra*) unfruchtbar **2.** (MED) steril **3.** (*trabajo*) nutzlos; (*esfuerzo*) fruchtlos; (*discusión*) unfruchtbar

esterilidad [esterili'ða$^{\eth}$] *f* Unfruchtbarkeit *f;* (MED) Sterilität *f*

esterilizar [esterili'θar] <z→c> *vt* sterilisieren

esterilla [este'riʎa] *f* kleine (Fuß)matte *f*

esterlina [ester'lina] *adj:* **libra** ~ Pfund *nt* Sterling

esternón [ester'non] *m* Brustbein *nt*

estero [es'tero] *m* (*Am*) Sumpf *m;* (*Cuba*) Bucht *f;* (*Chil, Ecua*) Bach *m;* **estar en el** ~ (*Ven*) in der Klemme sitzen

estética [es'tetika] *f* Ästhetik *f*

esteticienne [esteti'θjen] *mf* Kosmetiker(in) *m(f)*

estético, -a [es'tetiko, -a] *adj* ästhetisch; **no** ~ unästhetisch

estetoscopio [estetos'kopjo] *m* Stethoskop *nt*

estiércol [es'tjerkol] *m* Mist *m;* **sacar el** ~ ausmisten

estigma [es'tiɣma] *m* Stigma *nt;* (*en el cuerpo*) Wundmal *nt;* (*de un hierro*) Brand-

mal *nt*
estigmatizar [estiɣma'tiθar] <z→c> *vt* brandmarken; (REL) stigmatisieren
estilar [esti'lar] *vr:* ~**se** üblich sein
estilista [esti'lista] *mf* Stylist(in) *m(f)*
estilístico, -a [esti'listiko, -a] *adj* stilistisch
estilizar [estili'θar] <z→c> *vt* stilisieren
estilo [es'tilo] *m* **1.** (*modo*) Stil *m;* **al ~ de…** im Stil … *+gen;* **por el ~** so ungefähr; **algo por el ~** etwas in der Art **2.** (LING): ~ **directo/indirecto** direkte/indirekte Rede
estilográfica [estilo'ɣrafika] *f* Füllfederhalter *m*
estima [es'tima] *f* (Hoch)achtung *f;* **tener a alguien en mucha ~** jdn sehr hoch schätzen
estimación [estima'θjon] *f* **1.** (*aprecio*) (Hoch)achtung *f;* ~ **propia** Selbstachtung *f* **2.** (*evaluación*) Schätzung *f*
estimado, -a [esti'maðo, -a] *adj* geachtet; (*en cartas*) geehrt
estimar [esti'mar] **I.** *vt* **1.** (*apreciar*) schätzen; ~ **a alguien mucho** jdn hoch schätzen; ~ **a alguien poco** jdn gering schätzen; ~ **en demasía** überschätzen **2.** (*valorar*) schätzen (*en* auf *+akk*) **3.** (*juzgar*) halten (für *+akk*); **lo estimó oportuno** er/sie hielt es für angemessen; ~ **que…** der Meinung sein, dass … **II.** *vr:* ~**se** sich schätzen
estimulante [estimu'lan̩te] *m* Stimulans *nt*
estimular [estimu'lar] *vt* (*excitar*) anregen; (*animar*) motivieren
estímulo [es'timulo] *m* (MED) Reiz *m;* (*incentivo*) Motivation *f*
estío [es'tio] *m* (*elev*) Sommer *m*
estipular [estipu'lar] *vt* (*acordar*) vereinbaren; (*fijar*) festsetzen
estirado, -a [esti'raðo, -a] *adj* (*engreído*) eingebildet; (*tacaño*) knaus(e)rig
estirar [esti'rar] **I.** *vi* ziehen **II.** *vt* **1.** (*alargar*) (lang) ziehen; (*suma*) strecken **2.** (*alisar*) glatt ziehen; ~ **la masa** den Teig ausrollen **3.** (*piernas, brazos*) (aus)strecken; **voy a salir a ~ un poco las piernas** ich gehe mir mal ein bisschen die Beine vertreten **III.** *vr:* ~**se** sich strecken
estirón [esti'ron] *m* **1.** (*tirón*) Ruck *m* **2. ¡vaya ~ que ha dado el niño!** (*fam*) der Junge ist aber groß geworden!
estirpe [es'tirpe] *f* Abstammung *f*
estival [esti'βal] *adj* sommerlich
esto ['esto] *pron dem v.* **éste, ésta, esto**
estocada [esto'kaða] *f* (TAUR) Todesstoß *m*
Estocolmo [esto'kolmo] *m* Stockholm *nt*
estofado [esto'faðo] *m* Schmorfleisch *nt*
estofar [esto'far] *vt* **1.** (*guisar*) schmoren **2.** (*enguatar*) wattieren
estoico, -a [es'toi̯ko, -a] *adj* stoisch
estola [es'tola] *f* Stola *f*
estomacal [estoma'kal] *adj* Magen-; **trastorno ~** Magenverstimmung *f*
estómago [es'tomaɣo] *m* Magen *m;* **se me revolvió el ~** mir wurde schlecht
Estonia [es'tonja] *f* Estland *nt*
estonio, -a [es'tonjo, -a] *adj* estnisch
estorbar [estor'βar] **I.** *vi* (*obstaculizar*) hinderlich sein *+dat;* (*molestar*) stören **II.** *vt* (*impedir*) verhindern; (*obstaculizar*) behindern; (*molestar*) stören
estorbo [es'torβo] *m* (*molestia*) Ärgernis *nt;* (*obstáculo*) Hindernis *nt;* (*molestia*) Störung *f*
estornino [estor'nino] *m* Star *m*
estornudar [estornu'ðar] *vi* niesen
estornudo [estor'nuðo] *m* Niesen *nt*
estos ['estos] *adj v.* **este, -a**
estrabismo [estra'βismo] *m* Schielen *nt*
estrado [es'traðo] *m* Podium *nt;* ~ **del testigo** (JUR) Zeugenstand *m*
estrafalario, -a [estrafa'larjo, -a] *adj* (*fam*) exzentrisch; (*ridículo*) lächerlich
estragar [estra'ɣar] <g→gu> *vt* **1.** (*dañar*) zerstören **2.** (*embotar*) abstumpfen; (*gusto*) verderben
estrago [es'traɣo] *m* Verwüstung *f;* **hacer grandes ~s en la población civil** viele Opfer unter der Zivilbevölkerung fordern
estragón [estra'ɣon] *m* Estragon *m*
estramador [estrama'ðor] *m* (*Méx*) Kamm *m*
estrambótico, -a [estram'botiko, -a] *adj* sonderbar
estramonio [estra'monjo] *m* Stechapfel *m*
estrangulamiento [estraŋgula'mjen̩to] *m* **1.** (*de persona*) Erwürgen *nt* **2.** (*lentitud*) Drosselung *f* **3.** (*estrechamiento*) Verengung *f*
estrangular [estraŋgu'lar] *vt* erwürgen
estraperlista [estraper'lista] *mf* Schwarzhändler(in) *m(f)*
estraperlo [estra'perlo] *m* (*tráfico*) Schwarzhandel *m;* (*mercancía*) Schmuggelware *f*

E

Estrasburgo [estras'βurɣo] *m* Straßburg *nt*

estratagema [estrata'xema] *m* (MIL) Kriegslist *f;* (*artimaña*) Trick *m*

estratega [estra'teɣa] *mf* Stratege, -in *m, f*

estrategia [estra'texja] *f* Strategie *f*

estratégico, -a [estra'texiko, -a] *adj* strategisch

estrato [es'trato] *m* (*t.* GEO) Schicht *f;* ~ **social** Gesellschaftsschicht *f*

estrechamente [estretʃa'mente] *adv:* **vivimos** ~ wir kommen gerade so über die Runden

estrechar [estre'tʃar] **I.** *vt* **1.** (*angostar*) verengen; (*ropa*) enger machen **2.** (*abrazar*) an sich drücken; (*la mano*) schütteln **3.** (*amistad*) vertiefen; **hemos estrechado nuestra relación** unsere Beziehung ist enger geworden **II.** *vr:* ~**se 1.** (*camino*) enger werden **2.** (*fam: en un asiento*) näher zusammenrücken **3.** (*dos personas*) sich umarmen; ~**se las manos** sich *dat* die Hände schütteln **4.** (*amistad*) enger werden **5.** ~**se el cinturón** (*fam*) den Gürtel enger schnallen

estrecho[1] [es'tretʃo] *m* (GEO) Meerenge; ~ **de Gibraltar** Straße von Gibraltar

estrecho, -a[2] [es'tretʃo, -a] *adj* **1.** (*angosto*) eng **2.** (*amistad*) innig **3.** (*ropa*) eng (anliegend) **4.** (*con poco sitio*) dicht gedrängt **5.** (*rígido*) strikt **6.** (*argot: sexualmente*) verklemmt

estregar [estre'ɣar] *irr como fregar vr:* ~**se** sich reiben (*contra* an +*dat*)

estrella [es'treʎa] *f* **1.** (ASTR) Stern *m;* ~ **fugaz** Sternschnuppe *f* **2.** (*destino*) Glücksstern *m;* **tener buena/mala** ~ Glück/Unglück haben **3.** (CINE, TEAT) Star *m* **4.** ~ **de mar** Seestern *m* **5.** *pl* (*loc*): **ver las** ~**s** (**de dolor**) (vor Schmerz) Sterne sehen

estrellado, -a [estre'ʎaðo, -a] *adj* **1.** (*esteliforme*) sternenförmig **2.** (*noche, cielo*) stern(en)klar; (*lleno de estrellas*) mit Sternen bedeckt; **cielo** ~ Sternenhimmel *m* **3.** (*avión*) abgestürzt

estrellar [estre'ʎar] *vr:* ~**se 1.** (*chocar*) fahren (*contra/en* gegen +*akk*) **2.** (*avión, barco*) zerschellen (*contra/en* an +*dat*); (*morir*) durch einen Unfall ums Leben kommen **3.** (*fracasar*) scheitern (*contra/en* an +*dat*)

estrellón [estre'ʎon] *m* (*Méx*) Aufprall *m*

estremecedor(a) [estremeθe'ðor(a)] *adj* (*emoción*) erschütternd; (*horrible*) schaurig

estremecer [estreme'θer] *irr como crecer* **I.** *vt* erschüttern **II.** *vr:* ~**se 1.** (*por un suceso*) erschüttert sein; **se estremeció mucho al escuchar la noticia** die Nachricht erschütterte ihn/sie sehr **2.** (*de susto*) zusammenfahren

estremecimiento [estremeθi'mjento] *m* (*emoción*) Erschütterung *f;* (*de frío/miedo*) Erschau(d)ern *nt;* (*de susto*) Zusammenzucken *nt*

estrenar [estre'nar] *vt* **1.** (*usar*) zum ersten Mal verwenden; (*ropa*) zum ersten Mal tragen; **sin** ~ ungebraucht **2.** (CINE, TEAT) uraufführen **3.** (*trabajo*) neu anfangen; ~ **un cargo** ein Amt antreten

estreno [es'treno] *m* (*uso*) erstmaliger Gebrauch *m;* (*de un actor*) Debüt *nt;* (*de una obra*) Premiere *f*

estreñido, -a [estre'ɲiðo, -a] *adj* verstopft

estreñimiento [estreɲi'mjento] *m* Verstopfung *f*

estreñir [estre'ɲir] *irr como ceñir vt* (*comida*) zu Verstopfung führen (bei +*dat*); **las judías me estriñen** von Bohnen bekomme ich Verstopfung

estrépito [es'trepito] *m* **1.** (*ruido*) Lärm *m* **2.** (*ostentación*) Aufsehen *nt;* **con gran** ~ mit großem Getöse

estrepitoso, -a [estrepi'toso, -a] *adj* geräuschvoll; **risa estrepitosa** schallendes Gelächter

estrés [es'tres] *m* Stress *m;* **producir** ~ Stress hervorrufen

estresante [estre'sante] *adj* stressig

estresar [estre'sar] *vt* stressen

estría [es'tria] *f* **1.** (ARQUIT) Rille *f* **2.** *pl* (*rayas*) Streifen *mpl*

estribar [estri'βar] *vi* sich stützen (*en* auf +*akk*); **nuestro éxito estriba en nuestra larga experiencia** unser Erfolg beruht auf unserer langen Erfahrung

estribillo [estri'βiʎo] *m* **1.** (MÚS) Refrain *m* **2.** (*expresión repetitiva*) Lieblingswort *nt;* (*frase*) Lieblingssatz *m;* **siempre** (**con**) **el mismo** ~ (*fig*) immer die gleiche alte Leier

estribo [es'triβo] *m* Steigbügel *m;* **perder los** ~**s** (*fig*) die Nerven verlieren

estribor [estri'βor] *m* Steuerbord *nt*

estricto, -a [es'trikto, -a] *adj* (*severo*) streng; (*exacto*) strikt

estridente [estri'ðen̩te] *adj* schrill
estripazón [estripa'θon] *m* (*AmC: apretura*) Gedränge *nt;* (*destrozo*) Zerstörung *f*
estrofa [es'trofa] *f* Strophe *f;* **canción de cuatro ~s** Lied mit vier Strophen
estrógeno [es'troxeno] *m* Östrogen *nt*
estropajo [estro'paxo] *m* Topfreiniger *m*
estropear [estrope'ar] **I.** *vt* **1.** (*deteriorar*) beschädigen **2.** (*destruir*) kaputtmachen; (*planes*) zunichte machen; (*comida*) verderben; **está muy estropeado por la enfermedad** durch die Krankheit ist er stark angeschlagen **II.** *vr:* **~se 1.** (*deteriorarse*) sich verschlechtern **2.** (*averiarse*) kaputtgehen; (*comida*) schlecht werden; (*planes*) scheitern
estructura [estruk'tura] *f* Struktur *f;* (*disposición*) Anordnung *f*
estructural [estruktu'ral] *adj* strukturell; **problemas ~es** Strukturprobleme *ntpl*
estructurar [estruktu'rar] **I.** *vt* strukturieren; (*clasificar*) gliedern (*en* in +*akk*) **II.** *vr:* **~se** sich gliedern (*en* in +*akk*)
estruendo [es'trwen̩do] *m* (*ruido*) Lärm *m;* (*alboroto*) Radau *m*
estrujar [estru'xar] **I.** *vt* **1.** (*apretar*) pressen **2.** (*machacar*) zerquetschen; (*papel*) zerknüllen **3.** (*al saludar*) drücken **II.** *vr:* **~se 1.** (*entre mucha gente*) sich durchquetschen **2.** (*apretujarse*) sich zusammendrängen
estuche [es'tuʧe] *m* Etui *nt*
estudiante [estu'ðjan̩te] *mf* **1.** (*de universidad*) Student(in) *m(f);* **~ de románicas** Romanistikstudent(in) *m(f)* **2.** (*de escuela*) Schüler(in) *m(f)*
estudiantil [estuðjan̩'til] *adj* studentisch; **movimiento ~** Studentenbewegung *f*
estudiar [estu'ðjar] *vt* **1.** (*aprender*) lernen **2.** (*analizar*) untersuchen **3.** (*obra de teatro*) einstudieren **4.** (*observar*) studieren **5.** (*reflexionar*) überdenken; **lo ~é** ich werde darüber nachdenken **6.** (*cursar estudios universitarios*) studieren; **~ para médico** Medizin studieren
estudio [es'tuðjo] *m* **1.** (*trabajo intelectual*) Lernen *nt;* **dedicarse tres horas todos los días al ~** täglich drei Stunden lernen **2.** (*ensayo, obra*) Studie *f;* (*informe*) Bericht *m;* (*investigación*) Untersuchung *f;* **estar en ~** untersucht werden **3.** (RADIO, TV) Studio *nt;* **~ cinematográfico** Filmstudio *nt;* **~ radiofónico** Rundfunkstudio *nt* **4.** (*taller*) Atelier *nt* **5.** *pl* (*carrera*) (Hochschul)studium *nt;* **cursar ~s** studieren; **tener ~s** eine akademische Ausbildung besitzen
estudioso, -a [estu'ðjoso, -a] *adj* fleißig
estufa [es'tufa] *f* Ofen *m;* **~ eléctrica** Heizlüfter *m*
estupefacción [estupefa^ɣ'θjon] *f* **1.** (*asombro*) Verblüffung *f;* (*sorpresa*) Überraschung *f* **2.** (*espanto*) Bestürzung *f* **3.** (MED) Betäubung *f*
estupefaciente [estupefa'θjen̩te] *m* (MED) Betäubungsmittel *nt;* (*droga*) Rauschgift *nt*
estupefacto, -a [estupe'fakto, -a] *adj* perplex
estupendo, -a [estu'pen̩do, -a] *adj* wunderbar; **¡~!** super!
estupidez [estupi'ðeθ] *f* Dummheit *f*
estúpido, -a [es'tupiðo, -a] *adj* dumm
estupor [estu'por] *m* (MED) Benommenheit *f;* (*asombro*) Verblüffung *f;* (*espanto*) Bestürzung *f*
estupro [es'tupro] *m* Vergewaltigung *f*
esturión [estu'rjon] *m* Stör *m*
esvástica [es'βastika] *f* Hakenkreuz *nt*
etapa [e'tapa] *f* Etappe *f;* (*fase*) Phase *f;* **por ~s** (*fig*) schrittweise
etarra [e'tarra] **I.** *adj:* **un comando ~** ein Kommando der ETA **II.** *mf* ETA-Angehörige(r) *mf*
etcétera [e^(ð)'θetera] et cetera
éter ['eter] *m* Äther *m*
etéreo, -a [e'tereo, -a] *adj* ätherisch
eternidad [eterni'ða^ð] *f* Ewigkeit *f;* **tardar una ~** ewig dauern
eternizar [eterni'θar] <z→c> **I.** *vt* verewigen; (*pey: alargar*) endlos in die Länge ziehen **II.** *vr:* **~se** sich verewigen; **~se en algo** sich ewig lang an etw *dat* aufhalten
eterno, -a [e'terno, -a] *adj* ewig
ética ['etika] *f* **1.** (FILOS) Ethik *f* **2.** (*moral*) Ethos *nt;* **~ profesional** Berufsethos *nt* **3.** (*fam: decencia*) Anstand *m;* **no tener ~** kein bisschen Anstand besitzen
ético, -a ['etiko, -a] *adj* ethisch
etílico, -a [e'tiliko, -a] *adj* **1.** (QUÍM) Athyl- **2.** (*alcohólico*) Alkohol-; **borrachera etílica** Alkoholvergiftung *f;* **en estado ~** in alkoholisiertem Zustand
etimología [etimolo'xia] *f* Etymologie *f*
etimológico, -a [etimo'loxiko, -a] *adj* etymologisch

E

etíope [e'tiope] *adj* äthiopisch
Etiopía [etjo'pia] *f* Äthiopien *nt*
etiqueta [eti'keta] *f* **1.** (*rótulo*) Etikett *nt;* ~ **del precio** Preisschild *nt* **2.** (*convenciones*) Etikette *f;* ~ **de palacio** Hofetikette *f;* **de rigurosa** ~ Abendkleidung erwünscht; **traje de** ~ Galaanzug *m;* **ir de** ~ (*fam*) sehr elegant angezogen sein
etnia ['eᵈnja] *f* (*pueblo*) Volk *nt*
étnico, -a ['eᵈniko, -a] *adj* ethnisch
etnología [eᵈnolo'xia] *f sin pl* Völkerkunde *f*
E.U. [es'taðos u'niðos], **E.U.A.** [es'taðos u'niðos] (*Am*) *abr de* **Estados Unidos** USA *pl*
eucalipto [eu̯ka'lipto] *m* Eukalyptus *m*
eucaristía [eu̯karis'tia] *f* Eucharistie *f*
eufemismo [eu̯fe'mismo] *m* Euphemismus *m*
euforia [eu̯'forja] *f* Euphorie *f*
eufórico, -a [eu̯'foriko, -a] *adj* euphorisch
Eurasia [eu̯'rasja] *f* Eurasien *nt*
euro ['eu̯ro] *m* Euro *m*
eurocheque [eu̯ro'tʃeke] *m* Euroscheck *m;* **eurocomisario, -a** [eu̯rokomi'sarjo, -a] *m, f* (POL) Mitglied *nt* der Europäischen Kommission; **Eurocopa** [eu̯ro'kopa] *f* (DEP) Europapokal *m;* **eurodiputado, -a** [eu̯roðipu'taðo, -a] *m, f* Europaabgeordnete(r) *mf;* **euroescéptico, -a** [eu̯roes'θeptiko, -a] *m, f* Euroskeptiker(in) *m(f)*
Europa [eu̯'ropa] *f* Europa *nt;* **Copa de** ~ (DEP) Europacup *m*
europarlamentario, -a [eu̯roparlamen̩'tarjo, -a] *m, f* Europaparlamentarier(in) *m(f)*
europeidad [eu̯ropei̯'ðaᵈ] *f* (*carácter*) europäisches Wesen *nt;* (*convicción*) europäische Gesinnung *f*
europeísmo [eu̯rope'ismo] *m sin pl* europäischer Gedanke *m*
europeísta [eu̯rope'ista] **I.** *adj* europafreundlich **II.** *mf* überzeugter Europäer *m*, überzeugte Europäerin *f*
europeizar [eu̯ropei̯'θar] *irr como enraizar vt* europäisieren
europeo, -a [eu̯ro'peo, -a] **I.** *adj* europäisch; **Consejo Europeo** Europarat; **Unión Europea** Europäische Union **II.** *m, f* Europäer(in) *m(f)*
euscaldún, -una [eu̯skal̩'dun, -una] *adj* baskisch
Euskadi [eu̯s'kaði] *m* Baskenland *nt*

Euskadi ist der baskische Name des **País Vasco** (Baskenland). Diese **Comunidad Autónoma** im Norden Spaniens besteht aus drei **provincias**: **Álava** (Hauptstadt: **Vitoria**), **Guipúzcoa** (Hauptstadt: **San Sebastián**) und **Vizcaya** (Hauptstadt: **Bilbao**). In Bilbao befindet sich das berühmte Guggenheim-Museum.

euskera [eu̯s'kera] *adj*, **eusquera** [eu̯s'kera] *adj* baskisch
eutanasia [eu̯ta'nasja] *f* Sterbehilfe *f*
evacuación [eβakwa'θjon] *f* **1.** (*personas*) Evakuierung *f;* (*de edificios*) Räumung *f* **2.** (MED) Stuhlgang *m*
evacuar [eβa'kwar] *vt* **1.** (*ciudad, población*) evakuieren; (MIL) räumen **2.** (MED) abführen; ~ **el vientre** den Darm entleeren
evadir [eβa'ðir] *vr:* ~**se** entkommen (*de* aus +*dat*)
evaluación [eβalwa'θjon] *f* **1.** (*valoración*) Bewertung *f;* (*apreciación*) Schätzung *f* **2.** (ENS) Test *m*
evaluar [eβalu'ar] <*1. pres:* evalúo> *vt* **1.** (*valorar*) bewerten; (*apreciar*) schätzen (*en* auf +*akk*); (*analizar*) auswerten **2.** (ENS) benoten
evangélico, -a [eβaŋ'xeliko, -a] **I.** *adj* evangelisch **II.** *m, f* Protestant(in) *m(f)*
evangelio [eβaŋ'xeljo] *m* Evangelium *nt;* **el** ~ **según San Mateo** das Matthäusevangelium
evaporación [eβapora'θjon] *f* Verdampfung *f*
evaporarse [eβapo'rarse] *vr* **1.** (*convertirse en vapor*) verdampfen **2.** (*desaparecer*) verschwinden; (*fam: persona*) verduften
evasión [eβa'sjon] *f* Flucht *f;* ~ **de impuestos** (ECON) Steuerflucht *f*
evasiva [eβa'siβa] *f* (*rodeo*) Ausflucht *f;* (*pretexto*) Vorwand *m*
evasivo, -a [eβa'siβo, -a] *adj* ausweichend; (*ambiguo*) zweideutig
evento [e'βen̩to] *m* Vorfall *m;* (*importante*) Ereignis *nt*
eventual [eβen̩'twal] *adj* **1.** (*posible*) eventuell; (*accidental*) zufällig; **trabajo** ~ Zeitarbeit *f* **2.** (*adicional*) Sonder-; **ingresos** ~**es** Nebeneinkünfte *fpl*
eventualidad [eβen̩twali'ðaᵈ] *f* **1.** (*cualidad*) Möglichkeit *f* **2.** (*hecho*) unvorhergese-

hener Fall *m*
eventualmente [eβen̩twal'men̩te] *adv* eventuell; (*tal vez*) vielleicht
evidencia [eβi'ðen̩θja] *f* (*certidumbre*) Offensichtlichkeit *f*; **poner a alguien en ~** jdn bloßstellen
evidente [eβi'ðen̩te] *adj* offensichtlich; (*pruebas*) klar
evidentemente [eβiðen̩te'men̩te] *adv* offensichtlich; **¡~!** natürlich!
evitar [eβi'tar] **I.** *vt* **1.**(*impedir*) vermeiden; (*prevenir*) vorbeugen +*dat*; (*molestias, disgustos*) ersparen; **pude ~ mayores estragos** ich konnte Schlimmeres verhindern **2.**(*rehuir*) ausweichen +*dat*; (*a alguien*) aus dem Weg gehen +*dat* **II.** *vr*: **~se 1.**(*cosas*) sich vermeiden lassen **2.**(*personas*) sich *dat* aus dem Weg gehen
evocar [eβo'kar] <c→qu> *vt* **1.**(*espíritus*) anrufen **2.**(*recordar*) ins Gedächtnis zurückrufen; (*revivir*) in Erinnerungen schwelgen (an +*akk*)
evolución [eβolu'θjon] *f* **1.**(*desarrollo*) Entwicklung *f*; (MED) Krankheitsverlauf *f* **2.**(*cambio*) Veränderung *f*; **experimentar una ~** eine Veränderung durchmachen **3.**(BIOL) Evolution *f*
evolucionar [eβoluθjo'nar] *vi* (*desarrollarse*) sich (weiter)entwickeln; (*cambiar*) sich (ver)ändern; (MED) verlaufen
ex [eˠs] **I.** ehemalige(r); **~ novia** Exfreundin *f* **II.** *mf* (*fam*) Ex *mf*
exactamente [eˠsakta'men̩te] *adv* genau
exactitud [eˠsakti'tuᵈ] *f* (*veracidad*) Richtigkeit *f*; (*precisión*) Genauigkeit *f*
exacto, -a [eˠ'sakto, -a] *adj* **1.**(*correcto*) exakt; **eso no es del todo ~** das stimmt nicht ganz **2.**(*con precisión*) genau
exageración [eˠsaxera'θjon] *f* Übertreibung *f*
exagerado, -a [eˠsaxe'raðo, -a] *adj* übertrieben
exagerar [eˠsaxe'rar] *vi, vt* **1.**(*sobrepasarse*) es übertreiben (*con/en* mit +*dat*); **~ los precios** die Preise zu hoch ansetzen **2.**(*al relatar*) übertreiben; **¡anda, anda, no exageres tanto!** (*fam*) jetzt mach mal halblang!
exaltación [eˠsal̩ta'θjon] *f* **1.**(*gloria*) Verherrlichung *f* **2.**(*entusiasmo*) Begeisterung *f*; (*pasión*) Erregung *f*; (*excitación*) Aufregung *f*
exaltado, -a [eˠsal̩'taðo, -a] *adj* **1.**(*sobreexcitado*) sehr aufgeregt; (*apasionado*) leidenschaftlich; (*entusiasmado*) begeistert **2.**(*violento*) hitzköpfig **3.**(*radical*) radikal
exaltar [eˠsal̩'tar] **I.** *vt* **1.**(*elevar*) erheben (*a* in +*akk*) **2.**(*realzar*) loben; (*en exceso*) verherrlichen **II.** *vr*: **~se 1.**(*apasionarse*) sich begeistern (*con* für +*akk*) **2.**(*excitarse*) sich aufregen (*con* über +*akk*); (*obsesionarse*) sich hineinsteigern (*con* in +*akk*)
examen [eˠ'samen] *m* **1.**(*prueba, reflexión*) Prüfung *f*; **~ de ingreso** Aufnahmeprüfung *f*; **~ de selectividad** *spanische Hochschulzulassungsprüfung*; **suspender un ~** durch eine Prüfung fallen **2.**(*médico*) Untersuchung *f*; **someterse a un ~** sich einer Untersuchung unterziehen **3.**(TÉC, AUTO) Inspektion *f*
examinador(a) [eˠsamina'ðor(a)] *m(f)* Prüfer(in) *m(f)*
examinar [eˠsami'nar] **I.** *vt* **1.**(*en una prueba, reflexionar*) prüfen **2.**(*médico*) untersuchen **3.**(TÉC, AUTO) inspizieren **4.**(*estudiar*) untersuchen; (*observar*) genau beobachten **II.** *vr*: **~se** (*en una prueba*) geprüft werden; **mañana me examino de francés** morgen werde ich in Französisch geprüft; **volver a ~se** die Prüfung wiederholen
exánime [eˠ'sanime] *adj* leblos; (*debilitado*) völlig erschöpft
exasperación [eˠsaspera'θjon] *f* Wut *f*
exasperante [eˠsaspe'ran̩te] *adj* verzweifelt; **es ~** es ist zum Verzweifeln
exasperar [eˠsaspe'rar] **I.** *vt* wütend machen **II.** *vr*: **~se** wütend werden
excarcelar [eskarθe'lar] *vt* aus der Haft entlassen
excavación [eskaβa'θjon] *f* (Aus)graben *nt*; (*en la arqueología*) Ausgrabung *f*
excavadora [eskaβa'ðora] *f* Bagger *m*
excavar [eska'βar] *vt* graben; (*en arqueología*) ausgraben
excedencia [esθe'ðen̩θja] *f* Beurlaubung *f*
excedente [esθe'ðen̩te] **I.** *adj* **1.**(*sobrante*) überschüssig **2.**(*funcionario*) beurlaubt **II.** *m* Überschuss *m*
exceder [esθe'ðer] **I.** *vi* hinausgehen (*de* über +*akk*) **II.** *vt* **1.**(*aventajar: persona*) übertreffen (*en* an +*dat*); (*cosa*) überragen **2.**(*sobrepasar*) übersteigen (*en* um +*akk*) **III.** *vr*: **~se 1.**(*sobrepasar*) hinausgehen (*de* über +*akk*) **2.**(*pasarse*) es übertreiben; **has**

E

vuelto a ~**te** du bist wieder einmal zu weit gegangen

excelencia [esθe'leṇθja] *f* **1.** (*exquisitez*) Vorzüglichkeit *f;* **por** ~ schlechthin **2.** (*tratamiento*) Exzellenz *f*

excelente [esθe'leṇte] *adj* hervorragend

excentricidad [esθeṇtriθi'ðaᵈ] *f* Exzentrizität *f;* **estoy harta de tus** ~**es** ich habe deine Extravaganzen langsam satt

excéntrico, -a [es'θeṇtriko, -a] *adj* exzentrisch

excepción [esθeβ'θjon] *f* Ausnahme *f;* **sin** ~ (**ninguna**) ausnahmslos; **de** ~ außergewöhnlich; **a** [*o* **con**] ~ **de...** außer ... +*dat*

excepcional [esθeβθjo'nal] *adj* außergewöhnlich

excepto [es'θepto] *adv* außer +*dat*

exceptuar [esθeptu'ar] <*1. pres:* exceptúo> *vt* ausnehmen (*de* von +*dat*); ~ **de un deber** von einer Pflicht entbinden

excesivo, -a [esθe'siβo, -a] *adj* exzessiv

exceso [es'θeso] *m* **1.** (*demasía*) Übermaß *nt* (*de* an +*dat*); ~ **de peso** Übergewicht *nt;* **en** ~ übermäßig **2.** (*abuso*) Maßlosigkeit *f;* ~ **de alcohol** übermäßiger Alkoholgenuss; ~ **de velocidad** Geschwindigkeitsüberschreitung *f;* **comer con** [*o* **en**] ~ zu viel essen **3.** (FIN) Überschuss *m* **4.** *pl* (*desorden*) Ausschreitungen *fpl*

excitable [esθi'taβle] *adj* reizbar

excitación [esθita'θjon] *f* (*t. sexual*) Erregung *f;* (*irritación*) Aufregung *f;* (*incitación*) Anregung *f*

excitar [esθi'tar] **I.** *vt* (*incitar*) anstacheln (*a* zu +*dat*); (*poner nervioso*) aufregen; (*sexualmente*) erregen **II.** *vr:* ~**se** (*enojarse*) sich aufregen; (*sexualmente*) erregt sein

exclamación [esklama'θjon] *f* Ausruf *m;* **signo de** ~ Ausrufezeichen *nt*

exclamar [eskla'mar] *vi, vt* rufen; (*gritar*) schreien

excluir [esklu'ir] *irr como huir vt* ausschließen (*de* aus/von +*dat*)

exclusión [esklu'sjon] *f* **1.** (*eliminación*) Ausschluss *m;* **con** ~ **de la prensa** unter Ausschluss der Presse **2.** (*expulsión*) Ausscheiden *nt* **3.** (*rechazo*) Ablehnung *f*

exclusiva [esklu'siβa] *f* (PREN) Exklusivbericht *m*

exclusivamente [esklusiβa'meṇte] *adv* ausschließlich

exclusive [esklu'siβe] *adv* ausschließlich

exclusivo, -a [esklu'siβo, -a] *adj* exklusiv; **contrato** ~ Exklusivvertrag *m;* **modelo** ~ Sonderanfertigung *f*

excomulgar [eskomul'ɣar] <g→gu> *vt* (REL) exkommunizieren

excremento [eskre'meṇto] *m* Exkrement *nt*

exculpar [eskul'par] **I.** *vt* von Schuld entlasten **II.** *vr:* ~**se** sich rechtfertigen

excursión [eskur'sjon] *f* Ausflug *m;* ~ **a pie** Wanderung *f;* **ir de** ~ einen Ausflug machen; **¿adónde vais de** ~**?** wohin geht der Ausflug?

excursionista [eskursjo'nista] *mf* Ausflügler(in) *m(f)*

excusa [es'kusa] *f* **1.** (*pretexto*) Ausrede *f* **2.** (*disculpa*) Entschuldigung *f;* **presentar sus** ~**s** sich entschuldigen **3.** (*justificación*) Rechtfertigung *f*

excusar [esku'sar] **I.** *vt* **1.** (*justificar*) rechtfertigen **2.** (*disculpar*) entschuldigen **3.** (*eximir*) befreien **4.** (*evitar*) vermeiden **5.** (+ *inf*): **excusas venir** es ist nicht nötig, dass du kommst **II.** *vr:* ~**se** sich entschuldigen (*de* für +*akk*)

exención [eʸseṇ'θjon] *f* Befreiung *f* (*de* von +*dat*); ~ **de impuestos** Steuerbefreiung *f;* ~ **del servicio militar** Freistellung vom Wehrdienst

exento, -a [eʸ'seṇto, -a] *adj* frei (*de* von +*dat*)

exfoliador [esfolja'ðor(a)] *m* (*Chil, Méx*) Abreißblock *m;* (*calendario*) Abreißkalender *m*

exfoliar [esfo'ljar] **I.** *vt* ablösen; **la falta de humedad exfolia la piel** Feuchtigkeitsmangel führt zum Abschuppen der Haut **II.** *vr:* ~**se** (*pintura*) abblättern; (*corteza*) sich ablösen

exhaustivo, -a [eʸsau̯s'tiβo, -a] *adj* erschöpfend

exhausto, -a [eʸ'sau̯sto, -a] *adj* erschöpft

exhibición [eʸsiβi'θjon] *f* **1.** (*ostentación*) Zurschaustellung *f* **2.** (*exposición*) Ausstellung *f* **3.** (*presentación*) Vorführung *f;* ~ **deportiva** sportliche Darbietungen

exhibicionismo [eʸsiβiθjo'nismo] *m* Exhibitionismus *m*

exhibicionista [eʸsiβiθjo'nista] *mf* Exhibitionist(in) *m(f)*

exhibir [eʸsi'βir] **I.** *vt* **1.** (*mostrar*) vorzeigen **2.** (*ostentar*) angeben (mit +*dat*) **II.** *vr:*

~**se** sich zur Schau stellen; ~**se en público** in der Öffentlichkeit auftreten

exhortar [eɣsor'tar] *vt* (*rogar*) ermahnen (*a* zu +*dat*); (*amonestar*) verwarnen

exhumar [eɣsu'mar] *vt* exhumieren

exigencia [eɣsi'xen̪θja] *f* **1.** (*demanda*) Forderung *f;* **tener ~s** (*fam*) Ansprüche stellen **2.** (*requisito*) Anforderung *f*

exigente [eɣsi'xen̪te] *adj* anspruchsvoll; **ser muy ~** hohe Ansprüche stellen

exigir [eɣsi'xir] <g→j> *vt* (*solicitar*) fordern; (*reclamar, pedir*) verlangen

exil(i)ado, -a [eɣsi'ljaðo, -a] **I.** *adj* im Exil lebend **II.** *m, f* (politischer) Flüchtling *m*

exil(i)ar [eɣsi'ljar] **I.** *vt* ins Exil schicken **II.** *vr:* ~**se** ins Exil gehen; **muchos chilenos se ~on en la RDA** viele Chilenen gingen in die DDR ins Exil

exilio [eɣ'siljo] *m* Exil *nt*

eximir [eɣsi'mir] **I.** *vt* befreien (*de* von +*dat*); ~ **de responsabilidades** der Verantwortung entheben **II.** *vr:* ~**se** sich entziehen (*de* +*dat*)

existencia [eɣsis'ten̪θja] *f* **1.** (*vida*) Existenz *f* **2.** *pl* (COM) Vorrat *m;* **liquidacion de ~s** Ausverkauf *m;* **renovar las ~s** das Lager wieder auffüllen **3.** (*loc*): **en ~** (COM) vorrätig

existencial [eɣsisten̪'θjal] *adj* existenziell

existente [eɣsis'ten̪te] *adj* (*que existe*) vorhanden; (COM) vorrätig

existir [eɣsis'tir] *vi* existieren; **cree que existen ovnis** er/sie glaubt, dass es Ufos gibt

éxito ['eɣsito] *m* Erfolg *m;* ~ **de taquilla** Kassenschlager *m;* ~ **de ventas** Verkaufsschlager *m;* **con ~** erfolgreich; **sin ~** erfolglos

exitoso, -a [eɣsi'toso, -a] *adj* erfolgreich

éxodo ['eɣsoðo] *m* Exodus *m;* ~ **rural** Landflucht *f;* ~ **urbano** Stadtflucht *f*

exorbitante [eɣsorβi'tan̪te] *adj* **1.** (*excesivo*) übermäßig; (*precio*) überhöht **2.** (*exagerado*) übertrieben

exótico, -a [eɣ'sotiko, -a] *adj* exotisch

expandir [espan̪'dir] **I.** *vt* (*dilatar*) ausdehnen; (*divulgar*) verbreiten **II.** *vr:* ~**se** (*dilatarse*) sich ausdehnen; (*extenderse*) sich ausbreiten; (*divulgarse*) sich verbreiten

expansión [espan'sjon] *f* **1.** (*dilatación*) Ausdehnung *f;* (POL) Expansion *f* **2.** (*extensión*) Ausbreitung *f* **3.** (*crecimiento*) Wachstum *nt* **4.** (*difusión*) Verbreitung *f* **5.** (*diversión*) Entspannung *f*

expansionarse [espansjo'narse] *vr* (*dilatarse*) sich ausdehnen; (*fam*) sich amüsieren

expatriar [espatri'ar] <*1. pres:* expatrío> **I.** *vt* (*exiliar*) des Landes verweisen; (*quitar la ciudadanía*) ausbürgern **II.** *vr:* ~**se** (*exiliarse*) das Land verlassen; (*renunciar a la ciudadanía*) sich ausbürgern lassen

expectación [espekta'θjon] *f* **1.** (*expectativa*) Erwartung *f;* **con ~** erwartungsvoll **2.** (*interés*) Interesse *nt*

expectante [espek'tan̪te] *adj* (*atento*) erwartungsvoll

expectativa [espekta'tiβa] *f* **1.** (*expectación*) Erwartung *f;* **estar a la ~ de algo** etw erwarten **2.** (*perspectiva*) Aussicht *f*

expectorar [espekto'rar] *vt* aushusten

expedición [espeði'θjon] *f* **1.** (*viaje*) Expedition *f;* ~ **científica** Forschungsreise *f;* ~ **militar** Feldzug *m* **2.** (*grupo*) Expedition(sgruppe) *f* **3.** (*remesa*) Versand *m;* (**empresa de**) ~ Spedition *f;* **oficina de ~** Versandabteilung *f*

expediente [espe'ðjen̪te] *m* **1.** (*asunto judicial*) Rechtssache *f;* **instruir un ~** ein Verfahren betreiben **2.** (*sumario*) Dossier *nt* **3.** (*administrativo*) Dienstverfahren *nt* **4.** (*legajo*) Personalakte *f*

expedir [espe'ðir] *irr como pedir vt* (*tramitar*) erledigen; (*despachar*) versenden; (*documentos*) ausstellen

expeditar [espeði'tar] *vt* (*Am*) beschleunigen; (*AmC, Méx*) schnell bearbeiten

expeler [espe'ler] *vt* (*sangre, excreto*) auswerfen; (*aire, humo*) ausstoßen

expendedor(a) [espen̪de'ðor(a)] *adj:* **máquina ~a de billetes** Fahrkartenautomat *m;* **máquina ~a de tabaco** Zigarettenautomat *m*

expendio [es'pen̪djo] *m* (*Am*) Tabakladen *m*

expensas [es'pensas] *fpl:* **vivir a ~ de alguien** sich von jdm aushalten lassen

experiencia [espe'rjen̪θja] *f* **1.** (*práctica*) Erfahrung *f;* ~ **docente** Lehrerfahrung *f;* **falta de ~ laboral** mangelnde Berufserfahrung; **tener mucha/poca ~** erfahren/unerfahren sein **2.** (*vivencia*) Erlebnis *nt*

experimentado, -a [esperimen̪'taðo, -a] *adj* erfahren; (*comprobado*) erprobt

experimental [esperimen̪'tal] *adj* experimentell

experimentar [esperimen̪'tar] **I.** *vi* expe-

E

rimentieren **II.** *vt* (*probar*) ausprobieren; (*sentir*) fühlen; (*sufrir*) erfahren

experimento [esperi'men̩to] *m* Experiment *nt*

experto, -a [es'perto, -a] **I.** *adj* sachkundig **II.** *m, f* Experte, -in *m, f;* (*perito*) Sachverständige(r) *mf*

expiación [espja'θjon] *f* (*purgación*) Sühne *f;* (*castigo*) Strafe *f* (*de* für +*akk*)

expiar [espi'ar] <*1. pres:* expío> *vt* (*purgar*) sühnen; (*pena*) büßen (für +*akk*)

expirar [espi'rar] *vi* **1.** (*morir*) sterben **2.** (*plazo*) ablaufen; **antes de ~ el mes** vor Monatsende

explanada [espla'naða] *f* freier Platz *m*

explanar [espla'nar] *vt* **1.** (*allanar*) einebnen **2.** (*explicar*) erklären

explayar [espla'ɟar] **I.** *vt* ausdehnen **II.** *vr:* **~se** (*extenderse*) sich ausdehnen; (*expresarse*) sich verbreiten (*en* über +*akk*); (*divertirse*) sich amüsieren

explicación [esplika'θjon] *f* **1.** (*aclaración*) Erklärung *f;* **pedir explicaciones** eine Erklärung verlangen **2.** (*motivo*) Grund *m;* **sin dar explicaciones** ohne Begründung **3. dar explicaciones** sich entschuldigen

explicar [espli'kar] <c→qu> **I.** *vt* **1.** (*manifestar*) schildern **2.** (*aclarar*) erklären **3.** (*exponer*) unterrichten **4.** (*dar motivos*) begründen **5.** (*interpretar*) auslegen **6.** (*justificar*) rechtfertigen **II.** *vr:* **~se 1.** (*comprender*) begreifen; **no me lo explico** es ist mir unbegreiflich **2.** (*articularse*) sich ausdrücken; **¿me explico?** habe ich mich deutlich ausgedrückt?

explícito, -a [es'pliθito, -a] *adj* ausdrücklich

exploración [esplora'θjon] *f* (*investigación*) Erforschung *f;* (MED) Untersuchung *f;* (MIL) Aufklärung *f*

explorar [esplo'rar] *vt* (*investigar*) erforschen; (MED) untersuchen; (MIL) aufklären

explosión [esplo'sjon] *f* **1.** (*estallido*) Explosion *f;* **~ demográfica** Bevölkerungsexplosion *f;* **gran ~** Urknall *m;* **hacer ~** explodieren **2.** (*detonación*) Detonation *f;* (*voladura*) Sprengung *f* **3.** (*arrebato*) Ausbruch *m*

explosionar [esplosjo'nar] **I.** *vi* explodieren **II.** *vt* zünden

explosivo[1] [esplo'siβo] *m* Sprengstoff *m*

explosivo, -a[2] [esplo'siβo, -a] *adj:* **artefacto ~** Sprengkörper *m*

explotación [esplota'θjon] *f* **1.** (*aprovechamiento*) Nutzung *f;* (AGR) Bebauung *f;* (MIN) Abbau *m* **2.** (*abuso*) Ausbeutung *f*

explotar [esplo'tar] **I.** *vi* (*estallar*) explodieren; (*tener un arrebato*) platzen **II.** *vt* **1.** (*recursos, terreno*) nutzen; (AGR) bebauen; (MIN) abbauen **2.** (*abusar*) ausbeuten

expoliar [espo'ljar] *vt* ausrauben

expolio [es'poljo] *m* (*acción*) Plünderung *f;* (*botín*) Beute *f*

exponente [espo'nen̩te] *m* **1.** (*ejemplo*) Beispiel *nt;* (*índice*) Ausdruck *m* **2.** (MAT) Exponent *m*

exponer [espo'ner] *irr como poner* **I.** *vt* (*mostrar*) darlegen; (*hablar*) vortragen; (*exhibir*) ausstellen; (*interpretar*) auslegen; (*someter*) aussetzen; (*arriesgar*) riskieren; (*abandonar*) aussetzen **II.** *vr:* **~se** sich aussetzen; (*arriesgarse*) sich einem Risiko aussetzen

exportación [esporta'θjon] *f* Export *m*

exportador(a) [esporta'ðor(a)] **I.** *adj* Export- **II.** *m(f)* Exporteur(in) *m(f)*

exportar [espor'tar] *vt* exportieren (*a* nach +*dat*)

exposición [esposi'θjon] *f* Ausstellung *f;* **~ universal** Weltausstellung *f*

expósito, -a [es'posito, -a] **I.** *adj* Findel- **II.** *m, f* Findelkind *nt*

expositor(a) [esposi'tor(a)] *m(f)* **1.** (*que exhibe*) Aussteller(in) *m(f)* **2.** (*que aclara*) Referent(in) *m(f)*

exprés [es'pres] **I.** *adj inv* Eil-; **café ~** Espresso *m;* **olla ~** Schnellkochtopf *m* **II.** *m* Schnellzug *m*

expresamente [espresa'men̩te] *adv* ausdrücklich; (*deliberadamente*) vorsätzlich

expresar [espre'sar] **I.** *vt* (*manifestar*) äußern; (*decir*) aussprechen; (*indicar*) zu erkennen geben **II.** *vr:* **~se** (*hacerse entender*) sich ausdrücken; (*hablar*) sich äußern

expresión [espre'sjon] *f* **1.** (*palabra*) Ausdruck *m;* (*locución*) Wendung *f* **2.** (*gesto*) Ausdruck *m*

expresionismo [espresjo'nismo] *m* Expressionismus *m*

expresivo, -a [espre'siβo, -a] *adj* (*vivo*) lebhaft; (*revelador*) ausdrucksvoll

expreso, -a [es'preso, -a] *adj:* **tren ~** D-Zug *m;* **enviar una carta por (correo) ~** einen Brief per Eilpost verschicken

exprimidor [esprimi'ðor] *m* Entsafter *m*

exprimir [espri'mir] *vt* auspressen; ~ **a alguien para que hable** (*fig*) jdn ausquetschen
expropiación [espropja'θjon] *f* Enteignung *f*
expropiar [espro'pjar] *vt* enteignen
expuesto, -a [es'pwesto, -a] *adj* (*peligroso*) gefährlich; (*sin protección*) gefährdet; (*sensible*) anfällig (*a* für +*akk*)
expulsar [espul'sar] *vt* (*a alguien*) hinauswerfen (*de* aus +*dat*)
expulsión [espul'sjon] *f* (*del país*) Vertreibung *f;* ~ **del campo de juego** (DEP) Platzverweis *m*
exquisito, -a [eski'sito, -a] *adj* exquisit
éxtasis ['estasis] *m inv* Ekstase *f*
extender [esten̪'der] <e→ie> **I.** *vt* **1.** (*papeles*) ausbreiten (*en/sobre/por* auf +*dat*); (*pintura, betún, semillas*) verteilen (*en/sobre* auf +*dat*) **2.** (*desplegar*) strecken; ~ **la mano** die Hand ausstrecken **3.** (*ensanchar*) ausdehnen; (*agrandar*) erweitern **4.** (*propagar*) verbreiten (*por* in +*dat,* über +*akk*) **5.** (*escribir*) ausstellen; (*documento*) aufsetzen **II.** *vr:* ~**se** (*terreno*) sich erstrecken; (*prolongarse*) dauern (*a/hasta* bis +*akk*); (*difundirse, expresarse*) sich verbreiten (*por* über +*akk*)
extendido, -a [esten̪'diðo, -a] *adj* **1.** (*amplio*) weit **2.** (*conocido*) verbreitet; **estar muy** ~ weit verbreitet sein **3.** (*detallado*) ausführlich
extensible [esten'siβle] *adj* **1.** (*ampliable*) ausdehnbar **2.** (*desplegable*) ausziehbar; **mesa** ~ Ausziehtisch *m*
extensión [esten'sjon] *f* **1.** (*dimensión*) Ausdehnung *f;* (*longitud*) Länge *f;* **en toda la** ~ **de la palabra** im weitesten Sinne des Wortes; **por** ~ im weiteren Sinne **2.** (*difusión*) Verbreitung *f* **3.** (*duración*) Dauer *f* **4.** (*ampliación*) Erweiterung *f;* ~ **hacia el este** (POL) Osterweiterung *f* **5.** (TEL) Nebenanschluss *m*
extenso, -a [es'tenso, -a] *adj* (*amplio*) weit; (*dilatado*) ausführlich
extenuar [estenu'ar] <*1. pres:* extenúo> *vt* (*agotar*) erschöpfen; (*debilitar*) entkräften
exterior [este'rjor] **I.** *adj* **1.** (*de fuera*) äußere(r, s); **aspecto** ~ Äußere(s) *nt* **2.** (*extranjero*) ausländisch; **Ministerio de Asuntos Exteriores** Außenministerium *nt* **II.** *m* **1.** (*parte de afuera, apariencia*) Äußere(s) *nt* **2.** (*extranjero*) Ausland *nt*
exteriorizar [esterjori'θar] <z→c> *vt* (*manifestar*) zeigen; (*revelar*) zum Ausdruck bringen
exteriormente [esterjor'men̪te] *adv* äußerlich
exterminar [estermi'nar] *vt* (*aniquilar*) ausrotten; (*devastar*) zerstören
exterminio [ester'minjo] *m* (*aniquilación*) Ausrottung *f;* (*devastación*) Zerstörung *f*
externo, -a [es'terno, -a] *adj* äußerlich
extinción [estin̪'θjon] *f* **1.** (*apagado*) Löschen *nt;* ~ **de incendios** Brandlöschung *f* **2.** (ECOL) Aussterben *nt;* **en vías de** ~ vom Aussterben bedroht **3.** (*de obligación/derecho*) Erlöschen *nt;* (*de contrato*) Ablauf *m*
extinguir [estiŋ'gir] <gu→g> **I.** *vt* (*apagar*) löschen; (*finalizar*) auslöschen **II.** *vr:* ~**se** (*apagarse*) erlöschen; (*finalizar*) zu Ende gehen; (ECOL) aussterben
extinto, -a [es'tin̪to, -a] *adj* (*Am*) verstorben
extintor [estin̪'tor] *m:* ~ **de incendios** Feuerlöscher *m*
extirpar [estir'par] *vt* **1.** (MED) (operativ) entfernen; (*miembro*) amputieren **2.** (*erradicar*) ausrotten **3.** (*arrancar*) ausreißen
extorsión [estor'sjon] *f* **1.** (*chantaje*) Erpressung *f* **2.** (*molestia*) Umstände *mpl;* **ser una** ~ viele Umstände machen
extorsionar [estorsjo'nar] *vt* erpressen; (*molestar*) Umstände machen +*dat*
extra ['estra] *adj* **1.** (*adicional*) Extra-; **horas** ~**s** Überstunden *fpl;* **paga** ~ Lohnzulage *f* **2.** *inv* (*excelente*) erstklassig; **de calidad** ~ von besonderer Qualität
extracción [estraʏ'θjon] *f* (Heraus)ziehen *nt;* (*lotería*) Ziehung *f*
extraconyugal [estrakonɟu'ɣal] *adj* außerehelich
extracto [es'trakto, -a] *m* (*resumen*) Zusammenfassung *f;* (*pasaje*) Auszug *m;* (QUÍM) Extrakt *m o nt*
extractor [estrak'tor] *m:* ~ **de humo** Rauchabzug *m*
extradición [estraði'θjon] *f* Auslieferung *f*
extraditar [estraði'tar] *vt* ausliefern
extraer [estra'er] *irr como traer vt* (heraus)ziehen; (MIN) fördern
extraescolar [estraesko'lar] *adj* außerschulisch
extrajudicial [estraxuði'θjal] *adj* außerge-

richtlich

extralimitarse [estralimi'tarse] *vr* zu weit gehen; ~ **en sus funciones** seine Befugnisse überschreiten; ~ **en sus esfuerzos** sich überanstrengen

extranjero[1] [estraŋ'xero] *m* Ausland *nt*

extranjero, -a[2] [estraŋ'xero, -a] **I.** *adj* ausländisch; **lengua extranjera** Fremdsprache *f* **II.** *m, f* Ausländer(in) *m(f)*

extrañamente [estraɲa'mente] *adv* merkwürdigerweise

extrañar [estra'ɲar] **I.** *vt* **1.** (*sorprender*) erstaunen; **¡no me extraña!** das habe ich mir schon gedacht! **2.** (*encontrar extraño*) ungewohnt finden **3.** (*echar de menos*) vermissen **II.** *vr:* ~**se** sich wundern (*de* über +*akk*)

extraño, -a [es'traɲo, -a] *adj* **1.** (*raro, forastero*) fremd; (*extranjero*) ausländisch **2.** (*peculiar*) sonderbar; (*extraordinario*) ungewöhnlich

extraoficial [estraofi'θjal] *adj* inoffiziell

extraordinario, -a [estraorði'narjo, -a] *adj* **1.** (*fuera de lo normal*) außerordentlich; (*muy bueno*) hervorragend **2.** (*por añadidura*) Sonder-

extrarradio [estra'rraðjo] *m* Außenbezirk *m;* **extraterrestre** [estrate'rrestre] **I.** *adj* außerirdisch **II.** *mf* Außerirdische(r) *mf*

extravagancia [estraβa'ɣaṇθja] *f* Extravaganz *f;* (*excentricidad*) Verschrobenheit *f*

extravagante [estraβa'ɣaṇte] *adj* extravagant; (*excéntrico*) verrückt

extraviar [estraβi'ar] <*1. pres:* extravío> **I.** *vt* **1.** (*despistar*) vom Weg abbringen **2.** (*perder*) verlieren; (*dejar*) verlegen **II.** *vr:* ~**se 1.** (*errar el camino*) sich verirren **2.** (*perderse*) abhanden kommen; (*carta*) verloren gehen

extremado, -a [estre'maðo, -a] *adj* extrem; (*exagerado*) übertrieben

Extremadura [estrema'ðura] *f* Estremadura *f*

extremar [estre'mar] *vt:* **la policía extremó las medidas de seguridad** die Polizei traf strengste Sicherheitsvorkehrungen

extremaunción [estremauṇ'θjon] *f* letzte Ölung *f*

extremeño, -a [estre'meɲo, -a] *adj* aus Estremadura

extremidad [estremi'ðað] *f pl* (ANAT) Gliedmaßen *fpl*

extremismo [estre'mismo] *m* Extremismus *m*

extremista [estre'mista] *mf* Extremist(in) *m(f)*

extremo[1] [es'tremo] *m* **1.** (*cabo*) Ende *nt;* **en último** ~ äußerstenfalls **2.** (*asunto*) Punkt *m;* **en este** ~ in dieser Hinsicht **3.** (*punto límite*) Äußerste(s) *nt;* **esto llega hasta el** ~ **de...** das geht so weit, dass ...

extremo, -a[2] [es'tremo, -a] *adj* (*sumo*) äußerste(r, s), extrem; (*distante*) letzte(r, s)

extrovertido, -a [estroβer'tiðo, -a] *adj* extravertiert

exuberancia [eᵞsuβe'raṇθja] *f* Üppigkeit *f*

exuberante [eᵞsuβe'raṇte] *adj* üppig

eyaculación [eɟakula'θjon] *f* Samenerguss *m*

eyacular [eɟaku'lar] *vi* ejakulieren

F

F, f ['efe] *f* F, f *nt*

fa [fa] *m inv* (MÚS) f, F *nt;* ~ **sostenido** Fis *nt*

fabada [fa'βaða] *f* Bohneneintopf *m*

fábrica ['faβrika] *f* Fabrik *f;* ~ **de cerveza** Brauerei *f*

fabricación [faβrika'θjon] *f* Herstellung *f;* ~ **en masa** Massenproduktion *f*

fabricante [faβri'kaṇte] *mf* Hersteller(in) *m(f)*

fabricar [faβri'kar] <c→qu> *vt* herstellen

fábula ['faβula] *f* Fabel *f;* (*fam*) (Lügen)geschichte *f*

fabuloso, -a [faβu'loso, -a] *adj* großartig

faceta [fa'θeta] *f* Facette *f;* (*aspecto*) Seite *f*

facha[1] ['fatʃa] *mf* (*fam pey*) Rechtsradikale(r) *mf*

facha[2] ['fatʃa] *f* Aussehen *nt,* Äußere(s) *nt;* **estar hecho una** ~ (*fam*) lächerlich aussehen

fachada [fa'tʃaða] *f* Fassade *f;* (*apariencia*) Erscheinung *f*

fachendoso, -a [fatʃeṇ'doso, -a] *adj*

(*fam*) großtuerisch

facial [fa'θjal] *adj* Gesichts-

fácil ['faθil] *adj* **1.** (*sin dificultades*) leicht, einfach **2.** (*cómodo*) bequem **3.** (*probable*) wahrscheinlich; **es ~ que...** +*subj* es ist wahrscheinlich, dass ...

facilidad [faθili'ðaᵈ] *f* **1.** (*sin dificultad*) Leichtigkeit *f* **2.** (*dotes*) Begabung *f* **3.** *pl* Erleichterungen *fpl;* **ofrecer** [*o* **dar**] **~es a alguien para algo** jdm bei etw *dat* entgegenkommen

facilitar [faθili'tar] *vt* (*favorecer*) erleichtern; (*posibilitar*) ermöglichen; (*entregar*) zur Verfügung stellen

fácilmente [faθil'mente] *adv* mühelos; (*con probabilidad*) wahrscheinlich

facsímil(e) [faᵞ'simil(e)] *m* Faksimile *nt*

factible [fak'tiβle] *adj* machbar

factor [fak'tor] *m* Faktor *m;* **~ de protección** Schutzfaktor *m;* **~ de riesgo** Risikofaktor *m*

factoría [fakto'ria] *f* Fabrik *f*

factura [fak'tura] *f* Rechnung *f;* (*recibo*) Quittung *f*

facturación [fakturaθjon] *f* **1.** (*elaboración de una factura*) Berechnung *f* **2.** (FERRO) Gepäckaufgabe *f*

facturar [faktu'rar] *vt* (FERRO) aufgeben; **~ (el equipaje)** (AERO) einchecken

facultad [fakul'taᵈ] *f* **1.** (*atribuciones*) Befugnis *f* **2.** (*aptitud*) Fähigkeit *f* **3.** (UNIV) Fakultät *f*

facultar [fakul'tar] *vt* berechtigen (*para* zu +*dat*)

facultativo, -a [fakulta'tiβo, -a] **I.** *adj* fakultativ; (UNIV) Fakultäts-; (*del médico*) ärztlich **II.** *m, f* Arzt *m,* Ärztin *f*

faena [fa'ena] *f* **1.** (*tarea*) Arbeit *f;* **~s domésticas** Hausarbeit(en) *f(pl)* **2.** (*fam*): **hacer una ~ a alguien** jdm einen Streich spielen **3.** (TAUR) *Gefecht des Stierkämpfers*

faenar [fae'nar] *vi* (hart) arbeiten; (*pescar*) fischen

fagot[1] [fa'ɣoᵗ] *mf* Fagottist(in) *m(f)*

fagot[2] [fa'ɣoᵗ] *m* Fagott *nt*

fain [fai̯n] *adj* (*Am*) prima; (*calidad*) hochwertig

fair play [fer plei̯] *m* Fairplay *nt*

faisán [fai̯'san] *m* Fasan *m*

faitear [fai̯te'ar] *vi* (*Am*) sich prügeln

faja ['faxa] *f* Korsett *nt;* (*para abrigar*) (Leib)binde *f;* (*distintivo honorífico*) Schärpe *f*

fajar [fa'xar] *vt, vr* (*Am*) (sich) schlagen

fajín [fa'xin] *m* **1.** *dim de* **faja** **2.** (Amts)schärpe *f*

fajo ['faxo] *m* Bündel *nt*

falange [fa'laŋxe] *f:* **Falange Española** Falange *f* (*faschistische Staatspartei Spaniens von 1933 – 1976*)

falangista [falaŋ'xista] *mf* Falangist(in) *m(f)*

falda ['fal̯da] *f* Rock *m;* **~ pantalón** Hosenrock *m;* **~ plisada** Plisseerock *m*

faldero [fal̯'dero] *m:* **perro ~** Schoßhund *m*

faldón [fal̯'don] *m* **1.** (*de una camisa*) Schoß *m* **2.** (*de una funda*) Volant *m*

falible [fa'liβle] *adj* fehlbar; (*engañoso*) trügerisch

fálico, -a ['faliko, -a] *adj* phallisch

fallar [fa'ʎar] **I.** *vi* **1.** (JUR) ein Urteil fällen **2.** (*malograrse: proyecto*) misslingen; (*plan, intento*) fehlschlagen **3.** (*no funcionar*) versagen; **le ~on los nervios** seine/ihre Nerven machten nicht mit **4.** (*no cumplir con su palabra*): **~ a alguien** jdn im Stich lassen; (*en una cita*) jdn versetzen **II.** *vt* **1.** (JUR) fällen; **~ la absolución** auf Freispruch erkennen; **~ un pleito** einen Rechtsstreit beilegen **2.** (DEP) danebenschießen

> Die **Fallas,** das größte valencianische Volksfest, werden am spanischen **día del padre** (Vatertag) gefeiert. Die **fallas** sind Figuren aus gepresstem Papier, die hauptsächlich prominente Persönlichkeiten humoristisch darstellen. In der **noche del fuego,** am 19. März, werden sie verbrannt.

fallecer [faʎe'θer] *irr como crecer vi* sterben

fallecido, -a [faʎe'θiðo, -a] **I.** *adj* verstorben **II.** *m, f* Verstorbene(r) *mf*

fallecimiento [faʎeθi'mjento] *m* Sterben *nt*

fallero, -a [fa'ʎero, -a] *m, f Teilnehmer(in) am Umzug der Fallas*

fallido, -a [fa'ʎiðo, -a] *adj* misslungen; (*intento*) gescheitert

fallo ['faʎo] *m* **1.** (JUR) Urteil *nt* **2.** (*error*) Fehler *m;* (*omisión*) Auslassung *f;* **~ humano** menschliches Versagen **3.** (*fracaso*) Fehlschlag *m*

F

falo ['falo] *m* (*elev*) Phallus *m*

falocracia [falo'kraθja] *f* Männerherrschaft *f*

falseador(a) [falsea'ðor(a)] *m(f)* (Ver)fälscher(in) *m(f)*

falsear [false'ar] *vt* verfälschen; (*verdad*) entstellen

falsedad [false'ðað] *f* Falschheit *f;* (*hipocresía*) Heuchelei *f*

falsete [fal'sete] *m* (MÚS) Falsett *nt;* **cantar en ~** falsettieren

falsificación [falsifika'θjon] *f* (*acto*) Fälschen *nt;* (*objeto*) Fälschung *f;* **~ de billetes** Falschgeldherstellung *f*

falsificador(a) [falsifika'ðor(a)] *m(f)* Fälscher(in) *m(f);* **~ de documentos** Urkundenfälscher *m*

falsificar [falsifi'kar] <c→qu> *vt* fälschen

falso[1] ['falso] *adv:* **dar un paso en ~** einen Fehltritt tun

falso, -a[2] ['falso, -a] *adj:* **¡~!** das ist gelogen!; **llave falsa** Dietrich *m;* **puerta falsa** blinde Tür

falta ['fal̩ta] *f* **1.** (*carencia*) Mangel *m* (*de* an +*dat*); (*ausencia*) Abwesenheit *f;* **~ de dinero** Geldmangel *m;* **~ de educación** Respektlosigkeit *f;* **echar en ~ algo/a alguien** etw/jdn vermissen; **¡ni ~ que hace!** das ist absolut nicht nötig! **2.** (*equivocación*) Fehler *m;* **~ ortográfica** Rechtschreibfehler *m;* **sin ~s** fehlerlos; **sin ~** ganz sicher **3.** (DEP) Foul(spiel) *nt*

faltar [fal̩'tar] *vi* **1.** (*no estar*) fehlen (an +*dat*); (*persona*) fernbleiben; **~ a clase** dem Unterricht fernbleiben; **~ a una cita** ein Treffen versäumen; **nos falta dinero para...** wir haben nicht genug Geld, um ...; **no falta quien...** es gibt auch einige, die ...; **falta (por) saber si...** es ist nur noch die Frage, ob ...; **¡no ~ía más!** (*respuesta a agradecimiento*) das war doch nicht der Rede wert!; (*asentir amablemente*) aber selbstverständlich!; **¡lo que faltaba!** das hat uns gerade noch gefehlt! **2.** (*loc*): **~ (por) hacer** noch getan werden müssen **3.** (*temporal*) fehlen; **falta poco para las doce** es ist fast zwölf Uhr; **faltan diez para las nueve** (*Am*) es ist zehn vor neun **4.** (*no cumplir*): **~ a** verstoßen gegen +*akk;* **~ a su palabra** wortbrüchig werden; **~ a su mujer** seine Frau betrügen **5.** (*ofender*) verletzen

falto, -a ['fal̩to, -a] *adj:* **está ~ de cariño** ihm mangelt es an Zuneigung

fama ['fama] *f* **1.** Ruhm *m;* (*celebridad*) Berühmtheit *f;* **tener ~** berühmt sein **2.** (*reputación*) Ruf *m;* **tener ~ de fanfarrón** als Aufschneider gelten

famélico, -a [fa'meliko, -a] *adj* ausgehungert

familia [fa'milja] *f* Familie *f;* (*que comparten una casa*) Haushalt *m;* **~ monoparental** Einelternfamilie *f;* **~ numerosa** kinderreiche Familie; **cabeza de ~** Familienoberhaupt *nt;* **~ política** *durch Heirat verbundene Familien;* **libro de ~** Familienstammbuch *nt;* **de buena ~** aus gutem Hause; **en ~** im (engsten) Familienkreis; **ser de la ~** zur Familie gehören; **acordarse de la ~ de alguien** (*argot*) jds Familie verfluchen

familiar [fami'ljar] **I.** *adj* **1.** (*íntimo*) familiär; **asunto ~** Familienangelegenheit *f;* **economía ~** privater Haushalt **2.** (*conocido*) vertraut **II.** *mf* (*pariente*) Verwandte(r) *mf*

familiaridad [familjari'ðað] *f* Vertraulichkeit *f;* (*trato familiar*) Vertrautheit *f*

familiarizarse <z→c> *vr* sich gewöhnen (*con* an +*akk*); **~se con un sistema nuevo** sich in ein neues System einarbeiten

famoso, -a [fa'moso, -a] *adj* (*conocido*) berühmt (*por* durch +*akk*)

fan [fan] *mf* <fans> Fan *m*

fanático, -a [fa'natiko, -a] **I.** *adj* fanatisch **II.** *m, f* **1.** (*fam: hincha*) Anhänger(in) *m(f)* (*de* von +*dat*); **es una fanática del rock** sie ist ganz wild auf Rockmusik **2.** (*pey: extremista*) Fanatiker(in) *m(f)*

fanfarrón, -ona [faɱfa'rron, -ona] *m, f* (*fam*) Prahlhans *m*

fanfarronada [faɱfarro'naða] *f* (*fam*) Prahlerei *f*

fanfarronear [faɱfarrone'ar] *vi* (*fam*) prahlen

fangal [faŋ'gal] *m* Morast *m*

fango ['faŋgo] *m* Schlamm *m*

fangoso, -a [faŋ'goso, -a] *adj* schlammig

fantasear [fan̪tase'ar] *vi* fantasieren; (*presumir*) prahlen

fantasía [fan̪ta'sia] *f* Fantasie *f;* **¡déjate de ~s!** hör auf zu träumen!

fantasioso, -a [fan̪ta'sjoso, -a] *adj:* **idea fantasiosa** Fantasterei *f*

fantasma [fan̪'tasma] *m* Gespenst *nt;* (*fam*) Angeber(in) *m(f)*

fantasmada [fan̪tas'maða] *f* (*fam*) Prahlerei *f*

fantasmal [fan̪tas'mal] *adj* gespenstisch

fantástico, -a [fan̪'tastiko, -a] *adj* fantastisch; (*fam*) toll

fantoche [fan̪'totʃe] *m* **1.**(*títere*) Marionette *f* **2.**(*mamarracho*) Vogelscheuche *f* **3.**(*fantasmón*) Prahlhans *m*

faquir [fa'kir] *m* Fakir *m*

farándula [fa'ran̪dula] *f* Komödiantentum *nt;* (TEAT) primitive Wanderbühne *f*

faraón [fara'on] *m* Pharao *m*

faraónico, -a [fara'oniko, -a] *adj* pharaonisch

fardar [far'ðar] *vi* (*fam: presumir*) protzen; (*impresionar*) Eindruck schinden

fardo ['farðo] *m* Ballen *m;* (*de ropa*) Kleiderbündel *nt*

farfullar [farfu'ʎar] *vi* (*fam*) stottern

faringe [fa'riŋxe] *f* Rachen *m*, Schlund *m*

faringitis [fariŋ'xitis] *f inv* Rachenentzündung *f*

fariseo, -a [fari'seo, -a] *m, f* Pharisäer(in) *m(f);* (*hipócrita*) Heuchler(in) *m(f)*

farmacéutico, -a [farma'θeu̯tiko, -a] **I.** *adj* pharmazeutisch; **industria farmacéutica** Pharmaindustrie *f;* **productos ~s** Arzneimittel *ntpl* **II.** *m, f* Apotheker(in) *m(f)*

farmacia [far'maθja] *f* **1.**(*tienda*) Apotheke *f;* **~ de guardia** Bereitschaftsapotheke *f* **2.**(*ciencia*) Pharmazie *f*

fármaco ['farmako] *m* Arzneimittel *nt*

farmacodependencia [farmakoðepen̪'den̪θja] *f* Medikamentenabhängigkeit *f*

farmacólogo, -a [farma'koloɣo, -a] *m, f* Pharmakologe, -in *m, f*

faro ['faro] *m* **1.**(AUTO) Scheinwerfer *m;* **~ antiniebla** Nebelscheinwerfer *m* **2.**(NÁUT) Leuchtturm *m*

farol [fa'rol] *m* **1.**(*lámpara*) Laterne *f;* (*de papel*) Papierlaterne *f* **2.**(*fam*) Bluff *m;* **tirarse un ~** bluffen

farola [fa'rola] *f* Straßenlaterne *f*

farolear [farole'ar] *vi* (*fam*) große Töne spucken

farolero, -a [faro'lero, -a] **I.** *adj* (*fam*) prahlerisch **II.** *m, f* Prahlhans *m*

farolillo [faro'liʎo] *m* Lampion *m*

farra ['farra] *f:* **estar** [*o* **ir**] **de ~** (*fam*) einen draufmachen

fárrago ['farraɣo] *m* Durcheinander *nt*

farragoso, -a [farra'ɣoso, -a] *adj* verworren

farruco, -a [fa'rruko, -a] *adj* kühn; **ponerse ~ con alguien** jdm die Stirn bieten

farsa ['farsa] *f* Komödiantentum *nt;* (*engaño*) Schwindel *m*

farsante [far'san̪te] *mf* (*fam*) Schwindler(in) *m(f)*

fascículo [fas'θikulo] *m* Faszikel *m*

fascinación [fasθina'θjon] *f* Faszination *f;* **sentir ~ por algo** sich für etw begeistern

fascinador(a) [fasθina'ðor(a)] *adj,* **fascinante** [fasθi'nan̪te] *adj* faszinierend; (*persona*) bezaubernd; (*libro*) fesselnd

fascinar [fasθi'nar] **I.** *vi, vt* (*encantar*) faszinieren; (*libro*) fesseln **II.** *vr:* **~se** sich begeistern lassen

fascismo [fas'θismo] *m* Faschismus *m*

fascista [fas'θista] **I.** *adj* faschistisch **II.** *mf* Faschist(in) *m(f)*

fase ['fase] *f* Phase *f;* (*estado*) Stufe *f*

fastidiado, -a [fasti'ðjaðo, -a] *adj* angeschlagen

fastidiar [fasti'ðjar] **I.** *vt* **1.**(*molestar*) stören **2.**(*causar hastío*) anekeln **3.**(*aburrir*) langweilen **4.**(*loc*): **¡no te fastidia!** soweit kommt's noch! **II.** *vr:* **~se** (*fam*) **1.**(*enojarse*) sich ärgern (*con/de* über *+akk*); **¡fastídiate!** geschieht dir (ganz) recht!; **¡hay que ~se!** da muss man durch! **2.**(*aguantarse*) sich abfinden müssen (*con/de* mit *+dat*) **3.**(*Am: perjudicarse*) sich *dat* schaden

fastidio [fas'tiðjo] *m* Ärgernis *nt;* (*aburrimiento*) Langeweile *f;* (*hastío*) Ekel *m*

fastidioso, -a [fasti'ðjoso, -a] *adj:* **persona fastidiosa** Nervensäge *f fam*

fastuosidad [fastwosi'ðað] *f* Pracht *f*

fastuoso, -a [fastu'oso, -a] *adj* prachtvoll

fatal [fa'tal] **I.** *adj* (*inevitable*) unausweichlich; (*desagradable*) unangenehm; (*funesto*) verhängnisvoll; (*mortal*) tödlich **II.** *adv* (*fam*) mies; **el examen me fue ~** die Prüfung ist schlecht gelaufen

fatalidad [fatali'ðað] *f* Verhängnis *nt;* (*destino*) Schicksalsfügung *f*

fatalismo [fata'lismo] *m sin pl* Schicksalsglaube *m*

fatalista [fata'lista] **I.** *adj* fatalistisch **II.** *mf* **1.**(*que sigue el fatalismo*) Fatalist(in) *m(f)* **2.**(*fam: pesimista*) Pessimist(in) *m(f)*

fatídico, -a [fa'tiðiko, -a] *adj* wahrsagend; (*fam: algo*) Unheil bringend

fatiga [fa'tiɣa] *f* Ermüdung *f;* (*sofocos*) Atemnot *f*

F

fatigado, -a [fati'ɣaðo, -a] *adj* müde; (*sofocado*) außer Atem

fatigador(a) [fatiɣa'ðor(a)] *adj* anstrengend

fatigar [fati'ɣar] <g→gu> **I.** *vt* ermüden **II.** *vr:* ~**se** ermüden; (*sofocarse*) außer Atem kommen

fatigoso, -a [fati'ɣoso, -a] *adj* anstrengend; (*persona*) erschöpft

fauces ['fau̯θes] *fpl* (ZOOL) Rachen *m;* (*Am*) Eckzähne *mpl*

fauna ['fau̯na] *f* Tierwelt *f*

favela [fa'βela] *f* (*Am*) **1.** Barracke *f* **2.** *pl* Slums *pl*

favor [fa'βor] *m* **1.** Gefallen *m;* (*ayuda*) Hilfe *f;* **por** ~ bitte; **hacer un** ~ **a alguien** jdm einen Gefallen tun **2.** (*gracia*) Begünstigung *f;* **a** [*o* **en**] ~ **de alguien** zugunsten von jdm; **tener a alguien a su** ~ jdn auf seiner Seite haben **3. voto a** ~ Jastimme *f;* **estar a** ~ **de algo** sich für etw aussprechen; **votar a** ~ **de alguien** für jdn stimmen

favorable [faβo'raβle] *adj* (*propicio*) günstig (*a/para* für +*akk*); (*optimista*) positiv; (*benévolo*) wohlwollend

favorecedor(a) [faβoreθe'ðor(a)] *adj* vorteilhaft

favorecer [faβore'θer] *irr como crecer* **I.** *vt* (*beneficiar*) sich positiv auswirken (*a* auf +*akk*); (*ayudar*) unterstützen; (*dar preferencia*) bevorzugen; (*prendas de vestir*) gut stehen +*dat* **II.** *vr:* ~**se** Profit schlagen (*de* aus +*dat*)

favorecido, -a [faβore'θiðo, -a] *adj* begünstigt (*por* durch +*akk*)

favoritismo [faβori'tismo] *m* Vetternwirtschaft *f;* (*parcialidad*) Bevorzugung *f*

favorito, -a [faβo'rito, -a] **I.** *adj* Lieblings-; **plato** ~ Leibspeise *f* **II.** *m, f* Favorit(in) *m(f)*

fax [fa^{ɣ}s] *m inv* Fax *nt;* **mandar un** ~ ein Fax schicken

faxear [fa^{ɣ}se'ar] *vt* faxen

fe [fe] *f* **1.** (*religión*) Glaube *m* (*en* an +*akk*); ~ **en Dios** Glaube an Gott **2.** (*confianza*) Vertrauen *nt* (*en* zu +*dat*); **tener** ~ **en alguien** zu jdm Vertrauen haben; **de buena/mala** ~ mit guter/böser Absicht **3.** ~ **de bautismo/de matrimonio** Tauf-/Trauschein *m*

fealdad [feal̦'da^{ð}] *f* Hässlichkeit *f*

febrero [fe'βrero] *m* Februar *m;* *v. t.* **marzo**

febril [fe'βril] *adj* (*con fiebre*) fieb(e)rig; (*agitado*) fieberhaft

fecal [fe'kal] *adj* fäkal

fecha ['fetʃa] *f* Datum *nt;* (*señalada*) Termin *m;* ~ **de caducidad** Verfallsdatum *nt;* ~ **de cierre** Schlusstermin *m;* ~ **clave** Stichtag *m;* ~ **de las elecciones** Wahltag *m;* ~ **de entrega** (Ab)lieferungstermin *m;* **sin** ~ undatiert; **hasta la** ~ bis zum heutigen Tag

fechado, -a [fe'tʃaðo, -a] *adj:* ~ **el...** mit Datum vom ...

fechar [fe'tʃar] *vt* datieren

fechoría [fetʃo'ria] *f* Missetat *f;* (*travesura*) Streich *m*

fécula ['fekula] *f* Stärke *f*

fecundación [fekun̩da'θjon] *f* Befruchtung *f*

fecundar [fekun̩'dar] *vt* (BIOL) befruchten; (*fertilizar*) fruchtbar machen

fecundidad [fekun̩di'ða^{ð}] *f* Fruchtbarkeit *f*

fecundizar [fekun̩di'θar] <z→c> *vt* fruchtbar machen; (*mediante abonos*) düngen

fecundo, -a [fe'kun̩do, -a] *adj* fruchtbar; (*creador*) produktiv

federación [feðera'θjon] *f* Verband *m;* (*de estados*) Föderation *f*

federado, -a [feðe'raðo, -a] *adj:* **estado** ~ Bundesland *nt*

federal [feðe'ral] *adj* Bundes-, bundesstaatlich; **estado** ~ Bundesstaat *m;* **república** ~ Bundesrepublik *f*

federalismo [feðera'lismo] *m* Föderalismus *m*

federar [feðe'rar] *vt, vr:* ~**se** (sich) verbünden; (*federalizar(se)*) (sich) bundesstaatlich zusammenschließen

federativo, -a [feðera'tiβo, -a] *adj* bundesstaatlich, Bundes-

felicidad [feliθi'ða^{ð}] *f* **1.** (*dicha*) Glück *nt;* **¡~es!** (herzlichen) Glückwunsch!; **te deseamos muchas ~es** wir wünschen dir alles Gute **2.** (*alegría*) Freude *f*

felicitación [feliθita'θjon] *f* Glückwunsch *m;* (*tarjeta*) Glückwunschkarte *f*

felicitar [feliθi'tar] **I.** *vt* gratulieren (*a* +*dat, por* zu +*dat*) **II.** *vr:* ~**se** sich *dat* gratulieren (*por* zu +*dat*); ~**se de que...** +*subj* sich freuen, dass ...

feligrés, -esa [feli'ɣres, -esa] *m, f* Pfarrgemeindemitglied *nt*

felino, -a [fe'lino, -a] *adj* katzenartig

feliz [fe'liθ] *adj* glücklich; **¡~ Navidad!** frohe Weihnachten!; **¡~ viaje!** gute Reise!
felpa ['felpa] *f* Plüsch *m*
felpudo [fel'puðo, -a] *m* Fußmatte *f*
femenino, -a [feme'nino, -a] *adj* **1.** (*de sexo femenino*) weiblich; **equipo ~** Damenmannschaft *f* **2.** (*afeminado*) verweichlicht **3.** (LING) feminin
feminidad [femini'ðað] *f* Weiblichkeit *f*
feminismo [femi'nismo] *m* Feminismus *m;* (*movimiento*) Frauenbewegung *f*
feminista [femi'nista] *adj* feministisch
fémur ['femur] *m* Oberschenkelknochen *m*
fénix ['feniˠs] *m* Phönix *m*
fenomenal [fenome'nal] *adv* (*fam*) fabelhaft
fenómeno [fe'nomeno] **I.** *adj inv* (*fam*): **¡~!** super! **II.** *m* **1.** Phänomen *nt;* (*maravilla*) Wunder *nt* **2.** (*genio*) Genie *nt* **III.** *adv* toll
feo[1] ['feo] *m* (*fam*): **hacer un ~ a alguien** zu jdm gemein sein
feo, -a[2] ['feo, -a] *adj* **1.** (*espantoso*) hässlich; **la cosa se está poniendo fea** es wird langsam brenzlig **2.** (*reprobable*) gemein; **está muy ~ lo que hiciste** so etwas macht man nicht
féretro ['feretro] *m* Sarg *m*
feria ['ferja] *f* **1.** (*exposición*) Messe *f* **2.** (*fiesta*) Fest *nt* **3.** (*verbena*) Jahrmarkt *m;* **puesto de ~** Jahrmarktsbude *f*
ferial [fe'rjal] *adj* Messe-; **recinto ~** Messegelände *nt*
feriar [fe'rjar] **I.** *vi* Urlaub nehmen (*en* an +*dat*) **II.** *vt* **1.** (*mercar*) kaufen **2.** (*vender*) verkaufen **3.** (*permutar*) tauschen
fermentación [fermeṇta'θjon] *f* (Ver)gärung *f;* (*de tabaco, té*) Fermentation *f*
fermentar [fermeṇ'tar] **I.** *vi* (ver)gären; (*agitarse*) brodeln **II.** *vt* vergären
fermento [fer'meṇto] *m* **1.** (*sustancia*) Gärmittel *nt* **2.** (*origen*) Auslöser *m*
feroz [fe'roθ] *adj* wild; (*cruel*) grausam
férreo, -a ['ferreo, -a] *adj:* **vía férrea** Eisenbahngleis
ferretería [ferrete'ria] *f* Eisenwarengeschäft *nt*
ferrocarril [ferroka'rril] *m* **1.** (*vía*) Schienen *fpl* **2.** (*tren*) Eisenbahn *f;* **~ de vía ancha** Breitspurbahn *f;* **por ~** per Bahn
ferroviario, -a [ferro'βjarjo, -a] *adj* Eisenbahn-
ferry ['ferri] *m* Fähre *f*
fértil ['fertil] *adj* fruchtbar; (*rico*) reich (*en* an +*dat*)
fertilidad [fertili'ðað] *f* Fruchtbarkeit *f;* (*de tierra*) Ergiebigkeit *f*
fertilización [fertiliθa'θjon] *f:* **~ in vitro** In-vitro-Fertilisation *f*
fertilizante [fertili'θaṇte] *m* Düngemittel *nt*
fertilizar [fertili'θar] <z→c> *vt* fruchtbar machen; (*abonar*) düngen
ferviente [fer'βjeṇte] *adj* begeistert
fervor [fer'βor] *m* **1.** (*calor*) Hitze *f* **2.** (*celo*) Eifer *m;* **con ~** eifrig **3.** (REL) Frömmigkeit *f*
festejar [feste'xar] *vt* **1.** (*celebrar*) feiern **2.** (*Am*) verprügeln
festejo [fes'texo] *m* **1.** (*fiesta*) Fest *nt,* Feier *f* **2.** *pl* Feierlichkeiten *fpl*
festín [fes'tin] *m* Feier *f;* (*banquete*) Festessen *nt*
festival [festi'βal] *m* Festival *nt;* **~ de cine** Filmfestspiele *ntpl*
festividad [festiβi'ðað] *f* Feierlichkeit *f;* (*día*) Festtag *m*
festivo, -a [fes'tiβo, -a] *adj* Feier-; **día ~** Feiertag *m*
fetal [fe'tal] *adj* fötal
fetiche [fe'tiʧe] *m* Fetisch *m*
fetichismo [feti'ʧismo] *m* Fetischismus *m*
fetichista [feti'ʧista] *mf* Fetischist(in) *m(f)*
fetidez [feti'ðeθ] *f* Gestank *m*
fétido, -a ['fetiðo, -a] *adj* übel riechend
feto ['feto] *m* (MED) Leibesfrucht *f;* (*monstruo*) Missgeburt *f*
feúcho, -a [fe'uʧo, -a] *adj* (*fam*) hässlich
feudal [feu̯'ðal] *adj:* **señor ~** Feudalherr *m*
feudalismo [feu̯ða'lismo] *m* Feudalismus *m;* (*época*) Feudalzeit *f*
feudo ['feu̯ðo] *m* Lehn(s)gut *nt;* **este pueblo es un ~ de los socialistas** dieses Dorf ist ein Bollwerk der Sozialisten
fiabilidad [fjaβili'ðað] *f* Zuverlässigkeit *f*
fiable [fi'aβle] *adj* zuverlässig
fiado, -a [fi'aðo, -a] *adj* zuversichtlich; **comprar al ~** auf Kredit kaufen
fiador(a) [fja'ðor(a)] *m(f)* Bürge, -in *m, f* (*de* für +*akk*); **salir ~ por alguien** für jdn bürgen
fiambre [fi'ambre] *m* **1.** (GASTR) Wurstwaren *fpl* **2.** (*fam: cadáver*) Leiche *f;* **ese está ~** der ist mausetot
fiambrera [fjam'βrera] *f* (*cesta*) Picknick-

F

korb *m;* (*caja*) Frischhaltebox *f*

fianza [fi'an̪θa] *f* Kaution *f;* (*garantía*) Garantie *f*

fiar [fi'ar] <*1. pres:* fío> **I.** *vi* **1.** (*al vender*) Kredit geben **2.** (*confiar*) vertrauen (*en* auf +*akk*) **II.** *vt* **1.** (*garantizar*) bürgen (für +*akk*) **2.** (*dar crédito*) auf Kredit überlassen **3.** (*confiar*) anvertrauen; **es de ~** er/sie ist zuverlässig **III.** *vr:* **~se** sich verlassen (*de* auf +*akk*); **no te fíes de lo que dice** glaub ihm/ihr kein Wort

fiasco ['fjasko] *m* Fiasko *nt*

fibra ['fiβra] *f* **1.** Faser *f;* **~ muscular** (MED) Muskelfaser *f;* **~ de vidrio** Glasfaser *f* **2.** *pl* (*en alimentos*) Ballaststoffe *mpl*

fibroso, -a [fi'βroso, -a] *adj* faserig; (MED) fibrös

ficción [fiʸ'θjon] *f* **1.** (*simulación*) Vortäuschung *f* **2.** (*invención*) Erfindung *f;* **~ novelesca** Roman *m;* **ciencia ~** Sciencefiction *f*

ficha ['fiʧa] *f* (*de ruleta, para una máquina*) Jeton *m;* (*de dominó*) (Spiel)stein *m;* **~ chip** Chipkarte *f*

fichar [fi'ʧar] **I.** *vi* **1.** (DEP) sich verpflichten **2.** (*en el trabajo*) stechen **II.** *vt* **1.** (*registrar*) in die Kartei aufnehmen; **estar fichado** vorbestraft sein **2.** (DEP) verpflichten

fichero [fi'ʧero] *m* Karteikasten *m;* (INFOR) Datei *f*

ficticio, -a [fik'tiθjo, -a] *adj* (frei) erfunden

fidedigno, -a [fiðe'ðiɣno, -a] *adj* glaubwürdig

fideicomiso [fidei̯ko'miso] *m* (JUR) Treuhandschaft *f*

fidelidad [fiðeli'ðaᵈ] *f* **1.** (*lealtad*) Treue *f* **2.** (*precisión*) Genauigkeit *f;* **alta ~** Highfidelity *f*

fideo [fi'ðeo] *m* Suppennudel *f;* (*fam: persona*) Bohnenstange *f*

fiduciario, -a [fiðuθi'ðarjo, -a] **I.** *adj* treuhänderisch **II.** *m, f* Treuhänder(in) *m(f)*

fiebre ['fjeβre] *f* Fieber *nt;* **~ del heno** Heuschnupfen *m;* **~ del oro** Goldrausch *m;* **~ palúdica** Malaria *f*

fiel [fjel] **I.** *adj* treu; **ser ~ a una promesa** sein Versprechen halten **II.** *m pl* Gläubigen *mpl*

fieltro ['fjel̪tro] *m* Filz *m*

fiera ['fjera] *f* Raubtier *nt*

fiereza [fje'reθa] *f* Wildheit *f;* (*de una persona*) Brutalität *f*

fiero, -a ['fjero, -a] *adj* wild; (*cruel*) brutal

fierro ['fjerro] *m* (*Am*) **1.** (*hierro*) Eisen *nt* **2.** (*del ganado*) Brandzeichen *nt*

fiesta ['fjesta] *f* **1.** (*día*) Feiertag *m;* **¡Felices Fiestas!** Frohe Weihnachten!; **hoy hago ~** heute mache ich frei **2.** (*celebración*) Fest *nt;* **aguar la ~ a alguien** (*fam*) jdm den Spaß verderben

fifí [fi'fi] *m* (*Am*) Fatzke *m fam,* Snob *m*

figura [fi'ɣura] *f* Figur *f;* (*imagen*) Gestalt *f*

figuración [fiɣura'θjon] *f* (ARTE) Figuration *f;* (*imaginación*) Einbildung *f*

figurado, -a [fiɣu'raðo, -a] *adj:* **en sentido ~** im übertragenen Sinne

figurante [fiɣu'ran̪te] *mf* Statist(in) *m(f)*

figurar [fiɣu'rar] **I.** *vi* **1.** (*encontrarse*) erscheinen; **no figura en la lista** er/sie steht nicht auf der Liste; **figura en el puesto número tres** er/sie rangiert auf Platz drei **2.** (*destacar*) eine wichtige Rolle spielen **3.** (*aparentar*) angeben **II.** *vt* (*simular*) vortäuschen **III.** *vr:* **~se** sich *dat* vorstellen; **¡figúrate!** stell dir vor!

figurativo, -a [fiɣura'tiβo, -a] *adj* figürlich; **no ~** abstrakt

figurín [fiɣu'rin] *m* Schaufensterpuppe *f*

fijación [fixa'θjon] *f:* **tener una ~ por alguien** eine Schwäche für jdn haben

fijador [fixa'ðor] *m* **1.** (*para el pelo*) Haarfestiger *m* **2.** (*de pintura*) Fixiermittel *nt* **3.** (FOTO) Fixierbad *nt*

fijar [fi'xar] **I.** *vt* **1.** (*sujetar*) befestigen (*a/en* an +*dat*); **prohibido ~ carteles** Plakate ankleben verboten **2.** (*la mirada*) heften (*en* auf +*akk*); **~ la atención en algo** die Aufmerksamkeit auf etw richten **3.** (*residencia, precio*) festlegen **II.** *vr:* **~se 1.** (*atender*) aufpassen; **ese se fija en todo** ihm entgeht nichts; **fíjate bien en lo que te digo** hör mir mal gut zu **2.** (*mirar*) anschauen; **no se fijó en mí** er/sie beachtete mich nicht

fijo, -a ['fixo, -a] **I.** *adj* **1.** (*estable*) fest; **cliente ~** Stammgast *m;* **precio ~** Fixpreis *m* **2.** (*idea*) fix **3.** (*mirada*) starr **4.** (*trabajador*) fest angestellt **II.** *adv* sicher; **saber algo de ~** etw mit Sicherheit wissen

fila ['fila] *f* Reihe *f;* **~ de coches** Autoschlange *f;* **en ~ india** im Gänsemarsch; **aparcar en doble ~** in der zweiten Reihe parken; **ir en ~** in Reih und Glied gehen; **salir de la ~** aus der Reihe tanzen *fam*

filantropía [filan̪tro'pia] *f* Menschenliebe *f*

filántropo [fi'lantropo, -a] *mf* Menschenfreund(in) *m(f)*
filarmónica [filar'monika] *f* (*Méx*) Ziehharmonika *f*
filarmónico, **-a** [filar'moniko, -a] *adj:* **orquesta filarmónica** Philharmonie *f*
filatelia [fila'telja] *f* Briefmarkenkunde *f*
filatelista [filate'lista] *mf* Briefmarkensammler(in) *m(f)*
filete [fi'lete] *m* Lendenstück *nt;* (*lonja*) Filet *nt*
filiación [filja'θjon] *f* Personalien *fpl*
filial [fi'ljal] **I.** *adj* Kindes-; **equipo** ~ (DEP) zweite Mannschaft **II.** *f* **1.** (COM) Filiale *f* **2.** (REL) Filialkirche *f*
filigrana [fili'ɣrana] *f* **1.** (*de orfebrería*) Filigranarbeit *f* **2.** (*en un papel*) Wasserzeichen *nt*
Filipinas [fili'pinas] *fpl:* **las** ~ die Philippinen
filipino, **-a** [fili'pino, -a] *adj* philippinisch
film [film] *m* Film *m*
filmación [filma'θjon] *f* Filmen *nt;* (*rodaje*) Dreharbeiten *fpl*
filmar [fil'mar] *vt* (ver)filmen; (*rodar*) drehen
filmina [fil'mina] *f* Dia(positiv) *nt*
filmografía [filmoɣra'fia] *f* Filmografie *f*
filmoteca [filmo'teka] *f* Filmothek *f*
filo ['filo] *m* **1.** (*de cuchillo*) Schneide *f;* **un arma de dos ~s** (*fig*) ein zweischneidiges Schwert **2.** (*AmC*) Hunger *m* **3.** (*loc*): **al ~ del amanecer** bei Tagesanbruch
filología [filolo'xia] *f* Philologie *f;* ~ **germánica** Germanistik *f;* ~ **hispánica** Hispanistik *f*
filólogo, **-a** [fi'loloɣo, -a] *m, f* Philologe, -in *m, f*
filón [fi'lon] *m* (MIN) Flöz *nt;* (*negocio*) Goldgrube *f*
filoso, **-a** [fi'loso, -a] *adj* (*Am*) scharf
filosofar [filoso'far] *vi* philosophieren (*de/sobre* über +*akk*)
filosofía [filoso'fia] *f* Philosophie *f*
filosófico, **-a** [filo'sofiko, -a] *adj* philosophisch
filósofo, **-a** [fi'losofo, -a] *m, f* Philosoph(in) *m(f)*
filtración [fil̪tra'θjon] *f* Filtern *nt;* (*de información*) Durchsickern *nt*
filtrar [fil̪'trar] **I.** *vi* durchsickern (*por* durch +*akk*) **II.** *vt* filtern; (*noticia*) durchsickern lassen **III.** *vr:* **~se** durchsickern
filtro ['fil̪tro] *m* Filter *m o nt*
filudo, **-a** [fi'luðo, -a] *adj* (*Am*) messerscharf
fin [fin] *m* **1.** (*término*) Ende *nt;* ~ **de semana** Wochenende *nt;* **a ~(es) de mes** am Monatsende; **sin** ~ endlos; **al ~ y al cabo, a ~ de cuentas** letzten Endes; **en ~, no sé qué decirte** kurz und gut, ich weiß nicht was ich (dir) sagen soll **2.** (*propósito*) Ziel *nt;* **~es benéficos** wohltätige Zwecke; **a ~ de que** +*subj* damit
finado, **-a** [fi'naðo, -a] *m, f* Verstorbene(r) *mf*
final[1] [fi'nal] **I.** *adj* End-; (*fase, examen*) Schluss-; (*solución*) endgültig; **el juicio ~** (REL) das Jüngste Gericht; **palabras ~es** Schlussworte *ntpl;* **a ~es de agosto** Ende August **II.** *m* Ende *nt;* **película con ~ feliz** Film mit Happyend
final[2] [fi'nal] *f* Finale *nt*
finalidad [finali'ðaᵈ] *f* Ziel *nt*
finalista [fina'lista] *mf* Finalist(in) *m(f)*
finalización [finaliθa'θjon] *f* Abschluss *m;* ~ **de contrato** Vertragsablauf *m*
finalizar [finali'θar] <z→c> **I.** *vi* abschließen; (*plazo*) ablaufen **II.** *vt* abschließen
finalmente [final'men̪te] *adv* endlich, schließlich
financiación [finan̪θja'θjon] *f* Finanzierung *f*
financiar [finan̪'θjar] *vt* finanzieren
financiera [finan̪'θjera] *f* Finanzinstitut *nt*
financiero, **-a** [finan̪'θjero, -a] *adj* finanziell
finanzas [fi'nan̪θas] *fpl* Finanzen *fpl*
finca ['fiŋka] *f* (*urbana*) Grundstück *nt;* (*rústica*) Landgut *nt*
finés, **-esa** [fi'nes, -esa] *adj* finnisch
fineza [fi'neθa] *f* **1.** (*delgadez*) Dünne *f* **2.** (*suavidad*) Zartheit *f* **3.** (*de calidad*) Feinheit *f*
fingido, **-a** [fiŋ'xiðo, -a] *adj* vorgetäuscht; (*persona*) falsch
fingimiento [fiŋxi'mjen̪to] *m* **1.** (*de una enfermedad*) Vortäuschung *f;* (*de un sentimiento*) Vorheucheln *nt* **2.** (*engaño*) Täuschung *f;* (*hipocresía*) Heuchelei *f*
fingir [fiŋ'xir] <g→j> *vi, vt* vortäuschen; (*sentimiento*) heucheln
finiquito [fini'kito] *m* Schlussabrechnung *f*
finisecular [finiseku'lar] *adj* der Jahrhun-

F

dertwende

finito, -a [fi'nito, -a] *adj* begrenzt; **número** ~ (MAT) endliche Zahl

finlandés, -esa [finlaṇ'des, -esa] *adj* finnisch

Finlandia [fin'laṇdja] *f* Finnland *nt*

fino, -a ['fino, -a] *adj* **1.** (*delgado*) dünn; **lluvia fina** feiner Regen **2.** (*liso*) fein **3.** (*de calidad*) fein; **oro** ~ Feingold *nt;* **tener un paladar** ~ ein Feinschmecker sein **4.** (*sentido*) fein; **de oído** ~ hellhörig **5.** (*cortés*) höflich; **modales ~s** gute Manieren **6.** (*astuto*) schlau **7.** (*metal*) edel

finolis [fi'nolis] **I.** *adj inv* (*fam*) geziert **II.** *mf inv* (*fam*) arroganter Mensch *m*

finura [fi'nura] *f* (*suavidad*) Zartheit *f;* (*calidad*) Feinheit *f;* (*cortesía*) Höflichkeit *f*

fiordo ['fjorðo] *m* Fjord *m*

firma ['firma] *f* Unterschrift *f*

firmamento [firma'meṇto] *m* Firmament *nt*

firmante [fir'maṇte] *mf* Unterzeichner(in) *m(f)*

firmar [fir'mar] *vi, vt* unterschreiben; (*un acuerdo*) unterzeichnen; ~ **autógrafos** Autogramme geben

firme ['firme] *adj* fest; (*estable*) stabil; (*seguro*) sicher; **tierra** ~ Festland *nt;* **¡~s!** (MIL) still gestanden!; **con mano** ~ mit ruhiger Hand

firmeza [fir'meθa] *f* **1.** (*solidez*) Festigkeit *f* **2.** (*de una creencia*) Unerschütterlichkeit *f;* ~ **de carácter** Charakterstärke *f* **3.** (*perseverancia*) Beharrlichkeit *f*

fiscal [fis'kal] **I.** *adj* **1.** (*del fisco*) Fiskal- **2.** (*de los impuestos*) Steuer- **II.** *mf* Staatsanwalt, -wältin *m, f;* **Fiscal General del Estado** Generalstaatsanwalt, -wältin *m, f*

fiscalía [fiska'lia] *f* Staatsanwaltschaft *f*

fiscalidad [fiskali'ða(ð)] *f* Steuergesetzgebung *f*

fiscalizar [fiskali'θar] <z→c> *vt* prüfen; (*lo fiscal*) steuerlich prüfen

fisco ['fisko] *m* Staatskasse *f*

fisgar [fis'ɣar] <g→gu> *vi:* **le encanta** ~ **en mis asuntos** er/sie steckt gerne die Nase in meine Angelegenheiten

fisgonear [fisɣone'ar] *vi* (*pey*) (herum)schnüffeln (*en* in +*dat*) *fam*

física ['fisika] *f* Physik *f*

físicamente [fisika'meṇte] *adv* körperlich; (*verdaderamente*) wirklich

físico[1] ['fisiko] *m* Körperbau *m;* **tener un buen** ~ eine gute Figur haben

físico, -a[2] ['fisiko, -a] **I.** *adj* **1.** (*del cuerpo*) körperlich; **educación física** (ENS) Sport *m* **2.** (FÍS) physikalisch **II.** *m, f* Physiker(in) *m(f)*

fisiología [fisjolo'xia] *f* Physiologie *f*

fisiólogo, -a [fi'sjoloɣo, -a] *m, f* Physiologe, -in *m, f*

fisión [fi'sjon] *f* **1.** (FÍS) Spaltung *f* **2.** (BIOL) Zellteilung *f*

fisionomía [fisjono'mia] *f v.* **fisonomía**

fisioterapeuta [fisjotera'peu̯ta] *mf* Krankengymnast(in) *m(f)*

fisioterapia [fisjote'rapja] *f* Physiotherapie *f*

fisonomía [fisono'mia] *f* Gesichtsausdruck *m;* (*aspecto*) Aussehen *nt*

fisonomista [fisono'mista] *mf* Physiognom(in) *m(f);* **¿eres un buen ~?** hast du ein gutes Personengedächtnis?

fisura [fi'sura] *f* **1.** (*grieta*) Riss *m;* (*grande*) Spalte *f* **2.** (MED) Knochenriss *m;* (*en el ano*) Afterschrunde *f*

flac(c)idez [fla(y)θi'ðeθ] *f* **1.** (*de las carnes*) Schlaffheit *f* **2.** (*de la piel*) Welkheit *f*

flác(c)ido, -a ['fla(y)θiðo, -a] *adj* **1.** (*carnes*) schlaff **2.** (*piel*) welk **3.** (*vestiduras*) bauschig

flaco, -a ['flako, -a] *adj* **1.** (*delgado*) dünn **2.** (*escaso*) gering; **rendimientos ~s** kümmerliche Erträge **3.** (*débil*) schwach; **punto** ~ Schwachpunkt *m*

flacucho, -a [fla'kutʃo, -a] *adj* (*pey fam*) mager

flagelo [fla'xelo] *m* Geißel *f*

flamante [fla'maṇte] *adj* (*fam*) auffallend; (*nuevo*) (funkel)nagelneu

flamenco[1] [fla'meŋko] *m* **1.** (*lengua*) Flämisch(e) *nt* **2.** (ZOOL) Flamingo *m* **3.** (*cante*) Flamenco *m*

flamenco, -a[2] [fla'meŋko, -a] *adj* **1.** (*de Flandes*) flämisch **2.** (*andaluz*) Flamenco-; **cante** ~ Flamenco *m* **3.** (*chulo*) angeberisch

flan [flan] *m* ≈Karamellpudding *m*

flanco ['flaŋko] *m* Flanke *f*

Flandes ['flaṇdes] *m* Flandern *nt*

flanquear [flaŋke'ar] *vt* **1.** (*estar al lado*) flankieren **2.** (MIL: *atacar*) von der Flanke her angreifen; (*proteger*) seitlich decken

flaquear [flake'ar] *vi* (*fuerzas*) nachlassen; (*salud*) sich verschlechtern

flaqueza [fla'keθa] *f* Schwäche *f*

flas [flas] *m,* **flash** [flaʃ] *m inv* (FOTO) Blitz *m;* (*noticia*) Eilmeldung *f*

flato ['flato] *m* Blähung *f;* (*Am*) Schwermut *f*

flatoso, -a [fla'toso, -a] *adj* (*Am*) ängstlich

flatulencia [flatu'len̩θja] *f* Blähsucht *f*

flauta ['flau̯ta] *f* Flöte *f;* ~ **travesera** Querflöte *f*

flautista [flau̯'tista] *mf* Flötist(in) *m(f)*

flecha ['fletʃa] *f* Pfeil *m*

flechar [fle'tʃar] **I.** *vi* den Bogen gespannt haben **II.** *vt* **1.** (*un arco*) spannen **2.** (*fam: enamorar*) den Kopf verdrehen +*dat*

flechazo [fle'tʃaθo] *m:* **lo nuestro fue un** ~ bei uns war es Liebe auf den ersten Blick

fleco ['fleko] *m* Franse *f*

flema ['flema] *f* Trägheit *f;* (*mucosidad*) Schleim *m*

flemático, -a [fle'matiko, -a] **I.** *adj* phlegmatisch **II.** *m, f* Phlegmatiker(in) *m(f)*

flemón [fle'mon] *m* (Zahnfleisch)entzündung *f*

flequillo [fle'kiʎo] *m* Pony *m*

fletar [fle'tar] **I.** *vt* **1.** (*avión*) chartern **2.** (COM) verfrachten **3.** (*Am: vehículo*) verleihen **4.** (*CSur: despedir*) entlassen **II.** *vr:* ~**se** (*AmC: fastidiarse*) sich abfinden müssen (*con/de* mit +*dat*)

flete ['flete] *m* **1.** (*carga*) Frachtgut *nt* **2.** (COM: *tasa*) Fracht *f* **3.** (*Am: tarifa*) Mietpreis *m*

flexibilidad [fleˠsiβili'ðaᵈ] *f* Elastizität *f;* (*de una persona*) Anpassungsfähigkeit *f*

flexibilizar [fleˠsiβili'θar] <z→c> *vt* flexibilisieren

flexible [fleˠ'siβle] *adj* elastisch; (*persona*) anpassungsfähig; **horario** ~ Gleitzeit *f*

flexión [fleˠ'sjon] *f:* ~ (**de tronco**) Rumpfbeuge *f*

flexionar [fleˠsjo'nar] *vt* beugen

flexo ['fleˠso] *m* biegsame (Schreib)tischlampe *f*

flipado, -a [fli'paðo, -a] *adj* (*argot*) high

flipante [fli'pan̩te] *adj* (*argot*) cool

flipar [fli'par] **I.** *vt* (*argot*) antörnen **II.** *vi, vr:* ~**se** (*argot*) ausflippen

flirt [flirᵗ] *m* <flirts> Flirt *m*

flirtear [flirte'ar] *vi* flirten

flirteo [flir'teo] *m* Flirt *m*

flojear [floxe'ar] *vi* **1.** (*disminuir*) nachlassen; (*interés*) abflauen **2.** (*en una materia*) schwach sein (*en* in +*dat*)

flojo, -a ['floxo, -a] *adj* **1.** (*cuerda*) locker; (*nudo*) lose **2.** (*vino*) leicht; (*argumento*) schwach; ~ **de carácter** charakterschwach **3.** (*Am*) feig(e)

flor [flor] *f* Blume *f;* (*parte de la planta*) Blüte *f;* **estar en** ~ blühen

flora ['flora] *f* Flora *f*

florear [flore'ar] **I.** *vi* **1.** (*la espada*) schwingen **2.** (MÚS) (auf der Gitarre) tremolieren **3.** (*Am: florecer*) blühen **II.** *vt* **1.** (*adornar*) mit Blumen schmücken **2.** (*harina*) sieben **3.** (*naipes*) falsch mischen **4.** (*piropear*) schmeicheln +*dat*

florecer [flore'θer] *irr como crecer vi* blühen; (*industria*) florieren

floreciente [flore'θjen̩te] *adj* blühend; (*industria*) florierend

florecimiento [floreθi'mjen̩to] *m* Blühen *nt;* (*de una industria*) Florieren *nt*

Florencia [flo'ren̩θja] *f* Florenz *nt*

florero [flo'rero] *m* (Blumen)vase *f*

florete [flo'rete] *m* Florett *nt*

floricultura [florikul̩'tura] *f* Blumenzucht *f*

florido, -a [flo'riðo, -a] *adj* **1.** (*con flores*) Blumen-; (*floreciente*) blühend; **árbol** ~ Baum in Blüte **2.** (*selecto*) erlesen **3.** (*lenguaje*) blumig **4.** (*vaca*) gescheckt

florín [flo'rin] *m* Gulden *m*

floristería [floriste'ria] *f* Blumengeschäft *nt*

flota ['flota] *f* **1.** (AERO, NÁUT) Flotte *f* **2.** (*de vehículos*) Fuhrpark *m;* ~ **de camiones** Lkw-Park *m*

flotador [flota'ðor] *m* Rettungsring *m;* (*para niños*) Schwimmring *m*

flotar [flo'tar] *vi* (*en agua*) treiben; (*en aire*) schweben; (*bandera*) flattern

flote ['flote] *m:* **estar a** ~ flott sein; **mantenerse a** ~ (*t. fig*) sich über Wasser halten

fluctuación [fluktwa'θjon] *f* Schwankung *f;* (*irresolución*) Schwanken *nt*

fluctuante [fluktu'an̩te] *adj* schwankend

fluctuar [fluktu'ar] <*1. pres:* fluctúo> *vi* schwanken

fluidez [flwi'ðeθ] *f* **1.** (*de un líquido*) Flüssigkeit *f;* **hablar con** ~ **un idioma extranjero** eine Fremdsprache fließend sprechen **2.** (*de expresión*) (Rede)gewandtheit *f*

fluido[1] [flu'iðo] *m* **1.** (*líquido*) Flüssigkeit *f;* (QUÍM) Fluid *nt* **2.** (ELEC) Strom *m*

fluido, -a[2] [flu'iðo, -a] *adj* **1.** (*alimento*)

F

flüssig; **es ~ de palabra** er ist redegewandt **2.** (*tráfico*) fließend

fluir [flu'ir] *irr como huir vi* fließen

flujo ['fluxo] *m* **1.** (*de un líquido*) Fluss *m;* **~ de datos** (*t.* INFOR) Datenfluss *m;* **~ de palabras** Redeschwall *m* **2.** (*de la marea*) Flut *f* **3.** (MED) Absonderung *f;* **~ de vientre** Durchfall *m*

fluminense [flumi'nense] *adj* aus Rio de Janeiro

flúor ['fluor] *m* Fluor *nt*

fluorescente [flwores'θeṇte] *adj:* (**tubo**) ~ Leuchtstoffröhre *f*

fluvial [flu'βjal] *adj* Fluss-; **puerto ~** Binnenhafen *m*

FM [e'feme/efe'eme] *f abr de* **Frecuencia Modulada** UKW *f*

FMI [efe(e)me'i] *m abr de* **Fondo Monetario Internacional** IWF *m*

fobia ['foβja] *f* Phobie *f;* (*aversión*) Widerwille *m* (*a/por* gegen *+akk*)

foca ['foka] *f* Robbe *f;* (*pey*) Fettsack *m*

focal [fo'kal] *adj* fokal; **distancia ~** Brennweite *f*

focalizar [fokali'θar] <z→c> *vt* fokussieren

foco ['foko] *m* **1.** (FÍS, MAT) Brennpunkt *m* **2.** (*centro*) Mittelpunkt *m;* **~ de infección** Infektionsherd *m* **3.** (*lámpara*) Scheinwerfer *m* **4.** (*Am*) Glühbirne *f*

fofo, -a ['fofo, -a] *adj* schwabbelig; **estoy ~** ich habe Speck angesetzt

fogata [fo'ɣata] *f* Lagerfeuer *nt*

fogón [fo'ɣon] *m* Herd *m;* (*Am*) Lagerfeuer *nt*

fogosidad [foɣosi'ðaᵈ] *f* (*de pasión*) Feuer *nt;* (*de persona*) Temperament *nt;* (*de debate*) Hitze *f*

fogoso, -a [fo'ɣoso, -a] *adj* (*pasión*) feurig; (*persona*) temperamentvoll; (*debate*) hitzig

fogueado, -a [foɣe'aðo, -a] *adj* (*Am*) erfahren

foguear [foɣe'ar] **I.** *vt* **1.** (*un arma*) (mit einem Schuss) reinigen **2.** (MIL) ans Gefecht gewöhnen **3.** (*a penalidades*) abhärten (*a* gegen *+akk*) **II.** *vr:* **~se** sich abhärten (*a* gegen *+akk*)

fogueo [fo'ɣeo] *m:* **bala de ~** Platzpatrone *f*

foja ['foxa] *f* (*Am*) Seite *f;* **~ de servicios** Personalakte *f*

folclor(e) [fol'klor(e)] *m* Folklore *f*

folclórico, -a [fol'kloriko, -a] **I.** *adj* folkloristisch **II.** *m, f* Flamencosänger(in) *m(f)*

folio ['foljo] *m* Folio *nt;* (*hoja de papel*) Blatt *nt*

folk [folᵏ] *m sin pl* (MÚS) Folkmusik *f*

follaje [fo'ʎaxe] *m* **1.** (*de árbol, bosque*) Laub(werk) *nt* **2.** (*adorno*) Laubgewinde *nt* **3.** (*en un texto*) Geschwafel *nt;* (*al hablar*) Geschwätz *nt*

follar [fo'ʎar] *vi, vt* (*vulg*) bumsen

folletín [foʎe'tin] *m* Feuilleton *nt;* **novela de ~** Schundroman *m*

folleto [fo'ʎeto] *m* Broschüre *f;* **~ publicitario** Werbeprospekt *m*

follón [fo'ʎon, -ona] *m* (*fam*) **1.** (*alboroto*) Krach *m;* **armar un ~** ein Chaos veranstalten **2.** (*asunto enojoso*) unangenehme Sache *f*

fomentar [fomeṇ'tar] *vt* fördern; (*economía*) ankurbeln

fomento [fo'meṇto] *m* Förderung *f;* (*de la economía*) Ankurbelung *f*

fonda ['foṇda] *f* (billige) Pension *f*

fondeadero [foṇdea'ðero] *m* Ankerplatz *m*

fondeado, -a [foṇde'aðo, -a] *adj* (*Am*) wohlhabend

fondear [foṇde'ar] *vt:* **~ un asunto** einer Sache auf den Grund gehen

fondillos [foṇ'diʎos] *mpl* Hosenboden *m*

fondo ['foṇdo] *m* **1.** (*de un cajón*) Boden *m;* (*del río*) Grund *m;* **los bajos ~s** die Unterwelt; **tratar un tema a ~** ein Thema gründlich behandeln **2.** (*de un edificio*) Tiefe *f;* **al ~ del pasillo** am Ende des Ganges **3.** (*lo esencial*) Kern *m;* **en el ~** eigentlich **4.** (*de un cuadro*) Hintergrund *m*

fonética [fo'netika] *f* Phonetik *f*

fonología [fonolo'xia] *f* Phonologie *f*

fonoteca [fono'teka] *f* Phonothek *f*

fontanería [foṇtane'ria] *f* Klempnerei *f*

fontanero, -a [foṇta'nero, -a] *m, f* Installateur(in) *m(f)*

footing ['futiŋ] *m* Jogging *nt;* **hacer ~** joggen

forajido, -a [fora'xiðo, -a] *m, f* flüchtiger Verbrecher *m,* flüchtige Verbrecherin *f*

foral [fo'ral] *adj:* **derecho ~** Partikularrecht *nt*

foráneo, -a [fo'raneo, -a] *adj* fremd(artig)

forastero, -a [foras'tero, -a] *adj* fremd(artig); (*extranjero*) ausländisch

forcejear [forθexe'ar] *vi* sich anstrengen; (*resistir*) sich widersetzen *+dat*

forcejeo [forθe'xeo] *m* (Kraft)anstrengung *f;* (*resistencia*) Widerstand *m*

forense [fo'rense] *adj:* **médico** ~ Gerichtsmediziner *m*

forestal [fores'tal] *adj* Forst-; **camino** ~ Waldweg *m;* **repoblación** ~ Aufforstung *f*

forestar [fores'tar] *vt* aufforsten

forfait [for'fai̯^{t}] *m* (COM) Pauschale *f*

forja ['forxa] *f* (Silber)schmiede *f*

forjar [for'xar] **I.** *vt* schmieden **II.** *vr:* ~**se** sich *dat* ausdenken; (*crear*) sich aufbauen

forma ['forma] *f* **1.** (*figura*) Form *f;* **en** ~ **de gota** tropfenförmig **2.** (*manera*) Art (und Weise) *f;* ~ **de comportamiento** Verhaltensweise *f;* **de esta** ~**...** (*así*) so ...; **de otra** ~**...** (*sino*) sonst ...; **de** ~ **que** so dass; **de todas** ~**s,...** jedenfalls ...; **no hay** ~ **de abrir la puerta** die Tür lässt sich überhaupt nicht öffnen **3.** (*comportamiento*) Form *f*

formación [forma'θjon] *f* **1.** (*creación*) (Heraus)bildung *f* **2.** (*de personas*) Verband *m;* ~ **política** politische Gruppierung **3.** (*educación*) (Aus)bildung *f;* ~ **de adultos** Erwachsenenbildung *f;* ~ **escolar** Schulbildung *f;* ~ **profesional** Berufsausbildung *f*

formal [for'mal] *adj* **1.** (*relativo a la forma*) formal; **requisito** ~ Formalität *f* **2.** (*serio*) seriös **3.** (*oficial*) formell; **una invitación** ~ eine offizielle Einladung; **tiene novio** ~ sie hat einen festen Freund

formalidad [formali'ða^{d}] *f* Seriosität *f;* (ADMIN, JUR) Formalität *f;* (*norma de comportamiento*) Formalität *f*

formalismo [forma'lismo] *m* Formalismus *m*

formalizar [formali'θar] <z→c> *vt* **1.** (*dar forma*) formalisieren **2.** (*solemnizar*) offiziell machen **3.** (JUR): ~ **un contrato** einen Vertrag ordnungsgemäß abschließen; ~ **una solicitud** einen Antrag stellen

formar [for'mar] **I.** *vi* **1.** (MIL) antreten **2.** (*figurar*) gehören (*en* zu +*dat*) **II.** *vt* **1.** (*dar forma*) formen **2.** (*constituir*) bilden; (MIL) formieren; ~ **parte de** gehören zu +*dat* **3.** (*educar*) erziehen; (*enseñar*) (aus)bilden **III.** *vr:* ~**se** **1.** (*crearse*) sich bilden; (MIL) sich formieren **2.** (*ser educado*) ausgebildet werden; **se ha formado a sí mismo** er ist Autodidakt **3.** (*desarrollarse*) sich entwickeln **4.** (*hacerse*) sich *dat* bilden; ~**se una idea de algo** sich *dat* ein Bild von etw *dat* machen

formatear [formate'ar] *vt* formatieren

formativo, **-a** [forma'tiβo, -a] *adj* **1.** (*que da forma*) gestaltend **2.** (*educativo*) erzieherisch; (*instructivo*) (Aus)bildungs- **3.** (LING) Wortbildungs-

formato [for'mato] *m* Format *nt;* ~ **de datos** (INFOR) Datenformat *nt;* ~ **de texto** Textformat *nt*

formidable [formi'ðaβle] *adj* (*fam*) toll

fórmula ['formula] *f* Formel *f;* ~ **de despedida** Schlussformel *f;* **coche de** ~ **1** Formel-1-Wagen *m*

formulación [formula'θjon] *f* Formulierung *f*

formular [formu'lar] *vt* in einer Formel ausdrücken

formulario [formu'larjo, -a] *m* Formular *nt*

fornicar [forni'kar] <c→qu> *vi* Geschlechtsverkehr haben; (*pey*) (herum)huren; (REL) die Ehe brechen

fornido, **-a** [for'niðo, -a] *adj* stämmig

foro ['foro] *m* (*plaza*) Forum *nt*

forofo, **-a** [fo'rofo, -a] *m, f* Fan *m*

forrar [fo'rrar] **I.** *vt* (*una prenda*) füttern (*de/con* mit +*dat*); (*un libro*) einbinden (*con* mit +*dat*) **II.** *vr:* ~**se** (*fam*) sich *dat* eine goldene Nase verdienen

forro ['forro] *m* **1.** (*exterior*) Hülle *f;* (*interior*) (Innen)verkleidung *f;* (*de una prenda*) Futter *nt;* (*de una butaca*) Bezug *m;* (*de un libro*) Einband *m;* (*de una pared*) Verkleidung *f* **2.** (NÁUT) Beplankung *f* **3.** (AUTO): ~ **de freno** Bremsbelag *m* **4.** (*loc*): **ni por el** ~ (*fam*) nicht im Geringsten

fortachón, **-ona** [forta'tʃon, -ona] *adj* (*fam*) stämmig

fortalecer [fortale'θer] *irr como crecer vt, vr:* ~**se** (sich) stärken

fortaleza [forta'leθa] *f* **1.** (*fuerza*) Kraft *f;* **de poca** ~ schwächlich **2.** (*virtud*) Seelenstärke *f* **3.** (*robustez*) Robustheit *f* **4.** (MIL) Festung(sanlage) *f*

fortificación [fortifika'θjon] *f* Befestigung(sanlage) *f*

fortificar [fortifi'kar] <c→qu> **I.** *vt* **1.** (*fortalecer*) stärken **2.** (MIL) befestigen **II.** *vr:* ~**se** **1.** (*fortalecerse*) stärker werden **2.** (MIL) sich verschanzen

fortísimo, **-a** [for'tisimo, -a] *adj superl de* **fuerte**

fortuito, **-a** [for'twito, -a/fortu'ito, -a] *adj*

zufällig

fortuna [for'tuna] *f* **1.** (*suerte*) Glück *nt;* **por ~** (*afortunadamente*) zum Glück; (*por casualidad*) zufällig(erweise) **2.** (*destino*) Schicksal *nt* **3.** (*capital*) Vermögen *nt;* **~s** Besitztümer *ntpl*

fórum ['forun] *m* Forum *nt*

forúnculo [fo'ruŋkulo] *m* Furunkel *m o nt*

forzado, **-a** [for'θaðo, -a] *adj:* **trabajos ~s** Zwangsarbeit *f*

forzar [for'θar] *irr vt* zwingen; (*violar*) vergewaltigen; (*voz*) überanstrengen; (*a abrirse*) aufbrechen

forzoso, **-a** [for'θoso, -a] *adj:* **aterrizaje ~** Notlandung *f;* **venta forzosa** Zwangsverkauf *m*

forzudo, **-a** [for'θuðo, -a] *adj* sehr stark

fosa ['fosa] *f* Grube *f;* (*t.* GEO) Graben *m;* (*sepultura*) Grab *nt;* (ANAT) Höhle *f*

fosfato [fos'fato] *m* (QUÍM) Phosphat *nt*

fosforescencia [fosfores'θeṇθja] *f* Phosphoreszenz *f*

fosforescente [fosfores'θeṇte] *adj* phosphoreszierend

fósforo ['fosforo] *m* Phosphor *m;* (*cerilla*) Streichholz *nt*

fósil ['fosil] *m* Fossil *nt*

foso ['foso] *m* Grube *f;* (*alargado*) Graben *m*

foto ['foto] *f* Foto *nt;* **~ (tamaño) carnet** Passfoto *nt*

fotocopia [foto'kopja] *f* (Foto)kopie *f*

fotocopiadora [fotokopja'ðora] *f* (Foto)kopierer *m*

fotocopiar [fotoko'pjar] *vt* (foto)kopieren

fotogénico, **-a** [foto'xeniko, -a] *adj* fotogen

fotografía [fotoɣra'fia] *f* Foto *nt;* **~ aérea** Luftaufnahme *f;* **~ en color** Farbfoto *nt;* **~ (tamaño) carnet** Passbild *nt;* **albúm de ~s** Fotoalbum *nt*

fotografiar [fotoɣrafi'ar/fotoɣra'fjar] <*1. pres:* fotografío> *vi, vt* fotografieren

fotográfico, **-a** [foto'ɣrafiko, -a] *adj:* **máquina fotográfica** Fotoapparat *m;* **papel ~** Fotopapier *nt*

fotógrafo, **-a** [fo'toɣrafo, -a] *m, f* Fotograf(in) *m(f)*

fotograma [foto'ɣrama] *m* **1.** (CINE) Standbild *nt* **2.** (FOTO) Fotogramm *nt*

fotomatón [fotoma'ton] *m* Passbildautomat *m*

fotomodelo [fotomo'ðelo] *mf* (Foto)modell *nt*

fotomontaje [fotomoṇ'taxe] *m* Fotomontage *f*

fotonovela [fotono'βela] *f* Fotoroman *m*

fotorreportaje [fotorrepor'taxe] *m* Fotoreportage *f*

fotosíntesis [foto'siṇtesis] *f* Fotosynthese *f*

FP [efe'pe] *f abr de* **Formación Profesional** Berufsausbildung *f*

frac [fra^k] *m* <fracs *o* fraques> Frack *m*

fracasar [fraka'sar] *vi* scheitern

fracaso [fra'kaso] *m* Scheitern *nt;* (*fiasco*) Misserfolg *m*

fracción [fra^{y}'θjon] *f* Bruchteil *m;* (*de una organización*) Fraktion *f;* (MAT) Bruchzahl *f*

fraccionamiento [fra^{y}θjona'mjeṇto] *m* **1.** (*división*) Zerteilung *f;* (*ruptura*) Zerbrechen *nt;* (*de una cantidad*) Aufsplitterung *f;* (*de una organización*) Zersplitterung *f* **2.** (QUÍM) Fraktionierung *f*

fraccionar [fra^{y}θjo'nar] **I.** *vt* **1.** (*dividir*) (zer)teilen; (*romper*) zerbrechen; (*una cantidad*) aufsplittern; (*una organización*) spalten **2.** (QUÍM) fraktionieren **II.** *vr:* **~se** zerbrechen; (*grupo*) sich spalten

fraccionario, **-a** [fra^{y}θjo'narjo, -a] *adj:* **número ~** Bruchzahl *f*

fractura [frak'tura] *f* Bruch *m;* (MED) Fraktur *f*

fracturar [fraktu'rar] *vt, vr:* **~se** (zer)brechen

fragancia [fra'ɣaṇθja] *f* Duft *m*

fragata [fra'ɣata] *f* Fregatte *f*

frágil ['fraxil] *adj* **1.** (*objeto*) zerbrechlich **2.** (*constitución*) zart **3.** (*salud*) anfällig **4.** (*carácter*) schwach; **tener una memoria ~** vergesslich sein

fragilidad [fraxili'ða^{ð}] *f* Zerbrechlichkeit *f;* (*de la constitución*) Zartheit *f;* (*de la salud*) Anfälligkeit *f;* (*del carácter*) Schwäche *f*

fragmentación [fraɣmeṇta'θjon] *f* Zerlegung *f,* (Zer)teilung *f;* (*en muchos pedazos*) Zerstückelung *f;* (*de un cristal*) Zersplitterung *f*

fragmentar [fraɣmeṇ'tar] **I.** *vt* zerlegen **II.** *vr:* **~se** zersplittern

fragmentario, **-a** [fraɣmeṇ'tarjo, -a] *adj* **1.** (*compuesto*) (aus Fragmenten) zusammengesetzt **2.** (*incompleto*) bruchstückhaft

fragmento [fraɣ'meṇto] *m* **1.** (*parte*) (Bruch)stück *nt* **2.** (LIT, MÚS) Fragment *nt*

fragua ['fraɣwa] *f* Schmiede *f*

fraguar [fra'ɣwar] <gu→gü> **I.** *vi* **1.** (*cemento*) sich verfestigen **2.** (*idea*) sich durchsetzen **II.** *vt* (*metal*) schmieden; **¿qué estás fraguando?** was heckst du nun wieder aus?

fraile ['frai̯le] *m* Mönch *m*

frambuesa [fram'bwesa] *f* Himbeere *f*

francamente [fraŋka'men̪te] *adv* offen; (*sinceramente*) aufrichtig; **hablando** ~ offen gestanden

francés, **-esa** [fran̪'θes, -esa] *adj* französisch; **tortilla francesa** Omelett *nt*

Francfort ['framfor$^{(t)}$] *m* Frankfurt *nt;* **salchicha de Francfort** Frankfurter Würstchen

Francia ['fran̪θja] *f* Frankreich *nt*

franciscano, **-a** [fran̪θis'kano, -a] **I.** *adj* **1.** (REL) franziskanisch **2.** (*Am: pardo*) (grau)braun **II.** *m, f* Franziskaner(in) *m(f)*

franco[1] ['fraŋko] *m* Franc *m;* (*suiza*) Franken *m*

franco, **-a**[2] ['fraŋko, -a] *adj* **1.** (*sincero*) aufrichtig **2.** (*libre*) frei; **puerto** ~ Freihafen *m;* ~ **a bordo** frei an Bord **3.** (*claro*) klar

francotirador [fraŋkotira'ðor] *m* Freischärler *m;* (*tirador emboscado*) Heckenschütze *m*

franela [fra'nela] *f* Flanell *m;* (*Am*) (Herren)unterhemd *nt*

franja ['fraŋxa] *f* **1.** (*guarnición*) Borte *f* **2.** (*tira*) Streifen *m;* **en la misma** ~ **horaria** im gleichen Zeitraum

franquear [fraŋke'ar] *vt* frankieren; **a** ~ **en destino** Porto bezahlt Empfänger

franqueo [fraŋ'keo] *m* Porto *nt;* **sin** ~ unfrankiert

franqueza [fraŋ'keθa] *f* Aufrichtigkeit *f;* **admitir algo con** ~ etw unumwunden zugeben

franquicia [fraŋ'kiθja] *f* Franchising *nt*

franquismo [fraŋ'kismo] *m* Franco-Ära *f;* (*movimiento*) Franquismus *m*

franquista [fraŋ'kista] *mf* Anhänger(in) *m(f)* Francos

frasco ['frasko] *m* **1.** (*botella*) Flasche *f;* (*de perfume*) Flakon *m o nt;* ~ **pulverizador** Zerstäuber *m* **2.** (*Am*) ≈2,37 Liter

frase ['frase] *f* Satz *m;* ~ **hecha** Redensart *f;* ~ **proverbial** Sprichwort *nt*

fraternal [frater'nal] *adj* brüderlich

fraternidad [fraterni'ða^{ð}] *f* Brüderlichkeit *f*

fraude ['frau̯ðe] *m* (*t.* JUR) Betrug *m;* ~ **fiscal** Steuerhinterziehung *f;* **cometer** ~ betrügen

fraudulento, **-a** [frau̯ðu'len̪to, -a] *adj* (*t.* JUR) betrügerisch; **publicidad fraudulenta** irreführende Werbung

fray [frai̯] *m* (REL) Bruder *m*

frazada [fra'θaða] *f* (*Am*) Bettdecke *f*

frecuencia [fre'kwen̪θja] *f* **1.** (*repetición*) Häufigkeit *f;* **con** ~ oft **2.** (FÍS) Frequenz *f*

frecuentar [frekwen̪'tar] *vt* **1.** (*lugar*) regelmäßig besuchen **2.** (*a alguien*) sich regelmäßig treffen (*a* mit +*dat*)

F

frecuente [fre'kwen̪te] *adj* häufig; (*usual*) üblich

fregadero [freɣa'ðero] *m* Spüle *f*

fregado[1] [fre'ɣaðo] *m* (*fam*) Schlamassel *m o nt;* (*pey: pelea*) Streit *m*

fregado, **-a**[2] [fre'ɣaðo, -a] *adj* **1.** (*Am*) frech; (*astuto*) gewitzt **2.** (*AmC*) streng

fregar [fre'ɣar] *irr vt* spülen; (*Am: fam: molestar*) nerven

fregona [fre'ɣona] *f* Wischmopp *m;* (*pey*) Putzfrau *f*

freidora [frei̯'ðora] *f* Fritteuse *f*

freír [fre'ir] *irr* **I.** *vt* **1.** (*guisar*) braten; (*en mucho aceite*) frittieren **2.** (*fam: molestar*) nerven; **me tiene frito con sus preguntas** er/sie geht mir mit seiner/ihrer Fragerei auf die Nerven **3.** (*fam: matar*) umlegen; ~ **a balazos** abknallen **II.** *vr:* ~**se 1.** (*alimento*) braten **2.** (*fam: persona*) vor Hitze umkommen; **aquí te fríes** hier herrscht eine Affenhitze

frenar [fre'nar] **I.** *vt, vi* (ab)bremsen; ~ **en seco** abrupt abbremsen **II.** *vr:* ~**se** sich bremsen (*en* bei +*dat*)

frenazo [fre'naθo] *m* **1.** (AUTO) Vollbremsung *f* **2.** (*del desarrollo*) Dämpfung *f;* **sufrir un** ~ (*fig*) stark gebremst werden

frenesí [frene'si] *m* Leidenschaft *f;* (*violenta*) Raserei *f*

frenético, **-a** [fre'netiko, -a] *adj* frenetisch; (*loco*) wahnsinnig; (*furioso*) rasend

freno ['freno] *m* Bremse *f*

frente[1] ['fren̪te] *f* Stirn *f;* **fruncir la** ~ die Stirn runzeln; **hacer** ~ **a alguien/a algo** jdm/etw *dat* die Stirn bieten

frente[2] ['fren̪te] **I.** *m* **1.** (*delantera*) Vorderseite *f;* **de** ~ frontal **2.** (POL, METEO) Front *f;* **¡de ~!** (MIL) Marsch! **3. de** ~ (*de cara*) von vorne; (*hacia delante*) nach vorne; **ponerse al** ~ die Führung übernehmen **II.** *prep* **1.** ~ **a** (*enfrente de*) gegenüber +*dat;* (*delante de*) vor +*dat;* (*contra*) gegen +*akk;* (*ante*) angesichts +*gen* **2. en ~ de** gegenüber +*dat*

fresa ['fresa] *f* Erdbeere *f*

fresar [fre'sar] *vt* fräsen

fresco[1] ['fresko] *m* **1.** (*frescor*) Frische *f;* **salir a tomar el ~** an die frische Luft gehen; **hoy hace ~** heute ist es kühl **2.** (*Am*) Erfrischung *f*

fresco, -a[2] ['fresko, -a] *adj* **1.** (*frío*) kühl; (*olor*) frisch **2.** (*reciente*) frisch; **noticia fresca** taufrische Nachricht **3.** (*descansado*) ausgeruht **4.** (*fam: desvergonzado*) frech

frescor [fres'kor] *m* **1.** (*frío moderado*) Kühle *f;* (*frescura*) Frische *f* **2.** (ARTE) Fleischton *m*

frescura [fres'kura] *f* Unverschämtheit *f;* **con ~** ungehemmt

fresno ['fresno] *m* Esche *f*

fresquería [freske'ria] *f* (*Am*) Erfrischungsstand *m*

frialdad [frjal̩'daᵈ] *f* **1.** (*frío*) Kälte *f* **2.** (*despego*) Distanziertheit *f;* **me trató con ~** er/sie war mir gegenüber sehr kühl **3.** (*impasibilidad*) Gleichgültigkeit *f* **4.** (*falta de sentimientos*) Gefühlskälte *f*

fricción [friʸ'θjon] *f* **1.** (*resistencia*) Reibung *f* **2.** (*del cuerpo*) Abreibung *f;* (*con linimento*) Einreiben *nt* **3.** (*desavenencia*) Reibungen *fpl;* (*disputa*) Reiberei *f*

friccionar [friʸθjo'nar] *vt* abreiben; (*con linimento*) einreiben

friega ['frjeɣa] *f* Einreibung *f;* (*Am*) Plage *f;* (*fam*) Abreibung *f*

friegaplatos [frjeɣa'platos] *m inv* Geschirrspüler *m*

frigidez [frixi'ðeθ] *f* Frigidität *f*

frígido, -a ['frixiðo, -a] *adj* frigid(e)

frigorífico [friɣo'rifiko, -a] *m* Kühlschrank *m*

frijol [fri'xol] *m,* **fríjol** ['frixol] *m* (*Am:* BOT) Bohne *f*

frío[1] ['frio] *m* Kälte *f;* **hace ~** es ist kalt; **hace un ~ que pela** es ist eiskalt; **coger ~** sich erkälten; **tengo ~** mir ist kalt

frío, -a[2] ['frio, -a] *adj* (gefühls)kalt; (*relación*) gespannt; (*impasible*) ungerührt

friolera [frjo'lera] *f* Kleinigkeit *f;* (*fam*) Haufen *m*

friolero, -a [frjo'lero, -a] *adj* kälteempfindlich

Frisia ['frisja] *f* Friesland *nt*

frisón, -ona [fri'son, -ona] *adj* friesisch; (*de los Países Bajos*) friesländisch

fritanga [fri'taŋga] *f* (*Am*) Frittüre *f;* (*instrumento*) Fritteuse *f*

frito, -a ['frito, -a] *adj* **1.** (*comida*) gebraten **2.** (*fam: dormido*): **quedarse ~** einnicken **3.** (*fam: muerto*) tot **4.** (*fam: harto*): **estar ~ con** die Nase voll haben von +*dat*

frivolidad [friβoli'ðaᵈ] *f* Leichtlebigkeit *f;* (*coquetería*) Koketterie *f;* (*trivialidad*) Oberflächlichkeit *f;* (*sensualidad*) Frivolität *f*

frívolo, -a ['friβolo, -a] *adj* leichtlebig; (*coqueto*) kokett; (*superficial*) oberflächlich; (*sensual*) frivol

frondoso, -a [fron̩'doso, -a] *adj* dicht (belaubt); (*planta*) blätt(e)rig

frontal [fron̩'tal] *adj* Stirn-; (*relativo al frente*) Vorder-; (*de frente*) frontal

frontera [fron̩'tera] *f* Grenze *f* (*entre* zwischen +*dat*); **atravesar la ~** die Grenze überqueren

fronterizo, -a [fron̩te'riθo, -a] *adj* Grenz-; (*país*) angrenzend

frontón [fron̩'ton] *m* Wand *f* (*zum Pelotaspielen*)

frotación [frota'θjon] *f,* **frotadura** [frota'ðura] *f* Reiben *nt;* (*efecto*) Reibung *f*

frotamiento [frota'mjen̩to] *m* (Ab)reiben *nt*

frotar [fro'tar] **I.** *vt* reiben; (*con cepillo*) frottieren; (*con un estropajo*) scheuern **II.** *vr:* **~se** sich reiben (*contra* an +*dat*); **~se con una toalla** sich mit einem Handtuch abreiben

fructífero, -a [fruk'tifero, -a] *adj* fruchtbringend

fructificar [fruktifi'kar] <c→qu> *vi* **1.** (*planta*) Früchte tragen **2.** (*esfuerzo*) fruchten

frunce ['frun̩θe] *m* Falte *f*

fruncir [frun̩'θir] <c→z> *vt* **1.** (*tela*) fälteln **2.** (*labios*) kräuseln; (*frente*) runzeln; **~ el entrecejo** die Augenbrauen zusammenziehen

fruslería [frusle'ria] *f* Kleinigkeit *f;* (*fam: bagatela*) Belanglosigkeit *f;* (*fam: tontería*) Blödsinn *m*

frustración [frustra'θjon] *f* **1.** (*de planes*) Zunichtemachen *nt;* (*fracaso*) Scheitern *nt* **2.** (*desilusión*) Enttäuschung *f*

frustrado, -a [frus'traðo, -a] *adj* frustriert; (*intento*) vergeblich

frustrar [frus'trar] **I.** *vt* **1.** (*estropear*) zunichte machen; ~ **las esperanzas de alguien** jds Hoffnungen zerschlagen **2.** (*decepcionar*) enttäuschen **II.** *vr:* ~**se** **1.** (*plan*) scheitern **2.** (*esperanzas*) sich zerschlagen

fruta ['fruta] *f* Frucht *f;* (*nombre colectivo*) Obst *nt;* ~ **del tiempo** Frischobst *nt;* ~**s tropicales** tropische Früchte; **de postre comimos** ~ zum Nachtisch gab es Obst

frutal [fru'tal] **I.** *adj* Obst- **II.** *m* Obstbaum *m*

frutería [frute'ria] *f* Obsthandlung *f*

frutero[1] [fru'tero] *m* Obstschale *f*

frutero, -a[2] [fru'tero, -a] **I.** *adj* Obst-; **es muy** ~ er isst viel und gerne Obst **II.** *m, f* Obsthändler(in) *m(f)*

fruto ['fruto] *m* (*t.* BOT) (Leibes)frucht *f;* (*rendimiento*) Ertrag *m;* (*ganancia*) Gewinn *m*

fucsia ['fuᵞsja] *adj* pink

fuego ['fweɣo] *m* **1.** (*llamas*) Feuer *nt;* (*incendio*) Brand *m;* ~**s artificiales** Feuerwerk *nt;* **a** ~ **lento** bei schwacher Hitze **2.** (MIL) (Geschütz)feuer *nt;* **estar entre dos** ~**s** zwischen die Fronten geraten **3.** (*ardor*) Hitze *f;* **en el** ~ **de la discusión** im Eifer des Gefechts

fuel [fwel] *m* Heizöl *nt*

fuelle ['fweʎe] *m* Blasebalg *m*

fuente ['fwen̩te] *f* **1.** (*manantial*) Quelle *f* **2.** (*construcción*) Brunnen *m* **3.** (*plato llano*) Platte *f;* (*plato hondo*) Schüssel *f* **4.** (*origen*) Quelle *f;* ~**s bien informadas** gut informierte Kreise

fuera ['fwera] **I.** *adv* **1.** (*lugar*) draußen; **por** ~ außen **2.** (*dirección*) hinaus; **¡**~**!** raus!; **¡**~ **con esto!** weg damit!; **¡**~ **de mi vista!** geh mir bloß aus den Augen!; **salir** ~ hinausgehen; **hacia** ~ nach draußen; **echar a alguien** ~ jdn hinauswerfen **3.** (*tiempo*) außerhalb; ~ **de plazo** nach Fristablauf **4.** (*fam: de viaje*) weg; **me voy** ~ **una semana** ich verreise für eine Woche **II.** *prep* **1.** (*local, t. fig*) außer +*dat;* **estar** ~ **de casa** außer Haus sein; ~ **de serie** ausgezeichnet; ~ **de juego** (DEP) Abseits *nt* **2.** (*excepto*): ~ **de** abgesehen von +*dat* **III.** *conj:* ~ **de que...** +*subj* abgesehen davon, dass ... **IV.** *m* Buhruf *m*

fuero ['fwero] *m* Sonderrecht *nt*

fuerte ['fwerte] **I.** *adj* <fortísimo> **1.** (*resistente*) stark; (*robusto*) robust; **caja** ~ Safe *m o nt;* **hacerse** ~ standhaft bleiben; **ser** ~ **de caracter** charakterstark sein **2.** (*musculoso*) kräftig; (*gordo*) korpulent **3.** (*intenso*) heftig; (*sonido*) laut; (*comida*) würzig; **un vino** ~ ein schwerer Wein **4.** (*valiente*) tapfer **5.** (*sólido*) stabil; (*duro*) hart **6.** (*poderoso*) mächtig **7.** (*considerable*) beträchtlich **8.** (LING: *vocal*) stark; (*forma*) stammbetont **II.** *m* Stärke *f;* (MIL) Festung(sanlage) *f* **III.** *adv* **1.** (*en abundancia*) viel; **desayunar** ~ reichhaltig frühstücken **2.** (*con fuerza*) fest; (*con intensidad*) heftig **3.** (*en voz alta*) laut

fuerza ['fwerθa] *f* **1.** (*capacidad física*) Kraft *f;* ~ **de ánimo** Mut *m;* ~ **de voluntad** Willenskraft *f;* **tiene más** ~ **que yo** er/sie ist stärker als ich; **sin** ~**s** kraftlos **2.** (*capacidad de soportar*) Stärke *f;* (*eficacia*) Wirksamkeit *f* **3.** (*poder*) Macht *f;* ~ **de disuasión** Überzeugungskraft *f;* ~ **mayor** höhere Gewalt **4.** (*violencia*) Gewalt *f;* **a** [*o* **por**] **la** ~ mit Gewalt **5.** (*intensidad*) Wucht *f* **6.** *pl* (POL) Kräfte *fpl;* ~**s del orden público** Polizei *f* **7.** *pl* (MIL): **Fuerzas** (**Armadas**) Streitkräfte *fpl* **8. a** ~ **de** mittels +*gen*

F

fuga ['fuɣa] *f* **1.** (*huida*) Flucht *f* (*de* aus +*dat*); **darse a la** ~ die Flucht ergreifen **2.** (*en tubos*) Leck *nt*

fugacidad [fuɣaθi'ðaᵈ] *f* Flüchtigkeit *f;* (*caducidad*) Vergänglichkeit *f*

fugarse [fu'ɣarse] <g→gu> *vr* fliehen (*de* aus +*dat*)

fugaz [fu'ɣaθ] *adj* flüchtig; **estrella** ~ Sternschnuppe *f*

fugitivo, -a [fuxi'tiβo, -a] *m, f* Flüchtling *m;* (*de la cárcel*) Ausbrecher(in) *m(f)*

fulana [fu'lana] *f* (*pey*) Nutte *f*

fulano, -a [fu'lano, -a] *m, f* **1.** (*evitando el nombre*) Herr *m* Soundso, Frau *f* Soundso **2.** (*persona indeterminada*) Herr *m* X, Frau *f* X; **no me importa lo que digan** ~ **y mengano** es ist mir egal, was Hinz und Kunz davon halten

fular [fu'lar] *m* Foulard *m;* (*pañuelo*) Halstuch *nt*

fulero, -a [fu'lero, -a] *adj* (*fam*): **eres muy** ~ du bist ein Pfuscher

fulgor [ful'ɣor] *m* Strahlen *nt;* (*de una superficie*) Glanz *m*

fulgurante [fulɣu'ran̩te] *adj* **1.** (*dolor*) heftig **2.** (*rápido*) blitzartig; **carrera** ~ Blitzkarriere *f*

fullería [fuʎe'ria] *f:* **hacer** ~**s** mogeln

fullero, -a [fu'ʎero, -a] *adj* betrügerisch

fulminante [fulmi'nan̩te] *adj* **1.** (*rápido*)

blitzartig; (*inesperado*) plötzlich **2.** (*explosivo*) zündend **3.** (*mirada*) hasserfüllt

fulminar [fulmi'nar] **I.** *vi* zünden **II.** *vt* **1.** (*arrojar*) schleudern **2.** (*dañar*) treffen; (*aniquilar*) vernichten; (*matar*) umbringen; (*enfermedad*) dahinraffen **3.** (*imponer*) anordnen; ~ **una censura** eine Zensur verhängen **4.** (*amenazar*) mit Drohungen überschütten

fumadero [fuma'ðero] *m* Rauchzimmer *nt;* ~ **de opio** Opiumhöhle *f*

fumador(a) [fuma'ðor(a)] *m(f)* Raucher(in) *m(f);* **no** ~ Nichtraucher *m*

fumar [fu'mar] *vi, vt* rauchen

funámbulo, -a [fu'nambulo, -a] *m, f* Seiltänzer(in) *m(f)*

función [fuṇ'θjon] *f* **1.** (*papel*) Funktion *f* **2.** (*cargo*) Amt *nt;* **el ministro en funciones** der stellvertretende Minister **3.** (*acto*) Veranstaltung *f;* (CINE, TEAT) Vorstellung *f*

funcional [fuṇθjo'nal] *adj* funktionell; (*utilitario*) zweckmäßig

funcionalidad [fuṇθjonali'ðað] *f* Zweckmäßigkeit *f*

funcionamiento [fuṇθjona'mjeṇto] *m* **1.** (*marcha*) Funktionieren *nt;* **poner en** ~ in Gang setzen **2. en estado de** ~ einsatzbereit; (*máquina*) betriebsfähig

funcionar [fuṇθjo'nar] *vi* funktionieren; (*estar trabajando*) in Betrieb sein

funcionario, -a [fuṇθjo'narjo, -a] *m, f* Beamte(r) *mf,* Beamtin *f*

funda ['fuṇda] *f* (*cubierta*) Hülle *f;* (*para gafas*) Etui *nt;* (*de libro*) Umschlag *m;* (*de almohada*) Bezug *m*

fundación [fuṇda'θjon] *f* Gründung *f;* (*institución*) Stiftung *f*

fundado, -a [fuṇ'daðo, -a] *adj* fundiert

fundador(a) [fuṇda'ðor(a)] *m(f)* (Be)gründer(in) *m(f)*

fundamental [fuṇdameṇ'tal] *adj* **1.** (MAT) Grund- **2.** (*esencial*) Haupt-; (*básico*) grundlegend; **argumento** ~ Hauptgrund *m;* **conocimientos** ~**es** Grundkenntnisse *fpl*

fundamentalismo [fuṇdameṇta'lismo] *m* Fundamentalismus *m*

fundamentalista [fuṇdameṇta'lista] **I.** *adj* fundamentalistisch **II.** *mf* Fundamentalist(in) *m(f)*

fundamentar [fuṇdameṇ'tar] *vt* (*basar*) stützen (*en* auf +*akk*); (*establecer*) begründen

fundamento [fuṇda'meṇto] *m* **1.** (*base*) Grundlage *f* **2.** (*motivo*) Grund *m;* **sin** ~ unbegründet **3.** (*seriedad*) Ernsthaftigkeit *f;* **hablar sin** ~ nur Unsinn reden

fundar [fuṇ'dar] **I.** *vt* (*crear*) gründen; (*basar*) stützen (*en/sobre* auf +*akk*) **II.** *vr:* ~**se** sich stützen (*en* auf +*akk*); (*tener su justificación*) beruhen (*en* auf +*dat*)

fundición [fuṇdi'θjon] *f* **1.** (*de un metal*) Schmelzen *nt* **2.** (*en una forma*) Gießen *nt* **3.** (*de ideas*) Verschmelzung *f* **4.** (*taller*) Gießerei *f* **5.** (*hierro*) Gusseisen *nt* **6.** (TIPO) Satz *m* Schriftzeichen

fundir [fuṇ'dir] **I.** *vt* **1.** (*deshacer, unir*) (ver)schmelzen **2.** (*dar forma*) gießen **3.** (*Am*) verjubeln *fam* **II.** *vr:* ~**se** **1.** (*deshacerse*) (zer)schmelzen **2.** (*unirse*) (miteinander) verschmelzen (*en* zu +*dat*); (*empresas*) sich zusammenschließen (*en* zu +*dat*) **3.** (*Am*) zugrunde gehen; (*negocio*) Bankrott machen

fúnebre ['funeβre] *adj:* **coche** ~ Leichenwagen *m;* **pompas** ~**s** (*ceremonia*) Begräbnis *nt*

funeral [fune'ral] **I.** *adj* Bestattungs- **II.** *m* **1.** (*entierro*) Begräbnis *nt* **2.** *pl* (*misa*) Trauergottesdienst *m,* Trauerfeier *f*

funeraria [fune'rarja] *f* Bestattungsinstitut *nt*

funerario, -a [fune'rarjo, -a] *adj* Beerdigungs-

funesto, -a [fu'nesto, -a] *adj* verhängnisvoll

fungir [fuŋ'xir] <g→j> *vi* (*Am*) das Amt innehaben (*de* +*gen*); (*AmC*) angeben

funicular [funiku'lar] *m* Bergbahn *f*

furcia ['furθja] *f* (*pey*) Nutte *f*

furgón [fur'ɣon] *m* Wagen *m;* (*camioneta*) Transporter *m*

furgoneta [furɣo'neta] *f* Kleintransporter *m*

furia ['furja] *f* Zorn *m;* (*ímpetu*) Wucht *f;* (*persona*) Furie *f;* (*fam: energía*) Eifer *m*

furibundo, -a [furi'βuṇdo, -a] *adj* zornerfüllt

furioso, -a [fu'rjoso, -a] *adj* wütend

furor [fu'ror] *m* **1.** (*ira*) Wut *f* **2.** (*ímpetu*) Wucht *f* **3.** (*energía*) Eifer *m* **4.** (*auge*) Höhepunkt *m;* **hacer** ~ Furore machen **5.** (*afición*) Begeisterung *f*

furtivo, -a [fur'tiβo, -a] *adj:* **cazador** ~ Wilderer *m*

furúnculo [fu'ruŋkulo] *m* Furunkel *nt o m*
fuselaje [fuse'laxe] *m* (AERO) Rumpf *m*
fusible [fu'siβle] *m* Sicherung *f*
fusil [fu'sil] *m* Gewehr *nt*
fusilamiento [fusila'mjen̩to] *m* standrechtliche Erschießung *f*
fusilar [fusi'lar] *vt* standrechtlich erschießen
fusión [fu'sjon] *f* Fusion *f*
fusionar [fusjo'nar] **I.** *vi* schmelzen **II.** *vt* **1.** (*deshacer*) schmelzen **2.** (*unir*) verschmelzen; (*empresas*) fusionieren **III.** *vr:* **~se** (miteinander) verschmelzen; (*empresas*) fusionieren
fusta ['fusta] *f* Peitsche *f*
fustigar [fusti'ɣar] <g→gu> *vt* peitschen; (*reprender*) tadeln
fútbol ['fuðβol] *m* Fußball *m*
futbolín [fuðβo'lin] *m* Tischfußballspiel *nt*
futbolista [fuðβo'lista] *mf* Fußballspieler(in) *m(f)*
futbolístico, -a [fuðβo'listiko, -a] *adj* Fußball-
fútbol-sala ['fuðβol-'sala] *m sin pl* Hallenfußball *m*
futuro[1] [fu'turo] *m* Zukunft *f;* (LING) Futur *nt*
futuro, -a[2] [fu'turo, -a] **I.** *adj* (zu)künftig **II.** *m, f* (*fam*) Zukünftige(r) *mf*
futurólogo, -a [futu'roloɣo, -a] *m, f* Futurologe, -in *m, f*

G

G

G, g [xe] *f* G, g *nt*
gabacho, -a [ga'βatʃo, -a] *m, f* (*pey*) Franzose *m,* Französin *f*
gabán [ga'βan] *m* Mantel *m*
gabardina [gaβar'ðina] *f* Trenchcoat *m*
gabinete [gaβi'nete] *m:* **~ de prensa** Pressestelle *f*
gacela [ga'θela] *f* Gazelle *f*
gaceta [ga'θeta] *f* (HIST) Zeitung *f*
gachas ['gatʃas] *f pl* Brei *m*
gachí [ga'tʃi] <gachíes> *f* (*fam*) Mädel *nt*
gacho, -a ['gatʃo, -a] *adj:* **orejas gachas** Schlappohren *ntpl*
gachó [ga'tʃo] *m* (*fam*) Kerl *m*
gaditano, -a [gaði'tano, -a] *adj* aus Cádiz
gaélico, -a [ga'eliko, -a] *adj* gälisch
gafar [ga'far] *vt* (*fam*) Unglück bringen +*dat*
gafas ['gafas] *f pl* Brille *f;* **~ de inmersión** Taucherbrille *f;* **llevar ~** eine Brille tragen; **ponerse las ~** die Brille aufsetzen
gafe ['gafe] *m* Unglücksbringer *m;* (*aguafiestas*) Spielverderber *m*
gag [gaɣ] *m* <gags> Gag *m*
gaita ['gai̯ta] *f* Dudelsack *m*
gaitero, -a [gai̯'tero, -a] *m, f* Dudelsackspieler(in) *m(f)*
gaje ['gaxe] *m:* **los ~s del oficio** (*irón*) die Unannehmlichkeiten des Berufs
gajo ['gaxo] *m* Segment *nt;* (*racimo*) Traube *f;* (*rama*) herabgefallener Zweig
gala ['gala] *f* **1.** (*garbo*) Anmut *f;* (*selecto*) Beste(s) *nt* **2.** *pl* (*vestido*) Kleider *ntpl*
galáctico, -a [ga'laktiko, -a] *adj* galaktisch
galaico, -a [ga'lai̯ko, -a] *adj* galicisch
galaicoportugués, -esa [galai̯koportu'ɣes, -esa] *adj* galicisch-portugiesisch
galán [ga'lan] *m* Galan *m;* (*novio*) Liebhaber *m;* (TEAT) jugendlicher Liebhaber *m*
galante [ga'lan̩te] *adj* aufmerksam
galantear [galan̩te'ar] *vt* den Hof machen (*a* +*dat*)
galantería [galan̩te'ria] *f* (*hacia una mujer*) Höflichkeit *f* (*hacia* gegenüber +*dat*); (*amabilidad*) Aufmerksamkeit *f* (*hacia* gegenüber +*dat*)
galápago [ga'lapaɣo] *m* Süßwasserschildkröte *f*
galardón [galar'ðon] *m* Preis *m*
galardonar [galarðo'nar] *vt* auszeichnen
galaxia [ga'laʸsja] *f* Galaxie *f*
galbana [gal'βana] *f* (*fam*) Faulheit *f*
galeón [gale'on] *m* Galeone *f*
galera [ga'lera] *f* Galeere *f;* (*Am: cobertizo*) Schuppen *m;* (*Am: sombrero*) Zylinder(hut) *m*
galería [gale'ria] *f* Galerie *f;* (*de arte*) Kunstgalerie *f;* (*bulevar*) Ladenpassage *f;* (MIN) Stollen *m*
galés, -esa [ga'les, -esa] *adj* walisisch

Gales ['gales] *m:* (**País de**) ~ Wales *nt*
galgo, **-a** ['galɣo, -a] *m, f* Windhund, -hündin *m, f*
Galia ['galja] *f* Gallien *nt*
Galicia [ga'liθja] *f* Galicien *nt*
galicismo [gali'θismo] *m* Gallizismus *m*
galimatías [galima'tias] *m inv* Kauderwelsch *nt;* (*enredo*) Durcheinander *nt*
gallardo, **-a** [ga'ʎarðo, -a] *adj* stattlich; (*garboso*) anmutig; (*valiente*) mutig
gallear [gaʎe'ar] *vi* angeben; (*alzar la voz*) brüllen; (*creerse importante*) sich *dat* viel einbilden
gallego, **-a** [ga'ʎeɣo, -a] **I.** *adj* galicisch **II.** *m, f* **1.** (*habitante*) Galicier(in) *m(f)* **2.** (*AmS: pey: español*) Spanier(in) *m(f)*
galleta [ga'ʎeta] *f* Keks *m;* (*fam*) Ohrfeige *f*
gallina [ga'ʎina] *f* **1.** (*hembra del gallo*) Huhn *nt;* ~ **clueca** Glucke *f* **2.** (*fam*) Feigling *m* **3.** (*juego*): **jugar a la** ~ **ciega** Blindekuh spielen **4.** (*loc*): **se me pone la carne de** ~ ich bekomme eine Gänsehaut
gallinero [gaʎi'nero] *m* Hühnerstall *m;* (TEAT) Olymp *m*
gallito [ga'ʎito] *m:* **ser un** ~ der Hahn im Korb sein; **ponerse** ~ agressiv werden
gallo ['gaʎo] *m* **1.** (*ave*) Hahn *m;* ~ **de pelea** Kampfhahn *m* **2.** (*pez*) Heringskönig *m* **3. soltar un** ~ kicksen **4.** (*loc*): **misa de(l)** ~ Christmette *f*
galo, **-a** ['galo, -a] *adj* (*de la Galia*) gallisch; (*francés*) französisch
galón [ga'lon] *m* (MIL) Litze *f;* (*medida inglesa*) Gallone *f*
galopar [galo'par] *vi* galoppieren
galope [ga'lope] *m* Galopp *m*
galpón [gal'pon] *m* (*AmS*) Schuppen *m*
gama ['gama] *f* **1.** (MÚS) Tonleiter *f* **2.** (*escala*) Skala *f;* ~ **de ofertas** Angebotspalette *f*
gamada [ga'maða] *adj:* **cruz** ~ Hakenkreuz *nt*
gamba ['gamba] *f* Garnele *f;* (GASTR) Krabbe *f*
gamberrada [gambe'rraða] *f* rowdyhafter Streich *m;* **hacer** ~**s** etwas anstellen
gamberro, **-a** [gam'berro, -a] *m, f* Rowdy *m*
gamma ['gam(m)a] *f* Gamma *nt*
gamo ['gamo] *m* Damhirsch *m*
gamonal [gamo'nal] *m* (*Am*) Kazike *m*
gamuza [ga'muθa] *f* **1.** (*animal*) Gämse *f* **2.** (*paño*) Fensterleder *nt*
gana ['gana] *f* Lust *f* (*de* auf +*akk*); **tengo** ~**s de comer** ich habe Appetit; **de buena** ~ gerne; **de mala** ~ ungerne; **este es feo con** ~**s** (*fam*) der ist ja furchtbar hässlich!
ganadería [ganaðe'ria] *f* Viehbestand *m;* (*crianza*) Viehzucht *f;* (*comercio*) Viehhandel *m*
ganadero, **-a** [gana'ðero, -a] **I.** *adj* Vieh- **II.** *m, f* Viehzüchter(in) *m(f);* (*tratante*) Viehhändler(in) *m(f)*
ganado [ga'naðo, -a] *m* Vieh *nt;* ~ **bovino** [*o* **vacuno**] Rinder *ntpl;* ~ **cabrío** Ziegen *fpl;* ~ **ovino** Schafe *ntpl;* ~ **porcino** Schweine *ntpl*
ganador(a) [gana'ðor(a)] *m(f)* Gewinner(in) *m(f)*
ganancia [ga'naṇθja] *f* Gewinn *m;* (*sueldo*) Verdienst *m*
ganancioso, **-a** [ganaṇ'θjoso, -a] *adj:* **salir** ~ **de algo** einen Nutzen aus etw *dat* ziehen
ganar [ga'nar] **I.** *vi* **1.** (*en el juego*) gewinnen **2.** (*mejorar*) gewinnen (*en* an +*dat*); **con esto sólo puedes salir ganando** das kann dir nur von Nutzen sein **II.** *vt* **1.** (*trabajando*) verdienen **2.** (*jugando*) gewinnen; (*a alguien*) besiegen (*a* +*akk*) **3.** (*adquirir*) gewinnen; (*conocimientos*) erwerben; ~ **experiencia** Erfahrungen sammeln; ~ **peso** zunehmen **III.** *vr:* ~**se** verdienen; (*a alguien*) für sich gewinnen
ganchillo [gan'ʧiʎo] *m* (*gancho*) Häkelnadel *f;* (*labor*) Häkelarbeit *f;* **hacer** ~ häkeln
gancho ['ganʧo] *m* **1.** (*instrumento*) Haken *m* **2.** (DEP: *boxeo*) Haken *m;* (*baloncesto*) Hookshot *m* **3.** (*algo que atrae*) Blickfang *m* **4.** (*Am*) Haarnadel *f* **5.** (*atractivo*) Anziehungskraft *f* **6.** (*persona*) Lockvogel *m*
ganchudo, **-a** [gan'ʧuðo, -a] *adj* hakenförmig
gandul(a) [gaṇ'dul(a)] **I.** *adj* faul **II.** *m(f)* Faulpelz *m*
gandulear [gaṇdule'ar] *vi* faulenzen
gandulería [gaṇdule'ria] *f* Faulheit *f*
ganga ['gaŋga] *f* günstiges Angebot
ganglio ['gaŋgljo] *m* Ganglion *nt*
gangoso, **-a** [gaŋ'goso, -a] *adj* näselnd
gangrena [gaŋ'grena] *f* (MED) Brand *m*
gangrenarse [gaŋgre'narse] *vr* den Brand bekommen
gángster ['gaⁿster] *mf* Gangster(in) *m(f)*
ganguear [gaŋge'ar] *vi* näseln

gansada [gan'saða] *f* Albernheit *f*
ganso, -a ['ganso, -a] *m, f* **1.** (*ave*) Gans *f;* (*macho*) Gänserich *m* **2.** (*loc*): **hacer el** ~ herumalbern
ganzúa [gan̪'θua] *f* Dietrich *m*
gañán [ga'ɲan] *m* Rüpel *m*
gañir [ga'ɲir] <*3. pret:* **gañó**> *vi* (*perro*) jaulen; (*aves*) krächzen
gañote [ga'ɲote] *m* Kehle *f*
garabatear [garaβate'ar] *vt, vi* (hin)kritzeln
garabato [gara'βato] *m* Gekritzel *nt*
garaje [ga'raxe] *m* Garage *f;* (*taller*) Autowerkstatt *f*
garante [ga'ran̪te] *mf* Bürge, -in *m, f*
garantía [garan̪'tia] *f* Garantie *f;* **sin** ~ ohne Gewähr
garantizar [garan̪ti'θar] <z→c> *vt* garantieren; (JUR) gewährleisten
garapiña [gara'piɲa] *f* Kandierung *f;* (*Am*) *Erfrischungsgetränk aus Ananasschalen*
garapiñar [garapi'ɲar] *vt* kandieren
garbanzo [gar'βan̪θo] *m* Kichererbse *f*
garbeo [gar'βeo] *m* Spaziergang *m*
garbo ['garβo] *m* (*elegancia*) Anmut *f;* (*de movimiento*) Grazie *f;* (*brío*) Schwung *m*
garboso, -a [gar'βoso, -a] *adj* anmutig; (*brioso*) schwungvoll
garete [ga'rete] *m:* **ir(se) al** ~ scheitern
garfa ['garfa] *f* Klaue *f*
garfio ['garfjo] *m* spitzer Haken *m*
gargajear [garɣaxe'ar] *vi* spucken
gargajo [gar'ɣaxo] *m* zäher Auswurf *m*
garganta [gar'ɣan̪ta] *f* Hals *m;* (*gaznate*) Kehle *f*
gargantilla [garɣan̪'tiʎa] *f* Halskette *f*
gárgaras ['garɣaras] *fpl* Gurgeln *nt;* **hacer** ~ gurgeln; **¡vete a hacer ~!** scher dich zum Teufel!
gargarear [garɣare'ar] *vi* (*AmS*) gurgeln
garita [ga'rita] *f* Pförtnerloge *f;* (FERRO) Bahnwärterhäuschen *nt;* (*de fortificación*) Mauertürmchen *nt*
garito [ga'rito] *m* illegale Spielhalle *f*
garlar [gar'lar] *vi* (*fam*) schwätzen
garlito [gar'lito] *m* **1.** (*nasa*) Fischreuse *f* **2.** (*fam: trampa*) Falle *f*
garra ['garra] *f* **1.** (*de animal*) Kralle *f;* **caer en las ~s de alguien** in jds Fänge geraten; **la policía le echó la** ~ **al ladrón** die Polizei konnte den Dieb schnappen **2.** *pl* (*Am*) Fetzen *mpl* **3.** (*fam: brío*): **este equipo tiene** ~ diese Mannschaft hat Pep
garrafa [ga'rrafa] *f* **1.** (*de vidrio*) Karaffe *f* **2.** (*con cesto*) Korbflasche *f;* **vino de** ~ offener Wein
garrafal [garra'fal] *adj* riesig, ungeheuer
garrapata [garra'pata] *f* Zecke *f*
garrapiña [garra'piɲa] *f v.* **garapiña**
garrapiñar [garrapi'ɲar] *vt* kandieren
garrocha [ga'rrotʃa] *f* Lanze *f*
garronear [garrone'ar] *vi* (*Arg*) schmarotzen (*a* bei +*dat*)
garrotazo [garro'taθo] *m* Schlag *m* mit dem Knüppel
garrote [ga'rrote] *m* Knüppel *m*
garrucha [ga'rrutʃa] *f* Rolle *f*
garúa [ga'rua] *f* (*Am*) Nieseln *nt*
garuar [ga'rwar] *vimpers* (*Am*) nieseln
garza ['garθa] *f* Reiher *m*
garzón, -ona [gar'θon, -ona] *m, f* (*Am*) Kellner(in) *m(f)*
gas [gas] *m* **1.** (*fluido*) Gas *nt;* ~ **natural** Erdgas *nt;* **bombona de** ~ Gasflasche *f;* **cocina de** ~ Gasherd *m;* **agua con** ~ Sprudel *m;* **agua sin** ~ stilles Wasser **2.** (AUTO): **dar** ~ Gas geben **3.** *pl* (*en el estómago*): **~es** Blähungen *fpl*
gasa ['gasa] *f* Verband(s)mull *m;* (*pañal*) Windel *f*
gasear [gase'ar] *vt* Kohlensäure zusetzen +*dat;* (*matar*) vergasen
gaseosa [gase'osa] *f* süßer Sprudel *m*
gaseoso, -a [gase'oso, -a] *adj* gashaltig; (*gaseiforme*) gasförmig
gasfitería [gasfite'ria] *f* (*Am*) Klempnerei *f*
gasoducto [gaso'ðukto] *m* Gasfernleitung *f*
gasoil [ga'soi̯l] *m,* **gas-oil** [ga'soi̯l] *m* Diesel(öl) *nt*
gasóleo [ga'soleo] *m* Diesel(öl) *nt*
gasolina [gaso'lina] *f* Benzin *nt;* ~ **sin plomo** bleifreies Benzin; ~ **súper** Super(benzin) *nt;* **echar** ~ tanken
gasolinera [gasoli'nera] *f* Tankstelle *f*
gastado, -a [gas'taðo, -a] *adj* (*vestido*) abgetragen; (*cuello*) abgescheuert; (*zapato*) abgelaufen; (*neumático*) abgefahren; (*pilas*) leer
gastador(a) [gasta'ðor(a)] *adj* verschwenderisch
gastar [gas'tar] **I.** *vt* **1.** (*dinero*) ausgeben **2.** (*vestido*) abtragen; (*zapato*) ablaufen; (*neumático*) abfahren **3.** (*tiempo*) investie-

G

ren **4.** (*electricidad*) verbrauchen **5.** (*tener*): ~ **mal/buen humor** stets schlecht/gut gelaunt sein **II.** *vr:* ~**se** ausgeben; (*vestido*) sich abnutzen; (*consumirse*) verbraucht werden

Gasteiz [gas'teiθ] *m* Vitoria *nt*

gasto ['gasto] *m* Ausgabe *f;* (*en un negocio*) Kosten *pl;* (*costos adicionales*) Unkosten *pl;* **dinero para ~s corrientes** Taschengeld *nt;* **~s de inscripción** Einschreibegebühren *fpl;* **~s de personal** Personalaufwand *m;* **~s de representación** Spesen *pl*

gástrico, **-a** ['gastriko, -a] *adj* Magen-

gastritis [gas'tritis] *f inv* Magenschleimhautentzündung *f*

gastroenteritis [gastroen̩te'ritis] *f inv* Magen-Darm-Entzündung *f*

gastronomía [gastrono'mia] *f* Gastronomie *f*

gastronómico, **-a** [gastro'nomiko, -a] *adj* gastronomisch

gastrónomo, **-a** [gas'tronomo, -a] *m, f* **1.** (*que trabaja en gastronomía*) Gastronom(in) *m(f)* **2.** (*gourmet*) Feinschmecker(in) *m(f)*

gatas ['gatas]: **andar a** ~ auf allen vieren gehen

gatear [gate'ar] *vi* krabbeln; (*Am*) hinter den Frauen her sein

gatillo [ga'tiʎo] *m* Abzug *m;* **apretar el** ~ abdrücken

gato ['gato] *m* **1.** (*félido*) Katze *f;* (*macho*) Kater *m;* **el Gato con Botas** der Gestiefelte Kater; **ser** ~ **viejo** ein alter Hase sein; **éramos cuatro ~s en el cine** (*fam*) es waren nur ein paar Leute im Kino; **buscarle los tres pies al** ~ Haarspalterei betreiben **2.** (TÉC) Wagenheber *m*

gatuno, **-a** [ga'tuno, -a] *adj* Katzen-, katzenhaft

gaucho[1] ['gau̯tʃo] *m* (*Am*) Gaucho *m;* (*jinete*) guter Reiter *m*

gaucho, **-a**[2] ['gau̯tʃo, -a] *adj* Gaucho-; (*Am: grosero*) grob

gaveta [ga'βeta] *f* Schubfach *nt;* (*de albañil*) Mörtelpfanne *f*

gavilán [ga'βilan] *m* Sperber *m*

gaviota [ga'βjota] *f* Möwe *f*

gay [gai̯] *m* Schwule(r) *m*

gazapo [ga'θapo] *m* junges Kaninchen *nt;* (*fam*) Versprecher *m*

gazmoño, **-a** [gaθ'moɲo, -a] *adj* scheinheilig

gaznápiro, **-a** [gaθ'napiro, -a] *m, f* Einfaltspinsel *m*

gaznatada [gaθna'taða] *f* (*Am*) Ohrfeige *f*

gaznate [gaθ'nate] *m* Kehle *f*

gazpacho [gaθ'patʃo] *m* Gazpacho *m*

Beim **gazpacho** handelt es sich um eine kalte Gemüsesuppe aus **tomates** (Tomaten), **pepinos** (Gurken), **pimientos** (Paprikaschoten), **aceite de oliva** (Olivenöl) und etwas **pan** (Brot), die im Sommer speziell in Südspanien, in **Andalucía** und **Extremadura**, zubereitet wird.

géiser ['xei̯ser] *m* Geysir *m*

geisha ['gei̯sa] *f* Geisha *f*

gel [xel] *m* Gel *nt*

gelatina [xela'tina] *f* Gelatine *f;* (GASTR) Sülze *f*

gelatinoso, **-a** [xelati'noso, -a] *adj* gallert(art)ig

gélido, **-a** ['xeliðo, -a] *adj* eiskalt

gema ['xema] *f* Edelstein *m*

gemelo, **-a** [xe'melo, -a] *adj* Zwillings-; (**hermanos**) ~**s** Zwillinge *mpl*

gemelos [xe'melos] *mpl* **1.** (*anteojos*) Fernglas *nt;* ~ **de teatro** Opernglas *nt* **2.** (*de la camisa*) Manschettenknopf *m*

gemido [xe'miðo] *m* **1.** Stöhnen *nt;* (*de pena*) Seufzer *m;* (*al llorar*) Wimmern *nt* **2.** (*de animal*) Heulen *nt*

geminación [xemina'θjon] *f* **1.** (*duplicación*) Verdopp(e)lung *f* **2.** (LING) Gemination *f*

Géminis ['xeminis] *m inv* Zwillinge *mpl*

gemir [xe'mir] *irr como pedir vi* **1.** stöhnen; (*de pena*) seufzen **2.** (*animal*) heulen

gen [xen] *m* Gen *nt*

gendarme [xen̩'darme] *m* Gendarm *m*

genealogía [xenealo'xia] *f* Genealogie *f*

genealógico, **-a** [xenea'loxiko, -a] *adj* genealogisch; **árbol** ~ Stammbaum *m*

generación [xenera'θjon] *f* (TÉC: *producción*) Erzeugung *f;* (COM) Schaffung *f;* (BIOL) Zeugung *f;* (*descendientes*) Generation *f*

generacional [xeneraθjo'nal] *adj* Generations-

generador[1] [xenera'ðor] *m* Generator *m*

generador(a)[2] [xenera'ðor(a)] *adj* **1.** (TÉC) erzeugend **2.** (COM) schaffend; **medidas ~as de empleo** Arbeitsbeschaffungsmaßnahmen *fpl*

general [xene'ral] **I.** *adj* Allgemein-; (*huelga*) General-; (*cuartel*) Haupt-; (*impresión*) Gesamt-; **cultura** ~ Allgemeinbildung *f;* **junta** ~ (**extraordinaria**) (außerordentliche) Hauptversammlung *f;* **regla** ~ allgemein gültige Regel; **de uso** ~ (*para todo uso*) für den allgemeinen Gebrauch; (*para todo el mundo*) für die Allgemeinheit; **por lo** ~, **en** ~ im Allgemeinen; **por regla** ~ in der Regel **II.** *m* General *m;* ~ **en jefe** Oberbefehlshaber *m*

generalidad [xenerali'ða^{ð}] *f:* **en la** ~ **de los casos** in den meisten Fällen

Generalitat [xenerali'ta^{t}] *f autonome Regierung Kataloniens*

generalización [xeneraliθa'θjon] *f* Verallgemeinerung *f*

generalizar [xenerali'θar] <z→c> *vt* verallgemeinern

generalmente [xeneral'mente] *adv* im Allgemeinen; (*ampliamente*) allgemein; (*habitualmente*) gewöhnlich, normalerweise

generar [xene'rar] *vt* **1.** (*producir*) erzeugen; ~ **beneficios** Gewinne abwerfen **2.** (*provocar*) hervorrufen; ~ **un clima de confianza** ein Klima des Vertrauens schaffen

genérico, -a [xe'neriko, -a] *adj* **1.** (*de la especie*) Gattungs-, generisch **2.** (LING): **nombre** ~ Gattungsname *m*

género ['xenero] *m* **1.** (BIOL) Gattung *f* **2.** (*manera*) Weise *f* **3.** (*clase*) Sorte *f* **4.** (LING) Genus *nt* **5.** (LIT) Gattung *f;* ~ **épico** Epik *f;* ~ **lírico** Lyrik *f* **6.** (COM) Ware *f;* (*tela*) (Kleider)stoff *m*

generosidad [xenerosi'ða^{ð}] *f* Großzügigkeit *f*

generoso, -a [xene'roso, -a] *adj* großzügig

génesis ['xenesis] *f inv* Entstehung *f*

Génesis ['xenesis] *m* Schöpfungsgeschichte *f*

genética [xe'netika] *f* Genetik *f*

genético, -a [xe'netiko, -a] *adj* genetisch

genial [xe'njal] *adj* genial; (*estupendo*) toll

genialidad [xenjali'ða^{ð}] *f* Genialität *f;* (*acción*) Geniestreich *m*

genio ['xenjo] *m* **1.** (*carácter*) Charakter *m;* **tener buen/mal** ~ gutmütig/jähzornig sein; **esta chica tiene mucho** ~ dieses Mädchen hat ein aufbrausendes Wesen **2.** (*talento*) Veranlagung *f* **3.** (*aptitud*) Genie *nt* **4.** (*persona*) Genie *nt;* **el** ~ **de Cervantes** der Genius Cervantes **5.** (*empuje*) Tatkraft *f* **6.** (*de los cuentos*) Kobold *m;* (*ser fabuloso*) (Flaschen)geist *m*

genital [xeni'tal] *adj* Geschlechts-

genitales [xeni'tales] *mpl* Geschlechtsorgane *ntpl*

genitivo [xeni'tiβo] *m* Genitiv *m*

genocidio [xeno'θiðjo] *m* Völkermord *m*

Génova ['xenoβa] *f* Genua *nt*

gente ['xente] *f* **1.** (*personas*) Leute *pl;* **la** ~ **joven/mayor** die Jungen/Alten; ~ **menuda** Kinder *ntpl;* **la** ~ **dice que...** man sagt, dass ...; **tener don de** ~**s** gut mit Menschen umgehen können **2.** (*fam*) Familienangehörige(n) *mpl;* **¿qué tal tu** ~**?** wie geht's deiner Familie? **3.** (*Am*) anständiger Mensch *m*

gentil [xen'til] *adj* anmutig; (*amable*) höflich

gentileza [xenti'leθa] *f* **1.** (*garbo*) Anmut *f* **2.** (*cortesía*) Höflichkeit *f;* **¿tendría Ud. la** ~ **de ayudarme?** wären Sie so nett mir zu helfen?

gentilicio, -a [xenti'liθjo, -a] *adj:* **nombre** ~ Völkername *m*

gentío [xen'tio] *m* Gedränge *nt*

gentuza [xen'tuθa] *f* (*pey*) Pöbel *m*

genuflexión [xenufle^{ɣ}'sjon] *f* Kniebeuge *f*

genuino, -a [xe'nwino, -a] *adj* (*persona*) echt; (*manuscrito*) authentisch; (*amor*) wahr

geografía [xeoɣra'fia] *f* Geographie *f*

geográfico, -a [xeo'ɣrafiko, -a] *adj* geographisch

geógrafo, -a [xe'oɣrafo, -a] *m, f* Geograph(in) *m(f)*

geología [xeolo'xia] *f* Geologie *f*

geológico, -a [xeo'loxiko, -a] *adj* geologisch

geólogo, -a [xe'oloɣo, -a] *m, f* Geologe, -in *m, f*

geometría [xeome'tria] *f* Geometrie *f*

geométrico, -a [xeo'metriko, -a] *adj* geometrisch

geopolítico, -a [xeopo'litiko, -a] *adj* geopolitisch

Georgia [xe'orxja] *f* Georgien *nt;* (*en los Estados Unidos*) Georgia *nt*

georgiano, -a [xeor'xjano, -a] *adj* georgisch

geranio [xe'ranjo] *m* Geranie *f*

gerencia [xe'renθja] *f* (*de una empresa*) (Geschäfts)führung *f;* (*de un banco*) Leitung *f;* (*de un teatro*) Intendanz *f*

gerente [xe'rente] *mf* (*de una gran empre-*

sa) Geschäftsführer(in) *m(f)*; (*de una pequeña empresa*) Betriebsleiter(in) *m(f)*; (*de un banco*) Leiter(in) *m(f)*; (*de un departamento*) Abteilungsleiter(in) *m(f)*; (*de un teatro*) Intendant(in) *m(f)*

geriatra [xe'rjatra] *mf* Geriater(in) *m(f)*

geriatría [xeria'tria] *f* Geriatrie *f*, Altersheilkunde *f*

geriátrico, **-a** [xe'rjatriko, -a] *adj* geriatrisch; **clínica geriátrica** Altenpflegeheim *nt*

gerifalte [xeri'fal̩te] *m* wichtige Persönlichkeit

germánico, **-a** [xer'maniko, -a] *adj* germanisch

germanio [xer'manjo] *m* (QUÍM) Germanium *nt*

germanismo [xerma'nismo] *m* Germanismus *m*

germanista [xerma'nista] *mf* Germanist(in) *m(f)*

germanizar [xermani'θar] <z→c> *vt* eindeutschen

germano, **-a** [xer'mano, -a] *adj o m, f v.* **germánico**

germanooccidental [xermano(o)ʸθiðen̩'tal] **I.** *adj* westdeutsch **II.** *mf* Westdeutsche(r) *mf*, Wessi *m pey*

germanooriental [xermano(o)rjen̩'tal] **I.** *adj* ostdeutsch **II.** *mf* Ostdeutsche(r) *mf*, Ossi *m pey*

germen ['xermen] *m* Keim *m*; (*origen*) Ursprung *m*

germicida [xermi'θiða] *f* keimtötendes Mittel *nt*

germinación [xermina'θjon] *f* (Auf)keimen *nt*

germinar [xermi'nar] *vi* sprießen; (*sospechas*) aufkeimen (*en* in +*dat*)

gerundense [xerun̩'dense] *adj* aus Gerona

gerundio [xe'run̩djo] *m* Gerundium *nt*

gesta ['xesta] *f* Heldentat *f*

gestación [xesta'θjon] *f* **1.** (*de una persona*) Schwangerschaft *f*; (*de un animal*) Trächtigkeit *f* **2.** (*de un proyecto*) Reifungsprozess *m*; (*de un plan*) Ausarbeitung *f*

gestar [xes'tar] **I.** *vt* tragen **II.** *vr:* **~se** (*proceso*) sich entwickeln; (*plan*) ausgearbeitet werden; (*proyecto*) in Planung sein

gesticulación [xestikula'θjon] *f* Gestik *f*; (*de la cara*) Mimik *f*

gesticular [xestiku'lar] **I.** *adj* Gebärden- **II.** *vi* gestikulieren; (*con la cara*) das Gesicht verziehen

gestión [xes'tjon] *f* **1.** (*diligencia*) Schritt *m*, Formalität *f* **2.** (*de una empresa*) Geschäftsführung *f*; **la ~ de gobierno** die Amtsführung der Regierung

gestionar [xestjo'nar] *vt* in die Wege leiten; (*negocio*) führen

gesto ['xesto] *m* Geste *f*; (*con la mano*) Handbewegung *f*; (*con el rostro*) Grimasse *f*; (*acto*) Geste *f*; **un ~ de apoyo** ein Zeichen der Unterstützung

gestor(a) [xes'tor(a)] *m(f)* Agent(in) *m(f)* für Verwaltungsformalitäten

giba ['xiβa] *f* Buckel *m*

gibar [xi'βar] *vt* (*fam*) belästigen

gibón [xi'βon] *m* Gibbon *m*

gibraltareño, **-a** [xiβral̩ta'reɲo, -a] *adj* gibraltarisch

Giga ['ʤiɣa] *m* (INFOR) Gigabyte *nt*

gigabyte [ʤiɣa'bai̯t] *m* (INFOR) Gigabyte *nt*; **~s por segundo** Gigabyte pro Sekunde

gigante [xi'ɣan̩te] **I.** *adj* riesig **II.** *m* Riese *m*; (*en fiesta popular*) Riesenfigur *f* aus Pappmaschee; (*persona*) Gigant *m*

gigantesco, **-a** [xiɣan̩'tesko, -a] *adj* riesig

gigantismo [xiɣan̩'tismo] *m* Riesenwuchs *m*

gigoló [ʤiɣo'lo] *m* Gigolo *m*

gilipollas [xili'poʎas] *mf inv* (*vulg*) Arschloch *nt*

gilipollez [xilipo'ʎeθ] *f* (*vulg*) Blödsinn *m fam*

gimnasia [xim'nasja] *f* **1.** (*disciplina*) Gymnastik *f* **2.** (DEP) Turnen *nt*; **hacer ~** turnen **3.** (ENS) Sport *m*

gimnasio [xim'nasjo] *m* Turnhalle *f*; **~ (de musculación)** Fitnesscenter *nt*

gimnasta [xim'nasta] *mf* Turner(in) *m(f)*

gimotear [ximote'ar] *vi* (*pey*) stöhnen; (*lloriquear*) wimmern

gimoteo [ximo'teo] *m* Gestöhn(e) *nt*; (*lloriqueo*) Gewimmer *nt*

ginebra [xi'neβra] *f* Gin *m*

Ginebra [xi'neβra] *f* Genf *nt*

ginecología [xinekolo'xia] *f* Frauenheilkunde *f*

ginecológico, **-a** [xineko'loxiko, -a] *adj* gynäkologisch

ginecólogo, **-a** [xine'koloɣo, -a] *m, f* Frauenarzt, -ärztin *m, f*

gingivitis [xiŋxi'βitis] *f inv* Zahnfleischentzündung *f*

gira ['xira] *f* Ausflug *m;* (*más larga*) Rundfahrt *f;* (*de un artista*) Tournee *f*

girar [xi'rar] **I.** *vi* **1.** (*dar vueltas*) sich drehen (*alrededor de* um +*akk*) **2.** (*conversación*) sich drehen (*sobre/en torno a* um +*akk*) **3.** (COM) ziehen (*a cargo de* auf +*akk*) **4.** (*torcer*) abbiegen **II.** *vt* **1.** (*dar la vuelta*) drehen; ~ **la vista** sich umsehen **2.** (COM) ziehen (*a cargo de* auf +*akk*); (*dinero*) überweisen (*a* an +*akk*)

girasol [xira'sol] *m* Sonnenblume *f*

giratorio, **-a** [xira'torjo, -a] *adj* Dreh-

giro ['xiro] *m* **1.** (*vuelta*) Drehung *f;* **un ~ de volante** eine Umdrehung des Lenkrades **2.** (*cariz*) Wendung *f;* **tomar un ~ favorable/negativo** sich zum Guten/Schlechten wenden **3.** (LING) (Rede)wendung *f* **4.** (COM) Überweisung *f;* ~ **postal** Postanweisung *f*

gitanada [xita'naða] *f* Zigeunerstreich *m;* (*engaño*) Schwindel *m*

gitanería [xitane'ria] *f* hinterlistige Schmeichelei *f;* (*grupo*) Zigeunertruppe *f;* (*acción*) Zigeunerstreich *m*

gitano, **-a** [xi'tano, -a] **I.** *adj* Zigeuner-; (*galanero*) schmeichlerisch; (*tramposo*) schwindlerisch **II.** *m, f* **1.** (*calé*) Zigeuner(in) *m(f);* **va hecho un ~** (*fig*) er sieht heruntergekommen aus **2.** (*estafador*) Schwindler(in) *m(f)*

glaciación [glaθja'θjon] *f* Vereisung *f*

glacial [gla'θjal] *adj* eiskalt; **zona ~** Eiszone *f*

glaciar [gla'θjar] *m* Gletscher *m*

gladiolo [gla'ðjolo], **gladíolo** [gla'ðiolo] *m* Gladiole *f*

glande ['glan̩de] *m* Eichel *f*

glándula ['glan̩dula] *f* Drüse *f*

glandular [glan̩du'lar] *adj* Drüsen-

glasé [gla'se] *m* (Glanz)taft *m*

glasear [glase'ar] *vt* glasieren; (*papel*) satinieren

glaucoma [glau̯'koma] *m* grüner Star *m*

glicerina [gliθe'rina] *f* Glycerin *nt*

global [glo'βal] *adj* **1.** (*total*) global; **valoración ~** Pauschalurteil *nt pey* **2.** (*cantidad*) Gesamt-

globalidad [gloβali'ðaᵈ] *f* Gesamtheit *f*

globalización [gloβaliθa'θjon] *f* **1.** (*de un problema*) globale Betrachtung *f* **2.** (*generalización*) Verallgemeinerung *f*

globalizar [gloβali'θar] <z→c> *vt* global betrachten

globo ['gloβo] *m* **1.** (*esfera*) Kugel *f;* ~ **ocular** Augapfel *m* **2.** (*Tierra*) Erdball *m* **3.** (*mapa*) Globus *m* **4.** (*para niños*) (Luft)ballon *m;* ~ **aerostático** (Heißluft)ballon *m*

glóbulo ['gloβulo] *m* Blutkörperchen *nt*

gloria ['glorja] *f* **1.** (*fama*) Ruhm *m;* **Goya es una ~ nacional** Goya ist der Stolz Spaniens; **sin pena ni ~** sang- und klanglos **2.** (*paraíso*) Himmelreich *nt;* **conseguir la ~** die ewige Seligkeit erlangen; **Dios le tenga en su ~** Gott habe ihn selig; **estar en la ~** (*fam*) im siebten Himmel sein **3.** (*esplendor*) Herrlichkeit *f* **4.** (*gusto*) Freude *f;* **este pastel sabe a ~** dieser Kuchen schmeckt himmlisch

glorieta [glo'rjeta] *f* Gartenhäuschen *nt;* (*plazoleta*) Rondell *nt;* (*cruce*) Kreisverkehr *m*

glorificación [glorifika'θjon] *f* Verherrlichung *f*

glorificar [glorifi'kar] <c→qu> **I.** *vt* verherrlichen **II.** *vr:* ~**se** sich rühmen (*de* +*gen*)

glorioso, **-a** [glo'rjoso, -a] *adj* ruhmreich; (REL) selig; (*estupendo*) herrlich

glosa ['glosa] *f* Erläuterung *f* (*a* zu +*dat*); (*anotación*) Bemerkung *f* (*a* zu +*dat*); (LIT) Glosse *f*

glosar [glo'sar] *vt* **1.** (*comentar*) erläutern; (LIT) glossieren **2.** (*tergiversar*) verdrehen

glosario [glo'sarjo] *m* Glossar *nt*

glotis ['glotis] *f* Glottis *f*

glotón, **-ona** [glo'ton, -ona] *adj* gefräßig

glotonear [glotone'ar] *vi* gierig essen, schlingen

glotonería [glotone'ria] *f* Essgier *f*

glucemia [glu'θemja] *f* Blutzuckerspiegel *m*

glucosa [glu'kosa] *f* Traubenzucker *m;* (QUÍM) Glucose *f*

gluten ['gluten] *m* Gluten *nt*

glúteo ['gluteo] *m* Gesäßmuskel *m*

glutinoso, **-a** [gluti'noso, -a] *adj* klebrig

gnomo ['nomo] *m* Zwerg *m*

gnosticismo [nosti'θismo] *m sin pl* (REL) Gnostizismus *m*

gobernabilidad [goβernaβili'ðaᵈ] *f* Regierbarkeit *f*

gobernable [goβer'naβle] *adj* regierbar; (*nave*) steuerbar

gobernador(**a**) [goβerna'ðor(a)] *m(f)*

G

Gouverneur(in) *m(f)*; **el ~ del Banco de España** der Präsident der spanischen Zentralbank

gobernanta [goβer'nan̪ta] *f* (*Am*) Kinderfrau *f*; (*institutriz*) Hauslehrerin *f*

gobernante [goβer'nan̪te] *mf* Regierende(r) *mf*

gobernar [goβer'nar] <e→ie> *vt* **1.** (POL) regieren **2.** (*dirigir*) leiten; (*nave*) steuern; **~ una casa** den Haushalt führen

gobierno [go'βjerno] *m* Regierung *f*; **~ absoluto** Alleinherrschaft *f*; **~ autonómico** Regionalregierung *f*

goce ['goθe] *m* Genuss *m*

godo, **-a** ['goðo, -a] **I.** *adj* gotisch **II.** *m, f* **1.** (HIST) Gote, -in *m, f* **2.** (*AmC: pey*) Spanier(in) *m(f)*

gofre ['gofre] *m* Waffel *f*

gol [gol] *m* Tor *nt*; **~ del empate** Ausgleichstor *nt*; **meter un ~** ein Tor schießen

golear [gole'ar] *vt* vernichtend schlagen

golf [golf] *m* Golf *nt*

golfa ['golfa] *f* **1.** (*fam*) Hure *f* **2.** *v.* **golfo¹**

golfear [golfe'ar] *vi* sich herumtreiben

golfo¹ ['golfo] *m* Golf *m*

golfo, **-a²** ['golfo, -a] *m, f* Straßenkind *nt*; (*vagabundo*) Strolch *m*

golondrina [golon̪'drina] *f* Schwalbe *f*

golosina [golo'sina] *f* Süßigkeit *f*; (*manjar*) Leckerbissen *m*

goloso, **-a** [go'loso, -a] *m, f* Leckermaul *nt*

golpe ['golpe] *m* **1.** (*impacto*) Schlag *m*; (*choque*) Stoß *m*; **~ de Estado** Staatsstreich *m*, Putsch *m*; **~ de tos** Hustenanfall *m*; **dar un ~** einen Schlag versetzen; **parar un ~** einen Schlag abwehren; **la puerta se abrió de ~** die Tür flog auf; **no pegar ~** (*fam*) keinen Schlag tun **2.** (*atraco*) Überfall *m* **3.** (*loc*): **de ~** (**y porrazo**) (*al mismo tiempo*) auf einen Schlag; (*de repente*) plötzlich; **me lo tragué de un ~** ich schluckte es alles auf einmal

golpear [golpe'ar] **I.** *vt* schlagen; (*en la puerta*) klopfen (an +*akk*); (*a alguien*) verprügeln **II.** *vr:* **~se** sich schlagen

golpista [gol'pista] *mf* Putschist(in) *m(f)*

goma ['goma] *f* Gummi *nt o m*; **~ de borrar** Radiergummi *m*

goma-dos ['goma-ðos] *f* Plastiksprengstoff *m*

gomaespuma [gomaes'puma] *f* Schaumgummi *m*

gomina® [go'mina] *f* Haarfestiger *m*

gominola [gomi'nola] *f* ≈Gummibärchen *nt*

góndola ['gon̪dola] *f* Gondel *f*; (*Am*) Omnibus *m*

gong [goŋ] *m* <gongs>, **gongo** ['goŋgo] *m* Gong *m*

gonorrea [gono'rrea] *f* Gonorrhö *f*

gordo¹ ['gorðo] *m:* **el ~** das große Los

gordo, **-a²** ['gorðo, -a] *adj* dick; (*tejido*) grob; **el dedo ~** der Daumen; **una mentira gorda** eine faustdicke Lüge; **es un pez ~** er/sie ist ein hohes Tier; **me cae ~** ich kann ihn nicht ausstehen; **ha pasado algo muy ~** es ist etwas Ernstes geschehen; **se armó la gorda** (*fam*) es gab einen Riesenkrach

gordura [gor'ðura] *f* Fettleibigkeit *f*

gorgotear [gorɣote'ar] *vi* gluckern; (*arroyo*) gurgeln; (*burbujear*) brodeln

gorgoteo [gorɣo'teo] *m* Gluckern *nt*; (*de un arroyo*) Gurgeln *nt*; (*borboteo*) Brodeln *nt*

gorila [go'rila] *m* Gorilla *m*

gorjear [gorxe'ar] *vi* zwitschern; (*niño*) glucksen

gorjeo [gor'xeo] *m* Gezwitscher *nt*

gorra ['gorra] *f* Mütze *f*; (**~ de**) **visera** Schirmkappe *f*

gorrear [gorre'ar] *vi* (*fam*) schmarotzen

gorrinada [gorri'naða] *f* Schweinerei *f*

gorrino, **-a** [go'rrino, -a] *m, f* (*pey*) Schwein *nt*, Sau *f*

gorrión [gorri'on] *m* Sperling *m*; (*AmC*) Kolibri *m*

gorro ['gorro] *m* Mütze *f*; **estoy hasta el ~** (*fig*) ich habe die Nase voll

gorrón, **-ona** [go'rron, -ona] *m, f* Schmarotzer *m*; (*AmC*) Egoist(in) *m(f)*

gorronear [gorrone'ar] *vi v.* **gorrear**

gota ['gota] *f* **1.** (*de líquido*) Tropfen *m* **2.** (*pizca*) kleiner Rest *m*; **no queda ni ~ de agua** es ist kein Tropfen Wasser mehr da **3.** (METEO): **~ fría** Kalt(luft)front *f* **4.** (MED) Gicht *f* **5.** (*gotero*) Tropf *m*

gotear [gote'ar] *vi* tropfen

goteo [go'teo] *m* Tropfen *nt*

gotera [go'tera] *f* undichte Stelle *f*; **hay una ~ en el baño** im Badezimmer regnet es durch

gotero [go'tero] *m* Tropf *m*; (*Am*) Tropfenzähler *m*

gótico, **-a** ['gotiko, -a] *adj* gotisch

Gotinga [go'tiŋga] *f* Göttingen *nt*

gotoso, **-a** [go'toso, -a] *adj* gichtkrank
gozada [go'θaða] *f* (*fam: para la vista*) Augenschmaus *m;* (*para el oído*) Ohrenschmaus *m*
gozar [go'θar] <z→c> **I.** *vi* Gefallen finden (an +*dat*); (*disfrutar*) sich erfreuen (*de* +*gen*) **II.** *vt* genießen
gozo ['goθo] *m* Wonne *f;* (*placer, alegría*) Freude
gr. ['gramo] *abr de* **gramo** g
grabación [graβa'θjon] *f* Aufnahme *f;* (TV) Aufzeichnung *f;* (INFOR) Speichern *nt*
grabado [gra'βaðo] *m* **1.** (ARTE: *acción*) Gravieren *nt;* (*en piedra*) Einmeißeln *nt;* (*en madera*) Einschnitzen *nt* **2.** (ARTE: *copia*) Stich *m;* ~ **al agua fuerte** Ätzung *f;* ~ **en madera** Holzschnitt *m* **3.** (*arte*) Gravierkunst *f* **4.** (*ilustración*) Abbildung *f*
grabador(a) [graβa'ðor(a)] *m(f)* Graveur(in) *m(f)*
grabadora [graβa'ðora] *f* Tonbandgerät *nt*
grabar [gra'βar] **I.** *vt* **1.** (ARTE) (ein)gravieren (*en* in +*akk*); (*en piedra*) einmeißeln; (*en madera*) einschnitzen **2.** (*disco*) aufnehmen; (*en vídeo*) aufzeichnen **3.** (INFOR) speichern **II.** *vr:* ~**se** sich einprägen +*dat*
gracia ['graθja] *f* **1.** *pl* (*agradecimiento*): **¡~s!** danke!; **¡muchas ~s!** vielen Dank!; **¡~s a Dios!** Gott sei Dank!; **~s a tus esfuerzos lo conseguí** ich schaffte es dank deiner Bemühungen **2.** (REL) Gnade *f* **3.** (*perdón*) Begnadigung *f* **4.** (*favor*) Gunst *f* **5.** (*agrado*): **me cae en** ~ er/sie ist mir sympathisch **6.** (*garbo*) Anmut *f* **7.** (*chiste*) Witz *m;* **no tiene** (**ni**) **pizca de** ~ das ist gar nicht lustig
grácil ['graθil] *adj* grazil
gracioso, **-a** [gra'θjoso, -a] *adj* anmutig; (*chistoso*) witzig
grada ['graða] *f* (Sitz)reihe *f*
gradación [graða'θjon] *f* Abstufung *f;* (MÚS) Steigerung *f*
grado ['graðo] *m* **1.** (*nivel*) Grad *m* (*de* an +*dat*); ~ **de confianza** Maß an Vertrauen; **quemaduras de primer** ~ (MED) Verbrennungen ersten Grades; **en** ~ **sumo** in höchstem Grade **2.** (*parentesco*) Verwandtschaftsgrad *m* **3.** (JUR): **en primer** ~ in erster Instanz **4.** (ENS) (Schul)klasse *f;* ~ **elemental** Grundstufe *f* **5.** (*universitario*) akademischer Grad *m;* ~ **de doctor** Doktorwürde *f* **6.** (MAT) Grad *m;* ~ **centígrado** Grad Celsius **7.** (LING): ~ **comparativo** Komparativ *m* **8.** (MIL: *rango*) Rang *m* **9.** (*de alcohol*) Prozent *nt*
graduable [graðu'aβle] *adj* verstellbar; (*temperatura*) graduierbar
graduación [graðwa'θjon] *f* **1.** (*regulación, t.* TÉC) Einstellung *f* **2.** (*en grados*) Gradeinteilung *f;* (*en niveles*) Abstufung *f;* (*de personas*) Einstufung *f;* (*de precios*) Staffelung *f* **3.** (*de un vino*) Alkoholgehalt *m* **4.** (MIL) Rang *m*
graduado, **-a** [graðu'aðo, -a] *m, f* **1.** (UNIV) Akademiker(in) *m(f);* ~ **en ingeniería** Diplomingenieur *m* **2.** (ENS): ~ **escolar** (*fam*) Hauptschulabgänger *m*
gradual [graðu'al] *adj* allmählich
graduar [graðu'ar] <*1. pres:* gradúo> **I.** *vt* **1.** (*regular*) einstellen **2.** (TÉC) gradieren; ~ **la vista** die Brillengläser anpassen **II.** *vr:* ~**se**: **se graduó en económicas** er/sie machte seine/ihre Diplomprüfung in VWL
grafía [gra'fia] *f* Schreibweise *f*
gráfica ['grafika] *f* Schaubild *nt;* (*curva*) Kurve *f*
gráfico[1] [grafiko] *m* Schaubild *nt;* (INFOR) Grafik *f;* ~ **pixelado** Pixelgrafik *m*
gráfico, **-a**[2] [grafiko, -a] *adj* Schrift-; (*del dibujo*) grafisch; (*claro*) anschaulich
grafista [gra'fista] *mf* Grafiker(in) *m(f)*
grafito [gra'fito] *m* (MIN) Graphit *m*
grafología [grafolo'xia] *f* Graphologie *f*
grafólogo, **-a** [gra'foloɣo, -a] *m, f* Graphologe, -in *m, f*
gragea [gra'xea] *f* Dragee *nt*
gral. [xene'ral] *adj abr de* **general** allg.
gramática [gra'matika] *f* Grammatik *f*
gramatical [gramati'kal] *adj* grammatikalisch; **regla** ~ Grammatikregel *f*
gramático, **-a** [gra'matiko, -a] *m, f* Grammatiker(in) *m(f)*
gramilla [gra'miʎa] *f* (*Am*) Gras *nt*
gramo ['gramo] *m* Gramm *nt*
gramófono [gra'mofono] *m* Grammophon *nt*
gramola [gra'mola] *f* **1.** (*gramófono*) Grammophon *nt* **2.** (*en un bar*) Musikbox *f*
gran [gran] *adj v.* **grande**
granada [gra'naða] *f* Granatapfel *m;* (*proyectil*) Granate *f*
granadino, **-a** [grana'ðino, -a] *adj* aus Granada
granado[1] [gra'naðo] *m* Granat(apfel)baum *m*

granado, -a^{2} [gra'naðo, -a] *adj* **1.** (*ilustre*) vornehm **2.** (*maduro*) reif **3.** (*alto*) hoch aufgeschossen

granar [gra'nar] *vt* treiben

granate [gra'nate] *adj* granatrot

Gran Bretaña [gram bre'taɲa] *f* Großbritannien *nt*

grancanario, -a [graŋka'narjo, -a] *adj* aus Gran Canaria

grande ['gran̪de] **I.** *adj* <más grande *o* mayor, grandísimo> (*precediendo un substantivo singular: gran*) **1.** (*de tamaño*) groß; **gran ciudad** Großstadt *f;* **una habitación** ~ ein geräumiges Zimmer **2.** (*de edad*) alt; **Juan es más** ~ **que Pedro** Juan ist älter als Pedro **3.** (*moralmente*): **una gran idea** eine großartige Idee **4.** (*loc*): **pasarlo en** ~ sich großartig amüsieren; **este trabajo me va** ~ ich bin dieser Arbeit nicht gewachsen; **vivir a lo** ~ auf großem Fuß leben **II.** *m* **1.** (*prócer*) Größe *f;* **los** ~**s de la industria** die Großindustriellen **2.** (*título*): **Grande de España** Grande *m* Spaniens

grandeza [gran̪'deθa] *f:* **delirio de** ~ Größenwahn *m*

grandilocuencia [gran̪dilo'kwen̪θja] *f* **1.** (*de estilo*) Schwülstigkeit *f* **2.** (*de una persona*) hochtrabende Ausdrucksweise *f*

grandilocuente [gran̪dilo'kwen̪te] *adj* hochtönend

grandioso, -a [gran̪'djoso, -a] *adj* großartig

grandullón, -ona [gran̪du'ʎon, -ona] *adj* hoch aufgeschossen

granel [gra'nel]: **a** ~ unverpackt; (*suelto*) lose; (*en abundancia*) haufenweise

granero [gra'nero] *m* Scheune *f*

granito [gra'nito] *m* Granit *m*

granizada [grani'θaða] *f* Hagelschauer *m*

granizado [grani'θaðo] *m Erfrischungsgetränk mit zerstoßenem Eis*

granizar [grani'θar] <z→c> *vimpers* hageln

granizo [gra'niθo] *m* Hagel *m*

granja ['graŋxa] *f* Bauernhof *m*

granjear [graŋxe'ar] *vr:* ~**se** für sich gewinnen

granjero, -a [graŋ'xero, -a] *m, f* Landwirt(in) *m(f),* Bauer *m,* Bäuerin *f*

grano ['grano] *m* **1.** (*de cereales*) (Samen)korn *nt;* (*de café*) Bohne *f;* ~**s** Getreide *nt;* ~ **de uva** Weintraube *f;* **vaya al** ~ kommen Sie zur Sache **2.** (MED) Pickel *m*

granuja [gra'nuxa] *m* Schelm *m;* (*bribón*) Gauner *m*

granulado [granu'laðo] *m* Granulat *nt*

grapa ['grapa] *f* Heftklammer *f*

grapadora [grapa'ðora] *f* Heftmaschine *f*

grapar [gra'par] *vt* heften

grasa ['grasa] *f* Fett *nt;* ~ **de cerdo** Schweineschmalz *nt;* **cocinar sin** ~ fettarm kochen

grasiento, -a [gra'sjen̪to, -a] *adj* fettig

graso, -a ['graso, -a] *adj* fettig

gratén [gra'ten] *m:* **al** ~ überbacken

gratificación [gratifika'θjon] *f* Belohnung *f;* (*sobre objetos perdidos*) Finderlohn *m;* (*del sueldo*) Sondervergütung *f*

gratificante [gratifi'kan̪te] *adj* erfreulich

gratificar [gratifi'kar] <c→qu> *vt* belohnen (*por* für +*akk*); (*en el trabajo*) eine Sondervergütung zahlen (*a* +*dat*)

gratinar [grati'nar] *vt* überbacken

gratis ['gratis] *adv* kostenlos, gratis

gratitud [grati'tu^{ð}] *f* Dankbarkeit *f*

grato, -a ['grato, -a] *adj* angenehm

gratuidad [gratwi'ða^{ð}] *f* Unentgeltlichkeit *f*

gratuito, -a [gra'twito, -a] *adj* kostenlos; (*arbitrario*) willkürlich

grava ['graβa] *f* Kies *m;* (*cascajo*) Schotter *m*

gravable [gra'βaβle] *adj* steuerpflichtig

gravamen [gra'βamen] *m* Last *f;* (*de los ingresos*) Versteuerung *f;* (*del Estado*) Besteuerung *f*

gravar [gra'βar] *vt* **1.** (*cargar*) belasten **2.** (FIN) besteuern; ~ **con un impuesto** eine Steuer erheben (auf +*akk*)

grave ['graβe] *adj* **1.** (*enfermedad*) schlimm; **está** ~ er/sie ist schwer krank **2.** (*persona, situación*) ernst **3.** (*sonido*) tief **4.** (LING): **palabra** ~ auf der vorletzten Silbe betontes Wort

gravedad [graβe'ða^{ð}] *f* **1.** (FÍS) Schwerkraft *f;* **centro de** ~ Schwerpunkt *m* **2.** (MED): **estar herido de** ~ schwer verletzt sein

gravilla [gra'βiʎa] *f* Feinkies *m*

gravitación [graβita'θjon] *f* Anziehungskraft *f;* (*de la tierra*) Schwerkraft *f*

graznar [graθ'nar] *vi* krächzen; (*ganso*) schnattern; (*pato*) quaken

graznido [graθ'niðo] *m* Krächzen *nt;* (*ganso*) Schnattern *nt;* (*pato*) Quaken *nt*

greca ['greka] *f* (*Am*) Kaffeemaschine *f*

Grecia ['greθja] *f* Griechenland *nt*
grecolatino, **-a** [grekola'tino, -a] *adj* griechisch-lateinisch
grecorromano, **-a** [grekorro'mano, -a] *adj* griechisch-römisch
gregoriano, **-a** [greɣo'rjano, -a] *adj* gregorianisch
gremial [gre'mjal] *adj* Innungs-; (HIST) Zunft-
gremio ['gremjo] *m* Innung *f;* (HIST) Zunft *f*
greña ['greɲa] *f* Haarschopf *m*
greñudo, **-a** [gre'ɲuðo, -a] *adj* zerzaust
gresca ['greska] *f* Krach *m;* (*riña*) Zankerei *f*
grial [gri'al] *m* Gral *m*
griego, **-a** ['grjeɣo, -a] *adj* griechisch
grieta ['grjeta] *f* Riss *m*
grifa ['grifa] *f* Haschisch *nt o m*
grifo ['grifo, -a] *m* **1.** (TÉC) Hahn *m;* **agua del** ~ Leitungswasser *nt;* **me he dejado el** ~ **abierto** ich habe den Hahn nicht zugedreht **2.** (*Perú*) Tankstelle *f*
grillarse [gri'ʎarse] *vr* (*fam*) überschnappen
grillo ['griʎo] *m* Grille *f*
grima ['grima] *f* Schauder *m;* **me da** ~ **ver cómo la maltratas** es macht mich krank zu sehen, wie du sie misshandelt
gringada [griŋ'gaða] *f* (*Am: fam*) Ganoventrick *m;* (*grupo de gringos*) Gruppe *f* von Gringos
gringo[1] ['griŋgo] *m* (*fam*) Kauderwelsch *nt*
gringo, **-a**[2] ['griŋgo, -a] *m, f* (*Am: fam*) **1.** (*persona*) Gringo *m;* (*pey*) Ausländer *m* **2.** (*de EE.UU.*) Amerikaner(in) *m(f)*, Yankee *m pey*
gripa ['gripa] *f* (*Am*) Grippe *f*
gripal [gri'pal] *adj* grippal
griparse [gri'parse] *vr* sich festfressen
gripe ['gripe] *f* Grippe *f*
griposo, **-a** [gri'poso, -a] *adj:* **estoy** ~ ich habe die Grippe
gris [gris] *adj* (*color*) grau; ~ **marengo** dunkelgrau; **de ojos** ~**es** grauäugig
grisáceo, **-a** [gri'saθeo] *adj*, **grisoso**, **-a** [gri'soso, -a] *adj* (*Am*) gräulich
gritar [gri'tar] *vi, vt* schreien; (*reprender*) anschreien
griterío [grite'rio] *m* Geschrei *nt*
grito ['grito] *m* Schrei *m;* ~ **de protesta** Protestruf *m;* **pegar un** ~ einen Schrei ausstoßen; **me lo dijo a** ~**s** er/sie schrie mich an; **a** ~ **limpio** [*o* **pelado**] mit lautem Geschrei
groenlandés, **-esa** [groenlan̩'des, -esa] *adj* grönländisch
Groenlandia [groen'lan̩dja] *f* Grönland *nt*
grogui ['groɣi] *adj* groggy
grosella [gro'seʎa] *f* Johannisbeere *f*
grosería [grose'ria] *f* Unhöflichkeit *f;* (*ordinariez*) Gewöhnlichkeit *f;* (*tosquedad*) Rohheit *f;* (*palabrota*) Schimpfwort *nt*
grosero, **-a** [gro'sero, -a] *adj* unhöflich; (*ordinario*) ordinär; (*tosco*) plump
grosor [gro'sor] *m* Dicke *f*
grotesco, **-a** [gro'tesko, -a] *adj* grotesk
grúa ['grua] *f* Kran *m;* (*vehículo*) Abschleppwagen *m*
grueso, **-a** ['grweso, -a] *adj* korpulent; (*objeto*) dick; (*tela*) grob
grulla ['gruʎa] *f* Kranich *m*
grumete [gru'mete] *m* Schiffsjunge *m*
grumo ['grumo] *m* Klumpen *m;* ~ **de sangre** (Blut)gerinnsel *nt*
grumoso, **-a** [gru'moso, -a] *adj* klumpig, verklumpt
gruñir [gru'ɲir] <*3. pret:* **gruñó**> *vi* grunzen; (*perro*) knurren; (*persona*) murren
gruñón, **-ona** [gru'ɲon, -ona] *m, f* (*fam*) Brummbär *m;* **es un viejo** ~ er ist ein alter Brummbart
grupa ['grupa] *f* Kruppe *f;* **volver** ~**s** (MIL) kehrtmachen
grupo ['grupo] *m* Gruppe *f;* ~ (**industrial**) Konzern *m;* ~ **parlamentario** (POL) Fraktion *f;* **trabajo en** ~ Teamarbeit *f*
gruta ['gruta] *f* Grotte *f*
guaca ['gwaka] *f* (*Am*) **1.** (*tumba*) indianische Begräbnisstätte *f* **2.** (*tesoro*) verborgener Schatz *m* **3.** (*hucha*) Spardose *f;* **hacer** ~ Geld machen
guacal [gwa'kal] *m* (*AmC*) Kalebassenbaum *m;* (*jícara*) *aus einem Kürbis oder einer Kalebasse hergestelltes Essgeschirr*
guacamol(e) [gwaka'mol(e)] *m* (*Am*) Avocadocreme *f*
guachada [gwa'ʧaða] *f* (*Am: fam*) Schurkenstreich *m*
guachimán [gwaʧi'man] *m* (*Am*) Wächter *m*
guacho, **-a** ['gwaʧo, -a] *m, f* (*AmS*) Waisenkind *nt;* (*expósito*) ausgesetztes Kind *nt*

G

guadalajareño, **-a** [gwaðalaxa'reɲo, -a] *adj* aus Guadalajara
guadaña [gwa'ðaɲa] *f* Sense *f*
guagua ['gwaɣwa] *f* (*Am*) Bus *m*
guajiro, **-a** [gwa'xiro, -a] *m, f* (*Cuba*) weißer Bauer *m*, weiße Bäuerin *f*
gualdo, **-a** ['gwal̪do, -a] *adj* goldgelb; **la bandera roja y gualda** die spanische Flagge
guanaco, **-a** [gwa'nako, -a] *adj* (*Am*) einfältig
guanche ['gwanʧe] *m Ureinwohner der kanarischen Inseln;* (HIST) *Sprache der Einwohner Gran Canarias*
guantada [gwan̪'taða] *f* Ohrfeige *f;* **dar una ~ a alguien** jdn ohrfeigen
guantazo [gwan̪'taθo] *m v.* **guantada**
guante ['gwan̪te] *m* Handschuh *m;* ~ **cibernético** Datenhandschuh *m*
guantera [gwan̪'tera] *f* Handschuhfach *nt*
guaperas [gwa'peras] *m inv* (*fam*) eitler Mensch *m;* **va de ~** er spielt den wilden Mann
guaperío [gwape'rio] *m* Schickeria *f*
guapo, **-a** ['gwapo, -a] *adj* gut aussehend; (*en el vestir*) schick; (*Am*) mutig
guarangada [gwaraŋ'ɣaða] *f* (*Am*) Flegelei *f*
guaraní [gwara'ni] *adj* Guarani-
guarapo [gwa'rapo] *m* (*Am*) Zuckerrohrsaft *m;* (*bebida*) Zuckerrohrschnaps *m*
guarda[1] ['gwarða] *mf* Wächter(in) *m(f);* ~ **forestal** Förster(in) *m(f)*
guarda[2] ['gwarða] *f* Wache *f;* (*protección*) Schutz *m*
guardabarros [gwarða'βarros] *m inv* Schutzblech *nt*
guardabosque(s) [gwarða'βoske(s)] *mf* (*inv*) Förster(in) *m(f)*
guardacostas [gwarða'kostas] *m inv* Boot *nt* der Küstenwache
guardaespaldas [gwarðaes'pal̪das] *mf inv* Leibwächter(in) *m(f)*
guardameta [gwarða'meta] *mf* Torwart, -frau *m, f*
guardapolvo [gwarða'polβo] *m* Staubmantel *m*
guardar [gwar'ðar] **I.** *vt* **1.** (*vigilar*) bewachen **2.** (*proteger*) beschützen (*de* vor +*dat*) **3.** (*ley*) einhalten **4.** (*conservar*) (auf)bewahren **5.** (*loc*): ~ **cama** das Bett hüten; ~ **silencio** Stillschweigen bewahren **II.** *vr:* **~se** sich hüten (*de* vor +*dat*)
guardarropa [gwarða'rropa] *m* Garderobe *f*
guardería [gwarðe'ria] *f* Kindergarten *m*
guardia[1] ['gwarðja] *f* **1.** (*vigilancia*) Wache *f;* **¿cuál es la farmacia de ~?** welche Apotheke hat Notdienst? **2.** (DEP) Deckung *f* **3.** (*instituciones*): **la Guardia Civil** die Guardia civil; ~ **municipal** [*o* **urbana**] Gemeindepolizei *f;* **estar en ~** auf der Hut sein
guardia[2] ['gwarðja] *mf:* ~ **civil** Beamte(r) *mf* der Guardia civil, Beamtin *f* der Guardia civil; ~ **municipal** [*o* **urbano**] Gemeindepolizist(in) *m(f);* ~ **de tráfico** Verkehrspolizist(in) *m(f)*
guardián, **-ana** [gwar'ðjan, -ana] *m, f:* **perro ~** Wachhund *m*
guardilla [gwar'ðiʎa] *f* Dachzimmer *nt*
guarida [gwa'riða] *f* Höhle *f;* (*refugio*) Versteck *nt*
guarnecer [gwarne'θer] *irr como crecer vt* **1.** (*adornar*) verzieren (*con/de* mit +*dat*); (GASTR) garnieren; (*vestido*) besetzen **2.** (MIL: *ciudad*) eine Garnison (in einer Stadt) stationieren **3.** (*equipar*) ausrüsten (*con/de* mit +*dat*); (*proveer*) versehen (*con/de* mit +*dat*), ausstatten (*con/de* mit +*dat*)
guarnición [gwarni'θjon] *f* **1.** (*adorno*) Verzierung *f;* (*en vestido*) Besatz *m;* (*en joya*) (Ein)fassung *f* **2.** (MIL) Garnison *f* **3.** (GASTR) Garnierung *f* **4.** *pl* (*arreos*) Geschirr *nt*
guarrería [gwarre'ria] *f* Schweinerei *f*
guarro, **-a** ['gwarro, -a] *adj* **1.** (*cosa*) dreckig; **chiste ~** anstößiger Witz **2.** (*persona*) schlampig; (*moralmente*) unanständig
guasa ['gwasa] *f:* **estar de ~** zum Scherzen aufgelegt sein
guasanga [gwa'saŋga] *f* (*Am*) Remmidemmi *nt*
guasca ['gwaska] *f* (*Am*) Peitsche *f*
guasearse [gwase'arse] *vr* sich lustig machen (*de* über +*akk*)
guaso, **-a** ['gwaso, -a] *adj* (*CSur*) bäurisch; (*torpe*) unhöflich
guasón, **-ona** [gwa'son, -ona] *m, f* Spaßvogel *m*
guata ['gwata] *f* **1.** (*algodón*) Watte *f* **2.** (*Am: barriga*) Bauch *m*

Guatemala (offiziell: **República de Guatemala**) liegt in Mittelamerika. Die Hauptstadt heißt auch **Guatemala**. Die offizielle Landessprache ist Spanisch. Die Währungseinheit **Guatemalas** ist der **quetzal**.

guatemalteco, -a [gwatemal̩'teko, -a] *adj* guatemaltekisch
guateque [gwa'teke] *m* (*fam*) Party *f*
guay [gwai̯] *adj* (*fam*) klasse
guayaba [gwa'ɟaβa] *f* Guajave *f;* (*Am*) Lüge *f*
guayabo [gwa'ɟaβo] *m* Guajavabaum *m*
Guayana [gwa'ɟana] *f* Guyana *nt*
guayanés, -esa [gwaɟa'nes, -esa] *adj* guyanisch
gubernamental [guβernamen̪'tal] *adj* Regierungs-
gubernativo, -a [guβerna'tiβo, -a] *adj* Regierungs-; **policía gubernativa** Staatspolizei *f*
gubia ['guβja] *f* (TÉC) Hohlmeißel *m*
guepardo [ge'parðo] *m* Gepard *m*
güero, -a ['gwero, -a] *adj* (*Am*) blond
guerra ['gerra] *f* Krieg *m;* **la ~ civil española** der spanische Bürgerkrieg; **la Primera Guerra Mundial** der Erste Weltkrieg; **ir a la ~** in den Krieg ziehen; **estos niños dan mucha ~** (*fam*) diese Kinder sind sehr anstrengend
guerrero, -a [ge'rrero, -a] **I.** *adj* **1.** (*de guerra*) kämpferisch **2.** (*travieso*) ausgelassen **3.** (*revoltoso*) ungezogen **II.** *m, f* Krieger(in) *m(f)*
guerrilla [ge'rriʎa] *f* Freischar *f;* (*en Latinoamérica*) Guerilla *f*
guerrillear [gerriʎe'ar] *vi* einen Guerillakrieg führen
guerrillero, -a [gerri'ʎero, -a] *m, f* Freischärler(in) *m(f);* (*en Latinoamérica*) Guerillakämpfer(in) *m(f),* Guerillero, -a *m, f*
gueto ['geto] *m* Getto *nt*
guía[1] ['gia] *mf* Führer(in) *m(f);* ~ **turístico** Fremdenführer *m*
guía[2] ['gia] *f:* ~ **telefónica** Telefonbuch *nt;* ~ **turística** Reiseführer *m*
guiar [gi'ar] <*1. pres:* guío> **I.** *vt* führen; (*conversación*) lenken **II.** *vr:* **~se** sich richten (*por* nach +*dat*); **me guío por mi instinto** ich folge meinem Instinkt
guija ['gixa] *f* Kiesel(stein) *m*
guijarro [gi'xarro] *m* Kiesel(stein) *m*
guijo ['gixo] *m* Schotter *m*
guillarse [gi'ʎarse] *vr* (*fam*) überschnappen; **guillárselas** abhauen
guillotina [giʎo'tina] *f* Guillotine *f;* (*para papel*) (Papier)schneidemaschine *f*
guillotinar [giʎoti'nar] *vt* **1.** (*decapitar*) guillotinieren **2.** (*papel*) schneiden
guinda ['gin̪da] *f* Sauerkirsche *f*
guindilla [gin̪'diʎa] *f* Peperoni *f*
guineo [gi'neo] *m* (*Am*) Banane *f*
guiñapo [gi'ɲapo] *m* Lumpen *m;* (*degradado*) heruntergekommener Mensch *m*
guiñar [gi'ɲar] *vt* zwinkern
guiño ['giɲo] *m* (Zu)zwinkern *nt*
guiñol [gi'ɲol] *m* Kasper(le)theater *nt;* (*títere*) Kasperpuppe *f*
guión [gi'on] *m* **1.** (*de una conferencia*) Konzept *nt* **2.** (CINE) Drehbuch *nt;* (TV) Skript *nt* **3.** (LING: *al fin de renglón*) Trennungsstrich *m;* (*de compuesto*) Bindestrich *m;* (*en diálogo*) Gedankenstrich *m*
guionista [gjo'nista] *mf* (CINE) Drehbuchautor(in) *m(f);* (TV) Skriptautor(in) *m(f)*
guipar [gi'par] *vt* (*vulg*) glotzen (*a* auf +*akk*) *fam*
guiri ['giri] *mf* (*pey*) Ausländer(in) *m(f)*
guirigay [giri'ɣai̯] *m* <guirigayes *o* guirigáis> (*fam*) Kauderwelsch *nt;* (*griterío*) Geschrei *nt;* (*barullo*) Wirrwarr *m*
guirnalda [gir'nal̪da] *f* Girlande *f*
guisado [gi'saðo] *m* Schmorbraten *m*
guisante [gi'san̪te] *m* Erbse *f*
guisar [gi'sar] **I.** *vt* kochen; (*con salsa*) schmoren **II.** *vr:* **~se** sich anbahnen
guiso ['giso] *m* Schmorbraten *m*
guita ['gita] *f* (*fam*) Kohle *f*
guitarra [gi'tarra] *f* Gitarre *f*
guitarrista [gita'rrista] *mf* Gitarrenspieler(in) *m(f);* (*profesional*) Gitarrist(in) *m(f)*
gula ['gula] *f* Gefräßigkeit *f*
gurú [gu'ru] *m* Guru *m*
gusanillo [gusa'niʎo] *m* Würmchen *nt;* **matar el ~** (*comiendo*) eine Kleinigkeit essen; (*bebiendo*) auf nüchternen Magen Schnaps trinken
gusano [gu'sano] *m* Wurm *m;* (*oruga*) Raupe *f;* (*malo*) verächtlicher Mensch *m*
gustar [gus'tar] *vi* **1.** (*agradar*) gefallen; (*actividad*) gern tun; (*persona*) gern haben; (*comida*) schmecken; **como Ud. guste** wie Sie wünschen; **¿te gusta estar aquí?** gefällt es dir hier?; **me gusta nadar** ich schwimme gern **2.** (*querer*): ~ **de...** belieben zu ...; **me gustas** ich mag dich **3.** (*condicional*): **me**

G

~ía saber… ich wüsste gern …

gustativo, -a [gusta'tiβo, -a] *adj* Geschmacks-

gustillo [gus'tiʎo] *m* Nachgeschmack *m*

gusto ['gusto] *m* **1.** (*sentido*) Geschmack(ssinn) *m;* **una broma de mal ~** ein geschmackloser Scherz; **no hago nada a su ~** ich kann es ihm/ihr nie recht machen **2.** (*sabor*) Geschmack *m* (*a* nach *+dat*) **3.** (*placer*) Vergnügen *nt;* **~s caros** teures Vergnügen

gustoso, -a [gus'toso, -a] *adj:* **te acompañaré ~** ich werde dich gern begleiten

gutural [gutu'ral] *adj* guttural

H

H, h ['atʃe] *f* H, h *nt*

haba ['aβa] *f* Saubohne *f*

Habana [a'βana] *f:* **la ~** Havanna *nt*

habanero, -a [aβa'nero, -a] *adj* aus Havanna

habano [a'βano] *m* Havanna(zigarre) *f*

haber [a'βer] *irr* **I.** *aux* (*en tiempos compuestos*) haben, sein; **he comprado el periódico** ich habe die Zeitung gekauft **II.** *vimpers* **1.** (*ocurrir*) geschehen; **¿qué hay?** was ist los?; **¿qué hay, Pepe?** wie geht's, Pepe? **2.** (*efectuar*): **ayer hubo reunión** gestern fand die Sitzung statt **3.** (*existir*) geben; **hay poca gente** es sind wenige Leute da; **hay quien cree que…** manche (Leute) glauben, dass …; **¡muchas gracias! – no hay de qué** vielen Dank! – gern geschehen! **4.** (*obligatoriedad*): **hay que trabajar más** man muss mehr arbeiten; **no hay que olvidar que…** man darf nicht vergessen, dass … **5.** (*hallarse*) sein; **había un papel en el suelo** auf dem Boden lag ein Blatt Papier

habichuela [aβi'tʃwela] *f* Bohne *f*

hábil ['aβil] *adj* geschickt; **días ~es** Arbeitstage *mpl*

habilidad [aβili'ðaᵈ] *f* Geschicklichkeit *f*

habilidoso, -a [aβili'ðoso, -a] *adj* geschickt

habilitar [aβili'tar] *vt* (JUR: *a personas*) befähigen; (*documentos*) für rechtsgültig erklären

habiloso, -a [aβi'loso, -a] *adj* (*Am*) flink; (*astuto*) schlau

habitable [aβi'taβle] *adj* bewohnbar

habitación [aβita'θjon] *f* Zimmer *nt*

habitante [aβi'tan̩te] *mf* Einwohner(in) *m(f)*

habitar [aβi'tar] **I.** *vi* wohnen (*en* in *+dat*) **II.** *vt* bewohnen

hábitat ['aβitaᵗ] *m* <hábitats> Habitat *nt*

hábito ['aβito] *m* (An)gewohnheit *f*

habitual [aβitu'al] *adj* gewöhnlich; **bebedor ~** Gewohnheitstrinker *m;* **cliente ~** Stammgast *m*

habituar [aβitu'ar] <*1. pres:* habitúo> *vt, vr:* **~se** (sich) gewöhnen (*a* an *+akk*)

habla ['aβla] *f* **1.** (*facultad*) Sprache *f;* **quedarse sin ~** sprachlos sein **2.** (*acto*) Sprechen *nt;* **país de ~ alemana** deutschsprachiges Land; **¡Juan al ~!** Juan am Apparat! **3.** (*manera*) Sprechweise *f* **4.** (*dialecto*) Mundart *f*

hablado, -a [a'βlaðo, -a] *adj:* **ser mal ~** sich derb ausdrücken

hablador(a) [aβla'ðor(a)] *adj* gesprächig

habladuría [aβlaðu'ria] *f* Gerede *nt*

hablante [a'βlan̩te] *mf* Sprecher(in) *m(f)*

hablar [a'βlar] **I.** *vi* **1.** (*decir*) sprechen (*de/sobre* über *+akk,* von *+dat*), reden (*de/sobre* über *+akk*); **~ a gritos** schreien; **~ al oído** ins Ohr flüstern; **~ alto/bajo** laut/leise sprechen; **~ claro** zur Sache kommen; **¡ni ~!** auf gar keinen Fall!; **por no ~ de…** ganz zu schweigen von … *+dat;* **¡y no se hable más!** und damit basta! **2.** (*conversar*) reden (*de/sobre* über *+akk*); **~ con franqueza** offen sprechen; **~ por teléfono** telefonieren **II.** *vt* (be)sprechen **III.** *vr:* **~se** miteinander reden

hacer [a'θer] *irr* **I.** *vt* **1.** (*producir*) machen **2.** (*realizar*) machen, tun; (*maleta*) packen; (*favor*) tun; **¿qué hacemos hoy?** was unternehmen wir heute?; **~ una llamada** anrufen; **hazlo por mí** tu es mir zuliebe; **a medio ~** halb fertig; **¿qué haces por aquí?** was bringt dich hierher?; **¡me la has hecho!** du hast mich reingelegt! **3.** (*pregunta*) stellen; (*discurso*) halten **4.** (*sombra*) spenden; (*rui-

do) machen; (*daño*) zufügen (*a* +*dat*); **no puedes ~me esto** das kannst du mir nicht antun **5.** (*construir*) bauen **6.** (*procurar*) schaffen; **¿puedes ~me sitio?** kannst du etwas zur Seite rücken? **7.** (*transformar*): ~ **pedazos algo** etw kaputtmachen *fam* **8.** (*habituar*) sich gewöhnen (*a* an +*akk*) **9.** (*llegar*): ~ **noche en…** übernachten in … +*dat* **10.** (*más sustantivo*): ~ **caja** (FIN) abrechnen; ~ **caso a alguien** jdm gehorchen; ~ **uso de algo** etw gebrauchen **11.** (*más verbo*): ~ **creer algo a alguien** jdm etw weismachen; **hazle pasar** bitte ihn herein **12.** (TEAT): ~ **el (papel de) Fausto** den Faust spielen **13.** (*carrera*) studieren; **¿haces francés o inglés?** lernst du Französisch oder Englisch? **14.** (GASTR) zubereiten; (*patatas*) kochen; (*pastel*) backen **II.** *vr:* **~se 1.** (*habituarse*) sich gewöhnen (*a* an +*akk*) **2.** (*conseguir*) schaffen; **~se respetar** sich *dat* Respekt verschaffen; **~se con el poder** an die Macht gelangen **3.** (*resultar*): **se me hace muy difícil creer eso** es fällt mir sehr schwer, das zu glauben **III.** *vimpers* **1.** (*tiempo*): **hace frío/calor** es ist kalt/warm **2.** (*temporal*) vor +*dat;* **hace tres días** vor drei Tagen; **no hace mucho** vor kurzem

hacha ['atʃa] *f* Axt *f;* (*más pequeña*) Beil *nt*

hachazo [a'tʃaθo] *m* Axthieb *m*

hache ['atʃe] *f* H, h *nt;* **por ~ o por be** aus irgendeinem Grund

hachís [a'tʃis] *m* Haschisch *nt*

hacia ['aθja] *prep* **1.** (*dirección*) nach +*dat,* zu +*dat;* **fuimos ~ allí** wir gingen dorthin; **vino ~ mí** er/sie kam zu mir herüber **2.** (*cerca de*) gegen +*akk* **3.** (*respecto a*) gegenüber +*dat*

hacienda [a'θjen̪da] *f* **1.** (*finca*) (Land)gut *nt* **2. la ~ pública** die Staatsfinanzen; **¿pagas mucho a ~?** zahlst du viel Steuern?

Hacienda [a'θjen̪da] *f* Steuerbehörde *f*

hacker ['xaker] *mf* Hacker(in) *m(f)*

hada ['aða] *f* Fee *f;* **cuento de ~s** Märchen *nt*

hala ['ala] *interj* (ach) du meine Güte!

halagador(a) [alaɣa'ðor(a)] *adj* **1.** (*que halaga*) schmeichelhaft **2.** (*prometedor*) viel versprechend

halagar [ala'ɣar] <g→gu> *vt* umschmeicheln; (*satisfacer*) erfreuen; (*adular*) schmeicheln (*a* +*dat*)

halago [a'laɣo] *m* Schmeicheln *nt;* (*palabras*) Lob *nt*

halagüeño [ala'ɣweɲo, -a] *adj* schmeichelhaft; (*prometedor*) viel versprechend

halcón [al'kon] *m* Falke *m*

hall [xol] *m* (Eingangs)halle *f*

hallar [a'ʎar] **I.** *vt* **1.** (*encontrar*) finden; (*sin buscar*) stoßen (auf +*akk*) **2.** (*inventar*) erfinden **II.** *vr:* **~se 1.** (*sitio*) sich aufhalten **2.** (*estado*) sein; **no me hallo a gusto aquí** ich fühle mich hier nicht wohl

hallazgo [a'ʎaθɣo] *m* Entdeckung *f;* (*cosa*) Fund *m*

halógeno [a'loxeno] *m* Halogen *nt*

halterofilia [al̪tero'filja] *f* Gewichtheben *nt*

halterófilo, -a [al̪te'rofilo, -a] *m, f* Gewichtheber(in) *m(f)*

hamaca [a'maka] *f* Hängematte *f;* (*AmS*) Schaukelstuhl *m*

hambre ['ambre] *f* Hunger *m;* **huelga de ~** Hungerstreik *m;* **matar el ~** den Hunger stillen; **morirse de ~** verhungern

hambrear [ambre'ar] *vt* (*Am*) aushungern; (*explotar*) ausbeuten

hambriento, -a [am'brjen̪to, -a] *adj* hungrig; (*deseoso*) gierig (*de* nach +*dat*); **~ de poder** machthungrig

hambruna [am'bruna] *f* (*Am*) Hungersnot *f*

Hamburgo [am'burɣo] *m* Hamburg *nt*

hamburgués, -esa [ambur'ɣes, -esa] *adj* hamburgisch

hamburguesa [ambur'ɣesa] *f* Hamburger *m*

hamburguesería [amburɣese'ria] *f* Schnellimbiss *m*

hampa ['ampa] *f* Gesindel *nt;* (*mundo*) Unterwelt *f*

hámster ['xamster] *m* Hamster *m*

handicap ['xan̪dikaᵖ] *m* Handikap *nt*

hangar [aŋ'gar] *m* (AERO) Flugzeughalle *f*

Hanovre [(x)a'noβre] *m* Hannover *nt*

hansa ['(x)ansa] *f* Hanse *f*

hanseático, -a [(x)anse'atiko, -a] **I.** *adj* Hanse- **II.** *m, f* Hanseat(in) *m(f)*

haragán, -ana [ara'ɣan, -ana] *m, f* Faulenzer(in) *m(f)*

haraganear [araɣane'ar] *vi* faulenzen

haraganería [araɣane'ria] *f* Faulenzerei *f*

harakiri [(x)ara'kiri] *m* Harakiri *nt*

harapiento, -a [ara'pjen̪to, -a] *adj* zerlumpt

H

harapo [a'rapo] *m* Lumpen *m*

hardware ['xar(ð)wer] *m* Hardware *f*

harem [a'ren] *m,* **harén** [a'ren] *m* Harem *m*

harina [a'rina] *f* Mehl *nt;* ~ **integral** Vollkornmehl *nt;* ~ **de trigo** Weizenmehl *nt*

harmonía [armo'nia] *f* Harmonie *f*

hartar [ar'tar] *irr* **I.** *vt* sättigen (*de* mit +*dat*) **II.** *vr:* ~**se 1.** (*saciarse*) sich satt essen (*de* mit +*dat*) **2.** (*cansarse*) überdrüssig werden (*de* +*gen*); ~**se de reír** sich totlachen

harto, -a ['arto, -a] **I.** *adj* **1.** (*repleto*) satt **2.** (*sobrado*): **tengo hartas razones** ich habe genügend Gründe **3.** (*loc*): **estar ~ de alguien/algo** jds/etw *gen* überdrüssig sein **II.** *adv* (*sobrado*) ausreichend; (*muy*) sehr

hartura [ar'tura] *f* Übersättigung *f*

hasta ['asta] **I.** *prep* **1.** (*de lugar*) bis (zu); **te llevo ~ la estación** ich fahre dich bis zum Bahnhof **2.** (*de tiempo*) bis; ~ **ahora** bisher **3.** (*en despedidas*): **¡~ luego!** bis später!; **¡~ la vista!** auf Wiedersehen!; **¡~ la próxima!** bis zum nächsten Mal! **II.** *adv* selbst **III.** *conj:* ~ **cuando come lee el periódico** sogar beim Essen liest er/sie die Zeitung; **no consiguió un trabajo fijo ~ que cumplió 40 años** erst als er/sie 40 wurde, bekam er/sie eine feste Stelle

hastío [as'tio] *m* **1.** (*repugnancia*) Ekel *m* **2.** (*disgusto*) Überdruss *m* **3.** (*tedio*) Langeweile *f*

haya ['aɟa] *f* Buche *f*

Haya ['aɟa] *f:* **La ~** Den Haag *nt*

haz [aθ] *m* **1.** (*hato*) Bündel *nt* **2.** (FÍS) Strahl *m;* ~ **luminoso** Lichtbündel *nt*

hazaña [a'θaɲa] *f* Heldentat *f*

hazmerreír [aθmerre'ir] *m inv* Witzfigur *f;* **es el ~ de la gente** alle lachen ihn aus

HB [atʃe'βe] *m abr de* **Herri Batasuna** *baskische Partei*

he [e] *1. pres de* **haber**

hebilla [e'βiʎa] *f* Schnalle *f*

hebra ['eβra] *f* Faden *m;* (*fibra*) Faser *f*

hebreo, -a [e'βreo, -a] *adj* hebräisch

hecatombe [eka'tombe] *f* Hekatombe *f*

heces ['etʃes] *fpl* Abschaum *m;* (*excrementos*) Kot *m*

hechicería [etʃiθe'ria] *f* Hexenkunst *f;* (*acto*) Hexerei *f*

hechicero, -a [etʃi'θero, -a] *m, f* Zauberer, -in *m, f;* (*de tribu*) Medizinmann, -frau *m, f*

hechizar [etʃi'θar] <z→c> *vt* verhexen; (*encantar*) bezaubern

hechizo [e'tʃiθo] *m* Zauber *m;* **romper el ~** den Bann brechen

hecho[1] ['etʃo] *m* **1.** (*circunstancia*) Tatsache *f* **2.** (*acto*) Tat *f;* ~ **delictivo** Straftat *f* **3.** (*suceso*) Ereignis *nt;* (JUR) Tatbestand *m;* **lugar de los ~s** Tatort *m* **4.** (*loc*): **de ~** tatsächlich

hecho, -a[2] ['etʃo, -a] *adj* reif; (*cocido*) gar; (*acabado*) fertig

hechura [e'tʃura] *f* Anfertigung *f;* (*de un vestido*) Schnitt *m;* (*del cuerpo*) Körperbau *m*

hectárea [ek'tarea] *f* Hektar *nt*

hectogramo [ekto'ɣramo] *m* Hektogramm *nt*

hectolitro [ekto'litro] *m* Hektoliter *m o nt*

hectómetro [ek'tometro] *m* Hektometer *m o nt*

heder [e'ðer] <e→ie> *vi* stinken (*a* nach +*dat*)

hedor [e'ðor] *m* Gestank *m* (*a* nach +*dat*)

hegemonía [exemo'nia] *f* Hegemonie *f*

hegemónico, -a [exe'moniko, -a] *adj* hegemonisch

helada [e'laða] *f* Frost *m*

heladería [elaðe'ria] *f* Eiscafé *nt*

helado[1] [e'laðo] *m* (Speise)eis *nt*

helado, -a[2] [e'laðo, -a] *adj* eisig; **el lago está ~** der See ist zugefroren

helador(a) [ela'ðor(a)] *adj* eiskalt

helar [e'lar] <e→ie> **I.** *vt* gefrieren (lassen); (*pasmar*) verblüffen **II.** *vimpers* frieren **III.** *vr:* ~**se 1.** (*congelarse*) gefrieren; **el lago se ha helado** der See ist zugefroren **2.** (*pasar frío*) frieren; ~**se de frío** vor Kälte erstarren

helecho [e'letʃo] *m* Farnkraut *nt*

helicóptero [eli'koptero] *m* Hubschrauber *m*

helio ['eljo] *m* Helium *nt*

heliocéntrico, -a [eljo'θeṇtriko, -a] *adj* (ASTR) heliozentrisch

helipuerto [eli'pwerto] *m* Heliport *m*

helvético, -a [el'βetiko, -a] *adj* schweizerisch

hematoma [ema'toma] *m* Bluterguss *m*

hembra ['embra] *f* Frau *f;* (ZOOL) Weibchen *nt*

hemeroteca [emero'teka] *f* Zeitungsarchiv *nt*

hemiciclo [emi'θiklo] *m* Halbkreis *m;* (POL: *en España*) Parlamentssaal *m*

hemiplejia [emi'plexja] *f,* **hemiplejía** [emiple'xia] *f* (MED) Hemiplegie *f,* halbseitige Lähmung *f*
hemipléjico, -a [emi'plexiko, -a] **I.** *adj* halbseitig gelähmt **II.** *m, f* Hemiplegiker(in) *m(f)*
hemisférico, -a [emis'feriko, -a] *adj* hemisphärisch
hemisferio [emis'ferjo] *m* (Erd)halbkugel *f;* (ANAT) Hemisphäre *f*
hemofilia [emo'filja] *f* Bluterkrankheit *f*
hemoglobina [emoɣlo'βina] *f* (BIOL) Hämoglobin *nt*
hemorragia [emo'rraxia] *f* starke Blutung *f*
hemorroides [emo'rroi̯ðes] *fpl* Hämorriden *fpl*
heno ['eno] *m* Heu *nt;* **fiebre del** ~ Heuschnupfen *m*
hepático, -a [e'patiko, -a] *adj:* **cirrosis hepática** Leberzirrhose *f*
hepatitis [epa'titis] *f inv* Hepatitis *f,* Leberentzündung *f*
heptágono [ep'taɣono, -a] *m* Siebeneck *nt*
heptatlón [eptaᵈ'lon] *m* Siebenkampf *m*
heráldica [e'ral̦dika] *f* Wappenkunde *f*
heráldico, -a [e'ral̦diko] *adj* heraldisch
herbáceo, -a [er'βaθeo, -a] *adj* **1.** (*de hierba*) Gras- **2.** (*de hierbas medicinales*) krautig, krautartig
herbario [er'βarjo] *m* Pflanzensammlung *f*
herbicida [erβi'θiða] *m* Unkrautvertilgungsmittel *nt*
herbívoro [er'βiβoro] *m* Pflanzenfresser *m*
herbolario [erβo'larjo, -a] *m o f* Heilkräuterladen *m*
herboristería [erβoriste'ria] *f* Heilkräuterladen *m*
hercio ['erθjo] *m* Hertz *nt*
hercúleo, -a [er'kuleo, -a] *adj* herkulisch; (*fig*) riesenstark
heredable [ere'ðaβle] *adj* (ver)erblich
heredar [ere'ðar] *vt* erben; **propiedad heredada** vererbtes Eigentum
heredero, -a [ere'ðero, -a] *m, f* Erbe, -in *m, f;* **el príncipe** ~ der Kronprinz
hereditario, -a [ereði'tarjo, -a] *adj* Erb-, vererbbar; **enfermedad hereditaria** Erbkrankheit *f*
hereje [e'rexe] *mf* Ketzer(in) *m(f)*
herejía [ere'xia] *f* Ketzerei *f;* (*disparate*) Unsinn *m*
herencia [e'ren̦θja] *f* Erbschaft *f;* (*legado*) Erbe *nt*
herético, -a [e'retiko, -a] *adj* ketzerisch
herida [e'riða] *f* Wunde *f*
herido, -a [e'riðo, -a] *adj* verletzt (*en* an +*dat*); (MIL) verwundet (*en* an +*dat*)
herir [e'rir] *irr como sentir* **I.** *vt* (*lesionar*) verletzen (*en* an +*dat*); (MIL) verwunden (*en* an +*dat*) **II.** *vr:* **~se** sich verletzen (*en* an +*dat*)
hermanado, -a [erma'naðo, -a] *adj:* **ciudad hermanada** Partnerstadt *f*
hermanamiento [ermana'mjen̦to] *m* **1.** (*de ciudades*) Partnerschaft *f* **2.** (*acción*) Verbrüderung *f*
hermanastro, -a [erma'nastro, -a] *m, f* Stiefbruder, -schwester *m, f*
hermandad [erman̦'daᵈ] *f* Innung *f;* (REL) Bruderschaft *f*
hermano, -a [er'mano, -a] *m, f* (*pariente*) Bruder *m,* Schwester *f;* ~ **político** Schwager *m;* **lenguas hermanas** verwandte Sprachen
hermético, -a [er'metiko, -a] *adj* hermetisch; (*al aire*) luftdicht; (*al agua*) wasserdicht
hermetismo [erme'tismo] *m* Verschlossenheit *f*
hermoso, -a [er'moso, -a] *adj* (wunder)schön; (*día*) herrlich; (*niño*) niedlich; (*palabras*) nett
hermosura [ermo'sura] *f* Schönheit *f*
hernia ['ernja] *f* (Eingeweide)bruch *m*
herniarse [er'njarse] *vr* sich *dat* einen Bruch heben
héroe ['eroe] *m* Held *m*
heroicidad [eroi̯θi'ðaᵈ] *f* Heldentat *f;* (*cualidad*) Heldentum *nt*
heroico, -a [e'roi̯ko, -a] *adj* heldenhaft
heroína [ero'ina] *f* Heldin *f;* (*droga*) Heroin *nt*
heroinómano, -a [eroi̯'nomano, -a] *m, f* Heroinsüchtige(r) *mf*
heroísmo [ero'ismo] *m* Heldentum *nt*
herpes ['erpes] *m o f inv* Herpes *m*
herradura [erra'ðura] *f* Hufeisen *nt*
herramienta [erra'mjen̦ta] *f* Werkzeug *nt*
herrar [e'rrar] <e→ie> *vt* mit Brandzeichen kennzeichnen; (*caballo*) beschlagen
herrería [erre'ria] *f* Schmiede *f*
herrero [e'rrero] *m* Schmied *m*
herrumbre [e'rrumbre] *f* Rost *m*

herrumbroso, **-a** [errum'broso, -a] *adj* rostig

hervidero [erβi'ðero, -a] *m:* **un ~ de intrigas** ein Intrigenherd

hervido [er'βiðo] *m* (Auf)kochen *nt;* (*AmS*) Eintopf *m*

hervir [er'βir] *irr como sentir* **I.** *vi* (ab)kochen **II.** *vt* (auf)kochen (lassen)

hervor [er'βor] *m* Kochen *nt;* (*de la juventud*) Feuer *nt*

Hesse ['(x)ese] *m* Hessen *nt*

heterodoxo, **-a** [etero'ðoˠso, -a] *adj* heterodox

heterogeneidad [eteroxenei̯'ðaᵈ] *f* Heterogenität *f*

heterogéneo, **-a** [etero'xeneo, -a] *adj* verschiedenartig

heterosexual [eteroseˠ'swal] *adj* heterosexuell

heterosexualidad [eteroseˠswali'ðaᵈ] *f sin pl* Heterosexualität *f*

hexagonal [eˠsaɣo'nal] *adj* sechseckig

hibernación [iβerna'θjon] *f* Winterschlaf *m*

hibernal [iβer'nal] *adj* Winter-, winterlich

hibernar [iβer'nar] *vi* Winterschlaf halten

hibisco [i'βisko] *m* Hibiskus *m*

hibridación [iβriða'θjon] *f* Hybridisierung *f*

híbrido[1] ['iβriðo] *m* (BIOL) Hybride *m o f*

híbrido, **-a**[2] ['iβriðo, -a] *adj* hybrid; **computador ~** (INFOR) Hybridrechner *m*

hidalgo [i'ðalɣo, -a] *m* Edelmann *m*

hidratante [iðra'tan̪te] *adj:* **crema ~** Feuchtigkeitscreme *f*

hidrato [i'ðrato] *m* Hydrat *nt*

hidráulica [i'ðrau̯lika] *f* Hydraulik *f*

hidroavión [iðroaβi'on] *m* Wasserflugzeug *nt*

hidrocarburo [iðrokar'βuro] *m* Kohlenwasserstoff *m*

hidrodinámico, **-a** [iðroði'namiko, -a] *adj* hydrodynamisch

hidroeléctrico, **-a** [iðroe'lektriko, -a] *adj:* **central hidroeléctrica** Wasserkraftwerk *nt*

hidrogenar [iðroxe'nar] *vt* (QUÍM) hydrieren

hidrógeno [i'ðroxeno] *m* Wasserstoff *m*

hidrografía [iðroɣra'fia] *f* Gewässerkunde *f*, Hydrografie *f*

hidrográfico, **-a** [iðro'ɣrafiko, -a] *adj* hydrografisch

hidroplano [iðro'plano] *m* Wasserflugzeug *nt*

hidrosfera [iðros'fera] *f* Hydrosphäre *f*

hidrostático, **-a** [iðros'tatiko, -a] *adj* hydrostatisch

hidroterapia [iðrote'rapja] *f* Hydrotherapie *f*

hiedra ['ɟeðra] *f* Efeu *m*

hiel [ɟel] *f* **1.** (*bilis*) Galle *f* **2.** (*amargura*) Bitterkeit *f;* **echar la ~** sich abrackern

hielo ['ɟelo] *m* Eis *nt;* **~ en la carretera** Glatteis *nt;* **~ picado** zerhacktes Eis

hiena ['ɟelo] *f* Hyäne *f*

hierba ['ɟerβa] *f* **1.** (*planta*) Gras *nt* **2.** (*comestible*) Kraut *nt;* **~ medicinal** Heilkraut *nt;* **infusión de ~s** Kräutertee *m;* **mala ~** Unkraut *nt* **3.** (*césped*) Rasen *m*

hierbabuena [ɟerβa'βwena] *f* Minze *f*

hierbajo [ɟer'βaxo] *m* Unkraut *nt*

hierra ['ɟerra] *f* Brandzeichen *nt*

hierro ['ɟerro] *m* Eisen *nt;* **edad del ~** Eisenzeit *f;* **salud de ~** eiserne Gesundheit; **voluntad de ~** eiserner Wille

hifi ['ifi/'xai̯fi] *adj* Hi-Fi-

hígado ['iɣaðo] *m* Leber *f*

higiene [i'xjene] *f* Hygiene *f;* **~ personal** Körperpflege *f*

higiénico, **-a** [i'xjeniko, -a] *adj* hygienisch; **compresa higiénica** Damenbinde *f;* **papel ~** Toilettenpapier *nt*

higienizar [ixjeni'θar] <z→c> *vt* sanieren

higo ['iɣo] *m* Feige *f*

higuera [i'ɣera] *f* Feigenbaum *m;* **estar en la ~** nichts mitbekommen

hijastro, **-a** [i'xastro, -a] *m, f* Stiefsohn, -tochter *m, f*

hijo, **-a** ['ixo, -a] *m, f* **1.** (*parentesco*) Sohn *m*, Tochter *f;* **~ adoptivo** Adoptivkind *nt;* **~ político** Schwiegersohn *m;* **~ de puta** (*vulg*) Scheißkerl *m;* **~ único** Einzelkind *nt;* **un ~ de papá** ein verwöhnter Jugendlicher; **pareja sin ~s** kinderloses Paar; **como cualquier ~ de vecino** wie jedermann **2.** *pl* (*descendencia*) Kinder *ntpl*

híjole ['ixole] *interj* (*Am: fam*) Donnerwetter!

hilado [i'laðo] *m* Spinnen *nt;* **fábrica de ~s** Spinnerei *f*

hiladora [ila'ðora] *f* Spinnmaschine *f*

hilandería [ilan̪de'ria] *f* Spinnen *nt;* (*fábrica*) Spinnerei *f*

hilandero, **-a** [ilan̪'dero, -a] *m, f* Spin-

ner(in) *m(f)*
hilar [i'lar] *vt* (ver)spinnen; (*arañas*) weben
hilarante [ila'ran̩te] *adj:* **gas** ~ Lachgas *nt*
hilatura [ila'tura] *f* Spinnerei *f;* (*fabricación*) (Ver)spinnen *nt*
hilera [i'lera] *f* Reihe *f*
hilo ['ilo] *m* **1.** (*hebra*) Faden *m;* (*para coser*) Garn *nt;* (*más resistente*) Zwirn *m* **2.** (*tela*) Leinen *nt* **3.** (TÉC) dünner Draht *m;* ~ **conductor** Leitungsdraht *m;* **telegrafía sin** ~**s** drahtlose Telegrafie **4.** (*de un discurso*) (roter) Faden *m;* **perder el** ~ (**de la conversación**) (bei einem Gespräch) den (roten) Faden verlieren
hilván [il'βan] *m* **1.** (*costura*) Heftnaht *f* **2.** (*hilo*) Heftfaden *m*
hilvanado [ilβa'naðo] *m* Heften *nt*
hilvanar [ilβa'nar] *vt* heften; (*frases*) (miteinander) verknüpfen
himen ['imen] *m* Jungfernhäutchen *nt*
himno ['imno] *m* Hymne *f*
hincapié [iŋka'pje] *m:* **hacer** ~ **en algo** Nachdruck auf etw legen
hincar [iŋ'kar] <c→qu> **I.** *vt* **1.** (*clavar*) (ein)treiben (*en* in +*akk*); (*golpeando*) (hin)einschlagen (*en* in +*akk*); ~ **el diente en la pera** (*fam*) in die Birne hineinbeißen **2.** (*pie*) aufstützen (*en* auf +*dat/akk*), aufstemmen (*en* auf +*dat/akk*) **II.** *vr:* ~**se de rodillas** niederknien
hincha ['inʧa] *mf* Fan *m*
hinchable [in'ʧaβle] *adj* aufblasbar; **colchón** ~ Luftmatratze *f;* **muñeca** ~ Gummipuppe *f*
hinchado, **-a** [in'ʧaðo, -a] *adj* geschwollen
hinchar [in'ʧar] **I.** *vt* **1.** (*globo*) aufblasen; ~ **la bici** das Fahrrad aufpumpen **2.** (*AmS*) nerven *fam* **II.** *vr:* ~**se** anschwellen
hinchazón [inʧa'θon] *f* (An)schwellung *f*
hindi ['in̩di] *m* Hindi *nt*
hindú [in̩'du] *mf* Inder(in) *m(f);* (*del hinduismo*) Hindu *mf*
hinduismo [in̩du'ismo] *m* Hinduismus *m*
hinojo [i'noxo] *m* Fenchel *m*
híper ['iper] *m* (*fam*) großer Supermarkt *m*
hiperactivo, **-a** [iperak'tiβo, -a] *adj* überaktiv; (MED) hyperaktiv
hipérbole [i'perβole] *f* (LIT) Hyperbel *f*
hipermercado [ipermer'kaðo] *m* großer Supermarkt *m*
hipermétrope [iper'metrope] *adj* weitsichtig
hipermetropía [ipermetro'pia] *f* Weitsichtigkeit *f*
hiperrealismo [iperrea'lismo] *m sin pl* Hyperrealismus *m*
hipersensible [ipersen'siβle] *adj* überempfindlich
hipertensión [iperten'sjon] *f* Bluthochdruck *m*
hipertenso, **-a** [iper'tenso, -a] **I.** *adj* hypertonisch **II.** *m, f* Hypertoniker(in) *m(f);* **mi padre es** ~ mein Vater hat einen zu hohen Blutdruck
hipertrofia [iper'trofja] *f* Hypertrophie *f*
hípica ['ipika] *f* Pferdesport *m*
hípico, **-a** ['ipiko, -a] *adj* Pferde-; **concurso** ~ Springreiten *nt*
hipido [i'piðo] *m* Schluchzer *m*
hipnosis [iβ'nosis] *f inv* Hypnose *f*
hipnótico, **-a** [iβ'notiko, -a] *adj* hypnotisch
hipnotizador(a) [iβnotiθa'ðor(a)] *m(f)* Hypnotiseur(in) *m(f)*
hipnotizar [iβnoti'θar] <z→c> *vt* hypnotisieren
hipo ['ipo] *m* Schluckauf *m*
hipocondría [ipokon̩'dria] *f* Hypochondrie *f*
hipocondríaco, **-a** [ipokon̩'driako, -a] *adj* hypochondrisch
hipocresía [ipokre'sia] *f* Heuchelei *f*
hipócrita [i'pokrita] *adj* heuchlerisch
hipodérmico, **-a** [ipo'ðermiko, -a] *adj* subkutan
hipódromo [i'poðromo] *m* Pferderennbahn *f*
hipófisis [i'pofisis] *f inv* (ANAT) Hypophyse *f*
hipopótamo [ipo'potamo] *m* Nilpferd *nt*
hipoteca [ipo'teka] *f* Hypothek *f*
hipotecable [ipote'kaβle] *adj* hypothekarisch belastbar
hipotecar [ipote'kar] <c→qu> *vt* mit einer Hypothek belasten
hipotecario, **-a** [ipote'karjo, -a] *adj:* **crédito** ~ Hypothekarkredit *m*
hipotensión [ipoten'sjon] *f* niedriger Blutdruck *m*
hipotenusa [ipote'nusa] *f* (MAT) Hypotenuse *f*
hipotermia [ipo'termja] *f* Unterkühlung *f;* **muerte por** ~ Kältetod *m*
hipótesis [i'potesis] *f inv* Hypothese *f*
hipotético, **-a** [ipo'tetiko, -a] *adj* hypothe-

H

tisch

hippie ['xipi], **hippy** ['xipi] **I.** *adj* Hippie-; **moda** ~ Hippielook *m* **II.** *mf* Hippie *m*

hiriente [i'rjen̩te] *adj* verletzend; **una observación** ~ eine spitze Bemerkung

hirviente [ir'βjen̩te] *adj* kochend

hispalense [ispa'lense] *adj* aus Sevilla

hispánico, -a [is'paniko, -a] *adj* spanisch; (*de Hispania*) hispanisch; **Filología Hispánica** Hispanistik *f*

hispanidad [ispani'ða^{ð}] *f* Hispanität *f*

hispanismo [ispa'nismo] *m* Hispanismus *m*

hispanista [ispa'nista] *mf* Hispanist(in) *m(f)*

hispanizar [ispani'θar] <z→c> *vt, vr:* ~**se** (sich) hispanisieren

hispano, -a [is'pano, -a] *adj* spanisch; (*en EE.UU.*) Hispano-, hispanoamerikanisch

Hispanoamérica [ispanoa'merika] *f* hispanoamerikanische Länder *ntpl*

hispanoamericano, -a [ispanoameri'kano, -a] *adj* hispanoamerikanisch

hispanohablante [ispanoa'βlan̩te] *adj* Spanisch sprechend; **los países** ~**s** die spanischsprachigen Länder

histeria [is'terja] *f* Hysterie *f*

histérico, -a [is'teriko, -a] *adj* hysterisch

histerismo [iste'rismo] *m* Hysterie *f*

historia [is'torja] *f* Geschichte *f;* ~ **universal** Weltgeschichte *f*

historiador(a) [istorja'ðor(a)] *m(f)* Historiker(in) *m(f)*

historial [isto'rjal] *m:* ~ **delictivo** Vorstrafen *fpl;* ~ **profesional** beruflicher Werdegang

historicismo [istori'θismo] *m* Histori(zi)smus *m*

histórico, -a [is'toriko, -a] *adj* geschichtlich, historisch

historieta [isto'rjeta] *f* Anekdote *f;* (*con viñetas*) Bildergeschichte; (*cómic*) Comic(strip) *m*

historiografía [istorjoɣra'fia] *f* Geschichtsschreibung *f*

historiógrafo, -a [isto'rjoɣrafo, -a] *m, f* Geschichtsschreiber(in) *m(f)*

hitleriano, -a [xi^{ð}le'rjano] *adj* Hitler-

hito ['ito] *m* **1.** (*mojón*) Markstein *m* **2.** (*blanco*) Meilenstein *m;* **mirar a alguien de** ~ **en** ~ jdn anstarren

hobby ['xoβi] *m* <hobbies> Hobby *nt*

hocico [o'θiko] *m* **1.** (*morro*) Schnauze *f;* (*de cerdo*) Rüssel *m* **2.** (*vulg*) Fresse *f;* **caer de** ~**s** auf die Nase fallen *fam;* **estar de** ~**s** schmollen; **meter el** ~ **en todo** seine Nase überall hineinstecken

hocicudo, -a [oθi'kuðo, -a] *adj* (*Am*) schlecht gelaunt; (*disgustado*) verärgert

hockey ['xokei̯] *m* Hockey *nt;* ~ **sobre patines** Rollhockey *nt*

hogar [o'ɣar] *m* Zuhause *nt;* ~ **del pensionista** Altenheim *nt;* **artículos para el** ~ Haushaltsgeräte *ntpl;* **persona sin** ~ Obdachlose(r) *m*

hogareño, -a [oɣa'reɲo, -a] *adj* häuslich

hogaza [o'ɣaθa] *f* Rundbrot *nt*

hoguera [o'ɣera] *f* (Lager)feuer *nt;* (HIST) Scheiterhaufen *m*

hoja ['oxa] *f* **1.** (*de una planta*) Blatt *nt;* (*pétalo*) (Blüten)blatt *nt;* ~**s del bosque** Laub *nt;* **árbol sin** ~**s** kahler Baum **2.** (*de papel*) Blatt *nt* Papier **3.** ~ **de pedido** Bestellschein *m;* ~ **de servicios** Personalakte *f* **4.** (*de arma*) Klinge *f*

hojalata [oxa'lata] *f* Blech *nt*

hojaldra [o'xal̩dra] *f,* **hojaldre** [o'xal̩dre] *m* Blätterteig *m*

hojarasca [oxa'raska] *f* (dürres) Laub *nt*

hojear [oxe'ar] *vt* überfliegen; (*pasar hojas*) blättern

hola ['ola] *interj* hallo!

holanda [o'lan̩da] *f* feiner Leinenstoff *m*

Holanda [o'lan̩da] *f* Holland *nt*

holandés, -esa [olan̩des, -esa] *adj* holländisch

holding ['xol̩diŋ] *m* <holdings> (COM) Holding(gesellschaft) *f;* **el** ~ **de empresas fiduciarias** die Treuhandanstalt

holgado, -a [ol'ɣaðo, -a] *adj* weit; (*espacioso*) geräumig

holganza [ol'ɣan̩θa] *f* **1.** (*ociosidad*) Untätigkeit *f;* (*agradable*) Ruhe(pause) *f* **2.** (*diversión*) Vergnügen *nt;* (*regocijo*) Belustigung *f*

holgar [ol'ɣar] *irr como colgar* **I.** *vi* **1.** (*sobrar*) überflüssig sein; **huelgan las palabras** das bedarf keiner Erklärung **2.** (*descansar*) Urlaub haben **II.** *vr:* ~**se** **1.** (*alegrarse*) sich freuen (*de/con* über +*akk*) **2.** (*divertirse*) sich amüsieren (*de* über +*akk*)

holgazán, -ana [olɣa'θan, -ana] *m, f* Faulenzer(in) *m(f)*

holgazanear [olɣaθane'ar] *vi* faulenzen

holgazanería [olɣaθane'ria] *f* Faulenzerei *f*

holgorio [ol'ɣorjo] *m* lärmendes Vergnügen *nt*

holgura [ol'ɣura] *f* **1.** (*de vestido*) Weite *f* **2.** (*bienestar*): **vivir con ~** in guten Verhältnissen leben

hollín [o'ʎin] *m* Ruß *m*

holocausto [olo'kau̯sto] *m* Holocaust *m*

holografía [oloɣra'fia] *f* Holografie *f*

holograma [olo'ɣrama] *m* Hologramm *nt*

hombrachón [ombra'ʧon] *m* kräftiger Mann *m*

hombre ['ombre] **I.** *m* **1.** (*varón*) Mann *m;* **~ de confianza** Vertrauensmann *m;* **~ de estado** Staatsmann *m;* **~ de negocios** Geschäftsmann *m* **2.** (*ser humano*) Mensch *m;* **~ de las cavernas** Höhlenmensch *m;* **~ del montón** Durchschnittsmensch *m;* **¡~ al agua!** Mann über Bord! **II.** *interj* Mann!; **¡~!, ¿qué tal?** na, wie geht's?; **¡cállate, ~!** Mensch, sei still!; **pero, ¡~!** (mein lieber) Mann!; **¡sí, ~!** aber natürlich!

hombre-lobo ['ombre-'loβo] *m* <hombres-lobo> Werwolf *m*

hombrera [om'brera] *f* Schulterpolster *nt*

hombre-rana ['ombre-'rrana] *m* <hombres-rana> Taucher *m*

hombría [om'bria] *f* Männlichkeit *f;* **un acto de ~** eine Heldentat

hombro ['ombro] *m* Schulter *f;* **ancho de ~s** breitschult(e)rig; **encogerse de ~s** die Achseln zucken

hombruno, **-a** [om'bruno, -a] *adj* männlich (wirkend); **mujer hombruna** Mannweib *nt*

homenaje [ome'naxe] *m* Ehrung *f;* **rendir ~ a alguien** jdn ehren

homenajear [omenaxe'ar] *vt* ehren

homeópata [ome'opata] *mf* Homöopath(in) *m(f)*

homeopatía [omeopa'tia] *f* Homöopathie *f*

homeopático, **-a** [omeo'patiko, -a] *adj* homöopathisch

homicida [omi'θiða] **I.** *adj* Mord- **II.** *mf* (*cuando está planeado*) Mörder(in) *m(f);* (*cuando no lo está*) Totschläger(in) *m(f);* (JUR) Täter(in) *m(f)*

homicidio [omi'θiðjo] *m* Tötung *f;* (*planeado*) Mord *m;* (*no planeado*) Totschlag *m;* **brigada de ~s** Mordkommission *f*

homínido [o'miniðo] *m* Hominide *m*

homo ['omo] *adj* (*fam*) homo(sexuell)

homogeneidad [omoxenei̯'ðaᶞ] *f* Homogenität *f*

homogeneización [omoxenei̯θa'θjon] *f* Homogenisierung *f*

homogeneizar [omoxenei̯'θar] <z→c> *vt* homogenisieren

homogéneo, **-a** [omo'xeneo, -a] *adj* einheitlich

homógrafo [o'moɣrafo, -a] *m* Homograf *nt*

homologable [omolo'ɣaβle] *adj* gültig

homologación [omoloɣa'θjon] *f* **1.** (*de una escuela*) amtliche Genehmigung *f* **2.** (DEP) Anerkennung *f* **3.** (TÉC) Typenprüfung *f*

homologar [omolo'ɣar] <g→gu> **I.** *vt* **1.** (*escuela*) amtlich genehmigen **2.** (DEP) anerkennen; (*circuito*) homologieren **3.** (TÉC): **casco homologado** TÜV-geprüfter Helm **II.** *vr:* **~se** sich angleichen

homólogo, **-a** [o'moloɣo, -a] **I.** *adj* ähnlich; (BIOL) homolog **II.** *m, f* Amtskollege, -in *m, f*

homónimo [o'monimo, -a] *m* Homonym *nt*

homosexual [omoseʸ'swal] *adj* homosexuell

homosexualidad [omoseʸswali'ðaᶞ] *f* Homosexualität *f*

honda ['on̪da] *f* Schleuder *f*

hondo, **-a** ['on̪do, -a] *adj* tief; **respirar ~** tief einatmen

hondonada [on̪do'naða] *f* Mulde *f*

hondura [on̪'dura] *f* Tiefe *f*

Honduras [on̪'duras] *f* Honduras *nt*

> **Honduras** liegt in Mittelamerika und grenzt an Nicaragua, El Salvador und Guatemala, an das Karibische Meer und an den Pazifischen Ozean. Die Hauptstadt heißt **Tegucigalpa**. Spanisch ist die offizielle Landessprache. **Honduras**' Währungseinheit ist der **lempira**.

hondureño, **-a** [on̪du'reɲo, -a] *adj* honduranisch

honestidad [onesti'ðaᶞ] *f* Ehrlichkeit *f;* (*decencia*) Anständigkeit *f*

honesto, **-a** [o'nesto, -a] *adj* ehrlich; (*decente*) anständig

hongo ['oŋgo] *m* Pilz *m*

H

honor [o'nor] *m* Ehre *f;* **cuestión de** ~ Ehrensache *f;* **¡palabra de ~!** Ehrenwort!; **¡por mi ~!** bei meiner Ehre!

honorabilidad [onoraβili'ðaᵈ] *f* Ehrbarkeit *f*

honorable [ono'raβle] *adj* ehrbar

honorario[1] [ono'rarjo] *m* Honorar *nt*

honorario, -a[2] [ono'rarjo, -a] *adj* Ehren-; **cónsul** ~ Honorarkonsul *m*

honorífico, -a [ono'rifiko, -a] *adj* Ehren-

honra ['onrra] *f* **1.** (*honor*) Ehre *f* **2.** (*pundonor*) Ehrgefühl *nt* **3.** (*reputación*) Ruf *m* **4. ~s fúnebres** Trauerfeier *f*

honradez [onrra'ðeθ] *f* Ehrlichkeit *f;* (*decencia*) Anständigkeit *f;* **falta de** ~ Unredlichkeit *f*

honrado, -a [on'rraðo, -a] *adj* ehrlich; (*moral*) ehrenhaft; (*decente*) anständig; **llevar una vida honrada** ein redliches Leben führen

honrar [on'rrar] *vt* ehren; **nos honra con su presencia** Sie beehren uns mit Ihrer Gegenwart

honroso, -a [on'rroso, -a] *adj* ehrenvoll

hora ['ora] *f* **1.** (*de un día*) Stunde *f;* **media** ~ eine halbe Stunde; **un cuarto de** ~ eine Viertelstunde; **una ~ y media** anderthalb Stunden; **~ de consulta** Sprechstunde *f;* **~s extraordinarias** Überstunden *fpl;* **~ feliz** Happy-Hour *f;* **~s punta** Hauptverkehrszeit *f;* **a última** ~ in letzter Sekunde **2.** (*del reloj*) Uhrzeit *f;* **¿qué ~ es?** wie viel Uhr ist es?; **¿a qué ~ vendrás?** um wie viel Uhr kommst du?; **adelantar la** ~ die Uhr vorstellen; **retrasar la** ~ die Uhr zurückstellen; **el dentista me ha dado ~ para el martes** ich habe am Dienstag einen Termin beim Zahnarzt; **poner el reloj en** ~ die Uhr stellen **3.** (*tiempo*) Zeit *f;* **a la ~ de la verdad...** wenn es ernst wird ...; **comer entre ~s** zwischendurch essen; **tener ~s de vuelo** sehr erfahren sein; **ya va siendo ~ que...** +*subj* es wird höchste Zeit, dass ...

horario ['orarjo, -a] *m* Stundenplan *m;* (*de medio de transporte*) Fahrplan *m;* **~ de atención al público** Öffnungszeiten *fpl;* **~ comercial** (Laden)öffnungszeiten *fpl;* **~ flexible** gleitende Arbeitszeit; **~ de oficina** Dienststunden *fpl*

horca ['orka] *f* Galgen *m;* (*bieldo*) Heugabel *f;* (*horquilla*) Gabelstütze *f*

horcajadas [orka'xaðas]: **a** ~ rittlings

horchata [or'tʃata] *f* *Erfrischungsgetränk aus Mandeln*

horda ['orða] *f* Horde *f;* (*banda*) Bande *f*

horizontal [oriθon̩'tal] *adj* waag(e)recht

horizontalidad [oriθon̩tali'ðaᵈ] *f* *sin pl* waag(e)rechte Lage *f*

horizonte [ori'θon̩te] *m* Horizont *m*

horma ['orma] *f* **1.** (TÉC: *molde*) Form *f* **2.** (*muelle*) Schuhspanner *m;* **~ de zapatos** Schuhleisten *m;* **encontrar la ~ de su zapato** (*fam*) genau das finden, was man sucht

hormiga [or'miɣa] *f* Ameise *f;* **~ blanca** Termite *f;* **ser una** ~ (*fig*) emsig arbeiten

hormigón [ormi'ɣon] *m* Beton *m;* **~ armado** Stahlbeton *m*

hormigonera [ormiɣo'nera] *f* Betonmischmaschine *f*

hormiguear [ormiɣe'ar] *vi* kribbeln; (*gente*) wimmeln (*de* von +*dat*)

hormigueo [ormi'ɣeo] *m* **1.** (*picor*) Kribbeln *nt;* **tengo un ~ en la espalda** mein Rücken kribbelt **2.** (*multitud*) Gewimmel *nt*

hormiguero [ormi'ɣero, -a] *m* Ameisenhaufen *m;* **la plaza era un ~ de gente** auf dem Platz wimmelte es von Menschen

hormona [or'mona] *f* Hormon *nt*

hormonal [ormo'nal] *adj* hormonell

hornacina [orna'θina] *f* Nische *f*

hornada [or'naða] *f* Schub *m* (*aus dem Backofen*)*;* **una ~ de médicos** (*fam*) ein Schub frisch gebackener Ärzte

hornear [orne'ar] *vt* backen

hornillo [or'niʎo] *m* (*cocina*) Herd *m;* (*de una cocina*) Kochplatte *f;* **~ de gas** Gaskocher *m;* **~ portátil** (Camping)kocher *m*

horno ['orno] *m* **1.** (*cocina*) Backofen *m;* **~ microondas** Mikrowelle *f;* **recién salido del** ~ frisch gebacken **2.** (TÉC) Ofen *m;* **~ crematorio** Verbrennungsofen *m;* **alto** ~ Hochofen *m*

horóscopo [o'roskopo] *m* Horoskop *nt*

horqueta [or'keta] *f* Gabel *f;* (*horquilla*) Gabelstütze *f;* (*de un árbol*) Astgabel *f*

horquilla [or'kiʎa] *f* **1.** (*del pelo*) Haarnadel *f* **2.** (*de bicicleta*) Gabel *f* **3.** (*de árboles*) Gabelstütze *f* **4.** (*espacio entre dos magnitudes*) Bandbreite *f*

horrendo, -a [o'rren̩do, -a] *adj v.* **horroroso**

hórreo ['orreo] *m* Getreidespeicher *m*

horrible [o'rriβle] *adj* **1.** (*horroroso*) schrecklich; **un crimen** ~ eine Gräueltat;

una historia ~ eine Schauergeschichte **2.** (*muy feo*) äußerst hässlich

horripilante [orripi'lan̪te] *adj* haarsträubend

horripilar [orripi'lar] **I.** *vt* **1.** (*erizar*) die Haare sträuben *+dat;* **estas historias me horripilan** bei diesen Geschichten sträuben sich mir die Haare **2.** (*horrorizar*) entsetzen **II.** *vr:* ~**se** entsetzt sein

horror [o'rror] *m* **1.** (*miedo*) Entsetzen *nt;* **¡qué ~!** wie entsetzlich! **2.** (*aversión*) Horror *m* (*a* vor *+dat*) **3.** *pl* (*actos*) Gräuel *mpl;* **los ~es de la guerra** die Gräuel des Krieges

horrorizar [orrori'θar] <z→c> **I.** *vt* mit Entsetzen erfüllen; **me horrorizó ver el accidente** der Anblick des Unfalls hat mich entsetzt **II.** *vr:* ~**se** entsetzt sein (*de* über *+akk*), (er)schaudern (*de* vor *+dat*)

horroroso, -a [orro'roso, -a] *adj* schrecklich

hortaliza [orta'liθa] *f* Gemüse *nt*

hortelano, -a [orte'lano, -a] *m, f* Gemüsegärtner(in) *m(f)*

hortensia [or'tensja] *f* Hortensie *f*

hortera [or'tera] *adj* geschmacklos

horterada [orte'raða] *f* Geschmacklosigkeit *f;* **esta película es una** ~ dieser Film ist kitschig

hortícola [or'tikola] *adj:* **producto** ~ Gartenerzeugnis *nt*

horticultor(a) [ortikul̪'tor(a)] *m(f)* Gemüsegärtner(in) *m(f)*

horticultura [ortikul̪'tura] *f* Gartenbau *m*

hortofruticultura [ortofrutikul̪'tura] *f* Obst- und Gartenbau *m*

hosco, -a ['osko, -a] *adj* mürrisch; (*ambiente*) düster

hospedar [ospe'ðar] **I.** *vt* beherbergen **II.** *vr:* ~**se** unterkommen (*en* bei/in *+dat*); (*pernoctar*) übernachten (*en* in *+dat*)

hospedería [ospeðe'ria] *f* Gasthaus *nt;* (*en convento*) Gästezimmer *nt*

hospicio [os'piθjo, -a] *m* Waisenhaus *nt;* (*para pobres*) Armenhaus *nt;* (*en un monasterio*) Hospiz *nt*

hospital [ospi'tal] *m* Krankenhaus *nt;* ~ **militar** Lazarett *nt*

hospitalario, -a [ospita'larjo, -a] *adj* gastfreundlich; (*de hospital*) Krankenhaus-

hospitalidad [ospitali'ðað] *f* Gastfreundschaft *f*

hospitalización [ospitaliθa'θjon] *f* Krankenhauseinweisung *f;* (*estancia*) Krankenhausaufenthalt *m*

hospitalizar [ospitali'θar] <z→c> *vt* in ein Krankenhaus einweisen; **estoy hospitalizado desde el domingo** seit Sonntag liege ich im Krankenhaus

hosquedad [oske'ðað] *f* mürrischer Charakter *m;* (*de un lugar*) Düsterheit *f*

hostal [os'tal] *m* Gasthaus *nt*

hostelería [ostele'ria] *f* Hotel- und Gaststättengewerbe *nt;* **escuela superior de** ~ Hotelfachschule *f*

hostelero, -a [oste'lero, -a] **I.** *adj* Gaststätten- **II.** *m, f* Gastwirt(in) *m(f)*

hostería [oste'ria] *f* Gasthaus *nt*

hostia ['ostja] **I.** *f* **1.** (REL) Hostie *f;* (*sin consagrar*) Oblate *f;* **¡me cago en la ~!** (*vulg*) verdammt noch mal! *fam* **2.** (*vulg: bofetada*) Ohrfeige *f;* (*golpe*) Schlag *m;* **darse una** ~ sich *dat* anschlagen; **¡este examen es la ~!** diese Prüfung ist der reinste Hammer! *fam;* **iba a toda** ~ er/sie hatte einen Affenzahn drauf *fam* **II.** *interj* (*vulg*) Sakrament (noch mal)! *fam*

hostigamiento [ostiɣa'mjen̪to] *m* Auspeitschen *nt;* (*molestia*) Belästigung *f;* (*apremio*) Druck *m*

hostigar [osti'ɣar] <g→gu> *vt* auspeitschen; (*molestar*) belästigen; (*incitar*) bedrängen; (MIL) unaufhörlich angreifen; (*Col*) lästig fallen *+dat*

hostil [os'til] *adj* feindselig

hostilidad [ostili'ðað] *f* Feindseligkeit *f*

hostión [os'tjon] *m* (*vulg*) heftiger Schlag *m*

hotel [o'tel] *m* Hotel *nt*

hotelero, -a [ote'lero, -a] **I.** *adj* Hotel-; **industria hotelera** Hotelgewerbe *nt* **II.** *m, f* Hotelbesitzer(in) *m(f)*, Hotelier *m*

hovercraft [oβer'kraf] *m* <hovercrafts> Luftkissenfahrzeug *nt*

hoy [oi̯] *adv* heute; ~ **(en) día** heutzutage; **de ~ a mañana** von heute auf morgen; **de ~ en adelante** ab heute

hoyo ['oɟo] *m* Grube *f;* (*agujero*) Loch *nt;* (*sepultura*) Grab *nt*

hoyuelo [o'ɟwelo] *m* (*en la barba*) (Kinn)grübchen *nt;* (*en la mejilla*) (Wangen)grübchen *nt*

hoz [oθ] *f* **1.** (AGR) Sichel *f* **2.** (GEO: *desfiladero*) Engpass *m;* (*garganta*) Schlucht *f*

html *abr de* **lenguaje de marcado de hi-**

H

pertexto HTML

huarmi ['warmi] *f* (*AmS*) fleißige Frau *f;* (*ama de casa*) Hausfrau *f*

huasca ['waska] *f* (*Am*) Peitsche *f*

huaso, -a ['waso, -a] **I.** *adj* (*AmS*) bäuerisch **II.** *m, f* (*AmS*) Bauer *m,* Bäuerin *f*

hucha ['utʃa] *f* Sparbüchse *f*

hueco[1] ['weko] *m* **1.** (*agujero*) Loch *nt;* ~ **del ascensor** Aufzug(s)schacht *m;* ~ **de mercado** Marktlücke *f* **2.** (*lugar*) Sitzplatz *m;* **hazme un** ~ mach mir etwas Platz **3.** (*vacío*) Lücke *f;* **hazme un** ~ **para mañana** nimm dir morgen ein bisschen Zeit für mich

hueco, -a[2] ['weko, -a] *adj* hohl; (*vacío*) leer; (*palabras*) leer; (*persona*) eitel

huelga ['welɣa] *f* Streik *m;* ~ **de advertencia** Warnstreik *m;* ~ **general** Generalstreik *m;* ~ **de hambre** Hungerstreik *m;* **convocar una** ~ einen Streik ausrufen; **declararse en** ~ in (den) Streik treten; **hacer** ~ streiken

huelguista [wel'ɣista] *mf* Streikende(r) *mf*

huella ['weʎa] *f* **1.** (*señal*) Abdruck *m;* ~ **de un animal** Fährte *f;* ~ **dactilar** Fingerabdruck *m* **2.** (*vestigio*) Spur *f;* **seguir las** ~**s de alguien** in jds Fußstapfen treten

huelveño, -a [wel'βeɲo, -a] *adj* aus Huelva

huérfano, -a ['werfano, -a] **I.** *adj* Waisen-; ~ **de padre** vaterlos; **quedarse** ~ verwaisen **II.** *m, f* Waisenkind *nt;* ~ **de padre y madre** Vollwaise *f*

huerta ['werta] *f* Huerta *f*

huerto ['werto] *m* Gemüsegarten *m;* ~ **familiar** Kleingarten *m;* **llevar a alguien al** ~ (*fam*) jdn rumkriegen

hueso ['weso] *m* **1.** (ANAT) Knochen *m;* **carne sin** ~ knochenloses Fleisch; **dio con sus** ~**s en la cárcel** er/sie landete im Gefängnis; **está pirrada por sus** ~**s** (*fam*) sie hat sich in ihn verknallt **2.** (BOT) (Obst)kern *m* **3.** (*faena*) schweres Stück *nt* Arbeit; **un** ~ **duro de roer** eine harte Nuss **4.** (*Am*) bequemer Posten *m*

huésped(a) ['wespe^ð, -eða] *m(f)* Gast *m*

huesudo, -a [we'suðo, -a] *adj* knochig

hueva ['weβa] *f* Fischei *nt*

huevada [we'βaða] *f* (*AmS: fam*) Dummheit *f*

huevear [weβe'ar] *vi* (*fam*) **1.** (*hacer tonterías*) Dummheiten machen **2.** (*perder el tiempo*) rumhängen

huevera [we'βera] *f* Eierbecher *m*

huevería [weβe'ria] *f* Eierhandlung *f*

huevo ['weβo] *m* **1.** (BIOL) Ei *nt;* ~ **duro** hart gekochtes Ei; ~**s fritos** Spiegeleier *ntpl;* ~ **pasado por agua** weich gekochtes Ei; ~**s revueltos** Rühreier *ntpl;* **clara de** ~ Eiweiß *nt;* **poner un** ~ ein Ei legen **2.** (*vulg*) Ei *nt fam;* **¡estoy hasta los** ~**s!** ich habe die Nase voll! *fam;* **me importa un** ~ das ist mir scheißegal; **¡tiene** ~**s la cosa!** das ist ja wohl der Hammer! *fam*

huida [u'iða] *f* Flucht *f*

huidizo, -a [ui'ðiθo, -a] *adj* scheu

huido, -a [u'iðo, -a] *m, f* Flüchtige(r) *mf*

huir [u'ir] *irr* **I.** *vi* **1.** (*escapar*) fliehen (*de* vor +*dat*) **2.** (*marcharse*) davoneilen; (*en coche*) davonfahren **II.** *vt* (ver)meiden (*de* +*akk*)

huiro ['wiro] *m* (*AmS*) Alge *f*

hule ['ule] *m* Wachstuch *nt*

hulla ['uʎa] *f* Steinkohle *f*

humanamente [umana'mente] *adv:* **hacer todo lo** ~ **posible** alles Menschenmögliche tun

humanidad [umani'ða^ð] *f* **1.** (*género humano*) Menschheit *f;* **un crimen contra la** ~ ein Verbrechen gegen die Menschlichkeit **2.** *pl* Geisteswissenschaften *fpl*

humanismo [uma'nismo] *m* Humanismus *m*

humanista [uma'nista] *mf* Humanist(in) *m(f)*

humanístico, -a [uma'nistiko, -a] *adj* humanistisch

humanitario, -a [umani'tarjo, -a] *adj:* **organización humanitaria** Hilfsorganisation *f*

humanizar [umani'θar] <z→c> **I.** *vt* humanisieren; (ARTE) vermenschlichen **II.** *vr:* ~**se** menschlicher werden

humano, -a [u'mano, -a] *adj* **1.** (*del hombre*) Menschen-; **naturaleza humana** menschliche Natur; **ser** ~ Mensch *m* **2.** (*condiciones*) menschlich

humanoide [uma'noi̯ðe] *m* menschenähnliches Wesen *nt*

humareda [uma'reða] *f* Rauchwolke *f*

humazo [u'maθo] *m* dichter Rauch *m*

humear [ume'ar] *vi* rauchen; (*vapor*) dampfen

humectante [umek'tante] *adj* befeuchtend

humedad [ume'ða^ð] *f* Feuchtigkeit *f*

humedecer [umeðe'θer] *irr como crecer*

vt befeuchten

húmedo, -a ['umeðo, -a] *adj* feucht

húmero ['umero] *m* Oberarmknochen *m*

humidificar [umiðifi'kar] <c→qu> *vt* befeuchten

humildad [umil'daᵈ] *f* Bescheidenheit *f;* (*religiosa*) Demut *f;* (*social*) Armut *f*

humilde [u'milde] *adj* **1.** (*modesto*) bescheiden; **un ~ trabajador** ein einfacher Arbeiter **2.** (*en sentido religioso*) demütig **3.** (*condición social*) einfach; **ser de orígenes ~s** aus bescheidenen Verhältnissen stammen

humillación [umiʎa'θjon] *f* Demütigung *f;* (*vergüenza*) Beschämung *f*

humillar [umi'ʎar] **I.** *vt* demütigen; (*avergonzar*) beschämen **II.** *vr:* **~se** sich demütigen (*a/ante* vor +*dat*)

humo ['umo] *m* **1.** (*de chimenea*) Rauch *m;* **señal de ~** Rauchsignal *nt;* **en ese bar siempre hay ~** diese Kneipe ist immer völlig verqualmt **2.** (*vapor*) Dampf *m* **3.** (*al cocinar*) Dunst *m* **4.** *pl* (*vanidad*) Einbildung *f;* **tener muchos ~s** sehr eingebildet sein

humor [u'mor] *m* **1.** (*cualidad*) Humor *m;* **¡pero no tienes sentido del ~ o qué!** Mensch, du verstehst wohl keinen Spaß! **2.** (*ánimo*) Laune *f;* **estar de buen/mal ~** gut/schlecht gelaunt sein

humorado, -a [umo'raðo, -a] *adj:* **bien/mal ~** gut gelaunt/schlecht gelaunt

humorista [umo'rista] *mf* Komiker(in) *m(f);* (*dibujante*) Humorist(in) *m(f)*

humorístico, -a [umo'ristiko, -a] *adj* humoristisch

humus ['umus] *m* Humus *m*

hundido, -a [un̪'diðo, -a] *adj* **1.** (*ojos*) tiefliegend; (*techo*) eingesunken **2.** (*persona*) deprimiert

hundimiento [unn̪di'mjen̪to] *m* (*de un barco*) Untergang *m;* (*de un edificio*) Einsturz *m;* (ECON) Zusammenbruch *m;* (GEO) Vertiefung *f*

hundir [un̪'dir] **I.** *vt* **1.** (*barco*) versenken **2.** (*edificio*) abreißen **3.** (*proyecto*) zunichte machen; (*esperanzas*) zerstören **II.** *vr:* **~se 1.** (*barco*) untergehen **2.** (*edificio*) einstürzen **3.** (*fracasar*) scheitern

húngaro, -a ['uŋgaro, -a] *adj* ungarisch

Hungría [uŋ'gria] *f* Ungarn *nt*

huno, -a ['uno, -a] *m, f* Hunne, -in *m, f*

huracán [ura'kan] *m* Orkan *m*

huracanado, -a [uraka'naðo, -a] *adj* orkanartig

huraño, -a [u'raɲo, -a] *adj* ungesellig; (*hosco*) mürrisch

hurgar [ur'ɣar] <g→gu> *vt* **1.** (*revolver*) herumwühlen (*en* in +*dat*) **2. ~ la nariz** in der Nase bohren **3.** (*fisgonear*) (herum)schnüffeln

hurguetear [urɣete'ar] *vt* (*Am*) (herum)schnüffeln

hurón, -ona [u'ron, -ona] *m, f* Frettchen *nt;* (*fam*) ungeselliger Mensch *m*

hurra ['urra] *interj* hurra!

hurtadillas [urta'ðiʎas]: **a ~** heimlich

hurtar [ur'tar] *vt* stehlen

hurto ['urto] *m* Diebstahl *m;* (*cosa*) Diebesbeute *f*

husmear [usme'ar] *vi, vt* schnüffeln; (*fisgonear*) (aus)schnüffeln

huso ['uso] *m* Spindel *f*

huy [ui̯] *interj* (*de dolor*) au!; (*de asombro*) ach!

I

I, i [i] *f* I, i *nt;* **~ griega** Ypsilon *nt*

ibérico, -a [i'βeriko, -a] *adj:* **Península Ibérica** Iberische Halbinsel

Iberoamérica [iβeroa'merika] *f* Iberoamerika *nt*

iberoamericano, -a [iβeroameri'kano, -a] *adj* iberoamerikanisch

ibicenco, -a [iβi'θeŋko, -a] *adj* ibizenkisch

iceberg [iθe'βer⁽ʸ⁾] *m* <icebergs> Eisberg *m*

icono [i'kono] *m,* **ícono** ['ikono] *m* **1.** (REL) Ikone *f* **2.** (INFOR) Icon *nt*

ida ['iða] *f* Hinweg *m;* (*en vehículo*) Hinfahrt *f;* **~ y vuelta** Hin- und Rückfahrt *f*

idea [i'ðea] *f* **1.** (*t.* FILOS) Idee *f* **2.** (*conocimiento*) Vorstellung *f;* **ni ~** keine Ahnung; **dar a alguien (una) ~ de algo** jdm etw veranschaulichen **3.** (*opinión*) Meinung *f*

4. (*propósito*) Vorhaben *nt;* **tener ~ de hacer algo** beabsichtigen etw zu tun

ideal [iðe'al] *adj* ideell; (*perfecto*) ideal

idealismo [iðea'lismo] *m* Idealismus *m*

idealista [iðea'lista] *adj* idealistisch

idealizar [iðeali'θar] <z→c> *vt* idealisieren

idear [iðe'ar] *vt* **1.** (*concebir*) sich *dat* ausdenken **2.** (*inventar*) erfinden **3.** (*trazar un proyecto*) planen; (*un plan*) entwerfen

idéntico, -a [i'ðen̪tiko, -a] *adj* identisch; **es ~ a su madre** er ist genau wie seine Mutter

identidad [iðen̪ti'ða^{ð}] *f* **1.** (*coincidencia*) völlige Übereinstimmung *f* **2.** (*personalidad*) Identität *f;* **carné de ~** Personalausweis *m*

identificación [iðen̪tifika'θjon] *f* **1.** (*de alguien*) Identifizierung *f* **2.** (INFOR) Kennung *f*

identificar [iðen̪tifi'kar] <c→qu> **I.** *vt* identifizieren **II.** *vr:* **~se** sich identifizieren (*con* mit +*dat*); (*compenetrarse*) sich hineinversetzen (*con* in +*akk*); (*demostrar su identidad*) sich ausweisen

ideología [iðeolo'xia] *f* Ideologie *f*

idílico, -a [i'ðiliko, -a] *adj* idyllisch

idilio [i'ðiljo] *m* Idylle *f;* (*relación amorosa*) Romanze *f*

idioma [i'ðjoma] *m* Sprache *f*

idiomático, -a [iðjo'matiko, -a] *adj* idiomatisch

idiota [i'ðjota] **I.** *adj* schwachsinnig **II.** *mf* Idiot(in) *m(f)*

idiotez [iðjo'teθ] *f* Blödsinn *m*

ido, -a ['iðo, -a] *adj* (*fam*) verrückt; (*AmC*) betrunken

idolatrar [iðola'trar] *vt* **1.** (*rendir culto*) (als Götzen) anbeten **2.** (*adorar*) vergöttern; (*amar*) abgöttisch lieben

ídolo ['iðolo] *m* Idol *nt*

idóneo, -a [i'ðoneo, -a] *adj* geeignet; (*capaz*) fähig

iglesia [i'ɣlesja] *f* Kirche *f;* **casarse por la ~** kirchlich heiraten

iglú [i'ɣlu] *m* Iglu *m o nt*

ignorancia [iɣno'ran̪θja] *f* Unwissenheit *f;* (*incultura*) Bildungslücke *f*

ignorante [iɣno'ran̪te] *adj* unwissend (*de* über +*akk*); (*inculto*) ungebildet

ignorar [iɣno'rar] *vt* **1.** (*desconocer*) nicht kennen; (*no saber*) nicht wissen **2.** (*no hacer caso*) ignorieren

igual [i'ɣwal] **I.** *adj* **1.** (genau) gleich; (*semejante*) (sehr) ähnlich **2.** (*lo mismo*) gleichgültig; **¡es ~!** (das ist) egal! **II.** *mf:* **no tener ~** einzigartig sein **III.** *adv* **1.** (*fam*) vielleicht **2.** (*loc*): **~ que...** genauso wie ...; **al ~ que...** ebenso wie ...

igualar [iɣwa'lar] **I.** *vt* **1.** gleichmachen; (*equiparar*) gleichstellen **2.** (*nivelar*) ausgleichen **3.** (*ajustar*) anpassen **II.** *vi* gleichkommen (*en* +*dat*) **III.** *vr:* **~se** gleichen (*a/con* +*dat*); (*ponerse al igual*) sich (einander) angleichen

igualdad [iɣwal̪'da^{ð}] *f* Gleichheit *f;* **~ de derechos** Gleichberechtigung *f*

igualitario, -a [iɣwali'tarjo, -a] *adj* egalitär

igualmente [iɣwal'men̪te] **I.** *interj* danke, gleichfalls! **II.** *adv* gleichermaßen; (*también*) ebenfalls

iguana [i'ɣwana] *f* Leguan *m*

ilegal [ile'ɣal] *adj* illegal

ilegalidad [ileɣali'ða^{ð}] *f* Gesetzwidrigkeit *f*

ilegible [ile'xiβle] *adj* unleserlich

ilegítimo, -a [ile'xitimo, -a] *adj* **1.** (*asunto*) unrechtmäßig **2.** (*hijo*) unehelich; (*relación*) außerehelich **3.** (*exigencia*) ungerechtfertigt

ileso, -a [i'leso, -a] *adj* unverletzt

ilícito, -a [i'liθito, -a] *adj* verboten

ilimitado, -a [ilimi'taðo, -a] *adj* unbegrenzt

ilocalizable [ilokali'θaβle] *adj* unauffindbar

ilógico, -a [i'loxiko, -a] *adj* unlogisch

iluminación [ilumina'θjon] *f* Beleuchtung *f;* (REL) Erleuchtung *f*

iluminar [ilumi'nar] *vt* **1.** (*alumbrar*) beleuchten; (*como decoración*) festlich beleuchten; (*un monumento*) anstrahlen **2.** (REL) erleuchten **3.** (ARTE) illuminieren

ilusión [ilu'sjon] *f* **1.** (*espejismo*) (Sinnes)täuschung *f* **2.** (*esperanza*) Hoffnung *f* **3.** (*visión*) (falsche) Vorstellung *f;* **hacerse ilusiones** sich *dat* etwas vormachen **4.** (*sueño*) Traum *m* **5.** (*alegría*) Freude *f;* **ese viaje me hace mucha ~** ich freue mich sehr auf diese Reise

ilusionante [ilusjo'nan̪te] *adj* traumhaft

ilusionar [ilusjo'nar] *vr:* **~se** sich *dat* falsche Hoffnungen machen; (*alegrarse*) sich freuen (*con* über +*akk*)

ilusionismo [ilusjo'nismo] *m* Zauberei *f*

ilusionista [ilusjo'nista] *mf* Zauberkünstler(in) *m(f)*
iluso, **-a** [i'luso, -a] *adj* leichtgläubig
ilustración [ilustra'θjon] *f* **1.** (*imagen*) Abbildung *f;* ~ **gráfica** grafische Darstellung **2.** (HIST): **la Ilustración** die Aufklärung
ilustrar [ilus'trar] **I.** *vt* bebildern; (*aclarar*) veranschaulichen; (*instruir*) aufklären **II.** *vr:* ~**se** sich bilden
ilustrativo, **-a** [ilustra'tiβo, -a] *adj* anschaulich
ilustre [i'lustre] *adj* berühmt
imagen [i'maxen] *f* (Ab)bild *nt;* (*fiel*) Ebenbild *nt;* (*fama*) Image *nt*
imaginable [imaxi'naβle] *adj* vorstellbar
imaginación [imaxina'θjon] *f* Vorstellung(skraft) *f;* (*fantasía*) Fantasie *f;* **ni por** ~ auf keinen Fall
imaginar [imaxi'nar] **I.** *vt* sich *dat* vorstellen; (*idear*) sich *dat* ausdenken; (*suponer*) vermuten **II.** *vr:* ~**se** **1.** (*representarse*) sich *dat* vorstellen; **me lo imagino** das denke ich mir **2.** (*figurarse*) sich *dat* einbilden
imán [i'man] *m* Magnet *m*
imbatible [imba'tiβle] *adj* unschlagbar
imbécil [im'beθil] *adj* blöd
imbecilidad [imbeθili'ða^{ð}] *f* Schwachsinn *m;* (*estupidez*) Blödsinn *m*
imborrable [imbo'rraβle] *adj* unauslöschlich
imitable [imi'taβle] *adj* nachahmenswert
imitación [imita'θjon] *f* **1.** (*copia*) Nachahmung *f;* **a** ~ **de...** nach dem Vorbild von ... **2.** (*como falsificación*) Imitation *f;* **perlas de** ~ Kunstperlen *fpl*
imitar [imi'tar] *vt* nachmachen; (*parodiar*) imitieren; (*reproducir*) nachbilden; ~ **una firma** eine Unterschrift fälschen
impaciencia [impa'θjen̩θja] *f* Ungeduld *f*
impaciente [impa'θjen̩te] *adj* (*con ser*) ungeduldig; (*con estar: intranquilo*) unruhig; (*con estar: ansioso*) begierig
impactar [impak'tar] *vt* beeindrucken
impacto [im'pakto] *m* **1.** (*choque de un proyectil*) Einschlag *m;* (*huella*) Treffer *m* **2.** (*golpe emocional*) Schlag *m fig* **3.** (*efecto*) (große) Wirkung *f;* (*impresión*) Eindruck *m;* ~ (**medio**)**ambiental** Umweltbelastung *f*
impagable [impa'ɣaβle] *adj* unbezahlbar
impago [im'paɣo] *m* Nichtzahlung *f;* ~ **de impuestos** Steuerumgehung *f*
impar [im'par] *adj* ungerade
imparable [impa'raβle] *adj* unhaltbar
imparcial [impar'θjal] *adj* unparteiisch; (*sin prejuicios*) unvoreingenommen
impartir [impar'tir] *vt* erteilen
impasible [impa'siβle] *adj* gefühllos; (*indiferente*) gleichmütig
impecable [impe'kaβle] *adj* (*con ser*) untad(e)lig; (*con estar*) tadellos
impedimento [impeði'men̩to] *m* Verhinderung *f;* (*obstáculo*) Hindernis *nt;* (*t.* MED) Behinderung *f*
impedir [impe'ðir] *irr como pedir vt* **1.** (*imposibilitar*) verhindern **2.** (*obstaculizar*) behindern; (*el paso*) versperren **3.** (*estorbar*) abhalten (von +*dat*)
impensable [impen'saβle] *adj* undenkbar
imperar [impe'rar] *vi* herrschen (*sobre* über +*akk*); (*predominar*) vorherrschen
imperativo [impera'tiβo, -a] *m* **1.** (LING) Imperativ *m* **2.** *pl* Gebot *nt;* (*necesidad*) Notwendigkeit *f*
imperceptible [imperθep'tiβle] *adj* nicht wahrnehmbar
imperdible [imper'ðiβle] *m* Sicherheitsnadel *f*
imperdonable [imperðo'naβle] *adj* unverzeihlich
imperecedero, **-a** [impereθe'ðero, -a] *adj* unvergänglich
imperfecto[1] [imper'fekto] *m* Imperfekt *m*
imperfecto, **-a**[2] [imper'fekto, -a] *adj* unvollkommen; (*cosa incompleta*) unvollständig
imperialismo [imperja'lismo] *m* Imperialismus *m*
imperio [im'perjo] *m* **1.** Reich *nt;* (*t. fig*) Imperium *nt* **2.** (*mandato*) Herrschaft *f* **3.** (*autoridad*) Macht *f*
imperioso, **-a** [impe'rjoso, -a] *adj* **1.** (*autoritario*) gebieterisch **2.** (*urgente*) dringend; (*forzoso*) zwingend
impermeable [imperme'aβle] **I.** *adj* (wasser)dicht **II.** *m* Regenmantel *m*
impersonal [imperso'nal] *adj* unpersönlich
impertinencia [imperti'nen̩θja] *f* **1.** (*insolencia*) Ungehörigkeit *f;* (*descaro*) Unverschämtheit *f* **2.** (*inoportunidad*) unpassende Bemerkung *f* **3.** (*importunidad*) Zudringlichkeit *f*
impertinente [imperti'nen̩te] *adj* ungehörig; (*descarado*) unverschämt; (*pesado*)

I

zudringlich

imperturbable [impertur'βaβle] *adj* unerschütterlich; (*seguro*) unbeirrt

ímpetu ['impetu] *m* Heftigkeit *f;* (*brío*) Schwung *m*

impetuoso, **-a** [impetu'oso, -a] *adj* ungestüm; (*movimiento*) heftig; (*acto*) unbedacht

impío, **-a** [im'pio, -a] *adj* gottlos; (*inclemente*) unbarmherzig

implacable [impla'kaβle] *adj* unerbittlich

implantar [implan̪'tar] *vt* errichten; (*instituir*) (be)gründen; (*introducir*) einführen; (MED) implantieren

implementar [implemen̪'tar] *vt* (*Am*) anwenden; (*un plan*) ausführen

implicación [implika'θjon] *f* **1.** (*inclusión*) Einbeziehung *f* **2.** (*participación en un delito*) Beteiligung *f* **3.** (*consecuencia*) Auswirkung *f* **4.** (*significado*) Bedeutung *f* **5.** (*contradicción*) Widerspruch *m;* (*oposición*) Gegensatz *m*

implicar [impli'kar] <c→qu> **I.** *vt* beinhalten; (*una consecuencia*) zur Folge haben **II.** *vr:* **~se** sich verwickeln (*en* in +*akk*)

implícito, **-a** [im'pliθito, -a] *adj* (mit) einbezogen; (*sobreentendido*) implizit

implorar [implo'rar] *vt* (*a alguien*) anflehen; (*algo*) flehen (um +*akk*); **~ (el) perdón** um Verzeihung flehen

imponderable [impon̪de'raβle] *adj* **1.** (*incalculable*) unwägbar **2.** (*inestimable*) unschätzbar

imponente [impo'nen̪te] *adj* eindrucksvoll; (*que infunde respeto*) beeindruckend; (*grandioso*) imposant; (*fam*) toll

imponer [impo'ner] *irr como poner* **I.** *vt* aufzwingen; (*impuestos*) erheben (*sobre* für +*akk*); (*respeto*) einflößen **II.** *vi* imponieren **III.** *vr:* **~se** sich aufdrängen; (*hacerse ineludible*) unbedingt notwendig sein; (*hacerse obedecer*) sich durchsetzen (*a* gegen +*akk*); (*tomar como obligación*) sich *dat* auferlegen

imponible [impo'niβle] *adj* besteuerbar

impopular [impopu'lar] *adj* unbeliebt

importación [importa'θjon] *f* Einfuhr *f*

importador(a) [importa'ðor(a)] *m(f)* Importeur(in) *m(f)*

importancia [impor'tan̪θja] *f* **1.** (*interés*) Bedeutung *f;* **sin ~** bedeutungslos **2.** (*extensión*) Ausmaß *nt* **3.** (*trascendencia*) Tragweite *f* **4.** (*prestigio*) Ansehen *nt;* **darse ~** (*fam*) angeben

importante [impor'tan̪te] *adj* **1.** (*de gran interés*) bedeutend; **lo ~ es...** +*inf* Hauptsache ... **2.** (*cantidad*) beträchtlich **3.** (*persona*) berühmt; (*influyente*) einflussreich

importar [impor'tar] **I.** *vt* einführen; (*precio*) betragen **II.** *vi:* **¿a ti qué te importa?** was geht dich das an?; **¿te importa esperar?** macht es dir was aus zu warten?

importe [im'porte] *m* Betrag *m*

importunar [importu'nar] *vt* belästigen; (*molestar*) stören

imposibilidad [imposiβili'ðað] *f* Unmöglichkeit *f*

imposibilitado, **-a** [imposiβili'taðo, -a] *adj* verhindert

imposible [impo'siβle] **I.** *adj* unmöglich; (*fam*) unerträglich; (*Am*) ekelhaft **II.** *m:* **lo ~** das Unmögliche

impositiva [imposi'tiβa] *f* (*Am*) Finanzamt *nt*

impositivo, **-a** [imposi'tiβo, -a] *adj* Steuer-; (*CSur*) entschieden

impostor(a) [impos'tor(a)] *m(f)* Betrüger(in) *m(f)*

impotencia [impo'ten̪θja] *f* **1.** (*falta de poder*) Machtlosigkeit *f* **2.** (*incapacidad*) Unfähigkeit *f* **3.** (MED) Impotenz *f*

impotente [impo'ten̪te] *adj* machtlos; (*incapaz*) unfähig; (MED) impotent

impracticable [imprakti'kaβle] *adj* unausführbar

imprecisión [impreθi'sjon] *f* Ungenauigkeit *f*

impreciso, **-a** [impre'θiso, -a] *adj* ungenau; (*indefinido*) vage

impredecible [impreðe'θiβle] *adj* nicht voraussagbar

impregnar [impreɣ'nar] **I.** *vt* **1.** (*empapar*) tränken; (*un tejido*) imprägnieren **2.** (*penetrar*) durchtränken **II.** *vr:* **~se** sich voll saugen (*con/de* mit +*dat*)

impremeditado, **-a** [impremeði'taðo, -a] *adj* unüberlegt; (*irreflexivo*) unbedacht; (*involuntario*) unbeabsichtigt

imprenta [im'pren̪ta] *f* (Buch)druck *m;* (*taller*) (Buch)druckerei *f;* **~ genética** genetischer Fingerabdruck

imprescindible [impresθin̪'diβle] *adj* unumgänglich; (*insustituible*) unentbehrlich

impresentable [impresen̪'taβle] *adj* nicht vorzeigbar

impresión [impre'sjon] *f* (Ab)druck *m;*

(*sensación*) (Sinnes)eindruck *m*
impresionante [impresjo'nan̩te] *adj* beeindruckend
impresionar [impresjo'nar] **I.** *vt* beeindrucken **II.** *vr:* ~**se** beeindruckt sein
impresionismo [impresjo'nismo] *m* Impressionismus *m*
impreso [im'preso, -a] *m* **1.** (*formulario*) Formular *nt* **2.** (*envío*) Drucksache *f;* ~ **publicitario** Werbedrucksache *f*
impresora [impre'sora] *f* (INFOR) Drucker *m;* ~ **de inyección de tinta** Tintenstrahldrucker *m;* ~ **láser** Laserdrucker *m*
imprevisible [impreβi'siβle] *adj* unvorhersehbar
imprevisto[1] [impre'βisto] *m* unerwartetes Ereignis *nt*
imprevisto, -a[2] [impre'βisto, -a] *adj* unvorhergesehen
imprimir [impri'mir] *irr vt* **1.** (TIPO) drucken (*en/sobre* auf +*dat*); (*editar*) herausbringen (*en/sobre* auf +*dat*) **2.** (INFOR) ausdrucken
improbable [impro'βaβle] *adj* unwahrscheinlich
improcedente [improθe'ðen̩te] *adj* unangemessen; (JUR) rechtswidrig
improductivo, -a [improðuk'tiβo, -a] *adj* unproduktiv
improperio [impro'perjo] *m* (*ofensa*) Beleidigung *f;* (*insulto*) Beschimpfung *f*
impropio, -a [im'propjo, -a] *adj* unpassend; **ese comportamiento es ~ en él** dieses Verhalten passt nicht zu ihm
improrrogable [improrro'ɣaβle] *adj* nicht verlängerbar; (*no aplazable*) unaufschiebbar
improvisación [improβisa'θjon] *f* Improvisation *f*
improvisar [improβi'sar] *vt* improvisieren
improviso, -a [impro'βiso, -a] *adj* unerwartet; **de ~** plötzlich; **coger a alguien de ~** jdn überraschen
imprudencia [impru'ðen̩θja] *f* Unvorsichtigkeit *f;* (JUR) Fahrlässigkeit *f*
imprudente [impru'ðen̩te] *adj* unvorsichtig; (JUR) fahrlässig
impúdico, -a [im'puðiko, -a] *adj* unzüchtig
impudor [impu'ðor] *m* Schamlosigkeit *f*
impuesto [im'pwesto] *m* (FIN) Steuer *f;* ~ **sobre la renta** Einkommenssteuer *f;* ~ **sobre los salarios** Lohnsteuer *f;* **libre de ~s** steuerfrei; **sujeto a ~s** steuerpflichtig
impugnar [impuɣ'nar] *vt* anfechten; (*combatir*) bestreiten
impulsar [impul'sar] *vt* bewegen (*a* zu +*dat*); (*estimular*) antreiben
impulsivo, -a [impul'siβo, -a] *adj* impulsiv
impulso [im'pulso] *m* **1.** (*estímulo*) Anstoß *m;* (*exterior*) Antrieb *m;* ~ **sexual** Sexualtrieb *m* **2.** (*empuje*) Schwung *m*
impulsor(a) [impul'sor(a)] **I.** *adj* antreibend **II.** *m(f)* Anstifter(in) *m(f)*
impune [im'pune] *adj* straffrei
impureza [impu'reθa] *f* Unreinheit *f*
impuro, -a [im'puro, -a] *adj* unrein
imputable [impu'taβle] *adj* zurückzuführen (*a* auf +*akk*)
imputación [imputa'θjon] *f* Unterstellung *f;* (*acusación*) Beschuldigung *f*
imputar [impu'tar] *vt* zurückführen (*a* auf +*akk*); (*cargar*) aufbürden (*a* +*dat*)
inabarcable [inaβar'kaβle] *adj* unermesslich
inacabable [inaka'βaβle] *adj* unendlich
inaccesible [inaᵞθe'siβle] *adj* unerreichbar (*para* für +*akk*); (*persona*) unnahbar
inaceptable [inaθep'taβle] *adj* unannehmbar
inactivo, -a [inak'tiβo, -a] *adj* untätig; (*funcionamiento*) stillgelegt
inadaptable [inaðap'taβle] *adj* nicht anpassungsfähig
inadecuado, -a [inade'kwaðo, -a] *adj* ungeeignet
inadmisible [inaðmi'siβle] *adj* unzulässig
inadvertido, -a [inaðβer'tiðo, -a] *adj* **1.** (*descuidado*) unachtsam; **me cogió ~** er/sie hat mich überrascht **2.** (*desapercibido*) unbemerkt
inagotable [inaɣo'taβle] *adj* unerschöpflich
inaguantable [inaɣwan̩'taβle] *adj* unerträglich
inalámbrico, -a [ina'lambriko, -a] *adj* schnurlos
inalcanzable [inalkan̩'θaβle] *adj* unerreichbar
inalienable [inalje'naβle] *adj* unveräußerlich
inalterable [inal̩te'raβle] *adj* unveränderlich; (*imperturbable*) unerschütterlich
inalterado, -a [inal̩te'raðo, -a] *adj* unver-

I

ändert

inamovible [inamo'βiβle] *adj* unversetzbar

inanición [inani'θjon] *f* Erschöpfung *f*

inanimado, **-a** [inani'maðo, -a] *adj*, **inánime** [i'nanime] *adj* leblos

inapelable [inape'laβle] *adj* unanfechtbar

inapetencia [inape'teṇθja] *f* Appetitlosigkeit *f*

inaplazable [inapla'θaβle] *adj* unaufschiebbar

inaplicable [inapli'kaβle] *adj* unanwendbar

inapreciable [inapre'θjaβle] *adj* unschätzbar; (*imperceptible*) nicht wahrnehmbar

inasequible [inase'kiβle] *adj* unerreichbar; (*a causa del precio*) unerschwinglich

inaudible [inau̯'ðiβle] *adj* unhörbar

inaudito, **-a** [inau̯'ðito, -a] *adj* noch nie da gewesen; (*vituperable*) unerhört

inauguración [inau̯ɣura'θjon] *f* Einweihung *f*; (*exposición*) Vernissage *f*

inaugural [inau̯ɣu'ral] *adj* Eröffnungs-

inaugurar [inau̯ɣu'rar] *vt* einweihen; (*comenzar*) anfangen

inca ['iŋka] *m* Inka *m*

incalculable [iŋkalku'laβle] *adj* unschätzbar

incalificable [iŋkalifi'kaβle] *adj* tadelnswert

incandescente [iŋkaṇdes'θeṇte] *adj* glühend

incansable [iŋkan'saβle] *adj* unermüdlich

incapacitado, **-a** [iŋkapaθi'taðo, -a] *m, f* Behinderte(r) *mf*

incapaz [iŋka'paθ] *adj* unfähig (*de* zu +*dat*)

incautarse [iŋkau̯'tarse] *vr* beschlagnahmen (*de* +*akk*)

incauto, **-a** [iŋ'kau̯to, -a] *adj* unvorsichtig; (*confiado*) gutgläubig

incendiar [iṇθeṇ'djar] *vr:* ~**se** sich entzünden

incendio [iṇ'θeṇdjo] *m* Brand *m*; ~ **intencionado** Brandstiftung *f*

incentivar [iṇθeṇti'βar] *vt* fördern (*a* +*akk*)

incentivo [iṇθeṇ'tiβo] *m* Anreiz *m*

incertidumbre [iṇθerti'ðumbre] *f* Ungewissheit *f*

incesante [iṇθe'saṇte] *adj* unaufhörlich

incesto [iṇ'θesto] *m* Blutschande *f*, Inzest *m*

incestuoso, **-a** [iṇθestu'oso, -a] *adj* blutschänderisch

incidencia [iṇθi'ðeṇθja] *f* Auswirkungen *fpl*; (*suceso*) Zwischenfall *m*

incidente [iṇθi'ðeṇte] *m* Zwischenfall *m*

incidir [iṇθi'ðir] *vi* Auswirkungen haben (*en* auf +*akk*); (*tema*) hervorheben (*en* +*akk*)

incienso [iṇ'θjenso] *m* Weihrauch *m*

incierto, **-a** [iṇ'θjerto, -a] *adj* ungewiss

incineración [iṇθinera'θjon] *f* Verbrennung *f*; (*de personas*) Einäscherung *f*

incinerar [iṇθine'rar] *vt* verbrennen; (*cadáveres*) einäschern

incipiente [iṇθi'pjeṇte] *adj* beginnend

incisión [iṇθi'sjon] *f* (Ein)schnitt *m*

inciso [iṇ'θiso] *m* Exkurs *m*

incitación [iṇθita'θjon] *f* Anstiftung *f*

incitar [iṇθi'tar] *vt* anstiften (*a* zu +*dat*); (*animar*) anspornen

incívico, **-a** [iṇ'θiβiko, -a] *adj* asozial

inclemencia [iŋkle'meṇθja] *f:* **las ~s del tiempo** die Unbilden des Wetters

inclinación [iŋklina'θjon] *f* **1.** (*declive*) Neigung *f* **2.** (*reverencia*) Verbeugung *f*; (*con la cabeza*) Zunicken *nt* **3.** (*afecto*) Zuneigung *f* (*por* für +*akk*) **4.** (*tendencias*) Neigungen *fpl*

inclinar [iŋkli'nar] *vr:* ~**se** sich beugen; (*propender*) geneigt sein (*a* zu +*dat*); (*preferir*) neigen (*por* zu +*dat*)

incluir [iŋklu'ir] *irr como huir vt* umfassen; (*contener*) beinhalten; **todo incluido** alles inklusive

inclusive [iŋklu'siβe] *adv* einschließlich

incluso [iŋ'kluso, -a] **I.** *adv* sogar **II.** *prep* sogar; **habéis aprobado todos, ~ tú** ihr habt alle bestanden, selbst du

incoar [iŋko'ar] *vt* (*proceso*) eröffnen

incógnita [iŋ'koɣnita] *f* **1.** (MAT: *magnitud*) unbekannte Größe *f* **2.** (*enigma*) Rätsel *nt*; (*secreto*) Geheimnis *nt*; **despejar la ~** (*enigma*) das Rätsel lösen; (*secreto*) das Geheimnis lüften

incógnito, **-a** [iŋ'koɣnito, -a] *adj* unbekannt

incoherencia [iŋkoe'reṇθja] *f* Zusammenhanglosigkeit *f*

incoherente [iŋkoe'reṇte] *adj* unzusammenhängend

incoloro, -a [iŋko'loro, -a] *adj* farblos
incombustible [iŋkombus'tiβle] *adj* feuerfest
incomodar [iŋkomo'ðar] **I.** *vt* stören **II.** *vr:* ~**se** sich beleidigt fühlen
incomodidad [iŋkomoði'ða^{ð}] *f,* **incomodo** [in̪ko'moðo] *m* Unbequemlichkeit *f*
incómodo, -a [iŋ'komoðo, -a] *adj* **1.** (*inconfortable*) unbequem; **estar** ~ sich unbehaglich fühlen **2.** (*molesto*) lästig
incomparable [iŋkompa'raβle] *adj* unvergleichbar; (*extraordinario*) unvergleichlich
incompatibilidad [iŋkompatiβili'ða^{ð}] *f* Inkompatibilität *f*
incompatible [iŋkompa'tiβle] *adj* inkompatibel
incompetencia [iŋkompe'ten̪θja] *f* Unfähigkeit *f*
incompetente [iŋkompe'ten̪te] *adj* unfähig
incompleto, -a [iŋkom'pleto, -a] *adj* unvollständig; (*deficiente*) dürftig
incomprensible [iŋkompren'siβle] *adj* unverständlich
incomunicado, -a [iŋkomuni'kaðo, -a] *adj* in Einzelhaft
inconcebible [iŋkon̪θe'βiβle] *adj* unbegreiflich
inconciliable [iŋkon̪θi'ljaβle] *adj* unvereinbar
inconcluso, -a [iŋkoŋ'kluso, -a] *adj* unbeendet
incondicional [iŋkon̪diθjo'nal] *adj* bedingungslos
inconexo, -a [iŋko'ne^{y}so, -a] *adj* unzusammenhängend
inconfundible [iŋkoɱfun̪'diβle] *adj* unverwechselbar
incongruente [iŋkoŋ'grwen̪te] *adj* (*contradictorio*) unvereinbar
inconsciente [iŋko^{n}s'θjen̪te] *adj* (*con estar*) bewusstlos; (*con ser*) verantwortungslos
inconsistente [iŋkonsis'ten̪te] *adj* unbeständig
inconsolable [iŋkonso'laβle] *adj* untröstlich
inconstante [iŋko^{n}s'tan̪te] *adj* unbeständig
inconstitucionalidad [iŋko^{n}stituθjonali'ða^{ð}] *f* Verfassungswidrigkeit *f*
incontable [iŋkon̪'taβle] *adj* unzählig
incontenible [iŋkon̪te'niβle] *adj* unaufhaltbar
incontinencia [iŋkon̪ti'nen̪θja] *f* **1.** (MED: *evacuaciones*) Inkontinenz *f* **2.** (*desmesura*) Maßlosigkeit *f*
incontrolado, -a [iŋkon̪tro'laðo, -a] **I.** *adj* unkontrolliert; (*violento*) gewalttätig **II.** *m, f* Gewalttätige(r) *mf*
incontrovertible [iŋkon̪troβer'tiβle] *adj* unbestreitbar
inconveniente [iŋkombe'njen̪te] **I.** *adj* ungebührlich; (*disparate*) taktlos; (*no adecuado*) unangemessen **II.** *m* Nachteil *m;* (*obstáculo*) Hindernis *nt*
incordiar [iŋkor'ðjar] *vt* ärgern; **¡no incordies!** es reicht!
incordio [iŋ'korðjo] *m* (*fam*) Ärgernis *nt*
incorporar [iŋkorpo'rar] *vr:* ~**se** sich einfinden (*a/en* an +*dat*); (*agregarse*) hinzukommen (*a/en* zu +*dat*); (MIL) sich zum Militärdienst melden
incorrecto, -a [iŋko'rrekto, -a] *adj* unrichtig; (*descortés*) unhöflich
incorregible [iŋkorre'xiβle] *adj* unverbesserlich
incorruptible [iŋkorrup'tiβle] *adj* unbestechlich
incrédulo, -a [iŋ'kreðulo, -a] **I.** *adj* misstrauisch **II.** *m, f* Skeptiker(in) *m(f);* (REL) Ungläubige(r) *mf*
increíble [iŋkre'iβle] *adj* unglaublich
incrementar [iŋkremen̪'tar] **I.** *vt* erhöhen **II.** *vr:* ~**se** (an)steigen
incremento [iŋkre'men̪to] *m* Erhöhung *f;* (*crecimiento*) Wachstum *nt*
increpar [iŋkre'par] *vt* tadeln
incriminar [iŋkrimi'nar] *vt* (öffentlich) anschuldigen
incrustar [iŋkrus'tar] *vr:* ~**se** sich festsetzen
incubadora [iŋkuβa'ðora] *f* Brutkasten *m;* (*para animales*) Brutofen *m*
incubar [iŋku'βar] **I.** *vt* (aus)brüten **II.** *vr:* ~**se** sich entwickeln
incuestionable [iŋkwestjo'naβle] *adj* unumstritten
inculcar [iŋkul'kar] <c→qu> *vt* mühsam beibringen (*a/en* +*dat*); (*infundir*) eintrichtern (*a/en* +*dat*)
inculpar [iŋkul'par] *vt* anklagen (*de* +*gen*)
inculto, -a [iŋ'kul̪to, -a] *adj* ungebildet

incumbencia [iŋkum'beṇθja] *f* Zuständigkeit *f*
incumbir [iŋkum'bir] *vi* angehen (*a* +*akk*)
incumplimiento [iŋkumpli'mjeṇto] *m* Nichterfüllung *f;* ~ **de contrato** Vertragsbruch *m*
incumplir [iŋkum'plir] *vt* (*contrato*) nicht erfüllen; (*regla*) verletzen; (*promesa*) brechen
incurable [iŋku'raβle] *adj* unheilbar
incurrir [iŋku'rrir] *vi* **1.** (*situación mala*) geraten (*en* in +*akk*); ~ **en una falta** einen Fehler begehen; ~ **en viejas costumbres** in alte Gewohnheiten zurückverfallen **2.** (*odio*) sich *dat* zuziehen; ~ **en responsabilidad** haften
indagar [iṇda'ɣar] <g→gu> *vt* ermitteln (in +*dat*)
indebido, -a [iṇde'βiðo, -a] *adj* ungerechtfertigt; (*ilícito*) unrechtmäßig; **respuesta indebida** unangebrachte Antwort
indecente [iṇde'θeṇte] *adj* unanständig; (*sin vergüenza*) unverschämt
indeciso, -a [iṇde'θiso, -a] *adj* unentschlossen
indecoroso, -a [iṇdeko'roso, -a] *adj* unanständig
indefendible [iṇdefeṇ'diβle] *adj* unhaltbar
indefenso, -a [iṇde'fenso, -a] *adj* wehrlos
indefinible [iṇdefi'niβle] *adj* undefinierbar
indefinidamente [iṇdefiniða'meṇte] *adv* auf unbestimmte Zeit
indefinido, -a [iṇdefi'niðo, -a] *adj* unbestimmt
indeformable [iṇdefor'maβle] *adj* unverformbar
indemne [iṇ'demne] *adj* unverletzt; (*cosa*) unbeschädigt
indemnización [iṇdemniθa'θjon] *f* **1.** (*pago*) Entschädigung *f;* ~ **de despido** Abfindung *f* **2.** *pl* (*después de una guerra*) Reparationen *fpl*
indemnizar [iṇdemni'θar] <z→c> *vt* entschädigen (*de* für +*akk*)
independencia [iṇdepeṇ'deṇθja] *f* Unabhängigkeit *f;* **con ~ de algo** unabhängig von etw *dat*
independiente [iṇdepeṇ'djeṇte] *adj* **1.** (*libre*) unabhängig; **un piso ~** eine Wohnung mit eigenem Eingang **2.** (*profesión*) selb(st)ständig **3.** (*soltero*) ungebunden **4.** (*sin partido*) parteilos
independizar [iṇdepeṇdi'θar] <z→c> **I.** *vt* befreien (*de* von +*dat*) **II.** *vr:* **~se** selb(st)ständig werden
indescifrable [iṇdesθi'fraβle] *adj* unentzifferbar
indescriptible [iṇdeskrip'tiβle] *adj* unbeschreiblich
indeseable [iṇdese'aβle] *adj* unerwünscht
indestructible [iṇdestruk'tiβle] *adj* unzerstörbar
indeterminación [iṇdetermina'θjon] *f* Unbestimmtheit *f;* (*indecisión*) Unentschlossenheit *f*
indeterminado, -a [iṇdetermi'naðo, -a] *adj* **1.** (*inconcreto*) unbestimmt **2.** (*indeciso*) unentschlossen
India ['iṇdja] *f* **1.** (*en el oriente*): **la ~** Indien *nt* **2.** *pl* Hispanoamerika *nt* **3.** (ZOOL): **conejillo de ~s** Meerschweinchen *nt;* (*fig fam: con quien se experimenta*) Versuchskaninchen *nt*
indiada [iṇ'djaða] *f* (*Am*) Indianer *mpl*
indicación [iṇdika'θjon] *f* **1.** (*señal*) Hinweis *m;* (*por escrito*) Vermerk *m;* ~ **de las fuentes** Quellenangaben *fpl* **2.** (*consejo*) Tipp *m;* **por ~ de...** auf Anregung von ... **3.** *pl* (*instrucciones*) Anweisungen *fpl*
indicado, -a [iṇdi'kaðo, -a] *adj* ratsam; (*adecuado*) angebracht; **eso es lo más ~** das ist das Allerbeste
indicador [iṇdika'ðor(a)] *m* Anzeiger *m;* (TÉC) Anzeigetafel *f;* (ECON) Indikator *m;* ~ **de carretera** Straßenschild *nt;* ~ **de gasolina** Benzinuhr *f*
indicar [iṇdi'kar] <c→qu> *vt* anzeigen; (*señalar*) hinweisen (auf +*akk*)
indicativo, -a [iṇdika'tiβo, -a] *adj* bezeichnend
índice ['iṇdiθe] *m* **1.** (*de libro*) (Inhalts)verzeichnis *nt* **2.** (*dedo*) Zeigefinger *m* **3.** (*estadísticas*) Rate *f;* ~ **de audiencia** Einschaltquote *f;* ~ **de paro** Arbeitslosenquote *f*
indicio [iṇ'diθjo] *m* (An)zeichen *nt;* (JUR) Indiz *nt;* (*vestigio*) Spur *f*
indiferencia [iṇdife'reṇθja] *f* Gleichgültigkeit *f*
indiferente [iṇdife'reṇte] *adj* gleichgültig (*a* gegenüber +*dat*); **me es ~** das ist mir gleich

indígena [in̦'dixena] *mf* Ureinwohner(in) *m(f)*; (*en Latinoamérica*) Indio *m*, Indiofrau *f*
indigente [in̦di'xen̦te] *mf* Bedürftige(r) *mf*
indigestar [in̦dixes'tar] **I.** *vt* schlecht bekommen +*dat* **II.** *vr:* ~**se** sich *dat* den Magen verderben (*de/por* durch +*akk*); (*fam*) gegen den Strich gehen +*dat;* (*Am*) sich beunruhigen
indigestión [in̦dixes'tjon] *f* Verdauungsstörung *f;* **contraer una** ~ sich *dat* den Magen verderben
indignación [in̦diɣna'θjon] *f* Empörung *f*
indignado, **-a** [in̦diɣ'naðo, -a] *adj* empört (*con/contra/por* über +*akk*)
indignante [in̦diɣ'nan̦te] *adj* empörend
indignar [in̦diɣ'nar] **I.** *vt* empören **II.** *vr:* ~**se** sich empören (*con/contra/por* über +*akk*)
indigno, **-a** [in̦'diɣno, -a] *adj* **1.** (*desmerecedor*) unwürdig; ~ **de confianza** nicht vertrauenswürdig **2.** (*vil*) gemein
indio, **-a** ['in̦djo, -a] *adj* **1.** (*de la India*) indisch **2.** (*de América*) indianisch **3.** (*loc*): **en fila india** im Gänsemarsch
indirecta [in̦di'rekta] *f* (*fam*) Anspielung *f*
indirecto, **-a** [in̦di'rekto, -a] *adj* mittelbar; **complemento** ~ indirektes Objekt
indisciplinado, **-a** [in̦disθipli'naðo, -a] *adj* disziplinlos; (*desobediente*) ungehorsam; (*insumiso*) unbeugsam
indiscreción [in̦diskre'θjon] *f* Indiskretion *f*
indiscreto, **-a** [in̦dis'kreto, -a] *adj* taktlos; (*que no guarda secretos*) schwatzhaft
indiscutible [in̦disku'tiβle] *adj* unbestreitbar
indisociable [in̦diso'θjaβle] *adj* untrennbar; (QUÍM) nicht spaltbar
indispensable [in̦dispen'saβle] *adj* unerlässlich; **lo (más)** ~ das Allernötigste; **el requisito** ~ **es...** die unabdingbare Voraussetzung ist ...
indisponer [in̦dispo'ner] *irr como poner vt* **1.** (*enemistar*) aufbringen (*con/contra* gegen +*akk*) **2.** (*de salud*) mitnehmen
indispuesto, **-a** [in̦dis'pwesto, -a] *adj* **1.** (*enfermizo*) unpässlich **2.** (*con desgana*) lustlos **3.** (*molesto*) verstimmt
indistintamente [in̦distin̦ta'men̦te] *adv* ohne Unterschied
indistinto, **-a** [in̦dis'tin̦to, -a] *adj* undifferenziert; (*igual*) gleich; (*difuso*) undeutlich
individual [in̦diβi'ðwal] *adj* individuell; (*peculiar*) einzigartig; (*simple*) Einzel-; (*CSur*) identisch
individualista [in̦diβiðwa'lista] **I.** *adj* individualistisch **II.** *mf* Individualist(in) *m(f)*
individuo [in̦di'βidwo] *m* Individuum *nt;* (*pey*) Typ *m*
indivisible [in̦diβi'siβle] *adj* unteilbar
indocumentado, **-a** [in̦dokumen̦'taðo, -a] *adj* (*con estar*) ohne (Ausweis)papiere
índole ['in̦dole] *f* (Wesens)art *f*
inducir [in̦du'θir] *irr como traducir vt* **1.** (FILOS) (schluss)folgern (*de* aus +*dat*); **de todo esto induzco que...** aus alledem schließe ich, dass ... **2.** (*instigar*) anstiften (*a/en* zu +*dat*); ~ **a error** zu einem Fehler verleiten
indudable [in̦du'ðaβle] *adj* zweifellos; **es** ~ **que...** es besteht kein Zweifel (daran), dass ...
indulgencia [in̦dul'xen̦θja] *f:* **proceder sin** ~ **contra...** gnadenlos vorgehen gegen ...
indultar [in̦dul̦'tar] *vt* begnadigen; (*después del proceso*) freisprechen (*de* von +*dat*); ~ **a alguien de la pena de muerte** jdm die Todesstrafe erlassen
indulto [in̦'dul̦to] *m* Straferlass *m;* (*perdón parcial*) Strafminderung *f;* (*exención*) Befreiung *f*
industria [in̦'dustrja] *f* Industrie *f;* (*sector*) Sektor *m;* ~ **del automóvil** Autoindustrie *f*
industrial [in̦dus'trjal] **I.** *adj* Industrie-; **nave** ~ Fabrikhalle *f;* **planta** ~ Fabrik(anlage) *f;* **polígono** ~ Industriegebiet *nt* **II.** *mf* Industrielle(r) *mf*
industrializar(se) <z→c> *vt, vr* (sich) industrialisieren
industrioso, **-a** [in̦dus'trjoso, -a] *adj* **1.** (*trabajador*) unternehmerisch **2.** (*mañoso*) geschickt
inédito, **-a** [i'neðito, -a] *adj* unveröffentlicht
inefable [ine'faβle] *adj* unsagbar
ineficacia [inefi'kaθja] *f* **1.** (*sin resultado*) Ineffektivität *f* **2.** (COM: *sin rentabilidad*) Unwirtschaftlichkeit *f* **3.** (*de una persona*) Inkompetenz *f*
ineficaz [inefi'kaθ] *adj* ineffektiv; (*persona*) inkompetent
ineficiente [inefi'θjen̦te] *adj* unwirtschaftlich

I

INEM [i'nem] *m abr de* **Instituto Nacional de Empleo** *Staatliches Institut für Arbeitsvermittlung*
inepto, -a [i'nepto, -a] *adj* unfähig (*para* zu +*dat*); (*incompetente*) untauglich (*para* für +*akk*)
inequívoco, -a [ine'kiβoko, -a] *adj* eindeutig
inercia [i'nerθja] *f:* **por** ~ aus Gewohnheit
inerte [i'nerte] *adj* tot; (*inmóvil*) leblos
inesperado, -a [inespe'raðo, -a] *adj* unerwartet
inestable [ines'taβle] *adj* instabil; (*variable*) unbeständig
inestimable [inesti'maβle] *adj* unschätzbar
inevitable [ineβi'taβle] *adj* unvermeidbar
inexacto, -a [ineʸ'sakto, -a] *adj* ungenau
inexistente [ineʸsis'tente] *adj* nicht vorhanden
inexorable [ineʸso'raβle] *adj* (*elev*) unerbittlich (*en* in +*dat*)
inexperto, -a [ines'perto, -a] *adj* unerfahren
inexplicable [inespli'kaβle] *adj* unerklärlich
inexpresivo, -a [inespre'siβo, -a] *adj* ausdruckslos; (*cosa*) nichts sagend
infalible [imfa'liβle] *adj* unfehlbar
infame [im'fame] *adj* gemein; (*muy malo*) miserabel
infamia [im'famja] *f* Gemeinheit *f;* (*deshonra*) Schande *f*
infancia [im'fanθja] *f* Kindheit *f;* **enfermedades de la** ~ Kinderkrankheiten *fpl*
infante, -a [im'fante, -a] *m, f* Infant(in) *m(f)*
infantería [imfante'ria] *f* Infanterie *f*
infanticida [imfanti'θiða] **I.** *adj:* **madre** ~ Kind(e)smörderin *f* **II.** *mf* Kindermörder(in) *m(f)*
infantil [imfan'til] *adj* **1.** (*referente a la infancia*) Kinder-; **trabajo** ~ Kinderarbeit *f;* **sonrisa** ~ kindliches Lächeln **2.** (*pey*) kindisch
infarto [im'farto] *m* Infarkt *m*
infatigable [imfati'ɣaβle] *adj* unermüdlich (*en* in +*dat, para* bei +*dat*)
infección [imfeʸ'θjon] *f* Ansteckung *f;* (*afección*) Infektion *f*
infeccioso, -a [imfeʸ'θjoso, -a] *adj:* **enfermedad infecciosa** Infektionskrankheit *f*
infectar [imfek'tar] **I.** *vt* (*contagiar*) anstecken; (*fam*) verseuchen; (*corromper*) infizieren **II.** *vr:* ~**se** sich anstecken; (*inflamarse*) sich entzünden
infeliz [imfe'liθ] *adj* unglücklich; (*fam*) treudoof
inferior [imfe'rjor] **I.** *adj* **1.** (*debajo*) untere(r, s); **labio** ~ Unterlippe *f* **2.** (*de menos calidad*) minderwertiger (*a* als +*nom*) **3.** (*de menos categoría*) niedriger (*a* als +*nom*) **4.** (*menos*) geringer (*a* als +*nom*) **5.** (*subordinado*) untergeben **II.** *mf* Untergebene(r) *mf*
inferioridad [imferjori'ðaᵈ] *f* Unterlegenheit *f;* **estar en** ~ **de condiciones** im Nachteil sein
inferir [imfe'rir] *irr como sentir vt* (*deducir*) schließen (*de/por* aus +*dat*); (*causar*) zufügen
infernal [imfer'nal] *adj* höllisch; **ruido** ~ Höllenlärm *m*
infértil [im'fertil] *adj* unfruchtbar
infidelidad [imfiðeli'ðaᵈ] *f* Untreue *f*
infiel [im'fjel] **I.** *adj* <infidelísimo> untreu; (*pagano*) ungläubig **II.** *mf* Ungläubige(r) *mf*
infierno [im'fjerno] *m* Hölle *f;* **mandar al** ~ zum Teufel jagen
infiltrar [imfil'trar] **I.** *vt* einsickern lassen (*en* in +*akk*); (*inculcar*) verbreiten (*entre* unter +*dat*) **II.** *vr:* ~**se** einsickern (*en* in +*akk*); (*introducirse*) sich einschleusen (*en* in +*akk*)
ínfimo, -a ['imfimo, -a] *adj* unterste(r, s); (*vil*) niederträchtigste(r, s)
infinidad [imfini'ðaᵈ] *f* Unendlichkeit *f;* (*gran número*) Unmenge *f* (*de* an/von +*dat*)
infinitivo [imfini'tiβo, -a] *m* Infinitiv *m*
infinito¹ [imfi'nito] *m* (*t.* MAT) Unendliche(s) *nt*
infinito, -a² [imfi'nito, -a] *adj* **1.** (*ilimitado*) unendlich; (*cosas no materiales*) grenzenlos **2.** (*incontable*) unzählbar
inflación [imfla'θjon] *f* Inflation *f*
inflacionista [imflaθjo'nista] *adj* inflationär
inflamable [imfla'maβle] *adj* leicht entzündbar
inflamación [imflama'θjon] *f* Entzündung *f*
inflamar [imfla'mar] *vr:* ~**se** sich entzünden

inflar [iɱ'flar] **I.** *vt* aufblasen; (*exagerar*) aufbauschen **II.** *vr:* ~**se** sich aufblähen (*de* mit +*dat*); (*fam*) sich voll stopfen (*de* mit +*dat*)

inflexible [iɱfleˠ'siβle] *adj* unbiegsam; (*firme*) unnachgiebig (*a* gegenüber +*dat*, *en* in +*dat*)

infligir [iɱfli'xir] <g→j> *vt:* ~ **un castigo** eine Strafe auferlegen; ~ **daño** Schaden verursachen; (*dolor*) Schmerz zufügen

influencia [iɱ'flwen̪θja] *f* Einfluss *m* (*en/sobre* auf +*akk*)

influenciar [iɱflwen̪'θjar] *vt* beeinflussen

influir [iɱflu'ir] *irr como huir vi* beeinflussen (*en/sobre* +*akk*); (*actuar*) einwirken (*en/sobre* auf +*akk*)

influyente [iɱflu'ɟen̪te] *adj* einflussreich

información [iɱforma'θjon] *f* Information *f* (*sobre* über +*akk*)

informal [iɱfor'mal] *adj* **1.** (*desenfadado*) informal; **lenguaje** ~ Umgangssprache *f* **2.** (*no cumplidor*) unzuverlässig

informante [iɱfor'man̪te] *mf* Informant(in) *m(f)*

informar [iɱfor'mar] **I.** *vt* informieren (*de/sobre* über +*akk*) **II.** *vi* plädieren **III.** *vr:* ~**se** sich informieren (*de* über +*akk*)

informática [iɱfor'matika] *f* elektronische Datenverarbeitung *f*

informativo [iɱforma'tiβo, -a] *m* Nachrichtensendung *f*

informatizar [iɱformati'θar] <z→c> *vt* auf EDV umstellen

informe [iɱ'forme] *m* **1.** Bericht *m* (*sobre* über +*akk*) **2.** *pl* (*referencias*) Referenzen *fpl* (*sobre* über +*akk*)

infortunado, **-a** [iɱfortu'naðo, -a] *adj* unglückselig

infortunio [iɱfor'tunjo] *m* **1.** (*adversidad*) Unglück *nt* **2.** (*mala suerte*) Pech *nt*

infotainment ['iɱfoteinment] *m* Infotainment *nt*

infracción [iɱfraˠ'θjon] *f* Verstoß *m* (*de* gegen +*akk*); ~ **de tráfico** Verkehrsübertretung *f*

infractor(a) [iɱfrak'tor(a)] *m(f)* Zuwiderhandelnde(r) *mf;* (JUR) Rechtsbrecher(in) *m(f)*

infraestructura [iɱfraestruk'tura] *f* Infrastruktur *f*

infrahumano, **-a** [iɱfrau'mano, -a] *adj* menschenunwürdig

infranqueable [iɱfraŋke'aβle] *adj* unüberwindbar

infringir [iɱfriŋ'xir] <g→j> *vt* verstoßen (gegen +*akk*)

infructuoso, **-a** [iɱfruktu'oso, -a] *adj* unfruchtbar

infundado, **-a** [iɱfun̪'daðo, -a] *adj* unbegründet

infundir [iɱfun̪'dir] *vt* einflößen; ~ **sospechas** einen Verdacht aufkommen lassen

infusión [iɱfu'sjon] *f* (Kräuter)tee *m*

ingeniar [iŋxe'njar] **I.** *vt* erfinden **II.** *vr:* ~**se** sich *dat* ausdenken

ingeniería [iŋxenje'ria] *f* **1.** (*técnica*) Technik *f* **2.** (*disciplina*) Ingenieurwissenschaft *f;* **escuela de** ~ Ingenieurfachschule *f*

ingeniero, **-a** [iŋxe'njero, -a] *m, f* Ingenieur(in) *m(f)*

ingenio [iŋ'xenjo] *m* Erfindungsgabe *f;* (*persona*) Genie *nt;* (*maña*) Geschick *nt*

ingenioso, **-a** [iŋxe'njoso, -a] *adj* geschickt; (*listo*) geistreich

ingenuidad [iŋxenwi'ðaᵈ] *f* Naivität *f;* (*torpeza*) Torheit *f*

ingenuo, **-a** [iŋ'xenwo, -a] *adj* naiv

ingerir [iŋxe'rir] *irr como sentir vt* **1.** (*referente a medicamentos*) einnehmen **2.** (*beber*) trinken; (*comer*) essen

ingestión [iŋxes'tjon] *f* **1.** (*referente a medicamentos*) Einnahme *f* **2.** (*el beber*) Trinken *nt;* (*el comer*) Essen *nt*

Inglaterra [iŋgla'terra] *f* England *nt*

ingle ['iŋgle] *f* Leiste *f*

inglés, **-esa** [iŋ'gles, -esa] *adj* englisch

ingratitud [iŋgrati'tuᵈ] *f* Undankbarkeit *f*

ingrato, **-a** [iŋ'grato, -a] *adj* undankbar (*con/para con* gegenüber +*dat*)

ingravidez [iŋgraβi'ðeθ] *f* Schwerelosigkeit *f*

ingrediente [iŋgre'ðjen̪te] *m* Zutat *f*

ingresar [iŋgre'sar] **I.** *vi* eintreten (*en* in +*akk*); (*hospitalizarse*) eingeliefert werden **II.** *vt* **1.** (*meter*) einzahlen; ~ **un cheque** einen Scheck einreichen **2.** (*hospitalizar*) einliefern (*en* in +*akk*) **3.** (*percibir*) verdienen

inhabilitar [inaβili'tar] *vt* (JUR) für unfähig erklären (*para* +*gen*); (*prohibir*) ein Berufsverbot aussprechen (*a* gegen +*akk*)

inhabitual [inaβitu'al] *adj* ungewohnt

inhalar [ina'lar] *vt* einatmen; (MED) inhalieren

inherente [ine'ren̪te] *adj* innewohnend (*a*

+*dat*)

inhibir [ini'βir] *vr:* ~**se** sich heraushalten (*de/en* aus +*dat*); ~**se de hacer algo** sich zurückhalten etw zu tun

inhospitalario, -a [inospita'larjo, -a] *adj,* **inhóspito, -a** [i'nospito, -a] *adj* ungastlich

inhumación [inuma'θjon] *f* Beisetzung *f*

inhumano, -a [inu'mano, -a] *adj* unmenschlich

inhumar [inu'mar] *vt* (*elev*) beisetzen

iniciación [iniθja'θjon] *f* **1.** (*comienzo*) Beginn *m* **2.** (*introducción*) Einführung *f* (*a/en* in +*akk*) **3.** (*sobre algo secreto*) Einweihung *f* **4.** (*de un novato*) Initiation *f*

iniciado, -a [ini'θjaðo, -a] *m, f* Eingeweihte(r) *mf*

inicial [ini'θjal] *adj* anfänglich; **fase** ~ Anfangsphase *f*

iniciar [ini'θjar] **I.** *vt* beginnen; (*introducir*) einführen (*en* in +*akk*); (*revelar un secreto*) einweihen (*en* in +*akk*) **II.** *vr:* ~**se** beginnen; (*introducirse*) sich vertraut machen (*en* mit +*dat*)

iniciativa [iniθja'tiβa] *f* Initiative *f*

inicio [i'niθjo] *m* Beginn *m*

inigualable [iniɣwa'laβle] *adj* unvergleichlich

inimaginable [inimaxi'naβle] *adj* unvorstellbar

ininteligible [inin̪teli'xen̪te] *adj* unverständlich; (*escritura*) unleserlich

ininterrumpido, -a [inin̪terrum'piðo, -a] *adj* ununterbrochen

injerencia [iŋxe'ren̪θja] *f* Einmischung *f* (*en* in +*akk*)

injerir [iŋxe'rir] *irr como sentir* **I.** *vt* **1.** (*introducir*) einführen (*en* in +*akk*) **2.** (*injertar*) pfropfen **II.** *vr:* ~**se** sich einmischen (*en* in +*akk*)

injerto [iŋ'xerto] *m* Pfröpfling *m;* (MED) Verpflanzung *f*

injuria [iŋ'xurja] *f* Beleidigung *f*

injuriar [iŋxu'rjar] *vt* (*con palabras*) beschimpfen; (*con acciones*) beleidigen

injusticia [iŋxus'tiθja] *f* Ungerechtigkeit *f*

injustificado, -a [iŋxustifi'kaðo, -a] *adj* ungerechtfertigt

injusto, -a [iŋ'xusto, -a] *adj* ungerecht; (*t.* JUR: *injustificado*) ungerechtfertigt

inmaduro, -a [i^{n}ma'ðuro, -a/i^{m}ma'ðuro, -a] *adj* unreif

inmediaciones [i^{n}meðja'θjones/i^{m}meðja'θjones] *fpl* nähere Umgebung *f*

inmediatamente [i^{n}meðjata'men̪te/i^{m}meðjata'men̪te] *adv* sofort; (*directamente*) unmittelbar

inmediato, -a [i^{n}me'ðjato, -a/i^{m}me'ðjato, -a] *adj* **1.** (*sin demora*) sofortig; **de** ~ sofort **2.** (*directo*) unmittelbar **3.** (*próximo*) nächstgelegen

inmejorable [i^{n}mexo'raβle/i^{m}mexo'raβle] *adj* hervorragend

inmemorable [i^{n}memo'raβle/i^{m}memo'raβle] *adj,* **inmemorial** [i^{n}memo'rjal/i^{m}memo'rjal] *adj* sehr weit zurückliegend; **desde tiempos** ~**es** seit Menschengedenken

inmenso, -a [i^{n}'menso, -a/i^{m}'menso, -a] *adj* unermesslich

inmerecido, -a [i^{n}mere'θiðo, -a/i^{m}mere'θiðo, -a] *adj* unverdient

inmerso, -a [i^{n}'merso, -a/i^{m}'merso, -a] *adj* versunken (*en* in +*akk*)

inmigración [i^{n}miɣra'θjon/i^{m}miɣra'θjon] *f* Einwanderung *f*

inmigrante [i^{n}mi'ɣran̪te/i^{m}mi'ɣran̪te] *mf* Einwanderer, -in *m, f*

inmigrar [i^{n}mi'ɣrar/i^{m}mi'ɣrar] *vi* einwandern

inminente [i^{n}mi'nen̪te/i^{m}mi'nen̪te] *adj* nahe bevorstehend

inmiscuir [i^{n}misku'ir/i^{m}misku'ir] *irr como huir* **I.** *vt* mischen **II.** *vr:* ~**se** sich einmischen (*en* in +*akk*)

inmobiliaria [i^{n}moβi'ljarja/i^{m}moβi'ljarja] *f* Immobilienfirma *f*

inmoral [i^{n}mo'ral/i^{m}mo'ral] *adj* unmoralisch; (*en cuestiones sexuales*) unsittlich

inmortal [i^{n}mor'tal/i^{m}mor'tal] *adj* unsterblich

inmóvil [i^{n}'moβil/i^{m}'moβil] *adj* bewegungslos

inmovilizar [i^{n}moβili'θar/i^{m}moβili'θar] <z→c> **I.** *vt* **1.** (*paralizar*) lähmen; ~ **a alguien** jdn bewegungsunfähig machen **2.** (MED) ruhig stellen **II.** *vr:* ~**se** bewegungsunfähig werden

inmueble [i^{n}'mweβle/i^{m}'mweβle] *m* Grundbesitz *m*

inmune [i^{n}'mune/i^{m}'mune] *adj* immun (*a* gegen +*akk*)

inmunidad [i^{n}muni'ða^{ð}/i^{m}muni'ða^{ð}] *f* Immunität *f*

inmunizar [i^{n}muni'θar/i^{m}muni'θar] <z→c> **I.** *vt* immunisieren **II.** *vr:* **~se** immun werden

inmunodeficiencia [i^{n}munoðefi'θjeṇθja/i^{m}munoðefi'θjeṇθja] *f* (MED) Immunschwäche *f;* **síndrome de ~ adquirida** erworbenes Immundefektsyndrom

inmunología [i^{n}munolo'xia/i^{m}munolo'xia] *f* (MED) Immunologie *f*

inmutable [i^{n}mu'taβle/i^{m}mu'taβle] *adj* unveränderlich; (*imperturbable*) unerschütterlich

inmutar [i^{n}mu'tar/i^{m}mu'tar] **I.** *vt* **1.** (*afectar*) erschüttern **2.** (*variar*) verändern **II.** *vr:* **~se** sich erschüttern lassen (*por* durch +*akk*); **sin ~se** gelassen

innato, **-a** [in'nato, -a] *adj* angeboren; **tiene un talento ~** er/sie ist ein Naturtalent

innecesario, **-a** [inneθe'sarjo, -a] *adj* unnötig

innegable [inne'ɣaβle] *adj* unbestreitbar

innoble [in'noβle] *adj* gemein

innovación [innoβa'θjon] *f* Innovation *f*

innovador(a) [innoβa'ðor(a)] **I.** *adj* innovativ **II.** *m(f)* Neuerer, -in *m, f*

innovar [inno'βar] *vt* innovieren

innumerable [innume'raβle] *adj* zahllos

inocencia [ino'θeṇθja] *f* **1.** (*falta de culpabilidad*) Unschuld *f* **2.** (*falta de malicia*) Harmlosigkeit *f* **3.** (*ingenuidad*) Naivität *f*

inocentada [inoθeṇ'taða] *f* (*broma*) *Art Aprilscherz am 28. Dezember;* **gastar una ~ a alguien** jdn in den April schicken

inocente [ino'θeṇte] *adj* unschuldig; (*sin malicia*) harmlos; (*ingenuo*) naiv, einfältig

inocuo, **-a** [i'nokwo, -a] *adj* unschädlich

inodoro [ino'ðoro, -a] *m* Wasserklosett *nt*

inofensivo, **-a** [inofen'siβo, -a] *adj* harmlos

inoficioso, **-a** [inofi'θjoso, -a] *adj* (*Am*) nutzlos

inolvidable [inolβi'ðaβle] *adj* unvergesslich

inoperante [inope'raṇte] *adj* wirkungslos

inopinado, **-a** [inopi'naðo, -a] *adj* unerwartet

inoportuno, **-a** [inopor'tuno, -a] *adj* (*fuera de lugar*) unangebracht; (*fuera de tiempo*) ungelegen

inorgánico, **-a** [inor'ɣaniko, -a] *adj* **1.** (*no viviente*) anorganisch **2.** (*no organizado*) unorganisiert

inoxidable [ino^{ɣ}si'ðaβle] *adj* rostfrei

input ['imput] *m* <inputs> (INFOR) Input *m o nt*

inquietante [iŋkje'taṇte] *adj* beunruhigend

inquietar [iŋkje'tar] **I.** *vt* beunruhigen **II.** *vr:* **~se** sich beunruhigen (*con/por* wegen +*gen/dat*)

inquieto, **-a** [iŋ'kjeto, -a] *adj* (*con estar*) unruhig; (*con ser*) ruhelos

inquilino, **-a** [iŋki'lino, -a] *m, f* Mieter(in) *m(f)*

inquirir [iŋki'rir] *irr como adquirir vt* untersuchen

Inquisición [iŋkisi'θjon] *f* Inquisition *f*

insaciable [insa'θjaβle] *adj* unersättlich; (*sed*) unstillbar

insalubre [insa'luβre] *adj* gesundheitsschädlich

insalvable [insal'βaβle] *adj* nicht zu retten; (*obstáculo*) unüberwindbar

insanable [insa'naβle] *adj* unheilbar

insano, **-a** [in'sano, -a] *adj* ungesund

insatisfacción [insatisfak'θjon] *f* Unzufriedenheit *f*

insatisfactorio, **-a** [insatisfak'torjo, -a] *adj* unbefriedigend

insatisfecho, **-a** [insatis'fetʃo, -a] *adj* unzufrieden

inscribir [i^{n}skri'βir] *irr como escribir* **I.** *vt* anmelden (*en* für +*akk*); (*grabar*) einmeißeln (*en* in +*akk*); (*alistar*) eintragen (*en* in +*akk*) **II.** *vr:* **~se** sich anmelden (*en* für +*akk*); (*alistarse*) sich eintragen (*en* in +*akk*); (*en la universidad*) sich einschreiben (*en* an +*dat*)

inscripción [i^{n}skriβ'θjon] *f* **1.** (*registro*) Anmeldung *f* **2.** (*alistamiento*) Eintragung *f;* (*en la universidad*) Einschreibung *f* (*en* an +*dat*) **3.** (*escrito grabado*) Inschrift *f*

insecticida [insekti'θiða] *m* Insektizid *nt*

insecto [in'sekto] *m* Insekt *nt*

inseguridad [inseɣuri'ða^{ð}] *f* Unsicherheit *f*

inseguro, **-a** [inse'ɣuro, -a] *adj* unsicher

inseminación [insemina'θjon] *f* Befruchtung *f;* (*de un animal*) Besamung *f*

insensato, **-a** [insen'sato, -a] *adj* unvernünftig

insensible [insen'siβle] *adj* gefühllos (*a* gegenüber +*dat*); (*resistente*) unempfindlich (*a* gegen +*akk*)

inseparable [insepa'raβle] *adj* untrenn-

I

bar; (*referente a amigos*) unzertrennlich

inserción [inser'θjon] *f:* ~ **social** soziale Eingliederung

insertar [inser'tar] **I.** *vt* **1.**(*llave*) hineinstecken; (*disquete*) einlegen; (*moneda*) einwerfen **2.**(*texto*) einfügen (*en* in +*akk*) **3.**(*anuncio*) aufgeben **II.** *vr:* ~**se** **1.**(*músculo*) ansetzen **2.**(*tumor*) (hin)einwachsen (*en* in +*akk*)

inservible [inser'βiβle] *adj* unbrauchbar

insignia [in'siɣnja] *f* Abzeichen *nt;* (*honorífica*) Ehrenzeichen *nt;* (*militar*) Insigne *nt*

insignificante [insiɣnifi'kante] *adj* unbedeutend; (*no importante*) unwichtig

insinuación [insinwa'θjon] *f* **1.**(*alusión*) Andeutung *f* (*a* über +*akk*) **2.**(*engatusamiento*) Einschmeichelung *f*

insinuar [insinu'ar] <*1. pres:* insinúo> **I.** *vt* **1.**(*dar a entender*) andeuten; **¿qué estás insinuando?** worauf willst du hinaus? **2.**(*hacer creer*): **¿quién te ha insinuado tal tontería?** wer hat dir so einen Unsinn eingeredet? **II.** *vr:* ~**se** sich einschmeicheln (*a* bei +*dat*); (*fam*) sich ranmachen (*a* an +*akk*); (*cosa*) sich andeuten, sich abzeichnen

insípido, -a [in'sipiðo, -a] *adj* **1.**(*comida*) fade **2.**(*persona: aburrida*) langweilig; (*sin espíritu*) geistlos

insistente [insis'tente] *adj* hartnäckig; (*machacón*) aufdringlich; (*con énfasis*) nachdrücklich

insistir [insis'tir] *vi* bestehen (*en* auf +*dat*); (*exigir*) dringen (*en* auf +*akk*); (*recalcar*) betonen (*en* +*akk*)

insobornable [insoβor'naβle] *adj* unbestechlich

insolación [insola'θjon] *f* (METEO) Sonneneinstrahlung *f;* (MED) Sonnenstich *m*

insolente [inso'lente] *adj* frech; (*arrogante*) arrogant

insolidario, -a [insoli'ðarjo, -a] *adj* unsolidarisch

insólito, -a [in'solito, -a] *adj* ungewöhnlich; (*extraordinario*) außergewöhnlich

insoluble [inso'luβle] *adj* unlöslich; (*insolucionable*) unlösbar

insolvente [insol'βente] *adj* zahlungsunfähig; (ECON) insolvent

insomnio [in'somnjo] *m* Schlaflosigkeit *f*

insondable [inson'daβle] *adj* unergründlich

insonorizar [insonori'θar] <z→c> *vt* schalldicht machen

insoportable [insopor'taβle] *adj* unerträglich

insospechado, -a [insospe'tʃaðo, -a] *adj* unerwartet; (*no sospechado*) unvermutet

insostenible [insoste'niβle] *adj* unhaltbar

inspección [iⁿspeʏ'θjon] *f* **1.**(*reconocimiento*) Inspektion *f;* ~ **de Trabajo** Gewerbeaufsicht *f* **2.**(*de equipaje*) Kontrolle *f* **3.**(*de trabajo*) Aufsicht *f* **4.**(*de una máquina*) Inspizierung *f* **5.**(TÉC) (Über)prüfung *f;* **Inspección Técnica de Vehículos** TÜV *m*

inspeccionar [iⁿspeʏθjo'nar] *vt* **1.**(*reconocer*) inspizieren **2.**(*equipaje*) kontrollieren **3.**(*trabajo*) beaufsichtigen **4.**(TÉC) (über)prüfen

inspector(a) [iⁿspek'tor(a)] *m(f)* Inspektor(in) *m(f);* (ENS) Schulrat, -rätin *m, f*

inspiración [iⁿspira'θjon] *f* Inspiration *f*

inspirar [iⁿspi'rar] **I.** *vt* einatmen; (*ideas*) inspirieren; (*confianza*) einflößen **II.** *vr:* ~**se** sich inspirieren lassen (*en* von +*dat*)

instalación [iⁿstala'θjon] *f* **1.**(*t.* TÉC) Installation *f;* (*de teléfono*) Anschluss *m* **2.** *pl* (*edificio*) Einrichtungen *fpl;* **instalaciones deportivas** Sportanlagen *fpl*

instalador(a) [iⁿstala'ðor(a)] *m(f)* Installateur(in) *m(f)*

instalar [iⁿsta'lar] **I.** *vt* installieren; (*teléfono*) anschließen **II.** *vr:* ~**se** sich niederlassen; (*negocio*) sich selb(st)ständig machen

instancia [iⁿs'tanθja] *f* **1.**(*acción de instar*) inständige Bitte *f* **2.**(*solicitud*) Gesuch *nt;* (*petición formal*) Ersuchen *nt* **3.**(JUR) Instanz *f;* **en última** ~ (*fig*) wenn keine andere Wahl bleibt

instantáneo, -a [iⁿstan'taneo, -a] *adj* augenblicklich; (*efecto*) sofortig; (*café*) Instant-; (*interruptor*) Moment-; **la muerte fue instantánea** der Tod trat unmittelbar ein

instante [iⁿs'tante] *m* Augenblick *m;* **¡un ~!** Moment mal!; **al cabo de un** ~ kurz danach; **en un** ~ sehr schnell; **pienso en ti a cada** ~ ich denke ständig an dich

instar [iⁿs'tar] *vi, vt* (*pedir*) eindringlich bitten (um +*akk*); (*solución*) drängen (auf +*akk*)

instaurar [iⁿstau̯'rar] *vt* (*imperio*) errichten; (*democracia*) einführen; (*plan*) aufstellen

instigar [iⁿsti'ɣar] <g→gu> *vt* anstiften;

(*rebelión*) anzetteln; (*a las masas*) aufhetzen

instintivo, -a [i^{n}stin̪'tiβo, -a] *adj* instinktiv

instinto [i^{n}s'tin̪to] *m* Instinkt *m;* ~ **de supervivencia** Überlebenstrieb *m*

institución [i^{n}stitu'θjon] *f* **1.** (*social*) Institution *f;* ~ **penitenciaria** Strafanstalt *f* **2.** (*fundación*) Gründung *f*

institucional [i^{n}stituθjo'nal] *adj* institutionell

instituir [i^{n}stitu'ir] *irr como huir vt* **1.** (*fundar*) gründen **2.** (*establecer: comisión*) einrichten; (*derecho*) einführen; (*beca*) stiften; (*norma*) aufstellen; (*sistema*) festlegen

instituto [i^{n}sti'tuto] *m* **1.** (ENS: *de bachillerato*) Gymnasium *nt* **2.** (*científico*) Institut *nt;* **Instituto Nacional de Empleo** Bundesanstalt für Arbeit **3.** ~ **de belleza** Schönheitssalon *m*

instrucción [i^{n}stru^{γ}'θjon] *f* **1.** (*enseñanza*) Bildung *f;* (*formación*) Ausbildung *f* **2.** *pl* Anweisungen *fpl;* (*directrices*) Richtlinien *fpl*

instructivo, -a [i^{n}struk'tiβo, -a] *adj* lehrreich

instructor(a) [i^{n}struk'tor(a)] *adj:* **juez** ~ Untersuchungsrichter *m*

instruido, -a [i^{n}stru'iðo, -a] *adj* gebildet

instruir [i^{n}stru'ir] *irr como huir vt* **1.** (*enseñar*) unterrichten (*en* in +*dat*); (*en una máquina*) ausbilden (*en* an +*dat*); (*en tarea específica*) schulen **2.** (*informar*) unterrichten (*de/sobre* über +*akk*) **3.** (JUR: *proceso*) einleiten

instrumental [i^{n}strumen̪'tal] *adj* instrumental; (*música*) Instrumental-

instrumento [i^{n}stru'men̪to] *m* Werkzeug *nt;* (MÚS) (Musik)instrument *nt;* (*medio*) Mittel *nt*

insuficiencia [insufi'θjen̪θja] *f* **1.** (*cualidad*) unzureichende Beschaffenheit *f;* (*de conocimientos*) Unzulänglichkeit *f* **2.** (*escasez*) Knappheit *f;* (*falta*) Mangel *m* **3.** (MED) Insuffizienz *f*

insuficiente [insufi'θjen̪te] **I.** *adj* ungenügend; (*conocimientos*) unzureichend **II.** *m* (ENS) ≈mangelhaft; **he sacado un ~ en inglés** ich bin in Englisch durchgefallen

insufrible [insu'friβle] *adj* unerträglich

insular [insu'lar] *adj* Insel-

insulina [insu'lina] *f* Insulin *nt*

insulso, -a [in'sulso, -a] *adj* fade; (*persona, película*) langweilig

insultante [insul̪'tan̪te] *adj* beleidigend

insultar [insul̪'tar] *vt* beschimpfen; (*con injurias*) beleidigen

insulto [in'sul̪to] *m* Beschimpfung *f;* (*injuria*) Beleidigung *f*

insumiso [insu'miso] *m* Wehrdienstverweigerer *m;* (*en Alemania*) Wehr- und Zivildienstverweigerer *m*

insuperable [insupe'raβle] *adj* unüberwindbar; (*resultado*) unübertrefflich

insurrección [insurre^{γ}'θjon] *f* Aufstand *m;* ~ **militar** Militärputsch *m*

insustancial [insustan̪'θjal] *adj* **1.** (*sin sustancia*) gehaltlos **2.** (*sin interés*) uninteressant **3.** (*no importante*) bedeutungslos **4.** (*superficial*) oberflächlich

insustituible [insustitu'iβle] *adj* unersetzlich

intachable [inta'ʧaβle] *adj* makellos; (*comportamiento*) einwandfrei

intacto, -a [in̪'takto, -a] *adj* unberührt; (*no dañado*) intakt; (*puro*) rein; (*no tratado*) unbehandelt

integración [in̪teɣra'θjon] *f* Integration *f* (*en* in +*akk*)

integral [in̪te'ɣral] *adj* **1.** (*completo*) vollständig; (*plan*) einheitlich **2.** (*pan*) Vollkorn- **3.** (*elemento*) integral

integrar [in̪te'ɣrar] **I.** *vt* **1.** (*constituir*) bilden **2.** (*t.* MAT) integrieren **II.** *vr:* **~se** sich integrieren

íntegro, -a ['in̪teɣro, -a] *adj* vollständig; (*persona*) unbestechlich

intelecto [in̪te'lekto, -a] *m* Intellekt *m*

intelectual [in̪telektu'al] **I.** *adj* intellektuell **II.** *mf* Intellektuelle(r) *mf*

inteligencia [in̪teli'xen̪θja] *f* Intelligenz *f*

inteligente [in̪teli'xen̪te] *adj* intelligent

inteligible [in̪teli'xiβle] *adj* verständlich; (FILOS) intelligibel; (*sonido*) deutlich hörbar

intemperie [in̪tem'perje] *f* **1.** (*el aire libre*): **a la** ~ im Freien; **dormir a la** ~ unter freiem Himmel schlafen **2.** (*del clima*) Rauheit *f;* (*mal tiempo*) schlechtes Wetter *nt*

intención [in̪ten̪'θjon] *f* **1.** (*propósito*) Absicht *f;* (*propósito firme*) Vorsatz *m;* **sin** ~ unabsichtlich; **tener segundas intenciones** Hintergedanken haben **2.** (*idea*) Plan *m* **3.** (*objetivo*) Zweck *m*

intencionado, -a [in̪ten̪θjo'naðo, -a] *adj* absichtlich; (JUR) vorsätzlich

intensidad [in̪tensi'ða^{ð}] *f* Intensität *f;* (*de* *tormenta*) Heftigkeit *f;* (*de palabras*) Eindringlichkeit *f*

intensificar [intensifi'kar] <c→qu> **I.** *vt* verstärken, intensivieren **II.** *vr:* **~se** sich verstärken; (*calor*) stärker werden; (*tráfico, tensión*) zunehmen; (*conflicto*) sich verschärfen

intensivo, **-a** [inten'siβo, -a] *adj* (*curso*) Intensiv-

intenso, **-a** [in'tenso, -a] *adj* intensiv; (*palabras*) eindringlich; (*tormenta*) heftig; (*frío*) durchdringend; (*color*) grell

intentar [inten'tar] *vt* versuchen; (*proponerse*) vorhaben

intento [in'tento] *m* Versuch *m;* (*propósito*) Absicht *f*

interacción [interaɣ'θjon] *f* **1.** (*influencia*) Wechselwirkung *f* **2.** (PSICO) Interaktion *f*

interactivo, **-a** [interak'tiβo, -a] *adj* interaktiv

intercalar [interaka'lar] *vt* einfügen

intercambiar [interkam'bjar] *vt* austauschen

intercambio [inter'kambjo] *m* (*de estudiantes*) Austausch *m*

interceder [interθe'ðer] *vi* sich einsetzen (*por/en favor de* für +*akk*)

interceptar [interθep'tar] *vt* unterbrechen; (*el paso de algo*) hemmen; (*mensaje*) abfangen; (*conversación telefónica*) abhören

intercultural [interkultu'ral] *adj* interkulturell

interdisciplinar [interðisθipli'nar] *adj,* **interdisciplinario**, **-a** [interðisθipli'narjo, -a] *adj* interdisziplinär

interés [inte'res] *m* **1.** (*importancia*) Bedeutung *f* **2.** (*deseo*) Interesse *nt;* **tengo mucho ~ en que...** es liegt mir viel daran, dass ...; **tengo ~ por saber...** ich bin gespannt darauf zu erfahren, ... **3.** (*atención*) Interesse *nt;* **no poner ~ en algo** etw *dat* keine Aufmerksamkeit schenken **4.** (*provecho*) Interesse *nt;* **el ~ público** das öffentliche Wohl; **esto redunda en ~ tuyo** das kommt dir zugute **5.** (FIN) Zinssatz *m;* (*rendimiento*) Zinsen *mpl;* **un 10% de ~** 10% Zinsen **6.** *pl* (*preferencias*) Interessen *ntpl*

interesadamente [interesaða'mente] *adv* interessiert; **actuar ~** (*por propio interés*) aus eigenem Interesse handeln; (*por interés material*) materialistisch handeln

interesante [intere'sante] *adj* interessant; **hacerse el ~** sich aufspielen

interesar [intere'sar] **I.** *vi, vt* interessieren; **este tema no me interesa** dieses Thema interessiert mich nicht **II.** *vr:* **~se 1.** (*por algo*) sich interessieren (*por* für +*akk*) **2.** (*preguntar por*) fragen (*por* nach +*dat*); **~se por la salud de alguien** sich nach jds Befinden erkundigen

interfaz [inter'faθ] *f* Schnittstelle *f*

interferencia [interfe'renθja] *f* (FÍS) Störung *f;* (LING) Interferenz *f*

interferir [interfe'rir] *irr como sentir vi* **1.** (FÍS) interferieren **2.** (*en asunto*) sich einmischen (*en* in +*akk*); **eso no interfiere en absoluto** das stört überhaupt nicht

interfono [inter'fono] *m* (Gegen)sprechanlage *f*

interinidad [interini'ðaᵈ] *f:* **estar en situación de ~** eine befristete Stelle haben

interino, **-a** [inte'rino, -a] **I.** *adj* **1.** (*funcionario*) stellvertretend **2.** (*plaza*) befristet **3.** (POL) Interims- **II.** *m, f* (*suplente*) (Stell)vertreter(in) *m(f)*

interior [inte'rjor] **I.** *adj* innere(r, s); **decoración ~** Innenausstattung *f;* **mercado ~** (COM: *de la UE*) Binnenmarkt *m;* (*de Alemania*) Inlandsmarkt *m;* **ropa ~** Unterwäsche *f* **II.** *m* Innere(s) *nt;* (*la parte*) Innenseite *f;* **Ministerio del Interior** Innenministerium *nt*

interiorizar [interjori'θar] <z→c> *vt* verinnerlichen

interjección [interxeɣ'θjon] *f* Ausrufewort *nt,* Interjektion *f*

interlocutor(a) [interloku'tor(a)] *m(f)* Gesprächspartner(in) *m(f)*

intermediario, **-a** [interme'ðjarjo, -a] *m, f* Vermittler(in) *m(f);* (*comerciante*) Zwischenhändler(in) *m(f)*

intermedio¹ [inter'meðjo] *m* Pause *f*

intermedio, **-a²** [inter'meðjo, -a] *adj* **1.** (*capa*) Zwischen- **2.** (*período de tiempo*) dazwischenliegend **3.** (*calidad*) mittlere(r, s)

interminable [intermi'naβle] *adj* unendlich

intermitente [intermi'tente] *m* Blinklicht *nt;* (AUTO) Blinker *m*

internacional [internaθjo'nal] *adj* international; **derecho ~** Völkerrecht *nt;* **partido ~** (DEP) Länderspiel *nt*

internado [inter'naðo, -a] *m* Internat *nt*

internar [inter'nar] *vt* hineinbringen (*en* in

+*akk*); (*en hospital*) einweisen (*en* in +*akk*)

internauta [in̦ter'nau̯ta] *mf* Internetsurfer(in) *m(f)*

internet [in̦ter'net] *f* Internet *nt*

interno, **-a** [in̦'terno, -a] *adj* innere(r, s); **cuestión de régimen** ~ (*de una empresa*) innerbetriebliche Angelegenheit; (*de un partido*) innerparteiliche Angelegenheit

interponer [in̦terpo'ner] *irr como poner* **I.** *vt* **1.** (*entre varias cosas*) einfügen; (*entre dos cosas: silla*) dazwischenstellen; (*papel*) dazwischenlegen; (*a alguien*) dazwischensetzen **2.** (*en un asunto*) einschalten **3.** (JUR) einlegen **II.** *vr:* ~**se** eingreifen

interpretación [in̦terpreta'θjon] *f* **1.** (*de texto*) Auslegung *f* **2.** (TEAT) Darstellung *f;* (MÚS) Interpretation *f*

interpretar [in̦terpre'tar] *vt* auslegen; (TEAT) darstellen; (MÚS) interpretieren; (*traducir oralmente*) dolmetschen

intérprete [in̦'terprete] *mf* Schauspieler(in) *m(f);* (*traductor*) Dolmetscher(in) *m(f)*

interrogación [in̦terroɣa'θjon] *f* Frage *f*

interrogante [in̦terro'ɣan̦te] *m o f* Frage *f*

interrogar [in̦terro'ɣar] <g→gu> *vt* (be)fragen; (*policía*) verhören

interrogatorio [in̦terroɣa'torjo] *m* Verhör *nt*

interrumpir [in̦terrum'pir] *vt* **1.** (*cortar*) unterbrechen; (*bruscamente al hablar*) ins Wort fallen (*a* +*dat*); (*tráfico*) stören **2.** (*estudios*) abbrechen; ~ **las vacaciones** (*por unos días*) den Urlaub unterbrechen; (*definitivamente*) den Urlaub abbrechen

interrupción [in̦terruβ'θjon] *f* **1.** (*corte*) Unterbrechung *f;* (*del tráfico*) Störung *f;* **sin** ~ ununterbrochen **2.** (*de los estudios*) Abbruch *m*

interruptor [in̦terrup'tor] *m* Schalter *m*

intersección [in̦terseʸ'θjon] *f* Schnittstelle *f*

interurbano, **-a** [in̦terur'βano, -a] *adj* zwischen Städten; **conferencia interurbana** (TEL) Inlandsgespräch *nt*

intervalo [in̦ter'βalo] *m* Zeitraum *m;* **a** ~**s** in Abständen

intervención [in̦terβen̦'θjon] *f* **1.** (*participación*) Teilnahme *f* (*en* an +*dat*) **2.** (*en conflicto*) Eingreifen *nt* (*en* in +*akk*); (*en temas familiares*) Einmischung *f* **3.** (*mediación*) Vermittlung *f* **4.** (POL) Eingriff *m* **5.** (MED) Operation *f*

intervenir [in̦terβe'nir] *irr como venir* **I.** *vi* **1.** (*tomar parte*) teilnehmen (*en* an +*dat*) **2.** (*en conflicto*) eingreifen (*en* in +*akk*) **3.** (*mediar*) vermitteln (*en* in/bei +*dat*) **4.** (*factores*) eine Rolle spielen **5.** (*suceder*) dazwischenkommen **II.** *vt* **1.** (MED) operieren **2.** (*incautar*) beschlagnahmen **3.** (COM) prüfen

intestinal [in̦testi'nal] *adj* Darm-

intestino[1] [in̦tes'tino] *m* **1.** (ANAT) Darm *m* **2.** *pl* (*tripas*) Eingeweide *pl*

intimidación [in̦timiða'θjon] *f* Einschüchterung *f*

intimidad [in̦timi'ðaᵈ] *f* **1.** (*personal*) Vertrautheit *f* **2.** *pl* (*sexuales*) Intimitäten *fpl;* (*privacidad*) Privatangelegenheiten *fpl* **3.** (*vida privada*) Intimsphäre *f*

intimidar [in̦timi'ðar] **I.** *vt* einschüchtern **II.** *vr:* ~**se** sich einschüchtern lassen

íntimo, **-a** ['in̦timo, -a] *adj* **1.** (*interior*) innerlich **2.** (*interno*) intern **3.** (*amigo*) eng **4.** (*velada*) gemütlich **5.** (*conversación*) privat

intocable [in̦to'kaβle] *adj* unberührbar

intolerable [in̦tole'raβle] *adj* unerträglich

intolerancia [in̦tole'ran̦θja] *f* Intoleranz *f*

intoxicación [in̦toʸsika'θjon] *f* Vergiftung *f*

intoxicar [in̦toʸsi'kar] <c→qu> *vt, vr:* ~(**se**) (sich) vergiften

intranquilo, **-a** [in̦traŋ'kilo, -a] *adj* unruhig; (*preocupado*) besorgt; (*excitado*) aufgeregt

intransferible [in̦traⁿsfe'riβle] *adj* nicht übertragbar

intransigente [in̦transi'xen̦te] *adj* unnachgiebig; (*intolerante*) intolerant

intransitable [in̦transi'taβle] *adj* (*a pie*) nicht begehbar; (*en coche*) nicht befahrbar

intransitivo, **-a** [in̦transi'tiβo, -a] *adj* intransitiv

intrépido, **-a** [in̦'trepiðo, -a] *adj* kühn

intriga [in̦'triɣa] *f* **1.** (*maquinación*) Intrige *f* **2.** (*de una película*) Verwicklung *f*

intrigante [in̦tri'ɣan̦te] *adj* intrigant; (*película*) spannend

intrigar [in̦tri'ɣar] <g→gu> **I.** *vi* intrigieren **II.** *vt* neugierig machen

intrincado, **-a** [in̦triŋ'kaðo, -a] *adj* kompliziert; (*situación*) verwickelt

intrínseco, **-a** [in̦'trinseko, -a] *adj* **1.** (*inte-*

rior) innerlich; **valor** ~ innerer Wert **2.** (*propio*) eigen **3.** (*esencial*) wesentlich (*de* für +*akk*)

introducción [iṇtroðuˠ'θjon] *f* **1.** (*acción: de una llave*) Hineinstecken *nt;* (*de supositorio*) Einführung *f;* (*de moneda*) Einwurf *m;* (*de clavo*) (Hin)einschlagen *nt;* (*de medidas*) Einleitung *f;* (INFOR: *de disquete*) Einlegen *nt;* (INFOR: *de datos*) Eingabe *f* **2.** (*de moda*) Einführung *f;* (*de mercancías*) Einfuhr *f* **3.** (*de libro*) Vorwort *nt,* Einleitung *f* **4.** (MÚS) Einleitung *f,* Vorspiel *nt*

introducir [iṇtroðu'θir] *irr como traducir* **I.** *vt* (*objeto: llave*) hineinstecken; (*moneda*) einwerfen; (*medidas*) einleiten; (INFOR: *disquete*) einlegen; (INFOR: *datos*) eingeben **II.** *vr:* ~**se** eindringen; (*en un ambiente*) eingeführt werden (*en* in +*akk*)

introductorio, -a [iṇtroðuk'torjo, -a] *adj* einführend; **capítulo** ~ einleitendes Kapitel

intromisión [iṇtromi'sjon] *f* Einmischung *f* (*en* in +*akk*)

introspección [iṇtrospeˠ'θjon] *f* Selbstbeobachtung *f*

introvertido, -a [iṇtroβer'tiðo, -a] *adj* introvertiert

intruso, -a [iṇ'truso, -a] *m, f* Eindringling *m;* (*en fiesta*) ungebetener Gast *m*

intuición [iṇtwi'θjon] *f* Intuititon *f;* **saber algo por** ~ etw intuitiv wissen

intuir [intu'ir] *irr como huir vt* **1.** (*reconocer*) intuitiv wissen **2.** (*presentir*) (vor)ahnen; **intuyo que...** ich habe das Gefühl, dass ...

intuitivo, -a [iṇtwi'tiβo, -a] *adj* intuitiv

inundación [inuṇda'θjon] *f* Überschwemmung *f*

inundar [inuṇ'dar] *vt* überschwemmen

inusual [inusu'al] *adj* ungewöhnlich

inútil [i'nutil] **I.** *adj* unbrauchbar; (*esfuerzo*) vergeblich; (*sin sentido*) sinnlos **II.** *mf* (*torpe*) Taugenichts *m*

invadir [imba'ðir] *vt* (*país*) überfallen; (*entrar en gran número*) einfallen (in +*akk*); (*privacidad*) eindringen (in +*akk*)

invalidez [imbali'ðeθ] *f* **1.** (*nulidad*) Ungültigkeit *f;* (JUR: *de matrimonio*) Nichtigkeit *f;* (*de acuerdo*) Rückgängigmachen *nt* **2.** (MED) Invalidität *f;* **pensión de** ~ Invalidenrente *f*

inválido, -a [im'baliðo, -a] **I.** *adj* **1.** (MED) invalid(e) **2.** (*acuerdo*) ungültig; (JUR) nichtig **II.** *m, f* Invalide(r) *mf*

invariable [imbarja'βle] *adj* unveränderlich; (MAT) invariabel

invasión [imba'sjon] *f* **1.** (*t.* MIL) Invasion *f* **2.** (*de plaga*) Heimsuchung *f* **3.** (*en jurisdicción*) Eingriff *m;* (*en privacidad*) Eindringen *nt* **4.** (MED) Invasion *f*

invasor(a) [imba'sor(a)] *m(f)* Eindringling *m;* (MIL) Eroberer, -in *m, f*

invencible [imbeṇ'θiβle] *adj* unbesiegbar; (*insuperable*) unübertrefflich

invención [imbeṇ'θjon] *f* Erfindung *f*

inventar [imbenṇ'tar] *vt* erfinden

inventario [imbeṇ'tarjo] *m* **1.** (*recuento*) Bestandsaufnahme *f* **2.** (*lista*) Inventar *nt,* Bestandsverzeichnis *nt*

inventiva [imbeṇ'tiβa] *f* Erfindungsgabe *f*

invento [im'beṇto] *m* Erfindung *f*

inventor(a) [imbeṇ'tor(a)] *m(f)* Erfinder(in) *m(f)*

invernadero [imberna'ðero] *m* Treibhaus *nt*

invernal [imber'nal] *adj* winterlich; **sueño** ~ (ZOOL) Winterschlaf *m*

invernar [imber'nar] <e→ie> *vi* überwintern; (*los que duermen*) Winterschlaf halten

inverosímil [imbero'simil] *adj* unglaubwürdig; (*que no parece verdad*) unwahrscheinlich

inversión [imber'sjon] *f* **1.** (COM, FIN) Investition *f* **2.** (*al revés*) Inversion *f*

inverso, -a [im'berso] *adj* umgekehrt

inversor(a) [imber'sor(a)] *m(f)* Investor(in) *m(f)*

invertir [imber'tir] *irr como sentir vt* **1.** (*orden*) umkehren **2.** (*dinero*) anlegen **3.** (*tiempo*) investieren **4.** (INFOR) invertieren

investidura [imbesti'ðura] *f* (*en un cargo*) Einsetzung *f*

investigación [imbestiɣa'θjon] *f* **1.** (*indagación*) Untersuchung *f;* (*averiguación*) Ermittlung *f;* ~ **de mercado** Marktforschung *f* **2.** (*ciencia*) Forschung *f* **3.** (*estudio*) Untersuchung *f*

investigador(a) [imbestiɣa'ðor(a)] **I.** *adj* Forschungs-; **comisión** ~**a** Untersuchungsausschuss *m* **II.** *m(f)* Forscher(in) *m(f)*

investigar [imbesti'ɣar] <g→gu> *vt* untersuchen; (*averiguar*) ermitteln; (*en la ciencia*) erforschen

inviable [imbi'aβle] *adj* undurchführbar

invidente [imbi'ðeṇte] *adj* blind

invierno [im'bjerno] *m* Winter *m;* (*Am*) Regenzeit *f;* (*AmC*) Platzregen *m*

inviolable [imbjo'laβle] *adj* (POL: *derechos*) unverletzbar

invisible [imbi'siβle] *adj* unsichtbar

invitación [imbita'θjon] *f* Einladung *f;* (*a una acción*) Aufforderung *f;* (*tarjeta*) Einladungsschreiben *nt*

invitado, -a [imbi'taðo, -a] **I.** *adj* eingeladen **II.** *m, f* Gast *m;* ~ **de honor** Ehrengast *m*

invitar [imbi'tar] *vt* **1.** (*convidar*) einladen (*a/para* zu +*dat*); **esta vez invito yo** dieses Mal geht es auf meine Rechnung **2.** (*instar*) auffordern (*a* zu +*dat*); (*rogar*) bitten

invocar [imbo'kar] <c→qu> *vt* anrufen; (*suplicar*) flehentlich bitten; (*alegar*) anführen

involucrar [imbolu'krar] **I.** *vt* verwickeln (*en* in +*akk*) **II.** *vr:* ~**se** sich einmischen (*en* in +*akk*); (*intervenir*) eingreifen (*en* in +*akk*)

involuntario, -a [imbolu̪n'tarjo, -a] *adj* unfreiwillig; (*sin querer*) unabsichtlich

invulnerable [imbulne'raβle] *adj* **1.** (*que no puede ser herido*) unverletzbar **2.** (*insensible*) unempfindlich (*a* für +*akk*); **es** ~ **a las críticas** Kritik prallt an ihm/ihr ab

inyección [iɲɟeʸ'θjon] *f* **1.** (MED: *ampolla*) Spritze *f* **2.** (TÉC) Injektion *f;* **motor de** ~ Einspritzmotor *m*

inyectar [iɲɟek'tar] *vt* (ein)spritzen

ión [i'on] *m* (QUÍM) Ion *nt*

IPC [ipe'θe] *m abr de* **Índice de Precios al Consumidor** Verbraucherpreisindex *m*

ir [ir] *irr* **I.** *vi* **1.** (*general*) gehen; **¡voy!** ich komme!; **¡vamos!** los!; **¡vamos a ver!** mal sehen!; ~ **a pie** zu Fuß gehen; ~ **en bicicleta** (mit dem) Fahrrad fahren **2.** (*progresar*) laufen; **¿cómo te va?** wie geht es dir? **3.** (*diferencia*): **de dos a cinco van tres** von der Zwei bis zur Fünf sind es drei **4.** (*referirse*): **¿pero tú sabes de lo que va?** weißt du überhaupt, worum es geht? **5.** (*interj: sorpresa*): **¡vaya coche!** was für ein Auto!; **¡qué va!** ach was! **6.** (*con verbo*): **voy a hacerlo** ich werde es tun **II.** *vr:* ~**se 1.** (*marcharse*) (weg-, fort)gehen **2.** (*dirección*) kommen (*para* nach +*dat*)

ira ['ira] *f* Wut *f*

irascible [iras'θiβle] *adj* jähzornig

iris ['iris] *m:* **arco** ~ Regenbogen *m*

Irlanda [ir'la̪nda] *f* Irland *nt*

irlandés, -esa [irla̪n'des, -esa] *adj* irisch

ironía [iro'nia] *f* Ironie *f*

irónico, -a [i'roniko, -a] *adj* ironisch

ironizar [ironi'θar] <z→c> *vt* ironisieren

IRPF [ierrepe'efe/ierre'pefe] *m abr de* **Impuesto sobre la Renta de las Personas Físicas** *Einkommensteuer der abhängig Beschäftigten, Selb(st)ständigen und Künstler und aus bestimmten Kapitalerträgen*

irracional [irraθjo'nal] *adj* irrational; (*contra la lógica*) unlogisch; **número** ~ (MAT) irrationale Zahl; **ser** ~ Tier *nt*

irradiar [irra'ðjar] **I.** *vt* **1.** (*emitir*) ausstrahlen **2.** (*difundir*) verbreiten **3.** (*tratamiento*) bestrahlen **II.** *vi* strahlen **III.** *vr:* ~**se** sich verbreiten, ausstrahlen

irrazonable [irraθo'naβle] *adj* unvernünftig

irreal [irre'al] *adj* irreal

irrealizable [irreali'θaβle] *adj* undurchführbar

irrebatible [irreβa'tiβle] *adj,* **irrechazable** [irretʃa'θaβle] *adj* unwiderlegbar

irreconciliable [irreko̪nθi'ljaβle] *adj* unversöhnlich

irreconocible [irrekono'θiβle] *adj* unerkennbar

irrecuperable [irrekupe'raβle] *adj* unwiederbringbar

irreflexión [irrefleʸ'sjon] *f* Unbedachtheit *f*

irreflexivo, -a [irrefleʸ'siβo, -a] *adj* unüberlegt; (*persona*) unbedacht

irrefutable [irrefu'taβle] *adj* unumstößlich

irregular [irreɣu'lar] *adj* **1.** (*desigual*) unregelmäßig **2.** (*contra las reglas*) regelwidrig; (*sin reglas*) regellos; (*anómalo*) außerplanmäßig

irregularidad [irreɣulari'ðaᵈ] *f* **1.** (*desigualdad*) Unregelmäßigkeit *f* **2.** (*del terreno*) Unebenheit *f* **3.** (*contra las reglas*) Regelwidrigkeit *f;* (*sin reglas*) Regellosigkeit *f*

irrelevante [irrele'βa̪nte] *adj* irrelevant

irremediable [irreme'ðjaβle] *adj* unvermeidbar; (*irreparable*) nicht wieder gutzumachen; (*daño físico*) unheilbar

irrepetible [irrepe'tiβle] *adj* unwiederholbar

irreprimible [irrepri'miβle] *adj* nicht zu unterdrücken

irreprochable [irrepro'tʃaβle] *adj* tadellos

irresistible [irresis'tiβle] *adj* (*atractivo*)

unwiderstehlich; (*inaguantable*) unerträglich

irresoluble [irreso'luβle] *adj* unlösbar

irrespetuoso, **-a** [irrespetu'oso, -a] *adj* respektlos

irresponsabilidad [irresponsaβili'ða^{d}] *f* **1.** (*falta de responsabilidad*) Unverantwortlichkeit *f;* (*por minoría de edad*) Unmündigkeit *f* **2.** (*desconsideración*) Verantwortungslosigkeit *f* **3.** (COM: *sociedades*) Nichthaftung *f*

irresponsable [irrespon'saβle] *adj* nicht verantwortlich (*de* für +*akk*); (*desconsiderado*) verantwortungslos; (COM) nicht haftbar (*de* für +*akk*)

irreversible [irreβer'siβle] *adj* irreversibel

irrevocable [irreβo'kaβle] *adj* unwiderruflich

irrisorio, **-a** [irri'sorjo, -a] *adj* lächerlich

irritable [irri'taβle] *adj* reizbar

irritación [irrita'θjon] *f* **1.** (MED: *órgano*) Reizung *f;* (*de piel*) (Haut)ausschlag *m* **2.** (*desatención*) Verwirrung *f* **3.** (*enfado*) Ärger *m*

irritante [irri'tan̪te] *adj* ärgerlich; (*molesto*) irritierend

irritar [irri'tar] **I.** *vt* ärgern; (*molestar*) irritieren; (MED: *órgano*) reizen **II.** *vr:* **~se** sich aufregen; (MED: *órgano*) sich entzünden

irrompible [irrom'piβle] *adj* unzerbrechlich

irrumpir [irrum'pir] *vi* (gewaltsam) eindringen (*en* in +*akk*)

isla ['isla] *f* Insel *f*

Islam [is'lan] *m* (REL) Islam *m*

islámico, **-a** [is'lamiko, -a] *adj* islamisch

islandés, **-esa** [islan̪'des, -esa] *adj* isländisch

Islandia [is'lan̪dja] *f* Island *nt*

isleño, **-a** [is'leɲo, -a] *m, f* Inselbewohner(in) *m(f)*

islote [is'lote] *m* (unbewohnte) Felseninsel *f*

Israel [i(s)rra'el] *m* Israel *nt*

israelí [i(s)rrae'li] *adj* israelisch

israelita [i(s)rrae'lita] *adj* israelitisch

Italia [i'talja] *f* Italien *nt*

italiano, **-a** [ita'ljano, -a] *adj* italienisch

itinerante [itine'ran̪te] *adj* Wander-

itinerario [itine'rarjo] *m* Strecke *f;* (FERRO) (Zug)fahrplan *m;* (AERO) Flugstrecke *f*

IVA ['iβa] *m abr de* **impuesto sobre el valor añadido** MWSt. *f*

izar [i'θar] <z→c> *vt* hissen

izda. [iθ'kjerða] *adj,* **izdo.** [iθ'kjerðo] *adj abr de* **izquierda, izquierdo** linke(r, s)

izquierda [iθ'kjerða] *f* **1.** (*mano*) linke Hand *f* **2.** (POL) Linke *f* **3.** (*lado*) linke Seite *f;* **a la ~** links

izquierdo, **-a** [iθ'kjerðo, -a] *adj* linke(r, s)

J

J, **j** ['xota] *f* J, j *nt*

ja [xa] *interj* ha

jabalí [xaβa'li] *m* <jabalíes> Wildschwein *nt*

jabalina [xaβa'lina] *f* Speer *m*

jabón [xa'βon] *m* Seife *f;* **pastilla de ~** Stück Seife

jabonar [xaβo'nar] *vt* einseifen, abseifen

jaboncillo [xaβon̪'θiʎo] *m* **1.** (*de tocador*) Toilettenseife *f* **2.** (*de sastre*) Schneiderkreide *f*

jabugo [xa'βuɣo] *m Schinken aus Jabugo*

jacal [xa'kal] *m* (*Méx, Ven*) Hütte *f*

jacalear [xakale'ar] *vi* (*Méx*) tratschen

jacarandoso, **-a** [xakaran̪'doso, -a] *adj* fröhlich

jacinto [xa'θin̪to] *m* Hyazinthe *f*

jaco ['xako] *m* Klepper *m*

jactancia [xak'tan̪θja] *f* Prahlerei *f,* Angeberei *f*

jactancioso, **-a** [xaktan̪'θjoso, -a] *adj* angeberisch

jactarse [xak'tarse] *vr* prahlen (*de* mit +*dat*)

jade ['xaðe] *m* Jade *m o f*

jadear [xaðe'ar] *vi* keuchen

jaenés, **-esa** [xae'nes, -esa] **I.** *adj* aus Jaén **II.** *m, f* Einwohner(in) *m(f)* von Jaén

jaguar [xa'ɣwar] *m* Jaguar *m*

jaiba ['xai̯βa] **I.** *adj* **1.** (*Ant, Méx*) gerissen **2.** (*Cuba*) faul **II.** *f* (*Am*) Flusskrebs *m*

jalado, **-a** [xa'laðo, -a] *adj* (*Méx*) übertrie-

ben; (*Am: demacrado*) abgezehrt; (*Am: obsequioso*) gefällig; (*Am: borracho*) betrunken
jalar [xa'lar] **I.** *vt* (*fam*) mampfen **II.** *vi* (*Am*) abhauen **III.** *vr:* **~se** (*Am*) sich betrinken
jalea [xa'lea] *f* Gelee *nt*
jalear [xale'ar] *vt* (*animar*) anfeuern
jaleo [xa'leo] *m* Lärm *m;* (*desorden*) Durcheinander *nt;* **armar ~** Lärm machen; **me he armado un ~ con los nombres** (*fam*) ich habe alle Namen durcheinander gebracht
jamar [xa'mar] *vt, vr:* **~se** (*fam*) verdrücken
jamás [xa'mas] *adv* nie(mals); **~ de los jamases** nie und nimmer
jamelgo [xa'melɣo] *m* (*fam*) Klepper *m*
jamón [xa'mon] *m* Schinken *m;* **~ dulce** [*o* **de York**] gekochter Schinken; **~ serrano** luftgetrockneter Schinken; **¡y un ~!** (*fam*) kommt überhaupt nicht in Frage!
Japón [xa'pon] *m* Japan *nt*
japonés, -esa [xapo'nes, -esa] *adj* japanisch
jaque ['xake] *m* Schach *nt;* **~ mate** (Schach)matt *nt*
jaqueca [xa'keka] *f* Migräne *f*
jarabe [xa'raβe] *m* Sirup *m;* (*para la tos*) Hustensaft *m*
jarana [xa'rana] *f* **1.** (*juerga*) Gaudi *f o nt;* **ir de ~** (*fam*) einen draufmachen **2.** (*discusión*) Krach *m* **3.** (*Am*) Spaß *m,* Scherz *m* **4.** (*AmC*) Schuld *f* **5.** (*Col*) Lüge *f*
jaranero, -a [xara'nero, -a] *adj:* **ser un ~** sehr gern feiern
jardín [xar'ðin] *m* Garten *m*
jardinera [xarði'nera] *f* **1.** (*profesión*) Gärtnerin *f;* **a la ~** (GASTR) nach Gärtnerinart **2.** (*maceta*) Blumenkasten *m*
jardinería [xarðine'ria] *f* (*arte*) Gartenkunst *f;* (*cuidado*) Gartenpflege *f*
jardinero, -a [xarði'nero, -a] *m, f* Gärtner(in) *m(f)*
jarra ['xarra] *f* Krug *m;* (*de agua, café*) Kanne *f*
jarro ['xarro] *m* Krug *m;* (*de agua*) Kanne *f*
jarrón [xa'rron] *m* Vase *f*
jartón, -ona [xar'ton, -ona] *m, f* (*AmC, Méx*) Vielfraß *m fam*
jauja ['xau̯xa] *f* Schlaraffenland *nt*
jaula ['xau̯la] *f* Käfig *m*
jauría [xau̯'ria] *f* Meute *f*
jazmín [xaθ'min] *m* Jasmin *m*
jazz [ʤas] *m* Jazz *m*
jefatura [xefa'tura] *f* **1.** (*cargo*) Leitung *f* **2.** (*sede*): **~ del gobierno** Amt *nt* des Regierungschefs; **~ de policía** Polizeipräsidium *nt*
jefazo [xe'faθo] *m* (*fam*) hohes Tier *nt*
jefe, -a ['xefe, -a] *m, f* (*de una organización, empresa*) Chef(in) *m(f);* (*de un departamento*) Leiter(in) *m(f);* (*de una banda*) Anführer(in) *m(f);* **~ de(l) Estado** Staatsoberhaupt *nt;* **~ de gobierno** Regierungschef *m;* **~ de partido** Parteivorsitzende(r) *m;* **redactor ~** Chefredakteur *m*
jeque ['xeke] *m* Scheich *m*
jerarca [xe'rarka] *mf* Oberhaupt *nt*
jerarquía [xerar'kia] *f* Hierarchie *f*
jerárquico, -a [xe'rarkiko, -a] *adj* hierarchisch
jerez [xe'reθ] *m* Sherry *m*
jerga ['xerɣa] *f* Jargon *m*
jeringa [xe'riŋga] *f* (Injektions)spritze *f*
jeringuilla [xeriŋ'giʎa] *f* (Injektions)spritze *f*
jeroglífico [xero'ɣlifiko, -a] *m* Hieroglyphe *f;* (*pasatiempo*) Bilderrätsel *nt*
jersey [xer'sei̯] *m* Pullover *m;* **~ de cuello alto** Rollkragenpullover *m*
Jesucristo [xesu'kristo] *m* Jesus Christus *m*
Jesús [xe'sus] *m* Jesus *m;* **¡~!** (*al estornudar*) Gesundheit!; (*interjección*) o mein Gott!
jeta ['xeta] *f* **1.** (*fam*) Visage *f;* **ese tiene una ~ increíble** (*fig*) der ist unglaublich frech **2.** (*Arg*) Nase *f*
ji [xi] *interj* ha!
jíbaro, -a ['xiβaro, -a] *adj* **1.** (*Am: campesino*) bäuerlich; (*costumbres, vida*) ländlich **2.** (*Am: planta, animal*) wild **3.** (*Ant, Méx*) menschenscheu
jibia ['xiβja] *f* Sepia *f*
jibraltareño, -a [xiβral̦ta'reɲo, -a] *adj* gibraltarisch
jienense, -a [xje'nense, -a] *adj* aus Jaén
jijona [xi'xona] *m* Mandelnugat *m o nt* (aus Jijona)
jilguero [xil'ɣero] *m* Distelfink *m*
jinete [xi'nete] *m* Reiter *m;* (*profesional*) Jockei *m*
jinetear [xinete'ar] *vt* (*Am*) zureiten
jirafa [xi'rafa] *f* Giraffe *f*
jirón [xi'ron] *m* Fetzen *m;* **hacer algo jirones** etw zerreißen

JJ.OO ['xweɣos o'limpikos] *abr de* **Juegos Olímpicos** Olympische Spiele *ntpl*

jo [xo] *interj* (*so*) hü

jockey ['xokei̯] *m* Jockei *m*

jocosidad [xokosi'ðaᵈ] *f* Humor *m;* (*chiste*) Witz *m*

jocoso, -a [xo'koso, -a] *adj* witzig

joder [xo'ðer] **I.** *vt* (*vulg*) **1.** (*copular*) ficken **2.** (*fastidiar*) nerven *fam;* **¡no me jodas!** erzähl mir keinen Scheiß!; **¡no te jode!** das ist ja kaum zu fassen!; **¡jódete!** zum Teufel mit dir! *fam* **3.** (*echar a perder*) vermasseln *fam* **II.** *vi* (*vulg*) ficken **III.** *vr:* **~se** (*vulg*) **1.** (*fastidiarse*) sich abfinden; **¡hay que ~se!** verdammt noch mal! *fam* **2.** (*echar a perder*): **la tele se ha jodido** der Fernseher ist im Arsch **IV.** *interj* (*vulg*) Scheiße!

jodón, -ona [xo'ðon, -ona] *adj* (*Méx: fam*) nervtötend

jolgorio [xol'ɣorjo] *m* Gaudi *f o nt*

jolín [xo'lin] *interj,* **jolines** [xo'lines] *interj* verdammt (noch mal)!

jopé [xo'pe] *interj* Mensch!

jornada [xor'naða] *f* **1.** (*de trabajo*) Arbeitstag *m;* (*tiempo trabajado*) Arbeitszeit *f;* ~ **continua** gleitende Arbeitszeit; ~ **partida** Arbeitstag mit (langer) Mittagspause; **trabajo media** ~ ich arbeite halbtags **2.** (*viaje*) Tagesreise *f;* (*andando*) Tage(s)marsch *m*

jornal [xor'nal] *m* Tagelohn *m;* **trabajar a** ~ als Tagelöhner arbeiten

jornalero, -a [xorna'lero, -a] *m, f* Tagelöhner(in) *m(f)*

joroba [xo'roβa] *f* Buckel *m;* (*de camello*) Höcker *m;* (*molestia*) Belästigung *f*

jorobado, -a [xoro'βaðo, -a] *adj* buck(e)lig

jorobar [xoro'βar] **I.** *vt* (*fam*) nerven **II.** *vr:* **~se** (*fam*) sich abfinden

jota ['xota] *f* **1.** (*letra*) J *nt;* **no entender** [*o* **saber**] **ni** ~ (*fam*) keinen blassen Schimmer haben; **no ver ni** ~ (*fam*) stockblind sein **2.** (*baile*) Jota *f*

joven ['xoβen] **I.** *adj* jung; **de muy** ~ in früher Jugend **II.** *mf* junger Mann *m,* junge Frau *f;* **los jóvenes** die jungen Leute

jovial [xo'βjal] *adj* fröhlich

joya ['xoɟa] *f:* **las ~s** der Schmuck

joyería [xoɟe'ria] *f* Juwelierladen *m*

joyero¹ [xo'ɟero] *m* Schmuckkästchen *nt*

joyero, -a² [xo'ɟero, -a] *m, f* Juwelier(in) *m(f)*

juanete [xwa'nete] *m* (Fuß)ballen *m*

jubilación [xuβila'θjon] *f* Pensionierung *f;* (*pensión*) Rente *f*

jubilado, -a [xuβi'laðo, -a] *m, f* Rentner(in) *m(f)*

jubilar [xuβi'lar] **I.** *vt* **1.** (*a alguien*) pensionieren **2.** (*fam: un objeto*) ausrangieren **II.** *vr:* **~se** **1.** (*retirarse*) in Rente gehen **2.** (*AmC*) schwänzen

júbilo ['xuβilo] *m* Jubel *m*

jubiloso, -a [xuβi'loso, -a] *adj* jubelnd; **estar** ~ überglücklich sein

judaico, -a [xu'ðai̯ko, -a] *adj* jüdisch

judía [xu'ðia] *f* Bohne *f*

judicial [xuði'θjal] *adj* Justiz-; (*de juicio*) Gerichts-; (*de juez*) richterlich

judío, -a [xu'ðio, -a] *adj* jüdisch

judo ['ʤuðo] *m* Judo *nt*

juego ['xweɣo] *m* **1.** (*diversión*) Spiel *nt;* ~ **de mesa** Gesellschaftsspiel *nt;* **hacer trampas en el** ~ falsch spielen **2.** (DEP) Spiel *nt;* ~ **limpio** Fairplay *nt;* ~ **sucio** unfaires Spiel; **fuera de** ~ Abseits *nt*

juerga ['xwerɣa] *f* Gaudi *f o nt;* **ayer estuve de** ~ (*fam*) ich habe gestern einen draufgemacht

jueves ['xweβes] *m inv* Donnerstag *m;* **Jueves Santo** Gründonnerstag *m;* **no ser nada del otro** ~ nichts Weltbewegendes sein; *v. t.* **lunes**

juez [xweθ] *mf* Richter(in) *m(f);* ~ **de instrucción** Untersuchungsrichter(in) *m(f);* ~ **de línea** [*o* **de banda**] Linienrichter(in) *m(f)*

jugada [xu'ɣaða] *f* **1.** (DEP) Spielzug *m;* ~ **de ajedrez** Schachzug *m;* ~ **antirreglamentaria** Foul *nt* **2.** (*jugarreta*) Streich *m;* **hacerle** [*o* **gastarle**] **una** ~ **a alguien** jdm übel mitspielen

jugador(a) [xuɣa'ðor(a)] *m(f)* Spieler(in) *m(f);* ~ **profesional** Profi *m*

jugar [xu'ɣar] *irr* **I.** *vi, vt* spielen; **¿puedo ~?** darf ich mitspielen?; **¿a qué juegas?** (*fig*) was soll denn das? **II.** *vr:* **~se** wetten (um +*akk*), setzen (*a* auf +*akk*)

jugarreta [xuɣa'rreta] *f* (*fam*) übler Streich *m;* **hacerle una** ~ **a alguien** jdm übel mitspielen

jugo ['xuɣo] *m* **1.** (*de fruta, carne*) Saft *m;* **~s gástricos** Magensäfte *mpl* **2.** (*esencia*) Substanz *f*

jugoso, -a [xu'ɣoso, -a] *adj* saftig

juguete [xu'ɣete] *m* Spielzeug *nt*

juguetear [xuɣete'ar] *vi* **1.** (*con las llaves,*

un boli) herumspielen; (*con una pelota*) tändeln **2.** (*los niños*) herumtollen

juguetería [xuɣete'ria] *f* Spielwarengeschäft *nt*

juguetón, -ona [xuɣe'ton, -ona] *adj* verspielt

juicio ['xwiθjo] *m* **1.** (*facultad para juzgar*) Urteilsfähigkeit *f* **2.** (*razón*) Vernunft *f*, Verstand *m*; **falta de ~** Unvernunft *f*; **recobrar el ~** zur Vernunft kommen **3.** (*opinión*) Meinung *f*, Urteil *nt*; **a mi ~** meiner Meinung nach **4.** (JUR) Gerichtsverfahren *nt*, Prozess *m*; **~ criminal** Strafverfahren *nt*; **el día del Juicio final** (REL) der jüngste Tag; **llevar a alguien a ~** jdm den Prozess machen

juicioso, -a [xwi'θjoso, -a] *adj* vernünftig

julio ['xuljo] *m* Joule *nt*; (*mes*) Juli *m*; *v. t.* **marzo**

juma ['xuma] *f* (*Am: fam*) Rausch *m*

junco ['xuŋko] *m* Binse *f*

jungla ['xuŋgla] *f* Dschungel *m*

junio ['xunjo] *m* Juni *m*; *v. t.* **marzo**

júnior ['ʤunjor] *m* <juniores> Junior *m*

junta ['xuṇta] *f* Ausschuss *m*; (*consejo*) Rat *m*; **~ directiva** Vorstand *m*; **~ general** Generalversammlung *f*

juntar [xuṇ'tar] **I.** *vt* **1.** (*aproximar*): **~ las sillas** die Stühle zusammenrücken **2.** (*unir*) verbinden **3.** (*reunir*) (ver)sammeln **II.** *vr*: **~se** sich versammeln; (*unirse*) sich zusammenschließen; (*aproximarse*) zusammenrücken; (*liarse con alguien*) zusammenziehen

junto[1] ['xuṇto] **I.** *adv*: **hablaba por teléfono y trabajaba en el ordenador, todo ~** er/sie telefonierte und arbeitete gleichzeitig am PC; **comprar por ~** in großen Mengen kaufen **II.** *prep* **1.** (*local*): **~ a** neben +*dat*, an +*dat*; **¿quién es el que está ~ a ella?** wer ist der Mann (da) neben ihr? **2.** (*con movimiento*): **~ a** neben +*akk*, an +*akk*; **pon la silla ~ a la mesa** rück den Stuhl an den Tisch **3.** (*con, en compañía de*): **~ con** mit +*dat*

junto, -a[2] ['xuṇto, -a] *adj* zusammen, gemeinsam

jura ['xura] *f* Eid *m*

jurado[1] [xu'raðo] *m* Geschworene(r) *mf*; (*tribunal*) Geschworenen *mpl*

jurado, -a[2] [xu'raðo, -a] *adj*: **intérprete ~** Gerichtsdolmetscher *m*

juramento [xura'meṇto] *m* Eid *m*; **falso ~** Meineid *m*; **estar bajo ~** unter Eid stehen

jurar [xu'rar] **I.** *vt* schwören (*por* bei +*dat*) **II.** *vi* fluchen

jurel [xu'rel] *m* Makrele *f*

jurídico, -a [xu'riðiko, -a] *adj* juristisch

jurisdicción [xurisðiʏ'θjon] *f* Rechtsprechung *f*; (*territorio*) Gerichtsbezirk *m*

jurisdiccional [xurisðiʏθjo'nal] *adj* gerichtlich; **no ~** außergerichtlich; **aguas ~es** Hoheitsgewässer *nt(pl)*

jurisprudencia [xurispru'ðeṇθja] *f* Rechtswissenschaft *f*; (*legislación*) Rechtsprechung *f*

jurista [xu'rista] *mf* Jurist(in) *m(f)*

jurungar [xuruŋ'gar] <g→gu> *vt, vr*: **~se** (*Ven*) (sich) langweilen

justamente [xusta'meṇte] *adv* mit Recht; (*precisamente*) genau

justicia [xus'tiθja] *f* Gerechtigkeit *f*; (*derecho*) Recht *nt*; (*poder judicial*) Justiz *f*

justificable [xustifi'kaβle] *adj* entschuldbar; (*error*) nachweisbar

justificación [xustifika'θjon] *f* Rechtfertigung *f*

justificante [xustifi'kaṇte] *m* Beleg *m*; (*de ausencia*) ärztliches Attest *nt*

justificar [xustifi'kar] <c→qu> **I.** *vt* rechtfertigen; (*probar*) beweisen; (*con documentos*) belegen **II.** *vr*: **~se** sich rechtfertigen

justo[1] ['xusto] *adv* **1.** (*exactamente*) genau; **llegué ~ a tiempo** ich kam gerade noch rechtzeitig **2.** (*escasamente*) gerade; **tengo ~ para vivir** mir reicht es gerade so zum Leben

justo, -a[2] ['xusto, -a] *adj* gerecht; (*exacto*) genau; (*acertado*) treffend; (*escaso*) knapp; (*ajustado*) eng

juvenil [xuβe'nil] *adj* jugendlich

juventud [xuβeṇ'tuᵈ] *f* Jugend(lichkeit) *f*; (*jóvenes*) Jugendliche(n) *mpl*

juzgado [xuθ'ɣaðo] *m* Gericht *nt*

juzgar [xuθ'ɣar] <g→gu> **I.** *vt* **1.** (*juez: decidir*) richten (über +*akk*); (*condenar*) verurteilen **2.** (*opinar sobre*) beurteilen; (*considerar*) halten; **~ mal a alguien** jdn falsch einschätzen **II.** *vi* richten; (*opinar*) urteilen

J

K

K, k [ka] *f* K, k *nt*
kaki ['kaki] *adj* khakifarben
karate [ka'rate] *m,* **kárate** ['karate] *m* Karate *nt*
kayac [ka'ɟa^{k}] *m* <kayacs> Kajak *m o nt*
Kazajstán [kaθa^{y}s'tan] *m* Kasachstan *nt*
keroseno [kero'seno] *m* Kerosin *nt*
ketchup ['ke^{d}tʃup] *m* <ketchups> Ketschup *m o nt*
kg ['kilo'ɣramo] *abr de* **kilogramo** kg
kikirikí [kikiri'ki] *m* Kikeriki *nt*
kilo ['kilo] *m* Kilo *nt;* (*argot*) Million *f* Peseten
kilocaloría [kilokalo'ria] *f* Kilokalorie *f*
kilociclo [kilo'θiklo] *m* Kilohertz *nt*
kilogramo [kilo'ɣramo] *m* Kilogramm *nt*
kilohercio [kilo'erθjo] *m* Kilohertz *nt*
kilolitro [kilo'litro] *m* Kiloliter *m*
kilómetro [ki'lometro] *m* Kilometer *m*
kilovatio [kilo'βatjo] *m* Kilowatt *nt*
kínder ['kin̪der] *m inv,* **kindergarten** [kin̪der'ɣarten] *m inv* (*Am*) Kindergarten *m*
kit [kit] *m* <kits> Baukasten *m*
kl [kilo'litro] *abr de* **kilolitro** kl
kleenex® ['kline^{y}s] *m inv,* **klínex**® ['kline^{y}s] *m inv* Tempo® *nt*
km [ki'lometro] *abr de* **kilómetro** km
km/h [ki'lometro por 'ora] *abr de* **kilómetro por hora** km/h
Kurdistán [kurðis'tan] *m* Kurdistan *nt*
kurdo, -a ['kurðo, -a] *adj* kurdisch

L

L, l ['ele] *f* L, l *nt*
l ['litro] *abr de* **litro(s)** l
la [la] **I.** *art det v.* **el, la, lo II.** *pron pers f sg* **1.** (*objeto directo*) sie; **¡tráeme~!** bring sie mir! **2.** (*enclítico*) es; **¡buena ~ hemos hecho!** da haben wir uns etwas eingebrockt! **3.** (*con relativo*): ~ **que...** die(jenige), die ...; ~ **cual** die **4.** (*laísmo*) ihr
laberinto [laβe'rin̪to] *m* Labyrinth *nt*
labia ['laβja] *f* (*fam*) Zungenfertigkeit *f;* **tener mucha** ~ ein flinkes Mundwerk haben
labial [la'βjal] *adj* Lippen-
lábil ['laβil] *adj* labil; (*frágil*) unsicher
labio ['laβjo] *m* Lippe *f*
labor [la'βor] *f* Arbeit *f;* (*manualidad*) Handarbeit *f;* (*labranza*) Feldarbeit *f;* ~ **de ganchillo** Häkelarbeit *f;* **sus ~es** (*formularios*) Hausfrau *f*
laborable [laβo'raβle] *adj:* **día** ~ Werktag *m*
laboral [laβo'ral] *adj* Arbeits-
laboratorio [laβora'torjo] *m* Labor *nt*
laboreo [laβo'reo] *m* Ackerbau *m;* (MIN) Bergbau *m*
laborioso, -a [laβo'rjoso, -a] *adj* fleißig; (*difícil*) mühsam
laborista [laβo'rista] *adj:* **partido** ~ Labour Party *f*
labrador(a) [laβra'ðor(a)] *m(f)* Landwirt(in) *m(f)*
labranza [la'βran̪θa] *f* Ackerbau *m*
labrar [la'βrar] *vt* **1.** (*trabajar un material*) bearbeiten; (*cristal*) schleifen; **sin** ~ unbearbeitet **2.** (*cultivar*) bestellen
labriego, -a [la'βrjeɣo, -a] *m, f* Landwirt(in) *m(f)*
laburar [laβu'rar] *vi* (*Arg, Urug*) arbeiten
laca ['laka] *f* (Haar)lack *m;* (*spray*) Haarspray *m o nt*
lacayo [la'kaɟo] *m* Lakai *m;* (*pey*) Speichellecker *m*
lacio, -a ['laθjo, -a] *adj* welk; (*flojo*) schlaff; (*cabello*) glatt
lacón [la'kon] *m* (luftgetrockneter) Vorderschinken *m*
lacónico, -a [la'koniko, -a] *adj* lakonisch; (*persona*) wortkarg
lacra ['lakra] *f* Laster *nt*
lacrar [la'krar] *vt* versiegeln
lacre ['lakre] *m* Siegellack *m*
lacrimógeno, -a [lakri'moxeno, -a] *adj:* **gas** ~ Tränengas *nt*

lacrimoso, -a [lakri'moso, -a] *adj* tränend; (*lastimoso*) zu Tränen rührend; (*quejumbroso*) wehleidig
lactancia [lak'taṇθja] *f* Säugen *nt;* (*período*) Stillzeit *f*
lactante [lak'taṇte] *mf* Säugling *m*
lácteo, -a ['lakteo, -a] *adj* Milch-; **vía láctea** Milchstraße *f*
lactosa [lak'tosa] *f* Milchzucker *m*
ladeado, -a [laðe'aðo, -a] *adj* schief
ladear [laðe'ar] *vr:* **~se** sich (zur Seite) neigen; (*Chil*) sich verlieben
ladera [la'ðera] *f* Abhang *m*
ladilla [la'ðiʎa] *f* Filzlaus *f*
ladino, -a [la'ðino, -a] *adj* abgefeimt
lado ['laðo] *m* **1.** (*t.* MAT) Seite *f;* **por un ~... y por el otro ~...** einerseits ... und andererseits ...; **por el ~ materno** mütterlicherseits; **ir de un ~ a otro** hin und her gehen; **por todos ~s** überall; **dejar de ~ a alguien** jdn ignorieren; **mirar de ~ a alguien** jdn schief anblicken; **al ~** daneben; **al ~ de la mesa** neben dem Tisch **2.** (*punto de vista*) Aspekt *m* **3. me puse de tu ~** ich ergriff für dich Partei
ladrar [la'ðrar] *vi* bellen
ladrido [la'ðrido] *m* Gebell *nt*
ladrillo [la'ðriʎo] *m* Ziegel(stein) *m*
ladrón, -ona [la'ðron, -ona] *m, f* Dieb(in) *m(f)*
ladronzuelo, -a [laðroṇ'θwelo, -a] *m, f* Taschendieb(in) *m(f)*
lagar [la'ɣar] *m* Ölpresse *f;* (*vino*) Kelter *f*
lagartija [laɣar'tixa] *f* Mauereidechse *f*
lagarto[1] [la'ɣarto] **I.** *interj* toi, toi, toi! **II.** *m* Eidechse *f;* (*Am*) Kaiman *m*
lagarto, -a[2] [la'ɣarto, -a] *m, f* Luder *nt*
lago ['laɣo] *m* See *m;* **Lago de Constanza** Bodensee *m*
lágrima ['laɣrima] *f* Träne *f*
lagrimal [laɣri'mal] *m* Tränensack *m*
lagrimoso, -a [laɣri'moso, -a] *adj* tränend
laguna [la'ɣuna] *f* **1.** (*agua salada*) Lagune *f;* (*dulce*) Teich *m* **2.** (*omisión*) Lücke *f;* **~ en la memoria** Gedächtnislücke *f*
laico, -a ['lai̯ko, -a] **I.** *adj* weltlich **II.** *m, f* Laie, -in *m, f*
laísmo [la'ismo] *m falsche Verwendung von 'la(s)' als Dativobjekt anstelle von 'le(s)'*
lama ['lama] *f* **1.** (*cieno*) Schlick *m* **2.** (*de metal*) Lahn *m*
lama ['lama] *f* **1.** (*cieno*) Schlick *m* **2.** (*de metal*) Lahn *m*
lameculos [lame'kulos] *mf inv* (*vulg*) Arschkriecher(in) *m(f)*
lamedura [lame'ðura] *f* Lecken *nt*
lamentable [lameṇ'taβle] *adj* jämmerlich
lamentación [lameṇta'θjon] *f* (Weh)klage *f*
lamentar [lameṇ'tar] **I.** *vt* beklagen; **lo lamento** ich bedaure es **II.** *vr:* **~se** sich beklagen (*de* über +*akk*)
lamento [la'meṇto] *m* Wehklagen *nt*
lamer [la'mer] **I.** *vt* (ab)lecken **II.** *vr:* **~se** sich lecken
lamido[1] [la'miðo] *m* Lecken *nt*
lamido, -a[2] [la'miðo, -a] *adj* dünn; (*relamido*) geschniegelt; (*gastado*) abgewetzt
lámina ['lamina] *f* **1.** dünnes Blech *nt;* (*hoja de metal*) Folie *f* **2.** (*ilustración*) Abbildung *f;* **con ~s** illustriert
laminar [lami'nar] **I.** *adj* **1.** (*en forma de lámina*) Folien- **2.** (*formado de láminas*) schichtartig **II.** *vt* **1.** (*cortar*) (aus)walzen **2.** (*guarnecer*) mit Platten verkleiden
lámpara ['lampara] *f* Lampe *f;* **~ de alarma** Warnleuchte *f;* **~ fluorescente** Leuchtstoffröhre *f;* **~ de pie** Stehlampe *f*
lamparilla [lampa'riʎa] *f* Nachtlampe *f*
lana ['lana] *f* Wolle *f*
lanar [la'nar] *adj:* **ganado ~** Wollvieh *nt*
lance ['laṇθe] *m* Wurf *m*
lancha ['lantʃa] *f* Kahn *m;* **~ a remolque** Schleppkahn *m;* **~ de salvamento** Seenotrettungskreuzer *m*
lanchar [lan'tʃar] *vi* (*Ecua*) sich bewölken; (*helar*) (ge)frieren
lanero, -a [la'nero, -a] *adj* Woll-
langosta [laŋ'gosta] *f* Heuschrecke *f;* (*crustáceo*) Languste *f*
langostino [laŋgos'tino] *m* Garnele *f*
langucia [laŋ'guθja] *f* (*Am*) Gefräßigkeit *f*
languidecer [laŋgiðe'θer] *irr como crecer vi:* **~ de amor** sich vor Liebe verzehren; **la conversación languideció** die Unterhaltung verlief schleppend
languidez [laŋgi'ðeθ] *f* Mattigkeit *f;* (*espíritu*) Niedergeschlagenheit *f*
lánguido, -a ['laŋgiðo, -a] *adj* matt; (*espíritu*) niedergeschlagen
lanilla [la'niʎa] *f* (Woll)flor *m*
lanolina [lano'lina] *f* Wollfett *nt*
lanoso, -a [la'noso, -a] *adj,* **lanudo, -a** [la'nuðo, -a] *adj* wollig; (*oveja*) wollreich

L

lanza ['lan̪θa] *f* Lanze *f*
lanzabengalas [lan̪θaβeŋ'galas] *m inv* Leuchtpistole *f*
lanzacohetes [lan̪θako'etes] *m inv* Raketenwerfer *m*
lanzada [lan̪'θaða] *f* (*golpe*) Lanzenstoß *m;* (*herida*) Lanzenstich *m*
lanzado, -a [lan̪'θaðo, -a] *adj* entschlossen; (*impetuoso*) ungestüm; (*fogoso*) feurig
lanzador(a) [lan̪θa'ðor(a)] *m(f)* Werfer(in) *m(f)*
lanzallamas [lan̪θa'ʎamas] *m inv* Flammenwerfer *m*
lanzamiento [lan̪θa'mjen̪to] *m* Wurf *m;* ~ **de bombas** Bombenabwurf *m;* ~ **comercial** Lancierung *f;* ~ **espacial** Raketenstart *m;* ~ **de peso** Kugelstoßen *nt*
lanzamisiles [lan̪θami'siles] *m inv* Raketenwerfer *m*
lanzar [lan̪'θar] <z→c> **I.** *vt* **1.** (*arrojar*) werfen (*a* auf +*akk*) **2.** (*al mercado*) auf den Markt bringen **II.** *vr:* ~**se** sich stürzen (*a/sobre* auf +*akk*); ~**se a correr** losrennen; ~**se al agua** ins Wasser springen; ~**se en paracaídas** mit dem Fallschirm abspringen; ~**se en picado** im Sturzflug fliegen
lanzaroteño, -a [lan̪θaro'teɲo, -a] *adj* aus Lanzarote
lapa ['lapa] *f* (*fam*) Klette *f*
lapicera [lapi'θera] *f* (*Arg*) Füller *m*
lapicero [lapi'θero] *m* Bleistift *m;* (*Am*) Kugelschreiber *m*
lápida ['lapiða] *f* Steintafel *f;* ~ **conmemorativa** Gedenktafel *f*
lapidar [lapi'ðar] *vt* steinigen
lápiz ['lapiθ] *m* Bleistift *m;* (*cosmético*) Stift *m;* ~ **de color** Buntstift *m*
lapón, -ona [la'pon, -ona] *adj* lappländisch
Laponia [la'ponja] *f* Lappland *nt*
lapso ['laβso] *m* **1.** (*período*): ~ (**de tiempo**) Zeitraum *m* **2.** *v.* **lapsus**
lapsus ['laβsus] *m* Fehler *m*
lar [lar] *m* Heim (und Herd) *nt*
largar [lar'ɣar] <g→gu> **I.** *vt* loslassen; (*fam: golpe*) versetzen; (*bofetada*) geben; (*fam: discurso*) vom Stapel lassen **II.** *vr:* ~**se** abhauen; (*Am*) in Bewegung setzen **III.** *vi* (*fam*) schwätzen
largo[1] ['larɣo] **I.** *adv* **1.** (*en abundancia*) reichlich; ~ **y tendido** in Hülle und Fülle **2.** (*loc*): **a lo** ~ **de** (*lugar*) an +*dat* … entlang; (*período*) während; **a lo** ~ **del día** im Laufe des Tages; **¡~ de aquí!** weg hier! **II.** *m* (*longitud*) Länge *f;* **nadar tres ~s** drei Bahnen schwimmen; **diez metros de** ~ zehn Meter lang
largo, -a[2] ['larɣo, -a] *adj* lang; **a la larga** langfristig; **dar largas a algo** etw auf die lange Bank schieben; **el pantalón te está** ~ die Hose ist dir zu lang
largometraje [larɣome'traxe] *m* Spielfilm *m*
larguirucho, -a [larɣi'rutʃo, -a] *adj* (*fam*) schlaksig
largura [lar'ɣura] *f* Länge *f*
laringe [la'riŋxe] *f* Kehlkopf *m*
larva ['larβa] *f* Larve *f*
larvado, -a [lar'βaðo, -a] *adj* verborgen
las [las] **I.** *art det v.* **el, la, lo II.** *pron pers f pl* **1.** (*objeto directo*) sie; **¡míra~!** schau sie dir an! **2.** (*con relativo*): ~ **que…** die(jenigen), die …; ~ **cuales** die **3.** (*laísmo*) ihnen
lascivo, -a [las'θiβo, -a] *adj* lasziv; (*lujurioso*) lüstern
láser ['laser] *m* Laser *m*
lástima ['lastima] *f* **1.** (*compasión*) Mitleid *nt;* **dar** [*o* **causar**] ~ Mitleid erwecken; **de** [*o* **por**] ~ aus Mitleid; **¡qué ~!** wie schade! **2.** (*lamentación*) Jammer *m*
lastimar [lasti'mar] **I.** *vt* verletzen; (*agraviar*) beleidigen **II.** *vr:* ~**se** sich verletzen; (*quejarse*) wehklagen (*de* über +*akk*)
lastimero, -a [lasti'mero, -a] *adj,* **lastimoso, -a** [lasti'moso, -a] *adj* mitleiderregend
lastre ['lastre] *m* Ballast *m*
lata ['lata] *f* **1.** (*metal*) Blech *nt* **2.** (*envase*) Blechdose *f* **3.** (*conversación*) langweilige Unterhaltung *f* **4.** (*fam*) Last *f;* **dar la** ~ nerven; **¡vaya ~!** das ist echt ätzend!
latazo [la'taθo] *m* (*fam*): **ser un** ~ (*pesado*) lästig sein; (*fastidioso*) ätzend sein; (*aburrido*) stinklangweilig sein; **dar el** ~ nerven
latente [la'ten̪te] *adj* latent
lateral [late'ral] *adj* seitlich; (*secundario*) Neben-
latido [la'tiðo] *m:* **los ~s del corazón** der Herzschlag
latifundio [lati'fun̪djo] *m* Großgrundbesitz *m*
latifundista [latifun̪'dista] *mf* Großgrundbesitzer(in) *m(f)*
latigazo [lati'ɣaθo] *m* Peitschenhieb *m;*

(*chasquido*) Peitschenknall *m;* (*destino*) Schicksalsschlag *m*
látigo ['latiɣo] *m* Peitsche *f*
latiguillo [lati'ɣiʎo] *m* (*fam*) **1.** (*efectismo*) Effekthascherei *f* **2.** (*muletilla*) Füllwort *nt;* (*expresión*) stereotype Wendung *f*
latín [la'tin] *m* Latein *nt;* **saber** (**demasiado**) ~ (*fam fig*) (zu) clever sein
latino, **-a** [la'tino, -a] *adj* **1.** (*del latín*) lateinisch; **América Latina** Lateinamerika *nt* **2.** (*de pueblos latinizados*) Latino- **3.** (LING) romanisch
Latinoamérica [latinoa'merika] *f* Lateinamerika *nt*
latinoamericano, **-a** [latinoameri'kano, -a] *adj* lateinamerikanisch
latir [la'tir] *vi* (*corazón*) klopfen; (*arteria*) pochen
latitud [lati'tuᵈ] *f* Breite *f;* (*extensión*) Ausdehnung *f*
latón [la'ton] *m* Messing *nt*
latoso, **-a** [la'toso, -a] *adj* lästig
laúd [la'uᵈ] *m* Laute *f*
laudatorio, **-a** [lau̯ða'torjo, -a] *adj* lobend; **discurso** ~ Laudatio *f*
laudo ['lau̯ðo] *m* Schiedsspruch *m*
laureado, **-a** [lau̯re'aðo, -a] *adj* **1.** (*coronado*) lorbeerbekränzt **2.** (*premiado*) preisgekrönt
laurear [lau̯re'ar] *vt* **1.** (*coronar*) mit Lorbeeren bekränzen **2.** (*premiar*) (mit einem Preis) auszeichnen
laurel [lau̯'rel] *m* **1.** Lorbeer(baum) *m* **2.** *pl* (*honor*) Lorbeeren *fpl;* **dormirse en los ~es** sich auf seinen Lorbeeren ausruhen
lauro ['lau̯ro] *m* **1.** *v.* **laurel** **2.** (*gloria*) Ruhm *m*
lava ['laβa] *f* Lava *f*
lavable [la'βaβle] *adj* waschbar; (*color*) waschecht
lavabo [la'βaβo] *m* Waschbecken *nt;* (*cuarto*) Toilette *f*
lavacoches [laβa'kotʃes] *m inv* (*instalación*) Autowaschanlage *f*
lavado [la'βaðo] *m* Wäsche *f;* (MED) Spülung *f*
lavadora [laβa'ðora] *f* Waschmaschine *f*
lavanda [la'βan̩da] *f* Lavendel *m*
lavandería [laβan̩de'ria] *f* Wäscherei *f*
lavaplatos [laβa'platos] *m inv* Spülmaschine *f*
lavar [la'βar] **I.** *vt* (*limpiar*) waschen; ~ **la cabeza** die Haare waschen; ~ **los platos** das Geschirr spülen **II.** *vr:* **~se** sich waschen; **~se los dientes** sich *dat* die Zähne putzen
lavativa [laβa'tiβa] *f* Einlauf *m*
lavavajillas [laβaβa'xiʎas] *m inv* (Geschirr)spülmaschine *f*
laxante [laᵞ'san̩te] *m* Abführmittel *nt*
laxo, **-a** ['laᵞso, -a] *adj* schlaff; (*moral*) lax
lazada [la'θaða] *f* Schlinge *f*
lazareto [laθa'reto] *m* (*de contagiosos*) Quarantänestation *f*
lazo ['laθo] *m* **1.** (*nudo*) Schlinge *f* **2.** (*para caballos*) Lasso *nt;* (*para conejos*) Fangschlinge *f* **3.** (*cinta*) Schleife *f* **4.** (*vínculo*) Band *nt;* **~s afectivos** emotionale Bindungen
le [le] *pron pers* **1.** *m sg* (*reg: objeto directo*) ihn; (*forma cortés*) Sie **2.** *mf sg* (*objeto indirecto*) ihm, ihr; (*forma cortés*) Ihnen; **¡da~ un beso!** gib ihm/ihr einen Kuss!
leal [le'al] *adj* treu
lealtad [leal̩'taᵈ] *f* Treue *f*
lección [leᵞ'θjon] *f* Lektion *f*
lechada [le'tʃaða] *f* Mörtel *m*
lechal [le'tʃal] *adj:* **cordero** ~ Milchlamm *nt*
lechar [le'tʃar] *adj* **1.** (*cachorro*) Jung-; **corzo** ~ Kitz *nt* **2.** (*productor*): **vaca** ~ Milchkuh *f*
leche ['letʃe] *f* **1.** (*líquido*) Milch *f;* ~ **en polvo** Milchpulver *nt;* ~ **desmaquillante** Reinigungsmilch *f* **2.** (*loc*): **¡~s!** (*fam*) Scheiße!; **ser la** ~ unmöglich sein; **estar de mala** ~ (*fam*) mies drauf sein; **tener mala** ~ (*fam*) fies sein
lechería [letʃe'ria] *f* Milchgeschäft *nt*
lechero, **-a** [le'tʃero, -a] *m, f* Milchmann, -frau *m, f*
lecho ['letʃo] *m* Bett *nt*
lechón, **-ona** [le'tʃon, -ona] *m, f* Ferkel *nt*
lechuga [le'tʃuɣa] *f* Kopfsalat *m;* **como una** ~ (*fig*) frisch und munter; **ser más fresco que una** ~ (*fam*) rotzfrech sein
lechuza [le'tʃuθa] *f* Eule *f*
lectivo, **-a** [lek'tiβo, -a] *adj:* **día** ~ Unterrichtstag *m*
lector(a) [lek'tor(a)] *m(f)* Lektor(in) *m(f)*
lectorado [lekto'raðo] *m* Lektorat *nt*
lectura [lek'tura] *f* (Vor)lesen *nt;* (*obra*) Lektüre *f*
leer [le'er] *irr vt* lesen; ~ **en voz alta** vorlesen
legación [leɣa'θjon] *f* Gesandtschaft *f*

L

legado [le'ɣaðo] *m* Gesandte(r) *m;* (*herencia*) Vermächtnis *nt*

legajo [le'ɣaxo] *m* Akte *f*

legal [le'ɣal] *adj* gesetzlich; (*conforme a la ley*) legal; (*fiel*) rechtschaffen

legalidad [leɣali'ða^{ð}] *f* Legalität *f;* **al filo de la** ~ am Rande der Legalität; **fuera de la** ~ illegal

legalización [leɣaliθa'θjon] *f* Legalisierung *f;* (*atestamiento*) Beglaubigung *f*

legalizar [leɣali'θar] <z→c> *vt* legalisieren; (*atestar*) beglaubigen

legaña [le'ɣaɲa] *f* Tränenflüssigkeit *f*

legar [le'ɣar] <g→gu> *vt* vermachen

legendario, -a [lexeṇ'darjo, -a] *adj* sagenhaft; (*famoso*) berühmt

legible [le'xiβle] *adj* lesbar

legión [le'xjon] *f* Legion *f;* (*multitud*) Schar *f*

legionario, -a [lexjo'narjo, -a] **I.** *adj* Legion- **II.** *m, f* Legionär(in) *m(f)*

legislación [lexisla'θjon] *f* Gesetzgebung *f*

legislador(a) [lexisla'ðor(a)] **I.** *adj* gesetzgeberisch **II.** *m(f)* Gesetzgeber(in) *m(f);* (*Am*) Abgeordnete(r) *mf*

legislar [lexis'lar] *vi* Gesetze erlassen

legislativo, -a [lexisla'tiβo, -a] *adj* gesetzgebend; **poder** ~ Legislative *f*

legislatura [lexisla'tura] *f* Legislaturperiode *f;* (*Am*) Parlament *nt*

legitimación [lexitima'θjon] *f* **1.** (*legalización*) Legalisierung *f* **2.** (*habilitación*) Legitimation *f* **3.** (*hijo*) Anerkennung *f*

legitimar [lexiti'mar] *vt* für rechtmäßig erklären; (*habilitar*) berechtigen

legítimo, -a [le'xitimo, -a] *adj* **1.** (*legal*) rechtmäßig; **defensa legítima** Notwehr *f* **2.** (*verdadero*) echt **3.** (*hijo*) ehelich

legua ['leɣwa] *f* Meile *f;* **a la** ~ von weitem

legumbre [le'ɣumbre] *f* Hülsenfrucht *f;* **frutas y** ~**s** Obst und Gemüse

leíble [le'iβle] *adj* lesbar

leído, -a [le'iðo, -a] *adj* (*persona*) belesen; (*revista*) viel gelesen

leísmo [le'ismo] *m falsche Verwendung von 'le(s)' als Akkusativobjekt anstelle von 'lo(s)'*

lejanía [lexa'nia] *f* Ferne *f*

lejano, -a [le'xano, -a] *adj* fern (*de* von +*dat*); (*parentesco*) entfernt; **en un futuro no muy** ~ in absehbarer Zeit

lejía [le'xia] *f* (Wasch)lauge *f*

lejos ['lexos] **I.** *adv* weit (entfernt); **a lo** ~ in der Ferne; **de** ~ von weitem; **ir demasiado** ~ (*fig*) zu weit gehen; **llegar** ~ (*fig*) es weit bringen **II.** *prep:* ~ **de** weit (entfernt) von +*dat*

lelo, -a ['lelo, -a] *adj* (*fam*) verdutzt

lema ['lema] *m* Grundgedanke *m;* (*mote*) Motto *nt*

lencería [leṇθe'ria] *f* Miederwarengeschäft *nt;* (*ropa interior*) Damen(unter)wäsche *f*

lengua ['leŋgwa] *f* **1.** (ANAT) Zunge *f;* ~ **de trapo** (*fam*) Stotterer *m;* ~ **viperina** (*fam*) spitze Zunge; **darle a la** ~ (*fam*) quasseln; **sacar la** ~ **a alguien** jdm die Zunge herausstrecken; **se me trabó la** ~ ich habe mich verhaspelt **2.** (LING) Sprache *f;* ~ **materna** Muttersprache *f;* ~ **oficial** Amtssprache *f*

lenguado [leŋ'gwaðo] *m* Seezunge *f*

lenguaje [leŋ'gwaxe] *m* Sprache *f*

lengüeta [leŋ'gweta] *f* (*zapato*) Lasche *f;* (*flauta*) Zunge *f*

lengüetear [leŋgwete'ar] *vi* (*Am: fam*) schwatzen

lenguón, -ona [leŋ'gwon, -ona] *adj* (*Am*) gehässig; (*chismoso*) klatschhaft

lenidad [leni'ða^{ð}] *f* Nachsicht *f*

lente ['leṇte] *m o f* **1.** (*gafas*) Brille *f;* **llevar** ~**s** eine Brille tragen **2.** (*t.* FOTO) Linse *f;* ~ **convergente** Sammellinse *f*

lenteja [leṇ'texa] *f* Linse *f*

lentejuela [leṇte'xwela] *f* Paillete *f*

lentilla [leṇ'tiʎa] *f* Kontaktlinse *f*

lentitud [leṇti'tu^{ð}] *f* Langsamkeit *f;* (*fig*) Trägheit *f;* **con** ~ langsam

lento, -a ['leṇto, -a] *adj* langsam; (*fig*) träge; **a cámara lenta** in Zeitlupe

leña ['leɲa] *f* **1.** (*madera*) (Brenn)holz *nt* **2.** (*castigo*) Prügel *mpl;* **¡**~ **con él!** gib ihm Saures!; **dar** ~ verprügeln; **recibir** ~ Prügel einstecken

leñador(a) [leɲa'ðor(a)] *m(f)* Holzfäller(in) *m(f)*

leñazo [le'ɲaθo] *m* (*fam*) Schlag *m;* **¡qué** ~ **se pegó!** er/sie hat ganz schön was abgekriegt!; **darse un** ~ **en la cabeza** sich *dat* den Kopf anschlagen

leñe ['leɲe] *interj* verdammt noch mal!

leño ['leɲo] *m* Holzklotz *m;* (*tonto*) Dummkopf *m*

leñoso, -a [le'ɲoso, -a] *adj* holzig

Leo ['leo] *m* Löwe *m*

león [le'on] *m* Löwe *m;* (*Am*) Puma *m;* ~

(**marino**) Seelöwe *m*

leonera [leo'nera] *f* Löwenkäfig *m;* (*habitación*) Rumpelkammer *f*

leonés, -esa [leo'nes, -esa] *adj* aus León

leonino, -a [leo'nino, -a] *adj* Löwen-

leopardo [leo'parðo] *m* Leopard *m*

leotardo(s) [leo'tarðo(s)] *m(pl)* Strumpfhose *f*

lépero, -a ['lepero, -a] *m, f* (*AmC*) Schurke, -in *m, f*

lepra ['lepra] *f* Lepra *f*

leproso, -a [le'proso, -a] *m, f* Leprakranke(r) *mf*

lerdo, -a ['lerðo, -a] *adj* schwerfällig

leridano, -a [leri'ðano, -a] *adj* aus Lérida

les [les] *pron pers* **1.** *m pl* (*reg: objeto directo*) sie; (*forma cortés*) Sie **2.** *mf pl* (*objeto indirecto*) ihnen; (*forma cortés*) Ihnen

lesbiana [les'βjana] *f* Lesbierin *f*

lésbico, -a ['lesβiko, -a] *adj* lesbisch

lesera [le'sera] *f* (*Am*) Dummheit *f*

lesión [le'sjon] *f* Verletzung *f*

lesionar [lesjo'nar] *vt, vr:* ~**se** (sich) verletzen

letal [le'tal] *adj* tödlich

letanía [leta'nia] *f* Litanei *f;* **¡ya está éste con su ~!** jetzt fängt der schon wieder mit der alten Leier an!

letárgico, -a [le'tarxiko, -a] *adj* lethargisch

letargo [le'tarɣo] *m* Lethargie *f;* (*de un animal*) Winterschlaf *m*

letón, -ona [le'ton, -ona] *adj* lettisch

Letonia [le'tonja] *f* Lettland *nt*

letra ['letra] *f* **1.** (*signo*) Buchstabe *m;* ~ **de molde** Fettdruck *m;* **con ~ mayúscula/minúscula** groß-/kleingeschrieben; **al pie de la** ~ wortwörtlich; ~ **por** ~ Wort für Wort; **poner cuatro ~s a alguien** jdm ein paar Zeilen schreiben **2.** (*escritura*) Schrift *f* **3.** (COM): ~ (**de cambio**) Wechsel *m*

letrado, -a [le'traðo, -a] **I.** *adj* gelehrt **II.** *m, f* Anwalt, -wältin *m, f*

letrero [le'trero] *m* Schild *nt*

leucemia [leu̯'θemja] *f* Leukämie *f*

leucocito [leu̯ko'θito] *m* Leukozyt *m*

levadizo, -a [leβa'ðiθo, -a] *adj:* **puente** ~ Zugbrücke *f*

levadura [leβa'ðura] *f* Hefe *f*

levantamiento [leβan̪ta'mjen̪to] *m* **1.** (*amotinamiento*) Aufstand *m* **2.** ~ **del cadáver** (amtliche) Leichenschau *f*

levantar [leβan̪'tar] **I.** *vt* **1.** (hoch)heben; (*del suelo*) aufheben; ~ **el vuelo** zum Flug anheben **2.** (*despertar*) wecken **3.** (*construir*) bauen **4.** (*embargo, castigo*) aufheben **5.** ~ **acta** protokollieren (*de +akk*) **6.** (*voz*) heben; ~ **la voz a alguien** jdn anschreien **7.** (*mirada, mano*) (er)heben **II.** *vr:* ~**se** **1.** (*de la cama*) aufstehen (*de* aus *+dat*) **2.** (*sobresalir*) sich erheben **3.** (*sublevarse*) sich erheben **4.** (*viento*) aufkommen

levante [le'βan̪te] *m* Osten *m*

levar [le'βar] *vt:* ~ (**las**) **anclas** die Anker lichten

leve ['leβe] *adj* (*enfermedad*) harmlos; (*peso, error*) leicht; (*sanción*) gnädig; (*pecado*) lässlich

levedad [leβe'ða^{ð}] *f* Leichtigkeit *f*

levitar [leβi'tar] *vi* in der Luft schweben

léxico ['le$^{\gamma}$siko] *m* Wortschatz *m*

lexicón [le$^{\gamma}$si'kon] *m* Wörterbuch *nt*

ley [lei̯] *f* Gesetz *nt;* **proyecto de** ~ Gesetzentwurf *m;* **según la ~ vigente** laut geltendem Recht; **oro de** ~ Feingold *nt*

leyenda [le'ɟen̪da] *f* Legende *f*

liana [li'ana] *f* Liane *f*

liar [li'ar] <*1. pres:* lío> **I.** *vt* **1.** (*fardo*) zusammenbinden; (*paquete*) einwickeln; ~ **el petate** (*fam*) sein Bündel schnüren **2.** (*cigarrillo*) drehen **3.** (*fam: engañar*) an der Nase herumführen; (*enredar*) einwickeln **4.** (*loc, fam*): **¡ahora sí que la hemos liado!** jetzt haben wir es vermasselt! **II.** *vr:* ~**se** **1.** (*fam: juntarse*) sich einlassen **2.** (*embarullarse*) durcheinander kommen; ~**se la manta a la cabeza** (*fam*) eine voreilige Entscheidung treffen **3.** (*ponerse a*): ~**se a golpes con alguien** sich mit jdm prügeln

libelo [li'βelo] *m* Pamphlet *nt*

libélula [li'βelula] *f* Libelle *f*

liberación [liβera'θjon] *f* Befreiung *f;* (*puesta en libertad*) Freilassung *f*

liberal [liβe'ral] *adj* liberal

liberar [liβe'rar] *vt* befreien; (*soltar*) freilassen

líbero ['liβero] *m* Libero *m*

libertad [liβer'ta^{ð}] *f* **1.** (*libre arbitrio*) Freiheit *f;* ~ **de culto** Glaubensfreiheit *f;* **poner en** ~ freilassen; **tomarse demasiadas ~es** sich *dat* zu viel herausnehmen **2.** (*naturalidad*) Unbefangenheit *f*

libertar [liβer'tar] *vt* befreien

libertario, -a [liβer'tarjo, -a] *adj* anarchistisch

libertinaje [liβerti'naxe] *m* Zügellosigkeit *f*
libertino, -a [liβer'tino, -a] *adj* zügellos
libido [li'βiðo] *f sin pl* Trieb *m*
libra ['liβra] *f* Pfund *nt;* ~ **esterlina** Pfund Sterling; **una** ~ **de judías** ein Pfund Bohnen
Libra ['liβra] *f* Waage *f*
librado, -a [li'βraðo, -a] *adj:* **salir mal** ~ schlecht wegkommen *fam*
librar [li'βrar] **I.** *vt, vr:* ~**se** (sich) befreien (*de* von/aus +*dat*) **II.** *vi* (*fam*) frei haben
libre ['liβre] <libérrimo> *adj* frei; (*independiente*) unabhängig
librea [li'βrea] *f* (*traje*) Livree *f*
librecambio [liβre'kambjo] *m* Freihandel *m*
librería [liβre'ria] *f* Buchhandlung *f*
librero, -a [li'βrero, -a] *m, f* Buchhändler(in) *m(f)*
libreta [li'βreta] *f* Heft *nt*
libro ['liβro] *m* Buch *nt;* ~ **de bolsillo** Taschenbuch *nt;* ~ **de cocina** Kochbuch *nt;* ~ **de familia** Familienstammbuch *nt;* ~ **de texto** Lehrbuch *nt*
licencia [li'θen̩θja] *f* **1.** (*permiso*) Erlaubnis *f;* (*Méx*) Führerschein *m;* ~ **de obras** Baugenehmigung *f;* ~ **de armas** Waffenschein *m* **2.** (*soldado*): **estar tres días de** ~ drei Tage Ausgang haben
licenciado, -a [liθen̩'θjaðo, -a] *m, f* **1.** (*estudiante*) ≈Akademiker(in) *m(f);* ~ **en economía** Diplomvolkswirt *m* **2.** (*soldado*) Verabschiedete(r) *m*
licenciar [liθen̩'θjar] **I.** *vt* (*despedir*) entlassen; (*soldado*) verabschieden **II.** *vr:* ~**se** sein Examen machen
licenciatura [liθen̩θja'tura] *f* (*título*) Titel *m;* (*carrera*) Hochschulabschluss *m*
lícito, -a ['liθito, -a] *adj* zulässig; (*justo*) gerecht
licitud [liθi'tuᵈ] *f* Zulässigkeit *f*
licor [li'kor] *m* Likör *m*
licuadora [likwa'ðora] *f* Entsafter *m*
líder ['liðer] *mf* (Markt)führer(in) *m(f);* (DEP) Führende(r) *mf*
liderar [liðe'rar] *vt* anführen
liderato [liðe'rato] *m,* **liderazgo** [liðe'raθɣo] *m* Führung *f;* **capacidad de** ~ Führungsqualitäten *fpl*
lidia ['liðja] *f* (Stier)kampf *m*
liebre [lje'βre] *f* Hase *m*
lienzo ['ljen̩θo] *m* Leinen *nt;* (*óleo*) (Öl)gemälde *nt*
liga ['liɣa] *f* Liga *f*
ligamento [liɣa'men̩to] *m* Band *nt*
ligar [li'ɣar] <g→gu> **I.** *vi* (*fam*) anbändeln **II.** *vt* **1.** (*atar*) (fest)binden **2.** (*metal*) legieren **3.** (*unir*) verbinden **III.** *vr:* ~**se** **1.** (*unirse*) sich binden (*a* an +*akk*) **2.** (*fam*) anbändeln (*a/con* mit +*dat*)
ligereza [lixe'reθa] *f* Schnelligkeit *f;* (*levedad*) Leichtigkeit *f;* (*error*) Leichtfertigkeit *f*
ligero, -a [li'xero, -a] *adj* **1.** leicht; (*ruido*) leise **2.** (*ágil*) flink **3.** (*loc*): ~ **de cascos** (*fam*) oberflächlich; **ir muy** ~ **de ropa** sehr leicht gekleidet sein
ligón, -ona [li'ɣon, -ona] *m, f* Anmacher(in) *m(f) pey;* **ser un** ~ gerne flirten
ligue ['liɣe] *m* (*fam*) Flirt *m;* (*persona*) Freund(in) *m(f)*
lijar [li'xar] *vt* (ab)schleifen
lila ['lila] **I.** *adj* lila **II.** *f* Flieder *m*
liliputiense [lilipu'tjense] *mf* Liliputaner(in) *m(f)*
lima ['lima] *f* Feile *f*
limadura [lima'ðura] *f* **1.** (*pulido*) (Zurecht)feilen *nt* **2.** *pl* (*partículas*) Feilspäne *mpl*
limar [li'mar] *vt* (zurecht)feilen; (*fig*) den letzten Schliff geben +*dat*
limbo ['limbo] *m:* **estar en el** ~ (*fam*) geistig abwesend sein
limeño, -a [li'meɲo, -a] *adj* aus Lima
limitación [limita'θjon] *f* Beschränkung *f;* (*de una norma*) Einschränkung *f;* **sin limitaciones** unbeschränkt
limitado, -a [limi'taðo, -a] *adj* **1.** knapp; (*medios*) beschränkt; **un número** ~ eine begrenzte Anzahl **2.** (*tonto*) beschränkt
limitar [limi'tar] **I.** *vi* (an)grenzen (*con* an +*akk*) **II.** *vt* begrenzen; (*libertad*) einschränken **III.** *vr:* ~**se** sich beschränken (*a* auf +*akk*)
límite ['limite] *m* Grenze *f;* **sin** ~**s** grenzenlos
limítrofe [li'mitrofe] *adj* angrenzend; **países** ~**s** Nachbarländer *ntpl*
limo ['limo] *m* Schlamm *m*
limón [li'mon] *m* Zitrone *f*
limonada [limo'naða] *f* (Zitronen)limonade *f;* ~ **de vino** Sangria *f*
limonero [limo'nero] *m* Zitronenbaum *m*
limosna [li'mosna] *f* Almosen *nt;* **pedir** ~ betteln
limosnero, -a [limos'nero, -a] *m, f* (*Am*)

Bettler(in) *m(f)*
limpiabotas [limpja'βotas] *mf inv* Schuhputzer(in) *m(f)*
limpiachimeneas [limpjatʃime'neas] *mf inv* Schornsteinfeger(in) *m(f)*
limpiacristales [limpjakris'tales] *m inv* Fensterputzmittel *nt*
limpiaparabrisas [limpjapara'βrisas] *m inv* Scheibenwischer *m*
limpiar [lim'pjar] **I.** *vt* reinigen; (*zapatos, dientes, casa*) putzen; (*pescado*) ausnehmen **II.** *vi* putzen **III.** *vr:* **~se** sich reinigen; (*nariz, dientes*) sich *dat* putzen
limpieza [lim'pjeθa] *f* **1.** (*lavar*) Reinigung *f;* (*casa, zapatos*) Putzen *nt;* (*fig*) Säuberung *f;* **~ a fondo** Großputz *m;* **hacer la ~** sauber machen; **señora de la ~** Putzfrau *f* **2.** (*estado*) Sauberkeit *f*
limpio[1] ['limpjo] *adv* **1.** (*sin trampas*) sauber; **jugar ~** fair spielen **2.** (*loc*): **escribir en ~** ins Reine schreiben; **en ~** (*dinero*) netto
limpio, -a[2] ['limpjo, -a] *adj* sauber; (*aire*) rein; (*agua*) klar; (*fig*) rein
limusina [limu'sina] *f* Limousine *f*
linaje [li'naxe] *m* Abstammung *f*
lince ['linθe] *m* Luchs *m;* **ser un ~** (*fig*) ein Fuchs sein
linchamiento [lintʃa'mjento] *m* Lynchjustiz *f*
linchar [lin'tʃar] *vt* lynchen
lindar [lin'dar] *vi* angrenzen (*con* an *+akk*)
lindo, -a ['lindo, -a] *adj* hübsch; (*niño*) süß; **divertirse a lo ~** sich gut amüsieren
línea ['linea] *f* **1.** Linie *f;* (*raya*) Strich *m;* **~ recta** Gerade *f* **2.** (*fila*) Reihe *f* **3.** (*renglón*) Zeile *f;* **~ en blanco** Leerzeile *f* **4.** (*de transporte*) Linie *f;* (*trayecto*) Strecke *f;* **~ aérea** Fluglinie *f;* **~ férrea** Bahnlinie *f;* **coche de ~** Linienbus *m* **5.** (TEL) Leitung *f;* **~ para el fax** Faxanschluss *m* **6.** (*pariente*) (Verwandtschafts)linie *f;* **por ~ materna** mütterlicherseits **7.** (DEP) Linie *f;* **~ de meta** (*fútbol*) Torlinie *f* **8.** (*tipo*) Linie *f*
lineal [line'al] *adj* Linien-; (*t.* MAT) linear
linfático, -a [limˈfatiko, -a] *adj:* **ganglio ~** Lymphknoten *m*
lingotazo [liŋgo'taθo] *m* (*fam*) Schluck *m*
lingote [liŋ'gote] *m* Barren *m*
lingüista [liŋ'gwista] *mf* Sprachwissenschaftler(in) *m(f)*
lingüística [liŋ'gwistika] *f* Sprachwissenschaft *f*
lingüístico, -a [liŋ'gwistiko, -a] *adj* sprachwissenschaftlich
lino ['lino] *m* Leinen *nt*
linóleo [li'noleo] *m* Linoleum *nt*
linterna [lin'terna] *f* Taschenlampe *f*
lío ['lio] *m* **1.** (*embrollo*) Durcheinander *nt;* **¡déjame de ~s!** damit will ich nichts zu tun haben! **2.** (*fam*) Verhältnis *nt;* **sé que tienes un ~ por ahí** ich weiß, dass du was mit jemandem hast
liquidación [likiða'θjon] *f* **1.** (*de una mercancía*) Ausverkauf *m;* **~ total** Räumungsverkauf *m* **2.** (*de una empresa*) Auflösung *f* **3.** (*de una factura*) Begleichung *f;* (*cuenta*) Abrechnung *f*
liquidar [liki'ðar] *vt* **1.** (*fam: acabar*) erledigen; (*matar*) töten **2.** (*mercancía*) ausverkaufen; **~ las existencias** das Lager räumen **3.** (*cerrar*) auflösen **4.** (*factura*) begleichen
liquidez [liki'ðeθ] *f* Liquidität *f*
líquido[1] ['likiðo] *m* Flüssigkeit *f;* **~ amniótico** Fruchtwasser *nt;* **~ de frenos** Bremsflüssigkeit *f*
líquido, -a[2] ['likiðo, -a] *adj* flüssig; (*dinero*) liquid; **renta líquida** Nettoerlös *m*
lira ['lira] *f* Lira *f;* (*instrumento*) Lyra *f,* Leier *f*
lírica ['lirika] *f* Lyrik *f*
lírico, -a ['liriko, -a] **I.** *adj* **1.** (LIT) lyrisch **2.** (MÚS) Opern- **II.** *m, f* Lyriker(in) *m(f)*
lirio ['lirjo] *m* Lilie *f*
lirón [li'ron] *m* Siebenschläfer *m;* **dormir como un ~** schlafen wie ein Murmeltier
Lisboa [lis'βoa] *f* Lissabon *nt*
lisboeta [lisβo'eta] *adj* aus Lissabon
lisiado, -a [li'sjaðo, -a] *adj* verkrüppelt
lisiar [li'sjar] *vr:* **~se** sich verletzen
liso, -a ['liso, -a] *adj* **1.** (*superficie, pelo*) glatt; **los 100 metros ~s** der 100-Meter-Lauf **2.** (*tela*) einfarbig
lisonjear [lisoŋxe'ar] *vt* schmeicheln *+dat*
lisonjero, -a [lisoŋ'xero, -a] **I.** *adj* schmeichelnd **II.** *m, f* Schmeichler(in) *m(f)*
lista ['lista] *f* **1.** (*enumeración*) Liste *f;* **~ de la compra** Einkaufszettel *m;* **~ electoral** Wählerliste *f* **2.** (*tira*) Streifen *m;* **a ~s** gestreift
listado [lis'taðo, -a] *m* Auflistung *f*
listar [lis'tar] *vt* auflisten
listín [lis'tin] *m* Telefonbuch *nt*
listo, -a ['listo, -a] *adj* **1.** *ser* (*inteligente*) klug; (*hábil*) geschickt; **pasarse de ~** zu

L

weit gehen **2.** *estar* (*preparado*) fertig; ~ **para enviar** sendebereit; ~ **para despegar** startklar

listón [lis'ton] *m* Latte *f;* **poner el ~ muy alto** (*fig*) einen sehr hohen Maßstab anlegen

lisura [li'sura] *f* **1.** (*llano*) Glätte *f* **2.** (*Am: frescura*) Frechheit *f* **3.** (*fig: ingenuidad*) Naivität *f*

litera [li'tera] *f* Etagenbett *nt;* (FERRO) Liegewagenplatz *m*

literal [lite'ral] *adj* wörtlich

literario, **-a** [lite'rarjo, -a] *adj* literarisch

literatura [litera'tura] *f* Literatur *f;* ~ **barata** Schundliteratur *f*

litigante [liti'ɣan̩te] *adj* prozessführend

litigar [liti'ɣar] <g→gu> *vt* **1.** (*disputar, t.* JUR) streiten **2.** (*llevar a juicio*) prozessieren (*con/contra* gegen +*akk*)

litigio [li'tixjo] *m* **1.** (*disputa*) Streit *m;* **en caso de ~** im Streitfall; **en ~** strittig **2.** (*juicio*) Prozess *m*

litoral [lito'ral] *m* Küste *f*

litro ['litro] *m* Liter *m o nt;* **un ~ de leche** ein Liter Milch

Lituania [li'twanja] *f* Litauen *nt*

lituano, **-a** [li'twano, -a] *adj* litauisch

liturgia [li'turxja] *f* Liturgie *f*

liviano, **-a** [li'βjano, -a] *adj* **1.** (*superficial*) leichtfertig **2.** (*lascivo*) unanständig **3.** (*ligero*) leicht; (*error*) unbedeutend

lívido, **-a** ['liβiðo, -a] *adj* blass

llaga ['ʎaɣa] *f* Wunde *f*

llama ['ʎama] *f* **1.** Flamme *f;* (*fig*) Feuer *nt* **2.** (ZOOL) Lama *nt*

llamada [ʎa'maða] *f* **1.** (*voz*) Ruf *m;* ~ **al orden** Ordnungsruf *m* **2.** (*de teléfono*) Anruf *m;* ~ **urbana** Ortsgespräch *nt* **3.** (*a la puerta*) Klopfen *nt*

llamado, **-a** [ʎa'maðo, -a] *adj* sogenannte(r, s)

llamador [ʎama'ðor] *m* (Tür)klopfer *m*

llamamiento [ʎama'mjen̩to] *m* **1.** (*exhortación*) Aufruf *m;* (*soldado*) Appell *m;* **hacer un ~ a todos** an alle appellieren **2.** (MIL): ~ **a filas** Einberufung *f* zum Wehrdienst **3.** (JUR: *citación*) Vorladung *f*

llamar [ʎa'mar] **I.** *vt* **1.** (*voz*) rufen; (*por teléfono*) anrufen; ~ **a declarar a alguien** jdn zur Aussage vorladen; ~ **a filas** einberufen **2.** (*denominar*) nennen **3.** (*despertar*) (er)wecken **II.** *vi* anklopfen; (*el timbre*) klingeln; **¿quién llama?** wer ist da? **III.** *vr:* **~se** heißen; **¿cómo te llamas?** wie heißt du?

llamarada [ʎama'raða] *f* Flackerfeuer *nt*

llamativo, **-a** [ʎama'tiβo, -a] *adj* auffällig; (*color*) grell

llamear [ʎame'ar] *vi* lodern

llana ['ʎana] *f* Kelle *f*

llano[1] ['ʎano] *m* Ebene *f*

llano, **-a**[2] ['ʎano, -a] *adj* **1.** flach; (*terreno*) eben **2.** (LING) auf der vorletzten Silbe betont **3.** (*loc*): **el pueblo ~** das (einfache) Volk

llanta ['ʎan̩ta] *f* Reifen *m;* (*cerco*) Felge *f*

llanto ['ʎan̩to] *m* Weinen *nt*

llanura [ʎa'nura] *f* Ebene *f*

llave ['ʎaβe] *f* **1.** (*t. fig*) Schlüssel *m;* ~ **de contacto** (AUTO) Zündschlüssel *m;* ~ **maestra** Hauptschlüssel *m* **2.** (*tuerca*) Schraubenschlüssel *m;* ~ **inglesa** Engländer *m* **3.** (*interruptor*) Schalter *m*

llavero [ʎa'βero] *m* Schlüsselring *m*

llegada [ʎe'ɣaða] *f* Ankunft *f*

llegar [ʎe'ɣar] <g→gu> *vi* **1.** (*al destino*) ankommen; **estar al ~** jeden Augenblick (an)kommen; **¡hasta ahí podíamos ~!** das fehlte gerade noch!; ~ **a Madrid** in Madrid ankommen; ~ **tarde** sich verspäten **2.** (*recibir*): **no me ha llegado el dinero** ich habe das Geld noch nicht erhalten **3.** (*durar*) halten (*a* bis +*akk*); ~ **a viejo** alt werden; ~ **a los ochenta** die achtzig erreichen **4.** (*ascender*) betragen (*a* +*akk*); **no ~ a cien pesetas** keine hundert Peseten kosten **5.** (*lograr*): **ese ~á lejos** der wird es weit bringen; ~ **a ministro** es zum Minister bringen; **nunca ~é a entenderte** ich werde dich nie verstehen **6.** (*ser suficiente*) (aus)reichen **7.** (*tocar*) reichen (*a/hasta* bis zu +*dat*); **no me llegas ni a la suela de los zapatos** du kannst mir nicht das Wasser reichen **8.** (*loc*): **ha llegado a mis oídos que…** ich habe erfahren, dass …; ~ **al alma** unter die Haut gehen; ~ **a la conclusión de que…** zu dem Schluss kommen, dass …; **¡todo llega!** alles hat seine Zeit!

llenar [ʎe'nar] **I.** *vt* füllen (*de* mit +*dat*) **II.** *vr:* **~se** (*fam*) sich voll stopfen (*de* mit +*dat*); (*irritarse*) genug haben (*de* von +*dat*)

lleno, **-a** ['ʎeno, -a] *adj* voll; **luna llena** Vollmond *m;* **estoy ~** (*fam*) ich bin satt

llevadero, **-a** [ʎeβa'ðero, -a] *adj* erträglich

llevar [ʎe'βar] **I.** *vt* **1.** bringen; (*en brazos*) tragen; ~ **a alguien en el coche** jdn (im Auto) mitnehmen; ~ **algo a alguien** jdm etw bringen **2.** (*costar*) kosten; **este trabajo lleva mucho tiempo** diese Arbeit ist sehr zeitaufwändig **3.** (*tener*): ~ **consigo** dabeihaben **4.** (*conducir*) führen; ~ **de la mano** an der Hand führen **5.** (*ropa*) tragen **6.** (*estar*) sein; **llevo cuatro días aquí** ich bin seit vier Tagen hier **7.** (*gestionar*) führen; ~ **las cuentas** die Buchhaltung machen **8.** (*exceder*) übertreffen; **te llevo dos años** ich bin zwei Jahre älter als du **9.** (*loc*): ~ **a cabo** durchführen; **dejarse** ~ **por la ira** in Wut geraten; ~ **la corriente a alguien** jdm immer Recht geben; **no te dejes** ~ **por él** hör nicht auf ihn; **... y me llevo cuatro** (MAT) ... und behalte vier **II.** *vr:* ~**se 1.** (*coger*) mitnehmen; ~**se un susto** einen Schrecken bekommen; ~**se dos años** zwei Jahre auseinander sein; ~**se la palma** den Vogel abschießen **2.** (*estar de moda*) in sein **3. mi jefe y yo nos llevamos bien/mal** ich komme mit meinem Chef gut/schlecht aus

llorar [ʎo'rar] **I.** *vi* weinen; **desahogarse llorando** sich ausweinen **II.** *vt* **1.** (*lágrimas*) weinen (*por* um *+akk*); (*fig*) trauern (*por/a* um *+akk*); ~ **la muerte de alguien** jdn beweinen **2.** (*quejarse*) beklagen

llorera [ʎo'rera] *f* (*fam*) Geheule *nt*

llorica [ʎo'rika] *mf* (*fam*) Heulpeter *m*, Heulsuse *f*

lloriquear [ʎorike'ar] *vi* wimmern

lloriqueo [ʎori'keo] *m* Gewimmer *nt*

lloro(s) ['ʎoro(s)] *m(pl)* Weinen *nt*

llorón, -ona [ʎo'ron, -ona] **I.** *adj:* **sauce** ~ Trauerweide *f* **II.** *m, f* Heulpeter *m fam*, Heulsuse *f fam*

llover [ʎo'βer] <o→ue> *vi, vt, vimpers* regnen; **está lloviendo** es regnet

llovizna [ʎo'βiθna] *f* Nieselregen *m*

lloviznar [ʎoβiθ'nar] *vimpers:* **está lloviznando** es nieselt

lluvia ['ʎuβja] *f* Regen *m;* ~ **de estrellas** Sternschnuppenschwarm *m;* **época de las** ~**s** Regenzeit *f*

lluvioso, -a [ʎu'βjoso, -a] *adj* regnerisch; **tiempo** ~ Regenwetter *nt*

lo [lo] **I.** *art det v.* **el, la, lo II.** *pron pers m y nt sg* **1.** (*objeto: masculino*) ihn; (*neutro*) es; **¡lláma~!** ruf ihn!; **¡haz~!** tu es! **2.** (*con relativo*): ~ **que...** (das,) was ...; ~ **cual** was; ~ **que quiero decir es que...** was ich sagen will ist, dass ...

loable [lo'aβle] *adj* löblich

lobo, -a ['loβo, -a] *m, f* Wolf *m*, Wölfin *f*

lóbrego, -a ['loβreɣo, -a] *adj* finster

lóbulo ['loβulo] *m:* ~ **de la oreja** Ohrläppchen *nt*

local [lo'kal] **I.** *adj* örtlich; **periódico** ~ Lokalblatt *nt* **II.** *m* Raum *m;* (COM) Geschäftsraum *m;* ~ **público** Lokal *nt*

localidad [lokali'ðaᵈ] *f* **1.** (*municipio*) Ort *m* **2.** (*entrada*) Eintrittskarte *f;* (*asiento*) Sitz(platz) *m*

localizar [lokali'θar] <z→c> *vt* **1.** (*fuego, epidemia*) eindämmen **2.** (*encontrar*) finden; ~ **por teléfono** telefonisch erreichen

loción [lo'θjon] *f* **1.** (*líquido*) Flüssigkeit *f;* ~ **capilar** Haarwasser *nt;* ~ **tónica** Gesichtswasser *nt* **2.** (*crema*) Lotion *f;* ~ **bronceadora** Sonnenmilch *f;* ~ **hidratante** Feuchtigkeitslotion *f*

loco, -a ['loko, -a] **I.** *adj* **1.** (*chalado*) verrückt; **a lo** ~, **a tontas y a locas** ohne Sinn und Verstand; **estar** ~ **de atar** völlig verrückt sein; **estar** ~ **por la música** Musik lieben **2. tener una suerte loca** unwahrscheinliches Glück haben **II.** *m, f* Verrückte(r) *mf;* **casa de** ~**s** (*t. fig*) Tollhaus *nt;* **hacerse el** ~ nicht reagieren

locomoción [lokomo'θjon] *f* Fortbewegung *f*

locomotora [lokomo'tora] *f* Lokomotive *f*

locuacidad [lokwaθi'ðaᵈ] *f* Gesprächigkeit *f;* (*charlatanería*) Geschwätzigkeit *f*

locuaz [lo'kwaθ] *adj* gesprächig; (*charlatán*) geschwätzig

locución [loku'θjon] *f* Wendung *f*

locura [lo'kura] *f* **1.** (*enajenación mental*) Wahn(sinn) *m;* **querer con** ~ wahnsinnig lieben **2.** (*disparate*) Verrücktheit *f;* **andar haciendo** ~**s** Unfug treiben

locutor(a) [loku'tor(a)] *m(f)* Sprecher(in) *m(f)*

locutorio [loku'torjo] *m* Telefonzelle *f*

lodazal [loða'θal] *m* Morast *m*

lodo ['loðo] *m* Schlamm *m*

lógica ['loxika] *f* Logik *f*

lógico, -a ['loxiko, -a] *adj* logisch; (*normal*) natürlich

logística [lo'xistika] *f* Logistik *f*

logístico, -a [lo'xistiko, -a] *adj* logistisch

logopeda [loɣo'peða] *mf* Logopäde, -in *m, f*

logopedia [loɣo'peðja] *f* Logopädie *f*

logotipo [loɣo'tipo] *m* Emblem *nt;* (*de una*

empresa) Firmenzeichen *nt;* (*para un producto*) Warenzeichen *nt*

logrado, -a [lo'ɣraðo, -a] *adj* gelungen

lograr [lo'ɣrar] **I.** *vt* erreichen; (*premio*) gewinnen; **logré convencerla** ich schaffte es, sie zu überzeugen **II.** *vr:* **~se** gelingen

logro ['loɣro] *m* Erfolg *m*

logroñés, -esa [loɣro'ɲes, -esa] *adj* aus Logroño

loma ['loma] *f* Hügel *m*

lombriz [lom'briθ] *f* Wurm *m;* ~ **intestinal** Spulwurm *m;* ~ **de tierra** Regenwurm *m*

lomo ['lomo] *m* Rücken *m;* (*solomillo*) Lende *f*

lona ['lona] *f* Plane *f*

loncha ['lontʃa] *f* Scheibe *f*

londinense [lon̪di'nense] *adj* aus London

Londres ['lon̪dres] *m* London *nt*

longaniza [loŋga'niθa] *f* Bratwurst *f* (*aus Hackfleisch*)

longevidad [loŋxeβi'ða^{ð}] *f* Langlebigkeit *f;* (*edad*) hohes Alter *nt*

longitud [loŋxi'tu^{ð}] *f* Länge *f;* **salto de** ~ Weitsprung *m;* **cuatro metros de** ~ vier Meter lang; **cincuenta grados** ~ **este** fünfzig Grad östlicher Länge

longitudinal [loŋxituði'nal] *adj:* **corte** ~ Längsschnitt *m*

longitudinalmente [loŋxituðinal'men̪te] *adv* der Länge nach

longui(s) ['loŋgi(s)] *mf inv:* **hacerse el** ~ (*fam*) sich taub stellen

lonja ['loŋxa] *f* Warenbörse *f*

Lorena [lo'rena] *f:* **Alsacia y** ~ Elsaß-Lothringen *nt*

loro ['loro] *m* **1.** (ZOOL) Papagei *m;* **repetir como un** ~ alles nachplappern **2.** (*fam pey*) hässliche Frau *f*

los [los] **I.** *art det v.* **el, la, lo II.** *pron pers m y nt pl* **1.** (*objeto directo*) sie; **¡lláma~!** ruf sie! **2.** (*con relativo*): ~ **que...** die(jenigen), die ...; ~ **cuales** die

losa ['losa] *f* (Stein)platte *f;* (*lápida*) Grabstein *m*

lote ['lote] *m* **1.** (*parte*) Teil *m;* (COM) Posten *m* **2.** (*argot*): **darse el** ~ knutschen

lotería [lote'ria] *f* Lotterie *f;* ~ **primitiva** Lotto *nt;* **administración de** ~ Lottoannahmestelle *f;* **a Juan le tocó la** ~ Juan hat in der Lotterie gewonnen; **un décimo de la** ~ ein (Lotterie)los

loto ['loto] *f* (*fam*) Lotto *nt*

Lovaina [lo'βai̯na] *f* Leuven *nt*

loza ['loθa] *f* Steingut(geschirr) *nt*

lubina [lu'βina] *f* Seebarsch *m*

lubricar [luβri'kar] <c→qu> *vt* (ein)schmieren

lubrificar [luβrifi'kar] <c→qu> *vt* (ein)schmieren

lucense [lu'θense] *adj* aus Lugo

Lucerna [lu'θerna] *f* Luzern *nt*

lucero [lu'θero] *m* Stern *m*

lucha ['lutʃa] *f* Kampf *m* (*por* um +*akk*); ~ **contra la droga** Drogenbekämpfung *f*

luchador(a) [lutʃa'ðor(a)] *m(f)* Kämpfer(in) *m(f)*

luchar [lu'tʃar] *vi* kämpfen (*por* um +*akk*)

lúcido, -a ['luθiðo, -a] *adj* **1.** hell(sichtig); (*sagaz*) scharfsinnig **2.** (*sobrio*) klar

luciérnaga [lu'θjernaɣa] *f* Glühwürmchen *nt*

lucio ['luθjo] *m* Hecht *m*

lucir [lu'θir] *irr* **I.** *vi* **1.** (*brillar*) leuchten; (*sol*) scheinen **2.** (*compensar*) sich auszahlen; (*verse*) zur Geltung kommen **II.** *vt* (*exhibir*) zur Schau stellen **III.** *vr:* **~se 1.** (*exhibirse*) sich zeigen **2.** (*destacarse*) sich auszeichnen; **¡ahora sí que nos hemos lucido!** (*irón*) jetzt haben wir uns aber schön blamiert!

lucrativo, -a [lukra'tiβo, -a] *adj* einträglich; **no** ~ unentgeltlich; **sin fines ~s** gemeinnützig

lucro ['lukro] *m* Gewinn *m;* **ánimo de** ~ Gewinnstreben *nt;* **sin ánimo de** ~ gemeinnützig

lúdico, -a ['luðiko, -a] *adj* Spiel-; **el aspecto** ~ **de la vida** die angenehmen Seiten des Lebens

luego ['lweɣo] **I.** *adv* **1.** (*después*) später; **¡hasta ~!** tschüs! **2.** (*entonces*) dann **3.** (*por supuesto*): **desde** ~ selbstverständlich **II.** *conj* **1.** (*así que*) also **2.** (*después de*): ~ **que** nachdem

lugar [lu'ɣar] *m* **1.** Ort *m;* (*situación*) Platz *m;* **en algún** ~ **de la casa** irgendwo im Haus; **yo en tu ~...** ich an deiner Stelle ... **2.** (*motivo*): **dar** ~ **a un escándalo** einen Skandal verursachen **3.** (*loc*): **tener** ~ stattfinden; **en primer/segundo** ~ erstens/zweitens; **en** ~ **de** (an)statt

lúgubre ['luɣuβre] *adj* düster

lujo ['luxo] *m* Luxus *m;* **permitirse el** ~ **de...** sich *dat* den Luxus leisten, zu ...; **con**

gran ~ de detalles sehr ausführlich
lujoso, -a [lu'xoso, -a] *adj* luxuriös
lujuria [lu'xurja] *f* Lüsternheit *f*
lujurioso, -a [luxu'rjoso, -a] *adj* lüstern
lumbago [lum'baɣo] *m* Hexenschuss *m*
lumbar [lum'bar] *adj* Lenden-
lumbre ['lumbre] *f* Feuer *nt;* (*brasa*) Glut *f*
luminoso, -a [lumi'noso, -a] *adj* leuchtend; (*día*) hell; **anuncio ~** Leuchtreklame *f*
luna ['luna] *f* **1.** (ASTR) Mond *m;* **~ llena/nueva** Voll-/Neumond *m;* **~ de miel** Flitterwochen *fpl* **2.** (*cristal*) Glas *nt;* (*espejo*) Spiegelglas *nt;* **~s del coche** Autofenster *ntpl*
lunar [lu'nar] **I.** *adj* Mond- **II.** *m* Muttermal *nt;* (*en una tela*) Tupfen *m*
lunático, -a [lu'natiko, -a] *adj* launisch
lunes ['lunes] *m inv* Montag *m;* **~ de carnaval** Rosenmontag *m;* **~ de Pascua** Ostermontag *m;* **el ~** am Montag; **el ~ pasado** letzten Montag; **el ~ que viene** nächsten Montag; **el ~ por la noche/al mediodía/por la mañana/por la tarde** Montagabend/-mittag/-morgen/-nachmittag *m;* **los ~ por la noche/al mediodía/por la mañana/por la tarde** montagabends/-mittags/-morgens/-nachmittags; (**todos**) **los ~** jeden Montag, montags; **en la noche del ~ al martes** in der Nacht von Montag auf Dienstag; **el ~ entero** den ganzen Montag (über); **cada dos ~** (**del mes**) jeden zweiten Montag (im Monat); **hoy es ~, once de marzo** heute ist Montag, der elfte März
lupa ['lupa] *f* Lupe *f*
lúpulo ['lupulo] *m* Hopfen *m*
lustrar [lus'trar] *vt* polieren; (*zapatos*) putzen
lustre ['lustre] *m* Glanz *m;* (*Am*) Schuhcreme *f*
luto ['luto] *m* Trauer *f;* **ir de ~** Trauer tragen; **estar de ~ por alguien** um jdn trauern
luxación [luʸsa'θjon] *f* Verrenkung *f*
Luxemburgo [luʸsem'burɣo] *m* Luxemburg *nt*
luxemburgués, -esa [luʸsembur'ɣes, -esa] *adj* luxemburgisch
luz [luθ] *f* **1.** (*resplandor*) Licht *nt;* **~ corta** Abblendlicht *nt;* **~ larga** Fernlicht *nt;* **~ natural** Tageslicht *nt;* **traje de luces** Torerokostüm *nt;* **a la ~ del día** bei Tageslicht; **dar a ~** entbinden; (+ *objeto*) zur Welt bringen **2.** (*energía*) Strom *m;* **¡da la ~!** mach das Licht an! **3. encender/apagar la ~** das Licht an-/ausmachen **4.** *pl:* **el Siglo de las Luces** die Aufklärung; **tener pocas luces** beschränkt sein

M

M

M, m ['eme] *f* M, m *nt*
Mª [ma'ria] *abr de* **María** María
macabro, -a [ma'kaβro, -a] *adj* makaber
macanudo, -a [maka'nuðo, -a] *adj* (*Am: fam*) toll
macarra [ma'karra] *m* (*fam*) Gauner *m;* (*chulo*) Zuhälter *m*
macarrón [maka'rron] *m pl* Makkaroni *pl*
macedonia [maθe'ðonja] *f:* **~ (de frutas)** Obstsalat *m*
maceta [ma'θeta] *f* Blumentopf *m*
machacar [matʃa'kar] <c→qu> **I.** *vt* **1.** (*triturar*) zerstampfen **2.** (*insistir*) herumreiten (auf +*dat*) *fam* **3.** (*fam: estudiar*) durchackern **4.** (*fam: destruir*) kleinkriegen **II.** *vr:* **~se: machacársela** (*vulg*) sich *dat* einen runterholen
machete [ma'tʃete] *m* Säbel *m;* (*cuchillo*) Machete *f*
macho ['matʃo] *m* Männchen *nt;* (*fam*) Kerl *m*
machote [ma'tʃote] *m* (*fam*) (ganzer) Kerl *m*
macizo¹ [ma'θiθo] *m* (Gebirgs)massiv *nt*
macizo, -a² [ma'θiθo, -a] *adj* **1.** (*oro, puerta*) massiv; **de plata maciza** massiv silbern **2.** (*persona*) kräftig; **estar ~** gut gebaut sein; **un tío ~** ein knackiger Typ
macuto [ma'kuto] *m* Rucksack *m;* (MIL) Tornister *m*
madeja [ma'ðexa] *f* Knäuel *nt o m*
madera [ma'ðera] *f* Holz *nt;* **de ~** hölzern; **tocar ~** auf Holz klopfen; **¡toca ~!** toi, toi, toi!
madona [ma'ðona] *f* Madonna *f*
madrastra [ma'ðrastra] *f* Stiefmutter *f*

madraza [ma'ðraθa] *f* (*fam*): **es una verdadera** ~ sie ist mit Leib und Seele Mutter

madre ['maðre] *f* **1.** (*de familia*) Mutter *f;* ~ **de leche** Amme *f;* ~ **política** Schwiegermutter *f;* **¡**~ (**mía**)! (oh) mein Gott!; **¡la** ~ **que lo parió!** (*vulg*) dieser Scheißkerl!; **¡la** ~ **que te parió!** (*vulg*) verdammt noch mal! *fam;* **¡tu** ~**!** (*fam*) von wegen!; **de puta** ~ (*vulg*) geil *fam* **2.** (*origen*): ~ **patria** Mutterland *nt*

madriguera [maðri'ɣera] *f* Bau *m;* (*escondrijo*) Schlupfwinkel *m*

madrileño, **-a** [maðri'leɲo, -a] *adj* aus Madrid

madrina [ma'ðrina] *f* **1.** (*de bautismo*) (Tauf)patin *f* **2.** ~ (**de boda**) Trauzeugin *f* **3.** (*de un artista*) Förderin *f*

madrugada [maðru'ɣaða] *f* **1.** (*alba*) (Morgen)dämmerung *f;* **en la** [*o* **de**] ~ früh morgens; **salimos de viaje de** ~ wir brachen bei Tagesanbruch auf **2.** (*horas después de la media noche*): **a las tres de la** ~ um drei Uhr nachts

madrugador(**a**) [maðruɣa'ðor(a)] *adj:* **ser muy** ~ sehr früh aufstehen

madrugar [maðru'ɣar] <g→gu> *vi* (sehr) früh aufstehen

madrugón [maðru'ɣon] *m:* **darse un** ~ sehr früh aufstehen

madurar [maðu'rar] **I.** *vt* reifen; (*reflexionar sobre*) durchdenken **II.** *vi, vr:* ~**se** reifen; (*persona*) reifer werden

madurez [maðu'reθ] *f* Reife *f;* (*de un plan*) Ausgereiftheit *f;* **estar en la** ~ im reiferen Alter sein

maduro, **-a** [ma'ðuro, -a] *adj* (*fruta, persona*) reif; (*plan*) ausgereift

maestría [maes'tria] *f:* **con** ~ meisterhaft

maestro, **-a** [ma'estro, -a] **I.** *adj:* **obra maestra** Meisterwerk *nt,* Haus- **II.** *m, f* Meister(in) *m(f);* (*profesor*) Lehrer(in) *m(f)*

mafioso, **-a** [ma'fjoso, -a] *m, f* Mafioso, -a *m, f*

magdalena [maɣða'lena] *f* ≈Biskuit *m o nt;* **llorar como una Magdalena** wie ein Schlosshund weinen

magia ['maxja] *f* Magie *f;* (*poder*) Zauberkraft *f;* (*atractivo*) Zauber *m*

mágico, **-a** ['maxiko, -a] *adj* magisch; **varita mágica** Zauberstab *m*

magisterio [maxis'terjo] *m:* **estudiar** ~ auf Lehramt studieren

magistrado, **-a** [maxis'traðo, -a] *m, f* Richter(in) *m(f)*

magma ['maɣma] *m* Magma *nt*

magnate [maɣ'nate] *m* Magnat *m;* ~ **de las finanzas** Finanzmagnat *m*

magnesio [maɣ'nesjo] *m* Magnesium *nt*

magnético, **-a** [maɣ'netiko, -a] *adj* magnetisch

magnetismo [maɣne'tismo] *m* Magnetismus *m;* (*fig*) Anziehungskraft *f*

magnetizar [maɣneti'θar] <z→c> *vt* magnetisieren; (*hipnotizar*) hypnotisieren; (*encantar*) verzaubern; (*retener la atención*) fesseln

magnetofón [maɣneto'fon] *m* Tonbandgerät *nt*

magnífico, **-a** [maɣ'nifiko, -a] *adj* herrlich; (*excelente*) großartig

magnitud [maɣni'tu^{ð}] *f:* **la** ~ **de este problema es alarmante** dieses Problem hat beängstigende Ausmaße angenommen

magnolia [maɣ'nolja] *f* Magnolienblüte *f*

magnolio [maɣ'nolio] *m* (BOT) Magnolie *f*

mago, **-a** ['maɣo, -a] *m, f* Zauberer, -in *m, f;* **los Reyes Magos** die Heiligen Drei Könige

magrear [maɣre'ar] *vt* (*vulg*) betatschen *fam*

magro, **-a** ['maɣro, -a] *adj* mager

maguey [ma'ɣei̯] *m* (*Am*) Agave *f*

magulladura [maɣuʎa'ðura] *f,* **magullamiento** [maɣuʎa'mjen̩to] *m* Quetschung *f;* (*en una fruta*) Druckstelle *f*

magullar [maɣu'ʎar] *vt* quetschen

Maguncia [ma'ɣun̩θja] *f* Mainz *nt*

mahometano, **-a** [maome'tano, -a] *adj* mohammedanisch

mahonesa [mao'nesa] *f* Majonäse *f*

maicena® [mai̯'θena] *f* Maismehl *nt*

mailing ['mei̯liŋ] *m* (INFOR) Mailing *nt*

maíz [ma'iθ] *m* Mais *m*

majada [ma'xaða] *f* **1.** (*aprisco*) Pferch *m* **2.** (*estiércol*) Mist *m*

majaderear [maxaðere'ar] *vt* (*Am*) auf die Nerven gehen +*dat fam*

majadería [maxaðe'ria] *f* Blödsinn *m fam;* **¡no hagas caso a sus** ~**s!** hör nicht auf sein/ihr dummes Geschwätz!

majadero, **-a** [maxa'ðero, -a] *adj* dämlich; (*imprudente*) unverschämt

majar [ma'xar] *vt* zerstampfen

majara [ma'xara], **majareta** [maxa'reta] *adj* (*fam*) verrückt

majestad [maxes'ta^{ð}] *f* Majestät *f;* **Su** ~**,...**

Eure (Königliche) Hoheit, …

majo, **-a** ['maxo, -a] *adj* **1.** hübsch; (*guapo*) gut aussehend **2.** (*agradable*) nett **3.** (*ataviado*) zurechtgemacht; **ponte maja para la fiesta** mach dich für das Fest hübsch

mal [mal] **I.** *adj v.* **malo II.** *m* **1.** Schaden *m;* (*injusticia*) Unrecht *nt* **2.** (*lo malo*) Böse *nt;* **el ~ menor** das kleinere Übel; **tomarse algo a ~** etw übel nehmen; **menos ~** Gott sei Dank **3.** (*inconveniente*) Nachteil *m* **4.** (*enfermedad*) Krankheit *f* **5.** (*desgracia*) Unglück *nt* **III.** *adv* schlecht; **dejar ~ a alguien** jdn blamieren; **esto acabará ~** das wird noch böse enden; **la nueva compañera me cae ~** die neue Kollegin ist mir unsympathisch; **estar ~ de dinero** schlecht bei Kasse sein

malabarismo [malaβa'rismo] *m* Jonglieren *nt*

malabarista [malaβa'rista] *mf* Jongleur(in) *m(f)*

malaconsejar [malakonse'xar] *vt* schlecht beraten

malacostumbrado, **-a** [malakostum'braðo, -a] *adj:* **estar ~** verwöhnt sein

malacostumbrar [malakostum'brar] **I.** *vt* **1.** (*mimar*) verwöhnen **2.** (*educar mal*) schlecht erziehen **3.** (*viciar*) einen schlechten Einfluss ausüben (*a* auf +*akk*) **II.** *vr:* **~se** sich *dat* einen schlechten Lebenswandel angewöhnen

malagueño, **-a** [mala'ɣeɲo, -a] *adj* aus Malaga

malapata [mala'pata] *mf:* **tener ~** unbeholfen sein

malaria [ma'larja] *f* Malaria *f*

malcomer [malko'mer] *vi* nur wenig (und ohne Appetit) essen

malcriado, **-a** [malkri'aðo, -a] *adj* ungezogen

malcriar [malkri'ar] <*1. pres:* malcrío> *vt* verziehen

maldad [mal̩'daᵈ] *f* Bosheit *f*

maldecir [mal̩de'θir] *irr* **I.** *vt* verfluchen; **¡te maldigo!** Fluch über dich! **II.** *vi* **1.** (*jurar*) fluchen **2.** (*hablar mal*) schlecht sprechen (*de* über +*akk*)

maldición [mal̩di'θjon] *f* Fluch *m*

maldito, **-a** [mal̩'dito, -a] *adj:* **¡maldita sea!** (*fam*) verdammt noch mal!; **¡~ seas!** (*vulg*) du verfluchter Idiot! *fam;* **¡malditas las ganas (que tengo)!** ich habe nicht die geringste Lust!

maleante [male'an̪te] *mf* Gauner(in) *m(f)*

malecón [male'kon] *m* Damm *m;* (*rompeolas*) Kai *m*

maleducado, **-a** [maleðu'kaðo, -a] *adj:* **tu amigo es muy ~** dein Freund hat überhaupt keine Manieren

maleducar [maleðu'kar] *vt* verziehen

maleficio [male'fiθjo] *m* Zauberei *f;* (*efecto*) Zauber *m;* (*daño*) Schaden *m*

malentendido [malen̪ten̪'diðo] *m* Missverständnis *nt*

malestar [males'tar] *m* Unwohlsein *nt;* (*espiritual*) Unbehagen *nt*

maleta [ma'leta] *f* Koffer *m;* **hacer la ~** den Koffer packen

maletero [male'tero] *m* Kofferraum *m*

maletín [male'tin] *m:* **~ (de viaje)** Handkoffer *m*

maleza [ma'leθa] *f* Unkraut *nt;* (*matorral*) Gestrüpp *nt*

malgastar [malɣas'tar] *vt* verschwenden; **~ una oportunidad** eine Chance vertun

malhechor(a) [male'tʃor(a)] *m(f)* Verbrecher(in) *m(f)*

malherir [male'rir] *irr como sentir vt* schwer verletzen

malhumorado, **-a** [malumo'raðo, -a] *adj* **1.** *ser* übellaunig **2.** *estar* schlecht gelaunt; **estar ~** schlechte Laune haben

malicia [ma'liθja] *f* **1.** (*intención malévola*) Arglist *f;* **hacer todo con ~** stets arglistig handeln **2.** (*maldad*) Boshaftigkeit *f* **3.** (*picardía*) Verschlagenheit *f;* **tener mucha ~** sehr verschlagen sein; **no tener ~** naiv sein

malicioso, **-a** [mali'θjoso, -a] *adj* arglistig; (*maligno*) boshaft; (*que sospecha malicia*) argwöhnisch

maligno, **-a** [ma'liɣno, -a] *adj* gemein; (*sonrisa*) hämisch; (MED) bösartig

malintencionado, **-a** [malin̪ten̪θjo'naðo, -a] *adj* arglistig

malinterpretar [malin̪terpre'tar] *vt* missverstehen

malla ['maʎa] *f* **1.** Netz *nt;* (*vestido*) (Gymnastik)trikot *nt* **2.** *pl* (*pantalones*) Leggings *fpl;* (*Am*) Badeanzug *m*

mallorquín, **-ina** [maʎor'kin, -ina] *adj* mallorquinisch

malnutrido, **-a** [malnu'triðo, -a] *adj* unterernährt

malo, **-a** ['malo, -a] **I.** *adj* <peor, pési-

M

mo> (*precediendo un sustantivo masculino: mal*) **1.** (*en general*) schlecht; **mala gestión** Misswirtschaft *f;* **palabras malas** unanständige Worte; **de mala gana** widerwillig; **tener mala mano para algo** ungeschickt in etw *dat* sein; **tener mala suerte** Pech haben; **hace un tiempo malísimo** das Wetter ist miserabel **2.** (*malévolo*) böse; **tener mal genio** leicht reizbar sein; **una mala persona** ein schlechter Mensch **3. caer** ~ krank werden **4.** (*travieso*) ungezogen **5.** (*estropeado*) schlecht; (*leche*) sauer **II.** *adv:* **podemos llegar a un acuerdo por las buenas o por las malas** wir können uns im Guten oder im Bösen einigen **III.** *m, f* Bösewicht *m*

malograr [malo'ɣrar] *vt:* **has malogrado la ocasión** du hast die Chance vertan

maloliente [malo'ljeṇte] *adj* stinkend; **me molestan tus cigarros** ~**s** mich stört der Gestank deiner Zigarren

malparar [malpa'rar] *vt* übel zurichten; **salir malparado de un asunto** bei einer Sache schlecht wegkommen

malpensado, **-a** [malpen'saðo, -a] *adj* argwöhnisch

malsano, **-a** [mal'sano, -a] *adj* ungesund

malsonante [malso'naṇte] *adj* unangenehm (klingend); (*palabra*) unanständig

malta ['maḷta] *f* Malz *nt;* (*café*) Malzkaffee *m;* (*Arg*) Malzbier *nt*

maltratar [maḷtra'tar] *vt* schlecht behandeln; (*daño*) misshandeln

maltrato [maḷ'trato] *m* Misshandlung *f*

maltrecho, **-a** [maḷ'tretʃo, -a] *adj* übel zugerichtet

malva ['malβa] **I.** *adj* (blass)lila **II.** *f* Malve *f*

malvado, **-a** [mal'βaðo, -a] **I.** *adj* ruchlos; **una persona malvada** ein durch und durch schlechter Mensch **II.** *m, f* Unmensch *m*

malvavisco [mal'βisko] *m* Hibiskus *m*

malvender [malβeṇ'der] *vt* unter Wert verkaufen

malversar [malβer'sar] *vt* unterschlagen

Malvinas [mal'βinas] *fpl* Falklandinseln *fpl*

mama ['mama] *f* **1.** Brust(drüse) *f;* (*de un animal*) Zitze *f;* (*ubre*) Euter *m* **2.** (*fam*) Mama *f*

mamá [ma'ma] *f* (*fam*) Mama *f*

mamada [ma'maða] *f* **1.** (*acción*) Trinken *nt* (von Muttermilch); **el bebé se queda dormido después de cada** ~ nach dem Stillen schläft das Baby immer ein **2.** (*cantidad mamada*) Brustmahlzeit *f* **3.** (*Am: ganga*) Schnäppchen *nt;* **¡vaya** ~**!** das ist ja geschenkt! **4.** (*loc, vulg*): **dar una** ~ **a alguien** jdm einen blasen

mamar [ma'mar] **I.** *vt, vi* **1.** (*en el pecho*) trinken; **no le des de** ~ **tanto al niño** still das Kind nicht so oft **2.** (*adquirir*): **has mamado la pereza** (**con la leche**) du hast die Faulheit mit der Muttermilch eingesaugt **3.** (*fam*) futtern **4.** (*vulg*): **mamársela a alguien** jdm einen blasen **II.** *vr:* ~**se** (*vulg*) sich voll laufen lassen *fam*

mamarracho [mama'rratʃo] *m* Witzfigur *f fam*

mameluco [mame'luko] *m* Dummkopf *m*

mamífero [ma'mifero] **I.** *adj* Säuge- **II.** *m* Säugetier *nt*

mamón, **-ona** [ma'mon, -ona] *m, f* (*vulg*) Wichser *m*, Fotze *f*

mampara [mam'para] *f* Wandschirm *m*

mamporro [mam'porro] *m* (*fam*) Schlag *m*

mampostería [mamposte'ria] *f* Mauerwerk *nt*

manada [ma'naða] *f* Herde *f;* (*de peces/aves*) Schwarm *m;* **una** ~ **de curiosos** eine Gruppe Neugieriger

manantial [manaṇ'tjal] *m* Quelle *f;* ~ **caliente** Thermalquelle *f;* ~ **medicinal** Heilquelle *f*

manar [ma'nar] **I.** *vt* hervorbringen **II.** *vi* **1.** (*surgir*) fließen **2.** (*fluir fácilmente*) strömen; **las palabras manaban de su boca** die Worte sprudelten förmlich über seine/ihre Lippen

manazas [ma'naθas] *mf inv* Tölpel *m;* **ser un** ~ zwei linke Hände haben

mancha ['mantʃa] *f* **1.** Fleck *m;* (*de tinta*) Klecks *m* **2.** (*toque de color*) (Farb)tupfer *m;* **este perro es blanco con** ~**s negras** dieser Hund ist gescheckt **3.** (*deshonra*) Makel *m;* **sin** ~ makellos

Mancha ['mantʃa] *f:* **canal de la** ~ Ärmelkanal *m*

manchado, **-a** [man'tʃaðo, -a] *adj* schmutzig; (*cara, fruta*) fleckig

manchar [man'tʃar] *vt, vr:* ~**se** (*ensuciarse*) (sich) schmutzig machen

manchego, **-a** [man'tʃeɣo, -a] *adj* aus der spanischen Region La Mancha

mancillar [maṇθi'ʎar] *vt* beflecken

manco, **-a** ['maŋko, -a] *adj* einarmig; (*de una mano*) einhändig
mancomunidad [maŋkomuni'ðaᵈ] *f* Gemeinschaft *f*
mandamás [manda'mas] *mf* (*pey fam*) befehlshaberische Person *f*
mandamiento [manda'mjento] *m* **1.** (*orden*) Befehl *m;* ~ **de detención** Haftbefehl *m;* ~ **judicial** gerichtliche Verfügung **2.** (*precepto*) Gebot *nt*
mandar [man'dar] *vt* **1.** (*ordenar*) befehlen; ~ **a alguien que...** +*subj* jdm befehlen zu ... +*inf;* **lo que Ud. mande** zu Ihren Diensten **2.** (*prescribir*) vorschreiben **3.** (*dirigir*) leiten; (*gobernar*) regieren **4.** (*encargar*) veranlassen; ~ **venir** kommen lassen **5.** (*enviar*) schicken; ~ **al cuerno** (*fam*) zum Teufel schicken
mandarina [manda'rina] *f* Mandarine *f*
mandatario, **-a** [manda'tarjo, -a] *m, f* Bevollmächtigte(r) *mf;* **primer** ~ Staatschef *m*
mandato [man'dato] *m* **1.** (*orden*) Befehl *m;* ~ **judicial** gerichtliche Anweisung **2.** (POL) Mandat *nt*
mandíbula [man'diβula] *f* Kiefer *m;* **reír(se) a** ~ **batiente** sich ausschütten vor Lachen
mandil [man'dil] *m* Schürze *f;* (*Am*) Satteldecke *f*
mandinga [man'diŋga] *m* (*Am: fam*) Teufel *m*
mando ['mando] *m* **1.** (*poder*) Macht *f;* (MIL) Kommando *nt;* **don de** ~ Führungsqualitäten *fpl;* **estar al** ~ **de** das Kommando haben über; **estar bajo el** ~ **de alguien** unter jds Befehl stehen **2.** ~ **a distancia** Fernsteuerung *f;* ~ **manual** Handantrieb *m;* **botón de** ~ Bedienungsknopf *m*
mandón, **-ona** [man'don, -ona] *adj* herrschsüchtig
manecilla [mane'θiʎa] *f* Zeiger *m*
manejable [mane'xaβle] *adj* handlich; (*persona*) fügsam
manejar [mane'xar] **I.** *vt* **1.** handhaben; (*máquina*) bedienen; (*fig*) umgehen (mit +*dat*); ~ **el cuchillo** mit dem Messer hantieren; **saber** ~ **el dinero** gut mit Geld umgehen können **2.** (*Am*) lenken **II.** *vr:* ~**se** zurechtkommen; **manejárselas** (*fam*) sich *dat* zu helfen wissen
manejo [ma'nexo] *m* Handhabung *f;* (*de una máquina*) Bedienung *f;* (*fig*) Umgang *m* (*de* mit +*dat*)
manera [ma'nera] *f* **1.** (*forma, modo*) Art *f,* Weise *f;* **a mi** ~ auf meine Art; **a mi** ~ **de ver** meiner Ansicht nach; **de esta** ~ auf diese Art und Weise, so; **de otra** ~ anders; **de tal** ~**, que** derart(ig), dass; **de** ~ **que** so dass; **de ninguna** ~ keinesfalls; **de una** ~ **o de otra** so oder so; **en cierta** ~ in gewisser Weise; **de todas** ~**s, no pienso ir ahí** ich gehe jedenfalls nicht dorthin; **no hay** ~ **de...** es ist unmöglich zu ...; **¡qué** ~ **de llover!** so ein Regen!; **contestar de mala** ~ eine freche Antwort geben; **hacer las cosas de mala** ~ pfuschen **2.** *pl* (*modales*) Manieren *fpl;* **¡estas no son** ~**s!** das ist keine Art!
manga ['maŋga] *f* Ärmel *m;* **de** ~**s cortas/largas** kurzärm(e)lig/langärm(e)lig
mangante [maŋ'gante] *mf* (*fam*) Gauner(in) *m(f)*
manganzón, **-ona** [maŋgan'θon, -ona] *m, f* (*Am*) Faulenzer(in) *m(f)*
mangar [maŋ'gar] <g→gu> *vt* (*fam*) klauen
mango ['maŋgo] *m* **1.** Griff *m;* (*alargado*) Stiel *m* **2.** (*fruta*) Mango *f*
mangonear [maŋgone'ar] *vi* (*fam*) sich einmischen (*en* in +*akk*); (*vaguear*) sich herumtreiben
mangoneo [maŋgo'neo] *m* (*fam*) Einmischung *f;* (*vagancia*) Herumtreiberei *f*
manguear [maŋge'ar] *vt* (*Arg: fam: dinero*) pumpen
manguera [maŋ'gera] *f* Schlauch *m*
maní [ma'ni] *m* Erdnuss *f*
manía [ma'nia] *f* **1.** (*locura*) Wahn *m* **2.** (*extravagancia*) Marotte *f* **3.** (*obsesión*) fixe Idee *f* **4.** (*fam: aversión*) Abneigung *f;* **tener(le)** ~ **a alguien** jdn nicht leiden können
maniaco, **-a** [ma'njako, -a], **maníaco**, **-a** [ma'niako, -a] *m, f:* ~ **sexual** Sexbesessene(r) *m;* (*delincuente*) Triebtäter *m*
maniatar [manja'tar] *vt* an den Händen fesseln
maniático, **-a** [ma'njatiko, -a] *m, f* **1.** (*loco*) Wahnsinnige(r) *mf;* **un** ~ **de fútbol** ein Fußballfreak **2.** (*extravagante*) Sonderling *m*
manicomio [mani'komjo] *m* Irrenanstalt *f*
manicura [mani'kura] *f* Maniküre *f*
manicuro, **-a** [mani'kuro, -a] *m, f* Handpfleger(in) *m(f),* Maniküre *f*

manifestación [manifesta'θjon] *f* **1.** (*expresión*) Bekundung *f;* **como ~ de cariño** als Ausdruck der Zuneigung **2.** (*reunión*) Demo(nstration) *f*

manifestante [manifes'tan̪te] *mf* Demonstrant(in) *m(f)*

manifestar [manifes'tar] <e→ie> **I.** *vt* erklären; (*mostrar*) zeigen **II.** *vr:* **~se 1.** (*declararse*) sich äußern; **~se a favor/en contra de algo** sich für/gegen etw aussprechen **2.** (*revelarse*) sich zeigen (*en* in +*dat*) **3.** (*política*) demonstrieren

manifiesto[1] [mani'fjesto] *m* Manifest *nt*

manifiesto, -a[2] [mani'fjesto, -a] *adj* **1.** (*evidente*) eindeutig **2.** (*loc*): **poner de ~** zum Ausdruck bringen

manija [ma'nixa] *f* (*palanca*) Griff *m*

manilla [ma'niʎa] *f* Uhrzeiger *m*

manillar [mani'ʎar] *m* Lenker *m*

maniobra [mani'oβra] *f* (*uso*) Bedienung *f;* (*vehículo*) Steuern *nt;* (*movimiento*) Manöver *nt;* **estar de ~s** (MIL) im Manöver sein

maniobrar [manjo'βrar] **I.** *vi* ein Manöver abhalten **II.** *vt* steuern

manipulación [manipula'θjon] *f* Handhabung *f;* (*alteración*) Manipulation *f*

manipular [manipu'lar] *vt* handhaben; (*máquina*) bedienen; (*alterar*) manipulieren

maniquí [mani'ki] <maniquíes> *m* Schaufensterpuppe *f*

manirroto, -a [mani'rroto, -a] *adj* verschwenderisch

manita [ma'nita] *f:* **hacer ~s** Händchen halten; **ser un ~s** handwerklich geschickt sein

manivela [mani'βela] *f* Kurbel *f*

manjar [maŋ'xar] *m* Speise *f;* (*exquisitez*) Delikatesse *f*

mano ['mano] *f* **1.** (ANAT) Hand *f;* **a ~s llenas** großzügig; **apretón de ~s** Handschlag *m;* **bajo ~** unter der Hand; **cogidos de las ~s** Hand in Hand; **echar una ~ a alguien** jdm helfen; **~ a ~** (*fig*) gleichzeitig; **¡~s a la obra!** ans Werk!; **meter ~** sich einmischen; **meter ~ a alguien** (*fam*) jdn befingern; **traer algo entre ~s** etw im Schilde führen **2.** (ZOOL) Vorderfuß *m* **3. una ~ de pintura** ein Anstrich **4. ~ de obra** Arbeitskraft *f;* **~ de obra especializada** Facharbeiter(in) *m(f)*

manojo [ma'noxo] *m* Hand *f* voll; **~ de llaves** Schlüsselbund *m o nt;* **ser un ~ de nervios** ein Nervenbündel sein

manopla [ma'nopla] *f* Fäustling *m;* (*para lavarse*) Waschlappen *m*

manoseado, -a [manose'aðo, -a] *adj* gebraucht; (*trillado*) abgedroschen

manosear [manose'ar] *vt* betasten; (*fam pey*) betatschen

manotazo [mano'taθo] *m:* **dar ~s** um sich schlagen

manotear [manote'ar] *vi* gestikulieren

mansalva [man'salβa] *adv:* **a ~** sicher; (*en gran cantidad*) massenweise

mansión [man'sjon] *f* Villa *f*

manso, -a ['manso] *adj* sanft; (*animales*) zahm; (*aguas*) still

manta[1] ['man̪ta] *f* Decke *f;* **~ de cama** Tagesdecke *f;* **a ~** massenhaft

manta[2] ['man̪ta] *mf* Tölpel *m*

manteca [man̪'teka] *f* Fett *nt;* **~ de cerdo** Schweineschmalz *nt*

mantel [man̪'tel] *m* Tischdecke *f*

mantener [man̪te'ner] *irr como tener* **I.** *vt* **1.** halten; (*relaciones*) aufrechterhalten; **~ a punto** instand halten; **~ la línea** fit bleiben; **~ la calma** die Ruhe bewahren **2.** (*perseverar*) beharren (auf +*dat*) **3.** (*sustentar*) unterhalten; **~ correspondencia con alguien** mit jdm in Briefkontakt stehen **4.** (*sostener*) stützen **5.** (*proseguir*) in Gang halten; **~ una conversación con alguien** mit jdm ein (langes) Gespräch führen **II.** *vr:* **~se** sich halten; (*continuar*) bleiben; (*perseverar*) festhalten (an +*dat*); (*sustentarse*) seinen Lebensunterhalt bestreiten (*gracias a* mit +*dat*)

mantenimiento [man̪teni'mjen̪to] *m* **1.** (*alimentos*) Unterhalt *m* **2.** (TÉC) Wartung *f;* **sin ~** wartungsfrei

mantequilla [man̪te'kiʎa] *f* Butter *f*

mantilla [man̪'tiʎa] *f* Mantille *f*

manto ['man̪to] *m* Umhang *m;* (*talar*) Talar *m;* (*capa*) Schicht *f*

mantón [man̪'ton] *m* Umschlagtuch *nt*

manual [manu'al] **I.** *adj* Hand-; (*manejable*) handlich **II.** *m* Handbuch *nt;* **~ de referencia** Nachschlagewerk *nt*

manufacturar [manufaktu'rar] *vt* herstellen

manuscrito[1] [manus'krito] *m* Handschrift *f;* (*de un autor*) Manuskript *nt*

manuscrito, -a[2] [manus'krito, -a] *adj* handschriftlich

manutención [manuten̪'θjon] *f* Unterhalt *m;* (TÉC) Instandhaltung *f*

manzana [maṇ'θana] *f* **1.** (*fruta*) Apfel *m;* **la ~ de la discordia** der Zankapfel; **sano como una ~** kerngesund **2.** (*cuadra*) (Häuser)block *m;* **dar la vuelta a la ~** um den Block gehen

manzanilla [maṇθa'niʎa] *f* Kamille *f;* (*infusión*) Kamillentee *m*

manzano [maṇ'θano] *m* Apfelbaum *m*

maña ['maɲa] *f* **1.** (*habilidad*) Geschicklichkeit *f;* **darse** [*o* **tener**] **~ para algo** etw gut können **2.** (*astucia*) Schläue *f;* **más vale ~ que fuerza** List geht über Kraft **3.** *pl* (*caprichos*) Mucken *fpl;* **tener ~s** verwöhnt sein

mañana[1] [ma'ɲana] **I.** *f* (*temprana*) Morgen *m;* (*hasta el mediodía*) Vormittag *m* **II.** *adv* morgen; **¡hasta ~!** bis morgen!; **pasado ~** übermorgen

mañana[2] [ma'ɲana] *m* Zukunft *f;* **el día de ~** in näherer Zukunft

maño, **-a** ['maɲo, -a] *adj* aus Aragonien

mañoso, **-a** [ma'ɲoso, -a] *adj* geschickt

mapa ['mapa] *m* (Land)karte *f;* **~ astronómico** Himmelskarte *f;* **borrar del ~** umbringen; **desaparecer del ~** verschwinden

mapache [ma'patʃe] *m,* **mapachín** [mapa'tʃin] *m* (*Am*) Waschbär *m*

maqueta [ma'keta] *f* (Entwurfs)modell *nt*

maquillador(a) [makiʎa'ðor(a)] *m(f)* Visagist(in) *m(f);* (TEAT) Maskenbildner(in) *m(f)*

maquillaje [maki'ʎaxe] *m* Schminken *nt;* (*producto*) Make-up *nt;* (TEAT) Schminke *f*

maquillar [maki'ʎar] **I.** *vt* **1.** Make-up auftragen (auf +*akk*); (*con pinturas*) schminken **2.** (*disimular*) beschönigen **II.** *vr:* **~se** Make-up auflegen; (*con pinturas*) sich schminken

máquina ['makina] *f* **1.** (*artefacto*) Maschine *f;* **~ de afeitar** Rasierapparat *m;* **~ de coser** Nähmaschine *f;* **a toda ~** mit Volldampf *fam* **2.** **~ de tabaco** Zigarettenautomat *m;* **~ tragaperras** (*fam*) Spielautomat *m* **3.** (*tren*) Lokomotive *f*

maquinar [maki'nar] *vt* aushecken

maquinaria [maki'narja] *f* Maschinenpark *m*

maquinilla [maki'niʎa] *f* Rasierapparat *m*

maquinista [maki'nista] *mf:* **~ de trenes** Lokführer(in) *m(f)*

mar [mar] *m o f* **1.** (GEO) Meer *nt,* See *f;* **Mar Báltico** Ostsee *f;* **Mar Mediterráneo** Mittelmeer *nt;* **Mar del Norte** Nordsee *f;* **en alta ~** auf hoher See; **~ adentro** seewärts; **por ~** auf dem Seeweg; **hacerse a la ~** in See stechen **2.** (*fam*) Unmenge *f;* **hay la ~ de...** es gibt ... in Hülle und Fülle; **llueve a ~es** es schüttet; **ser la ~ de aburrido** entsetzlich langweilig sein

maraña [ma'raɲa] *f* Wirrwarr *m;* **~ de cabello** zerzaustes Haar

maratón [mara'ton] *m o f* Marathon *m;* **~ contrarreloj** Wettlauf mit der Zeit

maravilla [mara'βiʎa] *f* **1.** (*portento*) Wunder *nt;* **a las mil ~s, de ~** wunderbar **2.** (*admiración*) Bewunderung *f*

maravillar [maraβi'ʎar] **I.** *vt* in Bewunderung versetzen **II.** *vr:* **~se** sich wundern (*de* über +*akk*)

maravilloso, **-a** [maraβi'ʎoso, -a] *adj* wunderbar

marbellí [marβe'ʎi] *adj* aus Marbella

marca ['marka] *f* **1.** (*distintivo*) Kennzeichen *nt;* **~ de agua** Wasserzeichen *nt* **2.** (*de productos*) Marke *f;* **~ registrada** eingetragenes Warenzeichen; **ropa de ~** Designerkleider *ntpl*

marcado, **-a** [mar'kaðo, -a] *adj* markiert; (*evidente*) deutlich

marcador [marka'ðor] *m* **1.** (*tablero*) Anzeigetafel *f;* **abrir el ~** die ersten Punkte erzielen **2.** (*Arg*) Filzstift *m*

marcapaso(s) [marka'paso(s)] *m* (*inv*) (Herz)schrittmacher *m*

marcar [mar'kar] <c→qu> **I.** *vt* **1.** (*señalar*) markieren; (*mercancías*) auszeichnen; **~ una época** eine Epoche prägen; **~ el compás** den Takt (an)geben **2.** (*resaltar*) hervorheben **3.** (*teléfono*) wählen **4.** (DEP): **~ un gol** ein Tor schießen; **~ un punto** einen Punkt erzielen **II.** *vr:* **~se** sich abzeichnen

marcha ['martʃa] *f* **1.** (*movimiento*) Gang *m;* **poner en ~** in Gang setzen **2.** (*caminata*) Lauf *m* **3.** (*curso*) Verlauf *m;* **sobre la ~** zum richtigen Zeitpunkt **4.** (*velocidad*) Gang *m;* **~ atrás** Rückwärtsgang *m;* **a toda ~** mit voller Geschwindigkeit **5.** (*t.* MIL, MÚS) Marsch *m* **6.** (*salida*) Abreise *f;* **¡en ~!** los geht's! **7.** (*argot*): **¡aquí hay mucha ~!** hier ist die Hölle los!; **ir de ~** ausgehen; **tener ~** unternehmungslustig sein

marchante [mar'tʃaṇte] *mf:* **~ de obras de arte** Kunsthändler(in) *m(f)*

marchar [mar'tʃar] **I.** *vi* **1.** (*ir*) gehen; **¡marchando!** los geht's! **2.** (*funcionar*) laufen; ~

M

sobre ruedas (*fig*) wie geschmiert laufen **II.** *vr:* ~**se** **1.**(*irse*) (weg)gehen; **¿os marcháis?** geht ihr (schon)? **2.**(*huir*) ausreißen; ~**se del país** das Land verlassen

marchitar [martʃi'tar] **I.** *vi* (dahin)welken **II.** *vr:* ~**se** verwelken

marchito, -a [mar'tʃito, -a] *adj* welk

marchoso, -a [mar'tʃoso, -a] *adj* unternehmungslustig

marcial [mar'θjal] *adj:* **artes** ~**es** Kampfsportarten *fpl;* **ley** ~ Ausnahmezustand *m*

marciano, -a [mar'θjano, -a] *m, f* Marsmensch *m*

marco ['marko] *m* Rahmen *m;* (*moneda*) Mark *f*

marea [ma'rea] *f* Gezeiten *pl;* ~ **alta** Flut *f;* ~ **baja** Ebbe *f;* ~ **negra** Ölpest *f*

mareado, -a [mare'aðo, -a] *adj* **1.**(*indispuesto*) krank; (*en el mar*) seekrank; (*al viajar*) reisekrank; **estoy** ~ mir ist übel **2.**(*aturdido*) schwind(e)lig; **estoy** ~ mir ist schwind(e)lig **3.**(*bebido*) beschwipst *fam*

marear [mare'ar] **I.** *vt* **1.**(*fam: molestar*) auf die Nerven gehen +*dat* **2.**(*aturdir*) schwind(e)lig machen; (*fig*) überfordern **II.** *vr:* ~**se** **1.** krank werden; (*en el mar*) seekrank werden; (*al viajar*) reisekrank werden **2.**(*quedar aturdido*): **me mareo** mir wird schwind(e)lig **3.**(*emborracharse*) sich betrinken

marejada [mare'xaða] *f* hoher Seegang *m*

maremagno [mare'maɣno] *m,* **maremágnum** [mare'maɣnun] *m* Unmenge *f*

maremoto [mare'moto] *m* Seebeben *nt*

mareo [ma'reo] *m* **1.**(*malestar*) Übelkeit *f;* (*en el mar*) Seekrankheit *f;* (*al viajar*) Reisekrankheit *f* **2.**(*vértigo*) Schwindelanfall *m* **3.**(*loc*): **¡qué ~ de hombre!** was für ein unausstehlicher Kerl!

marfil [mar'fil] *m* Elfenbein *nt*

margarina [marɣa'rina] *f* Margarine *f*

margarita [marɣa'rita] *f* **1.**(BOT: *mayor*) Margerite *f;* (*menor*) Gänseblümchen *nt;* **deshojar** ~**s** 'er/sie liebt mich, er/sie liebt mich nicht' spielen **2.**(*bebida*) Margarita *f* **3.**(ZOOL) Perlmuschel *f* **4.**(*perla*) Perle *f;* **echar** ~**s a puercos** Perlen vor die Säue werfen **5.**(TIPO) Typenrad *nt*

margen ['marxen] *m o f* **1.**(*borde*) Rand *m;* **el ~ del río** das Flussufer; **dejar al** ~ ausschließen **2.**(*página*) (Seiten)rand *m* **3.**(*libertad*) Spielraum *m;* **dar** ~ Gelegenheit geben **4.**(*ganancia*) Spanne *f;* ~ **de costos** Kostenrahmen *m*

marginado, -a [marxi'naðo, -a] **I.** *adj* diskriminiert; (*aislado*) isoliert **II.** *m, f* Außenseiter(in) *m(f)*

marginar [marxi'nar] *vt* **1.**(*ignorar algo*) beiseite lassen; (*a alguien*) ausgrenzen **2.**(*acotar*) mit Randbemerkungen versehen

maría [ma'ria] *f* (*fam*) Heimchen *nt* am Herd; (*argot*) Gras *nt*

marica [ma'rika] *m* (*vulg*) Schwule(r) *m fam;* (*cobarde*) Hosenscheißer *m;* (*insulto grosero*) Arschloch *nt*

Maricastaña [marikas'taɲa] *f:* **desde los tiempos de** ~ seit ewigen Zeiten

maricón [mari'kon] *m* (*vulg*) *v.* **marica**

mariconada [mariko'naða] *f* (*vulg*) **1.**(*acción malintencionada*) Schweinerei *f fam;* **hacer una ~ a alguien** jdn reinlegen **2.**(*tontería*) Blödsinn *m fam*

marido [ma'riðo] *m* Ehegatte *m;* **mi** ~ mein Mann

mariguana [mari'ɣwana] *f sin pl,* **marihuana** [mari'wana] *f* Marihuana *nt*

marimacho [mari'matʃo] *m* (*fam*) Mannweib *nt*

marimandón, -ona [mariman̩'don, -ona] *m, f* (*fam*) herrschsüchtige Person *f*

marimorena [marimo'rena] *f* (*fam*): **se armó la** ~ ein wüster Streit brach los

marina [ma'rina] *f* Marine *f*

marinero¹ [mari'nero] *m* Seemann *m;* ~ **de agua dulce** (*irón*) Landratte *f*

marinero, -a² [mari'nero, -a] *adj* **1.**(*relativo al mar*) See-; **pueblo** ~ Fischerdorf *nt* **2.**(*relativo a la marina*) Marine-; **nudo** ~ Seemannsknoten *m*

marino, -a [ma'rino, -a] *adj* See-

marioneta [marjo'neta] *f* **1.** Marionette *f* **2.** *pl* (*teatro*) Marionettentheater *nt*

mariposa [mari'posa] *f* Schmetterling *m;* ~ **nocturna** Nachtfalter *m*

mariquita¹ [mari'kita] *f* Marienkäfer *m*

mariquita² [mari'kita] *m* (*fam*) Schwule(r) *m*

marisco [ma'risko] *m* Meeresfrucht *f*

marisma [ma'risma] *f* Marschland *nt*

marisquería [mariske'ria] *f* Spezialitätenrestaurant *nt* für Meeresfrüchte

marital [mari'tal] *adj:* **vida** ~ Eheleben *nt*

marítimo, -a [ma'ritimo, -a] *adj:* **ciudad marítima** Küstenstadt *f*

marjal [mar'xal] *m* Moor *nt*
mármol ['marmol] *m* Marmor *m*
marmota [mar'mota] *f* Murmeltier *nt*
maromo [ma'romo] *m* (*argot*) Kerl *m*
marqués, **-esa** [mar'kes, -esa] *m, f* Marquis(e) *m(f)*
marquesina [marke'sina] *f* Markise *f*
marrana [ma'rrana] *f* Sau *f;* (*fam pey: mujer sucia*) Schlampe; (*vil*) Miststück *nt*
marranada [marra'naða] *f* (*fam*) Schweinerei *f*
marrano[1] [ma'rrano] *m* (*cerdo*) Schwein *nt;* (*fam pey: hombre sucio*) Schmutzfink *m;* (*grosero*) ungehobelter Kerl *m;* (*vil*) Schuft *m*
marrano, **-a**[2] [ma'rrano, -a] *adj* ungehobelt; (*sucio*) dreckig
marras ['marras] *adv:* **lo de** ~ die alte Geschichte
marrón [ma'rron] *adj* braun
marroquí [marro'ki] *adj* marokkanisch
Marruecos [ma'rrwekos] *m* Marokko *nt*
Marsella [mar'seʎa] *f* Marseille *nt*
marsellés, **-esa** [marse'ʎes, -esa] *adj* aus Marseille
marsupial [marsu'pjal] *adj:* (**animal**) ~ Beuteltier *nt*
marta ['marta] *f* Marder *m*
Marte ['marte] *m* Mars *m*
martes ['martes] *m inv* Dienstag *m;* **¡~ y trece!** ≈Freitag, der 13.; *v. t.* **lunes**
martill(**e**)**ar** [marti'ʎar/martiʎe'ar] *vt* hämmern (auf +*akk*)
martilleo [marti'ʎeo] *m* Gehämmer *nt*
martillo [mar'tiʎo] *m* Hammer *m*
martingala [martiŋ'gala] *f* (*fam*) Trick *m*
mártir ['martir] *mf* Märtyrer(in) *m(f)*
martirio [mar'tirjo] *m* (*t. fig*) Marter *f*
martirizar [martiri'θar] <z→c> *vt* martern
marzo ['marθo] *m* März *m;* **en** ~ im März; **el 21 de** ~ der 21. März
mas [mas] *conj* aber, jedoch
más [mas] *adv* **1.** (*cantidad*): ~ **dinero** mehr Geld **2.** (*comparativo*): **esto me gusta** ~ das gefällt mir besser **3.** (*superlativo*): **la** ~ **bella** die Schönste; **lo que** ~ **me gusta** was mir am besten gefällt **4.** (*con numerales/cantidad*): **son** ~ **de las diez** es ist 10 Uhr vorbei **5.** (*tan*): **¡está** ~ **guapa!** wie gut sie aussieht! **6.** (*con pronombre interrogativo/indefinido*): **¿algo ~?** noch etwas?; **no, nada** ~ nein, nichts mehr **7.** (*en frases negativas*) nicht mehr; **no puedo** ~ ich kann nicht mehr; **nunca** ~ nie wieder **8.** (MAT) plus **9.** (*loc*): **el** ~ **allá** das Jenseits; **a lo** ~ höchstens; **a** ~ **tardar** spätestens; **cada día** [*o* **vez**] ~ immer mehr; **de** ~ zu viel; **estar de** ~ überflüssig sein; **es** ~, ~ **aún** mehr noch; **ayer lo vi; es ~: hablé con él** gestern habe ich ihn gesehen, ja, ich habe sogar mit ihm gesprochen; **lo** ~ **posible** so sehr es nur geht; ~ **bien** vielmehr; ~ **de la cuenta** viel zu viel; ~ **o menos** ungefähr; **¿qué** ~ **da?** was macht das schon?; **sin** ~ **ni** ~ aus heiterem Himmel; **todo lo** ~ höchstens; **el no va** ~ das Höchste
masa ['masa] *f* Masse *f;* (*para hornear*) Teig *m*
masacrar [masa'krar] *vt* massakrieren
masacre [ma'sakre] *f* Massaker *nt*
masaje [ma'saxe] *m* Massage *f;* **dar ~s** massieren; **darse ~s** sich massieren lassen
masajista [masa'xista] *mf* Masseur(in) *m(f)*
mascar [mas'kar] <c→qu> *vt* kauen
máscara ['maskara] *f* Maske *f*
mascarada [maska'raða] *f* Maskenball *m;* (*farsa*) Täuschung *f*
mascarilla [maska'riʎa] *f* **1.** (*máscara*) Maske *f* **2.** (*protección*) Mundschutz *m* **3.** (*cosmética*) Gesichtspackung *f;* ~ **exfoliante** Peelingmaske *f;* ~ **facial** Gesichtsmaske *f*
mascota [mas'kota] *f* Maskottchen *nt*
masculinidad [maskulini'ðað] *f* Männlichkeit *f*
masculino[1] [masku'lino] *m* Maskulinum *nt*
masculino, **-a**[2] [masku'lino, -a] *adj* **1.** (*de hombre*) männlich **2.** (*para hombre*) Männer-; **moda masculina** Herrenmode *f* **3.** (LING): **género** ~ maskuliner Genus *m*
mascullar [masku'ʎar] *vt* murmeln
masía [ma'sia] *f* Gehöft *nt*
masilla [ma'siʎa] *f* Fensterkitt *m*
masivo, **-a** [ma'siβo, -a] *adj* massiv; (*fuerte*) stark; (*de masas*) Massen-
masón, **-ona** [ma'son, -ona] *m, f* Freimaurer(in) *m(f)*
masoquista [maso'kista] *adj* masochistisch
masticar [masti'kar] <c→qu> *vt* kauen; (*meditar*) nachgrübeln (über +*akk*)

M

mástil ['mastil] *m* Mast *m;* (*poste*) Pfahl *m*
mastín [mas'tin] *m* Bulldogge *f*
masturbación [masturβa'θjon] *f* Masturbation *f*
masturbarse [mastur'βarse] *vr* masturbieren
mata ['mata] *f* Gestrüpp *nt;* (*arbusto*) Strauch *m*
matadero [mata'ðero] *m* Schlachthof *m*
matador(**a**) [mata'ðor(a)] *m(f)* Matador(a) *m(f)*
matamoscas [mata'moskas] *m inv* Insektenspray *nt;* (*objeto*) Fliegenklatsche *f*
matanza [ma'tan̪θa] *f*: **hacer una** ~ ein Gemetzel anrichten; **hacer la** ~ das Schlachtfest feiern
matar [ma'tar] **I.** *vt* **1.** (*quitar la vida*) töten; ~ **a golpes** erschlagen; ~ **a palos** zu Tode prügeln; ~ **a tiros** erschießen **2.** (*carnear*) schlachten **3.** (*hambre, sed*) stillen **II.** *vr:* ~**se 1.** (*suicidarse*) sich *dat* das Leben nehmen **2.** (*aniquilarse*) sich gegenseitig umbringen **3.** (*trabajar sin descanso*) sich abrackern; ~**se por algo** für etw leben und sterben
matarife [mata'rife] *mf* Schlachter(in) *m(f)*
matarratas [mata'rratas] *m inv* Rattengift *nt;* (*pey fam*) Fusel *m*
matasanos [mata'sanos] *mf inv* (*fam irón*) Arzt *m,* Ärztin *f;* (*pey*) Quacksalber(in) *m(f)*
matasellos [mata'seʎos] *m inv* Poststempel *m*
matasuegras [mata'sweɣras] *m inv* (*fam*) Tröte *f*
match [matʃ] *m* Spiel *nt*
mate ['mate] **I.** *adj* matt **II.** *m* **1.** (*ajedrez*) Matt *nt;* **jaque** ~ Schachmatt *nt* **2.** (*AmS*) Mate(tee) *m*

In Südamerika bezeichnet **mate**: 1. die Matepflanze, 2. die Blätter der Matepflanze, mit denen der Tee zubereitet wird, 3. den (Mate)tee an sich und 4. ein Gefäß, in dem der Tee aufbewahrt wird.

matemáticas [mate'matikas] *fpl* Mathematik *f*
matemático, **-a** [mate'matiko, -a] **I.** *adj* mathematisch; (*exacto*) exakt **II.** *m, f* Mathematiker(in) *m(f)*
materia [ma'terja] *f* **1.** (*t.* FÍS) Materie *f;* ~ **gris** (ANAT) graue Substanz; ~ **prima** Rohstoff *m* **2.** (*tema*) Materie *f;* **en** ~ **de** hinsichtlich +*gen* **3.** (ENS) Fach *nt*
material [mate'rjal] **I.** *adj* materiell; **daño** ~ Sachschaden *m* **II.** *m* Material *nt;* ~ **de oficina** Büroartikel *mpl*
materialista [materja'lista] *adj* materialistisch
materializar [materjali'θar] <z→c> *vt* materialisieren; (*realizar*) verwirklichen; (*hacer aparecer*) erscheinen lassen
materialmente [materjal'men̪te] *adv* tatsächlich; **ser** ~ **posible** durchaus möglich sein
maternal [mater'nal] *adj* mütterlich, Mutter-
maternidad [materni'ðaᶞ] *f* Mutterschaft *f*
materno, **-a** [ma'terno, -a] *adj* mütterlich; **abuelo** ~ Großvater mütterlicherseits; **lengua materna** Muttersprache *f*
matinal [mati'nal] *adj* morgendlich
matiz [ma'tiθ] *m* Nuance *f;* (*toque*) Touch *m fam;* (*rasgo*) Feinheit *f*
matizar [mati'θar] <z→c> *vt* abtönen (*de/con* mit +*dat*); (*de un sentido*) nuancieren (*de* mit +*dat*)
matón, **-ona** [ma'ton, -ona] *m, f* Killer(in) *m(f)*
matorral [mato'rral] *m* Dickicht *nt*
matrícula [ma'trikula] *f* **1.** Anmeldung *f;* (UNIV) Immatrikulation *f* **2.** (AUTO) Nummernschild *nt;* **número de la** ~ Autonummer *f* **3.** (*loc*): **aprobar con** ~ **de honor** mit summa cum laude bestehen
matricular [matriku'lar] **I.** *vt* anmelden; (UNIV) immatrikulieren **II.** *vr:* ~**se en la Universidad** sich an der Universität immatrikulieren
matrimonial [matrimo'njal] *adj* ehelich; **agencia** ~ Heiratsinstitut *nt;* **vida** ~ Eheleben *nt*
matrimonio [matri'monjo] *m* **1.** (*institución*) Ehe *f;* (*ceremonia*) Heirat *f;* ~ **canónico** kirchliche Trauung; ~ **civil** standesamtliche Trauung; **contraer** ~ heiraten **2.** (*marido y mujer*) Ehepaar *nt;* **cama de** ~ Ehebett *nt*
matriz [ma'triθ] *f* Gebärmutter *f*
matrona [ma'trona] *f* Hebamme *f*
matutino, **-a** [matu'tino, -a] *adj:* **sesión matutina** Vormittagsvorstellung *f*

maula ['mau̯la] *mf* (*fam*) Betrüger(in) *m(f)*; (*inútil*) Taugenichts *m*
maullar [mau̯'ʎar] *irr como aullar vi* miauen
maullido [mau̯'ʎiðo] *m* Miauen *nt*
mauritano, **-a** [mau̯ri'tano, -a] *adj* mauretanisch
mausoleo [mau̯so'leo] *m* Mausoleum *nt*
maxilar [maˠsi'lar] *m* Kiefer *m*
máxima ['maˠsima] *f* Maxime *f*
máxime ['maˠsime] *adv* vor allem
máximo, **-a** ['maˠsimo, -a] **I.** *adj* maximal; **rendimiento** ~ Höchstleistung *f*; **triunfo** ~ größter Erfolg; **pon la radio al** ~ lass das Radio ganz laut laufen **II.** *m, f* Maximum *nt*; **como** ~ höchstens; (*temporal*) spätestens
mayo ['maɟo] *m* Mai *m*; *v. t.* **marzo**
mayonesa [maɟo'nesa] *f* Majonäse *f*
mayor [ma'ɟor] *adj* **1.** (*tamaño*): ~ **que** größer als; **el** ~ **barco** das größte Schiff; **mal** ~ Unannehmlichkeit *f*; **comercio al por** ~ Großhandel *m* **2.** (*edad*): ~ **que** älter als; **mi hermano** ~ mein älterer Bruder; **el** ~ **de mis hermanos** mein ältester Bruder; **ser** ~ alt sein; ~ **de edad** volljährig; **persona** ~ älterer Mensch
mayoral [maɟo'ral] *m* (*capataz*) Vorarbeiter *m*
mayordomo, **-a** [maɟor'ðomo, -a] *m, f* Hausverwalter(in) *m(f)*; (*de una mansión*) Gutsverwalter(in) *m(f)*
mayoría [maɟo'ria] *f* Mehrheit *f*; ~ **de edad** Volljährigkeit *f*; ~ **relativa** einfache Mehrheit; **la** ~ **tiene un coche** die meisten besitzen ein Auto
mayorista [maɟo'rista] *mf* Großhändler(in) *m(f)*
mayoritariamente [maɟoritarja'men̩te] *adv* überwiegend
mayormente [maɟor'men̩te] *adv* hauptsächlich, vor allem, insbesondere
mayúscula [ma'ɟuskula] *f* Großbuchstabe *m*
maza ['maθa] *f* Keule *f*; (*para machacar*) Stößel *m*; (*percusor*) Schlägel *m*
mazacotudo, **-a** [maθako'tuðo, -a] *adj* (*Am*) plump
mazapán [maθa'pan] *m* Marzipan *nt*
mazazo [ma'θaθo] *m* Schlag *m*; **dar** ~**s a alguien** (*fig*) jdm schaden
mazmorra [maθ'morra] *f* Verlies *nt*
mazo ['maθo] *m* Holzhammer *m*; (*maza pequeña*) Stößel *m*
mazorca [ma'θorka] *f* Maiskolben *m*
me [me] **I.** *pron pers* **1.** (*objeto directo*) mich; **¡míra~!** sieh mich an! **2.** (*objeto indirecto*) mir; **da~ el libro** gib mir das Buch **II.** *pron refl:* ~ **lavo** ich wasche mich; ~ **voy** ich gehe; ~ **lavo el pelo** ich wasche mir die Haare
meada [me'aða] *f:* **echar una** ~ pinkeln
meadero [mea'ðero] *m* (*vulg*) Pissbecken *nt*
mear [me'ar] *vi, vr:* ~**se** (*fam*) pinkeln; ~**se de risa** sich totlachen
mecánica [me'kanika] *f* Mechanik *f*
mecánico, **-a** [me'kaniko, -a] **I.** *adj* mechanisch **II.** *m, f* Mechaniker(in) *m(f)*
mecanismo [meka'nismo] *m* Mechanismus *m*; (*funcionamiento*) Verfahren *nt*
mecano [me'kano] *m* Baukasten *m*
mecanografía [mekanoɣra'fia] *f* Maschineschreiben *nt*
mecedora [meθe'ðora] *f* Schaukelstuhl *m*
mecenas [me'θenas] *mf inv* Mäzen(in) *m(f)*
mecer [me'θer] <c→z> *vt* wiegen
mecha ['metʃa] *f* **1.** Docht *m*; (*de explosivos*) Zündschnur *f* **2.** (*mechón*) (Haar)strähne *f* **3.** *pl* (*mechones teñidos*) Strähnchen *ntpl* **4.** (*loc*): **a toda** ~ wie der geölte Blitz; **aguantar** ~ alles über sich ergehen lassen
mechero [me'tʃero] *m* Feuerzeug *nt*
mechón [me'tʃon] *m* Büschel *nt*
Mecklemburgo-Pomerania Occidental [meklem'burɣo pome'ranja oˠθiðen̩'tal] *m* Mecklenburg-Vorpommern *nt*
medalla [me'ðaʎa] *f* Medaille *f*; ~ **militar** Orden *m*
medallón [me'ðaʎon] *m* Medaillon *nt*
media ['meðja] *f* **1.** (*promedio*) Mittel *nt* **2.** (*calceta*) Strumpf *m*; (*Am*) Socke *f*
mediación [meðja'θjon] *f* Vermittlung *f*
mediado, **-a** [me'ðjaðo, -a] *adj* halb voll; **a** ~**s de semana** Mitte der Woche
mediador(a) [meðja'ðor(a)] *m(f)* Vermittler(in) *m(f)*
mediano, **-a** [me'ðjano, -a] *adj* mittelmäßig; (*tamaño*) von mittlerer Größe; **talla mediana** Größe M
medianoche [meðja'notʃe] *f* Mitternacht *f*; (*panecillo*) ≈Milchbrötchen *nt*
mediante [me'ðjan̩te] **I.** *adj:* **Dios** ~ so Gott will **II.** *prep* mittels +*gen*; (*a través de*)

M

durch +*akk*

mediar [me'ðjar] *vi* vermitteln; (*interceder*) sich einsetzen (*por* für +*akk*)

medicación [meðika'θjon] *f* Behandlung *f*, ≈Medikamente *ntpl*

medicamento [meðika'mento] *m* Medikament *nt*

medicar [meði'kar] <c→qu> **I.** *vt* Medikamente verabreichen +*dat* **II.** *vr:* ~**se** Medikamente einnehmen

medicina [meði'θina] *f* Medizin *f*; ~ **naturista** Naturheilkunde

medicinal [meðiθi'nal] *adj* medizinisch; **balón** ~ Medizinball *m*; **hierba** ~ Arzneipflanze *f*

medición [meði'θjon] *f* Messung *f*; ~ **de tiempos** Zeitnahme *f*

médico, **-a** ['meðiko, -a] **I.** *adj* ärztlich; **cuerpo** ~ Ärzteschaft *f* **II.** *m, f* Arzt *m*, Ärztin *f*; **Colegio de Médicos** Ärztekammer *f*; ~ **de cabecera** Hausarzt *m*; ~ **forense** Gerichtsmediziner *m*; ~ **naturista** Naturheilkundler *m*

medida [me'ðiða] *f* **1.** (*medición*) Messung *f* **2.** (*dimensión*) Maß *nt*; **a la** ~ maßgeschneidert; **a** ~ **que** in dem Maße wie **3.** (*moderación*) Maß *nt*; **sin** ~ maßlos **4. tomar** ~**s** Maßnahmen ergreifen

medieval [meðje'βal] *adj* mittelalterlich

medio[1] ['meðjo] *m* **1.** (*mitad*) Mitte *f*; **en** ~ **de** zwischen +*dat*; **meterse por** ~ (*fig*) dazwischenfunken *fam*; **quitar de en** ~ (*fam fig*) aus dem Weg schaffen **2.** (*instrumento*) Mittel *nt*; ~ **de transporte** Verkehrsmittel *nt*; **por** ~ **de** mittels +*gen* **3.** ~**s de comunicación** Massenmedien *ntpl* **4.** (*entorno*) Milieu *nt*; ~ **ambiente** Umwelt *f*

medio, **-a**[2] ['meðjo, -a] **I.** *adj* **1.** (*mitad*) halb; **a las cuatro y media** um halb fünf; **litro y** ~ anderthalb Liter **2.** (*promedio*): **ciudadano** ~ Durchschnittsbürger *m* **II.** *adv* halb; ~ **vestido** halb nackt; **ir a medias** halbe-halbe machen *fam*

medioambiental [meðjoambjen'tal] *adj* Umwelt-

mediocre [me'ðjokre] *adj* mittelmäßig

mediodía [meðjo'dia] *m* Mittag *m*

medir [me'ðir] *irr como pedir* **I.** *vt* messen; (*sopesar*) abwägen; (*moderar*) mäßigen **II.** *vi* messen **III.** *vr:* ~**se** sich messen

meditación [meðita'θjon] *f* Meditation *f*

meditar [meði'tar] *vt, vi* meditieren (*en/sobre* über +*akk*)

mediterráneo, **-a** [meðite'rraneo, -a] *adj:* **isla mediterránea** Mittelmeerinsel *f*

Mediterráneo [meðite'rraneo] *m* Mittelmeer *nt*

medroso, **-a** [me'ðroso, -a] *adj* (*con estar*) verängstigt; (*con ser*) ängstlich

médula ['meðula] *f* (Knochen)mark *nt*; ~ **espinal** Rückenmark *nt*

medusa [me'ðusa] *f* Qualle *f*

megáfono [me'ɣafono] *m* Megaphon *nt*

mejicano, **-a** [mexi'kano, -a] *adj* mexikanisch

Méjico ['mexiko] *m* Mexiko *nt*

mejilla [me'xiʎa] *f* Wange *f*

mejillón [mexi'ʎon] *m* Miesmuschel *f*

mejor [me'xor] **I.** *adj* **1.** (*compar*) besser; (**es**) ~ **que...** +*subj* es ist besser, wenn ... **2.** (*superl*): **el** ~ **alumno** der beste Schüler; **la** ~ **nota** die beste Note; **el**/**la**/**lo** ~ der/die/das Beste **II.** *adv* besser; **a lo** ~ womöglich; ~ **que** ~ um so besser

mejora [me'xora] *f* Verbesserung *f*; ~ **salarial** Gehaltsaufbesserung *f*

mejorable [mexo'raβle] *adj* verbesserungsfähig

mejoramiento [mexora'mjento] *m* Verbesserung *f*

mejorar [mexo'rar] **I.** *vt* verbessern; (*superar*) übertreffen **II.** *vi, vr:* ~**se** **1.** (*enfermo*) genesen; **¡que se mejore!** gute Besserung! **2.** (*tiempo*) besser werden

mejoría [mexo'ria] *f* Besserung *f*

mejunje [me'xuŋxe] *m* Mixtur *f*; (*pey*) Gesöff *nt*

melancolía [melaŋko'lia] *f* Melancholie *f*

melancólico, **-a** [melaŋ'koliko, -a] *adj* melancholisch

melanina [mela'nina] *f* Melanin *nt*

melanoma [mela'noma] *m* Melanom *nt*

melena [me'lena] *f* lange Haare *ntpl*

melenudo, **-a** [mele'nuðo, -a] *adj* langhaarig

melillense [meli'ʎense] *adj* aus Melilla

melisa [me'lisa] *f* Melisse *f*

mella ['meʎa] *f:* **hacer** ~ beeindrucken

mellizo, **-a** [me'ʎiθo, -a] *m, f* Zwilling *m*

melocotón [meloko'ton] *m* Pfirsich *m*

melocotonero [melokoto'nero] *m* Pfirsichbaum *m*

melodía [melo'ðia] *f* Melodie *f*

melódico, **-a** [me'loðiko, -a] *adj* melodisch

melodrama [melo'ðrama] *m* Melodram(a) *nt*

melodramático, **-a** [meloðra'matiko, -a] *adj* melodramatisch

melón[1] [me'lon] *m* Melone *f;* (*fam: cabeza*) Birne *f*

melón, **-ona**[2] [me'lon, -ona] *m, f* (*fam*) Dummkopf *m*

melopea [melo'pea] *f* (*fam*) Rausch *m*

meloso, **-a** [me'loso, -a] *adj* lieblich

membrana [mem'brana] *f* Membran *f;* ~ **mucosa** Schleimhaut *f*

membrete [mem'brete] *m* Briefkopf *m*

membrillo [mem'briʎo] *m* (*árbol*) Quittenbaum *m;* (*fruto*) Quitte *f;* **carne** [*o* **dulce**] **de** ~ Quittenbrot *nt*

memo, **-a** ['memo, -a] *adj* dumm

memorable [memo'raβle] *adj* denkwürdig

memoria [me'morja] *f* **1.** (*facultad*) Gedächtnis *nt;* (*recuerdo*) Erinnerung *f* (*de* an +*akk*); **a la** [*o* **en**] ~ **de** im Gedenken an +*akk;* **de** ~ auswendig **2.** (*informe*) Bericht *m* **3.** (INFOR) Speicher *m* **4.** *pl* (*autobiografía*) Memoiren *pl*

memorizar [memori'θar] <z→c> *vt* auswendig lernen

mena ['mena] *f* (MIN) Erz *nt*

menaje [me'naxe] *m* Hausrat *m*

mención [men̪'θjon] *f* Erwähnung *f;* **digno de** ~ erwähnenswert; **hacer** ~ **de** erwähnen

mencionar [men̪θjo'nar] *vt* erwähnen

menda ['men̪da] **I.** *pron pers* (*fam*) ich; **aquí el** [*o* **este**] ~ **no dijo nada** ich habe nichts gesagt **II.** *pron indef* (*fam*): **un** ~ irgendjemand

mendigar [men̪di'ɣar] <g→gu> *vi, vt* betteln (um +*akk*)

mendigo, **-a** [men̪'diɣo, -a] *m, f* Bettler(in) *m(f)*

mendrugo [men̪'druɣo] *m* Stück *nt* trockenes Brot; (*fam*) Trottel *m*

menear [mene'ar] **I.** *vt:* ~ **la cola** mit dem Schwanz wedeln **II.** *vr:* ~**se** wackeln; (*fam*) sich sputen

menestra [me'nestra] *f* (Gemüse)eintopf *m*

mengano, **-a** [meŋ'gano, -a] *m, f:* **fulano y** ~ Herr X und Herr Y

menguar [meŋ'gwar] <gu→gü> **I.** *vi* abnehmen **II.** *vt* reduzieren

meninge [me'niŋxe] *f* Hirnhaut *f*

meningitis [meniŋ'xitis] *f inv* Hirnhautentzündung *f*

menisco [me'nisko] *m* Meniskus *m*

menopausia [meno'pau̯sja] *f* Wechseljahre *ntpl*

menor [me'nor] **I.** *adj* **1.** (*tamaño*): **Asia Menor** Kleinasien *nt;* ~ **que** kleiner als; (*número*) niedriger als **2.** (*edad*): ~ **que** jünger als; ~ **de edad** minderjährig; **el** ~ **de mis hermanos** mein jüngster Bruder **II.** *mf* (~ *de edad*) Minderjährige(r) *mf*

menorquín, **-ina** [menor'kin, -ina] *adj* aus Menorca

menos ['menos] *adv* **1.** (*contrario de más*) weniger; **a** ~ **que** es sei denn; **eso es lo de** ~ das ist nicht so wichtig; **lo** ~ das Mindeste; **al** [*o* **por lo**] ~ wenigstens; **aún** ~ erst recht nicht; **echar de** ~ vermissen; **ir a** ~ herunterkommen; ~ **de** weniger als; ~ **mal** Gott sei Dank; **¡ni mucho ~!** auf keinen Fall! **2.** (MAT) minus **3.** (*excepto*) außer; **todo** ~ **eso** alles, nur das nicht

menospreciar [menospre'θjar] *vt* verachten; (*subestimar*) unterschätzen

menosprecio [menos'preθjo] *m* Verachtung *f;* (*subestimación*) Unterschätzung *f*

mensaje [men'saxe] *m* Botschaft *f*

mensajero, **-a** [mensa'xero, -a] **I.** *adj:* **paloma mensajera** Brieftaube *f* **II.** *m, f* Bote, -in *m, f*

menstruación [me^{n}strwa'θjon] *f* Menstruation *f*

menstruar [me^{n}stru'ar] <*1. pres:* **menstrúo**> *vi* die Menstruation haben

mensual [mensu'al] *adj* **1.** (*cada mes*) monatlich; **revista** ~ Monatszeitschrift *f* **2.** (*que dura un mes*) Monats-

mensualidad [menswali'ða^{ð}] *f* **1.** (*sueldo*) Monatseinkommen *nt* **2.** (*paga*) monatliche Zahlung *f;* (*compra aplazada*) Monatsrate *f;* ~ **del alquiler** Monatsmiete *f*

mensurar [mensu'rar] *vt* messen

menta ['men̪ta] *f* Minze *f;* (*infusión*) Pfefferminztee *m*

mental [men̪'tal] *adj* geistig; **cálculo** ~ Kopfrechnen *nt*

mentalidad [men̪tali'ða^{ð}] *f* Mentalität *f*

mentar [men̪'tar] <e→ie> *vt* erwähnen

mente ['men̪te] *f* **1.** (*pensamiento*) Denken *nt;* **tener en** (**la**) ~ vorhaben; **tener la** ~

M

en blanco sich nicht erinnern (können); **traer a la** ~ ins Gedächtnis rufen **2.** (*intelecto*) Verstand *m*

mentecato, **-a** [men̪te'kato, -a] *m, f* Dummkopf *m*

mentir [men̪'tir] *irr como sentir vi* lügen

mentira [men̪'tira] *f* Lüge *f;* **¡parece ~!** unglaublich!

mentiroso, **-a** [men̪ti'roso, -a] **I.** *adj* (*persona*) verlogen **II.** *m, f* Lügner(in) *m(f)*

mentol [men̪'tol] *m* Menthol *nt*

mentón [men̪'ton] *m* Kinn *nt*

mentor [men̪'tor] *m* Mentor *m*

menú [me'nu] *m* <menús> (*t.* INFOR: *comida*) Menü *nt;* (*minuta*) Speisekarte *f;* ~ **desplegable** Pull-Down-Menü *nt*

menudencia [menu'ðen̪θja] *f* Kleinigkeit *f;* (*meticulosidad*) Kleinlichkeit *f*

menudo, **-a** [me'nuðo, -a] *adj* **1.** (*minúsculo*) winzig **2.** (*pequeño y delgado*) zierlich **3.** (*fútil*) unbedeutend **4.** (*exclamación*): **¡menuda película!** was für ein toller Film!; **¡~ lío has armado!** da hast du dir ja was Schönes eingebrockt! **5.** (*loc*): **a** ~ häufig, oft

meñique [me'ɲike] *m* kleiner Finger

meollo [me'oʎo] *m* Kern *m*

mequetrefe [meke'trefe] *m* (*fam*) Volltrottel *m*

meramente [mera'men̪te] *adv* nur

mercader [merka'ðer] *m* Händler *m*

mercadillo [merka'ðiʎo] *m* Flohmarkt *m*

mercado [mer'kaðo] *m* Markt *m;* **hay** ~ **los sábados** samstags ist Markttag

mercancía [merkan̪'θia] *f* Ware *f*

mercante [mer'kan̪te] **I.** *adj* Handels- **II.** *mf* Händler(in) *m(f)*

mercantil [merkan̪'til] *adj* Handels-

merced [mer'θe^ð] *f* Gnade *f;* ~ **a** dank +*gen;* **estar a** ~ **de alguien** jdm ausgeliefert sein

mercenario, **-a** [merθe'narjo, -a] *m, f* Söldner(in) *m(f)*

mercería [merθe'ria] *f* Kurzwaren *fpl;* (*tienda*) Kurzwarenhandlung *f*

mercurio [mer'kurjo] *m* Quecksilber *nt*

Mercurio [mer'kurjo] *m* Merkur *m*

merecer [mere'θer] *irr como crecer* **I.** *vt* **1.** (*ser digno de*) verdienen; **merece que...** +*subj* er/sie verdient es, dass ... **2.** (*valer*) wert sein; **no merece la pena** es lohnt sich nicht **II.** *vi:* ~ **bien de alguien/algo** sich verdient machen um jdn/etw **III.** *vr:* **~se** verdienen

merecido [mere'θiðo] *m* verdiente Strafe *f;* **se llevó su** ~ es geschah ihm/ihr recht

merendar [meren̪'dar] <e→ie> *vi, vt* vespern

merendero [meren̪'dero] *m* Ausflugslokal *nt*

merengue [me'reŋge] *m* Baiser *nt;* (*CSur: fam*) Chaos *nt*

meridiano [meri'djano, -a] *m* Meridian *m*

meridional [meridjo'nal] *adj* südlich; **Andalucía está en la España** ~ Andalusien liegt in Südspanien

merienda [me'rjen̪da] *f* Vesper *f;* (*picnic*) Picknick *nt;* **ir de** ~ picknicken

mérito ['merito] *m* **1.** (*merecimiento*) Verdienst *nt;* **hacer ~s** sich dienstbeflissen zeigen **2.** (*valor*) Wert *m;* **de** ~ (*obra*) beachtlich; (*persona*) verdienstvoll

merlo ['merlo] *m* (*Am*) Dummkopf *m*

merluza [mer'luθa] *f* (ZOOL) Seehecht *m;* (*vulg*) ordentlicher Schwips *fam*

merluzo, **-a** [mer'luθo, -a] *adj* (*fam*) dumm

merma ['merma] *f:* ~ **de peso** Gewichtsverlust *m*

mermar [mer'mar] *vt* verringern; ~ **peso** an Gewicht verlieren

mermelada [merme'laða] *f* Marmelade *f*

mero[1] ['mero] **I.** *adv* **1.** (*AmC, Méx: pronto*) bald **2.** (*Méx: muy*) sehr **3.** (*Méx: precisamente*) genau **II.** *m* (*Méx*) Boss *m*

mero, **-a**[2] ['mero, -a] *adj* **1.** (*sencillo*) einfach **2.** (*sin nada más*) bloß; **la mera verdad** die reine Wahrheit **3.** (*Méx: preciso*) genau **4.** (*Méx: propio*) eigene(r, s)

mes [mes] *m* Monat *m;* **a principios/a mediados/a fin(al)es de** ~ Anfang/Mitte/Ende des Monats; **5000 pesetas al** ~ monatlich 5000 Peseten; **todos los ~es** (all)monatlich; **hace un** ~ vor einem Monat

mesa ['mesa] *f* **1.** (*mueble*) Tisch *m;* ~ **de despacho** Schreibtisch *m;* ~ **de tertulia** Stammtisch *m;* **vino de** ~ Tafelwein *m;* **poner/quitar la** ~ den Tisch decken/abräumen; **¡a la ~!** zu Tisch, bitte! **2.** ~ **electoral** Wahlausschuss *m*

meseta [me'seta] *f* Hochebene *f*

mesías [me'sias] *m* Messias *m*

mesilla [me'siʎa] *f:* ~ **de noche** Nachttisch *m*

mesón [me'son] *m* Gasthaus *nt*

mesonero, -a [meso'nero, -a] *m, f* (Gast)wirt(in) *m(f)*
mestizo, -a [mes'tiθo, -a] *m, f* (*entre blancos e indios*) Mestize, -in *m, f;* (*entre dos razas*) Mischling *m*
mesura [me'sura] *f* Maß *nt;* (*cortesía*) Umsicht *f;* (*calma*) Beherrschung *f*
meta ['meta] *f* (*t. fig*) Ziel *nt;* (*portería*) Tor *nt;* **fijarse una** ~ sich *dat* ein Ziel setzen
metabolismo [metaβo'lismo] *m* Stoffwechsel *m*
metadona [meta'ðona] *f* Methadon *nt*
metafísica [meta'fisika] *f* **1.** (FILOS) Metaphysik *f* **2.** (*pedantería*) Pedanterie *f*
metafísico, -a [meta'fisiko, -a] *adj* metaphysisch; (*difícil*) kompliziert
metáfora [me'tafora] *f* Metapher *f*
metafórico, -a [meta'foriko, -a] *adj* metaphorisch
metal [me'tal] *m* Metall *nt;* ~ **noble** Edelmetall *nt;* ~ **pesado** Schwermetall *nt*
metálico [me'taliko, -a] *m:* **en** ~ (in) bar
metalúrgico, -a [meta'lurxiko, -a] *adj:* **industria metalúrgica** Metallindustrie *f*
metamorfosis [metamor'fosis] *f inv* Metamorphose *f;* (*en una persona*) Verwandlung *f*
metano [me'tano] *m* Methan *nt*
metástasis [me'tastasis] *f inv* Metastase *f*
metedura [mete'ðura] *f:* **¡vaya** ~ **de pata!** was für eine Blamage!
meteórico, -a [mete'oriko, -a] *adj* meteorisch; (*rápido*) kometenhaft
meteorito [meteo'rito] *m* Meteorit *m*
meteoro [mete'oro] *m* Himmelserscheinung *f;* (ASTR) Meteor *m*
meteorología [meteorolo'xia] *f* Wetterkunde *f*
meteorológico, -a [meteoro'loxiko, -a] *adj:* **informe** ~ Wetterbericht *m;* **estación meteorológica** Wetterwarte *f*
meteorólogo, -a [meteo'roloɣo, -a] *m, f* Meteorologe, -in *m, f*
meter [me'ter] **I.** *vt* **1.** (*introducir*) (hinein)stecken; (*en una caja, una bolsa*) (hinein)legen; ~ **el coche en el garaje** das Auto in die Garage fahren **2.** (*persona*): ~ **a alguien en la cárcel** jdn ins Gefängnis stecken **3.** (*invertir*) investieren; ~ **en el banco** auf die Bank bringen **4.** (*en costura*) enger machen **5.** (DEP): ~ **un gol** ein Tor schießen **6.** (*argot: encascar*) aufschwatzen; (*vender*) unterjubeln **7.** (*argot: pegar*): ~ **un puñetazo a alguien** jdm einen Fausthieb verpassen **8.** (*provocar*): ~ **prisa a alguien** jdn zur Eile antreiben; ~ **ruido** Lärm machen **9.** (*loc*): ~ **la pata** ins Fettnäpfchen treten; **a todo** ~ (*argot*) ganz schnell **II.** *vr:* ~**se 1.** (*fam: aceptar algo*): **¿cuándo se te ~á esto en la cabeza?** wann wirst du das je kapieren? **2.** (*introducirse*) hineinkommen; ~**se el dedo en la nariz** in der Nase bohren; ~**se algo en la cabeza** sich *dat* etw in den Kopf setzen **3.** (*entrar en un lugar*) verschwinden; **le vi ~se en un cine** ich sah ihn ins Kino hineingehen **4.** (*entrar indebidamente*) eindringen **5.** (*inmiscuirse*) sich einmischen; ~**se donde no lo/la llaman** [*o* **le importa**] sich in etwas einmischen, das einen nichts angeht **6.** (*provocar*): ~**se con alguien** jdn ärgern **7.** (*comenzar un oficio*): ~**se monja** ins Kloster gehen **8.** (*loc*): **¡métetelo donde te quepa!** (*argot*) steck's dir sonst wohin!
meticuloso, -a [metiku'loso, -a] *adj* kleinlich
metido, -a [me'tiðo, -a] *adj:* **una mujer metida en años** eine Frau im fortgeschrittenen Alter; **la llave está metida** der Schlüssel steckt
metódico, -a [me'toðiko, -a] *adj* methodisch
método ['metoðo] *m* (Lehr)methode *f;* (*libro*) Lehrbuch *nt*
metodología [metoðolo'xia] *f* Methodologie *f;* (*referente a la enseñanza*) Methodik *f*
metomentodo [metomen̩'toðo] *mf inv* (*fam*): **ser un** ~ seine Nase überall hineinstecken
metraje [me'traxe] *m:* **película de largo** ~ Film in Langfassung; **película de corto** ~ Kurzfilm *m*
metralla [me'traʎa] *f* **1.** (*munición*) Schrot *m o nt;* **fuego de** ~ Maschinengewehrfeuer *nt* **2.** (*trozos*) (Kugel)splitter *mpl*
metralleta [metra'ʎeta] *f* Schnellfeuerwaffe *f*
métrica ['metrika] *f* Metrik *f*
métrico, -a ['metriko, -a] *adj* metrisch
metro ['metro] *m* **1.** (*unidad*) Meter *m o nt;* ~ **cuadrado** Quadratmeter *m o nt;* ~ **cúbico** Kubikmeter *m o nt;* **no levantar un** ~ **del suelo** sehr klein sein **2.** (*para medir*) Metermaß *nt;* ~ **de cinta** Maßband *nt;* ~

M

plegable Zollstock *m* **3.** (*metropolitano*) U-Bahn *f*

metrópoli [me'tropoli] *f* Weltstadt *f;* (*capital*) Hauptstadt *f*

metropolitano[1] [metropoli'tano] *m* U-Bahn *f*

metropolitano, -a[2] [metropoli'tano, -a] *adj* hauptstädtisch; (*de la urbe*) weltstädtisch

mexicano, -a [mexi'kano, -a] *adj o m, f v.* **mejicano**

México ['mexiko] *m* Mexiko *nt*

> **México** (offiziell: **Estados Unidos Mexicanos**) liegt in Mittelamerika und grenzt im Norden an die USA. Die Hauptstadt **Ciudad de México** (México-Stadt) hat fast zwanzig Millionen Einwohner. Spanisch ist die offizielle Landessprache. Die Währungseinheit Mexikos ist der **peso**. Die Ureinwohner Mexikos, die **aztecas** (Azteken), nannten sich selbst **mexica**.

mezcla ['meθkla] *f* Mischung *f*

mezclar [meθ'klar] **I.** *vt* **1.** (*unir*) (ver)mischen; (GASTR) unterrühren **2.** (*revolver*) durcheinander bringen; (*confundir*) verwechseln **3.** (*involucrar*) hineinziehen **II.** *vr:* **~se 1.** (*inmiscuirse*) sich einmischen **2.** (*en un grupo de personas*): **~se con gente de mucho dinero** mit sehr reichen Leuten zusammenkommen **3.** (*revolverse*) durcheinander geraten

mezcolanza [meθko'lan̩θa] *f* (*fam*) Mischmasch *m*

mezquino, -a [meθ'kino, -a] *adj* geizig; (*innoble*) gemein; (*despreciable*) schäbig

mezquita [meθ'kita] *f* Moschee *f*

mi [mi] *adj pos* (*antepuesto*) mein(e); **~ amigo/amiga/casa** mein Freund/meine Freundin/mein Haus; **~s amigos/amigas** meine Freunde/Freundinnen

mí [mi] *pron pers:* **a ~** (*objeto directo*) mich; (*indirecto*) mir; **para ~** für mich; **¿y a ~ qué?** na und?; **para ~ (que)...** meiner Meinung nach ...; **por ~** von mir aus; **por ~ que no quede** an mir soll's nicht liegen; **por ~ mismo** allein; **¡a ~ con esas!** erzähl das deiner Großmutter!; **¡a ~!** (*¡socorro!*) (zu) Hilfe!

miaja ['mjaxa] *f* Krümel *m*

miau [mjau̯] miau

mico, -a ['miko, -a] *m, f* **1.** (ZOOL) Affe *m,* Äffin *f* **2.** (*fam: persona fea*) hässlicher Kauz *m,* Vogelscheuche *f* **3.** (*fam: niño*) Äffchen *nt*

micro ['mikro] *m* Mikro *nt*

microbio [mi'kroβjo] *m* Mikrobe *f*

microbús [mikro'βus] *m* Kleinbus *m*

microchip [mikro'ʧip] *m* Mikrochip *m*

micrófono [mi'krofono] *m* Mikrofon *nt*

microonda [mikro'on̩da/mi'kron̩da] *f* Mikrowelle *f;* **horno (de) ~s** Mikrowellenherd *m*

microscópico, -a [mikros'kopiko, -a] *adj* mikroskopisch; (*fam*) winzig (klein); **de tamaño ~** mikroskopisch klein

microscopio [mikros'kopjo] *m* Mikroskop *nt;* **~ de 60 aumentos** Mikroskop mit 60facher Vergrößerung; **~ electrónico** Elektronenmikroskop *m*

microtenis [mikro'tenis] *m inv* (*Am*) Tischtennis *nt*

miedo ['mjeðo] *m* **1.** (*angustia*) Angst *f* (*a/de* vor *+dat*); **por ~ a** [*o* **de**] aus Angst vor; **por ~ de que...** *+subj* aus Angst davor, dass ...; **meter ~ a alguien** jdm Angst einjagen; **dar ~** Angst machen; **me entró** [*o* **dio**] **~** ich bekam Angst **2.** (*fam: maravilloso*): **de ~** toll; **el concierto estuvo de ~** das Konzert war sagenhaft **3.** (*fam: terrible*): **de ~** schrecklich; **hace un frío de ~** es ist hundekalt

miedoso, -a [mje'ðoso, -a] *adj* (*con ser*) ängstlich; (*con estar*) schreckhaft

miel [mjel] *f* **1.** (*de abeja*) Honig *m* **2.** (*loc*): **luna de ~** Flitterwochen *fpl*

miembro ['mjembro] **I.** *m* **1.** *pl* (*extremidades*) Glieder *ntpl* **2.** (*pene*): **~ (viril)** (männliches) Glied *nt* **3.** (*socio*) Mitglied *nt;* **hacerse ~ de** Mitglied werden in *+dat* **4.** (LING, MAT) Glied *nt* **5.** (*parte*) Teil *m* **II.** *adj:* **los Estados ~s** die Mitglied(s)staaten

mientras ['mjen̩tras] **I.** *adv* währenddessen; **~ (tanto)** inzwischen **II.** *conj:* **~ (que)** während; **~ (que)** *+subj* solange

miércoles ['mjerkoles] *m inv* Mittwoch *m;* **~ de ceniza** Aschermittwoch *m; v. t.* **lunes**

mierda ['mjerða] *f* (*vulg*) **1.** (*heces*) Scheiße *f* **2.** (*porquería*) Dreck *m fam* **3.** (*loc*): **¡2000 pesetas, una ~!** 2000 Peseten, nie im Leben!; **es una ~ de coche** das ist ein Scheißauto; **mandar a la ~** zum Teufel jagen; **¡(vete) a la ~!** verpiss dich doch!; **¡~!** Scheiße!; **no valer una ~** zu nichts nütze sein; **¡vaya ~ que cogí ayer!** (*borrachera*) Mensch, war ich gestern voll! *fam*

mies [mjes] *f* **1.** Korn *nt* **2.** *pl* (*campos*)

Kornfelder *ntpl*

miga ['miɣa] *f* Krume *f;* **hacer buenas/malas ~s con alguien** mit jdm gut/schlecht auskommen; **hacer ~s a alguien** jdn fertig machen; **estar hecho ~** (*cansado*) völlig kaputt sein; **hacer ~s** zerfetzen

migaja [mi'ɣaxa] *f* **1.** (*trocito*) Stückchen *nt;* **una ~ de algo** ein ganz klein wenig von etw *dat* **2.** *pl* (*sobras*) Reste *mpl*

migración [miɣra'θjon] *f* Auswanderung *f;* (ZOOL) Migration *f*

migraña [mi'ɣraɲa] *f* Migräne *f*

mijo ['mixo] *m* Hirse *f*

mil [mil] *adj inv* tausend; **ya se lo he dicho ~ veces** ich habe es ihm/ihr schon hundert Mal gesagt; *v. t.* **ocho**

milagro [mi'laɣro] *m* Wunder *nt;* **hacer ~s** Wunder vollbringen; **~ (sería) que...** *+subj* es wäre ein Wunder, wenn ...

milagroso, -a [mila'ɣroso, -a] *adj* **1.** (*que hace milagros*) wundertätig **2.** (*ocurrido por milagro*) wundersam **3.** (*maravilloso*) wunderbar

Milán [mi'lan] *m* Mailand *nt*

milanés, -esa [mila'nes, -esa] *adj* mailändisch

milano [mi'lano] *m* Milan *m*

milenario, -a [mile'narjo, -a] *adj* tausendjährig

milenio [mi'lenjo] *m* Jahrtausend *nt*

mili ['mili] *f* (*fam*) Wehrdienst *m;* **ir a** [*o* **hacer**] **la ~** den Wehrdienst (ab)leisten; (*en Alemania*) zum Bund gehen; **¿ya hiciste la ~?** warst du schon beim Bund?

milibar [mili'βar] *m* Millibar *nt*

milicia [mi'liθja] *f* Miliz *f;* **~ nacional** Bürgerwehr *f*

miligramo [mili'ɣramo] *m* Milligramm *nt;* **mililitro** [mili'litro] *m* Milliliter *m;* **milímetro** [mi'limetro] *m* Millimeter *m o nt*

militar [mili'tar] **I.** *vi* **1.** (*cumplir el servicio*) dienen (*en* bei/in *+dat*) **2.** (*en un partido*) angehören (*en +dat*) **3.** (*loc*): **~ en favor de/contra algo** sich für/gegen etw einsetzen **II.** *adj* Militär-; **los altos mandos ~es** die Militärs **III.** *m* Soldat *m*

milla ['miʎa] *f* Meile *f;* **~ marina** Seemeile *f*

millar [mi'ʎar] *m* Tausend *nt;* **protestaron a ~es** sie protestierten zu Tausenden

millón [mi'ʎon] *m* Million *f;* **mil millones** Milliarde *f;* **un ~ de gracias** tausend Dank

millonada [miʎo'naða] *f* (*fam*) Vermögen *nt*

millonario, -a [miʎo'narjo, -a] *m, f* Millionär(in) *m(f)*

milpa ['milpa] *f* (*Am*) Maisfeld *nt;* (*planta*) Mais *m*

milpiés [mil'pjes] *m inv* Tausendfüß(l)er *m*

mimar [mi'mar] *vt* verwöhnen; (*excesivamente*) verhätscheln

mimbre ['mimbre] *m* Korbgeflecht *nt;* **de ~** geflochten; **muebles de ~** Rattanmöbel *ntpl;* **silla de ~** Korbstuhl *m*

mimbrera [mim'brera] *f* Korbweide *f*

mimeógrafo [mime'oɣrafo] *m* (*Am*) Kopiergerät *nt*

mímica ['mimika] *f* Mimik *f;* (*señas*) Gebärdensprache *f;* (*ademanes*) Gestik *f*

mimo ['mimo] *m* **1.** (*actor*) Mime, -in *m, f* **2.** (*caricia*) Zärtlichkeit *f;* **necesitar mucho ~** viele Streicheleinheiten brauchen **3.** (*condescencia*) Verhätschelung *f;* **le dan demasiado ~** er/sie wird zu sehr verhätschelt

mimosa [mi'mosa] *f* Mimose *f*

mimoso, -a [mi'moso, -a] *adj* verhätschelt; (*con ser*) verschmust; (*con estar*) anhänglich

mina ['mina] *f* **1.** (MIN) Bergwerk *nt;* **~ de carbón** Kohlenbergwerk *nt;* **este negocio es una ~** dieses Geschäft ist eine (wahre) Goldgrube **2.** (*explosivo*) Mine *f;* **~ de mar** Seemine *f;* **~ de tierra** Landmine *f* **3.** (*de lápiz/bolígrafo*) Mine *f*

minarete [mina'rete] *m* Minarett *nt*

mineral [mine'ral] **I.** *adj* Mineral- **II.** *m* Mineral *nt;* (MIN) Erz *nt*

minería [mine'ria] *f* Bergbau *m*

minero, -a [mi'nero, -a] *m, f* Bergarbeiter(in) *m(f)*

miniatura [minja'tura] *f* Miniatur *f*

minibús [mini'βus] *m* Kleinbus *m;* **minifalda** [mini'fal̩da] *f* Minirock *m*

minifundio [mini'fun̩djo] *m* landwirtschaftlicher Kleinbetrieb *m*

minifundista [mini'fun̩dista] *mf* Kleinbauer, -bäuerin *m, f*

minigolf [mini'ɣolf] *m* Minigolf *nt*

mínimo[1] ['minimo] *m* Minimum *nt;* **como ~** (*cantidad*) mindestens; **como ~ podrías llamar por teléfono** du könntest wenigstens anrufen

mínimo, -a[2] ['minimo, -a] *adj superl de* **pequeño** Mindest-; **las temperaturas mínimas** die Tiefstwerte; **sin el más ~ ruido**

M

ohne den geringsten Laut; **no ayudar en lo más** ~ kein bisschen helfen

ministerio [minis'terjo] *m* Ministerium *nt;* (*cargo*) Ministeramt *nt;* (*gabinete*) (Regierungs)kabinett *nt*

ministro, -a [mi'nistro, -a] *m, f* Minister(in) *m(f);* **primera ministra** Ministerpräsidentin *f;* ~ **sin cartera** Minister ohne Geschäftsbereich

minivacaciones [miniβaka'θjones] *fpl* Kurzurlaub *m*

minoría [mino'ria] *f* Minderheit *f;* ~ **de edad** Minderjährigkeit *f*

minorista [mino'rista] *mf* Einzelhändler(in) *m(f)*

minoritario, -a [minori'tarjo, -a] *adj* Minderheits-

minuciosidad [minuθjosi'ðað] *f* Genauigkeit *f*

minucioso, -a [minu'θjoso, -a] *adj* minuziös

minúscula [mi'nuskula] *f* Kleinbuchstabe *m*

minúsculo, -a [mi'nuskulo, -a] *adj* winzig

minusvalía [minusβa'lia] *f* (körperliche) Behinderung *f;* (COM) Wertverlust *m*

minusválido, -a [minus'βaliðo, -a] *adj* körperbehindert

minusvalorar [minusβalo'rar] *vt* unterbewerten

minuta [mi'nuta] *f* Honorarrechnung *f*

minutero [minu'tero] *m* Minutenzeiger *m*

minuto [mi'nuto] *m* Minute *f;* **sin perder un** ~ augenblicklich; **vuelvo en un** ~ ich bin gleich wieder da

mío, -a ['mio, -a] *pron pos* **1.** (*de mi propiedad*): **el libro es** ~ das Buch gehört mir; **¡ya es** ~**!** geschafft! **2.** (*tras artículo*): **el** ~**/la mía/lo** ~ meine(r, s); **los** ~**s** meine; (*parientes*) meine Angehörigen; **ésta es la mía** (*fam*) das ist die Gelegenheit für mich **3.** (*tras substantivo*) mein(e), von mir; **una amiga mía** eine Freundin von mir; **¡amor** ~**!** mein Liebes!; (**no**) **es culpa mía** es ist (nicht) meine Schuld

miocardio [mjo'karðjo] *m* Herzmuskel *m*

mioma [mi'oma] *m* Myom *nt*

miope [mi'ope] **I.** *adj* kurzsichtig **II.** *mf* Kurzsichtige(r) *mf*

miopía [mjo'pia] *f* Kurzsichtigkeit *f*

mira ['mira] *f:* **con** ~**s a** im Hinblick auf +*akk*

mirada [mi'raða] *f* Blick *m;* ~ **perdida** Blick ins Leere; **levantar la** ~ aufblicken; **apartar la** ~ wegsehen; **ser el blanco de todas las** ~**s** alle Blicke auf sich ziehen

mirado, -a [mi'raðo, -a] *adj:* **estar bien/mal** ~ wohl angesehen/nicht gerne gesehen sein; **bien** ~**,...** eigentlich ...

mirador [mira'ðor] *m* Aussichtspunkt *m*

mirar [mi'rar] **I.** *vt* **1.** (*ver*) (an)schauen; (*observar*) beobachten; ~ **por la ventana** aus dem Fenster schauen; ~ **atrás** zurückblicken; ~ **alrededor** um sich schauen; ~ **por encima** kurz überfliegen **2.** (*buscar*) nachschauen **3.** (*prestar atención*) aufpassen (auf +*akk*); **¡mira el bolso!** behalte die Tasche im Auge! **4.** (*meditar*) überdenken **5.** (*tener en cuenta*) sich richten (nach +*dat*); ~ **el dinero** aufs Geld schauen **6.** (*estimar*): ~ **bien** schätzen; ~ **mal** nicht gern sehen **II.** *vi* **1.** (*aviso*): **¡mira! ya llega** schau! da kommt er/sie schon **2.** (*amenaza*): **¡pero mira lo que estás haciendo!** Mensch, schau mal, was du da machst! **3.** (*tener en cuenta*): **mira, que no nos queda mucho tiempo** denk daran, wir haben nicht mehr viel Zeit **4.** (*ir a ver*): **mira** (**a ver**) **si han llegado ya** geh mal schauen, ob sie schon gekommen sind **III.** *vr:* ~**se** sich anschauen; ~**se en el espejo** sich im Spiegel betrachten

mirasol [mira'sol] *m* Sonnenblume *f*

mirilla [mi'riʎa] *f* (*en la puerta*) Spion *m*

mirlo ['mirlo] *m* Amsel *f*

mirón, -ona [mi'ron, -ona] *m, f* Schaulustige(r) *mf;* (*pey*) Spanner(in) *m(f)*

mirra ['mirra] *f* Myrrhe *f*

misa ['misa] *f* Gottesdienst *m;* ~ **de difuntos** Totenmesse *f;* ~ **del gallo** Christmette *f;* **ir a** ~ in die Kirche gehen

miserable [mise'raβle] *adj* **1.** (*pobre*) ärmlich **2.** (*lamentable*) erbärmlich **3.** (*tacaño*) knauserig **4.** (*poco, mísero*) schäbig; **un sueldo** ~ ein Hungerlohn

miseria [mi'serja] *f* **1.** (*pobreza*) Elend *nt;* **vivir en la** ~ in Armut leben **2.** (*poco dinero*) lächerliche Summe *f*

misericordia [miseri'korðja] *f* Erbarmen *nt;* (*perdón*) Gnade *f*

misericordioso, -a [miserikor'ðjoso, -a] *adj* **1.** (*que siente*) teilnahmsvoll **2.** (*que perdona*) gnädig (*con/para* (*con*) mit +*dat*)

misil [mi'sil] *m* Rakete *f;* ~ **antiaéreo** Flugabwehrrakete *f*

misión [mi'sjon] *f* Mission *f*
misionero, **-a** [misjo'nero, -a] *m, f* Missionar(in) *m(f)*
mismamente [misma'mente] *adv:* **ayer ~ estuvimos hablando de ello** gestern erst haben wir darüber geredet
mismo[1] ['mismo] *adv* **1.** (*incluso*) selbst **2.** (*manera*): **así ~** genauso **3.** (*justamente*): **ahí ~** genau da; **aquí ~** gleich hier; **ayer ~** gerade gestern
mismo, **-a**[2] ['mismo, -a] *adj* **1.** (*idéntico*): **el/lo ~** derselbe/dasselbe; **la misma** dieselbe; **al ~ tiempo** gleichzeitig; **da lo ~** das ist egal; **lo ~ José como** [*o* **que**] **María** sowohl José als auch María; **lo ~ no vienen** es kann gut sein, dass sie gar nicht kommen **2.** (*semejante*): **el~/la misma/lo ~** der/die/das Gleiche; **llevar la misma falda** den gleichen Rock tragen **3.** (*reflexivo*) selbst; **yo misma lo vi** ich habe es selbst gesehen **4.** (*precisamente*): **este ~ perro fue el que me mordió** genau dieser Hund hat mich gebissen; **¡eso ~!** genau! **5.** (*hasta*) selbst; **el ~ embajador asistió a la fiesta** der Botschafter selbst nahm an der Feier teil
miss [mis] *f* Schönheitskönigin *f;* **~ Alemania** Miss Germany
misterio [mis'terjo] *m* Geheimnis *nt*
misterioso, **-a** [miste'rjoso, -a] *adj* geheimnisvoll
mística ['mistika] *f* Mystik *f*
místico, **-a** ['mistiko, -a] *m, f* Mystiker(in) *m(f)*
mistificar [mistifi'kar] <c→qu> *vt* **1.** (*burlarse*) hereinlegen *fam* **2.** (*falsear*) verfälschen
mitad [mi'ta^{ð}] *f* **1.** (*parte igual*) Hälfte *f;* **a ~ de precio** zum halben Preis **2.** (*medio*) Mitte *f;* **en ~ del bosque** mitten im Wald; **cortar por la ~** in der Mitte durchschneiden
mítico, **-a** ['mitiko, -a] *adj* mythisch, Sagen-
mitigar [miti'ɣar] <g→gu> **I.** *vt* lindern **II.** *vr:* **~se** nachlassen
mitin ['mitin] *m* Treffen *nt*
mito ['mito] *m* Mythos *m*
mitología [mitolo'xia] *f* Mythologie *f*
mitológico, **-a** [mito'loxiko, -a] *adj* mythologisch
mixto[1] ['misto] *m* Streichholz *nt*
mixto, **-a**[2] ['misto, -a] *adj* gemischt
mobbing ['moβiŋ] *m* Mobbing *nt,* Mobben *nt*
mobiliario [moβi'ljarjo] *m* Mobiliar *nt*
moca ['moka] *m* Mokka *m;* (*Ecua*) Sumpf *m*
mocasín [moka'sin] *m* Mokassin *m*
mochila [mo'ʧila] *f* Rucksack *m;* (*de un soldado*) Tornister *m;* (*de un estudiante*) Ranzen *m*
mochilero, **-a** [moʧi'lero, -a] *m, f* Rucksacktourist(in) *m(f);* **ir de mochilera** backpacken
mochuelo [mo'ʧwelo] *m* **1.** (ZOOL) Kauz *m* **2.** (*fam*): **siempre me toca cargar con el ~** immer bleibt es an mir hängen
moción [mo'θjon] *f:* **presentar una ~ de censura** einen Misstrauensantrag einbringen
moco ['moko] *m* (Nasen)schleim *m;* **limpiarse los ~s** sich *dat* die Nase putzen
mocoso, **-a** [mo'koso, -a] *m, f* (*pey*) Rotzbengel *m,* Rotzgöre *f*
moda ['moða] *f* Mode *f;* **estar de ~** (in) Mode sein; **ponerse/pasar de ~** in Mode/aus der Mode kommen; **ir a la (última) ~** sich nach der neuesten Mode kleiden
modal [mo'ðal] **I.** *adj* modal **II.** *mpl* Manieren *fpl;* **¡qué ~es son estos!** so was gehört sich nicht!
modalidad [moðali'ða^{ð}] *f* Art *f;* **~es de un contrato** Vertragsbestimmungen *fpl*
modelar [moðe'lar] *vt* modellieren; (*fig*) formen
modelo[1] [mo'ðelo] *m* Vorbild *nt;* (*muestra*) Muster *nt;* (*t.* COM) Modell *nt*
modelo[2] [mo'ðelo] *mf* Model(l) *nt*
módem ['moðen] *m* Modem *nt o m*
moderación [moðera'θjon] *f:* **comer con ~** sich beim Essen mäßigen
moderado, **-a** [moðe'raðo, -a] *adj* gemäßigt; (*velocidad, vida*) mäßig; (*precio, petición*) maßvoll; (*castigo*) mild
moderador(a) [moðera'ðor(a)] *m(f)* Moderator(in) *m(f);* (*de un debate*) Diskussionsleiter(in) *m(f)*
moderar [moðe'rar] **I.** *vt* moderieren; (*debate*) leiten **II.** *vr:* **~se** sich mäßigen
modernismo [moðer'nismo] *m* (ARTE, LIT) Modernismus *m;* (ARQUIT) Jugendstil *m*
modernizar [moðerni'θar] <z→c> **I.** *vt* modernisieren **II.** *vr:* **~se** moderner werden
moderno, **-a** [mo'ðerno, -a] *adj* modern; **edad moderna** Neuzeit *f;* **historia moderna** neuere Geschichte

modestia [mo'ðestja] *f* Bescheidenheit *f;* ~ **aparte, pero...** ich will mich ja nicht rühmen, aber ...

modesto, -a [mo'ðesto, -a] *adj* bescheiden

módico, -a ['moðiko, -a] *adj* gering; (*precio*) angemessen

modificación [moðifika'θjon] *f* Veränderung *f;* (*de plan*) Abänderung *f;* (*de tema*) Abwandlung; (LING) Modifikation *f;* ~ **de estatutos** Satzungsänderung *f*

modificar [moðifi'kar] <c→qu> **I.** *vt* verändern; (*plan*) abändern; (*texto*) bearbeiten; (*tema*) abwandeln; (LING) modifizieren **II.** *vr:* ~**se** sich verändern

modismo [mo'ðismo] *m* (Rede)wendung *f*

modista [mo'ðista] *mf* Damenschneider(in) *m(f)*

modisto [mo'ðisto] *m* Modemacher *m*

modo ['moðo] *m* **1.** (*manera*) Art *f;* ~ **de andar** Gang *m;* ~ **de hablar** Sprechweise *f;* **hazlo a tu** ~ mach es auf deine Art; **a mi** ~ **de pensar** nach meiner Auffassung **2.** (LING, INFOR) Modus *m* **3.** *pl* (*comportamiento*) Benehmen **4.** (*loc*): **de ningún** ~ auf keinen Fall; **en cierto** ~ gewissermaßen; **de todos** ~**s es mejor que te vayas** auf alle Fälle ist es besser, wenn du jetzt gehst

modorra [mo'ðorra] *f* Schläfrigkeit *f;* (*por la bebida*) Katzenjammer *m fam*

modular [moðu'lar] *vt, vi* modulieren

módulo ['moðulo] *m* (ARQUIT, ELEC, INFOR) Modul *nt;* (*de un mueble*) (Anbau)element *nt*

mofa ['mofa] *f* Spott *m;* **hacer** ~ **de algo** sich über etw lustig machen

mofar [mo'far] *vi, vr:* ~**se** sich lustig machen (*de* über +*akk*)

mofeta [mo'feta] *f* Stinktier *nt*

moflete [mo'flete] *m* Pausbacke *f*

mofletudo, -a [mofle'tuðo, -a] *adj* pausbäckig

mogollón [moɣo'ʎon] *m* **1.** (*vulg: cantidad*) Haufen *m;* **había** ~ **de gente en la fiesta** es waren unheimlich viele Leute auf dem Fest *fam* **2.** (*vulg*) Zoff *m fam*

mohíno, -a [mo'ino, -a] *adj* verärgert; (*de mal humor*) missmutig; (*triste*) traurig

moho ['mo(o)] *m* Moder *m;* (*en la pared/alimentos*) Schimmel *m;* (*en líquidos*) Kahm *m*

mohoso, -a [mo'oso, -a] *adj* mod(e)rig; (*pared, alimentos*) schimmelig; (*líquido*) kahmig

mojama [mo'xama] *f* getrockneter Thunfisch *m*

mojar [mo'xar] **I.** *vt* nass machen; (*ligeramente*) befeuchten; (*el pan*) eintauchen **II.** *vi* (*fam: en un asunto*) verwickelt sein (*en* in +*akk*) **III.** *vr:* ~**se 1.** nass werden; ~**se los pies** nasse Füße bekommen **2.** (*fam*) Farbe bekennen

mojigato, -a [moxi'ɣato, -a] *adj* duckmäuserisch; (*hipócrita*) heuchlerisch

mojón [mo'xon] *m* Grenzstein *m*

mol [mol] *m* Mol *nt*

molar [mo'lar] **I.** *adj:* **diente** ~ Backenzahn *m* **II.** *vi* (*fam*) **1.** (*gustar*) gefallen +*dat;* **me molan las rubias** ich stehe auf Blondinen **2.** (*llevarse*) in (Mode) sein; **ahora mola llevar pelo corto** kurze Haare sind jetzt in

Moldavia [mol̩'daβja] *f* Moldawien *nt*

molde ['mol̩de] *m* (Guss)form *f;* (GASTR) (Back)form *f;* (TIPO) Matrize *f;* **pan de** ~ Kastenbrot *nt;* **letras de** ~ Druckbuchstaben *mpl*

moldear [mol̩de'ar] *vt* formen

mole[1] ['mole] *f* Masse *f*

mole[2] ['mole] *m* (*Méx*) Chilisoße *f;* (*guiso*) Chilieintopf *m*

Mole ist die Bezeichnung einer mexikanischen Chilisoße. Der Cayennepfeffer der Chilipflanze verleiht dieser Soße ihren charakteristischen scharfen Geschmack.

molécula [mo'lekula] *f* Molekül *nt*

molecular [moleku'lar] *adj* molekular

moler [mo'ler] <o→ue> *vt* **1.** (*café, trigo*) mahlen; (*aceitunas*) pressen; (*caña de azúcar*) auspressen; ~ **a alguien a palos** jdn windelweich prügeln **2.** (*fatigar*) erschöpfen; **estoy molido de la excursión** dieser Ausflug hat mich völlig geschafft

molestar [moles'tar] **I.** *vt* (*estorbar*) stören; (*fastidiar*) belästigen; (*dolores*) plagen; (*enfadar*) ärgern **II.** *vr:* ~**se 1.** (*tomarse la molestia*) sich *dat* die Mühe machen; **no tendrías que haberte molestado** das wäre wirklich nicht nötig gewesen **2.** (*ofenderse*) sich beleidigt fühlen; **se ha molestado por tu comentario** deine Bemerkung hat ihn/sie gekränkt

molestia [mo'lestja] *f* **1.** (*fastidio*) Belästigung *f;* (*por dolores*) Plage *f;* **no es ninguna ~** das stört überhaupt nicht **2.** (*inconveniente*) Unannehmlichkeit *f;* **no es ninguna ~ (para mí)** das macht mir keine Umstände; **tomarse la ~** sich *dat* die Mühe machen; **perdonen las ~s** bitte entschuldigen Sie die Störung

molesto, -a [mo'lesto, -a] *adj* **1.** *ser* (*desagradable*) unangenehm; (*fastidioso*) lästig **2.** *estar* (*enfadado*) verärgert (*por* über +*akk*); (*ofendido*) beleidigt (*por* wegen +*gen/dat*) **3.** *estar* (*incómodo*) unbehaglich; **estoy ~ por el vendaje** der Verband stört mich

molido, -a [mo'liðo, -a] *adj* (*fam: cansado*): **estoy ~** ich bin fix und fertig

molinero, -a [moli'nero, -a] *m, f* Müller(in) *m(f)*

molinillo [moli'niʎo] *m:* **~ de café** Kaffeemühle *f;* (*juguete*) Windrad *nt*

molino [mo'lino] *m* Mühle *f*

mollera [mo'ʎera] *f:* **ser duro de ~** schwer von Begriff sein

molusco [mo'lusko] *m* Weichtier *nt*

momentáneo, -a [momen̪'taneo, -a] *adj* augenblicklich; (*provisional*) provisorisch; (*temporal*) vorübergehend

momento [mo'men̪to] *m* **1.** (*instante*) Augenblick *m,* Moment *m;* **¡espera un ~!** Augenblick!; **de un ~ a otro** jeden Augenblick; **de ~, no te puedo decir nada** ich kann dir vorerst nichts sagen; **hace un ~ que ha salido** er/sie ist gerade eben gegangen **2.** (*período*) Zeitraum *m;* **atravieso un mal ~** ich mache gerade eine schwere Zeit durch **3.** (*actualidad*) Gegenwart *f;* **la música del ~** die Musik von heute

momia ['momja] *f* Mumie *f*

momificar [momifi'kar] <c→qu> *vt* mumifizieren

mona ['mona] *f* **1.** (ZOOL) Äffin *f* **2.** (*fam*) Rausch *m;* **coger una ~** sich *dat* einen Rausch antrinken; **dormir la ~** seinen Rausch ausschlafen

Mónaco ['monako] *m* Monaco *nt*

monada [mo'naða] *f:* **¡qué ~ de vestido!** was für ein entzückendes Kleid!; **este bebé es una ~** dieses Baby ist goldig

monaguillo, -a [mona'ɣiʎo, -a] *m, f* Ministrant(in) *m(f)*

monarca [mo'narka] *mf* Monarch(in) *m(f)*

monarquía [monar'kia] *f* Monarchie *f*

> Spaniens Staatsform ist eine **monarquía parlamentaria** (konstitutionelle Monarchie), d.h. der König, Juan Carlos I., ist Spaniens Staatsoberhaupt, aber der Staat wird von einer demokratisch gewählten Regierung (Zweikammersystem seit 1977) regiert.

monárquico, -a [mo'narkiko, -a] *adj* monarchi(sti)sch

monasterio [monas'terjo] *m* Kloster *nt*

monda ['mon̪da] *f* (*fam*): **tus chistes son la ~** deine Witze sind zum Schreien

mondadientes [mon̪da'ðjen̪tes] *m inv* Zahnstocher *m*

mondadura [mon̪da'ðura] *f* Schälen *nt;* (*peladuras*) Schalen *fpl*

mondar [mon̪'dar] **I.** *vt* **1.** (*plátano, patata, palo*) schälen; (*guisantes*) enthülsen; (*rama*) entrinden **2.** (*árbol*) beschneiden **II.** *vr:* **~se 1.** (*pelarse*) sich schälen **2.** (*loc*): **~se los dientes** sich *dat* in den Zähnen stochern; **~se de risa** (*fam*) sich totlachen

moneda [mo'neða] *f* **1.** (*pieza*) Münze *f;* **~ de cinco marcos** Fünfmarkstück *nt* **2.** (*de un país*) Währung *f;* **~ extranjera** Devisen *fpl;* **~ fuerte/débil** harte/weiche Währung **3.** (*loc*): **la otra cara de la ~** die Kehrseite der Medaille; **esto es ~ corriente** das ist nichts Ungewöhnliches

monedero [mone'ðero] *m* Geldbeutel *m*

monegasco, -a [mone'ɣasko, -a] *adj* monegassisch

monería [mone'ria] *f* Drolligkeit *f*

monetario, -a [mone'tarjo, -a] *adj* Währungs-

mongólico, -a [moŋ'goliko, -a] *adj* mongoloid

mongolismo [moŋgo'lismo] *m* Mongolismus *m*

monigote [moni'ɣote] *m:* **hacer ~s** (*figuras humanas*) Männchen malen; (*borrones*) herumkritzeln

monitor[1] [moni'tor] *m* (TÉC, TV, INFOR) Monitor *m*

monitor(a)[2] [moni'tor(a)] *m(f)* (*de un deporte*) Übungsleiter(in) *m(f);* (*de un campamento*) (Gruppen)leiter(in) *m(f);* **~ de natación** Schwimmlehrer *m*

monitorio, -a [moni'torjo, -a] *adj* ermahnend; **carta monitoria** Mahnschreiben *nt*

monja ['moŋxa] *f* Nonne *f*

monje ['moŋxe] *m* Mönch *m*

M

mono[1] ['mono] *m* **1.** (ZOOL) Affe *m;* **¿tengo ~s en la cara?** was starrst du mich so an? **2. en esta casa soy el último ~** in diesem Haus bin ich ein Nichts **3.** (*traje*) Overall *m;* (*de mecánico*) Blaumann *m fam* **4.** (*argot*) Turkey *m;* **tener el ~** auf Turkey sein; **le entra el ~** er bekommt Entzugserscheinungen

mono, -a[2] ['mono, -a] *adj* (*niño*) süß; (*chica*) hübsch; (*vestido*) entzückend

monocultivo [monokul̪'tiβo] *m* Monokultur *f*

monogamia [mono'ɣamja] *f sin pl* Monogamie *f*

monógamo, -a [mo'noɣamo, -a] *adj* monogam

monografía [monoɣra'fia] *f* Monographie *f*

monograma [mono'ɣrama] *m* Monogramm *nt*

monólogo [mo'noloɣo] *m* Monolog *m*

monopatín [monopa'tin] *m* Skateboard *nt*

monopolio [mono'poljo] *m* Monopol *nt*

monosílabo [mono'silaβo] *m* einsilbiges Wort *nt*

monotonía [monoto'nia] *f* Eintönigkeit *f*

monótono, -a [mo'notono, -a] *adj* eintönig

monóxido [mo'no$^{\gamma}$siðo] *m* Monoxid *nt*

monserga [mon'serɣa] *f* (*fam*): **¡no me vengas con ~s!** hör auf mit dem Quatsch!; **este trabajo es una ~** diese Arbeit geht mir auf die Nerven

monstruo ['mo^{n}strwo] *m* Ungeheuer *nt;* (*feo*) Scheusal *nt;* (*perverso*) Unmensch *m;* (*artista*) Meister *m*

monstruosidad [mo^{n}strwosi'ða^{ð}] *f* Ungeheuerlichkeit *f;* **eso que dices es una ~** das, was du sagst, ist ja ungeheuerlich!

monstruoso, -a [mo^{n}stru'oso, -a] *adj* missgestaltet; (*terrible*) abscheulich; (*enorme*) riesig

monta ['mon̪ta] *f:* **de poca ~** unbedeutend

montacargas [mon̪ta'karɣas] *m inv* Lastenaufzug *m;* (MIN) Förderkorb *m*

montaje [mon̪'taxe] *m* (TÉC, CINE, FOTO) Montage *f;* (*engaño*) abgekartetes Spiel *nt*

montante [mon̪'tan̪te] *m* **1.** (*importe*) Endsumme *f* **2.** (*de máquina*) Ständer *m;* (*de escalera/ventana*) Pfosten *m*

montaña [mon̪'taɲa] *f* (*monte*) Berg *m;* (*zona*) Gebirge *nt;* **~ rusa** Achterbahn *f*

montañero, -a [mon̪ta'ɲero, -a] *m, f* Bergsteiger(in) *m(f)*

montañismo [mon̪ta'ɲismo] *m* Bergsteigen *nt*

montañoso, -a [mon̪ta'ɲoso, -a] *adj* gebirgig

montar [mon̪'tar] **I.** *vi* **1.** (*subir a una bici, un caballo*) aufsteigen (*en* auf +*akk*); (*en un coche*) einsteigen (*en* in +*akk*) **2.** (*ir a caballo*) reiten; **~ en bici** Rad fahren **3.** (*loc*): **~ en cólera** in Zorn geraten **II.** *vt* **1.** (*subir en un caballo*) besteigen **2.** (*ir a caballo*) reiten **3.** (*máquina*) montieren **4.** (*casa*) einrichten **5.** (*negocio*) eröffnen **6.** (*loc*): **~la** Krach schlagen; **~ un número** ein Riesentheater veranstalten **III.** *vr:* **~se 1.** (*subir*) hinaufsteigen; **no te montes ahí** steig da nicht hinauf **2.** (*fam*): **me lo monto solo** ich komme alleine zurecht

monte ['mon̪te] *m* **1.** (*montaña*) Berg *m;* **el ~ de los Olivos** der Ölberg **2.** (*bosque*) Wald *m;* **~ alto** (Hoch)wald *m;* **~ bajo** Unterholz *nt* **3.** *pl* (*cordillera*) Gebirge *nt* **4.** (*loc*): **~ de piedad** Pfandhaus *nt*

montés, -esa [mon̪'tes, -esa] *adj* wild; **cabra montesa** Steinbock *m;* **gato ~** Wildkatze *f*

montículo [mon̪'tikulo] *m* Hügel *m*

monto ['mon̪to] *m* Gesamtbetrag *m*

montón [mon̪'ton] *m* Haufen *m;* **un ~ de ropa** ein Haufen Wäsche; **ser del ~** ein Durchschnittsmensch sein; **tener una cara del ~** ein Allerweltsgesicht haben

montura [mon̪'tura] *f* (*arnés*) Geschirr *nt;* (*silla*) Sattel *m;* (*de gafas*) Gestell *nt*

monumental [monumen̪'tal] *adj:* **el Madrid ~** die Sehenswürdigkeiten Madrids

monumento [monu'men̪to] *m* Denkmal *nt;* (*grande*) Monument *nt*

moña ['moɲa] *f* (*fam*): **estar ~** betrunken sein

moño ['moɲo] *m* **1.** (*pelo*) Haarknoten *m* **2.** (*plumas*) Schopf *m* **3.** (*Col*) Marotte *f* **4.** (*Chil*) Haar *nt* **5.** (*loc*): **estar hasta el ~ de algo** (*fam*) die Nase gestrichen voll von etw *dat* haben; **se me ha puesto en el ~...** ich habe es mir in den Kopf gesetzt zu ...

moqueta [mo'keta] *f* Teppichboden *m*

mora ['mora] *f* Maulbeere *f;* (*de la zarzamora*) Brombeere *f*

morada [mo'raða] *f* **1.** (*casa*) Wohnung *f*

2. (*residencia*) Wohnsitz *m* 3. (*estancia*) Aufenthalt *m;* **la eterna ~** das Jenseits

morado, -a [mo'raðo, -a] *adj* dunkelviolett; **poner un ojo ~ a alguien** jdm ein blaues Auge verpassen; **pasarlas moradas** Blut und Wasser schwitzen; **ponerse ~ (comiendo)** sich *dat* den Bauch voll schlagen *fam*

moral [mo'ral] **I.** *adj* moralisch; (*espiritual*) geistig **II.** *f* Moral *f;* **levantar la ~ a alguien** jdn aufrichten

moraleja [mora'lexa] *f* Moral *f*

moralidad [morali'ðað] *f* (*cualidad*) Sittlichkeit *f*

moralista [mora'lista] *mf* Moralist(in) *m(f)*

moralizar [morali'θar] <z→c> **I.** *vi* moralisieren **II.** *vt* moralisch machen

moratoria [mora'torja] *f* Aufschub *m;* (FIN) Zahlungsaufschub *m;* **~ nuclear** Atomstopp *m*

mórbido, -a ['morβiðo, -a] *adj* **1.** (*enfermo*) kränklich **2.** (*suave*) zart

morbo ['morβo] *m* Krankheit *f;* (*interés malsano*) krankhaftes Interesse

morboso, -a [mor'βoso, -a] *adj* ungesund; (*placer, imaginación*) krankhaft

morcilla [mor'θiʎa] *f* **1.** (GASTR) Blutwurst *f* **2.** (*Cuba*) Lüge *f* **3.** (*loc*): **¡que te den ~!** (*vulg*) du kannst mich mal! *fam*

mordaz [mor'ðaθ] *adj* (*palabra*) bissig; (*crítica*) scharf

mordaza [mor'ðaθa] *f* Knebel *m*

mordedura [morðe'ðura] *f* Biss *m*

morder [mor'ðer] <o→ue> **I.** *vt* beißen (in +*akk*); (*Am*) betrügen **II.** *vr:* **~se** sich beißen; **~se las uñas** Nägel kauen

mordisco [mor'ðisko] *m* Biss *m;* (*herida*) Bisswunde *f;* (*trozo*) Bissen *m*

mordisquear [morðiske'ar] *vt* knabbern (an +*dat*)

morena [mo'rena] *f* **1.** (ZOOL) Muräne *f* **2.** (*pan*) Schwarzbrot *nt* **3.** (GEO) Moräne *f*

moreno[1] [mo'reno] *m* Bräune *f*

moreno, -a[2] [mo'reno, -a] **I.** *adj* dunkel; (*de piel*) braun; (*de cabello*) dunkelhaarig; (*de ojos*) dunkeläugig **II.** *m, f* Farbige(r) *mf;* (*Cuba*) Mulatte, -in *m, f*

morera [mo'rera] *f* Maulbeerbaum *m*

morete [mo'rete] *m* (*AmC*), **moretón** [more'ton] *m* (*fam*) blauer Fleck *m*

morfema [mor'fema] *m* Morphem *nt*

morfina [mor'fina] *f* Morphium *nt*

morgue ['morɣe] *f* (*Am*) Leichenschauhaus *nt*

moribundo, -a [mori'βundo, -a] *m, f* Sterbende(r) *mf*

morir [mo'rir] *irr* **I.** *vi* sterben (*de* an +*dat*); (*en catástrofe, guerra*) umkommen; (*en un accidente*) tödlich verunglücken; **~ de hambre/de sed** verhungern/verdursten; **~ ahogado** (*en agua*) ertrinken; (*en humo*) ersticken; **~ de viejo** an Altersschwäche sterben; **~ en un incendio** in den Flammen umkommen; **~ a causa de las graves heridas** seinen schweren Verletzungen erliegen **II.** *vr:* **~se 1.** (*perecer*) sterben; (*planta*) eingehen; **¡así te mueras!** (*fam*) hoffentlich krepierst du! **2.** (*con 'de'*): **~se de hambre/de sed** verhungern/verdursten; **~se de frío** erfrieren; **~se de vergüenza** sich zu Tode schämen; **~se de risa** sich totlachen; **~se de pena** vor Kummer sterben **3.** (*con 'por'*): **me muero por conocer a tu nueva novia** ich brenne darauf, deine neue Freundin kennen zu lernen

moro, -a ['moro, -a] **I.** *adj* (*musulmán*) maurisch **II.** *m, f* Maure, -in *m, f;* **ser un ~** (*fig fam*) sehr eifersüchtig sein; **¡no hay ~s en la costa!** (*fig*) die Luft ist rein!

moroso, -a [mo'roso, -a] *m, f* säumiger Zahler *m,* säumige Zahlerin *f*

morral [mo'rral] *m* **1.** (*de las caballerías*) Futtersack *m* **2.** (*zurrón*) Rucksack *m*

morrear(se) [morre'ar(se)] *vt, vr* (*vulg*) knutschen *fam*

morriña [mo'rriɲa] *f* (*fam*) Heimweh *nt*

morro ['morro] *m* **1.** (ZOOL: *hocico*) Schnauze *f;* (*boca*) Maul *nt* **2.** (*pey: de persona*) Schnauze *f;* **beber a ~** aus der Flasche trinken; **estar de ~(s)** schmollen; **torcer el ~** ein saures Gesicht machen; **tiene un ~ que se lo pisa** (*fam*) er/sie ist unglaublich unverschämt

morrocotudo, -a [morroko'tuðo, -a] *adj* (*fam*) spitze; (*susto, disgusto*) ungeheuer

morrón [mo'rron] *adj:* **pimiento ~** gebratene rote Paprika

morsa ['morsa] *f* Walross *nt*

morse ['morse] *m* Morsealphabet *nt;* **señal ~** Morsezeichen *nt*

mortadela [morta'ðela] *f* Mortadella *f*

mortaja [mor'taxa] *f* **1.** (*sábana*) Leichentuch *nt;* (*vestidura*) Totenhemd *nt* **2.** (*Am*) Zigarettenpapier *nt*

mortal [mor'tal] **I.** *adj* **1.** (*sujeto a la muerte*) sterblich **2.** (*que la causa*) tödlich; **pecado** ~ Todsünde *f;* **peligro** ~ Lebensgefahr *f* **II.** *mf* Sterbliche(r) *mf*

mortalidad [mortali'ða^{d}] *f* Sterblichkeit(srate) *f*

mortero [mor'tero] *m* Mörser *m*

mortífero, -a [mor'tifero, -a] *adj* tödlich

mortificar [mortifi'kar] <c→qu> **I.** *vt* quälen; (REL) kasteien; (*humillar*) demütigen **II.** *vr:* ~**se** sich grämen (*por* über +*akk,* wegen +*gen/dat*); (REL) sich kasteien; (*Méx*) sich schämen

mortuorio, -a [mortu'orjo, -a] *adj* Todes-

moruno, -a [mo'runo, -a] *adj* maurisch

mosaico [mo'sai̯ko] *m* Mosaik *nt*

mosca ['moska] *f* Fliege *f;* **por si las ~s** (*fam*) für alle Fälle; **¿qué ~ te ha picado?** was ist denn in dich gefahren?

moscada [mos'kaða] *adj:* **nuez** ~ Muskatnuss *f*

moscardón [moskar'ðon] *m* Schmeißfliege *f;* (*persona*) Nervensäge *f fam*

moscón[1] [mos'kon] *m v.* **moscardón**

moscón, -ona[2] [mos'kon, -ona] *m, f* Nervensäge *f fam*

moscovita [mosko'βita] *adj* moskauisch

Moscú [mos'ku] *m* Moskau *nt*

Mosela [mo'sela] *m* Mosel *f*

mosqueado, -a [moske'aðo, -a] *adj:* **estar ~ con alguien** auf jdn sauer sein

mosquearse [moske'arse] *vr* (*fam*) beleidigt sein

mosqueo [mos'keo] *m* Wut *f;* **cogió un ~ de aúpa** er/sie raste vor Wut

mosquita [mos'kita] *f:* ~ **muerta** Duckmäuser *m*

mosquitero [moski'tero] *m* Moskitonetz *nt*

mosquito [mos'kito] *m* Stechmücke *f;* (*en zonas tropicales*) Moskito *m*

mostaza [mos'taθa] *f* Senf *m*

mosto ['mosto] *m* Most *m*

mostrador [mostra'ðor] *m* Ladentisch *m;* (*bar*) Theke *f;* (*ventanilla*) Schalter *m*

mostrar [mos'trar] <o→ue> **I.** *vt* (vor)zeigen **II.** *vr:* ~**se** sich zeigen

mota ['mota] *f:* ~ (**de polvo**) Staubkorn *nt*

mote ['mote] *m* **1.** (*apodo*) Spitzname *m;* ~ **cariñoso** Kosename *m* **2.** (*Am*) gekochter Mais *m*

moteado, -a [mote'aðo, -a] *adj* gesprenkelt

motel [mo'tel] *m* Motel *nt*

motín [mo'tin] *m* Meuterei *f*

motivación [motiβa'θjon] *f* Motivation *f*

motivar [moti'βar] *vt* motivieren (*a* zu +*dat*); (*explicar*) begründen (*con/en* mit +*dat*); (*provocar*) verursachen

motivo [mo'tiβo] *m* **1.** (*causa*) Grund *m;* (*crimen*) Motiv *nt;* **con ~ de...** anlässlich ... +*gen;* **por este** ~ deshalb; **carecer de ~ alguno** unbegründet sein **2.** (*composición*) Motiv *nt;* (*tela*) Muster *nt*

moto ['moto] *f* (*fam*) Motorrad *nt;* **ir en** ~ Motorrad fahren

motocicleta [motoθi'kleta] *f* Motorrad *nt;* **ir en** ~ Motorrad fahren

motociclismo [motoθi'klismo] *m* Motorradsport *m*

motociclista [motoθi'klista] *mf* Motorradfahrer(in) *m(f)*

motoneta [moto'neta] *f* (*Am*) Motorroller *m*

motor [mo'tor] *m* Motor *m*

motora [mo'tora] *f* Motorboot *nt*

motorismo [moto'rismo] *m* Motorsport *m*

motorista [moto'rista] *mf* Motorradfahrer(in) *m(f);* (*policía*) Polizist(in) *m(f)* auf einem Motorrad

motorizar [motori'θar] <z→c> *vt* motorisieren

motorola® [moto'rola] *m* Handy *nt*

motosierra [moto'sjerra] *f* Motorsäge *f*

motriz [mo'triθ] *adj* antreibend; **fuerza** ~ Triebkraft *f*

movedizo, -a [moβe'ðiθo, -a] *adj:* **arenas movedizas** Treibsand *m*

mover [mo'βer] <o→ue> **I.** *vt* **1.** (*desplazar*) bewegen; ~ **la cola** mit dem Schwanz wedeln; ~ **la cabeza** den Kopf schütteln **2.** (*ajedrez*) ziehen **3.** (*incitar*) bewegen **II.** *vr:* ~**se** sich bewegen; **¿nos movemos o qué?** gehen wir nun oder nicht?; **¡venga, muévete!** los, nun mach schon!

movida [mo'βiða] *f* (*argot*) Szene *f;* **¡qué ~!** (*lío*) was für ein Durcheinander!; (*ambiente*) was für eine Bombenstimmung!

movido, -a [mo'βiðo, -a] *adj* **1.** (*foto*) verwackelt **2.** (*agitado*) bewegt; (*activo*) aktiv; (*vivo*) lebhaft; **he tenido un día muy** ~ heute war bei mir viel los **3.** (MÚS) schnell

móvil ['moβil] *m* Mobile *nt;* (*crimen*) Motiv *nt;* (TEL) Handy *nt,* Natel *nt Schweiz*

movilidad [moβili'ða^ð] *f sin pl* Mobilität *f*

movilización [moβiliθa'θjon] *f* **1.** (*recursos, tropas*) Mobilisierung *f* **2.** (*huelga*) Streik *m* **3.** (*dinero*) Bereitstellung *f*

movilizar [moβili'θar] <z→c> *vt* mobilisieren

movimiento [moβi'mjen̩to] *m* **1.** (*t.* FÍS) Bewegung *f;* **poner en ~** in Gang setzen **2.** (COM) Umsatz *m;* **~ de cuenta** Kontobewegung *f*

moza ['moθa] *f* Mädchen *nt;* **¡está ya hecha una ~!** sie ist schon ein großes Mädchen!

mozo, -a ['moθo, -a] *m, f* (*chico*) Junge *m;* (*chica*) Mädchen *nt;* (*joven*) junger Mann *m,* junge Frau *f*

mu [mu] **I.** *interj* (*vaca*) muh **II.** *m:* **no decir ni ~** keinen Pieps sagen

mucamo, -a [mu'kamo, -a] *m, f* (*Am: criado*) Diener *m;* (*criada*) Dienstmädchen *nt*

muchachada [mutʃa'tʃaða] *f* (*Am*) junge Leute *pl*

muchacho, -a [mu'tʃatʃo, -a] *m, f* (*chico*) Junge *m;* (*chica*) Mädchen *nt*

muchedumbre [mutʃe'ðumbre] *f* (Menschen)menge *f*

mucho, -a ['mutʃo, -a] **I.** *adj* viel; **esto es ~ para ella** das ist zu viel für sie; **hace ya ~ tiempo que...** es ist schon lange her, dass ...; **muchas veces** oft **II.** *adv* (*intensidad*) sehr; (*cantidad*) viel; (*mucho tiempo*) lange; (*muchas veces*) oft; **es con ~ el más simpático** er ist mit Abstand der Netteste; **tener cincuenta años, como ~** höchstens fünfzig (Jahre alt) sein

mucosa [mu'kosa] *f* Schleimhaut *f*

mucosidad [mukosi'ða^ð] *f* Schleim *m*

mucoso, -a [mu'koso, -a] *adj* schleimig; **membrana mucosa** Schleimhaut *f*

muda ['muða] *f* Unterwäsche *f;* (*cama*) Bettwäsche *f*

mudable [mu'ðaβle] *adj* veränderlich

mudanza [mu'ðan̩θa] *f* (*de casa*) Umzug *m;* **camión de ~s** Möbelwagen *m;* **estar de ~** umziehen

mudar [mu'ðar] **I.** *vi, vt* **1.** (*cambiar*) ändern; (*por uno nuevo*) wechseln ((*de*) +*akk*); **~ (de) pluma/piel** sich mausern/häuten; **~ de voz** im Stimmbruch sein **2.** (*de ropa*) umziehen **II.** *vr:* **~se 1.** (*casa*) umziehen; **~se a una casa nueva** in ein neues Haus ziehen **2.** (*ropa*): **~se (de ropa)** sich umziehen

mudo, -a ['muðo, -a] *adj* stumm; **cine ~** Stummfilm *m*

mueble ['mweβle] *m* **1.** (*pieza*) Möbelstück *nt;* **~ bar** Hausbar *f;* **cama ~** Klappbett *nt* **2.** *pl* Möbel *pl;* **~s de cocina** Einbauküche *f;* **~s de época** antike Möbel; **~s tapizados** Polstermöbel *pl*

mueca ['mweka] *f* Grimasse *f;* **hacer ~s** Grimassen schneiden

muela ['mwela] *f* Backenzahn *m;* **~s del juicio** Weisheitszähne *mpl;* **~ picada** kariöser Zahn

muelle ['mweʎe] *m* Sprungfeder *f;* (*puerto*) Kai *m*

muérdago ['mwerðaɣo] *m* Mistel *f*

muerte ['mwerte] *f* Tod *m;* (*asesinato*) Mord *m;* **~ a traición** Meuchelmord *m;* **pena de ~** Todesstrafe *f;* **morir de ~ natural** eines natürlichen Todes sterben; **a ~** erbarmungslos; **de mala ~** elend

muerto, -a ['mwerto, -a] **I.** *adj* tot; **horas muertas** Mußestunden *fpl;* **naturaleza muerta** Stillleben *nt;* **estar ~ (de cansancio)** totmüde sein **II.** *m, f* Tote(r) *mf;* (*difunto*) Verstorbene(r) *mf*

muesli ['mwesli] *m* Müsli *nt*

muestra ['mwestra] *f* **1.** (*mercancía*) Muster *nt;* **~ gratuita** Gratisprobe *f;* **feria de ~s** Messe *f* **2.** (*prueba*) Probe *f;* **~ hecha al azar** Stichprobe *f* **3.** (*demostración*) Beweis *m;* **dar ~(s) de valor** seinen Mut beweisen

muestrario [mwes'trarjo] *m* Katalog *m*

muestreo [mwes'treo] *m* Stichprobenentnahme *f*

mugir [mu'xir] <g→j> *vi* muhen; (*viento, agua*) tosen

mugre ['muɣre] *f* Schmutz *m*

mugriento, -a [mu'ɣrjen̩to, -a] *adj* schmutzig

mujer [mu'xer] *f* Frau *f;* **~ de edad** alte Frau; **~ fácil** leichtes Mädchen; **~ de la limpieza** Putzfrau *f;* **~ de la calle** Dirne *f;* **tomar ~** heiraten

mujeriego [muxe'rjeɣo] *m* Frauenheld *m*

mulato, -a [mu'lato, -a] *m, f* Mulatte, -in *m, f*

muleta [mu'leta] *f* **1.** (*apoyo*) Krücke *f;* **andar con ~s** an Krücken gehen **2.** (TAUR) Muleta *f*

muletilla [mule'tiʎa] *f* Flickwort *nt*

mullido, -a [mu'ʎiðo, -a] *adj* weich

mulo, -a ['mulo, -a] *m, f* (*caballo y asna*) Maulesel *m;* (*asno y yegua*) Maultier *nt*

multa ['mul̦ta] *f* Geldstrafe *f;* **poner una ~ a alguien** jdn mit einer Geldstrafe belegen

multar [mul̦'tar] *vt* mit einer Geldstrafe belegen

multicolor [mul̦tiko'lor] *adj* bunt; (TIPO) mehrfarbig

multicopista [mul̦tiko'pista] *f* Kopiergerät *nt*

multilingüe [mul̦ti'liŋgwe] *adj* mehrsprachig

multimedia [mul̦ti'medja] *adj inv* multimedial

multimillonario, -a [mul̦timiʎo'narjo, -a] *m, f* Multimillionär(in) *m(f)*

multinacional [mul̦tinaθjo'nal] **I.** *adj* multinational **II.** *f* multinationaler Konzern *m*

múltiple ['mul̦tiple] *adj* mehrfach; (*variado*) vielfältig; **~s veces** mehrmals

multiplicación [mul̦tiplika'θjon] *f* Multiplikation *f;* (*reproducción*) Vermehrung *f*

multiplicar [mul̦tipli'kar] <c→qu> **I.** *vi, vt* **1.** (MAT) multiplizieren (*por* mit *+dat*); **la tabla de ~** das Einmaleins **2.** (*reproducir*) vermehren **3.** (*aumentar*) vervielfachen **II.** *vr:* **~se** sich vermehren; (*desvivirse*) überall gleichzeitig sein

multitud [mul̦ti'tuᶞ] *f* Menge *f;* (*gente*) (Volks)massen *fpl*

multitudinario, -a [mul̦tituði'narjo, -a] *adj* Massen-

multiuso [mul̦ti'uso] *adj inv* Mehrzweck-

multiventana [mul̦ti'ben̦ta] *m* (INFOR) Multitasking *nt*

mundanal [mun̦da'nal] *adj,* **mundano, -a** [mun̦'dano, -a] *adj* weltlich; (*terrenal*) irdisch; (*extravagante*) mondän

mundial [mun̦'djal] *adj* weltweit; **campeonato ~ de fútbol** Fußballweltmeisterschaft *f;* **guerra ~** Weltkrieg *m;* **a nivel ~** weltweit

mundillo [mun̦'diʎo] *m:* **el ~ de la música** die Welt der Musik; **ella se maneja bien en ese ~** in diesen Kreisen weiß sie sich zu benehmen

mundo ['mun̦do] *m* **1.** (*tierra, t. fig*) Welt *f;* (*planeta*) Erde *f;* (*globo*) Erdkugel *f;* **el otro ~** das Jenseits; **dar la vuelta al ~** eine Weltreise machen; **venir al ~** auf die Welt kommen; **irse de este ~** sterben; **no es nada del otro ~** das ist nichts Besonderes; **por nada del ~** um nichts auf der Welt **2.** (*humanidad*) Welt *f;* **a la vista de todo el ~** vor allen Leuten; **todo el ~ sabe que...** jedermann weiß, dass ... **3.** (*experiencia*) Weltkenntnis *f;* **Lola tiene mucho ~** Lola ist eine Frau von Welt

Munich ['munitʃ] *m* München *nt*

munición [muni'θjon] *f* Munition *f*

municipal [muniθi'pal] *adj* städtisch; **parque ~** Stadtpark *m;* **término ~** Gemeindebezirk *m*

municipio [muni'θipjo] *m* Gemeinde *f,* Gemeindebezirk *m*

muniqués, -esa [muni'kes, -esa] *adj* münchnerisch

munir(se) [mu'nirse] *vt, vr* (*CSur*) (sich) versehen (*de* mit *+dat*)

muñeca [mu'ɲeka] *f* Handgelenk *nt;* (*juguete*) Puppe *f;* (*fig*) niedliches Mädchen *nt*

muñeco [mu'ɲeko] *m* **1.** (*juguete*) Puppe *f;* **~ de nieve** Schneemann *m* **2.** (*pey*) Marionette *f*

muñón [mu'ɲon] *m* Stumpf *m*

mural [mu'ral] *m* Wandbild *nt*

muralla [mu'raʎa] *f* Mauer *f*

murciélago [mur'θjelaɣo] *m* Fledermaus *f*

murga ['murɣa] *f* (*fam*): **dar la ~ a alguien** jdm auf den Wecker gehen; **¡deja de darme la ~!** lass mich endlich in Ruhe!

murmullo [mur'muʎo] *m* Gemurmel *nt;* (*cuchicheo*) Geflüster *nt;* (*hojas, agua*) Rauschen *nt*

murmuración [murmura'θjon] *f* üble Nachrede *f;* (*cotilleo*) Klatsch *m fam*

murmurar [murmu'rar] **I.** *vi, vt* (*entre dientes*) murmeln; (*susurrar*) flüstern; **~ al oído** ins Ohr flüstern **II.** *vi* **1.** (*gruñir*) murren **2.** (*criticar*) herziehen (*de* über *+akk*); (*chismorrear*) klatschen (*de* über *+akk*) **3.** (*agua, hojas*) rauschen

muro ['muro] *m* Mauer *f;* (*pared*) Wand *f*

murria ['murrja] *f* (*fam*) Trübsinn *m*

murrio, -a ['murrjo, -a] *adj* trübsinnig

musa ['musa] *f* Muse *f*

musaraña [musa'raɲa] *f:* **pensar en las ~s** (*fig*) in Gedanken woanders sein

muscular [musku'lar] *adj* Muskel-

musculatura [muskula'tura] *f* Muskulatur *f*

músculo ['muskulo] *m* Muskel *m*

musculoso, **-a** [musku'loso, -a] *adj* muskulös
museo [mu'seo] *m* Museum *nt*
musgo ['musɣo] *m* Moos *nt*
música ['musika] *f* Musik *f;* ~ **folclórica** Volksmusik *f;* **banda de** ~ (Musik)kapelle *f*
musical [musi'kal] **I.** *adj* musikalisch; **composición** ~ Musikstück *nt* **II.** *m* Musical *nt*
músico, **-a** ['musiko, -a] *m, f* Musiker(in) *m(f);* (*compositor*) Komponist(in) *m(f);* ~ **ambulante** (Straßen)musikant *m*
musitar [musi'tar] *vi* **1.** (*balbucear*) murmeln; (*susurrear*) flüstern; ~ **al oído** ins Ohr flüstern **2.** (*hojas*) rauschen
muslo ['muslo] *m* Oberschenkel *m;* (*animal*) Keule *f*
mustio, **-a** ['mustjo, -a] *adj* welk; (*triste*) bedrückt
musulmán, **-ana** [musul'man, -ana] *adj* moslemisch
mutación [muta'θjon] *f* (Ver)änderung *f;* (*genes*) Mutation *f*
mutilado, **-a** [muti'laðo, -a] *m, f* Krüppel *m;* ~ **de guerra** Kriegsversehrte(r) *m*
mutilar [muti'lar] *vt* **1.** (*cuerpo*) verstümmeln **2.** (*recortar*) kürzen
mutis ['mutis] *m inv* **1.** (TEAT) Abgang *m;* ~ **por el foro** Abgang *m;* **hacer** ~ abgehen **2.** (*loc*): **¡~!** Ruhe!
mutual [mutu'al] **I.** *adj* gegenseitig **II.** *f* (*CSur*) Sozialversicherung *f*
mutualidad [mutwali'ðaᵈ] *f* ≈Verein *m* auf Gegenseitigkeit; ~ **de accidentes de trabajo** Berufsgenossenschaft *f;* ~ **obrera** Arbeiterhilfe *f*
mutuo, **-a** ['mutwo, -a] *adj* gegenseitig
muy [mwi] *adv* sehr; ~ **bien** sehr gut; **es** ~ **improbable que...** +*subj* es ist höchst unwahrscheinlich, dass ...; ~ **de tarde en tarde** sehr selten; ~ **de mañana** sehr früh morgens; **le saluda** ~ **atentamente,...** hochachtungsvoll, ...

N

N, **n** ['ene] *f* N, n *nt*
nabo ['naβo] *m* **1.** (BOT) weiße Rübe *f* **2.** (ARQUIT) Spindel *f* **3.** (*vulg: pene*) Schwanz *m fam*
nácar ['nakar] *m* Perlmutt *nt*
nacer [na'θer] *irr como crecer vi* **1.** (*venir al mundo*) geboren werden; **nací el 29 de febrero** ich bin am 29. Februar geboren; **no nací ayer** ich bin doch nicht von gestern *fam;* ~ **de pies/cabeza** ein Sonntagskind/Pechvogel sein **2.** (*astro*) aufgehen; (*día*) anbrechen; **al** ~ **el día** bei Tagesanbruch **3.** (*originarse*) seinen Ursprung haben (*de/en* in +*dat*); (*arroyo*) entspringen; (*surgir*) entstehen (*de* aus +*dat, de* durch +*akk*)
nacido, **-a** [na'θiðo, -a] **I.** *adj:* **bien** ~ (*origen*) aus guter Familie; (*comportamiento*) wohlerzogen **II.** *m, f:* **recién** ~ Neugeborene(s) *nt*
naciente [na'θjente] *m* (*oriente*) Orient *m;* (*este*) Osten *m*
nacimiento [naθi'mjento] *m* **1.** (*venida al mundo*) Geburt *f* **2.** (*linaje*) Herkunft *f* **3.** (*comienzo*) Anfang *m*
nación [na'θjon] *f* Nation *f*
nacional [naθjo'nal] *adj* (POL) national; (*instituciones*) Staats-; **carretera** ~ (*en Alemania*) Bundesstraße *f;* (*en España*) Nationalstraße *f;* **moneda** ~ Landeswährung *f*
nacionalidad [naθjonali'ðaᵈ] *f* (*ciudadanía*) Staatsangehörigkeit *f;* **ser de** ~ **española** die spanische Staatsangehörigkeit besitzen
nacionalismo [naθjona'lismo] *m* Nationalismus *m*
nacionalista [naθjona'lista] **I.** *adj* nationalistisch **II.** *mf* Nationalist(in) *m(f)*
nacionalizar [naθjonali'θar] <z→c> **I.** *vt* **1.** (*ente*) verstaatlichen **2.** (*persona*) einbürgern **II.** *vr:* **~se alemán** die deutsche Staatsangehörigkeit annehmen
nada ['naða] **I.** *pron indef* nichts; **¡gracias! – ¡de ~!** danke! – keine Ursache!; **¡pues ~!** also gut!; **como si** ~ als wäre nichts dabei; **le costó** ~ **más y** ~ **menos que...** es kostete ihn/sie die stolze Summe von ...; ~ **menos que el director** der Direktor höchstpersönlich **II.** *adv* nichts; ~ **más** (*solamente*) nur; (*no más*) nichts mehr; **¡~ más!** das wär's!; ~

de ~ überhaupt nichts; **¡~ de eso!** nichts da! *fam;* **¡casi ~!** unglaublich!; **antes de** ~ (*sobre todo*) vor allem; (*primero*) zuallererst; **para** ~ umsonst; **a cada** ~ (*Am*) dauernd

nadador(a) [naða'ðor(a)] *m(f)* Schwimmer(in) *m(f)*

nadar [na'ðar] *vi* schwimmen

nadie ['naðje] *pron indef* niemand

nafta ['nafta] *f* (*CSur: gasolina*) Benzin *nt*

nagualear [naɣwale'ar] *vi* (*Méx: mentir*) lügen; (*robar*) klauen

nailon ['nai̯lon] *m* Nylon® *nt*

naipe ['nai̯pe] *m* **1.** (*carta*) (Spiel)karte *f* **2.** *pl* (*baraja*) Kartenspiel *nt*

nalga ['nalɣa] *f* Gesäßhälfte *f;* **~s** Gesäß *nt*

nana ['nana] *f* **1.** (*canción*) Wiegenlied *nt* **2.** (*fam: abuela*) Oma *f*

nanay [na'nai̯] *interj* (*fam*) kommt nicht in die Tüte!

napa ['napa] *f* **1.** (*piel*) Nappa(leder) *nt* **2.** (*fibras*) Vlies *nt*

napia(s) ['napja(s)] *f(pl)* (*fam*) Zinken *m*

Nápoles ['napoles] *m* Neapel *nt*

naranja [na'raŋxa] **I.** *f* Orange *f;* **tu media** ~ deine bessere Hälfte **II.** *adj:* (**de color**) ~ orange(n)

naranjada [naraŋ'xaða] *f* Orangenlimonade *f*

naranjo [na'raŋxo] *m* Orangenbaum *m*

narcisismo [narθi'sismo] *m* Narzissmus *m*

narciso [nar'θiso] *m* **1.** (*persona*) Narziss *m* **2.** (BOT) Narzisse *f*

narcosis [nar'kosis] *f inv* Narkose *f*

narcótico, -a [nar'kotiko, -a] *adj* betäubend

narcotraficante [narkotrafi'kan̩te] *mf* Drogenhändler(in) *m(f)*

narcotráfico [narko'trafiko] *m* Drogenhandel *m*

nariz [na'riθ] *f* (ANAT) Nase *f;* ~ **ganchuda** Hakennase *f;* **estar hasta las narices** (*fam*) die Nase voll haben; **hasta que se me hinchen las narices** (*fam*) bis mir der Kragen platzt; **darse de narices con alguien** (*fam*) jdm (geradewegs) in die Arme laufen; **por narices** (*fam*) auf jeden Fall; **hago lo que me sale por las narices** (*fam*) ich mache, was ich will; **¡(qué) narices!** (*fam*) das wär ja noch schöner!; **no ver más allá de sus narices** (*fam*) nicht über den Tellerrand hinausgucken (können); **quedarse con un palmo de narices** (*fam*) in die Röhre schauen

narración [narra'θjon] *f* Erzählung *f*

narrador(a) [narra'ðor(a)] *m(f)* Erzähler(in) *m(f)*

narrar [na'rrar] *vt* (*contar*) erzählen; (*informar*) berichten

narrativa [narra'tiβa] *f* Prosa *f*

nasal [na'sal] *adj* **1.** (ANAT) Nasen- **2.** (LING) nasal

nata ['nata] *f* **1.** (*producto*) Sahne *f;* ~ **montada** Schlagsahne *f* **2.** (*sobre un líquido*) Haut *f*

natación [nata'θjon] *f* Schwimmen *nt*

natal [na'tal] *adj* Geburts-; **ciudad** ~ Heimatstadt *f*

natalidad [natali'ðað] *f* Geburtenrate *f*

natillas [na'tiʎas] *fpl* ≈Cremespeise *f*

nativo, -a [na'tiβo, -a] **I.** *adj* **1.** (*natal*) Heimat- **2.** (*Am: persona*) einheimisch **II.** *m, f* (*Am*) Einheimische(r) *mf*

nato, -a ['nato, -a] *adj* geboren

natural [natu'ral] *adj* **1.** (*no artificial, sencillo*) natürlich; (*elaboración*) roh; (*alimentos*) unbehandelt **2.** (*nacido*): **ser** ~ **de Alemania** gebürtiger Deutscher/gebürtige Deutsche sein

naturaleza [natura'leθa] *f* **1.** (*campo*) Natur *f;* **en plena** ~ in der freien Natur **2.** (*manera*) Natur *f*

naturalidad [naturali'ðað] *f sin pl* Natürlichkeit *f*

naufragar [nau̯fra'ɣar] <g→gu> *vi* **1.** (*hundirse*) Schiffbruch erleiden **2.** (*fracasar*) scheitern

naufragio [nau̯'fraxjo] *m* (*accidente*) Schiffbruch *m*

náufrago, -a ['nau̯fraɣo, -a] **I.** *adj* schiffbrüchig **II.** *m, f* Schiffbrüchige(r) *mf*

nauseabundo, -a [nau̯sea'βun̩do, -a] *adj* Ekel erregend

náuseas ['nau̯seas] *fpl* Übelkeit *f;* **tengo** ~ mir ist schlecht; **dar** ~ **a alguien** jdn anekeln

náutica ['nau̯tika] *f sin pl* Schifffahrtskunde *f*

náutico, -a ['nau̯tiko, -a] *adj* Schifffahrts-

navaja [na'βaxa] *f* (*cuchillo*) Taschenmesser *nt*

naval [na'βal] *adj* (*marítimo*) See-; (*referente a barcos*) Schiffs-

navarro, -a [na'βarro, -a] **I.** *adj* aus Navarra **II.** *m, f* Einwohner(in) *m(f)* von Navarra

nave ['naβe] *f* **1.** (*barco*) Schiff *nt* **2.** (*almacén*) (Lager)halle *f*

navegable [naβe'ɣaβle] *adj* schiffbar

navegación [naβeɣa'θjon] *f* Schifffahrt *f*

navegante [naβe'ɣan̩te] *mf* Seefahrer(in) *m(f)*; ~ **por Internet** Internet-Surfer(in) *m(f)*

navegar [naβe'ɣar] <g→gu> *vi, vt* (mit einem Schiff) fahren; ~ **por la Web** im Internet surfen

Navidad [naβi'ða^{ð}] *f* Weihnachten *nt;* **¡feliz ~!** fröhliche Weihnachten!

navideño, -a [naβi'ðeɲo, -a] *adj* Weihnachts-; (*ambiente*) weihnachtlich

navío [na'βio] *m* Schiff *nt*

nazi ['naθi] **I.** *adj* (HIST) Nazi- **II.** *mf* (HIST) Nazi *m*

nazismo [na'θismo] *m* Nationalsozialismus *m*

NE [nor'ðeste] *abr de* **Nordeste** NO

neblina [ne'βlina] *f* Bodennebel *m*

nebuloso, -a [neβu'loso, -a] *adj* **1.** (*brumoso*) neb(e)lig **2.** (*nuboso*) bewölkt **3.** (*vago*) nebulös **4.** (*oscuro*) düster

necedad [neθe'ða^{ð}] *f* Dummheit *f*

necesariamente [neθesarja'men̩te] *adv* zwangsläufig

necesario, -a [neθe'sarjo, -a] *adj* notwendig; **es ~ que...** +*subj* es ist notwendig, dass ...

neceser [neθe'ser] *m* Kulturbeutel *m*

necesidad [neθesi'ða^{ð}] *f* **1.** (*ser preciso*) Notwendigkeit *f;* **de primera ~** lebensnotwendig **2.** (*apuro*) Not *f* **3.** *pl* (*evacuación corporal*) Notdurft *f;* **hacer sus ~es** seine Notdurft verrichten

necesitado, -a [neθesi'taðo, -a] **I.** *adj* (*pobre*) bedürftig **II.** *m, f* Bedürftige(r) *mf*

necesitar [neθesi'tar] **I.** *vt* **1.** (*precisar*) brauchen; **se necesita piso** Wohnung gesucht **2.** +*inf* (*tener que*) müssen; **necesitas comer algo** du musst etwas essen **II.** *vi* (*precisar*) brauchen (*de* +*akk*)

necio, -a ['neθjo, -a] **I.** *adj* dumm **II.** *m, f* Dummkopf *m*

nécora ['nekora] *f* Krabbe *f*

necrología [nekrolo'xia] *f* **1.** (*biografía*) Nachruf *m* **2.** (*nota*) Todesanzeige *f*

necrológico, -a [nekro'loxiko, -a] *adj* Todes-

néctar ['nektar] *m* (*t.* BOT) Nektar *m*

nectarina [nekta'rina] *f* Nektarine *f*

neerlandés, -esa [ne(e)rlan̩'des, -esa] **I.** *adj* niederländisch **II.** *m, f* Niederländer(in) *m(f)*

nefasto, -a [ne'fasto, -a] *adj* unheilvoll; (*día*) schwarz

nefrítico, -a [ne'fritiko, -a] *adj* Nieren-

negación [neɣa'θjon] *f* **1.** (*desmentir*) Leugnen *nt;* (*renegar*) Verleugnen *nt* **2.** (*denegar*) Verweigerung *f* **3.** (LING) Negation *f*

negado, -a [ne'ɣaðo, -a] **I.** *adj* ungeeignet **II.** *m, f:* **ser un ~ para las matemáticas** schlecht in Mathematik sein

negar [ne'ɣar] *irr como fregar* **I.** *vt* **1.** (*decir que no*) verneinen; (*desmentir*) leugnen; (*renegar*) verleugnen **2.** (*rehusar*) verweigern; (*rechazar*) abschlagen **II.** *vr:* **~se** sich weigern

negativa [neɣa'tiβa] *f* (*negación*) Nein *nt;* (*rehusamiento*) Weigerung *f;* (*rechazo*) Absage *f*

negativo[1] [neɣa'tiβo] *m* (FOTO) Negativ *nt*

negativo, -a[2] [neɣa'tiβo, -a] *adj* negativ

negligencia [neɣli'xen̩θja] *f* (*descuido*) Nachlässigkeit *f;* (JUR) Fahrlässigkeit *f*

negligente [neɣli'xen̩te] *adj* (*descuidado*) nachlässig; (JUR) fahrlässig

negociable [neɣo'θjaβle] *adj* verhandelbar; **el precio es ~** Preis nach Vereinbarung

negociación [neɣoθja'θjon] *f* (*convenio*) Verhandlung *f*

negociado [neɣo'θjaðo] *m* **1.** (*dependencia*) Geschäftsstelle *f;* (ADMIN) Amt *nt* **2.** (*AmS: negocio*) Klüngelei *f*

negociador(a) [neɣoθja'ðor(a)] **I.** *adj* Verhandlungs- **II.** *m(f)* **1.** (*comerciante*) Händler(in) *m(f)* **2.** (*mediador*) Unterhändler(in) *m(f)*

negociante [neɣo'θjan̩te] *mf* Händler(in) *m(f)*

negociar [neɣo'θjar] **I.** *vi* handeln (*en/con* mit +*dat*) **II.** *vi, vt* (*dialogar*) verhandeln **III.** *vt* (*concertar*) aushandeln

negocio [ne'ɣoθjo] *m* **1.** (*comercio*) Geschäft *nt;* **~ al detalle** Einzelhandel *m;* **~ redondo** (*fam*) Bombengeschäft *nt* **2.** (*asunto*) Sache *f*

negrilla [ne'ɣriʎa] *f,* **negrita** [ne'ɣrita] *f* (TIPO) halbfette Schrift *f*

negro, -a ['neɣro, -a] **I.** *adj* schwarz; **estar/ponerse ~** (*fam*) wütend sein/werden; **verse ~ para...** (*fam*) große Mühe haben zu ...; **las pasé negras** (*fam: sufrí*) es ging mir dreckig; **tener la negra** (*fam*) eine Pechsträhne haben **II.** *m, f* (*persona*) Schwarze(r) *mf;* **trabajar como un** ~ (*fam*) schuften

nene, **-a** [ˈnene, -a] *m, f* (*fam: niño*) Junge *m,* Mädchen *nt;* (*expresión de cariño*) Kleine(r) *mf*

neocapitalismo [neokapitaˈlismo] *m* (ECON) Neokapitalismus *m*

neoclasicismo [neoklasiˈθismo] *m sin pl* (ARTE, LIT) Klassizismus *m;* (ARQUIT) Neoklassizismus *m*

neoclásico, **-a** [neoˈklasiko, -a] *adj* (ARTE, LIT) klassizistisch; (ARQUIT) neoklassizistisch

neolítico [neoˈlitiko] *m* Jungsteinzeit *f*

neologismo [neoloˈxismo] *m* Neologismus *m*

neón [neˈon] *m* Neon *nt*

nervio [ˈnerβjo] *m* **1.** (*conductor*) Nerv *m;* **ataque de ~s** Nervenzusammenbruch *m* **2.** (*tendón*) Sehne *f*

nerviosismo [nerβjoˈsismo] *m* Nervosität *f*

nervioso, **-a** [nerˈβjoso, -a] *adj* **1.** (*intranquilo*) nervös **2.** (ANAT) Nerven-

neto, **-a** [ˈneto, -a] *adj* **1.** (*claro*) klar **2.** (*no bruto*) netto

neumático [neu̯ˈmatiko] *m* Reifen *m*

neumonía [neu̯moˈnia] *f* (MED) Lungenentzündung *f*

neural [neu̯ˈral] *adj* Nerven-

neurología [neu̯roloˈxia] *f* Neurologie *f*

neurólogo, **-a** [neu̯ˈroloɣo, -a] *m, f* Neurologe, -in *m, f*

neurona [neu̯ˈrona] *f* Neuron *nt*

neurosis [neu̯ˈrosis] *f inv* Neurose *f*

neurótico, **-a** [neu̯ˈrotiko, -a] **I.** *adj* neurotisch **II.** *m, f* Neurotiker(in) *m(f)*

neutral [neu̯ˈtral] *adj* (*imparcial*) neutral

neutralidad [neu̯traliˈðaᵈ] *f* Neutralität *f*

neutralización [neu̯traliθaˈθjon] *f* Neutralisierung *f*

neutralizar(se) [neu̯traliˈθar(se)] <z→c> *vt, vr* (sich) neutralisieren

neutro, **-a** [ˈneu̯tro, -a] *adj* **1.** (*t.* QUÍM) neutral **2.** (ZOOL) geschlecht(s)los **3.** (LING) sächlich; **género** ~ Neutrum *nt*

neutrón [neu̯ˈtron] *m* Neutron *nt*

nevada [neˈβaða] *f* **1.** (*caída*) Schneefall *m* **2.** (*nieve*) Schnee *m*

nevado, **-a** [neˈβaðo, -a] *adj* **1.** (*cubierto*) verschneit **2.** (*blanco*) schneeweiß

nevar [neˈβar] <e→ie> *vimpers* schneien

nevera [neˈβera] *f* (*frigorífico*) Kühlschrank *m*

neviscar [neβisˈkar] <c→qu> *vimpers* leicht schneien

nexo [ˈneˠso] *m* Verbindung *f*

ni [ni] *conj:* ~**...** ~ weder ... noch ...; **no fumo** ~ **bebo** ich rauche und trinke nicht; ~ (**siquiera**) nicht einmal; **¡~ lo pienses!** auf gar keinen Fall!; **sin más** ~ **más** plötzlich; **¡~ que fuera tonto!** er ist doch nicht dumm!; ~ **bien...** (*Arg*) sobald (als) ...

Nicaragua [nikaˈraɣwa] *f* Nicaragua *nt*

> **Nicaragua** liegt in Mittelamerika, grenzt im Norden an Honduras, im Süden an Costa Rica, im Osten an die Karibik und im Westen an den Pazifik. Die Hauptstadt Nicaraguas heißt **Managua**. Die offizielle Landessprache ist Spanisch. Die Währungseinheit ist der **córdoba**.

nicaragüense [nikaraˈɣwense] **I.** *adj* nicaraguanisch **II.** *mf* Nicaraguaner(in) *m(f)*

nicho [ˈnitʃo] *m* Nische *f;* (*sepultura*) Grabnische *f*

nicotina [nikoˈtina] *f* Nikotin *nt*

nido [ˈniðo] *m* **1.** (*lecho*) Nest *nt;* **caerse del** ~ naiv sein **2.** (*nidal*) Nistplatz *m*

niebla [ˈnjeβla] *f* Nebel *m;* **hace** ~ es ist neb(e)lig

nieto, **-a** [ˈnjeto, -a] *m, f* Enkel(in) *m(f)*

nieve [ˈnjeβe] *f* (*precipitación*) Schnee *m*

NIF [nif] *m abr de* **Número de identificación fiscal** Steuernummer *f*

nimbo [ˈnimbo] *m* (*aureola*) Heiligenschein *m*

nimiedad [nimjeˈðaᵈ] *f* **1.** (*insignificancia*) Kleinigkeit *f* **2.** (*minuciosidad*) Kleinlichkeit *f*

ninfa [ˈniɱfa] *f* **1.** (*mitología*) Nymphe *f* **2.** (*joven*) Grazie *f* **3.** (ZOOL) Puppe *f*

ningún [niŋˈgun] *adj indef v.* **ninguno**

ninguno, **-a** [niŋˈguno, -a] **I.** *adj indef* (*precediendo un substantivo masculino singular: ningún*) keine(r, s); **por ningún lado** nirgends; **de ninguna manera** keinesfalls; **ninguna vez** nie; **en sitio** ~ nirgendwo **II.** *pron indef* keine(r, s); (*personas*) niemand

niña [ˈniɲa] *f* **1.** (*chica*) Mädchen *nt* **2.** (*persona no adulta*) Kind *nt*

niñera [niˈɲera] *f* Kindermädchen *nt*

niñez [ni'ɲeθ] *f* Kindheit *f*
niño ['niɲo] *m* **1.** (*chico*) Junge *m* **2.** (*persona no adulta*) Kind *nt;* ~ **mimado** (*favorito*) Liebling *m;* **¡no seas ~!** sei nicht kindisch!
nipón, -ona [ni'pon, -ona] **I.** *adj* japanisch **II.** *m, f* Japaner(in) *m(f)*
níquel ['nikel] *m* Nickel *nt*
niqui ['niki] *m* (*camiseta*) T-Shirt *nt*
nitidez [niti'ðeθ] *f* Klarheit *f;* (FOTO) Schärfe *f*
nítido, -a ['nitiðo, -a] *adj* klar; (FOTO) scharf
nitrato [ni'trato] *m* Nitrat *nt*
nítrico, -a ['nitriko, -a] *adj:* **ácido** ~ Salpetersäure *f*
nitrógeno [ni'troxeno] *m* Stickstoff *m*
nivel [ni'βel] *m* **1.** (*instrumento*) Wasserwaage *f* **2.** (*horizontalidad*) Ebene *f;* **a** ~ auf gleicher Höhe **3.** (*cota*) Pegel *m;* **sobre el** ~ **del mar** über dem Meer(esspiegel) **4.** (*estándar*) Niveau *nt;* ~ **de vida** Lebensstandard *m*
nivelación [niβela'θjon] *f* Nivellierung *f;* ~ **del presupuesto** Haushaltsausgleich *m*
nivelar(se) [niβe'lar(se)] *vt, vr* (sich) ausgleichen
nº ['numero] *abr de* **número** Nr.
no [no] *adv* **1.** (*respuesta*) nein; **¡que ~!** nein, und nochmals nein! **2.** (+ *verbo/adjetivo*) nicht **3.** (*loc*): **¡a que ~!** wetten, dass nicht!; **¿cómo ~?** aber klar doch!; ~ **sea que...** +*subj* sonst ... womöglich; **a ~ ser que...** +*subj* es sei denn, dass ...; **a ~...** (*Col*) sobald (als) ...; **~... nada** nichts; **~... nadie** niemand; **~... nunca** niemals; ~ **bien...** +*subj* sobald ...; **o, si** ~ anderenfalls; **ya** ~ nicht mehr
NO [noro'este] *abr de* **Noroeste** NW
noble ['noβle] **I.** *adj* <nobilísimo> **1.** (*aristócrata*) ad(e)lig **2.** (*t.* QUÍM) edel **3.** (*bueno*) gutmütig **4.** (*obediente*) gehorsam **II.** *mf* Adlige(r) *mf*
nobleza [no'βleθa] *f* **1.** (*linaje*) Adel *m* **2.** (*hidalguía*) Edelmut *m* **3.** (*bondad*) Gutmütigkeit *f* **4.** (*obediencia*) Gehorsamkeit *f*
noche ['notʃe] *f* **1.** (~ *tardía*) Nacht *f;* ~ **cerrada** stockfinstere Nacht; **Noche Vieja** Silvester *m o nt;* **media** ~ Mitternacht *f;* **a media** ~ mitten in der Nacht; **por la** ~ nachts; **hacerse de** ~ Nacht werden; **hacer** ~ **en** übernachten in +*dat;* **de la** ~ **a la mañana** von heute auf morgen **2.** (~ *temprana*) Abend *m;* **por la** ~ abends **3.** (*oscuridad*) Dunkelheit *f;* **es de** ~ es ist dunkel
Nochebuena [notʃe'bwena] *f* Heiligabend *m*
Nochevieja [notʃe'βjexa] *f* Silvester *m o nt*
noción [no'θjon] *f* **1.** (*idea*) Vorstellung *f* **2.** *pl* (*fundamentos*) Grundkenntnisse *fpl*
nocivo, -a [no'θiβo, -a] *adj* schädlich; ~ **para la salud** gesundheitsschädlich
noctámbulo, -a [nok'tambulo, -a] **I.** *adj* (*sonámbulo*) schlafwandelnd **II.** *m, f* (*sonámbulo*) Schlafwandler(in) *m(f)*
nocturno, -a [nok'turno, -a] *adj* (*de noche*) Nacht-
nodo ['noðo] *m* Knoten *m*
nodriza [no'ðriθa] *f* (*ama*) Amme *f*
nogal [no'ɣal] *m* (Wal)nussbaum *m*
nómada ['nomaða] **I.** *adj* nomadisch **II.** *mf* Nomade, -in *m, f*
nomás [no'mas] *adv* (*Am*) **1.** (*solamente*) nur **2.** (*apenas*) kaum **3.** (*loc*): ~ **que** +*subj* sobald; **¡pase ~!** kommen Sie nur herein!
nombrado, -a [nom'braðo, -a] *adj* berühmt
nombramiento [nombra'mjen̩to] *m* Ernennung *f*
nombrar [nom'brar] *vt* **1.** (*citar*) nennen; (*mencionar*) erwähnen **2.** (*llamar*) benennen **3.** (*designar*) ernennen (zu +*dat*); (*abogado*) bestellen
nombre ['nombre] *m* **1.** (*designación*) Name *m;* ~ **y apellido** Vor- und Zuname *m;* ~ **de familia** Nachname *m;* ~ **de pila** Vorname *m;* **conocer a alguien de** ~ jdn dem Namen nach kennen; **llamar a las cosas por su** ~ die Dinge beim Namen nennen; **tu conducta no tiene** ~ dein Verhalten ist unerhört; **reservar a** ~ **de X** auf den Namen X reservieren **2.** (*reputación*) Ruf *m* **3.** (LING) Substantiv *nt;* ~ **propio** Eigenname *m*
nomenclatura [nomeŋkla'tura] *f* Nomenklatur *f*
nomeolvides [nomeol'βiðes] *f inv* (BOT) Vergissmeinnicht *nt*
nómina ['nomina] *f* **1.** (*lista*) Verzeichnis *nt* **2.** (*haberes*) Gehalt *nt*
nominación [nomina'θjon] *f* Ernennung *f*
nominal [nomi'nal] *adj* **1.** (*relativo al nombre*) Namen(s)-; **citación** ~ namentliche Nennung **2.** (*sólo de nombre*) nominal **3.** (LING) nominal
nominar [nomi'nar] *vt* ernennen (zu +*dat*)

N

nominativo [nomina'tiβo] *m* (LING) Nominativ *m*
non [non] **I.** *adj* ungerade **II.** *m* (*número*) ungerade Zahl *f*
noquear [noke'ar] *vt* k.o. schlagen
nordeste [nor'ðeste] *m* (*dirección*) Nordosten *m;* (*viento*) Nordostwind *m*
nórdico, **-a** ['norðiko, -a] *adj* nordisch
noria ['norja] *f* **1.** (*para agua*) Wasserrad *nt* **2.** (*columpio*) Riesenrad *nt*
norma ['norma] *f* (*regla*) Regel *f;* (*general*) Norm *f;* **~s de circulación** (Straßen)verkehrsregeln *fpl;* **como ~ (general)** in der Regel
normal [nor'mal] *adj* normal
normalidad *f* Normalität *f;* **volver a la ~** zur Normalität zurückkehren
normalizar [normali'θar] <z→c> *vt* **1.** (*volver normal*) normalisieren **2.** (*reglar*) normen
normalmente [normal'mente] *adv* normal(erweise)
normativa [norma'tiβa] *f* (gesetzliche) Regelungen *fpl*
normativo, **-a** [norma'tiβo, -a] *adj* maßgebend
noroeste [noro'este] *m* (*dirección*) Nordwesten *m;* (*viento*) Nordwestwind *m*
norte ['norte] *m* **1.** (*punto cardinal*) Norden *m;* (METEO, NÁUT) Nord *m;* **el ~ de España** Nordspanien *nt;* **al ~ de** nördlich von +*dat* **2.** (*viento*) Nordwind *m*
norteamericano, **-a** **I.** *adj* nordamerikanisch **II.** *m, f* Nordamerikaner(in) *m(f)*
norteño, **-a** [nor'teɲo, -a] *adj* nordisch
Noruega [no'rweɣa] *f* Norwegen *nt*
noruego, **-a** [no'rweɣo, -a] **I.** *adj* norwegisch **II.** *m, f* Norweger(in) *m(f)*
nos [nos] **I.** *pron pers* **1.** (*objeto*) uns **2.** (*mayestático*) wir **II.** *pron refl* uns
nosocomio [noso'komjo] *m* (*Am: hospital*) Krankenhaus *nt*
nosotros, **-as** [no'sotros, -as] *pron pers 1. pl* **1.** (*sujeto*) wir **2.** (*tras preposición*) uns
nostalgia [nos'talxja] *f* (*de lugar*) Heimweh *nt;* (*de personas*) Sehnsucht *f* (*de* nach +*dat*); (*del pasado*) Nostalgie *f*
nostálgico, **-a** [nos'talxiko, -a] *adj* (*de alguien*) sehnsuchtsvoll; (*del pasado*) nostalgisch; **estar ~** Heimweh haben
nota ['nota] *f* **1.** (*anotación*) Vermerk *m;* (*explicación*) Anmerkung *f;* (*advertencia*) Hinweis *m;* **~ al pie de la página** Fußnote *f;* **~ preliminar** Vorbemerkung *f* **2.** (*apunte*) Notiz *f;* **tomar ~** sich *dat* Notizen machen; **tomar (buena) ~ de algo** etw zur Kenntnis nehmen **3.** (*aviso*) Mitteilung *f;* **~ circular** Rundschreiben *nt* **4.** (*calificación*) Note *f;* **sacar malas ~s** schlechte Noten bekommen **5.** (*cuenta*) Rechnung *f* **6.** (MÚS) Note *f* **7.** (*fam*): **dar la ~** unangenehm auffallen
notable [no'taβle] **I.** *adj* beachtlich; (*suma*) beträchtlich **II.** *m* (*calificación*) Note *f* 'gut'
notación [nota'θjon] *f* **1.** (*sistema*) Zeichensystem *nt;* **~ musical** Notenschrift *f;* **~ fonética** phonetische Umschrift **2.** (MAT, QUÍM) Formel *f*
notar [no'tar] *vt* (*percibir*) (be)merken; (*calor*) spüren; **hacerse ~** (*algo*) sich bemerkbar machen; (*alguien*) auffallen
notaría [nota'ria] *f* Notariat *nt*
notarial [nota'rjal] *adj* (JUR) Notariats-; (*hecho por el notario*) notariell
notario, **-a** [no'tarjo, -a] *m, f* Notar(in) *m(f)*
noticia [no'tiθja] *f* Nachricht *f;* **no tener ~ de alguien** lange nichts von jdm gehört haben; **tener ~ de algo** Kenntnis von etw *dat* haben
noticiario [noti'θjarjo] *m* (RADIO, TV) Nachrichten *fpl;* **~ deportivo** Sportnachrichten *fpl*
notificación [notifika'θjon] *f* Mitteilung *f*
notificar [notifi'kar] <c→qu> *vt* mitteilen
notorio, **-a** [no'torjo, -a] *adj* **1.** (*conocido*) allgemein bekannt **2.** (*evidente*) offenkundig
novatada [noβa'taða] *f* (*broma*) Streich *m* (*der einem Neuling gespielt wird*)**;** **gastar la ~ a alguien** jdm einen Streich spielen
novato, **-a** [no'βato, -a] *m, f* (*en sitio*) Neuling *m;* (*en actividad*) Anfänger(in) *m(f)*
novecientos, **-as** [noβe'θjentos, -as] *adj* neunhundert; *v. t.* **ochocientos**
novedad [noβe'ðað] *f* (*acontecimiento*) Neuigkeit *f;* **¿hay alguna ~?** gibt es was Neues?; **las últimas ~es** das Neueste; **¡sin ~ en el frente!** keine Vorkommnisse!
novedoso, **-a** [noβe'ðoso, -a] *adj* (*Am*) neuartig
novel [no'βel] **I.** *adj* (*futuro*) angehende(r, s); (*sin experiencia*) unerfahren **II.** *mf* Anfänger(in) *m(f)*
novela [no'βela] *f* Roman *m;* **~ corta** No-

velle *f;* ~ **por entregas** Fortsetzungsroman *m;* ~ **policíaca** Krimi(nalroman) *m*
novelesco, **-a** [noβe'lesko, -a] *adj* Roman-; (*fig*) fantastisch
novelista [noβe'lista] *mf* Romanautor(in) *m(f)*
noveno, **-a** [no'βeno, -a] **I.** *adj* neunte(r, s); (*parte*) neuntel **II.** *m, f* Neuntel *nt; v. t.* **octavo**
noventa [no'βen̪ta] *adj inv* neunzig; *v. t.* **ochenta**
noviazgo [no'βjaθɣo] *m* **1.** (*para casarse*) Brautzeit *f* **2.** (*fam: relación*) Beziehung *f*
novicio, **-a** [no'βiθjo, -a] **I.** *adj* unerfahren **II.** *m, f* **1.** (REL) Novize, -in *m, f* **2.** (*principiante*) Anfänger(in) *m(f)*
noviembre [no'βjembre] *m* November *m; v. t.* **marzo**
novillada [noβi'ʎaða] *f* (*corrida*) Stierkampf *m* (*mit Jungstieren*)
novillo, **-a** [no'βiʎo, -a] *m, f* **1.** (*animal*) Jungstier *m,* Jungkuh *f* **2.** (*fam*): **hacer ~s** (die Schule) schwänzen
novio, **-a** ['noβjo, -a] *m, f* **1.** (*para casarse*) Bräutigam *m,* Braut *f;* **los ~s** das Brautpaar; **viaje de ~s** Hochzeitsreise *f* **2.** (*en relación amorosa*) Freund(in) *m(f);* **echarse novia** (*fam*) sich *dat* eine Freundin zulegen
nube ['nuβe] *f* Wolke *f;* **estar por las ~s** entsetzlich teuer sein; **vivir en las ~s** völlig realitätsfern sein; **bajar de las ~s** auf den Boden der Tatsachen zurückkehren; **poner a alguien por las ~s** jdn in den Himmel heben
nublar [nu'βlar] *vt, vr* **1.** (*nubes*) (sich) bewölken **2.** (*mente, ojos*) (sich) trüben; **se me nubla la vista** mir wird schwarz vor Augen
nubosidad [nuβosi'ðað] *f* Bewölkung *f*
nuboso, **-a** [nu'βoso, -a] *adj* bewölkt
nuca ['nuka] *f* Genick *nt,* Nacken *m*
nuclear [nukle'ar] *adj* Kern-; **energía ~** Kernenergie *f*
núcleo ['nukleo] *m* (*centro*) Kern *m*
nudillo [nu'ðiʎo] *m* (Finger)knöchel *m*
nudo ['nuðo] *m* **1.** (*atadura*) Knoten *m;* (*mota*) Noppe *f;* **hacer un ~ en la garganta a alguien** jdm die Kehle zuschnüren **2.** (*madera*) Knorren *m* **3.** (*punto de reunión*) Knotenpunkt *m;* ~ **de comunicaciones** Verkehrsknotenpunkt *m*
nuera ['nwera] *f* Schwiegertochter *f*
nuestro, **-a** ['nwestro, -a] **I.** *adj pos* (*antepuesto*) unser(e); ~ **perro/gato** unser Hund/unsere Katze; **por nuestra parte** unsererseits **II.** *pron pos* **1.** (*propiedad*): **la casa es nuestra** das Haus gehört uns **2.** (*tras artículo*): **el ~/la nuestra/lo ~** unsere(r, s); **los ~s** unsere; (*parientes*) unsere Angehörigen; **¡eso es lo ~!** das ist genau das Richtige für uns! **3.** (*tras substantivo*) unser(e), von uns; **una amiga nuestra** eine Freundin von uns; **es culpa nuestra** es ist unsere Schuld
nueva ['nweβa] *f* Neuigkeit *f;* **esto me coge de ~s** darauf war ich nicht gefasst; **no te hagas de ~s** tu doch nicht so, als ob du nichts wüsstest!
nuevamente [nweβa'men̪te] *adv* **1.** (*otra vez*) nochmals **2.** (*últimamente*) neuerdings
nueve ['nweβe] *adj inv* neun; *v. t.* **ocho**
nuevo, **-a** ['nweβo, -a] *adj* neu; **de ~** von neuem; **sentirse como ~** sich wie neugeboren fühlen; **¿qué hay de ~?** was gibt's Neues?; **hasta ~ aviso** bis auf weitere Mitteilung
nuez [nweθ] *f* **1.** (BOT) Walnuss *f;* ~ **moscada** Muskatnuss *f* **2.** (ANAT) Adamsapfel *m*
nulidad [nuli'ðað] *f* **1.** (*no válido*) Ungültigkeit *f;* **declarar la ~ de algo** etw für ungültig erklären **2.** (*persona*) Niete *f;* **ser una ~** eine Null sein
nulo, **-a** ['nulo, -a] *adj* **1.** (*inválido*) ungültig; **declarar ~** für nichtig erklären **2.** (*incapaz*) unfähig; **soy ~ para las matemáticas** in Mathematik bin ich eine Niete
núm. ['numero] *abr de* **número** Nr.
numeración [numera'θjon] *f* (*sistema*) Nummerierung *f;* ~ **correlativa** fortlaufende Nummerierung; ~ **decimal** Dezimalsystem *nt*
numeral [nume'ral] **I.** *adj* Zahl(en)- **II.** *m* (LING) Zahlwort *nt*
numerar [nume'rar] *vt* **1.** (*poner números*) nummerieren **2.** (*contar*) zählen
numérico, **-a** [nu'meriko, -a] *adj* numerisch
número ['numero] *m* **1.** (MAT) Zahl *f;* ~ **cardinal** Grundzahl *f;* ~ **primo** Primzahl *f;* ~ **quebrado** Bruchzahl *f;* **en ~s redondos** aufgerundet; **hacer ~s** Berechnungen anstellen **2.** (*cantidad*) (An)zahl *f* **3.** (*cifra*) Nummer *f;* (*en la lotería*) Losnummer *f;* ~ **de matrícula** Kfz-Kennzeichen *nt;* ~ **de zapatos** Schuhgröße *f;* **es el ~ uno de la clase** er/sie ist Klassenbester/Klassenbeste **4.** (*edición*)

N

Nummer *f* **5.** (LING) Numerus *m*

numeroso, **-a** [nume'roso, -a] *adj* zahlreich

nunca ['nuŋka] *adv* nie; ~ **jamás** niemals; **más que** ~ mehr denn je

nupcial [nuβ'θjal] *adj* Hochzeits-

nupcias ['nuβθjas] *fpl* Hochzeit *f;* **segundas** ~ zweite Ehe

nurse ['nurse] *f* (*Am*) **1.** (*niñera*) Kindermädchen *nt* **2.** (*enfermera*) Krankenschwester *f*

nutria ['nutrja] *f* Fischotter *m*

nutrición [nutri'θjon] *f* Ernährung *f*

nutrido, **-a** [nu'triðo, -a] *adj* **1.** (*alimentado*) genährt **2.** (*numeroso*) zahlreich; (*biblioteca*) gut ausgestattet

nutrir [nu'trir] *vt* (*alimentar*) ernähren; (*piel*) nähren

nutritivo, **-a** [nutri'tiβo, -a] *adj* nahrhaft

Ñ

Ñ, **ñ** ['eɲe] *f* Ñ, ñ *nt* (*fünfzehnter Buchstabe des spanischen Alphabets*)

ñata ['ɲata] *f* (*Am: fam*) Nase *f*

ñato, **-a** ['ɲato, -a] **I.** *adj* **1.** (*CSur: chato*) stumpfnasig **2.** (*Col: gangoso*) nasal **II.** *m, f* (*Am*) Liebling *m*

ñoñería [ɲoɲe'ria] *f* **1.** (*simpleza*) Blödheit *f* **2.** (*dengues*) Zimperlichkeit *f*

ñoño, **-a** ['ɲoɲo, -a] **I.** *adj* (*fam*) **1.** (*soso*) fade; (*aburrido*) langweilig **2.** (*tonto*) blöd **3.** (*remilgado*) zimperlich **II.** *m, f* (*fam*) **1.** (*aburrido*) Langweiler(in) *m(f)* **2.** (*tonto*) Dummkopf *m* **3.** (*dengoso*) Zimperliese *f*

ñoqui ['ɲoki] *m* Gnocchi *pl*

ñu [ɲu] *m* Gnu *nt*

O

O, **o** [o] *f* O, o *nt*

o, **ó** [o] *conj* oder; **~..., ~...** entweder ..., oder ...; ~ **sea** das heißt; ~ **bien** oder auch

O [o'este] *abr de* **oeste** W

oasis [o'asis] *m inv* Oase *f*

obedecer [oβeðe'θer] *irr como crecer* **I.** *vt* (*a alguien*) gehorchen *+dat;* (*instrucciones*) befolgen; (*someterse*) sich fügen *+dat;* **hacerse** ~ sich *dat* Gehorsam verschaffen **II.** *vi* (*provenir*) zurückzuführen sein (*a* auf *+akk*)

obediencia [oβe'ðjen̩θja] *f* Gehorsam *m*

obediente [oβe'ðjen̩te] *adj* gehorsam

obelisco [oβe'lisko] *m* Obelisk *m*

obesidad [oβesi'ða^{ð}] *f* Fettleibigkeit *f*

obeso, **-a** [o'βeso, -a] *adj* fett(leibig)

obispado [oβis'paðo] *m* **1.** (*cargo*) Bischofsamt *nt* **2.** (*diócesis*) Bistum *nt*

obispo [o'βispo] *m* (REL) Bischof *m*

objeción [oβxe'θjon] *f* Einwand *m*

objetar [oβxe'tar] *vt* einwenden; **tengo algo que** ~ ich habe etwas dagegen (einzuwenden)

objetividad [oβxetiβi'ða^{ð}] *f* Objektivität *f*

objetivo[1] [oβxe'tiβo] *m* **1.** Ziel *nt;* **tener como** ~ zum Ziel haben **2.** (FOTO) Objektiv *nt* **3.** (*blanco*) Ziel *nt*

objetivo, **-a**[2] [oβxe'tiβo, -a] *adj* objektiv

objeto [oβ'xeto] *m* **1.** Gegenstand *m;* ~ **de lujo** Luxusartikel *m;* ~ **perdido** Fundsache *f* **2.** (*motivo*) Zweck *m;* **con** (**el**) [*o* **al**] ~ **de...** um zu ...

objetor(**a**) [oβxe'tor(a)] *m(f):* ~ **de conciencia** Kriegsdienstverweigerer *m* aus Gewissensgründen

oblea [o'βlea] *f* Oblate *f*

oblicuo, **-a** [o'βlikwo, -a] *adj* schräg

obligación [oβliɣa'θjon] *f* **1.** Verpflichtung *f;* **contraer una** ~ eine Verpflichtung eingehen; **tener la** ~ **de algo** zu etw *dat* verpflichtet sein **2.** (*deuda*) Schuld *f*

obligado, **-a** [oβli'ɣaðo, -a] *adj* *estar* (*fuerza*) gezwungen (*a* zu *+dat*); (*deber*) verpflichtet (*a* zu *+dat*)

obligar [oβli'ɣar] <g→gu> **I.** *vt* **1.** zwingen (*a* zu +*dat*); (*comprometer*) verpflichten (*a* zu +*dat*) **2.** (*Chil, Arg*) zum Trinken einladen **II.** *vr:* ~**se** sich verpflichten (*a* zu +*dat*)

obligatorio, **-a** [oβliɣa'torjo, -a] *adj* obligatorisch; **asignatura obligatoria** Pflichtfach *nt*

oboe [o'βoe] *m* **1.** Oboe *f* **2.** (*músico*) Oboist *m*

obra ['oβra] *f* **1.** Werk *nt;* ~ **benéfica** Wohltätigkeit *f;* ~**s completas** gesammelte Werke; ~ **de consulta** Nachschlagewerk *nt;* ~ **de teatro** Theaterstück *nt* **2.** (*construcción*) Bau *m;* (*edificio*) Bauwerk *nt;* **mano de** ~ Arbeitskraft *f*

obrador [oβra'ðor] *m* (*taller*) Werkstatt *f;* (*de confitería*) Konditorei *f*

obrar [o'βrar] **I.** *vi* **1.** handeln **2.** (*fam: defecar*) Stuhlgang haben **3.** (*encontrarse*) sich befinden **II.** *vi, vt* **1.** (*hacer efecto*) wirken **2.** (*construir*) bauen **3.** (*hacer*) herstellen; (*trabajar*) bearbeiten

obrero, **-a** [o'βrero, -a] **I.** *adj* (*relativo al trabajo*) Arbeits-; (*relativo al obrero*) Arbeiter- **II.** *m, f* Arbeiter(in) *m(f);* ~ **agrícola** Landarbeiter *m;* ~ **asalariado** Lohnarbeiter *m;* ~ **desocupado** Arbeitslose(r) *m;* ~ **especializado** Facharbeiter *m;* ~ **fijo** feste Arbeitskraft

obsceno, **-a** [oᵝs'θeno, -a] *adj* obszön

obscuro, **-a** [o⁽ᵝ⁾s'kuro, -a] *adj v.* **oscuro**

obsequiar [oβse'kjar] *vt* **1.** (*con atenciones*) beehren; (*con bebidas/comida*) bewirten; (*con regalos*) beschenken **2.** (*agasajar*) zuvorkommend behandeln; (*festejar*) feiern **3.** (*Am: regalar*) schenken

obsequio [oβ'sekjo] *m* **1.** (*agasajo*) Gefälligkeit *f* **2.** (*regalo*) Geschenk *nt*

observación [oβserβa'θjon] *f* **1.** (*contemplación*) Beobachtung *f;* (*vigilancia*) Überwachung *f* **2.** (*comentario*) Bemerkung *f*

observador(a) [oβserβa'ðor(a)] **I.** *adj* beobachtend **II.** *m(f)* Beobachter(in) *m(f)*

observar [oβser'βar] *vt* **1.** (*contemplar*) beobachten **2.** (*cumplir*) beachten; (*orden*) befolgen; (*normas, plazos*) einhalten **3.** (*notar*) bemerken

observatorio [oβserβa'torjo] *m* Observatorium *nt;* ~ **astronómico** Sternwarte *f;* ~ **meteorológico** Wetterwarte *f*

obsesión [oβse'sjon] *f* (*preocupación*) Besessenheit *f,* fixe Idee *f;* (*pasión*) Leidenschaft *f;* (PSICO) Zwangsvorstellung *f*

obsesionar [oβsesjo'nar] **I.** *vt* **1.** (*tormentar*) quälen; (*fig*) verfolgen **2.** (*atraer*) in seinen Bann schlagen **II.** *vr:* ~**se** besessen sein (*con* von +*dat*)

obseso, **-a** [oβ'seso, -a] **I.** *adj* besessen **II.** *m, f* Besessene(r) *mf*

obstáculo [oᵝs'takulo] *m* Hindernis *nt;* **salvar un** ~ ein Hindernis nehmen

obstante [oᵝs'tan̩te] *adv:* **no** ~ trotzdem

obstinado, **-a** [oᵝsti'naðo, -a] *adj* hartnäckig

obstruir [oᵝstru'ir] *irr como huir* **I.** *vt* **1.** (*el paso, acción*) blockieren **2.** (*una tubería*) verstopfen **II.** *vr:* ~**se** sich verstopfen

obtención [oβten̩'θjon] *f* Erlangung *f;* (QUÍM) Gewinnung *f;* ~ **de datos** Datenerhebung *f*

obtener [oβte'ner] *irr como tener vt* erlangen; (QUÍM) gewinnen; (*resultado, ventaja, ganancia*) erzielen

obvio, **-a** ['oββjo, -a] *adj* offensichtlich; **es** ~ das liegt auf der Hand

oca ['oka] *f* **1.** Gans *f* **2.** (*juego*) *spanisches Brettspiel*

ocasión [oka'sjon] *f* Gelegenheit *f;* **coche de** ~ Gebrauchtwagen *m;* **aprovechar/desperdiciar la** ~ die Gelegenheit nutzen/versäumen; **con** ~ **de** anlässlich +*gen*

ocasional [okasjo'nal] *adj* (*no habitual*) gelegentlich; **trabajo** ~ Gelegenheitsarbeit *f*

ocasionar [okasjo'nar] *vt* verursachen

occidental [oᵞθiðen̩'tal] *adj* westlich; **potencias** ~**es** Westmächte *fpl*

occidente [oᵞθi'ðen̩te] *m* Westen *m*

Oceanía [oθea'nia] *f* Ozeanien *nt*

océano [o'θeano] *m* **1.** Ozean *m;* ~ **Boreal** Nordsee *f;* ~ **Glacial** Eismeer *nt* **2.** (*cantidad*) Unmenge *f*

ochenta [o'ʧen̩ta] **I.** *adj inv* achtzig; **los años** ~ die Achtzigerjahre; **un hombre de alrededor de** ~ **años** ein Mann um die achtzig **II.** *m* Achtzig *f*

ocho ['oʧo] **I.** *adj inv* acht; **jornada de** ~ **horas** Achtstundentag *m;* ~ **veces mayor/menor que...** achtmal so groß wie .../kleiner als ...; **a las** ~ um acht Uhr; **son las** ~ **y media de la mañana/tarde** es ist halb neun (Uhr) morgens/abends; **las** ~ **y cuarto/menos cuarto** viertel nach acht/vor acht; **las** ~ **en punto** Punkt acht Uhr; **el** ~ **de agosto** der achte August; **dentro de** ~

O

días in acht Tagen; **de aquí a ~ días** heute in acht Tagen **II.** *m* Acht *f*

ochocientos, **-as** [otʃo'θjeṇtos, -as] *adj* achthundert

ocio ['oθjo] *m* Muße *f;* **horas de ~** Freizeit *f*

octágono [ok'taɣono] *m* Achteck *nt*

octavilla [okta'βiʎa] *f* Flugblatt *nt;* ~ **difamatoria** Schmähschrift *f*

octavo, **-a** [ok'taβo, -a] **I.** *adj* achte(r, s); **en ~ lugar** an achter Stelle; (*enumeración*) achtens; **estoy en ~ curso** ich bin in der achten Klasse; **la octava parte** ein Achtel **II.** *m, f* Achtel *nt*

octubre [ok'tuβre] *m* Oktober *m; v. t.* **marzo**

oculista [oku'lista] *mf* Augenarzt, -ärztin *m, f*

ocultar [okuḷ'tar] **I.** *vt* (*esconder*) verbergen (*de* vor +*dat*); (*callar*) verschweigen (*de* (vor) +*dat*); (*disimular*) verheimlichen (*de* (vor) +*dat*) **II.** *vr:* ~**se** sich verstecken

oculto, **-a** [o'kuḷto, -a] *adj* verborgen; (*secreto*) geheim

ocupación [okupa'θjon] *f* **1.** Beschäftigung *f;* **sin ~** arbeitslos **2.** (*apoderamiento*) Besetzung *f;* ~ **hotelera** Hotelbelegung *f*

ocupante [oku'paṇte] **I.** *adj* (MIL) Besatzungs- **II.** *mf* **1.** (*de vehículo*) (Fahrzeug)insasse, -in *m, f;* (*de tren/autobús*) Fahrgast *m;* (*de avión/barco*) Passagier(in) *m(f)* **2.** (*de un edificio*) Bewohner(in) *m(f)*

ocupar [oku'par] **I.** *vt* **1.** (*sitio*) einnehmen **2.** (*un cargo*) innehaben **3.** (*asiento, línea de teléfono*) belegen **4.** (*vivienda*) bewohnen **5.** (MIL) besetzen **6.** (*a una persona*) beschäftigen **7.** (*tiempo*) in Anspruch nehmen **II.** *vr:* ~**se** sich beschäftigen (*con/en/de* mit +*dat*); (*cuidar*) sich kümmern (*de* um +*akk*); **ella se ocupó de todo** sie hat alles arrangiert

ocurrencia [oku'rreṇθja] *f* Idee *f;* **tener la ~ de...** auf die Idee kommen zu ...

ocurrir [oku'rrir] **I.** *vi* geschehen; **¿qué ocurre?** was ist los?; **¿qué te ocurre?** was hast du?; **lo que ocurre es que...** die Sache ist so: ... **II.** *vr:* ~**se** einfallen +*dat;* **no se me ocurre nada** mir fällt nichts ein; **nunca se me hubiese ocurrido pensar que...** ich wäre nie auf die Idee gekommen, dass ...

odiar [o'ðjar] *vt* hassen; ~ **a muerte** auf den Tod hassen

odio ['oðjo] *m* Hass *m*

odioso, **-a** [o'ðjoso, -a] *adj* **1.** (*hostil*) gehässig **2.** (*repugnante*) widerlich **3.** (*Am: fastidioso*) lästig

odisea [oði'sea] *f* Odyssee *f*

odontólogo, **-a** [oðoṇ'toloɣo, -a] *m, f* Zahnarzt, -ärztin *m, f*

oeste [o'este] *m* **1.** Westen *m;* **al ~ de...** westlich von ... **2.** (*viento*) Westwind *m*

ofender [ofeṇ'der] **I.** *vt* **1.** (*humillar*) beleidigen **2.** (*herir*) verletzen **II.** *vr:* ~**se** beleidigt sein; **¡no te ofendas conmigo!** sei mir nicht böse!

ofensa [o'fensa] *f* Beleidigung *f*

ofensiva [ofen'siβa] *f* Angriff *m;* **tomar la ~** zum Angriff übergehen

ofensivo, **-a** [ofen'siβo, -a] *adj* **1.** (*hiriente*) beleidigend **2.** (*dañino*) schädlich **3.** (*que ataca*) Angriffs-

oferta [o'ferta] *f* Angebot *nt;* ~ **de empleo** Stellenangebot *nt;* ~ **especial** Sonderangebot *nt*

ofertar [ofer'tar] *vt* anbieten

oficial [ofi'θjal] *adj* offiziell; **boletín ~** Amtsblatt *nt*

oficial(a) [ofi'θjal(a)] *m(f)* **1.** Geselle, -in *m, f;* (*administrativo*) kaufmännischer Angestellter *m,* kaufmännische Angestellte *f* **2.** (MIL) Offizier *m* **3.** (*funcionario*) Beamte(r) *mf,* Beamtin *f*

oficiar [ofi'θjar] **I.** *vt* (REL) zelebrieren **II.** *vi* (*fam: obrar*) fungieren (*de* als +*nom*); ~ **de intérprete** dolmetschen

oficina [ofi'θina] *f* Büro *nt;* ~ **de correos** Postamt *nt;* ~ **de empleo** Arbeitsamt *nt;* ~ **de objetos perdidos** Fundbüro *nt;* ~ **de pasaportes** Passbehörde *f*

oficinista [ofiθi'nista] *mf* Büroangestellte(r) *mf*

oficio [o'fiθjo] *m* **1.** Beruf *m;* **ejercer un ~** einem Beruf nachgehen **2.** (*función*) Amt *nt;* **defensor de ~** Pflichtverteidiger *m;* **de ~** von Amts wegen **3.** (*escrito*) amtliches Schreiben *nt*

ofrecer [ofre'θer] *irr como crecer* **I.** *vt* (*brindar*) anbieten; (*presentar, dar*) bieten; (REL) darbringen **II.** *vr:* ~**se** **1.** (*brindarse*) sich anbieten; **¿se le ofrece algo?** was darf es sein?; **¿qué se le ofrece?** womit kann ich (Ihnen) dienen? **2.** (*ocurrirse*) einfallen

ofrenda [o'freṇda] *f* (milde) Gabe *f;* (*sacrificio*) Opfergabe *f*

oftalmólogo, **-a** [oftal'moloɣo, -a] *m, f*

Augenarzt, -ärztin *m, f*

ogro ['oɣro] *m* Scheusal *nt*

oída [o'iða] *f:* **de ~s** vom Hörensagen

oído [o'iðo] *m* **1.** (*sentido*) Gehör *nt;* **tener buen ~** ein gutes Gehör haben **2.** (ANAT) Ohr *nt;* **cera de ~s** Ohrenschmalz *nt;* **zumbido de ~s** Ohrensausen *nt;* **me zumban los ~s** mir klingen die Ohren; **ser todo ~s** ganz Ohr sein

oír [o'ir] *irr vt* (*sentir*) hören; (*escuchar*) anhören; **¡oye!** na hör mal!; **¡oiga!** hallo!

ojal [o'xal] *m* **1.** (*para botones*) Knopfloch *nt* **2.** (*ojete*) Öse *f*

ojalá [oxa'la] *interj* hoffentlich; **¡~ tuvieras razón!** wenn du nur Recht hättest!

ojeada [oxe'aða] *f:* **¿puedes echar una ~ a mi maleta?** kannst du bitte meinen Koffer im Auge behalten?

ojear [oxe'ar] *vt* **1.** (*mirar con atención*) beäugen **2.** (*pasar la vista*) durchsehen **3.** (*la caza*) aufscheuchen

ojeras [o'xeras] *fpl* Augenringe *mpl;* **tener ~** Ringe unter den Augen haben

ojo ['oxo] *m* **1.** (ANAT) Auge *nt;* **~ de buey** (NÁUT) Bullauge *nt;* **~ de gallo** (*fig*) Hühnerauge *nt;* **a ~** nach Augenmaß; **andar con cien ~s** sehr vorsichtig sein; **echar el ~ a algo/alguien** (*querer*) ein Auge auf etw/jdn werfen; (*vigilar*) etw/jdn im Auge behalten; **en un abrir y cerrar de ~s** im Nu; **mirar con buenos/malos ~s** gern haben/nicht ausstehen können; **no pegar ~** kein Auge zutun; **¡~!** Vorsicht!; **¡qué ~ tienes!** dir entgeht aber auch nichts!; **sacarle los ~s a alguien** jdm die Augen auskratzen; **tener ~ clínico** (*fig*) ein scharfer Beobachter sein **2.** (*agujero*) Loch *nt;* **~ de aguja** Nadelöhr *nt*

okupa [o'kupa] *mf* (*argot*) Hausbesetzer(in) *m(f)*

ola ['ola] *f* Welle *f;* **~ de calor** Hitzewelle *f*

olé [o'le] *interj* bravo; (TAUR) olé

oleada [ole'aða] *f* **1.** (*ola*) Brecher *m* **2.** (*cantidad*) Flut *f;* **~ de gente** Menschenmenge *f*

óleo ['oleo] *m* **1.** (ARTE) Ölfarbe *f;* **cuadro al ~** Ölbild *nt;* **pintar al ~** in Öl malen **2.** (REL): **administrar los ~s** die Letzte Ölung geben

oler [o'ler] *irr* **I.** *vi* riechen (*a* nach +*dat*); **~ (bien)** duften; **~ (mal)** stinken **II.** *vt* riechen

olfato [ol'fato] *m* Geruchssinn *m;* **tener (buen) ~** (*fig*) einen guten Riecher haben

olimpiada [olim'pjaða] *f,* **olimpíada** [olim'piaða] *f* Olympiade *f*

olímpico, -a [o'limpiko, -a] *adj* olympisch

oliva [o'liβa] **I.** *adj:* **(verde) ~** oliv(grün) **II.** *f* **1.** (BOT) Olive *f* **2.** (*color*) Oliv(grün) *nt*

olivo [o'liβo] *m* Olivenbaum *m*

olla ['oʎa] *f* **1.** Kochtopf *m;* **~ exprés** Dampfkochtopf *m* **2.** (GASTR) Eintopf *m*

olmo ['olmo] *m* Ulme *f;* **pedir peras al ~** etwas Unmögliches verlangen

olor [o'lor] *m* Geruch *m;* **(buen) ~** Duft *m;* **(mal) ~** Gestank *m*

oloroso, -a [olo'roso, -a] *adj* duftend

olvidar(se) [olβi'ðar(se)] *vt, vr* vergessen; (*idioma*) verlernen; **no ~ que...** bedenken, dass ...; **dejar olvidado** liegen lassen; **se me ha olvidado** [*o* **me he olvidado de**] **tu nombre** ich habe deinen Namen vergessen

olvido [ol'βiðo] *m* **1.** Vergesslichkeit *f* **2.** (*omisión*) Vergessen *nt;* **caer en (el) ~** in Vergessenheit geraten

ombligo [om'bliɣo] *m* (Bauch)nabel *m*

omisión [omi'sjon] *f* **1.** (*supresión*) Auslassung *f* **2.** (*negligencia*) Unterlassung *f;* **~ de auxilio** unterlassene Hilfeleistung

omiso, -a [o'miso, -a] *adj:* **hacer caso ~ de algo** etw nicht beachten

omitir [omi'tir] *vt* **1.** (*no hacer*) unterlassen **2.** (*pasar por alto*) auslassen; (*coma*) weglassen

ómnibus ['omniβus] *m* (AUTO) (Omni)bus *m*

omnipotencia [omnipo'teṇθja] *f* Allmacht *f*

omnipotente [omnipo'teṇte] *adj* allmächtig

omnipresente [omnipre'seṇte] *adj* allgegenwärtig

once ['oṇθe] *adj inv* elf; *v. t.* **ocho**

ONCE ['oṇθe] *f abr de* **Organización Nacional de Ciegos Españoles** *spanische Blindenorganisation* (*Lotterie*)

onda ['oṇda] *f* **1.** (*t.* FÍS, RADIO) Welle *f;* **estar en la ~ de algo** (*fam: comprender*) über etw Bescheid wissen; (*seguir*) bei etw *dat* mitmachen **2.** (*Am: loc*): **¡qué buena ~!** klasse!; **tener ~ con alguien** auf jdn scharf sein *fam*

ondear [oṇde'ar] *vi* (*formar*) sich wellen; (*moverse*) wogen; (*bandera*) flattern

ondulado, -a [oṇdu'laðo, -a] *adj* wellig; **cartón ~** Wellpappe *f*

O

ondular [on̩du'lar] **I.** *vi* (*formar ondas*) sich wellen; (*moverse*) wogen; (*bandera*) flattern; (*culebra*) sich winden **II.** *vt* wellen

ONU ['onu] *f abr de* **Organización de las Naciones Unidas** UNO *f*

onubense [onu'βense] *adj* aus Huelva

onza ['on̩θa] *f* Unze *f*

opaco, **-a** [o'pako, -a] *adj* **1.** (*no transparente*) lichtundurchlässig **2.** (*sin brillo*) matt; (*oscuro*) düster; (*voz*) belegt **3.** (*persona*) unscheinbar

opción [oβ'θjon] *f* **1.** (*elección*) Wahl *f;* (*posibilidad*) Wahlmöglichkeit *f;* **a** ~ nach Wahl **2.** (*derecho*) Anrecht *nt* (*a* auf +*akk*) **3.** (ECON, JUR, POL) Option *f;* ~ **de compra** Kaufoption *f*

opcional [oβθjo'nal] *adj* nach Wahl; (INFOR) optional

ópera ['opera] *f* Oper *f*

operación [opera'θjon] *f* **1.** (MAT, MED, MIL) Operation *f* **2.** (*actividad*) Tätigkeit *f;* (*negocio*) Geschäft *nt*

operar [ope'rar] **I.** *vi* **1.** (*actuar*) vorgehen; (MIL) operieren **2.** (COM) handeln **3.** (*tener efecto*) wirken **II.** *vt* **1.** (MED) operieren **2.** (*producir un efecto*) bewirken **III.** *vr:* ~**se** sich operieren lassen

operario, **-a** [ope'rarjo, -a] *m, f* Arbeiter(in) *m(f)*

operativo, **-a** [opera'tiβo, -a] *adj* **1.** (*efectivo*) wirksam **2.** (INFOR): **sistema** ~ Betriebssystem *nt*

opinar [opi'nar] *vi, vt* **1.** (*pensar*) meinen; (*creer*) glauben; ~ **bien/mal de algo/alguien** über etw/von jdm eine gute/schlechte Meinung haben; **¿tú qué opinas** (**de** [*o* **sobre**] **esto**)? was meinst du (dazu)? **2.** (*expresar*) sich äußern (*sobre/en/de* über +*akk*); **¿puedo ~?** darf ich meine Meinung dazu äußern?

opinión [opi'njon] *f* Meinung *f;* (*postura*) Stellungnahme *f;* (*punto de vista*) Ansicht *f;* **en mi** ~ meiner Meinung nach; **cambiar de** ~ seine Meinung ändern; **dar su** ~ (**sobre algo**) seine Meinung (zu etw *dat*) äußern; **ser de otra/la misma** ~ anderer/der gleichen Meinung sein

opio ['opjo] *m* Opium *nt*

oponente [opo'nen̩te] *mf* Gegner(in) *m(f)*

oponer [opo'ner] *irr como poner* **I.** *vt* **1.** (*enfrentar*) entgegensetzen; (*confrontar*) gegenüberstellen **2.** (*objetar*) einwenden (*a/contra* gegen +*akk*) **II.** *vr:* ~**se** **1.** (*rechazar*) dagegen sein; ~**se a algo** gegen etw sein **2.** (*enfrentarse*) sich dagegenstellen **3.** (*obstaculizar*) behindern **4.** (*ser contrario*) völlig unterschiedlich sein **5.** (*estar enfrente*) gegenüberliegen

oporto [o'porto] *m* Portwein *m*

oportunidad [oportuni'ðaᵈ] *f* **1.** (*cualidad*) Opportunität *f;* (*temporal*) Rechtzeitigkeit *f;* (*adecuación*) Zweckmäßigkeit *f* **2.** (*posibilidad*) Gelegenheit *f;* (*ocasión*) Chance *f;* **a la primera** ~ bei der ersten Gelegenheit; **una segunda** ~ eine zweite Chance; **aprovechar la** ~ die Gelegenheit nutzen

oportuno, **-a** [opor'tuno, -a] *adj* (*adecuado*) angebracht; (*propicio*) günstig; (*adecuado*) zweckmäßig; (*apropiado*) geeignet; (*al caso*) zutreffend; (*permisible*) zulässig; **es muy** ~ das kommt sehr gelegen; **en el momento** ~ im rechten Augenblick; (*cuando llegue*) zu gegebener Zeit

oposición [oposi'θjon] *f* **1.** (*resistencia*) Widerstand *m;* **encontrar** ~ auf Widerstand stoßen; **presentar** ~ Widerstand leisten **2.** (POL) Opposition *f* **3.** (*objeción*) Einwendung *f* **4.** (*contraposición*) Gegensatz *m* **5.** *(pl)* (*examen*) Auswahlprüfung *f* für den öffentlichen Dienst; **presentarse a unas oposiciones** an Auswahlprüfungen für den öffentlichen Dienst teilnehmen

opositar [oposi'tar] *vi* sich bewerben (*a* um +*akk*), an den Auswahlprüfungen für den öffentlichen Dienst teilnehmen

opositor(**a**) [oposi'tor(a)] **I.** *adj* oppositionell; **partido** ~ Oppositionspartei *f* **II.** *m(f)* **1.** (*oponente*) Gegner(in) *m(f);* (POL) Mitglied *nt* der Opposition **2.** (*candidato*) Bewerber(in) *m(f)* (*für eine Stelle im öffentlichen Dienst, der/die an den Auswahlprüfungen teilnimmt*)

opresión [opre'sjon] *f* **1.** (*angustia*) Beklemmung *f* **2.** (*represión*) Unterdrückung *f* **3.** (*presión*) Druck *m;* (*compresión*) Einengung *f*

opresor(**a**) [opre'sor(a)] **I.** *adj* unterdrückend **II.** *m(f)* Unterdrücker(in) *m(f)*

oprimir [opri'mir] *vt* **1.** (*presionar*) drücken; (*comprimir*) einengen **2.** (*agobiar*) bedrücken **3.** (*reprimir*) unterdrücken; (*constreñir*) beengen

optar [op'tar] *vi* **1.** (*escoger*) wählen (*por* +*akk*); (*decidirse*) sich entscheiden (*por* für

+*akk*) **2.** (*aspirar*) (für sich) beanspruchen (*a* +*akk*); (*solicitar*) sich bewerben (*a* um +*akk*); ~ **a un cargo** ein Amt anstreben **3.** (*tener acceso*) Anspruch haben (*a* auf +*akk*)

optativo, -a [opta'tiβo, -a] *adj* fakultativ; (**asignatura**) **optativa** Wahl(pflicht)fach *nt*

óptica ['optika] *f* **1.** (FÍS) Optik *f* **2.** (*establecimiento*) Optikergeschäft *nt* **3.** (*punto de vista*) Sichtweise *f;* **bajo esta** ~ aus diesem Blickwinkel betrachtet

óptico, -a ['optiko, -a] **I.** *adj* optisch **II.** *m, f* Optiker(in) *m(f)*

optimismo [opti'mismo] *m* Optimismus *m*

optimista [opti'mista] **I.** *adj* optimistisch **II.** *mf* Optimist(in) *m(f)*

óptimo, -a ['optimo, -a] **I.** *superl de* **bueno** **II.** *adj* optimal; (*excelente*) ausgezeichnet

opuesto, -a [o'pwesto, -a] **I.** *pp de* **oponer** **II.** *adj* **1.** (*enfrente*) gegenüberliegend; **al lado** ~ auf der Gegenseite; **en dirección opuesta** in der Gegenrichtung **2.** (*diverso*) gegenteilig; (*contrario*) gegensätzlich; (*enfrentado*) entgegengesetzt; **polo** ~ (*t. fig*) Gegenpol *m;* **el sexo** ~ das andere Geschlecht **3.** (*enemigo*) gegnerisch

oración [ora'θjon] *f* **1.** (REL) Gebet *nt* **2.** (*frase*) Satz *m;* (*discurso*) Rede *f;* ~ **coordinada** beigeordneter Satz; ~ **subordinada** Nebensatz *m*

oráculo [o'rakulo] *m* Orakel *nt*

orador(a) [ora'ðor(a)] *m(f)* Redner(in) *m(f);* (*portavoz*) Sprecher(in) *m(f)*

oral [o'ral] *adj* mündlich; **sexo** ~ Oralverkehr *m;* **vista** ~ (JUR) Verhör *nt;* **por vía** ~ (MED) zum Einnehmen

orar [o'rar] *vi* (*elev*) beten (*por* für +*akk*); (*rogar*) flehen (*por* um +*akk*)

oratoria [ora'torja] *f* **1.** Redekunst *f* **2.** (*elocuencia*) Redegewandtheit *f*

órbita ['orβita] *f* **1.** (ASTR, FÍS) Umlaufbahn *f* **2.** (*ámbito*) Bereich *m;* (*de influencia*) Einflussbereich *m* **3.** (ANAT) Augenhöhle *f*

orden[1] ['orðen] <órdenes> *m* **1.** (*colocación*) Ordnung *f;* **en** ~ ordentlich; (*reglamentario*) ordnungsgemäß; **poner en** ~ in Ordnung bringen **2.** (*sucesión*) Reihenfolge *f;* **en** [*o* **por**] **su** (**debido**) ~ wie es sich gehört; **por** ~ der Reihe nach **3.** (*categoría*) Rang *m;* **del** ~ **de** etwa

orden[2] ['orðen] <órdenes> *f* **1.** (*mandato*) Befehl *m;* (*disposición*) Verfügung *f;* (*ordenamiento*) Verordnung *f;* ~ **de arresto** Haftbefehl *m;* ~ **de registro** Durchsuchungsbefehl *m;* **¡a la ~!** zu Befehl! **2.** (COM, FIN) Order *f;* ~ **de giro** Überweisungsauftrag *m;* ~ **de pago** Zahlungsanweisung *f;* **por** ~ **de** im Auftrag von **3.** (REL, HIST) Orden *m* **4.** (*condecoración*) Orden *m*

ordenado, -a [orðe'naðo, -a] *adj* **1.** *estar* ordentlich **2.** *ser* (*persona*) ordentlich

ordenador [orðena'ðor] *m* Computer *m;* ~ **personal** PC *m;* ~ **portátil** Notebook *nt*

ordenamiento [orðena'mjen̪to] *m* (*ordenación*) Anordnung *f;* (*regulación*) Regelung *f;* ~ **constitucional** Verfassung *f;* ~ **jurídico** Rechtsordnung *f*

ordenanza[1] [orðe'nan̪θa] *f* **1.** (*ordenación*) Anordnung *f;* (*medida*) Verordnung *f* **2.** *pl* (ADMIN, MIL) Dienstordnung *f*

ordenanza[2] [orðe'nan̪θa] *m* **1.** (MIL) Ordonnanz *f* **2.** (*botones*) Bote *m*

ordenar [orðe'nar] **I.** *vi* aufräumen **II.** *vt* **1.** (*arreglar*) ordnen; (*habitación, armario*) aufräumen; (*colocar*) anordnen; (*clasificar*) ordnen (*por* nach +*dat*) **2.** (*mandar*) anordnen **3.** (REL) ordinieren

ordeñar [orðe'ɲar] *vt* melken

ordinal [orði'nal] **I.** *adj* Ordnungs- **II.** *m* Ordnungszahl *f*

ordinario, -a [orði'narjo, -a] *adj* **1.** (*t.* JUR: *regular*) ordentlich **2.** (*habitual*) gewöhnlich; **de** ~ üblicherweise **3.** (*grosero*) ordinär

orégano [o'reɣano] *m* Oregano *m*

oreja [o'rexa] *f* **1.** Ohr *nt;* (*sentido*) Gehör *nt;* **aguzar las ~s** die Ohren spitzen; **con las ~s gachas** (*fig*) mit hängendem Kopf; **agachar las ~s** klein beigeben; **ser todo ~s** ganz Ohr sein **2.** (*lateral*) Seitenteil *nt o m;* (*lengüeta*) Zunge *f;* (*del zapato*) Lasche *f*

orensano, -a [oren'sano, -a] *adj* aus Orense

orfanato [orfa'nato] *m* Waisenhaus *nt*

orfebre [or'feβre] *mf* Kunstschmied(in) *m(f);* (*orífice*) Goldschmied(in) *m(f);* (*platero*) Silberschmied(in) *m(f)*

orgánico, -a [or'ɣaniko, -a] *adj* organisch; **Ley Orgánica del Estado** Grundgesetz *nt*

organismo [orɣa'nismo] *m* **1.** Organismus *m* **2.** (*institución*) Einrichtung *f;* ~ **oficial** Behörde *f*

organización [orɣaniθa'θjon] *f* Organisation *f;* ~ **central** Dachverband *m;* **Organización del Tratado del Atlántico Norte** Nordatlantikpakt *m*

organizado, -a [orɣani'θaðo, -a] *adj* 1. *estar* organisiert 2. *ser* ordentlich

organizar [orɣani'θar] <z→c> **I.** *vt* **1.** (*preparar*) organisieren **2.** (*crear*) aufbauen **3.** (*ordenar*) ordnen; (*estructurar*) gliedern **4.** (*realizar*) durchführen; (*celebrar*) veranstalten **II.** *vr:* ~**se** **1.** (*asociarse*) sich zusammenschließen **2.** (*surgir*) zustande kommen; **¡menuda se organizó!** da war der Teufel los! **3.** (*estructurarse*) sich gliedern **4.** (*ordenar*) haushalten (mit +*dat*); ~**se el tiempo** sich *dat* die Zeit einteilen

órgano ['orɣano] *m* **1.** (*t.* ANAT) Organ *nt;* ~ **judicial** Gerichtsbehörde *f;* ~**s sexuales** Geschlechtsorgane *ntpl* **2.** (MÚS) Orgel *f*

orgasmo [or'ɣasmo] *m* Orgasmus *m*

orgía [or'xia] *f* Orgie *f;* (*crápula*) Trinkgelage *nt;* (*desenfreno*) Zügellosigkeit *f*

orgullo [or'ɣuʎo] *m* **1.** (*satisfacción*) Stolz *m* (*por/de* auf +*akk*) **2.** (*soberbia*) Hochmut *m*

orgulloso, -a [orɣu'ʎoso, -a] *adj* **1.** *estar* (*satisfecho*) stolz (*con/de* auf +*akk*); **sentirse** ~ **de algo/alguien** stolz auf etw/jdn sein **2.** *ser* stolz; (*soberbio*) hochmütig

orientación [orjen̩ta'θjon] *f* **1.** (*situación*) Orientierung *f* **2.** (*posición*) Ausrichtung *f* **3.** (*ajuste*) Einstellung *f* **4.** (*asesoramiento*) Beratung *f;* (*dirección*) Lenkung *f* **5.** (*tendencia*) Tendenz *f;* **tu** ~ **política** deine politische Einstellung

oriental [orjen̩'tal] **I.** *adj* **1.** östlich; **Alemania Oriental** Ostdeutschland *nt* **2.** (*Oriente Medio/Próximo*) orientalisch **3.** (*Extremo Oriente*) fernöstlich **II.** *mf* **1.** (*Oriente Medio/Próximo*) Orientale, -in *m, f* **2.** (*Extremo Oriente*) Asiate, -in *m, f*

orientar [orjen̩'tar] **I.** *vt* **1.** (*dirigir*) ausrichten (*a/hacia* auf +*akk*); **orientado a la práctica** praxisorientiert **2.** (*ajustar*) einstellen **3.** (*asesorar*) beraten; (*dirigir*) lenken **II.** *vr:* ~**se** **1.** (*dirigirse*) sich ausrichten; (*fig*) sich orientieren; **se orientó muy bien en el trabajo** er/sie fand sich sehr gut in die Arbeit hinein **2.** (*tender*) tendieren (*a/hacia* zu +*dat*)

oriente [o'rjen̩te] *m* **1.** Osten *m;* (*países*) Orient *m;* **el Oriente Próximo, el Cercano Oriente** der Nahe Osten; **el Extremo** [*o* **Lejano**] **Oriente** der Ferne Osten **2.** (*viento*) Ostwind *m*

origen [o'rixen] *m* **1.** (*principio*) Ursprung *m* **2.** (*causa*) Ursache *f* **3.** (*ascendencia*) Abstammung *f* **4.** (*procedencia*) Herkunft *f;* **ser de** ~ **español** gebürtiger Spanier/gebürtige Spanierin sein

original [orixi'nal] **I.** *adj* **1.** (*auténtico*) original; **versión** ~ Originalfassung *f* **2.** (*primigenio*) ursprünglich; (*natural*) urwüchsig **3.** (*originario*) stammend (*de* aus +*dat*) **4.** (*creativo*) originell **5.** (*singular*) eigenartig **II.** *m* Original *nt;* **fiel al** ~ originalgetreu

originalidad [orixinali'ðað] *f* **1.** (*autenticidad*) Originalität *f* **2.** (*del origen*) Ursprünglichkeit *f* **3.** (*singularidad*) Eigentümlichkeit *f*

originar [orixi'nar] **I.** *vt* (*causar*) verursachen; (*provocar*) hervorrufen **II.** *vr:* ~**se** entspringen; (*surgir*) entstehen; (*proceder*) herrühren (*en* von +*dat*)

orilla [o'riʎa] *f* **1.** (*borde*) Rand *m* **2.** (*ribera*) Ufer *nt;* ~ **de** (*fam*) bei **3.** *pl* (*Am: arrabales*) Stadtrand *m*

orina [o'rina] *f* <orines> Urin *m*

orinal [ori'nal] *m* Nachttopf *m;* (*de niño*) Töpfchen *nt*

orinar [ori'nar] *vi, vt* urinieren; **ir a** ~ (*fam*) aufs Klo gehen

ornamental *adj* ornamental, verzierend

oro ['oro] *m* Gold *nt;* ~ **de ley** Feingold *nt;* **bañado en** ~ vergoldet; **de** ~ golden; **color** ~ goldfarben

orquesta [or'kesta] *f* Orchester *nt*

orquídea [or'kiðea] *f* Orchidee *f*

ortiga [or'tiɣa] *f* Brennnessel *f*

ortodoxo, -a [orto'ðoɣso, -a] **I.** *adj* orthodox; **ser católico** ~ ein strenger Katholik sein **II.** *m, f* Orthodoxe(r) *mf*

ortogonal [ortoɣo'nal] *adj* rechtwinklig

ortografía [ortoɣra'fia] *f* Rechtschreibung *f;* **falta de** ~ Rechtschreibfehler *m*

ortográfico, -a [orto'ɣrafiko, -a] *adj* orthographisch; **reglas ortográficas** Rechtschreibung *f*

ortopeda [orto'peða] *mf* Orthopäde, -in *m, f*

ortopedia [orto'peðja] *f* Orthopädie *f*

ortopédico, -a [orto'peðiko, -a] **I.** *adj* orthopädisch; **pierna ortopédica** Beinprothese *f* **II.** *m, f* Orthopäde, -in *m, f*

oruga [o'ruɣa] *f* **1.** (ZOOL) Raupe *f* **2.** (TÉC) Raupenkette *f*

orujo [o'ruxo] *m* **1.** Trester *mpl* **2.** (*aguardiente*) Trester(schnaps) *m*
os [os] **I.** *pron pers* (*objeto*) euch **II.** *pron refl:* **¿~ marcháis?** geht ihr?
osadía [osa'ðia] *f* Kühnheit *f*
osado, -a [o'saðo, -a] *adj* kühn
osar [o'sar] *vi* wagen; **¿cómo osas decir esto?** wie kannst du es nur wagen, das zu sagen?
oscense [os'θense] *adj* aus Huesca
oscilar [osθi'lar] *vi* (*en vaivén*) schwingen; (*péndulo*) pendeln; (*variar*) schwanken
oscurecer [oskure'θer] *irr como crecer* **I.** *vimpers* dunkel werden **II.** *vt* **1.** (*privar de luz, t. fig*) verdunkeln **2.** (*confundir*) verwirren **III.** *vr:* **~se** **1.** (*volverse oscuro, t. fig*) sich verdunkeln **2.** (*debilitarse, t. fig*) verblassen
oscuridad [oskuri'ðað] *f* **1.** Dunkelheit *f;* **en la ~** im Dunkeln **2.** (*falta de claridad*) Unklarheit *f*
oscuro, -a [os'kuro, -a] *adj* (*t. fig*) dunkel; **a oscuras** im Dunkeln
oso ['oso] *m* Bär *m;* **~ de peluche** Teddy(bär) *m*
ostentar [osten̪'tar] *vt* **1.** (*mostrar*) zur Schau stellen; (*jactarse*) prahlen (mit +*dat*) **2.** (*poseer*) aufweisen; (*puesto, poder*) innehaben
ostentoso, -a [osten̪'toso, -a] *adj* **1.** (*jactancioso*) prahlerisch **2.** (*llamativo*) auffallend; (*provocativo*) ostentativ
ostra ['ostra] *f* Auster *f;* **aburrirse como una ~** sich zu Tode langweilen; **¡~s!** herrje!
OTAN [o'tan] *f abr de* **Organización del Tratado del Atlántico Norte** NATO *f*
otario, -a [o'tarjo, -a] **I.** *adj* (*CSur*) dumm **II.** *m, f* (*CSur*) Dummkopf *m*
otitis [o'titis] *f inv* Ohrenentzündung *f;* **~ media** Mittelohrentzündung *f*
otomano, -a [oto'mano, -a] *adj* osmanisch
otoñal [oto'ɲal] *adj* herbstlich
otoño [o'toɲo] *m* Herbst *m;* **a fin(al)es de ~** im Spätherbst
otorgamiento [otorɣa'mjen̪to] *m* **1.** (JUR) Verleihung *f;* (*concesión*) Erteilung *f;* (*de documento*) Ausstellung *f;* (*de contrato*) Abschluss *m;* (*de licencia*) Vergabe *f;* **~ de poder** Vollmachterteilung *f* **2.** (*consentimiento*) Bewilligung *f*
otorgar [otor'ɣar] <g→gu> *vt* **1.** (*conferir*) verleihen; (*conceder*) erteilen; (*ayudas*) gewähren; (*expedir*) ausstellen; **~ poderes** eine Vollmacht erteilen **2.** (*acceder*) bewilligen; **~ su consentimiento** seine Zustimmung geben
otorrinolaringólogo, -a [otorrinolariŋ'goloɣo, -a] *m, f* Hals-Nasen-Ohren-Arzt, -Ärztin *m, f*
otro, -a ['otro, -a] *adj o pron indef* **1.** (*distinto*) ein anderer, eine andere; **~s** andere; **el ~/la otra/lo ~** der/die/das andere; **otra persona, ~** jemand anders; **ninguna otra persona, ningún ~** kein anderer; **~ tanto** noch einmal so viel; **al ~ día** am Tag darauf; **el ~ día** neulich; **en otra ocasión** ein anderes Mal; **otra cosa** etwas anderes; **¡otra vez será!** ein anderes Mal!; **eso ya es otra cosa** das ist schon besser; **otra vez** noch (ein)mal; **no ~ que** kein anderer als; **ésa es otra** (*cosa distinta*) das ist noch einmal etwas anderes; (*irón: aún peor*) das ist ja noch schöner!; **¡hasta otra (vez)!** bis zum nächsten Mal! **2.** (*uno más*) noch eine(r, s); **otras tres personas** noch drei (weitere) Personen; **¡otra, otra!** Zugabe!
ovación [oβa'θjon] *f* Beifall *m;* **dar una ~** Beifall spenden
oval [o'βal], **ovalado, -a** [oβa'laðo, -a] *adj* oval
ovario [o'βarjo] *m* (ANAT) Eierstock *m*
oveja [o'βexa] *f* Schaf *nt*
ovetense [oβe'tense] *adj* aus Oviedo
ovillo [o'βiʎo] *m* Knäuel *m o nt;* (*fig*) Wirrwarr *m*
ovino, -a [o'βino, -a] **I.** *adj:* **ganado ~** Schafe *ntpl* **II.** *m, f* Schaf *nt*
ovni ['oβni] *m* UFO *nt*
ovulación [oβula'θjon] *f* Eisprung *m*
óvulo ['oβulo] *m* (ANAT) Eizelle *f*
oxidación [oˠsiða'θjon] *f* **1.** (QUÍM) Oxidation *f* **2.** (*metal*) (Ver)rosten *nt*
oxidar [oˠsi'ðar] **I.** *vt* **1.** (QUÍM) oxidieren **2.** (*metal*) rosten lassen; **un hierro oxidado** ein Stück rostiges Eisen **II.** *vr:* **~se** **1.** (*metal*) rosten; (*mente*) verkalken **2.** (QUÍM) oxidieren
óxido ['oˠsiðo] *m* **1.** (QUÍM) Oxid *nt* **2.** (*orín*) Rost *m*
oxígeno [oˠ'sixeno] *m* Sauerstoff *m*
oyente [o'ɟen̪te] *mf* Zuhörer(in) *m(f);* (RADIO) Hörer(in) *m(f);* (**libre**) **~** (UNIV) Gasthörer(in) *m(f)*
ozono [o'θono] *m* Ozon *nt*

O

P

P, p [pe] *f* P, p *nt*
pabellón [paβe'ʎon] *m* **1.** (*tienda*) Zelt *nt* **2.** (*bandera*) Flagge *f* **3.** (ARQUIT) Pavillon *m*
pacer [pa'θer] *irr como crecer vi, vt* (ab)grasen
pachorra [pa'ʧorra] *f* (*fam*) Trägheit *f*
pachucho, -a [pa'ʧuʧo, -a] *adj* **1.** (*fam: persona*) schlapp **2.** (*fruta*) überreif
paciencia [pa'θjeṇθja] *f* Geduld *f;* **se me acabó la ~** meine Geduld ist am Ende
paciente [pa'θjeṇte] **I.** *adj* geduldig; **ser ~ con alguien** mit jdm viel Geduld haben **II.** *mf* Patient(in) *m(f)*
pacífico, -a [pa'θifiko, -a] *adj* **1.** (*ánimo*) friedfertig **2.** (*estado*) ruhig
Pacífico [pa'θifiko] *m* Pazifik *m*
pacifista [paθi'fista] *adj* pazifistisch
pactar [pak'tar] *vt* einen Pakt schließen
pacto ['pakto] *m* Pakt *m;* (*contrato*) Vertrag *m*
padecer [paðe'θer] *irr como crecer* **I.** *vi* leiden **II.** *vt* **1.** (*sufrir*) leiden (unter +*dat*); (*enfermedad*) leiden (an +*dat*) **2.** (*soportar*) ertragen
padrastro [pa'ðrastro] *m* **1.** Stiefvater *m* **2.** (*mal padre*) Rabenvater *m*
padre ['paðre] *m* **1.** (*t.* REL) Vater *m;* **~ espiritual** Seelsorger *m;* **¡tu ~!** (*fam*) verdammt noch mal! **2.** *pl* (*padre y madre*) Eltern *pl*
padrenuestro [paðre'nwestro] *m* Vaterunser *nt*
padrino [pa'ðrino] *m* (*de bautizo*) (Tauf)pate *m;* **~** (**de boda**) Trauzeuge *m*
paella [pa'eʎa] *f* Paella *f*

> Die **paella** ist ein spanisches Reisgericht mit verschiedenen Fleisch- und Fischsorten, **marisco** (Meeresfrüchten) und **azafrán** (Safran), der dem Reis seine charakteristische dunkelgelbe Farbe verleiht. Ursprünglich aus **Valencia** ist die Paella heutzutage weltweit bekannt.

paellera [pae'ʎera] *f* Paellapfanne *f*
pág. ['paxina] *abr de* **página** S.
paga ['paɣa] *f* **1.** (*sueldo*) Lohn *m* **2.** (*acto*) Zahlung *f*
pagadero, -a [paɣa'ðero, -a] *adj* **1.** (*a pagar*) fällig **2.** (*pagable*) zahlbar
pagano, -a [pa'ɣano, -a] *adj* heidnisch
pagar [pa'ɣar] <g→gu> *vt* **1.** (*gastos, a alguien*) bezahlen; (*sueldo que se debe*) auszahlen; (*una deuda*) begleichen **2.** (*expiar*) büßen; **¡me las ~ás!** das wirst du mir büßen! **3.** (*recompensar*) vergelten; (*una visita*) erwidern; **¡Dios se lo pague!** vergelt's Gott!
pagaré [paɣa're] *m* Schuldschein *m*
página ['paxina] *f* Seite *f;* **~ web** (INFOR) Webseite *f*
pago ['paɣo] *m* **1.** (*reintegro*) Zahlung *f;* **~ a plazos** Ratenzahlung *f* **2.** (*salario*) Lohn *m;* **~ anticipado** Vorschuss *m;* **~ por hora** Stundenlohn *m;* **~ por incapacidad** Krankengeld *nt* **3.** (*fig: recompensa*) Vergeltung *f;* **¿éste es el ~ que me das?** so dankst du es mir?
paila ['pai̯la] *f* (*Am: sartén*) Pfanne *f*
país [pa'is] *m* Land *nt;* **~ en vías de desarrollo** Entwicklungsland *nt*
paisa ['pai̯sa] *m* (*Am*) *v.* **paisano**
paisaje [pai̯'saxe] *m* Landschaft *f*
paisano, -a [pai̯'sano, -a] *m, f* **1.** (*no militar*) Zivilist(in) *m(f)* **2.** (*compatriota*) Landsmann, -männin *m, f* **3.** (*campesino*) Bauer *m,* Bäuerin *f*
Países Bajos [pa'ises 'βaxos] *mpl* Niederlande *pl*
paja ['paxa] *f* Stroh *nt,* Strohhalm *m;* **hacerse una ~** (*vulg*) sich *dat* einen runterholen
pajar [pa'xar] *m* Scheune *f*
pajarita [paxa'rita] *f* Fliege *f*
pájaro ['paxaro] *m* Vogel *m;* **~ carpintero** Specht *m;* **~ gordo** (*fig*) hohes Tier
pajarraco [paxa'rrako] *m* (*fam*) Gauner(in) *m(f)*
pajero [pa'xero] *m* (*vulg*) Wichser *m*
Pakistán [pakis'tan] *m* Pakistan *nt*
pakistaní [pakista'ni] *adj* pakistanisch
pala ['pala] *f* **1.** (*para cavar*) Schaufel *f;* (*cuadrada*) Spaten *m;* (*Am*) Bulldozer *m* **2.** (*del timón*) Ruderblatt *nt* **3.** (*raqueta*) Schläger *m;* (*bate*) Schlagholz *nt*
palabra [pa'laβra] *f* Wort *nt;* **~ clave** Kodewort *nt;* (*t.* INFOR) Passwort *nt;* (*en una conversación*) Stichwort *nt;* **~s mayores** Schimpfwörter *ntpl;* **libertad de ~** Redefrei-

heit *f;* **de pocas ~s** wortkarg

palabrería [palaβre'ria] *f* leeres Gerede *nt*

palabrota [pala'βrota] *f* Schimpfwort *nt*

palacio [pa'laθjo] *m* Palast *m;* **Palacio de Justicia** Gerichtsgebäude *nt*

paladar [pala'ðar] *m* Gaumen *m;* **tener buen ~** ein Feinschmecker sein

palanca [pa'laŋka] *f* (*pértiga*) Hebel *m;* (*palanqueta*) Brechstange *f;* **~ de mando** (AERO) Steuerknüppel *m;* (INFOR) Joystick *m*

palangana [palaŋ'gana] *f* (*jofaina*) (Wasch)becken *nt*

palco ['palko] *m* (*Am*) Tribüne *f;* (TEAT) Loge *f*

paleontología [paleon̩tolo'xia] *f* Paläontologie *f*

palestino, **-a** [pales'tino, -a] *adj* palästinensisch

paleta [pa'leta] *f* **1.** (*pala*) kleine Schaufel *f;* (*del albañil*) Maurerkelle *f* **2.** (*del pintor*) Palette *f* **3.** (*de turbinas*) Schaufel *f* **4.** (*omóplato*) Schulterblatt *nt*

paleto, **-a** [pa'leto, -a] *adj* provinziell

palidecer [paliðe'θer] *irr como crecer vi* **1.** (*persona*) erblassen **2.** (*cosa*) verblassen

palidez [pali'ðeθ] *f* Blässe *f*

pálido, **-a** ['paliðo, -a] *adj* blass

palillo [pa'liʎo] *m* **1.** (*palo*) Stöckchen *nt* **2.** (*para los dientes*) Zahnstocher *m* **3.** (*para el tambor*) Trommelschlägel *m*

palique [pa'like] *m* (*fam*) Geplauder *nt*

paliza [pa'liθa] *f* (*zurra*) (Tracht *f*) Prügel *mpl;* (*esfuerzo*) Anstrengung *f*

palma ['palma] *f* **1.** (*palmera*) Palme *f;* (*hoja de palmera*) Palm(en)blatt *nt* **2.** (ANAT) Handfläche *f* **3.** *pl* (*ruido*) Händeklatschen *nt;* (*aplauso*) Beifall *m*

palmada [pal'maða] *f* (*golpe*) Schlag *m*

palmense [pal'mense] *adj* aus Las Palmas de Gran Canaria

palmera [pal'mera] *f* Palme *f*

palmero, **-a** [pal'mero, -a] *adj* aus Santa Cruz de la Palma

palmo ['palmo] *m* Handbreit *f;* **~ a ~** Schritt für Schritt

palo ['palo] *m* **1.** (*bastón*) Stock *m;* (*vara*) Stab *m;* (*garrote*) Knüppel *m;* (*estaca*) Pfahl *m;* (NÁUT) Mast *m;* **~ de la escoba** Besenstiel *m;* **~ de mando** (AERO, NÁUT) Steuerknüppel *m* **2.** (*paliza*) Schlag *m;* **andar a ~s** verkracht sein; **echar a alguien a ~s** jdn gewaltsam rausschmeißen

paloma [pa'loma] *f* Taube *f;* **~ mensajera** Brieftaube *f*

palomar [palo'mar] *m* Taubenschlag *m*

palomita [palo'mita] *f* Popcorn *nt*

palpar [pal'par] *vt* **1.** (*tocar*) abtasten; (*fam: magrear*) betatschen **2.** (*percibir*) spüren

palpitación [palpita'θjon] *f* **1.** (*estremecimiento*) Zuckung *f* **2.** (*del pulso*) Pulsschlag *m;* (*del corazón*) Herzschlag *m;* (*por estar excitado*) Herzklopfen *nt*

palpitar [palpi'tar] *vi* (*contraerse*) zucken; (*corazón, pulso*) schlagen

paludismo [palu'ðismo] *m* (MED) Malaria *f*

pamela [pa'mela] *f* Strohhut *m*

pampa ['pampa] *f* Pampa *f*

> **La Pampa** ist eine ebene, baumlose Grassteppenlandschaft in Argentinien. Sie erweist sich als landwirtschaftlich sehr produktiv, denn der feuchte Boden, der hauptsächlich aus feinem Sand, Lehm und Schlamm besteht, ist ideal für den Getreideanbau geeignet.

pampero, **-a** [pam'pero, -a] *adj* aus der Pampa

pamplina [pam'plina] *f* (*fam*) Unsinn *m*

pamplonés, **-esa** [pamplo'nes, -esa] *adj* aus Pamplona

pamplonica [pamplo'nika] *adj o mf* (*fam*) *v.* **pamplonés**

pan [pan] *m* (*alimento, t. fig*) Brot *nt;* **~ bimbo®** Toastbrot *nt;* **~ integral** Vollkornbrot *nt;* **~ rallado** Semmelbrösel *mpl;* (**llamar**) **al ~, ~ y al vino, vino** die Dinge beim Namen nennen; **ser ~ comido** kinderleicht sein; **ser más bueno que el ~, ser un pedazo de ~** herzensgut sein

pana ['pana] *f* Kord(samt) *m*

panacea [pana'θea] *f* Allheilmittel *nt*

panadería [panaðe'ria] *f* Bäckerei *f*

panadero, **-a** [pana'ðero, -a] *m, f* Bäcker(in) *m(f)*

panal [pa'nal] *m* Wabe *f*

Panamá [pana'ma] *m* Panama *nt*

panameño, **-a** [pana'meɲo, -a] *adj* aus Panama

pancarta [paŋ'karta] *f* Plakat *nt*

pancho, **-a** ['pantʃo, -a] *adj* ruhig

páncreas ['paŋkreas] *m inv* Bauchspeicheldrüse *f*

panda[1] ['pan̩da] *m* (ZOOL) Panda *m*

P

panda² ['paṇda] *f v.* **pandilla**

pandereta [paṇde'reta] *f,* **pandero** [paṇ'dero] *m* (MÚS) Tamburin *nt*

pandilla [paṇ'diʎa] *f* Bande *f;* (*de amigos*) Clique *f;* ~ **de ladrones** Verbrecherbande *f*

panecillo [pane'θiʎo] *m* Brötchen *nt*

panel [pa'nel] *m* **1.** (*carpintería*) Paneel *nt* **2.** (TÉC) Tafel *f;* ~ **de control** Steuerpult *nt*

panfleto [paɱ'fleto] *m* Pamphlet *nt*

pánico ['paniko, -a] *m* Panik *f;* **tener ~ a algo** panische Angst vor etw *dat* haben

panoli [pa'noli] **I.** *adj* (*fam*) einfältig **II.** *mf* (*fam*) Simpel *m*

panorama [pano'rama] *m* Panorama *nt;* (*fig*) Überblick *m*

pantalla [paṇ'taʎa] *f* **1.** Lampenschirm *m* **2.** (*protección*) Abschirmung *f* **3.** (INFOR, TV) Bildschirm *m;* ~ **plana** Flachbildschirm *m* **4.** (CINE) Leinwand *f;* **pequeña ~** (*fam*) Fernsehen *nt*

pantalón [paṇta'lon] *m* Hose *f;* ~ **de pinzas** Bundfaltenhose *f;* ~ **pitillo** Röhrenhose *f;* ~ **tejano** [*o* **vaquero**] Jeans(hose) *f*

pantano [paṇ'tano] *m* **1.** (*laguna, t. fig*) Sumpf *m* **2.** (*embalse*) Stausee *m*

pantanoso, **-a** [paṇta'noso, -a] *adj* sumpfig

panteón [paṇte'on] *m* **1.** (HIST) Pantheon *nt* **2.** (*sepultura*) Grabstätte *f* **3.** (*Am: cementerio*) Friedhof *m*

pantera [paṇ'tera] *f* (ZOOL) Panther *m*

pantimedia(s) [paṇti'meðja(s)] *f(pl)* (*Méx*) Strumpfhose *f*

pantis ['paṇtis] *mpl* (*fam*) Nylonstrumpfhose *f*

pantomima [paṇto'mima] *f* Pantomime *f*

pantorrilla [paṇto'rriʎa] *f* Wade *f*

pantufla [paṇ'tufla] *f o m* Pantoffel *m*

panza ['paṇθa] *f* **1.** (*barriga, de un recipiente*) Bauch *m;* **llenarse la ~** sich *dat* den Wanst voll schlagen *fam* **2.** (ZOOL) Pansen *m*

pañal [pa'ɲal] *m* Windel *f*

paño ['paɲo] *m* **1.** (*tejido*) Stoff *m;* ~ **tirolés** Loden *m* **2.** (*trapo, prenda*) Tuch *nt;* ~ **de cocina** Küchenhandtuch *nt;* **~s menores** Unterwäsche *f;* **aplicar ~s calientes** heiße Umschläge machen

pañoleta [paɲo'leta] *f* Halstuch *nt*

pañuelo [pa'ɲwelo] *m* **1.** (*moquero*) Taschentuch *nt;* **el mundo es un ~** die Welt ist ein Dorf **2.** (*pañoleta*) Halstuch *nt;* (*de cabeza*) Kopftuch *nt*

papa¹ ['papa] *m* Papst *m*

papa² ['papa] *f* **1.** (*reg, Am: patata*) Kartoffel *f;* **no entender ni ~** überhaupt nichts verstehen **2.** *pl* (*comida*) Brei *m*

papá [pa'pa] *m* (*fam*) **1.** (*padre*) Papa *m;* **Papá Noel** Weihnachtsmann *m* **2.** *pl:* **los ~s** die Eltern

papagayo [papa'ɣaɟo] *m* **1.** (*loro*) Papagei *m* **2.** (*hablador*) Schwätzer *m*

papanatas [papa'natas] *m inv* (*fam*) Trottel *m*

papaya [pa'paɟa] *f* (*fruta*) Papaya *f*

papel [pa'pel] *m* **1.** (*para escribir, material*) Papier *nt;* (*escritura*) Schriftstück *nt;* ~ **de calcar** Pauspapier *nt;* ~ **cebolla** Durchschlagpapier *nt;* ~ **continuo** Endlospapier *nt;* ~ **de fumar** Zigarettenpapier *nt;* ~ **higiénico** Toilettenpapier *nt;* ~ **reciclado** Umweltschutzpapier *nt* **2.** (*rol*) Rolle *f* **3.** *pl* (*documentos*) Dokumente *ntpl;* (*de identidad*) (Ausweis)papiere *ntpl*

papeleo [pape'leo] *m* (*trámites*) Papierkram *m fam*

papelera [pape'lera] *f* **1.** (*cesto*) Papierkorb *m* **2.** (*fábrica*) Papierfabrik *f*

papelería [papele'ria] *f* Schreibwarengeschäft *nt*

papeleta [pape'leta] *f* Zettel *m;* **menuda ~ le ha tocado** er steht vor einer ganz schön schwierigen Aufgabe

papera [pa'pera] *f* **1.** (*bocio*) Kropf *m* **2.** *pl* (*enfermedad*) Mumps *m*

papilla [pa'piʎa] *f* Brei *m;* **estar hecho ~** (*fig*) völlig fertig sein

papiro [pa'piro] *m* Papyrus *m*

papo ['papo] *m* **1.** (*buche, fam: bocio*) Kropf *m* **2.** (*papada*) Wamme *f*

paquete¹ [pa'kete] *m* (*t. fig: atado*) Paket *nt*

paquete, **-a²** [pa'ketee, -a] *adj* (*Arg*) schick

paquidermo [paki'ðermo] **I.** *adj* (ZOOL) dickhäutig **II.** *m* (ZOOL) Dickhäuter *m*

paquistaní [pakista'ni] *adj o mf v.* **pakistaní**

par [par] **I.** *adj* **1.** (*número*) gerade **2.** (*igual*) gleich; **a la ~** gleichzeitig; **abrir una ventana de ~ en ~** ein Fenster sperrangelweit öffnen; **sin ~** unvergleichlich **II.** *m* **1.** (*dos cosas*) Paar *nt;* **un ~ de pantalones/de tijeras** eine Hose/eine Schere **2.** (*algunos*): **un ~ de minutos** ein paar Minuten

para ['para] **I.** *prep* **1.** (*destino*) für +*akk*

2. (*finalidad*) für +*akk*, zu +*dat*; **¿~ qué es esto?** wozu ist das gut? **3.** (*dirección*) nach +*dat*; **mira ~ acá** schau hierher **4.** (*duración*) für +*akk*; (*plazo*) an +*dat*; **~ siempre** für immer; **vendrá ~ Navidad** er/sie kommt zu Weihnachten; **diez minutos ~ las once** (*Am*) zehn (Minuten) vor elf **5.** (*contraposición*) für +*akk*; **es muy activo ~ la edad que tiene** für sein Alter ist er noch sehr aktiv **6.** (*trato*): **~ (con)** zu +*dat*; **es muy amable ~ con nosotros** er/sie ist sehr freundlich zu uns **7.** (*loc*): **estar ~...** im Begriff sein zu ...; **no estoy ~ bromas** ich bin nicht zu Späßen aufgelegt; **está ~ llegar** er/sie muss jeden Augenblick hier sein **II.** *conj* **1.** +*inf* um ... zu; **he venido ~ darte las gracias** ich bin gekommen, um dir zu danken **2.** +*subj* damit; **te mando al colegio ~ que aprendas algo** ich schicke dich zur Schule, damit du etwas lernst

parábola [pa'raβola] *f* **1.** (*alegoría*) Gleichnis *nt* **2.** (MAT) Parabel *f*

parabólica [para'βolika] *f* Parabolantenne *f*

parabrisas [para'βrisas] *m inv* Windschutzscheibe *f*

paracaídas [paraka'iðas] *m inv* Fallschirm *m*

parachoques [para'tʃokes] *m inv* Stoßstange *f*

parada [pa'raða] *f* **1.** (*de un autobús/tranvía*) Haltestelle *f* **2.** (*acción de parar*) Anhalten *nt*; **~ de una fábrica** Produktionsstopp *m* **3.** (DEP, MIL) Parade *f*

paradero [para'ðero] *m* **1.** (*en una autopista*) Rastplatz *m* **2.** (*de una persona*) Aufenthaltsort *m*; (*de una cosa*) Verbleib *m*; **está en ~ desconocido** sein/ihr Aufenthaltsort ist unbekannt

parado, -a [pa'raðo, -a] **I.** *adj* **1.** (*que no se mueve*) stillstehend; (*fábrica*) stillgelegt; **estar ~** stillstehen; **quedarse ~** stehen bleiben; (*fig*) verblüfft sein **2.** (*sin empleo*) arbeitslos **3.** (*remiso*) träge **4.** (*tímido*) scheu **5.** (*loc*): **salir mal/bien ~ de un asunto** bei einer Sache schlecht/gut wegkommen **II.** *m, f* Arbeitslose(r) *mf*; **~ de larga duración** Langzeitarbeitslose(r) *m*

paradoja [para'ðoxa] *f* **1.** (*absurdidad*) Paradoxie *f*; **esto es una ~** das ist doch widersinnig **2.** (*contradicción*) Widerspruch *m*

parador [para'ðor] *m* Hotel *nt*

parafrasear [parafrase'ar] *vt* paraphrasieren

parágrafo [pa'raɣrafo] *m* (*de un texto*) Absatz *m*

paraguas [pa'raɣwas] *m inv* Regenschirm *m*

> **Paraguay** liegt in Südamerika und grenzt an Bolivien, Brasilien und Argentinien. Es ist ein Binnenland. Die Hauptstadt Paraguays ist **Asunción**. Die offiziellen Landessprachen sind Spanisch und **guaraní**. Auch die Landeswährung heißt **guaraní**.

paraguayo, -a [para'ɣwaɟo, -a] *adj* aus Paraguay

paraíso [para'iso] *m* Paradies *nt*

paraje [pa'raxe] *m* (*lugar*) Ort *m*; (*punto*) Stelle *f*; (*paisaje*) Gegend *f*

paralelo, -a [para'lelo, -a] *adj* parallel (*a* zu +*dat*)

paralelogramo [paralelo'ɣramo] *m* Parallelogramm *nt*

parálisis [pa'ralisis] *f inv* Lähmung *f*; **~ infantil** Kinderlähmung *f*

paralítico, -a [para'litiko, -a] *adj* (*persona*) gelähmt

paralización [paraliθa'θjon] *f* **1.** (*del cuerpo*) Lähmung *f* **2.** (*de un proyecto*) Abbrechen *nt*; (*de un proceso*) Behinderung *f*; **~ de una obra** Baustopp *m*

paralizar [parali'θar] <z→c> **I.** *vt* **1.** (*persona*) lähmen **2.** (*cosa*) lahm legen; **~ un transporte** einen Transport blockieren **II.** *vr*: **~se 1.** (*persona*) erstarren (*de* vor +*dat*) **2.** (*cosa*) zum Erliegen kommen

paramilitar [paramili'tar] *adj* paramilitärisch

páramo ['paramo] *m* **1.** (*terreno desierto*) Öde *f*; (*infértil*) unfruchtbares Land *nt* **2.** (*lugar desamparado*) Einöde *f*

parangón [paraŋ'gon] *m*: **sin ~** unvergleichlich

paranoia [para'noja] *f* Paranoia *f*

paranoico, -a [para'noi̯ko, -a] *adj* **1.** (*loco*) paranoid **2.** (*relativo a la paranoia*) paranoisch

parapléjico, -a [para'plexiko, -a] *adj* querschnittsgelähmt

parapsicología [para(β)sikolo'xia] *f* Parapsychologie *f*

parar ['parar] **I.** *vi* **1.** (*detenerse*) anhalten

P

2. (*terminar*) aufhören; **ha parado de llover** es hat aufgehört zu regnen 3. (*acabar*) enden; **¿dónde iremos a ~?** wo soll das noch enden?; **¿en qué irá a ~ esto?** wohin soll das führen?; **¿dónde quieres ir a ~ con esto?** worauf willst du damit hinaus? 4. (*vivir*) sich aufhalten; **no sé dónde para** ich weiß nicht, wo er/sie sich gerade aufhält **II.** *vt* (*detener*) anhalten; (*un golpe*) abwehren; (*un gol*) halten; (*el motor*) abstellen; **cuando se enfada no hay quien lo pare** wenn er wütend ist, ist er nicht zu bremsen **III.** *vr:* **~se** 1. (*detenerse*) anhalten; (*reloj*) stehen bleiben 2. (*Am: levantarse*) aufstehen

pararrayos [para'rraɟos] *m inv* Blitzableiter *m*

parásito, -a [pa'rasito, -a] **I.** *adj* 1. (BIOL) parasitär 2. (*persona*) schmarotzerhaft **II.** *m, f* 1. (BIOL) Parasit *m* 2. (*persona*) Schmarotzer(in) *m(f)*

parasol [para'sol] *m* 1. Sonnenschirm *m* 2. (*umbela*) Markise *f* 3. (*en el coche*) Sonnenblende *f*

parcela [par'θela] *f* 1. (*terreno*) Grundstück *nt;* **~ de cultivo** Feld *nt;* **~ edificable** Baugrundstück *nt* 2. (*parte*) (Bruch)teil *m*

parcelar [parθe'lar] *vt* (*dividir*) parzellieren; (*medir*) vermessen

parche ['partʃe] *m* (*pegote*) Flicken *m;* (*para una herida*) Pflaster *nt;* **~ para el ojo** Augenklappe *f;* **poner un ~** flicken

parchís [par'tʃis] *m* (*juego*) Mensch-ärgere-dich-nicht *nt*

parcial [par'θjal] *adj* 1. (*de una parte*) teilweise 2. (*incompleto*) unvollständig 3. (*arbitrario*) parteiisch; (*crítico*) voreingenommen

parcialidad [parθjali'ða^{d}] *f* 1. (*preferencia*) Parteilichkeit *f* 2. (*bando*) Fraktion *f;* (*seguidores*) Anhänger *mpl* 3. (*familiaridad*) Vertrautheit *f* 4. (*de un pueblo*) Stamm *m*

parco, -a ['parko, -a] *adj* 1. (*moderado*) bescheiden; (*sobrio*) nüchtern 2. (*escaso*) spärlich; **~ en palabras** wortkarg; **ser ~ en conceder favores** mit Gefälligkeiten geizen

pardiez [par'ðjeθ] *interj* Donnerwetter!

pardillo, -a [par'ðiʎo, -a] **I.** *adj* 1. (*palurdo*) tölpelhaft 2. (*principiante*) unerfahren **II.** *m, f* 1. (*palurdo*) Tölpel *m* 2. (*principiante*) Anfänger(in) *m(f)*

pardo, -a ['parðo, -a] *m, f* (*Am*) Mulatte, -in *m, f*

parear [pare'ar] *vt* 1. paarweise zusammentun 2. (BIOL) paaren 3. (*igualar*) aufeinander abstimmen

parecer [pare'θer] **I.** *irr como crecer vi* (*tener cierto aspecto*) aussehen; (*aparentar*) scheinen; **tu idea me parece bien** ich bin mit deiner Idee einverstanden; **parece mayor de lo que es** er/sie sieht älter aus als er/sie ist; **parece mentira que...** +*subj* (es ist) kaum zu glauben, dass ...; **parece que va a llover** es sieht nach Regen aus; **¿qué te parece?** was hältst du davon?; **si te parece bien,...** wenn du einverstanden bist, ... **II.** *irr como crecer vr:* **~se** sich *dat* ähneln; **te pareces mucho a tu madre** du ähnelst deiner Mutter sehr **III.** *m* 1. (*opinión*) Meinung *f;* (*juicio*) Urteil *nt;* **a mi ~** meiner Meinung nach 2. (*aspecto*) Aussehen *nt;* (*apariencia*) Anschein *m;* **al ~** anscheinend

parecido[1] [pare'θiðo] *m* Ähnlichkeit *f*

parecido, -a[2] [pare'θiðo, -a] *adj* (*semejante*) ähnlich

pared [pa'reð] *f* (*tabique*) Wand *f;* (*muro*) Mauer *f*

pareja [pa'rexa] *f* 1. (*par*) Paar *nt;* **hacen buena ~** sie passen gut zusammen 2. (*compañero*) Partner(in) *m(f)* 3. *pl* (*en los dados*) Pasch *m;* (*en los naipes*) Pärchen *nt*

parentesco [paren̪'tesko] *m* (*entre familiares*) Verwandtschaft *f;* (*entre cosas*) Bindung *f*

paréntesis [pa'ren̪tesis] *m inv* 1. (*signo*) Klammer *f;* **entre ~,...** (*fig*) übrigens ...; **abrir/cerrar el ~** Klammer auf/zu; (*fig*) etw unterbrechen/wieder aufnehmen 2. (*interrupción*) Unterbrechung *f;* **hicimos un ~ para almorzar** wir legten eine Frühstückspause ein

pariente, -a [pa'rjen̪te, -a] *m, f* 1. Verwandte(r) *mf* 2. (*fam*) Mann *m,* Frau *f*

parir [pa'rir] *vt* 1. (*dar a luz*) gebären; (*animal*) werfen 2. (*producir*) hervorbringen; (*causar*) verursachen

París [pa'ris] *m* Paris *nt*

parisiense [pari'sjense] *adj* Pariser

paritorio [pari'torjo] *m* 1. (*sala*) Kreißsaal *m* 2. (*AmC: parto*) Entbindung *f*

parking ['parkiŋ] *m* <parkings> (*cubierto*) Parkhaus *nt;* (*abierto*) Parkplatz *m*

parlamentario, -a [parlamen̪'tarjo, -a] **I.** *adj* parlamentarisch; **debate ~** Parlamentsdebatte *f* **II.** *m, f* 1. (*diputado*) Parlamentarier(in) *m(f)* 2. (*negociador*) Unterhändler(in) *m(f)*

parlamento [parla'meṇto] *m* Parlament *nt;* **Parlamento Europeo** Europäisches Parlament

parlanchín, -ina [parlan'tʃin, -ina] **I.** *adj* (*fam*) geschwätzig **II.** *m, f* (*fam: persona cotorra*) Quasselstrippe *f;* (*indiscreta*) Klatschmaul *nt*

paro ['paro] *m* **1.** Stillstand *m;* ~ **cardíaco** Herzstillstand *m* **2.** (*parar: una máquina*) Abstellen *nt;* (*una fábrica*) Stilllegung *f;* (*de trabajar*) Arbeitsunterbrechung *f* **3.** (*huelga*): ~ **laboral** Streik *m;* (*por parte de los empresarios*) Aussperrung *f* **4.** (*desempleo*) Arbeitslosigkeit *f;* ~ **forzoso** Arbeitslosigkeit *f;* **estar en** ~ arbeitslos sein

parodia [pa'roðja] *f* Parodie *f* (*de* auf +*akk*)

parodiar [paro'ðjar] *vt* parodieren

parpadear [parpaðe'ar] *vi* **1.** (*ojos*) blinzeln; **sin** ~ (*fig*) ohne mit der Wimper zu zucken **2.** (*luz*) flimmern; (*llama*) flackern

parpadeo [parpa'ðeo] *m* **1.** (*de los ojos*) Blinzeln *nt* **2.** (*de una luz*) Flimmern *nt;* (*de una llama*) Flackern *nt*

párpado ['parpaðo] *m* (Augen)lid *nt*

parque ['parke] *m* **1.** (*jardín*) Park *m;* ~ **de atracciones** Vergnügungspark *m;* ~ **eólico** Windpark *m;* **Parque Natural** Naturschutzgebiet *nt;* ~ **zoológico** Zoo *m* **2.** (*depósito*) Lager *nt;* ~ **de bomberos** Feuerwehrhaus *nt;* ~ **militar** Arsenal *nt* **3.** (*conjunto*) Bestand *m;* ~ **industrial** Gewerbepark *m;* ~ **de maquinaria** Maschinenpark *m* **4.** (*para niños*) Laufstall *m*

parqué [par'ke] *m* Parkett *nt*

parqueadero [parkea'ðero] *m* (*Am*) Parkplatz *m*

parquet [par'ke(t)] *m* Parkett *nt*

parra ['parra] *f* Weinstock *m*

párrafo ['parrafo] *m v.* **parágrafo**

parranda [pa'rraṇda] *f* (*juerga*) Trubel *m;* (*de bar en bar*) Kneipentour *f*

parrilla [pa'rriʎa] *f* (Grill)rost *m,* (Ofen)rost *m*

parrillada [parri'ʎaða] *f* Grillplatte *f;* ~ **de pescado/de carne** gegrillte Fisch-/Fleischspezialitäten

párroco ['parroko] *adj o m* Pfarrer *m*

parroquia [pa'rrokja] *f* **1.** (*fieles*) Gemeinde *f* **2.** (*iglesia*) (Pfarr)kirche *f*

parroquial [parro'kjal] *adj* Gemeinde-; **iglesia**~ Pfarrkirche *f*

parte[1] ['parte] *f* **1.** Teil *m;* (*elemento*) (Bestand)teil *m;* (*de repuesto*) Ersatzteil *nt;* ~ **esencial** wesentlicher Bestandteil; **una cuarta** ~ ein Viertel; **en** ~ teilweise; **en gran** ~ zu einem großen Teil; **por** ~**s** der Reihe nach; **tomar** ~ **en algo** an etw *dat* teilnehmen; **tener** ~ **en algo** an etw *dat* beteiligt sein **2.** (*repartición*) Anteil *m* (*de* an +*dat*), Teil *m* (*de* +*gen*); ~ **hereditaria** Erbteil *nt;* **dar** ~ **a alguien en algo** jdn an etw *dat* beteiligen **3.** (*lugar*) Ort *m;* **¿a qué** ~**?** wohin?; **a ninguna** ~ nirgendwohin; **en ninguna** ~ nirgends; **en cualquier** ~ irgendwo; **por todas (las)** ~**s** überall; **en otra** ~ woanders **4.** (*t.* JUR) Partei *f;* (*en un negocio*) Teilhaber(in) *m(f);* (*en una discusión*) Gesprächsteilnehmer(in) *m(f)* **5.** (*lado*) Seite *f;* ~ **de delante/de atrás** Vorder-/Rückseite *f;* **dale recuerdos de mi** ~ grüß ihn/sie von mir; **saludos de** ~ **de Laura** Grüße von Laura; **somos primos por** ~ **de mi padre/de mi madre** wir sind Cousins väterlicherseits/mütterlicherseits; **por mi** ~ **puedes hacer lo que quieras** von mir aus kannst du tun, was du willst; **ponerse de** ~ **de alguien** jds Partei ergreifen; **por una** ~ einerseits; **por otra** ~ and(e)rerseits; (*además*) außerdem **6.** *pl* (*genitales*) Geschlechtsteile *ntpl*

parte[2] ['parte] *m* **1.** (*comunicado*) Bericht *m* **2.** (RADIO, TV) Nachrichten *fpl;* ~ **meteorológico** Wetterbericht *m*

partición [parti'θjon] *f* **1.** (*acción de partir*) Aufteilung *f* (*entre* unter +*dat*) **2.** (MAT) Division *f*

participación [partiθipa'θjon] *f* **1.** Teilnahme *f* (*en* an +*dat*); (*en un negocio*) Beteiligung *f* (*en* an +*dat*); (*en una decisión*) Mitbestimmung *f;* ~ **en los beneficios** Gewinnbeteiligung *f* **2.** (*parte*) Anteil *m* (*en* an +*dat*)

participar [partiθi'par] *vi* **1.** (*tomar parte*) teilnehmen (*en* an +*dat*) **2.** (*tener parte*) beteiligt sein (*en* an +*dat*)

participio [parti'θipjo] *m* Partizip *nt;* ~ **activo** [*o* **de presente**] Partizip Präsens; ~ **pasivo** [*o* **de pretérito**] Partizip Perfekt

particular [partiku'lar] *adj* **1.** (*propio*) eigen **2.** (*raro*) eigenartig **3.** (*extraordinario*) besondere(r, s) **4.** (*privado*) privat **5.** (*determinado*) bestimmt

particularmente [partikular'meṇte] *adv*

P

vor allem

partida [par'tiða] *f* **1.**(*salida*) Abfahrt *f* **2.**(*envío*) Sendung *f* **3.**(*juego*) Partie *f;* **jugar una ~ de ajedrez** eine Partie Schach spielen

partidario, **-a** [parti'ðarjo, -a] **I.** *adj* parteiisch **II.** *m, f* (*seguidor*) Anhänger(in) *m(f);* (*afiliado*) Mitglied *nt;* **ser ~ de algo** etw befürworten

partido [par'tiðo] *m* **1.**(POL) Partei *f;* **~ de derecha**(**s**)**/de izquierda**(**s**) Rechts-/Linkspartei *f;* **~ obrero** Arbeiterpartei *f* **2.**(*grupo*) (Interessen)gruppe *f;* **formar ~** sich zusammenschließen **3.**(DEP) Spiel *nt;* **~ amistoso** Freundschaftsspiel *nt* **4.**(*equipo*) Mannschaft *f* **5.**(*para casarse*) Partie *f* **6.**(ADMIN) Bezirk *m* **7.**(*determinación*) Stellungnahme *f;* **tomar ~** (*inclinarse*) Partei ergreifen (*a favor de* für +*akk*) **8.**(*provecho*) Nutzen *m* **9.**(*Am: del pelo*) Scheitel *m*

partir [par'tir] **I.** *vt* **1.**(*dividir*) teilen (*en* in +*akk*); (MAT) dividieren (*en* durch +*akk*); **~ por la mitad** halbieren **2.**(*romper*) zerbrechen **3.**(TÉC) spalten **4.**(*repartir*) aufteilen **5.**(*una baraja*) abheben **II.** *vi* **1.**(*tomar como base*) ausgehen (*de* von +*dat*); **a ~ de ahora** von nun an; **a ~ de mañana** ab morgen **2.**(*ponerse en marcha*) abreisen; (*a pie*) losgehen **III.** *vr:* **~se** zerbrechen; **~se de risa** sich vor Lachen biegen

parto ['parto] *m* Geburt *f;* (*de un animal*) Werfen *nt;* **estar de ~** in den Wehen liegen

parvulario [parβu'larjo] *m* Kindergarten *m*

párvulo, **-a** ['parβulo, -a] *m, f* Kind *nt* (im Vorschulalter)

pasa ['pasa] *f* Rosine *f*

pasable [pa'saβle] *adj* passabel

pasada [pa'saða] *f* **1.**(*paso*) Vorbeigehen *nt* **2.**(*mano*) Durchgang *m;* (*pintura*) Anstrich *m;* **dar una ~ a algo** etw überarbeiten **3.**(*fam*) Gemeinheit *f;* **¡vaya** (**mala**) **~!** so eine Gemeinheit!

pasadizo [pasa'ðiθo] *m* Durchgang *m;* (*entre dos calles*) Passage *f;* **~ secreto** Geheimgang *m*

pasado[1] [pa'saðo] *m* (*t.* LING) Vergangenheit *f;* **en el ~** früher

pasado, **-a**[2] [pa'saðo, -a] *adj* **1.** vergangen; **el año ~** letztes Jahr; **~ mañana** übermorgen; **~ de moda** veraltet; (*vestido*) altmodisch **2.**(*estropeado*) kaputt; (*fruta*) faul; (*alimentos*) verdorben; (*leche*) sauer; (*mantequilla*) ranzig; (*ropa*) abgetragen; (*flores*) welk **3.**(*muy cocido*) übergar; (*verdura*) zerkocht

pasaje [pa'saxe] *m* **1.**(*paso*) Passieren *nt;* (*de una calle*) Überquerung *f;* (*de un territorio*) Durchquerung *f* **2.**(*derecho*) Wegegeld *nt* **3.**(*en barco*) Schiffspassage *f* **4.**(*billete de avión*) Flugticket *nt;* (*de barco*) Schiffsticket *nt;* (*precio*) Tarif *m* **5.**(*pasajeros*) Passagiere *mpl* **6.**(*pasillo*) Durchgang *m;* **~ subterráneo** Unterführung *f* **7.**(*estrecho*) Meerenge *f*

pasajero, **-a** [pasa'xero, -a] *m, f* Reisende(r) *mf;* (*en barco/avión*) Passagier(in) *m(f);* (*en tren/coche*) Fahrgast *m;* **tren de ~s** Personenzug *m*

pasamano(**s**) [pasa'mano(s)] *m(pl)* (*barandal*) Handlauf *m;* (*barandilla*) Geländer *nt*

pasaporte [pasa'porte] *m* (Reise)pass *m*

pasapuré(**s**) [pasapu're(s)] *m* (*inv*) Passiersieb *nt*

pasar [pa'sar] **I.** *vi* **1.**(*por delante*) vorbeigehen; (*en coche*) vorbeifahren; **~ corriendo** vorbeilaufen; **pásate un momento por mi casa** komm doch auf einen Sprung zu mir; **dejar ~** (*por delante*) vorbeilassen **2.**(*por un hueco*) durchgehen; (*en coche*) durchfahren **3.**(*acaecer*) passieren; **¿qué pasa?** was ist los?; **¿qué te pasa?** was hast du?; **pase lo que pase** auf jeden Fall **4.**(*acabar*) vorübergehen **5.**(*el tiempo*) vergehen **6.**(*ser transferido*) übergehen; (MED) sich übertragen **7.**(*poder existir*) auskommen; (**vamos**) **pasando** es geht uns (einigermaßen) gut **8.**(*aparentar*) durchgehen (*por* als +*nom*); **hacerse ~ por médico** sich als Arzt ausgeben **9.**(*cambiar*) übergehen (*a* zu +*dat*); **~ a mayores** sich verschlimmern **10.**(*ser admisible*) durchgehen **11.**(*no jugar*) passen **12.**(*fam: no necesitar*) verzichten (können) (*de* auf +*akk*); **yo paso de salir** ich möchte nicht ausgehen **13.**(*loc*): **~ por alto** auslassen; **~ por encima de** (*un obstáculo*) überwinden; (*una persona*) übergehen **II.** *vt* **1.** überqueren **2.**(*por un hueco*) (durch)führen **3.**(*trasladar*) verlegen; **~ a limpio** ins Reine schreiben **4.**(*dar*) reichen **5.**(*una temporada*) verbringen; **~lo bien** sich amüsieren; **¡que lo paséis bien!** viel Spaß! **6.**(*sufrir*) leiden; **~ frío** frieren **7.**(*transmitir*) übertragen; (*una película*) vorführen; (*una noticia*) weiterleiten; (*dinero*) überweisen; **le paso a la Sra. Ortega** ich verbinde Sie mit Fr. Ortega **8.** (*sobrepasar*) übertreffen; (*cierta edad*) überschreiten **9.** (*hacer deslizar*): ~ **la aspiradora** Staub saugen **10.** (*tolerar*) durchgehen lassen **11.** (*aprobar*) bestehen **12.** (*omitir*) auslassen **13.** (*leer sin atención*) überfliegen **14.** (*repasar*) wiederholen; (*estudiar*) durchgehen **15.** (*la pelota*) abspielen; (*a alguien*) zuspielen **16.** (*hoja*) umblättern **17.** (*géneros prohibidos*) schmuggeln **III.** *vr:* ~**se 1.** (*acabarse*) verstreichen; (*dolor*) nachlassen; **ya se le ~á el enfado** sein/ihr Ärger wird schon verfliegen; ~**se de fecha** das Verfallsdatum überschreiten **2.** (*exagerar*) übertreiben **3.** (*por un sitio*) vorbeigehen; **me pasé un rato por casa de mi tía** ich habe kurz bei meiner Tante vorbeigeschaut **4.** (*cambiar*) wechseln (*a* zu +*dat*) **5.** (*olvidarse*) entfallen; **se me pasó tu cumpleaños** ich habe deinen Geburtstag vergessen **6.** (*estropearse*) verderben; (*fruta*) faul werden; (*alimentos*) schlecht werden; (*leche*) sauer werden; (*mantequilla*) ranzig werden; (*flores*) welken **7.** (*escaparse*) entgehen; **se me pasó la oportunidad** ich verpasste die Chance **8.** (*loc*): ~**se de moda** aus der Mode kommen

pasarrato [pasa'rrato] *m* (*Méx, PRico*), **pasatiempo** [pasa'tjempo] *m* (*diversión*) Zeitvertreib *m;* (*hobby*) Freizeitbeschäftigung *f*

Pascua ['paskwa] *f* **1.** Ostern *nt* **2.** (*fiesta judía*) Passah(fest) *nt* **3.** *pl* (*navidad*) Weihnachten *nt;* **¡felices ~s y un próspero año nuevo!** frohe Weihnachten und ein gutes neues Jahr!

pase ['pase] *m* **1.** Modenschau *f* **2.** (DEP) Pass *m* **3.** (CINE) (Film)vorführung *f* **4.** (*en los naipes*) Passen *nt* **5.** (*permiso*) Erlaubnis *f;* (*licencia*) Lizenz *f;* (MIL) Passierschein *m;* (*para entrar gratis*) Freikarte *f;* (*para viajar gratis*) Freifahrkarte *f;* ((*a*)*bono*) Dauerkarte *f* **6.** (*Am: pasaporte*) (Reise)pass *m*

pasear [pase'ar] **I.** *vt* **1.** (*en coche*) spazieren fahren; (*a pie*) spazieren führen; ~ **al perro** mit dem Hund Gassi gehen *fam* **2.** (*llevar a todas las partes*) (überall) herumzeigen **II.** *vi, vr:* ~**se 1.** spazieren gehen; (*en coche*) spazieren fahren; (*a caballo*) ausreiten (*por* in +*dat*) **2.** (*caballo*) traben

paseo [pa'seo] *m* **1.** (*a pie*) Spaziergang *m;* (*en coche/barco*) Spazierfahrt *f;* (*a caballo*) Ausritt *m;* **dar un** ~ spazieren gehen **2.** (*para pasear*) Promenade *f* **3.** (*distancia*) Katzensprung *m*

pasillo [pa'siʎo] *m* Korridor *m,* Gang *m*

pasión [pa'sjon] *f* **1.** (*ardor*) Leidenschaft *f* **2.** (*afecto*) Liebe *f;* (*preferencia*) Vorliebe *f;* **sentir ~ por el fútbol** passionierter Fußballfan sein **3.** (*padecimiento*) Leiden *nt* **4.** (*de Jesucristo*) Passion *f*

pasional [pasjo'nal] *adj* **1.** leidenschaftlich; **crimen** ~ Verbrechen aus Leidenschaft **2.** (REL) Passions-

pasividad [pasiβi'ðaᵈ] *f* Passivität *f*

pasivo, -a [pa'siβo, -a] *adj* **1.** passiv **2.** (LING) passivisch; **verbo** ~ Verb im Passiv; **voz pasiva** Passiv *nt*

pasmar [pas'mar] **I.** *vt* verblüffen; **me has dejado pasmado** ich bin sprachlos **II.** *vr:* ~**se 1.** verblüfft sein **2.** (*quedar fascinado*) begeistert sein (*ante* von +*dat*)

paso ['paso] *m* **1.** (*acción de pasar*) Vorbeiziehen *nt;* (*a pie*) Vorbeischreiten *nt;* (*en coche*) Vorbeifahren *nt;* **ceder el** ~ (*a una persona*) vorlassen; **estar de** ~ auf der Durchreise sein; **de** ~ (*indirectamente*) nebenbei **2.** (*movimiento*) Schritt *m;* (*progreso*) Fortschritt *m;* **dar un ~ adelante/atrás** einen Schritt nach vorne/nach hinten machen **3.** (*velocidad*) Tempo *nt* **4.** (*sonido*) Schritt *m* **5.** (*manera de andar*) Gang *m* **6.** (*distancia*) Schritt *m;* **vive a dos ~s de mi casa** er/sie wohnt gleich bei mir um die Ecke **7.** (*pasillo*) Durchgang *m;* **¡prohibido el ~!** (*pasar*) Durchgang verboten!; (*entrar*) kein Zutritt! **8.** (*para atravesar algo*) Übergang *m;* ~ **de cebra** Zebrastreifen *m;* ~ **a nivel** (Eisen)bahnübergang *m;* **¡~!** Platz da! **9.** (*medida*) Schritt *m;* **dar todos los ~s necesarios** alle erforderlichen Schritte unternehmen **10.** (*de un contador*) Zählereinheit *f*

pasota [pa'sota] *mf* (*fig*) Freak *m;* **ser un** ~ (*fig*) über den Dingen stehen

pasta ['pasta] *f* **1.** (*masa*) Paste *f;* (*para un pastel*) Teig *m;* (*para paredes*) Spachtelmasse *f;* (*para madera, ventanas*) Kitt *m;* ~ **de dientes** Zahnpasta *f* **2.** (*fideos*) Nudeln *fpl;* (*comida italiana*) Nudelgericht *nt* **3.** (*pastelería*) Kleingebäck *nt* **4.** (*encuadernación*) Bucheinband *m* **5.** (*fam*) Knete *f* **6.** (*madera*) Holz *nt;* **tener ~ para algo** das Zeug zu

P

etw *dat* haben

pastar [pas'tar] *vi, vt* weiden (lassen)

pastel [pas'tel] *m* **1.** (*torta*) Kuchen *m;* (*bollo*) Gebäckstück *nt;* (*de carne/pescado*) Pastete *f* **2.** (*lápiz*) Buntstift *m* **3.** (*pintura*) Pastell *nt*

pastelería [pastele'ria] *f* Konditorei *f*

pastilla [pas'tiʎa] *f* **1.** Tablette *f;* ~ **contra el dolor** Schmerztablette *f;* ~ **para la tos** Hustenbonbon *nt* **2.** (*trozo*) Stück *nt;* ~ **de caldo** Brühwürfel *m;* ~ **de chocolate** Tafel Schokolade; ~ **de jabón** Stück Seife **3.** (*loc*): **ir a toda** ~ (*fam*) einen Affenzahn draufhaben

pasto ['pasto] *m* **1.** (*pastura*) Weiden *nt* **2.** (*pastizal*) Weide *f* **3.** (*hierba*) Weidegras *nt;* ~ **seco** Heu *nt* **4.** (*alimento*) Futter *nt*

pastor[1] [pas'tor] *m* **1.** (REL) Pastor *m;* (*obispo*) Bischof *m* **2.** (ZOOL): ~ **alemán** Schäferhund *m*

pastor(a)[2] [pas'tor(a)] *m(f)* (*de ganado*) (Vieh)hirt(in) *m(f);* (*de ovejas*) Schäfer(in) *m(f)*

pata ['pata] *f* (ANAT: *fam*) Bein *nt;* (*de un perro*) Pfote *f;* (*de un gato*) Tatze *f;* (*de una silla*) Stuhlbein *nt;* (*de una mesa*) Tischbein *nt;* **mala** ~ (*fam*) Pech *nt;* **meter la** ~ ins Fettnäpchen treten

patada [pa'taða] *f* (*contra algo*) (Fuß)tritt *m;* (*en el suelo*) (Auf)stampfen *nt;* **romper una puerta a** ~**s** eine Tür eintreten

patata [pa'tata] *f* Kartoffel *f;* ~**s fritas** Pommes frites *pl*

patatús [pata'tus] *m inv* (*fam*) **1.** (*desmayo*) Ohnmachtsanfall *m;* **le dio un** ~ er/sie wurde ohmächtig **2.** (*síncope*) Zusammenbruch *m;* **me ha dado un** ~ ich bin zusammengeklappt

patear [pate'ar] **I.** *vt* **1.** treten (gegen +*akk*) **2.** (*pisotear*) zertrampeln **3.** (*tratar rudamente*) mit Füßen treten **II.** *vi* **1.** trampeln; (*estar enfadado*) (vor Wut) außer sich *dat* sein **2.** (*andar mucho*) viel herumlaufen

patentar [paten̪'tar] *vt* **1.** (*registrar*) patentieren (lassen) **2.** (*conceder patentes*) genehmigen

patente [pa'ten̪te] **I.** *adj* **1.** (*visible*) sichtbar **2.** (*evidente*) eindeutig **II.** *f* **1.** (*documento*) Bescheinigung *f;* (*permiso*) Genehmigung *f* **2.** (*título*) Patent *nt* **3.** (JUR) Patent *nt*

paternal [pater'nal] *adj* väterlich; **amor** ~ Vaterliebe *f*

paternidad [paterni'ðað] *f* **1.** (*relación*) Vaterschaft *f* **2.** (*calidad*) Väterlichkeit *f*

paterno, -a [pa'terno, -a] *adj* väterlich; **casa paterna** Elternhaus *nt*

patín [pa'tin] *m* (*de hielo*) Schlittschuh *m;* (*de ruedas*) Rollschuh *m;* **patines en línea** Inlineskates *mpl*

patinar [pati'nar] *vi* **1.** Eis laufen; (*sobre patines de ruedas*) Rollschuh laufen **2.** (*deslizarse*) ausrutschen; (*un vehículo*) ins Schleudern geraten

patinete [pati'nete] *m* Roller *m*

patio ['patjo] *m* **1.** (ARQUIT) Hof *m;* (*interior*) Innenhof *m;* (*entre dos casas*) Hinterhof *m;* ~ **de recreo** Schulhof *m* **2.** (TEAT) Parkett *nt*

pato, -a ['pato, -a] *m, f* (ZOOL) Ente *f;* (*macho*) Erpel *m*

patológico, -a [pato'loxiko, -a] *adj* (MED) pathologisch; (*fig*) krankhaft

patoso, -a [pa'toso, -a] *adj* **1.** (*soso*) witzlos **2.** (*torpe*) ungeschickt

patraña [pa'traɲa] *f* Lüge *f*

patria ['patrja] *f* Heimat *f;* **madre** ~ Mutterland *nt;* (*Am*) Spanien *nt*

patriarca [pa'trjarka] *m* (REL) Patriarch *m*

patrimonio [patri'monjo] *m* **1.** Erbe *nt;* ~ **cultural** Kulturgut *nt* **2.** (*riqueza*) Vermögen *nt*

patriota [pa'trjota] **I.** *adj* patriotisch **II.** *mf* **1.** Patriot(in) *m(f)* **2.** (*compatriota*) Landsmann, -männin *m, f*

patriótico, -a [pa'trjotiko, -a] *adj* patriotisch

patriotismo [patrjo'tismo] *m* **1.** (*del patriota*) Patriotismus *m* **2.** (*del patriotero*) Chauvinismus *m*

patrocinador(a) [patroθina'ðor(a)] *m(f)* Schirmherr(in) *m(f);* (DEP) Sponsor(in) *m(f)*

patrocinar [patroθi'nar] *vt* unterstützen, die Schirmherrschaft übernehmen +*gen;* (DEP) sponsern

patrón[1] [pa'tron] *m* (*modelo*) Muster *nt*

patrón, -ona[2] [pa'tron, -ona] *m, f* **1.** (*que protege*) Beschützer(in) *m(f)* **2.** (*jefe*) Chef(in) *m(f)* **3.** (*de una casa*) Hausherr(in) *m(f);* (*de una pensión*) Hauswirt(in) *m(f)* **4.** (*santo*) Schutzheilige(r) *mf*

patronal [patro'nal] **I.** *adj* Arbeitgeber-; **cierre** ~ Aussperrung *f* **II.** *f* Arbeitgeberverband *m*

patrono, -a [pa'trono, -a] *m, f* **1.** (*jefe*) Ar-

beitgeber(in) *m(f)* **2.** (*miembro del patronato*) Vorstandsmitglied *nt* **3.** (REL) Schutzheilige(r) *mf*
patrulla [pa'truʎa] *f* (MIL) Patrouille *f*; (*de policía*) (Polizei)streife *f*
patrullar [patru'ʎar] *vi, vt* patrouillieren
pausa ['pau̯sa] *f* Pause *f*
pauta ['pau̯ta] *f* **1.** (*modelo*) Muster *nt* **2.** (*normas*) Grundsatz *m*; **marcar la ~** eine Regel aufstellen
pava ['paβa] *f* **1.** (ZOOL) *v.* **pavo 2.** (*Am: olla*) Kessel *m*; (*tetera*) Teekanne *f* **3.** (*Am: sombrero*) Strohhut *m* **4.** (*And, AmC: flecos*) Fransen *fpl*
pavear [paβe'ar] *vi* **1.** (*CSur: hacer el tonto*) herumblödeln **2.** (*CSur: pelar la pava*) turteln
pavimento [paβi'men̪to] *m* **1.** (*recubrimiento: en una casa*) Estrich *m*; (*en la carretera*) Unterbau *m* **2.** (*material: en una casa*) (Fuß)bodenbelag *m*; (*en una carretera*) Straßenbelag *m*
pavo, -a ['paβo, -a] *m, f* **1.** (ZOOL) Truthahn *m*, Pute *f*; **~ real** Pfau *m* **2.** (*persona*) Tölpel *m*
payaso, -a [pa'ɟaso, -a] *m, f* **1.** (*del circo*) Clown *m* **2.** (*bromista*) Spaßvogel *m*; **¡deja de hacer el ~!** hör auf den Kasper zu spielen!
paz [paθ] *f* Frieden *m*; (*tratado*) Friedensvertrag *m*; **hacer las paces** sich versöhnen
P.C. [pe'θe] *m abr de* **Partido Comunista** KP *f*
P.D. [pos'ðata] *abr de* **posdata** PS
pe [pe] *f* P *nt*
peaje [pe'axe] *m* Autobahngebühr *f*
peatón, -ona [pea'ton, -ona] *m, f* Fußgänger(in) *m(f)*
peca ['peka] *f* Sommersprosse *f*
pecado [pe'kaðo] *m* Sünde *f*; **~ capital** Todsünde *f*; **~ original** Erbsünde *f*
pecar [pe'kar] <c→qu> *vi* **1.** (REL: *t. fig*) sündigen **2.** (*errar*) einen Fehler machen **3. ~ por exceso** es übertreiben
pecho ['peʧo] *m* (ANAT) Brust *f*; **dar el ~ al bebé** das Baby stillen
pechuga [pe'ʧuɣa] *f* **1.** Geflügelbrust *f*; **~ de pollo** Hähnchenbrust *f* **2.** (*fam: de mujer*) Dekolletee *nt*
pechugón, -ona [peʧu'ɣon, -ona] **I.** *adj* (*Am*) **1.** (*descarado*) frech **2.** (*franco*) offen **II.** *m, f* (*Am: descarado*) freche Person *f*
pecoso, -a [pe'koso, -a] *adj* sommersprossig
pectoral [pekto'ral] **I.** *adj* (ANAT) Brust- **II.** *m* (MED) Hustenmittel *nt*
peculiar [peku'ljar] *adj* **1.** (*especial*) besondere(r, s) **2.** (*raro*) sonderbar
peculiaridad [pekuljari'ðaᵈ] *f* **1.** (*singularidad*) Besonderheit *f* **2.** (*distintivo*) Eigentümlichkeit *f*
pedagogía [peðaɣo'xia] *f* Pädagogik *f*
pedagógico, -a [peða'ɣoxiko, -a] *adj* pädagogisch
pedagogo, -a [peða'ɣoɣo, -a] *m, f* Pädagoge, -in *m, f*
pedal [pe'ðal] *m* Pedal *nt*; **pisar el ~** (AUTO) Gas geben
pedante [pe'ðan̪te] *adj* besserwisserisch
pedazo [pe'ðaθo] *m* **1.** Stück *nt*; **~ de papel** Papierfetzen *m*; **hacer ~s** kaputtmachen **2.** (*persona*): **ser un ~ de pan** sehr gutmütig sein
pederasta [peðe'rasta] *m* Päderast *m*
pedestal [peðes'tal] *m*: **tener a alguien en un ~** jdn sehr hoch schätzen
pediatra [pe'ðjatra] *mf* Kinderarzt, -ärztin *m, f*
pedicura [peði'kura] *f* Fußpflege *f*; **hacerse la ~** zur Fußpflege gehen
pedida [pe'ðiða] *f*: **~ de mano** Heiratsantrag *m*
pedido[1] [pe'ðiðo] *m* (COM: *servicio*) Auftrag *m*; (*producto*) Bestellung *f*
pedido, -a[2] [pe'ðiðo, -a] *adj* bestellt; **el armario ya está ~** der Schrank ist schon in Auftrag gegeben
pedigrí [peði'ɣri] *m* Stammbaum *m*
pedir [pe'ðir] *irr vt* **1.** (*rogar*) bitten; **~ algo a alguien** jdn um etw bitten **2.** (*exigir, cobrar*) verlangen; (*necesitar*) brauchen; (*solicitar*) beantragen; (*demandar*) fordern; **~ la mano de alguien** um jds Hand anhalten **3.** (*encargar*) bestellen **4.** (*limosna*) betteln
pedo ['peðo] *m* (*vulg*) **1.** Furz *m*; **tirarse un ~** einen fahren lassen *fam* **2.** (*fam: borrachera*) Suff *m*
pedrada [pe'ðraða] *f* Steinwurf *m*; **pegar una ~ a alguien** einen Stein nach jdm werfen
pedrisco [pe'ðrisko] *m* (METEO) Hagel *m*
pedrusco [pe'ðrusko] *m* **1.** (*piedra*) Steinblock *m* **2.** (*Am*) *v.* **pedregal**
pega ['peɣa] *f* **1.** (*fam: dificultades*) Haken

P

m; **poner ~s a alguien** jdn kritisieren **2.** (*falso*): **de** ~ falsch **3.** (*CSur, Méx: argot: trabajo*) Job *m*

pegada [pe'ɣaða] *f* (*CSur*) **1.** (*mentira*) Lüge *f* **2.** (*suerte*) Glückspilz *m*

pegadizo, -a [peɣa'ðiθo, -a] *adj* (*pegajoso*) klebrig; (*enfermedad*) ansteckend; **melodía pegadiza** Ohrwurm *m fam*

pegajoso, -a [peɣa'xoso, -a] *adj* **1.** (*adhesivo*) klebrig **2.** (*pesado*) aufdringlich **3.** (MED) ansteckend

pegamento [peɣa'mento] *m* Kleber *m*

pegar [pe'ɣar] <g→gu> **I.** *vt* **1.** kleben; (*madera*) leimen; ~ **un sello** eine Briefmarke aufkleben **2.** (*con hilo/grapa*) heften **3.** (*muebles*): ~ **la mesilla a la cama** den Nachttisch nahe an das Bett rücken **4.** (*contagiar*) anstecken **5.** (*fuego*) legen **6.** (*golpear*) schlagen; ~ **una paliza a alguien** jdn grün und blau schlagen **7.** (*un grito*) loslassen; (*una patada/bofetada*) verpassen; (*un tiro*) abfeuern; ~ **un salto** aufspringen; ~ **un susto a alguien** jdm einen Schrecken einjagen **8.** (*Am: argot: tener suerte*): ~**la** Schwein haben **9.** (*Méx: atar*) festmachen **II.** *vi* **1.** (gut) zusammenpassen; **esto no pega ni con cola** das passt überhaupt nicht zusammen **2.** (*rozar*) streifen (*en* +*akk*), stoßen (*en* an +*akk*) **3.** (*golpear*) schlagen (*en* gegen +*akk*) **4.** (*argot: currar*) malochen **5.** (*loc*): **¡cómo pega el sol hoy!** heute ist es ganz schön heiß in der Sonne! **III.** *vr:* ~**se 1.** (*con algo*) sich stoßen (*con* an +*dat*); (*con alguien*) sich schlagen (*con* mit +*dat*) **2.** (*quemarse*) anbrennen **3.** (*entrometerse*) sich einmischen (*a* in +*akk*) **4.** (*aficionarse*) sich begeistern (*a* für +*akk*) **5.** (*acompañar siempre*) sich hängen (*a* an +*akk*); ~**se a alguien** sich an jds Fersen heften **6.** (*fam: loc*): **pegársela a alguien** jdn auf den Arm nehmen; **pegársela al marido/a la mujer** fremdgehen; ~**se un tiro** sich erschießen

pegatina [peɣa'tina] *f* Aufkleber *m*

peinado [pei̯'naðo] *m* Frisur *f*

peinar [pei̯'nar] **I.** *vt* **1.** kämmen **2.** (*acicalar*) frisieren **3.** (*rastrear*) durchkämmen **II.** *vr:* ~**se** sich kämmen

peine ['pei̯ne] *m* Kamm *m*

peineta [pei̯'neta] *f* Zierkamm *m*

p.ej. [por e'xemplo] *abr de* **por ejemplo** z. B.

pela ['pela] *f* (*fam*): **me debes 1000 ~s** du schuldest mir 1000 Mäuse

pelada [pe'laða] *f* **1.** (*rapada*) (sehr kurzer) Haarschnitt *m* **2.** (*CSur: calva*) Glatze *f* **3.** (*Am: error*) Irrtum *m*

pelado, -a [pe'laðo, -a] *adj* **1.** (*rapado*) kahl geschoren **2.** (*escueto*) einfach **3.** (*despojado*) kahl **4.** (*fam: números*) glatt; **esto vale las 5000 peladas** das kostet glatte 5000 **5.** (*Am: fam: sin dinero*) knapp bei Kasse

peladuras [pela'ðuras] *fpl* Schalen *fpl*

pelar [pe'lar] **I.** *vt* **1.** (*pelo*) schneiden; (*rapar*) scheren; (*plumas*) rupfen; (*frutas, verduras*) schälen; (*animales*) häuten **2.** (*murmurar*) lästern (*a* über +*akk*) **3.** (*robar*) bestehlen **4.** (*en el juego*) ausnehmen **5.** (*difícil*): **duro de** ~ ein harter Brocken **6.** (*Am: argot: dar una paliza*) verprügeln **7.** (*And: argot*): ~**la** ins Gras beißen **II.** *vi* (*fam*): **hace un frío que pela** es ist saukalt **III.** *vr:* ~**se 1.** (*el pelo*) sich *dat* die Haare schneiden lassen **2.** (*la piel*) sich schälen **3.** (*vulg*): **pelársela** sich *dat* einen runterholen **4.** (*fam: loc*): **corre que se las pela** er/sie rennt wie der Teufel

peldaño [pel̩'daɲo] *m* (Treppen)stufe *f;* (*escalera portátil*) Sprosse *f*

pelea [pe'lea] *f* **1.** Streit *m* **2.** (*lucha: personas*) Schlägerei *f;* (*animales*) Kampf *m* **3.** (*verbal*) Auseinandersetzung *f*

pelear [pele'ar] **I.** *vi* **1.** (*luchar*) kämpfen **2.** (*discutir*) streiten **3.** (*sufrir*) erdulden **4.** (*trabajar*) sich abmühen (*por* für +*akk*) **5.** (*afanarse*) sich bemühen (*con* um +*akk*) **II.** *vr:* ~**se 1.** sich streiten (*por* um +*akk*) **2.** (*con violencia*) sich prügeln (*por* um +*akk*) **3.** (*enemistarse*) sich zerstreiten

pelele [pe'lele] *m* **1.** (*muñeco*) (Stroh)puppe *f* **2.** (*de bebés*) Strampelanzug *m* **3.** (*fam: persona*) Hampelmann *m*

pelicano [peli'kano] *m,* **pelícano** [pe'likano] *m* Pelikan *m*

película [pe'likula] *f* Film *m;* ~ **en blanco y negro** Schwarzweißfilm *m;* **de** ~ außergewöhnlich

peligro [pe'liɣro] *m* Gefahr *f;* ~ **de incendio** Brandgefahr *f;* **correr** (**un gran**) ~ in (großer) Gefahr sein; **fuera de** ~ außer Gefahr; **poner en** ~ gefährden

peligroso, -a [peli'ɣroso, -a] *adj* gefährlich

pelillo [pe'liʎo] *m* (*fam*) Bagatelle *f;* **echar ~s a la mar** das Kriegsbeil begraben; **¡~s a la**

mar! Schwamm drüber!

pelirrojo, **-a** [peli'rroxo, -a] *adj* rothaarig

pellejo [pe'ʎexo] *m* **1.** (*de animal*) Fell *nt* **2.** (*de persona*) Haut *f;* **arriesgarse el ~** Kopf und Kragen riskieren; **perder el ~** (*fig fam*) ins Gras beißen; **quitar el ~ a alguien** über jdn lästern **3.** (*odre*) Weinschlauch *m* **4.** (*fruta*) Haut *f;* (*salchicha*) Pelle *f* **5.** (*de las uñas*) Nagelhaut *f* **6.** (*fam: ebrio*) Trinker *m*

pellizcar [peʎiθ'kar] <c→qu> **I.** *vt* **1.** kneifen **2.** (*fam: pizcar algo*) abzwacken; (*comida*) naschen **II.** *vr:* **~se** sich *dat* einklemmen

pellizco [pe'ʎiθko] *m* **1.** Kneifen *nt;* **dar un ~ a alguien** jdn kneifen **2.** (*poquito*) Stückchen *nt;* (*de sal*) Prise *f;* (*de tu bocadillo*) Bissen *m*

pelma ['pelma] *m* (*fam*), **pelmazo** [pel'maθo] *m* (*fam*) Nervensäge *f*

pelo ['pelo] *m* **1.** (*cabello*) Haar *nt;* (*de animal*) Fell *nt;* (*de ave*) Flaum *m;* (*de barba*) Stoppel(n) *f(pl);* **tener el ~ rubio** blondes Haar haben; **por un ~ te caes** (*fig*) um ein Haar wärst du heruntergefallen; **contar algo con ~s y señales** etw haarklein erzählen; **tomarle el ~ a alguien** jdn auf den Arm nehmen **2.** (*vello, pelusa*) Härchen *ntpl;* (*de tela/plantas/un bebé*) Flaum *m;* (*de alfombra*) Flor *m* **3.** (*loc, fam*): **a ~** ohne Kopfbedeckung; **venir al ~** sehr gelegen kommen; **sin venir al ~** völlig unangebracht; **no se te ve el ~, ¿por dónde andas?** du lässt dich ja gar nicht mehr blicken, wo steckst du denn?

pelota[1] [pe'lota] *f* **1.** (*balón*) Ball *m* **2.** (*esfera, proyectil*) Kugel *f* **3.** (*juego*) Pelota *f* **4.** *pl* (*vulg: testículos*) Eier *ntpl;* **¡fíjate, que tiene ~s!** Mensch, der/die hat aber Mumm! *fam;* **tocar las ~s** auf die Eier gehen **5.** (*argot: loc*): **de ~s** geil; **en ~s** splitter(faser)nackt; **dejar a alguien en ~s** jdn völlig ausnehmen; **hacer la ~ a alguien** bei jdm schleimen

pelota[2] [pe'lota] *m* (*fam*) Schleimer *m*

pelotazo [pelo'taθo] *m* **1.** (*con el pie*) (harter) Schuss *m;* (*tirando*) Wurf *m;* (*con la raqueta*) Schlag *m* **2.** (*argot: bebida*) harte Mischung *f;* **meterse un ~** sich *dat* einen hinter die Binde gießen

pelotera [pelo'tera] *f* (*fam*) Auseinandersetzung *f*

pelotudo, **-a** [pelo'tuðo, -a] **I.** *adj* (*CSur: vulg*) saublöd *fam* **II.** *m, f* (*CSur: vulg*) Vollidiot(in) *m(f)*

peluca [pe'luka] *f* Perücke *f;* **usar ~** eine Perücke tragen

peluche [pe'lutʃe] *m* **1.** (*tejido*) Plüsch *m* **2.** (*juguete*) Plüschtier *nt;* **oso ~** Teddybär *m*

peludo, **-a** [pe'luðo, -a] *adj* **1.** stark behaart; (*con una barba*) bärtig **2.** (*AmC: fam: difícil*) haarig

peluquería [peluke'ria] *f* Friseursalon *m;* **~ de señoras/señores** Damen-/Herrensalon *m;* **ir a la ~** zum Friseur gehen

peluquero, **-a** [pelu'kero, -a] *m, f* Friseur, -euse *m, f*

peluquín [pelu'kin] *m* Toupet *nt;* **¡ni hablar del ~!** das kommt gar nicht in Frage!

pelusa [pe'lusa] *f* **1.** (*vello*) Flaum *m;* (*tejido*) Flor *m* **2.** (*de polvo*) Staubfussel *f* **3.** (*fam: celos*) Eifersucht *f;* **sentir ~** eifersüchtig sein **4.** (*envidia*) Neid *m;* **sentir ~** neidisch sein

pelvis ['pelβis] *f inv* (ANAT) Becken *nt*

pena ['pena] *f* **1.** (*tristeza*) Kummer *m* **2. ser una ~** schade sein; **¡qué ~!** schade! **3.** (*sanción*) Strafe *f* **4.** (*dificultad*) Mühsal *f;* **a duras ~s** mit Mühe und Not; (*apenas*) kaum; **valer la ~** sich lohnen **5.** (*Am: vergüenza*) Scham *f;* **tener ~** sich schämen **6.** (*loc*): **so ~ que...** +*subj* es sei denn, ...

penal [pe'nal] **I.** *adj* (JUR) Straf-; **antecedentes ~es** Vorstrafen *fpl* **II.** *m* **1.** Gefängnis *nt* **2.** (*Am: falta*) Foul *nt*

penalidad [penali'ðaᵈ] *f* **1.** (*molestia*) Strapaze *f* **2.** (*sanción*) Strafe *f*

penalizar [penali'θar] <z→c> *vt* bestrafen

penalti [pe'nal̩ti] *m* **1.** Foul *nt;* **área de ~s** Strafraum *m* **2.** (*sanción*) Elfmeter *m;* (*en baloncesto*) Freiwurf *m* **3.** (*loc, fam*): **casarse de ~** *heiraten müssen, weil die Frau schwanger ist*

penar [pe'nar] **I.** *vt* **1.** (*castigar*) bestrafen **2.** (*prever la ley*) unter Strafe stellen **II.** *vi* **1.** (*padecer*) leiden; **~ de amores** Liebeskummer haben **2.** (*ansiar*) sich sehnen (*por* nach +*dat*)

pender [pen̩'der] *vi* **1.** hängen (*de/en* an +*dat*), schweben (*sobre* über +*dat*) **2.** (JUR) abhängen (*ante* von +*dat*)

pendiente[1] [pen̩'djen̩te] **I.** *adj* **1.** (*hacia arriba*) steigend; (*hacia abajo*) fallend **2.** (*problema, asunto, cuenta*) offen; (*trabajo, pedido*) unerledigt; **una cuenta ~ de**

P

pago eine fällige Rechnung 3. (*fam*): **de momento, sólo estoy ~ de si me conceden la beca o no** im Augenblick beschäftigt mich nur, ob ich das Stipendium bekomme oder nicht 4. **estamos ~s de lo que digan nuestros padres** wir müssen erst abwarten, wie unsere Eltern entscheiden II. *m* Ohrring *m*, Nasenring *m*

pendiente² [peṇ'djeṇte] *f* 1. Abhang *m* 2. (*del tejado*) Neigung *f*

péndulo ['peṇdulo] *m* Pendel *nt*

pene ['pene] *m* Penis *m*

penetración [penetra'θjon] *f* 1. (*acción*) Durchdringung *f* 2. (*comprensión*) Auffassungsgabe *f*; (*inteligencia*) Scharfsinn *m*

penetrante [pene'traṇte] *adj* 1. (*profundo*) tief gehend; (*dolor*) stark 2. (*frío*) beißend; (*hedor*) penetrant

penetrar [pene'trar] I. *vi* eindringen (*en/entre/por* in +*akk*) II. *vt* 1. (*luz, sonido, proyectil*) durchdringen; (*mirada*) durchbohren 2. (*entender*) verstehen

penicilina [peniθi'lina] *f* Penizillin *nt*

península [pe'ninsula] *f* Halbinsel *f*

Die **Península Ibérica** (iberische Halbinsel) umfasst Spanien und Portugal. Im Spanischen macht man von diesem Begriff (und dem entsprechenden Adjektiv: **peninsular**) Gebrauch, wenn man das spanische Festland von den beiden spanischen Inselgruppen **(Baleares y Canarias)** und den spanischen Gebieten in Afrika **(Ceuta y Melilla)** unterscheiden möchte.

peninsular [peninsu'lar] *adj* Halbinsel-

penique [pe'nike] *m* Penny *m*

penitencia [peni'teṇθja] *f* 1. Sühne *f* 2. (REL) Buße *f*; **hacer ~** Buße tun 3. (*arrepentimiento*) Reue *f*

penitenciario, -a [peniteṇ'θjarjo, -a] *adj* 1. (*relativo a la penitenciaria*) Gefängnis- 2. (*relativo a la penitencia*) Straf-

penitente [peni'teṇte] I. *adj* reuig II. *mf* (REL) Büßer(in) *m*, Beichtende(r) *mf*

penoso, -a [pe'noso, -a] *adj* 1. (*arduo*) heikel 2. (*dificultoso*) mühselig 3. (*con pena*) traurig 4. (*Am: vergonzoso*) scheu

pensado, -a [pen'saðo, -a] *adj* 1. überdacht; **lo tengo bien ~** ich habe mir das genau überlegt; **tener ~ hacer algo** vorhaben etw zu tun; **el día menos ~ volverá** wenn man es am wenigsten erwartet, wird er/sie zurückkommen 2. (*persona*): **ser un mal ~** immer gleich das Schlimmste vermuten

pensamiento [pensa'mjeṇto] *m* 1. (*acción*) (Nach)denken *nt* 2. (*idea*) Idee *f*; (*intención*) Absicht *f* 3. (*objeto*) Gedanke *m* 4. (BOT) Stiefmütterchen *nt*

pensar [pen'sar] <e→ie> I. *vi, vt* 1. denken (*en* an +*akk*); (*considerar*) bedenken; **¡ni ~lo!** nicht im Traum!; **¡no quiero ni ~lo!** nicht auszudenken! 2. (*reflexionar*) nachdenken; **lo hicimos sin ~lo** wir taten es, ohne zu überlegen; **pensándolo bien** bei genauerer Betrachtung II. *vi* (*opinar*) denken; (*suponer*) annehmen; (*imaginarse*) sich *dat* denken können III. *vt* 1. (*intención*) vorhaben; **pensábamos venir este fin de semana** wir wollten dieses Wochenende kommen 2. (*inventar, tramar*) sich *dat* ausdenken

pensativo, -a [pensa'tiβo, -a] *adj* nachdenklich

pensión [pen'sjon] *f* 1. (Alters)rente *f*; **~ de viudez** Witwenrente *f* 2. (*para huéspedes*) Pension *f* 3. (*precio por alojamiento*) Kostgeld *nt*; **~ completa** Vollpension *f*

pensionista [pensjo'nista] *mf* 1. Rentner(in) *m(f)* 2. (*huésped*) Pensionsgast *m* 3. (*alumno*) Internatsschüler(in) *m(f)*

pentágono [peṇ'taɣono] *m* Fünfeck *nt*

pentagrama [peṇta'ɣrama] *m* Notenlinien *fpl*

pentatlón [peṇtaᵈ'lon] *m* Fünfkampf *m*

Pentecostés [peṇtekos'tes] *m* (REL) 1. Pfingsten *nt*; **Pascua de ~** Pfingstsonntag *m* 2. (*judío*) Passah(fest) *nt*

penúltimo, -a [pe'nuḷtimo, -a] *adj* vorletzte(r, s)

penumbra [pe'numbra] *f* Halbdunkel *nt*; (ASTR) Halbschatten *m*

penuria [pe'nurja] *f* 1. Mangel *m*; **pasar muchas ~s** viel durchmachen 2. (*pobreza*) Armut *f*

peña ['peɲa] *f* 1. Fels(en) *m* 2. (*grupo*) Zirkel *m*; (*de aficionados*) Fanklub *m*; (*tertulia*) Stammtisch *m*; (*de jóvenes*) Clique *f*

peñasco [pe'ɲasko] *m* Felsblock *m*

peñón [pe'ɲon] *m* 1. Felsblock *m*; **el Peñón** Gibraltar *nt* 2. (*monte*) Felsengebirge *nt*

peón [pe'on] *m* 1. (*obrero*) Hilfsarbeiter *m*; (*jornalero*) Tagelöhner *m*; (*Méx: aprendiz*) Lehrling *m* 2. (*en juegos*) Stein *m*; **~ de ajedrez** Bauer *m* 3. (*juguete*) Brummkreisel *m*

peonza [pe'oṇθa] *f* (*juguete*) Kreisel *m*

peor [pe'or] *adv o adj compar de* **mal(o)** (*calidad*) schlechter; (*condición*) schlimmer; **el ~ de la clase** der Schlechteste in der Klasse; **pero lo ~ de todo fue...** aber das Allerschlimmste war ...; **vas de mal en ~** es wird immer schlimmer mit dir; **~ es nada** besser als gar nichts

pepinillo [pepi'niʎo] *m* Essiggurke *f*

pepino [pe'pino] *m* Gurke *f;* **eso me importa un ~** (*fam*) das ist mir total egal

pepita [pe'pita] *f* Kern *m*

pequeñajo, -a [peke'ɲaxo, -a] **I.** *adj* (*fam*) klein **II.** *m, f* (*fam*) Kleine(r) *mf*

pequeñez [peke'ɲeθ] *f* **1.** (*tamaño*) Kleinheit *f* **2.** (*minucia*) Kleinigkeit *f*

pequeño, -a [pe'keɲo, -a] **I.** *adj* klein; **ya desde ~ solía venir a este sitio** schon als ich klein war, kam ich hierher **II.** *m, f* Kleine(r) *mf*

pequinés, -esa [peki'nes, -esa] *adj* Pekinger

pera ['pera] **I.** *adj* schick; **niño ~** *Kind aus einer besseren Familie* **II.** *f* (BOT) Birne *f*

peral [pe'ral] *m* Birnenbaum *m*

perca ['perka] *f* Barsch *m*

percance [per'kaṇθe] *m* (*contratiempo*) Zwischenfall *m;* (*por culpa propia*) Missgeschick *nt;* (*de plan/proyecto*) (Rück)-schlag *m*

per cápita [per 'kapita] *adv* pro Kopf; **consumo ~** Pro-Kopf-Verbrauch *m*

percatarse [perka'tarse] *vr* (*darse cuenta*) merken (*de* +*akk*); (*comprender*) verstehen (*de* +*akk*)

percepción [perθeβ'θjon] *f* **1.** (*acción*) Wahrnehmung *f* **2.** (*idea*) Gedanke *m;* (*impresión*) Eindruck *m* **3.** (FIN) Erhebung *f*

perceptor(a) [perθep'tor(a)] *m(f)* Bezieher(in) *m(f)*

percha ['pertʃa] *f* **1.** Kleiderbügel *m* **2.** (*perchero*) Garderobenständer *m;* (*en la tienda*) Kleiderständer *m* **3.** (*AmC: chaqueta*) Sakko *nt* **4.** (*argot: tipo*) Körperbau *m*

perchero [per'tʃero] *m* Garderobe *f*

percibir [perθi'βir] *vt* **1.** (*notar*) wahrnehmen **2.** (*darse cuenta*) sehen **3.** (*comprender*) verstehen **4.** (*cobrar*) beziehen

percusión [perku'sjon] *f* (MÚS) Percussion *f;* **instrumento de ~** Schlaginstrument *nt*

perder [per'ðer] <e→ie> **I.** *vt* **1.** verlieren; **~ la cuenta** sich verrechnen; **ayúdame a buscar mis gafas, que las he perdido** hilf mir mal suchen, ich habe meine Brille verlegt **2.** (*malgastar*) vergeuden **3.** (*peso*) abnehmen; (*costumbre*) ablegen **4.** (*oportunidad, tren*) verpassen; **~ el curso** das Schuljahr wiederholen müssen **5.** (*ocasionar daños*) zerstören; **el juego le ~á** das Spiel wird ihn noch ins Unglück stürzen **II.** *vi* **1.** verlieren; **Portugal perdió por 1 a 2 frente a Italia** Portugal verlor 1 zu 2 gegen Italien; **tener buen ~** ein guter Verlierer sein **2.** (*decaer*) einbüßen (*en* an +*dat*); **por mi profesión he perdido mucho en salud** durch meinen Beruf habe ich meine Gesundheit vernachlässigt **3.** (*desteñir*) abfärben **III.** *vr:* **~se 1.** (*extraviarse*) abhanden kommen; **¿qué se le habrá perdido por allí?** (*fig*) was hat er/sie dort bloß verloren? **2.** (*por el camino*) sich verlaufen (*en/por* in +*dat*) **3.** (*bailando*) aus dem Takt kommen; (*leyendo*) in den Zeilen verrutschen **4.** (*desaparecer*) verschwinden **5.** (*arruinarse*) sich ruinieren (*por* mit +*dat*) **6.** (*desperdiciarse*) verloren gehen **7.** (*ocasión*) verpassen; **si no te vienes, tú te lo pierdes** wenn du nicht mitkommst, bist du selbst schuld **8.** (*extinguirse*) aussterben **9.** (*exceso*) (ganz) verrückt sein (*por* nach +*dat*)

perdición [perði'θjon] *f* **1.** (*acción, daño*) Verlust *m* **2.** (*moral*) Ruin *m*

pérdida ['perðiða] *f* Verlust *m;* **~ de cabellos** Haarausfall *m;* **esto es una ~ de tiempo** das ist reine Zeitverschwendung; **es fácil de encontrar, no tiene ~** es ist leicht zu finden, man kann es gar nicht verfehlen

perdido, -a [per'ðiðo, -a] **I.** *adj* **1.** verloren; **dar a alguien por ~** jdn für vermisst erklären; **dar algo por ~** die Suche nach etw *dat* aufgeben; (*fig*) etw für verloren geben; **estar ~** in einer ausweglosen Lage sein **2.** (*vicioso, sin salida*) hoffnungslos; **estar loco ~** (*fam*) vollkommen verrückt sein **3.** (*loc, fam*): **poner algo ~** etw ganz dreckig machen; **ponerse ~ de pintura** sich mit Farbe voll schmieren **II.** *m, f* (*fam: vago*) Taugenichts *m;* (*pobre*) armer Hund *m*

perdiz [per'ðiθ] *f* Rebhuhn *nt;* **... y fueron felices y comieron perdices.** ... und wenn sie nicht gestorben sind, dann leben sie noch heute.

perdón [per'ðon] *m* **1.** (*absolución*) Verzeihung *f;* (*de pecados*) Vergebung *f* **2.** (*indulto*) Begnadigung *f;* (*gracia*) Gnade *f* **3.** (*dis-*

P

culpa): ¡~! Entschuldigung!; ¿~? (wie) bitte?; ¡con ~! Verzeihung, darf ich?; **pedir ~ a alguien** jdn um Verzeihung bitten

perdonar [perðo'nar] *vt* **1.** (*ofensa*) verzeihen; (*pecado*) vergeben; (*pena, deuda*) erlassen; **no te perdono** ich verzeihe dir nicht; **perdona que te interrumpa** entschuldige, dass ich dich unterbreche; **perdona, ¿puedo pasar?** Entschuldigung, darf ich durch? **2.** (*obligación*) befreien (von +*dat*)

perdurar [perðu'rar] *vi* **1.** (*todavía*) anhalten **2.** (*indefinidamente*) Bestand haben; **su recuerdo ~á para siempre entre nosotros** er/sie wird uns für immer in Erinnerung bleiben

perecedero, -a [pereθe'ðero, -a] *adj* **1.** (*pasajero*) vergänglich **2.** (*alimento*) leicht verderblich

perecer [pere'θer] *irr como crecer vi* **1.** sterben; (*en accidente/la guerra*) ums Leben kommen **2.** (*daño, sufrimiento*) leiden (*de* +*akk*)

peregrinación [pereɣrina'θjon] *f* (REL) Wallfahrt *f;* **ir en ~** pilgern

peregrinar [pereɣri'nar] *vi* **1.** (REL) pilgern **2.** (*viajar: a pie*) (herum)wandern; (*con vehículo*) (herum)reisen

peregrino, -a [pere'ɣrino, -a] *m, f* Pilger(in) *m(f)*

perejil [pere'xil] *m* (BOT) Petersilie *f*

pereza [pe'reθa] *f* **1.** (*gandulería*) Faulheit *f* **2.** (*de movimientos*) Trägheit *f;* **me dió ~ ir y me quedé en casa** ich hatte keine Lust zu gehen und blieb zu Hause

perezoso, -a [pere'θoso, -a] *adj* faul, träge

perfección [perfeᵞ'θjon] *f* Vollkommenheit *f;* **hacer algo a la ~** etw perfekt tun

perfeccionamiento [perfeᵞθjona'mjen̩to] *m* Vervollkommnung *f,* Perfektionierung *f;* (*profesional*) Fortbildung *f*

perfeccionar [perfeᵞθjo'nar] *vt* vervollkommnen

perfeccionista [perfeᵞθjo'nista] **I.** *adj* perfektionistisch **II.** *mf* Perfektionist(in) *m(f)*

perfectamente [perfekta'men̩te] *adv:* **sabes ~ que...** du weißt ganz genau, dass ...; **te entiendo ~** ich verstehe dich voll und ganz; ¡~! in Ordnung!

perfecto, -a [per'fekto, -a] *adj* **1.** *ser* perfekt; **nadie es ~** nobody is perfect; **eres un ~ idiota** du bist ein Vollidiot **2.** *estar* einwandfrei **3.** (LING): **pretérito ~** Perfekt *nt*

perfil [per'fil] *m* **1.** (*de cara, t.* TÉC) Profil *nt* **2.** (*contorno*) Umriss *m* **3.** (*de personalidad*) Grundzug *m;* **el ~ del candidato** das Anforderungsprofil des Bewerbers

perforar [perfo'rar] *vt* (*con máquina*) (durch)bohren; (*oreja*) durchstechen; (*papel*) lochen; (*con muchos agujeros*) durchlöchern; (*para decorar/para arrancar*) perforieren

perfumar [perfu'mar] **I.** *vt* parfümieren; **las flores perfuman la habitación** der Blumenduft erfüllt das Zimmer **II.** *vi* duften

perfume [per'fume] *m* **1.** Parfüm *nt* **2.** (*olor*) Duft *m*

perfumería [perfume'ria] *f* Parfümerie *f*

pergamino [perɣa'mino] *m* Pergament *nt*

pericia [pe'riθja] *f* **1.** (*habilidad*) Geschick *nt* **2.** (*práctica*) Erfahrung *f*

pericial [peri'θjal] *adj* sachkundig; **informe ~** Sachverständigengutachten *nt*

perico [pe'riko] *m* (ZOOL) Sittich *m*

periferia [peri'ferja] *f* Peripherie *f,* Stadtrand *m*

perífrasis [pe'rifrasis] *f inv* Umschreibung *f*

perilla [pe'riʎa] *f* Kinnbart *m*

perímetro [pe'rimetro] *m* (MAT) Umfang *m*

periódico¹ [pe'rjoðiko] *m* Zeitung *f*

periódico, -a² [pe'rjoðiko, -a] *adj* regelmäßig; **sistema ~** (QUÍM) Periodensystem *nt*

periodismo [perjo'ðismo] *m* **1.** (*profesión*) Journalismus *m* **2.** (*estudios*) Journalistik *f*

periodista [perjo'ðista] *mf* Journalist(in) *m(f)*

periodístico, -a [perjo'ðistiko, -a] *adj* **1.** (*de los periodistas*) journalistisch **2.** (*de los periódicos*) Zeitungs-; **reportaje ~** Zeitungsbericht *m*

periodo [pe'rjoðo] *m,* **período** [pe'rioðo] *m* **1.** (*tiempo*) Zeitraum *m;* **~ de prueba** Probezeit *f* **2.** (*época*) Zeit *f;* **~ glacial** Eiszeit *f* **3.** (*menstruación, t.* MAT, GEO) Periode *f*

peripecia [peri'peθja] *f* Zwischenfall *m*

peripuesto, -a [peri'pwesto, -a] *adj* (*fam*) geschniegelt

periquete [peri'kete] *m:* **estoy lista en un ~** ich bin gleich fertig

periquito [peri'kito] *m* (ZOOL) Wellensittich *m*

periscopio [peris'kopjo] *m* Fernrohr *nt*

perito, -a [pe'rito, -a] **I.** *adj* sachkundig **II.**

m, f **1.** Sachverständige(r) *mf* **2.** (UNIV) Diplomingenieur(in) *m(f)*; **Escuela de Peritos** ≈Fachhochschule *f*

perjudicar [perxuði'kar] <c→qu> **I.** *vt* **1.** (*causar daño*) schaden +*dat*, beschädigen; (*naturaleza*) zerstören; (*proceso, desarrollo*) beeinträchtigen; (*organización*) durcheinander bringen **2.** (*causar desventaja*) benachteiligen **II.** *vr:* **~se** sich *dat* (selbst) schaden

perjudicial [perxuði'θjal] *adj* **1.** schädlich (*a/para* für +*akk*); **~ para la salud** gesundheitsschädlich **2.** (*desventajoso*) nachteilig (*a/para* für +*akk*)

perjuicio [per'xwiθjo] *m* **1.** (*daño*) Schaden *m* (*a* an +*dat*); (*de imagen*) Schädigung *f*; (*de objeto*) Beschädigung *f*; (*de naturaleza*) Zerstörung *f*; (*de libertad*) Beeinträchtigung *f*; (*de organización*) Durcheinanderbringen *nt* **2.** (*detrimento*) Nachteil *m*; **ir en ~ de alguien** jdm zum Nachteil gereichen

perjurar [perxu'rar] *vi* **1.** (*en falso*) einen Meineid leisten **2.** (*faltar al juramento*) seinen Eid brechen

perjurio [per'xurjo] *m* **1.** (*en falso*) Meineid *m* **2.** (*faltar al juramento*) Eidbruch *m*

perla ['perla] *f* Perle *f*; **~ cultivada** Zuchtperle *f*; **eso viene de ~s** das kommt wie gerufen

permanecer [permane'θer] *irr como crecer vi* **1.** (*estar*): **~ quieto** stehen bleiben **2.** (*seguir*): **~ sentado** sitzen bleiben

permanencia [perma'nen̩θja] *f* **1.** (*estancia*) Aufenthalt *m*; (*duración*) Dauerhaftigkeit *f* **2.** (*persistencia*) Beständigkeit *f* **3.** (*continuación*) Fortdauer *f*; **luchar para lograr la ~ en primera** (DEP) kämpfen, um nicht in die zweite Liga abzusteigen

permanente [perma'nen̩te] **I.** *adj* ständig; (*relación*) dauerhaft; (*lluvia*) anhaltend; **estado ~** Dauerzustand *m* **II.** *f* Dauerwelle *f*

permeabilidad [permeaβili'ðað] *f* Durchlässigkeit *f*

permeable [perme'aβle] *adj* durchlässig; **~ al agua** wasserdurchlässig

permisible [permi'siβle] *adj* zulässig

permisivo, -a [permi'siβo, -a] *adj* nachgiebig; (*en lo moral*) freizügig

permiso [per'miso] *m* **1.** Erlaubnis *f*; **~ de residencia/de trabajo** Aufenthalts-/Arbeitserlaubnis *f*; **me dió ~ para hacerlo** er/sie erlaubte mir es zu tun; **pedir ~ a alguien** jdn um Erlaubnis bitten **2.** (*licencia*) Schein *m*; **~ de conducir** Führerschein *m* **3.** (*vacaciones*) Urlaub *m*; **pedir ~** Urlaub beantragen; **estar de ~** (MIL) auf Urlaub sein

permitir [permi'tir] **I.** *vt* **1.** erlauben; **¿me permite pasar/entrar/salir?** darf ich bitte durch/hinein/hinaus?; **no está permitido fumar** Rauchen ist verboten **2.** (*autorizar*) genehmigen **3.** (*tolerar*) zulassen; **no permito que me levantes la voz** diesen Ton lasse ich mir nicht gefallen **II.** *vr:* **~se** sich *dat* erlauben

pernoctar [pernok'tar] *vi* übernachten

pero ['pero] **I.** *conj* aber; (*sin embargo*) jedoch; **¡~ si todavía es una niña!** sie ist doch noch ein Kind!; **¿~ qué es lo que quieres?** was willst du eigentlich? **II.** *m* Aber *nt*; **el proyecto tiene sus ~s** das Projekt hat so seine Tücken; **¡no hay ~ que valga!** keine Widerrede!; **poner ~s a todo** an allem etwas auszusetzen haben

perol [pe'rol] *m* Kessel *m*

peroné [pero'ne] *m* Wadenbein *nt*

perpetuar [perpetu'ar] <*1. pres:* perpetúo> **I.** *vt* **1.** (*recuerdo, memoria*) bewahren **2.** (*nombre, situación*) verewigen **3.** (*error, mentira*) aufrechterhalten **II.** *vr:* **~se** fortleben

perpetuo, -a [per'petwo, -a] *adj* **1.** (*incesante*) fortwährend **2.** (*vitalicio*) lebenslänglich; (*renta*) auf Lebenszeit

perplejo, -a [per'plexo, -a] *adj* verwirrt; **me quedé ~ cuando me lo dijo** ich war wie vor den Kopf geschlagen, als er/sie es mir sagte

perra ['perra] *f* **1.** (ZOOL) Hündin *f* **2.** (*obstinación*) Fimmel *m fam* **3.** (*fam*) Wutanfall *m*; **coger una ~** einen Wutanfall bekommen **4.** (*fam: modorra*) Schläfrigkeit *f*; (*pereza*) Faulheit *f* **5.** (*puta*) Hure *f pey* **6.** (*fam: dinero*) Kohle *f*; **no tener una ~** völlig abgebrannt sein **7.** (*fam: borrachera*) Rausch *m*

perrera [pe'rrera] *f* (*casa*) Hundehütte *f*; (*edificio*) Hundezwinger *m*

perrería [perre'ria] *f* Gemeinheit *f*

perrito [pe'rrito] *m*: **~ caliente** Hotdog *m o nt*

perro[1] ['perro] *m* (ZOOL: *t. pey*) Hund *m*; **~ callejero** Promenadenmischung *f*; **humor de ~s** Hundslaune *f*; **tiempo de ~s** Hundewetter *nt*; **ser ~ viejo** ein alter Hase sein

perro, -a[2] ['perro, -a] *adj* gemein; **llevar una vida perra** ein Hundeleben führen

P

persa ['persa] *adj* persisch
persecución [perseku'θjon] *f* Verfolgung *f*
perseguir [perse'ɣir] *irr como seguir vt* verfolgen; **la policía persigue al fugitivo** die Polizei ist hinter dem Ausbrecher her; **me persigue la mala suerte** ich bin vom Pech verfolgt
perseverancia [perseβe'ran̪θja] *f* **1.**(*insistencia*) Beharrlichkeit *f* (*en* bei +*dat*) **2.**(*en trabajo, actividad*) Ausdauer *f* (*en* bei +*dat*) **3.**(*firmeza*) Standhaftigkeit *f*
perseverante [perseβe'ran̪te] *adj* **1.**(*insistente*) beharrlich **2.**(*constante*) ausdauernd **3.**(*firme*) standhaft
perseverar [perseβe'rar] *vi* beharren (*en* auf +*dat*); ~ **en algo** bei etw *dat* nicht aufgeben
Persia ['persja] *f* Persien *nt*
persiana [per'sjana] *f* Rollladen *m*
pérsico, -a ['persiko, -a] *adj* persisch
persignarse [persiɣ'narse] *vr* sich bekreuzigen
persistencia [persis'ten̪θja] *f* **1.**(*insistencia*) Beharrlichkeit *f* **2.**(*perduración*) Anhalten *nt* **3.**(*en trabajo, actividad*) Ausdauer *f*
persistente [persi'ten̪te] *adj* **1.**(*persona*) beharrlich **2.**(*acción*) anhaltend; (*recuerdo*) bleibend
persistir [persis'tir] *vi* **1.**(*insistir*) beharren (*en* auf +*dat*) **2.**(*perdurar*) anhalten
persona [per'sona] *f* Person *f;* ~ **de contacto** Ansprechpartner *m;* **en** ~ persönlich; **ser buena/mala** ~ ein guter/böser Mensch sein; **había muchas ~s** es waren viele Leute da; **ese es una ~ de cuidado** bei ihm ist Vorsicht geboten
personaje [perso'naxe] *m* **1.**Persönlichkeit *f;* ~ **de culto** Kultfigur *f* **2.**(TEAT, LIT) Person *f*
personal [perso'nal] **I.** *adj* persönlich; **datos ~es** Personalien *fpl;* **pronombre** ~ Personalpronomen *nt* **II.** *m* **1.**Personal *nt,* Belegschaft *f;* ~ **de a bordo** (AERO) Flugzeugbesatzung *f;* ~ **docente** Lehrkräfte *fpl;* ~ **de tierra** (AERO) Bodenpersonal *nt* **2.**(*fam*) Leute
personalidad [personali'ða^{d}] *f* Persönlichkeit *f*
personalizar [personali'θar] <z→c> *vt* **1.**(*aludir*) namentlich nennen **2.**(*hacer personal*) persönlich gestalten
personarse [perso'narse] *vr* persönlich erscheinen (*en* bei +*dat*); ~ **en juicio** vor Gericht erscheinen
personificar [personifi'kar] <c→qu> *vt* verkörpern; **personifica la maldad** er/sie ist die Bosheit in Person
perspectiva [perspek'tiβa] *f* **1.**Perspektive *f* **2.**(*vista*) Anblick *m* **3.** *pl* (*posibilidad*) Aussichten *fpl* **4.**(*distancia*): **aún no disponemos de la ~ adecuada para valorar este periodo** wir haben noch nicht die nötige Distanz, um diese Periode zu beurteilen
perspicacia [perspi'kaθja] *f* Scharfsinn *m*
perspicaz [perspi'kaθ] *adj* **1.**(*vista*) gut **2.**(*persona*) scharfsinnig
persuadir [perswa'ðir] **I.** *vt* **1.**überreden; **le ~é para que no haga el viaje** ich werde ihm die Reise ausreden **2.**(*convencer*) überzeugen **II.** *vr:* **~se** sich überzeugen
persuasión [perswa'sjon] *f* **1.**(*acto*) Überredung *f;* **emplear todo su poder de ~** seine ganze Überredungskunst aufbieten **2.**(*convencimiento*) Überzeugung *f;* **tener la ~ de que...** davon überzeugt sein, dass ...
persuasivo, -a [perswa'siβo, -a] *adj* überzeugend
pertenecer [pertene'θer] *irr como crecer vi* **1.**gehören (*a* +*dat*) **2.**(*tener obligación*): **a ti te pertenece barrer** du bist für das Fegen zuständig
perteneciente [pertene'θjen̪te] *adj* (da)zugehörig; **los países ~s a la ONU** die Mitglied(s)staaten der UNO
pertenencia [perte'nen̪θja] *f* **1.**(*acción*) Zugehörigkeit *f* **2.** *pl* (*bienes*) Eigentum *nt* **3.** *pl* (*accesorios*) Zubehör *nt*
pertinaz [perti'naθ] *adj* **1.**(*lluvia, tos*) anhaltend **2.**(*persona*) hartnäckig
pertinente [perti'nen̪te] *adj* **1.**(*oportuno*) angemessen **2.**(*pregunta, comentario*) sachbezogen; **en lo ~ a...** was ... betrifft
perturbación [perturβa'θjon] *f* Störung *f;* (*social*) Unruhe *f*
perturbado, -a [pertur'βaðo, -a] **I.** *adj* (PSICO) geistesgestört **II.** *m, f:* ~ (**mental**) Geistesgestörte(r) *m*
perturbar [pertur'βar] *vt* stören; (*confundir*) verwirren; (*alterar*) aus der Ruhe bringen
Perú [pe'ru] *m* Peru *nt*

Perú liegt im Westen Südamerikas; es ist das drittgrößte Land, nach Brasilien und Argentinien. Die Hauptstadt und zugleich größte Stadt Perus ist **Lima**. Offizielle Landessprachen sind sowohl Spanisch wie auch **quechua**. Die Währungseinheit Perus ist der **sol**. Die Ureinwohner Perus waren die **incas**.

peruano, -a [pe'rwano, -a] *adj* peruanisch

perversidad [perβersi'ða^{ð}] *f* Bösartigkeit *f*

perversión [perβer'sjon] *f* **1.** Pervertierung *f;* (*de costumbres*) Verfall *m;* ~ **de menores** Verführung von Minderjährigen **2.** (*cualidad*) Perversion *f*

perverso, -a [per'βerso, -a] *adj* **1.** (*malo*) böse **2.** (*moral*) verkommen **3.** (*sexual*) pervers

pervertido, -a [perβer'tiβo, -a] *adj* pervers

pervertir [perβer'tir] *irr como sentir* **I.** *vt* **1.** (*costumbres*) verderben **2.** (*a alguien*) verführen **3.** (*corromper*) pervertieren **II.** *vr:* ~**se** **1.** (*en costumbres, ideología*) pervertieren **2.** (*depravarse*) verkommen

pesa ['pesa] *f* Gewicht *nt;* (DEP) Hantel *f;* **hacer** (**entrenamiento de**) ~**s** Krafttraining machen; **levantamiento de** ~**s** Gewichtheben *nt*

pesadez [pesa'ðeθ] *f* **1.** (*de objeto*) Schwere *f* **2.** (*de movimiento*) Schwerfälligkeit *f* **3.** (*de sueño*) Tiefe *f* **4.** (*de tarea*) Lästigkeit *f* **5.** (*de persona*) Aufdringlichkeit *f* **6.** (*de viaje*) Mühsamkeit *f* **7.** (*de lectura*) Langatmigkeit *f* **8.** (*de dibujo*) Überladung *f*

pesadilla [pesa'ðiʎa] *f* Alptraum *m*

pesado, -a [pe'saðo, -a] *adj* **1.** schwer; **tengo el estómago** ~ das Essen liegt mir schwer im Magen **2.** (*lento*) schwerfällig **3.** (*molesto*) lästig **4.** (*duro*) mühsam **5.** (*aburrido*) langweilig **6.** (*sueño*) bleiern; (*tiempo*) drückend; (*viaje*) lang; (*lectura*) langatmig; (*dibujo*) schnörkelig

pésame ['pesame] *m* Beileid *nt;* **dar el** ~ sein Beileid aussprechen; **reciba mi más sincero** ~ **por la muerte de su hermana** zum Tod Ihrer Schwester möchte ich Ihnen mein aufrichtiges Beileid aussprechen

pesar [pe'sar] **I.** *vi* **1.** wiegen; **esta caja pesa mucho** diese Kiste ist sehr schwer **2.** (*cargo, responsabilidad*) (schwer) lasten (auf +*dat*); (*problemas*) belasten +*akk* **3.** (*hipoteca*) lasten (*sobre* auf +*dat*) **II.** *vt* **1.** wiegen **2.** (*ventajas*) abwägen **3.** (*disgustar*): **me pesa haberte mentido** ich bedauere es, dich belogen zu haben; **mal que te pese...** ob es dir nun gefällt oder nicht, ...; **pese a que...** obwohl ... **III.** *m* **1.** (*pena*) Kummer *m;* **muy a** ~ **mío** zu meinem großen Bedauern **2.** (*remordimiento*) Gewissensbisse *mpl* **3.** (*loc*): **a** ~ **de...** trotz ... +*gen;* **a** ~ **de todo lo quiere intentar** er/sie will es trotz allem versuchen

pesca ['peska] *f* **1.** Fischfang *m;* **ir de** ~ auf Fischfang gehen **2.** (*oficio, industria*) Fischerei *f* **3.** (*captura*) Fang *m*

pescadería [peskaðe'ria] *f* Fischgeschäft *nt*

pescadilla [peska'ðiʎa] *f* (junger) Seehecht *m*

pescado [pes'kaðo] *m* Fisch *m*

pescador(a) [peska'ðor(a)] *m(f)* (*de caña*) Angler(in) *m(f);* (*de mar*) Fischer(in) *m(f)*

pescar [pes'kar] <c→qu> *vt* **1.** angeln **2.** (*resfriado*) sich *dat* zuziehen **3.** (*fam: novio*) sich *dat* angeln **4.** (*fam*) kapieren

pescuezo [pes'kweθo] *m* Nacken *m*

pese ['pese] *adv:* ~ **a** trotz +*gen*

pesebre [pe'seβre] *m* Krippe *f*

peseta [pe'seta] *f* Pesete *f*

pesetero, -a [pese'tero, -a] *m, f* Raffke *m fam;* **este comerciante es un** ~ dieser Kaufmann denkt nur ans Geld

pesimismo [pesi'mismo] *m* Pessimismus *m*

pesimista [pesi'mista] **I.** *adj* pessimistisch **II.** *mf* Pessimist(in) *m(f)*

pésimo, -a ['pesimo, -a] *adj* sehr schlecht

peso ['peso] *m* **1.** Gewicht *nt;* **coger/perder** ~ zu-/abnehmen **2.** (*pesadez*) Schwere *f;* **tener** ~ **en las piernas** schwere Beine haben **3.** (*importancia*) Bedeutung *f;* **tener una razón de** ~ einen gewichtigen Grund haben **4.** (*carga*) Last *f;* **llevar el** ~ **de algo** die Verantwortung für etw tragen; **me saco un** ~ **de encima** mir fällt ein Stein vom Herzen **5.** (DEP) Kugel *f* **6.** (*moneda*) Peso *m*

pesquero, -a [pes'kero, -a] *adj* Fischer-

pesquisa[1] [pes'kisa] *f* Nachforschung *f;* (*de la policía*) Ermittlung *f;* **hacer** ~**s** Nachforschungen anstellen

pesquisa[2] [pes'kisa] *m* (*AmS*) Geheimpolizist *m*

P

pestaña [pes'taɲa] *f* (ANAT) Wimper *f*

pestañ(e)ar [pesta'ɲar/pestaɲe'ar] *vi* blinzeln

peste ['peste] *f* **1.** (MED) Pest *f* **2.** (*olor*) Gestank *m* **3.** (*plaga*) Plage *f* **4.** (*loc*): **echar ~s de alguien** jdn schlecht machen

pestillo [pes'tiʎo] *m* **1.** Riegel *m;* (*tirador*) (Tür)klinke *f;* **echar el ~** die Tür verriegeln **2.** (*de la cerradura*) Falle *f*

petaca [pe'taka] *f* **1.** (*para cigarros*) Zigarrenetui *nt;* (*para tabaco*) Tabakbeutel *m* **2.** (*Am: caja*) Lederkoffer *m;* (*baúl*) Schrankkoffer *m;* (*cesto*) (Weiden)korb *m* **3.** (*AmC: joroba*) Buckel *m*

pétalo ['petalo] *m* Blütenblatt *nt*

petardo [pe'tarðo] *m* **1.** (*cohete*) Sprengkörper *m;* (*de fiesta*) Böller *m;* **tirar ~s** böllern **2.** (*estafa*) Schwindel *m* **3.** (*loc*): **alguien es un ~** jd ist hässlich wie die Nacht; **algo es un ~** etw ist stinklangweilig

petate [pe'tate] *m* (*de soldado*) Gepäck *nt;* (*de marinero*) Seesack *m;* **liar el ~** (*fig*) sein Bündel schnüren

petición [peti'θjon] *f* **1.** Bitte *f;* (*formal*) Ersuchen *nt;* **a ~ de...** auf Ersuchen von ... **2.** (*escrito*) Gesuch *nt* **3.** (*solicitud*) Antrag *m*

petiso, -a [pe'tiso, -a] **I.** *adj* (*Arg, Urug*) **1.** (*pequeño*) klein; (*muy pequeño*) winzig **2.** (*enano*) kleinwüchsig **II.** *m, f* kleinwüchsige Person *f*

peto ['peto] *m* (*de bebé/delantal*) Latz *m*

petróleo [pe'troleo] *m* **1.** (Erd)öl *nt* **2.** (*de lámpara*) Petroleum *nt*

peyorativo, -a [peɟora'tiβo, -a] *adj* abwertend

pez [peθ] *m* (ZOOL) Fisch *m*

pezón [pe'θon] *m* **1.** (BOT) Stiel *m* **2.** (*de mujer*) Brustwarze *f* **3.** (*de animal*) Zitze *f*

pezuña [pe'θuɲa] *f* **1.** (*de león, águila*) Klaue *f;* (*de caballo, asno*) Huf *m* **2.** *pl* (*fam: de persona*) Quanten *pl*

piadoso, -a [pja'ðoso, -a] *adj* **1.** (*misericordioso*) barmherzig; (*bondadoso*) gutherzig **2.** (*devoto*) fromm

pialar [pja'lar] *vt* (*Am*) mit dem Lasso einfangen

pianista [pja'nista] *mf* Klavierspieler(in) *m(f);* (*profesional*) Pianist(in) *m(f)*

piano [pi'ano] **I.** *m* Klavier *nt;* **~ de cola** Flügel *m* **II.** *adv* (MÚS) piano

piar [pi'ar] <*1. pres:* pío> *vi* piep(s)en

PIB [pei'βe] *m abr de* **Producto Interior Bruto** BIP *nt*

pica ['pika] *f* **1.** (*lanza*) Lanze *f* **2.** (*de cartas*) Pik *nt*

picada [pi'kaða] *f* **1.** (*de avispa*) Stich *m;* (*de serpiente*) Biss *m;* (*de pez*) Anbiss *m* **2.** (*CSur: tapas*) Häppchen *nt*

picadero [pika'ðero] *m* Reitbahn *f,* Reitschule *f*

picadillo [pika'ðiʎo] *m* Hackfleisch *nt;* (GASTR) Haschee *nt,* Wurstfüllung *f;* (*para salchichas*) Brät *nt;* **hacer ~ a alguien** (*fam*) aus jdm Hackfleisch machen

picado, -a [pi'kaðo, -a] *adj* **1.** (*con picaduras: abrigo*) mottenzerfressen; (*fruta*) angefressen; (*muela*) faul; (*cara*) pockennarbig **2.** (*con agujeros*) durchlöchert **3.** (*mar*) kabbelig **4.** (*fam: enfadado*) pikiert

picador [pika'ðor] *m* **1.** Zureiter(in) *m(f)* **2.** (TAUR) Pikador *m* **3.** (MIN) Hauer *m*

picadura [pika'ðura] *f* **1.** (*de avispa*) Stich *m;* (*de serpiente*) Biss *m* **2.** (*en ropa*) Mottenloch *nt;* (*en metal*) angefressene Stelle *f* **3.** (*tabaco*) Grobschnitt *m* **4.** (*caries*) Karies *f*

picante [pi'kan̩te] **I.** *adj* pikant **II.** *m* **1.** (GASTR) scharf gewürztes Gericht *nt* **2.** (*de comida*) Schärfe *f* **3.** (*de expresión*) Pikanterie *f*

picaporte [pika'porte] *m* **1.** (*aldaba*) Türklopfer *m* **2.** (*tirador*) Türklinke *f* **3.** (*pestillo*) Riegel *m*

picar [pi'kar] <c→qu> **I.** *vi* **1.** (*sol, ojos*) brennen **2.** (*chile, pimienta*) scharf sein **3.** (*pez, clientes*) anbeißen *fam* **4.** (*de la comida*) kleine Mengen essen **5.** (*tener picazón*) jucken; **me pica la espalda** es juckt mich am Rücken **6.** (*avión*) einen Sturzflug machen **7.** (*puerta*) klopfen (*a* an *+akk*) **8.** (*loc*): **~ muy alto** hoch hinaus wollen **II.** *vt* **1.** (*con punzón*) stechen **2.** (*sacar*): **~ una oliva de la lata** eine Olive aus der Dose picken **3.** (*insecto*) stechen; (*serpiente*) beißen **4.** (*ave*) picken **5.** (*desmenuzar*) zerkleinern; **carne picada** Hackfleisch *nt;* **tabaco picado** Grobschnitt *m* **6.** (*caballo*) die Sporen geben *+dat* **7.** (*papel, tela*) durchstechen; (*billete*) lochen **8.** (*ofender*) verletzen; **estar picado con alguien** auf jdn sauer sein; **¿qué mosca te ha picado?** welche Laus ist dir über die Leber gelaufen? **9.** (*incitar*) anspornen **10.** (TIPO) eintippen **III.** *vr:* **~se 1.** (*metal*) angefressen werden; (*muela*) faul werden; (*ropa*) (von Motten) zerfressen sein; (*vino*) einen Stich bekommen; (*semillas*) unbrauchbar werden **2.** (*mar*) kabbelig werden **3.** (*ofenderse*) gekränkt sein; (*mosquearse*) sich ärgern; **~se por nada** schnell beleidigt sein **4.** (*Am*) sich betrinken

picardía [pikar'ðia] *f* **1.** (*malicia*) Verschmitztheit *f;* **lo dije con ~** ich habe mir meinen Teil gedacht, als ich das sagte **2.** (*travesura*) Streich *m* **3.** (*broma*) Spaß *m*

picaresco, -a [pika'resko, -a] *adj* **1.** schelmisch **2.** (*comentario*) frech

pícaro, -a ['pikaro, -a] **I.** *adj* **1.** (*granuja*) betrügerisch **2.** (*astuto*) schelmisch **3.** (*comentario*) frech **II.** *m, f* Gauner(in) *m(f)*

picazón [pika'θon] *f* **1.** Jucken *nt* **2.** (*disgusto*) Ärger *m*

picha ['pitʃa] *f* (*vulg*) Schwanz *m fam*

pichi ['pitʃi] *m* **1.** (*falda*) Trägerrock *m* **2.** (*CSur: fam: pipí*) Pipi *nt*

pichín [pi'tʃin] *m* (*CSur: fam: pipí*) Pipi *nt*

picnic ['piɣniᵞ] *m* Picknick *nt*

pico ['piko] *m* **1.** (*pájaro*) Specht *m* **2.** (*del pájaro*) Schnabel *m* **3.** (*fig: boca*) Mund *m;* **~ de oro** ausgezeichneter Redner; **alguien se fue del ~** jd hat sich verplappert **4.** (*herramienta*) Spitzhacke *f* **5.** (*montaña*) Spitze *f* **6.** (*jarra*) Tülle *f* **7.** (*loc*): **llegar a las cuatro y ~** um kurz nach vier kommen

picor [pi'kor] *m* (*en la piel*) Jucken *nt;* (*en la boca*) Brennen *nt*

picotear [pikote'ar] **I.** *vi* **1.** (*comer*) ≈knabbern **2.** (*hablar*) schwatzen **II.** *vt* anpicken

pictórico, -a [pik'toriko, -a] *adj* malerisch

picudo, -a [pi'kuðo, -a] *adj* **1.** (*puntiagudo*) spitz; (*anguloso*) kantig **2.** (*charlatán*) schwatzhaft

pie [pje] *m* **1.** (*extremidad, medida*) Fuß *m;* **~s planos** Plattfüße *mpl;* **¿qué ~ calza Ud.?** welche Schuhgröße haben Sie?; **al ~ del árbol** am Baumstamm; **al ~ de la carta** am Ende des Briefes; **a(l) ~ de (la) obra** auf der Baustelle; **venir a ~** zu Fuß kommen; **quedarse de ~** stehen bleiben; **estar de ~** stehen; **ponerse de ~** aufstehen; **hoy no doy ~ con bola** (*fam*) heute kriege ich nichts geregelt; **estoy cansada: no me tengo en ~** ich bin ganz erschöpft: ich kann nicht mehr stehen; **parar los ~s** zur Räson bringen; **~s, ¿para qué os quiero?** nichts wie weg hier!; **poner ~s en polvorosa** sich aus dem Staub machen; **no le des ~ para que se queje de ti** liefere ihm/ihr keinen Anlass sich über dich zu beschweren **2.** (TIPO): **~ de imprenta** Druckvermerk *m;* **~ de página** Fußzeile *f* **3.** (*planta*) Stängel *m;* (*tronco*) Stamm *m* **4.** (*métrica*) Versfuß *m* **5.** (TEAT) Stichwort *nt* **6.** (*trípode*) Stativ *nt* **7.** (*loc*): **de a ~** normal

piedad [pje'ðaᵈ] *f sin pl* **1.** (REL) Frömmigkeit *f,* Erbarmen *nt;* **¡ten ~ de nosotros!** erbarme dich unser! **2.** (*loc*): **monte de ~** Pfandhaus *nt*

piedra ['pjeðra] *f* **1.** (GEO, MED) Stein *m;* **~ pómez** Bimsstein *m;* **~ preciosa** Edelstein *m;* **edad de ~** Steinzeit *f* **2.** (*granizo*) Hagel *m* **3.** (*mechero*) Feuerstein *m*

piel [pjel] *f* **1.** (*de persona*) Haut *f;* **se me puso la ~ de gallina oyendo su historia** ich bekam eine Gänsehaut, als ich seine/ihre Geschichte hörte; **en esa empresa se dejó la ~** er/sie hat sich in außerordentlichem Maße in dieses Unternehmen eingebracht **2.** (*de animal*) Pelz *m;* (*cuero*) Leder *nt* **3.** (*de fruta*) Schale *f*

pienso ['pjenso] *m* Futter *nt;* **~ completo** Fertigfutter *nt*

pierna ['pjerna] *f* Bein *nt;* (*entre la rodilla y el pie*) Unterschenkel *m;* (*ternera*) Keule *f;* **~ ortopédica** Beinprothese *f*

pieza ['pjeθa] *f* **1.** Stück *nt,* Teil *nt;* (*reproducción*) Exemplar *nt;* **~ de recambio** Ersatzteil *nt;* **~ suelta** Einzelteil *nt;* **~ por ~** Stück für Stück; **¡menuda ~ está hecho ese!** das ist mir ein sauberer Vogel! **2.** (*caza*) Stück *nt* Wild; (*pesca*) Fisch *m* **3.** (MÚS, TEAT) Stück *nt* **4.** (*damas*) Stein *m;* (*ajedrez*) Figur *f* **5.** (*Am: habitación*) Zimmer *nt* **6.** (*moneda*) Münze *f*

pigmento [piɣ'men̩to] *m* (BIOL) Pigment *nt,* Farbstoff *m*

pignorar [piɣno'rar] *vt* verpfänden

pijada [pi'xaða] *f* (*argot*) Blödsinn *m;* **¡eso son ~s!** das ist doch ausgemachter Blödsinn!

pijama [pi'xama] *m* Schlafanzug *m*

pijo, -a ['pixo, -a] *m, f* (*argot*) Yuppie *m*

pijotero, -a [pixo'tero, -a] *adj* **1.** (*pey*) lästig **2.** (*Am: tacaño*) knickerig

pila ['pila] *f* **1.** (Spül)becken *nt;* (*fuente*) Brunnenbecken *nt;* (*bautismal*) Taufbecken *nt;* **nombre de ~** Taufname *m* **2.** (FÍS) Batterie *f;* **~ reversible** Akku(mulator)batterie *f* **3.** (*montón*) Stapel *m;* **una ~ de libros** ein Stapel Bücher

pilar [pi'lar] *m* **1.** (*camino*) Wegweiser *m*

2. (*columna*) Säule *f* 3. (*fuente*) Brunnenbecken *nt* 4. (*apoyo*) Stütze *f*

píldora ['pildora] *f* Pille *f;* **la** ~ (**anticonceptiva**) die (Antibaby)pille

pillar [pi'ʎar] *vt* 1. antreffen; **la noche nos pilló en el monte** die Nacht überraschte uns auf dem Berg; **eso no me pilla de sorpresa** das ist für mich keine Überraschung; **tu casa nos pilla de camino** dein Haus liegt für uns auf dem Weg 2. (*atropellar*) überfahren 3. (*entender*) verstehen 4. (*robar*) rauben 5. (*Arg: orinar*) pinkeln *fam*

pillastre [pi'ʎastre] *m* (*fam*) Gauner *m*

pillín, -ina [pi'ʎin, -ina] *adj* schlau

pillo, -a ['piʎo, -a] I. *adj* (*fam*) schlau II. *m, f* (*fam*) Gauner(in) *m(f)*

pilotar [pilo'tar] *vt* (*barco*) lotsen; (*coche, avión*) steuern

piloto [pi'loto] I. *mf* 1. (NÁUT) Steuermann *m*, Lotse, -in *m, f* 2. (AERO) Pilot(in) *m(f);* **poner el ~ automático** den Autopiloten einschalten 3. (AUTO) Fahrer(in) *m(f);* ~ **de carreras** Rennfahrer(in) *m(f)* II. *adj* (*de prueba*) Versuchs-; (*de modelo*) Muster-; **experiencia** ~ Pilotversuch *m*

pilucho, -a [pi'lutʃo, -a] *adj* (*Chil*) nackt

pimentón [pimen̪'ton] *m* Paprika *m*

pimienta [pi'mjen̪ta] *f* Pfeffer *m*

pimiento [pi'mjen̪to] *m* Paprika *m*

pinacoteca [pinako'teka] *f* Pinakothek *f*

pinar [pi'nar] *m* Kiefernwald *m*

pincel [pin̪'θel] *m* Pinsel *m*

pincelada [pin̪θe'laða] *f* Pinselstrich *m*

pinchar [pin'tʃar] I. *vi* 1. (*rueda*) einen Platten haben 2. (*fracasar*) versagen II. *vt* 1. (*alfiler*) stechen 2. (*estimular*) aufreizen; (*mortificar*) kränken 3. (*inyección*) eine Spritze geben +*dat* 4. (*teléfono*) anzapfen III. *vr:* ~**se** 1. (*alfiler*) sich stechen 2. **se nos ha pinchado una rueda** wir haben einen Platten *fam* 3. (*insulina*) sich *dat* spritzen 4. (*argot: drogarse*) sich *dat* einen Schuss setzen

pinchazo [pin'tʃaθo] *m* 1. Stich *m;* **me dieron unos ~s insoportables en el estómago** ich spürte heftige Stiche im Magen 2. (*neumático*) Reifenpanne *f;* **tuvimos un ~ tras la curva** nach der Kurve hatten wir einen Platten *fam*

pinche ['pintʃe] *mf* Küchenhilfe *f*

pinchito [pin'tʃito] *m* Snack *m;* (*en un palillo*) Spieß *m*

pincho ['pintʃo] *m* 1. (*avispa*) Stachel *m;* (*rosa*) Dorn *m* 2. *v.* **pinchito**

pinedo [pi'neðo] *m* (*AmC*) Kiefernwald *m*

pingajo [piŋ'gaxo] *m* (*fam*) Fetzen *m*

pingo ['piŋgo] *m* 1. (*fam: harapo*) Fetzen *m* 2. (*fam pey: mujer*) Schlampe *f* 3. (*CSur: caballo*) Pferd *nt* 4. (*loc, fam*): **ir de** ~ die Zeit vertrödeln; **poner a alguien hecho un** ~ jdn ordentlich herunterputzen

pingonear [piŋgone'ar] *vi* (*fam*) die Zeit vertrödeln

ping-pong [piŋ'poŋ] *m* Tischtennis *nt*

pingüino [piŋ'gwino] *m* Pinguin *m*

pino ['pino] *m* 1. Kiefer *f;* ~ **piñonero** Pinie *f* 2. (*loc*): **hacer el** ~ (DEP) einen Handstand machen; **vivir en el quinto** ~ sehr weit weg wohnen

pinta ['pin̪ta] *f* 1. (*mancha*) Flecken *m;* (*animal*) Tüpfel *m o nt;* **a ~s** getupft 2. (*fam: aspecto*) Aussehen *nt;* **tener ~ de caro** teuer aussehen; **tener buena** ~ (GASTR) lecker aussehen; (*persona*) gut aussehen

pintado, -a [pin̪'taðo, -a] *adj* (*animal*) gesprenkelt; **papel** ~ Tapete *f;* **el traje te sienta que ni** ~ das Kostüm steht dir ausgezeichnet; **no lo puedo ver ni** ~ ich kann ihn nicht ausstehen

pintalabios [pin̪ta'laβjos] *m inv* Lippenstift *m*

pintar [pin̪'tar] I. *vi* 1. (ARTE) malen 2. (*bolígrafo*) schreiben II. *vt* 1. (*pared*) (an)streichen; (*con dibujos*) bemalen; ~ **de azul** blau (an)streichen; **¡recién pintado!** frisch gestrichen! 2. (*cuadro*) malen; **¿qué pinta ese aquí?** (*fig*) was hat der denn hier zu suchen?; **no ~ nada** (*fig: persona*) nichts zu sagen haben; (*asunto*) nicht von Bedeutung sein 3. (*describir*) schildern III. *vr:* ~**se** sich schminken

pinto, -a ['pin̪to, -a] *adj* gesprenkelt

pintor(a) [pin̪'tor(a)] *m(f)* Maler(in) *m(f)*

pintoresco, -a [pin̪to'resko, -a] *adj* malerisch

pintura [pin̪'tura] *f* 1. (*arte*) Malerei *f;* ~ **al óleo** Ölmalerei *f;* ~ **rupestre** Höhlenmalerei *f* 2. (*cuadro*) Gemälde *nt;* **no lo puedo ver ni en** ~ ich kann ihn nicht ausstehen 3. (*color*) Farbe *f;* (*barniz*) Lack *m;* **caja de ~s** Malkasten *m*

pinza(s) ['pin̪θa(s)] *f(pl)* 1. (*tenacilla*) Zange *f;* (*para la ropa*) Wäscheklammer *f;* (*para depilar*) Pinzette *f* 2. (*costura*) Abnäher *m* 3. (*cangrejo*) Schere *f*

piña ['piɲa] *f* **1.** (*pino*) Kiefernzapfen *m* **2.** (*fruta*) Ananas *f*

piñón [pi'ɲon] *m* **1.** Pinienkern *m* **2.** (TÉC) Zahnrad *nt*

pío[1] [pio] *m* Piepen *nt;* **no decir ni** ~ keinen Piep sagen *fam;* **¡~, ~, ~!** put, put, put!

pío, **-a**[2] [pio, -a] *adj* fromm; **obra pía** karitative Stiftung

piojo ['pjoxo] *m* Laus *f*

piojoso, **-a** [pjo'xoso, -a] *adj* **1.** verlaust, schmutzig **2.** (*pey*) gemein

piola ['pjola] *f* (*AmS: cuerda*) Schnur *f*

piolín [pjo'lin] *m* (*AmS*) Schnur *f*

pionero, **-a** [pjo'nero, -a] *m, f* Pionier(in) *m(f)*

pipa ['pipa] *f* **1.** Pfeife *f* **2.** (*tonel*) Weinfässchen *nt* **3.** (*fruta*) Kern *m* **4.** (*CRi: fam: cabeza*) Rübe *f* **5.** (*argot: pistola*) Ballermann *m* **6.** *pl* (*de girasol*) (geröstete) Sonnenblumenkerne *mpl* **7.** (*loc, fam*): **lo pasamos** ~ wir haben uns sehr gut amüsiert

pipe ['pipe] *m* (*AmC: camarada*) Kumpel *m*

pipí [pi'pi] *m* (*fam*) Pipi *nt*

pipiolo, **-a** [pi'pjolo, -a] *m, f* **1.** (*irón*) Anfänger(in) *m(f)* **2.** (*Méx: niño*) Kind *nt*

pique ['pike] *m* **1.** Groll *m;* **menudo** ~ **se traían entre ellos** sie waren ziemlich wütend aufeinander **2.** (*Am: camino*) Schneise *f* **3.** (*loc*): **irse a** ~ (NÁUT) sinken; (*plan*) scheitern

piqueta [pi'keta] *f* Spitzhacke *f*

piquete [pi'kete] *m* **1.** Streikposten *m* **2.** (MIL) Kommando *nt*

pira ['pira] *f* (*hoguera*) Lagerfeuer *nt;* ~ **funeraria** Scheiterhaufen *m*

pirado, **-a** [pi'raðo, -a] **I.** *adj* (*argot*) bekloppt **II.** *m, f* (*argot*) Irre(r) *mf*

piragua [pi'raɣwa] *f* Kanu *nt*

pirámide [pi'ramiðe] *f* Pyramide *f*

piraña [pi'raɲa] *f* Piranha *m*

pirarse [pi'rarse] *vr* (*argot*) verschwinden; ~ **de la clase** den Unterricht schwänzen

pirata [pi'rata] **I.** *mf* Pirat(in) *m(f)* **II.** *adj* Raub-; **emisora** ~ Piratensender *m*

pirenaico, **-a** [pire'nai̯ko, -a] *adj* Pyrenäen-

Pirineos [piri'neos] *mpl* Pyrenäen *pl*

piripi [pi'ripi] *adj* (*fam*) leicht beschwipst

pirómano, **-a** [pi'romano, -a] *m, f* Pyromane, -in *m, f*

piropear [pirope'ar] *vt* (*fam*) Komplimente machen +*dat*

piropo [pi'ropo] *m* (*fam: lisonja*) Kompliment *nt;* **echar ~s** Komplimente machen

pirotecnia [piro'teɣnja] *f* Pyrotechnik *f*

pirrarse [pi'rrarse] *vr* (*argot*) verrückt sein (*por* nach +*dat*)

pirueta [pi'rweta] *f* Pirouette *f*

piruleta [piru'leta] *f,* **pirulí** [piru'li] *m* <pirulís> Lutscher *m*

pis [pis] *m* (*fam*) Pipi *nt*

pisada [pi'saða] *f* **1.** Tritt *m* **2.** (*huella*) Fußstapfen *m* **3.** (*patada*) Fußtritt *m*

pisar [pi'sar] *vt* **1.** treten; **¡no pises las flores!** tritt nicht auf die Blumen!; ~ **fuerte** (*fig*) selbstbewusst auftreten **2.** (*entrar*) betreten **3.** (*uvas, aceitunas*) keltern; (*tierra*) stampfen **4.** (*humillar*) schikanieren **5.** (*fam: planes*) vereiteln; **me han pisado el tema** sie sind mir mit dem Thema zuvorgekommen

piscina [pis'θina] *f* Schwimmbad *nt;* ~ **cubierta** Hallenbad *nt*

Piscis ['pisθis] *m* (ASTR) Fische *mpl*

piscolabis [pisko'laβis] *m inv* (*fam*) Imbiss *m*

piso ['piso] *m* **1.** (Fuß)boden *m;* (*calle*) Pflaster *nt* **2.** (*planta*) Stock *m;* **de dos ~s** zweistöckig **3.** (*t.* MIN) Sohle *f* **4.** (*vivienda*) Wohnung *f*

pisotear [pisote'ar] *vt* niedertreten; (*fig*) mit Füßen treten

pisotón [piso'ton] *m* Tritt *m;* **dar un** ~ **a alguien** jdm auf den Fuß treten

pista ['pista] *f* **1.** (*huella*) Spur *f;* **estar sobre la buena** ~ auf der richtigen Spur sein **2.** (*t.* AERO, DEP) Piste *f;* (*de baile*) Tanzfläche *f*

pistacho [pis'tatʃo] *m* Pistazie *f*

pisto ['pisto] *m* **1.** Hühnerbrühe *f* **2.** (*fritada*) Gemüsepfanne *f* **3.** (*AmC: dinero*) Geld *nt*

pistola [pis'tola] *f* **1.** Pistole *f* **2.** (*del pintor*) Spritzpistole *f*

pistolero, **-a** [pisto'lero, -a] *m, f* Bandit(in) *m(f)*

pistón [pis'ton] *m* **1.** Kolben *m* **2.** (*arma*) Sprengkapsel *f* **3.** (MÚS) Klappe *f*

pita ['pita] *f* **1.** (BOT) Agave *f* **2.** (*fam: gallina*) Henne *f;* **¡~, ~, ~!** put, put, put!

pitar [pi'tar] **I.** *vt, vi* **1.** pfeifen **2.** (*AmS: fumar*) rauchen **3.** (*Chil: engañar*) betrügen **II.** *vi* **1.** (*fam: funcionar*) gut laufen **2.** (*loc*): **salir pitando** eilig davonlaufen; **¡con la mitad vas que pitas!** mit der Hälfte hast du mehr

P

als genug!

pitido [pi'tiðo] *m* Pfiff *m*

pitillera [piti'ʎera] *f* Zigarettenetui *nt*

pitillo [pi'tiʎo] *m* Zigarette *f*

pito ['pito, -a] *m* **1.** Pfeife *f;* (*claxon*) Hupe *f;* **no me importa un ~** (*fam*) das ist mir schnuppe **2.** (*cigarro*) Zigarette *f* **3.** (*fam: pene*) Pimmel *m*

pitón [pi'ton] *m* **1.** (ZOOL) Pythonschlange *f* **2.** (*toro*) Horn *nt*

pitonisa [pito'nisa] *f* Wahrsagerin *f*

pitorrearse [pitorre'arse] *vr* (*fam*) sich lustig machen (*de* über +*akk*)

pitorreo [pito'rreo] *m* (*fam*) Spott *m;* **¡esto es un ~!** das ist ja der reine Hohn!

pitufo [pi'tufo] *m* (*fam*) Schlumpf *m*

piyama [pi'ɟama] *m* (*Am*) Schlafanzug *m*

pizarra [pi'θarra] *f* **1.** Schiefer *m* **2.** (*encerado*) (Schiefer)tafel *f*

pizarrón [piθa'rron] *m* (*Am: encerado*) (Wand)tafel *f*

pizca ['piθka] *f* **1.** (*fam: poco*) kleines Stück *nt;* **una ~** ein bisschen; **una ~ de sal** eine Prise Salz **2.** (*Méx: cosecha*) Ernte *f*

pizcar [piθ'kar] <c→qu> *vt* (*Méx*) ernten

pizza ['pitsa] *f* Pizza *f*

placa ['plaka] *f* **1.** (*t.* FOTO, INFOR) Platte *f;* **~ giratoria** Drehscheibe *f;* **~ solar fotovoltaica** Sonnenkollektor *m* **2.** (*cartel*) Schild *nt;* **~ conmemorativa** Gedenktafel *f* **3.** (AUTO) Nummernschild *nt* **4.** (MED): **~ dental** Zahnbelag *m*

placenta [pla'θen̪ta] *f* Plazenta *f*

placentero, -a [plaθen̪'tero, -a] *adj* angenehm

placer [pla'θer] **I.** *m* **1.** Freude *f;* **con sumo ~** mit großem Vergnügen **2.** (*sexual*) Lust *f* **II.** *irr como crecer vi* gefallen +*dat;* **¡haré lo que me plazca!** ich werde das tun, wozu ich Lust habe!

placero, -a [pla'θero, -a] *m, f* (*Am*) Straßenverkäufer(in) *m(f)*

plácido, -a ['plaθiðo, -a] *adj* ruhig

plaga ['plaɣa] *f* **1.** (AGR) Plage *f* **2.** (*calamidades*) Leid *nt;* (*lacra*) Geißel *f*

plagado, -a [pla'ɣaðo -a] *adj* voll (*de* mit +*dat*); **la casa está plagada de cucarachas** das Haus ist voller Kakerlaken

plagiar [pla'xjar] *vt* **1.** (*copiar*) abschreiben **2.** (*Am: secuestrar*) entführen

plagio ['plaxjo] *m* **1.** Plagiat *nt* **2.** (*Am: secuestro*) Entführung *f*

plan [plan] *m* **1.** Plan *m;* **~ de emergencia** Notstandsplan *m;* **si no tienes ~ para esta noche paso a buscarte** wenn du heute Abend noch nichts vorhast, hole ich dich ab **2.** (*argot*) (Liebes)bekanntschaft *f* **3.** (*loc*): **esto no es ~** (*argot*) so geht es nicht (weiter); **en ~ de...** als ...

plancha ['plantʃa] *f* **1.** Platte *f;* (TIPO) Druckplatte *f* **2.** (*para ropa*) Bügeleisen *nt* **3.** (GASTR): **a la ~** gegrillt

planchado, -a [plan'tʃaðo, -a] *adj* **1.** (*AmC: acicalado*) geschniegelt *fam* **2.** (*loc*): **lo dejé ~** (*fam fig*) er war platt

planchar [plan'tʃar] *vt* bügeln

planeador [planea'ðor] *m* (AERO) Segelflugzeug *nt*

planear [plane'ar] **I.** *vi* schweben **II.** *vt* planen

planeta [pla'neta] *m* (ASTR) Planet *m*

planetario, -a [plane'tarjo, -a] *adj* Planeten-

planicie [pla'niθje] *f* Ebene *f*

planificación [planifika'θjon] *f* Planung *f;* **~ regional** Raumplanung *f*

planificar [planifi'kar] <c→qu> *vt* planen

plano[1] ['plano] *m* **1.** (MAT) Ebene *f* **2.** (*mapa*) Plan *m* **3.** (CINE): **primer ~** Großaufnahme *f;* **en primer ~** (*delante*) im Vordergrund

plano, -a[2] ['plano, -a] *adj* flach; **superficie plana** Ebene *f*

planta ['plan̪ta] *f* **1.** (BOT) Pflanze *f;* **~ de interior** Zimmerpflanze *f;* **~ medicinal** Arzneipflanze *f* **2.** (*pie*) Fußsohle *f* **3.** (*fábrica*) Anlage *f* **4.** (*Am:* ELEC): **~ de energía atómica/hidráulica** Atomkraft-/Wasserkraftwerk *nt* **5.** (*piso*) Stockwerk *nt;* **~ alta/baja** Ober-/Erdgeschoss *nt*

plantación [plan̪ta'θjon] *f* Pflanzung *f,* Plantage *f*

plantar [plan̪'tar] **I.** *vt* **1.** pflanzen **2.** (*clavar*) befestigen; **~ una tienda de campaña** ein Zelt aufschlagen **3.** (*fam: tortazo*) versetzen **4.** (*fam: cita*) versetzen; **desapareció y me dejó plantado** er/sie verschwand und ließ mich einfach stehen **5.** (*abandonar*) aufgeben **II.** *vr:* **~se 1.** (*resistirse*) sich widersetzen (*ante* +*dat*) **2.** (*asno, perro*) nicht von der Stelle wollen **3.** (*aparecer*) auftauchen; **se ~on en mi casa en un periquete** sie waren blitzschnell bei mir **4.** (*negarse*) sich hartnäckig weigern **5.** (*en los naipes*) passen

planteamiento [plaṇtea'mjeṇto] *m* **1.** Gesichtspunkt *m* **2.** (MAT) Ansatz *m*

plantear [plaṇte'ar] **I.** *vt* **1.** angehen; **este problema está mal planteado** dieses Problem ist falsch angegangen worden **2.** (*causar*) verursachen; (*discusión*) auslösen **II.** *vr:* **~se** **1.** (*reflexionar*) überdenken **2.** (*cuestión*) aufwerfen

plantilla [plaṇ'tiʎa] *f* **1.** Belegschaft *f;* ~ **de profesores** Lehrerschaft *f* **2.** (*zapato*) Einlegesohle *f* **3.** (*zapatero*) Brandsohle *f* **4.** (*patrón*) Schablone *f* **5.** (*equipo*) Mannschaft *f*

plantón [plaṇ'ton] *m* (*loc*): **dar un ~ a alguien** jdn versetzen

plañir [pla'ɲir] <*3. pret:* plañó> *vi* jammern

plasma ['plasma] *m* Plasma *nt*

plasmar [plas'mar] *vt* **1.** (*moldear, t. fig*) gestalten **2.** (*representar*) widerspiegeln

plasta ['plasta] *mf* (*pey*) Nervensäge *f*

plástica ['plastika] *f* Plastik *f*

plasticidad [plastiθi'ða^{d}] *f* Plastizität *f;* (*fig*) Anschaulichkeit *f*

plástico[1] ['plastiko] *m* Kunststoff *m*

plástico, -a[2] ['plastiko, -a] *adj* Plastik-; **papel ~** Plastikfolie *f;* **las artes plásticas** die bildenden Künste

plastificar [plastifi'kar] <c→qu> *vt* (in Plastik) einschweißen

plata ['plata] *f* **1.** Silber *nt;* ~ **de ley** Feinsilber *nt;* **bodas de ~** Silberhochzeit *f* **2.** (*moneda*) Silbergeld *nt* **3.** (*Am: dinero*) Geld *nt;* **¡adiós mi ~!** (*CSur: fam*) jetzt ist alles verloren! **4.** (*loc*): **hablar en ~** Klartext reden

plataforma [plata'forma] *f* **1.** (*estrado*) Podium *nt* **2.** (*tranvía*) Plattform *f;* (*vagón*) Plattformwagen *m;* ~ **giratoria** Drehscheibe *f* **3.** (POL) Forum *nt* **4.** (GEO): ~ **continental** Kontinentalsockel *m*

plátano ['platano] *m* **1.** Platane *f* **2.** (*árbol*) Banane(nstaude) *f;* (*fruta*) Banane *f*

plateado, -a [plate'aðo, -a] *adj* silbern

platense [pla'tense] *adj* **1.** (*de La Plata*) aus La Plata **2.** (*de Río de La Plata*) aus den Rio-de-la-Plata-Ländern

plática ['platika] *f* **1.** Unterhaltung *f;* **estar de ~** plaudern **2.** (*sermón*) Predigt *f*

platicar [plati'kar] <c→qu> *vi* (*fam*) sich unterhalten

platija [pla'tixa] *f* Flunder *f*

platillo [pla'tiʎo] *m* **1.** (*de una taza*) Untertasse *f* **2.** (*balanza*) Waagschale *f* **3.** (MÚS) Becken *nt*

platino [pla'tino] *m* (QUÍM) Platin *nt*

plato ['plato] *m* **1.** Teller *m,* Untertasse *f;* **tiro al ~** (DEP) Tontaubenschießen *nt* **2.** (*comida*) Gericht *nt;* ~ **combinado** ≈Tellergericht *nt;* ~ **fuerte** Hauptgericht *nt;* (*fig*) Hauptthema *nt* **3.** (*balanza*) Waagschale *f*

plató [pla'to] *m* (CINE) Kulisse *f*

platónico, -a [pla'toniko, -a] *adj* platonisch

platudo, -a [pla'tuðo, -a] *adj* (*Am*) steinreich

plausible [plau̯'siβle] *adj* **1.** (*loable*) lobenswert **2.** (*admisible*) plausibel

playa ['plaɟa] *f* **1.** (*mar*) Strand *m;* ~ **naturista** FKK-Strand *m* **2.** (*Am: espacio*) Gelände *nt*

play-back ['plei̯βa^{k}] *m* <play-backs> Play-back *nt*

play-boy [plei̯'βoi̯] *m* <play-boys> Playboy *m*

playeras [pla'ɟeras] *fpl* ≈Turnschuhe *mpl*

plaza ['plaθa] *f* **1.** Platz *m;* (*de mercado*) Marktplatz *m;* (*de toros*) Arena *f;* ~ **de abastos** Markt *m* **2.** (*asiento*) Sitzplatz *m;* (*de garage/parking*) Stellplatz *m* **3.** (*empleo*) Stelle *f* **4.** (*en instituciones/viajes*) Platz *m*

plazo ['plaθo] *m* **1.** Frist *f;* ~ **de entrega** Lieferzeit *f;* **a corto/largo ~** kurz-/langfristig; **fuera del ~** nicht fristgemäß; **en el ~ de un mes** innerhalb eines Monats **2.** (*cantidad*) Rate *f;* **a ~s** auf Raten

plazoleta [plaθo'leta] *f dim de* **plaza**

pleamar [plea'mar] *f* Flut *f*

plebeyo, -a [ple'βeɟo, -a] **I.** *adj* **1.** (*t.* HIST) plebejisch **2.** (*sin linaje*) bürgerlich **3.** (*inculto*) ungebildet; (*grosero*) ungehobelt **II.** *m, f* **1.** (*t.* HIST) Plebejer(in) *m(f)* **2.** (*sin linaje*) Bürgerliche(r) *mf* **3.** (*grosero*) Grobian *m*

plebiscito [pleβis'θito] *m* Volksbefragung *f*

plegable [ple'ɣaβle] *adj* (*papel*) faltbar; (*mueble*) zusammenklappbar; **silla ~** Klappstuhl *m*

plegar [ple'ɣar] *irr como fregar* **I.** *vt* **1.** (*doblar*) zusammenfalten; (*muebles*) zusammenklappen **2.** (*imprenta*) falzen **II.** *vr:* **~se** sich fügen

plegaria [ple'ɣarja] *f* Gebet *nt*

pleito ['plei̯to] *m* **1.** (JUR) Prozess *m* **2.** (*disputa*) Streit *m*

P

plenario, -a [ple'narjo, -a] *adj:* **asamblea plenaria** Vollversammlung *f;* **sesión plenaria** Plenarsitzung *f*

plenitud [pleni'tuᵈ] *f* **1.** (*totalidad*) Fülle *f* **2.** (*apogeo*) Höhepunkt *m*

pleno[1] ['pleno] *m* Plenum *nt;* **el ayuntamiento en** ~ die gesamte Stadtverwaltung

pleno, -a[2] ['pleno, -a] *adj* voll; ~ **empleo** Vollbeschäftigung *f;* **en el** ~ **uso de sus facultades mentales** unter Einsatz all seiner/ihrer geistigen Fähigkeiten; **le robaron a plena luz del día** er wurde am helllichten Tag ausgeraubt; **en** ~ **verano** im Hochsommer

pletórico, -a [ple'toriko, -a] *adj* strotzend (*de* vor +*dat*); ~ **de salud** kerngesund

pliego ['pljeɣo] *m* **1.** Bogen *m* **2.** (*documento*) Schrift *f*

pliegue ['pljeɣe] *m* Falte *f*

plisar [pli'sar] *vt* plissieren

plomazo [plo'maθo] *m* (*fam: pesado*) Nervensäge *f*

plomo ['plomo] *m* **1.** (*metal*) Blei *nt;* **gasolina sin** ~ bleifreies Benzin; **andarse con pies de** ~ (*fig*) sehr vorsichtig sein; **ser un** ~ sehr lästig sein **2.** (*plomada*) Bleilot *nt* **3.** (*bala*) Kugel *f* **4.** *pl* (ELEC) Sicherung *f*

pluma ['pluma] *f* Feder *f;* ~ **estilográfica** Füllfederhalter *m*

plumaje [plu'maxe] *m* **1.** (*ave*) Gefieder *nt* **2.** (*adorno*) Federbusch *m*

plumear [plume'ar] *vt* (*Am: escribir*) schreiben

plumero [plu'mero] *m* **1.** (*limpieza*) Staubwedel *m* **2.** (*plumier*) Griffelkasten *m* **3.** (*adorno*) Federbusch *m* **4.** (*loc*): **a ése se le ve el** ~ der ist leicht zu durchschauen

plural [plu'ral] **I.** *adj* vielfältig; **número** ~ Plural *m* **II.** *m* Plural *m*

pluralizar [plurali'θar] <z→c> *vt* (*generalizar*) verallgemeinern

pluriempleo [pluriem'pleo] *m* Mehrfachbeschäftigung *f*

pluripartidismo [pluriparti'ðismo] *m* Mehrparteiensystem *nt*

plus [plus] *m* (*gratificación*) Zulage *f;* (*ventaja*) Vorteil *m*

pluscuamperfecto [pluskwamper'fekto] *m* Plusquamperfekt *nt*

plusmarquista [plusmar'kista] *mf* Rekordhalter(in) *m(f)*

plusvalía [plusβa'lia] *f sin pl* Mehrwert *m*

plutonio [plu'tonjo] *m* Plutonium *nt*

P.M. [pe'eme] *f abr de* **policía militar** Militärpolizei *f*

PN ['peso 'neto] *m abr de* **peso neto** Nettogewicht *nt*

PNB [pe(e)ne'be] *m abr de* **producto nacional bruto** BSP *nt*

PNN [pe'nene] *m abr de* **producto nacional neto** Nettosozialprodukt *nt*

PNV [pene'uβe] *m abr de* **Partido Nacionalista Vasco** *Baskische Nationalistische Partei*

p.o. [por 'orðen] *abr de* **por orden** i.A.

población [poβla'θjon] *f* **1.** Bevölkerung *f;* ~ **activa** (ECON) erwerbstätige Bevölkerung **2.** (*localidad*) Ort *m* **3.** (BIOL) Population *f*

poblado[1] [po'βlaðo] *m* (*pueblo*) Dorf *nt;* (*colonia*) Siedlung *f*

poblado, -a[2] [po'βlaðo, -a] *adj* **1.** bewohnt **2.** (*cejas*) dicht

poblar [po'βlar] <o→ue> **I.** *vi, vt* **1.** (*colonizar*) besiedeln **2.** (BOT) bepflanzen (*de* mit +*dat*) **3.** (*habitar*) bewohnen **4.** (ZOOL): **distintas especies pueblan el fondo del mar** verschiedene Arten leben auf dem Meeresgrund **II.** *vr:* ~**se** sich füllen; **la costa se pobló rápidamente** die Küste war bald voller Menschen

pobre ['poβre] **I.** *adj* arm (*de* an +*dat*); (*desgraciado*) unglücklich; (*humilde*) elend; **¡~ de ti si dices mentiras!** wehe dir, wenn du lügst! **II.** *mf* Arme(r) *mf;* (*mendigo*) Bettler(in) *m(f)*

pobreza [po'βreθa] *f* **1.** Armut *f* **2.** (*pusilanimidad*) Kleinmütigkeit *f*

pocho, -a ['potʃo, -a] *adj* **1.** (*fruta*) verdorben **2.** (*persona*) matt

pocilga [po'θilɣa] *f* Schweinestall *m*

pócima ['poθima] *f,* **poción** [po'θjon] *f* Arznei *f;* (*pey: brebaje*) Gesöff *nt;* **la** ~ **mágica** der Zaubertrank

poco[1] ['poko] **I.** *m* **1.** (*cantidad*): **un** ~ **de azúcar** ein bisschen Zucker; **espera un** ~ warte ein wenig **2.** *pl* wenige; **los ~s que vinieron...** die wenigen, die kamen ... **II.** *adv* wenig; **escribir** ~ wenig schreiben; ~ **a** ~ Schritt für Schritt; ~ **después** bald darauf; **dentro de** ~ bald; **desde hace** ~ seit kurzem; **hace** ~ vor kurzem; **y por si fuera ~...** und obendrein ...

poco, -a[2] ['poko, -a] <poquísimo> *adj* wenig; **tiene pocas probabilidades de**

aprobar er/sie hat wenig Chancen zu bestehen

podar [po'ðar] *vt* beschneiden

podenco [po'ðeŋko] *m* (spanischer) Jagdhund *m*

poder [po'ðer] **I.** *irr vi* können; **yo a ti te puedo** (*fam*) ich bin stärker als du; **no ~ con el alma** hundemüde sein; **no puedes cogerlo sin permiso** du darfst das nicht unerlaubt nehmen; **de ~ ser, no dudes que lo hará** wenn er/sie kann, wird er/sie es zweifellos tun; **no pude menos que preguntarle qué hacía por allí** ich konnte nicht umhin ihn/sie zu fragen, was er/sie dort tat **II.** *irr vimpers:* **puede ser que después vuelva** vielleicht komme ich später zurück; **¡puede!** kann sein!; **¿se puede?** darf man (hereinkommen)? **III.** *m* **1.** (*autoridad*) Macht *f;* **la división de ~es** die Gewaltenteilung; **el partido en el ~** die Regierungspartei; **subir al ~** die Macht übernehmen; **haré todo lo que esté en mi ~** ich werde alles tun, was in meiner Macht steht **2.** (*autorización*) Vollmacht *f* **3.** (*fuerza*) Kraft *f;* **~ adquisitivo** (ECON) Kaufkraft *f*

poderoso, -a [poðe'roso, -a] *adj* **1.** (*influyente*) mächtig **2.** (*rico*) reich **3.** (*eficaz*) wirkungsvoll

podio ['poðjo] *m* Podium *nt;* (DEP) Podest *nt;* (ARQUIT) Sockel *m*

podrido, -a [po'ðriðo, -a] *adj* faul; (*fig*) verdorben; **estar ~ de dinero** stinkreich sein

podrir [po'ðrir] *irr vt, vr v.* **pudrir**

poema [po'ema] *m* Gedicht *nt*

poesía [poe'sia] *f* **1.** Poesie *f* **2.** (*poema*) Gedicht *nt*

poeta, -isa [po'eta, poe'tisa] *m, f* Dichter(in) *m(f)*

poética [po'etika] *f* Poetik *f*

poético, -a [po'etiko, -a] *adj* dichterisch; (*t. fig*) poetisch

poetisa [poe'tisa] *f v.* **poeta**

póker ['poker] *m* Poker *nt o m*

polaco, -a [po'lako, -a] *adj* polnisch

polar [po'lar] *adj* polar; **Círculo Polar Ártico/Antártico** nördlicher/südlicher Polarkreis

polaridad [polari'ða^ð] *f* (FÍS) Polarität *f;* (*fig*) Gegensätzlichkeit *f*

polarizar [polari'θar] <z→c> *vt* (FÍS) polarisieren; (*fig*) anziehen; **el espectáculo polarizó la atención de los visitantes** das Stück zog die Zuschauer in seinen Bann

polémico, -a [po'lemiko, -a] *adj* strittig

polen ['polen] *m* Pollen *m;* **tengo alergia al ~** ich habe eine Pollenallergie

polera [po'lera] *f* **1.** (*Chil*) T-Shirt *nt* **2.** (*Arg*) Rollkragenpulli *m*

poli ['poli] *f* (*fam*) Polente *f*

policía[1] [poli'θia] *f* Polizei *f;* **agente de ~** Polizist(in) *m(f);* **coche de ~** Streifenwagen *m;* **comisaría de ~** Polizeiwache *f;* **jefatura de ~** Polizeipräsidium *nt*

policía[2] [poli'θia] *mf* Polizist(in) *m(f);* **perro ~** Polizeihund *m*

policiaco, -a [poli'θjako, -a] *adj,* **policíaco, -a** [poli'θiako, -a] *adj* polizeilich; **Estado ~** Polizeistaat *m*

policial [poli'θjal] *adj v.* **policiaco**

policlínica [poli'klinika] *f,* **policlínico** [poli'kliniko] *m* Poliklinik *f*

polideportivo [poliðepor'tiβo] *m* Sportzentrum *nt*

poliéster [po'ljester] *m* Polyester *m*

polifacético, -a [polifa'θetiko, -a] *adj* vielseitig

poligamia [poli'ɣamja] *f sin pl* Polygamie *f*

polígamo, -a [po'liɣamo, -a] *adj* polygam

políglota [po'liɣlota] *adj* polyglott

polígono [po'liɣono] *m* **1.** (MAT) Vieleck *nt* **2.** (*loc*): **~ industrial** Industriegebiet *nt*

polilla [po'liʎa] *f* Motte *f*

polinesio, -a [poli'nesjo, -a] *adj* polynesisch

polio ['poljo] *f inv* Kinderlähmung *f*

pólipo ['polipo] *m* Polyp *m*

polisemia [poli'semja] *f* Polysemie *f*

polisílabo, -a [poli'silaβo, -a] *adj* mehrsilbig

política [po'litika] *f* Politik *f;* **Política Agraria Común** (UE) Gemeinsame Agrarpolitik; **~ interior/exterior** Innen-/Außenpolitik *f*

político, -a [po'litiko, -a] **I.** *adj* **1.** (POL) politisch; **ciencias políticas** Politikwissenschaften *fpl;* **economía política** Volkswirtschaft(slehre) *f* **2.** (*parentesco*) Schwieger-; **hermano ~** Schwager *m;* **hermana política** Schwägerin *f* **II.** *m, f* Politiker(in) *m(f)*

póliza ['poliθa] *f* (JUR) Police *f;* **me he hecho una ~ de seguros** ich habe eine Versicherungspolice abgeschlossen

polizón [poli'θon] *mf* blinder Passagier *m*

P

polizonte [poli'θoṇte] *m* (*pey*) Bulle *m fam*

polla ['poʎa] *f* **1.** (*chica*) junges Mädchen *nt* **2.** (*vulg: pene*) Schwanz *m fam* **3.** (*Am: carrera*) Pferderennen *nt*

pollerudo [poʎe'ruðo] **I.** *adj* (*CSur*) **1.** (*chismoso*) klatschhaft **2.** (*blando*) weichlich; **niño** ~ Mamasöhnchen *nt;* **hombre** ~ Memme *f* **II.** *m* (*CSur: pey: clérigo*) Priester *m*

pollino, -a [po'ʎino, -a] *m, f* **1.** junger Esel *m,* junge Eselin *f* **2.** (*fig: tonto*) Dummkopf *m*

pollito, -a [po'ʎito, -a] *m, f* (*t. fig*) Küken *nt*

pollo ['poʎo] *m* **1.** Hähnchen *nt;* ~ **asado** Brathähnchen *nt* **2.** (*joven*) junger Bursche *m*

polluelo [po'ʎwelo] *m* Küken *nt*

polo ['polo] *m* **1.** (GEO, FÍS, ASTR) Pol *m;* ~ **ártico** [*o* **boreal**] Nordpol *m;* ~ **antártico** [*o* **austral**] Südpol *m* **2.** (DEP) Polo *nt* **3.** (*camiseta*) Polohemd *nt* **4.** (*helado*) Eis *nt* am Stiel

pololear [polole'ar] *vi* (*AmS*) gehen (*con* mit +*dat*)

Polonia [po'lonja] *f* Polen *nt*

polución [polu'θjon] *f* Verschmutzung *f;* ~ **ambiental** Umweltverschmutzung *f*

polvareda [polβa'reða] *f* Staubwolke *f;* **levantar una** ~ (*fig*) viel Staub aufwirbeln

polvo ['polβo] *m* **1.** Staub *m;* **quitar el** ~ abstauben; **estoy hecho** ~ (*fam*) ich bin fix und fertig **2.** (*sustancia*) Pulver *nt;* **levadura en** ~ Backpulver *nt* **3.** (*vulg: coito*) Nummer *f fam;* **echar un** ~ eine Nummer schieben *fam* **4.** *pl* (*cosmética*) Puder *m*

pólvora ['polβora] *f* (Schieß)pulver *nt*

polvoriento, -a [polβo'rjeṇto, -a] *adj* staubig

polvorín [polβo'rin] *m* Pulverkammer *f*

polvorón [polβo'ron] *m* ≈Schmalzgebäck *nt*

polvoso, -a [pol'βoso, -a] *adj* (*Am*) staubig

pomada [po'maða] *f* Salbe *f*

pomelo [po'melo] *m* Grapefruit *f*

pómez ['pomeθ] *f* Bimsstein *m*

pompa ['pompa] *f* **1.** (*burbuja*) Blase *f* **2.** (*esplendor*) Pracht *f;* (*ostentación*) Pomp *m;* ~**s fúnebres** Bestattungsinstitut *nt*

pompis ['pompis] *m inv* (*fam*) Po(po) *m*

pomposo, -a [pom'poso, -a] *adj* pompös, hochtrabend

pómulo ['pomulo] *m* Backenknochen *m*

ponchada [pon'ʧaða] *f* (*CSur: fam*): **una** ~ **de** ein Haufen +*gen*

ponche ['ponʧe] *m* Punsch *m*

poncho[1] ['ponʧo] *m* Poncho *m*

poncho, -a[2] ['ponʧo, -a] *adj* (*Am*) faul

ponderar [poṇde'rar] *vt* **1.** abwägen **2.** (*encomiar*) preisen

ponencia [po'neṇθja] *f* Referat *nt;* (*informe*) Bericht *m*

ponente [po'neṇte] *mf* Referent(in) *m(f);* (*informador*) Berichterstatter(in) *m(f)*

poner [po'ner] *irr* **I.** *vt* **1.** (*colocar*) stellen; (*horizontalmente*) legen; (*inyección*) geben; (*sellos, etiqueta*) aufkleben; (*tirita*) auflegen; (*huevos*) legen; **¿dónde habré puesto...?** wo habe ich nur ... gelassen? **2.** (*disponer*) herrichten; (*la mesa*) decken; ~ **algo a disposición de alguien** jdm etw zur Verfügung stellen **3.** (*encender*) anmachen; **pon el despertador para las cuatro** stell den Wecker auf vier Uhr; ~ **en marcha** in Gang bringen **4.** (*convertir*) machen; ~ **de mal humor a alguien** jdm die Laune verderben **5.** (*suponer*) annehmen; **pon que no viene** stell dir mal vor, er/sie kommt nicht **6.** (*exponer*): ~ **la leche al fuego** die Milch auf den Herd stellen; ~ **en peligro** aufs Spiel setzen **7.** (*contribuir*) beitragen; (*juego*) setzen; **pusimos todo de nuestra parte** wir haben von uns aus alles getan **8.** (*una expresión*) machen; ~ **mala cara** ein böses Gesicht machen **9.** (*tratar*) behandeln; ~ **a alguien a parir** jdn übel beschimpfen; ~ **a alguien por las nubes** jdn in den Himmel heben **10.** (*denominar*) nennen; **le pusieron por** [*o* **de**] **nombre Manolo** sie haben ihn Manolo genannt; **¿qué nombre le van a ~?** welchen Namen soll er/sie bekommen? **11.** (*espectáculo*) zeigen; ~ **en escena** inszenieren; **¿qué ponen hoy en el cine?** was läuft heute im Kino? **12.** (*imponer*): **hoy nos han puesto muchos deberes** heute haben wir viele Hausaufgaben aufbekommen; ~ **una multa** eine Strafe auferlegen; ~ **condiciones** Bedingungen stellen **13.** (*instalar*) einrichten **14.** (*a trabajar*): **puse a mi hijo de aprendiz de panadero** ich habe meinem Sohn eine Lehrstelle als Bäcker gesucht **15.** (*añadir*) hinzufügen **16.** (*escribir*) schreiben; (*un telegrama*) aufgeben; ~ **entre co-**

millas in Anführungszeichen setzen; ~ **la firma** unterschreiben; ~ **un anuncio** inserieren **17.** (*estar escrito*) stehen **18.** (*vestido, zapato*) anziehen; (*anillo*) anstecken; (*gafas*) aufsetzen **19.** (*teléfono*) verbinden **20.** (*loc*): ~ **aparte** beiseite legen; ~ **atención** aufpassen; ~ **en la calle** (*fig*) auf die Straße setzen; **pusieron a diez trabajadores en la calle** zehn Arbeiter sind entlassen worden; ~ **(en) claro** klarstellen; ~ **algo en conocimiento de alguien** jdn von etw *dat* in Kenntnis setzen; ~ **a alguien al corriente de algo** jdn über etw informieren; ~ **al día** auf den neuesten Stand bringen; ~ **a la venta** verkaufen **II.** *vr:* ~**se 1.** (*vestido, zapato*) sich anziehen; **ponte guapo** mach dich hübsch **2.** (ASTR) untergehen; **el sol se pone por el oeste** die Sonne geht im Westen unter **3.** (*mancharse*): **se pusieron perdidos de barro** sie waren von oben bis unten voller Matsch **4.** (*comenzar*) anfangen; **por la tarde se puso a llover** nachmittags fing es an zu regnen **5.** (*con adjetivo*) werden; **estás en tu casa, ponte cómodo** fühl dich wie zu Hause, mach es dir bequem **6.** (*loc*): **¡no te pongas así que no es para tanto!** stell dich doch nicht so an!; **díle que se ponga al teléfono** sag ihm/ihr, er/sie soll ans Telefon kommen; ~**se las botas** bis zum Umfallen essen; **¡póngase en mi lugar!** versetzen Sie sich in meine Lage!

póney ['poni] *m* Pony *nt*

poni ['poni] *m* Pony *nt*

poniente [po'njen̩te] *m* **1.** Westen *m* **2.** (*viento*) Westwind *m*

pontevedrés, -esa [pon̩teβe'ðres, -esa] *adj* aus Pontevedra

popa ['popa] *f* (*barco*) Heck *nt;* **viento en** ~ Rückenwind *m*

populacho [popu'latʃo] *m* Pöbel *m*

popular [popu'lar] *adj* **1.** (*del pueblo*) volkstümlich **2.** (*conocido*) populär

popularidad [populari'ðaᵈ] *f* Popularität *f*

popularizar [populari'θar] <z→c> **I.** *vt* populär machen; (*extender*) verbreiten **II.** *vr:* ~**se** populär werden

popurrí [popu'rri] *m* Potpourri *nt*

póquer ['poker] *m* Poker *nt o m*

por [por] *prep* **1.** (*lugar: a través de*) durch +*akk;* (*vía*) über +*akk;* (*en*) in +*dat;* ~ **aquí** hier entlang; **pasé** ~ **Madrid hace poco** ich war vor kurzem in Madrid; **adelantar** ~ **la izquierda** links überholen; **ese pueblo está** ~ **Castilla** das Dorf liegt irgendwo in Kastilien; **la cogió** ~ **la cintura** er/sie fasste sie um die Taille **2.** (*tiempo*) für +*akk,* um +*akk;* ~ **la(s) mañana(s)** morgens; **mañana** ~ **la mañana** morgen früh; ~ **la tarde** nachmittags; **ayer** ~ **la noche** gestern Abend; ~ **noviembre** im November; ~ **fin** endlich **3.** (*a cambio de*) für +*akk;* (*en lugar de*) statt +*gen;* (*sustituyendo a alguien*) anstelle +*gen;* **le cambié el libro** ~ **el álbum** ich habe das Buch gegen das Album getauscht **4.** (*agente*) von +*dat* **5.** (MAT) mal **6.** (*reparto*) pro; **el ocho** ~ **ciento** acht Prozent **7.** (*finalidad*) für +*akk* **8.** (*causa*) wegen +*gen/dat;* (*en cuanto a*) von ... aus; **lo hago** ~ **ti** ich tue es dir zuliebe; ~ **desesperación** aus Verzweiflung; ~ **consiguiente** folglich; ~ **eso** deshalb; ~ **mí que se vayan** meinetwegen können sie gehen **9.** (*preferencia*) für +*akk;* **estoy** ~ **dejarlo plantado** ich bin kurz davor, ihn sitzen zu lassen; **estar loco** ~ **alguien** verrückt nach jdm sein **10.** (*dirección*): **voy (a)** ~ **tabaco** ich gehe Zigaretten holen **11.** (*pendiente*): **este pantalón está** ~ **lavar** diese Hose muss gewaschen werden **12.** (*aunque*) trotz +*gen;* ~ **muy cansado que esté no lo dejará a medias** trotz seiner Müdigkeit wird er es fertig stellen **13.** (*medio*) per +*akk;* (*alguien*) durch +*akk;* **poner** ~ **escrito** aufschreiben **14.** (*interrogativo*): ¿~ **(qué)**? warum? **15.** (*final*): ~ **que** +*subj* damit; **lo hago** ~ **si acaso** ich mache es vorsichtshalber **16.** (*casi*): ~ **poco** fast; ~ **poco me ahogo** ich wäre beinahe ertrunken

porcelana [porθe'lana] *f* Porzellan *nt*

porcentaje [porθen̩'taxe] *m* Prozentsatz *m;* ~ **de derechos del autor** Tantiemen *fpl*

porcentual [porθen̩tu'al] *adj* prozentual

porche ['portʃe] *m* **1.** Vorhalle *f* **2.** (*cobertizo*) Veranda *f*

porcino, -a [por'θino, -a] *adj* Schweine-

porción [por'θjon] *f* Teil *m,* Portion *f*

pordiosero, -a [porðjo'sero, -a] *m, f* Bettler(in) *m(f)*

porfiar [porfi'ar] <*1. pres:* porfío> *vi* **1.** (*insistir*) beharren (*en* auf +*dat*); **porfió en cerrar la puerta** er/sie wollte unbedingt die Tür schließen **2.** (*disputar*) streiten

pormenorizado, -a [pormenori'θaðo, -a] *adj* detailliert

pormenorizar [pormenori'θar] <z→c>

P

vt genau beschreiben

porno ['porno] **I.** *adj inv* (*fam*) pornografisch **II.** *m* (*fam*) Porno *m*

pornografía [pornoɣra'fia] *f* Pornografie *f*

pornográfico, **-a** [porno'ɣrafiko, -a] *adj* pornografisch

poro ['poro] *m* Pore *f*

pororó [poro'ro] *m* (*CSur: palomitas*) Popcorn *nt*

poroso, **-a** [po'roso, -a] *adj* porös

poroto [po'roto] *m* (*AmS*) Bohne *f,* Bohnengericht *nt*

porque ['porke] *conj* **1.** (*causal*) weil; **lo hizo ~ sí** er/sie tat es aus Eigensinn **2.** +*subj* (*final*) damit; **recemos ~ llueva** lasst uns um Regen beten

porqué [por'ke] *m* Grund *m*

porquería [porke'ria] *f* (*fam*) **1.** Dreck *m* **2.** (*acto*) Schweinerei *f* **3.** (*comida*) Schweinefraß *m* **4.** (*cacharro*) Mistding *nt* **5.** (*pequeñez*) Kleinigkeit *f*

porra ['porra] *f* **1.** (*bastón*) Schlagstock *m* **2.** (*churro*) *gebratenes Spritzgebäck* **3.** (*loc, fam*): **¡vete a la ~!** scher dich zum Teufel!; **¡~(s)!** verdammt!

porrazo [po'rraθo] *m* Schlag *m*

porro ['porro] *m* (*argot*) Joint *m*

porrón [po'rron] *m* Wasserkrug *m;* (*para vino*) *Trinkgefäß für Wein mit langer Tülle*

portaaviones [porta(a)βi'ones] *m inv* Flugzeugträger *m*

portada [por'taða] *f* **1.** (*fachada*) Portal *nt* **2.** (TIPO) Titelblatt *nt;* (PREN) Titelseite *f*

portaequipaje(s) [portaeki'paxe(s)] *m* (*inv*) **1.** (*maletero*) Kofferraum *m* **2.** (*baca, de bicicleta*) Gepäckträger *m* **3.** (*tren*) Gepäcknetz *nt*

portafolios [porta'foljos] *m inv* Aktentasche *f*

portal [por'tal] *m* Eingangsbereich *m;* (*soportal*) Vorhalle *f;* **~ de Belén** (REL) Krippe *f*

portamaletas [portama'letas] *m inv* (AUTO) Kofferraum *m*

portaminas [porta'minas] *m inv* Druckbleistift *m,* Drehbleistift *m*

portapapeles [portapa'peles] *m inv* (INFOR) Zwischenablage *f*

portar [por'tar] **I.** *vt* (*perro*) apportieren **II.** *vr:* **~se** sich benehmen; **~se bien con alguien** jdm gegenüber zuvorkommend sein; **el niño se porta bien/mal** das Kind ist artig/unartig

portátil [por'tatil] *adj* tragbar; **máquina de escribir ~** Reiseschreibmaschine *f;* **ordenador ~** Laptop *m*

portavoz [porta'βoθ] *mf* Sprecher(in) *m(f)*

portazo [por'taθo] *m* Zuschlagen *nt* (einer Tür); **dar un ~** die Tür heftig zuschlagen

porte ['porte] *m* **1.** Beförderung *f;* **~ aéreo** Luftfracht *f;* **gastos de ~** Frachtspesen *pl* **2.** (*gastos de transporte*) Fracht(gebühr) *f* **3.** (*correo*) Porto *nt* **4.** (*aspecto*) Auftreten *nt*

portento [por'ten̪to] *m* Wunder *nt* (*de* an +*dat*); **niño ~** Wunderkind *nt;* **un ~ de energía** ein Energiebündel

portería [porte'ria] *f* **1.** Pförtnerloge *f,* Pförtnerhaus *nt* **2.** (*empleo del portero*) Pförtnerstelle *f* **3.** (DEP) Tor *nt*

portero, **-a** [por'tero, -a] *m, f* **1.** (*conserje*) Pförtner(in) *m(f);* **~ automático** (Gegen)sprechanlage *f* **2.** (*Arg: administrador*) Hausverwalter(in) *m(f)* **3.** (DEP: *fútbol*) Torwart, -frau *m, f*

pórtico ['portiko] *m* **1.** (*porche*) Säulenhalle *f;* (*galería*) Säulengang *m* **2.** (INFOR) Schnittstelle *f*

portorriqueño, **-a** [portorri'keɲo, -a] *adj* puertoricanisch

Portugal [portu'ɣal] *m* Portugal *nt*

portugués, **-esa** [portu'ɣes, -esa] *adj* portugiesisch

porvenir [porβe'nir] *m* Zukunft *f;* **un joven de ~** ein junger Mann, der eine viel versprechende Zukunft vor sich *dat* hat

pos [pos] **I.** *adv:* **ir en ~ de algo** hinter etw *dat* hergehen; **ir en ~ de alguien** jdm nachgehen; **van en ~ del éxito** sie laufen dem Erfolg hinterher **II.** *conj* (*Méx: fam*) *v.* **pues**

posada [po'saða] *f* **1.** Raststätte *f,* Gasthof *m,* Pension *f* **2.** (*hospedaje*) Beherbergung *f*

posaderas [posa'ðeras] *fpl* (*fam*) Hintern *m*

posar [po'sar] *vr:* **~se** sich setzen; **el sol se posaba en el mar** die Sonne ging über dem Meer unter; **la golondrina se posó en el árbol** die Schwalbe landete auf dem Baum

posdata [pos'ðata] *f* Postskriptum *nt*

pose ['pose] *f* Pose *f*

poseedor(a) [pose(e)'ðor(a)] *m(f)* Besitzer(in) *m(f)*

poseer [po'ser/pose'er] *irr como leer vt* besitzen

poseído, -a [pose'iðo, -a] **I.** *adj* besessen (*de/por* von +*dat*); ~ **de odio** hasserfüllt **II.** *m, f* Besessene(r) *mf;* **gritar como un** ~ wie ein Wahnsinniger schreien

posesión [pose'sjon] *f* (*propiedad*) Besitz *m;* **estoy en ~ de su atenta carta...** ich habe Ihr freundliches Schreiben erhalten ...

posesivo, -a [pose'siβo, -a] *adj* **1.** Besitz ergreifend **2.** (LING) possessiv

poseso, -a [po'seso, -a] **I.** *adj* besessen **II.** *m, f* Besessene(r) *mf*

posguerra [pos'ɣerra] *f* Nachkriegszeit *f*

posibilidad [posiβili'ðaᵈ] *f* **1.** Möglichkeit *f;* **tener grandes ~es de éxito** gute Aussichten auf Erfolg haben **2.** (*aptitud*) Eignung *f;* **tienes ~es de llegar a ser un buen actor** du hast das Zeug zu einem guten Schauspieler **3.** (*facultad*) Fähigkeit *f;* **esto está por encima de mis ~es** das übersteigt meine Kräfte **4.** *pl* Vermögen *nt;* **estás viviendo por encima de tus ~es** du lebst über deine Verhältnisse

posibilitar [posiβili'tar] *vt* ermöglichen

posible [po'siβle] *adj* möglich; **hacer ~** ermöglichen; **hacer lo ~ para que...** +*subj* sich anstrengen, um zu ... +*inf;* **hacer todo lo ~** sein Möglichstes tun; **es ~ que...** +*subj* vielleicht ...; **es muy ~ que...** +*subj* es ist sehr wahrscheinlich, dass ...; **¡no es ~!** das kann nicht wahr sein!; **¿será ~?** soll man es für möglich halten?; **si es ~** wenn möglich; **en lo ~** nach Möglichkeit; **lo antes ~** möglichst bald; **no lo veo ~** ich sehe keine Möglichkeit

posición [posi'θjon] *f* Stellung *f*

positivo, -a [posi'tiβo, -a] *adj* **1.** (*afirmativo*) positiv **2.** (*cierto*) tatsächlich **3.** (*seguro*) sicher **4.** (*práctico*) sachlich; **un hombre ~** ein Optimist

poso ['poso] *m* Bodensatz *m*

posponer [pospo'ner] *irr como poner vt* **1.** (*postergar*) zurückstellen **2.** (*aplazar*) verschieben

postal [pos'tal] **I.** *adj* postalisch, Post- **II.** *f* Postkarte *f*

poste ['poste] *m* **1.** (*pilar*) Pfosten *m;* (ELEC, TEL) Mast *m* **2.** (*castigo*): **dar ~ a alguien** jdn in die Ecke stellen

póster ['poster] *m* Poster *nt o m*

postergar [poster'ɣar] <g→gu> *vt* **1.** (*aplazar*) verschieben; ~ **la fecha** zurückdatieren **2.** (*posponer injustamente*) übergehen

posteridad [posteri'ðaᵈ] *f* **1.** (*descendencia*) Nachkommenschaft *f* **2.** (*generaciones venideras*) Nachwelt *f* **3.** (*futuro*) Zukunft *f* **4.** (*loc*): **pasar a la ~** berühmt werden

posterior [poste'rjor] *adj* **1.** (*de tiempo*) spätere(r, s); ~ **a** nach +*dat* **2.** (*de lugar*) hintere(r, s); ~ **a alguien** hinter jdm

postizo, -a [pos'tiθo, -a] *adj* künstlich; **dentadura postiza** (falsches) Gebiss *nt*

postor(a) [pos'tor(a)] *m(f)* Bieter(in) *m(f);* **mejor ~** Meistbietende(r) *m*

postrado, -a [pos'traðo, -a] *adj* **1.** (*arrodillado*) auf der Erde kniend **2.** (*humillado*) erniedrigt **3.** (*abatido*) kraftlos; **~ de dolor** schmerzgebeugt; **~ en cama** bettlägerig; **quedar ~ por una enfermedad** daniederliegen **4.** (*desanimado*) niedergeschlagen

postrar [pos'trar] **I.** *vt* **1.** (*derribar*) niederwerfen **2.** (*humillar*) demütigen **3.** (*debilitar*) schwächen **II.** *vr:* **~se 1.** (*arrodillarse*) (sich) niederknien (*ante* vor +*dat*) **2.** (*perder las fuerzas*) zusammenbrechen

postre ['postre] *m* Nachtisch *m;* **a (la) ~** (*fig*) letztendlich

postulado [postu'laðo] *m* Forderung *f*

postular [postu'lar] *vt* **1.** (*pedir*) bitten (um +*akk*); (*donativos*) sammeln **2.** (*solicitar*) sich bewerben (um +*akk*)

póstumo, -a ['postumo, -a] **I.** *adj* post(h)um; (*hijo*) nachgeboren; **fama póstuma** Nachruhm *m* **II.** *m, f* Nachgeborene(r) *mf*

postura [pos'tura] *f* **1.** (*colocación*) Stellung *f* **2.** (*actitud*) Einstellung *f* **3.** (*subasta*) Gebot *nt;* ~ **mayor** Meistgebot *nt;* **hacer ~** bieten **4.** (*cantidad*) Einsatz *m*

post-venta [pos'βen̩ta] **I.** *adj:* **servicio ~** Kundendienst *m* **II.** *f* Garantiezeit *f*

potable [po'taβle] *adj* **1.** (*bebible*) trinkbar; **agua ~** Trinkwasser *nt* **2.** (*fam: aceptable*) annehmbar

potaje [po'taxe] *m* **1.** (*sopa*) (Gemüse)suppe *f;* (*guiso*) (Gemüse)eintopf *m* **2.** (*legumbres secas*) Dörrgemüse *nt* **3.** (*fam: mezcla*) Mischmasch *m*

potasio [po'tasjo] *m* Kalium *nt*

pote ['pote] *m* **1.** irdenes Gefäß *nt,* Blechbüchse *f,* Blumentopf *m* **2.** (*para cocinar*) Kochtopf *m* **3.** (GASTR) Eintopf *m*

potencia [po'ten̩θja] *f* **1.** (*fuerza*) Kraft *f;* (*capacidad*) Vermögen *nt;* ~ **intelectual**

P

geistiges Leistungsvermögen; ~ **del motor** Motorleistung *f* **2.** (*poder*) Macht *f;* **gran ~** Großmacht *f* **3.** (INFOR): ~ **de entrada/de salida** Eingangs-/Ausgangsleistung *f* **4.** (FILOS) Möglichkeit *f;* **en ~** potenziell **5.** (MAT) Potenz *f;* **elevar a ~s** potenzieren

potencial [poteṇ'θjal] **I.** *adj* **1.** (*que tiene potencia*) leistungsstark **2.** (*posible*) potenziell **3.** (LING): **el modo ~** der Konditional **II.** *m* **1.** (*poder, capacidad*) Potenzial *nt* **2.** (FÍS) Potenzial *nt;* (ELEC) Spannung *f* **3.** (LING) Konditional *m*

potente [po'teṇte] *adj* **1.** (*poderoso*) mächtig **2.** (*eficiente*) leistungsfähig **3.** (*sexualidad*) potent

potestad [potes'ta^{ð}] *f* Amtsgewalt *f;* **patria ~** Sorgerecht *nt*

potro ['potro] *m* **1.** (ZOOL) Fohlen *nt* **2.** (DEP) (Turn)bock *m* **3.** (*de tortura*) Folterbank *f*

poza ['poθa] *f* (*charca*) Pfütze *f*

pozo ['poθo] *m* **1.** (*manantial*) Brunnen *m* **2.** (*hoyo profundo*) Schacht *m* **3.** (*CSur: bache*) Schlagloch *nt*

p.p. [por po'ðer] *abr de* **por poder** pp.

práctica ['praktika] *f* **1.** Praxis *f;* **adquirir ~** Erfahrung sammeln; **perder la ~** aus der Übung kommen **2.** (*ejercitación*) Übung *f* **3.** (*ejercicio de algo*) Ausübung *f;* ~ **profesional** Berufsausübung *f* **4.** (*cursillo*) Praktikum *nt* **5.** (*realización*) Ausführung *f;* **en la ~** in der Praxis; **llevar a la ~** in die Praxis umsetzen; **poner en ~** realisieren **6.** (*costumbre*) Brauch *m* **7.** (*modo*) Art und Weise *f,* Methode *f;* **la ~ comercial** die Geschäftsmethoden

practicable [prakti'kaβle] *adj* **1.** durchführbar **2.** (*camino*) begehbar; (*calle*) befahrbar **3.** (*puerta, ventana*) benutzbar

practicar [prakti'kar] <c→qu> **I.** *vi* ein Praktikum absolvieren **II.** *vt* praktizieren; ~ **deporte** Sport treiben; **estudió medicina, pero no practica** er/sie hat Medizin studiert, übt aber den Beruf nicht aus; ~ **el español** die spanische Sprache sprechen

práctico, -a ['praktiko, -a] *adj* praktisch; (*experimentado*) erfahren

pradera [pra'ðera] *f* große Wiese *f*

prado ['praðo] *m* (*para ganado*) Weide *f;* (*para pasear*) Wiese *f*

Praga ['praɣa] *f* Prag *nt*

pragmático, -a [praɣ'matiko, -a] *adj* pragmatisch

praguense [pra'ɣense] *adj* Prager

preámbulo [pre'ambulo] *m* Präambel *f;* **sin ~s** (*fig*) ohne Umschweife

preaviso [prea'βiso] *m* Voranmeldung *f*

precalentar [prekaleṇ'tar] <e→ie> **I.** *vt* vorwärmen **II.** *vr:* **~se** (DEP) sich aufwärmen

precaución [prekau̯'θjon] *f* Vorsicht *f;* **tomar precauciones** Vorkehrungen treffen

precaver [preka'βer] **I.** *vt* (*prevenir*) vorbeugen +*dat;* (*evitar*) verhindern **II.** *vr:* **~se** sich schützen (*de* vor +*dat, contra* gegen +*akk*)

precavido, -a [preka'βiðo, -a] *adj* vorsichtig

precedente [preθe'ðeṇte] **I.** *adj* vorhergehende(r, s) **II.** *m* Präzedenzfall *m;* **sentar un ~** einen Präzedenzfall schaffen; **sin ~s** beispiellos

preceder [preθe'ðer] *vt* **1.** (*anteceder*) vorausgehen +*dat;* **un banquete precedido de varios discursos** ein Festessen, dem mehrere Reden vorausgehen **2.** (*tener primacía*) Vorrang haben (*a* vor +*dat*); ~ **en categoría** höher gestellt sein

preceptivo, -a [preθep'tiβo, -a] *adj* vorschriftsmäßig

preciado, -a [pre'θjaðo, -a] *adj* (*estimado*) geschätzt

precio ['preθjo] *m* Preis *m;* ~ **al consumidor** Verbraucherpreis *m;* ~ **al por mayor** Mengenpreis *m;* ~ **recomendado** Preisempfehlung *f;* ~ **de venta al público** Verkaufspreis *m;* **a buen ~** günstig; **a mitad de ~** zum halben Preis; **¿qué ~ tiene el libro?** wie viel kostet das Buch?

preciosidad [preθjosi'ða^{ð}] *f* Kostbarkeit *f;* **este cuadro es una ~** dieses Bild ist sehr kostbar; (*fig*) dieses Bild ist eine Augenweide; **esta chica es una ~** dieses Mädchen ist entzückend

precioso, -a [pre'θjoso, -a] *adj* **1.** (*valioso*) kostbar **2.** (*hermoso*) entzückend

precipicio [preθi'piθjo] *m* Abgrund *m;* **estar al borde del ~** (*fig*) am Rande des Abgrunds stehen

precipitación [preθipita'θjon] *f* **1.** Hast *f;* **con ~** übereilt **2.** (METEO) Niederschlag *m*

precipitadamente [preθipitaða'meṇte] *adv* überstürzt

precipitar [preθipi'tar] **I.** *vt* **1.** (*arrojar*) (hinab)stürzen; **lo ~on por la ventana** sie stürzten ihn aus dem Fenster **2.** (*apresurar*) übereilen; (*acelerar*) beschleunigen **II.** *vr:* **~se** **1.** (*arrojarse*) sich (hinab)stürzen (*a* in +*akk*, *por/desde* von +*dat*) **2.** (*atacar*) sich stürzen (*sobre* auf +*akk*) **3.** (*acontecimientos*) sich überstürzen; (*personas*) überstürzt handeln; **¡no se precipite!** nur keine Hast!

precisamente [preθisa'mente] *adv* genau; **¿tiene que ser ~ hoy?** muss es ausgerechnet heute sein?; **~ por eso** eben deshalb

precisar [preθi'sar] **I.** *vi* unbedingt nötig sein **II.** *vt* **1.** (*determinar*) präzisieren **2.** (*necesitar*) benötigen; **preciso tu ayuda** ich brauche deine Hilfe

precisión [preθi'sjon] *f* **1.** (*exactitud*) Genauigkeit *f* **2.** (*determinación*) Bestimmtheit *f* **3.** (*necesidad*) Notwendigkeit *f*

preciso, -a [pre'θiso, -a] *adj* **1.** (*necesario*) notwendig; **es ~ que...** +*subj* es ist notwendig, dass ...; **es ~ que nos veamos** wir müssen uns unbedingt sehen; **si es ~...** falls erforderlich ... **2.** (*exacto*) genau; (*estilo*) klar; **a la hora precisa** pünktlich

precocinado, -a [prekoθi'naðo, -a] *adj* vorgekocht; **plato ~** Fertiggericht *nt*

precoz [pre'koθ] *adj* frühreif

precursor(a) [prekur'sor(a)] **I.** *adj* bahnbrechend **II.** *m(f)* Vorläufer(in) *m(f)*

predecesor(a) [preðeθe'sor(a)] *m(f)* **1.** (*en el cargo*) Vorgänger(in) *m(f)* **2.** (*antepasados*) Vorfahr(in) *m(f)*

predecir [preðe'θir] *irr como decir vt* voraussagen

predestinado, -a [preðesti'naðo, -a] *adj* **1.** (*elegido*) auserkoren **2.** (*destino*) vorherbestimmt; **estar ~ al crimen** zum Verbrecher prädestiniert sein

predeterminar [preðetermi'nar] *vt* vorausbestimmen

predicado [preði'kaðo] *m* (LING) Prädikat *nt*

predicar [preði'kar] <c→qu> *vt* **1.** (*sermonear*) predigen; **hay que ~ con el ejemplo** man muss mit gutem Beispiel vorangehen **2.** (*publicar*) verkünden **3.** (*elogiar*) überschwänglich loben **4.** (*amonestar*) die Leviten lesen +*dat fam*

predicativo, -a [preðika'tiβo, -a] *adj* (LING) prädikativ

predicción [preðiʸ'θjon] *f* Vorhersage *f*; **~ económica** Wirtschaftsprognose *f*

predilección [preðileʸ'θjon] *f* Vorliebe *f*

predilecto, -a [preði'lekto, -a] *adj* bevorzugt; **hijo ~** Lieblingskind *nt;* **plato ~** Leibgericht *nt*

predisponer [preðispo'ner] *irr como poner* **I.** *vt* **1.** (*fijar por anticipado*) im Voraus festlegen **2.** (*influir*) beeinflussen **3.** (*inclinar*) empfänglich machen (*a* für +*akk*); (MED) anfällig machen (*a* für +*akk*) **II.** *vr:* **~se** **1.** (*prepararse*) sich einstellen (*a* auf +*akk*) **2.** (*tomar partido*) sich *dat* vorschnell ein Urteil bilden (*respecto a/de* über +*akk*)

predisposición [preðisposi'θjon] *f* Veranlagung *f;* (*tendencia*) Neigung *f;* (MED) Prädisposition *f;* **~ al crimen** kriminelle Veranlagung; **tener ~ a engordar** zum Dickwerden neigen

predominio [preðo'minjo] *m* **1.** (*poder*) Vorherrschaft *f* (*en* in +*dat*) **2.** (*preponderancia*) Übergewicht *nt* (*en* an +*dat*) **3.** (*superioridad*) Vorrang *m* (*sobre* vor +*dat*)

preescolar [pre(e)sko'lar] *adj* vorschulisch; **edad ~** Vorschulalter *nt*

preestreno [pre(e)s'treno] *m* Voraufführung *f*

prefabricado, -a [prefaβri'kaðo, -a] *adj* vorgefertigt; **casa prefabricada** Fertighaus *nt*

prefacio [pre'faθjo] *m* (*libro*) Vorwort *nt;* (*discurso*) Vorrede *f*

preferencia [prefe'renθja] *f* **1.** (*elección, trato*) Bevorzugung *f* (*por*+*gen*); **mostrar ~ por alguien** jdn bevorzugen **2.** (*predilección*) Vorliebe *f* (*por* für +*akk*); **sentir ~ por alguien** eine Vorliebe für jdn haben **3.** (*prioridad*) Vorrang *m;* **dar ~** den Vorzug geben

preferentemente [preferente'mente] *adv* hauptsächlich

preferible [prefe'riβle] *adj* vorzuziehen; **sería ~ que lo hicieras** du solltest es besser tun

preferiblemente [preferiβle'mente] *adv* besser

preferido, -a [prefe'riðo, -a] *adj* bevorzugt

preferir [prefe'rir] *irr como sentir vt* vorziehen; **prefiero que...** +*subj* es ist mir lieber, wenn ...; **prefiero ir a pie** ich gehe lieber zu Fuß

prefijo [pre'fixo] *m* **1.** (LING) Präfix *nt* **2.** (TEL) Vorwahl(nummer) *f*

pregón [pre'ɣon] *m* öffentliche Bekanntmachung *f*

pregonar [preɣo'nar] *vt* **1.** (*en público*) öffentlich ausrufen; **~ una mercancía** eine

P

Ware anpreisen **2.** (*lo que estaba oculto*) ausposaunen *fam;* ~ **a los cuatro vientos** (*fam*) an die große Glocke hängen; ~ **a tambor batiente** ausplaudern **3.** (*alabar*) öffentlich loben

pregunta [pre'ɣun̪ta] *f* **1.** (*demanda*) Frage *f* **2.** (*de datos*) Abfrage *f*

preguntar [preɣun̪'tar] **I.** *vt* fragen; ~ **la lección** abfragen; ~ **por alguien** nach jdm fragen **II.** *vr:* ~**se** sich fragen

prehistórico, **-a** [preis'toriko, -a] *adj* prähistorisch

prejuicio [pre'xwiθjo] *m* Vorurteil *nt*

prejuzgar [prexuθ'ɣar] <g→gu> *vt* vorschnell beurteilen

prematuro, **-a** [prema'turo, -a] *adj* **1.** frühreif **2.** (*antes de tiempo*) vorzeitig; (*apresurado*) voreilig; **detección prematura del cáncer** Krebsfrüherkennung *f;* **nacimiento** ~ Frühgeburt *f*

premeditación [premeðita'θjon] *f* Vorsatz *m;* **con** ~ vorsätzlich

premeditar [premeði'tar] *vt* (*pensar*) sich *dat* vorher überlegen; (*planear*) planen; (JUR) vorsätzlich planen

premiar [pre'mjar] *vt* **1.** belohnen **2.** (*con premio*) prämiieren

premio ['premjo] *m* **1.** Preis *m;* ~ **Nobel** (**de literatura**) Nobelpreis *m* (für Literatur); **conceder un** ~ einen Preis verleihen **2.** (*recompensa*) Belohnung *f* **3.** (*remuneración*) Prämie *f* **4.** (*lotería*) Lotteriegewinn *m;* **el** ~ **gordo** der Haupttreffer

premisa [pre'misa] *f* **1.** (*condición*) Voraussetzung *f* **2.** (*indicio*) Kennzeichen *nt*

premonición [premoni'θjon] *f* (*presentimiento*) Vorahnung *f*

prenatal [prena'tal] *adj* vorgeburtlich

prenda ['pren̪da] *f* **1.** (*fianza*) Pfand *nt;* **en** ~ als Pfand; **no soltar** ~ (*fam*) nichts herauslassen **2.** (*pieza*) Kleidungsstück *nt* **3.** (*cariño*) Schatz *m* **4.** (*cualidades*) Gabe *f*

prendar [pren̪'dar] **I.** *vt* **1.** (*tomar como prenda*) pfänden **2.** (*ganar el afecto*) für sich gewinnen **II.** *vr:* ~**se** sich verlieben (*de* in +*akk*)

prendedor [pren̪de'ðor] *m* (*broche*) Brosche *f;* (*de corbata*) Krawattennadel *f*

prender [pren̪'der] **I.** *vi* (*planta*) Wurzeln schlagen; (*medicamentos*) anschlagen; (*ideas*) sich verbreiten **II.** *vt* **1.** (*sujetar*) befestigen; (*con alfileres*) feststecken; (*con cola*) festkleben; (*en un gancho*) aufhängen; (*el pelo*) hochstecken; (*juntar el pelo*) zusammenbinden **2.** (*detener*) festnehmen **3.** (*fuego*): **el coche prendió fuego** das Auto fing Feuer **4.** (*Am: encender*) anzünden; (*luz*) anmachen; ~ **un cigarillo** eine Zigarette anstecken

prensa ['prensa] *f* **1.** Presse *f* **2.** (*imprenta*) Druckerei *f;* **estar en** ~ sich im Druck befinden **3.** (PREN) Presse *f;* **tener buena/mala** ~ (*fig*) einen guten/schlechten Ruf haben

prensar [pren'sar] *vt* pressen; (*uvas*) keltern

preñada [pre'ɲaða] *adj* (*mujer*) schwanger

preñar [pre'ɲar] *vt* **1.** (*mujer*) schwängern **2.** (*animal*) decken **3.** (*llenar*) füllen

preocupación [preokupa'θjon] *f* **1.** (*desvelo*) Sorge *f* (*por* um +*akk,* wegen +*gen/dat*); **sin preocupaciones** sorglos **2.** (*pesadumbre*) Kummer *m;* **causar preocupaciones a alguien** jdm Kummer bereiten **3.** (*obsesión*) fixe Idee *f;* **tu única** ~ **es el dinero** du denkst nur ans Geld

preocupado, **-a** [preoku'paðo, -a] *adj* (*inquieto*) besorgt (*por* wegen +*gen/dat,* über +*akk*); **mi padre anda bastante** ~ mein Vater macht sich *dat* ziemlich große Sorgen

preocupante [preoku'pan̪te] *adj* Besorgnis erregend

preocupar [preoku'par] **I.** *vt* **1.** (*inquietar*) Sorgen machen +*dat* **2.** (*prevenir*) einnehmen (*por* für +*akk, contra* gegen +*akk*) **II.** *vr:* ~**se** **1.** (*inquietarse*) sich *dat* Sorgen machen (*por* um +*akk,* wegen +*gen/dat*); **¡no te preocupes tanto!** mach dir nicht so viele Gedanken! **2.** (*encargarse*) sich kümmern (*de* um +*akk*)

preparación [prepara'θjon] *f* **1.** (*de un asunto*) Vorbereitung *f* **2.** (*de la comida*) Zubereitung *f* **3.** (*de materias primas*) Aufbereitung *f;* ~ **de datos** (INFOR) Datenaufbereitung *f* **4.** (*formación*) Ausbildung *f;* ~ **académica** Hochschulausbildung *f;* ~ **especializada** Fachausbildung *f;* ~ **profesional** Berufsausbildung *f;* **sin** ~ ohne Vorbildung

preparado, **-a** [prepa'raðo, -a] *adj* bereit; ~ (**para funcionar**) betriebsbereit; **tener** ~ bereithalten

preparar [prepa'rar] **I.** *vt* **1.** (*disponer*) vorbereiten; (*la comida*) zubereiten; (*materias primas*) aufbereiten; ~ **el camino** den

Weg bahnen **2.** (QUÍM) ansetzen **3.** (INFOR: *datos*) aufbereiten; (*programa*) erstellen **4.** (ANAT) präparieren **II.** *vr:* ~**se** sich vorbereiten (*para/a* auf/für +*akk*); **se prepara una tormenta** es braut sich ein Unwetter zusammen

preparativo [prepara'tiβo] *m* Vorbereitung *f*

preponderante [preponde'rante] *adj* vorherrschend

preponderar [preponde'rar] *vi* überwiegen

preposición [preposi'θjon] *f* Präposition *f*

prepotente [prepo'tente] *adj* **1.** (*superior*) übermächtig **2.** (*arrogante*) überheblich

presa ['presa] *f* **1.** (*acción*) (Ein)fangen *nt;* **las llamas hicieron ~ en la casa** das Haus wurde ein Opfer der Flammen **2.** (*objeto, de caza*) Beute *f;* **hacer una ~** Beute machen; (*un ave*) Beute schlagen; **ser ~ del terror** von Panik ergriffen werden **3.** (ZOOL): **animal de ~** Raubtier *nt* **4.** (*dique: en valle*) Talsperre *f;* (*en río*) Staudamm *m* **5.** (*colmillo*) Fangzahn *m* **6.** (*uña*) Kralle *f* **7.** (*acequia*) Bewässerungskanal *m* **8.** (*de comida*) Stück *nt* **9.** (DEP) Griff *m;* ~ **de brazo** (*judo*) Armhebel *m*

presagiar [presa'xjar] *vt* voraussagen

presagio [pre'saxjo] *m* **1.** (*señal*) Omen *nt* **2.** (*presentimiento*) Vorahnung *f*

prescindible [presθin'diβle] *adj* entbehrlich

prescindir [presθin'dir] *vi* **1.** (*renunciar a*) verzichten (*de* auf +*akk*); **no podemos ~ de él** wir kommen ohne ihn nicht zurecht **2.** (*pasar por alto*) übergehen (*de* +*akk*); **han prescindido de mi opinión** sie haben meine Meinung ignoriert **3.** (*no contar*) nicht rechnen (*de* mit +*dat*)

prescribir [preskri'βir] *irr como escribir* **I.** *vi* (*delito*) verjähren **II.** *vt* **1.** (*indicar*) vorschreiben; **prescrito por la ley** gesetzlich vorgeschrieben **2.** (MED) verordnen; (*recetar*) verschreiben

prescripción [preskriβ'θjon] *f* **1.** (*indicación*) Vorschrift *f* **2.** (MED) Verordnung *f;* (*receta*) Rezept *nt* **3.** (*de delito*) Verjährung *f*

presencia [pre'senθja] *f* **1.** Gegenwart *f;* **sin la ~ del ministro** ohne Beisein des Ministers **2.** (*aspecto*) Aussehen *nt*

presencial [presen'θjal] *adj:* **testigo ~** Augenzeuge, -in *m, f*

presenciar [presen'θjar] *vt* **1.** (*asistir*) beiwohnen +*dat;* **10.000 personas ~on el concierto** 10.000 Leute besuchten das Konzert **2.** (*ver*) sehen

presentable [presen'taβle] *adj* vorzeigbar; **ponerse ~** sich zurechtmachen

presentación [presenta'θjon] *f* **1.** Präsentation *f;* (*de una máquina*) Vorführung *f;* (TEAT) Inszenierung *f* **2.** (*de instancia/dimisión/trabajo*) Einreichen *nt;* **el plazo de ~ de solicitudes finaliza hoy** die Frist für die Antragstellung läuft heute ab **3.** (*de argumentos*) Vorbringen *nt;* (*de pruebas*) Beibringen *nt;* (*de propuesta*) Unterbreitung *f* **4.** (*de pasaporte/documento*) Vorlage *f* **5.** (*aspecto*) Aussehen *nt;* (*de un libro*) Aufmachung *f*

presentador(a) [presenta'ðor(a)] *m(f)* (*de programa*) Moderator(in) *m(f);* (*de telediario*) Nachrichtensprecher(in) *m(f)*

presentar [presen'tar] *vt* **1.** (*mostrar*) vorstellen; (*moda*) vorführen **2.** (*ofrecer*) aufweisen **3.** (TV, RADIO) präsentieren; (TEAT) aufführen; (*presentador*) moderieren **4.** (*instancia, dimisión, trabajo*) einreichen **5.** (*argumentos*) vorbringen; (*pruebas*) beibringen; (*propuesta*) unterbreiten **6.** (*pasaporte, documento*) vorlegen **7.** (*persona*) vorstellen; **te presento a mi marido** darf ich dir meinen Mann vorstellen? **8.** (*candidato*) vorschlagen

presente [pre'sente] **I.** *adj* **1.** (*que está*) anwesend; **¡~!** hier! **2.** (*actual*) gegenwärtig **3.** (*este*): **la ~ edición** diese Ausgabe; **la ~ tesina** die vorliegende Diplomarbeit **4.** (*loc*): **hay que tener ~ las circunstancias** man muss sich *dat* die Umstände vor Augen führen; **por la ~ deseo comunicarle que...** (*en una carta*) hiermit möchte ich Ihnen mitteilen, dass ... **II.** *m* **1.** Gegenwart *f;* **hasta el ~** bis jetzt; **por el ~** augenblicklich **2.** (LING) Präsens *nt* **3.** (*regalo*) Geschenk *nt*

presentimiento [presenti'mjento] *m* Vorahnung *f;* **tengo el ~ de que...** ich habe das Gefühl, dass ...

presentir [presen'tir] *irr como sentir vt* vorausahnen; **presiento que mañana lloverá** ich habe das Gefühl, dass es morgen regnen wird

preservar(se) [preser'βar(se)] *vt, vr* (sich) schützen (*de/contra* vor +*dat*)

preservativo [preserβa'tiβo] *m* Präservativ *nt*

presidencia [presi'ðeṇθja] *f* **1.** (*mandato*) Präsidentschaft *f;* **asumir la ~** das Präsidentenamt antreten; **esta orden viene de ~** dieser Befehl kommt vom Präsidenten selbst **2.** (*edificio*) Amtssitz *m* des Präsidenten **3.** (*de organización/asamblea: conjunto*) Präsidium *nt;* (*individuo*) Vorsitzende(r) *mf;* **asumir la ~** den Vorsitz übernehmen

presidente [presi'ðeṇte] *mf* **1.** (POL) Präsident(in) *m(f);* **~ del gobierno Aznar** Ministerpräsident Aznar **2.** (*de asociación*) Vorsitzende(r) *mf*

presidio [pre'siðjo] *m* Gefängnis *nt;* **condenar a 20 años de ~** zu 20 Jahren Gefängnis verurteilen

presidir [presi'ðir] *vt* **1.** (*ocupar presidencia*) den Vorsitz (inne)haben (in +*dat*) **2.** (*mandar*) leiten **3.** (*dominar*) dominieren

presión [pre'sjon] *f* Druck *m;* **~ arterial** Blutdruck *m;* **~ fiscal** Steuerbelastung *f;* **~ social** sozialer Zwang; **grupo de ~** Lobby *f;* **zona de altas presiones** (METEO) Hochdruckgebiet *nt;* **cerrar a ~** unter Druck verschließen; **estar bajo ~** unter Druck stehen; **hacer ~ sobre alguien** jdn unter Druck setzen

presionar [presjo'nar] *vt* **1.** drücken **2.** (*coaccionar*) unter Druck setzen

preso, -a ['preso, -a] *m, f* Häftling *m*

prestación [presta'θjon] *f* **1.** Leistung *f;* **~ por desempleo** Arbeitslosengeld *nt;* **Prestación Social Sustitutoria** Zivildienst *m* **2.** *pl* Extras *ntpl;* **un coche con todas las prestaciones técnicas** ein Auto mit allen technischen Finessen

préstamo ['prestamo] *m* **1.** (Aus)leihen *nt* **2.** (*lo prestado: para exposición*) Leihgabe *f;* (FIN) Darlehen *nt;* **~ hipotecario** Bauspardarlehen *nt;* **~ a interés fijo** Darlehen mit festen Zinssätzen; **la duración de un ~** die Laufzeit eines Darlehens

prestar [pres'tar] **I.** *vt* **1.** (*dejar*) (aus)leihen, borgen; (*pagando a cambio*) (ver)leihen; **¿me prestas la bici, por favor?** kannst du mir bitte dein Fahrrad (aus)leihen?; **el banco me ha prestado el dinero** die Bank hat mir das Geld geliehen **2.** (*dedicar*): **~ ayuda/servicios** Hilfe/Dienste leisten **3.** (*declaración*) abgeben; (*juramento*) leisten **4.** (*silencio*) bewahren; (*paciencia*) aufbringen; (*atención*) schenken; **~ oídos** Aufmerksamkeit schenken **II.** *vr:* **~se 1.** (*ofrecerse*) sich anbieten (*para* für +*akk*); **se prestó a ayudarme en la mudanza** er/sie bot mir seine/ihre Hilfe beim Umzug an **2.** (*avenirse*) sich bequemen (*a* zu +*dat*) **3.** (*dar motivo*) verursachen; **tus palabras se prestan a confusión** deine Worte stiften Verwirrung

prestigio [pres'tixjo] *m* Ansehen *nt*

presumido, -a [presu'miðo, -a] *adj* **1.** (*arrogante*) arrogant **2.** (*vanidoso*) eitel

presumir [presu'mir] **I.** *vi* **1.** (*vanagloriarse*) angeben (*de* mit +*dat*) **2.** (*cuidarse*) sich herausputzen **II.** *vt* annehmen

presunto, -a [pre'suṇto, -a] *adj* **1.** (*supuesto*) vermutlich; **el ~ asesino** der mutmaßliche Mörder **2.** (*equivocadamente*) vermeintlich

presuntuoso, -a [presuṇtu'oso] *adj* eitel

presuponer [presupo'ner] *irr como poner vt* **1.** (*suponer*) voraussetzen **2.** (*calcular*) veranschlagen

presupuesto [presu'pwesto] *m* **1.** (POL, ECON) Haushalt(splan) *m;* **Presupuesto General del Estado** Staatshaushalt *m* **2.** (*cálculo*) (Kosten)voranschlag *m* **3.** (*suposición*) Voraussetzung *f*

pretender [preteṇ'der] *vt* **1.** (*aspirar a*) streben (nach +*dat*); **~ subir de categoría** eine Beförderung anstreben **2.** (*pedir*) beanspruchen; **¿qué pretendes que haga?** was soll ich tun? **3.** (*tener intención*) vorhaben; **no pretendía molestar** ich wollte nicht stören **4.** (*intentar*) versuchen

pretendiente [preteṇ'djeṇte] *m* (*de trabajo*) Bewerber *m;* (*de mujer*) Verehrer *m;* (*a la corona*) Thronanwärter *m*

pretensión [preten'sjon] *f* **1.** (*derecho*) Anspruch *m;* **~ económica** Gehaltsforderung *f* **2.** (*ambición*) Ehrgeiz *m;* (*aspiración*) Streben *nt;* **es una persona con muchas pretensiones** er/sie will hoch hinaus **3.** *pl* (*vanidad*): **tiene pretensiones de actor** er spielt sich als Schauspieler auf **4.** (*solicitud*) Bewerbung *f*

pretérito [pre'terito] *m* (LING) Präteritum *nt*

pretexto [pre'testo] *m* Vorwand *m;* **a ~ de…** unter dem Vorwand …

prevalecer [preβale'θer] *irr como crecer vi* **1.** (*imponerse*) sich durchsetzen (*entre/sobre* gegenüber +*dat*); **la verdad prevaleció sobre la mentira** die Wahrheit siegte über die Lüge **2.** (*predominar*) vorherrschen; **en esta ciudad prevalecen los de derechas sobre los de izquierdas** in dieser Stadt gibt es mehr Rechte als Linke **3.** (*triunfar*) siegen **4.** (BOT) Wurzeln schlagen **5.** (*prosperar*) gedeihen

prevaricación [preβarika'θjon] *f* Pflichtverletzung *f*; (JUR) Rechtsbeugung *f*

prevención [preβeṇ'θjon] *f* **1.** (*preparativo*) Vorbereitung *f* **2.** (*precaución*) Vorkehrung *f;* ~ **de accidentes** Unfallverhütung *f* **3.** (MED) Vorbeugung *f;* ~ **del cáncer** Krebsvorsorge *f*

prevenido, -a [preβe'niðo, -a] *adj* **1.** *estar* (*alerta*): **estar** ~ auf der Hut sein **2.** *ser* (*previsor*) vorsichtig

prevenir [preβe'nir] *irr como venir* **I.** *vt* **1.** (*preparar*) vorbereiten **2.** (*proveer*) versorgen (*de* mit +*dat*) **3.** (*protegerse de*) vorbeugen +*dat;* (*evitar*) verhindern **4.** (*advertir*) warnen **5.** (*predisponer*): ~ **a alguien a favor/en contra de alguien** jdn für/gegen jdn einnehmen **II.** *vr:* ~**se 1.** (*proveerse*) sich versorgen (*de* mit +*dat*), sich versehen (*de* mit +*dat*) **2.** (*tomar precauciones*) Vorkehrungen treffen **3.** (*contra alguien*) feindlich eingestellt sein (*contra* gegenüber +*dat*)

preventivo, -a [preβeṇ'tiβo, -a] *adj* vorbeugend

prever [pre'βer] *irr como ver vt* vorhersehen

previo, -a ['preβjo, -a] *adj* vorherige(r, s); (**sin**) ~ **aviso** (ohne) Vorankündigung; **previa presentación del D.N.I.** bei Vorlage des Personalausweises

previsible [preβi'siβle] *adj* **1.** voraussichtlich **2.** (*que se puede prever*) voraussehbar; **era** ~ das war vorauszusehen

previsión [preβi'sjon] *f* **1.** (*de prever*) Vorhersage *f;* **esto supera todas las previsiones** das übertrifft alle Erwartungen **2.** (*precaución*) Vorsorge *f*

previsor(a) [preβi'sor(a)] *adj* **1.** (*con visión*) vorausschauend; (*política*) weit blickend **2.** (*precavido*) vorsorglich

previsto, -a [pre'βisto, -a] *adj:* **el éxito estaba** ~ der Erfolg war zu erwarten; **todo lo necesario está** ~ es ist für alles Notwendige gesorgt

prima ['prima] *f* **1.** (*pariente*) Kusine *f* **2.** (FIN) Prämie *f*

primacía [prima'θia] *f* **1.** (*supremacía*) Vorrangstellung *f;* (MIL, POL) Vormachtstellung *f* **2.** (*prioridad*) Vorrang *m*

primario, -a [pri'marjo, -a] *adj* primär; **enseñanza primaria** Grund- und Hauptschule *f;* **necesidades primarias** Grundbedürfnisse *ntpl*

primate [pri'mate] *m* Primat *m*

primavera [prima'βera] *f* (*estación*) Frühling *m*

primer [pri'mer] *adj v.* **primero, -a**[2]

primera [pri'mera] *f* **1.** (AUTO) erster Gang *m* **2.** (FERRO, AERO): **viajar en** ~ erster Klasse reisen **3.** (*loc*): **de** ~ erstklassig

primero[1] [pri'mero] *adv* **1.** (*en primer lugar*) zuerst; ~**..., segundo...** erstens ..., zweitens ... **2.** (*antes*) lieber

primero, -a[2] [pri'mero, -a] **I.** *adj* (*ante sustantivo masculino: primer*) erste(r, s); **primera edición** Erstausgabe *f;* **el Primer Ministro** der Premierminister; **a primera hora** (**de la mañana**) früh morgens; **a** ~**s de mes** am Monatsanfang; **de primera calidad** erstklassig; **desde un primer momento** von Anfang an; **en primer lugar** zuerst; **lo** ~ **es lo** ~ immer der Reihe nach; **para mí tú eres lo** ~ du kommst für mich an erster Stelle **II.** *m, f* Erste(r) *mf*

primitivo, -a [primi'tiβo, -a] *adj* primitiv; **los habitantes** ~**s** die Ureinwohner; **lotería primitiva** (*spanisches*) *Lotto*

primo[1] ['primo] *m* **1.** (*pariente*) Cousin *m* **2.** (*fam: ingenuo*) Einfaltspinsel *m*

primo, -a[2] ['primo, -a] *adj* **materia prima** Rohstoff *m* **número** ~ (MAT) Primzahl *f*

primogénito, -a [primo'xenito, -a] *adj* erstgeboren

primor [pri'mor] *m* **1.** (*habilidad*) Geschicklichkeit *f* **2.** (*esmero*) Sorgfältigkeit *f*

primordial [primor'ðjal] *adj* **1.** (*más importante*) vorrangig; **este asunto es de interés** ~ diese Angelegenheit hat Vorrang **2.** (*fundamental*) wesentlich

princesa [priṇ'θesa] *f v.* **príncipe**

principado [priṇθi'paðo] *m* Fürstentum *nt;* **el Principado de Andorra** Andorra *nt*

principal [priṇθi'pal] *adj* **1.** (*más importante*) hauptsächlich; **el problema** ~ das Hauptproblem; **su carrera profesional era lo** ~ **para él** seine Karriere war für ihn das Wichtigste **2.** (*esencial*) wesentlich

P

principalmente [prin̩θipal'men̩te] *adv* hauptsächlich; **él ha sido ~ el que ha hecho el trabajo** im Wesentlichen hat er die Arbeit erledigt

príncipe ['prin̩θipe] *m*, **princesa** *f* **1.** (*soberano*) Fürst(in) *m(f)* **2.** (*hijo del rey*) Prinz *m*, Prinzessin *f;* ~ **heredero** Kronprinz *m;* **el Príncipe de Asturias** der spanische Kronprinz; **el ~ azul** der Märchenprinz

principiante [prin̩θi'pjan̩te] *mf* Anfänger(in) *m(f)*

principio [prin̩'θipjo] *m* **1.** (*comienzo*) Anfang *m;* **al ~** am Anfang; **ya desde el ~** bereits am Anfang; **desde un ~** von Anfang an; **a ~s de diciembre** Anfang Dezember **2.** (*causa*) Ursache *f;* (*origen*) Ursprung *m* **3.** (*fundamento*) Prinzip *nt;* **en ~** im Prinzip

pringar [priŋ'gar] <g→gu> **I.** *vt* **1.** (*manchar*) beschmieren (*de/con* mit +*dat*) **2.** (*mojar*) eintauchen (*en* in +*akk*) **3.** (*fam: herir*) verwunden **4.** (*fam: desacreditar*) runtermachen **II.** *vi* **1.** (*fam: trabajar*) schuften **2.** (*Am: lloviznar*) nieseln **III.** *vr:* **~se 1.** (*mancharse*) sich beschmieren (*de/con* mit +*dat*) **2.** (*loc*): **se ha pringado en 200 marcos** er/sie hat 200 Mark mitgehen lassen

pringoso, -a [priŋ'goso, -a] *adj* schmierig

prioridad [prjori'ðaᵈ] *f* **1.** (*anterioridad*) Vorzeitigkeit *f* **2.** (*urgencia*) Priorität *f;* **de máxima ~** von allerhöchster Dringlichkeit; **dar ~ a un asunto** eine Angelegenheit vorrangig behandeln **3.** (AUTO) Vorfahrt *f*

prioritario, -a [prjori'tarjo, -a] *adj* vorrangig

prisa ['prisa] *f* Eile *f;* **a toda ~** in aller Eile; **de ~** schnell; **de ~ y corriendo** (*con demasiada prisa*) hastig; (*rápidamente*) schleunigst; **no corre ~** es hat Zeit; **¡date ~!** beeil dich!; **meter ~** zur Eile drängen; **tengo ~** ich habe es eilig; **no tengas ~** lass dir Zeit

prisión [pri'sjon] *f* **1.** Haft *f;* (*de guerra*) Gefangenschaft *f;* ~ **preventiva** Untersuchungshaft *f* **2.** (*edificio*) Gefängnis *nt*

prisionero, -a [prisjo'nero, -a] *m, f* Gefangene(r) *mf;* (*convicto*) Häftling *m*

prisma ['prisma] *m* (*figura*) Prisma *nt*

prismáticos [pris'matikos] *mpl* Fernglas *nt*

privación [priβa'θjon] *f* **1.** (*desposesión*) Entzug *m;* ~ **de libertad** (JUR) Freiheitsberaubung *f;* (*cárcel*) Freiheitsentzug *m* **2.** (*carencia*) Entbehrung *f*

privado, -a [pri'βaðo, -a] *adj* **1.** (*reunión, fiesta*) privat; (*sesión*) nicht öffentlich **2.** (*personal, confidencial*) privat; **vida privada** Privatleben *nt;* **quisiera hablar en ~ contigo** ich möchte mit dir unter vier Augen sprechen **3.** (*falto*): **~ de...** ohne ...; **~ de medios** mittellos

privar [pri'βar] **I.** *vt* **1.** (*desposeer*): **~ a alguien de libertad** jdn seiner Freiheit berauben; **~ a alguien de un derecho** jdm ein Recht aberkennen **2.** (*prohibir*) verbieten; **no me prives de visitarte** erlaub mir bitte dich zu besuchen **3.** (*gustar*) schwärmen (für +*akk*); **está privado por esa chica** er hat an diesem Mädchen einen Narren gefressen **II.** *vi* (*estar de moda*) in Mode sein **III.** *vr:* **~se** verzichten (*de* auf +*akk*); **no se privan de nada** es fehlt ihnen an nichts

privatizar [priβati'θar] <z→c> *vt* privatisieren

privilegiado, -a [priβile'xjaðo, -a] **I.** *adj* privilegiert; (*memoria*) hervorragend **II.** *m, f* Privilegierte(r) *mf*

privilegiar [priβile'xjar] *vt* privilegieren

privilegio [priβi'lexjo] *m* Privileg *nt*

pro [pro] **I.** *m o f* (*provecho*) Pro *nt;* **valorar los ~s y los contras** Pro und Kontra abwägen; **en ~ de** zugunsten +*gen* **II.** *prep* für +*akk*, pro +*akk*

proa ['proa] *f* (NÁUT) Bug *m*

probabilidad [proβaβili'ðaᵈ] *f* Wahrscheinlichkeit *f;* **con toda ~** aller Wahrscheinlichkeit nach; **hay ~es de rescatar los rehenes** es besteht Aussicht auf Befreiung der Geiseln

probable [pro'βaβle] *adj* **1.** wahrscheinlich; **un resultado ~** ein mögliches Ergebnis **2.** (*que se puede probar*) nachweisbar

probablemente [proβaβle'men̩te] *adv* wahrscheinlich

probador [proβa'ðor] *m* Umkleidekabine *f*

probar [pro'βar] <o→ue> **I.** *vt* **1.** (*demostrar*) beweisen **2.** (*experimentar*) ausprobieren; (*aparato*) (aus)testen **3.** (*a alguien*) auf die Probe stellen **4.** (*vestido*) anprobieren **5.** (GASTR) probieren; **no he probado nunca una paella** ich habe noch nie Paella gegessen **II.** *vi* (*intentar*) versuchen **III.** *vr:* **~se** (*vestido*) anprobieren

problema [pro'βlema] *m* **1.** (*cuestión*) Frage *f* **2.** (*dificultad*) Problem *nt;* **~s de**

adaptación Anpassungsschwierigkeiten *fpl* **3.** (*ejercicio*) Aufgabe *f*

problemático, -a [proβle'matiko, -a] *adj* problematisch

procedencia [proθe'ðeṇθja] *f* **1.** (*origen*) Herkunft *f* **2.** (JUR) Zulässigkeit *f*

procedente [proθe'ðeṇte] *adj* **1.** (*oportuno*) angebracht **2.** (*proveniente*) aus; **el tren ~ de Hamburgo con destino a Múnich** der Zug von Hamburg nach München **3.** (JUR) berechtigt

proceder [proθe'ðer] *vi* **1.** (*familia*) abstammen (*de* von +*dat*); (*de un lugar*) kommen (*de* aus +*dat*); (*idea*) entstehen (*de* aus +*dat*); (*pasión*) herrühren (*de* von +*dat*) **2.** (*actuar*) verfahren **3.** (*ser oportuno*) angebracht sein **4.** (*pasar a*) schreiten (*a* zu +*dat*)

procedimiento [proθeði'mjeṇto] *m* **1.** (*actuación*) Vorgehen *nt;* **¿qué ~ se puede seguir aquí?** wie kann man hier vorgehen? **2.** (*método*) Verfahren *nt* **3.** (JUR) Gerichtsverfahren *nt*

procesado, -a [proθe'saðo, -a] *m, f* Angeklagte(r) *mf*

procesador [proθesa'ðor] *m* Prozessor *m*

procesamiento [proθesa'mjeṇto] *m* **1.** (JUR) Prozessführung *f* **2.** (INFOR) Verarbeitung *f*

procesar [proθe'sar] *vt* **1.** (JUR) prozessieren (*a* gegen +*akk*); **le procesan por violación** er steht wegen Vergewaltigung vor Gericht **2.** (TÉC) verarbeiten

procesión [proθe'sjon] *f* **1.** Marsch *m;* (REL) Prozession *f* **2.** (*hilera*) Reihe *f;* (*de personas*) Schlange *f*

proceso [pro'θeso] *m* **1.** Prozess *m;* **~ de una enfermedad** Krankheitsentwicklung *f* **2.** (*procedimiento*) Verfahren *nt* **3.** (JUR: *causa*) Prozess *m*

proclamación [proklama'θjon] *f* Verkündigung *f*

proclamar [prokla'mar] **I.** *vt* **1.** (*hacer público*) verkünden; **~ la República** die Republik ausrufen **2.** (*aclamar*) zujubeln +*dat* **3.** (*sentimiento*) offenbaren **4.** (*ganador*) ausrufen **II.** *vr:* **~se presidente** sich zum Präsidenten erklären; **~se ganador** gewinnen

procurador(a) [prokura'ðor(a)] *m(f)* Bevollmächtigte(r) *mf;* (*en negocios*) Prokurist(in) *m(f);* (*en tribunal*) Klagevertreter(in) *m(f)*

procurar [proku'rar] **I.** *vt* **1.** (*intentar*) versuchen; **procura hacerlo lo mejor que puedas** versuch dein Bestes zu tun **2.** (*proporcionar*) verschaffen **II.** *vr:* **~se** sich *dat* verschaffen, sich *dat* besorgen

prodigio [pro'ðixjo] *m* Wunder *nt;* **niño ~** Wunderkind *nt*

prodigioso, -a [proði'xjoso, -a] *adj* **1.** (*extraordinario*) außerordentlich **2.** (*maravilloso*) wunderbar

producción [proðuʸ'θjon] *f* **1.** (*de frutos*) Hervorbringung *f* **2.** (*de cereales*) Produktion *f* **3.** (*fabricación*) Produktion *f;* (*cuadro*) Anfertigung *f;* (*libro*) Herstellung *f;* **~ en cadena** Fließbandfertigung *f;* **~ por encargo** Auftragsfertigung *f;* **~ en masa** Massenproduktion *f;* **~ a medida** Fertigung nach Maß

producir [proðu'θir] *irr como traducir* **I.** *vt* **1.** (*frutos*) hervorbringen **2.** (*fabricar*) produzieren; (*energía*) erzeugen; (*cuadro*) anfertigen **3.** (*beneficios*) (ein)bringen; (*intereses*) tragen **4.** (*alegría*) bereiten; (*aburrimiento*) hervorrufen; (*miedo*) auslösen; (*daño*) zufügen; (*impresión*) machen; **~ tristeza** traurig stimmen **II.** *vr:* **~se** **1.** (*fabricarse*) produziert werden **2.** (*tener lugar*) sich ereignen; **se ha producido una mejora** es ist eine Besserung eingetreten **3.** (*ocurrir*) sich ergeben

productividad [proðuktiβi'ðaᵈ] *f* Produktivität *f;* (*de máquina*) Leistungsfähigkeit *f;* (*de mina*) Ergiebigkeit *f;* (*de negocio*) Einträglichkeit *f;* (*de tierra*) Fruchtbarkeit *f*

productivo, -a [proðuk'tiβo, -a] *adj* produktiv; (*máquina*) leistungsfähig; (*mina*) ertragreich; (*negocio*) einträglich; (*tierra*) ertragreich

producto [pro'ðukto] *m* **1.** (*objeto*) Produkt *nt;* **~ agrícola** Agrarprodukt *nt;* **~ alimenticio** Nahrungsmittel *nt* **2.** (*de un negocio*) Ertrag *m;* (*de una venta*) Erlös *m;* **Producto Nacional Bruto** Bruttosozialprodukt *nt*

productor(a) [proðuk'tor(a)] **I.** *adj* produzierend **II.** *m(f)* Produzent(in) *m(f)*

profano, -a [pro'fano, -a] *adj* **1.** (*secular*) weltlich **2.** (*irreverente*) respektlos **3.** (*ignorante*) unerfahren; **soy ~ en esta materia** ich habe von diesem Thema keine Ahnung

profecía [profe'θia] *f* Prophezeiung *f*

profesión [profe'sjon] *f* **1.** (*empleo*) Beruf *m;* **trabajar en una ~ liberal** freiberuflich arbeiten **2.** (*de religión, doctrina*) Bekenntnis *nt* (*de* zu +*dat*); ~ **de fe** Glaubensbekenntnis *nt*

profesional [profesjo'nal] **I.** *adj* **1.** (*de la profesión*) beruflich; **ética** ~ Berufsethos *nt;* **secreto** ~ Schweigepflicht *f* **2.** (*no aficionado*) professionell; **deportista** ~ Profi *m* **II.** *mf* (*experto, no aficionado*) Profi *m*

profesor(a) [profe'sor(a)] *m(f)* (*no universitario*) Lehrer(in) *m(f);* (*universitario*) Dozent(in) *m(f);* (*catedrático*) Professor(in) *m(f)*

profesorado [profeso'raðo] *m* **1.** (*cargo no universitario*) Lehramt *nt* **2.** (*conjunto*) Lehrkörper *m;* (*en la escuela*) Lehrerschaft *f*

profeta, -isa [pro'feta, profe'tisa] *m, f* Prophet(in) *m(f)*

profetizar [profeti'θar] <z→c> *vt* prophezeien

profundamente [profuṇda'meṇte] *adv* tief; ~ **ofendido** zutiefst beleidigt

profundidad [profuṇdi'ðaᶞ] *f* Tiefe *f;* **analizar en** ~ ergründen; **tener mucha/poca** ~ sehr tief/nicht sehr tief sein

profundizar [profuṇdi'θar] <z→c> **I.** *vt* vertiefen **II.** *vi:* ~ **en algo** etw vertiefen

profundo, -a [pro'fuṇdo, -a] *adj* tief; (*capa, estrato*) tief liegend; (*observación*) tiefsinnig; (*pena*) tief empfunden; (*dificultad*) tief greifend

progenitor(a) [proxeni'tor(a)] *m(f)* Vater *m,* Mutter *f;* **los** ~**es** die Eltern

programa [pro'ɣrama] *m* Programm *nt;* ~ **de aplicación** (INFOR) Anwendungsprogramm *nt;* ~ **cazavirus** (INFOR) Antivirenprogramm *nt;* ~ **de estudios** Lehrplan *m;* ~ **de trabajo** Arbeitsplan *m;* ~ **de tratamiento de textos** Textverarbeitungsprogramm *nt*

programación [proɣrama'θjon] *f* **1.** (*acción*) Programmierung *f* **2.** (TV, RADIO) Programm *nt*

programador(a) [proɣrama'ðor(a)] *m(f)* Programmierer(in) *m(f)*

programar [proɣra'mar] *vt* programmieren; **la conferencia está programada para el domingo** der Vortrag steht für Sonntag auf dem Programm; **¿qué tienes programado para esta tarde?** was hast du heute Nachmittag vor?

progresar [proɣre'sar] *vi* Fortschritte machen (*en* in +*dat,* bei +*dat*); (*enfermedad*) fortschreiten; (*ciencia*) sich weiterentwickeln; ~ **profesionalmente** beruflich vorwärts kommen

progresión [proɣre'sjon] *f* **1.** Fortschreiten *nt* **2.** (MAT) Reihe *f* **3.** (MÚS) Sequenz *f*

progresista [proɣre'sista] *adj* fortschrittlich

progresivo, -a [proɣre'siβo, -a] *adj* (*que progresa*) fortschreitend; (*que aumenta*) zunehmend; (FIN) progressiv; **aspecto** ~ (LING) Verlaufsform *f*

progreso [pro'ɣreso] *m* Fortschritt *m*

prohibición [proi̯βi'θjon] *f* Verbot *nt*

prohibido, -a [proi̯'βiðo, -a] *adj:* ~ **fumar** Rauchen verboten

prohibir [proi̯'βir] *irr vt* verbieten

prohibitivo, -a [proi̯βi'tiβo, -a] *adj* Verbots-; **a precio** ~ unerschwinglich

prójimo ['proximo] *m* Mitmensch *m;* **amor al** ~ Nächstenliebe *f*

prole ['prole] *f* Kinder *ntpl*

proletariado [proleta'rjaðo] *m* Proletariat *nt*

proletario, -a [prole'tarjo, -a] **I.** *adj* proletarisch; **barrio** ~ Arbeiterviertel *nt* **II.** *m, f* Proletarier(in) *m(f)*

proliferar [prolife'rar] *vi* **1.** (*en cantidad*) sich vermehren **2.** (*incontroladamente*) wuchern **3.** (*epidemia, rumor*) um sich greifen

prólogo ['proloɣo] *m* (*de libro*) Vorwort *nt;* (TEAT, DEP) Prolog *m*

prolongación [proloŋga'θjon] *f* Verlängerung *f;* (*de decisión*) Hinauszögerung *f*

prolongar [proloŋ'gar] <g→gu> **I.** *vt* verlängern; (*decisión*) hinauszögern; (*un estado*) in die Länge ziehen **II.** *vr:* ~**se** sich verlängern; (*un estado*) sich in die Länge ziehen; (*reunión*) länger dauern; **la fiesta se prolongó hasta bien entrada la noche** das Fest dauerte bis tief in die Nacht

promedio [pro'meðjo] *m* Durchschnitt *m*

promesa [pro'mesa] *f* Versprechen *nt;* (REL) Gelübde *nt;* ~ **de matrimonio** Verlobung *f;* **el director me ha dado su** ~ **de que...** der Direktor hat mir zugesagt, dass ...

prometedor(a) [promete'ðor(a)] *adj* viel versprechend

prometer [prome'ter] **I.** *vt* versprechen; (REL) geloben; **te prometo que lo haré** du kannst dich darauf verlassen, dass ich es tue **II.** *vi:* **este negocio promete** das ist ein viel versprechendes Geschäft **III.** *vr:* ~**se** (*novios*) sich verloben

prometido, **-a** [prome'tiðo, -a] *m, f* Verlobte(r) *mf*

prominente [promi'nen̩te] *adj* **1.** (*pómulo*) vorstehend; (*nariz*) vorspringend **2.** (*persona*) hervorragend

promiscuidad [promiskwi'ðaᵈ] *f* **1.** (*mezcla*) Mischung *f* **2.** (*de sexos*): **aboga a favor de la ~ de sexos en las escuelas** er/sie ist für gemischte Schulen **3.** (*sexual*) Promiskuität *f*

promiscuo, **-a** [pro'miskwo, -a] *adj* **1.** (*pey: mezclado*) gemischt **2.** (*ambiguo*) zweideutig

promoción [promo'θjon] *f* **1.** (*de empresa/alguien*) Förderung *f* **2.** (*de categoría*) Beförderung *f* **3.** (*de producto*) Promotion *f* **4.** (*de licenciados*) Jahrgang *m*

promocionar [promoθjo'nar] *vt* **1.** (*a empresa/alguien*) fördern **2.** (*de categoría*) befördern **3.** (*producto, película*) werben (für +*akk*)

promotor(a) [promo'tor(a)] *m(f)* **1.** (*de altercado*) Anstifter(in) *m(f)* **2.** (*patrocinador*) Förderer, -in *m, f;* (*deportivo, artístico*) Promoter(in) *m(f);* (*de espectáculo*) Veranstalter(in) *m(f)*

promover [promo'βer] <o→ue> *vt* **1.** (*querella*) erheben; (*proceso*) anstrengen; (*recurso*) einlegen **2.** (*en el cargo*) befördern **3.** (*escándalo, aplausos*) auslösen; (*altercado*) anfangen

promulgación [promulɣa'θjon] *f* Verkündung *f;* (*divulgación*) Verbreitung *f*

promulgar [promul'ɣar] <g→gu> *vt* verkünden; (*divulgar*) verbreiten

pronombre [pro'nombre] *m* Pronomen *nt*

pronominal [pronomi'nal] *adj* Pronominal-; **verbo ~** reflexives Verb

pronosticar [pronosti'kar] <c→qu> *vt* vorhersagen

pronóstico [pro'nostiko] *m* Voraussage *f;* (ECON, MED) Prognose *f;* (DEP) Tipp *m*

pronto[1] ['pron̩to] **I.** *adv* **1.** (*rápido*) prompt **2.** (*enseguida*) bald; (*inmediatamente*) gleich **3.** (*temprano*) früh **4.** (*loc*): **de ~** auf einmal; **¡hasta ~!** bis bald!; **por de** [*o* **lo**] **~** fürs erste **II.** *conj:* **tan ~ como** sobald

pronto, **-a**[2] ['pron̩to, -a] *adj* **1.** (*rápido*) prompt; (*despierto*) flink **2.** (*dispuesto*) bereit; **estar ~** (*CSur*) fertig sein

pronunciación [pronun̩θja'θjon] *f* Aussprache *f;* (JUR) Verlesung *f*

pronunciado, **-a** [pronun̩'θjaðo, -a] *adj* ausgesprochen; (*marcado*) ausgeprägt; **arrugas pronunciadas** tiefe Falten; **una curva pronunciada** eine scharfe Kurve; **rasgos ~s** markante (Gesichts)züge

pronunciar [pronun̩'θjar] **I.** *vt* **1.** (*articular*) aussprechen; **~ un brindis por alguien** auf jdn einen Trinkspruch ausbringen; **~ un discurso** eine Rede halten; **~ sentencia** das Urteil verkünden **2.** (*resaltar*) betonen **II.** *vr:* **~se 1.** (*levantarse*) putschen **2.** (*apoyar*) sich aussprechen **3.** (*opinar*) Stellung nehmen (*sobre* zu +*dat*) **4.** (*acentuarse*) ausgeprägter werden

propaganda [propa'ɣan̩da] *f* **1.** (MIL, POL) Propaganda *f* **2.** (*publicidad*) Werbung *f;* (*promoción*) Publicity *f*

propagar [propa'ɣar] <g→gu> **I.** *vt* **1.** (*multiplicar*) vermehren; (*reproducir*) fortpflanzen **2.** (*extender, divulgar*) verbreiten; **~ un rumor** ein Gerücht in die Welt setzen **II.** *vr:* **~se 1.** (*multiplicarse*) sich vermehren; (*reproducirse*) sich fortpflanzen **2.** (*extenderse, divulgarse*) sich verbreiten; (*incendio, enfermedad*) sich ausbreiten; (*epidemia*) grassieren; (*propalarse*) ruchbar werden **3.** (*transmitirse*) sich übertragen

propano [pro'pano] *m* Propan(gas) *nt*

propasar [propa'sar] **I.** *vt* überschreiten **II.** *vr:* **~se** (*extralimitarse*) zu weit gehen

propenso, **-a** [pro'penso, -a] *adj* (*a enfermedades*) anfällig (*a* für +*akk*); (*dispuesto*) bereit (*a* zu +*dat*); **ser ~ a algo** zu etw *dat* neigen

propiamente [propja'men̩te] *adv* eigentlich; (*realmente*) wirklich; (*exactamente*) genau; **~ dicho** genau genommen

propicio, **-a** [pro'piθjo, -a] *adj* **1.** (*favorable*) günstig; **en el momento ~** im günstigsten Moment **2.** (*dispuesto*) bereit (*a* zu +*dat*); **mostrarse** (**poco**) **~ a/para…** sich (wenig) geneigt zeigen zu …

propiedad [propje'ðaᵈ] *f* **1.** Eigentum *nt;* (*inmuebles*) Besitz *m* **2.** (*t.* FÍS) Eigenschaft *f;* **~es** Beschaffenheit *f* **3.** (*corrección*) Richtigkeit *f;* (*exactitud*) Genauigkeit *f;* **expresarse con ~** sich treffend ausdrücken

propietario, **-a** [propje'tarjo, -a] **I.** *adj* besitzend **II.** *m, f* Eigentümer(in) *m(f);* (*terrateniente*) Grundbesitzer(in) *m(f);* (*casero*) Vermieter(in) *m(f)*

propina [pro'pina] *f* Trinkgeld *nt*

P

propinar [propi'nar] *vt* (*golpes*) versetzen

propio, **-a** ['propjo, -a] *adj* **1.** (*de uno mismo*) eigene(r, s); **con sus propias manos** mit eigenen Händen; **en defensa propia** in Notwehr **2.** (*mismo*) selbst; **lo ~** dasselbe; **el ~ interesado** der Interessent selbst; **nombre ~** (LING) Eigenname *m* **3.** (*característico*) eigen(tümlich); **los productos ~s del país** die heimischen Produkte des Landes; **eso (no) es ~ de ti** das passt (nicht) zu dir **4.** (*apropiado*) angemessen

proponer [propo'ner] *irr como poner* **I.** *vt* **1.** (*sugerir, presentar*) vorschlagen (*como* als +*akk*, *para* für +*akk*); **~ un brindis por alguien** auf jdn ein Hoch ausbringen **2.** (*plantear*) stellen; **~ una cuestión** eine Frage aufwerfen **3.** (*solicitar*) beantragen **II.** *vr:* **~se** sich *dat* vornehmen; (*tener intención*) vorhaben; **¿qué te propones?** was hast du eigentlich vor?

proporción [propor'θjon] *f* **1.** (*relación*) Verhältnis *nt;* **no guardar ~ con algo** in keinem Verhältnis zu etw *dat* stehen **2.** (*porcentaje*) Anteil *m* **3.** *pl* (*dimensión*) Ausmaß *nt;* **un accidente de enormes proporciones** ein Unfall größten Ausmaßes

proporcional [proporθjo'nal] *adj* proportional; (*relativo*) anteilig; **reparto ~** proportionale Verteilung

proporcionar [proporθjo'nar] *vt* **1.** (*dar proporción*) proportionieren; (*adecuar*) anpassen (*a* an +*akk*) **2.** (*repartir*) proportional aufteilen **3.** (*facilitar*) beschaffen; (*conseguir*) besorgen; (*procurar*) verschaffen; (*crear*) schaffen; (*producir*) bringen **4.** (*ocasionar*) bewirken

proposición [proposi'θjon] *f* **1.** (*propuesta*) Vorschlag *m;* (*solicitud*) Antrag *m;* (*oferta*) Angebot *nt;* **~ de ley** Gesetzesvorlage *f* **2.** (*oración*) Satz *m*

propósito [pro'posito] **I.** *m* **1.** (*intención*) Absicht *f;* (*plan*) Plan *m;* **buenos ~s** gute Vorsätze; **tener el ~ de...** vorhaben zu ... **2.** (*objetivo*) Ziel *nt* **3.** (*loc*): **a ~** (*adrede*) absichtlich; (*adecuado*) angemessen; (*por cierto*) übrigens **II.** *prep:* **a ~ de** über +*akk*

propuesta [pro'pwesta] *f* (*proposición*) Vorschlag *m;* (*solicitud*) Antrag *m;* (*oferta*) Angebot *nt;* (*recomendación*) Empfehlung *f;* (*presentación*) Aufstellung *f*

prórroga ['prorroɣa] *f* **1.** (*prolongación*) Verlängerung *f;* (ECON) Stundung *f;* **~ de pago** Zahlungsaufschub *m* **2.** (*dilatoria*) Aufschub *m;* (*retraso*) Verschiebung *f;* (*aplazamiento*) Verlegung *f;* (*cambio de fecha*) Vertagung *f*

prorrogar [prorro'ɣar] <g→gu> *vt* **1.** (*prolongar*) verlängern; (ECON) stunden **2.** (*dilatar*) aufschieben; (*retrasar*) verschieben; (*aplazar*) verlegen; (*cambiar de fecha*) vertagen; (JUR) prorogieren

prorrumpir [prorrum'pir] *vi* **1.** (*salir*) hervorbrechen **2.** (*estallar*) ausbrechen

prosa ['prosa] *f* Prosa *f;* **texto en ~** Prosatext *m*

proseguir [prose'ɣir] *irr como seguir* **I.** *vi* (*alguien*) weitermachen; (METEO) anhalten; **~ con [*o* en] algo** (*mantener*) etw beibehalten; (*continuar con*) etw fortsetzen **II.** *vt* **1.** (*continuar*) fortsetzen **2.** (*un fin*) verfolgen

prospecto [pros'pekto] *m* (*folleto*) Prospekt *m o nt;* (*de instrucciones*) Bedienungsanleitung *f;* (*informativo*) Broschüre *f;* (*de un medicamento*) Packungsbeilage *f*

prosperar [prospe'rar] *vi* **1.** (*crecer*) gedeihen; (*avanzar*) gut vorankommen; (*florecer*) florieren; (*tener éxito*) Erfolg haben **2.** (*imponerse*) sich einbürgern

prosperidad [prosperi'ðaᵈ] *f* Wohlstand *m*

próspero, **-a** ['prospero, -a] *adj* **1.** glücklich; **¡P~ Año Nuevo!** frohes neues Jahr!; (*brindis*) prosit Neujahr! **2.** (*rico*) wohlhabend; (*con éxito*) erfolgreich

próstata ['prostata] *f* Prostata *f*

prostitución [prostitu'θjon] *f* Prostitution *f;* **ejercer la ~** der Prostitution nachgehen

prostituir [prostitu'ir] *irr como huir* **I.** *vt* auf den Strich schicken **II.** *vr:* **~se** auf den Strich gehen; (*fig*) sich prostituieren; (*denigrarse*) sich erniedrigen

prostituto, **-a** [prosti'tuto, -a] *m, f* Prostituierte(r) *mf*

protagonista [protaɣo'nista] **I.** *adj:* **el papel ~** die Hauptrolle **II.** *mf* Hauptperson *f;* (CINE, TEAT) Hauptdarsteller(in) *m(f);* (LIT) (Roman)held(in) *m(f)*

protagonizar [protaɣoni'θar] <z→c> *vt* (*un papel*) spielen; **un gran actor protagoniza esta película** in diesem Film spielt ein namhafter Schauspieler die Hauptrolle

protección [proteʸ'θjon] *f* Schutz *m;* (*recubrimiento*) Abdeckung *f;* (*apoyo*) Unterstützung *f;* (*mecenazgo*) Protektion *f;* (MIL) Deckung *f;* (*patrocinio*) Schirmherrschaft *f;* ~ **acústica** Lärmschutz *m;* ~ **anticopia** (INFOR) Antivirenprogramm *nt;* ~ **contra incendios** Brandschutz *m;* ~ **de memoria** (INFOR) Antivirenprogramm *nt;* ~ **de menores** Jugendschutz *m*

protector[1] [protek'tor] *m* Schutz *m;* ~ **labial** Lippen(schutz)pomade *f;* ~ **solar** Sonnen(schutz)creme *f*

protector(a)[2] [protek'tor(a)] **I.** *adj* schützend; **casco** ~ Schutzhelm *m;* **sociedad ~a de animales** Tierschutzverein *m* **II.** *m(f)* (*persona*) Beschützer(in) *m(f);* (*mecenas*) Gönner(in) *m(f)*

proteger [prote'xer] <g→j> **I.** *vt* **1.** (*resguardar*) (be)schützen (*de/contra* vor +*dat*) **2.** (*asegurar*) (ab)sichern **3.** (ECOL) unter Naturschutz stellen; (*como mecenas*) fördern **II.** *vr:* **~se** sich schützen (*de/contra* vor +*dat*); **~se los ojos** seine Augen schützen

proteína [prote'ina] *f* Protein *nt*

prótesis ['protesis] *f inv* Prothese *f*

protesta [pro'testa] *f* **1.** Protest *m* **2.** (JUR) Einspruch *m*

protestante [protes'tante] **I.** *adj* (REL) protestantisch **II.** *mf* (REL) Protestant(in) *m(f)*

protestar [protes'tar] *vi* **1.** (*oponerse, quejarse*) protestieren **2.** (*aseverar*) beteuern (*de* +*akk*)

protocolo [proto'kolo] *m* Protokoll *nt*

protón [pro'ton] *m* Proton *nt*

prototipo [proto'tipo] *m* Prototyp *m*

provecho [pro'βetʃo] *m* **1.** (*aprovechamiento*) Nutzen *m;* (*ventaja*) Vorteil *m;* (*producto*) Ertrag *m;* (*beneficio*) Gewinn *m;* **propio** ~ Eigennutz *m;* **de** ~ von Nutzen; **nada de** ~ nichts Brauchbares; **sacar** ~ **de algo** aus etw *dat* Nutzen ziehen **2.** (*progreso*) Fortschritt *m;* (*mejora*) Besserung *f* **3.** (*de alimentos*) Bekömmlichkeit *f;* **¡buen ~!** guten Appetit!

provechoso, -a [proβe'tʃoso, -a] *adj* einträglich; (*productivo*) ertragreich; (*útil*) nützlich; (*ventajoso*) vorteilhaft; (*saludable*) gesund; (*digestivo*) bekömmlich

proveedor(a) [proβe(e)'ðor(a)] **I.** *adj* Liefer- **II.** *m(f)* Lieferant(in) *m(f)*

proveer [pro'βer/proβe'er] *irr* **I.** *vi* sorgen (*a* für +*akk*); **¡Dios ~á!** der Herrgott wird's schon richten! **II.** *vt* **1.** (*abastecer*) versorgen (*de* mit +*dat*); (*equipar*) ausstatten (*de* mit +*dat*); (*dotar*) versehen (*de* mit +*dat*); (*suministrar*) beliefern (*de* mit +*dat*) **2.** (*un puesto*) besetzen; (*conceder*) vergeben **III.** *vr:* **~se** sich eindecken (*de* mit +*dat*)

proveniente [proβe'njente] *adj:* **el tren ~ de Madrid** der Zug aus Madrid

provenir [proβe'nir] *irr como venir vi* herkommen (*de* von +*dat*); (*proceder*) herrühren (*de* von +*dat*); (*ser originario*) stammen (*de* aus +*dat*)

proverbio [pro'βerβjo] *m* Sprichwort *nt,* Spruch *m*

provincia [pro'βinθja] *f* Provinz *f;* (*Arg: estado*) (Glied)staat *m;* **ciudad de ~s** Kleinstadt *f*

provincial [proβin'θjal] **I.** *adj* Provinz(ial)-; **capital** ~ Provinzhauptstadt *f;* **delegación** ~ Provinzialbehörde *f* **II.** *m* (REL) Provinzial *m*

provinciano, -a [proβin'θjano, -a] *adj* provinziell; (*pey*) provinzlerisch

provisión [proβi'sjon] *f* **1.** (*reserva*) Vorrat *m;* **provisiones** Proviant *m* **2.** (*suministro*) Versorgung *f* **3.** (*cobertura*) Deckung *f;* (*reserva*) Rücklage *f* **4.** (*comisión*) Provision *f* **5.** (*medida*) Vorsichtsmaßnahme *f* **6.** (*de un cargo*) Besetzung *f* **7.** (JUR) Anordnung *f*

provisional [proβisjo'nal] *adj* provisorisch; (*temporal*) vorläufig

provisto, -a [pro'βisto, -a] **I.** *pp de* **proveer** **II.** *adj:* ~ **al efecto** dafür vorgesehen

provocación [proβoka'θjon] *f* **1.** (*ataque*) Provokation *f;* (*instigación*) Anstiftung *f* **2.** (*causa*) Hervorrufen *nt;* (MED) Auslösen *nt*

provocar [proβo'kar] <c→qu> **I.** *vt* **1.** (*incitar*) provozieren; (*irritar*) aufregen; (*excitar*) aufreizen; (*instigar*) anstiften; (POL) aufwiegeln; **¡no me provoques!** geh mir nicht auf die Nerven!; (*advertencia*) ich warne dich! **2.** (*causar*) provozieren; (MED) auslösen; (*artificialmente*) einleiten; ~ **risa a alguien** jdn zum Lachen bringen; ~ **lástima a alguien** jds Mitleid erregen; ~ **un incendio** einen Brand verursachen **II.** *vi* (*Am: apetecer*): **(no) me provoca** ich habe (keine) Lust

provocativo, -a [proβoka'tiβo, -a] *adj* provokativ; (*excitante*) aufreizend

próximamente [proˠsima'mente] *adv* demnächst

proximidad [proˠsimi'ðaᵈ] *f* **1.** (*cercanía*) Nähe *f;* **~es** Nachbarschaft *f;* **en las ~es** in der Nähe **2.** (*parentesco*) Verwandtschaftsgrad *m*

próximo, -a ['proˠsimo, -a] *adj* **1.** (*cercano*) nahe (*a* bei/zu +*dat*); (*local*) nahe gelegen; (*temporal*) nahe bevorstehend; **en fecha próxima** demnächst **2.** (*siguiente*) nächste(r, s); **la próxima vez** nächstes Mal; **¡hasta la próxima!** bis bald!

proyección [proɟeˠ'θjon] *f* **1.** (FÍS, FOTO, CINE) Projektion *f;* (*sesión*) Vorführung *f;* (*lanzamiento*) Werfen *nt;* (*impulso*) Schleudern *nt;* ~ **de sombras** Schattenwurf *m* **2.** (*cartografía*) Projektion *f* **3.** (ARQUIT, MAT) Grundriss *m* **4.** (*influencia*) Einfluss *m;* (*orientación*) Orientierung *f;* **una empresa de ~ internacional** eine weltweit orientierte Firma **5.** (*proyecto*) Planung *f*

proyectar [proɟek'tar] **I.** *vt* **1.** (FÍS, FOTO, CINE) projizieren; (*lanzar*) werfen (*hacia* auf +*akk*); (*impulsar*) schleudern (*hacia* gegen +*akk*) **2.** (*planear*) planen; (*diseñar*) entwerfen; (TÉC) konstruieren **3.** (*proponerse*) vorhaben **II.** *vr:* **~se 1.** (*luz, sombra*) fallen (*sobre* auf +*akk*) **2.** (PSICO) sich projizieren (*en* auf +*akk*) **3.** (*orientarse*) sich orientieren

proyectil [proɟek'til] *m* Geschoss *nt*

proyecto [pro'ɟekto] *m* Projekt *nt;* (*proyección*) Planung *f;* (*borrador*) Entwurf *m;* (*pormenorizado*) Ausarbeitung *f;* (*propuesta*) Vorschlag *m;* ~ **de ley** Gesetz(es)entwurf *m;* **en ~** geplant; **tener ~s** Pläne haben; **tener algo en ~** etw vorhaben

proyector [proɟek'tor] *m* Projektor *m*

prudencia [pru'ðen̪θja] *f* **1.** (*precaución*) Vorsicht *f;* (*previsión*) Bedachtsamkeit *f;* (*cautela*) Behutsamkeit *f* **2.** (*cordura*) Vernunft *f;* (*astucia*) Klugheit *f* **3.** (*moderación*) Mäßigkeit *f*

prudente [pru'ðen̪te] *adj* **1.** (*precavido*) vorsichtig; (*previsor*) bedacht; (*cauteloso*) behutsam **2.** (*razonable*) vernünftig; (*avisado*) klug **3.** (*adecuado*) angemessen

prueba ['prweβa] *f* **1.** (*examen*) Prüfung *f;* (*test*) Test *m;* (*experimento*) Versuch *m;* (*comprobación*) Probe *f;* (DEP: *competición*) Wettkampf *m;* (*de ropa*) Anprobe *f;* (TIPO) Probeabzug *m;* (TÉC) Probelauf *m;* ~ **de acceso** Aufnahmeprüfung *f;* ~ **de alcoholemia** (Blut)alkoholtest *m;* ~ **de aptitud** Eignungstest *m;* **período de ~** Probezeit *f;* **poner a ~** auf die Probe stellen **2.** (*testimonio*) Beweis *m;* (*verificación*) Nachweis *m;* **tener ~s de que...** beweisen können, dass ...

Prusia ['prusja] *f* Preußen *nt*

prusiano, -a [pru'sjano, -a] *adj* preußisch

P.S. [pos es'kriptun] *abr de* **post scriptum** PS

(p)seudónimo ['seu̯'ðonimo] *m* Pseudonym *nt*

(p)seudonónimo [seu'ðonimo] *m* Pseudonym *nt*

(p)sicoanálisis [sikoa'nalisis] *m* Psychoanalyse *f*

(p)sicoanalista [sikoana'lista] *mf* Psychoanalytiker(in) *m(f)*

(p)sicología [sikolo'xia] *f* **1.** (*ciencia*) Psychologie *f* **2.** (*vida anímica*) Psyche *f*

(p)sicológico, -a [sikolo'xiko, -a] *adj* psychologisch; **terror ~** Psychoterror *m*

(p)sicólogo, -a [si'koloɣo, -a] *m, f* Psychologe, -in *m, f*

(p)sicópata [si'kopata] *mf* Psychopath(in) *m(f);* ~ **sexual** Triebtäter *m*

(p)sicosis [si'kosis] *f inv* Psychose *f;* ~ **colectiva** Massenpsychose *f*

(p)sicosomático, -a [sikoso'matiko, -a] *adj* psychosomatisch

(p)sicoterapia [sikote'rapja] *f* Psychotherapie *f*

(p)sique ['sike] *f* Psyche *f*

(p)siquiatra [si'kjatra] *mf* Psychiater(in) *m(f)*

(p)siquiatría [sikja'tria] *f* Psychiatrie *f*

(p)siquiátrico, -a [si'kjatriko, -a] *adj* psychiatrisch

(p)síquico, -a [si'kiko, -a] *adj* psychisch

PSOE [pe'soe] *m abr de* **Partido Socialista Obrero Español** *sozialistische spanische Arbeiterpartei*

pta. [pe'seta] *f* <pt(a)s.> *abr de* **peseta** Pesete *f*

púa ['pua] *f* **1.** Stachel *m* **2.** (*del peine*) Zinke *f;* (*pico*) Zacken *m* **3.** (MÚS) Plektron *nt*

pub [paᵝ] <pubs> *m* Pub *m o nt*

pubertad [puβer'taᵈ] *f* Pubertät *f*

pubis ['puβis] *m inv* (*zona*) Scham(gegend) *f;* (*hueso*) Schambein *nt*

publicación [puβlika'θjon] *f* **1.** Veröffentlichung *f;* (*anuncio*) Bekanntmachung *f;* (*proclamación*) Verkündung *f;* (JUR) Offenlegung *f* **2.** (*edición*) Publikation *f*

publicar [puβli'kar] <c→qu> **I.** *vt* veröffentlichen; (*anunciar*) bekannt geben; (JUR) offen legen; (*proclamar*) verkünden **II.** *vr:*

~**se** erscheinen

publicidad [puβliθi'ðaᵈ] *f* **1.** (*carácter público*) Öffentlichkeit *f;* **dar** ~ bekannt machen **2.** (*propaganda*) Werbung *f;* (*promoción*) Publicity *f;* **hacer** ~ **de algo** für etw werben

público[1] ['puβliko] *m* **1.** Öffentlichkeit *f;* **en** ~ in aller Öffentlichkeit; **aparecer en** ~ öffentlich auftreten; **el gran** ~ die breite Masse **2.** (*asistente*) Publikum *nt;* **para todos los** ~**s** für jeden Geschmack; (CINE) freigegeben ab 6 Jahren

público, -a[2] ['puβliko, -a] *adj* **1.** (*no privado*) öffentlich; (*estatal*) staatlich; **deuda pública** öffentliche Anleihe; **relaciones públicas** Publicrelations *pl;* **transporte** ~ öffentliche Verkehrsmittel **2.** (*común*) allgemein; **de utilidad pública** gemeinnützig **3.** (*conocido*) allgemein bekannt; **ser del dominio** ~ allgemein bekannt sein

pucha ['putʃa] *interj* (*CSur: caramba*): **¡la** ~**!** Donnerwetter!

puchero [pu'tʃero] *m* **1.** (*olla*) Kochtopf *m* **2.** (GASTR) ≈Eintopf *m* **3.** (*loc*): **hacer** ~**s** eine Schnute ziehen

pudin ['puðin] *m* Pudding *m*

pudor [pu'ðor] *m* **1.** (*recato*) Sittsamkeit *f;* (*decencia*) Züchtigkeit *f;* (*vergüenza*) Schamhaftigkeit *f* **2.** (*modestia*) Bescheidenheit *f*

pudoroso, -a [puðo'roso, -a] *adj* **1.** (*recatado*) sittsam; (*vergonzoso*) schamhaft; (*decente*) züchtig **2.** (*modesto*) bescheiden

pudrir [pu'ðrir] *irr* **I.** *vt* **1.** (*descomponer*) zum Faulen bringen; (*fig*) verderben; **estar podrido de dinero** (*vulg*) vor Geld stinken *fam* **2.** (*fam: molestar*) stinken +*dat* **II.** *vr:* ~**se** (ver)faulen; (*descomponerse*) verrotten; (*estropearse*) vergammeln; (*fig*) verderben; **¡ahí te pudras!** (*vulg*) von mir aus kannst du verrecken! *fam*

pueblo ['pweβlo] *m* **1.** (*nación*) Volk *nt;* (*tribu*) Volksstamm *m* **2.** (*población*) Dorf *nt;* ~ **de mala muerte** (*fam*) trostloses Kaff; ~ **joven** (*Am*) Slums *pl;* **de** ~ Land-; (*pey*) bäurisch

puente ['pwen̪te] *m* **1.** (*construcción*) Brücke *f;* ~ **aéreo** Luftbrücke *f;* (AERO) Luftpendelverkehr *m* **2.** (*de las gafas*) Brillensteg *m;* (*de un instrumento*) Steg *m;* ~ **dental** (Zahn)brücke *f* **3.** (NÁUT) Brückendeck *nt* **4.** (ELEC) Überbrückung *f;* **hacer un** ~ **a un coche** ein Auto kurzschließen

puenting ['pwen̪tiŋ] *m* Bungeejumping *nt*

puerco, -a ['pwerko, -a] **I.** *adj* **1.** *estar* (*fam: sucio*) saudreckig **2.** *ser* (*indecente*) schweinisch *fam* **II.** *m, f* **1.** (*cerdo*) Schwein *nt;* (*macho*) Eber *m;* (*hembra*) Sau *f;* ~ **espín** Stachelschwein *nt* **2.** (*fam: persona sucia*) Schlamper *m,* Schlampe *f;* (*obsceno*) Schweinigel *m* **3.** (*fam: canalla*) Schweinehund *m*

puericultor(a) [pwerikul̪'tor(a)] *m(f)* (MED) Kinderkrankenpfleger, -schwester *m, f;* (*en la guardería*) Kindergärtner(in) *m(f)*

puericultura [pwerikul̪'tura] *f sin pl* Kinderkrankenpflege *f*

pueril [pwe'ril] *adj* **1.** (*infantil*) kindlich; **edad** ~ Kindesalter *nt* **2.** (*inmaduro*) kindisch

puerro ['pwerro] *m* Lauch *m*

puerta ['pwerta] *f* **1.** Tür *f;* (*portal*) Pforte *f;* (*portalón*) Tor *nt;* (*acceso*) Zugang *m;* ~ **de la calle** Haustür *f;* ~ **corredera** Schiebetür *f;* ~ **de servicio** Lieferanteneingang *m;* ~ **de socorro** Notausgang *m;* **por la** ~ **grande** (TAUR: *t. fig*) mit Glanz und Gloria **2.** (DEP) Tor *nt*

puerto ['pwerto] *m* **1.** (NÁUT) Hafen *m;* (*ciudad*) Hafenstadt *f;* ~ **deportivo** Jachthafen *m;* ~ **franco** Freihafen *m;* ~ **interior** Binnenhafen *m;* ~ **marítimo** Seehafen *m* **2.** (*de montaña*) Bergpass *m* **3.** (INFOR) Schnittstelle *f* **4.** (*refugio*) Zuflucht *f*

Puerto Rico, ein seit 1952 an die USA assoziierter Staat, besteht aus einer Hauptinsel und mehreren kleinen Inseln, in den Großen Antillen gelegen. Die Hauptstadt Puerto Ricos ist **San Juan**. Die offiziellen Landessprachen sind sowohl Spanisch als auch Englisch.

puertorriqueño, -a [pwertorri'keɲo, -a] *adj* puertoricanisch

pues [pwes] **I.** *adv* **1.** (*entonces*) dann; (*así que*) also; **Ana quiere conocerte – ~ que venga** Ana möchte dich kennen lernen – dann soll sie kommen; ~ **entonces, nada** dann eben nicht **2.** (*ilativo*) also; ~ **bien** also gut **3.** (*causal*) nämlich; **estudio alemán – ¡ah, ~ yo también!** ich lerne Deutsch – ach, ich auch! **4.** (*expletivo*) doch; **¿estuvísteis por fin en Toledo? – ~ no/sí** wart ihr

P

schließlich in Toledo? – nein, doch nicht/ja **5.** (*exclamativo*): **¡~ no faltaría más!** das wäre ja noch schöner! **6.** (*interrogativo*): **¿y ~?** ja, und?; **¿~ qué ha pasado?** was ist denn passiert? **7.** (*atenuación*): **¿nos vemos mañana? – ~ no sé todavía** sehen wir uns morgen? – tja, ich weiß noch nicht **8.** (*insistencia*): **~ así es** so ist es halt; **~ claro** aber klar; **¡vamos ~!** na, los! **II.** *conj* (*causal*): **no voy de viaje, ~ no tengo dinero** ich mache keine Reise, denn ich habe kein Geld

puesta ['pwesta] *f* **1.** Stellung *f;* **~ al día** Aktualisierung *f;* **~ en escena** (TEAT) Inszenierung *f;* **~ a punto** Generalrevision *f;* (AUTO) (Urlaubs)check *m* **2.** (*de aves*) Gelege *nt* **3.** (*de sol*) Sonnenuntergang *m*

puesto[1] ['pwesto] *m* **1.** (*lugar*) Platz *m;* (*posición*) Stellung *f;* **ceder/mantener el ~** (DEP) den Listenplatz verlieren/halten **2.** (*empleo*) (Arbeits)stelle *f;* (*cargo*) Amt *nt;* (*posición*) Position *f* **3.** (*tenderete*) (Markt)stand *m;* (*feria de muestras*) Messestand *m;* (*chiringuito*) Imbissstand *m;* **~ de periódicos** Zeitungskiosk *m* **4.** (MIL) Posten *m* **5.** (*guardia*) Wache *f;* **~ de policía** Polizeiwache *f;* **~ de socorro** Rettungswache *f*

puesto, -a[2] ['pwesto, -a] **I.** *pp de* **poner** **II.** *adj* (*loc*): **~ al día** auf dem neuesten Stand; **estar ~ en un tema** (*fam*) sich in einem Thema auskennen **III.** *conj:* **~ que** da

pujar [pu'xar] *vi* **1.** (*esforzarse*) sich anstrengen; **~ por** sich bemühen zu **2.** (*en una subasta*) höher bieten

pulcritud [pulkri'tu^{ð}] *f* **1.** (*aseo*) Reinlichkeit *f* **2.** (*cuidado*) Sorgfalt *f;* (*finura*) Feinheit *f*

pulcro, -a ['pulkro, -a] *adj* **1.** (*aseado*) reinlich **2.** (*cuidadoso*) sorgfältig; (*fino*) fein

pulga ['pulɣa] *f* Floh *m;* (INFOR) (Programm)fehler *m;* **tener malas ~s** (*fam*) schnell aus der Haut fahren; **buscar las ~s a alguien** (*fam*) jdn auf die Palme bringen

pulgada [pul'ɣaða] *f* (*medida*) Zoll *m;* (*fam*) Daumenbreite *f*

pulgar [pul'ɣar] **I.** *adj:* **dedo ~** Daumen *m* **II.** *m* Daumen *m*

pulido, -a [pu'liðo, -a] *adj* **1.** (*brillante*) blank **2.** (*fino*) fein; (*estilo*) ausgefeilt

pulir [pu'lir] **I.** *vt* **1.** (*abrillantar*) polieren; (*suavizar*) glätten; (*esmerilar*) schleifen; (*con cera*) bohnern **2.** (*perfeccionar*) den letzten Schliff geben *+dat;* (*refinar*) Schliff verpassen *+dat* **II.** *vr:* **~se** **1.** (*refinarse*) Schliff bekommen **2.** (*derrochar*) verschwenden

pulla ['puʎa] *f* Stichelei *f*

pullman ['pulman] *m* (*Am: coche cama*) Schlafwagen *m*

pulmón [pul'mon] *m* Lunge *f*

pulmonar [pulmo'nar] *adj* Lungen-

pulmonía [pulmo'nia] *f* Lungenentzündung *f*

pulóver [pu'loβer] *m* (*Am: jersey*) Pullover *m*

pulpa ['pulpa] *f* **1.** (ANAT) Mark *nt* **2.** (*de la fruta*) Fruchtfleisch *nt*

pulpería [pulpe'ria] *f* (*Am*) *Kolonialwarenladen mit Ausschank*

púlpito ['pulpito] *m* Kanzel *f*

pulpo ['pulpo] *m* (ZOOL) Krake *m*

> Speziell in **Galicia** wird sehr viel **pulpo** (Krake) gegessen. Der sog. **pulpo a la gallega** wird folgendermaßen zubereitet: Zuerst wird der **pulpo** gekocht, dann schneidet man ihn in Scheiben, schließlich wird er mit Olivenöl, Salz und scharfem Paprika angemacht; man serviert den **pulpo** immer auf einem Holzteller.

pulsación [pulsa'θjon] *f* **1.** (ANAT: *latido*) Pulsschlag *m* **2.** (*de una tecla*) Tastendruck *m;* (*mecanografía*) Anschlag *m*

pulsar [pul'sar] **I.** *vi* (*latir*) pulsieren **II.** *vt* **1.** (*oprimir*) drücken; (*teclado*) anschlagen; **~ el timbre** klingeln **2.** (*tomar el pulso*) den Puls fühlen *+dat;* **~ la opinión pública** die öffentliche Meinung sondieren

pulsera [pul'sera] *f* Armband *nt;* **reloj de ~** Armbanduhr *f*

pulso ['pulso] *m* Puls *m;* (*fig*) Behutsamkeit *f;* **a ~** (*sin apoyarse*) freihändig; (*por su propio esfuerzo*) auf eigene Faust; **con ~** behutsam; **echar un ~ a alguien** mit jdm Arm drücken; **tener buen ~** eine ruhige Hand haben; **tomar el ~ a alguien** jdm den Puls fühlen

pulverizador [pulβeriθa'ðor] *m* (*aparato*) Sprühgerät *nt;* (*botella*) Sprühflasche *f;* (*atomizador*) Zerstäuber *m;* (*spray*) Sprühdose *f*

pulverizar [pulβeri'θar] <z→c> **I.** *vt* **1.** (*reducir a polvo*) pulverisieren; (*rallar*) zerreiben; (*moler*) zermahlen **2.** (*atomizar*) zerstäuben **3.** (*fig: aniquilar*) vernichten; (*argumento*) entkräften **II.** *vr:* **~se** zu Staub werden

puma ['puma] *m* Puma *m*

punible [pu'niβle] *adj* strafbar; **no** ~ straffrei

punki ['puŋki] **I.** *adj* punkig **II.** *mf* Punk(er) *m,* Punkerin *f*

punta ['puṇta] *f* Spitze *f;* (*pico*) Zacken *m;* (*extremo*) Ende *nt;* (*de tierra*) Landzunge *f;* (*un poco*) Körnchen *nt;* **a** ~ **de navaja/pistola** mit gezücktem Messer/gezogener Pistole; **de** ~ **a** ~ restlos; **de** ~ **en blanco** (*fam*) herausgeputzt; **hora**(**s**) ~ Stoßzeit *f;* **sacar** ~ (*afilar*) anspitzen; **lo tenía en la** ~ **de la lengua** es lag mir auf der Zunge

puntada [puṇ'taða] *f* (*costura*) Nahtstich *m;* (*pinchazo*) Nadelstich *m;* (*fig*) Stichelei *f*

puntaje [puṇ'taxe] *m* (*Am*) *v.* **puntuación**

puntapié [puṇta'pje] *m* Fußtritt *m*

puntería [puṇte'ria] *f* **1.** (*apuntar*) Zielen *nt* **2.** (*destreza*) Treffsicherheit *f;* **tener buena/mala** ~ ein guter/schlechter Schütze sein

puntiagudo, **-a** [puṇtja'ɣuðo, -a] *adj* spitz

puntilla [puṇ'tiʎa] *f* **1.** (*encaje*) Spitzenbordüre *f* **2.** (*loc*): **de** ~**s** auf Zehenspitzen

punto ['puṇto] *m* **1.** (*general*) Punkt *m;* ~ **y aparte** (LING) neuer Absatz; ~ **cardinal** Himmelsrichtung *f;* ~ **y coma** (LING) Semikolon *nt;* **sin** ~ **de comparación** ohne möglichen Vergleich; ~ **de destino** Bestimmungsort *m;* ~ **muerto** (AUTO) Leerlauf *m;* ~ **de referencia** Anhaltspunkt *m;* ~ **y seguido** (LING) Punkt *m* (ohne neuen Absatz); ~**s suspensivos** Auslassungspunkte *mpl;* ~ **a tratar** Tagesordnungspunkt *m;* ~ **de venta** Verkaufsstelle *f;* ~ **de vista** Standpunkt *m;* **dos** ~**s** (LING) Doppelpunkt *m;* **derrotar/ganar por** ~**s** nach Punkten schlagen/gewinnen; **poner** ~ **final a algo** den Schlussstrich unter etw ziehen; **poner a** ~ (TÉC) checken; (*ajustar*) justieren; **poner los** ~**s sobre las íes** (*fig*) Klartext sprechen; **tener a** ~ bereithalten; **hasta tal** ~ **que...** dermaßen, dass ...; **la una en** ~ Punkt ein Uhr; **en** ~ **a** bezüglich +*gen;* **hasta cierto** ~ gewissermaßen; **¿hasta qué** ~**?** inwiefern?; **¡y** ~**!** und damit basta!; **¡vamos por** ~**s!** jetzt aber langsam! **2.** (*calceta*) Stricken *nt;* (*labor*) Strickarbeit *f;* **hacer** ~ stricken **3.** (*puntada*) Stich *m;* ~ **de sutura** Stich *m* **4.** (*loc*): **a** ~ (*preparado*) bereit; (GASTR) gar; **a** ~ **de** kurz davor zu; **en su** ~ (GASTR) gar; (*fig*) genau richtig

puntuación [puṇtwa'θjon] *f* **1.** (LING) Zeichensetzung *f;* **signo de** ~ Satzzeichen *nt* **2.** (*calificación*) Bewertung *f;* (*escuela*) Benotung *f;* (DEP) Punktzahl *f*

puntual [puṇtu'al] *adj* **1.** (*concreto*) punktuell **2.** (*exacto*) genau **3.** (*sin retraso*) pünktlich

puntualidad [puṇtwali'ðað] *f* Pünktlichkeit *f;* **falta de** ~ Unpünktlichkeit *f*

puntualizar [puṇtwali'θar] <z→c> *vt* (*especificar*) im Einzelnen anführen; (*precisar*) präzisieren; (*aclarar*) klarstellen

puntuar [puṇtu'ar] <*1. pres:* puntúo> *vt* **1.** (*un escrito*) Satzzeichen setzen (in +*dat*) **2.** (*conseguir puntos*) punkten **3.** (*calificar*) benoten; (DEP) mit Punkten bewerten

punzada [puṇ'θaða] *f* stechender Schmerz *m;* (*en los costados*) Seitenstechen *nt*

punzante [puṇ'θaṇte] *adj* **1.** (*puntiagudo*) spitz **2.** (*mordaz*) bissig

puñado [pu'ɲaðo] *m* Handvoll *f;* **a** ~**s** haufenweise; **un** ~ (*argot*) total

puñal [pu'ɲal] *m* Dolch *m*

puñalada [puɲa'laða] *f* Dolchstoß *m;* (*herida*) Dolchstich *m;* (*fig*) Stoß *m* (ins Herz)

puñeta [pu'ɲeta] *f* (*vulg*) **1.** (*molestia*): **¡(qué)** ~(**s**)! so ein Scheiß!; **hacer la** ~ **a alguien** jdm eine schöne Suppe einbrocken *fam;* (*adrede*) jdn schikanieren **2.** (*bobada*) dummes Zeug *nt fam;* **¡déjate de** ~**s!** hör mit dem Scheiß auf!; **¿qué** ~**s estás diciendo?** was redest du da für einen Scheiß? **3.** (*Am: masturbación*) Wichsen *nt;* **¡vete a hacer** ~**s!** scher dich zum Teufel! *fam*

puñetazo [puɲe'taθo] *m* Faustschlag *m*

puñetero, **-a** [puɲe'tero, -a] *adj* (*fam*) verdammt; **el muy** ~ **no me ayudó** der Scheißkerl hat mir nicht geholfen

puño ['puɲo] *m* **1.** Faust *f;* ~ **cerrado** geballte Faust; **apretar los** ~**s** (*fig*) die Zähne zusammenbeißen; **como un** ~ faustgroß; **de su** ~ **y letra** eigenhändig **2.** (*puñado*) Hand *f* voll **3.** (*mango*) Griff *m;* (*pomo*) Knauf *m* **4.** (*de la ropa*) Manschette *f;* (*de punto*) Armbund *m*

pupa ['pupa] *f* **1.** (*ampolla*) Lippenbläschen *nt;* (*heridilla*) kleine Wunde *f* **2.** (*fam*) Wehweh(chen) *nt;* **¡~!** aua! **3.** (ZOOL) Puppe *f*

pupila [pu'pila] *f* (ANAT) Pupille *f*

pupilo, **-a** [pu'pilo, -a] *m, f* Mündel *nt*

P

pupitre [pu'pitre] *m* **1.** (Schreib)pult *nt;* (*en la escuela*) Schulbank *f* **2.** (TÉC) Pult *nt*

purasangre [pura'saŋgre] **I.** *adj* Vollblut- **II.** *m* Vollblut(pferd) *nt*

puré [pu're] *m* Püree *nt*

pureza [pu'reθa] *f* Reinheit *f;* (*integridad*) Lauterkeit *f*

purga ['purɣa] *f* **1.** (*medicamento*) Abführmittel *nt* **2.** (*eliminación*) Säuberung *f*

purgante [pur'ɣan̩te] **I.** *adj* **1.** (MED) abführend **2.** (TÉC) reinigend **II.** *m* **1.** (MED) Abführmittel *nt* **2.** (TÉC) Reinigungsmittel *nt*

purgar [pur'ɣar] <g→gu> **I.** *vt* **1.** (*limpiar*) säubern; (*aguas*) klären; (*fig*) reinigen **2.** (MED) purgieren **3.** (*evacuar*) ablassen **4.** (*expiar*) büßen; (JUR) verbüßen **II.** *vr:* **~se** **1.** (*limpiarse, t. fig*) sich reinigen (*de* von +*dat*) **2.** (MED) ein Abführmittel einnehmen

purgativo, **-a** [purɣa'tiβo, -a] *adj* abführend

purgatorio [purɣa'torjo] *m* Fegefeuer *nt*

purificar [purifi'kar] <c→qu> **I.** *vt* (*limpiar*) reinigen; (*fig*) befreien **II.** *vr:* **~se** sich läutern; (*fig*) sich befreien

puro[1] ['puro] *m* Zigarre *f*

puro, **-a**[2] ['puro, -a] *adj* rein; (*inmaculado*) makellos; (*auténtico*) echt; (*sin mezcla*) pur; (*íntegro*) lauter; **por pura cortesía** aus reiner Höflichkeit; **pura lana** reine Schurwolle; **la pura verdad** die reine Wahrheit; **pura casualidad** purer Zufall; **de ~ miedo** vor lauter Angst; **se cae de ~ bueno/tonto** er ist einfach zu gut/blöd

pus [pus] *m sin pl* Eiter *m*

pústula ['pustula] *f* Pustel *f*

puta ['puta] *f* (*vulg*) Nutte *f fam;* **casa de ~s** Puff *m fam;* (*fig*) Sauladen *m fam;* **ir de ~s** (herum)huren *fam*

putada [pu'taða] *f* (*vulg*) Sauerei *f fam;* **hacer una ~ a alguien** jdm übel mitspielen *fam*

puteada [pute'aða] *f* (*CSur: vulg*) Fluch *m;* **dar ~s** fluchen

putear [pute'ar] **I.** *vi* (*fam: ir de putas*) (herum)huren **II.** *vt* (*argot: fastidiar*) schikanieren; **¡te han puteado bien!** die haben dich ganz schön angeschmiert!

puticlub [puti'klu$^{\beta}$] *m* (*argot*) Bumslokal *nt*

puto, **-a** ['puto, -a] *adj* (*vulg*) verdammt *fam;* **¡de puta madre!** geil! *fam;* **el ~ coche no arranca** das Scheißauto springt nicht an; **ni puta idea** keinen blassen Schimmer *fam;* **las estoy pasando putas** es geht mir völlig dreckig *fam*

puzzle ['puθle] *m* Puzzle *nt;* **hacer un ~** puzzeln

PVP ['preθjo ðe 'βen̩ta (a)l 'puβliko] *m abr de* **Precio de Venta al Público** Ladenverkaufspreis *m*

Q

Q, **q** [ku] *f* Q, q *nt*

que [ke] **I.** *pron rel* **1.** (*con antecedente*) der/die/das; **la pelota ~ compraste** der Ball, den du gekauft hast; **la empresa para la ~ trabajo** die Firma, für die ich arbeite **2.** (*sin antecedente*): **el/la/lo ~...** der(jenige)/die(jenige)/das(jenige), der/die/das ...; **los ~ hayan terminado** diejenigen, die fertig sind; **el ~ quiera, ~ se marche** wer will, kann gehen; **es de los ~...** er gehört zu denen, die ...; **el ~ más y el ~ menos** jeder; **es todo lo ~ sé** das ist alles, was ich weiß **II.** *conj* **1.** (*completivo*) dass; **me pidió ~ le ayudara** er/sie bat mich um Hilfe **2.** (*estilo indirecto*): **ha dicho ~...** er/sie hat gesagt, dass ... **3.** (*comparativo*): **más alto ~** größer als; **lo mismo ~** genauso viel wie **4.** (*porque*) denn **5.** (*de manera ~*): **corre ~ vuela** er/sie ist äußerst schnell **6.** (*o, ya*): **~ paguen, ~ no paguen, eso ya se verá** ob sie zahlen oder nicht, werden wir ja sehen **7.** (*y*): **lo hizo él, ~ no yo** er hat es getan, ich nicht **8.** (*frecuentativo*): **y él dale ~ dale con la guitarra** und er spielte unaufhörlich Gitarre **9.** (*explicativo*): **es ~, hoy no vendré, es ~ estoy cansado** ich komme heute nicht, ich bin nämlich müde **10.** (*enfático*): **¡~ sí/no!** aber ja doch!/nein, auf keinen Fall! **11.** (*de duda*): **¿~ no está en casa?** er/sie soll nicht zu Hause sein? **12.** (*exclamativo*): **¡~ sea yo el que tenga que hacerlo!** ausgerechnet ich soll es tun! **13.** (*con verbo*):

hay ~ trabajar más man muss mehr arbeiten **14.** (*loc*): **antes ~** bevor; **a menos ~...** +*subj* es sei denn, ...; **con tal** (**de**) **~...** +*subj* vorausgesetzt, dass ...; **yo ~ tú...** ich an deiner Stelle ...

qué [ke] *adj o pron inter* **1.** was; (*cuál*) welche(r, s); (*qué clase de*) was für eine(r, s); **¿por ~?** warum?; **¿en ~ piensas?** woran denkst du?; **¿para ~?** wozu?, wofür?; **¿de ~ hablas?** wovon redest du?; **¿a ~ esperas?** worauf wartest du?; **¿~ día llega?** an welchem Tag kommt er/sie? **2.** (*exclamativo*): **¡~ suerte!** welch ein Glück! **3.** (*cuán*): **¡mira ~ contento está!** sieh, wie glücklich er ist! **4.** (*cuánto*): **¡~ de gente!** wie viele Leute! **5.** (*loc*): **¿~?** wie bitte?, was? *fam;* **¿~ tal?** wie geht's?; **¿~ tal si...?** wie wär's, wenn ...?; **¿y ~?** na und?; **¿y a mí ~?** was geht mich das an?; **~, ¿vienes o no?** was ist nun, kommst du oder nicht?

quebradizo, -a [keβra'ðiθo, -a] *adj* **1.** (*objeto*) zerbrechlich **2.** (*de salud*) kränklich; (*persona mayor*) gebrechlich **3.** (*voz*) brüchig

quebrado [ke'βraðo] *m* (MAT) Bruch *m*

quebrantar [keβran̩'tar] **I.** *vt* **1.** (*romper*) zerbrechen; (*cascar*) (auf)knacken; (*sello*) aufbrechen; (*machacar*) zermalmen **2.** (*ley*) brechen; (*obligación*) nicht nachkommen +*dat;* (*secreto*) preisgeben **3.** (*furia*) schwächen; (*autoridad*) unterminieren; (*salud*) ruinieren **II.** *vr:* **~se** (*estado de salud*) ruiniert sein; (*fuerza*) abnehmen

quebrar [ke'βrar] <e→ie> **I.** *vt* **1.** (*romper*) zerbrechen **2.** (*interrumpir*) unterbrechen **II.** *vi* **1.** (*con alguien*) Schluss machen **2.** (COM) Konkurs machen **3.** (*Méx: darse por vencido*) sich geschlagen geben **III.** *vr:* **~se** (MED) sich *dat* einen Bruch heben

quechua ['ketʃwa] *adj* Quechua-

> **Quechua** (Ketschua/Quechua) bezeichnet sowohl die Ureinwohner **Perus** wie auch deren Sprache. Das Quechua ist die zweite offizielle Landessprache Perus.

quedar [ke'ðar] **I.** *vi* **1.** bleiben; **¿cuánta gente queda?** wie viele Leute sind noch da?; **~ a deber algo** etw schulden **2.** (*sobrar*) übrig bleiben; **no queda pan** es gibt kein Brot mehr **3.** (*resultar*): **todo quedó en una simple discusión** am Ende wurde nur noch gestritten; **~ eliminado** ausscheiden; **~ fuera de servicio** (ECON) den Betrieb einstellen **4.** (*acordar*) vereinbaren (*en* +*akk*); **¿en qué habéis quedado?** wie seid ihr verblieben? **5.** (*estar situado*) liegen; **~ por** [*o* **hacia**] **el norte** im Norden liegen **6.** (*faltar*): **aún queda mucho por hacer** es gibt noch viel zu tun **7.** (+ *por*): **~ por cobarde** für einen Feigling gehalten werden **8.** (*loc*): **por mí que no quede** an mir soll es nicht liegen; **~ bien/mal** einen guten/schlechten Eindruck hinterlassen **II.** *vr:* **~se 1.** (*permanecer*) bleiben; **~se atrás** zurückbleiben; **cuando me lo dijo me quedé muda/de piedra** als er/sie es mir sagte, verschlug es mir die Sprache/erstarrte ich vor Schreck **2.** (*resultar*): **~se ciego** blind werden; **~se viudo** verwitwen; **~se en blanco** ein Blackout haben **3.** (*conservar, adquirir*): **me quedo con el coche pequeño** ich nehme das kleine Auto; **quédate el libro** du kannst das Buch behalten **4.** (*burlarse*): **~se con alguien** jdn an der Nase herumführen

quehacer [kea'θer] *m* Aufgabe *f;* **los ~es de la casa** die Hausarbeit

queja ['kexa] *f* Klage *f;* **no tengo ~ de él** ich kann mich über ihn nicht beklagen

quejarse [ke'xarse] *vr* **1.** sich beklagen (*de* über +*akk*); **se queja del frío** er/sie jammert über die Kälte **2.** (*gemir*) stöhnen (*de* über +*akk*)

quejica [ke'xika] **I.** *adj* (*por dolor*) wehleidig; (*por manera de ser*) nörg(e)lig; **¡no seas ~, hombre!** hör auf zu meckern! **II.** *mf* Jammerlappen *m;* (*criticón*) Nörgler(in) *m(f)*

quejido [ke'xiðo] *m* Jammern *nt;* (*constante*) Gejammer *nt;* **~ de dolor** Schmerzensschrei *m;* **dar ~s** jammern

quelite [ke'lite] *m* (*Méx*) Gemüse *nt*

quemadura [kema'ðura] *f* Brandwunde *f*

quemar [ke'mar] **I.** *vi* brennen; **cuidado, esta sopa quema** vorsicht, diese Suppe ist heiß **II.** *vt* **1.** (*objeto*) verbrennen; (*casa: completamente*) niederbrennen **2.** (*comida*) anbrennen lassen **3.** (*aguardiente*) brennen **4.** (*sol*) verbrennen **5.** (*licor, pimienta*) brennen **6.** (*lejía*) ätzen **7.** (*planta: calor*) ausdörren; (*planta: frío*) erfrieren lassen **8.** (*fortuna*) vergeuden **9.** (*fastidiar*) ärgern **10.** (*AmC: denunciar*) anzeigen **III.** *vr:* **~se 1.** (*arder*) (ver)brennen **2.** (*herir*) verbrennen **3.** (*comida*) verbrennen; (*ligeramente*)

Q

anbrennen

quemarropa [kema'rropa]: **disparar a ~** aus kürzester Entfernung schießen; **hacer preguntas a ~** rundheraus fragen

quepo ['kepo] *1. pres de* **caber**

querella [ke'reʎa] *f* (JUR) Klage *f;* **~ criminal** Anklage *f*

querer [ke'rer] *irr* **I.** *vt* **1.** (*desear*) wollen; (*más suave*) mögen; **como tú quieras** wie du willst; **hacer algo queriendo/sin ~** etw mit Absicht/unbeabsichtigt tun; **y yo, ¡qué quieres que le haga!** was soll ich denn tun! **2.** (*amar*) gern haben, mögen; (*más fuerte*) lieben **3.** (*pedir*) wollen, verlangen **4.** (*requerir*): **estas plantas quieren mucha agua** diese Pflanzen brauchen viel Wasser **5.** (*loc*): **donde quiera que esté** wo immer er/sie auch sein mag; **¡por lo que más quieras, deja ese tema!** ich bitte dich, lass das Thema!; **como quiera que sea** auf jeden Fall **II.** *vimpers:* **parece que quiere llover** es sieht (ganz) nach Regen aus **III.** *m* Liebe *f*

querido, **-a** [ke'riðo, -a] **I.** *adj* lieb; **Querido Carlos:** (*en cartas*) Lieber Carlos, **II.** *m, f* (*amante*) Geliebte(r) *mf;* (*como vocativo*) Liebling *m*

queroseno [kero'seno] *m* Kerosin *nt*

queso ['keso] *m* **1.** Käse *m;* **~ rallado** Reibkäse *m* **2.** (*fam: pie*) Fuß *m;* **te huelen los ~s** du hast Käsefüße

quicio ['kiθjo] *m* **1.** Türangel *f,* Fensterangel *f* **2.** (*loc*): **sacar de ~** auf die Palme bringen; **no saques las cosas de ~** übertreibe nicht

quiebra ['kjeβra] *f* **1.** (COM) Konkurs *m;* **dar en ~** Konkurs machen **2.** (*hendidura*) Spalte *f;* (*rotura*) Riss *m* **3.** (*fracaso*) Scheitern *nt;* (*pérdida*) Verlust *m,* Einbuße *f*

quien [kjen] *pron rel* **1.** (*con antecedente*) der/die/das, welche(r, s); **el chico de ~...** der Junge, von dem ... **2.** (*sin antecedente*) der(jenige)/die(jenige)/das(jenige), der/die/das ...; **no hay ~ lo aguante** es ist nicht auszuhalten mit ihm; **hay ~ dice que...** manche sagen, dass ...; **~ opine eso...** wer das meint, ...; **~ más, ~ menos, todos tenemos problemas** jeder hat Probleme, der eine mehr, der andere weniger

quién [kjen] *pron inter* wer; **¿~ es?** (*llama*) wer ist da?; **¿a ~ has visto?** wen hast du gesehen?; **¿~ eres tú para decirme esto?** mit welchem Recht sagst du mir das?; **¿por ~ me tomas?** für wen hälst du mich?; **¡~ tuviera 20 años!** wäre ich doch wieder 20!

quienquiera [kjeŋ'kjera] *pron indef* <quienesquiera> (irgend)wer; **~ que sea que pase** wer auch immer da ist, er/sie soll eintreten

quieto, **-a** [kjeto, -a] *adj* ruhig; **no puede estar nunca ~** (*niño*) er kann nicht stillsitzen; **quedarse ~** sich nicht bewegen

quietud [kje'tu^{ð}] *f* **1.** (*calma*) Ruhe *f* **2.** (*inmovilidad*) Unbeweglichkeit *f*

quijada [ki'xaða] *f* Kiefer *m*

quilate [ki'late] *m* Karat *nt;* **de muchos ~s** (*t. fig*) hochkarätig

quilla ['kiʎa] *f* (NÁUT) Kiel *m*

quilo ['kilo] *m* **1.** Kilo *nt* **2.** (*fam*) Million *f* Peseten

quilombo [ki'lombo] *m* **1.** (*Chil: burdel*) Puff *m o nt fam* **2.** (*Ven: choza*) Hütte *f* **3.** (*Arg: jaleo*) Durcheinander *nt*

quimba ['kimba] *f* **1.** (*Am: garbo*) Anmut *f* **2.** (*Am: sandalia*) Sandale *f* **3.** (*Col: conflicto*) Auseinandersetzung *f*

química ['kimika] *f* Chemie *f*

químico, **-a** ['kimiko, -a] **I.** *adj* chemisch; **productos ~s** Chemikalien *fpl* **II.** *m, f* Chemiker(in) *m(f)*

quince ['kiṇθe] *adj inv* fünfzehn; **dentro de ~ días** in vierzehn Tagen; *v. t.* **ocho**

quincena [kiṇ'θena] *f* (*días*) vierzehn Tage *mpl,* zwei Wochen *fpl*

quiniela [ki'njela] *f* **1.** (Fußball)toto *nt* **2.** (*CSur*) Lotterie *f*

quinientos, **-as** [ki'njeṇtos, -as] *adj* fünfhundert; *v. t.* **ochocientos**

quinta ['kiṇta] *f* **1.** (MIL): **entrar en ~s** einberufen werden; **ese es de mi ~** er gehört zu meinem Jahrgang **2.** (*casa*) Landhaus *nt*

quintal [kiṇ'tal] *m* Zentner *m,* Quintal *m Österr, Schweiz*

quinto, **-a** ['kiṇto, -a] *adj* fünfte(r, s); (*parte*) fünftel; *v. t.* **octavo**

quiosco ['kjosko] *m* **1.** Pavillon *m* **2.** (*de periódicos*) Kiosk *m*

quirófano [ki'rofano] *m* Operationssaal *m*

quirúrgico, **-a** [ki'rurxiko, -a] *adj* chirurgisch

quiste ['kiste] *m* Zyste *f*

quitamanchas [kita'mantʃas] *m inv* Fleck(en)entferner *m*

quitar [ki'tar] **I.** *vt* **1.** (*piel, funda*) abziehen; (*sombrero, tapa*) abnehmen; (*jersey, zapato*) ausziehen; (*botón*) abtrennen; **~ la mesa**

den Tisch abräumen **2.** (*desposeer*) wegnehmen; (*robar*) stehlen; **me lo has quitado de la boca** du hast mir das Wort aus dem Munde genommen; **ese asunto me quita el sueño** diese Sache raubt mir den Schlaf **3.** (*mancha*) entfernen; (*obstáculo*) beseitigen; (*dolor*) abklingen lassen; (*vida*) nehmen **4.** (*de plan, horario, texto*) streichen **5.** (*regla*) abschaffen **6.** (*apartar*) wegnehmen; (*mueble*) wegstellen; **¡quita!** (*¡no me molestes!*) geh mir aus dem Weg!; (*¡deja eso!*) lass das!; (*¡déjate de tonterías!*) hör auf! **7.** (MAT) abziehen **8.** (*loc*): **el médico me ha quitado de fumar** der Arzt hat mir das Rauchen verboten; **ese ni quita ni pone en la empresa** der hat in der Firma nicht viel zu sagen **II.** *vr:* **~se 1.** (*anillo*) abziehen; (*barba, sombrero, gafas*) abnehmen; (*jersey, zapatos*) ausziehen; (*vida*) sich *dat* nehmen; **~se de la bebida** sich *dat* das Trinken abgewöhnen **2.** (*loc*): **~se de encima algo/a alguien** sich *dat* etw/jdn vom Halse schaffen; **quítate de mi vista** geh mir aus dem Weg; **~se años** (**de encima**) sich jünger machen

quizá(s) [ki'θa(s)] *adv* vielleicht

R

R, r ['erre] *f* R, r *nt*

rabadilla [rraβa'ðiʎa] *f* Steißbein *nt*

rábano ['rraβano] *m* Rettich *m;* **~ picante** Meerrettich *m;* **me importa un ~** (*fam*) das ist mit piepegal

rabia ['rraβja] *f* **1.** Tollwut *f* **2.** (*furia*) Wut *f;* **¡qué ~!** wie ärgerlich!

rabiar [rra'βjar] *vi* **1.** tollwütig sein; (*persona*) an Tollwut erkrankt sein **2.** (*enfadarse*) vor Wut rasen; **hacer ~ a alguien** jdn bis aufs Blut reizen **3.** (*sufrir*) rasen (*de* vor +*dat*) **4.** (*ansiar*) brennen (*por* auf +*akk*)

rabieta [rra'βjeta] *f* Wutanfall *m*

rabioso, -a [rra'βjoso, -a] *adj* **1.** tollwütig **2.** (*furioso*) wütend

rabo ['rraβo] *m* **1.** Schwanz *m* **2.** (*extremo*) Ende *nt* **3.** (*tallo*) Stängel *m* **4.** (*vulg: pene*) Schwanz *m fam*

rácano, -a ['rrakano, -a] *adj* **1.** (*fam*) knauserig **2.** (*reg*) mick(e)rig **3.** (*fam*) arbeitsscheu

racha ['rratʃa] *f* **1.** (*de aire*) Windstoß *m* **2.** (*fase*) Phase *f*

racial [rra'θjal] *adj* rassisch

racimo [rra'θimo] *m* Traube *f*

ración [rra'θjon] *f* **1.** Portion *f* **2.** (MIL) Ration *f*

racional [rraθjo'nal] *adj* rational

racionalizar [rraθjonali'θar] <z→c> *vt* rationalisieren

racionar [rraθjo'nar] *vt* **1.** (*repartir*) in Rationen aufteilen **2.** (*limitar*) rationieren

racismo [rra'θismo] *m* Rassismus *m*

racista [rra'θista] **I.** *adj* rassistisch **II.** *mf* Rassist(in) *m(f)*

radar [rra'ðar] *m* Radar *m o nt*

radiación [rraðja'θjon] *f* Strahlung *f;* (*irradiación*) Ausstrahlung *f;* (*tratamiento*) Bestrahlung *f;* **~ solar** Sonnen(ein)strahlung *f*

radiador [rraðja'ðor] *m* **1.** Heizkörper *m* **2.** (AUTO) Kühler *m*

radiante [rra'ðjan̩te] *adj* glänzend; **~ de alegría/felicidad** freude-/glückstrahlend

radiar [rra'ðjar] **I.** *vi* **1.** (*irradiar*) strahlen **2.** (*emitir*) funken **II.** *vt* **1.** (*irradiar*) ausstrahlen; **un debate radiado** eine im Rundfunk übertragene Diskussion **2.** (MED) bestrahlen **3.** (*Am: eliminar*) streichen

radical [rraði'kal] **I.** *adj* **1.** radikal **2.** (*t.* BOT) Wurzel- **3.** (MAT) radikal **4.** (*fundamental*) gründlich **II.** *m* **1.** (LING) Stamm *m* **2.** (MAT, QUÍM, PSICO) Radikal *nt* **3.** (MAT: *signo*) Wurzelzeichen *nt* **III.** *mf* (POL) Radikale(r) *mf*

radicalizar [rraðikali'θar] <z→c> **I.** *vt* radikalisieren **II.** *vr:* **~se 1.** (*extremar*) sich radikalisieren **2.** (*agudizarse*) sich verschärfen

radicar [rraði'kar] <c→qu> *vi* **1.** (*t.* BOT: *arraigar*) Wurzeln schlagen; (*fig*) wurzeln (*en* in +*dat*); **el problema radica en su comportamiento** das Problem liegt in seinem/ihrem Verhalten **2.** (*estar asentado*) ansässig sein **3.** (*basarse*) beruhen (*en* auf +*dat*); (*consistir*) bestehen (*en* in +*dat*)

radio[1] ['rraðjo] *f* **1.** (*radiodifusión*) Rundfunk *m* **2.** (*receptor*) Radio(gerät) *nt* **3.** (*emisora*) (Radio)sender *m*

R

radio² ['rraðjo] *m* **1.** (MAT) Radius *m* **2.** (*en la rueda*) (Rad)speiche *f* **3.** (ANAT) Speiche *f* **4.** (QUÍM) Radium *nt* **5.** (*ámbito*) Bereich *m;* (*esfera*) Kreis *m;* ~ **de alcance** Reichweite *f;* ~ **visual** Sichtfeld *nt;* **en un** ~ **de varios kilómetros** im Umkreis von mehreren Kilometern

radioactivo, -a [rraðjoak'tiβo, -a] *adj* radioaktiv

radiocasete [rraðjoka'sete] *m o f* Radiorekorder *m*

radiografía [rraðjoɣra'fia] *f* **1.** Radiografie *f* **2.** (*placa*) Röntgenaufnahme *f*

radiografiar [rraðjoɣrafi'ar] <*1. pres:* radiografío> *vt* **1.** (RADIO, TEL) funken **2.** (MED) röntgen

radioterapia [rraðjote'rapja] *f* Bestrahlung *f*

radioyente [rraðjo'ɟen̪te] *mf* Hörer(in) *m(f)*

R.A.E. ['rrae] *f abr de* **Real Academia Española de la Lengua** Spanische Sprachakademie *f*

Die im Jahr 1714 gegründete **RAE** hat sich die Pflege der spanischen Sprache als Ziel gesetzt.

ráfaga ['rrafaɣa] *f* **1.** (*de aire*) Windstoß *m* **2.** (*de lluvia*) (Regen)schauer *m* **3.** (*de luz*) Lichtblitz *m* **4.** (*inspiración*) Erleuchtung *f* **5.** (*de disparos*) Salve *f*

raíz [rra'iθ] *f* **1.** (ANAT, BOT: *t. fig*) Wurzel *f* **2.** (*causa*) Ursache *f;* (*origen*) Ursprung *m* **3.** (LING) Stamm *m* **4.** (MAT) Wurzel *f;* ~ **cuadrada/cúbica** Quadrat-/Kubikwurzel *f;* **extraer la** ~ die Wurzel ziehen

raja ['rraxa] *f* **1.** (*grieta*) Riss *m;* (*resquebrajadura*) Sprung *m;* (*hendedura*) Spalt *m* **2.** (*abertura*) Schlitz *m;* (*separación*) Ritze *f;* (*vulg: vulva*) Möse *f;* (~ *del culo*) Arschritze *f* **3.** (*rodaja*) Scheibe *f*

rajar [rra'xar] **I.** *vi* **1.** (*pey: hablar mal*) tratschen (*de* über +*akk*) **2.** (*fam: charlar*) quatschen **II.** *vt* **1.** (*cortar*) schneiden (in +*akk*); (*abrir*) (auf)schlitzen; (*hender*) aufspalten; (*quitar*) abschneiden; (*partir*) zerlegen; (*en rajas*) in Scheiben schneiden **2.** (*fam: apuñalar*) einstechen (auf +*akk*) **III.** *vr:* ~**se 1.** (*abrirse*) aufplatzen; (*agrietarse*) aufspringen **2.** (*argot: echarse atrás*) kneifen **3.** (*argot: disculparse*) absagen **4.** (*cortarse*) sich schneiden (in +*akk*)

ralentí [rralen̪'ti] *m sin pl* **1.** (CINE) Zeitlupe *f;* **al** ~ (*fig*) im Zeitlupentempo **2.** (AUTO) Leerlauf *m;* **en** ~ im Leerlauf

rallador [rraʎa'ðor] *m* Raspel *f*

ralladura [rraʎa'ðura] *f* Raspel *m*

rallar [rra'ʎar] *vt* reiben; (*verdura, nueces, chocolate*) raspeln; **pan rallado** Semmelbrösel *pl*

rally(e) ['rrali] <rallys> *m* Rallye *f*

ralo, -a ['rralo, -a] *adj* **1.** (*escaso*) spärlich; (*árboles*) licht; (*cabello*) schütter; (*tejido*) fadenscheinig **2.** (*CSur: insustancial*) fadenscheinig

rama ['rrama] *f* **1.** (*t.* BOT, MAT) Ast *m;* (*ramo*) Zweig *m;* ~**s secas** Reisig *nt;* **canela en** ~ Zimtstangen *fpl;* **andarse por las** ~**s** (*rodeos*) um den heißen Brei herumreden; **irse por las** ~**s** (*desviarse*) abschweifen **2.** (*ámbito*) Zweig *m;* (*sector*) Gebiet *nt;* (ECON) Branche *f* **3.** (*derivación*) Abzweigung *f*

rambla ['rrambla] *f* Allee *f*

ramera [rra'mera] *f* Hure *f*

ramificación [rramifika'θjon] *f* Verzweigung *f*

ramificarse [rramifi'karse] <c→qu> *vr* sich verzweigen

ramillete [rrami'ʎete] *m* Sträußchen *nt;* (*para la mesa*) Blumengesteck *nt*

ramo ['rramo] *m* **1.** (*de flores*) Strauß *m* **2.** (*de árbol*) Zweig *m* **3.** (*ámbito*) Zweig *m;* (*sector*) Gebiet *nt;* (ECON) Branche *f*

rampa ['rrampa] *f* Rampe *f;* (*en carretera*) Auffahrt *f*

rana ['rrana] *f* Frosch *m*

rancho ['rranʧo] *m* **1.** (*t.* MIL: *comida*) Verpflegung; (*pey: de mala calidad*) Fraß *m* **2.** (*granja*) Ranch *f*

rancio, -a ['rran̪θjo, -a] *adj* **1.** (*antiguo*) uralt; (*pey: anticuado*) altbacken **2.** (*grasas*) ranzig

rango ['rraŋgo] *m* Rang *m,* Rangordnung *f;* **de primer/segundo** ~ erst-/zweitrangig

ranura [rra'nura] *f* Schlitz *m;* (*junta*) Fuge *f;* (*fisura*) Ritze *f*

rapar [rra'par] *vt* **1.** (*pelo*) stutzen **2.** (*fam*) klauen

rapaz¹ [rra'paθ] *adj* (*ávido*) raffgierig; (*expoliador*) räuberisch; **ave** ~ Greifvogel *m*

rapaz(a)² [rra'paθ(a)] *m(f)* (kleines) Kind *nt*

rape ['rrape] *m* **1.** (*pescado*) Seeteufel *m* **2.** (*fam: afeitado*) Blitzrasur *f*

rapear [rrape'ar] *vi* rappen

rapidez [rrapi'ðeθ] *f* Schnelligkeit *f*

rápido[1] ['rrapiðo] *m* Eilzug *m*

rápido, -a[2] ['rrapiðo, -a] *adj* **1.** (*veloz*) schnell **2.** (*breve*) flüchtig **3.** (*corriente*) reißend

raposo, -a [rra'poso, -a] *m, f* (*zorro*) Fuchs *m,* Füchsin *f*

raptar [rrap'tar] *vt* entführen

rapto ['rrapto] *m* **1.** (*secuestro*) Entführung *f;* ~ **de un niño** Kindesentführung *f* **2.** (*arrebato*) Anfall *m;* **en un ~ de celos** in einem Anfall von Eifersucht

raptor(a) [rrap'tor(a)] *m(f)* Entführer(in) *m(f)*

raqueta [rra'keta] *f* **1.** (DEP) Schläger *m* **2.** (DEP: *tenista*) Tennisspieler(in) *m(f)* **3.** (*para nieve*) Schneeschuh *m* **4.** (*del croupier*) Rateau *nt*

raquítico, -a [rra'kitiko, -a] *adj* **1.** (MED) rachitisch **2.** (*fam*) mick(e)rig **3.** (*débil*) schwächlich

raramente [rrara'meṇte] *adv* **1.** selten **2.** (*extrañamente*) seltsamerweise

rareza [rra'reθa] *f* **1.** (*escasez*) Seltenheit *f* **2.** (*cualidad*) Seltsamkeit *f* **3.** (*curiosidad*) Rarität *f* **4.** (*peculiaridad*) Eigenartigkeit *f;* (*manía*) Marotte *f;* **tener sus ~s** (*ser caprichoso*) seine Launen haben

raro, -a ['rraro, -a] *adj* **1.** (*extraño, inesperado*) seltsam; **¡(qué) cosa más rara!** (wie) komisch! **2.** (*inusual*) selten; (*escaso*) rar; **rara vez** selten **3.** (FÍS, QUÍM) dünn; **gases ~s** Edelgase *ntpl*

ras [rras] *m* Höhengleichheit *f;* **a(l) ~ de** auf der Höhe von

rasante [rra'saṇte] **I.** *adj* rasant **II.** *f* Gefälle *nt*

rasar [rra'sar] *vt* **1.** (*igualar*) abstreichen **2.** (*rozar*) streifen

rascacielos [rraska'θjelos] *m inv* Wolkenkratzer *m*

rascar [rras'kar] <c→qu> **I.** *vt* **1.** (*arrascar*) kratzen **2.** (*raspar*) abkratzen; (*con espátula*) abschaben **II.** *vr:* **~se 1.** (*arrascarse*) sich kratzen; **~se la barriga** (*reg: fam fig*) sich auf die faule Haut legen **2.** (*AmS: achisparse*) sich *dat* einen antrinken

rasgadura [rrasɣa'ðura] *f* Riss *m*

rasgar [rras'ɣar] <g→gu> **I.** *vt* **1.** (*romper por un lado*) einreißen; (*en dos*) durchreißen; (*en pedazos*) zerreißen; (*abrir*) aufreißen; **ojos rasgados** Schlitzaugen *ntpl* **2.** (*cortar*) aufschlitzen **II.** *vr:* **~se 1.** (*desgarrarse*) reißen **2.** (*Am: vulg: diñarla*) abkratzen *fam*

rasgo ['rrasɣo] *m* **1.** (*del rostro*) Gesichtszug *m;* (*del carácter*) Charakterzug *m* **2.** (*acción*) Handlung *f;* **un ~ de generosidad** eine großzügige Geste **3.** (*trazo*) Linienführung *f;* **a grandes ~s** in großen Zügen

rasgón [rras'ɣon] *m* Riss *m*

rasguño [rras'ɣuɲo] *m* (*arañazo*) Kratzer *m;* (*rasponazo*) Schramme *f;* (*excoriación*) Abschürfung *f;* **sin un ~** (*fig*) völlig unversehrt

raso, -a ['rraso, -a] *adj* **1.** (*liso*) glatt; (*llano*) flach **2.** (*cielo*) klar; **al ~** im Freien **3.** (*al borde*) randvoll; **una cucharada rasa** ein gestrichener Esslöffel

raspa ['rraspa] *f* **1.** (*del pescado*) Gräte *f* **2.** (*del cereal*) Granne *f* **3.** (*Am: ramera*) Straßenhure *f* **4.** (*fam fig*) dünner Hering *m*

raspador [rraspa'ðor] *m* Schaber *m;* (*lima*) Raspel *f;* (MED) Kürette *f*

raspadura [rraspa'ðura] *f* **1.** (*raspado*) Abkratzen *nt;* (*con espátula*) Abschaben *nt* **2.** (*brizna*) Späne *mpl*

raspar [rras'par] **I.** *vi* (*ser rasposo*) kratzen **II.** *vt* **1.** (*rascar*) abkratzen **2.** (MED) ausschaben **3.** (*rozar*) streifen **4.** (*Am: fam: mangar*) klauen **5.** (*AmS: fam: abroncar*) anschnauzen

rasquiña [rras'kiɲa] *f* (*Am: comezón*) Juckreiz *m*

rastra ['rrastra] *f* **1.** (*rastrillo*) Harke *f* **2.** (*rastro*) Spur *f* **3.** (*loc*): **a ~s** widerwillig

rastrear [rrastre'ar] *vt* **1.** (*seguir*) nachspüren +*dat* **2.** (*investigar*) nachforschen +*dat* **3.** (*llevar arrastrando*) schleppen **4.** (*registrar*) durchkämmen

rastrero, -a [rras'trero, -a] *adj* **1.** (*por el suelo*) kriechend **2.** (*pey: servil*) kriecherisch **3.** (*pey: despreciable*) verachtenswert; (*canallesco*) niederträchtig

rastrillo [rras'triʎo] *m* **1.** Harke *f* **2.** (*mercadillo*) Flohmarkt *m*

rastro ['rrastro] *m* **1.** Spur *f;* **ni ~** keine Spur; **sin dejar (ni) ~** spurlos; **seguir el ~ a** [*o* **de**] **alguien** jdm nachspüren **2.** (*mercadillo*) Flohmarkt *m*

rata[1] ['rrata] *f* Ratte *f;* **~ de biblioteca** (*fig*)

R

Bücherwurm *m*

rata[2] ['rrata] *mf* **1.** (*descuidero*) Dieb(in) *m(f)* **2.** (*rácano*) Geizkragen *m*

ratería [rrate'ria] *f* **1.** (*hurto*) (kleiner) Diebstahl *m* **2.** (*racanería*) Knauserei *f*

ratero, -a [ra'tero, -a] *m, f* Dieb(in) *m(f)*

raticida [rrati'θiða] *m* Rattengift *nt*

ratificar [rratifi'kar] <c→qu> **I.** *vt* **1.** (JUR, POL) ratifizieren **2.** (*confirmar*) bestätigen **II.** *vr:* ~**se** **1.** (JUR, POL) in Kraft treten **2.** (*reafirmarse*) beharren (*en* auf +*dat*)

rato ['rrato] *m* Weile *f,* Augenblick *m;* **a ~s** von Zeit zu Zeit; **al** (**poco**) ~ (kurz) darauf; **todo el** ~ die ganze Zeit; **un buen** ~ eine ganze Weile; **en un** ~ **perdido** in einer Mußestunde; **pasar un buen/mal** ~ eine gute/schlechte Zeit verbringen; **pasar el** ~ sich *dat* die Zeit vertreiben; **tener para** ~ noch viel vor sich *dat* haben; **¡hasta otro ~!** bis zum nächsten Mal!

ratón [rra'ton] *m* (*t.* INFOR) Maus *f*

raudal [rrau̯'ðal] *m* Flut *f;* **a ~es** (*fig*) in Hülle und Fülle

rave ['rrei̯f] *m* (MÚS) Rave *m*

raya ['rraɟa] *f* **1.** Strich *m;* **pasar**(**se**) **de la** ~ (*fig*) zu weit gehen; **tener a alguien a** ~ jdn im Zaume halten **2.** (*franja*) Streifen *m* **3.** (*del pelo*) Scheitel *m* **4.** (ZOOL) Rochen *m* **5.** (*doblez*) (Bügel)falte *f*

rayar [rra'ɟar] **I.** *vi* **1.** (*lindar*) (an)grenzen (*con* an +*akk*) **2.** (*asemejarse*) grenzen (*en* an +*akk*) **3.** (*amanecer*): ~ **el alba** dämmern; **al** ~ **el día** bei Tagesanbruch **II.** *vt* **1.** (*marcar con rayas*) linieren; (*plumear*) schraffieren **2.** (*tachar*) (durch)streichen **3.** (*arañar*) verkratzen **4.** (*grabar*) ritzen

rayo ['rraɟo] *m* **1.** (*de luz*) Strahl *m* **2.** (*radiación*): **~s infrarrojos** Infrarotstrahlen *mpl;* **~s X** Röntgenstrahlen *mpl* **3.** (*relámpago*) Blitz *m;* **como un** ~ (*fig*) blitzschnell; **que un** ~ **me parta si no es verdad** (*fam*) mich soll der Schlag treffen, wenn es nicht stimmt

raza ['rraθa] *f* **1.** Rasse *f;* (*estirpe*) Geschlecht *nt* **2.** (*temperamento*) Rassigkeit *f;* **de** (**pura**) ~ rassig

razón [rra'θon] *f* **1.** Vernunft *f,* Verstand *m;* **entrar en** ~ zur Vernunft kommen; **meter en** ~ zur Vernunft bringen **2.** (*argumento*) Begründung *f;* (*razonamiento*) Argumentation *f;* (**no**) **atender a razones** sich (nicht) überzeugen lassen **3.** (*motivo*) Grund *m;* (*justificación*) Berechtigung *f;* ~ **de más para...** +*inf,* ~ **de más para que...** +*subj* ein Grund mehr zu ... +*inf;* **la** ~ **por la que...** der Grund, aus dem ...; **por razones de seguridad** aus Sicherheitsgründen; **por una u otra** ~ aus dem einen oder anderen Grund; **tener razones para...** +*inf* Grund haben zu ... +*inf* **4.** (*acierto*) Recht *nt;* **dar la** ~ **a alguien** jdm Recht geben; **tener** (**mucha**) ~ (vollkommen) Recht haben **5.** (*información*) Auskunft *f;* (*recado*) Nachricht *f;* ~ **aquí** Näheres hier **6.** (MAT: *proporción*) Verhältnis *nt;* **a** ~ **de tres por persona** drei pro Kopf **7.** (JUR): ~ **social** Firma *f*

razonable [rraθo'naβle] *adj* **1.** (*sensato*) vernünftig **2.** (*justo*) angemessen; (*adecuado*) angebracht

razonamiento [rraθona'mjen̩to] *m* **1.** Gedankengang *m* **2.** (*argumentación*) Argumentation *f;* (*exposición*) Erörterung *f;* (*fundamentación*) Begründung *f* **3.** (*conversación*) Diskussion *f*

razonar [rraθo'nar] **I.** *vi* **1.** (*pensar*) (nach)denken; (*juzgar*) urteilen; (*reflexionar*) überlegen; (*deducir*) Schlüsse ziehen **2.** (*argumentar*) argumentieren **3.** (*conversar*) diskutieren **4.** (*corresponder*) eingehen (*con* auf +*akk*); **es inútil tratar de** ~ **con él** es bringt nichts, sich mit ihm auseinander zu setzen **II.** *vt* **1.** (*exponer*) darlegen **2.** (*fundamentar*) begründen

re [rre] *m* (MÚS) d, D *nt;* ~ **bemol** Des *nt*

reabrir [rrea'βrir] *irr como abrir vt* wieder eröffnen; (JUR) wieder aufnehmen

reacción [rreaʸ'θjon] *f* Reaktion *f;* ~ **en cadena** Kettenreaktion *f;* **avión a** ~ Düsenflugzeug *nt*

reaccionar [rreaʸθjo'nar] *vi* reagieren (*a/ante* auf +*akk*); (*responder*) antworten (*a* auf +*akk*); (*repercutir*) sich auswirken (*en/sobre* auf +*akk*); (*sobreponerse*) überwinden (*a* +*akk*); (*entrar en calor*) sich aufwärmen

reaccionario, -a [rreaʸθjo'narjo, -a] *adj* reaktionär

reacio, -a [rre'aθjo, -a] *adj* abgeneigt (*a* +*dat*)

reactivar [rreakti'βar] *vt* reaktivieren; (ECON) ankurbeln

reactor [rreak'tor] *m* **1.** Reaktor *m* **2.** (*propulsor*) Düsentriebwerk *nt* **3.** (*avión*) Düsenflugzeug *nt*

readaptación [rreaðapta'θjon] *f* Wiederanpassung *f* (*a* an +*akk*); (*reintegración*) Wiedereingliederung *f* (*a* in +*akk*); ~ **profesional** Umschulung *f*

readaptar [rreaðap'tar] **I.** *vt* wieder anpassen (*a* an +*akk*); (*reintegrar*) wieder eingliedern (*a* in +*akk*); (*profesión*) umschulen **II.** *vr:* ~**se** sich wieder anpassen (*a* an +*akk*); (*reintegrarse*) sich wieder eingliedern (*a* in +*akk*)

readmisión [rreaðmi'sjon] *f* Wiederzulassung *f;* (*de despedidos*) Wiedereinstellung *f*

readmitir [rreaðmi'tir] *vt* wieder zulassen; (*despedidos*) wieder einstellen

reafirmar [rreafir'mar] **I.** *vt* **1.** (*apoyar*) bekräftigen **2.** (*poner firme*) stärken; (*la piel*) straffen **3.** (*insistir*) beharren (auf +*dat*) **II.** *vr:* ~**se 1.** (*confirmarse*) sich erneut behaupten (*como* als +*nom*) **2.** (*insistir*) beharren (*en* auf +*dat*)

reagrupar [rreaɣru'par] **I.** *vt* umgruppieren; (*redistribuir*) neu einteilen **II.** *vr:* ~**se** sich neu gruppieren

reajustar [rreaxus'tar] *vt* **1.** (*adaptar*) neu anpassen; (*reestructurar*) umgestalten; (*reorganizar*) neu gestalten **2.** (TÉC) nachjustieren **3.** (ECON) angleichen

reajuste [rrea'xuste] *m* **1.** (*adaptación*) Neuanpassung *f;* (*reestructuración*) Umgestaltung *f;* (*reorganización*) Neugestaltung *f* **2.** (TÉC) Nachjustierung *f* **3.** (ECON) Angleichung *f;* ~ **salarial** Lohnausgleich *m*

real [rre'al] *adj* **1.** (*verdadero*) wirklich; (*verídico*) wahr; (*auténtico*) echt; (MAT) reell; (FILOS) real; (ECON, JUR) Real- **2.** (*del rey*) königlich; **Alteza** ~ Königliche Hoheit **3.** (*espléndido*) prachtvoll

realidad [rreali'ðað] *f* Realität *f;* (*verdad*) Wahrheit *f;* ~ **virtual** virtuelle Realität; **en** ~ in Wirklichkeit; **hacer(se)** ~ sich verwirklichen

realismo [rrea'lismo] *m* **1.** (ARTE, LIT, FILOS, CINE) Realismus *m* **2.** (*ideología*) Realistik *f* **3.** (POL) Royalismus *m*

realista [rrea'lista] **I.** *adj* **1.** (ARTE, LIT, FILOS, CINE) realistisch **2.** (POL) royalistisch **II.** *mf* **1.** (ARTE, LIT, FILOS, CINE) Realist(in) *m(f)* **2.** (POL) Royalist(in) *m(f)*

realización [rrealiθa'θjon] *f* **1.** (*materialización*) Verwirklichung *f;* (*cumplimiento*) Erfüllung *f* **2.** (*ejecución*) Durchführung *f* **3.** (*organización*) Gestaltung *f* **4.** (ECON) Realisierung *f* **5.** (CINE) Realisation *f*

realizar [rreali'θar] <z→c> **I.** *vt* **1.** (*hacer realidad*) verwirklichen; (*sueños*) erfüllen **2.** (*efectuar*) durchführen; (*hacer*) unternehmen **3.** (ECON) realisieren; (*ganancia, aportaciones*) einbringen **4.** (CINE, TV) realisieren **5.** (*Am: notar*) (be)merken **II.** *vr:* ~**se 1.** (*desarrollarse*) sich selbst verwirklichen **2.** (*materializarse*) sich verwirklichen; (*hacerse realidad*) Wirklichkeit werden; (*cumplirse*) in Erfüllung gehen

realmente [rreal'meṇte] *adv* (*en efecto*) wirklich; (*verdaderamente*) wahrhaftig; (*auténticamente*) echt; (*de hecho*) tatsächlich

realquilar [rrealki'lar] *vt* untervermieten

reanimación [rreanima'θjon] *f* Wiederbelebung *f*

reanimar [rreani'mar] **I.** *vt* **1.** (*reavivar*) wieder beleben **2.** (*reactivar*) reaktivieren **3.** (*animar*) ermutigen **II.** *vr:* ~**se 1.** (*recuperar el conocimiento*) wieder zu sich *dat* kommen **2.** (*restablecerse*) wieder aufleben **3.** (*animarse*) neuen Mut schöpfen

reanudar [rreanu'ðar] *vt* wieder aufnehmen

reapertura [rreaper'tura] *f* Wiedereröffnung *f;* (JUR) Wiederaufnahme *f*

reavivar [rreaβi'βar] **I.** *vt* wieder beleben **II.** *vr:* ~**se** wieder aufleben

rebaja [rre'βaxa] *f* **1.** Sonderangebot *nt;* ~**s de verano** Sommerschlussverkauf *m* **2.** (*descuento*) Rabatt *m;* (*reducción*) Preisnachlass *m*

rebajar [rreβa'xar] **I.** *vt* **1.** (*abaratar*) reduzieren **2.** (*humillar*) demütigen **3.** (*mitigar*) dämpfen; (*t.* FOTO: *debilitar*) abschwächen; (*disminuir*) mindern **4.** (*una bebida*) verdünnen **5.** (*limar*) abfeilen; (*pulir*) abschleifen; (*acepillar*) abhobeln **II.** *vr:* ~**se 1.** (*humillarse*) sich herabwürdigen **2.** (*condescender*) sich herablassen (*a* zu +*dat*)

rebanada [rreβa'naða] *f* Scheibe *f*

rebañar [rreβa'ɲar] *vt* **1.** auskratzen **2.** (*pey: recoger*) raffen

rebaño [rre'βaɲo] *m* Herde *f*

rebasar [rreβa'sar] *vt* **1.** (*sobrepasar*) überschreiten; (MIL) stürmen; **esto rebasa los límites de mi paciencia** ich bin mit meiner Geduld am Ende **2.** (*exceder*) übertreffen (*en* um +*akk*)

rebatir [rreβa'tir] *vt* **1.** (*discutir*) bestreiten; (*refutar*) widerlegen; (*rechazar*) zurückwei-

R

sen **2.** (*repeler*) zurückschlagen **3.** (*batir*) klopfen **4.** (*abatir*) zusammenklappen

rebelarse [rreβe'larse] *vr* rebellieren; (*oponerse*) sich auflehnen

rebelde [rre'βel̩de] *adj* **1.** (*indócil*) rebellisch; (*levantisco*) aufsässig; (*fig*) widerspenstig **2.** (*insurrecto*) aufständisch **3.** (*persistente*) hartnäckig

rebeldía [rreβel̩'dia] *f* **1.** (*cualidad*) Aufsässigkeit *f;* (*fig*) Widerspenstigkeit *f* **2.** (*oposición*) Widerstand *m* **3.** (*insubordinación*) Aufsässigkeit *f;* (MIL) Gehorsamsverweigerung *f*

rebelión [rreβe'ljon] *f* Rebellion *f*

rebobinar [rreβoβi'nar] *vt* zurückspulen

rebosar [rreβo'sar] *vi* **1.** (*desbordar*) überlaufen; (*fig*) überquellen (*de* vor +*dat*) **2.** (*estar lleno*) wimmeln (*de* vor +*dat*); (**lleno**) **a** ~ brechend voll

rebotar [rreβo'tar] **I.** *vi* **1.** (*botar*) abprallen; (*repetidamente*) hüpfen **2.** (*chocar*) prallen (*contra/en* gegen/auf +*akk*) **II.** *vt* **1.** (*botar*) prellen **2.** (*fam: enfadar*) verprellen **III.** *vr:* **~se** (*fam: enfadarse*) sauer werden

rebote [rre'βote] *m* (*bote*) Abprall *m;* (DEP) Abpraller *m;* (*golpe*) Prellen *nt;* **de** ~ (*como resultado*) als indirekte Folge

rebozar [rreβo'θar] <z→c> *vt* **1.** (*envolver*) verhüllen **2.** (GASTR) panieren

rebuscar [rreβus'kar] <c→qu> **I.** *vi* herumsuchen **II.** *vt* (*buscar*) durchsuchen

rebuznar [rreβuθ'nar] *vi* iahen

recabar [rreka'βar] *vt* **1.** (*obtener*) erhalten (*de* bei/von +*dat*); (*datos*) erheben **2.** (*pedir*) sich bemühen (um +*akk*)

recadero, -a [rreka'ðero, -a] *m, f* Bote, -in *m, f*

recado [rre'kaðo] *m* **1.** Nachricht *f;* **dar el ~ a alguien** jdm Bescheid geben **2.** (*encargo*) Besorgung *f*

recaer [rreka'er] *irr como caer vi* **1.** (*culpa, herencia*) fallen (*en/sobre* auf +*akk*) **2.** (*enfermedad*) einen Rückfall erleiden **3.** (*delito*) rückfällig werden

recaída [rreka'iða] *f* Rückfall *m*

recalentar [rrekalen̩'tar] <e→ie> **I.** *vt* **1.** (*comida*) aufwärmen **2.** (*aparato*) überhitzen **II.** *vr:* **~se** (*motor*) heißlaufen

recambio [rre'kambjo] *m* (*repuesto*) Ersatz *m;* (*envase*) Nachfüllpackung *f*

recapacitar [rrekapaθi'tar] **I.** *vt* überdenken **II.** *vi* nachdenken

recapitulación [rrekapitula'θjon] *f* Zusammenfassung *f*

recargar [rrekar'ɣar] <g→gu> *vt* **1.** (*pila*) aufladen **2.** (*impuesto*) heraufsetzen **3.** (*decorar*) überladen **4.** (*carga*) überladen; ~ **de trabajo** mit Arbeit überhäufen

recargo [rre'karɣo] *m* Zuschlag *m,* Aufschlag *m*

recatado, -a [rreka'taðo, -a] *adj* **1.** (*decoroso*) sittsam; (*modesto*) bescheiden **2.** (*cauto*) zurückhaltend

recaudación [rrekau̯ða'θjon] *f* **1.** (*cobro*) Einnehmen *nt;* (*cantidad*) Einnahmen *fpl* **2.** (*de impuestos*) Steuererhebung *f;* (*cantidad*) Steuerbetrag *m*

recaudar [rrekau̯'ðar] *vt* (*impuestos*) erheben; (*dinero*) einziehen

recelo [rre'θelo] *m* Argwohn *m;* **mirar con** ~ argwöhnisch betrachten

receloso, -a [rreθe'loso, -a] *adj* argwöhnisch; **estar ~ de alguien** jdm misstrauen; **ponerse** ~ Argwohn schöpfen; **poner ~ a alguien** jds Argwohn erregen

recepción [rreθeβ'θjon] *f* Empfang *m,* Rezeption *f*

recepcionista [rreθeβθjo'nista] *mf* Empfangschef, -dame *m, f*

receptivo, -a [rreθep'tiβo, -a] *adj* **1.** (*curioso*) aufmerksam **2.** (MED) anfällig

receptor(a) [rreθep'tor(a)] *m(f)* Empfänger(in) *m(f)*

recesión [rreθe'sjon] *f* Rezession *f*

receso [rre'θeso] *m* (*Am: vacaciones*) Urlaub *m*

receta [rre'θeta] *f* Rezept *nt;* **con ~ médica** auf Rezept; **venta con** ~ rezeptpflichtig

recetar [rreθe'tar] *vt* **1.** (MED) verordnen **2.** (*fam*) bestellen

recetario [rreθe'tarjo] *m* **1.** Kochbuch *nt* **2.** (MED: *libro*) Arzneibuch *nt;* (*talonario*) Rezeptblock *m;* (*de un enfermo*) Krankenblatt *nt*

rechazar [rretʃa'θar] <z→c> *vt* zurückweisen; (*denegar, no tolerar*) ablehnen; (*órgano*) abstoßen

rechazo [rre'tʃaθo] *m* Zurückweisung *f;* (*denegación*) Ablehnung *f;* (*de un órgano*) Abstoßen *nt*

rechinar [rretʃi'nar] *vi* knarren; ~ **los dientes** mit den Zähnen knirschen

rechistar [rretʃis'tar] *vi* (sich) mucksen

rechupete [rretʃu'pete]: **de** ~ ausgezeichnet

recibidor [rreθiβi'ðor] *m* Vorzimmer *nt*

recibimiento [rreθiβi'mjeṇto] *m* (*acogida*) Empfang *m*

recibir [rreθi'βir] **I.** *vt* **1.**(*tomar*) erhalten **2.**(*personas*) empfangen **3.**(*aceptar*) aufnehmen **II.** *vi* (*médico*) Sprechstunde haben; (*ministro*) Besucher empfangen

recibo [rre'θiβo] *m* **1.**(*de la luz, del agua*) Rechnung *f* **2.**(*de una carta*) Empfang *m* **3.**(*recibidor*) Vorzimmer *nt*

reciclaje [rreθi'klaxe] *m* Recycling *nt;* ~ **profesional** (*fig*) Umschulung *f*

reciclar [rreθi'klar] *vt* wieder verwerten

recién [rre'θjen] *adv* **1.**(*acabado de*) soeben; **el** ~ **nacido** das Neugeborene **2.**(*Am: en cuanto*) sobald

reciente [rre'θjeṇte] *adj* **1.**(*nuevo*) neu; (*fresco*) frisch **2.**(*que acaba de suceder*) jüngst

recientemente [rreθjeṇte'meṇte] *adv* vor kurzem

recinto [rre'θiṇto] *m* Gelände *nt*

recio, -a ['rreθjo, -a] **I.** *adj* **1.**(*fuerte*) stark **2.**(*rígido*) hart **3.**(*raudo*) schnell **II.** *adv* heftig

recipiente [rreθi'pjeṇte] *m* Behälter *m;* (*de vidrio/barro*) Gefäß *nt*

recíproco, -a [rre'θiproko, -a] *adj* gegenseitig

recitar [rreθi'tar] *vt* vortragen

reclamación [rreklama'θjon] *f* **1.**(*recurso*) Einspruch *m;* (*queja*) Beschwerde *f;* (*de defectos*) Reklamation *f* **2.**(*exigencia*) Forderung *f;* (*de deuda*) Mahnung *f*

reclamar [rrekla'mar] **I.** *vi* (*protestar*) Einspruch erheben; (*quejarse*) sich beschweren (*por* über +*akk,* *a* bei +*dat*); (*defectos*) reklamieren (*ante* bei +*dat*) **II.** *vt* (*pedir*) fordern; (*una deuda*) anmahnen

reclinar [rrekli'nar] **I.** *vt* anlehnen; (*hacia atrás*) zurücklehnen; **reclinó su cabeza contra** [*o* **en**] **mis hombros** er/sie lehnte seinen/ihren Kopf an meine Schulter **II.** *vr:* ~**se** (*inclinarse*) sich (an)lehnen (*contra/en/sobre* an/gegen +*akk*); (*apoyarse*) sich (auf)stützen (*en/sobre* auf +*akk*)

recluir [rreklu'ir] *irr como huir* **I.** *vt* einsperren **II.** *vr:* ~**se** sich zurückziehen

reclusión [rreklu'sjon] *f* **1.**(JUR) Haft *f* **2.**(*aislamiento*) Zurückgezogenheit *f*

recluso, -a [rre'kluso, -a] **I.** *adj* (*preso*) inhaftiert **II.** *m, f* Häftling *m*

recluta [rre'kluta] *mf* Rekrut(in) *m(f)*

reclutar [rreklu'tar] *vt* rekrutieren

recobrar [rreko'βrar] **I.** *vt* wiederbekommen; ~ **las fuerzas** wieder zu Kräften kommen; ~ **el sentido** wieder zu sich *dat* kommen **II.** *vr:* ~**se** sich erholen

recogedor [rrekoxe'ðor] *m* Kehrschaufel *f*

recoger [rreko'xer] <g→j> **I.** *vt* **1.**(*buscar*) abholen; **te voy a** ~ **a la estación** ich hole dich vom Bahnhof ab **2.**(*coger*) einsammeln; (*ordenar*) aufräumen; (*guardar*) wegräumen; ~ **del suelo** vom Boden aufheben **3.**(*juntar*) sammeln **4.**(*cosecha*) ernten; ~ **la fruta de su trabajo** die Früchte seiner Arbeit ernten **5.**(*acoger*) aufnehmen **6.**(*arremangar: vestido*) raffen; (*pantalón*) hochziehen **7.**(*cabello*) hochstecken **II.** *vr:* ~**se 1.**(*a casa*) nach Hause gehen; (*a la cama*) ins Bett gehen **2.**(REL) sich sammeln

recogida [rreko'xiða] *f* (*juntar*) Einsammeln *nt;* (*buscar*) Abholen *nt*

recogido, -a [rreko'xiðo, -a] *adj* **1.**(*acogedor*) gemütlich **2.**(*retirado*) zurückgezogen

recolectar [rrekolek'tar] *vt* sammeln; (*frutos*) ernten

recomendable [rrekomeṇ'daβle] *adj* ratsam

recomendación [rrekomeṇda'θjon] *f* Empfehlung *f*

recomendado, -a [rrekomeṇ'daðo, -a] *adj* (*precio*) unverbindlich; **precio de venta al público** ~ unverbindliche Preisempfehlung

recomendar [rrekomeṇ'dar] <e→ie> *vt* empfehlen; **nos recomendó no salir de casa** er/sie riet uns, nicht aus dem Haus zu gehen

recompensa [rrekom'pensa] *f* Belohnung *f;* **ofrecer una** ~ **de 100 marcos por algo** eine Belohnung von 100 Mark für etw aussetzen; **en** ~ als Belohnung

recompensar [rrekompen'sar] *vt* **1.**(*a alguien*) belohnen (*de/por* für +*akk*); ~ **de un daño** entschädigen; **fue recompensado por sus gastos** ihm wurden seine Auslagen vergütet **2.**(*un servicio*) vergüten

reconciliación [rrekoṇθilja'θjon] *f* Versöhnung *f*

reconciliar [rrekoṇθi'ljar] *vt, vi:* ~**se** sich versöhnen

reconfortar [rrekoɱfor'tar] *vt* trösten

R

reconocer [rrekono'θer] *irr como crecer* **I.** *vt* **1.** (*identificar*) erkennen **2.** (*admitir*) zugestehen; (*un error*) zugeben **3.** (*examinar*) überprüfen; (MED) untersuchen **4.** (POL) anerkennen **5.** (MIL) aufklären **6.** (*advertir*) erkennen **II.** *vr:* **~se** (*declararse*) sich bekennen; **~se culpable** sich schuldig bekennen

reconocimiento [rrekonoθi'mjeṇto] *m* **1.** (POL) Anerkennung *f* **2.** (*exploración*) Erkundung *f;* **~ médico** ärztliche Untersuchung **3.** (*gratitud*) Dankbarkeit *f;* **en ~ de mi labor** als Dank für meine Leistungen

reconquista [rrekoŋ'kista] *f* Wiedereroberung *f*

Die **Reconquista** (711 - 1492) wurde nach acht Jahrhunderten maurischer Besetzung mit der Rückeroberung des Königreichs von **Granada** beendet. Acht Jahrhunderte lang war es das einzige Ziel der christlichen Herrscher gewesen, die Araber von der **Península Ibérica** zu vertreiben. Die Mauren und Juden, die in Spanien bleiben wollten, mussten zum christlichen Glauben konvertieren.

reconquistar [rrekoŋkis'tar] *vt* zurückerobern; (*fig*) wiedergewinnen

reconstituir [rreko^{n}stitu'ir/rreko^{n}sti'twir] *irr como huir vt* **1.** (*restablecer*) wiederherstellen **2.** (*rehacer*) rekonstruieren

reconstruir [rreko^{n}stru'ir/rreko^{n}s'trwir] *irr como huir vt* **1.** (*reedificar*) wieder aufbauen **2.** (*componer*) rekonstruieren; (*completar*) zusammenfügen

Recopa [rre'kopa] *f* (DEP) Pokal *m* der Pokalsieger

recopilación [rrekopila'θjon] *f* Sammlung *f*

recopilar [rrekopi'lar] *vt* zusammenstellen

récord ['rrekor$^{(ð)}$] <récords> *m* Rekord *m*

recordar [rrekor'ðar] <o→ue> **I.** *vi, vt* **1.** (*acordarse*) sich erinnern (an +*akk*) **2.** (*traer a la memoria, semejar*) erinnern (an +*akk*); **recuérdale a mamá que me traiga el libro** erinnere Mama daran, dass sie mir das Buch mitbringen soll; **si mal no recuerdo** wenn ich mich recht erinnere **II.** *vi, vr:* **~se** (*Arg, Méx: despertarse*) aufwachen

recorrer [rreko'rrer] *vt* **1.** (*atravesar*) durchqueren; (*viajar por*) bereisen; **~ Europa en bicicleta** mit dem Fahrrad durch Europa reisen **2.** (*trayecto*) zurücklegen; **recorrimos tres kilómetros a pie** wir sind drei Kilometer zu Fuß gelaufen

recortar [rrekor'tar] **I.** *vt* **1.** (*figuras*) ausschneiden; (*barba, uñas*) schneiden; (*quitar*) abschneiden **2.** (*disminuir*) kürzen **II.** *vr:* **~se** sich abzeichnen

recorte [rre'korte] *m* **1.** (*periódico*) Ausschnitt *m* **2.** (*rebajamiento*) Kürzung *f* **3.** *pl:* **~s de papel** Papierschnitzel *mpl o ntpl;* **~s de tela** Stoffreste *mpl*

recostar [rrekos'tar] <o→ue> **I.** *vt* (*apoyar*) (auf)stützen (*en/sobre* auf +*akk*); (*inclinar*) (an)lehnen (*contra/en* an/gegen +*akk*) **II.** *vr:* **~se** (*inclinarse*) sich (an)lehnen (*contra/en* an/gegen +*akk*); (*apoyarse*) sich (auf)stützen (*en/sobre* auf +*akk*)

recrear [rrekre'ar] *vt* **1.** (*reproducir*) nachahmen **2.** (*divertir*) unterhalten

recreativo, -a [rrekrea'tiβo, -a] *adj* entspannend; (**salón de juegos**) **~s** Spielhölle *f*

recreo [rre'kreo] *m* (Schul)pause *f*

recriminar [rrekrimi'nar] *vt* **1.** (*reprochar*) Vorwürfe machen +*dat* **2.** (*acusar*) beschuldigen

recrudecer [rrekruðe'θer] *irr como crecer vi, vr:* **~se** sich verschlimmern; (*conflicto*) sich verschärfen

recta ['rrekta] *f* Gerade *f*

rectamente [rrekta'meṇte] *adv* redlich

rectangular [rrektaŋgu'lar] *adj* rechteckig

rectángulo [rrek'taŋgulo] *m* Rechteck *nt*

rectificar [rrektifi'kar] <c→qu> *vt* (*corregir*) berichtigen; (*a alguien*) verbessern

rectitud [rrekti'tu^{ð}] *f* Rechtschaffenheit *f*

recto, -a ['rrekto, -a] *adj* **1.** (*t.* MAT: *forma*) gerade; **ángulo ~** rechter Winkel; **línea recta** Gerade *f* **2.** (*sin desviarse*) geradewegs; (*dirección*) geradeaus; **siga todo ~** gehen Sie geradeaus weiter **3.** (*honrado*) rechtschaffen

rector(a) [rrek'tor(a)] **I.** *adj* leitend **II.** *m(f)* Rektor(in) *m(f)*

rectorado [rrekto'raðo] *m* Rektorat *nt*

recuadro [rre'kwaðro] *m* Kästchen *nt*

recubrir [rreku'βrir] *irr como abrir vt* überziehen

recuento [rre'kweṇto] *m:* **~ de votos** Stimmenauszählung *f*

recuerdo [rre'kwerðo] *m* **1.** (*evocación*) Erinnerung *f;* **en** [*o* **como**] **~ de nuestro encuentro** zum Andenken an unsere Begegnung; **tener un buen ~ de algo** etw in guter Erinnerung haben **2.** (*de un viaje*) Souvenir *nt* **3.** *pl* (*saludos*) Grüße *mpl;* **María te manda muchos ~s** María lässt dich herzlich grüßen

recuperación [rrekupera'θjon] *f* **1.** (*recobrar*) Wiedergewinnung *f;* **~ de datos** (INFOR) Datenwiederherstellung *f* **2.** (ECON) Aufschwung *m* **3.** (*enfermo*) Genesung *f* **4.** (*materiales*) Recycling *nt* **5.** (*asignatura*) Bestehen *nt;* **examen de ~** Wiederholungsklausur *f* **6.** (*rescate*) Bergung *f*

recuperar [rrekupe'rar] **I.** *vt* **1.** (*recobrar*) wiedererlangen; (MIL) zurückerobern **2.** (*tiempo*) nachholen **3.** (*papel, hierro*) wieder verwerten **4.** (*rescatar*) bergen **5.** (*asignatura*) (im zweiten Anlauf) bestehen **II.** *vr:* **~se** sich erholen

recurrir [rreku'rrir] *vi* **1.** (JUR) Beschwerde einlegen **2.** (*dirigirse*) sich wenden (*a* an +*akk*); (*acudir*) zurückgreifen (*a* auf +*akk*); **~ a la justicia** den Rechtsweg beschreiten; **no tener a quien ~** niemanden haben, an den man sich wenden kann

recurso [rre'kurso] *m* **1.** (JUR): **~** (**de apelación**) Berufung *f;* **interponer un ~ contra la sentencia** gegen das Urteil Einspruch erheben **2.** (*remedio*) Hilfe *f;* (*expediente*) Zuflucht *f;* **no me queda otro ~ que...** es bleibt mir nichts anderes übrig als ... **3.** *pl* (*bienes*) Mittel *ntpl;* **familias sin ~s** mittellose Familien **4.** *pl* (*reservas*) Vorräte *mpl;* **~s naturales** natürliche Ressourcen **5.** (*loc*): **ser una persona de ~s** ein findiger Kopf sein

recusar [rreku'sar] *vt* ablehnen

red [rre^{ð}] *f* Netz *nt*

redacción [rreðaʝ'θjon] *f* **1.** (ENS) Aufsatz *m* **2.** (PREN) Redaktion *f*

redactar [rreðak'tar] *vt* verfassen; (*documento*) aufsetzen; (*testamento*) abfassen

redactor(**a**) [rreðak'tor(a)] *m(f)* Verfasser(in) *m(f);* (PREN) Redakteur(in) *m(f)*

redada [rre'ðaða] *f* Razzia *f*

rededor [rreðe'ðor] *m:* **al** [*o* **en**] **~** ringsherum

redención [rreðen̪'θjon] *f* **1.** (REL) Erlösung *f* **2.** (*cautivo*) Befreiung *f*

redentor(**a**) [rreðen̪'tor(a)] *m(f)* Erlöser(in) *m(f)*

redistribución [rreðistriβu'θjon] *f* Umverteilung *f*

rédito ['rreðito] *m* Rendite *f*

redonda [rre'ðon̪da] *f:* **en tres kilómetros a la ~** im Umkreis von drei Kilometern

redondear [rreðon̪de'ar] *vt* (ab)runden

redondel [rreðon̪'del] *m* Kreis *m*

redondo, -a [rre'ðon̪do, -a] *adj* rund; **hacer un negocio ~** ein gutes Geschäft machen

reducción [rreðuʝ'θjon] *f* **1.** (*disminución*) Reduktion *f;* (*de precios, gastos*) Senkung *f;* (*rebaja*) Rabatt *m;* (*de personal*) Abbau *m;* **~ de la jornada laboral** Arbeitszeitverkürzung *f* **2.** (ECON) Kürzung *f;* (JUR) Minderung *f* **3.** (*fotografía, dibujo*) Verkleinerung *f*

reducir [rreðu'θir] *irr como traducir* **I.** *vt* **1.** (*disminuir*) reduzieren; (*personal*) abbauen **2.** (*foto*) verkleinern **3.** (*someter*) unterwerfen; **la policía redujo al agresor** die Polizei überwältigte den Täter **4.** (*convertir*) verwandeln (*a* in +*akk*); **el fuego redujo la casa a cenizas** bei dem Feuer brannte das Haus völlig nieder **5.** (*limitar*) beschränken (*a* auf +*akk*) **6.** (*resumir*) zusammenfassen; (*acortar*) kürzen **7.** (MED) einrenken **8.** (MAT) umrechnen; **~ al común denominador** (*t. fig*) auf einen gemeinsamen Nenner bringen **II.** *vi* (AUTO) zurückschalten **III.** *vr:* **~se** sich beschränken (*a* auf +*akk*)

redundante [rreðun̪'dan̪te] *adj* überflüssig

redundar [rreðun̪'dar] *vi:* **eso redunda en beneficio nuestro** das liegt in unserem eigenen Interesse

reedificar [rre(e)ðifi'kar] <c→qu> *vt* wieder aufbauen

reeditar [rre(e)ði'tar] *vt* neu auflegen

reelección [rre(e)leʝ'θjon] *f* Wiederwahl *f*

reembolso [rre(e)m'bolso] *m* (*devolución*) Rückerstattung *f;* **me enviarán el paquete contra ~** ich bekomme das Paket per Nachnahme geschickt

reemplazar [rre(e)mpla'θar] <z→c> *vt* ersetzen; (*representar*) vertreten

reemplazo [rre(e)m'plaθo] *m* **1.** (*sustitución*) Austausch *m;* (DEP) Auswechseln *nt* **2.** (*tropas*) Reserve *f;* **ser del mismo ~** demselben Jahrgang angehören

reencontrar [rre(e)ŋkon̪'trar] <o→ue> *vt* wieder treffen

reencuentro [rre(e)ŋ'kwen̪tro] *m* **1.** (*en-*

cuentro) Wiedersehen **2.** (*choque*) Zusammenstoß *m* **3.** (MIL) Gefecht *nt*

reestructurar [rre(e)struktu'rar] *vt* umstrukturieren

referencia [rrefe'reṇθja] *f* **1.** (*relación*) Bezug *m;* (*alusión*) Anspielung *f* (*a* auf +*akk*); (*indicación*) Hinweis *m* (*a* auf +*akk*); **punto de ~** Anhaltspunkt *m;* **con ~ a** bezüglich +*gen* **2.** *pl* (*informes*) Referenzen *fpl* **3.** (*nota*) (Akten)zeichen *nt;* **nuestra/su ~** (*en un escrito*) unser/Ihr Zeichen

referéndum [rrefe'reṇdun] <referéndums> *m* (*popular*) Volksabstimmung *f;* (*sindical*) Urabstimmung *m*

referente [rrefe'reṇte] *adj* bezüglich (*a* +*gen*); (**en lo**) **~ a su queja** mit Bezug auf Ihre Klage

referir [rrefe'rir] *irr como sentir* **I.** *vt* berichten **II.** *vr:* **~se** sich beziehen (*a* auf +*akk*); **en** [*o* **por**] **lo que se refiere a nuestras relaciones** was unsere Beziehungen betrifft

refinado, -a [rrefi'naðo, -a] *adj* raffiniert

refinería [rrefine'ria] *f* Raffinerie *f*

reflector[1] [rreflek'tor] *m* (*foco*) Rückstrahler *m*

reflector(a)[2] [rreflek'tor(a)] *adj* reflektierend

reflejar(se) [rrefle'xar(se)] *vi, vt, vr* (sich) (wider)spiegeln

reflejo [rre'flexo, -a] *m* **1.** (*luz*) Reflex *m* **2.** (*imagen*) (Wider)spiegelung *f* **3.** (MED, PSICO) Reflex *m;* **para ello hay que ser rápido de ~s** dafür braucht man sehr gute Reflexe

reflexión [rrefleˠ'sjon] *f* **1.** (*consideraciones*) Überlegung *f* **2.** (*rayos*) Reflexion *f*

reflexionar [rrefleˠsjo'nar] *vi, vt* nachdenken (*sobre/en* über +*akk*); **reflexiona bien antes de dar ese paso** überleg es dir gut, bevor du diesen Schritt unternimmst

reflexivo, -a [rrefleˠ'siβo, -a] *adj* **1.** nachdenklich **2.** (LING) reflexiv

reforma [rre'forma] *f* **1.** (*mejora*) Verbesserung *f;* (*modificación*) Reform *f;* **~ educativa** Schulreform *f* **2.** (ARQUIT: *reestructuración*) Umbau *m;* (*renovación*) Renovierung *f* **3.** (REL): **Reforma Protestante** Reformation *f* **4.** (*reparación*) Wiederherstellung *f*

reformar [rrefor'mar] **I.** *vt* **1.** (*mejorar*) verbessern; (*modificar*) reformieren **2.** (*a alguien*) umerziehen **3.** (ARQUIT: *reestructurar*) umbauen; (*renovar*) renovieren **4.** (REL) reformieren **5.** (*rehacer*) wiederherstellen **6.** (*deshacer*) auflösen **II.** *vr:* **~se** sich bessern

reformatorio[1] [rreforma'torjo] *m* Erziehungsanstalt *f;* **~ para delincuentes juveniles** Jugendvollzugsanstalt *f*

reformatorio, -a[2] [rreforma'torjo, -a] *adj* (*que mejora*) verbessernd; (*que modifica*) reformerisch

reformista [rrefor'mista] **I.** *adj* (*que reforma*) Reform-; (*partidario de reformas*) reformfreudig **II.** *mf* Reformer(in) *m(f)*

reforzar [rrefor'θar] *irr como forzar vt* **1.** (*fortalecer*) verstärken; (*con vigas*) verstreben **2.** (*animar*) ermutigen

refrán [rre'fran] *m* Sprichwort *nt*

refrescante [rrefres'kaṇte] *adj* erfrischend

refrescar [rrefres'kar] **I.** *vt* **1.** (*a algo*) abkühlen; (*a alguien*) erfrischen **2.** (*cosas olvidadas*) auffrischen; (*sentimiento*) neu aufleben lassen; **~ la memoria** dem Gedächtnis nachhelfen **II.** *vi* **1.** (*aire*) abkühlen **2.** (*dar fresco*) erfrischen **3.** (*beber*) eine Erfrischung zu sich *dat* nehmen **4.** (*reponerse*) sich ausruhen **5.** (*viento*) auffrischen **III.** *vr:* **~se** **1.** (*aire, cosa*) (sich) abkühlen **2.** (*persona: mojarse*) sich erfrischen; (*beber*) eine Erfrischung zu sich *dat* nehmen **3.** (*reponerse*) sich ausruhen **4.** (*tomar el fresco*) an die frische Luft gehen **5.** (*viento*) auffrischen **IV.** *vimpers:* **por la tarde refresca** abends kühlt es ab

refresco [rre'fresko] *m* **1.** Erfrischung *f;* (*gaseosa*) Erfrischungsgetränk *nt* **2.** (*refrigerio*) Snack *m*

refriega [rre'frjeɣa] *f* (*fam: pelea*) Streit *m,* Schlägerei *f*

refrigerador [rrefrixera'ðor] *m* **1.** Kühlschrank *m;* (*cámara*) Kühlkammer *f;* (*instalación*) Kühlanlage *f* **2.** (*de un automóvil*) Kühler *m*

refrigerar [rrefrixe'rar] **I.** *vt* (*enfriar*) kühlen; (*una habitación*) klimatisieren **II.** *vr:* **~se** **1.** (*enfriarse*) (sich) abkühlen **2.** (*reponer fuerzas*) sich stärken

refrigerio [rrefri'xerjo] *m* Imbiss *m*

refuerzo [rre'fwerθo] *m* **1.** (*reforzamiento*) Verstärkung *f;* (*viga*) Verstrebung *f;* (*parche*) Flicken *m* **2.** (*ayuda*) Unterstützung *f;* (*complemento*) Nachschub *m* **3.** *pl* (MIL) Verstärkung *f*

refugiado, -a [rrefu'xjaðo, -a] *m, f* Flüchtling *m*

refugiarse [rrefu'xjarse] *vr* (*en un lugar*) Zuflucht suchen (*en* in +*dat*); (*de algo*) sich in Sicherheit bringen (*de* vor +*dat*)
refugio [rre'fuxjo] *m* **1.** (*protección, consuelo*) Zuflucht *f* (*de* vor +*dat*) **2.** (*lugar*) Zufluchtsort *m;* (*construcción*) Schutzhütte *f;* ~ (**montañero**) Berghütte *f* **3.** (MIL) Bunker *m* **4.** (*para mendigos*) Obdachlosenasyl *nt*
refunfuñar [rrefuɱfu'ɲar] *vi* murren
refutar [rrefu'tar] *vt* widerlegen
regadera [rreɣa'ðera] *f* **1.** (*recipiente*) Gießkanne *f* **2.** (*reguera*) Bewässerungsgraben *m* **3.** (*loc*): **estar como una ~** (*fam*) spinnen
regadío [rreɣa'ðio, -a] *m* Bewässerungsgelände *nt;* **estos campos son de ~** diese Felder werden (künstlich) bewässert
regalar [rreɣa'lar] **I.** *vt* **1.** (*obsequiar*) schenken; **en esta tienda regalan la fruta** (*fig*) in diesem Laden ist Obst spottbillig **2.** (*mimar*) verwöhnen **3.** (*deleitar*) ergötzen **4.** (*acariciar*) liebkosen **II.** *vr:* **~se 1.** (*llevar buena vida*) es sich *dat* gut gehen lassen **2.** (*proporcionarse*) sich *dat* gönnen (*con* +*akk*) **3.** (*deleitarse*) sich ergötzen (*con* an +*dat*)
regaliz [rreɣa'liθ] *m* Lakritze *f*
regalo [rre'ɣalo] *m* **1.** Geschenk *nt* **2.** (*gusto*) Genuss *m;* **~ para la vista** Augenschmaus *m* **3.** (*comodidad*) Komfort *m*
regañadientes [rreɣaɲa'ðjeṇtes]: **a ~** zähneknirschend
regañar [rreɣa'ɲar] **I.** *vt* (*fam*) schimpfen (mit +*dat*) **II.** *vi* **1.** (*reñir*) (sich) streiten; (*dejar de tener trato*) sich zerstreiten **2.** (*refunfuñar*) murren
regañina [rreɣa'ɲina] *f* **1.** Schelte *f;* **echar una ~ a alguien** mit jdm schimpfen **2.** (*riña*) Reiberei *f*
regar [rre'ɣar] *irr como fregar vt* **1.** (*con agua: una planta, el jardín*) gießen; (*las calles, el césped*) sprengen; (AGR) bewässern **2.** (*con un líquido*) voll spritzen; (*mojar*) nass machen; (*con algo menudo*) bestreuen
regata [rre'ɣata] *f* (DEP) Regatta *f*
regatear [rreɣate'ar] **I.** *vi* **1.** handeln **2.** (*hacer regates*) ausweichen **II.** *vt* **1.** (*debatir*) aushandeln **2.** (*escasear*) geizen (mit +*dat*); **no ~ esfuerzos** keine Mühen scheuen
regazo [rre'ɣaθo] *m* Schoß *m*
regencia [rre'xeṇθja] *f* **1.** (*gobierno*) Regentschaft *f* **2.** (*dirección*) Leitung *f;* (*de un negocio*) Geschäftsführung *f*
regenerar [rrexene'rar] **I.** *vt* **1.** (*algo*) regenerieren **2.** (*a alguien*) bessern **3.** (ELEC) rückkoppeln **II.** *vr:* **~se 1.** (*renovarse*) sich regenerieren **2.** (*reformarse*) sich bessern
regentar [rrexeṇ'tar] *vt* **1.** (*dirigir*) leiten **2.** (*ejercer*) innehaben
regente [rre'xeṇte] *mf* **1.** (*que gobierna*) Herrscher(in) *m(f)* **2.** (*que dirige*) Leiter(in) *m(f);* (*un negocio*) Geschäftsführer(in) *m(f)*
régimen ['rreximen] *m* <regímenes> **1.** System *nt;* (*reglamentos*) Ordnung *f;* **~ legal de la seguridad social para jubilación e invalidez** gesetzliche Rentenversicherung **2.** (POL) Regierungssystem *nt* **3.** (*dieta*) Diät *f;* **estar a ~** Diät essen; **poner a ~** auf Diät setzen **4.** (*manera de vivir*) Lebensweise *f* **5.** (LING) Rektion *f*
regimiento [rrexi'mjeṇto] *m* Regiment *nt*
región [rre'xjon] *f* Gegend *f;* (ADMIN) Region *f*
regional [rrexjo'nal] *adj* regional
regir [rre'xir] *irr como elegir* **I.** *vt* **1.** (*gobernar*) regieren; (*dirigir*) leiten **2.** (*guiar*) lenken; (*ley*) regeln **3.** (LING) regieren **II.** *vi* **1.** (*tener validez*) gelten **2.** (*funcionar*) funktionieren **3.** (*fam: estar cuerdo*) bei Verstand sein; **¡tú no riges!** du tickst wohl nicht richtig! **III.** *vr:* **~se** sich richten (*por* nach +*dat*)
registrar [rrexis'trar] **I.** *vt* **1.** (*examinar*) durchsuchen **2.** (*inscribir*) registrieren; (*una empresa, un patente*) anmelden; **marca registrada** (eingetragene) Schutzmarke *f* **3.** (*incluir*) aufnehmen **4.** (*señalar*) registrieren; (*grabar*) aufzeichnen **II.** *vr:* **~se 1.** (*inscribirse*) sich einschreiben **2.** (*observarse*) zu verzeichnen sein
registro [rre'xistro] *m* **1.** Durchsuchung *f* **2.** (*con un instrumento*) Registrierung *f;* (*grabación*) Aufzeichnung *f* **3.** (*inscripción*) Registrierung *f;* (*inclusión*) Aufnahme *f;* (*de una empresa, una patente*) Anmeldung *f;* (*de datos*) Erfassung *f* **4.** (*nota*) (Register)eintrag *m;* (*protocolo*) Protokoll *nt* **5.** (*libro*) Register *nt;* **~ de autores** Autorenkatalog *m;* **~ de entradas/salidas** Eingangs-/Ausgangsbuch *nt* **6.** (*oficina*) Amt *nt;* (*archivo*) Registratur *f;* **~ civil** Standesamt *nt;* **~ de la propiedad** Grundbuchamt *nt;* **~ de la propiedad industrial** Patentamt *nt* **7.** (*abertura*) Schieber *m* **8.** (*de un mecanis-*

R

mo) Regler *m* **9.** (*de un libro*) Register *nt* **10.** (MÚS) Register *nt*

regla ['rreɣla] *f* **1.** (*instrumento*) Lineal *nt;* ~ **de cálculo** Rechenschieber *m* **2.** (*norma*) Regel *f;* **por ~ general** in der Regel; **estar en ~** in Ordnung sein; **poner en ~** regeln; **por qué ~ de tres...** warum in aller Welt ... **3.** (MAT): ~ **de tres** Dreisatz *m;* **las cuatro ~s** die vier Grundrechenarten **4.** (*menstruación*) Regel *f*

reglamentación [rreɣlamen̪ta'θjon] *f* **1.** (*acción*) Regelung *f;* (*pey*) Reglementierung *f* **2.** (*reglas*) Vorschriften *fpl;* (*escrita*) Ordnung *f*

reglamento [rreɣla'men̪to] *m* Vorschriften *fpl;* (*escrito*) Ordnung *f;* (JUR, ADMIN) Verfügung *f;* (DEP) Reglement *nt;* (*de una organización*) Statut *nt;* (*del legislador*) Verordnung *f;* (*de una empresa*) Betriebsordnung *f;* ~ **de tráfico** Straßenverkehrsordnung *f*

reglar [rre'ɣlar] *vt* **1.** (*reglamentar*) regeln **2.** (TÉC) normen

regocijo [rreɣo'θixo] *m* **1.** (*alegría*) Freude *f;* (*diversión*) Spaß *m* **2.** (*júbilo*) Jubel *m*

regresar [rreɣre'sar] **I.** *vi* (*volver*) zurückkehren **II.** *vt* (*Méx: devolver*) zurückgeben **III.** *vr:* **~se** (*Am: volver*) zurückkehren

regresivo, -a [rreɣre'siβo, -a] *adj* rückläufig

regreso [rre'ɣreso] *m* Rückkehr *f*

regulación [rreɣula'θjon] *f* **1.** Regelung *f* **2.** (*t.* TÉC) Regulierung *f*

regular [rreɣu'lar] **I.** *vt* **1.** (*t.* TÉC: *organizar, ajustar*) regulieren; (*el volumen*) einstellen **2.** (*reglamentar*) regeln **3.** (*poner en orden*) in Ordnung bringen **II.** *adj* **1.** (*conforme a una regla*) regulär; **verbos ~es** regelmäßige Verben; **por lo ~** gewöhnlich **2.** (*nota*) befriedigend **III.** *adv* mittelmäßig

regularidad [rreɣulari'ða^{d}] *f* **1.** (*conformidad*) Ordnungsmäßigkeit *f* **2.** (*periodicidad*) Regelmäßigkeit *f;* **con ~** regelmäßig **3.** (*uniformidad*) Gleichmäßigkeit *f* **4.** (*estabilidad*) Konstanz *f*

regurgitar [rreɣurxi'tar] *vi, vt* erbrechen

rehabilitación [rreaβilita'θjon] *f* **1.** (*t.* JUR, MED: *de alguien*) Rehabilitierung *f;* (*restitución*) Wiedereinsetzung *f* **2.** (*de una cosa*) Wiederherstellung *f;* (*de un edificio*) Wiederaufbau *m*

rehabilitar [rreaβili'tar] **I.** *vt* **1.** (*t.* JUR, MED: *a alguien*) rehabilitieren; (*restituir*) wieder einsetzen **2.** (*una cosa*) wiederherstellen; (*un edificio*) wieder aufbauen; ~ **la memoria** [*o* **la buena fama**] **de alguien** jdn rehabilitieren **II.** *vr:* **~se** sich rehabilitieren

rehacer [rrea'θer] *irr como hacer* **I.** *vt* **1.** (*volver a hacer*) noch einmal machen **2.** (*reconstruir*) wiederherstellen; (*reparar*) reparieren; (*un edificio*) wieder aufbauen; ~ **su vida con alguien** einen neuen Anfang mit jdm wagen **II.** *vr:* **~se** (*recuperar las fuerzas*) wieder zu Kräften kommen; (*la salud*) gesund werden; (*la tranquilidad*) die Fassung wiedergewinnen

rehén [rre'en] *m* Geisel *f*

rehogar [rreo'ɣar] <g→gu> *vt* andünsten

rehuir [rreu'ir] *irr como huir vt* **1.** (*eludir*) (ver)meiden; ~ **a alguien** jdm aus dem Weg gehen **2.** (*rechazar*) verweigern

rehusar [rreu'sar] *vt* ablehnen; (*el pago*) verweigern; (*una reclamación*) abweisen

reimprimir [rreimpri'mir] *irr como imprimir vt* neu auflegen

reina ['rrei̯na] *f* (*t.* ZOOL) Königin *f*

reinado [rrei̯'naðo] *m* Herrschaft *f;* (*tiempo*) Regierungszeit *f*

reinar [rrei̯'nar] *vi* **1.** (*gobernar*) herrschen **2.** (*dominar*) vorherrschen **3.** (*existir*) herrschen

reincidencia [rrein̪θi'ðen̪θja] *f* Rückfall *m*

reincidente [rrein̪θi'ðen̪te] *adj* rückfällig

reincorporar [rreiŋkorpo'rar] **I.** *vt* wieder eingliedern (*a* in +*akk*); ~ **a alguien a un puesto** jdn wieder einstellen **II.** *vr:* **~se** (*a un territorio/una corporación*) wieder beitreten (*a* +*dat*); (*a un servicio/un empleo*) wieder aufnehmen (*a* +*akk*); **~se al trabajo** wieder arbeiten (gehen)

reino ['rrei̯no] *m* Reich *nt;* (*de un monarca*) Königreich *nt;* **Reino Unido** Vereinigtes Königreich

reintegrar [rrein̪te'ɣrar] **I.** *vt* **1.** (*reincorporar*) wieder aufnehmen; (*en un cargo*) wieder einsetzen **2.** (*devolver*) zurückgeben; (*dinero*) erstatten; (*desembolsos*) ersetzen **II.** *vr:* **~se** sich wieder eingliedern; (*a una organización*) wieder eintreten

reintegro [rrein̪'teɣro] *m* **1.** (*reintegración*) Wiedereingliederung *f;* (*en un cargo*) Wiedereinsetzung *f* **2.** (*pago*) Auszahlung *f;* (*de la cuenta*) Abhebung *f;* (*devolución*) Erstattung *f*

reír [rre'ir] *irr* **I.** *vi* **1.** (*desternillarse*) lachen; **echarse a** ~ auflachen; **no me hagas** ~ (*fig*) mach dich nicht lächerlich; **me río de tu dinero** (*fig*) ich pfeife auf dein Geld **2.** (*sonreír*) lächeln **II.** *vr:* **~se 1.** (*desternillarse*) lachen (*de* über +*akk*); **~se a carcajadas** aus vollem Hals lachen **2.** (*sonreír*) lächeln **3.** (*burlarse*) sich lustig machen (*de* über +*akk*); (*de alguien t.*) auslachen (*de* +*akk*) **III.** *vt* lachen (über +*akk*)

reiteradamente [rreiteraða'mente] *adv* wiederholt

reivindicar [rreiβindi'kar] <c→qu> *vt* **1.** (*pedir*) fordern **2.** (*recobrar*) zurückgewinnen **3.** (*una acción*) sich bekennen (zu +*dat*); ~ **un atentado** sich zu einem Attentat bekennen

reja ['rrexa] *f* Gitter *nt;* **estar entre ~s** (*fam fig*) hinter Gittern sitzen

rejilla [rre'xiʎa] *f* (*enrejado*) Gitter *nt;* (*parrilla*) Rost *m*

rejuvenecer [rrexuβene'θer] *irr como crecer* **I.** *vt* **1.** (*hacer más joven*) verjüngen; **este peinado te rejuvenece** diese Frisur macht dich jünger **2.** (*modernizar*) modernisieren **II.** *vr:* **~se** jünger aussehen

relación [rrela'θjon] *f* **1.** (*entre cosas/hechos*) Zusammenhang *m;* **con** ~ [*o* **en** ~] **a su escrito** bezüglich Ihres Schreibens **2.** (*entre dos magnitudes*) Verhältnis *nt;* ~ **calidad-precio** Preis-Leistungs-Verhältnis *nt* **3.** (*entre personas*) Beziehung *f;* **relaciones públicas** Publicrelations *fpl* **4.** *pl* (*noviazgo*) Verlobung *f;* **han roto sus relaciones** sie haben ihre Verlobung gelöst **5.** *pl* (*amorío*) Verhältnis *nt;* **mantienen relaciones** sie haben ein Verhältnis miteinander **6.** (*relato*) Schilderung *f;* (*informe*) Bericht *m*

relacionar [rrelaθjo'nar] **I.** *vt* **1.** (*poner en relación*) in Zusammenhang bringen **2.** (*relatar*) schildern **II.** *vr:* **~se 1.** (*estar relacionado*) zusammenhängen **2.** (*iniciar relaciones*) in Beziehung treten (*con* zu +*dat*); (*mantener relaciones*) Kontakt haben (*con* zu +*dat*)

relajar [rrela'xar] **I.** *vt* **1.** (*distender, distraer*) entspannen **2.** (*suavizar*) lockern; (*la pena*) mildern **II.** *vr:* **~se 1.** (*distenderse, descansar*) sich entspannen **2.** (*debilitarse*) erschlaffen **3.** (*suavizarse*) lockerer werden

relámpago [rre'lampaɣo] *m* Blitz *m*

relatar [rrela'tar] *vt* schildern

relativamente *adv* relativ, verhältnismäßig

relatividad [rrelatiβi'ðaᵈ] *f* Relativität *f*

relativizar [rrelatiβi'θar] <z→c> *vt* relativieren

relativo, -a [rrela'tiβo, -a] *adj* **1.** (*referente*) betreffend; **un artículo ~ a...** ein Artikel über ... **2.** (*dependiente*) relativ; **pronombre** ~ Relativpronomen *nt* **3.** (*poco*) gering

relato [rre'lato] *m* Schilderung *f;* (LIT) Erzählung *f;* ~ **corto** Kurzgeschichte *f*

relegar [rrele'ɣar] <g→gu> *vt* (*apartar*) verweisen; ~ **algo a un plano secundario** etw in den Hintergrund drängen

relevancia [rrele'βanθja] *f* Wichtigkeit *f*

relevante [rrele'βante] *adj* **1.** (*importante*) wichtig **2.** (*sobresaliente*) herausragend

relevar [rrele'βar] **I.** *vt* **1.** (*acentuar*) hervorheben **2.** (*liberar*) befreien **3.** (JUR: *destituir*) entheben; ~ **a alguien de un cargo** jdn eines Amtes entheben **4.** (*reemplazar*) ersetzen; (MIL, DEP) ablösen **II.** *vr:* **~se** sich abwechseln

relevo [rre'leβo] *m* **1.** (*reemplazo*) Ablösung *f* **2.** *(pl)* (*competición*) Staffel *f;* **carrera de ~s** Staffellauf *m*

relieve [rre'ljeβe] *m* **1.** (ARTE, GEO) Relief *nt;* **en bajo** ~ vertieft **2.** (*renombre*) Ansehen *nt;* **de** ~ bedeutend **3.** (*loc*): **poner de** ~ hervorheben

religión [rreli'xjon] *f* **1.** Religion *f;* ~ **reformada** Protestantismus *m;* **sin** ~ konfessionslos **2.** (*virtud*) Frömmigkeit *f*

religioso, -a [rreli'xjoso, -a] **I.** *adj* **1.** religiös **2.** (*que cree*) gläubig **3.** (*pío*) fromm **4.** (*puntual*) pünktlich; (*exacto*) gewissenhaft **5.** (*relativo a una orden*) Ordens- **II.** *m, f* Mönch *m,* Nonne *f*

relinchar [rrelin'tʃar] *vi* wiehern

reliquia [rre'likja] *f* **1.** Relikt *nt* **2.** (REL) Reliquie *f*

rellano [rre'ʎano] *m* Treppenabsatz *m*

rellenar [rreʎe'nar] *vt* **1.** (*t.* GASTR: *llenar*) füllen (*de/con* mit +*dat*); (*una almohada*) ausstopfen; (*un sillón*) polstern **2.** (*por completo*) ganz voll machen; (*demasiado*) voll stopfen **3.** (*volver a llenar*) nachfüllen **4.** (*completar*) ausfüllen

relleno¹ [rre'ʎeno] *m* (*t.* GASTR) Füllung *f*

relleno, -a² [rre'ʎeno, -a] *adj* **1.** (*lleno*) gefüllt; (*demasiado*) voll gestopft **2.** (*fam: gordo*) pummelig

reloj [rre'lox] *m* Uhr *f*

R

relojería [rreloxe'ria] *f* Uhrmacherei *f*

reluciente [rrelu'θjeņte] *adj* glänzend; ~ **de limpio** blitzblank

relucir [rrelu'θir] *irr como lucir vi* **1.** (*despedir luz*) leuchten; (*reflejar luz*) glänzen **2.** (*sobresalir*) glänzen **3.** (*loc*): **sacar/salir a** ~ zur Sprache bringen/kommen

remanente [rrema'neņte] **I.** *adj* übrig **II.** *m* Rest *m*

remangar [rremaŋ'gar] <g→gu> **I.** *vt* hochkrempeln **II.** *vr:* ~**se** (*las mangas*) sich *dat* die Ärmel hochkrempeln

remar [rre'mar] *vi* (*bogar*) rudern

rematar [rrema'tar] *vt* **1.** (*concluir*) beenden; (*terminar de hacer*) fertig stellen **2.** (*de un tiro*) den Gnadenschuss geben +*dat;* (*de una puñalada*) den Gnadenstoß versetzen +*dat* **3.** (*una costura*) vernähen **4.** (*gastar*) aufbrauchen **5.** (DEP) aufs Tor schießen **6.** (*adjudicar*) zuschlagen **7.** (*vender*) ausverkaufen

remate [rre'mate] *m* **1.** (*conclusión*) Beendigung *f;* (*de un producto*) Fertigstellung *f* **2.** (*final, extremo*) Abschluss *m* **3.** (*adjudicación*) Zuschlag *m* **4.** (*oferta*) Höchstgebot *nt* **5.** (DEP) Abschluss *m* **6.** (*consumo*) Verbrauch *m* **7.** (*venta*) Ausverkauf *m* **8.** (*loc*): **estar loco de** ~ vollkommen verrückt sein; **ser tonto de** ~ ausgesprochen dumm sein; **para** ~ zu allem Unglück

remediar [rreme'ðjar] *vt* **1.** (*evitar*) vermeiden; (*un perjuicio*) verhindern; **no me cae bien, no puedo ~lo** ich kann mir nicht helfen, er/sie ist mir nicht sympathisch **2.** (*acabar con, reparar*) beheben; (*compensar*) wieder gutmachen; **llorando no remedias nada** davon, dass du weinst, wird es auch nicht besser **3.** (*corregir*) verbessern **4.** (*ayudar*) helfen +*dat*

remedio [rre'meðjo] *m* **1.** (*arreglo*) Behebung *f;* (*compensación*) Wiedergutmachung *f;* (*corrección*) Verbesserung *f;* **eso tiene fácil** ~ dem ist leicht abzuhelfen **2.** (*evitación*) Vermeidung *f;* (*de un perjuicio*) Verhinderung *f;* **sin** ~ unvermeidlich **3.** (*ayuda*) Hilfe *f* **4.** (*medio*) Mittel *nt;* ~ **naturalista** Naturheilmittel *nt;* **no hay/no tenemos más** ~ **que...** es gibt/uns bleibt keine andere Wahl als ...

remendar [rremeņ'dar] <e→ie> *vt* **1.** (*reparar*) ausbessern; (*con parches*) flicken; (*zurcir*) stopfen **2.** (*corregir*) verbessern **3.** (*añadir*) hinzufügen; ~ **la salsa con vinagre** der Soße Essig zufügen

remiendo [rre'mjeņdo] *m* **1.** (*reparación*) (notdürftige) Reparatur *f;* (*con parches*) Flickarbeit *f;* (*zurcidura*) Stopfarbeit *f* **2.** (*corrección*) Verbesserung *f* **3.** (*extra*) Zusatz *m* **4.** (*parche*) Flicken *m*

remite [rre'mite] *m* Absender *m*

remitente [rremi'teņte] *mf* Absender(in) *m(f)*

remitir [rremi'tir] **I.** *vt* **1.** (*enviar*) (ab)senden; (FIN) überweisen; ~ **algo a alguien** jdm etw (zu)schicken **2.** (*referirse*) verweisen (*a* auf +*akk*) **3.** (*de una obligación*) befreien **4.** (*aplazar*) verschieben; (*un juicio*) vertagen **5.** (*confiar*) überlassen **6.** (*ceder*) einstellen **II.** *vi* (*calmarse*) nachlassen **III.** *vr:* ~**se** (*referirse*) sich beziehen (*a* auf +*akk*)

remo ['rremo] *m* **1.** Ruder *nt* **2.** (DEP) Rudern *nt*

remodelar [rremoðe'lar] *vt* umgestalten; (*gobierno*) umbilden

remojar [rremo'xar] **I.** *vt* **1.** (*mojar*) nass machen; (*humedecer*) anfeuchten; (*empapar*) durchnässen; (*sumergir*) eintauchen; (*ablandar*) einweichen **2.** (*celebrar*) begießen **II.** *vr:* ~**se** (*mojarse*) nass werden

remojo [re'moxo] *m* (*empapamiento*) Durchnässen *nt;* (*sumersión*) Eintauchen *nt;* **poner en** ~ einweichen

remolacha [rremo'latʃa] *f* Rübe *f*

remolcar [rremol'kar] <c→qu> *vt* (*arrastrar*) schleppen; (*un vehículo averiado*) abschleppen

remolino [rremo'lino] *m* **1.** (*movimiento*) Wirbel *m;* (*de agua*) Strudel *m;* ~ **de viento** Wirbelwind *m* **2.** (*pelo*) (Haar)wirbel *m* **3.** (*gente*) Gewimmel *nt* **4.** (*confusión*) Trubel *m* **5.** (*fam: persona*) Wirbelwind *m*

remolón, -ona [rremo'lon, -ona] **I.** *adj* faul **II.** *m, f* (*vago*) Faulenzer(in) *m(f);* (*que evita algo*) Drückeberger(in) *m(f) fam;* **hacerse el** ~ (*vaguear*) faulenzen

remolque [rre'molke] *m* **1.** (*arrastre*) Schleppen *nt;* (*de un vehículo averiado*) Abschleppen *nt* **2.** (*vehículo*) Anhänger *m* **3.** (*cuerda*) Schlepptau *nt;* (*para averías*) Abschleppseil *nt*

remontar [rremoņ'tar] **I.** *vt* **1.** (*superar*) überwinden **2.** (*subir*) hinaufgehen; (*en coche/barco*) hinauffahren; ~ **un río** (*navegar*) flussaufwärts fahren; (*nadar*) flussaufwärts schwimmen **3.** (*elevar*) aufsteigen lassen **II.** *vr:* **~se 1.** (*volar*) aufsteigen; (*ave*) sich in die Lüfte erheben **2.** (*gastos*) sich belaufen (*a* auf +*akk*) **3.** (*pertenecer, retroceder*) zurückgehen; **la construcción de la iglesia se remonta al siglo pasado** der Bau der Kirche geht ins letzte Jahrhundert zurück

remorder(se) <o→ue> *vt, vr* (*atormentar(se)*) (sich) quälen; **me remuerde la conciencia** ich habe ein schlechtes Gewissen

remordimiento [rremorði'mjen̩to] *m* Gewissensbiss *m;* **tener ~s (de conciencia) por algo** Gewissensbisse wegen etw *gen/dat* haben

remoto, -a [rre'moto, -a] *adj* **1.** (*lejano*) fern; (*hechos*) weit zurückliegend; **en tiempos ~s** in ferner Vergangenheit **2.** (*improbable*) unwahrscheinlich; **no tener ni la más remota idea** nicht die blasseste Ahnung haben; **ni por lo más ~** nicht im Entferntesten

remover [rremo'βer] <o→ue> **I.** *vt* **1.** (*eliminar*) entfernen; (*apartar*) wegräumen; (*dificultades*) aus dem Weg räumen **2.** (*agitar*) aufwühlen; (*dar vueltas*) umrühren **3.** (*activar*) aufrühren **4.** (*destituir*) absetzen **II.** *vi* herumwühlen **III.** *vr:* **~se 1.** (*moverse*) sich wälzen **2.** (*aguas*) in Wallung kommen

remuneración [rremunera'θjon] *f* **1.** Bezahlung *f;* (*sueldo*) Lohn *m* **2.** (*recompensa*) Belohnung *f* **3.** (*rendimiento*) Gewinn *m*

remunerar [rremune'rar] *vt* **1.** (*pagar*) bezahlen; (*un trabajo*) vergüten; **~ a alguien por un servicio** jdn für eine Dienstleistung entlohnen **2.** (*recompensar*) belohnen **3.** (*rendir*) Gewinn bringen

renacer [rrena'θer] *irr como crecer vi* **1.** (*volver a nacer*) wieder geboren werden **2.** (*regenerarse*) aufleben

renacimiento [rrenaθi'mjen̩to] *m* **1.** (ARTE, LIT) Renaissance *f* **2.** (FILOS, REL) Wiedergeburt *f*

renal [rre'nal] *adj* Nieren-

Renania [rre'nanja] *f* Rheinland *nt*

Renania-Palatinado [rre'nanja-palati'naðo] *m* Rheinland-Pfalz *nt*

Renania-Westfalia [rre'nanja-βes'falja] *f* Nordrhein-Westfalen *nt*

renano, -a [rre'nano, -a] *adj* (*del Rin*) rheinisch; (*de Renania*) rheinländisch

rencor [rreŋ'kor] *m* Groll *m;* **guardar ~ a alguien** (mit) jdm böse sein

rencoroso, -a [rreŋko'roso, -a] *adj* **1.** (*vengativo*) nachtragend **2.** (*resentido*) verärgert

rendido, -a [rren̩'diðo, -a] *adj* **1.** (*cansado*) todmüde **2.** (*sumiso*) ergeben; **cayó ~ ante su belleza** er erlag ihrer Schönheit

rendimiento [rren̩di'mjen̩to] *m* **1.** (*productividad*) Leistung *f;* (ECON: *máximo*) Kapazität *f;* **a pleno ~** voll ausgelastet **2.** (*beneficio*) Ertrag *m;* **de gran ~** sehr ertragreich

rendir [rren̩'dir] *irr como pedir* **I.** *vt* **1.** (*rentar*) einbringen **2.** (*trabajar*) leisten **3.** (*tributar*) erweisen **4.** (*entregar*) abgeben; (*pruebas*) erbringen; (*una confesión*) ablegen; **~ cuentas** abrechnen; (*fig*) Rechenschaft ablegen **5.** (*vencer*) besiegen, bezwingen **6.** (*cansar*) ermüden; **me rindió el sueño** der Schlaf übermannte mich **7.** (*substituir*) ablösen **II.** *vr:* **~se** (*entregarse*) sich ergeben; **~se al enemigo** vor dem Feind kapitulieren; **~se a la evidencia de algo** etw einsehen

renegar [rrene'ɣar] *irr como fregar* **I.** *vi* **1.** (*protestar*) fluchen (*de* über +*akk*) **2.** (*renunciar*) sich lossagen; **~ de la fe** vom Glauben abfallen; **~ del partido** aus der Partei austreten **II.** *vt* **1.** (*negar*) verleugnen **2.** (*detestar*) verabscheuen

RENFE ['rreɱfe] *f abr de* **Red Nacional de Ferrocarriles Españoles** *spanische Eisenbahngesellschaft*

renglón [rreŋ'glon] *m* Zeile *f*

renombrado, -a [rrenom'braðo, -a] *adj* renommiert, angesehen

renombre [rre'nombre] *m* (guter) Ruf *m*

renovación [rrenoβa'θjon] *f* Erneuerung *f;* (*del pasaporte*) Verlängerung *f;* (*de un edificio*) Renovierung *f*

renovar [rreno'βar] <o→ue> *vt* erneuern; (*una casa*) renovieren; (*el pasaporte*) verlängern; (*un país*) reformieren; **~ un pedido** nachbestellen

renta ['rren̩ta] *f* **1.** Ertrag *m;* (*ingresos*) Einkommen *nt;* **~ per cápita** Pro-Kopf-Einkommen *nt* **2.** (*pensión*) Rente *f;* **~ de viudez** Witwenrente *f* **3.** (*alquiler*) Miete *f;* **en ~** zur Miete

rentabilidad [rren̩taβili'ða^ð] *f* Wirtschaftlichkeit *f;* **~ competitiva** Wettbewerbsfähigkeit *f;* **dar una ~ de...** einen Gewinn von ... abwerfen

rentable [rren̩'taβle] *adj* rentabel

renuncia [rre'nun̩θja] *f* **1.** (*abandono*) Ver-

R

zicht *m* (*a/de* auf +*akk*); ~ **del cargo** Amtsniederlegung *f;* ~ **al contrato** Rücktritt vom Vertrag; **presentar su** ~ kündigen **2.** (*escrito*) Entlassungsurkunde *f*

renunciar [rrenun̪'θjar] *vi* **1.** (*desistir*) verzichten (*a* auf +*akk*); ~ **al trono** abdanken; ~ **a un cargo** ein Amt niederlegen; ~ **a una herencia** ein Erbe ausschlagen **2.** (*rechazar*) ablehnen (*a* +*akk*)

reñir [rre'ɲir] *irr como ceñir* **I.** *vi* streiten **II.** *vt* schelten

reo, -a ['rreo, -a] **I.** *adj* schuldig **II.** *m, f* (*culpado*) Angeklagte(r) *mf;* (*autor*) Täter(in) *m(f)*

reojo [rre'oxo] *m:* **mirar de** ~ (*con hostilidad*) schief ansehen; (*con disimulo*) verstohlen ansehen

reorganizar [rreorɣani'θar] <z→c> *vt* reorganisieren; (*gobierno*) umbilden

reparación [rrepara'θjon] *f* **1.** (*arreglo*) Reparatur *f* **2.** (*indemnización*) Entschädigung *f;* (*enmienda*) Wiedergutmachung *f;* ~ **de perjuicios** Schaden(s)ersatz *m*

reparar [rrepa'rar] *vt* **1.** (*arreglar*) reparieren; ~ **el daño** den Schaden beheben **2.** (*indemnizar*) ersetzen; (*enmendar*) wieder gutmachen **3.** (*advertir*) merken (*en* +*akk*); (*considerar*) achten (*en* auf +*akk*); **no** ~ **en sacrificios/en gastos** kein Opfer/keine Kosten scheuen

reparo [rre'paro] *m* **1.** (*arreglo*) Ausbesserung *f* **2.** (*inconveniente*) Bedenken *nt;* **sin** ~ **alguno** ganz ungeniert **3.** (*objeción*) Einwand *m* (*a* gegen +*akk*); **sin** ~ anstandslos; **no andar con** ~**s** sich *dat* seiner Sache sicher sein; **poner** ~**s a algo** Einwände gegen etw haben

repartición [rreparti'θjon] *f* **1.** *v.* **repartimiento** **2.** (*Am: oficina*) Amt *nt*

repartir [rrepar'tir] **I.** *vt* verteilen; (*correos*) zustellen; ~ **leña** (*fig*) Prügel austeilen **II.** *vr:* ~**se** **1.** (*colocarse*) sich verteilen **2.** (*dividir*) aufteilen

reparto [rre'parto] *m* Verteilung *f,* Aufteilung *f*

repasar [rrepa'sar] *vt* **1.** (*la ropa*) ausbessern **2.** (*un texto, la lección*) noch einmal durchgehen **3.** (*la cuenta*) nachprüfen

repaso [rre'paso] *m* **1.** (*revisión*) Überarbeitung *f* **2.** (*inspección*) (Über)prüfung *f;* (*de un coche*) Überholung *f*

repatriar [rrepa'trjar] *vt* in die Heimat zurückschicken

repelente [rrepe'len̪te] *adj* **1.** (*rechazador*) abweisend; ~ **al agua** Wasser abweisend **2.** (*repugnante*) abstoßend **3.** (*redicho*) besserwisserisch

repente [rre'pen̪te]: **de** ~ plötzlich

repentino, -a [rrepen̪'tino, -a] *adj* plötzlich

repercusión [rreperku'sjon] *f* (*efecto*) (Aus)wirkung *f;* **tener gran** ~ (*éxito*) großen Anklang finden

repercutir [rreperku'tir] *vi* **1.** (*efecto*) sich auswirken (*en* auf +*akk*); ~ **en la salud** der Gesundheit schaden **2.** (*eco*) widerhallen

repertorio [rreper'torjo] *m* **1.** Verzeichnis *nt* **2.** (*t.* TEAT) Repertoire *nt* (*de* an +*dat*)

repetición [rrepeti'θjon] *f* Wiederholung *f*

repetido, -a [rrepe'tiðo, -a] *adj* wiederholt; **repetidas veces** mehrmals; **tengo muchos sellos** ~**s** ich habe viele Briefmarken doppelt

repetir [rrepe'tir] *irr como pedir* **I.** *vi* (*sabor*) aufstoßen; **los ajos repiten mucho** Knoblauch stößt einem immer wieder auf **II.** *vt* **1.** (*reiterar*) wiederholen; ~ **curso** sitzen bleiben **2.** (*recitar*) aufsagen **III.** *vr:* ~**se** sich wiederholen

repicar [rrepi'kar] <c→qu> **I.** *vi* läuten; (*castañuelas*) klappern **II.** *vt* läuten; (*instrumento*) schlagen

repipi [rre'pipi] *adj* etepetete

repisa [rre'pisa] *f* Konsole *f;* ~ **de ventana** Fensterbrett *nt*

replantear [rreplan̪te'ar] *vt* (*asunto*) wieder aufwerfen; (*plan*) neu konzipieren

repleto, -a [rre'pleto, -a] *adj* prall gefüllt (*de* mit +*dat*); (*demasiado*) voll gestopft (*de* mit +*dat*); **tener una cartera repleta de billetes** eine Brieftasche voller Geldscheine haben

réplica ['rreplika] *f* **1.** (*respuesta*) Antwort *f;* (*objeción*) Widerrede *f* **2.** (ARTE) Nachbildung *f*

replicar [rrepli'kar] <c→qu> **I.** *vt* erwidern **II.** *vi* **1.** (*contestar*) antworten **2.** (*contradecir*) widersprechen; **obedecer sin** ~ ohne Widerspruch gehorchen

repoblación [rrepoβla'θjon] *f:* ~ **forestal** Wiederaufforstung *f*

repoblar [rrepo'βlar] <o→ue> *vt* wieder bevölkern; (*de árboles*) wieder aufforsten

repollo [rre'poʎo] *m* Kohl *m*

reponer [rrepo'ner] *irr como poner* **I.** *vt* **1.** (*volver a poner*) wieder hinstellen; (*teléfono*) auflegen; (*máquina*) wieder in Betrieb setzen; (*en su cargo*) wieder einsetzen **2.** (*reemplazar*) ersetzen **3.** (*completar*) auffüllen **4.** (*replicar*) erwidern **5.** (CINE, TEAT) wieder aufführen **II.** *vr:* **~se** sich erholen

reportaje [rrepor'taxe] *m* Bericht *m;* **~ gráfico** Bildbericht *m*

repórter [rre'porter] *m* (*Am*), **reportero, -a** [rrepor'tero, -a] *m, f* Reporter(in) *m(f)*

reposar [rrepo'sar] **I.** *vi* (aus)ruhen; **aquí reposan los restos mortales de…** hier ruht in Frieden … **II.** *vt* zur Ruhe bringen; **~ la comida** Mittagsruhe halten

reposo [rre'poso] *m* (*tranquilidad*) Ruhe *f;* (*descanso*) Erholung *f;* **~ en cama** Bettruhe *f*

repostar [rrepos'tar] *vt* **1.** (*provisiones*) sich neu versorgen (mit +*dat*) **2.** (*combustible*) auftanken

repostería [rreposte'ria] *f* **1.** (*pastelería*) Konditorei *f* **2.** (*productos*) Feingebäck *nt*

reprender [rrepren̪'der] *vt* tadeln; **~le algo a alguien** jdm etw vorwerfen

represalia [rrepre'salja] *f* Repressalie *f;* **en ~ por…** als Vergeltung für …

representación [rrepresen̪ta'θjon] *f* **1.** Vertretung *f;* **por** [*o* **en**] **~** stellvertretend **2.** (TEAT) Aufführung *f* **3.** (*reproducción*) Darstellung *f;* (*ilustración*) Abbildung *f* **4.** (*idea*) Begriff *m* **5.** (*autoridad*) Ansehen *nt*

representante [rrepresen̪'tan̪te] *mf* (*delegado*) Abgeordnete(r) *mf;* (*suplente*) Vertreter(in) *m(f)*

representar [rrepresen̪'tar] *vt* **1.** (*sustituir*) vertreten **2.** (*actuar*) spielen; (*una obra*) aufführen **3.** (*significar*) bedeuten **4.** (*encarnar, reproducir*) darstellen; (*personificar*) verkörpern; (*ilustrar*) abbilden

representativo, -a [rrepresen̪ta'tiβo, -a] *adj* repräsentativ; **gobierno ~** parlamentarische Regierung

represión [rrepre'sjon] *f* (*contención*) Unterdrückung *f*

reprimenda [rrepri'men̪da] *f* Tadel *m;* (*oficial*) Verweis *m*

reprimir [rrepri'mir] **I.** *vt* unterdrücken **II.** *vr:* **~se** (*contenerse*) sich beherrschen

reprobar [rrepro'βar] <o→ue> *vt* missbilligen

reprochable [rrepro'ʧaβle] *adj* tadelnswert

reprochar [rrepro'ʧar] *vt* vorwerfen

reproche [rre'proʧe] *m* Vorwurf *m*

reproducción [rreproðuɣ'θjon] *f* **1.** (*procreación*) Fortpflanzung *f* **2.** (*repetición*) Reproduktion *f;* (*copia*) Vervielfältigung *f;* **~ (de un libro)** Nachdruck *m* **3.** (*representación*) Wiedergabe *f*

reproducir [rreproðu'θir] *irr como traducir* **I.** *vt* **1.** (*procrear*) fortpflanzen **2.** (*repetir*) reproduzieren; (*copiar*) vervielfältigen; (*un libro*) nachdrucken **3.** (*representar*) wiedergeben; (*imitar*) nachahmen; (*contar*) nacherzählen **II.** *vr:* **~se** sich fortpflanzen

reptar [rrep'tar] *vi* kriechen

reptil [rrep'til] *m* Reptil *nt*

república [rre'puβlika] *f* Republik *f;* **República Federal de Alemania** Bundesrepublik Deutschland; **República Checa** Tschechische Republik

Die **República Dominicana** (Dominikanische Republik), deren Hauptstadt **Santo Domingo** heißt, ist rund fünfzigtausend Quadratkilometer groß. Spanisch ist die offizielle Landessprache. Weltbekannt ist der dominikanische Nationaltanz, der sog. merengue.

republicano, -a [rrepuβli'kano, -a] *adj* republikanisch

repudiar [rrepu'ðjar] *vt* **1.** (*rechazar*) ablehnen **2.** (*parientes*) verstoßen

repuesto [rre'pwesto] *m* Ersatzteil *nt*

repugnancia [rrepuɣ'nan̪θja] *f* **1.** Abneigung *f* (*a* gegen +*akk*); (*asco*) Ekel *m* (*a* vor +*dat*) **2.** (*resistencia*) Widerwille *m*

repugnante [rrepuɣ'nan̪te] *adj* ekelhaft

repugnar [rrepuɣ'nar] *vi* **1.** (*producir aversión*) abstoßen; (*asquear*) anekeln; **me repugna la carne grasosa** fettes Fleisch finde ich ekelhaft **2.** (*disgustar*) widerstreben +*dat*

repulsa [rre'pulsa] *f* Ablehnung *f*

reputación [rreputa'θjon] *f* Ruf *m;* **mujer de mala ~** Prostituierte *f;* **tener muy buena /mala ~** höchst angesehen/sehr schlecht angesehen sein; **un local con mala ~** ein berüchtigtes Lokal

requerir [rreke'rir] *irr como sentir vt* **1.** (*necesitar*) erfordern; **esto requiere toda la atención** hier ist höchste Aufmerksamkeit geboten **2.** (*intimar*) auffordern; **~ a alguien**

R

que... +*subj* jdn auffordern zu ... +*inf*

requisar [rreki'sar] *vt* beschlagnahmen

requisito [rreki'sito] *m* (*requerimiento*) Anforderung *f;* (*condición*) Voraussetzung *f;* ~ **previo** Vorbedingung *f*

res [rres] *f* **1.** Vieh *nt* **2.** (*Am: vaca*) Rind *nt*

resaca [rre'saka] *f* **1.** (*fam*) Kater *m* **2.** (*olas*) Brandung *f*

resaltar [rresal̩'tar] *vi* **1.** (*rebotar*) zurückprallen **2.** (*sobresalir*) hervorragen **3.** (*desprenderse*) abspringen **4.** (*distinguirse*) ins Auge springen; **hacer** ~ hervorheben

resarcir [rresar'θir] <c→z> **I.** *vt* **1.** (*compensar*) entschädigen (*de* für +*akk*) **2.** (*reparar*) ausbessern **II.** *vr:* ~**se** **1.** (*de un daño*) sich schadlos halten (*de* für +*akk, de* an +*dat*) **2.** (*de las fatigas*) sich erholen

resbaladizo, -a [rresβala'ðiθo, -a] *adj* rutschig

resbalar [rresβa'lar] *vi* (aus)rutschen, gleiten

rescatar [rreska'tar] *vt* **1.** (*a un prisionero*) befreien; (*con dinero*) auslösen **2.** (*a un náufrago*) retten **3.** (*algo perdido*) wieder finden

rescate [rres'kate] *m* **1.** (*de un prisionero*) Befreiung *f;* (*con dinero*) Auslösung *f* **2.** (*de un náufrago*) Rettung *f* **3.** (*dinero para rescatar*) Lösegeld *nt*

rescindir [rresθin̩'dir] *vt* (*la ley*) aufheben; (*un contratante*) (auf)kündigen

rescisión [rresθi'sjon] *f* (*la ley*) Ungültigkeitserklärung; (*un contratante*) Kündigung *f*

resentido, -a [rresen̩'tiðo, -a] *adj* **1.** *estar* (*ofendido*) beleidigt **2.** *estar* (*débil*) angeschlagen **3.** *ser* nachtragend

resentimiento [rresen̩ti'mjen̩to] *m* Groll *m*

resentirse [rresen̩'tirse] *irr como sentir vr* **1.** (*ofenderse*) sich ärgern (*por/de* über +*akk*) **2.** (*sentir dolor*) leiden (*de/con* unter +*dat*); **todavía se resiente de las heridas del accidente** die Unfallverletzungen machen ihm/ihr immer noch zu schaffen **3.** (*debilitarse*) nachgeben; (*muros*) bersten

reseña [rre'seɲa] *f* **1.** Rezension *f* **2.** (*narración*) Bericht *m* **3.** (MIL) Musterung *f*

reserva [rre'serβa] *f* **1.** (*previsión*) Vorrat *m;* (FIN) Reserve *f;* (*fondos*) Rücklage *f* **2.** (*de plazas*) Reservierung *f* **3.** (*biológica*) Reservat *nt* **4.** (MIL) Reserve *f* **5.** (*discreción*) Zurückhaltung *f* **6.** (*circunspección*) Vorbehalt *m;* **sin la menor** ~ vorbehaltslos

reservado, -a [rreser'βaðo, -a] *adj* **1.** (*derecho*) vorbehalten; **quedan** ~**s todos los derechos** alle Rechte vorbehalten **2.** (*callado*) reserviert **3.** (*confidencial*) vertraulich **4.** (*cauteloso*) vorsichtig

reservar [rreser'βar] **I.** *vt* **1.** (*retener plaza*) reservieren **2.** (*guardar*) zurückbehalten; (*dinero*) zurücklegen **3.** (*ocultar*) verheimlichen (*de* vor +*dat*) **II.** *vr:* ~**se** **1.** (*conservarse*) sich schonen **2.** (*cautelarse*) sich zurückhalten

resfriado[1] [rresfri'aðo] *m* Erkältung *f*

resfriado[2] [rresfri'aðo, -a] *adj* erkältet

resfriar [resfri'ar] <*3. pres:* resfría> **I.** *vi, vt* abkühlen **II.** *vr:* ~**se** **1.** (*enfriarse*) abkühlen **2.** (MED) sich erkälten

resfrío [rres'frio] *m* (*Am*) Erkältung *f*

resguardar [rresɣwar'ðar] **I.** *vt* **1.** (*proteger*) (be)schützen (*de* vor +*dat*) **2.** (*poner en seguridad*) sicherstellen **II.** *vr:* ~**se** sich schützen (*de* vor +*dat*)

resguardo [rres'ɣwarðo] *m* **1.** (*protección*) Schutz *m* **2.** (*guardia*) Sicherstellung *f;* ~ **de la legalidad** Wahrung der Gesetzlichkeit **3.** (*recibo*) Quittung *f;* ~ **de almacén/de entrega** Lager-/Lieferschein *m;* ~ **de transferencia** Überweisungsbeleg *m*

residencia [rresi'ðen̩θja] *f* **1.** (*domicilio*) Wohnsitz *m;* ~ **habitual** ständiger Wohnsitz; **cambiar de** ~ den Wohnort wechseln **2.** (*estancia*) Aufenthalt *m* **3.** (*casa lujosa*) Residenz *f* **4.** (*internado*) Heim *nt;* (*colegio*) Internat *nt;* ~ **de ancianos** Altersheim *nt;* ~ **de huérfanos** Waisenhaus *nt* **5.** (*hostal*) Pension *f*

residente [rresi'ðen̩te] *adj* wohnhaft; (*por mucho tiempo*) ansässig; ~ **en el lugar** ortsansässig

residir [rresi'ðir] *vi* **1.** (*habitar*) wohnen **2.** (*radicar*) liegen

residuo [rre'siðwo] *m* **1.** Rest *m;* (QUÍM) Rückstand *m* **2.** *pl* (*basura*) Abfall *m;* (*géneros defectuosos*) Ausschuss *m;* ~**s tóxicos** Giftmüll *m*

resignación [rresiɣna'θjon] *f* Resignation *f;* (*renuncia*) Verzicht *m*

resignar [rresiɣ'nar] **I.** *vt* niederlegen **II.** *vr:* ~**se** resignieren; ~**se con** [*o* **a**] **algo** sich mit etw *dat* abfinden

resina [rre'sina] *f* Harz *nt*

resistencia [rresis'ten̩θja] *f* Widerstand *m*

(*a* gegen +*akk*); ~ **al frío** Kältebeständigkeit *f;* **carrera de** ~ Dauerlauf *m;* **oponer** ~ Widerstand leisten

resistente [rresis'tenṭe] *adj* widerstandsfähig (*a* gegen +*akk*); ~ **al calor** hitzebeständig; ~ **a la luz** lichtecht

resistir [rresis'tir] **I.** *vi, vt* standhalten +*dat;* ~ **a una tentación** einer Versuchung widerstehen; **¡no resisto más!** ich halte das nicht länger aus! **II.** *vr:* ~**se** sich weigern

resolución [rresolu'θjon] *f* **1.** (*firmeza*) Entschlossenheit *f* **2.** (*decisión*) Entschluss *m;* (POL) Resolution *f;* **tomar una** ~ einen Beschluss fassen **3.** (*solución*) Auflösung *f*

resolver [rresol'βer] *irr como volver* **I.** *vt* **1.** (*acordar*) beschließen **2.** (*solucionar*) lösen; (*dudas*) beseitigen **3.** (*decidir*) beschließen **4.** (*disolver*) auflösen **II.** *vr:* ~**se** **1.** (*solucionarse*) sich klären **2.** (*decidirse*) sich entscheiden **3.** (*disolverse*) sich auflösen

resonancia [rreso'nanθja] *f* Resonanz *f*

resonar [rreso'nar] <o→ue> *vi* (wider)hallen

respaldar [rrespal'dar] **I.** *vt* **1.** (*apoyar*) unterstützen **2.** (*proteger*) decken **3.** (*anotar*) auf der Rückseite vermerken **II.** *vr:* ~**se** **1.** (*apoyarse*) sich anlehnen; (*hacia atrás*) sich zurücklehnen **2.** (*ampararse*) sich *dat* Rückendeckung verschaffen

respaldo [rres'paldo] *m* **1.** (*respaldar*) Rückenlehne *f* **2.** (*reverso*) Rückseite *f;* **en el** ~ auf der Rückseite **3.** (*apoyo*) Unterstützung *f;* (*protección*) Rückendeckung *f*

respectar [rrespek'tar] *vi* (*verbo defectivo*) betreffen; **por** [*o* **en**] **lo que respecta a él…** was ihn betrifft …

respectivamente [rrespektiβa'menṭe] *adv:* **Anne y Maite compran la fruta y el pan,** ~ Anne und Maite kaufen ein, die eine das Obst und die andere das Brot

respectivo, -a [rrespek'tiβo, -a] *adj* betreffende(r, s)

respecto [rres'pekto] *m* Hinsicht *f;* (**con**) ~ **a** bezüglich +*gen;* **con** ~ **a eso, al** ~ diesbezüglich; **a este** ~ in dieser Hinsicht; **al** ~ **de** im Verhältnis zu +*dat*

respetable [rrespe'taβle] *adj* **1.** (*digno de respeto*) achtbar; **persona** ~ Respektsperson *f* **2.** (*notable*) beachtlich

respetar [rrespe'tar] *vt* **1.** (*honrar*) respektieren; **hacerse** ~ sich *dat* Respekt verschaffen **2.** (*considerar*) Rücksicht nehmen (auf +*akk*) **3.** (*cumplir*) beachten

respeto [rres'peto] *m* (*veneración*) Respekt *m;* **falta de** ~ Respektlosigkeit *f;* **ofrecer los** ~**s a alguien** jdm seine Aufwartung machen

respetuoso, -a [rrespetu'oso, -a] *adj* respektvoll

respiración [rrespira'θjon] *f* (*inhalación*) Atmung *f;* (*aliento*) Atem *m;* ~ **artificial** künstliche Beatmung; ~ **boca a boca** Mund-zu-Mund-Beatmung *f*

respirar [rrespi'rar] *vi* atmen; ~ **aliviado** erleichtert aufatmen; **sin** ~ (*fig*) pausenlos

resplandecer [rresplaṇde'θer] *irr como crecer vi* (*lucir*) leuchten; (*reflejar*) glänzen; ~ **de alegría** vor Glück strahlen

responder [rresporj'der] *vi* **1.** (*contestar*) antworten; **el perro responde por el nombre de…** der Hund hört auf den Namen … **2.** (*contradecir*) widersprechen +*dat* **3.** (*corresponder*) entsprechen +*dat;* (*cumplir con*) erfüllen +*akk* **4.** (*ser responsable*) verantwortlich sein (*por* für +*akk*) **5.** (*garantizar*) einstehen (*de/por/con* für +*akk*); (*con dinero*) haften (*de/por/con* für +*akk*); ~ **de una deuda** für eine Schuld aufkommen

responsabilidad [rresponsaβili'ðaᵈ] *f* **1.** (*por un niño*) Verantwortung *f* (*de/por* für +*akk*); **exigir** ~ zur Verantwortung ziehen **2.** (*por un daño*) Haftung *f* (*de/por* für +*akk*); ~ **civil** Haftpflicht *f*

responsabilizar [rresponsaβili'θar] <z→c> **I.** *vt* verantwortlich machen (*de* für +*akk*) **II.** *vr:* ~**se** (*asumir la responsabilidad*) die Verantwortung übernehmen (*de* für +*akk*); (*garantizar*) einstehen (*de* für +*akk*); (JUR) die Haftung übernehmen (*de* für +*akk*)

responsable [rrespon'saβle] **I.** *adj* verantwortlich (*de* für +*akk*) **II.** *mf* Verantwortliche(r) *mf*

respuesta [rres'pwesta] *f* Antwort *f* (*a* auf +*akk*)

restablecer [rrestaβle'θer] *irr como crecer* **I.** *vt* wiederherstellen **II.** *vr:* ~**se** sich erholen

restablecimiento [rrestaβleθi'mjeṇto] *m* **1.** (*recuperación*) Wiederherstellung *f* **2.** (*cura*) Genesung *f*

restante [rres'tanṭe] *adj* restlich; **cantidad** ~ Restbetrag *m*

restar [rres'tar] **I.** *vi* übrig bleiben; **aún restan algunos días para finalizar el año** bis

R

zum Jahresende fehlen noch einige Tage **II.** *vt* abziehen

restauración [rrestau̯ra'θjon] *f* Wiederherstellung *f;* (ARTE) Restauration *f*

restaurante [rrestau̯'ran̩te] *m* Restaurant *nt*

restaurar [rrestau̯'rar] *vt* wiederherstellen; (ARTE) restaurieren

resto ['rresto] *m* (*lo que sobra*) Rest *m;* **los ~s mortales** die sterblichen Überreste; **lo recordaré el ~ de mis días** ich werde ihn bis ans Ende meiner Tage nicht vergessen

restregar [rrestre'ɣar] *irr como fregar* **I.** *vt* scheuern; **~le a alguien algo por las narices** (*fig*) jdm etw unter die Nase reiben **II.** *vr:* **~se** sich abreiben; **~se los ojos** sich *dat* die Augen reiben

restricción [rrestriˠ'θjon] *f* (*limitación*) Beschränkung *f;* (*recorte*) Kürzung *f;* **sin restricciones** unbeschränkt

resucitar [rresuθi'tar] **I.** *vi* auferstehen **II.** *vt* **1.** (*de la muerte*) vom Tode erwecken **2.** (*un estilo, una moda*) neu beleben

resuelto, -a [rre'swel̩to, -a] **I.** *pp de* **resolver** **II.** *adj* resolut

resultado [rresul̩'taðo] *m* Ergebnis *nt;* **tener por ~** zur Folge haben

resultar [rresul̩'tar] *vi* **1.** (*deducirse*) sich ergeben (*de* aus *+dat*); **resulta que...** es ist so, dass ... **2.** (*surtir*) sein **3.** (*tener éxito*) erfolgreich sein **4.** (*comprobarse*) sich erweisen (als *+nom*)

resumen [rre'sumen] *m* Zusammenfassung *f*

resumir [rresu'mir] *vt* zusammenfassen

resurgir [rresur'xir] <g→j> *vi* **1.** (*reaparecer*) wieder erscheinen **2.** (*renacer*) auferstehen **3.** (*revivir*) wieder aufleben

resurrección [rresurreˠ'θjon] *f* (REL) Auferstehung *f;* **Pascua de Resurreción** Ostern *nt*

retar [rre'tar] *vt* herausfordern (*a* zu *+dat*)

retardar(se) [rretar'dar(se)] *vt, vr:* **~se** (sich) verzögern

retención [rreten̩'θjon] *f* **1.** (*custodia*) Einbehaltung *f;* (*deducción*) Abzug *m;* **~ fiscal** Steuerabzug *m* **2.** (*memorizar*) Behalten *nt* **3.** (*moderación*) Zurückhaltung *f* **4.** (*tráfico*) Stau *m*

retener [rrete'ner] *irr como tener* **I.** *vt* **1.** (*conservar*) zurückhalten; (*el pasaporte*) einbehalten; (*la respiración*) anhalten **2.** (*recordar, detener*) behalten **II.** *vr:* **~se** sich zurückhalten

reticente [rreti'θen̩te] *adj* zögerlich

retina [rre'tina] *f* Netzhaut *f*

retintín [rretin̩'tin] *m* **1.** Nachklang *m* **2.** (*tonillo*) (ironischer) Unterton *m*

retirada [rreti'raða] *f* **1.** Rücktritt *m;* (MIL) Rückzug *m* **2.** (*eliminación*) Beseitigung *f*

retirado, -a [rreti'raðo, -a] **I.** *adj* **1.** (*lejos*) abgelegen **2.** (*jubilado*) pensioniert **II.** *m, f* Pensionär(in) *m(f)*

retirar [rreti'rar] **I.** *vt* **1.** (*apartar*) weglegen; (*tropas*) abziehen; (*dinero*) abheben **2.** (*echar*) verweisen **3.** (*recoger*) abholen **4.** (*quitar*) entziehen **5.** (*desdecirse*) zurücknehmen **6.** (*negar*) verweigern **7.** (*jubilar*) in den Ruhestand versetzen **II.** *vr:* **~se** **1.** (*t.* MIL: *abandonar*) sich zurückziehen (*de* aus *+dat*) **2.** (*retroceder*) zurücktreten (*de* von *+dat*) **3.** (*jubilarse*) in den Ruhestand treten

retiro [rre'tiro] *m* **1.** (*pensión*) Pension *f* **2.** (*refugio*) abgelegener Ort *m* **3.** (*retraimiento*) Zurückgezogenheit *f*

reto ['rreto] *m* Herausforderung *f*

retocar [rreto'kar] <c→qu> *vt* (*repasar*) überarbeiten; (*perfeccionar*) ausbessern; (FOTO) retuschieren

retoque [rre'toke] *m* **1.** (*corrección*) Ausbesserung *f;* (FOTO) Retusche *f* **2.** (FIN) Bereinigung *f*

retorcer [rretor'θer] *irr como cocer* **I.** *vt* **1.** (*torcer*) verdrehen **2.** (*enroscar*) winden **II.** *vr:* **~se** **1.** (*enroscarse*) sich verdrehen **2.** (*de dolor*) sich winden (*de* vor *+dat*)

retorcido, -a [rretor'θiðo, -a] *adj* **1.** (*conceptuoso*) geschraubt **2.** (*maligno*) falsch **3.** (*complicado*): **pensar de manera retorcida** um zwei Ecken denken

retórica [rre'torika] *f* Rhetorik *f*

retornable [rretor'naβle] *adj:* **botella ~** Mehrwegflasche *f*

retornar [rretor'nar] **I.** *vi* zurückkehren **II.** *vt* **1.** (*devolver*) zurückgeben **2.** (*retroceder*) umwenden, umdrehen

retorno [rre'torno] *m* **1.** (*regreso*) Rückkehr *f* **2.** (*devolución*) Rückgabe *f*

retractar [rretrak'tar] **I.** *vt* (*desdecirse*) zurücknehmen (*de +akk*); (JUR) widerrufen (*de +akk*) **II.** *vr:* **~se** widerrufen (*de +akk*)

retraído, -a [rretra'iðo, -a] *adj* zurückhaltend

retransmisión [rretra^{n}smi'sjon] *f* Übertragung *f;* ~ **deportiva** Sportberichterstattung *f*

retransmitir [rretra^{n}smi'tir] *vt* übertragen

retrasado, -a [rretra'saðo, -a] *adj* **1.** (*atrasado*) verspätet **2.** (*anticuado*) rückständig **3.** (*no actual*) alt **4.** (*subdesarrollado*) zurückgeblieben; ~ **mental** geistig zurückgeblieben

retrasar [rretra'sar] **I.** *vt* **1.** (*demorar*) verzögern **2.** (*el reloj*) zurückstellen **II.** *vi* **1.** (*el reloj*) nachgehen **2.** (*no estar al día*) zurückbleiben **III.** *vr:* ~**se** sich verspäten

retraso [rre'traso] *m* **1.** (*demora*) Verspätung *f* **2.** (*del desarrollo*) Rückständigkeit *f* **3.** (*de la deuda*) Verzug *m*

retratar [rretra'tar] *vt* porträtieren

retrato [rre'trato] *m* **1.** (*representación*) Porträt *nt;* (FOTO) Porträtaufnahme *f* **2.** (*parecido*) Ebenbild *nt*

retrete [rre'trete] *m* Toilette *f*

retribución [rretriβu'θjon] *f* Vergütung *f;* (*sueldo*) Gehalt *nt*

retroactivo, -a [rretroak'tiβo, -a] *adj* rückwirkend

retroceder [rretroθe'ðer] *vi* **1.** (*regresar*) zurückgehen **2.** (*desistir*) zurückweichen

retroceso [rretro'θeso] *m* **1.** (*regresión*) Rückgang *m* **2.** (MED) Rückfall *m*

retroproyector [rretroproɟek'tor] *m* Overheadprojektor *m*

retrospectivo, -a [rretrospek'tiβo, -a] *adj* retrospektiv

retrovisor [rretroβi'sor] *m* Rückspiegel *m*

retumbar [rretum'bar] *vi* dröhnen

reuma ['rreu̯ma] *m o f,* **reúma** [rre'uma] *m o f* Rheuma *nt*

reumático, -a [rreu̯'matiko, -a] *adj* rheumatisch

reumatismo [rreu̯ma'tismo] *m sin pl* Rheumatismus *m*

reunificación [rreunifika'θjon] *f* Wiedervereinigung *f*

reunificar [rreunifi'kar] <c→qu> *vt* wieder vereinigen

reunión [rreu'njon] *f* **1.** (*encuentro, asamblea*) Versammlung *f;* ~ **de los trabajadores** Betriebsversammlung *f* **2.** (*conferencia*) Besprechung *f*

reunir [rreu'nir] *irr* **I.** *vt* **1.** (*congregar*) versammeln **2.** (*unir*) vereinigen **3.** (*juntar*) sammeln **II.** *vr:* ~**se** **1.** (*congregarse*) sich versammeln **2.** (*unir*) sich vereinigen

revalidar [rreβali'ðar] *vt* bestätigen

revalorizar [rreβalori'θar] <z→c> *vt* aufwerten

revancha [rre'βantʃa] *f* **1.** Revanche *f* **2.** (*venganza*) Vergeltung *f;* **tomarse la** ~ sich rächen

revelación [rreβela'θjon] *f* **1.** Enthüllung *f* **2.** (REL) Offenbarung *f*

revelado [rreβe'laðo] *m* (FOTO) Entwicklung *f*

revelar [rreβe'lar] *vt* **1.** (*dar a conocer*) enthüllen; (*un secreto*) lüften **2.** (FOTO) entwickeln **3.** (REL) offenbaren

revenir [rreβe'nir] *irr como venir vi, vr:* ~**se** **1.** (*encoger*) schrumpfen **2.** (*agriarse*) sauer werden **3.** (*secarse*) austrocknen

reventa [rre'βen̩ta] *f* Wiederverkauf *m*

reventar [rreβen̩'tar] <e→ie> **I.** *vi* **1.** (*romperse*) platzen (*de/por* vor +*dat*); **lleno hasta** ~ zum Bersten voll **2.** (*vulg: morir*) verrecken *fam;* **¡que reviente!** soll er/sie doch von mir aus verrecken! *fam* **II.** *vt* **1.** (*romper*) zum Platzen bringen **2.** (*fam: molestar*) nerven

reverencia [rreβe'ren̩θja] *f* Hochachtung *f;* **Su Reverencia** Euer Hochwürden

reversible [rreβer'siβle] *adj* umkehrbar; (*prenda de vestir*) Wende-

reverso [rre'βerso] *m* Rückseite *f*

revertir [rreβer'tir] *irr como sentir vi* zurückfallen (*a* an +*akk*); **revirtió en su beneficio** es verlief zu seinen/ihren Gunsten

revés [rre'βes] *m* **1.** (*reverso*) Rückseite *f;* **al** [*o* **del**] ~ umgekehrt; **te has puesto el jersey del** ~ du hast deinen Pullover linksherum angezogen **2.** (*golpe*) Schlag *m* mit dem Handrücken **3.** (DEP) Rückhand *f* **4.** (*infortunio*) Rückschlag *m*

revestir [rreβes'tir] *irr como pedir* **I.** *vt* **1.** (*recubrir*) verkleiden (*con/de* mit +*dat*); ~ **de cinc** verzinken **2.** (*tener*): ~ **importancia** bedeutungsvoll sein **II.** *vr:* ~**se** (*aparentar*) sich wappnen (*con/de* mit +*dat*)

revisar [rreβi'sar] *vt* überprüfen; (TÉC) überholen

revisión [rreβi'sjon] *f* Überprüfung *f;* (TÉC) Überholung *f;* (JUR, TIPO) Revision *f;* (MED) Untersuchung *f*

revisor(a) [rreβi'sor(a)] *m(f)* **1.** (*controlador*) Prüfer(in) *m(f)* **2.** (FERRO) Schaffner(in) *m(f)*

revista [rre'βista] *f* **1.** (PREN) Zeitschrift *f;* ~

R

especializada Fachzeitschrift *f* **2.** (*inspección*) Überprüfung *f;* **pasar ~ a las tropas** die Truppe besichtigen **3.** (*espectáculo*) Revue *f*

revocar [rreβo'kar] <c→qu> *vt* **1.** (*anular*) widerrufen **2.** (*apartar*) abbringen **3.** (*hacer retroceder*) zurückdrängen **4.** (*enlucir*) tünchen

revoltoso, -a [rreβol̩'toso, -a] *adj* **1.** (*travieso*) unbändig **2.** (*rebelde*) aufsässig **3.** (*intrincado*) verworren

revolución [rreβolu'θjon] *f* **1.** (*t.* POL) Revolution *f* **2.** (*inquietud*) Aufruhr *m* **3.** (*rotación*) Umdrehung *f;* **número de revoluciones** Drehzahl *f* **4.** (ASTR) Umlauf *m*

revolucionar [rreβoluθjo'nar] *vt* **1.** (*amotinar*) aufwiegeln **2.** (*transformar*) revolutionieren **3.** (*excitar*) in Aufregung versetzen **4.** (TÉC) die Drehzahl erhöhen +*gen*

revolucionario, -a [rreβoluθjo'narjo, -a] *adj* revolutionär

revoluta [rreβo'luta] *f* (*AmC*) *v.* **revolución**

revolver [rreβol'βer] *irr como volver* **I.** *vt* **1.** (*mezclar*) umrühren **2.** (*desordenar*) durcheinander bringen **3.** (*soliviantar*) aufwühlen **4.** (*investigar*) durchforsten **II.** *vr:* **~se** **1.** (*moverse*) sich wälzen; **se me revuelve el estómago** da dreht sich mir der Magen um **2.** (*enfrentarse*) sich widersetzen (*contra* +*dat*) **3.** (*el tiempo*) umschlagen

revólver [rre'βolβer] *m* Revolver *m*

revuelo [rre'βwelo] *m:* **causar ~** für Aufruhr sorgen

revuelta [rre'βwel̩ta] *f* **1.** (*tumulto*) Tumult *m* **2.** (*rebelión*) Revolte *f* **3.** **carretera con muchas ~s** kurvenreiche Straße

revuelto, -a [rre'βwel̩to, -a] **I.** *pp de* **revolver** **II.** *adj* **1.** (*agitado*) aufgewühlt **2.** (*desordenado*) durcheinander **3.** (*tiempo*) wechselhaft

rey [rrei̯] *m* König *m;* **los Reyes Magos** die Heiligen Drei Könige

rezar [rre'θar] <z→c> *vt* beten (*a* zu +*dat*, *por* für +*akk*); **~ una oración** ein Gebet sprechen

rezo ['rreθo] *m* **1.** Beten *nt* **2.** (*oración*) Gebet *nt*

RFA [erre(e)fe'a] *f v.* **República Federal de Alemania** BRD *f*

ría ['rria] *f* **1.** (GEO) Ria *f* **2.** (DEP) Wassergraben *m*

riachuelo [rrja'ʧwelo] *m* Bach *m*

riada [rri'aða] *f* Hochwasser *nt*

ribera [rri'βera] *f* Ufer *nt;* (*tierra*) Uferlandschaft; (*vega*) Aue *f*

rico, -a ['rriko, -a] **I.** *adj* **1.** reich; **es muy ~** er ist steinreich **2.** (*sabroso*) lecker; **la comida está muy rica** das Essen schmeckt sehr gut **3.** (*abundante*) reich (*en* an +*dat*) **4.** (*fructífero*) fruchtbar **5.** (*excelente*) prächtig **6.** (*simpático*) reizend **II.** *m, f* (*rico*) Reiche(r) *mf*

ridículo, -a [rri'ðikulo, -a] *adj* **1.** (*risorio*) lächerlich; **poner(se) en ~** (sich) lächerlich machen **2.** (*tacaño*) geizig

riego ['rrjeɣo] *m* Bewässerung *f;* **~ sanguíneo** Durchblutung *f*

riel [rrjel] *m* Schiene *f*

rienda ['rrjen̩da] *f* Zügel *m;* **a ~ suelta** zügellos; **llevar las ~s** (*fig*) die Zügel in der Hand haben

riesgo ['rrjesɣo] *m* Risiko *nt;* **a ~ de que...** +*subj* auf die Gefahr hin, dass ...; **por cuenta y ~ propios** auf eigene Gefahr; **asumir un ~** ein Risiko eingehen; **correr el ~ de...** Gefahr laufen zu ...; **estar asegurado a todo ~** (AUTO) vollkaskoversichert sein

rifa ['rrifa] *f* (*sorteo*) Verlosung *f*

rifar [rri'far] *vt* verlosen

rifle ['rrifle] *m* Gewehr *nt*

rígido, -a ['rrixiðo, -a] *adj* **1.** (*inflexible*) starr **2.** (*severo*) streng

rigor [rri'ɣor] *m* **1.** (*severidad*) Strenge *f* **2.** (*exactitud*) Genauigkeit *f;* **en ~** genau genommen **3.** (METEO): **~ del invierno** Strenge des Winters **4.** (*loc*): **de ~** unerlässlich

riguroso, -a [rriɣu'roso, -a] *adj* **1.** (*severo*) rigoros **2.** (*exacto*) genau **3.** (METEO) extrem

rima ['rrima] *f* Reim *m;* **tener ~** sich reimen

rimar [rri'mar] **I.** *vi* **1.** reimen **2.** (*tener rima*) sich reimen (*con* auf +*akk*) **II.** *vt* reimen (*con* auf +*akk*, *con* mit +*dat*)

rímel ['rrimel] *m* Wimperntusche *f*

Rin [rrin] *m* Rhein *m*

rincón [rriŋ'kon] *m* **1.** Ecke *f;* **por todos los rincones** (*fig*) überall **2.** (*escondrijo*) Winkel *m;* (*tranquilo*) stiller Winkel *m*

rinoceronte [rrinoθe'ron̩te] *m* Nashorn *nt*

riña ['rriɲa] *f* Streit *m*

riñón [rri'ɲon] *m* Niere *f;* **costar un ~** eine (schöne) Stange Geld kosten

riñonera [rriɲo'nera] *f* Gürteltasche *f*

río ['rrio] *m* Fluss *m*, Strom *m;* **~ abajo** flussabwärts; **~ arriba** flussaufwärts

Der **Rioja** ist wohl der bekannteste spanische Wein im deutschsprachigen Raum. Die **Comunidad Autónoma La Rioja** ist eine der wichtigsten Weingegenden Spaniens und erhielt als erste den offiziellen Titel **Denominación de Origen,** was so viel heißt wie amtlich anerkanntes Weinbaugebiet mit besonderer Qualifikation.

riojano,-a [rrio'xano, -a] *adj* aus Rioja

rioplatense [rriopla'tense] *adj* vom Rio de la Plata

riqueza [rri'keθa] *f* Reichtum *m*

risa [rri'sa] *f* Lachen *nt;* **mondarse de ~** sich kaputtlachen; **llorar de ~** Tränen lachen; **tener un ataque de ~** einen Lachkrampf haben

ristra ['rristra] *f* **1.** (*trenza*) Zopf *m* (*aus Knoblauch, Zwiebeln o. ä.*) **2.** (*fam*) Reihe *f*

risueño,-a [rri'sweɲo, -a] *adj* **1.** (*alegre*) heiter **2.** (*placentero*) behaglich **3.** (*próspero*) verheißungsvoll

rítmico,-a ['rri^{ð}miko, -a] *adj* rhythmisch

ritmo ['rri^{ð}mo] *m* Rhythmus *m*

rito ['rrito] *m* Ritual *nt*

ritual [rritu'al] **I.** *adj* rituell **II.** *m* Ritual *nt*

rival [rri'βal] **I.** *adj* rivalisierend **II.** *mf* Rivale, -in *m, f*

rizado,-a [rri'θaðo, -a] *adj* lockig

rizo[1] ['rriθo] *m* Locke *f;* **rizar el ~** (*imponerse*) sich durchboxen; (*complicar*) die Sache unnötig komplizieren

rizo,-a[2] ['rriθo, -a] *adj* kraus

RNE ['rraðjo naθjo'nal̩ de (e)s'paɲa] *f abr de* **Radio Nacional de España** Staatlicher Spanischer Rundfunk *m*

robar [rro'βar] *vt* **1.** stehlen; **me ~on en Paris** ich wurde in Paris bestohlen **2.** (*en juegos*) ziehen

roble ['rroβle] *m* Eiche *f*

robo ['rroβo] *m* **1.** Raub *m;* **~ a mano armada** bewaffneter Raubüberfall **2.** (*presa*) Beute *f* **3.** (*estafa*) Übervorteilung *f*

robot [rro'βo^{t}] <robots> *m* Roboter *m;* **~ de cocina** Küchenroboter *m*

robusto,-a [rro'busto, -a] *adj* robust

roca ['rroka] *f* **1.** (*materia*) Gestein *nt* **2.** (*peña*) Felsen *m*

roce ['rroθe] *m* **1.** (*fricción*) Reibung *f* **2.** (*huella*) Streifen *m* **3.** (*contacto*) Umgang *m;* **tener mucho ~ con alguien** mit jdm gut bekannt sein **4.** (*pelea*) Reiberei *f*

rocío [rro'θio] *m* **1.** Tau *m;* **cae ~** es taut **2.** (*lluvia*) Sprühregen *m* **3.** (*rociada*) Berieselung *f*

rodaballo [rroða'βaʎo] *m* (ZOOL) Steinbutt *m*

rodado,-a [rro'ðaðo, -a] *adj* (*fluido*) eingespielt; **venir ~** (*sin dificultades*) wie geschmiert laufen; (*de perlas*) wie gerufen kommen

rodaja [rro'ðaxa] *f* Scheibe *f*

rodaje [rro'ðaxe] *m* **1.** (CINE) Dreharbeiten *fpl* **2.** (*rodar*) Einfahren *nt* **3.** (*impuesto*) Kraftfahrzeugsteuer *f* **4.** (*ruedas*) Räderwerk *nt*

rodar [rro'ðar] <o→ue> **I.** *vi* **1.** (*dar vueltas, moverse sobre ruedas*) rollen **2.** (*girar sobre el eje*) rotieren **3.** (*deslizarse*) (herunter)rollen **4.** (*ir*) umherlaufen **II.** *vt* **1.** (*hacer dar vueltas*) rollen **2.** (*película*) drehen **3.** (*coche*) einfahren

rodear [rroðe'ar] **I.** *vi* **1.** (*circunvalar*) einen Umweg machen **2.** (*divagar*) Umschweife machen **II.** *vt* **1.** (*cercar*) umgeben (*de* mit +*dat*) **2.** (*hacer dar vueltas*) drehen **3.** (*un tema*) herumreden (um +*akk*) **III.** *vr:* **~se** sich umgeben (*de* mit +*dat*)

rodeo [rro'ðeo] *m* **1.** Umweg *m;* **dar un ~** einen Umweg machen **2.** (*evasiva*) Ausflucht *f;* **sin ~s** ohne Umschweife

rodilla [rro'ðiʎa] *f* Knie *nt;* **de ~s** kniend; **ponerse de ~s** sich hinknien

rodillo [rro'ðiʎo] *m* **1.** (TÉC) Walze *f* **2.** (*de cocina*) Nudelholz *nt*

roer [rro'er] *irr vt* nagen (*a* an +*dat*)

rogar [rro'ɣar] <o→ue> *vt* bitten; (JUR) beantragen

rojizo,-a [rro'xiθo, -a] *adj* rötlich

rojo,-a ['rroxo, -a] *adj* (*t.* POL) rot; **al ~ (vivo)** rot glühend

rollito [rro'ʎito] *m:* **~ de primavera** Frühlingsrolle *f*

rollo ['rroʎo] *m* **1.** (*de papel, alambre*) Rolle *f;* (FOTO) Rollfilm *m* **2.** (*fam: cosa aburrida*) langweilige Sache *f;* **¡qué ~ de película!** so ein langweiliger Film! **3.** (*argot: tipo de vida*) Lebensweise *f;* (*asunto*) Geschichte *f;* **ir a su ~** nur an sich selbst denken; **¿de qué va el ~?** worum geht es? **4.** (GASTR) Kringel *m*

romance [rro'man̪θe] **I.** *adj* romanisch **II.** *m* Romanze *f;* **tiene un ~ con la vecina** er hat eine Affäre mit der Nachbarin

románico,-a [rro'maniko, -a] *adj* roma-

R

nisch

romano, -a [rro'mano, -a] **I.** *adj* **1.** (*de Roma*) römisch **2.** (REL) römisch-katholisch **3.** (*latín*) lateinisch **II.** *m, f* (*de Roma*) Römer(in) *m(f)*

romanticismo [rromanti'θismo] *m* Romantik *f*

romántico, -a [rro'mantiko, -a] *adj* romantisch

rombo ['rrombo] *m* Raute *f*

romería [rrome'ria] *f* **1.** (*peregrinaje*) Wallfahrt *f* **2.** (*fiesta*) Volksfest *nt* **3.** (*muchedumbre*) Menschenmenge *f*

romerito [rrome'rito] *m* (*Méx*) Gemüse *nt*

romero [rro'mero] *m* Rosmarin *m*

romo, -a ['rromo, -a] *adj* **1.** (*sin punta*) stumpf **2.** (*de nariz pequeña*) stumpfnasig **3.** (*tosco*) plump

rompecabezas [rrompeka'βeθas] *m inv* (*juego*) Puzzle *nt;* (*acertijo*) Rätsel *nt*

romper [rrom'per] **I.** *vi* **1.** (*las olas*) brechen **2.** (*empezar bruscamente*) (plötzlich) anfangen (*a* zu +*inf*); ~ **a llorar** in Tränen ausbrechen **3.** (*el día*) anbrechen; **al ~ el día** bei Tagesanbruch **4.** (*separarse*) sich trennen **II.** *vt* **1.** (*destrozar*) kaputtmachen *fam;* (*quebrar*) zerbrechen; (*un cristal*) einschlagen; (*un plato*) zerschlagen; (*papel, tela*) zerreißen; (*el pan*) brechen; (*los zapatos*) durchlaufen; (*un terreno*) roden; ~ **la cara a alguien** (*fam*) jdm den Schädel einschlagen **2.** (*negociaciones, relaciones*) abbrechen; (*contrato, promesa*) brechen; ~ **(las) filas** (MIL) wegtreten **3.** (*iniciar*): ~ **el fuego** das Feuer eröffnen **III.** *vr:* ~**se** **1.** (*hacerse pedazos*) zerbrechen **2.** (*fracturarse*) sich *dat* brechen; **¿qué tripa se te ha roto?** (*fam fig*) warum bist du so schlecht drauf?

ron [rron] *m* Rum *m*

roncar [rroŋ'kar] <c→qu> *vi* schnarchen

roncha ['rrontʃa] *f* (*hinchazón*) Schwellung *f;* (*cardenal*) blauer Fleck *m;* (*picadura*) Quaddel *f*

ronco, -a ['rroŋko, -a] *adj* (*afónico*) heiser; (*áspero*) rau

ronda ['rronda] *f* **1.** (*de vigilancia*) Streife *f* **2.** (*de copas*) Runde *f;* **pagar una ~ de vino** eine Runde Wein ausgeben **3.** (POL) Runde *f* **4.** (*jóvenes*) Rondasänger *mpl;* (*serenata*) (nächtliches) Ständchen *nt* **5.** (*avenida*) Ringstraße *f*

rondar [rron'dar] **I.** *vi* **1.** (*vigilar*) die Runde machen **2.** (*andar paseando de noche*) nachts umherstreifen **II.** *vt* **1.** (*a las mujeres*) den Hof machen +*dat* **2.** (*rodear*) umkreisen

roñoso, -a [rro'ɲoso, -a] *adj* **1.** (*sarnoso*) räudig **2.** (*sucio*) schmutzig **3.** (*oxidado*) verrostet **4.** (*tacaño*) geizig

ropa ['rropa] *f* **1.** Wäsche *f;* ~ **blanca** Kochwäsche *f;* ~ **de color** Buntwäsche *f;* ~ **delicada** Feinwäsche *f;* ~ (**interior**) Unterwäsche *f* **2.** (*vestidos, traje*) Kleidung *f;* ~**s hechas** Konfektionskleidung *f;* **cambiar(se) la ~** (sich) umziehen; **poner(se) la ~** (sich) anziehen; **disparar a quema ~** aus unmittelbarer Nähe schießen

ropero [rro'pero] *m* Kleiderschrank *m*

rosa ['rrosa] **I.** *adj* rosa; ~ **pálido** hellrosa **II.** *f* (BOT) Rose *f*

rosado, -a [rro'saðo, -a] *adj:* **vino ~** Rosé(wein) *m*

rosario [rro'sarjo] *m* (REL) Rosenkranz *m*

rosca ['rroska] *f* **1.** (TÉC) Gewinde *nt;* **pasarse de ~** (*fig*) zu weit gehen **2.** (*forma de espiral*) Windung *f* **3.** (*bollo*) Kringel *m;* (*torta*) Kranz *m;* **no comerse una ~** (*fig*) keinen Erfolg bei Männern/Frauen haben **4.** (*loc*): **hacer la ~ a alguien** jdm schmeicheln

roscón [rros'kon] *m* Kranzkuchen *m;* ~ **de Reyes** Dreikönigskuchen *m*

rosquilla [rros'kiʎa] *f* Kringel *m;* **venderse como ~s** (*fig*) weggehen wie warme Semmeln

rostro ['rrostro] *m* **1.** (*cara*) Gesicht *nt;* **tener mucho ~** sehr dreist sein **2.** (*pico*) Schnabel *m*

rotación [rrota'θjon] *f* Umdrehung *f;* (FÍS) Rotation *f*

rotativo, -a [rrota'tiβo, -a] *adj* rotierend

roto, -a ['rroto, -a] **I.** *pp de* **romper II.** *adj* **1.** (*despedazado*) kaputt **2.** (*andrajoso*) zerlumpt **3.** (*licencioso*) ausschweifend **4.** (*destrozado*) zerstört

rotulador [rrotula'ðor] *m* Filzstift *m*

rotundo, -a [rro'tundo, -a] *adj* (*terminante*) entschieden; **un éxito ~** ein durchschlagender Erfolg

rozadura [rroθa'ðura] *f* Schramme *f;* (*de la piel*) Hautabschürfung *f*

rozar [rro'θar] <z→c> **I.** *vi* streifen **II.** *vt* **1.** (*t. fig: tocar ligeramente*) streifen **2.** (*frotar*) reiben **3.** (AGR) roden; (*animales*) abgrasen **III.** *vr:* ~**se** **1.** (*restregarse*) sich durchscheuern **2.** (*tropezarse*) stolpern **3.** (*trabarse la lengua*) stammeln **4.** (*relacionarse*) Umgang haben

rte. [rremi'teņte] *abr de* **remitente** Abs.

RTVE [erreteuβe'e] *f abr de* **Radio Televisión Española** Spanische Rundfunk- und Fernsehanstalt *f*

ruana ['rrwana] *f* (*AmS*) Poncho *m*

rubéola [rru'βeola] *f sin pl* Röteln *pl*

rubí [rru'βi] *m* Rubin *m*

rubio, -a ['rruβjo, -a] **I.** *adj* blond **II.** *m, f* Blonde(r) *mf;* (*mujer*) Blondine *f*

ruborizar [rruβori'θar] <z→c> **I.** *vt* zum Erröten bringen **II.** *vr:* ~**se** erröten

rúbrica ['rruβrika] *f* **1.** (*firma*) Namenszeichen *nt;* (*después del nombre*) (Unterschrifts)schnörkel *m* **2.** (*epígrafe*) Überschrift *f*

rudo, -a ['rruðo, -a] *adj* **1.** (*material*) rau; (*sin trabajar*) roh **2.** (*persona tosca*) plump; (*brusca*) grob; (*torpe*) ungeschickt; (*poco inteligente*) ungebildet **3.** (*penoso*) schwer; (*invierno*) hart

rueda ['rrweða] *f* **1.** Rad *nt;* ~ **de repuesto** Ersatzreifen *m;* **todo marcha sobre ~s** (*fig*) alles läuft wie am Schnürchen **2.** (*de personas*) Runde *f;* ~ **de prensa** Pressekonferenz *f* **3.** (*rodaja*) Scheibe *f* **4.** (*orden sucesivo*) Reihenfolge *f*

ruedo ['rrweðo] *m* **1.** (*contorno*) Umkreis *m* **2.** (*borde*) Rand *m;* (*del vestido*) Saum *m* **3.** (TAUR) Arena *f;* **echarse al** ~ (*fig*) sich ins Abenteuer stürzen

ruego ['rrweɣo] *m* Bitte *f*

rugir [rru'xir] <g→j> **I.** *vi* (*león*) brüllen; (*viento*) brausen; (*estómago*) knurren **II.** *vimpers* ruchbar werden

ruido ['rrwiðo] *m* **1.** (*sonido*) Geräusch *nt;* (ELEC) Rauschen *nt* **2.** (*estrépito*) Lärm *m*

ruin [rrwin] *adj* **1.** (*malvado*) niederträchtig; (*vil*) gemein **2.** (*tacaño*) knauserig **3.** (*enclenque*) mick(e)rig

ruina ['rrwina] *f* **1.** (*destrucción*) Einsturz *m* **2.** (ARQUIT) Ruine *f* **3.** *pl* (*escombros*) Trümmer *pl* **4.** (*perdición*) Ruin *m*

ruiseñor [rrwise'ɲor] *m* Nachtigall *f*

ruleta [rru'leta] *f* **1.** (*juego*) Roulette *nt* **2.** (TÉC) Rändelrad *nt*

ruletero, -a [rrule'tero, -a] *m, f* (*AmC, Méx: conductor*) Taxifahrer(in) *m(f)*

rulo ['rrulo] *m* **1.** (*del cabello*) Locke *f* **2.** (*rizador*) Lockenwickler *m*

ruma ['rruma] *f* (*AmS: montón*): **una ~ de...** ein Haufen ... +*gen;* ~**s de...** Berge von ... +*dat*

Rumania [rru'manja] *f,* **Rumanía** [rruma'nia] *f* Rumänien *nt*

rumano, -a [rru'mano, -a] *adj* rumänisch

rumba ['rrumba] *f* Rumba *f*

rumbo ['rrumbo] *m* (*dirección*) (Fahrt)richtung *f;* (AERO, NÁUT: *t. fig*) Kurs *m;* **tomar ~ a un puerto** einen Hafen ansteuern; **dar otro ~ a la conversación** dem Gespräch eine neue Wendung geben

rumor [rru'mor] *m* **1.** (*chisme*) Gerücht *nt* **2.** (*ruido*) Geräusch *nt;* (*de las olas*) Brausen *nt;* (*del viento*) Säuseln *nt;* (*del bosque*) Rauschen *nt;* ~ **de voces** Stimmengewirr *nt*

rumorearse [rrumore'arse] *vr:* **se rumorea que...** es geht das Gerücht um, dass ...

ruptura [rrup'tura] *f* Bruch *m;* (*de relaciones*) Abbruch *m*

rural [rru'ral] *adj* ländlich

Rusia ['rrusja] *f* Russland *nt*

ruso, -a ['rruso, -a] *adj* russisch; **ensaladilla rusa** ≈Kartoffelsalat *m*

rústico, -a ['rrustiko, -a] *adj* **1.** (*campestre*) rustikal; **finca rústica** Bauernhof *m* **2.** (*tosco*) ungeschliffen

ruta ['rruta] *f* Weg *m;* ~ **de vuelo** Flugstrecke *f*

rutina [rru'tina] *f* (*costumbre*) Routine *f*

S

S, s ['ese] *f* S, s *nt*

S. [san] *abr de* **San** St.

S.A. [ese'a] *f abr de* **Sociedad Anónima** AG *f*

sábado ['saβaðo] *m* (*día*) Samstag *m; v. t.* **lunes**

sabana [sa'βana] *f* Savanne *f*

sábana ['saβana] *f* (Bett)laken *nt;* ~ **ajustable** Spannbetttuch *nt*

sabandija [saβan̪'dixa] *f* **1.** (*insecto*) Ungeziefer *nt* **2.** (*pey: persona*) Schurke *m*

sabelotodo [saβelo'toðo] *mf inv* (*fam*) Besserwisser(in) *m(f)*

saber [sa'βer] *irr* **I.** *vt* **1.** (*estar informado*) wissen; **a** ~ nämlich; **¡a** ~ **(si es cierto)**! wer weiß(, ob das stimmt)!; **que yo sepa** soweit ich weiß **2.** (*habilidad*) können; **él sabe ruso** er kann Russisch **3.** (*conocer un arte*) sich auskennen ((*de*) mit/in +*dat*); ~ **mucho de literatura** sich in der Literatur gut auskennen **4.** (*noticia*) erfahren (*por* durch +*akk,* aus +*dat*); **lo supe por el periódico** ich habe es aus der Zeitung erfahren **II.** *vi* **1.** (*tener sabor*) schmecken (*a* nach +*dat*); (**me**) **supo a quemado** es schmeckte verbrannt; **me supo mal aquella respuesta** die Antwort hat mich geärgert **2.** (*tener noticia*) unterrichtet sein (*de* über +*akk*); **no sé nada de mi hermano** ich habe nichts von meinem Bruder gehört **3.** (*tener la habilidad*) fähig sein; **él no sabe resolver ni los ejercicios más fáciles** er ist nicht einmal fähig die einfachsten Aufgaben zu lösen **III.** *vr:* **ésa se las sabe todas** (*fam*) der kann keiner etwas vormachen **IV.** *m* Wissen *nt*

sabido, -a [sa'βiðo, -a] *adj* bekannt

sabiduría [saβiðu'ria] *f* (*conocimientos*) Wissen *nt;* (*ciencia*) Wissenschaft *f;* (*sensatez*) Weisheit *f;* (*erudición*) Gelehrsamkeit *f*

sabiendas [sa'βjen̪das]: **a** ~ bewusst

sabihondo, -a [saβi'on̪do, -a] *m, f v.* **sabiondo**

sabio, -a ['saβjo, -a] *adj* weise

sabiondo, -a [saβi'on̪do, -a] *m, f* Besserwisser(in) *m(f);* (*niño*) Naseweis *m*

sable ['saβle] *m* Säbel *m*

sabor [sa'βor] *m* Geschmack *m*

saborear [saβore'ar] *vt* auskosten

sabotaje [saβo'taxe] *m* Sabotage *f*

sabotear [saβote'ar] *vt* sabotieren; (*plan*) vereiteln

sabroso, -a [sa'βroso, -a] *adj* (*sazonado*) schmackhaft; (*gracioso*) pikant; (*salado*) salzig

sacacorchos [saka'kortʃos] *m inv* Korkenzieher *m*

sacamanchas [saka'mantʃas] *m inv* Fleck(en)entferner *m*

sacapuntas [saka'pun̪tas] *m inv* (Bleistift)spitzer *m*

sacar [sa'kar] <c→qu> **I.** *vt* **1.** (*de un sitio*) herausnehmen; (*agua*) schöpfen; (*diente, espada*) ziehen; ~ **a bailar** zum Tanz auffordern; **¿de dónde lo has sacado?** wo hast du es her? **2.** (*de una situación*) retten; ~ **adelante** (*persona, negocio*) vorwärts bringen; (*niño*) großziehen; (*con esfuerzo*) durchbringen **3.** (*solucionar*) lösen **4.** (*entrada*) lösen **5.** (*obtener*) erreichen; (*premio*) gewinnen; (*votos*) bekommen; (*información*) entlocken; **no** ~ **ni para vivir** kaum genug zum Leben verdienen **6.** (*foto*) machen **7.** (*mostrar*) zeigen; (*desenterrar*) ausgraben **8.** (*tenis*) aufschlagen; (*fútbol*) anspielen **II.** *vr:* ~**se los zapatos** sich *dat* die Schuhe ausziehen

sacarina [saka'rina] *f* Süßstoff *m*

sacerdote [saθer'ðote] *m* Priester *m*

saciar [sa'θjar] *vt* (*hambre, curiosidad*) stillen; (*instintos sexuales*) befriedigen

saciedad [saθje'ðað] *f* Sattheit *f*

saco ['sako] *m* Sack *m;* (*fig*) Haufen *m;* **hombre del** ~ Buhmann *m*

sacramento [sakra'men̪to] *m* Sakrament *nt*

sacrificar [sakrifi'kar] <c→qu> **I.** *vt* **1.** (*ofrecer*) opfern **2.** (*animal*) schlachten **II.** *vr:* ~**se** (*t. fig*) sich (auf)opfern (*por* für +*akk*)

sacrificio [sakri'fiθjo] *m* Opfer *nt*

sacristán [sakris'tan] *m* Küster *m*

sacudida [saku'ðiða] *f* Erschütterung *f*

sacudir [saku'ðir] *vt* schütteln; (*noticia, terremoto*) erschüttern; (*pegar*) verprügeln; (*alfombras*) ausklopfen

sádico, -a ['saðiko, -a] *adj* sadistisch

Sagitario [saxi'tarjo] *m* (ASTR) Schütze *m*

sagrado,-a [sa'ɣraðo, -a] *adj* heilig
sajón,-ona [sa'xon, -ona] *adj* sächsisch
Sajonia [sa'xonja] *f* Sachsen *nt;* **Baja ~** Niedersachsen *nt*
sal [sal] *f* **1.** Salz *nt;* **~ común** Speisesalz *nt* **2.** *pl* (*perfume*): **~es de baño** Badesalz *nt* **3.** (*gracia*) Witz *m;* (*encanto*) Charme *m* **4.** (*Am*) Pech *nt*
sala ['sala] *f* **1.** (*habitación*) Raum *m;* (*grande*) Saal *m;* **~ de espera** Wartezimmer *nt;* **~ de estar** Wohnzimmer *nt* **2.** (JUR) Kammer *f;* **Sala de lo Civil/Penal** Zivil-/Strafkammer *f*
salado,-a [sa'laðo, -a] *adj* **1.** (*comida*) salzig **2.** (*gracioso*) witzig; (*encantador*) charmant **3.** (*Am*) unglücklich
salame [sa'lame] *m* (*CSur*) **1.** Salami *f* **2.** (*papanatas*) Trottel *m*
salar [sa'lar] *vt* **1.** salzen; **~ demasiado** versalzen **2.** (*para conservar*) (ein)pökeln **3.** (*Am*) verderben
salarial [sala'rjal] *adj* Lohn-
salario [sa'larjo] *m* Lohn *m*
salchicha [sal'tʃitʃa] *f* Wurst *f*
salchichón [saltʃi'tʃon] *m* ≈Salami *f*
saldar [sal̩'dar] *vt* **1.** (*cuenta, deuda*) begleichen **2.** (*mercancía*) ausverkaufen
saldo ['sal̩do] *m* Saldo *m;* (*pago*) Zahlung *f;* **~ acreedor** Guthaben *nt;* **~ de cuenta** Kontostand *m*
salero [sa'lero] *m* **1.** Salzstreuer *m* **2.** (*gracia*) Witz *m*
salida [sa'liða] *f* **1.** (*puerta*) Ausgang *m;* (*coches*) Ausfahrt *f;* **callejón sin ~** Sackgasse *f* **2.** (*de un tren*) Abfahrt *f;* (*de un avión*) Start *m;* (*de un barco*) Auslaufen *nt* **3.** (DEP) Start *m;* **dar la ~** das Startzeichen geben **4.** (COM) Absatz *m;* (*partida*) Ausgabe *f* **5.** (*fam: ocurrencia*) Einfall *m;* **¡menuda ~!** was für eine Schnapsidee! **6.** (*pretexto*) Ausrede *f* **7.** (*solución*) Ausweg *m*
salina [sa'lina] *f* Salzwerk *nt,* Salzgrube *f*
salir [sa'lir] *irr* **I.** *vi* **1.** (*de un sitio*) herauskommen (*de* aus +*dat*); (*ir fuera*) gehen (*de* aus +*akk*) **2.** (*de viaje*) abfahren; (*avión*) starten; **~ pitando** (*fam*) davoneilen **3.** (*aparecer*) erscheinen; (*sol*) aufgehen; (*fuente*) entspringen; (*flores*) sprießen; **~ a la luz** ans Licht kommen **4.** (*parecerse*) ähneln (*a* +*dat*); **este niño ha salido a su padre** der Junge kommt ganz nach seinem Vater **5.** (INFOR) verlassen (*de* +*akk*) **6.** (DEP) starten **7.** (*costar*) kosten; **nos sale a 20 pesetas el metro** es kostet uns 20 Peseten pro Meter **8.** (*loc*): **~ adelante** (irgendwie) weiterkommen; **~ con alguien** (*fam*) mit jdm gehen **II.** *vr:* **~se** verlassen; (*líquido*) überlaufen; (*leche*) überkochen; (*vasija*) undicht sein; **~se de la Iglesia** aus der Kirche austreten
saliva [sa'liβa] *f* Speichel *m*
salmantino,-a [salman̪'tino, -a] *adj* aus Salamanca
salmo ['salmo] *m* Psalm *m*
salmón [sal'mon] *m* Lachs *m*
salón [sa'lon] *m* **1.** Wohnzimmer *nt* **2.** (*local*) Salon *m;* **~ de baile** Tanzsaal *m*
salpicadero [salpika'ðero] *m* Armaturenbrett *nt*
salpicar [salpi'kar] <c→qu> *vt* **1.** (*rociar*) bespritzen (*con/de* mit +*dat*) **2.** (*manchar*) beschmutzen (*con/de* mit +*dat*)

In **Colombia** und **Ecuador** ist der **salpicón** ein kaltes Fruchtsaftgetränk. In Spanien dagegen versteht man unter **salpicón** eine kalte Fleisch-, Fisch- oder Meeresfrüchteplatte.

salsa ['salsa] *f* **1.** (GASTR) Soße *f;* (*caldo*) Brühe *f* **2.** (*gracia*) Reiz *m* **3.** (MÚS) Salsa *f*
saltamontes [sal̩ta'mon̪tes] *m inv* Heuschrecke *f*
saltar [sal̩'tar] **I.** *vi* **1.** (*botar*) springen; (*chispas*) sprühen; **~ a la cuerda** seilspringen **2.** (*lanzarse*) springen; **~ al agua/a la calle** ins Wasser/auf die Straße springen **3.** (*explotar*) platzen; (*bomba*) explodieren; (*costura*) reißen **4. eso salta a la vista** das ist offensichtlich **5.** (*irrumpir*) herausplatzen (*con* mit +*dat*) **II.** *vt* springen (über +*akk*) **III.** *vr:* **~se 1.** (*ley, norma*) missachten **2.** (*línea, párrafo*) überspringen **3.** (*desprenderse*) abspringen; **se me ~on las lágrimas** mir kamen die Tränen; **~ la banca** die Bank sprengen
salto ['sal̩to] *m* **1.** Sprung *m;* **~ de agua** Wasserfall *m;* (*presa*) Talsperre *f;* **de** [*o* **en**] **un ~** schnell **2.** (INFOR): **~ de página** Seitenumbruch *m* **3.** (DEP) Sprung *m;* **~ de altura** Hochsprung *m;* **~ elástico** Bungee-Springen *nt;* **~ de longitud** Weitsprung *m;* **~ con pértiga** Stabhochsprung *m*
salud [sa'luᵈ] *f* Gesundheit *f;* **¡~!** (*al estornudar*) Gesundheit!; **a la ~ de...** auf das Wohl von …

S

saludable [salu'ðaβle] *adj* gesund

saludar [salu'ðar] *vt* (be)grüßen; (MIL) salutieren; (*mandar saludos*) einen Gruß bestellen +*dat*

saludo [sa'luðo] *m* Gruß *m;* (*recibimiento*) Begrüßung *f;* **¡déle ~s de mi parte!** grüßen Sie ihn/sie von mir!; **¡muchos ~s a tu hermano de mi parte!** grüße deinen Bruder von mir!

salvación [salβa'θjon] *f* Rettung *f;* (REL) Erlösung *f*

salvado [sal'βaðo] *m* Kleie *f*

Die Republik **El Salvador** liegt im nordöstlichen Teil Mittelamerikas. Die Hauptstadt heißt **San Salvador**. Die offizielle Landessprache ist Spanisch. Die Währungseinheit in **El Salvador** ist der **colón**. Es ist das kleinste und am dichtesten besiedelte Land Mittelamerikas.

salvadoreño, -a [salβaðo'reɲo, -a] *adj* salvadorianisch

salvaguardar [salβaɣwar'ðar] *vt* beschützen; (*derechos, intereses*) wahren

salvaguardia [salβa'ɣwarðja] *f* **1.** (*protección*) Schutz *m;* (*de intereses*) Wahrung *f* **2.** (MIL) Geleit *nt* **3.** (*salvoconducto*) Geleitbrief *m*

salvaje [sal'βaxe] **I.** *adj* (*planta, animal*) wild; (*persona*) unzivilisiert; (*acto*) grausam **II.** *mf* Wilde(r) *mf*

salvamento [salβa'men̪to] *m* Rettung *f;* (*accidente, naufragio*) Bergung *f*

salvar [sal'βar] **I.** *vt* **1.** (*peligro*) retten (*de* vor +*dat*); (REL) erlösen **2.** (*foso*) überspringen; (*distancia*) zurücklegen; (*obstáculo*) überwinden; **~ las apariencias** den Schein wahren **II.** *vr:* **~se** sich retten (*de* vor +*dat*); (REL) erlöst werden; **~se por los pelos** nur knapp entkommen

salvavidas [salβa'βiðas] *m inv* Rettungsring *m*

salvo ['salβo] *prep* außer +*dat;* **~ que** [*o* **si**]**...** +*subj* es sei denn, dass ...

san [san] *adj v.* **santo**

sanar [sa'nar] **I.** *vi* genesen (*de* von +*dat*) **II.** *vt* heilen

sanatorio [sana'torjo] *m* Sanatorium *nt*

sanción [san̪'θjon] *f* Strafe *f;* (ECON) Sanktion *f*

sancionar [san̪θjo'nar] *vt* bestrafen; (ECON: *aplicar sanciones*) Sanktionen verhängen (*a* gegen +*akk*)

sancocho [saŋ'kotʃo] *m* **1.** (*Am*) Durcheinander *nt* **2.** (*And, Ven*) ≈Eintopf *m*

sandalia [san̪'dalja] *f* Sandale *f*

sandez [san̪'deθ] *f* Dummheit *f;* **no decir más que sandeces** nur Unsinn reden

sandía [san̪'dia] *f* Wassermelone *f*

sándwich ['saŋgwitʃ] *m* Sandwich *m o nt*

saneamiento [sanea'mjen̪to] *m* **1.** (ARQUIT, ECON: *t. fig*) Sanierung *f* **2.** (JUR) Mängelhaftung *f*

sanear [sane'ar] *vt* sanieren

Sanfermines [saɱfer'mines] *mpl* San-Fermín-Fest *nt* (*Volksfest in Pamplona am 7. Juli*)

sangrar [saŋ'grar] **I.** *vi* bluten; **estar sangrando por la nariz** Nasenbluten haben **II.** *vt* **1.** (MED) zur Ader lassen; (*cerdo*) abstechen **2.** (*dinero*) schröpfen **3.** (TIPO) einrücken

sangre ['saŋgre] *f* Blut *nt;* (*linaje*) Abstammung *f;* (*carácter*) Gemüt *nt;* **a ~ fría** kaltblütig; **animales de ~ caliente/fría** Warm-/Kaltblüter *mpl;* (**caballo de**) **pura ~** Vollblut(pferd) *nt*

sangría [saŋ'gria] *f* Sangria *f*

sangriento, -a [saŋ'grjen̪to, -a] *adj* blutig

sanguijuela [saŋgi'xwela] *f* (ZOOL) Blutegel *m;* (*pey: persona*) Blutsauger *m*

sanguíneo, -a [saŋ'gineo, -a] *adj* Blut-

sanidad [sani'ða^{ð}] *f:* ~ (**pública**) (öffentliches) Gesundheitswesen *nt*

sanitario[1] [sani'tarjo] *m* (*váter*) Toilette *f*

sanitario, -a[2] [sani'tarjo, -a] **I.** *adj* gesundheitlich, sanitär **II.** *m, f* Sanitäter(in) *m(f)*

sano, -a ['sano, -a] *adj* **1.** gesund **2.** (*no roto*) heil **3.** (*sincero*) ehrlich

santanderino, -a [san̪tan̪de'rino, -a] *adj* aus Santander

santiaguino, -a [san̪tja'ɣino, -a] *adj* aus Santiago de Chile

santiamén [san̪tja'men] *m:* **en un ~** im Nu

santidad [san̪ti'ða^{ð}] *f* Heiligkeit *f*

santiguar [san̪ti'ɣwar] <gu→gü> **I.** *vt* segnen **II.** *vr:* **~se** sich bekreuzigen

santo, -a ['san̪to, -a] **I.** *adj* heilig, fromm; **campo ~** Friedhof *m;* **Jueves Santo** Gründonnerstag *m;* **Semana Santa** Karwoche *f;* **Viernes Santo** Karfreitag *m;* **se pasó todo el ~ día haciendo...** den lieben langen Tag machte er/sie ... **II.** *m, f* **1.** Heilige(r) *mf;* **día de Todos los Santos** Allerheiligen *nt;* **ser mano de** ~ (*fam*) ein wunderbares Mittel sein **2.** (*fiesta*) Namenstag *m*

santuario [san̪tu'arjo] *m* **1.** (*templo*) Tempel *m;* (*capilla*) Kapelle *f* **2.** (*Col*) Schatz *m*

saña ['saɲa] *f* (*ira*) Wut *f;* (*rencor*) Hass *m*

sapo ['sapo] *m* Kröte *f*

saque ['sake] *m* (*fútbol*) Anstoß *m;* (*tenis*) Aufschlag *m*

saquear [sake'ar] *vt* plündern

sarampión [saram'pjon] *m* Masern *pl*

sarao [sa'rao] *m* Tanzabend *m;* **¡menudo ~ se armó allí!** da war was los!

sarape [sa'rape] *m* (*Méx*) Poncho *m*

sarasa [sa'rasa] *m* (*pey*) Tunte *f*

sarcasmo [sar'kasmo] *m* Sarkasmus *m*

sarcástico, -a [sar'kastiko, -a] *adj* sarkastisch

sardina [sar'ðina] *f* Sardine *f;* **entierro de la** ~ ≈Aschermittwochstreffen *nt*

sardo, -a ['sarðo, -a] *adj* sardi(ni)sch

sargento [sar'xen̪to] *m* Feldwebel *m*

sarna ['sarna] *f sin pl* Krätze *f;* (*de los animales*) Räude *f*

sarpullido [sarpu'ʎiðo] *m* Hautausschlag *m*

Sarre ['sarre] *m* **1.** Saarland *nt* **2.** (*río*) Saar *f*

sarro ['sarro] *m* **1.** (*dientes*) Zahnstein *m;* (*en la lengua*) Belag *m* **2.** (*poso*) Bodensatz *m*

sarta ['sarta] *f* **1.** (*hilo*) Schnur *f* **2.** (*serie*) Reihe *f;* **decir una ~ de tonterías** eine Dummheit nach der anderen sagen

sartén [sar'ten] *f* Pfanne *f*

sastre, -a ['sastre, -a] *m, f* Schneider(in) *m(f);* **traje** ~ Kostüm *nt*

sastrería [sastre'ria] *f* Schneiderei *f*

satánico, -a [sa'taniko, -a] *adj* teuflisch

satélite [sa'telite] *m* Satellit *m;* (**país**) ~ Satellitenstaat *m*

satén [sa'ten] *m* Satin *m*

sátira ['satira] *f* Satire *f*

satírico, -a [sa'tiriko, -a] *adj* satirisch

satisfacción [satisfaˠ'θjon] *f* **1.** (*pago*) Bezahlung *f* **2.** (REL) Buße *f* **3.** (*estado*) Zufriedenheit *f;* (*alegría*) Freude *f;* **a mi entera** ~ zu meiner vollen Zufriedenheit **4.** (*de deseos*) Befriedigung *f*

satisfacer [satisfa'θer] *irr como hacer* **I.** *vt* **1.** (*pagar*) (be)zahlen **2.** (*deseo, curiosidad*) befriedigen; (*hambre*) stillen; (*sed*) löschen; (*demanda*) decken **3.** (*requisitos*) entsprechen +*dat* **4.** (*agravio*) wieder gutmachen **II.** *vr:* **~se 1.** (*contentarse*) zufrieden sein **2.** (*agravio*) sich *dat* Genugtuung verschaffen

satisfactorio, -a [satisfak'torjo, -a] *adj* befriedigend; **no ser** ~ unbefriedigend sein

satisfecho, -a [satis'fetʃo, -a] **I.** *pp de* **satisfacer II.** *adj* (*contento*) zufrieden; (*exigencias, deseo sexual*) befriedigt; ~ **de sí mismo** selbstzufrieden

saturar [satu'rar] *vt* sättigen

sauce ['sau̯θe] *m* Weide *f;* ~ **llorón** Trauerweide *f*

saúco [sa'uko] *m* Holunder *m*

saudí [sau̯'ði] <saudíes>, **saudita** [sau̯'ðita] *adj* saudiarabisch; **Arabia Saudí** Saudiarabien *nt*

sauna ['sau̯na] *f* Sauna *f*

savia ['saβja] *f* **1.** (BOT) Pflanzensaft *m;* (*de árbol*) Baumsaft *m* **2.** (*energía*) Kraft *f*

saxofón [saˠso'fon] *m,* **saxófono** [saˠ'sofono] *m* Saxophon *nt*

sazonar [saθo'nar] *vt* **1.** (*comida*) würzen **2.** (*madurar*) reifen lassen

se [se] *pron pers* **1.** (*forma reflexiva*) sich **2.** (*objeto indirecto*): **mi hermana ~ lo prestó a su amiga** meine Schwester hat es ihrer Freundin geliehen **3.** (*oración impers*) man **4.** (*oración pasiva*): ~ **ruega no fumar** bitte nicht rauchen

sebo ['seβo] *m* Fett *nt;* **hacer** ~ (*Arg: fam*) (faul) herumlungern

seboso, -a [se'βoso, -a] *adj* fettig

secador [seka'ðor] *m:* ~ (**de mano**) Föhn *m*

secadora [seka'ðora] *f* (Wäsche)trockner *m*

secar [se'kar] <c→qu> **I.** *vt* **1.** trocknen; **papel secante** Löschpapier *nt* **2.** (*enjugar*) abtrocknen **II.** *vr:* **~se 1.** trocknen **2.** (*enjugar*) sich abtrocknen **3.** (*desecarse*) austrocknen; (*fuente*) versiegen; (*agostarse*) vertrocknen

sección [seˠ'θjon] *f* **1.** (*cortadura, dibujo del perfil*) Schnitt *m* **2.** (*parte*) Teil *m,* Abschnitt *m* **3.** (*departamento*) Abteilung *f*

seco, -a ['seko, -a] *adj* **1.** trocken; **golpe** ~ dumpfer Schlag; **a secas** nur; **estar** ~ großen Durst haben; **frutos ~s** Trockenfrüchte *fpl* **2.** (*marchito*) verwelkt **3.** (*flaco*) dürr

secretaría [sekreta'ria] *f* **1.** Sekretariat *nt* **2.** (*Am*) Ministerium *nt*

secretario, -a [sekre'tarjo, -a] *m, f* **1.** Sekretär(in) *m(f)* **2.** (*Am*) Minister(in) *m(f)*

secreto[1] [se'kreto] *m* Geheimnis *nt;* ~ **profesional** Schweigepflicht *f;* ~ **a voces** offenes Geheimnis; **en** ~ heimlich; **mantener en** ~ geheim halten; **guardar un** ~ ein Geheimnis hüten

secreto, -a[2] [se'kreto, -a] *adj* geheim

secta ['sekta] *f* Sekte *f*

sector [sek'tor] *m* (*t.* MAT) Sektor *m;* ~ **hotelero** Hotelgewerbe *nt;* ~ **servicios** Dienstleistungssektor *m*

secuela [se'kwela] *f* Folge *f;* **dejar ~s** Spuren hinterlassen

secuencia [se'kwen̪θja] *f* **1.** Reihe *f* **2.** (CINE) Sequenz *f*

secuestrador(a) [sekwestra'ðor(a)] *m(f)* Entführer(in) *m(f)*

secuestrar [sekwes'trar] *vt* entführen

secuestro [se'kwestro] *m* Entführung *f*

secular [seku'lar] *adj* säkular

secundar [sekun̪'dar] *vt* unterstützen

secundario, -a [sekun̪'darjo, -a] *adj* zweitrangig; (*cargo*) untergeordnet; **papel** ~ Nebenrolle *f;* **esto es** ~ das ist nebensächlich

sed [se^{ð}] *f* Durst *m*

seda ['seða] *f* Seide *f*

sedante [se'ðan̪te] **I.** *adj:* (**de efecto**) ~ schmerzlindernd **II.** *m* Schmerzmittel *nt*

sedar [se'ðar] *vt* lindern

sede ['seðe] *f* Sitz *m;* **la Santa Sede** der Heilige Stuhl

sediento, -a [se'ðjen̪to, -a] *adj* durstig (*de* nach +*dat*); ~ **de poder** machthungrig

sedimentarse [seðimen̪'tarse] *vr* **1.** (*depositarse*) sich ablagern **2.** (*sosegarse*) sich beruhigen

sedimento [seði'men̪to] *m* Sediment *nt,* Bodensatz *m*

seducción [seðu^{ɣ}'θjon] *f* (*persuasión*) Verführung *f;* (*tentación*) Verlockung *f*

seducir [seðu'θir] *irr como traducir vt* (*persuadir*) verführen; (*fascinar*) verlocken

seductor(a) [seðuk'tor(a)] *adj* verführerisch

sefardí **I.** *adj* sephardisch **II.** *mf* <sefardíes> Spaniole *mf;* **los ~es** die Sephardim

segar [se'ɣar] *irr como fregar vt* (*cortar*) abschneiden; (*hierba*) mähen

seglar [se'ɣlar] *adj* weltlich

segmento [seɣ'men̪to] *m* Teil *m;* (MAT) Segment *nt*

segoviano, -a [seɣo'βjano, -a] *adj* aus Segovia

segregar [seɣre'ɣar] <g→gu> *vt* trennen

seguido, -a [se'ɣiðo, -a] *adj* **1.** ununterbrochen; **un año** ~ ein ganzes Jahr **2.** (*en línea recta*) geradeaus; **por aquí** ~ auf diesem Weg

seguidor(a) [seɣi'ðor(a)] *m(f)* Anhänger(in) *m(f)*

seguimiento [seɣi'mjen̪to] *m* (*cumplimiento*) Befolgung *f;* (*persecución*) Verfolgung *f;* (*sucesión*) Folge *f*

seguir [se'ɣir] *irr* **I.** *vt* **1.** (*ser adepto*) folgen +*dat* **2.** (*perseguir*) verfolgen **3.** ~ **un curso de informática** einen Informatikkurs besuchen **4.** (*acompañar*) folgen +*dat* **5.** ~ **adelante** weitermachen; **¡que sigas bien!** lass es dir weiterhin gut gehen! **II.** *vi:* **sigue por esta calle** geh diese Straße entlang

según [se'ɣun] **I.** *prep* gemäß +*dat,* laut +*gen/dat;* ~ **la ley** laut Gesetz **II.** *adv* **1.** (*como*) wie; ~ **lo convenido** wie vereinbart **2.** (*mientras*) während; **podemos hablar** ~ **vamos andando** wir können uns beim Laufen unterhalten **3.** ~ (**y como**) je nachdem

segunda [se'ɣun̪da] *f* **1.** (AUTO) zweiter Gang *m* **2.** (*loc*): **con ~s** mit Hintergedanken

segundo[1] [se'ɣun̪do] *m* Sekunde *f*

segundo, -a[2] [se'ɣun̪do, -a] *adj* zweite(r, s)

seguramente [seɣura'men̪te] *adv* **1.** (*seguro*) mit Sicherheit **2.** (*probablemente*) sicherlich

seguridad [seɣuri'ða^{ð}] *f* **1.** (*protección*) Sicherheit *f;* **Seguridad Social** Sozialversicherungssystem *nt;* **agentes de** ~ Sicherheitspolizei *f* **2.** (*certeza*) Sicherheit *f;* **para mayor** ~ sicherheitshalber; **habla con mucha** ~ er/sie ist sehr sicher im Sprechen **3.** (*garantía*) Garantie *f* **4.** (*confiabilidad*) Zuverlässigkeit

seguro[1] [se'ɣuro] **I.** *m* **1.** Versicherung *f;* ~ **médico** Krankenversicherung *f* **2.** (*mecanismo*) Sicherung *f* **II.** *adv* sicher(lich) *f*

seguro, -a[2] [se'ɣuro, -a] *adj* **1.** (*exento de peligro*) sicher **2.** (*firme*) fest **3.** (*sólido*) solide **4.** (*convencido*) sicher; ~ **de sí mismo** selbstsicher; **¿estás ~?** bist du (dir) sicher?

seis [sei̯s] *adj inv* sechs; *v. t.* **ocho**

seiscientos, -as [sei̯s'θjen̪tos, -as] *adj* sechshundert; *v. t.* **ochocientos**

seísmo [se'ismo] *m* Erdbeben *nt*

selección [seleʸ'θjon] *f* Auswahl *f;* ~ **natural** natürliche Auslese; ~ **nacional de fútbol** Fußballnationalmannschaft *f*

seleccionar [seleʸθjo'nar] *vt* auswählen

> Die **selectividad** ist eine staatliche Abschlussprüfung, die alle Schüler und Schülerinnen nach dem **Bachillerato** ablegen müssen, wenn sie sich an einer spanischen Universität immatrikulieren möchten.

selectivo, -a [selek'tiβo, -a] *adj* selektiv

selecto, -a [se'lekto, -a] *adj* erlesen

sellar [se'ʎar] *vt* **1.** stempeln **2.** (*dejar huella*) Spuren hinterlassen (in/auf +*dat*) **3.** (*concluir*) besiegeln **4.** (*precintar*) siegeln; (*cerrar*) versiegeln; ~ **los labios** Stillschweigen bewahren

sello ['seʎo] *m* **1.** Stempel *m;* ~ **de garantía** Gütezeichen *nt;* ~ **oficial** Dienststempel *m* **2.** ~ (**postal**) Briefmarke *f* **3.** (*precinto*) Siegel *nt* **4.** (*distintivo*) Kennzeichen *nt* **5.** (*anillo*) Siegelring *m*

selva ['selβa] *f:* ~ (**virgen**) (Ur)wald *m*

semáforo [se'maforo] *m* (Verkehrs)ampel *f*

semana [se'mana] *f* Woche *f;* **Semana Santa** Karwoche *f;* **fin de** ~ Wochenende *nt;* **entre** ~ unter der Woche

semanal [sema'nal] *adj* wöchentlich; **revista** ~ Wochenzeitschrift *f*

semanario [sema'narjo, -a] *m* Wochenzeitung *f*

semántica [se'man̩tika] *f* Semantik *f*

semblante [sem'blan̩te] *m* **1.** Gesicht *nt* **2.** (*expresión*) Gesichtsausdruck *m*

sembrar [sem'brar] <e→ie> *vt* **1.** säen **2.** (*esparcir*) streuen; ~ **para el futuro** für die Zukunft vorsorgen; ~ **el terror** Angst verbreiten

semejante [seme'xan̩te] **I.** *adj* **1.** ähnlich **2.** (*tal*) solch; ~ **persona** solch eine Person **II.** *m* Mitmensch *m*

semejanza [seme'xan̩θa] *f* (*similitud*) Ähnlichkeit *f*

semen ['semen] *m* Sperma *nt*

semental [semen̩'tal] *adj:* **caballo** ~ Zuchthengst *m*

sementar [semen̩'tar] <e→ie> *vt* säen

semestral [semes'tral] *adj* halbjährig; (UNIV) Semester-

semestre [se'mestre] *m* Halbjahr *nt;* (UNIV) Semester *nt*

semiautomático, -a [semiau̯to'matiko, -a] *adj* halbautomatisch; **semifinal** [semi-fi'nal] *f* Halbfinale *nt*

semilla [se'miʎa] *f* Samen *m;* (*fig*) Keim *m*

seminario [semi'narjo] *m* Seminar *nt*

semioscuridad [semioskuri'ðaᵈ] *f* Halbdunkel *nt*

semiprecioso, -a [semipre'θjoso, -a] *adj:* **piedra semipreciosa** Halbedelstein *m*

sémola ['semola] *f* Grieß *m*

Sena ['sena] *m* Seine *f*

senado [se'naðo] *m* Senat *m*

senador(a) [sena'ðor(a)] *m(f)* Senator(in) *m(f)*

sencillamente [sen̩θiʎa'men̩te] *adv* schlichtweg

sencillez [sen̩θi'ʎeθ] *f* (*simplicidad*) Einfachheit *f;* (*naturalidad*) Schlichtheit *f;* (*sinceridad*) Aufrichtigkeit *f;* (*candidez*) Einfältigkeit *f*

sencillo, -a [sen̩'θiʎo, -a] *adj* (*simple*) einfach; (*natural*) schlicht; (*sincero*) aufrichtig; (*cándido*) einfältig

senda ['sen̩da] *f,* **sendero** [sen̩'dero] *m* (*camino*) Pfad *m;* (*método*) Weg *m*

sendos, -as ['sen̩dos, -as] *adj:* **llegamos en** ~ **coches** wir kamen jeder mit seinem Wagen

senegalés, -esa [seneɣa'les, -esa] *adj* senegalesisch

senil [se'nil] *adj* (*de la vejez*) Alters-; (*decrépito*) senil

senilidad [senili'ðaᵈ] *f* (*decrepitud*) Senilität *f*

sénior ['senjor] **I.** *adj* senior **II.** *mf* Senior(in) *m(f)*

seno ['seno] *m* **1.** Vertiefung *f* **2.** (ANAT, MAT) Sinus *m* **3.** (*matriz*) Schoß *m* **4.** (*pecho*) Brust *f*

sensación [sensa'θjon] *f* **1.** Gefühl *nt* **2.** (*novedad*) Sensation *f* **3. causar** ~ Aufsehen erregen

sensacional [sensaθjo'nal] *adj* sensationell

sensacionalismo [sensaθjona'lismo] *m* *sin pl* Sensationsgier *f*

sensacionalista [sensaθjona'lista] *adj:* **prensa** ~ Sensationspresse *f*

sensatez [sensa'teθ] *f* Besonnenheit *f*

sensato, -a [sen'sato, -a] *adj* besonnen

sensibilidad [sensiβili'ðaᵈ] *f* Sensibilität *f*

sensibilizar [sensiβili'θar] <z→c> *vt* sensibilisieren

sensible [sen'siβle] *adj* **1.** empfindlich (*a* gegen +*akk*); (*impresionable*) sensibel; ~ **a los cambios de tiempo** wetterfühlig; ~ **a la luz** lichtempfindlich **2.** (*perceptible*) wahrnehmbar

sensiblemente [sensiβle'men̪te] *adv* **1.** (*perceptible*) spürbar **2.** (*doloroso*) schmerzlich

sensitivo, -a [sensi'tiβo, -a] *adj* **1.** (*sensorial*) Sinnes-; **tacto** ~ Gefühlssinn *m* **2.** (*sensible*) sensibel **3.** (*sensual*) sinnlich

sensor [sen'sor] *m* Sensor *m*

sensorial [senso'rjal] *adj* sensorisch; **órgano** ~ Sinnesorgan *nt*

sensual [sensu'al] *adj* sinnlich

sensualidad [senswali'ðaᵈ] *f* Sinnlichkeit *f*

sentado, -a [sen̪'taðo, -a] *adj* **1.** besonnen **2.** (*loc*): **dar algo por** ~ etw nicht in Frage stellen

sentar [sen̪'tar] <e→ie> **I.** *vi:* ~ **bien/mal** (*comida*) gut/schlecht bekommen; (*vestidos*) gut/schlecht stehen **II.** *vt* setzen; **estar sentado** sitzen **III.** *vr:* ~**se** sich setzen; **¡siéntese!** nehmen Sie Platz!

sentencia [sen̪'ten̪θja] *f* **1.** (Sinn)spruch *m* **2.** (JUR) Urteil *nt;* **dictar** ~ das Urteil sprechen

sentenciar [sen̪ten̪'θjar] *vt* **1.** (*decidir*) urteilen (über +*akk*) **2.** (*condenar*) verurteilen (*a* zu +*dat*)

sentido¹ [sen̪'tiðo] *m* **1.** Sinn *m;* ~ **común** gesunder Menschenverstand; ~ **del deber** Pflichtgefühl *nt;* ~ **del humor** Sinn für Humor; **estar sin** ~ bewusstlos sein; **perder el** ~ in Ohnmacht fallen **2.** (*dirección*) Richtung *f;* **en el** ~ **de las agujas del reloj** im Uhrzeigersinn

sentido, -a² [sen̪'tiðo, -a] *adj* **1.** (*conmovido*) innig **2.** (*sensible*) empfindlich

sentimental [sen̪timen̪'tal] *adj* sentimental

sentimentalismo [sen̪timen̪ta'lismo] *m* Sentimentalität *f*

sentimiento [sen̪ti'mjen̪to] *m* **1.** Gefühl *nt;* **sin** ~**s** gefühllos **2.** (*pena*) Bedauern *nt;* **le acompaño en el** ~ (mein) herzliches Beileid

sentir [sen̪'tir] *irr* **I.** *vt* **1.** fühlen; **siento frío** mir ist kalt **2.** (*opinar*) meinen **3.** (*lamentar*) bedauern; **lo siento mucho** es tut mir sehr leid; **siento que...** +*subj* schade, dass ... **II.** *vr:* ~**se** sich fühlen

seña ['seɲa] *f* **1.** Zeichen *nt;* **hacer** ~**s** winken **2.** (*particularidad*) Kennzeichen *nt* **3.** *pl* (*dirección*) Adresse *f*

señal [se'ɲal] *f* **1.** (*particularidad*) Kennzeichen *nt* **2.** (*signo*) Zeichen *nt;* **en** ~ **de** als Zeichen +*gen;* **dar** ~**es de vida** (*fig*) von sich *dat* hören lassen **3.** (*teléfono*) Freizeichen *nt* **4.** (*huella*) Spur *f* **5.** (*cicatriz*) Narbe *f* **6.** (*adelanto*) Anzahlung *f;* **dejar una** ~ eine Anzahlung leisten

señalado, -a [seɲa'laðo, -a] *adj* **1.** (*famoso*) berühmt **2.** (*importante*) bedeutend, wichtig **3.** (*insigne*) hervorragend

señalar [seɲa'lar] *vt* **1.** (*anunciar*) signalisieren **2.** (*marcar*) kennzeichnen **3.** (*estigmatizar*) brandmarken **4.** (*mostrar*) zeigen **5.** (*indicar*) hinweisen (auf +*akk*) **6.** (*fijar*) festlegen

señalización [seɲaliθa'θjon] *f* Beschilderung *f*

señalizar [seɲali'θar] <z→c> *vt* beschildern

señor(a) [se'ɲor(a)] **I.** *adj* (*fam*) **1.** (*noble*) vornehm **2.** (*enorme*) gewaltig; ~**a casa** Mordshaus *nt* **II.** *m(f)* **1.** (*dueño*) Herr(in) *m(f)* (*de* über +*akk*) **2.** (*hombre*) Mann *m;* (*mujer*) Frau *f;* (*dama*) Dame *f;* **¡~as y ~es!** meine Damen und Herren! **3.** (*título*) Herr *m,* Frau *f;* **el ~/la ~a García** Herr/Frau García; **¡no, ~!** keineswegs!; **¡sí, ~!** aber natürlich! **4.** (REL): **el Señor** der Herr; **nuestra Señora** die Heilige Maria

señoría [seɲo'ria] *f:* **Su Señoría** Euer Gnaden

señori(a)l [seɲo'ril/seɲo'rjal] *adj* herrschaftlich

señorita [seɲo'rita] *f* Fräulein *nt*

señorito [seɲo'rito] *m* junger Herr *m*

señuelo [se'ɲwelo] *m* Lockvogel *m;* (*fig*) Köder *m*

separación [separa'θjon] *f* **1.** Trennung *f* **2.** (*espacio*) Zwischenraum *m*

separado [sepa'raðo] *adv:* **por** ~ getrennt

separar(se) [sepa'rar(se)] *vt, vr* (sich) trennen (*de* von +*dat*)

septentrional [septen̪trjo'nal] *adj* nördlich

septiembre [sep'tjembre] *m* September *m; v. t.* **marzo**

séptimo, **-a** ['septimo, -a] *adj* siebte(r, s); (*parte*) siebtel; *v. t.* **octavo**
sepulcro [se'pulkro] *m* Grab *nt*
sepultar [sepul̩'tar] *vt* begraben
sepultura [sepul̩'tura] *f* (*sepelio*) Begräbnis *nt;* (*tumba*) Grab *nt;* **dar ~ a alguien** jdn zu Grabe tragen
sequía [se'kia] *f* Dürre *f*
séquito ['sekito] *m* Gefolge *nt*
ser [ser] *irr* **I.** *aux* (*pasiva*): **las casas fueron vendidas** die Wohnungen wurden verkauft; **era de esperar** das war zu erwarten; **es de esperar que...** +*subj* man darf hoffen, dass ... **II.** *vi* **1.** sein; **¿quién es?** wer ist da?; **es de noche** es ist Nacht; **son las cuatro** es ist vier Uhr **2.** (*tener lugar*): **el examen es mañana** die Klausur ist morgen **3.** (*costar*): **¿cuánto es todo?** wie viel macht alles zusammen? **4.** (*estar*): **el cine es en la otra calle** das Kino ist in der anderen Straße **5.** (*convertirse en*): **¿qué quieres ~ de mayor?** was willst du werden, wenn du groß bist?; **¿qué es de él?** was macht er?; **qué ha sido de ella?** was ist aus ihr geworden? **6.** (*con 'de': posesión*): **¿de quién es esto?** wem gehört das?; **el coche es de color azul** das Auto ist blau; **lo que ha hecho es muy de ella** was sie gemacht hat, ist typisch für sie; **eres de lo que no hay** du bist einzigartig **7.** (*con 'para'*): **¿para quién es el vino?** wer bekommt den Wein?; **no es para ponerse así** reg dich deshalb nicht so auf; **es como para no hablarte más** ich hätte guten Grund nicht mehr mit dir zu reden **8.** (*con 'que'*): **es que ahora no puedo** ich kann jetzt nämlich nicht **9.** (*oraciones enfáticas, interrogativas*): **¡esto es!** (*así se hace*) gut so!; (*así se dice*) gut gesagt!; (*correcto*) richtig!; **¿pero qué es esto?** was soll denn das (sein)?; **¿cómo es eso?** wie ist das möglich?; **¡como debe ~¡** wie es sich gehört!; **¡no puede ~!** das kann doch nicht wahr sein!; **¿no puede ~?** ist es nicht möglich? **10.** (*en futuro*): **¿~á capaz?** wird er/sie das können?; **¡~á capaz!** der Typ ist echt dreist *fam* **11.** (*en infinitivo*): **a no ~ que...** +*subj* es sei denn, dass ...; **todo puede ~** alles ist möglich **12.** (*indicativo, condicional*): **es más** ja mehr noch; **siendo así** wenn das so ist; **y eso es todo** das wär's; **es igual** macht nichts; **de no haber sido por ti...** wenn du nicht gewesen wärst ...; **no es lo que tú piensas** es ist nicht so, wie du denkst **13.** (*en subjuntivo*): **si yo fuera tú** wenn ich du wäre; **si no fuera por eso...** wenn das nicht wäre ...; **si por mí fuera** wenn es nach mir ginge; **sea lo que sea** wie dem auch sei; **por listo que sea...** möge er noch so schlau sein ... **III.** *m* Wesen *nt;* **~ vivo** Lebewesen *nt;* (FILOS) Sein *nt*
Serbia ['serβja] *f* Serbien *nt*
serbio, **-a** ['serβjo, -a] *adj* serbisch
serenar [sere'nar] *vt, vi, vr:* **~se** (sich) beruhigen
serenata [sere'nata] *f* Serenade *f*
sereno, **-a** [se'reno, -a] *adj* (*sosegado*) ruhig; (*sin nubes*) heiter
serial [se'rjal] *m* (RADIO, TV) Serie *f;* (*publicación*) Reihe *f*
serie ['serje] *f* **1.** Serie *f;* **~ televisiva** Fernsehserie *f;* **fuera de ~** herausragend **2.** (*gran cantidad*) Reihe *f*
seriedad [serje'ða^{ð}] *f* Ernsthaftigkeit *f*
serio, **-a** ['serjo, -a] *adj* (*grave*) ernst(haft); (*severo*) streng; (*formal*) seriös; (*responsable*) verantwortungsbewusst; (*sin burla*) ernst(haft); **¿en ~?** wirklich?
sermón [ser'mon] *m* Predigt *f;* **echar un ~ a alguien** jdm eine Standpauke halten
seropositivo, **-a** [seroposi'tiβo, -a] *adj* HIV-positiv
serpentear [serpen̩te'ar] *vi* sich schlängeln
serpentina [serpen̩'tina] *f* Luftschlange *f*
serpiente [ser'pjen̩te] *f* Schlange *f;* **~ de cascabel** Klapperschlange *f*
serranía [serra'nia] *f* Bergland *nt*
serrano, **-a** [se'rrano, -a] *adj* Gebirgs-; **jamón ~** luftgetrockneter Schinken
serrar [se'rrar] <e→ie> *vt* sägen
serrín [se'rrin] *m* Sägemehl *nt*
servible [ser'βiβle] *adj* brauchbar
servicial [serβi'θjal] *adj* zuvorkommend
servicio [ser'βiθjo] *m* **1.** Dienst *m;* **~ civil sustitutorio** Zivildienst *m;* **~ social sustituorio** Ersatzdienst *m;* **~ de información telefónica** Telefonauskunft *f;* **~ militar** Wehrdienst *m;* **~ postal express** Eilzustellung *f;* **~ posventa** Kundendienst *m;* **estar de ~** im Dienst sein; **hacer el ~** den Wehrdienst ableisten; **hacer un ~ a alguien** jdm einen Dienst erweisen **2.** (*servidumbre*) Hauspersonal *nt* **3.** (*cubierto*) Geschirr *nt;* **~ de té** Teeservice *nt* **4.** (*retrete*) Toilette *f*

5.(DEP) Aufschlag *m* **6.**(ECON) Dienstleistung *f*

servidor(a) [serβi'ðor(a)] *m(f)* Diener(in) *m(f);* **un ~ se va a dormir** ich gehe schlafen; **¿quién es el último? – ~** wer ist der Letzte? – ich

servil [ser'βil] *adj* unterwürfig

servilleta [serβi'ʎeta] *f* Serviette *f*

servir [ser'βir] *irr como pedir* **I.** *vi* **1.**(*ser útil*) nützen; **no sirve de nada** es bringt nichts; **no sirve para nada** das ist für nichts gut **2.**(*ser soldado/criado*) dienen **3.**(*ayudar*) behilflich sein; **¿en qué puedo ~le?** womit kann ich Ihnen dienen?; **¡para ~le!** zu Ihren Diensten! **4.**(*atender a alguien*) bedienen **5.**(*suministrar*) (aus)liefern **6.**(*poner en el plato*) auftun **7.**(*en el vaso*) einschenken **II.** *vr:* **~se 1.** sich bedienen (*de +gen*) **2. sírvase cerrar la ventana** seien Sie so freundlich und schließen Sie bitte das Fenster

sésamo ['sesamo] *m* (BOT) Sesam *m;* **¡ábrete, ~!** Sesam, öffne dich!; **barrio ~** (TV) Sesamstraße *f*

sesenta [se'sen̪ta] *adj inv* sechzig; *v. t.* **ochenta**

sesera [se'sera] *f* **1.**(*cerebro*) Gehirn *nt* **2.**(*fam: cabeza*) Birne *f;* (*inteligencia*) Köpfchen *nt*

sesgar [ses'ɣar] <g→gu> *vt* **1.**(*cortar*) schräg schneiden **2.**(*torcer*) zur Seite biegen

sesión [se'sjon] *f* **1.** Sitzung *f;* **~ a puerta cerrada** nichtöffentliche Sitzung; **abrir/levantar la ~** die Sitzung eröffnen/schließen **2.**(*representación*) Vorstellung *f;* **~ de noche** Spätvorstellung *f*

seso ['seso] *m* **1.** Gehirn *nt* **2.**(*inteligencia*) Verstand *m* **3.** *pl* (GASTR) Hirn *nt*

sesudo, -a [se'suðo, -a] *adj* (*inteligente*) intelligent; (*sensato*) vernünftig

set [set] *m* <sets> **1.**(DEP) Satz *m* **2.**(*conjunto*) Set *nt*

seta ['seta] *f* Pilz *m*

setecientos, -as [sete'θjen̪tos, -as] *adj* siebenhundert; *v. t.* **ochocientos**

setenta [se'ten̪ta] *adj inv* siebzig; *v. t.* **ochenta**

setiembre [se'tjembre] *m v.* **septiembre**

seto ['seto] *m* Zaun *m*

seudónimo [seu̯'ðonimo] *m* Pseudonym *nt*

Seúl [se'ul] *m* Seoul *nt*

severidad [seβeri'ðaᵈ] *f sin pl* Strenge *f*

severo, -a [se'βero, -a] *adj* streng (*con* zu *+dat*)

sevillanas *fpl* (MÚS) Sevillanas *fpl*

sevillano, -a [seβi'ʎano, -a] *adj* aus Sevilla

sexista [seʸ'sista] *adj* sexistisch

sexo ['seʸso] *m* **1.**(*t.* BIOL) Geschlecht *nt* **2.**(ANAT) Geschlechtsorgane *ntpl* **3.**(*actividad*) Sex *m*

sexto, -a ['sesto, -a] *adj* sechste(r, s); (*parte*) sechstel; *v. t.* **octavo**

sexual [seʸsu'al] *adj* **1.**(BIOL) geschlechtlich; **órganos ~es** Geschlechtsorgane *ntpl* **2.**(*sexualidad*) sexuell

sexualidad [seʸswali'ðaᵈ] *f* Sexualität *f*

shock [ʃoᵏ/t͡ʃoᵏ] *m* Schock *m*

si [si] *conj* **1.**(*condicional*) wenn; **~ acaso** wenn etwa; **~ no** sonst, andernfalls; **por ~...** für den Fall, dass ...; **por ~ acaso** für alle Fälle **2.**(*en preguntas indirectas*) ob **3.**(*en oraciones concesivas*): **~ bien** obwohl **4.**(*comparación*): **como ~...** *+subj* als ob ... **5.**(*en frases desiderativas*): **¡~ hiciera un poco más de calor!** wenn es nur ein bisschen wärmer wäre! **6.**(*protesta, sorpresa*) doch; **¡pero ~ ella se está riendo!** aber sie lacht doch! **7.**(*énfasis*): **fíjate ~ es tonto que...** er ist so einfältig, dass ...

sí [si] **I.** *adv* ja; **¡~, señor!** jawohl, der Herr!; **porque ~** einfach so; **¡(claro) que ~!** aber ja doch!; **creo que ~** ich denke schon; **¡eso ~ que no!** das kommt nicht in Frage!; **¡~ que está buena la tarta!** Mensch, schmeckt der Kuchen gut! **II.** *pron pers* sich; **a ~ mismo** zu sich *dat;* **de ~** von sich *dat* aus; **dar de ~** genügen; **el tema da mucho de ~** es ist ein sehr umfangreiches Thema; **en** [*o* **de por**] **~** an sich; **estar fuera de ~** außer sich *dat* sein **III.** *m* Ja *nt*

siamés, -esa [sja'mes, -esa] *adj* siamesisch; **gato ~** Siamkatze *f*

sibarita [siβa'rita] **I.** *adj* genusssüchtig **II.** *mf* Genießer(in) *m(f)*

Siberia [si'βerja] *f* Sibirien *nt*

siberiano, -a [siβe'rjano, -a] *adj* sibirisch

Sicilia [si'θilja] *f* Sizilien *nt*

siciliano, -a [siθi'ljano, -a] *adj* sizilianisch

sicología [sikolo'xia] *f v.* **(p)sicología**

sida ['siða], **SIDA** ['siða] *m abr de* **síndrome de inmunodeficiencia adquirida** Aids *nt*

siderurgia [siðe'rurxja] *f* Eisenindustrie *f*

siderúrgico, -a [siðe'rurxiko, -a] *adj* Eisen-

sidoso, -a [si'ðoso, -a] **I.** *adj* Aids- *m* **II.** *m, f* Aidskranke(r) *mf*

sidra ['siðra] *f* Apfelwein *m*

siega ['sjeɣa] *f* **1.** Mähen *nt* **2.** (*tiempo*) Mähzeit *f* **3.** (*mieses*) Gemähte(s) *nt*

siembra ['sjembra] *f* **1.** Aussaat *f* **2.** (*tiempo*) Saatzeit *f* **3.** (*terreno*) Saatfeld *nt*

siempre ['sjempre] *adv* immer; **de ~** seit jeher; **a la hora de ~** zur gewohnten Zeit; **~ pasa lo mismo** es ist immer das Gleiche; **¡hasta ~!** leb(e) wohl!; **por ~** auf ewig; **por ~ jamás** für immer und ewig; **~ que** [*o* **y cuando**]**...** +*subj* vorausgesetzt, dass ...

sien [sjen] *f* Schläfe *f*

sierra ['sjerra] *f* **1.** (*herramienta*) Säge *f;* **~ mecánica** Motorsäge *f* **2.** (*lugar*) Sägewerk *nt* **3.** (GEO) Gebirgskette *f*

siervo, -a ['sjerβo, -a] *m, f* **1.** (*esclavo*) Sklave, -in *m, f* **2.** (*servidor*) Diener(in) *m(f)*

siesta ['sjesta] *f* Mittagsschlaf *m,* Mittagsruhe *f;* **echar** [*o* **dormir**] **la ~** einen Mittagsschlaf halten

siete ['sjete] **I.** *adj inv* sieben; *v. t.* **ocho II.** *m* **1.** (*fam: rasgón*) Riss *m* **2.** (*AmS, Méx: vulg*) Arsch *m*

sifón [si'fon] *m* (*soda*) Soda(wasser) *nt*

sigilo [si'xilo] *m* (*discreción*) Verschwiegenheit *f;* (*secreto*) Geheimnis *nt*

sigla ['siɣla] *f* Anfangsbuchstabe *m,* Akronym *nt*

siglo ['siɣlo] *m* Jahrhundert *nt;* **el ~ XX** das 20. Jahrhundert; **por los ~s de los ~s** bis in alle Ewigkeit; **hace un ~ que no te veo** ich habe dich (schon) seit einer Ewigkeit nicht mehr gesehen

signar [siɣ'nar] *vt* (*marcar*) abzeichnen; (*firmar*) unterschreiben

signatario, -a [siɣna'tarjo, -a] *m, f* Unterzeichner(in) *m(f)*

signatura [siɣna'tura] *f* **1.** Unterschrift *f* **2.** (TIPO) Signatur *f*

significación [siɣnifika'θjon] *f* Bedeutung *f*

significado [siɣnifi'kaðo] *m* Bedeutung *f*

significar [siɣnifi'kar] <c→qu> *vt, vi* bedeuten; **¿qué significa eso?** was soll das bedeuten?

significativo, -a [siɣnifika'tiβo, -a] *adj* bezeichnend

signo ['siɣno] *m* **1.** Zeichen *nt;* **~ de enfermedad** Krankheitssymptom *nt;* **~ de puntuación** Satzzeichen *nt* **2.** (*escrito*) Schriftzeichen *nt* **3.** (ASTR) Sternzeichen *nt*

siguiente [si'ɣjeṇte] **I.** *adj* folgende(r, s); **de la ~ manera** folgendermaßen **II.** *mf* Nächste(r) *mf;* **¡el ~!** der Nächste, bitte!

sílaba ['silaβa] *f* Silbe *f;* **~ aguda** betonte Silbe; **de dos ~s** zweisilbig

silba ['silβa] *f* Auspfeifen *nt*

silbar [sil'βar] *vi, vt* **1.** pfeifen; (*serpiente*) zischen; (*sirena*) heulen **2.** (*abuchear*) auspfeifen

silbato [sil'βato] *m* Pfeife *f*

silbido [sil'βiðo] *m* Pfiff *m;* (*serpiente*) Zischen *nt;* (*sirena*) Geheul *nt;* (*viento*) Pfeifen *nt*

silenciador [sileṇθja'ðor] *m* Schalldämpfer *m*

silenciar [sileṇ'θjar] *vt* **1.** (*callar*) verschweigen **2.** (*hacer callar*) zum Schweigen bringen

silencio [si'leṇθjo] *m* **1.** Stille *f;* **¡~!** Ruhe! **2.** (*el callar*) Schweigen *nt;* **en ~** stillschweigend

silencioso, -a [sileṇ'θjoso, -a] *adj* (*poco hablador*) schweigsam; (*callado*) schweigend; (*sin ruido*) still; (*motor*) geräuscharm

Silesia [si'lesja] *f* Schlesien *nt*

silesio, -a [si'lesjo, -a] *adj* schlesisch

silicona [sili'kona] *f* Silikon *nt*

silla ['siʎa] *f* **1.** Stuhl *m;* **~ plegable** Klappstuhl *m;* **~ de ruedas** Rollstuhl *m* **2.** (*montura*) Sattel *m*

sillín [si'ʎin] *m* Sattel *m*

sillón [si'ʎon] *m* (Arm)sessel *m*

silueta [si'lweta] *f* Silhouette *f;* **cuidar la ~** auf die Figur achten

silvestre [sil'βestre] *adj* wild

silvicultura [silβikul̩'tura] *f* (*cultivo*) Forstwirtschaft *f;* (*ciencia*) Forstwissenschaft *f*

simbólico, -a [sim'boliko, -a] *adj* symbolisch

simbolismo [simbo'lismo] *m* Symbolik *f;* (ARTE, LIT) Symbolismus *m*

simbolizar [simboli'θar] <z→c> *vt* symbolisieren

símbolo ['simbolo] *m* Symbol *nt*

simetría [sime'tria] *f* Symmetrie *f*

simétrico, -a [si'metriko, -a] *adj* symmetrisch

simiente [si'mjeṇte] *f* Samen *m*

símil ['simil] **I.** *adj* ähnlich **II.** *m* Ver-

gleich *m*
similar [simi'lar] *adj* ähnlich
similitud [simili'tuᶞ] *f* Ähnlichkeit *f*
simio ['simjo] *m* Affe *m*
simpatía [simpa'tia] *f* Sympathie *f;* **tener ~ por alguien** für jdn Sympathie empfinden
simpático, -a [sim'patiko, -a] *adj* sympathisch
simpatizante [simpati'θan̪te] *mf* Sympathisant(in) *m(f)*
simpatizar [simpati'θar] <z→c> *vi* sympathisieren
simple ['simple] *adj* (*sencillo*) einfach; (*fácil*) leicht, einfach; (*mero*) bloß; **a ~ vista** mit bloßem Auge; (*mentecato*) einfältig
simplemente [simple'men̪te] *adv* bloß
simpleza [sim'pleθa] *f* (*bobería*) Einfältigkeit *f;* (*tontería*) Dummheit *f;* (*insignificancia*) Kleinigkeit *f*
simplicidad [simpliθi'ðaᶞ] *f sin pl* **1.** (*sencillez*) Einfachheit *f* **2.** (*ingenuidad*) Naivität *f*
simplificar [simplifi'kar] <c→qu> *vt* vereinfachen
simulación [simula'θjon] *f* Vortäuschung *f*
simulacro [simu'lakro] *m* (*apariencia*) Trugbild *nt;* (*acción simulada*) Übung *f*
simulador [simula'ðor(a)] *m:* **~ de vuelos** Flugsimulator *m*
simular [simu'lar] *vt* vortäuschen
simultanear [simul̪tane'ar] *vt* gleichzeitig tun
simultaneidad [simul̪tanei̯'ðaᶞ] *f* Gleichzeitigkeit *f*
simultáneo, -a [simul̪'taneo, -a] *adj* gleichzeitig
sin [sin] **I.** *prep* ohne *+akk;* **~ dormir** ohne zu schlafen; **~ querer** ungewollt, ohne Absicht; **~ más** ohne weiteres **II.** *adv:* **~ embargo** trotzdem
sinagoga [sina'ɣoɣa] *f* Synagoge *f*
sinceridad [sin̪θeri'ðaᶞ] *f* Aufrichtigkeit *f*
sincero, -a [sin̪'θero, -a] *adj* aufrichtig
sincrónico, -a [siŋ'kroniko, -a] *adj* synchron
sincronizar [siŋkroni'θar] <z→c> *vt* synchronisieren
sindical [sin̪di'kal] *adj* Gewerkschafts-
sindicalismo [sin̪dika'lismo] *m* Gewerkschaftsbewegung *f*
sindicalista [sin̪dika'lista] **I.** *adj* (*sindical*) gewerkschaftlich **II.** *mf* (*miembro*) Gewerkschaft(l)er(in) *m(f)*
sindicato [sin̪di'kato] *m* Gewerkschaft *f*
síndrome ['sin̪drome] *m* Syndrom *nt;* **~ de abstinencia** Entzugserscheinungen *fpl*
sinfín [siɱ'fin] *m* Unmenge *f* (*de* an/von *+dat, de +gen*)
sinfonía [siɱfo'nia] *f* Sinfonie *f*
sinfónico, -a [siɱ'foniko, -a] *adj:* **orquesta sinfónica** Sinfonieorchester *nt*
singular [siŋgu'lar] **I.** *adj* (*único*) einzeln; (*excepcional*) einzigartig **II.** *m* (LING) Einzahl *f*
singularidad [siŋgulari'ðaᶞ] *f* (*unicidad*) Einmaligkeit *f;* (*excepcionalidad*) Einzigartigkeit *f;* (*distinción*) Besonderheit *f*
singularizar(se) [siŋgulari'θar(se)] <z→c> *vt, vr* (sich) hervorheben
singularmente [siŋgular'men̪te] *adv* besonders
siniestro¹ [si'njestro] *m* Unfall *m;* (*catástrofe*) Unglück *nt*
siniestro, -a² [si'njestro, -a] *adj* **1.** (*izquierdo*) linke(r, s); **a diestra y siniestra** kreuz und quer **2.** (*maligno*) böse **3.** (*funesto*) unheilvoll
sinnúmero [sin'numero] *m* Unzahl *f* (*de* an/von *+dat, de +gen*)
sino ['sino] **I.** *m* Schicksal *nt* **II.** *conj* **1.** (*al contrario*) sondern **2.** (*solamente*): **no espero ~ que me creas** ich hoffe nur, dass du mir glaubst **3.** (*excepto*) außer *+dat*
sinónimo [si'nonimo, -a] *m* Synonym *nt*
sinopsis [si'noβsis] *f inv* (*resumen*) Zusammenfassung *f;* (*esquema*) Diagramm *nt*
sinrazón [sinrra'θon] *f* Unrecht *nt*
sinsentido [sinsen̪'tiðo] *m* Unsinn *m*
sintáctico, -a [sin̪'taktiko, -a] *adj* syntaktisch
sintaxis [sin̪'taᵞsis] *f inv* Syntax *f*
síntesis ['sin̪tesis] *f inv* Synthese *f;* **en ~** kurzum
sintético, -a [sin̪'tetiko, -a] *adj* synthetisch
sintetizador [sin̪tetiθa'ðor(a)] *m* (MÚS) Synthesizer *m*
sintetizar [sin̪teti'θar] <z→c> *vt* (QUÍM) synthetisieren; (*resumir*) zusammenfassen
síntoma ['sin̪toma] *m* Symptom *nt*
sintomático, -a [sin̪to'matiko, -a] *adj* symptomatisch
sintonizar [sin̪toni'θar] <z→c> **I.** *vt* abstimmen; **~ una emisora** einen Sender ein-

stellen **II.** *vi* übereinstimmen

sinvergüenza [simber'ɣwen̪θa] *mf* unverschämte Person *f*

síquico, **-a** ['sikiko, -a] *adj v.* (**p**)**síquico**

siquiera [si'kjera]: **ni** ~ nicht einmal

sirena [si'rena] *f* Sirene *f*

sirviente [sir'βjen̪te] *mf* Bedienstete(r) *mf*, Diener(in) *m(f)*

sisa ['sisa] *f* (*corte*) (Arm)ausschnitt *m;* (*dinero*) geklautes Geld *nt fam*

sisar [si'sar] *vt* (*cortar una sisa*) den (Arm)ausschnitt schneiden (in +*akk*); (*hurtar*) klauen *fam*

sisirisco [sisi'risko] *m* (*Méx*) **1.** (*ano*) After *m* **2.** (*miedo*) Angst *f*

sismo ['sismo] *m* Erdbeben *nt*

sistema [sis'tema] *m* System *nt;* ~ **de alarma** Alarmanlage *f;* ~ **operativo** (INFOR) Betriebssystem *nt;* ~ **periódico** (QUÍM) Periodensystem *nt;* ~ **planetario** (ASTR) Planetensystem *nt;* **por** ~ grundsätzlich

sistemático, **-a** [siste'matiko, -a] *adj* systematisch

sistematizar [sistemati'θar] <z→c> *vt* systematisieren

sitiar [si'tjar] *vt* belagern; (*fig*) in die Enge treiben

sitio ['sitjo] *m* Platz *m;* **en ningún** ~ nirgends; **en todos los ~s** überall; **hacer** ~ Platz machen

sito, **-a** ['sito, -a] *adj* gelegen

situación [sitwa'θjon] *f* Lage *f*, Situation *f*

situado, **-a** [situ'aðo, -a] *adj* gelegen; **estar** ~ liegen; **estar bien** ~ (*trabajo*) gut situiert sein

situar [situ'ar] <*1. pres:* **sitúo**> **I.** *vt* stellen, platzieren **II.** *vr:* **~se** **1.** sich stellen **2.** (*abrirse paso*) eine gehobene Position erreichen **3.** (DEP) sich platzieren

SME [ese(e)me'e] *m abr de* **Sistema Monetario Europeo** EWS *nt*

smog [es'moɣ] *m* Smog *m;* ~ **electrónico** Elektrosmog *m*

so [so] **I.** *interj* brr! **II.** *prep* unter +*dat;* ~ **pena de...** sonst droht die Strafe, dass ...; ~ **pretexto de que...** unter dem Vorwand, dass ...

SO [suðo'este] *abr de* **sudoeste** SW

soba ['soβa] *f* (*fam: manoseo*) Fummelei *f;* (*zurra*) Tracht *f* Prügel

sobaco [so'βako] *m* Achsel(höhle) *f*

sobado, **-a** [so'βaðo, -a] *adj* (*objetos*) abgenutzt; (*papel*) abgegriffen; (*tema*) abgedroschen

sobar [so'βar] *vt* (*manosear*) betasten; (*ablandar*) durchkneten; (*pegar*) prügeln; (*molestar*) belästigen

soberanamente [soβerana'men̪te] *adv* äußerst; **divertirse** ~ sich köstlich amüsieren

soberanía [soβera'nia] *f* Souveränität *f;* ~ **territorial** Gebietshoheit *f*

soberano, **-a** [soβe'rano, -a] **I.** *adj* **1.** (POL) souverän **2.** (*excelente*) erhaben **3.** (*fam: enorme*) gewaltig **II.** *m, f* (*monarca*) Herrscher(in) *m(f);* (*príncipe*) Fürst(in) *m(f)*

soberbia [so'βerβja] *f* (*orgullo*) Hochmut *m;* (*suntuosidad*) Pracht *f;* (*ira*) Jähzorn *m*

soberbio, **-a** [so'βerβjo, -a] *adj* (*orgulloso*) hochmütig; (*suntuoso*) prächtig; (*fam: enorme*) gewaltig

sobón, **-ona** [so'βon, -ona] *adj* (*impertinente*) plump-vertraulich; (*fam: vago*) arbeitsscheu

sobornar [soβor'nar] *vt* bestechen

soborno [so'βorno] *m* (*acción*) Bestechung *f;* (*dinero*) Bestechungsgeld *nt*

sobra ['soβra] *f* **1.** (*exceso*) Überfluss *m;* **de** ~ (*en abundancia*) im Überfluss; (*inútilmente*) überflüssig **2.** *pl* (*desperdicios*) Abfall *m*, Reste *mpl*

sobrante [so'βran̪te] *adj* (*que sobra*) übrig; (COM, FIN) überschüssig; (*de más*) überflüssig

sobrar [so'βrar] *vi* **1.** (*quedar*) übrig bleiben **2.** (*abundar*) zu viel sein; **aquí sobran las palabras** hier wäre jedes Wort zu viel **3.** (*estar de más*) überflüssig sein; **creo que sobras aquí** ich glaube, du bist hier fehl am Platz

sobre ['soβre] **I.** *m* **1.** (Brief)umschlag *m;* **un** ~ **de levadura** ein Päckchen Backpulver **2.** (*fam: cama*) Bett *nt;* **irse al** ~ in die Falle gehen **II.** *prep* **1.** (*local: encima de*) auf +*dat;* (*por encima de*) über +*dat* **2.** (*poner, movimiento*) auf +*akk;* **deja el periódico** ~ **la mesa** leg die Zeitung auf den Tisch **3.** (*cantidad aproximada*): **pesar** ~ **los cien kilos** (so) um die hundert Kilo wiegen **4.** (*aproximación temporal*): **llegar** ~ **las tres** (so) gegen drei Uhr (an)kommen **5.** (*tema, asunto*) über +*akk;* ~ **ello** darüber **6.** (*porcentajes*) von +*dat;* **tres** ~ **cien** drei von hundert

sobreabundancia [soβreaβuṇ'daṇθja] *f* Überfluss *m* (*de* an +*dat*)

sobreabundar [soβreaβuṇ'dar] *vi* im Überfluss vorhanden sein

sobrealimentación [soβrealimeṇta-'θjon] *f* Überernährung *f*

sobrealimentar [soβrealimeṇ'tar] *vt* überernähren; (*animales*) überfüttern

sobrecama [soβre'kama] *f* Tagesdecke *f*

sobrecarga [soβre'karɣa] *f* (*de peso*) Überbelastung *f*; (*de tareas*) Überlastung *f*

sobrecargar [soβre'karɣar] **I.** *vt* (*por peso*) überladen; (*por esfuerzo*) überbeanspruchen **II.** *vr:* **~se** sich übernehmen

sobrecoger [soβre'koxer] **I.** *vt* **1.** (*sorprender*) überraschen **2.** (*espantar*) erschrecken **II.** *vr:* **~se** **1.** (*asustarse*) sich erschrecken **2.** (*sorprenderse*) erstaunt sein

sobredosis [soβre'ðosis] *f inv* Überdosis *f*

sobreentender [soβre(e)ṇteṇ'der] <e→ie> **I.** *vt* **1.** (*adivinar*) zwischen den Zeilen lesen **2.** (*presuponer*) voraussetzen **II.** *vr:* **~se** (*ser evidente*) sich von selbst verstehen

sobreestimar [soβre(e)sti'mar] *vt* überschätzen

sobreexceder [soβre(e)sθe'ðer] **I.** *vt* übertreffen **II.** *vr:* **~se** ausschweifen

sobrehilar [soβrei'lar] *vt* heften

sobrehumano, -a [soβreu'mano, -a] *adj* übermenschlich

sobrellevar [soβreʎe'βar] *vt* ertragen; **~ bien** mit Fassung tragen

sobremanera [soβrema'nera] *adv* außerordentlich

sobremesa [soβre'mesa] *f* **1.** (*mantel*) Tischtuch *nt* **2.** (*postre*) Nachtisch *m* **3.** (*loc*): **de ~** nach dem Essen; **conversación de ~** Tischgespräch *nt*; **programa de ~** (TV) (Nach)mittagsprogramm *nt*

sobrenatural [soβrenatu'ral] *adj* **1.** übernatürlich; **ciencias ~es** Okkultismus *m* **2.** (*extraordinario*) unglaublich

sobrenombre [soβre'nombre] *m* **1.** (*calificativo*) Beiname *m* **2.** (*apodo*) Spitzname *m*

sobrepasar [soβrepa'sar] *vt* **1.** (*en cantidad*) übersteigen; (*límite*) überschreiten **2.** (*aventajar*) übertreffen; (*un récord*) schlagen **3.** (*adelantar*) überholen

sobreponer [soβrepo'ner] *irr como poner vr:* **~se** **1.** (*calmarse*) sich beherrschen **2.** (*al enemigo, a una enfermedad*) besiegen; (*al miedo, a un susto*) überwinden

sobreprecio [soβre'preθjo] *m* Aufpreis *m*

sobrepujar [soβrepu'xar] *vt* übertreffen (*en* in +*dat*)

sobresaliente [soβresa'ljeṇte] *adj* hervorragend; (ENS) sehr gut

sobresalir [soβresa'lir] *irr como salir vi* **1.** herausragen (*de* aus +*dat*) **2.** (*distinguirse*) sich abheben (*entre/por/de* von +*dat*) **3.** (*ser excelente*) sich auszeichnen (*en* durch +*akk*)

sobresaltar [soβresal̥'tar] **I.** *vi* hervorstechen **II.** *vt* erschrecken **III.** *vr:* **~se** (sich) erschrecken (*con/de* bei +*dat*)

sobresalto [soβre'sal̥to] *m* (*susto*) Schrecken *m*; (*turbación*) Bestürzung *f*

sobreseimiento [soβresei̯'mjeṇto] *m* (JUR: *fin*) Einstellung *f*; (*aplazamiento*) Aufschub *m*; (*interrupción*) Aussetzung *f*; (*renuncia*) Verzicht *m* (*de/en* auf +*akk*)

sobrestimar [soβresti'mar] *vt* überschätzen

sobresueldo [soβre'swel̥do] *m* Gehaltszulage *f*

sobretasa [soβre'tasa] *f* Zuschlag *m*; **~ por retraso** Säumniszuschlag *m*

sobrevenir [soβreβe'nir] *irr como venir vi* (*epidemia*) (plötzlich) aufkommen; (*desgracia, guerra*) hereinbrechen; (*tormenta*) losbrechen

sobreviviente [soβreβi'βjeṇte] *mf* Überlebende(r) *mf*

sobrevivir [soβreβi'βir] *vi* überleben (*a* +*akk*), weiterleben

sobrevolar [soβreβo'lar] <o→ue> *vt* überfliegen

sobriedad [soβrje'ðað] *f* (*sin comer/beber*) Nüchternheit *f*; (*moderación*) Genügsamkeit *f*; (*prudencia*) Besonnenheit *f*; (*estilo*) Schlichtheit *f*

sobrino, -a [so'βrino, -a] *m, f* Neffe *m*, Nichte *f*

sobrio, -a ['soβrjo, -a] *adj* **1.** (*en ayunas, no borracho*) nüchtern **2.** (*moderado*) genügsam **3.** (*prudente*) besonnen; **~ de palabras** wortkarg **4.** (*estilo*) nüchtern

socarrón, -ona [soka'rron, -ona] **I.** *adj* **1.** (*sarcástico*) spöttisch **2.** (*astuto*) durchtrieben **II.** *m, f* Schelm *m*

socavar [soka'βar] *vt* untergraben

socavón [soka'βon] *m* (MIN) Stollen *m*; (*en*

el suelo) Schlagloch *nt*

sociable [so'θjaβle] *adj* **1.** (*tratable*) gesellig; (*que no discute*) verträglich **2.** (*comunicativo*) kontaktfreudig **3.** (*afable*) kameradschaftlich

social [so'θjal] *adj* **1.** (*sociedad*) gesellschaftlich; (*convivencia*) sozial **2. asistencia** ~ Sozialhilfe *f;* **asistente** ~ Sozialarbeiter *m;* **Estado Social** Wohlfahrtsstaat *m* **3.** (JUR, ECON) gesellschaftlich, Gesellschafts-

socialcristiano, -a [soθjalkris'tjano, -a] *adj* christlich-sozial

socialdemócrata [soθjalde'mokrata] *adj* sozialdemokratisch

socialismo [soθja'lismo] *m* Sozialismus *m*

socialista [soθja'lista] **I.** *adj* sozialistisch **II.** *mf* Sozialist(in) *m(f)*

sociedad [soθje'ða(ð)] *f* **1.** Gesellschaft *f;* ~ **del bienestar** Wohlstandsgesellschaft *f* **2. la** ~ **con la que tratas** der Umgang, den du hast **3.** (*empresa*) Gesellschaft *f;* ~ **anónima** Aktiengesellschaft *f* **4.** (*asociación*) Verein *m* **5. la buena** [*o* **alta**] ~ die Highsociety

socio, -a ['soθjo, -a] *m, f* **1.** (*de una asociación*) Mitglied *nt* **2.** (COM) Gesellschafter(in) *m(f)* **3.** (*argot: compañero*) Kumpel *m*

socioeconómico, -a [soθjoeko'nomiko, -a] *adj* sozioökonomisch

sociología [soθjolo'xia] *f* Soziologie *f*

sociólogo, -a [so'θjoloɣo, -a] *m, f* Soziologe, -in *m, f*

sociopolítico, -a [soθjopo'litiko, -a] *adj* gesellschaftspolitisch

socorrer [soko'rrer] *vt* helfen +*dat;* ~ **a alguien con algo** jdm mit etw *dat* aushelfen

socorrido, -a [soko'rriðo, -a] *adj* **1.** (*útil*) hilfreich **2.** (*que ayuda*) hilfsbereit **3.** (*comprobado*) (alt)bewährt

socorrista [soko'rrista] *mf* Rettungsschwimmer(in) *m(f);* (*en piscinas*) Bademeister(in) *m(f)*

socorro [so'korro] *m* (*ayuda*) Hilfe *f;* (*salvamento*) Rettung *f;* **pedir** ~ um Hilfe rufen

soda ['soða] *f* Sodawasser *nt*

sodio ['soðjo] *m* Natrium *nt*

sofá [so'fa] <sofás> *m* Sofa *nt*

sofá-cama [so'fa-'kama] <sofás-cama> *m* Schlafsofa *nt*

sofisticado, -a [sofisti'kaðo, -a] *adj* **1.** (*afectado*) gekünstelt **2.** (TÉC) hoch entwickelt

sofisticar [sofisti'kar] <c→qu> *vt* **1.** (*falsificar*) verfälschen **2.** (*pey: refinar*) künstlich wirken lassen

sofocación [sofoka'θjon] *f* **1.** (*ahogo*) Atemnot *f* **2.** (*calor*) Hitzewallung *f*

sofocado, -a [sofo'kaðo, -a] *adj:* **estar** ~ außer Atem sein

sofocante [sofo'kante] *adj* beklemmend; (*ambiente, aire*) stickig; **hace un calor** ~ es ist unerträglich schwül

sofocar [sofo'kar] <c→qu> **I.** *vt* **1.** (*asfixiar*) ersticken **2.** (*impedir que progrese*) hemmen; (*fuego*) ersticken; (*revolución*) im Keim ersticken; (*epidemia*) unterdrücken **3.** (*avergonzar*) beschämen **4.** (*enojar*) aufregen *fam* **II.** *vr:* ~**se 1.** (*ahogarse*) keine Luft (mehr) bekommen **2.** (*sonrojar*) sich schämen **3.** (*excitarse*) sich aufregen; (*enojarse*) aufbrausen

sofoco [so'foko] *m* **1.** (*ahogo*) Atemnot *f;* (*después de un esfuerzo*) Kurzatmigkeit *f* **2.** (*excitación*) Aufregung *f* **3.** (*calor*) Hitzewallung *f*

sofreír [sofre'ir] *irr como reír vt* anbraten

soga ['soɣa] *f* Seil *nt;* **Pedro está con la** ~ **al cuello** (*fig*) Pedro steht das Wasser bis zum Hals

soja ['soxa] *f* (BOT) Soja *f;* ~ **transgénica** Gensoja *nt*

sol [sol] *m* Sonne *f;* (*luz*) Sonnenschein *m;* **de** ~ **a** ~ von (früh)morgens bis (spät)abends; **tomar el** ~ sich sonnen; **hoy hace** ~ heute scheint die Sonne

solamente [sola'mente] *adv* (*únicamente*) nur; (*expresamente*) einzig und allein

solana [so'lana] *f* **1.** (*en edificios*) Südseite *f;* (*en montañas*) Südhang *m* **2.** (*galería*) Wintergarten *m*

solapa [so'lapa] *f* (*chaqueta*) Revers *nt o m;* (*libro*) Klappe *f*

solapar [sola'par] *vt, vi* (sich) überlappen

solar [so'lar] **I.** *adj* Sonnen- **II.** *m* **1.** (*terreno*) Grundstück *nt* **2.** (*AmC*) Innenhof *m*

soldado, -a [sol'daðo, -a] *m, f* Soldat(in) *m(f)*

soldador [solda'ðor] *m* Lötkolben *m*

soldadura [solda'ðura] *f* (TÉC) **1.** (*trabajo*) Schweißarbeit(en) *f(pl)* **2.** (*punto de unión*) Schweißnaht *f*

soldar [sol'dar] <o→ue> *vt* (*con metal fundido*) (zusammen)löten; (*sólo mediante el calor*) (ver)schweißen

soleado, -a [sole'aðo, -a] *adj* sonnig

soledad [sole'ðað] *f* Einsamkeit *f*
solemne [so'lemne] *adj* feierlich
solemnidad [solemni'ðað] *f* Feierlichkeit *f*
soler [so'ler] <o→ue> *vi:* ~ **hacer** gewöhnlich tun; **suele ocurrir que...** es kommt oft vor, dass ...
solera [so'lera] *f* Tradition *f;* **con mucha** ~ traditionsreich
solfa ['solfa] *f* (MÚS: *signos*) Noten *fpl;* (*melodía*) Melodie *f;* **estar** (**escrito**) **en** ~ völlig unleserlich sein
solfear [solfe'ar] *vt* (MÚS) solfeggieren
solfeo [sol'feo] *m* (MÚS: *acción*) Solfeggieren *nt;* (*fragmento*) Solfeggio *nt*
solicitante [soliθi'tante] *mf* **1.** Antragsteller(in) *m(f);* ~ **de asilo** Asylbewerber(in) *m(f)* **2.** (*para un trabajo*) Bewerber(in) *m(f)*
solicitar [soliθi'tar] *vt* (*pedir*) bitten (um +*akk*); (*un trabajo*) sich bewerben (um +*akk*); ~ **un médico** nach einem Arzt verlangen; **te solicitan en todas partes** du bist heiß begehrt
solícito, -a [so'liθito, -a] *adj* (*diligente*) fleißig; (*cuidadoso*) sorgfältig
solicitud [soliθi'tuð] *f* **1.** (*diligencia*) Fleiß *m;* (*cuidado*) Gewissenhaftigkeit *f* **2.** (*petición*) Bitte *f;* (*formal*) Antrag *m;* ~ **de empleo** Bewerbung *f*
solidaridad [soliðari'ðað] *f* Solidarität *f;* **por** ~ **con** aus Solidarität mit +*dat*
solidario, -a [soli'ðarjo, -a] *adj* solidarisch
solidarizarse [soliðari'θarse] <z→c> *vr* sich solidarisieren
solidez [soli'ðeθ] *f* Festigkeit *f;* (*estabilidad*) Haltbarkeit *f*
solidificar [soliðifi'kar] <c→qu> **I.** *vt* fest werden lassen; (*fig*) festigen **II.** *vr:* ~**se** sich verfestigen
sólido, -a ['soliðo, -a] *adj* (*t.* FÍS) fest; (*material*) stabil; (*colores*) farbecht; (*ingreso*) sicher; (*precios*) stabil
soliloquio [soli'lokjo] *m* Selbstgespräch *nt;* (TEAT) Monolog *m*
solista [so'lista] *mf* Solist(in) *m(f)*
solitaria [soli'tarja] *f* Bandwurm *m*
solitario[1] [soli'tarjo] *m* (*cartas*) Patience *f*
solitario, -a[2] [soli'tarjo, -a] *adj* (*sin compañía*) allein; (*abandonado*) einsam
sollozar [soʎo'θar] <z→c> *vi* schluchzen
sollozo [so'ʎoθo] *m* Schluchzen *nt*
solo, -a ['solo, -a] *adj* **1.** (*sin compañía*) allein; (*sin familia*) allein stehend; (*abandonado*) einsam; **a solas** ganz allein; **por sí** ~ von selber; **lo hace como ella sola** sie macht es wie nur sie allein es kann **2.** (*único*) einzig; **ni una sola vez** nicht ein einziges Mal **3.** (*sin añadir nada*) allein; (*café*) schwarz
sólo ['solo] *adv* nur; ~ **que...** es ist nur so, dass ...; **tan** ~ wenigstens; (*expresamente*) einzig und allein
solomillo [solo'miʎo] *m* Filet *nt*
solsticio [sols'tiθjo] *m* Sonnenwende *f*
soltar [sol'tar] *irr* **I.** *vt* **1.** (*dejar de sujetar*) loslassen; (*liberar*) freilassen; (*dejar caer*) fallen lassen **2.** (*nudo*) lösen **3.** (*para independizarse*) loslassen **4.** (*expresión, grito*) loslassen **II.** *vr:* ~**se 1.** (*liberarse*) sich befreien; (*de unas ataduras*) sich losmachen **2.** (*un nudo/lazo/tiro*) sich lösen **3.** (*al hablar*) sich gehenlassen **4.** (*desenvoltura*) sicher werden **5.** (*para independizarse*) sich lösen
soltero, -a [sol'tero, -a] **I.** *adj* ledig **II.** *m, f* Junggeselle, -in *m, f;* **apellido de soltera** Mädchenname *m*
solterón, -ona [solte'ron, -ona] *m, f* alter Junggeselle *m,* alte Junggesellin *f;* (*pey: mujer*) alte Jungfer *f*
soltura [sol'tura] *f* Gewandtheit *f;* (*de forma relajada*) Ungezwungenheit *f;* (*al hablar*) Redegewandtheit *f*
soluble [so'luβle] *adj* löslich; ~ **en agua** wasserlöslich
solución [solu'θjon] *f* Lösung *f*
solucionar [soluθjo'nar] *vt* lösen
solvencia [sol'βenθja] *f* (FIN) Zahlungsfähigkeit *f,* Vertrauenswürdigkeit *f*
solvente [sol'βente] **I.** *adj* **1.** (FIN) zahlungsfähig **2.** (*sin deudas*) schuldenfrei **3.** (*reputación*) redlich **II.** *m* (QUÍM) Lösungsmittel *nt*
sombra ['sombra] *f* **1.** Schatten *m;* ~ **de ojos** Lidschatten *m;* **sentarse a la** ~ **de un árbol** sich in den Schatten eines Baumes setzen; **no fiarse ni de su** (**propia**) ~ niemandem über den Weg trauen **2.** (ARTE) Schattierung *f* **3.** (*fam: carcel*): **a la** ~ im Knast; **poner a la** ~ einlochen
sombrero [som'brero] *m* Hut *m*
sombrilla [som'briʎa] *f* Sonnenschirm *m*
sombrío, -a [som'brio, -a] *adj* **1.** schattig; (*oscuro*) dunkel **2.** (*triste*) düster; (*pesimista*) schwermütig
someter [some'ter] **I.** *vt* **1.** (*dominar*) unterwerfen; (*subyugar*) unterjochen; ~ **la vo-**

luntad den Willen brechen **2.** (*a una acción/un tratamiento*) unterziehen (*a +dat*); (*a efectos*) aussetzen (*a +dat*) **3.** (*plano, proyecto, ideas, oferta*) unterbreiten *+dat* **4.** (*encomendar*): **el asunto es sometido a los Tribunales** das Gericht hat über die Angelegenheit zu befinden **5.** (*subordinar*) unterordnen **II.** *vr:* ~**se** **1.** (*en una lucha*) sich ergeben **2.** (*a una acción/un tratamiento*) sich unterziehen (*a +dat*) **3.** (*a una decisión/opinión*) sich beugen (*a +dat*); ~**se a las órdenes/a la voluntad de alguien** sich jds Anordnungen/Willen fügen

somier [so'mjer] <somieres> *m* (*de la cama*) (Sprungfeder)rahmen *m*

somnífero [som'nifero, -a] *m* Schlafmittel *nt*

somnolencia [somno'len̪θja] *f* Schläfrigkeit *f*

somnoliento, **-a** [somno'ljen̪to, -a] *adj* schläfrig; (*al despertarse*) verschlafen

son [son] *m* **1.** (*sonido*) Klang *m* **2.** (*rumor, voz*) Gerücht *nt* **3.** (*loc*): **¿a ~ de qué?**, **¿a qué ~?** warum?; **hablar sin ton ni ~** zusammenhangloses Zeug reden

sonado, **-a** [so'naðo, -a] *adj* **1.** (*corriente*) geläufig; (*famoso*) bekannt; (*escandaloso*) Aufsehen erregend; (*sensacional*) sensationell **2.** (*loc, fam*): **estar ~** nicht richtig ticken

sonajero [sona'xero] *m* Rassel *f*

sonambulismo [sonambu'lismo] *m sin pl* Schlafwandeln *nt*

sonámbulo, **-a** [so'nambulo, -a] *m, f* Schlafwandler(in) *m(f)*

sonante [so'nan̪te] *adj:* **dinero contante y ~** Bargeld *nt*

sonar [so'nar] <o→ue> **I.** *vi* **1.** (*timbre, teléfono*) klingeln; (*campanas*) läuten; **me suenan las tripas** mir knurrt der Magen **2.** (*t.* LING, MÚS) klingen; **~ a algo** wie etw klingen; **~ a hueco** hohl klingen; **esto me suena** das kommt mir bekannt vor; (**tal y**) **como suena** genauso, wie ich es sage **II.** *vt, vr:* ~**se** (sich) schnäuzen

sonata [so'nata] *f* Sonate *f*

sonda ['son̪da] *f* **1.** (*acción*) Sondieren *nt* **2.** (*catéter*) Sonde *f* **3.** (NÁUT) Lot *nt*

sondar [son̪'dar] *vt* **1.** (MED) sondieren **2.** (NÁUT) (aus)loten **3.** (*explorar*) erkunden

sondear [son̪de'ar] *vt* **1.** (MIN) Probebohrungen machen (von *+dat*) **2.** (*fam: intención*) unter die Lupe nehmen

sondeo [son̪'deo] *m* **1.** (MED) Sondierung *f* **2.** (MIN) (Probe)bohrungen *fpl* **3.** (NÁUT) (Aus)loten *nt* **4.** (*averiguación*) Erforschung *f*; **~ de mercado** (ECON) Marktforschung *f*

soneto [so'neto] *m* Sonett *nt*

songa-songa ['soŋga-'soŋga] (*Am*): **a la ~** klammheimlich

songo, **-a** ['soŋgo, -a] *adj* (*Col, Méx*) **1.** (*tonto*) blöd **2.** (*taimado*) hinterlistig

sonido [so'niðo] *m* **1.** (*ruido*) Ton *m* **2.** (*t.* MÚS) Klang *m* **3.** (*fonema*) Laut *m* **4.** (FÍS) Schall *m*

sonoridad [sonori'ða^{d}] *f* **1.** (*t.* MÚS) Klang *m* **2.** (LING) Stimmhaftigkeit *f*

sonorizar [sonori'θar] <z→c> *vt* (CINE) vertonen

sonoro, **-a** [so'noro, -a] *adj* **1.** (*que puede sonar*) klingend; (*acústico*) akustisch **2.** (LING) stimmhaft **3.** (FÍS) Schall- **4.** (CINE): **banda sonora** Soundtrack *m*; **película sonora** Tonfilm *m*

sonreír [sonrre'ir] *irr como reír vi, vr:* ~**se** lächeln

sonrisa [son'rrisa] *f* Lächeln *nt*

sonrojar [sonrro'xar] **I.** *vt* erröten lassen **II.** *vr:* ~**se** erröten

sonsacar [sonsa'kar] <c→qu> *vt* (*indagar*) herausbekommen (*a* aus *+dat*); (*secreto*) entlocken

sonsear [sonse'ar] *vi* (*CSur*) blödeln

sonso, **-a** ['sonso, -a] *m, f* (*CSur: tonto*) Dumme(r) *mf*

soñado, **-a** [so'ɲaðo, -a] *adj* erträumt; **el hombre ~** der Traummann

soñador(**a**) [soɲa'ðor(a)] **I.** *adj* träumerisch **II.** *m(f)* Träumer(in) *m(f)*

soñar [so'ɲar] <o→ue> *vi, vt* träumen (*con* von *+dat*); **~ despierto** tagträumen; **¡ni ~lo!** nie im Leben!

soñoliento, **-a** [soɲo'ljen̪to, -a] *adj* schläfrig

sopa ['sopa] *f* **1.** (*caldo*) Suppe *f* **2.** (*loc, fam*): **como una ~**, **hecho una ~** (*mojado*) völlig durchnässt; **ver hasta en la ~** ständig und überall antreffen

sopapo [so'papo] *m* **1.** (*puñetazo*) Fausthieb *m* **2.** (*fam: bofetada*) Ohrfeige *f*; **te voy a dar un ~** ich knall dir gleich eine!

sopera [so'pera] *f* Suppenschüssel *f*

sopero, **-a** [so'pero, -a] *adj* Suppen-

sopesar [sope'sar] *vt* (in der Hand) wiegen; (*fig*) abwägen

S

soplar [so'plar] **I.** *vi* blasen; (*viento*) wehen; (*poco viento*) gehen; **¡sopla!** sag bloß! **II.** *vt* **1.** (*con la boca*) blasen; (*velas*) ausblasen **2.** (*en un examen*) vorsagen; (TEAT) soufflieren **3.** (*delatar*) verraten; (*entre alumnos*) verpetzen

soplete [so'plete] *m*: ~ **soldador** Schweißbrenner *m*

soplo ['soplo] *m* **1.** (*acción*) Blasen *nt* **2.** (*viento leve*) Hauch *m*; ~ **de viento** Windstoß *m*

soplón, **-ona** [so'plon, -ona] *m, f* Verräter(in) *m(f)*; (*entre alumnos*) Petze *f*

soponcio [so'poṇθjo] *m* (*desmayo*) Ohnmacht *f*; (*mareo*) Schwindelanfall *m*

sopor [so'por] *m* Schläfrigkeit *f*

soportable [sopor'taβle] *adj* erträglich

soportal [sopor'tal] *m* **1.** (*entrada*) überdachter (Haus)eingang *m* **2.** (*porche*) Säulengang *m*

soportar [sopor'tar] *vt* **1.** (*sostener*) halten **2.** (*aguantar*) aushalten

soporte [so'porte] *m* (*apoyo, t. fig*) Stütze *f*; (*pilar*) Träger *m*; (*de madera*) Balken *m*

soprano [so'prano] *m* Sopran *m*

soquete [so'kete] *m* (*Am: calcetín*) Socke *f*

sor [sor] *f* (Ordens)schwester *f*

sorber [sor'βer] *vt* **1.** (*con los labios*) schlürfen; (*por una pajita*) trinken; (*por la nariz*) einziehen; (*tabaco*) schnupfen; (MED) inhalieren **2.** (*empaparse de*) aufsaugen **3.** (*escuchar*) in sich aufsaugen

sorbete [sor'βete] *m* Sorbet(t) *m o nt*

sorbo ['sorβo] *m* (*cantidad, trago*) Schluck *m*; **beber a ~s** in kleinen Schlucken trinken; **tomar de un** ~ in einem Schluck trinken

sordera [sor'ðera] *f* (*privación*) Taubheit *f*; (*disminución*) Schwerhörigkeit *f*

sordo, **-a** ['sorðo, -a] **I.** *adj* **1.** (*que no oye*) taub; ~ **como una tapia** stocktaub **2.** (*que oye mal*) schwerhörig **3.** (*algo que no hace ruido*) leise **4.** (*de timbre oscuro*) dumpf **5.** (*que no presta atención*) sich taub stellend **6.** (LING) stumm **II.** *m, f* **1.** (*que no oye*) Taube(r) *mf*; **hacerse el** ~ sich taub stellen **2.** (*que oye mal*) Schwerhörige(r) *mf*

sordomudo, **-a** [sorðo'muðo, -a] **I.** *adj* taubstumm **II.** *m, f* Taubstumme(r) *mf*

soriano, **-a** [so'rjano, -a] *adj* aus Soria

sorprendente [sorpreṇ'deṇte] *adj* **1.** (*inesperado*) überraschend; (*asombroso*) erstaunlich **2.** (*que salta a la vista*) auffallend **3.** (*extraordinario*) außergewöhnlich

sorprender [sorpreṇ'der] **I.** *vt* **1.** (*coger desprevenido*) überraschen; (*asombrar*) erstaunen; (*extrañar*) wundern **2.** (*descubrir algo*) entdecken **3.** (*pillar*) erwischen **4.** (MIL: *atacar*) überfallen **II.** *vr*: **~se** (*no esperar*) überrascht sein; (*asombrarse*) erstaunt sein (*de* über +*akk*); (*extrañarse*) sich wundern; (*dudar*) stutzen

sorpresa [sor'presa] *f* **1.** (*acción*) Überraschen *nt*; **coger a alguien de** [*o* **por**] ~ jdn überraschen **2.** (*efecto*) Überraschung *f*; (*asombro*) Erstaunen *nt*; (*extrañeza*) Verwunderung *f* **3.** (*regalo, noticia*) Überraschung *f*

sortear [sorte'ar] *vt* (*decidir*) auslosen; (*destino*) losen; (*rifar*) verlosen

sorteo [sor'teo] *m* (*decisión*) Auslosen *nt*; (*rifa*) Verlosung *f*; (*lotería*) Ziehung *f*

sortija [sor'tixa] *f* (*joya*) Ring *m*

sortilegio [sorti'lexjo] *m* (*brujería*) Hexerei *f*; (*vaticinio*) Wahrsagung *f*

sosegado, **-a** [sose'ɣaðo, -a] *adj* **1.** (*apacible*) friedfertig **2.** (*tranquilo*) ruhig

sosegar [sose'ɣar] *irr como fregar* **I.** *vt* (*calmar*) beruhigen **II.** *vi, vr*: **~se** (*descansar*) zur Ruhe kommen **III.** *vr*: **~se** (*calmarse*) sich beruhigen

sosería [sose'ria] *f* Fadheit *f*

sosiego [so'sjeɣo] *m* Ruhe *f*

soslayo, **-a** [sos'laɟo, -a] *adj* schräg; **mirar a alguien de** ~ jdn aus den Augenwinkeln betrachten

soso, **-a** ['soso, -a] *adj* **1.** (*sin sal*) ungesalzen; (*sin sabor*) fade **2.** (*persona*) fade

sospecha [sos'petʃa] *f* **1.** (*suposición*) Vermutung *f* **2.** (*desconfianza*) Misstrauen *nt* **3.** (*de un crimen*) Verdacht *m*; **bajo** ~ **de asesinato** unter Mordverdacht

sospechar [sospe'tʃar] **I.** *vt* **1.** (*creer posible*) vermuten; **¡ya lo sospechaba!** das hatte ich mir schon gedacht! **2.** (*recelar*) befürchten **II.** *vi* verdächtigen (*de* +*akk*)

sospechoso, **-a** [sospe'tʃoso, -a] **I.** *adj* verdächtig; **me resulta** ~ **que...** +*subj* es kommt mir verdächtig vor, dass ... **II.** *m, f* Verdächtige(r) *mf*

sostén [sos'ten] *m* **1.** (*apoyo, t. fig*) Stütze *f* **2.** (*prenda*) BH *m* **3.** (*de familia*) Unterhalt *m*

sostener [soste'ner] *irr como tener* **I.** *vt* **1.** (*sujetar*) (fest)halten **2.** (*aguantar*) halten;

(*por debajo*) tragen; (*por debajo, por los lados*) stützen **3.** (*afirmar*) behaupten; (*idea, teoría*) vertreten **4.** (*persona*) unterstützen **II.** *vr:* **~se 1.** (*sujetarse*) sich festhalten **2.** (*aguantarse*) sich halten **3.** (*económicamente*): **apenas me puedo ~** ich kann kaum meinen Lebensunterhalt bestreiten **4.** (*en opinión*) beharren (*en* auf/bei *+dat*)

sota ['sota] *f* (*naipe*) ≈Bube *m*

sotana [so'tana] *f* Soutane *f*

sótano ['sotano] *m* (*piso*) Untergeschoss *nt;* (*habitación*) Keller *m*

soterrar [sote'rrar] <e→ie> *vt* **1.** (*enterrar*) vergraben **2.** (*esconder*) verstecken; (*sentimientos*) verbergen

sotreta [so'treta] *adj* (*AmS*) **1.** (*caballo*) störrisch **2.** (*holgazán*) faul; (*no fiable*) unzuverlässig

soturno, -a [so'turno, -a] *adj* (*Ven*) verschlossen

spaguetti [^{e}spa'ɣeti] *mpl* Spaghetti *pl*

spot [es'po^{t}] *m* <spots> (Werbe)spot *m*

spray [es'prai̯] *m* <sprays> Spray *m o nt*

sprint [es'prin̪^{t}] *m* Sprint *m;* **hacer un ~** sprinten

squash [es'kwaʃ] *m* Squash *nt*

Sr. [se'ɲor] *abr de* **señor** H.; (*en direcciones*) Hrn.

Sra. [se'ɲora] *abr de* **señora** Fr.

Srta. [seɲo'rita] *f abr de* **señorita** Frl.

Sta. ['san̪ta] *f abr de* **santa** St.

stand [es'tan] *m* <stands> (Messe)stand *m*

status [es'tatus] *m inv* Status *m*

Sto. ['san̪to] *abr de* **santo** St.

stop [es'top] *m* **1.** (*parada*) Stopp *m* **2.** (*señal*) Stoppschild *nt*

su [su] *adj* (*de él*) sein(e); (*de ella*) ihr(e); **~ familia** seine/ihre Familie

Suabia ['swaβja] *f* Schwaben *nt*

suabo, -a ['swaβo, -a] *adj* schwäbisch

suampo ['swampo] *m* (*AmC*) Sumpf *m*

suave [su'aβe] *adj* **1.** (*superficie*) glatt; (*piel*) zart; (*jersey, cepillo, cabello, droga*) weich; (*masaje*) sanft; (*viento, noche*) mild **2.** (*aterrizaje, curva, subida*) sanft; (*contacto*) sacht; (*temperatura, tabaco*) mild **3.** (*carácter*) sanft; (*palabras*) freundlich

suavidad [swaβi'ða^{ð}] *f sin pl* **1.** (*de superficie*) Glätte *f;* (*de piel*) Zartheit *f;* (*de jersey/cepillo*) Weichheit *f;* (*de masaje*) Sanftheit *f;* (*de viento/noche/temperatura*) Milde *f* **2.** (*de aterrizaje/caricia/curva/subida*) Sanftheit *f* **3.** (*de carácter*) Sanftheit *f;* (*de palabras*) Freundlichkeit *f*

suavizante [swaβi'θan̪te] **I.** *adj:* **crema ~** Hautcreme *f* **II.** *m* **1.** (*para la ropa*) Weichspüler *m* **2.** (*para el cabello*) Spülung *f*

suavizar [swaβi'θar] <z→c> *vt* **1.** (*hacer suave*) weicher machen; (*pelo, piel*) geschmeidiger machen; (*superficie*) glätten **2.** (*expresión, posición*) mildern; (*situación*) entspannen **3.** (*persona*) besänftigen **4.** (*recorrido, trabajo*) erleichtern; (*velocidad*) reduzieren

subalimentación [suβalimen̪ta'θjon] *f* Unterernährung *f*

subalterno, -a [suβal̪'terno, -a] *m, f* (*empleado*) Untergebene(r) *mf*

subarrendar [suβarren̪'dar] <e→ie> *vt* (*ceder: piso*) untervermieten; (*finca*) unterverpachten

subarriendo [suβa'rrjen̪do] *m* (*piso*) Untervermietung *f;* (*finca*) Unterverpachtung *f*

subasta [su'βasta] *f* Versteigerung *f*

subastar [suβas'tar] *vt* versteigern

subcampeón, -ona [suβkampe'on, -ona] *m, f* Vizemeister(in) *m(f);* **~ mundial** Vizeweltmeister *m*

subconsciencia [suβko^{n}s'θjen̪θja] *f* Unterbewusstsein *nt*

subconsciente [suβko^{n}s'θjen̪te] *adj* unterbewusst

subcultura [suβkul̪'tura] *f* Subkultur *f*

subdesarrollado, -a [suβðesarro'ʎaðo, -a] *adj* unterentwickelt

subdirector(a) [suβðirek'tor(a)] *m(f)* stellvertretender Direktor *m,* stellvertretende Direktorin *f*

súbdito, -a ['suβðito, -a] *m, f* **1.** (*sometido*) Untertan(in) *m(f)* **2.** (POL) Staatsbürger(in) *m(f)*

subdividir [suβðiβi'ðir] *vt* unterteilen

subestimar(se) [suβesti'mar(se)] *vt, vr* (sich) unterschätzen

subida [su'βiða] *f* **1.** (*de una calle*) Steigung *f;* (*de un río*) Anstieg *m* **2.** (*cuesta*) Steigung *f* **3.** (*de precios/temperaturas/costes: acción*) Steigerung *f;* (*efecto*) Anstieg *m* **4.** (*en coche, teleférico*) Auffahrt *f* **5.** (POL): **~ al poder** Machtergreifung *f;* **~ al trono** Thronbesteigung *f*

subir [su'βir] **I.** *vi* **1.** (*ascender: calle, cuesta, río*) ansteigen; (*humo*) aufsteigen; (*sol,*

S

pastel) aufgehen; (*globo*) hochsteigen; ~ **a la cima** zum Gipfel aufsteigen; ~ **a primera** (DEP) in die erste Liga aufsteigen **2.** (*andando*) hochgehen; (*en ascensor*) hochfahren **3.** (*aumentar*) steigen (*en* um +*akk*); **la gasolina ha subido** das Benzin ist teurer geworden **4.** (*montar: coche, metro*) einsteigen (*a* in +*akk*); (*caballo, globo, bici*) aufsteigen (*a* auf +*akk*); (*árbol*) klettern (*a* auf +*akk*) **II.** *vt* **1.** (*precio*) erhöhen **2.** (*música*) lauter stellen; (*voz*) erheben **3.** (*andando*) hinauflaufen; (*en coche*) hinauffahren; (*montaña*) besteigen **4.** (*poner más alto: brazos*) heben; (*cortina, persiana*) hochziehen **5.** (*llevar*) hinauftragen **III.** *vr:* ~**se** **1.** (*al tren, coche, a un globo*) einsteigen (*en* in +*akk*); (*a una bici*) aufsteigen (*en* auf +*akk*); (*a un árbol*) klettern (*a* auf +*akk*); (*a una silla*) steigen (*a* auf +*akk*) **2.** (*loc*): **se me ha subido el vino a la cabeza** der Wein ist mir zu Kopf gestiegen; **se me han subido los colores a la cabeza** ich bin schamrot geworden

súbito ['suβito] *adv* plötzlich; **de** ~ (*repentinamente*) plötzlich; (*inesperadamente*) unerwartet(erweise)

subjetividad [suβxetiβi'ða^{ð}] *f* Subjektivität *f*

subjetivo, **-a** [suβxe'tiβo, -a] *adj* subjektiv

subjuntivo [suβxuṇ'tiβo] *m* ≈Konjunktiv *m*

sublevación [suβleβa'θjon] *f* Aufstand *m*

sublevar [suβle'βar] **I.** *vt* **1.** (*amotinar*) aufwiegeln **2.** (*irritar*) sehr ärgern **II.** *vr:* ~**se** sich auflehnen

sublimar [suβli'mar] *vt* **1.** (*a alguien*) verherrlichen **2.** (PSICO, QUÍM) sublimieren

sublime [su'βlime] *adj* erhaben

submarinismo [su^{β}mari'nismo/su^{m}mari'nismo] *m* Tauchsport *m*

submarinista [su^{β}mari'nista/su^{m}mari'nista] *mf* (Sport)taucher(in) *m(f)*

submarino[1] [su^{β}ma'rino/su^{m}ma'rino] *m* U-Boot *nt*

submarino, **-a**[2] [su^{β}ma'rino, -a/su^{m}ma'rino, -a] *adj* Unterwasser-

subnormal [suβnor'mal] **I.** *adj* geistig behindert **II.** *mf* (*persona*) geistig Behinderte(r) *mf;* **¡eres un ~!** (*pey*) du bist ja nicht ganz richtig im Kopf!

subordinación [suβorðina'θjon] *f* Unterordnung *f;* (*obediencia*) Gehorsam *m*

subordinado, **-a** [suβorði'naðo, -a] **I.** *adj* **1.** (*en el trabajo*) untergeben **2.** (LING): **oración subordinada** Nebensatz *m* **II.** *m, f* (*en el trabajo*) Untergebene(r) *mf*

subordinar [suβorði'nar] *vt* unterordnen

subrayado [suβrra'ɟaðo] *m* Unterstreichung *f*

subrayar [suβrra'ɟar] *vt* **1.** (*con raya*) unterstreichen **2.** (*recalcar*) betonen

subsanar [suβsa'nar] *vt* **1.** (*falta*) hinwegsehen (über +*akk*) **2.** (*error*) wieder gutmachen; (*defecto*) beheben; (*mal*) abhelfen +*dat* **3.** (*dificultad*) überwinden

subscripción [su^{β}skriβ'θjon] *f v.* **suscripción**

subsecretario, **-a** [suβsekre'tarjo, -a] *m, f* **1.** (POL) Staatssekretär(in) *m(f)* **2.** (*en oficina*) stellvertretender Sekretär *m*, stellvertretende Sekretärin *f*

subsidiar [suβsi'ðjar] *vt* unterstützen

subsidio [suβ'siðjo] *m* Beihilfe *f;* ~ **de desempleo** [*o* **de paro**] Arbeitslosengeld *nt*

subsistencia [suβsis'teṇθja] *f* **1.** (*hecho*) Existenz *f* **2.** *pl* (*alimentos*) Nahrung *f* **3.** (*material*) Lebensunterhalt *m*

subsistir [suβsis'tir] *vi* **1.** (*vivir*) leben **2.** (*perdurar*) anhalten; (*creencia*) fortbestehen; (*empresa*) weiterbestehen

substancia [su$^{(β)}$s'taṇθja] *f v.* **sustancia**

substantivo [su$^{(β)}$staṇ'tiβo] *adj o m v.* **sustantivo**

substitución [su$^{(β)}$stitu'θjon] *f v.* **sustitución**

subsuelo [suβ'swelo] *m* Untergrund *m;* **riquezas del** ~ Bodenschätze *mpl*

subterráneo, **-a** [suβte'rraneo, -a] *adj* unterirdisch

subtítulo [suβ'titulo] *m* Untertitel *m*

subtropical [suβtropi'kal] *adj* subtropisch

suburbano, **-a** [suβur'βano, -a] *adj* (*teatro, cine*) Vorstadt-; (*barrio*) vorstädtisch

suburbio [su'βurβjo] *m* **1.** (*alrededores*) Vorstadt *f;* **vivir en los ~s de París** am Stadtrand von Paris wohnen **2.** (*barrio*) Vorort *m*

subvención [suββeṇ'θjon] *f* Zuschuss *m;* (POL) Subvention *f*

subvencionar [suββeṇθjo'nar] *vt* finanziell unterstützen; (POL) subventionieren; (ADMIN) bezuschussen

subversión [suββer'sjon] *f* Umsturz *m*

subversivo, **-a** [suββer'siβo, -a] *adj* um-

stürzlerisch
subyacente [suβɟa'θeṇte] *adj* **1.** (*capa*) tiefer liegend **2.** (*problema*) zugrunde liegend
subyugar [suβɟu'ɣar] <g→gu> *vt* **1.** (*oprimir*) unterwerfen **2.** (*sugestionar*) bezaubern
succionar [suᵞθjo'nar] *vt* (ein)saugen; (*tierra, esponja*) aufsaugen
sucedáneo[1] [suθe'ðaneo] *m* Ersatz *m*
sucedáneo, -a[2] [suθe'ðaneo, -a] *adj* Ersatz-
suceder [suθe'ðer] **I.** *vi* **1.** (*seguir*) folgen (*a* auf +*akk*) **2.** (*en cargo*) nachfolgen **II.** *vt* geschehen; **¿qué sucede?** was ist los?; **por lo que pueda ~** für alle Fälle; **suceda lo que suceda** komme, was wolle; **lo más que puede ~ es que...** +*subj* im schlimmsten Fall ...; **sucede que...** die Sache ist die, dass ...
sucesión [suθe'sjon] *f* **1.** (*acción*) Folge *f* **2.** (*serie*) Aufeinanderfolge *f* **3.** (*en el cargo*) Nachfolge *f;* (*de título*) Erbfolge *f;* (*del trono*) Thronfolge *f*
sucesivo, -a [suθe'siβo, -a] *adj* (aufeinander) folgend; **en lo ~** von nun an
suceso [su'θeso] *m* **1.** (*hecho*) Ereignis *nt;* (*repentino*) Vorfall *m* **2.** (*transcurso*) Verlauf *m*
sucesor(a) [suθe'sor(a)] *m(f)* **1.** (*a un cargo*) Nachfolger(in) *m(f);* (*al trono*) Thronfolger(in) *m(f)* **2.** (*heredero*) Erbe, -in *m, f*
suche ['suʧe] **I.** *adj* (*Ven*) säuerlich **II.** *m* (*Chil*) **1.** (*subalterno*) Untergebene(r) *m* **2.** (*rufián*) Gauner *m*
suciedad [suθje'ðaᵈ] *f* (*cualidad*) Schmutzigkeit *f;* (*porquería*) Schmutz *m*
sucinto, -a [su'θiṇto, -a] *adj* kurz
sucio[1] ['suθjo] *adv:* **jugar ~** unfair spielen
sucio, -a[2] ['suθjo, -a] *adj* schmutzig; (*que se mancha fácilmente*) schmutzempfindlich; (*jugado*) unfair; **tengo los apuntes en ~** ich habe die Notizen nur ins Unreine geschrieben; **hacer el trabajo ~** die Drecksarbeit machen
suculento, -a [suku'leṇto, -a] *adj* (*sabroso*) schmackhaft; (*nutritivo*) nahrhaft; (*jugoso*) saftig
sucumbir [sukum'bir] *vi* **1.** (*rendirse*) erliegen +*dat;* (JUR) unterliegen +*dat* **2.** (*morir*) ums Leben kommen
sucursal [sukur'sal] *f* **1.** (*de empresa*) Niederlassung *f;* (*de banco/negocio*) Filiale *f* **2.** (*negociado*) Geschäftsstelle *f*
Sudáfrica [su'ðafrika] *f* Südafrika *nt*
sudafricano, -a [suðafri'kano, -a] *adj* südafrikanisch
Sudamérica [suða'merika] *f* Südamerika *nt*
sudamericano, -a [suðameri'kano, -a] *adj* südamerikanisch
sudar [su'ðar] *vi, vt* schwitzen; **me sudan los pies** ich schwitze an den Füßen
sudeste [su'ðeste] *m* Südosten *m*
sudoeste [suðo'este] *m* Südwesten *m*
sudor [su'ðor] *m* (*de la piel*) Schweiß *m;* **con el ~ de mi frente** im Schweiße meines Angesichts
sudoroso, -a [suðo'roso, -a] *adj* schweißbedeckt
Suecia ['sweθja] *f* Schweden *nt*
sueco, -a ['sweko, -a] *adj* schwedisch; **hacerse el ~** sich dumm stellen
suegro, -a ['sweɣro, -a] *m, f* Schwiegervater *m,* Schwiegermutter *f;* **los ~s** die Schwiegereltern
suela ['swela] *f* (Schuh)sohle *f*
sueldo ['sweḷdo] *m* (*por horas*) Lohn *m;* (*de empleado*) Gehalt *nt;* (*de funcionario*) Bezüge *mpl;* (MIL) Sold *m*
suelo ['swelo] *m* **1.** (*de la tierra*) (Erd)boden *m* **2.** (*de casa*) (Fuß)boden *m* **3.** (*terreno*) Grundstück *nt;* **~ edificable** Bauland *nt* **4.** (*loc*): **estar por los ~s** (*deprimido*) am Boden zerstört sein; **poner por el ~** durch den Schmutz ziehen; **los pisos están por los ~s** (*fam*) die Wohnungen sind äußerst günstig
suelto[1] ['sweḷto] *m* **1.** (*dinero*) Kleingeld *nt* **2.** (*artículo*) Kurznachricht *f*
suelto, -a[2] ['sweḷto, -a] *adj* **1.** (*desenganchado: tornillo, arroz, lana*) locker **2.** (*desatado: cordón, pelo*) lose **3.** (*no sujeto: hojas*) lose; **dinero ~** Kleingeld *nt;* **un prisionero anda ~** ein Gefangener läuft frei herum **4.** (*separado*) einzeln; **pieza suelta** Einzelteil *nt* **5.** (*vestido*) weit **6.** (*incontrolado*): **tener la lengua suelta** ein loses Mundwerk haben **7.** (*estilo*) gewandt; (*lenguaje*) flüssig **8.** (*no envasado*) lose **9.** (*loc*): **voy ~ de vientre** ich habe Durchfall
sueño ['sweɲo] *m* **1.** (*acto de dormir*) Schlaf *m;* **me cogió el ~** der Schlaf überkam mich; **echarse un ~** ein Nickerchen ma-

S

chen; **entre ~s** im Halbschlaf **2.** (*ganas de dormir*) Müdigkeit *f;* **tener ~** müde sein; **caerse de ~** vor Müdigkeit fast umfallen; **quitar el ~** den Schlaf rauben **3.** (*fantasía*) Traum *m;* **ni en** [*o* **por**] **~s haces tú eso** das schaffst du im Traum nicht

suero ['swero] *m* (MED) Serum *nt*

suerte ['swerte] *f* **1.** (*fortuna*) Glück *nt;* **¡buena ~!** viel Glück!; **tener buena/mala ~** Glück/Pech haben; **por ~** zum Glück; **probar ~** sein Glück versuchen; **ser cuestión de ~** Glückssache sein; **tener una ~ loca** ein Glückspilz sein **2.** (*destino*) Schicksal *nt;* **echar algo a ~(s)** etw durch Los entscheiden; **¿quién sabe la ~ que te espera?** wer weiß, was noch auf dich zukommt? **3.** (*casualidad*) Zufall *m*

suéter ['sweter] *m* Pullover *m*

suficiencia [sufi'θjen̩θja] *f* **1.** (*lo bastante*) Hinlänglichkeit *f* **2.** (*presunción*) Einbildung *f;* **decir con aires de ~** in einem anmaßenden Ton sagen **3.** (*pedantería*) Pedanterie *f* **4.** (*aptitud*) Eignung *f*

suficiente [sufi'θjen̩te] **I.** *adj* (*bastante*) genug; **ser ~** genügen **II.** *m* (ENS) Note *f* 'ausreichend'

sufijo [su'fixo] *m* Suffix *nt*

sufragar [sufra'ɣar] <g→gu> **I.** *vt* **1.** (*ayudar*) unterstützen **2.** (*costear: gastos*) bestreiten; (*tasa*) entrichten; (*beca*) finanzieren **II.** *vi* (*Am*) stimmen (*por* für +*akk*)

sufragio [su'fraxjo] *m* **1.** (*voto*) Stimme *f* **2.** (*derecho*) Wahlrecht *nt;* **~ universal** allgemeines Wahlrecht **3.** (*sistema*) Wahlsystem *nt;* **~ (universal) directo** (allgemeine) Direktwahl *f*

sufrido, -a [su'friðo, -a] *adj* **1.** (*persona*) ergeben **2.** (*color*) gedeckt; **una tela sufrida** ein strapazierfähiger Stoff

sufrimiento [sufri'mjen̩to] *m* **1.** (*acción*) Leiden *nt* **2.** (*moral*) Leid *nt;* (*físico*) Schmerz *m*

sufrir [su'frir] *vt* **1.** (*aguantar*) ertragen; (*peso*) tragen; (*a alguien*) ausstehen können **2.** (*padecer*) erleiden; (*enfermedad*) leiden (*de* an +*dat*); **~ de la espalda** Rückenschmerzen haben; **~ las consecuencias** unter den Folgen leiden **3.** (*experimentar: cambio, recaída, derrota*) erleiden; (*examen*) ablegen; (*desengaño*) erleben; (*accidente*) haben; (*pena*) büßen; **~ una operación** sich einer Operation unterziehen

sugerencia [suxe'ren̩θja] *f* **1.** (*inspiración*) Anregung *f* **2.** (*propuesta*) Vorschlag *m* **3.** (*recomendación*) Empfehlung *f*

sugerir [suxe'rir] *irr como sentir vt* **1.** (*inspirar*) anregen **2.** (*proponer*) vorschlagen **3.** (*insinuar*) andeuten

sugestión [suxes'tjon] *f* **1.** (*inspiración*) Anregung *f* **2.** (*propuesta*) Vorschlag *m* **3.** (*de sugestionar*) Suggestion *f*

sugestivo, -a [suxes'tiβo, -a] *adj* **1.** (*que sugiere*) anregend **2.** (*que influencia*) beeinflussend **3.** (*plan*) verlockend

suich [switʃ] *m* (*Méx: botón*) Schalter *m;* (*de un coche*) Anlasser *m*

suicida [swi'θiða] **I.** *adj* selbstmörderisch **II.** *mf* Selbstmörder(in) *m(f)*

suicidarse [swiθi'ðarse] *vr* sich umbringen

suicidio [swi'θiðjo] *m* Selbstmord *m*

suite [swit] *f* Suite *f*

Suiza ['swiθa] *f* Schweiz *f*

suizo, -a ['swiθo, -a] *adj* schweizerisch; **chocolate ~** Schweizer Schokolade

sujetador [suxeta'ðor] *m* BH *m*

sujetapapeles [suxetapa'peles] *m inv* Büroklammer *f*

sujetar [suxe'tar] **I.** *vt* **1.** (*dominar*) beherrschen **2.** (*someter*) unterwerfen **3.** (*agarrar*) festhalten (*por* an +*dat*) **4.** (*asegurar*) befestigen; (*pelo*) feststecken **II.** *vr:* **~se** **1.** (*agarrarse*) sich festhalten (*a* an +*dat*) **2.** (*a reglamento*) sich halten (*a* an +*akk*)

sujeto[1] [su'xeto] *m* **1.** (*tema*) Thema *nt* **2.** (*pey: individuo*) Subjekt *nt*

sujeto, -a[2] [su'xeto, -a] *adj* (*expuesto a*) verpflichtet (*a* zu +*dat*); (*a revisión/restricciones*) unterworfen (*a* +*dat*)

sulfato [sul'fato] *m* Sulfat *nt*

sulfuro [sul'furo] *m* Schwefel *m*

sultán, -ana [sul̩'tan, -ana] *m, f* Sultan(in) *m(f)*

suma ['suma] *f* **1.** (MAT: *acción*) Addition *f;* (*resultado*) Summe *f;* **~ y sigue** (*fig fam*) und so weiter und so fort **2.** (*cantidad*) Summe *f*

sumamente [suma'men̩te] *adv* äußerst

sumar [su'mar] **I.** *vt* **1.** (MAT) addieren **2.** (*hechos*) summieren **II.** *vr:* **~se** (*a una manifestación/una idea*) sich anschließen (*a* +*dat*); (*a una discusión*) sich beteiligen (*a* an +*dat*)

sumario [su'marjo] *m* (JUR) Ermittlungsverfahren *nt*

sumergible [sumer'xiβle] *adj* (*reloj*) wasserdicht; (*submarino*) tauchfähig

sumergir [sumer'xir] <g→j> **I.** *vt* (ein)tauchen **II.** *vr:* ~**se** versinken

sumidero [sumi'ðero] *m* (*rejilla*) Abflussgitter *nt;* (*de la calle*) Gully *m o nt*

suminstrar [suminis'trar] *vt* **1.**(*datos*) liefern **2.**(*abastecer*) versorgen **3.**(*facilitar*) beschaffen

suministro [sumi'nistro] *m* (*t.* COM) Lieferung *f;* (*abastecimiento*) Versorgung *f*

sumir [su'mir] **I.** *vt* (*hundir*) (ein)tauchen; ~ **en la miseria a alguien** jdn ins Elend stürzen **II.** *vr:* ~**se** versinken

sumisión [sumi'sjon] *f* Unterwerfung *f*

sumiso, -a [su'miso, -a] *adj* **1.**(*que se somete*) unterwürfig **2.**(*que no rechista*) gehorsam

sumo, -a ['sumo, -a] *adj* (*más alto*) höchste(r, s); **a lo** ~ höchstens; (*mayor*) größte(r, s)

suntuoso, -a [suṇtu'oso, -a] *adj* **1.**(*lujoso*) luxuriös **2.**(*opulento*) üppig **3.**(*aparatoso*) aufwändig

supeditar [supeði'tar] **I.** *vt* **1.**(*someter*) unterwerfen **2.**(*subordinar*) unterordnen **3.**(*condicionar*) abhängig machen (*a* von +*dat*) **II.** *vr:* ~**se** sich unterordnen

súper[1] ['super] **I.** *adj* (*fam*) super **II.** *m* Supermarkt *m*

súper[2] ['super] *f* Super(benzin) *nt*

superable [supe'raβle] *adj* **1.**(*récord*) verbesserbar **2.**(*situación*) überwindbar

superabundancia [superaβuṇ'daṇθja] *f* Überfluss *m* (*de* an +*dat*)

superabundante [superaβuṇ'daṇte] *adj:* ~ **en...** (*positivo*) reich an ...; (*negativo*) mit übermäßig viel ...

superación [supera'θjon] *f* (*de récord*) Verbesserung *f;* (*de situación*) Überwindung *f*

superar [supe'rar] **I.** *vt* **1.**(*sobrepasar: a alguien*) übertreffen; (*límite*) überschreiten; (*récord*) brechen **2.**(*prueba*) bestehen **3.**(*situación*) überwinden **II.** *vr:* ~**se** sich selbst übertreffen

superávit [supe'raβit] *m* <superávit(s)> Überschuss *m*

superdotado, -a [superðo'taðo, -a] *adj* hochbegabt

superficial [superfi'θjal] *adj* oberflächlich

superficialidad [superfiθjali'ða^{ð}] *f* Oberflächlichkeit *f*

superficie [super'fiθje] *f* **1.**(*parte externa*) Oberfläche *f* **2.**(MAT) Fläche *f;* (*área*) Flächeninhalt *m*

superfluo, -a [su'perflwo, -a] *adj* überflüssig; (*gastos*) unnötig

superhombre [super'ombre] *m* Übermensch *m*

superior[1] [supe'rjor] *adj* **1.**(*más alto*) obere(r, s) *m* **2.**(*en calidad*) besser; (*en rango*) höher; (*en inteligencia/fuerza*) überlegen **3.**(*excelente*) hervorragend

superior(a)[2] [supe'rjor(a)] *m(f)* **1.**(REL) Obere(r), -in *m, f* **2.**(*jefe*) Vorgesetzte(r) *mf*

superioridad [superjori'ða^{ð}] *f* (*ventaja*) Überlegenheit *f* (*sobre* über +*akk*)

superlativo [superla'tiβo, -a] *m* (LING) Superlativ *m*

supermercado [supermer'kaðo] *m* Supermarkt *m*

superpoblación [superpoβla'θjon] *f* Übervölkerung *f*

superponer [superpo'ner] *irr como poner vt* **1.**(*dos cosas*) aufeinander legen; ~ **algo a algo** etw auf etw legen **2.**(*dar prioridad*) Vorrang geben +*dat*

superpotencia [superpo'teṇθja] *f* Großmacht *f*

supersónico, -a [super'soniko, -a] *adj* Überschall-

superstición [supersti'θjon] *f* Aberglaube *m*

supersticioso, -a [supersti'θjoso, -a] *adj* abergläubisch

supervalorar [superβalo'rar] *vt* überbewerten

superventas [super'βeṇtas] *m inv* Verkaufsschlager *m;* (*libro*) Bestseller *m*

supervisar [superβi'sar] *vt* beaufsichtigen; (*en un examen*) Aufsicht führen (über +*akk*)

supervisión [superβi'sjon] *f* **1.**(*vigilancia*) Beaufsichtigung *f* **2.**(*en examen*) Aufsicht *f*

supervisor(a) [superβi'sor(a)] *m(f)* Aufseher(in) *m(f);* (*funcionario*) Aufsichtsbeamte(r) *mf,* -beamtin *f*

supervivencia [superβi'βeṇθja] *f* Überleben *nt*

superviviente [superβi'βjeṇte] **I.** *adj* überlebend **II.** *mf* Überlebende(r) *mf*

suplantar [suplaṇ'tar] *vt* **1.**(*en el trabajo*) unbefugt vertreten **2.**(*escrito*) fälschen

suplementario, -a [suplemeṇ'tarjo, -a]

S

adj ergänzend; **tomo ~** Ergänzungsband *m*

suplemento [suple'mento] *m* **1.** (*complemento*) Ergänzung *f* **2.** (*tomo*) Ergänzungsband *m* **3.** (*de periódico*) Beilage *f* **4.** (*precio*) Aufpreis *m;* (*del tren*) Zuschlag *m;* (*plus*) Zulage *f*

suplencia [su'plenθja] *f* Vertretung *f*

suplente [su'plente] **I.** *adj* vertretend **II.** *mf* Vertretung *f;* (DEP) Ersatzspieler(in) *m(f)*

súplica ['suplika] *f* Flehen *nt;* (*escrito*) Bittgesuch *nt*

suplicar [supli'kar] <c→qu> *vt* (*rogar*) anflehen; (*algo*) inständig bitten (um +*akk*); **~ de rodillas** auf Knien anflehen

suplicio [su'pliθjo] *m* **1.** (*tortura*) Folter *f* **2.** (*tormento*) Qual *f;* **el viaje fue un ~** die Reise war eine einzige Strapaze

suplir [su'plir] *vt* **1.** (*completar*) ergänzen **2.** (*sustituir*) ersetzen **3.** (*en el trabajo*) vertreten

suponer [supo'ner] *irr como poner vt* **1.** (*dar por sentado*) annehmen; **vamos a ~ que...** nehmen wir an, dass ...; **se supone que...** es ist anzunehmen, dass ...; **suponiendo que...** in der Annahme, dass ... **2.** (*figurar*) annehmen; **supongo que vendrás, ¿no? – supongo que sí** ich nehme an, du kommst, oder? – wahrscheinlich schon; **no supongo que...** +*subj* ich glaube nicht, dass ...

suposición [suposi'θjon] *f* Annahme *f;* (*presunción*) Mutmaßung *f*

supositorio [suposi'torjo] *m* (MED) Zäpfchen *nt*

supremacía [suprema'θia] *f* (*superioridad*) Überlegenheit *f;* (*política, económica*) Vorherrschaft *f;* (*prioridad*) Vorrang *m*

supremo, -a [su'premo, -a] *adj* (*altísimo*) höchste(r, s); (*fig*) äußerste(r, s)

suprimir [supri'mir] *vt* **1.** (*poner fin*) abschaffen; (*fronteras*) abbauen; (*controles, obstáculos, amenaza*) beseitigen; (*regla*) aufheben **2.** (*omitir*) streichen

supuesto, -a [su'pwesto, -a] *adj* (*ladrón, asesino*) mutmaßlich; (*testigo, nombre*) angeblich; (*causa*) vermutlich; **por ~** selbstverständlich; **dar algo por ~** etw für selbstverständlich halten

supurar [supu'rar] *vi* eitern

sur [sur] *m* **1.** (*punto*) Süden *m;* (METEO) Süd *m;* **el ~ de España** Südspanien *nt* **2.** (*viento*) Südwind *m*

surafricano, -a [surafri'kano, -a] *adj* südafrikanisch

surco ['surko] *m* Furche *f*

sureste [sur'este] *m* Südosten *m*

surf [surf] *m sin pl* Surfing *nt;* **hacer ~** surfen

surfear [surfe'ar] *vi* (INFOR) surfen

surfista [sur'fista] *mf* Surfer(in) *m(f)*

surgir [sur'xir] <g→j> *vi* **1.** (*agua*) herausquellen **2.** (*aparecer: dificultades*) aufkommen; (*posibilidad*) sich ergeben; (*pregunta*) sich stellen; (*persona*) auftauchen

suroeste [suro'este] *m* Südwesten *m*

surrealismo [surrea'lismo] *m* (ARTE) Surrealismus *m*

surrealista [surrea'lista] *adj* surrealistisch

surtido[1] [sur'tiðo] *m* Sortiment *nt*

surtido, -a[2] [sur'tiðo, -a] *adj* **1.** (*mezclado*) gemischt; **galletas surtidas** Keksmischung *f* **2.** (*variado*) sortiert

surtidor [surti'ðor] *m* **1.** (*chorro*) Fontäne *f;* (*fuente*) Springbrunnen *m* **2.** (*de gasolina*) Zapfsäule *f*

surtir [sur'tir] **I.** *vt* **1.** (*proveer*) versorgen (*de* mit +*dat*) **2.** (*loc*): **~ efecto** (*palabras*) Wirkung haben **II.** *vi* herausquellen **III.** *vr:* **~se** sich versorgen (*de* mit +*dat*)

susceptible [susθep'tiβle] *adj* **1.** (*cosa*): **~ de mejora** verbesserungsfähig **2.** (*persona: sensible*) (über)empfindlich; (*irritable*) reizbar

suscitar [susθi'tar] *vt* (*sospecha*) (er)wecken; (*discusión*) auslösen; (*escándalo*) verursachen; (*odio*) schüren; (*comentarios*) provozieren; (*problema*) schaffen; (*discordia*) entfachen; (*conflicto*) anstiften; (*antipatías, curiosidad*) hervorrufen

suscribir [suskri'βir] *irr como escribir* **I.** *vt* **1.** (*escrito*) unterschreiben **2.** (*opinión*) teilen **3.** (*acciones*) zeichnen **II.** *vr:* **~se a una revista** eine Zeitschrift abonnieren

suscripción [suskriβ'θjon] *f* **1.** (*firma*) Unterzeichnung *f* **2.** (*de acciones*) Zeichnung *f* **3.** (*a una revista*) Abonnement *nt*

suscri(p)tor(a) [suskri(p)'tor(a)] *m(f)* **1.** (*firmante*) Unterzeichner(in) *m(f)* **2.** (*de acciones*) Zeichner(in) *m(f)* **3.** (*de una revista*) Abonnent(in) *m(f)*

susodicho, -a [suso'ðitʃo, -a] *adj* (*dicho arriba*) oben genannt; (*dicho antes*) zuvor erwähnt

suspender [suspen'der] *vt* **1.** (*tener en el*

aire) aufhängen (*de* an +*dat*) **2.** (*trabajador*) suspendieren; (*deportista*) sperren **3.** (*en un examen*) durchfallen; **he suspendido matemáticas** ich bin in Mathe durchgefallen **4.** (*interrumpir: sesión*) unterbrechen; (*tratamiento*) aussetzen; (*embargo*) aufheben; **se ha suspendido la función de esta noche** die heutige Nachtvorstellung fällt aus

suspense [sus'pense] *m* Spannung *f;* **una película de ~** ein spannender Film

suspensión [suspen'sjon] *f* **1.** (TÉC) Aufhängung *f;* (AUTO) Federung *f* **2.** (*laboral*) Suspendierung *f;* (DEP) Sperre *f* **3.** (*interrupción: de sesión*) Unterbrechung *f;* (*de tratamiento*) Aussetzung *f;* (*de disputas*) Beendigung *f;* (*de producción*) Einstellung *f;* (*de embargo*) Aufhebung *f*

suspensivo, -a [suspen'siβo, -a] *adj:* **puntos ~s** Auslassungspunkte *mpl*

suspenso [sus'penso] *m* **1.** (ENS): **sacar un ~** durchfallen **2.** (*Am*) *v.* **suspense**

suspensores [suspen'sores] *mpl* (*Am: tiradores*) Hosenträger *mpl*

suspicacia [suspi'kaθja] *f* Misstrauen *nt*

suspicaz [suspi'kaθ] *adj* misstrauisch

suspirado, -a [suspi'raðo, -a] *adj* ersehnt; **muy ~** heiß ersehnt

suspirar [suspi'rar] *vi* **1.** (*dar suspiros*) seufzen **2.** (*anhelar*) sich sehnen (*por* nach +*dat*)

suspiro [sus'piro] *m* Seufzer *m*

sustancia [sus'tan̪θja] *f* **1.** (*materia, esencia*) Substanz *f;* **~ activa** Wirkstoff *m;* **la ~ gris** (ANAT) die graue Substanz **2.** (*de alimentos*) Nährwert *m*

sustancial [sustan̪'θjal] *adj* **1.** (*esencial*) wesentlich; (*fundamental*) grundlegend **2.** (*comida*) nahrhaft **3.** (*libro*) gehaltvoll

sustancioso, -a [sustan̪'θjoso, -a] *adj* (*comida*) nahrhaft; (*libro*) gehaltvoll

sustantivo [sustan̪'tiβo] *m* Substantiv *nt*

sustentar [susten̪'tar] **I.** *vt* **1.** (*una cosa*) halten; (*columna*) stützen **2.** (*esperanza*) aufrechterhalten **3.** (*familia*) unterhalten **II.** *vr:* **~se** **1.** (*alimentarse*) sich ernähren (*con/ de* von +*dat*) **2.** (*aguantarse*) sich stützen (*en* auf +*akk*)

sustento [sus'ten̪to] *m* **1.** (*mantenimiento*) (Lebens)unterhalt *m* **2.** (*apoyo*) Stütze *f*

sustitución [sustitu'θjon] *f* Ersatz *m;* (*temporal de alguien*) Vertretung *f*

sustituir [sustitu'ir] *irr como huir vt* **1.** (*algo*) ersetzen **2.** (DEP) auswechseln **3.** (*a alguien: temporalmente*) vertreten; (*definitivamente*) ersetzen

susto ['susto] *m* Schreck(en) *m;* **poner cara de ~** ein erschrockenes Gesicht machen; **dar un ~** einen Schreck einjagen; **pegarse un ~** erschrecken; **pegarle un ~ a alguien** jdn erschrecken

sustraer [sustra'er] *irr como traer* **I.** *vt* **1.** (*restar*) abziehen **2.** (*robar*) stehlen **3.** (*privar*) entziehen **4.** (*separar*) trennen **II.** *vr:* **~se de algo** sich etw *dat* entziehen

susurrar [susu'rrar] *vi* **1.** (*hablar bajo*) flüstern; (*no claro*) murmeln; **~ algo a alguien** jdm etw zuflüstern **2.** (*viento*) rauschen

susurro [su'surro] *m* **1.** (*al hablar: bajo*) Flüstern *nt;* (*no claro*) Murmeln *nt* **2.** (*del viento*) Rauschen *nt*

sutil [su'til] *adj* **1.** (*velo, hilo*) fein; (*rebanada*) dünn **2.** (*sabor*) fein; (*aroma*) zart **3.** (*diferencia, ironía*) subtil; (*jugada, sistema*) raffiniert **4.** (*persona*) spitzfindig

sutileza [suti'leθa] *f o f* **1.** (*de velo/hilo*) Feinheit *f* **2.** (*de sabor*) Feinheit *f;* (*de aroma*) Zartheit *f* **3.** (*de diferencia, ironía*) Subtilität *f;* (*de jugada, sistema*) Raffiniertheit *f* **4.** (*de persona*) Spitzfindigkeit *f*

suyo, -a ['suɟo, -a] *adj o pron* (*de él*) seine(r); (*de ella, ellos, ellas*) ihre(r); (*de usted, ustedes*) Ihre(r); **el regalo es ~** das Geschenk ist von ihm/ihr; **este encendedor es ~** dieses Feuerzeug gehört ihm/ihr; **siempre habla de los ~s** er/sie redet immer von seiner/ihrer Familie; **ya ha hecho otra de las suyas** (*fam*) er/sie hat schon wieder was Schönes angerichtet; **hacer suyas las quejas de los alumnos** sich den Beschwerden der Schüler anschließen; **Albert es muy ~** Albert ist sehr eigen; **eso es muy ~** das ist typisch für ihn/sie; **ir a lo ~** eigene Wege gehen

S

T

T, t [te] *f* T, t *nt*

tabaco [ta'βako] *m* Tabak; **¿tienes ~?** hast du Zigaretten?

tábano ['taβano] *m* (ZOOL) Bremse *f*

tabarra [ta'βarra] *f*: **dar la ~** nerven

taberna [ta'βerna] *f* Kneipe *f*

tabernero, -a [taβer'nero, -a] *m, f* Wirt(in) *m(f)*

tabique [ta'βike] *m* Trennwand *f;* **~ nasal** Nasenscheidewand *f*

tabla ['taβla] *f* **1.** (*plancha*) Brett *nt* **2.** (*lista*) Tabelle *f;* (*cuadro*) Tafel *f* **3.** (*loc*): **a raja ~** koste es, was es wolle; **hacer ~ rasa de algo** mit etw *dat* Tabula rasa machen

tablado [ta'βlaðo] *m* **1.** (*suelo*) Holzboden *m* **2.** (*entarimado*) Podium *nt* **3.** (*del escenario*) Bühne *f*

tablao [ta'βlao] *m* (*escenario*) Bühne *f;* (*local*) Flamencolokal *nt*

tablero [ta'βlero] *m* **1.** (*de madera*) Holztafel *f* **2. ~ de ajedrez/damas** Schach-/Damebrett *nt* **3.** (*de mesa*) Tischplatte *f*

tableta [ta'βleta] *f* (MED) Tablette *f;* (*de chocolate*) Tafel *f*

tabletear [taβlete'ar] *vi* (*puerta*) klappern; (*máquina*) rattern

tablón [ta'βlon] *m* **1.** Brett *nt;* **~ de anuncios** schwarzes Brett **2.** (*Am*) Beet *nt,* Feld *nt*

tabú [ta'βu] *m* <tabúes> Tabu *nt*

tabulador [taβula'ðor] *m* (*tecla*) Tabulator *m*

taburete [taβu'rete] *m* Hocker *m*

tacañería [takaɲe'ria] *f* Knauserigkeit *f*

tacaño, -a [ta'kaɲo, -a] **I.** *adj* knauserig **II.** *m, f* Geizhals *m*

tachar [ta'tʃar] *vt* (*rayar*) (durch)streichen; (*atribuir*) bezeichnen (*de* als +*akk*)

tacho ['tatʃo] *m* (*Am: vasija*) Kessel *m;* (*hojalata*) Blech *nt;* (*cubo*) Mülleimer *m*

tachón [ta'tʃon] *m* (*borrón*) Strich *m*

tácito, -a ['taθito, -a] *adj* stillschweigend

taciturno, -a [taθi'turno, -a] *adj* (*callado*) schweigsam; (*melancólico*) niedergeschlagen

taco ['tako] *m* **1.** (*pedazo*) Block *m* **2.** (*de papel*) Block *m* **3.** (*fam: bocado*) Happen *m* **4.** (TÉC) Dübel *m* **5.** (*fam: palabrota*) Schimpfwort *nt;* **decir** [*o* **soltar**] **~s** fluchen **6.** (*fam: lío*) Durcheinander *nt* **7.** (*Am*) Absatz *m* **8.** *pl* (*fam: años*) Jahre *ntpl*

tacómetro [ta'kometro] *m* Tachometer *m*

tacón [ta'kon] *m* Absatz *m;* **~ de aguja** Stöckelabsatz *m*

taconear [takone'ar] *vi* (*suelo*) aufstampfen; (*arrogantemente*) stolzieren

taconeo [tako'neo] *m* Aufstampfen *nt*

táctica ['taktika] *f* Taktik *f*

táctico, -a ['taktiko, -a] *adj* taktisch

tacto ['takto] *m* **1.** (*sentido*) Tastsinn *m* **2.** (*habilidad*) Takt *m;* **no tener ~** taktlos sein

taimado, -a [tai̯'maðo, -a] *adj* verschlagen

tajada [ta'xaða] *f* **1.** Scheibe *f;* **sacar ~ de algo** von etw *dat* profitieren **2.** (*fam*) Rausch *m*

tajante [ta'xan̩te] *adj* **1.** (*actitud*) unnachgiebig; (*medidas*) drastisch **2.** (*absoluto*) völlig **3.** (*cortante*) scharf

tajar [ta'xar] *vt* (durch)schneiden

tajo ['taxo] *m* **1.** (*corte*) Schnitt *m;* **darse un ~ en el dedo** sich *dat/akk* in den Finger schneiden **2.** (GEO) Steilwand *f* **3.** (*filo*) Schneide *f* **4.** (*fam*) Arbeit *f;* **ir al ~** arbeiten gehen

tal [tal] **I.** *adj* **1.** (*igual*) so; **~ día hace un año** heute vor einem Jahr; **en ~ caso** in so einem Fall; **no digas ~ cosa** sag so etwas nicht **2.** (*tanto*) so; **la distancia es ~ que...** die Entfernung ist so groß, dass ... **3.** (*cierto*) gewiss **II.** *pron* **1.** (*alguien*): **~ o cual** irgendjemand; **¡ése es otro que ~!** das ist auch so einer! **2.** (*cosa*): **no haré ~** ich mache so etwas nicht; **¡no hay ~!** das ist nicht wahr!; **hablar de ~ y cual** von diesem und jenem reden; **... y ~** (*enumeración*) ... und dergleichen **III.** *adv* **1.** (*así*) so **2.** (*de la misma manera*) genauso; **son ~ para cual** sie sind einer wie der andere; **estar ~ cual** sich nicht verändert haben; **~ y como** genauso wie **3.** (*cómo*): **¿qué ~** (**te va**)? wie geht's (dir)?; **¿qué ~ el viaje?** wie war die Reise?; **¿qué ~ te lo has pasado?** wie war's? **IV.** *conj:* **con ~ de... +*inf*, con ~ de que... +*subj*** (*mientras*) wenn nur ...; (*condición*) vorausgesetzt, dass ...

tala ['tala] *f* (*de árboles*) Fällen *nt;* (*destrucción*) Verwüstung *f*
taladradora [talaðra'ðora] *f* Bohrmaschine *f*
taladrar [tala'ðrar] *vt* durchbohren
taladro [ta'laðro] *m* Bohrer *m*
talante [ta'lan̦te] *m* **1.** (*modo*) Art *f* **2.** (*humor*) Laune *f;* **de buen/mal** ~ gut/schlecht gelaunt **3.** (*gana*): **de buen** ~ gerne
talar [ta'lar] *vt* (*árboles*) fällen; (*destruir*) verwüsten
talco ['talko] *m* (*mineral*) Talk *m;* (*polvos*) Puder *m o nt*
talego [ta'leɣo] *m* (*argot*) Knast *m;* (*1000 pesetas*) 1.000 Peseten
talento [ta'len̦to] *m* Talent *nt;* **de gran** ~ hochbegabt; **tener** ~ **para los idiomas** sprachbegabt sein
talentoso, -a [talen̦'toso, -a] *adj* begabt
Talgo ['talɣo] *m abr de* **Tren Articulado Ligero Goicoechea Oriol** Talgo *m* (*spanischer Intercityzug*)
talismán [talis'man] *m* Talisman *m*
talla ['taʎa] *f* **1.** (*de diamante*) Schliff *m* **2.** (*en madera*) Schnitzerei *f* **3.** (*estatura*) Körpergröße *f;* **no dar la** ~ (MIL) wehrdienstuntauglich sein; (*fig*) der Situation nicht gewachsen sein **4.** (*medidor*) Messstab *m* **5.** (*de vestido*) (Konfektions)größe *f* **6.** (*moral, intelectual*) Format *nt*
tallar [ta'ʎar] *vt* **1.** (*diamante*) schleifen **2.** (*madera*) schnitzen; (*en piedra*) meißeln **3.** (*la estatura*) messen
tallarín [taʎa'rin] *m* Bandnudel *f*
talle ['taʎe] *m* (*cintura*) Taille *f;* (*figura*) Figur *f*
taller [ta'ʎer] *m* Werkstatt *f;* ~ **artesanal** Handwerksbetrieb *m*
tallo ['taʎo] *m* (BOT) Stiel *m;* (*renuevo*) Schössling *m;* (*germen*) Keim *m*
talón [ta'lon] *m* **1.** Ferse *f* **2.** (*cheque*) Scheck *m;* **hazme un** ~ stell mir einen Scheck aus
talonario [talo'narjo] *m* (*de cheques*) Scheckheft *nt;* (*de recibos*) Quittungsheft *nt*
tamaño [ta'maɲo] *m* (*medida*) Größe *f;* (*formato*) Format *nt*
tambalear [tambale'ar] *vi, vr:* ~**se** schwanken; (*fig*) ins Wanken geraten
tambarria [tam'barrja] *f* (*Am*) Rummel *m,* Fest *nt*
también [tam'bjen] *adv* auch
tambo ['tambo] *m* (*Am: vaquería*) Molkerei *f*
tambor [tam'bor] *m* Trommel *f;* **tocar el** ~ trommeln
tamboril [tambo'ril] *m* Handtrommel *f*
tamborilear [tamborile'ar] *vi* (mit den Fingern) trommeln
Támesis ['tamesis] *m:* **el** ~ die Themse
tamiz [ta'miθ] *m* Sieb *nt*
tamizar [tami'θar] <z→c> *vt* sieben
tampoco [tam'poko] *adv* auch nicht
tampón [tam'pon] *m* (*de tinta*) Stempelkissen *nt;* (*para la mujer*) Tampon *m*
tan [tan] *adv* so; ~**... como...** so ...wie ...; ~ **siquiera una vez** wenigstens einmal; **ni** ~ **siquiera** nicht einmal
tanda ['tan̦da] *f* **1.** (*turno*) Reihe *f* **2.** (*serie*) Reihe *f;* **por** ~**s** reihenweise
tándem ['tan̦den] *m* Tandem *nt*
tanga ['taŋga] *m* Tanga *m*
tangente [taŋ'xen̦te] *f* Tangente *f*
tangible [taŋ'xiβle] *adj* berührbar; (*fig*) handfest
tango ['taŋgo] *m* Tango *m*
tanque ['taŋke] *m* (MIL) Panzer *m;* (*cisterna*) Tank *m;* (*vulg: gordo*) Brocken *m fam;* (*Am*) Teich *m*
tantear [tan̦te'ar] *vt* **1.** (*calcular: cantidad*) (grob) berechnen; (*tamaño, volumen*) (grob) ausmessen **2.** (*probar*) prüfen; (*sondear a alguien*) vorfühlen (bei +*dat*); ~ **el terreno** (*fig*) die Lage sondieren
tanto[1] ['tan̦to] **I.** *m* **1.** (*cantidad*) bestimmte Menge *f;* (COM) Teilbeitrag *m* **2.** (*punto*) Punkt *m;* (*gol*) Tor *nt* **3.** (*loc*): **apuntarse un** ~ **a favor** einen Pluspunkt erzielen; **estar al** ~ **de algo** über etw auf dem Laufenden sein **II.** *adv* **1.** (*de tal modo*) so (sehr); **no es para** ~ so schlimm ist es nun auch wieder nicht **2.** (*en tal cantidad*) so viel; **no me das ni** ~ **así de pena** du tust mir nicht im Geringsten Leid **3.** (*de duración*) so lange; **tu respuesta tardó** ~ **que...** deine Antwort kam so spät, dass ... **4.** (*comparativo*) (genau)so viel; ~ **mejor/peor** um so besser/schlechter; ~ **como** (+ *subst*) genau(so) wie; ~ **si llueve como si no...** egal, ob es regnet oder nicht, ... **5.** (*loc*): **entre** ~ währenddessen, inzwischen; **por (lo)** ~ also; ~**... como...** sowohl ..., als auch ...; **por lo** ~ **mejor callar** also, besser nichts sagen; **en** ~ **(que)** +*subj* (*mientras*) solange

T

tanto, **-a²** ['tanto, -a] I. *adj* 1. (*comparativo*) so viel; **no tengo ~s años como tú** ich bin nicht so alt wie du 2. (*tal cantidad*) so viel; **tantas posibilidades** so viele Möglichkeiten; **¡hace ~ tiempo que no te veo!** ich habe dich so lange nicht mehr gesehen!; **~ gusto en conocerle** ich habe mich sehr gefreut, Sie kennenzulernen; **¿a qué se debe tanta risa?** worüber wird hier so gelacht? 3. *pl* (*indefinido*): **tener 40 y ~s años** über vierzig sein; **venir a las tantas** (*fam*) sehr spät kommen II. *pron dem:* **~s** so viele; **coge ~s como quieras** nimm, so viel du möchtest; **no llego a ~** da bin ich überfordert

tapa ['tapa] *f* 1. (*cubierta*) Deckel *m;* **~ de rosca** Schraubverschluss *m;* **libro de ~s duras** Hardcover *nt* 2. (*de zapato*) Absatz *m* 3. (GASTR) Snack *m;* **una ~ de aceitunas** eine Portion Oliven

> Eine **tapa** ist ein Imbiss oder Snack, eine kleine Mahlzeit für zwischendurch. Da man in Spanien sehr spät zu Mittag isst, ist es üblich, zwischen elf und ein Uhr eine **tapa** in einer **bar** (Kneipe) oder in einem **Café** zu sich zu nehmen. Abends ist es auch typisch, eine Runde durch die **bares** zu machen, um tapas zu essen; das nennt man **ir de tapas**.

tapadera [tapa'ðera] *f* (*de vasija*) Deckel *m;* (*negocio*) Tarnung *f*

tapado [ta'paðo] *m* (*AmS*) Mantel *m*

tapar [ta'par] I. *vt* 1. (*cuerpo*) bedecken; (*cazuela, en cama*) zudecken 2. (*agujero*) zustopfen; (*botella*) verschließen II. *vr:* **~se** 1. (*en cama*) sich zudecken 2. (*oídos, ojos*) sich *dat* zuhalten; **~se la cara** sich *dat* die Hände vor das Gesicht halten

tapete [ta'pete] *m* Tischdecke *f*

tapia ['tapja] *f* Gartenmauer *f;* **estar más sordo que una ~** stocktaub sein

tapiar [ta'pjar] *vt* (*cerrar*) zumauern; (*rodear*) ummauern

tapicería [tapiθe'ria] *f* (*tapices*) Wandteppiche *mpl;* (COM) Polsterei *f;* (*arte*) Gobelinstickerei *f*

tapiz [ta'piθ] *m* Wandteppich *m;* (*con dibujos*) Gobelin *m*

tapón [ta'pon] *m* 1. Verschluss *m;* (*de fregadero*) Stöpsel *m;* (*de corcho*) Korken *m* 2. (MED) Tampon *m;* (*para el oído*) Ohrstöpsel *m* 3. (*cerumen*) Wachspfropf *m*

taponar [tapo'nar] *vt* 1. (*cerrar*) verschließen; (*con corcho*) verkorken; (*de plástico*) zustöpseln 2. (*herida*) tamponieren

tapujo [ta'puxo] *m:* **andar con ~s** (*obrar*) heimlich tun; **no andarse con ~s** (*hablar*) kein Blatt vor den Mund nehmen

taquear [take'ar] I. *vi* (*Am: jugar*) Billard spielen; (*arma*) schießen; (*llenar*) voll stopfen II. *vr:* **~se** (*Am*) sich voll stopfen

taquigrafía [takiɣra'fia] *f* Stenografie *f*

taquigrafiar [takiɣrafi'ar] *<1. pres:* **taquigrafío***>* *vt* stenografieren

taquígrafo, **-a** [ta'kiɣrafo, -a] *m, f* Stenograf(in) *m(f)*

taquilla [ta'kiʎa] *f* 1. (*armario*) Schließfach *nt;* (*archivador*) Fach *nt* 2. (TEAT, CINE, DEP) Kasse *f;* (FERRO) (Fahrkarten)schalter *m;* **éxito de ~** Kassenerfolg *m*

taquillero, **-a** [taki'ʎero, -a] *adj:* **artista ~/película taquillera** Kassenmagnet *m*

tara ['tara] *f* (*defecto*) Mangel *m*

tarabilla [tara'βiʎa] *f* 1. (*fam: parlanchín*) Quasselstrippe *f;* **hablar como una ~ descompuesta** wie ein Wasserfall reden 2. (*palabra*) Geplapper *nt* 3. (*de ventana*) (Fenster)riegel *m*

tarado, **-a** [ta'raðo, -a] *adj* (*objeto*) schadhaft; (*alocado*) verrückt

tarántula [ta'rantula] *f* Tarantel *f*

tararear [tarare'ar] *vt* trällern

tardanza [tar'ðanθa] *f* Verspätung *f*

tardar [tar'ðar] *vi* 1. (*emplear tiempo*) brauchen; **a más ~** spätestens; **sin ~** unverzüglich; **no tardo nada** ich brauche nicht lange 2. (*demasiado tiempo*): **~ en llegar** zu spät kommen; **¡no tardes!** komm bald zurück!

tarde ['tarðe] I. *f* 1. (*primeras horas*) Nachmittag *m;* **por la ~** nachmittags; **¡buenas ~s!** guten Tag! 2. (*últimas horas*) Abend *m;* **¡buenas ~s!** guten Abend!; (**todos**) **los viernes por la ~** jeden Freitagabend II. *adv* spät; **~ o temprano** früher oder später; **de ~ en ~** von Zeit zu Zeit; **se me hace ~** ich bin spät dran

tardío, **-a** [tar'ðio, -a] *adj* (*atrasado*) spät; (*lento*) langsam

tardón, **-ona** [tar'ðon, -ona] *adj* (*lento*) langsam; (*tonto*) begriffsstutzig

tarea [ta'rea] *f* 1. (*faena*) Aufgabe *f* 2. (*trabajo*) Arbeit *f;* **~s de la casa** Hausarbeit *f* 3. *pl* (ENS) Hausaufgaben *fpl*

tarifa [ta'rifa] *f* Tarif *m*
tarima [ta'rima] *f* Podium *nt*
tarjeta [tar'xeta] *f* Karte *f;* ~ **de embarque** (AERO) Bordkarte *f;* ~ **de gráficos** (INFOR) Grafikkarte; ~ **de sonido** (INFOR) Soundkarte *f*
tarjetero [tarxe'tero] *m* Geldbörse *f*
tarraconense [tarrako'nense] *adj* aus Tarragona
tarro ['tarro] *m* **1.** (*envase*) Becher *m;* (*de cristal*) Glas *nt* **2.** (*fam: cabeza*) Schädel *m;* **comer el** ~ **a alguien** auf jdn einschwätzen
tarta ['tarta] *f* Torte *f*
tartajear [tartaxe'ar] *vi* stottern
tartamudear [tartamuðe'ar] *vi* stottern
tartamudo, -a [tarta'muðo, -a] **I.** *adj* stott(e)rig **II.** *m, f* Stotterer, -in *m, f*
tartera [tar'tera] *f* (*para tartas*) Kuchenform *f;* (*fiambrera*) Frischhaltebox *f*
tarumba [ta'rumba] *adj* (*fam*): **estar** ~ durcheinander sein; **volver a alguien** ~ jdn verrückt machen
tasa ['tasa] *f* **1.** (*valoración*) Schätzung *f* **2.** (*precio*) Preis *m;* (*derechos*) Gebühr *f* **3.** (*de joya*) Schätzwert *m* **4.** (*porcentaje*) Rate *f;* ~ **de desempleo** Arbeitslosenquote *f*
tasar [ta'sar] *vt* **1.** (*precio*) den Preis festsetzen (für +*akk*); (*impuesto*) besteuern **2.** (*valorar*) schätzen (*en* auf +*akk*)
tasca ['taska] *f* Kneipe *f*
tata[1] ['tata] *f* (*fam*) Kindermädchen *nt*
tata[2] ['tata] *m* (*Am*) Vati *m*
tatarabuelo, -a [tatara'βwelo, -a] *m, f* Ururgroßvater *m,* Ururgroßmutter *f*
tataranieto, -a [tatara'njeto, -a] *m, f* Ururenkel(in) *m(f)*
tate ['tate] *interj* (*cuidado*) aufgepasst!; (*despacito*) sachte!; (*sorpresa*) (ach) du meine Güte!
tatuaje [tatu'axe] *m* Tätowierung *f*
tatuar [tatu'ar] <*1. pres:* tatúo> *vt* tätowieren
taurino, -a [tau̯'rino, -a] *adj* (*del toro*) Stier-; (*de la corrida*) Stierkampf-
Tauro ['tau̯ro] *m* (ASTR) Stier *m;* **soy** ~ ich bin Stier
tauromaquia [tau̯ro'makja] *f sin pl* Stierkampfkunst *f*
taxi ['taᵞsi] *m* Taxi *nt*
taxímetro [taᵞ'simetro] *m* Taxameter *m o nt*
taxista [taᵞ'sista] *mf* Taxifahrer(in) *m(f)*
taza ['taθa] *f* **1.** (*de café*) Tasse *f;* **una** ~ **de café** (*con café*) eine Tasse Kaffee; (*para el café*) eine Kaffeetasse **2.** (*del wáter*) Klobecken *nt*
tazón [ta'θon] *m* Schale *f*
te [te] **I.** *f* T *nt* **II.** *pron pers* **1.** (*objeto directo*) dich; **¡míra~!** schau dich mal an! **2.** (*objeto indirecto*) dir **III.** *pron refl:* ~ **levantas** du stehst auf; **¿~ has lavado los dientes?** hast du dir die Zähne geputzt?
té [te] *m* Tee *m*
teatral [tea'tral] *adj* Theater-; (*efecto, experiencia, autor*) Bühnen-; (*fig*) theatralisch
teatro [te'atro] *m* (*t. fig*) Theater *nt;* **obra de** ~ Theaterstück *nt;* (LIT) Schauspiel *nt;* **el** ~ **de Calderón** Calderons Dramen; **hacer** ~ (*t. fig*) Theater spielen; (*exagerar*) Theater machen
tebeo [te'βeo] *m* Comic(heft) *nt*
techo ['tetʃo] *m* **1.** (*de habitación*) (Zimmer)decke *f* **2.** (*de casa*) Dach *nt;* **vivir bajo el mismo** ~ unter einem Dach leben
tecla ['tekla] *f* Taste *f;* ~ **sleep** Stand-by-Taste *f*
teclado [te'klaðo] *m* Tastatur *f;* **tocar los ~s en un grupo** als Keyboarder in einer Band spielen
teclear [tekle'ar] *vi* (*piano*) die Tasten anschlagen; (*ordenador*) tippen
técnica ['teɣnika] *f* Technik *f*
tecnicismo [teɣni'θismo] *m* Fachausdruck *m*
técnico, -a ['teɣniko, -a] **I.** *adj* **1.** (*de la técnica*) technisch **2.** (*de especialidad*) fachlich **II.** *m, f* (*especialista*) Fachmann, -frau *m, f;* (TÉC) Techniker(in) *m(f)*
tecnología [teɣnolo'xia] *f* **1.** (TÉC, ECON) Technologie *f;* ~ **punta** Spitzentechnologie *f* **2.** (*técnica*) Technik *f*
tecnológico, -a [teɣno'loxiko, -a] *adj* **1.** (TÉC) Technologie-; (*desarrollo*) technologisch; **parque** ~ Technologiepark **2.** (*técnico*) technisch
tecolote [teko'lote] *m* (*AmC, Méx*) Uhu *m*
tedioso, -a [te'ðjoso, -a] *adj* langweilig
teja ['texa] *f* Dachziegel *m*
tejado [te'xaðo] *m* Dach *nt*
tejano, -a [te'xano, -a] *adj* **1.** (*de Tejas*) texanisch **2.** (*ropa*) Jeans-; **pantalón** ~ Jeans(hose) *f*
tejanos [te'xanos] *mpl* Jeans *f*
tejemaneje [texema'nexe] *m* (*fam*) **1.** (*actividad*) reges Treiben *nt;* **traerse un** ~

T

increíble con los papeles geschäftig mit den Papieren herumhantieren **2.** (*intriga*) Machenschaften *fpl*

tejer [te'xer] *vt* (*tela*) weben; (*cestos, trenzas*) flechten; (ZOOL) spinnen; (*intrigas, plan*) schmieden

tejido [te'xiðo] *m* (*textura*) Gewebe *nt;* (*tela*) Stoff *m*

tejo ['texo] *m:* **tirar los ~s a alguien** (*fam*) jdm Avancen machen

tejón [te'xon] *m* Dachs *m*

tela ['tela] *f* **1.** (*tejido*) Stoff *m;* ~ **de araña** Spinnennetz *nt;* ~ **metálica** Maschendraht *m* **2.** (*fam: asunto*) Thema *nt;* **hay ~ para rato** [*o* **marinera**] (*para discutir*) der Gesprächsstoff ist bei weitem nicht erschöpft; (*para trabajar*) es ist noch (unheimlich) viel zu erledigen; **este asunto trae ~** es steckt einiges hinter dieser Sache **3.** (*lienzo*) Leinwand *f* **4.** (*fam: dinero*) Kohle *f* **5.** (*loc*): **poner algo en ~ de juicio** (*dudar*) etw in Frage stellen; (*tener reparos*) Bedenken gegen etw äußern

telar [te'lar] *m* Webstuhl *m*

telaraña [tela'raɲa] *f* Spinnennetz *nt*

tele ['tele] *f* (*fam*) *abr de* **televisión**: **ver la ~** Fernsehen gucken

telebanco [tele'βaŋko] *m* Telebanking *nt*

telecabina [teleka'βina] *f* Seilbahn *f*

telecompra [tele'compra] *f* Teleshopping *nt*

telecomunicación [telekomunika'θjon] *f* **1.** (*sistema*) Nachrichtentechnik *f* **2.** *pl* (*empresa*) Fernmeldewesen *nt*

teleconcurso [telekoŋ'kurso] *m* Fernsehquiz *nt*

telediario [teleði'arjo] *m* (Fernseh)nachrichten *fpl*

teledirigir [telediri'xir] <g→j> *vt* fernsteuern

teleférico [tele'feriko] *m* (Draht)seilbahn *f*

telefonazo [telefo'naθo] *m* (*fam*) Anruf *m;* **dar un ~ a alguien** jdn kurz anrufen

telefonear [telefone'ar] **I.** *vt* **1.** (*comunicar*) telefonisch mitteilen **2.** (*fam: a alguien*) anrufen **II.** *vi* telefonieren

telefonía [telefo'nia] *f* Fernmeldewesen *nt*

Telefónica [tele'fonika]: **la ~** *spanische Telefongesellschaft*

telefónico, -a [tele'foniko, -a] *adj* **1.** (*de teléfono*) telefonisch; **cabina telefónica** Telefonzelle *f;* **guía telefónica** Telefonbuch *nt;* **llamada telefónica** Anruf *m* **2.** (*de telefonía*) Fernmelde-

telefonista [telefo'nista] *mf* Telefonist(in) *m(f)*

teléfono [te'lefono] *m* **1.** (*sistema, aparato*) Telefon *nt;* ~ **de tarjeta** Kartentelefon *nt;* ~ **público** öffentlicher Fernsprecher; **por ~** telefonisch; **hablar por ~** telefonieren; **llamar por ~** anrufen **2.** (*número*) Telefonnummer *f*

telegrafía [teleɣra'fia] *f* Telegrafie *f*

telegrafiar [teleɣrafi'ar] <*3. pret:* telegrafió> *vt, vi* telegrafieren

telegráfico, -a [tele'ɣrafiko, -a] *adj* **1.** (*por telégrafo*) telegrafisch **2.** (*relativo a la telegrafía*) Telegrafen-

telégrafo [te'leɣrafo] *m* Telegraf *m*

telegrama [tele'ɣrama] *m* Telegramm *nt*

telele [te'lele] *m* (*fam*) Anfall *m*

telemática [tele'matika] *f* Datenfernübertragung *f*

telémetro [te'lemetro] *m* Entfernungsmesser *m*

telenovela [teleno'βela] *f* Seifenoper *f*

telenque [te'leŋke] **I.** *adj* **1.** (*Chil*) zitt(e)rig; (*enfermizo*) kränklich **2.** (*ElSal*) krumm **II.** *m* (*Guat*) Sonderling *m*

teleobjetivo [teleoβxe'tiβo] *m* Teleobjektiv *nt*

telepatía [telepa'tia] *f* Telepathie *f*

telescópico, -a [teles'kopiko, -a] *adj* teleskopisch

telescopio [teles'kopjo] *m* Teleskop *nt*

telesilla [tele'siʎa] *f* Sessellift *m*

telespectador(a) [telespekta'ðor(a)] *m(f)* Fernsehzuschauer(in) *m(f)*

telesquí [teles'ki] *m* (Ski)lift *m*

teletexto [tele'testo] *m* Videotext *m*

teletienda [tele'tjeṇda] *f* Teleshopping *nt*

teletipo [tele'tipo] *m* Fernschreiber *m*

teletrabajo [teletra'βaxo] *m* Tele(heim)arbeit *f*

televisar [teleβi'sar] *vt* senden; (*en directo*) übertragen

televisión [teleβi'sjon] *f* **1.** (*sistema, organización*) Fernsehen *nt;* ~ **digital** digitales Fernsehen; ~ **de pago** Pay-TV *nt* **2.** (*fam: televisor*) Fernseher *m;* ~ **en color** Farbfernseher *m*

televisivo, -a [teleβi'siβo, -a] *adj* **1.** (*relativo a*) Fernseh- **2.** (*apto para*) fürs Fernsehen geeignet

televisor [teleβi'sor] *m* Fernsehgerät *nt*
télex ['tele^{ɣ}s] *m* Telex *nt*
telón [te'lon] *m* Vorhang *m;* **el ~ de acero** der eiserne Vorhang; **~ de fondo** Hintergrund *m*
tema ['tema] *m* Thema *nt*
temario [te'marjo] *m* Themenkreis *m*
temática [te'matika] *f* Thematik *f*
temático, -a [te'matiko, -a] *adj* thematisch
temblar [tem'blar] <e→ie> *vi* zittern; **~ de miedo** vor Angst zittern; **~ por alguien** um jdn zittern
tembleque [tem'bleke] *m* (*fam*) **1.**(*temblor*) Zittern *nt;* **me dio un ~** ich fing (plötzlich) an zu zittern **2.**(*persona*) zitt(e)riger Mensch *m*
temblor [tem'blor] *m* (*tembleque*) Zittern *nt;* (*escalofrío*) Schauder *m;* **~ de frío** Schüttelfrost *m;* **~ (de tierra)** Erdbeben *nt*
tembloroso, -a [temblo'roso] *adj* zitt(e)rig
temer [te'mer] **I.** *vt* (*sentir temor*) fürchten; (*sospechar*) (be)fürchten **II.** *vi* sich fürchten; **~ por alguien** um jdn bangen **III.** *vr:* **~se** (be)fürchten
temerario, -a [teme'rarjo, -a] *adj* (*imprudente*) waghalsig; (*sin fundamento*) unüberlegt
temeroso, -a [teme'roso, -a] *adj* **1.**(*medroso*) ängstlich; **~ de que...** *+subj* aus Angst davor, dass ... **2.**(*temible*) Furcht erregend
temible [te'miβle] *adj* Furcht erregend
temor [te'mor] *m* (*miedo*) Furcht *f* (*a/de* vor *+dat*); (*sospecha*) Befürchtung *f*
témpano ['tempano] *m:* **quedarse como un ~** starr vor Kälte sein; **tener las manos como un ~** eiskalte Hände haben
temperamental [temperamen̪'tal] *adj* **1.**(*del temperamento*) Temperaments-; **característica ~** Charaktereigenschaft *f* **2.**(*persona*) temperamentvoll
temperamento [tempera'men̪to] *m* Temperament *nt;* **tener mucho ~** sehr temperamentvoll sein
temperatura [tempera'tura] *f* (Körper)temperatur *f;* (*fiebre*) Fieber *nt;* **el niño tiene mucha ~** der Kleine hat hohes Fieber; **tengo algo de ~** ich habe (erhöhte) Temperatur
tempestad [tempes'ta^{ð}] *f* (*tormenta*) Gewitter *nt;* (*marejada*) Sturm *m;* (*agitación*) Aufruhr *f*
tempestuoso, -a [tempestu'oso, -a] *adj* stürmisch; (*ambiente*) geladen
templado, -a [tem'plaðo, -a] *adj* **1.**(*tibio*) lau(warm) **2.**(*temperado*) mild **3.**(*moderado*) maßvoll **4.**(*sereno*) ruhig **5.**(*valiente*) mutig **6.**(*fam*): **estar ~** einen Schwips haben
templar [tem'plar] **I.** *vt* (*moderar*) mäßigen; (*suavizar*) lindern; (*calmar*) beruhigen **II.** *vr:* **~se 1.**(*moderarse*) sich mäßigen (*en* bei/in *+dat*) **2.**(*calentarse*) wärmer werden; (*enfriarse*) abkühlen **3.**(*Am*) sich verlieben **4.**(*Col, Perú*) sich betrinken
temple ['temple] *m* **1.**(*valentía*) Mut *m* **2.**(*carácter*) Gemüt *nt;* (*humor*) Laune *f*
templo ['templo] *m* Tempel *m;* **una verdad como un ~** (*fam*) eine unumstößliche Wahrheit
temporada [tempo'raða] *f* (*tiempo*) Zeit *f;* (*época*) Saison *f;* **~ alta** Hauptsaison *f;* **~ baja** (*anterior*) Vorsaison *f;* (*posterior*) Nachsaison *f;* **fruta de ~** Obst der Jahreszeit
temporal [tempo'ral] **I.** *adj* **1.**(*relativo al tiempo*) zeitlich **2.**(*no permanente*) vorübergehend; (*no eterno*) vergänglich; **contrato ~** Zeitvertrag *m* **II.** *m* (*tormenta*) Gewitter *nt;* (*marejada*) Sturm *m*
temporario, -a [tempo'rarjo, -a] *adj* (*Am*) zeitweilig
temprano[1] [tem'prano] *adv* **1.**(*a primera hora*) früh; **~ por la mañana** frühmorgens **2.**(*antes*) vorzeitig; **llegar (demasiado) ~** zu früh sein
temprano, -a[2] [tem'prano, -a] *adj* früh; **a edad temprana** in jungen Jahren
tenaz [te'naθ] *adj* (*perserverante*) beharrlich; (*resistente*) robust; (*persistente*) hartnäckig
tenaza(s) [te'naθa(s)] *f(pl)* Zange *f*
tendear [ten̪de'ar] *vi* (*Méx*) bummeln
tendencia [ten̪'den̪θja] *f* **1.**(*inclinación*) Neigung *f* (*a* zu *+dat*); **tener ~ a algo** zu etw *dat* neigen **2.**(*dirección*) Tendenz *f* **3.**(*aspiración*) Streben *nt* (*a* nach *+dat*); **~s autonomistas** Autonomiebestreben *nt*
tender [ten̪'der] <e→ie> **I.** *vt* **1.**(*desdoblar, esparcir*) ausbreiten (*sobre* auf *+dat*); **~ la mesa** (*Am*) den Tisch decken **2.**(*tumbar*) hinlegen (*sobre/en* auf *+akk*) **3.**(*colocar: ropa*) aufhängen **4.**(*aproximar*) reichen; **~ la mano a alguien** (*fig*) jdm helfen **II.** *vi* (*ti-*

T

rar) tendieren; (*inclinarse*) neigen (*a* zu +*dat*)

tenderete [teṇde'rete] *m* Stand *m*

tendero, **-a** [teṇ'dero, -a] *m, f* Ladenbesitzer(in) *m(f)*

tendido [teṇ'diðo] *m* (*Am*) Bettwäsche *f*

tendón [teṇ'don] *m* Sehne *f*

tenebroso, **-a** [tene'βroso, -a] *adj* (*oscuro, t. fig*) finster; (*tétrico*) düster

tenedor [tene'ðor] *m* Gabel *f*

teneduría [teneðu'ria] *f* Buchhaltung *f*

tenencia [te'neṇθja] *f* (JUR) Besitz *m*

tener [te'ner] *irr* **I.** *vt* **1.** (*poseer, disfrutar, sentir, padecer*) haben; ~ **29 años** 29 (Jahre alt) sein; **¿(con que) ésas tenemos?** so ist das also!; ~ **la culpa de algo** an etw *dat* schuld sein; **¿tienes frío?** ist dir kalt?; ~ **sueño** müde sein **2.** (*considerar*) halten (*por* für +*akk*); ~ **a alguien en menos/mucho** wenig/viel von jdm halten; **ten por seguro que...** du kannst dich darauf verlassen, dass ... **3.** (*guardar*) aufbewahren **4.** (*contener*) beinhalten **5.** (*coger*) nehmen **6.** (*sujetar*) festhalten **7.** (*recibir*) bekommen; **ha tenido un niño** sie hat ein Kind gekriegt *fam* **8.** (*hacer sentir*): **me tienes preocupada** ich mache mir deinetwegen Sorgen **9.** (*loc*): ~ **cuidado** vorsichtig sein; **me tiene sin cuidado** das ist mir egal; ~ **prisa** es eilig haben; ~ **en cuenta** berücksichtigen **II.** *vr:* ~**se 1.** (*considerarse*) sich halten (*por* für +*akk*); ~**se en mucho** viel auf sich halten **2.** (*sostenerse*) sich halten; ~**se de pie** stehen (bleiben); **estoy que no me tengo** ich bin todmüde **3.** (*dominarse*) sich beherrschen **4.** (*atenerse*) sich halten (*a* an +*akk*) **III.** *aux* **1.** (*con participio concordante*): ~ **pensado hacer algo** vorhaben etw zu tun **2.** (*obligación, necesidad*): ~ **que** müssen; ~ **mucho que hacer** viel zu tun haben; **¿qué tiene que ver esto conmigo?** was hat das mit mir zu tun?

Tenerife [tene'rife] *m* Teneriffa *nt*

tenia ['tenja] *f* Bandwurm *m*

teniente [te'njeṇte] *m* Leutnant *m;* ~ **coronel** Oberstleutnant *m*

tenis ['tenis] *m* Tennis *nt*

tenista [te'nista] *mf* Tennisspieler(in) *m(f)*

tenor [te'nor] *m* Tenor *m;* **a este** ~ in diesem Stil; **a** ~ **de** gemäß +*dat*

tenorio [te'norjo] *m* Don Juan *m*

tensar [ten'sar] *vt* straffen

tensión [ten'sjon] *f* **1.** (FÍS) Spannung *f* **2.** (*cuerda, piel*) Straffheit *f;* (*nervios, músculos*) Anspannung *f;* (*impaciencia*) Spannung *f;* **película de** ~ Thriller *m;* **estar en** ~ (*nervioso*) sehr angespannt sein; (*impaciente*) gespannt sein **3.** (MED): ~ **arterial** Blutdruck *m* **4.** *pl* (*conflicto*) Spannungen *fpl*

tenso, **-a** ['tenso, -a] *adj* (*cosa, situación*) gespannt; (*cuerda, piel*) straff; (*músculos, nervios*) angespannt; (*impaciente*) gespannt

tentación [teṇta'θjon] *f* Versuchung *f*

tentar [teṇ'tar] <e→ie> *vt* (*atraer*) (ver)locken; (*seducir*) verführen (*a* zu +*dat*); **no me tientes** führe mich nicht in Versuchung

tentativa [teṇta'tiβa] *f* Versuch *m;* ~ **de robo** versuchter Diebstahl

tentempié [teṇtem'pje] *m* (*fam*) Snack *m*

tenue ['tenwe] *adj* **1.** (*delgado*) dünn; (*delicado*) fein **2.** (*sutil*) zart; (*débil*) schwach; **luz** ~ Dämmerlicht *nt*

teñir [te'ɲir] *irr como ceñir vt, vr:* ~**se** (sich) färben; ~ **de rojo** rot färben; ~ **de tristeza** mit Trauer erfüllen

teología [teolo'xia] *f* Theologie *f*

teólogo, **-a** [te'oloɣo, -a] **I.** *adj* theologisch **II.** *m, f* Theologe, -in *m, f*

teoría [teo'ria] *f* Theorie *f;* **en** ~ theoretisch

teórica [te'orika] *f* Theorie *f*

teórico, **-a** [te'oriko, -a] *adj* theoretisch

tequila [te'kila] *m* Tequila *m*

TER [ter] *m abr de* **Tren Español Rápido** TER *m* (*spanischer IC*)

terapeuta [tera'peuta] *mf* Therapeut(in) *m(f)*

terapéutica [tera'peutika] *f* Therapeutik *f*

terapéutico, **-a** [tera'peutiko, -a] *adj* therapeutisch

terapia [te'rapja] *f* Therapie *f*

tercer [ter'θer] *adj v.* **tercero**

tercermundista [terθermuṇ'dista] *adj* Dritte-Welt-

Tercer Mundo [ter'θer 'muṇdo] *m* Dritte Welt *f*

tercero, **-a** [ter'θero, -a] *adj* (*delante de un sustantivo masculino: tercer*) dritte(r, s); **terceras personas** Dritte *pl;* **en tercer lugar** drittens; *v. t.* **octavo**

terciar [ter'θjar] **I.** *vi* (*intervenir*) eingreifen; (*mediar*) vermitteln (*con* bei +*dat*) **II.** *vr, vimpers:* ~**se** sich ergeben; **si se tercia** wenn es sich ergibt

tercio ['terθjo] *m* Drittel *nt; v. t.* **octavo**

terciopelo [terθjo'pelo] *m* Samt *m*
terco, -a ['terko, -a] *adj* (*persona*) stur; (*niño*) trotzig; (*animal*) störrisch
tergiversar [terxiβer'sar] *vt* (*hechos*) verfälschen; (*la verdad*) verdrehen
termal [ter'mal] *adj* thermal; **aguas ~es** Thermalquelle *f*
terminación [termina'θjon] *f* (*acción*) Beendung *f;* (*de un proyecto*) Abschluss *m;* (*producción*) Fertigstellung *f*
terminal[1] [termi'nal] **I.** *adj* End-; **un enfermo ~** ein sich im Endstadium befindender Kranker **II.** *m* (INFOR) Terminal *nt*
terminal[2] [termi'nal] *f* **1.** (*estación*) Endstation *f;* (FERRO) Endbahnhof *m* **2.** (*de (aero)puerto*) Terminal *m o nt;* **~ aérea** Flughafenterminal *m o nt*
terminar [termi'nar] **I.** *vt* **1.** (*finalizar*) beenden; (*proyecto*) abschließen; **¿cuándo terminas?** wann bist du fertig? **2.** (*producir*) fertig stellen **3.** (*consumir*) aufbrauchen; (*beber*) austrinken; (*comer*) aufessen **II.** *vi* **1.** (*tener fin*) enden; (*plazo, contrato*) ablaufen; **¿cuándo termina la película?** wann ist der Film zu Ende? **2.** (*acercarse al final*) zu Ende gehen; **ya termina la película** der Film ist bald zu Ende **3.** (*poner fin*) aufhören **4.** (*destruir*) vernichten (*con +akk*); **el tabaco va a ~ contigo** das Rauchen macht dich noch kaputt **5.** (*de hacer algo*): **~ de construir** fertig stellen; **~ de hacer** fertig machen; **cuando termines de comer...** wenn du mit dem Essen fertig bist, ... **6.** (*separarse*) Schluss machen **7.** (*llegar a*): **~ por hacer algo** schließlich etw tun **8.** (*haber hecho*): **~ de hacer algo** gerade etwas getan haben **III.** *vr:* **~se** (*aproximarse al final*) zu Ende gehen; (*no haber más*) ausgehen
término ['termino] *m* **1.** (*fin*) Ende *nt;* **llevar a ~** zu Ende bringen **2.** (*plazo*) Zeitraum *m;* **en el ~ de quince días** innerhalb von zwei Wochen **3.** (*linde*) Grenze *f* **4.** (ADMIN) Bezirk *m* **5.** (LING) Terminus *m;* **en otros ~s** mit anderen Worten **6.** (*loc*): **por ~ medio** durchschnittlich; **en primer ~** an erster Stelle; **en último ~** letztendlich
terminología [terminolo'xia] *f* Fachwortschatz *m*
terminológico, -a [termino'loxiko, -a] *adj* fachsprachlich; **diccionario ~** Fachwörterbuch *nt*
termita [ter'mita] *f* Termite *f*
termo ['termo] *m* Thermosflasche *f*
termómetro [ter'mometro] *m* Thermometer *nt*
termostato [termos'tato] *m,* **termóstato** [ter'mostato] *m* Thermostat *m*
ternera [ter'nera] *f* Kalbfleisch *nt*
ternero, -a [ter'nero, -a] *m, f* Kalb *nt*
ternilla [ter'niʎa] *f* Knorpel *m*
ternura [ter'nura] *f* **1.** (*cariño*) Zärtlichkeit *f* **2.** (*dulzura*) Lieblichkeit *f* **3.** (*delicadeza, sensibilidad*) Zartheit *f* **4.** (*AmS*) Unreife *f*
terracota [terra'kota] *f* Terrakotta *f*
Terranova [terra'noβa] *f* Neufundland *nt*
terraplén [terra'plen] *m* (*montón*) (Erd)aufschüttung *f;* (*protección*) (Erd)wall *m*
terráqueo, -a [te'rrakeo, -a] *adj* Erd-; **globo ~** Erdkugel *f*
terrario [te'rrarjo] *m* Terrarium *nt*
terrateniente [terrate'njen̩te] *mf* Großgrundbesitzer(in) *m(f)*
terraza [te'rraθa] *f* Terrasse *f*
terremoto [terre'moto] *m* Erdbeben *nt*
terrenal [terre'nal] *adj* irdisch; **paraíso ~** Paradies auf Erden
terreno [te'rreno] *m* **1.** (*suelo*) (Erd)boden *m;* **~ arcilloso** Tonboden *m* **2.** (*espacio*) Gelände *nt;* (*parcela*) Grundstück *nt;* (*campo*) Feld *nt;* (DEP) Spielfeld *nt;* **~ edificable** Bauland *nt;* **vehículo todo ~** Geländefahrzeug *nt* **3.** (*esfera*) Gebiet *nt;* **~ desconocido** Neuland *nt* **4.** (*loc*): **sobre el ~** an Ort und Stelle; **ganar/perder ~** an Boden gewinnen/verlieren
terrestre [te'rrestre] *adj* **1.** (*de la Tierra*) Erd-; **globo ~** Erdkugel *f* **2.** (*en la tierra*) Land- **3.** (*terrenal*) irdisch
terrible [te'rriβle] *adj* schrecklich; **hace un frío ~** es ist schrecklich kalt; **tener un hambre ~** furchtbar hungrig sein
territorial [territo'rjal] *adj* **1.** (GEO, POL) territorial; **división ~** Gebietsteilung *f* **2.** (ZOOL) Revier-
territorio [terri'torjo] *m* **1.** (*región*) Gebiet *nt;* (POL) Territorium *nt;* (JUR) Bezirk *m;* **~ jurisdiccional** Gerichtsbezirk *m* **2.** (ZOOL) Revier *nt*
terrón [te'rron] *m* Klumpen *m;* **~ (de azúcar)** Stück Zucker; **~ (de tierra)** Erdklumpen *m*
terror [te'rror] *m* **1.** (*miedo*) (panische) Angst *f;* **película de ~** Horrorfilm *m* **2.** (*que*

T

provoca miedo) Schrecken *m*

terrorífico, **-a** [terro'rifiko, -a] *adj* schrecklich

terrorismo [terro'rismo] *m* Terrorismus *m*

terrorista [terro'rista] **I.** *adj* terroristisch; **organización** ~ Terrororganisation *f* **II.** *mf* Terrorist(in) *m(f)*

terso, **-a** ['terso, -a] *adj* (*liso*) glatt; (*tirante*) straff

tertulia [ter'tulja] *f* (*para conversar*) (Gesprächs)kreis *m;* (*en un bar*) Stammtisch *m;* ~ **literaria** literarischer Zirkel

tesina [te'sina] *f* Diplomarbeit *f;* (*en Letras*) Magisterarbeit *f*

tesis ['tesis] *f inv* (*proposición*) These *f;* (*trabajo*) Dissertation *f*

tesón [te'son] *m* Beharrlichkeit *f;* **trabajar con** ~ hart arbeiten

tesorería [tesore'ria] *f* **1.** (*cargo*) Schatzmeisteramt *nt* **2.** (*despacho, t.* FIN) Kasse *f*

tesorero, **-a** [teso'rero, -a] *m, f* Schatzmeister(in) *m(f)*

tesoro [te'soro] *m* **1.** (*de gran valor*) Schatz *m* **2.** (*fortuna*) Vermögen *nt;* ~ (**público**) Fiskus *m* **3.** (*cariño*) Schatz *m*

test [tes[t]] *m* Test *m*

testamentario, **-a** [testamen̩'tarjo, -a] **I.** *adj* testamentarisch **II.** *m, f* Testamentsvollstrecker(in) *m(f)*

testamento [testa'men̩to] *m* Testament *nt*

testar [tes'tar] *vi* sein Testament machen

testarudo, **-a** [testa'ruðo, -a] *adj* dickköpfig

testículo [tes'tikulo] *m* Hoden *m*

testificar [testifi'kar] <c→qu> **I.** *vt* **1.** (*declarar*) erklären; (*testigo*) aussagen **2.** (*afirmar: testigo*) bezeugen **II.** *vi* (als Zeuge) aussagen

testigo [tes'tiɣo] *mf* (*t.* JUR) Zeuge, -in *m, f;* ~ **de cargo/de descargo** Belastungs-/Entlastungszeuge *m;* ~ **de matrimonio** Trauzeuge *m;* ~ **ocular** Augenzeuge *m;* **fui** ~ **del accidente** ich habe den Unfall gesehen

testimoniar [testimo'njar] **I.** *vt* **1.** (*declarar*) aussagen **2.** (*afirmar*) bezeugen **3.** (*dar muestra*) bekunden **4.** (*probar*) beweisen **II.** *vi* (als Zeuge) aussagen

testimonio [testi'monjo] *m* **1.** (*declaración*) Aussage *f;* **dar** ~ aussagen **2.** (*afirmación*) Bezeugung *f* **3.** (*muestra*) Bekundung *f* **4.** (*prueba*) Beweis *m*

teta ['teta] *f* (*pecho*) Brust *f;* (*ubre*) Euter *m*

tétano(s) ['tetano(s)] *m* (*inv*) Wundstarrkrampf *m*

tetera [te'tera] *f* **1.** (*para té*) Teekanne *f* **2.** (*Am*) Sauger *m* **3.** (*Am*) *v.* **tetero**

tetero [te'tero] *m* (*Am*) (Saug)flasche *f*

tetilla [te'tiʎa] *f* **1.** (*biberón*) Sauger *m* **2.** (*animal*) Zitze *f* **3.** (*queso*) Tetilla *m* (*galicischer Käse*)

tétrico, **-a** ['tetriko, -a] *adj* düster

textil [tes'til] *adj* textil

texto ['testo] *m* Text *m;* **libro de** ~ Schulbuch *nt*

textual [testu'al] *adj* **1.** (*relativo al texto*) textuell **2.** (*conforme al texto*) textgemäß; (*literal*) wörtlich

textura [tes'tura] *f* **1.** (*acción*) Weben *nt* **2.** (*tejido*) Gewebe *nt* **3.** (*estructura*) Struktur *f;* (GEO, QUÍM) Textur *f*

tez [teθ] *f* (Gesichts)haut *f;* **de** ~ **morena** dunkelhäutig

ti [ti] *pron pers:* **a** ~ (*objeto directo*) dich; (*indirecto*) dir; **de** ~ von dir; **para** ~ für dich; **por** ~ deinetwegen

tía ['tia] *f* **1.** (*pariente, señora*) Tante *f;* **¡(cuéntaselo a) tu** ~**!** (*fam*) das kannst du deiner Großmutter erzählen!; **no hay tu** ~ (*fam*) da ist nichts zu machen **2.** (*fam: mujer*) Frau *f;* (*pey*) Tante *f;* **¡qué** ~ **más buena!** so ein Klasseweib!; **vaya** ~ **más tonta** so eine blöde Kuh **3.** (*fam: tratamiento*): **pero** ~**, ¿qué te pasa,** ~**?** Mensch, was ist denn mit dir los?

tibetano, **-a** [tiβe'tano, -a] *adj* tibetisch

tibia ['tiβja] *f* Schienbein *nt*

tibiarse [ti'βjarse] *vr* (*AmC, Ven*) böse werden

tibio, **-a** ['tiβjo, -a] *adj* **1.** (*temperatura*) lau(warm); (*carácter, sentimiento*) lau **2.** (*Am: fam: enfadado*) sauer

tiburón [tiβu'ron] *m* Hai(fisch) *m*

tic [ti[k]] *m* <tics> Tick *m*

tictac [tik'tak] *interj* ticktack; **hacer** ~ ticken

tiemple ['tjemple] *m* (*Chil: amor*) Liebe *f;* (*pasión*) Leidenschaft *f*

tiempo ['tjempo] *m* **1.** (*momento, duración, periodo*) Zeit *f;* ~ **libre** Freizeit *f;* **los buenos** ~**s** die gute alte Zeit; **a** ~ rechtzeitig; **a su** ~ zu gegebener Zeit; **todo a su** ~ alles zu seiner Zeit; **al** (**mismo**) ~**, a un** ~ gleichzeitig; **al** ~ **que...** während ...; **antes de** ~

vorzeitig; **llegar antes de** ~ zu früh kommen; **hazlo con** ~ lass dir Zeit; **de** ~ **en** ~ von Zeit zu Zeit; **dar** ~ **al** ~ abwarten; **hace** ~ **que...** es ist schon lange (Zeit) her, dass ...; **hacer** ~ sich *dat* die Zeit vertreiben; **hay** ~ wir haben genug Zeit; **si me da** ~**...** wenn ich Zeit habe, ...; **ya es** ~ **que...** +*subj* es wird Zeit, dass ... **2.** (*época*) Zeit *f* **3.** (METEO) Wetter *nt;* **cerveza del** ~ ungekühltes Bier; **hoy hace mal** ~ heute ist schlechtes Wetter **4.** (LING) Tempus *nt*

tienda ['tjen̪da] *f* **1.** (*establecimiento*) Laden *m;* ~ **de comestibles** Lebensmittelgeschäft *nt* **2.** ~ (**de campaña**) Zelt *nt*

tierno, -a ['tjerno, -a] **I.** *adj* **1.** (*blando*) zart; (*pan, dulces*) mürb(e) **2.** (*suave, delicado, sensible*) zart **3.** (*cariñoso*) zärtlich **4.** (*AmS*) unreif **II.** *m, f* (*Guat, Nic*) Säugling *m*

tierra ['tjerra] *f* **1.** (*materia, superficie, planeta*) Erde *f;* **echar** ~ **a algo** (*fig*) etw vertuschen **2.** (*firme*) (Fest)land *nt;* ~ **adentro** landeinwärts; **tomar** ~ landen **3.** (*región*) Gegend *f;* **Tierra Santa** Heiliges Land **4.** (*hacienda*) Land *nt*

tieso, -a ['tjeso, -a] *adj* **1.** (*rígido*) steif **2.** (*erguido*) aufrecht; (*orejas*) gespitzt **3.** (*serio*) steif **4.** (*engreído*) arrogant; **no te pongas** ~ jetzt werd bloß nicht unverschämt

tiesto ['tjesto] *m* Blumentopf *m*

tifón [ti'fon] *m* Taifun *m*

tifus ['tifus] *m inv* Typhus *m*

tigre, -a[1] ['tiɣre, -a] *m, f* (*Am*) Jaguar *m*

tigre(sa)[2] ['tiɣre, ti'ɣresa] *m(f)* Tiger(in) *m(f)*

tijera [ti'xera] *f* **1.** *(pl)* (*utensilio, con esta forma*) Schere *f;* **silla de** ~ Klappstuhl *m;* **echar** ~ **a algo** (*fam*) etw abschneiden **2.** (*persona*) Lästermaul *nt fam* **3.** (DEP) Schere *f*

tijera(s) [ti'xera] *f (pl)* Schere *f*

tijereta [tixe'reta] *f* Ohrwurm *m*

tijeretazo [tixere'taθo] *m* Schnitt *m* mit der Schere

tila ['tila] *f* Lindenblütentee *m*

tilde ['til̪de] *f* (*acento*) Akzent *m;* (*de la ñ*) Tilde *f*

tiliches [ti'litʃes] *mpl* (*AmC, Méx*) Gerümpel *nt*

tilín [ti'lin] *m* **1.** (*sonido*) Klingeln *nt;* **¡~!** klingeling! **2.** (*loc*): **hacer** ~ gefallen

tilingo, -a [ti'liŋgo, -a] *adj* (*CSur, Méx*) leichtsinnig; (*Arg*) schwachsinnig

tilo ['tilo] *m* Linde *f*

timador(a) [tima'ðor(a)] *m(f)* Betrüger(in) *m(f)*

timar [ti'mar] *vt* **1.** (*estafar*) ergaunern **2.** (*engañar*) betrügen; (*mentir*) beschwindeln

timbrazo [tim'braθo] *m* Klingeln *nt*

timbre ['timbre] *m* **1.** (*aparato*) Klingel *f;* **han tocado el** ~ es hat geklingelt **2.** (*t.* MÚS) Timbre *nt*

timidez [timi'ðeθ] *f* Schüchternheit *f*

tímido, -a ['timiðo, -a] *adj* schüchtern

timo ['timo] *m* Betrug *m*

timón [ti'mon] *m* Steuer *nt*

tímpano ['timpano] *m* (ANAT) Trommelfell *nt;* (*instrumento*) Pauke *f*

tina ['tina] *f* Kübel *m;* (*Am*) Badewanne *f*

tinerfeño, -a [tiner'feɲo, -a] *adj* aus Teneriffa

tinga ['tiŋga] *f* (*Méx*) Remmidemmi *nt fam*

tinglado [tiŋ'glaðo] *m* (*cobertizo*) Schuppen *m*

tiniebla [ti'njeβla] *f* Finsternis *f*

tino ['tino] *m* **1.** (*puntería*) Treffsicherheit *f* **2.** (*destreza*) Geschicklichkeit *f* **3.** (*moderación*) Mäßigkeit *f;* **sin** ~ ohne Maß und Ziel; **estar a** ~ gelegen sein

tinta ['tin̪ta] *f* Tinte *f;* ~ **china** Tusche *f;* ~ **de imprenta** Druckfarbe *f;* **saber algo de buena** ~ etw aus guter Quelle haben; **sudar** ~ sich abmühen

tinte ['tin̪te] *m* (*teñidura*) Färben *nt;* (*colorante*) Färbemittel *nt;* (*tintorería*) Reinigung *f;* (*apariencia*) (An)schein *m*

tintero [tin̪'tero] *m* Tintenfass *nt;* **dejar(se) algo en el** ~ (*fig*) etw nicht erwähnen

tinto, -a ['tin̪to, -a] *adj* (wein)rot; **vino** ~ Rotwein *m*

tintorería [tin̪tore'ria] *f* (chemische) Reinigung *f*

tintorro [tin̪'torro] *m* (*fam*) (schlechter) Rotwein *m*

tintura [tin̪'tura] *f* **1.** (*tinte*) Färben *nt* **2.** (*colorante*) Färbemittel *nt* **3.** (*maquillaje*) Schminke *f* **4.** (MED) Tinktur *f*

tiña ['tiɲa] *f* (MED) Grind *m;* (*fam*) Schäbigkeit *f*

tiñoso, -a [ti'ɲoso, -a] *adj* (MED) grindig; (*fam*) schäbig

tío, -a ['tio, -a] *m, f* **1.** (*pariente*) Onkel *m,* Tante *f* **2.** (*fam: hombre*) Kerl *m;* **¡oye** ~ **!**

Mensch!

tiovivo [tio'βiβo] *m* Karussell *nt*

típico, -a ['tipiko, -a] *adj* typisch (*de* für +*akk*)

tiple[1] ['tiple] *mf* (*persona*) Sopran *m*

tiple[2] ['tiple] *m* (*voz*) Sopranstimme *f*

tipo[1] ['tipo] *m* **1.** (*modelo*) Modell *nt* **2.** (*espécimen*) Typ(us) *m* **3.** (*cuerpo*) Körperbau *m;* **tener buen ~** eine gute Figur haben; **arriesgar el ~** (*fam*) sein Leben aufs Spiel setzen; **mover el ~** (*fam*) tanzen **4.** (*clase*) Art *f* **5.** (FIN) Satz *m;* **~ de cambio** Wechselkurs *m*

tipo, -a[2] ['tipo, -a] *m, f* (*fam*) Mann *m,* Frau *f;* (*pey*) Type *f*

tiquet ['tike^{t}] *m* <tiquets> Ticket *nt;* (*de viaje*) Fahrschein *m;* (*de espectáculos*) Eintrittskarte *f;* (*de compra*) Kassenzettel *m*

tiquismiquis [tikis'mikis] *mf inv* umständlicher Mensch *m*

tira ['tira] *f* **1.** (*banda*) Band *nt,* Streifen *m;* **hacer ~s algo** etw zerreißen **2.** (*argot: mucho*): **esto me ha gustado la ~** das hat mir super gefallen

tirabuzón [tiraβu'θon] *m* **1.** (*rizo*) (Korkenzieher)locke *f* **2.** (*sacacorchos*) Korkenzieher *m*

tirachinas [tira'ʧinas] *m inv* Gummischleuder *f*

tirada [ti'raða] *f* **1.** (*edición*) Auflage *f;* **de una ~** (*fig*) auf einen Streich **2.** (*distancia*) Entfernung *f*

tirado, -a [ti'raðo, -a] *adj* (*fam: con estar: barato*) spottbillig; (*pey: con ser: descuidado*) schlampig; (*fam: fácil*) kinderleicht

tiranía [tira'nia] *f* Tyrannei *f*

tiránico, -a [ti'raniko, -a] *adj* tyrannisch

tiranizar [tirani'θar] <z→c> *vt* tyrannisieren

tirano, -a [ti'rano, -a] **I.** *adj* tyrannisch **II.** *m, f* Tyrann(in) *m(f)*

tirante [ti'ran̪te] **I.** *adj* **1.** (*tieso*) straff **2.** (*conflictivo*) gespannt; **estar ~ con alguien** eine gespannte Beziehung zu jdm haben **II.** *m* Träger *m;* **~s** (**elásticos**) Hosenträger *mpl*

tirantez [tiran̪'teθ] *f* Spannung *f*

tirar [ti'rar] **I.** *vi* **1.** (*arrastrar*) ziehen (*de* an +*dat*); **tira y afloja** Tauziehen *nt;* **a todo ~** höchstens **2.** (*atraer*) anziehen **3.** (*sacar*) hervorziehen (*de* +*akk*) **4.** (*chimenea*) ziehen **5.** (*colores*): **~ a rojo** ins Rote spielen **6.** (*disparar*) schießen (*a* auf +*akk*); **~ al blanco** das Ziel treffen **7.** (*loc*): **¿cómo estás? – voy tirando** wie geht's? – es geht so **II.** *vt* **1.** (*lanzar*) werfen; **~ piedras a alguien** mit Steinen nach jdm werfen **2.** (*desechar*) wegwerfen **3.** (*disparar*) schießen **4.** (*derribar*) zu Boden werfen **III.** *vr:* **~se 1.** (*lanzarse*) sich stürzen (*a* in +*akk, sobre* auf +*akk*) **2.** (*fam: pasar*) verbringen; **~se una hora esperando** eine ganze Stunde warten **3.** (*vulg*): **~se a alguien** es mit jdm treiben

tirita [ti'rita] *f* (Heft)pflaster *nt*

tiritar [tiri'tar] *vi* frösteln (*de* vor +*dat*)

tiritón [tiri'ton] *m* Schauder *m*

tiro ['tiro] *m* **1.** (*lanzamiento*) Wurf *m;* **~ a portería** Torwurf *m* **2.** (*disparo*) Schuss *m;* **~ al aire** Warnschuss *m;* **a ~** in Schussweite; (*fig*) erreichbar; **no van por ahí los ~s** (*fam*) die Sache verhält sich anders **3.** (*loc*): **ni a ~s** nicht um alles in der Welt; **sentar como un ~** (*noticia*) umhauen +*akk*

tiroides [ti'roi̯ðes] *m inv* Schilddrüse *f*

tirolés, -esa [tiro'les, -esa] *adj* tirol(er)isch

tirón [ti'ron] *m:* **de un ~** (*de una vez*) in einem Zug

tiroteo [tiro'teo] *m* Schießerei *f*

tisana [ti'sana] *f* Heilkräutertee *m*

tísico, -a ['tisiko, -a] **I.** *adj* (MED) schwindsüchtig **II.** *m, f* Schwindsüchtige(r) *mf*

tisis ['tisis] *f inv* Schwindsucht *f*

titanio [ti'tanjo] *m* Titan *nt*

títere ['titere] *m* **1.** (*muñeco*) Handpuppe *f;* (*t. fig*) Marionette *f;* **no dejar ~ con cabeza** alles kurz und klein schlagen **2.** *pl* (*espectáculo*) Puppentheater *nt*

tito, -a ['tito, -a] *m, f* (*fam*) *dim de* **tío**

titubear [tituβe'ar] *vi* **1.** (*vacilar*) schwanken; (*fig*) zögern **2.** (*balbucear*) stammeln

titubeo [titu'βeo] *m* **1.** (*vacilación*) Schwanken *nt;* (*fig*) Zögern *nt* **2.** (*balbuceo*) Stammeln *nt*

titulación [titula'θjon] *f* (*denominación*) Betitelung *f;* (*académica*) akademischer Titel *m*

titular[1] [titu'lar] *mf* Inhaber(in) *m(f)*

titular[2] [titu'lar] **I.** *m* Überschrift *f;* **aparecer en los ~es** Schlagzeilen machen **II.** *vt:* **el libro se titula...** das Buch trägt den Titel ...

título ['titulo] *m* (*rótulo, dignidad*) Titel *m;* (*diploma*) Diplom *nt*

tiza ['tiθa] *f* Kreide *f*
toalla [to'aʎa] *f* Handtuch *nt;* **arrojar la ~** (*fig*) das Handtuch werfen
toallero [toa'ʎero] *m* Handtuchhalter *m*
tobillera [toβi'ʎera] *f* Stützverband *m* (*am Knöchel*)
tobillo [to'βiʎo] *m* (Fuß)knöchel *m*
tobo ['toβo] *m* (*Ven*) Eimer *m*
tobogán [toβo'ɣan] *m* Rutschbahn *f*
toca ['toka] *f* Haube *f*
tocadiscos [toka'ðiskos] *m inv* Plattenspieler *m*
tocado, **-a** [to'kaðo, -a] *adj* verrückt; **estar ~** (**de la cabeza**) nicht recht bei Verstand sein
tocador [toka'ðor] *m* (*mueble*) Toilettentisch *m;* (*habitación*) Toilette *f*
tocar [to'kar] <c→qu> **I.** *vt* **1.** (*contacto*) berühren; **¡toca madera!** klopf auf Holz!; **~ un tema** ein Thema streifen **2.** (MÚS) spielen; (*campana*) läuten; **~ a misa** zur Messe läuten; **~ el timbre** klingeln **II.** *vi* **1.** (*corresponder*) zustehen; **te toca jugar** du bist dran **2.** (*obligación*): **me toca barrer el patio** es ist meine Aufgabe, den Hof zu kehren **3.** (*llegar el momento oportuno*) an der Zeit sein; **toca ir a la compra** es ist an der Zeit, einkaufen zu gehen **4.** (*caer en suerte*) entfallen (*a* auf +*akk*) **III.** *vr:* **~se** sich berühren
tocateja [toka'texa]: **a ~** in bar
tocayo, **-a** [to'kaɟo, -a] *m, f* Namensvetter(in) *m(f)*
tocino [to'θino] *m* Speck *m*
tocología [tokolo'xia] *f sin pl* Geburtshilfe *f*
tocólogo, **-a** [to'koloɣo, -a] *m, f* Geburtshelfer(in) *m(f)*
tocón [to'kon] *m* (BOT) (Baum)stumpf *m*
todavía [toða'βia] *adv* **1.** (*aún*) noch; **~ no** noch nicht **2.** (*sin embargo*) trotzdem
todo[1] ['toðo] **I.** *pron indef* alles; **~ lo que** [*o* **cuanto**]**...** alles, was ...; (**o**) **~ o nada** (entweder) alles oder nichts; **sobre** [*o* **ante**] **~** vor allem; **después de ~** (*fam*) letztendlich; **y ~** sogar; **me invitó a comer y ~** er/sie hat mich sogar zum Essen eingeladen **II.** *adv* (*fam*) ganz, völlig **III.** *m sin pl* Ganze(s) *nt;* **del ~** ganz und gar; **no del ~** nicht ganz
todo, **-a**[2] ['toðo, -a] *adj indef* **1.** (*entero*) ganz; **toda la familia** die ganze Familie; **a toda prisa** in aller Eile **2.** (*cada*) jede(r, s); **a toda costa** um jeden Preis **3.** *pl* alle; **~s los niños** alle Kinder; **en todas partes** überall; **de ~s modos** auf alle Fälle; **de todas todas** so oder so **4.** (*intensificación*): **ser ~ nervios** ein einziges Nervenbündel sein
todopoderoso, **-a** [toðopoðe'roso, -a] *adj* allmächtig
todoterreno [toðote'rreno] *m* Geländefahrzeug *nt*
toldo ['tol̪do] *m* Sonnendach *nt;* (*en el balcón*) Markise *f*
toledano, **-a** [tole'ðano, -a] *adj* aus Toledo
tolerancia [tole'ran̟θja] *f* Toleranz *f*
tolerante [tole'ran̪te] *adj* tolerant
tolerar [tole'rar] *vt* **1.** (*soportar*) ertragen; (*alimentos, medicinas*) vertragen **2.** (*permitir*) dulden **3.** (*aceptar*) tolerieren
toma [toma] *f* **1.** (*adquisición*) Nehmen *nt;* **~ de poder** Machtergreifung *f;* **~ de posesión** Amtsübernahme *f* **2.** (*conquista*) Einnahme *f;* **~ por asalto** Erstürmung *f* **3.** (*dosis*) Dosis *f* **4.** (TÉC) Anschluss *m* **5.** (*grabación*) Aufnahme *f*
tomadura [toma'ðura] *f:* **~ de pelo** Scherz *m*
tomar [to'mar] **I.** *vi* abbiegen; **~ por la derecha** nach rechts abbiegen **II.** *vt* **1.** (*coger*) nehmen; **~ una decisión** eine Entscheidung treffen; **~ el sol** sich sonnen; **toma buena nota de lo que te digo** merk dir gut, was ich dir sage **2.** (*comer, beber*) zu sich *dat* nehmen; **~ café** Kaffee trinken **3.** (*interpretar*) auffassen; **~ a la ligera** auf die leichte Schulter nehmen; **~ a mal** übel nehmen; **~ en serio** ernst nehmen **4.** (*adquirir*) erwerben; **~ conciencia de algo** sich *dat* einer Sache bewusst werden **5.** (*sentir*) empfinden; **~ confianza a alguien** zu jdm Vertrauen fassen **6.** (*conquistar*) einnehmen **7.** (*Am*): **~la** sich betrinken **8.** (*loc*): **¡vete a ~ por culo!** (*vulg*) leck mich am Arsch!; **¡toma!** sieh mal an! **III.** *vr:* **~se 1.** (*coger*) sich *dat* nehmen; **~se libertades** sich *dat* Freiheiten herausnehmen; **~se unas vacaciones** sich *dat* ein paar Tage Urlaub nehmen **2.** (*comer, beber*) zu sich *dat* nehmen; **me he tomado un vaso de leche** ich habe ein Glas Milch getrunken **3.** (*Am*): **tomársela** sich betrinken
tomate [to'mate] *m* **1.** Tomate *f;* **ponerse rojo como un ~** knallrot werden **2.** (*fam: jaleo*) Durcheinander *nt*
tómbola ['tombola] *f* Tombola *f*
tomillo [to'miʎo] *m* Thymian *m*

T

tomo ['tomo] *m* Band *m;* **de cuatro ~s** vierbändig

ton [ton] (*fam*): **sin ~ ni son** völlig grundlos

tonalidad [tonali'ðaᵈ] *f* (LING) Tonfall *m;* (MÚS) Tonart *f;* (ARTE) Schattierung *f*

tonel [to'nel] *m* (*barril*) Fass *nt;* (*fam: gordo*) Tonne *f*

tonelada [tone'laða] *f* Tonne *f*

tonelaje [tone'laxe] *m* **1.** (*capacidad*) Tonnage *f* **2.** (*peso*) Ladegewicht *nt*

tónica ['tonika] *f* Tonic(water) *nt*

tónico, -a ['toniko, -a] *adj* **1.** (LING) betont **2.** (MÚS) tonisch; **nota tónica** Grundton *m* **3.** (MED) stärkend

tonificar [tonifi'kar] <c→qu> *vt* stärken

tonillo [to'niʎo] *m* (*deje*) Tonfall *m*

tono ['tono] *m* **1.** (*altura*) Tonlage *f;* **~ agudo/grave** hohe/tiefe Tonlage **2.** (*señal*) Ton *m;* **~ de marcar** (TEL) Freizeichen *nt* **3.** (*intensidad*) Lautstärke *f;* **bajar el ~** die Lautstärke dämpfen **4.** (*deje, estilo, grado de color*) Ton *m;* **en ~ de reproche** in vorwurfsvollem Ton; **bajar el ~** seinen Ton mäßigen

tontaina [ton̩'tai̯na] *mf* (*fam*) Dummkopf *m*

tontear [ton̩te'ar] *vi* (*bobear*) (herum)albern; (*fam*) flirten

tontería [ton̩te'ria] *f* (*memez*) Dummheit *f;* (*nadería*) Lappalie *f*

tonto, -a ['ton̩to, -a] *adj* dumm

topacio [to'paθjo] *m* Topas *m*

topar [to'par] **I.** *vi* stoßen (*con* auf +*akk*) **II.** *vt* (*hallar: algo*) stoßen (auf +*akk*); (*a alguien*) treffen (*a* +*akk*) **III.** *vr:* **~se** (*chocar*) zusammenstoßen; (*encontrar*) zufällig treffen (*con* +*akk*)

tope ['tope] **I.** *adj* Höchst- **II.** *m* Spitze *f;* **estar hasta el ~** (*lleno*) überfüllt sein; (*harto*) die Nase voll haben

tópico[1] ['topiko] *m* Klischee *nt*

tópico, -a[2] ['topiko, -a] *adj:* **de uso ~** zur äußerlichen Anwendung

topless ['toβles] *m:* **en ~** oben ohne

topo ['topo] *m* (*roedor, espía*) Maulwurf *m;* (*torpe*) Tölpel *m*

topografía [topoɣra'fia] *f* Topographie *f*

topónimo [to'ponimo] *m* Ortsname *m*

toque ['toke] *m* **1.** (*roce*) Berührung *f* **2.** (*golpe*) Klopfen *nt* **3.** (*sonido*): **~ de atención** Warnsignal *nt* **4.** (*advertencia*) Hinweis *m* **5.** (*matiz*) Hauch *m* **6.** (*modificación*) kleinere Veränderung *f;* **dar los últimos ~s a algo** etw *dat* den letzten Schliff geben

toquetear [tokete'ar] *vt* (*fam*) befummeln

toquilla [to'kiʎa] *f* Schultertuch *nt*

tórax ['toraʸs] *m inv* Brustkorb *m*

torbellino [torβe'ʎino] *m* Wirbel *m;* **ser un ~** ein richtiger Wirbelwind sein

torcer [tor'θer] *irr como cocer* **I.** *vi* abbiegen; **~ a la izquierda** nach links abbiegen **II.** *vt* **1.** (*encorvar*) biegen **2.** (*dar vueltas, desviar*) (ver)drehen; **~ el cuello a alguien** jdm den Hals umdrehen **3.** (*referente al gesto*): **~ el gesto** das Gesicht verziehen **III.** *vr:* **~se 1.** (*encorvarse*) sich biegen **2.** (*dislocarse*) sich *dat* zerren; **me he torcido el pie** ich bin mit dem Fuß umgeknickt **3.** (*corromperse*) auf Abwege geraten

torcida [tor'θiða] *f* Docht *m*

torcido, -a [tor'θiðo, -a] *adj* (*ladeado*) schief; (*encorvado*) krumm; (*artero*) unaufrichtig

tordo ['torðo] *m* Drossel *f*

torear [tore'ar] **I.** *vi* (*lidiar*) mit Stieren kämpfen **II.** *vt* **1.** (*lidiar*) kämpfen (mit +*dat*) **2.** (*evitar*) geschickt aus dem Wege gehen +*dat* **3.** (*engañar*) etwas vormachen +*dat*

toreo [to'reo] *m* (*tauromaquia*) Stierkampfkunst *f;* (*lidia*) Stierkampf *m*

torera [to'rera] *f* Bolero *m*

torero, -a [to'rero, -a] **I.** *adj* (*fam*) Stierkampf- **II.** *m, f* Stierkämpfer(in) *m(f);* **saltarse algo a la torera** sich um etw nicht scheren

tormenta [tor'men̩ta] *f* (*temporal, t. fig*) Gewitter *nt;* (*agitación*) Sturm *m*

tormento [tor'men̩to] *m* **1.** (*castigo*) Folter *f;* **potro de ~** Folterbank *f* **2.** (*congoja*) Qual *f*

tormentoso, -a [tormen̩'toso, -a] *adj* stürmisch

torna ['torna] *f:* **se vuelven las ~s** das Blatt wendet sich

tornado [tor'naðo] *m* Wirbelsturm *m*

tornar [tor'nar] **I.** *vi* zurückkehren; **~ en sí** wieder zu sich *dat* kommen; **~ a hacer algo** etw wieder tun **II.** *vt* **1.** (*devolver*) zurückgeben **2.** (*cambiar*) verwandeln; **~ triste** traurig machen **III.** *vr:* **~se** sich verwandeln; **~se gris** grau werden

torneo [tor'neo] *m* Turnier *nt*

tornillo [tor'niʎo] *m* Schraube *f;* **apretar**

un ~ eine Schraube anziehen; **te falta un** ~ bei dir ist eine Schraube locker

torno ['torno] *m* **1.** (*máquina*) Drehbank *f;* (*de alfarero*) Drehscheibe *f* **2.** (*loc*): **en** ~ **a** um ... herum; **en** ~ **a ese tema** zu diesem Thema

toro ['toro] *m* **1.** (*animal*) Stier *m;* **coger el** ~ **por los cuernos** (*fig*) den Stier bei den Hörnern packen **2.** *pl* (*toreo*) Stierkampf *m*

torpe ['torpe] *adj* (*pesado*) schwerfällig; (*inhábil*) ungeschickt

torpedo [tor'peðo] *m* Torpedo *m*

torpeza [tor'peθa] *f* (*pesadez*) Schwerfälligkeit *f;* (*inhabilidad*) Ungeschicklichkeit *f*

torrar [to'rrar] *vt* rösten

torre ['torre] *f* Turm *m;* ~ **de alta tensión** Hochspannungsmast *m;* ~ **de viento** (*fig*) Luftschloss *nt*

torrefacto, -a [torre'fakto, -a] *adj* geröstet

torreja [to'rrexa] *f* (*Am:* GASTR) ≈armer Ritter *m*

torrencial [torreṇ'θjal] *adj:* **lluvia** ~ sündflutartiger Regen

torrente [to'rreṇte] *m* **1.** (*corriente*) Sturzbach *m* **2.** (*multitud*) Schwall *m*

torrezno [to'rreθno] *m* gebratene Speckscheibe *f*

tórrido, -a ['torriðo, -a] *adj* (*elev*) heiß

torrija [to'rrixa] *f* (GASTR) ≈armer Ritter *m*

torsión [tor'sjon] *f* (*desviación*) Drall *m;* ~ **hacia la izquierda** Linksdrall *m*

torso ['torso] *m* Rumpf *m*

torta ['torta] *f* **1.** (*pastel*) Kuchen *m;* (*Am*) Torte *f;* **no saber ni** ~ (*fam*) keinen blassen Schimmer haben **2.** (*fam: bofetada*) Ohrfeige *f;* **darse una** ~ sich stoßen

tortazo [tor'taθo] *m* (*fam*) **1.** (*bofetada*) Ohrfeige *f* **2.** (*choque*) Stoß *m;* **darse un** ~ sich heftig stoßen

tortilla [tor'tiʎa] *f* (*de huevos*) Omelett(e) *nt;* (*Am*) Maisfladen *m*

In Spanien versteht man unter **tortilla** eine Art Omelett; eine **tortilla de patatas** ist ein Omelett mit Kartoffeln und Zwiebeln; **tortillas** gibt es auch mit anderen Zutaten: **Spinat, Thunfisch, Spargel** usw. In Lateinamerika, speziell in Mexiko, bezeichnet die **tortilla** ein Fladenbrot, das mit Maismehl zubereitet wird. Die **tortilla** ist hier Grundnahrungsmittel.

tortillera [torti'ʎera] *m* (*vulg*) Lesbe *f fam*

tortuga [tor'tuɣa] *f* Schildkröte *f;* **a paso de** ~ im Schneckentempo

tortura [tor'tura] *f* Folter *f*

torturar [tortu'rar] *vt* foltern

tos [tos] *f* Husten *m;* ~ **ferina** Keuchhusten *m*

tosco, -a ['tosko, -a] *adj* grob

toser [to'ser] *vi* husten

tostada [tos'taða] *f* Toast *m*

tostador [tosta'ðor] *m* Toaster *m*

tostar [tos'tar] <o→ue> **I.** *vt* (*torrar*) rösten; (*pan*) toasten **II.** *vr:* **~se** sich bräunen

tostón [tos'ton] *m* (*de pan*) Croûton *m;* (*cochinillo*) gebratenes Spanferkel *nt;* (*persona pesada*) Klette *f*

total [to'tal] **I.** *adj* total; **importe** ~ Gesamtbetrag *m;* **en** ~ insgesamt **II.** *m* (MAT) (Gesamt)summe *f* **III.** *adv* also

totalidad [totali'ðaᵈ] *f* Gesamtheit *f;* **en su** ~ in vollem Umfang

totalitario, -a [totali'tarjo, -a] *adj* (*completo*) umfassend; (*dictatorial*) totalitär

totalmente [total'meṇte] *adv* völlig

tóxico, -a ['toʸsiko, -a] *adj* giftig

toxicomanía [toʸsikoma'nia] *f sin pl* Rauschgiftsucht *f*

toxicómano, -a [toʸsi'komano, -a] *adj* rauschgiftsüchtig

tozudo, -a [to'θuðo, -a] *adj* dickköpfig

traba ['traβa] *f* Hindernis *nt*

trabajador(a) [traβaxa'ðor(a)] **I.** *adj* fleißig **II.** *m(f)* Arbeiter(in) *m(f)*

trabajar [traβa'xar] **I.** *vi* arbeiten; ~ **de vendedora** als Verkäuferin arbeiten **II.** *vt* bearbeiten

trabajo [tra'βaxo] *m* Arbeit *f;* ~ **en cadena** Fließbandarbeit *f;* ~ **a destajo** Akkordarbeit *f;* ~ **estacional** Saisonarbeit *f;* **costar** ~ Mühe kosten

trabajoso, -a [traβa'xoso, -a] *adj* mühsam

trabalenguas [traβa'leŋgwas] *m inv* Zungenbrecher *m*

trabar [tra'βar] *vr:* **~se** sich verheddern; **~se la lengua** stottern

trabilla [tra'βiʎa] *f* Schlaufe *f;* (*en la pernera*) Steg *m*

tracción [traʸ'θjon] *f* (*tirar*) Ziehen *nt;* (*accionar*) Antrieb *m*

tractor [trak'tor] *m* Traktor *m*

tradición [traði'θjon] *f* Tradition *f*

tradicional [traðiθjo'nal] *adj* traditionell

traducción [traðuʸ'θjon] *f* Übersetzung *f;*

T

~ **al/del inglés** Übersetzung ins Englische/aus dem Englischen

traducir [traðu'θir] *irr vt* übersetzen

traductor(a) [traðuk'tor(a)] *m(f)* Übersetzer(in) *m(f)*

traer [tra'er] *irr* **I.** *vt* **1.** (*llevar: a alguien*) bringen; (*consigo*) bei sich *dat* haben; **tengo una carta para ti – trae** ich habe einen Brief für dich – gib ihn her **2.** (*ir a por*) holen **3.** (*ocasionar*) mit sich bringen **4.** (*más adjetivo*): ~ **preocupado a alguien** jdm Sorgen machen; ~ **frito a alguien** (*fam*) jdn den letzten Nerv kosten **5.** (*más sustantivo*): ~ **retraso** mit Verspätung kommen; ~ **prisa** es eilig haben; ~ **hambre** Hunger haben **6.** (*loc*): **¿qué te trae por aquí?** was führt dich hierher?; **esto me trae sin cuidado** das ist mir egal **II.** *vr:* ~**se 1.** (*llevar a cabo*): ~**se algo entre manos** etw laufen haben **2.** (*loc*): **este examen se las trae** diese Prüfung hat es in sich

traficante [trafi'kaṇte] *mf* Händler(in) *m(f)*; (*de drogas*) Dealer(in) *m(f)*

traficar [trafi'kar] <c→qu> *vi* handeln (*en* mit +*dat*); (*con drogas*) dealen (*con/en* mit +*dat*)

tráfico ['trafiko] *m* **1.** (COM) Handel *m;* (*de drogas*) Drogenhandel *m;* ~ **de influencias** Vetternwirtschaft *f* **2.** (*de vehículos*) Verkehr *m;* ~ **por carretera** Straßenverkehr *m*

tragaderas [traɣa'ðeras] *fpl:* **tener buenas** ~ (*fam*) ein Vielfraß sein

tragaluz [traɣa'luθ] *m* Dachfenster *nt*

tragaperras [traɣa'perras] *f inv* Spielautomat *m*

tragar [tra'ɣar] <g→gu> **I.** *vt, vr:* ~**se 1.** (*comida, bebida, crítica*) (hinunter)schlucken **2.** (*devorar, t. fig*) verschlingen; **¡trágame tierra!** ich möchte vor Scham am liebsten im Erdboden versinken! **II.** *vt* (*soportar*): **no** ~ **a alguien** jdn nicht ausstehen können

tragedia [tra'xeðja] *f* Tragödie *f*

trágico, -a ['traxiko, -a] *adj* tragisch; **no te pongas** ~ stell dich nicht so an

trago ['traɣo] *m* **1.** (*de bebida*) Schluck *m;* **a** ~**s** schluckweise; **de un** ~ in einem Zug **2.** (*bebida*) Drink *m;* **tomar un** ~ **de más** (*fam*) einen über den Durst trinken **3.** (*experiencia*) bitteres Erlebnis *nt*

tragón, -ona ['traɣon, -ona] *m, f* (*fam*) Vielfraß *m*

traición [trai̯'θjon] *f* Verrat *m;* **matar a** ~ hinterrücks ermorden

traicionar [trai̯θjo'nar] *vt* verraten; (*adulterio*) betrügen; **la memoria me traiciona** mein Gedächtnis lässt mich im Stich

traicionero, -a [trai̯θjo'nero, -a] **I.** *adj* (*persona*) verräterisch; (*acción*) heimtückisch; (*memoria*) trügerisch; (*animal*) tückisch **II.** *m, f* Verräter(in) *m(f)*

traidor(a) [trai̯'ðor(a)] **I.** *adj* verräterisch; (*falso*) falsch **II.** *m(f)* Verräter(in) *m(f)*

traje ['traxe] *m* **1.** (*vestidura*) Kleidung *f;* ~ **de baño** Badeanzug *m;* ~ **de luces** Toreroanzug *m* **2.** (*de hombre*) Anzug *m;* ~ **hecho a la medida** Maßanzug *m* **3.** (*de mujer*) Kleid *nt;* ~ **de noche** Abendkleid *nt;* ~ **(de) chaqueta** Schneiderkostüm *nt*

trajín [tra'xin] *m:* **el** ~ **de la ciudad** das Gewühl in der Stadt; **había un gran** ~ es herrschte reger Betrieb

trajinar [traxi'nar] *vi:* **llevo todo el día trajinando** ich war heute sehr beschäftigt

trama ['trama] *f* **1.** (LIT) Handlung *f* **2.** (*intriga*) Intrige *f*

tramar [tra'mar] *vt* (*traición*) anzetteln; (*intriga, plan*) schmieden; **aquí se está tramando algo** hier ist etwas im Gange

tramitar [trami'tar] *vt* **1.** (*asunto*) erledigen; (*negocio*) abwickeln; **está tramitando el divorcio** er/sie hat die Scheidung eingereicht **2.** (*expediente*) bearbeiten

trámite ['tramite] *m* **1.** (*diligencias*): ~ **burocrático** Verfahrensweg *m* **2.** (*formalidad*) Formalität *f;* **¿has hecho los ~s para el pasaporte?** hast du schon deinen Pass beantragt?

tramo ['tramo] *m* (*de camino*) Abschnitt *m;* (*de escalera*) Treppenabschnitt *m*

trampa ['trampa] *f* **1.** (*para personas, animales*) Falle *f;* **caer en la** ~ (*animal*) in die Falle gehen; (*persona*) hereinfallen **2.** (*engaño*) Schwindel *m;* **hacer** ~ (*engañar*) schwindeln; (*jugando*) mogeln **3.** (*fam: deuda*) Schuld *f*

trampilla [tram'piʎa] *f* (*en habitación*) Falltür *f;* (*portezuela*) Klappe *f*

trampolín [trampo'lin] *m* (*de piscina*) Sprungbrett *nt;* (*de gimnasia*) Trampolin *nt*

tramposo, -a [tram'poso, -a] *adj* betrügerisch

tranca ['traŋka] *f:* **a ~s y barrancas** (*fam*) mit Müh und Not

trance ['traṇθe] *m* **1.** (*momento*): **pasar**

un ~ difícil Schweres durchmachen **2.** (*hipnótico*) Trance *f*

tranqui ['traŋki] *adj* (*fam*): **¡oye, ~!** reg dich wieder ab!

tranquilamente [traŋkila'men̪te] *adv* in Ruhe

tranquilidad [traŋkili'ða^{ð}] *f* (*calma, serenidad*) Ruhe *f;* (*despreocupación*) Unbekümmertheit *f;* **con mucha ~** seelenruhig; **trabajar con ~** ungestört arbeiten

tranquilizante [traŋkili'θan̪te] *m* Beruhigungsmittel *nt*

tranquilizar [traŋkili'θar] <z→c> *vt, vr:* **~se** (sich) beruhigen

tranquilla [traŋ'kiʎa] *f* Riegel *m*

tranquillo [traŋ'kiʎo] *m:* **cogerle el ~ a algo** bei etw *dat* den Dreh heraushaben

tranquilo, -a [traŋ'kilo, -a] *adj* **1.** (*no agitado*) ruhig; (*mar*) still; **¡déjame ~!** lass mich in Ruhe! **2.** (*persona: serena*) ruhig; (*con autocontrol*) gelassen; **tú ~, que no pasará nada** sei ruhig unbesorgt, es wird nichts geschehen

transacción [transak'θjon] *f* (COM) Geschäft *nt;* (FIN) Transaktion *f*

transandino, -a [transan̪'dino, -a] *adj* jenseits der Anden

transar [tran'sar] *vi* (*Am*) Kompromisse eingehen

transatlántico, -a [transað'lan̪tiko, -a] *adj* überseeisch; **barco ~** Passagierdampfer *m*

transbordador [tra^{n}sβorða'ðor] *m* (AERO, NÁUT) (Raum)fähre *f*

transbordar [tra^{n}sβor'ðar] *vi* umsteigen

transcender [tra^{n}sθen̪'der] <e→ie> *vi v.* **trascender**

transcurrir [tra^{n}sku'rrir] *vi* vergehen

transcurso [tra^{n}s'kurso] *m* Verlauf *m;* **en el ~ del día** im Laufe des Tages

transeúnte [transe'un̪te] *mf* Passant(in) *m(f)*

transferencia [tra^{n}sfe'ren̪θja] *f* (*traslado*) Verlegung *f;* (FIN) Überweisung *f*

transformación [tra^{n}sforma'θjon] *f* Verwandlung *f;* (*de costumbres*) Veränderung *f*

transformador [tra^{n}sforma'ðor] *m* (ELEC) Transformator *m*

transformar [tra^{n}sfor'mar] *vt* verwandeln; (*costumbres*) verändern

transfusión [tra^{n}sfu'sjon] *f* (Blut)transfusion *f*

transgresión [tra^{n}sɣre'sjon] *f* (*ley*) Übertretung *f;* (*orden*) Verstoß *m*

transición [transi'θjon] *f* Übergang *m*

transigente [transi'xen̪te] *adj* (*condescendiente*) nachgiebig; (*tolerante*) tolerant

transigir [transi'xir] <g→j> *vi* (*ceder*) nachgeben *+dat;* (*tolerar*) dulden (*con +akk*)

transistor [transis'tor] *m* Transistor *m*

transitable [transi'taβle] *adj* (*en coche*) befahrbar; (*a pie*) begehbar

transitar [transi'tar] *vi:* **una calle muy transitada** eine viel befahrene Straße

transitivo, -a [transi'tiβo, -a] *adj* transitiv

tránsito ['transito] *m* **1.** (*circulación*) Verkehr *m;* **de mucho ~** verkehrsreich **2.** (*de personas*) Durchreise *f;* (COM) Transit *m*

transitorio, -a [transi'torjo, -a] *adj* (*temporal*) vorübergehend; (*pasajero*) vergänglich

transmisión [tra^{n}smi'sjon] *f* **1.** (*de noticia*) Übermitt(e)lung *f* **2.** (TV, RADIO, INFOR) Übertragung *f* **3.** (*enfermedad*) Übertragung *f* **4.** (TÉC) Übertragung *f*

transmisor [tra^{n}smi'sor(a)] *m* Sender *m*

transmitir [tra^{n}smi'tir] *vt* (*noticia*) übermitteln; (TV, RADIO, TÉC) übertragen; (*enfermedad*) übertragen

transparencia [tra^{n}spa'ren̪θja] *f* (*calidad*) Durchsichtigkeit *f;* (*de intención*) Durchschaubarkeit *f;* (*proyector*) Folie *f*

transparente [tra^{n}spa'ren̪te] *adj* (*material*) durchsichtig; (*intenciones*) durchschaubar

transpirar [tra^{n}spi'rar] *vi* schwitzen

transponer [tra^{n}spo'ner] *irr como poner* **I.** *vt* (*persona*) umsetzen; (*cosa*) umstellen **II.** *vr:* **~se** (*persona*) sich verstecken; (*dormirse*) einschlafen

transportar [tra^{n}spor'tar] *vt* (*trasladar*) bringen; (*en brazos*) tragen; (*en un vehículo*) befördern; **~ por barco** verschiffen

transporte [tra^{n}s'porte] *m* **1.** (COM) Transport *m;* (*de personas*) Beförderung *f;* **~ marítimo** Beförderung per Schiff; **~ por carretera** Beförderung per LKW; **compañía de ~s** Spedition *f* **2.** (*vehículo*): **~s públicos** öffentliche Verkehrsmittel *ntpl;* **¿qué ~ utilizas para ir a la ciudad?** wie fährst du in die Stadt? **3.** *pl* (*conjunto*) Verkehrswesen *nt*

transpuesto, -a [tra^{n}s'pwesto, -a] *adj:* **quedarse ~** einschlafen

tranvía [tram'bia] *m* Straßenbahn *f*

trapear [trape'ar] *vt* (*Am*) wischen

trapecio [tra'peθjo] *m* Trapez *nt*

trapichear [trapiʧe'ar] *vi* (*fam: enredos*) krumme Sachen machen; (*intrigar*) intrigieren

trapicheo [trapi'ʧeo] *m* (*fam*) **1.** (*enredo*) krumme Sache *f;* (*negocio*) krummes Geschäft *nt* **2.** (*intriga*) Intrige(n) *f(pl);* (*artimaña*) List *f*

trapo ['trapo] *m* **1.** (*tela*) Lumpen *m* **2.** (*para limpiar*) Lappen *m*

tráquea ['trakea] *f* Luftröhre *f*

traqueteo [trake'teo] *m* Krach *m;* (*chapa, vajilla*) Geklapper *nt*

tras [tras] *prep* **1.** (*temporal*) nach +*dat* **2.** (*espacial: detrás de*) hinter +*dat;* (*orden*) nach +*dat* **3.** (*con movimiento*) hinter +*akk;* **ponerse uno ~ otro** sich hintereinander aufstellen **4.** (*además de*) außer +*dat*

trasbordar [trasβor'ðar] *vt, vi v.* **transbordar**

trascendencia [trasθen̪'den̪θja] *f* Bedeutung *f;* **no tener ~** unbedeutend sein; **un incidente sin más ~** ein Vorfall ohne schlimmere Folgen

trascendental [trasθen̪den̪'tal] *adj* (*importante*) von großer Bedeutung; (FILOS) transzendent(al)

trascender [trasθen̪'der] <e→ie> *vi* **1.** (*hecho, noticia*) durchsickern **2.** (*efecto, consecuencias*) sich auswirken (*a* auf +*akk*) **3.** (*ir más allá*) hinausgehen (*de* über +*akk*) **4.** (*olor*) durchdringen

trasera [tra'sera] *f* Rückseite *f*

trasero[1] [tra'sero] *m* (*fam*) Hintern *m*

trasero, -a[2] [tra'sero, -a] *adj* hintere(r, s); **asiento ~** Rücksitz *m*

trasfondo [tras'fon̪do] *m* Hintergrund *m*

trasladar [trasla'ðar] **I.** *vt* **1.** (*cosas*) umstellen; (*cuerpo*) überführen; (*tropa, tienda*) verlegen **2.** (*funcionario*) versetzen (*a* in +*akk,* nach +*dat*) **II.** *vr:* **~se 1.** (*ir a*) sich begeben; **~se en coche** mit dem Auto fahren **2.** (*mudarse*) umziehen (*a* nach +*dat*)

traslado [tras'laðo] *m* **1.** (*de cosas*) Umstellen *nt;* (*cuerpo*) Überführung *f;* (*tropa*) Verlegung *f* **2.** (*de funcionario*) Versetzung *f* **3.** (*mudanza*) Umzug *m*

traslucir [traslu'θir] *irr como lucir* **I.** *vt* (*cara*) widerspiegeln; **dejar ~ algo** (*alguien*) etw andeuten **II.** *vr:* **~se 1.** (*ser translúcido*) lichtdurchlässig sein **2.** (*verse, notarse*) durchschimmern **3.** (*hecho, intención*) durchschaubar sein

trasluz [tras'luθ] *m:* **mirar al ~** gegen das Licht betrachten

trasmutar [trasmu'tar] *vt* umwandeln

trasnochado, -a [trasno'ʧaðo,-a] *adj* (*idea, plan*) überholt; (*persona*) übernächtigt

trasnochador(a) [trasnoʧa'ðor(a)] *m(f)* Nachtschwärmer(in) *m(f)*

trasnochar [trasno'ʧar] *vi* (*no dormir*) nicht schlafen gehen; (*ir de juerga*) die ganze Nacht durchmachen

traspasar [traspa'sar] *vt* **1.** (*atravesar: arma*) durchbohren; (*rayos*) durchdringen **2.** (*pasar a*) übertragen (*a* auf +*akk*); (FIN) überweisen (*a* auf +*akk*) **3.** (*límite*) hinausgehen (über +*akk*); (*ley*) überschreiten

traspaso [tras'paso] *m* **1.** (*de arma*) Durchbohrung *f;* (*de rayos*) Durchdringung *f;* (*de líquido*) Durchsickern *nt;* (*de calle, río*) Überquerung *f* **2.** (*de piso, negocio*) Übertragung *f;* (*dinero*) Abstandssumme *f* **3.** (*de límite*) Überschreitung *f*

traspié(s) [tras'pje(s)] *m* (*inv*): **dar un ~** (*tropezar*) stolpern

trasplantar [trasplan̪'tar] **I.** *vt* **1.** (*planta*) umpflanzen **2.** (*personas*) umsiedeln **3.** (MED) transplantieren **II.** *vr:* **~se** umsiedeln

trasplante [tras'plan̪te] *m* (*de plantas*) Umpflanzung *f,* (MED) Transplantation *f*

trastada [tras'taða] *f* (*fam*) (übler) Streich *m;* **hacerle una ~ a alguien** jdm einen Streich spielen

trastazo [tras'taθo] *m* (*fam*) heftiger Schlag *m*

traste ['traste] *m* **1.** (*de guitarra*) Bund *m* **2.** (*Am: trasto*) Gerümpel *nt* **3.** (*loc*): **irse al ~** ins Wasser fallen; **dar al ~ con algo** etw kaputtmachen *fam*

trastero, -a [tras'tero, -a] *adj:* **cuarto ~** Abstellkammer *f*

trastienda [tras'tjen̪da] *f* **1.** (*de tienda*) Hinterzimmer *nt* **2.** (*fam: astucia*): **tener mucha ~** raffiniert sein

trasto ['trasto] *m* **1.** (*mueble*) Möbelstück *nt;* (*utensilio*) Haushaltsgerät *nt;* **tirarse los ~s a la cabeza** sich in die Haare kriegen **2.** *pl* (*para tirar*) Gerümpel *nt*

trastornado, -a [trastor'naðo, -a] *adj* verwirrt; (*loco*) verrückt

trastornar [trastor'nar] *vt* **1.** (*cosa*) durcheinander bringen; (*de arriba abajo*) auf den Kopf stellen **2.** (*orden, plan, ideas*) zunichte machen; (*orden público*) stören **3.** (*sicológicamente*) aus dem Gleichgewicht bringen
trastorno [tras'torno] *m:* **ocasionar ~s** Unannehmlichkeiten verursachen
tratable [tra'taβle] *adj* umgänglich
tratado [tra'taðo] *m* **1.** (*t.* POL) Vertrag *m;* **~ de no agresión** Nichtangriffspakt *m;* **~ comercial** Handelsabkommen *nt;* **Tratado de Maastricht** Maastricher Vertrag **2.** (*científico*) Abhandlung *f* (*de* über *+akk*)
tratamiento [trata'mjen̪to] *m* **1.** (*de asunto*) Behandlung *f* **2.** (*elaboración, t.* INFOR) Verarbeitung *f;* **~ de agua potable** Trinkwasseraufbereitung *f* **3.** (*de cortesía*) Anrede *f*
tratante [tra'tan̪te] *mf* Händler(in) *m(f)*
tratar [tra'tar] **I.** *vt* **1.** (*manejar, portarse*) behandeln; **no es una persona fácil de ~** der Umgang mit ihm/ihr ist keineswegs leicht **2.** (MED, QUÍM) behandeln **3.** (*elaborar, t.* INFOR) verarbeiten; (*minerales*) aufbereiten **4.** (*dar tratamiento*) anreden; **~ de tú/usted** duzen/siezen **5.** (*tema, asunto*) behandeln **II.** *vi* **1.** (*libro, película*) handeln (*de/sobre* von *+dat*) **2.** (*intentar*) versuchen **3.** (*con alguien*) verkehren **4.** (COM) handeln (*en* mit *+dat*) **III.** *vr:* **~se 1.** (*tener trato*) miteinander verkehren; **no me trato con él** ich habe keinen Kontakt zu ihm **2.** (*ser cuestión de*) sich handeln (*de* um *+akk*); **¿de qué se trata?** worum geht es?
trato ['trato] *m* **1.** (*manejo, comportamiento*) Behandlung *f;* **malos ~s** Misshandlungen *fpl;* **recibir un buen ~** gut behandelt werden **2.** (*contacto*) Umgang *m;* **no querer ~s con alguien** mit jdm nichts zu tun haben wollen **3.** (*pacto*) Abmachung *f;* (*negocio*) Geschäft *nt;* **¡~ hecho!** abgemacht!
trauma ['trau̯ma] *m* Trauma *nt*
traumático, -a [trau̯'matiko, -a] *adj* traumatisch
traumatismo [trau̯ma'tismo] *m* Verletzung *f;* (MED) Trauma *nt*
través [tra'βes] *prep:* **a ~ de** (*de un lugar*) quer über *+akk;* (*de la radio*) über *+akk*
travesaño [traβe'saɲo] *m* (ARQUIT) Querbalken *m;* (*de una escalera*) Sprosse *f*
travesía [traβe'sia] *f* **1.** (*por aire*) Flugreise *f;* (*por mar*) Überfahrt *f* **2.** (*distancia*) Entfernung *f* **3.** (*calle*) Querstraße *f*
travesti [tra'βesti] *mf,* **travestí** [traβes'ti] *mf,* **travestido, -a** [traβes'tiðo, -a] *m, f* Transvestit *m*
travesura [traβe'sura] *f* Streich *m*
traviesa [tra'βjesa] *f* **1.** (FERRO) Schwelle *f* **2.** (*de poste*) Querbalken *m*
travieso, -a [tra'βjeso, -a] *adj* ungezogen
trayecto [tra'ɟekto] *m* Strecke *f*
trayectoria [traɟek'torja] *f* **1.** (*de cuerpo*) (Flug)bahn *f;* **~ de la Luna** Mondbahn *f* **2.** (*profesional*) Werdegang *m*
traza ['traθa] *f* **1.** (*plan*) Plan *m* **2.** (*habilidad*) Geschick *nt;* **tener ~ para escribir** Talent zum Schreiben haben **3.** (*aspecto*) Aussehen *nt;* **por las ~s** dem Aussehen nach
trazado [tra'θaðo] *m* **1.** (*de plan, t.* ARQUIT) Plan *m* **2.** (*recorrido*) Strecke *f;* (FERRO) Trasse *f*
trazar [tra'θar] <z→c> *vt* **1.** (*líneas*) ziehen; (*esquemáticamente*) skizzieren **2.** (*plan*) entwerfen
trazo ['traθo] *m* **1.** (*de boli, lápiz*) Strich *m;* **dibujar al ~** skizzieren **2.** (*de escritura*) Schriftzug *m* **3.** (*dibujo*) Skizze *f* **4.** (*de la cara*) Falte *f*
trébol ['treβol] *m* (*planta*) Klee *m;* (*cartas*) Kreuz *nt*
trece ['treθe] *adj inv* dreizehn; **seguir en sus ~** dabei bleiben; *v. t.* **ocho**
trecho ['tretʃo] *m* Strecke *f*
tregua ['treɣwa] *f* (MIL) Waffenstillstand *m;* (*discurso*) (Ruhe)pause *f*
treinta ['trei̯n̪ta] *adj inv* dreißig; *v. t.* **ochenta**
treintavo, -a [trei̯n̪'taβo, -a] *adj* dreißigstel; *v. t.* **ochentavo**
tremendo, -a [tre'men̪do, -a] *adj* **1.** (*temible*) schrecklich **2.** (*enorme*) riesig **3.** (*niño*) ungezogen **4.** (*loc*): **siempre te tomas las cosas a la tremenda** du nimmst immer alles so schwer
tren [tren] *m* **1.** (FERRO) Zug *m;* **~ interurbano** Intercity(zug) *m;* **~ de juguete** Spielzeugeisenbahn *f;* **~ rápido** D-Zug *m* **2.** (TÉC): **~ de lavado** Autowaschanlage *f* **3.** (*lujo*): **~ de vida** Lebensstandard *m* **4.** (*loc*): **perder el último ~** (*fig*) den Anschluss verpassen; **estar como un ~** (*fam: persona*) umwerfend sein; **hay sangría como para parar un ~** es gibt jede Menge Sangria
trena ['trena] *f* (*fam*) Knast *m*

trenca ['treŋka] *f* Anorak *m*

trenza ['tren̪θa] *f* (*de pelo*) Zopf *m;* (*de cintas*) Flechte *f*

trepar [tre'par] *vi, vt* (*al árbol*) (hinauf)klettern (*a* auf +*akk*); (*planta*) hochklettern

tres [tres] *adj inv* drei; *v. t.* **ocho**

trescientos, -as [tres'θjen̪tos, -as] *adj* dreihundert; *v. t.* **ochocientos**

tresillo [tre'siʎo] *m* Couchgarnitur *f*

treta ['treta] *f* Trick *m*

Tréveris ['treβeris] *m* Trier *nt*

triangular [triaŋgu'lar] *adj* dreieckig

triángulo [tri'aŋɣulo] *m* (*figura*) Dreieck *nt;* (MÚS) Triangel *m*

tribu ['triβu] *f* Stamm *m;* ~ **urbana** Jugendbande *f*

tribuna [tri'βuna] *f* (*en parlamento*) Rednerpult *nt;* (*en desfile/estadio*) Tribüne *f;* ~ **de jurados** Geschworenenbank *f*

tribunal [triβu'nal] *m* **1.** (JUR) Gericht *nt;* **Tribunal de Cuentas** Rechnungshof *m;* **Tribunal de Justicia Europeo** Europäischer Gerichtshof; **llevar a los ~es** verklagen **2.** (*comisión*): ~ **examinador** Prüfungsausschuss *m*

tributar [triβu'tar] *vt* **1.** (*impuestos*) zahlen **2.** (*honor*) erweisen; (*respeto*) zollen

tributario, -a [triβu'tarjo, -a] *adj* Steuer-; (*imponible*) besteuerbar; **agencia tributaria** Finanzamt *nt*

tributo [tri'βuto] *m* **1.** (*impuesto*) Steuer *f* **2.** (*homenaje*) Tribut *m;* **pagar** ~ Tribut zollen

triciclo [tri'θiklo] *m* Dreirad *nt*

tricota [tri'kota] *f* (*Am*) Strickjacke *f*

tricotar [triko'tar] *vt* stricken

tridimensional [triðimensjo'nal] *adj* dreidimensional

trifulca [tri'fulka] *f* (*fam*) Streit *m*

trigal [tri'ɣal] *m* Weizenfeld *nt*

trigo ['triɣo] *m* **1.** (*planta*) Weizen *m* **2.** (*grano*) Weizenkorn *nt;* **no ser ~ limpio** (*fig*) nicht ganz einwandfrei sein

trilla ['triʎa] *f* (*acción*) Dreschen *nt;* (*época*) Dreschzeit *f;* (*Am: argot*) Tracht *f* Prügel

trillado, -a [tri'ʎaðo, -a] *adj* (*fam: asunto*) abgedroschen

trillar [tri'ʎar] *vt* (*grano*) dreschen; (*usar*) abnutzen; (*Am: argot*) verdreschen

trillón [tri'ʎon] *m* Trillion *f*

trimestral [trimes'tral] *adj* (*duración*) dreimonatig; (*cada tres meses*) vierteljährlich

trimestre [tri'mestre] *m* **1.** (*período*) Vierteljahr *nt* **2.** (*paga*) Vierteljahreszahlung *f;* (*alquiler*) Vierteljahresmiete *f*

trinar [tri'nar] *vi* **1.** (*persona*) trillern; (*pájaro*) zwitschern **2.** (*fam: rabiar*): **está que trina** er/sie ist auf 180

trincar [triŋ'kar] <c→qu> **I.** *vt* (*detener*) festnehmen; (*argot: robar*) klauen; (*Am*) quetschen **II.** *vr:* ~**se** (*argot: emborracharse*) sich voll laufen lassen

trinchar [trin'ʧar] *vt* transchieren

trinchera [trin'ʧera] *f* Schützengraben *m*

trineo [tri'neo] *m* Schlitten *m*

trinidad [trini'ða^{d}] *f* Dreifaltigkeit *f*

trío ['trio] *m* Trio *nt*

tripa ['tripa] *f* **1.** (*intestino*) Darm *m* **2.** *pl* (*vísceras*) Eingeweide *ntpl;* (*comestibles*) Innereien *fpl;* **echar las ~s** (*fam: vomitar*) sich übergeben; **¿qué ~ se te ha roto?** (*fam*) was ist denn jetzt schon wieder?; **me suenan las ~s** mir knurrt der Magen; **quitarle las ~s a un pez** einen Fisch ausnehmen **3.** (*vientre*) Bauch *m;* **echar ~** (*fam*) einen Bauch bekommen

triple ['triple] *adj* dreifach

triplicar(se) <c→qu> *vt, vr* (sich) verdreifachen

tripulación [tripula'θjon] *f* Crew *f*

tris [tris] *m inv:* **en un ~** im Handumdrehen

triste ['triste] *adj* traurig; (*mustio, pálido*) trist; (*paisaje*) öde; **un ~ sueldo** ein jämmerliches Einkommen

tristeza [tris'teθa] *f* Traurigkeit *f*

tristura [tris'tura] *f* (*Am*) Traurigkeit *f*

triturar [tritu'rar] *vt* **1.** (*desmenuzar*) zerkleinern; (*moler*) zermahlen **2.** (*maltratar*) zermalmen

triunfar [trjuɱ'far] *vi* **1.** (*en general*) siegen (*de/sobre* über +*akk*); (*tener éxito*) Erfolg haben **2.** (*exultar*) jubeln (*de* über +*akk*)

triunfo ['trjuɱfo] *m* **1.** (*victoria*) Sieg *m;* (*éxito*) Erfolg *m* **2.** (*naipe*) Trumpf *m*

trivial [tri'βjal] *adj* trivial

trivialidad [triβjali'ða^{d}] *f* Trivialität *f*

trivializar [triβjali'θar] <z→c> *vt* herunterspielen

triza ['triθa] *f* Stück *nt;* **estar hecho ~s** fix und fertig sein; **hacerse ~s** völlig kaputtgehen; **hacer ~s a alguien** jdn fertig machen

trocar [tro'kar] *irr como volcar vt* (*cambiar*) tauschen (*por* gegen +*akk*); (*CSur*) verkaufen

trocear [troθe'ar] *vt* zerstückeln

trofeo [tro'feo] *m* **1.** (*señal*) Trophäe *f;* ~ **de guerra** Kriegsbeute *f* **2.** (*victoria*) Sieg *m;* (*éxito*) Erfolg *m*

trola ['trola] *f* (*fam*) Lüge *f*

tromba ['tromba] *f* (METEO): ~ (**de agua**) Wasserhose *f;* ~ (**terrestre**) Wirbelwind *m*

trombón [trom'bon] *m* (MÚS) **1.** (*instrumento*) Posaune *f* **2.** (*músico*) Posaunist(in) *m(f)*

trombosis [trom'bosis] *f inv* Thrombose *f*

trompa ['trompa] *f* **1.** (ZOOL: *elefante*) Rüssel *m;* (*insectos*) Saugrüssel *m* **2.** (*fam: borrachera*) Rausch *m;* **estar** ~ einen in der Kanne haben

trompazo [trom'paθo] *m* (*porrazo*) (heftiger) Schlag *m;* (*choque*) Zusammenstoß *m;* (*puñetazo*) Fausthieb *m*

trompear [trompe'ar] **I.** *vt* (*Am: fam*) schlagen **II.** *vr:* ~**se** (*fam: emborracharse*) sich betrinken; (*Am*) sich prügeln

trompeta [trom'peta] *f* Trompete *f*

tronar [tro'nar] <o→ue> **I.** *vimpers* (METEO) donnern **II.** *vi* donnern **III.** *vt* (*Méx*) erschießen

troncha ['tronʧa] *f* (*AmS*) Scheibe *f*

tronchar [tron'ʧar] *vr:* ~**se** zerbrechen; ~**se de risa** (*fam*) sich totlachen

tronco ['troŋko] *m* **1.** (*árbol*) Stamm *m;* (*flor*) Stiel *m;* (*hortaliza*) Strunk *m;* **dormir como un** ~ wie ein Stein schlafen **2.** (*cuerpo*) Rumpf *m* **3.** (*amigo*) Kumpel *m*

trono ['trono] *m* Thron *m;* **subir al** ~ den Thron besteigen; **sucesor al** ~ Thronfolger *m*

tropa ['tropa] *f* Truppe *f*

tropezar [trope'θar] *irr como empezar* **I.** *vi* **1.** (*con los pies*) stolpern (*en/contra* über +*akk*) **2.** (*reñir*) aneinander geraten **3.** (*cometer un error*) stolpern (*en/contra* über +*akk*); (*moralmente*) einen Fehltritt begehen **II.** *vr:* ~**se** (*encontrarse*) stoßen (*con* auf +*akk*)

tropezón [trope'θon] *m* **1.** (*acción*) Stolpern *nt;* **dar un** ~ stolpern; **a tropezones** stoßweise; (*fig*) mit Ach und Krach **2.** (*error*) Fehltritt *m;* (*moralmente*) Ausrutscher *m* **3.** (*en sopas*) Fleischeinlage *f*

tropical [tropi'kal] *adj* tropisch; **clima** ~ Tropenklima *nt*

trópico ['tropiko] *m:* ~**s** Tropen *pl;* ~ **de Cáncer** Wendekreis des Krebses; **pasar los** ~**s** (*AmC: fig*) schwere Zeiten durchmachen

tropiezo [tro'pjeθo] *m:* **dar un** ~ stolpern

trotamundos [trota'mun̦dos] *mf inv* Globetrotter *m*

trotar [tro'tar] *vi* (*caballos*) traben; (*jinete*) Trab reiten

trote ['trote] *m* **1.** (*caballos*) Trab *m;* **ir al** ~ traben **2.** (*con prisa*): **a(l)** ~ schnell

trovador [troβa'ðor] *m* Minnesänger *m*

trozo ['troθo] *m* Stück *nt;* **a** ~**s** in Stücken

trucha ['truʧa] *f* **1.** Forelle *f;* ~ **de río** Bachforelle *f* **2.** (*AmC:* COM) Stand *m*

truco ['truko] *m* Trick *m;* **esto tiene** ~ da ist ein Trick dabei; **coger el** ~ den Dreh heraushaben

trueno ['trweno] *m* Donner *m*

trueque ['trweke] *m* Austausch *m;* (COM) Tauschhandel *m*

trufa ['trufa] *f* Trüffel *m*

trufar [tru'far] **I.** *vi* (*mentir*) schwindeln; (*engañar*) betrügen; (*fanfarronear*) aufschneiden **II.** *vt* (*rellenar*) mit Trüffeln füllen

truhán [tru'an] *m* Gauner *m,* Scharlatan *m*

truncar [truŋ'kar] <c→qu> *vt* **1.** (*cortar*) wegschneiden **2.** (*desarrollo*) stoppen; (*esperanzas, ilusiones*) zunichte machen

trusa ['trusa] *f* (*Méx, Perú*) Schlüpfer *m*

tu [tu] *adj pos* dein(e); ~ **libro** dein Buch; ~**s hermanas** deine Schwestern

tú [tu] *pron pers 2. sg* du; **yo que** ~ ich an deiner Stelle; **tratar de** ~ duzen

tuba ['tuβa] *f* Tuba *f*

tubérculo [tu'βerkulo] *m* **1.** (BOT) Knolle *f* **2.** (*bulto, t.* MED) Knoten *m*

tuberculosis [tuβerku'losis] *f inv* Tuberkulose *f*

tubería [tuβe'ria] *f* Rohr(e) *nt(pl)*

Tubinga [tu'βiŋga] *f* Tübingen *nt*

tubo ['tuβo] *m* **1.** (*para fluidos/gases*) Rohr *nt;* ~ **de chimenea** Ofenrohr *nt;* ~ **digestivo** Verdauungstrakt *m;* ~ **de ensayo** Reagenzglas *nt;* ~ **de escape** (AUTO) Auspuff *m;* ~ **de respiración** Luftröhre *f* **2.** (*Am:* TEL) Hörer *m*

tucán [tu'kan] *m* Tukan *m*

tuerca ['twerka] *f* (Schrauben)mutter *f*

tuerto, -a ['twerto, -a] *adj* (*de sólo un ojo*) einäugig; (*torcido*) krumm

tuétano ['twetano] *m* **1.** (*médula*) (Knochen)mark *nt* **2.** (*corazón, esencia*) Innere(s) *nt,* Innerste(s) *nt;* **hasta los** ~**s** durch und durch

tufo ['tufo] *m* (*vapor*) Dampf *m;* (*olor malo*) Gestank *m*

tugurio [tu'ɣurjo] *m* (*cuartucho*) Loch *nt*

tul [tul] *m* Tüll *m*

tulipa [tu'lipa] *f* Lampenschirm *m*

tulipán [tuli'pan] *m* Tulpe *f*

tullido, **-a** [tu'ʎiðo, -a] *adj* gelähmt; (*pey*) verkrüppelt

tullir [tu'ʎir] <*3. pret:* tulló> *vt* **1.** (*maltratar*) misshandeln **2.** (*herir*) verletzen; (*lisiar*) zum Krüppel machen; **te voy a ~ a palos** ich schlage dich windelweich **3.** (*paralizar*) lähmen **4.** (*agotar*) ermüden

tumba ['tumba] *f* Grab *nt*

tumbar [tum'bar] **I.** *vt* **1.** (*tirar*) niederwerfen; **estar tumbado** liegen **2.** (*Am*) abholzen **II.** *vr:* **~se** sich hinlegen; **~se en la cama** sich auf das Bett legen

tumbo ['tumbo] *m:* **ir por la vida dando ~s** im Leben immer wieder auf die Nase fallen

tumbona [tum'bona] *f* Liegestuhl *m*

tumor [tu'mor] *m* Tumor *m*

tumulto [tu'mul̩to] *m* Tumult *m*

tuna ['tuna] *f* Studentenkapelle *f*

Die **tuna** ist eine Gruppe von Studenten, die sich zusammentun, um Musik zu spielen und zu singen. Bis vor kurzem wurden nur männliche Studenten in die **tunas** aufgenommen, in den letzten Jahren haben sich neue **tunas** nur für Studentinnen gebildet. Um Mitglied in einer **tuna** zu werden, muss man gewisse Mutproben ablegen.

tunda ['tun̩da] *f* (*paliza*) Tracht *f* Prügel; (*esfuerzo*) Anstrengung *f*

tunecino, **-a** [tune'θino, -a] *adj* tunesisch

túnel ['tunel] *m* Tunnel *m;* **~ de lavado** Waschstraße *f*

Túnez ['tuneθ] *m* (*país*) Tunesien *nt;* (*capital*) Tunis *nt*

túnica ['tunika] *f* Tunika *f*

tuno, **-a** ['tuno, -a] **I.** *adj* (*astuto*) schlau; (*pícaro*) frech **II.** *m, f* (*truhán*) Gauner *m;* (*astuto*) schlauer Fuchs *m fam*

tuntún [tun̩'tun] *m:* **al** (**buen**) **~** aufs Geratewohl; **juzgar al buen ~** voreilige Schlüsse ziehen

tupé [tu'pe] *m* (*cabello*) Toupet *nt;* (*frescura*) Frechheit *f*

tupido, **-a** [tu'piðo, -a] *adj* (*denso*) dicht; (*Am*) verstopft; (*Méx*) weit verbreitet

tupir [tu'pir] *vr:* **~se** (*comer mucho*) sich *dat* den Bauch voll schlagen *fam;* (*Am*) verstopfen

turba ['turβa] *f* Torf *m*

turbación [turβa'θjon] *f* (*disturbio*) Störung *f;* (*alarma*) Unruhe *f*

turbante [tur'βan̩te] *m* Turban *m*

turbar [tur'βar] **I.** *vt* (*disturbar*) stören; (*alarmar*) beunruhigen; (*avergonzar*) beschämen; (*desconcertar*) verwirren **II.** *vr:* **~se** (*ser disturbado*) sich gestört fühlen; (*alarmarse*) sich aufregen; (*avergonzarse*) sich schämen; (*desconcertarse*) durcheinander kommen; (*agua*) trüb werden

turbina [tur'βina] *f* Turbine *f*

turbio, **-a** ['turβjo, -a] *adj* (*líquido*) trübe; (*asunto*) verworren; (*sin transparencia, carácter*) undurchsichtig; (*negocio*) schmutzig; (*vista*) getrübt

turbulencia [turβu'len̩θja] *f* (*agua, aire*) Turbulenz *f;* (*alboroto*) Unruhe *f*

turbulento, **-a** [turβu'len̩to, -a] *adj* **1.** (*agua, aire*) turbulent **2.** (*alborotado*) unruhig; (*confuso*) wirr

turco, **-a** ['turko, -a] **I.** *adj* türkisch **II.** *m, f* Türke, -in *m, f;* **cabeza de ~** (*fig*) Sündenbock *m*

Turingia [tu'riŋxja] *f* Thüringen *nt*

turismo [tu'rismo] *m* **1.** Tourismus *m;* **industria del ~** Tourismusbranche *f;* **oficina de ~** Fremdenverkehrsamt *nt;* **hacer ~** als Tourist reisen **2.** (AUTO) Personenwagen *m*

turista [tu'rista] *mf* Tourist(in) *m(f)*

turístico, **-a** [tu'ristiko, -a] *adj* touristisch; **viaje ~** Urlaubsreise *f*

turnar [tur'nar] *vi, vr:* **~se** sich abwechseln

turno ['turno] *m* **1.** (*en la fábrica*) Schicht *f;* **cambio de ~** Schichtablösung *f;* **estar de ~** Dienst haben; **trabajar por ~s** Schicht arbeiten **2.** (*orden*) Reihenfolge *f;* **a** [*o* **por**] **~s** abwechselnd; **es tu ~** du bist an der Reihe

turquesa [tur'kesa] *adj* türkis

Turquía [tur'kia] *f* Türkei *f*

turrón [tu'rron] *m* ≈Nugat *m o nt*

In Spanien darf an Weihnachten der **turrón** nicht fehlen, so wie im deutschsprachigen Raum der Stollen nicht fehlen darf. Beim traditionellen **turrón** handelt es sich um harte oder weiche Nuss- oder Mandelhonigtafeln.

Der **turrón** wird vor allem in **Levante**, dort speziell in **Jijona** und **Alicante** hergestellt.

tute ['tute] *m Kartenspiel*
tutear(se) [tute'ar(se)] *vt, vr* (sich) duzen
tutela [tu'tela] *f* **1.** (*cargo*) Vormundschaft *f* (*de* über +*akk*); **poner bajo la ~ de alguien** unter jds Vormundschaft stellen **2.** (*amparo*) Schutz *m;* **estar bajo la ~ de alguien** unter jds Schutz stehen
tutelar [tute'lar] *adj* (JUR) vormundschaftlich; **juez ~** Vormundschaftsrichter *m*
tuteo [tu'teo] *m* Duzen *nt*
tutiplén [tuti'plen] *adv* (*fam*): **a ~** reichlich
tutor(a) [tu'tor(a)] *m(f)* **1.** (JUR) Vormund *m* **2.** (*protector*) (Be)schützer(in) *m(f)* **3.** (ENS, UNIV) Tutor(in) *m(f)*
tutoría [tuto'ria] *f* (JUR) Vormundschaft *f;* (UNIV) Sprechstunde *f*
tuyo, -a ['tuɟo, -a] *pron pos* **1.** (*propiedad*): **el perro es ~** der Hund gehört dir; **¡ya es ~!** du hast es geschafft! **2.** (*tras artículo*): **el ~/la tuya/lo ~** deine(r, s); **los ~s** deine; (*parientes*) deine Angehörigen; **ésta es la tuya** (*fam fig*) das ist die Gelegenheit für dich; **una de las tuyas** (*travesura*) einer von deinen Streichen **3.** (*tras substantivo*) dein(e), von dir; **una amiga tuya** eine Freundin von dir; **es culpa tuya** es ist deine Schuld
TVE [teuβe'e] *f abr de* **Televisión Española** *staatlicher spanischer Fernsehsender*

U

U, u [u] *f* <úes> U, u *nt*
u [u] *conj* oder
ubicación [uβika'θjon] *f* **1.** (*lugar*) Stelle *f;* (*de una empresa*) Sitz *m* **2.** (*situación*) Lage *f* **3.** (*Am*) Platzierung *f*
ubicar [uβi'kar] <c→qu> **I.** *vi, vr:* **~se** sich befinden **II.** *vt* (*Am*) platzieren; (*guardar*) unterbringen
ubre [u'βre] *f* Zitze *f;* (*de la vaca*) Euter *nt*
UC [u'θe] *f abr de* **Unión de Consumidores** ≈Verbraucherverband *m*
Ucrania [u'kranja] *f* Ukraine *f*
ucrani(an)o, -a [ukra'nj(an)o, -a] *adj* ukrainisch
Ud(s). [us'teðes] *abr de* **usted(es)** Sie
UE [u'e] *f abr de* **Unión Europea** EU *f*
uf [uf] *interj* (*de asco*) i!, igitt(igitt)!; (*de fastidio*) Mensch!
ufología [ufolo'xia] *f* Ufologie *f*
UGT [uxe'te] *f abr de* **Unión General de Trabajadores** *sozialistische Gewerkschaft Spaniens*
úlcera ['ul̪θera] *f* Geschwür *nt*
ulterior [ul̪te'rjor] *adj* (*posterior*) spätere(r, s); (*más*) weitere(r, s)
ulteriormente [ul̪terjor'men̪te] *adv* später
últimamente [ul̪tima'men̪te] *adv* (*recientemente*) in letzter Zeit; (*hace poco*) neulich
ultimar [ul̪ti'mar] *vt* **1.** abschließen; (*obra*) fertig stellen **2.** (*Am*) umbringen
ultimátum [ul̪ti'matun] *m* Ultimatum *nt*
último, -a ['ul̪timo, -a] *adj* **1.** (*en orden*) letzte(r, s); **a ~s de mes** gegen Monatsende; **soy el ~ de la clase** ich bin der Schlechteste in der Klasse; **siempre llega el ~** er kommt immer zuletzt; **por última vez** zum letzten Mal; **la última moda** die neueste Mode **2.** (*espacio*): **la última fila** die hintere Reihe; **en el ~ piso** im obersten Stock **3.** (*loc*): **por ~** schließlich; **en ~ término** letzten Endes; **en ~ caso** schlimmstenfalls; **estar en las últimas** (*muriéndose*) in den letzten Zügen liegen; (*arruinado*) am Ende sein; **¡es lo ~!** das ist doch wirklich das Letzte!
ultra ['ul̪tra] *adj* rechtsextremistisch, rechtsradikal
ultraconservador(a) [ul̪trakonserβa'ðor(a)] *adj* erzkonservativ
ultraje [ul̪'traxe] *m* Beleidigung *f*
ultramar [ul̪tra'mar] *m* Übersee *f*
ultramoderno, -a [ul̪tramo'ðerno, -a] *adj* hochmodern
ultranza [ul̪'tran̪θa] **1.** (*a muerte*): **defender algo a ~** etw bis aufs Äußerste verteidigen; **luchar a ~** auf Leben und Tod kämpfen **2.** (*resueltamente*): **ser un ecologista a ~** ein überzeugter Umweltschützer sein
ultrarrápido, -a [ul̪tra'rrapiðo, -a] *adj* sehr schnell

ultrasonido [ultraso'niðo] *m* Ultraschall *m*

ultravioleta [ultraβjo'leta] *adj inv:* **rayos ~** UV-Strahlen *mpl*

umbilical [umbili'kal] *adj* Nabel-

umbral [um'bral] *m* (Tür)schwelle *f*

umbrío, -a [um'brio, -a] *adj* schattig

un, una [un, 'una] <unos, -as> **I.** *art indet* **1.** (*no determinado*) ein(e); **un perro** ein Hund; **una chica** ein Mädchen; **¡tiene una jeta!** er/sie ist dermaßen unverschämt! **2.** *pl* (*algunos*) einige, ein paar **3.** *pl* (*aproximadamente*): **unos 1000 marcos** ungefähr 1000 DM **II.** *adj v.* **uno**

unánime [u'nanime] *adj* einstimmig

unanimidad [unanimi'ða^{ð}] *f:* **aprobar algo por ~** etw einstimmig beschließen

ungir [uŋ'xir] <g→j> *vt* (*con aceite*) einölen; (REL) salben

ungüento [uŋ'gwento] *m* (MED) Salbe *f;* (*remedio*) Balsam *m*

únicamente [unika'mente] *adv* nur

unicameral [unikame'ral] *adj* Einkammer-

único, -a ['uniko, -a] *adj* **1.** (*solo*) einzig; **calle de dirección única** Einbahnstraße *f;* **hijo ~** Einzelkind *nt* **2.** (*extraordinario*) einzigartig

unicornio [uni'kornjo] *m* Einhorn *nt*

unidad [uni'ða^{ð}] *f* **1.** (*entidad*) Einheit *f;* **~ familiar** Haushalt *m* **2.** (*de organización*) Abteilung *f* **3.** (*de hospital*) Station *f*

unidimensional [uniðimensjo'nal] *adj* eindimensional

unido, -a [u'niðo, -a] *adj* geeint; **estamos muy ~s** wir stehen uns sehr nahe

unifamiliar [unifami'ljar] *adj:* **casa ~** Einfamilienhaus *nt*

unificación [unifika'θjon] *f* Vereinigung *f*

unificar [unifi'kar] <c→qu> *vt* **1.** (*pueblos*) verein(ig)en; (*esfuerzos*) vereinen; **~ posiciones** verschiedene Standpunkte in Einklang bringen **2.** (*uniformar*) vereinheitlichen

uniformar [unifor'mar] *vt* **1.** (*hacer unitario*) vereinheitlichen; (*impreso*) standardisieren **2.** (*vestir*) uniformieren; **ir uniformado** Uniform tragen

uniforme [uni'forme] **I.** *adj* (*igual*) einheitlich; (*de la misma forma*) gleichförmig; (*calor, movimiento*) gleichmäßig **II.** *m* Uniform *f;* **vestir de ~** Uniform tragen

uniformidad [uniformi'ða^{ð}] *f* (*constancia*) Einheitlichkeit *f;* (*similaridad*) Gleichförmigkeit *f;* (*de calor, movimiento*) Gleichmäßigkeit *f*

uniformizar [uniformi'θar] <z→c> *vt* vereinheitlichen; (*mezclar*) vermischen

unilateral [unilate'ral] *adj* (*visión*) einseitig; (POL) unilateral

unión [u'njon] *f* **1.** (*t.* TÉC) Verbindung *f* **2.** (*territorial*) Vereinigung *f;* **en ~ con** zusammen mit

unir [u'nir] **I.** *vt* **1.** (*t.* TÉC) verbinden **2.** (*territorios, familia*) verein(ig)en; **nos une una gran amistad** uns verbindet eine enge Freundschaft **II.** *vr:* **~se** (*territorios*) sich vereinigen; (*dos personas*) sich zusammentun; **~se en matrimonio** heiraten

unisex [uni'se^{y}s] *adj* unisex; **moda ~** Mode für Mann und Frau; **peluquería ~** Damen- und Herrensalon *m*

unísono[1] [u'nisono] *m:* **protestaron al ~** sie klagten einstimmig

unísono, -a[2] [u'nisono, -a] *adj* (*de un solo tono*) unisono; (*de una sola voz*) einstimmig

unitario, -a [uni'tarjo, -a] *adj* einheitlich

universal [uniβer'sal] *adj* **1.** (*del universo*) universal **2.** (*del mundo*) Welt- **3.** (*general, amplio*) universell; **regla ~** allgemein gültige Regel

universalidad [uniβersali'ða^{ð}] *f* Allgemeingültigkeit *f*

universalizar [uniβersali'θar] <z→c> *vt* verallgemeinern

universalmente [uniβersal'mente] *adv:* **~ conocido** weltberühmt

universidad [uniβersi'ða^{ð}] *f* Universität *f;* **ir a la ~** auf die Universität gehen; **¿a qué ~ vas?** an welcher Universität bist du?

universitario, -a [uniβersi'tarjo, -a] **I.** *adj* Universitäts-; **catedrático ~** Professor *m;* **profesor ~** Dozent *m;* **tener estudios ~s** ein Hochschulstudium abgeschlossen haben **II.** *m, f* Student(in) *m(f)*

universo [uni'βerso] *m* Universum *nt*

unívoco, -a [u'niβoko, -a] *adj* eindeutig

uno, -a ['uno, -a] **I.** *adj* **1.** (*número*) eins; **a la una** (*hora*) um eins **2.** (*único*): **sólo hay una calle** es gibt nur eine einzige Straße **II.** *pron indef* **1.** (*alguno*) eine(r, s); **cada ~** jeder; **~s cuantos** einige; **~ de tantos** einer von vielen; **aquí hay ~ que pregunta por ti** da ist jemand, der nach dir fragt **2.** *pl* (*algu-*

nos) einige **3.** (*indeterminado*) man **4.** (*loc*): **cantar a una** zusammen singen; **luchar todos a una** Schulter an Schulter kämpfen; **de ~ en ~** einzeln, Stück für Stück

untar [un̪'tar] *vt* (*con mantequilla*) bestreichen; (*con grasa*) (ein)fetten

uña ['uɲa] *f* Nagel *m;* (*de gato*) Kralle *f;* **~s de los pies** Zehennägel *mpl;* **hacerse las ~s** die Nägel maniküren (lassen)

upa ['upa] **I.** *interj* auf!, hoch!; **llevar a ~** (**un niño**) (ein Kind) tragen **II.** *adj* (*Ecua, Perú*) dumm

upar [u'par] *vt* hochheben

Urales [u'rales] *mpl* Ural *m*

uranio [u'ranjo] *m* Uran *nt*

urbanidad [urβani'ða$^{\eth}$] *f* Höflichkeit *f*

urbanismo [urβa'nismo] *m* Stadtplanung *f*

urbanístico, **-a** [urβa'nistiko, -a] *adj* städtebaulich; **plan ~** Bebauungsplan *m*

urbanización [urβaniθa'θjon] *f* (*acción*) Bebauung *f;* (*de casas*) (Wohn)siedlung *f*

urbanizar [urβani'θar] <z→c> *vt* bebauen

urbano, **-a** [ur'βano, -a] *adj* (*de la ciudad*) städtisch; **conferencia urbana** (TEL) Ortsgespräch *nt;* **planificación urbana** Stadtplanung *f*

urbe ['urβe] *f* Großstadt *f*

urdir [ur'ðir] *vt* (*conspiración*) anzetteln; **~ intrigas** Intrigen spinnen

urgencia [ur'xen̪θja] *f* **1.** (*cualidad*) Dringlichkeit *f* **2.** (*caso*) Notfall *m;* **llamada de ~** Notruf *m;* **en caso de ~** im Notfall **3.** *pl* (*en hospital*) Notaufnahme *f;* **médico de ~s** Notarzt *m*

urgente [ur'xen̪te] *adj* dringend; (*carta, telegrama, pedido*) Eil-; **¿es ~?** eilt es?

urgir [ur'xir] <g→j> *vi* eilen

urinario[1] [uri'narjo] *m* Pissoir *nt*

urinario, **-a**[2] [uri'narjo, -a] *adj* Urin-; **aparato ~** (MED) Harnwege *mpl*

URL *abr de* **localizador uniforme de recursos** URL

urna ['urna] *f* (*t.* POL) Urne *f;* **acudir a las ~s** zur Wahl gehen

urraca [u'rraka] *f* Elster *f*

URSS [urrs] *f abr de* **Unión de Repúblicas Socialistas Soviéticas** UdSSR *f*

Uruguay (offiziell: **República Oriental del Uruguay**) liegt im Südosten Südamerikas. Die Hauptstadt und auch bedeutendste Stadt Uruguays ist **Montevideo**. Spanisch ist die offizielle Landessprache. Die Währungseinheit ist der **peso uruguayo**.

uruguayo, **-a** [uru'ɣwaɟo, -a] *adj* uruguayisch

usado, **-a** [u'saðo, -a] *adj* (*libro*) zerlesen; (*vestido*) abgetragen; (*coche*) gebraucht

usanza [u'san̪θa] *f* Brauch *m*

usar [u'sar] **I.** *vt* (*utilizar*) benutzen; (*palabra, libro*) verwenden; (*ropa, gafas*) tragen; (*derecho*) geltend machen **II.** *vr:* **~se** (*utilizar*) benutzt werden; **esta palabra ya no se usa** dieser Ausdruck ist nicht mehr gebräuchlich

uso ['uso] *m* (*utilización*) Benutzung *f,* Gebrauch *m;* (*de palabras, libros*) Verwendung *f;* **~ ilegal** Missbrauch *m;* **de ~ externo** zur äußerlichen Anwendung; **hacer ~ de la palabra** das Wort ergreifen; **tener muchos ~s** vielseitig verwendbar sein; **en buen ~** (*fam*) in gutem Zustand; **estar en pleno ~ de sus facultades** voll zurechnungsfähig sein

usted [us'te$^{\eth}$] *pron* Sie; **~es** (*en España*) Sie; (*Am: vosotros*) ihr; **tratar de ~ a alguien** jdn siezen; **¡gracias! – ¡a ~!** danke! – ich habe zu danken!

usual [usu'al] *adj* (*de siempre*) üblich; (*común*) gebräuchlich

usuario, **-a** [usu'arjo, -a] *m, f* Benutzer(in) *m(f);* (INFOR) Anwender(in) *m(f)*

usura [u'sura] *f* Wucher *m*

usurario, **-a** [usu'rarjo, -a] *adj* wucherisch

usurero, **-a** [usu'rero, -a] *m, f* Wucherer, -in *m, f*

usurpar [usur'par] *vt* an sich reißen; (*derecho*) sich *dat* anmaßen

utensilio [uten'siljo] *m* Gerät *nt;* (*herramienta*) Werkzeug *nt*

útero ['utero] *m* Gebärmutter *f*

útil ['util] **I.** *adj* **1.** (*objeto*) nützlich; **¿en qué puedo serle ~?** wie kann ich Ihnen behilflich sein? **2.** (*persona*) geeignet **3.** (*ayuda*) wertvoll **II.** *mpl* Geräte *ntpl*

utilidad [utili'ða$^{\eth}$] *f* (*de objeto*) Brauchbarkeit *f,* Nützlichkeit *f;* **ser de ~** nützlich sein

utilizable [utili'θaβle] *adj* benutzbar

utilización [utiliθa'θjon] *f* Benutzung *f,* Gebrauch *m;* (*de un derecho*) Inanspruchnahme *f*

utilizar [utili'θar] <z→c> *vt, vr:* **~se** benutzen; (*derecho, hospitalidad*) in Anspruch

U

nehmen; (*a alguien*) ausnutzen

utillaje [uti'ʎaxe] *m* Ausrüstung *f*

utopía [uto'pia] *f* Utopie *f*

utópico,-a [u'topiko, -a] *adj* utopisch

uva ['uβa] *f* Traube *f;* ~ **pasa** Rosine *f;* **estar de mala** ~ schlecht gelaunt sein; **tener mala** ~ übel gesinnt sein

An Silvester, genau zwölf Sekunden vor Mitternacht, ist es ein spanischer Brauch, mit jeder **campanada** (Glockenschlag), die in Sekundenabstand im Fernsehen zu hören ist, eine (weiße) **uva** (Weintraube) zu essen, das soll nämlich Glück im Neuen Jahr bringen.

uve ['uβe] *f* V *nt;* ~ **doble** W *nt*

UVI ['uβi] *f abr de* **Unidad de Vigilancia Intensiva** Intensivstation *f*

Uzbekistán [uθβekis'tan] *m* Usbekistan *nt*

uzbeko,-a [uθ'βeko, -a] *adj* usbekisch

V

V,v ['uβe] *f* V, v *nt*

vaca ['baka] *f* Kuh *f;* (*carne*) Rindfleisch *nt*

vacaciones [baka'θjones] *fpl* (*del trabajo*) Urlaub *m;* (*de la escuela*) Ferien *pl;* **estar de** ~ im Urlaub sein; **irse de** ~ **a Tenerife** auf Teneriffa Urlaub machen

vacante [ba'kaṇte] *f* freie Stelle *f*

vaciar [baθi'ar] <*1. pres:* vacío> *vt* **1.** (*dejar vacío*) leeren; (*habitación, mueble*) ausräumen; (*dejar sin gente*) räumen **2.** (*verter*) ausleeren

vacilar [baθi'lar] *vi* (*balancearse*) schwanken; (*dudar*) zögern; **no me vaciles** (*argot*) erzähl mir keine Märchen

vacío,-a [ba'θio, -a] *adj* leer; (*hueco*) hohl; **envasado al** ~ vakuumverpackt; **peso en** ~ Leergewicht *nt*

vacuna [ba'kuna] *f* **1.** (*substancia*) Impfstoff *m;* ~ **anticolérica** Choleraimpfstoff *m* **2.** (*vacunación*) Impfung *f;* ~ **antirrábica** Tollwutimpfung *f*

vacunación [bakuna'θjon] *f:* **cartilla de** ~ Impfpass *m*

vacunar [baku'nar] **I.** *vt* impfen **II.** *vr:* ~**se** sich impfen lassen

vacuno[1] [ba'kuno] *m* Rind *nt*

vacuno, -a[2] [ba'kuno, -a] *adj* Rind(er)-; (**carne de**) ~ Rindfleisch *nt;* **ganado** ~ Rinder *ntpl*

vadear [baðe'ar] *vt* (*río*) durchwaten; (*dificultad*) überwinden

vado ['baðo] *m:* ~ **permanente** Halteverbot *m*

vagabundear [baɣaβuṇde'ar] *vi* vagabundieren

vagabundo, -a [baɣa'βuṇdo, -a] *m, f* Landstreicher(in) *m(f)*

vagancia [ba'ɣaṇθja] *f* Faulheit *f*

vagar [ba'ɣar] *vi* umherirren

vagina [ba'xina] *f* Scheide *f*

vago,-a ['baɣo, -a] **I.** *adj* faul **II.** *m, f* Faulpelz *m;* **hacer el** ~ faulenzen

vagón [ba'ɣon] *m* Wagen *m;* (*mercancías*) Waggon *m;* ~ **cisterna** Tankwagen *m;* ~ **restaurante** Speisewagen *m*

vaguada [ba'ɣwaða] *f* (Tal)sohle *f*

vaguear [baɣe'ar] *vi* (*holgazanear*) faulenzen; (*vagar*) sich herumtreiben

vaguedad [baɣe'ðað] *f* **1.** (*imprecisión*) Unklarheit *f* **2.** (*palabras*) vages Gerede *nt*

vahído [ba'iðo] *m* Ohnmacht *f;* **me dio un** ~ mir wurde schwind(e)lig

vaho ['bao] *m* (*vapor*) Dampf *m;* (*aliento*) Atem *m*

vaina ['bai̯na] *f* **1.** (*de la espada*) Scheide *f* **2.** (BOT) Hülse *f*

vainilla [bai̯'niʎa] *f* Vanille *f;* ~ **azucarada** Vanillezucker *m*

vaivén [bai̯'βen] *m* Hin und Her *nt;* (*sacudida*) Rütteln *nt*

vajilla [ba'xiʎa] *f* Geschirr *nt*

vale ['bale] *m* Gutschein *m*

valedero,-a [bale'ðero, -a] *adj* gültig; **ser** ~ **por seis meses** sechs Monate gültig sein

valencia [ba'leṇθja] *f* Valenz *f*

valenciano,-a [baleṇ'θjano, -a] *adj* aus Valencia

valentía [baleṇ'tia] *f* Mut *m*

valer [ba'ler] *irr* **I.** *vt* **1.** (*costar*) kosten **2.** (*funcionar*) nutzen; **esta vez no te val-**

drán tus excusas diesmal werden dir deine Entschuldigungen nichts nützen; **yo no sé para qué vale este trasto** ich weiß nicht, wofür dieses Ding gut sein soll **3.** (*equivaler*) entsprechen +*dat* **4.** (*loc*): **¡vale!** in Ordnung!; **¡vale ya!** jetzt ist's (aber) genug!; **vale la pena ver la película** es lohnt sich, den Film anzuschauen; **hacer ~ sus derechos** seine Rechte geltend machen **II.** *vi* **1.** (*ropa*) passen **2.** (*tener validez*) gültig sein; **no ~** ungültig sein **3.** (*tener mérito*) (etwas) taugen; **~ poco/nada** wenig/nichts taugen **4.** (*estar permitido*) erlaubt sein; **¡eso no vale!** das gilt nicht! **III.** *vr:* **~se 1.** (*servirse*) zurückgreifen (*de* auf +*akk*); **~se de sus contactos** seine Beziehungen spielen lassen **2.** (*desenvolverse*) zurechtkommen; **ya no poder ~se** nicht mehr alleine zurechtkommen

valeriana [bale'rjana] *f* Baldrian *m*

valía [ba'lia] *f* Wert *m*

validez [bali'ðeθ] *f* Gültigkeit *f*

válido, -a ['baliðo, -a] *adj* gültig; **no ser ~** ungültig sein

valiente [ba'ljen̪te] *adj* mutig

valioso, -a [ba'ljoso, -a] *adj* wertvoll

valla ['baʎa] *f* **1.** (*tapia*) Zaun *m;* (*barrera*) Absperrung *f;* (*defensa*) Schutzwall *m* **2.** (DEP) Hürde *f*

vallar [ba'ʎar] *vt* einzäunen

valle ['baʎe] *m* Tal *nt;* **~ de lágrimas** Jammertal *nt*

vallunco, -a [ba'ʎuŋko, -a] *adj* (*AmC: rústico*) ländlich; (*campesino*) bäuerlich

valor [ba'lor] *m* **1.** (*valentía*) Mut *m;* **~ cívico** Zivilcourage *f;* **armarse de ~** Mut fassen **2.** (*t.* COM) Wert *m;* (*cuantía*) Geldbetrag *m;* **~ nutritivo** Nährwert *m* **3.** *pl* (FIN) Wertpapiere *ntpl;* **~es bursátiles** Börsenpapiere *ntpl*

valoración [balora'θjon] *f* Bewertung *f;* (*del precio*) Schätzung *f;* (*análisis*) Auswertung *f*

valorar [balo'rar] *vt* schätzen (*en* auf +*akk*)

vals [bals] *m* Walzer *m*

valse ['balse] *m* (*Am*) *v.* **vals**

valva ['balβa] *f* Schale *f*

válvula ['balβula] *f* (ANAT) Klappe *f;* (TÉC) Ventil *nt*

vampiresa [bampi'resa] *f* Vamp *m*

vampiro [bam'piro] *m* Vampir *m;* (*fig*) Blutsauger *m*

vanagloriarse [banaɣlo'rjarse] *vr* prahlen (*de* mit +*dat*)

vanamente [bana'men̪te] *adv* vergeblich

vandalismo [ban̪da'lismo] *m* Vandalismus *m*

vándalo, -a ['ban̪dalo, -a] **I.** *adj* vandalisch **II.** *m, f* Vandale, -in *m, f*

vanguardia [baŋ'gwarðja] *f* Avantgarde *f*

vanguardista [baŋgwar'ðista] *adj* avantgardistisch

vanidad [bani'ða^{ð}] *f* Eitelkeit *f*

vanidoso, -a [bani'ðoso, -a] *adj* eingebildet

vano, -a ['bano, -a] *adj* vergeblich

vánova ['banoβa] *f* (*Arg*) Bettdecke *f*

vapor [ba'por] *m* (*vaho*) Dampf *m;* (**barco de**) **~** Dampfer *m;* **cocer al ~** dünsten

vaporizador [baporiθa'ðor] *m* Zerstäuber *m*

vaporizar [bapori'θar] <z→c> **I.** *vt* (*evaporar*) verdunsten (lassen); (*perfume*) zerstäuben **II.** *vr:* **~se** verdunsten

vaquero, -a [ba'kero, -a] *m, f* (*norteamericano*) Cowboy *m;* (*sudamericano*) Gaucho *m*

vaquero(s) [ba'kero(s)] *m(pl)* Jeans *pl*

vara ['bara] *f* (*rama*) Rute *f;* (*palo*) Stab *m;* (*medida*) Elle *f*

variable [ba'rjaβle] **I.** *adj* veränderlich; (*carácter*) unstet **II.** *f* (MAT) Variable *f*

variación [barja'θjon] *f* **1.** (MAT, MÚS) Variation *f* **2.** (*cambio*) (Ver)änderung *f;* (*oscilación*) Schwankung *f*

variado, -a [ba'rjaðo, -a] *adj* (*no siempre igual*) abwechslungsreich; (*distinto*) verschieden

variante [ba'rjan̪te] *f* (*variedad*) Variante *f;* (*versión*) Version *f*

variar [bari'ar] <*1. pres:* varío> **I.** *vi* **1.** (*modificarse*) wechseln; (*t.* MÚS) variieren **2.** (*ser distinto*) sich unterscheiden **3.** (*cambiar*) ändern; **~ de peinado** die Haare anders tragen **II.** *vt* **1.** (*cambiar*) (ver)ändern **2.** (*dar variedad*) variieren; **y para ~…** und zur Abwechslung …

varicela [bari'θela] *f* Windpocken *pl*

variedad [barje'ða^{ð}] *f* **1.** (*clase*) Sorte *f* **2.** (*pluralidad*) Vielfalt *f;* **una gran ~ de ofertas** ein breites Angebot

vario, -a ['barjo, -a] *adj pl* einige; **varias veces** mehrmals

variz [ba'riθ] *f* Krampfader *f*

varón [ba'ron] *m* (*hombre*) Mann *m;* (*niño*) Junge *m*
varonil [baro'nil] *adj* männlich; **voz** ~ Männerstimme *f*
Varsovia [bar'soβja] *f* Warschau *nt*
vasallo, -a [ba'saʎo, -a] *m, f* Vasall *m*
vasco, -a ['basko, -a] *adj* baskisch; **País Vasco** Baskenland *nt*
Vascongadas [baskoŋ'gaðas] *fpl* ≈Baskenland *nt*
vascuence [bas'kweṇθe] *m* Baskisch(e) *nt*
vaselina [base'lina] *f* Vaseline *f*
vasija [ba'sixa] *f* Gefäß *nt*
vaso ['baso] *m* Glas *nt;* ~ **de papel** (Papp)becher *m;* **un ~ de agua** ein Glas Wasser
váter ['bater] *m* WC *nt*
vaticano, -a [bati'kano, -a] *adj* vatikanisch
Vaticano [bati'kano] *m* Vatikan *m;* **la Ciudad del** ~ die Vatikanstadt
vaticinar [batiθi'nar] *vt* prophezeien
vatio ['batjo] *m* Watt *nt;* **una bombilla de 100 ~s** eine 100-Watt-Glühbirne
Vd. [us'te^{ð}] *pron pers abr de* **usted** Sie
vecindad [beθiṇ'da^{ð}] *f* Nachbarschaft *f*
vecindario [beθiṇ'darjo] *m* (*vecindad*) Nachbarn *mpl;* (*comunidad*) Gemeinde *f*
vecino, -a [be'θino, -a] **I.** *adj* benachbart (*de* mit +*dat*); (*cercano*) nahe; **pueblo** ~ Nachbardorf *nt* **II.** *m, f* **1.** (*que vive cerca*) Nachbar(in) *m(f);* **hijo de** ~ (*fam*) jedermann **2.** (*habitante*) Bewohner(in) *m(f);* **José García, ~ de Villavieja** José García, wohnhaft in Villavieja
veda ['beða] *f* (*prohibición*) Verbot *nt;* (*temporada*) Schonzeit *f;* **levantar la ~ de animales de caza** Wild zum Abschuss freigeben
vedado [be'ðaðo] *m* Sperrgebiet *nt;* ~ **de caza** Jagdrevier *nt*
vedar [be'ðar] *vt* verbieten
vega ['beɣa] *f* (*de un río*) (Fluss)aue *f;* (*Cuba*) Tabakpflanzung *f;* (*Chil*) Sumpfgebiet *nt*
vegetación [bexeta'θjon] *f* **1.** (BOT) Vegetation *f* **2.** *pl* (ANAT) Wucherungen *fpl*
vegetal [bexe'tal] *adj* pflanzlich; **aceite** ~ Pflanzenöl *nt;* **carbón** ~ Holzkohle *f*
vegetar [bexe'tar] *vi* (BOT) wachsen; (*enfermo*) dahinvegetieren; (*pey: persona*) vegetieren
vegetariano, -a [bexeta'rjano, -a] **I.** *adj* vegetarisch **II.** *m, f* Vegetarier(in) *m(f)*
vehemencia [be(e)'meṇθja] *f sin pl* **1.** (*ímpetu*) Nachdruck *m* **2.** (*entusiasmo*) Begeisterung *f*
vehemente [be(e)'meṇte] *adj* (*impetuoso*) vehement; (*ardiente*) leidenschaftlich
vehículo [be'ikulo] *m* Fahrzeug *nt;* ~ **industrial** Nutzfahrzeug *nt;* ~ **de motor** Kraftfahrzeug *nt*
veinte ['bei̯ṇte] *adj inv* zwanzig; *v. t.* **ochenta**
vejar [be'xar] *vt* schikanieren
vejatorio, -a [bexa'torjo, -a] *adj* demütigend
vejestorio, -a [bexes'torjo, -a] *m, f* (*pey*) alter Knacker *m,* alte Frau *f*
vejete [be'xete] *m* (*fam*) Alte(r) *m*
vejez [be'xeθ] *f* Alter *nt;* **pasar su ~ en Mallorca** seinen Lebensabend auf Mallorca verbringen
vejiga [be'xiɣa] *f* Blase *f*
vela ['bela] *f* **1.** (*luz*) Kerze *f;* **estar a dos ~s** (*fig*) arm wie eine Kirchenmaus sein **2.** (NÁUT) Segel *nt* **3.** (*loc*): **pasar la noche en** ~ die ganze Nacht kein Auge zutun
velada [be'laða] *f* Abend *m*
veladora [bela'ðora] *f* (*Am*) Kerze *f*
velamen [be'lamen] *m* Segelwerk *nt*
velar [be'lar] **I.** *vi* **1.** (*no dormir*) wachen **2.** (*cuidar*) wachen (*por* über +*dat*); ~ **bien por sus intereses** seine Interessen vertreten **II.** *vt* bewachen; ~ **a un muerto** Totenwache halten
velatorio [bela'torjo] *m* Totenwache *f*
velero [be'lero] *m* Segelschiff *nt*
veleta[1] [be'leta] *f* (*banderilla*) Windfahne *f*
veleta[2] [be'leta] *mf* (*persona*) wankelmütiger Mensch *m*
vello ['beʎo] *m sin pl* (Körper)behaarung *f;* ~ **de las axilas** Achselhaare *ntpl*
velludo, -a [be'ʎuðo, -a] *adj* stark behaart
velo ['belo] *m* Schleier *m;* ~ **del paladar** (ANAT) Gaumensegel *nt*
velocidad [beloθi'ða^{ð}] *f* **1.** (*t.* FÍS) Geschwindigkeit *f;* **exceso de** ~ überhöhte Geschwindigkeit; **a toda** ~ (*fam*) sehr schnell **2.** (*marcha*) Gang *m;* **cambio de ~es** Gangschaltung *f*
velocímetro [belo'θimetro] *m* Tachometer *m o nt*
velódromo [be'loðromo] *m* Radrennbahn *f*

veloz [be'loθ] *adj* schnell; (*ágil*) flink

vena ['bena] *f* Ader *f*, Vene *f*; ~ **yugular** Drosselvene *f*

venado [be'naðo] *m* (*ciervo*) Hirsch *m*; (*caza mayor*) Hochwild *nt*

vencedor(a) [ben̪θe'ðor(a)] **I.** *adj* siegreich; **equipo** ~ Siegermannschaft *f* **II.** *m(f)* Sieger(in) *m(f)*

vencejo [ben̪'θexo] *m* Mauersegler *m*

vencer [ben̪'θer] <c→z> **I.** *vi* **1.** (*derrotar*) siegen; (*ganar*) gewinnen **2.** (*plazo*) ablaufen; (*cheque*) fällig werden **II.** *vt* **1.** (*enemigos*) besiegen; (*ganar*) schlagen; **¡no te dejes ~!** lass dich nicht unterkriegen! **2.** (*obstáculo, sueño*) überwinden; (*dificultad*) meistern; **me venció el sueño** ich wurde vom Schlaf übermannt **3.** (*peso*) zu schwer sein (für +*akk*)

vencimiento [ben̪θi'mjen̪to] *m* Fälligkeit *f*

venda ['ben̪da] *f* Binde *f*

vendaje [ben̪'daxe] *m* Verband *m*

vendar [ben̪'dar] *vt* verbinden

vendaval [ben̪da'βal] *m* (*del sur(oeste)*) Süd(west)wind *m*; (*huracán*) Sturm *m*

vendedor(a) [ben̪de'ðor(a)] *m(f)* Verkäufer(in) *m(f)*; (*comerciante*) Händler(in) *m(f)*; ~ **ambulante** Straßenhändler *m*; ~ **a domicilio** Vertreter *m*

vender [ben̪'der] **I.** *vt* verkaufen (*por/en/a* für +*akk*) **II.** *vr:* **~se 1.** verkauft werden; **se vende** zu verkaufen; **se ha vendido todo** es ist alles ausverkauft; **~se muy caro** (*fig*) sich sehr bitten lassen **2.** (*alguien*) sich verkaufen

vendible [ben̪'diβle] *adj* verkäuflich

vendimia [ben̪'dimja] *f* Weinlese *f*

vendimiar [ben̪di'mjar] *vt* (ver)lesen

Venecia [be'neθja] *f* Venedig *nt*

veneciano, -a [bene'θjano, -a] *adj* venezianisch

veneno [be'neno] *m* Gift *nt*

venenoso, -a [bene'noso, -a] *adj* giftig; **serpiente venenosa** Giftschlange *f*

venerable [bene'raβle] *adj* ehrwürdig

veneración [benera'θjon] *f sin pl* (*adoración*) Verehrung *f*; (*respeto*) Ehrfurcht *f*

venerar [bene'rar] *vt* verehren

venéreo, -a [be'nereo, -a] *adj* Geschlechts-

venezolano, -a [beneθo'lano, -a] *adj* venezolanisch

Venezuela [bene'θwela] *f* Venezuela *nt*

> **Venezuela** (offiziell: **República de Venezuela**) grenzt im Norden sowohl an das Karibische Meer wie an den Atlantischen Ozean, im Osten an Guyana, im Süden an Brasilien und im Westen an Kolumbien. Die Hauptstadt heißt **Caracas**. Spanisch ist die offizielle Landessprache. Die Währungseinheit Venezuelas ist der **bolívar**.

vengador(a) [beŋga'ðor(a)] *m(f)* Rächer(in) *m(f)*

venganza [beŋ'gan̪θa] *f* Rache *f*; **deseo de** ~ Rachgier *f*

vengar [beŋ'gar] <g→gu> **I.** *vt* rächen; ~ **la muerte de alguien** jdn rächen **II.** *vr:* **~se** sich rächen (*por* für +*akk*, *en* an +*dat*)

vengativo, -a [beŋga'tiβo, -a] *adj* (*vengador*) rachsüchtig; (*rencoroso*) nachtragend

venia ['benja] *f* Erlaubnis *f*

venial [be'njal] *adj* (REL) lässlich

venida [be'niða] *f* **1.** (*llegada*) Ankunft *f*; (*vuelta*) Rückkehr *f* **2.** (*de un río*) Hochwasser *nt*

venidero, -a [beni'ðero, -a] *adj* kommend

venir [be'nir] *irr* **I.** *vi* **1.** (*trasladarse*) kommen; (*llegar*) ankommen; **vengo (a) por la leche** ich komme die Milch holen **2.** (*ocurrir*) geschehen; **vino la guerra** es gab Krieg **3.** (*proceder*) herkommen; ~ **de una familia muy rica** aus einer sehr reichen Familie stammen **4.** (*idea, ganas*) überkommen; **me vinieron ganas de reír** ich verspürte Lust zu lachen **5.** (*tiempo*) kommen; (*seguir*) folgen; **el mes que viene** nächsten Monat; **ya viene la primavera** nun fängt schon der Frühling an **6.** (*loc*): **el dinero me viene muy bien** das Geld kommt mir wie gerufen; **¿te viene bien mañana después de comer?** passt es dir morgen nach dem Mittagessen?; **¡venga esa mano!** schlag ein! **II.** *vr:* **~se 1.** (*ir a*) kommen **2.** (*hundirse*): **~se abajo** einstürzen; (*fig*) scheitern

venta ['ben̪ta] *f* Verkauf *m*; ~ **callejera** Straßenverkauf *m*; ~ **a domicilio** Haus-zu-Haus-Verkauf *m*; **precio de ~ al público** Verkaufspreis *m*; **en ~** zu verkaufen

ventaja [ben̪'taxa] *f* Vorteil *m*; (DEP) Vorsprung *m*; **tener ~ sobre alguien** jdm gegenüber im Vorteil sein; **dar 300 metros de ~** 300 Meter Vorsprung geben

ventajoso, -a [ben̪ta'xoso, -a] *adj* vorteilhaft

V

ventana [beṇ'tana] *f* Fenster *nt*
ventanal [beṇta'nal] *m* (großes) Fenster *nt*
ventanilla [beṇta'niʎa] *f* Fenster *nt;* (*taquilla*) Schalter *m*
ventilación [beṇtila'θjon] *f* Lüftung *f*
ventilador [beṇtila'ðor] *m* Ventilator *m*
ventilar [beṇti'lar] *vt, vr:* **~se** lüften
ventisca [beṇ'tiska] *f* Schneetreiben *nt*
ventolera [beṇto'lera] *f* (*loc*): **le ha dado la ~ de...** er/sie hat sich *dat* in den Kopf gesetzt zu ...
ventosear [beṇtose'ar] *vi* Blähungen haben
ventrículo [beṇ'trikulo] *m* Kammer *f;* (*del corazón*) Herzkammer *f*
ventrílocuo, **-a** [beṇ'trilokwo, -a] *m, f* Bauchredner(in) *m(f)*
ventura [beṇ'tura] *f* Glück *nt;* **mala ~** Pech *nt;* **a la** (**buena**) **~** auf gut Glück
venturoso, **-a** [beṇtu'roso, -a] *adj* glücklich
ver [ber] *irr* **I.** *vi, vt* **1.** (*con los ojos*) sehen; **no se ve ni torta** (*fam*) man sieht die Hand nicht vor den Augen; **véase la página dos** siehe Seite zwei; **¡habrase visto!** nicht zu glauben!; **a ~** lass/lasst mal sehen **2.** (*con la inteligencia*) (ein)sehen; **a mi modo de ~** meiner Ansicht nach; **¿no ves que...?** siehst du denn nicht, dass ...?; **veo bien que te cases** ich finde es gut, dass du heiratest; **ya lo veo** jetzt sehe ich es auch ein **3.** (*observar*) anschauen; (*documentos, información*) durchsehen **4.** (*visitar*) besuchen; (*encontrarse*) sehen **5.** (*comprobar*) nachschauen **6.** (*algo desagradable*) befürchten; **te veo venir** ich weiß, was du vorhast **7.** (JUR: *causa*) verhandeln **8.** (*relación*): **tener que ~ con algo** mit etw *dat* zu tun haben **9.** (*duda*): **eso está por ~** das bleibt abzuwarten **10.** (*loc*): **a ~ cómo lo hacemos** mal sehen, wie wir das machen können; **¡a ~, escuchadme todos!** hey, hört mal alle her!; **bueno, ya ~emos** nun, das sehen wir dann; **¡hay que ~!** das gibt's doch gar nicht!; **veamos,...** schauen wir mal, ...; **¡~ás!** na warte!; **~emos,...** nun, ...; **no veas lo contenta que se puso** du kannst dir nicht vorstellen, wie sehr sie sich freute; **¡para que veas!** so, da hast du's! **II.** *vr:* **~se 1.** (*encontrarse*) sich sehen **2.** (*estado*) sich fühlen; **~se apurado** sich in Schwierigkeiten befinden **3.** (*parecer*): **se ve que no tienen tiempo** sie haben scheinbar keine Zeit **4.** (*Am*) aussehen
vera ['bera] *f* **1.** (*orilla*) Rand *m;* **~ de un río** Ufer *nt* **2.** (*lado*) Seite *f;* **a la ~ de** neben
veracidad [beraθi'ðaᵈ] *f* Wahrhaftigkeit *f;* (*de una declaración*) Richtigkeit *f*
veraneante [berane'aṇte] *mf* Sommerurlauber(in) *m(f)*
veranear [berane'ar] *vi:* **~ en Ibiza** den Sommer(urlaub) auf Ibiza verbringen
veraneo [bera'neo] *m* Sommerurlaub *m;* **lugar de ~** Urlaubsort *m;* **estar de ~** im Urlaub sein
veraniego, **-a** [bera'njeɣo, -a] *adj* sommerlich; **tiempo ~** Sommerwetter *nt*
verano [be'rano] *m* Sommer *m*
veras ['beras] *f:* **de ~** (*de verdad*) wirklich; (*en serio*) im Ernst; **esto va de ~** jetzt mal im Ernst
veraz [be'raθ] *adj* **1.** (*hechos*) wahr **2.** (*persona*) wahrheitsliebend
verbal [ber'βal] *adj* **1.** (*del verbo*) verbal; **frase ~** Verbalphrase *f* **2.** (*oral*) mündlich
verbalizar [berβali'θar] <z→c> *vt* (*expresar*) in Worte fassen
verbena [ber'βena] *f* Fest *nt*
verbo ['berβo] *m* Verb *nt;* **~ auxiliar** Hilfsverb *nt*
verdad [ber'ðaᵈ] *f* Wahrheit *f;* **bien es ~ que...** es stimmt zwar, dass ...; **bueno, a decir ~,...** nun, ehrlich gesagt, ...; **¡de ~!** (das stimmt) wirklich!; **¡es ~!** stimmt!; **ser ~** wahr sein; **¿~?** stimmt's?; **¿~ que no fuiste tú?** du warst es doch nicht, oder?; **la ~ es que hace frío** Tatsache ist, dass es kalt ist
verdaderamente [berðaðera'meṇte] *adv* wirklich
verdadero, **-a** [berða'ðero, -a] *adj* (*cierto*) wahr; (*real*) echt
verde ['berðe] **I.** *adj* **1.** (*t.* POL) grün **2.** (BOT) unreif; **estar ~** (*principiante*) ein Grünschnabel sein; (*inocente*) noch feucht hinter den Ohren sein **3.** (*chistes, canciones*) unanständig **4.** (*personas*) lüstern; **viejo ~** Lustmolch *m* **5.** (*loc*): **poner ~ a alguien** (*fam*) jdn herunterputzen **II.** *m* **1.** (*CSur: pasto*) Weide *f* **2.** (*CSur: mate*) Mate(tee) *m* **3.** (*CSur: ensalada*) grüner Salat *m* **4.** (*AmC, Méx*) (Stück) Land *nt*
verdugo [ber'ðuɣo] *m* (*de ejecuciones*) Scharfrichter *m;* (*atormentador*) Peiniger *m*
verdura [ber'ðura] *f* Gemüse *nt*

vereda [be'reða] *f* **1.** (*sendero*) Pfad *m;* **hacer entrar en ~ a alguien** jdn auf den richtigen Weg bringen **2.** (*Am*) Gehsteig *m*
veredicto [bere'ðikto] *m* (JUR) Urteil *nt;* **~ de culpabilidad** Schuldspruch *m;* **~ de inculpabilidad** Freispruch *m*
verga ['berɣa] *f* (*vara*) Stange *f;* (ANAT) Glied *nt*
vergonzoso, -a [berɣon̩'θoso, -a] *adj* **1.** (*persona*) schamhaft; (*tímido*) schüchtern **2.** (*acción*) schändlich
vergüenza [ber'ɣwen̩θa] *f* **1.** (*rubor*) Scham *f;* **me da ~** es ist mir peinlich; **¿no te da ~?** schämst du dich (denn) nicht?; **pasar ~** sich schämen; **¡qué ~!** (mein Gott) wie peinlich! **2.** (*pundonor*) Anstand *m;* **perder la ~** sich gehen lassen; **tener poca ~** unverschämt sein **3.** (*persona, acción*) Schande *f* **4.** (*cortedad*) Schüchternheit *f;* (*sexual*) Schamhaftigkeit *f;* **le da ~ al hablar** er/sie wird beim Reden ganz verlegen
verídico, -a [be'riðiko, -a] *adj* wahr
verificación [berifika'θjon] *f* **1.** (*inspección*) (Über)prüfung *f;* (*test*) Test *m* **2.** (*prueba*) Beweis *m* **3.** (*realización*) Durchführung *f* **4.** (*de una profecía*) Eintreten *nt*
verificar [berifi'kar] <c→qu> *vt* (*comprobar*) beweisen; (*controlar*) (über)prüfen
verja ['berxa] *f* (*rejas*) Gitter *nt;* (*cerca*) Zaun *m;* (*puerta*) Gatter *nt*
vermú [ber'mu] *m,* **vermut** [ber'mu] *m* <vermús> (*licor*) Wermut *m;* (*AmS*) Nachmittagsvorstellung *f*
vernáculo, -a [ber'nakulo, -a] *adj* einheimisch; **lengua vernácula** Landessprache *f*
verosímil [bero'simil] *adj* (*probable*) wahrscheinlich; (*creíble*) glaubwürdig
verosimilitud [berosimili'tuð] *f* Wahrscheinlichkeit *f*
verraco [be'rrako] *m* **1.** (*para procrear*) Zuchteber *m* **2.** (*AmC: jabalí*) Wildschwein *nt*
verruga [be'rruɣa] *f* Warze *f*
versado, -a [ber'saðo, -a] *adj* versiert
versar [ber'sar] *vi* **1.** (*tratar*) handeln (*sobre* von +*dat*) **2.** (*AmC: escribir*) dichten **3.** (*AmC: charlar*) sich unterhalten
versátil [ber'satil] *adj* wankelmütig
versículo [ber'sikulo] *m* Bibelspruch *m*
versión [ber'sjon] *f* Version *f;* **~ resumida** Kurzfassung *f*
verso ['berso] *m* Vers *m;* **en ~s** in Versform
vértebra ['berteβra] *f* Wirbel *m*
vertebrado [berte'βraðo] *m* Wirbeltier *nt*
vertebral [berte'βral] *adj* Wirbel-; **columna ~** Wirbelsäule *f*
vertedero [berte'ðero] *m* Mülldeponie *f;* **~ ilegal** wilde Müllkippe
verter [ber'ter] <e→ie> **I.** *vt* (*vaciar*) schütten; (*líquido*) gießen; (*sin querer*) verschütten **II.** *vi* fließen
vertical [berti'kal] *adj* senkrecht
vértice ['bertiθe] *m* Scheitel *m*
vertiente [ber'tjen̩te] *f* (*declive*) Abhang *m;* (*lado*) Seite *f*
vertiginoso, -a [bertixi'noso, -a] *adj* **1.** (*que marea*) Schwindel erregend **2.** (*velocidad*) rasend
vértigo ['bertiɣo] *m* (*mareo*) Schwindelgefühl *nt;* (*por las alturas*) Höhenangst *f*
vesícula [be'sikula] *f* Blase *f*
vespertino, -a [besper'tino, -a] *adj* Abend-, abendlich
vestíbulo [bes'tiβulo] *m* Empfangshalle *f;* (TEAT) Foyer *nt*
vestido [bes'tiðo] *m* Kleid *nt*
vestigio [bes'tixjo] *m* **1.** (*huella*) Spur *f* **2.** (*señal*) Anzeichen *nt*
vestir [bes'tir] *irr como pedir* **I.** *vt* **1.** (*cuerpo, persona*) (be)kleiden **2.** (*llevar*) tragen; (*ponerse*) anziehen **II.** *vi* sich kleiden; **~ de uniforme** Uniform tragen; **~ siempre muy bien** immer sehr gut angezogen sein **III.** *vr:* **~se** sich anziehen; **~se a la moda** sich modisch kleiden
vestón [bes'ton] *m* (*Chil*) Jacke *f*
vestuario [bes'twarjo] *m* Garderobe *f;* (DEP) Umkleidekabine *f*
veta ['beta] *f* (Erz)ader *f;* (*en madera, mármol*) Maser *f*
vetar [be'tar] *vt* sein Veto einlegen (gegen +*akk*)
vetear [bete'ar] *vt* **1.** (*como la madera*) masern **2.** (*como el mármol*) marmorieren
veterano, -a [bete'rano, -a] *adj* (MIL) altgedient; (*experimentado*) erfahren
veterinaria [beteri'narja] *f* Tiermedizin *f*
veterinario, -a [beteri'narjo, -a] *m, f* Tierarzt, -ärztin *m, f*
veto ['beto] *m* Veto *nt;* (**inter**)**poner** (**su**) **~ a algo** sein Veto gegen etw einlegen
vetusto, -a [be'tusto, -a] *adj* **1.** (*persona*) greis **2.** (*cosa*) sehr alt; (*pey*) antiquiert
vez [beθ] *f* **1.** (*acto repetido*) Mal *nt;* **a la ~**

gleichzeitig; **a** [*o* **algunas**] **veces** manchmal; **alguna que otra** ~ gelegentlich; **cada** ~ **me gusta menos** es gefällt mir immer weniger; **cada** ~ **que...** jedes Mal, wenn ...; **de una** ~ (*en un solo acto*) mit einem Mal; (*sin interrupción*) auf einmal; (*definitivamente*) endgültig; **de** ~ **en cuando** ab und zu; **dilo otra** ~ sag es noch einmal; **por primera** ~ zum ersten Mal; **aquella** ~ damals; **esta** ~ diesmal; **alguna** ~ einmal; **muchas veces** oft; **la otra** ~ letztes Mal; **tal** ~ vielleicht; **una y otra** ~ immer wieder; **una** ~ **que haya terminado,...** wenn ich erst einmal fertig bin, ...; **érase una** ~**...** es war einmal ... **2.** (*con número*) Mal *nt;* **una** ~ ein Mal; **dos veces más que** doppelt so viel wie **3.** (*turno*): **cuando llegue mi** ~ wenn ich an der Reihe bin; **él a su** ~ **no respondió** er seinerseits antwortete nicht; **en** ~ **de** (an)statt

vía ['bia] *f* **1.** (*camino*) Weg *m;* (*calle*) Straße *f;* ~ **aérea** Luftpost *f;* ~ **láctea** Milchstraße *f;* ~ **pública** Bürgersteig *m* **2.** (*ruta*) via; **a Madrid** ~ **Paris** nach Madrid via Paris **3.** (*carril*) Spur *f;* (FERRO) Gleis *nt;* ~ **férrea** Eisenbahn *f* **4.** (ANAT) Röhre *f;* ~**s digestivas** Verdauungstrakt *m;* ~**s respiratorias** Luftröhre *f;* ~**s urinarias** Harnröhre *f;* **por** ~ **oral** oral **5.** (*procedimiento*) Weg *m;* **por** ~ **judicial** auf dem Rechtsweg **6.** (INFOR) Pfad *m* **7.** (*loc*): **país en** ~**s de desarrollo** Entwicklungsland *nt*

viaducto [bja'ðukto] *m* Viadukt *m o nt;* (FERRO) Bahnbrücke *f*

viajante [bja'xan̩te] *mf* Reisende(r) *mf;* (COM) Handelsreisende(r) *mf*

viajar [bja'xar] *vi* reisen; ~ **por Italia** durch Italien reisen; ~ **en avión** fliegen

viaje [bi'axe] *m* **1.** (*general*) Reise *f;* ~ **de novios** Hochzeitsreise *f;* **estar de** ~ verreist sein; **irse de** ~ verreisen; **salir de** ~ abreisen **2.** (*carga*) Fuhre *f;* (*recorrido*) Fahrt *f;* **de un** ~ (*AmC: fig*) in einem Aufwasch

viajero, -a [bja'xero, -a] *m, f* Reisende(r) *mf;* (*pasajero*) Passagier(in) *m(f)*

vial [bi'al] *adj* (*caminos*) Wege-; (FERRO) Schienen-; (*tráfico*) Verkehrs-; **circulación** ~ Straßenverkehr *m;* **reglamento** ~ Straßenverkehrsordnung *f*

viaraza [bja'raθa] *f* (*Am*) Wutanfall *m;* **me dio la** ~ ich tobte vor Wut

víbora ['biβora] *f* (ZOOL) Viper *f;* (*pey: persona*) (falsche) Schlange *f*

vibración [biβra'θjon] *f* (*vaivén*) Vibration *f;* (*temblor*) Zittern *nt;* (*agitación*) (leichte) Erschütterung *f*

vibrante [bi'βran̩te] *adj* **1.** (*sonoro*) kraftvoll **2.** (*entusiasta*) schwungvoll

vibrar [bi'βrar] *vi* (*oscilar*) vibrieren; (*voz*) zittern

vicario [bi'karjo] *m* Vikar *m*

vicedirector(a) [biθeðirek'tor(a)] *m(f)* stellvertretender Direktor *m,* stellvertretende Direktorin *f*

vicepresidente, -a [biθepresi'ðen̩te, -a] *m, f* (POL) Vizepräsident(in) *m(f);* (*en juntas*) stellvertretender Vorsitzender *m,* stellvertretende Vorsitzende *f*

vicerrector(a) [biθerrek'tor(a)] *m(f)* **1.** (UNIV) Prorektor(in) *m(f)* **2.** (ENS) Konrektor(in) *m(f)*

viceversa [biθe'βersa] *adv* umgekehrt

vichar [bi'ʧar] *vt* (*Arg, Urug: espiar*) ausspionieren; (*ver*) sehen

viciado, -a [bi'θjaðo, -a] *adj* (*aire*) stickig

viciar [bi'θjar] *vr:* ~**se 1.** (*costumbres*) verkommen; (*persona*) verderben **2.** (*ser adicto*) süchtig sein (*con* nach +*dat*); **haberse viciado con la televisión** fernsehsüchtig sein

vicio ['biθjo] *m* Laster *nt;* (*adicción*) Sucht *f;* **el** ~ **de siempre** das alte Laster; **tener el** ~ **de comerse las uñas** die schlechte Angewohnheit haben, an den Nägeln zu kauen

vicioso, -a [bi'θjoso, -a] *adj* (*carácter*) verdorben; (*que produce vicio*) lasterhaft

vicisitud [biθisi'tuᵈ] *f* **1.** (*acontecimiento*) Ereignis *nt;* (*desgracia*) Unglück *nt* **2.** (*cambio*) Wende *f* **3.** *pl* (*alternancia*) Auf und Ab *nt*

víctima ['biktima] *f* Opfer *nt;* (*afectado*) Betroffene(r) *mf;* **ser** ~ **de un fraude** Opfer eines Betrugs werden

victimar [bikti'mar] *vt* (*Am: herir*) verwunden; (*matar*) töten

victoria [bik'torja] *f* Sieg *m;* ~ **por puntos** Sieg nach Punkten; **cantar** ~ sich eines Sieges rühmen

victorioso, -a [bikto'rjoso, -a] *adj* siegreich

vid [biᵈ] *f* (*parra*) Weinstock *m;* (*uva*) (Wein)rebe *f*

vida ['biða] *f* **1.** Leben *nt;* ~ **íntima** Privatleben *nt;* ~ **perra** Hundeleben *nt;* **¿cómo te va la** ~**?** wie geht's dir?; **complicarse la** ~

sich *dat* das Leben schwer machen; **estar entre la** ~ **y la muerte** in Lebensgefahr schweben; **perder la** ~ ums Leben kommen; **¿qué es de tu** ~**?** was gibt's Neues bei dir?; **quitarle la** ~ **a alguien** jdn töten; **quitarse la** ~ sich *dat* das Leben nehmen; **salir con** ~ mit dem Leben davonkommen; **de por** ~ zu Lebzeiten **2.** (*sustento*) Lebensunterhalt *m;* **buscarse la** ~ sich durchschlagen **3.** (*loc*): **de toda la** ~ schon immer; **¡mi** ~**!** (mein) Schatz!

vidente [bi'ðen̩te] *mf* (Hell)seher(in) *m(f)*

vídeo ['biðeo] *m* **1.** (*aparato*) Videorekorder *m;* **cámara de** ~ Videokamera *f* **2.** (*película*) Video *nt*

videocámara [biðeo'kamara] *f* Videokamera *f*

videocasete [biðeoka'sete] *f* Videokassette *f*

videojuego [biðeo'xweɣo] *m* Videospiel *nt*

videoteléfono [biðeote'lefono] *m* Bildtelefon *nt*

videotexto [biðeo'testo] *m* Videotext *m*

vidriera [bi'ðrjera] *f* **1.** (*ventana*) Fenster *nt;* **puerta** ~ Glastür *f* **2.** (*Am*) Schaufenster *nt*

vidrio ['biðrjo] *m* (Glas)scheibe *f*

vidrioso, -a [bi'ðrjoso, -a] *adj* **1.** (*como vidrio*) gläsern; (*mirada*) starr **2.** (*transparente*) glasig; **ojos** ~**s** glasige Augen **3.** (*asunto*) heikel

viejo, -a ['bjexo, -a] **I.** *adj* alt; (*usado*) gebraucht; (*gastado*) abgenutzt; (*ropa*) abgetragen; **Noche Vieja** Silvester *nt* **II.** *m, f* Alte(r) *mf*

Viena ['bjena] *f* Wien *nt*

vienés, -esa [bje'nes, -esa] *adj* wienerisch

viento ['bjen̩to] *m* **1.** (*corriente*) Wind *m;* ~ **de frente** Gegenwind *m;* ~ **huracanado** (Wirbel)sturm *m;* **instrumento de** ~ Blasinstrument *nt;* **hace** ~ es ist windig; **el negocio va** ~ **en popa** das Geschäft läuft bestens **2.** (NÁUT: *rumbo*) Kurs *m;* (*dirección*) Himmelsrichtung *f;* **a los cuatro** ~**s** in alle (vier Himmels)richtungen; **pregonar algo a los cuatro** ~**s** etw an die große Glocke hängen **3.** (*fam: irse*): **tomar** ~ sich verziehen; **¡vete a tomar** ~**!** (*argot*) verpiss dich! **4.** (*AmC*) Rheumatismus *m*

vientre ['bjen̩tre] *m* **1.** (*abdomen*) Unterleib *m;* **hacer de** ~ Stuhlgang haben **2.** (*barriga*) Bauch *m*

viernes ['bjernes] *m inv* Freitag *m;* **Viernes Santo** Karfreitag *m*

vietnamita [bjeᵈna'mita] *adj* vietnamesisch

viga ['biɣa] *f* Balken *m*

vigencia [bi'xen̩θja] *f* Gültigkeit *f;* **estar en** ~ in Kraft sein; **entrar en** ~ in Kraft treten; **perder** ~ ungültig werden

vigente [bi'xen̩te] *adj* gültig

vigía [bi'xia] *f* Wach(t)turm *m*

vigilancia [bixi'lan̩θja] *f* **1.** (*cuidado*) Wachsamkeit *f* **2.** (*observación*) Überwachung *f;* (*servicio*) Aufsicht *f;* **tener a alguien bajo** ~ jdn überwachen

vigilante [bixi'lan̩te] **I.** *adj* wachsam **II.** *mf* **1.** Wächter(in) *m(f);* ~ **de seguridad** Wachmann *m* **2.** (*CSur*) Polizist(in) *m(f)*

vigilar [bixi'lar] *vt, vi* überwachen; (*niños*) beaufsichtigen

vigilia [bi'xilja] *f* **1.** (*no dormir*) Wachen *nt* **2.** (*día de* ~) Fastentag *m*

vigor [bi'ɣor] *m* **1.** (*fuerza*) Kraft *f;* (*energía*) Energie *f;* **con** ~ kraftvoll **2.** (*al hablar*) Nachdruck *m* **3.** (*vigencia*) Gültigkeit *f;* **entrar en** ~ in Kraft treten; **poner en** ~ in Kraft setzen

vigoroso, -a [biɣo'roso, -a] *adj* (*fuerte*) stark; (*vital*) vital; (*protesta*) energisch

vigués, -esa [bi'ɣes, -esa] *adj* aus Vigo

VIH [uβei'atʃe] *m abr de* **virus de inmunodeficiencia humana** HIV *nt*

vil [bil] *adj* (*malo*) gemein; (*bajo*) niederträchtig

vileza [bi'leθa] *f* Gemeinheit *f*

villa ['biʎa] *f* (*casa*) Villa *f;* (*población*) Kleinstadt *f*

villancico [biʎan̩'θiko] *m* Weihnachtslied *nt*

villanía [biʎa'nia] *f* **1.** (*bajeza*) Gemeinheit *f* **2.** (*expresión*) Unanständigkeit *f*

villano, -a [bi'ʎano, -a] *adj* gemein

vilo ['bilo] *adv:* **estar en** ~ gespannt sein

vinagre [bi'naɣre] *m* Essig *m*

vinagrera [bina'ɣrera] *f* **1.** (*recipiente*) Essigflasche *f* **2.** *pl* (*para la mesa*) Menage *f* **3.** (*Am:* MED: *ardor*) Sodbrennen *nt*

vinagreta [bina'ɣreta] *f* Vinaigrette *f*

vincha ['bintʃa] *f* (*AmS*) Haarband *nt*

vinculación [biŋkula'θjon] *f* (Ver)bindung *f*

vincular [biŋku'lar] *vt* **1.** (*ligar*) binden (*a/*

con an +*akk*); (*unir*) verbinden **2.** (*obligar*) verpflichten

vínculo ['biŋkulo] *m* **1.** (*unión*) (Ver)bindung *f*; **el ~ conyugal** das Band der Ehe; **~s familiares** Familienbande *pl*; **~s naturales** Blutsverwandtschaft *f* **2.** (*obligación*) Verpflichtung *f*

vinícola [bi'nikola] *adj* Wein(bau)-

vinicultor(a) [binikul̪'tor(a)] *m(f)* Winzer(in) *m(f)*

vinicultura [binikul̪'tura] *f* Weinbau *m*

vino ['bino] *m* Wein *m*; **~ de mesa** Tafelwein *m*; **~ peleón** Fusel *m*; **~ rosado** Rosé(wein) *m*; **~ tinto** Rotwein *m*

viña ['biɲa] *f* (*monte*) Weinberg *m*; (*planta*) Weinstock *m*

viñedo [bi'ɲeðo] *m* (*monte*) Weinberg *m*; (*planta*) Weinstock *m*

viola ['bjola] *f* Bratsche *f*

violación [bjola'θjon] *f* **1.** (*infracción*) Verletzung *f*; (*de una ley*) Verstoß *m* (*de* gegen +*akk*); **~ de contrato** Vertragsbruch *m* **2.** (*de una mujer*) Vergewaltigung *f*

violar [bjo'lar] *vt* **1.** (*mujer*) vergewaltigen **2.** (*ley, principio*) verstoßen (gegen +*akk*); (*contrato*) brechen

violencia [bjo'len̪θja] *f* **1.** (*condición*) Gewalt *f*; (*fuerza*) Wucht *f*; **no ~** Gewaltlosigkeit *f*; **con ~** gewaltsam **2.** (*acción*) Gewalttätigkeit *f*

violentar [bjolen̪'tar] *vt* **1.** (*obligar*) zwingen; (*sexualmente*) vergewaltigen **2.** (*puerta*) auftreten; (*cajón*) aufbrechen **3.** (*una casa*) einbrechen (in +*akk*); (*un banco*) überfallen

violento, -a [bjo'len̪to, -a] *adj* **1.** (*impetuoso*) gewaltig; (*discusión*) heftig **2.** (*brutal*) brutal; (*con violencia*) gewaltsam; **acto ~** Gewalttat *f* **3.** (*acto*) gezwungen; (*duro*) hart; **me resulta ~ decirle que no** es fällt mir sehr schwer, es ihm/ihr abzuschlagen **4.** (*Am*) plötzlich

violeta [bjo'leta] **I.** *adj* violett **II.** *f* (BOT) Veilchen *nt*

violín [bjo'lin] *m* Geige *f*

violinista [bjoli'nista] *mf* Geiger(in) *m(f)*

violón [bjo'lon] *m* (*instrumento*) Bassgeige *f*; **tocar el ~** (*fig*) Blödsinn reden

violonc(h)elo [bjolon̪'θelo/bjolon'ʧelo] *m* Cello *nt*

viraje [bi'raxe] *m* Wendung *f*; (*curva*) Kurve *f*; **hacer** [*o* **dar**] **un ~** eine Kurve nehmen

virar [bi'rar] *vi, vt* wenden

virgen ['birxen] **I.** *adj* jungfräulich; (*fig*) rein; (*cinta*) unbespielt; (*tierras*) unbebaut **II.** *f* (REL): **la Virgen** die Jungfrau; **ser un viva la Virgen** ein Faulpelz sein

virginal [birxi'nal] *adj* (*inmaculado*) unberührt; (*puro*) rein

virginidad [birxini'ðaᵈ] *f* Jungfräulichkeit *f*

Virgo ['birɣo] *m* (ASTR) Jungfrau *f*

viril [bi'ril] *adj* **1.** (*masculino*) männlich; **edad ~** Mannesalter *nt* **2.** (*enérgico*) mannhaft

virilidad [birili'ðaᵈ] *f* **1.** (*masculinidad*) Männlichkeit *f* **2.** (*energía*) Entschlossenheit *f* **3.** (*potencia*) Manneskraft *f* **4.** (*edad*) Mannesalter *nt*

virrey, -reina [bi'rrei̯, -na] *m, f* Vizekönig(in) *m(f)*

virtual [birtu'al] *adj* virtuell

virtud [bir'tuᵈ] *f* **1.** (*en las personas*) Tugend *f* **2.** (*poder*) Fähigkeit *f*; **tener la ~ de aliviar** eine lindernde Wirkung haben **3.** (*loc*): **en ~ de** aufgrund +*gen*

virtuoso, -a [birtu'oso, -a] *adj* virtuos

viruela [bi'rwela] *f* Pocken *pl*; **~ loca** Windpocken *pl*

virulento, -a [biru'len̪to, -a] *adj* bösartig; (MED) ansteckend

virus ['birus] *m* Virus *nt o m*

viruta [bi'ruta] *f* Span *m*

visa ['bisa] *m o f* (*Am*), **visado** [bi'saðo] *m* Visum *nt*; **~ de entrada/de salida** Einreise-/Ausreisevisum *nt*

víscera ['bisθera] *f* Eingeweide *nt*

viscosa [bis'kosa] *f* Viskose *f*

viscosidad [biskosi'ðaᵈ] *f* **1.** (*consistencia*) Zähflüssigkeit *f* **2.** (*mucosidad*) Schleim *m*

viscoso, -a [bis'koso, -a] *adj* (*espeso*) zäh(flüssig); (*glutinoso*) schleimig

visera [bi'sera] *f* (*de una gorra*) Schirm *m*

visibilidad [bisiβili'ðaᵈ] *f* (*cualidad*) Sichtbarkeit *f*; (*distancia*) Sichtverhältnisse *ntpl*

visible [bi'siβle] *adj* (*perceptible*) sichtbar; (*obvio*) offensichtlich

visigodo, -a **I.** *adj* (HIST) westgotisch **II.** *m, f* (HIST) Westgote, -in *m, f*

visillo [bi'siʎo] *m* Gardine *f*

visión [bi'sjon] *f* **1.** (*vista*) Sicht *f* **2.** (*aptitud*) Sehvermögen *nt* **3.** (*aparición*) Vision *f*; **ver visiones** (*fig*) Gespenster sehen **4.** (*punto de vista*) Sichtweise *f*; **~ del mundo** Weltanschauung *f*

visita [bi'sita] *f* **1.** (*visitante*) Besucher(in) *m(f)* **2.** (*acción*) Besuch *m;* (*a un museo, una ciudad*) Besichtigung *f;* ~ **del médico** Visite *f;* ~ **guiada** Führung *f;* ~ **oficial** (POL) Staatsbesuch *m;* **estar de ~ en casa de alguien** bei jdm zu Besuch sein; **ir de ~** jdn besuchen gehen; **tener** (**a alguien de**) ~ (jdn zu) Besuch haben

visitante [bisi'tan̩te] *mf* Besucher(in) *m(f)*

visitar [bisi'tar] *vt* besuchen; (MED) Visite machen (bei +*dat*); (*una ciudad, un museo*) besichtigen

vislumbrar [bislum'brar] *vt* durchschimmern lassen

vislumbre [bis'lumbre] *f* **1.** (*resplandor*) Schimmer *m* **2.** (*idea*) Ahnung *f;* **no tener ni la más leve ~ de algo** keinen blassen Schimmer von etw *dat* haben

visón [bi'son] *m* Nerz *m*

víspera ['bispera] *f* (*noche anterior*) Vorabend *m;* (*día anterior*) Vortag *m;* **en ~s de** kurz vor +*dat*

vista ['bista] *f* **1.** (*visión*) Sicht *f;* (*capacidad*) Sehvermögen *nt;* (*mirada*) Blick *m;* **al/fuera del alcance de la ~** in/außer Sicht(weite); **a la ~** (*al parecer*) anscheinend; **a la ~ está** sieht ganz so aus; **alzar/bajar la ~** den Blick heben/senken; **apartar la ~** wegschauen; **a primera ~** auf den ersten Blick; **con ~s a...** im Hinblick auf ... +*akk;* **corto de ~** kurzsichtig; **de ~** vom Sehen; **en vista de que...** angesichts der Tatsache, dass ...; **hacer la ~ gorda** ein Auge zudrücken; **¡hasta la ~!** auf Wiedersehen!; **hasta donde alcanza la ~** so weit das Auge reicht; **no perder de ~** nicht aus den Augen lassen; **perder de ~** aus den Augen verlieren **2.** (*panorama*) Aussicht *f;* ~ **panorámica** Panoramablick *m;* **con ~s al mar** mit Blick auf das Meer **3.** (*imagen, perspectiva*) Ansicht *f;* (FOTO) Aufnahme *f;* ~ **aérea** Luftaufnahme *f;* ~ **general** Gesamtbild *nt* **4.** (JUR) Verhandlung *f;* ~ **oral** Hauptverhandlung *f*

vistazo [bis'taθo] *m* (flüchtiger) Blick *m;* **de un ~** mit einem Blick; **echar un ~ a algo** einen Blick auf etw werfen; **voy a dar un ~** ich gehe mal nachschauen

visto, **-a** ['bisto, -a] **I.** *adj* **1.** (JUR): ~ **para sentencia** hauptverhandlungsfähig **2.** (*loc*): **está ~ que no puede ser de otra forma** offensichtlich kann es nicht anders sein; **por lo ~** allem Anschein nach **II.** *conj:* ~ **que...** angesichts der Tatsache, dass ...

visto bueno ['bisto 'βweno] *m* (ADMIN, JUR) Sichtvermerk *m;* **dar el ~ a algo** (*fig*) sein Plazet zu etw *dat* geben

visual [bi'swal] *adj* visuell; **campo ~** Gesichtsfeld *nt*

visualización [biswaliθa'θjon] *f* Veranschaulichung *f;* (*display, t.* INFOR) Anzeige *f;* ~ **por cristal líquido** LCD-Anzeige *f;* ~ **por diodo luminoso** LED-Anzeige *f*

visualizar [biswali'θar] <z→c> *vt* (*representar*) veranschaulichen; (*Am*) erblicken; (INFOR) anzeigen

vital [bi'tal] *adj* **1.** (*t.* MED) vital, Lebens-; **constantes ~es** Vitalfunktionen *f;* **fuerza ~** Lebenskraft *f* **2.** (*necesario*) lebenswichtig **3.** (*vivaz*) vital

vitalicio, -a [bita'liθjo, -a] *adj* auf Lebenszeit; **renta vitalicia** Leibrente *f;* **seguro ~** Lebensversicherung *f*

vitalidad [bitali'ðað] *f* Vitalität *f;* (*alegría de vivir*) Lebensfreude *f*

vitalizar [bitali'θar] <z→c> *vt* (*vivificar*) beleben; (*fortalecer*) kräftigen

vitamina [bita'mina] *f* Vitamin *nt;* **rico en ~s** vitaminreich

vítor ['bitor] *m* Hochruf *m*

vitorear [bitore'ar] *vt* hochleben lassen

vitoriano, **-a** [bito'rjano, -a] *adj* aus Vitoria

vitrina [bi'trina] *f* Vitrine *f;* (*Am*) Schaufenster *nt*

vituperar [bitupe'rar] *vt* (*reprobar*) verwerfen; (*censurar*) tadeln

vituperio [bitu'perjo] *m* (*censura*) Tadel *m;* (*injuria*) Beleidigung *f*

viudedad [bjuðe'ðað] *f*, **viudez** [bju'ðeθ] *f* Witwenstand *m*

viudo, **-a** ['bjuðo, -a] **I.** *adj* verwitwet; **quedarse ~** verwitwen **II.** *m, f* Witwer *m,* Witwe *f*

viva ['biβa] *interj* hoch (soll er/sie leben)!; **¡~n los novios!** ein Hoch dem Brautpaar!

vivacidad [biβaθi'ðað] *f* (*viveza*) Lebhaftigkeit *f;* (*energía*) Lebenskraft *f*

vivaracho, **-a** [biβa'ratʃo, -a] *adj* (*vivo*) lebhaft; (*despierto*) aufgeweckt

vivaz [bi'βaθ] *adj* (*vivaracho*) lebhaft; (*enérgico*) voller Lebenskraft; (*despierto*) aufgeweckt

vivencia [bi'βen̩θja] *f* Erlebnis *nt*

víveres ['biβeres] *mpl* Lebensmittel *ntpl;* (MIL) Proviant *m*

vivero [bi'βero] *m* **1.** (*de plantas*) Gärtnerei *f;* (*de árboles*) Baumschule *f* **2.** (*de peces*) Zuchtteich *m*

viveza [bi'βeθa] *f* **1.** (*celeridad*) Behändigkeit *f;* (*agilidad*) Regsamkeit *f* **2.** (*energía*) Lebendigkeit *f* **3.** (*agudeza*) Aufgewecktheit *f* **4.** (*de colores*) Leuchtkraft *f*

vivienda [bi'βjen̩da] *f* **1.** (*piso*) Wohnung *f;* (*casa*) Wohnhaus *nt;* (*residencia*) Wohnsitz *m;* **sin** ~ obdachlos **2.** (*Am*) Lebensweise *f*

viviente [bi'βjen̩te] *adj* lebendig; **ni alma** ~ (*fig*) keine Menschenseele

vivificar [biβifi'kar] <c→qu> *vt* **1.** (*vitalizar*) beleben **2.** (*animar*) Kraft spenden +*dat*

vivir [bi'βir] **I.** *vi* **1.** (*estar vivo*) leben; ~ **al día** in den Tag hineinleben; ~ **a lo grande** auf großem Fuß leben **2.** (*habitar*) wohnen **3.** (*durar*) überdauern; (*perdurar*) fortleben **II.** *vt* erleben; (*experiencias negativas*) durchmachen; ~ **su (propia) vida** sein (eigenes) Leben führen **III.** *m:* **de mal** ~ anrüchig

vivo, -a ['biβo, -a] *adj* **1.** (*viviente*) lebend(ig); **ser** ~ Lebewesen *nt;* **a fuego** ~ bei starker Hitze; **de viva voz** persönlich; **en carne viva** wund; **en** ~ live; **estar** ~ am Leben sein **2.** (*vivaz*) lebhaft **3.** (*color*) leuchtend **4.** (*avispado*) aufgeweckt; (*pey*) gerissen

vizcaíno, -a [biθka'ino, -a] *adj* aus Biscaya

Vizcaya [biθ'kaɟa] *f* Biscaya *nt*

vocablo [bo'kaβlo] *m* Vokabel *f*

vocabulario [bokaβu'larjo] *m* **1.** (*léxico*) Wortschatz *m;* ~ **especializado** Fachwortschatz *m;* **tener un buen** ~ einen breiten Wortschatz haben **2.** (*lista*) Glossar *nt*

vocación [boka'θjon] *f* Berufung *f;* ~ **artística** künstlerische Ader; **por** ~ aus Berufung; **sentir** ~ sich berufen fühlen; **tener** ~ berufen sein

vocal [bo'kal] **I.** *adj* (MÚS) vokal **II.** *f* (LING) Vokal *m*

vocear [boθe'ar] **I.** *vi* schreien **II.** *vt* (*manifestar*) herausschreien; (*llamar*) rufen; (*pregonar*) ausrufen; (*divulgar*) ausposaunen; (*aclamar*) zujubeln +*dat*

vocerío [boθe'rio] *m* Geschrei *nt*

vocero, -a [bo'θero, -a] *m, f* (*Am*) Sprecher(in) *m(f)*

vociferar [boθife'rar] **I.** *vi* brüllen **II.** *vt* herausschreien

volado, -a [bo'laðo, -a] *adj* **1.** (*fam: loco*) übergeschnappt **2.** (*Am*) abwesend; (*enamorado*) verschossen *fam* **3.** (*CSur*): ~ **de genio** (*fam*) leicht entzündlich

volante [bo'lan̩te] *m* **1.** (AUTO) Lenkrad *nt;* **ir al** ~ am Steuer sitzen **2.** (*adorno*) Volant *m* **3.** (FIN) Überweisungsschein *m* **4.** (*Am*) Autofahrer(in) *m(f);* (DEP) Rennfahrer(in) *m(f)*

volar [bo'lar] <o→ue> **I.** *vi* **1.** (*en el aire*) fliegen; **echar a** ~ losfliegen **2.** (*desaparecer*) verschwinden; **el dinero ha volado** das Geld ist weg **3.** (*apresurarse*) eilen; **¡voy volando!** ich fliege! **II.** *vt* **1.** (*hacer explotar*) sprengen **2.** (*enfadar*) aufregen **3.** (*hacer volar*) fliegen lassen **4.** (*AmC: fam*): ~ **diente** (*comer*) futtern; ~ **lengua** (*hablar*) schwatzen; ~ **pata** (*caminar*) sich *dat* die Beine vertreten **III.** *vr:* ~**se** **1.** (*huir*) entfliegen **2.** (*Am*) sich aufregen

volátil [bo'latil] **I.** *adj* **1.** (*volador*) fliegend **2.** (QUÍM) flüchtig **3.** (*inconstante*) flatterhaft **II.** *m* Federvieh *nt*

volcán [bol'kan] *m* Vulkan *m;* (*Am: fig: montón*) Berg *m*

volcánico, -a [bol'kaniko, -a] *adj* **1.** (GEO) vulkanisch **2.** (*ardiente*) feurig

volcar [bol'kar] *irr* **I.** *vi* (*tumbarse*) (um)kippen; (*caer*) umfallen **II.** *vt* (*hacer caer*) umwerfen; (*verter*) auskippen **III.** *vr:* ~**se** **1.** (*darse la vuelta*) (um)kippen; (*caer*) umfallen **2.** (*esforzarse*) sich bemühen; ~**se con alguien en atenciones** jdm gegenüber extrem aufmerksam sein

volea [bo'lea] *f v.* **voleo**

volear [bole'ar] *vi, vt* (*tenis*) volley schlagen; (*fútbol*) volley schießen

voleibol [bolei̯'βol] *m* Volleyball *m*

voleo [bo'leo] *m* (DEP) Volley *m;* **a** ~ aufs Geratewohl

voltaje [bol̩'taxe] *m* Spannung *f*

voltereta [bol̩te'reta] *f* Purzelbaum *m;* (*en el aire*) Salto *m*

voltio ['bol̩tjo] *m* Volt *nt*

volumen [bo'lumen] *m* **1.** (*tamaño*) Umfang *m;* (*t.* FÍS, MAT) Volumen *nt;* (*cabida*) Fassungsvermögen *nt;* (*cantidad*) (Gesamt)menge *f;* (*del pelo*) Fülle *f;* ~ **de ventas** Umsatz *m;* **de gran** ~ von großem Umfang **2.** (*de sonido*) Lautstärke *f;* **a todo** ~ sehr laut; **poner la música a todo** ~ die Musik voll aufdrehen **3.** (*tomo*) Band *m;* **en dos volúmenes** zweibändig

voluminoso, -a [bolumi'noso, -a] *adj* voluminös; (*grueso*) umfangreich

voluntad [boluṇ'tad] *f* Wille *m;* (*fuerza de* ~) Willenskraft *f;* **buena** ~ Gutwilligkeit *f;* **mala** ~ Böswilligkeit *f;* **a** ~ nach Belieben; **con buena** ~ aus gutem Willen; **contra su** ~ widerwillig; **de última** ~ letztwillig; **por propia** ~ freiwillig; **quitar a alguien la** ~ **de algo** jdn von etw *dat* abbringen; **tener mucha/poca** ~ einen starken/schwachen Willen haben

voluntario, -a [boluṇ'tarjo, -a] **I.** *adj* freiwillig **II.** *m, f* Freiwillige(r) *mf;* **ofrecerse** ~ **para algo** sich für etw freiwillig melden

voluntarioso, -a [boluṇta'rjoso, -a] *adj* willensstark; (*perseverante*) zielstrebig

voluptuosidad [boluptwosi'ðaᵈ] *f* **1.** (*pasión*) Wollust *f* **2.** (*sensualidad*) Sinnlichkeit *f*

voluptuoso, -a [boluptu'oso, -a] *adj* (*apasionado*) wollüstig; (*sensual*) sinnlich

volver [bol'βer] *irr* **I.** *vi* **1.** (*dar la vuelta*) umdrehen; ~ **atrás** umkehren **2.** (*regresar*) zurückkehren; ~ **a casa** heimkehren; **he vuelto por la autopista** ich bin auf der Autobahn zurückgefahren; ~ **en sí** wieder zu sich *dat* kommen; **volviendo al tema** um auf das Thema zurückzukommen **3.** (*repetir*): ~ **a** +*inf* wieder +*inf;* **he vuelto a casarme** ich habe wieder geheiratet **II.** *vt* **1.** (*dar la vuelta*) umdrehen; ~ **la espalda a alguien** (*t. fig*) jdm den Rücken zukehren **2.** (*poner del revés*) wenden **3.** (*transformar*) verwandeln (in +*akk*); ~ **furioso** wild machen **III.** *vr:* ~**se 1.** (*darse la vuelta*) sich umdrehen (*a/hacia* nach +*dat*) **2.** (*dirigirse*) sich wenden (*a/hacia* an +*akk*); ~**se contra alguien** sich gegen jdn wenden **3.** (*regresar*) zurückkehren **4.** (*convertirse*) sich verwandeln (in +*akk*); (*ponerse*) werden; ~**se viejo/rico** alt/reich werden

vomitar [bomi'tar] **I.** *vi* sich übergeben; **es para** ~ (*argot*) es ist zum Kotzen; **me dan ganas de** ~ mir ist schlecht **II.** *vt* erbrechen

vomitivo, -a [bomi'tiβo, -a] *adj* **1.** Brechreiz erregend **2.** (*argot*) ekelhaft; **ese es** ~ der Typ ist ein echter Kotzbrocken

vómito ['bomito] *m* (*acción*) Erbrechen *nt;* (*lo vomitado*) Erbrochene(s) *nt;* ~ **de sangre** Blutsturz *m;* **provocar ~s a alguien** jdn zum Erbrechen bringen

voraz [bo'raθ] *adj* (*pey: glotón*) gefräßig; (*hambriento*) heißhungrig; **apetito** ~ Heißhunger *m*

vos [bos] *pron pers* **1.** (HIST: *usted*) Ihr *pl* **2.** (*Am*) du; **esto es para** ~ das ist für dich; **voy con** ~ ich komme mit dir

> Der Begriff **vosear** bezeichnet folgendes Phänomen: mit **vos** anstatt mit **tu** zu duzen, was sehr üblich in **Argentina** und auch anderen spanischsprachigen Ländern Lateinamerikas ist.

vosotros, -as [bo'sotros, -as] *pron pers* (*sujeto*) ihr; (*tras preposición*) euch

votación [bota'θjon] *f* Abstimmung *f;* ~ **a mano alzada** Abstimmung durch Handzeichen; **someter algo a** ~ über etw abstimmen (lassen)

votar [bo'tar] *vi, vt* (*decidir*) abstimmen; (*elegir*) stimmen (*a/por* für +*akk*); ~ **una ley** ein Gesetz verabschieden

voto ['boto] *m* **1.** (POL: *opinión*) Stimme *f;* (*acción*) Abstimmung *f;* ~ **afirmativo** [*o* **a favor**] Jastimme *f;* ~ **en blanco** Abgabe eines leeren Stimmzettels; ~ **por correo** Briefwahl *f;* **derecho a** ~ Stimmrecht *nt;* **tener** (**derecho a**) ~ stimmberechtigt sein **2.** (REL) Gelübde

voz [boθ] *f* **1.** Stimme *f;* ~ **cantante** Solostimme *f;* ~ **de mando** Kommando *nt;* **a dos/cuatro voces** zwei-/vierstimmig; **levantar/bajar la** ~ lauter/leiser sprechen; **a media** ~ halblaut; **correr la** ~ **de algo** etw weitersagen; **de viva** ~ persönlich; **hablar en** ~ **alta/baja** laut/leise sprechen; **leer en** ~ **alta** vorlesen **2.** (*grito*) Ruf *m;* **voces** Geschrei *nt;* **a voces** schreiend; **dar voces** schreien; **dar la** ~ **de alarma** Alarm schreien; **pegar** (**cuatro**) **voces** laut werden **3.** (*rumor*) Gerücht *nt;* **corre la** ~ **de que te casas** man munkelt, dass du heiratest **4.** (*del verbo*): ~ **activa/pasiva** Aktiv *nt*/Passiv *nt*

vuelco ['bwelko] *m:* **me dio un** ~ **el corazón** mir blieb das Herz stehen

vuelo ['bwelo] *m* **1.** Flug *m;* ~ **en globo** Ballonfahrt *f;* ~ **nacional/internacional** Inland-/Auslandflug *m;* ~ **regular** Linienflug *m;* **cogerlas al** ~ (*fig*) im Nu kapieren **2.** (*de la ropa*) Weite *f;* **falda de** ~ weiter Rock

vuelta ['bweḷta] *f* **1.** (*giro*) (Um)drehung *f;*

V

~ **de campana** (AUTO) Überschlagen *nt;* **dar la** ~ wenden; (*llave*) herumdrehen; **dar muchas ~s a algo** (*fig*) sich *dat* über etw den Kopf zerbrechen; **darse la** ~ sich umdrehen; **dar**(**se**) **media** ~ sich umdrehen; **dar**(**se**) **una** ~ spazieren gehen **2.** (*regreso*) Rückkehr *f;* (*viaje*) Rückfahrt *f;* **de ~ a casa** auf dem Rückweg nach Hause; **estar de** ~ zurück(gekehrt) sein **3.** (*dinero*) Wechselgeld *nt;* **dar la** ~ herausgeben **4.** (DEP): ~ **ciclista** Tour *f* **5.** (*loc*): **a la ~ de** (*lugar*) um *+akk;* (*tiempo*) nach *+dat*

vuelto ['bwel̩to] *m* (*cambio*) Wechselgeld *nt;* **dar el** ~ herausgeben

vuestro, **-a** ['bwestro, -a] **I.** *adj* euer, eu(e)re; ~ **coche** euer Auto; **vuestra hija** eure Tochter; **~s vecinos** eure Nachbarn **II.** *pron pos* **1.** (*de vuestra propiedad*) euer(e); **¿es ~?** gehört es euch? **2.** (*tras artículo*): **el ~/la vuestra/lo** ~ eure(r, s); **los ~s** eure; (*parientes*) eure Angehörigen; **ésta es la vuestra** (*fam*) das ist die Gelegenheit für euch **3.** (*tras substantivo*) eure(r), von euch; **un amigo** ~ ein Freund von euch; (**no**) **es culpa vuestra** es ist (nicht) eure Schuld

vulgar [bul'ɣar] *adj* **1.** (*común*) gemein; (*ordinario*) gewöhnlich **2.** (*pey: ordinario*) vulgär **3.** (*bajo*) niedrig **4.** (*ramplón*) platt

vulgaridad [bulɣari'ða^{ð}] *f* (*normalidad*) Gewöhnlichkeit *f;* (*pey: grosería*) Derbheit *f;* (*ramplonería*) Plattheit *f*

vulgarizar [bulɣari'θar] <z→c> **I.** *vt* **1.** (*simplificar*) vereinfachen **2.** (*popularizar*) popularisieren **II.** *vr:* **~se 1.** (*pey: persona*) vulgär werden **2.** (*trivializarse*) abflachen **3.** (*popularizarse*) populär werden

vulnerabilidad [bulneraβili'ða^{ð}] *f* Verletzlichkeit *f;* (*de la salud, de máquinas*) Anfälligkeit *f*

vulnerable [bulne'raβle] *adj* verletzlich

vulnerar [bulne'rar] *vt* verletzen

vulva ['bulβa] *f* Schamgegend *f;* **labios de la** ~ Schamlippen *fpl*

W

W, w ['uβe 'ðoβle] *f* W, w *nt*

wampa ['wampa] *f* (*Méx: ciénaga*) Sumpf *m*

wáter ['bater] *m,* **water-closet** ['bater'klose^{t}] *m* Toilette *f*

waterpolo [bater'polo] *m* Wasserball *m*

watt [ba^{t}] *m* Watt *nt*

W.C. ['uβe θe] *m abr de* **water-closet** WC *nt*

windsurf ['win̩^{d}surf] *m* (Wind)surfen *nt*

windsurfing [win̩^{d}'surfiŋ] *m sin pl* (Wind)surfen *nt*

WWW *f abr de* **World Wide Web** WWW *nt*

X

X, x ['ekis] *f* (*letra*) X, x *nt;* **rayos** ~ Röntgenstrahlen *mpl;* **en** (**forma de**) ~ x-förmig

xenofobia [seno'foβja] *f* Fremdenfeindlichkeit *f*

xenófobo, -a [se'nofoβo, -a] *adj* fremdenfeindlich

xilófono [si'lofono] *m* Xylophon *nt*

xilografía [siloɣra'fia] *f* Holzschnitt *m*

Y

Y, y [i 'ɣrjeɣa] *f* Y, y *nt*

y [i] *conj* und; **¿~ qué?** na und?; **¿~ tu marido(, qué tal)?** wie geht es deinem Mann?; **¿~ este paquete? – de mis padres** von wem ist dieses Paket? – von meinen Eltern; **~ eso que** obwohl

ya [ɟa] **I.** *adv* **1.** (*en el pasado*) schon; **~ es hora de que cambies** es wird (höchste) Zeit, dass du dich änderst **2.** (*pronto*) gleich, sofort; **¡~ voy!** ich komme schon!; **¡~ está!** fertig!; **~ verás** du wirst schon (noch) sehen **3.** (*ahora*) jetzt; **~ falta poco para Navidades** bald ist Weihnachten **4.** (*negación*): **~ no fumo** ich rauche nicht mehr; **no ~** [*o* **~ no**]**... sino...** nicht nur ..., sondern auch ... **5.** (*afirmación*) ja; **~, ~** jaja, soso; **¡ah ~!** ach so!; **¡anda ~!** ach was! **II.** *conj* **1.** (*porque*): **~ que** da, weil **2.** (*aprovechando que*): **~ que estás aquí...** wenn du schon hier bist, ...; **~ que lo mencionas...** weil du gerade davon anfängst, ... **III.** *interj* ach so!

yacer [ɟa'θer] *irr vi* (*estar echado*) liegen; (*estar enterrado*) ruhen

yacimiento [ɟaθi'mjen̩to] *m* (GEO, MIN) Vorkommen *nt*

yaguré [ɟaɣu're] *m* (*Am*) Stinktier *nt*

yanqui ['ɟaŋki] *adj* (nord)amerikanisch

yapa ['ɟapa] *f* (*Am*): **de ~** zudem

yate ['ɟate] *m* Jacht *f*

yayo, -a ['ɟaɟo, -a] *m, f* (*fam*) Opa *m*, Oma *f*

yedra ['ɟeðra] *f* Efeu *m*

yegua ['ɟeɣwa] *f* Stute *f*

> Der Begriff **yeísmo** bezeichnet das Aussprechen des ‚ll' wie ein ‚y', z. B. **gayo** statt **gallo**. Der **yeísmo** ist weit verbreitet, vor allem unter der Stadtbevölkerung.

yelmo ['ɟelmo] *m* Helm *m*

yema ['ɟema] *f* (*de un huevo*) Eigelb *nt*, (Ei)dotter *m o nt*; (*de un dedo*) Fingerkuppe *f*

yerbear [ɟerβe'ar] *vi* (*Am*) Mate(tee) trinken

yermo, -a ['ɟermo, -a] *adj* (*inhabitado*) unbewohnt; **dejar ~** (AGR) brachlegen

yerno ['ɟerno] *m* Schwiegersohn *m*

yeso ['ɟeso] *m* (*material*) Gips *m*

yeta ['ɟeta] *f* (*Arg, Urug*) Pech *nt*

yé-yé [ɟe'ɟe] *adj* (*fam*): **hoy vas muy ~** heute bist du aber flippig angezogen

yo [ɟo] *pron pers* ich; **~ que tú...** ich an deiner Stelle ...; **esto queda entre tú y ~** das bleibt unter uns

yod [ɟoᵈ] *f* (LING) Jot *nt*

yodo ['ɟoðo] *m* Jod *nt*

yoga ['ɟoɣa] *m* Joga *nt o m*

yogui ['ɟoɣi] *mf* Jogi *m*, Jogin *f*

yogur ['ɟoɣur] <yogures> *m* Joghurt *m*

yolo ['ɟolo] *m* (*Méx: fam*) Herz *nt*; **¡~ mío!** mein Schatz!

yonqui ['ɟoŋki] *mf* (*argot*) Junkie *m*

yóquei ['ɟokei̯] *m*, **yoqui** ['ɟoki] *m* (DEP) Jockei *m*

yoyó [ɟo'ɟo] *m* Jo-Jo *nt*

yuca ['ɟuka] *f* Yucca(palme) *f*

yudo ['ɟuðo] *m* Judo *nt*

yugo ['ɟuɣo] *m* (*t.* AGR) Joch *nt*; **someterse al ~** sich unterwerfen

Yugoslavia [ɟuɣos'laβja] *f* Jugoslawien *nt*

yugoslavo, -a [ɟuɣos'laβo, -a] *adj* jugoslawisch

yugular [ɟuɣu'lar] *adj* Hals-

yunque ['ɟuŋke] *m* Amboss *m*

yuppy ['ɟupi] *mf* Yuppie *m*

yute ['ɟute] *m* Jute *f*

yuxtaponer [ɟustapo'ner] *irr como poner* **I.** *vt* (*a otra cosa*) stellen (*a* neben +*akk*); (*dos cosas*) nebeneinander stellen **II.** *vr*: **~se** hinzukommen (*a* zu +*dat*)

yuxtaposición [ɟustaposi'θjon] *f* (LING, GEO) Juxtaposition *f*

yuxtapuesto, -a [ɟusta'pwesto, -a] *adj* nebeneinander liegend; (LING) aneinander gereiht

yuyal [ɟu'ɟal] *m* (*CSur*) Gebüsch *nt*

yuyo ['ɟuɟo] *m* **1.** (*CSur*) Unkraut *nt* **2.** *pl* (*Col, Ecua*) Gewürzkräuter *ntpl*; (*Perú*) Gemüse *nt*; (*AmC*) Blase *f*

Z

Z, z ['θeta/'θeða] *f* Z, z *nt*
zabuir [θa'bwir] *vi* (*Col, PRico*) eintauchen
zacate [θa'kate] *m* (*Am*) Stroh *nt*
zafacón [θafa'kon] *m* (*PRico, RDom*) Abfalleimer *m*
zafado, -a [θa'faðo, -a] *adj* (*Arg*) frech
zafar [θa'far] **I.** *vt* (NÁUT) klar machen **II.** *vr:* **~se** **1.** (*de una persona*) loswerden (*de* +*akk*) **2.** (*de un compromiso*) sich drücken (*de* vor +*dat*) **3.** (TÉC: *correa*) abgehen **4.** (*Am: dislocarse*) sich *dat* ausrenken
zafio, -a ['θafjo, -a] *adj* **1.** (*grosero*) ordinär **2.** (*tosco*) ungehobelt, ungeschliffen
zafiro [θa'firo] *m* Saphir *m*
zaga ['θaɣa] *f:* **ir a la ~ de alguien** hinter jdm hergehen
zalamería [θalame'ria] *f* Schmeichelei *f*
zalamero, -a [θala'mero, -a] *adj* schmeichlerisch
zamarra [θa'marra] *f* **1.** (*de pastor*) Hirtenjacke *f* (*aus Schaffell*) **2.** (*chaqueta*) pelzgefütterte Jacke *f* **3.** (*piel*) Schaffell *nt*
zambo, -a ['θambo, -a] *adj* X-beinig
zambullir [θambu'ʎir] <*3. pret:* zambulló> **I.** *vt* eintauchen **II.** *vr:* **~se** **1.** (*en el agua*) (ein)tauchen **2.** (*en un asunto*) sich stürzen
zamorano, -a [θamo'rano, -a] *adj* aus Zamora
zampabollos [θampa'βoʎos] *mf inv* (*fam*) Vielfraß *m*
zampar [θam'par] *vt* (*comer*) verschlingen; (*tirar*) (hin)werfen
zampón, -ona [θam'pon, -ona] **I.** *adj* (*fam*) gefräßig **II.** *m, f* (*fam*) Vielfraß *m*
zamuro [θa'muro] *m* (*Ven*) Geier *m*
zanahoria [θana'orja] *f* Mohrrübe *f*, Karotte *f*
zanca ['θaŋka] *f* **1.** (*del ave*) Vogelbein *nt* **2.** (*fam: del hombre*) langes Bein *nt*
zancada [θaŋ'kaða] *f* langer Schritt *m;* **dar ~s** große Schritte machen
zancadilla [θaŋka'ðiʎa] *f:* **poner la ~ a alguien** jdm ein Bein stellen; (*fig*) jdm das Leben schwer machen
zanco ['θaŋko] *m* Stelze *f*
zancudo [θaŋ'kuðo] *m* (*Am*) Moskito *m*
zanganear [θaŋgane'ar] *vi* (*fam*) faulenzen
zángano ['θaŋgano] *m* (*t.* ZOOL) Drohne *f*
zanja ['θaŋxa] *f* (*excavación*) Graben *m;* (*Am*) Flusstal *nt*
zanjar [θaŋ'xar] *vt* **1.** (*abrir zanjas*) Gräben ziehen **2.** (*asunto*) lösen; (*disputa*) beilegen
zapallo [θa'paʎo] *m* (*Am*) Kürbis *m;* (*Arg, Chil*) Glück *nt*
zapata [θa'pata] *f* (AUTO) Bremsschuh *m*
zapatear [θapate'ar] *vt* (*golpear*) mit einem Schuh schlagen; (*bailando*) mit dem Fuß (auf)stampfen
zapatería [θapate'ria] *f* Schuhgeschäft *nt*
zapatero, -a [θapa'tero, -a] *m, f* Schuhmacher(in) *m(f)*
zapatilla [θapa'tiʎa] *f* **1.** (*para casa*) Hausschuh *m* **2.** (*de deporte*) Turnschuh *m;* **~s de tenis** Tennisschuhe *mpl*
zapato [θa'pato] *m* Schuh *m*
zapear [θape'ar] *vi* zappen
zar [θar, θa'rina] *m*, **zarina** *f* Zar(in) *m(f)*
zaragozano, -a [θaraɣo'θano, -a] *adj* aus Zaragoza
zarandajas [θaraṇ'daxas] *fpl* Kleinigkeiten *fpl*
zarandear [θaraṇde'ar] *vt* **1.** (*sacudir: cosa*) schütteln; (*persona*) schubsen **2.** (*Am*) bloßstellen
zarina [θa'rina] *f v.* **zar**
zarpa ['θarpa] *f* **1.** (*barco*) Auslaufen *nt* **2.** (*del león*) Pranke *f;* (*fam: del hombre*) Pfote *f*
zarpar [θar'par] *vi* (*barco*) auslaufen
zarrapastroso, -a [θarrapas'troso, -a] *adj* (*fam*) schlampig
zarza ['θarθa] *f* Dornbusch *m*
zas [θas] *interj* (*de rapidez*) zack; (*de golpe*) peng
zeta ['θeta] *f* Z *nt*
zigzag [θiʏ'θaʏ] *m* <zigzagues *o* zigzags> Zickzack *m*
zinc [θiŋ] *m* <cines *o* zines> Zink *nt;* **óxido de ~** Zinkoxid *nt*
zíper ['θiper] *m* (*Méx*) Reißverschluss *m*
zipizape [θipi'θape] *m* (*fam*) Radau *m*
zócalo ['θokalo] *m* Sockel *m*
zodíaco [θo'diako] *m* Tierkreis *m;* **signos del ~** Sternzeichen *ntpl*

zombi ['θombi] *m* (*muerto*) Zombie *m;* **estar** ~ (*atontado*) völlig benommen sein

zona ['θona] *f* Zone *f;* (*terreno*) Gebiet *nt;* (*área*) Bereich *m;* ~ **franca** Zollfreigebiet *nt;* ~ **peatonal** Fußgängerzone *f;* ~ **verde** Grünzone *f*

zoncera [θoṇ'θera] *f* (*Am*), **zoncería** [θoṇθe'ria] *f* Albernheit *f*

zonzo, **-a** ['θoṇθo, -a] *adj* (*Am*) dumm

zoo ['θoo] *m* Zoo *m*

zoología [θo(o)lo'xia] *f* Zoologie *f*

zoológico, **-a** [θo(o)'loxiko, -a] *adj* zoologisch; **parque** ~ Zoo *m*

zoólogo, **-a** [θo'oloɣo, -a] *m, f* Zoologe, -in *m, f*

zopenco, **-a** [θo'peŋko, -a] *adj* dumm

zopilote [θopi'lote] *m* Geier *m*

zoquete [θo'kete] *m* Dummkopf *m*

zorra ['θorra] *f* (ZOOL) Füchsin *f;* (*astuta*) gerissene Frau *f;* (*fam: prostituta*) Hure *f;* (*fam: borrachera*) Rausch *m*

zorrillo [θo'rriʎo] *m* (*Am*) Stinktier *nt*

zorro ['θorro] *m* Fuchs *m;* (*fam*) (schlauer) Fuchs *m*

zote ['θote] *adj* schwer von Begriff

zozobrar [θoθo'brar] *vi* (*barco*) kentern; (*plan*) scheitern; (*persona*) sich ängstigen

zueco ['θweko] *m* Clog *m*

zumba ['θumba] *f* (*Am*) Tracht *f* Prügel

zumbado, **-a** [θum'baðo, -a] *adj:* **estar** ~ (*fam*) spinnen

zumbar [θum'bar] **I.** *vi* **1.** (*abejorro, máquina*) summen; **salir zumbando** davoneilen **2.** (*oídos*) dröhnen **II.** *vt* **1.** (*golpe*) versetzen **2.** (*Am*) (weg)schmeißen; (*expulsar*) (raus)schmeißen **III.** *vr:* ~**se** sich lustig machen (*de* über +*akk*)

zumbido [θum'biðo] *m* Summen *nt;* ~ **de los oídos** Ohrensausen *nt*

zumo ['θumo] *m* Saft *m*

zupay [θu'pai̯] *m* (*Am*) Teufel *m*

zuque ['θuke] *m* (*Col*) Schlag *m;* **estar** ~ (*Méx: fam*) pleite sein

zurcir [θur'θir] <c→z> *vt* **1.** (*agujero*) stopfen, zunähen **2.** (*loc*): **¡que te zurzan!** (*fam*) du kannst mich mal!

zurdo, **-a** ['θurðo, -a] *adj* linkshändig

zurra ['θurra] *f:* **dar una** ~ **a alguien** jdn verprügeln

zurrar [θu'rrar] *vt* (*fam: apalizar*) versohlen; (*fam: criticar*) heruntermachen

Anhang I | Apéndice I

Privatkorrespondenz
Correspondencia privada

An das Verkehrsamt: Anforderung von Prospekten

P. Unger
Schneiderstr. 6
28717 Bremen

An das
Verkehrsamt
Postfach 66 38 92
82211 Herrsching

Bremen, den 2.2.2001

Sehr geehrte Damen und Herren,

wir möchten in diesem Sommer unseren Urlaub am Ammersee verbringen und bitten Sie um Zusendung eines Hotelverzeichnisses und weiterer Informationsmaterialien.

Für Ihre Bemühungen danken wir Ihnen im Voraus.

Mit freundlichen Grüßen

Peter Unger

Peter Unger

Wir bitten um Zusendung von …	*Les rogamos nos envíen…*
Für Ihre Bemühungen danken wir Ihnen im Voraus.	*Les agredecemos de antemano su colaboración.*

A la Oficina de Turismo: solicitud de folletos informativos

Sr. Silvinio Pérez
Pza. Padre Silverio, 35
09001 Burgos

Dirección General de Turismo de Tarragona
Rambla Nova, 46
43004 Tarragona

Burgos, a 13 de febrero de 2000

Distinguidos señores:

Me gustaría pasar las vacaciones con mi familia en agosto en la costa de Tarragona. Por este motivo les agradecería que fueran tan amables de enviarme prospectos de los lugares turísticos y de los hoteles de esta zona.

Sin otro particular y agradeciéndoles por adelantado su respuesta, les saluda atentamente,

Silvinio Pérez

Silvinio Pérez

Me gustaría pasar las vacaciones en …	*Ich möchte meinen Urlaub in … verbringen.*
enviar prospectos	*Prospekte zuschicken*

Ein Hotelzimmer reservieren

Sehr geehrte Frau Malo,

vielen Dank für Ihren freundlichen Brief vom 17. Juni sowie den Prospekt, der uns einen Einblick in ihr Haus gegeben hat. Alle Clubmitglieder waren begeistert.

Entsprechend Ihrer Preisliste bitten wir Sie um die Reservierung von:

4 Doppelzimmern mit Dusche und WC,

4 Einzelzimmern mit Dusche und WC.

Wir gehen davon aus, dass sich die Preise jeweils auf die Übernachtung mit Frühstück beziehen.

Wir werden voraussichtlich am 2. Oktober gegen 14 Uhr eintreffen. Beiliegend schicken wir Ihnen die genaue Teilnehmerliste.

Wir freuen uns auf unseren Aufenthalt und danken Ihnen für Ihre Mühe.

Mit freundlichen Grüßen

Monika Ottke

Entsprechend Ihrer Preisliste …	*De acuerdo con su lista de precios…*
Wir werden voraussichtlich am … eintreffen.	*La llegada está prevista para el…*

Reservar una habitación de hotel

Distinguidos señores:

Les agradezco las molestias que se han tomado al enviarme información sobre las condiciones de estancia en su hotel.

Les agradecería que reservaran para mi señora, para mí mismo y nuestros dos hijos dos habitaciones dobles con ducha, una con dos camas y la otra con una de matrimonio, en régimen de media pensión del 2 al 15 de julio.

Les agradezco por adelantado su confirmación.

Sin otro particular, les saluda atentamente,

Juan Otero

folletos informativos	*Informationsunterlagen*
Les agradecería que reservaran…	*Ich würde gerne … reservieren*

Auskünfte über eine Ferienwohnung einholen

Sehr geehrte Frau Schober,

das Informationsmaterial des Fremdenverkehrsbüros mit der Beschreibung der Ferienunterkünfte in Ihrer Region hat uns auf die von Ihnen vermieteten Ferienwohnungen aufmerksam gemacht.

Wir würden gerne die Wohnung für fünf Personen ab dem 15. Juli für drei Wochen mieten, haben aber zuvor noch einige Fragen.

Besteht die Möglichkeit in der Woche anzureisen und die Wohnung für 21 Tage von Mittwoch bis Dienstag zu nehmen? Können Sie uns bitte mitteilen, ob die Endreinigung im Preis inbegriffen ist und ob bzw. in welcher Höhe Sie vor der Anreise eine Anzahlung wünschen? Wird Bettwäsche zur Verfügung gestellt? Und ist Hundehaltung – wir haben einen Dackel – in der Wohnung erlaubt?

Mit freundlichen Grüßen

B. und H. Göckritz

ab dem 15. Juli für drei Wochen	*por un período de tres semanas a partir del 15 de julio*
Wird Bettwäsche zur Verfügung gestellt?	*¿Disponen las camas de sábanas y mantas?*
Ist Hundehaltung erlaubt?	*¿Se admiten perros?*

Pedir información sobre un apartamento para las vacaciones

Distinguidos señores:

La Oficina de Turismo me ha enviado la lista y la descripción de los chalés y apartamentos que se alquilan para las vacaciones en su ciudad y en los alrededores.

Me interesaría particularmente el apartamento amueblado que ustedes me recomiendan. Desearía alquilarlo por un período de un mes a partir del 1 de julio. Quisiera, no obstante, antes de tomar la decisión, que me dieran alguna información más.

¿Podrían precisarme si los gastos suplementarios (de gas, electricidad u otros) están incluidos en el precio de alquiler y cuál sería la cantidad del depósito a pagar? ¿Disponen las camas de sábanas y mantas? Y, por último, ¿se admiten animales?

Esperando su respuesta y sin otro particular, les saluda atentamente,

Martín Ronaldo

la lista y la descripción de los chalés y apartamentos para las vacaciones (en un lugar tranquilo)	*die Liste und die Beschreibung der Ferienhäuser und -wohnungen (in ruhiger Lage)*
por un período de un mes a partir del 1 de julio	*für einen Monat ab dem ersten Juli*
Me podría precisar si...	*Könnten Sie mir mitteilen, ob ...*
el precio de alquiler	*der Mietpreis*
la cantidad del depósito a pagar	*die Höhe der zu leistenden Anzahlung*
Las camas disponen de sábanas y mantas.	*Die Bettwäsche wird zur Verfügung gestellt.*

Eine Ferienwohnung mieten

Sehr geehrte Frau Schober,

herzlichen Dank für Ihre rasche Antwort.

Wir sind mit Ihren Konditionen einverstanden und bestätigen hiermit, Ihre Ferienwohnung Nr. 3 für fünf Personen vom 15. Juli bis zum 4. August einschließlich zu mieten.

Die Vorauszahlung in Höhe von € 350,– haben wir heute auf das von Ihnen angegebene Konto überwiesen, die restliche Miete in Höhe von € 1067,– erhalten Sie wie abgesprochen an unserem Anreisetag.

Wir freuen uns auf den Urlaub bei Ihnen.

Mit freundlichen Grüßen

B. und H. Göckritz

P.S.: Würden Sie uns bitte genau angeben, wo und bis wann wir am Anreisetag unsere Schlüssel abholen können?

vom 15. Juli bis zum 4. August einschließlich	*del 15 de julio al 4 de agosto, ambos incluidos*
Die restliche Miete erhalten Sie an unserem Anreisetag.	*El resto del alquiler les será entregado el día de nuestra llegada.*
Würden Sie uns bitte angeben, wo ...?	*¿Podrían precisarnos, por favor, dónde podemos...?*

Alquilar un apartamento para las vacaciones

Apreciados señores:

En primer lugar quisiera agradecerles su rápida respuesta.

Una vez obtenida la información adicional que han tenido la amabilidad de comunicarnos, les confirmo la decisión de alquilar el apartamento del 1 al 30 de julio, ambos incluidos.

Les adjunto un cheque de € 200 en concepto de depósito. El resto del alquiler, es decir, € 800, les será entregado el día de nuestra llegada, el 1 de julio.

Sin otro particular, les saluda atentamente,

Juan Ibañez

P.S.: ¿Podrían precisarnos, por favor, dónde podemos recoger las llaves el día de nuestra llegada?

...que han tenido la amabilidad de comunicarnos	*... die Sie uns freundlicherweise mitgeteilt haben*
Les confirmo la decisión de alquilar...	*Ich bestätige meine Entscheidung ... zu mieten.*
en concepto de depósito	*als Anzahlung*
El resto del alquiler les será entregado...	*Der Restbetrag wird ... bezahlt.*
¿Podrían precisarnos, por favor, dónde podemos...?	*Würden Sie uns bitte genau angeben, wo ...?*

Urlaubsgrüße

Hallo Marion,

viele Grüße aus Italien! Wir sind jetzt schon seit einer Woche in Rom und noch immer total fasziniert von der Stadt. In ihr pulsiert das Leben, und auf den Straßen ist immer was los – selbst noch um 2 Uhr nachts. Tina und ich erholen uns prächtig und sind auch schon schön braun geworden. Das Nachtleben genießen wir in vollen Zügen. Wir gehen jeden Abend tanzen und lassen uns von dem Charme der Römer verzaubern. Schade, dass du nicht hier bist. Alles Weitere in einer Woche.

Bis dann.

Schönste Grüße

Deine Manuela

Marion Baumgartner
Mainstr. 15
76199 Karlsruhe

Das Nachtleben genießen wir in vollen Zügen.	*Disfrutamos mucho de la vida nocturna.*
Alles Weitere in einer Woche.	*En una semana más.*

Carta desde el lugar de vacaciones

Querido Mario, querida Inés:

Un gran saludo desde la isla de Cuba donde desde hace una semana disfrutamos del sol y de las playas a la sombra de un cocotero. Hemos degustado ya todas las especialidades culinarias de la isla. ¿Y qué decir del delicioso ron de aquí? En una palabra: unas vacaciones de ensueño, y eso que el hotel, aunque confortable, es bastante ruidoso. Espero que los dos estéis bien y que no sufráis demasiado con el frío invernal de la capital.

Un abrazo muy fuerte,

Juan y Christina

Familia Martínez
c/Ruiseñor 24

08034 Barcelona

¿Y qué decir de…?	*Was soll man über … sagen?*
…que no sufráis demasiado con el frío.	*… dass ihr nicht zu sehr unter der Kälte leidet.*

Weihnachts- und Neujahrswünsche (an gute Freunde)

Lieber Dieter, liebe Marion,

wir hoffen, dass der Weihnachtsstress euch noch nicht ganz aufgefressen hat. Wir haben soweit alles erledigt: Geschenke für Kinder und Verwandte, Planung des Weihnachtsmenüs und alles, was sonst noch dazu gehört.

Wir möchten es nicht versäumen, euch die allerbesten Weihnachtsgrüße zu schicken. Wir hoffen, dass Ihr genügend Zeit findet, euch von der Hektik des Alltags zu erholen. Und denkt daran, euch noch ein bisschen Kraft und gute Laune für unsere Silvesterfete aufzuheben. Wir freuen uns sehr darauf, mit guten Freunden in das neue Jahr zu feiern.

Bis dahin wünschen wir euch und eurer Familie ein frohes Fest!

Cordula und Peter

Felicitación de Navidad y Año Nuevo (a buenos amigos)

Querido Pedro, querida María:

Muchas gracias por vuestra felicitación de Navidad.

Igualmente queremos desearos una feliz Navidad y un próspero Año Nuevo y que el 2002 os traiga toda la felicidad del mundo.

Hasta pronto, en Madrid o en Alemania.

Besos,

Marga y David

Os deseamos una feliz Navidad y un próspero Año Nuevo.

Wir wünschen euch fröhliche Weihnachten und ein schönes neues Jahr.

Weihnachts- und Neujahrswünsche (an Bekannte)

Ein frohes Weihnachtsfest
und
ein glückliches Neues Jahr 2002
wünschen Ihnen

Herr und Frau Mayer

Felicitación de Navidad y Año Nuevo (a conocidos)

SR. D. SERGIO LÓPEZ

PRESIDENTE DE LA CÁMARA DE COMERCIO REGIONAL

Les deseo a usted y a su familia una feliz Navidad y un próspero Año Nuevo

Atentamente,

Sergio Moreno

Geburtstagskarte

Liebe Frau Neumann,

zu Ihrem 60. Geburtstag senden wir Ihnen die herzlichsten Glückwünsche.

Als Ihre Nachbarn wissen wir, dass Sie allen gegenüber stets freundlich und aufgeschlossen sind und sich Ihre Jugend bis zum heutigen Tag innerlich bewahrt haben. Trotz aller Feten, die wir gefeiert haben, haben Sie sich nie beschwert und immer ein freundliches Wort für uns übrig gehabt.

An Ihrem Ehrentag wünschen wir Ihnen nun viel Freude, viele, viele Geschenke und ein harmonisches Fest im Familienkreis, so wie Sie es sich gewünscht haben. Für Ihr weiteres Leben wünschen wir Ihnen außerdem Gesundheit, Glück und Lebensfreude.

Nochmals alles Liebe wünschen

die Müllers von nebenan

Felicitación de cumpleaños

Querida Ángeles:

13 de diciembre: un año más... Pero qué importa eso, tú siempre serás joven.

Te deseo de todo corazón un feliz cumpleaños.

Si no fuera porque vivo tan lejos te habría llevado personalmente un pequeño regalo: Correos se encargará de ello. Espero que llegue a tiempo. Una cosa más: ¡Que lo mojes bien!

Un abrazo muy fuerte,

Carmen

Te deseo de todo corazón un feliz cumpleaños.	*Von ganzem Herzen wünsche ich dir alles Gute zum Geburtstag.*
Correos se encargará de ello.	*Die Post wird es übernehmen*
¡Que lo mojes bien!	*Begieß ihn richtig/Lass die Korken knallen!*

Kondolenzkarte

Mit Trauer haben meine Frau und ich von dem schmerzlichen Verlust in Ihrer Familie erfahren und möchten Ihnen unser herzliches Beileid aussprechen.

G. Schreiber

Tarjeta de pésame

Los srs. Garcia

enterados de la cruel pérdida que han sufrido

quieren expresarles su más sincero pésame

su más sincero pésame — *ihr herzliches Beileid*

Heiratsanzeige

Siegrid Teich und Nils Hörenz

Wir trauen uns!

… und gehen künftig gemeinsam durchs Leben.

Die kirchliche Trauung erfolgt am 21. Juli 2001 um 14 Uhr in der Kreuzkirche, Berlin/Kreuzberg.

Anuncio de boda

D. Abelino Pérez y señora
y
D. Juan Carrascal y señora

tienen el placer de comunicarles la boda de sus hijos,
Carmen y Javier

El enlace
tendrá lugar en la iglesia parroquial
el 11 de septiembre de 2001 a las 11 horas

Einladung zur Hochzeitsfeier (an Bekannte)

Siegrid Teich und Nils Hörenz

laden Sie/euch herzlich zu unserer Hochzeitsfeier ein,
die im Anschluss an die kirchliche Trauung
am 21. Juli 2001 im Alten Zollhaus/Berlin stattfindet.

Wir bitten alle unsere Gäste bis Anfang Juni verbindlich zu antworten.

Mit herzlichen Grüßen

Siegrid Teich und Nils Hörenz

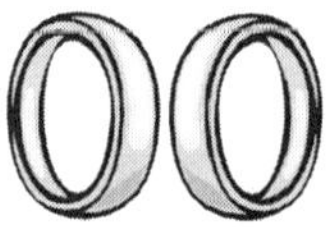

Invitación de boda (a conocidos)

D. Abelino Pérez y señora

y

D. Juan Carrascal y señora

recibirán a los invitados tras la ceremonia religiosa
en la finca „Los Pinos“ de Úbeda (Jaén)

Se agradecerá respuesta

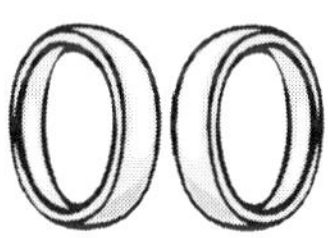

tras la ceremonia religiosa	*(unmittelbar) nach dem Gottesdienst*
Se agradecerá respuesta.	*Um Antwort wird gebeten.*

Einladung zu Hochzeitsfeier (an gute Freunde)

Liebe Susanne, lieber Jens,

wir heiraten am 21. Juli und laden euch ganz herzlich zu unserer Hochzeitsfeier ein.

Im Anschluss an die kirchliche Trauung gibt es im ‚Alten Zollhaus' Kaffee und Kuchen. Nach einem Spaziergang am Wasser folgt das abendliche Hochzeitsmenü.

Für die Unterbringung unserer Gäste ist selbstverständlich gesorgt!

Wir freuen uns schon darauf, euch wieder zu sehen.

Mit herzlichen Grüßen

Siegrid und Nils

Invitación de boda (a buenos amigos)

Querida Isabel, querido Antonio:

He cogido la pluma más bonita que tengo para anunciaros una gran novedad: ¡María se casa! Pero seguramente ya lo habréis leído en la tarjeta que va incluida en esta carta.

Espero de todo corazón que nos complaceréis asistiendo a la boda. Estaríamos encantados de teneros entre nosotros ese día. Será una oportunidad para vernos de nuevo y celebrar la fiesta juntos. Contamos con vuestra presencia.

En cuanto al alojamiento, no os preocupéis, ¡todo está preparado!

Esperando veros pronto, os enviamos un saludo muy cordial.

Teresa y Manuel

…que nos complaceréis asistiendo a la boda.	*… dass ihr uns die Freude macht an der Hochzeit teilzunehmen.*
Será una oportunidad para vernos de nuevo.	*Das gibt uns die Gelegenheit uns wieder zu sehen.*
Contamos con vuestra presencia.	*Wir rechnen mit euerem Kommen.*

Die Einladung zu einer Hochzeitsfeier annehmen

Liebe Christine, lieber Christian,

wir haben uns sehr über eure liebe Einladung zur Hochzeit eurer Tochter Isabelle gefreut. Wir nehmen natürlich dankend an und freuen uns schon darauf dem jungen Paar alles Gute zu wünschen.

Es ist schön, dass ihr an uns gedacht habt. Wir sind schon sehr gespannt auf ein Wiedersehen mit euch nach all den Monaten, in denen wir nichts voneinander gehört haben. Aber, ihr wisst ja, das Berufsleben nimmt uns sehr in Anspruch und die Zeit vergeht so schnell!

Wir hoffen es geht euch allen gut!

Bis ganz bald!

Herzliche Grüße senden euch

Maria und Johannes

PS. Habt ihr eine Idee für ein schönes Hochzeitsgeschenk? Bitte teilt sie uns mit. Vielen Dank im Voraus.

Aceptar la invitación a una boda

Querida Matilde, querido Juan:

Nos ha emocionado mucho recibir la amable invitación a la boda de vuestra hija María, invitación que aceptamos con sumo gusto. Estaremos encantados de poder felicitar personalmente a la joven pareja.

Os agradecemos sinceramente que hayáis pensado en nosotros y nos alegramos de poder volver a veros tras todos estos meses en los que no hemos dado señales de vida. Pero, como sabéis, nuestra profesión nos absorbe por completo y las semanas pasan volando.

Sin otro particular y esperando que vosotros y los vuestros gocéis de buena salud os saludamos hasta muy pronto.

Un abrazo,

Isabel y Antonio

P.S.: Quizás podríais sugerirnos un regalo de bodas que pudiera agradar a los recién casados. Gracias por adelantado.

…que aceptamos con sumo gusto.	*… die wir mit größtem Vergnügen annehmen.*
tras todos estos meses en los que no hemos dado señales de vida	*nach all den Monaten, in denen wir uns nicht gemeldet haben*
Nuestra profesión nos absorbe por completo.	*Unsere Arbeit nimmt uns völlig in Anspruch.*
sugerir un regalo de bodas que pudiera agradar a…	*ein Hochzeitsgeschenk vorschlagen, das … gefallen könnte*

Einladung zu einem Besuch

Liebe Freunde,

wir wohnen nun seit einem Monat in unserem neuen Haus in Risum, einem kleinen, malerischen Dorf im Norden Deutschlands.

Wir möchten euch ganz herzlich für das Pfingstwochenende in unser neues Haus einladen. Am Samstagabend geben wir eine Einweihungsparty für all unsere Freunde. Wir würden uns sehr freuen, wenn ihr auch dabei sein könntet.

Wir senden euch anbei eine Wegbeschreibung.

Über eure Zusage würden wir uns sehr freuen.

Liebe Grüße

Elisabeth und Pascal

Invitación

Queridos amigos:

Hace un mes ya que nos hemos instalado en nuestra nueva casa de Orio, un pequeño y pintoresco pueblo del norte de España.

Estaríamos encantados si os pudiéramos recibir el fin de semana de Carnaval. El sábado por la noche celebraremos el estreno de la casa con todos los amigos. Nos gustaría que estuvierais presentes.

Os adjuntamos un plano para que podáis encontrar la casa.

Esperando una respuesta positiva por vuestra parte os enviamos un cordial saludo,

Belén y Ramón

Nos gustaría que estuvierais presentes	*Wir würden uns freuen, wenn ihr dabei sein würdet.*
Os adjuntamos un plano para que podáis encontrar la casa	*Anbei ein Plan, damit ihr den Weg findet.*

Eine Einladung annehmen

Liebe Freunde,

herzlichen Dank für eure nette Einladung, die wir sehr gerne annehmen. Wir freuen uns sehr darauf, euch wiederzusehen.

Wir kommen am Freitagabend bei euch an und fahren am Montagmorgen wieder nach Hause.

Für die Wegbeschreibung bedanken wir uns.
Darüber hinaus möchten wir die Gelegenheit nutzen, euch zu eurem neuen Heim zu beglückwünschen.

Liebe Grüße

Annie und Bernd

Aceptar una invitación

Queridos amigos:

Con gran placer queremos comunicaros que aceptamos vuestra amable invitación. Nos encantará poder volver a veros.

Llegaremos el viernes por la noche y nos quedaremos hasta el lunes por la mañana. Gracias por el plano.

Aprovechamos esta breve respuesta para felicitaros por vuestra nueva morada. Saludos afectuosos,

Sinda y Miguel

Nos encantará poder volver a veros. — *Es wird uns eine Freude sein euch wieder zu sehen.*

Eine Einladung ablehnen

Liebe Siegrid, lieber Nils,

herzlichen Dank für eure nette Einladung, über die wir uns sehr gefreut haben. Sehr gerne würden wir eure Hochzeit gemeinsam mit euch feiern, doch gerade an diesem Wochenende wird der 90. Geburtstag von Susannes Großmutter mit einem großen Familienfest gefeiert, für das wir schon vor Monaten zugesagt haben.

Am 21. Juli können wir also nur aus der Ferne auf euch anstoßen. Auf jeden Fall kommen wir in diesem Sommer nach Berlin, so dass wir uns bald nach eurer Hochzeit wieder sehen werden. Dann können wir zumindest die Fotos ansehen...

Fürs Erste wünschen wir euch eine schöne Feier!

Mit unseren besten Wünschen für eure Zukunft

Susanne und Jens

Rechazar una invitación

Queridos amigos:

Vuestra amable invitación nos ha satisfecho mucho y os la agradecemos sinceramente. Desgraciadamente tenemos ya compromisos familiares que nos impedirán estar libres ese fin de semana. ¡Cuánto lo sentimos!

Nos hubiera encantado volver a veros; quizás se presente dentro de poco otra ocasión para podernos ver.

Os enviamos un afectuoso saludo,

Laura y Javier

Ya tenemos otros compromisos familiares. *Wir haben bereits familiäre Verpflichtungen.*

Sich für ein Hochzeitsgeschenk bedanken

Liebe Frau Clemens, lieber Herr Clemens,

ganz herzlich möchten wir uns bei Ihnen für das schöne Hochzeitsgeschenk bedanken, das Sie uns gemacht haben. Sie haben uns damit eine sehr große Freude bereitet.

Als kleinen Dank und zur Erinnerung an die Feier senden wir Ihnen dieses Hochzeitsfoto zu.

Mit herzlichen Grüßen

Siegrid Teich und Nils Hörenz

Sie haben uns damit eine sehr große Freude bereitet.	*Nos han dado una gran alegría.*
Als kleinen Dank senden wir Ihnen …	*En recompensa les enviamos…*

Agradecer un regalo de bodas

Queridos amigos:

¿Cómo os podemos agradecer el fantástico regalo que habéis tenido la gentileza de hacernos con motivo de nuestro enlace?

Nos ha encantado, de verdad, lo que habéis hecho y nos sentimos realmente agasajados.

Gracias de nuevo y sabed que siempre tendréis en nosotros a unos sinceros amigos.

Isabel y Diego

el fantástico regalo que habéis tenido la gentileza de hacernos	*das wunderbare Geschenk, das ihr uns freundlicherweise gemacht habt*
Nos sentimos realmente agasajados.	*Ihr habt uns wirklich verwöhnt.*

Sich für ein Geburtstagsgeschenk bedanken

Düsseldorf, den 5.3.2001

Liebe Carla,

herzlichen Dank für dein Geburtstagsgeschenk, über das ich mich sehr gefreut habe. Du hast meinen Geschmack genau getroffen. Die Vase macht sich phantastisch in meiner neuen Wohnung. Ich hoffe, du kommst mich bald einmal besuchen.

Bis dahin grüße ich dich herzlich!

Deine Christiane

Du hast meinen Geschmack genau getroffen.	*Has adivinado mi gusto.*
Ich hoffe, du kommst mich bald einmal besuchen.	*Espero que vengas pronto a verme.*

Agradecer un regalo de cumpleaños

Querida Antonia, querido Francisco:

Recibí vuestro regalo el mismo día de mi cumpleaños. Miles de gracias. Pero de verdad que es demasiado. Me habéis puesto casi en una situación embarazosa. Sabéis que no hay nada que me pueda satisfacer más y nunca dejáis pasar una ocasión para demostrar vuestro afecto que, como sabréis, es recíproco.

Una vez más, muchas gracias y hasta muy pronto. Un abrazo muy fuerte.

Sonia y Jose

Me habéis puesto casi en una situación embarazosa.	*Ihr bringt mich fast in Verlegenheit.*

Sich für die Gastfreundschaft bedanken

Liebe Familie Roth,

wir möchten Ihnen ganz herzlich für Ihre Gastfreundschaft danken.

Wir werden uns noch lange an die schöne Zeit erinnern, die wir mit Ihnen verbringen durften.

Auf den vielen Ausflügen, die Sie für uns organisiert haben, konnten wir die Stadt und die Region, in der Sie leben, erstmals kennen lernen. Darüber hinaus sind wir mit einer anderen Lebensart vertraut geworden.

Bitte richten Sie Ihren Nachbarn Herrn und Frau Lutz aus, dass wir die gemeinsamen Boule-Partien in bester Erinnerung behalten werden.

Wir danken Ihnen nochmals für alles und würden uns freuen, wenn wir Ihnen nun im Gegenzug unser Land zeigen dürften.

Herzliche Grüße

Juan Álvarez und Familie

Agradecer a alguien su hospitalidad

Estimados señores:

Queremos por la presente agradecer sinceramente la acogida tan amable y calurosa que nos dispensaron.

No olvidaremos jamás los maravillosos momentos pasados en su compañía. Gracias a todas las excursiones que tuvieron la gentileza de organizarnos hemos podido descubrir su ciudad, su región y también otra manera de vivir.

Díganles a sus vecinos, los Sres. Alcántara, que guardamos un muy grato recuerdo de las partidas de mus que echamos con ellos.

Dándoles de nuevo las gracias por todo y esperando tener pronto el placer de enseñarles nuestro país cuando se presente la ocasión, les saludamos muy atentamente,

Susanne y Robert

...la acogida tan amable y calurosa que nos dispensaron.	*... dass Sie uns so nett und warmherzig aufgenommen haben.*
los maravillosos momentos pasados en su compañía	*die wunderbare Zeit, die wir mit Ihnen verbracht haben*
Guardamos un muy grato recuerdo de...	*Wir erinnern uns sehr gern an ...*

Korrespondenzbezogene Wendungen
Fórmulas para la correspondencia

Die Anrede	**El encabezamiento**
Sie schreiben:	Escribes:
einem guten Bekannten oder Freunden:	**a un buen conocido o a amigos:**
– Querida Sandra: – Querido Pablo: – ¡Hola Silvia! – Queridos amigos:	– Liebe Anja! – Lieber Roland! – Hallo Michael! – Ihr Lieben alle!
einer Person oder mehreren Personen, die Sie gut kennen oder mit der/denen Sie regelmäßig beruflich zu tun haben:	**a una o varias personas que conoces bien o con la(s) que mantienes un trato laboral regular:**
– Estimada Srta. Hernández: – Estimada Sra. Gómez: – Estimado Sr. González:	– Liebe Frau Krämpf, – Lieber Herr Sille, – Liebe Kollegen,
einer Firma bzw. einer Person, von der Sie weder Namen noch Geschlecht kennen:	**a una empresa o a una persona de quien no sabes si es un hombre o una mujer:**
– Muy señores míos: – Estimados Sres:/Estimados señores:	– Sehr geehrte Damen und Herren,
einer Person, deren Titel oder Berufsbezeichnung bekannt ist:	**a una persona cuyo título o grado académico conoces:**
– Distinguido/Estimado Dr. Pedro Santos: – Distinguida/Estimada Catedrática Dª Cristina Suárez:	– Sehr geehrter Herr Dr. Müller, – Sehr geehrte Frau Professor Schmidt,

Die Grußformel	**Fórmulas de despedida**
Sehr privat:	Entre amigos:
– ¡Hasta pronto!	– Mach's gut! – Bis bald!
– Saludos – Un afectuoso saludo	– Viele Grüße
– Un abrazo muy fuerte – Un fuerte abrazo	– Herzlichst
Formell:	Formal:
– Atentamente – Muy atentamente	– Herzliche Grüße – Mit besten Grüßen
– Sin otro particular, atentamente – Le saluda atentamente	– Mit freundlichen Grüßen
Sehr respektvoll:	Muy formal:
– Sin otro particular, aprovechamos la oportunidad para saludarles muy atentamente/muy cordialmente – Quedando en todo momento a su disposición, aprovecho la oportunidad para saludarles muy atentamente	– Hochachtungsvoll

Nützliche Redewendungen | Frases hechas útiles

Uhrzeit | La hora

Wie viel Uhr ist es?	¿Qué hora es?
Können Sie mir bitte sagen, wie spät es ist?	¿Me puede decir qué hora es, por favor?
Es ist genau ein Uhr.	Es la una en punto.
Es ist (fast) …	Son (casi)…
drei Uhr.	las tres (en punto).
fünf nach drei.	las tres y cinco.
Viertel nach drei [*o* viertel vier].	las tres y cuarto.
fünf vor halb vier.	las tres y veinticinco.
halb vier.	las tres y media.
fünf nach halb vier.	las cuatro menos veinticinco.
Viertel vor vier [*o* drei viertel vier].	las cuatro menos cuarto.
zwölf Uhr Mittag/nachts.	las doce del mediodía/de la noche.
Es ist schon nach vier.	Pasa de las cuatro. Son las cuatro pasadas.
Komm (so) zwischen vier und fünf Uhr.	Ven entre las cuatro y las cinco.

Begrüßung, Vorstellung, Verabschiedung | Saludos, presentaciones, despedidas

Guten Morgen!	¡Buenos días!
Guten Tag!	¡Buenos días! (*bis ca.* 14^{00} *Uhr*) ¡Buenas tardes! (*ab ca.* 14^{00} *Uhr*)
Grüß Gott! (*südd*)	¡Buenos días! (*bis ca.* 14^{00} *Uhr*) ¡Buenas tardes! (*ab ca.* 14^{00} *Uhr*)
Guten Abend!	¡Buenas tardes! (*bis ca.* 21^{00} *Uhr*) ¡Buenas noches! (*ab ca.* 21^{00} *Uhr*)
Hallo!	¡Hola!
Grüß dich!	Hola, ¿qué tal?
Mein Name ist Becker.	Me llamo Becker.
Wie geht es Ihnen/dir?	¿Cómo está(n) usted(es)/estás? ¿Cómo le(s)/te va?
Wie geht's?	¿Qué hay? ¿Qué tal? ¿Cómo te va?
Danke, gut. Und Ihnen/dir?	Bien, gracias, ¿y usted(es)/tú?
Auf Wiedersehen!	¡Adiós! ¡Hasta la vista!
Tschüs!	¡Adiós! ¡Hasta luego!

Bis morgen!	¡Hasta mañana!
Bis später!	¡Hasta luego!
Viel Vergnügen!/Viel Spaß!	¡Que te lo pases/os lo paséis bien!
Gute Nacht!	¡Buenas noches!
Grüßen Sie/Grüß(e) Frau Gondar von mir.	Salude(n)/Saluda a la señora Gondar de mi parte.

Verabredung	**Citas**
Darf ich Sie/dich zum Essen einladen?	¿Le(s)/Te puedo invitar a comer?
Haben Sie/Hast du für morgen schon etwas vor?	¿Tiene(n)/Tienes algo planeado para mañana?
Wann treffen wir uns?	¿A qué hora quedamos?
Darf ich Sie/dich abholen?	¿Le(s)/Te puedo pasar a recoger?
Wir treffen uns um neun Uhr vor dem Kino.	Nos encontramos a las nueve delante del cine.

Bitte und Danke	**Por favor y gracias**
Ja, bitte.	Sí, gracias.
Nein, danke.	No, gracias.
Danke, sehr gern!	¡Gracias, con mucho gusto!
Danke, gleichfalls!	¡Gracias, igualmente!
Könnten Sie mir bitte helfen?	¿Me podría ayudar?
Bitte sehr [*o* Gern geschehen].	De nada [*o* No hay de qué].
Vielen Dank.	Muchas gracias.
Das ist doch nicht der Rede wert.	No es nada. No hay de qué.

Entschuldigung, Bedauern	**Pedir perdón, expresiones de lamento**
Entschuldigung!	¡Perdón!
Ich muss mich entschuldigen.	Debo disculparme.
Es [*o* Das] tut mir sehr Leid.	Lo siento mucho.
Es war nicht so gemeint.	No era esa mi/nuestra intención.
Schade!	¡Qué pena!
Das ist traurig.	¡Es una pena [*o* lástima]!

Glückwünsche zu verschiedenen Anlässen / Felicitaciones en distintas ocasiones

Herzlichen Glückwunsch!	¡Felicidades!
Viel Erfolg!	¡Mucho éxito!
Viel Glück!	¡Mucha suerte!
Gute Besserung!	¡Que se mejore/te mejores pronto!
Schöne Ferien!	¡Que pases/paséis unas buenas vacaciones!
Frohe Ostern!	¡Felices Pascuas!
Frohe Weihnachten und ein gutes neues Jahr!	¡Feliz Navidad y próspero Año Nuevo!
Alles Gute zum Geburtstag!	¡Feliz cumpleaños!
Meine besten Wünsche zum Geburtstag!	¡Feliz cumpleaños!
Ich drücke dir die Daumen.	Te deseo mucha suerte.

Nach dem Weg fragen / Preguntar por el camino, por la dirección

Entschuldigung, wie komme ich bitte nach Magdeburg/zum Prado?	Perdone(n), ¿cómo puedo ir a Magdeburgo/al Prado?
Können Sie mir sagen, wie ich zum Prado komme?	¿Me podría(n) decir cómo puedo ir al Prado?
Immer geradeaus bis zu … *+dat.*	Todo recto hasta…
Dann bei der Ampel rechts abbiegen.	Cuando llegue al semáforo gire a la derecha.
Folgen Sie den Schildern.	Siga(n) las indicaciones.
Sie können es nicht verfehlen.	No tiene(n) pérdida.
Welcher Bus fährt nach … *+dat?*	¿Qué autobús va a…?
Ist dies der richtige Bus nach … *+dat?*	¿Es éste el autobús que va a…?
Wie weit ist das?	¿Está muy lejos?
Sie sind hier falsch. Sie müssen zurückfahren bis zu … *+dat.*	Por aquí no es. Debe(n) volver hasta…

Im Restaurant / En el restaurante

Ich möchte einen Tisch für vier Personen reservieren.	Quisiera reservar una mesa para cuatro personas.
Einen Tisch für zwei Personen, bitte.	Una mesa para dos personas, por favor.
Ist dieser Tisch/Platz noch frei?	¿Está libre esta mesa/este asiento?
Ich nehme …	Tomaré…
Könnten wir noch etwas Brot bekommen?	¿Nos podría traer un poco más de pan?
Bezahlen, bitte.	La cuenta, por favor.
Bitte alles zusammen.	Todo junto, por favor.
Getrennte Rechnungen, bitte.	Cuentas separadas, por favor.

Einkaufen	De compras
Wo finde ich …?	¿Dónde puedo encontrar…?
Können Sie mir ein Feinkost-/ Lebensmittelgeschäft empfehlen?	¿Me podría recomendar una tienda de comestibles finos/de alimentación?
Werden Sie schon bedient?	¿Le(s) atienden?
Danke, ich sehe mich nur um.	Gracias, sólo quería mirar.
Was darf es sein?	¿Qué le(s) pongo?
Geben Sie mir bitte …	Póngame, por favor,…
Ich möchte …	Quisiera…
Darf es sonst noch etwas sein?	¿Algo más?
Nehmen Sie Kreditkarten?	¿Aceptan tarjetas de crédito?
Können Sie es mir einpacken?	¿Me lo puede envolver?

Auf der Bank	En el banco
Ich möchte 50 Euro in Dollar wechseln.	Quisiera cambiar 50 euros en dólares.
Ich möchte diesen Reisescheck einlösen.	Quisiera cobrar este cheque de viaje.
Auf welchen Betrag kann ich den Scheck maximal ausstellen?	¿Cuál es el importe máximo por el que puedo extender el talón?
Ich möchte 100 Euro von meinem Konto abheben.	Quisiera sacar 100 euros de mi cuenta.
Darf ich bitte Ihren Ausweis sehen?	¿Me enseña su carnet, por favor?
Ihre Unterschrift, bitte.	Firme, por favor.

Auf der Post	En Correos
Wo ist der nächste Briefkasten/das nächste Postamt?	¿Dónde está el buzón más cercano/la oficina de Correos más cercana?
Was kostet ein Brief nach Deutschland?	¿Cuánto vale una carta para Alemania?
Drei Briefmarken zu 60 Peseten, bitte.	Tres sellos de 60 pesetas, por favor.
Ich möchte ein Telegramm aufgeben.	Quisiera enviar un telegrama.
Ich möchte eine Telefonkarte.	Quisiera una tarjeta de teléfono.
Kann ich von hier aus ein Fax nach Stuttgart schicken?	¿Puedo enviar desde aquí un fax a Stuttgart?

Telefonieren	Llamar por teléfono
Wo ist die nächste Telefonzelle?	¿Dónde está la cabina de teléfonos más próxima?
Wie ist die Vorwahl von Spanien?	¿Cuál es el prefijo de España?
Ich möchte ein R-Gespräch anmelden.	Quisiera hacer una llamada a cobro revertido.
Hallo, mit wem spreche ich?	¿Sí?, ¿con quién hablo?
Kann ich bitte Frau Wagner sprechen?	Quisiera hablar con la señora Wagner.
Ich verbinde.	Le pongo. Le paso.
Bleiben Sie bitte am Apparat.	Espere, no cuelgue.
Tut mir Leid, sie ist nicht da.	Lo siento pero no está.
Möchten Sie eine Nachricht hinterlassen?	¿Quiere dejar un mensaje?
Ich rufe später noch mal an.	Volveré a llamar más tarde.
Kein Anschluss unter dieser Nummer.	Este abonado ha cambiado de número.

A

A, a [aː] *nt* <-, -> A, a *f;* **das ~ und O einer Sache** (*fam*) lo esencial de una cosa; **von ~ bis Z** (*fam*) de cabo a rabo

à [aː] *präp +akk* a... (cada uno); **10 Stück ~ drei Mark** 10 unidades a tres marcos cada una

Aachen ['aːxən] *nt* <-s> Aquisgrán *m*

Aal [aːl] *m* <-(e)s, -e> anguila *f*

aalen *vr:* **sich in der Sonne ~** (*fam*) tumbarse al sol

aalglatt *adj* (*abw*) escurridizo

Aargau ['aːɐgaʊ] *m* <-s> (*Kanton der Schweiz*) Argovia *f*

Aas[1] [aːs] *nt* <-es, -e> (*Tierleiche*) carroña *f*

Aas[2] *nt* <-es, Äser> (*fam: Luder*) mal bicho *m*

Aasgeier *m* buitre *m*

ab [ap] **I.** *präp +dat* **1.** (*räumlich*) desde; **~ Hamburg** desde Hamburgo **2.** (*zeitlich*) a partir de; **~ heute** a partir de hoy; **~ sofort** desde ya; **Kinder ~ 12 Jahren** niños de 12 años en adelante **II.** *adv* **1.** (*räumlich*): **die dritte Straße rechts ~** hay que torcer la tercera calle a la derecha; **Stuttgart ~ 8.30 Uhr** salida de Stuttgart a las 8.30 horas **2.** (*zeitlich*): **~ und zu** de vez en cuando

ab|ändern *vt* modificar

ab|arbeiten I. *vt* (*Pensum*) terminar; **eine Schuld ~** pagar una deuda trabajando **II.** *vr:* **sich ~** matarse trabajando

abartig *adj* **1.** (*anormal*) anormal; (*pervers*) pervertido **2.** (*fam: verrückt*) loco

Abb. *Abk. von* **Abbildung** ilust.

Abbau *m* <-(e)s, *ohne pl*> **1.** (*Auseinandernehmen*) desmontaje *m* **2.** (*Reduzierung*) reducción *f* **3.** (BERGB) explotación *f*

abbaubar *adj* degradable; **biologisch ~** biodegradable

ab|bauen I. *vi* debilitarse **II.** *vt* **1.** (*zerlegen*) desmontar **2.** (*verringern*) disminuir **3.** (BERGB) explotar

ab|beißen *irr vi, vt* morder

ab|bekommen* *irr vt* recibir

ab|bestellen* *vt* anular; (*Telefon*) dar de baja

ab|bezahlen* *vt:* (**in Raten**) **~** pagar a plazos

ab|biegen *irr vi sein* torcer; **nach rechts ~** doblar a la derecha

ab|bilden *vt* reproducir; **er ist in der Zeitschrift abgebildet** hay una foto suya en el periódico

Abbildung *f* <-en> ilustración *f*

ab|blasen *irr vt* (*fam*) suspender

ab|blättern *vi sein* desconcharse

ab|blenden *vi* **1.** (FOTO) diafragmar **2.** (AUTO) bajar las luces

Abblendlicht *nt* <-(e)s, *ohne pl*> (AUTO) luz *f* de cruce

ab|blitzen *vi sein* (*fam*): **jdn ~ lassen** darle calabazas a alguien

ab|blocken *vt* bloquear; (*Angriff*) rechazar; (*Vorhaben*) impedir

ab|brechen *irr* **I.** *vi sein* romperse **II.** *vt haben* **1.** (*Zweig*) romper **2.** (*Gespräch*) interrumpir **3.** (INFOR) cerrar

ab|bremsen *vi, vt* frenar

ab|brennen *irr* **I.** *vi sein* quemarse **II.** *vt haben* quemar

ab|bringen *irr vt:* **jdn von etw** *dat* **~** hacer cambiar de opinión a alguien

ab|bröckeln *vi sein* (*Mauer*) desmenuzarse; (*Verputz*) desconcharse

Abbruch *m* <-(e)s, -brüche> **1.** (*Beendigung*) ruptura *f;* (*Wettkampf*) suspensión *f* **2.** *ohne pl* (*Lager*) levantamiento *m;* (*Haus*) derribo *m;* **das tut der Sache keinen ~** (*fam*) esto no perjudica la cosa para nada **3.** (INFOR) abort *m*

ab|buchen *vt* (FIN) cargar (en cuenta)

ab|checken *vt* (*kontrollieren*) controlar, chequear *Am*

ab|danken *vi* (*König*) abdicar; (*Minister*) dimitir

ab|decken *vt* **1.** (*freimachen*) destapar; (*Tisch*) quitar; (*Haus*) destejar **2.** (*bedecken*) tapar **3.** (*Thema*) cubrir

Abdeckung *f* <-en> cubierta *f*

ab|dichten *vt* aislar (*gegen +akk* contra)

ab|drehen *vt* (*ausschalten*) apagar; (*zudrehen*) cerrar

Abdruck[1] *m* <-(e)s, -e> reproducción *f*

Abdruck[2] *m* <-(e)s, -drücke> impresión *f;* (*Spur*) huella *f;* (*Abguss*) molde *m*

ab|drucken *vt* imprimir

ab|drücken I. *vi* apretar el gatillo II. *vr:* **sich ~** marcarse

abend *adv s.* Abend

Abend ['aːbənt] *m* <-s, -e> (*bis gegen 21 Uhr*) tarde *f;* (*ab etwa 21 Uhr*) noche *f;* **gegen ~** al atardecer; **es wird ~** atardece; **zu ~ essen** cenar; **Abendbrot** *nt,* **Abendessen** *nt* cena *f;* **Abendkasse** *f* taquilla *f,* boletería *f Am;* **Abendkleid** *nt* traje *m* de noche; **Abendkurs** *m* curso *m* nocturno; **Abendland** *nt* <-(e)s> Occidente *m*

abendlich *adj* vespertino; **zu ~er Stunde** por la tarde

Abendmahl *nt* <-(e)s, *ohne pl*> (REL) comunión *f;* **Abendrot** *nt* <-(e)s, *ohne pl*> crepúsculo *m*

abends ['aːbənts] *adv* (*bis gegen 21 Uhr*) por la tarde; (*ab etwa 21 Uhr*) por la noche; **um acht Uhr ~** a las ocho de la tarde

Abendschule *f* colegio *m* nocturno

Abenteuer ['aːbəntɔɪɐ] *nt* <-s, -> aventura *f*

abenteuerlich *adj* fantástico; **das ist ja ~!** ¡eso sí que es aventurado!

Abenteuerlust *f ohne pl* espíritu *m* aventurero, afán *m* de aventuras

aber ['aːbɐ] I. *konj* pero II. (*Verstärkungspartikel*): **~ ja!** ¡claro que sí! III. *adv:* **~ und abermals** una y otra vez

Aber *nt* <-s, -, *fam:* -s> pero *m;* **kein ~!** ¡y no hay peros que valgan!

Aberglaube(n) *m* superstición *f;* **abergläubisch** *adj* supersticioso

ab|erkennen* *irr vt:* **jdm Rechte ~** privar a alguien de derechos

abermals ['aːbɐmaːls] *adv* otra vez

abertausend *adj inv* (*geh*) miles (de); **tausend und ~** miles y miles (de)

ab|fahren *irr* I. *vi sein* salir; **sie ließ ihn ~** (*fam*) lo mandó de paseo II. *vt haben o sein* (*Strecke*) recorrer

Abfahrt *f* <-en> 1. (*Zug*) salida *f* 2. (*Abreise*) partida *f* 3. (SPORT) descenso *m*

Abfall *m* <-(e)s, -fälle> basura *f;* **radioaktiver ~** residuos radi(o)activos; **Abfallbeseitigung** *f ohne pl* eliminación *f* de residuos; **Abfalleimer** *m* cubo *m* de la basura

ab|fallen *irr vi sein* 1. (*herunterfallen*) caerse; **alle Furcht fiel von ihm ab** sus temores se desvanecieron 2. (*Gelände*) descender 3. (*fam: übrig bleiben*) sobrar

abfällig *adj* despectivo; **sich ~ über jdn äußern** hablar despectivamente de alguien

Abfallprodukt *nt* producto *m* secundario; **Abfallvermeidung** *f* <-en> contención *f* de la producción de residuos

ab|fangen *irr vt* 1. (*Brief*) interceptar 2. (*Person*) alcanzar

ab|färben *vi* desteñir; **auf jdn ~** (*fig*) contagiar a alguien

ab|fertigen *vt* 1. (*Waren*) despachar 2. (*bedienen*) atender

ab|feuern *vt* (*Rakete*) lanzar; (*Schuss*) disparar

ab|finden *irr* I. *vt* indemnizar; **mit leeren Versprechungen ~** engañar con promesas vanas II. *vr:* **sich ~** conformarse (*mit +dat* con)

Abfindung *f* <-en> indemnización *f*

ab|flauen ['apflaʊən] *vi sein* calmarse

ab|fließen *irr vi sein* (*Wasser, Geld*) salir

Abflug *m* <-(e)s, -flüge> salida *f*

Abfluss[RR] *m* <-es, -flüsse> desagüe *m;* **Abflussrohr**[RR] *nt* cañería *f* de desagüe

ab|fragen *vt* preguntar; (INFOR) consultar

Abfuhr ['apfuːɐ] *f* <-en> negativa *f;* **jdm eine ~ erteilen** dar calabazas a alguien

ab|führen I. *vi* tener un efecto purgante II. *vt* (*Verbrecher*) llevar detenido

Abführmittel *nt* laxante *m*

ab|füllen *vt* (*in Flaschen*) embotellar; (*in Gefäße*) envasar

Abgabe *f* <-n> (*Steuer*) impuesto *m;* **~n erheben/entrichten** cobrar/pagar impuestos

Abgabetermin *m* fecha *f* de entrega

Abgang *m* <-(e)s, *ohne pl*> salida *f;* (THEAT) mutis *m inv*

Abgas *nt* <-es, -e> (gas *m* de) escape *m*

ab|geben *irr* I. *vt* entregar; (*Schuss*) disparar; (*Erklärung*) dar; (*Urteil*) emitir; (*Wärme*) irradiar; **einen Teil von etw ~** dar una parte de algo (*von +dat* de) II. *vr:* **sich mit jdm ~** tener trato con alguien

abgebrüht *adj* (*fam*) curado de espantos

abgedroschen *adj* (*fam*) trillado

ab|gehen *irr vi sein* 1. (*sich entfernen*) marchar(se); (THEAT) hacer mutis; **von der Schule ~** dejar la escuela 2. (*Farbe*) irse; (*Knopf*) caerse; (*Schuss*) dispararse 3. (*fehlen*) faltar; **sich** *dat* **nichts ~ lassen** no privarse de nada

abgekartet *adj* (*fam*) amañado

abgelegen *adj* distante

A

abgeneigt *adj* contrario; (**nicht**) ~ **sein etw zu tun** (no) tener inconveniente en hacer algo
Abgeordnete(r) *mf* <-n, -n; -n> diputado, -a *m, f*
abgeschieden ['apgəʃi:dən] *adj* (*geh*) retirado; (*einsam*) solitario
abgeschlossen *adj* cerrado; (*isoliert*) aislado; (*vollendet*) acabado
abgespannt *adj* fatigado
abgestanden ['apgəʃtandən] *adj* (*Wasser*) reposado; (*Bier*) insípido
ab|gewinnen* *irr vt:* **ich kann dieser Sache nichts** ~ esto no me hace (ninguna) gracia
ab|gewöhnen* *vt:* **sich** *dat* **das Rauchen** ~ dejar de fumar
abgöttisch ['apgœtɪʃ] *adv* con idolatría; **jdn** ~ **lieben** idolatrar a alguien
ab|grasen *vt* **1.** (*Weide*) comer la hierba (de); **das Thema ist abgegrast** (*fam*) el tema está agotado **2.** (*fam: systematisch absuchen*) recorrer
ab|grenzen I. *vt* delimitar; (*abtrennen*) separar (*gegen +akk, von +dat* de) **II.** *vr:* **sich** ~ distanciarse (*von +dat* de)
Abgrund *m* <-(e)s, -gründe> precipicio *m;* (*a. fig*) abismo *m;* **abgrundtief** *adj* enorme
ab|gucken *vi, vt* (*fam*): (**etw**) **bei jdm** ~ copiar (algo) de alguien
ab|hacken *vt* cortar
ab|haken *vt* marcar (con una cruz); (*fig: als erledigt ansehen*) dar por resuelto
ab|halten *irr vt* **1.** (*hindern*) impedir; **jdn von etw** *dat* ~ impedir a alguien que haga algo **2.** (*Sitzung*) celebrar; (*Unterricht*) dar
ab|handeln *vt* tratar
abhanden [ap'handən] *adv:* ~ **kommen** extraviarse
Abhandlung *f* <-en> tratado *m* (*über +akk* sobre)
Abhang *m* <-(e)s, -hänge> pendiente *f*
ab|hängen[1] *irr vi* depender (*von +dat* de)
ab|hängen[2] *vt* **1.** (*Bild*) descolgar **2.** (*fam: Verfolger*) dejar atrás
abhängig *adj* dependiente; ~ **sein von** *dat* depender de
Abhängigkeit *f* <-en> dependencia *f;* **gegenseitige** ~ interdependencia *f*
ab|härten *vt, vr:* **sich** ~ endurecer(se); (*Körper*) fortalecer(se) (*gegen +akk* contra/frente a)
ab|hauen *irr* **I.** *vi sein* (*fam*) largarse **II.** *vt* cortar; (*Baum*) talar
ab|heben *irr* **I.** *vi* (*Flugzeug*) despegar **II.** *vt* (*Deckel*) destapar; (*Telefonhörer*) descolgar; (*Karten*) cortar; (*Geld*) retirar **III.** *vr:* **sich von jdm/etw** *dat* ~ destacar entre alguien/algo
ab|heften *vt* archivar
ab|heilen *vi* curarse
ab|helfen *irr vi* poner remedio (a); **dem ist leicht abzuhelfen** tiene fácil remedio
Abhilfe *f ohne pl* remedio *m;* **etw** *dat* ~ **schaffen** poner remedio a algo
ab|holen *vt* recoger
Abholmarkt *m* mercado *m* de recogida; **Abholpreis** *m* precio *m* de recogida
ab|holzen *vt* deforestar
ab|horchen *vt* auscultar
ab|hören *vt* (*Anrufbeantworter*) escuchar; (*Telefonleitung*) interceptar
Abi ['abi:] *nt* <-s, -s> (*fam*), **Abitur** [abi'tu:ɐ] *nt* <-s, -e> bachillerato *m*
Abiturient(in) [abituri'ɛnt] *m(f)* <-en, -en; -nen> preuniversitario, -a *m, f,* bachiller *mf Am*
Abiturzeugnis *nt* título *m* de bachiller
Abk. *Abk. von* **Abkürzung** abr
ab|kapseln *vr:* **sich** ~ aislarse
ab|kassieren* *vt* (*fam*) cobrar; **die Getränke/den Gast** ~ cobrar las bebidas/al cliente; **er hat beim Poker richtig abkassiert** en la partida de póker hizo su agosto
ab|kauen *vt* comer; **sich** *dat* **die Fingernägel** ~ morderse las uñas
ab|kaufen *vt:* **jdm etw** ~ comprar algo a alguien; (*fam: glauben*) tragarse algo
ab|klappern *vt* (*fam*) recorrer
ab|klären *vt* aclarar
Abklatsch *m* <-(e)s, -e> (*fig abw*) mala copia *f*
ab|klingen *irr vi sein* (*Lärm*) disminuir; (*Begeisterung*) reducirse
ab|knöpfen *vt* (*fam*): **jdm Geld** ~ dar un sablazo a alguien
ab|kochen *vt* hervir; (*keimfrei machen*) esterilizar
ab|kommen *irr vi sein* **1.** (*vom Weg*) perderse (*von*); **vom Thema** ~ irse por las ramas **2.** (*von einer Idee*) abandonar (*von +dat*); **von seiner Meinung** ~ cambiar de opinión
Abkommen *nt* <-s, -> acuerdo *m*

abkömmlich ['apkœmlɪç] *adj* disponible

ab|kratzen I. *vi sein* (*fam*) estirar la pata II. *vt haben* rascar

ab|kriegen *vt* (*fam*) 1. (*erhalten*) llevarse su parte (de) 2. (*erleiden*) sufrir; **er hat ganz schön was abgekriegt** ha recibido lo suyo 3. (*entfernen*) conseguir quitar

ab|kühlen I. *vr:* **sich ~** (*Wetter*) refrescar; (*Beziehungen*) enfriarse II. *vt* (*Speisen*) (poner a) enfriar

ab|kürzen *vt* acortar; (*Weg*) atajar; (*Verfahren, Wort*) abreviar

Abkürzung *f* <-en> 1. (*Weg*) atajo *m* 2. (*von Verfahren*) abreviación *f* 3. (LING) abreviatura *f*

ab|laden *irr vt* descargar; (*Arbeit, Schuld*) cargar (*auf +akk* sobre)

Ablage *f* <-n> archivo *m*

ab|lagern I. *vi* (*Wein*) añejarse; (*Holz, Tabak*) curarse; **abgelagerter Wein** vino añejo II. *vr:* **sich ~** posarse; (MED, GEO) sedimentarse

Ablagerung *f* <-en> sedimento *m*

ab|lassen *irr* I. *vi* desistir (*von +dat* de) II. *vt* (*Flüssigkeit*) dejar salir; (*Dampf*) purgar

Ablauf *m* <-(e)s, -läufe> 1. (*Verlauf*) (trans)curso *m* 2. (*einer Frist*) vencimiento *m;* **nach ~ von zwei Stunden** al cabo de dos horas

ab|laufen *irr sein* I. *vi* 1. (*Flüssigkeit*) escurrirse 2. (*Pass*) caducar; (*Frist*) expirar 3. (*verlaufen*) transcurrir II. *vt* (*Strecke*) recorrer (*nach +dat* en busca de)

ab|lecken *vt* lamer

ab|legen I. *vi* (*Schiff*) zarpar II. *vt* (*Kleidung, Gewohnheit*) quitarse; (*Akten*) archivar; **Vorurteile ~** deshacerse de prejuicios; **über etw Rechenschaft ~** rendir cuentas de algo

Ableger *m* <-s, -> (BOT) esqueje *m*

ab|lehnen *vt* rechazar

ablehnend *adj* negativo; **etw** *dat* **eher ~ gegenüberstehen** no estar mucho por algo

Ablehnung *f* <-en> rechazo *m;* **auf ~ stoßen** ser rechazado

ab|leiten *vt* derivar (*aus +dat* de)

ab|lenken *vt* distraer (*von +dat* de)

Ablenkung *f* <-en> distracción *f;* **Ablenkungsmanöver** *nt* maniobra *f* de distracción

ab|lesen *irr vt, vi* leer; **vom Blatt ~** leer la hoja; **das konnte man ihr vom Gesicht ~** eso se le notaba en la cara

ab|liefern *vt* entregar

ab|lösen I. *vt* 1. (*Aufgeklebtes*) despegar 2. (*Wachposten*) relevar; (*bei der Arbeit*) reemplazar II. *vr:* **sich ~** desprenderse; (*sich abwechseln*) alternarse

ab|machen *vt* 1. (*fam: entfernen*) quitar 2. (*vereinbaren*) acordar; (*Termin, Preis*) fijar

Abmachung *f* <-en> acuerdo *m*

ab|magern *vi sein* adelgazar; **bis auf die Knochen abgemagert sein** estar en los huesos

Abmagerungskur *f* cura *f* de adelgazamiento

ab|melden *vt, vr:* **sich ~** dar(se) de baja (*bei +dat* en); **das Telefon ~** dar de baja el teléfono

ab|messen *irr vt* medir

ab|montieren* *vt* desmontar

ab|mühen *vr:* **sich ~** esforzarse mucho

ab|nabeln *vr:* **sich ~** independizarse

Abnäher *m* <-s, -> pinza *f*

Abnahme *f* <-n> 1. (*Verminderung*) disminución *f;* (*der Temperatur*) descenso *m* 2. (*Kauf*) compra *f;* **~ finden** tener salida

ab|nehmen *irr* I. *vi* 1. (*Interesse*) disminuir; (*Gewicht verlieren*) adelgazar; (*Mond*) menguar 2. (TEL) descolgar; **es nimmt keiner ab** no contesta nadie II. *vt* 1. (*wegnehmen*) quitar; (*abkaufen*) comprar; (*Hut*) quitar(se); (*Blut*) sacar 2. (*entgegennehmen*) coger; (*Eid*) tomar; (*Beichte*) escuchar 3. (*fam: glauben*) creer

Abnehmer(in) *m(f)* <-s, -; -nen> comprador(a) *m(f)*

Abneigung *f* <-en> antipatía *f* (*gegen +akk* hacia)

abnormal ['---] *adj* anormal, anómalo

ab|nutzen *vt, vr:* **sich ~** (des)gastar(se)

Abnutzung *f* <-en> desgaste *m,* deterioro *m*

Abo ['abo] *nt* <-s, -s> (*fam*), **Abonnement** [abɔn(ə)'mɑ̃ː] *nt* <-s, -s> suscripción *f*

Abonnent(in) [abɔ'nɛnt] *m(f)* <-en, -en; -nen> suscriptor(a) *m(f)*

abonnieren* [abɔ'niːrən] *vt* suscribirse (*+akk* a)

Abordnung *f* <-en> delegación *f*

ab|passen *vt:* **den richtigen Augenblick ~** aguardar el momento oportuno; **jdn ~** salir al paso de alguien

ab|pausen *vt* calcar

ab|plagen *vr:* **sich ~** afanarse (*mit +dat* en)

ab|prallen *vi sein* rebotar; **die Kritik prallte an ihr ab** la crítica le resbaló

ab|putzen *vt* limpiar

ab|quälen *vr:* **sich ~** desriñonarse

ab|rackern *vr:* **sich ~** (*fam*) matarse a trabajar

ab|raten *irr vi:* **jdm von etw ~** desaconsejar algo a alguien

ab|räumen *vt* (*Teller*) retirar; **den Tisch ~** recoger la mesa

ab|reagieren* **I.** *vt* (*Ärger*) descargar (*an +dat* en) **II.** *vr:* **sich ~** desfogarse

ab|rechnen I. *vi* echar la cuenta; **mit jdm ~** ajustarle las cuentas a alguien **II.** *vt* descontar

Abrechnung *f* <-en> (*Bilanz*) cuenta *f;* **die ~ machen** hacer las cuentas

ab|reiben *irr vt* **1.** (*Schmutz*) quitar frotando; (*Schuhe, Hände*) limpiar frotando **2.** (*trockenreiben*) secar (frotando)

Abreibung *f* <-en> (*fam*) paliza *f;* **jdm eine ~ verpassen** dar una paliza a alguien

Abreise *f* <-n> partida *f*

ab|reisen *vi sein* salir (*nach* para), partir (*nach* para)

ab|reißen *irr vt* arrancar; (*Gebäude*) derribar

ab|richten *vt* amaestrar

Abriss[RR] *m* <-es, -e> (*Übersicht*) compendio *m*

ab|rufen *irr vt* (INFOR: *Daten*) pedir

ab|runden *vt* (*a.* MATH) redondear; (*ausgewogener machen*) completar

abrupt [ap'rʊpt] *adj* abrupto

ab|rüsten *vi* desarmar

Abrüstung *f ohne pl* desarme *m*

ab|rutschen *vi sein* resbalar(se)

Abs. 1. *Abk. von* **Absender** Rte. **2.** *Abk. von* **Absatz** párrafo *m*

ab|sacken *vi sein* (*fam a. fig*) hundirse; (*Flugzeug*) perder altura

Absage ['apza:gə] *f* <-n> (respuesta *f*) negativa *f*

ab|sagen I. *vi* excusarse; **jdm ~** anular una cita con alguien **II.** *vt* (*Treffen*) anular; (*Vorstellung*) suspender

ab|sahnen I. *vi* (*fam*) hacer su agosto **II.** *vt* (*fam: Profit*) forrarse (con)

Absatz *m* <-(e)s, -sätze> **1.** tacón *m* **2.** (*im Text*) párrafo *m;* (**neuer**) **~/kein ~** (*beim Diktieren*) punto y aparte/punto y seguido **3.** (*Treppe*) descansillo *m* **4.** (*Verkauf*) venta *f;* **großen ~ finden** tener mucha salida

ab|schaffen *vt* **1.** (*aufheben*) abolir **2.** (*fortgeben*) deshacerse (de)

Abschaffung *f* <-en> abolición *f;* (JUR) derogación *f*

ab|schalten I. *vi* (*fam: unaufmerksam werden*) desconectar; (*sich entspannen*) relajarse **II.** *vt* (*ausmachen*) apagar

ab|schätzen *vt* calcular

abschätzig ['apʃɛtsɪç] *adj* despectivo

Abschaum *m* <-(e)s, *ohne pl*> (*abw*): **der ~** la escoria

Abscheu *m* <-(e)s, *ohne pl*>, *f* repugnancia *f;* **vor jdm/etw** *dat* **~ haben** tener asco a alguien/algo; **jds ~ erregen** repeler a alguien

abscheulich [ap'ʃɔɪlɪç] *adj* repugnante

ab|schicken *vt* enviar

ab|schieben *irr vt* expulsar

Abschiebestopp[RR] *m* (POL) suspensión *f* de la expulsión de extranjeros

Abschiebung *f* <-en> expulsión *f*

Abschied ['apʃi:t] *m* <-(e)s, -e> despedida *f;* **von jdm ~ nehmen** despedirse de alguien; **Abschiedsbrief** *m* (*fam*) carta *f* de despedida

ab|schießen *irr vt* disparar; (*Rakete*) lanzar; (*Flugzeug*) derribar; (*Panzer*) destruir

ab|schirmen *vt* proteger (*gegen +akk* de/contra)

ab|schlachten *vt* matar brutalmente; (*viele Menschen*) masacrar

Abschlag *m* <-(e)s, -schläge> descuento *m;* (*Rate*) plazo *m;* (*Vorschuss*) adelanto *m*

ab|schlagen *irr vt* **1.** (*Baum*) talar **2.** (*ablehnen*) rechazar; **jdm eine Bitte ~** negarle a alguien un favor

ab|schleifen *irr vt* rebajar; (*entfernen*) quitar lijando

Abschleppdienst *m* servicio *m* de remolque

ab|schleppen *vt* (*Auto*) remolcar

Abschleppseil *nt* cuerda *f* de remolcar;

Abschleppwagen *m* grúa *f*

ab|schließen *irr vt* **1.** (*Tür*) cerrar con llave **2.** (*beenden*) concluir; (*Studium*) terminar **3.** (*vereinbaren*) acordar; (*Geschäft*) concertar; (*Vertrag*) cerrar

abschließend ['apʃli:sənt] **I.** *adj* último **II.** *adv* por último

Abschluss[RR] *m* <-es, -schlüsse> término *m;* (*Examen*) título *m;* **Abschlussprüfung**[RR] *f* examen *m* final; **Abschlusszeugnis**[RR] *nt* diploma *m;* (*nach acht Schuljahren*) título *m* de graduado escolar; (*Abitur*) título *m* de bachiller

ab|schmecken *vt* sazonar

ab|schminken *vt, vr:* **sich** ~ desmaquillar(se); **das kannst du dir ~!** (*fig*) ¡eso te lo puedes quitar de la cabeza!

ab|schnallen *vt, vr:* **sich** ~ desabrochar(se)

ab|schneiden *irr* **I.** *vi:* **gut/schlecht** ~ tener/no tener éxito **II.** *vt* cortar; **von der Außenwelt abgeschnitten sein** estar incomunicado

Abschnitt *m* <-(e)s, -e> **1.** (*im Text*) párrafo *m* **2.** (*Zeitspanne*) lapso *m* **3.** (*Wertmarke*) cupón *m;* (*eines Formulars*) resguardo *m*

ab|schotten ['apʃɔtən] *vt, vr:* **sich** ~ aislar(se) (*von +dat* de)

ab|schrauben *vt* desatornillar

ab|schrecken *vt* (*Person*) desanimar; (*Nudeln*) pasar por agua fría

abschreckend *adj* intimidatorio; (*warnend*) disuasorio

Abschreckung *f* <-en> intimidación *f*

ab|schreiben *irr vt* copiar (*von +dat* de); **ich hatte ihn längst abgeschrieben** (*fam*) hacía tiempo que le había borrado de mi lista

Abschrift *f* <-en> copia *f*

Abschuss[RR] *m* <-es, -schüsse> disparo *m;* (*einer Rakete*) lanzamiento *m;* (*eines Flugzeugs*) derribo *m;* **Tiere zum ~ freigeben** levantar la veda de animales

abschüssig ['apʃʏsɪç] *adj* (*Gelände*) empinado; (*Küste*) escarpado

Abschussrampe[RR] *f* plataforma *f* de lanzamiento

ab|schütteln *vt* (*entfernen*) sacudir (*von +dat* de); (*Person*) librarse (de)

ab|schwächen **I.** *vt* **1.** (*Wirkung*) debilitar **2.** (*Eindruck, Formulierung*) atenuar **3.** (*Stoß*) amortiguar **II.** *vr:* **sich** ~ debilitarse

ab|schweifen ['apʃvaɪfən] *vi sein* **1.** (*geh: vom Weg*) desviarse (*von +dat* de) **2.** (*Gedanke*) divagar (*von +dat* de)

ab|schwellen *irr vi sein* **1.** (*Geschwulst*) deshincharse; **der Finger ist abgeschwollen** la inflamación del dedo ha bajado **2.** (*Lärm*) disminuir

ab|schwören *irr vi* **1.** (*dem Glauben*) abjurar (*+dat* de) **2.** (*dem Alkohol*) renunciar (*+dat* a)

ab|segnen *vt* (*fam*) dar el visto bueno (a)

absehbar *adj* previsible; **in ~er Zeit** en breve

ab|sehen *irr* **I.** *vi* (*verzichten*) prescindir (*von +dat* de); **abgesehen von ...** a excepción de...; **abgesehen davon** aparte de eso **II.** *vt* **1.** (*voraussehen*) prever; **es ist abzusehen, dass ...** es de prever que... **2.** (*im Auge haben*) pretender; **es auf jdn abgesehen haben** (*gern haben wollen*) pretender conseguir a alguien; (*schikanieren*) tomarla con alguien

abseits ['apzaɪts] **I.** *präp +gen* lejos de **II.** *adv* (*fern*) alejado; (SPORT) fuera de juego

ab|senden *irr vt* enviar

Absender(in) *m(f)* <-s, -; -nen> remitente *mf*

ab|setzen **I.** *vt* **1.** (*hinstellen*) poner (*auf +akk* en) **2.** (*Brille*) quitarse **3.** (*Minister*) destituir **4.** (*Waren*) vender **5.** (FIN) deducir (*von +dat* de); **von der Steuer ~** desgravar de los impuestos **6.** (*Medikament*) dejar de tomar **II.** *vr:* **sich** ~ (*fam: verschwinden*) escaparse

ab|sichern *vt, vr:* **sich** ~ asegurar(se)

Absicht *f* <-en> propósito *m;* **mit/ohne ~** a propósito/sin querer; **gute ~en haben** tener buenas intenciones; **die ~ haben, etw zu tun** tener la inteción de hacer algo

absichtlich **I.** *adj* intencionado **II.** *adv* a propósito

ab|sinken *irr vi sein* (*Niveau*) descender

ab|sitzen *irr vt* (*fam: Strafe, Dienstzeit*) cumplir

absolut [apzo'lu:t] *adj* absoluto; ~ **nichts** nada en absoluto

absolvieren* [apzɔl'vi:rən] *vt* (*Studium*) terminar; (*Prüfung*) aprobar; (*Dienst*) cumplir

ab|sondern **I.** *vt* **1.** (*Kranke*) separar **2.** (*ausscheiden*) segregar **II.** *vr:* **sich** ~ apartarse (*von +dat* de)

absorbieren* [apzɔr'bi:rən] *vt* absorber

ab|speichern *vt* (INFOR) almacenar (*auf+dat* en)

ab|speisen *vt* (*fam*) despachar; **jdn mit leeren Versprechungen ~** despachar a alguien con promesas vacías

abspenstig ['apʃpɛnstɪç] *adj:* **jdm etw ~ machen** mangar algo a alguien

ab|sperren *vt* **1.** (*Gebiet*) bloquear; (*Straße*)

cortar **2.** (*Österr, südd: abschließen*) cerrar (con llave)

Absperrung *f* <-en> **1.** (*das Absperren*) bloqueo *m;* (*von Straßen*) corte *m* de carreteras **2.** (*Gitter*) reja *f;* (*Sperre*) barrera *f*

ab|spielen *vr:* **sich** ~ ocurrir

Absprache *f* <-n>: **nach vorheriger** ~ según acuerdo previo; **eine** ~ **treffen** llegar a un acuerdo

ab|sprechen *irr vt* (*vereinbaren*) acordar; (*aberkennen*) privar (de)

ab|springen *irr vi sein* saltar (*von* +*dat* de); (*fam: zurücktreten*) volverse atrás

Absprung *m* <-(e)s, -sprünge> salto *m;* **den** ~ **schaffen** (*fam fig*) aprovechar el momento adecuado

ab|stammen *vi* descender (*von* +*dat* de)

Abstand *m* <-(e)s, -stände> distancia *f;* **in regelmäßigen Abständen** a intervalos regulares; **davon** ~ **nehmen, etw zu tun** (*geh*) renunciar a hacer algo; **mit großem** ~ **führen** (SPORT) tener gran ventaja

ab|statten ['apʃtatən] *vt* (*geh*): **jdm einen Besuch** ~ rendir visita a alguien

ab|stauben ['apʃtaʊbən] *vt* **1.** (*putzen*) desempolvar, quitar el polvo (a) **2.** (*fam: nicht verdienen*) sacar (sin merecerlo); (*schnorren*) gorronear

Abstecher *m* <-s, -> excursión *f;* (*Umweg*) vuelta *f*

ab|stecken *vt* **1.** (*mit Pfählen*) jalonar; (*Grenze*) demarcar **2.** (*Saum*) marcar con alfileres **3.** (*Ziel*) definir

ab|stehen *irr vi* destacarse; ~**de Ohren** orejas de soplillo

ab|steigen *irr vi sein* (*a.* SPORT) descender; (*vom Pferd*) bajar (*von* +*dat* de); **in einer Pension** ~ parar en una pensión; **auf dem** ~**den Ast sein** (*fam*) ir de capa caída

ab|stellen *vt* **1.** (*hinstellen*) colocar **2.** (*ausmachen*) apagar; (*Strom*) cortar

Abstellraum *m* (cuarto *m*) trastero *m*

ab|stempeln *vt* **1.** (*Briefe*) sellar; (*Briefmarken*) matasellar **2.** (*bezeichnen*) tildar (*als* +*akk, zu* +*dat* de)

ab|sterben *irr vi sein* (*Zellen, Blätter*) morirse; (*Glieder*) entumecerse

Abstieg ['apʃti:k] *m* <-(e)s, -e> bajada *f;* (*Abhang*) pendiente *f*

ab|stimmen **I.** *vi* votar (*über* +*akk* sobre) **II.** *vt* (*harmonisieren*) ajustar (*auf* +*akk* a); **sich mit jdm** ~ ponerse de acuerdo con alguien

Abstimmung *f* <-en> votación *f*

ab|stoßen *irr vt* asquear; (MED: *Organ*) rechazar

abstoßend *adj* repugnante

abstrakt [ap'strakt] *adj* abstracto

ab|streifen *vt* quitar

ab|streiten *irr vt* negar

ab|stufen *vt* escalonar; (*Farben*) matizar

ab|stumpfen ['apʃtʊmpfən] **I.** *vi sein* (*fig*) embrutecerse; (*Gefühl*) embotarse **II.** *vt* truncar; (*fig*) embrutecer

Absturz *m* <-(e)s, -stürze> caída *f;* (INFOR) fallo *m* general

ab|stürzen *vi sein* **1.** (*Flugzeug*) estrellarse; (*Bergsteiger*) caer **2.** (INFOR) producirse un error de tipo general (en)

ab|stützen *vt, vr:* **sich** ~ apoyar(se)

ab|suchen *vt* buscar por todas partes; (*Gelände*) batir

absurd [ap'zʊrt] *adj* absurdo

Abszess[RR] [aps'tsɛs] *m* <-es, -e> absceso *m*

Abt [apt] *m,* **Äbtissin** *f* <-(e)s, Äbte; -nen> abad(esa) *m(f)*

ab|tasten *vt* **1.** (*befühlen*) tentar; (MED) palpar; (*bei einer Durchsuchung*) registrar **2.** (INFOR) leer

Abtei [ap'taɪ] *f* <-en> abadía *f*

Abteil [ap'taɪl] *nt* <-(e)s, -e> compartim(i)ento *m*

Abteilung [-'--] *f* <-en> **1.** (*im Betrieb*) sección *f;* (*im Krankenhaus*) unidad *f* **2.** (MIL) destacamento *m;* **Abteilungsleiter(in)** *m(f)* jefe, -a *m, f* de sección

Äbtissin [ɛp'tɪsɪn] *f* <-nen> *s.* **Abt**

ab|töten *vt* matar

ab|tragen *irr vt* **1.** (*Gelände*) aplanar **2.** (*Mauer*) derribar **3.** (*Kleidung*) (des)gastar

abträglich ['aptrɛ:glɪç] *adj* (*geh*) perjudicial

ab|treiben *irr* **I.** *vi* **1.** *sein* (*Boot*) derivar; (*Flugzeug*) desviarse del rumbo **2.** (*Schwangerschaft abbrechen*) abortar **II.** *vt* **1.** (*weglenken*) arrastrar, apartar **2.** (*Schwangerschaft abbrechen*) abortar

Abtreibung *f* <-en> aborto *m;* **Abtreibungspille** *f* píldora *f* abortiva

ab|trennen *vt* (*Angenähtes*) descoser; (*abteilen*) separar

ab|treten *irr vt* **1.** (*abnutzen: Teppich*) gastar; (*Absätze*) desgastar **2.** (*überlassen*) ceder

ab|trocknen *vt* secar

ab|tun *irr vt* rechazar; **etw als belanglos** ~ minimizar algo
ab|tupfen *vt* (*Wunde*) taponar; (*Stirn*) secar
ab|verlangen* *vt* exigir (con descaro); **jdm etw** ~ exigir algo a alguien
ab|wägen ['apvɛːgən] *irr vt* ponderar
ab|wälzen *vt* (*Schuld*) echar (*auf +akk* a); (*Arbeit*) descargar (*auf+akk* en)
ab|wandeln *vt* modificar
ab|wandern *vi sein* emigrar
ab|warten *vt, vi* esperar
abwärts ['apvɛrts] *adv* hacia abajo
ab|waschen *irr vi, vt* fregar
Abwasser *nt* <-s, -wässer> aguas *fpl* residuales
ab|wechseln *vi, vr:* **sich** ~ alternar(se); (*Personen*) turnarse
abwechselnd *adv* alternativamente, por turnos
Abwechs(e)lung *f* <-en> cambio *m;* **zur** ~ para variar; **abwechslungsreich** *adj* variado; (*ereignisreich*) rico en impresiones
Abwege ['apveːgə] *mpl:* **auf** ~ **geraten** apartarse del buen camino
abwegig ['apveːgɪç] *adj* desacertado
Abwehr ['apveːɐ] *f* defensa *f*
ab|wehren **I.** *vi* rehusar **II.** *vt* **1.** (*fernhalten*) mantener a distancia **2.** (*ablehnen, a.* MIL) rechazar; (*Verdacht*) descartar **3.** (SPORT) despejar
Abwehrkräfte *fpl* defensas *fpl* (del organismo)
ab|weichen *irr vi sein* **1.** (*vom Kurs, Thema*) desviarse (*von +dat* de) **2.** (*sich unterscheiden*) divergir (*von+dat* de); (*Meinung*) discrepar
Abweichung *f* <-en> **1.** (*das Abweichen*) desviación *f* **2.** (TECH) anomalía *f,* irregularidad *f* **3.** (*Differenz*) divergencia *f*
ab|weisen *irr vt* rechazar; (*wegschicken*) no recibir
ab|wenden *irr* **I.** *vt* **1.** (*Blick*) apartar (*von +dat* de) **2.** (*Gefahr*) evitar **II.** *vr:* **sich** ~ apartarse (*von +dat* de)
ab|werben *irr vt:* **der Konkurrenz Mitarbeiter** ~ hacerse con los colaboradores de la competencia
ab|werfen *irr vt* (*Bomben*) lanzar; (*Gewinn*) rendir
ab|werten *vt* (FIN) devaluar; (*herabsetzen*) despreciar
abwertend *adj* (*negativ*) peyorativo; (*verächtlich*) despectivo
abwesend ['apveːzənt] *adj* ausente
Abwesenheit *f* <-en> ausencia *f*
ab|wickeln *vt* (*Garn*) desenrollar; (*Geschäft*) llevar a cabo
ab|wiegen *irr vt* pesar
ab|wimmeln *vt* (*fam: Besucher*) deshacerse (de)
ab|wischen *vt* limpiar
ab|zahlen *vt* (*in Raten*) pagar a plazos
ab|zählen *vt* contar
Abzahlung *f* <-en> pago *m* a plazos; **etw auf** ~ **kaufen** comprar algo a plazos
Abzeichen *nt* <-s, -> (MIL) condecoración *f;* (*Anstecknadel*) distintivo *m*
ab|zeichnen **I.** *vt* (*kopieren*) copiar; (*signieren*) firmar **II.** *vr:* **sich** ~ perfilarse
Abziehbild *nt* calcomanía *f*
ab|ziehen *irr* **I.** *vi* **1.** (*Rauch*) salir(se); (*Gewitter*) alejarse **2.** (*Truppen*) irse **II.** *vt* **1.** (*wegnehmen*) sacar (*von +dat* de); (MATH) restar; (*vom Lohn*) descontar (*von +dat* de) **2.** (*Fell*) despellejar; **das Bett** ~ quitar las sábanas **3.** (FOTO, TYPO) sacar copias (de)
ab|zielen *vi* referirse (*auf+akk* a)
Abzug *m* <-(e)s, -züge> **1.** (MIL) retirada *f* **2.** (*Lohn~*) retención *f* **3.** (FOTO) copia *f* **4.** (*am Gewehr*) gatillo *m* **5.** (*Rauch~*) tiro *m*
ab|zweigen **I.** *vi sein* desviarse (*von +dat* de, *zu+dat* hacia) **II.** *vt haben* (*Geld*) apartar
Ach *nt* (*fam*): **mit** ~ **und Krach** a trancas y barrancas
Achse ['aksə] *f* <-n> eje *m*
Achsel ['aksəl] *f* <-n> axila *f;* **mit den ~n zucken** encogerse de hombros; **Achselhöhle** *f* sobaco *m;* **Achselzucken** *nt* <-s, *ohne pl*> encogimiento *m* de hombros
acht[1] [axt] *adj inv* ocho; **es ist gleich** ~ (**Uhr**) van a ser las ocho (horas); **mit** ~ (**Jahren**) a los ocho años; **um/gegen** ~ (**Uhr**) a las/sobre las ocho (horas); **zu je** ~ de a ocho; **zu** ~ de ocho en ocho; **in** ~ **Tagen** dentro de ocho días; **vor** ~ **Tagen** hace ocho días; **heute in** ~ **Tagen** de hoy en ocho días; **morgen in** ~ **Tagen** mañana en ocho días
acht[2] *s.* Acht
Acht [axt] *f* <-en> **1.** (*Zahl*) ocho *m* **2.** *ohne pl* (*Aufmerksamkeit*) atención *f;* ~ **geben** prestar atención (*auf +akk* a); (*auf Personen*) cuidar (*auf+akk* de); **etw außer** ~ **lassen** prescindir de algo; **sich** (**vor jdm**) **in** ~ **nehmen** cuidarse (de alguien); **gib** ~,

A

wohin du trittst! ¡ten cuidado de dónde pisas!

achtbar *adj* respetable

achte(r, s) *adj* octavo; **der ~/am ~n Dezember** el ocho de diciembre; **das ~ Mal** la octava vez; **jeden ~n Tag** cada ocho días

achtel *adj inv* octavo; **ein ~ Zentner** la octava parte de un quintal

achten ['axtən] **I.** *vi* atender (*auf +akk* a); (*auf den Weg*) fijarse (*auf +akk* en); **auf jdn ~** cuidar de alguien **II.** *vt:* **jdn ~** respetar a alguien

achtens ['axtəns] *adv* en octavo lugar; (*bei einer Aufzählung*) octavo

Achterbahn *f* montaña *f* rusa

achtfach *adj* óctuplo; **die ~e Menge** ocho veces la cantidad

acht|geben *irr vi s.* **Acht**

achthundert ['-'--] *adj inv* ochocientos; **~ Personen** ochocientas personas

achtlos *adj* desconsiderado; **~ mit etw umgehen** tratar algo con descuido

Achtstundentag ['-'---] *m* jornada *f* (laboral) de ocho horas

Achtung ['axtʊŋ] *f* **1.** (*Aufmerksamkeit*) atención *f;* **~ Stufe!** ¡cuidado con el escalón!; **~ , fertig, los!** ¡preparados, listos, ya! **2.** (*Wertschätzung*) respeto *m* (*vor +dat* a); **sich** *dat* **~ verschaffen** hacerse respetar

achtzehn *adj inv* dieciocho; **wann wirst du ~?** ¿cuándo cumples los 18?; *s. a.* **acht**[1]

achtzig ['axtsɪç] *adj inv* ochenta; **etwa ~ (Jahre alt)** sobre los ochenta (años); **über/unter ~** más de/menos de ochenta; **die ~er Jahre** los años ochenta

achtzigste(r, s) *adj* octogésimo; **heute ist ihr ~r Geburtstag** hoy es su octogésimo aniversario

ächzen ['ɛçtsən] *vi* (*Person*) gemir (*vor +dat* de); (*Bretter*) crujir

Acker ['akɐ] *m* <-s, Äcker> campo *m;* **Ackerbau** *m* <-s, *ohne pl*> agricultura *f*

Acryl [a'kry:l] *nt* <-s, *ohne pl*> fibra *f* acrílica

Action ['ɛktʃən] *f* acción *f;* **Actionfilm** *m* película *f* de acción

ADAC [a:de:ʔa:'tse:] *m* <-> *Abk. von* **Allgemeiner Deutscher Automobil-Club** *Automóvil Club de Alemania*

Adamsapfel ['a:damsapfəl] *m* nuez *f* de Adán

addieren* [a'di:rən] *vt* sumar (*zu +dat* a)

Addition [adi'tsjo:n] *f* <-en> adición *f* (*zu* a)

Adel ['a:dəl] *m* <-s, *ohne pl*> nobleza *f*

adelig ['a:dəlɪç] *adj s.* **adlig**

Ader ['a:dɐ] *f* <-n> (*a. fig*) vena *f;* **eine künstlerische ~ haben** tener dotes artísticas

Adjektiv ['atjɛkti:f] *nt* <-s, -e> adjetivo *m*

Adler ['a:dlɐ] *m* <-s, -> águila *f*

adlig ['a:dlɪç] *adj* noble

Administration [atminɪstra'tsjo:n] *f* <-en> administración *f*

Admiral(in) [atmi'ra:l] *m(f)* <-s, -e *o* -äle; -nen> almirante *mf*

adoptieren* [adɔp'ti:rən] *vt* adoptar

Adoption [adɔp'tsjo:n] *f* <-en> adopción *f*

Adoptiveltern *pl* padres *mpl* adoptivos; **Adoptivkind** *nt* hijo, -a *m, f* adoptivo, -a

Adr. *Abk. von* **Adresse** dir.

Adrenalin [adrena'li:n] *nt* <-s, *ohne pl*> (MED) adrenalina *f*

Adressat(in) [adrɛ'sa:t] *m(f)* <-en, -en; -nen> destinatario, -a *m, f*

Adresse [a'drɛsə] *f* <-n> dirección *f*

Adria ['a:dria] *f* Adriático *m*

Advent [at'vɛnt] *m* <-(e)s, -e> Adviento *m*

En las familias alemanas es costumbre colocar durante el Adviento una **Adventskranz**. Se trata de una corona hecha con ramas de abeto que se puede elaborar personalmente o adquirir en comercios. Se suele adornar con cuatro velas (una por cada domingo de Adviento), cintas, bolas y pequeñas figuras. Los domingos las familias se reúnen en torno a la mesa para tomar té o café con dulces navideños mientras entonan villancicos.

Adverb [at'vɛrp] *nt* <-s, -verbien> adverbio *m*

Affäre [a'fɛ:rə] *f* <-n> **1.** (*Skandal*) affaire *m;* **sich mit etw aus der ~ ziehen** salir del apuro con algo **2.** (*Liebesabenteuer*) aventura *f* amorosa

Affe ['afə] *m* <-n, -n> mono *m;* **Affenhitze** *f* (*fam*) calor *m* infernal; **Affentempo** *nt* <-s, *ohne pl*> (*fam*) velocidad *f* loca; **in einem ~** a toda mecha

affig *adj* (*fam*) afectado

Afrika ['a(:)frika] *nt* <-s> África *f*

Afrikaner(in) [afri'ka:nɐ] *m(f)* <-s, -;

-nen> africano, -a *m, f*

afrikanisch *adj* africano

afroamerikanisch *adj* afroamericano

After ['aftɐ] *m* <-s, -> ano *m*

Aftershave [a:ftɐ'ʃɛɪf] *nt* <-(s), -s> aftershave *m*

AG [a:'ge:] *f* <-(s)> *Abk. von* **Aktiengesellschaft** S.A. *f*

Ägäis [ɛ'gɛ:ɪs] *f* Egeo *m*

Agent(in) [a'gɛnt] *m(f)* <-en, -en; -nen> agente *mf;* (*Spion*) espía *mf*

Agentur *f* <-en> agencia *f*

Aggression [agrɛ'sjo:n] *f* <-en> **1.** (*Angriff*) agresión *f* **2.** (*Angriffslust*) agresividad *f*

aggressiv *adj* agresivo

Aggressivität *f* agresividad *f*

Agrarpolitik *f* política *f* agraria; **Agrarwirtschaft** *f ohne pl* economía *f* agrícola

Ägypten [ɛ'gʏptən] *nt* <-s> Egipto *m*

ähneln ['ɛ:nəln] *vi:* **jdm ~** parecerse a alguien

ahnen ['a:nən] *vt* (*voraussehen*) prever; (*vorausfühlen*) presentir; (*vermuten*) sospechar; **nichts ~d** sin sospechar nada; **ich habe es geahnt** ya me lo había figurado

Ahnen *mpl* antepasados *mpl*

ähnlich ['ɛ:nlɪç] *adj* parecido; **bei ~er Gelegenheit** en semejantes circunstancias; **das sieht ihm ~** (*fam*) ¡seguro que es una de las suyas!

Ähnlichkeit *f* <-en> parecido *m*

Ahnung *f* <-en> **1.** (*Vorgefühl*) presentimiento *m* **2.** (*Wissen*) idea *f;* **keine ~!** ¡ni idea!; **ahnungslos** *adj* (*nichts ahnend*) desprevenido; (*unwissend*) ignorante

Ähre ['ɛ:rə] *f* <-n> espiga *f*

Aids [ɛɪts] *nt* <-, *ohne pl*> SIDA *m;* **Aidsforschung** *f* investigación *f* antisida; **Aidskranke(r)** *mf* enfermo, -a *m, f* de SIDA; **Aidstest** *m* prueba *f* del SIDA; **Aidsübertragung** *f* infección *f* del SIDA; **Aidsvirus** *nt* virus *m* del SIDA

Airbag ['ɛɐbɛ:k] *m* <-s, -s> (AUTO) airbag *m,* bolsa *f* de aire

Akademie [akade'mi:] *f* <-n> academia *f*

Akademiker(in) [aka'de:mikɐ] *m(f)* <-s, -; -nen> académico, -a *m, f*

akklimatisieren* [aklimati'zi:rən] *vr:* **sich ~** aclimatarse (*an +akk* a)

Akkord [a'kɔrt] *m* <-(e)s, -e> **1.** (WIRTSCH) destajo *m;* **im ~ arbeiten** trabajar a destajo **2.** (MUS) acorde *m*

Akkordeon [a'kɔrdeɔn] *nt* <-s, -s> acordeón *m*

akkurat [aku'ra:t] *adj* meticuloso

Akkusativ ['akuzati:f] *m* <-s, -e> acusativo *m*

Akne ['a:knə] *f* <-n> acné *m*

Akrobat(in) [akro'ba:t] *m(f)* <-en, -en; -nen> acróbata *mf*

Akronym [akro'ny:m] *nt* <-s, -e> sigla *f*

Akt [akt] *m* <-(e)s, -e> acto *m;* (KUNST) desnudo *m*

Akte ['aktə] *f* <-n> acta *f;* (*in der Verwaltung*) expediente *m;* **etw zu den ~n legen** (*fig*) dar carpetazo a algo; **Aktenordner** *m* archivador *m;* **Aktenzeichen** *nt* número *m* de registro

Aktie ['aktsjə] *f* <-n> acción *f;* **Aktiengesellschaft** *f* sociedad *f* anónima

Aktion [ak'tsjo:n] *f* <-en> acción *f;* **in ~ treten** entrar en acción

aktiv [ak'ti:f] *adj* activo

Aktivität *f* <-en> actividad *f*

aktualisieren* [aktuali'zi:rən] *vt* actualizar

Aktualität [aktuali'tɛ:t] *f* actualidad *f*

aktuell [aktu'ɛl] *adj* actual

Akupressur [akuprɛ'su:ɐ] *f* <-en> acupresión *f*

Akupunktur [akupʊŋk'tu:ɐ] *f* <-en> acupuntura *f*

Akustik [a'kʊstɪk] *f* acústica *f*

akustisch *adj* acústico

akut [a'ku:t] *adj* agudo

AKW [a:ka:'ve:] *nt* <-s, -s> *Abk. von* **Atomkraftwerk** central *f* nuclear

Akzent [ak'tsɛnt] *m* <-(e)s, -e> acento *m* (*auf +dat* en); **~e setzen** (*fig*) marcar la pauta

akzeptabel [aktsɛp'ta:bəl] *adj* aceptable

akzeptieren* *vt* aceptar

Alarm [a'larm] *m* <-(e)s, -e> alarma *f;* **~ schlagen** tocar la alarma; **Alarmanlage** *f* sistema *m* de alarma; **Alarmbereitschaft** *f* estado *m* de alerta

alarmieren* *vt* alarmar

Albaner(in) [al'ba:nɐ] *m(f)* <-s, -; -nen> albanés, -esa *m, f*

Albanien [al'ba:niən] *nt* <-s> Albania *f*

albanisch *adj* albanés

Alben *pl von* **Album**

albern ['albɐn] *adj* (*abw*) tonto; (*kindisch*) pueril; **sich ~ benehmen** hacer el bobo

A

Albtraum[RR] *m s.* **Alptraum**
Album ['albʊm] *nt* <-s, Alben> álbum *m*
Alge ['algə] *f* <-n> alga *f*
Algebra ['algebra] *f* álgebra *f*
Algerien [al'ge:riən] *nt* <-s> Argelia *f*
Alibi ['a:libi] *nt* <-s, -s> coartada *f*
Alien ['ɛɪliən] *m* <-, -s> alien *m,* extraterrestre *mf*
Alimente [ali'mɛntə] *pl* manutención *f*
Alkohol ['alkoho:l] *m* <-s, -e> alcohol *m;* **alkoholfrei** *adj* sin alcohol
Alkoholiker(in) [alko'ho:likɐ] *m(f)* <-s, -; -nen> alcohólico, -a *m, f*
alkoholisch [--'--] *adj* alcohólico; ~**e Getränke** bebidas alcohólicas
Alkoholismus *m* <-, *ohne pl*> alcoholismo *m*
Alkoholtest *m* prueba *f* de alcoholemia
all [al] *pron indef* todo; ~ **die Mühe** todo el esfuerzo; *s. a.* **alle(r, s)**
All [al] *nt* <-s, *ohne pl*> espacio *m*
alle ['alə] *adv* (*fam*): **es ist** ~ se acabó; **ich bin total** ~ (*fam*) estoy hecho polvo
alle(r, s) *pron indef* **1.** *Sg* todo; **wer war** ~**s da?** ¿quiénes estaban?; ~**s in** ~**m** (*insgesamt*) en total; (*kurzum*) en resumen; ~**s Mögliche** de todo; **vor** ~**m** sobre todo **2.** *pl* todos; ~ **auf einmal** todos a la vez; ~ **zehn Minuten** cada diez minutos; **auf** ~ **Fälle** de todos modos; **für** ~ **Zeiten** para siempre
Allee [a'le:] *f* <-n> avenida *f*
allein [a'laɪn] **I.** *adj* solo; ~ **stehend** soltero; **kann ich dich einen Augenblick** ~ **sprechen?** ¿te puedo hablar un momento a solas? **II.** *adv* (*nur*) sólo; **du** ~ **bist schuld daran** sólo tú tienes la culpa; **einzig und** ~ únicamente
alleine [a'laɪnə] *adj o adv* (*fam*) *s.* **allein**
Alleinerziehende(r) *mf* <-n, -n; -n> padre *m* soltero, madre *f* soltera
Alleinsein *nt* <-s, *ohne pl*> soledad *f*
alleinstehend *adj s.* **allein I.**
allemal ['alə'ma:l] *adv* siempre; **ein für** ~ de una vez para siempre
allenfalls ['alən'fals] *adv* en el mejor de los casos
allerbeste(r, s) ['alɐ'bɛstə, -tɐ, -təs] *adj* mejor (de todos); **es wäre am** ~**n, wenn ...** lo mejor sería, si... +*subj*
allerdings ['alɐ'dɪŋs] *adv* (*einschränkend*) no obstante; (*bekräftigend*) naturalmente
allererste(r, s) ['--'--] *adj* primero (de todos)
Allergie [alɛr'gi:] *f* <-n> alergia *f* (*gegen* +*akk* a)
Allergiker(in) [a'lɛrgikɐ] *m(f)* <-s, -; -nen> alérgico, -a *m, f*
allergisch *adj* alérgico (*gegen* +*akk* a)
allerhand ['--'-] *adj inv* (*fam*) **1.** (*ziemlich viel*): **das ist** ~ **Geld** eso es bastante dinero **2.** (*allerlei*) de toda clase; **dort gab es** ~ **Leute** allí había gente de todo tipo
Allerheiligen [--'---] *nt* <-, *ohne pl*> (día *m* de) Todos los Santos
allerlei ['alɐ'laɪ] *adj inv:* ~ **Tiere** animales de todas clases; **es wird** ~ **geredet** se dice de todo
allerletzte(r, s) ['--'--] *adj* último (de todos); **das ist das Allerletzte!** ¡esto es lo último!; **allerliebste(r, s)** ['--'--] *adj* más querido; **mir wäre am** ~**n, wenn ...** lo que más me gustaría sería que...; **allermeiste(r, s)** ['--'--] *adj:* **die** ~**n Menschen** la mayor parte [*o* la mayoría] de la gente; **am** ~**n** sobre todo; **allerneuste(r, s)** ['--'--] *adj* más nuevo; **auf dem** ~**n Stand sein** estar (muy) al día
Allerseelen [--'--] *nt* <-, *ohne pl*> día *m* de Difuntos
allerspätestens ['--'---] *adv* a más tardar, como tarde
allesamt ['--'-] *adv* todos juntos
allg. *Abk. von* **allgemein** general
Allgäu ['algɔɪ] *nt* <-s> Algoia *f*
allgegenwärtig ['-----] *adj* omnipresente
allgemein ['algə'maɪn] **I.** *adj* general; **im Allgemeinen** en general **II.** *adv* en general; ~ **gültig** universal; ~ **üblich** generalizado; ~ **verständlich** comprensible para todos; **es ist** ~ **bekannt, dass ...** es de todos sabido que...; **Allgemeinbildung** [--'---] *f* cultura *f* general; **allgemeingültig** [--'---] *adj s.* **allgemein II.**
Allgemeinheit [--'--] *f* público *m;* **im Interesse der** ~ para el interés general
Allgemeinmedizin [--'----] *f* medicina *f* general; **allgemeinverständlich** [--'----] *adj s.* **allgemein II.**
Allheilmittel [al'haɪl-] *nt* panacea *f,* curalotodo *m fam*
Alliierte(r) *mf* <-n, -n; -n> aliado, -a *m, f*
alljährlich [-'--] **I.** *adj* anual **II.** *adv* cada año
allmählich [al'mɛ:lɪç] **I.** *adj* paulatino **II.** *adv* poco a poco; **es wird** ~ **Zeit!** (*iron*) ¡ya va siendo hora!

allseits *adv* en todas partes
Alltag ['alta:k] *m* <-(e)s, *ohne pl*> día *m* normal; (*fig*) vida *f* cotidiana
alltäglich [-'--] *adj* diario; (*gewöhnlich*) banal
allwissend ['-'--] *adj* omnisciente
allzu ['--] *adv* demasiado; ~ **gern** encantado; ~ **häufig** con mucha frecuencia; ~ **sehr** demasiado; ~ **viel** demasiado; **allzugern** ['--'-] *adv s.* **allzu**; **allzuhäufig** *adv s.* **allzu**; **allzusehr** ['--'-] *adv s.* **allzu**; **allzuviel** ['--'-] *adv s.* **allzu**
Allzweckreiniger *m* <-s, -> limpiador *m* general
Alm [alm] *f* <-en> pasto *m* de alta montaña
Almosen ['almo:zən] *nt* <-s, -> limosna *f*
Alpen ['alpən] *pl* Alpes *mpl*
Alphabet [alfa'be:t] *nt* <-(e)s, -e> alfabeto *m*
alphabetisch *adj* alfabético
alphabetisieren* *vt* alfabetizar
alphanumerisch [alfanu'me:rɪʃ] *adj* alfanumérico

Con el nombre de **Älpler-Magrone** se conoce una especialidad gastronómica suiza consistente en macarrones acompañados de cebolla y patatas, servidos con una crema de queso y nata. Como complemento se suele ofrecer compota de manzana.

Alptraum *m* pesadilla *f*
als [als] *konj* **1.** (*gleichzeitig*) (justo) cuando; ~ **der Krieg ausbrach, ...** al estallar la guerra... **2.** (~ *ob*) como si; **es sieht nicht so aus, ~ würden wir das Spiel verlieren** no parece que vayamos a perder el partido; **er ist zu anständig, ~ dass er so etwas tun könnte** es demasiado correcto como para hacer una cosa así **3.** (*bei Vergleichen*) que; **ich bin klüger ~ vorher** soy más listo que antes **4.** (*in der Eigenschaft*) como; ~ **Belohnung waren 1.000 Mark ausgesetzt** fijaron 1.000 marcos de recompensa
also ['alzo] **I.** *adv* **1.** (*folglich*) por consiguiente; **das heißt ~, dass ...** entonces esto quiere decir que... **2.** (*das heißt*) o sea **II.** (*Partikel*) bueno; **na ~!** ¡(pues) entonces!
alt [alt] *adj* <älter, am ältesten> viejo; (*gebraucht*) usado; **wie ~ bist du?** ¿cuántos años tienes?; **ich bin 17 Jahre ~** tengo 17 años; **es bleibt alles beim Alten** todo sigue igual
Altar [al'ta:ɐ] *m* <-s, Altäre> altar *m*
Altbau *m* <-(e)s, -ten> edificio *m* antiguo; **altbekannt** ['--'-] *adj* bien conocido; **das ist doch ~** eso ya se sabía; **altbewährt** ['--'-] *adj* probado
Altenheim *nt* residencia *f* de ancianos; **Altenpflege** *f* cuidados *mpl* a ancianos
Alter ['altɐ] *nt* <-s, *ohne pl*> **1.** (*Lebensabschnitt*) vejez *f* **2.** (*Anzahl der Jahre*) edad *f*; **im ~ von drei Jahren** a la edad de tres años; **er ist in deinem ~** es de tu edad
altern ['altɐn] *vi sein* envejecer
alternativ *adj* alternativo
Alternative *f* <-n> alternativa *f*
Altersheim *nt* residencia *f* de ancianos
Altertum ['altɐtu:m] *nt* <-s, *ohne pl*> antigüedad *f*
Altglas *nt* <-(e)s, *ohne pl*> (botellas *fpl* de) vidrio *m* reciclable; **Altglascontainer** *m* contenedor *m* de vidrio reciclable
Altkleidersammlung ['-'----] *f* recogida *f* de ropas usadas
Altlasten *fpl* vertederos *mpl* de residuos contaminantes
altmodisch *adj* chapado a la antigua
Altpapier *nt* <-s, *ohne pl*> papel *m* reciclable; **Altpapiersammlung** *f* recogida *f* de papel reciclable
Altstadt *f* casco *m* antiguo
Alu ['a:lu] *nt* <-(s), *ohne pl*> *Abk. von* **Aluminium** aluminio *m*; **Alufolie** ['a:lufo:liə] *f* papel *m* de aluminio
Aluminium [alu'mi:niʊm] *nt* <-s, *ohne pl*> aluminio *m*
AlzheimerkrankheitRR *f ohne pl* enfermedad *f* de Alzheimer
am [am] **I.** (*Superlativbildung*): **Lothar fährt ~ schnellsten** Lothar es el que más rápido conduce **II.** = **an dem** *s.* **an III.** (*fam: Verlaufsform*): **ich bin ~ Arbeiten** estoy trabajando
Amateur(in) [ama'tø:ɐ] *m(f)* <-(e)s, -e; -nen> aficionado, -a *m, f*
AmbossRR ['ambɔs] *m* <-es, -e> yunque *m*
ambulant [ambu'lant] *adj* ambulante; **~e Behandlung** tratamiento ambulatorio
Ambulanz [ambu'lants] *f* <-en> (MED) ambulatorio *m*
Ameise ['a:maɪzə] *f* <-n> hormiga *f*
Amerika [a'me:rika] *nt* <-s> América *f*

A

Amerikaner(in) [ameri'ka:nɐ] *m(f)* <-s, -; -nen> americano, -a *m, f*

amerikanisch *adj* americano

Amme ['amə] *f* <-n> nodriza *f;* **Ammenmärchen** *nt* (*fam*) cuento *m* de viejas

Amnestie [amnɛs'ti:] *f* <-n> amnistía *f*

Amok ['a:mɔk] *m:* ~ **laufen/fahren** *ir enloquecido, destruyendo o matando*

Ampel ['ampəl] *f* <-n> semáforo *m*

amputieren* [ampu'ti:rən] *vt* amputar

Amsel ['amzəl] *f* <-n> mirlo *m*

Amt [amt] *nt* <-(e)s, Ämter> **1.** (*Stellung*) cargo *m;* **im ~ sein** estar en funciones; **seines ~es walten** atender a sus obligaciones **2.** (*Behörde*) departamento *m;* **Auswärtiges ~** Ministerio de Asuntos Exteriores

amtlich *adj* oficial; **~es Kennzeichen** matrícula *f*

Amtssprache *f* idioma *m* oficial; (EU) lengua *f* oficial

amüsant [amy'zant] *adj* entretenido; (*lustig*) divertido

amüsieren* [amy'zi:rən] *vt, vr:* **sich ~** divertir(se)

an [an] **I.** *präp +dat* **1.** (*nahe bei*) junto a; **~ der Ecke** en la esquina; **er geht ~ mir vorbei** pasa por mi lado; **Tür ~ Tür wohnen** vivir puerta con puerta **2.** (*geographisch gelegen*) (a orillas) de; **Frankfurt ~ der Oder/am Main** Francfort del Oder/del Meno **3.** (*zeitlich*) a; **am Abend** por la tarde; **am Anfang** al principio; **am 29. November 1991** el 29 de noviembre de 1991 **II.** *präp +akk* **1.** (*in Richtung auf*) a; **sich ~ die Wand lehnen** apoyarse contra la pared; **er trat ~s Fenster** fue hacia la ventana; **~ die Arbeit!** ¡al trabajo! **2.** (*für*) para; **ein Brief ~ seinen Sohn** una carta a su hijo; **ich habe eine Frage ~ dich** tengo una pregunta que hacerte; **~ (und für) sich** de por sí **3.** (*ungefähr*) aproximadamente; **sie verdient ~ die 4.000 Mark** cobra unos 4.000 marcos **III.** *adv* **1.** (*beginnend*): **von ... ~** a partir de...; **von Anfang ~** desde el principio **2.** (*eingeschaltet*): **~ sein** (*fam: Licht*) estar encendido; (*Radio*) estar puesto; (*Motor*) estar en marcha

analog [ana'lo:k] *adj* análogo; (INFOR) analógico

Analphabet(in) ['analfabe:t, ---'-] *m(f)* <-en, -en; -nen> analfabeto, -a *m, f*

Analphabetentum *nt* <-s, *ohne pl*> analfabetismo *m*

Analyse [ana'ly:zə] *f* <-n> análisis *m inv*

analysieren* [analy'zi:rən] *vt* analizar

Ananas ['ananas] *f* <-(se)> piña *f,* ananá(s) *m Am*

Anarchie [anar'çi:] *f* <-n> anarquía *f*

Anatomie [anato'mi:] *f* anatomía *f*

an|bahnen *vt, vr:* **sich ~** iniciar(se)

Anbau *m* <-(e)s, -ten> **1.** (*Gebäude*) ampliación *f;* (*Nebengebäude*) anexo *m* **2.** *ohne pl* (*von Nutzpflanzen*) cultivo *m;* **aus kontrolliert-biologischem ~** de cultivo biológico controlado

an|bauen *vt* (*Gebäude*) ampliar (*an +akk*); (*Gemüse*) cultivar

anbei [-'-] *adv* adjunto

an|beißen *irr* **I.** *vi* (*Fisch*) picar; (*fam: Person*) aceptar **II.** *vt* morder (en)

an|beten *vt* (REL) venerar; (*Personen*) adorar

Anbetracht ['anbətraxt]: **in ~** *+gen* en vista de; **in ~ dessen, dass ...** considerando que...

an|biedern *vr:* **sich ~** congraciarse (*bei +dat* con)

an|bieten *irr* **I.** *vt* ofrecer **II.** *vr:* **sich ~ 1.** (*zur Verfügung stellen*) ofrecerse (*als +nom* como/de, *zu +dat* a/para); **sie bot sich an ihm zu helfen** se brindó a ayudarle **2.** (*geeignet sein*) ser apropiado

Anbieter *m* <-s, -> (WIRTSCH) vendedor *m;* (*Ausschreibung*) licitador *m*

an|binden *irr vt* atar (a); (*Boot*) amarrar (a)

Anblick *m* <-(e)s, -e> aspecto *m*

an|blicken *vt* mirar

an|brechen *irr* **I.** *vi sein* (*geh: Epoche*) empezar; (*Tag*) rayar; (*Nacht*) entrar **II.** *vt haben* (*Vorrat*) empezar; (*Packung*) abrir

an|brennen *irr* **I.** *vi sein* (*Speisen*) quemarse **II.** *vt haben* (*anzünden*) encender

an|bringen *irr vt* **1.** (*herbeibringen*) traer **2.** (*befestigen*) colocar; (*installieren*) instalar **3.** (*Beschwerde*) presentar; (*Gründe*) alegar; (*Änderungen*) hacer

Anbruch *m* <-(e)s, *ohne pl*> comienzo *m;* **bei ~ der Nacht** al caer la noche

Andacht ['andaxt] *f* <-en> **1.** (*Gottesdienst*) misa *f* **2.** *ohne pl* (*Versenkung*) recogimiento *m*

andächtig ['andɛçtɪç] *adj* **1.** (REL) devoto **2.** (*konzentriert*) atento

Andalusien [anda'lu:ziən] *nt* <-s> Andalucía *f*

andalusisch *adj* andaluz

an|dauern *vi* durar; (*weitergehen*) seguir

andauernd *adj* continuo

Anden ['andən] *pl* Andes *mpl*

Andenken *nt* <-s, -> **1.** (*Souvenir*) recuerdo *m* **2.** *ohne pl* (*Erinnerung*) memoria *f* (*an* +*akk* de)

andere(r, s) *pron indef* **1.** (*verschieden*) otro; **alle ~n** todos los demás; **jemand ~s** otra persona; **einer nach dem ~n** uno tras otro **2.** (*folgend*) siguiente; **von einem Tag auf den ~n** de la noche a la mañana; **am ~n Tag** al día siguiente

anderenfalls *adv* en caso contrario

and(e)rerseits *adv* por otro lado, por otra parte; **einerseits ..., ~ ...** por una parte..., por otra, ...

andermal *adv:* **ein ~** en otra ocasión

ändern ['ɛndɐn] *vt, vr:* **sich ~** cambiar

andernfalls *adv s.* **anderenfalls**

anders ['andɐs] *adv* de otro modo (*als* +*nom* que); (*unterschiedlich*) distinto (*als* +*nom* a/de); **~ ausgedrückt** dicho de otra manera; **~ denkend** de otra opinión; **~ Denkender** persona de diferente parecer; **~ gläubig** que tiene otras creencias; **ich habe es mir ~ überlegt** cambié de opinión; **~ als sein Bruder, ...** al contrario que su hermano,...; **andersartig** *adj* distinto; **andersdenkend** *adj s.* **anders**; **Andersdenkende(r)** *mf* <-n, -n; -n> persona *f* de diferente parecer; **andersgläubig** *adj s.* **anders**; **andersherum** *adv* al revés; **anderswo** ['--(')-] *adv* en (cualquier) otra parte

anderthalb ['andɐt'halp] *adj inv* uno y medio

Änderung ['ɛndərʊŋ] *f* <-en> (*Umgestaltung*) modificación *f;* (*Wechsel*) cambio *m*

anderweitig ['----] *adj* **1.** (*sonstig*) otro **2.** (*an anderer Stelle*) en otra parte

an|deuten I. *vt* (*kurz erwähnen*) aludir (a); (*zu verstehen geben*) dar a entender; (*anspielen*) insinuar **II.** *vr:* **sich ~** vislumbrarse

Andeutung *f* <-en> **1.** (*Anspielung*) alusión *f;* **~en über etw machen** hacer alusiones respecto a algo **2.** (*Anzeichen*) asomo *m,* indicio *m;* **andeutungsweise** *adv* indirectamente

Andorra [an'dɔra] *nt* <-s> Andorra *f*

andorranisch *adj* andorrano

Andrang *m* <-(e)s, *ohne pl*> (*Gedränge*) aglomeración *f* de gente; (*Zuströmen*) afluencia *f* (*auf* +*akk* a)

an|drehen *vt:* **jdm etw ~** (*fam*) endosar algo a alguien

andrerseits *adv s.* **and(e)rerseits**

an|drohen *vt:* **jdm etw ~** amenazar a alguien con algo

an|eignen *vt:* **sich** *dat* **etw ~** (*Gegenstand*) apropiarse de algo; (*Wissen*) adquirir

aneinander [--'--] *adv* el uno al otro; **~ denken** pensar el uno en el otro; **~ fügen** unir; **~ reihen** colocar pegados unos a los otros; **sich ~ reihen** sucederse; **aneinander|fügen** *vt s.* **aneinander**; **aneinander|reihen** *vt, vr:* **sich ~** *s.* **aneinander**

Anekdote [anɛk'do:tə] *f* <-n> anécdota *f*

an|ekeln *vt* repugnar

anerkannt *adj* (*angesehen, unbestritten*) reconocido

an|erkennen* *irr vt* reconocer; (*Schuld*) confesar

anerkennend *adj* de reconocimiento; **ein ~es Lächeln** una sonrisa aprobatoria

Anerkennung *f* **1.** (*Würdigung*) reconocimiento *m;* **~ finden** hallar aprobación **2.** (*Abschlüsse*) homologación *f*

an|fahren *irr* **I.** *vi sein* (*starten*) arrancar **II.** *vt haben* **1.** (*ansteuern*) parar (en); (*Hafen*) arribar (a) **2.** (*anstoßen*) chocar (contra); (*Person*) atropellar **3.** (*schelten*) increpar

Anfall *m* <-(e)s, -fälle> ataque *m;* **in einem ~ von Zorn** en un ataque de cólera

an|fallen *irr* **I.** *vi sein* (*sich ergeben*) producirse; (*Probleme*) presentarse **II.** *vt* (*angreifen*) atacar

anfällig ['anfɛlɪç] *adj* propenso (*für* +*akk* a)

Anfang ['anfaŋ] *m* <-(e)s, -fänge> comienzo *m;* **~ nächster Woche** a principios de la próxima semana; **von ~ an** desde un principio

an|fangen *irr vi,vt* empezar (*mit* +*dat* con/por, *zu* +*dat* a); **das fängt ja gut an!** ¡vaya comienzo!; **es fing an zu regnen** empezó a llover; **damit kann ich nichts ~** no me sirve para nada

Anfänger(in) *m(f)* <-s, -; -nen> principiante *mf*

anfänglich ['anfɛŋlɪç] *adj* primero, inicial; **nach ~em Zögern** tras los titubeos iniciales

anfangs ['anfaŋs] *adv* al principio

Anfangsbuchstabe *m* (letra *f*) inicial *f*

an|fassen I. *vi* (*mithelfen*) echar una mano

II. *vt* (*berühren*) tocar; **jdn hart** ~ tratar a alguien con dureza

an|fechten *irr vt* (*bestreiten*) refutar; (*Recht*) disputar

an|fertigen *vt* (*machen*) hacer; (*herstellen*) fabricar

an|feuchten ['anfɔɪçtən] *vt* humedecer

an|feuern *vt* (*anspornen*) enardecer

an|flehen *vt* implorar

Anflug *m* <-(e)s, -flüge> (*Andeutung*) asomo *m* (*von +dat* de); **ein ~ von Heiterkeit** un asomo de alegría

an|fordern *vt* pedir

Anforderung *f* <-en> **1.** (*das Anfordern*) demanda *f* **2.** (*Anspruch*) exigencia *f*; **den ~en nicht entsprechen** no reunir los requisitos

Anfrage *f* <-n> pregunta *f* (*bei +dat* a); **auf ~** a petición

an|freunden *vr:* **sich ~ 1.** (*Freundschaft schließen*) trabar amistad (*mit +dat* con) **2.** (*sich gewöhnen*) familiarizarse (*mit +dat* con)

an|fühlen *vr:* **sich hart/weich ~** ser duro/blando al tacto

an|führen *vt* **1.** (*vorangehen*) encabezar **2.** (*vorbringen*) aducir **3.** (*zitieren*) citar

Anführer(in) *m(f)* <-s, -; -nen> jefe, -a *m, f*; (POL) líder *mf*

Anführungsstrich *m* comilla *f*; **~e unten/oben** abrir/cerrar comillas

Angabe *f* <-n> **1.** (*Information*) indicación *f*; **~n zur Person** datos personales; **nähere ~n** más detalles **2.** (SPORT) saque *m* **3.** *ohne pl* (*Prahlerei*) fanfarronería *f*

an|geben *irr* **I.** *vi* **1.** (*fam: prahlen*) fanfarronear (*mit +dat* de) **2.** (SPORT) sacar **II.** *vt* **1.** (*nennen*) indicar; (*Gründe*) alegar **2.** (*Richtung*) determinar

Angeber(in) *m(f)* <-s, -; -nen> (*fam*) fanfarrón, -ona *m, f*

Angeberei *f* <-en> (*fam*) fanfarronada *f*

angeblich ['ange:plɪç, -'--] **I.** *adj* supuesto **II.** *adv* al parecer

angeboren *adj* de nacimiento

Angebot *nt* <-(e)s, -e> (*a.* WIRTSCH) oferta *f*; (*Auswahl*) surtido *m*

angebracht ['angəbraxt] *adj* oportuno

angeheitert ['angəhaɪtɐt] *adj* achispado

an|gehen *irr* **I.** *vi sein* (*fam: Licht*) encenderse **II.** *vt* **1.** (*in Angriff nehmen*) emprender **2.** (*betreffen*) afectar; **das geht ihn gar nichts an** eso no es asunto suyo; **was deine Frage angeht, ...** con respecto a tu pregunta...

angehende(r, s) *adj* futuro

an|gehören* *vi* pertenecer (a)

Angehörige(r) *mf* <-n, -n; -n> familiar *mf*

Angeklagte(r) *mf* <-n, -n; -n> acusado, -a *m, f*

Angel ['aŋəl] *f* <-n> **1.** (*für Fischfang*) caña *f* de pescar **2.** (*Türscharnier*) gozne *m*; **zwischen Tür und ~** (*fam*) deprisa y corriendo

Angelegenheit *f* <-en> asunto *m*; **sich in fremde ~en mischen** meterse en asuntos ajenos

angeln ['aŋəln] *vi, vt* pescar (con caña)

angemessen *adj* adecuado; (*Preis*) razonable

angenehm ['angəne:m] *adj* agradable; (*Unterhaltung*) ameno; **~!** (*bei einer Begrüßung*) ¡encantado!

angepasstRR ['angəpast] *adj* (*Person*) conformista

angeregt ['angəre:kt] *adj* animado

angeschlagen *adj* (*erschöpft*) agotado; **seine Gesundheit ist ~** su salud está quebrantada

angesehen *adj* estimado

angesichts *präp +gen* (*geh*) ante; **~ der Tatsache, dass ...** en vista del hecho de que...

angespannt ['angəʃpant] *adj* tenso

Angestellte(r) *mf* <-n, -n; -n> empleado, -a *m, f*

angetan ['angəta:n] *adj:* **von jdm ~ sein** sentir mucha simpatía por alguien; **von etw** *dat* **~ sein** estar encantado con algo

angetrunken *adj* achispado

angewiesen ['angəvi:zən] *adj:* **auf jdn/etw ~ sein** depender de alguien/algo

an|gewöhnen* *vt:* **sich** *dat* **etw ~** acostumbrarse a algo

Angewohnheit *f* <-en> costumbre *f* (adquirida)

an|gleichen *irr vt* **1.** (*vereinheitlichen*) igualar **2.** (*anpassen*) adaptar (*an* a), ajustar (*an* a); (*Gehälter*) reajustar (*an* a); **sich jdm/etw ~** adaptarse a alguien/a algo

Angler(in) ['aŋlɐ] *m(f)* <-s, -; -nen> pescador(a) *m(f)* de caña

Anglistik [aŋ'glɪstɪk] *f* filología *f* inglesa

an|glotzen *vt* (*fam abw*) mirar boquiabierto

an|greifen *irr vt* atacar; (*Gesundheit*) perjudicar

an|grenzen *vi* limitar (*an +akk* con)

Angriff *m* <-(e)s, -e> ataque *m;* **etw in ~ nehmen** (*fig*) emprender algo; **angriffslustig** *adj* agresivo

Angst [aŋst] *f* <Ängste> miedo *m* (*vor +dat* a/de); **jdm ~ einjagen** meterle miedo a alguien; **Angsthase** *m* (*fam*) miedica *mf,* gallina *mf*

ängstigen ['ɛŋstɪgən] **I.** *vt* amedrentar; (*beunruhigen*) inquietar **II.** *vr:* **sich ~** tener miedo (*vor+dat* a/de); (*sich sorgen*) inquietarse (*um +akk* por)

ängstlich ['ɛŋstlɪç] *adj* **1.** (*verängstigt*) miedoso; **ein ~es Gesicht machen** poner cara de miedo **2.** (*besorgt*) preocupado

Ängstlichkeit *f* pusilanimidad *f,* apocamiento *m*

an|gucken *vt* (*fam*): **sich** *dat* **etw ~** mirar algo

an|haben *irr vt* **1.** (*Kleidung*) llevar (puesto) **2.** (*Schaden zufügen*): **jdm/etw** *dat* **nichts ~ können** no poder hacerle nada a alguien/a algo

an|halten *irr* **I.** *vi* (*andauern*) perdurar; (*stoppen*) parar(se) **II.** *vt* **1.** (*Fahrzeug*) parar; (*Atem*) contener; (*Ton*) sostener **2.** (*anleiten*) incitar (*zu +dat* a)

anhaltend *adj* continuo

Anhalter(in) *m(f)* <-s, -; -nen> auto(e)stopista *mf*

Anhaltspunkt *m* punto *m* de referencia

anhand [an'hant] *präp +gen* mediante

Anhang *m* <-(e)s, -hänge> apéndice *m*

an|hängen *vt* colgar (*an +akk* de/en); (*anfügen*) añadir (*an +akk* a); **jdm etw ~** (*fam*) colgar (el sambenito de) algo a alguien

Anhänger[1] *m* <-s, -> (AUTO) remolque *m;* (*Schmuckstück*) colgante *m*

Anhänger(in)[2] *m(f)* <-s, -; -nen> seguidor(a) *m(f);* (SPORT) aficionado, -a *m, f*

Anhänglichkeit *f* apego *m*

an|häufen *vt, vr:* **sich ~** acumular(se)

an|heben *irr vt* (*hochheben*) levantar; (*erhöhen*) aumentar

Anhieb ['anhi:p] *m:* **auf ~** (*fam*) al primer intento

an|himmeln ['anhɪməln] *vt* (*fam*) adorar; (*mit Blicken*) comer con los ojos

an|hören *vt* escuchar; **das hört sich gut an** esto suena bien

Animateur(in) [anima'tøːɐ] *m(f)* <-s, -e; -nen> animador(a) *m(f)*

animieren* [ani'mi:rən] *vt* animar (*zu* a)

Anis [a'ni:s, 'a:nɪs] *m* <-(es), -e> anís *m*

an|kämpfen *vi* luchar (*gegen* contra)

Anker ['aŋkɐ] *m* <-s, -> ancla *f;* **den ~ auswerfen/lichten** echar/levar anclas

Anklage *f* <-n> acusación *f*

an|klagen *vt* acusar (*wegen +gen* de)

Anklang *m* <-(e)s, -klänge> resonancia *f;* **großen ~ finden** tener éxito

an|kleben *vt* pegar (*an +akk* a/en)

an|kleiden *vt, vr:* **sich ~** (*geh*) vestir(se)

an|klicken *vt* (INFOR) hacer clic sobre

an|klopfen *vi* llamar (a la puerta)

an|knipsen *vt* (*fam*) encender

an|knüpfen **I.** *vt* (*Gespräch*) entablar **II.** *vi:* **an etw ~** fundarse en algo; (*fortführen*) continuar (algo)

an|kommen *irr vi sein* **1.** (*eintreffen*) llegar (*in/bei/auf +dat* a) **2.** (*fam: Resonanz finden*) gustar; **bei jdm gut ~** tener buena acogida entre alguien **3.** (*abhängen*) depender (*auf+akk* de); **ich würde es nicht darauf ~ lassen** (*fam*) yo no esperaría sentado; **es kommt darauf an, dass ...** es importante que... **4.** (*sich durchsetzen*): **gegen jdn ~** imponerse a alguien

an|kotzen *vt* (*vulg: anekeln*) dar asco (a)

an|kreiden ['ankraɪdən] *vt:* **jdm etw ~** tomar a mal algo a alguien

an|kreuzen *vt* marcar con una cruz

an|kündigen *vt, vr:* **sich ~** anunciar(se)

Ankündigung *f* <-en> anuncio *m;* (*schriftlich*) notificación *f*

Ankunft ['ankʊnft] *f* llegada *f*

an|lächeln *vt* mirar sonriendo; **jdn ~** sonreír a alguien

an|lachen *vt* mirar riendo; **sich** *dat* **jdn ~** (*fam*) pescar a alguien

Anlage *f* <-n> **1.** (*Begabung*) talento *m* (*zu +dat* para) **2.** (*Bau*) construcción *f;* (*Park*) jardín *m* **3.** (TECH) dispositivo *m;* (*Industrie~*) planta *f;* (*Stereo~*) equipo *m;* **sanitäre ~n** instalaciones sanitarias **4.** (WIRTSCH) inversión *f* **5.** (*Beilage, a.* INFOR) anejo *m;* **in der ~ erhalten Sie ...** adjunto le remitimos...

Anlass[RR] ['anlas] *m* <-es, -lässe> **1.** (*Grund*) motivo *m* (*zu+dat* para) **2.** (*Gelegenheit*) ocasión *f;* **bei diesem ~** aprovechando la ocasión

an|lassen *irr vt* (*Motor*) poner en marcha; (*Licht*) dejar encendido; (*fam: Kleidung*) dejar puesto

Anlasser *m* <-s, -> motor *m* de arranque

anlässlichRR ['anlɛslɪç] *präp +gen* con motivo de

Anlauf *m* <-(e)s, -läufe>: ~ **nehmen** tomar carrerilla

an|laufen *irr* **I.** *vi sein* **1.** (*beginnen*) empezar; (*Film*) estrenarse **2.** (*sich verfärben: Silber*) deslucirse; **rot** ~ enrojecer; **blau** ~ amoratarse **II.** *vt:* **einen Hafen** ~ tocar en un puerto

an|legen **I.** *vi* (*Schiff*) atracar **II.** *vt* **1.** (*Maßstab*) aplicar; **letzte Hand** ~ dar los últimos toques; **jdm einen Verband** ~ aplicar una venda a alguien **2.** (*Garten*) plantar; (*Vorräte*) almacenar; (*Liste*) hacer; (*Geld*) invertir **3.** (*absehen*): **du legst es wohl auf einen Streit mit mir an** me parece que te empeñas en reñir conmigo **III.** *vr:* **sich** ~ (*streiten*) pelearse (*mit +dat* con)

an|lehnen *vt, vr:* **sich** ~ apoyar(se) (*an +akk* en); **die Tür** ~ entornar la puerta; **sich an jdn/etw** ~ (*zum Vorbild nehmen*) imitar algo/a alguien

an|leiten *vt* guiar; (*lehren*) instruir

Anleitung *f* <-en> **1.** (*Vorgang*) dirección *f;* **unter** ~ (**von**) bajo la dirección (de) **2.** (*Text*) instrucciones *fpl*

an|liegen *irr vi* (*fam*) estar por hacer; **was liegt heute an?** ¿qué hay que hacer hoy?

Anliegen *nt* <-s, -> (*Wunsch*) deseo *m;* (*Bitte*) petición *f*

Anlieger *m* <-s, -> vecino *m*

an|locken *vt* atraer

an|lügen *irr vt* mentir (a)

an|machen *vt* **1.** (*einschalten*) encender **2.** (*Salat*) aderezar **3.** (*fam: anbändeln*) ligar (con)

an|malen *vt* pintar

anmaßend ['anma:sənt] *adj* arrogante

an|melden **I.** *vt* **1.** (*ankündigen*) anunciar; **Konkurs** ~ declararse en quiebra **2.** (*Fahrzeug, an einer Schule*) matricular; **ein Ferngespräch** ~ pedir conferencia **3.** (*Ansprüche*) presentar **II.** *vr:* **sich** ~ matricularse; (*Wohnsitz*) empadronarse

Anmeldung *f* <-en> **1.** (*Ankündigung*) aviso *m* **2.** (*Schule*) matrícula *f;* (*Kurs*) inscripción *f;* (*Patent*) registro *m* **3.** (*fam: Rezeption*) recepción *f*

an|merken *vt* **1.** (*notieren*) señalar **2.** (*ergänzend bemerken*) añadir **3.** (*bemerken*) notar; **ich ließ mir nichts** ~ procuré que no se me notase nada

Anmerkung *f* <-en> observación *f;* (*Fußnote*) nota *f* a pie de página; ~ **des Übersetzers** nota del traductor

Anmut ['anmu:t] *f* (*geh*) gracia *f*

an|nähen *vt* coser (*an* a)

an|nähern *vt, vr:* **sich** ~ acercar(se) (*an +akk* a)

annähernd ['annɛ:ɐnt] **I.** *adj* aproximado **II.** *adv* alrededor de

Annäherung *f* <-en> aproximación *f;* (*an einen Menschen*) acercamiento *m;* **Annäherungsversuch** *m* tentativa *f* de acercamiento; (*aufdringlich*) insinuación *f*

Annahme ['anna:mə] *f* <-n> suposición *f*

Annahmestelle *f* **1.** (*Lotto*) despacho *m* de billetes **2.** (*Schrott*) depósito *m* de entrega **3.** (*für Aufträge, Filme*) despacho *m* de entrega

annehmbar *adj* aceptable; (*zulässig*) admisible; (*Preis*) aceptable

an|nehmen *irr* **I.** *vt* **1.** (*Auftrag*) aceptar; (*Gewohnheit*) contraer; (*Umfang*) adquirir; **etw nimmt Gestalt an** algo va tomando forma **2.** (*vermuten*) suponer; **angenommen, dass ...** en el caso de que... *+subj* **II.** *vr:* **sich jds/etw** *gen* ~ cuidar de alguien/encargarse de algo

Annehmlichkeit *f* <-en> amenidad *f;* (*Vorteil*) ventaja *f*

Annonce [a'nɔ̃sə] *f* <-n> anuncio *m*

annullieren* [anʊ'li:rən] *vt* anular

an|öden ['anø:dən] *vt* (*fam*) aburrir

anomal ['anoma:l, --'-] *adj* anómalo

anonym [ano'ny:m] *adj* anónimo; ~ **bleiben** quedar(se) en el anonimato

Anonymität *f* anonimato *m*

Anorak ['anorak] *m* <-s, -s> anorak *m*

an|ordnen *vt* (*befehlen*) ordenar; (*aufstellen*) colocar

Anordnung *f* <-en> **1.** (*Befehl*) orden *f* **2.** (*Aufstellung*) colocación *f;* (*Verteilung*) distribución *f*

anorganisch ['anɔrga:nɪʃ] *adj* inorgánico

anormal ['anɔrma:l] *adj* anormal

an|packen **I.** *vi* (*helfen*) echar una mano **II.** *vt* (*anfassen*) agarrar; (*handhaben*) abordar

an|passen **I.** *vt* adaptar (*an +akk* a) **II.** *vr:* **sich** ~ amoldarse (*an +akk* a)

anpassungsfähig *adj* flexible

an|pflanzen *vt* cultivar

an|prangern ['anpraŋɐn] *vt* denunciar

an|preisen *irr vt* **1.** (*empfehlen*) recomendar **2.** (*loben*) elogiar

an|probieren *vt* probar(se)

an|rechnen *vt* **1.** (*in Rechnung stellen*) cargar en cuenta **2.** (*gutschreiben*) abonar (*auf +akk* en); (*Studienzeiten*) convalidar (*auf +akk* con); **ich rechne es ihm hoch an, dass er mir geholfen hat** valoro muchísimo el que me haya ayudado

Anrecht *nt* <-(e)s, -e> derecho *m* (*auf +akk* a)

Anrede *f* <-n> tratamiento *m;* (*im Brief*) encabezamiento *m*

an|reden *vt* hablar (a); **jdn mit Du/mit Sie ~** tratar a alguien de tú/de Ud.

an|regen *vi, vt* estimular

anregend *adj* estimulante

Anregung *f* <-en> **1.** (*Vorschlag*) sugerencia *f,* propuesta *f;* (*Inspiration*) inspiración *f;* **auf jds ~** por sugerencia de alguien **2.** *ohne pl* (*Belebung*) estímulo *m*

an|reichern ['ənraɪçern] *vt* enriquecer

an|reisen *vi sein* llegar; **mit dem Zug ~** llegar en tren

Anreiz *m* <-es, -e> aliciente *m;* (*finanziell*) incentivo *m*

an|rempeln ['anrɛmpəln] *vt* (*fam*) empujar

an|richten *vt* (*Speisen*) aderezar; (*Schaden*) causar

Anruf *m* <-(e)s, -e> (TEL) llamada *f;* **Anrufbeantworter** *m* <-s, -> contestador *m* automático

an|rufen *irr vt* llamar (por teléfono)

ans [ans] = **an das** *s.* **an**

Ansage ['anza:gə] *f* <-n> anuncio *m;* (TV) presentación *f*

an|sagen I. *vt* (*ankündigen*) anunciar; (TV) presentar **II.** *vr:* **sich ~** anunciarse

Ansager(in) *m(f)* <-s, -; -nen> (RADIO) locutor(a) *m(f);* (TV) presentador(a) *m(f)*

an|sammeln I. *vt* amontonar; (*Reichtümer*) atesorar **II.** *vr:* **sich ~** amontonarse

Ansammlung *f* <-en> (*von Menschen*) aglomeración *f;* (*von Dingen*) montón *m*

ansässig ['anzɛsɪç] *adj* (*Person*) residente; (*Firma*) establecido

Ansatz *m* <-es, -sätze> (*Anzeichen*) comienzo *m;* **im ~** en una primera fase; **ansatzweise** *adv:* **er hat es ~ verstanden** ha empezado a entenderlo; **das Problem konnte nur ~ gelöst werden** el problema no se pudo solucionar completamente

an|schaffen *vt* adquirir

Anschaffung *f* <-en> adquisición *f*

an|schalten *vt* encender

an|schauen *vt* mirar

anschaulich *adj* plástico; **etw ~ machen** ilustrar algo

Anschauung *f* <-en> **1.** (*Vorstellung*) concepto *m;* **etw aus eigener ~ wissen** saber algo por experiencia propia **2.** (*Ansicht*) opinión *f;* **nach meiner ~** según mi parecer

Anschein *m* <-(e)s, *ohne pl*> apariencia *f;* **allem ~ nach** aparentemente

anscheinend *adv* al parecer

Anschlag *m* <-(e)s, -schläge> **1.** (*Plakat*) cartel *m* **2.** (*Überfall*) atentado *m* (*auf +akk* contra); **einen ~ auf jdn verüben** atentar contra alguien **3.** (*am Klavier, an der Schreibmaschine*) pulsación *f*

an|schlagen *irr* **I.** *vi* (*Tabletten*) surtir efecto **II.** *vt* **1.** (*Plakat*) fijar (*an +dat* a/en) **2.** (*beschädigen*) romper **3.** (*Taste*) pulsar

an|schließen *irr* **I.** *vt* (*Waschmaschine, Telefon*) conectar (*an +akk* a) **II.** *vr:* **sich jdm ~** (*sich zugesellen*) unirse a alguien

anschließend I. *adj* (*folgend*) posterior **II.** *adv* a continuación

AnschlussRR *m* <-es, -schlüsse> **1.** (*an ein Netz*) conexión *f* (*an +akk* con); (TEL) comunicación *f* (*an +akk* con) **2.** (*Verkehr*) enlace *m* **3.** (*Kontakt*) compañía *f;* **~ finden** integrarse

an|schnallen I. *vt* atar **II.** *vr:* **sich ~** ponerse el cinturón de seguridad

an|schneiden *irr vt* (*Brot*) cortar; (*Thema*) abordar

an|schrauben *vt* atornillar

an|schreiben *irr vt* **1.** (*nicht sofort bezahlen*) comprar al fiado **2.** (*Person*) escribir (a) **3.** (*an eine Tafel*) escribir (*an* en)

an|schreien *irr vt* gritar (a)

Anschrift *f* <-en> señas *fpl*

Anschuldigung *f* <-en> inculpación *f*

an|schwellen *irr vi sein* (*Körperteil*) hincharse; (*Lärm*) crecer

an|sehen *irr vt* **1.** (*betrachten*) mirar; **ich kann das nicht länger mit ~** no puedo soportarlo más **2.** (*erachten*) considerar (*als +akk*) **3.** (*anmerken*) notar; **man sieht dir dein Alter nicht an** no aparentas la edad que tienes

Ansehen *nt* <-s, *ohne pl*> reputación *f*

ansehnlich ['anze:nlɪç] *adj* (*beträchtlich*) considerable; (*gut aussehend*) vistoso

an|sein *irr vi s.* **an III.2.**

an|setzen I. *vi* comenzar (*zu +dat* a); **die Maschine setzt zur Landung an** el avión inicia el aterrizaje II. *vt* (*Werkzeug*) aplicar; (*Glas*) llevarse a los labios; (*Blasinstrument*) embocar; (*Termin*) fijar (*für +akk* para)

Ansicht *f* <-en> opinión *f* (*über +akk* sobre); **meiner ~ nach** en mi opinión; **Ansichtskarte** *f* (tarjeta *f*) postal *f*; **Ansichtssache** *f* cuestión *f* de pareceres

ansonsten [an'zɔnstən] *adv* **1.** (*im Übrigen*) por lo demás **2.** (*andernfalls*) en caso contrario; (*wenn nicht*) si no

Anspannung *f* <-en> tensión *f*

an|spielen *vi* aludir (*auf +akk* a)

Anspielung *f* <-en> alusión *f* (*auf* a)

an|spitzen *vt* afilar; **den Bleistift ~** sacar punta al lápiz

Ansporn ['anʃpɔrn] *m* <-(e)s, *ohne pl*> estímulo *m*

an|spornen *vt* estimular (*zu +dat* a)

Ansprache *f* <-n> discurso *m*

an|sprechen *irr* I. *vi* (MED) reaccionar (*auf +akk* a) II. *vt* **1.** (*erwähnen*) mencionar **2.** (*eine Gruppe*) dirigirse (a); **jdn ~** hablar a alguien **3.** (*gefallen*) gustar (a)

ansprechend *adj* agradable

an|springen *irr vi sein* (*Motor*) arrancar

Anspruch *m* <-(e)s, -sprüche> **1.** (*Anrecht*) derecho *m* (*auf +akk* a); (*Forderung*) pretensión *f* (*auf +akk* sobre) **2.** (*Anforderung*) exigencia *f* (*auf +akk* de); **hohe Ansprüche an jdn stellen** ser muy exigente con alguien; **etw in ~ nehmen** hacer uso de algo; **anspruchslos** *adj* poco exigente; **anspruchsvoll** *adj* exigente

an|stacheln ['anʃtaxəln] *vt* incitar (*zu +dat* a)

Anstalt ['anʃtalt] *f* <-en> **1.** (*Einrichtung*) institución *f*; (*fam: Psychiatrie*) centro *m* (p)siquiátrico **2.** *pl* (*Vorbereitungen*) preparativos *mpl*; **er machte keine ~en zu gehen** no dio muestras de irse

Anstand *m* <-(e)s, *ohne pl*> decencia *f*

anständig ['anʃtɛndɪç] *adj* **1.** (*sittsam*) decente; (*ehrlich*) honrado **2.** (*fam: zufrieden stellend*) aceptable; **sie wird ~ bezahlt** le pagan bien

anstandslos *adv* sin más

an|starren *vt* mirar fijamente

anstatt [an'ʃtat] *präp +gen* en vez de

an|stecken I. *vt* **1.** (*befestigen*) poner **2.** (*reg: anzünden*) prender fuego (a); (*Zigarette*) encender **3.** (*infizieren, a. fig*): **jdn mit etw ~** contagiarle algo a alguien II. *vr:* **sich ~** contagiarse

ansteckend *adj* contagioso

Ansteckung *f* <-en> (MED) contagio *m*

an|stehen *irr vi* (*Arbeit, Problem*) quedar por hacer; (*Schlange stehen*) hacer cola

an|steigen *irr vi sein* (*a. fig*) subir

anstelle [an'ʃtɛlə] *präp +gen* en lugar de

an|stellen I. *vt* **1.** (*Maschine*) poner en marcha; (*Fernseher*) encender **2.** (*beschäftigen*) contratar **3.** (*vornehmen*) efectuar; **Vermutungen ~** hacer conjeturas; **was hast du da wieder angestellt?** (*fam*) ¿qué has hecho ahora? II. *vr:* **sich ~ 1.** (*fam: sich zieren*) hacer melindres; **stell dich nicht so an!** ¡déjate de comedias! **2.** (*in einer Schlange*) ponerse a la cola

Anstellung *f* <-en> (*das Anstellen*) contratación *f*; (*Stelle*) empleo *m*

Anstieg ['anʃti:k] *m* <-(e)s, -e> **1.** (*Aufstieg*) ascenso *m* **2.** *ohne pl* (*Steigung*) pendiente *f* **3.** (*Zunahme*) subida *f*

an|stiften *vt* (*Unheil*) causar; (*Verschwörung*) tramar

an|stimmen *vt* (*Lied*) entonar

Anstoß *m* <-es, -stöße> **1.** (*Ruck*) empujón *m* **2.** (*Impuls*) impulso *m* **3.** (*geh: Ärgernis*) disgusto *m*; **an etw ~ nehmen** escandalizarse por algo

an|stoßen *irr* I. *vi* **1.** *sein* (*gegenstoßen*) golpearse (*an +akk* en/contra) **2.** (*mit den Gläsern*) brindar (*auf +akk* por) II. *vt haben* empujar

anstößig ['anʃtø:sɪç] *adj* indecente

an|streben *vt* aspirar (a)

an|streichen *irr vt* **1.** (*mit Farbe*) pintar; **etw gelb ~** pintar algo de amarillo **2.** (*Fehler*) señalar

an|strengen ['anʃtrɛŋən] I. *vi* (*ermüden*) fatigar II. *vt* **1.** (*Verstand*) aguzar; (*Gehör*) afinar **2.** (*Verfahren*) presentar; **eine Klage ~** proceder (judicialmente) III. *vr:* **sich ~** esforzarse

anstrengend *adj* agotador

Anstrengung *f* <-en> esfuerzo *m*

Anstrich *m* <-(e)s, -e> **1.** (*Farbe*) pintura *f* **2.** *ohne pl* (*Anschein*) toque *m*

Ansturm *m* <-(e)s, -stürme> **1.** (*Angriff*) asalto *m* (*auf* +*akk* a) **2.** (*Andrang*) concurrencia *f;* (*von Kunden*) afluencia *f*

Antarktis [ant'arktɪs] *f* Antártida *f*

an|tasten *vt* (*Ehre*) ofender; (*Rechte*) usurpar

Anteil *m* <-(e)s, -e> parte *f;* **an etw ~ nehmen** (*Mitgefühl*) compartir algo

Anteilnahme ['antaɪlna:mə] *f* interés *m* (*an* +*dat* por); (*Beileid*) pésame *m*

Antenne [an'tɛnə] *f* <-n> antena *f*

antialkoholisch *adj* antialcohólico

Antibabypille *f* píldora *f* anticonceptiva

Antibiotikum [antibi'o:tikʊm] *nt* <-s, Antibiotika> antibiótico *m*

antik [an'ti:k] *adj* antiguo

Antike [an'ti:kə] *f* Antigüedad *f*

Antikörper ['----] *m* <-s, -> anticuerpo *m*

Antilope [anti'lo:pə] *f* <-n> antílope *m*

Antipathie [antipa'ti:] *f* <-n> (*geh*) antipatía *f*

Antiquariat [antikvari'a:t] *nt* <-(e)s, -e> librería *f* de ocasión

antiquiert *adj* (*abw*) anticuado

Antiquität *f* <-en> antigüedad *f*

Antisemitismus [antizemi'tɪsmʊs] *m* <-, *ohne pl*> antisemitismo *m*

Antivirenprogramm *nt* (INFOR) programa *m* antivirus

Antrag ['antra:k] *m* <-(e)s, -träge> solicitud *f* (*auf*+*akk* de); (*Heirats~*) propuesta *f* de matrimonio; **einen ~ auf etw stellen** presentar una solicitud de algo; **Antragsformular** *nt* (formulario *m* de) solicitud *f*

Antragsteller(in) *m(f)* <-s, -; -nen> solicitante *mf*

Antragstellung *f* <-en> presentación *f* de una solicitud

an|treffen *irr vt* encontrar(se)

an|treiben *irr vt* impulsar; **sie trieb ihn zur Eile an** le metió prisa

an|treten *irr* **I.** *vi sein* **1.** (MIL) formarse; **zum Dienst ~** empezar el servicio **2.** (SPORT) enfrentarse (*gegen* +*akk* a/con) **II.** *vt haben* (*Reise*) emprender; (*Stelle*) incorporarse (a); (*Amt*) asumir

Antrieb *m* <-(e)s, -e> (TECH) propulsión *f;* (*Impuls*) estímulo *m;* **aus eigenem ~** por iniciativa propia

Antritt *m* <-(e)s, *ohne pl*> (*eines Amtes*) toma *f* de posesión; (*der Regierung*) acceso *m* al poder; (*einer Stellung*) comienzo *m*

an|tun *irr vt:* **jdm etw ~** hacer(le) algo a alguien; **sich** *dat* **etwas ~** atentar contra la propia vida; **diese Gegend hat es ihm angetan** esta región le ha encantado

Antwort ['antvɔrt] *f* <-en> respuesta *f* (*auf* +*akk* a); (*brieflich*) contestación *f* (*auf* +*akk* a); **jdm Rede und ~ stehen** rendir cuentas a alguien; **um ~ wird gebeten** se agradecerá respuesta

antworten ['antvɔrtən] *vt* responder (*auf* +*akk* a); (*brieflich*) contestar (*auf*+*akk* a)

an|vertrauen* *vt, vr:* **sich ~** confiar(se); **jdm etw ~** (*Gegenstand*) encomendarle algo a alguien; (*Geheimnis*) revelarle algo a alguien; **sich jdm ~** confiarse a alguien

an|wachsen *irr vi sein* (*Wurzeln schlagen*) echar raíces; (*zunehmen*) crecer

Anwalt, -wältin ['anvalt] *m, f* <-(e)s, -wälte; -nen> abogado, -a *m, f*

Anwandlung *f* <-en> capricho *m;* (*von Furcht*) arrebato *m*

Anwärter(in) *m(f)* <-s, -; -nen> candidato, -a *m, f* (*auf*+*akk* a)

an|weisen *irr vt* (*anleiten*) instruir

Anweisung *f* <-en> (*Befehl*) orden *f;* (*Gebrauchs~*) instrucciones *fpl* de uso

an|wenden *irr vt* (*Technik, Heilmittel*) aplicar; (*List, Gewalt*) recurrir (a)

Anwender(in) *m(f)* <-s, -; -nen> usuario, -a *m, f;* **Anwenderprogramm** *nt* (INFOR) programa *m* del usuario

Anwendung *f* <-en> aplicación *f*

an|werben *irr vt* (*Soldaten*) reclutar; (*Arbeitskräfte*) contratar

anwesend *adj* presente

Anwesenheit *f* presencia *f;* (*bei einer Veranstaltung*) asistencia *f;* **in jds ~** en presencia de alguien

an|widern ['anvi:dɐn] *vt* dar asco (a)

Anwohner(in) *m(f)* <-s, -; -nen> vecino, -a *m, f*

Anzahl *f* número *m;* (*Menge*) cantidad *f*

an|zahlen *vt* pagar el primer plazo (de)

Anzahlung *f* <-en> **1.** (*Rate*) primer plazo *m* **2.** (*Teilbetrag*) depósito *m*

an|zapfen *vt* (*Fass*) espitar; (*fam: Leitung*) interceptar

Anzeichen *nt* <-s, -> indicio *m*

Anzeige ['antsaɪgə] *f* <-n> **1.** (*Inserat*) anuncio *m* **2.** (JUR) denuncia *f;* **~ erstatten** formular una denuncia **3.** (TECH) indicador *m*

A

an|zeigen *vt* **1.** (JUR) denunciar **2.** (*in einer Zeitung*) publicar (en un periódico) **3.** (INFOR) visualizar
an|zetteln *vt* tramar
an|ziehen *irr* **I.** *vt* **1.** (*ankleiden*) vestir; (*Kleidungsstück*) poner; **sich** *dat* **den Mantel** ~ ponerse el abrigo **2.** (*Beine*) encoger **3.** (*festziehen*) apretar **4.** (*Anziehungskraft ausüben*) atraer **II.** *vr:* **sich** ~ vestirse; **sich warm** ~ abrigarse
anziehend *adj* atractivo
Anziehung *f* <-en>, **Anziehungskraft** *f* atracción *f*
Anzug *m* <-(e)s, -züge> traje *m*
anzüglich ['antsy:klɪç] *adj* (*frech*) mordaz; (*zweideutig*) picante
an|zünden *vt* (*Zigarette*) encender; (*Gebäude*) prender fuego (a)
an|zweifeln *vt* poner en duda
Apartheid [a'pa:ɐthaɪt] *f* apartheid *m*
Apartment [a'partmənt] *nt* <-s, -s> apartamento *m,* departamento *m Am*
Aperitif [aperi'ti:f] *m* <-s, -s *o* -e> aperitivo *m*
Apfel ['apfəl] *m* <-s, Äpfel> manzana *f;* **in den sauren** ~ **beißen** (*fam fig*) hacer de tripas corazón
Apfelsine [apfəl'zi:nə] *f* <-n> naranja *f*
Apostel [a'pɔstəl] *m* <-s, -> apóstol *m*
Apostroph [apo'stro:f] *nt* <-s, -e> apóstrofo *m*
Apotheke [apo'te:kə] *f* <-n> farmacia *f*
Apotheker(in) [--'--] *m(f)* <-s, -; -nen> farmacéutico, -a *m, f*
Apparat [apa'ra:t] *m* <-(e)s, -e> aparato *m;* **am** ~**!** (*Telefon*) ¡al habla!
Appartement [apartə'mɑ̃:] *nt* <-s, -s> apartam(i)ento *m,* departamento *m Am*
Appell [a'pɛl] *m* <-s, -e> (*Aufruf*) llamamiento *m;* (MIL) llamada *f*
appellieren* *vi* apelar (*an* +*akk* a)
Appetit [ape'ti:t] *m* <-(e)s, *ohne pl*> apetito *m* (*auf* +*akk* de); **guten** ~**!** ¡que aproveche!
appetitlich *adj* apetitoso
Appetitlosigkeit *f* inapetencia *f*
applaudieren* [aplaʊ'di:rən] *vi* aplaudir
Applaus [a'plaʊs] *m* <-es, -e> aplauso(s) *m(pl)*
Aprikose [apri'ko:zə] *f* <-n> albaricoque *m,* damasco *m Am*
April [a'prɪl] *m* <-(s), -e> abril *m;* **jdn in den** ~ **schicken** (*fam fig*) gastar(le) una inocentada a alguien; *s. a.* **März**; **Aprilscherz** *m* inocentada *f*
apropos [apro'po:] *adv* (*geh*) por cierto
Aquarell [akva'rɛl] *nt* <-s, -e> acuarela *f*
Aquarium [a'kva:riʊm] *nt* <-s, Aquarien> acuario *m*
Äquator [ɛ'kva:to:ɐ] *m* <-s, *ohne pl*> ecuador *m*
Ära ['ɛ:ra] *f* <Ären> era *f*
arabisch *adj* árabe
aragonesisch [arago'ne:zɪʃ] *adj* aragonés
Aragonien [ara'go:niən] *nt* <-s> Aragón *m*
Arbeit ['arbaɪt] *f* <-en> trabajo *m;* (*Hand~*) labor *f;* (*Arbeitsplatz*) empleo *m;* **sich an die** ~ **machen** poner manos a la obra; **einer** ~ **nachgehen** dedicarse a un trabajo; **eine** ~ **schreiben** (SCH) hacer un examen
arbeiten ['arbaɪtən] *vi* trabajar; **die** ~**de Bevölkerung** la población activa; **sich nach oben** ~ (*fig*) abrirse camino hacia los puestos más altos
Arbeiter(in) ['arbaɪtɐ] *m(f)* <-s, -; -nen> trabajador(a) *m(f);* (*Stand*) obrero, -a *m, f*
Arbeitgeber(in) ['arbaɪtge:bɐ] *m(f)* <-s, -; -nen> patrón, -ona *m, f*
Arbeitnehmer(in) ['arbaɪtne:mɐ] *m(f)* <-s, -; -nen> (*Angestellter*) empleado, -a *m, f;* (*Arbeiter*) trabajador(a) *m(f)*
Arbeitsamt *nt* oficina *f* de empleo; **Arbeitsaufwand** *m* cantidad *f* de trabajo; **das erfordert einen hohen** ~ esto requiere mucho trabajo; **Arbeitsbedingungen** *fpl* condiciones *fpl* de trabajo
Arbeitsbeschaffungsmaßnahme *f* *plan de fomento de empleo*
Arbeitserlaubnis *f* permiso *m* de trabajo; **Arbeitskleidung** *f* ropa *f* de trabajo; **Arbeitskollege, -in** *m, f* compañero, -a *m, f* de trabajo, colega *mf;* **Arbeitskraft** *f* **1.** (*Personal*) mano *f* de obra **2.** *ohne pl* (*Leistungskraft*) capacidad *f* productiva; **arbeitslos** *adj* parado
Arbeitslose(r) *mf* <-n, -n; -n> parado, -a *m, f;* **Arbeitslosengeld** *nt* subsidio *m* de desempleo; **Arbeitslosenhilfe** *f* ayuda *f* a los parados; **Arbeitslosenquote** *f* tasa *f* de desempleo, índice *m* de paro
Arbeitslosigkeit *f* desempleo *m*
Arbeitsmarkt *m* mercado *m* de trabajo;

Arbeitsoberfläche *f* (INFOR) escritorio *m;* **Arbeitsplatz** *m* puesto *m* de trabajo; **Arbeitsspeicher** *m* (INFOR) memoria *f* de trabajo; **Arbeitsstelle** *f* puesto *m* de trabajo; **Arbeitssuche** *f ohne pl* búsqueda *f* de trabajo; **Arbeitstag** *m* jornada *f* (de trabajo); (*Montag bis Freitag*) día *m* laboral; **Arbeitsunfähigkeit** *f* incapacidad *f* laboral; **Arbeitsvertrag** *m* contrato *m* de trabajo; **Arbeitszeit** *f* horario *m* de trabajo; **verkürzte** ~ jornada reducida; **Arbeitszimmer** *nt* cuarto *m* de trabajo; (*Büro*) despacho *m*

Archäologe, -in [arçεo'loːgə] *m, f* <-n, -n; -nen> arqueólogo, -a *m, f*

Archäologie [arçεolo'giː] *f* arqueología *f*

archäologisch *adj* arqueológico

Architekt(in) [arçi'tεkt] *m(f)* <-en, -en; -nen> arquitecto, -a *m, f*

architektonisch *adj* arquitectónico

Architektur *f* arquitectura *f*

Archiv [ar'çiːf] *nt* <-s, -e> archivo *m*

Ären *pl von* **Ära**

arg [ark] <ärger, am ärgsten> *adj* (*reg*) malo; **der ärgste Feind** el peor enemigo; **jdm ~ mitspielen** jugar una mala pasada a alguien; **in ~e Verlegenheit kommen** verse en un grave apuro

Argentinien [argεn'tiːniən] *nt* <-s> Argentina *f*

Argentinier, -in *m, f* <-s, -; -nen> argentino, -a *m, f*

argentinisch *adj* argentino

Ärger ['εrgɐ] *m* <-s, *ohne pl*> **1.** (*Zorn*) enojo *m,* bronca *f Am;* (*Wut*) rabia *f* **2.** (*Schwierigkeiten*) dificultades *fpl;* **mit jdm ~ haben** tener problemas con alguien

ärgerlich *adj* **1.** (*verärgert*) enfadado; (*erbost*) indignado **2.** (*unerfreulich*) desagradable

ärgern ['εrgɐn] **I.** *vt* fastidiar **II.** *vr:* **sich ~** enfadarse (*über +akk* por); **sich schwarz ~** (*fam*) ponerse negro

Ärgernis *nt:* **Erregung öffentlichen ~ses** provocación de escándalo público

arglos *adj* sin malicia; (*naiv*) ingenuo

Argument [argu'mεnt] *nt* <-(e)s, -e> argumento *m*

argumentieren* *vi* argumentar (*für +akk* en pro de, *gegen +akk* contra)

Argwohn ['arkvoːn] *m* <-(e)s, *ohne pl*> (*geh*) suspicacia *f;* (*Misstrauen*) recelo *m*

argwöhnisch *adj* (*geh*) receloso

Arie ['aːriə] *f* <-n> aria *f*

Aristokrat(in) [arɪsto'kraːt] *m(f)* <-en, -en; -nen> aristócrata *mf*

Aristokratie [arɪstokra'tiː] *f* <-n> aristocracia *f*

aristokratisch *adj* aristocrático

Arktis ['arktɪs] *f* Ártico *m*

arktisch *adj* ártico

arm [arm] *adj* <ärmer, am ärmsten> pobre; **du Ärmste!** ¡pobrecita de ti!

Arm *m* <-(e)s, -e> brazo *m;* **jdn auf den ~ nehmen** (*fam*) tomar el pelo a alguien; **jdm unter die ~e greifen** echar una mano a alguien

Armaturen [arma'tuːrən] *fpl* (*sanitär*) grifería *f;* (*Schaltinstrumente*) mandos *mpl;* **Armaturenbrett** *nt* cuadro *m* de mandos

Armband *nt* pulsera *f;* (*Uhr~*) correa *f;* **Armbanduhr** *f* reloj *m* de pulsera

Armee [ar'meː] *f* <-n> ejército *m*

Ärmel ['εrməl] *m* <-s, -> manga *f;* **die ~ hochkrempeln** (*a. fig*) arremangarse

Ärmelkanal *m* <-s> Canal *m* de la Mancha

Armenviertel *nt* barrio *m* (de gente) pobre

Armlehne *f* (*am Sessel*) brazo *m;* (*im Auto*) reposabrazos *m inv;* **Armleuchter** *m* (*fam abw: Dummkopf*) imbécil *mf*

ärmlich ['εrmlɪç] *adj* (*arm*) humilde; (*elend*) mísero

armselig ['armseːlɪç] *adj* **1.** *s.* **ärmlich** **2.** (*unbedeutend*) insignificante

Armut ['armuːt] *f* pobreza *f;* **Armutsgrenze** *f* umbral *m* de pobreza; **Armutszeugnis** *nt* muestra *f* de incapacidad

Aroma [a'roːma] *nt* <-s, -s *o* Aromen *o* Aromata> aroma *m*

arrangieren* [arɑ̃'ʒiːrən] **I.** *vt* organizar; (*zusammenstellen*) combinar **II.** *vr:* **sich ~** llegar a un acuerdo

arrogant [aro'gant] *adj* arrogante

Arroganz *f* arrogancia *f*

Arsch [arʃ] *m* <-(e)s, Ärsche> (*vulg*) culo *m;* **Arschloch** *nt* (*vulg*) **1.** (*Körperteil*) ojo *m* del culo **2.** (*Schimpfwort*) cabrón, -ona *m, f*

Arsen [ar'zeːn] *nt* <-s, *ohne pl*> arsénico *m*

Arsenal [arze'naːl] *nt* <-s, -e> arsenal *m*

Art [art] *f* <-en> **1.** (*Klasse*) clase *f;* (BIOL) especie *f* **2.** (*Weise*) modo *m;* **~ und Weise** modo (y manera) **3.** *ohne pl* (*Wesens~*) natu-

A

raleza *f;* **das ist nun mal meine** ~ yo soy así
Art. *Abk. von* **Artikel** art.
Artenschutz *m* protección *f* de especies (en peligro de extinción)
Arterie [ar'te:riə] *f* <-n> arteria *f*
artig ['artɪç] *adj* obediente
Artikel [ar'ti:kəl, ar'tɪkəl] *m* <-s, -> artículo *m*
artikulieren* [artiku'li:rən] **I.** *vt* articular **II.** *vr:* **sich** ~ expresarse
Artischocke [arti'ʃɔkə] *f* <-n> alcachofa *f*
Artist(in) [ar'tɪst] *m(f)* <-en, -en; -nen> **1.** (*im Varietee, Zirkus*) artista *mf* **2.** (*Akrobat*) acróbata *mf*
Arznei [arts'naɪ] *f* <-en>, **Arzneimittel** *nt* medicamento *m*
Arzt [artst] *m*, **Ärztin** *f* <-es, Ärzte; -nen> médico, -a *m, f;* **Arztbesuch** *m* visita *f* médica; **Arzthelfer(in)** *m(f)* asistente *mf* médico, -a
Ärztin ['ɛrtstɪn] *f* <-nen> *s.* **Arzt**
ärztlich *adj* médico; ~**es Attest** certificado médico
Arztpraxis *f* consulta *f* médica
As *nt s.* **Ass**
Asbest [as'bɛst] *m* <-(e)s, -e> amianto *m*
Asche ['aʃə] *f* ceniza *f;* **Aschenbecher** *m* cenicero *m*
Aschenbrödel ['aʃənbrø:dəl] *nt* <-s, ->, **Aschenputtel** ['aʃənpʊtəl] *nt* <-s, -> cenicienta *f*
Ascher ['aʃɐ] *m* <-s, -> cenicero *m*
ASCII-Code ['askiko:t] *m* (INFOR) código *m* ASCII
Asiat(in) *m(f)* <-en, -en; -nen> asiático, -a *m, f*
asiatisch *adj* asiático
Asien ['a:ziən] *nt* <-s> Asia *f*
Asket(in) [as'ke:t] *m(f)* <-en, -en; -nen> asceta *mf*
asozial ['azotsia:l] *adj* asocial; (*rücksichtslos*) incívico
Aspekt [as'pɛkt] *m* <-(e)s, -e> aspecto *m*
Asphalt [as'falt] *m* <-(e)s, -e> asfalto *m*
asphaltieren* *vt* asfaltar
Aspirin® *nt* <-s, -> aspirina *f*
Ass[RR] *nt* <-es, -e> as *m*
aß [a:s] *3. imp von* **essen**
Assistent(in) [asɪs'tɛnt] *m(f)* <-en, -en; -nen> asistente *mf*
Assoziation [asotsia'tsjo:n] *f* <-en> asociación *f*
assoziieren* [asotsi'i:rən] *vt* asociar
Ast [ast] *m* <-(e)s, Äste> rama *f*
ästhetisch *adj* estético
Asthma ['astma] *nt* <-s, *ohne pl*> asma *m o f*
astrein *adj* (*fam*) genial; **die Sache ist nicht ganz** ~ aquí hay gato encerrado
Astrologie *f* astrología *f*
Astronaut(in) [astro'naʊt] *m(f)* <-en, -en; -nen> astronauta *mf*
Astronomie *f* astronomía *f*
astronomisch *adj* (*a. fig*) astronómico
Asturien [as'tu:riən] *nt* <-s> Asturias *f*
asturisch *adj* asturiano
Asyl [a'zy:l] *nt* <-(e)s, -e> asilo *m*
Asylant(in) [azy'lant] *m(f)* <-en, -en; -nen> asilado, -a *m, f;* **Asylantenwohnheim** *nt* residencia *f* de asilados
Asylantrag *m* solicitud *f* de asilo; **Asylbewerber(in)** *m(f)* solicitante *mf* de asilo
Atelier [atə'lje:] *nt* <-s, -s> estudio *m*
Atem ['a:təm] *m* <-s, *ohne pl*> aliento *m;* (*Atmung*) respiración *f;* **den** ~ **anhalten** contener la respiración; ~ **holen** tomar aliento; **jdn in** ~ **halten** tener a alguien en vilo; **das verschlägt mir den** ~ eso me deja sin palabras; **atemberaubend** *adj* sensacional; **atemlos** *adj* **1.** (*außer Atem*) sin aliento **2.** (*gespannt*) absorto; ~ **lauschen** escuchar sin parpadear; **Atempause** *f* descanso *m;* **Atemwege** *mpl* vías *fpl* respiratorias; **Atemzug** *m* respiración *f;* **im selben** ~ de un aliento
Atheismus [ate'ɪsmʊs] *m* <-, *ohne pl*> ateísmo *m*
atheistisch *adj* ateo
Äther ['ɛ:tɐ] *m* <-s, *ohne pl*> éter *m*
Athlet(in) [at'le:t] *m(f)* <-en, -en; -nen> atleta *mf*
athletisch *adj* atlético
Atlanten *pl von* **Atlas**
Atlantik [at'lantɪk] *m* <-s> Atlántico *m*
atlantisch *adj* atlántico; **der Atlantische Ozean** el Océano Atlántico
Atlas ['atlas] *m* <-(ses), Atlanten> atlas *m*
atmen ['a:tmən] *vi, vt* respirar
Atmosphäre [atmo'sfɛ:rə] *f* <-n> (*Erd~*) atmósfera *f;* (*Stimmung*) ambiente *m*
Atmung ['a:tmʊŋ] *f* respiración *f*
Atoll [a'tɔl] *nt* <-s, -e> atolón *m*
Atom [a'to:m] *nt* <-s, -e> átomo *m*

atomar [ato'maːɐ] *adj* atómico; ~**e Waffen** armas nucleares

Atombombe *f* bomba *f* atómica; **Atomenergie** *f* energía *f* nuclear; **Atomgegner(in)** *m(f)* antinuclear *mf,* opositor(a) *m(f)* a la energía nuclear; **Atomindustrie** *f* industria *f* atómica; **Atomkraft** *f* energía *f* nuclear; **Atomkraftwerk** *nt* central *f* nuclear; **Atomkrieg** *m* guerra *f* nuclear; **Atommüll** *m* residuos *mpl* radi(o)activos; **Atomphysik** *f* física *f* atómica; **Atomrakete** *f* misil *m* nuclear; **Atomreaktor** *m* reactor *m* nuclear; **Atomtest** *m* prueba *f* nuclear

Atomwaffe *f* arma *f* nuclear; **atomwaffenfrei** *adj* desnuclearizado

Attacke [a'takə] *f* <-n> ataque *m*

Attentat ['atəntaːt] *nt* <-(e)s, -e> atentado *m;* **ein ~ auf jdn verüben** atentar contra (la vida de) alguien

Attentäter(in) ['atəntɛːtɐ, --'--] *m(f)* <-s, -; -nen> autor(a) *m(f)* del atentado

Attest [a'tɛst] *m* <-(e)s, -e> certificado *m* médico

Attraktion [atrak'tsjoːn] *f* <-en> **1.** (*Glanznummer*) atracción *f* **2.** *ohne pl* (*Anziehung*) atractivo *m*

attraktiv [atrak'tiːf] *adj* atractivo

Attraktivität [atraktivi'tɛːt] *f* atractivo *m*

Attrappe [a'trapə] *f* <-n> objeto *m* de pega

Attribut [atri'buːt] *nt* <-(e)s, -e> atributo *m*

ätzen ['ɛtsən] *vi, vt* (CHEM) corroer; (MED) cauterizar

ätzend *adj* **1.** (*Lauge*) cáustico; (*Säure*) corrosivo **2.** (*sl: furchtbar*) horrible; (*nervtötend*) cabreante

Aubergine [obɛr'ʒiːnə] *f* <-n> berenjena *f*

auch [aʊx] *adv* **1.** (*ebenfalls*) también; **~ nicht** tampoco; **~ das noch!** ¡lo que faltaba! **2.** (*sogar*) incluso; **ohne ~ nur zu fragen** sin ni siquiera preguntar; **~ wenn es regnen sollte** incluso si lloviese **3.** (*tatsächlich*) en efecto; **das hat ~ niemand behauptet** de hecho nadie lo ha dicho **4.** (*außerdem*) además; **~ wäre es falsch zu glauben, dass ...** además sería erróneo pensar que... *+subj;* **wo ~ immer** dondequiera que (sea)

Audienz [aʊdi'ɛnts] *f* <-en> audiencia *f*

audiovisuell [aʊdiovizu'ɛl] *adj* audiovisual

auf [aʊf] **I.** *präp +dat* **1.** (*oben darauf*) sobre; **~ dem Tisch/dem Boden** encima de la mesa/en el suelo **2.** (*darauf befindlich*) en; **~ Mallorca** en Mallorca; **~ der Straße** en la calle **3.** (*drinnen*) en; **~ der Post** en Correos; **~ dem Land(e)** en el campo; **~ meinem Konto** en mi cuenta **4.** (*während*) durante; **~ Reisen** de viaje; **~ der Flucht** durante la fuga; **~ der Geburtstagsfeier** en la fiesta de cumpleaños **II.** *präp +akk* **1.** (*nach oben*) en; **~ einen Berg steigen** subir a un monte **2.** (*hin zu*) hacia; **sich ~ den Weg machen** ponerse en camino; **~ die Erde fallen** caer al suelo; **er kam ~ mich zu** vino hacia mí **3.** (*zeitlich*): **~ einmal** de repente; **~ lange Sicht** a la larga **4.** (*in einer bestimmten Art*) de; **~ diese Weise** de esta manera; **~ gut Glück** a la buena de Dios; **~ seinen Rat (hin)** siguiendo su consejo; **~ dein Wohl!** ¡a tu salud!; **~ eigene Gefahr** por propia cuenta y riesgo **III.** *adv* **1.** (*hinauf*) arriba; **~ und ab** arriba y abajo; **er ist ~ und davon** (*fam*) puso pies en polvorosa **2.** (*offen*) abierto **3.** (*fam: nicht im Bett*): **~ sein** estar levantado

auf|atmen *vi* respirar hondamente

auf|bahren ['aʊfbaːrən] *vt:* **einen Toten ~** velar a un muerto

Aufbau *m* <-(e)s, -ten> **1.** (*das Aufgebaute*) construcción *f* adicional **2.** *ohne pl* (*Tätigkeit*) construcción *f* **3.** (*Gliederung*) estructura *f*

auf|bauen **I.** *vt* **1.** (*errichten*) construir; (*Zelt*) montar **2.** (*anordnen*) disponer **3.** (*gliedern*) estructurar **4.** (*aufmuntern*) animar **II.** *vr:* **sich ~** (*sich bilden*) formarse

auf|bäumen ['aʊfbɔɪmən] *vr:* **sich ~** (*Pferd*) encabritarse; (*sich auflehnen*) rebelarse (*gegen +akk* contra)

auf|bauschen ['aʊfbaʊʃən] *vt* inflar; (*fig*) exagerar

auf|begehren* *vi* rebelarse (*gegen +akk* contra)

auf|bereiten* *vt* **1.** (*Trinkwasser*) depurar **2.** (*Rohstoffe*) preparar; **wieder ~** reciclar **3.** (*Daten*) elaborar

auf|bessern *vt* (*Gehalt*) aumentar; (*Kenntnisse*) perfeccionar

auf|bewahren* *vt* guardar; (*Lebensmittel*) conservar

auf|bieten *irr vt* (*Kraft*) emplear

auf|blähen *vt, vr:* **sich ~** inflar(se)

A

auf|blasen *irr* **I.** *vt* inflar **II.** *vr:* **sich** ~ (*fam*) hincharse

auf|bleiben *irr vi sein* **1.** (*Person*) no acostarse, quedarse levantado **2.** (*Geschäft, Tür*) quedar abierto

auf|blicken *vi* alzar la vista (*zu +dat* hacia); (*bewundernd*) admirar (*zu +dat* a)

auf|brechen *irr* **I.** *vi sein* (*weggehen*) marcharse **II.** *vt* (*Schloss, Auto*) forzar

auf|bringen *irr vt* **1.** (*Geld, Geduld*) reunir; **nicht den Mut ~ etw zu tun** no reunir el valor suficiente para hacer algo **2.** (*in Wut bringen*) enfurecer

Aufbruch *m* <-(e)s, -brüche> **1.** (*geh: geistiges Erwachen*) auge *m* **2.** *ohne pl* (*Abreise*) partida *f*

auf|brummen *vt* (*fam*): **jdm etw ~** endilgar algo a alguien

auf|bürden ['aʊfbʏrdən] *vt* (*geh*) cargar (con); **jdm etw ~** cargarle algo a alguien

auf|decken *vt* **1.** (*Zusammenhänge*) descubrir **2.** (*Bett*) abrir **3.** (*Karten*) enseñar **4.** (*Geheimnis*) revelar

auf|drängen I. *vt* (*aufzwingen*) imponer **II.** *vr:* **sich ~** (*Gedanke*) imponerse; (*zudringlich sein*) importunar

auf|drehen *vt* **1.** (*fam: Wasserhahn*) abrir **2.** (*Schraubverschluss*) desenroscar; (*Schraube*) aflojar

aufdringlich ['aʊfdrɪŋlɪç] *adj* (*Person*) pesado; (*Geruch*) intenso

aufeinander [aʊfaɪ'nandɐ] *adv* **1.** (*räumlich*) uno encima del otro; (**sich**) **~ häufen** amontonar(se) **2.** (*zeitlich*) uno tras otro; **~ folgen** sucederse; **aufeinander|folgen** *vi sein s.* **aufeinander 2.**; **aufeinander|häufen** *vt, vr:* **sich ~** *s.* **aufeinander 1.**

Aufenthalt ['aʊfənthalt] *m* <-(e)s, -e> estancia *f;* (*kurze Unterbrechung*) parada *f;* **Aufenthaltserlaubnis** *f* permiso *m* de residencia; **Aufenthaltsraum** *m* sala *f* de descanso; (*Warteraum*) sala *f* de espera

auf|erlegen* *vt* (*geh: Strafe*) imponer

Auferstehung *f* <-en> resurrección *f*

auf|essen *irr* **I.** *vi* comer(se) todo **II.** *vt* comerse

auf|fahren *irr vi sein* **1.** (*aufprallen*) chocar (*auf +akk* contra) **2.** (*dicht anschließen*) acercarse **3.** (*aufschrecken*) levantarse sobresaltado

Auffahrt *f* <-en> subida *f;* (*Zufahrt*) entrada *f;* (*zur Autobahn*) acceso *m* a la autopista

auf|fallen *irr vi sein* llamar la atención; (*bemerkt werden*) notarse; **unangenehm ~** causar mala impresión

auffallend *adj* (*auffällig*) vistoso, llamativo; (*beeindruckend*) espectacular; (*sonderbar*) raro

auffällig ['aʊffɛlɪç] *adj* llamativo

auf|fangen *irr vt* (*Ball*) recoger; (*Gesprächsfetzen*) pillar; (*Schlag*) parar; (*Aufprall*) amortiguar

auf|fassen *vt* (*auslegen*) interpretar; (*begreifen*) entender

Auffassung *f* <-en> parecer *m;* **er ist der ~, dass ...** opina que...; **Auffassungsgabe** *f ohne pl* entendimiento *m*

auf|finden *irr vt* encontrar

auf|fordern *vt* **1.** (*bitten*) requerir (*zu +dat* para); **er forderte sie zum Tanz auf** la sacó a bailar **2.** (*befehlen*) mandar (a) **3.** (*ermuntern*) animar

Aufforderung *f* <-en> requerimiento *m*

Aufforstung *f* <-en> repoblación *f* forestal

auf|frischen *vt* (*Kenntnisse*) refrescar

auf|führen I. *vt* **1.** (*Theaterstück*) representar **2.** (*darlegen*) presentar; (*Beispiele*) dar **II.** *vr:* **sich ~** (*sich benehmen*) (com)portarse

Aufführung *f* <-en> (THEAT) representación *f;* (FILM) proyección *f;* (MUS) actuación *f*

auf|füllen *vt* **1.** (*Behälter*) rellenar (*mit* de/con) **2.** (*Flüssigkeit*) echar **3.** (*Vorräte*) reponer

Aufgabe ['aʊfga:bə] *f* <-n> **1.** (*Auftrag*) tarea *f* **2.** (*Übung*) ejercicio *m;* (MATH) problema *m* **3.** (*Verzicht*) abandono *m* (*von +dat* de) **4.** (*von Gepäck*) facturación *f;* **Aufgabenbereich** *m* área *f* de actividades, ámbito *m* de funciones

Aufgang *m* <-(e)s, -gänge> **1.** (*eines Gestirns*) salida *f* **2.** (*Aufstieg*) subida *f;* (*Treppe*) escalera *f*

auf|geben *irr* **I.** *vi* rendirse **II.** *vt* **1.** (*Paket*) expedir; (*Koffer*) facturar; (*Anzeige*) poner **2.** (*Widerstand*) abandonar; (*Hoffnung*) perder; (*Beruf*) dejar

aufgebracht *adj* (*wütend*) enojado, furioso

aufgedreht *adj* (*fam*) pasado de rosca

aufgedunsen ['aʊfgədʊnzən] *adj* (*Körper*) abultado; (*Gesicht*) hinchado

auf|gehen *irr vi sein* (*Sonne*) salir; (*Tür*) abrirse; (*Rechnung*) no dejar resto; (*Hefeteig*) subir; **in der Arbeit ~** vivir sólo para el trabajo

aufgelegt ['aʊfgəleːkt] *adj:* **gut/schlecht ~ sein** estar de buen/mal humor
aufgeregt ['aʊfgəreːkt] *adj* excitado; (*nervös*) nervioso
aufgeschlossen ['aʊfgəʃlɔsən] *adj* abierto; **~ für etw sein** ser receptivo a algo; **etw** *dat* **~ gegenüberstehen** estar abierto a algo
aufgeschmissen ['aʊfgəʃmɪsən] *adj* (*fam*): **ohne sie sind wir völlig ~** sin ella estamos perdidos
aufgeweckt ['aʊfgəvɛkt] *adj* (*geistig*) despierto; (*Kind*) avispado
auf|greifen *irr vt* **1.** (*Idee*) retomar **2.** (*festnehmen*) capturar
aufgrund [aʊf'grʊnt] *präp +gen* a causa de
auf|haben *irr* **I.** *vi* (*Geschäfte*) estar abierto **II.** *vt* **1.** (*Hut*) tener puesto **2.** (*fam*): **Schulaufgaben ~** (SCH) tener deberes
auf|halten *irr* **I.** *vt* **1.** (*zurückhalten*) detener; (*Entwicklung*) impedir; (*Verkehr*) parar **2.** (*stören*) molestar **II.** *vr:* **sich ~ 1.** (*bleiben*) quedarse; (*wohnen*) encontrarse **2.** (*Zeit verschwenden*) demorarse
auf|hängen I. *vi* (*Telefongespräch beenden*) colgar **II.** *vt* **1.** (*Bild, Telefonhörer*) colgar; (*Wäsche*) tender **2.** (*töten*) colgar **III.** *vr:* **sich ~** ahorcarse
Aufhänger *m* <-s, -> **1.** (*für Kleider*) cinta *f* **2.** (*Anlass*) motivo *m*
auf|heben *irr vt* **1.** (*aufbewahren*) guardar; **gut aufgehoben sein** estar en buenas manos **2.** (*Verbot*) levantar **3.** (*vom Boden*) recoger (*von +dat* de) **4.** (*ausgleichen*) compensar
Aufheben *nt* (*geh*): **viel ~(s) von etw** *dat* **machen** meter mucho ruido a propósito de algo
auf|heitern ['aʊfhaɪtɐn] **I.** *vt* (*Person*) animar **II.** *vr:* **sich ~** (*Himmel*) despejarse
auf|hellen I. *vt* (*Haar*) aclarar **II.** *vr:* **sich ~** (*Gesicht*) alegrarse; (*Himmel*) despejarse
auf|hetzen *vt* incitar (*gegen +akk* contra)
auf|holen I. *vi* (SPORT) ganar terreno **II.** *vt* (*Verspätung*) recuperar
auf|horchen *vi* aguzar los oídos
auf|hören *vi* terminar; **hör doch endlich auf!** ¡déjalo ya!
auf|kaufen *vt* acaparar
aufklappbar *adj* (des)plegable
auf|klären I. *vt* **1.** (*Missverständnis*) poner en claro; (*Verbrechen*) esclarecer **2.** (*belehren*) informar (*über +akk* de/sobre) **II.** *vr:* **sich ~** (*Rätsel*) resolverse; (*Himmel*) despejarse
Aufklärung *f* <-en> **1.** (*Klärung*) esclarecimiento *m;* (*Verbrechen*) resolución *f* **2.** *ohne pl* (PHILOS) Ilustración *f* **3.** (*Belehrung*) instrucción *f* (*über +akk* de/sobre); **sexuelle ~** educación sexual
auf|kleben *vt* pegar (*auf+akk* a/en)
Aufkleber *m* <-s, -> adhesivo *m,* pegatina *f fam*
auf|kommen *irr vi sein* **1.** (*entstehen*) surgir; (*Gewitter*) levantarse; **keine Zweifel ~ lassen** no dejar lugar a dudas **2.** (*bezahlen*) pagar (*für +akk*); (*unterhalten*) mantener (*für +akk*); (*haften*) responder (*für +akk* de)
auf|krempeln *vt* arremangar(se)
aufladbar *adj:* **wieder ~ sein** ser recargable
auf|laden *irr vt* **1.** (*Batterie*) recargar; **wieder aufladbar sein** ser recargable **2.** (*Ladegut*) cargar
Auflage *f* <-n> **1.** (*eines Buchs*) edición *f;* (*einer Zeitung*) tirada *f* **2.** (*Bedingung*) condición *f;* **mit der ~, dass ...** a condición de que... *+subj*
auf|lassen *irr vt* (*fam*) **1.** (*Tür*) dejar abierto **2.** (*Mütze, Brille*) dejar puesto
Auflauf *m* <-(e)s, -läufe> (*Menschen~*) gentío *m;* (*Speise*) gratinado *m*
auf|leben *vi sein* (*Mensch*) despabilar(se); (*Bräuche*) reavivarse
auf|legen I. *vi* (*Telefongespräch beenden*) colgar **II.** *vt* **1.** (*Schallplatte*) poner **2.** (*Hörer*) colgar
auf|lehnen *vr:* **sich ~** sublevarse (*gegen +akk* contra)
auf|leuchten *vi* destellar; (*Blitz*) fulgurar; (*Augen*) iluminarse
auf|listen ['aʊflɪstən] *vt* listar
auf|lockern I. *vt* **1.** (*Boden*) ahuecar **2.** (*Programm*) variar **3.** (*Atmosphäre*) relajar **II.** *vr:* **sich ~** (*Bewölkung*) despejarse
auf|lösen I. *vt* **1.** (*Pulver*) disolver **2.** (*Haushalt*) liquidar; (*Versammlung*) disolver; (*Konto*) cancelar **3.** (*Rätsel*) resolver **II.** *vr:* **sich ~** disolverse; (*Nebel*) disiparse
Auflösung *f* <-en> **1.** (*eines Vertrags, des Nebels*) disolución *f* **2.** (*Lösung*) (re)solución *f* **3.** (*Bildqualität, a.* INFOR) definición *f*
auf|machen *vt* (*fam*) **1.** (*Tür, Geschenk*) abrir; (*Haarknoten*) soltar; (*Knoten*) deshacer **2.** (*Geschäft*) poner
Aufmachung *f* <-en> presentación *f*

aufmerksam ['aʊfmɛrkza:m] *adj* atento; **jdn auf jdn/etw ~ machen** llamar la atención de alguien sobre alguien/algo; **vielen Dank, sehr ~ von Ihnen!** ¡muchas gracias, es Ud. muy amable!

Aufmerksamkeit *f* <-en> **1.** (*Wachsamkeit*) atención *f* **2.** (*Zuvorkommenheit*) amabilidad *f;* (*Geschenk*) obsequio *m*

auf|muntern ['aʊfmʊntɐn] *vt* (*fam*) reconfortar; (*ermutigen*) animar

Aufnahme ['aʊfna:mə] *f* <-n> **1.** (*Empfang*) recibimiento *m;* (*Empfangsraum*) recepción *f* **2.** (*Zulassung*) admisión *f* (*in +akk* en) **3.** (*auf Tonband*) grabación *f;* (FOTO) foto *f;* **aufnahmefähig** *adj* receptivo; **Aufnahmelager** *nt* campo *m* de acogida; **Aufnahmeprüfung** *f* prueba *f* de acceso

auf|nehmen *irr vt* **1.** (*beginnen*) iniciar; (*Verhandlungen*) entablar; **ein Gespräch wieder ~** reanudar una conversación **2.** (*Nahrung*) ingerir; (*geistig*) comprender **3.** (*Kredit*) pedir **4.** (*auf Tonband*) grabar (*auf +dat* en) **5.** (*empfangen*) acoger; **wieder aufgenommen werden** ser readmitido **6.** (*sich messen*): **es mit jdm/etw** *dat* **~ können** (poder) medirse con alguien/algo

auf|opfern *vr:* **sich ~** sacrificarse (*für +akk* por)

auf|passen *vi* **1.** (*aufmerksam sein*) tener cuidado; **aufgepasst!** ¡atención! **2.** (*beaufsichtigen*) cuidar (*auf +akk* a)

Aufprall ['aʊfpral] *m* <-(e)s, -e> choque *m;* (*Ball*) bote *m*

Aufpreis *m* <-es, -e> recargo *m;* **gegen ~** pagando un sobreprecio

auf|pumpen *vt* inflar

auf|putschen *vt* (*abw: erregen*) excitar; (*aufhetzen*) acalorar

Aufputschmittel *nt* estimulante *m*

auf|raffen *vr:* **sich ~** (*fam: sich entschließen*) animarse (*zu +dat* a); (*mühsam aufstehen*) levantarse a duras penas

auf|räumen *vi, vt* recoger; **mit etw** *dat* **~** acabar con algo

Aufräumungsarbeiten *fpl* trabajos *mpl* de descombro

aufrecht ['aʊfrɛçt] *adj* **1.** (*gerade*) erguido **2.** (*ehrlich*) íntegro; **aufrecht|erhalten*** *irr vt* mantener

auf|regen *vt, vr:* **sich ~** ((*sich*) *erregen*) alterar(se) (*über +akk* por); ((*sich*) *ärgern*) irritar(se) (*über +akk* por)

aufregend *adj* excitante

Aufregung *f* <-en> excitación *f;* (*Sorge*) zozobra *f*

aufreibend *adj* agotador

auf|reißen *irr vt* **1.** (*Fenster*) abrir de un golpe; (*Brief*) rasgar **2.** (*Straße*) abrir

aufreizend *adj* provocador; (*erregend*) excitante

auf|richten **I.** *vt* (*gerade stellen*) enderezar; (*seelisch*) fortalecer **II.** *vr:* **sich ~** (*hinsetzen*) enderezarse; (*hinstellen*) ponerse de pie

aufrichtig *adj* sincero

Aufruf *m* <-(e)s, -e> (*das Aufrufen*) llamamiento *m;* (INFOR) llamada *f*

auf|rufen *irr vt* **1.** (*Schüler, Zeugen*) llamar; **zum Streik ~** convocar una huelga **2.** (INFOR: *Programm*) acceder (a)

Aufruhr ['aʊfru:ɐ] *m* <-(e)s, *ohne pl*> **1.** (*Revolte*) rebelión *f;* (*Tumult*) tumulto *m* **2.** (*Erregung*) agitación *f*

auf|runden *vt* redondear

auf|rüsten *vt* (MIL) rearmar; (*Computer*) armar

Aufrüstung *f* <-en> rearme *m*

auf|rütteln *vt* sacudir (*aus +dat* de); (*fig*) arrancar (*aus +dat* de)

aufs [aʊfs] (*fam*) = **auf das** *s.* **auf**

auf|sagen *vt* decir (de memoria); (*Gedicht*) recitar

auf|sammeln *vt* recoger

aufsässig ['aʊfzɛsɪç] *adj* rebelde

Aufsatz *m* <-es, -sätze> **1.** (*in der Schule*) redacción *f;* (*Abhandlung*) artículo *m* **2.** (*Aufbau*) elemento *m* sobrepuesto

auf|saugen *vt* absorber

auf|schauen *vi* alzar la vista (*zu* hacia)

auf|scheuchen *vt* espantar

auf|schieben *irr vt* (*öffnen*) abrir (empujando); (*verzögern*) aplazar

Aufschlag *m* <-(e)s, -schläge> **1.** (*Zuschlag*) suplemento *m* (*auf +akk* sobre) **2.** (SPORT) saque *m* **3.** (*an Kleidung*) vuelta *f*

auf|schlagen *irr* **I.** *vi sein* (*anschlagen*) dar (*auf +akk* contra/en); (SPORT) sacar **II.** *vt haben* **1.** (*Buch, Augen*) abrir; (*Bettdecke*) quitar; (*Ei*) romper; (*Zelt*) montar **2.** (COM) añadir (*auf +akk* a)

auf|schließen *irr vt* abrir (con llave)

Aufschluss[RR] *m* <-es, -schlüsse> explicación *f;* **jdm ~ über etw geben** dar información a alguien acerca de algo; **auf-**

schlussreich[RR] *adj* revelador
auf|schnappen *vt* (*fam*) coger al vuelo
auf|schneiden *irr* **I.** *vi* (*fam abw: prahlen*) fanfarronear **II.** *vt* **1.** (*Verpackung*) cortar; (*Geschwür*) abrir **2.** (*Braten*) trinchar
Aufschnitt *m* <-(e)s, *ohne pl*> embutido *m*
auf|schrecken *vt* espantar
Aufschrei *m* <-(e)s, -e> grito *m*
auf|schreiben *irr vt* apuntar
Aufschrift *f* <-en> (*Etikett*) etiqueta *f;* (*Beschriftung*) inscripción *f*
Aufschub *m* <-(e)s, -schübe> (*Verzögerung*) demora *f;* (*Verschiebung*) aplazamiento *m;* (*einer Frist*) prórroga *f*
auf|schwatzen *vt* endilgar
Aufschwung *m* <-(e)s, -schwünge> (*innerer Antrieb*) impulso *m;* (WIRTSCH) auge *m*
auf|sehen *irr vi* alzar la vista (*zu +dat* hacia); (*bewundernd*) admirar (*zu +dat* a)
Aufsehen *nt* <-s, *ohne pl*> sensación *f;* (*negativ*) escándalo *m;* ~ **erregend** llamativo; (*negativ*) escandaloso; **aufsehenerregend** *adj s.* **Aufsehen**
Aufseher(in) *m(f)* <-s, -; -nen> (*Wächter*) vigilante *mf;* (*über Arbeiter*) capataz(a) *m(f)*
auf|sein *irr vi s.* **auf III.1., III.3.**
aufseiten[RR] *adv:* ~ **der Schwächeren** de parte de los más débiles
auf|setzen I. *vi* (*Flugzeug*) aterrizar **II.** *vt* **1.** (*Essen*) poner al fuego **2.** (*Hut*) ponerse; **eine unfreundliche Miene** ~ poner cara de disgusto **3.** (*Text*) redactar; (*Urkunde*) extender **III.** *vr:* **sich** ~ incorporarse
Aufsicht *f* <-en> **1.** (*Leitung*) dirección *f* **2.** (*Person*) vigilante *mf* **3.** *ohne pl* (*Überwachung*) vigilancia *f;* **unter** ~ **stehen** estar bajo vigilancia; **Aufsichtsrat** *m* consejo *m* de administración
auf|spannen *vt* (*Schirm*) abrir; (*Saite*) poner
auf|sperren *vt* **1.** (*fam: weit öffnen*) abrir de par en par **2.** (*südd, Österr*) abrir con llave
auf|spielen *vr:* **sich** ~ (*fam*) darse (mucho) tono
auf|spießen *vt* (*mit der Gabel*) pinchar; (*auf einen Spieß*) ensartar; (*auf Hörner*) empitonar
auf|springen *irr vi sein* **1.** (*hochspringen*) saltar **2.** (*sich plötzlich öffnen*) abrirse de golpe **3.** (*auf ein Fahrzeug*) saltar (*auf+akk* a) **4.** (*Haut*) agrietarse
auf|spüren *vt* detectar
auf|stacheln ['aʊfʃtaxəln] *vt* incitar (*zu +dat* a)
Aufstand *m* <-(e)s, -stände> sublevación *f*
auf|stauen *vr:* **sich** ~ acumularse; (*Wasser*) estancarse
auf|stehen *irr vi sein* (*sich erheben*) ponerse de pie; (*morgens aus dem Bett*) levantarse
auf|steigen *irr vi sein* **1.** (*Nebel, Rauch*) subir; (*Gewitter*) levantarse; (*Flugzeug*) tomar altura **2.** (*beruflich*) ascender (*zu +dat* a) **3.** (*auf ein Fahrrad*) montar(se)
auf|stellen I. *vt* **1.** (*aufbauen*) colocar; (*Denkmal*) erigir; (*Zelt*) montar; (*Maschine*) instalar **2.** (*aufrichten*) levantar **3.** (*Mannschaft*) alinear; (*Truppen*) formar; (*Liste*) hacer; (*Kandidat*) designar; (*Rekord, Regel*) establecer; (*Theorie*) formular; (*Bedingung*) fijar; (*Plan*) trazar **II.** *vr:* **sich** ~ (*sich postieren*) apostarse; (*in einer Reihe*) ponerse en fila
Aufstellung *f* <-en> (*Regel*) establecimiento *m;* (*Denkmal*) colocación *f;* (*Maschine*) instalación *f;* (*Mannschafts~*) alineación *f;* (*Truppen~*) formación *f;* (*Kandidaten*) designación *f;* (*Liste*) relación *f;* (*Tabelle*) tabla *f*
Aufstieg ['aʊfʃti:k] *m* <-(e)s, -e> ascenso *m*
auf|stöbern ['aʊfʃtø:bɐn] *vt* **1.** (*Wild*) levantar, rastrear **2.** (*entdecken*) descubrir, encontrar
auf|stocken ['aʊfʃtɔkən] *vt* **1.** (*Vorräte*) aumentar; (*Kapital*) ampliar (*um +akk* con) **2.** (*Gebäude*) añadir un piso (a)
auf|stoßen *irr* **I.** *vi* (*rülpsen*) eructar **II.** *vt* (*öffnen*) abrir de un empujón
auf|stützen *vt, vr:* **sich** ~ apoyar(se) (*auf +akk* en/sobre)
auf|suchen *vt* (*Bekannte*) ir a ver; (*Arzt*) consultar
Auftakt *m* <-(e)s, -e> (*Beginn*) comienzo *m;* (MUS) anacrusa *f*
auf|tanken *vt* repostar (combustible)
auf|tauchen *vi sein* emerger; (*fig*) aparecer
auf|tauen I. *vi sein* **1.** (*Eis*) derretirse; (*See*) deshelarse **2.** (*gesprächig werden*) soltarse **II.** *vt haben* descongelar
auf|teilen *vt* **1.** (*verteilen*) repartir (*unter +dat* entre, *an +dat* a) **2.** (*unterteilen*) dividir (*in +akk* en, *nach +dat* según)
Aufteilung *f* <-en> (*Verteilung*) distribu-

A

ción *f;* (*Unterteilung*) división *f*

Auftrag ['aʊftraːk] *m* <-(e)s, -träge> **1.** (*Anweisung*) orden *f;* **im ~ von ...** por orden de... **2.** (*Bestellung*) pedido *m;* **etw in ~ geben** encomendar algo **3.** (*Aufgabe*) misión *f*

auf|tragen *irr vt* **1.** (*geh: servieren*) servir **2.** (*Make-up*) ponerse (*auf+akk* en); **Farbe ~** pintar; **dick ~** (*fam fig*) cargar las tintas

Auftraggeber(in) *m(f)* <-s, -; -nen> mandante *mf*

auf|treiben *irr vt* (*fam*) encontrar; (*Geld*) reunir

auf|treten *irr vi sein* **1.** (*erscheinen*) presentarse; (*Schauspieler*) actuar; **als Zeuge ~** declarar como testigo; **sicher ~** actuar con aplomo **2.** (*sich zeigen*) surgir

Auftreten *nt* <-s, *ohne pl*> **1.** (*Erscheinung*) aparición *f* **2.** (*Benehmen*) conducta *f;* **ein sicheres ~ haben** tener aplomo

Auftrieb *m* <-(e)s, *ohne pl*> (PHYS) fuerza *f* ascensional; (*Schwung*) ánimo(s) *m(pl)*

Auftritt *m* <-(e)s, -e> (THEAT) entrada *f* en escena; (*Vorstellung*) actuación *f*

auf|tun **I.** *vt* (*fam: entdecken*) descubrir **II.** *vr:* **sich ~** (*geh: sich darbieten*) ofrecerse

auf|wachen *vi sein* despertar(se) (*aus +dat* de)

auf|wachsen *irr vi sein* criarse

Aufwand ['aʊfvant] *m* <-(e)s, *ohne pl*> **1.** (*Einsatz*) esfuerzo *m* **2.** (*Prunk*) pompa *f;* **viel ~ mit etw treiben** hacer mucha ceremonia con algo **3.** (*Kosten*) gastos *mpl*

aufwändig[RR] *adj* costoso

auf|wärmen **I.** *vt* (*Essen*) recalentar **II.** *vr:* **sich ~** (SPORT) hacer un precalentamiento

aufwärts ['aʊfvɛrts] *adv* (hacia) arriba; **von einem bestimmten Betrag ~** a partir de una determinada cantidad

auf|wecken *vt* despertar

auf|weichen ['aʊfvaɪçən] **I.** *vi sein* reblandecer **II.** *vt haben* ablandar

auf|weisen ['aʊfvaɪzən] *irr vt* presentar

auf|wenden *irr vt* invertir

aufwendig *adj s.* **aufwändig**

auf|werfen *irr vt* (*Damm*) levantar; (*Probleme*) plantear

auf|werten *vt* (*Währung*) revalorizar; (*Ansehen*) mejorar

auf|wickeln *vt* devanar

auf|wiegeln ['aʊfviːgəln] *vt* incitar (*gegen +akk* contra, *zu +dat* a)

auf|wiegen *irr vt* contrapesar; (*ausgleichen*) compensar

Aufwind *m* <-(e)s, -e> (METEO) corriente *f* ascendente; (*fig: Auftrieb*) impulso *m*

auf|wirbeln *vt* arremolinar; **viel Staub ~** (*a. fig*) levantar una gran polvareda

auf|wischen *vt* limpiar (con un trapo)

auf|wühlen *vt* **1.** (*Erde*) (re)mover; (*Meer*) agitar **2.** (*erregen*) emocionar

auf|zählen *vt* enumerar; (*einzeln*) detallar

Aufzählung *f* <-en> enumeración *f;* (*Liste*) lista *f*

auf|zeichnen *vt* (*Plan*) trazar; (*Sendung*) grabar

Aufzeichnung *f* <-en> **1.** *pl* (*Notizen*) apuntes *mpl* **2.** (*Bild-, Tonaufnahme*) grabación *f*

auf|zeigen *vt* (*geh: darlegen*) mostrar; (*klarmachen*) demostrar, evidenciar

auf|ziehen *irr vt* **1.** (*Vorhang*) descorrer; (*Schleife*) deshacer **2.** (*Uhr*) dar cuerda (a) **3.** (*Kind, Tier*) criar **4.** (*fam: verspotten*): **jdn ~** tomar el pelo a alguien

Aufzug *m* <-(e)s, -züge> **1.** (*Lift*) ascensor *m* **2.** (*abw: Kleidung*) pinta *f* **3.** (THEAT) escena *f*

auf|zwingen *irr vt:* **jdm etw ~** imponer algo a alguien

Auge ['aʊgə] *nt* <-s, -n> (*Sehorgan*) ojo *m;* (*Sehvermögen*) vista *f;* **sich** *dat* **etw vor ~n führen** (*fig*) tener algo presente; **etw ins ~ fassen** (*fig*) proponerse hacer algo; **etw im ~ haben** (*fig*) tener la intención de hacer algo; **beide ~n zudrücken** (*fig*) hacer la vista gorda; **jdn unter vier ~n sprechen** hablar a alguien a solas; **ins ~ gehen** (*fam fig*) acabar mal; **mit einem blauen ~ davonkommen** (*fam fig*) salir bien parado; **Augenarzt, -ärztin** *m, f* oculista *mf;* **Augenblick** *m* momento *m*

augenblicklich *adj* (*gegenwärtig*) momentáneo; (*unverzüglich*) inmediato

Augenbraue ['aʊgənbraʊə] *f* ceja *f;* **Augenfarbe** *f* color *m* de los ojos

Augenmerk ['aʊgənmɛrk] *nt:* **sein ~ auf etw/jdn richten** fijar la atención en algo/alguien

Augenringe *mpl* ojeras *fpl;* **Augenschein** *m* (*geh*): **etw in ~ nehmen** examinar algo; **Augenweide** *f ohne pl* deleite *m* para los ojos; **Augenwinkel** *m* rabillo *m* del ojo; **jdn aus den ~n anschauen** mirar a alguien por el rabillo del ojo; **Augenwischerei** [aʊgənvɪʃə'raɪ] *f* <-en> patraña *f*; **Augenzeuge, -in** *m, f* testigo *mf* ocular; **Augenzwinkern** *nt* <-s, *ohne pl*> guiño *m*

August [aʊ'gʊst] *m* <-(e)s, -e> agosto *m*; *s. a.* **März**

Auktion [aʊk'tsjoːn] *f* <-en> subasta *f*

Aula ['aʊla] *f* <Aulen> salón *m* de actos; (*einer Universität*) paraninfo *m*

Aupairmädchen[RR] [o'pɛːɐmɛːtçən] *nt* au pair *f*

aus [aʊs] **I.** *präp +dat* **1.** (*heraus*) por; **er sah ~ dem Fenster** miró por la ventana; **~ der Flasche trinken** beber de la botella; **~ der Mode kommen** pasar de moda; **~ dem Gleichgewicht kommen** perder el equilibrio **2.** (*herkommend von*) de; **er ist ~ Leipzig** es de Leipzig **3.** (*beschaffen*) de; **~ Glas** de cristal **4.** (*mittels*) por; **~ Erfahrung** por experiencia; **~ dem Gedächtnis** de memoria **5.** (*infolge von*) por; **~ Angst** por miedo; **~ diesem Anlass** por este motivo **II.** *adv* **1.** (*fam: vorbei*): **das Spiel ist ~** el partido ha terminado; **zwischen ihnen ist es ~** han cortado **2.** (*ausgeschaltet*) apagado; **Licht ~!** ¡apaguen la luz! **3.** (*Wend*): **~ sein** (*fam: sich vergnügen*) haber salido; (*zu Ende sein*) haberse acabado; **auf etw ~ sein** ir detrás de algo; **von hier ~** desde aquí; **von mir ~** (*fam*) por mí

aus|arbeiten *vt* (*Plan*) elaborar; (*Vortrag*) redactar

aus|arten ['aʊsartən] *vi sein* degenerar (*in +akk* en)

aus|atmen *vi, vt* espirar

aus|baden *vt* (*fam*): **etw ~ müssen** tener que pagar los platos rotos

Ausbau *m* <-(e)s, *ohne pl*> ampliación *f*

aus|bauen *vt* **1.** (*Gebäude*) ampliar **2.** (*vertiefen*) intensificar

aus|beißen *irr vt*: **ich habe mir daran die Zähne ausgebissen** (*fig*) me dejé los cuernos en ello

aus|bessern *vt* (*Kleidung*) arreglar; (*flicken*) remendar

aus|beuten *vt* explotar

Ausbeutung *f* explotación *f*

aus|bilden *vt* (*Lehrling*) formar; (*Fähigkeiten*) desarrollar

Ausbildung *f* <-en> formación *f* (profesional); **Ausbildungsplatz** *m* puesto *m* de aprendizaje

aus|blasen *irr vt* apagar (de un soplo); **die Kerze ~** soplar la vela

aus|bleiben *irr vi sein* (*nicht eintreten*) no darse; (*fernbleiben*) no aparecer

Ausblick *m* <-(e)s, -e> **1.** (*in die Ferne*) vista *f* (*auf +akk* de) **2.** (*in die Zukunft*) perspectiva *f* (*auf +akk* de)

aus|borgen *vt* (*reg*) prestar; **sich** *dat* **etw ~** tomar algo prestado

aus|brechen *irr vi sein* **1.** (*Krieg*) estallar; (*Vulkan*) entrar en erupción; **in Tränen ~** romper a llorar **2.** (*sich befreien*) escapar(se) (*aus +dat* de)

aus|breiten **I.** *vt* (*Landkarte*) abrir; (*Decke, Arme*) extender; (*Flügel*) desplegar; (*einzelne Gegenstände*) exponer; **sein Leben vor jdm ~** contarle a alguien toda su vida **II.** *vr*: **sich ~** (*Nachricht, Feuer*) propagarse; (*sich erstrecken*) extenderse

Ausbreitung *f* <-en> **1.** (*Nachricht, Feuer*) propagación *f*; (*Rassismus*) expansión *f* **2.** (*Größe*) ampliación *f* **3.** (*eines Plans, Details*) exposición *f*

Ausbruch *m* <-(e)s, -brüche> **1.** (*Flucht*) fuga *f* (*aus +dat* de) **2.** (*Beginn*) comienzo *m*; **zum ~ kommen** declararse **3.** (*Eruption*) erupción *f*; (*Gefühlsentladung*) arrebato *m*

aus|brüten *vt* (*Eier*) empollar; (*fam: Plan*) urdir

aus|bürgern ['aʊsbʏrgərn] *vt* expatriar

aus|bürsten *vt* cepillar

Ausdauer *f* (*Beharrlichkeit*) perseverancia *f*; (*körperlich*) resistencia *f*; (*Zähigkeit*) tenacidad *f*

ausdauernd *adj* perseverante

aus|dehnen **I.** *vt* **1.** (*dehnen*) ensanchar **2.** (*erweitern*) ampliar **3.** (*verlängern*) prolongar **II.** *vr*: **sich ~** (*größer werden*) dilatarse; (*zeitlich*) prolongarse

aus|denken *irr vt*: **sich** *dat* **etw ~** imaginar algo

Ausdruck[1] *m* <-(e)s, -drücke> **1.** (*Wort*) palabra *f*; (*Wendung*) expresión *f* **2.** *ohne pl* (*Stil*) expresión *f*; **etw zum ~ bringen** expresar algo

Ausdruck[2] *m* <-(e)s, -e> impreso *m*

aus|drucken *vt* imprimir

aus|drücken **I.** *vt* **1.** (*Frucht*) exprimir **2.** (*Zigarette*) apagar **3.** (*äußern*) expresar **II.** *vr*: **sich ~** expresarse

ausdrücklich ['aʊsdrʏklɪç, -'--] *adj* expreso; (*Verbot*) categórico

ausdruckslos *adj* inexpresivo; **ausdrucksvoll** *adj* expresivo

auseinander [aʊsaɪˈnandɐ] *adv* separadamente; ~ **brechen** (*zerbrechen*) romper(se); (*Partei*) dividirse; ~ **bringen** (*fam*) separar; ~ **fallen** caerse en pedazos; (*Familie*) desintegrarse; ~ **falten** desdoblar; ~ **gehen** (*sich trennen*) separarse; (*sich verzweigen*) bifurcarse; (*Meinungen*) discrepar; (*fam: kaputtgehen*) romperse; ~ **halten** distinguir; ~ **nehmen** (*Motor*) desmontar; (*Radio*) desarmar; ~ **setzen** explicar; **sich mit etw ~ setzen** ocuparse de algo; **dieses Wort schreibt man ~** esta palabra se escribe separada; **sie sind ein Jahr ~** se llevan un año; **auseinander|brechen** *irr* **I.** *vi sein s.* **auseinander II.** *vt s.* **auseinander**; **auseinander|bringen** *irr vt s.* **auseinander**; **auseinander|fallen** *irr vi sein s.* **auseinander**; **auseinander|falten** *vt s.* **auseinander**; **auseinander|gehen** *irr vi sein s.* **auseinander**; **auseinander|halten** *irr vt s.* **auseinander**; **auseinander|nehmen** *irr vt s.* **auseinander**; **auseinander|setzen** *vt, vr:* **sich** ~ *s.* **auseinander**

Auseinandersetzung *f* <-en> **1.** (*Beschäftigung*) análisis *m inv* (*mit +dat* de) **2.** (*Diskussion*) discusión *f* (*über +akk* acerca de); (*Streit*) conflicto *m*

aus|fahren *irr vt:* **das Fahrgestell** ~ desplegar el tren de aterrizaje

Ausfahrt *f* <-en> salida *f*

Ausfall *m* <-(e)s, -fälle> **1.** (*Verdienst*) merma *f* **2.** *ohne pl* (*Haare, Zähne*) caída *f* **3.** *ohne pl* (*Maschine*) avería *f*

aus|fallen *irr vi sein* **1.** (*herausfallen*) caerse **2.** (*nicht stattfinden*) suspenderse; **der Unterricht fällt aus** no hay clase **3.** (*nicht funktionieren*) fallar

ausfallend *adj* (*grob*) agresivo; (*beleidigend*) grosero

aus|fertigen *vt* (*Pass*) expedir; (*Dokument*) extender

Ausfertigung *f* <-en> (*Schriftstück*) documento *m;* (*Abschrift*) copia *f;* **in doppelter** ~ por duplicado

ausfindig [ˈaʊsfɪndɪç] *adv:* **jdn/etw ~ machen** localizar a alguien/algo

aus|flippen [ˈaʊsflɪpən] *vi sein* (*fam: durch Drogen*) fliparse; (*durchdrehen*) flipar

Ausflucht [ˈaʊsflʊxt] *f* <-flüchte> excusa *f*

Ausflug *m* <-(e)s, -flüge> excursión *f*

AusflussRR *m* <-es, -flüsse> desagüe *m;* (MED) flujo *m*

aus|fragen *vt:* **jdn** (**über etw**) ~ interrogar a alguien (sobre algo)

aus|fransen [ˈaʊsfranzən] *vi sein* deshilacharse

aus|fressen *irr vt* (*fam*)*:* **etw** ~ hacer algo malo

Ausfuhr [ˈaʊsfuːɐ] *f* <-en> exportación *f*

aus|führen *vt* **1.** (*spazieren führen*) llevar de paseo **2.** (*exportieren*) exportar **3.** (*Auftrag*) cumplir **4.** (*erklären*) exponer

ausführlich [ˈaʊsfyːɐlɪç, -ˈ--] **I.** *adj* detallado **II.** *adv* con todo detalle

Ausführlichkeit [-ˈ---] *f* detalle *m;* **in aller** ~ con todo detalle

Ausführung *f* <-en> **1.** (*das Realisieren*) realización *f;* (*Auftrag*) cumplimiento *m* **2.** (*Typ*) modelo *m* **3.** *pl* (*Darlegung*) explicaciones *fpl*

aus|füllen *vt* (*Formular*) cumplimentar; (*befriedigen*) satisfacer

Ausgabe *f* <-n> **1.** (*eines Buches*) edición *f;* (*Zeitschrift*) número *m* **2.** (INFOR) salida *f* **3.** *pl* (*Kosten*) gastos *mpl* **4.** *ohne pl* (*von Waren*) entrega *f*

Ausgang *m* <-(e)s, -gänge> **1.** (*Tür*) salida *f* **2.** (*an einem Organ*) boca *f* **3.** *ohne pl* (*Ergebnis*) desenlace *m*

aus|geben *irr* **I.** *vt* (*austeilen*) distribuir; (*Geld*) gastar (*für +akk* en) **II.** *vr:* **sich** ~ hacerse pasar (*als/für +akk* por)

ausgebucht [ˈaʊsgəbuːxt] *adj* completo

ausgedehnt *adj* **1.** (*zeitlich*) amplio, extenso **2.** (*räumlich*) extenso, vasto

ausgefallen *adj* extravagante

ausgeglichen [ˈaʊsgəglɪçən] *adj* equilibrado

aus|gehen *irr vi sein* **1.** (*weggehen*) salir **2.** (*erlöschen*) apagarse **3.** (*seinen Ursprung nehmen*) partir (*von +dat* de); **wir können davon ~, dass ...** podemos partir de la base de que... **4.** (*enden*) acabar; **leer** ~ irse con las manos vacías

ausgehungert *adj* hambriento; (*Hunger leidend*) famélico

ausgeklügelt [ˈaʊsgəklyːgəlt] *adj* (*fam*) ingenioso, bien pensado

ausgekocht *adj* (*fam abw*) taimado

ausgelassen *adj* muy alegre; (*Kind*) retozón

ausgemergelt ['aʊsgəmɛrgəlt] *adj* demacrado

ausgenommen ['aʊsgənɔmən] **I.** *präp +akk* a excepción de **II.** *konj:* ~, **dass …** a no ser que… *+subj*

ausgeprägt *adj* pronunciado

ausgerechnet ['--'--] *adv* (*fam*) precisamente; **muss das ~ heute sein?** ¿tiene que ser precisamente hoy?

ausgeschlossen ['aʊsgəʃlɔsən] *adj* imposible; **es ist nicht ~, dass …** no se excluye que… *+subj*

ausgesprochen ['aʊsgəʃprɔxən] *adv* (*sehr*) realmente

ausgestorben ['aʊsgəʃtɔrbən] *adj* (*Volk, Pflanzen, Tiere*) extinguido; (*Ort*) desierto

ausgesucht ['aʊsgəzu:xt] *adj* selecto

ausgewachsen *adj* desarrollado; (*erwachsen*) adulto

ausgewogen ['aʊsgəvo:gən] *adj* armonioso

ausgezeichnet ['----, '--'--] *adj* excelente

ausgiebig ['aʊsgi:bɪç] **I.** *adj* abundante; (*Essen*) opulento; **einen ~en Mittagsschlaf halten** echarse una larga siesta **II.** *adv* con abundancia

Ausgleich ['aʊsglaɪç] *m* <-(e)s, *ohne pl*> compensación *f* (*für +akk* por)

aus|gleichen *irr vt* (*Unterschiede*) nivelar; (*Mangel*) compensar

aus|graben *irr vt* desenterrar

Ausgrabung *f* <-en> excavación *f*

aus|grenzen *vt* excluir

Ausguss[RR] *m* <-es, -güsse> pila *f;* (*reg*) pitorro *m*

aus|haben *irr* **I.** *vi* (*fam: Schluss haben*) terminar **II.** *vt* (*fam: Buch*) haber terminado (de leer)

aus|halten *irr* **I.** *vi* aguantar **II.** *vt* **1.** (*ertragen*) soportar **2.** (*standhalten*) resistir **3.** (*fam abw: Lebensunterhalt bezahlen*) mantener

aus|handeln *vt* regatear; (*Löhne*) negociar

aus|händigen ['aʊshɛndɪgən] *vt* (*Preis*) hacer entrega (de); (*Urkunde, Geld*) entregar

Aushang *m* <-(e)s, -hänge> anuncio *m*

aus|hängen[1] *irr vi* (*aufgehängt sein*) estar colgado (en el tablón de anuncios)

aus|hängen[2] *vt* (*aufhängen*) hacer público; (*Fenster*) desquiciar

Aushängeschild *nt* rótulo *m*

aus|harren ['aʊsharən] *vi* (*geh*) perseverar

aus|heben *irr vt* (*Graben*) excavar; (*Verbrechernest*) descubrir

aus|hecken ['aʊshɛkən] *vt* (*fam*) tramar

aus|helfen *irr vi* ayudar; **sie half ihm mit Werkzeug aus** le ayudó aportando herramientas

Aushilfe *f* <-n> auxiliar *mf*

aus|höhlen *vt* (*hohlmachen*) ahuecar; (*schwächen*) minar

aus|holen *vi* tomar impulso (*zu +dat* para)

aus|horchen *vt* tantear

aus|kennen *irr vr:* **sich ~** conocer bien; (*in einem Fach*) estar versado (*in/mit +dat* en); **damit kenne ich mich gar nicht aus** de eso no entiendo nada

aus|klammern *vt* dejar de lado

Ausklang *m* <-(e)s, -klänge> (*geh*) final *m*

aus|kommen *irr vi sein* **1.** (*sich vertragen*) entenderse; **wir kommen gut miteinander aus** nos llevamos bien; **mit ihm kann man nicht ~** no hay quien le aguante **2.** (*mit etw zurechtkommen*) arreglarse; (*ausreichend haben*) alcanzar

Auskommen *nt* <-s, *ohne pl*> sustento *m;* **sein ~ haben** arreglárselas para vivir

aus|kundschaften ['aʊskʊntʃaftən] *vt* indagar; (*Gegend*) explorar

Auskunft ['aʊskʊnft] *f* <-künfte> información *f*

aus|kurieren* *vt, vr:* **sich ~** (*fam*) curar(se) (completamente)

aus|lachen *vt* reírse (de)

aus|laden *irr vt* **1.** (*Fracht, Fahrzeug*) descargar **2.** (*Einladung zurücknehmen*): **jdn ~** retirar a alguien la invitación

Auslagen *fPl* desembolso *m*

Ausland *nt* <-(e)s, *ohne pl*> (país *m*) extranjero *m*

Ausländer(in) *m(f)* <-s, -; -nen> extranjero, -a *m, f;* **ausländerfeindlich** *adj* xenófobo; **Ausländerfeindlichkeit** *f* xenofobia *f*

ausländisch *adj* extranjero

Auslandsaufenthalt *m* estancia *f* en el extranjero

aus|lassen *irr* **I.** *vt* **1.** (*Wort*) omitir **2.** (*Butter*) derretir **3.** (*abreagieren*) descargar (*an +dat* sobre) **II.** *vr:* **sich ~** (*sich mitteilen*) manifestarse (*über +akk* sobre); (*lästern*) criticar (*über +akk*)

aus|lasten *vt* (*Maschine*) utilizar a pleno rendimiento; (*Person*) ocupar en su totalidad

aus|laufen *irr vi sein* **1.** (*Flüssigkeit*) derramarse; (*Gefäß*) vaciarse **2.** (*in See stechen*) zarpar **3.** (*aufhören*) terminar; (*Vertrag*) expirar

aus|leeren *vt* (*Gefäß*) vaciar; (*Flüssigkeit*) verter

aus|legen *vt* **1.** (*Köder*) poner **2.** (*Kabel*) tender **3.** (*Geld*) adelantar **4.** (*Worte*) interpretar

aus|leiern *vi sein* (*fam*) dar(se) de sí; (*Gewinde*) pasarse de rosca

aus|leihen *irr vt* (*verleihen*) prestar; (*sich borgen*) tomar prestado

Auslese ['aʊsle:zə] *f* <-n> (*Auswahl*) selección *f;* (*Wein*) vino *m* de uvas escogidas

aus|liefern *vt* entregar; (JUR) extraditar; **jdm ausgeliefert sein** (*fam*) estar en manos de alguien

aus|liegen *irr vi* **1.** (*Zeitschriften*) estar a disposición (de los lectores) **2.** (*Schlingen*) estar expuesto

aus|löschen *vt* (*geh: Menschenleben*) extinguir

aus|losen ['aʊslo:zən] *vt* rifar

aus|lösen *vt* **1.** (*Schuss*) disparar **2.** (*hervorrufen*) provocar **3.** (*befreien*) pagar el rescate (de/por)

Auslöser *m* <-s, -> **1.** (TECH) mecanismo *m* de disparo **2.** (*Anlass*) (factor *m*) desencadenante *m* (*für* de)

aus|machen *vt* **1.** (*fam: ausschalten*) apagar **2.** (*vereinbaren*) concertar **3.** (*betragen*) elevarse (a) **4.** (*bedeuten*) importar

aus|malen *vt* colorear (*mit +dat* de); **sich** *dat* **etw** ~ imaginarse algo

Ausmaß *nt* <-es, -e> dimensión *f;* **bis zu einem gewissen** ~ hasta (un) cierto punto; **in großem** ~ a gran escala

aus|merzen ['aʊsmɛrtsən] *vt* (*Ungeziefer*) exterminar; (*Fehler*) subsanar; (*Missstände*) eliminar

aus|messen *irr vt* medir

aus|misten *vt* (*Stall*) sacar el estiércol (de); (*fam: Zimmer*) poner en orden

aus|mustern *vt* (*aussortieren*) desechar; (MIL) declarar inútil

Ausnahme *f* <-n> excepción *f;* **mit ~ von ...** a excepción de...; **Ausnahmefall** *m* caso *m* excepcional, excepción *f;* **Ausnahmezustand** *m* estado *m* de excepción

ausnahmslos *adj* sin excepción; **ausnahmsweise** ['----, '--'--] *adv* excepcionalmente

aus|nehmen *irr vt* **1.** (*Fisch*) limpiar; (*Geflügel*) destripar **2.** (*ausschließen*) exceptuar (*von +dat* de) **3.** (*fam abw: Geld abnehmen*) desvalijar

aus|nutzen *vt* (*Gelegenheit*) aprovechar; (*Notlage*) aprovecharse (de)

aus|packen **I.** *vt* (*Koffer*) deshacer; (*Geschenk*) desenvolver; (*Paket*) desembalar **II.** *vi* (*fam: verraten*) cantar

aus|plaudern *vt* divulgar

aus|plündern *vt* (*Laden*) saquear

aus|posaunen* *vt* (*fam*) pregonar, decir a los cuatro vientos

aus|pressen *vt* (*Saft*) extraer; (*Frucht*) exprimir

aus|probieren* *vt* probar

Auspuff ['aʊspʊf] *m* <-(e)s, -e> escape *m;* **Auspuffrohr** *nt* tubo *m* de escape

aus|quartieren* ['aʊskvarti:rən] *vt* desalojar

aus|quetschen *vt* (*Frucht*) estrujar; (*fam: ausfragen*) acosar a preguntas

aus|radieren* *vt* borrar

aus|rangieren* ['aʊsraŋʒi:rən] *vt* (*fam*) desechar

aus|rasten *vi sein* (*fam: zornig werden*) enfurecerse

aus|rauben *vt* desvalijar

aus|räumen *vt* **1.** vaciar **2.** (*Missverständnis*) arreglar **3.** (*Schwierigkeit*) allanar **4.** (*Zweifel*) disipar

aus|rechnen *vt* calcular

Ausrede *f* <-n> pretexto *m*

aus|reden **I.** *vi* acabar de hablar **II.** *vt:* **jdm etw** ~ disuadir a alguien de algo

aus|reichen *vt* bastar

ausreichend *adj* (*a. Schulnote*) suficiente

Ausreise *f* <-n> salida *f* (*aus +dat* de)

aus|reißen *irr* **I.** *vi sein* (*fam*) escapar(se) **II.** *vt haben* arrancar

aus|renken ['aʊsrɛŋkən] *vt* dislocar

aus|richten *vt* **1.** (*Nachricht*) dar; **soll ich ihr etwas ~?** ¿quiere que le dé algún recado? **2.** (*einstellen*) adaptar (*auf+akk* a) **3.** (*erreichen*) conseguir; **ich konnte bei ihm nichts** ~ no pude conseguir nada de él **4.** (*veranstalten*) organizar

aus|rotten ['aʊsrɔtən] *vt* exterminar

Ausruf *m* <-(e)s, -e> exclamación *f*

aus|rufen *irr vt* **1.** (*rufend nennen*) llamar; (*Abflug*) anunciar (por altavoz) **2.** (*Notstand*) proclamar
Ausrufezeichen *nt* signo *m* de exclamación
aus|ruhen *vi, vr:* **sich** ~ descansar (*von* +*dat* de)
aus|rüsten *vt* equipar (*mit* +*dat* de/con)
Ausrüstung *f* <-en> equipo *m*
aus|rutschen *vi sein* resbalar
Ausrutscher *m* <-s, -> (*fam: Fauxpas*) desliz *m*
Aussage ['aʊsza:gə] *f* <-n> **1.** (JUR) declaración *f;* **die ~ verweigern** negarse a declarar **2.** (*Inhalt*) mensaje *m*
aus|sagen **I.** *vi* (JUR) declarar **II.** *vt* (*ausdrücken*) expresar
aus|schalten *vt* (*Licht*) apagar; (*Gegner*) eliminar
Ausschau *f:* **nach jdm/etw** *dat* **~ halten** buscar a alguien/algo con la vista
aus|scheiden *irr* **I.** *vi sein* **1.** (*aus einem Amt*) retirarse (*aus* +*dat* de) **2.** (SPORT) ser eliminado (*aus* +*dat* de) **3.** (*Bewerber*) no entrar en consideración **II.** *vt haben* (MED) segregar
aus|schimpfen *vt* reñir
aus|schlafen *irr* **I.** *vi, vr:* **sich** ~ dormir a su gusto **II.** *vt:* **seinen Rausch ~** dormir la mona
Ausschlag *m* <-(e)s, -schläge> **1.** (MED) erupción *f* cutánea **2.** (*der Waage*) caída *f;* (*des Pendels*) oscilación *f;* (*der Magnetnadel*) desviación *f;* **den ~ geben** ser decisivo
aus|schlagen *irr* **I.** *vi* **1.** *haben* (*Pferd*) cocear **2.** *haben o sein* (*Baum*) retoñar **3.** *haben o sein* (*Zeiger*) oscilar; (*Kompassnadel*) desviarse **II.** *vt haben* (*Angebot*) rehusar
ausschlaggebend *adj* decisivo (*für* +*akk* para)
aus|schließen *irr vt* **1.** (*Irrtum*) descartar **2.** (*im Widerspruch stehen*) excluir; **das eine schließt das andere nicht aus** lo uno no excluye lo otro **3.** (*aus einer Gemeinschaft*) expulsar (*aus* +*dat* de)
ausschließlich **I.** *adj* exclusivo **II.** *adv* únicamente **III.** *präp* +*gen* con exclusión de
AusschlussRR *m* <-es, -schlüsse> exclusión *f* (*aus* +*dat* de); **unter ~ der Öffentlichkeit** (JUR) a puerta cerrada
aus|schmücken *vt* (*Raum*) decorar; (*Geschichte*) embellecer
aus|schneiden *irr vt* recortar (*aus* +*dat* de)
Ausschnitt *m* <-(e)s, -e> **1.** (*Teil*) parte *f;* (*aus einem Film*) escena *f;* (*aus einer Zeitung*) recorte *m* **2.** (*bei Kleidung*) escote *m*
aus|schöpfen *vt* (*Möglichkeiten*) aprovechar; (*Reserven*) agotar
aus|schreiben *irr vt* **1.** (*Wort*) escribir entero; (*Zahl*) escribir en letra **2.** (*Wahlen*) convocar; (*Stelle*) sacar a concurso **3.** (*Rechnung*) hacer; (*Scheck*) extender
Ausschreitungen ['aʊsʃraɪtʊŋən] *fpl* disturbios *mpl*
AusschussRR *m* <-es, -schüsse> **1.** (*Komitee*) comisión *f* **2.** *ohne pl* (*minderwertige Ware*) desecho *m*
aus|schütteln *vt* sacudir
aus|schütten *vt* (*Flüssigkeit*) verter; **jdm sein Herz ~** (*fig*) abrir su corazón a alguien
ausschweifend ['aʊsʃvaɪfənt] *adj* (*Leben*) libertino; (*Fantasie*) desenfrenado
aus|sehen *irr vi* parecer; **gut ~** tener buen aspeto; (*Person*) estar guapo; **gut ~d** bien parecido; **es sieht nach Regen aus** parece que va a llover; **er sieht aus wie sein Vater** se parece a su padre
Aussehen *nt* <-s, *ohne pl*> aspecto *m*
aus|sein *irr vi s.* **aus II.**
außen ['aʊsən] *adv* fuera; **von ~** por fuera
aus|senden *irr vt* (*Boten*) enviar; (*Strahlen*) emitir
Außenhandel *m* comercio *m* exterior; **Außenminister(in)** *m(f)* ministro, -a *m, f* de Asuntos Exteriores, canciller *m Am;* **Außenministerium** *nt* Ministerio *m* de Asuntos Exteriores, cancillería *f Am;* **Außenpolitik** *f* política *f* exterior; **außenpolitisch** *adj* referente a la política exterior; **Außenseite** *f* (parte *f*) exterior *m;* **Außenseiter(in)** *m(f)* <-s, -; -nen> marginado, -a *m, f;* **Außenspiegel** *m* (AUTO) espejo *m* retrovisor exterior; **Außenwelt** *f ohne pl* mundo *m* exterior
außer ['aʊsɐ] **I.** *präp* +*dat* fuera de; (*ausschließlich*) a excepción de; (*abgesehen von*) aparte de; **~ Sicht sein** no ser visible; **~ Haus** fuera de casa; **~ Betrieb** fuera de servicio; **~ Atem** sin aliento; **~ sich** *dat* **sein** estar fuera de sí **II.** *präp* +*gen* fuera de; **~ Landes** fuera del país **III.** *konj* excepto; **~ dass** excepto que +*subj;* **~ wenn** excepto si
außerdem ['aʊsɐde:m, --'-] *adv* además
äußere(r, s) *adj* exterior

Äußere(s) *nt* <-n, *ohne pl*> aspecto *m;* (*Gesicht, Körper*) físico *m*
außerehelich ['aʊsɐ'ʔeːəlɪç] *adj* **1.** (*Beziehung*) extramatrimonial **2.** (*Kind*) ilegítimo;
außergewöhnlich *adj* excepcional
außerhalb **I.** *präp* +*gen* fuera de; ~ **der Stadt** fuera de la ciudad **II.** *adv* fuera; **wir wohnen** ~ vivimos en las afueras
außerirdisch *adj* extraterrestre
äußerlich ['ɔɪsɐlɪç] *adj* externo; (*oberflächlich*) superficial; **nur** ~ **anwenden** (*Medikamente*) sólo para uso externo
äußern ['ɔɪsɐn] **I.** *vt* expresar **II.** *vr:* **sich** ~ (*seine Meinung sagen*) pronunciarse; (*sich zeigen*) mostrarse
außerordentlich **I.** *adj* extraordinario **II.** *adv* (*sehr*) sumamente
außerorts *adv* (*Schweiz, Österr*) en las afueras
außerplanmäßig *adj* extraordinario
äußerst ['ɔɪsɐst] *adv* muy
außerstande [aʊsɐ'ʃtandə] *adv:* ~ **sein etw zu tun** no estar en condiciones de hacer algo
äußerste(r, s) ['ɔɪsɐstə, -tɐ, -təs] *adj* **1.** (*weit entfernt*) extremo; **am ~n Ende der Stadt** en el límite de la ciudad **2.** (*größtmöglich*) máximo
Äußerung ['ɔɪsərʊŋ] *f* <-en> declaración *f;* (*Bemerkung*) observación *f*
aus|setzen **I.** *vi* **1.** (*Atmung*) cesar **2.** (*unterbrechen*) interrumpirse; **zwei Runden** ~ pasar dos turnos; **ohne auszusetzen** sin parar **II.** *vt* **1.** (*Tier*) abandonar **2.** (*Verhandlung*) aplazar **3.** (*bemängeln*) poner reparos (*an* +*dat* a) **4.** (*Belohnung*) ofrecer **5.** (*preisgeben*): **jdn etw** *dat* ~ exponer a alguien a algo
Aussicht *f* <-en> **1.** (*Blick*) vista *f* (*auf* +*akk* de) **2.** (*Zukunftsmöglichkeit*) perspectiva *f* (*auf* +*akk* de); **etw hat** ~ **auf Erfolg** algo tiene probabilidad de éxito; **jdm etw in** ~ **stellen** prometer algo a alguien; **aussichtslos** *adj* inútil; **Aussichtspunkt** *m* mirador *m;* **aussichtsreich** *adj* prometedor; **Aussichtsturm** *m* mirador *m*
Aussiedler(in) *m(f)* <-s, -; -nen> expatriado, -a *m, f*
aus|söhnen ['auszøːnən] *vr:* **sich** ~ (re)conciliarse (*mit* +*dat* con)
aus|sortieren* *vt* separar
aus|spannen **I.** *vi* (*sich erholen*) descansar **II.** *vt* (*fam*): **jdm den Freund** ~ quitar(le) a alguien el novio
aus|sperren **I.** *vt* **1.** (*aus der Wohnung*) cerrar la puerta (a, *aus* +*dat* de) **2.** (*Arbeiter*) dejar en la calle mediante un lock-out **II.** *vr:* **sich** ~ (*aus der Wohnung*) quedarse fuera sin llaves (*aus* +*dat* de)
aus|spielen *vt* (*Karte*) jugar; (*Gegenspieler*) regatear; **jdn gegen jdn** ~ aprovecharse de la rivalidad entre dos personas
Aussprache *f* <-n> **1.** (*Artikulation*) pronunciación *f* **2.** (*Akzent*) acento *m* **3.** (*Unterredung*) discusión *f;* **eine** ~ **mit jdm haben** hablar francamente con alguien
aus|sprechen *irr* **I.** *vi* (*zu Ende sprechen*) terminar (la frase) **II.** *vt* **1.** (*Wörter, Laute*) pronunciar **2.** (*Lob*) expresar **III.** *vr:* **sich** ~ **1.** (*sein Herz ausschütten*) desahogarse (*bei* +*dat* con) **2.** (*befürworten*) abogar (*für* +*akk* por)
aus|spucken *vi, vt* escupir
aus|spülen *vt* enjuagar
Ausstand *m* <-(e)s, *ohne pl*> **1.** (*Streik*) huelga *f* **2.** (*Schweiz*) retirada *f* (*aus* de); **seinen** ~ **geben** celebrar su despedida del trabajo
aus|statten ['aʊsʃtatən] *vt* proveer (*mit* +*dat* de)
Ausstattung *f* <-en> (*mit Geräten*) equipo *m;* (*eines Buches*) presentación *f*
aus|stehen *irr* **I.** *vi* (*fehlen*) estar pendiente **II.** *vt* (*ertragen*) soportar; **ich kann ihn nicht** ~ no le soporto
aus|steigen *irr vi sein* **1.** (*aus einem Fahrzeug*) bajar (*aus* +*dat* de) **2.** (*fam: aufhören*) retirarse (*aus* +*dat* de)
aus|stellen *vt* **1.** (*Bilder*) exponer **2.** (*Bescheinigung*) expedir; (*Scheck*) extender (*über* +*akk* por) **3.** (*Gerät*) apagar
Ausstellung *f* <-en> exposición *f*
aus|sterben *irr vi sein* (*Pflanze, Tierart, Sprache*) desaparecer; (*Brauch*) caer en desuso
Aussteuer *f* ajuar *m*
Ausstieg ['aʊsʃtiːk] *m* <-(e)s, -e> (*fam: Beendigung*) abandono *m*
aus|stopfen *vt* rellenar; (*Tier*) disecar
aus|stoßen *irr vt* expulsar; (*Seufzer*) lanzar
aus|strahlen *vt* **1.** (*Licht, Wärme*) emitir; (*Ruhe, Heiterkeit*) irradiar **2.** (RADIO) emitir; (TV) televisar
Ausstrahlung *f* <-en> carisma *m*
aus|strecken *vt, vr:* **sich** ~ estirar(se)

aus|strömen I. *vi sein* (*Wasser*) derramarse; (*Gas, Dampf*) escaparse II. *vt haben* (*Duft, Wärme*) despedir

aus|suchen *vt* escoger

Austausch *m* <-(e)s, *ohne pl*> (inter)cambio *m*

austauschbar *adj* (inter)cambiable; (*ersetzbar*) sustituible

aus|tauschen *vt* cambiar; (*Erfahrungen*) intercambiar

aus|teilen *vt* repartir (*an +akk* a, *unter +dat* entre)

Auster ['aʊstɐ] *f* <-n> ostra *f*

aus|toben *vr:* **sich** ~ (*Kinder*) desfogarse

aus|tragen *irr vt* **1.** (*Briefe*) repartir **2.** (*Konflikt*) poner en claro **3.** (*Wend*): **ein Kind** ~ (decidir) tener el niño

Australien [aʊs'traːliən] *nt* <-s> Australia *f*

Australier(in) *m(f)* <-s, -; -nen> australiano, -a *m, f*

australisch *adj* australiano

aus|treiben *irr vt* (*Teufel*) exorcizar; **jdm etw** ~ quitar a alguien algo de la cabeza

aus|treten *irr* I. *vi sein* **1.** (*Gas*) escaparse (*aus +dat* por) **2.** (*aus der Kirche, Partei*) salir (*aus +dat* de) **3.** (*fam: zur Toilette gehen*) ir al servicio II. *vt* **1.** (*Schuhe*) (des)gastar **2.** (*Feuer*) apagar con los pies; (*Zigarette*) pisar

aus|trinken *irr vi, vt* terminar(se) de beber

Austritt *m* <-(e)s, -e> **1.** (*aus einer Organisation*) abandono *m* **2.** (*von Flüssigkeit*) salida *f;* (*von Gas*) escape *m*

aus|trocknen I. *vi sein* (re)secarse II. *vt haben* secar

aus|üben *vt* (*Macht, Einfluss*) ejercer (*auf +akk* sobre); (*Amt*) desempeñar; **einen Beruf** ~ ejercer una profesión

Ausverkauf *m* rebajas *fpl*

ausverkauft *adj* agotado

Auswahl *f* <-en> **1.** (*Angebot*) surtido *m* **2.** *ohne pl* (*Wahl*) selección *f;* **zur** ~ a escoger

aus|wählen *vt* escoger (*unter +dat* de/entre)

Auswanderer, -in *m, f* <-s, -; -nen> emigrante *mf*

aus|wandern *vi sein* emigrar (*aus +dat* de, *nach +dat* a)

auswärtig ['aʊsvɛrtɪç] *adj* **1.** (*nicht einheimisch*) de fuera **2.** (*das Ausland betreffend*) exterior; **der ~e Dienst** el servicio exterior

auswärts ['aʊsvɛrts] *adv* **1.** (*nach außen*) hacia fuera **2.** (*nicht zu Hause*) fuera (de casa); **von** ~ de fuera

aus|waschen *irr vt* lavar

aus|wechseln *vt* (re)cambiar

Ausweg *m* <-(e)s, -e> salida *f* (*aus +dat* de); **ausweglos** *adj* sin salida

aus|weichen *irr vi sein:* **jdm** ~ hacer sitio a alguien; **etw** *dat* ~ (*fig*) evitar algo; **eine ~de Antwort geben** responder con una evasiva

Ausweichmöglichkeit *f* alternativa *f*

Ausweis ['aʊsvaɪs] *m* <-es, -e> documento *m;* (*Studenten~*) carnet *m* de estudiante; (*Personal~*) documento *m* nacional de identidad

aus|weisen ['aʊsvaɪzən] *irr* I. *vt* (*fortschicken*) expulsar (*aus +dat* de) II. *vr:* **sich** ~ identificarse

Ausweispapiere *ntpl* documentación *f*

Ausweisung *f* <-en> expulsión *f*

aus|weiten I. *vt* ampliar II. *vr:* **sich** ~ (*weiter werden*) ensancharse; (*sich auswachsen*) llegar a convertirse (*zu +dat* en)

auswendig ['aʊsvɛndɪç] *adv* de memoria; **etw** ~ **können** saberse algo de memoria

aus|werten *vt* analizar; (*verwerten*) utilizar

aus|wickeln *vt* desenvolver

aus|wirken *vr:* **sich** ~ repercutir (*auf +akk* en)

Auswirkung *f* <-en> repercusión *f* (*auf +akk* en)

aus|wringen ['aʊsvrɪŋən] *irr vt* escurrir

aus|zahlen I. *vt* pagar II. *vr:* **sich** ~ merecer la pena

aus|zählen *vt* (*Stimmen*) escrutar

aus|zeichnen I. *vt* (*Waren*) marcar; (*ehren*) honrar II. *vr:* **sich** ~ destacarse (*durch +akk* por)

Auszeichnung *f* <-en> **1.** (*Ehrung*) distinción *f;* (SCH) matrícula *f* de honor; **mit** ~ con mención honorífica **2.** (MIL) condecoración *f*

aus|ziehen *irr* I. *vi sein* (*Wohnung räumen*) mudarse II. *vt* (*Kleidung ablegen*) quitar; (*Tisch*) alargar III. *vr:* **sich** ~ desnudarse

Auszubildende(r) ['aʊstsubɪldəndɐ] *mf* <-n, -n; -n> aprendiz(a) *m(f)*

Auszug *m* <-(e)s, -züge> (*aus der Wohnung*) mudanza *f* (*aus +dat* de); (*Extrakt*) extracto *m*

authentisch [aʊ'tɛntɪʃ] *adj* auténtico

Auto ['aʊto] *nt* <-s, -s> coche *m;* (**mit dem**) ~ **fahren** ir en coche

Autobahn *f* autopista *f*

> Una vía rápida con más de un carril en cada dirección en la que no está permitido circular a menos de 60 km/h se llama **Autobahn**. Se caracteriza por no tener ningún cruce a nivel y por estar separados los dos sentidos de la circulación por una mediana que normalmente tiene algún tipo de vegetación. En las autopistas alemanas no hay límite de velocidad. En Austria la velocidad máxima permitida a los automóviles es de 130 km/h mientras que en Suiza es de 120 km/h.

Autobahnauffahrt *f* entrada *f* a la autopista; **Autobahnausfahrt** *f* salida *f* de la autopista; **Autobahnraststätte** *f* área *f* de servicio

AutobiografieRR [aʊtobiogra'fiː] *f*, **Autobiographie** *f* autobiografía *f*

Autobus ['aʊtobʊs] *m* autobús *m;* **Autofahrer**(**in**) *m(f)* conductor(a) *m(f)*

autogen [aʊto'geːn] *adj* **1.** (TECH) autógeno **2.** (MED): ~**es Training** técnica *f* de autorrelajación

Autogramm [aʊto'gram] *nt* <-s, -e> autógrafo *m*

Automat [aʊto'maːt] *m* <-en, -en> autómata *m;* (*Getränke~*) distribuidor *m* automático; (*Geld~*) cajero *m* (automático)

automatisch *adj* automático

Automatisierung *f* <-en> automatización *f*

Automechaniker(**in**) *m(f)* mecánico, -a *m, f* de coches

Automobilindustrie *f* industria *f* del automóvil

autonom [aʊto'noːm] *adj* autónomo

Autonomie [aʊtono'miː] *f* <-n> autonomía *f*

Autonummer *f* matrícula *f* del coche

Autopsie [aʊtɔ'psiː] *f* <-n> autopsia *f*

Autor(**in**) ['aʊtoːɐ] *m(f)* <-s, -en; -nen> autor(a) *m(f)*

Autoradio *nt* autorradio *f;* **Autoreifen** *m* neumático *m* del coche

autoritär [aʊtori'tɛːɐ] *adj* autoritario

Autorität *f* <-en> autoridad *f*

Autounfall *m* accidente *m* de automóvil; **Autowerkstatt** *f* taller *m* de coches

Aversion [avɛr'zjoːn] *f* <-en> aversión *f* (*gegen + akk* contra)

Avocado [avo'kaːdo] *f* <-s> aguacate *m*

Axt [akst] *f* <Äxte> hacha *f*

Azeton *nt* <-s, *ohne pl*> acetona *f*

Azteke, -in [ats'teːkə] *m, f* <-n, -n; -nen> azteca *mf*

Azubi [a'tsuːbi] *mf* <-s, -s; -s> (*fam*) *Abk. von* **Auszubildende**(**r**) aprendiz(a) *m(f)*

B

B, b [beː] *nt* <-, -> B, b *f*

Baby ['beːbi, 'bɛɪbi] *nt* <-s, -s> bebé *m*

Babysitter(**in**) *m(f)* <-s, -; -nen> canguro *mf*

Bach [bax] *m* <-(e)s, Bäche> arroyo *m*

Backblech *nt* bandeja *f* de horno

Backbord ['bakbɔrt] *nt* <-(e)s, *ohne pl*> babor *m*

Backe ['bakə] *f* <-n> **1.** (*fam: Wange*) carrillo *m;* (*Paus~*) moflete *m* **2.** (*Brems~*) zapata *f*

backen ['bakən] <backt *o* bäckt, backte, gebacken> *vt* hacer (en el horno)

Backenknochen *m* pómulo *m;* **Backenzahn** *m* muela *f*

Bäcker(**in**) ['bɛkɐ] *m(f)* <-s, -; -nen> panadero, -a *m, f*

Bäckerei *f* <-en> panadería *f*

Backofen *m* horno *m*

Backpfeife *f* (*reg*) bofetada *f*, torta *f*

Backpulver *nt* levadura *f* en polvo

Backslash ['bɛkslɛʃ] *m* <-s, -s> (INFOR) barra *f* inversa

Backstein *m* ladrillo *m*

bäckt [bɛkt] *3. präs von* **backen**

Bad [baːt] *nt* <-(e)s, Bäder> **1.** (*das Baden*) baño *m;* **ein ~ nehmen** tomar un baño **2.** (*Badezimmer*) (cuarto *m* de) baño *m* **3.** (*Heil~*) balneario *m*

Badeanstalt *f* piscina *f* (municipal); **Bade-**

B

anzug *m* traje *m* de baño; **Badehose** *f* bañador *m;* **Badekappe** *f* gorro *m* de baño; **Bademantel** *m* albornoz *m;* **Bademeister(in)** *m(f)* bañero, -a *m, f*

baden ['ba:dən] *vi* (*schwimmen*) bañarse; (*ein Bad nehmen*) tomar un baño

Baden-Württemberg ['ba:dən'vʏrtəmbɛrk] *nt* <-s> Baden-Wurtemberg *m*

Badeschuhe *mpl* chancletas *fpl* de baño; **Badetuch** *nt* <-(e)s, -tücher> toalla *f* de baño; **Badewanne** *f* bañera *f,* bañadera *f Am;* **Badewasser** *nt* <-s, *ohne pl*> agua *f* para el baño; **Badezimmer** *nt* cuarto *m* de baño

baff [baf] *adj* (*fam*): ~ **sein** quedar(se) boquiabierto

Bafög ['ba:fø:k], **BAföG** *nt* <-(s)> *Abk. von* **Bundesausbildungsförderungsgesetz** Ley *f* Federal de Promoción de la Enseñanza

Bagatelle [baga'tɛlə] *f* <-n> bagatela *f*

bagatellisieren* *vt* quitar importancia (a)

Bagger ['bagɐ] *m* <-s, -> excavadora *f;* **Baggersee** *m* lago *m* (artificial)

Baguette [ba'gɛt] *nt* <-s, -s> barra *f* de pan (*blanco, estilo francés*)

Bahn [ba:n] *f* <-en> **1.** (*Weg*) camino *m;* **freie ~ haben** tener vía libre; **auf die schiefe ~ geraten** ir por mal camino **2.** (*Zug*) tren *m* **3.** (SPORT) calle *f;* **Bahnbeamte(r)** *mf,* **-beamtin** *f* (empleado, -a *m, f*) ferroviario, -a *m, f*

bahnbrechend *adj* revolucionario

Bahndamm *m* terraplén *m* de vías férreas

bahnen ['ba:nən] *vt:* **jdm den Weg ~** (*fig*) preparar(le) el camino a alguien

Bahnfahrt *f* viaje *m* en tren; **Bahngleis** *nt* raíl *m;* **Bahnhof** *m* estación *f* (de ferrocarril); **Bahnlinie** *f* línea *f* ferroviaria; **Bahnschranke** *f* barrera *f* de un paso a nivel; **Bahnsteig** ['ba:nʃtaɪk] *m* <-(e)s, -e> andén *m;* **Bahnübergang** *m* paso *m* a nivel; **Bahnverbindung** *f* comunicación *f* ferroviaria

Bahre ['ba:rə] *f* <-n> (*Liege*) camilla *f;* (*für Tote*) féretro *m*

Bakterie [bak'te:riə] *f* <-n> bacteria *f*

bakteriell *adj* bacterial

bakteriologisch *adj* bacteriológico

Balance [ba'lã:s(ə)] *f* <-n> equilibrio *m*

balancieren* **I.** *vi sein* hacer equilibrios **II.** *vt haben* equilibrar

bald [balt] <eher, am ehesten> *adv* pronto; **so ~ wie möglich** cuanto antes; ~ **darauf** poco después; **bis ~!** ¡hasta pronto!; **baldmöglichst** *adv* lo antes posible

Baldrian ['baldria:n] *m* <-s, -e> valeriana *f*

Balearen [bale'a:rən] *pl:* **die ~** las Baleares

balgen ['balgən] *vr:* **sich ~** pelearse (*um +akk* por)

Balkan ['balka:n] *m* <-s>: **der ~** los Balcanes; **auf dem ~** en los Balcanes; **Balkanländer** *ntpl* países *mpl* balcánicos

Balken ['balkən] *m* <-s, -> viga *f*

Balkon [bal'kɔŋ, bal'ko:n] *m* <-s, -e *o* -s> balcón *m;* **Balkontür** *f* puerta *f* del balcón

Ball [bal] *m* <-(e)s, Bälle> **1.** (SPORT) balón *m;* ~ **spielen** jugar a la pelota; **am ~ bleiben** (*fam*) no perder de vista **2.** (*Tanz~*) baile *m*

Ballast ['balast, -'-] *m* <-(e)s, -e> carga *f;* **Ballaststoffe** [-'---] *mpl* fibras *fpl* vegetales

ballen ['balən] **I.** *vt* (*Faust*) apretar; **die Hand zur Faust ~** cerrar los puños **II.** *vr:* **sich ~** (*Menschenmenge*) aglomerarse; (*Verkehr*) concentrarse

Ballen *m* <-s, -> (*Stoff~*) paca *f;* (*Hand~*) pulpejo *m*

Ballett [ba'lɛt] *nt* <-(e)s, -e> ballet *m*

Ballon [ba'lɔŋ, ba'lo:n] *m* <-s, -s *o* -e> **1.** (AERO) globo *m* **2.** (*Glas~*) balón *m*

Ballspiel *nt* juego *m* de pelota

Ballung ['balʊŋ] *f* <-en> aglomeración *f;* **Ballungsgebiet** *nt* zona *f* de aglomeración

Balsam ['balza:m] *m* <-s, *ohne pl*> bálsamo *m*

Baltikum ['baltikʊm] *nt* <-s> países *mpl* bálticos

baltisch *adj* báltico

Bambus ['bambʊs] *m* <-(ses), -se> bambú *m;* **Bambusrohr** *nt* caña *f* de bambú

Bammel ['baməl] *m* <-s, *ohne pl*> (*fam*) miedo *m*

banal [ba'na:l] *adj* banal

Banalität [banali'tɛ:t] *f* <-en> banalidad *f*

Banane [ba'na:nə] *f* <-n> plátano *m,* banana *f Am;* **Bananenschale** *f* cáscara *f* de plátano

Banause [ba'naʊzə] *m* <-n, -n> (*abw*) inculto, -a *m, f*

band [bant] *3. imp von* **binden**

Band[1] [bant] *m* <-(e)s, Bände> (*Buch*) tomo *m*

Band[2] [bant] *nt* <-(e)s, Bänder> **1.** (*Stoff~*) cinta *f* **2.** (*Fließ~*) cadena *f* de fabricación; **am laufenden ~** (*fam*) continuamente **3.** (*Ton~*) cinta *f* magnetofónica; **ich habe dir aufs ~ gesprochen** (*fam*) te dejé un mensaje (en el contestador)

Band[3] [bɛnt] *f* <-s> (*Musikgruppe*) grupo *m*

Bandage [banˈdaːʒə] *f* <-n> vendaje *m*

bandagieren* [bandaˈʒiːrən] *vt* vendar

Bandbreite *f* (RADIO) anchura *f* de banda; (*fig: Vielfalt*) diversidad *f*

Bande [ˈbandə] *f* <-n> (*abw: Gruppe*) banda *f*

bändigen [ˈbɛndɪgən] *vt* **1.** (*Tier*) domar; (*Mensch*) calmar **2.** (*Gefühle*) refrenar

Bandit(in) [banˈdiːt] *m(f)* <-en, -en; -nen> bandido, -a *m, f*

Bandscheibe *f* disco *m* intervertebral

Bandwurm *m* tenia *f*

bang(e) [baŋ(ə)] *adj* (*reg*) miedoso; **mir ist ~ (zumute)** tengo miedo

Bange *f* (*reg*) temor *m* (*vor* a), miedo *m* (*vor* de/a)

bangen [ˈbaŋən] *vi* (*geh*) temer (*um* +*akk* por)

Bank[1] [baŋk] *f* <Bänke> (*Sitz~*) banco *m*; **durch die ~** sin excepción; **etw auf die lange ~ schieben** dar largas a algo

Bank[2] [baŋk] *f* <-en> (*Kreditinstitut*) banco *m*; (*beim Spiel*) banca *f*

Bankangestellte(r) *mf* empleado, -a *m, f* de banco; **Bankautomat** *m* cajero *m* automático

Banker [ˈbɛŋkɐ] *m* <-s, -> (WIRTSCH) banquero *m*

Bankett [baŋˈkɛt] *nt* <-(e)s, -e> banquete *m*

Bankier [baŋˈkjeː] *m* <-s, -s> banquero, -a *m, f*

Bankkauffrau *f* empleada *f* titulada bancaria; **Bankkaufmann** *m* empleado *m* titulado bancario; **Bankkonto** *nt* cuenta *f* bancaria; **Bankleitzahl** *f* código *m* de identificación bancaria; **Banknote** *f* billete *m* de banco; **Bankraub** *m* robo *m* de banco; **Bankräuber(in)** *m(f)* atracador(a) *m(f)* de bancos

bankrott [bankˈrɔt] *adj* en bancarrota, en quiebra

Bankrott *m* <-(e)s, -e> bancarrota *f*; **~ machen** ir a la quiebra

Banküberfall *m* atraco *m* a un banco; **Bankverbindung** *f* cuenta *f* bancaria

Bann [ban] *m* <-(e)s, -e> hechizo *m*; **jdn in seinen ~ ziehen** cautivar a alguien; **in jds ~ geraten** estar hechizado por alguien

Banner [ˈbanɐ] *nt* <-s, -> estandarte *m*

bar [baːɐ] *adj* **1.** (FIN) en efectivo; **etw (in) ~ bezahlen** pagar algo al contado **2.** (*geh: rein*) puro; **das ist ~er Unsinn** esto es pura sandez

Bar [baːɐ] *f* <-s> (*Lokal*) bar *m*; (*Theke*) barra *f*

Bär [bɛːɐ] *m* <-en, -en> oso *m*; **jdm einen ~en aufbinden** (*fig fam*) contar a alguien un cuento chino

Baracke [baˈrakə] *f* <-n> chabola *f*

Barbarei [barbaˈraɪ] *f* <-en> barbarie *f*

barbarisch *adj* bárbaro

barfuß *adj* descalzo

barg [bark] *3. imp von* **bergen**

Bargeld *nt* dinero *m* al contado; **bargeldlos** *adj*: **~er Zahlungsverkehr** pagos por giro o cheque; **Bargeldumstellung** *f* proceso *f* de cambio para las transacciones en efectivo

Bariton [ˈbaːritɔn] *m* <-s, -e> barítono *m*

Barkeeper [ˈbaːɐkiːpɐ] *m* <-s, -> barman *m*

barmherzig [barmˈhɛrtsɪç] *adj* misericordioso

Barmherzigkeit *f* misericordia *f*

Barock [baˈrɔk] *m o nt* <-s, *ohne pl*> barroco *m*

Barometer [baroˈmeːtɐ] *nt* <-s, -> barómetro *m*

Baron(in) [baˈroːn] *m(f)* <-s, -e; -nen> barón, -onesa *m, f*

Barren [ˈbarən] *m* <-s, -> (*Metall*) barra *f*; (SPORT) (barras *fpl*) paralelas *fpl*

Barriere [baˈrjeːrə] *f* <-n> barrera *f*

Barrikade [bariˈkaːdə] *f* <-n> barricada *f*; **für etw auf die ~n gehen** (*fig*) luchar por algo

barsch [barʃ] *adj* rudo

Barsch [barʃ] *m* <-(e)s, -e> perca *f*

Barscheck *m* cheque *m* abierto

barst [barst] *3. imp von* **bersten**

Bart [baːɐt] *m* <-(e)s, Bärte> **1.** (*bei Männern*) barba *f*; **jdm um den ~ gehen** (*fam*) hacer la pelotilla a alguien **2.** (*bei Katzen*) bigote(s) *m(pl)* **3.** (*Schlüssel~*) paletón *m*

bärtig ['bɛrtɪç, 'bɛːɐtɪç] *adj* barbudo

Bartstoppeln *fpl* cañones *mpl* de la barba

Barzahlung *f* pago *m* al contado

Basar [ba'zaːɐ] *m* <-s, -e> bazar *m*

Baseball ['beɪsbɔːl] *m* <-s, *ohne pl*> (SPORT) béisbol *m*

Basel ['baːzəl] *nt* <-s> Basilea *f*

Basen *pl von* **Basis**

basieren* [ba'ziːrən] *vi* basarse (*auf +dat* en)

Basis ['baːzɪs] *f* <Basen> base *f*

Baskenland *nt* <-(e)s> País *m* Vasco

Basketball ['baːskətbal] *m* <-(e)s, *ohne pl*> baloncesto *m*

baskisch *adj* vasco; (*Sprache*) vascuence

Bass[RR] [bas] *m* <-es, Bässe> bajo *m*

Bast [bast] *m* <-(e)s, -e> rafia *f*

Bastard ['bastart] *m* <-(e)s, -e> bastardo *m;* (BIOL) híbrido *m*

basteln ['bastəln] **I.** *vi* hacer trabajos manuales **II.** *vt* hacer (a mano)

Bastler(in) ['bastlɐ] *m(f)* <-s, -; -nen> aficionado, -a *m, f* a las manualidades

bat [baːt] *3. imp von* **bitten**

Bataillon [batal'joːn] *nt* <-s, -e> batallón *m*

Batterie [batə'riː] *f* <-n> pila *f;* (AUTO, MIL) batería *f;* **batteriebetrieben** *adj* accionado por batería; **ein ~es Radiogerät** una radio a pilas

Bau[1] [baʊ] *m* <-(e)s, Bauten> **1.** (*Gebäude*) edificio *m* **2.** *ohne pl* (*das Bauen*) construcción *f;* (*fam: Baustelle*) obra *f;* **auf dem ~ arbeiten** trabajar en la construcción

Bau[2] *m* <-(e)s, -e> (*Erdhöhle*) madriguera *f*

Bauarbeiten *fpl* obras *fpl* de construcción; **Bauarbeiter(in)** *m(f)* obrero, -a *m, f* de la construcción

Bauch [baʊx] *m* <-(e)s, Bäuche> vientre *m;* **einen ~ bekommen** echar barriga; **sich** *dat* **den ~ mit etw voll schlagen** (*fam*) darse una panzada de algo; **Bauchnabel** *m* ombligo *m;* **Bauchredner(in)** *m(f)* ventrílocuo, -a *m, f;* **Bauchschmerzen** *mpl* dolores *mpl* de barriga; **Bauchspeicheldrüse** *f* páncreas *m inv;* **Bauchtanz** *m* danza *f* oriental; **Bauchtänzerin** *f* danzarina *f* oriental; **Bauchweh** *nt* <-s, *ohne pl*> (*fam*) dolor *m* de barriga

bauen ['baʊən] *vt* construir; (*Gebäude*) edificar; (*Nest*) hacer

Bauer ['baʊɐ] *m,* **Bäuerin** *f* <-n *o* -s, -n; -nen> campesino, -a *m, f;* (*Schachfigur*) peón *m*

bäuerlich *adj* (*abw*) rústico

Bauernhof *m* granja *f;* **Bauernregel** *f* almanaque *m* campesino

baufällig *adj* en ruina

Baufirma *f* empresa *f* constructora; **Baugenehmigung** *f* permiso *m* de edificación; **Baugrundstück** *nt* solar *m;* **Bauherr(in)** *m(f)* propietario, -a *m, f;* **Bauingenieur(in)** *m(f)* ingeniero, -a *m, f* civil; **Baujahr** *nt* (*von Fahrzeugen*) año *m* de fabricación; **Baukasten** *m* juego *m* de construcción (con cubos); **Bauklotz** *m* cubo *m* aplicable; **Bauklötze staunen** (*fam*) quedarse atónito

baulich *adj* arquitectónico; **~e Veränderungen vornehmen** realizar cambios arquitectónicos

Baum [baʊm] *m* <-(e)s, Bäume> (*a.* INFOR) árbol *m;* **Bäume ausreißen können** (*fam fig*) rebosar de vitalidad

Baumarkt *m* mercado *m* de materiales para la construcción; **Baumeister(in)** *m(f)* (*Erbauer*) constructor(a) *m(f);* (*Beruf*) arquitecto, -a *m, f* técnico, -a

baumeln ['baʊməln] *vi* (*fam*) bambolearse

Baumkrone *f* copa *f;* **Baumschule** *f* plantel *m;* **Baumstamm** *m* tronco *m;* **Baumsterben** *nt* <-s, *ohne pl*> muerte *f* de los bosques; **Baumwolle** *f* algodón *m*

Bauplan *m* (*Entwurf*) plan *m* de ejecución de las obras; (*Bauvorhaben*) proyecto *m* de construcción

Bausch [baʊʃ] *m* <-(e)s, -e *o* Bäusche> (*Watte*) pelota *f* (de algodón); **in ~ und Bogen** a bulto

Bausparkasse *f* caja *f* de ahorro(s) para la construcción; **Bausparvertrag** *m* cuenta-vivienda *f*

Baustein *m* **1.** (ARCHIT) piedra *f* de construcción **2.** (*Bestandteil*) componente *m;* **elektronischer ~** chip *m;* **Baustelle** *f* obras *fpl;* **Betreten der ~ verboten!** ¡prohibida la entrada a toda persona ajena a las obras!; **Bauteil** *nt* (*Teil zum Bauen*) elemento *m;* (*Teil einer Maschine*) componente *m* (de una máquina)

Bauten ['baʊtən] *pl von* **Bau**[1]

Bauunternehmen *nt* compañía *f* de construcciones; **Bauunternehmer(in)** *m(f)*

contratista *mf* de obras; **Bauweise** *f* método *m* constructivo; (*Stil*) estilo *m;* **Bauwerk** *nt* edificio *m,* construcción *f*

bay(e)risch ['baɪ(ə)rɪʃ] *adj* bávaro

Bayern ['baɪɐn] *nt* <-s> Baviera *f*

bayrisch ['baɪrɪʃ] *adj* bávaro

Bazillus [ba'tsɪlʊs] *m* <-, Bazillen> bacilo *m*

beabsichtigen* *vt* tener la intención (de); **das war nicht beabsichtigt!** ¡no fue intencionado!

beachten* *vt* **1.** (*Vorschrift*) cumplir (con) **2.** (*Person*) fijarse (en) **3.** (*berücksichtigen*) considerar; **beachtenswert** *adj* notable

beachtlich *adj* (*beträchtlich*) considerable; (*wichtig*) importante

Beachtung *f* atención *f;* **etw** *dat* (**keine**) ~ **schenken** (no) hacer caso a algo

Beamte(r) *mf* <-n, -n; -n>, **Beamtin** *f* <-nen> funcionario, -a *m, f* del Estado

beängstigend *adj* alarmante

beanspruchen* [bə'ʔanʃprʊxən] *vt* **1.** (*Zeit, Platz*) requerir **2.** (*Hilfe*) recurrir (a) **3.** (*Maschine*) usar; (*Person*) ocupar

Beanspruchung *f* <-en> **1.** (*das Inanspruchnehmen*) utilización *f;* (*Benutzung*) empleo *m* **2.** (*eines Menschen*) exigencia *f* **3.** (*Abnutzung*) desgaste *m*

beanstanden* *vt* objetar

Beanstandung *f* <-en> objeción *f,* reparo *m*

beantragen* *vt* solicitar

beantworten* [bə'ʔantvɔrtən] *vt* contestar

bearbeiten* *vt* **1.** (*behandeln*) tratar; (*Stein*) labrar; (*Rohstoffe*) elaborar **2.** (*Antrag*) tramitar; (*Thema*) trabajar; **jdn** ~ (*fam*) tratar de persuadir a alguien

Bearbeitung *f* <-en> (trabajo *m* de) elaboración *f;* (*Buch*) revisión *f;* **etw ist in** ~ algo está en tramitación

beatmen* *vt* practicar la respiración artificial

beaufsichtigen* *vt* (*Schüler*) vigilar; (*Arbeit*) supervisar

beauftragen* *vt* encargar; **jdn mit etw** ~ encomendar algo a alguien

Beauftragte(r) *mf* <-n, -n; -n> encargado, -a *m, f,* comisionado, -a *m, f*

bebauen* *vt* (*verstädten*) urbanizar; (*Acker*) cultivar

beben ['be:bən] *vi* temblar

Beben *nt* <-s, -> seísmo *m,* terremoto *m*

bebildern* *vt* ilustrar

Becher ['bɛçɐ] *m* <-s, -> vaso *m;* (*Joghurt~*) tarrina *f*

Becken ['bɛkən] *nt* <-s, -> **1.** (*Spül~*) pila *f;* (*Schwimm~*) piscina *f* **2.** (ANAT) pelvis *f inv* **3.** (MUS) platillos *mpl*

bedacht [bə'daxt] *adj* (*überlegt*) deliberado; ~ **handeln** actuar premeditadamente; **darauf ~ sein, dass ...** cuidar de que... *+subj*

Bedacht *m* (*geh*): **etw mit ~ tun** (*überlegt*) hacer algo deliberadamente; (*vorsichtig*) hacer algo con cuidado

bedächtig [bə'dɛçtɪç] *adj* (*langsam*) mesurado; (*vorsichtig*) prudente

bedanken* *vr:* **sich bei jdm für etw** ~ dar las gracias a alguien por algo

Bedarf [bə'darf] *m* <-(e)s, *ohne pl*> necesidad *f;* (COM) demanda; **bei** ~ cuando sea necesario; (**je**) **nach** ~ según las necesidades; **den ~ an etw decken** satisfacer la demanda de algo; **Bedarfsfall** *m:* **im** ~ en caso de necesidad

bedauerlich [bə'daʊɐlɪç] *adj* lamentable

bedauerlicherweise [-'----'--] *adv* lamentablemente

bedauern* [bə'daʊɐn] *vt* **1.** (*Verlust*) lamentar; **bedaure!** ¡lo lamento! **2.** (*Mensch*) compadecer (a)

Bedauern *nt* <-s, *ohne pl*> pesar *m;* **zu meinem größten ~ ...** muy a pesar mío...

bedauernswert *adj* (*Sache*) lamentable; (*Mensch*) digno de lástima

bedecken* *vt* cubrir (*mit +dat* de/con)

bedeckt *adj* (*Himmel*) encapotado

bedenken* *irr vt* pensar(se); **wenn man es recht bedenkt** considerándolo bien; **zu ~ geben, dass ...** señalar que...

Bedenken *ntpl* (*Zweifel*) duda *f;* **ohne** ~ sin reparos; **bedenkenlos** *adj* **1.** (*ohne zu zögern*) sin vacilar; **da kannst du ~ hingehen** no dudes en pasarte por allí **2.** (*ohne Überlegung*) irreflexivo **3.** (*skrupellos*) sin escrúpulos

bedenklich *adj* (*zweifelhaft*) dudoso; (*Besorgnis erregend*) preocupante

Bedenkzeit *f* tiempo *m* de reflexión

bedeuten* *vt* significar; **das hat nichts zu** ~ no quiere decir nada

bedeutend *adj* (*wichtig*) importante; (*beachtlich*) considerable

bedeutsam *adj* (*wichtig*) importante; (*viel sagend*) significativo

Bedeutung *f* <-en> **1.** (*Sinn*) significado *m;* **in übertragener/wörtlicher ~** en sentido figurado/literal **2.** *ohne pl* (*Wichtigkeit*) importancia *f;* **etw ist von ~** algo es de importancia; **bedeutungslos** *adj* insignificante

bedienen* **I.** *vt* **1.** (*im Geschäft*) atender; (*im Restaurant*) servir; **werden Sie schon bedient?** ¿ya le atienden? **2.** (*Maschinen*) manejar **II.** *vr:* **sich einer Sache ~** servirse de algo; **~ Sie sich!** ¡sírvase usted mismo!

bedienerfreundlich *adj* de fácil manejo

Bedienung *f* <-en> **1.** (*Kellner*) camarero, -a *m, f* **2.** *ohne pl* (*eines Gastes*) servicio *m* **3.** *ohne pl* (*eines Gerätes*) manejo *m;* **Bedienungsanleitung** *f* instrucciones *fpl* de manejo; **Bedienungsfehler** *m* fallo *m* operacional

bedingen* [bəˈdɪŋən] *vt* **1.** (*bewirken*) causar; (*bestimmen*) condicionar **2.** (*erfordern*) requerir

bedingt **I.** *adj* relativo; (*beschränkt*) limitado; **~ durch ...** debido a... **II.** *adv:* **das ist nur ~ richtig** esto sólo es correcto hasta cierto punto

Bedingung *f* <-en> condición *f;* **unter der ~, dass ...** a condición de que... *+subj;* **~en stellen** poner condiciones; **unter erschwerten ~en arbeiten** trabajar bajo condiciones difíciles; **bedingungslos** *adj* sin condiciones

bedrängen* *vt* acosar

Bedrängnis *f* (*geh*): **in ~ geraten** verse en un apuro; **jdn in ~ bringen** poner a alguien en un apuro

bedrohen* *vt* amenazar

bedrohlich *adj* amenazante, amenazador

Bedrohung *f* <-en> amenaza *f*

bedrucken* *vt* estampar (*mit +dat* con)

bedrücken* *vt* oprimir

bedrückend *adj* opresivo; (*beklemmend*) oprimente

bedrückt *adj* deprimido

bedürfen* *irr vi* (*geh*) necesitar (de); **das bedarf keiner weiteren Erklärung** eso no requiere (de) más explicaciones

Bedürfnis *nt* <-ses, -se> necesidad *f;* **jds ~se befriedigen** satisfacer las necesidades de alguien

bedürftig *adj* necesitado

beehren* *vt* (*geh*) honrar; **jdn mit einem Besuch ~** conceder a alguien el honor de su visita

beeilen* *vr:* **sich ~** darse prisa

beeindrucken* *vt* impresionar

beeindruckend *adj* impresionante

beeinflussen* [bəˈʔaɪnflʊsən] *vt* influir (en/sobre)

beeinträchtigen* [bəˈʔaɪntrɛçtɪgən] *vt* perjudicar

Beeinträchtigung *f* <-en> perjuicio *m*

beenden* *vt* acabar (con); (INFOR) terminar; **die Sitzung ~** finalizar la reunión

Beendigung *f* término *m,* fin *m;* **nach ~ des Kurses** al finalizar el curso

beerben* *vt* heredar

beerdigen* [bəˈʔeːɐdɪgən] *vt* enterrar

Beerdigung *f* <-en> entierro *m;* **Beerdigungsinstitut** *nt* funeraria *f*

Beere [ˈbeːrə] *f* <-n> baya *f*

Beet [beːt] *nt* <-(e)s, -e> (*mit Gemüse*) bancal *m;* (*mit Blumen*) arriate *m*

befähigen* [bəˈfɛːɪgən] *vt* capacitar (*zu +dat* para)

befahl *3. imp von* **befehlen**

befahrbar *adj* transitable

befahren* *irr vt* circular (por); (*Schiff*) navegar (por); **die Strecke wird wenig ~** este trecho está poco transitado

befallen* *irr vt* **1.** (*geh: Angst*) invadir **2.** (*geh: Krankheit*) acometer; (*Müdigkeit*) entrar **3.** (*Schädlinge*) infestar

befangen *adj* (*gehemmt*) inhibido; (JUR) parcial

Befangenheit *f* **1.** (*Schüchternheit*) timidez *f;* (*Gehemmtsein*) apocamiento *m* **2.** (JUR) parcialidad *f*

befassen* *vr:* **sich ~** ocuparse (*mit +dat* de)

Befehl [bəˈfeːl] *m* <-(e)s, -e> orden *f;* (INFOR) comando *m;* **~ von oben** órdenes superiores; **zu ~!** ¡a sus órdenes!

befehlen <befiehlt, befahl, befohlen> *vi, vt* ordenar

Befehlszeile *f* (INFOR) línea *f* de programación

befestigen* *vt* sujetar (*an +dat* a)

befeuchten* *vt* humedecer

befiehlt [bəˈfiːlt] *3. präs von* **befehlen**

befinden* *irr* **I.** *vr:* **sich ~** encontrarse; **meine Wohnung befindet sich im zweiten Stock** mi apartamento está en el segundo piso **II.** *vi* (*entscheiden*) decidir (*über +akk* sobre)

Befinden *nt* <-s, *ohne pl*> (*Gesundheitszustand*) (estado *m* de) salud *f;* (*geh: Meinung*) parecer *m*

beflissen [bəˈflɪsən] *adj* aplicado; (*hilfsbereit*) servicial

befohlen [bəˈfoːlən] *pp von* **befehlen**

befolgen* *vt* (*Befehl*) cumplir; (*Ratschlag*) seguir; (*Gesetz*) obedecer

befördern* *vt* (*Waren*) transportar; (*im Beruf*) ascender (*zu* +*dat* a)

Beförderung *f* <-en> (*Transport*) transporte *m;* (*beruflich*) ascenso *m*

befragen* *vt* interrogar; (*Arzt, Karten*) consultar (*wegen* +*gen* por)

befreien* *vt* liberar (*aus/von* +*dat* de); (*freistellen*) dispensar (*von* +*dat* de)

Befreiung *f* <-en> liberación *f;* (*von einer Pflicht*) exención (*von* +*dat* de)

befremden* [bəˈfrɛmdən] *vt* extrañar; **es befremdet mich, dass ...** me extraña que... +*subj*

Befremden *nt* <-s, *ohne pl*> asombro *m,* extrañeza *f*

befreunden* [bəˈfrɔɪndən] *vr:* **sich mit jdm** ~ hacerse amigo de alguien

befreundet *adj* amigo (*mit* +*dat* de); **sie sind** (**eng**) ~ son amigos (íntimos); **ein ~es Paar** una pareja amiga

befriedigen* [bəˈfriːdɪgən] **I.** *vt* satisfacer **II.** *vr:* **sich** ~ masturbarse

befriedigend *adj* satisfactorio; (*Schulnote*) bien

Befriedigung *f* <-en> satisfacción *f*

befristen* *vt* limitar (*auf* +*akk* a/hasta)

befristet *adj* limitado; **jdn ~ einstellen** contratar a alguien por un plazo limitado

befruchten* *vt* fecundar; (*Blüten*) polinizar

Befruchtung *f* <-en> fecundación *f;* **künstliche** ~ inseminación artificial

Befugnis [bəˈfuːknɪs] *f* <-se> autorización *f;* **keine ~ zu etw haben** no estar autorizado para algo

befugt *adj:* **zu etw** (**nicht**) **~ sein** (no) estar autorizado para hacer algo

Befund *m* <-(e)s, -e> diagnóstico *m*

befürchten* *vt* temer; **es ist zu ~, dass ...** es de temer que... +*subj*

Befürchtung *f* <-en> temor *m;* **die ~ haben, dass ...** sospechar que...

befürworten* [bəˈfyːɐvɔrtən] *vt* aprobar

Befürworter(in) *m(f)* <-s, -; -nen> defensor(a) *m(f)*

begabt [bəˈgaːpt] *adj* dotado; **hoch** ~ superdotado

Begabung [bəˈgaːbʊŋ] *f* <-en> talento *m*

begann [bəˈgan] *3. imp von* **beginnen**

begeben* *irr vr:* **sich** ~ (*geh*) **1.** (*stattfinden*) ocurrir **2.** (*gehen*) dirigirse (*zu* +*dat, in* +*akk* a); **sich auf den Heimweg** ~ dirigirse a casa; **sich in Gefahr** ~ ponerse en peligro

Begebenheit *f* <-en> suceso *m*

begegnen* [bəˈgeːgnən] *vi sein:* **jdm/etw** *dat* ~ encontrarse a alguien/con algo; **einander** ~ encontrarse; **man begegnete ihr mit Achtung** la trataban con respeto

Begegnung *f* <-en> encuentro *m*

begehen* *irr vt* **1.** (*Weg*) transitar (por) **2.** (*Fehler*) cometer; **Selbstmord** ~ suicidarse; **ein Verbrechen** ~ cometer un crimen **3.** (*geh: Jubiläum*) celebrar

begehren* [bəˈgeːrən] *vt* (*geh*) ansiar; (*sexuell*) desear; **begehrenswert** *adj* deseable

begehrt *adj* solicitado; (*Ferienort*) popular

begeistern* [bəˈgaɪstɐn] *vt, vr:* **sich** ~ entusiasmar(se) (*für* +*akk* por)

Begeisterung *f* entusiasmo *m*

Begierde [bəˈgiːɐdə] *f* <-n> ansias *fpl* (*nach* +*dat* de)

begierig *adj* ansioso (*auf* +*akk* de/por)

begießen* *irr vt* **1.** (*Pflanzen*) regar **2.** (*fam: feiern*) celebrar con una copa

Beginn [bəˈgɪn] *m* <-(e)s, *ohne pl*> comienzo *m;* **zu** ~ al inicio

beginnen <beginnt, begann, begonnen> *vi, vt* comenzar (a); **es beginnt zu regnen** comienza a llover

beglaubigen* [bəˈglaʊbɪgən] *vt* (*Urkunde*) certificar (de); (*Kopie*) compulsar

Beglaubigung *f* <-en> (*Schriftstück*) certificación *f;* (*einer Kopie*) autentificación *f*

begleichen* *irr vt* (*geh*) saldar

begleiten* *vt* (*a.* MUS) acompañar

Begleiter(in) *m(f)* <-s, -; -nen> acompañante *mf*

Begleiterscheinung *f* efecto *m* secundario; **Begleitperson** *f* acompañante *mf,* compañía *f;* **Begleitumstände** *mpl* (JUR) circunstancias *fpl* concomitantes

Begleitung *f* <-en> **1.** (*a.* MUS) acompañamiento *m;* **in jds** ~ acompañado de alguien **2.** (*Begleiter*) acompañante *mf*

beglichen *pp von* **begleichen**

beglücken* *vt* (*geh*) deleitar (*mit* con), satisfacer (*mit* con); **ein ~des Gefühl** una sensación satisfactoria

beglückwünschen* *vt* felicitar (*zu* +*dat* por)

begnadet [bəˈgnaːdət] *adj* altamente dotado

begnadigen* *vt* indultar

Begnadigung *f* <-en> amnistía *f*

begnügen* [bəˈgnyːgən] *vr:* **sich ~** conformarse (*mit* +*dat* con)

begonnen [bəˈgɔnən] *pp von* **beginnen**

begraben* *irr vt* **1.** (*Tote*) sepultar **2.** (*Hoffnung*) renunciar (a); **lass uns unseren Streit ~** echemos tierra a nuestra disputa

Begräbnis [bəˈgrɛːpnɪs] *nt* <-ses, -se> entierro *m*

begradigen* [bəˈgraːdɪgən] *vt* (*Fluss*) encauzar; (*Straße*) rectificar

begreifen* *irr vt* comprender

begreiflich *adj* comprensible; **jdm etw ~ machen** hacer comprender algo a alguien

begrenzen* *vt* limitar (*auf* +*akk* a); (*Gebiet*) delimitar

begrenzt *adj* limitado; **er hat einen ~en Horizont** tiene una visión limitada

Begriff *m* <-(e)s, -e> **1.** (*Ausdruck*) concepto *m* **2.** (*Vorstellung*) noción *f;* **sich** *dat* **einen ~ von etw machen** hacerse una idea de algo; **das ist mir ein ~** me suena; **im ~ sein etw zu tun** estar a punto de hacer algo; **schwer von ~ sein** (*fam*) ser corto de mollera

begriffen I. *pp von* **begreifen II.** *adj* con intención (*zu* de); **die Gäste sind im Aufbruch ~** los invitados están a punto de marcharse

begriffsstutzig *adj* tardo (en comprender)

begründen* *vt* **1.** (*Gründe aufführen*) justificar; **womit willst du das ~?** ¿en qué lo quieres basar? **2.** (*gründen*) fundar

Begründer(in) *m(f)* <-s, -; -nen> iniciador(a) *m(f)*, fundador(a) *m(f)*

Begründung *f* <-en> motivo *m*

begrünen* *vt* ajardinar

begrüßen* *vt* **1.** (*Gast*) saludar; **ich würde mich sehr freuen, Sie bei mir ~ zu dürfen** estaría encantado de poder recibirle en mi casa **2.** (*Vorschlag*) celebrar; **ich würde es ~, wenn …** celebraría que… +*subj;* **begrüßenswert** *adj* plausible; **es ist ~, dass …** celebramos que… +*subj*

Begrüßung *f* <-en> saludo *m;* (*Empfang*) recibimiento *m*

begünstigen* [bəˈgʏnstɪgən] *vt* favorecer; **er war vom Schicksal begünstigt** era un hombre de suerte

begutachten* *vt* emitir un dictamen (sobre)

begütert [bəˈgyːtɐt] *adj* acaudalado

Behaarung *f* <-en> vellosidad *f;* (*Tiere*) pelaje *m*

behäbig [bəˈhɛːbɪç] *adj* (*beleibt*) corpulento; (*phlegmatisch*) indolente

behaftet [bəˈhaftət] *adj:* **mit einem Mangel ~ sein** tener un defecto

behagen* [bəˈhaːgən] *vi:* **etw behagt jdm** algo agrada a alguien

Behagen *nt* <-s, *ohne pl*> gusto *m*

behaglich [bəˈhaːklɪç] *adj* **1.** (*Wärme*) agradable **2.** (*bequem*) confortable; (*Leben*) desahogado

Behaglichkeit *f* confort *m*, comodidad *f*

behalten* *irr vt* guardar; (*nicht abgeben*) quedarse (con); (*gute Laune*) mantener; (*im Kopf*) retener (en la cabeza); **die Nerven ~** no perder los nervios; **~ Sie (doch) Platz!** ¡no se levante!

Behälter [bəˈhɛltɐ] *m* <-s, -> recipiente *m*

behandeln* *vt* tratar (*mit* +*dat* con)

Behandlung *f* <-en> (*Umgang*) trato *m;* (*eines Themas, a.* MED) tratamiento *m;* **Behandlungsmethode** *f* método *m* terapéutico

beharren* [bəˈharən] *vi* insistir (*auf* +*dat* en)

beharrlich *adj* (*nachdrücklich*) insistente; (*standhaft*) perseverante

Beharrlichkeit *f* (*Nachdruck*) insistencia; (*Standhaftigkeit*) perseverancia *f*

behaupten* [bəˈhaʊptən] **I.** *vt* **1.** (*These*) afirmar; **es wird (von ihm) behauptet, dass …** se dice (de él) que… **2.** (*Platz*) defender **II.** *vr:* **sich ~** afirmarse; **sich gegen jdn ~** vencer a alguien

Behauptung *f* <-en> afirmación *f;* **eine ~ aufstellen** sostener una afirmación

Behausung [bəˈhaʊzʊŋ] *f* <-en> morada *f*

beheben* *irr vt* eliminar; (*Missstand*) remediar; (*Schaden*) reparar

beheizen* *vt* calentar

Behelf [bəˈhɛlf] *m* <-(e)s, -e> recurso *m*

behelfen* *irr vr:* **sich ~** defenderse (*mit*

+*dat* con, *ohne* +*akk* sin)

behelfsmäßig *adj* provisorio

behelligen* [bə'hɛlɪgən] *vt* molestar (*mit* +*dat* con)

beherbergen* [bə'hɛrbɛrgən] *vt* alojar

beherrschen* *vt, vr:* **sich** ~ dominar(se); **eine Sprache** ~ dominar un idioma

beherrscht *adj* controlado

Beherrschung *f* (*Selbst~*) autocontrol *m;* **die** ~ **verlieren** perder el control

beherzigen* [bə'hɛrtsɪgən] *vt* tomar en consideración

beherzt [bə'hɛrtst] *adj* resuelto, audaz

behilflich *adj:* **jdm** (**bei etw** *dat*) ~ **sein** ayudar(le) a alguien (en algo)

behindern* *vt* estorbar (*bei* +*dat* en); (*Verkehr*) impedir; (*Sicht*) dificultar

behindert *adj* (*körperlich*) minusválido; (*geistig*) retrasado

Behinderte(r) *mf* <-n, -n; -n> minusválido, -a *m, f;* **behindertengerecht** *adj* acondicionado para disminuidos

Behinderung *f* <-en> **1.** (*des Verkehrs*) impedimento *m;* (*einer Sache*) estorbo *m* **2.** (MED) minusvalía *f*

behoben *pp von* **beheben**

Behörde [bə'hø:ɐdə] *f* <-n> (*Amt*) autoridad *f;* (*Gebäude*) administración *f*

behüten* *vt* proteger (*vor* +*dat* de); **Gott behüte!** ¡Dios nos libre!

behutsam [bə'hu:tza:m] **I.** *adj* cuidadoso **II.** *adv* con cautela

Behutsamkeit *f* prudencia *f*

bei [baɪ] *präp* +*dat* **1.** (*räumlich*): ~ **Dortmund** cerca de Dortmund; ~ **Tisch** a la mesa; ~**m Bäcker** en la panadería; **sie arbeitet** ~ **der Post** trabaja en Correos; **er wohnt** ~ **seinen Eltern** vive con sus padres; **ich habe kein Geld** ~ **mir** no llevo dinero encima **2.** (*zeitlich*): ~ **der Arbeit** durante el trabajo; **vorsicht** ~**m Aussteigen!** ¡cuidado al bajar!; ~ **Gelegenheit** en alguna ocasión **3.** (*jemanden betreffend*): ~ **Kräften sein** estar robusto; **du bist nicht recht** ~ **Trost** (*fam*) no estás en tus cabales **4.** (*mit*) con; ~ **offenem Fenster schlafen** dormir con la ventana abierta **5.** (*falls*) en caso de; **„~ Feuer Scheibe einschlagen"** "en caso de incendio, rómpase el cristal"

bei|behalten* *irr vt* mantener

bei|bringen *irr vt* **1.** (*lehren*) enseñar **2.** (*mitteilen*) comunicar

Beichte ['baɪçtə] *f* <-n> confesión *f*

beichten *vi, vt* confesar(se)

beide ['baɪdə] *adj* ambos; **keiner von** ~**n** ninguno de los dos; **ihre** ~**n Schwestern** sus dos hermanas; ~ **Mal** en ambas ocasiones

beidemal *adv s.* **beide**

beiderlei ['baɪdɐlaɪ, '--'-] *adj inv* de los dos; ~ **Geschlechts** de ambos sexos

beiderseitig *adj* de ambas partes; **in** ~**em Einvernehmen** de mutuo acuerdo

beieinander [--'--] *adv* junto

Beifahrer(in) *m(f)* <-s, -; -nen> copiloto *mf;* **Beifahrersitz** *m* asiento *m* de copiloto

Beifall *m* <-(e)s, *ohne pl*> **1.** (*Applaus*) ovación *f* **2.** (*Zustimmung*) aprobación *f;* **jds** ~ **finden** lograr la aprobación de alguien; ~ **klatschen** aplaudir

beifällig ['baɪfɛlɪç] *adj* aprobatorio; ~ **nicken** hacer un gesto aprobatorio con la cabeza

bei|fügen *vt* (*Unterlagen*) incluir

beige [be:ʃ] *adj* beige

bei|geben *irr vi* (*geh*): **klein** ~ ceder; **etw** *dat* **etw** ~ añadir algo a algo

Beigeschmack *m* <-(e)s, *ohne pl*> gustillo *m*

Beihilfe *f* <-n> **1.** (*finanziell*) subsidio *m* **2.** *ohne pl* (JUR) complicidad *f*

bei|kommen *irr vi sein:* **jdm** ~ coger a alguien; **ihr ist einfach nicht beizukommen** no hay modo de acercarse a ella; **etw** *dat* ~ resolver algo

Beil [baɪl] *nt* <-(e)s, -e> hacha *f*

Beilage *f* <-n> (PUBL) suplemento *m;* (GASTR) guarnición *f*

beiläufig ['baɪlɔɪfɪç] **I.** *adj* (*Frage*) casual **II.** *adv* de paso; ~ **gesagt** dicho sea de paso

bei|legen *vt* (*aus der Welt schaffen*) poner fin (a); (*hinzulegen*) adjuntar

beileibe [baɪ'laɪbə] *adv:* ~ **nicht** en ningún caso

Beileid *nt* <-(e)s, *ohne pl*> pésame *m;* **jdm sein** ~ **ausdrücken** dar el pésame a alguien

beiliegend *adj* adjunto

beim [baɪm] = **bei dem** *s.* **bei**

bei|messen *irr vt* atribuir; **etw** *dat* **Gewicht/Wert** ~ otorgarle peso/valor a algo

Bein [baɪn] *nt* <-(e)s, -e> **1.** (*Körperteil*) pierna *f;* **er stellt ihm ein** ~ le pone la zancadilla; **sich** *dat* (**k**)**ein** ~ **ausreißen** (*fam fig*) (no) matarse trabajando; **etw auf die** ~**e stellen** (*fam fig*) montar algo; **er ist schon**

wieder auf den ~en (*fam*) ya se ha recuperado totalmente **2.** (*eines Tieres*) pata *f*

beinah(e) ['baɪnaː(ə), '-'-(-)] *adv* casi

Beinbruch *m* fractura *f* de la pierna; **Hals- und ~!** ¡(buena) suerte!

beinhalten* [bə'ɪnhaltən] *vt* incluir

Beipackzettel *m* hoja *f* de instrucciones

bei|pflichten ['baɪpflɪçtən] *vi:* **jdm ~** secundar a alguien; **einem Vorhaben ~** apoyar un proyecto

beirren* [bə'ɪrən] *vt* desconcertar; **lass dich dadurch nicht ~!** ¡no te dejes confundir por eso!

beisammen [baɪ'zamən] *adv* **1.** (*zusammen*) juntos **2.** (*in guter Verfassung*): **~ sein** estar fuerte; **er ist noch gut ~** aún está en sus cabales; **beisammen|sein** *irr vi s.* **beisammen 2.**

Beischlaf *m* <-(e)s, *ohne pl*> (*geh*) coito *m*

Beisein ['baɪzaɪn] *nt:* **in jds ~** en presencia de alguien

beiseite [baɪ'zaɪtə] *adv* aparte; **Geld ~ legen** ahorrar dinero; **Spaß ~!** ¡bromas aparte!

bei|setzen *vt* (*geh*) inhumar

Beisetzung *f* <-en> (*geh*) inhumación *f*

Beispiel *nt* <-(e)s, -e> ejemplo *m;* **zum ~** por ejemplo; **jdm ein ~ geben** dar ejemplo a alguien; **mit gutem ~ vorangehen** predicar con el ejemplo; **beispielhaft** *adj* ejemplar; **beispiellos** *adj* sin precedente; (*unerhört*) inaudito; (*unvergleichbar*) sin igual

beispielsweise *adv* por ejemplo

beißen ['baɪsən] <beißt, biss, gebissen> **I.** *vi, vt* morder **II.** *vi* (*Rauch*) picar **III.** *vr:* **sich ~** (*fam: Farben*) desentonar

beißend *adj* (*Geschmack*) picante, mordaz; (*Geruch, Qualm*) fuerte, picante; (*Spott*) mordaz, agudo

Beißzange *f* tenazas *fpl*

Beistand *m* <-(e)s, -stände> apoyo *m;* **jdm ~ leisten** prestar ayuda a alguien

bei|stehen *irr vi:* **jdm ~** apoyar a alguien

bei|steuern *vt* contribuir con (*zu +dat* a)

bei|stimmen *vi* aprobar

Beitrag ['baɪtraːk] *m* <-(e)s, -träge> **1.** (*Anteil*) contribución *f;* **seinen ~ zu etw leisten** contribuir a algo **2.** (*Geldbetrag*) cuota *f* **3.** (*Aufsatz*) artículo *m*

bei|tragen *irr vt* contribuir (*zu +dat* a)

Beitragssatz *m* (FIN) cuota *f*

bei|treten *irr vi sein* **1.** (*einem Pakt*) adherirse (a) **2.** (*einer Organisation*) ingresar (en); (*einer Partei*) afiliarse (a)

Beitritt *m* <-(e)s, -e> adhesión *f* (*zu +dat* a); (*zu einer Partei*) afiliación *f* (*zu +dat* a)

Beiwagen *m* <-s, -> sidecar *m*

beizeiten [baɪ'tsaɪtən] *adv* a tiempo

bejahen* [bə'jaːən] *vt* (*Frage*) contestar afirmativamente; (*Leben, Vorschlag*) decir que sí (a)

bejubeln* *vt* vitorear

bekämpfen* *vt* combatir

Bekämpfung *f* <-en> lucha *f* (*von +dat* contra)

bekannt [bə'kant] **I.** *pp von* **bekennen II.** *adj* conocido; **~ geben** dar a conocer; (*veröffentlichen*) hacer público; **~ machen** hacer saber; (*öffentlich*) publicar; **~ werden** divulgarse; **das kommt mir ~ vor** me suena de algo; **darf ich Sie mit Herrn X ~ machen?** ¿puedo presentarle al señor X?

Bekannte(r) *mf* <-n, -n; -n> conocido, -a *m, f;* **Bekanntenkreis** *m* (círculo *m* de) conocidos *mpl*

Bekanntgabe *f* <-n> notificación *f;* (*in einer Zeitung*) publicación *f*

bekannt|geben *irr vt s.* **bekannt II.**

bekanntlich *adv* como es sabido

bekannt|machen *vt s.* **bekannt II.**

Bekanntmachung *f* <-en> publicación *f;* (*amtlicher Anschlag*) edicto *m*

Bekanntschaft *f* <-en> **1.** (*persönliche Beziehung*) amistad *f;* **jds ~ machen** conocer a alguien **2.** (*Bekannter*) conocido, -a *m, f*

bekannt|werden *irr vi sein s.* **bekannt II.**

bekehren* **I.** *vt* **1.** (REL) convertir (*zu +dat* a) **2.** (*zu einer Ansicht*) hacer adoptar **II.** *vr:* **sich ~** convertirse (*zu +dat* a)

bekennen* *irr* **I.** *vt* reconocer; **Farbe ~** (*fam*) quitarse la careta **II.** *vr:* **sich ~** declararse (*zu +dat* en favor de); **ich bekenne mich schuldig** me confieso culpable

beklagen* *vt, vr:* **sich ~** lamentar(se) (*über +akk* de); **ich kann mich nicht ~** no me puedo quejar; **beklagenswert** *adj* lamentable, deplorable

bekleckern* *vt, vr:* **sich ~** (*fam*) manchar(se) (*mit +dat* con/de)

bekleiden* *vt* **1.** (*geh: Amt*) ocupar **2.** (*anziehen*) vestir; **leicht bekleidet** con ropa ligera

Bekleidung *f* <-en> **1.** (*Kleidung*) ropa *f*

2. *ohne pl* (*eines Amtes*) ejercicio *m* (de cargo); **Bekleidungsstück** *nt* prenda *f* de vestir

beklemmend *adj* angustioso; (*bedrückend*) oprimente

beklommen [bəˈklɔmən] *adj* agobiado; (*bedrückt*) abatido

Beklommenheit *f* <-en> angustia *f*

bekloppt [bəˈklɔpt] *adj* (*fam*) como una cabra

bekommen* *irr* **I.** *vt haben* recibir; (*Krankheit*) contraer; (*Komplexe*) desarrollar; (*Zähne*) echar; **sie bekommt 20 DM die Stunde** le pagan 20 marcos la hora; **ich habe es geschenkt** ~ me lo han regalado; **ein Kind** ~ tener un hijo; **er bekommt eine Glatze** se está quedando calvo; **er bekam Angst** le entró miedo **II.** *vi sein* (*Speisen*): **jdm gut/schlecht** ~ sentar(le) bien/mal a alguien

bekömmlich [bəˈkœmlɪç] *adj* (*Speisen*) ligero; **schwer** ~ indigesto

bekräftigen* *vt* confirmar

bekreuzigen* *vr:* **sich** ~ santiguarse

bekümmern* *vt* preocupar

bekümmert *adj* (*besorgt*) preocupado (*über* por); (*betrübt*) afligido (*über* por)

bekunden* [bəˈkʊndən] *vt* manifestar

belächeln* *vt* mofarse (de)

beladen* *irr vt, vr:* **sich** ~ cargar(se) (*mit* +*dat* de/con)

Belag [bəˈlaːk] *m* <-(e)s, -läge> (*Zungen~*) saburra *f;* (*Zahn~*) sarro *m;* (*Straßen~*) pavimento *m;* (*Brems~*) revestimiento *m*

belagern* [bəˈlaːgɐn] *vt* (MIL) sitiar; (*fam: sich drängen*) acorralar

Belagerung *f* <-en> sitio *m*

Belang [bəˈlaŋ] *m* <-(e)s, *ohne pl*> importancia *f;* **etw ist von/ohne ~ für jdn/etw** algo es de/carece de importancia para alguien/algo

Belange *mpl* (*Angelegenheiten*) intereses *mpl*

belangen* *vt* (JUR) demandar judicialmente

belanglos *adj* sin importancia

Belanglosigkeit *f* <-en> insignificancia *f;* **über ~en sprechen** hablar de naderías

belassen* *irr vt* dejar; **wir wollen es dabei** ~ dejémoslo así

belastbar *adj* **1.** (*Material*) resistente **2.** (*Mensch*) fuerte, resistente; **die Umwelt ist nicht weiter** ~ no se puede sobrecargar más el medio ambiente

Belastbarkeit *f* (capacidad *f* de) resistencia *f*

belasten* *vt* **1.** (JUR) incriminar; **~des Material** material incriminatorio **2.** (*mit Gewicht*) cargar **3.** (*bedrücken*) pesar **4.** (ÖKOL) contaminar **5.** (FIN: *Konto*) debitar

belästigen* [bəˈlɛstɪgən] *vt* molestar (*mit* +*dat* con)

Belästigung *f* <-en> molestia *f;* **sexuelle** ~ acoso sexual

Belastung [bəˈlastʊŋ] *f* <-en> (PSYCH) carga *f;* (JUR) cargo *m;* (ÖKOL) perjuicio *m* para el medio ambiente

belaufen* *irr vr:* **sich** ~ elevarse (*auf* +*akk* a)

belauschen* *vt* escuchar; (*spionieren*) espiar

beleben* **I.** *vt* estimular; **wieder** ~ (*Person*) reanimar; (*Wirtschaft*) reactivar **II.** *vr:* **sich** ~ (*Straße*) animarse

belebend *adj* estimulante; (*stärker*) excitante

belebt *adj* **1.** (*lebendig*) animado **2.** (*Straße*) concurrido

Beleg [bəˈleːk] *m* <-(e)s, -e> recibo *m;* (*Beweis*) prueba *f*

belegen* *vt* **1.** (*Platz*) ocupar; **er belegte den zweiten Platz** ocupó el segundo puesto **2.** (*Seminar*) inscribirse (en) **3.** (*Behauptung*) documentar **4.** (*Brot, Fußboden*) cubrir (*mit* +*dat* con)

Belegschaft *f* <-en> personal *m*

belegt *adj* **1.** (*Hotel*) completo; (*Zimmer, Platz*) ocupado **2.** (*Stimme*): **~e Stimme** voz tomada **3.** (*Brot*) untado; **~es Brötchen** bocadillo *m* **4.** (*Zunge*) saburroso

belehren* *vt* instruir (*über* +*akk* sobre)

beleibt [bəˈlaɪpt] *adj* corpulento

beleidigen* [bəˈlaɪdɪgən] *vt* ofender

beleidigend *adj* ofensivo

Beleidigung *f* <-en> ofensa *f*

beleuchten* *vt* iluminar; (*Frage*) analizar

Beleuchtung *f* <-en> iluminación *f*

Belgien [ˈbɛlgiən] *nt* <-s> Bélgica *f*

Belgier(in) *m(f)* <-s, -; -nen> belga *mf*

belgisch *adj* belga

belichten* *vt* (FOTO) exponer (a la luz)

Belieben *nt:* **nach** ~ al gusto

beliebig *adj* cualquiera; **in ~er Reihenfolge** por el orden que se desee

beliebt *adj* (*Person*) apreciado; (*Thema*) popular; **sich ~ machen** hacerse querer

Beliebtheit *f* popularidad *f* (*bei* +*dat* entre); **jd/etw erfreut sich großer** ~ alguien/algo goza de gran popularidad

beliefern* *vt* abastecer (*mit +dat* con)

bellen ['bɛlən] *vi* ladrar

Belletristik [bɛle'trɪstɪk] *f* bellas letras *fpl*

belohnen* *vt* recompensar (*für +akk* por)

Belohnung *f* <-en> recompensa *f*

belügen* *irr vt* mentir

belustigen* *vt* divertir

bemächtigen* [bə'mɛçtɪgən] *vr:* **sich etw** *gen*/**jds** ~ apoderarse de algo/alguien

bemalen* *vt, vr:* **sich** ~ pintar(se)

bemängeln* [bə'mɛŋəln] *vt* criticar

bemannt [bə'mant] *adj* (*Raumschiff*) tripulado

bemerkbar *adj* perceptible; **sich** ~ **machen** hacerse notar

bemerken* *vt* **1.** (*wahrnehmen*) notar **2.** (*äußern*) observar; **nebenbei bemerkt** dicho sea de paso; **bemerkenswert** *adj* notable

Bemerkung *f* <-en> observación *f*

bemessen* *irr vt* medir; **meine Zeit ist knapp** ~ estoy corto de tiempo

bemitleiden* [bə'mɪtlaɪdən] *vt* compadecer; **sich selbst** ~ autocompadecerse; **bemitleidenswert** *adj* deplorable

bemühen* [bə'my:ən] *vr:* **sich** ~ esforzarse (*um +akk* por); **bitte** ~ **Sie sich nicht!** ¡por favor, no se moleste!

bemüht *adj* esforzado; ~ **sein etw zu tun** molestarse en hacer algo; **um etw/jdn** ~ **sein** esforzarse por algo/alguien

Bemühung *f* <-en> **1.** (*Anstrengung*) molestia *f* **2.** *pl* (*Dienstleistungen*) diligencia *f*

bemuttern* [bə'mʊtɐn] *vt* mimar

benachbart [bə'naxba:ɐt] *adj* vecino

benachrichtigen* [bə'na:xrɪçtɪgən] *vt* informar (*von +dat* de)

Benachrichtigung *f* <-en> aviso *m;* (*offiziell*) parte *m*

benachteiligen* [bə'na:xtaɪlɪgən] *vt* perjudicar (*wegen +gen* por)

Benachteiligte(r) *mf* <-n, -n; -n> perjudicado, -a *m, f*

Benachteiligung *f* <-en> discriminación *f*

Benefizkonzert [bene'fi:ts-] *nt* concierto *m* de beneficencia

benehmen* *irr vr:* **sich** ~ (com)portarse (*wie +nom* como); **benimm dich!** ¡pórtate bien!

Benehmen *nt* <-s, *ohne pl*> comportamiento *m;* **kein** ~ **haben** no tener modales

beneiden* [bə'naɪdən] *vt* envidiar (*um +akk* por); **ich beneide dich um dein Glück** envidio tu suerte; **beneidenswert** *adj* envidiable

Beneluxländer *ntpl* (POL) (Estados *mpl* del) Benelux *m*

benennen* *irr vt* nombrar

Bengel ['bɛŋəl] *m* <-s, -(s)> (*fam*) granujilla *m*

benommen [bə'nɔmən] **I.** *pp von* **benehmen II.** *adj* aturdido (*von +dat* por)

benoten* *vt* calificar

benötigen* [bə'nø:tɪgən] *vt* necesitar

benutzen* *vt,* **benützen*** *vt* (*reg*) usar; **etw als Vorwand** ~ poner algo como excusa

Benutzer(in) *m(f)* <-s, -; -nen> (*a.* INFOR) usuario, -a *m, f;* **benutzerfreundlich** *adj* de fácil manejo para el usuario; **Benutzerhandbuch** *nt* (INFOR) manual *m* de usuarios; **Benutzerkonto** *m* (INFOR) cuenta *f* de usuario; **Benutzername** *m* (INFOR) nombre *m* del usuario; **Benutzeroberfläche** *f* (INFOR) superficie *f* de utilización

Benutzung *f* <-en> uso *m,* empleo *m;* **etw in** ~ **haben/nehmen** tener/tomar algo en uso; **Benutzungsgebühr** *f* tasa *f* de utilización; (*für Straßen*) peaje *m*

Benzin [bɛn'tsi:n] *nt* <-s, -e> gasolina *f;* **Benzinkanister** *m* bidón *m* de gasolina; **Benzintank** *m* (AUTO) tanque *m* de gasolina; **Benzinverbrauch** *m* <-(e)s, -bräuche> (AUTO) consumo *m* de gasolina

beobachten* [bə'ʔo:baxtən] *vt* observar

Beobachtung *f* <-en> observación *f*

bepacken* *vt* cargar (*mit +dat* con)

bepflanzen* *vt* plantar (*mit +dat* de)

bequatschen* *vt* (*fam*) **1.** (*besprechen*) conversar **2.** (*überreden*) convencer, persuadir

bequem [bə'kve:m] *adj* cómodo; **machen Sie es sich** *dat* ~**!** ¡póngase cómodo!

Bequemlichkeit *f* <-en> **1.** (*Komfort*) comodidad *f* **2.** *ohne pl* (*Trägheit*) pereza *f*

beraten* *irr* **I.** *vt* **1.** (*Rat geben*) aconsejar **2.** (*besprechen*) deliberar (*über +akk* sobre) **II.** *vr:* **sich** ~ (*sich besprechen*) consultarse (*mit +dat* con)

Berater(in) *m(f)* <-s, -; -nen> asesor(a) *m(f)*

Beratung *f* <-en> (*fachlich*) asesoramiento *m;* (*Besprechung*) deliberación *f;* **Bera-**

tungsstelle *f* consultorio *m*

berauben* *vt* robar; (*eines Rechtes*) privar (de)

berauschen* *vt, vr:* **sich ~** (*geh*) embriagar(se) (*an +dat* con)

berauschend *adj* (*Alkohol, Droge*) embriagador; **diese Aussichten sind nicht gerade ~** las perspectivas no son precisamente muy risueñas

berechenbar [bə'rɛçənbaːɐ] *adj* previsible

berechnen* *vt* calcular; (*in Rechnung stellen*) cobrar (*für +akk* por)

berechnend *adj* (*abw*) calculador

Berechnung *f* <-en> (*von Kosten*) cálculo *m;* (*abw: Eigennutz*) interés *m*

berechtigen* [bə'rɛçtɪgən] *vt* autorizar (*zu +dat* para); **berechtigt sein etw zu tun** tener derecho a hacer algo

berechtigt *adj* (*Zweifel*) fundado

Berechtigung *f* derecho *m* (*zu +dat* a)

Bereich [bə'raɪç] *m* <-(e)s, -e> **1.** (*Gebiet*) área *f;* **das liegt (nicht) im ~ des Möglichen** esto (no) está dentro de lo posible **2.** (*Sachgebiet*) sector *m;* (*Zuständigkeit*) competencia *f*

bereichern* *vt, vr:* **sich ~** enriquecer(se) (*mit/an +dat* con)

Bereifung *f* <-en> neumáticos *mpl*

bereinigen* *vt* (*Missverständnis*) aclarar; (*Angelegenheit*) arreglar

bereisen* *vt* viajar (por)

bereit [bə'raɪt] *adj* **1.** (*fertig*) preparado (*zu +dat, für +akk* para) **2.** (*gewillt*) dispuesto (*zu +dat* para/a *+inf*); **sich ~ erklären etw zu tun** mostrarse dispuesto a hacer algo

bereiten* *vt* **1.** (*Speisen, Bad*) preparar **2.** (*Überraschung, Ärger*) dar; (*Schwierigkeiten*) crear; **das bereitet mir großes Vergnügen** esto me causa un gran placer; **etw** *dat* **ein Ende ~** poner fin a algo

bereit|halten *irr* **I.** *vt* tener preparado **II.** *vr:* **sich ~** estar a disposición; **bereit|legen** *vt* preparar, disponer; **bereit|liegen** *irr vi* estar preparado, estar listo; **bereit|machen** *vt, vr:* **sich ~** preparar(se) (*für* para)

bereits [bə'raɪts] *adv* ya

Bereitschaft *f* <-en> disposición *f;* **~ haben** (*Arzt*) estar de servicio; (*Apotheke*) estar de guardia; **Bereitschaftsdienst** *m* servicio *m* de urgencia; **~ haben** estar de guardia

bereit|stehen *irr vi* estar preparado, estar listo; **bereit|stellen** *vt* poner a disposición

bereitwillig **I.** *adj* solícito **II.** *adv* de buena gana

bereuen* [bə'rɔɪən] *vt* arrepentirse (de)

Berg [bɛrk] *m* <-(e)s, -e> **1.** (*Erhebung*) montaña *f;* **jdm stehen die Haare zu ~e** (*fig fam*) se le ponen los pelos de punta a alguien; **längst über alle ~e sein** (*fam*) haber puesto pies en polvorosa **2.** (*Menge*) montón *m;* **bergab** [bɛrk'ʔap] *adv* cuesta abajo; **es geht ~ mit ihm** (*fam*) va de mal en peor; **Bergarbeiter(in)** *m(f)* minero, -a *m, f;* **bergauf** [bɛrk'ʔaʊf] *adv* cuesta arriba; **langsam geht es wieder ~ mit ihm** (*fam*) se va recuperando poco a poco; **Bergbahn** *f* ferrocarril *m* de montaña; **Bergbau** *m* <-(e)s, *ohne pl*> minería *f*

bergen ['bɛrgən] <birgt, barg, geborgen> *vt* (*retten*) rescatar; (*geh: enthalten*) albergar

bergig *adj* montañoso

Bergkette *f* cadena *f* montañosa; **Bergrutsch** *m* desprendimiento *m;* **Bergsteigen** *nt* <-s, *ohne pl*> alpinismo *m,* andinismo *m Am;* **Bergsteiger(in)** *m(f)* <-s, -; -nen> alpinista *mf,* andinista *mf Am*

Bergung ['bɛrgʊŋ] *f* <-en> salvamento *m;* **Bergungsarbeiten** *fpl* trabajos *mpl* de rescate

Bergwerk *nt* mina *f*

Bericht [bə'rɪçt] *m* <-(e)s, -e> informe *m;* **jdm über etw ~ erstatten** informar a alguien sobre algo

berichten* *vi, vt* informar (*über +akk* sobre/de)

Berichterstatter(in) *m(f)* <-s, -; -nen> reportero, -a *m, f*

berichtigen* [bə'rɪçtɪgən] *vt* corregir

Berichtigung *f* <-en> rectificación *f*

Berlin [bɛr'liːn] *nt* <-s> Berlín *m*

Los **Berliner Filmfestspiele**, también conocidos como Berlinale, se vienen celebrando desde 1951. Allí alcanzaron el éxito Ingmar Bergman, Roman Polanski, François Truffaut, Jean-Luc Godard y Claude Chabrol. En el festival no todas las películas se exhiben con la misma finalidad. Algunas compiten por los premios en la sección oficial del festival mientras que otras simplemente se presentan fuera de concurso en la sección de exhibición. Las películas ganadoras en el festival de Berlín reciben el Oso de Oro o de Plata, así como desde 1986 la cámara de la Berlinale.

Bern [bɛrn] *nt* <-s> Berna *f*

Bernhardiner [bɛrnharˈdiːnɐ] *m* <-s, -> (*Hund*) (perro *m* de) San Bernardo *m*

Bernstein [ˈbɛrnʃtaɪn] *m* <-(e)s, -e> ámbar *m*

bersten [ˈbɛrstən] <birst, barst, geborsten> *vi sein* (*a. fig*) estallar; **zum Bersten voll sein** estar lleno a reventar; **vor Zorn ~** estallar en ira

berüchtigt [bəˈrʏçtɪçt] *adj* de mala fama

berücksichtigen* [bəˈrʏkzɪçtɪgən] *vt* tener en cuenta

Berücksichtigung *f* consideración *f;* **unter ~ aller Umstände** considerando todas las circunstancias

Beruf [bəˈruːf] *m* <-(e)s, -e> profesión *f;* **er ist Bäcker von ~** es panadero de profesión; **von ~s wegen** profesionalmente

berufen[1] *adj* competente; **sich zu etw ~ fühlen** sentirse designado para algo

berufen*[2] *irr* **I.** *vt* (*in ein Amt*) designar; **sie haben ihn zum Minister ~** lo han nombrado ministro **II.** *vr:* **sich ~** remitirse (*auf* +*akk* a)

beruflich *adj* profesional; **ihr ~er Werdegang** su carrera profesional

Berufsarmee *f* ejército *m* profesional; **Berufsausbildung** *f* formación *f* profesional; **Berufsaussichten** *fpl* perspectivas *fpl* profesionales; **Berufsberatung** *f* orientación *f* profesional; **Berufserfahrung** *f* experiencia *f* profesional; **Berufsgeheimnis** *nt* secreto *m* profesional; **Berufskrankheit** *f* enfermedad *f* causada por el trabajo; **Berufsleben** *nt* <-s, *ohne pl*> vida *f* profesional; **noch im ~ stehen** estar todavía en activo; **Berufsschule** *f* escuela *f* de formación profesional; **Berufssoldat(in)** *m(f)* soldado *m* profesional; **berufstätig** *adj:* **~ sein** trabajar; **Berufstätige(r)** *mf* <-n, -n; -n> empleado, -a *m, f,* activo, -a *m, f;* **Berufsunfähigkeit** *f* <-en> incapacidad *f* profesional; **Berufsverkehr** *m* tráfico *m* en las horas punta

Berufung [bəˈruːfʊŋ] *f* <-en> **1.** (*innerer Auftrag*) vocación *f* **2.** (*Ernennung*) nombramiento *m* **3.** (JUR) apelación *f;* **gegen etw ~ einlegen** apelar contra algo; **in die ~ gehen** interponer un recurso de apelación

beruhen* *vi* basarse (*auf* +*dat* en); **unser Vertrauen beruht auf Gegenseitigkeit** nuestra confianza es mutua; **etw auf sich ~ lassen** dejar las cosas como están

beruhigen* [bəˈruːɪgən] *vt, vr:* **sich ~** tranquilizar(se)

Beruhigung *f* <-en> apaciguamiento *m;* (*der Lage*) estabilización *f;* **zu Ihrer ~ kann ich sagen ...** para su tranquilidad le puedo decir...; **Beruhigungsmittel** *nt* tranquilizante *m*

berühmt [bəˈryːmt] *adj* famoso (*für* +*akk* por); **berühmt-berüchtigt** [-ˈ--ˈ--] *adj* tristemente célebre

Berühmtheit *f* <-en> (FILM) estrella *f*

berühren* *vt* (*anfassen*) tocar; (*bewegen*) conmover

Berührung *f* <-en> **1.** (*das Anfassen*) toque *m;* (*Streifen*) roce *m* **2.** (*Kontakt*) contacto *m;* **mit etw** *dat*/**jdm in ~ kommen** entrar en contacto con algo/alguien; **Berührungspunkt** *m* punto *m* de contacto

besagen* *vt* (querer) decir; **das besagt nichts** esto no significa nada

besagte(r, s) *adj* susodicho

besänftigen* [bəˈzɛnftɪgən] *vt* calmar

Besatzung *f* <-en> **1.** (*Garnison*) guarnición *f* **2.** (NAUT, AERO) tripulación *f;* **Besatzungsmacht** *f* potencia *f* ocupante

besaufen* *irr vr:* **sich ~** (*fam*) emborracharse

beschädigen* *vt* deteriorar

Beschädigung *f* <-en> deterioro *m*

beschaffen[1] *adj:* **so ~ sein, dass ...** estar hecho de manera que...

beschaffen*[2] *vt* proporcionar

Beschaffenheit *f* estado *m;* (*Art*) naturaleza *f*

Beschaffung *f* aprovisionamiento *m*

beschäftigen* [bəˈʃɛftɪgən] **I.** *vt* **1.** (*einstellen*) emplear **2.** (*mit einer Aufgabe*) ocupar (*mit* +*dat* en/con) **3.** (*gedanklich*) preocupar **II.** *vr:* **sich ~** dedicarse (*mit* +*dat* a)

beschäftigt *adj* **1.** (*befasst*) ocupado (*mit* con), atareado; **viel ~** muy ocupado **2.** (*angestellt*) empleado (*bei* en)

Beschäftigung *f* <-en> **1.** (*Tätigkeit*) ocupación *f;* (*Beruf*) trabajo *m* **2.** (*geistig*) dedicación *f* (*mit* +*dat* a); **Beschäftigungspolitik** *f* política *f* laboral

beschämen* *vt* avergonzar

beschämend *adj* vergonzoso; (*demütigend*) humillante

beschämt *adj* avergonzado; (*gedemütigt*) humillado

beschatten* *vt* vigilar

beschaulich *adj* apacible

Bescheid [bəˈʃaɪt] *m* <-(e)s, -e> (*Auskunft*) información *f;* (*Nachricht*) aviso *m;* ~ **sagen, dass ...** avisar que...; **Sie bekommen** ~ le informaremos; **er weiß gut** ~ está bien informado; **damit du** ~ **weißt!** ¡para que te enteres!

bescheiden *adj* modesto

Bescheidenheit *f* modestia *f*

bescheinigen* [bəˈʃaɪnɪgən] *vt* certificar; **den Empfang von etw** ~ acusar recibo de algo

Bescheinigung *f* <-en> certificación *f;* (*Schriftstück*) certificado *m*

bescheißen* *irr vt* (*fam*) estafar

beschenken* *vt* obsequiar (*mit +dat* con)

Bescherung *f* <-en> reparto *m* de regalos; **das ist ja eine schöne ~!** (*fam*) ¡maldita la gracia!

La **Bescherung** es la ceremonia de apertura de los regalos que esperan bajo el árbol de Navidad en Nochebuena. En muchas familias se permite a los niños abrir los regalos después de la cena, una vez que Papá Noel o el Niño Jesús hayan llegado.

bescheuert [bəˈʃɔɪɐt] *adj* (*fam*) como una cabra; **eine ~e Situation** una situación sin pies ni cabeza

beschildern* *vt* señalizar

beschimpfen* *vt* insultar

beschissen [bəˈʃɪsən] **I.** *pp von* **bescheißen II.** *adj* (*fam*) hecho un asco; **so ein ~es Wetter!** ¡qué tiempo más asqueroso!; **gestern ging es mir** ~ ayer estaba hecho una mierda

Beschlag *m* <-(e)s, -schläge> **1.** (*Metallstück*) herraje *m* **2.** (*auf Glas*) empaño *m;* **jdn/etw in** ~ **nehmen** acaparar a alguien/algo; **etw mit** ~ **belegen** monopolizar algo

beschlagen* *irr* **I.** *vi sein* (*Glas*) empañarse; (*Metall*) perder brillo **II.** *vt haben* (*Möbel*) guarnecer; (*Huftiere*) herrar

beschlagnahmen* *vt* confiscar

beschleunigen* [bəˈʃlɔɪnɪgən] *vi, vt* acelerar

Beschleunigung *f* <-en> aceleración *f*

beschließen* *irr vt* decidir; (*gemeinsam*) acordar

Beschluss[RR] *m* <-es, -schlüsse> resolución *f;* **einen** ~ **fassen** tomar una decisión

beschmieren* *vt* **1.** (*mit Fett*) pringar; (*mit Dreck*) enlodar **2.** (*abw: voll schreiben*) garabatear

beschmutzen* *vt* ensuciar (*mit +dat* de)

beschneiden* *irr vt* (*Bäume*) podar; (*Freiheit*) limitar; (MED) circuncidar

Beschneidung *f* <-en> (BOT) poda *f;* (MED) circuncisión *f*

beschnuppern* *vt* olisquear

beschönigen* [bəˈʃøːnɪgən] *vt* disimular

beschränken* [bəˈʃrɛŋkən] *vt, vr:* **sich** ~ limitar(se) (*auf+akk* a)

beschränkt *adj* limitado; (*abw: dumm*) de pocas luces

Beschränkung *f* <-en> restricción *f* (*auf +akk* a)

beschreiben* *irr vt* (*darstellen*) describir; (*voll schreiben*) escribir (en)

Beschreibung *f* <-en> descripción *f*

beschriften* [bəˈʃrɪftən] *vt* rotular

beschuldigen* [bəˈʃʊldɪgən] *vt* inculpar; **er wurde des Diebstahls beschuldigt** fue acusado de robo

Beschuss[RR] *m* <-es, *ohne pl*> fuego *m;* **jdn unter** ~ **nehmen** apuntar contra alguien; **unter** ~ **geraten** (*fam*) ser blanco de críticas

beschützen* *vt* proteger (*vor+dat* de/contra)

Beschützer(in) *m(f)* <-s, -; -nen> protector(a) *m(f)*

Beschwerde [bəˈʃveːɐdə] *f* <-n> **1.** *pl* (MED) molestia *f* **2.** (*Klage*) queja *f;* ~ **einlegen** elevar una protesta

beschweren* [bəˈʃveːrən] *vr:* **sich** ~ quejarse (*über+akk* de)

beschwerlich *adj* (*mühsam*) pesado

beschwichtigen* [bəˈʃvɪçtɪgən] *vt* tranquilizar

beschwindeln* *vt* (*fam*) engañar

beschwingt [bəˈʃvɪŋt] *adj* animado; **mit ~en Schritten** con paso ligero

beschwipst [bəˈʃvɪpst] *adj* (*fam*) achispado

beschwören* *irr vt* (*beeiden*) jurar; (*anflehen*) implorar

beseitigen* [bə'zaɪtɪgən] *vt* eliminar; (*Schaden*) reparar

Beseitigung *f* <-en> **1.** (*das Entfernen*) eliminación *f;* (*von Schaden*) arreglo *m* **2.** (*Ermordung*) eliminación *f*

Besen ['be:zən] *m* <-s, -> escoba *f;* **Besenstiel** *m* mango *m* de la escoba

besessen [bə'zɛsən] **I.** *pp von* **besitzen II.** *adj* obsesionado (*von +dat* con); **wie vom Teufel** ~ como un endemoniado

besetzen* *vt* **1.** (*Sitzplatz, Stelle, a.* MIL) ocupar; **besetzt!** ¡ocupado!; **es ist besetzt** (TEL) está comunicando **2.** (*Haus*) ocupar **3.** (*Amt*) cubrir (*mit +dat* con)

Besetztzeichen *nt* (TEL) señal *f* de ocupado

Besetzung *f* <-en> (*Zustand*) ocupación *f;* (*einer Stelle*) provisión *f*

besichtigen* [bə'zɪçtɪgən] *vt* visitar

Besichtigung *f* <-en> **1.** (*von Sehenswürdigkeiten*) visita *f* **2.** (*Begutachtung*) inspección *f*

besiedeln* *vt* colonizar

besiegeln* *vt* sellar; **damit war ihr Schicksal besiegelt** con esto firmó su propia sentencia

besiegen* *vt* vencer

besinnen* *irr vr:* **sich** ~ **1.** (*überlegen*) reflexionar; **sie besann sich eines Besseren** cambió de opinión **2.** (*sich erinnern*) acordarse (*auf +akk* de)

besinnlich *adj* contemplativo

Besinnung *f* **1.** (*Verstand*) juicio *m;* **die** ~ **verlieren** perder el juicio **2.** (*Nachdenken*) reflexión *f;* **besinnungslos** *adj* sin conocimiento

Besitz *m* <-es, *ohne pl*> posesión *f;* (*Eigentum*) propiedad *f;* **von etw** ~ **ergreifen** tomar posesión de algo

besitzen* *irr vt* poseer

Besitzer(in) *m(f)* <-s, -; -nen> dueño, -a *m, f*

besitzergreifend *adj* posesivo

besoffen [bə'zɔfən] **I.** *pp von* **besaufen II.** *adj* (*fam*) como una cuba

besohlen* [bə'zo:lən] *vt* poner suelas

besondere(r, s) [bə'zɔndərə, -rɐ, -rəs] *adj* **1.** (*speziell*) especial; **im Besonderen** en particular; **nichts Besonderes** nada de particular **2.** (*eigentümlich*) peculiar

Besonderheit *f* <-en> peculiaridad *f*

besonders [bə'zɔndɐs] *adv* especialmente; **wie geht es dir? – nicht** ~ ¿cómo estás? – regular

besonnen [bə'zɔnən] **I.** *pp von* **besinnen II.** *adj* sensato

besorgen* *vt* conseguir

Besorgnis [bə'zɔrknɪs] *f* <-se> preocupación *f;* **besorgniserregend** *adj* preocupante; **höchst** ~ muy preocupante

besorgt [bə'zɔrkt] *adj* preocupado (*über +akk, wegen +gen* por)

Besorgung *f* <-en> (*Einkauf*) compra *f;* ~**en machen** hacer compras

bespitzeln* *vt* espiar

besprechen* *irr vt* **1.** (*Angelegenheit*) discutir; **wie besprochen** según lo convenido **2.** (*Buch*) reseñar **3.** (*Tonband*) grabar

Besprechung *f* <-en> **1.** (*Unterredung*) conferencia *f;* (*Sitzung*) reunión *f* **2.** (*Rezension*) reseña *f*

bespritzen* *vt* salpicar (*mit +dat* de)

besprochen *pp von* **besprechen**

besser ['bɛsɐ] *adj kompar von* **gut** mejor (*als +nom* que); **das gefällt mir** ~ eso me gusta más; ~ **gehen** estar mejor; ~ **werden** mejorar; ~ **gesagt** mejor dicho; **besser|gehen** *irr vunpers sein s.* **besser**

bessern *vt, vr:* **sich** ~ mejorar

Besserung *f* mejora *f;* (*gesundheitlich*) mejoría *f;* **gute** ~**!** ¡que se mejore!, ¡que te mejores!

Besserwisser(in) *m(f)* <-s, -; -nen> sabelotodo *mf*

Bestand *m* <-(e)s, -stände> **1.** (*Vorrat*) existencias *fpl* (*an +dat* en) **2.** *ohne pl* (*Bestehen*) existencia *f;* (*Fortdauer*) continuidad *f;* ~ **haben** perdurar

bestanden **I.** *pp von* **bestehen II.** *adj* (SCH, UNIV) aprobado

beständig *adj* **1.** (*dauernd*) continuo **2.** (*Material*) resistente (*gegen +akk* a/contra) **3.** (*Wetter*) estable

Bestandsaufnahme *f* inventario *m* de las existencias

Bestandteil *m* componente *m;* **etw in seine** ~**e zerlegen** desmontar algo

bestärken* *vt* fortalecer (*in +dat*); (*unterstützen*) consolidar; **das hat mich in meinem Verdacht bestärkt, dass ...** esto ha reforzado mi sospecha de que...

bestätigen* [bə'ʃtɛ:tɪgən] *vt* **1.** (*These*) confirmar **2.** (*amtlich*) certificar; **hiermit wird bestätigt, dass ...** por la presente se certifica que...

Bestätigung *f* <-en> **1.** (*einer These*) confirmación *f* **2.** (*Bescheinigung*) certificado *m*

bestatten* [bəˈʃtatən] *vt* (*geh*) dar sepultura

Bestattung *f* <-en> (*geh*) sepelio *m*

beste(r, s) [ˈbɛstə, -tɐ, -təs] *adj superl von* **gut** mejor; **ich werde mein Bestes tun** haré todo lo que pueda; **mit den ~n Wünschen** con los mejores deseos; **etw zum Besten geben** contar algo

bestechen* *irr* **I.** *vt* (*mit Geld*) sobornar **II.** *vi* (*beeindrucken*) convencer (*durch +akk* por)

bestechlich [bəˈʃtɛçlɪç] *adj* sobornable

Bestechung *f* <-en> soborno *m;* **Bestechungsgeld** *nt* <-(e)s, -er> soborno *m,* mordido *m Am*

Besteck [bəˈʃtɛk] *nt* <-(e)s, -e> cubiertos *mpl;* **silbernes ~** cubertería de plata

bestehen* *irr* **I.** *vi* **1.** (*existieren*) existir; **~ bleiben** mantenerse **2.** (*sich zusammensetzen*) consistir (*in +dat* en); **worin besteht das Problem?** ¿en qué consiste el problema? **3.** (*beharren*) insistir (*auf+dat* en) **II.** *vt* (*Prüfung*) aprobar; **nicht ~** suspender; **bestehen|bleiben** *irr vi sein s.* **bestehen I.1.**

bestehlen* *irr vt* robar; **jdn um 100 DM ~** robar a alguien 100 marcos

besteigen* *irr vt* subir (a); **den Thron ~** subir al trono

bestellen* *vt* **1.** (*Essen, Waren*) pedir **2.** (*kommen lassen*) hacer venir; (*mit Termin*) citar **3.** (*reservieren*) reservar **4.** (*ausrichten*): **jdm Grüße ~** dar(le) recuerdos a alguien

Bestellnummer *f* número *m* de pedido; **Bestellschein** *m* hoja *f* de pedido

Bestellung *f* <-en> (*Auftrag*) encargo *m;* (*bestellte Ware*) pedido *m;* **eine ~ aufgeben** hacer un pedido

bestenfalls *adv* en el mejor de los casos

bestens [ˈbɛstəns] *adv* estupendamente

besteuern* *vt* gravar (con impuestos)

bestialisch [bɛsˈtjaːlɪʃ] *adj* bestial

Bestie [ˈbɛstjə] *f* <-n> bestia *f*

bestimmen* **I.** *vi* **1.** (*entscheiden*) decidir; (*befehlen*) mandar; **du hast hier nichts zu ~** tú aquí no tienes ni voz ni voto **2.** (*verfügen*) disponer (*über +akk* de) **II.** *vt* **1.** (*Termin, Preis*) determinar **2.** (*Stadtbild, Epoche*) caracterizar **3.** (*aussersehen*) destinar (*für +akk, zu +dat* para); **wir waren füreinander bestimmt** estábamos destinados el uno para el otro **4.** (*Begriff*) definir

bestimmt **I.** *adj* **1.** (*feststehend*) determinado; (*sicher*) seguro; **niemand weiß etwas Bestimmtes** nadie sabe nada concreto **2.** (*entschieden*) decidido; **höflich, aber ~** amable pero decidido **II.** *adv* (*sicherlich*) seguro

Bestimmtheit *f* **1.** (*Gewissheit*) certeza *f;* **das kann ich nicht mit ~ sagen** no lo puedo decir con certeza **2.** (*Entschiedenheit*) resolución *f,* firmeza *f*

Bestimmung *f* <-en> (*Vorschrift*) disposición *f;* (*eines Begriffes*) definición *f;* (*Schicksal*) destino *m;* **Bestimmungsort** *m* lugar *m* de destino

bestmögliche(r, s) [ˈ-ˈ---] *adj* el mejor posible; **sein Bestmögliches tun** hacer todo lo que está al alcance de su mano

bestochen *pp von* **bestechen**

bestrafen* *vt* castigar (*mit+dat* con, *wegen +gen* por)

bestrahlen* *vt* (*beleuchten*) alumbrar; (MED) radiar

Bestreben *nt* <-s, *ohne pl*> empeño *m*

bestrebt [bəˈʃtreːpt] *adj* afanado, esforzado; **wir sind ~, unser Bestmögliches zu tun** nos esforzamos por hacer todo cuanto esté en nuestras manos

bestreichen* *irr vt* (*mit Butter*) untar (*mit +dat* con)

bestreiken* *vt* boicotear (con huelgas)

bestreiten* *irr vt* (*abstreiten*) negar; (*Unterhalt*) cargar con; (*Gespräch*) mantener

bestrichen *pp von* **bestreichen**

bestritten *pp von* **bestreiten**

Bestseller [ˈbɛstsɛlɐ] *m* <-s, -> best seller *m*

bestürmen* *vt* (*bedrängen*) asediar (*mit +dat* con)

bestürzt [bəˈʃtʏrtst] *adj* atónito

Bestürzung *f* (*Fassungslosigkeit*) consternación *f;* (*Schrecken*) sobresalto *m*

Besuch [bəˈzuːx] *m* <-(e)s, -e> visita *f;* **jdm einen ~ abstatten** hacer una visita a alguien; **~ haben** tener visita

besuchen* *vt* visitar; **gut besucht** muy concurrido; **eine Schule ~** ir a un colegio

Besucher(in) *m(f)* <-s, -; -nen> visitante *mf*

betagt [bəˈtaːkt] *adj* (*geh*) de avanzada edad

betätigen* [bə'tɛːtɪgən] **I.** *vt* (*Hebel*) accionar **II.** *vr:* **sich ~** (*tätig sein*): **sich politisch ~** dedicarse a la política

Betätigung *f* <-en> **1.** (*Tätigkeit*) actividad *f*, función *f* **2.** *ohne pl* (*einer Maschine*) puesta *f* en marcha

betäuben* [bə'tɔɪbən] *vt* aturdir; (*Schmerz*) mitigar; (MED) anestesiar; **ein ~der Duft** un perfume embriagador; **er betäubte seinen Kummer mit Alkohol** ahogó sus penas en alcohol

Betäubung *f* <-en> **1.** (MED) anestesia *f*; **örtliche ~** anestesia local **2.** (*Benommenheit*) aturdimiento *m*; **Betäubungsmittel** *nt* anestésico *m*; (*a. Rauschgift*) narcótico *m*

beteiligen* [bə'taɪlɪgən] **I.** *vt* (*teilhaben lassen*) hacer participar (*an/bei +dat* en) **II.** *vr:* **sich ~** participar (*an +dat* en)

beteiligt *adj* **1.** (*Plan, Unfall*) implicado (*an* en) **2.** (*Konzern, Umsatz*) partícipe, participante; **sie ist mit 49 % an seiner Firma ~** participa en su empresa con un 49 %

Beteiligung *f* <-en> participación *f*; **eine schwache ~** poca concurrencia

beten ['beːtən] *vi, vt* rezar (*für +akk* por, *zu +dat* a)

beteuern* [bə'tɔɪɐn] *vt* proclamar

betiteln* *vt* titular (*als +akk* de)

Beton [be'tɔŋ] *m* <-s, -s, *Österr:* -e> hormigón *m*, concreto *m Am*

betonen* [bə'toːnən] *vt* (*Silbe*) acentuar; (*nachdrücklich*) subrayar

betont [bə'toːnt] *adj* marcado, manifiesto

Betonung *f* <-en> (*Akzent*) acentuación *f*; (*einer Tatsache*) insistencia *f*

betören* [bə'tøːrən] *vt* (*geh: entzücken*) fascinar; (*verführen*) seducir

betr. (COM) *Abk. von* **betrifft, betreffend** respecto a

Betracht [bə'traxt] *m:* **etw in ~ ziehen** tomar algo en consideración; **etw außer ~ lassen** dejar algo de lado; (**nicht**) **in ~ kommen** (no) entrar en consideración

betrachten* *vt* **1.** (*anschauen*) contemplar; **genau betrachtet** mirándolo bien; **etw aus der Nähe ~** examinar algo de cerca **2.** (*einschätzen*) considerar (*als +akk* como)

beträchtlich [bə'trɛçtlɪç] *adj* considerable

Betrachtung *f* <-en> **1.** (*Überlegung*) reflexión *f*; **philosophische ~en anstellen** hacer reflexiones filosóficas **2.** *ohne pl* (*eines Bildes*) contemplación *f*; **bei näherer/flüchtiger ~** mirándolo de cerca/por encima

Betrag [bə'traːk] *m* <-(e)s, -träge> importe *m*

betragen* *irr* **I.** *vi* (*sich belaufen auf*) ascender (a); (*Rechnung*) elevarse (a) **II.** *vr:* **sich ~** (*sich benehmen*) comportarse

Betragen *nt* <-s, *ohne pl*> comportamiento *m*

betrauen* *vi:* **jdn mit etw ~** encomendar algo a alguien

Betreff [bə'trɛf] *m* <-(e)s, -e> (*Briefkopf*) asunto *m*

betreffen* *irr vt* **1.** (*angehen*) concernir; **was mich betrifft ...** en lo que a mí se refiere... **2.** (*seelisch*) afectar

betreffend *adj* respectivo; **der oder die Betreffende möge sich bitte melden** que se presente la persona en cuestión; **unser letztes Schreiben ~ ...** respecto a nuestro último escrito...

betreiben* *irr vt* (*Studien, Politik*) dedicarse (a); (*Handwerk*) ejercer; (*Geschäft*) regentar

Betreiber(in) *m(f)* <-s, -; -nen> (*Firma, Träger*) explotador(a) *m(f)*

betreten¹ *adj* (*verlegen*) turbado; **es herrschte ~es Schweigen** reinaba un silencio embarazoso

betreten*² *irr vt* (*Raum*) entrar (en); (*Rasen*) pisar; **Betreten verboten!** ¡Prohibida la entrada!

betreuen* [bə'trɔɪən] *vt* (*Kranke*) cuidar; (*Reisegruppe*) acompañar; **ein Projekt ~** dirigir un proyecto

Betreuung *f* asistencia *f*; (SCH, UNIV) tutoría *f*

Betrieb *m* <-(e)s, -e> **1.** (*Unternehmen*) empresa *f* **2.** *ohne pl* (*Tätigkeit*) marcha *f*; **in ~ sein** estar en funcionamiento; **etw außer ~ setzen** poner algo fuera de servicio **3.** *ohne pl* (*fam: Treiben*) tumulto *m*

betrieben *pp von* **betreiben**

betrieblich *adj* empresarial

Betriebsanleitung *f* instrucciones *fpl* de servicio; **Betriebsausflug** *m* excursión *f* con la empresa; **betriebseigen** *adj* perteneciente a la empresa; **Betriebsferien** *pl* vacaciones *fpl* colectivas de la empresa; **Betriebsgeheimnis** *nt* secreto *m* empresarial; **Betriebskosten** *pl* gastos *mpl* de producción; **Betriebsrat** *m* comité *m* de empresa; **Betriebssystem** *nt* (INFOR) sistema *m* operativo

Betriebswirtschaft *f* ciencias *fpl* empresariales; **Betriebswirtschaftslehre** *f* economía *f* industrial

betrinken* *irr vr:* **sich ~** emborracharse

betroffen [bəˈtrɔfən] **I.** *pp von* **betreffen** **II.** *adj* **1.** (*von Maßnahmen*) afectado (*von +dat* por) **2.** (*bestürzt*) consternado

Betroffenheit *f* consternación *f*

betrüben* *vt* afligir

betrüblich [bəˈtry:plɪç] *adj* triste

betrübt *adj* (*geh*) afligido (*über +akk* de/por); **tief ~** profundamente afligido

Betrug [bəˈtru:k] *m* <-(e)s, *ohne pl*> fraude *m*

betrügen* [bəˈtry:gən] *irr vt* engañar; **sich um etw betrogen fühlen** sentirse decepcionado por algo; **sie betrügt ihn mit ihrem Zahnarzt** lo engaña con su dentista

Betrüger(in) *m(f)* <-s, -; -nen> estafador(a) *m(f)*

betrügerisch *adj* fraudulento

betrunken [bəˈtrʊŋkən] **I.** *pp von* **betrinken** **II.** *adj* borracho

Bett [bɛt] *nt* <-(e)s, -en> cama *f;* (*Fluss~*) cauce *m;* **ans ~ gefesselt sein** estar postrado en cama; **ins ~ gehen** ir(se) a la cama; **mit jdm ins ~ gehen** (*fam*) acostarse con alguien; **Bettbezug** *m* funda *f* de edredón; **Bettcouch** *f* sofá-cama *m;* **Bettdecke** *f* (*Tagesdecke*) colcha *f;* (*Federbett*) edredón *m*

bettelarm [ˈ--ˈ-] *adj* pobre como una rata

betteln *vi* mendigar

bettlägerig [ˈbɛtlɛ:gərɪç] *adj* postrado en cama

Bettlaken *nt* sábana *f*

Bettler(in) [ˈbɛtlɐ] *m(f)* <-s, -; -nen> mendigo, -a *m, f*

bettreif *adj* (*fam*) con ganas de irse a dormir; **Bettruhe** *f* reposo *m* en cama; **Betttuch**[RR] [ˈbɛttu:x] *nt* <-(e)s, -tücher> sábana *f;* **Bettwäsche** *f* ropa *f* de cama, sábanas *fpl*

Bettzeug *nt* (*fam*) ropa *f* de cama

betucht [bəˈtu:xt] *adj* (*fam*) adinerado, fondeado *Am;* **gut ~ sein** estar forrado (de dinero)

beugen [ˈbɔɪgən] **I.** *vt* **1.** (*Arm*) doblar **2.** (*Recht*) violar **3.** (LING: *Verb*) conjugar; (*Substantiv*) declinar **II.** *vr:* **sich ~** **1.** (*sich neigen*) inclinarse (*über +akk* sobre) **2.** (*sich fügen*) someterse (a)

Beule [ˈbɔɪlə] *f* <-n> (*Verletzung*) chichón *m;* (*Delle*) abolladura *f*

beunruhigen* [bəˈʔʊnru:ɪgən] *vt* inquietar

beunruhigend *adj* inquietante

Beunruhigung *f* <-en> inquietud *f*

beurlauben* *vt* conceder vacaciones; (*von Amtspflichten*) dar licencia

beurteilen* *vt* juzgar; (*schätzen*) estimar

Beurteilung *f* <-en> **1.** (*Einschätzung*) juicio *m,* apreciación *f* **2.** (*Gutachten*) dictamen *m*

Beute [ˈbɔɪtə] *f* botín *m;* (*eines Tieres*) presa *f;* **reiche ~ machen** (*fam*) sacar un buen botín; **leichte ~ für jdn sein** ser una víctima fácil para alguien

Beutel [ˈbɔɪtəl] *m* <-s, -> bolsa *f*

bevölkern* [bəˈfœlkɐn] *vt* poblar; **dicht bevölkert** densamente poblado

Bevölkerung *f* <-en> población *f;* **Bevölkerungsexplosion** *f* explosión *f* demográfica; **Bevölkerungsschicht** *f* nivel *m* social

bevollmächtigen* [bəˈfɔlmɛçtɪgən] *vt* apoderar (*zu +dat* a)

bevor [bəˈfo:ɐ] *konj* antes de *+inf,* antes de que *+subj;* **ruf mich an, ~ du gehst** llámame antes de irte; **ich will fertig sein, ~ sie kommen** quiero haber terminado antes de que lleguen

bevormunden* [bəˈfɔ:ɐmʊndən] *vt* poner bajo tutela

bevor|stehen *irr vi* ser inminente; **die Wahlen stehen unmittelbar bevor** las elecciones están muy próximas

bevorzugen* [bəˈfo:ɐtsu:gən] *vt* preferir

bewachen* *vt* vigilar

bewaffnen* [bəˈvafnən] *vt* armar (*mit +dat* con)

bewahren* [bəˈva:rən] *vt* **1.** (*beschützen*) proteger (*vor +dat* de) **2.** (*Stillschweigen*) guardar; (*in Erinnerung*) recordar; **bitte ~ Sie Ruhe!** ¡guarde(n) calma, por favor!

bewähren* [bəˈvɛ:rən] *vr:* **sich ~** (*Person*) acreditarse; (*Sache*) dar buen resultado

bewahrheiten* [bəˈva:ɐhaɪtən] *vr:* **sich ~** confirmarse

bewährt [bəˈvɛ:ɐt] *adj* (*Methode*) probado

Bewährung *f* <-en> prueba *f;* (JUR) libertad *f* condicional; **Bewährungsfrist** *f* período *m* de prueba; **Bewährungshelfer(in)** *m(f)* asistente *mf* durante el plazo de prueba

bewältigen* [bə'vɛltɪɡən] *vt* (*Problem*) superar; (*Aufgabe*) llevar a cabo

bewandert [bə'vandɐt] *adj* experto (*in +dat* en)

bewässern* [bə'vɛsɐn] *vt* regar

Bewässerung *f* <-en> riego *m;* (AGR) irrigación *f*

bewegen[1] <bewegt, bewog, bewogen> *vt* (*veranlassen*) inducir (*zu +dat* a); **was hat dich dazu bewogen?** ¿qué te movió a hacerlo?

bewegen*[2] [bə've:ɡən] **I.** *vt* mover; (*innerlich*) conmover **II.** *vr:* **sich ~** moverse; **endlich bewegt sich etwas!** ¡por fin ocurre algo!; **die Preise ~ sich um die 100 Mark** los precios se sitúan sobre los 100 marcos

Beweggrund *m* motivo *m*

beweglich [bə've:klɪç] *adj* **1.** (*flexibel*) móvil; (*geistig*) flexible **2.** (*bewegbar*) movible

bewegt [bə've:kt] *adj* **1.** (*See*) agitado **2.** (*fig: Person*) conmovido; (*Zeiten*) turbulento

Bewegung *f* <-en> **1.** (*a.* POL) movimiento *m;* **etw in ~ bringen** poner algo en marcha; **sich** *dat* **~ verschaffen** hacer ejercicio; **keine ~!** ¡que nadie se mueva!; **alle Hebel in ~ setzen** tocar todos los resortes **2.** (*Anteilnahme*) emoción *f;* **Bewegungsfreiheit** *f* libertad *f* de acción; **bewegungslos** *adj* inmóvil

Beweis [bə'vaɪs] *m* <-es, -e> prueba *f*

beweisbar *adj* demostrable

beweisen* *irr vt* probar; **man konnte ihm die Tat nicht ~** no se pudo demostrar que hubiera sido él

Beweismaterial *nt* material *m* de prueba

bewenden *vi:* **es bei etw ~ lassen** darse por satisfecho con algo

bewerben* *irr vr:* **sich ~** solicitar (*um +akk* a/para, *bei +dat* en); **sich als Sekretärin ~** solicitar un puesto de secretaria

Bewerber(in) *m(f)* <-s, -; -nen> solicitante *mf;* (*um eine Stelle*) aspirante *mf*

Bewerbung *f* <-en> solicitud *f;* **Bewerbungsgespräch** *nt* entrevista *f* personal

bewerkstelligen* [bə'vɛrkʃtɛlɪɡən] *vt* realizar

bewerten* *vt* evaluar

Bewertung *f* <-en> evaluación *f;* **Bewertungsmaßstab** *m* escala *f* de valoración

bewilligen* [bə'vɪlɪɡən] *vt* (*Kredit*) conceder; (*Antrag*) aprobar

bewirken* *vt* (*verursachen*) provocar; (*erreichen*) conseguir

bewirten* [bə'vɪrtən] *vt* atender; **wir wurden fürstlich bewirtet** nos trataron a cuerpo de rey

Bewirtung *f* <-en> agasajo *m*

bewog [bə'vo:k] *3. imp von* **bewegen**[1]

bewogen [bə'vo:ɡən] *pp von* **bewegen**[1]

bewohnbar *adj* habitable

bewohnen* *vt* habitar

Bewohner(in) *m(f)* <-s, -; -nen> habitante *mf*

bewölken* [bə'vœlkən] *vr:* **sich ~** nublarse

bewölkt *adj* nuboso

Bewölkung *f* nubosidad *f*

Bewunderer, -in *m, f* <-s, -; -nen> admirador(a) *m(f)*

bewundern* *vt* admirar (*wegen +gen* por);
bewundernswert, bewundernswürdig *adj* admirable

Bewunderung *f* admiración *f*

bewusst[RR] [bə'vʊst] **I.** *adj* **1.** (*wissend*) consciente; (**sich** *dat*) **~ machen** concienciar(se); **sich** *dat* **etw** *gen* **~ werden** tomar conciencia de algo **2.** (*besagt*) consabido; **es war an jenem ~en Tag** ocurrió aquel día en cuestión **3.** (*absichtlich*) intencionado **II.** *adv* (*absichtlich*) a propósito; (*überlegt*) conscientemente

bewusstlos[RR] *adj* sin conocimiento

Bewusstlosigkeit[RR] *f* pérdida *f* del conocimiento; (*Ohnmacht*) desmayo *m*

bewußt|machen *vt s.* **bewusst I.1.**

Bewusstsein[RR] *nt* <-s, *ohne pl*> conocimiento *m;* **sich** *dat* **etw ins ~ rufen** traer algo a la memoria; **das ~ verlieren** perder el conocimiento

bez. **1.** *Abk. von* **bezahlt** pagado **2.** *Abk. von* **bezüglich** referente a

bezahlen* *vt* pagar; **sich (nicht) bezahlt machen** (no) valer la pena

Bezahlung *f* **1.** (*einer Rechnung*) pago *m* **2.** (*Lohn*) paga *f;* (*Vergütung*) remuneración *f;* **gegen ~** por dinero

bezaubern* *vt* fascinar (*durch +akk* por); **ein ~des Mädchen** una chica encantadora

bezeichnen* *vt* denominar (*als +akk* como); **wie bezeichnet man es, wenn ...?** ¿cómo se dice cuando…?

bezeichnend *adj* típico (*für+akk* de)
Bezeichnung *f* <-en> denominación *f*
bezeugen* [bəˈtsɔɪgən] *vt* atestiguar
bezichtigen* [bəˈtsɪçtɪgən] *vt* acusar
beziehen* *irr* **I.** *vt* **1.** (*überziehen*) revestir (*mit +dat* de); (*Bett*) poner ropa limpia (a) **2.** (*Haus*) instalarse (en) **3.** (*Einkommen*) cobrar **II.** *vr:* **sich ~ 1.** (*Himmel*) nublarse **2.** (*sich berufen*) referirse (*auf+akk* a)
Beziehung *f* <-en> relación *f*; **seine ~en spielen lassen** (*fam*) tocar todos los resortes; **er hat in jeder ~ Recht** tiene razón en todos los aspectos; **eine ~ eingehen** empezar una relación; **in ~ zu etw stehen** estar relacionado con algo; **er hat keine ~ zur Literatur** no le dice nada la literatura
beziehungsweise *konj* (*genauer gesagt*) mejor dicho; (*oder, und*) respectivamente
Bezirk [bəˈtsɪrk] *m* <-(e)s, -e> distrito *m*
bezogen *pp von* **beziehen**
bezug *s.* **Bezug 4.**
Bezug [bəˈtsuːk] *m* <-(e)s, -züge> **1.** (*Überzug*) funda *f* **2.** *pl* (*Gehalt*) sueldo *m* **3.** *ohne pl* (*von Zeitschriften*) suscripción *f* **4.** *ohne pl* (*Beziehung nehmen*) referencia *f*; **in ~ auf** (con) respecto a; **auf etw ~ nehmen** remitirse a algo
bezüglich [bəˈtsyːklɪç] **I.** *adj* al respecto **II.** *präp +gen* respecto a; **~ Ihres Schreibens vom ...** en relación a su escrito del...
Bezugsperson *f* persona *f* de referencia
bezuschussen* [bəˈtsuːʃʊsən] *vt* conceder una subvención
bezwecken* [bəˈtsvɛkən] *vt* perseguir; **was willst du damit ~?** ¿qué persigues con esto?
bezweifeln* *vt* poner en duda
bezwingen* *irr vt* vencer
bezwungen *pp von* **bezwingen**
BGB [beːgeːˈbeː] *nt* <-, *ohne pl*> *Abk. von* **Bürgerliches Gesetzbuch** Código *m* Civil
BH [beːˈhaː] *m* <-s, -s> (*fam*) *Abk. von* **Büstenhalter** sujetador *m*
Bhf. *Abk. von* **Bahnhof** estación *f* de ferrocarril
bi [biː] *adj* (*fam*) bisexual
Biathlon [ˈbiːatlɔn] *nt* <-s, -s> biatlón *m*
bibbern [ˈbɪbɐn] *vi* (*fam*) tiritar
Bibel [ˈbiːbəl] *f* <-n> Biblia *f*
Biber [ˈbiːbɐ] *m* <-s, -> castor *m*
Bibliografie[RR] [bibliograˈfiː] *f* <-n>, **Bibliographie** *f* <-n> bibliografía *f*
Bibliothek [biblioˈteːk] *f* <-en> biblioteca *f*
biblisch [ˈbiːblɪʃ] *adj* bíblico
Bidet [biˈdeː] *nt* <-s, -s> bidé *m*
bieder [ˈbiːdɐ] *adj* (*abw*) conservador
biegen [ˈbiːgən] <biegt, bog, gebogen> **I.** *vi sein* torcer; **um die Ecke ~** doblar la esquina; **auf Biegen und Brechen** (*fam*) a toda costa **II.** *vt, vr:* **sich ~** doblar(se); **sie bog sich vor Lachen** (*fam*) se partió de (la) risa
biegsam *adj* flexible
Biegung *f* <-en> curvatura *f*; (*Kurve*) curva *f*
Biene [ˈbiːnə] *f* <-n> abeja *f*; **Bienenschwarm** *m* enjambre *m*; **Bienenstock** *m* <-(e)s, -stöcke> colmena *f*
Bier [biːɐ] *nt* <-(e)s, -e> cerveza *f*; **das ist nicht mein ~** (*fig fam*) eso no es asunto mío; **Bierdeckel** *m* posavasos *m inv* de cartón; **Biergarten** *m* cervecería *f* al aire libre
Biest [biːst] *nt* <-(e)s, -er> (*fam: Tier*) bicho *m*; (*Mensch*) mal bicho *m*
bieten [biːtən] <bietet, bot, geboten> **I.** *vt* ofrecer; **das lasse ich mir nicht ~** esto no se lo permito a nadie; **jdm die Stirn ~** hacer frente a alguien **II.** *vr:* **sich ~** presentarse; **bei der nächsten sich ~den Gelegenheit** en la próxima ocasión que se presente
Bigamie [bigaˈmiː] *f* <-n> bigamia *f*
Bikini [biˈkiːni] *m* <-s, -s> biquini *m*
Bilanz [biˈlants] *f* <-en> (*a.* WIRTSCH) balance *m*; **eine ~ aufstellen** confeccionar un balance; **die ~ ziehen** hacer (el) balance
bilateral [ˈbiːlateraːl, ---ˈ-] *adj* bilateral
Bild [bɪlt] *nt* <-(e)s, -er> **1.** (*Gemälde*) cuadro *m*; **ein ~ von einem Mann/einer Frau** una belleza escultural; **ein ~ für die Götter** (*fam*) una escena graciosísima; **ein ~ des Jammers bieten** ofrecer un aspecto desolador **2.** (TV) imagen *f*; (FOTO) foto *f*; **ein ~ machen** sacar una foto **3.** (*Vorstellung*) idea *f*; **sich** *dat* **ein ~ von etw machen** hacerse una idea de algo; **im ~e sein** estar al corriente; **Bildband** *m* libro *m* con fotos
bilden [ˈbɪldən] **I.** *vt* (*Menschen*) educar; (*Regierung, Mannschaft, Ausnahme*) formar **II.** *vr:* **sich ~** (*a. geistig*) formarse
Bilderbuch *nt* libro *m* de dibujos; **Bilderrahmen** *m* marco *m* para cuadros
Bildfläche *f* plano *m* de la imagen; **auf der**

B

~ **erscheinen** (*fam*) aparecer en pantalla; **von der ~ verschwinden** (*fam*) desaparecer del mapa

Bildhauer(in) ['bɪlthaʊɐ] *m(f)* <-s, -; -nen> escultor(a) *m(f)*

bildhübsch ['-'-] *adj* precioso

Bildlaufleiste *f* (INFOR) barra *f* de desplazamiento

bildlich *adj* (*Darstellung*) gráfico; (*Ausdruck*) metafórico

Bildnis ['bɪltnɪs] *nt* <-ses, -se> (*geh*) imagen *f*

Bildschirm *m* (*a.* INFOR) pantalla *f;* **Bildschirmarbeit** *f* (INFOR, TEL) trabajo *m* frente a un monitor; **Bildschirmschoner** *m* (INFOR) salvapantallas *m inv*

bildschön ['-'-] *adj* bellísimo

Bildung ['bɪldʊŋ] *f* **1.** (*Schaffung*) creación *f;* (*Gründung*) fundación *f;* (*Gestaltung*) constitución *f* **2.** (*Allgemeinwissen*) formación *f;* **Bildungseinrichtung** *f* centro *m* de enseñanza; **Bildungslücke** *f* laguna *f* cultural; **Bildungspolitik** *f* política *f* educativa; **Bildungssystem** *nt* sistema *m* de educación

Billard ['bɪljart] *nt* <-s, *ohne pl*> billar *m;* **Billardkugel** *f* bola *f* de billar; **Billardstock** *m* <-(e)s, -stöcke> taco *m;* **Billardtisch** *m* (mesa *f* de) billar *m*

Billiarde [bɪ'ljardə] *f* <-n> mil billones *mpl*

billig ['bɪlɪç] *adj* barato; ~ **abzugeben** se vende barato; ~ **davonkommen** (*fam*) salir bien parado; **das ist ein ~er Trost** es poco consuelo

billigen ['bɪlɪgən] *vt* aprobar

Billigflug *m* vuelo *m* chárter

Billigung *f* aprobación *f;* **jds ~ finden** contar con la aprobación de alguien

Billion [bɪ'ljo:n] *f* <-en> billón *m*

bimmeln *vi* (*fam: Glocke*) repicar; (*Telefon*) sonar

bin [bɪn] *1. präs von* **sein**

binär [bi'nɛ:ɐ] *adj* (MATH, INFOR) binario

Binde ['bɪndə] *f* <-n> (*Verband*) venda *f;* (*Monats~*) compresa *f*

Bindegewebe *nt* tejido *m* conjuntivo; **Bindeglied** *nt* vínculo *m*

Bindehaut *f* conjuntiva *f;* **Bindehautentzündung** *f* conjuntivitis *f inv*

binden ['bɪndən] <bindet, band, gebunden> **I.** *vt* **1.** (*zusammenbinden*) atar; (*Strauß*) hacer; (*Buch*) encuadernar; (*Krawatte*) anudar; (GASTR) espesar **2.** (*verpflichten*) comprometer; **eine ~de Zusage** una promesa vinculante **II.** *vr:* **sich ~** vincularse (*an* +*akk* a)

Bindestrich *m* guión *m;* **Bindewort** *nt* <-(e)s, -wörter> conjunción *f*

Bindfaden *m* cordón *m*

Bindung ['bɪndʊŋ] *f* <-en> (*feste Beziehung*) compromiso *m;* (*an Heimat, Person*) apego *m*

binnen ['bɪnən] *präp* +*dat, geh: gen* en (el transcurso de); ~ **kurzem** en breve; ~ **einiger Stunden** en algunas horas

Binnenhafen *m* puerto *m* fluvial; **Binnenmarkt** *m* mercado *m* interior; **Binnenschifffahrt**[RR] *f* navegación *f* fluvial

Binse ['bɪnzə] *f* <-n> junco *m;* **etw geht in die ~n** (*fam*) algo se echa a perder; **Binsenweisheit** *f* <-en> perogrullada *f*

Biochemie [bioçe'mi:] *f* bioquímica *f;* **biodynamisch** [---'--] *adj* biodinámico

Biografie[RR] [biogra'fi:] *f* <-n>, **Biographie** *f* <-n> biografía *f*

Bioladen ['----] *m* (*fam*) tienda *f* de productos naturales

Biologe, -in [bio'lo:gə] *m, f* <-n, -n; -nen> biólogo, -a *m, f*

Biologie [biolo'gi:] *f* biología *f*

biologisch *adj* biológico

Biomüll ['---] *m* basura *f* orgánica; **Biotonne** ['----] *f* contenedor *m* para la basura orgánica

Biotop [bio'to:p] *nt o m* <-s, -e> biótopo *m*

birgt [bɪrkt] *3. präs von* **bergen**

Birke ['bɪrkə] *f* <-n> abedul *m*

Birne ['bɪrnə] *f* <-n> (*Frucht*) pera *f;* (*Glüh~*) bombilla *f*

birst [bɪrst] *3. präs von* **bersten**

bis [bɪs] **I.** *präp* +*akk* **1.** (*räumlich, zeitlich*) hasta; ~ **Seite 30** hasta la página 30; **von Freitag ~ Sonntag** de viernes a domingo; ~ **morgen!** ¡hasta mañana!; ~ **jetzt** hasta ahora; ~ **dahin** hasta ahí; **Jugendliche ~ zu 18 Jahren** jóvenes hasta los 18 años; **drei ~ vier Tage** de tres a cuatro días **2.** (*außer*): ~ **auf** excepto; ~ **auf ihren Bruder waren alle da** aparte de su hermano estaban todos **3.** (*nicht mehr als*): ~ **zu** como máximo **II.** *konj* (~ *zu einem Zeitpunkt*) hasta +*inf,* hasta que +*subj;* **ich warte, ~ er zurück-**

kommt espero hasta que vuelva

Bischof ['bɪʃɔf] *m*, **Bischöfin** *f* <-s, Bischöfe; -nen> obispo, -a *m, f*

bisexuell ['biːsɛksuɛl, 'biːzɛksuɛl] *adj* bisexual

bisher [bɪs'heːɐ] *adv* hasta ahora

bisherige(r, s) [bɪs'heːrɪgə, -gɐ, -gəs] *adj* anterior; **der ~ Minister** el ex-ministro; **sein ~s Verhalten** su comportamiento hasta ese momento

Biskaya [bɪs'kaːja] *f* Golfo *m* de Vizcaya

Biskuit [bɪs'kviːt] *nt o m* <-(e)s, -e *o* -s> bizcocho *m*

bislang [bɪs'laŋ] *adv s.* **bisher**

biss[RR] [bɪs] *3. imp von* **beißen**

Biss[RR] [bɪs] *m* <-es, -e> **1.** (*das Zubeißen*) mordisco *m* **2.** (*Wunde*) mordedura *f*

bisschen[RR] ['bɪsçən] *adj inv:* **ein ~** un poco; **ich habe kein ~ Zeit** no tengo nada de tiempo

Bissen ['bɪsən] *m* <-s, -> bocado *m*

bissig *adj* (*Hund*) mordedor; (*Bemerkung*) mordaz

bist [bɪst] *2. präs von* **sein**

Bistum ['bɪstuːm] *nt* <-s, Bistümer> obispado *m*

bisweilen [bɪs'vaɪlən] *adv* a veces

Bit [bɪt] *nt* <-(s), -(s)> (INFOR) bit *m*

bitte *adv* por favor; (**wie**) **~?** ¿cómo dice?; **na ~!** ¿lo ves?; **~, wie du willst** bueno, como quieras

Bitte *f* <-n> ruego *m;* **ich habe eine große ~ an dich** quisiera pedirte un favor muy grande

bitten ['bɪtən] <bittet, bat, gebeten> *vt* pedir; **er bat um Verzeihung** pidió disculpas; **es wird gebeten nicht zu rauchen** se ruega no fumar; **darf ich Sie in mein Büro ~?** ¿quiere pasar a mi despacho, por favor?

bitter ['bɪtɐ] *adj* amargo; **~e Armut** extremada pobreza; **etw ~ nötig haben** estar necesitadísimo de algo; **bitterböse** ['--'--] *adj* furioso, muy enojado; **bitterernst** ['--'-] *adj* totalmente serio; **bitterkalt** ['--'-] *adj* terriblemente frío

Bittsteller(In) *m(f)* <-s, -, -nen> peticionario, -a *m, f*

bizarr [bi'tsar] *adj* (*seltsam*) raro; (*wunderlich*) estrafalario

Bizeps ['biːtsɛps] *m* <-(es), -e> bíceps *m inv*

Blackout [blɛk'ʔaʊt, '--] *nt o m* <-(s), -s>, **Black-out**[RR] *nt o m* <-(s), -s> laguna *f;* **ein ~ haben** quedarse en blanco

blähen ['blɛːən] **I.** *vt, vr:* **sich ~** hinchar(se) **II.** *vi* provocar gases

Blähung *f* <-en> flato *m*

blamabel [bla'maːbəl] *adj* vergonzoso

Blamage [bla'maːʒə] *f* <-n> plancha *f fam*

blamieren* **I.** *vt* poner en ridículo **II.** *vr:* **sich ~** hacer el ridículo

blank [blaŋk] *adj* **1.** (*glänzend*) reluciente **2.** (*unbedeckt*) desnudo; **ich bin völlig ~** (*fam*) estoy sin blanca

Blankoscheck ['blaŋko-] *m* cheque *m* en blanco

Blase ['blaːzə] *f* <-n> (*Luft~*) burbuja *f;* (*Haut~*) ampolla *f;* (*Harn~*) vejiga *f*

Blasebalg *m* <-(e)s, -bälge> fuelle *m*

blasen ['blaːzən] <bläst, blies, geblasen> *vi* (*Wind*) soplar

Blasenentzündung *f* cistitis *f inv*

blasiert [bla'ziːɐt] *adj* (*abw*) engreído

Blasinstrument ['blaːs-] *nt* instrumento *m* de viento

Blasphemie [blasfe'miː] *f* <-n> blasfemia *f*

blass[RR] [blas] *adj* pálido; **keinen ~en Schimmer von etw haben** (*fam*) no tener ni idea de algo

Blässe ['blɛsə] *f* palidez *f*

bläst [blɛːst] *3. präs von* **blasen**

Blatt [blat] *nt* <-(e)s, Blätter> (*a.* BOT) hoja *f;* **kein ~ vor den Mund nehmen** (*fam fig*) no tener pelos en la lengua; **ein unbeschriebenes ~ sein** (*fam fig*) ser una persona sin antecedentes

blättern ['blɛtɐn] *vi* hojear; **in einem Buch ~** hojear un libro

Blätterteig *m* <-(e)s, *ohne pl*> hojaldre *m*

blau [blaʊ] *adj* **1.** (*Farbe*) azul; (*Lippen*) amoratado; **~es Auge** ojo morado; **~er Fleck** moratón *m* **2.** (*fam: betrunken*) borracho

blauäugig ['blaʊʔɔɪgɪç] *adj* (*mit blauen Augen*) de ojos azules; (*leichtgläubig*) confiado

Blaue ['blaʊə] *nt:* **das ~ vom Himmel versprechen** (*fam*) prometer el oro y el moro; **eine Fahrt ins ~ machen** (*fam*) hacer un viaje al azar

Blauhelm *m* (*UNO-Soldat*) casco *m* azul; **Blaulicht** *nt* sirena *f;* **blau|machen** *vi* (*fam: Schule*) fumarse la clase; (*Arbeit*) no ir al trabajo

Blazer ['ble:zɐ, 'blɛɪzɐ] *m* <-s, -> blazer *m*

Blech *nt* <-(e)s, -e> **1.** (*Metallplatte*) chapa *f* de metal; (*Weiß~*) (hoja)lata *f* **2.** (*Back~*) bandeja *f* del horno; **Blechblasinstrument** *nt* instrumento *m* de metal; **Blechdose** *f* lata *f*

blechen ['blɛçən] *vi, vt* (*fam*) apoquinar

Blechschaden *m* daños *mpl* de carrocería

Blei [blaɪ] *nt* <-(e)s, *ohne pl*> plomo *m*

Bleibe ['blaɪbə] *f* <-n> alojamiento *m*

bleiben ['blaɪbən] <bleibt, blieb, geblieben> *vi sein* quedarse; **hängen** ~ (*Wissen*) quedar en la memoria; **an etw hängen** ~ engancharse en algo; **wo bleibt er nur?** ¿dónde estará?; **das bleibt unter uns!** ¡esto queda entre nosotros!; **gleich** ~ no cambiar; **gleich ~d** constante; **es bleibt dabei** no hay cambios; **hier ist alles beim Alten geblieben** aquí sigue todo como antes; **am Leben** ~ quedar con vida; **liegen** ~ (*Person*) quedarse tumbado; (*Arbeit*) quedar sin hacer; **offen** ~ (*Tür*) quedar abierto; (*Frage*) quedar pendiente; **stehen** ~ quedarse de pie; (*anhalten*) detenerse; **stecken** ~ (*festsitzen*) quedar fijo; (*beim Sprechen*) atascarse; **es bleibt mir nichts anderes übrig, als ...** no me queda otro remedio que...

bleibend *adj* duradero, persistente; **von ~em Wert** de valor duradero

bleiben|lassen *irr vt s.* **lassen2 3.**

bleich [blaɪç] *adj* pálido

bleichen *vt* (*Wäsche*) blanquear; (*entfärben*) desteñir; (*Haare*) oxigenar

bleifrei *adj* sin plomo

bleihaltig *adj* plomífero

Bleistift *m* lápiz *m;* **Bleistiftspitzer** *m* afilalápices *m inv*

Blende ['blɛndə] *f* <-n> (FOTO) diafragma *m*

blenden ['blɛndən] **I.** *vi* (*Licht*) cegar **II.** *vt* (*beeindrucken*) deslumbrar; (*blind machen*) cegar

blendend *adj* (*großartig*) estupendo; **sich ~ amüsieren** divertirse estupendamente

Blick [blɪk] *m* <-(e)s, -e> **1.** (*Hinsehen*) mirada *f;* **einen ~ auf etw werfen** echar un vistazo a algo; **einen guten ~ für etw haben** tener buen ojo para algo; **auf den ersten ~** a primera vista; **jdn keines ~es würdigen** hacer caso omiso de alguien **2.** *ohne pl* (*Aussicht*) vista *f;* **mit ~ auf den Dom** con vistas a la catedral

blicken ['blɪkən] *vi* mirar; **sich ~ lassen** aparecer

Blickfeld *nt* campo *m* visual; **Blickkontakt** *m* contacto *m* visual; **Blickpunkt** *m* centro *m* de interés; (*Gesichtspunkt*) punto *m* de vista; **Blickwinkel** *m* punto *m* de vista

blieb [bli:p] *3. imp von* **bleiben**

blies [bli:s] *3. imp von* **blasen**

blind [blɪnt] *adj* ciego; **~ werden** perder la vista; **~er Gehorsam** obediencia ciega; **~ vor Eifersucht** cegado por los celos

Blinddarm *m* apéndice *m;* **Blinddarmentzündung** *f* apendicitis *f inv*

Blinde(r) *mf* <-n, -n; -n> ciego, -a *m, f;* **Blindenhund** *m* (perro *m*) lazarillo *m;* **Blindenschrift** *f* (alfabeto *m*) Braille *m*

Blindgänger ['blɪntgɛŋɐ] *m* <-s, -> **1.** (*Geschoss*) proyectil *m* sin estallar **2.** (*fam: Versager*) fracasado *m*

Blindheit *f* ceguera *f;* **mit ~ geschlagen sein** tener una venda en los ojos

blindlings ['blɪntlɪŋs] *adv* (*unüberlegt*) a ciegas

blinken ['blɪŋkən] *vi* **1.** (*funkeln*) fulgurar; (*Stern*) centellear **2.** (AUTO) poner el intermitente

Blinker *m* <-s, -> (AUTO) intermitente *m*

Blinklicht *nt* (luz *f*) intermitente *m*

blinzeln ['blɪntsəln] *vi* parpadear

Blitz [blɪts] *m* <-es, -e> **1.** (PHYS, METEO) rayo *m;* (*zwischen Wolken*) relámpago *m;* **die Nachricht schlug wie ein ~ ein** (*fam*) la noticia cayó como un rayo **2.** (FOTO) flash *m;* **Blitzableiter** *m* <-s, -> pararrayos *m inv;* **blitzartig** *adj* fulminante; **blitzblank** ['-'-] *adj* reluciente, resplandeciente

blitzen *vi* (*strahlen*) relucir; (*beim Gewitter*) relampaguear

Blitzlicht *nt* (FOTO) flash *m;* **blitzsauber** ['-'--] *adj* (*fam*) limpio como una patena; **Blitzschlag** *m* rayo *m;* **blitzschnell** ['-'-] *adj* (*fam*) (rápido) como un rayo

Block[1] [blɔk] *m* <-(e)s, Blöcke> (*a.* POL) bloque *m*

Block[2] *m* <-(e)s, -s *o* Blöcke> **1.** (*Häuser~*) manzana *f* **2.** (*Schreib~*) bloc *m*

Blockade [blɔ'ka:də] *f* <-n> bloqueo *m*

Blockflöte *f* flauta *f* dulce

blockieren* [blɔ'ki:rən] *vi, vt* bloquear

Blockschrift *f* letra *f* de imprenta

blöd(e) [blø:t, 'blø:də] *adj* (*fam*) tonto

blödeln ['bløːdəln] *vi* hacer el tonto

Blödheit *f* <-en> estupidez *f,* tontería *f*

Blödmann *m* imbécil *m;* **Blödsinn** *m* <-(e)s, *ohne pl*> (*fam*) disparate *m*

blond [blɔnt] *adj* rubio

Blondine [blɔn'diːnə] *f* <-n> rubia *f*

bloß [bloːs] **I.** *adj* **1.** (*unbedeckt*) descubierto **2.** (*nichts als*) mero; **mit ~em Auge** a simple vista; **der ~e Gedanke macht mich nervös** sólo pensar en ello, me pone nervioso **II.** *adv* (*fam: nur*) sólo; **was hast du ~?** ¿pero qué te pasa?; **sag ~!** ¡no me digas!

Blöße ['bløːsə] *f* <-n> desnudez *f;* (*fig*) punto *m* débil; **sich** *dat* **eine ~ geben** mostrar su punto débil

bloß|legen *vt* descubrir; (*enthüllen*) sacar a la luz; **bloß|stellen I.** *vt* (*Person*) desenmascarar **II.** *vr:* **sich ~** exponerse

Bluejeans *pl,* **Blue-Jeans**RR ['bluː'dʒiːns] *pl* vaquero(s) *m(pl)*

bluffen ['blʊfən, 'blœfən] *vi* (*abw*) fanfarronear

blühen ['blyːən] *vi* (*Pflanzen*) florecer; (*Geschäft*) prosperar

blühend ['blyːənt] *adj* **1.** (*Pflanze, Sprache*) florido; (*Frau*) fresco; (*Gesichtsfarbe*) saludable **2.** (*Geschäft, Stadt*) próspero; (*Fantasie*) exuberante

Blume ['bluːmə] *f* <-n> flor *f;* **etw durch die ~ sagen** soltar una indirecta; **Blumenbeet** *nt* arriate *m,* macizo *m* de flores; **Blumenkohl** *m* coliflor *f;* **Blumenstrauß** *m* <-es, -sträuße> ramo *m* de flores; **Blumentopf** *m* maceta *f;* **Blumenvase** *f* florero *m*

Bluse ['bluːzə] *f* <-n> blusa *f*

Blut [bluːt] *nt* <-(e)s, *ohne pl*> sangre *f;* **ruhig ~ bewahren** guardar la sangre fría; **~ und Wasser schwitzen** (*fam*) sudar la gota gorda; **blutarm** *adj* anémico; **Blutbad** *nt* derramamiento *m* de sangre; **Blutbild** *nt* cuadro *m* sanguíneo; **Blutdruck** *m* <-(e)s, *ohne pl*> tensión *f* arterial; **hohen/niedrigen ~ haben** tener la tensión alta/baja

Blüte ['blyːtə] *f* <-n> **1.** (BOT) flor *f* **2.** *ohne pl* (*das Blühen*) floración *f* **3.** (*Hohepunkt*) apogeo *m*

bluten ['bluːtən] *vi* sangrar; **mir blutet das Herz** (*fig*) se me rompe el corazón

Blutentnahme *f* (MED) extracción *f* de sangre

Bluter(in) ['bluːtɐ] *m(f)* <-s, -; -nen> hemofílico, -a *m, f*

BlutergussRR ['bluːtʔɛɐgʊs] *m* (MED) derrame *m* sanguíneo

Blütezeit *f* floración *f;* (*fig*) apogeo *m*

Blutgefäß *nt* (ANAT) vaso *m* sanguíneo; **Blutgruppe** *f* grupo *m* sanguíneo

blutig *adj* ensangrentado; (*Kampf*) sangriento; **ein ~er Anfänger** un novato

blutjung ['-'-] *adj* muy joven; **Blutkonserve** *f* conserva *f* de sangre; **Blutkörperchen** ['bluːtkœrpɐçən] *nt* <-s, -> glóbulo *m* de sangre; **Blutkreislauf** *m* circulación *f* sanguínea; **Blutorange** *f* sanguina *f;* **Blutprobe** *f* prueba *f* de sangre; **blutrot** ['-'-] *adj* rojo vivo

blutrünstig ['bluːtrʏnstɪç] *adj* sangriento

Blutspende *f* donación *f* de sangre; **Blutspender(in)** *m(f)* donante *mf* de sangre

blutsverwandt *adj* consanguíneo

Bluttransfusion *f* transfusión *f* de sangre; **blutüberströmt** ['bluːtyːbɐ(')strøːmt] *adj* bañado en sangre

Blutung *f* <-en> hemorragia *f;* **die monatliche ~** la menstruación

Blutvergießen *nt* <-s, *ohne pl*> (*geh*) derramamiento *m* de sangre

Blutwurst *f* morcilla *f*

BLZ [beːʔɛl'tsɛt] *Abk. von* **Bankleitzahl** código *m* de identificación bancaria

Bö [bøː] *f* <-en> racha *f*

Bock [bɔk] *m* <-(e)s, Böcke> (*Ziegen~*) macho *m* cabrío; (SPORT) potro *m;* (*Gestell*) caballete *m*

bocken *vi* (*Kind, Tier*) ponerse terco; (*Motor*) andar a trancas y barrancas

bockig *adj* tozudo

Bockshorn ['bɔkshɔrn] *nt* (*fam*): **jdn ins ~ jagen** intimidar a alguien

Bockwurst *f* salchicha *f* cocida

Boden ['boːdən] *m* <-s, Böden> **1.** (*Erd~*) tierra *f;* (*Fuß~*) suelo *m;* (*Gelände*) terreno *m;* **auf italienischem ~** en territorio italiano; **den ~ unter den Füßen verlieren** perder pie; **am ~ zerstört sein** estar con el ánimo por los suelos; **auf dem ~ der Tatsachen stehen** estar con los pies en el suelo **2.** (*von Gefäß, Meer*) fondo *m* **3.** (*Dach~*) desván *m;* **Bodenbelastung** *f* contaminación *f* del suelo; **bodenlos** *adj* **1.** (*tief*) sin fondo **2.** (*fam: unerhört*) increíble; **eine ~e Frechheit** una desfachatez sin nombre; **Bodenpersonal** *nt* personal *m*

de tierra; **Bodensatz** *m* poso *m;* **Bodenschätze** *mpl* riquezas *fpl* naturales
Bodensee *m* <-s> lago *m* de Constanza
bodenständig *adj* arraigado
Bodenstreitkräfte *fpl* (MIL) infantería *f*
Body ['bɔdi] *m* <-s, -s> (*Kleidungsstück*) body *m*
Bodybuilding ['bɔdibɪldɪŋ] *nt* <-s, *ohne pl*> culturismo *m*
Böe ['bøːə] *f* <-n> ráfaga *f,* racha *f*
bog [boːk] *3. imp von* **biegen**
Bogen ['boːgən] *m* <-s, -, *südd, Österr:* Bögen> **1.** (*Kurve*) curva *f;* **einen großen ~ um jdn/etw machen** (*fam*) evitar a alguien/algo; **er hat den ~ raus** (*fam*) ya sabe por dónde van los tiros **2.** (*Sportgerät*) arco *m;* **den ~ überspannen** (*fam*) ir demasiado lejos **3.** (ARCHIT, MUS, MATH) arco *m* **4.** (*Blatt Papier*) pliego *m;* **Bogenschießen** *nt* <-s, *ohne pl*> tiro *m* de arco
Böhmen ['bøːmən] *nt* <-s> Bohemia *f*
böhmisch ['bøːmɪʃ] *adj* bohemio; **das sind ~e Dörfer für mich** (*fam*) esto me suena a chino
Bohne ['boːnə] *f* <-n> judía *f;* (*Kaffee~*) grano *m* de café; **nicht die ~!** (*fam*) ¡ni pizca!; **Bohnenkaffee** *m* <-s, *ohne pl*> café *m* en grano
bohnern ['boːnɐn] *vi, vt* encerar
bohren ['boːrən] **I.** *vt* perforar; (*mit Bohrer*) taladrar; **ein Loch ~** hacer un agujero; **in der Nase ~** meterse el dedo en la nariz; **~de Zweifel** dudas atormentadoras **II.** *vi* (*fam: fragen*) insistir; (*Öl*) buscar (*nach* +*dat*)
Bohrer *m* <-s, -> taladro *m*
Bohrinsel ['boːɐʔɪnzəl] *f* plataforma *f* de sondeo; **Bohrmaschine** *f* taladradora *f;* **Bohrturm** *m* castillete *m* de sondeo
böig ['bøːɪç] *adj* racheado
Boiler ['bɔɪlɐ] *m* <-s, -> calentador *m* (de agua)
Boje ['boːjə] *f* <-n> boya *f*
Bolivianer(in) [boli'vjaːnɐ] *m(f)* <-s, -; -nen> boliviano, -a *m, f*
bolivianisch *adj* boliviano
Bolivien [bo'liːviən] *nt* <-s> Bolivia *f*
Bolzen ['bɔltsən] *m* <-s, -> perno *m*
Bombardement [bɔmbardə'mãː] *nt* <-s, -s> bombardeo *m*
bombardieren* [bɔmbar'diːrən] *vt* (MIL) bombardear; (*fam: überhäufen*) acribillar (*mit* +*dat* a)
bombastisch [bɔm'bastɪʃ] *adj* (*abw*) rimbombante
Bombe ['bɔmbə] *f* <-n> bomba *f;* **Bombenangriff** *m* bombardeo *m;* **Bombenanschlag** *m* atentado *m* con bomba(s); **Bombenerfolg** ['---'-] *m* (*fam*) éxito *m* rotundo; **Bombengeschäft** ['---'-] *nt* (*fam*) negocio *m* redondo; **bombensicher** ['--'--] *adj* **1.** (TECH) a prueba de bomba; (*fig*) infalible **2.** (*fam*) totalmente seguro; **Bombenstimmung** ['--'--] *f ohne pl* (*fam*) ambiente *m* fantástico
Bon [bɔŋ, bõː] *m* <-s, -s> (*Gutschein*) vale *m;* (*Kassenzettel*) tiquet *m*
Bonbon [bɔŋ'bɔŋ, bõ'bõː] *m o nt* <-s, -s> caramelo *m*
Bonus ['boːnʊs] *m* <-(ses), -(se) *o* Boni> gratificación *f*
Bonze ['bɔntsə] *m* <-n, -n> (*abw*) cacique *m*
Boom [buːm] *m* <-s, -s> boom *m*
boomen ['buːmən] *vi* (WIRTSCH: *fam: Geschäft*) prosperar; (*Literatur, Mode*) experimentar un auge
Boot [boːt] *nt* <-(e)s, -e> barca *f;* **wir sitzen alle im gleichen ~** (*fam*) todos tiramos de una cuerda
Bord[1] [bɔrt] *m* <-(e)s, *ohne pl*> (NAUT) borda *f;* (*äußerlich*) bordo *m;* **an ~** a bordo; **über ~ gehen** caer por la borda; **von ~ gehen** desembarcar; **alle Bedenken über ~ werfen** olvidarse de todas las dudas
Bord[2] *nt* <-(e)s, -e> (*Wandbrett*) estante *m;* (*Schweiz: Rand*) borde *m*
Bordell [bɔr'dɛl] *nt* <-s, -e> burdel *m*
Bordkarte *f* tarjeta *f* de embarque
Bordstein *m* bordillo *m*
borgen ['bɔrgən] *vt* (*ausleihen*) tomar prestado; (*verleihen*) prestar
Börse ['bœrzə] *f* <-n> (FIN) bolsa *f;* **Börsenkurs** *m* (FIN) cotización *f* bursátil
Börsianer(in) [bœr'zjaːnɐ] *m(f)* <-s, -; -nen> (*fam*) bolsista *mf*
Borste ['bɔrstə] *f* <-n> cerda *f*
Borte ['bɔrtə] *f* <-n> ribete *m*
bösartig ['bøːsʔaːɐtɪç] *adj* **1.** (*Mensch, Tier*) malvado; (*Bemerkung*) malicioso **2.** (*Geschwulst*) maligno
Böschung ['bœʃʊŋ] *f* <-en> (*an der Straße*) terraplén *m;* (*Abhang*) declive *m*
böse ['bøːzə] **I.** *adj* malo; **das wird ~ Fol-**

gen haben eso tendrá graves consecuencias; **ich bin ~ auf ihn** estoy enojado con él **II.** *adv* mal; **es wird ~ enden** eso terminará mal; **das sieht ~ aus** eso tiene mal aspecto; **Bösewicht** ['bøːzəvɪçt] *m* <-(e)s, -e *o* -er> bribón *m,* malvado *m*

boshaft ['boːshaft] *adj* malvado

Bosheit *f* <-en> maldad *f*

Bosnien ['bɔsniən] *nt* <-s> Bosnia *f;* **Bosnien-Herzegowina** ['bɔsniən hɛrtse'goːvina] *nt* <-s> Bosnia-Herzegovina *f*

Boss[RR] [bɔs] *m* <-es, -e> jefe *m*

böswillig I. *adj* malévolo **II.** *adv* con mala intención

bot [boːt] *3. imp von* **bieten**

Botanik [bo'taːnɪk] *f* botánica *f*

Bote, -in ['boːtə] *m, f* <-n, -n; -nen> recadero, -a *m, f*

Botschaft ['boːtʃaft] *f* <-en> (*geh: Nachricht*) mensaje *m;* (POL) embajada *f*

Botschafter(in) *m(f)* <-s, -; -nen> (POL) embajador(a) *m(f)*

Bottich ['bɔtɪç] *m* <-(e)s, -e> cuba *f*

Bouillon [bʊl'jɔŋ, bʊl'jõː] *f* <-s> caldo *m*

Boulevardpresse *f* prensa *f* sensacionalista

Boutique [bu'tiːk] *f* <-n> boutique *f*

Box [bɔks] *f* <-en> (*für Pferde*) box *m;* (*Lautsprecher*) bafle *m;* (*Behälter*) caja *f*

boxen ['bɔksən] *vi* boxear

Boxen *nt* <-s, *ohne pl*> (SPORT) boxeo *m*

Boxer(in) *m(f)* <-s, -; -nen> boxeador(a) *m(f);* **Boxershorts** *pl,* **Boxer-Shorts** *pl* shorts *mpl*

Boxhandschuh *m* guante *m* de boxeo

Boykott [bɔɪ'kɔt] *m* <-(e)s, -e *o* -s> boicot *m*

boykottieren* *vt* boicotear

brach[1] [braːx] *3. imp von* **brechen**

brach[2] [braːx] *adj* yermo

brach|liegen *irr vi* (*Acker*) estar en barbecho; (*Talent*) estar desaprovechado

brachte ['braxtə] *3. imp von* **bringen**

Brainstorming ['brɛɪnstɔːmɪŋ] *nt* <-s, *ohne pl*> brainstorming *m*

Branche ['brãːʃə] *f* <-n> ramo *m;* **Branchenverzeichnis** *nt* páginas *fpl* amarillas

Brand [brant] *m* <-(e)s, Brände> incendio *m;* **etw in ~ setzen** pegar fuego a algo; **brandaktuell** ['---'-] *adj* de gran actualidad; **Brandanschlag** *m* atentado *m* de incendio

Brandenburg ['brandənbʊrk] *nt* <-s> Brandeburgo *m*

brandmarken ['brantmarkən] *vt* denunciar públicamente

brandneu ['-'-] *adj* (*fam*) flamante; **Brandstifter(in)** *m(f)* <-s, -; -nen> incendiario, -a *m, f;* **Brandstiftung** *f* incendio *m* provocado

Brandung ['brandʊŋ] *f* <-en> oleaje *m*

brannte ['brantə] *3. imp von* **brennen**

Branntwein *m* aguardiente *m*

Brasilien [bra'ziːliən] *nt* <-s> Brasil *m*

brät [brɛːt] *3. präs von* **braten**

braten ['braːtən] <brät, briet, gebraten> *vt* asar; (*in der Pfanne*) freír

Braten *m* <-s, -> asado *m*

Bratpfanne *f* sartén *f*

Bratwurst *f* salchicha *f* frita

Brauch [braʊx] *m* <-(e)s, Bräuche> uso *m*

brauchbar *adj* (*nützlich*) útil; (*geeignet*) apropiado

brauchen ['braʊxən] *vt* necesitar; **wie lange brauchst du dafür?** ¿cuánto tiempo necesitas para esto?; **du brauchst nicht gleich zu schreien** no es necesario que te pongas a chillar enseguida; **ich brauche heute nicht zu arbeiten** hoy no tengo que trabajar

Brauerei *f* <-en> fábrica *f* de cerveza

braun [braʊn] *adj* **1.** (*Farbe*) marrón; (*Haare*) castaño; (*Teint*) moreno **2.** (*abw: nationalsozialistisch*) nazi

bräunen I. *vt* (*Körper*) broncear; (GASTR) dorar **II.** *vr:* **sich ~** (*sich sonnen*) broncearse

Braunkohle *f* lignito *m*

Brause ['braʊzə] *f* <-n> (*Dusche*) ducha *f;* (*Limonade*) (limonada *f*) gaseosa *f;* **Brausetablette** *f* pastilla *f* efervescente

Braut [braʊt] *f* <Bräute> novia *f*

Bräutigam ['brɔɪtigam] *m* <-s, -e> novio *m*

Brautjungfer *f* <-n> doncella *f* de honor; **Brautkleid** *nt* traje *m* de novia; **Brautpaar** *nt* (*verlobt*) novios *mpl;* (*verheiratet*) pareja *f* de recién casados

brav [braːf] *adj* bueno

Bravour [bra'vuːɐ] *f,* **Bravur**[RR] *f* **1.** (*Tapferkeit*) bravura *f* **2.** (*Brillanz*) brillantez *f;* **etw mit ~ bestehen** pasar [*o* acabar] algo con brillantez

BRD [beːʔɛr'deː] *f Abk. von* **Bundesrepublik Deutschland** RFA *f*

brechen ['brɛçən] <bricht, brach, gebrochen> **I.** *vi* **1.** *sein* (*zerbrechen*) romperse **2.** *haben* (*fam: erbrechen*) vomitar **II.** *vt* **1.** (*durchbrechen*) partir; **in Stücke** ~ romper en pedazos **2.** (*Widerstand*) romper; (*Rekord*) batir; (*Gesetz*) infringir; **sein Wort** ~ faltar a su palabra **III.** *vr:* **sich** ~ **1.** (*Licht*) refractarse **2.** (*Wellen*) romperse

Brechreiz *m* náuseas *fpl*

Brei [braɪ] *m* <-(e)s, -e> (*für Kinder*) papilla *f;* (*Kartoffel~*) puré *m;* **um den heißen ~ herumreden** (*fam*) andarse con rodeos

breit [braɪt] *adj* ancho; (*ausgedehnt*) amplio; **sich ~ machen** (*sich ausbreiten*) extenderse; (*fam: Platz beanspruchen*) acomodarse; **etw weit und ~ verkünden** pregonar algo a los cuatro vientos; **die ~e Öffentlichkeit** el gran público

Breite ['braɪtə] *f* <-n> anchura *f;* (GEO) latitud *f;* **in voller** ~ extensamente; **in die ~ gehen** (*fam*) engordar; **Breitengrad** *m* grado *m* de latitud

breit|machen *vr:* **sich** ~ *s.* **breit;**

breit|schlagen *irr vt* (*fam*) engatusar; **du hast dich schon wieder von ihm ~ lassen** te has vuelto a dejar engatusar por él

breitschult(e)rig *adj* ancho de hombros

breit|treten *irr vt* (*fam: Thema*) tratar detallada y repetidamente; (*Nichtigkeiten*) dar más importancia de lo necesario

Bremse ['brɛmzə] *f* <-n> (AUTO) freno *m;* (ZOOL) tábano *m*

bremsen *vi, vt* frenar; **scharf** ~ frenar con fuerza; **er ist nicht zu** ~ no hay quien le pare

Bremslicht *nt* luz *f* de freno; **Bremspedal** *nt* pedal *m* de freno; **Bremsspur** *f* huella *f* de frenado

brennbar *adj* combustible; (*leicht entzündbar*) inflamable

brennen ['brɛnən] <brennt, brannte, gebrannt> **I.** *vi* arder; (*Sonne*) quemar; (*Licht*) estar encendido; **wo brennt's denn?** (*fam*) ¿cuál es el problema?; **darauf ~ etw zu tun** morirse por hacer algo **II.** *vt* (*Ziegel*) cocer; (*Schnaps*) destilar

brennend *adj* **1.** (*Holz*) ardiente; (*in Flammen*) en llamas **2.** (*Schmerz*) agudo **3.** (*Frage*) candente; (*Interesse*) vivo; **das interessiert mich** ~ me interesa vivamente

Brennessel ['brɛnnɛsəl] *f s.* **Brennnessel**

Brennholz *nt* <-es, *ohne pl*> leña *f;* **Brennnessel**[RR] *f* ortiga *f;* **Brennpunkt** *m* foco *m;* **Brennstoff** *m* combustible *m*

brenzlig ['brɛntslɪç] *adj* (*fam*) crítico

Brett [brɛt] *nt* <-(e)s, -er> tabla *f;* (*Spiel~*) tablero; **schwarzes** ~ cartelera *f;* (*Schaukasten*) tablón de anuncios *m*

Bretterzaun *m* valla *f*

Brettspiel *nt* juego *m* de tablero

> Los **Brezel** son una especialidad suaba que se obtiene a partir de una masa de pan blanca. Sin embargo su color final es marrón, lo cual se debe a que la masa es introducida, antes de ser horneada, en una solución sódica. Los **Brezel** se espolvorean con sal y se venden, bien tal cual, o bien con mantequilla, en cualquier panadería o puesto de venta ambulante.

bricht [brɪçt] *3. präs von* **brechen**

Brief [bri:f] *m* <-(e)s, -e> carta *f;* **Briefbeschwerer** ['bri:fbəʃve:rɐ] *m* <-s, -> pisapapeles *m inv;* **Brieffreund(in)** *m(f)* amigo, -a *m, f* por correspondencia

Briefkasten *m* buzón *m;* **Briefkopf** *m* membrete *m;* **Briefmarke** *f* sello *m,* estampilla *f Am;* **Brieföffner** *m* abrecartas *m inv;* **Briefpapier** *nt* papel *m* de cartas; **Brieftasche** *f* cartera *f;* **Brieftaube** *f* paloma *f* mensajera; **Briefträger(in)** *m(f)* cartero, -a *m, f;* **Briefumschlag** *m* sobre *m;* **Briefwechsel** *m* correspondencia *f;* **in ~ mit jdm stehen** cartearse con alguien

briet [bri:t] *3. imp von* **braten**

Brigade [bri'ga:də] *f* <-n> brigada *f*

brillant [brɪ'ljant] *adj* magnífico

Brillant [brɪ'ljant] *m* <-en, -en> brillante *m*

Brille ['brɪlə] *f* <-n> gafas *fpl,* anteojos *mpl Am;* **etw durch eine rosarote ~ sehen** ver algo de color de rosa; **Brillengestell** *nt* montura *f* de las gafas

bringen ['brɪŋən] <bringt, brachte, gebracht> *vt* **1.** (*herbringen*) traer; (*hinbringen*) llevar; (*Gewinn*) rendir; **etw in Ordnung** ~ poner algo en orden; **Glück** ~ traer buena suerte; **jdm etw nahe** ~ despertar el interés de alguien por algo; **jdn aus dem Konzept** ~ confundir a alguien; **etw zur Sprache** ~ hablar de algo; **etw auf den Markt** ~ lanzar algo al mercado; **ein Kind zur Welt** ~ dar a luz un niño; **es zu etwas** ~ hacer carrera; **etw mit sich** ~ traer algo consigo; **etw hinter sich** ~ conseguir terminar algo **2.** (*wegnehmen*) quitar (*um* +*akk*); **jdn ums Leben** ~ matar a alguien; **jdn um den Verstand** volver loco a alguien **3.** (*bekommen*) conseguir (*zu* +*inf*); **jdn zum Lachen** ~ hacer reír a alguien; **etw nicht übers Herz** ~ no ser capaz de hacer algo

brisant [bri'zant] *adj* explosivo; **ein ~es Thema** un tema explosivo

Brise ['bri:zə] *f* <-n> brisa *f*

Brite, **-in** ['brɪtə, 'bri:tə] *m, f* <-n, -n; -nen> británico, -a *m, f*

britisch ['brɪtɪʃ] *adj* británico

bröck(e)lig *adj* deleznable

Brocken ['brɔkən] *m* <-s, -> trozo *m;* **ein paar** ~ **Spanisch verstehen** entender un poco de español; **die Prüfung ist ein harter** ~ **für ihn** el examen es muy duro para él

bröcklig *adj s.* **bröck(e)lig**

Brokkoli ['brɔkoli] *pl* brécol *m*

Brombeere ['brɔmbe:rə] *f* <-n> (zarza)mora *f*

Bronchitis [brɔn'çi:tɪs] *f* <Bronchitiden> bronquitis *f inv*

Bronze ['brõ:sə] *f* <-n> bronce *m;* **Bronzemedaille** *f* (SPORT) medalla *f* de bronce; **Bronzezeit** *f* Edad *f* del Bronce

Brosche ['brɔʃə] *f* <-n> broche *m*

Broschüre [brɔ'ʃy:rə] *f* <-n> folleto *m*

Brösel ['brø:zəl] *m* <-s, -> miga *f*

Brot [bro:t] *nt* <-(e)s, -e> pan *m;* **Brotbelag** *m* <-(e)s, *ohne pl*> *fiambre, queso, chocolate... para poner en el pan*

Brötchen ['brø:tçən] *nt* <-s, -> panecillo *m*

brotlos *adj:* **eine ~e Kunst** una profesión poco lucrativa

Browser ['braʊzɐ] *m* navegador *m*

Bruch [brʊx] *m* <-(e)s, Brüche> **1.** (*das Zerbrechen*) rotura *f;* **zu** ~ **gehen** hacerse añicos; **ihre Ehe ging in die Brüche** su matrimonio fracasó **2.** (MED: *Knochen*) fractura *f;* (*Eingeweide*) hernia *f* **3.** (MATH) fracción *f* **4.** (*Vertrags~*) ruptura *f;* (*Gesetz*) infracción *f;* **Bruchbude** *f* (*fam abw*) ruina *f*

brüchig ['brʏçɪç] *adj* quebradizo; (*Stimme*) cascado

Bruchlandung *f* aterrizaje *m* forzoso; **Bruchstück** *nt* fragmento *m;* **Bruchteil** *m* fracción *f;* **im** ~ **einer Sekunde** en una fracción de segundo

Brücke ['brʏkə] *f* <-n> puente *m;* **alle ~n hinter sich** *dat* **abbrechen** (*fig*) quemar las naves

Bruder ['bru:dɐ] *m* <-s, Brüder> hermano *m*

brüderlich *adj* fraternal

Brüderschaft *f* relación *f* amistosa; **mit jdm** ~ **trinken** ofrecerle el tuteo a alguien (*tomando una copa*)

Brühe ['bry:ə] *f* <-n> (GASTR) caldo *m;* (*abw: Schmutzwasser*) agua *f* sucia

brüllen ['brʏlən] *vi* **1.** (*Stier*) bramar; (*Raubtier*) rugir **2.** (*Mensch*) vociferar

brummen ['brʊmən] *vi* (*Bär, Mensch*) gruñir; (*Fliege*) zumbar; **mir brummt der Schädel** tengo la cabeza como un bombo

Brunch [brantʃ] *m* <-(e)s, -(e)s *o* -e> brunch *m* (*combinación entre desayuno y almuerzo*)

brünett [bry'nɛt] *adj* moreno

Brunnen ['brʊnən] *m* <-s, -> pozo *m;* (*Spring~*) fuente *f*

brüsk [brʏsk] *adj* brusco

Brüssel ['brʏsəl] *nt* <-s> Bruselas *f*

Brust [brʊst] *f* <Brüste> pecho *m;* (*Geflügel~*) pechuga *f;* **aus voller** ~ **singen** cantar a pleno pulmón; **Brustbein** *nt* esternón *m*

brüsten ['brʏstən] *vr:* **sich** ~ (*abw*) presumir (*mit* +*dat* de)

Brustkorb *m* tórax *m inv;* **Brustkrebs** *m* cáncer *m* de mama; **Brustschwimmen** *nt* <-s, *ohne pl*> estilo *m* braza

Brüstung ['brʏstʊŋ] *f* <-en> (*Balkon~*) pretil *m;* (*Fenster~*) antepecho *m*

Brustwarze *f* (*bei Frauen*) pezón *m;* (*bei Männern*) tetilla *f*

Brut ['bru:t] *f* <-en> **1.** (*das Brüten*) incubación *f* **2.** (*Vogeljunge*) nidada *f;* (*Fische*) freza *f*

brutal [bru'ta:l] *adj* brutal

Brutalität [brutali'tɛ:t] *f* <-en> brutalidad *f*

brüten ['bry:tən] *vi* **1.** (*Vögel*) empollar; **~de Hitze** calor aplastante **2.** (*nachgrübeln*) meditar (*über* +*dat* sobre)

Brüter *m* <-s, -> (PHYS): **schneller** ~ reactor *m* rápido

Brutkasten *m* incubadora *f*

brutto ['brʊto] *adv* bruto; **Bruttogehalt** *nt* sueldo *m* bruto; **Bruttolohn** *m* salario *m* bruto; **Bruttosozialprodukt** *nt* producto *m* nacional bruto

BSE [be:ʔɛs'ʔe:] *Abk. von* **Bovine Spongi-**

forme Encephalopathie (**Rinderwahnsinn**) encefalopatía *f* bovina

Btx [be:te:'ʔɪks] *nt* <-, *ohne pl*> *Abk. von* **Bildschirmtext** videotexto *m*

Buch [bu:x] *nt* <-(e)s, Bücher> libro *m;* (FIN) libro(s) *m(pl);* **über etw ~ führen** llevar la contabilidad de algo; **etw schlägt zu ~e** (*fig*) algo tiene consecuencias; **Buchdruck** *m* <-(e)s, *ohne pl*> tipografía *f*

Buche ['bu:xə] *f* <-n> haya *f*

buchen ['bu:xən] *vt* (*Reise*) reservar; (COM) contabilizar

Bücherei *f* <-en> biblioteca *f*

Bücherregal *nt* estantería *f* de libros; **Bücherwurm** *m* (*fam*) ratón *m* de biblioteca

Buchfink *m* pinzón *m*

Buchführung *f* contabilidad *f;* **Buchhalter(in)** *m(f)* <-s, -; -nen> contable *mf;* **Buchhaltung** *f ohne pl* (COM) contabilidad *f*

Buchhandlung *f* librería *f*

Buchprüfung *f* revisión *f* de cuentas

Büchse ['bʏksə] *f* <-n> (*Konservendose*) lata *f;* **Büchsenöffner** *m* abrelatas *m inv*

Buchstabe ['bu:xʃta:bə] *m* <-n(s), -n> letra *f*

buchstabieren* [bu:xʃta'bi:rən] *vi, vt* deletrear

buchstäblich ['bu:xʃtɛ:plɪç] *adj* literal; **ich war ~ in Schweiß gebadet** estaba literalmente empapado en sudor

Bucht [bʊxt] *f* <-en> bahía *f*

Buchung ['bu:xʊŋ] *f* <-en> **1.** (FIN) asiento *m* **2.** (*Reservierung*) reserva *f*

Buchweizen *m* <-s, *ohne pl*> alforfón *m*

Buckel ['bʊkəl] *m* <-s, -> joroba *f*

bücken ['bʏkən] *vr:* **sich ~** (*nach unten*) agacharse; (*nach vorne*) inclinarse

Buddhismus [bʊ'dɪsmʊs] *m* <-, *ohne pl*> budismo *m*

Buddhist(in) *m(f)* <-en, -en; -nen> budista *mf*

Bude ['bu:də] *f* <-n> (*Kiosk*) chiringuito *m;* (*fam: Zimmer*) cuarto *m*

Budget [by'dʒe:, bʏ'dʒe:] *nt* <-s, -s> presupuesto *m*

Büfett [bʏ'fɛt, bʏ'fe:] *nt* <-(e)s, -e *o* -s> (*Anrichte*) bufet *m;* (*Theke*) mostrador *m*

Büffel ['bʏfəl] *m* <-s, -> búfalo *m*

büffeln ['bʏfəln] *vi, vt* (*fam*) empollar

Buffett *nt* <-s, -s>, **Büffett** *nt* <-s, -s> (*Österr, Schweiz*) *s.* **Büfett**

Bug [bu:k] *m* <-(e)s, -e> (NAUT) proa *f*

Bügel ['by:gəl] *m* <-s, -> (*Kleider~*) percha *f;* (*Brillen~*) patilla *f;* (*Steig~*) estribo *m*

Bügelbrett *nt* tabla *f* de planchar; **Bügeleisen** *nt* plancha *f;* **bügelfrei** *adj* no necesita plancha

bügeln *vi, vt* planchar

Buhmann ['bu:man] *m* (*fam*) oveja *f* negra

Bühne ['by:nə] *f* <-n> escenario *m;* **etw über die ~ bringen** (*fam*) llevar algo a cabo

Buhruf ['bu:ru:f] *m* abucheo *m*

Bulette [bu'lɛtə] *f* <-n> (*reg*) albóndiga *f*

Bulgare, **-in** [bʊl'ga:rə] *m, f* <-n, -n; -nen> búlgaro, -a *m, f*

Bulgarien [bʊl'ga:riən] *nt* <-s> Bulgaria *f*

bulgarisch *adj* búlgaro

Bulle ['bʊlə] *m* <-n, -n> (*Rind*) toro *m;* (*fam abw: Polizist*) madero *m*

Bumerang ['bʊməraŋ, 'bu:məraŋ] *m* <-s, -s *o* -e> bumerán *m*

Bummel ['bʊməl] *m* <-s, -> (*fam*) vuelta *f;* **einen ~ durch die Stadt machen** dar una vuelta por la ciudad

bummeln *vi* **1.** *sein* (*fam: spazieren gehen*) dar una vuelta **2.** *haben* (*fam abw: trödeln*) remolonear

bumsen ['bʊmzən] *vi* **1.** (*schlagen*) dar (*gegen +akk* contra) **2.** (*vulg: Geschlechtsverkehr haben*) follar, coger *Am*

Bund[1] [bʊnt] *m* <-(e)s, Bünde> **1.** (*Vereinigung*) unión *f;* **den ~ fürs Leben schließen** (*geh*) casarse **2.** (*an Hosen*) pretina *f* **3.** *ohne pl* (POL) confederación *f;* **~ und Länder** el Estado federal y los Länder **4.** (*fam: Bundeswehr*) mili *f*

Bund[2] [bʊnt] *m* <-(e)s, -e> (*Karotten*) manojo *m*

Bündchen ['bʏntçən] *nt* <-s, -> (*Ärmel*) puño *m;* (*Halsausschnitt*) cuello *m*

Bündel ['bʏndəl] *nt* <-s, -> (*Packen*) lío *m;* (*Ballen*) fardo *m;* (*Geldscheine*) fajo *m;* **ein ~ an Maßnahmen** un paquete de medidas; **jeder hat sein ~ zu tragen** cada uno tiene que cargar con lo suyo

Bundesanstalt *f* instituto *m* federal; **die ~ für Arbeit** el instituto federal (para mediación) del trabajo; **Bundesbahn** *f* Ferrocarriles *mpl* Federales; **Bundesbank** *f ohne pl* Banco *m* Federal; **Bundesbürger(in)** *m(f)* ciudadano, -a *m, f* de la República Federal de Alemania; **Bundesgebiet** *nt* <-(e)s, *ohne pl*> territorio *m* federal;

Bundeskanzler(in) *m(f)* canciller *mf* federal

En Alemania, el **Bundeskanzler** es elegido por el parlamento y a continuación nombrado por el Presidente de la República. Es la cabeza de gobierno. En Austria, el partido con más escaños en la cámara alta propone al canciller y el Presidente de la República procede a su nombramiento.Sus obligaciones consisten en presidir el gobierno y dirigir la cancillería federal. En Suiza, el canciller dirige la cancillería que, a su vez, está subordinada al Presidente de la Confederación.

Bundesland *nt* estado *m* federal

La República Federal de Alemania consta, tras la reunificación, de 16 **Bundesländer**. Austria, a su vez, está constituida por 9 estados federales. En ambos casos, cada uno de ellos tiene una capital que acoge los órganos de gobierno regionales.

Bundesliga ['bʊndəsli:ga] *f* (SPORT) primera división *f;* **Bundesminister(in)** *m(f)* ministro, -a *m, f* federal; **Bundesministerium** *nt* ministerio *m* federal; **Bundespost** *f* Correos *mpl* Federales; **Bundespräsident(in)** *m(f)* **1.** (*in Deutschland*) Presidente, -a *m, f* de la República Federal de Alemania; (*in Österreich*) Presidente, -a *m, f* de la República **2.** (*Vorsitzender des Bundesrates in der Schweiz*) Presidente, -a *m, f* de la Confederación

En Alemania y Austria el Jefe del Estado recibe el nombre de **Bundespräsident**. Éste ostenta funciones principalmente representativas. No así en Suiza, donde el **Bundespräsident** es el que dirige el equipo de gobierno formado por siete personas y conocido con el nombre de Consejo Federal. El Consejo Federal nombra con carácter anual a uno de sus miembros **Bundespräsident** (Presidente de la Confederación), que hace las veces de primus inter pares.

Bundesrat *m* <-(e)s, *ohne pl*> **1.** (*in Deutschland*) Bundesrat *m,* Cámara *f* Alta de la República Federal; (*in Österreich*) Cámara *f* de Representantes **2.** (*zentrale Regierung in der Schweiz*) Consejo *m* Federal

En Alemania la cámara que acoge a los representantes de los gobiernos regionales se llama **Bundesrat**. Esta cámara interviene en la función legislativa. El número de diputados por cada estado federal **(Bundesland)** depende del tamaño de cada región. En Austria, el **Bundesrat** es una parte del parlamento en la que están representados las distintas regiones **(Länder)** según su número de habitantes. El número exacto de los representantes lo determina el Presidente de la República basándose en el censo nacional. En Suiza, sin embargo, la expresión **Bundesrat** se usa para referirse al gabinete de gobierno, formado por siete miembros y elegido cada cuatro años. A la cabeza del equipo de gobierno está el Presidente de la Confederación.

Bundesregierung *f* gobierno *m* federal; **Bundesrepublik** *f:* ~ **Deutschland** República *f* Federal de Alemania; **Bundesstraße** *f* carretera *f* federal; (*in Spanien*) ≈carretera *f* nacional; **Bundestag** *m* <-(e)s, *ohne pl*> Cámara *f* Baja del Parlamento alemán

En la RFA los representantes del pueblo son elegidos en elecciones libres y secretas por un periodo de cuatro años. El **Bundestag** elige al canciller y participa en la elaboración de proyectos de ley.

Bundesverfassungsgericht [---'----] *nt* <-(e)s, *ohne pl*> Tribunal *m* Constitucional Federal; **Bundeswehr** *f ohne pl* ejército *m* de la República Federal de Alemania

bündig ['bʏndɪç] *adj* conciso; **kurz und** ~ sin rodeos

Bündnis [bʏntnɪs] *nt* <-ses, -se> alianza *f*

Bungalow ['bʊŋgalo] *m* <-s, -s> bungalow *m,* bóngalo *m Am*

Bungee-Springen ['bandʒiʃprɪŋən] *nt* <-s, *ohne pl*> salto *m* elástico

Bunker ['bʊnkɐ] *m* <-s, -> búnker *m*

bunkern *vt* almacenar

bunt [bʊnt] *adj* de varios colores; ~ **gemischt** variado; **jetzt wird's mir aber zu ~!** (*fam*) ¡eso pasa de castaño oscuro!; **buntgemischt** *adj s.* **bunt**; **Buntstift** *m* lápiz *m* de color

Bürde ['bʏrdə] *f* <-n> (*geh*) carga *f*

Burg [bʊrk] *f* <-en> castillo *m*

B

Bürge, -in ['bʏrgə] *m, f* <-n, -n; -nen> fiador(a) *m(f)*

bürgen *vi* avalar; **ich bürge für ihn** respondo de él

Bürger(in) ['bʏrgɐ] *m(f)* <-s, -; -nen> ciudadano, -a *m, f;* **Bürgerinitiative** *f* iniciativa *f* ciudadana; **Bürgerkrieg** *m* guerra *f* civil

bürgerlich *adj* (*Schicht, Einstellung*) burgués; (JUR) civil

Bürgermeister(in) *m(f)* alcalde(sa) *m(f);* **Bürgerrecht** *nt* derecho *m* civil

Bürgersteig ['bʏrgɐʃtaɪk] *m* <-(e)s, -e> acera *f,* vereda *f Am*

Bürgschaft ['bʏrkʃaft] *f* <-en> aval *m*

Büro [by'ro:] *nt* <-s, -s> oficina *f;* **Büroangestellte(r)** *mf* empleado, -a *m, f* de oficina, oficinista *mf;* **Bürobedarf** *m* material *m* de oficina; **Bürokauffrau** *f* administrativa *f;* **Bürokaufmann** *m* administrativo *m;* **Büroklammer** *f* sujetapapeles *m inv*

Bürokratie [bʏrokra'ti:] *f* burocracia *f*

bürokratisch *adj* burocrático, oficialista *Am*

Bursche ['bʊrʃə] *m* <-n, -n> chaval *m*

burschikos [bʊrʃi'ko:s] *adj* (*Person*) campechano; (*ungezwungen*) desenvuelto

Bürste ['bʏrstə] *f* <-n> cepillo *m*

bürsten *vt* cepillar; **sich** *dat* **die Haare** ~ cepillarse el pelo

Bus [bʊs] *m* <-ses, -se> autobús *m;* **Busbahnhof** *m* estación *f* de autobuses

Busch [bʊʃ] *m* <-(e)s, Büsche> **1.** (*Strauch*) mata *f;* **hier ist etwas im** ~ (*fam*) aquí hay gato encerrado **2.** (*in den Tropen*) selva *f*

Büschel ['bʏʃəl] *nt* <-s, -> (*Gras*) haz *m;* (*Haare*) mechón *m*

buschig *adj* peludo

Busen ['bu:zən] *m* <-s, -> seno *m;* (*Brust*) pecho *m;* **Busenfreund(in)** *m(f)* amigo, -a *m, f* íntimo, -a

Busfahrer(in) *m(f)* conductor(a) *m(f)* de autobús; **Bushaltestelle** *f* parada *f* de autobuses; **Buslinie** *f* línea *f* de autobuses

Buße ['bu:sə] *f* <-n> (REL) penitencia *f;* (*a. Schweiz:* JUR) multa *f*

büßen ['by:sən] *vt* expiar; **das wirst du mir** ~ esto me lo vas a pagar

Bußgeld ['bu:s-] *nt* <-(e)s, -er> multa *f*

Büste ['bʏstə] *f* <-n> busto *m*

Büstenhalter *m* <-s, -> sostén *m*

Büstier [bys'tje:] *nt* <-s, -s> bustier *m*

Butter ['bʊtɐ] *f* mantequilla *f;* **es ist alles in** ~ (*fam*) todo está en orden

Butterbrot *nt* (rebanada *f* de) pan *m* con mantequilla; **Butterbrotpapier** *nt* papel *m* pergamino

Button ['batən] *m* <-s, -s> insignia *f*

b.w. *Abk. von* **bitte wenden** continúa al dorso

Byte [baɪt] *nt* <-s, -s> (INFOR) byte *m*

bzw. *Abk. von* **beziehungsweise** o sea

C

C, c [tse:] *nt* <-, -> C, c *f*

ca. *Abk. von* **circa** cerca de

Cabriolet [kabrio'le:] *nt* <-s, -s> descapotable *m*

Café [ka'fe:] *nt* <-s, -s> café *m*

Cafeteria [kafete'ri:a] *f* <Cafeterien> cafetería *f*

Callboy ['kɔ:lbɔɪ] *m* <-s, -s> call-boy *m;* **Callgirl** ['kɔ:lgœ:l] *nt* <-s, -s> call-girl *f*

Camcorder ['kɛmkɔrdɐ] *m* <-s, -> camcórder *m*

campen ['kɛmpən] *vi* (a)campar

Camping ['kɛmpɪŋ] *nt* <-s, *ohne pl*> camping *m;* **Campingplatz** *m* camping *m*

Caravan ['karavan] *m* <-s, -s> (*Kombiwagen*) pick-up *m;* (*Wohnwagen*) caravana *f*

Cartoon ['ka:ɐtu:n] *m* <-(s), -s> (*Karikatur*) caricatura *f;* (*Bildgeschichte*) historieta *f* de dibujos animados

CD [tse:'de:] *f* <-(s)> *Abk. von* **Compact Disk** CD *m;* **CD-Player** [tse:'de:plɛɪɐ] *m* <-s, -> compact disc *m*

CD-ROM [tse:'de:rɔm] *f* <-s> (INFOR) CD-ROM *m;* **CD-ROM-Laufwerk** *nt* lector *m* de CD-ROM

Cello ['tʃɛlo] *nt* <-s, -s *o* Celli> violonc(h)elo *m*

Celsius ['tsɛlziʊs]: **30 Grad** ~ 30 grados

centígrados

Cembalo ['tʃɛmbalo] *nt* <-s, -s *o* Cembali> clavecín *m*

Chamäleon [ka'mɛːleɔn] *nt* <-s, -s> camaleón *m*

Champagner [ʃam'panjɐ] *m* <-s, -> champán *m*

Champignon ['ʃampɪnjɔŋ] *m* <-s, -s> champiñón *m*

Champion ['tʃɛmpjən] *m* <-s, -s> campeón, -ona *m, f*

Chance ['ʃãːs(ə)] *f* <-n> oportunidad *f* (*zu* +*dat* de); **eine ~ wahrnehmen** aprovechar una ocasión; **~n bei jdm haben** (*fam*) tener buenas posibilidades con alguien; **~n auf einen Gewinn** perspectivas de ganar; **Chancengleichheit** *f ohne pl* igualdad *f* de oportunidades

Chaos ['kaːɔs] *nt* <-, *ohne pl*> caos *m inv*

Chaot(in) [ka'oːt] *m(f)* <-en, -en; -nen> **1.** (*unbeherrschter Mensch*) persona *f* caótica **2.** (*abw: Radikaler*) extremista *mf*

chaotisch [ka'oːtɪʃ] *adj* caótico; (*unordentlich*) desordenado; **es geht ~ zu** es un caos

Charakter [ka'raktɐ] *m* <-s, -e> carácter *m;* **sie sind ganz gegensätzliche ~e** son de naturaleza totalmente contraria; **Charaktereigenschaft** *f* rasgo *m* característico

charakterisieren* [karakteri'ziːrən] *vt* caracterizar (*als* +*akk* de)

charakteristisch *adj* característico (*für* +*akk* de)

charakterlich *adj* de carácter

charakterlos *adj* sin carácter; **Charakterzug** *m* rasgo *m* (característico)

charmant [ʃar'mant] *adj* encantador

Charme [ʃarm] *m* <-s, *ohne pl*> encanto *m*

Charterflug ['tʃaːɐtɐ-] *m* (vuelo *m*) chárter *m*

chartern ['tʃaːɐtɐn] *vt* fletar

Chat ['tʃɛt] *m* <-s, -s> charla *f*

Chauffeur(in) [ʃɔ'føːɐ] *m(f)* <-s, -e; -nen> chófer *mf*

Chauvi ['ʃoːvi] *m* <-s, -s> (*fam*) machista *m*

Chauvinismus [ʃovi'nɪsmʊs] *m* <-, *ohne pl*> (*abw: Nationalismus*) chovinismo *m;* (*Sexismus*) machismo *m*

checken ['tʃɛkən] *vt* (*überprüfen*) revisar, chequear *Am;* (*fam: kapieren*) captar

Checkliste *f* **1.** (*Notizzettel*) recordatorio *m* **2.** (AERO) lista *f* de embarque

Chef(in) [ʃɛf] *m(f)* <-s, -s; -nen> jefe, -a *m, f;* **Chefarzt, -ärztin** *m, f* (*eines Krankenhauses*) director(a) *m(f);* (*einer Station*) médico, -a *m, f* jefe

Chemie [çe'miː] *f* química *f*

Chemikalie [çemi'kaːliə] *f* <-n> sustancia *f* química

Chemiker(in) ['çeːmikɐ] *m(f)* <-s, -; -nen> químico, -a *m, f*

chemisch *adj* químico; **~e Reinigung** limpieza en seco

Chemotherapie [çemotera'piː] *f* quimioterapia *f*

chic [ʃɪk] *adj* elegante; **sich ~ machen** vestirse elegantemente; **es gilt als ~, in dieses Lokal zu gehen** está de moda ir a este local

Chicorée [ʃiko'reː] *m* <-s, *ohne pl*>, *f* achicoria *f* (amarga)

Chiffre ['ʃɪfrə] *f* <-n> cifra *f*

Chile ['çiːle, 'tʃiːle] *nt* <-s> Chile *m*

Chilene, -in [çi'leːnə] *m, f* <-n, -n; -nen> chileno, -a *m, f*

chilenisch *adj* chileno

chinesisch *adj* chino

Chip [tʃɪp] *m* <-s, -s> **1.** (*Spielmarke*) ficha *f* **2.** *pl* (GASTR) patatas *fpl* fritas; **3.** (INFOR) chip *m;* **Chipkarte** *f* (INFOR) tarjeta *f* chip

Chirurg(in) [çi'rʊrk] *m(f)* <-en, -en; -nen> cirujano, -a *m, f*

Chirurgie [çirʊr'giː] *f* cirugía *f*

chirurgisch *adj* quirúrgico

Chlor [kloːɐ] *nt* <-s, *ohne pl*> cloro *m*

Cholera ['koːlera, 'kɔlera] *f* cólera *m*

cholerisch *adj* colérico

Cholesterin [kolɛste'riːn] *nt* <-s, *ohne pl*> colesterol *m*

Chor [koːɐ] *m* <-(e)s, Chöre> coro *m*

Choreografie[RR] [koreogra'fiː] *f* <-n>, **Choreographie** *f* <-n> coreografía *f*

Christ(in) [krɪst] *m(f)* <-en, -en; -nen> cristiano, -a *m, f*

Christentum *nt* <-s, *ohne pl*> cristianismo *m*

Christi *gen von* **Christus**

Christkind *nt* <-(e)s, *ohne pl*> niño *m* Jesús

christlich *adj* cristiano

Christus ['krɪstʊs] *m* <Christi> Cristo *m*

Chrom [kroːm] *nt* <-s, *ohne pl*> cromo *m*

Chromosom [kromo'zoːm] *nt* <-s, -en> cromosoma *m*

Chronik ['kroːnɪk] *f* <-en> crónica *f*

C

chronisch *adj* crónico

chronologisch [krono'lo:gɪʃ] *adj* cronológico; **in ~er Reihenfolge** por orden cronológico

circa ['tsɪrka] *adv* cerca de

cl *Abk. von* **Zentiliter** cl

Clinch [klɪntʃ] *m* <-(e)s, *ohne pl*> (*fam*) disputa *f*; **mit jdm im ~ liegen** andar a la greña con alguien

Clique ['klɪkə] *f* <-n> (*Freunde*) pandilla *f*

Clou [klu:] *m* <-s, -s> (*fam*) atracción *f* principal; **das war der ~** eso fue lo mejor

Clown [klaʊn] *m* <-s, -s> payaso *m*; **den ~ spielen** (*fam*) hacer el payaso

Club [klʊp] *m* <-s, -s> club *m*

cm *Abk. von* **Zentimeter** cm

Cockpit ['kɔkpɪt] *nt* <-s, -s> cabina *f* de pilotaje

Cocktail ['kɔktɛɪl] *m* <-s, -s> cóctel *m*

Code [ko:t] *m* <-s, -s> código *m*

Collage [kɔ'la:ʒə] *f* <-n> colage *m*

Comeback [kam'bɛk] *nt* <-(s), -s>, **Come-back**[RR] *nt* <-(s), -s> regreso *m*; **sie feiert ihr ~** está celebrando sus nuevos éxitos

Comic ['kɔmɪk] *m* <-s, -s> cómic *m*; **Comicheft** *nt* tebeo *m*

Compact Disc [kɔm'paktdɪsk] *f* <-s> disco *m* compacto

Computer [kɔm'pju:tɐ] *m* <-s, -> ordenador *m*, computadora *f Am*; **auf ~ umstellen** informatizar; **computergesteuert** *adj* controlado por ordenador; **computergestützt** *adj* informatizado; **~es Lernen** enseñanza asistida por ordenador; **computerlesbar** *adj* legible para el ordenador; **Computersimulation** *f* <-en> simulación *f* por ordenador; **Computerspiel** *nt* juego *m* de ordenador; **Computersystem** *nt* sistema *m* de ordenadores; **computerunterstützt** *adj* asistido por ordenador; **Computervirus** *m* virus *m inv* informático

Container [kɔn'te:nɐ] *m* <-s, -> contenedor *m*

cool [ku:l] *adj* (*fam*) tranqui

Copilot(in) ['ko:pilo:t] *m(f)* copiloto *mf*

Copyright ['kɔpiraɪt] *nt* <-s, -s> copyright *m*

Cord [kɔrt] *m* <-(e)s, -e *o* -s> pana *f*

Cornflakes ['kɔ:nflɛɪks] *pl* cereales *mpl*

Costa Rica ['kɔsta 'ri:ka] *nt* <-s> Costa Rica *f*

Costaricaner(in) [kɔstari'ka:nɐ] *m(f)* <-s, -; -nen> costarricense *mf*

costaricanisch *adj* costarricense

Couch [kaʊtʃ] *f* <-s *o* -en> diván *m*

Countdown ['kaʊnt'daʊn] *m* <-s, -s>, **Count-down**[RR] *m* <-s, -s> cuenta *f* atrás

Coupon [ku'põ:] *m* <-s, -s> (*Beleg*) resguardo *m*

Cousin(e) [ku'zɛ̃:] *m(f)* <-s, -s; -n> primo, -a *m, f*

Couvert [ku've:ɐ] *nt* <-s, -s> (*reg: Briefumschlag*) sobre *m*

Cover ['kavɐ] *nt* <-s, -> (*Schallplatte*) portada *f*

Cowboy ['kaʊbɔɪ] *m* <-s, -s> vaquero *m*

Creme *f* <-s> crema *f*

cremig ['kre:mɪç] *adj* cremoso

Crew [kru:] *f* <-s> tripulación *f*

Croissant [kroa'sɔ̃:] *nt* <-s, -s> cruasán *m*, medialuna *f Am*

Cursor ['kœ:zɐ] *m* <-s, -s> cursor *m*

Cutter(in) ['katɐ] *m(f)* <-s, -; -nen> montador(a) *m(f)*

Cybercafé ['saɪbɐ-] *nt* ciberbar *m*; **Cybergeld** *nt* dinero *m* electrónico; **Cyberspace** ['saɪbɐspɛɪs] *m* <-, *ohne pl*> ciberespacio *m*

D

D, d [de:] *nt* <-, -> D, d *f*

da [da:] **I.** *adv* **1.** (*dort*) allí, allá; (*hier*) ahí, aquí; **gehen sie ~ herum** vaya por allí **2.** (*zeitlich*) entonces; **von ~ an** desde entonces **3.** (*in diesem Falle*) en este caso; **und ~ wagst du es noch zu kommen?** ¿y después de todo esto aún te atreves a venir? **4.** (*vorhanden*): **~ sein** estar presente; (*vorrätig*) haber; **es ist niemand ~** no hay nadie; **war Thomas gestern ~** ¿estuvo Tomás ayer?; **ist noch Milch ~?** ¿queda leche todavía?; **er ist immer für mich ~** siempre está ahí cuando lo necesito **II.** *konj* (*weil*) ya que

dabei [da'baɪ, 'da:baɪ] *adv* **1.** (*örtlich*): **sind die Lösungen ~?** ¿trae las soluciones incluidas?; **bei etw ~ sein** participar en algo **2.** (*bei dieser Sache*) en esto, en ello; **ich bleibe ~, dass ...** mantengo que...; **sie fühlt sich wohl ~** se siente a gusto haciendo esto; **~ sein etw zu tun** estar haciendo algo **3.** (*außerdem*) además; (*gleichzeitig*) a la vez; **sie ist reich und ~ bescheiden** es rica y a la vez modesta **4.** (*obgleich*) aunque; **er ist traurig, ~ hat er gar keinen Grund dazu** está triste sin tener motivo para estarlo; **dabei|bleiben** *irr vi* (*Tätigkeit*) continuar (*bei* con); (*Mitgliedschaft*) permanecer (*bei* en); **dabei|sein** *irr vi sein s.* **dabei 1.**; **dabei|stehen** *irr vi* estar (ahí)

da|bleiben *irr vi sein* quedarse (ahí)

Dach [dax] *nt* <-(e)s, Dächer> techo *m;* (*Ziegel~*) tejado *m;* (AUTO) cubierta *f;* **unterm ~ wohnen** vivir en la buhardilla; **ein ~ über dem Kopf haben** (*fam fig*) tener una vivienda; **Dachboden** *m* desván *m;* **Dachdecker(in)** *m(f)* <-s, -; -nen> tejador(a) *m(f);* **Dachgeschoss**RR *nt* ático *m;* **Dachrinne** *f* canalón *m*

Dachs [daks] *m* <-es, -e> tejón *m*

Dachschaden *m:* **einen ~ haben** (*fam*) no estar bien de la cabeza

dachte ['daxtə] *3. imp von* **denken**

Dachziegel *m* teja *f*

Dackel ['dakəl] *m* <-s, -> perro *m* salchicha

dadurch ['da:dʊrç] *adv* (*örtlich*) por allí, por ahí; (*auf diese Weise*) de esta manera

dafür ['da:fy:ɐ, da'fy:ɐ] *adv* **1.** (*für das*) de esto, para esto; **nichts ~ können** no tener la culpa; **wir haben kein Geld ~** no tenemos dinero para esto; **der Grund ~ ist, dass ...** la razón de esto es que...; **ich bin ~** estoy a favor **2.** (*zum Ausgleich*) en cambio **3.** (*in Hinblick darauf*) teniendo en cuenta que **4.** (*weil*) por algo; **dafür|können** *irr vi s.* **dafür 1.**

dagegen ['da:ge:gən, da'ge:gən] *adv* **1.** (*räumlich*) contra ello **2.** (*ablehnend*) en contra; **haben Sie was ~, wenn ich rauche?** ¿le molesta si fumo? **3.** (*als Gegenmaßnahme*) contra; **es gibt kein Mittel ~** contra eso no hay remedio **4.** (*verglichen mit*) en comparación; (*im Gegensatz*) en cambio; **dagegen|halten** *irr vt* objetar; **da kann man nichts ~** no hay nada que oponer

daheim [da'haɪm] *adv* (*südd*) en casa

daher ['da:he:ɐ, da'he:ɐ] *adv* de ahí; **das kommt ~, dass ...** esto viene de que...; **von ~** de ahí que *+subj;* **daher|reden** *vi, vt* (*fam*) hablar sin ton ni son; **red doch nicht so blöd daher!** ¡no digas tantos disparates!

dahin ['da:hɪn, da'hɪn] *adv* allí, ahí; (*Richtung*) hacia allí, hacia ahí; **seine Bemühungen gehen ~, dass ...** todos sus esfuerzos van encaminados a... *+inf;* **~ gehend, dass** en el sentido de que; **er wird es ~ bringen, dass ...** va a llegar a tal extremo que...; **bis ~** hasta entonces; **~ sein** estar perdido; **dahingestellt** [-'---] *adj:* **etw bleibt ~** algo está en tela de juicio; **dahin|sagen** [-'---] *vt:* **etw nur so ~** no decir algo en serio; **dahin|schleppen** [-'---] *vr:* **sich ~** (*Mensch*) arrastrarse; (*Zeit*) no pasar; (*Verhandlungen*) no avanzar

dahinten [da'hɪntən] *adv* allí atrás, allá atrás

dahinter [da'hɪntɐ] *adv* detrás; **~ kommen** (*fam: herausfinden*) averiguar; (*verstehen*) caer en la cuenta; **die Mafia steckt ~** (*fam*) la Mafia tiene algo que ver con eso; **dahinter|kommen** *irr vi, vt sein s.* **dahinter**; **dahinter|stecken** *vi s.* **dahinter**

da|lassen *irr vt* (*fam: hier*) dejar aquí; (*dort*) dejar allí

damalige(r, s) *adj* de entonces

damals ['da:ma:ls] *adv* en aquel tiempo; **seit ~** desde entonces

Dame *f* <-n> señora *f;* **Damenbinde** *f* compresa *f;* **damenhaft** *adj* mujeril; **Damenmode** *f* moda *f* femenina; **Damentoilette** *f* lavabo *m* para señoras

Damespiel *nt* juego *m* de damas

damit ['da:mɪt, da'mɪt] **I.** *adv* con ello; **was soll ich ~?** ¿qué hago yo con esto?; **es fing ~ an, dass ...** empezó con que...; **ich bin ~ zufrieden, dass ...** estoy contento de que... *+subj* **II.** *konj* para *+inf,* para que *+subj*

dämlich ['dɛ:mlɪç] *adj* (*fam*) tonto

Damm [dam] *m* <-(e)s, Dämme> **1.** (*Bahn~*) terraplén *m;* **wieder auf dem ~ sein** (*fam fig*) sentirse bien de nuevo **2.** (*Deich*) dique *m* **3.** (ANAT) perineo *m*

dämm(e)rig *adj* crepuscular

dämmern ['dɛmɐn] **I.** *vi* **1.** (*anbrechen*): **der Abend/der Morgen dämmert** cae/

D

apunta el día **2.** (*fam: bewusst werden*) darse cuenta **II.** *vunpers:* **es dämmert** (*morgens*) amanece; (*abends*) atardece

Dämmerung ['dɛmərʊŋ] *f* <-en> crepúsculo *m;* (*Abend~*) ocaso *m;* (*Morgen~*) alba *f*

dämmrig *adj s.* **dämm(e)rig**

Dämon ['dɛːmɔn] *m* <-s, -en> demonio *m*

dämonisch *adj* endemoniado

Dampf [dampf] *m* <-(e)s, Dämpfe> vapor *m;* **jdm ~ machen** (*fam*) meter prisa a alguien; **~ ablassen** (*fam fig*) desahogarse

dampfen ['dampfən] *vi* echar humo

dämpfen ['dɛmpfən] *vt* **1.** (GASTR) cocinar al vapor **2.** (*Licht*) atenuar; (*Lärm*) rebajar; (*Stoß*) amortiguar; (*Stimme*) bajar **3.** (*Ärger*) calmar; (*Schmerzen*) mitigar

Dampfer ['dampfɐ] *m* <-s, -> buque *m* de vapor; **auf dem falschen/richtigen ~ sein** (*fam fig*) estar equivocado/en lo cierto

Dämpfer ['dɛmpfɐ] *m* <-s, -> (MUS) sordina *f;* **einen ~ bekommen** (*fam*) llevarse un chasco

Dampfkochtopf *m* olla *f* a presión; **Dampfwalze** *f* apisonadora *f* de vapor

danach ['daːnaːx, da'naːx] *adv* **1.** (*zeitlich*) despúes; (*später*) más tarde; (*anschließend*) a continuación **2.** (*räumlich*) detrás; **sie griff ~** lo cogió **3.** (*dementsprechend*): **es sieht ganz ~ aus, als ob ...** tiene todo el aspecto como si... *+subj;* **richte dich bitte ~!** ¡compórtate de acuerdo con eso!

Däne, -in ['dɛːnə] *m, f* <-n, -n; -nen> danés, -esa *m, f*

daneben [da'neːbən, 'daːneːbən] *adv* **1.** (*räumlich*) al lado; **im Haus ~** en la casa de al lado **2.** (*verglichen mit*) por el contrario **3.** (*außerdem*) además; (*gleichzeitig*) al mismo tiempo; **daneben|benehmen*** *irr vr:* **sich ~** (*fam*) meter la pata; **daneben|gehen** [-'----] *irr vi sein* (*Schuss*) errar el blanco; (*fam: scheitern*) irse al traste; **daneben|liegen** *irr vi* (*fam*) estar equivocado

Dänemark ['dɛːnəmark] *nt* <-s> Dinamarca *f*

dänisch *adj* danés

dank [daŋk] *präp +gen/dat* gracias a

Dank *m* <-(e)s, *ohne pl*> gracias *fpl;* **vielen ~!** ¡muchas gracias!

dankbar *adj* agradecido; **ich bin Ihnen sehr ~** se lo agradezco mucho

Dankbarkeit *f* agradecimiento *m,* gratitud *f*

danke *interj* gracias; **~ schön!** ¡muchas gracias!

danken *vi, vt* agradecer (*für+akk*); **wir ~ für die Einladung** agradecemos la invitación; **nichts zu ~!** ¡no hay de qué!

Danksagung *f* <-en> agradecimiento *m*

dann [dan] *adv* **1.** (*danach*) luego; (*Zeitpunkt*) entonces; **~ und wann** de vez en cuando; **bis ~!** ¡hasta luego! **2.** (*zu dem Zeitpunkt*) en aquel momento **3.** (*unter diesen Umständen*) entonces; **selbst ~, wenn ...** incluso si... (*+subj*)

daran [da'ran, 'daːran] *adv* **1.** (*räumlich*): **nahe ~** muy cerca **2.** (*zeitlich*): **im Anschluss ~** a continuación; **er war nahe ~, das zu tun** estuvo a punto de hacerlo **3.** (*an dieses, an diesem*) en esto; **~ wird sich nichts ändern** esto no cambiará; **er ist ~ schuld** él tiene la culpa (de esto); **daran|machen** [-'---] *vr:* **sich ~** (*fam*) ponerse (*zu* a); **daran|setzen** [-'---] *vt* (*einsetzen*) hacer; **du musst alles ~, um ...** tienes que hacer todo lo posible para...

darauf ['daːraʊf, da'raʊf] *adv* **1.** (*räumlich*) encima **2.** (*zeitlich*) después; **bald ~** poco después; **am ~ folgenden Tag** al día siguiente **3.** (*auf dieses*): **sich ~ verlassen, dass ...** contar con que... (*+subj*); **das kommt ~ an** depende; **lasst uns ~ anstoßen** brindemos por ello; **darauffolgende(r, s)** *adj s.* **darauf 2.**; **daraufhin** ['---] *adv* (*infolgedessen*) en consecuencia

daraus ['daːraʊs, da'raʊs] *adv* de ello; **~ folgt, dass ...** de esto se deduce que...; **ich mache mir nichts ~** (*fam*) esto no me interesa

dar|bieten ['daːɐbiːtən] *irr vr:* **sich ~** (*geh: Gelegenheit*) presentarse; (*sich anbieten*) ofrecerse

darf [darf] *3. präs von* **dürfen**

darin ['daːrɪn, da'rɪn] *adv* **1.** (*räumlich*) dentro **2.** (*in dieser Beziehung*) en esto, en eso; **~ ist er ganz groß** es un experto en esto; **wir stimmen ~ überein, dass ...** estamos de acuerdo en que...

dar|legen ['daːɐleːgən] *vt* (*Plan*) explicar; (*Gründe*) exponer

Darlehen ['daːɐleːən] *nt* <-s, -> préstamo *m;* **ein ~ aufnehmen/gewähren** tomar/conceder un préstamo

Darm [darm] *m* <-(e)s, Därme> intestino *m*

dar|stellen ['daːɐʃtɛlən] **I.** *vt* **1.** (*schil-*

dern) presentar; (*beschreiben*) describir; (*durch Symbole*) simbolizar **2.** (*abbilden*) representar **3.** (THEAT) hacer el papel (de) **4.** (*bedeuten*) significar **II.** *vr:* **sich** ~ plantearse; **so wie sich mir die Sache darstellt** tal como se me plantea el asunto

Darsteller(in) *m(f)* <-s, -; -nen> actor *m*, actriz *f*

Darstellung *f* <-en> **1.** (THEAT) representación *f* **2.** (*Schilderung*) exposición *f*; (*Beschreibung*) descripción *f*

darüber ['da:rybɐ, da'ry:bɐ] *adv* **1.** (*räumlich*) encima; **die Wohnung ~ steht leer** la vivienda de arriba está vacía; **~ stehen** (*fig*) estar por encima **2.** (*mehr*) más; **~ hinaus** además **3.** (*über eine Angelegenheit*) sobre esto; **er hat sich ~ beschwert** se quejó de esto; **~ nachdenken** pensarlo; **darüber|stehen** *irr vi s.* **darüber 1.**

darum ['da:rʊm, da'rʊm] *adv* **1.** (*deshalb*) por eso **2.** (*räumlich*) alrededor **3.** (*um diese Angelegenheit*): **red nicht lange ~ herum!** ¡no te vayas por otro camino!; **~ geht es mir gar nicht** no es eso lo que me importa; **ich bitte dich ~** te lo pido

darunter ['da:rʊntɐ, da'rʊntɐ] *adv* **1.** (*räumlich*) debajo; **die Wohnung ~ steht leer** la vivienda de abajo está vacía **2.** (*weniger*) menos **3.** (*dabei*): **es waren viele Kinder ~** había muchos niños entre ellos **4.** (*unter dieser Angelegenheit*): **er litt ~, dass ...** le apesadumbraba el que... +*subj;* **was versteht man ~?** ¿qué quiere decir esto?

das [das] *art best o pron dem o pron rel s.* **der, die, das**

da|sein ['da:zaɪn] *irr vi sein s.* **da I.4.**

Daseinsberechtigung *f* (*von Personen*) derecho *m* de vivir; (*von Dingen*) razón *f* de ser

da|sitzen *irr vi* estar sentado

dasjenige ['dasje:nɪgə] *pron dem s.* **derjenige, diejenige, dasjenige**

dass[RR] [das] *konj* que; **ohne ~** sin que +*subj;* **so ~** de modo que (+*subj*); **so ..., ~ ...** tan(to)... que...; **es begann damit, ~ ...** empezó con que...

dasselbe [das'zɛlbə] *pron dem s.* **derselbe, dieselbe, dasselbe**

da|stehen *irr vi* **1.** (*örtlich*) estar allí (de pie) **2.** (*in einer Situation*) estar; **er steht gut da** está en una buena posición

Datei [da'taɪ] *f* <-en> fichero *m;* **Dateiname** *m* nombre *m* del fichero

Daten ['da:tən] *pl* **1.** *pl von* **Datum 2.** (*Angaben, a.* INFOR) datos *mpl;* **Datenautobahn** *f* autopista *f* de datos; **Datenbank** *f* <-en> banco *m* de datos; **Dateneingabe** *f* entrada *f* de datos; **Datenerfassung** *f* <-en> registro *m* de datos; **Datenfernübertragung** *f* <-en> transmisión *f* de datos; **Datenhandschuh** *m* guante *m* cibernético; **Datennetz** *nt* red *f* de datos; **Datenschutz** *m* protección *f* de datos; **Datenträger** *m* <-s, -> soporte *m* de datos; **Datenübertragung** *f* <-en> transmisión *f* de datos; **Datenverarbeitung** *f* tratamiento *m* de datos

datieren* [da'ti:rən] **I.** *vt* fechar; **datiert sein auf ...** llevar fecha de... **II.** *vi* datar (*aus* +*dat* de)

Dativ ['da:ti:f] *m* <-s, -e> dativo *m*

dato ['da:to] *adv:* **bis ~** hasta la fecha (de hoy)

Dattel ['datəl] *f* <-n> dátil *m*

Datum ['da:tʊm] *nt* <-s, Daten> fecha *f;* **welches ~ haben wir heute?** ¿a qué fecha estamos hoy?

Dauer ['daʊɐ] *f* duración *f;* **für die ~ eines Jahres** por un período de un año; **von kurzer ~ sein** no durar mucho; **auf die ~** a la larga; **dauerhaft** *adj* duradero; **Dauerkarte** *f* (billete *m* de) abono *m;* **Dauerlauf** *m* carrera *f* de resistencia

dauern ['daʊɐn] *vi* durar; **das dauert und dauert** tarda horas y horas

dauernd ['daʊɐnt] *adv* a cada momento; (*unaufhörlich*) sin cesar

dauernde(r, s) *adj* constante; (*ständig*) permanente

Dauerwelle *f* permanente *f;* **Dauerzustand** *m* estado *m* permanente

Daumen ['daʊmən] *m* <-s, -> (dedo *m*) pulgar *m;* **jdm die ~ drücken** (*fam*) desearle suerte a alguien

Daunendecke *f* edredón *m*

davon ['da:fɔn, da'fɔn] *adv* **1.** (*räumlich*) de aquí, de allí; **nicht weit ~** no muy lejos de aquí; **er ist auf und ~** tomó las de Villadiego **2.** (*Sache*) de esto; **die Hälfte ~** la mitad de esto; **hast du dich ~ erholt?** ¿te has recuperado de ello?; **das hängt ~ ab, ob ...** esto depende de si...; **~ kannst du krank werden** con eso te puedes enfermar; **ich bin ~ aufgewacht** me desperté por eso; **das**

D

kommt ~, dass ... esto viene de que...; **davon|jagen** I. *vi sein* (*sich entfernen*) salir pitando II. *vt* (*vertreiben*) echar; **davon|kommen** *irr vi sein* librarse; (*mit dem Leben*) salvarse; **mit einem blauen Auge ~** (*fig*) salir sin mayores perjuicios; **davon|laufen** *irr vi sein* echar a correr; (*fliehen*) huir; **davon|machen** *vr:* **sich ~** (*fam*) largarse; **davon|tragen** *irr vt* (*Schaden*) sufrir

davor ['da:fo:ɐ, da'fo:ɐ] *adv* **1.** (*räumlich*) delante **2.** (*zeitlich*) antes; **kurz ~** poco antes **3.** (*Angelegenheit*) de esto, de ello; **er hat mich ~ gewarnt** me previno acerca de esto; **sie hat keine Angst ~** esto no le da miedo

dazu ['da:tsu, da'tsu:] *adv* **1.** (*außerdem*) además; **noch ~, wo ...** y además porque... **2.** (*dafür*) para esto, para eso; **das ist ~ da, um ...** esto está para... **3.** (*darüber*) al respecto; **was meinst du ~?** ¿qué opinas al respecto? **4.** (*hin zu*): **das führt ~, dass ...** esto lleva a que... *+subj;* **dazu|geben** [-'---] *irr vt* añadir (*zu* a); **dazu|gehören*** *vi* formar parte (*zu +dat* de); **es gehört schon einiges dazu** se requiere cierta valentía para hacerlo

dazugehörige(r, s) *adj* correspondiente

dazu|gesellen* *vr:* **sich ~** unirse (*zu* a); **dazu|kommen** *irr vi sein* **1.** (*ankommen*) llegar (en el momento en que) **2.** (*hinzugefügt werden*) agregarse (*zu* a); **dazu kommt noch, dass er gelogen hat** y a esto hay que añadir que mintió; **dazu|lernen** *vt* aprender (algo nuevo); **dazu|tun** *irr vt* añadir

dazwischen ['da:tsvɪʃən, da'tsvɪʃən] *adv* en medio; **es liegen einige Jahre ~** hay un par de años de por medio; **dazwischen|kommen** *irr vi sein* (*Ereignis*) ocurrir; (*Problem*) surgir; **mir ist leider etwas dazwischengekommen** desgraciadamente me ha surgido un imprevisto; **dazwischen|reden** *vi* interrumpir

DB [de:'be:] *f Abk. von* **Deutsche Bahn** Ferrocarriles *mpl* Alemanes

DDR [de:de:'ʔɛr] *f Abk. von* **Deutsche Demokratische Republik** RDA *f*

Deal ['di:l] *m* <-s, -s> (*sl*) acuerdo *m;* (*Geschäft*) negocio *m*

Dealer(in) *m(f)* <-s, -; -nen> camello *m fam*

Debatte [de'batə] *f* <-n> debate *m*

Debüt [de'by:] *nt* <-s, -s> estreno *m;* **sein ~ geben** hacer su debut

Deck [dɛk] *nt* <-(e)s, -s> (NAUT) cubierta *f;* **alle Mann an ~!** ¡todo el mundo a cubierta!

Decke ['dɛkə] *f* <-n> **1.** (*Bett~*) manta *f;* (*Tisch~*) mantel *m;* **mit jdm unter einer ~ stecken** (*fam fig*) hacer causa común con alguien **2.** (*Zimmer~*) techo *m;* **jdm fällt die ~ auf den Kopf** (*fam fig*) a alguien se le cae la casa encima

Deckel ['dɛkəl] *m* <-s, -> tapa *f*

decken ['dɛkən] I. *vt* (*be~, a. fig*) cubrir; **ein Tuch über etw ~** cubrir algo con un paño; **den Tisch ~** poner la mesa; **der Scheck ist nicht gedeckt** el cheque no está cubierto II. *vr:* **sich ~** (*übereinstimmen*) coincidir

Deckmantel *m* pretexto *m;* **unter dem ~ ... +gen** bajo pretexto de...; **Deckname** *m* nombre *m* falso

Deckung ['dɛkʊŋ] *f* (MIL) defensa *f;* (*eines Verbrechers*) encubrimiento *m;* **jdm ~ geben** cubrir a alguien; **in ~ gehen** ponerse a cubierto

Decoder [di'kɔʊdɐ] *m* <-s, -> descodificador *m*

defekt [de'fɛkt] *adj* defectuoso; (*nicht funktionstüchtig*) averiado

Defekt *m* <-(e)s, -e> (TECH) avería *f*

defensiv [defɛn'zi:f] *adj* defensivo

Defensive [defɛn'zi:və] *f* <-n> defensiva *f;* **in die ~ gehen** ponerse a la defensiva

definieren* [defi'ni:rən] *vt* definir

Definition [definі'tsjo:n] *f* <-en> definición *f*

definitiv [defini'ti:f] *adj* definitivo

Defizit ['de:fitsɪt] *nt* <-s, -e> falta *f* (*an +dat* de)

deftig ['dɛftɪç] *adj* (*Essen, Spaß*) fuerte

Degen ['de:gən] *m* <-s, -> espada *f*

degradieren* [degra'di:rən] *vt* degradar (*zu +dat* a)

dehnbar ['de:nba:ɐ] *adj* **1.** (*Material*) elástico; (*in die Länge*) extensible **2.** (*Begriff*) vago

dehnen ['de:nən] I. *vt* (*Material*) estirar; (*Laute*) alargar II. *vr:* **sich ~** (*weiter werden*) ensancharse; (*lange dauern*) dilatarse

Deich [daɪç] *m* <-(e)s, -e> dique *m*

Deichsel ['daɪksəl] *f* <-n> lanza *f*

dein, deine, dein [daɪn] *pron poss* (*adjektivisch*) tu, tus *pl;* **viele Grüße, ~ Peter** muchos saludos, Peter

deine(r, s) ['daɪnə, -nɐ, -nəs] *pron poss* (*substantivisch*) (el) tuyo *m,* (la) tuya *f,* (los) tuyos *mpl,* (las) tuyas *fpl*
deiner *pron pers gen von* **du** de ti; **wir werden stets ~ gedenken** (*geh*) siempre pensaremos en ti
deinerseits ['daɪnɐzaɪts] *adv* de tu parte
deinesgleichen ['daɪnəs'glaɪçən] *pron indef* tus semejantes, de tu condición
deinetwegen *adv* por ti; (*negativ*) por tu culpa
deinetwillen ['daɪnət'vɪlən] *adv:* **um ~** por ti
dekadent [deka'dɛnt] *adj* decadente
Dekan[1] *m* <-s, -e> (REL) deán *m*
Dekan(in)[2] [de'ka:n] *m(f)* <-s, -e; -nen> (UNIV) decano, -a *m, f*
Deklination [deklina'tsjo:n] *f* <-en> (*a.* LING) declinación *f*
deklinieren* [dekli'ni:rən] *vt* declinar
dekodieren* [deko'di:rən] *vt* descodificar
Dekolleté [dekɔl'te:] *nt* <-s, -s>, **Dekolletee[RR]** *nt* <-s, -s> escote *m*
Dekorateur(in) [dekora'tø:ɐ] *m(f)* <-s, -e; -nen> decorador(a) *m(f)*
Dekoration [dekora'tsjo:n] *f* <-en> decoración *f*
dekorativ [dekora'ti:f] *adj* decorativo
dekorieren* [deko'ri:rən] *vt* decorar
Dekret [de'kre:t] *nt* <-(e)s, -e> decreto *m*
Delegation [delega'tsjo:n] *f* <-en> delegación *f*
Delegierte(r) [dele'gi:ɐtɐ] *mf* <-n, -n; -n> delegado, -a *m, f*
Delfin[RR] *m* <-s, -e> *s.* **Delphin**
delikat [deli'ka:t] *adj* (*geh*) **1.** (*wohlschmeckend*) delicioso; (*auserlesen*) exquisito **2.** (*heikel*) delicado
Delikatesse [delika'tɛsə] *f* <-n> (*Leckerbissen*) exquisitez *f*
Delikt [de'lɪkt] *nt* <-(e)s, -e> delito *m*
Delinquent(in) [delɪŋ'kvɛnt] *m(f)* <-en, -en; -nen> (*geh*) delincuente *mf*
Delirium [de'li:riʊm] *nt* <-s, Delirien> delirio *m*
Delphin [dɛl'fi:n] *m* <-s, -e> delfín *m*
Delta ['dɛlta] *nt* <-s, -s *o* Delten> delta *m*
dem [de(:)m] *art best o pron dem o pron rel dat von* **der, das** *s.* **der, die, das**
demagogisch *adj* demagógico
Dementi [de'mɛnti] *nt* <-s, -s> mentís *m inv*
dementieren* *vt* desmentir
dementsprechend ['de:mʔɛnt'ʃprɛçənt] **I.** *adj* correspondiente **II.** *adv:* **sie wurden ~ behandelt** los trataron conforme a lo ocurrido; **~ war sie als Erste zu Hause** por consiguiente fue la primera en llegar a casa
demnach ['--] *adv* por lo tanto
demnächst [de:m'nɛ:kst] *adv* próximamente
Demo ['de:mo] *f* <-s> (*fam*) manifestación *f*
Demokrat(in) [demo'kra:t] *m(f)* <-en, -en; -nen> demócrata *mf*
Demokratie [demokra'ti:] *f* <-n> democracia *f*
demokratisch [demo'kra:tɪʃ] *adj* democrático; (*Person*) demócrata
demolieren* [demo'li:rən] *vt* demoler
Demonstrant(in) [demɔn'strant] *m(f)* <-en, -en; -nen> manifestante *mf*
Demonstration [demɔnstra'tsjo:n] *f* <-en> (*Protestmarsch*) manifestación *f* (*für +akk* a favor de, *gegen +akk* en contra de)
demonstrativ [demɔnstra'ti:f] **I.** *adj* demostrativo **II.** *adv* ostensivamente
demonstrieren* **I.** *vi* (*protestieren*) manifestarse (*für* a favor de, *gegen* en contra de) **II.** *vt* (*bekunden*) demostrar
demselben *pron dem dat von* **derselbe, dasselbe** *s.* **derselbe, dieselbe, dasselbe**
Demut ['de:mu:t] *f* humildad *f*
demütig ['de:my:tɪç] *adj* humilde; (*unterwürfig*) sumiso
demütigen *vt* humillar
demzufolge ['--'--] *adv* por consiguiente
den *art best o pron dem o pron rel akk von* **der** *dat von Pl* **die** *s.* **der, die, das**
denen *pron dem o pron rel dat von Pl* **die** *s.* **der, die, das**
Den Haag *nt* <-s> La Haya *f*
denkbar **I.** *adj* posible **II.** *adv* sumamente; **ein ~ günstiges Angebot** una oferta sumamente favorable
denken ['dɛŋkən] <denkt, dachte, gedacht> **I.** *vi* pensar (*an +akk* en, *über +akk, von +dat* de); **laut ~** (*fam*) pensar en voz alta; **solange ich ~ kann** hasta donde mi memoria alcanza; **ich denke nicht daran, dass zu tun!** ¡no pienso hacerlo!; **denk daran!** ¡recuérdalo!; **ich denke schon** creo que sí **II.** *vt* imaginarse; **das hätte ich nicht**

D

von ihm gedacht! ¡no me hubiera imaginado esto de él!; **wie hast du dir das gedacht?** ¿cómo te lo has figurado?; **das kann ich mir** ~ ya me lo imagino; **für jdn/etw gedacht sein** ser para alguien/algo

Denken *nt* <-s, *ohne pl*> **1.** (*Nach~*) reflexión *f* **2.** (*logisches ~*) raciocinio *m;* **positives** ~ pensamiento positivo

Denkfehler *m* error *m* de lógica

Denkmal ['dɛŋkmaːl] *nt* <-s, -mäler *o* -e> monumento *m;* **Denkmal(s)schutz** *m* protección *f* de monumentos; **etw unter ~ stellen** declarar algo monumento nacional

denkwürdig *adj* memorable; **Denkzettel** *m:* **jdm einen ~ verpassen** dar a alguien una lección

denn [dɛn] **I.** *part* pues; **warum ~?** pues ¿por qué?; **kannst du ~ nicht aufpassen?** ¿pero no puedes prestar atención? **II.** *konj* **1.** (*weil*) porque; **es sei ~, dass ...** a no ser que... *+subj* **2.** (*geh: als*) que; **mehr ~ je** más que nunca

dennoch ['dɛnɔx] *adv* no obstante

denselben *pron dem o pron dem akk von* **derselbe** *dat von* **dieselben** *s.* **derselbe, dieselbe, dasselbe**

denunzieren* [denʊn'tsiːrən] *vt* (*abw*) denunciar

Deo ['deːo] *nt* <-s, -s>, **Deodorant** [deodo'rant] *nt* <-s, -e *o* -s> desodorante *m*

Deoroller *m* <-s, -> desodorante *m* de bola; **Deospray** *nt* desodorante *m* atomizador

Deponie [depo'niː] *f* <-n> vertedero *m*

deponieren* *vt* depositar

deportieren* [depɔr'tiːrən] *vt* deportar

Depot [de'poː] *nt* <-s, -s> (*für Waren*) depósito *m;* (*Schweiz: Flaschenpfand*) fianza *f* para el casco

Depression [deprɛ'sjoːn] *f* <-en> depresión *f*

depressiv *adj* (*Stimmung*) depresivo

deprimieren* [depri'miːrən] *vt* deprimir

der *art best o pron dem gen/dat von* **die** *gen von Pl* **die** *s.* **der, die, das**

der, die, das [deːɐ, diː, das] <die> **I.** *art best* el *m,* la *f,* los *mpl,* las *fpl* **II.** *pron dem* **1.** (*adjektivisch: hier*) este, -a *m, f,* estos *mpl,* estas *fpl;* (*da*) ese, -a *m, f,* esos *mpl,* esas *fpl;* **das Kind dort** aquel niño **2.** (*substantivisch*) éste, -a *m, f,* esto *nt,* éstos *mpl,* éstas *fpl;* **was ist das?** ¿qué es eso?; **das bin ich** éste soy yo; ~ **mit dem Koffer** ése de la maleta; **wie dem auch sei** sea como sea; **ich bin mir dessen bewusst** soy consciente de esto; **nach dem, was ich gehört habe** según lo que me han dicho; *s. a.* **diese(r, s), jene(r, s), derjenige III.** *pron rel* que, quien, quienes *pl,* el/la cual, los/las cuales *pl;* **der Mensch, ~ das getan hat** la persona que lo ha hecho; **der Mann, bei dem er wohnt** el hombre con quien [*o* con el cual] vive; **der Nachbar, dessen Hund so oft bellt** el vecino cuyo perro ladra tan a menudo

derart ['--] *adv* tanto; **~, dass ...** de tal manera que...

derartig I. *adj* semejante **II.** *adv* tanto; **er schnarchte ~, dass ...** roncaba de tal manera que...

derb [dɛrp] *adj* (*kräftig*) recio; (*Ausdruck*) vulgar; (*Person*) grosero

deren ['deːrən] *pron dem o pron rel gen von* **die** *s.* **der, die, das**

derer ['deːrɐ] *pron dem gen von Pl* **die** *s.* **der, die, das**

dergleichen ['-'--] *pron dem inv* semejante, parecido; **und ~ mehr** y más cosas parecidas

derjenige, diejenige, dasjenige ['deːɐjeːnɪgə, 'diːjeːnɪgə, 'dasjeːnɪgə] <diejenigen> *pron dem* (*hier*) el *m,* la *f,* lo *nt;* (*weiter entfernt*) aquel *m,* aquella *f,* aquello *nt;* **~, der am lautesten schreit** el que más alto grita; **ist das ~, welcher ...?** (*fam*) ¿es aquél que...?

dermaßen ['deːɐ'maːsən] *adv* tanto; **~, dass ...** de tal modo que...

derselbe, dieselbe, dasselbe [deːr'zɛlbə, diː'zɛlbə, das'zɛlbə] <dieselben> *pron dem* el mismo, la misma, lo mismo (*wie +nom* que); **er ist immer noch ganz ~** es el mismo de siempre; **das ist doch ein und dasselbe** pero si es exactamente lo mismo

derzeit ['--] *adv* actualmente; **die ~ beste Methode** el mejor método actualmente

derzeitig *adj* actual; **der ~e Regierungschef** el actual jefe de gobierno

des [dɛs] *art best gen von* **der, das** *s.* **der, die, das**

Desaster [de'zastɐ] *nt* <-s, -> desastre *m*

desertieren* *vi haben o sein* desertar

desgleichen [dɛs'glaɪçən] *adv* asimismo

deshalb ['--] *adv* por eso; **ich habe das ~**

getan, weil … lo hice porque…; **gerade** ~ por eso mismo

Design [di'zaɪn] *nt* <-s, -s> diseño *m*

Desinfektion [dezɪnfɛk'tsjo:n] *f* <-en> desinfección *f*; **Desinfektionsmittel** *nt* desinfectante *m*

desinfizieren* *vt* desinfectar

Desinteresse ['dɛsʔɪntərɛsə] *nt* <-s, *ohne pl*> desinterés *m* (*an/für* por)

desorientiert *adj* desorientado

Despot(in) [dɛs'po:t] *m(f)* <-en, -en; -nen> déspota *mf*

dessen ['dɛsən] *pron dem o pron rel gen von* **der, das** *s.* **der, die, das**

dessenungeachtet ['dɛsənʔʊngə'ʔaxtət] *adv s.* **ungeachtet**

Dessert [dɛ'sɛ:ɐ] *nt* <-s, -s> postre *m*

Dessous [dɛ'su:] *nt* <-, -> ropa *f* interior

destillieren* [dɛstɪ'li:rən] *vt* destilar

desto ['dɛsto] *konj:* **je mehr …** ~ **mehr …** cuanto más… (tanto) más…; **je früher,** ~ **besser** cuanto antes, mejor

destruktiv [destrʊk'ti:f, '---] *adj* destructivo

deswegen ['dɛs've:gən] *adv s.* **deshalb**

Detail [de'taɪ] *nt* <-s, -s> detalle *m*; **ins** ~ **gehen** entrar en detalles

detailliert I. *adj* detallado **II.** *adv* con pormenores

Detektiv(in) [detɛk'ti:f] *m(f)* <-s, -e; -nen> detective *mf*

Detonation [detona'tsjo:n] *f* <-en> detonación *f*

deuten ['dɔɪtən] **I.** *vi* señalar (*auf+akk*); **alles deutet darauf hin, dass …** todo indica que… **II.** *vt* (*Text*) interpretar; (*Sterne*) leer (en)

deutlich ['dɔɪtlɪç] **I.** *adj* claro; (*Handschrift*) legible; **jdm etw** ~ **machen** explicar algo a alguien; **jdm etw klar und** ~ **sagen** decir algo a alguien clara e inteligiblemente **II.** *adv* bastante; **hier ist es** ~ **kälter** aquí hace bastante más frío

Deutlichkeit *f* claridad *f*; **etw mit aller** ~ **sagen** decir algo con toda franqueza

deutsch [dɔɪtʃ] *adj* alemán; **Deutsche Mark** marco alemán

Deutsch *nt* <-(s), *ohne pl*> alemán *m*; ~ **sprechen** hablar alemán; **auf gut** ~ **gesagt** dicho llanamente

Deutsche(r) *mf* <-n, -n; -n> alemán, -ana *m, f*

Deutschland *nt* <-s> Alemania *f*; **das vereinte/vereinigte** ~ la Alemania unida/reunificada

deutschsprachig ['dɔɪtʃʃpra:xɪç] *adj* de habla alemana

Deutung *f* <-en> interpretación *f*

Devise [de'vi:zə] *f* <-n> **1.** (*Wahlspruch*) lema *m* **2.** *pl* (*Währung*) divisas *fpl*

Dezember [de'tsɛmbɐ] *m* <-(s), -> diciembre *m*; *s. a.* **März**

dezent [de'tsɛnt] *adj* (*taktvoll*) decente; (*Farbe*) discreto

Dezimalsystem *nt* <-s, *ohne pl*> sistema *m* decimal

dezimieren* [detsi'mi:rən] *vt* diezmar

DFÜ [de:ʔɛf'ʔy:] *f Abk. von* **Datenfernübertragung** transmisión *f* de datos

DGB [de:ge:'be:] *m* <-> *Abk. von* **Deutscher Gewerkschaftsbund** Confederación *f* de los Sindicatos Alemanes

d. h. *Abk. von* **das heißt** o sea

Dia ['di:a] *nt* <-s, -s> diapositiva *f*

Diabetes [dia'be:tɛs] *m* <-, *ohne pl*> (MED) diabetes *f inv*

Diabetiker(in) [dia'be:tikɐ] *m(f)* <-s, -; -nen> (MED) diabético, -a *m, f*

Diagnose [dia'gno:zə] *f* <-n> diagnóstico *m*; **eine** ~ **stellen** establecer un diagnóstico

diagonal [diago'na:l] *adj* diagonal

Diagramm [dia'gram] *nt* <-s, -e> diagrama *m*

Dialekt [dia'lɛkt] *m* <-(e)s, -e> dialecto *m*

Dialog [dia'lo:k] *m* <-(e)s, -e> diálogo *m*

Diamant [dia'mant] *m* <-en, -en> diamante *m*

Diät [di'ɛ:t] *f* <-en> dieta *f*; **streng** ~ **leben** seguir un régimen estricto

dich [dɪç] **I.** *pron pers akk von* **du** te; (*betont*) a ti (te); (*mit Präposition*) ti; **ich sehe** ~ **nachher** luego te veo; **es geht um** ~ se trata de ti **II.** *pron refl akk von* **du** te; **benimm** ~**!** ¡compórtate!

dicht [dɪçt] **I.** *adj* **1.** (*Verkehr, Nebel*) denso; (*Haar*) tupido; ~ **gedrängt** apretado **2.** (*undurchlässig*) hermético; **nicht ganz** ~ **sein** (*fam*) no estar muy bien de la cabeza **II.** *adv* (*nahe*): ~ **davor/daneben** justo delante/al lado

Dichte *f* <-n> densidad *f*

dichten ['dɪçtən] *vi, vt* (*verfassen*) componer; (*Leck*) tapar

Dichter(in) *m(f)* <-s, -; -nen> poeta *m,*

poetisa *f*

dichtgedrängt *adj s.* **dicht I.1.**; **dicht|halten** *irr vi* (*fam*) callarse; **er hat nicht dichtgehalten** se ha ido de la lengua; **dicht|machen** *vi, vt* (*fam: Laden, Fabrik*) cerrar; (*Grenze, Strecke*) bloquear

Dichtung *f* <-en> (LIT) poesía *f;* (TECH) junta *f*

dick [dɪk] *adj* gordo; (*Flüssigkeit*) espeso; ~ **werden** engordar; ~ **auftragen** (*fig*) exagerar; **es herrscht ~e Luft** (*fam fig*) está la atmósfera cargada; **sie sind ~ befreundet** (*fam*) son íntimos amigos; **dickflüssig** *adj* espeso

Dickhäuter ['dɪkhɔɪtɐ] *m* <-s, -> paquidermo *m*

Dickicht ['dɪkɪçt] *nt* <-s, -e> maleza *f*

Dickkopf *m* (*fam*) cabezota *mf;* **einen ~ haben** ser un cabezota

dickköpfig *adj* (*fam*) cabezota

Didaktik [di'daktɪk] *f* didáctica *f*

die [di(:)] *art best o pron dem o pron rel s.* **der, die, das**

Dieb(in) [di:p, 'di:bɪn] *m(f)* <-(e)s, -e; -nen> ladrón, -ona *m, f;* **haltet den ~!** ¡al ladrón!

Diebstahl *m* <-(e)s, -stähle> robo *m*

diejenige(n) *pron dem s.* **derjenige, diejenige, dasjenige**

Diele ['di:lə] *f* <-n> (*Brett*) tabla *f* del suelo; (*Vorraum*) vestíbulo *m*

dienen ['di:nən] *vi* servir (*zu +dat* para, *als +nom* de); **das dient einem guten Zweck** esto es para una buena causa; **womit kann ich ~?** ¿en qué puedo servirle?

Diener(in) *m(f)* <-s, -; -nen> criado, -a *m, f*

Dienst [di:nst] *m* <-(e)s, -e> servicio *m;* **außer ~** jubilado; **zum ~ gehen** ir al trabajo; **~ habend** (MIL) de servicio; (*Arzt*) de turno; **den ~ antreten** (*Schicht*) empezar el turno; (*Amt*) entrar en funciones; **jdm einen schlechten ~ erweisen** hacerle a alguien un flaco favor

Dienstag ['di:nsta:k] *m* <-(e)s, -e> martes *m; s. a.* **Montag**; **dienstagabends**[RR] *adv* los martes por la noche

dienstags *adv* los martes

Dienstbote, -in *m, f* doméstico, -a *m, f;* **Dienstgeheimnis** *nt* secreto *m* profesional

diensthabend ['di:nstha:bənt] *adj s.* **Dienst**

Dienstleistung *f* (prestación *f* de) servicio *m*

dienstlich *adj* oficial; ~ **unterwegs sein** estar de viaje por razones de trabajo

Dienstmädchen *nt* criada *f,* muchacha *f Am;* **Dienststelle** *f* departamento *m;* **Dienstwagen** *m* coche *m* de servicio; **Dienstzeit** *f* (*Arbeitszeit*) horario *m* de trabajo; (*Amtsdauer*) años *mpl* de servicio

dies [di:s] *pron dem s.* **diese(r, s)**

diesbezüglich ['----] **I.** *adj* correspondiente **II.** *adv* en relación a esto

diese(r, s) ['di:zə, -zɐ, -zəs] <diese> *pron dem* **1.** (*adjektivisch*) este *m,* esta *f;* (*weiter entfernt*) ese *m,* esa *f* **2.** (*substantivisch*) éste *m,* ésta *f,* esto *nt;* (*weiter entfernt*) ése *m,* ésa *f,* eso *nt;* **dies und das** esto y lo otro; **~s und jenes** esto y aquello

Diesel *m* <-(s), -> **1.** (*fam: Motor*) diesel *m* **2.** *ohne pl* (*Kraftstoff*) gasoil *m*

dieselbe(n) *pron dem s.* **derselbe, dieselbe, dasselbe**

diesig ['di:zɪç] *adj* brumoso

diesjährige(r, s) *adj* de este año

diesmal *adv* esta vez

diesseits ['di:szaɪts] **I.** *präp +gen* a este lado de **II.** *adv* a este lado

Dietrich ['di:trɪç] *m* <-s, -e> ganzúa *f*

Differenz [dɪfə'rɛnts] *f* <-en> (*Unterschied*) diferencia *f;* (*Streit*) disputa *f*

differenzieren* *vt, vi* diferenciar

differenziert *adj* (*geh: fein unterscheidend*) detallado

digital [digi'ta:l] *adj* digital

digitalisieren* *vt* digitalizar

Diktat [dɪk'ta:t] *nt* <-(e)s, -e> dictado *m;* **nach ~ schreiben** escribir al dictado

Diktator(in) [dɪk'ta:to:ɐ] *m(f)* <-s, -en; -nen> dictador(a) *m(f)*

Diktatur [dɪkta'tu:ɐ] *f* <-en> dictadura *f*

diktieren* *vt* dictar

Diktiergerät *nt* dictáfono *m*

Dilemma [di'lɛma] *nt* <-s, -s *o* Dilemmata> dilema *m*

Dilettant(in) [dilɛ'tant] *m(f)* <-en, -en; -nen> diletante *mf*

Dill [dɪl] *m* <-s, -e> eneldo *m*

Dimension [dimɛn'zjo:n] *f* <-en> dimensión *f*

DIN [di:n, dɪn] *f Abk. von* **Deutsche Industrie-Norm(en)** normas *fpl* DIN

Ding [dɪŋ] *nt* <-(e)s, -e> cosa *f;* **vor allen**

~**en** sobre todo; **so wie die** ~**e liegen ...** tal y como están las cosas...

dingfest *adj:* **jdn** ~ **machen** arrestar a alguien

Dinosaurier [dino'zaʊriɐ] *m* <-s, -> dinosaurio *m*

Diode [di'o:də] *f* <-n> diodo *m*

Dioptrie [diɔp'tri:] *f* <-n> dioptría *f*

Diphtherie [dɪfte'ri:] *f* <-n> difteria *f*

Diphthong [dɪf'tɔŋ] *m* <-s, -e> diptongo *m*

Diplom [di'plo:m] *nt* <-s, -e> diploma *m;* **sein** ~ **machen** (**in etw**) licenciarse (en algo)

Diplomat(in) [diplo'ma:t] *m(f)* <-en, -en; -nen> diplomático, -a *m, f*

Diplomatie [diploma'ti:] *f* diplomacia *f*

diplomatisch *adj* diplomático

dir [di:ɐ] **I.** *pron pers dat von* **du** te; (*betont*) a ti (te); (*mit Präposition*) ti; **ich habe** ~ **etwas mitgebracht** te he traído una cosa; **vor** ~ delante de ti **II.** *pron refl dat von* **du** te; **was hast du** ~ **gekauft?** ¿qué te has comprado?

direkt [di'rɛkt] **I.** *adj* directo; ~**e Rede** (LING) estilo directo; ~ **vor dem Haus** justo delante de la casa **II.** *adv* directamente; ~ **übertragen** (RADIO, TV) tra(n)smitir en directo

Direktion [dirɛk'tsjo:n] *f* <-en> dirección *f*

Direktor(in) *m(f)* <-s, -en; -nen> director(a) *m(f)*

Direktübertragung *f* <-en> transmisión *f* en directo

Dirigent(in) [diri'gɛnt] *m(f)* <-en, -en; -nen> director(a) *m(f)* de orquesta

dirigieren* *vt* dirigir

Dirne ['dɪrnə] *f* <-n> prostituta *f*

Disco *f* <-s> disco *f*

Diskette [dɪs'kɛtə] *f* <-n> disquete *m;* **Diskettenlaufwerk** *nt* disquetera *f*

Diskjockey ['dɪskdʒɔki] *m* <-s, -s> discjockey *mf*

Disko ['dɪsko] *f* <-s> disco *f*

Diskothek [dɪsko'te:k] *f* <-en> discoteca *f*

Diskrepanz [dɪskre'pants] *f* <-en> discrepancia *f*

diskret [dɪs'kre:t] *adj* discreto

Diskretion [dɪskre'tsjo:n] *f* discreción *f*

diskriminieren* [dɪskrimi'ni:rən] *vt* discriminar

diskriminierend *adj* discriminatorio

Diskriminierung *f* <-en> discriminación *f*

Diskussion [dɪskʊ'sjo:n] *f* <-en> discusión *f;* **ein Thema zur** ~ **stellen** poner un tema a debate

diskutieren* [dɪsku'ti:rən] *vi, vt* discutir (*über* +*akk* de/sobre)

Display [dɪs'plɛɪ] *nt* <-s, -s> display *m*

Disput [dɪs'pu:t] *m* <-(e)s, -e> (*geh*) disputa *f*

disqualifizieren* [dɪskvalifi'tsi:rən] *vt* descalificar

Dissertation [dɪsɛrta'tsjo:n] *f* <-en> tesis *f inv* doctoral

Distanz [dɪs'tants] *f* <-en> distancia *f;* ~ **wahren** guardar las distancias

distanzieren* *vr:* **sich** ~ distanciarse (*von* +*dat* de)

Distel ['dɪstəl] *f* <-n> cardo *m*

Disziplin [dɪstsi'pli:n] *f* <-en> disciplina *f*

diszipliniert *adj* disciplinado

Diva ['di:va] *f* <-s *o* Diven> diva *f*

divers(e) *adj* (*geh*) diverso

Dividende [divi'dɛndə] *f* <-n> dividendo *m;* **eine** ~ **ausschütten** repartir un dividendo

dividieren* *vt* dividir (*durch* +*akk* por)

Division [divi'zjo:n] *f* <-en> división *f*

DM *f inv Abk. von* **Deutsche Mark** marco *m* alemán

DNS [de:ʔɛn'ʔɛs] *f Abk. von* **Desoxyribonukleinsäure** A.D.N. *m*

doch [dɔx] **I.** *adv* **1.** (*dennoch*) sin embargo; **er hatte** ~ **Recht** a pesar de todo tenía razón **2.** (*aber*) pero; **du weißt** ~**, wie ich das meine** pero ya sabes qué quiero decir **3.** (*Antwort*) sí; **kommst du nicht mit? –** ~**!** ¿no vienes? – ¡que sí! **4.** (*Betonung*) sí que...; **es schmeckt** ~ sí que está bueno **II.** *part* **1.** (*verstärkend*) pero; **nehmen Sie** ~ **Platz!** ¡pero tome asiento! **2.** (*Zustimmung fordernd*) ¿verdad?; **hier darf man** ~ **rauchen?** aquí se puede fumar, ¿verdad? **III.** *konj* (*aber*) pero

Docht [dɔxt] *m* <-(e)s, -e> mecha *f*

Dock [dɔk] *nt* <-(e)s, -s> dique *m*

Doktor(in) ['dɔkto:ɐ] *m(f)* <-s, -en; -nen> doctor(a) *m(f);* **sie ist** ~ **der Philosophie** es doctora en filosofía; **Doktorarbeit** *f* tesis *f inv* doctoral; **Doktortitel** *m:* **den** ~ **erwerben** doctorarse

D

Dokument [doku'mɛnt] *nt* <-(e)s, -e> documento *m*

Dokumentarfilm *m* (película *f*) documental *m*

Dokumentation [dokumɛnta'tsjo:n] *f* <-en> documentación *f*

dokumentieren* *vt* documentar

Dolch [dɔlç] *m* <-(e)s, -e> puñal *m*

Dollar ['dɔla:ɐ] *m* <-(s), -s> dólar *m;* **Dollarkurs** *m* (FIN) cotización *f* del dólar

dolmetschen ['dɔlmɛtʃən] **I.** *vi* hacer de intérprete **II.** *vt* traducir (oralmente)

Dolmetscher(in) *m(f)* <-s, -; -nen> intérprete *mf*

Dom [do:m] *m* <-(e)s, -e> catedral *f*

dominant [domi'nant] *adj* dominante

dominieren* **I.** *vi* (*vorherrschen*) (pre)dominar **II.** *vt* (*beherrschen*) dominar

Dominikanische Republik *f* República *f* Dominicana

Dompteur, **-euse** [dɔmp'tø:ɐ] *m, f* <-s, -e; -n> domador(a) *m(f)*

Donau ['do:naʊ] *f:* **die** ~ el Danubio

Donner ['dɔnɐ] *m* <-s, -> trueno *m;* **wie vom ~ gerührt** atónito

donnern ['dɔnɐn] *vunpers* tronar; **es donnert** truena

Donnerstag ['dɔnɐsta:k] *m* <-(e)s, -e> jueves *m; s. a.* **Montag**; **donnerstagabends**RR *adv* los jueves por la noche

donnerstags *adv* los jueves

doof [do:f] <doofer *o* döfer, am doofsten *o* döfsten> *adj* (*fam*) tonto

Doping ['do:pɪŋ] *nt* <-s, -s> doping *m*

Doppel ['dɔpəl] *nt* <-s, -> (*Duplikat*) duplicado *m;* (SPORT) dobles *mpl*

Doppelbett *nt* cama *f* de matrimonio

doppeldeutig ['dɔpəldɔɪtɪç] *adj* ambiguo

Doppelgänger(in) *m(f)* <-s, -; -nen> doble *mf*

Doppelkinn *nt* papada *f;* **Doppelleben** *nt* doble vida *f;* **ein ~ führen** llevar una doble vida; **Doppelname** *m* nombre *m* compuesto; **Doppelpunkt** *m* dos puntos *mpl*

doppelt ['dɔpəlt] **I.** *adj* doble; **in ~er Ausführung** por duplicado; **ich bin ~ so alt wie er** le doblo la edad **II.** *adv* repetido; **~ so viel** el doble; **die Briefmarke habe ich ~** tengo este sello repetido

Doppelwährungsphase *f* período *f* de doble circulación

Doppelzimmer *nt* habitación *f* doble

Dorf [dɔrf] *nt* <-(e)s, Dörfer> pueblo *m;* **das olympische ~** la ciudad olímpica; **vom ~ kommen** ser de pueblo

Dorn [dɔrn] *m* <-(e)s, -en> (BOT) espina *f;* **jdm ein ~ im Auge sein** (*fig*) sentirse disgustado por alguien

dornig *adj* espinoso

Dornröschen [dɔrn'rø:sçən] *nt* <-s, *ohne pl*>: ~ la Bella Durmiente *f*

dörren ['dœrən] *vt* secar

dort [dɔrt] *adv* allí, allá; **~ hinten** allí atrás; **dorther** ['-'-] *adv:* **von ~** de allí; **dorthin** ['-'-] *adv* hasta allí; **dorthinaus** ['--'-] *adv* por allí; **bis ~** (*fam*) hasta el no va más; **dorthinein** ['--'-] *adv* allí dentro

dortige(r, s) *adj* de allí

Dose ['do:zə] *f* <-n> (*Keks~*) caja *f;* (*Bier~*) bote *m;* (*Konserven~*) lata *f*

Dosen *pl von* **Dose**, **Dosis**

dösen ['dø:zən] *vi* (*fam*) dormitar

Dosenmilch *f* leche *f* condensada; **Dosenöffner** *m* abrelatas *m inv*

dosieren* [do'zi:rən] *vt* dosificar

Dosis ['do:zɪs] *f* <Dosen> dosis *f inv*

Dossier [dɔ'sje:] *nt* <-s, -s> expediente *m*

dotieren* [do'ti:rən] *vt* dotar (*mit +dat* con/de); **gut dotiert** (*Stellung*) bien remunerado

Dotter ['dɔtɐ] *m o nt* <-s, -> yema *f*

Double ['du:b(ə)l] *nt* <-s, -s> (FILM) doble *m*

Download ['daʊnlɔʊt] *nt* <-(s), -s> (INFOR) carga *f* descendente [*o* por teleproceso], download *m* (*transferencia de un ordenador a otro*)

downloaden ['daʊnlɔʊdən] *vt* (INFOR) bajar

Dozent(in) [do'tsɛnt] *m(f)* <-en, -en; -nen> profesor(a) *m(f)* universitario, -a

Dr. *mf* <Dres.> *Abk. von* **Doktor** doctor(a) *m(f)*

Drache ['draxə] *m* <-n, -n> dragón *m*

Drachen *m* <-s, -> (*aus Papier*) cometa *f;* **~ steigen lassen** echar (a volar) cometas; **Drachenflieger(in)** *m(f)* <-s, -; -nen> deportista *mf* de ala delta

Draht [dra:t] *m* <-(e)s, Drähte> alambre *m;* **auf ~ sein** (*fam*) estar en buena forma; **Drahtesel** *m* (*fam*) bici *f;* **drahtlos** *adj* inalámbrico; **Drahtseilbahn** *f* teleférico *m*

Drahtzieher(in) *m(f)* <-s, -; -nen> instigador(a) *m(f)*

drall [dral] *adj* (*Person*) robusto; (*Körperteil*) regordete
Drama ['dra:ma] *nt* <-s, Dramen> drama *m*
dramatisch *adj* dramático
dramatisieren* *vt* dramatizar
Dramen *pl von* **Drama**
dran [dran] *adv* (*fam*): **jetzt ist er ~** ahora le toca a él; **er ist schlecht ~** le va mal; **ich bin spät ~** ya no tengo tiempo; *s. a.* **daran**; **dran|bleiben** *irr vi sein* (*fam*) **1.** (*verfolgen*) no soltar (*an*), seguir la pista (*an* de) **2.** (*Telefon*) no colgar (*an*)
drang [draŋ] *3. imp von* **dringen**
Drang [draŋ] *m* <-(e)s, *ohne pl*> impulso *m;* **aus innerem ~** por un impulso instintivo
drängeln ['drɛŋəln] *vi, vt* (*fam*) empujar
drängen ['drɛŋən] **I.** *vi* **1.** (*eilen*) urgir; **es drängt nicht** no corre prisa **2.** (*fordern*) insistir (*auf+dat* en); **er drängt zur Eile** mete prisa **II.** *vt* **1.** (*schieben*) empujar **2.** (*antreiben*) apremiar (*zu+dat* para que *+subj*) **III.** *vr:* **sich ~** apiñarse
drangsalieren* [draŋza'li:rən] *vt* torturar
dran|halten *irr* **I.** *vt* (*fam: zum Vergleich*) acercar (para comparar) **II.** *vr:* **sich ~** (*sich beeilen*) apurarse, apresurarse; **dran|hängen I.** *vt* (*fam: an etw befestigen*) colgar (*an* en); (*verlängern*) prolongar (por); **wir können an unseren Urlaub noch eine Woche ~** podemos prolongar nuestras vacaciones por una semana **II.** *irr vi* (*fam: an etw hängen*) tener cariño [*o* apego] (*an* a) **III.** *vr:* **sich ~** (*fam: verfolgen*) perseguir (*an*); **dran|kommen** *irr vi sein* (*fam*) tocar; **welches Thema kommt denn dran?** ¿qué tema toca hoy?
drastisch ['drastɪʃ] *adj* drástico
drauf ['draʊf] *adv* (*fam*): **~ und dran sein zu ...** estar a punto de...; **schlecht ~ sein** estar de de mala leche
Draufgänger(in) ['draʊfgɛŋɐ] *m(f)* <-s, -; -nen> atrevido, -a *m, f*
drauf|gehen *irr vi sein* (*fam*) **1.** (*sterben*) palmarla **2.** (*Geld*) volar **3.** (*Sache*) romperse; **drauf|haben** *irr vt* (*fam*): **etw ~** tener idea (de algo); **drauf|kommen** *irr vi sein* (*sich erinnern*): **ich komme nicht drauf!** ¡no se me ocurre!; **drauf|legen** *vt* (*fam*) **1.** (*Betrag*) añadir (*auf* a) **2.** (*hinlegen*) poner encima (*auf* de)
drauflos [-'-] *adv* sin darle más vueltas; **drauflos|reden** *vi* (*fam: unüberlegt*) hablar sin pensar; (*ohne Scheu*) hablar sin cortarse
drauf|machen *vt* (*fam*): **einen ~** correrse una juerga; **drauf|zahlen I.** *vi* (*fam*) pagar más **II.** *vt* (*fam*) añadir
draußen ['draʊsən] *adv* fuera; (*im Freien*) al aire libre; **~ auf dem Lande** allá en el campo
Dreck [drɛk] *m* <-(e)s, *ohne pl*> (*fam*) suciedad *f;* **er hat ~ am Stecken** (*fig*) tiene las manos sucias; **jdn in den ~ ziehen** (*fam fig*) poner verde a alguien
dreckig *adj* (*fam*) sucio; **es geht mir ~** estoy fatal
Dreckskerl *m* (*fam abw*) sinvergüenza *m*
Dreharbeiten *fpl* rodaje *m*
drehbar *adj* giratorio
Drehbuch *nt* guión *m;* **Drehbuchautor(in)** *m(f)* guionista *mf*
drehen ['dre:ən] **I.** *vt* girar; (*Strick*) torcer; (*Faden*) hilar; (*Pillen*) fabricar; (*Zigarette*) liar; (*Film*) rodar; **den Kopf ~** volver la cabeza **II.** *vr:* **sich ~** girar; **sich auf den Rücken ~** ponerse boca arriba
Drehtür *f* puerta *f* giratoria; **Drehzahl** *f* número *m* de revoluciones
drei [draɪ] *adj inv* tres; **~ Viertel** tres cuartos; **nicht bis ~ zählen können** (*fam*) no saber ni contar hasta diez; **aller guten Dinge sind ~** (*prov*) a la tercera va la vencida; *s. a.* **acht**[1]
Drei *f* <-en> tres *m;* (*Schulnote*) bien *m*
dreidimensional ['draɪdimɛnzjona:l] *adj* tridimensional
Dreieck ['draɪʔɛk] *nt* <-(e)s, -e> triángulo *m*
dreieckig *adj* triangular
dreifach ['draɪfax] *adj* triple; **in ~er Ausfertigung** por triplicado; *s. a.* **achtfach**
dreihundert ['-'--] *adj inv* trescientos; *s. a.* **achthundert**
dreijährig *adj* trienal
Dreikäsehoch [-'---] *m* <-s, -s> (*fam*) taponcito *m*
dreimal *adv* tres veces
drein|blicken *vi:* **finster ~** poner mala cara
Dreirad *nt* triciclo *m*
dreißig ['draɪsɪç] *adj inv* treinta; *s. a.* **achtzig**
dreißigste(r, s) *adj* trigésimo; *s. a.* **achtzigste(r, s)**

D

dreist ['draɪst] *adj* (*unverschämt*) descarado; (*frech*) fresco

dreistellig *adj* de tres cifras

dreiteilig *adj* (*Service*) de tres piezas; (*Fernsehserie*) de tres capítulos

dreiviertel ['draɪ'fɪrtəl] *adj inv s.* **drei**; **Dreiviertelstunde** ['draɪvɪrtəl'ʃtʊndə] *f* tres cuartos *mpl* de hora; **Dreivierteltakt** [-'---] *m* <-(e)s, *ohne pl*> compás *m* de tres por cuatro

dreizehn ['--] *adj inv* trece; *s. a.* **acht**[1]

dreizehnte(r, s) *adj* decimotercero; *s. a.* **achte(r, s)**

Dreizimmerwohnung [-'----] *f* piso *m* de tres habitaciones

Dres. *pl von* **Dr.**

dreschen <drischt, drosch, gedroschen> *vt* (*Getreide*) trillar

Dresden ['dreːsdən] *nt* <-s> Dresde *m*

dressieren* [drɛ'siːrən] *vt* adiestrar

drillen ['drɪlən] *vt* instruir (*auf+akk* en)

Drilling ['drɪlɪŋ] *m* <-s, -e> trillizo *m*

drin [drɪn] *adv* (*fam*) dentro; **das ist nicht ~** (*fig*) esto no está previsto; *s. a.* **darin**

dringen ['drɪŋən] <dringt, drang, gedrungen> *vi* **1.** *sein:* **durch etw ~** atravesar algo; **in/bis zu etw ~** penetrar en/hasta algo; **aus etw ~** salir de algo; **in jdn ~** asediar a alguien; **an die Öffentlichkeit ~** trascender al público **2.** *haben* (*verlangen*): **auf etw ~** insistir en algo

dringend *adj* urgente; **~ davon abraten etw zu tun** desaconsejar seriamente de hacer algo; **~ verdächtig** altamente sospechoso

drinnen ['drɪnən] *adv* dentro; **ich gehe nach ~** voy adentro

drin|stecken *vi* (*fam*) **1.** (*beschäftigt sein*) estar (muy) metido (*in* en) **2.** (*investiert sein*) costar; **da steckt eine Menge Arbeit drin** ha costado mucho trabajo **3.** (*verwickelt sein*) estar metido (*in* en)

drischt [drɪʃt] *3. präs von* **dreschen**

dritt [drɪt] *adv:* **zu ~** los tres

dritte(r, s) ['drɪtə, -tɐ, -təs] *adj* tercero; *s. a.* **achte(r, s)**

drittel *adj inv* tercio; *s. a.* **achtel**

drittens ['drɪtəns] *adv* en tercer lugar; (*bei Aufzählung*) tercero; *s. a.* **achtens**

drittklassig *adj* (*abw*) malo; (*Beschaffenheit*) de mala calidad

Drittländer *ntpl* (EU) países *mpl* terceros

DRK [deːʔɛr'kaː] *nt* <-> *Abk. von* **Deutsches Rotes Kreuz** Cruz *f* Roja Alemana

Droge ['droːgə] *f* <-n> droga *f*; **drogenabhängig** *adj* drogadicto; **Drogenabhängigkeit** *f* drogadicción *f*; **Drogenhandel** *m* narcotráfico *m*; **Drogenmissbrauch**[RR] *m* <-(e)s, *ohne pl*> abuso *m* de drogas

Drogerie [drogə'riː] *f* <-n> droguería *f*

drohen ['droːən] *vi* amenazar; **ihm droht Gefängnis** la condena es inminente; **er drohte einzuschlafen** era de temer que se durmiera

drohend *adj* (*Gebärde*) amenazador; (*Gefahr*) inminente

dröhnen ['drøːnən] *vi* (*Geräusch*) retumbar; (*Schritte*) resonar; (*Ohren*) zumbar

Drohung ['droːʊŋ] *f* <-en> amenaza *f*

drollig ['drɔlɪç] *adj* (*Geschichte*) gracioso; (*Kind*) salado

Dromedar ['droːmedaːɐ, drome'daːɐ] *nt* <-s, -e> dromedario *m*

drosch [drɔʃ] *3. imp von* **dreschen**

drosseln ['drɔsəln] *vt* (*Tempo*) moderar; (*Inflation*) frenar; (*Ausgaben*) reducir

drüben ['dryːbən] *adv* al otro lado; **da ~** allá enfrente

drüber ['dryːbɐ] *adv* (*fam*) *s.* **darüber**

Druck[1] [drʊk] *m* <-(e)s, Drücke> **1.** (PHYS) presión *f* **2.** *ohne pl* (*das Drücken, a. fig*) presión *f*; **durch einen ~ auf den Knopf** pulsando el botón; **~ hinter etw machen** meter prisa a un asunto; **unter ~ stehen** estar en pleno estrés; **jdn unter ~ setzen** presionar a alguien **3.** (*das Drucken*) impresión *f*; **in ~ gehen** ser imprimido

Druck[2] *m* <-(e)s, -e> (KUNST) grabado *m*

Druckbuchstabe *m* letra *f* de imprenta

Drückeberger(in) ['drʏkəbɛrgɐ] *m(f)* <-s, -; -nen> (*fam abw*) gandul(a) *m(f)*

drucken ['drʊkən] *vt* imprimir (*auf +dat* en); **klein gedruckt** impreso en letras pequeñas; **das klein Gedruckte** la letra pequeña

drücken ['drʏkən] **I.** *vi, vt* apretar; (*Schalter*) pulsar; **jdm die Hand ~** estrecharle la mano a alguien; **jdm etw in die Hand ~** dar algo a alguien; **„~“** (*an einer Tür*) “empujar”; **etw drückt auf die Stimmung** algo agobia **II.** *vr:* **sich ~** (*fam*) escaquearse (*vor +dat* de)

Drucker[1] *m* <-s, -> (INFOR) impresora *f*

Drucker(in)[2] *m(f)* <-s, -; -nen> impresor(a) *m(f)*

Drücker *m* <-s, -> **1.** (*Tür~*) portero *m* automático **2.** (*am Gewehr*) gatillo *m;* **am ~ sitzen** (*fam*) tener la decisión en la propia mano; **auf den letzten ~** (*fam*) en el último momento

Druckerei *f* <-en> imprenta *f*

Druckfehler *m* errata *f;* **Druckknopf** *m* botón *m* pulsador; **Druckluft** *f* aire *m* presión; **Druckmittel** *nt* (*Maßnahme*) medida *f* de presión; **Drucksache** *f* impreso *m;* **Druckschrift** *f* letra *f* de imprenta

drum [drʊm] *adv* (*fam*): **sei's ~** sea; **mit allem Drum und Dran** con pelos y señales; *s. a.* **darum**

drunter ['drʊntɐ] *adv* (*fam*): **es ging alles ~ und drüber** estaba todo revuelto; *s. a.* **darunter**

Drüse ['dryːzə] *f* <-n> glándula *f*

Dschungel ['dʒʊŋəl] *m* <-s, -> jungla *f*

dt. *Abk. von* **deutsch** alemán

du [duː] *pron pers 2. Sg* tú; **wenn ich ~ wäre** yo que tú; **mit jdm per Du sein** tutear a alguien

Dübel ['dyːbəl] *m* <-s, -> taco *m*

ducken ['dʊkən] *vr:* **sich ~** (*sich bücken*) agacharse; (*unterwürfig sein*) doblegarse

Duckmäuser ['dʊkmɔɪzɐ] *m* <-s, -> (*fam*) acoquinado, -a *m, f*

Dudelsack ['duːdəlzak] *m* gaita *f*

Duell [du'ɛl] *nt* <-s, -e> duelo *m;* **jdn zum ~ fordern** retar a alguien a duelo

Duft [dʊft] *m* <-(e)s, Düfte> aroma *m*

duften ['dʊftən] *vi* oler (*nach +dat* a)

dulden ['dʊldən] *vt* tolerar; **die Sache duldet keinen Aufschub** el asunto no admite prórroga

duldsam [dʊltzaːm] *adj* indulgente (*gegen +akk* con/para/para con)

dumm [dʊm] *adj* <dümmer, am dümmsten> tonto; **~es Zeug reden** decir disparates; **jdn für ~ verkaufen** (*fam*) tratar a alguien como a un tonto; **jdm ~ kommen** (*fam*) fastidiar a alguien

dummerweise *adv* desafortunadamente

Dummheit *f* <-en> **1.** (*Handlung*) tontería *f* **2.** *ohne pl* (*Mangel an Intelligenz*) estupidez *f;* (*Unwissenheit*) ignorancia *f*

Dummkopf *m* tonto, -a *m, f*

dumpf [dʊmpf] *adj* (*Geräusch*) sordo; (*Ahnung*) vago

Düne ['dyːnə] *f* <-n> duna *f*

Dung [dʊŋ] *m* <-(e)s, *ohne pl*> estiércol *m*

düngen ['dʏŋən] *vt* abonar

Dünger ['dʏŋɐ] *m* <-s, -> abono *m;* (*künstlich*) fertilizante *m*

dunkel ['dʊŋkəl] *adj* oscuro; **es wird ~** está oscureciendo; **im Dunkeln** a oscuras; **im Dunkeln tappen** andar a tientas; **sich ~ an etw erinnern** acordarse vagamente de algo

Dunkelheit *f* oscuridad *f;* **bei Einbruch der ~** al anochecer

Dunkelziffer *f* cifra *f* negra

dünn [dʏn] *adj* (*Person*) delgado; (*Scheibe*) fino; (*Haar*) ralo; (*Stimme*) débil; (*Suppe*) aguado; (*Kaffee*) flojo; **sie ist sehr ~ geworden** ha adelgazado mucho; **Butter ~ auftragen** poner un poco de mantequilla; **dünnflüssig** *adj* (muy) fluido

Dunst [dʊnst] *m* <-(e)s, Dünste> **1.** (*Ausdünstung*) vaho *m;* (*Rauch*) humo *m* **2.** *ohne pl* (*Nebel*) neblina *f*

dünsten ['dʏnstən] *vt* rehogar

dunstig ['dʊnstɪç] *adj* (*neblig*) nebuloso; (*verräuchert*) cargado de humo

Dunstwolke *f* (*Ausdünstung*) vaharada *f;* (*Rauchwolke*) humareda *f*

Duplikat [dupli'kaːt] *nt* <-(e)s, -e> duplicado *m*

durch [dʊrç] **I.** *präp +akk* por; **~ Zufall** por casualidad; **~ drei teilen** dividir por tres; **das Fahrzeug wird ~ Motoren getrieben** el vehículo es impulsado por motores **II.** *adv* (*fam*): **es ist schon drei Uhr ~** ya son las tres pasadas; **das Fleisch ist ~** la carne está a punto; **ich hab das Buch ~** he acabado de leer el libro; **~ und ~** completamente

durch|arbeiten **I.** *vt* (*Buch*) estudiar a fondo **II.** *vi* (*ohne Pause*) trabajar sin descanso **III.** *vr:* **sich ~** (*Haufen Arbeit*) vencer (*durch*), acabar (*durch*); (*Dschungel*) abrirse paso (*durch* por/a través de); **durch|atmen** *vi* respirar hondo

durchaus ['--, -'-] *adv* absolutamente; **~ nicht** en absoluto; **das ist ~ nicht leicht** no es nada fácil

durch|blättern *vi* hojear

Durchblick *m* (*fam: Überblick*) visión *f* de conjunto; **den ~ haben** estar al corriente; **durch|blicken** *vi* mirar (*durch +akk* por); **etw ~ lassen** (*andeuten*) dejar entrever algo; (*zu verstehen geben*) dar algo a entender

Durchblutung *f* <-en> riego *m* sanguíneo

durchbrechen*[1] *irr vt* **1.** (*durchdringen*) romper; (*Hindernis*) derribar **2.** (*Prinzip*) quebrantar

durch|brechen[2] *irr* **I.** *vi sein* **1.** (*entzweigehen*) romperse **2.** (*Hass*) manifestarse **II.** *vt haben* (*zerbrechen*) romper

durch|brennen *irr vi sein* (*Sicherung*) fundirse; **durch|bringen** *irr vt* **1.** (*Kranke*) curar **2.** (*Prüfling*): **jdn ~** conseguir que apruebe alguien **3.** (*ernähren*) sustentar

durchbrochen *pp von* **durchbrechen**[1]

Durchbruch ['--] *m* <-(e)s, -brüche> **1.** (*eines Zahns*) aparición *f* **2.** (*Erfolg*) éxito *m*; **jdm zum ~ verhelfen** fomentar el éxito de alguien

durchdacht *pp von* **durchdenken**

durchdenken* *irr vt* examinar a fondo; **wohl durchdacht** (*geh*) (muy) bien reflexionado

durch|drehen **I.** *vi* **1.** *sein* (*Räder*) derrapar **2.** *haben o sein* (*fam: die Nerven verlieren*) volverse loco **II.** *vt haben:* **das Fleisch ~** moler la carne

durchdringen*[1] *irr vt* (*durchstoßen*) atravesar; (*Flüssigkeit*) penetrar

durch|dringen[2] *irr vi sein* **1.** (*Flüssigkeit*) penetrar; (*Gerücht*) trascender **2.** (*hingelangen*) llegar (*bis zu* +*dat* a)

durchdrungen *pp von* **durchdringen**[1]

durcheinander [dʊrçʔaɪ'nandɐ] *adv* revuelto; (*verwirrt*) confuso; **~ bringen** (*in Unordnung bringen*) revolver; (*verwechseln*) confundir; (*verwirren*) desconcertar; **~ laufen** correr a trochemoche; **~ reden** hablar todos a la vez

Durcheinander ['----] *nt* <-s, *ohne pl*> (*Unordnung*) desorden *m*; (*Verwirrung*) confusión *f*

durcheinander|bringen *irr vt s.* **durcheinander**; **durcheinander|laufen** *irr vi s.* **durcheinander**; **durcheinander|reden** *vi s.* **durcheinander**

durchfahren*[1] *irr vt* **1.** (*bereisen*) recorrer **2.** (*durchqueren*) atravesar **3.** (*durchzucken*): **ein Schreck durchfuhr ihn** se estremeció del susto

durch|fahren[2] *irr vi sein* **1.** (*ohne Pause*) conducir sin parar **2.** (*durchqueren*) pasar (*durch* +*akk* por)

Durchfahrt ['--] *f* <-en> paso *m*; **~ freihalten!** ¡prohibido aparcar!; **~ verboten!** ¡se prohibe el paso!; **auf der ~ sein** estar de paso

Durchfall *m* <-(e)s, *ohne pl*> diarrea *f*

durch|fallen *irr vi sein* (*durch ein Loch*) caer (*durch* +*akk* por); (*durch eine Prüfung*) suspender (*durch* +*akk*); **durch|fragen** *vr:* **sich ~** abrirse camino a preguntas; **durch|führen** *vt* (*verwirklichen*) realizar; (*veranstalten*) efectuar

Durchführung *f* <-en> ejecución *f*; (*Verwirklichung*) realización *f*

Durchgang *m* <-(e)s, -gänge> paso *m*; **den ~ versperren** cortar el paso; **~ verboten!** ¡prohibido el paso!; **Durchgangslager** *nt* campo *m* de tránsito

durch|geben *irr vt* dar (*durch* por); (*übermitteln*) tra(n)smitir (*durch* por)

durchgefroren *adj* completamente helado

durch|gehen *irr sein* **I.** *vi* **1.** (*durch Tür*) pasar (*durch* +*akk* por) **2.** (*toleriert werden*) ser tolerado; **wir lassen das nicht länger ~** ya no lo toleramos más **3.** (*gehalten werden für*) pasar (*für* +*akk* por) **II.** *vt* (*überarbeiten*) revisar

durchgehend *adj* (*Zug*) directo; **~ geöffnet** horario continuo

durch|greifen *irr vi* intervenir (enérgicamente)

durchgreifend *adj* radical

durch|halten *irr vi, vt* aguantar

Durchhaltevermögen *nt* <-s, *ohne pl*> capacidad *f* de resistencia

Durchhänger *m* <-s, -> (*fam*) mala racha *f*

durch|kommen *irr vi sein* **1.** (*durch einen Ort*) pasar (*durch* +*akk* por) **2.** (*bei einer Prüfung*) aprobar; (*Antrag*) ser aprobado **3.** (*fam: überleben*) salvarse

durchkreuzen* *vt* (*Pläne*) contrariar

durch|lassen *irr vt* dejar pasar; **das kann ich ihm nicht ~** (*fam*) no se lo puedo tolerar

durchlässig ['dʊrçlɛsɪç] *adj* (*für Flüssigkeiten*) permeable; (*für Licht*) tra(n)slúcido

durchlaufen*[1] *irr vt* (*absolvieren: Schule*) ir (a); (*Lehre*) hacer

durch|laufen[2] *irr* **I.** *vi sein* (*Flüssigkeit*) colarse; (*durchsickern*) filtrarse **II.** *vt* (*Schuhe*) (des)gastar

durchleben* *vt* vivir

durch|lesen *irr vt* leer

durchleuchten* *vt* (MED) examinar con rayos X; (*Angelegenheit*) analizar

durch|machen *vt* (*fam: erleiden*) sufrir

Durchmesser *m* <-s, -> diámetro *m*

durch|mogeln *vr:* **sich** ~ (*fam abw*) apañarse

durchnässen* *vt* empapar

durch|nehmen *irr vt* (*Lektion*) tratar; **durch|nummerieren*** RR *vt* numerar

durchqueren* [dʊrç'kveːrən] *vt* atravesar

Durchreise ['---] *f* <-n> tránsito *m* (*durch* +*akk* por); **auf der ~ sein** estar de paso

durch|reißen *irr* **I.** *vi sein* romperse, desgarrarse **II.** *vt* romper, desgarrar; **durch|ringen** *irr vr:* **sich** ~ decidirse finalmente (*zu* a); **sich zu einem Entschluss ~** llegar a tomar una decisión

durchs [dʊrçs] = **durch das** *s.* **durch**

Durchsage ['dʊrçzaːgə] *f* <-n> aviso *m;* (*Mitteilung*) comunicado *m*

durch|sagen *vt* anunciar; (*im Radio*) tra(n)smitir

durchschaubar [-'--] *adj* (*verständlich*) comprensible; **ein schwer/leicht ~er Mensch** una persona difícil/fácil de comprender

durchschauen* *vt:* **jdn ~** descubrir(le) a alguien el juego

durch|scheinen *irr vi* (*Licht*) filtrarse (*durch* +*akk* por); (*Muster*) tra(n)sparentarse; **durch|schlafen** *irr vi* dormir sin despertarse

Durchschlag ['--] *m* <-(e)s, -schläge> copia *f*

durch|schlagen *irr* **I.** *vi sein* (*Eigenschaft*) salir **II.** *vr:* **sich** ~ (*durchkommen*) ir tirando

durchschlagend *adj* (*Erfolg*) arrollador

durch|schneiden *irr vt* cortar; **in der Mitte ~** cortar por la mitad

Durchschnitt ['dʊrçʃnɪt] *m* <-(e)s, -e> promedio *m;* **im ~** por término medio; **über dem ~ liegen** estar por encima del promedio

durchschnittlich ['dʊrçʃnɪtlɪç] **I.** *adj* (*im Durchschnitt*) medio; (*mittelmäßig*) mediano; (*gewöhnlich*) corriente **II.** *adv* por término medio

Durchschnittseinkommen *nt* ingreso(s) *m(pl)* medio(s)

Durchschrift *f* <-en> copia *f*

durch|sehen *irr vt* (*überprüfen*) revisar; (*durchblättern*) hojear; **durch|setzen** *vt, vr:* **sich** ~ imponerse; **sie muss immer ihren Kopf ~** siempre quiere salirse con la suya; **du musst dich gegen ihn ~** tienes que imponerte a él

Durchsetzungsvermögen *nt* <-s, *ohne pl*> capacidad *f* de imponerse

durchsichtig *adj* tra(n)sparente

durch|sickern *vi sein* (*Nachricht*) trascender; (*Flüssigkeit*) filtrarse (*durch* +*akk* por/a través de); **durch|sprechen** *irr vt* discutir punto por punto; **durch|stehen** *irr vt* (*Krankheit*) aguantar; (*Qualen*) sufrir; **durch|stellen** *vi, vt* (*verbinden*) comunicar

durchstöbern* *vt* (*fam: durchsuchen*) registrar

durchstreichen*[1] *vt* (*geh*) *s.* **durchstreifen**

durch|streichen[2] *irr vt* tachar

durchsuchen* [dʊrç'zuːxən] *vt* registrar; (*Person*) cachear

Durchsuchung [-'--] *f* <-en> (*von Personen*) cacheo *m;* (*von Gebäuden*) registro *m*

durchtrieben [dʊrç'triːbən] *adj* astuto

durchwachsen [dʊrç'vaksən] *adj* (*Speck*) entreverado; (*fam: mittelmäßig*) mediocre

Durchwahl *f* (TEL) comunicación *f* automática

durchweg ['--, -'-] *adv* sin excepción

durch|zählen **I.** *vi* hacer un recuento **II.** *vt* contar

durchziehen*[1] *irr vt* (*Land*) recorrer; (*sich erstrecken*) extenderse (por)

durch|ziehen[2] *irr* **I.** *vt* **1.** (*hindurchziehen*) hacer pasar (*durch* +*akk* por) **2.** (*fam: beenden*) acabar **II.** *vi sein* (*durchqueren*) pasar (*durch* +*akk* por)

Durchzug *m* <-(e)s, *ohne pl*> corriente *f* de aire

dürfen[1] ['dʏrfən] <darf, durfte, dürfen> *vt Modalverb* poder; **darf ich etwas fragen?** ¿puedo preguntar una cosa?; **darf man hier rauchen?** ¿está permitido fumar aquí?; **du darfst ihm das nicht übel nehmen** no debes tomárselo a mal

dürfen[2] ['dʏrfən] <darf, durfte, gedurft> *vi* poder; **ich habe nicht gedurft** no me han dejado

durfte ['dʊrftə] *3. imp von* **dürfen**

dürftig ['dʏrftɪç] *adj* **1.** (*Unterkunft*) mísero; (*Gehalt*) miserable **2.** (*Kenntnisse*) insuficiente; (*Beleuchtung*) débil

dürr [dʏr] *adj* (*vertrocknet*) seco; (*Boden*) árido; (*mager*) flaco

D

Dürre ['dʏrə] *f* <-n> (*Trockenheit*) sequía *f*
Durst [dʊrst] *m* <-(e)s, *ohne pl*> sed *f*
durstig *adj* sediento (*nach + dat* de); ~ **sein** tener sed
Durststrecke *f* período *m* difícil
Dusche ['du:ʃə, 'dʊʃə] *f* <-n> ducha *f*
duschen ['du:ʃən, 'dʊʃən] *vi, vt, vr:* **sich** ~ duchar(se)
Duschkabine *f* cabina *f* de ducha
Düse ['dy:zə] *f* <-n> tobera *f*; **Düsenflugzeug** *nt* avión *m* a reacción
düster ['dy:stɐ] *adj* **1.** (*dunkel*) oscuro **2.** (*Ort*) sombrío; (*Zukunft*) negro **3.** (*Wesen*) melancólico; (*Stimmung*) tétrico
Dutzend ['dʊtsənt] *nt* <-s, -e> docena *f*; ~**e von Büchern** montones de libros
dutzendweise *adv* (*im Dutzend*) por docenas; (*fam: in Mengen*) a docenas
duzen ['du:tsən] *vt, vr* tutear(se)
Dynamik [dy'na:mɪk] *f* dinámica *f*
dynamisch *adj* (*a.* PHYS) dinámico
Dynamit [dyna'mi:t, dyna'mɪt] *nt* <-s, *ohne pl*> dinamita *f*
Dynastie [dynas'ti:] *f* <-n> dinastía *f*
D-Zug ['de:tsu:k] *m* tren *m* rápido

E

E, e [e:] *nt* <-, -> E, e *f*
Ebbe ['ɛbə] *f* <-n> marea *f* baja
eben ['e:bən] **I.** *adj* (*flach*) llano **II.** *adv* **1.** (*gerade vorhin*) hace un momento; **sie sind ~ angekommen** acaban de llegar **2.** (*kurz*) un momento; **hilfst du mir ~ mal?** ¿me ayudas un momento? **3.** (*knapp*) justo; **damit kommt er so ~ aus** esto le alcanza justo **4.** (*nun mal*): **~!** ¡justamente!; **das ist ~ so** esto es así
Ebenbild *nt* fiel retrato *m*
ebenbürtig ['e:bənbʏrtɪç] *adj* igual; **sie ist ihm an Ausdauer ~** es igual de perseverante que él
ebendarum ['e:bənda'rʊm] *adv,* **ebendeshalb** ['---'-] *adv* por esto
Ebene ['e:bənə] *f* <-n> (*Flachland*) llanura *f*; (*Niveau*) nivel *m*; (MATH) plano *m*
ebenfalls *adv* asimismo
ebenmäßig *adj* proporcionado
ebenso ['---] *adv* igualmente; ~ **wie** así como; ~ **gern** de igual manera; ~ **gern wie** igual que; ~ **gut** de igual manera; ~ **lang(e) wie** tan largo como; ~ **oft wie** con la misma frecuencia que; ~ **sehr** indistintamente; ~ **sehr wie** tanto como; ~ **viel wie** tanto como; ~ **wenig wie** tan poco como; **ebensogern** ['----] *adv s.* **ebenso**; **ebensogut** *adv s.* **ebenso**; **ebensolang(e)** *adv s.* **ebenso**; **ebensooft** *adv s.* **ebenso**; **ebensosehr** *adv s.* **ebenso**; **ebensoviel** *adv s.* **ebenso**; **ebensowenig** *adv s.* **ebenso**
Eber ['e:bɐ] *m* <-s, -> cerdo *m* macho
ebnen ['e:bnən] *vt* allanar
EC [e:'tse:] *m* <-(s), -s> **1.** (EISENB) *Abk. von* **Eurocity(zug)** Eurocity *m* **2.** (FIN) *Abk. von* **Eurocheque** eurocheque *m*
E-Cash ['ɪkɛʃ] *nt* <-s, *ohne pl*> (FIN) efectivo *m* electrónico, moneda *f* electrónica
Echo ['ɛço] *nt* <-s, -s> eco *m*
Echse ['ɛksə] *f* <-n> lagarto *m*
echt [ɛçt] **I.** *adj* (*Geldschein*) auténtico; (*Perle*) natural; (*Kunstwerk*) original; (*Farbe*) sólido; ~ **golden** de oro legítimo **II.** *adv* (*fam*) realmente; **~?** ¿de verdad?
EC-Karte [e'tse:-] *f* (FIN) tarjeta *f* para eurocheques
Eckball *m* córner *m*
Ecke ['ɛkə] *f* <-n> **1.** (*außen*) esquina *f*; **jdn um die ~ bringen** (*fam*) cargarse a alguien **2.** (*innen*) rincón *m* **3.** (*reg: Gegend*) parte *f*
eckig *adj* **1.** (*Gegenstand*) cuadrado; (*Gesicht*) anguloso **2.** (*Bewegungen*) brusco
Eckzahn *m* colmillo *m*
Ecuador [ekua'do:ɐ] *nt* <-s> Ecuador *m*
Ecuadorianer(in) [ekuadori'a:nɐ] *m(f)* <-s, -; -nen> ecuatoriano, -a *m, f*
ecuadorianisch *adj* ecuatoriano
edel ['e:dəl] *adj* (*Mensch, Tat*) noble; (*Stein*) precioso; **Edelmetall** *nt* metal *m* noble; **edelmütig** *adj* generoso; **Edelstahl** *m* acero *m* fino; **Edelstein** *m* piedra *f* preciosa
editieren* [edi'ti:rən] *vt* (INFOR) editar
Edutainment ['ɛdjutɛɪnmənt] *nt* <-s,

ohne pl> edutenimiento *m*

EDV [eːdeː'faʊ] *f* (INFOR) *Abk. von* **elektronische Datenverarbeitung** proceso *m* electrónico de datos; **EDV-gestützt** *adj* asistido por ordenador

Efeu ['eːfɔɪ] *m* <-s, *ohne pl*> hiedra *f*

Effeff [ɛf'ʔɛf] (*fam*): **etw aus dem ~ können** saber algo al dedillo

Effekt [ɛ'fɛkt] *m* <-(e)s, -e> efecto *m*

effektiv [ɛfɛk'tiːf] *adj* (*wirksam*) efectivo; (*tatsächlich*) real

effizient [ɛfi'tsjɛnt] *adj* (*geh*) eficiente

EG [eː'geː] *f Abk. von* **Europäische Gemeinschaft** CE *f*

egal [e'gaːl] *adj* igual; **das ist mir ganz ~** (*fam*) me da lo mismo; **~ wie/wer/was** (*fam*) sea como sea/sea quien sea/sea lo que sea

Egoismus [ego'ɪsmʊs] *m* <-, *ohne pl*> egoísmo *m*

Egoist(in) *m(f)* <-en, -en; -nen> egoísta *mf*

egoistisch *adj* egoísta

EG-Staat *m* estado *m* comunitario

eh [eː] **I.** *konj s.* **ehe II.** *adv* **1.** (*schon immer*): **seit ~ und je** desde siempre **2.** (*Österr, südd: fam: sowieso*) de todas formas

ehe ['eːə] *konj* antes de +*inf;* **~ ich es vergesse** antes de que se me olvide

Ehe *f* <-n> matrimonio *m;* **mit jdm die ~ schließen** contraer matrimonio con alguien; **eheähnlich** *adj* (JUR) similar al matrimonio; **~e Gemeinschaft** cohabitación como marido y mujer; **Ehebruch** *m* adulterio *m;* **Ehefrau** *f* esposa *f;* **Ehegatte, -in** *m, f* (*geh*) esposo, -a *m, f;* (JUR) cónyuge *mf;* **Eheleute** *pl* cónyuges *mpl*

ehelich *adj* matrimonial; (*Kind*) legítimo; **nicht ~** ilegítimo

ehemalige(r, s) ['eːəmaːlɪç] *adj* antiguo

Ehemann *m* esposo *m;* **Ehepaar** *nt* matrimonio *m*

eher ['eːɐ] *adv kompar von* **bald 1.** (*früher, lieber*) antes (*als +nom* que) **2.** (*vielmehr*) más bien

Ehering *m* alianza *f;* **Ehescheidung** *f* (JUR) divorcio *m;* **Eheschließung** *f* casamiento *m*

ehesten *superl von* **bald**: **am ~** (*frühestmöglich*) lo más pronto posible; (*am wahrscheinlichsten*) lo más probable; (*am liebsten*) lo más preferible

ehrbar ['eːɐbaːɐ] *adj* honorable

Ehre ['eːrə] *f* <-n> honor *m;* (*Ruhm*) honra *f;* **das Werk macht ihm alle ~** la obra le honra; **jdm die letzte ~ erweisen** rendirle a alguien el último homenaje

ehren *vt* honrar; **sehr geehrte Damen und Herren** distinguidos señores y señoras; (*Briefanrede*) muy señores míos

ehrenamtlich *adj* honorífico

Ehrendoktor *m* doctor *m* honoris causa; **Ehrengast** *m* invitado, -a *m, f* de honor; **Ehrenrettung** *f* salvación *f* del honor; **zu seiner ~ muss ich einräumen, dass ...** debo reconocer en su favor que...; **Ehrensache** *f* cuestión *f* de honor; **Ehrenwort** *nt* <-(e)s, -e> palabra *f* de honor

ehrerbietig ['eːɐʔɛɐbiːtɪç] *adj* respetuoso

Ehrfurcht *f* profundo respeto *m* (*vor +dat* hacia)

ehrfürchtig ['eːɐfʏrçtiç] *adj,* **ehrfurchtsvoll** *adj* respetuoso

Ehrgefühl *nt* <-(e)s, *ohne pl*> sentimiento *m* del honor; **Ehrgeiz** *m* ambición *f;* **ehrgeizig** *adj* ambicioso

ehrlich *adj* sincero; **~ gesagt** a decir verdad; **wir haben ~ geteilt** compartimos honradamente

Ehrlichkeit *f* honradez *f;* (*Aufrichtigkeit*) sinceridad *f*

ehrlos *adj* deshonrado

Ehrung ['eːrʊŋ] *f* <-en> homenaje *m* (a)

ehrwürdig *adj* venerable

Ei [aɪ] *nt* <-(e)s, -er> **1.** (*Hühner~*) huevo *m;* **sich** *dat* **gleichen wie ein ~ dem anderen** parecerse como dos gotas de agua **2.** (*Keimzelle*) óvulo *m*

Eiche ['aɪçə] *f* <-n> roble *m*

Eichel ['aɪçəl] *f* <-n> (BOT) bellota *f;* (ANAT) glande *m*

eichen ['aɪçən] *vt* (*Instrumente*) calibrar; (*Messglas*) graduar

Eichhörnchen *nt* ardilla *f*

Eid [aɪt] *m* <-(e)s, -e> juramento *m;* **an ~es statt erklären** (JUR) declarar bajo juramento

Eidechse ['aɪdɛksə] *f* <-n> lagarto *m*

eidesstattlich *adj* jurado; **~e Erklärung** declaración jurada

Eidgenossenschaft *f* confederación *f;* **Schweizerische ~** Confederación Helvética

Eidotter ['aɪdɔtɐ] *nt o m* yema *f* de huevo

Eierbecher *m* huevero *m*

E

eiern ['aɪɐn] *vi* (*fam*) **1.** *sein* (*Person*) tambalearse **2.** (*Sache*): **das Rad eiert** la rueda está torcida

Eierstock *m* <-(e)s, -stöcke> ovario *m*

Eifer ['aɪfɐ] *m* <-s, *ohne pl*> afán *m;* **im ~ des Gefechts** en el calor de la disputa

Eifersucht *f ohne pl* celos *mpl;* **eifersüchtig** *adj* celoso (*auf+akk* de)

eifrig ['aɪfrɪç] **I.** *adj* (*emsig*) diligente; (*fleißig*) aplicado **II.** *adv* con empeño

Eigelb *nt* <-(e)s, -e, *nach Zahlen:* -> yema *f*

eigen ['aɪgən] *adj* propio; **in ~er Person** personalmente; **sein ~er Herr sein** ser independiente; **mit dem ihm ~en Zynismus** con el cinismo que le caracteriza

Eigenart *f* **1.** (*Besonderheit*) singularidad *f* **2.** *ohne pl* (*Eigentümlichkeit*) particularidad *f*

eigenartig *adj* raro

Eigenbedarf *m* (*an Gütern*) consumo *m* propio; (*einer Wohnung*) necesidad *f* propia

Eigenbrötler(in) ['aɪgənbrøːtlɐ] *m(f)* <-s, -; -nen> (*abw*) tipo, -a *m, f* raro, -a

eigenhändig ['aɪgənhɛndɪç] **I.** *adj* (*Unterschrift*) de su puño y letra **II.** *adv* con sus propias manos

Eigenheim *nt* casa *f* propia; **Eigeninitiative** *f* iniciativa *f* propia; **Eigenliebe** *f* amor *m* propio; **eigenmächtig** **I.** *adj* arbitrario **II.** *adv* por cuenta propia; **~ handeln** obrar por cuenta propia; **Eigenname** *m* nombre *m* propio

Eigennutz ['aɪgənnʊts] *m* <-es, *ohne pl*> interés *m* personal

eigens ['aɪgəns] *adv* expresamente

Eigenschaft *f* <-en> cualidad *f;* (*Merkmal*) característica *f;* **in seiner ~ als Vorsitzender** en su calidad de presidente

eigensinnig *adj* testarudo

eigenständig *adj* independiente

eigentlich ['aɪgəntlɪç] **I.** *adj* verdadero; **sein ~er Name lautet ...** su verdadero nombre es... **II.** *adv* (*tatsächlich*) en realidad; (*im Grunde genommen*) en el fondo

Eigentor *nt* (SPORT) gol *m* en propia puerta

Eigentum *nt* <-s, *ohne pl*> propiedad *f;* **geistiges ~** propiedad intelectual

Eigentümer(in) ['aɪgəntyːmɐ] *m(f)* <-s, -; -nen> propietario, -a *m, f*

eigentümlich *adj* (*sonderbar*) curioso

Eigentumswohnung *f* piso *m* propio

eigenwillig *adj* (*eigensinnig*) caprichoso

eignen ['aɪgnən] *vr:* **sich für etw ~** (*Person*) reunir las cualidades necesarias para algo; (*Sache*) prestarse para algo

Eilbote, -in *m, f* mensajero, -a *m, f;* **Eilbrief** *m* carta *f* urgente

Eile ['aɪlə] *f* prisa *f;* **das hat keine ~** eso no corre prisa

eilen ['aɪlən] *vi* **1.** *haben* (*dringend sein*) correr prisa; **eilt!** ¡urgente! **2.** *sein* (*Mensch*) ir corriendo (*zu +dat* a)

eilig ['aɪlɪç] *adj* **1.** (*schnell*) rápido; **es ~ haben** tener prisa **2.** (*dringend*) urgente

Eilzug *m* (tren *m*) expreso *m*

Eimer ['aɪmɐ] *m* <-s, -> cubo *m;* **im ~ sein** (*fig*) haberse ido al traste

ein [aɪn] *adv:* **bei jdm ~ und aus gehen** entrar como Pedro por su casa; **nicht mehr ~ noch aus wissen** estar totalmente desconcertado

ein, eine, ein **I.** *adj* (*Zahlwort*) un, una; **~ für allemal** de una vez por todas; **in ~em fort** de un tirón **II.** *art unbest* un, una; **~es Tages** un día

einander [aɪ'nandɐ] *pron refl* el uno al otro; **sie helfen ~** se ayudan mutuamente; **zwei ~ widersprechende Aussagen** dos declaraciones contradictorias

ein|arbeiten **I.** *vt* iniciar (*in +akk* en) **II.** *vr:* **sich ~** integrarse (*in +akk* en)

ein|äschern ['aɪnʔɛʃɐn] *vt* incinerar

ein|atmen **I.** *vi* respirar **II.** *vt* inspirar

einäugig ['aɪnʔɔɪgɪç] *adj* tuerto

Einbahnstraße *f* calle *f* de sentido único

Einband *m* <-(e)s, -bände> encuadernación *f*

einbändig ['aɪnbɛndɪç] *adj* de un tomo

Einbau ['aɪnbaʊ] *m* <-(e)s, -ten> **1.** (*Teil*) módulos *mpl* **2.** *ohne pl* (*Montage*) montaje *m;* **ein|bauen** *vt* **1.** (*hineinmontieren*) montar (*in +akk* en); (*eingliedern*) incorporar (*in +akk* en) **2.** (*einfügen*) insertar (*in +akk* en)

Einbauschrank *m* armario *m* empotrado

ein|behalten* *irr vt* retener

ein|berufen* ['aɪnbəruːfən] *irr vt* (*Versammlung*) convocar (*zu +dat* a); (MIL) llamar a filas

ein|beziehen* *irr vt* incluir (*in +akk* en)

ein|biegen *irr vi sein* doblar; (*beim Fahren*) girar

ein|bilden *vt:* **sich** *dat* **etw ~** imaginarse algo; **Einbildung** *f* (*Vorstellung*) imaginación *f;* (*Überheblichkeit*) presunción *f*

Einblick *m* <-(e)s, -e> (*Einsicht*) idea *f;* **jdm ~ in etw gewähren** permitir a alguien que se entere de algo; **einen ~ in etw gewinnen** formarse una idea de algo

ein|brechen *irr vi* **1.** *sein* (*stürzen*) hundirse **2.** *sein* (*Dunkelheit*) irrumpir **3.** *haben o sein* (*eindringen*) entrar a robar

Einbrecher(in) *m(f)* <-s, -; -nen> ladrón, -ona *m, f*

ein|bringen *irr vt* **1.** (*Ernte*) recolectar **2.** (*Gewinn*) rendir **3.** (*Antrag*) presentar; (*Vorschläge*) aportar (*in +akk* a)

ein|brocken ['aɪnbrɔkən] *vt* (*fam*): **jdm etwas ~** meter a alguien en un lío

Einbruch *m* <-(e)s, -brüche> **1.** (*in Gebäude*) robo *m* **2.** (*Beginn*) comienzo *m;* **bei ~ der Dämmerung** a la caída de la tarde **3.** (*Einsturz*) derrumbamiento *m;* (*des Bodens*) hundimiento *m*

ein|bürgern **I.** *vt* **1.** (*Person*) naturalizar **2.** (*Tiere, Pflanzen*) aclimatar **3.** (*Brauch*) introducir **II.** *vr:* **sich ~** (*Brauch, Fremdwort*) generalizarse

Einbuße *f* <-n> pérdida *f;* **~n an etw** *dat* **erleiden** sufrir pérdidas de algo; **ein|büßen** *vt* perder (*an* parte de)

ein|cremen ['aɪnkreːmən] **I.** *vt* aplicar [*o* dar] crema (en) **II.** *vr:* **sich ~** darse crema

ein|dämmen *vt* **1.** (*beschränken*) restringir **2.** (*Fluss*) encauzar

ein|decken *vr:* **sich ~** aprovisionarse (*mit +dat* de)

eindeutig ['aɪndɔɪtɪç] *adj* inequívoco

ein|dösen *vi sein* (*fam*) adormecerse

ein|dringen ['aɪndrɪŋən] *irr vi sein* penetrar (*in +akk* en)

eindringlich **I.** *adj* insistente **II.** *adv* con insistencia

Eindringling *m* <-s, -e> intruso, -a *m, f*

Eindruck *m* <-(e)s, -drücke> impresión *f;* **ich habe den ~, dass ...** tengo la impresión de que...; **~ (auf jdn) machen** impresionar (a alguien)

eindrücklich *adj* (*Schweiz*), **eindrucksvoll** *adj* impresionante

eine ['aɪnə] **I.** *adj o art unbest s.* **ein, eine, ein** **II.** *pron indef s.* **eine(r, s)**

eine(r, s) *pron indef* uno, una; **weder der ~ noch der andere** ni el uno ni el otro

eineinhalb ['aɪnʔaɪn'halp] *adj inv* uno y medio

ein|engen *vt* (*Kleidung*) apretar; (*einschränken*) limitar

einer **I.** *art unbest gen/dat von* **eine** *s.* **ein, eine, ein** **II.** *pron indef gen/dat von* **eine** *s.* **eine(r, s)**

einerlei *adj inv* igual; **das ist mir ganz ~** me es igual

Einerlei ['aɪnɐ'laɪ] *nt* <-s, *ohne pl*> monotonía *f*

einerseits *adv* por un lado; **~ ..., andererseits ...** por una parte..., por la otra...

einfach ['aɪnfax] **I.** *adj* **1.** (*nur einmal*) simple; **eine ~e Fahrkarte** un billete de ida **2.** (*leicht*) fácil **3.** (*schlicht*) sencillo **II.** *adv* simplemente; **es klappt ~ nicht** sencillamente no funciona; **du kannst doch nicht ~ verschwinden** no puedes irte así porque así

ein|fädeln ['aɪnfɛːdəln] *vt* **1.** (*Nadel*) enhebrar **2.** (*fam: anbahnen*) urdir

ein|fahren *irr* **I.** *vi sein* (*Zug*) entrar (*in +akk* a/en) **II.** *vr:* **sich ~** (*sich einspielen*) normalizarse; **Einfahrt** *f* <-en> **1.** (*Weg*) entrada *f;* **~ freihalten!** ¡prohibido estacionar! **2.** *ohne pl* (*Ankunft*) llegada *f*

Einfall *m* <-(e)s, -fälle> (*Idee*) ocurrencia *f*

ein|fallen *irr vi sein* **1.** (*in den Sinn kommen*) ocurrir; **was fällt Ihnen ein!** ¡qué se cree Ud.! **2.** (*in Erinnerung kommen*) venir a la memoria **3.** (*zusammenstürzen*) derrumbarse **4.** (*Wangen*) hundirse **5.** (MIL) invadir (*in +akk* en)

einfallslos *adj* sin imaginación; (*langweilig*) aburrido

Einfalt ['aɪnfalt] *f* (*Naivität*) ingenuidad *f;* (*Dummheit*) simpleza *f*

einfältig ['aɪnfɛltɪç] *adj* (*töricht*) simple; (*dumm*) mentecato

Einfamilienhaus *nt* casa *f* unifamiliar

einfarbig *adj* unicolor

ein|fassen *vt* (*mit Borte*) orlar; (*Edelstein*) engastar

ein|fetten *vt* engrasar

ein|finden *irr vr:* **sich ~** presentarse (*in +dat* en)

ein|flößen *vt* **1.** (*Medizin*) administrar **2.** (*Bewunderung*) causar; (*Furcht*) infundir; (*Vertrauen*) inspirar

Einfluss[RR] *m* <-es, -flüsse> influencia *f* (*auf +akk* sobre); (*Ansehen*) prestigio *m;* **unter dem ~ von Alkohol stehen** estar bajo los efectos del alcohol; **einflussreich**[RR]

E

adj influyente

einförmig ['aɪnfœrmɪç] *adj* uniforme

ein|frieren *irr* **I.** *vi sein* (*Wasserrohr*) congelarse **II.** *vt haben* (*Lebensmittel, Löhne*) congelar

ein|fügen **I.** *vt* **1.** (*einarbeiten*) insertar (*in +akk* en) **2.** (INFOR) intercalar **II.** *vr:* **sich ~** (*sich integrieren*) integrarse (*in +akk* en)

einfühlsam *adj* (*Mensch*) comprensivo; (*Worte*) sugestivo

Einfühlungsvermögen *nt* <-s, *ohne pl*> sensibilidad *f*

Einfuhr ['aɪnfuːɐ] *f* <-en> importación *f*

ein|führen *vt* **1.** (*anleiten*) iniciar (*in +akk* en) **2.** (*hineinschieben, etw. Neues*) introducir (*in +akk* en) **3.** (COM) importar (*nach +dat* a); **Einführung** *f* <-en> introducción *f*

Eingabe *f* <-n> (*Antrag*) petición *f;* (INFOR) entrada *f* de datos; **Eingabetaste** *f* (INFOR) tecla *f* de entrada

Eingang *m* <-(e)s, -gänge> entrada *f*

eingangs ['aɪngaŋs] **I.** *präp +gen* al principio de **II.** *adv* al principio

ein|geben *irr vt* (INFOR) introducir (*in +akk* en); (*geh: Idee*) sugerir

eingebildet *adj* (*abw*) **1.** (*eitel*) presumido **2.** (*nicht wirklich*) imaginario

Eingeborene(r) *mf* <-n, -n; -n> indígena *mf*

Eingebung ['aɪngeːbʊŋ] *f* <-en> (*geh*) inspiración *f*

eingefleischt ['aɪngəflaɪʃt] *adj* arraigado; **ein ~er Junggeselle** un solterón empedernido

ein|gehen *irr sein* **I.** *vi* **1.** (*sich auseinander setzen*) ocuparse (*auf +akk* de) **2.** (*zustimmen*) aceptar (*auf +akk*); **auf einen Vorschlag ~** aceptar una propuesta **3.** (*Post*) llegar **4.** (*Kleidung*) encoger **5.** (*Tiere*) morir(se) **6.** (*Eingang finden*): **in die Geschichte ~** pasar a la historia **II.** *vt* **1.** (*Risiko*) correr; **ich gehe jede Wette ein, dass er gewinnt** apuesto lo que sea a que gana él **2.** (*Ehe*) contraer

eingehend *adj* exhaustivo

Eingemachte(s) *nt* <-n, *ohne pl*> confituras *fpl*

eingeschnappt *adj* (*fam abw*) mosqueado

eingespannt *adj* (*beschäftigt*) ocupado

Eingeständnis *nt* <-ses, -se> confesión *f;* **ein|gestehen*** *irr vt* admitir

Eingeweide ['aɪngəvaɪdə] *ntpl* vísceras *fpl*

ein|gliedern *vt* incorporar (*in +akk* a)

ein|graben *irr vt* enterrar (*in +akk* en)

ein|greifen *irr vi* intervenir (*in +akk* en)

ein|grenzen *vt* (*Problem*) delimitar

Eingriff *m* <-(e)s, -e> (MED) intervención *f;* (*Übergriff*) intromisión *f* (*in +akk* en)

ein|haken **I.** *vt* (*befestigen*) enganchar (*in +akk* en) **II.** *vr:* **sich bei jdm ~** tomar a alguien del brazo

Einhalt (*geh*): **jdm/etw** *dat* **~ gebieten** poner coto a alguien/a algo

ein|halten *irr vt* (*Termin*) atenerse (a); (*Bedingung*) respetar; (*Versprechen*) cumplir (con); (*Diät*) seguir

ein|handeln *vr:* **sich** *dat* **etw ~** (*fam*) recibir algo

ein|hängen **I.** *vi* (*Hörer*) colgar **II.** *vt* (*Tür*) enquiciar **III.** *vr:* **sich bei jdm ~** tomar a alguien del brazo

einheimisch ['aɪnhaɪmɪʃ] *adj* (*Bevölkerung, Pflanzen*) autóctono, nativo *Am;* (*Produkt*) nacional

Einheimische(r) *mf* <-n, -n; -n> autóctono, -a *m, f,* nativo, -a *m, f Am*

Einheit ['aɪnhaɪt] *f* <-en> unidad *f;* (TEL) paso *m* de contador

einheitlich *adj* uniforme

Einheitspreis *m* precio *m* único

einhellig ['aɪnhɛlɪç] **I.** *adj* unánime **II.** *adv* por unanimidad

ein|holen *vt* **1.** (*erreichen*) alcanzar **2.** (*wettmachen*) recuperar **3.** (*Netz*) recoger; (*Segel*) arriar **4.** (*Auskunft*) pedir

ein|hüllen *vt* envolver (*in +akk* en/con)

einhundert ['-'--] *adj inv* cien; *s. a.* **achthundert**

einig ['aɪnɪç] *adj* (*einer Meinung*) acorde; **sich** *dat* **über etw ~ sein/werden** estar/ponerse de acuerdo sobre algo

einige(r, s) ['aɪnɪgə, -gɐ, -gəs] *pron indef* algún *m,* alguno, -a *m, f,* algunos *mpl,* algunas *fpl;* **in ~r Entfernung** a cierta distancia; **das wird ~s kosten** esto va costar bastante

einigen ['aɪnɪgən] *vr:* **sich ~** llegar a un acuerdo (*über +akk* sobre)

einigermaßen ['aɪnɪgɐ'maːsən] *adv* bastante

Einigkeit *f* concordia *f;* **in diesem Punkt herrschte ~** hubo conformidad sobre este punto

Einigung *f* <-en> acuerdo *m;* (*Versöh-*

nung) conciliación *f;* **zu einer ~ kommen** llegar a un acuerdo

ein|jagen *vt* dar, meter; **jdm Angst ~** meterle miedo a alguien

einjährig ['aɪnjɛːrɪç] *adj* (*Kind, Kurs*) de un año; (*Pflanze*) anual

ein|kalkulieren* *vt* contar (con)

Einkauf *m* <-(e)s, -käufe> compra *f;* **ein|kaufen** *vi, vt* comprar; **~ gehen** ir de compras

Einkaufsbummel *m* vuelta *f* por las tiendas; **einen ~ machen** ir de tiendas; **Einkaufswagen** *m* carrito *m* de la compra; **Einkaufszentrum** *nt* centro *m* comercial

ein|kehren *vi sein* llegar; (*in Gasthof*) ir a tomar algo

ein|klammern *vt* poner entre paréntesis

Einklang *m* <-(e)s, *ohne pl*> armonía *f;* **in ~ mit etw** *dat* **stehen** armonizar con algo

ein|kleiden *vt* vestir

ein|klemmen *vt* pillar; **sich** *dat* **den Finger in der Tür ~** pillarse el dedo con la puerta

Einkommen *nt* <-s, -> ingresos *mpl;* **Einkommen(s)steuer** *f* impuesto *m* sobre la renta

ein|kreisen *vt* rodear

Einkünfte ['aɪnkʏnftə] *pl* ingresos *mpl*

ein|laden *irr vt* invitar (*zu +dat* a)

einladend *adj* (*verlockend*) tentador; (*verführerisch*) seductor

Einladung *f* <-en> invitación *f* (*zu +dat* a)

ein|lagern *vt* almacenar

EinlassRR ['aɪnlas] *m* <-es, *ohne pl*> entrada *f;* (*Zutritt*) admisión *f*

ein|lassen *irr* **I.** *vt* dejar entrar (*in +akk* en); **sich** *dat* **ein Bad ~** prepararse un baño **II.** *vr:* **sich ~ 1.** (*Umgang pflegen*) mezclarse (*mit +dat* con) **2.** (*mitmachen*) comprometerse (*auf +akk* a)

ein|laufen *irr vi sein* **1.** (*Schiff, a.* SPORT) entrar (*in +akk* en/a) **2.** (*Kleidung*) encoger

ein|leben *vr:* **sich ~** aclimatarse (*in +akk* a)

ein|legen *vt* **1.** (*Film*) poner **2.** (*Protest*) interponer; (*Pause*) intercalar; **ein gutes Wort für jdn ~** hablar en favor de alguien

ein|leiten *vt* **1.** (*beginnen*) comenzar; **Schritte ~ um zu ...** hacer gestiones para... **2.** (*Geburt*) provocar; (*Verhandlungen*) entablar; (*Untersuchung*) instruir

einleitend **I.** *adj* preliminar; (*einführend*) introductorio **II.** *adv:* **~ möchte ich erwähnen, dass ...** para empezar quisiera mencionar que...

Einleitung *f* <-en> introducción *f*

ein|lenken *vi* ceder

ein|leuchten *vi* ser obvio; **das will mir nicht ~** esto no me convence

einleuchtend *adj* (*offensichtlich*) obvio, evidente; (*überzeugend*) convincente

ein|liefern *vt* ingresar (*in +akk* en)

ein|loggen ['aɪnlɔgən] *vr:* **sich ~** (INFOR) entrar (*in +akk* en)

ein|lösen *vt* **1.** (*Pfand*) desempeñar **2.** (*Scheck*) cobrar; (*Gutschein*) canjear **3.** (*geh: Versprechen*) cumplir

ein|machen *vt* (*Obst*) confitar

Einmachglas *nt* tarro *m* para conservas

einmal ['aɪnmaːl] *adv* **1.** (*ein Mal*) una vez; **noch ~** otra vez; **auf ~** de repente **2.** (*früher*) antes; **es war ~ ...** érase una vez... **3.** (*irgendwann*) un día **4.** (*verstärkend*): **er hat sie nicht ~ besucht** ni siquiera la fue a visitar

Einmaleins [aɪnmaːl'ʔaɪns] *nt* <-, *ohne pl*> tabla *f* de multiplicar

einmalig ['---, -'--] *adj* (*außergewöhnlich*) excepcional; (*einzigartig*) único

Einmarsch *m* <-(e)s, -märsche> ocupación *f* (*in +akk* de)

ein|mischen *vr:* **sich ~** (entro)meterse (*in +akk* en); **Einmischung** *f* <-en> intromisión *f*

einmütig ['aɪnmyːtɪç] **I.** *adj* unánime **II.** *adv* por unanimidad

Einnahme ['aɪnnaːmə] *f* <-n> **1.** (*Geld*) ingresos *mpl* **2.** *ohne pl* (MIL, MED) toma *f*

ein|nehmen *irr vt* **1.** (*Geld*) cobrar; (*Steuern*) recaudar **2.** (*Arznei, Mahlzeit*) tomar **3.** (*Standpunkt*) adoptar; (*Stellung*) ocupar; **seinen Platz ~** tomar asiento; **jdn für sich ~** ganarse las simpatías de alguien; **von sich** *dat* **eingenommen sein** tener un alto concepto de sí mismo

ein|nicken *vi sein* (*fam*) echar una cabezada

ein|nisten *vr:* **sich ~** anidar; (*abw: Person*) apalancarse (*bei +dat* en casa de)

Einöde ['aɪnʔøːdə] *f* <-n> soledad *f;* (*Wüste*) desierto *m*

ein|ordnen **I.** *vt* (*in Regal*) poner en su sitio; (*in Gruppen*) clasificar **II.** *vr:* **sich ~** (AUTO) situarse en un carril; **sich falsch ~** equivocarse de carril

ein|packen *vt* (*in Papier*) envolver (*in +akk*

en); (*zum Versand*) empaquetar

ein|parken *vt, vi* aparcar

ein|pendeln *vr:* **sich** ~ estabilizarse

ein|pferchen ['aɪnpfɛrçən] *vt* (*Vieh*) acorralar

ein|pflanzen *vt* (*Pflanze*) plantar; (MED) implantar

ein|prägen **I.** *vt* (*ins Bewusstsein*) inculcar; **sich** *dat* **etw** ~ grabarse algo en la memoria **II.** *vr:* **sich** ~ (*Eindruck hinterlassen*) grabarse

einprägsam ['aɪnprɛːkzaːm] *adj* fácil de retener; (*Melodie*) pegadizo

ein|quartieren* ['aɪnkvartiːrən] **I.** *vt* **1.** (MIL) acuartelar **2.** (*unterbringen*) alojar (*bei* + *dat* en casa de) **II.** *vr:* **sich** ~ hospedarse (*bei* + *dat* en casa de)

ein|rahmen *vt* enmarcar

ein|rasten *vi sein* encajar

ein|räumen *vt* **1.** (*Bücher*) guardar (*in* + *akk* en); (*Wohnung*) amueblar **2.** (*zugestehen*) admitir; (*Kredit*) conceder

ein|reden **I.** *vi:* **auf jdn** ~ tratar de convencer a alguien **II.** *vt:* **jdm etw** ~ hacer creer algo a alguien; **sich** *dat* **etw** ~ meterse algo en la cabeza

ein|reiben *irr vt* aplicar (en); (*mit Sonnenöl*) poner; **jdn mit etw** *dat* ~ dar a alguien fricciones con algo

ein|reichen *vt* (*Unterlagen*) presentar; (*Scheidung*) pedir

Einreise *f* <-n> entrada *f;* **ein|reisen** *vi sein* entrar (*in/nach* en)

Einreisevisum *nt* visado *m* de entrada

ein|reißen *irr vi sein* (*Papier*) romperse; (*Übel*) echar raíces

ein|renken ['aɪnrɛŋkən] *vt* (MED) componer; (*fam: in Ordnung bringen*) arreglar

ein|richten **I.** *vt* **1.** (*Konto*) abrir **2.** (*Wohnung*) amueblar **3.** (*einstellen*) ajustar (*auf* + *akk* a) **4.** (*arrangieren*) arreglar **II.** *vr:* **sich** ~ prepararse (*auf* + *akk* para); **Einrichtung** *f* <-en> **1.** (*Mobiliar*) mobiliario *m;* (*Ausrüstung*) equipamiento *m* **2.** (*Institution*) institución *f* **3.** (*Anlage*) instalación *f*

ein|rosten *vi sein* oxidarse; (*fam: geistig*) anquilosarse

ein|rücken **I.** *vi sein* (MIL) entrar (*in* + *akk* en) **II.** *vt haben* (TYPO, INFOR) sangrar

eins [aɪns] *adj inv* **1.** (*Zahl*) uno; *s. a.* **acht**[1] **2.** (*Uhrzeit*): **sie kam um** (**Punkt**) ~ vino a la una (en punto); *s. a.* **acht**[1]

Eins *f* <-en> uno *m;* (*Schulnote*) sobresaliente *m*

einsam ['aɪnzaːm] *adj* solo; (*menschenleer*) desierto

Einsamkeit *f* soledad *f*

ein|sammeln *vt* recoger; (*Spenden*) recaudar

Einsatz *m* <-es, -sätze> **1.** (*Teil*) pieza *f* insertada **2.** (*Geld*) apuesta *f* **3.** *ohne pl* (*von Polizei*) movilización *f;* (SPORT) alineación *f;* **zum** ~ **kommen** entrar en acción **4.** *ohne pl* (*Engagement*) esfuerzo *m;* **unter** ~ **seines Lebens** arriesgando su vida; **einsatzbereit** *adj* listo; (TECH) dispuesto para funcionar; (MIL) listo para el combate; **Einsatzbereitschaft** *f* disponibilidad *f*

ein|schalten **I.** *vt* **1.** (*Radio*) poner; (*Maschine*) poner en marcha; (*Licht*) encender, prender *Am* **2.** (*hinzuziehen*) recurrir (a) **II.** *vr:* **sich** ~ intervenir (*in* + *akk* en)

ein|schärfen *vt* inculcar

ein|schätzen *vt* valorar; **etw/jdn hoch** ~ estimar algo/a alguien en mucho; **Einschätzung** *f* <-en> (*Meinung*) parecer *m;* **nach meiner** ~ según mis estimaciones

ein|schenken *vt* servir

ein|schicken *vt* enviar (*an* + *akk* a)

ein|schieben *irr vt* **1.** (*hineinschieben*) meter (*in* + *akk* en) **2.** (*einfügen*) intercalar (*in* + *akk* en)

ein|schiffen *vt, vr:* **sich** ~ embarcar(se)

ein|schlafen *irr vi sein* dormirse; (*Freundschaft*) entibiarse

ein|schläfern ['aɪnʃlɛːfɐn] *vt* (*Tier*) matar

einschläfernd *adj* **1.** (*Geräusch*) adormecedor; (*Substanz*) soporífero **2.** (MED) somnífero

Einschlag *m* <-(e)s, -schläge> **1.** (*eines Geschosses, Blitzes*) impacto *m* **2.** (*Anteil*) matiz *m;* **ein|schlagen** *irr* **I.** *vi* **1.** (*Blitz, Bombe*) caer; (*Geschoss*) hacer impacto; **auf jdn** ~ golpear a alguien **2.** (*Anklang finden*) tener eco **II.** *vt* **1.** (*Tür, Schädel*) romper; (*Zähne*) partir **2.** (*Nagel*) clavar (*in* + *akk* en) **3.** (*einwickeln*) envolver (*in* + *akk* en) **4.** (*Richtung*) tomar

einschlägig ['aɪnʃlɛːgɪç] *adj* correspondiente; **~e Literatur** bibliografía especializada

ein|schleichen *irr vr:* **sich** ~ (*Person*) entrar a hurtadillas (*in* + *akk* en); (*Verdacht*) surgir (*in* + *akk* en)

ein|schließen *irr* **I.** *vt* **1.** (*einsperren*) encerrar (*in +akk* en); (*Gegenstand*) guardar bajo llave **2.** (*umgeben*) rodear **3.** (*mit einbeziehen*) incluir (*in +akk* en) **II.** *vr:* **sich ~** encerrarse

einschließlich ['---] *präp +gen/dat* incluido; ~ **Frank** incluido Frank; ~ **Büchern und Briefen** libros y cartas inclusive

ein|schmeicheln *vr:* **sich ~** engatusar (*bei +dat* a) *fam*

ein|schnappen *vi sein* (*Tür*) encajar; (*fam abw: beleidigt sein*) mosquearse

einschneidend *adj* (*drastisch*) drástico

Einschnitt *m* <-(e)s, -e> **1.** (*Schnitt*) corte *m;* (MED) incisión *f* **2.** (*im Leben*) hito *m*

ein|schränken ['aɪnʃrɛŋkən] **I.** *vt* restringir; (*reduzieren*) reducir; (*Freiheit*) coartar **II.** *vr:* **sich ~** (*sparsam leben*) economizar

Einschränkung *f* <-en> **1.** (*Verringerung*) reducción *f;* (*von Rechten*) limitación *f* **2.** (*das Einsparen*) restricción *f* **3.** (*Vorbehalt*) reserva *f;* **ohne/mit ~** sin/con reservas

ein|schreiben *irr* **I.** *vt* (*eintragen*) apuntar (*in +akk* en); (*in Liste*) inscribir (*in +akk* en) **II.** *vr:* **sich ~** (SCH, UNIV) matricularse (*in +akk* en)

Einschreiben *nt* <-s, -> certificado *m;* **etw per ~ schicken** mandar algo certificado

ein|schreiten *irr vi sein* intervenir

Einschub *m* <-(e)s, -schübe> inserción *f*

ein|schüchtern *vt* intimidar

ein|schulen *vt* escolarizar

Einschuss[RR] *m* <-es, -schüsse> impacto *m*

ein|sehen *irr vt* **1.** (*Schriftstücke*) echar un vistazo (a) **2.** (*verstehen*) comprender; (*Irrtum*) reconocer; **ich sehe nicht ein, warum ich das tun soll** no veo por qué he de hacerlo

ein|seifen *vt* enjabonar

einseitig ['aɪnzaɪtɪç] *adj* (POL) unilateral; (*Muster, Lähmung*) de un lado; (*Ernährung*) incompleto

ein|senden *irr vt* enviar (*an +akk* a)

Einsender(in) *m(f)* <-s, -; -nen> remitente *mf*

Einsendeschluss[RR] *m* <-es, *ohne pl*> plazo *m* de envío

ein|setzen **I.** *vi* (*beginnen*) empezar **II.** *vt* **1.** (*einfügen*) colocar (*in +akk* en) **2.** (*ernennen*) designar; (*als Erben*) instituir; (*in ein Amt*) instalar (*in +akk* en) **3.** (*Hilfsmittel*) emplear **4.** (*Polizei*) movilizar **5.** (*Geld*) poner en juego; (*Leben*) jugarse **III.** *vr:* **sich ~** emplearse a fondo; **sich für etw/jdn ~** interceder a favor de algo/alguien

Einsicht *f* <-en> **1.** (*Verständnis*) comprensión *f;* **ich bin zu der ~ gekommen, dass ...** he llegado a la conclusión de que... **2.** *ohne pl* (*in Akten*) vista *f* (*in +akk* de)

einsichtig *adj* (*vernünftig*) razonable; (*verständnisvoll*) comprensivo

Einsiedler(in) *m(f)* <-s, -; -nen> eremita *mf*

einsilbig ['aɪnzɪlbɪç] *adj* (LING) monosilábico; (*wortkarg*) de pocas palabras

ein|sinken *irr vi sein* hundirse (*in +akk* en)

ein|spannen *vt* **1.** (*Blatt*) introducir (*in +akk* en); (*Werkstück*) sujetar **2.** (*Zugtiere*) uncir; **er hat ihn für seine Zwecke eingespannt** (*fam*) se ha valido de él para sus propios fines

ein|sparen *vt* ahorrar

ein|sperren *vt* encerrar (*in +akk* en)

ein|spielen *vr:* **sich ~** (*zur Gewohnheit werden*) normalizarse; (*gut zusammenwirken*) compenetrarse

einsprachig *adj* monolingüe

ein|springen *irr vi sein:* **für jdn ~** reemplazar a alguien

Einspruch *m* <-(e)s, -sprüche> protesta *f;* (JUR) recurso *m* (*bei +dat* ante); **~ erheben** protestar; **~ einlegen** interponer recurso

einspurig ['aɪnʃpu:rɪç] *adj* (*Straße*) de un solo carril; (*abw: Denken*) de ideas fijas

einst ['aɪnst] *adv* (*geh: früher*) antiguamente; (*zukünftig*) algún día

Einstand *m* <-(e)s, -stände> (*Arbeitsstelle*) ingreso *m;* **seinen ~ geben** celebrar su ingreso

ein|stecken *vt* **1.** (*hineinstecken*) meter (*in +akk* en); (*Stecker*) enchufar **2.** (*mitnehmen*) llevar **3.** (*fam: Brief*) echar **4.** (*ertragen*) tragar(se)

ein|stehen *irr vi* hacerse responsable (*für +akk* de); **für etw/jdn ~** garantizar algo/responder de alguien

ein|steigen *irr vi sein* **1.** (*in Fahrzeug*) subir (*in +akk* a) **2.** (*anfangen*) entrar (*in +akk* en); **er ist in die Politik eingestiegen** se ha metido en política

ein|stellen **I.** *vt* **1.** (*hineinstellen*) poner (*in +akk* en) **2.** (*anstellen*) contratar **3.** (*beenden*) parar; (*Kämpfe, Zahlung*) suspender;

(JUR: *Verfahren*) sobreseer; **die Arbeit** ~ dejar de trabajar; **das Feuer** ~ dar el alto el fuego **4.** (*regulieren*) ajustar; (*Sender*) sintonizar; (FOTO) enfocar **II.** *vr:* **sich** ~ **1.** (*erscheinen*) aparecer; (*Personen*) acudir **2.** (*sich richten nach*) adaptarse (*auf+akk* a) **3.** (*sich vorbereiten*) prepararse (*auf+akk* para)

einstellig *adj* de una cifra

Einstellung *f* <-en> (*Anstellung*) contratación *f;* (*Beendigung*) suspensión *f;* (*Gesinnung*) opinión *f*

einstige(r, s) ['aɪnstɪgə, -gɐ, -gəs] *adj* anterior

ein|stimmen I. *vi* (MUS) unir su voz (*in+akk* a) **II.** *vt* (*Instrument*) afinar; (*vorbereiten*) preparar (*auf+akk* para)

einstimmig I. *adj* (*ohne Gegenstimme*) unánime **II.** *adv* (*ohne Gegenstimme*) por unanimidad

einstöckig [aɪnʃtœkɪç] *adj* de un piso

ein|streuen *vt* esparcir; (*Bemerkungen*) entremezclar

ein|studieren *vt* (*Rolle*) estudiar

ein|stufen *vt* clasificar (*in+akk* en)

einstündig ['aɪnʃtʏndɪç] *adj* de una hora

ein|stürzen *vi sein* (*Gebäude*) derrumbarse; (*Dach*) hundirse; **auf jdn** ~ (*Ereignisse*) precipitarse sobre alguien

Einsturzgefahr *f ohne pl* peligro *m* de derrumbamiento

einstweilen ['aɪnst'vaɪlən] *adv* (*im Moment*) por el momento; (*unterdessen*) mientras tanto

einstweilig ['aɪnst'vaɪlɪç] *adj* temporal; (*provisorisch*) provisional

eintägig ['aɪntɛːgɪç] *adj* de un día

Eintagsfliege ['----] *f* **1.** (ZOOL) efímera *f* **2.** (*fam: kurzer Erfolg*) flor *f* de un día

ein|tauschen *vt* cambiar (*gegen+akk* por)

eintausend ['-'--] *adj inv* mil

ein|teilen *vt* **1.** (*untergliedern*) dividir (*in+akk* en) **2.** (*für Aufgabe*) asignar (*zu+dat*) **3.** (*Geld, Arbeit, Zeit*) repartir; **Einteilung** *f* <-en> **1.** (*Untergliederung*) división *f;* (*Einsortierung*) clasificación *f* **2.** (*von Vorräten*) organización *f;* (*Verteilung*) reparto *m* **3.** (*für Arbeit*) designación *f*

eintönig ['aɪntøːnɪç] *adj* monótono

Eintopf *m* <-(e)s, -töpfe> potaje *m*

Eintracht ['aɪntraxt] *f* concordia *f*

Eintrag ['aɪntraːk] *m* <-(e)s, -träge> **1.** (*in Liste*) inscripción *f;* (*im Wörterbuch*) entrada *f* **2.** (*Vermerk*) nota *f*

ein|tragen *irr* **I.** *vt* (*einschreiben*) apuntar (*in+akk* en); (*in eine Liste*) inscribir (*in+akk* en); (ADMIN) registrar; **eingetragener Verein** asociación registrada **II.** *vr:* **sich** ~ inscribirse (*in+akk* en)

einträglich ['aɪntrɛːklɪç] *adj* lucrativo

Eintragung *f* <-en> **1.** (*das Eintragen*) inscripción *f;* (ADMIN) registro *m* **2.** (*Vermerk*) nota *f*

ein|treffen *irr vi sein* (*ankommen*) llegar (*in+akk* a); (*sich bewahrheiten*) hacerse realidad

ein|treiben *irr vt* (*Schulden*) cobrar; (*Steuern*) recaudar

ein|treten *irr vi sein* **1.** (*hineingehen*) entrar (*in+akk* a/en); (*Mitglied werden*) ingresar (*in+akk* en) **2.** (*Ereignis*) suceder **3.** (*sich einsetzen*) abogar (*für+akk* por)

ein|trichtern *vt* (*fam*): **jdm etw** ~ meter algo a alguien con cuchara

Eintritt *m* <-(e)s, -e> entrada *f;* ~ **frei!** ¡entrada libre!; **Eintrittskarte** *f* entrada *f,* boleto *m Am*

ein|trudeln *vi sein* (*fam*) aparecer

ein|üben *vt* practicar; (THEAT, MUS) ensayar

ein|verleiben* ['aɪnfɛɐlaɪbən] *vt:* **sich** *dat* **etw** ~ apropiarse (de)

Einvernehmen ['aɪnfɛɐneːmən] *nt* <-s, *ohne pl*> conformidad *f;* **im** ~ **mit jdm** de acuerdo con alguien

einverstanden ['aɪnfɛɐʃtandən] *adj* de acuerdo (*mit+dat* con); **sich mit etw** *dat* ~ **erklären** declararse conforme con algo

Einverständnis ['aɪnfɛɐʃtɛntnɪs] *nt* <-ses, -se> **1.** (*Billigung*) conformidad *f;* (*Einigkeit*) acuerdo *m;* **in gegenseitigem** ~ de mutuo acuerdo **2.** (*Übereinstimmung*) consentimiento *m*

Einwand ['aɪnvant] *m* <-(e)s, -wände> objeción *f* (*gegen+akk* a); **Einwände gegen etw erheben** poner reparos a algo

Einwanderer, -in *m, f* <-s, -; -nen> inmigrante *mf*

einwandfrei *adj* impecable

Einwegflasche *f* botella *f* no retornable

ein|weichen *vt* poner en remojo

ein|weihen *vt* **1.** (*eröffnen*) inaugurar **2.** (*fam: erstmalig benutzen*) estrenar **3.** (*vertraut machen*) poner al corriente (*in+akk* de)

ein|weisen *irr vt* **1.** (*in Tätigkeit*) instruir (*in*

+*akk* en) **2.** (*ins Krankenhaus*) hospitalizar

ein|wenden *irr vt* objetar (*gegen +akk* a); **dagegen lässt sich nichts ~** no hay nada que objetar a esto

ein|werfen *irr vt* **1.** (*Brief*) echar (*in +akk* en); (*Geld*) introducir (*in +akk* en) **2.** (*Scheibe*) romper **3.** (*bemerken*) mencionar

ein|wickeln *vt* (*einpacken*) envolver (*in +akk* en); (*fam: überreden*) embaucar

ein|willigen ['aɪnvɪlɪgən] *vi* consentir (*in +akk* en)

Einwilligung *f* <-en> consentimiento *m*

ein|wirken *vi* actuar (*auf +akk* sobre); (*beeinflussen*) influir (*auf +akk* en)

Einwohner(in) *m(f)* <-s, -; -nen> habitante *mf;* **Einwohnermeldeamt** ['---'---] *nt* oficina *f* de empadronamiento

Einzahl *f* <-en> singular *m*

ein|zahlen *vt* pagar (*auf +akk* a); **Geld aufs Konto ~** ingresar dinero en la cuenta

ein|zäunen ['aɪntsɔɪnən] *vt* cercar

Einzelfahrschein *m* billete *m* sencillo; **Einzelfall** *m* (*konkreter Fall*) caso *m* particular; (*Ausnahme*) caso *m* especial

Einzelgänger(in) ['aɪntsəlgɛŋɐ] *m(f)* <-s, -; -nen> solitario, -a *m, f*

Einzelhandel *m* comercio *m* al por menor; **Einzelhändler(in)** *m(f)* minorista *mf*

Einzelheit *f* <-en> detalle *m;* **in allen ~en** (*fam*) con pelos y señales

Einzelkind *nt* hijo, -a *m, f* único, -a

einzeln ['aɪntsəln] *adv* uno por uno; (*getrennt*) por separado; **etw im Einzelnen besprechen** discutir algo detalladamente

einzelne(r, s) *adj* **1.** (*allein*) único, solo; **jeder/jede Einzelne** cada uno/una; **jede ~ Schülerin** cada una de las alumnas **2.** (*verschieden*) diferente; **die ~n Teile** las diferentes partes **3.** (*speziell*) particular **4.** (*separat*) separado **5.** *pl* (*einige*) algunos

Einzelteil *nt* elemento *m;* **etw in seine ~e zerlegen** desmontar algo en todos sus componentes; **Einzelzimmer** *nt* habitación *f* individual

ein|ziehen *irr* **I.** *vi sein* **1.** (*beziehen*) instalarse (*in +akk* en) **2.** (*Creme*) ser absorbido (*in +akk* por) **II.** *vt* **1.** (*Segel*) arriar; (*Fahrgestell*) replegar; (*Kopf*) bajar; (*Bauch*) meter; (*Fühler*) retraer **2.** (*Schulden*) cobrar; (*Steuern*) recaudar **3.** (*Führerschein*) retirar **4.** (*Rekruten*) llamar a filas **5.** (*Erkundigungen*) pedir

einzig ['aɪntsɪç] *adj* único; **~ und allein** únicamente; **ein ~es Mal** una sola vez

einzigartig *adj* único

Eis [aɪs] *nt* <-es, *ohne pl*> **1.** (*gefrorenes Wasser*) hielo *m;* **~ laufen** patinar sobre hielo; **etw auf ~ legen** (*fig*) suspender algo **2.** (*Speise~*) helado *m;* **~ am Stiel** polo *m;* **Eisbär** *m* oso *m* polar; **Eisbein** *nt* lacón *m;* **Eisberg** *m* iceberg *m;* **Eiscreme** *f* helado *m;* **Eisdiele** *f* heladería *f*

Eisen ['aɪzən] *nt* <-s, -> hierro *m;* **zum alten ~ gehören** (*fam fig*) ser de la vieja guardia; **ein heißes ~ anfassen** (*fig*) tocar un tema delicado

Eisenbahn *f* ferrocarril *m*

Eisenbahner(in) *m(f)* <-s, -; -nen> ferroviario, -a *m, f*

Eisenwarenhandlung *f* ferretería *f*

eisern ['aɪzɐn] *adj* férreo; **~e Disziplin** disciplina férrea; **~e Reserve** última reserva

eisgekühlt *adj* helado; **Eishockey** ['aɪshɔki] *nt* hockey *m* sobre hielo

eisig ['aɪzɪç] *adj* (*Wasser*) helado; (*Kälte, a. fig*) glacial

> El **Eiskaffe** se bebe principalmente en los meses de primavera y verano y se vende en heladerías y cafeterías. También se puede encontrar en restaurantes, donde no suele faltar de la carta de los postres fríos. Se trata de un café solo frío servido con una bola de helado de vainilla dentro y a veces nata.

eiskalt ['-'-] **I.** *adj* (*a. fig*) helado **II.** *adv* con frialdad; **Eiskunstlauf** *m* <-(e)s, *ohne pl*> patinaje *m* artístico (sobre hielo); **eis|laufen** *irr vi s.* **Eis 1.**; **Eisschrank** *m* frigorífico *m;* **Eiswürfel** *m* cubito *m* de hielo; **Eiszapfen** *m* carámbano *m*

eitel ['aɪtəl] *adj* vanidoso

Eitelkeit *f* <-en> vanidad *f*

Eiter ['aɪtɐ] *m* <-s, *ohne pl*> pus *m*

eit(e)rig ['aɪt(ə)rɪç] *adj* purulento

eitern ['aɪtɐn] *vi* supurar

eitrig *adj s.* **eit(e)rig**

Eiweiß *nt* <-es, -e, *nach Zahlen:* -> (*vom Ei*) clara *f;* (BIOL) proteína *f*

Eizelle *f* óvulo *m*

Ekel[1] ['eːkəl] *m* <-s, *ohne pl*> asco (*vor +dat* a); **~ erregend** asqueroso

Ekel[2] *nt* <-s, -> (*fam: Person*) asqueroso, -a *m, f*

ekelerregend *adj s.* **Ekel**[1]
ekelhaft *adj,* **ek(e)lig** ['e:k(ə)lɪç] *adj* asqueroso
ekeln *vr:* **er ekelt sich vor Ratten** las ratas le dan asco
eklig *adj s.* **ek(e)lig**
Ekstase [ɛk'sta:zə] *f* <-n> éxtasis *m inv*
Ekzem [ɛk'tse:m] *nt* <-s, -e> eczema *m*
Elan [e'la:n] *m* <-s, *ohne pl*> (*geh*) ímpetu *m*
elastisch [e'lastɪʃ] *adj* elástico
Elbe ['ɛlbə] *f:* **die** ~ el Elba
Elch [ɛlç] *m* <-(e)s, -e> alce *m*
Electronic Cash [ɛlək'trɔnɪk kɛʃ] *nt* <-s, *ohne pl*> (FIN) efectivo *m* electrónico, moneda *f* electrónica
Elefant [ele'fant] *m* <-en, -en> elefante *m*
elegant [ele'gant] *adj* elegante
Eleganz *f* elegancia *f*
Elektrik [e'lɛktrɪk] *f* <-en> sistema *m* eléctrico
Elektriker(in) [e'lɛktrikɐ] *m(f)* <-s, -; -nen> electricista *mf*
elektrisch [e'lɛktrɪʃ] *adj* eléctrico
Elektrizität [elɛktritsi'tɛ:t] *f* electricidad *f;* **Elektrizitätswerk** *nt* central *f* eléctrica
Elektrode [elɛk'tro:də] *f* <-n> electrodo *m*
Elektrogerät *nt* electrodoméstico *m;* **Elektroinstallateur(in)** *m(f)* electricista *mf*
Elektron ['e:lɛktrɔn, elɛk'tro:n] *nt* <-s, -en> electrón *m*
Elektronik [elɛk'tro:nɪk] *f* electrónica *f*
elektronisch [elɛk'tro:nɪʃ] *adj* electrónico; ~**es Banking** banking electrónico
Elektrotechnik *f ohne pl* electrotecnia *f*
Element [ele'mɛnt] *nt* <-(e)s, -e> elemento *m*
elementar [elemɛn'ta:ɐ] *adj* elemental
elend *adj* miserable
Elend ['e:lɛnt] *nt* <-(e)s, *ohne pl*> miseria *f;* **Elendsviertel** *nt* barrio *m* de chabolas
elf [ɛlf] *adj inv* once; *s. a.* **acht**[1]
Elfe ['ɛlfə] *f* <-n> sílfide *f*
Elfenbein ['ɛlfənbaɪn] *nt* <-(e)s, *ohne pl*> marfil *m*
Elfmeter [ɛlf'me:tɐ] *m* penalti *m*
elfte(r, s) *adj* undécimo; *s. a.* **achte(r, s)**
eliminieren* [elimi'ni:rən] *vt* eliminar
Elite [e'li:tə] *f* <-n> élite *f*
Ellbogen ['ɛl-] *m* codo *m*
Elle ['ɛlə] *f* <-n> (MED) cúbito *m;* (*Maß*) yarda *f;* **Ellenbogen** ['ɛlən-] *m s.* **Ellbogen**; **ellenlang** *adj* (*fam*) larguísimo
El Salvador [ɛl zalva'do:ɐ] *nt* <-s> El Salvador *m*
Elsass[RR] ['ɛlzas] *nt* <-(es)> Alsacia *f*
Elster ['ɛlstɐ] *f* <-n> urraca *f*
Eltern ['ɛltɐn] *pl* padres *mpl*
Email [e'maɪ] *nt* <-s, -s> esmalte *m*
E-Mail ['i:mɛɪl] *f* <-s> (INFOR) correo *m* electrónico; **E-Mail-Adresse** *f* (INFOR) dirección *f* de correo electrónico
Emanze [e'mantsə] *f* <-n> (*fam abw*) feminista *f*
Emanzipation [emantsipa'tsjo:n] *f* <-en> emancipación *f*
emanzipieren* *vr:* **sich** ~ emanciparse (*von +dat* de)
Embargo [ɛm'bargo] *nt* <-s, -s> embargo *m*
Emblem [ɛm'ble:m] *nt* <-s, -e *o* Emblemata> emblema *m*
Embolie [ɛmbo'li:] *f* <-n> (MED) embolia *f*
Embryo ['ɛmbryo] *m* <-s, -nen *o* -s> embrión *m*
Emigrant(in) [emi'grant] *m(f)* <-en, -en; -nen> (*aus politischen Gründen*) emigrado, -a *m, f;* (*aus wirtschaftlichen Gründen*) emigrante *mf*
Emotion [emo'tsjo:n] *f* <-en> emoción *f*
emotional [emotsjo'na:l] *adj* emocional
empfahl [ɛm'pfa:l] *3. imp von* **empfehlen**
empfand [ɛm'pfant] *3. imp von* **empfinden**
Empfang [ɛm'pfaŋ] *m* <-(e)s, -fänge> recepción *f;* (*Begrüßung*) recibimiento *m;* **den ~ bestätigen** (*von Waren, Briefen*) acusar recibo
empfangen <empfängt, empfing, empfangen> *vt* recibir
Empfänger(in) [ɛm'pfɛŋɐ] *m(f)* <-s, -; -nen> receptor(a) *m(f);* (*von Post*) destinatario, -a *m, f;* (*einer Unterstützung*) beneficiario, -a *m, f;* (*von Waren*) consignatario, -a *m, f;* ~ **unbekannt** destinatario desconocido
empfänglich *adj* sensible (*für +akk* a)
Empfängnis *f* concepción *f;* **Empfängnisverhütung** *f* anticoncepción *f*
Empfangsbescheinigung *f* acuse *m* de recibo; **Empfangschef(in)** *m(f)* jefe, -a *m, f* de recepción

empfängt [ɛmˈpfɛŋt] *3. präs von* **empfangen**

empfehlen [ɛmˈpfeːlən] <empfiehlt, empfahl, empfohlen> **I.** *vt* recomendar **II.** *vr:* **sich ~ 1.** (*geh: sich verabschieden*) despedirse **2.** (*geeignet sein*) ser apto (*als +nom, für +akk* para); **es empfiehlt sich das zu tun** conviene hacerlo; **empfehlenswert** *adj* recomendable

Empfehlung *f* <-en> recomendación *f*

empfiehlt [ɛmˈpfiːlt] *3. präs von* **empfehlen**

empfinden [ɛmˈpfɪndən] <empfindet, empfand, empfunden> *vt* sentir

empfindlich [ɛmˈpfɪntlɪç] *adj* sensible (*gegen +akk* a); **sei nicht so ~!** ¡no seas tan susceptible!

empfindsam [ɛmˈpfɪntzaːm] *adj* sensible

Empfindung *f* <-en> **1.** (*Wahrnehmung*) sensación *f* **2.** (*Gefühl*) sentimiento *m*

empfing [ɛmˈpfɪŋ] *3. imp von* **empfangen**

empfohlen [ɛmˈpfoːlən] *pp von* **empfehlen**

empfunden [ɛmˈpfʊndən] *pp von* **empfinden**

empor [ɛmˈpoːɐ] *adv* (*geh*) hacia arriba

Empore [ɛmˈpoːrə] *f* <-n> galería *f*

empören* [ɛmˈpøːrən] *vt, vr:* **sich ~** indignar(se) (*über +akk* por)

empörend *adj* indignante; (*skandalös*) escandaloso

Emporkömmling [ɛmˈpoːɐkœmlɪŋ] *m* <-s, -e> (*abw*) advenedizo, -a *m, f*

empört [ɛmˈpøːɐt] *adj* indignado

Empörung *f* (*Entrüstung*) indignación *f* (*über jdn* con alguien, *über etw* por algo)

emsig [ˈɛmzɪç] *adj* laborioso; (*unermüdlich*) asiduo

Ende [ˈɛndə] *nt* <-s, -n> **1.** (*Endstück*) extremo *m;* **am anderen ~ der Stadt** en el otro extremo de la ciudad **2.** *ohne pl* (*Endpunkt*) final *m;* (*Film, Buch, zeitlich*) fin *m;* **~ des Jahres** a finales de año; **der Film ist zu ~** la película se ha acabado; **ein Buch zu ~ lesen** terminar de leer un libro; **der Tag geht zu ~** el día llega a su fin; **letzten ~s** al fin y al cabo; **Endeffekt** *m:* **im ~** al fin y al cabo

enden [ˈɛndən] *vi* acabar

Endergebnis *nt* resultado *m* final; **endgültig** *adj* definitivo

endlich [ˈɛntlɪç] **I.** *adj* limitado; (MATH) finito **II.** *adv* por fin; (*schließlich*) finalmente; **hör ~ damit auf!** ¡deja eso de una vez!

endlos *adj* inacabable; (*unbegrenzt*) ilimitado; **Endlospapier** *nt* papel *m* continuo

Endphase *f* fase *f* final; **Endstadium** *nt* última fase *f;* **Endstation** *f* (estación *f*) terminal *f*

Endung *f* <-en> (LING) desinencia *f*

Energie [enɛrˈgiː] *f* <-n> energía *f;* **Energiebedarf** *m* demanda *f* energética; **Energiequelle** *f* fuente *f* energética; **Energieverbrauch** *m* consumo *m* de energía; **Energieversorgung** *f* abastecimiento *m* de energía

energisch [eˈnɛrgɪʃ] *adj* enérgico

eng [ɛŋ] *adj* **1.** (*Straße*) estrecho **2.** (*Kleidung*) ajustado; **~ anliegend** ceñido **3.** (*begrenzt*) limitado; **im ~eren Sinne** en sentido estricto; **in die ~ere Wahl kommen** llegar a la última selección **4.** (*Beziehung*) íntimo; **~ befreundet sein** ser íntimos amigos

Engagement [ãgaʒəˈmãː] *nt* <-s, -s> **1.** (THEAT) contrata *f* **2.** *ohne pl* compromiso *m;* (*Begeisterung*) entusiasmo *m*

engagieren* [ãgaˈʒiːrən] **I.** *vt* (*Künstler*) contratar **II.** *vr:* **sich ~** intervenir (*für +akk* a favor de)

engagiert *adj* comprometido

enganliegend [ˈɛŋʔanliːgənt] *adj s.* **eng 2.**

Enge [ˈɛŋə] *f* estrechez *f;* **jdn in die ~ treiben** poner a alguien entre la espada y la pared

Engel [ˈɛŋəl] *m* <-s, -> ángel *m*

England [ˈɛŋlant] *nt* <-s> Inglaterra *f*

Engländer(in) [ˈɛŋlɛndɐ] *m(f)* <-s, -; -nen> inglés, -esa *m, f*

englisch [ˈɛŋlɪʃ] *adj* inglés

Engpass[RR] *m* (*Stelle*) paso *m* estrecho; (*in Versorgung*) dificultades *fpl*

engstirnig *adj* (*abw*) estrecho de miras

Enkel(in) [ˈɛŋkəl] *m(f)* <-s, -; -nen>, **Enkelkind** *nt* nieto, -a *m, f*

enorm [eˈnɔrm] *adj* enorme

Ensemble [ãˈsãːbəl] *nt* <-s, -s> **1.** (THEAT) compañía *f* de teatro; (MUS) orquesta *f* **2.** (*Kleidungsstück*) conjunto *m*

entarten* [ɛntˈʔartən] *vi sein* degenerar

entbehren* [ɛntˈbeːrən] *vt* (*geh: vermissen*) echar de menos; (*verzichten*) prescindir (de)

E

entbehrlich [ɛnt'beːɐlɪç] *adj* prescindible
entbinden* *irr* **I.** *vi* (*gebären*) dar a luz **II.** *vt* (*von einer Pflicht*) eximir (*von +dat* de)
Entbindung *f* <-en> parto *m*
entblößen* [ɛnt'bløːsən] **I.** *vt* (*Körperteil*) descubrir **II.** *vr:* **sich ~** desnudarse
entbunden *pp von* **entbinden**
entdecken* *vt* descubrir; **etw wieder ~** redescubrir algo
Entdeckung *f* <-en> descubrimiento *m*
Ente ['ɛntə] *f* <-n> (ZOOL) pato *m;* (*Zeitungs~*) camelo *m*
entehren* [ɛnt'ʔeːrən] *vt* deshonrar
enteignen* [ɛnt'ʔaɪgnən] *vt* expropiar
enterben* *vt* desheredar
Enter-Taste ['ɛntɐtastə] *f* (INFOR) tecla *f* return
entfachen* [ɛnt'faxən] *vt* (*geh: Feuer*) atizar; (*Leidenschaft, Hass*) encender
entfallen* *irr vi sein* **1.** (*wegfallen*) suprimirse **2.** (*zukommen*) corresponder; **auf die Losnummer 113 ~ 100.000 Mark** al número 113 le corresponden 100.000 marcos **3.** (*vergessen*) olvidarse
entfalten* **I.** *vt* (*Talent*) revelar **II.** *vr:* **sich ~** (*Knospe*) abrirse; (*Fähigkeiten*) desarrollar(se)
entfernen* [ɛnt'fɛrnən] **I.** *vt* **1.** (*Schmutz*) quitar (*aus +dat* de) **2.** (MED) extirpar **3.** (*abbringen*) alejar **II.** *vr:* **sich ~** alejarse
entfernt [ɛnt'fɛrnt] *adj* **1.** (*fern*) distante; (*abgelegen*) alejado; **300 Meter von hier ~** a 300 metros de aquí; **nicht im Entferntesten** en absoluto **2.** (*weitläufig*) lejano; **er ist ~ mit mir verwandt** es un pariente lejano **3.** (*Ähnlichkeit*) vago
Entfernung *f* <-en> distancia *f*
entfliehen* *irr vi sein* huir (*aus +dat* de); **entflohene Sträflinge** presos fugados
entflohen *pp von* **entfliehen**
entfremden* [ɛnt'frɛmdən] *vt* **1.** (*Person*) distanciar; **etw seinem Zweck ~** hacer mal uso de algo **2.** (PHILOS) alienar
entführen* *vt* secuestrar
Entführer(in) *m(f)* <-s, -; -nen> secuestrador(a) *m(f)*
Entführung *f* <-en> secuestro *m*
entgangen *pp von* **entgehen**
entgegen [ɛnt'geːgən] **I.** *adv* **1.** (*Richtung*) en la dirección (de); **der Zukunft ~** hacia el futuro **2.** (*zuwider*) en contra **II.** *präp +dat* (*im Gegensatz*) en contra de; **entgegen|bringen** *irr vt* (*Interesse*) mostrar; **entgegen|fiebern** *vi* esperar con gran impaciencia; **entgegen|gehen** *irr vi sein* (*einer Person*) avanzar (hacia); **dem Ende ~** ir terminando
entgegengesetzt *adj* contrario; **in ~er Richtung** en sentido contrario
entgegen|halten *irr vt* **1.** (*darbieten*) ofrecer **2.** (*einwenden*) oponer; **entgegen|kommen** *irr vi sein* **1.** (*sich nähern: Person*) salir al encuentro (de); (*Fahrzeug*) venir de frente **2.** (*nachgeben*) hacer concesiones **3.** (*entsprechen*) convenir
entgegenkommend *adj* (*gefällig*) complaciente; (*zuvorkommend*) servicial
entgegen|nehmen *irr vt* (*Waren*) recibir; (*Aufgabe*) hacerse cargo (de); **entgegen|sehen** *irr vi* aguardar; **entgegen|setzen** *vt* oponer (a); **entgegen|stehen** *irr vi* **1.** (*hinderlich sein*) obstaculizar **2.** (*im Gegensatz stehen*) oponerse (a); **dem steht nichts entgegen** no hay inconvenientes; **entgegen|wirken** *vi* contrarrestar
entgegnen* [ɛnt'geːgnən] *vt* contestar; (*schärfer*) replicar
entgehen* *irr vi sein* (*unbemerkt bleiben*) escaparse; **sich** *dat* **etw** (**nicht**) **~ lassen** (no) perderse algo
entgeistert [ɛnt'gaɪstɐt] *adj* atónito
Entgelt [ɛnt'gɛlt] *nt* <-(e)s, -e> retribución *f;* **ohne/gegen ~** gratis/pagando
entgiften* *vt* desintoxicar
entgleisen* [ɛnt'glaɪzən] *vi sein* **1.** (*Zug*) descarrilar, desrielar *Am* **2.** (*Mensch*) salirse de tono
enthaaren* [ɛnt'haːrən] *vt, vr:* **sich ~** depilar(se)
enthalten* *irr* **I.** *vt* (*beinhalten*) contener; (*einschließen*) incluir **II.** *vr:* **sich ~** (*geh a.* POL) abstenerse (de); **sie enthielt sich** (**der Stimme**) se abstuvo (en la votación)
enthaltsam [ɛnt'haltzaːm] *adj* abstinente; (*vom Alkohol*) abstemio; (*sexuell*) continente
enthaupten* [ɛnt'haʊptən] *vt* decapitar
enthüllen* *vt* **1.** (*Denkmal*) descubrir **2.** (*geh: Geheimnis*) revelar; (*Skandal*) destapar
Enthüllung *f* <-en> **1.** (*von Denkmal*) inauguración *f* **2.** (*von Geheimnis*) revelación *f*
Enthusiasmus [ɛntuzi'asmʊs] *m* <-,

ohne pl> entusiasmo *m*

enthusiastisch I. *adj* entusiasta II. *adv* con entusiasmo

entjungfern* *vt* desvirgar; (MED) desflorar

entkalken* *vt* descalcificar

entkoffeiniert [ɛntkɔfeiˈniːɐt] *adj* descafeinado

entkommen* *irr vi sein* escaparse (*aus +dat* de); **jdm ~** escapar(se) de alguien

entkorken* *vt* descorchar

entkräften* [ɛntˈkrɛftən] *vt* 1. (*Person*) debilitar 2. (*Verdacht*) anular; (*Behauptung*) invalidar

entladen* *irr vt, vr:* **sich ~** descargar(se)

entlang [ɛntˈlaŋ] I. *präp +gen/dat* a lo largo de; **~ des Weges** a lo largo del camino II. *präp +akk* a lo largo de; **die Wand ~** a lo largo de la pared III. *adv:* **am Fluss ~** a lo largo del río; **hier ~** (siguiendo) por aquí; **entlang|gehen** *irr* I. *vi sein:* **an etw** *dat* **~** caminar a lo largo de algo II. *vt sein* (*Straße*) pasar (por); (*folgen*) seguir

entlarven* [ɛntˈlarfən] *vt* descubrir

entlassen* *irr vt* 1. (*kündigen*) despedir 2. (*aus Krankenhaus*) dar de alta; (*aus Gefängnis*) soltar

Entlassung *f* <-en> despido *m;* (*aus Gefängnis*) excarcelación *f*

entlasten* *vt* 1. (*Balken*) descargar; (*Verkehr*) descongestionar; (*Person, Gewissen*) aliviar 2. (*Angeklagte*) exculpar

entlaufen* *irr vi sein* (*Tier*) extraviarse

entledigen* [ɛntˈleːdɪgən] *vr:* **sich etw** *gen* **~** (*geh*) deshacerse de algo

entleeren* *vt* vaciar

entlegen [ɛntˈleːgən] *adj* (*entfernt*) distante; (*abgelegen*) retirado

entlocken* *vt:* **jdm etw ~** arrebatar algo a alguien

entlohnen* *vt* remunerar

entmachten* [ɛntˈmaxtən] *vt* derrocar

entmündigen* [ɛntˈmʏndɪgən] *vt* poner bajo tutela

entmutigen* [ɛntˈmuːtɪgən] *vt* desanimar

entnehmen* *irr vt* (*herausnehmen*) sacar; (*folgern*) deducir

entnommen *pp von* **entnehmen**

entpuppen* [ɛntpʊpən] *vr:* **sich ~** descubrirse (*als +nom* como); **er hat sich als Betrüger entpuppt** resultó ser un estafador

entrichten* *vt* abonar

entrüsten* [ɛntˈrʏstən] *vt, vr:* **sich ~** indignar(se) (*über +akk* por)

entrüstet *adj* indignado (*über* por)

Entrüstung *f* <-en> indignación *f* (*über* por); (*Ärger*) enojo *m* (*über* por/contra)

entsagen* *vi* (*geh*) renunciar (*+dat* a)

entsandt *pp von* **entsenden**

entschädigen* *vt* indemnizar (*für +akk* por)

Entschädigung *f* <-en> indemnización *f*

entschärfen* *vt* (*Bombe*) desactivar; (*Krise*) apaciguar

entscheiden* *irr* I. *vi, vt* decidir (*über +akk* sobre) II. *vr:* **sich ~** decidirse (*für +akk* por, *gegen +akk* en contra de)

entscheidend *adj* decisivo

Entscheidung *f* <-en> decisión *f;* **eine ~ treffen/fällen** tomar/adoptar una decisión

entschieden [ɛntˈʃiːdən] I. *pp von* **entscheiden** II. *adj* (*entschlossen*) decidido; (*nachdrücklich*) rotundo

Entschiedenheit *f* <-en> firmeza *f;* **etw mit aller ~ zurückweisen** rechazar algo categóricamente

entschließen* *irr vr:* **sich ~** decidirse (*zu +dat* a); **sich anders ~** cambiar de opinión

entschlossen [ɛntˈʃlɔsən] I. *pp von* **entschließen** II. *adj* decidido; **kurz ~** sin vacilar; **fest ~** absolutamente decidido; **sie war zu allem ~** estaba dispuesta a todo

Entschlossenheit *f* resolución *f;* (*Entschiedenheit*) firmeza *f*

Entschluss[RR] *m* <-es, -schlüsse> decisión *f;* **einen ~ fassen** tomar una decisión

entschuldigen* [ɛntˈʃʊldɪgən] *vt, vr:* **sich ~** disculpar(se) (*bei +dat* ante, *für +akk* por)

Entschuldigung *f* <-en> disculpa *f;* (*Bescheinigung für die Schule*) justificante *m;* **~!** ¡perdón!

entsenden* *irr vt* (*geh*) enviar

entsetzen* *vt* horrorizar; **ich war völlig entsetzt** me quedé totalmente horrorizado

Entsetzen *nt* <-s, *ohne pl*> horror *m*

entsetzlich [ɛntˈzɛtslɪç] I. *adj* horrible II. *adv* (*fam: sehr*) terriblemente; **~ viel Geld** un dineral terrible

entsorgen* *vt* (*Müll*) eliminar; (*Fabrik*) eliminar los desechos (de)

entspannen* I. *vt* (*Körper*) relajar; (*Lage*) calmar II. *vr:* **sich ~** (*Mensch, Muskeln*) relajarse; (*Lage*) normalizarse

Entspannung *f* <-en> 1. (*von Mensch*) re-

E

lajación *f* **2.** (POL) distensión *f*

entsprechen* *irr vi* **1.** (*übereinstimmen*) corresponder (+*dat* a) **2.** (*Bitte*) acceder (+*dat* a); (*Anforderungen*) satisfacer (+*dat*)

entsprechend I. *adj* correspondiente; (*jeweilig*) respectivo **II.** *adv* debidamente **III.** *präp* +*dat* conforme a

entsprochen *pp von* **entsprechen**

entstanden *pp von* **entstehen**

entstehen* *irr vi sein* surgir (*aus* +*dat* de); **es werden für Sie keine Kosten daraus ~** a Ud. no le producirá gasto alguno; **für den entstandenen Schaden** por el daño ocasionado; **die Sache ist im Entstehen begriffen** el asunto está en pañales

Entstehung *f* <-en> **1.** (*Ursprung*) origen *m;* (*Anfang*) comienzo *m* **2.** (*das Werden*) formación *f*

entstellen* *vt* (*verunstalten*) desfigurar; (*Text, Sinn*) tergiversar

enttäuschen* *vt* decepcionar; (*Hoffnung*) frustrar

enttäuscht *adj* decepcionado; (*desillusioniert*) desilusionado

Enttäuschung *f* <-en> decepción *f*

entwaffnen* [ɛnt'vafnən] *vt* (*a. fig*) desarmar

Entwarnung *f* <-en> cese *m* de alarma

entwässern* [ɛnt'vɛsɐn] *vt* drenar

entweder ['ɛntve:dɐ, -'--] *konj:* **~ ... oder ...** o (bien)... o...

entweichen* *irr vi sein* (*Person, Gas*) escapar (*aus* +*dat* de)

entweihen* *vt* profanar

entwenden* *vt* (*geh*) sustraer

entwerfen* *irr vt* **1.** (*in Gedanken*) proyectar; (*zeichnerisch*) diseñar; (*Plan*) trazar **2.** (*schriftlich*) hacer un borrador (de)

entwerten* *vt* (*Fahrschein*) picar; (*im Wert mindern*) devaluar

entwichen *pp von* **entweichen**

entwickeln* **I.** *vt* **1.** (*Theorie*) desarrollar **2.** (FOTO) revelar **II.** *vr:* **sich ~** desarrollarse (*aus* +*dat* de); (*sich fort~*) evolucionar (*aus* +*dat* de); (*Rauch*) producirse

Entwicklung *f* <-en> desarrollo *m;* (*Fort~*) evolución *f;* **Entwicklungshilfe** *f* ayuda *f* al desarrollo; **Entwicklungsland** *nt* país *m* en (vías de) desarrollo

entwirren* [ɛnt'vɪrən] *vt* (*geh: Fäden*) desenredar; (*Unklarheiten*) aclarar

entwischen* [ɛnt'vɪʃən] *vi sein* (*fam*) escapar(se)

entwöhnen* [ɛnt'vø:nən] *vt* (*Säugling*) destetar; (*geh: abbringen*) deshabituar

entworfen *pp von* **entwerfen**

entwürdigen* *vt* humillar

Entwurf *m* <-(e)s, -würfe> **1.** (*Konzept*) borrador *m;* (*Projekt*) proyecto *m* **2.** (*Zeichnung*) diseño *m* **3.** (*Skizze*) bosquejo *m*

entziehen* *irr* **I.** *vt* **1.** (*Erlaubnis*) quitar; (*Führerschein*) retirar **2.** (*Nährstoffe*) extraer **II.** *vr:* **sich ~ 1.** (*einer Verpflichtung*) sustraerse (+*dat* a) **2.** (*einer Person*) rehuir **3.** (*verborgen bleiben*) escaparse (+*dat* a); **das entzieht sich meiner Kenntnis** esto se escapa a mi conocimiento

Entziehungskur *f* cura *f* de desintoxicación

entziffern* [ɛnt'tsɪfɐn] *vt* descifrar

entzogen *pp von* **entziehen**

entzücken* *vt* encantar

entzückend *adj* encantador

Entzug *m* <-(e)s, *ohne pl*> (*von Rauschgift*) desintoxicación *f;* **Entzugserscheinung** *f* síntoma *m* de abstinencia

entzünden* *vr:* **sich ~** (*Feuer fangen*) incendiarse; (MED) inflamarse

entzündet *adj* inflamado

Entzündung *f* <-en> (MED) inflamación *f*

entzwei [ɛnt'tsvaɪ] *adj inv* (*kaputt*) roto; (*gespalten*) partido; **entzwei|gehen** *irr vi sein* romperse (en pedazos)

Enzyklopädie [ɛntsyklopɛ'di:] *f* <-n> enciclopedia *f*

Epen *pl von* **Epos**

Epidemie [epide'mi:] *f* <-n> epidemia *f*

Epilepsie [epilɛ'psi:] *f* <-n> epilepsia *f*

Epilog [epi'lo:k] *m* <-s, -e> epílogo *m*

Episode [epi'zo:də] *f* <-n> episodio *m*

Epoche [e'pɔxə] *f* <-n> época *f*

Epos ['e:pɔs] *nt* <-, Epen> epopeya *f*

er [e:ɐ] *pron pers 3. Sg m* él

erachten* [ɛɐ'ʔaxtən] *vt* (*geh*) considerar (*für/als* +*akk*)

Erachten *nt* <-s, *ohne pl*>: **meines ~s** en mi opinión

erbarmen* [ɛɐ'barmən] *vr:* **sich (jds) ~** compadecerse (de alguien)

Erbarmen [ɛɐ'barmən] *nt* <-s, *ohne pl*> compasión *f;* **mit jdm ~ haben** compadecerse de alguien

erbärmlich [ɛɐ'bɛrmlɪç] *adj* (*jämmerlich*) lamentable

erbarmungslos *adj* despiadado
erbaulich *adj* edificante
Erbe[1] *nt* <-s, *ohne pl*> herencia *f;* **das ~ antreten** tomar posesión de la herencia
Erbe, -in[2] ['ɛrbə] *m, f* <-n, -n; -nen> heredero, -a *m, f*
erben ['ɛrbən] *vi, vt* heredar (*von +dat* de)
erbittert *adj* (*Kampf, Diskussion*) enconado
Erbkrankheit *f* enfermedad *f* hereditaria
erblassen* *vi sein* palidecer (*vor +dat* de)
erblich ['ɛrplɪç] *adj* hereditario
erblicken* *vt* (*geh*) ver; (*in der Ferne*) divisar
erblinden* *vi sein* quedarse ciego
erbracht *pp von* **erbringen**
erbrechen* *irr vi* vomitar; **bis zum Erbrechen** (*fam*) hasta la saciedad
erbringen* *irr vt* (*Gewinne*) producir; (*Beweise*) aducir
erbrochen *pp von* **erbrechen**
Erbschaft *f* <-en> herencia *f;* **eine ~ machen** heredar
Erbse ['ɛrpsə] *f* <-n> guisante *m,* arveja *f Am*
Erdball *m* <-(e)s, *ohne pl*> globo *m* terrestre; **Erdbeben** *nt* terremoto *m;* **Erdbeere** *f* fresa *f;* **Erdboden** *m* <-s, *ohne pl*> suelo *m;* **eine Stadt dem ~ gleich machen** no dejar piedra sobre piedra
Erde ['eːɐdə] *f* (*a.* ASTR) tierra *f;* **auf die ~ fallen** caer al suelo
erdenklich *adj* concebible; **sich** *dat* **alle ~e Mühe geben** hacer todo lo posible
Erdgas *nt* gas *m* natural; **Erdgeschoss**[RR] *nt* planta *f* baja; **Erdkugel** *f ohne pl* globo *m* terráqueo; **Erdkunde** *f* geografía *f;* **Erdnuss**[RR] *f* cacahuete *m;* **Erdöl** *nt* petróleo *m;* **Erdreich** *nt* tierra *f*
erdrosseln* *vt* estrangular
erdrücken* *vt* (*zu Tode*) aplastar; (*Sorgen*) abrumar
Erdteil *m* continente *m*
erdulden* *vt* soportar
ereifern* [ɛɐ'ʔaɪfɐn] *vr:* **sich ~** apasionarse (*über +akk* con)
ereignen* [ɛɐ'ʔaɪgnən] *vr:* **sich ~** suceder
Ereignis *nt* <-ses, -se> acontecimiento *m;* **ein freudiges ~** un fausto acontecimiento; **ereignisreich** *adj* (*bewegt*) movido
Erektion [erɛk'tsjoːn] *f* <-en> erección *f*
Eremit(in) [ere'miːt] *m(f)* <-en, -en; -nen> eremita *mf*

erfahren[1] *adj* experimentado; (*auf einem Fachgebiet*) entendido (*in +dat* en)
erfahren*[2] *irr vt* **1.** (*Nachricht*) enterarse (de); **wir haben ~, dass ...** supimos que... **2.** (*geh: erleben*) experimentar; (*durchleben*) vivir; (*Leid*) padecer
Erfahrung *f* <-en> experiencia *f;* (*praktische*) práctica *f;* **die ~ machen, dass ...** comprobar que...; **etw in ~ bringen** enterarse de algo; **erfahrungsgemäß** *adv* por experiencia
erfassen* *vt* **1.** (*mitreißen*) arrastrar; **er wurde von einem Auto erfasst** fue arrastrado por un coche **2.** (*Angst*) sobrevenir **3.** (*begreifen*) concebir **4.** (*registrieren*) registrar; (*Daten*) meter **5.** (*einbeziehen*) incluir; (*berücksichtigen*) considerar
erfinden* *irr vt* inventar
Erfinder(in) *m(f)* <-s, -; -nen> inventor(a) *m(f)*
erfinderisch *adj* ingenioso
Erfindung *f* <-en> invención *f;* (*Produkt*) invento *m*
Erfolg [ɛɐ'fɔlk] *m* <-(e)s, -e> éxito *m;* **~ versprechend** prometedor; **mit dem ~, dass ...** con el efecto de que...
erfolgen* *vi sein* (*geschehen*) suceder; (*stattfinden*) realizarse; (*Zahlung*) efectuarse
erfolglos **I.** *adj* infructuoso **II.** *adv* sin éxito; (*vergeblich*) en vano; **erfolgreich** **I.** *adj* (*Person*) triunfante; (*Maßnahme*) eficaz **II.** *adv* con éxito
Erfolgsaussicht *f* perspectiva *f* de éxito; **Erfolgserlebnis** *nt* (sensación *f* de) éxito *m*
erfolgversprechend *adj* prometedor
erforderlich [ɛɐ'fɔrdɐlɪç] *adj* necesario; **unbedingt ~** indispensable
erfordern* *vt* requerir
erforschen* *vt* investigar; (*Weltraum*) explorar; (*Meinung*) sondear
Erforschung *f* <-en> investigación *f;* (*von Land*) exploración *f;* (*von Meinung*) sondeo *m*
erfreuen* **I.** *vt* (*Freude bereiten*) alegrar; **sehr erfreut!** ¡encantado! **II.** *vr:* **sich ~** (*sich freuen*) alegrarse (*an +dat* ante); (*geh: genießen*) gozar (de)
erfreulich *adj* agradable; (*Nachricht*) grato
erfreulicherweise [-'---'--] *adv* afortunadamente
erfrieren* *irr vi sein* **1.** (*Person, Tier*) morir-

E

se de frío **2.** (*Körperteil*) congelarse; (*Pflanze*) helarse

erfrischen* *vi, vt, vr:* **sich** ~ refrescar(se)

erfrischend *adj* refrescante; (*Naivität*) encantador

Erfrischung *f* <-en> (*Getränk*) refresco *m;*
Erfrischungstuch *nt* <-(e)s, -tücher> toallita *f* refrescante

erfroren *pp von* **erfrieren**

erfüllen* **I.** *vt* **1.** (*aus-, anfüllen*) llenar (*mit +dat* de) **2.** (*Bedingung*) cumplir (con); (*Versprechen*) cumplir; (*Wunsch*) corresponder (a); (*Erwartungen*) satisfacer; (*Aufgabe*) desempeñar; **das Gerät erfüllt seinen Zweck** el aparato cumple con su cometido **II.** *vr:* **sich** ~ (*wahr werden*) realizarse

Erfüllung *f* <-en> **1.** (*Befriedigung*) satisfacción *f* **2.** (*eines Planes*) realización *f;* **in ~ gehen** cumplirse

erfunden *pp von* **erfinden**

ergangen *pp von* **ergehen**

ergänzen* [ɛɐ'gɛntsən] *vt, vr:* **sich** ~ complementar(se)

Ergänzung *f* <-en> **1.** (*Vervollständigung*) complemento *m* **2.** (*Zusatz*) añadidura *f;* **zur ~ sei noch gesagt, dass ...** añádase a esto que... **3.** (LING) complemento *m*

ergattern* [ɛɐ'gatɐn] *vt* (*fam*) pescar

ergeben[1] *adj* **1.** (*untertänig*) sumiso; (*demütig*) devoto **2.** (*treu*) leal

ergeben*[2] *irr* **I.** *vt* (*Ergebnis*) dar como resultado; (MATH) dar por resultado; (*Untersuchungen*) demostrar **II.** *vr:* **sich** ~ **1.** (*kapitulieren*) rendirse **2.** (*sich herausstellen*) producirse; (*Schwierigkeit*) surgir **3.** (*folgen*) resultar (*aus +dat* de); (*sich ableiten*) deducirse (*aus +dat* de)

Ergebenheit *f* (*Anhänglichkeit*) afección *f;* (*Treue*) lealtad *f;* (*Fügsamkeit*) devoción *f*

Ergebnis [ɛɐ'ge:pnɪs] *nt* <-ses, -se> resultado *m;* **wir sind zu dem ~ gekommen, dass ...** hemos llegado a la conclusión de que...; **ergebnislos** *adj* sin resultado

ergehen* *irr* **I.** *vi sein* (*geh: Gesetz*) publicarse; (*Einladung*) ser enviado **II.** *vunpers sein* (*geschehen*): **ihr ist es dort gut/schlecht ergangen** le ha ido bien/mal allí; **etw über sich ~ lassen** soportar algo **III.** *vr:* **sich** ~ (*äußern*) explayarse (*in +dat* sobre)

ergiebig [ɛɐ'gi:bɪç] *adj* productivo

ergreifen* *irr vt* **1.** (*Furcht*) acometer; (*Maßnahmen, Partei*) tomar; (*Gelegenheit*) aprovechar; **sie ergriff das Wort** tomó la palabra **2.** (*erschüttern*) conmover

ergreifend *adj* conmovedor, emocionante

ergriffen [ɛɐ'grɪfən] **I.** *pp von* **ergreifen** **II.** *adj* conmovido, emocionado

ergründen* *vt* averiguar

Erguss[RR] [ɛɐ'gʊs] *m* <-es, -güsse> (MED) derrame *m;* (*abw: Redeschwall*) verborrea *f;* (*Samen~*) eyaculación *f*

erhaben [ɛɐ'ha:bən] *adj* **1.** (*überlegen*) por encima (*über +dat* de); **über jeden Verdacht ~ sein** estar por encima de cualquier sospecha **2.** (*feierlich*) sublime

erhalten* *irr vt* **1.** (*bekommen*) recibir; (*Genehmigung*) obtener; (*Gehalt*) cobrar **2.** (*bewahren*) conservar; (*aufrechterhalten*) mantener; **jdn am Leben ~** mantener a alguien con vida; **etw ist gut ~** algo está bien conservado

erhältlich [ɛɐ'hɛltlɪç] *adj* en venta

Erhaltung *f* conservación *f;* (*Unterhaltung*) mantenimiento *m*

erhängen* *vt, vr:* **sich** ~ ahorcar(se)

erhärten* *vt* (*Material*) endurecer; (*Vermutung*) confirmar

erheben* *irr* **I.** *vt* **1.** (*hochheben*) alzar; (*aufrichten*) erguir; **ein ~der Augenblick** un momento edificante **2.** (*Steuern*) imponer; (*Eintritt*) cobrar **3.** (*Protest*) levantar; **die Stimme ~** (*geh*) levantar la voz **4.** (*Daten*) hacer constar **5.** (*Einwände*) poner (*gegen +akk* a); (*Forderungen*) formular **II.** *vr:* **sich ~ 1.** (*aufstehen*) levantarse **2.** (*Flugzeug*) emprender el vuelo **3.** (*geh: Frage*) plantearse **4.** (*sich auflehnen*) sublevarse (*gegen +akk* contra)

erheblich [ɛɐ'he:plɪç] *adj* notable; **~ besser** mucho mejor

Erhebung *f* <-en> **1.** (*Anhöhe*) elevación *f;* (*Hügel*) colina *f* **2.** (*Aufstand*) sublevación *f* **3.** (FIN: *von Abgaben*) cobro *m* **4.** (*Umfrage*) sondeo *m*

erheitern* [ɛɐ'haɪtɐn] *vt, vr:* **sich** ~ (*geh*) regocijar(se)

erhellen* **I.** *vt* (*Raum*) iluminar; (*Zusammenhänge*) aclarar **II.** *vr:* **sich** ~ (*Himmel*) despejarse; (*Gesicht*) iluminarse

erhitzen* [ɛɐ'hɪtsən] *vt, vr:* **sich ~ 1.** (*Speisen*) calentar(se) **2.** ((*sich*) *erregen*) excitar(se)

erhoben *pp von* **erheben**

erhoffen* *vt:* **sich** *dat* **etw von jdm/etw**

dat ~ esperar algo de alguien/algo

erhöhen* [ɛɐ'høːən] *vt* aumentar; (*Preis*) subir (*auf/um +akk* a/en)

Erhöhung *f* <-en> (*einer Mauer*) elevación *f;* (*der Preise, Geschwindigkeit*) aumento *m*

erholen* *vr:* **sich** ~ (*ausspannen*) reponerse (*von +dat* de); (*von Krankheit*) restablecerse (*von +dat* de)

erholsam [ɛɐ'hoːlzaːm] *adj* tranquilo

Erholung *f* (*Ruhe*) descanso *m;* (*Genesung*) restablecimiento *m;* **Erholungsgebiet** *nt* zona *f* de descanso

erinnern* [ɛɐ'ʔɪnɐn] **I.** *vi, vt* recordar (*an +akk* a) **II.** *vr:* **sich** ~ acordarse (*an +akk* de); **soweit ich mich ~ kann** por lo que yo recuerdo

Erinnerung *f* <-en> **1.** (*Gedächtnis*) memoria *f* **2.** (*Zurückdenken, Andenken*) recuerdo *m* (*an +akk* de); **zur ~ an jdn** en recuerdo de alguien

erkälten* [ɛr'kɛltən] *vr:* **sich** ~ resfriarse

erkältet *adj* resfriado

Erkältung *f* <-en> resfriado *m*

erkannt *pp von* **erkennen**

erkennbar *adj* reconocible (*an* por); (*wahrnehmbar*) perceptible

erkennen* *irr vt* **1.** (*wahrnehmen*) ver; (*ausmachen*) distinguir **2.** (*identifizieren*) reconocer (*an +dat* por); **er war nicht wieder zu ~** había cambiado totalmente; **sich zu ~ geben** identificarse

erkenntlich [ɛɐ'kɛntlɪç] *adj:* **sich (bei jdm) ~ zeigen** mostrarse agradecido (a alguien)

Erkenntnis *f* <-se> conocimiento(s) *m(pl);* (*Einsicht*) comprensión *f;* **zu der ~ kommen, dass ...** llegar a la conclusión de que...

Erkennungszeichen *nt* contraseña *f*

erklären* **I.** *vt* **1.** (*erläutern*) explicar **2.** (*Krieg*) declarar; (*Rücktritt*) presentar; **jdn für schuldig ~** declarar a alguien culpable **II.** *vr:* **sich ~ 1.** (*folgen*) explicarse (*aus +dat* por) **2.** (*sagen*) manifestarse (*für +akk* a favor de, *gegen +akk* contra); **sich einverstanden ~** manifestarse de acuerdo

erklärt *adj* (*Gegner, Favorit*) declarado

Erklärung *f* <-en> **1.** (*Erläuterung*) explicación *f* **2.** (*Verlautbarung*) declaración *f;* **eine ~ abgeben** prestar declaración

erklingen* *irr vi sein* sonar

erklungen *pp von* **erklingen**

erkranken* *vi sein* enfermar (*an +dat* de)

Erkrankung *f* <-en> enfermedad *f*

erkunden* [ɛɐ'kʊndən] *vt* (*Geheimnis*) averiguar; (*Lage*) sondear; (*Gelände*) explorar

erkundigen* [ɛɐ'kʊndɪgən] *vr:* **sich** ~ informarse (*nach +dat, über +akk* sobre)

erlangen* [ɛɐ'laŋən] *vt* (*bekommen*) obtener; (*erreichen*) alcanzar

Erlass[RR] [ɛɐ'las] *m* <-es, -e> orden *f;* (*von Schulden*) condonación *f;* (*einer Strafe*) remisión *f*

erlassen* *irr vt* **1.** (*Gesetz, Haftbefehl*) promulgar; (*Amnestie*) declarar **2.** (*befreien von*): **jdm etw ~** eximir a alguien de algo

erlauben* [ɛɐ'laʊbən] *vt* permitir

Erlaubnis *f* <-se> permiso *m;* (*behördlich*) autorización *f*

erläutern* [ɛɐ'lɔɪtɐn] *vt* explicar

Erläuterung *f* <-en> explicación *f;* (*Kommentar*) comentario *m*

erleben* *vt* (*Freude*) vivir; (*Niederlage*) sufrir; (*Enttäuschung*) llevarse; **so habe ich ihn noch nie erlebt** nunca le he visto así

Erlebnis *nt* <-ses, -se> (*Erfahrung*) experiencia *f;* (*Ereignis*) acontecimiento *m*

erledigen* [ɛɐ'leːdɪgən] **I.** *vt* (*Auftrag*) hacer; (*Angelegenheit*) resolver; **ich habe noch etwas zu ~** aún tengo que hacer algo; **die Sache ist für mich erledigt** para mí el asunto está concluido **II.** *vr:* **sich** ~ arreglarse

erlegen[1] *pp von* **erliegen**

erlegen*[2] [ɛɐ'leːgən] *vt* (*geh*) matar

erleichtern* [ɛɐ'laɪçtɐn] *vt* aliviar; (*um Gewicht*) aligerar; (*Arbeit*) facilitar; **sein Herz ~** desahogarse; **erleichtert atmete er auf** respiró con alivio

Erleichterung *f* alivio *m*

erleiden* *irr vt* (*Schmerzen*) soportar; (*Niederlage*) sufrir

erlernen* *vt* aprender

erlesen *adj* selecto

erleuchten* *vt* iluminar

Erleuchtung *f* <-en> iluminación *f;* (*Inspiration*) inspiración *f*

erliegen* *irr vi sein* (*einer Versuchung*) sucumbir (*+dat* a); (*einem Irrtum*) caer (*+dat* en); **zum Erliegen kommen** quedar paralizado

erlischt *3. präs von* **erlöschen**

erlitten *pp von* **erleiden**

Erlös [ɛɐ'løːs] *m* <-es, -e> ingreso *m;* (*für wohltätige Zwecke*) beneficio *m*

E

erlosch *3. imp von* **erlöschen**

erloschen *pp von* **erlöschen**

erlöschen <erlischt, erlosch, erloschen> *vi sein* **1.** (*Vulkan*) extinguirse **2.** (*Anspruch*) prescribir; (*Interesse*) desaparecer

erlösen* *vt* librar (*von +dat* de); (REL) redimir

Erlösung *f* <-en> (*Rettung*) salvación *f;* (*Befreiung*) liberación *f;* (REL) redención *f*

ermächtigen* [ɛɐ'mɛçtɪgən] *vt* autorizar (*zu +dat* para)

ermahnen* *vt* exhortar (*zu +dat* a)

ermäßigen* [ɛɐ'mɛːsɪgən] *vt* reducir

Ermäßigung *f* <-en> **1.** (*Senkung*) reducción *f* **2.** (*Preisnachlass*) rebaja *f*

Ermessen *nt* <-s, *ohne pl*> juicio *m;* **nach menschlichem ~** según el parecer común; **in jds ~ liegen** quedar al libre albedrío de alguien

ermitteln* [ɛɐ'mɪtəln] **I.** *vi* (JUR) proseguir las diligencias (*gegen +akk* contra) **II.** *vt* (*Täter*) averiguar; (*Sieger*) determinar

Ermittlung *f* <-en> (*polizeilich*) pesquisa *f*

ermöglichen* [ɛɐ'møːklɪçən] *vt* posibilitar

ermorden* *vt* asesinar

Ermordung *f* <-en> asesinato *m*

ermüden* [ɛɐ'myːdən] **I.** *vi sein* cansarse **II.** *vt haben* cansar

ermüdend *adj* fatigoso

ermuntern* [ɛɐ'mʊntɐn] *vt* estimular (*zu +dat* a)

ermutigen* [ɛɐ'muːtɪgən] *vt* alentar (*zu +dat* a)

ernähren* **I.** *vt* (*mit Nahrung*) alimentar; (*sorgen für*) mantener **II.** *vr:* **sich ~** alimentarse (*von +dat* de)

Ernährung *f* alimentación *f*

ernannt *pp von* **ernennen**

ernennen* *irr vt* nombrar; (*für ein Amt*) designar

erneuern* [ɛɐ'nɔɪɐn] *vt* **1.** (*Vertrag*) renovar; (*Maschinenteil*) cambiar **2.** (*Freundschaft*) reavivar; (*Beziehungen*) reanudar

erneut [ɛɐ'nɔɪt] *adv* de nuevo

erniedrigen* [ɛɐ'niːdrɪgən] *vt, vr:* **sich ~** (*demütigen*) humillar(se) (*vor +dat* ante)

ernst [ɛrnst] *adj* **1.** (*Mensch*) serio; (*Absicht*) firme; **jdn/etw ~ nehmen** tomar a alguien/algo en serio **2.** (*Lage, Krankheit*) grave

Ernst *m* <-es, *ohne pl*> **1.** (*ernster Wille*) seriedad *f;* **im ~** en serio **2.** (*Gewichtigkeit*) gravedad *f;* **Ernstfall** *m* caso *m* de urgencia; **ernsthaft** *adj* (*Verletzung*) grave; (*Miene, Angebot*) serio

ernstlich **I.** *adj* **1.** (*Bedenken*) serio; (*Gefahr*) grave **2.** (*Absicht*) firme **II.** *adv* (*ermahnen*) en serio; (*krank sein*) gravemente

Ernte ['ɛrntə] *f* <-n> (*Vorgang*) recolección *f;* (*das Geerntete*) cosecha *f*

Erntedankfest [--'--] *nt* Día *m* de Acción de Gracias

ernten ['ɛrntən] *vt* (*a. fig*) cosechar

Ernüchterung *f* <-en> desilusión *f*

Eroberer, -in [ɛɐ'ʔoːbərɐ] *m, f* <-s, -; -nen> conquistador(a) *m(f)*

erobern* [ɛɐ'ʔoːbɐn] *vt* (*a. fig*) conquistar

Eroberung *f* <-en> conquista *f*

eröffnen* **I.** *vt* **1.** (*Konto, Geschäft*) abrir; (*einweihen*) inaugurar; (*Verhandlung*) dar comienzo (a) **2.** (*Testament*) leer **3.** (JUR: *Verfahren*) establecer **4.** (MIL: *Angriff*) abrir **5.** (*mitteilen*): **jdm etw ~** comunicar algo a alguien **II.** *vr:* **sich ~** (*Perspektiven*) abrirse

Eröffnung *f* <-en> (*Einweihung*) inauguración *f*

erörtern* [ɛɐ'œrtɐn] *vt* discutir

Erörterung *f* <-en> (*das Erörtern*) discusión *f;* (*Text*) comentario *m*

Erotik [e'roːtɪk] *f* erotismo *m*

erotisch *adj* erótico

erpicht [ɛɐ'pɪçt] *adj:* **auf etw ~ sein** estar ansioso por algo

erpressen* *vt* (*Person*) chantajear (*mit +dat* con); (*Lösegeld, Geständnis*) extorsionar

Erpresser(in) *m(f)* <-s, -; -nen> chantajista *mf,* extorsionista *mf*

Erpressung *f* <-en> chantaje *m*

erproben* *vt* probar

erprobt *adj* probado; **das Gerät ist noch nicht ~** el aparato no ha sido probado todavía; **er ist in solchen Dingen ~** tiene experiencia en esas cosas

erraten* [ɛɐ'raːtən] *irr vt* adivinar

errechnen* *vt* calcular

erregbar [ɛɐ'reːkbaːɐ] *adj* irritable; (*sexuell*) excitable

erregen* [ɛɐ'reːgən] **I.** *vt* **1.** (*emotional, sexuell*) excitar **2.** (*hervorrufen*) provocar; (*Interesse*) despertar; (*Ärger*) desatar **II.** *vr:* **sich ~** excitarse (*über +akk* con); (*Gemüter*) acalorarse

Erreger *m* <-s, -> (MED) germen *m* patógeno

Erregung *f* <-en> excitación *f*

erreichbar *adj* alcanzable; (*Ort*) accesible

erreichen* *vt* **1.** (*Person*) localizar **2.** (*Zug, Alter*) alcanzar; (*Ort*) llegar (a) **3.** (*erlangen*) conseguir; (*zustande bringen*) lograr

errichten* *vt* **1.** (*Gebäude*) levantar; (*bauen*) construir; (*Denkmal*) erigir **2.** (*gründen*) establecer

erringen* *irr vt* (*Erfolg*) obtener

erröten* [ɛɐ'rø:tən] *vi sein* sonrojarse

errungen *pp von* **erringen**

Errungenschaft [ɛɐ'rʊŋənʃaft] *f* <-en> logro *m;* (*Eroberung*) conquista *f;* (*der Technik*) adelanto *m*

Ersatz [ɛɐ'zats] *m* <-es, *ohne pl*> **1.** (*Auswechselung*) sustitución *f* **2.** (*Entschädigung*) indemnización *f;* (*Belohnung*) recompensa *f;* **Ersatzreifen** *m* rueda *f* de recambio; **Ersatzteil** *nt* (pieza *f* de) repuesto *m;* **ersatzweise** [ɛɐ'zatsvaɪzə] *adv* como alternativa

erschaffen* *irr vt* (*geh*) crear

erscheinen* *irr vi sein* **1.** (*sichtbar werden*) aparecer **2.** (*sich einfinden*) presentarse **3.** (*Buch*) publicarse **4.** (*scheinen*) parecer; **es erscheint mir wünschenswert, dass ...** me parece conveniente que... +*subj*

Erscheinung *f* <-en> **1.** (*Tatsache*) fenómeno *m;* **in ~ treten** manifestarse **2.** (*Gestalt*) figura *f;* (*äußere*) apariencia *f* **3.** (*Vision*) visión *f;* (*Gespenst*) aparición *f*

erschienen *pp von* **erscheinen**

erschießen* *irr vt* matar de un tiro; (*hinrichten*) fusilar

erschlagen¹ *adj* (*fam: erschöpft*) hecho polvo; (*fassungslos*) atónito

erschlagen*² *irr vt* matar a golpes

erschleichen* *irr vt* (*abw: durch Täuschung*) conseguir capciosamente; (*durch List*) obtener por astucia

erschlichen *pp von* **erschleichen**

erschließen* *irr vt* (*Land*) explotar; (*Märkte*) abrir; (*Baugelände*) urbanizar

erschlossen *pp von* **erschließen**

erschöpfen* *vt* agotar

Erschöpfung *f* <-en> agotamiento *m*

erschossen *pp von* **erschießen**

erschrak *3. imp von* **erschrecken¹**, **erschrecken²**

erschrecken¹ <erschrickt, erschrak, erschrocken> *vi sein* asustarse (*über +akk, vor +dat* de)

erschrecken² <erschreckt *o* erschrickt, erschreckte *o* erschrak, erschreckt *o* erschrocken> *vr:* **sich ~** (*fam*) asustarse (*über +akk, vor +dat* de)

erschrecken*³ *vt* asustar

erschreckend *adj* alarmante

erschrickt *3. präs von* **erschrecken¹**, **erschrecken²**

erschrocken [ɛɐ'ʃrɔkən] **I.** *pp von* **erschrecken¹, erschrecken²** **II.** *adj* asustado

erschüttern* [ɛɐ'ʃʏtɐn] *vt* **1.** (*Explosion*) hacer temblar **2.** (*Glauben*) quebrantar; (*Vertrauen*) poner en duda **3.** (*Nachricht*) conmocionar

erschütternd *adj* conmovedor

erschüttert *adj* conmovido

erschweren* [ɛɐ'ʃve:rən] *vt* dificultar

erschwinglich [ɛɐ'ʃvɪŋlɪç] *adj* asequible

ersetzen* *vt* **1.** (*Teil*) reemplazar (*durch +akk* por); (*Person*) sustituir (*durch +akk* por) **2.** (*auswechseln*) cambiar (*durch +akk* por) **3.** (*Ausgaben*) reembolsar; **jdm einen Schaden ~** indemnizar a alguien por un daño

ersichtlich [ɛɐ'zɪçtlɪç] *adj* evidente; **ohne ~en Grund** sin motivo aparente; **hieraus ist ~, dass ...** de aquí se deduce que...

ersparen* *vt* (*Ärger*) evitar; **ihr bleibt aber auch nichts erspart** (*fam*) a ella le toca todo

Ersparnis *f* <-se> ahorro *m*

erst [e:ɐst] **I.** *adv* **1.** (*zuerst*) primero; (*an ~er Stelle*) en primer lugar **2.** (*zu Beginn*) al principio **3.** (*nicht früher als*) no hasta; **er kam ~ gestern** no vino hasta ayer **4.** (*nur*) sólo **II.** *part:* **gerade ~** ahora mismo; **jetzt ~ recht!** ¡ahora más que nunca!

erstanden *pp von* **erstehen**

erstarren* *vi sein* (*vor Kälte*) helarse; (*vor Schreck*) quedarse de piedra

erstatten* [ɛɐ'ʃtatən] *vt* (*Kosten*) reembolsar

Erstaufführung *f* estreno *m*

erstaunen* **I.** *vi sein* sorprenderse (*über +akk* de/por) **II.** *vt haben* sorprender

Erstaunen *nt* <-s, *ohne pl*> asombro *m;* **zu meinem größten ~** para mi gran sorpresa

erstaunlich *adj* asombroso

erstaunlicherweise [-'---'--] *adv* sorprendentemente

E

erstbeste(r, s) *adj:* **die ~ Gelegenheit** la primera ocasión (que se presente); **der/die/das Erstbeste** el primero/la primera/lo primero (que aparezca)

erste(r, s) ['eːɐstə, -tɐ, -təs] *adj* primero; **das ~ Mal** la primera vez; **zum ~n Mal** por primera vez; **fürs Erste** de momento; *s. a.* **achte(r, s)**

erstechen* *irr vt* acuchillar

erstehen* *irr vt* adquirir

Erste-Hilfe-Kasten [--'----] *m* (MED) botiquín *m* (de primeros auxilios)

ersteigern* *vt* comprar en subasta

erstellen* *vt* (*Gutachten*) hacer; (*erarbeiten*) elaborar; (INFOR) crear

erstemal ['eːɐstəmaːl] *adv s.* **erste(r, s)**

erstenmal ['eːɐstən'maːl] *adv s.* **erste(r, s)**

erstens ['eːɐstəns] *adv* en primer lugar; (*bei Aufzählung*) primero; *s. a.* **achtens**

ersticken* [ɛɐ'ʃtɪkən] **I.** *vi sein* asfixiarse **II.** *vt haben* (*töten*) asfixiar; (*Aufruhr*) sofocar

erstklassig ['eːɐstklasɪç] *adj* excelente

erstmalig ['eːɐstmaːlɪç] **I.** *adj* primero **II.** *adv* por primera vez

erstmals ['eːɐstmaːls] *adv* por primera vez

erstochen *pp von* **erstechen**

erstrebenswert *adj* que vale la pena

erstrecken* *vr:* **sich ~ 1.** (*betreffen*) referirse (*auf +akk* a) **2.** (*räumlich*) extenderse (*über +akk* por) **3.** (*zeitlich*) durar (*über +akk*)

ersuchen* *vt:* **jdn um etw ~** pedir algo a alguien

ertappen* *vt* pillar; **jdn auf frischer Tat ~** sorprender a alguien en flagrante

erteilen* *vt* (*Erlaubnis*) conceder; (*Rat*) dar; (*Unterricht,*) impartir; **sie erteilte ihm das Wort** le concedió la palabra

ertönen* [ɛɐ'tøːnən] *vi sein* sonar

Ertrag [ɛɐ'traːk] *m* <-(e)s, -träge> (*Produktmenge*) rendimiento *m;* (*Gewinn*) beneficio *m;* (AGR) cosecha *f*

ertragen* *irr vt* soportar

erträglich [ɛɐ'trɛːklɪç] *adj* soportable; (*fam: recht gut*) pasable

ertränken* *vt* ahogar

erträumen* *vt* soñar (con)

ertrinken* *irr vi sein* ahogarse

ertrunken *pp von* **ertrinken**

erübrigen* [ɛɐ'yːbrɪgən] **I.** *vt* (*haben*) tener **II.** *vr:* **sich ~** ser superfluo

erwachen* *vi sein* (*geh*) despertar

erwachsen [ɛɐ'vaksən] *adj* adulto

Erwachsene(r) *mf* <-n, -n; -n> adulto, -a *m, f*

erwägen [ɛɐ'vɛːgən] <erwägt, erwog, erwogen> *vt* considerar

Erwägung *f* <-en> consideración *f;* **etw in ~ ziehen** tomar algo en consideración

erwähnen* [ɛɐ'vɛːnən] *vt* mencionar; **unten erwähnt** abajo citado

Erwähnung *f* <-en> mención *f*

erwärmen* **I.** *vt* calentar **II.** *vr:* **sich ~** (*warm werden*) calentarse; (*sich begeistern*) entusiasmarse (*für +akk* con)

erwarten* *vt* esperar; **sie kann es kaum noch ~** casi no puede aguardar; **das war zu ~** esto era de esperar; **etw von jdm ~** esperar algo de alguien

Erwartung *f* <-en> expectativa *f;* **den ~en entsprechen** ser conforme a lo esperado;
erwartungsvoll **I.** *adj* ilusionado **II.** *adv* lleno de expectación

erwecken* *vt* (*Zweifel*) dar lugar (a); (*Vertrauen*) inspirar; **Vertrauen ~d** que inspira confianza

erweichen* [ɛɐ'vaɪçən] *vt* ablandar

erweisen* [ɛɐ'vaɪzən] *irr* **I.** *vt* **1.** (*nachweisen*) comprobar **2.** (*Gefallen*) hacer; (*Dankbarkeit*) mostrar **II.** *vr:* **sich ~** (*sich zeigen*) demostrar; (*sich herausstellen*) resultar

erweitern* [ɛɐ'vaɪtɐn] *vt, vr:* **sich ~** ampliar(se) (*um +akk* en)

Erweiterung *f* <-en> **1.** (*Anlage, Kenntnisse*) ampliación *f* **2.** (*Kapazität*) aumento *m* **3.** (*Pupillen, Gefäße*) dilatación *f* **4.** (INFOR) ampliación *f*

Erwerb [ɛɐ'vɛrp] *m* <-(e)s, -e> adquisición *f*

erwerben* *irr vt* **1.** (*Waren, Kenntnisse*) adquirir; **etw käuflich ~** comprar algo **2.** (*Anerkennung*) ganarse

erwerbstätig *adj* activo; **~ sein** estar en activo; **Erwerbstätigkeit** *f* actividad *f* remunerada

erwidern* [ɛɐ'viːdɐn] *vt* **1.** (*antworten*) contestar (*auf +akk* a); (*entgegnen*) replicar (*auf +akk* a) **2.** (*Gruß, Besuch*) devolver

Erwiderung *f* <-en> **1.** (*Antwort*) respuesta *f* **2.** (*von Gefühlen*) reciprocidad *f*

erwiesen *pp von* **erweisen**

erwirtschaften* *vt* producir
erwischen* *vt* (*fam: ergreifen*) pescar; (*ertappen*) pillar
erwog [ɛɐ'vo:k] *3. imp von* **erwägen**
erwogen [ɛɐ'vo:gən] *pp von* **erwägen**
erworben [ɛɐ'vɔrbən] **I.** *pp von* **erwerben II.** *adj* adquirido
erwünscht [ɛɐ'vʏnʃt] *adj* deseado; **Spanischkenntnisse** ~ se requieren conocimientos de español
erwürgen* [ɛɐ'vʏrgən] *vt* estrangular
Erz [e:ɐts, ɛrts] *nt* <-es, -e> mineral *m*
erzählen* *vt* contar; **mir kannst du nichts** ~ (*fam*) a mí no me puedes engañar
Erzähler(in) *m(f)* <-s, -; -nen> narrador(a) *m(f)*
Erzählung *f* <-en> (LIT) narración *f;* (*Bericht*) relato *m*
Erzengel *m* arcángel *m*
erzeugen* *vt* (*herstellen*) producir; (*hervorrufen*) provocar
Erzeuger(in) *m(f)* <-s, -; -nen> **1.** (BIOL) progenitor(a) *m(f)* **2.** (AGR) productor(a) *m(f)*
Erzeugnis *nt* <-ses, -se> producto *m*
Erzfeind(in) ['ɛrts-] *m(f)* enemigo, -a *m, f* mortal
erziehbar *adj:* **schwer** ~ difícil de educar
erziehen* *irr vt* educar (*zu* +*dat* para)
Erzieher(in) *m(f)* <-s, -; -nen> educador(a) *m(f);* (*Kindergärtner*) maestro, -a *m, f* de un jardín de infancia
Erziehung *f* educación *f;* **Erziehungsberechtigte(r)** *mf* <-n, -n; -n> titular *mf* de la patria potestad
erzielen* *vt* obtener; **eine Einigung** ~ llegar a un acuerdo
erzogen *pp von* **erziehen**
erzwingen* *irr vt* conseguir por la fuerza; (*Entscheidung*) forzar
erzwungen *pp von* **erzwingen**
es [ɛs] **I.** *pron pers 3. Sg nt* **1.** *nom* ello; (*Mensch*) él, ella; ~ **ist sehr hübsch** es muy bonito **2.** *akk* lo; **ich weiß** ~ **nicht** no lo sé **II.** (*unpers*): ~ **regnet** llueve; **ich bin** ~ soy yo
Esche ['ɛʃə] *f* <-n> fresno *m*
Esel(in) ['e:zəl] *m(f)* <-s, -; -nen> burro, -a *m, f;* **Eselsbrücke** *f* (*fam fig*) regla *f* mnemotécnica; **Eselsohr** *nt* (*fam fig*) doblez *m*
eskalieren* [ɛska'li:rən] *vi sein* agravarse
Eskimo ['ɛskimo] *m* <-s, -s> esquimal *m*
Eskorte [ɛs'kɔrtə] *f* <-n> escolta *f*
Esoterik [ezo'te:rɪk] *f* esoterismo *m*
Essay ['ɛse, 'ɛsɛɪ] *m o nt* <-s, -s> ensayo *m*
essbar[RR] ['ɛsba:ɐ] *adj* comestible
essen ['ɛsən] <isst, aß, gegessen> *vi, vt* comer; **zu Mittag/Abend** ~ almorzar/cenar
Essen *nt* <-s, -> comida *f;* (*Gericht*) plato *m*
Essig ['ɛsɪç] *m* <-s, -e> vinagre *m*
Esslöffel[RR] *m* cuchara *f;* **ein** ~ **Mehl** una cucharada de harina; **Esszimmer**[RR] *nt* comedor *m*
Estland ['ɛstlant] *nt* <-s> Estonia *f*
estnisch ['ɛstnɪʃ] *adj* estonio
Estremadura [ɛstrema'du:ra] *f* Extremadura *f*
ESZB *f Abk. von* **Europäisches System der Zentralbanken** SEBC *m*
etablieren* [eta'bli:rən] *vt, vr:* **sich** ~ establecer(se)
Etage [e'ta:ʒə] *f* <-n> piso *m;* **Etagenbett** *nt* litera *f*
Etappe [e'tapə] *f* <-n> (*a.* SPORT) etapa *f*
Etat [e'ta:] *m* <-s, -s> presupuesto *m*
etc. [e:te:'tse:] *Abk. von* **et cetera** etc.
Ethik ['e:tɪk] *f* ética *f*
ethisch *adj* ético
ethnisch ['ɛtnɪʃ] *adj* étnico
Etikett [eti'kɛt] *nt* <-(e)s, -e(n)> rótulo *m*
Etikette [eti'kɛtə] *f* <-n> etiqueta *f*
etliche(r, s) ['ɛtlɪçə, -çɐ, -çəs] *pron indef* (*geh*) algunos *mpl,* algunas *fpl;* **er ist um ~s älter als ich** es bastante mayor que yo
Etui [ɛt'vi:, ety'i:] *nt* <-s, -s> estuche *m*
etwa ['ɛtva] *adv* aproximadamente
etwaige(r, s) ['ɛtva:ɪç, -'--] *adj* eventual
etwas ['ɛtvas] *pron indef* algo; (*ein bisschen*) un poco; **ohne** ~ **zu sagen** sin decir nada; **das ist** ~ **anderes** esto es otra cosa
EU [e:'ʔu:] *f Abk. von* **Europäische Union** UE *f;* **EU-Bürger(in)** *m(f)* ciudadano, -a *m, f* de la UE
euch [ɔɪç] **I.** *pron pers mfpl dat/akk von* **ihr** os; (*betont*) a vosotros/vosotras... (os); (*mit Präposition*) vosotros/vosotras; **gehören** ~ **die Räder?** ¿son vuestras las bicis? **II.** *pron refl mfpl dat/akk von* **ihr** os; **setzt ~!** ¡sentaos!
euer ['ɔɪɐ] *pron pers pl gen von* **ihr** de vosotros/vosotras
euer, euere, euer *pron poss* (*adjektivisch*) vuestro, -a *m, f,* vuestros *mpl,* vuestras *fpl;* ~ **Sohn** vuestro hijo
euere(r, s) *pron poss* (*substantivisch*) (el)

E

vuestro *m*, (la) vuestra *f*, (los) vuestros *mpl*, (las) vuestras *fpl*; *s. a.* **euer, euere, euer**

Eule ['ɔɪlə] *f* <-n> lechuza *f*

Euphorie [ɔɪfo'riː] *f* <-n> euforia *f*

euphorisch [ɔɪ'foːrɪʃ] *adj* eufórico

eure(**r, s**) ['ɔɪrə, -rɐ, -rəs] *pron poss o pron pers s.* **euer**

euresgleichen ['--'--] *pron indef* de vuestra condición

euretwegen ['ɔɪrətveːgən] *adv* por vosotros; (*negativ*) por vuestra culpa

euretwillen ['ɔɪrətvɪlən] *adv*: **um** ~ por vosotros

Euro ['ɔɪro] *m* <-(s), -(s)> euro *m*; **Eurobanknote** *f* billete *m* euro; **Eurocent** *m* céntimo *m* de euro

Eurocheque *m* <-s, -s> eurocheque *m*

Eurocityzug [ɔɪro'sɪtitsuːk] *m* Eurocity *m* (*tren equivalente al Intercity que cubre también recorridos fuera de Alemania*)

Euromünze *f* moneda *f* euro

Europa [ɔɪ'roːpa] *nt* <-s> Europa *f*

Europäer(**in**) [ɔɪro'pɛːɐ] *m(f)* <-s, -; -nen> europeo, -a *m, f*

europäisch *adj* europeo; **Europäische Währungseinheit** unificación monetaria europea; **Europäisches Parlament** Parlamento Europeo

Europameister(**in**) *m(f)* (SPORT) campeón, -ona *m, f* de Europa; **Europameisterschaft** *f* campeonato *m* de Europa; **Europaparlament** *nt* <-(e)s, *ohne pl*> Parlamento *m* Europeo

Euter ['ɔɪtɐ] *m* <-s, -> ubre *f*

Euthanasie [ɔɪtana'ziː] *f* eutanasia *f*

ev. (REL) *Abk. von* **evangelisch** protestante

e.V., **E.V.** *Abk. von* **eingetragener Verein** sociedad *f* registrada

evakuieren* [evaku'iːrən] *vt* evacuar

evangelisch [evaŋ'geːlɪʃ] *adj* evangélico

eventuell [evɛntu'ɛl] *adj* eventual

Evolution [evolu'tsjoːn] *f* <-en> evolución *f*

evtl. *Abk. von* **eventuell** eventual

ewig ['eːvɪç] *adj* eterno; (*fam: ständig*) continuo; **für immer und** ~ para siempre jamás; **das dauert ja** ~ esto dura una eternidad

Ewigkeit *f* <-en> eternidad *f*

EWS [eːveː'ʔɛs] *nt* <-, *ohne pl*> *Abk. von* **Europäisches Währungssystem** SME *m*

EWU [eːveː'ʔuː] *f Abk. von* **Europäische Währungsunion** UME *f*

exakt [ɛ'ksakt] *adj* exacto

Examen [ɛ'ksaːmən] *nt* <-s, – *o* Examina> examen *m*; ~ **machen** examinarse

Exekutive [ɛkseku'tiːvə] *f* <-n> ejecutivo *m*

Exemplar [ɛksɛm'plaːɐ] *nt* <-s, -e> ejemplar *m*

Exil [ɛ'ksiːl] *nt* <-s, -e> exilio *m*; **ins** ~ **gehen** exiliarse

Existenz [ɛksɪs'tɛnts] *f* <-en> **1.** (*berufliche Stellung*) sustento *m*; **sich** *dat* **eine** ~ **aufbauen** montar un negocio **2.** *ohne pl* (*Dasein*) existencia *f*; **Existenzgrundlage** *f* base *f* de vida; **Existenzminimum** *nt* <-s> mínimo *m* vital

existieren* [ɛksɪs'tiːrən] *vi* existir

exklusiv [ɛksklu'ziːf] *adj* exclusivo

Exkremente [ɛkskre'mɛntə] *ntpl* (*geh*) excrementos *mpl*

Exkurs [ɛks'kʊrs] *m* <-es, -e> excurso *m*

Exmatrikulation [ɛksmatrikula'tsjoːn] *f* <-en> exmatriculación *f*

exotisch [ɛ'ksoːtɪʃ] *adj* exótico

expandieren* [ɛkspan'diːrən] *vi* expandir

Expansion [ɛkspan'zjoːn] *f* <-en> expansión *f*

Expedition [ɛkspedi'tsjoːn] *f* <-en> expedición *f*

Experiment [ɛksperi'mɛnt] *nt* <-(e)s, -e> experimento *m*

experimentieren* *vi* experimentar (*mit* +*dat* con)

Experte, **-in** [ɛks'pɛrtə] *m, f* <-n, -n; -nen> experto, -a *m, f*

explodieren* [ɛksplo'diːrən] *vi sein* explotar

Explosion [ɛksplo'zjoːn] *f* <-en> explosión *f*; **explosionsartig** *adj* **1.** (*einer Explosion ähnlich*) como una explosión **2.** (*rapide*) rápido; **Explosionsgefahr** *f* peligro *m* de explosión

explosiv [ɛksplo'ziːf] *adj* explosivo

Exponent [ɛkspo'nɛnt] *m* <-en, -en> (MATH) exponente *m*

Export [ɛks'pɔrt] *m* <-(e)s, -e> (*a.* INFOR) exportación *f*

exportieren* [ɛkspɔr'tiːrən] *vt* (*a.* INFOR) exportar

Expressionismus [ɛksprɛsjo'nɪsmʊs] *m* <-, *ohne pl*> expresionismo *m*

extern [ɛks'tɛrn] *adj* externo

extra ['ɛkstra] **I.** *adj inv* (*fam*) **1.** (*zusätz-*

lich) adicional **2.** (*gesondert*) separado; **auf einem ~ Blatt** en hoja aparte **II.** *adv* **1.** (*gesondert*) separado **2.** (*zusätzlich*) extra **3.** (*eigens*) especialmente; **das hast du ~ gemacht** (*fam*) esto lo has hecho a propósito

Extra *nt* <-s, -s> extra *m*

Extrablatt *nt* edición *f* extra

Extrakt [ɛks'trakt] *m o nt* <-(e)s, -e> extracto *m*

extravagant ['ɛkstravagant, ---'-] *adj* extravagante

extrem [ɛks'treːm] **I.** *adj* extremo **II.** *adv* en extremo

Extrem *nt* <-s, -e> extremo *m*

extremistisch *adj* extremista

Extremitäten [ɛkstremi'tɛːtən] *fpl* extremidades *fpl*

extrovertiert [ɛkstrovɛr'tiːɐt] *adj* extravertido

exzellent [ɛkstsɛ'lɛnt] *adj* excelente

Exzellenz [ɛkstsɛ'lɛnts] *f* <-en> Excelencia *f*; (**Euer**) ~ (Su) Excelencia

exzentrisch [ɛks'tsɛntrɪʃ] *adj* excéntrico

Exzess[RR] [ɛks'tsɛs] *m* <-es, -e> exceso *m*; **etw bis zum ~ treiben** excederse en algo

EZB [eːtsɛt'ʔbeː] *f s.* **Europäische Zentralbank** Banco *m* Central Europeo

EZU [eːtsɛt'ʔuː] *f Abk. von* **Europäische Zahlungsunion** UEP *f*

F

F

F, f [ɛf] *nt* <-, -> F, f *f*

Fabel ['faːbəl] *f* <-n> fábula *f*; **fabelhaft** *adj* fabuloso

Fabrik [fa'briːk] *f* <-en> fábrica *f*; **Fabrikarbeiter(in)** *m(f)* obrero, -a *m, f* de fábrica

Fabrikat [fabri'kaːt] *nt* <-(e)s, -e> producto *m*

Fabrikation [fabrika'tsjoːn] *f* <-en> fabricación *f*

fabrikneu *adj* (totalmente) nuevo; (*fam*) flamante

Facette [fa'sɛtə] *f* <-n> faceta *f*

Fach [fax] *nt* <-(e)s, Fächer> **1.** (*im Schrank, Post~*) casilla *f* **2.** (*Berufszweig*) ramo *m*; (*Wissensgebiet*) campo *m*; (*Unterrichts~*) asignatura *f*; **vom ~ sein** ser del ramo; **Facharbeiter(in)** *m(f)* obrero, -a *m, f* cualificado, -a; **Facharzt, -ärztin** *m, f* (médico, -a *m, f*) especialista *mf*; **Fachausdruck** *m* <-(e)s, -drücke> término *m* técnico

fächerübergreifend *adj* interdisciplinario

Fachfrau *f* experta *f*; **Fachgebiet** *nt* especialidad *f*; **Fachgeschäft** *nt* tienda *f* especializada; **Fachhandel** *m* comercio *m* especializado; **Fachhochschule** *f* escuela *f* técnica superior; **Fachkenntnisse** *fpl* conocimientos *mpl* técnicos; **Fachkraft** *f* experto, -a *m, f*, especialista *mf*; **fachkundig** ['faxkʊndɪç] *adj* competente

fachlich *adj* profesional

Fachmann *m* <-(e)s, -leute *o* -männer> experto *m*

fachmännisch ['faxmɛnɪʃ] *adj* profesional

fachsimpeln ['-zɪmpəln] *vi* (*fam*) hablar de asuntos profesionales

Fachsprache *f* lenguaje *m* técnico

Fachwerkhaus *nt* casa *f* de paredes entramadas

Fachwort *nt* <-(e)s, -wörter> término *m* técnico

Fackel ['fakəl] *f* <-n> antorcha *f*

fackeln *vi* (*fam*) vacilar, titubear; **da wird nicht lange gefackelt** ahí no se andan con contemplaciones

fad(e) [faːt, 'faːdə] *adj* soso

Faden ['faːdən] *m* <-s, Fäden> hilo *m*; **der rote ~** (*fig*) el hilo conductor; **nach Strich und ~** (*fig fam*) totalmente

fadenscheinig ['faːdənʃaɪnɪç] *adj* (*Argument*) poco convincente

fähig ['fɛːɪç] *adj* capaz (*zu* + *dat* de)

Fähigkeit *f* <-en> **1.** (*Begabung*) talento *m* **2.** *ohne pl* (*das Imstandesein*) capacidad *f* (*zu* + *dat* para)

fahl [faːl] *adj* (*Farbe*) pálido; (*Gesichtsfarbe*) lívido; (*Licht*) mortecino

fahnden ['faːndən] *vi*: **nach jdm ~** buscar a alguien

Fahndung *f* <-en> búsqueda *f* (*nach* + *dat* de)

Fahne ['faːnə] *f* <-n> bandera *f*; **eine ~ ha-**

ben (*fam*) apestar a alcohol; **Fahnenflucht** *f* deserción *f*

Fahrausweis *m* **1.** (*Fahrkarte*) billete *m,* boleto *m Am* **2.** (*Schweiz: Führerschein*) carné *m* de conducir; **Fahrbahn** *f* vía *f;* **von der ~ abkommen** salirse de la carretera

Fähre ['fɛːrə] *f* <-n> ferry *m*

fahren ['faːrən] <fährt, fuhr, gefahren> **I.** *vi sein* **1.** (*los~*) salir; **der Zug fährt in 5 Minuten** el tren sale dentro de 5 minutos **2.** (*sich fortbewegen*) ir (*mit + dat* en); **Ski ~** esquiar **3.** (*verkehren*) circular; **die Züge ~ nicht am Wochenende** los trenes no circulan los fines de semana **4.** (*reisen*) ir (*nach + dat* a) **5.** (*berühren*): **sie fuhr ihm durch die Haare** le pasó la mano por el pelo **II.** *vt* **1.** *haben o sein* (*Straße, Umleitung*) ir (por) **2.** *haben* (*befördern*) transportar; **ich fahre dich nach Hause** te llevo a casa **3.** *haben* (*steuern*) conducir, manejar *Am*

Fahrer(in) ['faːrɐ] *m(f)* <-s, -; -nen> (*Auto~, Bus~*) conductor(a) *m(f);* (*Chauffeur*) chófer *mf;* (*Motorrad~*) motociclista *mf;* (*Fahrrad~*) ciclista *mf;* **Fahrerflucht** *f huida del lugar del accidente* (*y omisión de socorro*)*;* **~ begehen** huir del lugar del accidente

Fahrgast *m* pasajero, -a *m, f;* **Fahrgestell** *nt* (AUTO) chasis *m inv;* (AERO) tren *m* de aterrizaje

Fahrkarte *f* billete *m,* boleto *m Am;* **Fahrkartenautomat** *m* distribuidor *m* automático de billetes; **Fahrkartenschalter** *m* ventanilla *f* de venta de billetes

fahrlässig ['faːɐlɛsɪç] *adj* negligente; **~e Tötung** (JUR) homicidio imprudente; **Fahrlässigkeit** *f* <-en> negligencia *f*

Fahrplan *m* horario *m;* **fahrplanmäßig** *adj* conforme al horario previsto

Fahrpreis *m* precio *m* del trayecto

Fahrrad ['faːɐraːt] *nt* bicicleta *f;* **Fahrradweg** *m* carril *m* para bicicletas

Fahrschein *m s.* Fahrkarte; **Fahrschule** *f* autoescuela *f;* **Fahrstuhl** *m* ascensor *m*

Fahrt [faːɐt] *f* <-en> **1.** (*Reise*) viaje *m;* **auf der ~** durante el viaje; **freie ~ haben** tener el paso libre **2.** (*Geschwindigkeit*) velocidad *f;* **in voller ~** a toda velocidad; **er kommt richtig in ~** (*fam fig*) se está animando

fährt [fɛːɐt] *3. präs von* **fahren**

Fährte ['fɛːɐtə] *f* <-n> pista *f*

Fahrtkosten *pl* gastos *mpl* de viaje; **Fahrtrichtung** *f* sentido *m* de marcha; **in ~ Süden** en dirección al Sur; **Fahrtwind** *m* (*Gegenwind*) viento *m* en contra

Fahrzeit *f* duración *f* del trayecto; **nach einer ~ von drei Stunden** después de tres horas de viaje

Fahrzeug *nt* <-(e)s, -e> vehículo *m;* **Fahrzeughalter(in)** *m(f)* titular *mf* del vehículo; **Fahrzeugschein** *m* documentación *f* del vehículo

Faible ['fɛɪbəl] *nt* <-s, -s> (*geh*) afición *f* (*für + akk* a)

fair [fɛːɐ] *adj* (*gerecht*) justo; (SPORT) limpio

Fakten ['faktən] *pl von* **Faktum**

Faktor ['faktoːɐ] *m* <-s, -en> factor *m*

Faktum ['faktʊm] *nt* <-s, Fakten> hecho *m;* **sich auf die Fakten stützen** basarse en los hechos

Fakultät [fakʊl'tɛːt] *f* <-en> (UNIV) facultad *f*

Falke ['falkə] *m* <-n, -n> halcón *m*

Fall [fal] *m* <-(e)s, Fälle> **1.** (*Umstand, a.* MED, LING, JUR) caso *m;* **gesetzt den ~, dass …** pongamos por caso que… *+ subj;* **auf gar keinen ~** de ninguna manera; **auf jeden ~** en cualquier caso; **auf alle Fälle** de todas maneras; **für alle Fälle** por si acaso **2.** (JUR: *Rechtssache*) causa *f* **3.** *ohne pl* (*das Fallen, a.* PHYS) caída *f*

Falle ['falə] *f* <-n> trampa *f;* **jdm eine ~ stellen** tender(le) a alguien una trampa

fallen ['falən] <fällt, fiel, gefallen> *vi sein* **1.** (*hinab~, a.* MIL) caer; **~ lassen** (*Dinge*) dejar caer; (*Plan*) abandonar; **jdm um den Hals ~** echar(le) los brazos al cuello a alguien; **er fiel ihr ins Wort** la interrumpió; **eine Bemerkung ~ lassen** dejar caer un comentario; **es fielen drei Schüsse** se oyeron tres disparos **2.** (*sinken*) descender; **im Preis ~** bajar de precio **3.** (*treffen*) recaer (*auf + akk* sobre, *an + akk* en); **die Wahl fiel auf ihn** salió elegido él **4.** (*erfasst werden*) entrar (*in/unter + akk* en); **das fällt auch in diese Kategorie** esto también entra en esta categoría **5.** (*Entscheidung*) ser tomado; (*Urteil*) ser fallado **6.** (*sich ereignen*): **sein Geburtstag fällt auf einen Montag** su cumpleaños cae en lunes **7.** (*sein*): **das fällt ihm schwer/leicht** esto le resulta difícil/fácil

fällen ['fɛlən] *vt* **1.** (*Baum*) talar **2.** (*Entscheidung*) tomar; **ein Urteil über jdn ~** juzgar a alguien **3.** (MATH: *Lot*) trazar

fallen|lassen *irr vt s.* **fallen 1.**

fällig ['fɛlɪç] *adj* **1.** (FIN: *Zinsen*) pagadero; **morgen wird die Zahlung ~** mañana se cumple el plazo **2.** (*notwendig*) necesario

falls [fals] *konj* en caso de que +*subj*

Fallschirm *m* paracaídas *m inv;* **Fallschirmspringen** *nt* <-s, *ohne pl*> paracaidismo *m*

fällt [fɛlt] *3. präs von* **fallen**

falsch [falʃ] **I.** *adj* **1.** (*verkehrt*) equivocado; **~er Alarm** falsa alarma **2.** (*Schmuck*) falso; (*Zähne*) postizo **3.** (*hinterhältig*) falso; **~e Versprechungen machen** hacer promesas en vano **II.** *adv* mal; **damit liegst du ~** estás equivocado; **~ parken** aparcar en lugar prohibido; **Sie sind ~ verbunden** (TEL) se ha equivocado Ud. de número

fälschen ['fɛlʃən] *vt* falsificar

Falschgeld *nt* dinero *m* falso

fälschlich ['fɛlʃlɪç] *adj* erróneo; **~ beschuldigt werden** ser culpado injustamente

falsch|liegen *irr vi s.* **falsch II.**

Fälschung ['fɛlʃʊŋ] *f* <-en> falsificación *f*

Faltblatt *nt* folleto *m*

Falte ['faltə] *f* <-n> **1.** (*in Stoff*) pliegue *m;* **etw in ~n legen** doblar algo; **~n werfen** hacer pliegues **2.** (*Haut~*) arruga *f;* **die Stirn in ~n legen** fruncir el ceño

falten ['faltən] *vt* **1.** (*Papier*) doblar; (*Stoff*) plegar **2.** (*Hände*) juntar

Faltenrock *m* falda *f* plisada

Falter ['faltɐ] *m* <-s, -> mariposa *f*

faltig *adj* arrugado

familiär [fami'ljɛːɐ] *adj* familiar

Familie [fa'miːljə] *f* <-n> familia *f;* **eine ~ gründen** fundar un hogar; **Familienkreis** *m* familia *f,* seno *m* de la familia; **im engsten ~** (*privat*) en la más estricta intimidad; **Familienmitglied** *nt* miembro *m* de la familia; **Familienname** *m* apellido *m;* **Familienstand** *m* <-(e)s, *ohne pl*> estado *m* civil; **Familienvater** *m* padre *m* de familia

Fan [fɛn, fɛːn] *m* <-s, -s> fan *mf;* (*Fußball~*) hincha *mf*

Fanatiker(in) [fa'naːtikɐ] *m(f)* <-s, -; -nen> fanático, -a *m, f*

fanatisch [fa'naːtɪʃ] *adj* fanático

Fanatismus [fana'tɪsmʊs] *m* <-, *ohne pl*> fanatismo *m*

fand [fant] *3. imp von* **finden**

Fanfare [fan'faːrə] *f* <-n> clarín *m*

Fang [faŋ] *m* <-(e)s, *ohne pl*> **1.** (*Fisch~*) pesca *f* **2.** (*Beute*) presa *f;* (*Fische*) redada *f;* **einen guten ~ machen** hacer una buena presa

Fänge ['fɛŋə] *mpl:* **in jds ~ geraten** (*fam*) caer en manos de alguien

fangen ['faŋən] <fängt, fing, gefangen> **I.** *vt* **1.** (*Ball*) coger, agarrar *Am* **2.** (*Fisch*) pescar **3.** (*Verbrecher*) apresar **II.** *vr:* **sich ~** (*seelisch*) dominarse

fängt [fɛŋt] *3. präs von* **fangen**

Fanklub *m* club *m* de fans

Fantasie [fanta'ziː] *f* <-n> fantasía *f;* **seine ~ spielen lassen** echar su imaginación a volar; **fantasielos**[RR] *adj* sin imaginación

fantasieren*[RR] [fanta'ziːrən] *vi* fantasear; (MED) delirar

fantasievoll[RR] *adj* con mucha imaginación

fantastisch[RR] *adj* fantástico

Farbband *nt* cinta *f* mecanográfica

Farbe ['farbə] *f* <-n> **1.** (*Farbton*) color *m;* (*Gesichts~*) tez *f;* **~ bekommen** ponerse moreno **2.** (*zum Anstreichen*) pintura *f;* (*zum Färben*) tinte *m* **3.** (*Spielkarten~*) palo *m;* **~ bekennen** (*fig*) quitarse la careta

färben ['fɛrbən] **I.** *vi* (*ab~*) desteñir **II.** *vt, vr:* **sich ~** teñir(se) (de)

farbenblind *adj* daltónico

Farbfernsehen *nt* televisión *f* en color; **Farbfilm** *m* (FILM) película *f* en color; (FOTO) carrete *m* de color; **Farbfoto** *nt* foto *f* en color

farbig ['farbɪç] *adj* (*bunt, a. Hautfarbe*) de color; (*lebhaft*) pintoresco

Farbige(r) ['farbɪgɐ] *mf* <-n, -n; -n> ciudadano, -a *m, f* de color, trigueño, -a *m, f Am*

farblos *adj* **1.** (*ohne Farbe*) descolorido; (*Lack*) tra(n)sparente **2.** (*langweilig*) aburrido; **Farbstift** *m* lápiz *m* de color; **Farbstoff** *m* colorante *m;* **Farbton** *m* <-(e)s, -töne> matiz *m* (de color)

Färbung ['fɛrbʊŋ] *f* <-en> (*das Färben*) teñido *m;* (*Tönung*) tinte *m;* (POL) tendencia *f* política

Farce [fars] *f* <-n> farsa *f*

Farm [farm] *f* <-en> finca *f,* hacienda *f Am*

Farn [farn] *m* <-(e)s, -e> helecho *m*

Fasan [fa'zaːn] *m* <-s, -e(n)> faisán *m*

Fasching ['faʃɪŋ] *m* <-s, -s *o* -e> (*Österr, südd*) carnaval *m*

Faschismus [fa'ʃɪsmʊs] *m* <-, *ohne pl*> fascismo *m*

Faschist(in) [fa'ʃɪst] *m(f)* <-en, -en;

-nen> fascista *mf*
faschistisch *adj* fascista
faseln ['fa:zəln] *vi* (*fam abw*) decir tonterías (*von +dat, über +akk* de); **dummes Zeug** ~ decir tonterías
Faser ['fa:zɐ] *f* <-n> fibra *f;* **Faserstift** *m* rotulador *m* de fibra
Fass[RR] [fas] *nt* <-es, Fässer> barril *m;* **ein ~ ohne Boden** (*fig*) un pozo sin fondo
Fassade [fa'sa:də] *f* <-n> fachada *f*
fassbar[RR] *adj* concreto
fassen ['fasən] **I.** *vt* **1.** (*ergreifen*) coger, agarrar *Am;* **sich** *dat* **an den Kopf** ~ (*fam*) llevarse las manos a la cabeza; **Mut** ~ armarse de valor **2.** (*festnehmen*) detener **3.** (*aufnehmen*) tener capacidad (para) **4.** (*Entschluss*) tomar; **etw ins Auge** ~ tomar algo en consideración; **etw in Worte** ~ expresar algo con palabras **5.** (*begreifen*) comprender; **es ist nicht zu ~!** ¡es increíble! **6.** (*Edelstein*) engastar **II.** *vr:* **sich** ~ (*sich beruhigen*) calmarse
Fassette[RR] *f* <-n> *s.* **Facette**
Fassung ['fasʊŋ] *f* <-en> **1.** (*eines Edelsteins*) engaste *m;* (*Glühbirne*) portalámparas *m inv* **2.** (*Buch*) versión *f* **3.** *ohne pl* (*Beherrschung*) serenidad *f;* **die ~ verlieren/bewahren** perder/guardar calma; **jdn aus der ~ bringen** sacar de quicio a alguien; **fassungslos** *adj* desconcertado; (*perplex*) perplejo; **Fassungsvermögen** *nt* <-s, *ohne pl*> (*räumlich*) capacidad *f*
fast [fast] *adv* casi
fasten ['fastən] *vi* ayunar
Fastenzeit *f* período *m* de ayuno; (*im Christentum*) cuaresma *f*
Fastfood[RR] [fa:st fu:t] *nt* <-, -(s)> comida *f* rápida
Fastnacht *f* carnaval *m*
Faszination [fatsina'tsjo:n] *f* fascinación *f*
faszinieren* [fastsi'ni:rən] *vt* fascinar
faszinierend *adj* fascinante
fatal [fa'ta:l] *adj* fatal
fatalistisch [fata'lɪstɪʃ] *adj* fatalista
fauchen ['faʊxən] *vi* (*Katze*) bufar; (*abw: Mensch*) refunfuñar
faul [faʊl] *adj* **1.** (*verdorben*) podrido; (*Zahn*) cariado **2.** (*träge*) perezoso; **sich auf die ~e Haut legen** (*fig*) tumbarse a la bartola **3.** (*fam abw: zweifelhaft*) sospechoso; **an der Sache ist was** ~ aquí hay gato encerrado; **eine ~e Ausrede** una excusa ridícula
faulen ['faʊlən] *vi haben o sein* pudrirse; (*Zahn*) cariarse
faulenzen ['faʊlɛntsən] *vi* holgazanear
Faulheit *f* pereza *f*
Fäulnis ['fɔɪlnɪs] *f* podredumbre *f*
Faulpelz *m* (*fam abw*) perezoso, -a *m, f*
Fauna ['faʊna] *f* <Faunen> fauna *f*
Faust [faʊst] *f* <Fäuste> puño *m;* **die ~ ballen** cerrar el puño; **auf eigene ~ handeln** actuar por su propia cuenta; **das passt wie die ~ aufs Auge** (*fam*) eso no pega ni con cola
Fäustchen ['fɔɪstçən] *nt:* **sich** *dat* **ins ~ lachen** reírse taimadamente
faustdick ['-'-] *adj* (*fam*): **es ~ hinter den Ohren haben** no haber nacido ayer; **eine ~e Lüge** una mentira como una casa; **Fausthandschuh** *m* manopla *f;* **Faustregel** *f* regla *f* general
Favorit(in) [favo'ri:t] *m(f)* <-en, -en; -nen> favorito, -a *m, f*
Fax ['faks] *nt* <-, -(e)> fax *m inv*
faxen **I.** *vi* mandar un fax **II.** *vt* mandar por fax
Faxmodem *nt* fax-módem *m*
Fazit ['fa:tsɪt] *nt* <-s, -s> resultado *m;* **das ~ aus etw ziehen** sacar las conclusiones de algo
FCKW [ɛftse:ka:'ve:] *nt Abk. von* **Fluorchlorkohlenwasserstoff** CFC *m;* **FCKW-frei** *adj* sin CFC
Februar ['fe:brua:ɐ] *m* <-(s), -e> febrero *m; s. a.* **März**
fechten ['fɛçtən] <ficht, focht, gefochten> *vi* practicar la esgrima
Feder ['fe:dɐ] *f* <-n> **1.** (*Vogel~, Schreib~*) pluma *f;* **sich mit fremden ~n schmücken** adornarse con los méritos de otros **2.** (TECH) resorte *m;* (*Sprung~*) muelle *m;* **Federball** *m* **1.** (*Ball*) pelota *f* de badminton **2.** *ohne pl* (SPORT) badminton *m;* **Federbett** *nt* plumón *m;* **Federhalter** *m* <-s, -> portaplumas *m inv;* **federleicht** ['--'-] *adj* ligero como una pluma
federn **I.** *vi* (*schwingen*) ser elástico **II.** *vt* (AUTO) equipar con una suspensión
Federung *f* <-en> (*bei Möbeln*) muelles *mpl;* (AUTO) suspensión *f*
Federvieh *nt* (*fam*) volatería *f*
Fee [fe:] *f* <-n> hada *f*
Feedback *nt* <-s, -s>, **Feed-back**[RR] [fi:t'bɛk] *nt* <-s, -s> feed-back *m*

Fegefeuer ['fe:gə-] *nt* <-s, *ohne pl*> purgatorio *m*

fegen ['fe:gən] **I.** *vi* **1.** *haben* (*kehren*) barrer **2.** *sein* (*rasen*) ir a toda mecha; (*Wind*) soplar con fuerza **II.** *vt* **1.** *haben* (*Zimmer*) barrer **2.** *haben* (*Schornstein*) deshollinar

Fehde ['fe:də] *f* <-n> querella *f*

fehl [fe:l] *adv:* ~ **am Platz sein** (*Person*) estar de más; (*Bemerkung*) no venir al caso

Fehlalarm *m* falsa alarma *f;* **Fehlbetrag** *m* déficit *m inv;* **Fehleinschätzung** *f* estimación *f* falsa

fehlen ['fe:lən] *vi* faltar; **du hast mir sehr gefehlt** te he echado mucho de menos; **was fehlt dir?** ¿qué te pasa?; **weit gefehlt!** ¡ni mucho menos!

Fehlentscheidung *f* decisión *f* equivocada

Fehler ['fe:lɐ] *m* <-s, -> **1.** (*Irrtum*) falta *f;* **einen ~ machen** cometer un error; **das war nicht dein** ~ no fue culpa tuya **2.** (*Mangel*) defecto *m;* **fehlerfrei** *adj* sin faltas; **fehlerhaft** *adj* (*kaputt*) defectuoso; (*falsch*) incorrecto; **Fehlermeldung** *f* (INFOR) aviso *m* de error; **Fehlerquelle** *f* fuente *f* de errores; **Fehlersuche** *f* (*a.* INFOR) búsqueda *f* de errores

Fehlgeburt *f* aborto *m* involuntario; **fehl|gehen** *irr vi sein* (*geh*) equivocarse; **in einer Annahme** ~ no acertar al suponer algo; **Fehlgriff** *m* medida *f* equivocada; **Fehlinformation** *f* falsa información *f;* **Fehlschlag** *m* fracaso *m;* **fehl|schlagen** *irr vi sein* fracasar; **Fehltritt** *m* paso *m* en falso; **Fehlzündung** *f* encendido *m* defectuoso

Feier ['faɪɐ] *f* <-n> **1.** (*Fest*) fiesta *f;* **zur ~ des Tages** para celebrar el día **2.** (*Zeremonie*) festividad *f*

Feierabend *m* fin *m* del trabajo; (*von Geschäften*) hora *f* de cierre; ~ **haben** salir del trabajo

feierlich *adj* solemne

feiern ['faɪɐn] **I.** *vt* (*Party, Weihnachten*) celebrar; (*umjubeln*) aplaudir **II.** *vi* estar de fiesta

Feiertag *m* día *m* festivo

feiertags *adv* los festivos; **sonn- und ~** domingos y festivos

feig(e) [faɪk, 'faɪgə] *adj* cobarde

Feige ['faɪgə] *f* <-n> higo *m*

Feigheit ['faɪkhaɪt] *f* cobardía *f*

Feigling ['faɪklɪŋ] *m* <-s, -e> cobarde *mf*

Feile ['faɪlə] *f* <-n> lima *f*

feilen ['faɪlən] *vt* limar; (*vervollkommnen*) retocar

feilschen ['faɪlʃən] *vi* regatear (*um +akk*)

fein [faɪn] *adj* **1.** (*zart*) fino; (*Strich*) delgado; (*Sand, Regen*) menudo; **dieser Wein ist vom Feinsten** este es un vino selecto **2.** (*vornehm*) fino; (*elegant*) elegante **3.** (*genau*) preciso; ~ **säuberlich** nítidamente; **eine ~e Nase haben** tener un olfato muy fino **4.** (*fam: erfreulich*) bueno; **~, dass du wieder da bist** qué bien que ya hayas vuelto

Feind(in) [faɪnt] *m(f)* <-(e)s, -e; -nen> enemigo, -a *m, f;* **sich** *dat* **jdn zum ~ machen** enemistarse con alguien

feindlich *adj* enemigo

Feindschaft *f* enemistad *f*

feindselig ['-ze:lɪç] *adj* hostil

Feindseligkeit *f* hostilidad *f*

Feindseligkeiten *fpl* hostilidades *fpl*

feinfühlig *adj* sensible, delicado

Feingefühl *nt* <-(e)s, *ohne pl*> tacto *m*

Feinkostgeschäft *nt* tienda *f* de ultramarinos de primera calidad

Feinschmecker(in) *m(f)* <-s, -; -nen> gourmet *mf*

feist [faɪst] *adj* gordo

Feld [fɛlt] *nt* <-(e)s, -er> **1.** (*Acker, Bereich, a.* INFOR, ELEK) campo *m;* **das ist ein weites** ~ (*fig*) ese es un tema que da mucho de sí **2.** (MIL) campo *m* de batalla; **das ~ räumen** dejar el campo libre **3.** (*auf Spielbrett, Formular*) casilla *f;* (*auf Schachbrett*) escaque *m* **4.** (SPORT: *Spiel~*) terreno *m* de juego; **Feldbett** *nt* somier *m* plegable; (MIL) cama *f* de campaña; **Feldflasche** *f* cantimplora *f;* **Feldherr** *m* comandante *m* (en jefe); (*Stratege*) estratega *m;* **Feldstecher** ['fɛltʃtɛçɐ] *m* <-s, -> prismáticos *mpl;* **Feldwebel** ['fɛltve:bəl] *m* <-s, -> sargento *m* (mayor); **Feldweg** *m* camino *m* vecinal; **Feldzug** *m* (*a. fig*) campaña *f;* **einen ~ gegen jdn/etw unternehmen** lanzar una campaña contra algo/alguien

Felge ['fɛlgə] *f* <-n> (*Rad~*) llanta *f*

Fell [fɛl] *nt* <-(e)s, -e> piel *f;* **ein dickes ~ haben** (*fam fig*) tener una coraza en lugar de piel

Fels [fɛls] *m* <-ens, -en> (*geh*), **Felsen** ['fɛlzən] *m* <-s, -> roca *f;* **felsenfest** ['--'-] *adj* firme; **ich bin ~ davon über-**

F

zeugt, dass ... estoy firmemente convencido de que...

felsig ['fɛlzɪç] *adj* rocoso

feminin [femi'ni:n] *adj* femenino

Feminismus [femi'nɪsmʊs] *m* <-, *ohne pl*> feminismo *m*

Feminist(in) [femi'nɪst] *m(f)* <-en, -en; -nen> feminista *mf*

feministisch *adj* feminista

Fenchel ['fɛnçəl] *m* <-s, -> hinojo *m*

Fenster ['fɛnstɐ] *nt* <-s, -> (*a.* INFOR) ventana *f;* (*an Fahrzeugen*) ventanilla *f;* **zum ~ hinausschauen** mirar por la ventana; **jd ist weg vom ~** (*fig*) alguien ha desaparecido del panorama; **Fensterbank** *f* <-bänke>, **Fensterbrett** *nt* antepecho *m;* **Fensterbriefumschlag** *m* sobre *m* de ventanilla; **Fensterheber** ['fɛnstɐhe:bɐ] *m* <-s, -> (AUTO) elevalunas *m inv;* **Fensterladen** *m* contraventana *f;* **Fensterscheibe** *f* cristal *m;* (*Auto, Schaufenster*) luna *f*

Ferien ['fe:riən] *pl* vacaciones *fpl;* **die großen ~** las vacaciones de verano; **Ferienwohnung** *f* apartam(i)ento *m* para las vacaciones; **Ferienzeit** *f ohne pl* (época *f* de) vacaciones *fpl*

Ferkel ['fɛrkəl] *nt* <-s, -> lechón *m;* (*fam: Mensch*) cochino, -a *m, f*

fern [fɛrn] **I.** *adj* (*räumlich, zeitlich*) lejano; **der Ferne Osten** el Extremo Oriente **II.** *adv* lejos; (**sich**) **~ halten von etw** *dat*/**jdm** (*geh*) mantener(se) alejado de algo/alguien; **es liegt mir ~, zu ...** no tengo la intención de...; **nichts liegt mir ~er als ...** nada más lejos de mi voluntad que...; **jdm ~ stehen** no tener relación con alguien; **Fernbedienung** *f* mando *m* a distancia; **fern|bleiben** *irr vi sein* (*geh*) no asistir (a)

Ferne ['fɛrnə] *f* (*räumlich, zeitlich*) lejanía *f;* **aus der ~ betrachtet** visto de lejos; **in weiter ~ liegen** estar lejos

ferner ['fɛrnɐ] **I.** *konj* (*außerdem*) además **II.** *adv* (*künftig*) en adelante

Fernfahrer(in) *m(f)* camionero, -a *m, f;* **Ferngespräch** *nt* (*Inland*) llamada *f* interurbana; (*Ausland*) llamada *f* internacional; **ferngesteuert** ['fɛrngeʃtɔɪɐt] *adj* teledirigido; **Fernglas** *nt* prismáticos *mpl;* **fern|halten** *irr vt, vr:* **sich ~** *s.* **fern II.**; **Fernlicht** *nt* <-(e)s, *ohne pl*> (AUTO) luz *f* larga; **fern|liegen** *irr vi s.* **fern II.**; **Fernmeldeamt** *nt* central *f* telefónica; **Fernmeldewesen** *nt* <-s, *ohne pl*> telecomunicaciones *fpl;* **Fernost** [fɛrn'ʔɔst] *m* Extremo Oriente *m;* **fernöstlich** ['-'--] *adj* del Extremo Oriente; **Fernrohr** *nt* telescopio *m;* **Fernschreiben** *nt* (*Text*) télex *m inv;* **Fernschreiber** *m* <-s, -> télex *m inv*

Fernsehanstalt *f* cadena *f* de televisión; **Fernsehapparat** *m* televisor *m*

fern|sehen *irr vi* ver la tele(visión)

Fernsehen *nt* <-s, *ohne pl*> televisión *f;* **im ~ übertragen** televisar

Fernseher *m* <-s, -> (*fam*) tele *f*

Fernsehfilm *m* película *f* de television; **Fernsehgebühr** *f* impuesto *m* por el uso de un televisor; **Fernsehgerät** *nt* televisor *m;* **Fernsehprogramm** *nt* programa *m* de televisión; **Fernsehsender** *m* canal *m* de televisión; **Fernsehturm** *m* torre *f* de televisión

Fernsicht *f* vista *f* panorámica

Fernsprechamt *nt* central *f* telefónica

Fernsprecher *m* <-s, -> teléfono *m*

fern|stehen *irr vi s.* **fern II.**; **fern|steuern** *vt* teledirigir; **Fernsteuerung** *f* telemando *m;* **Fernuniversität** *f* universidad *f* a distancia; **Fernverkehr** *m* (AUTO) tráfico *m* interurbano

Fernweh ['fɛrnve:] *nt* <-(e)s, *ohne pl*> (*geh*) nostalgia *f* de países lejanos

Ferse ['fɛrzə] *f* <-n> (*a. Strumpf~*) talón *m;* **jdm** (**dicht**) **auf den ~n sein** ir pisando los talones a alguien

fertig ['fɛrtɪç] *adj* **1.** (*beendet*) terminado; (*vollendet*) listo; **halb ~** a medio hacer; **das Essen ist ~** la comida está lista; **etw ~ bekommen** (*fam*) terminar algo; **etw nicht ~ bringen** (*fam*) no ser capaz de algo; **etw ~ machen** acabar algo; **etw ~ stellen** concluir algo; **mit jdm ~ werden** (*fam*) arreglárselas con alguien; **sieh zu, wie du damit ~ wirst** (*fam fig*) arréglatelas como puedas **2.** (*bereit*) listo (*zu* +*dat* para); (**sich**) **~ machen** (*fam*) preparar(se) **3.** (*fam: erschöpft*) rendido; **jdn ~ machen** acabar con alguien; **ich bin fix und ~** estoy hecho polvo; **fertig|bekommen*** *irr vt s.* **fertig 1.**; **fertig|bringen** *irr vt s.* **fertig 1.**

fertigen ['fɛrtɪgən] *vt* fabricar

Fertiggericht *nt* plato *m* precocinado; **Fertighaus** *nt* casa *f* prefabricada

Fertigkeit *f* <-en> **1.** (*Geschicklichkeit*) habilidad *f* **2.** *pl* (*Fähigkeit*) aptitudes *fpl;*

(*Kenntnis*) conocimientos *mpl*

fertig|machen **I.** *vt s.* **fertig 1., 2. II.** *vr:* **sich** ~ *s.* **fertig 2.**; **fertig|stellen** *vt s.* **fertig 1.**

Fertigung *f* <-en> fabricación *f*

Fessel ['fɛsəl] *f* <-n> **1.** (*zum Festbinden*) atadura *f;* **jdm ~n anlegen** poner a alguien los grilletes **2.** (ANAT: *vom Pferd*) espolón *m;* (*beim Menschen*) empeine *m* (del pie)

fesseln ['fɛsəln] *vt* **1.** (*festbinden*) atar; (*an den Händen*) maniatar; **ans Bett gefesselt sein** (*fig*) tener que guardar cama **2.** (*faszinieren*) fascinar

fest [fɛst] *adj* **1.** (*kompakt*) sólido **2.** (*stabil*) robusto **3.** (*stark*) fuerte; **die Tür ~ schließen** cerrar la puerta con fuerza; ~ **schlafen** dormir profundamente **4.** (*unerschütterlich*) firme; **sie ist ~ entschlossen** está firmemente decidida **5.** (*ständig*) fijo; ~ **angestellt** con empleo fijo; **einen ~en Wohnsitz haben** tener un domicilio fijo; **er ist in ~en Händen** (*fam*) tiene novia

Fest [fɛst] *nt* <-(e)s, -e> fiesta *f;* **Frohes ~!** ¡Felices Fiestas!

festangestellt *adj s.* **fest 5.**; **fest|binden** *irr vt* atar (*an +akk* a)

Festessen *nt* banquete *m*

fest|fahren *irr vr:* **sich ~ 1.** (*stecken bleiben*) atascarse (*in +dat* en); (*Schiff*) embarrancar **2.** (*Verhandlungen*) estancarse; **fest|halten** *irr* **I.** *vi* aferrarse (*an +dat* a); **er hält an seiner Meinung fest** no da su brazo a torcer **II.** *vt* **1.** (*halten*) sujetar **2.** (*zurückhalten*) detener **3.** (*aufzeichnen*) retener; (*mit Kamera*) fotografiar; (*mit Tonband*) grabar **III.** *vr:* **sich** ~ sujetarse (*an +dat* en/a)

festigen ['fɛstɪgən] *vt, vr:* **sich** ~ consolidar(se); **ein gefestigter Charakter** un carácter estable

Festiger *m* <-s, -> fijador *m* (para el pelo)

Festival ['fɛstivəl] *nt* <-s, -s> festival *m*

fest|kleben **I.** *vi sein* estar pegado (*an* en/a) **II.** *vt* pegar (*an* a/en); **Festland** *nt* **1.** (*Kontinent*) continente *m* **2.** *ohne pl* (*im Gegensatz zum Meer*) tierra *f* firme; **fest|legen** **I.** *vt* establecer **II.** *vr:* **sich** ~ comprometerse (*auf +akk* a)

festlich ['fɛstlɪç] *adj* de fiesta; (*feierlich*) ceremonioso; **etw ~ begehen** celebrar algo

Festlichkeit *f* <-en> festividad *f*

fest|machen *vt* (*vereinbaren*) concertar; (*befestigen*) fijar (*an +dat* en/a); **fest|nageln** *vt* (*Bretter*) clavar (*an +dat* a/en); (*fam: festlegen*) comprometer

Festnahme ['fɛstnaːmə] *f* <-n> detención *f;* **vorläufige ~** detención provisional

fest|nehmen *irr vt* detener

Festplatte *f* disco *m* duro; **Festplattenlaufwerk** *nt* unidad *f* del disco duro

Festrede *f* discurso *m* solemne; **Festsaal** *m* salón *m* de fiestas

fest|schrauben *vt* apretar los tornillos; **fest|setzen** **I.** *vt* fijar **II.** *vr:* **sich ~ 1.** (*Schmutz*) pegarse (*auf +dat* a, *in +dat* en) **2.** (*Gedanke*) arraigarse; **fest|sitzen** *irr vi* **1.** (*befestigt sein*) estar fijo **2.** (*Fahrzeug*) estar atascado (*in +dat* en); (*Schiff*) estar encallado

Festspiele *ntpl* festival *m*

fest|stehen *irr vi* (*festgelegt sein*) estar decidido; (*sicher sein*) ser seguro; **fest|stellen** *vt* **1.** (*ermitteln*) averiguar; (*Personalien*) tomar **2.** (*bemerken*) notar **3.** (*sagen*) manifestar

Feststellung *f* **1.** (*Ermittlung*) averiguación *f* **2.** (*Konstatierung*) comprobación *f;* (*Beobachtung*) observación *f;* **die ~ machen, dass ...** comprobar que... **3.** (*Aussage*) declaración *f*

Festung ['fɛstʊŋ] *f* <-en> fortaleza *f*

fett *adj* **1.** (*Speisen*) graso; ~ **essen** comer comidas grasas **2.** (*Mensch*) gordo; **~e Beute machen** (*fig fam*) conseguir un gran botín **3.** (TYPO) en negrilla; ~ **gedruckt** (impreso) en negrilla

Fett *nt* <-(e)s, -e> grasa *f;* ~ **ansetzen** (*fam*) echar tripa; **fettarm** *adj* pobre en grasas

fetten **I.** *vi* ser grasiento **II.** *vt* engrasar

fettgedruckt ['fɛtgədrʊkt] *adj s.* **fett 3.**

Fettgehalt *m* contenido *m* en grasa

fettig *adj* grasiento; (*schmierig*) pringoso

fettleibig ['fɛtlaɪbɪç] *adj* obeso

Fettleibigkeit *f* obesidad *f*

fettlöslich *adj* soluble en grasa; **Fettnäpfchen** ['fɛtnɛpfçən] *nt* <-s, -> (*fam*): **ins ~ treten** meter la pata; **Fettwanst** ['fɛtvanst] *m* (*fam abw*) barrigón, -ona *m, f*

fetzen ['fɛtsən] *vr:* **sich** ~ (*fam: sich streiten*) pelearse

Fetzen ['fɛtsən] *m* <-s, -> (*Stoff~, Papier~*) jirón *m;* (*Gesprächs~*) pedazo *m;* **er riss es in ~** lo hizo trizas

fetzig *adj* (*fam: Musik*) marchoso

F

feucht [fɔɪçt] *adj* húmedo; ~ **werden** humedecerse

Feuchtigkeit *f* humedad *f;* **Feuchtigkeitscreme** *f* crema *f* hidratante

feuchtkalt ['-'-] *adj* de frío húmedo; **feuchtwarm** ['-'-] *adj* de calor húmedo; (*schwül*) bochornoso

feudal [fɔɪ'daːl] *adj* feudal; (*fam: prächtig*) elegante

Feuer ['fɔɪɐ] *nt* <-s, -> fuego *m;* ~ **fangen** (*in Brand geraten*) incendiarse; (*sich begeistern*) entusiasmarse; **das** ~ **eröffnen** (MIL) abrir fuego; **haben Sie** ~**?** ¿tiene fuego?; ~ **und Flamme für etw sein** (*fam*) entusiasmarse por algo; **Feueralarm** *m* alarma *f* de incendio; **Feuerbestattung** *f* incineración *f;* **Feuereifer** *m* celo *m,* fervor *m;* **etw mit** ~ **betreiben** hacer algo con mucho entusiasmo; **feuerfest** *adj* a prueba de fuego; **feuergefährlich** *adj* inflamable; **Feuerleiter** *f* escalera *f* de incendios; **Feuerlöscher** *m* <-s, -> extintor *m* de incendios; **Feuermelder** *m* <-s, -> teléfono *m* para avisar a los bomberos

feuern I. *vi* (*schießen*) disparar II. *vt* 1. (*fam: entlassen*) despedir con cajas destempladas 2. (*fam: hinschleudern*) tirar; **jdm eine** ~ pegarle a alguien una bofetada

feuerrot ['--'-] *adj* rojo encendido; **Feuerstein** *m* (*im Feuerzeug*) piedra *f* de mechero; **Feuerwache** *f* puesto *m* de bomberos; **Feuerwaffe** *f* arma *f* de fuego

Feuerwehr ['fɔɪɐveːɐ] *f* <-en> 1. (*Institution*) cuerpo *m* de bomberos 2. (*fam:* ~*einheit*) bomberos *mpl;* **Feuerwehrfrau** *f* bombera *f;* **Feuerwehrmann** *m* <-(e)s, -männer *o* -leute> bombero *m*

Feuerwerk *nt* fuegos *mpl* artificiales

Feuerzeug *nt* <-(e)s, -e> mechero *m*

Feuilleton [fœjə'tõː] *nt* <-s, -s> (*Zeitungsteil*) suplemento *m* cultural

feurig ['fɔɪrɪç] *adj* 1. (*temperamentvoll*) impetuoso; (*leidenschaftlich*) apasionado 2. (*Rede*) vehemente

ff. *Abk. von* **folgende** (**Seiten**) y (páginas) siguientes

Fiasko ['fjasko] *nt* <-s, -s> fracaso *m*

ficht [fɪçt] *3. präs von* **fechten**

Fichte ['fɪçtə] *f* <-n> abeto *m* rojo

ficken ['fɪkən] *vi, vt* (*vulg*) joder, coger *Am*

fidel [fi'deːl] *adj* (*fam*) alegre

Fieber ['fiːbɐ] *nt* <-s, -> fiebre *f;* **fieberhaft** *adj* febril; **wir haben** ~ **nach ihm gesucht** lo hemos buscado como locos

fiebern *vi* (*Fieber haben*) tener fiebre; (*verlangen*) temblar de ansiedad (*nach* + *dat* por)

Fieberthermometer *nt* termómetro *m*

fiel [fiːl] *3. imp von* **fallen**

fies [fiːs] *adj* (*fam: charakterlich*) asqueroso

Figur [fi'guːɐ] *f* <-en> 1. (*Gestalt*) figura *f;* **auf seine** ~ **achten** cuidar la línea; **er machte eine gute** ~ causó una buena impresión 2. (*a.* LIT) personaje *m* 3. (*Spielstein*) pieza *f*

figurativ [figura'tiːf] *adj* figurado; (KUNST) figurativo

Fiktion [fɪk'tsjoːn] *f* <-en> ficción *f*

fiktiv [fɪk'tiːf] *adj* ficticio

Filet [fi'leː] *nt* <-s, -s> filete *m*

Filiale [fi'ljaːlə] *f* <-n> sucursal *f*

Film [fɪlm] *m* <-(e)s, -e> (*a.* TV, FILM) película *f;* (FOTO) carrete *m;* **einen** ~ **vorführen/anschauen** proyectar/ver una película; **sie ist beim** ~ trabaja en el cine; **Filmemacher(in)** *m(f)* <-s, -; -nen> director(a) *m(f)* de cine

filmen ['fɪlmən] *vi, vt* rodar (una película)

Filmkamera *f* cámara *f* de cine; **Filmmusik** *f* banda *f* sonora (de una película); **Filmriss**[RR] *m* 1. (TV) corte *m* de la película 2. (*Black-out*) fallo *m* repentino de la memoria; **ich hatte einen** ~ (*fam*) me quedé en blanco, me falló la memoria; **Filmschauspieler(in)** *m(f)* actor *m* de cine, actriz *f* de cine; **Filmstar** *m* <-s, -s> estrella *f* de cine

Filter ['fɪltɐ] *m* <-s, -> filtro *m*

filtern *vt* filtrar

Filterzigarette *f* cigarrillo *m* con filtro

Filz [fɪlts] *m* <-es, -e> (*Gewebe*) fieltro *m*

filzen ['fɪltsən] I. *vi* (*Wolle*) apelmazarse II. *vt* (*fam: durchsuchen*) cachear

Filzlaus *f* ladilla *f;* **Filzstift** *m* rotulador *m*

Fimmel ['fɪməl] *m* <-s, -> (*fam abw*) manía *f*

Finale [fi'naːlə] *nt* <-s, -> final *f*

Finanzamt [fi'nants-] *nt* Delegación *f* de Hacienda; **Finanzbeamte(r)** *mf,* **-beamtin** *f* agente *mf* fiscal

Finanzen [fi'nantsən] *pl* finanzas *fpl*

finanziell [finan'tsjɛl] *adj* financiero

finanzieren* [finan'tsiːrən] *vt* financiar

Finanzminister(in) *m(f)* ministro, -a *m, f* de Hacienda; **Finanzpolitik** *f* <-en> (*a.* WIRTSCH) política *f* financiera

Findelkind ['fɪndəlkɪnt] *nt* expósito, -a *m, f*

finden ['fɪndən] <findet, fand, gefunden> **I.** *vt* **1.** (*allgemein*) encontrar; (*unvermutet*) dar con; **wieder ~** (*Dinge*) encontrar; (*Person*) reencontrar; (*Sprache*) recobrar; **Anklang ~** encontrar aprobación; **Beachtung ~** recibir atención; **sie fand keine Ruhe** no halló reposo; **sie findet Freude an der Arbeit** le gusta su trabajo; **kein Ende ~** no acabar nunca; **Verwendung ~** poder ser utilizado **2.** (*meinen*) opinar; **ich finde es gut, dass ...** me parece bien que... +*subj* **II.** *vr:* **sich ~ 1.** (*zum Vorschein kommen*) aparecer **2.** (*in Ordnung kommen*) arreglarse; **das wird sich alles ~** todo se arreglará

Finderlohn *m* <-(e)s, *ohne pl*> gratificación *f*

findig *adj* ingenioso

fing [fɪŋ] *3. imp von* **fangen**

Finger ['fɪŋɐ] *m* <-s, -> dedo *m;* **der kleine ~** el (dedo) meñique; **~ weg!** ¡no lo toques!; **da solltest du lieber die ~ von lassen** (*fam fig*) será mejor que no te metas en esto; **sich** *dat* **etw aus den ~n saugen** sacarse algo de la manga; **jdn um den ~ wickeln** (*fam*) ganarse a alguien; **keinen ~ krumm machen** (*fam*) no dar ni golpe; **Fingerabdruck** *m* <-(e)s, -drücke> huella *f* digital; **genetischer ~** imprenta genética; **Fingerfertigkeit** *f* habilidad *f* manual; **Fingerhut** *m* (*beim Nähen*) dedal *m;* (BOT) dedalera *f*

fingern I. *vi* manosear (*an*) **II.** *vt* (*fam*) hurgar

Fingernagel *m* uña *f*

Fingerspitze *f* punta *f* del dedo; **Fingerspitzengefühl** *nt* <-(e)s, *ohne pl*> tacto *m*

Fingerzeig ['fɪŋɐtsaɪk] *m* <-s, -e> señal *f*

fingieren* [fɪŋ'giːrən] *vt* fingir

Fink [fɪŋk] *m* <-en, -en> pinzón *m*

Finne, -in ['fɪnə] *m, f* <-n, -n; -nen> finlandés, -esa *m, f*

finnisch *adj* finlandés

Finnland ['fɪnlant] *nt* <-s> Finlandia *f*

finster ['fɪnstɐ] *adj* **1.** (*dunkel*) oscuro; (*düster*) tenebroso; **es sieht ~ aus** tiene muy mal aspecto; **im Finstern tappen** andar a tientas **2.** (*mürrisch*) huraño

Finsternis *f* <-se> oscuridad *f*

Finte ['fɪntə] *f* <-n> (*Vorwand*) artimaña *f*

firm [fɪrm] *adj:* **in etw** *dat* **~ sein** estar versado en algo

Firma ['fɪrma] *f* <Firmen> empresa *f*

firmeneigen *adj* perteneciente a la empresa

Fisch [fɪʃ] *m* <-(e)s, -e> **1.** (ZOOL) pez *m;* (*Gericht*) pescado *m;* **das ist weder ~ noch Fleisch** (*fam fig*) esto está a medias; **das sind kleine ~e für mich** (*fam*) eso está chupado **2.** (ASTR) piscis *m inv*

fischen *vi, vt* pescar

Fischer(in) *m(f)* <-s, -; -nen> pescador(a) *m(f)*

Fischerei *f* pesca *f*

Fischfang *m* pesca *f;* **auf ~ gehen** ir de pesca; **Fischfilet** *nt* filete *m* de pescado

Fiskus ['fɪskʊs] *m* <-, *ohne pl*> Hacienda *f,* fisco *m*

fit [fɪt] *adj* en (buena) forma

Fitness[RR] ['fɪtnɛs] *f* buena forma *f;* **Fitnesscenter**[RR] ['fɪtnɛssɛntɐ] *nt* <-s, -> gimnasio *m*

Fittich ['fɪtɪç] *m* <-(e)s, -e> (*geh*) ala *f;* **jdn unter seine ~e nehmen** ocuparse de alguien

fix [fɪks] *adj* **1.** (*fest*) fijo; **eine ~e Idee** una obsesión **2.** (*fam: schnell*) rápido

fixen ['fɪksən] *vi* (*sl*) pincharse

Fixer(in) *m(f)* <-s, -; -nen> (*sl*) drogadicto, -a *m, f*

fixieren* [fɪ'ksiːrən] *vt* (*a.* FOTO) fijar (*an* +*dat* a/en); **jdn ~** clavar los ojos en alguien; **auf etw fixiert sein** depender emocionalmente de algo

Fjord [fjɔrt] *m* <-(e)s, -e> fiordo *m*

FKK [ɛfkaː'kaː] *Abk. von* **Freikörperkultur** nudismo *m;* **FKK-Strand** *m* playa *f* nudista

flach [flax] *adj* **1.** (*eben*) llano; **mit der ~en Hand** con la palma de la mano **2.** (*niedrig*) bajo; (*Gewässer*) poco profundo; (*Teller*) llano **3.** (*abw: oberflächlich*) banal; **Flachbildschirm** *m* pantalla *f* plana

Fläche ['flɛçə] *f* <-n> **1.** (*Gebiet*) superficie *f;* (*Bauwesen*) terreno *m* **2.** (MATH: *Grund~*) plano *m;* (*eines Würfels*) cara *f;* **Flächeninhalt** *m* (MATH) área *f*

Flachland *nt* <-(e)s, *ohne pl*> llanura *f;* **flach\|liegen** *irr vi* (*fam: krank sein*) estar enfermo

Flachs [flaks] *m* <-es, *ohne pl*> lino *m;* **flachsblond** ['-'-] *adj* rubio platino

F

flackern ['flakɐn] *vi* (*Feuer*) llamear; (*Licht*) centellear

Fladen ['fla:dən] *m* <-s, -> (*Pfannkuchen*) filloa *f;* (*Kuhdung*) boñigo *m;* **Fladenbrot** *nt* pan *m* árabe

Flagge ['flagə] *f* <-n> bandera *f;* **das Schiff fährt unter spanischer** ~ el barco navega con pabellón español

flagranti [fla'granti]: **in** ~ con las manos en la masa

Flair [flɛ:ɐ] *nt o m* <-s, *ohne pl*> encanto *m*

Flakon [fla'kõ:] *m o nt* <-s, -s> (*geh*) frasco *m*

flambieren* [flam'bi:rən] *vt* flamear

Flamingo [fla'mɪŋgo] *m* <-s, -s> flamenco *m*

flämisch ['flɛ:mɪʃ] *adj* flamenco

Flamme ['flamə] *f* <-n> llama *f;* **in ~n aufgehen** arder; **in ~n stehen** estar en llamas; **etw auf kleiner ~ kochen** cocinar algo a fuego lento

Flanell [fla'nɛl] *m* <-s, -e> franela *f*

flanieren* [fla'ni:rən] *vi haben o sein* callejear

Flanke ['flaŋkə] *f* <-n> (*a.* MIL) flanco *m;* (*Pferd*) ijada *f*

flankieren* *vt* flanquear

flapsig ['flapsɪç] *adj* (*fam*) fresco

Flasche ['flaʃə] *f* <-n> **1.** (*Gefäß*) botella *f;* (*für Babys*) biberón *m,* mamadera *f Am* **2.** (*fam: Versager*) cero *m* a la izquierda; **Flaschenöffner** *m* abrebotellas *m inv;* **Flaschenzug** *m* sistema *m* de poleas

flatterhaft *adj* (*abw*) veleidoso

flattern ['flatɐn] *vi sein* revolotear; (*Fahne*) ondear

flau [flaʊ] *adj* **1.** (*schwach*) débil; **mir ist ~ im Magen** me mareo **2.** (FIN) flojo

Flaum [flaʊm] *m* <-(e)s, *ohne pl*> **1.** (*Federn*) plumón *m* **2.** (*Härchen*) pelusilla *f;* (*Bartwuchs*) bozo *m*

flauschig *adj* blando, suave

Flause *f* <-n> (*fam*) tontería *f;* **sie hat nur ~n im Kopf** no tiene más que pájaros en la cabeza

Flaute ['flaʊtə] *f* <-n> **1.** (NAUT) calma *f* chicha **2.** (FIN) periodo *m* de crisis; **es herrscht absolute ~** el negocio está paralizado; **die Party war eine ~** (*fam*) la fiesta fue un chasco

Flechte ['flɛçtə] *f* <-n> (BOT) liquen *m;* (MED) herpes *m o f*

flechten ['flɛçtən] <flicht, flocht, geflochten> *vt* tejer; (*Haare*) trenzar; **einen Blumenkranz ~** hacer una corona de flores

Fleck [flɛk] *m* <-(e)s, -e> **1.** (*Schmutz~, Farb~*) mancha *f;* **ein blauer ~** un moratón **2.** (*fam: Stelle*) lugar *m;* **nicht vom ~ kommen** no avanzar; **das Herz auf dem rechten ~ haben** tener el corazón en su sitio

Flecken ['flɛkən] *m* <-s, -> **1.** (*Schmutz~, Farb~*) mancha *f* **2.** (*Dorf*) pueblo *m;* **Fleckenwasser** *nt* <-s, -wässer> quitamanchas *m inv*

fleckig ['flɛkɪç] *adj* con manchas; (*Obst*) picado; (*Tierfell*) a pintas

Fledermaus ['fle:dɐmaʊs] *f* murciélago *m*

Flegel ['fle:gəl] *m* <-s, -> (*abw*) grosero, -a *m, f;* **Flegeljahre** *ntpl* edad *f* del pavo

flehen ['fle:ən] *vi* suplicar; **um Gnade ~** implorar el perdón

flehentlich ['fle:əntlɪç] *adv* encarecidamente

Fleisch [flaɪʃ] *nt* <-(e)s, *ohne pl*> carne *f;* ~ **fressend** carnívoro; **vom ~ fallen** (*fam*) quedarse en los huesos; **sich** *dat/akk* **ins eigene ~ schneiden** (*fig*) echar piedras contra el propio tejado; **Fleischbrühe** *f* caldo *m* de carne

Fleischer(in) *m(f)* <-s, -; -nen> carnicero, -a *m, f*

Fleischerei *f* <-en> carnicería *f*

fleischfressend *adj s.* **Fleisch**; **Fleischklößchen** ['flaɪʃklø:sçən] *nt* <-s, -> albóndiga *f*

fleischlich *adj* (*Kost*) cárnico; (*Begierde*) carnal

Fleischwolf *m* máquina *f* de picar carne

Fleiß [flaɪs] *m* <-es, *ohne pl*> aplicación *f;* (*Eifer*) empeño *m;* **ohne ~ kein Preis** (*prov*) no hay atajo sin trabajo

fleißig I. *adj* aplicado **II.** *adv* con empeño

flennen ['flɛnən] *vi* (*fam abw*) llorar

fletschen ['flɛtʃən] *vt:* **die Zähne ~** regañar los dientes

flexibel [flɛ'ksi:bəl] *adj* flexible

Flexibilität [flɛksibili'tɛ:t] *f* flexibilidad *f*

Flexion [flɛ'ksjo:n] *f* <-en> flexión *f*

flicht [flɪçt] *3. präs von* **flechten**

flicken ['flɪkən] *vt* (*Reifen*) echar parches (a); (*Kleidung*) remendar

Flicken *m* <-s, -> remiendo *m*

Flieder ['fli:dɐ] *m* <-s, -> lila *f*

Fliege ['fli:gə] *f* <-n> **1.** (ZOOL) mosca *f;*

zwei ~n mit einer Klappe schlagen (*fam*) matar dos pájaros de un tiro **2.** (*Krawatte*) pajarita *f*

fliegen ['fli:gən] <fliegt, flog, geflogen> **I.** *vi sein* **1.** (*Tier, Flugzeug*) volar; (*Person*) ir en avión; **wann fliegt die nächste Maschine?** ¿cuándo sale el próximo avión? **2.** (*fam: hinausgeworfen werden*): **ich bin geflogen** me han echado **3.** (*fam: durchfallen*): **durchs Examen ~** cargar el examen **II.** *vt haben* (*Flugzeug*) pilotar; (*Route*) cubrir

Fliegenklatsche ['fli:gənklatʃə] *f* <-n> matamoscas *m inv;* **Fliegenpilz** *m* amanita *f* muscaria

fliehen ['fli:ən] <flieht, floh, geflohen> *vi sein* huir (*vor +dat* de); (*aus dem Gefängnis*) escaparse (*aus +dat* de)

Fliese ['fli:zə] *f* <-n> (*aus Stein*) baldosa *f;* (*Kachel*) azulejo *m;* **Fliesenleger(in)** *m(f)* <-s, -; -nen> embaldosador(a) *m(f)*

Fließband *nt* cadena *f* de fabricación; **am ~ arbeiten** trabajar en la cadena; **Fließbandarbeit** *f* trabajo *m* en cadena (de fabricación)

fließen ['fli:sən] <fließt, floss, geflossen> *vi sein* fluir; (*Tränen*) correr; (*heraus~*) salir; **die Elbe fließt in die Nordsee** el Elba desemboca en el Mar del Norte; **der Sekt floss in Strömen** el champán corrió a litros; **es ist genug Blut geflossen** ya se ha derramado bastante sangre

fließend **I.** *adj* **1.** (*Wasser*) corriente; **~er Verkehr** tráfico fluido **2.** (*Grenze*) difuso **II.** *adv* con fluidez; **sie spricht ~ Katalanisch** habla catalán con fluidez

Flimmerkiste *f* (*fam abw*) tele *f,* caja *f* tonta

flimmern ['flɪmɐn] *vi* relucir; (*Sterne*) centellear; **es flimmert mir vor den Augen** se me va la vista

flink [flɪŋk] *adj* (*schnell*) rápido; (*geschickt*) hábil

Flinte ['flɪntə] *f* <-n> escopeta *f;* **die ~ ins Korn werfen** (*fam fig*) arrojar la toalla

flippig ['flɪpɪç] *adj* (*fam*) pasota

Flirt [flɪrt, flœrt] *m* <-s, -s> ligue *m*

flirten ['flɪrtən, 'flœrtən] *vi* flirtear

Flittchen ['flɪtçən] *nt* <-s, -> (*fam abw*) mujerzuela *f*

Flitterwochen *fpl* luna *f* de miel

flitzen ['flɪtsən] *vi sein* (*fam*) ir pitando

flocht [flɔxt] *3. imp von* **flechten**

Flocke ['flɔkə] *f* <-n> copo *m*

flog [flo:k] *3. imp von* **fliegen**

floh [flo:] *3. imp von* **fliehen**

Floh [flo:] *m* <-(e)s, Flöhe> pulga *f;* **jdm einen ~ ins Ohr setzen** (*fam*) ponerle a alguien la mosca detrás de la oreja; **Flohmarkt** *m* rastro *m*

Flop [flɔp] *m* <-s, -s> fracaso *m*

Floppydisk[RR] *f* <-s> disco *m* flexible

Flora ['flo:ra] *f* <Floren> flora *f*

florieren* [flo'ri:rən] *vi* prosperar

Floskel ['flɔskəl] *f* <-n> fórmula *f* de cortesía

floss[RR] [flɔs] *3. imp von* **fließen**

Floß [flo:s] *nt* <-es, Flöße> balsa *f*

Flosse ['flɔsə] *f* <-n> aleta *f*

Flöte ['flø:tə] *f* <-n> flauta *f*

flöten *vi* **1.** (*Flöte spielen*) tocar la flauta **2.** (*fam: verloren gehen*): **~ gehen** irse al traste; **flöten|gehen** *irr vi s.* **flöten 2.**

flott [flɔt] *adj* **1.** (*fam: rasch*) rápido **2.** (*fam: Person*) atractivo; (*Kleidung*) de moda; (*Musik*) marchoso

Flotte ['flɔtə] *f* <-n> flota *f*

flott|machen *vt* (*Schiff*) desencallar; (*fam: Fahrzeug*) poner a punto

Fluch [flu:x] *m* <-(e)s, Flüche> **1.** (*Verwünschung*) maldición *f;* **einen ~ ausstoßen** lanzar una maldición **2.** (*Schimpfwort*) taco *m*

fluchen ['flu:xən] *vi* soltar tacos; **auf etw ~** maldecir algo

Flucht [flʊxt] *f* huida (*aus/vor +dat* de), fuga *f* (*aus +dat* de); **vor jdm/etw** *dat* **die ~ ergreifen** huir de alguien/algo; **jdn in die ~ schlagen** hacer que alguien emprenda la huida; **auf der ~ sein** andar fugitivo; **fluchtartig** **I.** *adj* precipitado **II.** *adv* de prisa y corriendo

flüchten ['flʏçtən] **I.** *vi sein* huir (*aus/vor +dat* de); (*aus dem Gefängnis*) fugarse (*aus +dat* de) **II.** *vr:* **sich ~** refugiarse (*in +akk* en); **sich in den Alkohol ~** refugiarse en la bebida

flüchtig ['flʏçtɪç] *adj* **1.** (*flüchtend*) fugitivo **2.** (*kurz*) rápido; **einen ~en Blick auf jdn/etw werfen** echar un vistazo a alguien/algo **3.** (*oberflächlich*) superficial; **etw ~ lesen** leer algo por encima **4.** (CHEM) volátil

Flüchtigkeitsfehler *m* olvido *m*

Flüchtling *m* <-s, -e> refugiado, -a *m, f;*

Flüchtlingslager *nt* campo *m* de refugiados; **Flüchtlingsstrom** *m* flujo *m* de refugiados

Fluchtversuch *m* tentativa *f* de evasión; **Fluchtweg** *m* (*eines Verbrechers*) camino *m* de fuga; (*in Gebäuden*) lugar *m* destinado a la huida en caso de fuego

Flug [flu:k] *m* <-(e)s, Flüge> vuelo *m*; **die Zeit verging wie im** ~(**e**) el tiempo pasó volando; **Flugabwehrrakete** *f* cohete *m* antiaéreo; **Flugbegleiter(in)** *m(f)* auxiliar *mf* de vuelo; **Flugblatt** *nt* octavilla *f*

Flügel ['fly:gəl] *m* <-s, -> **1.** (*eines Vogels, Gebäudes, einer Partei*) ala *f*; **mit den** ~**n schlagen** batir las alas **2.** (*einer Windmühle*) aspa *f*; (*eines Propellers*) pala *f* **3.** (*Tür*~) hoja *f* **4.** (MUS) piano *m* de cola

Fluggast *m* pasajero, -a *m, f* de un avión

flügge ['flʏgə] *adj* volantón; ~ **werden** (*fam: Kind*) independizarse

Fluggesellschaft *f* compañía *f* aérea; **Flughafen** *m* aeropuerto *m*; **auf dem** ~ en el aeropuerto; **Flugkapitän(in)** *m(f)* comandante *mf* (de un avión); **Fluglinie** *f* línea *f* aérea; **Fluglotse, -in** *m, f* controlador(a) *m(f)* aéreo, -a; **Flugplatz** *m* aeródromo *m*

flugs [flu:ks] *adv* (*geh*) en seguida

Flugticket *nt* <-s, -s> billete *m* de avión; **Flugverkehr** *m* tráfico *m* aéreo

Flugzeug ['flu:ktsɔɪk] *nt* <-(e)s, -e> avión *m*; **Flugzeugabsturz** *m* accidente *m* de aviación; **Flugzeugentführung** *f* secuestro *m* de un avión; **Flugzeugträger** *m* portaaviones *m inv*

Fluktuation [flʊktua'tsjo:n] *f* <-en> fluctuación *f*

flunkern ['flʊŋken] *vi* (*fam*) contar una trola

Fluor ['flu:oɐ] *nt* <-s, *ohne pl*> flúor *m*

fluoreszieren* [fluorɛs'tsi:rən] *vi* brillar

fluoreszierend *adj* fluorescente

Flur[1] [flu:ɐ] *m* <-(e)s, -e> (*im Haus*) pasillo *m*

Flur[2] *f* <-en> (*geh: Land*) campiña *f*; **Feld und** ~ los campos

Flurschaden *m* daño *m* de las cosechas

Fluse ['flu:zə] *f* <-n> pelusa *f*

Fluss[RR] [flʊs] *m* <-es, Flüsse> **1.** (*Gewässer*) río *m* **2.** *ohne pl* (*das Fließen*) flujo *m*; (*Verlauf*) curso *m*; **in** ~ **kommen** ponerse en marcha; **flussabwärts**[RR] [-'--] *adv* río abajo; **Flussarm**[RR] *m* brazo *m* de río; **flussaufwärts**[RR] [-'--] *adv* río arriba; **Flussbett**[RR] *nt* cauce *m*

flüssig ['flʏsɪç] *adj* **1.** (*nicht fest*) líquido; ~ **machen** licuefacer **2.** (*Stil, Verkehr*) fluido **3.** (*Kapital*) disponible; ~ **machen** liquidar

Flüssigkeit *f* <-en> líquido *m*

flüssig|machen *vt s.* **flüssig 1., 3.**; **Flüssigseife** *f* jabón *m* líquido

Flussmündung[RR] *f* desembocadura *f* (de un río), bocana *f Am*; **Flusspferd**[RR] *nt* hipopótamo *m*; **Flussschifffahrt**[RR] *f* navegación *f* fluvial; **Flussufer**[RR] *nt* orilla *f* de un río

flüstern ['flʏsten] *vi, vt* susurrar

Flut [flu:t] *f* <-en> **1.** (*geh: Wassermassen*) raudal *m* **2.** (*Menge*) aluvión *m*; **eine** ~ **von Briefen** una montaña de cartas **3.** *ohne pl* (*im Gezeitenwechsel*) marea *f* alta; **Flutkatastrophe** *f* inundación *f*; **Flutlicht** *nt* <-(e)s, *ohne pl*> iluminación *f* con proyectores; **Flutwelle** *f* ola *f* de pleamar

focht [fɔxt] *3. imp von* **fechten**

Föderalismus [føderaˈlɪsmʊs] *m* <-, *ohne pl*> federalismo *m*

Fohlen ['fo:lən] *nt* <-s, -> potro *m*

Föhn [fø:n] *m* <-(e)s, -e> secador *m* de pelo

föhnen[RR] ['fø:nən] *vt* secar (con el secador)

Fokus ['fo:kʊs] *m* <-, -se> foco *m*

Folge ['fɔlgə] *f* <-n> **1.** (*Wirkung*) consecuencia *f*; (*Ergebnis*) resultado *m*; **sie muss die** ~**n tragen** tiene que cargar con las consecuencias; **einem Befehl** ~ **leisten** (*formal*) cumplir una orden **2.** (RADIO, TV) capítulo *m*; (*Zeitung*) número *m* **3.** (*Aufeinander*~) serie *f*; **Folgeerscheinung** *f* (MED) secuela *f*

folgen ['fɔlgən] *vi* **1.** *sein* (*nachgehen*) seguir; **können Sie mir** ~**?** ¿me comprende?; **er folgte ihrem Rat** siguió su consejo **2.** *sein* (*zeitlich*) continuar; **Fortsetzung folgt** continuará; **wie folgt** como sigue **3.** *sein* (*sich ergeben*) deducirse (*aus* +*dat* de); **daraus folgt, dass ...** de ahí se deduce que... **4.** *haben* (*gehorchen*) obedecer

folgend *adj* siguiente; **im Folgenden** a continuación

folgendermaßen ['fɔlgəndɐ(')ma:sən] *adv* de la siguiente manera

folgenschwer *adj* de graves consecuencias

folgerichtig *adj* consecuente

folgern ['fɔlgɐn] *vt* deducir (*aus +dat* de)
Folgerung *f* <-en> conclusión *f* (*aus* de), deducción *f* (*aus* de)
Folgezeit *f ohne pl* porvenir *m;* **in der ~** en lo sucesivo
folglich ['fɔlklɪç] *adv* por lo tanto
folgsam ['fɔlkzaːm] *adj* obediente
Folie ['foːliə] *f* <-n> (*Plastik~*) plástico *m;* (*aus Metall*) lámina *f*
Folklore [fɔlk'loːrə] *f* folclore *m*
folkloristisch [fɔlklo'rɪstɪʃ] *adj* folclórico
Folter ['fɔltɐ] *f* <-n> tortura *f;* **jdn auf die ~ spannen** (*fig*) tener a alguien en vilo
foltern *vt* torturar
Folterung *f* <-en> tortura *f*
Fön® *m* <-(e)s, -e> secador *m* de pelo
fönen *vt s.* **föhnen**
Font [fɔnt] *m* <-s, -s> (INFOR, TYPO) grupo *m* de caracteres
Fontäne [fɔn'tɛːnə] *f* <-n> (*Wasserstrahl*) surtidor *m;* (*Springbrunnen*) fuente *f*
foppen ['fɔpən] *vt* tomar el pelo (a)
Fora *pl von* **Forum**
forcieren* [fɔr'siːrən] *vt* forzar
Förderband *nt* cinta *f* transportadora
förderlich *adj* favorable (a)
fordern ['fɔrdɐn] *vt* **1.** (*verlangen*) exigir (*von +dat* de); **der Unfall forderte fünf Menschenleben** el accidente costó la vida a cinco personas **2.** (*Leistung*) exigir **3.** (*Rechte*) reivindicar
fördern ['fœrdɐn] *vt* **1.** (*Bodenschätze*) extraer **2.** (*unterstützen*) promover; (*Künstler*) patrocinar; (*Talent*) activar; (*Umsatz*) impulsar; (*begünstigen*) favorecer
Forderung *f* <-en> (*Anspruch*) exigencia *f;* (*von Rechten*) reivindicación *f*
Förderung *f* <-en> **1.** (*von Bodenschätzen*) extracción *f* **2.** (*Unterstützung*) promoción *f;* (*finanziell*) subsidio *m*
Forelle [fo'rɛlə] *f* <-n> trucha *f*
Foren *pl von* **Forum**
Form [fɔrm] *f* <-en> **1.** (*Gestalt, Art und Weise*) forma *f;* **aus der ~ geraten** deformarse; **das Projekt nimmt feste ~en an** el proyecto se está concretando **2.** (*Back-, Gieß~*) molde *m* **3.** (*Umgangs~*) formas *fpl;* **die ~ wahren** guardar las formas; **in aller ~** en debida forma **4.** *ohne pl* (*Kondition*) forma *f;* **in ~ kommen/sein** ponerse/estar en forma
formal [fɔr'maːl] *adj* formal
Formalität [fɔrmali'tɛːt] *f* <-en> formalidad *f*
Format [fɔr'maːt] *nt* <-(e)s, -e> **1.** (*Größe*) formato *m* **2.** *ohne pl* (*Persönlichkeit*) personalidad *f;* **sie hat ~** tiene personalidad **3.** (*Bedeutung*) importancia *f*
formatieren* [fɔrma'tiːrən] *vt* (INFOR) formatear
Formatierung *f* <-en> (INFOR) formateo *m*
formbar *adj* moldeable
Formel ['fɔrməl] *f* <-n> fórmula *f;* (*Redewendung*) modismo *m;* **etw auf eine ~ bringen** (*fig*) resumir algo
formell [fɔr'mɛl] *adj* formal
formen ['fɔrmən] *vt* formar
förmlich ['fœrmlɪç] **I.** *adj* formal **II.** *adv* (*regelrecht*) por así decirlo
Förmlichkeit *f* <-en> formalidad *f;* **bitte nur keine ~en!** ¡por favor, no se anden con muchos cumplidos!
formlos *adj* (*ohne Form*) informe; (*zwanglos*) informal; **Formsache** *f* formalidad *f;* **das ist reine ~** eso es pura formalidad
Formular [fɔrmu'laːɐ] *nt* <-s, -e> formulario *m*
formulieren* [fɔrmu'liːrən] *vt* formular
Formulierung *f* <-en> (*Vorgang*) redacción *f;* (*Ergebnis*) expresión *f*
forsch [fɔrʃ] *adj* enérgico
forschen ['fɔrʃən] *vi* investigar; **nach etw ~** indagar algo
Forscher(in) *m(f)* <-s, -; -nen> investigador(a) *m(f)*
Forschung *f* <-en> investigación *f;* **Forschungsergebnis** *nt* resultado *m* de la investigación; **Forschungszentrum** *nt* centro *m* de investigación
Forst [fɔrst] *m* <-(e)s, -e(n)> bosque *m*
Förster(in) ['fœrstɐ] *m(f)* <-s, -; -nen> guardabosque *mf*
Forstwirtschaft *f* silvicultura *f*
fort [fɔrt] *adv* **1.** (*weg*) fuera; (*verschwunden*) desaparecido; (*verloren*) perdido; **er ist schon ~** ya se ha ido; **weit ~** muy lejos **2.** (*weiter*): **und so ~** etcétera; **in einem ~** continuamente
fortan [fɔrt'ʔan] *adv* de aquí en adelante
Fortbestand *m* <-(e)s, *ohne pl*> continuidad *f;* (*der Arten*) perpetuación *f;* **fort|bestehen*** *irr vi* persistir
fort|bewegen* *vt, vr:* **sich ~** desplazar(se)
Fortbewegung *f* locomoción *f;* **Fortbe-**

F

wegungsmittel *nt* medio *m* de locomoción

fort|bilden *vt, vr:* **sich** ~ perfeccionar(se)

Fortbildung *f* <-en> perfeccionamiento *m;* **Fortbildungskurs** *m* curso *m* de capacitación

fort|bringen *irr vt* llevar(se)

fort|dauern *vi* persistir

fort|fahren *irr vi sein* (*wegfahren*) marcharse; (*weitermachen*) continuar

fort|führen *vt* (*wegbringen*) llevar(se); (*fortsetzen*) continuar

Fortgang *m* <-(e)s, *ohne pl*> **1.** (*das Weggehen*) salida *f,* partida *f* **2.** (*der Verlauf*) marcha *f,* curso *m*

fort|gehen *irr vi sein* marcharse

fortgeschritten ['fɔrtgəʃrɪtən] *adj* avanzado; (*entwickelt*) desarrollado; **Deutschkurs für Fortgeschrittene** curso superior de alemán; **zu ~er Stunde** a altas horas de la mañana

fort|jagen *vt* (*Person*) echar; (*Tier*) ahuyentar

fort|kommen *irr vi sein* **1.** (*wegkommen*) irse; **mach, dass du fortkommst!** ¡lárgate! **2.** (*Fortschritte machen*) avanzar

fort|lassen *irr vt* **1.** (*weggehen lassen*) dejar ir(se) **2.** (*auslassen*) suprimir, omitir

fort|laufen *irr vi sein* (*weglaufen*) echar a correr; (*ausreißen*) escaparse (*von +dat* de)

fortlaufend **I.** *adj* (*aufeinander folgend*) consecutivo; (*ununterbrochen*) continuo **II.** *adv* sin cesar

fort|pflanzen *vr:* **sich** ~ **1.** (*Menschen, Tiere*) reproducirse **2.** (*Schall*) propagarse; (*Gedanke*) transmitirse

Fortpflanzung *f ohne pl* reproducción *f*

fort|schicken *vt* (*Person*) echar; (*Post*) enviar

fort|schreiten *irr vi sein* **1.** (*vorangehen*) avanzar; (*Zeit*) pasar **2.** (*Verschmutzung*) extenderse

Fortschritt *m* progreso *m*

fortschrittlich *adj* progresista

fort|setzen **I.** *vt* (*weitermachen*) proseguir **II.** *vr:* **sich** ~ (*räumlich*) extenderse; (*zeitlich*) prolongarse

Fortsetzung *f* <-en> continuación *f*

fortwährend **I.** *adj* continuo **II.** *adv* sin cesar

Forum ['fo:rʊm] *nt* <-s, Foren *o* Fora> foro *m*

Fossil [fɔ'si:l] *nt* <-s, -ien> fósil *m*

Föten *pl von* **Fötus**

Foto ['fo:to] *nt* <-s, -s> foto *f;* **Fotoalbum** *nt* álbum *m* de fotos; **Fotoapparat** *m* cámara *f* fotográfica; **Foto-CD** *f* disco *m* compacto para fotos

Fotograf(in) [foto'gra:f] *m(f)* <-en, -en; -nen> fotógrafo, -a *m, f*

Fotografie [fotogra'fi:] *f* <-n> fotografía *f*

fotografieren* *vi, vt* fotografiar

Fotokopie [fotoko'pi:] *f* fotocopia *f;* **fotokopieren*** *vi, vt* fotocopiar; **Fotokopierer** *m* fotocopiadora *f;* **Fotomodell** *nt* modelo *mf* de fotos

Fötus ['føːtʊs] *m* <-(ses), -se *o* Föten> feto *m*

Foul [faʊl] *nt* <-s, -s> (SPORT) falta *f,* penal *m Am*

Foyer [fo̯a'je:] *nt* <-s, -s> vestíbulo *m*

Fr. *Abk. von* **Frau** Sra.

Fracht [fraxt] *f* <-en> **1.** (*Ladung*) carga *f;* (NAUT) flete *m* **2.** (*Gebühr*) porte *m*

Frachter *m* <-s, -> buque *m* de carga

Frack [frak] *m* <-(e)s, Fräcke> frac *m*

Frage ['fra:gə] *f* <-n> pregunta *f;* (*Problem*) cuestión *f;* **jdm eine ~ stellen** hacer una pregunta a alguien; **das kommt nicht in ~!** ¡ni hablar!; **das steht außer ~** de eso no cabe duda; **~ und Antwort stehen** rendir cuentas; **das ist eine ~ des Geldes** es una cuestión de dinero; (**das ist**) **ohne ~ eine gute Idee!** ¡sin duda (es) una buena idea!; **Fragebogen** *m* cuestionario *m*

fragen ['fra:gən] *vi, vt, vr:* **sich** ~ preguntar(se) (*nach +dat* por); **um Erlaubnis ~** pedir permiso; **da fragst du mich zu viel** (*fam*) a eso no te puedo contestar; **jdm Löcher in den Bauch ~** acribillar a alguien a preguntas; **sein Typ ist sehr gefragt** es una persona muy requerida; **es fragt sich, ob ...** habría que ver si...

Fragewort *nt* <-(e)s, -wörter> partícula *f* interrogativa; **Fragezeichen** *nt* (signo *m* de) interrogación *f*

fraglich ['fra:klɪç] *adj* **1.** (*zweifelhaft*) dudoso; (*ungewiss*) incierto; **es ist ~, ob ...** no se sabe si... **2.** (*betreffend*) en cuestión

fraglos *adv* sin duda alguna

Fragment [fra'gmɛnt] *nt* <-(e)s, -e> fragmento *m*

fragwürdig *adj* dudoso; (*verdächtig*) sospechoso

Fraktion [frak'tsjoːn] *f* <-en> (CHEM, MATH) fracción *f;* (POL) grupo *m* parlamentario

Franken[1] ['fraŋkən] *nt* <-s> Franconia *f*

Franken[2] ['fraŋkən] *m* <-s, -> (*Währung*) franco *m* suizo

Frankfurt ['fraŋkfʊrt] *nt* <-s> Francfort *m*

frankieren* [fraŋ'kiːrən] *vt* franquear

fränkisch ['frɛŋkɪʃ] *adj* franco

Frankreich ['fraŋkraɪç] *nt* <-s> Francia *f*

Franse ['franzə] *f* <-n> fleco *m*

Franzose, **-zösin** [fran'tsoːzə] *m, f* <-n, -n; -nen> francés, -esa *m, f*

französisch [fran'tsøːzɪʃ] *adj* francés

fräsen ['frɛːzən] *vt* fresar

fraß [fraːs] *3. imp von* **fressen**

Fraß [fraːs] *m* <-es, -e> (*für Raubtiere*) comida *f;* (*fam abw: Essen*) bazofia *f*

Fratze ['fratsə] *f* <-n> (*fam*) **1.** (*abw: Gesicht*) facha *f* **2.** (*Grimasse*) mueca *f;* **~n schneiden** hacer muecas

frau [fraʊ] *pron indef* una; **da braucht ~ nichts mehr dazu zu sagen** a eso una ya no tiene que añadir nada más

Frau [fraʊ] *f* <-en> mujer *f;* (*Ehe~*) esposa *f;* (*Anrede: vor dem Nachnamen*) señora *f;* (*vor dem Vornamen*) doña *f;* **Frauenarzt**, **-ärztin** *m, f* ginecólogo, -a *m, f;* **Frauenbewegung** *f* movimiento *m* feminista; **frauenfeindlich** *adj* misógino; **Frauenförderung** *f ohne pl* fomento *m* de las mujeres; **Frauenhaus** *nt* casa *f* refugio para mujeres (maltratadas); **Frauenquote** *f* cuota *f* femenina; **Frauenzimmer** *nt* (*abw*) mujerzuela *f,* chancleta *f Am*

Fräulein ['frɔɪlaɪn] *nt* <-s, -> señorita *f*

> La palabra **Fräulein** se utilizaba antiguamente para dirigirse a una mujer soltera. Sin embargo el movimiento feminista luchó desde los años 70 contra esta fórmula de tratamiento ya que no existe en alemán un equivalente masculino **'Herrlein'** (señorito). En la actualidad no se hace diferencia en el estado civil de la mujer a la hora de dirigirse a ella. La fórmula normal de tratamiento para todas las mujeres es **Frau** (señora).

fraulich *adj* femenino

Freak [friːk] *m* <-s, -s> (*fam*) pasota *mf*

frech [frɛç] *adj* **1.** (*respektlos*) impertinente **2.** (*keck*) atrevido; (*Kleidung*) descocado; **Frechdachs** *m* (*fam*) fresco, -a *m, f*

Frechheit *f* <-en> impertinencia *f;* **die ~ besitzen zu ...** tener la cara de...

Fregatte [fre'gatə] *f* <-n> fragata *f*

frei [fraɪ] *adj* **1.** (*unabhängig*) libre; (*in Freiheit*) en libertad; **jdm ~e Hand lassen** dejar vía libre a alguien; **aus ~en Stücken** voluntariamente; **~ sprechen** hablar sin papeles; **~ laufende Hühner** gallinas criadas en libertad; **der Verbrecher läuft ~ herum** el criminal anda suelto; **~ für Kinder ab 12 Jahren** permitido para niños a partir de los 12 años; **sich** *dat* **einen Tag ~ nehmen** tomar un día libre **2.** (*befreit*) exento (*von + dat* de); **sie ist ~ von Vorurteilen** está libre de prejuicios; **für etw ~e Fahrt geben** dar luz verde a algo; **jdn auf ~en Fuß setzen** (*fig*) poner a alguien en libertad **3.** (*offen*) descubierto; **unter ~em Himmel** al aire libre; **~ lassen** (*nicht besetzen*) dejar libre; (*nicht beschreiben*) dejar en blanco; **~ stehen** (*Haus*) estar aislado; (*Spieler*) estar descubierto **4.** (*Stuhl*) libre; (*Arbeitsstelle*) vacante; **Zimmer ~!** ¡se alquila habitación!; **einen Platz ~ machen** hacer sitio **5.** (*kosten*) gratuito; **Eintritt ~** entrada gratuita; **~ Haus** franco domicilio **6.** (*~mütig*) franco; **ich bin so ~** me tomo la libertad

Freibad *nt* piscina *f* (descubierta)

Freiberufler(in) *m(f)* <-s, -; -nen> profesional *mf* libre

freiberuflich *adj* de profesión liberal; **Freibetrag** *m* importe *m* libre de impuestos; **Freibrief** *m:* **kein ~ für etw sein** no ser una carta blanca para algo

Freie ['fraɪə] *nt* <-n, -n> aire *m* libre; **im ~n** al aire libre

Freier ['fraɪɐ] *m* <-s, -> (*fam*) cliente *m* de una prostituta

frei|geben *irr* **I.** *vt* **1.** (*Gefangene*) poner en libertad **2.** (*Guthaben*) desbloquear **3.** (*Straße*) abrir al tráfico; **den Weg ~** franquear el paso **4.** (*Arzneimittel, Film*) autorizar; **etw zum Verkauf ~** autorizar la venta de algo **5.** (*Preise*) liberalizar **II.** *vi:* **jdm ~** dar libre a alguien

freigebig ['fraɪgeːbɪç] *adj* generoso

frei|haben *irr vi* (*fam*) tener libre

frei|halten *irr vt* (*reservieren*) guardar; (*Durchgang*) dejar libre

Freihandelszone *f* zona *f* de libre comercio

freihändig ['fraɪhɛndɪç] *adj* (*Fahrrad fahren*) sin manos; (*schießen*) sin apoyo

Freiheit ['fraɪhaɪt] *f* <-en> libertad *f;* **sich** *dat* **die ~ nehmen etw zu tun** tomarse la libertad de hacer algo; **Freiheitsberaubung** *f* <-en> (JUR) privación *f* de la libertad individual; **Freiheitskampf** *m* lucha *f* por la independencia; **Freiheitsstrafe** *f* (JUR) reclusión *f;* **er muss eine ~ von drei Jahren abbüßen** le condenaron a tres años de prisión

Freikarte *f* entrada *f* gratuita

frei|kaufen *vt* pagar el rescate (para)

frei|lassen *irr vt* dejar en libertad; (*loslassen*) soltar

freilaufend *adj s.* **frei 1.**

frei|legen *vt* poner al descubierto

freilich ['fraɪlɪç] *adv* (*allerdings*) sin embargo; (*südd: selbstverständlich*) naturalmente

Freilichtbühne *f* teatro *m* al aire libre

frei|machen I. *vt* **1.** (*frankieren*) franquear **2.** (*fam: nicht arbeiten*) tomar vacaciones; **eine Woche ~** tomar una semana de vacaciones **II.** *vr:* **sich ~** (*beim Arzt*) desnudarse

Freimaurer *m* <-s, -> masón *m*

freimütig ['fraɪmy:tɪç] **I.** *adj* franco **II.** *adv* con franqueza

Freiraum *m* <-(e)s, *ohne pl*> (PSYCH) libertad *f* de movimiento [*o* de acción]

freischaffend *adj* independiente

frei|sprechen *irr vt* absolver

Freispruch *m* absolución *f*

frei|stehen *irr vi* **1.** (*leer stehen*) estar desocupado; (*unbewohnt*) estar deshabitado **2.** (*überlassen sein*) ser libre de decidir; **es steht Ihnen frei das zu tun** Ud. es el que decide si hacerlo o no

frei|stellen *vt* **1.** (*befreien*) dispensar (*von +dat* de) **2.** (*anheim stellen*) dejar elegir; **jdm ~ etw zu tun** dejar elegir a alguien si quiere hacer algo o no

Freitag ['fraɪta:k] *m* <-(e)s, -e> **1.** (*Wochentag*) viernes *m; s. a.* **Montag** **2.** (*Schweiz: Feiertag*) día *m* festivo

freitags *adv* los viernes

freiwillig *adj* voluntario; **etw ~ tun** hacer algo voluntariamente

Freiwillige(r) ['fraɪvɪlɪgɐ] *mf* <-n, -n; -n> voluntario, -a *m, f*

Freizeichen *nt* (TEL) señal *f* para marcar

Freizeit *f* <-en> **1.** (*Zeltlager*) campamento *m* **2.** *ohne pl* (*arbeitsfreie Zeit*) tiempo *m* libre; **Freizeitgestaltung** *f* planificación *f* del tiempo libre; **Freizeitindustrie** *f* industria *f* del ocio; **Freizeitpark** *m* parque *m* de atracciones

freizügig ['fraɪtsy:gɪç] *adj* (*großzügig*) generoso; (*Film*) liberal

fremd [frɛmt] *adj* **1.** (*ausländisch*) extranjero; (*aus anderem Ort*) forastero; **ich bin hier ~** no soy de aquí **2.** (*anderen gehörend*) ajeno; **ohne ~e Hilfe** sin ayuda de otro(s) **3.** (*unbekannt*) desconocido; **das ist mir ~** no lo conocía **4.** (*~artig*) extraño

fremdartig ['frɛmta:ɐtɪç] *adj* (*ungewöhnlich*) extraño

Fremde[1] ['frɛmdə] *f* (*geh: Land*) (país *m*) extranjero *m;* **in der ~** en el extranjero

Fremde(r)[2] *mf* <-n, -n; -n> **1.** (*aus einem anderem Land*) extranjero, -a *m, f;* (*aus einem anderem Ort*) forastero, -a *m, f* **2.** (*Unbekannter*) desconocido, -a *m, f*

fremdenfeindlich *adj* xenófobo; **Fremdenfeindlichkeit** *f* xenofobia *f;* **Fremdenführer(in)** *m(f)* guía *mf* turístico, -a; **Fremdenverkehr** *m* turismo *m;* **Fremdenzimmer** *nt* habitación *f* de huéspedes

fremd|gehen *irr vi sein* (*fam*) ser infiel

Fremdkörper *m* cuerpo *m* extraño

Fremdsprache *f* lengua *f* extranjera; **Fremdsprachenkorrespondent(in)** *m(f)* secretario, -a *m, f* con idiomas

Fremdwort *nt* <-(e)s, -wörter> extranjerismo *m;* **Höflichkeit ist für ihn ein ~** (*fig*) no sabe lo que es la cortesía

Frequenz [fre'kvɛnts] *f* <-en> (PHYS, MED) frecuencia *f;* (*einer Veranstaltung*) asistencia *f*

fressen ['frɛsən] <frisst, fraß, gefressen> **I.** *vi, vt* (*Tier*) comer; (*fam: Mensch: gierig*) tragar; **den habe ich ge~** (*fam fig*) no lo puedo tragar **II.** *vr:* **sich ~** (*Bohrer*) penetrar (*in +akk* en, *durch +akk* por); (*Säure, Rost*) corroer (*durch +akk*)

Fressen ['frɛsən] *nt* <-, *ohne pl*> (*Futter*) pasto *m;* **das ist ein gefundenes ~ für ihn** (*fam fig*) esto le viene a las mil maravillas

Fressnapf[RR] *m* comedero *m*

Freude ['frɔɪdə] *f* (*Fröhlichkeit*) alegría *f* (*über +akk* por); (*Wonne*) gozo *m;* (*innere ~*) satisfacción *f;* **jdm eine ~ machen** darle una alegría a alguien; **zu meiner größten ~** para mi gran satisfacción; **es ist mir eine ~, Sie hier begrüßen zu dürfen** es una gran placer para mí el poderle saludar aquí

Freuden *fpl* (*geh: Vergnügung*) placer *m;*

die kleinen ~ des Lebens los pequeños placeres de la vida

Freudenhaus *nt* casa *f* de citas; **Freudensprung** *m* salto *m* de alegría

freudestrahlend *adj* radiante (de alegría)

freudig ['frɔɪdɪç] **I.** *adj* **1.** (*froh*) contento; (*fröhlich*) alegre **2.** (*Ereignis*) feliz **II.** *adv* (*begeistert*) con alegría; (*erfreut*) de buen grado; **jdn ~ stimmen** alegrar a alguien

freudlos ['frɔɪtlo:s] *adj* triste

freuen ['frɔɪən] *vt, vr:* **sich ~** alegrar(se); **ich freue mich darauf, dich zu sehen** tengo ilusión de verte; **ich freue mich mit dir** comparto tu alegría; **es freut mich, Sie kennen zu lernen** encantado de conocerle

Freund(in) [frɔɪnt] *m(f)* <-(e)s, -e; -nen> amigo, -a *m, f;* (*fester ~*) novio, -a *m, f;* **gute ~e werden** hacerse buenos amigos

Freundeskreis ['frɔɪndəs-] *m* grupo *m* de amigos; **einen großen ~ haben** tener muchos amigos

freundlich ['frɔɪntlɪç] *adj* **1.** (*liebenswürdig*) amable; **seien Sie bitte so ~ und kommen Sie her** hágame el favor de venir a verme **2.** (*angenehm*) agradable; (*Zimmer*) acogedor; (*Gegend*) ameno; (*Himmel*) claro

Freundlichkeit *f* <-en> amabilidad *f*

Freundschaft *f* <-en> amistad *f;* **mit jdm ~ schließen** trabar amistad con alguien

freundschaftlich *adj* amistoso; **jdm ~ gesinnt sein** querer bien a alguien

Freundschaftsdienst *m* favor *m* (entre amigos); **jdm einen ~ erweisen** hacer un favor a alguien

Frevel ['fre:fəl] *m* <-s, -> (*geh*) crimen *m;* (REL) sacrilegio *m*

Frieden *m* <-s, *ohne pl*> paz *f;* **~ schließen** hacer las paces; **lasst mich doch in ~!** (*fam*) ¡dejádme en paz!; **Friedensbewegung** *f* movimiento *m* pacifista; **Friedensgespräche** *ntpl* negociaciones *fpl* de paz; **Friedensnobelpreis** *m* premio *m* Nobel de la paz; **Friedensverhandlung** *f* negociación *f* de paz; **Friedensvertrag** *m* tratado *m* de paz; **Friedenszeit** *f* período *m* de paz; **in ~en** en tiempos de paz

friedfertig ['fri:tfɛrtɪç] *adj* pacífico

Friedfertigkeit *f ohne pl* carácter *m* apacible

Friedhof ['fri:tho:f] *m* cementerio *m*

friedlich *adj* (*ruhig*) tranquilo

friedliebend ['fri:tli:bənt] *adj* pacífico

frieren [fri:rən] <friert, fror, gefroren> **I.** *vi* **1.** *sein* (*Wasser*) helarse **2.** *haben* (*Mensch*) tener frío; **ich friere** tengo frío **II.** *vunpers* helar; **es hat heute Nacht gefroren** esta noche ha helado

friesisch *adj* frisón

Friesland ['fri:slant] *nt* <-s> Frisia *f*

frigid(e) [fri'gi:t, fri'gi:də] *adj* frígido

Frikadelle [frika'dɛlə] *f* <-n> albóndiga *f*

frisch [frɪʃ] **I.** *adj* **1.** (*Lebensmittel, Wind, Erinnerung*) fresco; (*Kräfte*) nuevo; **~e Luft schnappen** tomar aire fresco **2.** (*sauber*) limpio; **das Bett ~ beziehen** mudar la cama; **sich ~ machen** asearse **3.** (*fam: unbenutzt*) nuevo **4.** (*Farbe*) vivo **II.** *adv* (*eben erst*) recién; **~ gebackenes Brot** pan recién salido del horno; **~ gebacken** (*fig*) flamante

Frische ['frɪʃə] *f* **1.** (*Kühle*) frescura *f;* **in alter ~** (*iron*) tan frescos y sanos como siempre **2.** (*von Farben*) viveza *f*

frischgebacken *adj s.* **frisch II.**

Frischhaltebox *f* recipiente *m* hermético; **Frischhaltefolie** *f* celofán® *m*

Friseur(in) [fri'zø:ɐ] *m(f)* <-s, -e; -nen> peluquero, -a *m, f;* **zum ~ gehen** ir a la peluquería

Friseuse [fri'zø:zə] *f* <-n> peluquera *f*

frisieren* [fri'zi:rən] *vt* **1.** (*kämmen*) peinar **2.** (*fam: ändern*) retocar **3.** (AUTO: *fam*) aumentar la cilindrada (de)

frisstRR [frɪst] *3. präs von* **fressen**

Frist [frɪst] *f* <-en> plazo *m;* **innerhalb kürzester ~** en el más breve plazo; **fristlos** *adj* inmediato; **jdn ~ entlassen** despedir a alguien de inmediato

Frisur [fri'zu:ɐ] *f* <-en> peinado *m*

fritieren* *vt,* **frittieren***RR [fri'ti:rən] *vt* freír (con mucho aceite)

frivol [fri'vo:l] *adj* frívolo

froh [fro:] *adj* **1.** (*fröhlich*) alegre; (*glücklich*) feliz; **Fröhliche Weihnachten!** ¡Feliz Navidad! **2.** (*fam: zufrieden*) contento; **seines Lebens nicht mehr ~ werden** no hallar sosiego

fröhlich ['frø:lɪç] *adj* alegre

Fröhlichkeit *f* alegría *f*

fromm [frɔm] *adj* <frommer *o* frömmer, am frommsten *o* frömmsten> devoto

frönen ['frø:nən] *vi* (*geh*) entregarse (a)

Fronleichnam [fro:n'laɪçna:m] *m* <-(e)s, *ohne pl*> Corpus *m* Christi

F

Front [frɔnt] *f* <-en> frente *m;* **klare ~en schaffen** establecer posiciones claras

frontal [frɔn'ta:l] *adj* frontal

Frontantrieb *m* tracción *f* delantera; **Frontscheibe** *f* parabrisas *m inv*

Frontwechsel *m* cambio *m* de bando

fror [fro:ɐ] *3. imp von* **frieren**

Frosch [frɔʃ] *m* <-(e)s, Frösche> rana *f;* **Froschkönig** *m* príncipe *m* encantado

Frost [frɔst] *m* <-(e)s, Fröste> helada *f;* **Frostbeule** *f* sabañón *m*

frostig *adj* (*Wetter*) helado; (*unfreundlich*) glacial

Frostschutzmittel *nt* anticongelante *m*

Frotté *m o nt* <-(s), -s>, **Frottee** ['frɔte:] *m o nt* <-(s), -s> rizo *m*

frottieren* [frɔ'ti:rən] *vt* frotar

frotzeln ['frɔtsəln] *vi* (*fam*) meterse (*über +akk* con)

Frucht [frʊxt] *f* <Früchte> (BOT: *a. fig*) fruto *m;* (*Obst*) fruta *f;* **Früchte tragen** dar fruto

fruchtbar *adj* fecundo; (*Mensch*) fértil

Fruchtbarkeit *f* fecundidad *f;* (*eines Menschen*) fertilidad *f*

fruchten ['frʊxtən] *vi* ser útil; **all das fruchtet doch sowieso nichts** todo eso es en vano

Fruchtfleisch *nt* pulpa *f*

fruchtlos *adj* inútil

Fruchtsaft *m* zumo *m* de frutas; **Fruchtzucker** *m* fructosa *f*

früh [fry:] **I.** *adj* temprano; **in ~ester Kindheit** a temprana edad; **~ am Morgen** de madrugada; **ein ~er Tod** una muerte prematura; **er hat schon ~ erkannt, dass …** muy pronto se dió cuenta de (que)… **II.** *adv* (*morgens*) (por la) mañana; **heute ~** esta mañana; **Dienstag ~** el martes por la mañana; **um 6 Uhr ~** a las 6 de la mañana

Frühaufsteher(in) *m(f)* <-s, -; -nen> madrugador(a) *m(f)*

Frühdienst *m* turno *m* de mañana

Frühe ['fry:ə] *f:* **in aller ~** de madrugada

früher ['fry:ɐ] **I.** *adj* **1.** (*ehemalig*) antiguo; (*vorhergehend*) anterior **2.** (*vergangen*) pasado; **in ~en Zeiten** en tiempos pasados **II.** *adv* **1.** (*vorher*) anteriormente; **wir kennen uns von ~** nos conocemos de antes **2.** (*ehemals*) antiguamente

frühestens ['fry:əstəns] *adv* como muy temprano; **~ in einer Woche** en una semana como muy temprano

Frühgeburt *f* (*Geburt*) parto *m* prematuro; (*Kind*) (niño, -a *m, f*) prematuro, -a *m, f*

Frühjahr *nt* primavera *f;* **Frühjahrsmüdigkeit** *f* cansancio *m* primaveral

Frühling ['fry:lɪŋ] *m* <-s, -e> primavera *f*

frühmorgens [fry:'mɔrgəns] *adv* de madrugada; **frühreif** *adj* (*Kind*) precoz; (*Obst*) temprano; **Frührentner(in)** *m(f)* pensionista *mf* que cobra la renta antes de lo que le correspondería

Frühstück *nt* desayuno *m*

frühstücken *vi, vt* desayunar

frühzeitig **I.** *adj* **1.** (*früh*) temprano **2.** (*vorzeitig*) prematuro; (*voreilig*) precipitado **II.** *adv* (*vorzeitig*) antes de tiempo

Frust [frʊst] *m* <-(e)s, *ohne pl*> (*fam*) chasco *m*

Frustration [frʊstra'tsjo:n] *f* <-en> frustración *f*

frustrieren* [frʊs'tri:rən] *vt* frustrar

frustrierend *adj* frustrante

Fuchs [fʊks] *m* <-es, Füchse> (*Tier*) zorro *m;* (*fam: Person*) zorro, -a *m, f;* (*Pferd*) alazán *m*

fuchsen ['fʊksən] *vt* fastidiar

fuchsteufelswild ['-'--'-] *adj* (*fam*) rabioso

Fuchtel ['fʊxtəl] *f* (*fam*): **unter jds ~ stehen** estar bajo la férula de alguien

fuchteln *vi* (*fam*) gesticular; **mit den Armen ~** bracear

Fug [fu:k] *m:* **mit ~ und Recht** con todo el derecho del mundo

Fuge ['fu:gə] *f* <-n> **1.** (*Ritze*) ranura *f;* **aus den ~n geraten sein** estar fuera de quicio **2.** (MUS) fuga *f*

fügen ['fy:gən] **I.** *vr:* **sich ~** **1.** (*unterordnen*) someterse (a) **2.** (*passen*) ajustarse (*in +akk* a) **3.** (*geh: geschehen*) suceder; **es fügte sich, dass …** sucedió que… *+subj* **II.** *vt* juntar (*an/in +akk* con/en); (*ineinander*) encajar

fügsam *adj* dócil

Fügung *f* <-en> coincidencia *f;* (*göttlich*) providencia *f;* **das war eine ~ des Schicksals** fue un lance de fortuna

fühlbar *adj* **1.** (*merklich*) notable **2.** (*tastbar*) palpable

fühlen ['fy:lən] **I.** *vt, vi* **1.** (*empfinden*) sentir **2.** (*tasten*) palpar **II.** *vr:* **sich ~** **1.** (*empfinden*) sentirse; **sich für jdn/etw verantwortlich ~** sentirse responsable de alguien/

algo **2.** (*sich halten für*) tenerse (*als +nom* por)

Fühler *m* <-s, -> antena *f;* **seine ~ ausstrecken** (*fam fig*) tantear el terreno

fuhr [fu:ɐ] *3. imp von* **fahren**

führen ['fy:rən] **I.** *vi* **1.** (*in Führung liegen*) ir a la cabeza; (SPORT) llevar ventaja **2.** (*verlaufen*) ir; **diese Straße führt nach Münster** esta carretera lleva a Münster **3.** (*ergeben*) llevar (*zu +dat* a); **das führt doch zu nichts** esto no lleva a nada; **das führt zu weit** esto va demasiado lejos **II.** *vt* **1.** (*leiten*) dirigir; (*Mannschaft*) encabezar; (*Gruppe*) guiar **2.** (*geleiten*) guiar; **was führt Sie zu mir?** ¿qué le trae por aquí? **3.** (*hinbewegen*) llevar (*zu +dat, in +akk* a); **in den Ruin ~** llevar a la ruina; **etw mit sich** *dat* **~** llevar algo consigo **4.** (*Titel*) tener; (*Namen*) llevar **5.** (*Tagebuch*) llevar **6.** (*Waren*) vender **7.** (*Gespräch*) tener; **Verhandlungen ~** negociar; (**bei etw** *dat*) **Regie ~** dirigir (algo) **III.** *vr:* **sich ~** (*sich benehmen*) comportarse

führend *adj* primero; **~e Persönlichkeiten** altos cargos; **die Firma ist ~ auf ihrem Gebiet** esta empresa es la primera de su ramo

Führer[1] *m* <-s, -> (*Buch*) guía *f*

Führer(in)[2] ['fy:rɐ] *m(f)* <-s, -; -nen> (*Leiter*) líder *mf;* (*Fremden~*) guía *mf* (turístico, -a)

Führerschein *m* permiso *m* de conducir, licencia *f Am;* **den ~ machen** sacar el carné (de conducir)

Fuhrpark *m* parque *m* móvil

Führung ['fy:rʊŋ] *f* <-en> **1.** (*Besichtigung*) visita *f* (guiada) **2.** *ohne pl* (*Leitung*) dirección *f;* **unter jds ~** bajo la dirección de alguien **3.** (SPORT): **in ~ liegen** estar a la cabeza; **in ~ gehen** llevar la delantera **4.** (*Benehmen*) comportamiento *m;* **Führungskraft** *f* directivo, -a *m, f;* **Führungszeugnis** *nt* certificado *m* de buena conducta

Fuhrwerk *nt* carruaje *m*

Fülle ['fʏlə] *f* (*Körper~*) corpulencia *f;* (*Menge*) montón *m*

füllen ['fʏlən] **I.** *vt* **1.** (*voll machen*) llenar (*mit +dat* de/con); (GASTR) rellenar (*mit +dat* de/con) **2.** (*ein~*) echar (*in +akk* en); **Wein in Flaschen ~** embotellar vino **3.** (*Zahn*) empastar **II.** *vr:* **sich ~** (*voll werden*) llenarse (*mit +dat* de/con)

Füller ['fʏlɐ] *m* <-s, -> (*fam*) pluma *f*

Füllfederhalter *m* pluma *f* estilográfica

Füllung *f* <-en> (*Zahn~*) empaste *m;* (*für Polster, a.* GASTR) relleno *m;* (*bei Türen*) entrepaño *m*

fummeln ['fʊməln] *vi* (*fam*) manosear (*an +dat*)

Fund [fʊnt] *m* <-(e)s, -e> hallazgo *m*

Fundament [fʊnda'mɛnt] *nt* <-(e)s, -e> (ARCHIT) cimientos *mpl;* (*Grundlage*) fundamento *m*

fundamental *adj* fundamental

Fundamentalismus [fʊndamɛnta'lɪsmʊs] *m* <-s, *ohne pl*> fundamentalismo *m*

Fundbüro *nt* oficina *f* de objetos perdidos

fundieren* [fʊn'di:rən] *vt* fundamentar; **eine fundierte Beurteilung** una valoración bien fundada

fündig ['fʏndɪç] *adj:* **~ werden** encontrar lo que se buscaba

Fundsache *f* objeto *m* perdido

fünf [fʏnf] *adj inv* cinco; **~ Minuten vor zwölf** las doce menos cinco; **~(e) gerade sein lassen** (*fam*) hacer la vista gorda; *s. a.* **acht**[1]

Fünf *f* <-, -en> cinco *m;* (*Schulnote*) insuficiente *m*

fünffach **I.** *adj* quíntuplo **II.** *adv* cinco veces; *s. a.* **achtfach**

fünfhundert ['-'--] *adj inv* quinientos; *s. a.* **achthundert**

Fünfling *m* <-s, -e> quintillizo *m*

Fünftagewoche [-'----] *f* semana *f* laboral de cinco días

fünfte(r, s) *adj* quinto; **das ~ Rad am Wagen sein** ir de pegote; *s. a.* **achte(r, s)**

fünftel *adj inv* quinto; *s. a.* **achtel**

fünftens ['fʏnftəns] *adv* en quinto lugar; (*bei einer Aufzählung*) quinto; *s. a.* **achtens**

fünfzehn *adj inv* quince; *s. a.* **acht**[1]

fünfzehnte(r, s) *adj* decimoquinto; *s. a.* **achte(r, s)**

fünfzig ['fʏnftsɪç] *adj inv* cincuenta; *s. a.* **achtzig**

fünfzigste(r, s) *adj* quincuagésimo; *s. a.* **achtzigste(r, s)**

fungieren* [fʊŋ'gi:rən] *vi* hacer (*als +nom* de)

Funk [fʊŋk] *m* <-s, *ohne pl*> radio *f*

Funke ['fʊŋkə] *m* <-ns, -n> chispa *f;* **~n sprühen** echar chispas; **ein ~ Hoffnung** un rayito de esperanza; **keinen ~n Anstand im Leib haben** no tener ni pizca de educación

funkeln ['fʊŋkəln] *vi* resplandear

F

funkelnagelneu ['--'--'-] *adj* (*fam*) flamante

funken ['fʊŋkən] **I.** *vt* (*Nachricht*) radiar **II.** *vi* chispear; **endlich hat es bei ihm gefunkt** (*fam*) por fin se le encendió la bombilla

Funker(in) *m(f)* <-s, -; -nen> radiotelegrafista *mf*

Funkstille *f* silencio *m* de radio; (*fam fig*) silencio *m*

Funktion [fʊŋk'tsjo:n] *f* <-en> **1.** (*Amt*) cargo *m* **2.** (*Ausübung eines Amtes, Zweck, a.* TECH, INFOR, MATH) función *f* **3.** *ohne pl* (*einer Maschine*) funcionamiento *m*; **in ~ treten** ponerse en funcionamiento

funktionieren* *vi* funcionar

Funktionstaste *f* (INFOR) tecla *f* de función

für [fy:ɐ] *präp +akk* para; **ich bin ~ deine Idee** estoy a favor de tu idea; **die Sache hat was ~ sich** el asunto tiene un algo especial; **das Für und Wider** el pro y el contra; **das ist eine Sache ~ sich** esto es cosa aparte; **~ immer** para siempre; **~s Erste** por ahora; **~ nichts und wieder nichts** absolutamente para nada; **was ~ ein Pilz ist das?** ¿qué clase de seta es?

Furche ['fʊrçə] *f* <-n> **1.** (*Acker~*) surco *m* **2.** (*im Gesicht*) arruga *f*

Furcht [fʊrçt] *f* temor *m* (*vor +dat* a/de); **~ erregend** espantoso; **jdm ~ einflößen** infundir miedo a alguien

furchtbar **I.** *adj* (*schrecklich*) horroroso; (*fam: sehr groß*) enorme **II.** *adv* (*fam: sehr*) muy; **~ nett** simpatiquísimo

fürchten ['fʏrçtən] **I.** *vi* (*sich sorgen*) temer (*um/für +akk* por) **II.** *vt, vr:* **sich ~** temer; **ich fürchte, dass ...** temo que...

fürchterlich ['fʏrçtɐlɪç] *adj s.* **furchtbar**

furchterregend *adj s.* **Furcht**; **furchtlos** *adj* intrépido

furchtsam *adj* miedoso

füreinander [fy:ɐʔaɪ'nandɐ] *adv* uno para el otro; **~ da sein** estar el uno para el otro

Furnier [fʊr'ni:ɐ] *nt* <-s, -e> chapa *f* de madera

Furore [fu'ro:rə] *f:* **~ machen** causar sensación

Fürsorge ['---] *f* **1.** (*Betreuung*) asistencia *f* **2.** (*fam: finanzielle Unterstützung*) pensión *f*; **von der ~ leben** vivir de la asistencia social

fürsorglich *adj* cariñoso

Fürsprache *f* <-n> intercesión *f*; **für jdn ~ einlegen** interceder a favor de alguien

Fürst(in) [fʏrst] *m(f)* <-en, -en; -nen> príncipe *m*, princesa *f*

Fürstentum *nt* <-s, -tümer> principado *m*

fürstlich *adj* **1.** (*prächtig*) regio; (*Essen*) opíparo **2.** (*einen Fürsten betreffend*) principesco

Furz [fʊrts] *m* <-es, Fürze> (*fam*) pedo *m*

furzen *vi* (*fam*) soltar un pedo

Fusion [fu'zjo:n] *f* <-en> fusión *f*

Fuß [fu:s] *m* <-es, Füße> pie *m*; **zu ~ gehen** ir andando; **auf großem ~ leben** vivir a lo grande; **auf eigenen Füßen stehen** (*fig*) ser independiente; **~ fassen** consolidarse; **jdn auf freien ~ setzen** liberar a alguien

Fußball *m* **1.** (*Ball*) pelota *f* de fútbol **2.** *ohne pl* (SPORT) fútbol *m*; **Fußballspiel** *nt* partido *m* de fútbol; **Fußballspieler(in)** *m(f)* futbolista *mf*

Fußboden *m* suelo *m*

Fussel ['fʊsəl] *m* <-s, ->, *f* <-n> pelusa *f*

fusseln *vi* soltar pelo

Fußgänger(in) ['fu:sgɛŋɐ] *m(f)* <-s, -; -nen> peatón, -ona *m, f*; **Fußgängerüberweg** *m* paso *m* de peatones; **Fußgängerzone** *f* zona *f* peatonal

Fußnagel *m* uña *f* del pie; **Fußnote** *f* nota *f* a pie de página; **Fußsohle** *f* planta *f* del pie; **Fußtritt** *m* (*von Menschen*) puntapié *m*; (*von Tieren*) coz *f*; **Fußweg** *m* **1.** (*Weg*) camino *m*, vereda *f Am*; (*Bürgersteig*) acera *f*, vereda *f Am* **2.** (*Entfernung*) camino *m*; **15 Minuten ~** 15 minutos andando

futsch [fʊtʃ] *adj inv* (*fam*) perdido

Futter ['fʊtɐ] *nt* <-s, -> **1.** (*in Kleidung*) forro *m* **2.** *ohne pl* (*Nahrung*) comida *f*

futtern ['fʊtɐn] *vi, vt* (*fam*) papar

füttern ['fʏtɐn] *vt* (*Tier, Baby*) dar de comer (a); (*Kleidung*) forrar

Futur [fu'tu:ɐ] *nt* <-s, -e> futuro *m*

futuristisch *adj* futurista

G

G, g [geː] *nt* <-, -> G, g *f*
gab [gaːp] *3. imp von* **geben**
Gabe ['gaːbə] *f* <-n> **1.** (*Geschenk*) regalo *m;* **milde ~** limosna *f* **2.** (*Talent*) don *m*
Gabel ['gaːbəl] *f* <-n> (*vom Besteck*) tenedor *m;* (AGR) horca *f*
gabeln ['gaːbəln] *vr:* **sich ~** bifurcarse
Gabelstapler *m* <-s, -> carretilla *f* elevadora (de horquilla)
Gabelung *f* <-en> bifurcación *f*
gackern ['gakɐn] *vi* cacarear
gaffen ['gafən] *vi* (*abw*) mirar boquiabierto
Gag [gɛk] *m* <-s, -s> **1.** (FILM) truco *m,* gag *m* **2.** (*Witz*) salida *f* chistosa
Gage ['gaːʒə] *f* <-n> honorario *m*
gähnen ['gɛːnən] *vi* bostezar
Gala ['gaːla] *f* vestido *m* de gala; **sich in ~ werfen** engalanarse
galant [ga'lant] *adj* galante
Galaxie [gala'ksiː] *f* <-n> (ASTR) galaxia *f*
Galerie [galə'riː] *f* <-n> galería *f*
Galgen ['galgən] *m* <-s, -> patíbulo *m;* **Galgenfrist** *f* plazo *m* perentorio; **Galgenhumor** *m* humor *m* negro
Galicien [ga'liːtsiən] *nt* <-s> Galicia *f*
galicisch *adj* gallego
Galle ['galə] *f* <-n> **1.** (*menschliches Sekret*) bilis *f inv;* (*tierisches Sekret*) hiel *f* **2.** (ANAT) vesícula *f* biliar
Galopp [ga'lɔp] *m* <-s, -e *o* -s> galope *m*
galoppieren* *vi haben o sein* galopar
galt [galt] *3. imp von* **gelten**
Gameboy® ['gɛɪmbɔɪ] *m* <-s, -s> gameboy® *m*
gammeln ['gaməln] *vi* (*fam*) gandulear
Gämse[RR] ['gɛmzə] *f* <-n> gamuza *f*
gang [gaŋ]: **~ und gäbe** usual, corriente
Gang[1] [gaŋ] *m* <-(e)s, Gänge> **1.** (*Gehweise*) (modo *m* de) andar *m* **2.** (*Spazier~*) paseo *m;* (*Weg*) camino *m* **3.** (*Betrieb, Ablauf, a.* AUTO) marcha *f;* **eine Maschine in ~ setzen** poner en marcha una máquina; **Verhandlungen in ~ bringen** iniciar negociaciones; **es ist etwas im ~e** algo flota en el aire; **etw ist in vollem ~(e)** algo está en plena marcha; **im zweiten ~ fahren** (AUTO) ir en segunda **4.** (*Flur*) pasillo *m* **5.** (GASTR) plato *m*
Gang[2] [gɛŋ] *f* <-s> banda *f*
gängeln ['gɛŋəln] *vt* (*fam abw*) tener bajo su tutela
gängig ['gɛŋɪç] *adj* (*üblich*) usual; (*viel gekauft*) de buena venta
Gangschaltung *f* (*Auto*) (caja *f* de) cambios *mpl;* (*Fahrrad*) marchas *fpl*
Gangster ['gɛŋstɐ] *m* <-s, -> (*abw*) gángster *m*
Gangway *f* <-s> escalera *f* (para subir a bordo)
Ganove, -in [ga'noːvə] *m, f* <-n, -n; -nen> (*fam abw*) tunante *mf*
Gans [gans] *f* <Gänse> ganso *m;* (*Weibchen*) oca *f*
Gänseblümchen ['gɛnzəblyːmçən] *nt* <-s, -> maya *f;* **Gänsefüßchen** ['gɛnzəfyːsçən] *nt* <-s, -> (*fam*) comilla *f;* **Gänsehaut** *f* carne *f* de gallina; **Gänsemarsch** *m:* **im ~** en fila india
ganz [gants] **I.** *adj* (*gesamt*) todo; (*vollständig*) completo; **die ~e Zeit über** durante todo el tiempo; **eine ~e Menge** bastante **II.** *adv* totalmente; **das ist etwas ~ anderes** esto es algo totalmente distinto; **~ und gar** completamente; **etw ~ aufessen** comersélo todo; **das gefällt mir ~ gut** esto me gusta bastante; **~ viel** muchísimo
Ganze(s) *nt* <-n, *ohne pl*> total *m;* **nichts Halbes und nichts ~s** ni fu ni fa; **aufs ~ gehen** (*fam*) jugarse el todo por el todo
gänzlich ['gɛntslɪç] **I.** *adj* total, completo **II.** *adv* del todo, por completo
ganztägig ['gantstɛːgɪç] **I.** *adj* de todo el día **II.** *adv* todo el día
gar [gaːɐ] **I.** *adj* (*Speise*) hecho (a punto) **II.** *adv* (*überhaupt*): **~ nichts** nada de nada; **auf ~ keinen Fall** en ningún caso; **das ist ~ nicht schlecht** no está nada mal
Garage [ga'raːʒə] *f* <-n> garaje *m*
Garant(in) [ga'rant] *m(f)* <-en, -en; -nen> garante *mf*
Garantie [garan'tiː] *f* <-n> garantía *f;* **ein Jahr ~** un año de garantía
garantieren* *vi, vt* garantizar (*für* +*akk*); **glaubst du er kommt? – garantiert!** ¿crees que vendrá? – ¡seguro!
Garde ['gardə] *f* <-n> guardia *f*

G

Garderobe [gardə'ro:bə] *f* <-n> **1.** (*Kleiderablage*) perchero *m* **2.** (*Raum*) guardarropa *m* **3.** (*Ankleideraum*) vestuario *m* **4.** *ohne pl* (*Kleidung*) ropa *f*

Gardine [gar'di:nə] *f* <-n> cortina *f*

garen ['ga:rən] *vt* cocer

gären ['gɛ:rən] <gärt, gärte *o* gor, gegärt *o* gegoren> *vi haben o sein* fermentar

Garn [garn] *nt* <-(e)s, -e> hilo *m*

Garnele [gar'ne:lə] *f* <-n> gamba *f;* (*kleiner*) camarón *m*

garnieren* [gar'ni:rən] *vt* guarnecer

Garnitur [garni'tu:ɐ] *f* <-en> conjunto *m*

Garten ['gartən] *m* <-s, Gärten> jardín *m;* **botanischer/zoologischer** ~ jardín botánico/parque zoológico; **Gartenbau** *m* <-(e)s, *ohne pl*> jardinería *f;* **Gartenhaus** *nt* pabellón *m;* **Gartenlaube** *f* cenador *m;* **Gartenschere** *f* tijeras *fpl* de podar; **Gartenzaun** *m* seto *m*

Gärtner(in) ['gɛrtnɐ] *m(f)* <-s, -; -nen> jardinero, -a *m, f*

Gärtnerei [gɛrtnə'raɪ] *f* <-en> jardinería *f;* (*für Nutzpflanzen*) establecimiento *m* de horticultura

Gärung ['gɛ:rʊŋ] *f* <-en> fermentación *f*

Gas [ga:s] *nt* <-es, -e> **1.** (CHEM) gas *m* **2.** *ohne pl* (AUTO): ~ **geben** acelerar; **Gasflasche** *f* bombona *f* de gas; **Gashahn** *m* llave *f* del gas; **Gasherd** *m* cocina *f* de gas; **Gasleitung** *f* conducción *f* del gas; **Gasmaske** *f* máscara *f* antigás; **Gaspedal** *nt* acelerador *m*

Gasse ['gasə] *f* <-n> callejón *m*

Gast [gast] *m* <-(e)s, Gäste> huésped *mf;* (*eingeladener*) invitado, -a *m, f;* **bei jdm zu ~ sein** estar invitado a casa de alguien; **Gastarbeiter(in)** *m(f)* trabajador(a), *m(f)* extranjero, -a

Gästezimmer *nt* cuarto *m* de huéspedes

gastfreundlich *adj* hospitalario; **Gastfreundschaft** *f* hospitalidad *f;* **Gastgeber(in)** *m(f)* <-s, -; -nen> anfitrión, -ona *m, f;* **Gasthaus** *nt,* **Gasthof** *m* **1.** (*zum Übernachten*) fonda *f;* (*höhere Kategorie*) hostal *m* **2.** (*nur Essen*) mesón *m*

gastlich *adj* hospitalario

Gastronomie [gastrono'mi:] *f* gastronomía *f*

Gaststätte *f* <-n> restaurante *m;* **Gastwirt(in)** *m(f)* dueño, -a *m, f* de un restaurante; **Gastwirtschaft** *f* <-en> mesón *m,* fonda *f Am*

Gaswerk *nt* central *f* de gas

Gatte, -in ['gatə] *m, f* <-n, -n; -nen> (*geh*) esposo, -a *m, f*

Gatter ['gatɐ] *nt* <-s, -> vallado *m*

Gattung ['gatʊŋ] *f* <-en> **1.** (BIOL) especie *f* **2.** (MUS, LIT) género *m;* (KUNST) estilo *m*

GAU [gaʊ] *m* <-(s), -s> *Abk. von* **größter anzunehmender Unfall** máximo accidente *m* previsible

Gaudi ['gaʊdi] *f* (*fam*) jolgorio *m*

Gaul [gaʊl] *m* <-(e)s, Gäule> (*abw*) rocín *m*

Gaumen ['gaʊmən] *m* <-s, -> paladar *m*

Gauner(in) ['gaʊnɐ] *m(f)* <-s, -; -nen> (*Dieb*) bribón, -ona *m, f;* (*fam: durchtriebener Mensch*) pícaro, -a *m, f*

Gazelle [ga'tsɛlə] *f* <-n> gacela *f*

geb. *Abk. von* **geboren** nacido; **Luise Reimann, ~ Klein** Luise Reimann, de soltera Klein

Gebäck [gə'bɛk] *nt* <-(e)s, -e> (*Kekse*) galletas *f;* (*Tee~*) pastas *fpl*

gebacken [gə'bakən] *pp von* **backen**

Gebälk [gə'bɛlk] *nt* <-(e)s, -e> vigas *fpl*

gebar [gə'ba:ɐ] *3. imp von* **gebären**

Gebärde [gə'bɛ:ɐdə] *f* <-n> gesto *m*

gebärden* *vr:* **sich ~** comportarse

gebären* [gə'bɛ:rən] <gebärt *o* gebiert, gebar, geboren> *vt* parir; (*Mensch*) dar a luz; **wo sind Sie geboren?** ¿dónde nació Ud.?

Gebärmutter *f* <-mütter> matriz *f*

Gebäude [gə'bɔɪdə] *nt* <-s, -> edificio *m*

geben ['ge:bən] <gibt, gab, gegeben> **I.** *vt* dar; (*Kredit*) conceder; **Spanischunterricht ~** dar clases de español; **jdm etw zu verstehen ~** dar a entender algo a alguien; **etw von sich** *dat* **~** decir algo; **jdm Recht ~** dar(le) la razón a alguien **II.** *vunpers* haber; **was gibt's?** (*fam*) ¿qué hay?; **was es nicht alles gibt!** ¡lo que hay que ver!; **gibt es noch Eintrittskarten?** ¿quedan todavía entradas?

Gebet [gə'be:t] *nt* <-(e)s, -e> oración *f*

gebeten [gə'be:tən] *pp von* **bitten**

gebiert [gə'bi:ɐt] *3. präs von* **gebären**

Gebiet [gə'bi:t] *nt* <-(e)s, -e> **1.** (*Fläche: Gesamt~*) territorio *m;* (*Teil~*) zona *f* **2.** (*Sachbereich*) campo *m*

gebieten* [gə'bi:tən] *irr vt* (*geh*) **1.** (*befehlen*) mandar **2.** (*verlangen*) requerir; **beson-**

dere Aufmerksamkeit ~ requerir especial atención
gebieterisch *adj* (*geh*) imperioso
Gebilde [gə'bɪldə] *nt* <-s, -> figura *f;* (*der Fantasie*) producto *m*
gebildet [gə'bɪldət] *adj* culto
Gebirge [gə'bɪrgə] *nt* <-s, -> sierra *f*
gebirgig *adj* montañoso
GebissRR [gə'bɪs] *nt* <-es, -e> dentadura *f;* (*künstliches*) dentadura *f* postiza
gebissen [gə'bɪsən] *pp von* **beißen**
geblasen [gə'bla:zən] *pp von* **blasen**
geblieben [gə'bli:bən] *pp von* **bleiben**
gebogen [gə'bo:gən] **I.** *pp von* **biegen II.** *adj* doblado; (*krumm*) torcido
geboren [gə'bo:rən] **I.** *pp von* **gebären II.** *adj:* **ich bin ein ~er Dortmunder** soy natural de Dortmund; **er ist der ~e Wissenschaftler** nació para (ser) científico; **~e Schulze** de soltera Schulze
geborgen [gə'bɔrgən] **I.** *pp von* **bergen II.** *adj* protegido
Geborgenheit *f* seguridad *f,* (sensación *f* de) protección *f*
geborsten [gə'bɔrstən] *pp von* **bersten**
Gebot [gə'bo:t] *nt* <-(e)s, -e> (*Grundsatz*) mandamiento *m;* (*Vorschrift*) precepto *m;* **die Zehn ~e** los Diez Mandamientos; **Sicherheit ist oberstes ~** la seguridad ante todo
geboten [gə'bo:tən] **I.** *pp von* **bieten, gebieten II.** *adj* (*ratsam*) aconsejable; **erhöhte Vorsicht ist ~** aconsejamos mucha precaución
gebracht [gə'braxt] *pp von* **bringen**
gebrannt [gə'brant] **I.** *pp von* **brennen II.** *adj* **1.** (*Mandel*) garapiñado **2.** (*prov*): **~es Kind scheut das Feuer** gato escaldado del agua fría huye
gebraten [gə'bra:tən] *pp von* **braten**
Gebrauch [gə'braʊx] *m* <-(e)s, *ohne pl*> (*Benutzung*) uso *m;* (*Verwendung*) empleo *m;* **von etw** *dat* **~ machen** hacer uso de algo; **vor ~ gut schütteln** agítese antes de usar
Gebräuche [gə'brɔɪçə] *mpl* costumbres *fpl;* **Sitten und ~** usos y costumbres
gebrauchen* [gə'braʊxən] *vt* **1.** (*Werkzeug*) utilizar; (*Verstand*) emplear **2.** (*nützlich sein*) servir; **das kann ich gut ~** esto me sirve de mucho
gebräuchlich [gə'brɔɪçlɪç] *adj* común; **nicht mehr ~** fuera de uso
Gebrauchsanweisung *f* instrucciones *fpl* de uso
gebraucht [gə'braʊxt] *adj* usado; (*aus zweiter Hand*) de segunda mano; **Gebrauchtwagen** *m* coche *m* de segunda mano
Gebrechen [gə'brɛçən] *nt* <-s, -> (*geh*) achaque *m*
gebrechlich [gə'brɛçlɪç] *adj* débil; (*altersschwach*) decrépito
gebrochen [gə'brɔxən] **I.** *pp von* **brechen II.** *adj* (*Stimme*) entrecortado; **~ deutsch sprechen** chapurrear el alemán
Gebrüll [gə'brʏl] *nt* <-(e)s, *ohne pl*> (*von Menschen*) vocerío *m;* (*von Tieren*) rugido *m*
Gebühr [gə'by:ɐ] *f* <-en> tasa *f;* (*Abgabe*) derechos *mpl;* (*Telefon~*) tarifa *f;* (*Post~*) porte *m;* **eine ~ erheben** introducir una tasa; **~ zahlt Empfänger** portes debidos
gebühren* [gə'by:rən] *vi* (*geh*) corresponder; **seiner Leistung gebührt Anerkennung** su rendimiento merece ser reconocido
gebührenfrei *adj* exento de tasas; **gebührenpflichtig** *adj* sujeto a tasas
gebunden [gə'bʊndən] **I.** *pp von* **binden II.** *adj* **1.** (*einer Sache verpflichtet*) sujeto (*an* a); (*an einen Ort*) ligado (*an* a) **2.** (*Preise*) controlado
Geburt [gə'bu:ɐt] *f* <-en> **1.** (*Entbindung*) parto *m* **2.** (*das Geborenwerden*) nacimiento *m;* **blind von ~ an** ciego de nacimiento; **Geburtenkontrolle** *f* control *m* de natalidad
gebürtig [gə'bʏrtɪç] *adj* natural (*aus +dat* de)
Geburtsdatum *nt* fecha *f* de nacimiento; **Geburtsort** *m* lugar *m* de nacimiento; **Geburtstag** *m* cumpleaños *m inv;* **herzlichen Glückwunsch zum ~!** ¡feliz cumpleaños!; **Geburtsurkunde** *f* partida *f* de nacimiento
Gebüsch [gə'bʏʃ] *nt* <-(e)s, -e> matorral *m*
gedacht [gə'daxt] *pp von* **denken, gedenken**
Gedächtnis [gə'dɛçtnɪs] *nt* <-ses, -se> memoria *f;* **sich** *dat* **etw ins ~ zurückrufen** recordar algo
gedämpft [gə'dɛmpft] *adj* (*Geräusch*) apagado; (*Licht*) suave; **mit ~er Stimme** en

G

voz baja

Gedanke [gə'daŋkə] *m* <-ns, -n> idea *f;* **sie kam auf den ~n, dass ...** se le ocurrió que...; **sich** *dat* (**über etw**) **~n machen** preocuparse (por algo); **in ~n vertieft** absorto en sus pensamientos; **jdn auf andere ~n bringen** distraer a alguien; **Gedankenaustausch** *m* intercambio *m* de ideas; **gedankenlos** *adj* (*unüberlegt*) irreflexivo; (*zerstreut*) distraído; **Gedankenstrich** *m* guión *m;* **Gedankenübertragung** *f ohne pl* telepatía *f*

gedanklich *adj* mental

Gedärm [gə'dɛrm] *nt* <-(e)s, -e> intestinos *mpl*

Gedeck [gə'dɛk] *nt* <-(e)s, -e> cubierto *m;* (*Kaffee~*) servicio *m* de café

gedeihen [gə'daɪən] <gedeiht, gedieh, gediehen> *vi sein* (*Pflanze*) crecer; (*Kinder*) desarrollarse bien; (*Geschäft*) prosperar

gedenken* *irr vi* (*geh*) **1.** (*erinnern*) recordar (*+gen*); (*feierlich*) conmemorar (*+gen*) **2.** (*vorhaben*) tener la intención (de)

Gedenken *nt* <-s, *ohne pl*> recuerdo *m* (*an* de), conmemoración *f* (*an* de)

Gedenkfeier *f* acto *m* conmemorativo; **Gedenkstätte** *f* <-n> lugar *m* conmemorativo

Gedicht [gə'dɪçt] *nt* <-(e)s, -e> poema *m*

gedieh [gə'di:] *3. imp von* **gedeihen**

gediehen [gə'di:ən] *pp von* **gedeihen**

Gedränge [gə'drɛŋə] *nt* <-s, *ohne pl*> (*Drängelei*) apreturas *fpl;* (*Menschenmenge*) gentío *m*

gedroschen [gə'drɔʃən] *pp von* **dreschen**

gedrungen [gə'drʊŋən] **I.** *pp von* **dringen II.** *adj* regordete

Geduld [gə'dʊlt] *f* paciencia *f;* **die ~ verlieren** perder la paciencia

gedulden* [gə'dʊldən] *vr:* **sich ~** tener paciencia

geduldig I. *adj* paciente **II.** *adv* con paciencia

Geduldsfaden *m:* **jetzt reißt mir aber der ~!** (*fam*) ¡ahora se me acabó la paciencia!

gedurft [gə'dʊrft] *pp von* **dürfen**

geehrt [gə'ʔe:ɐt] *adj* (*in Briefen*) estimado; **sehr ~er Herr X** estimado Sr. X; (**meine**) **sehr ~e**(**n**) **Damen und Herren** muy Sres. míos

geeignet [gə'ʔaɪgnət] *adj* **1.** (*Mensch*) apto (*für +akk* para); **jdn für ~ halten** considerar a alguien competente **2.** (*Material*) adecuado (*für +akk* para) **3.** (*zweckmäßig*) oportuno

Gefahr [gə'fa:ɐ] *f* <-en> peligro *m* (*für +akk* para); **in ~ schweben** correr peligro; **auf eigene ~** por propia cuenta y riesgo; **~ laufen etw zu tun** correr el riesgo de hacer algo

Gefährdung *f* <-en> amenaza *f* (*für +akk* para, *durch +akk* a causa de/por parte de)

gefahren [gə'fa:rən] *pp von* **fahren**

gefährlich [gəfɛ:ɐlɪç] *adj* peligroso

gefahrlos *adj* sin peligro

Gefährte, -in [gə'fɛ:ɐtə] *m, f* <-n, -n; -nen> (*geh*) compañero, -a *m, f*

Gefälle [gə'fɛlə] *nt* <-s, -> (*Neigung*) pendiente *f*

gefallen[1] [gə'falən] **I.** *pp von* **fallen, gefallen II.** *adj* (*gestorben*) caído

gefallen*[2] *irr vi* gustar; **es gefällt mir gar nicht, dass ...** no me gusta nada que... *+subj;* **sich** *dat* **etw ~ lassen** (*fam*) aguantar algo

Gefallen *m* <-s, -> **1.** (*Gefälligkeit*) favor *m;* **jdm einen ~ tun** hacer un favor a alguien **2.** *ohne pl* (*Freude*) gusto *m;* **an etw** *dat*/**jdm ~ finden** tomarle gusto a algo/encontrar a alguien simpático

Gefälligkeit *f* <-en> **1.** (*Gefallen*) favor *m;* **jdm eine ~ erweisen** hacer un favor a alguien **2.** *ohne pl* (*Entgegenkommen*) deferencia *f;* **etw aus reiner ~ tun** hacer algo por complacer

gefangen [gə'faŋən] **I.** *pp von* **fangen II.** *adj* **1.** (*in Gefangenschaft*): **~ halten** tener encarcelado; **~ nehmen** tomar preso **2.** (*gebannt*) cautivado

Gefangene(**r**) *mf* <-n, -n; -n> preso, -a *m, f*

gefangen|halten *irr vt s.* **gefangen II.1.**

gefangen|nehmen *irr vt s.* **gefangen II.1.**

Gefangenschaft *f* <-en> prisión *f*

Gefängnis [gə'fɛŋnɪs] *nt* <-ses, -se> cárcel *f;* **im ~ sitzen** estar en la cárcel; **Gefängnisstrafe** *f* pena *f* de cárcel; **jdn zu einer ~ verurteilen** condenar a alguien a prisión

Gefäß [gə'fɛ:s] *nt* <-es, -e> (*Behälter*) recipiente *m;* (MED) vaso *m*

gefasstRR [gə'fast] *adj* sereno; **sich auf etw ~ machen** prepararse para algo

Gefecht [gə'fɛçt] *nt* <-(e)s, -e> combate *m*

gefeit [gə'faɪt] (*geh*): **gegen etw ~ sein** estar a salvo de algo

Gefieder [gə'fiːdɐ] *nt* <-s, -> plumaje *m*

geflochten [gə'flɔxtən] *pp von* **flechten**

geflogen [gə'floːgən] *pp von* **fliegen**

geflohen [gə'floːən] *pp von* **fliehen**

geflossen [gə'flɔsən] *pp von* **fließen**

Geflügel *nt* <-s, *ohne pl*> (*als Haustiere*) aves *fpl* de corral; (*Fleisch*) carne *f* de ave

geflügelt *adj* con alas; **ein ~es Wort** un dicho

gefochten [gə'fɔxtən] *pp von* **fechten**

Gefolge *nt* <-s, -> séquito *m*

gefragt [gə'fraːkt] *adj* (*Künstler*) solicitado; (*Ware*) de gran demanda

gefräßig [gə'frɛːsɪç] *adj* (*abw*) voraz; (*verfressen*) glotón

gefressen [gə'frɛsən] *pp von* **fressen**

gefrieren* [gə'friːrən] *irr vi sein* helarse; (*in Kühltruhe*) congelarse

Gefrierfach *nt* congelador *m;* **gefriergetrocknet** *adj* liofilizado; **Gefrierschrank** *m* congelador *m*

gefroren [gə'froːrən] **I.** *pp von* **frieren, gefrieren II.** *adj* helado; **hart ~** congelado

Gefüge [gə'fyːgə] *nt* <-s, -> (*Struktur*) estructura *f;* (*System*) sistema *m*

gefügig *adj* (*abw*) dócil; **sich** *dat* **jdn ~ machen** doblegarse a alguien

Gefühl [gə'fyːl] *nt* <-(e)s, -e> sensación *f;* (*seelisch*) sentimiento *m;* **kein ~ in den Fingern haben** no tener sensibilidad en los dedos; **etw mit ~ machen** hacer algo con finura; **das Höchste der ~e** el non plus ultra; **etw im ~ haben** intuir algo; **gefühllos** *adj* insensible; (*hartherzig*) impasible

gefühlsbetont *adj* sentimental; **Gefühlsregung** *f* emoción *f*

gefühlvoll *adj* sentimental; (*liebevoll*) cariñoso

gefunden [gə'fʊndən] *pp von* **finden**

gegangen [gə'gaŋən] *pp von* **gehen**

gegeben [gə'geːbən] **I.** *pp von* **geben II.** *adj* **1.** (*vorhanden*) dado; **unter den ~en Umständen** dadas las circunstancias **2.** (*geeignet*) apropiado; **zu ~er Zeit** en el momento oportuno

gegebenenfalls [gə'geːbənənfals] *adv* dado el caso

Gegebenheit *f* <-en> hecho *m;* (*Umstand*) circunstancia *f*

gegen ['geːgən] *präp +akk* **1.** (*entgegen*) en contra de **2.** (*angelehnt*) contra; **~ die Wand** contra la pared **3.** (*zur Bekämpfung von*) contra; **etwas ~ Kopfschmerzen** algo contra el dolor de cabeza **4.** (*Richtung*) hacia **5.** (*verglichen mit*) en comparación con **6.** (*im Austausch für*) contra; **~ Vorlage des Personalausweises** presentando el carné de identidad **7.** (*zeitlich*) sobre; **~ Abend** al anochecer

Gegenanzeige *f* (MED) contraindicación *f;* **Gegenargument** *nt* contraargumento *m*

Gegend ['geːgənt] *f* <-en> zona *f;* **in der ~ von Hamburg** cerca de Hamburgo; **die ~ um Madrid** los alrededores de Madrid

gegeneinander [geːgənʔaɪ'nandɐ] *adv* uno contra otro; **zwei Dinge ~ abgrenzen** fijar los límites de algo

Gegenfahrbahn *f* carril *m* contrario; **Gegengift** *nt* antídoto *m;* **Gegenleistung** *f* contrapartida *f;* **Gegenliebe** *f* amor *m* recíproco; **auf (wenig) ~ stoßen** ser (poco) correspondido; **Gegenmaßnahme** *f* contramedida *f*

Gegensatz *m* oposición *f;* **im ~ zu dir** a diferencia de ti; **einen ~ zu etw** *dat* **bilden** contrastar con algo

gegensätzlich ['--zɛtslɪç] *adj* (*entgegengesetzt*) contrario; (*widersprüchlich*) opuesto

Gegenseite *f* **1.** (*räumlich*) lado *m* opuesto **2.** (POL) (partido *m* de la) oposición *f* **3.** (JUR) parte *f* contraria

gegenseitig ['geːgənzaɪtɪç] *adj* recíproco; **in ~em Einverständnis** de mutuo acuerdo; **sich** *dat* **~ helfen** ayudarse el uno al otro

Gegenseitigkeit *f* reciprocidad *f;* **das beruht auf ~** esto es recíproco

Gegenspieler(in) *m(f)* contrincante *mf*

Gegenstand *m* <-(e)s, -stände> objeto *m;* **gegenstandslos** *adj* sin validez; (*unbegründet*) sin fundamento

Gegenteil *nt* lo contrario (*von +dat* de); **(ganz) im ~!** ¡al contrario!

gegenteilig *adj* contrario

gegenüber [gegən'ʔyːbɐ] **I.** *präp +dat* **1.** (*örtlich*) enfrente de **2.** (*einer Person*) frente a; (*in Gegenwart*) delante de; (*ange-*

sichts) ante **II.** *adv* enfrente; **gegenüberliegend** *adj* de enfrente; **auf der ~en Seite** en el lado opuesto; **gegenüber|stehen** *irr vi:* **etw** *dat* **positiv/negativ** ~ defender/rechazar algo; **gegenüber|stellen** *vt* (*Person*) confrontar (+*dat* con); (*vergleichen*) comparar (+*dat* con)

Gegenverkehr *m* tráfico *m* en contra

Gegenwart ['ge:gənvart] *f* **1.** (*a.* LING) presente *m;* **die Kunst der** ~ el arte contemporáneo **2.** (*Anwesenheit*) presencia *f*

gegenwärtig ['ge:gənvɛrtɪç] *adj* presente; (*aus dieser Zeit*) contemporáneo; **etw ist jdm nicht** ~ alguien no tiene presente algo

Gegenwert *m* contravalor *m;* **Gegenwind** *m* viento *m* en contra; **gegen|zeichnen** *vt* refrendar

gegessen [gə'gɛsən] *pp von* **essen**

geglichen [gə'glɪçən] *pp von* **gleichen**

geglitten [gə'glɪtən] *pp von* **gleiten**

geglommen [gə'glɔmən] *pp von* **glimmen**

Gegner(in) ['ge:gnɐ] *m(f)* <-s, -; -nen> adversario, -a *m, f*

gegnerisch *adj* contrario

gegolten [gə'gɔltən] *pp von* **gelten**

gegoren [gə'go:rən] *pp von* **gären**

gegossen [gə'gɔsən] *pp von* **gießen**

gegraben [gə'gra:bən] *pp von* **graben**

gegriffen [gə'grɪfən] *pp von* **greifen**

Gehalt[1] [gə'halt] *m* <-(e)s, -e> (*Anteil*) contenido *m* (*an* +*dat* de); (*Alkohol~*) grados *mpl*

Gehalt[2] [gə'halt] *nt* <-(e)s, Gehälter> salario *m*

gehalten [gə'haltən] *pp von* **halten**

Gehaltsempfänger(in) *m(f)* asalariado, -a *m, f;* **Gehaltserhöhung** *f* aumento *m* salarial; **Gehaltsvorstellung** *f* aspiraciones *fpl* económicas

gehaltvoll *adj* (*Essen*) sustancioso; (*Buch*) valioso

gehangen [gə'haŋən] *pp von* **hängen**

gehässig [gə'hɛsɪç] *adj* (*abw: böswillig*) malévolo; (*feindselig*) hostil

Gehässigkeit *f* <-en> **1.** (*Bemerkung*) grosería *f* **2.** *ohne pl* (*Böswilligkeit*) malevolencia *f;* (*Feindseligkeit*) hostilidad *f*

gehauen [gə'haʊən] *pp von* **hauen**

gehäuft [gə'hɔɪft] *adj* **1.** (*Auftreten*) frecuente **2.** (*voll*) lleno; **ein ~er Löffel** una cucharada colmada

Gehäuse [gə'hɔɪzə] *nt* <-s, -> carcasa *f;* (*von Uhr, a.* INFOR) caja *f;* (AUTO) cárter *m*

gehbehindert ['ge:bəhɪndɐt] *adj* inválido

Gehege [gə'he:gə] *nt* <-s, -> cercado *m*

geheim [gə'haɪm] *adj* secreto; (*Kräfte*) oculto; (*vertraulich*) confidencial; **etw ~ halten** mantener algo en secreto; **etw vor jdm ~ halten** ocultar algo a alguien; **Geheimagent(in)** *m(f)* agente *mf* secreto, -a; **Geheimdienst** *m* servicio *m* secreto; **geheim|halten** *irr vt s.* **geheim**

Geheimnis *nt* <-ses, -se> secreto *m;* **ein ~ verraten** revelar un secreto; **ein offenes ~** un secreto a voces; **er macht kein ~ daraus, dass ...** no oculta que...; **geheimnisvoll** *adj* misterioso

Geheimnummer *f* número *m* secreto; **Geheimtipp**[RR] *m* soplo *m;* **Geheimzahl** *f* número *m* secreto

geheißen *pp von* **heißen**

gehen ['ge:ən] <geht, ging, gegangen> *vi sein* andar; (*weg~*) irse; **zu Fuß ~** ir a pie; **das geht zu weit** eso pasa de la raya; **es geht mir schlecht** me encuentro mal; **so geht das nicht weiter** esto no puede seguir así; **in Stücke ~** romperse; **in sich ~** reflexionar sobre sí mismo; **mit der Zeit ~** estar al día; **die Uhr geht (falsch)** el reloj anda (mal); **gut ~** ir bien; **gut ~d** floreciente; **jdm nahe ~** afectar a alguien; **ich zeige dir, wie das geht** te enseño cómo se hace; **wenn alles gut geht, ...** si todo va bien...; **schief ~** salir mal; **sich ~ lassen** descuidarse; **vor sich ~** (*fam*) ocurrir; **worum geht's denn?** ¿de qué se trata?; **gehen|lassen** *irr vr:* **sich ~** *s.* **gehen**

geheuer [gə'hɔɪɐ] *adj:* **das ist mir nicht ~** me da algo de miedo

Gehilfe, -in [gə'hɪlfə] *m, f* <-n, -n; -nen> ayudante *mf*

Gehirn [gə'hɪrn] *nt* <-(e)s, -e> cerebro *m;* **Gehirnerschütterung** *f* <-en> conmoción *f* cerebral; **Gehirnwäsche** *f* lavado *m* de cerebro

gehoben [gə'ho:bən] **I.** *pp von* **heben II.** *adj* (*Ausdrucksweise*) culto

geholfen [gə'hɔlfən] *pp von* **helfen**

Gehör [gə'hø:ɐ] *nt* <-(e)s, *ohne pl*> oído *m;* **jdm ~ schenken** prestar atención a alguien; **sich** *dat* **~ verschaffen** hacerse escuchar

gehorchen* *vi* obedecer; **jdm nicht ~** desobedecer a alguien

gehören* **I.** *vi* **1.** (*als Eigentum*) pertenecer (a); **das Auto gehört ihm** el coche es suyo **2.** (*zählen zu*) formar parte (*zu + dat* de); **er gehört zur Familie** es de la familia; **wo gehört das hin?** ¿dónde se pone esto? **3.** (*nötig sein*) hacer falta; **dazu gehört Mut** esto requiere valentía **II.** *vr:* **sich ~** ser conveniente; **wie es sich gehört** como es debido

gehörig **I.** *adj* **1.** (*gehörend*) perteneciente (*zu + dat* a) **2.** (*angemessen*) debido **3.** (*fam: gründlich*) fuerte; **eine ~e Tracht Prügel** una buena paliza **II.** *adv* (*gebührend*) como es debido; **ich habe ihm ~ die Meinung gesagt** le dije mi opinión como se merecía

gehorsam *adj* obediente

Gehorsam [gəˈhoːɐzaːm] *m* <-s, *ohne pl*> obediencia *f*

Gehsteig [ˈgeːʃtaɪk] *m* <-(e)s, -e> acera *f*, vereda *f Am*

Gehweg *m* **1.** (*Bürgersteig*) acera *f* **2.** (*Fußweg*) camino *m*

Geier [ˈgaɪɐ] *m* <-s, -> buitre *m*

Geige [ˈgaɪgə] *f* <-n> violín *m*; **die erste ~ spielen** (*fam fig*) llevar la voz cantante

Geigerzähler [ˈgaɪgɐ-] *m* contador *m* (de) Geiger

geil [gaɪl] *adj* (*fam: großartig*) guay; (*vulg: lüstern*) cachondo

Geisel [ˈgaɪzəl] *f* <-n> rehén *mf*; **~n nehmen** tomar rehenes; **Geiselnahme** [ˈ--naːmə] *f* <-n> toma *f* de rehenes; **Geiselnehmer(in)** *m(f)* <-s, -; -nen> secuestrador(a) *m(f)*

Geist [gaɪst] *m* <-(e)s, -er> **1.** (*Denker*) espíritu *m* **2.** (*Gespenst*) fantasma *m* **3.** *ohne pl* (*Verstand*) mente *f*; **den ~ aufgeben** (*fam*) estropearse; **Geisterbahn** *f* tren *m* fantasma; **Geisterfahrer(in)** *m(f)* conductor(a) *m(f)* (de coche) kamikaze

geistesabwesend [ˈgaɪstəs-] *adj* distraído; **Geistesblitz** *m* (*fam*) ocurrencia *f*; **Geistesgegenwart** *f* presencia *f* de ánimo; **geistesgestört** *adj* perturbado mental; **geisteskrank** *adj* enfermo mental; **Geisteswissenschaften** *fpl* ciencias *fpl* humanas; **Geisteszustand** *m* <-(e)s, *ohne pl*> estado *m* mental

geistig [ˈgaɪstɪç] *adj* **1.** (*Kräfte*) mental; **~ behindert** deficiente mental **2.** (*Mensch*) intelectual

geistlich [ˈgaɪstlɪç] *adj* espiritual; (*kirchlich*) eclesiástico; **~e Musik** música sacra

Geistliche(r) *m* <-n, -n> eclesiástico *m*

geistlos *adj* (*einfallslos*) poco ingenioso; **geistreich** *adj* ingenioso

Geiz [gaɪts] *m* <-es, *ohne pl*> avaricia *f*

geizen *vi* cicatear (*mit + dat* con)

Geizhals *m* (*abw*) tacaño, -a *m, f*

geizig *adj* tacaño

Gejammer [gəˈjamɐ] *nt* <-s, *ohne pl*> (*fam abw*) quejas *fpl*

gekannt [gəˈkant] *pp von* **kennen**

Gekicher [gəˈkɪçɐ] *nt* <-s, *ohne pl*> (*fam abw*) risitas *fpl*

Geklapper [gəˈklapɐ] *nt* <-s, *ohne pl*> (*fam abw*) traqueteo *m*

geklungen [gəˈklʊŋən] *pp von* **klingen**

geknickt [gəˈknɪkt] *adj* (*fam*) afligido

gekniffen [gəˈknɪfən] *pp von* **kneifen**

gekommen [gəˈkɔmən] *pp von* **kommen**

gekonnt [gəˈkɔnt] **I.** *pp von* **können²** **II.** *adj* bien hecho

Gekritzel [gəˈkrɪtsəl] *nt* <-s, *ohne pl*> (*abw*) garabatos *mpl*

gekrochen [gəˈkrɔxən] *pp von* **kriechen**

gekünstelt [gəˈkʏnstəlt] *adj* (*abw*) amanerado; (*Stil*) rebuscado

Gel [geːl] *nt* <-s, -e> gel *m*

Gelächter [gəˈlɛçtɐ] *nt* <-s, -> carcajada *f*

geladen [gəˈlaːdən] **I.** *pp von* **laden** **II.** *adj* (*fam: zornig*) furioso; **eine ~e Atmosphäre** un ambiente cargado

Gelage [gəˈlaːgə] *nt* <-s, -> comilona *f*

gelähmt [gəˈlɛːmt] *adj* paralizado

Gelände [gəˈlɛndə] *nt* <-s, -> terreno *m*

Geländer [gəˈlɛndɐ] *nt* <-s, -> barandilla *f*; (*Treppen~*) pasamanos *m inv*

Geländewagen *m* (vehículo *m*) todo terreno *m*

gelang [gəˈlaŋ] *3. imp von* **gelingen**

gelangen* [gəˈlaŋən] *vi sein* llegar (*zu + dat, nach + dat, an + akk* a); **zu einer Überzeugung ~** llegar a una conclusión

gelassen [gəˈlasən] **I.** *pp von* **lassen¹** **II.** *adj* sereno **III.** *adv* con calma; **~ bleiben** no perder la calma

Gelatine [ʒelaˈtiːnə] *f* gelatina *f*

gelaufen [gəˈlaʊfən] *pp von* **laufen**

geläufig [gəˈlɔɪfɪç] *adj* corriente; **dieses Wort ist mir nicht ~** no conozco esta palabra

G

gelaunt [gə'laʊnt] *adj:* **gut/schlecht ~ sein** estar de buen/mal humor; **übel ~** malhumorado

gelb [gɛlp] *adj* amarillo

Gelbsucht *f ohne pl* ictericia *f*

Geld [gɛlt] *nt* <-(e)s, *ohne pl*> dinero *m;* **~ waschen** (*fam*) blanquear dinero; **das geht ganz schön ins ~** esto cuesta un montón; **das ~ zum Fenster rauswerfen** (*fam*) tirar los cuartos por la ventana; **sie hat ~ wie Heu** (*fam*) le sale el dinero hasta por las orejas; **Geldautomat** *m* cajero *m* automático; **Geldbetrag** *m* suma *f,* importe *m;* **Geldbeutel** *m* monedero *m*

Gelder *ntpl* (*Mittel*) fondos *mpl;* **öffentliche ~** fondos públicos

geldgierig *adj* (*abw*) codicioso; **Geldinstitut** *nt* institución *f* bancaria; **Geldschein** *m* billete *m* de banco; **Geldsorgen** *fpl* problemas *mpl* financieros; **Geldspielautomat** *m* tragaperras *f inv;* **Geldstrafe** *f* multa *f;* **Geldstück** *nt* moneda *f;* **Geldwäsche** *f* (*fam*) blanqueo *m* de dinero

Gelee [ʒe'le:] *m o nt* <-s, -s> jalea *f*

gelegen [gə'le:gən] **I.** *pp von* **liegen II.** *adj* **1.** (*örtlich*) situado; **zentral ~** céntrico **2.** (*passend*) oportuno **III.** *adv* a propósito; **das kommt mir sehr ~** esto me viene muy a propósito; **mir ist viel daran ~, dass ...** considero muy importante que... *+subj*

Gelegenheit *f* <-en> ocasión *f* (*zu +dat* para); **die ~ beim Schopfe fassen** aprovechar la ocasión; **wenn sich die ~ bietet** si se presenta la oportunidad; **Gelegenheitsarbeit** *f* trabajo *m* ocasional

gelegentlich I. *adj* ocasional **II.** *adv* (*bei Gelegenheit*) cuando sea oportuno; (*manchmal*) de vez en cuando

gelehrig [gə'le:rɪç] *adj* que aprende fácilmente

gelehrt [gə'le:ɐt] *adj* erudito

geleiten* *vt* (*geh: begleiten*) acompañar; (*eskortieren*) escoltar

Geleitschutz *m* escolta *f*

Gelenk [gə'lɛnk] *nt* <-(e)s, -e> (ANAT, TECH) articulación *f*

gelenkig *adj* ágil

gelesen [gə'le:zən] *pp von* **lesen**

Geliebte(r) [gə'li:ptɐ] *mf* <-n, -n; -n> amante *mf*

geliehen [gə'li:ən] *pp von* **leihen**

gelingen [gə'lɪŋən] <gelingt, gelang, gelungen> *vi sein* lograr; **es gelingt mir nicht** no me sale

Gelingen *nt* <-s, *ohne pl*> éxito *m;* **auf gutes ~!** ¡por el éxito!

gelitten [gə'lɪtən] *pp von* **leiden**

gellen ['gɛlən] *vi* retumbar

geloben* *vt* (*geh*) prometer (solemnemente)

gelogen [gə'lo:gən] *pp von* **lügen**

gelöst [gə'lø:st] *adj* relajado

gelten ['gɛltən] <gilt, galt, gegolten> *vi* **1.** (*gültig sein*) ser válido; **etw ~ lassen** dejar pasar algo; **das gilt nicht** eso no vale **2.** (*zutreffen*) valer (*für +akk* para); **und das gilt auch für dich** y esto también va por ti

geltend *adj* (*üblich*) general; (JUR) vigente; **Gründe für etw ~ machen** alegar razones para algo; **Forderungen ~ machen** formular demandas

Geltung *f* **1.** (*Gültigkeit*) validez *f;* **~ haben** ser válido **2.** (*Ansehen*) prestigio *m;* **sich** *dat* **~ verschaffen** hacerse respetar; **zur ~ kommen** resaltar; **etw zur ~ bringen** acentuar algo; **Geltungsbedürfnis** *nt* <-ses, *ohne pl*> afán *m* de notoriedad

Gelübde [gə'lʏpdə] *nt* <-s, -> (*geh*) voto *m*

gelungen [gə'lʊŋən] **I.** *pp von* **gelingen II.** *adj* (*gut*) estupendo; (*erfolgreich*) exitoso; **etw ist gut ~** algo ha salido bien

gemächlich [gə'mɛ(:)çlɪç] *adj* (*ruhig*) tranquilo; (*langsam*) parsimonioso

Gemahl(in) [gə'ma:l] *m(f)* <-(e)s, -e; -nen> (*geh*) esposo, -a *m, f*

gemahlen [gə'ma:lən] *pp von* **mahlen**

Gemälde [gə'mɛ:ldə] *nt* <-s, -> cuadro *m*

gemäß [gə'mɛ:s] **I.** *präp +dat* según; **~ Art. 5 des Gesetzes** conforme al art. 5 de la ley **II.** *adj* conforme a; **eine den Umständen ~e Reaktion** una reacción conforme a las circunstancias

gemäßigt [gə'mɛ:sɪçt] *adj* moderado; (*Klima*) templado

Gemecker [gə'mɛkɐ] *nt* <-(e)s, *ohne pl*> **1.** (*fam abw: von Mensch*) critiqueo *m* **2.** (*von Ziege*) balido *m*

gemein [gə'maɪn] *adj* **1.** (*niederträchtig*) infame **2.** (*gemeinsam*) común; **etw mit jdm ~ haben** tener algo en común con alguien

Gemeinde [gə'maɪndə] *f* <-n> (ADMIN)

municipio *m;* (REL) parroquia *f;* **Gemeinderat** *m* concejo *m* municipal
gemeingefährlich *adj* que constituye un peligro público; **Gemeingut** *nt* <-(e)s, *ohne pl*> (*geh*) patrimonio *m* público
Gemeinheit *f* infamia *f*
gemeinnützig *adj* de utilidad pública
Gemeinplatz *m* tópico *m*
gemeinsam I. *adj* común II. *adv* en común; (*zusammen*) juntos; **etw ~ benutzen** utilizar algo conjuntamente; **sie haben viel ~** tienen mucho en común
Gemeinsamkeit *f* <-en> característica *f* común
Gemeinschaft *f* <-en> comunidad *f;* **die Europäische ~** la Comunidad Europea; **in ~ mit jdm** en cooperación con alguien
gemeinschaftlich I. *adj* común II. *adv* conjuntamente
Gemeinschaftspraxis *f* consultorio *m* colectivo
Gemeinwohl *nt* bien *m* común
gemessen [gəˈmɛsən] I. *pp von* **messen** II. *adj* (*geh*) parsimonioso; **~en Schrittes** a paso lento
Gemetzel [gəˈmɛtsəl] *nt* <-s, -> matanza *f*
gemieden [gəˈmiːdən] *pp von* **meiden**
Gemisch [gəˈmɪʃ] *nt* <-(e)s, -e> mezcla *f*
gemischt [gəˈmɪʃt] *adj* mixto; **mit ~en Gefühlen** con sentimientos encontrados
gemocht [gəˈmɔxt] *pp von* **mögen**
gemolken [gəˈmɔlkən] *pp von* **melken**
Gemse *f* <-n> *s.* **Gämse**
Gemurmel [gəˈmʊrməl] *nt* <-s, *ohne pl*> murmullo *m*
Gemüse [gəˈmyːzə] *nt* <-s, -> verdura *f;* **das junge ~** (*fam*) la gente menuda; **Gemüsegarten** *m* huerto *m*
gemusst[RR] [gəˈmʊst] *pp von* **müssen**
gemustert [gəˈmʊstɐt] *adj* estampado
Gemüt [gəˈmyːt] *nt* <-(e)s, -er> 1. (*Psyche*) ánimo *m;* **die Entscheidung erregte die ~er** la decisión excitó los ánimos 2. (*Seele*) alma *m;* **das ist ihm aufs ~ geschlagen** esto le ha deprimido; **das ist etwas fürs ~** es algo para el corazón; **sich** *dat* **etw zu ~e führen** (*etw beherzigen*) tomar algo en consideración; (*fam: sich etw gönnen*) obsequiarse con algo
gemütlich I. *adj* acogedor; **mach's dir ~** ponte cómodo; **in ~em Tempo** a un ritmo agradable II. *adv* a gusto
Gemütlichkeit *f* comodidad *f;* **in aller ~** a sus anchas
Gemütsbewegung *f* emoción *f;* **Gemütsverfassung** *f* estado *m* de ánimo
Gen [geːn] *nt* <-s, -e> gen(e) *m*
genannt [gəˈnant] *pp von* **nennen**
genas [gəˈnaːs] *3. imp von* **genesen**
genau [gəˈnaʊ] I. *adj* 1. (*exakt*) exacto 2. (*sorgfältig*) escrupuloso 3. (*ausführlich*) detallado; **ich weiß nichts Genaueres darüber** no sé nada más concreto acerca de ello II. *adv* (*exakt*) exactamente; **~ das Gegenteil** justo lo contrario; **es ist ~ 10 Uhr** son las diez en punto; **so ~ wollte ich es nicht wissen!** ¡tan detalladamente no quería saberlo!; **etw ~ nehmen** tomar algo al pie de la letra; **~ genommen ist das nicht richtig** en sentido estricto esto no es correcto; **genaugenommen** *adv s.* **genau** II.
Genauigkeit *f* precisión *f*
genauso [gəˈnaʊzoː] *adv* de igual modo; **~ gut** de la misma manera; **~ gut wie** igual de bien que; **~ viel wie** tanto como; **~ wenig wie** tan poco como; **~ wie** así como; **genausogut** *adv s.* **genauso**; **genausoviel** *adv s.* **genauso**; **genausowenig** *adv s.* **genauso**
genehmigen* [gəˈneːmɪgən] *vt* autorizar; (*Antrag*) aprobar; **sich** *dat* **etw ~** (*fam*) permitirse algo
Genehmigung *f* <-en> autorización *f*
geneigt [gəˈnaɪkt] *adj:* **zu etw** *dat* **~ sein** estar dispuesto a hacer algo
Genera *pl von* **Genus**
General(in) [genəˈraːl] *m(f)* <-s, -e *o* -räle; -nen> general *mf*
Generalprobe *f* ensayo *m* general; **Generalsekretär(in)** *m(f)* (POL) secretario, -a *m, f* general; **Generalstreik** *m* huelga *f* general
Generation [genəraˈtsjoːn] *f* <-en> generación *f;* **Generationskonflikt** *m* conflicto *m* generacional
Generator [genəˈraːtoːɐ] *m* <-s, -en> generador *m*
generell [genəˈrɛl] I. *adj* general II. *adv* en lo general
genesen [gəˈneːzən] <genest, genas, genesen> *vi sein* (*geh*) convalecer
Genetik [geˈneːtɪk] *f* genética *f*
genetisch [geˈneːtɪʃ] *adj* genético

G

Genf [gɛnf] *nt* <-s> Ginebra *f*

Genforscher(in) *m(f)* genetista *mf;* **Genforschung** *f* investigación *f* genética

genial [ge'nja:l] *adj* genial

Genick [gə'nɪk] *nt* <-(e)s, -e> nuca *f;* **das bricht ihm das** ~ (*fam*) esto le va a matar

Genie [ʒe'ni:] *nt* <-s, -s> genio *m*

genieren* [ʒe'ni:rən] *vr:* **sich** ~ avergonzarse

genießbar *adj* comestible

genießen [gə'ni:sən] <genießt, genoss, genossen> *vt* disfrutar (de); **jds Vertrauen** ~ gozar de la confianza de alguien; **das ist mit Vorsicht zu** ~ hay que tener cuidado con esto

Genießer(in) *m(f)* <-s, -; -nen> sibarita *mf*

genießerisch *adj* con placer

Genitalien [geni'ta:liən] *ntpl* (órganos *mpl*) genitales *mpl*

Genitiv ['ge:niti:f] *m* <-s, -e> genitivo *m*

genommen [gə'nɔmən] *pp von* **nehmen**

genormt [gə'nɔrmt] *adj* estandarizado

genoss[RR] [gə'nɔs] *3. imp von* **genießen**

Genosse, -in [gə'nɔsə] *m, f* <-n, -n; -nen> compañero, -a *m, f*

genossen [gə'nɔsən] *pp von* **genießen**

Genossenschaft *f* <-en> cooperativa *f*

Genre ['ʒã:rə] *nt* <-s, -s> género *m*

gentechnisch *adj* tecnogenético; **Gentechnologie** *f* ingeniería *f* genética

genug [gə'nu:k] *adv* bastante; **es ist** ~ **Platz** hay sitio suficiente; **jetzt ist es aber** ~**!** ¡ya basta!; ~ **von etw** *dat* **haben** estar harto de algo

Genüge [gə'ny:gə]: **zur** ~ bastante

genügen* [gə'ny:gən] *vi* bastar; **den Anforderungen** ~ satisfacer las exigencias

genügend *adj* bastante, suficiente

genügsam *adj* contentadizo

Genugtuung [gə'nu:ktu:ʊŋ] *f* <-en> satisfacción *f*

Genus ['gɛnʊs, 'ge:nʊs] *nt* <-, Genera> género *m*

Genuss[RR] [gə'nʊs] *m* <-es, -nüsse> **1.** (*Vergnügen*) placer *m* **2.** *ohne pl* (*Konsum*) consumo *m;* **in den** ~ **von etw** *dat* **kommen** (llegar a) disfrutar de algo

genüsslich[RR] **I.** *adj* gozoso **II.** *adv* con fruición

Genussmittel[RR] *nt* estimulante *m*

Geografie[RR] [geogra'fi:] *f* geografía *f*

geografisch[RR] *adj* geográfico

Geographie *f s.* **Geografie**

geographisch *adj s.* **geografisch**

Geologie [geolo'gi:] *f* geología *f*

Geometrie [geome'tri:] *f* geometría *f*

Geophysik *f* geofísica *f*

Georgien [ge'ɔrgiən] *nt* <-s> Georgia *f*

Gepäck [gə'pɛk] *nt* <-(e)s, *ohne pl*> equipaje *m;* **sein** ~ **aufgeben** facturar su equipaje; **Gepäckaufbewahrung** *f* consigna *f;* **Gepäckausgabe** *f* entrega *f* de equipajes

Gepäckträger[1] *m* (*am Fahrrad*) portaequipajes *m inv*

Gepäckträger(in)[2] *m(f)* (*Person*) mozo, -a *m, f* de equipajes

Gepäckwagen *m* (*im Bahnhof*) carrito *m* portaequipajes; (*des Zuges*) furgón *m* de equipajes

Gepard ['ge:part] *m* <-s, -e> guepardo *m*

gepfeffert [gə'pfɛfɐt] *adj* (*fam*) **1.** (*Preise*) exorbitante **2.** (*Kritik*) duro; (*Strafe*) severo

gepfiffen [gə'pfɪfən] *pp von* **pfeifen**

gepflegt [gə'pfle:kt] *adj* cuidado; (*Restaurant*) elegante; (*Ausdrucksweise*) culto

Geplapper [gə'plapɐ] *nt* <-s, *ohne pl*> (*fam*) cháchara *f*

gepriesen [gə'pri:zən] *pp von* **preisen**

gequollen [gə'kvɔlən] *pp von* **quellen**

gerade [gə'ra:də] **I.** *adj* **1.** (*geradlinig*) recto **2.** (*aufrecht*) derecho **3.** (MATH) par **II.** *adv* **1.** (*soeben*) ahora mismo; **sie duscht** ~ se está duchando **2.** (*knapp*) justo; **er kam** ~ **noch rechtzeitig** llegó justo a tiempo **3.** (*ausgerechnet*) precisamente; **er ist nicht** ~ **eine Schönheit** (*fam*) no es precisamente una belleza

Gerade [gə'ra:də] *f* <-n> recta *f*

geradeaus [---'-] *adv* recto; **immer** ~ todo seguido

geradeheraus [-'---'-] *adv* (*fam*) francamente

gerade|stehen *irr vi:* **für etw** ~ responder de algo

geradewegs [-'---] *adv* directamente

geradezu [-'---] *adv* realmente

Geranie [ge'ra:niə] *f* <-n> geranio *m*

gerann [gə'ran] *3. imp von* **gerinnen**

gerannt [gə'rant] *pp von* **rennen**

gerät [gə'rɛ:t] *3. präs von* **geraten**

Gerät [gə'rɛ:t] *nt* <-(e)s, -e> (*Apparat*) aparato *m;* (*Instrument*) instrumento *m*

geraten[1] [gə'ra:tən] *pp* **geraten**, **raten**

geraten² <gerät, geriet, geraten> *vi sein* **1.** (*gelangen*) llegar (*nach +dat* a); **in Schwierigkeiten** ~ caer en una situación difícil; **ins Stocken** ~ (*beim Sprechen*) perder el hilo; **außer sich** *dat/akk* ~ salirse de sus casillas **2.** (*gelingen*) salir; **gut/schlecht** ~ salir bien/mal; **das ist etwas kurz** ~ eso ha quedado algo corto; **nach jdm** ~ salir a alguien

Geratewohl [gəˈraːtəvoːl, ---ˈ-] *nt:* **aufs** ~ (*fam*) al azar

geräumig [gəˈrɔɪmɪç] *adj* espacioso

Geräusch [gəˈrɔɪʃ] *nt* <-(e)s, -e> ruido *m;* **Geräuschkulisse** *f* ruido *m* ambiente; **geräuschlos** *adj* silencioso; **geräuschvoll I.** *adj* ruidoso **II.** *adv* con mucho ruido

gerben [ˈgɛrbən] *vt* curtir

gerecht [gəˈrɛçt] *adj* justo; (*Strafe*) merecido; **jdm/etw** *dat* ~ **werden** valorar debidamente a alguien/corresponder a algo

Gerechtigkeit *f* justicia *f;* **jdm** ~ **widerfahren lassen** hacer justicia a alguien

Gerede [gəˈreːdə] *nt* <-s, *ohne pl*> (*Geschwätz*) perorata *f;* (*Klatsch*) habladurías *fpl*

gereizt [gəˈraɪtst] *adj* irritado

Gericht [gəˈrɪçt] *nt* <-(e)s, -e> **1.** (*Speise*) plato *m* **2.** (*Institution*) tribunal *m* (de justicia); (*Gebäude*) palacio *m* de justicia; **das Jüngste** ~ (REL) el Juicio Final; **jdn vor** ~ **bringen** llevar a alguien a los tribunales

gerichtlich *adj* judicial; **jdn** ~ **verfolgen** iniciar un pleito contra alguien

Gerichtshof *m* tribunal *m* de justicia, corte *f Am;* **der Oberste** ~ el Tribunal Supremo; **Gerichtsmedizin** *f* medicina *f* forense; **Gerichtssaal** *m* sala *f* de audiencia; **Gerichtsstand** *m* jurisdicción *f;* **Gerichtsverhandlung** *f* juicio *m*

gerieben [gəˈriːbən] *pp von* **reiben**

geriet [gəˈriːt] *3. imp von* **geraten**

gering [gəˈrɪŋ] *adj* (*klein*) pequeño; (*wenig*) poco; (*knapp*) escaso; (*beschränkt*) limitado; (*Preis*) bajo; (*Entfernung*) corto; **etw/jdn** ~ **schätzen** menospreciar algo/a alguien; (*verachten*) despreciar algo/a alguien; **die ~ste Kleinigkeit regt ihn auf** la pequeñez más nimia le enfada; **das stört mich nicht im Geringsten** no me molesta lo más mínimo

geringfügig [gəˈrɪŋfyːgɪç] **I.** *adj* mínimo **II.** *adv* ligeramente

gering|schätzen *vt s.* **gering**

geringschätzig *adj* despectivo

gerinnen [gəˈrɪnən] <gerinnt, gerann, geronnen> *vi sein* (*Milch*) cuajar(se); (*Blut*) coagular(se)

Gerippe [gəˈrɪpə] *nt* <-s, -> esqueleto *m*

gerissen [gəˈrɪsən] **I.** *pp von* **reißen II.** *adj* (*fam*) astuto

geritten [gəˈrɪtən] *pp von* **reiten**

Germanistik [gɛrmaˈnɪstɪk] *f* germanística *f*

gern(e) [ˈgɛrn(ə)] <lieber, am liebsten> *adv* con gusto; **sie liest** ~ le gusta leer; **ein** ~ **gesehener Gast** un invitado bienvenido; ~ **geschehen!** ¡no hay de qué!; **ich hätte** ~ **den Chef gesprochen** quisiera hablar con el jefe

gerochen [gəˈrɔxən] *pp von* **riechen**

geronnen [gəˈrɔnən] *pp von* **gerinnen**, **rinnen**

Gerste [ˈgɛrstə] *f* <-n> cebada *f*

Gerte [ˈgɛrtə] *f* <-n> (*Peitsche*) fusta *f*

Geruch [gəˈrʊx] *m* <-(e)s, -rüche> olor *m;* **geruchlos** *adj* sin olor

Geruchssinn *m* <-(e)s, *ohne pl*> olfato *m*

Gerücht [gəˈrʏçt] *nt* <-(e)s, -e> rumor *m;* **ein** ~ **in die Welt setzen** difundir un rumor

gerufen [gəˈruːfən] *pp von* **rufen**

geruhsam [gəˈruːzaːm] *adj* sosegado

Gerümpel [gəˈrʏmpəl] *nt* <-s, *ohne pl*> (*abw*) trastos *mpl*

Gerundium [geˈrʊndiʊm] *nt* <-s, Gerundien> gerundio *m*

gerungen [gəˈrʊŋən] *pp von* **ringen**

Gerüst [gəˈrʏst] *nt* <-(e)s, -e> (*Bau~*) andamio *m;* (*Aufbau*) estructura *f*

gesalzen [gəˈzaltsən] **I.** *pp von* **salzen II.** *adj* (*fam: mit Salz*) salado; (*Preis*) exorbitante; (*Brief*) duro

gesamt [gəˈzamt] *adj* todo; (*völlig*) total; (*vollständig*) completo; **Gesamtausgabe** *f* obras *fpl* completas; **Gesamtbetrag** *m* importe *m* total; **gesamtdeutsch** *adj* de toda Alemania; **Gesamteindruck** *m* impresión *f* final

Gesamtheit *f* totalidad *f;* **in seiner/ihrer** ~ en su totalidad

Gesamtschule *f* escuela *f* integrada; **Gesamtwert** *m* valor *m* total

gesandt [gəˈzant] *pp von* **senden**

Gesandte(r) [gəˈzantɐ] *mf* <-n, -n; -n> enviado, -a *m, f*

Gesandtschaft *f* <-en> legación *f*

Gesang [gəˈzaŋ] *m* <-(e)s, -sänge> canto *m;* (REL) cántico *m;* **Gesangverein** *m* orfeón *m*

Gesäß [gəˈzɛːs] *nt* <-es, -e> trasero *m*

geschaffen [gəˈʃafən] *pp von* **schaffen**[1]

Geschäft [gəˈʃɛft] *nt* <-(e)s, -e> negocio *m;* **mit jdm ins ~ kommen** establecer relaciones comerciales con alguien; **morgen gehe ich nicht ins ~** (*fam*) mañana no voy al trabajo; **seinen ~en nachgehen** atender sus negocios; **ein gutes ~ machen** hacer un buen negocio

geschäftig *adj* diligente

geschäftlich *adj* comercial; **~ unterwegs sein** estar en viaje de negocios

geschäftsfähig *adj* (JUR) capaz; **Geschäftsfrau** *f* mujer *f* de negocios; **Geschäftsführer(in)** *m(f)* (*von Unternehmen*) gerente *mf;* (*von Organisation*) secretario, -a *m, f* general; **Geschäftsleitung** *f* gerencia *f;* **Geschäftsmann** *m* <-(e)s, -leute *o* -männer> hombre *m* de negocios; **Geschäftsreise** *f* viaje *m* de negocios; **Geschäftsschluss**[RR] *m* <-es, *ohne pl*> (hora *f* de) cierre *m* de los comercios; **Geschäftsstelle** *f* (*Büro*) despacho *m;* (*Filiale*) sucursal *f;* **geschäftstüchtig** *adj* hábil para el comercio

geschah [gəˈʃaː] *3. imp von* **geschehen**

geschehen [gəˈʃeːən] <geschieht, geschah, geschehen> *vi sein* ocurrir; **als ob nichts ~ wäre** como si no hubiera pasado nada

gescheit [gəˈʃaɪt] *adj* listo; (*vernünftig*) sensato

Geschenk [gəˈʃɛŋk] *nt* <-(e)s, -e> regalo *m;* **Geschenkpapier** *nt* papel *m* de regalo

Geschichte [gəˈʃɪçtə] *f* <-n> **1.** (*Erzählung*) cuento *m* **2.** (*fam: Angelegenheit*) asunto *m;* **mach keine ~n!** ¡no hagas tonterías! **3.** *ohne pl* (*Entwicklungsprozess*) historia *f*

geschichtlich *adj* histórico

Geschichtsbuch *nt* libro *m* de historia; **Geschichtsschreibung** *f* historiografía *f*

Geschick [gəˈʃɪk] *nt* <-(e)s, -e> (*geh: Schicksal*) suerte *f*

Geschicklichkeit *f* habilidad *f*

geschickt *adj* hábil

geschieden [gəˈʃiːdən] *pp von* **scheiden**

geschieht [gəˈʃiːt] *3. präs von* **geschehen**

geschienen [gəˈʃiːnən] *pp von* **scheinen**

Geschirr [gəˈʃɪr] *nt* <-(e)s, -e> **1.** (*Ess~*) vajilla *f;* (*Kaffee~*) juego *m* de café **2.** *ohne pl* (*Gesamtheit*) platos *mpl;* **Geschirrspülmaschine** *f* lavavajillas *m inv;* **Geschirrtuch** *nt* <-(e)s, -tücher> paño *m* de cocina

geschissen [gəˈʃɪsən] *pp von* **scheißen**

geschlafen [gəˈʃlaːfən] *pp von* **schlafen**

geschlagen [gəˈʃlaːgən] *pp von* **schlagen**

Geschlecht [gəˈʃlɛçt] *nt* <-(e)s, -er> **1.** (*Gattung, a.* LING) género *m* **2.** *ohne pl* (BIOL) sexo *m;* **beiderlei ~s** de ambos sexos

geschlechtlich *adj* sexual

Geschlechtskrankheit *f* enfermedad *f* venérea; **Geschlechtsorgan** *nt* órgano *m* sexual; **Geschlechtsreife** *f* madurez *f* sexual; **Geschlechtsverkehr** *m* relaciones *fpl* sexuales

geschlichen [gəˈʃlɪçən] *pp von* **schleichen**

geschliffen [gəˈʃlɪfən] **I.** *pp von* **schleifen II.** *adj* (*Ausdrucksweise*) pulido

geschlossen [gəˈʃlɔsən] **I.** *pp von* **schließen II.** *adj* **1.** (*zusammenhängend*) compacto; **~e Gesellschaft** reunión privada **2.** (*Vokal*) cerrado **III.** *adv* colectivamente; **~ für etw stimmen** votar por unanimidad a favor de algo

geschlungen [gəˈʃlʊŋən] *pp von* **schlingen**

Geschmack [gəˈʃmak] *m* <-(e)s, -schmäcke, *fam:* -schmäcker> **1.** (*einer Speise*) sabor *m* **2.** (*ästhetisches Empfinden*) gusto *m;* **an etw** *dat* **~ finden** cogerle el gusto a algo **3.** *ohne pl* (*~ssinn*) gusto *m;* **geschmacklos** *adj* (*Speisen*) sin sabor; (*taktlos*) de mal gusto

Geschmack(s)sache *f* cuestión *f* de gusto

geschmackvoll I. *adj* de buen gusto **II.** *adv* con gusto

geschmeidig [gəˈʃmaɪdɪç] *adj* **1.** (*biegsam*) elástico; (*weich*) suave **2.** (*Körper*) ágil

geschmissen [gəˈʃmɪsən] *pp von* **schmeißen**

geschmolzen [gəˈʃmɔltsən] *pp von* **schmelzen**

geschnitten [gəˈʃnɪtən] *pp von* **schneiden**

geschoben [gəˈʃoːbən] *pp von* **schieben**

geschoulten [gə'ʃɔltən] *pp von* **schelten**

Geschöpf [gə'ʃœpf] *nt* <-(e)s, -e> criatura *f*

geschoren [gə'ʃoːrən] *pp von* **scheren**

Geschoss[RR] [gə'ʃɔs] *nt* <-es, -e> proyectil *m;* (*Etage*) piso *m*

geschossen [gə'ʃɔsən] *pp von* **schießen**

Geschrei *nt* <-s, *ohne pl*> griterío *m*

geschrieben [gə'ʃriːbən] *pp von* **schreiben**

geschrie(e)n [gə'ʃriː(ə)n] *pp von* **schreien**

geschritten [gə'ʃrɪtən] *pp von* **schreiten**

geschunden [gə'ʃʊndən] *pp von* **schinden**

Geschütz [gə'ʃʏts] *nt* <-es, -e> cañón *m;* **schweres ~ auffahren** (*fam*) disparar toda la artillería

Geschwätz [gə'ʃvɛts] *nt* <-es, *ohne pl*> (*fam abw: Gerede*) palabrería *f;* (*Klatsch*) cotilleo *m*

geschwätzig *adj* (*abw*) chismoso

geschweige [gə'ʃvaɪgə] *konj:* **~ denn** ni mucho menos

geschwiegen [gə'ʃviːgən] *pp von* **schweigen**

geschwind [gə'ʃvɪnt] *adj* (*reg*) rápido

Geschwindigkeit [gə'ʃvɪndɪçkaɪt] *f* <-en> velocidad *f;* **Geschwindigkeitsbeschränkung** *f* limitación *f* de velocidad

Geschwister [gə'ʃvɪstɐ] *pl* hermanos *mpl;* (*Schwestern*) hermanas *fpl*

geschwollen [gə'ʃvɔlən] **I.** *pp von* **schwellen II.** *adj* (*abw: Stil*) ampuloso

geschwommen [gə'ʃvɔmən] *pp von* **schwimmen**

geschworen [gə'ʃvoːrən] *pp von* **schwören**

Geschworene(r) [gə'ʃvoːrənɐ] *mf* <-n, -n; -n> jurado, -a *m, f*

Geschwulst [gə'ʃvʊlst] *f* <-schwülste> tumor *m;* (*Schwellung*) tumefacción *f*

geschwunden [gə'ʃvʊndən] *pp von* **schwinden**

geschwungen [gə'ʃvʊŋən] *pp von* **schwingen**

Geschwür [gə'ʃvyːɐ] *nt* <-(e)s, -e> úlcera *f*

gesehen [gə'zeːən] *pp von* **sehen**

Geselle, -in [gə'zɛlə] *m, f* <-n, -n; -nen> (*Handwerker*) oficial *mf*

gesellen* [gə'zɛlən] *vr:* **sich ~** juntarse (*zu +dat* con)

gesellig *adj* (*Mensch*) sociable

Gesellschaft [gə'zɛlʃaft] *f* <-en> **1.** (SOZIOL, WIRTSCH) sociedad *f* **2.** (*Begleitung*) compañía *f;* **jdm ~ leisten** hacer compañía a alguien

gesellschaftlich *adj* social

Gesellschaftsschicht *f* capa *f* social

gesessen [gə'zɛsən] *pp von* **sitzen**

Gesetz [gə'zɛts] *nt* <-es, -e> ley *f;* **Gesetzbuch** *nt* código *m;* **Gesetzentwurf** *m* proyecto *m* de ley; **gesetzgebend** [gə'zɛtsgeːbənt] *adj* legislativo; **Gesetzgeber** *m* <-s, -> legislador *m;* **Gesetzgebung** *f* legislación *f*

gesetzlich *adj* legal; **~er Feiertag** fiesta oficial

gesetzlos *adj* anárquico; **gesetzmäßig** *adj* (*rechtmäßig*) legal; (*regelmäßig*) regular

gesetzt [gə'zɛtst] *adj* **1.** (*ruhig*) sosegado; (*ernst*) serio **2.** (*Wend*): **~ den Fall, dass ...** suponiendo que... *+subj*

gesetzwidrig *adj* ilegal

gesichert [gə'zɪçɐt] *adj* asegurado

Gesicht [gə'zɪçt] *nt* <-(e)s, -er> cara *f;* **sein wahres ~ zeigen** quitarse la careta; **etw zu ~ bekommen** llegar a ver algo; **es steht ihm im ~ geschrieben** lo lleva escrito en la frente; **jdm wie aus dem ~ geschnitten sein** ser el vivo retrato de alguien; **Gesichtsausdruck** *m* <-(e)s, -drücke> (expresión *f* de la) cara *f;* **Gesichtsfarbe** *f* color *m* del rostro; (*Teint*) tez *f;* **Gesichtspunkt** *m* punto *m* de vista; **Gesichtszüge** *mpl* facciones *fpl*

Gesindel [gə'zɪndəl] *nt* <-s, *ohne pl*> (*abw*) gentuza *f*

gesinnt [gə'zɪnt] *adj:* **gleich ~** de la misma manera de pensar; **jdm freundlich/übel ~ sein** sentir simpatía/antipatía por alguien

Gesinnung [gə'zɪnʊŋ] *f* <-en> (*Denkart*) ideas *fpl;* (*Überzeugung*) convicciones *fpl;* **politische ~** credo político; **Gesinnungswandel** *m* cambio *m* de opinión

gesittet [gə'zɪtət] *adj* decente

gesoffen [gə'zɔfən] *pp von* **saufen**

gesogen [gə'zoːgən] *pp von* **saugen**

gesondert [gə'zɔndɐt] **I.** *adj* separado **II.** *adv* por separado

gesonnen [gə'zɔnən] **I.** *pp von* **sinnen II.** *adj:* **~ sein etw zu tun** tener la intención de hacer algo

gesotten [gəˈzɔtən] *pp von* **sieden**

gespalten [gəˈʃpaltən] *pp von* **spalten**

Gespann [gəˈʃpan] *nt* <-(e)s, -e> **1.** (*Wagen*) tiro *m;* (*Ochsen und Joch*) yunta *f* **2.** (*Personen*) pareja *f*

gespannt [gəˈʃpant] *adj* (*neugierig*) curioso (*auf* + *akk* por); (*Lage*) tenso

Gespenst [gəˈʃpɛnst] *nt* <-(e)s, -er> fantasma *m*

gespenstisch *adj* fantasmal

gesponnen [gəˈʃpɔnən] *pp von* **spinnen**

Gespött [gəˈʃpœt] *nt* <-(e)s, *ohne pl*> burla *f;* **sich zum ~ der Leute machen** ser el hazmerreír de la gente

Gespräch [gəˈʃprɛːç] *nt* <-(e)s, -e> conversación *f* (*über* + *akk* de/sobre); (TEL) conferencia *f;* **mit jdm ins ~ kommen** trabar conversación con alguien; **im ~ sein** estar en boca de todos

gesprächig *adj* locuaz

Gesprächspartner(in) *m(f)* interlocutor(a) *m(f);* **Gesprächsstoff** *m* tema *m* de conversación

gesprenkelt [gəˈʃprɛŋkəlt] *adj* moteado

gesprochen [gəˈʃprɔxən] *pp von* **sprechen**

gesprossen [gəˈʃprɔsən] *pp von* **sprießen**

gesprungen [gəˈʃprʊŋən] *pp von* **springen**

Gespür [gəˈʃpyːɐ] *nt* <-s, *ohne pl*> sentido *m* (*für* + *akk* de)

Gestalt [gəˈʃtalt] *f* <-en> **1.** (*Wuchs*) estatura *f* **2.** (*Form*) forma *f;* **~ annehmen** tomar cuerpo **3.** (*Persönlichkeit*) personaje *m*

gestalten* *vt* (*Wohnung*) distribuir; (*Unterricht*) elaborar; (*Freizeit*) organizar

Gestaltung *f* <-en> (*Wohnung*) distribución *f;* (*von Thema*) presentación *f;* (*Freizeit*) organización *f;* (*Aufbau*) estructuración *f;* (*schöpferisch*) creación *f*

gestand [gəˈʃtant] *3. imp von* **gestehen**

gestanden [gəˈʃtandən] *pp von* **stehen**, **gestehen**

geständig [gəˈʃtɛndɪç] *adj* confeso; **~ sein** confesar

Geständnis [gəˈʃtɛntnɪs] *nt* <-ses, -se> confesión *f;* **ein ~ ablegen** confesar

Gestank [gəˈʃtaŋk] *m* <-(e)s, *ohne pl*> (*abw*) hedor *m*

gestatten* [gəˈʃtatən] *vt* permitir; **jdm etw ~** autorizar a alguien (para) algo; **Sie ~?** (con) permiso

Geste [ˈgeːstə, ˈgɛstə] *f* <-n> gesto *m*

gestehen <gesteht, gestand, gestanden> *vt* confesar; **offen gestanden weiß ich es nicht** a decir verdad no lo sé

Gestein [gəˈʃtaɪn] *nt* <-(e)s, -e> mineral *m;* (*Fels*) roca *f*

Gestell [gəˈʃtɛl] *nt* <-(e)s, -e> (*Unterbau*) armazón *m o f;* (*Stütze*) soporte *m*

gestellt [gəˈʃtɛlt] *adj* (*Szene*) montado; (*Foto*) poco natural

gestern [ˈgɛstɐn] *adv* ayer; **~ Abend** ayer por la noche; **~ vor einer Woche** ayer hace ocho días; **ich bin doch nicht von ~** (*fam*) no nací ayer

gestiegen [gəˈʃtiːgən] *pp von* **steigen**

gestikulieren* [gɛstikuˈliːrən, gestikuˈliːrən] *vi* gesticular

Gestirn [gəˈʃtɪrn] *nt* <-(e)s, -e> astro *m*

gestochen [gəˈʃtɔxən] **I.** *pp von* **stechen** **II.** *adj* (*Handschrift*) claro; **~ scharf** (*Foto*) muy nítido

gestohlen [gəˈʃtoːlən] *pp von* **stehlen**

gestorben [gəˈʃtɔrbən] *pp von* **sterben**

gestört [gəˈʃtøːɐt] *adj* (PSYCH: *Verhältnis*) perturbado; (*Kind*) problemático

gestoßen [gəˈʃtoːsən] *pp von* **stoßen**

gestreift [gəˈʃtraɪft] *adj* a rayas

gestresstRR [gəˈʃtrɛst] *adj* estresado

gestrichen [gəˈʃtrɪçən] **I.** *pp von* **streichen** **II.** *adj* (*Maßangabe*) raso; **ein ~er Teelöffel voll Zucker** una cucharilla rasa de azúcar; **ich hab die Schnauze ~ voll** (*fam*) estoy hasta las narices

gestrig [ˈgɛstrɪç] *adj* de ayer

gestritten [gəˈʃtrɪtən] *pp von* **streiten**

Gestrüpp [gəˈʃtrʏp] *nt* <-(e)s, -e> broza *f*

gestunken [gəˈʃtʊŋkən] *pp von* **stinken**

Gesuch [gəˈzuːx] *nt* <-(e)s, -e> solicitud *f;* **ein ~ einreichen** presentar una solicitud

gesund [gəˈzʊnt] *adj* sano; (*heilsam*) saludable; **~e Ernährung** alimentación sana; **wieder ~ werden** recobrar la salud; **Vitamin C ist ~** la vitamina C es buena para la salud; **~ aussehen** tener buen aspecto

gesunden* [gəˈzʊndən] *vi sein* (*geh: Mensch*) sanar; (*Wirtschaft*) recuperarse

Gesundheit *f* salud *f;* **auf Ihre ~!** ¡a su salud!; **~!** (*beim Niesen*) ¡Jesús!, ¡salud!

gesundheitlich *adj* (*die Gesundheit betreffend*) de salud; (*Institution*) sanitario;

aus ~en Gründen por razones de salud

Gesundheitsamt *nt* Departamento *m* de Sanidad; **gesundheitsschädlich** *adj* perjudicial para la salud

gesund|schreibenRR *irr vt* dar de alta

gesungen [gə'zʊŋən] *pp von* **singen**

gesunken [gə'zʊŋkən] *pp von* **sinken**

getan *pp von* **tun**

Getöse [gə'tøːzə] *nt* <-s, *ohne pl*> estruendo *m*

getragen [gə'traːgən] **I.** *pp von* **tragen II.** *adj* **1.** (*Musik*) lento **2.** (*Kleidung*) usado

Getränk [gə'trɛŋk] *nt* <-(e)s, -e> bebida *f*; **Getränkeautomat** *m* máquina *f* automática de bebidas

getrauen* *vr:* **sich ~** atreverse (*zu +dat* a)

Getreide [gə'traɪdə] *nt* <-s, -> cereales *mpl o fpl*

getrennt [gə'trɛnt] **I.** *adj* separado **II.** *adv* por separado; **~ leben** vivir separados

getreten *pp von* **treten**

getreu [gə'trɔɪ] **I.** *adj* (*geh*) fiel **II.** *präp +dat* fiel a; **~ den Regeln** fiel a las reglas

Getriebe [gə'triːbə] *nt* <-s, -> (*an Maschine*) engranaje *m;* (AUTO) caja *f* de cambios

getrieben *pp von* **treiben**

getroffen *pp von* **treffen**, **triefen**

getrogen *pp von* **trügen**

getrost [gə'troːst] *adv* tranquilamente

getrunken *pp von* **trinken**

Getto ['gɛto] *nt* <-s, -s> gueto *m*

Getue [gə'tuːə] *nt* <-s, *ohne pl*> (*fam abw*) pose *f;* **ein zimperliches ~** remilgos *mpl*

getüpfelt [gə'tʏpfəlt] *adj* moteado

geübt [gə'ʔyːpt] *adj* (*erfahren*) experto; (*geschickt*) hábil; **im Reden ~ sein** tener facilidad de palabra

Gewächs [gə'vɛks] *nt* <-es, -e> (*Pflanze*) planta *f*

gewachsen [gə'vaksən] **I.** *pp von* **wachsen**[1] **II.** *adj:* **jdm/etw** *dat* **~ sein** estar a la altura de alguien/algo

Gewächshaus *nt* invernadero *m*

gewagt [gə'vaːkt] *adj* (*riskant*) arriesgado; (*moralisch bedenklich*) atrevido

gewählt [gə'vɛːlt] *adj* (*Stil*) culto; (*elegant*) elegante

Gewähr [gə'vɛːɐ] *f* garantía *f;* **ohne ~** sin garantía

gewähren* [gə'vɛːrən] **I.** *vt* (*bewilligen*) conceder; (*geben*) proporcionar; (*erlauben*) permitir **II.** *vi:* **jdn ~ lassen** dejar plena libertad a alguien

gewährleisten* *vt* garantizar

Gewahrsam [gə'vaːɐzaːm] *m* <-s, *ohne pl*> (*Obhut*) custodia *f;* **etw in ~ nehmen** tomar algo en custodia

Gewalt [gə'valt] *f* <-en> **1.** (*Macht*) poder *m;* **elterliche ~** patria potestad; **höhere ~** (caso de) fuerza mayor; **sich in der ~ haben** dominarse; **er verlor die ~ über seinen Wagen** perdió el control de su coche; **mit aller ~** a toda costa **2.** *ohne pl* (*~tätigkeit*) violencia *f;* **~ anwenden** recurrir a la fuerza **3.** (*Heftigkeit*) vehemencia *f;* **Gewaltherrschaft** *f* tiranía *f*

gewaltig I. *adj* (*mächtig*) poderoso; (*riesig*) enorme **II.** *adv* (*fam: sehr*) tremendamente

gewaltlos *adj* pacífico; **gewaltsam I.** *adj* violento **II.** *adv* a viva fuerza; **eine Tür ~ öffnen** forzar una puerta; **Gewalttat** *f* acto *m* violento; (*Verbrechen*) crimen *m;* **Gewalttäter(in)** *m(f)* criminal *mf* peligroso, -a; **gewalttätig** *adj* violento; **Gewalttätigkeit** *f ohne pl* violencia *f;* **Gewaltverbrechen** *nt* crimen *m* violento

Gewand [gə'vant] *nt* <-(e)s, -wänder> (*geh: Kleidungsstück*) vestimenta *f;* (*Schweiz: Kleidung*) vestido *m*

gewandt [gə'vant] *adj* hábil; (*Auftreten*) seguro; (*Stil*) fluido

gewann [gə'van] *3. imp von* **gewinnen**

gewaschen [gə'vaʃən] *pp von* **waschen**

Gewässer [gə'vɛsɐ] *nt* <-s, -> agua(s) *f(pl)*

Gewebe [gə'veːbə] *nt* <-s, -> tejido *m*

Gewehr [gə'veːɐ] *nt* <-(e)s, -e> fusil *m*

Geweih [gə'vaɪ] *nt* <-(e)s, -e> cornamenta *f*

Gewerbe [gə'vɛrbə] *nt* <-s, -> **1.** (*Tätigkeit*) oficio *m;* **ein ~ (be)treiben** dedicarse a un oficio **2.** *ohne pl* (*Betrieb*) empresa *f* (mediana); **Gewerbegebiet** *nt* polígono *m* industrial; **Gewerbeschein** *m* licencia *f* profesional; **Gewerbesteuer** *f* impuesto *m* industrial

gewerblich [gə'vɛrplɪç] *adj* comercial; (*industriell*) industrial; (*beruflich*) profesional; **etw ~ nutzen** usar algo con fines comerciales

Gewerkschaft [gə'vɛrkʃaft] *f* <-en> sindicato *m*

gewerkschaftlich *adj* sindical

Gewerkschaftsbund *m* <-(e)s, -e> confederación *f* de sindicatos; **Gewerk-**

schaftsmitglied *nt* sindicalista *mf*

gewesen [gə'veːzən] *pp von* **sein**

gewichen [gə'vɪçən] *pp von* **weichen**

Gewicht [gə'vɪçt] *nt* <-(e)s, -e> **1.** (*für Waage, a.* SPORT) pesa *f* **2.** *ohne pl* (*Schwere, a.* PHYS) peso *m;* **sein ~ halten** mantener su peso **3.** *ohne pl* (*Bedeutung*) importancia *f;* (**nicht**) **ins ~ fallen** (no) tener importancia; **auf etw ~ legen** dar importancia a algo; **Gewichtheben** *nt* <-s, *ohne pl*> levantamiento *m* de pesas

gewichtig *adj* **1.** (*bedeutungsvoll*) importante **2.** (*iron: dick*) obeso

gewieft [gə'viːft] *adj* (*fam*) astuto

gewiesen [gə'viːzən] *pp von* **weisen**

gewillt [gə'vɪlt] *adj:* **~ sein etw zu tun** estar dispuesto a hacer algo

Gewimmel *nt* <-s, *ohne pl*> gentío *m*

Gewinde [gə'vɪndə] *nt* <-s, -> rosca *f*

Gewinn [gə'vɪn] *m* <-(e)s, -e> **1.** (WIRTSCH) ganancia *f;* **~ machen** obtener beneficios **2.** (*in Lotterie*) premio *m* **3.** *ohne pl* (*Nutzen*) provecho *m;* **~ bringend** lucrativo; (*vorteilhaft*) ventajoso; **aus etw** *dat* **~ schlagen** sacar provecho de algo; **Gewinnbeteiligung** *f* participación *f* en los beneficios; **gewinnbringend** *adj* lucrativo; (*vorteilhaft*) ventajoso

gewinnen* [gə'vɪnən] <gewinnt, gewann, gewonnen> **I.** *vt* ganar; (*Rohstoff*) sacar; (*Energie*) producir; **Zeit ~** ganar tiempo; **jdn für etw ~** ganar(se) a alguien para algo; **aus diesen Trauben wird Wein gewonnen** de estas uvas se hace vino **II.** *vi* ganar (*bei* + *dat* en); **an Bedeutung ~** ganar en importancia

gewinnend *adj* (*Wesen*) agradable

Gewinner(in) *m(f)* <-s, -; -nen> ganador(a) *m(f)*

Gewirr [gə'vɪr] *nt* <-(e)s, *ohne pl*> maraña *f;* (*von Stimmen*) confusión *f;* (*von Straßen*) laberinto *m*

gewiss[RR] [gə'vɪs] **I.** *adj* **1.** (*sicher*) seguro; **sich** *dat* **einer Sache ~ sein** (*geh*) estar seguro de una cosa **2.** (*bestimmt*) cierto; **ein ~er Herr Müller** un tal señor Müller; **in ~em Maße** en cierta medida **II.** *adv* (*sicher*) seguramente

Gewissen [gə'vɪsən] *nt* <-s, -> conciencia *f;* **ein schlechtes ~ haben** tener mala conciencia; **jdm ins ~ reden** apelar a la conciencia de alguien; **gewissenhaft** *adj* concienzudo; (*penibel*) escrupuloso; **gewissenlos** *adj* sin escrúpulo(s); **~ handeln** obrar de mala fe

Gewissensbisse *mpl* remordimientos *mpl* (de conciencia); **Gewissensfrage** *f* cuestión *f* de conciencia

gewissermaßen [-'--'--] *adv* en cierto sentido

Gewissheit[RR] *f* <-en> certeza *f;* **~ haben über etw** estar seguro de algo; **sich** *dat* **~ über etw verschaffen** cerciorarse de algo

Gewitter [gə'vɪtɐ] *nt* <-s, -> tormenta *f*

gewitzt [gə'vɪtst] *adj* listo

gewoben [gə'voːbən] *pp von* **weben**[2]

gewogen [gə'voːgən] *pp von* **wiegen**

gewöhnen* [gə'vøːnən] *vt, vr:* **sich ~** acostumbrar(se) (*an* + *akk* a)

Gewohnheit [gə'voːnhaɪt] *f* <-en> costumbre *f;* **Gewohnheitsmensch** *m* persona *f* rutinaria; **Gewohnheitsrecht** *nt* derecho *m* consuetudinario

gewöhnlich [gə'vøːnlɪç] **I.** *adj* (*gewohnt*) habitual; (*alltäglich*) corriente; (*ordinär*) ordinario **II.** *adv* (*normalerweise*) normalmente; **wie ~** como siempre; **für ~** normalmente

gewohnt [gə'voːnt] *adj* (*daran gewöhnt*) acostumbrado; (*vertraut*) familiar

Gewöhnung [gə'vøːnʊŋ] *f* habituación *f* (*an* + *akk* a)

Gewölbe [gə'vœlbə] *nt* <-s, -> bóveda *f*

gewonnen [gə'vɔnən] *pp von* **gewinnen**

geworben [gə'vɔrbən] *pp von* **werben**

geworden [gə'vɔrdən] *pp von* **werden**[1]

geworfen [gə'vɔrfən] *pp von* **werfen**

gewrungen [gə'vrʊŋən] *pp von* **wringen**

Gewühl [gə'vyːl] *nt* <-(e)s, *ohne pl*> (*Gedränge*) multitud *f*

gewunden [gə'vʊndən] **I.** *pp von* **winden** **II.** *adj* (*Straße*) sinuoso; (*Ausdrucksweise*) retorcido

gewunken [gə'vʊŋkən] *pp von* **winken**

Gewürz [gə'vʏrts] *nt* <-es, -e> especia *f;* **Gewürzgurke** *f* pepinillo *m* en vinagre

gewusst[RR] [gə'vʊst] *pp von* **wissen**

gez. *Abk. von* **gezeichnet** fdo.

gezackt [gə'tsakt] *adj* con picos; (TECH, BOT) dentado

gezeichnet [gə'tsaɪçnət] *adj* **1.** (*im Brief*) firmado **2.** (*von Krankheit*): **von etw** *dat* **~ sein** estar marcado por algo

Gezeiten [gə'tsaɪtən] *fpl* marea *f*

Gezeter [gəˈtseːtɐ] *nt* <-s, *ohne pl*> (*abw*) alboroto *m*

gezielt [gəˈtsiːlt] *adj* dirigido a un fin; ~ **nachfragen** preguntar con precisión

geziert [gəˈtsiːɐt] *adj* (*abw*) afectado

gezogen [gəˈtsoːgən] *pp von* **ziehen**

Gezwitscher [gəˈtsvɪtʃɐ] *nt* <-s, *ohne pl*> gorjeo *m*

gezwungen [gəˈtsvʊŋən] I. *pp von* **zwingen** II. *adj* forzado

gezwungenermaßen [-ˈ---ˈ--] *adv* forzosamente

ggf. *Abk. von* **gegebenenfalls** en su caso, en caso necesario

Ghetto [ˈgɛto] *nt* <-s, -s> *s.* **Getto**

Gibraltar [giˈbraltaːɐ, --ˈ-] *nt* <-s> Gibraltar *m*

gibt [giːpt] *3. präs von* **geben**

Gicht [gɪçt] *f* gota *f*

Giebel [ˈgiːbəl] *m* <-s, -> frontón *m*; **Giebeldach** *nt* tejado *m* a dos vertientes

Gier [giːɐ] *f* avidez *f* (*nach +dat* de)

gierig *adj* ávido (*nach +dat* de); ~ **essen** comer con gula

gießen [ˈgiːsən] <gießt, goss, gegossen> I. *vt* 1. (*Pflanzen*) regar 2. (*Metall*) fundir 3. (*hinein~*) echar; **voll** ~ llenar (hasta el borde) II. *vunpers* (*fam*) llover mucho; **es gießt in Strömen** llueve a cántaros

Gießkanne *f* regadera *f*

Gift [gɪft] *nt* <-(e)s, -e> veneno *m*; (MED) tóxico *m*; **darauf kannst du ~ nehmen** (*fam*) apuesto la cabeza; ~ **und Galle spucken** (*fam*) echar sapos y culebras; **Giftgas** *nt* gas *m* tóxico

giftig *adj* 1. (*Substanz*) venenoso; (MED) tóxico 2. (*fam: boshaft*) mordaz

Giftmüll *m* residuos *mpl* tóxicos; **Giftschlange** *f* serpiente *f* venenosa; **Giftstoff** *m* sustancia *f* tóxica; **Giftzwerg** *m* (*fam abw*) víbora *f*

Gigabyte [ˈgiːgabaɪt] *nt* <-(s), -(s)> (INFOR) gigabyte *m*

Gigant(in) [giˈgant] *m(f)* <-en, -en; -nen> gigante, -a *m, f*

gigantisch *adj* gigantesco

gilt [gɪlt] *3. präs von* **gelten**

ging [gɪŋ] *3. imp von* **gehen**

Gipfel [ˈgɪpfəl] *m* <-s, -> (*a.* POL) cumbre *f*; **das ist doch der ~!** ¡esto es el colmo!; **Gipfelkonferenz** *f* (conferencia *f*) cumbre *f*

gipfeln *vi* culminar (*in +dat* en)

Gipfeltreffen *nt* (reunión *f*) cumbre *f*

Gips [gɪps] *m* <-es, -e> 1. (*Baumaterial*) yeso *m* 2. (MED) escayola *f*; **er hat den Fuß in ~** tiene el pie enyesado; **Gipsbein** *nt* (*fam*) pierna *f* enyesada

gipsen *vt* enyesar

Gipsverband *m* escayola *f*

Giraffe [giˈrafə] *f* <-n> jirafa *f*

Girlande [gɪrˈlandə] *f* <-n> guirnalda *f*

Girokonto [ˈʒiːrokɔnto] *nt* cuenta *f* corriente

Gitarre [giˈtarə] *f* <-n> guitarra *f*

Gitter [ˈgɪtɐ] *nt* <-s, -> reja *f*; (*für Pflanzen*) enrejado *m*; **hinter ~ kommen** (*fam*) ir a la cárcel

Glanz [glants] *m* <-es, *ohne pl*> 1. (*von Fläche, Haaren, Augen*) brillo *m*; (*Schimmer*) resplandor *m* 2. (*Pracht*) esplendor *m*

glänzen [ˈglɛntsən] *vi* brillar; (*strahlen*) resplandecer; **durch Abwesenheit ~** brillar por su ausencia

glänzend I. *adj* 1. (*Lack, Augen*) brillante; (*Foto*) en brillo 2. (*fam: sehr gut*) espléndido II. *adv* de maravilla; **wir haben uns ~ amüsiert** nos divertimos de lo lindo

Glanzleistung *f* actuación *f* brillante

Glas [glaːs] *nt* <-es, Gläser> 1. (*Trinkgefäß*) vaso *m*; (*mit Stiel*) copa *f*; (*~behälter*) frasco *m*; (*Schraub~*) tarro *m* 2. (*Brillen~*) cristal *m* 3. *ohne pl* (*Material*) vidrio *m*; **Vorsicht ~!** ¡frágil!; **Glascontainer** *m* (*für Altglas*) contenedor *m* de vidrio

Glasfaser *f* fibra *f* de vidrio; **Glasfaserkabel** *nt* cable *m* fibroóptico

glasieren* [glaˈziːrən] *vt* (*Keramik*) vidriar; (GASTR) glasear

glasig [ˈglaːzɪç] *adj* (*Blick*) vidrioso; (GASTR) sofrito

glasklar [ˈ-ˈ-] *adj* 1. (*durchsichtig*) claro 2. (*deutlich*) claro como el agua

Glasnost [ˈglasnɔst] *f* (POL) glasnost *f*

Glasscheibe *f* cristal *m*, vidrio *m*

Glasur [glaˈzuːɐ] *f* <-en> (*auf Keramik*) esmalte *m*; (*aus Schokolade*) cobertura *f* de chocolate

glatt [glat] I. *adj* 1. (*eben*) plano; (*nicht rau, nicht lockig*) liso; (*Haut*) suave 2. (*rutschig*) resbaladizo II. *adv* 1. (*problemlos*) sin problemas 2. (*rundweg*) rotundamente; (*einfach*) sencillamente; **glatt|bügeln** *vt s.* **bügeln**; **Glatteis** *nt* hielo *m*; **jdn aufs ~ führen** (*fig*) poner a alguien en un aprieto

G

glätten ['glɛtən] **I.** *vt* **1.** (*eben machen*) alisar; **die Wogen** ~ (*fig*) calmar los ánimos **2.** (*Schweiz: bügeln*) planchar **II.** *vr:* **sich** ~ (*Meer*) calmarse

glattrasiert *adj s.* **rasieren I.**; **glatt|streichen** *irr vt s.* **streichen I.4.**

Glatze ['glatsə] *f* <-n> calva *f*; **eine** ~ **bekommen** quedarse calvo

Glatzkopf *m* (*fam*) calvo, -a *m, f*

glatzköpfig ['glatskœpfɪç] *adj* calvo

Glaube ['glaʊbə] *m* <-ns, *ohne pl*> **1.** (REL) fe *f* (*an* +*akk* en); **jüdischen** ~**ns** de religión judía **2.** (*Vertrauen*) creencia *f*; (*Überzeugung*) convicción *f*; **in dem** ~**n sein, dass ...** estar en la creencia de que...; **jdn in dem** ~**n belassen, dass** dejar a alguien creyendo que; **etw** *dat* **keinen** ~**n schenken** no dar crédito a algo; **in gutem** ~**n handeln** actuar de buena fe **3.** (*Zuversicht*) confianza *f* (*an* +*akk* en)

glauben ['glaʊbən] **I.** *vt* creer(se); **es ist nicht zu** ~**!** ¡es increíble!; **ich glaube dir** te creo; **ob du es glaubst oder nicht** te lo creas o no **II.** *vi* (*a.* REL) creer; **ich glaube an Gott** creo en Dios

Glauben *m* <-s, *ohne pl*> *s.* **Glaube**; **Glaubensbekenntnis** *nt* credo *m*; **Glaubensfreiheit** *f* libertad *f* de culto(s)

glaubhaft *adj* creíble; **jdm etw** ~ **machen** presentar algo de forma convincente a alguien

Glaubhaftigkeit *f* credibilidad *f*

gläubig ['glɔɪbɪç] *adj* (REL) creyente

Gläubige(r) *mf* <-n, -n; -n> (REL) creyente *mf*

Gläubiger(in) *m(f)* <-s, -; -nen> (WIRTSCH) acreedor(a) *m(f)*

glaubwürdig *adj* digno de crédito

Glaubwürdigkeit *f* credibilidad *f*

gleich [glaɪç] **I.** *adj* **1.** (*a.* MATH: ~*wertig*) igual; **zur** ~**en Zeit** a la misma hora; **Gleiches mit Gleichem vergelten** pagar con la misma moneda **2.** (*ähnlich*) parecido; **Gleich und Gleich gesellt sich gern** cada oveja con su pareja **3.** (~*gültig*): **es ist mir** ~**, ob ...** me da lo mismo si...; **ganz** ~ **was er sagt** no importa lo que él diga **II.** *adv* **1.** (*sofort*) ahora mismo; **ich komme** ~ ahora voy; **bis** ~ hasta ahora **2.** (*dicht daneben*) justo; ~ **hier** aquí mismo **3.** (*ebenso*) igual; ~ **groß** del mismo tamaño

gleichaltrig ['glaɪçaltrɪç] *adj* de la misma edad

gleichartig *adj* de la misma especie

gleichbedeutend *adj* equivalente (*mit* +*dat* a)

Gleichberechtigung *f* igualdad *f* de derechos

gleich|bleiben *irr vi sein s.* **bleiben**; **gleichbleibend** *adj s.* **bleiben**

gleichen ['glaɪçən] <gleicht, glich, geglichen> *vi* parecerse (a)

gleichermaßen ['--'--] *adv* de la misma manera

gleichfalls *adv* igualmente; **danke** ~**!** ¡gracias, igualmente!

gleichförmig *adj* uniforme, igual

gleichgesinnt ['glaɪçgəzɪnt] *adj s.* **gesinnt**

Gleichgewicht *nt* <-(e)s, *ohne pl*> equilibrio *m*; **aus dem** ~ **kommen/bringen** perder el equilibrio/desequilibrar

gleichgültig *adj* **1.** (*ohne Anteilnahme*) indiferente (*gegenüber* +*dat* a) **2.** (*unwichtig*) insignificante; **das ist mir** ~ eso me da igual; **Gleichgültigkeit** *f* indiferencia *f* (*gegenüber* +*dat* frente a)

Gleichheitszeichen *nt* signo *m* de igualdad

gleich|kommen *irr vi sein* (*gleichen*) equivaler (a); (*mit Leistung*) igualar (*an* +*dat* en); **gleichlautend** *adj s.* **lauten**; **gleich|machen** *vt:* **etw dem Erdboden** ~ arrasar algo

gleichmäßig *adj* (*gleichförmig*) uniforme; (*ausgeglichen*) equilibrado; (*ebenmäßig*) simétrico

Gleichnis *nt* <-ses, -se> parábola *f*

gleichsam *adv* (*geh*) en cierto modo; ~ **als ob ...** como si... +*subj*

gleich|setzen *vt* **1.** (*vergleichen*) equiparar (*mit* +*dat* a/con) **2.** (*als gleichwertig einstufen*) igualar (*mit* +*dat* a/con); **Gleichstand** *m* <-(e)s, *ohne pl*> empate *m*; **gleich|stellen** *vt* igualar (*mit* a/con); (JUR) conceder los mismos derechos (*mit* que a); **Gleichstellung** *f* igualdad *f*; **die** ~ **der Frau mit dem Mann** la equiparación de la mujer con el hombre; **Gleichstrom** *m* <-(e)s, *ohne pl*> corriente *f* continua; **gleich|tun** *irr vt:* **es jdm** ~ (*nachahmen*) imitar a alguien (en algo); (*in Leistung*) competir con alguien

Gleichung *f* <-en> ecuación *f*

gleichwertig *adj* equivalente
gleichwohl ['-'-] *adv* no obstante
gleichzeitig **I.** *adj* simultáneo **II.** *adv* al mismo tiempo
Gleis [glaɪs] *nt* <-es, -e> vía *f;* **aus dem ~ geraten** (*fig*) perder el ritmo acostumbrado
gleiten ['glaɪtən] <gleitet, glitt, geglitten> *vi sein* **1.** (*fliegen*) planear **2.** (*sich bewegen*) deslizarse (*über +akk* por); (*Blick, Hand*) pasar (*über +akk* por)
Gleitschirmfliegen *nt* <-s, *ohne pl*> parapente *m*
Gleitzeit *f* horario *m* (de trabajo) flexible
Gletscher ['glɛtʃɐ] *m* <-s, -> glaciar *m*
glich [glɪç] *3. imp von* **gleichen**
Glied [gli:t] *nt* <-(e)s, -er> **1.** (*Körperteil*) miembro *m;* (*Finger~*) falange *f;* (*Penis*) miembro *m* (viril); **der Schreck saß ihm in den ~ern** el susto le llegó hasta la médula **2.** (*Ketten~*) eslabón *m*
gliedern ['gli:dɐn] **I.** *vt* (*ordnen*) clasificar; (*unterteilen*) (sub)dividir (*in +akk* en) **II.** *vr:* **sich ~** dividirse (*in +akk* en)
Gliederung *f* <-en> (*das Gliedern*) clasificación *f;* (*Aufbau*) estructura *f*
Gliedmaßen ['gli:tma:sən] *fpl* extremidades *fpl*
glimmen ['glɪmən] <glimmt, glomm, geglommen> *vi* arder (sin llama)
glimpflich ['glɪmpflɪç] **I.** *adj* (*mild*) suave; (*Strafe*) leve **II.** *adv* (*ohne Schaden*) bien parado; **wir sind noch ~ davongekommen** aún salimos bien parados del asunto
glitschig ['glɪtʃɪç] *adj* (*fam: Weg*) resbaladizo; (*Fisch*) escurridizo
glitt [glɪt] *3. imp von* **gleiten**
glitzern ['glɪtsɐn] *vi* centellear
global [glo'ba:l] *adj* global
Globalisierung *f* <-en> globalización *f*
Globus ['glo:bʊs] *m* <-(ses), -se *o* Globen> globo *m*
Glocke ['glɔkə] *f* <-n> campana *f;* **etwas an die große ~ hängen** (*fam fig*) echar las campanas al vuelo; **Glockenturm** *m* campanario *m*
glomm [glɔm] *3. imp von* **glimmen**
glorreich ['glo:ɐraɪç] *adj* glorioso
Glossar [glɔ'sa:ɐ] *nt* <-s, -e> glosario *m*
Glosse ['glɔsə] *f* <-n> glosa *f*
glotzen ['glɔtsən] *vi* (*fam*) mirar; (*anstarren*) clavar la vista (*auf +akk* en)
Glück [glʏk] *nt* <-(e)s, *ohne pl*> suerte *f;* (*Glücklichsein*) felicidad *f;* **sein ~ versuchen** probar fortuna; **auf gut ~** (*fam*) a la buena de Dios
glücken ['glʏkən] *vi sein* salir (bien)
glücklich *adj* **1.** (*vom Glück begünstigt*) afortunado; **ein ~er Zufall** una feliz coincidencia **2.** (*froh*) feliz
glücklicherweise ['---'--] *adv* por suerte
Glücksbringer *m* <-s, -> talismán *m;* **Glücksfall** *m* golpe *m* de fortuna; **Glückskind** *nt* afortunado, -a *m, f;* **Glückspilz** *m* (*fam*) suertudo, -a *m, f;* **Glückssache** *f ohne pl* cuestión *f* de suerte; **Glücksspiel** *nt* juego *m* de azar; **Glückssträhne** *f* racha *f* de suerte; **Glückstreffer** *m* golpe *m* de suerte; **Glückszahl** *f* número *m* de la suerte
Glückwunsch *m* felicitación *f;* (*als Wunsch*) enhorabuena *f;* **herzlichen ~!** ¡felicidades!
Glühbirne *f* bombilla *f*
glühen ['gly:ən] *vi* (*Kohlen*) arder (sin llama); (*Metall*) ponerse al rojo (vivo)
glühend *adj* (*Metall*) candente; (*Wangen*) enrojecido; (*Verehrer*) ardiente; **~ heiß** abrasador; **rot ~** candente; **weiß ~** incandescente

Durante el invierno es muy frecuente encontrar, sobre todo en mercadillos de Navidad y estaciones de esquí, esta bebida consistente en vino tinto caliente especiado con canela, anís y clavo. Dado que el **Glühwein** es bastante fuerte, en los mismos lugares se suele vender una variante sin alcohol a base de té caliente mezclado con zumo de frutas.

Glühwürmchen ['-vʏrmçən] *nt* <-s, -> luciérnaga *f*
Glut [glu:t] *f* <-en> (*von Kohlen*) brasa *f;* (*von Zigarette*) ceniza *f* ardiente
GmbH [ge:ʔɛmbe:'ha:] *f* <-s> *Abk. von* **Gesellschaft mit beschränkter Haftung** S.L. *f*
Gnade ['gna:də] *f* <-n> (*Milde*) clemencia *f;* **um ~ bitten** pedir clemencia; **~ vor Recht ergehen lassen** optar por la clemencia; **von Gottes ~n** por la gracia de Dios; **Gnadenfrist** *f* plazo *m* de gracia; **gnadenlos** *adj* sin piedad
gnädig ['gnɛ:dɪç] *adj* **1.** (*barmherzig*) misericordioso; (*wohlwollend*) benévolo; (*mild*) clemente **2.** (*Wend*): **~es Fräulein/~e**

Frau/~er Herr señorita/señora/señor
Gnom [gnoːm] *m* <-en, -en> gnomo *m*
Gold [gɔlt] *nt* <-(e)s, *ohne pl*> oro *m;* **Goldbarren** *m* lingote *m* de oro
golden ['gɔldən] *adj* **1.** (*aus Gold*) de oro; **die ~e Mitte wählen** optar por el justo medio **2.** (*goldfarben*) dorado
Goldfisch *m* pez *m* rojo; **Goldgrube** *f* (*a. fig fam*) mina *f* de oro
goldig *adj* (*fam: niedlich*) mono
Goldmedaille *f* medalla *f* de oro; **goldrichtig** ['-'--] *adj* (*fam*) absolutamente correcto; **Goldschmied(in)** *m(f)* orfebre *mf;* **Goldstück** *nt* **1.** (*Münze*) moneda *f* de oro **2.** (*fam: Mensch*) tesoro *m;* **Goldwaage** *f* balanza *f* para oro; **jedes Wort auf die ~ legen** (*fam*) tomar todo lo que se dice al pie de la letra; **Goldwährung** *f* patrón-oro *m*
Golf[1] [gɔlf] *m* <-(e)s, -e> (GEO) golfo *m*
Golf[2] *nt* <-s, *ohne pl*> (SPORT) golf *m*
Golfplatz *m* campo *m* de golf
Gondel ['gɔndəl] *f* <-n> **1.** (*Boot*) góndola *f* **2.** (*am Ballon*) barquilla *f;* (*von Seilbahn*) cabina *f*
Gong [gɔŋ] *m* <-s, -s> gong *m*
gönnen ['gœnən] *vt* conceder de buen grado; **das gönne ich ihm** se lo merece; **jdm etw nicht ~** envidiar algo a alguien; **sich** *dat* **etw ~** permitirse algo
Gönner(in) *m(f)* <-s, -; -nen> patrocinador(a) *m(f);* **gönnerhaft** *adj* (*abw*) displicente
gor [goːɐ] *3. imp von* **gären**
Gorilla [go'rɪla] *m* <-s, -s> gorila *m*
goss[RR] [gɔs] *3. imp von* **gießen**
Gosse ['gɔsə] *f* <-n> arroyo *m;* **in der ~ landen** acabar en el arroyo
Gotik ['goːtɪk] *f* gótico *m*
Gott[1] [gɔt] *m* <-es, *ohne pl*> (*monotheistisch*) Dios *m;* **um ~es willen!** ¡por (el amor de) Dios!; **~ sei Dank!** (*fam*) ¡gracias a Dios!; **leider ~es** (*fam*) por desgracia; **über ~ und die Welt reden** hablar de lo divino y de lo humano; **leben wie ~ in Frankreich** (*fam*) vivir a cuerpo de rey
Gott[2] [gɔt] *m*, **Göttin** *f* <-es, Götter; -nen> (*polytheistisch*) dios(a) *m(f)*
Götterspeise *f* gelatina *f*
Gottesdienst *m* <-(e)s, -e> culto *m;* (*evangelisch*) servicio *m* religioso; (*katholisch*) misa *f;* **Gotteshaus** *nt* iglesia *f;* **Gotteslästerung** *f* blasfemia *f*
Gottheit *f* <-en> deidad *f*
Göttin *f* <-nen> *s.* **Gott**[2]
göttlich *adj* divino
gottlob ['gɔtloːp] *adv* gracias a Dios
gottlos *adj* impío; **gottverlassen** *adj* (*fam*) abandonado
Götze ['gœtsə] *m* <-n, -n> ídolo *m*
Grab [graːp] *nt* <-(e)s, Gräber> tumba *f;* **jdn zu ~e tragen** (*geh*) dar sepultura a alguien; **mit einem Bein im ~ stehen** (*fig*) estar con un pie en el hoyo
graben ['graːbən] <gräbt, grub, gegraben> *vi, vt* cavar
Graben ['graːbən] *m* <-s, Gräben> **1.** (*für Rohr*) zanja *f;* (*Bewässerungs~*) acequia *f;* (*Straßen~*) cuneta *f* **2.** (GEO) fosa *f* **3.** (*Schützen~*) trinchera *f*
Grabmal *nt* <-(e)s, -e *o* -mäler> sepulcro *m;* **Grabstein** *m* lápida *f*
gräbt [grɛːpt] *3. präs von* **graben**
Grad [graːt] *m* <-(e)s, -e> grado *m;* **akademischer ~** título académico; **ein Winkel von 60 ~** un ángulo de 60 grados; **bei fünf ~ Kälte** a cinco grados bajo cero; **bis zu einem gewissen ~** hasta cierto punto
Graf [graːf] *m*, **Gräfin** *f* <-en, -en; -nen> conde(sa) *m(f)*
Graffito [gra'fiːto] *m o nt* <-(s), Graffiti> grafito *m*
Grafik ['graːfɪk] *f* <-en> **1.** (*Kunstwerk*) dibujo *m* gráfico **2.** (*Schaubild*) gráfico *m* **3.** *ohne pl* (KUNST) artes *fpl* gráficas
Grafiker(in) ['graːfikɐ] *m(f)* <-s, -; -nen> grafista *mf*
Grafikkarte *f* (INFOR) tarjeta *f* gráfica
Gräfin *f* <-nen> *s.* **Graf**
grafisch *adj* gráfico
Grafschaft *f* <-en> condado *m*
grämen ['grɛːmən] *vr:* **sich ~** (*geh*) afligirse (*über + akk* por)
Gramm [gram] *nt* <-s, -e, *nach Zahlen:* -> gramo *m*
Grammatik [gra'matɪk] *f* <-en> gramática *f*
grammatisch *adj* gramatical; **~ richtig** gramaticalmente correcto
Granatapfel *m* granada *f*
Granate [gra'naːtə] *f* <-n> granada *f*
grandios [gran'djoːs] *adj* grandioso
Granit [gra'niːt] *m* <-s, -e> granito *m*
Grapefruit ['greːpfruːt, 'grɛɪpfruːt] *f*

<-s> pomelo *m*

Graphik *f s.* **Grafik**

graphisch *adj s.* **grafisch**

Gras [gra:s] *nt* <-es, Gräser> (*Pflanze*) hierba *f;* (*Rasen*) césped *m;* **über etw ~ wachsen lassen** (*fig fam*) echar tierra sobre algo; **ins ~ beißen** (*fam fig*) irse al otro barrio

grasen ['gra:zən] *vi* pacer

Grashalm *m* paja *f;* **Grashüpfer** ['gra:shʏpfɐ] *m* <-s, -> (*fam*) saltamontes *m inv*

grassieren* [gra'si:rən] *vi* extenderse; (*Gerücht*) propagarse

grässlich[RR] ['grɛslɪç] *adj* horrible; (*abscheulich*) atroz

Grat [gra:t] *m* <-(e)s, -e> (*a.* ARCHIT) cresta *f*

Gräte ['grɛ:tə] *f* <-n> espina *f*

gratinieren* [grati'ni:rən] *vt* gratinar

gratis ['gra:tɪs] *adv* gratis; **Gratisprobe** *f* muestra *f* gratuita

Gratulant(in) [gratu'lant] *m(f)* <-en, -en; -nen> felicitante *mf*

Gratulation [gratula'tsjo:n] *f* <-en> felicitación *f*

gratulieren* *vi* felicitar (*zu +dat* por); **gratuliere!** ¡enhorabuena!

grau [graʊ] *adj* gris; **~e Haare** canas *fpl;* **der ~e Alltag** la monotonía cotidiana; **in ~er Vorzeit** en un pasado remoto

Graubünden [graʊ'bʏndən] *nt* <-s> cantón *m* de los Grisones

Gräuel[RR] ['grɔɪəl] *m* <-s, -> (*geh: Abscheu*) horror *m;* **Gräueltat**[RR] *f* atrocidad *f*

grauen ['graʊən] *vunpers* horrorizar; **mir graut vor der Prüfung** el examen me horroriza

Grauen ['graʊən] *nt* <-s, -> **1.** (*Ereignis*) horror *m;* **die ~ des Krieges** los horrores de la guerra **2.** *ohne pl* (*Entsetzen*) espanto *m;* **~ erregend** espantoso; **grauenerregend** *adj* espantoso; **grauenhaft** *adj,* **grauenvoll** *adj* (*Anblick*) aterrador; (*fam: unangenehm*) espantoso

grauhaarig *adj* canoso

gräulich[1] ['grɔɪlɪç] *adj* grisáceo

gräulich[RR2] *adj s.* **grässlich**

Graupel ['graʊpəl] *f* <-n> granizo *m* fino

grausam ['graʊza:m] *adj* cruel

Grausamkeit *f* <-en> crueldad *f*

grausen ['graʊzən] *vunpers* espantar; **es graust ihn vor Ratten** tiene miedo a las ratas

gravieren* [gra'vi:rən] *vt* grabar (*in +akk* en)

gravierend *adj* (*Umstände*) agravante; (*Fehler*) grave

Gravitation [gravita'tsjo:n] *f* gravitación *f*

grazil [gra'tsi:l] *adj* grácil

Greenpeace-Aktivist(in) ['gri:npi:s-] *m(f)* <-en, -en; -nen> activista *mf* de Greenpeace

greifbar *adj* (*zur Hand*) a mano; (*konkret*) concreto

greifen ['graɪfən] <greift, griff, gegriffen> **I.** *vi* **1.** (TECH) engarzar; **ineinander ~** engranar **2.** (*wirksam werden*) surtir efecto; **tief ~d** profundo; **um sich ~** propagarse **3.** (*fassen*) agarrar (*nach +dat*); (*zu bestimmten Mitteln*) recurrir (*zu +dat* a); **das ist aus der Luft gegriffen** esto carece de base **II.** *vt* (*nehmen*) coger, tomar *Am;* (*packen*) agarrar

Greis(in) [graɪs] *m(f)* <-es, -e; -nen> anciano, -a *m, f*

grell [grɛl] *adj* (*Stimme, Farbe*) chillón; (*Schrei*) estridente

Gremium ['gre:miʊm] *nt* <-s, Gremien> gremio *m*

Grenze ['grɛntsə] *f* <-n> **1.** (*Staats~*) frontera *f* (*zu +dat* con) **2.** (*Begrenzung*) límite *m;* **das liegt an der ~ des Erlaubten** esto roza la ilegalidad

grenzen *vi* limitar (*an +akk* con)

grenzenlos *adj* sin límites; (*sehr groß*) inmenso

Grenzfall *m* caso *m* extremo; **Grenzgebiet** *nt* zona *f* fronteriza; **Grenzkontrolle** *f* control *m* de fronteras; **Grenzübergang** *m* paso *m* fronterizo; **Grenzwert** *m* valor *m* límite

Greuel *m* <-s, -> *s.* **Gräuel**; **Greueltat** *f s.* **Gräueltat**

greulich *adj s.* **gräulich**[2]

Grieche, -in ['gri:çə] *m, f* <-n, -n; -nen> griego, -a *m, f*

Griechenland *nt* <-s> Grecia *f*

griechisch *adj* griego

Griesgram ['gri:sgra:m] *m* <-(e)s, -e> (*abw*) cascarrabias *mf inv*

Grieß [gri:s] *m* <-es, -e> sémola *f*

griff [grɪf] *3. imp von* **greifen**

Griff [grɪf] *m* <-(e)s, -e> **1.** (*das Greifen*) agarre *m;* **etw im ~ haben** dominar algo; **etw in den ~ bekommen** conseguir dominar algo **2.** (*Messer~*) mango *m;* (*Fenster~*) tirador *m;* (*Henkel*) asa *f;* (*Knauf*) puño *m* **3.** (*Hand~*) maniobra *f;* **griffbereit** *adj* al alcance de la mano

Grill [grɪl] *m* <-s, -s> (*a.* AUTO) parrilla *f;* **vom ~** a la parrilla

Grille ['grɪlə] *f* <-n> grillo *m*

grillen ['grɪlən] **I.** *vt* asar a la parrilla **II.** *vi* hacer una barbacoa

Grimasse [gri'masə] *f* <-n> mueca *f;* **~n schneiden** hacer muecas

grimmig *adj* (*Person*) furioso; (*Kälte*) crudo

grinsen ['grɪnzən] *vi* sonreír(se)

Grippe ['grɪpə] *f* <-n> gripe *f;* **Grippewelle** *f* epidemia *f* de gripe

Grips [grɪps] *m* <-es, -e> (*fam*) sesos *mpl;* **seinen ~ anstrengen** estrujarse los sesos

grob [gro:p] *adj* <gröber, am gröbsten> **1.** (*Sand, Kaffee*) grueso; (*Gewebe*) basto **2.** (*Gesichtszüge*) tosco; (*Arbeit*) sucio **3.** (*Fehler*) grave; **aus dem Gröbsten heraus sein** (*fam*) haber pasado lo peor **4.** (*ungefähr*) aproximativo; **~ gerechnet** contado aproximadamente; **in ~en Zügen** a grandes rasgos **5.** (*abw: barsch*) basto; **sei nicht so ~ zu mir** no seas tan grosero conmigo

Grobian ['gro:bia:n] *m* <-(e)s, -e> (*abw*) grosero *m*

Grog [grɔk] *m* <-s, -s> grog *m*

grölen ['grø:lən] *vi* (*fam abw*) gritar

Groll [grɔl] *m* <-(e)s, *ohne pl*> (*geh*) rencor *m;* **einen ~ gegen jdn hegen** guardar rencor a alguien

grollen *vi* (*geh: Donner*) retumbar; (*Person*) estar enfadado (+*dat* con)

Groschen ['grɔʃən] *m* <-s, -> (*fam*) moneda *f* de diez pfennigs; **der ~ ist bei ihm gefallen** (*fam*) ha caído en la cuenta

groß [gro:s] <größer, am größten> *adj* **1.** (*allgemein*) gran(de); (*geräumig*) espacioso; (*Fläche*) extenso; **sie war seine ~e Liebe** fue su gran amor; **~ in Mode sein** estar muy de moda **2.** (*hoch*) alto; **er ist fast zwei Meter ~** mide casi dos metros **3.** (*zeitlich*) largo; **die ~en Ferien** las vacaciones de verano **4.** (*älter*) mayor; **meine ~e Schwester** mi hermana mayor; **wenn ich ~ bin** cuando sea mayor **5.** (*Menge*) numeroso; **eine ~e Familie** una familia numerosa **6.** (*bedeutend*) grande; **etw ~ schreiben** (*fig*) conceder gran importancia a algo; **ganz ~ rauskommen** (*fam*) hacerse famoso; **sein Geburtstag wurde ~ gefeiert** (*fam*) su cumpleaños fue celebrado por todo lo alto; **großartig** *adj* grandioso; (*ausgezeichnet*) excelente; **Großaufnahme** *f* (FOTO) foto *f* de primer plano; (FILM) primer plano *m;* **Großbetrieb** *m* gran empresa *f;* **Großbritannien** [gro:sbri'tanjən] *nt* <-s> Gran Bretaña *f;* **Großbuchstabe** *m* (letra *f*) mayúscula *f*

Größe ['grø:sə] *f* <-n> **1.** (*Ausdehnung*) dimensión *f;* (*Format*) tamaño *m;* (*Rauminhalt*) volumen *m;* **das hängt von der ~ der Gruppe ab** esto depende de lo grande que sea el grupo; **in voller ~** (*Mensch*) de cuerpo entero **2.** (*Höhe*) altura *f;* (*Körper~*) estatura *f* **3.** (*für Kleidung*) talla *f;* (*Schuhe*) número *m* **4.** (PHYS, MATH) magnitud *f;* **unbekannte ~** magnitud desconocida **5.** (*Bedeutsamkeit*) importancia *f;* (*Großartigkeit*) grandeza *f* **6.** (*Persönlichkeit*) autoridad *f*

Großeinkauf *m* compra *f* en grandes cantidades; **Großeltern** *pl* abuelos *mpl;* **Großenkel(in)** *m(f)* bisnieto, -a *m, f*

Größenordnung *f* <-en> dimensión *f;* **Größenwahn** *m* megalomanía *f;* **größenwahnsinnig** *adj* megalómano

Großfamilie *f* familia *f* numerosa; **Großgrundbesitzer(in)** [-'----] *m(f)* latifundista *mf;* **Großhandel** *m* comercio *m* al por mayor

großherzig *adj* (*geh*) magnánimo

Großmacht *f* gran potencia *f;* **Großmarkt** *m* mercado *m* central; **Großmaul** *nt* (*fam abw*) farolero, -a *m, f;* **Großmutter** *f* <-mütter> abuela *f*

Großraum *m* área *f;* **im ~ Köln** en el área de Colonia; **Großraumabteil** *nt* (EISENB) compartim(i)ento *m* colectivo

Großrechner *m* (INFOR) macrocomputador *m*

groß|schreiben[RR] *irr vt* escribir con mayúsculas

großspurig ['gro:sʃpu:rɪç] *adj* (*abw*) arrogante; (*eingebildet*) presumido

Großstadt *f* metrópoli(s) *f* (*inv*); **Großteil** *m* mayor parte *f,* mayoría *f;* **zu einem ~** en su mayor parte

größtenteils ['grø:stən(')taɪls] *adv* en su mayor parte

Großvater *m* abuelo *m;* **Großveranstaltung** *f* acto *m* multitudinario

groß|ziehen *irr vt* criar

großzügig ['gro:stsy:gɪç] *adj* (*freigebig*) generoso; (*tolerant*) tolerante; (*weiträumig*) amplio

Großzügigkeit *f* **1.** (*Freigebigkeit*) generosidad *f* **2.** (*Toleranz*) tolerancia *f*

grotesk [gro'tɛsk] *adj* grotesco

Grotte ['grɔtə] *f* <-n> gruta *f*

grub [gru:p] *3. imp von* **graben**

Grübchen ['gry:pçən] *nt* <-s, -> hoyuelo *m*

Grube ['gru:bə] *f* <-n> fosa *f;* (BERGB) mina *f;* **wer andern eine ~ gräbt, fällt selbst hinein** (*prov*) quien fosa cava, en ella caerá

grübeln ['gry:bəln] *vi* cavilar

Gruft [grʊft] *f* <Grüfte> (*geh*) panteón *m;* (*in der Kirche*) cripta *m*

grün [gry:n] *adj* verde; **sich ~ und blau ärgern** (*fam*) ponerse furioso; **auf keinen ~en Zweig kommen** (*fig*) no salir adelante; **ein ~er Junge** un mozalbete

> El **grüner Punkt** sirve para señalar y distinguir aquellos envases como cartones, latas, botellas o tarrinas de yogurt que son recogidas, clasificadas y reutilizadas por el sistema dual de reciclaje. Con este sistema se trata de evitar la formación de grandes montañas de basura.

Grün *nt* <-s, -> **1.** (*Farbe*) verde *m;* **die Ampel steht auf ~** el semáforo está en verde; (**das ist**) **dasselbe in ~** (eso es) prácticamente lo mismo **2.** *ohne pl* (*Pflanzen*) verde *m;* (*~fläche*) zona *f* verde **3.** *ohne pl* (*junge Triebe*) verdor *m;* **Grünanlage** *f* parque *m*

Grund [grʊnt] *m* <-(e)s, Gründe> **1.** (*Ursache*) razón *f;* **es besteht kein ~ zur Klage** no hay motivo de queja; **aus gesundheitlichen Gründen** por razones de salud; **auf ~ von** a causa de **2.** *ohne pl* (*Erdboden*) suelo *m;* (*eines Gewässers*) fondo *m;* **~ und Boden** terrenos *mpl;* **auf ~ laufen** encallar; **zu ~e gehen** irse a pique; **etw** *dat* **auf den ~ gehen** averiguar algo; **jdn zu ~e richten** arruinar a alguien; **von ~ auf** desde el principio; **zu ~e liegen** basarse en

Grundbesitz *m* bienes *mpl* raíces; **Grundbuch** *nt* registro *m* de la propiedad

gründen ['gryndən] **I.** *vt* (*Institution*) fundar; (*stützen*) apoyar (*auf +akk* en) **II.** *vr:* **sich ~** basarse (*auf+akk* en)

Gründer(in) *m(f)* <-s, -; -nen> fundador(a) *m(f)*

Grundgebühr *f* tarifa *f* básica; **Grundgedanke** *m* idea *f* fundamental; **Grundgesetz** *nt* <-es, *ohne pl*> ley *f* orgánica; (*Verfassung*) Constitución *f;* **Grundkenntnisse** *fpl* conocimientos *mpl* básicos; **Grundlage** *f* base *f;* **die ~n für etw schaffen** sentar las bases para algo

grundlegend ['grʊntle:gənt] *adj* fundamental

gründlich ['grʏntlɪç] **I.** *adj* (*sorgfältig*) cuidadoso; (*eingehend*) detenido; (*gewissenhaft*) concienzudo **II.** *adv* (*fam: sehr*) a fondo; **da hat sie sich ~ getäuscht** ahí se ha equivocado del todo

Gründlichkeit *f* (*Genauigkeit*) minuciosidad *f;* (*Sorgfalt*) esmero *m*

grundlos *adj* inmotivado

Grundnahrungsmittel *nt* producto *m* alimenticio básico

Gründonnerstag [-'---] *m* Jueves *m* Santo

Grundrechenart *f* (MATH) regla *f* aritmética; **Grundrecht** *nt* derecho *m* fundamental; **Grundregel** *f* regla *f* fundamental; **Grundriss**^RR *m* (ARCHIT) planta *f;* **Grundsatz** *m* principio *m;* **sich** *dat* **etw zum ~ machen** tomar algo como divisa

grundsätzlich ['grʊntzɛtslɪç] **I.** *adj* (*Frage*) fundamental; (*aus Prinzip*) de principio **II.** *adv* (*immer*) por principio; (*eigentlich*) en principio

Grundschule *f* escuela *f* primaria; **Grundstein** *m* base *f,* cimientos *mpl;* **den ~ zu etw** *dat* **legen** sentar las bases de algo

Grundstück *nt* terreno *m*

Gründung ['gryndʊŋ] *f* <-en> fundación *f*

grundverschieden ['--'--] *adj* radicalmente diferente

Grundwasser *nt* <-s, *ohne pl*> aguas *fpl* freáticas; **Grundwortschatz** *m* vocabulario *m* básico

Grüne[1] *nt:* **ins ~ fahren** ir al campo

Grüne(r)[2] *mf* <-n, -n; -n> miembro *m* del Partido Ecologista; **die ~n** los Verdes

Grünfläche *f* zona *f* verde; **Grünschnabel** *m* (*abw*) mocoso, -a *m, f*

Gruppe ['grʊpə] *f* <-n> grupo *m;* (*Arbeits~*) equipo *m;* **Gruppenarbeit** *f* trabajo *m* en grupo

G

gruppieren* [grʊ'pi:rən] *vt, vr:* **sich ~** agrupar(se)

grus(e)lig ['gru:z(ə)lɪç] *adj* horripilante

Gruß [gru:s] *m* <-es, Grüße> saludo *m;* **viele Grüße an deine Eltern!** ¡recuerdos a tus padres!; **mit freundlichen Grüßen** atentamente

grüßen ['gry:sən] *vt* saludar; **sie lässt (dich) schön ~** te manda saludos

Guatemala [guate'ma:la] *nt* <-s> Guatemala *f*

Guatemalteke, -in [guatemal'te:kə] *m, f* <-n, -n; -nen> guatemalteco, -a *m, f*

guatemaltekisch *adj* guatemalteco

gucken ['gʊkən, 'kʊkən] **I.** *vi* (*fam*) mirar **II.** *vt* (*fam*) ver; **Fernsehen ~** ver la televisión

Guerillakämpfer(in) *m(f)* guerrillero, -a *m, f*

Gully ['gʊli] *m o nt* <-s, -s> sumidero *m*

gültig ['gʏltɪç] *adj* válido; (*Gesetz*) vigente; (*Münze*) de curso legal; **die Fahrkarte ist nicht mehr ~** el billete está caducado

Gültigkeit *f* (*von Geld, Fahrkarte*) validez *f;* (*von Gesetz, Vertrag*) vigencia *f*

Gummi ['gʊmi] *m o nt* <-s, -(s)> goma *f;* **Gummiband** *nt* cinta *f* elástica; **Gummistiefel** *m* bota *f* de goma

Gunst [gʊnst] *f* (*Wohlwollen*) favor *m;* **zu ~en ...** *+gen* a favor de...; **in jds ~ stehen** gozar de las simpatías de alguien

günstig ['gʏnstɪç] *adj* favorable; (*Augenblick*) oportuno; **im ~sten Fall** en el mejor de los casos

Gurgel ['gʊrgəl] *f* <-n> gaznate *m*

gurgeln *vi* (*Wasser*) borbotear; (*Person*) gargarear *And*

Gurke ['gʊrkə] *f* <-n> pepino *m*

Gurt [gʊrt] *m* <-(e)s, -e> (*Riemen*) correa *f;* (*Sicherheits~*) cinturón *m;* (*Sattel~*) cincha *f;* **den ~ anlegen** abrocharse el cinturón

Gürtel ['gʏrtəl] *m* <-s, -> cinturón *m;* **Gürtellinie** *f ohne pl* cintura *f;* **ein Schlag unter die ~** (*fam a. fig*) un golpe bajo

Guru ['gu:ru] *m* <-s, -s> (REL) gurú *m;* (*fam*) líder *m*

Guss^RR [gʊs] *m* <-es, Güsse> **1.** (*von Metall*) fundición *f;* **wie aus einem ~** como de una pieza **2.** (*fam: Regen~*) chaparrón *m* **3.** (*Zucker~*) baño *m* de azúcar

gut [gu:t] <besser, am besten> **I.** *adj* buen(o); (*Schulnote*) notable; **~e Besserung!** ¡que te mejores!; **lassen wir es damit ~ sein** (*fam*) dejémoslo estar; **wer weiß, wozu das ~ ist?** ¿quién sabe para qué sirve esto?; **das ist gut gegen Husten** esto es bueno contra la tos; **eine ~e Stunde** una hora larga **II.** *adv* bien; **das schmeckt ~** esto sabe bien; **er hat es dort ~** allí le va bien; **~ so!** ¡así está bien!; **du hast ~ reden** (*fam*) tú bien puedes hablar; **so ~ wie nichts** (*fam*) casi nada; **mach's ~!** ¡que te vaya bien!

Gut *nt* <-(e)s, Güter> **1.** (*Besitz*) bienes *mpl;* **mein Hab und ~** todo lo que poseo **2.** (*Land~*) finca *f,* hacienda *f Am*

Gutachten ['gu:tʔaxtən] *nt* <-s, -> dictamen *m* (pericial); **ein ~ erstellen** emitir un dictamen

Gutachter(in) *m(f)* <-s, -; -nen> perito, -a *m, f*

gutartig *adj* (*Wesen, Tier*) bueno; (MED) benigno

gutaussehend *adj s.* **aussehen**; **gutbezahlt** *adj s.* **bezahlen**; **gutbürgerlich** ['-'---] *adj* (*a.* GASTR) burgués; **gutdotiert** *adj s.* **dotieren**

Gutdünken ['gu:tdʏŋkən] *nt:* **nach ~ (verfahren)** (proceder) a discreción

Gute(s) *nt* <-n, *ohne pl*> bueno *nt;* **das ~ im Menschen** lo bueno de la persona; **~s tun** hacer el bien; **das ~ daran** lo bueno de eso; **alles ~!** ¡que vaya bien!; **es hat alles auch sein ~s** (*prov*) todo tiene su lado bueno

Güte ['gy:tə] *f* **1.** (*Freundlichkeit*) bondad *f;* **ach du liebe ~!** (*fam*) ¡ay, Dios mío! **2.** (*Qualität*) calidad *f;* **das war ein Reinfall erster ~** (*fam*) fue un fracaso de primera

Güterbahnhof *m* estación *f* para trenes de carga; **Gütergemeinschaft** *f* comunidad *f* de bienes; **Gütertrennung** *f* separación *f* de bienes; **Güterzug** *m* tren *m* de carga

gut|gehen *irr vi sein s.* **gehen**; **gutgehend** *adj s.* **gehen**; **gutgelaunt** *adj s.* **gelaunt**; **gutgemeint** ['gu:tgəmaɪnt] *adj s.* **meinen 5.**; **gutgläubig** *adj* de buena fe

Guthaben ['gu:tha:bən] *nt* <-s, -> haber *m*

gut|heißen *irr vt* aprobar

gütig ['gy:tɪç] *adj* bondadoso; (*nachsichtig*) indulgente

gutleserlich *adj s.* **leserlich**

gütlich ['gy:tlɪç] *adj* amistoso; **sich ~ einigen** llegar a un acuerdo amistoso

gut|machen *vt* (*Schaden*) reparar; (*Fehler*) enmendar; **wieder ~** subsanar; **ich habe einiges bei dir gutzumachen** tengo que devolverte algunos favores

gutmütig ['gu:tmy:tɪç] *adj* bondadoso

Gutmütigkeit *f* bondad *f*

Gutschein *m* vale *m;* **gut|schreiben** *irr vt* abonar, acreditar; **Gutschrift** *f* abono *m* en cuenta

Gutsherr(in) *m(f)* hacendado, -a *m, f;* **Gutshof** *m* granja *f,* hacienda *f Am*

gutsituiert ['gu:tzitu'i:ɐt] *adj s.* **situieren**

gut|tun *irr vi s.* **tun**

Gymnasiast(in) [gʏmnazi'ast] *m(f)* <-en, -en; -nen> alumno, -a *m, f* de Enseñanza Media

Gymnasium [gʏm'na:ziʊm] *nt* <-s, Gymnasien> instituto *m* de Enseñanza Media, liceo *m Am*

Gymnastik [gʏm'nastɪk] *f* gimnasia *f*

Gynäkologe, -in [gynɛko'lo:gə] *m, f* <-n, -n; -nen> (MED) ginecólogo, -a *m, f*

Gynäkologie [gynɛkolo'gi:] *f* ginecología *f*

H

H

H, h [ha:] *nt* <-, -> H, h *f*

Haar [ha:ɐ] *nt* <-(e)s, -e> pelo *m,* cabello *m;* **mir stehen die ~e zu Berge** (*fam fig*) se me ponen los pelos de punta; **kein gutes ~ an jdm lassen** (*fam*) poner a alguien de vuelta y media; **sich** *dat* **in den ~en liegen** (*fam*) andar a la greña; **das ist an den ~en herbeigezogen** (*fam*) esto no tiene ni pies ni cabeza; **um ein ~** (*fam: beinahe*) por los pelos; **Haarausfall** *m* <-(e)s, *ohne pl*> caída *f* del cabello; (MED) alopecia *f;* **Haarbüschel** *nt* mechón *m* de pelo

haaren ['ha:rən] *vi* (*Tier*) perder el pelo

Haaresbreite *f*: **um ~** por un pelo

Haarfarbe *f* color *m* del pelo; **Haarfestiger** *m* fijador *m* para el pelo; **haargenau** ['--'-] *adv* (*fam*) exactamente; (*ausführlich*) con pelos y señales

haarig ['ha:rɪç] *adj* peludo; (*heikel*) peliagudo

haarklein ['-'-] *adv* con pelos y señales; **Haarlack** *m* laca *f* para el pelo; **Haarnadel** *f* horquilla *f* (de moño); **Haarreif** *m* <-(e)s, -e> diadema *f;* **haarscharf** ['-'-] **I.** *adj* (*genau*) muy exacto **II.** *adv* (*nahe*) muy cerca; (*präzise*) exactamente; **Haarschnitt** *m* corte *m* de pelo; **Haarspalterei** [---'-] *f* <-en> (*abw*) sutileza *f;* **~ betreiben** rizar el rizo; **Haarspange** *f* pasador *m* (para el pelo); **Haarspray** *m o nt* laca *f;* **haarsträubend** ['ha:ɐʃtrɔɪbənt] *adj* espeluznante; **Haartrockner** *m* secador *m* (de mano); **Haarwaschmittel** *nt* champú *m;* **Haarwasser** *nt* <-s, -wässer> loción *f* capilar

Hab [ha:p]: **~ und Gut** (*geh*) todos los bienes

Habe ['ha:bə] *f* (*geh*) bienes *mpl*

haben ['ha:bən] <hat, hatte, gehabt> **I.** *vt* tener; **lieber ~** preferir; **er hat außergewöhnliche Fähigkeiten** posee facultades extraordinarias; **Zeit ~** tener tiempo; **ich habe kein Geld dabei** no llevo dinero; **morgen ~ wir Mittwoch** mañana es miércoles; **und was habe ich davon?** ¿y qué saco yo de eso?; **was hast du?** ¿qué te pasa?; **er ist noch zu ~** (*fam*) aún está libre; **ich kann das nicht ~** (*fam*) eso no lo soporto; **etw hinter sich** *dat* **~** haber superado algo; **ich hätte gerne ...** quisiera...; **wie gehabt** como de costumbre; **ich habe noch sehr viel zu tun** aún tengo mucho que hacer; **hier hat er nichts zu suchen** aquí no tiene nada que hacer **II.** *vr:* **sich ~** (*fam abw: sich anstellen*) andar con remilgos; **hab dich nicht so** no te pongas así

Haben *nt* <-s, *ohne pl*> (WIRTSCH) haber *m*

Habgier *f* (*abw*) codicia *f;* **habgierig** *adj* (*abw*) codicioso

Habicht ['ha:bɪçt] *m* <-s, -e> azor *m* (común)

Habseligkeiten ['ha:pze:lɪçkaɪtən] *fpl* efectos *mpl* personales

Habsucht *f ohne pl* (*abw*) *s.* **Habgier**

Hacke ['hakə] *f* <-n> azada *f*

hacken ['hakən] **I.** *vt* **1.** (*Holz*) partir;

(*Zwiebeln*) picar **2.** (*Garten*) mullir **II.** *vi* (*Vogel*) picotear; (INFOR) violar datos

Hacker(in) ['hakɐ] *m(f)* <-s, -; -nen> (INFOR) hacker *mf*

Hackfleisch *nt* carne *f* picada

hadern ['ha:dɐn] *vi* (*geh*) reñir (*mit +dat* con); **mit dem Schicksal ~** luchar contra su destino

Hafen ['ha:fen] *m* <-s, Häfen> puerto *m;* **in den ~ einlaufen** entrar en el puerto; **Hafenstadt** *f* ciudad *f* portuaria

Hafer ['ha:fɐ] *m* <-s, -> avena *f;* **Haferflocke** *f* copo *m* de avena

Haft [haft] *f* arresto *m;* **in ~ nehmen** poner bajo arresto; **Haftanstalt** *f* penitenciaría *f*

haftbar *adj:* **jdn für etw ~ machen** hacer a alguien responsable de algo

Haftbefehl *m* orden *f* de detención

haften ['haftən] *vi* **1.** (*kleben*) pegar (*an +dat* a/en) **2.** (JUR: *aufkommen*) responder (*für +akk* de/por, *mit +dat* con)

Häftling ['hɛftlɪŋ] *m* <-s, -e> preso, -a *m, f*

Haftpflicht *f* responsabilidad *f* civil; **Haftpflichtversicherung** *f* seguro *m* de responsabilidad civil

Haftstrafe *f* condena *f*

Haftung *f* <-en> (JUR) responsabilidad *f;* **die ~ übernehmen** asumir la responsabilidad

Hagel ['ha:gəl] *m* <-s, -> granizo *m;* (*Schauer*) granizada *f*

hageln ['ha:gəln] **I.** *vunpers* granizar; **es hagelt** graniza **II.** *vi, vunpers* (*Vorwürfe*) llover

hager ['ha:gɐ] *adj* flaco

Hahn [ha:n] *m* <-(e)s, Hähne> **1.** (*Tier*) gallo *m;* **er ist der ~ im Korb** (*fam*) es el dueño del cotarro **2.** (*Wasser~*) grifo *m;* (*Gas~*) llave *f*

Hähnchen ['hɛ:nçən] *nt* <-s, -> pollo *m*

Hai [haɪ] *m* <-(e)s, -e>, **Haifisch** *m* tiburón *m*

häkeln ['hɛ:kəln] **I.** *vi* hacer ganchillo **II.** *vt* hacer a ganchillo

Häkelnadel *f* (aguja *f* de) ganchillo *m*

Haken ['ha:kən] *m* <-s, -> (*a. Boxhieb, Zeichen*) gancho *m;* (*spitz zulaufend*) garfio *m;* **einen ~ schlagen** (*Hase*) huir en zigzag; (*fig*) cambiar (repentinamente) de rumbo; **die Sache hat einen ~** la cosa tiene un inconveniente; **Hakenkreuz** *nt* cruz *f* gamada; **Hakennase** *f* nariz *f* aguileña

halb [halp] **I.** *adj* medio; **eine ~e Stunde** media hora; **die ~e Wahrheit** la verdad a medias; **zum ~en Preis** a mitad de precio; **es ist ~ drei** son las dos y media; **mit jdm ~e-~e machen** (*fam*) ir a medias con alguien **II.** *adv* a medias; **~ öffnen** entreabrir; **~ so groß sein wie ...** ser la mitad de grande que...; **das ist ~ so schlimm** no es para tanto; **halbautomatisch** *adj* semiautomático; **Halbbruder** *m* hermanastro *m;* **Halbdunkel** *nt* penumbra *f*

halber ['halbɐ] *präp +gen* (*geh*) por causa de; **der Ordnung ~** por el orden

halbfertig *adj s.* **fertig 1.**; **Halbfinale** *nt* semifinal *f;* **Halbgeschwister** *ntpl* hermanastros *mpl*

halbherzig *adj* poco decidido

halbieren* [hal'bi:rən] *vt* (*teilen*) dividir (en dos partes iguales); (*reduzieren*) reducir a la mitad

Halbinsel *f* península *f;* **Halbjahr** *nt* semestre *m;* **das erste ~** la primera mitad del año; **halbjährlich** **I.** *adj* semestral **II.** *adv* cada seis meses; **Halbkreis** *m* semicírculo *m;* **Halbkugel** *f* (MATH) semiesfera *f;* (GEO) hemisferio *m;* **halblaut** *adj* a media voz; **Halbmond** *m* media luna *f;* **halbnackt** ['-'-] *adj s.* **nackt**; **halboffen** ['-'--] *adj s.* **offen 1.**; **Halbpension** *f ohne pl* media pensión *f;* **Halbschatten** *m* penumbra *f;* **Halbschlaf** *m* duermevela *f;* **Halbschuh** *m* zapato *m* abotinado; **Halbschwester** *f* hermanastra *f*

halbtags ['halpta:ks] *adv* media jornada; **~ arbeiten** trabajar media jornada; **Halbtagskraft** *f* empleado, -a *m, f* de media jornada

halbtot ['-'-] *adj s.* **tot**; **halbvoll** ['-'-] *adj s.* **voll I.**; **Halbwaise** *f* huérfano, -a *m, f* (de padre o de madre)

halbwegs ['halpve:ks] *adv* más o menos

Halbwüchsige(r) ['-vy:ksɪgɐ] *mf* <-n, -n; -n> adolescente *mf*

Halbzeit *f:* **erste/zweite ~** primer/segundo tiempo *m;* **in der ~** en el descanso

Halde ['haldə] *f* <-n> (*Abraum~*) escombrera *f;* (*Kohle~*) existencias *fpl* de carbón en bocamina; (*Müll~*) montaña *f* de desperdicios

half [half] *3. imp von* **helfen**

Hälfte ['hɛlftə] *f* <-n> mitad *f;* **auf der ~ des Weges** a mitad de camino; **meine bessere ~** (*fam*) mi media naranja

Halfter[1] ['halftɐ] *m o nt* <-s, -> (*für Pferd,*

Rind) cabestro *m*, bozal *m Am*

Halfter[2] *nt* <-s, ->, *f* <-n> (*für Pistole*) pistolera *f*, cañonera *f Am*

Halle ['halə] *f* <-n> (*Fabrik~*) nave *f;* (*Bahnhofs~*) vestíbulo *m;* (*Flughafen~*) terminal *f;* (*Ausstellungs~*) pabellón *m;* (*Messe~*) recinto *m* ferial; (*Hotel~*) hall *m;* (*Turn~*) gimnasio *m*

hallen ['halən] *vi* resonar

Hallenbad *nt* piscina *f* cubierta

hallo ['halo, ha'lo:] *interj* hola

Hallo ['halo, ha'lo:] *nt* <-s, -s> **1.** (*Freude*) alegría *f* **2.** (*reg: Aufsehen*) barullo *m*, jaleo *m;* **es gab ein großes** ~ había un gran barullo

Halluzination [halutsina'tsjo:n] *f* <-en> alucinación *f*

Halm [halm] *m* <-(e)s, -e> paja *f*

Halogenlampe *f* lámpara *f* halógena

Hals [hals] *m* <-es, Hälse> (*a. Flaschen~*) cuello *m;* (*Kehle*) garganta *f;* ~ **über Kopf** (*fam*) de golpe y porrazo; **aus vollem** ~ a grito pelado; **er hat viel am** ~ (*fam*) tiene muchas preocupaciones; **das hängt mir zum** ~ **heraus** (*fam*) estoy hasta el gorro; **etw in den falschen** ~ **bekommen** (*fam*) entender mal algo

Halsabschneider(in) *m(f)* <-s, -; -nen> (*fam abw*) usurero, -a *m, f*

Halsband *nt* (*Hunde~*) collar *m;* **Halskette** *f* collar *m;* (*Kollier*) gargantilla *f*

Hals-Nasen-Ohren-Arzt, -Ärztin [---'---] *m, f* otorrinolaringólogo, -a *m, f*

Halsschmerzen *mpl* dolor *m* de garganta

halsstarrig *adj* (*abw*) tozudo

Halstuch *nt* <-(e)s, -tücher> pañuelo *m* (del cuello); (*Foulard*) fular *m*

halt [halt] **I.** *adv* (*Schweiz, Österr, südd: eben*) pues; **wir müssen es** ~ **versuchen** pues no tenemos más remedio que intentarlo **II.** *interj* alto

Halt *m* <-(e)s, -e *o* -s> **1.** (*Stopp*) parada *f;* ~ **machen** parar; **vor nichts** ~ **machen** (*fam*) no retroceder ante nada **2.** *ohne pl* (*Stütze*) apoyo *m;* **den** ~ **verlieren** perder el equilibrio

hält [hɛlt] *3. präs von* **halten**

haltbar *adj* **1.** (*Lebensmittel*) conservable; **mindestens** ~ **bis 10. August** consumir preferentemente antes del 10 de agosto **2.** (*strapazierfähig*) resistente; (*beständig*) duradero **3.** (*Theorie*) sostenible

Haltbarkeit *f* **1.** (*von Lebensmitteln*) tiempo *m* de conservación, durabilidad *f* **2.** (*Strapazierfähigkeit*) resistencia *f;* **Haltbarkeitsdatum** *nt* fecha *f* de caducidad

halten ['haltən] <hält, hielt, gehalten> **I.** *vi* **1.** (*anhalten*) parar **2.** (*festsitzen*) estar fijo **3.** (*widerstandsfähig sein*) resistir; **Sport hält jung** el deporte mantiene en forma **4.** (*dauern*) durar; (*Stoff, Konserven*) conservarse; (*Wetter*) mantenerse; **zu jdm** ~ apoyar a alguien **II.** *vt* **1.** (*fest~*) sujetar; **die Beine ins Wasser** ~ meter las piernas en el agua; **etw offen** ~ dejar algo abierto; **halt den Mund!** (*fam*) ¡cierra el pico! **2.** (*zurück~*) retener; (*auf~*) detener; (SPORT) parar **3.** (*besitzen*) tener **4.** (*Rekord, Kontakt*) mantener; **ein Land besetzt** ~ mantener ocupado un país **5.** (*Versprechen*) cumplir; (*Rede*) pronunciar; (*Unterricht*) dar **6.** (*erachten*): **etw/jdn für etw** ~ tener algo/a alguien por algo; **wofür** ~ **Sie mich?** ¿por quién me toma Ud.?; **was** ~ **Sie davon?** ¿qué le parece? **III.** *vr:* **sich** ~ **1.** (*bleiben*) mantenerse; (*haltbar sein*) conservarse **2.** (*sich orientieren*) atenerse (*an +akk* a) **3.** (*sich fest~*) agarrarse; **sich auf den Beinen** ~ tenerse en pie

Halter(in) *m(f)* <-s, -; -nen> (*Fahrzeug~, Tier~*) dueño, -a *m, f*

Haltestelle *f* parada *f;* **Halteverbot** *nt* estacionamiento *m* prohibido; (*Stelle*) zona *f* prohibida

haltlos *adj* **1.** (*Mensch*) inconstante **2.** (*Theorie*) inconsistente; (*Argument*) endeble; (*Behauptung*) insostenible; **halt|machen** *vi s.* **Halt 1.**

Haltung *f* <-en> **1.** (*Körper~*) postura *f* **2.** (*Einstellung*) posición *f;* **eine klare** ~ **zu etw einnehmen** adoptar una posición clara frente a algo **3.** *ohne pl* (*Fassung*) serenidad *f;* ~ **bewahren** mantener la serenidad

Halunke [ha'lʊŋkə] *m* <-n, -n> (*fam a. abw*) canalla *m*

Hamburg ['hambʊrk] *nt* <-s> Hamburgo *m*

Hamburger *m* <-s, -> (GASTR) hamburguesa *f*

hämisch ['hɛ:mɪʃ] *adj* malicioso

Hammel ['haməl] *m* <-s, -> (*Schafbock*) carnero *m*

Hammer ['hamɐ] *m* <-s, Hämmer> (*a.* SPORT, ANAT) martillo *m*

H

hämmern ['hɛmɐn] *vi, vt* martillear

Hämorrhoiden [hɛmoro'iːdən] *pl*, **Hämorriden**[RR] *pl* hemorroides *fpl*

Hamster ['hamstɐ] *m* <-s, -> hámster *m*

hamstern *vt* acaparar

Hand [hant] *f* <Hände> mano *f*; **an ~ von** por medio de; **jdm die ~ schütteln** estrechar la mano a alguien; **eine ~ voll** un puñado; **zwei linke Hände haben** (*fam*) ser un manazas; **die ~ im Spiel haben** andar en el ajo; **es lässt sich nicht von der ~ weisen, dass ...** no se puede negar que...; **freie ~ zu etw haben** tener plena libertad para algo; **das liegt auf der ~** es obvio; **von der ~ in den Mund leben** vivir al día; **etw von langer ~ planen** planear algo con mucha antelación; **zu jds Händen** a la atención de alguien; **Handarbeit** *f* **1.** (*kunstgewerblich*) artesanía *f* **2.** (*textile ~*) labores *fpl* **3.** *ohne pl* (*Tätigkeit*) trabajo *m* manual; **etw in ~ anfertigen** hacer algo a mano; **Handball** *m* <-(e)s, *ohne pl*> balonmano *m*; **Handbremse** *f* freno *m* de mano; **Handbuch** *nt* manual *m*; **Handcreme** *f* crema *f* de manos

Händedruck *m* <-(e)s, -drücke> apretón *m* de manos

Handel ['handəl] *m* <-s, *ohne pl*> **1.** (*Gewerbe*) comercio *m*; (*verbotener ~*) tráfico *m*; **etw aus dem ~ ziehen** retirar algo del mercado; **im ~ sein** estar a la venta **2.** (*Geschäft*) negocio *m*

handeln ['handəln] **I.** *vi* **1.** (*agieren*) actuar **2.** (*Handel treiben*) comerciar (*mit +dat* con); **er handelt mit Drogen** trafica con drogas **3.** (*feilschen*) regatear **4.** (*Buch*) tratar (*von +dat* de, *über +akk* sobre) **II.** *vunpers*: **sich ~** tratarse (*um +akk* de)

Handelsbeziehungen *fpl* relaciones *fpl* comerciales; **Handelsgesellschaft** *f* sociedad *f* mercantil; **Handelsregister** *nt* registro *m* mercantil; **Handelsschule** *f* academia *f* de comercio; **handelsüblich** *adj* habitual en el comercio; **Handelsvertreter(in)** *m(f)* representante *mf* (comercial); **Handelszentrum** *nt* centro *m* comercial

händeringend ['hɛndərɪŋənd] *adj* desesperado

Handfeger ['-feːgɐ] *m* <-s, -> escobilla *f*; **Handfertigkeit** *f* habilidad *f* manual; **handfest** *adj* **1.** (*Mensch*) robusto **2.** (*Mahlzeit*) sustancioso **3.** (*Argument*) contundente **4.** (*Vorschlag*) concreto; **Handfläche** *f* palma *f* (de la mano); **Handgelenk** *nt* muñeca *f*; **etw aus dem ~ schütteln** (*fam*) hacer algo con soltura; **Handgemenge** *nt* pelea *f*; **Handgepäck** *nt* equipaje *m* de mano; **handgeschrieben** *adj* escrito a mano; **Handgranate** *f* granada *f* de mano

handgreiflich *adj*: **~ werden** llegar a las manos

Handgriff *m* **1.** (*zum Festhalten*) asidero *m* **2.** (*Bewegung*) maniobra *f*; **mit ein paar ~en** con pocas maniobras

handhaben ['hanthaːbən] *vt* (*Gesetz*) aplicar; (*bedienen*) manejar; (*verfahren*) proceder

Handhabung *f* <-en> (*Bedienung*) manejo *m*; (*Anwendung*) aplicación *f*

Handicap *nt* <-s, -s>, **Handikap** ['hɛndikɛp] *nt* <-s, -s> hándicap *m*

Handkuss[RR] *m* besamanos *m inv*

Handlanger(in) ['-laŋɐ] *m(f)* <-s, -; -nen> **1.** (*Hilfsarbeiter*) obrero, -a *m, f* no cualificado, -a **2.** (*abw: Verbündeter*) cómplice *mf*

Händler(in) ['hɛndlɐ] *m(f)* <-s, -; -nen> comerciante *mf*; **fliegender ~** vendedor ambulante

handlich ['hantlɪç] *adj* manejable

Handlung ['handlʊŋ] *f* <-en> (*Tat*) acción *f*; (*von Buch, Film*) argumento *m*; **Handlungsbevollmächtigte(r)** *mf* apoderado, -a *m, f*; **Handlungsfreiheit** *f* libertad *f* de acción; **handlungsunfähig** *adj* incapaz de actuar; **Handlungsweise** *f* modo *m* de actuar; (*Vorgehensweise*) procedimiento *m*

Handrücken *m* dorso *m* de la mano; **Handschellen** *fpl* esposas *fpl*; **jdm ~ anlegen** esposar a alguien; **Handschlag** *m* apretón *m* de manos; **keinen ~ tun** (*fam*) no mover un dedo; **Handschrift** *f* (*von Person*) letra *f*; (*Text*) manuscrito *m*; **handschriftlich** **I.** *adj* escrito a mano **II.** *adv* a mano, por escrito

Handschuh *m* guante *m*; **Handschuhfach** *nt* guantera *f*

Handstand *m* pino *m*; **Handtasche** *f* bolso *m* de mano; **Handtuch** *nt* <-(e)s, -tücher> toalla *f*; **Handumdrehen** *nt*: **im ~** en un santiamén; **Handvoll** *f* <-> *s.* **Hand**;

Handwäsche *f* lavado *m* a mano; **Handwerk** *nt* oficio *m* (manual); **jdm das ~ legen** poner fin a las actividades de alguien; **jdm ins ~ pfuschen** hacer la competencia a alguien

Handwerker(in) *m(f)* <-s, -; -nen> trabajador(a) *m(f)* manual; (*Kunst~*) artesano, -a *m, f*

handwerklich *adj* artesanal

Handwerksbetrieb *m* taller *m* (de artesanía); **Handwerkskammer** *f* Cámara *f* de Artesanía

Handy *nt* <-s, -s> (teléfono *m*) móvil *m*

Handzettel *m* volante *m*

Hanf [hanf] *m* <-(e)s, *ohne pl*> cáñamo *m*

Hang [haŋ] *m* <-(e)s, Hänge> **1.** (*Abhang*) pendiente *f* **2.** *ohne pl* (*Tendenz*) inclinación *f*; **einen ~ zu etw** *dat* **haben** tener propensión a algo

Hängematte *f* hamaca *f*

hängen[1] ['hɛŋən] <hängt, hing, gehangen> *vi* colgar (*an +dat* de/en); **Spannung hing in der Luft** la tensión flotaba en el ambiente; **an jdm ~** querer a alguien; **sich an jdn ~** pegarse a alguien

hängen[2] *vt* (*auf~, er~*) colgar; (*an Haken*) enganchar; **die Fahne nach dem Wind ~** arrimarse al sol que más calienta

hängen|bleiben *irr vi sein s.* **bleiben**; **hängen|lassen*** *irr vt, vr:* **sich ~** *s.* **lassen[2]**

hänseln ['hɛnzəln] *vt:* **jdn ~** burlarse de alguien

Hansestadt ['hanzə-] *f* ciudad *f* (h)anseática

> Originariamente la Hansa era una agrupación de ciudades que estaban situadas a lo largo de importantes rutas comerciales. El objetivo de las **Hansestädte** era regular el comercio de mercancías lo mejor posible. La Hansa alemana ostentó el monopolio del comercio en el Mar Báltico durante doscientos años. Hoy en día, todavía en siete ciudades del norte de Alemania, el título de ciudad hanseática acompaña al nombre de la ciudad. Es el caso de: Bremen, Lübeck, Greifswald, Rostock, Stralsund, Wismar y Hamburgo.

Hantel ['hantəl] *f* <-n> pesas *fpl*

hantieren* [han'tiːrən] *vi* trabajar (*mit +dat* con)

hapern ['haːpɐn] *vi* faltar (*an +dat* de)

Happen ['hapən] *m* <-s, -> (*fam*) bocado *m*

happig ['hapɪç] *adj* (*fam*) exagerado

Happyend[RR] *nt* <-(s), -s>, **Happy-End[RR]** [hɛpi'ʔɛnt] *nt* <-(s), -s> final *m* feliz; **Happyhour[RR]** *f* <-s>, **Happy-Hour[RR]** [hɛpi'(ʔ)aʊɐ] *f* <-s> hora *f* feliz

Harddisk *f* <-s>, **Hard Disk[RR]** ['haːtdɪsk] *f* <- -s> disco *m* duro; **Hardrock[RR]** *m* <-s, *ohne pl*>, **Hard Rock** ['haːtrɔk] *m* <- -s, *ohne pl*> rock *m* duro; **Hardware** ['haːtwɛːɐ] *f* <-s> hardware *m*

Harem ['haːrɛm] *m* <-s, -s> harén *m*

Harfe ['harfə] *f* <-n> arpa *f*

Harke ['harkə] *f* <-n> rastrillo *m*

harmlos ['harmloːs] *adj* inofensivo

Harmonie [harmo'niː] *f* <-n> armonía *f*

harmonieren* *vi* armonizar (*mit +dat* con)

harmonisch [har'moːnɪʃ] *adj* (MUS) armónico; (*zusammenpassend*) armonioso

Harn [harn] *m* <-(e)s, -e> orina *f*

Harpune [har'puːnə] *f* <-n> arpón *m*

harren ['harən] *vi* (*geh*) esperar (con impaciencia) (*+gen*)

hart [hart] <härter, am härtesten> **I.** *adj* (*a. fig*) duro; (*Währung*) estable; **~ werden** endurecerse; (*Brot*) ponerse duro; (*Mensch*) volverse duro; **~ im Nehmen sein** encajar bien los golpes; **jdn ~ anfassen** tratar a alguien con dureza; **~ durchgreifen** adoptar medidas rigurosas; **~ bleiben** mantenerse firme; **jdm ~ zusetzen** apremiar a alguien **II.** *adv* (*nahe*) muy cerca (*an +dat* de)

Härte ['hɛrtə] *f* <-n> dureza *f*; (*Strenge*) rigor *m*; **Härtefall** *m* caso *m* extremo

härten ['hɛrtən] *vi, vt, vr:* **sich ~** endurecer(se)

hartgefroren *adj s.* **gefroren II.**; **hartgekocht** *adj s.* **kochen II.1.**

hartherzig *adj* duro de corazón

hartnäckig ['hartnɛkɪç] *adj* (*stur*) terco; (*ausdauernd*) tenaz; (*Krankheit*) pertinaz

Harz [haːɐts] *nt* <-es, -e> resina *f*

Haschisch ['haʃɪʃ] *m o nt* <-(s), *ohne pl*> hachís *m inv*

Hase ['haːzə] *m* <-n, -n> liebre *f*; **da liegt der ~ im Pfeffer** (*fam*) ahí está la madre del cordero

Haselnuss[RR] ['haːzəlnʊs] *f* avellana *f*

Hass[RR] [has] *m* <-es, *ohne pl*> odio *m*; **~ auf jdn haben** odiar a alguien

hassen ['hasən] *vt* odiar
hässlich[RR] ['hɛslɪç] *adj* feo; ~ **von jdm sprechen** hablar mal de alguien
Hässlichkeit[RR] *f* fealdad *f*
Hassliebe[RR] *f* amor-odio *m*
Hast [hast] *f* (*Eile*) prisa *f*
hasten ['hastən] *vi sein* (*geh*) ir a toda prisa; (*sich überstürzen*) precipitarse
hastig *adj* (*eilig*) apresurado; (*überstürzt*) precipitado
hat [hat] *3. präs von* **haben**
hatte ['hatə] *3. imp von* **haben**
Haube ['haʊbə] *f* <-n> **1.** (*Kopfbedeckung*) cofia *f;* **jdn unter die ~ bringen** (*fam*) casar a alguien **2.** (AUTO) capó *m*
Hauch [haʊx] *m* <-(e)s, -e> (*geh: Atem*) aliento *m;* (*Luftzug*) soplo *m;* (*Anflug, Duft*) toque *m;* **hauchdünn** ['-'-] *adj* finísimo
hauchen ['haʊxən] **I.** *vi* (*ausatmen*) espirar **II.** *vt* (*Worte*) susurrar
hauen[1] ['haʊən] <haut, haute *o* hieb, gehauen> **I.** *vt* (*fam*) sacudir **II.** *vi:* **mit der Faust auf den Tisch ~** (*a. fig*) pegar un puñetazo en la mesa
hauen[2] ['haʊən] <haut, haute, gehauen> **I.** *vt* **1.** (*meißeln*) esculpir **2.** (*fam: Nagel*) clavar (*in +akk* en) **II.** *vr:* **sich ~** (*fam*) pegarse (*mit +dat* con)
Haufen ['haʊfən] *m* <-s, -> montón *m;* **jdn über den ~ rennen** (*fam*) tumbar a alguien; **etw über den ~ werfen** (*fam*) arrojar por la borda algo; **einen ~ Arbeit haben** (*fam*) tener un montón de trabajo
häufen ['hɔɪfən] *vt, vr:* **sich ~** amontonar(se); **zwei gehäufte Esslöffel Zucker** dos cucharadas colmadas de azúcar
haufenweise *adv* (*fam*) a montones
häufig ['hɔɪfɪç] **I.** *adj* frecuente **II.** *adv* a menudo
Häufigkeit *f* <-en> frecuencia *f*
Haupt [haʊpt] *nt* <-(e)s, Häupter> (*geh*) cabeza *f;* **gesenkten/erhobenen ~es** cabizbajo/con la cabeza alta
hauptamtlich *adj* de carrera; (*angestellt*) contratado; **Hauptbahnhof** *m* estación *f* central; **hauptberuflich I.** *adj* profesional **II.** *adv* profesionalmente; **Hauptdarsteller(in)** *m(f)* protagonista *mf;* **Haupteingang** *m* entrada *f* principal; **Hauptfach** *nt* (SCH, UNIV) asignatura *f* principal; **Hauptfigur** *f* personaje *m* principal; **Hauptgebäude** *nt* edificio *m* principal; **Hauptgericht** *nt* plato *m* principal; **Hauptgeschäftszeit** *f* horas *fpl* punta; **Hauptgewinn** *m* primer premio *m;* **Haupthahn** *m* grifo *m* principal, llave *f* principal
Häuptling ['hɔɪptlɪŋ] *m* <-s, -e> cacique *m*
Hauptmann *m* <-(e)s, -leute> (MIL) capitán *m;* (*Schweiz: Gemeindevorsteher*) alcalde *m;* **Hauptperson** *f* personaje *m* principal; **Hauptquartier** *nt* cuartel *m* general; **Hauptrolle** *f* papel *m* principal; **Hauptsache** *f* punto *m* principal; **die ~ ist, dass ...** lo principal es que... *+subj*
hauptsächlich ['haʊptzɛçlɪç] **I.** *adj* principal **II.** *adv* principalmente; **~ deshalb, weil ...** principalmente porque...
Hauptsaison *f* temporada *f* alta; **Hauptsatz** *m* oración *f* principal; **Hauptschlagader** *f* aorta *f;* **Hauptschlüssel** *m* llave *f* maestra; **Hauptschule** *f* ≈escuela *f* de Enseñanza General Básica (*formación escolar mínima obligatoria entre los 10 y los 16 años de edad*)*;* **Hauptspeise** *f* (GASTR) plato *m* principal; **Hauptstadt** *f* capital *f;* **Hauptstraße** *f* calle *f* principal; **Hauptverkehrszeit** *f* hora *f* punta; **Hauptversammlung** *f* asamblea *f* general; **Hauptwohnsitz** *m* domicilio *m* principal; **Hauptwort** *nt* <-(e)s, -wörter> sustantivo *m*
Haus [haʊs] *nt* <-es, Häuser> casa *f;* (*Gebäude*) edificio *m;* **nach ~e** a casa; **zu ~e** en casa; **von ~e aus** originalmente; **er ist aus gutem ~e** es de buena familia; **das erste ~ am Platz** la empresa de mejor reputación; **vor ausverkauftem ~ spielen** actuar con el teatro repleto de público; **~ halten** economizar; **Hausapotheke** *f* botiquín *m;* **Hausarbeit** *f* (*im Haushalt*) quehaceres *mpl* domésticos; (SCH) deberes *mpl;* **Hausarrest** *m* arresto *m* domiciliario; **Hausarzt, -ärztin** *m, f* médico, -a *m, f* de cabecera; **Hausaufgaben** *fpl* (SCH) deberes *mpl;* **Hausbesetzer(in)** *m(f)* <-s, -; -nen> okupa *mf sl;* **Hausbesitzer(in)** *m(f)* propietario, -a *m, f* de una casa; **Hausbewohner(in)** *m(f)* vecino, -a *m, f* de una casa; **Hausboot** *nt* barco *m* vivienda
Häuschen ['hɔɪsçən] *nt:* **aus dem ~ sein** (*fam*) estar fuera de sí
Hauseingang *m* entrada *f* de la casa
hausen ['haʊzən] *vi* (*fam abw*) **1.** (*wüten*)

causar estragos (*in +dat* en) **2.** (*abw: wohnen*) (mal)vivir (*in +dat* en)

Häuserblock *m* <-(e)s, -s *o* -blöcke> manzana *f*, cuadra *f Am*

Hausflur *m* pasillo *m;* **Hausfrau** *f* ama *f* de casa

Hausfriedensbruch *m* allanamiento *m* de morada

Haushalt ['haʊshalt] *m* <-(e)s, -e> **1.** (*Hausgemeinschaft*) casa *f;* **jdm den ~ führen** llevar(le) la casa a alguien; **die privaten ~e** los hogares **2.** (POL: *Etat*) presupuesto *m*

haus|halten *irr vi* economizar (*mit +dat*)

Haushälterin ['haʊshɛltərɪn] *f* <-nen> ama *f* de llaves

Haushaltsgeld *nt* dinero *m* para los gastos domésticos; **Haushaltsgerät** *nt* aparato *m* doméstico; **Haushaltshilfe** *f* empleada *f* de hogar, asistenta *f;* **Haushaltsplan** *m* (POL) presupuesto *m*

Hausherr(in) *m(f)* dueño, -a *m, f* de la casa, señor(a) *m(f)* de la casa; **haushoch** ['-'-] *adj* como una casa; **jdn ~ schlagen** derrotar a alguien aplastantemente

hausieren* [haʊ'ziːrən] *vi* ir vendiendo de casa en casa; **mit etw** *dat* **~ gehen** (*fam*) contar algo a todo el mundo

Hausierer(in) *m(f)* <-s, -; -nen> vendedor(a) *m(f)* ambulante

häuslich ['hɔɪslɪç] *adj* **1.** (*Arbeiten*) doméstico; (*Familie betreffend*) familiar **2.** (*Familienleben liebend*) casero; **sich ~ niederlassen** (*fam*) poner casa

Hausmann *m* amo *m* de casa; **Hausmannskost** *f* comida *f* casera

Hausmeister(in) *m(f)* conserje *mf;* **Hausmittel** *nt* remedio *m* casero; **Hausnummer** *f* número *m* de (la) casa; **Hausordnung** *f* <-en> reglamento *m* de la casa

Hausrat *m* <-(e)s, *ohne pl*> menaje *m;* **Hausratversicherung** *f* seguro *m* del hogar

Hausschlüssel *m* llave *f* de (la) casa; **Hausschuh** *m* zapatilla *f;* **Haustier** *nt* animal *m* doméstico; **Haustür** *f* puerta *f* de (la) casa; **Hausverbot** *nt prohibición de entrar en un sitio determinado;* **Hauswirt(in)** *m(f)* propietario, -a *m, f* de una casa; **Hauswirtschaft** *f* economía *f* doméstica

Haut [haʊt] *f* <Häute> (*von Mensch, Tier, Obst*) piel *f;* (*Gesichts~*) cutis *m inv;* (*auf Flüssigkeit*) tela *f;* **versuchen, seine ~ zu retten** (*fig fam*) intentar salvar el pellejo; **aus der ~ fahren** (*fig fam*) salirse de sus casillas; **das geht (mir) unter die ~** (*fam fig*) esto me llega al alma; **auf der faulen ~ liegen** (*fam fig*) estar tumbado a la bartola; **Hautarzt, -ärztin** *m, f* dermatólogo, -a *m, f;* **Hautcreme** *f* crema *f* para la piel

häuten ['hɔɪtən] **I.** *vt* despellejar **II.** *vr:* **sich ~** (*Reptilien*) mudar la piel; (*fam: Mensch*) pelarse

hauteng ['-'-] *adj* muy ceñido; **Hautfarbe** *f* color *m* de la piel; (*Teint*) tez *f;* **hautnah** ['-'-] **I.** *adj* (*fam: Schilderung*) muy realista **II.** *adv:* **etw ~ miterleben** presenciar algo desde muy cerca

Hbf. *Abk. von* **Hauptbahnhof** estación *f* central

Headhunter(in) ['hɛthantɐ] *m(f)* <-s, -; -nen> cazacerebros *mf inv*

Hebamme ['heːbamə] *f* <-n> comadrona *f*

Hebel ['heːbəl] *m* <-s, -> palanca *f;* **alle ~ in Bewegung setzen** (*fam*) tocar todas las teclas; **am längeren ~ sitzen** (*fam*) tener la sartén por el mango

heben ['heːbən] <hebt, hob, gehoben> **I.** *vt* **1.** (*hoch~*) alzar; **die Stimme ~** levantar la voz **2.** (*steigern*) aumentar; (*verbessern*) mejorar **II.** *vr:* **sich ~** (*Vorhang*) levantarse; (*sich verbessern*) mejorarse

hebräisch [he'brɛːɪʃ] *adj* hebreo

hecheln ['hɛçəln] *vi* (*Hund*) jadear

Hecht [hɛçt] *m* <-(e)s, -e> lucio *m*

Heck [hɛk] *nt* <-(e)s, -e *o* -s> (NAUT) popa *f;* (AUTO, AERO) parte *f* trasera

Hecke ['hɛkə] *f* <-n> seto *m;* **Heckenschere** *f* cortasetos *m inv;* **Heckenschütze, -in** *m, f* francotirador(a) *m(f)*

Heckscheibe *f* luneta *f* trasera

Heer [heːɐ] *nt* <-(e)s, -e> (MIL) ejército *m;* (*Menge*) sinnúmero *m*

Hefe ['heːfə] *f* <-n> levadura *f*

Heft [hɛft] *nt* <-(e)s, -e> cuaderno *m;* (*einer Zeitschrift*) número *m;* **das ~ in die Hand nehmen** (*fig*) tomar las riendas

heften ['hɛftən] **I.** *vt* **1.** (*anbringen*) fijar (*an +akk* en); (*mit Heftklammer*) grapar **2.** (*Blick*) clavar (*auf +akk* en) **II.** *vr:* **sich ~** (*Blick*) clavarse (*auf +akk* en); **sich an jds Fersen ~** pegarse a los talones de alguien

Hefter *m* <-s, -> (*Mappe*) clasificador *m;*

(*Heftmaschine*) grapadora *f*
heftig ['hɛftɪç] *adj* **1.** (*stark*) fuerte; (*gewaltig*) vehemente; (*ungestüm*) impetuoso **2.** (*unbeherrscht*) colérico; (*Ton*) duro
Heftklammer *f* (*für Heftmaschine*) grapa *f;* (*Büroklammer*) clip *m;* **Heftpflaster** *nt* tirita *f*
Hegemonie [hegemo'niː] *f* <-n> hegemonía *f*
hegen ['heːgən] *vt* guardar; **Zweifel/Hoffnungen** ~ (*geh*) abrigar dudas/esperanzas
Hehl [heːl] *m o nt:* **kein(en)** ~ **aus etw** *dat* **machen** no hacer un secreto de algo
Hehler(in) *m(f)* <-s, -; -nen> encubridor(a) *m(f)*
Hehlerei *f* <-en> encubrimiento *m*
Heide[1] *f* <-n> (*Landschaft*) brezal *m*
Heide, -in[2] ['haɪdə] *m, f* <-n, -n; -nen> (REL) pagano, -a *m, f*
Heidelbeere ['haɪdəlbeːrə] *f* arándano *m*
Heidenangst ['--'-] *f ohne pl* (*fam*) miedo *m* cerval; **Heidengeld** ['--'-] *nt* (*fam*) dineral *m;* **Heidenlärm** ['--'-] *m* (*fam*) ruido *m* infernal; **Heidenspaß** ['--'-] *m* <-es, *ohne pl*> (*fam*) jolgorio *m;* **einen** ~ **haben** pasarlo bomba
heidnisch ['haɪdnɪʃ] *adj* pagano
heikel ['haɪkəl] *adj* (*Angelegenheit*) delicado
heil [haɪl] *adj* ileso; ~ **ankommen** llegar sano y salvo; **mit ~er Haut davonkommen** salir bien librado; **die ~e Welt** el mundo intacto
Heil *nt* <-(e)s, *ohne pl*> (*Wohlergehen*) prosperidad *f;* (REL: *Erlösung*) salvación *f*
Heiland ['haɪlant] *m* <-(e)s>: **der/unser** ~ El Salvador/nuestro Redentor
Heilanstalt *f* (*Sanatorium*) sanatorio *m;* (*Irrenanstalt*) clínica *f* (p)siquiátrica; **heilbar** *adj* curable
heilen ['haɪlən] **I.** *vi sein* (*Wunde*) cicatrizarse; (*Verletzung*) curarse **II.** *vt* curar
heilfroh ['-'-] *adj* (*fam*) contentísimo
heilig ['haɪlɪç] *adj* (*Person*) santo; (*Ort*) sagrado; **die Heilige Jungfrau** la Santísima Virgen; **der Heilige Geist** el Espíritu Santo; ~ **sprechen** (REL) canonizar; **etw hoch und** ~ **versprechen** prometer algo por lo más sagrado; **Heiligabend** [haɪlɪç'ʔaːbənt] *m* Nochebuena *f*
heiligen ['haɪlɪgən] *vt* santificar; **der Zweck heiligt die Mittel** el fin justifica los medios
Heiligenschein *m* aureola *f*
heilig|sprechen *irr vt* (REL) *s.* **heilig**
Heiligtum *nt* <-(e)s, -tümer> santuario *m;* (*Reliquie*) reliquia *f*
heillos *adj* terrible
Heilmittel *nt* remedio *m;* **Heilpflanze** *f* planta *f* medicinal; **Heilpraktiker(in)** *m(f)* <-s, -; -nen> médico, -a *m, f* homeopático, -a
heilsam *adj* curativo
Heilung *f* <-en> cura *f*
heim [haɪm] *adv* a casa
Heim *nt* <-(e)s, -e> **1.** (*Zuhause*) hogar *m* **2.** (*Studenten~*) residencia *f;* (*Obdachlosen~*) asilo *m;* (*Kinder~*) hogar *m*
Heimat ['haɪmaːt] *f* <-en> (*~land*) patria *f;* (*~region*) tierra *f* (natal); **Heimatland** *nt* patria *f;* **heimatlos** *adj* sin patria; **Heimatstadt** *f* ciudad *f* de origen
Heimcomputer *m* ordenador *m* personal
heim|fahren *irr* **I.** *vi sein* ir a casa; (*zurückfahren*) regresar a casa **II.** *vt* llevar a casa; **Heimfahrt** *f* regreso *m* a casa; **heim|gehen** *irr vi sein* volver a casa
heimisch *adj* (*einheimisch*) del país; (*vertraut*) familiarizado
Heimkehr ['haɪmkeːɐ] *f* regreso *m* a casa
Heimkind *nt* expósito, -a *m, f*
heim|kommen *irr vi sein* volver a casa
heimlich ['haɪmlɪç] **I.** *adj* secreto; (*unerlaubt*) clandestino **II.** *adv* en secreto; (*versteckt*) a escondidas; ~ **tun** (*abw*) andar con tapujos
Heimlichkeit *f* <-en> **1.** (*Geheimnis*) secreto *m* **2.** *ohne pl* (*Verborgenheit*) clandestinidad *f*
Heimlichtuerei [----'-] *f* <-en> (*abw*) secreteo *m*
heimlich|tun *irr vt* (*abw*) *s.* **heimlich II.**
Heimreise *f* viaje *m* de regreso; **die** ~ **antreten** emprender el viaje de regreso; **Heimspiel** *nt* partido *m* en casa
heim|suchen *vt* (*Krankheit*) atacar; (*Katastrophe*) devastar; (*Alpträume*) invadir
heimtückisch *adj* pérfido; (*bösartig*) malicioso
heimwärts ['haɪmvɛrts] *adv* (en dirección) a casa; **Heimweg** *m* camino *m* de regreso; **Heimweh** *nt* <-s, *ohne pl*> nostalgia *f* (*nach* +*dat* de); **Heimwerker(in)** *m(f)* <-s, -; -nen> artesano, -a *m, f* aficionado, -a

heim|zahlen *vt* vengarse; **das zahl ich dir heim!** ¡me las pagarás!
Heirat ['haɪraːt] *f* <-en> matrimonio *m;* (*Hochzeit*) boda *f*
heiraten ['haɪraːtən] *vi, vt* casarse (con)
Heiratsantrag *m* propuesta *f* de matrimonio; **Heiratsanzeige** *f* anuncio *m* de boda; (*für Partnersuche*) anuncio *m* matrimonial
heiser ['haɪzɐ] *adj* ronco; (*stimmlos*) afónico
heiß [haɪs] *adj* caliente; (*Wetter*) caluroso; (GEO) cálido; **brütend ~** (*fam*) achicharrante; **mir ist ~** tengo calor; **Vorsicht, das ist ~!** ¡cuidado, que quema!; **das Essen ~ machen** calentar la comida; **jdn ~ und innig lieben** (*fam*) querer a alguien ardientemente; **~e Ware** (*fig*) contrabando *m;* **ein ~es Eisen anfassen** (*fig*) tocar una cuestión delicada
heißen ['haɪsən] <heißt, hieß, geheißen> *vi* **1.** (*Namen haben*) llamarse; **wie ~ Sie?** ¿cómo se llama Ud.?; **was heißt „Kuss" auf griechisch?** ¿cómo se dice "beso" en griego? **2.** (*bedeuten*) significar; **das heißt** es decir; **was soll das ~?** ¿qué significa esto? **3.** (*geh: behauptet werden*) decirse; (*zu lesen sein*) estar escrito; **es heißt, er sei sehr krank** se dice que está muy enfermo; **auf Seite acht heißt es: „…"** en la página ocho pone lo siguiente: "…"
Heißhunger *m* hambre *f* canina; **Heißluft** *f ohne pl* aire *m* caliente
heiter ['haɪtɐ] *adj* **1.** (*fröhlich*) alegre; **das kann ja ~ werden** (*fam*) esto se puede poner bien **2.** (*Tag, Himmel*) despejado; **~ bis wolkig** nubosidad con claros; **wie aus ~em Himmel** (*plötzlich*) de golpe y porrazo; (*unerwartet*) como caído del cielo
Heizdecke *f* manta *f* eléctrica
heizen ['haɪtsən] **I.** *vi* encender la calefacción; **wir ~ mit Gas** tenemos calefacción a gas **II.** *vt* (*Raum*) calentar
Heizkörper *m* radiador *m;* **Heizkosten** *pl* gastos *mpl* de calefacción; **Heizöl** *nt* <-(e)s, *ohne pl*> fuel *m* combustible; **Heizstrahler** *m* radiador *m* eléctrico
Heizung *f* <-en> **1.** (*fam: Heizkörper*) radiador *m* **2.** *ohne pl* (*das Heizen*) calefacción *f*
Hektar ['hɛktaːɐ] *nt o m* <-s, -e, *nach Zahlen:* ->, **Hektare** ['hɛktaːrə] *f* <-n> (*Schweiz*) hectárea *f*
Hektik ['hɛktɪk] *f* ajetreo *m;* **nur keine ~!** ¡con calma!
hektisch ['hɛktɪʃ] *adj* inquieto
Held(in) [hɛlt] *m(f)* <-en, -en; -nen> héroe *m,* heroína *f;* **heldenhaft** *adj* heroico; **Heldentat** *f* heroicidad *f*
helfen ['hɛlfən] <hilft, half, geholfen> *vi* ayudar (+*dat* a alguien, *bei* +*dat* en); (*heilsam sein*) ser bueno (*gegen* +*akk* para); **ich kann mir nicht ~, aber …** no hay más vuelta de hoja, pero…; **man muss sich** *dat* **zu ~ wissen** hay que saber salir del paso; **es hilft uns nicht, wenn …** no nos sirve de nada, si…
Helfer(in) *m(f)* <-s, -; -nen> ayudante *mf;* **ein ~ in der Not** un salvador
Helikopter [heli'kɔptɐ] *m* <-s, -> helicóptero *m*
Helium ['heːliʊm] *nt* <-s, *ohne pl*> helio *m*
hell [hɛl] *adj* claro; (*voller Licht*) luminoso; (*Ton*) agudo; **es wird ~** amanece; **ein ~er Kopf** una cabeza inteligente; **der ~e Wahnsinn** la locura absoluta
hellhörig *adj* (*Raum*) de paredes finas; **~ werden** aguzar el oído
hellicht *adj s.* **helllicht**
Helligkeit *f* claridad *f;* (*Lichtstärke*) luminosidad *f*
helllicht[RR] ['hɛlɪçt] *adj:* **am ~en Tag** en pleno día
hellsehen *vi* prever (el futuro); **Hellseher(in)** *m(f)* vidente *mf;* **hellwach** ['-'-] *adj* totalmente despierto
Helm [hɛlm] *m* <-(e)s, -e> casco *m*
Hemd [hɛmt] *nt* <-(e)s, -en> camisa *f*
Hemisphäre [hemi'sfɛːrə] *f* <-n> hemisferio *m;* **die nördliche/südliche ~** el hemisferio norte/sur
hemmen ['hɛmən] *vt* **1.** (*aufhalten*) detener **2.** (*hindern*) impedir; (PSYCH) inhibir
Hemmschwelle *f* barrera *f* (p)sicológica
Hemmung *f* <-en> **1.** (*Beeinträchtigung*) impedimento *m* **2.** (PSYCH) inhibición *f;* **~en haben** tener escrúpulos; **hemmungslos** *adj* (*zügellos*) desenfrenado; (*bedenkenlos*) sin escrúpulos
Hengst [hɛŋst] *m* <-(e)s, -e> semental *m*
Henkel ['hɛŋkəl] *m* <-s, -> asa *f*
Henker ['hɛŋkɐ] *m* <-s, -> verdugo *m*
Henne ['hɛnə] *f* <-n> gallina *f*
her [heːɐ] *adv* **1.** (*räumlich*) hacia aquí; **von**

H

weit ~ de muy lejos; **komm ~!** ¡ven aquí!; **gib ~!** ¡trae! **2.** (*zeitlich*) hace; **das ist schon lange ~** de eso hace ya tiempo

herab [hɛ'rap] *adv* (*geh*) (hacia) abajo; **von oben ~** (*fig*) despectivamente; **herab|blicken** *vi* (*geh*) mirar (hacia) abajo; **auf jdn ~** (*fig*) mirar a alguien por encima del hombro; **herab|lassen** *irr* **I.** *vt* (*geh*) bajar **II.** *vr:* **sich ~** rebajarse (*zu* +*dat* a)

herablassend **I.** *adj* desdeñoso **II.** *adv* con aire de desprecio

herab|setzen *vt* **1.** (*reduzieren*) reducir; (*senken*) bajar **2.** (*schmälern*) desprestigiar; **herab|würdigen** *vt* denigrar

heran [hɛ'ran] *adv* por aquí; **heran|kommen** *irr vi sein* **1.** (*sich nähern*) acercarse (*an* +*akk* a); **nichts an sich ~ lassen** (*a. fig*) no dejarse afectar por nada **2.** (*heranreichen*) alcanzar **3.** (*Zugang haben*) tener acceso (*an* +*akk* a); **heran|machen** *vr:* **sich ~** (*fam*) **1.** (*beginnen*) ponerse (a +*inf*) **2.** (*an Person*) rondar; **heran|wachsen** *irr vi sein* crecer

Heranwachsende(r) *mf* <-n, -n; -n> adolescente *mf*

heran|wagen *vr:* **sich ~** **1.** (*räumlich*) atreverse a acercarse (*an* +*akk* a) **2.** (*an Aufgabe*) atreverse a acometer (*an* +*akk*); **heran|ziehen** *irr vt* **1.** (*näher holen*) acercar(se) **2.** (*Sachverständige*) consultar; (*Sache*) recurrir (a); **etw zum Vergleich ~** establecer una comparación con algo **3.** (*Kind, Tier*) criar; (*Pflanze*) cultivar

herauf [hɛ'raʊf] *adv* hacia arriba; **herauf|beschwören*** *irr vt* (*Erinnerung*) evocar; (*verursachen*) provocar; **herauf|kommen** *irr vi sein* (*Person*) subir

heraus [hɛ'raʊs] *adv* (hacia) fuera; **~ mit ihm!** ¡afuera con él!; **von innen ~** desde dentro; **aus einer Notlage ~** debido a un apuro; **~ mit der Sprache!** ¡suelta la lengua!; **heraus|bekommen*** *irr vt* **1.** (*Wechselgeld*) recibir la vuelta **2.** (*Rätsel*) resolver; (*Geheimnis*) descubrir **3.** (*Fleck*) poder quitar; **heraus|finden** *irr vt* (*aus Ort*) saber salir; (*entdecken*) descubrir

heraus|fordern *vt* (*a.* SPORT) desafiar; (*provozieren*) provocar (*zu* +*dat* a); **herausfordernd** *adj* desafiante; (*provozierend*) provocador; **Herausforderung** *f* (*a.* SPORT) desafío *m;* **eine ~ annehmen** responder a un reto

heraus|geben *irr vt* (*aushändigen*) entregar; (*Wechselgeld*) dar la vuelta; (*Buch*) editar

Herausgeber(in) *m(f)* <-s, -; -nen> (*von Buch*) editor(a) *m(f);* (*von Zeitung*) director(a) *m(f)*

heraus|gehen *irr vi sein* (*Person, Fleck*) salir (*aus* +*dat* de); (*Fenster*) dar (*auf* +*akk* a); **aus sich** *dat* **~** abrirse; **heraus|haben** *irr vt* (*fam*) haber sacado; **ich habe es heraus!** ¡ya lo tengo!; **heraus|halten** *irr vr:* **sich ~** mantenerse alejado; **sich aus etw** *dat* **~** no meterse en algo; **heraus|holen** *vt* sacar (*aus* +*dat* de); **das Letzte aus sich** *dat* **~** dar lo máximo; **heraus|kommen** *irr vi sein* **1.** (*aus Haus, Krankenhaus*) salir (*aus* +*dat* de); **sie kam aus dem Lachen nicht mehr heraus** no pudo parar de reír **2.** (*fam: Resultat sein*) ser el resultado (*bei* +*dat* de); **was soll dabei ~?** ¿qué va a resultar de ello?; **es kommt nichts dabei heraus** no conduce a nada; **es kommt auf dasselbe heraus** da lo mismo **3.** (*fam: Geheimnis*) llegarse a saber; **wenn das herauskommt, ...** si esto sale a la luz...; **ganz groß ~** tener mucho éxito; **mit der Sprache ~** desembuchar; **heraus|nehmen** *irr vt* sacar (*aus* +*dat* de); **sich** *dat* **den Blinddarm ~ lassen** operarse del apéndice; **sich** *dat* **~ etw zu tun** tomarse la libertad de hacer algo; **heraus|putzen** *vt, vr:* **sich ~** acicalar(se); **heraus|ragen** *vi* sobresalir (*aus* +*dat* de); **heraus|reden** *vr:* **sich ~** (*fam*) poner excusas; **heraus|reißen** *irr vt* arrancar; **heraus|rücken** **I.** *vi sein* (*fam: zugeben*) soltar; **rück mit der Wahrheit heraus!** ¡desembucha ya! **II.** *vt* (*fam: hergeben*) soltar; **rück mal etwas Geld heraus!** ¡suelta un par de duros!; **heraus|rutschen** *vi sein* (*Wort*) escaparse; **heraus|springen** *irr vi sein* **1.** (*Sicherung*) saltar **2.** (*fam: Gewinn*) sacar provecho (*bei* +*dat* de); **und was springt dabei für mich heraus?** ¿y qué saco yo de esto?; **heraus|stellen** **I.** *vt* (*nach draußen stellen*) sacar **II.** *vr:* **sich ~** (*sich erweisen*) resultar; **es stellte sich heraus, dass ...** se ha comprobado que...; **heraus|ziehen** *irr vt* sacar (*aus* +*dat* de)

herb [hɛrp] *adj* **1.** (*Geschmack*) acerbo; (*Wein*) seco **2.** (*Enttäuschung*) amargo; (*Verlust*) doloroso **3.** (*Kritik*) duro

herbei [hɛɐ'baɪ] *adv* hacia aquí; **herbei|ei-**

len *vi sein* venir corriendo; **herbei|führen** *vt* causar; (*Gelegenheit*) proporcionar

Herberge ['hɛrbɛrgə] *f* <-n> albergue *m*

Herbst [hɛrpst] *m* <-(e)s, -e> otoño *m*

herbstlich *adj* otoñal

Herd [heːɐt] *m* <-(e)s, -e> (*in Küche*) cocina *f;* (*Brand~, a.* MED) foco *m*

Herde ['heːɐdə] *f* <-n> (*Schafe, Rinder*) rebaño *m;* (*Schweine*) piara *f;* (*wilde Tiere*) manada *f*

herein [hɛ'raɪn] *adv* hacia dentro; **~!** ¡adelante!; **herein|brechen** *irr vi sein* **1.** (*Wassermassen*) irrumpir **2.** (*geh: Unglück*) sobrevenir; (*Nacht*) caer (*über +akk* sobre); **herein|fallen** *irr vi sein* **1.** (*in Loch*) caer (*in +akk* en); (*Licht*) entrar (*in +akk* en/a) **2.** (*fam: sich täuschen lassen*) dejarse engañar (*auf+akk* por); **herein|holen** *vt* entrar, meter; **jdn ~** hacer entrar a alguien; **herein|kommen** *irr vi sein* entrar (*in+akk* a/en); **herein|lassen** *irr vt* dejar entrar; **herein|legen** *vt* (*fam: betrügen*) engañar

her|fallen *irr vi sein* (*a. fig: angreifen*) atacar (*über+akk*); **über etw ~** caer sobre algo

Hergang ['heːɐ-] *m* <-(e)s, -gänge> acontecimientos *mpl;* **den ~ schildern** contar lo que pasó

her|geben *irr* **I.** *vt* **1.** (*herausgeben*) entregar; **gib her!** ¡dame! **2.** (*taugen*) valer **II.** *vr:* **sich ~** prestarse (*für+akk* a)

her|gehen *irr vi sein* **1.** (*begleiten*): **neben/vor/hinter jdm ~** ir al lado de/delante de/detrás de alguien; **es ging hoch her** hubo mucho jaleo **2.** (*südd, Österr*) *s.* **herkommen**; **her|halten** *irr* **I.** *vt* acercar **II.** *vi* servir (*als +nom* de); **her|holen** *vt* ir a buscar, ir (por); **der Vergleich ist weit hergeholt** el ejemplo es muy rebuscado

Hering ['heːrɪŋ] *m* <-s, -e> (*Fisch*) arenque *m;* (*Zeltpflock*) estaquilla *f*

her|kommen *irr vi sein* **1.** (*hierher kommen*) venir; (*sich nähern*) acercarse **2.** (*stammen*) ser (*aus +dat* de); **wo kommen Sie her?** ¿de dónde es Ud.?

herkömmlich ['heːɐkœmlɪç] *adj* convencional

Herkunft ['heːɐkʊnft] *f* origen *m;* **arabischer ~** de origen árabe; **Herkunftsland** *nt* país *m* de origen

her|machen **I.** *vi* importar; **das macht viel her** esto causa buena impresión **II.** *vr:* **sich ~** (*fam*) emprender (*über +akk*); **sich über das Essen ~** abalanzarse sobre la comida

Hermelin [hɛrmə'liːn] *m* <-s, -e> armiño *m*

hermetisch [hɛr'meːtɪʃ] *adj* hermético

Heroin [hero'iːn] *nt* <-s, *ohne pl*> heroína *f*

heroisch [he'roːɪʃ] *adj* (*geh*) heroico

Herr[1] *m* <-(e)n, -en> señor *m;* **„Herren"** "caballeros"; **~ Meier** el señor Meier; **~ Ober!** ¡camarero!

Herr(in)[2] [hɛr] *m(f)* <-(e)n, -en; -nen> amo, -a *m, f;* **~ im Hause sein** llevar la batuta en casa; **er war nicht ~ der Lage** no era dueño de la situación; **aus aller ~en Länder** de todos los países

Herrenhaus *nt* casa *f* señorial; **herrenlos** *adj* sin dueño; **Herrenmode** *f* moda *f* masculina; **Herrentoilette** *f* servicio *m* de caballeros

Herrgottsfrühe *f:* **in aller ~** (*fam*) de madrugada

her|richten *vt* (*vorbereiten*) preparar; (*reparieren*) arreglar

herrisch *adj* imperioso

herrlich *adj* espléndido; (*wunderbar*) maravilloso

Herrlichkeit *f* <-en> esplendor *m;* (*Pracht*) suntuosidad *f*

Herrschaft *f* **1.** (*Macht*) dominio *m* (*über +akk* sobre); (*Befehlsgewalt*) poder *m* (*über +akk* sobre) **2.** (*Kontrolle*) control *m* (*über +akk* de)

herrschen ['hɛrʃən] *vi* **1.** (*Macht haben*) dominar; (*König*) reinar (*über +akk* en/sobre) **2.** (*Chaos*) reinar; (*Not*) haber

Herrscher(in) *m(f)* <-s, -; -nen> soberano, -a *m, f*

Herrschsucht *f ohne pl* despotismo *m*

her|rühren *vi* resultar (*von +dat* de)

her|stellen *vt* producir; (*Verbindung*) establecer

Hersteller(in) *m(f)* <-s, -; -nen> productor(a) *m(f)*

Herstellung *f* producción *f;* (*in Fabrik*) fabricación *f*

Hertz [hɛrts] *nt* <-, -> hertz *m*

herüber [hɛ'ryːbɐ] *adv* hacia acá

herum [hɛ'rʊm] *adv* alrededor; **um ... ~** alrededor de...; **hier ~** por aquí; **links ~** por la izquierda; **herum|drehen** **I.** *vt* (*wenden*) dar vuelta(s) (a); (*Kopf*) volver; **jdm das Wort im Mund ~** dar la vuelta a las palabras de alguien; **den Schlüssel zweimal** ~ dar dos vueltas a la llave **II.** *vr:* **sich** ~ darse la vuelta; **herum|fahren** *irr* **I.** *vi sein* **1.** (*umfahren*) dar la vuelta (*um* a); (*um eine Ecke*) doblar **2.** (*fam: ziellos*) dar una vuelta **3.** (*sich umdrehen*) volverse (de repente) **II.** *vt* (*fam: umherfahren*) pasear (en coche) (*in* por); **herum|führen** *vt:* **jdn** ~ (*als Führer*) hacer de guía para alguien; **jdn an der Nase** ~ (*fam*) tomar el pelo a alguien; **herum|gehen** *irr vi sein* **1.** (*herumspazieren*) dar una vuelta (*um* +*akk* por); (*fam: ziellos*) pasearse **2.** (*fam: Gerücht*) circular; **herum|irren** *vi sein* errar; **herum|kommen** *irr vi sein* (*fam*) **1.** (*reisen*) viajar; **sie ist viel in der Welt herumgekommen** ha corrido mucho mundo **2.** (*vermeiden können*) poder evitar (*um* +*akk*); **darum** ~ **etw zu tun** poder evitar hacer algo; **herum|kriegen** *vt* (*fam*) **1.** (*Zeit*) pasar **2.** (*überreden*): **jdn** ~ convencer a alguien; **herum|laufen** *irr vi sein* (*fam: ziellos*) correr de un lado para otro; **so kannst du doch nicht** ~**!** (*fam*) ¡así no puedes andar por ahí!; **herum|liegen** *irr vi* (*fam*) **1.** (*Sache*) estar tirado **2.** (*Person*) estar tumbado; **herum|lungern** [-ˈ-lʊŋɐn] *vi* (*fam*) haraganear; **herum|schlagen** *irr vr:* **sich mit jdm/etw** *dat* ~ (*fam*) luchar con alguien/algo; **herum|sprechen** *irr vr:* **sich** ~ (*Nachricht*) divulgarse; **herum|stehen** *irr vi* (*fam*) estar por ahí (*um* alrededor de); **um jdn** ~ rodear a alguien; **herum|treiben** *irr vr:* **sich** ~ (*fam abw*) vagabundear; (*auf der Straße*) callejear; **wo hast du dich wieder herumgetrieben?** ¿por dónde te has metido?

herunter [hɛˈrʊntɐ] *adv* (hacia) abajo; **den Berg** ~ monte abajo; **herunter|fallen** *irr vi sein* caerse

heruntergekommen *adj* (*fam*) venido a menos

herunter|kommen *irr vi sein* **1.** (*nach unten kommen*) bajar **2.** (*fam: verwahrlosen*) venir a menos; (*Person*) hundirse; (*Gesundheit*) deteriorarse; **herunter|laden** *vt* (INFOR) bajar; **herunter|machen** *vt* (*fam: kritisieren*) criticar; (*schlecht machen*) difamar; **jdn** ~ dejar a alguien como un trapo; **herunter|schlucken** *vt* (*fam*) **1.** (*Bissen*) tragar **2.** (*Wut*) tragarse

hervor [hɛɐˈfoːɐ] *adv* (*geh*) hacia delante; (*heraus*) fuera; **hervor|bringen** *irr vt* **1.** (*erzeugen*) producir **2.** (*Wort*) decir; (*Melodie*) tocar; **hervor|gehen** *irr vi sein* (*geh: sich ergeben*) deducirse (*aus* +*dat* de); **sie ging als Siegerin aus dem Wettkampf hervor** resultó vencedora en el campeonato; **hervor|heben** *irr vt* poner de relieve; **hervor|holen** *vt* sacar (*aus* de); **hervor|kommen** *irr vi sein* salir; **unter dem Tisch** ~ salir de debajo de la mesa

hervorragend *adj* (*räumlich*) saliente; (*ausgezeichnet*) excelente

hervor|rufen *irr vt* (*bewirken*) provocar; (*Bewunderung*) causar; (*Protest*) promover; **hervor|treten** *irr vi sein* **1.** (*heraustreten*) salir (*hinter* +*dat* de detrás de) **2.** (*Kontraste*) destacarse; (*Umrisse*) dibujarse; (*Ader*) marcarse; ~**de Augen** ojos saltones; **hervor|tun** *irr vr:* **sich** ~ (*durch Leistung*) distinguirse; (*angeben*) darse importancia (*mit* +*dat* con)

Herz[1] [hɛrts] *nt* <-ens, -en> corazón *m;* **von** ~**en gern** con mil amores; **schweren** ~**ens** sintiéndolo en el alma; **ein** ~ **und eine Seele sein** (*fig*) ser uña y carne; **sich** *dat* **etw zu** ~**en nehmen** (*fam*) tomarse algo a pecho; **jdm sein** ~ **ausschütten** (*fig*) abrir el corazón a alguien; **mir fällt das** ~ **in die Hose** (*fam fig*) se me cae el alma a los pies; **sich** *dat* **ein** ~ **fassen** hacer de tripas corazón; **jdn ins** ~ **schließen** cogerle cariño a alguien

Herz[2] *nt* <-ens, -> (*Kartenspiel*) ≈copas *fpl;* ~ **ist Trumpf** pintan copas

Herzanfall *m* ataque *m* cardíaco

herzensgut [ˈ--ˈ-] *adj* (*fam*) muy bondadoso; **Herzenslust** *f:* **nach** ~ a placer; **Herzenswunsch** *m* sueño *m* dorado

herzergreifend *adj* conmovedor

herzhaft *adj* (*a.* GASTR: *kräftig*) fuerte; (*deftig*) sabroso

her|ziehen *irr* **I.** *vi sein:* **über jdn** ~ (*fam*) hablar mal de alguien **II.** *vt* (*fam: heranziehen*) acercar (*zu* a); **etw hinter sich** *dat* ~ arrastrar algo detrás de sí

Herzinfarkt *m* infarto *m* de miocardio; **Herzklopfen** *nt* <-s, *ohne pl*> latido *m* del corazón; ~ **haben** sentir palpitaciones

herzlich **I.** *adj* (*liebevoll*) cariñoso; (*Gruß*) cordial; ~**en Dank** muchísimas gracias **II.** *adv* de todo corazón; ~ **willkommen!** ¡bienvenido!; ~ **gern!** ¡con mucho gusto!

Herzlichkeit *f* cordialidad *f*

herzlos *adj* sin corazón; (*grausam*) cruel

Herzog(in) ['hɛrtsoːk] *m(f)* <-s, -zöge; -nen> duque(sa) *m(f)*

Herzogtum *nt* <-s, -tümer> ducado *m*

Herzschrittmacher *m* <-s, -> marcapasos *m inv;* **Herzstillstand** *m* paro *m* cardíaco; **Herztransplantation** *f* tra(n)splante *m* de corazón; **Herzversagen** *nt* fallo *m* cardíaco; **herzzerreißend** **I.** *adj* desgarrador **II.** *adv* que le parte a uno el corazón

Hessen *nt* <-s> Hesse *f*

hessisch *adj* de Hesse

heterosexuell [heterozɛksu'ɛl, hetero-sɛksu'ɛl] *adj* heterosexual

hetzen ['hɛtsən] **I.** *vi* **1.** *sein* (*sich beeilen*) darse prisa **2.** (*abw: aufwiegeln*) agitar los ánimos (*gegen +akk* contra) **II.** *vt* (*jagen*) acosar; (*antreiben*) meter prisa **III.** *vr:* **sich** ~ darse prisa

Heu [hɔɪ] *nt* <-(e)s, *ohne pl*> heno *m*

Heuchelei [hɔɪçə'laɪ] *f* <-en> (*abw*) hipocresía *f*

heucheln ['hɔɪçəln] *vi, vt* fingir

heuchlerisch *adj* hipócrita

heuer ['hɔɪɐ] *adv* (*Schweiz, Österr, südd*) este año

heulen ['hɔɪlən] *vi* (*fam: weinen*) llorar; (*Tier, Motor, Sirene, Wind*) aullar

Heuschnupfen *m* alergia *f* al polen; **Heuschrecke** ['hɔɪʃrɛkə] *f* <-n> saltamontes *m inv*

heute ['hɔɪtə] *adv* hoy; ~ **Morgen/Abend** esta mañana/noche; ~ **Nacht habe ich schlecht geträumt** anoche tuve pesadillas; **von** ~ **auf morgen** de la noche a la mañana

heutig ['hɔɪtɪç] *adj* de hoy; (*gegenwärtig*) actual; **in der** ~**en Zeit** en nuestros tiempos; **mit dem** ~**en Datum** con fecha de hoy

heutzutage ['hɔɪttsutaːgə] *adv* hoy (en) día

Hexe ['hɛksə] *f* <-n> bruja *f*

hexen ['hɛksən] *vi* hacer brujerías; **ich kann doch nicht** ~ (*fam*) no puedo hacer milagros

Hexenschuss[RR] *m* <-es, *ohne pl*> (*fam*) lumbago *m*

Hexerei *f* <-en> brujería *f*

hieb [hiːp] *3. imp von* **hauen**

Hieb [hiːp] *m* <-(e)s, -e> (*Schlag*) golpe *m;* (*mit Peitsche*) latigazo *m;* (*mit Faust*) puñetazo *m*

hieb- und stichfest *adj* (*fig*) contundente

hielt [hiːlt] *3. imp von* **halten**

hier [hiːɐ] *adv* aquí; (*bei Aufruf*) ¡presente!; ~ **entlang** por aquí; ~ **bleiben** quedarse aquí; ~ **muss ich dir Recht geben** en este punto te tengo que dar la razón

hieran ['hiːran, '-'-] *adv* **1.** (*räumlich*) aquí (mismo) **2.** (*an dieser Sache*) en ello; ~ **sieht man, dass ...** en esto se ve que...

Hierarchie [hierar'çiː] *f* <-n> jerarquía *f*

hierarchisch [hie'rarçɪʃ] *adj* jerárquico

hierauf ['hiːraʊf, '-'-] *adv* (*räumlich*) sobre esto; (*sodann*) a continuación

hieraus ['hiːraʊs, '-'-] *adv* (*räumlich*) de aquí; (*aus dieser Sache*) de ello

hierbei ['hiːɐbaɪ] *adv* (*währenddessen*) en esto; (*in diesem Fall*) en este caso

hier|bleiben *irr vi sein s.* **hier**

hierdurch ['hiːɐdʊrç, '-'-] *adv* (*räumlich*) por aquí; (*auf Grund*) por ello

hierfür ['hiːɐfyːɐ, '-'-] *adv* (*zu diesem Zweck*) para esto; (*als Gegenwert*) por ello

hierher ['hiːɐheːɐ, '-'-] *adv* (hacia) aquí; (*örtlich*) para acá; ~**!** ¡aquí!; **bis** ~ **und nicht weiter!** ¡hasta aquí y ni un paso más!

hierhin ['hiːɐhɪn, '-'-] *adv* aquí; **bis** ~ hasta aquí

hiermit ['hiːɐmɪt, '-'-] *adv* con esto; (*im Brief*) por la presente

hiervon ['hiːɐfɔn, '-'-] *adv* de esto

hierzu ['hiːɐtsuː, '-'-] *adv* **1.** (*für diesen Zweck*) para ello **2.** (*betreffend*) con respecto a esto; ~ **möchte ich sagen, dass ...** con respecto a esto quisiera decir que... **3.** (*zugehörig*) a esto

hierzulande ['hiːɐtsu(')landə] *adv* en este país

hiesig ['hiːzɪç] *adj* de aquí

hieß [hiːs] *3. imp von* **heißen**

Hi-Fi-Anlage ['haɪfiʔanlaːgə] *f* equipo *m* de alta fidelidad

high [haɪ] *adj inv* (*berauscht*) colocado

Highsociety[RR] *f,* **High Society** [haɪ sə'saɪəti] *f* alta sociedad *f;* **Hightech**[RR] *nt o f* <-(s), *ohne pl*>, **High-Tech** ['haɪ'tɛk] *nt o f* <-(s), *ohne pl*> alta tecnología *f*

Hilfe ['hɪlfə] *f* <-n> ayuda *f;* (~*leistung*) auxilio *m;* ~**!** ¡socorro!; **erste** ~ primeros auxilios; ~ **leisten** prestar ayuda; **jdm zu** ~ **kommen** acudir en auxilio de alguien; **Hilferuf** *m* grito *m* de socorro; **Hilfestellung** *f* apoyo *m;* (SPORT) ayuda *f*

hilflos *adj* (*allein*) desamparado; (*ratlos*)

desorientado; (*unbeholfen*) torpe

Hilflosigkeit *f* desamparo *m;* (*Ratlosigkeit*) desorientación *f*

hilfreich *adj* (*geh: nützlich*) útil; **er/es war uns sehr** ~ nos sirvió de mucha ayuda

Hilfsaktion *f* acción *f* de socorro; **Hilfsarbeiter(in)** *m(f)* trabajador(a) *m(f)* auxiliar; **hilfsbedürftig** *adj* necesitado; **hilfsbereit** *adj* servicial; **Hilfsbereitschaft** *f ohne pl* solicitud *f*, comedimiento *m Am;* **Hilfskraft** *f* auxiliar *mf;* **studentische** ~ ayudante estudiantil; **Hilfsmittel** *nt* recurso *m;* **Hilfsverb** *nt* verbo *m* auxiliar; **Hilfswerk** *nt* institución *f* benéfica

hilft [hɪlft] *3. präs von* **helfen**

Himbeere ['hɪmbeːrə] *f* <-n> frambuesa *f*

Himmel ['hɪməl] *m* <-s, -> cielo *m;* **aus heiterem** ~ (*plötzlich*) de golpe y porrazo; (*unerwartet*) inesperadamente; **unter freiem** ~ a cielo raso; **um ~s willen!** ¡cielo santo!; **Himmelbett** *nt* cama *f* con dosel; **himmelschreiend** *adj* que clama al cielo

Himmelskörper *m* cuerpo *m* celeste; **Himmelsrichtung** *f* punto *m* cardinal

himmlisch ['hɪmlɪʃ] *adj* celestial; (*wunderbar*) maravilloso

hin [hɪn] **I.** *adv* (*in Richtung auf*) hacia allá; (*entlang*) a lo largo; **bis ...** ~ hasta...; ~ **und zurück** (*Fahrkarte*) ida y vuelta; ~ **und her** de un lado para otro; ~ **und wieder** de vez en cuando; **auf die Gefahr ~, dass ...** a riesgo de que... ı *subj* **II.** *adj* (*fam: kaputt*) roto; **sein guter Ruf ist** ~ su buena reputación está arruinada

Hin [hɪn] *nt:* ~ **und Her** ir y venir *m;* (*Hickhack*) tira y afloja *m;* **nach langem** ~ **und Her** después de darle muchas vueltas

hinab [hɪ'nap] *adv* (hacia) abajo; **den Berg** ~ monte abajo

hin|arbeiten *vi:* **auf etw** ~ aspirar a algo

hinauf [hɪ'naʊf] *adv* arriba; **da ~!** ¡por allí arriba!; **den Fluss** ~ río arriba; **hinauf|gehen** *irr vi sein* subir; **hinauf|steigen** *irr vi sein* subir

hinaus [hɪ'naʊs] *adv* afuera; ~ **mit dir!** ¡fuera contigo!; **wo geht es ~?** ¿por dónde se sale?; **dort** ~ saliendo por allí; **auf Jahre** ~ durante años; **über das Ziel** ~ más allá de lo previsto; **darüber** ~ aparte de esto; **hinaus|fliegen** *irr vi sein* (*fam: Person*) ser echado (*aus* de); **hinaus|gehen** *irr vi sein* **1.** (*aus Raum*) salir (*aus +dat* de) **2.** (*Zimmer, Fenster*) dar (*auf +akk* a) **3.** (*überschreiten*) sobrepasar (*über +akk*); **hinaus|laufen** *irr vi sein* **1.** (*nach draußen laufen*) salir (corriendo) (*aus +dat* de) **2.** (*als Ergebnis haben*) acabar (*auf +akk* en); **es läuft darauf hinaus, dass ...** esto terminará en que...; **hinaus|schicken** *vt:* **jdn** ~ mandar salir a alguien; **hinaus|wachsen** *irr vi sein:* **über sich selbst** ~ superarse a sí mismo; **hinaus|werfen** *irr vt* **1.** (*Sache*) tirar (*zu/aus +dat* por); **einen Blick** ~ echar un vistazo por la ventana; **Geld zum Fenster** ~ (*fam*) echar la casa por la ventana **2.** (*Person*) echar (*aus +dat* de); **hinaus|wollen** *irr vi* (*fam*) **1.** (*abzielen*) pretender (*auf +akk*); **worauf willst du hinaus?** ¿qué es lo que pretendes?; **hoch** ~ tener grandes ambiciones **2.** (*nach draußen wollen*) querer salir (*aus +dat* de); **hinaus|zögern I.** *vt* aplazar **II.** *vr:* **sich** ~ retrasarse

Hinblick *m:* **im** ~ **auf ...** (*in Bezug auf*) en cuanto a...; (*angesichts*) con vistas a...; **im** ~ **darauf, dass ...** considerando que...

hinderlich ['hɪndɐlɪç] *adj* molesto; ~ **sein** ser un estorbo (*für +akk* para)

hindern ['hɪndɐn] *vt* (*abhalten*) impedir; (*behindern*) estorbar

Hindernis ['hɪndɐnɪs] *nt* <-ses, -se> (*a.* SPORT) obstáculo *m;* **ein** ~ **überwinden** salvar un obstáculo; **jdm ~se in den Weg legen** poner trabas a alguien

Hinderungsgrund *m* impedimento *m*

hin|deuten *vi* **1.** (*zeigen*) señalar (con el dedo) (*auf +akk*) **2.** (*hinweisen*) indicar (*auf +akk*); **nichts deutet darauf hin, dass ...** nada indica que... *+subj*

Hinduismus [hɪndu'ɪsmʊs] *m* <-, *ohne pl*> hinduismo *m*

hindurch [hɪn'dʊrç] *adv* **1.** (*räumlich*) a través; **mitten** ~ por el mismo medio **2.** (*zeitlich*) durante

hinein [hɪ'naɪn] *adv* (hacia) adentro; **da** ~ (por) allí adentro; **bis tief in die Nacht** ~ hasta bien entrada la noche; **hinein|gehen** *irr vi sein* **1.** (*eintreten*) entrar (*in* en/a) **2.** (*hineinpassen*) caber (*in* en); **hinein|legen** *vt* **1.** (*nach innen legen*) meter (*in* en); (*aufbewahren*) guardar (*in* en) **2.** (*fam: betrügen*) engañar **3.** (*Gefühl*) poner; **hinein|passen** *vi* (*Platz haben*) caber (*in +akk* en); (*passend sein*) encajar (*in +akk* en); **hinein|stecken** *vt* (*fam*) **1.** (*hineinle-*

gen, -stellen) meter (*in* en) **2.** (*investieren*) invertir (*in* en); **hinein|steigern** *vr:* **sich ~** (*in Kummer, Wut*) dejarse llevar (*in +akk* por); (*in Vorstellung*) obsesionarse (*in +akk* con); (*in Streit, Problem*) enfrascarse (*in +akk* en); **hinein|versetzen*** *vr:* **sich in jdn ~** ponerse en el lugar de alguien

hin|fahren *irr* **I.** *vi sein* ir (en coche) **II.** *vt haben* llevar; **Hinfahrt** *f* <-en> (viaje *m* de) ida *f;* **Hin- und Rückfahrt** (viaje *m* de) ida y vuelta *f;* **auf der ~** a la ida

hin|fallen *irr vi sein* caerse; **er fiel der Länge nach hin** se cayó cuan largo era

hinfällig *adj* **1.** (*gebrechlich*) caduco; (*schwach*) débil **2.** (*ungültig*) nulo

Hinflug *m* <-(e)s, -flüge> vuelo *m* de ida

hin|führen *vi, vt* conducir; **wo soll das ~?** ¿adónde irá a parar esto?

hing [hɪŋ] *3. imp von* **hängen**

Hingabe *f* (*Begeisterung*) entusiasmo *m;* (*Selbstlosigkeit*) entrega *f*

hin|geben *irr vr:* **sich ~** entregarse; **sich falschen Hoffnungen ~** abrigar falsas esperanzas

hingebungsvoll *adj* abnegado

hingegen [-'--] *adv* en cambio

hin|gehen *irr vi sein* ir (*zu +dat* a)

hingerissen ['hɪngərɪsən] *adj* encantado; **er war ganz ~** estaba totalmente pasmado

hin|halten *irr vt* **1.** (*Gegenstand*) ofrecer; (*Hand*) tender; **sie hielt mir die Hand hin** me tendió la mano **2.** (*warten lassen*) dar largas, hacer esperar; **hin|hauen** <haut hin, haute hin, hingehauen> **I.** *vi* (*fam: klappen*) funcionar **II.** *vr:* **sich ~** (*fam: schlafen legen*) acostarse; **hin|hören** *vi* escuchar

hinken ['hɪŋkən] *vi* cojear

hin|knien *vi, vr:* **sich ~** arrodillarse (*auf +akk* en, *vor +dat* ante); **hin|kriegen** *vt* (*fam*) **1.** (*fertig bringen*) lograr; **das hast du toll hingekriegt!** ¡qué bien te ha salido! **2.** (*in Ordnung bringen*) arreglar

hinlänglich *adj:* **~ bekannt sein** ser suficientemente conocido

hin|legen **I.** *vt* (*Dinge*) poner; (*Kind*) acostar **II.** *vr:* **sich ~** tumbarse (*auf +akk* en); (*ins Bett gehen*) acostarse; **hin|nehmen** *irr vt* (*Tatsache*) aceptar; (*erdulden*) aguantar; (*tolerieren*) tolerar

hinreichend ['hɪnraɪçənt] *adj* suficiente

Hinreise *f* <-n> (viaje *m* de) ida *f*

hin|reißen *irr vt:* **sich dazu ~ lassen etw zu tun** dejarse convencer a hacer algo

hin|richten *vt* ejecutar

Hinrichtung *f* <-en> ejecución *f*

hin|schmeißen *irr vt* (*fam*) **1.** (*hinwerfen*) arrojar al suelo **2.** (*aufgeben*) abandonar; **hin|sehen** *irr vi* mirar (*zu +dat* hacia); **bei genauerem Hinsehen** mirándolo de cerca; **hin|setzen** *vt, vr:* **sich ~** sentar(se)

Hinsicht *f* <-en>: **in ~ auf ...** en cuanto a...; **in dieser ~** en relación a esto; **in jeder/gewisser ~** a todas luces/en cierto modo; **in finanzieller ~** con respecto al dinero

hinsichtlich *präp +gen* en cuanto a

hin|stellen *vt, vr:* **sich ~** poner(se); **stell dich gerade hin!** ¡ponte derecho!

hinten ['hɪntən] *adv* atrás; **ein Schlag von ~** un golpe por detrás; **sich ~ anstellen** ponerse a la cola; **ganz ~ im Buch** al final del libro; **ihr Gehalt reicht vorne und ~ nicht** (*fam*) su sueldo no alcanza para nada; **hintenherum** ['----] *adv,* **hintenrum** ['---] *adv* (*a. fam: heimlich*) por detrás

hinter ['hɪntɐ] **I.** *präp +dat* **1.** (*da~*) tras; **das Schlimmste hast du schon ~ dir** ya has pasado lo peor; **~ etw kommen** (*fam*) descubrir algo **2.** (*zeitlich*) después de **3.** (*Reihenfolge*) atrás; **er ließ ihn weit ~ sich** *dat* le dejó muy atrás **II.** *präp +akk* (hacia) atrás; **stell das Buch ~ die anderen** pon el libro detrás de los otros

Hinterausgang *m* salida *f* trasera

Hinterbliebene(r) [hɪntɐ'bliːbənɐ] *mf* <-n, -n; -n> pariente *mf* del difunto

hintere(r, s) ['hɪntərə, -rɐ, -rəs] *adj* de atrás

hintereinander [hɪntɐʔaɪ'nandɐ] *adv* **1.** (*räumlich*) uno detrás de otro **2.** (*zeitlich*) uno después de otro; **vier Wochen ~** cuatro semanas seguidas

hinterfragen* *vt* indagar

hintergangen *pp von* **hintergehen**

Hintergedanke *m* segunda intención *f*

hintergehen* *irr vt* engañar

Hintergrund *m* fondo *m;* (*Ursache*) causas *fpl;* **in den ~ treten** perder importancia; **im ~ stehen** permanecer en la sombra; **vor dem ~ dieser Ereignisse** con estos hechos de fondo

hintergründig ['--grʏndɪç] *adj* enigmático

Hinterhalt *m* <-(e)s, -e> emboscada *f;* **jdn in einen ~ locken** meter a alguien en una emboscada

hinterhältig ['hɪntɐhɛltɪç] *adj* alevoso
hinterher [--'-, '---] *adv* (*räumlich*) detrás; (*zeitlich*) después; **hinterher|laufen** *irr vi sein* (*dahinter gehen*) ir detrás (de); (*folgen*) seguir; (*rennen*) correr detrás (de)
Hinterhof *m* patio *m* trasero; **Hinterkopf** *m* cogote *m;* **etw im ~ haben** tener algo en (la) mente
hinterlassen* *irr vt* dejar; **~e Werke** obras póstumas
hinterlegen* *vt* depositar
Hinterlist *f* insidia *f;* **hinterlistig** *adj* insidioso
hinterm ['hɪntɐm] (*fam*) = **hinter dem** detrás de
Hintermann *m* **1.** (*räumlich*) persona *f* que está [*o* va] detrás **2.** (*Drahtzieher*) maquinador *m*
hintern ['hɪntɐn] (*fam*) = **hinter den** detrás de
Hintern ['hɪntɐn] *m* <-s, -> (*fam*) trasero *m;* **jdm in den ~ kriechen** lamer a alguien el culo
Hinterrad *nt* rueda *f* trasera; **Hinterradantrieb** *m* tracción *f* trasera
hinterrücks ['hɪntɐrʏks] *adv* (*abw*) por la espalda
hinters ['hɪntɐs] (*fam*) = **hinter das** detrás de
Hintersitz *m* asiento *m* trasero; **Hinterteil** *nt* **1.** (*fam: Gesäß*) trasero *m* **2.** (*Teil*) parte *f* trasera
Hintertreffen *nt* (*fam*): **ins ~ geraten** perder terreno
Hintertür *f* puerta *f* trasera; **sich** *dat* **eine ~ offen halten** (*fig*) asegurarse una salida
hinterziehen* *irr vt* (*Steuern*) defraudar
hinterzogen *pp von* **hinterziehen**
hin|tun *irr vt* (*fam*) poner, meter
hinüber [hɪ'ny:bɐ] *adv* (*gegenüber*) al otro lado; (*nach dort*) hacia allá; **da ~!** ¡(por) allí enfrente!; **~ sein** (*fam: verdorben*) estar pasado; (*kaputt*) estar estropeado; (*ganz hingerissen*) quedarse maravillado; (*tot*) estar muerto; **hinüber|sein** *irr vi sein s.* **hinüber**
hinunter [hɪ'nʊntɐ] *adv* (hacia) abajo; **den Berg ~** monte abajo; **hinunter|fallen** *irr vi sein* caerse; **die Treppe ~** caerse por la escalera; **hinunter|schlucken** *vt* (*Speise*) tragar; (*Kritik*) tragarse
hinweg [hɪn'vɛk] *adv* (*geh*) **1.** (*räumlich*) fuera; **~ mit euch!** ¡fuera con vosotros!; **über jdn/etw ~** por encima de alguien/algo **2.** (*zeitlich*) durante
Hinweg ['hɪnve:k] *m* <-(e)s, -e> ida *f;* **auf dem ~** a la ida
hinweg|gehen *irr vi sein:* **über etw ~** pasar algo por alto; **hinweg|helfen** *irr vi:* **jdm über etw ~** ayudarle a alguien a superar algo; **hinweg|kommen** *irr vi sein:* **über etw ~** superar algo; **hinweg|sehen** *irr vi:* **über etw ~** mirar por encima de algo; (*nicht beachten*) no hacer caso de algo; **hinweg|setzen** *vr:* **sich über etw ~** no hacer caso a algo
Hinweis ['hɪnvaɪs] *m* <-es, -e> **1.** (*Tipp*) indicación *f;* (*Rat*) advertencia *f;* **unter ~ auf ...** refiriéndose a... **2.** (*Anzeichen*) indicio *m*
hin|weisen *irr* **I.** *vi:* **ausdrücklich darauf ~, dass ...** advertir expresamente que... **II.** *vt:* **jdn auf etw ~** indicar algo a alguien
Hinweisschild *nt* letrero *m* indicador
hin|ziehen *irr* **I.** *vt* **1.** (*heranziehen*) atraer, tirar (*zu* hacia); **sich zu jdm hingezogen fühlen** sentirse atraído por alguien **2.** (*verzögern*) atrasar **II.** *vr:* **sich ~ 1.** (*andauern*) ir para largo **2.** (*sich erstrecken*) extenderse (*bis* hasta) **III.** *vi sein* (*umziehen*) irse a vivir (a)
hinzu [hɪn'tsu:] *adv* aparte de esto; (*überdies*) además; **hinzu|fügen** *vt* añadir (*zu* + *dat* a); **hinzu|kommen** *irr vi sein* **1.** (*Person*) venir **2.** (*Sache*) agregarse (*zu* + *dat* a); **es kommt noch hinzu, dass ...** hay que añadir que...; **hinzu|ziehen** *irr vt* (*einbeziehen*) incluir (*zu* + *dat* en); (*um Rat fragen*) consultar
Hiobsbotschaft ['hi:ɔps-] *f* mala noticia *f*
Hirn [hɪrn] *nt* <-(e)s, -e> (GASTR) sesos *mpl;* (*fam: Verstand*) cerebro *m*
Hirngespinst ['hɪrngəʃpɪnst] *nt* <-(e)s, -e> (*abw*) quimera *f*
Hirnhautentzündung *f* meningitis *f inv*
hirnverbrannt *adj* (*abw*) descerebrado
Hirsch [hɪrʃ] *m* <-(e)s, -e> ciervo *m*
Hirse ['hɪrzə] *f* <-n> mijo *m*
Hirte, -in ['hɪrtə] *m, f* <-n, -n; -nen> pastor(a) *m(f)*
Hispanistik *f* filología *f* hispánica
hissen ['hɪsən] *vt* izar
Historiker(in) [hɪs'to:rikɐ] *m(f)* <-s, -; -nen> historiador(a) *m(f)*
historisch [hɪs'to:rɪʃ] *adj* histórico

Hit [hɪt] *m* <-(s), -s> (*fam*) éxito *m;* **Hitparade** *f* (*Musiksendung*) programa *m* de éxitos musicales; (*Hitliste*) lista *f* de éxitos musicales

Hitze ['hɪtsə] *f* calor *m;* **eine drückende ~** un calor agobiante; **etw bei mittlerer ~ backen** cocer algo a horno moderado; **hitzebeständig** *adj* resistente al calor

> En la escuela alemana se habla de **hitzefrei** cuando el termómetro marca a las once de la mañana una temperatura de 30°C. Cuando esto sucede se suspenden las clases durante el resto del día. Desde la introducción de las vacaciones de verano, esto se produce muy raramente.

hitzig ['hɪtsɪç] *adj* **1.** (*jähzornig*) colérico; (*heftig*) vehemente **2.** (*Debatte*) acalorado

Hitzkopf *m* botafuego *mf;* **Hitzschlag** *m* insolación *f*

HIV [haːʔiːˈfaʊ] *nt* <-(s), *ohne pl*> *Abk. von* **human immunodeficiency virus** VIH *m;* **HIV-infiziert** *adj* seropositivo

H-Milch ['haːmɪlç] *f* leche *f* U.H.T.

HNO-Arzt, -Ärztin [haːʔɛnˈʔoː-] *m, f* otorrino, -a *m, f*

hob [hoːp] *3. imp von* **heben**

Hobby ['hɔbi] *nt* <-s, -s> hobby *m*

Hobel ['hoːbəl] *m* <-s, -> cepillo *m* de carpintero

hoch [hoːx] <höher, am höchsten> **I.** *adj* alto; (*Ton*) agudo; **das ist drei Meter ~** tiene una altura de tres metros; **ein hoher Beamter** un alto funcionario; **im hohen Norden** en el extremo norte; **ein hohes Tier** (*fam*) un pez gordo; **in hohem Alter sein** ser de edad avanzada; **hohe Ansprüche stellen** tener grandes exigencias **II.** *adv* (hacia) arriba; **~ hinauswollen** (*fam*) tener altas miras; **wenn es ~ kommt** (*fam*) como mucho; **~ am Himmel** en lo alto del cielo; **etw ~ und heilig versprechen** (*fam*) prometer solemnemente algo; **drei ~ sieben** (MATH) tres elevado a siete

Hoch *nt* <-s, -s> **1.** (*~ruf*) viva *m inv;* **ein ~ auf jdn ausbringen** dar un viva en honor de alguien **2.** (METEO) altas presiones *fpl*

Hochachtung *f* respeto *m;* **mit vorzüglicher ~** atentamente; **hochachtungsvoll** *adv* (*im Brief*) atentamente

hochaktuell ['---'-] *adj* de gran actualidad

hoch|arbeiten *vr:* **sich ~** ascender (a fuerza de trabajo)

Hochbau *m* <-(e)s, -ten> **1.** (*Bauwerk*) edificio *m* alto **2.** *ohne pl* (*Bauwesen*) construcción *f* sobre tierra

hochbegabt ['--'-] *adj s.* **begabt**; **hochbetagt** ['--'-] *adj* de edad avanzada; **Hochbetrieb** *m* <-(e)s, *ohne pl*> (*fam*) intensa actividad *f;* **es herrschte ~** reinaba intensa actividad; **hochbezahlt** ['--'-] *adj s.* **bezahlen**

Hochburg *f* baluarte *m*

hochdeutsch *adj* alto alemán

Hochdruck *m* <-(e)s, *ohne pl*> (PHYS) presión *f* alta; (METEO) altas presiones *fpl;* **Hochebene** *f* meseta *f*

hocherfreut ['--'-] *adj* encantado

hoch|fahren *irr* **I.** *vi sein* **1.** (*fam: nach oben fahren*) subir **2.** (*aufbrausen*) subirse a la parra **3.** (*aufschrecken*) sobresaltarse **II.** *vt* **1.** (TECH: *Maschine*) cebar **2.** (*fam: nach oben fahren*) subir

Hochform *f:* **in ~ sein** estar en plena forma; **Hochformat** *nt* formato *m* vertical; **Hochgebirge** *nt* alta montaña *f*

hoch|gehen *irr vi sein* **1.** (*Vorhang*) levantarse; (*Person, Preise*) subir **2.** (*fam: Bombe*) estallar **3.** (*fam: gefasst werden*) ser descubierto

Hochgenuss^RR *m* delicia *f;* **es ist mir ein ~** es una delicia para mí; **Hochglanz** *m* brillo *m* intenso; **etw auf ~ bringen** dar lustre a algo

hochgradig ['hoːxgraːdɪç] *adj* extremo

hoch|halten *irr vt* **1.** (*in die Höhe halten*) mantener en lo alto; (*hochheben*) levantar **2.** (*schätzen*) estimar (mucho); (*bewahren*) conservar

Hochhaus *nt* edificio *m* alto

hoch|heben *irr vt* alzar

hochintelligent ['----'-] *adj* muy inteligente; **hochinteressant** ['----'-] *adj* muy interesante

hochkant ['hoːxkant] *adv* de canto; **jdn ~ rauswerfen** (*fam*) echar a alguien con cajas destempladas

Hochkonjunktur *f* coyuntura *f* favorable

Hochland *nt* altiplano *m*

Hochleistungssport *m* <-(e)s, -e> deporte *m* de alto rendimiento

hochmodern ['--'-] *adj* supermoderno

Hochmut *m* soberbia *f;* (*Arroganz*) arrogan-

H

cia *f*

hochmütig ['-myːtɪç] *adj* soberbio; (*herablassend*) desdeñoso

hoch|nehmen *irr vt* **1.** (*heben*) levantar **2.** (*fam: necken*) meterse (con)

hochprozentig *adj* (*Säure*) de alta concentración; (*Alkohol*) de alta graduación

hochqualifiziert ['----'-] *adj s.* **qualifizieren I.**

Hochrechnung *f* cómputo *m* aproximado

Hochsaison *f* temporada *f* alta

Hochschulabschluss[RR] *m* título *m* universitario

Hochschule *f* escuela *f* superior; **Hochschulstudium** *nt* <-s, *ohne pl*> estudios *mpl* superiores

hochschwanger *adj* en avanzado estado de gestación

Hochsee *f* alta mar *f*

Hochsommer *m* pleno verano *m*

Hochspannung *f* alta tensión *f;* **Hochspannungsleitung** *f* línea *f* de alta tensión

Hochsprung *m* <-(e)s, *ohne pl*> salto *m* de altura

höchst [høːkst, høːçst] *adv* sumamente

Hochstapler(in) *m(f)* <-s, -; -nen> impostor(a) *m(f)*

höchste(r, s) ['høːkstə, -tɐ, -təs, 'høːçstə, -tɐ, -təs] *adj superl von* **hoch 1.** (*räumlich*) más alto **2.** (*in Hierarchie*) superior; **die ~ Instanz** la instancia suprema **3.** (*äußerst*) extremo; **in ~m Maß(e)** extremadamente

höchstens ['høːkstəns, 'høːçstəns] *adv* **1.** (*nicht mehr als*) como mucho **2.** (*außer*) en todo caso; **~ wenn ...** a no ser que... *+subj*

Höchstfall *m:* **im ~** como máximo; **Höchstgeschwindigkeit** *f* velocidad *f* máxima

Höchstleistung *f* rendimiento *m* máximo; (SPORT) récord *m;* **Höchstmaß** *nt* máximo *m* (*an* de)

höchstpersönlich ['--'--] *adv* en persona; **höchstwahrscheinlich** ['--'--] *adv* con toda probabilidad

Hochtour *f:* **auf ~en laufen** trabajar a toda marcha

hochtrabend ['-traːbənt] *adj* (*abw*) altisonante

Hochverrat *m* alta traición *f;* **Hochwasser** *nt* (*eines Flusses*) crecida *f;* (*Überschwemmung*) inundación *f*

hochwertig *adj* de alta calidad

Hochzeit ['hɔxtsaɪt] *f* <-en> boda *f;* **silberne/goldene ~ feiern** celebrar las bodas de plata/de oro; **Hochzeitsfeier** *f* boda *f;* **Hochzeitsnacht** *f* noche *f* de bodas; **Hochzeitsreise** *f* viaje *m* de luna de miel; **Hochzeitstag** *m* aniversario *m* de boda

Hocke ['hɔkə] *f* <-n> posición *f* en cuclillas; **in die ~ gehen** acuclillarse

hocken ['hɔkən] *vi* (*in Hocke*) estar en cuclillas; (*fam: sitzen*) estar sentado

Hocker ['hɔkɐ] *m* <-s, -> taburete *m*

Höcker ['hœkɐ] *m* <-s, -> (*bei Kamelen*) joroba *f*

Hockey ['hɔki] *nt* <-s, *ohne pl*> hockey *m*

Hoden ['hoːdən] *m* <-s, -> testículo *m*

Hof [hoːf] *m* <-(e)s, Höfe> **1.** (*Innen~, Hinter~*) patio *m* (interior) **2.** (*Bauern~*) granja *f* **3.** (*Gerichts~, Königs~*) corte *f* **4.** (*um Sonne, Mond*) halo *m*

hoffen ['hɔfən] *vi, vt* esperar; (*vertrauen*) confiar (*auf+akk* en); **wir ~, dass ...** esperamos que... *+subj*

hoffentlich ['hɔfəntlɪç] *adv* ojalá *+subj*

Hoffnung ['hɔfnʊŋ] *f* <-en> esperanza *f;* **mach dir keine ~en** no te hagas ilusiones; **seine ~en auf jdn/etw setzen** depositar sus esperanzas en alguien/algo; **du bist meine letzte ~** eres mi última esperanza; **hoffnungslos** *adj* sin esperanza; **du bist ~** no tienes remedio

Hoffnungslosigkeit *f* desesperación *f*

Hoffnungsschimmer *m* rayo *m* de esperanza; **hoffnungsvoll** *adj* (*zuversichtlich*) lleno de esperanza; (*Erfolg versprechend*) esperanzador

höflich ['høːflɪç] *adj* cortés

Höflichkeit *f* <-en> cortesía *f*

hohe(r, s) ['hoːə, 'hoːɐ, 'hoːəs] *adj s.* **hoch**

Höhe ['høːə] *f* <-n> altura *f;* **in die ~ gehen** (*Preise*) subir; (*fam*) enfurecerse; **die ~n und Tiefen des Lebens** los altibajos de la vida; **~n und Bässe** altos y bajos; **auf der ~ sein** (*fam*) estar en plena forma; **das ist doch die ~!** (*fam*) ¡esto es el colmo!

Hoheit ['hoːhaɪt] *f* (*Staatsgewalt*) soberanía *f;* (*Anrede*) Alteza; **Königliche ~** Alteza Real; **Hoheitsgebiet** *nt* territorio *m* nacional; **Hoheitsgewässer** *ntpl* aguas *fpl* territoriales

Höhenangst *f* vértigo *m;* **Höhensonne** *f*

lámpara *f* ultravioleta
Höhepunkt *m* punto *m* culminante; **den ~ erreichen** culminar
höher ['hø:ɐ] *adj kompar von* **hoch** más alto (*als +nom* que); (*vor Zahlen*) más (*als +nom* de)
hohl [ho:l] *adj* (*a. Stimme, Klang*) hueco; (*Wangen*) hundido; **~es Geschwätz** conversación vacía
Höhle ['hø:lə] *f* <-n> cueva *f;* (*Tier~*) madriguera *f;* **sich in die ~ des Löwen begeben** (*fam*) meterse en la boca del lobo; **Höhlenmalerei** *f* pintura *f* rupestre; **Höhlenmensch** *m* cavernícola
Hohlkopf *m* (*abw*) cabeza *mf* hueca; **Hohlkreuz** *nt* (MED) lordosis *f inv;* **Hohlmaß** *nt* medida *f* de capacidad; **Hohlraum** *m* cavidad *f*
Hohn [ho:n] *m* <-(e)s, *ohne pl*> burla *f;* (*bitterer ~*) sarcasmo *m;* **das ist der reinste ~** es una verdadera ironía
höhnen ['hø:nən] *vi, vt* (*geh*) burlarse (de)
höhnisch ['hø:nɪʃ] *adj* burlón
holen ['ho:lən] *vt* (ir a) buscar; (*herbeischaffen*) traer; (*wegschaffen*) recoger; (*Arzt, Polizei*) llamar; **jdn aus dem Bett ~** sacar a alguien de la cama; **Luft ~** coger aire; **sich** *dat* **bei jdm einen Rat ~** pedir un consejo a alguien; **sich** *dat* **eine Erkältung ~** (*fam*) coger un catarro
Holland ['hɔlant] *nt* <-s> Holanda *f*
Holländer(in) ['hɔlɛndɐ] *m(f)* <-s, -; -nen> holandés, -esa *m, f*
holländisch *adj* holandés
Hölle ['hœlə] *f* infierno *m;* **jdm das Leben zur ~ machen** hacer a alguien la vida imposible; **Höllenlärm** ['--'-] *m* (*fam*) ruido *m* infernal
höllisch *adj* infernal; **das tut ~ weh** esto duele endemoniadamente; **~e Angst haben** tener un miedo infernal; **~ aufpassen** (*fam*) prestar extremada atención
Holocaust ['ho:lokaʊst] *m* <-(s), -s> holocausto *m*
Hologramm [holo'gram] *nt* <-s, -e> holograma *m*
holp(e)rig ['hɔlp(ə)rɪç] *adj* **1.** (*Weg*) lleno de baches **2.** (*Stil*) tosco; **~ lesen** leer a trancas y barrancas
holpern ['hɔlpɐn] *vi* (*Auto*) ir a trompicones; (*beim Lesen, Sprechen*) atrancarse
holprig *adj s.* **holp(e)rig**
Holunder [ho'lʊndɐ] *m* <-s, -> saúco *m*
Holz [hɔlts] *nt* <-es, Hölzer> **1.** (*Stock*) palo *m* **2.** *ohne pl* (*Material*) madera *f;* (*Brenn~*) leña *f;* **~ hacken/sägen** cortar leña/serrar madera; **Holzblasinstrument** *nt* instrumento *m* de viento madera
hölzern ['hœltsɐn] *adj* (*aus Holz*) de madera; (*Bewegung*) torpe
Holzfäller(in) ['hɔltsfɛlɐ] *m(f)* <-s, -; -nen> leñador(a) *m(f)*
holzig ['hɔltsɪç] *adj* (*Gemüse*) lleno de hebras
Holzkohle *f* carbón *m* vegetal; **Holzweg** *m:* **auf dem ~ sein** estar equivocado; **Holzwurm** *m* carcoma *f*
Homepage ['hoʊmpeɪdʒ] *f* <-, -s> (INFOR) Home Page *f*
Hometrainer *m* <-s, -> bicicleta *f* estática
homogen [homo'ge:n] *adj* homogéneo
homogenisieren* [homogeni'zi:rən] *vt* homogeneizar
Homöopathie [homøopa'ti:] *f* homeopatía *f*
homosexuell *adj* homosexual
Honduraner(in) [hɔndu'ra:nɐ] *m(f)* <-s, -; -nen> hondureño, -a *m, f*
honduranisch *adj* hondureño
Honduras [hɔn'du:ras] *nt* <-> Honduras *m*
Honig ['ho:nɪç] *m* <-s, -e> miel *f;* **jdm ~ um den Bart schmieren** (*fam*) lisonjear a alguien; **Honigmelone** *f* melón *m*
Honorar [hono'ra:ɐ] *nt* <-s, -e> honorarios *mpl*
honorieren* [hono'ri:rən] *vt* (*anerkennen*) reconocer; (*bezahlen*) remunerar
Hopfen ['hɔpfən] *m* <-s, -> lúpulo *m;* **bei jdm ist ~ und Malz verloren** (*fam*) alguien es un caso perdido
hopsen ['hɔpsən] *vi sein* dar saltos
hops|gehen *irr vi sein* (*fam: sterben*) morirse
hörbar ['hø:ɐba:ɐ] *adj* audible
horchen ['hɔrçən] *vi* escuchar (*an +dat* en); (*angestrengt*) aguzar el oído
Horde ['hɔrdə] *f* <-n> horda *f;* (*Tiere*) banda *f*
hören ['hø:rən] **I.** *vi, vt* **1.** (*allgemein*) oír; **na, ~ Sie mal!** ¡pero, oiga! **2.** (*zu~, hin~*) escuchar; **Radio ~** escuchar la radio **3.** (*erfahren*) (llegar a) saber; **nichts von sich** *dat* **~ lassen** no dar señales de vida; **von etw** *dat*

H

nichts ~ **wollen** no querer saber nada de algo **II.** *vi* (*gehorchen*) obedecer; (*auf Rat*) hacer caso (*auf+akk* a); **der Hund hört auf den Namen Bello** el perro responde al nombre de Bello

Hörensagen ['----] *nt:* **vom** ~ de oídas

Hörer[1] *m* <-s, -> auricular *m;* **den** ~ **abnehmen/auflegen** contestar/colgar

Hörer(in)[2] *m(f)* <-s, -; -nen> oyente *mf*

Hörfunk *m* radio *f;* **Hörgerät** *nt* audífono *m*

Horizont [hori'tsɔnt] *m* <-(e)s, -e> horizonte *m;* **einen engen** ~ **haben** ser de estrechos horizontes; **das geht über meinen** ~ eso está fuera de mis alcances

horizontal [horitsɔn'ta:l] *adj* horizontal

Hormon [hɔr'mo:n] *nt* <-s, -e> hormona *f*

Horn [hɔrn] *nt* <-(e)s, Hörner> (*a.* MUS) cuerno *m*

Hornhaut *f* (*Schwiele*) callosidad *f;* (*am Auge*) córnea *f*

Hornisse [hɔr'nɪsə] *f* <-n> avispón *m*

Horoskop [horo'sko:p] *nt* <-s, -e> horóscopo *m*

Horror ['hɔro:ɐ] *m* <-s, *ohne pl*> horror *m* (*vor +dat* a); **Horrorfilm** *m* película *f* de terror

Hörsaal *m* aula *f* (universitaria); **Hörspiel** *nt* pieza *f* radiofónica

Hort [hɔrt] *m* <-(e)s, -e> (*geh: Zufluchtsort*) refugio *m;* (*Kinder~*) guardería *f*

horten ['hɔrtən] *vt* acopiar

Hose ['ho:zə] *f* <-n> pantalón *m;* **etw geht in die** ~ (*fam*) algo sale mal; **das ist Jacke wie** ~ (*fam*) da lo mismo; **Hosenanzug** *m* traje *m* de chaqueta y pantalón; **Hosenbein** *nt* pernera *f* (del pantalón); **Hosenboden** *m* fondillos *mpl* (del pantalón); **jdm den** ~ **versohlen** (*fam*) calentarle las posaderas a alguien; **sich auf den** ~ **setzen** (*fam*) ponerse a trabajar; **Hosenrock** *m* falda-pantalón *f;* **Hosenschlitz** *m* bragueta *f;* **Hosenträger** *mpl* tirantes *mpl*

Hospital [hɔspi'ta:l] *nt* <-s, -e *o* Hospitäler> hospital *m*

Hostess [hɔs'tɛs] *f* <-en> azafata *f* de congreso

Hostie ['hɔstjə] *f* <-n> hostia *f*

Hotel [ho'tɛl] *nt* <-s, -s> hotel *m;* **Hotelfachschule** *f* Escuela *f* Superior de Hostelería

Hotelier [hotə'lje:, hotɛ'lje:] *m* <-s, -s> hotelero *m*

Hotelzimmer *nt* habitación *f* de hotel

Hotline ['hɔtlaɪn] *f* <-s> línea *f* caliente

Hr. *Abk. von* **Herr** Sr.

HTML *Abk. von* **Hypertext Markup Language** html

hübsch [hʏpʃ] *adj* bonito; (*niedlich*) mono; **sich** ~ **machen** ponerse guapo

Hubschrauber *m* <-s, -> helicóptero *m*

huckepack ['hʊkəpak] *adv* (*fam*): **jdn** ~ **nehmen** llevar a alguien a caballito

Huf [hu:f] *m* <-(e)s, -e> (*der Pferde*) casco *m;* (*der Spalthufer*) pezuña *f;* **Hufeisen** *nt* herradura *f*

Hüfte ['hʏftə] *f* <-n> cadera *f;* **die Arme in die ~n stemmen** poner los brazos en jarras

Hügel ['hy:gəl] *m* <-s, -> colina *f*

hüg(e)lig *adj* con colinas

Huhn [hu:n] *nt* <-(e)s, Hühner> (*a.* GASTR) pollo *m;* (*Henne*) gallina; **da lachen ja die Hühner** (*fam*) esto es ridículo

Hühnchen ['hy:nçən] *nt* <-s, -> (GASTR) pollo *m;* **mit jdm ein** ~ **rupfen** (*fam*) cantar las cuarenta a alguien

Hühnerauge *nt* callo *m;* **Hühnerstall** *m* gallinero *m*

huldigen ['hʊldɪgən] *vi* (*geh: anhängen*) rendir homenaje (*+dat* a); (*frönen*) entregarse (*+dat* a)

Huldigung *f* <-en> homenaje *m*

Hülle ['hʏlə] *f* <-n> funda *f;* **in** ~ **und Fülle** (*fam*) a patadas

hüllen ['hʏlən] *vt* (*geh*) envolver (*in +akk* en); **sich in Schweigen** ~ guardar silencio

Hülse ['hʏlzə] *f* <-n> **1.** (*Etui*) estuche *m;* (*Geschoss~*) cartucho *m* **2.** (BOT) vaina *f;* **Hülsenfrucht** *f* legumbre *f*

human [hu'ma:n] *adj* humano

Humanismus [huma'nɪsmʊs] *m* <-, *ohne pl*> humanismo *m*

humanitär [humani'tɛ:ɐ] *adj* humanitario

Humbug ['hʊmbu:k] *m* <-s, *ohne pl*> (*fam abw*) tontería *f*

Hummel ['hʊməl] *f* <-n> abejorro *m*

Hummer ['hʊmɐ] *m* <-s, -> langosta *f*

Humor [hu'mo:ɐ] *m* <-s, *ohne pl*> humor *m;* **er hat (keinen) Sinn für** ~ (no) tiene sentido del humor; **humorlos** *adj* sin humor; **humorvoll** *adj* lleno de humor

humpeln ['hʊmpəln] *vi sein* cojear

Humus ['hu:mʊs] *m* <-, *ohne pl*> humus *m*

Hund [hʊnt] *m,* **Hündin** *f* <-(e)s, -e; -nen> perro, -a *m, f;* **Vorsicht, bissiger ~!** ¡cuidado con el perro!; **auf den ~ gekommen sein** (*fam*) estar hecho polvo; **da liegt der ~ begraben** (*fam*) ahí está el quid de la cuestión; **bekannt sein wie ein bunter ~** (*fam*) estar más visto que el tebeo; **das ist ja ein dicker ~!** (*fam*) esto sí que es fuerte; **hundeelend** ['--'--] *adj* (*fam*): **mir ist ~** me siento fatal; **Hundefutter** *nt* <-s, *ohne pl*> alimento *m* para perros; **Hundehütte** *f* caseta *f* del perro; **Hundekuchen** *m* galleta *f* para perros; **Hundeleine** *f* correa *f* del perro; **hundemüde** ['--'--] *adj* (*fam*) muerto de cansancio

hundert ['hʊndɐt] *adj inv* cien, ciento; **einer unter ~** uno entre cien; *s. a.* **achthundert**

Hunderte *ntpl* (*große Anzahl*) cientos *mpl;* **~ von Menschen** cientos de personas; **sie kamen zu ~n** llegaron a centenares

Hundertjahrfeier [--'---] *f* centenario *m*

hundertjährig *adj* (*hundert Jahre alt*) centenario; (*hundert Jahre dauernd*) de cien años de duración

hundertprozentig ['---(')--] **I.** *adj* del cien por cien; (*Alkohol*) puro **II.** *adv* al cien por cien

Hundertstel *nt* <-s, -> centésima *f*

hunderttausend ['--'--] *adj inv* cien mil

Hündin *f* <-nen> *s.* **Hund**

Hüne ['hy:nə] *m* <-n, -n> gigante *m*

Hunger ['hʊŋɐ] *m* <-s, *ohne pl*> hambre *f;* **ich habe ~ auf Schokolade** me apetece comer chocolate; **ich bekomme ~** me está entrando hambre; **seinen ~ stillen** matar el hambre; **Hungerlohn** *m* (*abw*) (sueldo *m* de) miseria *f*

hungern ['hʊŋɐn] *vi* pasar hambre; (*fasten*) ayunar; **er hungert nach Anerkennung** anhela que reconozcan su mérito

Hungersnot *f* hambre *f,* hambruna *f Am*

Hungerstreik *m* huelga *f* de hambre; **Hungertuch** *nt:* **am ~ nagen** (*fam*) morirse de hambre

hungrig ['hʊŋrɪç] *adj* hambriento

Hupe ['hu:pə] *f* <-n> bocina *f*

hupen ['hu:pən] *vi* tocar la bocina

hüpfen ['hʏpfən] *vi sein* saltar

Hürde ['hʏrdə] *f* <-n> (*a. fig*) valla *f;* **eine ~ nehmen** saltar una valla; (*fig*) superar una dificultad; **Hürdenlauf** *m* carrera *f* de vallas

Hure ['hu:rə] *f* <-n> (*vulg*) puta *f*

huschen ['hʊʃən] *vi sein* deslizarse rápidamente

husten ['hu:stən] *vi* toser

Husten ['hu:stən] *m* <-s, -> tos *f;* **Hustenbonbon** *nt* caramelo *m* contra la tos; **Hustenreiz** *m* <-es, *ohne pl*> picor *m* de garganta; **Hustensaft** *m* jarabe *m* contra la tos

Hut[1] [hu:t] *m* <-(e)s, Hüte> sombrero *m;* **alles unter einen ~ bringen** (*fam*) compaginar todo; **das ist ein alter ~** (*fam*) es lo de siempre

Hut[2] [hu:t] *f ohne pl* (*geh: Schutz*) protección *f;* **vor jdm/etw** *dat* **auf der ~ sein** tener cuidado con alguien/algo

hüten ['hy:tən] **I.** *vt* (*Vieh, Kinder*) cuidar; (*Geheimnis*) guardar; **das Bett ~** guardar cama **II.** *vr:* **sich ~** (*sich vorsehen*) tener cuidado (*vor + dat* con); **hüte dich das zu tun!** ¡ni se te ocurra hacerlo!; **ich werde mich ~!** (*fam*) ¡me cuidaré mucho!

Hütte ['hʏtə] *f* <-n> **1.** (*Haus*) cabaña *f;* (*Ski~*) refugio *m* **2.** (*Industrieanlage*) planta *f* siderúrgica

H-Vollmilch ['ha:fɔlmɪlç] *f* leche *f* U.H.T.

Hyäne [hy'ɛ:nə] *f* <-n> hiena *f*

Hyazinthe [hya'tsɪntə] *f* <-n> jacinto *m*

hydraulisch *adj* hidráulico

Hydrokultur ['----, ---'-] *f* hidrocultivo *m*

Hygiene [hy'gje:nə] *f* higiene *f*

hygienisch *adj* higiénico

Hymne ['hʏmnə] *f* <-n> himno *m*

Hypnose [hʏp'no:zə] *f* <-n> hipnosis *f inv*

hypnotisieren* [hʏpnoti'zi:rən] *vt* hipnotizar

Hypochonder [hypo'xɔndɐ] *m* <-s, -> hipocondríaco, -a *m, f*

Hypothek [hypo'te:k] *f* <-en> hipoteca *f;* **eine ~ aufnehmen** imponer una hipoteca

Hypothese [hypo'te:zə] *f* <-n> hipótesis *f inv;* **eine ~ aufstellen/widerlegen** formular/rebatir una hipótesis

hypothetisch [hypo'te:tɪʃ] *adj* hipotético

Hysterie [hʏste'ri:] *f* <-n> histeria *f*

hysterisch [hʏs'te:rɪʃ] *adj* histérico

H

I

I, i [iː] *nt* <-, -> I, i *f*

i.A. *Abk. von* **im Auftrag** p.o.

iberisch [iˈbeːrɪʃ] *adj* ibérico; **die Iberische Halbinsel** la Península Ibérica

IC [iːˈtseː] *m* <-(s), -s> *Abk. von* **Intercity(zug)** Intercity *m*

ICE [iːtseːˈʔeː] *m* <-(s), -s> *Abk. von* **Intercityexpress** ≈AVE *m* (*tren de alta velocidad*)

ich [ɪç] *pron pers 1. Sg* yo; ~ **Idiot!** ¡idiota de mí!

Icon [ˈaɪkən] *nt* <-s, -s> (INFOR) icono *m*

ideal [ideˈaːl] *adj* ideal

Ideal *nt* <-s, -e> ideal *m*

Idealgewicht *nt* peso *m* ideal

idealisieren* [idealiˈziːrən] *vt* idealizar

Idealismus [ideaˈlɪsmʊs] *m* <-, *ohne pl*> idealismo *m*

Idealist(in) *m(f)* <-en, -en; -nen> idealista *mf*

idealistisch *adj* idealista

Idee [iˈdeː] *f* <-n> idea *f;* **wie kommst du auf die ~?** ¿cómo se te ocurre esto?; **ich habe eine ~** tengo una idea; **jdn auf die ~ bringen etw zu tun** dar a alguien la idea de hacer algo; **eine fixe ~** una obsesión; **ideenreich** [iˈdeːən-] *adj* creativo

Identifikation [idɛntifikaˈtsjoːn] *f* <-en> (PSYCH) identificación *f*

identifizieren* [idɛntifiˈtsiːrən] *vt, vr:* **sich** ~ identificar(se) (*mit* +*dat* con)

Identifizierung *f* <-en> identificación *f*

identisch [iˈdɛntɪʃ] *adj* idéntico (*mit* +*dat* a)

Identität [idɛntiˈtɛːt] *f* <-en> identidad *f*

Ideologie [ideoloˈgiː] *f* <-n> ideología *f*

ideologisch *adj* ideológico

idiomatisch [idjoˈmaːtɪʃ] *adj* idiomático

Idiot(in) [iˈdjoːt] *m(f)* <-en, -en; -nen> (*fam abw*) idiota *mf,* merlo *m Am*

idiotisch *adj* (*fam abw*) idiota

Idol [iˈdoːl] *nt* <-s, -e> ídolo *m*

Idylle [iˈdʏlə] *f* <-n> idilio *m*

idyllisch *adj* idílico

Igel [ˈiːgəl] *m* <-s, -> erizo *m*

igitt(igitt) [iˈgɪt(igɪt)] *interj* (*reg*) qué asco

Iglu [ˈiːglu] *m o nt* <-s, -s> iglú *m*

Ignoranz *f* (*abw*) ignorancia *f*

ignorieren* *vt* ignorar

ihm [iːm] *pron pers dat von* **er, es** le; (*betont*) a él… (le); (*mit Präposition*) él; **sie hat ~ nichts gesagt** no le ha dicho nada; **hinter/vor/unter/über ~** detrás/delante/debajo/encima de él

ihn [iːn] *pron pers 3. Sg m akk von* **er** lo; (*betont*) a él… (lo, le); **ich treffe ~ heute Abend** le [*o* lo] veo esta noche; **das ist für ~** esto es para él

ihnen [ˈiːnən] *pron pers mfpl dat von* **sie** les; (*betont*) a ellos/ellas… (les); (*mit Präposition*) ellos/ellas; **niemand half ~** no les ayudó nadie; ~ **wäre das zu teuer** a ellos/ellas les resultaría demasiado caro; **hinter/vor/unter/über ~** detrás/delante/debajo/encima de ellos/ellas; **ein Freund von ~** un amigo suyo

Ihnen *pron pers* (*Höflichkeitsform*) *dat von* **Sie** le *sg,* les *pl;* (*betont*) a usted… (le)/a ustedes… (les), a Ud. … (le)/a Uds. … (les); (*mit Präposition*) usted/ustedes, Ud./Uds.; **wir wollten ~ eine Freude machen** queríamos darle/darles una alegría; ~ **hätte es bestimmt auch gefallen** a Ud./Uds. seguro que también le/les habría gustado; **hinter/vor/unter/über ~** detrás/delante/debajo/encima de Ud./Uds.

ihr [iːɐ] **I.** *pron pers* **1.** *2. Pl mf* vosotros *mpl,* vosotras *fpl,* ustedes *Am;* ~ **beiden/drei** vosotros/vosotras dos/tres **2.** *dat von Sg* **sie** le; (*betont: Mensch*) a ella… (le); (*mit Präposition: Mensch*) ella; **ich habe ~ noch nichts gegeben** todavía no le he dado nada; ~ **solltest du was Besseres anbieten** a ella deberías ofrecerle algo mejor; **hinter/vor/unter/über ~** detrás/delante/debajo/encima de ella **II.** *pron poss s.* **ihr, ihre, ihr**

ihr, ihre, ihr *pron poss* (*adjektivisch*) su *sg,* sus *pl;* (*einer Frau*) de ella; (*mehrerer Menschen*) de ellos/ellas

Ihr, Ihre, Ihr *pron poss* (*adjektivisch: Höflichkeitsform*) su *sg,* sus *pl;* (*einer Person*) de usted, de Ud.; (*mehrerer Personen*) de ustedes, de Uds.

ihre(r, s) [ˈiːrə, -rɐ, -rəs] *pron poss substantivisch* (el) suyo *m,* (la) suya *f,* (los) suyos *mpl,* (las) suyas *fpl;* (*einer Frau*) de ella;

(*mehrerer Menschen*) de ellos/ellas; **dieses Geschenk ist ~s** este regalo es (el) suyo; *s. a.* **ihr, ihre, ihr**

Ihre(r, s) *pron poss* (*substantivisch: Höflichkeitsform*) (el) suyo *m,* (la) suya *f,* (los) suyos *mpl,* (las) suyas *fpl;* (*einer Person*) de usted, de Ud.; (*mehrerer Menschen*) de ustedes, de Uds.; **ist dieser Wagen ~r?** ¿es suyo este coche?; *s. a.* **Ihr, Ihre, Ihr**

ihrer ['iːrɐ] *pron pers* **1.** *gen von Sg* **sie** de ella **2.** *pl gen von Pl* **sie** de ellos/ellas

Ihrer *pron pers gen von* **Sie** (*Höflichkeitsform*) de usted *sg,* de ustedes *pl*

ihrerseits ['iːrɐzaɪts] *adv* **1.** *Sg* por parte de ella, por su parte; **sie hat sich ~ anders entschlossen** ella por su parte ha tomado otra decisión **2.** *pl* por parte de ellos/de ellas, por su parte; **wenn sie ~ nichts dagegen einzuwenden haben** si ellos/ellas por su parte no tienen nada que objetar

Ihrerseits *adv* **1.** *Sg* por parte de usted, por su parte **2.** *pl* por parte de ustedes, por su parte

ihresgleichen ['--'--] *pron indef* de su condición

Ihresgleichen *pron indef* de su condición; **~ benimmt sich anders** las personas como Ud./Uds. se comportan de otra manera

ihretwegen ['iːrət'veːgən] *adv* **1.** *Sg* por ella **2.** *pl* por ellos, por ellas; **es ist ~ geschehen** pasó por su culpa

Ihretwegen *adv* **1.** *Sg* por usted **2.** *pl* por ustedes

ihretwillen ['iːrət'vɪlən] *adv* **1.** *Sg:* **um ~** por ella **2.** *pl:* **um ~** por ellos/por ellas

Ihretwillen *adv* **1.** *Sg:* **um ~** por usted **2.** *pl:* **um ~** por ustedes

illegal ['ɪlegaːl] *adj* ilegal

Illegalität *f* <-en> ilegalidad *f*

illegitim ['ɪlegitiːm] *adj* ilegítimo

Illusion [ɪlu'zjoːn] *f* <-en> ilusión *f;* **sich** *dat* **über etw (keine) ~en machen** (no) hacerse ilusiones sobre algo

illusorisch [ɪlu'zoːrɪʃ] *adj* ilusorio

Illustration [ɪlʊstra'tsjoːn] *f* <-en> ilustración *f*

illustrieren* [ɪlʊs'triːrən] *vt* ilustrar

Illustrierte [ɪlʊs'triːɐtə] *f* <-n> revista *f*

Iltis ['ɪltɪs] *m* <-ses, -se> turón *m*

im [ɪm] = **in dem** en el/en la; *s. a.* **in**

Image ['ɪmɪtʃ] *nt* <-(s), -s> imagen *f* (pública); **Imagepflege** *f* cuidado *m* de la imagen

imaginär [imagi'nɛːɐ] *adj* imaginario

Imbiss[RR] ['ɪmbɪs] *m* <-es, -e> piscolabis *m inv;* (*Verkaufsstelle*) snack-bar *m;* **Imbissstand**[RR] *m* chiringuito *m*

Imitation [imita'tsjoːn] *f* <-en> imitación *f*

imitieren* [imi'tiːrən] *vt* imitar

Imker(in) ['ɪmkɐ] *m(f)* <-s, -; -nen> apicultor(a) *m(f)*

immatrikulieren* [ɪmatriku'liːrən] *vt, vr:* **sich ~** matricular(se) (*für +akk* en)

immens [ɪ'mɛns] *adj* inmenso

immer ['ɪmɐ] *adv* siempre; **~ geradeaus** todo seguido; **er ist ~ noch nicht da** aún [*o* todavía] no ha llegado; **wer auch ~ ...** quienquiera que... *+subj;* **was auch ~** sea lo que sea; **wo/wie auch ~ ...** dondequiera/comoquiera que... *+subj;* **~ mal** (*fam*) de vez en cuando

immerhin ['--'-] *adv* al fin y al cabo

immerzu ['--'-] *adv* (*fam*) continuamente

Immigrant(in) [ɪmi'grant] *m(f)* <-en, -en; -nen> inmigrante *mf*

immigrieren* *vi sein* inmigrar

Immobilien [ɪmo'biːliən] *fpl* (bienes *mpl*) inmuebles *mpl;* **Immobilienmakler(in)** *m(f)* agente *mf* inmobiliario, -a

immun [ɪ'muːn] *adj* (MED, JUR) inmune (*gegen +akk* a/contra)

Immunität *f* <-en> (MED, JUR) inmunidad *f* (*gegen* a/contra)

Immunschwäche *f* (MED) inmunodeficiencia *f;* **Immunsystem** *nt* (MED) sistema *m* inmunológico

Imperativ ['ɪmperatiːf] *m* <-s, -e> imperativo *m*

Imperfekt ['ɪmpɛrfɛkt] *nt* <-s, -e> imperfecto *m*

Imperialismus [ɪmperia'lɪsmʊs] *m* <-, *ohne pl*> imperialismo *m*

Imperium [ɪm'peːriʊm] *nt* <-s, Imperien> (*geh*) imperio *m*

impfen ['ɪmpfən] *vt* vacunar (*gegen +akk* contra)

Impfstoff *m* vacuna *f*

Impfung *f* <-en> vacunación *f*

implantieren* [ɪmplan'tiːrən] *vt* (TECH, MED) implantar

implizieren* [ɪmpli'tsiːrən] *vt* implicar

implizit [ɪmpli'tsiːt] *adj* implícito

imponieren* [ɪmpo'niːrən] *vi* impresionar

I

Import [ɪm'pɔrt] *m* <-(e)s, -e> importación *f*

importieren* [ɪmpɔr'tiːrən] *vt* importar

impotent ['ɪmpotɛnt] *adj* impotente

Impotenz ['ɪmpotɛnts] *f* impotencia *f*

imprägnieren* [ɪmprɛ'gniːrən] *vt* impregnar; (*Stoff*) impermeabilizar

Impressen *pl von* **Impressum**

Impressionismus [ɪmprɛsjo'nɪsmʊs] *m* <-, *ohne pl*> impresionismo *m*

Impressum [ɪm'prɛsʊm] *nt* <-s, Impressen> (PUBL) pie *m* de imprenta

improvisieren* [ɪmprovi'ziːrən] *vt* improvisar

Impuls [ɪm'pʊls] *m* <-es, -e> impulso *m*

impulsiv [ɪmpʊl'ziːf] *adj* impulsivo

imstande [ɪm'ʃtandə] *adv* capaz; ~ **sein etw zu tun** ser capaz de hacer algo

in [ɪn] **I.** *präp +dat* **1.** (*wo*) en; (*darin*) dentro de; ~ **Magdeburg** en Magdeburgo; ~ **der Schule** en el colegio; ~ **Mathe ist er schwach** está flojo en mates; **gibt es das Kleid auch** ~ **Grün?** ¿tienen el vestido también en verde?; ~ **einer bestimmten Absicht** con una intención determinada; **die Klausur hat es** ~ **sich** *dat* es todo un examen **2.** (*zeitlich: während*) en, durante; (*binnen*) dentro de, en; ~ **den Ferien** en las vacaciones; ~ **drei Tagen kommt ihr Mann wieder** su marido vuelve dentro de tres días; ~ **drei Jahren lernt man sich gut kennen** en tres años uno se llega a conocer bien; ~ **vierzehn Tagen** dentro de quince días; **im Jahr(e) 1977** en (el año) 1977; ~ **der Nacht** por la noche; **im Januar** en enero **II.** *präp +akk* (*Richtung*) a; ~ **die Schweiz/ ~s Ausland fahren** ir a Suiza/al extranjero; **ich gehe jetzt ~s Bett** me voy a la cama; ~ **(den) Urlaub fahren** ir(se) de vacaciones; ~ **Gefahr/~ eine Falle geraten** correr peligro/caer en una trampa; **~s Rutschen geraten** resbalar **III.** *adj* (*fam*): ~ **sein** estar de moda

inakzeptabel *adj* inaceptable

Inbegriff ['ɪnbəgrɪf] *m* <-(e)s, -e> encarnación *f*

inbegriffen ['----] *adj* incluido

Inbetriebnahme [--'---] *f* <-n> puesta *f* en servicio; (*einer Maschine*) puesta *f* en marcha

indem [ɪn'deːm] *konj* **1.** (*während*) mientras, al *+inf* **2.** (*dadurch dass*): **sie sparte Geld,** ~ **sie ihre Kleidung selbst machte** ahorraba dinero haciéndose ella misma la ropa

indessen [ɪn'dɛsən] *adv* (*inzwischen*) entretanto; (*jedoch*) sin embargo

Index ['ɪndɛks] *m* <-(es), -e *o* Indizes> índice *m*

Indianer(in) [ɪndi'anɐ] *m(f)* <-s, -; -nen> indio, -a *m, f* (americano, -a)

Indien ['ɪndiən] *nt* <-s> (la) India *f*

Indikativ ['ɪndikatiːf] *m* <-s, -e> indicativo *m*

indirekt ['ɪndirɛkt] *adj* indirecto

indiskret ['ɪndɪskreːt] *adj* indiscreto

Indiskretion ['----, ---'-] *f* <-en> indiscreción *f*

Individualist(in) [ɪndividua'lɪst] *m(f)* <-en, -en; -nen> individualista *mf*

Individualität *f* <-en> individualidad *f*

individuell [ɪndividu'el] *adj* individual

Individuum [ɪndi'viːduʊm] *nt* <-s, Individuen> individuo *m*

Indiz [ɪn'diːts] *nt* <-es, -ien> indicio *m* (*für* de)

Indizes *pl von* **Index**

Indonesien [ɪndo'neːziən] *nt* <-s> Indonesia *f*

industrialisieren* [ɪndʊstriali'ziːrən] *vt* industrializar

Industrialisierung *f* <-en> industrialización *f*

Industrie [ɪndʊs'triː] *f* <-n> industria *f*; **Industriebetrieb** *m* empresa *f* industrial; **Industriegebiet** *nt* zona *f* industrial; **Industriegesellschaft** *f* sociedad *f* industrial; **Industriekauffrau** *f* perito *f* industrial; **Industriekaufmann** *m* perito *m* industrial; **Industrieland** *nt* país *m* industrial

industriell [ɪndʊstri'ɛl] *adj* industrial

Industriezweig *m* ramo *m* de (la) industria, sector *m* industrial

ineffektiv ['ɪn-] *adj* inefectivo

ineinander [ɪn(ʔ)aɪ'nandɐ] *adv* uno en otro; **sich** ~ **verlieben** enamorarse uno del otro; **ineinander|greifen** *irr vi s.* **greifen I.1.**

Infanterie [ɪnfantə'riː, '----] *f* <-n> (MIL) infantería *f*

Infarkt [ɪn'farkt] *m* <-(e)s, -e> infarto *m*

Infektion [ɪnfɛk'tsjoːn] *f* <-en> infección *f*; **Infektionskrankheit** *f* enfermedad *f* infecciosa

Infinitiv ['ɪnfiniti:f] *m* <-s, -e> infinitivo *m*

infizieren* [ɪnfi'tsi:rən] **I.** *vt* (MED) infectar; (INFOR) contaminar (*con un virus informático*) **II.** *vr:* **sich** ~ (MED: *krank werden*) contagiarse; **sie hat sich mit Aids infiziert** ha cogido el sida

Inflation [ɪnfla'tsjo:n] *f* <-en> inflación *f*

infolge [ɪn'fɔlgə] *präp* +*gen* a consecuencia de; **infolgedessen** [---'--] *adv* en consecuencia

Informant(in) [ɪnfɔr'mant] *m(f)* <-en, -en; -nen> informante *mf*

Informatik [ɪnfɔr'ma:tɪk] *f* informática *f*

Informatiker(in) [ɪnfɔr'ma:tikɐ] *m(f)* <-s, -; -nen> informático, -a *m, f*

Information [ɪnfɔrma'tsjo:n] *f* <-en> información *f* (*über* +*akk* sobre); **wenden Sie sich bitte an die** ~ diríjase a información, por favor; **Informationsaustausch** *m* intercambio *m* de informaciones; **Informationsfluss**^RR^ *m* <-es, *ohne pl*> flujo *m* de comunicaciones; **Informationsgesellschaft** *f* sociedad *f* de información

informativ [---'-] *adj* informativo

informell ['ɪnfɔrmɛl, --'-] *adj* informal

informieren* [ɪnfɔr'mi:rən] *vt, vr:* **sich** ~ informar(se) (*über* +*akk* sobre/de)

infrage^RR^: ~ **kommen** entrar en consideración; **etw** ~ **stellen** poner algo en duda

Infrarotlicht *nt* <-(e)s, *ohne pl*> luz *f* infrarroja

Infrastruktur ['----] *f* infraestructura *f*

Ingenieur(in) [ɪnʒe'njø:ɐ] *m(f)* <-s, -e; -nen> ingeniero, -a *m, f*

Ingwer ['ɪŋvɐ] *m* <-s, *ohne pl*> jengibre *m*

Inhaber(in) ['ɪnha:bɐ] *m(f)* <-s, -; -nen> (*Eigentümer*) propietario, -a *m, f;* (*eines Kontos, Amtes*) titular *mf*

inhaftieren* [ɪnhaf'ti:rən] *vt* encarcelar

inhalieren* [ɪnha'li:rən] **I.** *vi* hacer inhalaciones **II.** *vt* inhalar

Inhalt ['ɪnhalt] *m* <-(e)s, -e> contenido *m*

inhaltlich **I.** *adj* del contenido **II.** *adv* en cuanto al contenido

Inhaltsangabe *f* resumen *m;* **Inhaltsstoff** *m* contenido *m;* **Inhaltsverzeichnis** *nt* índice *m*

Initiale [initsj'a:lə] *f* <-n> (letra *f*) inicial *f*

Initiative [initsja'ti:və] *f* <-n> **1.** (*allgemein*) iniciativa *f;* **die** ~ **ergreifen** tomar la iniciativa; **aus eigener** ~ por iniciativa propia **2.** (*Schweiz: Volksbegehren*) iniciativa *f* popular

Injektion [ɪnjɛk'tsjo:n] *f* <-en> (MED) inyección *f*

injizieren* [ɪnji'tsi:rən] *vt* (MED) inyectar

inkl. *Abk. von* **inklusive** inclusive, incluido

inklusive [ɪnklu'zi:və] *präp* +*gen o adv* inclusive, incluido; **bis 28. November** ~ hasta el 28 de noviembre inclusive; **alles** ~ todo incluido

Inkognito [ɪn'kɔgnito] *nt* <-s, -s> (*geh*) incógnito *m*

inkompetent ['ɪnkɔmpetɛnt] *adj* incompetente

Inkompetenz ['ɪnkɔmpetɛnts] *f* <-en> incompetencia *f*

inkonsequent *adj* inconsecuente

Inland ['ɪnlant] *nt* <-(e)s, *ohne pl*> **1.** (*Gegensatz zu Ausland*) país *m;* **im In- und Ausland** dentro y fuera del país **2.** (*Gegensatz zu Küste*) interior *m* (del país)

inländisch ['ɪnlɛndɪʃ] *adj* interior; (*Waren*) nacional

Inlineskates ['inlaɪnskəɪts] *pl* <-> patines *fpl* en línea

inmitten [ɪn'mɪtən] *präp* +*gen* (*geh*) en medio de

inne|haben ['ɪnə-] *irr vt* ocupar; **inne|halten** *irr vi* interrumpir; (*Bewegung*) detenerse

innen ['ɪnən] *adv* (por) dentro; ~ **drin** dentro; ~ **und außen** por dentro y por fuera; **die Tür geht nach** ~ **auf** la puerta se abre hacia dentro; **Innenarchitekt(in)** *m(f)* arquitecto, -a *m, f* de interiores; **Innenhof** *m* patio *m;* **Innenleben** *nt* <-s, *ohne pl*> **1.** (*eines Menschens*) vida *f* interior **2.** (*fam: eines Gerätes*) interiores *mpl;* **Innenminister(in)** *m(f)* ministro, -a *m, f* del Interior; **Innenministerium** *nt* Ministerio *m* del Interior; **Innenpolitik** *f* <-en> política *f* interior; **innenpolitisch** *adj* de la política interior; **Innenraum** *m* (espacio *m*) interior *m;* **Innenseite** *f* (parte *f*) interior *m;* **Innenspiegel** *m* (AUTO) espejo *m* retrovisor; **Innenstadt** *f* centro *m* de la ciudad

innere(r, s) ['ɪnərə, -rɐ, -rəs] *adj* interior; **Einmischung in die ~n Angelegenheiten** intromisión en asuntos internos

Innere(s) ['ɪnərəs] *nt* <-n, *ohne pl*> interior *m;* **in ihrem tiefsten ~n** en su más hondo

I

Innereien [ɪnəˈraɪən] *pl* vísceras *fpl*

innerhalb [ˈɪnɐhalp] **I.** *präp +gen* dentro de **II.** *adv* dentro; ~ **von** dentro de

innerlich *adj* (*innen*) por dentro; (MED) interno; (*geistig*) interior; ~ **anzuwenden** para uso interno

Innerste(s) *nt* <-n, *ohne pl*> (*bei Personen*) lo más íntimo, corazón *m;* (*bei Dingen*) fondo *m;* **ihr ~s blieb ihm verborgen** lo más íntimo de su ser le quedó oculto

inne|wohnen [ˈɪnə-] *vi* (*geh*): **jdm/etw** *dat* ~ ser inherente a alguien/algo

innig [ˈɪnɪç] *adj* (*tief*) profundo; (*herzlich*) cordial; (*inbrünstig*) ardiente

Innovation [ɪnovaˈtsjoːn] *f* <-en> innovación *f*

innovativ [ɪnovaˈtiːf] *adj* (*Denken*) innovador

inoffiziell [ˈɪnʔɔfitsjɛl] *adj* extraoficial

Input [ˈɪnpʊt] *m o nt* <-s, -s> (INFOR) input *m,* inducto *m*

ins [ɪns] = **in das** al/a la; *s. a.* **in**

Insasse, -in [ˈɪnzasə] *m, f* <-n, -n; -nen> (*eines Fahrzeugs*) ocupante *mf;* (*eines Heims*) residente *mf;* (*eines Gefängnisses*) preso, -a *m, f*

insbesondere [ɪnsbəˈzɔndərə] *adv* en particular

Inschrift [ˈ--] *f* <-en> inscripción *f*

Insekt [ɪnˈzɛkt] *nt* <-(e)s, -en> insecto *m;*

Insektenstich *m* picadura *f* de (un) insecto

Insel [ˈɪnzəl] *f* <-n> isla *f*

Inserat [ɪnzeˈraːt] *nt* <-(e)s, -e> anuncio *m,* aviso *m Am;* **ein ~ aufgeben** poner un anuncio

inserieren* [ɪnzeˈriːrən] *vi* poner un anuncio (*in +dat* en)

insgeheim [ˈ--ˈ-] *adv* en secreto

insgesamt [ˈ--ˈ-] *adv* en total

Insider(in) [ˈɪnsaɪdɐ] *m(f)* <-s, -; -nen> persona *f* enterada

insistieren* [ɪnzɪsˈtiːrən] *vi* (*geh*) insistir (*auf* en)

insofern [--ˈ-, -ˈ--] **I.** *adv* en este sentido; **er hat ~ Recht, als ...** tiene razón en el sentido de que... **II.** *konj* **1.** (*für den Fall*) siempre que *+subj* **2.** (*in dem Maß*) en la medida que *+subj*

insoweit [--ˈ-, -ˈ--] *adv o konj s.* **insofern**

Inspektion [ɪnspɛkˈtsjoːn] *f* <-en> (*allgemein*) inspección *f,* chequeo *m Am;* (AUTO) revisión *f*

Inspektor(in) [ɪnˈspɛktɔːɐ] *m(f)* <-s, -en; -nen> inspector(a) *m(f)*

Inspiration [ɪnspiraˈtsjoːn] *f* <-en> inspiración *f*

inspirieren* [ɪnspiˈriːrən] *vt* inspirar (*zu +dat* a)

inspizieren* [ɪnspiˈtsiːrən] *vt* inspeccionar

instabil [ˈ---, --ˈ-] *adj* inestable

Installateur(in) [ɪnstalaˈtøːɐ] *m(f)* <-s, -; -nen> instalador(a) *m(f)*

Installation [ɪnstalaˈtsjoːn] *f* <-en> instalación *f*

installieren* [ɪnstaˈliːrən] *vt* instalar

instand [ɪnˈʃtant] *adv:* **etw ~ setzen/halten** arreglar/conservar algo; **gut ~ sein** estar en buen estado

inständig [ˈɪnʃtɛndɪç] **I.** *adj* (*dringlich*) urgente; (*nachdrücklich*) fervoroso **II.** *adv* encarecidamente

Instanz [ɪnˈstants] *f* <-en> (*Behörde*) autoridad *f* competente; (JUR) instancia *f*

Instinkt [ɪnˈstɪŋkt] *m* <-(e)s, -e> instinto *m*

instinktiv [ɪnstɪŋkˈtiːf] *adj* instintivo

Institut [ɪnstiˈtuːt] *nt* <-(e)s, -e> instituto *m*

Institution [ɪnstituˈtsjoːn] *f* <-en> institución *f*

Instruktion [ɪnstrʊkˈtsjoːn] *f* <-en> (*Anweisung*) directiva *f;* (*Anleitung*) instrucción *f*

Instrument [ɪnstruˈmɛnt] *nt* <-(e)s, -e> instrumento *m*

Insulin [ɪnzuˈliːn] *nt* <-s, *ohne pl*> insulina *f*

inszenieren* [ɪnstseˈniːrən] *vt* (THEAT) poner en escena

Inszenierung *f* <-en> (THEAT) puesta *f* en escena; (*abw: im öffentlichen Leben*) trama *f*

intakt [ɪnˈtakt] *adj* intacto

Integration [ɪntegraˈtsjoːn] *f* <-en> (*a.* MATH) integración *f*

integrieren* [ɪnteˈgriːrən] *vt* (*a.* MATH) integrar

Intellekt [ɪntɛˈlɛkt] *m* <-(e)s, *ohne pl*> intelecto *m*

intellektuell [ɪntɛlɛktuˈɛl] *adj* intelectual

Intellektuelle(r) *mf* <-n, -n; -n> intelectual *mf*

intelligent [ɪntɛliˈgɛnt] *adj* inteligente

Intelligenz [ɪntɛli'gɛnts] *f* inteligencia *f;* **Intelligenzquotient** *m* cociente *m* intelectual

Intendant(in) [ɪntɛn'dant] *m(f)* <-en, -en; -nen> director(a) *m(f)* artístico, -a

Intensität [ɪntɛnzi'tɛ:t] *f* <-en> intensidad *f*

intensiv [ɪntɛn'zi:f] *adj* intensivo

intensivieren* [ɪntɛnzi'vi:rən] *vt* intensificar

Intensivkurs *m* curso *m* intensivo; **Intensivstation** *f* (MED) unidad *f* de cuidados intensivos

interaktiv [ɪntɐʔak'ti:f] *adj* (*a.* INFOR) interactivo

Intercity [ɪntɐ'sɪti] *m* <-s, -s> (EISENB) tren *m* rápido interurbano; **Intercityexpress**[RR] *m* <-es, -e> (EISENB) ≈AVE *m*

interessant [ɪnt(ə)rɛ'sant] *adj* interesante; **sich ~ machen** hacerse el interesante

Interesse [ɪntə'rɛsə, ɪn'trɛsə] *nt* <-s, -n> interés *m* (*an/für +akk* en/por); **im ~ des Friedens** en beneficio de la paz; **jds ~ für etw gewinnen** despertar el interés de alguien por algo; **Interessenkonflikt** *m* conflicto *m* de intereses

Interessent(in) [ɪnt(ə)rɛ'sɛnt] *m(f)* <-en, -en; -nen> interesado, -a *m, f* (*an/für* en/por)

interessieren* [ɪnt(ə)rɛ'si:rən] *vi, vr:* **sich ~** interesar(se) (*für +akk* por); **jdn für etw ~** despertar el interés de alguien por algo

interessiert [ɪnt(ə)rɛ'si:ɐt] **I.** *adj* interesado (*an +dat* en); **kulturell ~ sein** tener intereses intelectuales; **ich bin nicht daran ~, dass ...** no me interesa que... *+subj* **II.** *adv* con interés

Interjektion [ɪntɐjɛk'tsjo:n] *f* <-en> (LING) interjección *f*

interkulturell *adj* intercultural

intern [ɪn'tɛrn] *adj* interno

Internat [ɪntɐ'na:t] *nt* <-(e)s, -e> internado *m*

international [ɪntɐnatsjo'na:l] *adj* internacional

Internet ['ɪntɐnɛt] *nt* <-s, -s> (INFOR) Internet *m;* **Internet-Café** *nt* (INFOR) ciberbar *m;* **Internet-Adresse** *f* (INFOR) dirección *f* en Internet; **Internet-Surfer(in)** *m(f)* <-s, -; -nen> (INFOR) internauta *mf*

internieren* [ɪntɐ'ni:rən] *vt* internar

Internist(in) [ɪntɐ'nɪst] *m(f)* <-en, -en; -nen> (MED) internista *mf*

Interpretation [ɪntɐpreta'tsjo:n] *f* <-en> interpretación *f*

interpretieren* [ɪntɐpre'ti:rən] *vt* interpretar

Interpunktion [ɪntɐpʊŋk'tsjo:n] *f* (LING) puntuación *f*

Interregio [ɪntɐ're:gio] *m* <-s, -s> tren *m* rápido interregional

Intervall [ɪntɐ'val] *nt* <-s, -e> (*a.* MUS) intervalo *m*

intervenieren* [ɪntɐve'ni:rən] *vi* (MIL, POL) intervenir

Interview [ɪntɐ'vju:, 'ɪntɐvju] *nt* <-s, -s> entrevista *f;* **ein ~ geben** conceder una entrevista

interviewen* [ɪntɐ'vju:ən] *vt* entrevistar, reportear *Am*

intim [ɪn'ti:m] *adj* íntimo; **mit jdm ~ werden** tener relaciones sexuales con alguien; **Intimbereich** *m* zona *f* íntima

Intimität [ɪntimi'tɛ:t] *f* <-en> intimidad *f*

Intimsphäre *f* esfera *f* íntima, intimidad *f* personal

intolerant ['----] *adj* intolerante

Intoleranz ['----] *f* intolerancia *f*

Intranet ['ɪntranɛt] *nt* <-, *ohne pl*> (INFOR) Intranet *f* (*difusión de información dentro de una compañía*)

intransitiv ['----] *adj* (LING) intransitivo

Intrige [ɪn'tri:gə] *f* <-n> intriga *f;* **~n spinnen** urdir intrigas

intrigieren* [ɪntri'gi:rən] *vi* intrigar (*gegen* contra)

introvertiert ['ɪntrovɛrti:ɐt] *adj* introvertido

Intuition [ɪntui'tsjo:n] *f* <-en> intuición *f*

intuitiv [ɪntui'ti:f] *adj* intuitivo

Invalide, -in *m, f* <-n, -n; -nen> inválido, -a *m, f,* minusválido, -a *m, f*

Invalidität [ɪnvalidi'tɛ:t] *f* invalidez *f*

invariabel ['ɪnvaria:bəl] *adj* invariable

Invasion [ɪnva'zjo:n] *f* <-en> invasión *f*

Inventar [ɪnvɛn'ta:ɐ] *nt* <-s, -e> **1.** (*Gegenstände*) mobiliario *m* **2.** (*Verzeichnis*) inventario *m*

Inventur [ɪnvɛn'tu:ɐ] *f* <-en> inventario *m;* **~ machen** inventariar

investieren* [ɪnvɛs'ti:rən] *vt* invertir (*in* en)

Investition [ɪnvɛsti'tsjo:n] *f* <-en> inversión *f*

I

Investor(in) [ɪnˈvɛstoːɐ] *m(f)* <-s, -en; -nen> (WIRTSCH) inversionista *mf*
involvieren* [ɪnvɔlˈviːrən] *vt* incluir (*in* en)
inwendig [ˈɪnvɛndɪç] **I.** *adj* interior **II.** *adv* por dentro; **etw in- und auswendig kennen** (*fam*) conocer algo al dedillo
inwiefern [--ˈ-], **inwieweit** [--ˈ-] *adv* en qué medida, hasta qué punto
Inzest [ˈɪntsɛst] *m* <-(e)s, -e> incesto *m*
Inzucht [ˈɪntsʊxt] *f* <-en> procreación *f* consanguínea
inzwischen [-ˈ--] *adv* entretanto, mientras tanto
Ion [iˈoːn] *nt* <-s, -en> ion *m*
i-PunktRR [ˈiːpʊŋkt] *m* (LING) punto *m* sobre la i; **bis auf den ~** hasta (en) el más mínimo detalle
IQ [iːˈkuː] *m* <-(s), -(s)> *Abk. von* **Intelligenzquotient** CI *m*
Irak [iˈraːk] *m* <-s> Iraq *m*, Irak *m*
Iran [iˈraːn] *m* <-s> Irán *m*
irdisch [ˈɪrdɪʃ] *adj* (*zur Erde gehörend*) terrestre; (*Gegensatz zum Himmel*) terrenal
Ire, -in [ˈiːrə] *m, f* <-n, -n; -nen> irlandés, -esa *m, f*
irgend [ˈɪrgənt] *adv:* **... oder ~ so etwas** ... o cualquier cosa por el estilo; **wenn ~ möglich** a ser posible; **irgendeine(r)** [ˈ--ˈ--] *pron indef* **1.** (*einer*) alguno *m*, algún *m*, alguna *f*; **haben Sie noch ~n Wunsch?** ¿tiene algún otro deseo? **2.** (*ein beliebiges*) cualquier(a); **ich gehe nicht mit ~m aus** yo no salgo con cualquiera; **irgendetwas**RR [ˈ--ˈ--] *pron indef* algo; **ohne ~** sin nada; **irgendjemand**RR [ˈ--ˈ--] *pron indef* alguien; **irgendwann** [ˈ--ˈ-] *adv* algún día, en cualquier momento; **~ einmal** alguna vez; **irgendwas** [ˈ--ˈ-] *pron indef* (*fam*) **1.** (*etwas*) algo; **fällt dir noch ~ ein?** ¿se te ocurre alguna cosa más? **2.** (*Beliebiges*) cualquier cosa; **irgendwelche** [ˈ--ˈ--] *pron indef* **1.** (*manche*) algunos *mpl*, algunas *fpl*; **~ Leute meinten ...** algunos opinaron... **2.** (*beliebige*) cualquier(a); **solltest du ~ Probleme haben ...** si tienes cualquier problema...; **irgendwer** [ˈ--ˈ-] *pron indef* **1.** (*jemand*) alguien **2.** (*eine beliebige Person*) cualquier persona, cualquiera; **er ist schließlich nicht ~** no es un cualquiera; **irgendwie** [ˈ--ˈ-] *adv* de alguna manera, de una forma o de otra; **irgendwo** [ˈ--ˈ-] *adv* en alguna parte; **irgendwoher** [ˈ---ˈ-] *adv* de cualquier parte; **irgendwohin** [ˈ---ˈ-] *adv* a cualquier parte
irisch [ˈiːrɪʃ] *adj* irlandés
Irland [ˈɪrlant] *nt* <-s> Irlanda *f*
Ironie [iroˈniː] *f* <-n> ironía *f*
ironisch [iˈroːnɪʃ] *adj* irónico
irre [ˈɪrə] *adj* **1.** (*verwirrt*) confuso; **du machst mich ganz ~** (*fam*) me vuelves loco **2.** (*geistesgestört*) loco; **jdn für ~ halten** tomar a alguien por loco **3.** (*fam: toll*) loco, de putamadre *sl;* **~ gut/hübsch** súper bien/guapo
Irre[1] [ˈɪrə] *f:* **jdn in die ~ führen** (*betrügen*) engañar a alguien; (*falschen Weg angeben*) despistar a alguien
Irre(r)[2] [ˈɪrɐ] *mf* <-n, -n; -n> (*Geistesgestörte*) loco, -a *m, f*
irre|führen [ˈɪrə-] *vt* engañar; **irreführend** *adj* que conduce a error; (*missverständlich*) equívoco; (*betrügerisch*) engañoso
irren [ˈɪrən] **I.** *vi sein* errar (*durch* +*akk* por) **II.** *vr:* **sich ~** *haben* equivocarse; **ich habe mich im Tag geirrt** me he equivocado de día; **Sie ~ sich** está Ud. equivocado; **sie haben sich in ihm geirrt** se han equivocado con él
Irrenanstalt *f*, **Irrenhaus** *nt* manicomio *m*
Irrfahrt [ˈɪr-] *f* odisea *f;* **Irrgarten** *m* laberinto *m*
irritieren* [ɪriˈtiːrən] *vt* desconcertar; (*stören*) molestar
Irrsinn *m* <-s, *ohne pl*> locura *f;* **irrsinnig** *adj* **1.** (*verrückt*) loco **2.** (*fam: groß*) tremendo; (*toll*) de putamadre *sl*
Irrtum *m* <-s, -tümer> error *m*, equívoco *m Am;* **einem ~ unterliegen** incurrir en error; **ihr ist ein ~ unterlaufen** cometió un error
irrtümlich [ˈɪrtyːmlɪç] **I.** *adj* erróneo **II.** *adv* por error
Irrweg *m* camino *m* equivocado
ISDN [iːʔɛsdeːˈʔɛn] *nt* (TEL) *Abk. von* **Integrated Services Digital Network** RDSI *f;* **ISDN-Anschluss**RR *m* (TEL) conexión *f* RDSI
Islam [ɪsˈlaːm] *m* <-(s), *ohne pl*> (REL) islam *m*
islamisch *adj* (REL) islámico
Island [ˈiːslant] *nt* <-s> Islandia *f*

Isländer(in) ['iːslɛndɐ] *m(f)* <-s, -; -nen> islandés, -esa *m, f*
isländisch *adj* islandés
Isolation [izola'tsjoːn] *f* <-en> aislamiento *m;* (*von Gefangenen*) incomunicación *f*
Isolierband [izo'liːɐ-] *nt* cinta *f* aislante
isolieren* [izo'liːrən] *vt* **1.** (*absondern*) aislar (*von +dat* de); (*Häftlinge*) incomunicar **2.** (*abdichten*) aislar (*gegen +akk* contra)
Isolierung *f* <-en> aislamiento *m* (*gegen* contra); (*von Gefangenen*) incomunicación *f*
Israel ['iːsraeːl, 'ɪsraeːl] *nt* <-s> Israel *m*
isstRR [ɪst] *3. präs von* **essen**
ist [ɪst] *3. präs von* **sein**
Italien [i'taːliən] *nt* <-s> Italia *f*
Italiener(in) [ita'ljeːnɐ] *m(f)* <-s, -; -nen> italiano, -a *m, f*
italienisch *adj* italiano
i-TüpfelchenRR ['iːtʏpfəlçən] *nt* <-s, -> punto *m* sobre la i; (*Krönung*) remate *m*

J

J, j [jɔt] *nt* <-, -> J, j *f*
ja [jaː] *adv* **1.** (*zustimmend*) sí; **wenn ~, dann ...** en caso afirmativo...; **zu allem ~ und amen sagen** decir que sí a todo **2.** (*fragend*) sí; **du bist also einverstanden, ~?** o sea que estás de acuerdo, ¿sí? **3.** (*doch*): **es ist ~ bekannt, dass ...** pues ya se sabe que...; **das sage ich ~** eso es precisamente lo que yo digo; **da kommt er ~** ahí viene **4.** (*aber*): **das ist ~ fürchterlich** pero eso es realmente terrible; **es ist ~ noch früh** pero si aún es temprano
Jacht [jaxt] *f* <-en> yate *m*
Jacke ['jakə] *f* <-n> chaqueta *f;* (*für Herren*) americana *f,* saco *m Am;* (*Wind~*) cazadora *f*
Jackett [ʒa'kɛt] *nt* <-s, -s> americana *f,* saco *m Am*
Jackpot ['dʒɛkpɔt] *m* <-s, -s> (*im Lotto*) bote *m*
Jagd [jaːkt] *f* <-en> **1.** (*von Wild, a. fig*) caza *f;* **auf der ~ sein** estar de caza; **er ist auf der ~ nach einer guten Stelle** anda a la caza de un buen puesto **2.** (*coto de caza*) *s.* **Jagdrevier**; **Jagdgewehr** *nt* escopeta *f* de caza; **Jagdhund** *m* perro *m* de caza; **Jagdrevier** *nt* coto *m* de caza
jagen ['jaːgən] **I.** *vt haben* **1.** (*Tier*) cazar; (*Mensch*) perseguir; **sich** *dat* **eine Kugel durch den Kopf ~** (*fam*) pegarse un tiro (en la cabeza) **2.** (*ver~*) ahuyentar; **jdn in die Flucht/aus dem Haus ~** poner a alguien en fuga/echar a alguien de casa **II.** *vi haben* (*auf Jagd gehen*) ir de caza
Jäger(in) ['jɛːgɐ] *m(f)* <-s, -; -nen> cazador(a) *m(f)*
Jaguar ['jaːguaːɐ] *m* <-s, -e> jaguar *m,* tigre *m Am*
jäh [jɛː] *adj* (*geh*) repentino
Jahr [jaːɐ] *nt* <-(e)s, -e> año *m;* **die neunziger ~e** los años noventa; **einmal im ~** una vez al año; **auf ~e hinaus** para (muchos) años; **das ganze ~ (über)** (durante) todo el año; **vor einem ~** hace un año; **in jungen ~en** de joven; **sie ist 18 ~e alt** tiene 18 años; **mit 30 ~en** a los 30 años; **in die ~e kommen** entrar en años
jahraus [jaːɐ'ʔaʊs] *adv:* **~, jahrein** año tras año
Jahrbuch *nt* anuario *m*
jahrelang ['jaːrəlaŋ] **I.** *adj* de muchos años **II.** *adv* durante (muchos) años
jähren ['jɛːrən] *vr:* **sich ~** celebrarse el aniversario (de); **es jährt sich heute zum 10. Mal, dass ...** hoy hace 10 años que...
Jahresanfang *m* principios *mpl* del año; **Jahresbeitrag** *m* cuota *f* anual; **Jahreseinkommen** *nt* renta *f* anual; **Jahresende** *nt* <-s, *ohne pl*> fin *m* de año; **Jahrestag** *m* aniversario *m;* **Jahresurlaub** *m* vacaciones *fpl* del año; **Jahreszeit** *f* estación *f* (del año); **jahreszeitlich** *adj* de la temporada
Jahrgang *m* **1.** (*Geburtsjahr*) año *m* natal; **er ist ~ 1970** nació en el año 1970 **2.** (*von Wein*) cosecha *f* **3.** (*von Zeitschrift*) año *m* **4.** (UNIV) promoción *f*
Jahrhundert [-'--] *nt* <-s, -e> siglo *m*
jährlich ['jɛːɐlɪç] *adj* anual
Jahrmarkt *m* feria *f*
Jahrtausend [-'--] *nt* <-s, -e> milenio *m*
Jahrzehnt [jaːɐ'tseːnt] *nt* <-s, -e> déca-

da *f*

Jähzorn ['jɛːtsɔrn] *m* (*Eigenschaft*) iracundia *f;* (*Anfall*) arrebato *m* de cólera; **jähzornig** *adj* iracundo, berrinchudo *Am*

Jalousie [ʒalu'ziː] *f* <-n> persiana *f*

Jammer ['jamɐ] *m* <-s, *ohne pl*> **1.**(*Wehklagen*) lamento *m,* llanto *m* **2.**(*Elend*) miseria *f;* **es ist ein ~, dass ...** (*fam*) es una lástima que... +*subj*

jämmerlich ['jɛmɐlɪç] *adj* (*Zustand*) lamentable; (*herzzerreißend*) desgarrador

jammern ['jamɐn] *vi* lamentarse (*über* +*akk* de); (*klagen*) quejarse (*über* +*akk* de)

jammerschade ['--'--] *adj:* **~ sein** (*fam*) ser una verdadera pena

Januar ['januaːɐ] *m* <-(s), -e> enero *m; s. a.* **März**

Japan ['jaːpan, 'jaːpaːn] *nt* <-s> Japón *m*

Jargon [ʒar'gõː] *m* <-s, -s> jerga *f*

Jastimme ['jaːʃtɪmə] *f* voto *m* afirmativo

jäten ['jɛːtən] *vt* escardar; **Unkraut ~** arrancar las malas hierbas

jauchzen ['jaʊxtsən] *vi* lanzar gritos de júbilo

jaulen ['jaʊlən] *vi* (*Hund*) aullar

jawohl [ja'voːl] *part* claro, cierto

Jazz [dʒɛːs] *m* <-, *ohne pl*> jazz *m*

je [jeː] **I.** *adv* **1.**(*jemals*) alguna vez; **wer hätte das ~ gedacht!** ¡quién lo hubiera imaginado!; **es ist schlimmer denn ~** es peor que nunca **2.**(*jeweils*) cada; **ich gebe euch ~ zwei Stück** os doy dos trozos a cada uno; **es können ~ zwei Personen eintreten** pueden entrar de dos en dos **II.** *präp* +*akk* (*pro*) por; **~ Erwachsenen** por (cada) adulto **III.** *konj* cuanto; **er wird vernünftiger, ~ älter er wird** cuanto mayor se hace, más sensato se vuelve; **~ nachdem(, ob/wie ...)** según (si/cómo...); **~ nach Größe** según el tamaño; **~ eher, desto** [*o* **um so**] **besser** cuanto antes mejor **IV.** *interj:* **oh ~!** ¡madre mía!

Jeans [dʒiːns] *f inv* vaqueros *mpl,* jeans *mpl Am;* **Jeanshose** *f* pantalón *m* vaquero

jede(r, s) ['jeːdə, -dɐ, -dəs] *pron indef* **1.**(*substantivisch*) cada uno/una; **~r von uns** cada uno de nosotros; **ein ~r** cualquiera; **~m das seine** a cada cual lo suyo; **~ zweite** una de cada dos; **~r gegen ~n** todos contra todos **2.**(*adjektivisch*) cada; (*all*) todo; (*ein beliebiges*) cualquier(a); **auf ~n Fall** en todo caso; **ohne ~n Grund** sin ninguna razón; **um ~n Preis** a toda costa; **es kann ~n Augenblick passieren** puede suceder en cualquier momento

jedenfalls ['jeːdənfals] *adv* en todo caso, sea como sea

jedermann ['---] *pron indef* todos, cada uno; **das ist nicht ~s Sache** esto no es para todos los gustos

jederzeit ['--'-] *adv* siempre, a cualquier hora

jedesmal ['--'-] *adv* cada vez, siempre; **~, wenn ...** cada vez que...

jedoch [je'dɔx] *konj* pero, sin embargo

jegliche(r, s) ['jeːklɪçə, -çɐ, -çəs] *pron indef* cualquier tipo de

jeher ['jeːheːɐ, '-'-] *adv:* **von** [*o* **seit**] **~** desde siempre

jemals ['jeːmaːls] *adv* alguna vez, jamás

jemand ['jeːmant] *pron indef* alguien; **ist hier ~?** ¿hay alguien aquí?; **~ anderes** otra persona

jene(r, s) ['jeːnə, -nɐ, -nəs] *pron dem* (*geh*) **1.**(*adjektivisch: da*) ese, esa; (*dort*) aquel, aquella; **in ~n Tagen** en aquellos días **2.**(*substantivisch: da*) ése, ésa, eso; (*dort*) aquél, aquélla, aquello

jenseits ['jeːnzaɪts] **I.** *präp* +*gen* al otro lado de, más allá de **II.** *adv* al otro lado, más allá; **~ von Gut und Böse** más allá del bien y del mal

Jenseits *nt* <-, *ohne pl*> más allá *m*

Jesus ['jeːzʊs] *m* <Jesu> (REL) Jesús *m;* **~ Christus** Jesucristo *m*

Jet [dʒɛt] *m* <-(s), -s> jet *m*

jetzige(r, s) *adj* actual

jetzt [jɛtst] *adv* ahora; (*augenblicklich*) en este momento; **~ gleich** ahora mismo; **bis ~** hasta ahora

jeweilige(r, s) *adj* correspondiente

jeweils ['jeːvaɪls] *adv* (*jedesmal*) cada vez; **~ am Monatsersten** cada primero de mes; **~ vier Personen** cada vez cuatro personas

Jh. *Abk. von* **Jahrhundert** siglo *m*

Job [dʒɔp] *m* <-s, -s> (*fam: Arbeit*) trabajo *m*

jobben ['dʒɔbən] *vi* (*fam*) currar (*als* +*nom* de)

Joch [jɔx] *nt* <-(e)s, -e> (*Last*) yugo *m*

Jod [joːt] *nt* <-(e)s, *ohne pl*> yodo *m*

Joga ['joːga] *m o nt* <-(s), *ohne pl*> yoga *m*

joggen ['dʒɔgən] *vi sein* hacer footing

Jogging ['dʒɔgɪŋ] *nt* <-s, *ohne pl*> footing

m; **Jogginganzug** *m* chándal *m*
Joghurt ['jo:gʊrt] *m o nt* <-(s), -(s)>, **Jogurt**[RR] *m o nt* <-(s), -(s)> yogur *m*
Johannisbeere [jo'hanɪsbe:rə] *f* grosella *f;* **schwarze** ~ casis *f inv*
Joint [dʒɔɪnt] *m* <-s, -s> (*fam*) porro *m*
Joker ['dʒo:kɐ] *m* <-s, -> comodín *m*
Jongleur(in) [ʒɔ̃'glø:ɐ, ʒɔŋ'lø:ɐ] *m(f)* <-s, -e; -nen> malabarista *mf*
jonglieren* **I.** *vi* hacer juegos malabares; (*fig: mit Begriffen, Formeln*) manejar con mucha habilidad **II.** *vt* hacer juegos malabares (+*akk* con)
Jordanien [jɔr'da:niən] *nt* <-s> Jordania *f*
Joule [dʒu:l] *nt* <-(s), -> (PHYS) julio *m*
Journal [ʒʊr'na:l] *nt* <-s, -e> **1.** (PUBL: *geh*) revista *f* **2.** (NAUT) diario *m* de a bordo **3.** (WIRTSCH) diario *m*
Journalismus [ʒʊrna'lɪsmʊs] *m* <-, *ohne pl*> periodismo *m*
Journalist(in) *m(f)* <-en, -en; -nen> periodista *mf*
journalistisch *adj* periodístico
Joystick ['dʒɔɪstɪk] *m* <-s, -s> (INFOR) palanca *f* de mando, joystick *m*
Jubel ['ju:bəl] *m* <-s, *ohne pl*> júbilo *m,* elación *f Am;* ~, **Trubel, Heiterkeit** alborozo y alegría
jubeln ['ju:bəln] *vi* dar gritos de júbilo
Jubiläum [jubi'lɛ:ʊm] *nt* <-s, Jubiläen> aniversario *m;* **zehnjähriges** ~ décimo aniversario; **fünfzigjähriges** ~ cincuentenario *m*
juchzen ['jʊxtsən] *vi* (*fam*) soltar un grito de alegría
jucken ['jʊkən] **I.** *vi, vt* (*Juckreiz verursachen*) picar; (*fam: reizen*) tener ganas, apetecer **II.** *vr:* **sich** ~ (*fam*) rascarse
Juckreiz *m* picor *m*
Jude ['ju:də] *m,* **Jüdin** *f* <-n, -n; -nen> judío, -a *m, f*
Judo ['ju:do] *nt* <-(s), *ohne pl*> (SPORT) yudo *m*
Jugend ['ju:gənt] *f* **1.** (*Altersstufe*) juventud *f;* (~*alter*) adolescencia *f;* **von** ~ **an** desde joven **2.** (*junge Leute*) juventud *f,* jóvenes *mpl;* **Jugendamt** *nt* oficina *f* de protección de menores; **jugendfrei** *adj* apto para menores; **jugendgefährdend** *adj* no apto para menores; **Jugendherberge** *f* albergue *m* juvenil
jugendlich *adj* (*Altersstufe*) joven, adolescente; (*jung wirkend*) juvenil
Jugendliche(r) *mf* <-n, -n; -n> joven *mf;* (*Heranwachsende*) adolescente *mf;* ~ **unter 16 Jahren** menores de 16 años
Jugendliebe *f* <-n> amor *m* juvenil; **Jugendstil** *m* <-s, *ohne pl*> Modernismo *m;* **Jugendtraum** *m* sueño *m* de juventud; **Jugendzeit** *f ohne pl* (tiempo *m* de la) juventud *f;* **Jugendzentrum** *nt* centro *m* juvenil
Jugoslawien [jugo'sla:viən] *nt* <-s> Yugoslavia *f*
Juli ['ju:li] *m* <-(s), -s> julio *m; s. a.* **März**
jung [jʊŋ] *adj* <jünger, am jüngsten> joven; **Jung und Alt** jóvenes y viejos; **sie ist 18 Jahre** ~ sólo tiene 18 años
Junge[1] ['jʊŋə] *m* <-n, -n> **1.** (*Knabe*) niño *m* **2.** (*junger Mann*) muchacho *m;* **alter** ~**!** (*fam*) ¡hombre!; ~, ~**!** (*fam*) ¡vaya, vaya!
Junge(s)[2] *nt* <-n, -n> cría *f;* (*von Hunden, Raubtier*) cachorro *m;* (*von Vögeln*) pollo *m*
jünger ['jʏŋɐ] *adj kompar von* **jung** más joven; (*Geschwister*) menor; ~ **sein als** ser más joven que; **ihr** ~**er Bruder** su hermano menor; ~**en Datums sein** ser de fecha reciente; **sich** ~ **machen** quitarse años
Jünger(in) ['jʏŋɐ] *m(f)* <-s, -; -nen> discípulo, -a *m, f*
Jungfrau *f* (*Frau*) virgen *f;* (ASTR) Virgo *m*
jungfräulich ['jʊŋfrɔɪlɪç] *adj* (*a. fig*) virgen
Junggeselle, -in *m, f* soltero, -a *m, f*
jüngst [jʏŋst] *adv* (*geh*) recientemente
jüngste(r, s) *adj superl von* **jung** menor; **das Jüngste Gericht** el Juicio Final; **der Jüngste Tag** el Día del Juicio; **die** ~ **Entwicklung hat gezeigt, dass ...** los últimos acontecimientos han demostrado que...
Juni ['ju:ni] *m* <-(s), -s> junio *m; s. a.* **März**
junior ['ju:nio:ɐ, 'ju:njo:ɐ] *adj* (*geh*) júnior, hijo; **Peter Müller** ~ Peter Müller, hijo
Jupiter ['ju:pitɐ] *m* <-s> Júpiter *m*
Jura[1] ['ju:ra] *m* <-s, *ohne pl*> (GEO: *Formation*) jurásico *m;* (*Gebirge, Schweizer Kanton*) Jura *m*
Jura[2] (JUR) Derecho *m;* ~ **studieren** estudiar Derecho
Jurist(in) [ju'rɪst] *m(f)* <-en, -en; -nen> jurista *mf*
juristisch [ju'rɪstɪʃ] *adj* jurídico; **die** ~**e Fakultät** la Facultad de Derecho

Jury [ʒy'riː, 'ʒyːri] *f* <-s> jurado *m*
just [jʊst] *adv* justo, justamente
Justiz [jʊs'tiːts] *f* justicia *f*; **Justizministerium** *nt* Ministerio *m* de Justicia
Juwel [ju'veːl] *m o nt* <-s, -en> joya *f*
Juwelier[1] *m* <-s, -e> (*Geschäft*) joyería *f*
Juwelier(in)[2] [juve'liːɐ] *m(f)* <-s, -e; -nen> joyero, -a *m, f*
Jux [jʊks] *m* <-es, -e> (*fam*) juerga *f*, cachondeo *m sl*; **aus ~ und Tollerei** de cachondeo *sl*; **sich** *dat* **einen ~ aus etw** *dat* **machen** cachondearse de algo *sl*

K

K, k [kaː] *nt* <-, -> K, k *f*
Kabarett [kaba'rɛt, kaba'reː] *nt* <-s, -s> café-teatro *m*
Kabarettist(in) [kabarɛ'tɪst] *m(f)* <-en, -en; -nen> artista *mf* de café-teatro
Kabel ['kaːbəl] *nt* <-s, -> cable *m*; **Kabelfernsehen** *nt* televisión *f* por cable
Kabeljau ['kaːbəljaʊ] *m* <-s, -s *o* -e> bacalao *m*
Kabine [ka'biːnə] *f* <-n> cabina *f*; (*Umkleide~*) vestuario *m*; (*Schiffs~*) camarote *m*
Kabinett [kabi'nɛt] *nt* <-s, -e> gabinete *m*
Kabriolett [kabrio'leː, kabrio'lɛt] *nt* <-s, -s> descapotable *m*
Kachel ['kaxəl] *f* <-n> azulejo *m*
kacheln *vt* poner azulejos
Kachelofen *m* estufa *f* (de) cerámica
Kacke ['kakə] *f* (*vulg*) caca *f*
Kadaver [ka'daːvɐ] *m* <-s, -> cadáver *m* (de un animal)
Kadmium ['katmiʊm] *nt* <-s, *ohne pl*> cadmio *m*
Käfer ['kɛːfɐ] *m* <-s, -> (*a.* AUTO) escarabajo *m*
Kaff [kaf] *nt* <-s, -s *o* -e *o* Käffer> (*fam abw*) pueblucho *m*
Kaffee ['kafe, ka'feː] *m* <-s, -s> café *m*; **~ kochen** hacer café; **schwarzer ~** café solo; **das ist kalter ~** (*fam*) eso lo sabe todo el mundo; **Kaffeekanne** *f* cafetera *f*; **Kaffeeklatsch** *m* (*fam*) tertulia *f*; **Kaffeelöffel** *m* cucharilla *f* de café; **Kaffeemaschine** *f* cafetera *f* eléctrica; **Kaffeesatz** *m* <-es, *ohne pl*> poso *m* del café; **Kaffeetasse** *f* taza *f* de café
Käfig ['kɛːfɪç] *m* <-s, -e> jaula *f*
kahl [kaːl] *adj* **1.** (*ohne Haar*) calvo; **~ geschoren** pelado al rape **2.** (*ohne Blätter*) deshojado; **kahlgeschoren** ['kaːlgəʃoːrən] *adj s.* **kahl 1.**; **Kahlkopf** *m* (*fam*) calvo, -a *m, f*
kahlköpfig ['kaːlkœpfɪç] *adj* pelado
Kahn [kaːn] *m* <-(e)s, Kähne> (*Lastschiff*) gabarra *f*
Kai [kaɪ] *m* <-s, -s> muelle *m*
Kaiser(in) ['kaɪzɐ] *m(f)* <-s, -; -nen> emperador *m*, emperatriz *f*
kaiserlich *adj* imperial
Kaiserreich *nt* imperio *m*

> En Austria, el sur de Alemania y Suiza está muy extendida una especialidad gastronómica, cuyo origen se remonta a la emperatriz Elisabeth de Austria. La **Kaiserschmarren** es una especie de tortilla desmenuzada sobre la que se espolvorea azúcar. A veces también lleva pasas.

Kajüte [ka'jyːtə] *f* <-n> camarote *m*
Kakao [ka'kaʊ] *m* <-s, -s> cacao *m*; (*Getränk*) chocolate *m*; **jdn durch den ~ ziehen** (*fam*) tomar el pelo a alguien
Kakerlak ['kaːkɐlak] *m* <-s *o* -en, -en> cucaracha *f*
Kaktus ['kaktʊs] *m* <-ses, Kakteen> cactus *m inv*
Kalb [kalp] *nt* <-(e)s, Kälber> ternero, -a *m, f*; **Kalbfleisch** *nt* (carne *f* de) ternera *f*
Kalender [ka'lɛndɐ] *m* <-s, -> calendario *m*
Kaliber [ka'liːbɐ] *nt* <-s, -> (*a. fig*) calibre *m*
Kalium ['kaːliʊm] *nt* <-s, *ohne pl*> potasio *m*
Kalk [kalk] *m* <-(e)s, -e> cal *f*; **gebrannter/gelöschter ~** cal viva/muerta; **kalkhaltig** *adj* calizo; **Kalkstein** *m* piedra *f* caliza
Kalkulation [kalkula'tsjoːn] *f* <-en> cálculo *m*

kalkulieren* [kalku'liːrən] *vt* calcular
Kalorie [kalo'riː] *f* <-n> caloría *f;* **kalorienarm** *adj* bajo en calorías; **kalorienreich** *adj* rico en calorías
kalt [kalt] *adj* <kälter, am kältesten> (*a. fig*) frío; **mir ist ~** tengo frío; **es ist ~** hace frío
kaltblütig [-blyːtɪç] **I.** *adj* (*unerschrocken*) intrépido; (*skrupellos*) sin escrúpulos **II.** *adv* a sangre fría
Kälte ['kɛltə] *f* **1.** (*Temperatur*) frío *m;* **drei Grad ~** tres grados bajo cero **2.** (*Gefühlsarmut*) frialdad *f;* **Kälteeinbruch** *m* (METEO) llegada *f* del frío; **Kälteperiode** *f* período *m* de frío
Kaltfront *f* frente *m* frío; **kalt\|lassen** *irr vt s.* **lassen**[1]; **Kaltluft** *f ohne pl* (METEO) aire *m* frío; **kalt\|machen** *vt* (*sl*) liquidar; **Kaltmiete** *f* alquiler *m* sin los gastos de calefacción
kaltschnäuzig ['kaltʃnɔɪtsɪç] *adj* (*fam*) frío; (*gleichgültig*) indiferente; (*frech*) impertinente
kalt\|stellen *vt* (*fam: Person*) eliminar
Kalzium ['kaltsiʊm] *nt* <-s, *ohne pl*> calcio *m*
kam [kaːm] *3. imp von* **kommen**
Kamel [ka'meːl] *nt* <-(e)s, -e> camello *m*
Kamera ['kamərə] *f* <-s> (FILM, TV) cámara *f;* (FOTO) máquina *f* fotográfica
Kamerad(in) [kamə'raːt] *m(f)* <-en, -en; -nen> camarada *mf*
Kameradschaft *f* camaradería *f*
kameradschaftlich *adj* de camaradería; **eine ~e Geste** un gesto de camaradería
Kamerafrau *f* camerógrafa *f;* **Kameramann** *m* <-(e)s, -männer *o* -leute> camerógrafo *m*
Kamille [ka'mɪlə] *f* <-n> manzanilla *f;* **Kamillentee** *m* (infusión *f* de) manzanilla *f*
Kamin [ka'miːn] *m, Schweiz: nt* <-s, -e> chimenea *f*
Kamm [kam] *m* <-(e)s, Kämme> **1.** (*zum Kämmen*) peine *m;* **alles über einen ~ scheren** (*fig*) medirlo todo por el mismo rasero **2.** (*Hahnen~, Wellen~*) cresta *f*
kämmen ['kɛmən] *vt* peinar
Kammer ['kamɐ] *f* <-n> **1.** (*für Vorräte*) despensa *f;* (*für Besen*) escobero *m* **2.** (POL) Cámara *f;* (*in Spanien*) Congreso *m* de los Diputados **3.** (*Ärzte~*) colegio *m;* **Kammerjäger(in)** *m(f)* desinsectador(a) *m(f)*
Kampagne [kam'panjə] *f* <-n> campaña *f*
Kampf [kampf] *m* <-(e)s, Kämpfe> lucha *f;* **ein ~ auf Leben und Tod** una lucha a muerte; **jdm/etw** *dat* **den ~ ansagen** declarar la guerra a alguien/algo; **auf in den ~!** ¡al ataque!; **er ist im ~ gefallen** cayó en combate; **Kampfansage** *f* reto *m*
kämpfen ['kɛmpfən] *vi* luchar (*um/für +akk* por, *gegen +akk* contra); (MIL) combatir; **mit etw** *dat* **zu ~ haben** tener problemas con algo; **sie kämpfte mit dem Tod** se debatió entre la vida y la muerte; **er kämpfte mit den Tränen** intentó contener las lágrimas
kämpferisch *adj* luchador; (*kampflustig*) combativo; (POL) militante
Kampfflugzeug *nt* avión *m* de combate; **Kampfhandlung** *f* operación *f* militar; **Kampfhund** *m* perro *m* de pelea; **kampflos** *adj* sin resistencia; **Kampfsport** *m* <-(e)s, -e> deporte *m* de combate; **kampfunfähig** *adj* fuera de combate
kampieren* [kam'piːrən] *vi* acampar
Kanada ['kanada] *nt* <-s> (el) Canadá *m*
Kanal [ka'naːl] *m* <-s, Kanäle> (*a.* RADIO, TV) canal *m*
Kanalisation [kanaliza'tsjoːn] *f* <-en> canalización *f;* (*für Abwässer*) alcantarillado *m*
kanalisieren* *vt* canalizar
Kanaren [ka'naːrən] *pl:* **die ~** (las) Canarias *fpl*
Kanarienvogel [ka'naːriənfoːgəl] *m* canario *m*
kanarisch [ka'naːrɪʃ] *adj* canario; **die Kanarischen Inseln** las Islas Canarias
Kandidat(in) [kandi'daːt] *m(f)* <-en, -en; -nen> candidato, -a *m, f*
Kandidatur [kandida'tuːɐ] *f* <-en> candidatura *f*
kandidieren* [kandi'diːrən] *vi* presentarse como candidato
Kandiszucker ['kandɪs-] *m* azúcar *m* cande
Känguru[RR] ['kɛŋguru] *nt* <-s, -s>, **Känguruh** *nt* <-s, -s> canguro *m*
Kaninchen [ka'niːnçən] *nt* <-s, -> conejo *m*
Kanister [ka'nɪstɐ] *m* <-s, -> bidón *m*
kann [kan] *3. präs von* **können**
Kännchen ['kɛnçən] *nt* <-s, -> jarrita *f*
Kanne ['kanə] *f* <-n> jarra *f;* **volle ~** (*fam*) a toda mecha

K

Kannibale, -in [kani'ba:lə] *m, f* <-n, -n; -nen> caníbal *mf*

kannte ['kantə] *3. imp von* **kennen**

Kanon ['ka:nɔn] *m* <-s, -s> canon *m*

Kanone [ka'no:nə] *f* <-n> cañón *m;* **unter aller ~ sein** (*fam*) no poder ser peor

Kantabrien [kan'ta:briən] *nt* <-s> Cantabria *f*

kantabrisch *adj* (*aus Kantabrien*) cántabro; (*vom nördlichen Küstengebiet*) cantábrico; **Kantabrisches Meer** Mar Cantábrico

Kante ['kantə] *f* <-n> (*Rand*) borde *m;* (*Ecke*) canto *m;* **Geld auf die hohe ~ legen** (*fam*) hacer economías

kantig *adj* esquinado; (*Gesicht*) anguloso

Kantine [kan'ti:nə] *f* <-n> cantina *f*

Kanton [kan'to:n] *m* <-s, -e> cantón *m*

> Suiza está formada por 26 **Kantone**, de los cuales tres: Unterwalden, Basilea y Appenzell son semicantones. Los cantones eligen en total a 46 representantes que forman el Ständerat o cámara de los representantes cantonales suizos, una de las dos cámaras del legislativo suizo. Los cantones más grandes son: el cantón de los Grisones, Berna y Waadt.

Kanu ['ka:nu, ka'nu:] *nt* <-s, -s> piragua *f*

Kanzel ['kantsəl] *f* <-n> (*in Kirche*) púlpito *m;* (AERO) cabina *f*

Kanzlei [kants'laɪ] *f* <-en> despacho *m;* (*von Rechtsanwalt*) bufete *m;* (*von Notar*) notaría *f*

Kanzler(in) ['kantslɐ] *m(f)* <-s, -; -nen> canciller *mf;* **Kanzleramt** *nt* <-(e)s, *ohne pl*> cancillería *f;* **Kanzlerkandidat(in)** *m(f)* candidato, -a *m, f* a la cancillería

Kap [kap] *nt* <-s, -s> cabo *m*

Kapazität [kapatsi'tɛ:t] *f* <-en> **1.** (*Fassungsvermögen, a.* WIRTSCH) capacidad *f* **2.** (*Experte*) experto, -a *m, f*

Kapelle [ka'pɛlə] *f* <-n> (*Bau*) capilla *f;* (MUS) orquesta *f*

kapieren* [ka'pi:rən] *vt* (*fam*) captar

Kapital [kapi'ta:l] *nt* <-s, -e *o* -ien> capital *m;* ~ **aus etw** *dat* **schlagen** sacar provecho de algo; **totes ~** (*fig*) conocimientos no utilizados; **Kapitalanlage** *f* inversión *f* de capital

Kapitalismus [kapita'lɪsmʊs] *m* <-, *ohne pl*> capitalismo *m*

Kapitalist(in) [kapita'lɪst] *m(f)* <-en, -en; -nen> capitalista *mf*

kapitalistisch *adj* capitalista

kapitalkräftig *adj* adinerado

Kapitän(in) [kapi'tɛ:n] *m(f)* <-s, -e; -nen> (NAUT, SPORT) capitán, -ana *m, f;* (AERO) comandante *mf*

Kapitel [ka'pɪtəl] *nt* <-s, -> capítulo *m*

Kapitulation [kapitula'tsjo:n] *f* <-en> (*a.* MIL) capitulación *f* (*vor* ante)

kapitulieren* [kapitu'li:rən] *vi* capitular (*vor* + *dat* ante)

Kappe ['kapə] *f* <-n> **1.** (*Mütze*) gorra *f;* **etw auf seine ~ nehmen** (*fam*) asumir la responsabilidad de algo **2.** (*Verschluss*) tapa *f;* (*von Stift*) capuchón *m*

kappen ['kapən] *vt* cortar

Kapsel ['kapsəl] *f* <-n> cápsula *f*

kaputt [ka'pʊt] *adj* (*fam*) roto; (*nicht mehr funktionsfähig*) estropeado; **kaputt|gehen** *irr vi sein* (*fam*) romperse; (*nicht mehr funktionieren*) estropearse; **kaputt|lachen** *vr:* **sich ~** troncharse de risa (*über* + *akk* por); **kaputt|machen** **I.** *vt* (*fam*) romper; **der Stress macht ihn kaputt** el estrés lo mata **II.** *vr:* **sich ~** (*fam*) matarse

Kapuze [ka'pu:tsə] *f* <-n> capucha *f*

Karaffe [ka'rafə] *f* <-n> garrafa *f*

Karambolage [karambo'la:ʒə] *f* <-n> colisión *f* en cadena

Karamel *m, Schweiz: nt* <-s, *ohne pl*>, **Karamell**RR [kara'mɛl] *m, Schweiz: nt* <-s, *ohne pl*> caramelo *m*

Karat [ka'ra:t] *nt* <-(e)s, -e> quilate *m*

Karate [ka'ra:tə] *nt* <-(s), *ohne pl*> kárate *m*

Karawane [kara'va:nə] *f* <-n> caravana *f*

Kardinal [kardi'na:l] *m* <-s, -näle> cardenal *m;* **Kardinalzahl** *f* número *m* cardinal

Karfreitag [ka:ɐ'fraɪta:k] *m* Viernes *m* Santo

karg [kark] *adj* escaso; (*unfruchtbar*) árido

Karibik [ka'ri:bɪk] *f* (el) Caribe *m*

karibisch *adj* caribeño

kariert [ka'ri:ɐt] *adj* (*Stoff*) a cuadros; (*Papier*) cuadriculado

Karies ['ka:riɛs] *f* caries *f inv*

Karikatur [karika'tu:ɐ] *f* <-en> caricatura *f*

karikieren* [kari'ki:rən] *vt* caricaturizar

kariös [kari'ø:s] *adj* cariado

karitativ [karita'ti:f] *adj* caritativo

Karneval ['karnəval] *m* <-s, -e *o* -s> carnaval *m*

Kärnten ['kɛrntən] *nt* <-s> Carintia *f*

Karo ['ka:ro] *nt* <-s, -s> **1.** (*Raute*) rombo *m;* (*auf Kleidung*) cuadro *m* **2.** (*spanisches Kartenspiel*) oros *mpl;* (*französisches Kartenspiel*) diamantes *mpl*

Karosserie [karɔsə'ri:] *f* <-n> carrocería *f*

Karotte [ka'rɔtə] *f* <-n> zanahoria *f*

Karpfen ['karpfən] *m* <-s, -> carpa *f*

Karre ['karə] *f* <-n> *s.* **Karren**

Karree [ka're:] *nt* <-s, -s> **1.** (*Viereck*) cuadrado *m* **2.** (*Häuserblock*) manzana *f,* cuadra *f Am;* **ums ~ gehen** dar una vuelta a la manzana

Karren ['karən] *m* <-s, -> carro *m;* **für jdn den ~ aus dem Dreck ziehen** (*fam*) sacarle a alguien las castañas del fuego

Karriere [ka'rje:rə] *f* <-n> carrera *f* (profesional); **~ machen** hacer carrera; **Karrierefrau** *f* arribista *f*

Karte ['kartə] *f* <-n> **1.** (*Visiten~*) tarjeta *f* **2.** (*Ansichts~*) (tarjeta *f*) postal *f* **3.** (*Speise~*) carta *f* (del menú) **4.** (*Land~*) mapa *m* **5.** (*Fahr~*) billete *m;* (*Eintritts~*) entrada *f* **6.** (*Spiel~*) naipe *m;* **~n spielen** jugar a las cartas; **alles auf eine ~ setzen** (*a. fig*) jugárselo todo a una carta

Kartei [kar'taɪ] *f* <-en> fichero *m;* **eine ~ über jdn führen** tener a alguien fichado; **Karteikarte** *f* ficha *f*

Kartell [kar'tɛl] *nt* <-s, -e> cártel *m*

Kartenlegen *nt* <-s, *ohne pl*> cartomancia *f;* **Kartenspiel** *nt* (*Spiel*) juego *m* de naipes; (*Spielkarten*) baraja *f;* **Kartentelefon** *nt* teléfono *m* de tarjetas

Kartenvorverkauf *m* venta *f* anticipada de localidades; **Kartenvorverkaufsstelle** *f* taquilla *f* de venta anticipada de localidades, boletería *f Am*

Kartoffel [kar'tɔfəl] *f* <-n> patata *f,* papa *f Am;* **Kartoffelbrei** *m* <-s, *ohne pl*>, **Kartoffelpüree** *nt* <-s, *ohne pl*> puré *m* de patatas

Karton [kar'tɔŋ] *m* <-s, -s> **1.** (*Material*) cartón *m;* (*Foto~*) cartulina *f* **2.** (*Behälter*) caja *f*

Karussell [karʊ'sɛl] *nt* <-s, -s *o* -e> tiovivo *m*

Karwoche ['ka:ɐvɔxə] *f* Semana *f* Santa

Kasachstan ['kazaxsta:n] *nt* <-s> Kazajstán *m*

kaschieren* [ka'ʃi:rən] *vt* ocultar

Kaschmir ['kaʃmi:ɐ] *m* <-s, -e> (*Gewebe*) cachemir *m*

Käse ['kɛ:zə] *m* <-s, -> queso *m;* **Käseglocke** *f* quesera *f*

Kaserne [ka'zɛrnə] *f* <-n> cuartel *m*

Kasino [ka'zi:no] *nt* <-s, -s> (*Spiel~*) casino *m*

Kasper(le) ['kaspɐ(lə)] *m* <-s, -> títere *m;* **Kasper(le)theater** *nt* guiñol *m*

Kasse ['kasə] *f* <-n> caja *f;* (*für Eintrittskarten*) taquilla *f;* **jdn zur ~ bitten** (*fam*) reclamar dinero a alguien; **knapp bei ~ sein** (*fam*) andar mal de dinero

Kassenarzt, **-ärztin** *m, f* médico, -a *m, f* de la Seguridad Social

Kassenbestand *m* efectivo *m* en caja; **Kassenbon** *m* tíquet *m* de compra

Kassenpatient(in) *m(f)* paciente *mf* de la Seguridad Social

Kassenschlager *m* (*fam*) superventas *m inv;* (*Film*) película *f* taquillera; **Kassensturz** *m:* **~ machen** contar el dinero; **Kassenzettel** *m* **1.** (*Quittung*) factura *f* **2.** *s.* **Kassenbon**

Kassette [ka'sɛtə] *f* <-n> **1.** (*für Geld*) cajita *f;* (*für Schmuck*) joyero *m* **2.** (*Musik~, Video~*) cas(s)et(t)e *m;* **Kassettenrekorder** *m* cas(s)et(t)e *m*

kassieren* [ka'si:rən] *vi, vt* cobrar (*von/bei + dat* de)

Kassierer(in) *m(f)* <-s, -; -nen> cajero, -a *m, f*

Kastagnette [kasta'njɛtə] *f* <-n> castañuela *f*

Kastanie [kas'ta:niə] *f* <-n> (*Baum*) castaño *m;* (*Frucht*) castaña *f*

Kästchen ['kɛstçən] *nt* <-s, -> (*Behälter*) cajita *f;* (*auf Papier*) cuadrícula *f*

Kasten ['kastən] *m* <-s, Kästen> caja *f;* (*größerer*) cajón *m;* **etwas auf dem ~ haben** (*fam*) ser listo

Kastilien [kas'ti:liən] *nt* <-s> Castilla *f*

kastilisch *adj* castellano

kastrieren* [kas'tri:rən] *vt* castrar

Kasus ['ka:zʊs] *m* <-, -> caso *m*

Kat [kat] *m* <-s, -s> *Abk. von* **Katalysator** catalizador *m*

katalanisch *adj* catalán

Katalog [kata'lo:k] *m* <-(e)s, -e> catálogo *m*

katalogisieren* [katalogi'zi:rən] *vt* catalogar

K

Katalonien [kata'lo:niən] *nt* <-s> Cataluña *f*

Katalysator [kataly'za:to:ɐ] *m* <-s, -en> catalizador *m;* **geregelter** ~ catalizador regulado

Katarr[RR] [ka'tar] *m* <-s, -e>, **Katarrh** *m* <-s, -e> catarro *m*

katastrophal [katastro'fa:l] *adj* catastrófico

Katastrophe [katas'tro:fə] *f* <-n> catástrofe *f;* (*fig*) desastre *m;* **Katastrophenalarm** *m* alerta *f* roja; **Katastrophengebiet** *nt* zona *f* catastrófica

Kategorie [katego'ri:] *f* <-n> categoría *f*

kategorisch [kate'go:rɪʃ] *adj* categórico

Kater ['ka:tɐ] *m* <-s, -> (*Tier*) gato *m;* (*fam: Unwohlsein*) resaca *f*

kath. *Abk. von* **katholisch** católico

Kathedrale [kate'dra:lə] *f* <-n> catedral *f*

Katheter [ka'te:tɐ] *m* <-s, -> catéter *m*

Katholik(in) [kato'li:k] *m(f)* <-en, -en; -nen> católico, -a *m, f*

katholisch [ka'to:lɪʃ] *adj* católico

Katze ['katsə] *f* <-n> gato *m;* (*weiblich*) gata *f;* **wie die ~ um den heißen Brei schleichen** (*fam*) andarse con rodeos; **die ~ im Sack kaufen** (*fam*) comprar a ciegas; **die ~ aus dem Sack lassen** (*fam*) destapar un secreto; **meine Arbeit war für die Katz** (*fam*) todo mi trabajo ha sido para nada; **Katzenjammer** *m* (*fam*) moral *f* baja; **am nächsten Tag war der ~ groß** al día siguiente tenía la moral por los suelos; **Katzensprung** *m:* **es ist nur ein ~ (von hier)** (*fam*) está a dos pasos (de aquí); **Katzenwäsche** *f* (*fam*): **~ machen** lavotearse

Kauderwelsch ['kaʊdɐvɛlʃ] *nt* <-(s), *ohne pl*> galimatías *m inv*

kauen ['kaʊən] *vi, vt* masticar; **an den Nägeln ~** comerse las uñas

kauern ['kaʊɐn] **I.** *vi* estar en cuclillas **II.** *vr:* **sich ~** acuclillarse

Kauf [kaʊf] *m* <-(e)s, Käufe> compra *f;* **etw zum ~ anbieten** poner algo en venta; **etw in ~ nehmen** asumir algo

kaufen ['kaʊfən] *vt* comprar

Käufer(in) ['kɔɪfɐ] *m(f)* <-s, -; -nen> comprador(a) *m(f)*

Kauffrau *f* perita *f* comercial; (*Händlerin*) comerciante *f;* **Kaufhaus** *nt* grandes almacenes *mpl;* **Kaufkraft** *f* poder *m* adquisitivo

käuflich ['kɔɪflɪç] *adj* **1.** (*Waren*) comprable; **etw ~ erwerben** adquirir algo **2.** (*bestechlich*) sobornable

Kaufmann *m* <-(e)s, -leute> perito *m* comercial; (*Händler*) comerciante *m*

kaufmännisch [-mɛnɪʃ] *adj* comercial

Kaufpreis *m* precio *m* de compra; **Kaufvertrag** *m* contrato *m* de compraventa

Kaugummi *m o nt* <-s, -s> chicle *m*

Kaulquappe ['kaʊlkvapə] *f* <-n> renacuajo *m*

kaum [kaʊm] *adv* **1.** (*wahrscheinlich nicht*) probablemente no **2.** (*noch nicht einmal*) apenas; ~ **jemand** casi nadie; **es dauerte ~ drei Stunden** apenas duró tres horas

kausal [kaʊ'za:l] *adj* causal; **Kausalzusammenhang** *m* relación *f* causa-efecto

Kaution [kaʊ'tsjo:n] *f* <-en> fianza *f;* **gegen ~** bajo fianza

Kautschuk ['kaʊtʃʊk] *m* <-s, -e> caucho *m*

Kauz [kaʊts] *m* <-es, Käuze> (ZOOL) mochuelo *m;* **ein komischer ~** (*fam*) un tío raro

Kavalier [kava'li:ɐ] *m* <-s, -e> caballero *m*

Kaviar ['ka:via:ɐ] *m* <-s, -e> caviar *m*

KB [ka:'be:] *Abk. von* **Kilobyte** Kb

keck [kɛk] *adj* fresco

Kegel ['ke:gəl] *m* <-s, -> cono *m;* (*Spielfigur*) bolo *m;* **Kegelbahn** *f* bolera *f*

kegeln ['ke:gəln] *vi* jugar a los bolos

Kehle ['ke:lə] *f* <-n> garganta *f;* **jdm die ~ durchschneiden** degollar a alguien; **aus voller ~ singen** cantar a grito pelado; **mir war die ~ wie zugeschnürt** (*fig*) se me hizo un nudo en la garganta

Kehlkopf *m* laringe *f*

kehren ['ke:rən] **I.** *vt* **1.** (*drehen*) dar la vuelta; **die Innenseite nach außen ~** volver del revés; **er ist in sich gekehrt** está encerrado en sí mismo **2.** (*fegen*) barrer **II.** *vr:* **sich ~** (*sich wenden*) volverse; (*sich kümmern*) preocuparse **III.** *vi* (*fegen*) barrer

Kehricht ['ke:rɪçt] *m o nt* <-s, *ohne pl*> (*geh*) basura *f;* **das geht dich einen feuchten ~ an!** (*fam*) ¡eso te importa un comino!

Kehrschaufel *f* recogedor *m*

Kehrseite *f* reverso *m;* **die ~ der Medaille** (*fig*) la otra cara de la moneda

kehrt|machen ['ke:ɐt-] *vi* (*fam*) volver; **Kehrtwendung** *f* media vuelta *f*

La **Kehrwoche** es un invento típicamente suabo. Los inquilinos de una casa se reparten en turnos semanales la limpieza de la acera y de las escaleras comunes de la vivienda.

keifen ['kaɪfən] *vi* (*abw*) berrear
Keil [kaɪl] *m* <-(e)s, -e> cuña *f*
keilen ['kaɪlən] *vr:* **sich ~** (*fam*) pelearse
Keilerei *f* <-en> (*fam*) camorra *f*
Keilriemen *m* correa *f* trapezoidal
Keim [kaɪm] *m* <-(e)s, -e> germen *m;* **etw im ~ ersticken** sofocar algo en su origen
keimen *vi* **1.** (BOT) brotar **2.** (*Verdacht*) surgir; (*Hoffnung*) nacer
keimfrei *adj* aséptico
Keimling *m* <-s, -e> brote *m*
Keimzelle *f* célula *f* germinal
kein, keine, kein [kaɪn, 'kaɪnə, kaɪn] *pron indef* ningún *m,* ninguna *f;* **ich habe ~e Zeit** no tengo tiempo; **~ einziges Mal** ni una sola vez; **~ Mensch** nadie; **~e Ahnung!** ¡ni idea!; **das ist ~e 200 Meter von hier** no está ni a 200 metros de aquí
keine(r, s) ['kaɪnə, -nɐ, -nəs] *pron indef* nadie; **es war ~r da** no había nadie; **~r von uns** ninguno de nosotros
keinerlei ['--'-] *adj inv* ningún, de ningún tipo; **ich mache mir ~ Gedanken darüber** esto no me preocupa lo más mínimo
keinesfalls ['--'-] *adv* de ningún modo
keineswegs ['--'-] *adv* en absoluto
keinmal *adv* ninguna vez
keins [kaɪns] *pron indef s.* **keine(r, s)**
Keks [ke:ks] *m o nt* <-(es), -(e)> galleta *f*
Kelch [kɛlç] *m* <-(e)s, -e> copa *f;* (REL, BOT) cáliz *m;* **den bitteren ~ (bis zur Neige) leeren** apurar el cáliz de la amargura (hasta las heces)
Kelle ['kɛlə] *f* <-n> (*Schöpflöffel*) cucharón *m;* (*Signalstab*) disco *m;* (*Maurer~*) palustre *m*
Keller ['kɛlɐ] *m* <-s, -> sótano *m*
Kellerei *f* <-en> bodega *f;* (*Sekt~*) cava *f*
Kellner(in) ['kɛlnɐ] *m(f)* <-s, -; -nen> camarero, -a *m, f*
kellnern *vi* (*fam*) trabajar de camarero/camarera
kennen ['kɛnən] <kennt, kannte, gekannt> *vt* conocer; **~ Sie ihren Namen?** ¿sabe cómo se llama?; **kennst du mich noch?** ¿te acuerdas de mí?; **jdn ~ lernen** conocer a alguien; **er kennt kein Erbarmen** no tiene compasión; **kennen|lernen** *vt s.* **kennen**
Kenner(in) *m(f)* <-s, -; -nen> (*Sachverständiger*) experto, -a *m, f;* (*Autorität*) conocedor(a) *m(f)*
kenntlich ['kɛntlɪç] *adj:* **etw ~ machen** marcar algo
Kenntnis ['kɛntnɪs] *f ohne pl* conocimiento *m;* **jdn von etw** *dat* **in ~ setzen** poner a alguien en conocimiento de algo; **etw zur ~ nehmen** tomar nota de algo
Kenntnisse *fpl* (*Wissen*) conocimientos *mpl*
Kennwort *nt* <-(e)s, -wörter> (*Losung*) contraseña *f;* (*Kode*) código *m;* **Kennzeichen** *nt* **1.** (*Merkmal*) característica *f;* **besondere ~** rasgos distintivos **2.** (*Markierung*) señal *f* **3.** (AUTO) matrícula *f;* **kennzeichnen** *vt* (*markieren*) señalar; (*charakterisieren*) caracterizar (*als +akk* de)
kennzeichnend *adj* característico
kentern ['kɛntɐn] *vi sein* zozobrar
Keramik [ke'ra:mɪk] *f* <-en> cerámica *f*
Kerbe ['kɛrbə] *f* <-n> (*Einschnitt*) muesca *f;* **in dieselbe ~ schlagen** (*fam*) llover sobre mojado
Kerbholz *nt:* **etwas auf dem ~ haben** (*fam*) no tener la conciencia limpia
Kerker ['kɛrkɐ] *m* <-s, -> calabozo *m*
Kerl [kɛrl] *m* <-s, -e> (*fam*) tío *m;* **er ist ein ganzer ~** es todo un hombre; **sie ist ein feiner ~** es una buena chica
Kern [kɛrn] *m* <-(e)s, -e> **1.** (*von Apfel, Birne*) pepita *f;* (*von Pfirsich, Pflaume*) hueso *m;* (*von Sonnenblume, Melone*) pipa *f* **2.** (BIOL, PHYS) núcleo *m* **3.** (*Mittelpunkt*) centro *m;* **schließlich war nur noch der harte ~ übrig** (*fam*) al final sólo quedaron los últimos fieles; **Kernenergie** *f* energía *f* nuclear; **Kernfrage** *f* cuestión *f* fundamental; **kerngesund** ['--'-] *adj* rebosante de salud
Kernkraft *f ohne pl* energía *f* nuclear; **Kernkraftgegner(in)** *m(f)* detractor(a) *m(f)* de la energía nuclear; **Kernkraftwerk** *nt* central *f* nuclear
Kernphysik *f* física *f* nuclear; **Kernpunkt** *m* punto *m* clave; **Kernreaktion** *f* reacción *f* nuclear
Kernseife *f* jabón *m* duro
Kernspaltung *f* fisión *f* nuclear; **Kernstück** *nt* parte *f* esencial; **Kernwaffen**

K

fpl armas *fpl* nucleares

Kerze ['kɛrtsə] *f* <-n> vela *f;* **eine ~ machen** (SPORT) hacer el clavo; **kerzengerade** ['---'--] *adj* derecho como una vela; **~ sitzen** estar sentado más derecho que una vela; **Kerzenlicht** *nt* <-(e)s, *ohne pl*> luz *f* de vela; **bei ~** a la luz de la vela; **Kerzenständer** *m* candelero *m*

kess[RR] [kɛs] *adj* fresco; (*Kleidung*) moderno

Kessel ['kɛsəl] *m* <-s, -> **1.** (*Dampf~*) caldera *f;* (*Wasser~*) hervidor *m* **2.** (*Tal*) valle *m* cerrado

Ketchup *m o nt* <-(s), -s>, **Ketschup**[RR] ['kɛtʃap] *m o nt* <-(s), -s> catchup *m*

Kette ['kɛtə] *f* <-n> cadena *f;* (*Hals~*) collar *m;* **jdn in ~n legen** encadenar a alguien; (*fig*) privar a alguien de su libertad; **Kettenraucher(in)** *m(f)* fumador(a) *m(f)* empedernido, -a; **Kettenreaktion** *f* reacción *f* en cadena

Ketzerei [kɛtsə'raɪ] *f* <-en> herejía *f*

ketzerisch *adj* herético

keuchen ['kɔɪçən] *vi* jadear

Keuchhusten *m* <-s, *ohne pl*> tos *f* ferina

Keule ['kɔɪlə] *f* <-n> **1.** (*Waffe*) maza *f* **2.** (*Tier~*) pierna *f;* (*Geflügel~*) muslo *m*

keusch [kɔɪʃ] *adj* casto

Keuschheit *f* castidad *f*

Keyboard ['kiːbɔːt] *nt* <-s, -s> teclado *m*

Kfz *nt* <-(s), -(s)> *Abk. von* **Kraftfahrzeug** automóvil *m*

kg *Abk. von* **Kilogramm** kg

Kichererbse ['kɪçɐ-] *f* garbanzo *m*

kichern ['kɪçɐn] *vi* reírse para dentro

kicken ['kɪkən] **I.** *vi* (*fam*) jugar al fútbol **II.** *vt* (*fam: Ball*) chutar

Kid [kɪt] *nt* <-s, -s> (*sl: Kind, Jugendlicher*) chaval(a) *m(f)*

kidnappen ['kɪtnɛpən] *vt* secuestrar

Kidnapper(in) ['kɪtnɛpɐ] *m(f)* <-s, -; -nen> secuestrador(a) *m(f)*

Kiefer[1] ['kiːfɐ] *f* <-n> (BOT) pino *m*

Kiefer[2] *m* <-s, -> (ANAT) mandíbula *f*

Kiel [kiːl] *m* <-(e)s, -e> **1.** (*Schiffsteil*) quilla *f;* **ein Schiff auf ~ legen** poner un barco en grada **2.** (*an Vogelfeder*) cañón *m;* **Kielwasser** *nt* <-s, *ohne pl*> estela *f*

Kieme ['kiːmə] *f* <-n> branquia *f*

Kies [kiːs] *m* <-es, -e> **1.** (*Steine*) grava *f* **2.** *ohne pl* (*fam: Geld*) pasta *f*

Kieselstein *m* guijarro *m*

Kiesgrube *f* gravera *f*

kiffen ['kɪfən] *vi* (*sl*) fumar porros

killen ['kɪlən] *vt* (*fam*) asesinar

Killer(in) ['kɪlɐ] *m(f)* <-s, -; -nen> (*fam*) asesino, -a *m, f*

Kilo ['kiːlo] *nt* <-s, -(s)> (*fam*) kilo *m;* **Kilobyte** ['kiːlobaɪt] *nt* kilobyte *m;* **Kilogramm** *nt* kilogramo *m;* **Kilojoule** *nt* kilojulio *m;* **Kilokalorie** *f* kilocaloría *f*

Kilometer [--'--, '----] *m* kilómetro *m;* **Kilometerstand** *m* kilometraje *m;* **Kilometerzähler** *m* cuentakilómetros *m inv*

Kind [kɪnt] *nt* <-(e)s, -er> **1.** (*Junge, Mädchen*) niño, -a *m, f;* **von ~ auf** desde niño; **sich bei jdm lieb ~ machen** (*fam*) congraciarse con alguien; **das ~ beim rechten Namen nennen** (*fam*) llamar al pan, pan y al vino, vino **2.** (*Nachwuchs*) hijo, -a *m, f;* **ein ~ erwarten** esperar un hijo; **mit ~ und Kegel** (*fam*) con toda la familia; **Kinderarbeit** ['kɪndɐ-] *f ohne pl* trabajo *m* infantil; **Kinderarzt, -ärztin** *m, f* pediatra *mf;* **Kinderbuch** *nt* libro *m* infantil

Kinderei *f* <-en> chiquillada *f*

Kindererziehung *f* educación *f* de los niños; **Kindergarten** *m* guardería *f,* kindergarten *m Am*

> En Alemania, el **Kindergarten** es un centro público, ubicado generalmente en un local o edificio del municipio o vecindario, al que acuden niños en edad preescolar. Pasan allí entre cuatro y seis horas al día, cuidados por educadores que se preocupan de estimular su desarrollo. En general, en Alemania, cualquier niño de tres años tiene derecho a una plaza en un jardín de infancia.

Kindergärtner(in) *m(f)* maestro, -a *m, f* de un jardín de infancia; **Kindergeld** *nt* subsidio *m* familiar por hijos; **Kinderheim** *nt* casa *f* cuna; **Kinderhort** *m* guardería *f* para niños en edad escolar; **Kinderkrankheit** *f* **1.** (MED) enfermedad *f* infantil **2.** (*fig: Anfangsschwierigkeit*) dificultad *f* inicial; **Kinderkrippe** *f* guardería *f* infantil; **Kinderlähmung** *f* polio(mielitis) *f* (*inv*); **kinderleicht** ['--'-] *adj* (*fam*) facilísimo; **das ist doch ~** esto está chupado; **kinderlieb** *adj* niñero; **kinderlos** *adj* sin hijos; **Kindermädchen** *nt* niñera *f,* nurse *f Am;* **Kinderpornografie**[RR] *f,* **Kinderpornographie** *f* pornografía *f* infantil; **Kin-**

derschuh *m* zapato *m* de niño; **etw steckt noch in den ~en** algo está aún en mantillas; **Kindersicherung** *f* seguro *m* a prueba de niños; **Kindersitz** *m* sillín *m* de niño; **Kinderspiel** *nt* juego *m* de niños; **das ist doch ein ~ für sie** para ella es un juego de niños; **Kindertagesstätte** *f* <-n> guardería *f* infantil; **Kinderwagen** *m* cochecito *m* para niños; **Kinderzimmer** *nt* cuarto *m* de los niños

Kindesbeine *ntpl:* **von ~n an** desde niño; **Kindesmisshandlung**[RR] *f* malos tratos *mpl* a niños

Kindheit *f* infancia *f*

kindisch *adj* infantil; **sich ~ benehmen** comportarse como un niño

kindlich *adj* (*kindgemäß*) de niño; (*unbefangen*) ingenuo

Kindskopf *m* niño, -a *m, f*

Kinkerlitzchen ['kɪŋkɐlɪtsçən] *pl* (*fam*) pequeñeces *fpl*

Kinn [kɪn] *nt* <-(e)s, -e> barbilla *f;* **Kinnhaken** *m* gancho *m* (a la mandíbula)

Kino ['kiːno] *nt* <-s, -s> cine *m;* **Kinofilm** *m* película *f* de cine

Kiosk ['kiːɔsk] *m* <-(e)s, -e> quiosco *m*

Kippe ['kɪpə] *f* <-n> **1.** (*fam: Zigarettenstummel*) colilla *f;* (*Zigarette*) pitillo *m* **2.** (*Abraumhalde*) escombrera *f;* (*Müll~*) vertedero *m* **3.** (SPORT) báscula *f;* **es steht noch auf der ~** (*fam*) aún no está decidido

kippen ['kɪpən] **I.** *vi sein* (*Fahrzeug*) volcar; (*Ökosystem*) perder el equilibrio natural **II.** *vt haben* (*um~*) volcar; (*schräg stellen*) inclinar; (*ausschütten*) verter

Kirche ['kɪrçə] *f* <-n> iglesia *f;* **in die ~ gehen** ir a misa; **Kirchengemeinde** *f* parroquia *f;* **Kirchensteuer** *f* impuesto *m* eclesiástico

> El **Kirchensteuer** supone, aproximadamente, un 8 % de la declaración de la renta. Lo pagan todos aquellos que pertenecen a la iglesia católica o evangélica. El impuesto es distribuido a las respectivas iglesias desde el Ministerio de Hacienda. En Austria la contribución económica a la iglesia es recogida directamente por las iglesias y su cuantía es variable, mientras que en Suiza dicho impuesto se realiza según lo establecido en cada cantón.

kirchlich *adj* eclesiástico; **sich ~ trauen lassen** casarse por la iglesia

Kirchplatz *m* plaza *f* delante de la iglesia; **Kirchturm** *m* torre *f* de iglesia

Kirmes ['kɪrməs, 'kɪrmɛs] *f* <-sen> (*reg*) feria *f*

Kirsche ['kɪrʃə] *f* <-n> (*Frucht*) cereza *f;* (*Baum*) cerezo *m*

Kissen ['kɪsən] *nt* <-s, -> (*Kopf~*) almohada *f;* (*Sofa~*) cojín *m*

Kiste ['kɪstə] *f* <-n> caja *f;* (*größer*) cajón *m*

Kitsch [kɪtʃ] *m* <-(e)s, *ohne pl*> cursilería *f*

kitschig *adj* cursi; (*geschmacklos*) hortera; (*rührselig*) sentimental

Kitt [kɪt] *m* <-(e)s, -e> masilla *f*

Kittchen ['kɪtçən] *nt* <-s, -> (*fam*) chirona *f*

Kittel ['kɪtəl] *m* <-s, -> (*Arbeits~*) bata *f*

kitten ['kɪtən] *vt* pegar (con masilla)

Kitz [kɪts] *nt* <-es, -e> (*Zicklein*) cabrito, -a *m, f;* (*Reh~*) corcino, -a *m, f*

kitz(e)lig *adj* cosquilloso; **~ sein** tener cosquillas

kitzeln ['kɪtsəln] *vi, vt* hacer cosquillas

kitzlig *adj s.* **kitz(e)lig**

Kiwi ['kiːvi] *f* <-s> kiwi *m*

KKW [kaːkaː'veː] *nt* <-s, -s> *Abk. von* **Kernkraftwerk** central *f* nuclear

klaffen ['klafən] *vi* abrirse

kläffen ['klɛfən] *vi* (*abw*) ladrar

Klage ['klaːgə] *f* <-n> **1.** (*Beschwerde*) queja *f;* (JUR) demanda *f;* **~n vorbringen** presentar quejas; **eine ~ gegen jdn erheben** presentar demanda contra alguien **2.** (*geh: Weh~*) lamento *m*

klagen ['klaːgən] **I.** *vi* **1.** (*jammern*) lamentarse (*über +akk* de) **2.** (*sich beschweren*) quejarse (*über +akk* de); (JUR) demandar; **er klagt auf Schadensersatz** demanda daños y perjuicios **II.** *vt:* **jdm sein Leid ~** contarle a alguien sus penas

Kläger(in) ['klɛːgɐ] *m(f)* <-s, -; -nen> demandante *mf*

kläglich ['klɛːklɪç] *adj* **1.** (*mitleiderregend*) lamentable **2.** (*jämmerlich*) miserable; **er hat ~ versagt** falló totalmente

klamm [klam] *adj* (*feuchtkalt*) húmedo (y frío)

Klammer ['klamɐ] *f* <-n> **1.** (*Wäsche~*) pinza *f;* (*Büro~*) clip *m;* (*Heft~*) grapa *f;* (*Zahn~*) aparato *m* (de ortodoncia) **2.** (*im Text*) paréntesis *m inv;* **eckige ~** corchete *m;* **geschweifte ~** llave *f;* **in ~(n) setzen** poner entre paréntesis

Klammeraffe *m* (INFOR) arroba *f*

klammern ['klamɐn] **I.** *vt* sujetar (con pinzas, etc) **II.** *vr:* **sich ~** agarrarse (*an +akk* a); (*an Hoffnung*) aferrarse (*an +akk* a)

Klamotten [kla'mɔtən] *fpl* (*fam: Kleidung*) trapos *mpl*

Klan [kla:n] *m* <-s, -e> clan *m*

klang [klaŋ] *3. imp von* **klingen**

Klang [klaŋ] *m* <-(e)s, Klänge> (*Ton*) sonido *m;* (*der Stimme*) tono *m;* (*eines Instruments*) son *m;* **klanglos** *adj* (*Stimme*) apagado; **sang- und ~ verschwinden** (*fam*) despedirse a la francesa; **klangvoll** *adj* sonoro

Klappe ['klapə] *f* <-n> **1.** (*Deckel*) tapa *f;* (*am Herd*) puerta *f* **2.** (FILM) claqueta *f* **3.** (*fam: Mund*) pico *m;* **halt die ~!** ¡cierra el pico!; **eine große ~ haben** ser un bocazas

klappen ['klapən] **I.** *vi* (*fam*) funcionar; **es klappt alles wie am Schnürchen** todo sale que ni bordado **II.** *vt* (*auf~*) abrir; (*zu~*) cerrar; (*hoch~*) levantar; (*herunter~*) bajar

klapperdürr ['klapɐ'dʏr] *adj* (*fam*) esquelético

klapperig ['klapərɪç] *adj* **1.** (*Auto, Möbel*) desvencijado **2.** (*fam: Person*) muy débil

klappern ['klapɐn] *vi* (*Kisten*) traquetear; (*Fensterladen*) golpetear

Klapperschlange *f* serpiente *f* de cascabel; **Klapperstorch** *m* (*fam*) cigüeña *f*

klapprig *adj s.* **klapperig**

Klappstuhl *m* silla *f* plegable

Klaps [klaps] *m* <-es, -e> (*fam: Schlag*) cachete *m;* **Klapsmühle** *f* (*fam*) manicomio *m*

klar [kla:ɐ] *adj* claro; **~ sehen** (*fam*) ver claro; **sich** *dat* **über etw ~ werden** darse cuenta de algo; **~e Sicht haben** tener buena visibilidad; **keinen ~en Gedanken fassen können** no poder pensar con claridad; **einen ~en Kopf behalten** no perder la cabeza

Kläranlage ['klɛ:ɐ-] *f* depuradora *f* (de aguas residuales)

klären ['klɛ:rən] **I.** *vt* (*Abwässer*) depurar; (*Frage*) aclarar **II.** *vr:* **sich ~** (*Angelegenheit*) aclararse

Klarheit *f* claridad *f;* **sich** *dat* **~ über etw verschaffen** sacar algo en claro; **jdm etw in aller ~ sagen** decirle algo a alguien sin pelos en la lengua

Klarinette [klari'nɛtə] *f* <-n> clarinete *m*

klar|kommen *irr vi sein* (*fam: mit Person*) entenderse (*mit +dat* con); (*mit Dingen*) entender (*mit +dat*); **klar|machen** *vt* **1.** (NAUT) preparar **2.** (*fam: erklären*) explicar; **sich** *dat* **etw ~** aclararse en algo; **klar|sehen** *irr vi s.* **klar**

Klarsichtfolie *f* celofán® *m*

klar|stellen *vt* aclarar

Klartext *m:* **mit jdm ~ reden** (*fam*) hablar con alguien sin rodeos

Klärung *f* <-en> (*von Problem*) aclaración *f;* (*von Abwasser*) depuración *f*

klar|werden *irr vr:* **sich ~ sein** *s.* **klar**

klasse ['klasə] *adj inv* (*fam*) estupendo

Klasse ['klasə] *f* <-n> clase *f;* **Klassenarbeit** *f* examen *m* (*in +dat* de); **Klassenkamerad(in)** *m(f)* compañero, -a *m, f* de clase; **Klassenkampf** *m* lucha *f* de clases; **Klassenlehrer(in)** *m(f)* tutor(a) *m(f)* de curso; **Klassenzimmer** *nt* aula *f*

klassifizieren* [klasifi'tsi:rən] *vt* clasificar (*nach +dat* según, *als +akk* como)

Klassik ['klasɪk] *f* **1.** (*klassisches Altertum*) época *f* clásica **2.** (KUNST) (neo)clasicismo *m* **3.** (MUS) música *f* clásica

Klassiker(in) ['klasikɐ] *m(f)* <-s, -; -nen> clásico, -a *m, f*

klassisch *adj* clásico

Klatsch [klatʃ] *m* <-(e)s, -e> **1.** (*Geräusch*) batacazo *m* **2.** *ohne pl* (*fam: Geschwätz*) cotilleo *m;* **Klatschbase** *f* (*fam abw*) chismosa *f*

klatschen ['klatʃən] *vi* **1.** *sein* (*aufschlagen*) caerse (produciendo un chasquido); (*Regen*) golpear (*gegen +akk* contra) **2.** (*applaudieren*) aplaudir; **in die Hände ~** tocar palmas **3.** (*fam abw: tratschen*) cotillear

Klatschmaul *nt* (*fam abw*) cotilla *mf*

klatschnass[RR] ['-'-] *adj* (*fam*) hecho una sopa

Klaue ['klaʊə] *f* <-n> **1.** (*von Raubtieren, -vögeln*) garra *f* **2.** (*fam abw: Handschrift*) mala letra *f*

klauen ['klaʊən] *vi, vt* (*fam*) mangar

Klausel ['klaʊzəl] *f* <-n> cláusula *f*

Klausur [klaʊ'zu:ɐ] *f* <-en> (UNIV) examen *m;* (*im Kloster*) clausura *f*

Klavier [kla'vi:ɐ] *nt* <-s, -e> piano *m* (vertical)

Klebeband *nt* cinta *f* adhesiva

kleben ['kle:bən] **I.** *vi* **1.** (*haften*) estar pegado; **an seinen Händen klebt Blut** tiene las manos manchadas de sangre **2.** (*klebrig sein*) pringar **3.** (*klebefähig sein*) pegar **II.** *vt* pegar (*an +akk* a); **jdm eine ~** (*fam*) largar una bofetada a alguien

Kleber *m* <-s, -> (*fam*) *s.* Klebstoff

klebrig ['kle:brɪç] *adj* pegajoso

Klebstoff *m* pegamento *m*

kleckern ['klɛkɐn] *vi* (*fam*) manchar

Klecks [klɛks] *m* <-es, -e> mancha *f;* (*Tinten~*) borrón *m*

Klee [kle:] *m* <-s, *ohne pl*> trébol *m;* **Kleeblatt** *nt* hoja *f* de trébol; **vierblättriges ~** trébol de cuatro hojas

Kleid [klaɪt] *nt* <-(e)s, -er> **1.** (*Damen~*) vestido *m* **2.** *pl* (*Kleidung*) ropa *f;* **~er machen Leute** (*prov*) el traje hace al hombre

kleiden ['klaɪdən] *vt, vr:* **sich ~** vestir(se); **etw in (schöne) Worte ~** expresar algo (con palabras bonitas); **die Bluse kleidet dich gut** la blusa te queda bien

Kleiderbügel *m* percha *f;* **Kleiderhaken** *m* colgadero *m;* **Kleiderschrank** *m* armario *m* ropero

Kleidung *f* <-en> ropa *f;* **warme ~** ropa de abrigo; **Kleidungsstück** *nt* prenda *f* (de vestir)

Kleie ['klaɪə] *f* <-n> salvado *m*

klein [klaɪn] *adj* pequeño; (*Körpergröße*) bajo; **von ~ auf** desde niño; **ein ~ bisschen** un poquito; **(ganz) ~ anfangen** empezar sin nada; **~ beigeben** ceder; **~er werden** disminuir; **beim ~sten Geräusch** al más mínimo ruido; **einen ~en Augenblick bitte** un momentito, por favor; **etw ~ schreiben** (*fig*) restar importancia a algo; **Kleinanzeige** *f* anuncio *m* breve; **Kleinarbeit** *f ohne pl* trabajo *m* minucioso; **etw in mühsamer ~ erledigen** realizar algo con minuciosidad

Kleinbildkamera *f* cámara *f* fotográfica de pequeña imagen

Kleinbuchstabe *m* (letra *f*) minúscula *f;* **kleingedruckt** *adj s.* **drucken**; **Kleingedruckte(s)** *nt* <-n, *ohne pl*> letra *f* pequeña; **Kleingeld** *nt* calderilla *f;* **Kleinhirn** *nt* cerebelo *m;* **Kleinholz** *nt* <-es, *ohne pl*> leña *f* menuda; **aus etw** *dat* **~ machen** (*fam*) hacer pedazos algo; **aus jdm ~ machen** (*fam*) partirle la cara a alguien

Kleinigkeit ['klaɪnɪçkaɪt] *f* <-en> pequeñez *f;* **eine ~ essen** (*fam*) comer una cosita; **das kostet aber eine ~** (*fam iron*) esto vale un dineral

kleinkariert *adj* (*fam abw: Ansichten*) de miras estrechas; **Kleinkind** *nt* niño, -a *m, f* pequeño, -a; **Kleinkram** *m* (*fam: Dinge*) cosillas *fpl;* (*Angelegenheit*) nimiedad *f;* **klein|kriegen** *vt* (*fam*) **1.** (*zerkleinern*) lograr partir **2.** (*kaputtmachen*) hacer pedazos; **etw ist nicht kleinzukriegen** no se puede acabar con algo **3.** (*Geld*) (mal)gastar **4.** (*gefügig machen*) doblar la voluntad (de); (*müde machen*) agotar; **kleinlaut** *adj* apocado

kleinlich *adj* (*pedantisch*) minucioso; (*geizig*) mezquino

klein|machen **I.** *vt s.* **machen I. II.** *vr:* **sich ~** *s.* **machen II.**; **klein|schneiden** *irr vt s.* **schneiden**; **klein|schreiben**[RR] *irr vt* escribir con minúscula

Kleinstadt *f* ciudad *f* pequeña; **Kleinwagen** *m* (coche *m*) utilitario *m*

kleinwüchsig [-vy:ksɪç] *adj* de baja estatura

Kleister ['klaɪstɐ] *m* <-s, -> engrudo

Klemme ['klɛmə] *f* <-n> **1.** (*zum Festklemmen*) pinza *f* **2.** (*fam: Notlage*) aprieto *m;* **in der ~ sitzen** encontrarse en un apuro

klemmen **I.** *vi* (*Tür, Schloss*) estar atrancado **II.** *vt* sujetar; **sich** *dat* **etw unter den Arm ~** ponerse algo debajo del brazo **III.** *vr:* **sich hinter etw ~** (*fam*) aferrarse a algo

Klempner(in) ['klɛmpnɐ] *m(f)* <-s, -; -nen> fontanero, -a *m, f*

Klette ['klɛtə] *f* <-n> lampazo *m;* (*fam: Person*) lapa *f*

klettern ['klɛtɐn] *vi sein* trepar (*auf +akk* a)

Kletterpflanze *f* planta *f* trepadora

Klettverschluss[RR] *m* cierre *m* adhesivo, velcro® *m*

klicken ['klɪkən] *vi* (INFOR) activar (*auf +akk*)

Klient(in) [kli'ɛnt] *m(f)* <-en, -en; -nen> cliente, -a *m, f*

Klima ['kli:ma] *nt* <-s, -s *o* -te> clima *m;* **Klimaanlage** *f* (instalación *f* de) aire *m* acondicionado

klimatisch [kli'ma:tɪʃ] *adj* climático

klimatisiert [klimati'zi:ɐt] *adj* climatizado

Klimawechsel *m* cambio *m* de aires

Klimmzug *m* tracción *f;* **Klimmzüge machen** hacer flexiones de brazos

klimpern ['klɪmpɐn] *vi* **1.** (*Geld etc.*) tintinear **2.** (*fam: auf Klavier*) aporrear; (*auf Gitar-*

K

re) rasgar

Klinge ['klɪŋə] *f* <-n> cuchilla *f*

Klingel ['klɪŋəl] *f* <-n> timbre *m*

klingeln *vi* **1.** (*Person: rufen*) llamar; (*Klingel betätigen*) tocar el timbre **2.** (*Klingel, Telefon*) sonar; **es hat geklingelt** han llamado

klingen ['klɪŋən] <klingt, klang, geklungen> *vi* sonar

Klinik ['kli:nɪk] *f* <-en> clínica *f*

klinisch *adj* (MED) clínico; ~ **tot** clínicamente muerto

Klinke ['klɪŋkə] *f* <-n> picaporte *m*

klipp [klɪp] *adv* (*fam*): ~ **und klar** sin rodeos

Klippe ['klɪpə] *f* <-n> (*Fels*) arrecife *m;* (*fig: Hindernis*) obstáculo *m*

klirren ['klɪrən] *vi* (*Gläser*) tintinear; (*Fensterscheibe*) vibrar

Klischee [kli'ʃe:] *nt* <-s, -s> (*a.* TYPO) clisé *m;* **in ~s denken** pensar de una manera estereotipada

klitschnass[RR] ['klɪtʃ'nas] *adj* (*fam*) calado hasta los huesos

Klo [klo:] *nt* <-s, -s> (*fam*) wáter *m*

Kloake [klo'a:kə] *f* <-n> cloaca *f*

klobig ['klo:bɪç] *adj* macizo

Klobürste *f* (*fam*) escobilla *f* del retrete

Klon [klo:n] *m* <-s, -e> clon *m*

klonen [klo:nən] *vt* clonar

Klopapier *nt* (*fam*) papel *m* del wáter

klopfen ['klɔpfən] **I.** *vi* **1.** (*schlagen*) golpear; (*Herz*) palpitar **2.** (*an~*) llamar **II.** *vt* (*Teppich*) sacudir; (*Fleisch*) macerar; **den Takt** ~ marcar el compás

Klosett [klo'zɛt] *nt* <-s, -s *o* -e> servicio(s) *m(pl)*

Kloß [klo:s] *m* <-es, Klöße> (*Fleisch~*) albóndiga *f;* **einen ~ im Hals haben** (*fam*) tener un nudo en la garganta

Kloster ['klo:stɐ] *nt* <-s, Klöster> convento *m*

Klotz [klɔts] *m* <-es, Klötze> bloque *m;* (*Spielzeug~*) cubo *m* de madera

Klub [klʊp] *m* <-s, -s> club *m*

Kluft[1] [klʊft] *f* <Klüfte> abismo *m*

Kluft[2] *f* <-en> (*fam*) ropa *f;* (*einheitlich*) uniforme *m*

klug [klu:k] *adj* <klüger, am klügsten> inteligente; (*schlau*) listo; **aus etw** *dat* **nicht ~ werden** no acabar de entender algo; **der Klügere gibt nach** (*prov*) ceder es cosa de sabios

Klugheit *f* inteligencia *f;* (*Scharfsinn*) perspicacia *f;* (*Vernunft*) sensatez *f*

Klugscheißer(in) *m(f)* <-s, -; -nen> (*fam abw*) sabelotodo *mf inv*

klumpen ['klʊmpən] *vi* formarse grumos

Klumpen ['klʊmpən] *m* <-s, -> trozo *m;* (*in Soße*) grumo *m;* (*Erd~*) terrón *m;* (*Gold~*) pepita *f*

klumpig *adj* grumoso

km *Abk. von* **Kilometer** km

km/h *Abk. von* **Kilometer pro Stunde** km/h

knabbern ['knabɐn] *vi, vt* (*nagen*) roer; (*essen*) picar; **daran wirst du noch lange zu ~ haben** (*fam fig*) eso es duro de roer

Knabe ['kna:bə] *m* <-n, -n> (*geh*) muchacho *m*

knacken ['knakən] **I.** *vi* (*Holz*) crujir; (*knistern*) chasquear **II.** *vt* (*Nüsse*) partir; (*fam: Aufgabe*) resolver; (*fam: Tresor*) forzar

knackig *adj* (*Salat*) fresco; (*knusprig*) crujiente; (*a. fig*) apetitoso; **ein ~er Typ** un tío bueno

Knackpunkt *m* (*fam*) punto *m* clave

Knacks [knaks] *m* <-es, -e> (*fam: Riss*) grieta *f;* **einen ~ bekommen** (*fig*) trastornarse

Knall [knal] *m* <-(e)s, -e> estallido *m;* (*Peitschen~*) chasquido *m;* (*von Korken*) taponazo *m;* (*von Tür*) portazo *m;* (*von Schuss*) estampido *m;* **er hat einen ~** (*fam*) está chiflado; ~ **auf Fall** (*fam*) repentinamente

knallen **I.** *vi* **1.** *haben* (*allgemein*) estallar; (*Tür*) cerrarse de golpe; (*Peitsche*) producir un chasquido; (*Korken*) saltar **2.** *sein* (*stoßen*) chocar (*auf/gegen* +*akk* contra) **II.** *vt haben* (*Tür*) dar un portazo (a); **den Hörer auf die Gabel ~** colgar con un fuerte golpe; **jdm eine ~** (*fam*) soltar una bofetada a alguien

knallhart ['-'-] *adj* (*fam: Arbeit*) duro; (*Film, Typ*) brutal; **jdm ~ seine Meinung sagen** decir a alguien cuatro verdades; **Knallkörper** *m* petardo *m;* **knallrot** ['-'-] *adj* (*fam*) rojo vivo

knapp [knap] **I.** *adj* escaso; (*Kleidung*) justo; ~ **bei Kasse sein** andar justo de dinero; **mit ~er Mehrheit** por escasa mayoría; ~ **200 Mark** poco menos de 200 marcos; **eine ~e Stunde** una hora escasa; **in ~en Worten** en pocas palabras **II.** *adv* **1.** (*kaum*) apenas

2. (*gerade so*) (muy) justo; ~ **sein** escasear

Knappheit *f* (*Mangel*) escasez *f* (*an* +*dat* de); (*Kürze*) concisión *f*

knarren ['knarən] *vi* crujir

Knast [knast] *m* <-(e)s, -e *o* Knäste> (*fam*) chirona *f*

Knäuel ['knɔɪəl] *m o nt* <-s, -> ovillo *m*

Knauf [knaʊf] *m* <-(e)s, Knäufe> (*am Stock*) puño *m;* (*an der Tür*) pomo *m*

knaus(e)rig ['knaʊz(ə)rɪç] *adj* (*fam abw*) rácano

knausern ['knaʊzɐn] *vi* (*fam abw*) cicatear

knausrig *adj s.* **knaus(e)rig**

knautschen ['knaʊtʃən] *vt, vi* (*fam*) arrugar(se)

Knebel ['kne:bəl] *m* <-s, -> mordaza *f*

knebeln *vt* amordazar

Knecht [knɛçt] *m* <-(e)s, -e> mozo *m* de labranza; (*abw: Befehlsempfänger*) siervo *m*

kneifen ['knaɪfən] <kneift, kniff, gekniffen> **I.** *vt* (*in die Haut*) pellizcar (*in* +*akk* en) **II.** *vi* (*Kleidung*) apretar; (*fam abw: sich drücken*) rajarse

Kneifzange *f* tenazas *fpl*

Kneipe ['knaɪpə] *f* <-n> (*fam*) bar *m*

Knete ['kne:tə] *f* (*fam*) **1.** (*Knetmasse*) plastilina® *f* **2.** (*Geld*) pasta *f*

kneten ['kne:tən] *vt* (*Teig*) amasar; (*Figuren formen*) modelar

Knetmasse *f* plastilina® *f*

Knick [knɪk] *m* <-(e)s, -e> **1.** (*Falte*) pliegue *m;* (*in Papier*) doblez *m* **2.** (*Biegung*) recodo *m*

knicken *vt* **1.** (*Papier*) doblar **2.** (*brechen*) romper; (*Pflanze*) tronchar

Knicks [knɪks] *m* <-es, -e> reverencia *f* (*flexión de las piernas*)

Knie [kni:] *nt* <-s, -> rodilla *f;* **auf ~n** de rodillas; **weiche ~ bekommen** (*fam*) amedrentarse; **jdn übers ~ legen** (*fam*) pegar un palizón a alguien; **jdn in die ~ zwingen** (*fig*) subyugar a alguien; **Kniebeuge** *f* <-n> flexión *f* de rodillas; **Kniekehle** *f* corva *f*

knien ['kni:ən, kni:n] **I.** *vi haben o sein* estar de rodillas **II.** *vr:* **sich ~** *haben* arrodillarse; **sich in die Arbeit ~** (*fam*) meterse de lleno en el trabajo

Kniescheibe *f* rótula *f;* **Kniestrumpf** *m* media *f* calcetín

kniff [knɪf] *3. imp von* **kneifen**

Kniff [knɪf] *m* <-(e)s, -e> (*Trick*) truco *m*

kniff(e)lig *adj* complicado; (*heikel*) delicado

knipsen ['knɪpsən] **I.** *vi* (*fam: schnalzen*) chasquear **II.** *vt* (*fam: fotografieren*) sacar una foto (de); (*Fahrkarte*) picar

Knirps [knɪrps] *m* <-es, -e> (*fam: Junge*) renacuajo *m*

knirschen ['knɪrʃən] *vi* crujir; **mit den Zähnen ~** rechinar los dientes

knistern ['knɪstɐn] *vi* (*Feuer*) crepitar; (*Seide*) crujir; (*vor Spannung*) chisporrotear

knittern ['knɪtɐn] *vt, vi* arrugar(se)

Knoblauch ['kno:blaʊx] *m* <-(e)s, *ohne pl*> ajo *m;* **Knoblauchzehe** *f* diente *m* de ajo

Knöchel ['knœçəl] *m* <-s, -> (*am Fuß*) tobillo *m;* (*am Finger*) nudillo *m*

Knochen ['knɔxən] *m* <-s, -> hueso *m;* **bis auf die ~ nass werden** (*fam*) calarse hasta los huesos; **Knochenbruch** *m* fractura *f* de hueso; **Knochengerüst** *nt* esqueleto *m;* **Knochenmark** *nt* médula *f* ósea

knochig ['knɔxɪç] *adj* huesudo; (*Gesicht*) descarnado

> La palabra **Knödel** se utiliza en el sur de Alemania y Austria como sinónimo de **Kloß**. Es una especialidad gastronómica consistente en una bola de distintos tipos de masa que se cuece en agua y se sirve como acompañamiento de la carne. Las hechas con patata **(Kartoffelknödel)** y miga de pan **(Semmelknödel)** están especialmente extendidas en el sur.

Knolle ['knɔlə] *f* <-n> tubérculo *m*

Knopf [knɔpf] *m* <-(e)s, Knöpfe> botón *m;* **einen ~ annähen** coser un botón; **auf den ~ drücken** pulsar el botón; **Knopfloch** *nt* ojal *m*

Knorpel ['knɔrpəl] *m* <-s, -> cartílago *m*

knorp(e)lig ['knɔrp(ə)lɪç] *adj* cartilaginoso

Knospe ['knɔspə] *f* <-n> (*Blüten~*) capullo *m;* (*von Blatt*) yema *f;* **~n treiben** brotar

knoten *vt* hacer un nudo (en); (*Krawatte*) anudar

Knoten ['kno:tən] *m* <-s, -> nudo *m;* (*Frisur*) moño *m;* (MED) nudosidad *f*

Know-how [nɔʊ'haʊ] *nt* <-(s), *ohne pl*> know-how *m*

Knüller ['knʏlɐ] *m* <-s, -> (*fam*) sensación *f*

knüpfen ['knʏpfən] *vt* **1.** (*knoten*) anudar **2.** (*Netz*) hacer **3.** (*Freundschaft*) trabar; **große Erwartungen an etw ~** poner grandes esperanzas en algo

Knüppel ['knʏpəl] *m* <-s, -> **1.** (*Stock*) garrote *m;* (*von Polizei*) porra *f;* **jdm einen ~ zwischen die Beine werfen** (*fam*) poner cortapisas a alguien **2.** (AERO) palanca *f* de mando; **knüppeldick** ['--'-] *adv* (*fam fig*) muy fuerte; **es kam ~** sucedió lo peor; **er trug ~ auf** exageró a más no poder

knurren ['knʊrən] *vi* (*Hund, Mensch*) gruñir; **mir knurrt der Magen** me suenan las tripas

knusp(e)rig ['knʊsp(ə)rɪç] *adj* crujiente

knutschen ['knu:tʃən] *vi* (*fam*) besuquearse

k.o. [ka:'ʔo:] *adj Abk. von* **knock-out** k.o.; **~ gehen** quedar k.o.

Koalition [koali'tsjo:n] *f* <-en> coalición *f;* **Koalitionspartner** *m* socio *m* de coalición

Koblenz ['ko:blɛnts] *nt* <-> Coblenza *f*

Kobold ['ko:bɔlt] *m* <-(e)s, -e> duende *m*

Koch [kɔx] *m,* **Köchin** *f* <-(e)s, Köche; -nen> cocinero, -a *m, f*

Kochbuch *nt* libro *m* de cocina

kochen ['kɔxən] **I.** *vi* **1.** (*Wasser*) hervir; **er kocht vor Wut** está muy furioso **2.** (*Speisen zubereiten*) cocinar **II.** *vt* **1.** (*garen*) cocer; **hart gekocht** (*Ei*) duro; **weich gekocht** (*Gemüse*) cocido (hasta que esté tierno); (*Ei*) pasado por agua **2.** (*zubereiten*) preparar

Köchin ['kœçɪn] *f* <-nen> *s.* **Koch**

Kochlöffel *m* cuchara *f* de palo; **Kochplatte** *f* fogón *m;* **Kochrezept** *nt* receta *f* de cocina; **Kochsalz** *nt* <-es, *ohne pl*> sal *f* común; **Kochtopf** *m* olla *f*

Köder ['kø:dɐ] *m* <-s, -> cebo *m*

ködern *vt* (*Tiere*) echar el cebo (a); (*Personen*) engatusar

kodieren* [ko'di:rən] *vt* codificar

Koffein [kɔfe'i:n] *nt* <-s, *ohne pl*> cafeína *f;* **koffeinfrei** *adj* descafeinado

Koffer ['kɔfɐ] *m* <-s, -> maleta *f,* valija *f Am;* **Kofferradio** *nt* radio *f* portátil; **Kofferraum** *m* maletero *m,* baúl *m Am*

Kognak ['kɔnjak] *m* <-s, -s> coñac *m*

kohärent [kohɛ'rɛnt] *adj* coherente

Kohl [ko:l] *m* <-(e)s, *ohne pl*> col *f;* **das macht den ~ auch nicht fett** (*fam*) ya no importa; **Kohldampf** *m:* **~ haben** (*fam*) tener un hambre de mil demonios

Kohle ['ko:lə] *f* <-n> **1.** (*Brennstoff, Zeichen~*) carbón *m;* (**wie**) **auf glühenden ~n sitzen** (*fig fam*) estar sobre ascuas **2.** *ohne pl* (*fam: Geld*) pasta *f;* **Kohlehydrat** *nt* <-(e)s, -e> *s.* **Kohlenhydrat**

Kohlendioxid [--'---] *nt* <-(e)s, *ohne pl*> anhídrido *m* carbónico; **Kohlenhydrat** *nt* <-(e)s, -e> hidrato *m* de carbono; **Kohlenmonoxid** [--'---] *nt* <-(e)s, *ohne pl*> monóxido *m* de carbono; **Kohlensäure** *f* ácido *m* carbónico; **Mineralwasser mit ~** agua mineral con gas; **Kohlenstoff** *m* <-(e)s, *ohne pl*> carbono *m;* **Kohlenwasserstoff** [--'---] *m* <-(e)s, -e> hidrocarburo *m*

Kohlepapier *nt* papel *m* carbón

Kohlkopf *m* repollo *m*

Kohlrabi [ko:l'ra:bi] *m* <-(s), -(s)> colinabo *m*

Koitus ['ko:itʊs] *m* <-, -(se)> coito *m*

Koje ['ko:jə] *f* <-n> litera *f*

Kokain [koka'i:n] *nt* <-s, *ohne pl*> cocaína *f*

kokett [ko'kɛt] *adj* coqueto

kokettieren* [kokɛ'ti:rən] *vi* coquetear

Kokon [ko'kõ:] *m* <-s, -s> capullo *m*

Kokosnuss[RR] *f* coco *m*

Koks [ko:ks] *m* <-es, *ohne pl*> (*Brennstoff*) coque *m;* (*sl: Kokain*) coca *f*

Kolben ['kɔlbən] *m* <-s, -> **1.** (TECH) pistón *m* **2.** (CHEM) matraz *m* **3.** (*beim Gewehr*) culata *f* **4.** (BOT) espádice *m* **5.** (*fam: Nase*) narizón *m,* narizota *f*

Kolik ['ko:lɪk, ko'li:k] *f* <-en> cólico *m*

Kollaps ['kɔlaps, -'-] *m* <-es, -e> colapso *m*

Kollege, -in [kɔ'le:gə] *m, f* <-n, -n; -nen> colega *mf;* (*Arbeits~*) compañero, -a *m, f* de trabajo

kollegial [kɔle'gja:l] *adj* solidario

Kollegium [kɔ'le:giʊm] *nt* <-s, Kollegien> (*Lehrer~*) cuerpo *m* docente

Kollekte [kɔ'lɛktə] *f* <-n> colecta *f*

Kollektion [kɔlek'tsjo:n] *f* <-en> colección *f*

kollidieren* [kɔli'di:rən] *vi sein* colisionar (*mit + dat* contra)

Kollision [kɔli'zjo:n] *f* <-en> colisión *f*

Kolloquium [kɔ'lo:kviʊm] *nt* <-s, Kolloquien> coloquio *m*

Köln [kœln] *nt* <-s> Colonia *f*

Kolonialmacht *f* potencia *f* colonial

Kolonie [kolo'ni:] *f* <-n> colonia *f*

kolonisieren* [koloni'zi:rən] *vt* colonizar

Kolonne [ko'lɔnə] *f* <-n> **1.** (*Fahrzeug~*)

caravana *f;* (MIL) convoy *m* **2.** (*Arbeitergruppe*) brigada *f*

KolossRR [ko'lɔs] *m* <-es, -e> coloso *m*

kolossal [kolɔ'sa:l] *adj* colosal

Kolumbianer(in) [kolʊm'bja:nɐ] *m(f)* <-s, -; -nen> colombiano, -a *m, f*

kolumbianisch [kolʊm'bja:nɪʃ] *adj* colombiano

Kolumbien [ko'lʊmbiən] *nt* <-s> Colombia *f*

Kolumne [ko'lʊmnə] *f* <-n> (*Spalte*) columna *f*

Koma ['ko:ma] *nt* <-s, -s *o* Komata> coma *m;* **im ~ liegen** estar en (estado de) coma

Kombi ['kɔmbi] *m* <-s, -s> (*fam*) combi *m*

Kombination [kɔmbina'tsjo:n] *f* <-en> (*Verbindung*) combinación *f;* (*Kostüm*) conjunto *m*

kombinieren* [kɔmbi'ni:rən] **I.** *vi* (*folgern*) deducir **II.** *vt* combinar

Kombiwagen *m* coche *m* furgoneta

Komet [ko'me:t] *m* <-en, -en> cometa *m*

Komfort [kɔm'fo:ɐ] *m* <-s, *ohne pl*> confort *m*

komfortabel [kɔmfɔr'ta:bəl] *adj* confortable

Komik ['ko:mɪk] *f* comicidad *f*

Komiker(in) ['ko:mikɐ] *m(f)* <-s, -; -nen> cómico, -a *m, f*

komisch *adj* (*ulkig*) cómico; (*seltsam*) raro

komischerweise ['ko:mɪʃɐ'vaɪzə] *adv* curiosamente

Komitee [komi'te:, kɔmi'te:] *nt* <-s, -s> comité *m*

Komma ['kɔma] *nt* <-s, -s *o* Kommata> coma *f*

kommandieren* [kɔman'di:rən] **I.** *vt* **1.** (*Einheit*) comandar; **jdn an die Front ~** destacar a alguien al frente **2.** (*befehlen*) ordenar **II.** *vi* ordenar

Kommando [kɔ'mando] *nt* <-s, -s> **1.** (*Befehl*) orden *f;* **auf ~** al dar la orden **2.** (*Gruppe*) comando *m* **3.** *ohne pl* (*Befehlsgewalt*) mando *m;* **das ~ haben** tener el mando (*über* +*akk* sobre)

Kommata *pl von* **Komma**

kommen ['kɔmən] <kommt, kam, gekommen> *vi sein* (*her~*) venir (*von* +*dat* de); (*hin~*) ir; (*an~*) llegar; (*zurückkehren*) volver (*von* +*dat* de); **ein Taxi ~ lassen** llamar a un taxi; **er kam von einer Reise** volvió de un viaje; **zu spät ~** llegar tarde; **jetzt komme ich (an die Reihe)** ahora me toca a mí; **in die Schule ~** ir a la escuela; **komme, was da wolle** pase lo que pase; **man kommt hier zu nichts** aquí no se tiene tiempo para nada; **wieder zu sich** *dat* **~** volver en sí; **wie kommst du darauf?** ¿cómo se te ocurre?; **sie lässt nichts auf ihn ~** no consiente que lo critiquen; **hinter etw ~** descubrir algo; **durch eine Prüfung ~** pasar un examen; **etw** *dat* **nahe ~** acercarse a algo; **sich** *dat* **nahe ~** intimar; **jdm näher ~** acercarse a alguien; **sie kamen sich näher** se conocieron mejor; **ich habe es ~ sehen** ya me lo veía venir; **es kam eins zum anderen** fue una reacción en cadena; **das musste ja so ~** tenía que pasar; **ich komme aus Dortmund** soy de Dortmund; **das kommt davon, dass ...** eso se debe a...; **das kommt davon!** ¡esa es la consecuencia!; **das Geschirr kommt in den Schrank** los platos se ponen en el armario; **in Gang ~** ponerse en movimiento

kommend *adj* venidero; **die ~en Jahre** los años venideros; **~e Woche** la semana que viene

Kommentar [kɔmɛn'ta:ɐ] *m* <-(e)s, -e> comentario *m;* **kommentarlos** *adj* sin comentario

kommentieren* [kɔmɛn'ti:rən] *vt* comentar

kommerzialisieren* [kɔmɛrtsjali'zi:rən] *vt* comercializar

kommerziell [kɔmɛr'tsjɛl] *adj* comercial

Kommilitone, -in [kɔmili'to:nə] *m, f* <-n, -n; -nen> compañero, -a *m, f* de estudios

Kommissar(in) [kɔmɪ'sa:ɐ] *m(f)* <-s, -e; -nen> (*Polizeibeamter*) comisario, -a *m, f* de policía

Kommission [kɔmɪ'sjo:n] *f* <-en> comisión *f*

Kommode [kɔ'mo:də] *f* <-n> cómoda *f*

kommunal [kɔmu'na:l] *adj* municipal; **Kommunalpolitik** *f* <-en> política *f* municipal

Kommunikation [kɔmunika'tsjo:n] *f* comunicación *f;* **Kommunikationsmittel** *nt* medio *m* de comunicación

KommunikeeRR *nt* <-s, -s> *s.* **Kommuniqué**

Kommunion [kɔmu'njo:n] *f* <-en>

(*Erst~*) primera comunión *f*
Kommuniqué [kɔmyni'ke:] *nt* <-s, -s> comunicado *m*
Kommunismus [kɔmu'nɪsmʊs] *m* <-, *ohne pl*> comunismo *m*
Kommunist(in) [kɔmu'nɪst] *m(f)* <-en, -en; -nen> comunista *mf*
kommunizieren* [kɔmuni'tsi:rən] *vi* (*reden*) comunicarse; (REL) comulgar
Komödie [ko'mø:djə] *f* <-n> comedia *f*
kompakt [kɔm'pakt] *adj* (*Material*) compacto; (*fam: Statur*) macizo
Kompanie [kɔmpa'ni:] *f* <-n> compañía *f*
Komparativ ['kɔmparati:f] *m* <-s, -e> comparativo *m*
Kompass[RR] ['kɔmpas] *m* <-es, -e> brújula *f*; (NAUT) compás *m*
kompatibel [kɔmpa'ti:bəl] *adj* (*a.* INFOR) compatible
Kompatibilität [kɔmpatibili'tɛ:t] *f* <-en> (*a.* INFOR) compatibilidad *f*
kompensieren* [kɔmpɛn'zi:rən] *vt* compensar
kompetent [kɔmpe'tɛnt] *adj* competente
Kompetenz [kɔmpe'tɛnts] *f* <-en> competencia *f*; **seine ~en überschreiten** sobrepasar sus competencias
komplett [kɔm'plɛt] **I.** *adj* completo **II.** *adv* por completo
komplex [kɔm'plɛks] *adj* complejo
Komplex [kɔm'plɛks] *m* <-es, -e> complejo *m*; **~e haben** tener complejos
Komplikation [kɔmplika'tsjo:n] *f* <-en> complicación *f*
Kompliment [kɔmpli'mɛnt] *nt* <-(e)s, -e> cumplido *m*; **jdm ~e machen** decirle piropos a alguien
Komplize, -in [kɔm'pli:tsə] *m, f* <-n, -n; -nen> cómplice *mf*
komplizieren* [kɔmpli'tsi:rən] *vt, vr:* **sich ~** complicar(se)
kompliziert [kɔmpli'tsi:ɐt] *adj* complicado
Komplott [kɔm'plɔt] *nt* <-(e)s, -e> complot *m*; **ein ~ schmieden** tramar un complot
Komponente [kɔmpo'nɛntə] *f* <-n> componente *m*
komponieren* [kɔmpo'ni:rən] *vi, vt* componer
Komponist(in) [kɔmpo'nɪst] *m(f)* <-en, -en; -nen> compositor(a) *m(f)*
Kompositum [kɔm'po:zitʊm] *nt* <-s, Komposita> palabra *f* compuesta
Kompost [kɔm'pɔst] *m* <-(e)s, -e> compost *m*
kompostieren* [kɔmpɔs'ti:rən] *vt* **1.** (*zu Kompost verarbeiten*) convertir en compost **2.** (*düngen*) abonar con compost
Kompott [kɔm'pɔt] *nt* <-(e)s, -e> compota *f*
Kompresse [kɔm'prɛsə] *f* <-n> compresa *f*
komprimieren* [kɔmpri'mi:rən] *vt* comprimir
Kompromiss[RR] [kɔmpro'mɪs] *m* <-es, -e> compromiso *m*; **mit jdm einen ~ schließen** llegar a un acuerdo con alguien; **kompromissbereit[RR]** *adj* dispuesto a ceder; **Kompromissbereitschaft[RR]** *f ohne pl* disposición *f* a transigir
kompromittieren* [kɔmpromɪ'ti:rən] *vt* comprometer
kondensieren* [kɔndɛn'zi:rən] *vt* condensar
Kondensmilch [kɔn'dɛns-] *f* leche *f* condensada
Kondition [kɔndi'tsjo:n] *f* <-en> condición *f*; **eine gute ~ haben** estar en buena forma
Konditionalsatz [kɔnditsjo'na:l-] *m* oración *f* condicional
Konditionstraining *nt* entrenamiento *m* físico
Konditor(in) [kɔn'di:to:ɐ] *m(f)* <-s, -en; -nen> pastelero, -a *m, f*
Konditorei [kɔndito'raɪ] *f* <-en> pastelería *f*
Kondom [kɔn'do:m] *nt o m* <-s, -e> condón *m*
Konfekt [kɔn'fɛkt] *nt* <-(e)s, -e> dulces *mpl*
Konfektionsgröße *f* talla *f* de confección
Konferenz [kɔnfe'rɛnts] *f* <-en> conferencia *f*; **Konferenzschaltung** *f* (RADIO, TV) conexión *f* de conferencias simultáneas
Konfession [kɔnfɛ'sjo:n] *f* <-en> confesión *f*; **konfessionslos** *adj* aconfesional
Konfetti [kɔn'fɛti] *nt* <-(s), *ohne pl*> confeti *m*
Konfiguration [kɔnfigura'tsjo:n] *f* <-en> (INFOR) configuración *f*
konfigurieren* *vt* (INFOR) configurar
Konfirmation [kɔnfɪrma'tsjo:n] *f* <-en>

confirmación *f*

konfiszieren* [kɔnfɪsˈtsiːrən] *vt* confiscar

Konfitüre [kɔnfiˈtyːrə] *f* <-n> confitura *f*

Konflikt [kɔnˈflɪkt] *m* <-(e)s, -e> conflicto *m*

Konföderation [kɔnfødeːraˈtsjoːn] *f* <-en> confederación *f*

konform [kɔnˈfɔrm] *adj* conforme; **mit jdm ~ gehen** estar de acuerdo con alguien

Konfrontation [kɔnfrɔntaˈtsjoːn] *f* <-en> confrontación *f*

konfrontieren* [kɔnfrɔnˈtiːrən] **I.** *vt* confrontar (*mit +dat* con) **II.** *vr:* **sich ~** enfrentarse (*mit +dat* con/a)

konfus [kɔnˈfuːs] *adj* confuso; **jdn ~ machen** desconcertar a alguien

Konfusion [kɔnfuˈzjoːn] *f* <-en> confusión *f*

Kongress[RR] [kɔŋˈgrɛs, kɔnˈgrɛs] *m* <-es, -e> congreso *m*

König(in) [ˈkøːnɪç] *m(f)* <-s, -e; -nen> rey *m*, reina *f*

königlich [køːnɪklɪç] *adj* (*auf König bezogen*) real; (*hoheitsvoll*) majestuoso

Königreich *nt* reino *m*

Konjugation [kɔnjugaˈtsjoːn] *f* <-en> conjugación *f*

konjugieren* [kɔnjuˈgiːrən] *vt* conjugar

Konjunktion [kɔnjʊŋkˈtsjoːn] *f* <-en> conjunción *f*

Konjunktiv [ˈkɔnjʊŋktiːf] *m* <-s, -e> ≈subjuntivo *m*

Konjunktur [kɔnjʊŋkˈtuːɐ] *f* <-en> coyuntura *f;* **steigende/fallende ~** coyuntura alcista/bajista

konjunkturell [kɔnjʊŋktuˈrɛl] *adj* coyuntural

konkav [kɔnˈkaːf] *adj* cóncavo

konkret [kɔŋˈkreːt, kɔnˈkreːt] **I.** *adj* concreto **II.** *adv* en concreto

konkretisieren* [kɔŋkretiˈziːrən, kɔn-] *vt* concretar

Konkurrent(in) [kɔŋkʊˈrɛnt] *m(f)* <-en, -en; -nen> competidor(a) *m(f)*

Konkurrenz [kɔŋkʊˈrɛnts, kɔn-] *f* competencia *f;* **jdm ~ machen** hacer la competencia a alguien; **konkurrenzfähig** *adj* competitivo; **Konkurrenzkampf** *m* competición *f;* **konkurrenzlos I.** *adj* sin competencia **II.** *adv* fuera de (toda) competencia; **~ billig** a precios sin competencia

konkurrieren* [kɔŋkʊˈriːrən, kɔn-] *vi* competir (*um +akk* por, *mit +dat* con); **miteinander ~** hacerse la competencia

Konkurs [kɔŋˈkʊrs, kɔn-] *m* <-es, -e> quiebra *f*, falencia *f Am;* **~ anmelden** declararse en quiebra

können[1] [ˈkœnən] <kann, konnte, können> *Modalverb* poder *+inf;* **kann ich etwas für Sie tun?** ¿puedo ayudarle en algo?; **wer kann das gewesen sein?** ¿quién puede haber sido?; **du könntest Recht haben** puede que tengas razón; **kann sein** es posible; **das kann nicht sein** no puede ser; **es kann sein, dass ...** puede que... *+subj*

können[2] [ˈkœnən] <kann, konnte, gekonnt> **I.** *vt* saber; **was ~ Sie?** ¿qué sabe Ud. hacer?; **sie kann gut Spanisch** habla bien español **II.** *vi* poder (hacer); **ich kann nichts dafür** (*fam*) no es culpa mía; **ich kann nicht mehr** (*fam*) ya no puedo más; **morgen kann ich nicht** mañana no puedo; **wie konntest du nur!** ¡cómo has podido!; **so schnell sie konnte** lo más rápido que pudo

Können *nt* <-s, *ohne pl*> (*Wissen*) saber *m;* (*Fähigkeit*) capacidad *f*

konnte [ˈkɔntə] *3. imp von* **können**

Konsens [kɔnˈzɛns] *m* <-es, -e> consenso *m*

konsequent [kɔnzeˈkvɛnt] **I.** *adj* consecuente **II.** *adv* de forma consecuente; **~ durchgreifen** proceder enérgicamente; **etw ~ verfolgen** perseguir algo con perseverancia

Konsequenz [kɔnzeˈkvɛnts] *f* <-en> **1.** (*Folgerichtigkeit*) coherencia *f;* **das bedeutet in letzter ~, dass ...** lo cual significa en último término que... **2.** (*Folge*) consecuencia *f;* **die ~en tragen** asumir las consecuencias **3.** *ohne pl* (*Unbeirrbarkeit*) perseverancia *f*

konservativ [ˈkɔnzɛrvatiːf, ---ˈ-] *adj* conservador

Konserve [kɔnˈzɛrvə] *f* <-n> conserva *f;* **Konservenbüchse** *f*, **Konservendose** *f* lata *f* de conservas

konservieren* [kɔnzɛrˈviːrən] *vt* conservar

Konservierungsmittel *nt* conservante *m*

Konsole [kɔnˈzoːlə] *f* <-n> (ARCHIT) repisa *f;* (*Möbel, a.* INFOR) consola *f*

Konsonant [kɔnzoˈnant] *m* <-en, -en> consonante *f*

konstant [kɔnˈstant] *adj* constante

Konstante [kɔn'stantə] *f* <-n> constante *f*
konstatieren* [kɔnsta'ti:rən] *vt* constatar
Konstellation [kɔnstɛla'tsjo:n] *f* <-en> constelación *f*
Konstitution [kɔnstitu'tsjo:n] *f* <-en> constitución *f*
konstitutionell [kɔnstitutsjo'nɛl] *adj* constitucional
konstruieren* [kɔnstru'i:rən] *vt* (*a.* MATH, LING) construir; (*abw*) enrevesar
Konstruktion [kɔnstrʊk'tsjo:n] *f* <-en> construcción *f*
konstruktiv [kɔnstrʊk'ti:f] *adj* constructivo
Konsul(in) ['kɔnzʊl] *m(f)* <-s, -n; -nen> cónsul *mf*
Konsulat [kɔnzu'la:t] *nt* <-(e)s, -e> consulado *m*
konsultieren* [kɔnzʊl'ti:rən] *vt* consultar
Konsum [kɔn'zu:m] *m* <-s, *ohne pl*> consumo *m*
Konsument(in) [kɔnzu'mɛnt] *m(f)* <-en, -en; -nen> consumidor(a) *m(f)*
Konsumgesellschaft *f* sociedad *f* de consumo; **Konsumgüter** *ntpl* bienes *mpl* de consumo
konsumieren* [kɔnzu'mi:rən] *vt* consumir
konsumorientiert *adj* consumista
Kontakt [kɔn'takt] *m* <-(e)s, -e> contacto *m*; **mit jdm in ~ kommen** entrar en contacto con alguien; **geschäftliche ~e zu jdm unterhalten** tener negocios con alguien; **Kontaktanzeige** *f* anuncio *m* de contacto; **Kontaktbildschirm** *m* pantalla *f* de contacto; **kontaktfreudig** *adj* sociable; **Kontaktlinse** *f* lentilla *f*
Konten *pl von* **Konto**
kontern ['kɔntɐn] **I.** *vt* (SPORT) contraatacar **II.** *vi* (*zurückweisen*) replicar
Kontext ['kɔntɛkst] *m* <-(e)s, -e> contexto *m*
Kontinent ['kɔntinɛnt, --'-] *m* <-(e)s, -e> continente *m*
Kontingent [kɔntɪŋ'gɛnt] *nt* <-(e)s, -e> contingente *m*
kontinuierlich [kɔntinu'i:ɐlɪç] *adj* continuo
Kontinuität [kɔntinui'tɛ:t] *f* continuidad *f*
Konto ['kɔnto] *nt* <-s, Konten> cuenta *f*; **ein ~ eröffnen/auflösen** abrir/cerrar una cuenta; **Kontoauszug** *m* extracto *m* de cuenta; **Kontoinhaber(in)** *m(f)* titular *mf* de una cuenta; **Kontonummer** *f* número *m* de (la) cuenta; **Kontostand** *m* estado *m* de (la) cuenta
kontra ['kɔntra] **I.** *präp +akk* (JUR: *a. fig*) contra **II.** *adv* (*dagegen*) en contra
Kontrabass[RR] ['kɔntra-] *m* contrabajo *m*
Kontrahent(in) [kɔntra'hɛnt] *m(f)* <-en, -en; -nen> (*Gegner*) adversario, -a *m, f*; (*Vertragspartner*) parte *f* contratante
Kontraktion [kɔntrak'tsjo:n] *f* <-en> contracción *f*
konträr [kɔn'trɛ:ɐ] *adj* contrario, opuesto
Kontrast [kɔn'trast] *m* <-(e)s, -e> contraste *m*
kontrastreich *adj* rico en contrastes
Kontrollampe *f s.* **Kontrolllampe**
Kontrolle [kɔn'trɔlə] *f* <-n> control *m*; **jdn/etw unter ~ haben** controlar a alguien/algo
Kontrolleur(in) [kɔntrɔ'lø:ɐ] *m(f)* <-s, -e; -nen> controlador(a) *m(f)*
kontrollieren* [kɔntrɔ'li:rən] *vt* controlar
Kontrolllampe[RR] *f* piloto *m*
kontrovers [kɔntro'vɛrs] *adj* (*umstritten*) controvertido
Kontroverse [kɔntro'vɛrzə] *f* <-n> controversia *f*
Kontur [kɔn'tu:ɐ] *f* <-en> contorno *m*; **etw verliert an/gewinnt ~** algo pierde perfil/se perfila
Konvention [kɔnvɛn'tsjo:n] *f* <-en> convención *f*
konventionell [kɔnvɛntsjo'nɛl] *adj* convencional
Konversation [kɔnvɛrza'tsjo:n] *f* <-en> conversación *f*
konvertieren* [kɔnvɛr'ti:rən] **I.** *vi haben o sein* (REL) convertirse (*zu +dat* a) **II.** *vt haben* (WIRTSCH, INFOR) convertir
konvex [kɔn'vɛks] *adj* convexo
Konvoi [kɔn'vɔɪ, '--] *m* <-s, -s> convoy *m*
Konzentrat [kɔntsɛn'tra:t] *nt* <-(e)s, -e> concentrado *m*
Konzentration [kɔntsɛntra'tsjo:n] *f* <-en> concentración *f*; **Konzentrationslager** *nt* campo *m* de concentración
konzentrieren* [kɔntsɛn'tri:rən] *vt, vr*: **sich ~** concentrar(se) (*auf +akk* en)
konzentriert [kɔntsɛn'tri:ɐt] *adj* concentrado
konzentrisch [kɔn'tsɛntrɪʃ] *adj* concéntri-

co

Konzept [kɔn'tsɛpt] *nt* <-(e)s, -e> **1.** (*Rohfassung*) borrador *m;* **aus dem ~ kommen** perder el hilo; **jdn aus dem ~ bringen** desconcertar a alguien **2.** (*Programm*) plan *m;* **das passt mir nicht ins ~** eso no cuadra con mis planes

Konzeption [kɔntsɛp'tsjo:n] *f* <-en> concepción *f*

Konzern [kɔn'tsɛrn] *m* <-s, -e> consorcio *m*

Konzert [kɔn'tsɛrt] *nt* <-(e)s, -e> concierto *m*

Konzession [kɔntsɛ'sjo:n] *f* <-en> **1.** (*Zugeständnis*) concesión *f;* **er ist** (**nicht**) **zu ~en bereit** (no) está dispuesto a hacer concesiones **2.** (*Genehmigung*) licencia *f;* **jdm die ~ entziehen** retirar la licencia a alguien

konzipieren* [kɔntsi'pi:rən] *vt* planear

Kooperation [koʔopera'tsjo:n] *f* <-en> cooperación *f*

kooperativ [koʔopera'ti:f] *adj* cooperativo

kooperieren* [koʔope'ri:rən] *vi* cooperar

Koordinate [koʔɔrdi'na:tə] *f* <-n> coordenada *f*

koordinieren* [koʔɔrdi'ni:rən] *vt* coordinar

Kopf [kɔpf] *m* <-(e)s, Köpfe> cabeza *f;* (*bei Münze*) cara *f;* **~ oder Zahl?** ¿cara o cruz?; **pro ~** por cabeza; **~ hoch!** ¡ánimo!; **etw auf den ~ stellen** poner algo patas arriba; **~ und Kragen riskieren** jugarse la vida; **sie hat ihren eigenen ~** ella sabe lo que quiere; **er ist nicht auf den ~ gefallen** no tiene un pelo de tonto; **mit dem ~ durch die Wand wollen** querer lo imposible; **einen kühlen ~ bewahren** mantener la calma; **die Tatsachen auf den ~ stellen** (*fam*) tergiversar los hechos; **ich war wie vor den ~ gestoßen** me quedé parado; **~ stehen** (*fam*) estar fuera de quicio; **jdm den ~ verdrehen** (*fam*) robarle el sentido a alguien; **das Ganze wächst ihm über den ~** es superior a sus fuerzas; **Kopfball** *m* (SPORT) cabezazo *m*

Köpfchen ['kœpfçən] *nt:* **~ haben** ser listo

köpfen ['kœpfən] *vt* (*enthaupten*) decapitar; (SPORT) cabecear

Kopfende *nt* cabecera *f;* **Kopfhaut** *f* cuero *m* cabelludo; **Kopfhörer** *m* auricular(es) *m(pl);* **Kopfkissen** *nt* almohada *f;* **kopflos** *adj* (*verwirrt*) aturdido; **Kopfnicken** *nt* <-s, *ohne pl*> señal *f* afirmativa (con la cabeza); **Kopfschmerz** *m* dolor *m* de cabeza; **Kopfschütteln** *nt* <-s, *ohne pl*> cabeceo *m;* **Kopfsprung** *m* zambullida *f* de cabeza; **Kopfstand** *m* pino *m;* **kopf|stehen** *irr vi s.* **Kopf**

Kopfsteinpflaster *nt* adoquinado *m*

Kopftuch *nt* <-(e)s, -tücher> pañuelo *m* de cabeza

kopfüber [-'--] *adv* de cabeza

Kopfweh *nt* <-(e)s, -e> dolor *m* de cabeza; **Kopfzeile** *f* (INFOR) encabezamiento *m;* **mit ~** encabezado; **Kopfzerbrechen** *nt:* **sich** *dat* **~ über etw machen** romperse la cabeza por algo

Kopie [ko'pi:] *f* <-n> (*a.* INFOR) copia *f*

kopieren* [ko'pi:rən] *vt* (*a.* INFOR) copiar

Kopierer *m* <-s, -> (*fam*) fotocopiadora *f*

Kopiergerät [ko'pi:ɐ-] *nt* fotocopiadora *f;* **Kopierschutz** *m,* **Kopiersperre** *f* (INFOR) protección *f* contra copias

Kopilot(in) ['ko:pilo:t] *m(f)* copiloto *mf*

koppeln ['kɔpəln] *vt* **1.** (*Tiere: hintereinander*) reatar; (*nebeneinander*) uncir **2.** (*Fahrzeuge*) enganchar; (*Raumschiffe*) acoplar

Kopp(e)lung *f* <-en> acoplamiento *m*

Koralle [ko'ralə] *f* <-n> coral *m;* **Korallenriff** *nt* arrecife *m* coralino

Koran [ko'ra:n] *m* <-s, *ohne pl*> Corán *m*

Korb [kɔrp] *m* <-(e)s, Körbe> **1.** (*Behälter*) cesta *f;* (*größer*) cesto *m;* (SPORT) canasta *f;* **jdm einen ~ geben** (*fig*) dar calabazas a alguien **2.** (*~geflecht*) mimbre *m;* **Korbmöbel** *ntpl* muebles *mpl* de mimbre

Kord [kɔrt] *m* <-(e)s, -e *o* -s> pana *f*

Kordel ['kɔrdəl] *f* <-n> cordel *m*

Kork [kɔrk] *m* <-(e)s, -e> (*Material*) corcho *m*

Korken ['kɔrkən] *m* <-s, -> (*Verschluss*) corcho *m*

Korkenzieher *m* <-s, -> sacacorchos *m inv*

Korn¹ [kɔrn] *nt* <-(e)s, Körner> (*Teilchen, Samen~*) grano *m*

Korn² *nt* <-(e)s, -e> **1.** (*Getreide*) cereales *mpl* **2.** (*am Gewehr*) (punto *m* de) mira *f;* **jdn aufs ~ nehmen** tomarla con alguien

körnig ['kœrnɪç] *adj* granuloso

Körper ['kœrpɐ] *m* <-s, -> cuerpo *m;* **Körperbau** *m* <-(e)s, *ohne pl*> constitución *f* física; **körperbehindert** *adj* minusválido; **Körpergeruch** *m* olor *m* del cuerpo; (*Schweißgeruch*) olor *m* a sudor; **Körper-**

gewicht *nt* <-(e)s, *ohne pl*> peso *m* corporal; **Körpergröße** *f* talla *f;* **Körperhaltung** *f* postura *f;* (*fig*) porte *m*

körperlich *adj* corporal; (*a. geschlechtlich*) físico

Körperpflege *f* aseo *m* personal

Körperschaft *f* <-en> corporación *f*

Körpersprache *f ohne pl* lenguaje *m* gestual; **Körperteil** *m* parte *f* del cuerpo; **Körperverletzung** *f* lesión *f* física; **schwere** ~ lesión grave

Korps [koːɐ] *nt* <-, -> cuerpo *m*

korpulent [kɔrpu'lɛnt] *adj* corpulento

korrekt [kɔ'rɛkt] *adj* correcto

Korrektur [kɔrɛk'tuːɐ] *f* <-en> corrección *f*

Korrespondent(in) [kɔrɛspɔn'dɛnt] *m(f)* <-en, -en; -nen> corresponsal *mf*

Korrespondenz [kɔrɛspɔn'dɛnts] *f* <-en> correspondencia *f;* **mit jdm in ~ stehen** mantener correspondencia con alguien

Korridor ['kɔridoːɐ] *m* <-s, -e> corredor *m*

korrigieren* [kɔri'giːrən] *vt* corregir

korrupt [kɔ'rʊpt] *adj* corrupto

Korruption [kɔrʊp'tsjoːn] *f* <-en> corrupción *f*

Korsett [kɔr'zɛt] *nt* <-s, -s *o* -e> corsé *m*

Korsika ['kɔrzika] *nt* <-s> Córcega *f*

korsisch *adj* corso

koscher ['koːʃɐ] *adj* **1.** (REL) permitido por la religión judía **2.** (*fam: einwandfrei*) limpio; **der Kerl ist nicht ganz ~** este tipo no es (del todo) de fiar

Kosename *m* apodo *m* cariñoso

Kosmetik [kɔs'meːtɪk] *f* cosmética *f*

Kosmetika [kɔs'meːtika] *pl* (productos *mpl*) cosméticos *mpl*

Kosmetiker(in) [kɔs'meːtikɐ] *m(f)* <-s, -; -nen> esteticista *mf*

kosmetisch *adj* cosmético

kosmisch ['kɔsmɪʃ] *adj* cósmico

Kosmonaut(in) [kɔsmo'naʊt] *m(f)* <-en, -en; -nen> cosmonauta *mf*

Kosmopolit(in) [kɔsmopo'liːt] *m(f)* <-en, -en; -nen> cosmopolita *mf*

Kosmos ['kɔsmɔs] *m* <-, *ohne pl*> cosmos *m inv*

Kost [kɔst] *f* alimentos *mpl;* **~ und Logis** comida y alojamiento

kostbar *adj* valioso

kosten ['kɔstən] *vt* **1.** (*probieren*) probar **2.** (*Preis haben, erfordern*) costar; **wie viel kostet das?** ¿cuánto vale?; **das kostet Zeit** eso requiere tiempo; **das kostet mich einige Überwindung** el hacerlo me cuesta cierto esfuerzo

Kosten ['kɔstən] *pl* gastos *mpl;* **keine ~ scheuen** no reparar en gastos; **auf ~ der Gesundheit** a costa de la salud; **auf seine ~ kommen** quedarse satisfecho; **kostengünstig** *adj* rentable; **kostenlos I.** *adj* gratuito **II.** *adv* gratis; **Kostenvoranschlag** [--'---, '-----] *m* presupuesto *m* de (los) gastos

köstlich ['kœstlɪç] *adj* delicioso; **ich habe mich ~ amüsiert** me lo he pasado bomba

Kostprobe *f* bocadito *m;* (*Beispiel*) muestra *f*

kostspielig *adj* costoso

Kostüm [kɔs'tyːm] *nt* <-s, -e> (*Damen~*) traje *m* chaqueta; (THEAT) traje *m;* (*Verkleidung*) disfraz *m*

Kot [koːt] *m* <-(e)s, -e *o* -s> (*geh*) excrementos *mpl*

Kotelett ['kɔtlɛt, kɔt'lɛt] *nt* <-s, -s> chuleta *f*

Koteletten [kɔt'lɛtən] *pl* patillas *fpl*

Köter ['køːtɐ] *m* <-s, -> (*abw*) chucho *m*

Kotflügel *m* guardabarros *m inv*

kotzen *vi* (*vulg*) echar la pota; **das ist zum Kotzen** es un coñazo

Krabbe ['krabə] *f* <-n> cangrejo *m* de mar

krabbeln ['krabəln] *vi sein* (*Kind*) andar a gatas; (*Käfer*) correr

Krach [krax] *m* <-(e)s, Kräche> **1.** (*fam: Auseinandersetzung*) bronca *f;* **mit jdm ~ haben** tener una bronca con alguien **2.** *ohne pl* (*Lärm*) ruido *m*

krachen *vi* (*platzen*) estallar; (*Schuss*) estallar; (*Donner*) retumbar; (*Tür*) cerrarse de golpe

krächzen ['krɛçtsən] *vi* **1.** (*Vogel*) graznar **2.** (*Mensch*) hablar con voz ronca

kraft [kraft] *präp +gen* (*geh*) en virtud de

Kraft [kraft] *f* <Kräfte> (*a.* PHYS) fuerza *f;* **aus eigener ~** por propio esfuerzo; **mit vereinten Kräften** en un esfuerzo común; **das geht über meine Kräfte** eso es demasiado para mí; **die treibende ~** la fuerza motriz; **in ~ treten** entrar en vigor; **außer ~ setzen** anular; **Kraftausdruck** *m* <-(e)s, -drücke> palabrota *f;* **Kraftfahrer(in)** *m(f)* conductor(a) *m(f)*

Kraftfahrzeug *nt* (*formal*) automóvil *m;*

Kraftfahrzeugversicherung *f* seguro *m* de automóviles

kräftig ['krɛftɪç] **I.** *adj* (*stark*) fuerte; (*Essen*) sustancioso **II.** *adv* (*sehr*) mucho; ~ **schütteln** agitar bien

kräftigen ['krɛftɪgən] *vt* fortalecer

kraftlos *adj* sin fuerza; **Kraftprobe** *f* prueba *f* de fuerza; **Kraftstoff** *m* carburante *m;* **kraftvoll** **I.** *adj* fuerte **II.** *adv* con fuerza; **Kraftwerk** *nt* central *f* energética

Kragen ['kra:gən] *m* <-s, -> cuello *m;* **mir platzt gleich der** ~ (*fam*) estoy a punto de reventar; **es geht ihm an den** ~ (*fam*) le van a echar una bronca

Krähe ['krɛ:ə] *f* <-n> corneja *f*

krähen *vi* (*Hahn*) cantar; (*Kind*) berrear

krakelig ['kra:kəlɪç] *adj* garabatoso

Kralle ['kralə] *f* <-n> garra *f;* **jdm die ~n zeigen** (*fam*) mostrar las uñas a alguien

krallen **I.** *vt* (*Finger*) clavar (*in +akk* en) **II.** *vr:* **sich** ~ (*Katze*) echar la garra (*an +dat* a), agarrarse (*an +dat* a/de)

Kram [kra:m] *m* <-(e)s, *ohne pl*> (*fam*) **1.** (*Gerümpel*) trastos *mpl* **2.** (*Angelegenheit*) chisme *m;* **jdm passt etw nicht in den** ~ (*fam*) algo no le viene bien a alguien

kramen **I.** *vi* (*fam: stöbern*) revolver (*in +dat* por entre) **II.** *vt* (*fam: hervorholen*) sacar (*aus +dat* de)

Krampf [krampf] *m* <-(e)s, Krämpfe> calambre *m;* **Krampfader** *f* variz *f;* **krampfhaft** *adj* **1.** (MED) convulsivo **2.** (*verbissen*) obstinado; ~ **an etw** *dat* **festhalten** agarrarse a algo obstinadamente

Kran [kra:n] *m* <-(e)s, -e *o* Kräne> grúa *f*

Kranich ['kra:nɪç] *m* <-s, -e> grulla *f*

krank [kraŋk] *adj* enfermo; **schwer ~ sein** estar gravemente enfermo; ~ **werden** caer enfermo

kränkeln ['krɛŋkəln] *vi* (*Person*) estar achacoso; (*Wirtschaft,*) ir cuesta abajo

kranken ['kraŋkən] *vi* adolecer (*an +dat* de)

kränken ['krɛŋkən] *vt* ofender

Krankengeld *nt* <-(e)s, -er> subsidio *m* de enfermedad; **Krankengymnastik** *f* fisioterapia *f;* **Krankenhaus** *nt* hospital *m;* **jdn ins ~ einweisen** hospitalizar a alguien; **Krankenkasse** *f* caja *f* del seguro; **Krankenpflege** *f* asistencia *f* médica; **Krankenpfleger(in)** *m(f)* enfermero, -a *m, f;* **Krankenschein** *m* volante *m* de asistencia médica; **Krankenschwester** *f* enfermera *f;* **Krankenversicherung** *f* seguro *m* de enfermedad; **Krankenwagen** *m* ambulancia *f*

krank|feiern *vi* (*fam*) *faltar al trabajo fingiendo estar enfermo*

krankhaft **I.** *adj* enfermizo **II.** *adv* desmesuradamente; ~ **eifersüchtig** desmesuradamente celoso

Krankheit *f* <-en> enfermedad *f;* **eine ~ bekommen** contraer una enfermedad; **Krankheitserreger** *m* germen *m* patógeno

krank|lachen *vr:* **sich** ~ (*fam*) morirse de risa

kränklich ['krɛŋklɪç] *adj* enfermizo

krank|melden[RR] *vr:* **sich** ~ darse de baja por enfermedad; **krank|schreiben**[RR] *irr vt* dar de baja por enfermedad

Kränkung ['krɛŋkʊŋ] *f* <-en> ofensa *f;* (*Demütigung*) humillación *f*

Kranz [krants] *m* <-es, Kränze> corona *f*

krass[RR] [kras] *adj* (*auffallend*) llamativo; (*Unterschied*) grande

Krater ['kra:tɐ] *m* <-s, -> cráter *m*

kratzen ['kratsən] **I.** *vt* **1.** (*Person*) rascar; (*Katze*) arañar **2.** (*leicht verletzen*) rasguñar **3.** (*ab~*) raspar (*von +dat* de) **II.** *vi* picar **III.** *vr:* **sich** ~ rascarse

Kratzer *m* <-s, -> (*Schramme*) arañazo *m*

kraulen ['kraʊlən] **I.** *vi, vt haben o sein* (SPORT) nadar (a) crol **II.** *vt haben* (*streicheln*) acariciar

kraus [kraʊs] *adj* (*Haar*) rizado; **die Nase/Stirn ~ ziehen** arrugar la nariz/fruncir el ceño

kräuseln ['krɔɪzəln] **I.** *vt* (*Haar*) rizar; (*Stoff, Stirn*) fruncir **II.** *vr:* **sich** ~ (*Wasser*) encresparse; (*Haare*) rizarse

Kraut [kraʊt] *nt* <-(e)s, Kräuter> **1.** (*Pflanze*) hierba *f;* **dagegen ist kein ~ gewachsen** (*fam*) eso no tiene remedio **2.** *ohne pl* (*Weiß~*) repollo *m;* **wie ~ und Rüben** (*fam*) de manera caótica

Kräutertee *m* tisana *f*

Krawall [kra'val] *m* <-s, -e> **1.** (*Tumult*) disturbio *m* **2.** *ohne pl* (*fam: Lärm*) escándalo *m*

Krawatte [kra'vatə] *f* <-n> corbata *f;* **Krawattennadel** *f* alfiler *m* de corbata

kreativ [krea'ti:f] *adj* creativo

Kreativität [kreativi'tɛ:t] *f* creatividad *f*

K

Kreatur [krea'tuːɐ] *f* <-en> criatura *f*

Krebs [kreːps] *m* <-es, -e> **1.** (ZOOL) cangrejo *m* **2.** (MED) cáncer *m;* ~ **erregend** cancerígeno **3.** (ASTR) Cáncer *m;* **krebserregend** *adj* cancerígeno

krebsrot ['-'-] *adj* rojo como un cangrejo

Krebsvorsorgeuntersuchung *f* chequeo *m* oncológico

Kredit [kre'diːt] *m* <-(e)s, -e> crédito *m;* **einen** ~ **aufnehmen** pedir un préstamo; **Kreditinstitut** *nt* instituto *m* de crédito; **Kreditkarte** *f* tarjeta *f* de crédito

Kreide ['kraɪdə] *f* <-n> **1.** (*zum Schreiben*) tiza *f;* **bei jdm** (**tief**) **in der** ~ **stehen** (*fam*) deber (mucho) dinero a alguien **2.** *ohne pl* (*Kalkstein*) creta *f;* **kreidebleich** ['--'-] *adj* blanco como la pared

Kreis [kraɪs] *m* <-es, -e> **1.** (*a.* MATH) círculo *m;* **im** ~ **stehen** hacer corro; **der Skandal zieht** ~**e** el escándalo se propaga **2.** (*Bereich*) sector *m;* **weite** ~**e der Bevölkerung** amplios sectores de la población **3.** (*Personen*~) círculo *m;* **im** ~**e seiner Familie** en el seno de la familia; **eine Feier im kleinen** ~**e** una fiesta en familia **4.** (ADMIN) distrito *m*

kreischen ['kraɪʃən] *vi* (*schreien*) chillar; (*quietschen*) chirriar

Kreisel ['kraɪzəl] *m* <-s, -> **1.** (*Spielzeug*) peonza *f,* trombo *m Am* **2.** (TECH) giroscopio *m*

kreisen ['kraɪzən] *vi haben o sein* **1.** (*sich drehen*) girar (*um +akk* alrededor de); **das Gespräch kreiste um ...** la conversación se concentraba en... **2.** (*Vögel, a.* AERO) dar vueltas (*über +dat* sobre)

Kreislauf *m* (*Zyklus*) ciclo *m;* (*Blut*~) circulación *f*

Kreissäge *f* sierra *f* circular

Kreißsaal ['kraɪs-] *m* sala *f* de partos

Kreisstadt *f* capital *f* de distrito

Kreisverkehr *m* rotonda *f*

Krematorium [krema'toːriʊm] *nt* <-s, Krematorien> crematorio *m*

Kreml ['kreːm(ə)l] *m* <-s>: **der** ~ el Kremlin

Krempe ['krɛmpə] *f* <-n> ala *f* del sombrero

Krempel ['krɛmpəl] *m* <-s, *ohne pl*> (*fam abw*) cachivaches *mpl*

krepieren* [kre'piːrən] *vi sein* (*fam: sterben*) palmarla

Krepp [krɛp] *m* <-s, -s *o* -e> crespón *m*

Kreta ['kreːta] *nt* <-s> Creta *f*

kreuz [krɔɪts] *adv:* ~ **und quer** a diestro y siniestro

Kreuz [krɔɪts] *nt* <-es, -e> **1.** (*a.* REL) cruz *f;* **das Rote** ~ la Cruz Roja **2.** (*spanisches Kartenspiel*) naipe *m* de bastos; (*französisches Kartenspiel*) naipe *m* de trébol **3.** (*Rückenbereich*) región *f* lumbar; (*fam*) espalda *f;* **jdn aufs** ~ **legen** (*fam: hereinlegen*) timar a alguien

kreuzen **I.** *vi haben o sein* (NAUT: *ziellos fahren*) cruzar **II.** *vt haben* (*a.* BIOL) cruzar; **die Arme** ~ cruzarse de brazos; **eine Straße** ~ cruzar una calle **III.** *vr:* **sich** ~ (*sich überschneiden*) cruzarse

Kreuzfahrt *f* crucero *m*

Kreuzfeuer *nt:* **ins** ~ **der Kritik geraten** exponerse a violentas críticas

kreuzigen ['krɔɪtsɪgən] *vt* crucificar

Kreuzung *f* <-en> (*a.* BIOL) cruce *m*

Kreuzworträtsel *nt* crucigrama *m*

Kreuzzug *m* (*a. fig*) cruzada *f*

kribbeln ['krɪbəln] *vi* **1.** *haben* (*jucken*) picar **2.** *sein* (*wimmeln*) hormiguear

kriechen [kriːçən] <kriecht, kroch, gekrochen> *vi sein* **1.** (*Mensch*) arrastrarse; (*Tier*) reptar; (*Schlange*) deslizarse **2.** (*abw: unterwürfig sein*) humillarse (*vor +dat* ante)

Kriecher(**in**) *m(f)* <-s, -; -nen> (*abw*) pelota *mf*

Krieg [kriːk] *m* <-(e)s, -e> guerra *f;* **im** ~ **fallen** caer en la guerra; ~ **führen gegen jdn** estar en guerra con alguien

kriegen ['kriːgən] *vt* (*fam*) obtener; **wenn ich dich kriege!** ¡si te pillo!

kriegerisch *adj* guerrero; ~**e Auseinandersetzungen** acciones bélicas

Kriegsdienstverweigerer *m* <-s, -> objetor *m* de conciencia

Kriegsfuß *m* (*fam*): **mit jdm/etw** *dat* **auf** ~ **stehen** estar en pie de guerra con alguien/algo; **Kriegsgefangene**(**r**) *mf* prisionero, -a *m, f* de guerra; **Kriegsgefangenschaft** *f* cautiverio *m;* **Kriegsschauplatz** *m* escenario *m* bélico; **Kriegsverbrechen** *nt* crimen *m* de guerra

Krimi ['krɪmi] *m* <-s, -s> (*fam*) género *m* negro; *s. a.* **Kriminalfilm, Kriminalroman**

Kriminalbeamte(**r**) *mf,* **-beamtin** *f* agente *mf* de la policía judicial; **Kriminalfilm** *m* película *f* policíaca; (*Gattung*) cine *m* negro

Kriminalität [kriminali'tɛ:t] *f* criminalidad *f*

Kriminalpolizei *f* Brigada *f* de Investigación Criminal; **Kriminalroman** *m* novela *f* policíaca; (*Gattung*) novela *f* negra

kriminell [krimi'nɛl] *adj* (*a. fig*) criminal

Kriminelle(r) *mf* <-n, -n; -n> criminal *mf*

Krimskrams ['krɪmskrams] *m* <-, *ohne pl*> (*fam*) cachivaches *mpl*

kringeln *vr:* **sich ~** enroscarse

Kripo ['kri:po] *f* <-s> *s.* **Kriminalpolizei**

Krippe ['krɪpə] *f* <-n> (*Futter~*) pesebre *m;* (*Weihnachts~*) nacimiento *m;* (*Kinderhort*) guardería *f*

Krise ['kri:zə] *f* <-n> crisis *f inv*

kriseln ['kri:zəln] *vi* haber crisis; **es kriselt** hay crisis

Krisengebiet *nt* región *f* en crisis; **Krisenherd** *m* zona *f* conflictiva; **Krisenstab** *m* estado *m* mayor de emergencia; **Krisenzeit** *f* época *f* de crisis

Kristall [krɪs'tal] *m* <-s, -e> cristal *m;* **kristallklar** [-'-'-] *adj* cristalino

Kriterium [kri'te:riʊm] *nt* <-s, Kriterien> criterio *m*

Kritik [kri'ti:k, kri'tɪk] *f* <-en> crítica *f;* (*Rezension*) reseña *f;* **unter aller ~** (*fam*) pésimo

Kritiker(in) ['kri:tikɐ] *m(f)* <-s, -; -nen> crítico, -a *m, f*

kritiklos **I.** *adj* sin espíritu crítico **II.** *adv* sin crítica (alguna)

kritisch ['kri:tɪʃ, 'krɪtɪʃ] *adj* crítico; **es wird ~** la situación se pone crítica

kritisieren* [kriti'zi:rən] *vt* criticar; (*Buch*) reseñar

kritzeln ['krɪtsəln] *vi, vt* garabatear

Kroate, -in [kro'a:tə] *m, f* <-n, -n; -nen> croata *mf*

Kroatien [kro'a:tsiən] *nt* <-s> Croacia *f*

kroatisch *adj* croata

kroch [krɔx] *3. imp von* **kriechen**

Krokodil [kroko'di:l] *nt* <-s, -e> cocodrilo *m*

Krone ['kro:nə] *f* <-n> (*a. Zahn~, Währung*) corona *f;* **dabei fällt dir kein Zacken aus der ~** (*fam*) por eso no se te van a caer los anillos; **einen in der ~ haben** (*fam*) estar bebido; **das setzt dem Ganzen die ~ auf!** ¡esto es el colmo!

krönen ['krø:nən] *vt* coronar; **jdn zum König ~** coronar rey a alguien; **ein ~der Abschluss** un glorioso final; **von Erfolg gekrönt sein** ser coronado por el éxito

Kronprinz, -prinzessin *m, f* príncipe *m* heredero, princesa *f* real

Krönung ['krøːnʊŋ] *f* <-en> coronación *f;* **das ist ja die ~!** (*fam*) ¡esto es el colmo!

Kronzeuge, -in *m, f* testigo *mf* principal

Kropf [krɔpf] *m* <-(e)s, Kröpfe> (MED) bocio *m;* (*bei Vögeln*) buche *m*

Kröte ['krø:tə] *f* <-n> sapo *m*

Krücke ['krʏkə] *f* <-n> muleta *f;* **an ~n gehen** andar con muletas

Krückstock *m* <-(e)s, -stöcke> muletilla *f*

Krug [kru:k] *m* <-(e)s, Krüge> jarro *m;* (*Bier~*) jarra *f*

Krümel ['kry:məl] *m* <-s, -> miga *f*

krümeln *vi* (*Brot*) desmigajarse; (*Person*) llenar (un sitio) de migas

krumm [krʊm] *adj* (*verbogen*) torcido; (*gebogen*) curvado; (*Rücken*) encorvado; **sich ~ und schief lachen** (*fam*) partirse de risa; **mach keine ~en Touren!** (*fam*) ¡no te metas en jaleos!

krümmen ['krʏmən] **I.** *vt* (*krumm machen*) encorvar; (*biegen*) doblar **II.** *vr:* **sich ~** **1.** (*sich winden*) retorcerse; **er krümmte sich vor Lachen** (*fam*) se tronchó de risa **2.** (*Straße, Fluss*) serpentear

krumm|lachen *vr:* **sich ~** troncharse de risa; **krumm|nehmen** *irr vt s.* **nehmen 7.**

Krümmung ['krʏmʊŋ] *f* <-en> curvatura *f;* (*des Körpers*) encorvadura *f*

Krüppel ['krʏpəl] *m* <-s, -> lisiado, -a *m, f;* (*durch Unfall*) mutilado, -a *m, f;* **jdn zum ~ schlagen** lisiar a alguien

Kruste ['krʊstə] *f* <-n> costra *f;* (*vom Brot*) corteza *f*

Krustentier *nt* crustáceo *m*

Kruzifix ['kru:tsifɪks, krutsi'fɪks] *nt* <-es, -e> crucifijo *m*

KSZE [ka:ʔɛstsɛt'ʔe:] *f Abk. von* **Konferenz über Sicherheit und Zusammenarbeit in Europa** CSCE *f*

Kuba ['ku:ba] *nt* <-s> Cuba *f*

Kubaner(in) [ku'ba:nɐ] *m(f)* <-s, -; -nen> cubano, -a *m, f*

kubanisch *adj* cubano

Kübel ['ky:bəl] *m* <-s, -> (*Eimer*) cubo *m;* (*Bottich*) tina *f;* **es regnet wie aus ~n** (*fam*)

K

llueve a cántaros

Kubikzentimeter *m o nt* centímetro *m* cúbico

Küche ['kʏçə] *f* <-n> cocina *f*

Kuchen ['kuːxən] *m* <-s, -> pastel *m;* **Kuchenform** *f* molde *m* para pasteles

Küchenmaschine *f* robot *m* de cocina; **Küchenschabe** *f* cucaracha *f*

Kuckuck ['kʊkʊk] *m* <-s, -e> **1.** (*Vogel*) cuco *m;* **zum ~ (noch mal)!** (*fam*) ¡maldita sea! **2.** (*fam: Siegel*) sello *m* de embargo; **Kuckucksuhr** *f* reloj *m* de cuco

Kufe ['kuːfə] *f* <-n> (*Schlitten~*) patín *m;* (*Schlittschuh~*) cuchilla *f*

Kugel ['kuːgəl] *f* <-n> **1.** (*runder Körper*) bola *f;* (MATH) esfera *f;* **eine ruhige ~ schieben** (*fam*) no dar el callo **2.** (*fam: Gewehr~*) bala *f;* **sich** *dat* **die Kugel geben** pegarse un tiro; **Kugellager** *nt* rodamiento *m* de bolas; **kugelrund** ['--'-] *adj* redondo (como una bola); **Kugelschreiber** *m* <-s, -> bolígrafo *m;* **kugelsicher** *adj* a prueba de balas; **~e Weste** chaleco antibalas; **Kugelstoßen** *nt* <-s, *ohne pl*> lanzamiento *m* de peso

Kuh [kuː] *f* <Kühe> vaca *f;* **Kuhfladen** *m* boñigo *m;* **Kuhhaut** *f:* **das geht auf keine ~** (*fam*) esto ya pasa de la raya

kühl [kyːl] *adj* **1.** (*Wetter etc.*) fresco; **bitte ~ lagern** por favor, guárdese en lugar fresco **2.** (*abweisend*) frío

Kühle ['kyːlə] *f* **1.** (*Frische*) frescura *f* **2.** (*Zurückhaltung*) frialdad *f*

kühlen ['kyːlən] **I.** *vi* refrescar **II.** *vt* refrigerar; (*Getränke*) (poner a) enfriar

Kühler *m* <-s, -> radiador *m;* **Kühlerhaube** *f* capó *m*

Kühlhaus *nt* almacén *m* frigorífico; **Kühlschrank** *m* frigorífico *m;* **Kühltasche** *f* nevera *f* portátil; **Kühltruhe** *f* congelador *m;* **Kühlwasser** *nt* <-s, *ohne pl*> aguas *fpl* de refrigeración

kühn [kyːn] *adj* audaz; **eine ~e Behauptung** una tesis muy atrevida

Kuhstall *m* establo *m* para las vacas

Küken ['kyːkən] *nt* <-s, -> polluelo *m*

kulant [ku'lant] *adj* (*Person*) complaciente; (*Preis*) aceptable

Kuli ['kuːli] *m* <-s, -s> (*Person*) culí *m;* (*fam: Kugelschreiber*) boli *m*

kulinarisch [kuli'naːrɪʃ] *adj* culinario

Kulisse [ku'lɪsə] *f* <-n> bastidores *mpl;* **einen Blick hinter die ~n werfen** mirar entre bastidores; **das ist doch nur ~** (*fam abw*) es pura fachada

Kult [kʊlt] *m* <-(e)s, -e> culto *m;* **Kultfigur** *f* ídolo *m;* **Kultfilm** *m* película *f* de culto

kultivieren* [kʊlti'viːrən] *vt* cultivar

kultiviert [kʊlti'viːɐt] *adj* **1.** (*Mensch*) educado; (*gebildet*) culto **2.** (*gepflegt*) refinado

Kultur [kʊl'tuːɐ] *f* <-en> cultura *f;* (AGR, BIOL) cultivo *m;* **Kulturbeutel** *m* neceser *m;* **Kulturdenkmal** *nt* testimonio *m* cultural

kulturell [kʊltu'rɛl] *adj* cultural

Kulturkreis *m* etnia *f,* grupo *m* étnico; **Kulturschock** *m* choque *m* cultural

Kultusminister(in) ['kʊltʊs-] *m(f)* ministro, -a *m, f* de Educación y Ciencia

Kümmel ['kʏməl] *m* <-s, -> comino *m*

Kummer ['kʊmɐ] *m* <-s, *ohne pl*> pena *f;* (*Sorge*) preocupación *f;* **hast du ~?** ¿te preocupa algo?

kümmerlich ['kʏmɐlɪç] *adj* (*elend*) miserable; (*schwächlich*) débil

kümmern ['kʏmɐn] **I.** *vr:* **sich ~** preocuparse (*um +akk* de); **er kümmert sich nicht darum, was die Leute denken** no le importa lo que piense la gente; **kümmer dich ein bisschen um sie!** ¡ocúpate un poco de ella! **II.** *vt* importar; **was kümmert Sie das?** ¿a Ud. qué le importa?

kummervoll *adj* afligido

Kumpan(in) [kʊm'paːn] *m(f)* <-s, -e; -nen> (*fam: Kamerad*) camarada *mf;* (*abw: Mittäter*) compinche *mf*

Kumpel ['kʊmpəl] *m* <-s, -> (*Bergarbeiter*) minero, -a *m, f;* (*fam: Kamerad*) compañero, -a *m, f*

Kunde, -in ['kʊndə] *m, f* <-n, -n; -nen> cliente, -a *m, f;* **Kundendienst** *m* **1.** (*Reparaturdienst*) servicio *m* técnico **2.** *ohne pl* (*Service*) atención *f* al cliente; **Kundennummer** *f* número *m* del cliente

Kundgebung *f* <-en> manifestación *f*

kündigen ['kʏndɪgən] **I.** *vt* (*Vertrag*) rescindir; (*Arbeitsstelle*) presentar su dimisión; **jdm die Freundschaft ~** romper con alguien **II.** *vi* (*einem Arbeitnehmer*) despedir; (*als Arbeitnehmer*) presentar su dimisión; (*einem Mieter*) desahuciar

Kündigungsfrist *f* plazo *m* de despido

Kundschaft *f* clientela *f*

künftig ['kʏnftɪç] **I.** *adj* futuro **II.** *adv* de ahora en adelante
Kunst [kʊnst] *f* <Künste> arte *m o f;* **die schönen Künste** las Bellas Artes; **die bildende** ~ las Artes Plásticas; **das ist keine ~!** (*fam*) ¡eso lo hace cualquiera!; **nach allen Regeln der** ~ (*fig*) como Dios manda; **Kunstakademie** *f* Academia *f* de Bellas Artes
Kunstfaser *f* fibra *f* sintética
Kunstfehler *m* error *m* quirúrgico; **Kunstgegenstand** *m* objeto *m* de arte; **Kunstgeschichte** *f* historia *f* del Arte; **Kunsthandwerk** *nt* <-(e)s, *ohne pl*> artesanía *f*
Künstler(in) ['kʏnstlɐ] *m(f)* <-s, -; -nen> artista *mf*
künstlerisch ['kʏnstlərɪʃ] *adj* artístico; ~ **begabt sein** tener talento artístico
künstlich *adj* artificial; (*Zähne*) postizo; **jdn ~ ernähren** alimentar a alguien con sonda
Kunststoff *m* materia *f* plástica; **aus** ~ de plástico
Kunststück *nt* truco *m;* (*akrobatisch*) acrobacia *f;* **Kunstwerk** *nt* obra *f* de arte
kunterbunt ['kʊntɐ'bʊnt] *adj* (*farbig*) abigarrado; (*durcheinander*) revuelto
Kupfer ['kʊpfɐ] *nt* <-s, *ohne pl*> cobre *m;* **Kupferstich** *m* grabado *m* en cobre
Kupon [ku'põː] *m* <-s, -s> cupón *m;* (*Talon*) talón *m*
Kuppe ['kʊpə] *f* <-n> (*Berg~*) cima *f;* (*Finger~*) yema *f* del dedo
Kuppel ['kʊpəl] *f* <-n> cúpula *f*
Kuppelei [kʊpə'laɪ] *f* <-en> alcahuetería *f;* (JUR) proxenetismo *m*
kuppeln ['kʊpəln] **I.** *vi* (AUTO) embragar; (*als Kuppler*) alcahuetear **II.** *vt* (*Fahrzeuge*) acoplar (*an +akk* a); (*Geräte*) conectar
Kupplung *f* <-en> (AUTO) embrague *m*
Kur [kuːɐ] *f* <-en> (*Heilverfahren*) cura *f;* (*Behandlung*) tratamiento *m;* **zur ~ fahren** ir a tomar las aguas
Kür [kyːɐ] *f* <-en> ejercicio *m* libre
Kurbel ['kʊrbəl] *f* <-n> manivela *f;* **Kurbelwelle** *f* cigüeñal *m*
Kürbis ['kʏrbɪs] *m* <-ses, -se> calabaza *f*
Kurier [ku'riːɐ] *m* <-s, -e> correo *m;* **Kurierdienst** *m* servicio *m* de correo
kurieren* [ku'riːrən] *vt* (*behandeln*) curar; (*heilen*) sanar (*von +dat*)
kurios [kuri'oːs] *adj* curioso
Kuriosität [kuriozi'tɛːt] *f* <-en> **1.** (*Gegenstand*) curiosidad *f* **2.** *ohne pl* (*Eigenart*) singularidad *f*
Kurort *m* balneario *m*
Kurpfalz ['kuːɐpfalts] *f* Electorado *m* del Palatinado
Kurpfuscher(in) ['kuːɐpfʊʃɐ] *m(f)* <-s, -; -nen> (*fam abw*) matasanos *mf inv*
Kurs [kʊrs] *m* <-es, -e> **1.** (*Richtung*) rumbo *m;* **auf ~ bleiben** mantener el rumbo; **einen harten (politischen) ~ einschlagen** adoptar una línea (política) dura **2.** (SCH, UNIV) curso *m;* (*Intensiv~*) cursillo *m* **3.** (WIRTSCH) cotización *f;* (*von Devisen*) cambio *m;* **bei jdm hoch im ~ stehen** gozar de prestigio ante alguien; **Kursbuch** *nt* guía *f* oficial de ferrocarriles
kursieren* [kʊr'ziːrən] *vi haben o sein* (*Geld*) circular; (*Gerücht*) correr
kursiv [kʊr'ziːf] *adj* (TYPO) en cursiva
Kurve ['kʊrvə] *f* <-n> (*a.* MATH) curva *f;* **die ~ kratzen** (*fam*) desaparecer rápido; **nicht die ~ kriegen** (*fam*) fracasar
kurz [kʊrts] *adj* <kürzer, am kürzesten> corto; **~e Hosen** pantalones cortos; **~ vor Köln** poco antes de Colonia; **ich will es ~ machen** seré breve; **über ~ oder lang** tarde o temprano; **sich ~ fassen** ser conciso; **~ und bündig** conciso; **~ und gut** resumiendo; **seit ~em** desde hace poco (tiempo); **vor ~em** hace poco; **~ darauf** poco después; **den Kürzeren ziehen** (*fam*) salir perdiendo; **zu ~ kommen** quedarse con las ganas de hacer algo; **jdn ~ halten** (*fig*) tener a alguien (bien) derecho; **~ treten** (*sich einschränken*) ahorrar; (*sich schonen*) reservar las (propias) fuerzas
Kurzarbeit *f* (trabajo *m* a) jornada *f* reducida
kurzärm(e)lig ['-ʔɛrm(ə)lɪç] *adj* de manga corta
Kürze ['kʏrtsə] *f* brevedad *f;* (*im Ausdruck*) concisión *f;* **in ~** dentro de poco
kürzen ['kʏrtsən] *vt* hacer más corto; (*Rede, Text*) acortar (*um +akk* en, *auf +akk* a); (*abkürzen*) abreviar; (FILM) cortar; (MATH) simplificar
kurzerhand ['kʊrtsɐ'hant] *adv* sin vacilar
Kurzfassung *f* versión *f* reducida; **Kurzform** *f* forma *f* abreviada
kurzfristig **I.** *adj* a corto plazo **II.** *adv* (*in kurzer Zeit*) en (cuestión de) poco tiempo; (*ohne Vorbereitung*) en el último momento

Kurzgeschichte *f* cuento *m*
kurzhaarig *adj* de pelo corto
kurz|halten *irr vt s.* **kurz**
kurzlebig *adj* (*Tier, Pflanze*) de corta vida; (*Mode etc.*) efímero
kürzlich ['kʏrtslɪç] *adv* hace poco, recién *Am*
kurz|schließen *irr* **I.** *vt* poner en cortocircuito **II.** *vr:* **sich** ~ (*fam*) ponerse en contacto
Kurzschluss[RR] *m* cortocircuito *m;* **Kurzschlusshandlung**[RR] *f* acto *m* irreflexivo
kurzsichtig *adj* miope
Kurzsichtigkeit *f* (MED) miopía *f;* (*im Denken*) estrechez *f* de miras
kurz|treten *irr vi s.* **kurz**
Kürzung ['kʏrtsʊŋ] *f* <-en> **1.** (*finanziell*) reducción *f* **2.** (*von Text*) abreviación *f*
Kurzwaren *fpl* artículos *mpl* de mercería
Kurzwelle *f* onda *f* corta
Kurzzeitgedächtnis *nt* <-ses, *ohne pl*> memoria *f* corta
kurzzeitig *adj* por poco tiempo
kuscheln ['kʊʃəln] **I.** *vr:* **sich** ~ (*fam*) acurrucarse (*in* +*akk* en); **sich an jdn** ~ acurrucarse contra alguien **II.** *vi* hacerse mimos
Kusine [ku'ziːnə] *f* <-n> prima *f*
Kuss[RR] [kʊs] *m* <-es, Küsse> beso *m*
küssen ['kʏsən] *vt, vr:* **sich** ~ besar(se)
Küste ['kʏstə] *f* <-n> costa *f;* **eine zerklüftete** ~ una costa brava
Küster(in) ['kʏstɐ] *m(f)* <-s, -; -nen> sacristán, -ana *m, f*
Kutsche ['kʊtʃə] *f* <-n> carruaje *m*
Kutte ['kʊtə] *f* <-n> (*eines Pfarrers*) sotana *f;* (*eines Mönches*) hábito *m*
Kuvert [ku've:ɐ] *nt* <-s, -s> (*reg: Briefumschlag*) sobre *m;* (*geh: Gedeck*) cubierto *m*
kV (ELEK) *Abk. von* **Kilovolt** kv
kW *Abk. von* **Kilowatt** kW
Kybernetik [kybɛr'neːtɪk] *f* cibernética *f*
KZ [kaː'tsɛt] *nt* <-(s), -(s)> *Abk. von* **Konzentrationslager** campo *m* de concentración

L

L, l [ɛl] *nt* <-, -> L, l *f*
labern ['laːbɐn] *vi* (*fam abw*) soltar el rollo (*über* sobre); **Blödsinn** ~ decir tonterías
labil [la'biːl] *adj* lábil; (*Gesundheit*) frágil
Labor [la'boːɐ] *nt* <-s, -s *o* -e> laboratorio *m*
Laborant(in) [labo'rant] *m(f)* <-en, -en; -nen> ayudante *mf* de laboratorio
Labyrinth [laby'rɪnt] *nt* <-(e)s, -e> laberinto *m*
Lache ['laːxə] *f* <-n> charco *m*
lächeln ['lɛçəln] *vi* sonreír
Lächeln *nt* <-s, *ohne pl*> sonrisa *f*
lachen ['laxən] *vi* reír(se) (*über* +*akk* de); **du hast gut ~!** (*fam*) ¡bien puedes tú reírte!; **da gibt es nichts zu** ~ esto no tiene ninguna gracia
Lachen *nt* <-s, *ohne pl*> risa *f;* **sich biegen vor** ~ (*fam*) troncharse de risa
lächerlich ['lɛçɐlɪç] *adj* ridículo; **jdn/etw** ~ **machen** poner a alguien/algo en ridículo; **sich** ~ **machen** hacer el ridículo; **~e drei Zuschauer waren da** (*fam*) asistieron (sólo) tres gatos
lachhaft *adj* (*abw*) ridículo
Lachs [laks] *m* <-es, -e> salmón *m*
Lack [lak] *m* <-(e)s, -e> laca *f;* (*Holz~*) barniz *m;* (*Auto~*) pintura *f*
lackieren* [la'kiːrən] *vt* **1.** (*Holz*) barnizar; (*Auto*) pintar (con pistola) **2.** (*Fingernägel*) pintar
laden ['laːdən] <lädt, lud, geladen> *vt* **1.** (*Fracht, Batterie, Pistole, a.* INFOR) cargar; **alle Schuld auf sich** ~ (*fig*) cargar con todas las culpas **2.** (JUR) citar
Laden ['laːdən] *m* <-s, Läden> **1.** (*Kauf~*) tienda *f;* (*Geschäft*) negocio *m;* **der** ~ **läuft** (*fam*) los negocios van bien; **den (ganzen)** ~ **hinschmeißen** (*fam*) tirar la toalla **2.** (*Fenster~*) postigo *m* **3.** (*Roll~*) persiana *f;* **Ladendiebstahl** *m* robo *m* en tiendas; **Ladenpreis** *m* precio *m* de venta al público; **Ladenschluss**[RR] *m* <-es, *ohne pl*> (hora *f* de) cierre *m* de los comercios; **Ladentisch** *m* mostrador *m;* **etw unter dem** ~ **verkaufen** (*fam*) vender algo bajo mano
lädt [lɛːt] *3. präs von* **laden**
Ladung *f* <-en> (*Fracht, Munition, a.* PHYS)

carga *f;* (JUR) citación *f*
lag [laːk] *3. imp von* **liegen**
Lage ['laːgə] *f* <-n> **1.** (*Stelle*) sitio *m;* (GEO) zona *f;* **in günstiger ~** en buena zona **2.** (*Situation*) situación *f;* **dazu bin ich nicht in der ~** no estoy en condiciones de hacerlo; **Herr der ~ sein** dominar la situación; **sich in jds ~ versetzen** ponerse en el lugar de alguien; **nach ~ der Dinge** dadas las circunstancias **3.** (*Schicht*) capa *f*
Lager ['laːgɐ] *nt* <-s, -> **1.** (*Ferien~*) campamento *m;* (*Flüchtlings~*) campo *m;* **ein ~ aufschlagen** acampar; **das ~ abbrechen** levantar el campamento **2.** (*Vorrats~*) almacén *m;* **etw auf ~ haben** tener algo en depósito **3.** (*Partei*) campo *m;* **ins gegnerische ~ überlaufen** (*fig*) pasarse al campo contrario; **die Partei spaltete sich in mehrere ~** el partido se escindió en varios grupos **4.** (TECH) cojinete *m;* **Lagerfeuer** *nt* hoguera *f*
lagern ['laːgɐn] **I.** *vi* **1.** (*kampieren*) acampar **2.** (*Waren*) estar almacenado; (*Wein*) reposar **II.** *vt* **1.** (*Waren*) almacenar; (*Esswaren*) conservar; **kühl ~** consérvese en lugar fresco **2.** (*legen*) poner; **das Bein hoch ~** poner la pierna en alto
Lagune [la'guːnə] *f* <-n> laguna *f*
lahm [laːm] *adj* **1.** (*hinkend*) cojo; **auf einem Bein ~ sein** cojear de una pierna **2.** (*wie gelähmt*) entumecido; **~ legen** paralizar **3.** (*fam abw: langsam*) lento
lähmen ['lɛːmən] *vt* paralizar
lahm|legen *vt s.* **lahm 2.**
Lähmung ['lɛːmʊŋ] *f* <-en> (MED) parálisis *f inv;* (*der Industrie*) paralización *f*
Laib [laɪp] *m* <-(e)s, -e>: **ein ~ Brot** un pan
Laie, **-in** ['laɪə] *m, f* <-n, -n; -nen> profano, -a *m, f*
Laken ['laːkən] *nt* <-s, -> sábana *f*
lallen ['lalən] *vi, vt* balbucear
Lama ['laːma] *nt* <-s, -s> llama *f*
Lamelle [la'mɛlə] *f* <-n> (TECH) lámina *f;* (BOT) laminilla *f*
Lamm [lam] *nt* <-(e)s, Lämmer> cordero *m;* **lammfromm** ['-'-] *adj* manso como un cordero
Lampe ['lampə] *f* <-n> lámpara *f;* **Lampenfieber** *nt* <-s, *ohne pl*> (*fam*) mieditis *f inv;* **Lampenschirm** *m* pantalla *f*
Lampion ['lampjɔŋ, -'-] *m* <-s, -s> farolillo *m*
Land [lant] *nt* <-(e)s, Länder> **1.** (*Staat*) país *m;* **~ und Leute kennen lernen** conocer gente y costumbres; **aus aller Herren Länder** de todas las partes del mundo; **hier zu ~e** en este país **2.** (*Bundes~*) land *m;* **das ~ Hessen** el estado federado de Hesse **3.** *ohne pl* (*Fest~*) tierra *f;* **an ~ gehen** desembarcar **4.** *ohne pl* (*dörfliche Gegend*) campo *m;* **auf dem ~ wohnen** vivir en el campo **5.** *ohne pl* (*Ackerboden*) terreno *m;* **das ~ bestellen** cultivar la tierra; **Landbevölkerung** *f* población *f* rural
Landebahn *f* pista *f* de aterrizaje
landeinwärts [-'--] *adv* tierra adentro
landen ['landən] *vi sein* **1.** (*Flugzeug*) aterrizar; (*auf dem Mond*) alunizar; (*auf dem Wasser*) amerizar **2.** (*fam: ankommen*) acabar (*in + dat* en); **im Gefängnis ~** acabar en la cárcel; **auf dem 5. Platz ~** clasificarse en quinto lugar
Landeplatz *m* (AERO) pista *f* de aterrizaje; (NAUT) embarcadero *m*
Ländereien [lɛndə'raɪən] *fpl* tierras *fpl*
Landesinnere(s) *nt* interior *m* del país; **Landesregierung** *f* gobierno *m* de un land; **Landessprache** *f* idioma *m* nacional; **landesüblich** *adj* habitual en un país; **Landeswährung** *f* moneda *f* nacional
Landhaus *nt* casa *f* de campo; **Landkarte** *f* mapa *m;* **Landkreis** *m* distrito *m* administrativo
landläufig *adj* (*allgemein*) general; (*allgemein verbreitet*) común; (*gängig*) corriente
ländlich ['lɛntlɪç] *adj* rural
Landluft *f ohne pl* aire *m* del campo
Landschaft *f* <-en> paisaje *m*
Landsmann, **-männin** *m, f* <-(e)s, -leute; -nen> compatriota *mf*
Landstraße *f* carretera *f* nacional
Landstreicher(in) *m(f)* <-s, -; -nen> vagabundo, -a *m, f*
Landtag *m* parlamento *m* de un land
Landung ['landʊŋ] *f* <-en> (*Flugzeug*) aterrizaje *m;* (*Mond~*) alunizaje *m*
Landwirt(in) *m(f)* agricultor(a) *m(f);* **Landwirtschaft** *f* agricultura *f;* **landwirtschaftlich** *adj* agrícola
lang [laŋ] <länger, am längsten> **I.** *adj* largo; **2 Meter ~** 2 metros de largo; **seit ~em** desde hace mucho (tiempo); **~ und breit** detalladamente; **gleich ~** igual de largo; **ohne ~es Nachdenken** sin pensarlo

L

mucho **II.** *adv* **1.** (*Dauer*) durante; **einen Augenblick** ~ durante un momento; **mein** ~ **ersehnter Wunsch** el sueño de mi vida **2.** (*reg: entlang*) por; **hier geht's** ~ vamos por aquí

langärm(e)lig ['-ʔɛrm(ə)lɪç] *adj* de manga larga

lange ['laŋə] <länger, am längsten> *adv* mucho tiempo; **wie** ~ **bist du schon hier?** ¿cuánto tiempo hace ya que estás aquí?; **das ist schon** ~ **her** ya hace mucho tiempo; ~ **brauchen** (**um ... zu** +*inf*) tardar mucho (en... +*inf*); **so** ~ **bis ...** hasta que... +*subj*

Länge ['lɛŋə] *f* <-n> **1.** (*räumlich*) longitud *f;* (*von Kleidung*) largo *m;* **der** ~ **nach** a lo largo; **ein Seil von zehn Meter** ~ una cuerda de diez metros de largo; **zwanzig Grad östlicher** ~ veinte grados de longitud este **2.** (*zeitlich*) duración *f;* **sich in die** ~ **ziehen** tardar mucho tiempo

langen ['laŋən] **I.** *vi* (*fam*) **1.** (*ausreichen*) bastar; **jetzt langt's aber!** ¡basta ya! **2.** (*hinein~*) meter la mano (*in* +*akk* en) **II.** *vt* (*fam*) coger, agarrar *Am;* **jdm eine** ~ pegar una bofetada a alguien

Längengrad *m* grado *m* de longitud; **Längenmaß** *nt* medida *f* de longitud

Langeweile ['laŋəvaɪlə] *f* aburrimiento *m*

langfristig *adj* a largo plazo

langgestreckt *adj s.* **strecken**

langjährig *adj* de muchos años

langlebig *adj* (*Person*) longevo; (*Material*) duradero

länglich ['lɛŋlɪç] *adj* alargado

längs [lɛŋs] **I.** *präp* +*gen* a lo largo de **II.** *adv* a lo largo

langsam ['laŋza:m] **I.** *adj* **1.** (*Geschwindigkeit*) lento **2.** (*allmählich*) paulatino **II.** *adv* **1.** (*Geschwindigkeit*) despacio; ~ **fahren** conducir despacio **2.** (*allmählich*) poco a poco; **es wird** ~ **Zeit** ya va siendo hora; ~ **reicht es mir** (*fam*) me estoy hartando

Langschläfer(in) *m(f)* <-s, -; -nen> dormilón, -ona *m, f*

Langspielplatte *f* elepé *m*

längst [lɛŋst] *adv* **1.** (*zeitlich*) hace tiempo **2.** (*bei weitem*) ni mucho menos; **und das ist noch** ~ **nicht alles** y esto no es todo, ni mucho menos

langweilen ['laŋvaɪlən] *vt, vr:* **sich** ~ aburrir(se)

langweilig *adj* aburrido

langwierig ['laŋvi:rɪç] *adj* largo; (*mühselig*) arduo

Langzeitarbeitslose(r) *mf* parado, -a *m, f* (durante largo tiempo); **Langzeitarbeitslosigkeit** *f* paro *m* de larga duración, cesantía *f* prolongada *Am*

Lanze ['lantsə] *f* <-n> lanza *f;* **für jdn eine** ~ **brechen** (*fig*) romper una lanza por alguien

Lappalie [la'pa:liə] *f* <-n> bagatela *f*

Lappen ['lapən] *m* <-s, -> trapo *m;* **etw geht jdm durch die** ~ (*fam*) algo se le escapa a alguien de las manos

läppisch ['lɛpɪʃ] *adj* (*abw: kindisch*) infantil; (*gering*) insignificante

Lappland ['laplant] *nt* <-s> Laponia *f*

Laptop ['lɛptɔp] *m* <-s, -s> ordenador *m* portátil

Lärche ['lɛrçə] *f* <-n> alerce *m*

Lärm [lɛrm] *m* <-(e)s, *ohne pl*> ruido *m;* ~ **schlagen** (*fam*) armar un cisco; **viel** ~ **um nichts** mucho ruido y pocas nueces

lärmen ['lɛrmən] *vi* hacer ruido

Larve ['larfə] *f* <-n> larva *f*

las [la:s] *3. imp von* **lesen**

lasch [laʃ] *adj* (*schlaff*) flojo; (*fade*) soso

Lasche ['laʃə] *f* <-n> (*am Schuh*) lengüeta *f;* (*an Schachtel*) solapa *f;* (*an Taschen*) presilla *f;* (*an Dosen*) anillo *m*

Laser ['le:zɐ, 'lɛɪzɐ] *m* <-s, -> láser *m;* **Laserdrucker** *m* impresora *f* láser; **Laserstrahl** *m* rayo *m* láser

lassen[1] ['lasən] <lässt, ließ, gelassen> *vt* dejar; **lass mich** (**in Ruhe**)! ¡déjame (en paz)!; **er kann es einfach nicht** ~ siempre está con lo mismo; **sein Leben** ~ (*geh*) perder la vida; **jdm Zeit** ~ dar tiempo a alguien; **jdm seinen Willen** ~ respetar la voluntad de alguien; **Wasser in die Wanne** ~ preparar el baño; **lass mich mal vorbei** déjame pasar; **kalt** ~ dejar frío; **offen** ~ (*Tür, Fenster*) dejar abierto; (*beim Schreiben*) dejar en blanco; (*Entscheidung*) dejar pendiente; **wir sollten nichts unversucht** ~ tenemos que agotar todas las posibilidades

lassen[2] ['lasən] <lässt, ließ, lassen> *vt mit einem Infinitiv* dejar; **lass dir das gesagt sein!** ¡date por advertido!; ~ **Sie mich bitte ausreden** déjeme acabar de hablar; **jdn hängen** ~ dejar a alguien plantado; **sich hängen** ~ dejarse ir; **jdn laufen** ~ (*fam*) soltar a alguien; **sich** *dat* **einen Bart stehen** ~

dejarse crecer la barba; **sich scheiden** ~ divorciarse; **sich** *dat* **die Haare schneiden** ~ (ir a) cortarse el pelo; **ich lasse bitten** hágale pasar; **er lässt dich grüßen** te manda saludos; **etw sein** [*o* **bleiben**] ~ dejar algo; **etw liegen** ~ (*nicht wegnehmen*) dejar algo; (*vergessen*) olvidar algo; (*unerledigt lassen*) interrumpir algo; **stecken** ~ no sacar; (*Schlüssel*) dejar puesto; **stehen** ~ (*nicht wegnehmen, vergessen*) dejar; (*nicht zerstören*) conservar; (*Essen*) dejar en el plato; (*sich abwenden*) dejar plantado; (*bei einem Termin*) dar plantón; **lass uns gehen!** ¡vámonos!; **lasset uns beten** oremos; **lass es dir gut gehen** que te vaya bien; **das lässt sich nicht vermeiden** esto no se puede evitar; **ich will sehen, was sich tun lässt** voy a ver qué es lo que podemos hacer

lässig [ˈlɛsɪç] *adj* (*ungezwungen*) desenfadado; (*fam: leicht*) fácil

lässt[RR] [lɛst] *3. präs von* **lassen**

Last [last] *f* <-en> carga *f;* (*Gewicht*) peso *m;* **jdm zur** ~ **fallen** ser una carga para alguien; **jdm etw zur** ~ **legen** acusar a alguien de algo; **das geht zu deinen** ~**en** eso queda de tu cuenta

lasten [ˈlastən] *vi* pesar (*auf* +*dat* sobre)

Laster[1] *m* <-s, -> (*fam*) camión *m*

Laster[2] *nt* <-s, -> vicio *m*

Lästermaul *nt* (*fam*) cotilla *mf*

lästern [ˈlɛstɐn] *vi* (*abw*): **über jdn** ~ poner verde a alguien

lästig [ˈlɛstɪç] *adj* molesto; **jdm** ~ **sein** molestar a alguien

Lasttier *nt* bestia *f* de carga; **Lastwagen** *m* camión *m*

Latein [laˈtaɪn] *nt* <-s, *ohne pl*> latín *m;* **mit seinem** ~ **am Ende sein** no saber cómo continuar

Lateinamerika [---ˈ---] *nt* Latinoamérica *f;* **Lateinamerikaner(in)** [-----ˈ--] *m(f)* latinoamericano, -a *m, f;* **lateinamerikanisch** [-----ˈ--] *adj* latinoamericano

lateinisch [laˈtaɪnɪʃ] *adj* latino

Laterne [laˈtɛrnə] *f* <-n> linterna *f;* (*Straßen~*) farola *f*

latschen [ˈlaːtʃən] *vi sein* (*fam*) **1.** (*gehen*) andar; (*zu Fuß gehen*) ir a pie **2.** (*schlurfen*) arrastrar los pies **3.** (*rücksichtslos trampeln*) pisotear (*über*)

Latte [ˈlatə] *f* <-n> **1.** (*Brett*) tabla *f* **2.** (SPORT: *am Tor*) larguero *m;* (*Hochsprung*) listón *m;* **Lattenzaun** *m* empalizada *f*

Latz [lats] *m* <-es, Lätze> (*Lätzchen*) babero *m;* (*an Kleidung*) peto *m;* **Latzhose** *f* pantalón *m* de peto

lau [laʊ] *adj* tibio

Laub [laʊp] *nt* <-(e)s, *ohne pl*> follaje *m;* **Laubbaum** *m* árbol *m* de hoja caduca

Laube [ˈlaʊbə] *f* <-n> cenador *m*

Laubsäge *f* segueta *f;* **Laubwald** *m* bosque *m* caducifolio

Lauch [laʊx] *m* <-(e)s, -e> puerro *m*

Lauer [ˈlaʊɐ] *f:* **auf der** ~ **liegen** (*fam*) estar al acecho

lauern [ˈlaʊɐn] *vi* (*fam*) acechar (*auf* +*akk* a)

Lauf [laʊf] *m* <-(e)s, Läufe> **1.** (SPORT) carrera *f* **2.** (*Gewehr~*) cañón *m* **3.** *ohne pl* (*a.* ASTR: *das ~en*) carrera *f* **4.** *ohne pl* (*Ver~*) (trans)curso *m;* **etw nimmt seinen** ~ algo toma su rumbo; **im ~e eines Gesprächs** en el transcurso de una conversación; **seiner Fantasie freien** ~ **lassen** dar rienda suelta a su fantasía **5.** *ohne pl* (*von Maschinen*) marcha *f* **6.** *ohne pl* (*Fluss~*) curso *m*

Laufbahn *f* (*beruflich*) carrera *f* (profesional)

laufen [ˈlaʊfən] <läuft, lief, gelaufen> **I.** *vi sein* **1.** (*rennen, fließen*) correr; **der Wasserhahn läuft** el grifo está abierto **2.** (*fam: gehen*) andar; **jdm über den Weg** ~ cruzarse con alguien **3.** (*in Betrieb sein*) funcionar; (*Motor*) estar en marcha; **das Radio lief** la radio estaba puesta **4.** (*undicht sein*) gotear **5.** (FILM) estar en cartelera; (*Vorführung*) empezar **6.** (*Prozess*) estar en trámite; (*Vertrag*) estar vigente; (*fam: Geschäft*) ir bien; **der Wagen läuft auf seinen Namen** el coche está a su nombre; **die Sache ist ge~** (*fam*) se acabó **7.** (*ver~*) correr; (*Fluss, Weg*) ir; **auf Rollen** ~ tener ruedas; **auf Schienen** ~ correr sobre vías; **ein Murmeln lief durch die Menge** un rumor corrió por la multitud; **es läuft mir eiskalt über den Rücken** me dan escalofríos **II.** *vt sein* andar; **Ski/Rollschuh/Schlittschuh** ~ esquiar/patinar/patinar sobre hielo; **einen Umweg** dar un rodeo

laufend **I.** *adj* corriente; **im ~en Jahr** en el año corriente; **am ~en Band** sin interrupción **II.** *adv* (*ständig*) continuamente; **auf dem Laufenden sein** estar al día

laufen|lassen* *irr vt s.* **lassen**[2]

Läufer[1] *m* <-s, -> (*Teppich*) alfombra *f;*

L

(*Schachfigur*) alfil *m*

Läufer(in)[2] ['lɔɪfɐ] *m(f)* <-s, -; -nen> (SPORT) corredor(a) *m(f)*

Lauffeuer *nt:* **etw verbreitet sich wie ein ~** algo corre como un reguero de pólvora; **Laufpass**[RR] *m* (*fam*): **jdm den ~ geben** mandar a alguien a freír espárragos; **den ~ bekommen** ser despedido

läuft [lɔɪft] *3. präs von* **laufen**

Laufwerk *nt* (INFOR) unidad *f*

Lauge ['laʊgə] *f* <-n> lejía *f*

Laune ['laʊnə] *f* <-n> **1.** (*Einfall*) capricho *m;* **aus einer ~ heraus** por puro capricho **2.** (*Stimmung*) humor *m;* **schlechte ~ haben** estar de mal humor; **jdn bei ~ halten** seguirle el humor a alguien; **seine ~n an jdm auslassen** descargar su mal humor en alguien

launisch *adj* (*abw*) caprichoso

Laus [laʊs] *f* <Läuse> piojo *m;* **ihm ist eine ~ über die Leber gelaufen** (*fam*) le ha picado una mosca

lauschen ['laʊʃən] *vi* (*zuhören*) escuchar atentamente; (*heimlich zuhören*) estar a la escucha

lauschig *adj* acogedor

Lausebengel ['laʊzə-] *m* (*fam*) pillo *m*

lausig *adj* (*fam*) miserable; **~ spielen** jugar miserablemente; **eine ~e Kälte** un frío tremendo

laut [laʊt] **I.** *adj* alto; (*~stark*) fuerte; (*lärmerfüllt*) ruidoso; **das Radio ~er stellen** poner la radio más alta; **~ lesen** leer en voz alta; **es wurden Beschwerden ~** hubo quejas **II.** *präp +gen/dat* según

Laut [laʊt] *m* <-(e)s, -e> sonido *m;* **keinen ~ von sich** *dat* **geben** no decir ni pío

lauten [laʊtən] *vi* decir; **gleich ~d** (*im Klang*) homófono; (*im Wortlaut*) idéntico **dieser Paragraph lautet wörtlich: ...** este artículo dice literalmente:...; **der Pass lautet auf den Namen ...** el pasaporte está expedido a nombre de...; **die Anklage lautet auf Erpressung** se le acusa de chantaje

läuten ['lɔɪtən] **I.** *vi* **1.** (*an der Tür*) tocar (el timbre) **2.** (*Telefon, Glocke*) sonar; **es hat geläutet** llaman (a la puerta) **II.** *vt* (*Glocken*) tocar

lauter ['laʊtɐ] *adj* **1.** (*geh: Mensch*) sincero **2.** *inv* (*nur*) sólo; (*viel(e)*) mucho(s); **vor ~ Kummer** de tanta pena

lauthals ['--] *adv* a grito pelado

lautlos **I.** *adj* silencioso **II.** *adv* sin ruido; **Lautschrift** *f* transcripción *f* fonética

Lautsprecher *m* <-s, -> altavoz *m,* altoparlante *m Am*

lautstark ['--] *adj* fuerte; (*heftig*) enérgico; **Lautstärke** *f* volumen *m;* **bei voller ~** a todo volumen

lauwarm ['-'-] *adj* tibio

Lava ['la:va] *f* <Laven> lava *f*

Lavendel [la'vɛndəl] *m* <-s, -> lavanda *f*

Lawine [la'vi:nə] *f* <-n> avalancha *f*

Layout [lɛɪ'ʔaʊt] *nt* <-s, -s>, **Lay-out**[RR] *nt* <-s, -s> composición *f*

Lazarett [latsa'rɛt] *nt* <-(e)s, -e> hospital *m* militar

leasen ['li:zən] *vt* alquilar con opción de compra; **ein geleastes Auto** un coche adquirido por leasing

Leasing ['li:zɪŋ] *nt* <-s, -s> leasing *m*

leben ['le:bən] *vi, vt* vivir; **bei jdm ~** vivir en casa de alguien; **er hat nicht mehr lange zu ~** no le queda mucho tiempo de vida; **genug zum Leben haben** tener suficiente para vivir; **leb wohl!** ¡que te vaya bien!; **es lebe ...!** ¡viva...!; **er lebt über seine Verhältnisse** gasta más de lo que gana; **damit kann ich ~** me las puedo apañar con eso; **damit muss ich ~** tengo que aceptarlo

Leben *nt* <-s, -> vida *f;* (*Existenz*) existencia *f;* (*Bewegtheit*) movimiento *m;* **etw ins ~ rufen** dar vida a algo; **am ~ sein** estar con vida; **es geht um ~ und Tod** es un asunto de vida o muerte; **ums ~ kommen** morir; **mit dem ~ davonkommen** escapar con vida; **sich** *dat* **das ~ nehmen** quitarse la vida; **~ in etw bringen** animar algo

lebendig [le'bɛndɪç] *adj* (*lebend*) vivo; (*lebhaft*) lleno de vida

Lebensaufgabe *f* tarea *f* de toda una vida; **sich** *dat* **etw zur ~ machen** dedicar su vida a algo; **Lebensbedingungen** *fpl* condiciones *fpl* de vida; **lebensbedrohend** *adj* muy peligroso; **Lebensdauer** *f* (*Mensch*) vida *f;* (*Material*) durabilidad *f;* **Lebensende** *nt* <-s, *ohne pl*> término *m* de la vida; **bis an mein ~** hasta el fin de mis días; **Lebenserfahrung** *f ohne pl* experiencia *f* de la vida; **Lebenserwartung** *f ohne pl* vida *f* media; **lebensfähig** *adj* viable; **Lebensfreude** *f* <-n> alegría *f* de vivir; **Lebensgefahr** *f ohne pl* peligro *m* de muerte; **in ~ schweben** estar entre la vida y la muerte; **außer ~ sein** estar fuera de peligro;

lebensgefährlich I. *adj* muy peligroso; (*Verletzung*) mortal II. *adv* con peligro de muerte; ~ **verletzt sein** estar seriamente herido; **Lebensgefährte**, **-in** *m, f* compañero, -a *m, f* de vida

Lebenshaltungskosten *pl* coste *m* de la vida

Lebensjahr *nt* año *m* (de vida); **im zwanzigsten** ~ a los veinte años de edad; **mit vollendetem 18.** ~ con dieciocho años cumplidos; **Lebenslage** *f* situación *f* de la vida; **in jeder** ~ en todas las situaciones de la vida

lebenslänglich *adj* perpetuo; **„~“ bekommen** ser condenado a cadena perpetua

Lebenslauf *m* currículum *m* vitae; **lebenslustig** *adj* vivo; **Lebensmittel** *ntpl* alimentos *mpl;* **lebensmüde** *adj* cansado de la vida; **du bist wohl ~!** (*fam*) ¿pero es que quieres matarte?; **Lebensraum** *m* espacio *m* vital; **Lebensretter(in)** *m(f)* salvador(a) *m(f)* (de una vida); **Lebensstandard** *m* nivel *m* de vida; **Lebensunterhalt** *m* sustento *m;* **seinen** ~ **verdienen** ganarse la vida; **Lebensversicherung** *f* seguro *m* de vida; **Lebenswandel** *m* (modo *m* de) vida *f;* **einen zweifelhaften** ~ **führen** llevar una vida sospechosa; **Lebensweg** *m* vida *f;* **jdm alles Gute für den weiteren** ~ **wünschen** desear a alguien lo mejor para el futuro; **lebenswichtig** *adj* vital; **Lebenszeichen** *nt* señal *f* de vida; **(k)ein** ~ **(von sich** *dat*) **geben** (no) dar señales de vida

Leber ['le:bɐ] *f* <-n> hígado *m;* **frisch von der** ~ **weg reden** (*fam*) hablar con toda franqueza; **Leberfleck** *m* lunar *m;* **Leberwurst** *f* paté *m* de hígado; **die beleidigte** ~ **spielen** (*fam*) dárselas de ofendido

Lebewesen *nt* <-s, -> ser *m* vivo

lebhaft *adj* (*Augen*) vivaz; (*Unterhaltung*) animado; (*Interesse*) vivo; (*Verkehr*) intenso; **ich kann mich noch** ~ **daran erinnern, dass ...** aún puedo acordarme vivamente de que...; **leblos** *adj* sin vida; **Lebtag** *m* (*fam*): **mein** ~ toda mi vida; **mein** ~ **nicht** en mi vida; **Lebzeiten** *pl:* **zu jds** ~ en vida de alguien

lechzen ['lɛçtsən] *vi* (*geh*) ansiar (*nach +dat*)

Leck [lɛk] *nt* <-(e)s, -e> vía *f* de agua

lecken ['lɛkən] I. *vi* (*Gefäß*) perder agua; (*Schiff*) hacer agua II. *vt* lamer; **sich** *dat* **die Finger nach etw** *dat* ~ (*fam*) chuparse los dedos por algo

lecker ['lɛkɐ] *adj* rico; **Leckerbissen** *m* exquisitez *f*

Leder ['le:dɐ] *nt* <-s, -> cuero *m*

ledig ['le:dɪç] *adj* (*unverheiratet*) soltero

lediglich ['le:dɪklɪç] *adv* sólo

leer [le:ɐ] *adj* **1.** (*ohne Inhalt*) vacío; (*unbeschrieben*) en blanco; (*Zimmer*) no amueblado; **den Teller** ~ **essen** vaciar el plato; ~ **ausgehen** quedarse con las ganas; **mit ~em Magen** en ayunas **2.** (*nichts sagend*) vano

Leere ['le:rə] *f* vacío *m;* **es herrschte gähnende** ~ no había ni un alma

leeren ['le:rən] I. *vt* (*Behälter*) vaciar; (*Glas*) apurar; (*Briefkasten*) recoger las cartas; **etw in den Mülleimer** ~ echar algo a la basura II. *vr:* **sich** ~ vaciarse

Leergut *nt* <-(e)s, *ohne pl*> envase *m* retornable, casco *m fam;* **Leerlauf** *m* <-(e)s, *ohne pl*> (*a. fig*) punto *m* muerto; **leerstehend** *adj s.* **stehend 3.**; **Leertaste** *f* espaciador *m*

Leerung *f* <-en> vaciado *m;* (*von Briefkästen*) recogida *f*

legal [le'ga:l] *adj* legal

legalisieren* [legali'zi:rən] *vt* legalizar

Legalität [legali'tɛ:t] *f* legalidad *f;* **außerhalb der** ~ **liegen** estar al margen de la legalidad

legen ['le:gən] I. *vt* **1.** (*allgemein*) poner; (*hin~*) colocar; **er legte ihm den Arm um die Schultern** le echó el brazo por encima del hombro; **er legte die Stirn in Falten** frunció el ceño; **etw aus der Hand** ~ soltar algo; **jdm etw nahe** ~ sugerir algo a alguien **2.** (*Leitungen*) instalar; (*Schienen, Minen*) colocar **3.** (*Feuer*) prender; (*Karten*) echar; (*Eier*) poner; **waschen und** ~ (*Haare*) lavar y marcar II. *vr:* **sich** ~ **1.** (*sich hin~*) tenderse; **sich in die Sonne** ~ tenderse al sol; **sich ins Bett** ~ acostarse; **sich auf den Bauch/auf den Rücken** ~ ponerse boca abajo/boca arriba **2.** (*Lärm, Kälte*) disminuir; (*Zorn, Begeisterung*) amainar; (*Sturm*) calmarse

legendär [legɛn'dɛ:ɐ] *adj* legendario

Legende [le'gɛndə] *f* <-n> leyenda *f*

leger [le'ʒe:ɐ] *adj* desenvuelto

Leggings ['lɛgɪŋs] *pl* leggings *mpl*

Legion [le'gjo:n] *f* <-en> legión *f*

Legislative [legɪsla'ti:və] *f* <-n> (*gesetzgebende Gewalt*) poder *m* legislativo; (*Ver-*

L

sammlung) asamblea *f* legislativa

Legislaturperiode [legɪsla'tu:ɐ-] *f* legislatura *f*

legitim [legi'ti:m] *adj* legítimo

legitimieren* [legiti'mi:rən] **I.** *vt* (*legitim erklären*) legitimar; (*erlauben*) autorizar **II.** *vr:* **sich ~** identificarse

Lehm [le:m] *m* <-(e)s, -e> barro *m*

Lehne ['le:nə] *f* <-n> apoyo *m;* (*Arm~*) brazo *m;* (*Rücken~*) respaldo *m*

lehnen ['le:nən] **I.** *vi* estar apoyado (*an +dat* en) **II.** *vt, vr:* **sich ~** apoyar(se) (*an/gegen +akk* en); **er lehnt sich aus dem Fenster** se asoma por la ventana

Lehramt ['le:ɐ-] *nt* docencia *f;* **auf ~ studieren** estudiar para ser profesor de enseñanza media; **Lehrbuch** *nt* libro *m* de texto

Lehre ['le:rə] *f* <-n> **1.** (*Ausbildung*) aprendizaje *m;* **in der ~ sein** estar de aprendiz **2.** (*Theorie*) teoría *f;* (*Wissenschaft*) ciencia *f;* (REL, PHILOS) doctrina *f* **3.** (*Erfahrung*) lección *f;* **eine ~ aus etw** *dat* **ziehen** sacar una conclusión de algo; **lass dir das eine ~ sein** que te sirva esto de lección

lehren ['le:rən] *vt* enseñar; (SCH, UNIV) dar clases (de); **jdn etw lehren** instruir a alguien en algo; **die Geschichte lehrt uns, dass ...** la historia nos enseña que...

Lehrer(in) *m(f)* <-s, -; -nen> profesor(a) *m(f)*

Lehrfach *nt* asignatura *f;* **Lehrgang** *m* curso *m;* **er ist auf einem ~** está haciendo un cursillo; **Lehrkörper** *m* cuerpo *m* docente

Lehrling *m* <-s, -e> aprendiz(a) *m(f)*

Lehrplan *m* plan *m* de estudios; **lehrreich** *adj* instructivo; **Lehrstelle** *f* puesto *m* de aprendiz; **Lehrstuhl** *m* cátedra *f* (*für +akk* de); **Lehrzeit** *f* tiempo *m* de aprendizaje

Leib [laɪp] *m* <-(e)s, -er> (*geh: Körper*) cuerpo *m;* (*Bauch*) vientre *m;* **etw am eigenen ~e erfahren** vivir algo en su propia piel; **jdm auf den ~ rücken** (*fam*) acosar a alguien; **mit ~ und Seele** con apasionamiento; **sich** *dat* **jdn vom ~e halten** (*fam*) mantener a alguien a distancia; **die Rolle ist ihr wie auf den ~ geschrieben** el papel le viene a la medida; **einer Aufgabe zu ~e rücken** poner manos a la obra

leibhaftig [-'--] *adj* en persona; **der Leibhaftige** el diablo

leiblich *adj* **1.** (*körperlich*) corporal; **das ~e Wohl** el bienestar físico **2.** (*blutsverwandt*) carnal

Leibwächter(in) *m(f)* guardaespaldas *mf inv*

Leiche ['laɪçə] *f* <-n> cadáver *m;* **er geht über ~n** (*abw*) no tiene escrúpulos; **Leichenhalle** *f* depósito *m* de cadáveres; **Leichenwagen** *m* coche *m* fúnebre

Leichnam ['laɪçna:m] *m* <-s, -e> (*geh*) cadáver *m*

leicht [laɪçt] **I.** *adj* **1.** (*an Gewicht*) ligero; **~e Kost** comida ligera; **etw ~en Herzens tun** hacer algo a la ligera **2.** (*unkompliziert*) fácil; (*einfach*) sencillo; **etw mit ~er Hand erledigen** efectuar algo con facilidad **3.** (*schwach*) leve; **ein ~er Regen** una lluvia fina **II.** *adv* **1.** (*schnell*) con facilidad; (*einfach*) fácil; **er ist ~ beleidigt** se ofende con facilidad; **~ zerbrechlich** muy frágil; **~ zu bedienen** de fácil manejo; **sich** *dat* **etw zu ~ machen** tomarse algo a la ligera; **das ist ~er gesagt als getan** eso se dice pronto **2.** (*gering*) poco; **~ gesalzen** poco salado; **~ erkältet** levemente acatarrado

Leichtathletik *f* atletismo *m*

leicht|fallen *irr vi sein s.* **fallen 8.**; **leichtfertig** *adj* (*gedankenlos*) temerario; (*unüberlegt*) irreflexivo; **etw ~ aufs Spiel setzen** poner algo en juego sin pensar; **leichtgläubig** *adj* crédulo; **leicht|machen** *vt s.* **machen I.**; **leicht|nehmen** *irr vt s.* **nehmen 7.**; **Leichtsinn** *m* <-(e)s, *ohne pl*> (*Unvorsichtigkeit*) imprudencia *f;* (*Unbesonnenheit*) irreflexión *f;* **leichtsinnig I.** *adj* (*unverantwortlich*) irresponsable; (*sorglos*) despreocupado; (*unklug*) insensato **II.** *adv* sin cuidado; **leichtverletzt** ['--'-] *adj s.* **verletzen I.1.**; **leichtverständlich** ['--'--] *adj s.* **verständlich**

leid [laɪt] *adv:* **ich bin es ~** (*fam*) estoy harto

Leid [laɪt] *nt* <-(e)s, *ohne pl*> **1.** (*Kummer*) pena *f;* (*Leiden*) sufrimiento *m;* **Freud und ~ miteinander teilen** compartir lo bueno y lo malo; **jdm sein ~ klagen** confiar a alguien sus penas **2.** (*Unglück*) desgracia *f;* (*Unrecht*) mal *m;* **jdm ein ~ zufügen** causar daño a alguien **3.** (*Wend*): **es tut mir ~, dass ...** siento que... *+subj;* **er tut mir ~** me da pena

leiden ['laɪdən] <leidet, litt, gelitten> *vi, vt* sufrir (*an +dat* de, *unter +dat* con); **Hunger ~** pasar hambre; **Not ~** vivir en la miseria; **ich kann sie (nicht) ~ (no)** me cae bien; **er kann es nicht ~, wenn ...** no le gusta que... +*subj*

Leidenschaft *f* <-en> pasión *f* (*für +akk* por); **Gärtner aus ~** jardinero por afición

leidenschaftlich I. *adj* apasionado II. *adv* con pasión; **~ gern Fahrrad fahren** ser un ciclista apasionado

Leidensmiene *f* cara *f* de pena; **eine ~ aufsetzen** poner cara de pena

leider ['laɪdɐ] *adv* por desgracia; **ich kann ~ nicht kommen** desgraciadamente no puedo ir

leidig *adj* (*ärgerlich*) enojoso; (*lästig*) molesto; (*unangenehm*) desagradable; **das ~e Geld** el maldito dinero

Leidtragende(r) *mf* <-n, -n; -n> perjudicado, -a *m, f;* (*Opfer*) víctima *f*

Leier ['laɪɐ] *f* <-n> 1. (MUS) lira *f* 2. (*abw: Klage*) cantinela *f;* **es ist immer die alte ~** (*fam*) es siempre la misma canción

leihen ['laɪən] <leiht, lieh, geliehen> *vt* 1. (*aus~*) prestar 2. (*ent~*) tomar prestado (*von +dat* de)

Leihgebühr *f* alquiler *m,* flete *m Am;* **Leihwagen** *m* coche *m* de alquiler; **leihweise** *adv* como préstamo

Leim [laɪm] *m* <-(e)s, -e> cola *f;* **aus dem ~ gehen** (*fam*) romperse; **auf den ~ gehen** (*fam*) caer en la trampa

leimen *vt* (*kleben*) encolar; (*fam: hereinlegen*) engañar

Leine ['laɪnə] *f* <-n> cuerda *f;* (*Wäsche~*) cuerda *f* de tender; (*Hunde~*) correa *f;* **zieh ~!** (*fam*) ¡lárgate!

Leinen *nt* <-s, -> 1. (*Faser*) hilaza *f;* (*Gewebe*) lino *m* 2. (*Bucheinband*) tela *f*

Leinwand *f* (*zum Malen*) lienzo *m;* (FILM) pantalla *f*

leise ['laɪzə] I. *adj* 1. (*still*) silencioso; (*Stimme*) bajo; (*Schritt*) ligero; **bei der ~sten Berührung** con el menor roce 2. (*in Andeutungen*) vago; **nicht die ~ste Ahnung haben** no tener ni la más remota idea II. *adv* 1. (*still*) sin (hacer) ruido; **mit ~r Stimme** en voz baja; **das Radio ~r stellen** bajar la radio 2. (*sanft*) suavemente

Leiste ['laɪstə] *f* <-n> 1. (*Rand~*) filete *m;* (*Fuß~*) zócalo *m;* (*Zier~*) listel *m* 2. (ANAT) ingle *f*

leisten ['laɪstən] *vt* 1. (*schaffen*) hacer; **gute Arbeit ~** hacer un buen trabajo 2. (*Maschine*) rendir 3. (*Hilfe, Eid*) prestar; (*Zahlung*) efectuar; **jdm Gesellschaft ~** hacer compañía a alguien 4. (*fam: sich gönnen*) comprar(se); **sich** *dat* **etw ~ können** poder permitirse algo

Leistung *f* <-en> 1. (*Geleistetes*) rendimiento *m;* (*Arbeit*) trabajo *m;* **eine große ~ vollbringen** conseguir un resultado excelente; **die schulischen ~en** el rendimiento escolar; **die Bezahlung erfolgt nach ~** se paga a destajo 2. (*von Maschine*) prestación *f;* (*von Motor*) potencia *f* 3. (*Wirksamkeit*) eficacia *f* 4. (*Betrag*) contribución *f* 5. *ohne pl* (*Ausführung*) ejecución *f;* (*Bezahlung*) pago *m;* **leistungsfähig** *adj* productivo; (*tüchtig*) eficiente; (*Motor*) potente; **Leistungskurs** *m* (SCH) asignatura *f* principal; **Leistungssport** *m* deporte *m* de competición; **leistungsstark** *adj* potente

leiten ['laɪtən] *vt* 1. (*verantwortlich ~*) dirigir; (*Vorsitz haben*) presidir; (*Diskussion*) moderar 2. (*führen*) llevar; **etw in die Wege ~** iniciar los trámites de algo; **sich von etw** *dat/***jdm ~ lassen** dejarse llevar por algo/alguien 3. (TECH, PHYS) conducir

leitend *adj* 1. (*führend*) dirigente; **~er Angestellter** miembro de la directiva; **der ~e Gedanke** la idea central 2. (PHYS) conductor

Leiter[1] *f* <-n> escalera *f;* (*Steh~*) escalera *f* de tijera; (*Tritt~*) escalerilla *f;* (*Strick~*) escala *f* de cuerda

Leiter(in)[2] ['laɪtɐ] *m(f)* <-s, -; -nen> director(a) *m(f);* (*Kurs~*) profesor(a) *m(f);* **kaufmännische ~in** directora comercial; **der ~ der Diskussion** el moderador del debate

Leitfaden *m* manual *m;* **Leitplanke** *f* valla *f* protectora

Leitung *f* <-en> 1. (*Rohr~*) tuberías *fpl;* (*Wasser~*) cañerías *fpl* 2. (ELEK, TEL) línea *f;* (*Kabel*) cable *m;* **eine lange ~ haben** (*fam*) tener malas entendederas 3. (*Führungsgruppe*) junta *f* directiva 4. *ohne pl* (*Führung*) dirección *f;* (*Geschäfts~*) gerencia *f;* (*Vorsitz*) presidencia *f;* **unter der ~ von ...** bajo la dirección de..., **Leitungsrohr** *nt* tubo *m;* **Leitungswasser** *nt* <-s, *ohne pl*> agua *f* del grifo

Lektion [lɛk'tsjo:n] *f* <-en> lección *f;* **jdm eine ~ erteilen** dar una lección a alguien

Lektor(in) ['lɛkto:ɐ] *m(f)* <-s, -en; -nen> lector(a) *m(f)*

Lektüre [lɛk'tyːrə] *f* lectura *f*
Lende ['lɛndə] *f* <-n> (ANAT) región *f* lumbar; (*beim Schlachtvieh*) lomo *m*
lenken ['lɛŋkən] *vt* **1.** (*Fahrzeug*) conducir, manejar *Am;* (*Schiff*) gobernar; (*Flugzeug*) pilotar **2.** (*führen*) dirigir; (*Staat*) gobernar; **ein Gespräch auf ein anderes Thema ~** llevar una conversación por otros derroteros; **die Aufmerksamkeit auf sich ~** dirigir la atención sobre sí mismo; **jds Blicke auf sich ~** atraer las miradas de alguien (sobre sí)
Lenkrad *nt* volante *m*
Lenkung *f* <-en> **1.** (AUTO) dirección *f* **2.** *ohne pl* (*das Lenken*) manejo *m;* (*eines Staates*) gobierno *m*
Leopard [leo'part] *m* <-en, -en> leopardo *m*
Lerche ['lɛrçə] *f* <-n> alondra *f*
lernen ['lɛrnən] **I.** *vi* (*Erfahrung sammeln*) aprender (*aus +dat* de); (*Wissen aneignen*) estudiar **II.** *vt* aprender (*von +dat* de); **schwimmen ~** aprender a nadar; **etw auswendig ~** aprender algo de memoria; **von dem kannst du noch etwas ~** éste te puede servir de ejemplo; **der wird's nie ~!** ¡no aprenderá en la vida!
lernfähig *adj* capaz de aprender; **Lernprogramm** *nt* (INFOR) programa *m* tutor; **Lernprozess**[RR] *m* proceso *m* de aprendizaje
lesbar *adj* legible
Lesbe ['lɛsbə] *f* <-n> lesbiana *f*
lesbisch *adj* lesbio
Lese ['leːzə] *f* <-n> cosecha *f;* (*Wein~*) vendimia *f*
Lesebuch *nt* libro *m* de lectura; **Lesegerät** *nt* (INFOR) dispositivo *m* de lectura
lesen ['leːzən] <liest, las, gelesen> **I.** *vi* leer; **fließend ~** leer de corrido **II.** *vt* **1.** (*Buch*) leer; **Zeitung ~** leer el periódico **2.** (*ernten*) (re)coger; **Trauben ~** vendimiar
Leser(in) *m(f)* <-s, -; -nen> lector(a) *m(f);* **Leserbrief** *m* carta *f* al director
leserlich *adj* legible; **gut ~e Schrift** letra clara
Lesung *f* <-en> (*a.* POL) lectura *f*
lettisch *adj* letón
Lettland *nt* <-s> Letonia *f*
Letzt [lɛtst] *f:* **zu guter ~** por último
letzte(r, s) *adj* último; **als Letzter fertig werden** terminar el último; **der Letzte des Monats** el último día del mes; **in ~r Zeit** últimamente; **bis aufs Letzte** totalmente; **etw bis ins Letzte kennen** conocer algo como la palma de la mano
letztendlich ['-'--] *adv* a fin de cuentas
letztens ['lɛtstəns] *adv* **1.** (*kürzlich*) hace poco **2.** (*zum Schluss*) por último; **drittens und ~** tercero y último
letztlich *adv* por último
Leuchte ['lɔɪçtə] *f* <-n> **1.** (*Lampe*) lámpara *f* **2.** (*fam: kluger Mensch*) lumbrera *f*
leuchten ['lɔɪçtən] *vi* **1.** (*Licht geben*) dar luz; (*Lampe*) estar encendido **2.** (*erhellen*) iluminar; (*be~*) alumbrar (*in +akk*) **3.** (*glänzen*) resplandecer; (*strahlen*) brillar
leuchtend *adj* luminoso; (*glänzend*) brillante; (*strahlend*) radiante; **ein ~es Beispiel** un ejemplo magnífico
Leuchtreklame *f* anuncio *m* luminoso; **Leuchtturm** *m* faro *m*
leugnen ['lɔɪgnən] *vi, vt* negar; **es ist nicht zu ~, dass ...** no se puede negar que...
Leute ['lɔɪtə] *pl* gente *f;* **es waren ungefähr 30 ~ da** había unas 30 personas; **etw unter die ~ bringen** (*fam*) divulgar algo; **unter die ~ gehen** tratar con gente; **die kleinen ~** la gente de la calle
Leutnant ['lɔɪtnant] *m* <-s, -s> subteniente *m*
Level ['lɛvəl] *m* <-s, -s> (*geh*) rango *m,* nivel *m*
Leviten [le'viːtən] *pl* (*fam*): **jdm die ~ lesen** cantar a alguien las cuarenta
Lexika *pl von* **Lexikon**
lexikalisch [lɛksi'kaːlɪʃ] *adj* (*das Lexikon betreffend*) enciclopédico; (LING) lexicológico
Lexikon ['lɛksikɔn] *nt* <-s, Lexika *o* Lexiken> enciclopedia *f*
Liane [li'aːnə] *f* <-n> liana *f*
Libelle [li'bɛlə] *f* <-n> libélula *f*
liberal [libe'raːl] *adj* liberal
liberalisieren* [liberali'ziːrən] *vt* liberalizar
Licht [lɪçt] *nt* <-(e)s, -er> luz *f;* **sein ~ unter den Scheffel stellen** quitarse méritos; **etw ans ~ bringen** sacar algo a la luz; **für etw grünes ~ geben** (*fig*) dar luz verde a algo; **etw ins rechte ~ rücken** poner algo de relieve; **jdn hinters ~ führen** engañar a alguien; **Lichtbild** *nt* (*formal*) foto(grafía) *f;* **Lichtblick** *m* rayo *m* de esperanza
lichten ['lɪçtən] **I.** *vt* **1.** (*Wald*) aclarar **2.** (NAUT): **die Anker ~** levar anclas **II.** *vr:* **sich ~** (*Nebel*) disiparse; (*Bestände*) dismi-

nuir; (*Haare*) ralear; **die Reihen ~ sich** las filas se ven diezmadas

lichterloh ['lɪçtɐ'loː] *adv:* **~ brennen** arder en llamas

Lichtgeschwindigkeit *f* velocidad *f* de la luz; **Lichtjahr** *nt* año *m* luz; **Lichtschalter** *m* interruptor *m* de la luz; **Lichtschutzfaktor** *m* factor *m* de protección solar

Lichtung *f* <-en> calvero *m*

Lid [liːt] *nt* <-(e)s, -er> párpado *m*

lieb [liːp] *adj* **1.** (*geliebt*) querido; **~e Maria, ...** querida María:...; **jdn ~ gewinnen/haben** tomarle/tenerle cariño a alguien **2.** (*liebenswürdig*) amable; (*nett*) bueno **3.** (*angenehm*) agradable; **es wäre mir ~, wenn ...** me gustaría que... *+subj;* **am ~sten würde ich ...** lo que más me gustaría...; **den ~en langen Tag** (*fam*) todo el santo día

liebäugeln ['liːpʔɔɪgəln] *vi:* **mit etw** *dat* **~** acariciar la idea de *+inf*

Liebe ['liːbə] *f* amor *m;* **~ auf den ersten Blick** amor a primera vista; **bei aller ~, aber ...** sintiéndolo mucho, pero...

Liebelei [liːbə'laɪ] *f* <-en> flirteo *m*

lieben ['liːbən] *vt* amar, querer; **viel geliebt** muy querido; **was sich liebt, das neckt sich** (*prov*) porque te quiero te aporreo; **liebenswert** *adj* simpático; (*bezaubernd*) encantador; **liebenswürdig** *adj* amable; (**das ist**) **sehr ~** (**von Ihnen**) (es) muy amable (de su parte)

Liebenswürdigkeit *f* <-en> amabilidad *f;* **sie ist die ~ in Person** es la amabilidad en persona

lieber ['liːbɐ] *adv kompar von* **gern**: **ich schweige ~** prefiero callarme; **nichts ~ als das!** ¡con muchísimo gusto!

Liebesbrief *m* carta *f* de amor; **Liebesgeschichte** *f* historia *f* de amor; **Liebeskummer** *m* mal *m* de amores; **Liebespaar** *nt* (pareja *f* de) enamorados *mpl*

liebevoll **I.** *adj* (*zärtlich*) cariñoso **II.** *adv* (*sorgfältig*) con amor

lieb|gewinnen* *irr vt s.* **lieb 1.**; **lieb|haben** *irr vt s.* **lieb 1.**

Liebhaber(in) *m(f)* <-s, -; -nen> amante *mf*

Liebhaberei *f* <-en> afición *f;* **aus** (**reiner**) **~** por (el mero) gusto

liebkosen* [liːp'koːzən] *vt* (*geh*) acariciar

lieblich ['liːplɪç] *adj* (*Duft*) suave; (*Landschaft*) ameno; (*Wein*) dulce

Liebling ['liːplɪŋ] *m* <-s, -e> (*Kosewort*) cariño, -a *m, f;* (*bevorzugter Mensch*) favorito, -a *m, f*

lieblos *adj* (*ohne Liebe, Sorgfalt*) poco cariñoso; (*gefühllos*) insensible

liebsten *superl von* **gern**: **am ~ würde ich hier bleiben** lo que más me gustaría sería quedarme aquí

Liechtenstein ['lɪçtənʃtaɪn] *nt* <-s> Liechtenstein *m*

Liechtensteiner(in) *m(f)* <-s, -; -nen> ciudadano, -a *m, f* de Liechtenstein

Lied [liːt] *nt* <-(e)s, -er> canción *f;* **davon kann ich ein ~ singen** (*fam*) lo sé de sobra; **Liederbuch** *nt* cancionero *m*

liederlich ['liːdɐlɪç] *adj* **1.** (*unordentlich*) desordenado; (*nachlässig*) descuidado **2.** (*abw: unmoralisch*) licencioso

Liedermacher(in) *m(f)* <-s, -; -nen> cantautor(a) *m(f)*

lief [liːf] *3. imp von* **laufen**

Lieferant(in) [lifə'rant] *m(f)* <-en, -en; -nen> proveedor(a) *m(f)*

lieferbar *adj* disponible

liefern ['liːfɐn] *vt* entregar; (*be~*) suministrar; **die bestellte Ware frei Haus ~** entregar el pedido a domicilio sin recargo; **für etw Beweise ~** aportar pruebas de algo

Lieferung *f* <-en> entrega *f;* (*das Beliefern*) suministro *m*

Lieferwagen *m* camioneta *f*

Liege ['liːgə] *f* <-n> (*Garten~*) tumbona *f;* (*im Liegewagen*) litera *f*

liegen ['liːgən] <liegt, lag, gelegen> *vi haben o sein* **1.** (*Person*) estar acostado; **hart/weich ~** estar acostado sobre una superficie dura/blanda; **auf dem Rücken/auf dem Bauch ~** estar boca arriba/boca abajo **2.** (*sich befinden*) estar; **wo liegt Durango?** ¿dónde se encuentra Durango?; **an der Elbe ~** estar a orillas del Elba; **das Zimmer liegt nach Süden** la habitación da al sur; **das liegt auf dem Weg** está de camino; **der Ort liegt sehr idyllisch** el lugar está situado en un paraje idílico; **es lag kein Schnee** no había nieve; **der Unterschied liegt darin, dass ...** la diferencia está en que...; **die Preise ~ zwischen 50 und 70 Mark** los precios andan entre 50 y 70 marcos; **die Betonung liegt auf der letzten Silbe** la ento-

L

nación recae en la última sílaba; **die Prüfung liegt noch vor mir** aún tengo el examen por delante; **das lag nicht in meiner Absicht** no era mi intención **3.** (*zusagen*) gustar; (*interessieren*) interesar; **Englisch liegt mir nicht** el inglés no me va; **es liegt mir viel daran** me importa mucho **4.** (*abhängen*) depender (*an/bei* +*dat* de); **die Entscheidung liegt bei euch** la decisión es vuestra **5.** (*begründet sein*) ser debido (*an* +*dat* a); **woran liegt es?** ¿a qué se debe?; **an mir soll's nicht ~** por mí que no quede; **so wie die Dinge ~ ...** en estas circunstancias...; **nahe ~** ser de suponer; **nahe ~d sein** estar claro; **liegen|bleiben** *irr vi sein s.* **bleiben**; **liegen|lassen** *irr vt s.* **lassen**²

Liegestuhl *m* tumbona *f*

Liegestütz ['--ʃtʏts] *m* <-es, -e> flexión *f*

lieh [liː] *3. imp von* **leihen**

ließ [liːs] *3. imp von* **lassen**

liest [liːst] *3. präs von* **lesen**

Lift [lɪft] *m* <-(e)s, -e *o* -s> **1.** (*Fahrstuhl*) ascensor *m* **2.** (*Ski~*) telesquí *m;* (*Sessel~*) telesilla *m*

Liga ['liːga] *f* <Ligen> (POL) liga *f;* (SPORT) división *f*

Lightprodukt *nt* (GASTR) producto *m* bajo en calorías

Likör [li'køːɐ] *m* <-s, -e> licor *m*

lila ['liːla] *adj* (*hell*) lila; (*dunkel*) morado

Lilie ['liːliə] *f* <-n> lirio *m;* (*weiße*) azucena *f*

Liliputaner(in) [lilipu'taːnɐ] *m(f)* <-s, -; -nen> liliputiense *mf*

Limit ['lɪmɪt] *nt* <-s, -s *o* -e> límite *m;* **jdm ein ~ setzen** poner un límite a alguien

Limonade [limo'naːdə] *f* <-n> limonada *f*

Linde ['lɪndə] *f* <-n> tilo *m*

lindern ['lɪndɐn] *vt* aliviar

Lineal [line'aːl] *nt* <-s, -e> regla *f*

linear [line'aːɐ] *adj* lineal

Linguistik [lɪŋgu'ɪstɪk] *f* lingüística *f*

Linie ['liːniə] *f* <-n> línea *f;* **~n ziehen** trazar líneas; **gestrichelte ~** línea punteada; **eine politische ~ verfolgen** seguir una línea política; **in erster ~** en primer lugar; **auf die schlanke ~ achten** guardar la línea; **Linienbus** *m* autobús *m* de línea; **Linienflug** *m* vuelo *m* regular; **Linienrichter(in)** *m(f)* (SPORT) juez(a) *m(f)* de línea

link [lɪŋk] *adj* (*fam*) engañoso

linke(r, s) *adj* izquierdo; (POL) de izquierda(s); **~r Hand** a mano izquierda; **zwei ~ Hände haben** (*fam*) ser un manazas

Linke *f* <-n> izquierda *f;* **die extreme ~** (POL) la extrema izquierda; **die gemäßigte ~** (POL) la izquierda moderada; **zu seiner ~n** a su izquierda

linken *vt* (*fam*) engañar

linkisch *adj* (*abw*) torpe

links [lɪŋks] **I.** *adv* a la izquierda; **nach ~** hacia la izquierda; **von ~ kommen** venir por la izquierda; **sich ~ einordnen** situarse en el carril izquierdo; **~ stricken** hacer punto del revés; **etw mit ~ machen** (*fam*) hacer algo con los ojos cerrados; **jdn ~ liegen lassen** hacer caso omiso de alguien **II.** *präp* +*gen* a la izquierda de; **linksextremistisch** *adj* (POL) de la extrema izquierda; **linksgerichtet** *adj* izquierdista

Linkshänder(in) ['-hɛndɐ] *m(f)* <-s, -; -nen> zurdo, -a *m, f*

linksradikal *adj* (POL) extremista de izquierdas

Linse ['lɪnzə] *f* <-n> (BOT, GASTR) lenteja *f;* (*Optik*) lente *m o f*

Lippe ['lɪpə] *f* <-n> labio *m;* **an jds ~n hängen** estar absorto escuchando a alguien; **jdm jeden Wunsch von den ~n ablesen** leerle a alguien los deseos en la cara; **Lippenstift** *m* barra *f* de labios

lispeln ['lɪspəln] *vi* cecear

List [lɪst] *f* <-en> **1.** (*Trick*) artimaña *f* **2.** *ohne pl* (*Wesensart*) astucia *f;* **mit ~ und Tücke** (*fam*) con todas las mañas posibles

Liste ['lɪstə] *f* <-n> lista *f;* **auf einer ~ stehen** figurar en una lista

listig *adj* astuto

Litauen ['lɪtaʊən] *nt* <-s> Lituania *f*

litauisch *adj* lituano

Liter ['liːtɐ, 'lɪtɐ] *m o nt* <-s, -> litro *m;* **zwei ~ Milch** dos litros de leche

literarisch [lɪtə'raːrɪʃ] *adj* literario

Literatur [lɪtəra'tuːɐ] *f* <-en> literatura *f*

litt [lɪt] *3. imp von* **leiden**

live [laɪf] *adj inv* (*Sendung*) en directo; (*direkt anwesend*) en vivo; **Livesendung**RR *f,* **Live-Sendung** *f* (RADIO, TV) (re)transmisión *f* en directo

Lizenz [li'tsɛnts] *f* <-en> licencia *f;* **jdm eine ~ erteilen** conceder a alguien una licencia; **etw in ~ herstellen** producir algo con licencia

Lkw, LKW ['ɛlkaːveː] *m* <-(s), -(s)> *Abk.*

von **Lastkraftwagen** camión *m*

Lob [loːp] *nt* <-(e)s, -e> elogio *m;* **jdm ein ~ aussprechen** elogiar a alguien

loben ['loːbən] *vt* elogiar; (*überschwänglich*) alabar (*für + akk* por)

lobenswert *adj,* **löblich** ['løːplɪç] *adj* loable

Loblied *nt:* **ein ~ auf jdn/etw singen** hacer elogios de alguien/algo

Loch [lɔx] *nt* <-(e)s, Löcher> **1.** (*allgemein*) agujero *m;* (*Vertiefung, beim Golf*) hoyo *m;* (*Hohlraum*) hueco *m;* **jdm ein ~ in den Bauch fragen** (*fam*) atosigar a alguien a preguntas; **wie ein ~ saufen** (*fam*) beber como un cosaco; **aus dem letzten ~ pfeifen** estar en las últimas **2.** (*fam abw: Wohnung*) cuchitril *m*

lochen *vt* (*Papier*) perforar; (*entwerten*) picar

Locher *m* <-s, -> perforadora *f*

löch(e)rig ['lœç(ə)rɪç] *adj* agujereado

löchern ['lœçɐn] *vt* (*fam*) atosigar (*mit* a)

löchrig *adj s.* **löch(e)rig**

Locke ['lɔkə] *f* <-n> rizo *m*

locken ['lɔkən] **I.** *vt* **1.** (*Tier*) llamar **2.** (*anziehen*) atraer; (*ver~*) seducir; **jdn in eine Falle ~** tender a alguien una trampa **II.** *vr:* **sich ~** (*Haare*) rizarse

Lockenwickler *m* <-s, -> rulo *m*

locker ['lɔkɐ] *adj* **1.** (*Schraube, Knoten*) flojo; (*wackelnd*) suelto; **~ sitzen** estar flojo **2.** (*Backwaren*) esponjoso; (*Reis*) suelto; (*Boden*) mullido **3.** (*Haltung*) relajado; (*Lebenswandel*) libertino; **das mach' ich doch ~** (*fam*) eso lo hago con facilidad; **ein ~es Mundwerk haben** (*fam*) tener mala lengua; **locker\|lassen** *irr vi* (*fam*): **nicht ~** no ceder; **locker\|machen** *vt* (*fam*): **Geld ~** aflojar el bolsillo; **sie hat 20 Mark für mich lockergemacht** me ha prestado 20 marcos

lockern ['lɔkɐn] *vt, vr:* **sich ~** (*Schraube, Seil*) aflojar(se); (*Muskeln, Verkrampfung*) relajar(se)

lockig *adj* rizado

lodern ['loːdɐn] *vi* arder

Löffel ['lœfəl] *m* <-s, -> **1.** (*Ess~*) cuchara *f;* (*~ voll*) cucharada *f;* **den ~ abgeben** (*fam*) diñarla **2.** (*Hasenohren*) oreja *f*

log [loːk] *3. imp von* **lügen**

Loge ['loːʒə] *f* <-n> (THEAT) palco *m;* (*Pförtner~*) portería *f;* (*Freimaurer~*) logia *f*

Logik ['lɔgɪk] *f* lógica *f*

logisch ['loːgɪʃ] *adj* lógico

logischerweise *adv* como es lógico, lógicamente

Logo ['loːgo] *m o nt* <-s, -s> emblema *m*

Lohn [loːn] *m* <-(e)s, Löhne> **1.** (*Arbeitsentgelt*) salario *m;* (*Tages~*) jornal *m* **2.** (*Belohnung*) recompensa *f;* **als ~ für ...** en recompensa por...

lohnen ['loːnən] *vt, vr:* **sich ~** valer la pena; **das Museum lohnt einen Besuch** vale la pena visitar el museo; **der Auftrag hat sich für uns finanziell gelohnt** el encargo nos ha salido rentable

lohnend *adj* que vale la pena; (*einträglich*) rentable

Lohnsteuer *f* impuesto *m* sobre el salario

Lok [lɔk] *f* <-s> locomotora *f*

lokal [lo'kaːl] *adj* local

Lokal [lo'kaːl] *nt* <-(e)s, -e> local *m;* (*Kneipe*) pub *m;* (*Restaurant*) restaurante *m*

Lokomotive [lokomo'tiːvə] *f* <-n> locomotora *f;* **Lokomotivführer(in)** *m(f)* maquinista *mf*

Lokus ['loːkʊs] *m* <-(ses), -(se)> (*fam*) excusado *m*

Lolli ['lɔli] *m* <-s, -s> chupa-chups® *m inv*

London ['lɔndɔn] *nt* <-s> Londres *m*

Lorbeer ['loːɐbeːɐ] *m* <-s, -en> laurel *m;* **sich auf seinen ~en ausruhen** (*fam*) dormirse en los laureles

los [loːs] **I.** *adj* **1.** (*nicht befestigt*) suelto; (*locker*) flojo; **der Hund ist ~** el perro anda suelto; **jdn/etw ~ sein** haberse librado de alguien/algo; **ich bin mein ganzes Geld ~** me he quedado sin blanca **2.** (*geschehen*): **~ sein** pasar; **was ist ~ mit ihm?** ¿qué le pasa?; **in Granada ist abends viel ~** en Granada hay mucha marcha por la noche **II.** *adv* **1.** (*schnell*) ya; **~!** ¡venga! **2.** (*fam: weg*): **sie sind schon ~** ya se fueron

Los [loːs] *nt* <-es, -e> **1.** (*für Entscheidung*) sorteo *m;* **etw durch das ~ entscheiden** echar algo a suerte(s) **2.** (*Lotterie~*) billete *m* de lotería; **das große ~ ziehen** (*a. fig*) tocar(le) a alguien el gordo **3.** (*geh: Schicksal*) destino *m,* **ein schweres ~** un destino oneroso

los\|binden *irr vt* desatar

Löschblatt *nt* (papel *m*) secante *m*

löschen ['lœʃən] *vt* **1.** (*Licht, Feuer, Durst*) apagar **2.** (*Tonband, a.* INFOR) borrar **3.** (*Konto, Schuld, Eintragung*) cancelar

L

Löschfahrzeug *nt* coche *m* de bomberos; **Löschtaste** *f* (INFOR) tecla *f* para borrar

lose ['lo:zə] *adj* **1.** (*Knoten*) flojo **2.** (*unverpackt*) a granel; (*stückweise*) por unidad; ~ **Blätter** hojas sueltas; **ein ~s Mundwerk haben** (*fam*) tener la lengua larga

Lösegeld *nt* <-(e)s, -er> rescate *m*

losen ['lo:zən] *vi* echar a suerte(s); **um die Eintrittskarten** ~ rifar las entradas

lösen ['løːzən] **I.** *vt* **1.** (*abtrennen*) despegar (*von/aus +dat* de) **2.** (*losmachen*) soltar; (*lockern*) aflojar; (*Schraube*) destornillar; (*Knoten*) deshacer; (*Verspannung*) eliminar; **die Handbremse** ~ soltar el freno de mano **3.** (*Aufgabe*) resolver; (*Geheimnis*) descubrir; (*Verwicklung*) aclarar **4.** (*Ehe*) anular; (*Vertrag*) rescindir **5.** (*Fahrkarte*) sacar **6.** (*zergehen lassen*) disolver (*in +dat* en) **II.** *vr:* **sich** ~ **1.** (*abgehen*) desprenderse (*von +dat* de) **2.** (*Schraube*) aflojarse; (*Husten*) calmarse **3.** (*sich klären*) resolverse **4.** (*sich frei machen*) liberarse (*aus/von +dat* de); (*sich trennen*) separarse (*von +dat* de); **sie löste sich aus seiner Umarmung** se desprendió de su abrazo **5.** (*Schuss*) dispararse; **ein Schuss hatte sich gelöst** se había disparado el arma **6.** (*zergehen*) disolverse (*in +dat* en)

los|fahren ['lo:s-] *irr vi sein* salir; (*Fahrzeug*) ponerse en marcha; **los|gehen** *irr vi sein* **1.** (*weggehen*) irse; **lass uns endlich ~!** ¡vámonos ya! **2.** (*fam: anfangen*) empezar; **gleich geht's los** enseguida empieza **3.** (*Schuss, Gewehr*) dispararse **4.** (*angreifen*) abalanzarse (*auf+akk* sobre); **los|kommen** *irr vi sein* (*fam*) **1.** (*wegkommen*) poder irse **2.** (*sich befreien*) librarse (*von +dat* de); (*von Drogen*) desengancharse (*von +dat* de); **los|lassen** *irr vt* **1.** (*nicht mehr festhalten*) soltar; **die Frage lässt mich nicht mehr los** la pregunta no se me quita de la cabeza **2.** (*Hund*) soltar (*auf +akk* contra) **3.** (*fam: sagen*) soltar; (*Beschwerde*) lanzar; **los|legen** *vi* (*fam*) ponerse a hacer algo con ímpetu; **ihr könnt sofort ~!** ¡podéis empezar enseguida!

löslich ['løːslɪç] *adj* soluble (*in +dat* en)

los|lösen *vt, vr:* **sich** ~ desprender(se) (*von +dat* de); **los|machen** **I.** *vt* (*fam*) soltar **II.** *vr:* **sich** ~ (*fam: von Kette*) soltarse (*von* de); (*von Verpflichtungen*) sustraerse (*von* a); **los|reißen** *irr* **I.** *vt* arrancar **II.** *vr:* **sich** ~ soltarse; **er konnte sich nicht von dem Anblick** ~ no podía apartar la vista; **los|rennen** *irr vi sein* echar a correr (*auf* hacia); **los|sagen** *vr:* **sich** ~ renegar (*von +dat* de)

Losung ['lo:zʊŋ] *f* <-en> (*Motto*) lema *m;* (MIL) consigna *f*

Lösung ['løːzʊŋ] *f* <-en> **1.** (*Ergebnis*) solución *f* (*von +dat* de) **2.** (*Aufhebung*) anulación *f* (*von +dat* de) **3.** (CHEM, PHYS) solución *f;* **Lösungsmittel** *nt* disolvente *m*

los|werden *irr vt sein* (*Person*) deshacerse (de); (*Erkältung*) quitarse de encima; **ich werde den Gedanken nicht los, dass ...** no me puedo quitar de la cabeza que... *+subj*

Lot [lo:t] *nt* <-(e)s, -e> **1.** (ARCHIT) plomada *f;* **etw wieder ins (rechte) ~ bringen** arreglar algo **2.** (MATH) perpendicular *f;* **auf eine Gerade das ~ fällen** abatir una perpendicular sobre una línea recta

löten ['løːtən] *vt* soldar

Lothringen ['lo:trɪŋən] *nt* <-s> Lorena *f*

Lotion [lo'tsjo:n] *f* <-en> loción *f*

Lötkolben *m* soldador *m*

Lotse, -in ['lo:tsə] *m, f* <-n, -n; -nen> controlador(a) *m(f)* aéreo, -a

Lotterie [lɔtə'riː] *f* <-n> lotería *f,* quiniela *f CSur;* **Lotterielos** *nt* billete *m* de lotería

Lotterleben ['lɔtɐ-] *nt* <-s, *ohne pl*> (*abw*) vida *f* licenciosa

Lotto ['lɔto] *nt* <-s, -s> lotería *f* primitiva; **ich habe im ~ gewonnen!** ¡me ha tocado la primitiva!; **Lottoschein** *m* billete *m* de la (lotería) primitiva

Löwe *m* <-n, -n> (ZOOL) león *m;* (ASTR) Leo *m;* **Löwenanteil** *m* parte *f* del león

loyal [lɔɪ'aːl] *adj* leal; **sich ~ verhalten** ser leal

LP [ɛl'piː] *f* <-(s)> *Abk. von* **Langspielplatte** elepé *m*

Luchs [lʊks] *m* <-es, -e> lince *m*

Lücke ['lʏkə] *f* <-n> (*Loch*) agujero *m;* (*Zwischenraum*) vacío *m;* (*Hohlraum*) hueco *m;* (*Gedächtnis~*) laguna *f;* **eine ~ füllen** tapar un hueco; (*fig*) ocupar un vacío; **lückenhaft** *adj* (*unvollständig*) incompleto; **lückenlos** *adj* íntegro

lud [luːt] *3. imp von* **laden**

Luder ['luːdɐ] *nt* <-s, -> (*fam*) mal bicho *m*

Luft [lʊft] *f* <Lüfte> **1.** (*Raum über dem Erdboden*) aire *m;* **etw in die ~ sprengen** hacer saltar algo por los aires; **vor Freude in**

die ~ **springen** dar saltos de alegría; **das ist völlig aus der** ~ **gegriffen** es pura invención **2.** *ohne pl* (*Atem~*) aire *m;* **an die** (**frische**) ~ **gehen** tomar el aire (fresco); **die** ~ **aus etw** *dat* **herauslassen** desinflar algo; **die** ~ **ist rein** (*fam*) no hay moros en la costa; **es herrscht dicke** ~ (*fam*) el ambiente está cargado; **sich in** ~ **auflösen** (*fam*) desvanecerse en el aire; **jdn wie** ~ **behandeln** (*fam*) tratar a alguien como si no existiera; **jdn an die** (**frische**) ~ **setzen** (*fam*) mandar a alguien a tomar viento **3.** *ohne pl* (*Atem*) respiración *f;* **nach** ~ **schnappen** jadear; **die** ~ **anhalten** contener la respiración; (**tief**) ~ **holen** respirar (hondo); **keine** ~ **bekommen** asfixiarse; **Luftangriff** *m* ataque *m* aéreo; **Luftballon** *m* globo *m;* **luftdicht** *adj* hermético; **Luftdruck** *m* <-(e)s, *ohne pl*> presión *f* atmosférica

lüften ['lʏftən] *vt* (*Kleider*) airear; (*Zimmer*) ventilar; (*Deckel*) quitar; (*Geheimnis*) revelar

Luftfahrt *f ohne pl* aeronáutica *f;* **Luftfeuchtigkeit** *f* humedad *f* del aire

luftig *adj* (*Kleidung*) ligero; (*Zimmer*) bien ventilado

Luftmatratze *f* colchoneta *f;* **Luftpost** *f* correo *m* aéreo; **per** ~ por avión; **Luftpumpe** *f* bomba *f* de aire; **Luftröhre** *f* tráquea *f;* **Luftschloss**[RR] *nt:* **Luftschlösser bauen** hacer castillos en el aire; **Luftsprung** *m:* **vor Freude einen** ~ **machen** dar un salto de alegría

Lüftung ['lʏftʊŋ] *f* <-en> ventilación *f*

Luftverschmutzung *f* contaminación *f* del aire; **Luftwaffe** *f* fuerza *f* aérea; **Luftzug** *m* corriente *f* de aire

Lüge ['ly:gə] *f* <-n> mentira *f;* **~n haben kurze Beine** (*prov*) se agarra antes a un mentiroso que a un cojo

lügen ['ly:gən] <lügt, log, gelogen> *vi* mentir; **er lügt wie gedruckt** (*fam*) miente más que habla

Lügner(in) ['ly:gnɐ] *m(f)* <-s, -; -nen> mentiroso, -a *m, f*

Luke ['lu:kə] *f* <-n> (*Dach~*) tragaluz *m;* (*Schiffs~*) escotilla *f*

lukrativ [lukra'ti:f] *adj* lucrativo

Lümmel ['lʏməl] *m* <-s, -> (*abw*) sinvergüenza *m*

Lump [lʊmp] *m* <-en, -en> (*abw*) canalla *mf*

lumpen *vi* (*fam*): **sich nicht** ~ **lassen** no ser cutre

Lumpen ['lʊmpən] *m* <-s, -> harapo *m*

lumpig *adj* miserable; **~e zehn Mark** diez marcos de nada

Lunge ['lʊŋə] *f* <-n> pulmón *m;* **sich** *dat* **die** ~ **aus dem Hals schreien** (*fam*) gritar a todo pulmón; **Lungenentzündung** *f* pulmonía *f*

Lupe ['lu:pə] *f* <-n> lupa *f;* **jdn/etw unter die** ~ **nehmen** (*fam*) examinar a alguien/algo de cerca

Lust [lʊst] *f* <Lüste> (*geh*) **1.** (*sexuelles Verlangen*) deseo *m;* ~ **auf jdn/etw** ganas de alguien/de algo **2.** *ohne pl* (*Verlangen*) gana(s) *f(pl);* **zu etw** *dat* ~ **haben** tener ganas de algo; **ich habe keine** ~ no me apetece **3.** *ohne pl* (*Vergnügen*) placer *m;* **es ist eine** (**wahre**) ~ **ihm zuzusehen** es un (verdadero) placer mirarle

lüstern ['lʏstɐn] *adj* (*geh*) lascivo

lustig ['lʊstɪç] *adj* **1.** (*vergnügt*) alegre **2.** (*belustigend*) divertido; **sich über jdn/etw** ~ **machen** burlarse de alguien/algo

lustlos *adj* desanimado

lutschen ['lʊtʃən] *vi, vt* chupar

Lutscher *m* <-s, -> piruleta *f,* chupete *m Am*

Luxemburg ['lʊksəmbʊrk] *nt* <-s> Luxemburgo *m*

Luxemburger(in) ['lʊksəmbʊrgɐ] *m(f)* <-s, -; -nen> luxemburgués, -esa *m, f*

luxemburgisch *adj* luxemburgués

luxuriös [lʊksuri'ø:s] *adj* lujoso

Luxus ['lʊksʊs] *m* <-, *ohne pl*> lujo *m*

Lymphknoten *m* ganglio *m* linfático

Lyrik ['ly:rɪk] *f* (poesía *f*) lírica *f*

L

M

M, m [ɛm] *nt* <-, -> M, m *f*

Maastrichter Vertrag *m* Tratado *m* de Maastricht

Machart *f* hechura *f*

machbar *adj* factible

machen ['maxən] **I.** *vt* hacer; **ein Foto ~** sacar una foto; **Eindruck ~** causar impresión; **das macht mir Sorge** esto me preocupa; **etw klein ~** (*fam: Holz*) partir algo; (*Kräuter*) picar algo; **kannst du mir den Schein klein ~?** (*fam*) ¿me puedes cambiar el billete (en monedas)?; **ich will es kurz ~** seré breve; **das lässt sich ~** esto se puede arreglar; **da ist nichts zu ~** no hay remedio; **was ~ Sie beruflich?** ¿cúal es su profesión?; **was macht dein Bruder?** ¿cómo le va a tu hermano?; **jdm etw leicht ~** facilitar algo a alguien; **sie macht es sich** *dat* **nicht leicht** no se lo pone fácil; **jdn schlecht ~** dejar mal a alguien; **jdm das Leben schwer ~** complicarle la vida a alguien; **etw voll ~** (*fam: füllen*) llenar algo (hasta arriba); (*beschmutzen*) ensuciar algo; **Joggen macht fit** correr mantiene la forma física; **mach's gut!** (*fam*) ¡qué te vaya bien!; **nun mach schon!** (*fam*) ¡date prisa!; **macht nichts!** (*fam*) ¡no importa!; **sich** *dat* **nichts aus etw ~** (*fam*) no interesarle algo a alguien **II.** *vr:* **sich hübsch ~** ponerse guapo; **sich klein ~** (*ducken*) agacharse; **sich lächerlich ~** hacer el ridículo; **sich beliebt ~** ganarse las simpatías (*bei* +*dat* de); **sich verständlich ~** comunicarse; **sich an die Arbeit ~** ponerse a trabajar; **sich auf den Weg ~** ponerse en camino; **der Junge macht sich** el niño hace progresos

Machenschaften *fpl* (*abw*) manejos *mpl*

Macho ['matʃo] *m* <-s, -s> (*fam*) machista *m*

Macht [maxt] *f* <Mächte> **1.** (*Staat*) potencia *f* **2.** *ohne pl* (*Einfluss*) poder *m;* **mit aller ~** con todas las fuerzas; **~ über jdn haben** tener poder sobre alguien; **an die ~ kommen** llegar al poder; **die ~ ergreifen** asumir el poder; **wir tun alles, was in unserer ~ steht** hacemos todo lo que está a nuestro alcance

Machthaber(in) *m(f)* <-s, -; -nen> gobernante *mf*

mächtig ['mɛçtɪç] *adj* **1.** (*machtvoll*) poderoso; **einer Sprache ~ sein** (*geh*) dominar un idioma **2.** (*sehr groß*) enorme

Machtkampf *m* lucha *f* por el poder; **machtlos** *adj* impotente; **~ gegen etw sein** no poder hacer nada contra algo; **Machtwort** *nt* <-(e)s, -e>: **ein ~ sprechen** hacer valer su autoridad

Macke ['makə] *f* <-n> **1.** (*Fehler*) defecto *m;* (*Beule*) abolladura *f* **2.** (*fam: Tick*) manía *f;* **du hast doch eine ~!** ¡estás chiflado!

Mädchen ['mɛːtçən] *nt* <-s, -> (*Kind*) niña *f;* (*Jugendliche*) chica *f;* **Mädchenname** *m* (*Vorname*) nombre *m* de chica; (*vor der Heirat*) apellido *m* de soltera

Made ['maːdə] *f* <-n> cresa *f;* **wie die ~ im Speck leben** (*fam*) vivir en abundancia

madig *adj* lleno de cresas; **jdm etw ~ machen** (*fam*) quitar(le) a alguien las ganas de algo

Madrid [ma'drɪt] *nt* <-s> Madrid *m*

Madrider(in) [ma'drɪtɐ] *m(f)* <-s, -; -nen> madrileño, -a *m, f*

Mafia ['mafja] *f* <-s> mafia *f*

mag [maːk] *3. präs von* **mögen**

Magazin [maga'tsiːn] *nt* <-s, -e> (*Lager*) almacén *m;* (*an Waffen*) cargador *m;* (*Zeitschrift*) revista *f*

Magd [maːkt] *f* <Mägde> criada *f*

Magdeburg ['makdəbʊrk] *nt* <-s> Magdeburgo *m*

Magen ['maːgən] *m* <-s, Mägen> estómago *m;* **auf nüchternen ~** en ayunas; **mir knurrt der ~** me crujen las tripas; **Magengeschwür** *nt* úlcera *f* gástrica; **Magenschmerzen** *mpl* dolores *mpl* de estómago; **Magenverstimmung** *f* indigestión *f*

mager ['maːgɐ] *adj* **1.** (*Fleisch*) magro **2.** (*Mensch*) flaco **3.** (*dürftig*) insuficiente **4.** (*Schrift*) fino; **Magersucht** *f ohne pl* anorexia *f* nerviosa

Magie [ma'giː] *f* magia *f*

Magier(in) ['maːgiɐ] *m(f)* <-s, -; -nen> mago, -a *m, f*

magisch ['maːgɪʃ] *adj* mágico; **von etw** *dat* **~ angezogen werden** ser atraído mágicamente por algo

Magnesium [ma'gneːziʊm] *nt* <-s, *ohne*

pl> magnesio *m*

Magnet [ma'gne:t] *m* <-en *o* -(e)s, -e(n)> imán *m;* **Magnetband** *nt* cinta *f* magnética

magnetisch *adj* magnético; (~ *gemacht*) imantado; **eine ~e Anziehungskraft auf jdn ausüben** ejercer un poder irresistible sobre alguien

Magnetstreifen *m* banda *f* magnética

Mahagoni [maha'go:ni] *nt* <-s, *ohne pl*> caoba *f*

Mähdrescher ['mɛ:-] *m* <-s, -> cosechadora *f*

mähen ['mɛ:ən] *vt* (*Getreide*) segar; (*Rasen*) cortar; (*mit der Sense*) guadañar

Mahl [ma:l] *nt* <-(e)s, Mähler *o* -e> (*geh*) comida *f*

mahlen ['ma:lən] <mahlt, mahlte, gemahlen> *vt* moler

Mahlzeit *f* comida *f;* **~!** ¡que aproveche!

Mähne ['mɛ:nə] *f* <-n> (*bei Tieren*) melena *f;* (*fam: bei Menschen*) pelambrera *f*

mahnen ['ma:nən] *vt* (*warnend erinnern*) advertir; (*auffordern*) requerir (*zu +dat* para que *+subj*)

Mahngebühr *f* gasto *m* de requerimiento; **Mahnmal** *nt* <-(e)s, -e *o* -mäler> monumento *m* conmemorativo

Mahnung *f* <-en> (*Er~*) requerimiento *m;* (*Mahnschreiben*) recordatorio *m*

Mai [maɪ] *m* <-(e)s, -e> mayo *m; s. a.* März; **Maiglöckchen** ['maɪglœkçən] *nt* <-s, -> lirio *m* de los valles; **Maikäfer** *m* escarabajo *m* de San Juan

Mailbox ['mɛɪlbɔks] *f* (INFOR) buzón *m* (electrónico)

Main [maɪn] *m* <-s> Meno *m*

Mainz [maɪnts] *nt* <-> Maguncia *f*

Mais [maɪs] *m* <-es, -e> maíz *m;* **Maiskolben** *m* mazorca *f,* choclo *m*

Majestät [majɛs'tɛ:t] *f* <-en> majestad *f;* **Seine/Ihre ~** Su Majestad

majestätisch *adj* majestuoso

Majonäse [majɔ'nɛ:zə] *f* <-n> mayonesa *f*

Major [ma'jo:ɐ] *m* <-s, -e> comandante *m*

makaber [ma'ka:bɐ] *adj* macabro

Makel ['ma:kəl] *m* <-s, -> (*geh*) defecto *m;* **makellos** *adj* sin tacha

mäkeln ['mɛ:kəln] *vi* (*abw*) criticar (*an +dat*)

Make-up [mɛɪk'ʔap] *nt* <-s, -s> maquillaje *m*

Makler(in) ['ma:klɐ] *m(f)* <-s, -; -nen> agente *mf* inmobiliario, -a; **Maklergebühr** *f* corretaje *m*

Makro ['ma:kro] *nt* <-s, -s> (INFOR) macroinstrucción *f*

mal [ma:l] *adv* **1.** (MATH) por; **zwei ~ zwei ist vier** dos por dos son cuatro **2.** (*fam: ein Mal*) una vez; **noch ~** otra vez; **erst ~** por ahora **3.** (*fam: einmal*): **warst du schon ~ hier?** ¿ya has estado aquí antes?; **komm ~ her!** ¡ven aquí!

Mal[1] [ma:l] *nt* <-(e)s, -e> vez *f;* **nächstes ~** la próxima vez; **das erste ~** la primera vez; **Millionen ~** un millón de veces; **zum letzten ~** por última vez; **ein anderes ~** otra vez; **das eine oder andere ~** una que otra vez; **von ~ zu ~** cada vez; **ein für alle ~** de una vez para siempre

Mal[2] [ma:l] *nt* <-(e)s, -e *o* Mäler> (*Wund~*) estigma *m;* (*Mutter~*) lunar *m*

Malaria [ma'la:ria] *f* malaria *f*

Malbuch *nt* libro *m* para colorear

malen ['ma:lən] *vt* pintar; **ein Bild ~** hacer un dibujo; **weiß ~** pintar de blanco

Maler(in) *m(f)* <-s, -; -nen> (*a.* KUNST) pintor(a) *m(f)*

Malerei *f* <-en> (*Kunstgattung*) pintura *f;* (*Gemälde*) cuadro *m*

malerisch *adj* pintoresco

mal|nehmen *irr vt* multiplicar (*mit +dat* por)

malochen* [ma'lo:xən] *vi* (*fam*) currar

Malz [malts] *nt* <-es, *ohne pl*> malta *f*

Mama ['mama] *f* <-s> (*fam*) mamá *f*

Mami ['mami] *f* <-s> (*fam*) mami(ta) *f*

man [man] *pron indef* (*allgemein*) se; (*ich, wir*) uno *m,* una *f;* **das tut ~ nicht** eso no se hace; **~ hat mir gesagt, dass …** me han dicho que…

Management *nt* <-s, -s> **1.** (*Führungskräfte*) junta *f* directiva **2.** *ohne pl* (*das Leiten*) gestión *f* empresarial

managen ['mɛnɪtʃən] *vt* **1.** (*Künstler, Sportler*) ser el manager (de) **2.** (*fam: bewältigen*) apañar; **das hat er gut gemanagt** lo ha apañado a las mil maravillas

Manager(in) ['mɛnɪtʃɐ, 'mɛnətʃɐ] *m(f)* <-s, -; -nen> manager *mf*

manch *pron indef:* **~ einer** alguno que otro; *s. a.* **manche(r, s)**

manche(r, s) ['mançə, -çɐ, -çəs] **I.** *pron indef* alguno que otro; **so ~s Mal** alguna que

M

otra vez; **in ~m hat er Recht** en algunos puntos tiene razón **II.** *adj* algunos; ~ **von uns** algunos de nosotros

mancherlei ['mançɐ'laɪ] *adj inv* diversos

manchmal ['mançma:l] *adv* a veces

Mandant(in) [man'dant] *m(f)* <-en, -en; -nen> mandante *mf*

Mandarine [manda'ri:nə] *f* <-n> mandarina *f*

Mandat [man'da:t] *nt* <-(e)s, -e> **1.** (JUR) mandato *m;* **ein ~ übernehmen** tomar posesión de un mandato **2.** (*Abgeordnetensitz*) escaño *m*

Mandel ['mandəl] *f* <-n> **1.** (BOT) almendra *f;* **gebrannte ~n** almendras garapiñadas **2.** (MED) amígdala *f;* **Mandelentzündung** *f* amigdalitis *f inv*

Manege [ma'ne:ʒə] *f* <-n> pista *f* del circo

Mangan [maŋ'ga:n] *nt* <-s, *ohne pl*> manganeso *m*

Mangel[1] ['maŋəl] *m* <-s, Mängel> **1.** (*Fehler*) defecto *m;* (*Unzulänglichkeit*) deficiencia *f* **2.** *ohne pl* (*Fehlen*) falta *f* (*an +dat* de); (*Knappheit*) escasez *f* (*an +dat* de); ~ **haben an etw** *dat* carecer de algo

Mangel[2] *f* <-n> (*Wäsche~*) calandria *f;* **jdn in die ~ nehmen** (*fam fig*) apretarle a alguien las cuerdas

Mangelerscheinung *f* síntoma *m* de deficiencia; **mangelhaft** *adj* (*fehlerhaft*) deficiente; (*Schulnote*) insuficiente

mangeln ['maŋəln] *vunpers* carecer; **es mangelt ihm an Selbstvertrauen** le falta la confianza en sí mismo

mangelnd *adj* escaso; **wegen ~er Vorbereitung** por falta de preparación

mangels ['maŋəls] *präp +gen/dat* (*formal*) por falta de

Mangelware *f* artículo *m* escaso; ~ **sein** escasear

Mangold ['maŋgɔlt] *m* <-(e)s, -e> acelga *f*

Manie [ma'ni:] *f* <-n> manía *f*

Manier [ma'ni:ɐ] *f* <-en> **1.** (*Art*) manera *f* **2.** *pl* (*Benehmen*) modales *mpl;* **gute ~en haben** tener buenos modales

manierlich [ma'ni:ɐlɪç] *adj* con buenos modales; **sich ~ benehmen** comportarse bien

Manifest [mani'fɛst] *nt* <-(e)s, -e> manifiesto *m*

Maniküre [mani'ky:rə] *f* <-n> manicura *f*

Manipulation [manipula'tsjo:n] *f* <-en> manipulación *f*

manipulieren* [manipu'li:rən] *vt, vi* manipular (*an*)

Manko ['maŋko] *nt* <-s, -s> **1.** (*Nachteil*) desventaja *f* **2.** (WIRTSCH) déficit *m inv*

Mann [man] *m* <-(e)s, Männer> hombre *m;* (*Ehe~*) marido; **mein geschiedener ~** mi ex-marido; **ein junger ~** un joven; **ein gestandener ~** un hombre hecho y derecho; **etw an den ~ bringen** (*fam*) vender algo; **seinen ~ stehen** cumplir con sus obligaciones; **wenn Not am ~ ist** en caso de necesidad

Männchen ['mɛnçən] *nt* <-s, -> **1.** (*kleiner Mann*) hombrecito *m* **2.** (ZOOL) macho *m;* ~ **machen** ponerse sobre las patas traseras

Mannequin [manə'kɛ̃:, 'manəkɛ̃] *nt* <-s, -s> maniquí *mf*

Mannesalter *nt:* **im besten ~ sein** estar en su mejor momento

mannigfach ['manɪçfax] *adj,* **mannigfaltig** *adj* (*geh*) **1.** (*abwechslungsreich*) diverso **2.** (*vielfach*) múltiple

männlich ['mɛnlɪç] *adj* masculino; (ZOOL) macho

Männlichkeit *f* virilidad *f*

Mannschaft *f* <-en> (SPORT) equipo *m;* (NAUT, AERO) tripulación *f*

Manöver [ma'nø:vɐ] *nt* <-s, -> maniobra *f;* (MIL) maniobras *fpl*

Mansarde [man'zardə] *f* <-n> desván *m*

Manschette [man'ʃɛtə] *f* <-n> (*an Kleidung*) puño *m;* **Manschettenknopf** *m* gemelo *m*

Mantel ['mantəl] *m* <-s, Mäntel> **1.** (*Kleidungsstück*) abrigo *m,* tapado *m Am;* **den ~ nach dem Wind hängen** (*abw fig*) bailar al son que tocan **2.** (TECH) revestimiento *m;* (*vom Reifen*) cubierta *f*

manuell [manu'ɛl] **I.** *adj* manual **II.** *adv* con la mano

Manuskript [manu'skrɪpt] *nt* <-(e)s, -e> manuscrito *m*

Mappe ['mapə] *f* <-n> (*Tasche*) portafolios *m inv;* (*Ordner*) carpeta *f*

Marathonlauf *m* (carrera *f* de) maratón *m*

Märchen ['mɛ:ɐçən] *nt* <-s, -> cuento *m* (de hadas); **märchenhaft** *adj* fabuloso; **Märchenprinz** *m* príncipe *m* azul

Marder ['mardɐ] *m* <-s, -> marta *f*

Margarine [marga'riːnə] *f* <-n> margarina *f*

Margerite [margə'riːtə] *f* <-n> margarita *f*

Marienkäfer [ma'riːən-] *m* mariquita *f*

Marihuana [marihu'aːna] *nt* <-s, *ohne pl*> marihuana *f*

Marinade [mari'naːdə] *f* <-n> escabeche *m*

Marine [ma'riːnə] *f* <-n> marina *f*

Marionette [marjo'nɛtə] *f* <-n> títere *m*

Mark¹ [mark] *nt* <-(e)s, *ohne pl*> (*Knochen~*) médula *f*

Mark² [mark] *f ohne pl* (*Währung*) marco *m*

markant [mar'kant] *adj* (*ausgeprägt*) marcado

Marke ['markə] *f* <-n> **1.** (*Herstellerzeichen*) marca *f;* ~ **Eigenbau** (*fam*) marca la pava **2.** (*Wert~*) timbre *m;* (*Brief~*) sello *m* **3.** (*Spiel~*) ficha *f;* **Markenartikel** *m* artículo *m* de marca; **Markenname** *m* (nombre *m* de una) marca *f*

Marketing ['markətɪŋ] *nt* <-s, *ohne pl*> marketing *m*

markieren* [mar'kiːrən] *vt* marcar (*mit +dat, durch +akk* con); **den starken Mann** ~ hacerse el fuerte

Markierung *f* <-en> **1.** (*Vorgang*) señalización *f* **2.** (*Zeichen*) marca *f*

Markstück *nt* moneda *f* de un marco

Markt [markt] *m* <-(e)s, Märkte> mercado *m;* **auf den** ~ **gehen** ir al mercado; **der Gemeinsame** ~ (EU) el Mercado Común; **auf dem** ~ **sein** estar a la venta; **Marktfrau** *f* vendedora *f* de mercado; **Marktführer** *m* empresa *f* líder en el mercado; **Marktwirtschaft** *f* economía *f* de mercado

Marmelade [marmə'laːdə] *f* <-n> mermelada *f*

Marmor ['marmoːɐ] *m* <-s, -e> mármol *m*

Marone [ma'roːnə] *f* <-n> (*Esskastanie*) castaña *f;* (*Pilz*) boleto *m*

Marotte [ma'rɔtə] *f* <-n> manía *f*

Mars [mars] *m* <-> Marte *m*

Marsch [marʃ] *m* <-(e)s, Märsche> marcha *f*

Marschall ['marʃal] *m* <-s, -schälle> mariscal *m*

marschieren* [mar'ʃiːrən] *vi sein* (*a.* MIL) marchar

Marsmensch *m* marciano, -a *m, f*

Märtyrer(in) ['mɛrtyrɐ] *m(f)* <-s, -; -nen> mártir *mf*

Marxismus [mar'ksɪsmʊs] *m* <-, *ohne pl*> marxismo *m*

März [mɛrts] *m* <-(es), -e> marzo *m;* **im (Monat)** ~ en (el mes de) marzo; **heute ist der erste** ~ (hoy) estamos a primero de marzo; **Berlin, den 10.** ~ **1988** Berlín, a diez de marzo de 1988; **am 20.** ~ el 20 de marzo; **Anfang/Ende/Mitte** ~ a principios/finales/mediados de marzo

Marzipan [martsi'paːn, '---] *nt* <-s, -e> mazapán *m*

Masche ['maʃə] *f* <-n> **1.** (*bei Handarbeit*) punto *m;* **eine** ~ **fallen lassen** menguar un punto **2.** (*fam: Trick*) truco *m*

Maschine [ma'ʃiːnə] *f* <-n> máquina *f;* (*Flugzeug*) avión *m;* **etw mit der** ~ **schreiben** escribir algo a máquina

maschinell [maʃi'nɛl] **I.** *adj* mecánico **II.** *adv* a máquina

Maschinenbau *m* <-(e)s, *ohne pl*> (*Lehrfach*) ingeniería *f* mecánica; **Maschinenpistole** *f* metralleta *f*

Maschinist(in) [maʃi'nɪst] *m(f)* <-en, -en; -nen> maquinista *mf*

Masern ['maːzɐn] *pl* sarampión *m*

Maserung ['maːzərʊŋ] *f* <-en> vetas *fpl*

Maske ['maskə] *f* <-n> (*für das Gesicht*) máscara *f;* (INFOR) pantalla *f;* **Maskenbildner(in)** *m(f)* <-s, -; -nen> maquillador(a) *m(f)*

maskieren* [mas'kiːrən] *vt, vr:* **sich** ~ enmascarar(se)

Maskottchen [mas'kɔtçən] *nt* <-s, -> mascota *f*

maskulin [masku'liːn] *adj* masculino

Masochist(in) [mazo'çɪst] *m(f)* <-en, -en; -nen> masoquista *mf*

masochistisch *adj* masoquista

Maß [maːs] *nt* <-es, -e> medida *f;* (*Aus~*) dimensión *f;* **nach** ~ a medida; **in besonderem** ~**(e)** especialmente; **in hohem** ~**e** en alto grado; **über alle** ~**en** sobremanera; **das übersteigt jedes** ~ excede (todos) los límites; **bei etw** ~ **halten** ser moderado con algo; **ein gewisses** ~ **an Vertrauen** cierto grado de confianza; **mit zweierlei** ~ **messen** medir por distintos raseros

Massage [ma'saːʒə] *f* <-n> masaje *m*

Massaker [ma'saːkɐ] *nt* <-s, -> masacre *f*

Maßband *nt* cinta *f* métrica

Masse ['masə] *f* <-n> **1.** (*a.* PHYS) masa *f* **2.** (*Menge*) cantidad *f;* (*Menschen~*) muchedumbre *f;* **in ~n** a montones; **Massenarbeitslosigkeit** *f* paro *m* masivo; **Massenartikel** *m* artículo *m* de gran consumo; **Massengrab** *nt* fosa *f* común; **massenhaft** *adj* (*fam*) en masa; **Massenkarambolage** *f* colisión *f* múltiple; **Massenmedium** *nt* medio *m* de masas; **Massenmord** *m* asesinato *m* en masa; **Massenproduktion** *f* producción *f* en gran escala; **massenweise** *adv* a montones, en masa

Masseur(in) [ma'søːɐ] *m(f)* <-s, -e; -nen> masajista *mf*

maß [maːs] *3. imp von* **messen**

Maßeinheit *f* unidad *f* de medida

maßgebend, maßgeblich **I.** *adj* (*bestimmend*) determinante; (*ausschlaggebend*) decisivo **II.** *adv* de manera decisiva

maß|halten *irr vi s.* **Maß**

massieren* [ma'siːrən] *vt* dar un masaje (a)

massig ['masɪç] **I.** *adj* (*wuchtig*) voluminoso **II.** *adv* (*fam: viel*) a montones

mäßig ['mɛːsɪç] *adj* **1.** (*gemäßigt*) moderado; (*Lebensweise*) sobrio **2.** (*mittel~*) mediocre

mäßigen ['mɛːsɪgən] *vt, vr:* **sich ~** moderar(se)

massiv [ma'siːf] *adj* (*Gegenstand*) macizo; (*Kritik, Drohung*) masivo

maßlos **I.** *adj* desmesurado **II.** *adv* enormemente

Maßnahme *f* <-n> medida *f;* **~n ergreifen** tomar medidas

maßregeln ['---] *vt* (*rügen*) reprender; (*strafen*) castigar

Maßstab *m* **1.** (*Norm*) norma *f;* **neue Maßstäbe setzen** sentar nuevas bases **2.** (*bei Karten*) escala *f*

maßvoll *adj* moderado; **~ in seinen Ansprüchen** ser comedido con sus demandas

Mast[1] [mast] *m* <-(e)s, -e(n)> **1.** (NAUT) mástil *m* **2.** (*Telefon~*) poste *m;* (*Fahnen~*) asta *f*

Mast[2] [mast] *f* <-en> (*von Tieren*) cebadura *f*

mästen ['mɛstən] *vt* cebar

masturbieren* [mastʊr'biːrən] *vi* masturbarse

Match [mɛtʃ] *nt* <-(e)s, -s *o* -e> partido *m*

Material [materi'aːl] *nt* <-s, -ien> material *m*

Materialismus [materia'lɪsmʊs] *m* <-, *ohne pl*> materialismo *m*

materialistisch *adj* materialista

Materie [ma'teːriə] *f* <-n> materia *f*

materiell [materi'ɛl] *adj* (*stofflich*) material; (*finanziell*) financiero

Mathematik [matema'tiːk] *f* matemáticas *fpl*

mathematisch [mate'maːtɪʃ] *adj* matemático

Matratze [ma'tratsə] *f* <-n> colchón *m*

Matrixdrucker *m* impresora *f* de matrices

Matrose [ma'troːzə] *m* <-n, -n> marinero *m*

Matsch [matʃ] *m* <-(e)s, *ohne pl*> (*fam: Schlamm*) lodo *m*

matschig *adj* (*fam: Obst*) pasado; (*Schnee*) medio derretido; (*schlammig*) fangoso

matt [mat] *adj* **1.** (*erschöpft*) cansado; (*schwach*) débil **2.** (*Glasscheibe*) opaco **3.** (*glanzlos*) mate; (*Farbe, Blick*) apagado **4.** (*Schach*): **jdn ~ setzen** dar jaque mate a alguien

Matte ['matə] *f* <-n> (*Stroh~*) estera *f;* (SPORT) colchoneta *f*

Mattscheibe *f* (*fam*) pantalla *f*

Matura [ma'tuːra] *f* (*Österr, Schweiz*) ≈bachillerato

Mauer ['maʊɐ] *f* <-n> (*aus Steinen*) muro *m;* (*aus Lehm*) tapia *f;* (*zur Verteidigung*) muralla *f;* (SPORT) barrera *f;* **Mauerblümchen** [-blyːmçən] *nt* <-s, -> (*fam*) patito *m* feo

mauern ['maʊɐn] *vt, vi* construir

Maul [maʊl] *nt* <-(e)s, Mäuler> (*bei Tieren*) boca *f;* (*Hund*) hocico *m;* (*Wiederkäuer, a. fam*) morro *m;* **ein großes ~ haben** ser un bocazas; **halt's ~ !** ¡cierra el pico!

maulen ['maʊlen] *vi* (*fam*) estar de morros

maulfaul *adj* (*fam*) callado; **~ sein** no abrir el pico; **Maulheld** *m* (*fam abw*) fanfarrón *m;* **Maulkorb** *m* bozal *m*

> Las **Maultaschen** son una especialidad suaba consistente en pasta rellena de carne picada y espinacas. Antiguamente eran un plato característico del tiempo de Cuaresma. Hoy en día no faltan en ninguna cocina bien en la sopa o bien salteadas con huevo y cebolla en la sartén.

Maultier *nt* mulo *m;* **Maulwurf** *m* topo *m*

Maurer(in) ['maʊrɐ] *m(f)* <-s, -; -nen> albañil *mf*
maurisch ['maʊrɪʃ] *adj* moro
Maus [maʊs] *f* <Mäuse> (*a.* INFOR) ratón *m*
mauscheln ['maʊʃəln] *vi* (*fam abw*) trucar
Mausefalle *f* ratonera *f*
mausern ['maʊzɐn] *vr:* **sich ~** (*Vogel*) mudar el plumaje; (*fam: sich entwickeln*) convertirse (*zu +dat* en)
mausetot *adj* (*fam*) muerto y requetemuerto
Mausklick ['maʊsklɪk] *m* <-s, -s> (INFOR) click *m* del ratón
Mausoleum [maʊzo'le:ʊm] *nt* <-s, Mausoleen> mausoleo *m*
Maut [maʊt] *f* <-en> peaje *m*
Maxima *pl von* **Maximum**
maximal [maksi'ma:l] **I.** *adj* máximo **II.** *adv* como máximo
Maximum ['maksimʊm] *nt* <-s, Maxima> máximo *m* (*an +dat* de)
Mayonnaise [majɔ'nɛ:zə] *f* <-n> mayonesa *f*
Mazedonien [matse'do:niən] *nt* <-s> Macedonia *f*
Mäzen [mɛ'tse:n] *m* <-s, -e> mecenas *m inv*
MB [ɛm'be:] (INFOR) *Abk. von* **Megabyte** MB
m. E. *Abk. von* **meines Erachtens** en mi opinión
Mechanik [me'ça:nɪk] *f* mecánica *f*
Mechaniker(in) [me'ça:nikɐ] *m(f)* <-s, -; -nen> mecánico, -a *m, f*
mechanisch [me'ça:nɪʃ] *adj* mecánico
Mechanismus [meça'nɪsmʊs] *m* <-, Mechanismen> mecanismo *m*
meckern ['mɛkɐn] *vi* (*Ziege*) balar; (*fam: nörgeln*) criticar (*über +akk* a)
Mecklenburg ['mɛklənbʊrk] *nt* <-s> Mecklemburgo *m*
mecklenburgisch ['mɛklənbʊrgɪʃ] *adj* de Mecklemburgo
Mecklenburg-Vorpommern ['---'fo:ɐpɔmɐn] *nt* <-s> Mecklemburgo-Pomerania *m* occidental
Medaille [me'daljə] *f* <-n> medalla *f*
Medaillon [medal'jõ:] *nt* <-s, -s> medallón *m*
Medien ['me:diən] *pl von* **Medium: die ~** los medios de comunicación; **Mediengesellschaft** *f* sociedad *f* mediática
Medikament [medika'mɛnt] *nt* <-(e)s, -e> medicamento *m*
Meditation [medita'tsjo:n] *f* <-en> meditación *f*
mediterran [meditɛ'ra:n] *adj* mediterráneo
meditieren* [medi'ti:rən] *vi* meditar (*über +akk* sobre)
Medium ['me:diʊm] *nt* <-s, Medien> medio *m;* (*Parapsychologie*) médium *m o f*
Medizin *f* <-en> (*Medikament*) medicamento *m;* (*Wissenschaft*) medicina *f*
Mediziner(in) [medi'tsi:nɐ] *m(f)* <-s, -; -nen> médico, -a *m, f;* (*Student*) estudiante *mf* de medicina
medizinisch *adj* (*ärztlich*) médico; (*arzneilich*) medicinal
Meer [me:ɐ] *nt* <-(e)s, -e> mar *m;* **am ~** en el mar; **ans ~ fahren** ir al mar; **ein ~ von Licht und Farbe** (*geh*) un derroche de luces y colores; **Meerenge** *f* <-n> estrecho *m*
Meeresfrüchte *fpl* (GASTR) mariscos *mpl;* **Meeresspiegel** *m* nivel *m* del mar
Meerrettich *m* rábano *m;* **Meerschweinchen** *nt* <-s, -> conejillo *m* de Indias, cobaya *f*
Meeting ['mi:tɪŋ] *nt* <-s, -s> mitin *m*
Megabyte ['me:gabaɪt] *nt* <-(s), -(s)> megabyte *m*
MegafonRR *nt* <-s, -e>, **Megaphon** [mega'fo:n] *nt* <-s, -e> megáfono *m*
Mehl [me:l] *nt* <-(e)s, -e> harina *f*
mehr [me:ɐ] **I.** *adv o pron indef kompar von* **viel** más (*als +nom* que); (*vor Zahlen*) más (*als +nom* de); (*vor Verben*) más (*als +nom* de lo que); **immer ~** cada vez más; **etwas ~** un poco más; **noch ~** todavía más; **um so ~** tanto más; **viel ~** mucho más **II.** *adv* (*+ Negation, ein Ende ausdrückend*): **nicht ~** ya no; **ich habe kein Geld ~** ya no tengo (más) dinero; **nichts ~** nada más; **es war niemand ~ da** ya no había nadie más
mehrdeutig ['me:ɐdɔɪtɪç] *adj* (*interpretierbar*) ambiguo; (*missverständlich*) equívoco
mehren ['me:rən] *vt, vr:* **sich ~** (*geh*) aumentar
mehrere ['me:rərə] *pron indef* varios; (*verschiedene*) diferentes; **zu ~n** entre varios; **sie waren zu ~n da** eran varios
mehrfach ['me:ɐfax] **I.** *adj* múltiple **II.** *adv* repetidas veces

Mehrfamilienhaus *nt* casa *f* plurifamiliar

mehrfarbig *adj* multicolor

Mehrheit *f* <-en> mayoría *f;* **in der ~** mayoritariamente; **in der ~ sein** ser mayoría

mehrheitlich *adj* por mayoría; **der Antrag wurde ~ angenommen** la solicitud fue aceptada con la mayoría de votos

mehrmalig ['meːɐmaːlɪç] *adj* repetido

mehrmals ['meːɐmaːls] *adv* repetidas veces

mehrsilbig *adj* polisílabo

mehrsprachig *adj* polígloto; (*Mensch*) multilingüe

Mehrwegflasche *f* botella *f* retornable; **Mehrwegverpackung** *f* envase *m* retornable

Mehrwertsteuer *f* impuesto *m* sobre el valor añadido

Mehrzahl *f ohne pl* **1.** (LING) plural *m* **2.** (*Mehrheit*) mayoría *f;* **wir sind in der ~** somos mayoría

meiden ['maɪdən] <meidet, mied, gemieden> *vt* (*geh*) rehuir

Meile ['maɪlə] *f* <-n> legua *f;* (NAUT) milla *f;* **Meilenstein** *m* piedra *f* miliar; (*wichtiger Einschnitt*) hito *m;* **meilenweit** *adj* a varias leguas de distancia

mein, **meine**, **mein** [maɪn, 'maɪnə, maɪn] *pron poss* (*adjektivisch*) mi, mis *pl;* **~e Damen und Herren!** ¡señoras y señores!

meine(r, s) *pron poss* (*substantivisch*) (el) mío *m,* (la) mía *f,* (los) míos *mpl,* (las) mías *fpl; s. a.* **mein, meine, mein**

Meineid *m* <-(e)s, -e> perjurio *m;* **einen ~ schwören** perjurar

meinen ['maɪnən] *vt* **1.** (*denken*) pensar; **was meinst du dazu?** ¿qué opinas al respecto?; **~ Sie nicht?** ¿no le parece? **2.** (*sich beziehen auf*) referirse (a); **du warst nicht gemeint** no se refería a ti **3.** (*sagen*) decir; **was meinten Sie?** ¿qué decía Ud.? **4.** (*sagen wollen*) querer decir; **was meinst du damit?** ¿qué quieres decir con eso? **5.** (*beabsichtigen*): **gut gemeint** bien intencionado

meiner *pron pers gen von* **ich** de mí

meinerseits *adv* por mi parte; **ganz ~!** ¡el gusto es mío!

meinesgleichen ['--'--] *pron indef inv* mis semejantes, de mi condición

meinetwegen ['--'--] *adv* por mí; (*negativ*) por mi culpa

Meinung ['maɪnʊŋ] *f* <-en> opinión *f;* **ich bin anderer ~** no estoy de acuerdo; **jdm (gehörig) die ~ sagen** (*fam*) cantar las cuarenta a alguien; **Meinungsaustausch** *m* intercambio *m* de opiniones; **Meinungsfreiheit** *f ohne pl* libertad *f* de expresión; **Meinungsumfrage** *f* encuesta *f;* **Meinungsverschiedenheit** *f* <-en> (*Streit*) pelea *f*

Meise ['maɪzə] *f* <-n> (ZOOL) paro *m;* **du hast doch 'ne ~!** (*fam*) ¡estás chiflado!

Meißel ['maɪsəl] *m* <-s, -> cincel *m*

meißeln *vi, vt* (*bearbeiten*) cincelar; (*schaffen*) esculpir; **eine Inschrift in einen Stein ~** grabar una inscripción en una roca

meist [maɪst] *adv s.* **meistens**

meiste(r, s) ['maɪstə, -tɐ, -təs] *pron indef superl von* **viel** **1.** (*größte Anzahl*): **die ~n Leute glauben, dass ...** la mayoría de la gente cree que... **2.** (*größte Menge*): **das ~** lo más; **die ~ Zeit** la mayor parte del tiempo; **sie hat das ~ Geld** ella es la que más dinero tiene

meisten *superl von* **viel**: **am ~** (+ *Verb*) lo (que) más; **Hans arbeitet am ~** Hans es el que más trabaja

meistens ['maɪstəns] *adv* la mayoría de las veces

Meister(in) ['maɪstɐ] *m(f)* <-s, -; -nen> maestro, -a *m, f;* **es ist noch kein ~ vom Himmel gefallen** (*prov*) la práctica hace al maestro; **meisterhaft** **I.** *adj* magistral **II.** *adv* con maestría

meistern ['maɪstɐn] *vt* **1.** (*Werkzeug, Instrument*) dominar **2.** (*Schwierigkeit*) superar; (*Situation*) controlar

Meisterschaft *f* <-en> (SPORT) campeonato *m*

Meisterwerk *nt* obra *f* maestra

Melancholie [melaŋko'liː] *f* melancolía *f*

melancholisch [melaŋ'koːlɪʃ] *adj* melancólico

melden ['mɛldən] **I.** *vt* informar (de); (*förmlich*) notificar; **jdm etw ~** comunicar algo a alguien; **etw bei der Polizei ~** dar parte de algo a la policía; **er ist als vermisst gemeldet** fue dado por desaparecido; **wen darf ich ~?** ¿a quién debo anunciar? **II.** *vr:* **sich ~** **1.** (*sich zur Verfügung stellen*) presentarse; (*auf eine Anzeige*) responder (*auf* +*akk* a) **2.** (*in der Schule*) levantar la mano; **sich zu Wort ~** pedir la palabra **3.** (*von sich* *hören lassen*) dar señales de vida; **er hat sich nie wieder** (**bei uns**) **gemeldet** nunca más supimos nada de él **4.** (*am Telefon*) responder al teléfono; **es meldet sich niemand** no responde nadie

Meldepflicht *f ohne pl* (*für Dinge*) declaración *f* obligatoria; (*für Personen*) registro *m* obligatorio

Meldung *f* <-en> **1.** (*Bericht*) información *f;* (*dienstlich*) informe *m;* (*bei der Polizei*) denuncia *f* **2.** (*Radio~, Fernseh~*) noticia *f*

melken ['mɛlkən] <melkt, melkte, gemelkt *o* gemolken> *vi, vt* ordeñar

Melodie [melo'di:] *f* <-n> melodía *f*

melodisch [me'lo:dɪʃ] *adj* melódico

Melone [me'lo:nə] *f* <-n> **1.** (*Honig~*) melón *m;* (*Wasser~*) sandía *f* **2.** (*fam: Hut*) (sombrero *m*) hongo *m*

Membran [mɛm'bra:n] *f* <-e(n)> (TECH) diafragma *m;* (BIOL) membrana *f*

Memoiren [memo'a:rən] *pl* memorias *fpl*

Menge ['mɛŋə] *f* <-n> **1.** (*Anzahl*) cantidad *f* (*an +dat* de); **eine ~ lernen** aprender un montón; **Bücher in ~n** montones de libros; **es gab eine ~ zu sehen** había mucho que ver **2.** (*Menschen~*) multitud *f* **3.** (MATH) conjunto *m*

mengen ['mɛŋən] *vt* mezclar

Mengenlehre *f* teoría *f* de conjuntos; **Mengenrabatt** *m* rebaja *f* por cantidad

Meniskus [me'nɪskʊs] *m* <-, Menisken> menisco *m*

Mensa ['mɛnza] *f* <Mensen *o* -s> comedor *m* universitario

Mensch [mɛnʃ] *m* <-en, -en> hombre *m*, ser *m* humano; **kein ~** nadie; **~!** (*fam*) ¡hombre!; **Menschenaffe** *m* (ZOOL) antropoide *m;* **Menschenfreund(in)** *m(f)* filántropo, -a *m, f;* **Menschengedenken** ['---'--] *nt:* **seit ~** desde tiempos inmemoriales; **Menschenkenntnis** *f* conocimiento *m* de la naturaleza humana; **Menschenleben** *nt* **1.** (*Leben*) vida *f* humana **2.** (*Opfer*) víctima *f;* **menschenleer** ['--'-] *adj* (*Gebiet*) despoblado; (*Straße*) desierto; (*Raum*) vacío; **Menschenliebe** *f* filantropía *f;* **aus reiner ~** por amor al prójimo; **Menschenmenge** *f* gentío *m;* **menschenmöglich** ['--'--] *adj:* **alles Menschenmögliche tun** hacer todo lo humanamente posible; **Menschenrechte** *ntpl* derechos *mpl* humanos; **Menschenseele** ['--'--] *f* alma *f* humana; **keine ~** (*fig*) ni un alma; **menschenverachtend** *adj* inhumano; **Menschenverstand** *m:* **der gesunde ~** el sentido común; **Menschenwürde** *f ohne pl* dignidad *f* humana

Menschheit *f* humanidad *f*

menschlich *adj* humano

Mensen *pl von* **Mensa**

Menstruation [mɛnstrua'tsjo:n] *f* <-en> menstruación *f*

mental [mɛn'ta:l] *adj* mental

Mentalität [mɛntali'tɛ:t] *f* <-en> mentalidad *f*

Menthol [mɛn'to:l] *nt* <-s, *ohne pl*> mentol *m*

Menü [me'ny:] *nt* <-s, -s> (*a.* INFOR) menú *m;* **Menüleiste** *f* (INFOR) barra *f* del menú; **Menüzeile** *f* (INFOR) línea *f* del menú

Merkblatt *nt* hoja *f* informativa

merken ['mɛrkən] *vt* **1.** (*wahrnehmen*) darse cuenta (de); (*be~, an~*) notar; **woran hast du das gemerkt?** ¿cómo te has dado cuenta? **2.** (*spüren*) sentir **3.** (*behalten*) retener; **merke: ...** recuerde:...; **sich** *dat* **etw ~** recordar algo

merklich *adj* (*fühlbar*) perceptible; (*deutlich*) evidente

Merkmal *nt* <-s, -e> característica *f*

Merkur [mɛr'ku:ɐ] *m* <-s, *ohne pl*> Mercurio *m*

merkwürdig *adj* raro

merkwürdigerweise ['----'--] *adv* curiosamente

messbar[RR] ['mɛsba:ɐ] *adj* (con)mensurable

Messe ['mɛsə] *f* <-n> (REL) misa *f;* (*Ausstellung*) feria *f*

messen ['mɛsən] <misst, maß, gemessen> *vt, vr:* **sich ~** medir(se) (*an +dat* en relación con); **mit dem kannst du dich nicht ~** no puedes competir con él

Messer ['mɛsɐ] *nt* <-s, -> cuchillo *m;* (TECH) cuchilla *f;* **ins offene ~ laufen** (*fam fig*) meterse en la boca del lobo; **Messerstecherei** [-ʃtɛçə'raɪ] *f* <-en> (*abw*) riña *f* a cuchilladas

Messing ['mɛsɪŋ] *nt* <-s, *ohne pl*> latón *m*

Messtechnik[RR] *f* metrología *f*

Messung *f* <-en> medición *f*

MESZ [ɛmʔe:ʔɛs'tsɛt] *Abk. von* **mitteleuropäische Sommerzeit** horario *m* de verano para Europa Central

Metall [me'tal] *nt* <-s, -e> metal *m*
metallisch *adj* metálico
Metapher [me'tafɐ] *f* <-n> metáfora *f*
Metastase [meta'sta:zə] *f* <-n> metástasis *f inv*
Meteorologie [meteorolo'gi:] *f* meteorología *f*
meteorologisch [meteoro'lo:gɪʃ] *adj* metereológico
Meter ['me:tɐ] *m o nt* <-s, -> metro *m;* **drei ~ hoch** tres metros de alto; **Metermaß** *nt* (*Stab*) metro *m* plegable; (*Band*) cinta *f* métrica
Methode [me'to:də] *f* <-n> método *m*
methodisch *adj* metódico
Metier [me'tje:] *nt* <-s, -s> profesión *f*
Metropole [metro'po:lə] *f* <-n> metrópoli *f*
Metzgerei [mɛtsgə'raɪ] *f* <-en> carnicería *f*
Meuterei [mɔɪtə'raɪ] *f* <-en> amotinamiento *m*
meutern ['mɔɪtɐn] *vi* amotinarse
Mexikaner(in) [mɛksi'ka:nɐ] *m(f)* <-s, -; -nen> mejicano, -a *m, f*
mexikanisch *adj* mejicano
Mexiko ['mɛksiko] *nt* <-s> Méjico *m,* México *m*
MEZ [ɛmʔe:'tsɛt] *Abk. von* **mitteleuropäische Zeit** hora *f* de Greenwich
mg *Abk. von* **Milligramm** mg
miauen* [mi'aʊən] *vi* maullar
mich [mɪç] **I.** *pron pers akk von* **ich** me; (*betont*) a mí (me); (*mit Präposition*) mí; **rufst du ~ an?** ¿me llamas?; **~ interessiert es nicht** a mí no me interesa **II.** *pron refl akk von* **ich** me; **ich halte ~ da raus** yo no me meto
mick(e)rig ['mɪk(ə)rɪç] *adj* (*fam abw: Sache*) pobre; (*Person*) enclenque
mied [mi:t] *3. imp von* **meiden**
Mieder ['mi:dɐ] *nt* <-s, -> faja *f;* **Miederwaren** *fpl* corsetería *f*
miefen *vi* (*fam abw*) apestar
Miene ['mi:nə] *f* <-n> cara *f;* **gute ~ zum bösen Spiel machen** poner a mal tiempo buena cara
mies [mi:s] *adj* (*fam*) miserable; **etw/jdn ~ machen** hablar mal de algo/de alguien; **mies|machen** *vt s.* **mies**
Miesmuschel *f* mejillón *m*
Miete ['mi:tə] *f* <-n> alquiler *m;* **zur ~ wohnen** vivir en un piso de alquiler
mieten ['mi:tən] *vt* alquilar
Mieter(in) *m(f)* <-s, -; -nen> inquilino, -a *m, f*
Mietshaus *nt* casa *f* de alquiler
Mietvertrag *m* contrato *m* de alquiler; **Mietwagen** *m* coche *m* de alquiler; **Mietwohnung** *f* piso *m* de alquiler
Migräne [mi'grɛ:nə] *f* jaqueca *f*
Mikro ['mikro] *nt* <-s, -s> micro *m*
Mikrobe [mi'kro:bə] *f* <-n> microbio *m*
Mikrobiologie *f* microbiología *f;* **Mikrochip** ['mi:kro-] *m* microchip *m;* **Mikroelektronik** *f* microelectrónica *f*
Mikrofon [mikro'fo:n] *nt* <-s, -e> micrófono *m*
Mikroorganismus ['------, ----'--] *m* microorganismo *m*
Mikrophon [mikro'fo:n] *nt* <-s, -e> *s.* **Mikrofon**
Mikroprozessor ['-----] *m* microprocesador *m*
Mikroskop [mikro'sko:p] *nt* <-s, -e> microscopio *m*
Mikrowelle ['----] *f* (*~nherd*) (horno *m*) microondas *m inv;* (ELEK) microonda *f*
Milbe ['mɪlbə] *f* <-n> ácaro *m*
Milch [mɪlç] *f* leche *f;* **Milchflasche** *f* (*Babyflasche*) biberón *m*
milchig ['mɪlçɪç] *adj* lechoso
Milchkaffee *m* café *m* con leche; **Milchkuh** *f* vaca *f* lechera; **Milchprodukt** *nt* producto *m* lácteo; **Milchpulver** *nt* leche *f* en polvo; **Milchstraße** *f* vía *f* láctea; **Milchzahn** *m* diente *m* de leche
mild(e) [mɪlt, 'mɪldə] *adj* **1.** (*Luft, Tabak, Speisen*) suave; (*Klima*) templado **2.** (*nachsichtig*) indulgente; (*gütig*) benigno; (*Strafe*) leve; **eine ~e Gabe** una limosna
mildern ['mɪldɐn] **I.** *vt* (*Zorn*) calmar; (*Schmerz, Wirkung*) atenuar; (*Aufprall*) suavizar; **~de Umstände** circunstancias atenuantes **II.** *vr:* **sich ~** disminuir
Milieu [mi'ljø:] *nt* <-s, -s> (medio *m*) ambiente *m*
militant [mili'tant] *adj* militante
Militär *nt* <-s, *ohne pl*> ejército *m;* **er ist beim ~** (*als Berufssoldat*) es militar; (*als Wehrdienstleistender*) hace el servicio militar; **Militärdienst** *m* <-(e)s, *ohne pl*> servicio *m* militar
militärisch [mili'tɛ:rɪʃ] *adj* militar
Militarismus [milita'rɪsmʊs] *m* <-, *ohne*

pl> (*abw*) militarismo *m*
Miliz [mi'liːts] *f* <-en> milicia *f*
Milliardär(in) [mɪljar'dɛːɐ] *m(f)* <-s, -e; -nen> multimillonario, -a *m, f*
Milliarde [mɪ'ljardə] *f* <-n> mil millones *mpl*
Milligramm ['mɪligram] *nt* miligramo *m*
Millimeter [mɪli'meːtɐ, '----] *m o nt* milímetro *m*
Million [mɪ'ljoːn] *f* <-en> millón *m*
Millionär(in) [mɪljo'nɛːɐ] *m(f)* <-s, -e; -nen> millonario, -a *m, f*
Milz [mɪlts] *f* <-en> bazo *m*
Mimik ['miːmɪk] *f* mímica *f*
Mimose [mi'moːzə] *f* <-n> (BOT) sensitiva *f;* (*Mensch*) hipersensible *mf*
minderbemittelt *adj* económicamente débil; (*arm*) necesitado; **geistig** ~ (*fam abw*) cerrado de mollera
mindere(r, s) ['mɪndərə, -rɐ, -rəs] *adj* menor; (*minderwertig*) inferior; **von ~r Qualität** de calidad inferior
Minderheit *f* <-en> minoría *f;* **in der ~ sein** estar en minoría
minderjährig *adj* menor de edad
Minderjährige(r) *mf* <-n, -n; -n> menor *mf* de edad
mindern ['mɪndɐn] *vt* (*geh*) disminuir (*um* +*akk* en, *auf*+*akk* a); (*Verdienste*) desvalorar
minderwertig *adj* (de calidad) inferior
Minderwertigkeitskomplex *m* complejo *m* de inferioridad
Mindestanforderung *f* requisito *m* mínimo
mindeste(r, s) ['mɪndəstə, -tɐ, -təs] *adj* mínimo; **das bezweifle ich nicht im Mindesten** de eso no tengo la menor duda
Mindesteinkommen *nt* ingreso *m* mínimo
mindesten *s.* **mindeste(r, s)**
mindestens ['mɪndəstəns] *adv* por lo menos
Mindestmaß *nt* mínimo *m* (*an* +*dat* de)
Mine ['miːnə] *f* <-n> mina *f;* **Minenfeld** *nt* zona *f* minada
Mineral [mine'raːl] *nt* <-s, -e *o* -ien> mineral *m;* **Mineralstoffe** *mpl* elementos *mpl* minerales; **Mineralwasser** *nt* <-s, -wässer> agua *f* mineral

En Austria es normal beber agua del grifo, no así en Suiza y Alemania, donde habitualmente se consume **Mineralwasser** embotellada. Esta agua es rica en minerales y contiene además gas carbónico.

Minima *pl von* **Minimum**
minimal [mini'maːl] *adj* (*wenig*) mínimo; (*unbedeutend*) insignificante
minimieren* [mini'miːrən] *vt* minimalizar
Minimum ['miːnimʊm] *nt* <-s, Minima> mínimo *m* (*an* +*dat* de)
Minirock *m* minifalda *f*
Minister(in) [mi'nɪstɐ] *m(f)* <-s, -; -nen> ministro, -a *m, f*
Ministerium [minɪs'teːriʊm] *nt* <-s, Ministerien> ministerio *m,* secretaría *f Am*
Ministerpräsident(in) *m(f)* **1.** (*eines Staates*) presidente, -a *m, f* del Gobierno **2.** (*eines Bundeslandes*) presidente, -a *m, f* del land
minus *adv* **1.** (MATH) menos **2.** (*Temperatur*) bajo cero; **15 Grad ~** 15 grados bajo cero
Minus ['miːnʊs] *nt* <-, *ohne pl*> **1.** (*Fehlbetrag*) déficit *m inv;* **~ machen** sacar pérdidas **2.** (*Nachteil*) desventaja *f;* **Minuspunkt** *m* punto *m* negativo; **Minuszeichen** *nt* signo *m* de substracción
Minute [mi'nuːtə] *f* <-n> minuto *m;* **fünf ~n vor/nach drei** las tres menos/y cinco; **Minutenzeiger** *m* minutero *m*
mir [miːɐ] **I.** *pron pers dat von* **ich** me; (*betont*) a mí (me); (*mit Präposition*) mí; **vor ~** delante de mí; **mit ~** conmigo; **von ~ aus** por mí; **~ nichts, dir nichts** sin más ni más **II.** *pron refl dat von* **ich** me; **ich will ~ die Haare waschen** quiero lavarme el pelo
mischen ['mɪʃən] **I.** *vt* mezclar; (*Karten*) barajar; (*Cocktail, Gift*) preparar **II.** *vr:* **sich ~ 1.** (*sich ein~*) meterse (*in* +*akk* en); **misch dich nicht in meine Angelegenheiten!** ¡no te metas en mis asuntos! **2.** (*unter Menschen*) mezclarse (*unter* +*akk* entre)
Mischling *m* <-s, -e> (*Mensch*) mestizo, -a *m, f;* (*Tier*) mezcla *f*
Mischung *f* <-en> mezcla *f*
miserabel [mize'raːbəl] *adj* miserable
Misere [mi'zeːrə] *f* <-n> miseria *f*
missachten*RR [mɪs'ʔaxtən] *vt* despreciar; (*ignorieren*) ignorar; **MissachtungRR** [-'--, '---] *f* desprecio *m;* (*Nichtbefolgung*) desacato *m;* **MissbehagenRR** ['----] *nt* desagrado *m;* **MissbildungRR** ['---] *f* <-en> deformación *f;* **missbilli-**

gen* RR [mɪsˈbɪlɪgən] *vt* desaprobar; **Missbilligung**RR [-ˈ---, ˈ----] *f* desaprobación *f;* **Missbrauch**RR [ˈ--] *m* abuso *m;* **sexueller ~** abuso sexual; **missbrauchen*** RR [-ˈ--] *vt* abusar (de); **Misserfolg**RR [ˈ---] *m* fracaso *m*

missfallen* RR [mɪsˈfalən] *irr vi* (*geh*) desagradar

MissfallenRR *nt* <-s, *ohne pl*> desagrado *m*

missgebildetRR *adj* malformado; **Missgeschick**RR [ˈ---] *nt* percance *m;* **mir ist ein ~ passiert** tuve un percance; **missglücken*** RR [mɪsˈglʏkən] *vi sein* salir mal; **missgönnen*** RR [mɪsˈgœnən] *vt* envidiar; **Missgriff**RR [ˈ--] *m* desacierto *m;* **einen ~ tun** cometer un error; **Missgunst**RR [ˈ--] *f* envidia *f;* **missgünstig**RR *adj* envidioso; **misshandeln*** RR [mɪsˈhandəln] *vt* maltratar; **Misshandlung**RR [-ˈ--] *f* mal(os) trato(s) *m(pl)*

Mission [mɪˈsjoːn] *f* <-en> misión *f*

Missionar(in) [mɪsjoˈnaːɐ] *m(f)* <-s, -e; -nen> misionero, -a *m, f*

MissklangRR [ˈ--] *m* disonancia *f;* **Misskredit**RR [ˈ---] *m:* **in ~ geraten** caer en descrédito; **jdn/etw in ~ bringen** desacreditar a alguien/algo

misslangRR [mɪsˈlaŋ] *3. imp von* **misslingen**

misslichRR [ˈmɪslɪç] *adj* (*unangenehm*) desagradable; (*ärgerlich*) molesto

misslingenRR [mɪsˈlɪŋən] <misslingt, misslang, misslungen> *vi sein* fracasar; **der Kuchen ist misslungen** el pastel salió mal

misslungenRR [mɪsˈlʊŋən] *pp von* **misslingen**

missmutigRR *adj* malhumorado; **missraten*** RR [mɪsˈraːtən] *irr vi sein* malograrse; **ein ~es Kind** un niño maleducado; **Missstand**RR [ˈ--] *m* situación *f* penosa; **soziale Missstände** injusticias sociales

misstRR [mɪst] *3. präs von* **messen**

misstrauen* RR [mɪsˈtraʊən] *vi* desconfiar (de)

MisstrauenRR *nt* <-s, *ohne pl*> desconfianza *f;* **gegen jdn/etw ~ hegen** desconfiar de alguien/de algo

misstrauischRR [ˈmɪstraʊɪʃ] *adj* desconfiado

MissverhältnisRR [ˈ----] *nt* desproporción *f;* (*Ungleichgewicht*) desequilibrio *m;* **missverständlich**RR [ˈ----] *adj* equívoco, ambiguo; **sich ~ ausdrücken** expresarse ambiguamente; **Missverständnis**RR [ˈ----] *nt* <-ses, -se> malentendido *m;* **missverstehen*** RR [ˈ----] *irr vt* malinterpretar

Mist [mɪst] *m* <-(e)s, *ohne pl*> **1.** (*Dünger*) estiércol *m* **2.** (*fam abw: Schund*) porquería *f;* **~ bauen** meter la pata; **so ein ~!** ¡qué mierda!; **Miststück** *nt* (*fam abw*) canalla *mf*

mit [mɪt] **I.** *präp +dat* con; **~ mir/dir/ihm** conmigo/contigo/con él; **~ dem Flugzeug kommen** llegar en avión; **~ Gewalt** a la fuerza; **~ der Post** por correo; **~ dreißig (Jahren)** a los treinta (años); **~ Bedauern musste ich feststellen ...** desgraciadamente tuve que constatar... **II.** *adv* (*ebenfalls*): **etw ~ berücksichtigen** considerar algo; **ich habe kein Geld ~** (*fam*) no llevo dinero

Mitarbeit *f ohne pl* colaboración *f* (*an/bei +dat* en); **unter ~ von ...** en colaboración con...; **mit|arbeiten** *vi* colaborar (*an/bei +dat* en); **Mitarbeiter(in)** *m(f)* **1.** (*Betriebsangehöriger, Arbeiter*) trabajador(a) *m(f);* (*Angestellter*) empleado, -a *m, f;* **ehrenamtlicher ~** voluntario *m* **2.** (*einer Zeitung*) colaborador(a) *m(f);* **freie ~in** colaboradora *f*

mit|bekommen* *irr vt* (*hören, erfahren*) enterarse (de)

mit|bestimmen* *vi* participar (*bei* en); (**in einem Unternehmen**) **~** participar en la cogestión; **Mitbestimmung** *f* cogestión *f;* **~ am Arbeitsplatz** participación de los trabajadores

Mitbewohner(in) *m(f)* (*in einer Wohnung*) compañero, -a *m, f* de piso; (*in einem Haus*) vecino, -a *m, f*

mit|bringen *irr vt* traer; (*Voraussetzung*) reunir

Mitbringsel [ˈmɪtbrɪŋzəl] *nt* <-s, -> (*fam*) regalito *m;* (*von einer Reise*) recuerdo *m*

Mitbürger(in) *m(f)* (*formal*) conciudadano, -a *m, f*

mit|denken *irr vi* (*folgen*) seguir la argumentación; (*aufmerksam sein*) estar atento

miteinander [mɪtʔaɪˈnandɐ] *adv* el uno con el otro; **~ reden** hablar; **gut ~ auskommen** llevarse bien; **alle ~** todos juntos

mit|erleben* *vt* presenciar

Mitesser *m* <-s, -> espinilla *f*

mit|fahren *irr vi sein* ir (*bei/mit* con); **möchtest du (bei mir) ~?** (*im Auto*) ¿quieres que te lleve?; **möchtest du (mit mir) ~?** (*auf eine Reise*) ¿quieres venir conmigo?

Mitgefühl *nt* <-s, *ohne pl*> compasión *f* (*für* +*akk* por)

mit|gehen *irr vi sein* (*begleiten*) acompañar; **etw ~ lassen** (*fam*) mangar algo

mitgenommen *adj* **1.** (*Dinge*) gastado **2.** (*Person*) rendido; **sie sieht ~ aus** parece algo desmejorada

Mitgift ['mɪtgɪft] *f* <-en> dote *m o f*

Mitglied *nt* <-(e)s, -er> miembro *m;* (*eines Vereins*) socio, -a *m, f;* **die ~er der EU** los miembros comunitarios; **Mitgliedsausweis** *m* carnet *m* de socio

Mitgliedschaft *f* <-en> pertenencia *f;* **die ~ beantragen** solicitar la admisión

Mitgliedsland *nt* país *m* miembro

mit|halten *irr vi* seguir (*bei*); **ich konnte nicht bei ihnen ~** no pude seguirles el ritmo

mit|helfen *irr vi* ayudar (*bei* en)

mithilfe[RR] *präp* +*gen* con ayuda de

Mithilfe *f ohne pl* asistencia *f* (*bei* +*dat* en)

mit|kommen *irr vi sein* **1.** (*mitgehen*) venir(se) (*mit* +*dat* con); (*begleiten*) acompañar (*mit* +*dat* a) **2.** (*fam: Schritt halten*) (poder) seguir (*bei* +*dat*); **da komme ich nicht mehr mit!** (*fam*) ¡eso ya no lo entiendo!

mit|kriegen *vt* (*fam*) *s.* **mitbekommen**

Mitleid *nt* compasión *f* (*mit* +*dat* de/por)

Mitleidenschaft *f:* **etw/jdn in ~ ziehen** afectar a algo/alguien

mit|machen I. *vi* participar (*bei* +*dat* en); **machst du mit?** ¿te apuntas? **II.** *vt* **1.** (*teilnehmen*) participar (en) **2.** (*fam: ertragen*) soportar; **sie hat viel mitgemacht** ha sufrido mucho

Mitmensch *m* prójimo, -a *m, f*

mit|nehmen *irr vt* **1.** (*allgemein*) llevar (consigo); (*herbringen*) traer (consigo); **zum Mitnehmen** para llevar **2.** (*psychisch*) afectar; (*erschöpfen*) agotar

mit|reden *vi* **1.** (*im Gespräch*) tomar parte (en la conversación) **2.** (*mitbestimmen*) tener voz; **da habe ich auch noch ein Wörtchen mitzureden** en este asunto yo también tengo voz

mit|reißen *irr vt* (*Fluss, Lawine*) arrastrar; (*begeistern*) apasionar

mitsamt [mɪt'zamt] *präp* +*dat* junto con

mitschuldig *adj* implicado (*an* +*dat* en)

Mitschüler(in) *m(f)* compañero, -a *m, f* de clase

mit|spielen *vi* participar (*bei* +*dat* en); (*Gründe*) influir (*bei* +*dat* en); **jdm übel ~** jugar(le) una mala pasada a alguien

Mitspracherecht *nt* <-(e)s, *ohne pl*> derecho *m* de intervención (*bei* en); **jdm ein ~ einräumen** conceder a alguien el derecho de intervención

mittag *adv s.* **Mittag**

Mittag ['mɪta:k] *m* <-s, -e> mediodía *m;* **morgen ~** mañana al mediodía; **gegen ~** hacia el mediodía; **zu ~ essen** almorzar; **Mittagessen** *nt* almuerzo *m*

mittags ['mɪta:ks] *adv* al mediodía; **mittwochs ~** los miércoles al mediodía; **~ um eins** a la una de la tarde

Mittagspause *f* hora *f* de almorzar; **Mittagsschlaf** *m* siesta *f*

Mitte ['mɪtə] *f* <-n> **1.** (*räumlich*) medio *m;* (*einer Strecke*) mitad *f;* (*Mittelpunkt*) centro *m;* **ein Mann aus unserer ~** un hombre de nuestras filas; **etw in der ~ durchtrennen** cortar algo por la mitad; **die goldene ~** el justo medio **2.** (*zeitlich*): **~ des Jahres** a mediados del año; **sie ist ~ dreißig** anda por los treinta pasados

mit|teilen I. *vt* comunicar (de); **ich muss Ihnen leider ~, dass ...** desgraciadamente tengo que comunicarle que... **II.** *vr:* **sich ~** (*geh: kommunizieren*) comunicarse (con); (*sich anvertrauen*) confiarse (a)

mitteilsam *adj* comunicativo

Mitteilung *f* <-en> comunicación *f;* (*amtlich*) comunicado *m*

Mittel ['mɪtəl] *nt* <-s, -> **1.** (*Hilfs~*) medio *m;* (*Maßnahme*) medida *f;* **~ und Wege finden** hallar medios; **als letztes ~** como última medida; **ihr ist jedes ~ recht** no tiene escrúpulos **2.** (*Medikament*) remedio *m* **3.** *pl* (*Gelder*) fondos *mpl;* **ohne ~ dastehen** estar sin recursos **4.** (*Durchschnitt*) media *f*

Mittelalter *nt* Edad *f* Media

mittelalterlich *adj* medieval

Mittelamerika ['---'---] *nt* América *f* Central; **Mittelding** *nt* <-(e)s, *ohne pl*> (*fam*) cosa *f* intermedia (*zwischen* entre); **Mitteleuropa** ['---'--] *nt* Europa *f* Central; **Mittelfinger** *m* (dedo *m*) corazón

mittelfristig *adj* a medio plazo

M

Mittelgebirge *nt* montaña *f* de media altura; **Mittelklasse** *f* **1.** (*Soziologie*) clase *f* media **2.** (*bei Waren*) categoría *f* media; (*Auto*) utilitario *m*

mittellos *adj* sin recursos

mittelmäßig *adj* mediano; (*abw*) mediocre

Mittelmeer *nt* <-(e)s> (Mar *m*) Mediterráneo *m*

Mittelpunkt *m* centro *m;* **im ~ (des Interesses) stehen** ser el centro (de interés)

mittels ['mɪtəls] *präp +gen* (*geh*) por medio de

Mittelstand *m* <-(e)s, *ohne pl*> clase *f* media

mittelständisch *adj* de la clase media; **~es Unternehmen** mediana empresa

Mittelstreckenrakete *f* misil *m* de alcance medio

Mittelstufe *f* (SCH) grados *mpl* intermedios (del colegio); **Mittelweg** *m* término *m* medio; **der goldene ~** el justo medio; **Mittelwelle** *f* onda *f* media

mitten ['mɪtən] *adv:* **~ in/auf/bei/an** en medio de; **~ im Winter** en pleno invierno; **etw ~ durchbrechen** romper algo por la mitad; **mittendrin** ['--'-] *adv* en el medio; **mittendurch** ['--'-] *adv* por el medio; (*in der Hälfte*) por la mitad

Mitternacht ['mɪtɐnaxt] *f* medianoche *f*

mittlere(r, s) ['mɪtlərə, -rɐ, -rəs] *adj* **1.** (*räumlich*) (del) medio **2.** (*durchschnittlich*) mediano; **der ~ Wert** la media; **ein Mann ~n Alters** un hombre de mediana edad; **von ~r Qualität** de calidad regular

mittlerweile ['--'--] *adv* entretanto

Mittwoch ['mɪtvɔx] *m* <-(e)s, -e> miércoles *m; s. a.* **Montag**

mittwochs ['mɪtvɔxs] *adv* los miércoles

mitunter [mɪt'ʔʊntɐ] *adv* de vez en cuando

mitverantwortlich *adj* corresponsable

mit|wirken *vi* participar (*in +dat* en); (THEAT) actuar (*in +dat* en); **es wirkten mit: ...** intervinieron:...

mixen ['mɪksən] *vt* (*a.* FILM, RADIO, TV) mezclar

Mixer *m* <-s, -> batidora *f*

Mixtur [mɪks'tuːɐ] *f* <-en> mixtura *f*

ml *Abk. von* **Milliliter** ml

mm *Abk. von* **Millimeter** mm

Mobbing *nt* <-s, *ohne pl*> mobbing *m*

Möbel ['møːbəl] *nt* <-s, -> mueble *m;* **Möbelspedition** *f* agencia *f* de mudanzas

mobil [mo'biːl] *adj* móvil; **gegen etw ~ machen** movilizar contra algo; **Mobilfunk** *m* servicios *mpl* de radio portátiles

Mobiliar [mobi'ljaːɐ] *nt* <-s, *ohne pl*> mobiliario *m*

mobilisieren* [mobili'ziːrən] *vt* movilizar

Mobiltelefon *nt* (teléfono *m*) móvil

möblieren* [mø'bliːrən] *vt* amueblar

mochte ['mɔxtə] *3. imp von* **mögen**

Modalverb *nt* verbo *m* modal

Mode ['moːdə] *f* <-n> moda *f;* **in/aus der ~ kommen** ponerse/pasar de moda; **groß in ~ sein** estar muy de moda; **mit der ~ gehen** ir a la moda

Model ['mɔdəl] *nt* <-s, -s> (*Fotomodell*) modelo *mf*

Modell [mo'dɛl] *nt* <-s, -e> **1.** (*Vorbild, Muster, Entwurf*) modelo *m;* (ARCHIT) maqueta *f* **2.** (*Maler-/Foto-, Mannequin*) modelo *mf;* **jdm ~ stehen** hacer de modelo para alguien

Modem ['moːdɛm] *nt o m* <-s, -s> módem *m*

Modenschau *f* desfile *m* de modas

Moderation [modera'tsjoːn] *f* <-en> presentación *f*

Moderator(in) [modə'raːtoːɐ] *m(f)* <-s, -en; -nen> presentador(a) *m(f)*

moderieren* [mode'riːrən] *vt* presentar

modern [mo'dɛrn] *adj* moderno; **~ sein** estar de moda

modernisieren* [modɛrni'ziːrən] *vt* modernizar

Modeschmuck *m* bisutería *f;* **Modezeitschrift** *f* revista *f* de moda

Modi ['mɔdi, 'moːdi] *pl von* **Modus**

modifizieren* [modifi'tsiːrən] *vt* modificar

modisch ['moːdɪʃ] **I.** *adj* moderno **II.** *adv* a la moda

Modul [mo'duːl] *nt* <-s, -e> (INFOR, ELEK) módulo *m*

Modus ['mɔdʊs, 'moːdʊs] *m* <-, Modi> (*a.* LING, INFOR) modo *m*

Mofa ['moːfa] *nt* <-s, -s> moto(cicleta) *f*

mogeln ['moːgəln] *vi* hacer trampa

mögen[1] ['møːgən] <mag, mochte, gemocht> **I.** *vt* **1.** (*Gefallen finden*) gustar; **ich mag ihn nicht** me cae mal; **lieber ~** preferir **2.** (*wollen*) querer; (*wünschen*) desear; **was möchten Sie?** ¿qué desea? **II.** *vi* (*irgendwohin ~*): **ich möchte gern nach**

Hause quisiera irme a casa

mögen[2] <mag, mochte, ~> *vt Modalverb* **1.** (*wollen*) querer; **ich möchte lieber hier bleiben** preferiría quedarme (aquí) **2.** (*sollen*): **was mag das wohl heißen?** ¿qué querrá decir eso? **3.** (*können*) poder; **es mag wohl sein, dass ...** puede ser que... +*subj* **4.** (*möglich sein*) ser posible; **mag sein** es posible; **wie dem auch sein mag** sea como fuere; **so schön sie auch sein mag** por guapa que sea

möglich ['møːklɪç] *adj* posible; **so bald wie** ~ cuanto antes; **schon** ~ (*fam*) puede ser; **er tat sein Möglichstes** hizo todo lo posible; **so kurz wie** ~ lo más corto posible

möglicherweise ['---'--] *adv* posiblemente

Möglichkeit *f* <-en> posibilidad *f* (*zu* + *dat* de); **nach** ~ a ser posible

möglichst ['møːklɪçst] *adv* si es posible; ~ **wenig/gut** lo menos/mejor posible

Mohn [moːn] *m* <-(e)s, -e> (*Klatsch*~) amapola *f*

Möhre ['møːrə] *f* <-n>, **Mohrrübe** *f* (*nordd*) zanahoria *f*

Moldawien [mɔl'daːviən] *nt* <-s> Moldavia *f*

Mole ['moːlə] *f* <-n> muelle *m*

Molekül [mole'kyːl] *nt* <-s, -e> molécula *f*

Molkerei *f* <-en> lechería *f*

Moll [mɔl] *nt* <-, *ohne pl*> tono *m* menor

mollig ['mɔlɪç] *adj* (*behaglich warm*) calentito; (*Person*) gordito

Moment [mo'mɛnt] *m* <-(e)s, -e> momento *m;* **im** ~ de momento

momentan [momɛn'taːn] **I.** *adj* momentáneo **II.** *adv* por el momento

Monaco [mo'nako] *nt* <-s> Mónaco *m*

Monarch(in) [mo'narç] *m(f)* <-en, -en; -nen> monarca *mf*

Monarchie [monar'çiː] *f* <-n> monarquía *f*

Monat ['moːnat] *m* <-(e)s, -e> mes *m;* **Anfang/Ende des ~s** a principios/finales de mes; **im sechsten ~ (schwanger) sein** estar (embarazada) de seis meses; **monatelang** *adj* durante meses; **das kann ~ dauern** puede durar meses enteros

monatlich **I.** *adj* mensual **II.** *adv* todos los meses

Monatseinkommen *nt* ingreso *m* mensual; **Monatskarte** *f* abono *m* mensual; **Monatsrate** *f* mensualidad *f*

Mönch [mœnç] *m* <-(e)s, -e> monje *m*

Mond [moːnt] *m* <-(e)s, -e> luna *f;* **abnehmender/zunehmender** ~ luna menguante/creciente; **hinter dem ~ leben** (*fam fig*) vivir en otra galaxia; **Mondfinsternis** *f* eclipse *m* de luna; **Mondlandung** *f* alunizaje *m*

Monegasse, -in [mone'gasə] *m, f* <-n, -n; -nen> monegasco, -a *m, f*

Moneten [mo'neːtən] *pl* (*fam*) perras *fpl,* pelas *fpl,* plata *f Am*

Monitor ['moːnitoːɐ, 'mɔnitoːɐ] *m* <-s, -e(n)> (TV, INFOR) pantalla *f;* (TECH, TV) monitor *m*

Monokultur ['moːno-] *f* monocultivo *m*

Monolog [mono'loːk] *m* <-(e)s, -e> monólogo *m;* **einen ~ halten** monologar

Monopol [mono'poːl] *nt* <-s, -e> monopolio *m*

monoton [mono'toːn] *adj* monótono

Monotonie [monoto'niː] *f* <-n> monotonía *f*

Monster ['mɔnstɐ] *nt* <-s, -> monstruo *m*

Monstrum ['mɔnstrʊm] *nt* <-s, Monstren> monstruo *m*

Montag ['moːntaːk] *m* <-s, -e> lunes *m;* **am** ~ el lunes; **jeden (zweiten) ~ (im Monat)** el segundo lunes de cada mes; **letzten** ~ el lunes pasado; **nächsten/kommenden** ~ el lunes que viene/próximo; **heute ist ~, der zehnte November** hoy es lunes (el) diez de noviembre; **montagabends**[RR] *adv* los lunes por la noche

Montage [mɔn'taːʒə] *f* <-n> montaje *m*

montags ['moːntaːks] *adv* los lunes; ~ **abends/mittags** los lunes por la noche/al mediodía

Monteur(in) [mɔn'tøːɐ] *m(f)* <-s, -e; -nen> montador(a) *m(f)*

montieren* [mɔn'tiːrən] *vt* (*a.* FILM) montar (*an* a/en)

Monument [monu'mɛnt] *nt* <-(e)s, -e> monumento *m*

Moor [moːɐ] *nt* <-(e)s, -e> pantano *m*

Moos [moːs] *nt* <-es, -e> musgo *m*

Mop *m* <-s, -s> *s.* **Mopp**

Moped ['moːpɛt] *nt* <-s, -s> ciclomotor *m*

Mopp[RR] [mɔp] *m* <-s, -s> fregona *f*

Moral [mo'raːl] *f* **1.** (*Sittlichkeit*) moral *f;* **die ~ sinkt/steigt** los ánimos bajan/suben **2.** (*einer Fabel*) moraleja *f*

moralisch *adj* moral

M

Moralpredigt *f* sermón *m;* **jdm eine ~ halten** echarle a alguien un sermón

Morast [mo'rast] *m* <-(e)s, -e *o* Moräste> (*Sumpfland*) pantano *m;* (*Schlamm*) lodo *m*

Mord [mɔrt] *m* <-(e)s, -e> asesinato *m* (*an* +*dat* de); **einen ~ begehen** cometer un asesinato

Mörder(in) ['mœrdɐ] *m(f)* <-s, -; -nen> asesino, -a *m, f*

mörderisch *adj* (*fam: abscheulich, groß*) terrible; (*Hitze*) sofocante; (*Geschwindigkeit*) loco

Mordkommission *f* brigada *f* de homicidios

Mordsglück ['-'-] *nt* (*fam*) suerte *f* loca; **mordsmäßig** *adj* (*fam*) terrible, tremendo; **Mordswut** ['-'-] *f* (*fam*) rabia *f* loca

Mordwaffe *f* arma *f* homicida

morgen ['mɔrgən] *adv* mañana; **~ früh** mañana por la mañana; **~ Mittag/Abend** mañana al mediodía/por la tarde

Morgen *m* <-s, -> mañana *f;* **am nächsten ~** la mañana siguiente; **am frühen ~** temprano por la mañana; **guten ~!** ¡buenos días!; **bis in den frühen ~ hinein** hasta el amanecer

morgendlich ['mɔrgəntlɪç] *adj* matutino

Morgengrauen ['--graʊən] *nt* amanecer *m;* **Morgenmantel** *m* bata *f*

morgens ['mɔrgəns] *adv* por la mañana; **um sieben Uhr ~** a las siete de la mañana

Morphium ['mɔrfiʊm] *nt* <-s, *ohne pl*> morfina *f*

morsch [mɔrʃ] *adj* (*Holz*) podrido

Morsealphabet ['mɔrzə-] *nt* (alfabeto *m*) morse *m*

Mörser ['mœrzɐ] *m* <-s, -> (*Gefäß*) mortero *m;* (MIL) lanzagranadas *m inv*

Mörtel ['mœrtəl] *m* <-s, -> mortero *m*

Mosaik [moza'i:k] *nt* <-s, -e(n)> mosaico *m*

Moschee [mɔ'ʃe:] *f* <-n> mezquita *f*

Möse ['mø:zə] *f* <-n> (*vulg*) coño *m*

Mosel ['mo:zəl] *f:* **die ~** el (río *m*) Mosela *m*

mosern ['mo:zɐn] *vi* (*fam*) critiquizar

Moskau ['mɔskaʊ] *nt* <-s> Moscú *m*

Moskito [mɔs'ki:to] *m* <-s, -s> mosquito *m*

Moslem ['mɔslɛm] *m,* **Moslime** *f* <-s, -s; -n> musulmán, -ana *m, f*

Motiv [mo'ti:f] *nt* <-s, -e> motivo *m*

Motivation [motiva'tsjo:n] *f* <-en> motivación *f*

motivieren* [moti'vi:rən] *vt* (*anregen*) animar (*zu* +*dat* para que +*subj*); (*begründen*) justificar (*mit* +*dat* con)

Motor ['mo:to:ɐ] *m* <-s, -en> motor *m;* **Motorboot** *nt* lancha *f* a motor; **Motorhaube** *f* capó *m*

motorisieren* [motori'zi:rən] *vt* motorizar

Motorrad ['mo:to:ɐ-, mo'to:ɐ-] *nt* moto(cicleta) *f;* **Motorroller** *m* escúter *m;* **Motorsport** *m* motorismo *m*

Motte ['mɔtə] *f* <-n> polilla *f*

Motto ['mɔto] *nt* <-s, -s> lema *m*

motzen ['mɔtsən] *vi* (*fam*) refunfuñar

Mountainbike ['maʊntənbaɪk] *nt* <-s, -s> bicicleta *f* de montaña

Mousepad ['maʊspɛt] *nt* <-s, -s> (INFOR) sendero *m* del ratón

Möwe ['mø:və] *f* <-n> gaviota *f*

Mücke ['mʏkə] *f* <-n> mosquito *m;* **aus einer ~ einen Elefanten machen** (*fam fig*) hacer de una pulga un camello; **Mückenstich** *m* picadura *f* de mosquito

Mucks [mʊks] *m* (*fam*): **keinen ~ sagen** no decir ni pío; **ohne einen ~** muy quieto

müde ['my:də] *adj* cansado; **~ werden** cansarse; **es ~ sein etw zu tun** estar harto de hacer algo

Müdigkeit *f* cansancio *m*

Muffel ['mʊfəl] *m* <-s, -> (*fam*) aguafiestas *mfpl inv*

muffig *adj* **1.** (*Geruch*) que huele a enmohecido; **~ riechen** oler a moho **2.** (*fam: Person*) gruñón

Mühe ['my:ə] *f* <-n> esfuerzo *m;* **nur mit ~** a duras penas; **die ~ hat sich gelohnt** ha valido la pena; **sich** *dat* **die ~ machen etw zu tun** tomarse la molestia de hacer algo; **wenn es Ihnen keine ~ macht!** ¡si no es molestia para Ud.!; **mit ~ und Not** (*mit großen Schwierigkeiten*) a duras penas; (*gerade noch*) por los pelos; **mühelos** **I.** *adj* fácil **II.** *adv* con facilidad; **mühevoll** *adj* penoso; (*schwierig*) difícil

Mühle ['my:lə] *f* <-n> **1.** (*Gebäude*) molino *m;* **in die ~ der Verwaltung geraten** (*fig*) caer en las ruedas de la administración **2.** (*Haushaltsgerät*) molinillo *m* **3.** *ohne pl* (*Brettspiel*) tres *m* en raya

mühsam, mühselig I. *adj* penoso II. *adv* a duras penas

Mulde ['mʊldə] *f* <-n> (*im Gelände*) hondonada *f;* (*Loch*) hoyo *m*

Mull [mʊl] *m* <-(e)s, -e> (*Gewebe*) gasa *f*

Müll [mʏl] *m* <-(e)s, *ohne pl*> basura *f;* **etw in den ~ werfen** tirar algo a la basura; **radioaktiver ~** residuos radi(o)activos; **Müllabfuhr** *f* recogida *f* de basuras; **Müllberg** *m* montón *m* de basuras

Mullbinde *f* venda *f* de gasa

Müllcontainer *m* contenedor *m* de basuras; **Mülldeponie** *f* vertedero *m* de basuras; **Mülleimer** *m* cubo *m* de la basura

Müller(in) ['mʏlɐ] *m(f)* <-s, -; -nen> molinero, -a *m, f*

Müllkippe *f* vertedero *m* de basuras; **Mülltonne** *f* cubo *m* de la basura; **Mülltrennungssystem** *nt* recogida *f* selectiva de basuras; **Müllwagen** *m* camión *m* de la basura

mulmig ['mʊlmɪç] *adj* (*fam*) desagradable; **ein ~es Gefühl haben** tener un mal presentimiento; **ihm war ~ zumute** tenía miedo

multikulturell [mʊlti-] *adj* multicultural

multimediafähig *adj* multimediático; **Multimedia-PC** *m* ordenador *m* multimedia; **Multimediasystem** *nt* sistema *m* multimedia

Multiplikation [mʊltiplika'tsjo:n] *f* <-en> multiplicación *f* (*mit + dat* por)

multiplizieren* [mʊltipli'tsi:rən] *vt* multiplicar (*mit + dat* por)

Mumps [mʊmps] *m o f* <-, *ohne pl*> paperas *fpl*

München ['mʏnçən] *nt* <-s> Munich *m*

Mund [mʊnt] *m* <-(e)s, Münder> boca *f;* **jdm über den ~ fahren** (*fam*) cortarle a alguien la palabra; **nicht auf den ~ gefallen sein** (*fam fig*) tener labia; **jdm den ~ wässrig machen** (*fam*) hacerle la boca agua a alguien; **halt den ~!** (*fam*) ¡calla la boca!; **den ~ zu voll nehmen** (*fam fig*) fanfarronear; **Mundart** *f* dialecto *m*

münden ['mʏndən] *vi haben o sein* (*Fluss, Straße*) desembocar (*in/auf + akk* en)

Mundgeruch *m* halitosis *f inv;* **Mundharmonika** *f* armónica *f*

mündig ['mʏndɪç] *adj* mayor de edad

mündlich ['mʏntlɪç] *adj* oral

Mundpropaganda *f* publicidad *f* transmitida de boca en boca; **mundtot** *adj:* **jdn ~ machen** taparle la boca a alguien

Mündung ['mʏndʊŋ] *f* <-en> (*eines Flusses*) desembocadura *f;* (*eines Gewehres*) boca *f*

Mundwerk *nt* (*fam*): **ein flinkes ~ haben** tener mucha labia

Munition [muni'tsjo:n] *f* <-en> munición *f*

munkeln ['mʊŋkəln] *vi, vt* (*fam*) rumorear

munter ['mʊntɐ] *adj* 1. (*lebhaft*) vivaz; (*fröhlich*) alegre 2. (*wach*) despierto

Münzautomat *m* distribuidor *m* automático

Münze ['mʏntsə] *f* <-n> moneda *f;* **etw für bare ~ nehmen** tomar algo al pie de la letra

mürbe ['mʏrbə] *adj* 1. (*weich*) blando; (*Fleisch*) tierno 2. (*abgenutzt*) desgastado; (*zerbrechlich*) frágil; **jdn ~ machen** ablandar a alguien; **Mürbeteig** *m* pastaflora *f*

murmeln ['mʊrməln] *vi, vt* murmurar

Murmeltier *nt* marmota *f;* **schlafen wie ein ~** dormir como un tronco

murren ['mʊrən] *vi* refunfuñar

mürrisch ['mʏrɪʃ] I. *adj* malhumorado II. *adv* de mala gana

Mus [mu:s] *nt* <-es, -e> puré *m*

Muschel ['mʊʃəl] *f* <-n> (*~schale*) concha *f*

Muse ['mu:zə] *f* <-n> musa *f;* **er wurde von der ~ geküsst** le soplaron las musas

Museum [mu'ze:ʊm] *nt* <-s, Museen> museo *m*

Musical ['mju:zikəl] *nt* <-s, -s> (espectáculo *m*) musical *m*

Musik [mu'zi:k] *f* <-en> música *f*

musikalisch [muzi'ka:lɪʃ] *adj* musical; **~ veranlagt sein** tener talento musical

Musiker(in) ['mu:zikɐ] *m(f)* <-s, -; -nen> músico, -a *m, f*

Musikhochschule *f* conservatorio *m* superior de música; **Musikinstrument** *nt* instrumento *m* de música; **Musikstück** *nt* pieza *f* de música

musizieren* [muzi'tsi:rən] *vi* tocar (piezas musicales)

Muskat [mʊs'ka:t] *m* <-(e)s, -e> nuez *f* moscada

Muskel ['mʊskəl] *m* <-s, -n> músculo *m;* **Muskelkater** *m* agujetas *fpl*

Muskulatur [mʊskula'tu:ɐ] *f* <-en> musculatura *f*

muskulös [mʊsku'lø:s] *adj* musculoso

M

Müsli ['myːsli] *nt* <-s, -s> musli *m*

muss[RR] [mʊs] *3. präs von* **müssen**

Muße ['muːsə] *f* (*geh*) ocio *m;* (*Ruhe*) tranquilidad *f*

müssen[1] ['mʏsən] <muss, musste, müssen> *vt Modalverb* tener que +*inf;* (*unpersönlich*) hay que +*inf;* **das muss man gesehen haben** hay que haberlo visto; **das muss sein** tiene que ser; **muss das sein?** ¿es necesario?; **das müsstest du eigentlich wissen** en realidad deberías saberlo

müssen[2] <muss, musste, gemusst> *vi* tener que +*inf;* **ich muss zur Post** tengo que ir a Correos; **ich muss mal** (*fam*) tengo que ir al baño

müßig ['myːsɪç] *adj* (*geh*) **1.** (*untätig*) ocioso **2.** (*überflüssig*) inútil; **es ist ~, darüber nachzudenken** no vale la pena pensar en ello; **Müßiggang** *m* <-(e)s, *ohne pl*> (*geh*) ociosidad *f;* ~ **ist aller Laster Anfang** (*prov*) la ociosidad es la madre de todos los vicios

musste[RR] ['mʊstə] *3. imp von* **müssen**

Muster ['mʊstɐ] *nt* <-s, -> **1.** (*Vorlage, Vorbild*) modelo *m;* (*Handarbeits~, Schnitt~*) patrón *m;* **sie ist ein ~ an Güte** su bondad es ejemplar **2.** (*Probestück*) muestra *f;* **Musterbeispiel** *nt* modelo *m* ejemplar; **mustergültig** *adj,* **musterhaft** *adj* ejemplar

mustern ['mʊstɐn] *vt* **1.** (*betrachten*) examinar; **sie musterte ihn von oben bis unten** lo miraba de arriba abajo **2.** (MIL: *Wehrpflichtige*) reconocer

Musterung ['mʊstərʊŋ] *f* <-en> **1.** (*Betrachtung*) examen *m;* **nach eingehender ~** tras minuciosa inspección **2.** (MIL) reconocimiento *m*

Mut [muːt] *m* <-(e)s, *ohne pl*> valor *m;* **den ~ verlieren** desanimarse; **jdm ~ machen** animar a alguien; **~ fassen** cobrar valor; **guten ~es sein** (*geh*) estar optimista

Mutation [muta'tsjoːn] *f* <-en> mutación *f*

mutig ['muːtɪç] *adj* valiente

mutlos *adj* desanimado

mutmaßen ['muːtmaːsən] *vt* suponer

mutmaßlich *adj* presunto

Mutprobe *f* prueba *f* de valor

Mutter[1] ['mʊtɐ] *f* <Mütter> madre *f;* **werdende ~** futura madre

Mutter[2] *f* <-n> (TECH) tuerca *f*

mütterlich ['mʏtɐlɪç] **I.** *adj* materno, maternal **II.** *adv* como una madre

mütterlicherseits *adv* por parte de la madre

Muttermal *nt* <-(e)s, -e> lunar *m;* **Muttermilch** *f* leche *f* materna; **etw mit der ~ einsaugen** aprender algo desde la cuna

Mutterschaft *f* maternidad *f*

Mutterschutz *m* protección *f* a la (futura) madre

mutterseelenallein ['-----'-] *adj* solo como la una

Muttersprache *f* lengua *f* materna

Muttersprachler(in) ['--ʃpraːxlɐ] *m(f)* <-s, -; -nen> hablante *mf* nativo

Muttertag *m* día *m* de la madre

Mutti ['mʊti] *f* <-s> (*fam*) mamá *f,* mamaíta *f*

mutwillig ['muːtvɪlɪç] **I.** *adj* (*böswillig*) malicioso; (*absichtlich*) intencionado **II.** *adv* (*absichtlich*) con intención

Mütze ['mʏtsə] *f* <-n> gorro *m,* gorra *f*

MwSt, MWSt *Abk. von* **Mehrwertsteuer** IVA *m*

Mysterien *pl von* **Mysterium**

mysteriös [mʏsteri'øːs] *adj* misterioso

Mysterium [mʏs'teːriʊm] *nt* <-s, Mysterien> misterio *m*

Mystik ['mʏstɪk] *f* mística *f*

Mythen *pl von* **Mythos**

mythisch ['yːtɪʃ] *adj* mítico

Mythologie [mytolo'giː] *f* <-n> mitología *f*

Mythos ['myːtɔs] *m* <-, Mythen> mito *m*

N

N, **n** [ɛn] *nt* <-, -> N, n *f*

N *Abk. von* **Norden** N

na [na(ː)] *interj* (*fam*): ~ **und?** ¿y qué?; ~ **ja** bueno; ~ **gut** está bien

Nabel ['naːbəl] *m* <-s, -> ombligo *m;* **Nabelschnur** *f* cordón *m* umbilical

nach [naːx] **I.** *präp +dat* **1.** (*Richtung*) hacia; (*Länder-, Ortsnamen*) a; (*Zug, Flugzeug*) con destino a; ~ **Norden** al norte; ~ **oben**/~ **rechts** hacia arriba/hacia la derecha **2.** (*Reihenfolge*) después de; ~ **der Arbeit** después del trabajo; **sie kam** ~ **zehn Minuten** vino a los diez minutos **3.** (*Uhrzeit*) y; **es ist fünf** (**Minuten**) ~ **sechs** son las seis y cinco **4.** (*zufolge, gemäß*) conforme a; **je** ~ **Größe** según el tamaño; ~ **allem, was ich weiß** con todo lo que yo sé; **dem Alter** ~ conforme a la edad; **allem Anschein** ~ por lo que parece; **meiner Meinung** ~ en mi opinión; **die Uhr** ~ **dem Radio stellen** poner el reloj en hora con la radio **II.** *adv:* (**alle**) **mir** ~**!** ¡seguidme todos!; ~ **und** ~ poco a poco; ~ **wie vor** (al) igual que antes

nach|ahmen ['naːxʔaːmən] *vt* imitar

Nachbar(in) ['naxbaːɐ] *m(f)* <-n *o* -s, -n; -nen> vecino, -a *m, f;* **Nachbarland** *nt* país *m* vecino

Nachbarschaft *f* vecindario *m*

nach|bessern *vt* retocar

nach|bestellen* *vt* renovar un pedido

nach|bilden *vt* copiar

nachdem [naːx'deːm] *konj* **1.** (*zeitlich*) después de *+inf,* después de que *+subj* **2.** (*Abhängigkeit*): **je** ~ según; **je** ~**, ob/wie …** depende de si/de cómo…

nach|denken *irr vi* reflexionar (*über +akk* sobre); **scharf** ~ pensar con todas las fuerzas

nachdenklich *adj* pensativo; **das macht mich** ~ me da que pensar

Nachdruck *m* <-(e)s, *ohne pl*> (*Eindringlichkeit*) énfasis *m inv;* **ich weise mit allem** ~ **darauf hin, dass …** hago hincapié en que…

nachdrücklich ['naːxdrʏklɪç] **I.** *adj* insistente **II.** *adv* con insistencia

nach|eifern *vi:* **jdm** ~ emular a alguien

nacheinander [naːxʔaɪ'nandɐ] *adv* **1.** (*räumlich*) sucesivamente **2.** (*zeitlich*) seguido; **fünf Tage** ~ cinco días seguidos

nach|empfinden* *irr vt:* **das kann ich dir gut** ~ te comprendo totalmente

nach|erzählen* *vt* repetir; (*erzählen*) contar; **Nacherzählung** *f* narración *f*

Nachfahr(e), -in *m, f* <-(e)n, -(e)n; -nen> (*geh*) descendiente *mf;* **die** ~**en** (*Blutsverwandtschaft*) la descendencia; (*nächste Generationen*) la posteridad

Nachfolge *f ohne pl* sucesión *f;* **jds** ~ **antreten** suceder a alguien

nachfolgend *adj* siguiente

Nachfolger(in) *m(f)* <-s, -; -nen> sucesor(a) *m(f)*

Nachforschung *f* investigación *f;* (*amtliche* ~) pesquisa *f*

Nachfrage *f* (WIRTSCH) demanda *f* (*nach +dat* de); **danke der** ~**!** ¡gracias por el interés!; **nach|fragen** *vi* **1.** (*sich erkundigen*) preguntar (*wegen +gen* por) **2.** (*nachsuchen*) solicitar

nach|fühlen *vt s.* **nachempfinden**

nachfüllbar *adj* rellenable; (*Patrone*) recargable; **nach|füllen** *vt* rellenar; (*Patrone*) recargar

nach|geben *irr vi* ceder

nach|gehen *irr vi sein* **1.** (*folgen*) seguir **2.** (*ergründen*) investigar; **einem Hinweis** ~ seguir una pista **3.** (*Uhr*) ir atrasado **4.** (*einem Beruf*) dedicarse (a)

Nachgeschmack *m* <-(e)s, *ohne pl*> regusto *m;* (*schlechter* ~) resabio *m;* **das hinterlässt einen üblen** ~ esto deja mal sabor de boca

nachgiebig ['naːxgiːbɪç] *adj* **1.** (*Mensch*) transigente; **gegenüber jdm** (**zu**) ~ **sein** ser (demasiado) condescendiente con alguien **2.** (*Material*) flexible; (*Boden*) blando

nach|grübeln *vi* cavilar (*über +akk* sobre)

nach|hallen *vi* reverberar

nachhaltig ['naːxhaltɪç] *adj* persistente; ~**e Wirkung haben** ser muy eficaz

Nachhauseweg [-'---] *m* camino *m* a casa; **auf dem** ~ de camino a casa

nach|helfen *irr vi* echar una mano; **dem Glück** ~ ayudar a la suerte

nachher [naːx'heːɐ, '--] *adv* (*danach*) des-

N

pués; (*später*) luego; **bis ~!** ¡hasta luego!

Nachhilfe(stunde) *f* clase *f* particular

Nachhinein[RR] ['---]: **im ~** posteriormente

nach|holen *vt* recuperar

nach|jagen *vi sein:* **jdm ~** perseguir a alguien; **etw** *dat* **~** andar a la caza de algo

Nachkomme ['naːxkɔmə] *m* <-n, -n> descendiente *mf*

nach|kommen *irr vi sein* **1.** (*später kommen*) venir más tarde; **ich komme gleich nach** ahora voy **2.** (*Schritt halten*) poder seguir; **er kommt mit der Arbeit nicht nach** no consigue sacar el trabajo adelante **3.** (*geh*): **etw** *dat* **~** (*einer Vorschrift*) acatar; (*einer Verpflichtung*) cumplir (con); (*einem Wunsch*) acceder (a)

Nachkommenschaft *f* descendencia *f*

Nachkriegszeit *f* (época *f* de la) posguerra *f*

Nachlass[RR] ['naːxlas] *m* <-es, -lässe *o* -e> **1.** (*Erbschaft*) legado *m;* (*eines Künstlers*) obras *fpl* póstumas **2.** (*Rabatt*) rebaja *f*

nach|lassen *irr* **I.** *vi* disminuir; (*Schmerz*) calmarse; (*Interesse*) decaer; (*Fieber*) bajar; (*Regen*) cesar **II.** *vt* (*lockern*) aflojar; (*vom Preis*) rebajar

nachlässig ['naːxlɛsɪç] **I.** *adj* negligente **II.** *adv* con negligencia; **~ gekleidet sein** estar mal vestido

Nachlässigkeit *f* <-en> negligencia *f*

nach|laufen *irr vi sein:* **jdm/etw ~** ir detrás de alguien/de algo

nach|machen *vt* (*fam*) imitar; **das macht mir so schnell keiner nach** esto no lo hace cualquiera

nachmittag *adv s.* **Nachmittag**

Nachmittag *m* tarde *f;* **am ~** por la tarde; **gestern ~** ayer por la tarde

nachmittags *adv* por la tarde; (*jeden Nachmittag*) por las tardes; **um vier Uhr ~** a las cuatro de la tarde

Nachnahme ['-naːmə] *f* <-n> reembolso *m;* **per ~** contra reembolso

Nachname *m* apellido *m*

nach|prüfen *vt* comprobar

nach|rechnen *vi, vt* repasar la cuenta (de)

Nachricht ['naːxrɪçt] *f* <-en> **1.** (*allgemein*) noticia *f;* **eine ~ hinterlassen** dejar un recado **2.** *pl* (TV, RADIO) noticias *fpl;* **Nachrichtendienst** *m* (*Geheimdienst*) servicio *m* de inteligencia; (*Nachrichtenagentur*) agencia *f* de noticias; **Nachrichtensendung** *f* noticias *fpl,* noticiario *m Am;* **Nachrichtensperre** *f* bloqueo *m* informativo; **über irgendein Thema eine ~ verhängen** imponer un embargo informativo sobre algún tema

Nachruf *m* necrológica *f* (*auf+akk* de)

nach|rüsten **I.** *vi* (MIL) rearmarse **II.** *vt* (TECH, INFOR: *zusätzlich ausstatten*) equipar posteriormente; **Nachrüstung** *f* (MIL) rearme *m;* (TECH, INFOR) modificación *f* retroactiva

nach|sagen *vt* repetir; **ihm wurde nachgesagt, dass ...** se dijo acerca de él que...

Nachsaison *f* temporada *f* baja

nach|schicken *vt* reexpedir

nach|schlagen *irr* **I.** *vt haben* buscar **II.** *vi* **1.** *haben* (*nachlesen*) consultar; **in einem Lexikon ~** consultar una enciclopedia **2.** *sein* (*geh*): **jdm ~** parecerse a alguien

Nachschlagewerk *nt* obra *f* de consulta

Nachschub *m* (MIL: *Versorgung*) suministro *m* (*an+dat* de); (*Verpflegung*) avituallamiento *m;* (*Verstärkung*) reforzamiento *m*

nach|sehen *irr* **I.** *vi* **1.** (*hinterherblicken*): **jdm/etw** *dat* **~** seguir a alguien/algo con la mirada **2.** (*zur Information*) ir a ver; **sieh mal nach, ob ...** vete a ver si... **3.** (*nachschlagen*) consultar (*in +dat*) **II.** *vt* **1.** (*kontrollieren*) revisar **2.** (*nachschlagen*) buscar **3.** (*verzeihen*): **jdm etw ~** perdonar algo a alguien

Nachsicht *f ohne pl* indulgencia *f;* **~ walten lassen** ser indulgente

nachsichtig *adj* indulgente (*mit* (para) con)

Nachspeise *f* postre *m*

nächstbeste(r, s) *adj:* **der/die/das ~** (*allgemein*) el primero/la primera/lo primero que se presente; (*bei Qualität*) el segundo/la segunda/lo segundo mejor; **bei der ~n Gelegenheit** en la primera oportunidad que se presente

nächste(r, s) *adj superl von* **nah(e)** próximo; **aus ~r Nähe** muy de cerca; **die ~n Angehörigen** los más allegados; **das ~ Mal** la próxima vez; **in den ~n Tagen** en los próximos días

Nächste(r) *mf* <-n, -n; -n> **1.** (*geh: Mitmensch*) próximo, -a *m, f;* (REL) prójimo, -a *m, f* **2.** (*der/die Folgende*) siguiente *mf;* **der ~ bitte!** ¡el siguiente, por favor!

nach|stehen *irr vi:* **jdm an etw (nicht) ~** (no) quedarse atrás de alguien en cuanto a algo; **jdm in nichts** ~ ser igual a alguien

nächsten ['nɛːçstən] *superl von* **nah**(**e**): **am** ~ lo más cercano

Nächstenliebe *f* (*Barmherzigkeit*) caridad *f;* (*Liebe zum Nächsten*) amor *m* al prójimo

nächstens ['nɛːçstəns] *adv* dentro de poco

nacht ['naxt] *adv s.* **Nacht**

Nacht ['naxt] *f* <Nächte> noche *f;* **Heilige** ~ Nochebuena; **bei** ~ de noche; **in der** ~ por la noche; **in der** ~ **auf Mittwoch** la noche del martes al miércoles; **gestern** ~ ayer por la noche; **über** ~ **bleiben** pasar la noche (*bei* +*dat* en casa de, *in* +*dat* en); **als die** ~ **hereinbrach** cuando anocheció; **bei** ~ **und Nebel** (*fig*) clandestinamente; **gute** ~**!** ¡buenas noches!; **über** ~ (*ganz plötzlich*) de la noche a la mañana

Nachteil *m* <-(e)s, -e> desventaja *f;* (*Schaden*) perjuicio *m;* ~**e durch etw haben** tener inconvenientes por algo; **jdm** ~**e bringen** perjudicar a alguien; **sich zu seinem** ~ **verändern** cambiar para peor; **im** ~ **sein** estar en desventaja; **von** ~ **sein** ser desfavorable

nachteilig *adj* (*ungünstig*) desventajoso; (*schädlich*) perjudicial

Nachthemd *nt* camisón *f*

Nachtigall ['naxtɪgal] *f* <-en> ruiseñor *m*

Nachtisch *m* <-(e)s, *ohne pl*> postre *m*

Nachtleben *nt* <-s, *ohne pl*> vida *f* nocturna

nächtlich ['nɛçtlɪç] *adj* nocturno

Nachtrag ['naːxtraːk] *m* <-(e)s, -träge> adición *f* (*zu* +*dat* a); (*im Brief*) posdata *f;* (*Anhang*) apéndice *m*

nach|tragen *irr vt* **1.** (*hinzufügen*) añadir **2.** (*verübeln*): **jdm etw** ~ guardar rencor a alguien por algo

nachtragend *adj* rencoroso

nachträglich ['naːxtrɛːklɪç] **I.** *adj* posterior **II.** *adv* posteriormente

nach|trauern *vi:* **jdm/etw** ~ lamentar la pérdida de alguien/de algo

nachts [naxts] *adv* por la noche; (*jede Nacht*) por las noches; **spät** ~ muy entrada la noche; **um 2 Uhr** ~ a las dos de la madrugada

Nachttopf *m* orinal *m;* **Nachtwächter**(**in**) *m(f)* guardia *mf* nocturno, -a

nachvollziehbar *adj* comprensible; **es ist für mich** (**nicht**) ~**, warum …** (no) comprendo por qué…

nach|vollziehen* *irr vt* comprender

nach|wachsen *irr vi sein* volver a crecer; (*sich erneuern*) reproducirse; ~**de Rohstoffe** materias primas renovables

nach|weinen *vi, vt:* **jdm** ~ llorar a alguien; **jdm/etw keine Träne** ~ no derramar ni una lágrima por alguien/por algo

Nachweis ['naːxvaɪs] *m* <-es, -e> (*Beweis*) prueba *f;* (*Bescheinigung*) certificado *m*

nachweisbar *adj* comprobable; (*Giftstoffe*) detectable; **etw ist** ~ algo se puede comprobar

nach|weisen *irr vt* **1.** (*beweisen*) comprobar; **jdm etw** ~ demostrar que alguien hizo algo **2.** (*Kenntnisse*) presentar un certificado (de)

Nachwelt *f ohne pl* posteridad *f;* **Nachwirkung** *f* consecuencia *f;* (*Einfluss*) repercusión *f* (*auf* +*akk* en); **unter den** ~**en leiden** (*fig*) sufrir las consecuencias; **Nachwort** *nt* <-(e)s, -e> epílogo *m*

Nachwuchs *m* <-es, *ohne pl*> **1.** (*fam: Nachkomme*) descendencia *f;* ~ **bekommen** tener un hijo **2.** (*am Arbeitsmarkt*) aprendices *mpl*

nach|zählen *vt* (volver a) contar

Nachzügler(**in**) ['naːxtsyːglɐ] *m(f)* <-s, -; -nen> rezagado, -a *m, f*

Nacken ['nakən] *m* <-s, -> nuca *f;* **einen steifen** ~ **haben** tener tortícolis

nackt [nakt] *adj* desnudo; **halb** ~ medio desnudo

Nadel ['naːdəl] *f* <-n> (*Näh~*) aguja *f;* (*Steck~*) alfiler *m;* (*Haar~*) horquilla *f;* **an der** ~ **hängen** (*sl*) estar enganchado (a la heroína); **Nadelbaum*** *m* conífera *f;* **Nadeldrucker** *m* impresora *f* de matriz de agujas; **Nadelkissen** *nt* acerico *m;* **Nadelöhr** ['naːdəlʔøːɐ] *nt* ojo *m* de la aguja; **Nadelwald** *m* bosque *m* de coníferas, pinar *m*

Nagel ['naːgəl] *m* <-s, Nägel> **1.** (*Metallstift*) clavo *m;* **einen** ~ **einschlagen** clavar un clavo; **den** ~ **auf den Kopf treffen** (*fam a. fig*) dar en el clavo; **den Beruf an den** ~ **hängen** (*fam fig*) colgar los hábitos; **Nägel mit Köpfen machen** (*fam fig*) tomar una decisión **2.** (*Finger~*) uña *f;* **an den Nägeln kauen** comerse las uñas; **sich** *dat* **etw unter den** ~ **reißen** (*fam*) mangar algo; **Nagelfeile** *f* lima *f* para las uñas

Nagellack *m* esmalte *m* de uñas; **Nagel-**

lackentferner *m* <-s, -> quitaesmalte *m*

nageln *vt* clavar (*an/auf+akk* en)

nagelneu ['--'-] *adj* (*fam*) flamante

Nagelschere *f* tijeras *fpl* de manicura

nagen ['na:gən] *vi* (*Tier, Mensch*) roer (*an +dat*); (*Rost*) corroer (*an +dat*); **das schlechte Gewissen nagte an ihr** le remordía la mala conciencia

Nager *m* <-s, ->, **Nagetier** *nt* <-(e)s, -e> roedor *m*

nah(e) [na:, 'na:ə] <näher, am nächsten> **I.** *adj* **1.** (*räumlich*) cercano; ~ **sein** estar cerca; **der Nahe Osten** el Oriente Próximo; **von ~em** de cerca; **~e Verwandte** familiares cercanos **2.** (*zeitlich*) próximo; **der ~e Aufbruch** la salida inmediata; ~ **daran sein etw zu tun** estar a punto de hacer algo **II.** *adv* cerca; ~ **bei** cerca de; ~ **beieinander** muy juntos; **jdm zu ~e treten** ofender a alguien; **mit jdm ~e verwandt sein** ser pariente cercano de alguien

Nähe ['nɛ:ə] *f* **1.** (*räumlich*) cercanía *f*; **etw aus der ~ betrachten** mirar algo de cerca; **in der ~ der Stadt** cerca de la ciudad; **aus nächster ~** muy de cerca; **gern in jds ~ sein** estar a gusto al lado de alguien **2.** (*zeitlich*) proximidad *f*

nahe|bringen *irr vt s.* **bringen 1.**; **nahe|gehen** *irr vi sein s.* **gehen**; **nahe|kommen** *irr vi sein s.* **kommen**; **nahe|legen** *vt s.* **legen I.1.**; **nahe|liegen** *irr vi s.* **liegen 5.**; **naheliegend** *adj s.* **liegen 5.**

nahen ['na:ən] *vi sein* (*geh*) acercarse; (*Ereignis*) aproximarse

nähen ['nɛ:ən] *vi, vt* (*Kleidung*) coser; (*Wunde*) suturar

näher ['nɛ:ɐ] *adj kompar von* **nah(e)** **1.** (*räumlich, zeitlich*) más próximo; **in der ~en Umgebung** en las proximidades inmediatas; ~ **rücken** acercarse; **tritt doch ~!** ¡acércate! **2.** (*genauer*) más detallado; **~e Angaben** detalles; **können sie mir Näheres darüber erzählen?** ¿puede darme más detalles sobre ello? **3.** (*enger*) más cercano; (*Freundschaft*) más íntimo; **die ~e Verwandtschaft** los parientes cercanos; **näher|kommen** *irr vi sein s.* **kommen**

nähern ['nɛ:ɐn] *vr:* **sich** ~ acercarse (a); (*Ereignis*) aproximarse

nahe|stehen *irr vi s.* **stehen I.2.**

nahezu ['na:ə'tsu:] *adv* casi

Nähgarn *nt* hilo *m* para coser; **Nähkästchen** ['nɛ:kɛstçən] *nt:* **aus dem ~ plaudern** (*fam*) contar un secreto

nahm [na:m] *3. imp von* **nehmen**

Nähmaschine *f* máquina *f* de coser

Nahost ['-'-] *m* <-> Cercano Oriente *m*

nähren ['nɛ:rən] *vt* (*geh*) alimentar; (*Hoffnung*) nutrir

nahrhaft ['na:ɐhaft] *adj* nutritivo

Nährstoff *m* su(b)stancia *f* nutritiva

Nahrung ['na:rʊŋ] *f* alimento *m*; **feste ~** alimento sólido; **Nahrungsmittel** *nt* alimento *m*

Nährwert *m* valor *m* nutritivo

Naht [na:t] *f* <Nähte> (*an Kleidung*) costura *f*; (MED) sutura *f*; (TECH) soldadura *f*; **nahtlos** *adj* sin costura; ~ **ineinander übergehen** seguirse inmediatamente; ~ **braun sein** estar moreno por todo el cuerpo

Nahverkehr *m* tráfico *m* de cercanías

naiv [na'i:f] *adj* ingenuo; (KUNST) naif

Name ['na:mə] *m* <-ns, -n> nombre *m*; (*Bezeichnung*) denominación *f*; (*Ruf*) fama *f*; **auf den ~n von ...** a nombre de...; **in jds ~n sprechen** hablar en nombre de alguien; **ich kenne ihn nur dem ~n nach** no lo conozco más que de nombre; **im ~n des Volkes** en nombre del pueblo; **sich** *dat* **mit etw einen ~n machen** hacerse famoso con algo; **man muss die Dinge beim ~n nennen** ¡al pan pan y al vino vino!; **namenlos** *adj* **1.** (*Person*) sin nombre **2.** (*geh: sehr groß*) infinito

namens ['na:məns] *adv* llamado

Namenstag *m* (día *m* del) santo *m*; **Namensvetter** *m* tocayo *m*

namhaft ['na:mhaft] *adj* **1.** (*bekannt*) conocido; (*berühmt*) famoso **2.** (*beträchtlich*) importante

nämlich ['nɛ:mlɪç] *adv* **1.** (*denn*) porque; **sie fährt ~ immer nach Italien** es que siempre se va a Italia **2.** (*und zwar*) a saber

nannte ['nantə] *3. imp von* **nennen**

Napf [napf] *m* <-(e)s, Näpfe> escudilla *f*

Narbe ['narbə] *f* <-n> cicatriz *f*

Narkose [nar'ko:zə] *f* <-n> anestesia *f*

Narr [nar] *m*, **Närrin** *f* <-en, -en; -nen> **1.** (*Dummkopf*) necio, -a *m, f* **2.** (THEAT) gracioso, -a *m, f* **3.** (*Hof~*) bufón *m*; **jdn zum ~en halten** tomar(le) el pelo a alguien; **er hat einen ~en an ihr gefressen** (*fam*) se ha quedado con ella; **Narrenfreiheit** *f:* ~ **haben** poder hacer todas las locuras

Närrin ['nɛrɪn] *f* <-nen> *s.* **Narr**

närrisch ['nɛrɪʃ] *adj* loco; **auf jdn/etw ganz ~ sein** (*fam*) estar loco por alguien/algo

Narzisse [nar'tsɪsə] *f* <-n> narciso *m*

Narzissmus[RR] [nar'tsɪsmʊs] *m* <-, *ohne pl*> narcisismo *m*

narzisstisch[RR] [nar'tsɪstɪʃ] *adj* narcisista

nasal [na'za:l] *adj* nasal; **Nasallaut** *m* sonido *m* nasal

naschen ['naʃən] *vi, vt* (*Süßigkeiten essen*) tomar chucherías; (*kleine Mengen essen*) picar

naschhaft *adj* goloso

Nase ['na:zə] *f* <-n> **1.** (*Körperteil*) nariz *f;* **pro ~** (*fam*) por cabeza; **sich** *dat* **die ~ putzen** sonarse; **die ~ rümpfen** arrugar la nariz; **auf die ~ fallen** (*fam*) darse de narices; (*fig*) fracasar; **jdm auf der ~ herumtanzen** (*fam*) traer a alguien al retortero; **sich** *dat* **eine goldene ~ verdienen** hacerse de oro; **die ~ (von jdm/etw** *dat*) **voll haben** (*fam*) estar hasta las narices (de alguien/algo); **jdn an der ~ herumführen** (*fam*) tomar(le) el pelo a alguien **2.** *ohne pl* (*Geruchs-, Spürsinn*) olfato *m;* **eine gute ~ für etw haben** tener un buen olfato para algo

näseln ['nɛ:zəln] *vi* hablar por la nariz

Nasenbluten *nt* <-s, *ohne pl*> hemorragia *f* nasal; **~ haben** sangrar por la nariz; **Nasenlänge** *f:* **jdm (immer) eine ~ voraus sein** llevarle (siempre) un poco de ventaja a alguien

naseweis ['na:zəvaɪs] *adj* fisgón

Nashorn *nt* <-(e)s, -hörner> rinoceronte *m*

nass[RR] [nas] *adj* mojado; (*Wetter, Farbe*) húmedo; **durch und durch ~ sein** estar calado hasta los huesos; **~ machen** mojar; **~ werden** mojarse

Nässe ['nɛsə] *f* humedad *f*

nasskalt[RR] *adj* húmedo y frío; **es ist ~** hace un frío húmedo

Natel ['na'tel] *nt* <-s, -s> (*Schweiz*) (teléfono *m*) móvil *m*

Nation [na'tsjo:n] *f* <-en> nación *f;* **die Vereinten ~en** las Naciones Unidas

national [natsjo'na:l] *adj* nacional; **Nationalhymne** *f* himno *m* nacional

Nationalismus [natsjona'lɪsmʊs] *m* <-, *ohne pl*> nacionalismo *m*

nationalistisch [natsjona'lɪstɪʃ] *adj* nacionalista

Nationalität [natsjonali'tɛ:t] *f* <-en> nacionalidad *f*

Nationalmannschaft *f* selección *f* nacional; **Nationalsozialismus** *m* nacionalsocialismo *m*

Nato, NATO ['na:to] *f Abk. von* **North Atlantic Treaty Organization** OTAN *f*

Natrium ['na:triʊm] *nt* <-s, *ohne pl*> sodio *m*

Natron ['na:trɔn] *nt* <-s, *ohne pl*> sosa *f*

Natter ['natɐ] *f* <-n> culebra *f;* **eine ~ am Busen nähren** criar cuervos

Natur [na'tu:ɐ] *f* naturaleza *f;* (*Beschaffenheit*) carácter *m;* **in freier ~** en plena naturaleza; **von ~ aus** por naturaleza; **eine Frage allgemeiner ~** una pregunta de índole general; **das liegt in der ~ der Sache** es propio de la situación

Naturereignis *nt* fenómeno *m* de la naturaleza; **Naturfaser** *f* fibra *f* natural; **naturgetreu I.** *adj* natural **II.** *adv* fiel al original; **etw ~ wiedergeben** reproducir algo con fidelidad al original; **Naturheilkunde** *f* medicina *f* naturista; **Naturkatastrophe** *f* catástrofe *f* natural; **Naturkost** *f* alimentación *f* natural

natürlich [na'ty:ɐlɪç] **I.** *adj* natural **II.** *adv* naturalmente; **~ nicht!** ¡claro que no!

Naturprodukt *nt* producto *m* natural

Naturschutz *m* protección *f* de la naturaleza; **Naturschutzgebiet** *nt* parque *m* nacional

Naturtalent *nt* talento *m* (natural); **Naturwissenschaft** *f* ciencias *fpl* naturales

Nazi ['na:tsi] *m* <-s, -s> (*abw*) nazi *mf*

NC [ɛn'tse:] *m* <-(s), -(s)> *Abk. von* **Numerus clausus** numerus *m* clausus

n.Chr. *Abk. von* **nach Christus** d.C.

Nebel ['ne:bəl] *m* <-s, -> niebla *f*

nebelig *adj* nebuloso; **es ist ~** hace niebla

Nebelscheinwerfer *m* luz *f* antiniebla delantera

neben ['ne:bən] **I.** *präp +dat* **1.** (*räumlich*) al lado de **2.** (*verglichen mit*) en comparación con **3.** (*außer*) además de; **~ anderen Dingen** entre otras cosas; **~ der Arbeit** además del trabajo **II.** *präp +akk* (*Richtung*) al lado de

nebenan [--'-] *adv* al lado

Nebenanschluss[RR] *m* extensión *f*

nebenbei [--'-] *adv* **1.** (*gleichzeitig*) al mis-

N

mo tiempo; **sie studiert und arbeitet** ~ aparte de estudiar, trabaja **2.** (*beiläufig*) de pasada; ~ **bemerkt** dicho (sea) de paso

nebeneinander [---'--] *adv* uno al lado del otro; ~ **bestehen** coexistir

Nebenerscheinung *f* efecto *m* secundario; **Nebenfach** *nt* (UNIV) segunda especialidad *f* (*que en el sistema universitario alemán complementa la especialidad principal*); **Nebenfluss**[RR] *m* afluente *m;* **Nebengebäude** *nt* **1.** (*Nachbarhaus*) edificio *m* adyacente **2.** (*Anbau*) dependencia *f,* anexo *m*

nebenher [--'-] *adv s.* **nebenbei**

Nebenkosten *pl* gastos *mpl* adicionales; **Nebensache** *f* cosa *f* de poca monta; **das ist** ~ eso no tiene importancia; **nebensächlich** *adj* secundario; **Nebensatz** *m* oración *f* subordinada; **Nebenwirkung** *f* efecto *m* secundario

neblig *adj s.* **nebelig**

Necessaire [nesɛ'sɛːɐ] *nt* <-s, -s> neceser *m*

necken ['nɛkən] *vt* burlarse (de)

neckisch *adj* (*kokett*) coqueto

Neffe ['nɛfə] *m* <-n, -n> sobrino *m*

negativ ['neːgatiːf] *adj* negativo

Negativ *nt* <-s, -e> (FOTO) negativo *m*

Neger(in) ['neːgɐ] *m(f)* <-s, -; -nen> (*a. abw*) negro, -a *m, f*

nehmen ['neːmən] <nimmt, nahm, genommen> *vt* **1.** (*ergreifen*) coger, agarrar *Am;* **ich weiß nicht, was ich ~ soll** no sé qué elegir; **jdn zur Frau/zum Mann** ~ tomar a alguien por esposa/por esposo **2.** (*an~*) aceptar; **man muss ihn ~, wie er ist** hay que aceptarle como es **3.** (*verlangen*) cobrar; **er nimmt 30 Mark die Stunde** cobra 30 marcos la hora **4.** (*weg~*) quitar; (*heraus~*) sacar; **jdm die Hoffnung** ~ quitar la esperanza a alguien **5.** (*in Anspruch nehmen*) tomar; (*Bus, Zug*) coger, tomar *Am;* **du solltest dir einen Anwalt** ~ deberías contratar a un abogado **6.** (*ein~*) tomar; **etw zu sich** *dat* ~ comer algo; **sie nimmt die Pille** toma la píldora; ~ **Sie noch ein Stück Torte?** ¿quiere otro trozo de tarta? **7.** (*Wend*): **etw auf sich** ~ hacerse cargo de algo; **jdn zu sich** *dat* ~ albergar a alguien en casa; **sie nahmen ihn in die Mitte** lo colocaron en el centro; **er ist hart im Nehmen** aguanta lo que le echen; **etw krumm** ~ (*fam*) tomar algo mal; **etw leicht** ~ tomar algo a la ligera; **nimm's nicht so schwer!** ¡no te lo tomes tan a pecho!; **wie man's nimmt** según como se tome; **jdm etw übel** ~ tomarle a mal algo a alguien

Neid [naɪt] *m* <-(e)s, *ohne pl*> envidia *f;* ~ **erregen** dar envidia

neiden ['naɪdən] *vt:* **jdm etw** ~ envidiar algo a alguien

neidisch *adj* envidioso; **auf jdn/etw ~ sein** tener envidia de alguien/algo

neidlos *adj* sin envidia; **etw ~ anerkennen** aceptar algo sin envidia alguna

Neige ['naɪgə] *f* (*geh*) **1.** (*Rest*) resto *m;* **das Glas bis zur ~ leeren** apurar el vaso hasta la última gota **2.** (*Ende*) fin *m;* **das Jahr geht zur** ~ el año llega a su fin

neigen ['naɪgən] **I.** *vt, vr:* **sich** ~ inclinar(se) (*nach +dat* hacia) **II.** *vi:* **zu etw** ~ tender a algo

Neigung *f* <-en> (*Schräglage*) inclinación *f;* (*Vorliebe*) afición *f* (*für +akk* por)

nein [naɪn] no

Neinstimme *f* voto *m* en contra

Nektar ['nɛktaːɐ] *m* <-s, -e> néctar *m*

Nektarine [nɛkta'riːnə] *f* <-n> nectarina *f*

Nelke ['nɛlkə] *f* <-n> (*Blume*) clavel *m;* (*Gewürz*) clavo *m*

nennen ['nɛnən] <nennt, nannte, genannt> *vt* llamar; **das nenne ich Mut** a esto lo llamo yo valor; **Beispiele für etw** ~ decir algunos ejemplos para algo; **unten genannt** abajo mencionado; **so genannt** así llamado; (*angeblich*) supuesto; **sie nannten ihn einen Lügner** le tacharon de mentiroso; **nennenswert** *adj* digno de mención; **nichts Nennenswertes** nada de importancia

Nenner *m* <-s, -> (MATH) denominador *m;* **etw auf einen (gemeinsamen) ~ bringen** (*fig*) encontrar un denominador común para algo

Neofaschismus [neo-] *m* neofascismo *m*

Neologismus [neolo'gɪsmʊs] *m* <-, Neologismen> neologismo *m*

Neon ['neːɔn] *nt* <-s, *ohne pl*> neón *m*

Neonazi ['neːonaːtsi] *m* <-s, -s> neonazi *mf*

Neonröhre *f* tubo *m* de neón

Nerv [nɛrf] *m* <-s, -en> nervio *m;* **schwache/starke ~en haben** tener los nervios irritables/bien templados; **die ~en behal-**

ten conservar la calma; **du gehst mir auf die ~en** (*fam*) me estás dando la lata; **den ~ treffen** (*fig*) tocar la fibra sensible

nerven ['nɛrfən] *vt* sacar de quicio; **du nervst!** (*fam*) ¡me sacas de quicio!; **ich bin total genervt!** (*fam*) ¡estoy hasta la coronilla!

nervenaufreibend *adj* enervante; **Nervenbündel** *nt* (*fam*) manojo *m* de nervios; **ein ~ sein** estar hecho un manojo de nervios; **Nervenheilanstalt** *f* sanatorio *m* neurológico; **Nervenkitzel** *m* (*fam*) cosquilleo *m;* **Nervensäge** *f* (*fam*) pelmazo, -a *m, f;* **Nervensystem** *nt* sistema *m* nervioso; **Nervenzusammenbruch** *m* crisis *f inv* nerviosa; **einen ~ haben** sufrir un ataque de nervios

nervlich ['nɛrflɪç] *adj* nervioso; **~ am Ende sein** (*fam*) estar hecho polvo

nervös [nɛr'vø:s] *adj* nervioso; **~ werden** ponerse nervioso

Nervosität [nɛrvozi'tɛ:t] *f* nerviosismo *m*

nervtötend *adj* enervante

Nerz [nɛrts] *m* <-es, -e> visón *m*

Nessel ['nɛsəl] *f* <-n> ortiga *f;* **sich in die ~n setzen** (*fam fig*) meterse en un berenjenal

Nessessär[RR] *nt* <-s, -s> *s.* Necessaire

Nest [nɛst] *nt* <-(e)s, -er> **1.** (*von Tieren*) nido *m;* **sich ins gemachte ~ setzen** (*fam fig*) hacer buena boda; **das eigene ~ beschmutzen** criticar a su familia **2.** (*fam abw: Dorf*) poblacho *m*

nett [nɛt] *adj* (*freundlich*) amable; (*angenehm*) agradable

netto ['nɛto] *adv* neto

Netz [nɛts] *nt* <-es, -e> red *f;* (*Haar~*) redecilla *f;* (*Gepäck~*) rejilla *f;* (*Spinnen~*) telaraña *f;* **Netzhaut** *f* (ANAT) retina *f;* **Netzstecker** *m* (ELEK) enchufe *m;* **Netzwerk** *f* red *f;* **lokales ~** red local

neu [nɔɪ] **I.** *adj* nuevo; **seit ~estem** desde hace poco; **die ~este Mode** la última moda; **von ~em** de nuevo **II.** *adv* (*kürzlich*) recién; (*noch einmal*) de nuevo; **~ anfangen** comenzar de nuevo

neuartig *adj* nuevo, novedoso *Am*

Neubau *m* <-(e)s, -ten> **1.** (*Gebäude*) edificio *m* nuevo **2.** *ohne pl* (*das Bauen*) (re)construcción *f*

Neuentwicklung *f* **1.** (*Vorgang*) desarrollo *m;* **technische ~en** avances tecnológicos **2.** (*Resultat*) último modelo *m*

neuerdings ['nɔɪɐ'dɪŋs] *adv* últimamente

Neuerung *f* <-en> innovación *f*

neugeboren ['--'--] *adj* recién nacido

Neugeborene(s) *nt* <-n, -n> recién nacido, -a *m, f*

Neugier(de) ['nɔɪgi:ɐ(də)] *f* curiosidad *f* (*auf+akk* por); **aus ~** por curiosidad

neugierig *adj* curioso (*auf+akk* por); **jdn ~ machen** despertar la curiosidad de alguien

Neuheit *f* <-en> novedad *f*

Neuigkeit *f* <-en> novedad *f*

Neujahr *nt* Año *m* Nuevo; **Prost ~!** ¡Feliz Año Nuevo!

Neuland *nt* <-(e)s, *ohne pl*> tierra *f* virgen; **~ betreten** (*fig*) abrir nuevos horizontes

neulich *adv* el otro día

Neuling *m* <-s, -e> principiante *mf*

neumodisch **I.** *adj* modernísimo **II.** *adv* a la última moda

Neumond *m* <-(e)s, *ohne pl*> luna *f* nueva

neun [nɔɪn] *adj inv* nueve; *s. a.* **acht**[1]

neunfach **I.** *adj* nueve veces; **das Neunfache (davon)** nueve veces tanto **II.** *adv* nueve veces; *s. a.* **achtfach**

neunhundert ['-'--] *adj inv* novecientos; *s. a.* **achthundert**

neunmalklug ['---] *adj* sabelotodo

neunte(r, s) *adj* noveno; *s. a.* **achte(r, s)**

neuntel *adj inv* noveno; *s. a.* **achtel**

neuntens ['nɔɪntəns] *adv* en noveno lugar; (*bei einer Aufzählung*) noveno; *s. a.* **achtens**

neunzehn ['--] *adj inv* diecinueve; *s. a.* **acht**[1]

neunzig *adj inv* noventa; *s. a.* **achtzig**

neunzigste(r, s) *adj* nonagésimo; *s. a.* **achtzigste(r, s)**

neureich *adj* (*abw*) nuevo rico

Neurologe, -in [nɔɪro'lo:gə] *m, f* <-n, -n; -nen> neurólogo, -a *m, f*

neurotisch [nɔɪ'ro:tɪʃ] *adj* neurótico

Neustart *m* (*a.* INFOR) reanudación *f*

Neutra *pl von* **Neutrum**

neutral [nɔɪ'tra:l] *adj* (*unparteiisch*) neutral; (*Farbe, a.* CHEM, PHYS, LING) neutro

neutralisieren⁺ [nɔɪtrali'zi:rən] *vt* neutralizar

Neutralität [nɔɪtrali'tɛ:t] *f* neutralidad *f*

Neutren *pl von* **Neutrum**

Neutron [nɔɪ'tro:n] *nt* <-s, -en> neutrón *m*

Neutrum ['nɔɪtrʊm] *nt* <-s, Neutra *o*

N

Neutren> género *m* neutro

Neuzeit *f* Edad *f* Moderna

Nicaragua [nika'ra:gua] *nt* <-s> Nicaragua *f*

Nicaraguaner(in) [nikaragu'a:nɐ] *m(f)* <-s, -; -nen> nicaragüense *mf*

nicaraguanisch *adj* nicaragüense

nicht [nɪçt] *adv* no; ~ **viel später** poco después; ~ **mehr** ya no; **auch** ~ tampoco; ~ **einmal** ni siquiera; **bestimmt** ~ seguro que no; **ob du willst oder** ~ quieras o no; **was Sie** ~ **sagen!** ¡no me diga!; ~ **einer hat's geschafft** no lo logró ni uno

Nichte ['nɪçtə] *f* <-n> sobrina *f*

nichtig ['nɪçtɪç] *adj* (JUR) nulo; (*geh: unbedeutend*) insignificante

Nichtigkeit *f* <-en> **1.** (*Kleinigkeit*) pequeñez *f* **2.** *ohne pl* (JUR) nulidad *f* **3.** *ohne pl* (*Bedeutungslosigkeit*) insignificancia *f*

Nichtraucher(in) *m(f)* no fumador(a) *m(f)*

nichts [nɪçts] *pron indef* nada; **er hat** ~ **gesagt** no ha dicho nada; **sonst** ~? ¿nada más?; **überhaupt** ~ nada de nada; ~ **als Ärger** sólo disgustos; **ich kann** ~ **dafür** no es mi culpa; ~ **zu danken!** ¡no hay de qué!; **macht** ~ no importa; **für** ~ **und wieder** ~ (*fam*) en balde; **nach** ~ **aussehen** no lucir nada; **das tut** ~ **zur Sache!** ¡esto no viene al caso!; **mir** ~, **dir** ~ sin más ni más

nichtsahnend *adj s.* **ahnen**

Nichtsnutz ['nɪçtsnʊts] *m* <-es, -e> (*abw*) nulidad *f*, inútil *mf*

nichtssagend *adj s.* **sagen**

Nichtzutreffende(s) *nt:* ~**s bitte streichen** táchese lo que no corresponda

Nickel ['nɪkəl] *nt* <-s, *ohne pl*> níquel *m*

nicken ['nɪkən] *vi* asentir con la cabeza; (*zum Gruß*) saludar con la cabeza

Nickerchen ['nɪkɐçən] *nt* <-s, -> (*fam*) siestecita *f*; **ein** ~ **machen** echarse una siestecita

nie [ni:] *adv* nunca; **noch** ~ nunca; ~ **und nimmer** ni hablar

nieder ['ni:dɐ] **I.** *adj* (*reg: gering*) bajo; (*niedrig*) vulgar **II.** *adv* abajo; ~ **mit dem König!** ¡abajo el rey!

Niedergang *m* <-(e)s, *ohne pl*> (*geh: Untergang*) decadencia *f*

niedergeschlagen *adj* (*bedrückt*) deprimido

Niederkunft ['ni:dɐkʊnft] *f* <-künfte> parto *m*

Niederlage *f* <-n> derrota *f*; **eine** ~ **erleiden** sufrir una derrota

Niederlande ['ni:dɐlandə] *pl* Países *mpl* Bajos

Niederländer(in) ['ni:dɐlɛndɐ] *m(f)* <-s, -; -nen> neerlandés, -esa *m, f*

niederländisch *adj* neerlandés

nieder|lassen *irr vr:* **sich** ~ (*Wohnsitz nehmen*) establecerse; (*als Arzt*) abrir consulta; (*als Rechtsanwalt*) abrir bufete

Niederlassung *f* <-en> **1.** (WIRTSCH) sede *f*; (*Zweigstelle*) sucursal *f* **2.** *ohne pl* (*das Sichniederlassen*) establecimiento *m*; (*als Arzt*) consulta *f*; (*als Rechtsanwalt*) bufete *m*

nieder|legen *irr vt* posar; **einen Kranz** ~ depositar una corona; **die Waffen** ~ deponer las armas; **das Amt** ~ dimitir del cargo; **die Arbeit** ~ declararse en huelga

Niederösterreich *nt* Baja Austria *f*; **Niedersachsen** *nt* Baja Sajonia *f*

Niederschlag *m* **1.** (METEO) precipitaciones *fpl* **2.** (*Wend*): **seinen** ~ **in etw finden** reflejarse en algo

nieder|schlagen *irr* **I.** *vt* **1.** (*zu Boden schlagen*) tumbar **2.** (*Aufstand*) sofocar **3.** (JUR: *Prozess*) cancelar **4.** (*Augen*) bajar **II.** *vr:* **sich** ~ **1.** (*Dampf*) condensarse (*auf/an* sobre); (CHEM) precipitarse **2.** (*zum Ausdruck kommen*) plasmarse (*in* en)

niederschmetternd *adj* deprimente

niederträchtig *adj* infame

niedlich ['ni:tlɪç] *adj* mono

niedrig ['ni:drɪç] *adj* **1.** (*gering, tief*) bajo; **etw/jdn** ~ **einschätzen** subestimar algo/a alguien **2.** (*Herkunft*) humilde **3.** (*Gesinnung*) vil

niemals ['ni:ma:ls] *adv* jamás

niemand ['ni:mant] *pron indef* nadie; **es war** ~ **zu Hause** no había nadie en casa; **sonst** ~ nadie más; **es war** ~ **anders als …** no era otro que…

Niere ['ni:rə] *f* <-n> riñón *m*; **das geht mir an die** ~**n** (*fam fig*) eso me aflige mucho

nieseln ['ni:zəln] *vunpers* lloviznar

Nieselregen *m* llovizna *f*

niesen ['ni:zən] *vi* estornudar

Niete ['ni:tə] *f* <-n> **1.** (*in einer Lotterie*) billete *m* de lotería no premiado **2.** (*fam: Mensch*) inútil *mf* **3.** (TECH) remache *m*

Nihilismus [nihi'lɪsmʊs] *m* <-, *ohne pl*> nihilismo *m*

Nikolaus ['nɪkolaʊs] *m* <-, -e, *fam:* -läuse> **1.** (*Gestalt*) San Nicolás *m* **2.** (*~tag*) día *m* de San Nicolás (*seis de diciembre*)

Nikotin [niko'ti:n] *nt* <-s, *ohne pl*> nicotina *f*

Nilpferd *nt* hipopótamo *m*

nimmt [nɪmt] *3. präs von* **nehmen**

nippen ['nɪpən] *vi* beber a sorbos (*an +dat*)

Nippes ['nɪpəs] *pl* chucherías *fpl*

nirgends ['nɪrgənts] *adv*, **nirgendwo** ['nɪrgəntvo:] *adv* en ninguna parte

Nische ['ni:ʃə] *f* <-n> nicho *m*; **eine ökologische ~** un enclave ecológico

nisten ['nɪsten] *vi* anidar

Nitrat [ni'tra:t] *nt* <-(e)s, -e> nitrato *m*

Niveau [ni'vo:] *nt* <-s, -s> nivel *m*; **kein ~ haben** ser de poca categoría; **niveaulos** *adj* sin nivel; (*mittelmäßig*) mediocre

Nixe [nɪksə] *f* <-n> ondina *f*

nobel ['no:bəl] *adj* noble

Nobelpreis [no'bɛlpraɪs] *m* premio *m* Nobel

noch [nɔx] **I.** *adv* **1.** (*zeitlich*) todavía; **sie schläft ~** aún duerme; **immer ~** todavía; **~ nicht** todavía no; **kaum ~** apenas; **nur ~** sólo; **~ nie** nunca; **er hat Geld ~ und ~** tiene dinero para dar y regalar; **~ heute** hoy mismo; **ich sage dir ~ Bescheid** ya te avisaré; **seien sie auch ~ so klein** por muy pequeños que sean **2.** (*zusätzlich*) más; **wer war ~ da?** ¿quién más estuvo?; **~ ein paar Tage** un par de días más; **~ einmal** otra vez; **auch das ~!** ¡lo que faltaba! **II.** *konj*: **weder ... ~ ...** ni... ni...

nochmals ['nɔxma:ls] *adv* otra vez

Nomade, -in [no'ma:də] *m, f* <-n, -n; -nen> nómada *mf*

Nomen ['no:mən] *nt* <-s, Nomina *o* -> nombre *m*

Nominativ ['no:minati:f, nomina'ti:f] *m* <-s, -e> nominativo *m*

nominieren* [nomi'ni:rən] *vt* nombrar

Nonne ['nɔnə] *f* <-n> monja *f*

nonstop ['nɔn'stɔp] *adv* sin parar; (*fliegen*) directo

Nordamerika ['--'---] *nt* América *f* del Norte; **Norddeutschland** ['-'--] *nt* Alemania *f* del Norte

Norden ['nɔrdən] *m* <-s, *ohne pl*> norte *m*; **im ~** en el norte; **im ~ von ...** (*nördlich von*) al norte de...; (*im nördlichen Teil von*) en el norte de...; **nach ~** hacia el norte; **in den ~** hacia el norte; **von ~** del norte

Nordeuropa ['--'--] *nt* Europa *f* del Norte; **Nordhalbkugel** ['----] *f ohne pl* hemisferio *m* norte

nordisch ['nɔrdɪʃ] *adj* nórdico

nördlich ['nœrtlɪç] **I.** *adj* septentrional; **in ~er Richtung** en dirección norte; **~ von Köln** al norte de Colonia; **52 Grad ~er Breite** 52 grados latitud norte **II.** *präp +gen* al norte de

Nordosten ['-'--] *m* nor(d)este *m*; **Nordpol** *m* <-s, *ohne pl*> polo *m* norte

Nordrhein-Westfalen [---'--] *nt* Renania *f* del Norte-Westfalia

Nordsee *f* Mar *m* del Norte

Nordwesten [-'--] *m* noroeste *m*

nörgeln ['nœrgəln] *vi* (*abw*) criticar

Nörgler(in) *m(f)* <-s, -; -nen> (*abw*) criticón, -ona *m, f*

Norm [nɔrm] *f* <-en> norma *f*

normal [nɔr'ma:l] *adj* normal; (*gewöhnlich*) corriente

normalerweise [-'--'--] *adv* normalmente

normalisieren* [nɔrmali'zi:rən] *vt, vr*: **sich ~** normalizar(se)

Normalverbraucher(in) *m(f)* consumidor(a) *m(f)* medio, -a; **Otto ~** (*abw fam*) el consumidor medio

normen ['nɔrmən] *vt*, **normieren*** [nɔr'mi:rən] *vt* normalizar

Norwegen ['nɔrve:gən] *nt* <-s> Noruega *f*

Norweger(in) *m(f)* <-s, -; -nen> noruego, -a *m, f*

norwegisch *adj* noruego

Nostalgie [nɔstal'gi:] *f* nostalgia *f*

not [no:t] *adj s.* **Not**

Not *f* <Nöte> **1.** (*~lage*) apuro *m*; **in ~ geraten** verse en apuros **2.** (*Sorge, Mühe*) pena *f*; **er hat seine liebe ~ damit** le cuesta (trabajo); **mit knapper ~** por los pelos **3.** *ohne pl* (*Mangel*) falta *f* (*an +dat* de); (*Elend*) miseria *f*; **~ leiden** (*geh*) estar en la miseria; **~ leidend** necesitado; **das geht zur ~** puede pasar; **wenn ~ am Mann ist** cuando (la cosa) aprieta; **aus der ~ eine Tugend machen** hacer de tripas corazón; **~ macht erfinderisch** (*prov*) no hay mejor maestra que necesidad y pobreza

Notar(in) [no'ta:ɐ] *m(f)* <-s, -e; -nen> notario, -a *m, f*

notariell [notari'ɛl] *adj* (JUR) notarial

Notarzt, -ärztin *m, f* médico, -a *m, f* de urgencia; **Notaufnahme** *f* admisión *f* de ur-

N

gencia; **Notausgang** *m* salida *f* de emergencia; **Notbremse** *f* freno *m* de emergencia; **Notdienst** *m* servicio *m* de emergencia

notdürftig [-dʏrftɪç] *adj* (*kaum ausreichend*) escaso; (*behelfsmäßig*) provisional

Note ['noːtə] *f* <-n> **1.** (*Schul~, a.* MUS) nota *f;* **eine ganze/eine halbe ~** (MUS) una redonda/una blanca **2.** (*Bank~*) billete *m* **3.** *ohne pl* (*Eigenart*) toque *m;* **etw** *dat* **seine persönliche ~ geben** aportar a algo su toque personal; **Notenschlüssel** *m* clave *f*

Notfall *m* (caso *m* de) emergencia *f*

notfalls *adv* en caso necesario

notgedrungen ['noːtgə'drʊŋən] *adv* por la fuerza

Notgroschen *m* dinero *m* de reserva

notieren* [no'tiːrən] *vt* anotar; (FIN) cotizar

nötig ['nøːtɪç] *adj* necesario; **unbedingt ~** imprescindible; **wenn ~** si es preciso; **ich habe es nicht ~, mir das sagen zu lassen** no tengo por qué permitir que me digan esas cosas

nötigen ['nøːtɪgən] *vt* (*drängen*) apremiar; (*zwingen*) obligar; (JUR) coaccionar

Notiz [no'tiːts] *f* <-en> nota *f;* **sich** *dat* **~en machen** tomar apuntes; **von etw ~ nehmen** fijarse en algo; **Notizblock** *m* <-s, -blöcke> bloc *m* de notas; **Notizbuch** *nt* agenda *f*

Notlage *f* apuro *m;* (*Krise*) crisis *f inv;* **notlanden** *vi sein* realizar un aterrizaje forzoso; **Notlandung** *f* aterrizaje *m* forzoso; **notleidend** *adj s.* **Not 3.**; **Notlösung** *f* solución *f* de emergencia; **Notlüge** *f* mentira *f* inocente

notorisch [no'toːrɪʃ] *adj* (*abw*) notorio

Notruf *m* (*Hilferuf*) llamada *f* de socorro; (*~nummer*) (número *m* de) teléfono *m* de emergencia; **Notsignal** *nt* señal *f* de socorro

Notstand *m* estado *m* de emergencia; **Notstandsgebiet** *nt* zona *f* catastrófica

Notwehr *f* legítima defensa *f*

notwendig ['noːtvɛndɪç] *adj* **1.** (*nötig*) necesario; **unbedingt ~** indispensable **2.** (*zwangsläufig*) inevitable

Notwendigkeit ['----, -'---] *f* <-en> necesidad *f*

Novelle [no'vɛlə] *f* <-n> novela *f* corta

November [no'vɛmbɐ] *m* <-(s), -> noviembre *m; s. a.* **März**

Nr. *Abk. von* **Nummer** nº

Nu [nuː] *m* (*fam*): **im ~** en un abrir y cerrar de ojos

Nuance [ny'ãːsə] *f* <-n> matiz *m;* **eine ~ lauter** un punto más alto

nüchtern ['nʏçtɐn] *adj* **1.** (*ohne Essen*) en ayunas; **auf ~en Magen** en ayunas **2.** (*nicht betrunken*) sobrio **3.** (*sachlich*) objetivo **4.** (*schmucklos*) sin adornos

Nüchternheit *f* **1.** (*mit leerem Magen, nicht betrunken*) sobriedad *f* **2.** (*Sachlichkeit*) objetividad *f* **3.** (*Schlichtheit*) sencillez *f*

Nudel ['nuːdəl] *f* <-n> pasta *f*

Nuklearwaffe *f* arma *f* nuclear

null [nʊl] *adj inv* cero; **~ und nichtig** nulo y no avenido; **in ~ Komma nichts** (*fam*) en un dos por tres

Null *f* <-en> (*Zahl*) cero *m;* (*fam abw: Versager*) cero *m* a la izquierda

nullachtfünfzehn [--'--] *adj inv* (*fam*) común y corriente

Nullpunkt *m* <-(e)s, *ohne pl*> punto *m* cero; **den ~ erreicht haben** llegar a su punto más bajo; **Nulltarif** *m:* **zum ~** gratis

Numeri ['nuːmeri] *pl von* **Numerus**

numerieren* [nume'riːrən] *vt s.* **nummerieren**

numerisch [nu'meːrɪʃ] *adj* (*a.* INFOR) numérico

Numerus ['nuːmerʊs] *m* <-, Numeri> (LING) número *m;* **~ clausus** número clauso

Nummer ['nʊmɐ] *f* <-n> número *m;* (*Telefon~*) (número *m* de) teléfono *m;* **Gesprächsthema ~ eins** tema principal; **auf ~ Sicher gehen** (*fam*) ir sobre seguro

nummerieren* RR [nume'riːrən] *vt* numerar

Nummernschild *nt* matrícula *f*

nun [nuːn] **I.** *adv* **1.** (*jetzt*) ahora; **von ~ an** desde ahora; **was ~?** ¿y ahora qué? **2.** (*inzwischen*) entretanto **II.** *part* (*einleitend*) pues; (*weiterführend*) pues bien; **~ sag schon …** bueno, habla de una vez…; **~ gut** pues bien

nur [nuːɐ] **I.** *adv* sólo; **~ noch** tan sólo **II.** (*Partikel*): **wo ist sie ~?** ¿dónde demonios está?; **~ zu!** ¡ánimo!; **sieh ~!** ¡mira!; **lass ihn ~ machen!** ¡déjale a él!; **was hat sie ~?** ¿pero qué le pasa?; **wenn sie ~ (endlich) anriefe!** ¡si llamara (de una vez)!

Nürnberg ['nʏrnbɛrk] *nt* <-s> Nuremberg *m*

nuscheln ['nʊʃəln] *vi* (*fam*) mascullar

NussRR [nʊs] *f* <Nüsse> nuez *f;* **jdm eine harte ~ zu knacken geben** (*fam fig*) dar(le) a alguien un hueso duro de roer; **Nussbaum**RR *m* nogal *m*

Nutte ['nʊtə] *f* <-n> (*fam abw*) puta *f*

Nutz *m:* **~ bringend** (*nützlich*) útil; (*Gewinn bringend*) provechoso, beneficioso; **sich** *dat* **etw zu ~e machen** aprovechar algo

nutzbringend *adj* (*nützlich*) útil; (*Gewinn bringend*) provechoso, beneficioso

nütze ['nʏtsə]: **zu etw ~ sein** servir para algo

nutzen ['nʊtsən] **I.** *vi* servir; **jdm zu etw ~** ser provechoso para alguien **II.** *vt* aprovechar

Nutzen ['nʊtsən] *m* <-s, *ohne pl*> utilidad *f;* **zum ~ der Öffentlichkeit** en beneficio del público; **jdm von ~ sein** ser(le) útil a alguien; **~ aus etw ziehen** sacar provecho de algo

nützen *vi, vt s.* **nutzen**

Nutzfahrzeug *nt* vehículo *m* de servicio

nützlich ['nʏtslɪç] *adj* útil

nutzlos *adj* inútil; **Nutzpflanze** *f* planta *f* útil

Nutzung *f* utilización *f*

Nylon® ['naɪlɔn] *nt* <-s, *ohne pl*> nailon *m*

O

O, o [oː] *nt* <-, -> O, o *f*

O *Abk. von* **Osten** E

Oase [o'aːzə] *f* <-n> oasis *m inv*

ob [ɔp] *konj* **1.** (*im indirekten Fragesatz*) si; **~ er wohl kommen wird?** ¿vendrá o no (vendrá)? **2.** (*vergleichend*): **als ~** como si +*subj* **3.** (*egal ~*) lo mismo da que +*subj;* **~ arm, ~ reich** lo mismo pobres que ricos **4.** (*verstärkend*): **und ~!** ¡claro que sí!

Obdach ['ɔpdax] *nt* <-(e)s, *ohne pl*> refugio *m;* **jdm ~ gewähren** prestar refugio a alguien; **obdachlos** *adj* sin hogar

Obdachlose(r) *mf* <-n, -n; -n> desamparado, -a *m, f*

Obduktion [ɔpdʊk'tsjoːn] *f* <-en> autopsia *f*

O-Beine ['oːbaɪnə] *ntpl* (*fam*) piernas *fpl* arqueadas

oben ['oːbən] *adv* arriba; (*an der Oberfläche*) en la superficie; **nach ~** hacia arriba; **jdn von ~ herab behandeln** mirar a alguien por encima del hombro; **ganz ~** arriba del todo; **~ links** arriba a la izquierda; **siehe ~** véase arriba; **~ erwähnt** arriba mencionado; **obendrein** ['--'-] *adv* ademas

obenerwähnt *adj s.* **oben**

Ober ['oːbɐ] *m* <-s, -> camarero *m*

Oberarm ['oːbɐ-] *m* brazo *m*

Oberbefehlshaber(in) *m(f)* <-s, -; -nen> comandante *mf* en jefe

Oberbegriff *m* término *m* genérico; **Oberbekleidung** *f* ropa *f* exterior

obere(r, s) ['oːbərə, -rɐ, -rəs] *adj* (*allgemein*) de arriba; (*in einer Hierarchie*) superior

Oberfläche *f* superficie *f*

oberflächlich *adj* superficial

oberhalb *präp +gen* por encima de

Oberhand *f:* **die ~ gewinnen** imponerse; **Oberhaupt** *nt* (*geh*) jefe, -a *m, f;* **Oberhemd** *nt* camisa *f;* **Oberkiefer** *m* maxilar *m* superior; **Oberkörper** *m* busto *m;* **Oberlippe** *f* labio *m* superior

Oberösterreich *nt* Alta Austria *f*

Oberschenkel *m* muslo *m;* **Oberschicht** *f* clase *f* alta; **Oberschule** *f* (*fam*) instituto *m* de enseñanza secundaria; **Oberseite** *f* lado *m* superior

Oberst ['oːbɐst] *m* <-en *o* -s, -en> coronel *m*

oberste(r, s) *adj superl von* **obere(r, s)** **1.** (*höher gelegen*) superior, más alto; (*Stockwerk*) último; (*zuoberst*) de arriba del todo **2.** (*in einer Hierarchie*) supremo; **der Oberste Gerichtshof** el Tribunal Supremo **3.** (*wichtigste*) más importante; **das ~ Gebot** lo fundamental

Oberstufe *f los últimos tres años de enseñanza media*

Obhut ['ɔphuːt] *f* (*geh*) custodia *f;* **jdn in seine ~ nehmen** tomar a alguien bajo su protección

O

Objekt [ɔp'jɛkt] *nt* <-(e)s, -e> (*Gegenstand*) objeto *m;* (LING) complemento *m*

objektiv [ɔpjɛk'tiːf] *adj* objetivo; (*unparteiisch*) imparcial

Objektiv [ɔpjɛk'tiːf] *nt* <-s, -e> objetivo *m*

Oblate [o'blaːtə] *f* <-n> (*für Gebäck*) oblea *f;* (*Hostie*) hostia *f*

obliegen [-'--] *irr vi* (*geh*): **jdm obliegt etw** algo le incumbe a alguien

obligatorisch [obliga'toːrɪʃ] *adj* obligatorio

Oboe [o'boːə] *f* <-n> oboe *m*

Obrigkeit ['oːbrɪçkaɪt] *f* <-en> autoridad *f*

Obst [oːpst] *nt* <-(e)s, *ohne pl*> fruta *f*

obszön [ɔps'tsøːn] *adj* obsceno

obwohl [-'-] *konj* aunque

Ochse ['ɔksə] *m* <-n, -n> buey *m*

öde ['øːdə] *adj* **1.** (*verlassen*) desierto; (*unbewohnt*) despoblado **2.** (*unbebaut*) yermo **3.** (*langweilig*) aburrido

Öde ['øːdə] *f* <-n> **1.** (*Einsamkeit*) soledad *f* **2.** (*Land*) desierto *m* **3.** *ohne pl* (*Leere, Langeweile*) monotonía *f*

oder ['oːdɐ] *konj* o; (*vor o, ho*) u; (*zwischen Zahlen*) ó; (*andernfalls*) si no; ~ **aber ...** o por el contrario...; ~ **auch ...** o (bien)...; ~ **etwa nicht?** ¿o no?; **entweder ...** ~ **...** o... o...

Ofen ['oːfən] *m* <-s, Öfen> (*Back~*) horno *m;* (*Heiz~*) estufa *f*

offen ['ɔfən] *adj* **1.** (*allgemein*) abierto; (*Haare*) suelto; (*ohne Deckel*) destapado; **halb** ~ medio abierto; **~er Wein** vino a granel; **auf ~er Straße** en plena calle; **ein ~es Haus haben** (*fig*) ser hospitalario; **das ist noch völlig** ~ eso todavía no se sabe; **die Post hat jetzt** ~ Correos está ahora abierto **2.** (*Stelle*) vacante **3.** (*unerledigt*) pendiente; **~e Rechnung** cuenta pendiente **4.** (*aufrichtig*) franco; ~ **seine Meinung sagen** decir su opinión abiertamente; ~ **gestanden ...** (dicho) francamente...; ~ **mit jdm reden** hablar francamente con alguien

offenbar ['ɔfən(')baːɐ] **I.** *adj* evidente **II.** *adv* aparentemente

offenbaren* [ɔfən'baːrən] **I.** *vt* (*geh*) revelar **II.** *vr:* **sich** ~ (*geh: sich erweisen*) mostrarse; (*sich anvertrauen*) confiarse

offen|bleiben *irr vi sein s.* **bleiben**; **offen|halten** *irr vt s.* **halten II.1.**

Offenheit *f* **1.** (*Aufgeschlossenheit*) espíritu *m* abierto **2.** (*Ehrlichkeit*) franqueza *f;* **in aller** ~ sinceramente

offenherzig *adj* franco

offenkundig ['--(')--] *adj* manifiesto; (*offensichtlich*) evidente

offen|lassen *irr vt s.* **lassen**[1]

offensichtlich ['--(')--] **I.** *adj* evidente **II.** *adv* evidentemente

offensiv [ɔfɛn'ziːf] *adj* ofensivo

Offensive [ɔfɛn'ziːvə] *f* <-n> ofensiva *f;* **in die** ~ **gehen** tomar la ofensiva

offen|stehen *irr vi s.* **stehen I.2.**

öffentlich ['œfəntlɪç] **I.** *adj* público **II.** *adv* en público; ~ **bekannt geben** publicar

Öffentlichkeit *f* público *m;* **etw an die** ~ **bringen** hacer algo público; **Öffentlichkeitsarbeit** *f ohne pl* relaciones *fpl* públicas

öffentlich-rechtlich *adj* (de derecho) público

offiziell [ɔfi'tsjɛl] *adj* oficial; **etw** ~ **bekannt geben** dar a conocer algo oficialmente

Offizier(in) [ɔfi'tsiːɐ] *m(f)* <-s, -e; -nen> oficial(a) *m(f)*

offline[RR] ['ɔflaɪn] *adj* (INFOR) fuera de línea

öffnen ['œfnən] *vi, vt, vr:* **sich** ~ abrir(se); **hier** ~ ábrase aquí

Öffner *m* <-s, -> abridor *m*

Öffnung *f* <-en> apertura *f;* **Öffnungszeit** *f* horas *fpl* de apertura

oft [ɔft] <öfter, am öftesten> *adv* a menudo; **wie ~?** ¿cuántas veces?; **nicht** ~ pocas veces; ~ **genug** bastante (a menudo)

öfter *adv kompar von* **oft** con frecuencia; ~ **mal was Neues** hay que cambiar de vez en cuando; **des Öfteren** con (mucha) frecuencia

öfters *adv* con (mucha) frecuencia

oftmals ['ɔftmaːls] *adv* a menudo

ohne ['oːnə] **I.** *präp +akk* sin; ~ **Zweifel** sin duda; ~ **weiteres** sin más **II.** *konj:* ~ **dass ...** sin que... *+subj;* ~ **zu** sin

ohnegleichen [--'--] *adv* sin par

ohnehin [--'-] *adv* de todos modos

Ohnmacht ['oːn-] *f* <-en> **1.** (*Bewusstlosigkeit*) desvanecimiento *m;* **in** ~ **fallen** desmayarse **2.** (*Machtlosigkeit*) impotencia *f*

ohnmächtig *adj* **1.** (*bewusstlos*) desmayado; ~ **werden** desmayarse **2.** (*machtlos*) impotente

Ohr [oːɐ] *nt* <-(e)s, -en> (*äußeres*) oreja *f;* (*inneres*) oído *m;* **mir dröhnen/sausen**

die ~**en** me suenan/zumban los oídos; **die Melodie geht ins** ~ la melodía se pega; **jdn übers** ~ **hauen** engañar a alguien; **schreib dir das hinter die** ~**en!** (*fam*) ¡tenlo bien presente!; **viel um die** ~**en haben** (*fam*) estar muy ocupado; **bis über beide** ~**en verliebt sein** (*fam fig*) estar enamorado hasta la médula; **sich aufs** ~ **legen** (*fam fig*) planchar la oreja; **es faustdick hinter den** ~**en haben** (*fam fig*) tener muchas conchas

Öhr [øːɐ] *nt* <-(e)s, -e> ojo *m* de la aguja

ohrenbetäubend *adj* (*fam*) ensordecedor

Ohrfeige *f* <-n> bofetada *f*

ohrfeigen *vt* pegar una bofetada (a); **ich könnte mich** ~**, dass ...** (*fam*) me daría de tortas por...

Ohrring *m* pendiente *m*, aro *m Am*

o.k., okay [o'keː, o'kɛɪ] **I.** (*fam: Partikel*) vale, de acuerdo, okey *Am* **II.** *adj* (*fam*): ~ **sein** (*gut*) estar bien; (*in Ordnung*) estar en orden

Ökologie [økolo'giː] *f* ecología *f*

ökologisch *adj* ecologista; ~**es Gleichgewicht** equilibrio ecológico

ökonomisch [øko'noːmɪʃ] *adj* económico

Ökosystem *nt* ecosistema *m*

Oktober [ɔk'toːbɐ] *m* <-(s), -> octubre *m*; *s. a.* März

Öl [øːl] *nt* <-(e)s, -e> aceite *m*; (*Erd*~) petróleo *m*; **pflanzliche** ~**e** aceites vegetales; **ätherisches** ~ esencia *f*

ölen ['øːlən] *vt* engrasar; (*mit Schmieröl*) lubrificar

Ölgemälde *nt* pintura *f* al óleo; **Ölheizung** *f* calefacción *f* al fueloil

ölig *adj* aceitoso; (*abw: Stimme, Lächeln*) empalagoso

Olive [o'liːvə] *f* <-n> aceituna *f*; **Olivenbaum** *m* olivo *m*; **Olivenöl** *nt* aceite *m* de oliva

Ölkrise *f* crisis *f inv* petrolera; **Ölquelle** *f* pozo *m* de petróleo; **Öltanker** *m* petrolero *m*; **Ölteppich** *m* marea *f* negra

Olympiade [olʏm'pjaːdə] *f* <-n> olimpiada *f*

Olympiasieger(in) *m(f)* campeón, -ona *m*, *f* olímpico, -a

olympisch [o'lʏmpɪʃ] *adj* olímpico; **die Olympischen Spiele** los Juegos Olímpicos

Oma ['oːma] *f* <-s> (*fam*) abuela *f*

Omelett [ɔm(ə)'lɛt] *nt* <-(e)s, -e *o* -s> tortilla *f*

Omen ['oːmən] *nt* <-s, - *o* Omina> agüero *m*; **das ist ein schlechtes** ~ es un mal presagio

Omnibus ['ɔmnibʊs] *m* <-ses, -se> autobús *m*

onanieren* [ona'niːrən] *vi* masturbarse

Onkel ['ɔŋkəl] *m* <-s, -> tío *m*

online[RR] ['ɔnlaɪn] *adj* (INFOR) en línea; **Onlinedienst** *m* (INFOR) servicio *m* on-line; **Onlineshopping** *nt* (INFOR) compras *mpl* en línea

Opa ['oːpa] *m* <-s, -s> (*fam*) abuelo *m*

Oper ['oːpɐ] *f* <-n> ópera *f*

Operation [opəra'tsjoːn] *f* <-en> operación *f*; **Operationssaal** *m* quirófano *m*

operieren* [opə'riːrən] *vi, vt* operar (*an* +*dat* de); **sich** ~ **lassen** operarse (*an* +*dat* de)

Opfer ['ɔpfɐ] *nt* <-s, -> **1.** (~*gabe*) ofrenda *f* **2.** (*Verzicht*) sacrificio *m* (*für* +*akk* por) **3.** (*Person*) víctima *f*; **etw fordert viele** ~ algo causa muchas víctimas

opfern ['ɔpfɐn] *vt, vr*: **sich** ~ sacrificar(se) (*für* +*akk* por); **jdm viel Zeit** ~ dedicar mucho tiempo a alguien

Opium ['oːpiʊm] *nt* <-s, *ohne pl*> opio *m*

Opportunismus [ɔpɔrtu'nɪsmʊs] *m* <-, *ohne pl*> oportunismo *m*

Opportunist(in) [ɔpɔrtu'nɪst] *m(f)* <-en, -en; -nen> oportunista *mf*

Opposition [ɔpozi'tsjoːn] *f* <-en> oposición *f*; **in** ~ **zu jdm stehen** ser el/la oponente de alguien

Optik ['ɔptɪk] *f* óptica *f*

Optiker(in) ['ɔptikɐ] *m(f)* <-s, -; -nen> óptico, -a *m, f*

optimal [ɔpti'maːl] *adj* óptimo

optimieren* [ɔpti'miːrən] *vt* optimar

Optimismus [ɔpti'mɪsmʊs] *m* <-, *ohne pl*> optimismo *m*

Optimist(in) [ɔpti'mɪst] *m(f)* <-en, -en; -nen> optimista *mf*

optimistisch *adj* optimista

Option [ɔp'tsjoːn] *f* <-en> opción *f* (*für* +*akk* por, *auf* +*akk* a)

optisch ['ɔptɪʃ] *adj* óptico

orange [o'rãːʒ, o'rãːʃ, o'raŋʃ] *adj* (de color) naranja

Orange [o'rãːʒə, o'raŋʒə] *f* <-n> naranja *f*

Orchester [ɔr'kɛstɐ] *nt* <-s, -> orquesta *f*

Orchidee [ɔrçi'deːə] *f* <-n> orquídea *f*

Orden ['ɔrdən] *m* <-s, -> (REL) orden *f* (religiosa); (*Auszeichnung*) condecoración *f*

ordentlich ['ɔrdəntlɪç] **I.** *adj* **1.** (*Mensch, Zimmer*) ordenado **2.** (*Gericht*) ordinario; (*Mitglied*) numerario **3.** (*anständig*) respetable **4.** (*fam: tüchtig*) bueno; **eine ~e Tracht Prügel** una buena paliza **5.** (*fam: ganz gut*) bastante bueno **II.** *adv* **1.** (*allgemein*) ordenadamente; (*Benehmen*) como es debido **2.** (*fam: ziemlich*) bastante; (*viel*) mucho; **sie verdient ganz ~** gana bastante

Ordinalzahl [ɔrdi'na:l] *f* número *m* ordinal

ordinär [ɔrdi'nɛ:ɐ] *adj* (*unfein*) vulgar; (*gewöhnlich*) ordinario

ordnen ['ɔrdnən] *vt* ordenar

Ordner *m* <-s, -> archivador *m*

Ordnung *f* orden *m;* **~ halten** mantener el orden; **für ~ sorgen** poner orden; **etw in ~ bringen** (*fam*) arreglar algo; **der ~ halber** para el buen orden; **ich finde es (ganz) in ~, dass ...** (*fam*) me parece (muy) bien que... *+subj;* **(das geht) in ~** (*fam*) está bien; **der ist in ~** (*fam*) es un buen tipo; **mit dem Wagen ist etwas nicht in ~** (*fam*) el coche no funciona bien; **sich an eine ~ halten** cumplir un reglamento; **ordnungsgemäß** **I.** *adj* reglamentario **II.** *adv* como es debido; **ordnungswidrig** *adj* (JUR) ilegal; **sich ~ verhalten** infringir los reglamentos

Organ [ɔr'ga:n] *nt* <-s, -e> **1.** (*a.* ANAT) órgano *m* **2.** (*fam: Stimme*) voz *f;* **ein lautes ~ haben** tener una voz fuerte

Organisation [ɔrganiza'tsjo:n] *f* <-en> organización *f*

organisatorisch [ɔrganiza'to:rɪʃ] *adj* organizador

organisch [ɔr'ga:nɪʃ] *adj* orgánico

organisieren* [ɔrgani'zi:rən] *vt, vr:* **sich ~** organizar(se); **sich gewerkschaftlich ~** sindicarse

Organismus [ɔrga'nɪsmʊs] *m* <-, Organismen> organismo *m*

Organspende *f* (MED) donación *f* de órganos

Orgasmus [ɔr'gasmʊs] *m* <-, Orgasmen> orgasmo *m*

Orgel ['ɔrgəl] *f* <-n> órgano *m*

Orient ['o:riɛnt, ori'ɛnt] *m* <-s> Oriente *m;* **der Vordere ~** el Cercano Oriente

orientalisch [oriɛn'ta:lɪʃ] *adj* natural de Oriente Próximo

orientieren* [oriɛn'ti:rən] *vr:* **sich ~** orientarse (*an/nach +dat* por, *über +akk* sobre); **ich orientierte mich an ihr** la tomé como ejemplo; **über etw orientiert sein** estar al corriente sobre algo; **er ist links orientiert** es de izquierdas

Orientierung *f* orientación *f* (*an/nach +dat* por, *über +akk* sobre); **die ~ verlieren** perder la orientación

original [origi'na:l] *adj* original; (*echt*) auténtico

Original [origi'na:l] *nt* <-s, -e> (*erstes Exemplar*) original *m;* (*fam: Mensch*) persona *f* original

originell [origi'nɛl] *adj* original; (*eigenartig*) singular; (*außergewöhnlich*) insólito

Orkan [ɔr'ka:n] *m* <-s, -e> huracán *m*

Ornament [ɔrna'mɛnt] *nt* <-(e)s, -e> ornamento *m*

Ornithologe, -in [ɔrnito'lo:gə] *m, f* <-n, -n; -nen> ornitólogo, -a *m, f*

Ort [ɔrt] *m* <-(e)s, -e> **1.** (*Platz*) lugar *m;* **am rechten ~** en el sitio adecuado; **an ~ und Stelle** a su debido tiempo; **vor ~** in situ; **vor ~ sein** estar en el lugar de los hechos **2.** (*Ortschaft*) población *f;* (*Dorf*) pueblo *m;* (*Stadt*) ciudad *f;* **von ~ zu ~** de pueblo en pueblo

orten ['ɔrtən] *vt* (NAUT, AERO) localizar

orthodox [ɔrto'dɔks] *adj* ortodoxo

OrthografieRR *f* <-n>, **Orthographie** [ɔrtogra'fi:] *f* <-n> ortografía *f*

Orthopäde, -in [ɔrto'pɛ:də] *m, f* <-n, -n; -nen> ortopeda *mf*

örtlich ['œrtlɪç] *adj* local; **~ betäubt** con anestesia local

ortsansässig *adj* (*Firma*) local; (*Person*) residente (en el lugar)

Ortschaft *f* <-en> población *f*

ortsfremd *adj* forastero; **Ortsgespräch** *nt* (TEL) llamada *f* urbana

Ortsnetzkennzahl *f* (TEL) prefijo *m*

Ortsschild *nt* señal *f* indicadora de población; **Ortstarif** *m* (TEL) tarifa *f* urbana; **Ortsteil** *m* barrio *m;* **Ortszeit** *f* hora *f* local

Öse ['ø:zə] *f* <-n> (*am Schuh*) ojete *m;* (*für Haken*) corchete *m*

Ossi ['ɔsi] *mf* <-s, -s; -s> (*fam*) *habitante de los estados federales del este de Alemania*

Ostdeutschland *nt* este *m* de Alemania

Osten ['ɔstən] *m* <-s, *ohne pl*> este *m;* **im ~** en el este; **im ~ von ...** (*östlich von*) al este de…; (*im östlichen Teil von*) en el este de…; **nach** ~ hacia el este; **in den** ~ hacia el este; **von** ~ del este; **der Nahe** ~ el Cercano Oriente; **der Ferne** ~ el Extremo Oriente; **der Mittlere** ~ el Oriente Medio

> El domingo de Resurrección los niños celebran la llegada del **Osterhase**. El Conejo de Pascua esconde conejos de chocolate, huevos de colorines y otras golosinas y regalos por el jardín y la casa. La diversión para los niños consiste en buscar los regalos por todos los sitios posibles hasta encontrarlos.

Ostern ['o:stɐn] *nt* <-, -> Pascua *f;* **Frohe ~!** ¡Felices Pascuas!

Österreich ['ø:stəraɪç] *nt* <-s> Austria *f*

Österreicher(in) *m(f)* <-s, -; -nen> austríaco, -a *m, f*

österreichisch *adj* austríaco

Ostersonntag ['--'--] *m* Domingo *m* de Pascua

Osterweiterung *f* (POL) extensión *f* hacia el Este

Osterwoche *f* Semana *f* Santa

Osteuropa ['--'--] *nt* Europa *f* Oriental; **Ostfriesland** [(')-'--] *nt* Frisia *f* Oriental

östlich ['œstlɪç] **I.** *adj* oriental; ~ **von Basel** al este de Basilea; **in ~er Richtung** en dirección este; **52 Grad ~er Länge** 52 grados longitud este **II.** *präp +gen* al este de

Ostpreußen *nt* Prusia *f* Oriental

Ostsee *f* Mar *m* Báltico

OSZE [o:ʔɛstsɛt'ʔe:] *f Abk. von* **Organisation für Sicherheit und Zusammenarbeit in Europa** Organización *f* para la Seguridad y la Cooperación en Europa

Otter[1] ['ɔtɐ] *m* <-s, -> (*Fisch~*) nutria *f*

Otter[2] *f* <-n> (*Schlange*) víbora *f*

Outing ['aʊtɪŋ] *nt* <-s, *ohne pl*> manifestación *f* pública

Output ['aʊtpʊt] *m o nt* <-s, -s> (INFOR) educto *m*

Ouvertüre [uvɛr'ty:rə] *f* <-n> obertura *f*

oval [o'va:l] *adj* ovalado

Oval [o'va:l] *nt* <-s, -e> óvalo *m*

Ovation [ova'tsjo:n] *f* <-en> ovación *f;* **jdm ~en darbringen** ovacionar a alguien

Overall ['ɔʊvərəl] *m* <-s, -s> mono *m*

Overheadprojektor ['ɔʊvɐhɛt-] *m* retroproyector *m*

Ozean ['o:tsea:n] *m* <-s, -e> océano *m;* **der Indische/Atlantische/Pazifische** ~ el Océano Índico/Atlántico/Pacífico

Ozon [o'tso:n] *m o nt* <-s, *ohne pl*> ozono *m;* **Ozonloch** *nt* <-(e)s, *ohne pl*> agujero *m* (de la capa) de ozono; **Ozonschicht** *f* (METEO) capa *f* de ozono

P

P

P, p [pe:] *nt* <-, -> P, p *f*

paar [pa:ɐ] *pron indef inv:* **ein** ~ (*einige*) algunos; (*wenige*) unos pocos; **ein ~ Mal** un par de veces; **alle ~ Minuten** a cada rato; **vor ein ~ Tagen** hace unos días

Paar [pa:ɐ] *nt* <-(e)s, -e> **1.** (*Lebewesen*) pareja *f* **2.** (*Dinge*) par *m;* **ein ~ Socken** un par de calcetines

paaren ['pa:rən] *vt, vr:* **sich** ~ (*Tiere*) aparear(se)

paarmal *adv s.* **paar**

Paarung *f* <-en> (*Tiere*) apareamiento *m*

paarweise *adv* de dos en dos

Pacht [paxt] *f* <-en> **1.** (*~zins*) arrendamiento *m* **2.** (*das Pachten*) arriendo *m;* **etw in ~ geben/nehmen** arrendar algo

pachten *vt* arrendar

Pächter(in) ['pɛçtɐ] *m(f)* <-s, -; -nen> arrendatario, -a *m, f*

Pack [pak] *nt* <-(e)s, *ohne pl*> (*fam abw*) gentuza *f*

Päckchen ['pɛkçən] *nt* <-s, -> paquete *m;* (*für Zigaretten*) cajetilla *f;* (*Postsendung*) pequeño paquete *m*

Packeis *nt* banquisa *f*

packen ['pakən] **I.** *vt* **1.** (*ergreifen*) agarrar (*an/bei +dat* por) **2.** (*ein~*) meter (*in +akk* en); **den Koffer/seine Sachen** ~ hacer la maleta **3.** (*fig: fesseln*) cautivar; **mich packt das Entsetzen** el espanto se apodera de mí **4.** (*fam: schaffen*) conseguir; **hast du die Prüfung gepackt?** ¿has aprobado el examen? **II.** *vi* (*Koffer*) hacer las maletas

packend *adj* cautivador

Packpapier *nt* papel *m* de embalar
Packung *f* <-en> (*Paket*) paquete *m;* (*Kosmetik*) mascarilla *f*
Pädagogik [--'--] *f* pedagogía *f*
pädagogisch *adj* pedagógico; **Pädagogische Hochschule** Escuela Superior de Magisterio
paddeln ['padəln] *vi haben o sein* ir en canoa
paffen ['pafən] *vi, vt* (*fam*) fumar (sin tragar el humo)
Page ['pa:ʒə] *m* <-n, -n> (*Hotel~*) botones *m inv*
Paillette [paɪ'jɛtə] *f* <-n> lentejuela *f*
Paket [pa'ke:t] *nt* <-(e)s, -e> paquete *m*
Pakt [pakt] *m* <-(e)s, -e> pacto *m*
paktieren* [pak'ti:rən] *vi* pactar
Palast [pa'last] *m* <-(e)s, -läste> palacio *m*
Palästina [palɛs'ti:na] *nt* <-s> Palestina *f*
palästinensisch *adj* palestino
Palette [pa'lɛtə] *f* <-n> (*Maler~*) paleta *f;* (*Transport~*) tarima *f;* (*Vielfalt*) gama *f*
Palme ['palmə] *f* <-n> palmera *f;* **jdn auf die ~ bringen** (*fam fig*) poner a alguien a cien por hora
Pampelmuse ['pampəlmu:zə] *f* <-n> pomelo *m*
Pampers® ['pɛmpɐs] *pl* ≈Dodotis® *mpl*
pampig ['pampɪç] *adj* (*fam abw: frech*) descarado
Panama ['panama] *nt* <-s> Panamá *m*
Panamaer(in) ['panamaɐ, pana'ma:ɐ] *m(f)* <-s, -; -nen> panameño, -a *m, f*
panamaisch [pana'ma:ɪʃ] *adj* panameño
panieren* [pa'ni:rən] *vt* empanar
Panik ['pa:nɪk] *f* <-en> pánico *m;* **Panikmache** *f ohne pl* (*abw*) alarmismo *m*
panisch *adj* de pánico; **~e Angst vor etw haben** tener(le) pánico a algo
Panne ['panə] *f* <-n> avería *f;* **Pannendienst** *m* servicio *m* de auxilio en carretera
Panorama [pano'ra:ma] *nt* <-s, Panoramen> panorama *m*
PanterRR *m* <-s, ->, **Panther** ['pantɐ] *m* <-s, -> pantera *f*
Pantoffel [pan'tɔfəl] *m* <-s, -n> zapatilla *f;* **Pantoffelheld** *m* (*fam abw*) calzonazos *m inv*
Pantomime *f* <-n> pantomima *f*
Panzer ['pantsɐ] *m* <-s, -> (*Fahrzeug*) tanque *m;* (*Schutzplatte*) (plancha *f* de) blindaje *m;* (*von Tieren*) caparazón *m;* **Panzerglas** *nt* <-es, *ohne pl*> cristal *m* antibalas; **Panzerschrank** *m* caja *f* fuerte
Papa ['papa] *m* <-s, -s> (*fam*) papá *m*
Papagei [papa'gaɪ] *m* <-en *o* -s, -e(n)> loro *m*
Papi ['papi] *m* <-s, -s> (*fam*) papi *m*
Papier [pa'pi:ɐ] *nt* <-s, -e> **1.** (*Material*) papel *m;* **ein Blatt ~** una hoja de papel **2.** (*Schriftstück*) documento *m* **3.** *pl* (*Ausweis*) papeles *mpl;* **Papiergeld** *nt* papel *m* moneda; **Papierkorb** *m* papelera *f;* **Papierkram** *m* (*fam abw*) papeleo *m;* **Papiertaschentuch** *nt* pañuelo *m* de papel
Pappe ['papə] *f* <-n> cartón *m*
Pappel ['papəl] *f* <-n> chopo *m*
Pappenheimer ['papənhaɪmɐ] *mpl* (*fam*): **seine ~ kennen** conocer a su gente
Pappkarton *m* (*Material*) cartón *m;* (*Schachtel*) caja *f* de cartón
Paprika *f* <-(s)> pimiento *m;* **Paprikaschote** *f* pimiento *m*
Papst [pa:pst] *m* <-(e)s, Päpste> Papa *m*
päpstlich ['pɛ:pstlɪç] *adj* papal
Parabel [pa'ra:bəl] *f* <-n> parábola *f*
Parabolantenne [para'bo:l-] *f* antena *f* parabólica
Parade [pa'ra:də] *f* <-n> (MIL) desfile *m;* (*Fußball*) parada *f;* **Paradebeispiel** *nt* ejemplo *m* clásico
Paradeiser *m* <-s, -> (*Österr*) tomate *m*
Paradies [para'di:s] *nt* <-es, -e> paraíso *m*
paradiesisch [para'di:zɪʃ] *adj* paradisíaco
paradox [para'dɔks] *adj* paradójico
Paragliding ['pa:raglaɪdɪŋ] *nt* <-s, *ohne pl*> parapente *m*
ParagrafRR *m* <-en, -en>, **Paragraph** [para'gra:f] *m* <-en, -en> (JUR) artículo *m;* (*~enzeichen*) párrafo *m*
Paraguay [para'gu̯aɪ, 'paragu̯aɪ] *nt* <-s> Paraguay *m*
Paraguayer(in) [para'gu̯a:jɐ, 'paragu̯aɪɐ] *m(f)* <-s, -; -nen> paraguayo, -a *m, f*
paraguayisch [para'gu̯a:jɪʃ, 'paragu̯aɪɪʃ] *adj* paraguayo
parallel [para'le:l] *adj* paralelo (*zu* +*dat* a)
Parallele [para'le:lə] *f* <-n> **1.** (MATH) paralela *f;* **eine ~ zu etw ziehen** trazar una paralela a algo **2.** (*Vergleich*) paralelismo *m;* **~n zwischen etw aufzeigen** establecer un pa-

ralelismo entre algo
Parameter [pa'ra:metɐ] *m* <-s, -> parámetro *m*
Paraphrase [para'fra:zə] *f* <-n> paráfrasis *f inv*
Parasit [para'zi:t] *m* <-en, -en> parásito *m*
parat [pa'ra:t] *adj* a punto
Pärchen ['pɛ:ɐçən] *nt* <-s, -> parejita *f*
Parfum [par'fœ̃:] *nt,* **Parfüm** [par'fy:m] *nt* <-s, -e *o* -s> perfume *m*
parfümieren* [parfy'mi:rən] *vt, vr:* **sich** ~ perfumar(se)
parieren* [pa'ri:rən] *vi* obedecer
Pariser[1] *m* <-s, -> (*fam*) condón *m*
Pariser(in)[2] [pa'ri:zɐ] *m(f)* <-s, -; -nen> parisino, -a *m, f,* parisiense *mf*
Park [park] *m* <-s, -s, *Schweiz:* Pärke> parque *m;* **Parkbank** *f* <-bänke> banco *m* del parque
parken ['parkən] *vt, vi* aparcar; **ein ~des Auto** un coche estacionado; **„P~ verboten!"** "¡prohibido aparcar!"
Parkett [par'kɛt] *nt* <-(e)s, -e *o* -s> (*Fußboden*) parqué *m;* (*im Theater, Kino*) platea *f;* **Parkettfußboden** *m* entarimado *m*
Parkgebühr *f* tarifa *f* de aparcamiento; **Parkhaus** *nt* parking *m;* **Parklücke** *f* hueco *m* para aparcar; **Parkplatz** *m* aparcamiento *m;* **Parkscheibe** *f* disco *m* de estacionamiento; **Parkuhr** *f* parquímetro *m;* **Parkverbot** *nt* prohibición *f* de estacionamiento; **hier ist** ~ aquí no se puede aparcar
Parlament [parla'mɛnt] *nt* <-(e)s, -e> parlamento *m*
parlamentarisch *adj* parlamentario
Parlamentswahlen *fpl* elecciones *fpl* generales (al parlamento)
Parodie [paro'di:] *f* <-n> parodia *f* (*auf* +*akk* de)
Parodontose [parodɔn'to:zə] *f* <-n> paradontosis *f inv*
Parole [pa'ro:lə] *f* <-n> lema *m*
Parsing ['parzɪŋ] *nt* <-s, *ohne pl*> (INFOR) análisis *m inv*
Partei [par'taɪ] *f* <-en> **1.** (POL) partido *m* **2.** (JUR) parte *f;* **für jdn ~ ergreifen** tomar partido por alguien
parteiisch *adj* parcial
parteilos *adj* independiente; **Parteitag** *m* congreso *m* del partido
Parterrewohnung *f* piso *m* de planta baja
Partie [par'ti:] *f* <-n> **1.** (*Spieldurchgang*) partida *f;* (*im Sport*) partido *m;* **bei etw mit von der ~ sein** (*fam*) tomar parte en algo; **eine gute ~ machen** casarse ventajosamente **2.** (WIRTSCH) lote *m*
Partikel [par'ti:kəl] *f* <-n> (LING) partícula *f*
Partisan(in) [parti'za:n] *m(f)* <-s *o* -en, -en; -nen> guerrillero, -a *m, f*
Partitur [parti'tu:ɐ] *f* <-en> partitura *f*
Partizip [parti'tsi:p] *nt* <-s, Partizipien> participio *m;* ~ **Perfekt** participio pasado
Partner(in) ['partnɐ] *m(f)* <-s, -; -nen> (*Lebens~, Tanz~*) pareja *f;* (*Teilhaber*) socio, -a *m, f*
Partnerschaft *f* <-en> (*Zusammenarbeit*) cooperación *f;* (*Zusammenleben*) convivencia *f*
Partnerstadt *f* ciudad *f* hermanada
Party ['pa:ɐti] *f* <-s> fiesta *f;* **Partyservice** *m* <-, *ohne pl*> servicio *m* a domicilio
Parzelle [par'tsɛlə] *f* <-n> parcela *f*
Pass[RR] [pas] *m* <-es, Pässe> pasaporte *m;* (*Gebirgs~*) puerto *m* (de montaña); (SPORT) pase *m*
passabel [pa'sa:bəl] *adj* pasable; (*annehmbar*) aceptable
Passage [pa'sa:ʒə] *f* <-n> pasaje *m*
Passagier(in) [pasa'ʒi:ɐ] *m(f)* <-s, -e; -nen> pasajero, -a *m, f;* **ein blinder ~** un polizón
Passant(in) [pa'sant] *m(f)* <-en, -en; -nen> transeúnte *mf*
Passbild[RR] *nt* foto *f* de carnet
passen ['pasən] *vi* **1.** (*in Größe, Form*) sentar bien; (*in der Menge*) caber (*in* +*akk* en); **das passt wie angegossen** queda perfecto **2.** (*harmonieren*) pegar (*zu* +*dat* con); **sie ~ zueinander** hacen buena pareja; **die Schuhe ~ nicht zum Kleid** los zapatos no pegan con el vestido; **die Beschreibung passt auf ihn** la descripción encaja con él **3.** (*genehm sein*) venir bien; **das passt mir gar nicht** no me viene nada bien; **das könnte dir so ~!** ¡qué más quisieras! **4.** (*Kartenspiel*) pasar; **(ich) passe!** ¡paso!
passend *adj* **1.** (*in Größe, Form*) que queda bien; **welches ist der ~e Schlüssel?** ¿cuál es la llave correcta?; **die Hose mache ich Ihnen ~** le arreglo el pantalón a su medida; **dazu ~** (*in der Farbe*) a juego **2.** (*treffend*) apropiado; (*genau*) justo; **die ~en Worte finden** encontrar las palabras apropiadas; **ha-**

ben Sie es nicht ~? (*fam*) ¿no lo tiene justo? **3.** (*angemessen*) adecuado

Passfoto[RR] *nt* foto *f* de carnet

passieren* [pa'si:rən] **I.** *vi sein* ocurrir; **was ist denn passiert?** ¿qué ha pasado? **II.** *vt* (*Grenze*) pasar; (*Pass*) cruzar

passiv ['pasi:f, -'-] *adj* pasivo

Passiv ['pasi:f, -'-] *nt* <-s, -e> voz *f* pasiva

Passkontrolle[RR] *f* control *m* de pasaportes

Passwort[RR] ['pasvɔrt] *nt* <-(e)s, -wörter> santo *m* y seña

Pastete [pas'te:tə] *f* <-n> volován *m*

pasteurisieren* [pastøri'zi:rən] *vt* paste(u)rizar

Pate, -in ['pa:tə] *m, f* <-n, -n; -nen> padrino *m*, madrina *f;* **bei einem Kind ~ stehen** apadrinar a un niño; **Patenkind** *nt* ahijado, -a *m, f;* **Patenonkel** *m* padrino *m*

Patenschaft *f* <-en> padrinazgo *m;* **die ~ für ein Kind übernehmen** apadrinar a un niño

Patent [pa'tɛnt] *nt* <-(e)s, -e> patente *f;* **etw zum ~ anmelden** solicitar la patente de algo; **Patentamt** *nt* registro *m* de patentes

Patentante *f* madrina *f*

Patentlösung *f* solución *f* definitiva; **Patentrezept** *nt* solución *f* ideal

Pater ['pa:tɐ] *m* <-s, -> (REL) padre *m*

pathetisch [pa'te:tɪʃ] *adj* patético

Pathologie [patolo'gi:] *f* patología *f*

pathologisch [pato'lo:gɪʃ] *adj* patológico

Pathos ['pa:tɔs] *nt* <-, *ohne pl*> patetismo *m*

Patient(in) [pa'tsjɛnt] *m(f)* <-en, -en; -nen> paciente *mf*

Patriot(in) [patri'o:t] *m(f)* <-en, -en; -nen> patriota *mf*

patriotisch *adj* patriótico

Patrone [pa'tro:nə] *f* <-n> cartucho *m*

Patrouille [pa'trʊljə] *f* <-n> patrulla *f*

Patsche ['patʃə] *f* (*fam*): **in der ~ sitzen** encontrarse en apuros

patzig ['patsɪç] *adj* (*fam abw: Person*) descarado; (*Antwort*) insolente

Pauke ['paʊkə] *f* <-n> timbal *m;* **mit ~n und Trompeten durchfallen** (*fam*) suspender con honores; **auf die ~ hauen** (*fam*) celebrar por todo lo alto

pauken *vi, vt* (*fam: lernen*) empollar

Pauker(in) *m(f)* <-s, -; -nen> **1.** (*fam: Lehrer*) profe *mf* **2.** (MUS) timbalero, -a *m, f*

pausbäckig ['paʊsbɛkɪç] *adj* mofletudo

pauschal [paʊ'ʃa:l] **I.** *adj* (*insgesamt*) global; (*allgemein*) general **II.** *adv* **1.** (*zusammen*) en bloque; **~ 100 DM berechnen** cobrar 100 marcos, todo incluido **2.** (*allgemein*) en general; **das kann man so ~ nicht sagen** esto no se puede generalizar así

Pauschale [paʊ'ʃa:lə] *f* <-n> importe *m* global

pauschalisieren* [paʊʃali'zi:rən] *vt* generalizar

Pauschalpreis *m* precio *m* global; **Pauschalreise** *f* viaje *m* organizado

Pause ['paʊzə] *f* <-n> pausa *f;* (*in der Schule*) recreo *m;* (*im Theater, Kino*) intermedio *m;* (MUS) intervalo *m;* **pausenlos I.** *adj* ininterrumpido **II.** *adv* sin pausa

Pauspapier *nt* <-s, *ohne pl*> papel *m* de calcar

Pavian ['pa:via:n] *m* <-s, -e> babuino *m*

Pavillon ['pavɪljõ] *m* <-s, -s> pabellón *m*

Pay-TV ['pɛɪti:vi:] *nt* <-, *ohne pl*> televisión *f* privada de pago

Pazifik [pa'tsi:fɪk] *m* <-s> (Océano *m*) Pacífico *m*

pazifisch [pa'tsi:fɪʃ] *adj:* **der Pazifische Ozean** el Océano Pacífico

pazifistisch *adj* pacifista

PC [pe:'tse:] *m* <-(s), -(s)> *Abk. von* **Personalcomputer** ordenador *m* personal

Pech [pɛç] *nt* <-(e)s, -e> **1.** (*Teer*) pez *f* **2.** *ohne pl* (*Missgeschick*) mala suerte *f;* **pechschwarz** ['-'-] *adj* negro como la pez; **Pechsträhne** *f* racha *f* de mala suerte; **Pechvogel** *m* (*fam*) desgraciado, -a *m, f*

Pedal [pe'da:l] *nt* <-s, -e> pedal *m*

Pedant(in) [pe'dant] *m(f)* <-en, -en; -nen> pedante *mf*

pedantisch *adj* pedante

Pediküre [pedi'ky:rə] *f* pedicura *f*

Peeling ['pi:lɪŋ] *nt* <-s, -s> exfoliación *f*

Pegel ['pe:gəl] *m* <-s, -> **1.** (*Messgerät: Fluss*) fluviómetro *m;* (*Meer*) mareógrafo *m* **2.** (*Höhe*) nivel *m* del agua

peilen ['paɪlən] *vt* (NAUT) marcar; **über den Daumen gepeilt** a ojo de buen cubero

peinigen ['paɪnɪgən] *vt* (*geh*) atormentar

peinlich *adj* **1.** (*unangenehm*) desagradable; (*Situation*) embarazoso **2.** (*genau*) meticuloso; **~e Ordnung** orden meticuloso

Peitsche ['paɪtʃə] *f* <-n> látigo *m*

peitschen I. *vi* (*Regen*) golpear (*an/gegen* +*akk* en) **II.** *vt* azotar

Pelikan ['pe:lika:n] *m* <-s, -e> pelícano *m*

Pelle ['pɛlə] *f* <-n> (*nordd*) piel *f;* **jdm auf die ~ rücken** pegarse a alguien

pellen I. *vt* (*nordd*) pelar; (*schälen*) mondar **II.** *vr:* **sich ~** (*nordd*) pelarse

Pelz [pɛlts] *m* <-es, -e> piel *f*

Pendel ['pɛndəl] *nt* <-s, -> péndulo *m*

pendeln ['pɛndəln] *vi* **1.** *haben* (*schwingen*) oscilar **2.** *sein* (*hin- und herfahren*) viajar (diariamente)

Penes ['pe:ne:s] *pl von* **Penis**

penetrant [pene'trant] *adj* **1.** (*Geschmack, Geruch*) penetrante **2.** (*abw: aufdringlich*) molesto; (*Person*) pesado

penibel [pe'ni:bəl] *adj* meticuloso (*in +dat* con)

Penicillin [penitsɪ'li:n] *nt* <-s, -e> *s.* **Penizillin**

Penis ['pe:nɪs] *m* <-, -se *o* Penes> pene *m*

Penizillin [penitsɪ'li:n] *nt* <-s, -e> penicilina *f*

pennen ['pɛnən] *vi* (*fam*) **1.** (*schlafen*) dormir **2.** (*nicht aufpassen*) estar distraído

Penner(in) ['pɛnɐ] *m(f)* <-s, -; -nen> (*fam abw: Stadtstreicher*) vagabundo, -a *m, f*

Pensa, Pensen ['pɛnzən] *pl von* **Pensum**

Pension [pã'zjo:n, pɛn'zjo:n] *f* <-en> (*Rente, Herberge*) pensión *f;* **in ~ gehen** jubilarse

Pensionär(in) [pãzjo'nɛ:ɐ, pɛnzjo'nɛ:ɐ] *m(f)* <-s, -e; -nen> jubilado, -a *m, f*

pensionieren* [pãzjo'ni:rən, pɛnzjo'ni:rən] *vt* jubilar

Pensum ['pɛnzʊm] *nt* <-s, Pensen *o* Pensa> tarea *f*

Pep [pɛp] *m* <-(s), *ohne pl*> chispa *f;* **~ haben** (*fam*) tener gancho

per [pɛr] *präp +akk* por; **er fährt ~ Anhalter** viaja a dedo; **sie ist ~ du mit ihm** se tutean

perfekt [pɛr'fɛkt] *adj* perfecto; **die Sache ist ~** (*fam*) el asunto está arreglado

Perfekt ['pɛrfɛkt] *nt* <-s, -e> (pretérito *m*) perfecto *m*

Perfektion [pɛrfɛk'tsjo:n] *f* perfección *f;* **etw bis zur ~ bringen** llevar algo a la perfección

perfektionieren* [pɛrfɛktsjo'ni:rən] *vt* perfeccionar

Perfektionismus [pɛrfɛktsjo'nɪsmʊs] *m* <-, *ohne pl*> perfeccionismo *m*

Pergament [pɛrga'mɛnt] *nt* <-(e)s, -e> pergamino *m*

Periode [peri'o:də] *f* <-n> período *m*

periodisch [peri'o:dɪʃ] *adj* periódico

Peripherie [perife'ri:] *f* <-n> (*Randbezirke, a.* MATH) periferia *f;* (INFOR) periférico *m*

Perle ['pɛrlə] *f* <-n> **1.** (*der Perlmuschel*) perla *f;* (*aus Glas, Holz*) cuenta *f* **2.** (*Schweiß~*) gota *f* (de sudor)

perlen ['pɛrlən] *vi haben o sein* (*Perlen bilden*) formar gotas; (*Sekt*) burbujear

Perlmutt ['pɛrlmʊt] *nt* <-s, *ohne pl*> nácar *m*

permanent [pɛrma'nɛnt] *adj* permanente

perplex [pɛr'plɛks] *adj* (*fam*) perplejo

Person [pɛr'zo:n] *f* <-en> persona *f;* **Angaben zur ~ machen** dar los datos personales; **er ist die Geduld in ~** es la paciencia en persona

Personal [pɛrzo'na:l] *nt* <-s, *ohne pl*> personal *m*

Personalausweis *m* ≈carnet *m* de identidad

Personalien [pɛrzo'na:liən] *pl* datos *mpl* personales

Personalpronomen *nt* pronombre *m* personal

Personenkraftwagen *m* (*formal*) automóvil *m;* **Personenverkehr** *m* transporte *m* de viajeros; **öffentlicher/privater ~** transporte público/privado de viajeros

persönlich [pɛr'zø:nlɪç] *adj* **1.** (*allgemein*) personal; **etw ~ nehmen** tomarse algo a pecho **2.** (*selbst*) en persona; **jdn ~ kennen** conocer a alguien personalmente; **~ erscheinen** acudir personalmente

Persönlichkeit *f* <-en> personalidad *f*

Perspektive [pɛrspɛk'ti:və] *f* <-n> perspectiva *f;* **aus meiner ~** desde mi punto de vista

Peru [pe'ru:] *nt* <-s> Perú *m*

Peruaner(in) [peru'a:nɐ] *m(f)* <-s, -; -nen> peruano, -a *m, f*

peruanisch *adj* peruano

Perücke [pe'rʏkə] *f* <-n> peluca *f*

pervers [pɛr'vɛrs] *adj* perverso

Perversion [pɛrvɛr'zjo:n] *f* <-en> perversión *f*

Pesete [pe'ze:tə] *f* <-n> peseta *f*

Pessar [pɛ'sa:ɐ] *nt* <-s, -e> (MED) pesario *m,* óvalo *m Am;* (*zur Verhütung*) diafrag-

P

ma *m*

Pessimismus [pɛsi'mɪsmʊs] *m* <-, *ohne pl*> pesimismo *m*

pessimistisch *adj* pesimista

Pest [pɛst] *f* peste *f;* **jdn wie die ~ hassen** odiar a alguien a muerte; **es stinkt wie die ~** (*fam*) huele que apesta

Pestizid [pɛsti'tsiːt] *nt* <-s, -e> pesticida *m*

Petersilie [petɐ'ziːljə] *f* perejil *m*

Petroleum [pe'troːleʊm] *nt* <-s, *ohne pl*> petróleo *m*

petzen ['pɛtsən] *vt* (*fam*) chivar(se) (*bei +dat* a)

Pf *Abk. von* **Pfennig** pfennig *m*

Pfad [pfaːt] *m* <-(e)s, -e> senda *f;* (INFOR) camino *m;* **Pfadfinder(in)** *m(f)* <-s, -; -nen> scout *mf*

Pfahl [pfaːl] *m* <-(e)s, Pfähle> palo *m;* (*Pfosten*) poste *m*

Pfalz [pfalts] *f* Palatinado *m*

pfälzisch ['pfɛltsɪʃ] *adj* palatino

Pfand [pfant] *m* <-(e)s, Pfänder> prenda *f;* (*~geld*) garantía *f;* (*für Flaschen*) dinero *m* por el envase

pfänden ['pfɛndən] *vt* embargar

Pfandflasche *f* botella *f* retornable

Pfanne ['pfanə] *f* <-n> sartén *f;* **Pfannkuchen** *m* crepe *f,* panqueque *m Am*

Pfarramt ['pfarʔamt] *nt* parroquia *f*

Pfarrer[1] ['pfarɐ] *m* <-s, -> (*katholisch*) párroco *m*

Pfarrer(in)[2] *m(f)* <-s, -; -nen> pastor(a) *m(f)*

Pfau [pfaʊ] *m* <-(e)s, -en> pavo *m* real

Pfeffer ['pfɛfɐ] *m* <-s, -> pimienta *f;* **er kann hingehen, wo der ~ wächst** (*fam*) que se vaya al diablo

Pfefferminze [pfɛfɐ'mɪntsə] *f* menta *f*

pfeffern ['pfɛfɐn] *vt* **1.** (GASTR) sazonar con pimienta; **gepfefferte Preise** precios exorbitantes **2.** (*fam: werfen*) tirar con violencia; **ich habe ihm eine gepfeffert** le he pegado una bofetada

Pfefferstreuer *m* <-s, -> pimentero *m*

Pfeife ['pfaɪfə] *f* <-n> **1.** (MUS) pífano *m;* (*Signal~*) pito *m;* (*Orgel~*) tubo *m* (de órgano); **nach jds ~ tanzen** (*fam fig*) bailar al son de alguien **2.** (*Tabak~*) pipa *f*

pfeifen ['pfaɪfən] <pfeift, pfiff, gepfiffen> *vi, vt* silbar

Pfeil [pfaɪl] *m* <-(e)s, -e> flecha *f;* **~ und Bogen** arco y flechas

Pfeiler ['pfaɪlɐ] *m* <-s, -> (*a. fig*) pilar *m;* (*Brücken~*) pila *f*

Pfennig ['pfɛnɪç] *m* <-s, -e> pfennig *m,* ≈céntimo *m;* **ich habe keinen ~ dabei** estoy sin un duro; **jeden ~ (dreimal) umdrehen** (*fam*) gastar el dinero con cuentagotas

Pfennigabsatz *m* (*fam*) tacón *m* de aguja

Pfennigfuchser(in) [-fʊksɐ] *m(f)* <-s, -; -nen> (*fam*) tacaño, -a *m, f*

pferchen *vt* apretujar

Pferd ['pfeːɐt] *nt* <-(e)s, -e> **1.** (*Tier, Schachfigur*) caballo *m;* **das ~ am Schwanz aufzäumen** (*fam fig*) empezar la casa por el tejado; **mit ihr kann man ~e stehlen** (*fam*) se puede contar con ella para todo **2.** (*Turngerät*) potro *m;* **Pferderennbahn** *f* hipódromo *m;* **Pferdestärke** *f* (TECH) caballo *m* de vapor

pfiff [pfɪf] *3. imp von* **pfeifen**

Pfiff [pfɪf] *m* <-(e)s, -e> silbido *m;* (*einer Pfeife*) pitido *m;* **etw hat ~** (*fam*) algo tiene un toque especial

Pfifferling ['pfɪfɐlɪŋ] *m* <-s, -e> cantarela *f;* **keinen ~ wert sein** (*fam*) no valer un pimiento

pfiffig ['pfɪfɪç] *adj* pillo; (*witzig*) con gracia

Pfingsten ['pfɪŋstən] *nt* <-, -> Pentecostés *m*

Pfirsich ['pfɪrzɪç] *m* <-(e)s, -e> melocotón *m,* durazno *m Am*

Pflanze ['pflantsə] *f* <-n> planta *f*

pflanzen *vt* plantar

Pflanzenöl *nt* aceite *m* vegetal

pflanzlich *adj* vegetal

Pflanzung *f* <-en> plantío *m;* (*Plantage*) plantación *f*

Pflaster ['pflastɐ] *nt* <-s, -> **1.** (*aus Asphalt*) pavimento *m;* (*Kopfstein~*) adoquinado *m* **2.** (*Verband*) esparadrapo *m;* (*Heft~*) tirita *f*

Pflaume ['pflaʊmə] *f* <-n> ciruela *f*

Pflege ['pfleːgə] *f* cuidado *m;* (*Kranken~*) asistencia *f;* (*Körper~*) aseo *m;* (*von Beziehungen*) cultivo *m;* **ein Tier bei jdm in ~ geben** entregar un animal al cuidado de alguien; **ein Tier in ~ nehmen** hacerse cargo (del cuidado) de un animal; **pflegebedürftig** *adj* que necesita cuidados; **Pflegeeltern** *pl* padres *mpl* tutelares; **Pflegefall** *m* enfermo, -a *m, f* bajo continua vigilancia médica; **Pflegeheim** *nt* asilo *m;* **Pflege-**

kind *nt* niño, -a *m, f* en tutela; **pflegeleicht** *adj* **1.** (*Gegenstand*) de fácil cuidado; (*Mensch*) fácil de tratar **2.** (*Wäsche*) de fácil lavado; **Pflegemutter** *f* <-mütter> madre *f* tutelar

pflegen ['pfle:gən] **I.** *vt* cuidar; (*Freundschaft*) cultivar; (*Beziehungen*) mantener **II.** *vi* soler +*inf;* **er pflegte zu sagen ...** solía decir...

Pfleger(in) *m(f)* <-s, -; -nen> (*Kranken~*) enfermero, -a *m, f*

Pflegespülung *f* acondicionador *m;* **Pflegevater** *m* padre *m* tutelar

Pflicht [pflɪçt] *f* <-en> (*Notwendigkeit*) deber *m;* (*Verpflichtung*) obligación *f;* **seine ~en erfüllen** cumplir con sus deberes; **pflichtbewusst**[RR] *adj* cumplidor; **Pflichtbewusstsein**[RR] *nt* sentido *m* del deber; **Pflichtfach** *nt* (UNIV, SCH) asignatura *f* obligatoria; (*im Grundstudium*) asignatura *f* común; **Pflichtverteidiger(in)** *m(f)* (JUR) defensor(a) *m(f)* de oficio

Pflock [pflɔk] *m* <-(e)s, Pflöcke> estaca *f*

pflücken ['pflʏkən] *vt* coger

Pflug [plu:k] *m* <-(e)s, Pflüge> arado *m*

pflügen ['pfly:gən] *vi, vt* arar

Pforte ['pfɔrtə] *f* <-n> puerta *f*

Pförtner(in) ['pfœrtnɐ] *m(f)* <-s, -; -nen> portero, -a *m, f*

Pfosten ['pfɔstən] *m* <-s, -> poste *m;* (*Tür~*) jamba *f*

Pfote ['pfo:tə] *f* <-n> pata *f*

Pfropfen ['pfrɔpfən] *m* <-s, -> tapón *m*

pfui [pfʊɪ] *interj* puaj; **~ Teufel!** ¡qué asco!

Pfund [pfʊnt] *nt* <-(e)s, -e> libra *f;* **einige ~e abnehmen** adelgazar unos kilos; **~ Sterling** libra esterlina

pfuschen ['pfʊʃən] *vi* (*fam abw: schludern*) chapucear; (*reg: schummeln*) hacer trampas

Pfuscherei *f* <-en> (*fam abw*) chapucería *f*

Pfütze ['pfʏtsə] *f* <-n> charco *m*

Phänomen [fɛno'me:n] *nt* <-s, -e> fenómeno *m*

phänomenal [fɛnome'na:l] *adj* fenomenal

Phantasie [fanta'zi:] *f* <-n> *s.* **Fantasie;** **phantasielos** *adj s.* **fantasielos**

phantasieren* [fanta'zi:rən] *vi s.* **fantasieren**

phantasievoll *adj s.* **fantasievoll**

phantastisch *adj s.* **fantastisch**

Phantom [fan'to:m] *nt* <-s, -e> fantasma *m;* **Phantombild** *nt* retrato *m* robot

Pharmaindustrie *f* industria *f* farmacéutica

Pharmakologie [farmakolo'gi:] *f* farmacología *f*

pharmakologisch *adj* farmacológico

Pharmazeutik [farma'tsɔɪtɪk] *f* ciencia *f* farmacéutica

pharmazeutisch *adj* farmacéutico

Pharmazie [farma'tsi:] *f* farmacia *f*

Phase ['fa:zə] *f* <-n> fase *f*

Philharmonie [fɪlharmo'ni:] *f* <-n> **1.** (*Orchester*) orquesta *f* filarmónica **2.** (*Gebäude*) auditorio *m;* (*Konzertsaal*) sala *f* de conciertos

Philologie [filolo'gi:] *f* <-n> filología *f*

philologisch *adj* filológico

Philosophie [filozo'fi:] *f* <-n> filosofía *f*

philosophieren* [filozo'fi:rən] *vi* filosofar (*über* +*akk* sobre)

philosophisch [filo'zo:fɪʃ] *adj* filosófico

phlegmatisch *adj* flemático

Phonetik [fo'ne:tɪk] *f* fonética *f*

Phosphat [fɔs'fa:t] *nt* <-(e)s, -e> fosfato *m*

Phosphor ['fɔsfo:ɐ] *m* <-s, -e> fósforo *m*

Photo ['fo:to] *m o nt* <-s, -s> *s.* **Foto;** **Photoapparat** *m s.* **Fotoapparat**

Photographie [fotogra'fi:] *f* <-n> *s.* **Fotografie**

Phrase ['fra:zə] *f* <-n> frase *f;* **~n dreschen** (*fam*) hablar con clichés

pH-Wert [pe:'ha:ve:ɐt] *m* (valor *m*) PH *m*

Physik [fy'zi:k] *f* física *f*

physikalisch [fyzi'ka:lɪʃ] *adj* físico

physiologisch [fyzio'lo:gɪʃ] *adj* fisiológico

Physiotherapie [fyzio-] *f ohne pl* fisioterapia *f*

physisch ['fy:zɪʃ] *adj* físico

Pianist(in) [pja'nɪst] *m(f)* <-en, -en; -nen> pianista *mf*

Piano ['pja:no] *nt* <-s, -s> piano *m* vertical

Pickel ['pɪkəl] *m* <-s, -> **1.** (*Spitzhacke*) pico *m;* (*Eis~*) piolet *m* **2.** (*auf der Haut*) espinilla *f,* grano *m*

picken ['pɪkən] *vt, vi* (*Vogel*) picotear (*nach* +*dat*); (*heraussuchen*) escoger (*aus* +*dat* entre)

Picknick ['pɪknɪk] *nt* <-s, -s *o* -e> picnic *m*

piepegal ['--'-] *adj* (*fam*): **das ist mir ~** me importa un comino

P

piepen ['pi:pən] *vi* (*Vogel*) piar; (*Maus*) chillar; **bei der piept's wohl!** (*fam*) ¡está tocada (del ala)!; **das ist ja zum Piepen!** (*fam*) ¡es para morirse de risa!

Piepen *pl* (*fam*) pelas *fpl*

Piercing ['pi:ɐsɪŋ] *nt* <-s, -s> piercing *m*

piesacken ['pi:zakən] *vt* (*fam*) molestar, jorobar

Pigment [pɪ'gmɛnt] *nt* <-(e)s, -e> pigmento *m*

Pik [pi:k] *nt* <-s, *ohne pl*> (*französische Karten*) pica *f;* (*spanische Karten*) espadas *fpl*

pikant [pi'kant] *adj* picante

Pike ['pi:kə] *f* (*fam*): **etw von der ~ auf lernen** aprender algo desde abajo

pikiert [pi'ki:ɐt] *adj* mosqueado

Pilger(in) ['pɪlgɐ] *m(f)* <-s, -; -nen> peregrino, -a *m, f*

pilgern ['pɪlgɐn] *vi sein* peregrinar (*nach +dat* a)

Pille ['pɪlə] *f* <-n> pastilla *f;* (*Antibaby~*) píldora *f* (anticonceptiva); **eine bittere ~** (*fam*) un trago amargo

Pilot(in) [pi'lo:t] *m(f)* <-en, -en; -nen> piloto *mf*

Pilz [pɪlts] *m* <-es, -e> (BOT, MED) hongo *m;* (*mit Hut*) seta *f*

Pimmel ['pɪməl] *m* <-s, -> (*fam*) pito *m*

pingelig ['pɪŋəlɪç] *adj* (*fam*) tiquismiquis

Pinguin ['pɪŋgui:n] *m* <-s, -e> pingüino *m*

Pinie ['pi:niə] *f* <-n> pino *m* piñonero

pink [pɪŋk] *adj* (rosa) fucsia

pinkeln ['pɪŋkəln] *vi* (*fam*) mear

Pinnwand ['pɪn-] *f* tablón *m* de notas

Pinsel ['pɪnzəl] *m* <-s, -> pincel *m;* (*dick*) brocha *f*

Pinzette [pɪn'tsɛtə] *f* <-n> pinza(s) *f(pl)*

Pionier(in) [pio'ni:ɐ] *m(f)* <-s, -e; -nen> pionero, -a *m, f*

Pipeline ['paɪplaɪn] *f* <-s> (*für Gas*) gasoducto *m;* (*für Öl*) oleoducto *m*

Pipi ['pɪpi, pi'pi:] *nt* <-s, *ohne pl*> (*fam*) pis *m inv;* **~ machen** hacer pis

Pirat(in) [pi'ra:t] *m(f)* <-en, -en; -nen> pirata *mf*

pissen ['pɪsən] *vi* **1.** (*vulg: urinieren*) mear **2.** (*fam: regnen*) llover

Piste ['pɪstə] *f* <-n> pista *f*

Pistole [pɪs'to:lə] *f* <-n> pistola *f;* **wie aus der ~ geschossen** (*fam fig*) como una bala

Pizza ['pɪtsa] *f* <-s *o* Pizzen> pizza *f*

Pkw ['pe:kave:] *m* <-(s), -(s)> *Abk. von* **Personenkraftwagen** automóvil *m*

plädieren* [plɛ'di:rən] *vi* abogar (*auf/für +akk* por)

Plage ['pla:gə] *f* <-n> plaga *f*

plagen ['pla:gən] **I.** *vt* (*belästigen*) fastidiar; (*Schmerzen, Zweifel*) atormentar **II.** *vr:* **sich ~** matarse trabajando

Plakat [pla'ka:t] *nt* <-(e)s, -e> cartel *m;*

Plakatwand *f* valla *f* publicitaria

Plakette [pla'kɛtə] *f* <-n> placa *f*

Plan [pla:n] *m* <-(e)s, Pläne> **1.** (*Vorhaben*) plan *m;* (*Projekt*) proyecto *m;* **es verläuft alles nach ~** todo se desarrolla según lo previsto; **auf dem ~ stehen** estar planeado **2.** (*Entwurf, Karte*) plano *m*

Plane ['pla:nə] *f* <-n> lona *f*

planen ['pla:nən] *vt* **1.** (*vorhaben*) planear; **es lief alles wie geplant** todo transcurrió como estaba previsto **2.** (*entwerfen*) proyectar

Planet [pla'ne:t] *m* <-en, -en> planeta *m*

Planetarium [plane'ta:riʊm] *nt* <-s, Planetarien> planetario *m*

Planierraupe *f* aplanadora *f*

Planke ['plaŋkə] *f* <-n> tablón *m*

Plankton ['plaŋktɔn] *nt* <-s, *ohne pl*> plancton *m*

planlos *adj* sin método; **planmäßig** **I.** *adj* previsto **II.** *adv* como estaba previsto

Plantage [plan'ta:ʒə] *f* <-n> plantación *f*

Planung *f* <-en> planificación *f;* **in der ~ befindlich** en la fase de proyección

Planwirtschaft *f* economía *f* planificada

Plappermaul *nt* (*fam abw*) cotorra *f*

plappern ['plapɐn] *vi* (*fam*) cotorrear

Plastik¹ ['plastɪk] *nt* <-s, *ohne pl*> (*Kunststoff*) plástico *m*

Plastik² ['plastɪk] *f* <-en> (KUNST) escultura *f*

Plastiktüte *f* bolsa *f* de plástico

plastisch ['plastɪʃ] *adj* plástico; **~e Chirurgie** cirugía plástica

Platin ['pla:ti:n] *nt* <-s, *ohne pl*> platino *m*

platonisch [pla'to:nɪʃ] *adj* platónico

platt [plat] *adj* **1.** (*flach*) plano; **etw ~ drücken** aplastar algo; **~ sein** (*fam*) estar sorprendido **2.** (*abw: geistlos*) trivial

Plattdeutsch *nt* bajo alemán *m*

Platte ['platə] *f* <-n> **1.** (*Stein~*) losa *f;* (*Holz~*) tabla *f;* (*Metall~*) plancha *f*

2. (*Schall~*) disco *m* **3.** (*Herd~*) fogón *m* **4.** (*Teller*) bandeja *f;* **kalte ~** fiambres *mpl*

Platten: **einen ~ haben** (*fam*) tener un pinchazo

Plattenspieler *m* <-s, -> tocadiscos *m inv*

Plattform *f* plataforma *f;* **Plattfuß** *m* pie *m* plano

Platz [plats] *m* <-es, Plätze> **1.** (*Ort, Stelle*) lugar *m;* **auf die Plätze, fertig, los!** ¡preparados, listos, ya! **2.** (*öffentlicher ~*) plaza *f* **3.** (*Sitz~*) sitio *m;* **bitte, nehmen Sie ~!** ¡tome asiento, por favor! **4.** (*Teilnahme~*) plaza *f;* **es sind noch Plätze frei** todavía quedan plazas libres **5.** (*Rang*) puesto *m;* **sie belegte den dritten ~** ocupó el tercer lugar; **seinen ~ behaupten** reafirmar su posición **6.** *ohne pl* (*Raum*) sitio *m;* **~ sparend** que no ocupa mucho espacio; **jdm ~ machen** hacer(le) sitio a alguien; **Platzangst** *f* claustrofobia *f*

Plätzchen ['plɛtsçən] *nt* <-s, -> (*Keks*) galleta *f*

platzen ['platsən] *vi sein* **1.** (*Rohr, Luftballon*) reventar; (*Naht*) romperse **2.** (*fam: scheitern*) fracasar; (*Termin*) anularse

platzieren*RR [pla'tsi:rən] **I.** *vt* colocar, ubicar *Am* **II.** *vr:* **sich ~** (SPORT) clasificarse

Platzmangel *m* <-s, *ohne pl*> falta *f* de sitio

Platzpatrone *f* cartucho *m* de salvas; **Platzregen** *m* chaparrón *m*

platzsparend *adj s.* **Platz 6.**

plaudern ['plaʊdɐn] *vi* charlar (*über +akk* sobre/de)

plausibel [plaʊ'zi:bəl] *adj* plausible; **jdm etw ~ machen** hacer(le) algo inteligible a alguien

Playboy ['plɛɪbɔɪ] *m* <-s, -s> play-boy *m*

plazieren* *vt, vr:* **sich ~** *s.* **platzieren**

pleite ['plaɪtə] *adj* (*fam*): **~ sein** no tener un duro *fam*

Pleite ['plaɪtə] *f* <-n> (*fam*) **1.** (*Bankrott*) quiebra *f;* **~ gehen** quebrar **2.** (*Misserfolg*) fracaso *m;* **mit jdm/etw** *dat* **eine ~ erleben** llevarse un chasco con alguien/algo

Plexiglas® ['plɛksi-] *nt* <-es, *ohne pl*> plexiglás® *m*

Plombe ['plɔmbə] *f* <-n> (*Verschluss*) precinto *m;* (*Zahnfüllung*) empaste *m*

Plotter ['plɔtɐ] *m* <-s, -> (INFOR) graficador *m*

plötzlich ['plœtslɪç] **I.** *adj* repentino **II.** *adv* de repente

plump [plʊmp] *adj* **1.** (*unförmig*) tosco **2.** (*ungelenk*) torpe; (*schwerfällig*) pesado

plumpsen ['plʊmpsən] *vi sein* (*fam*) caer (pesadamente)

Plunder ['plʊndɐ] *m* <-s, *ohne pl*> (*fam*) trastos *mpl*

plündern ['plʏndɐn] *vt* saquear

Plünderung *f* <-en> saqueo *m*

Plural ['plu:ra:l] *m* <-s, -e> plural *m*

plus [plʊs] **I.** *konj* (MATH) más; **drei ~ drei** tres más tres **II.** *präp +gen* más; **~ der Zinsen** más los intereses **III.** *adv* **1.** (MATH) más **2.** (METEO) sobre cero **3.** (ELEK): **der Strom fließt von ~ nach minus** la corriente pasa del polo positivo al negativo

Plus [plʊs] *nt* <-, *ohne pl*> **1.** (*Überschuss*) excedente *m;* **ein ~ in der Kasse haben** tener un superávit en la caja; **ein ~ erwirtschaften** registrar ganancias **2.** (*Vorzug*) ventaja *f*

Plüsch [plʏʃ] *m* <-(e)s, -e> peluche *m*

Plusquamperfekt ['plʊskvampɛrfɛkt] *nt* pluscuamperfecto *m*

Pluszeichen *nt* signo *m* de adición

Pluto ['plu:to] *m* <-, *ohne pl*> plutón *m*

Plutonium [plu'to:niʊm] *nt* <-s, *ohne pl*> plutonio *m*

PLZ *Abk. von* **Postleitzahl** C.P. *m*

Po [po:] *m* <-s, -s> (*fam*) culete *m*

Pöbel ['pø:bəl] *m* <-s, *ohne pl*> (*abw*) plebe *f*, pacotilla *f Am*

pochen ['pɔxən] *vi* **1.** (*klopfen*) golpear (*an/gegen +akk* en) **2.** (*geh: Herz*) latir **3.** (*geh: bestehen*): **auf etw ~** insistir en algo; **auf sein Recht ~** reclamar sus derechos

Pocken ['pɔkən] *fpl* viruela *f*

Podest [po'dɛst] *m o nt* <-(e)s, -e> (*Podium*) podio *m;* (*reg: Treppenabsatz*) descansillo *m*

Podium ['po:diʊm] *nt* <-s, Podien> estrado *m*

Poesie [poe'zi:] *f* poesía *f*

poetisch [po'e:tɪʃ] *adj* poético

Pokal [po'ka:l] *m* <-s, -e> copa *f;* **Pokalspiel** *nt* partido *m* de copa

Pol [po:l] *m* <-s, -e> polo *m;* **der ruhende ~** el remanso de tranquilidad

Polarkreis *m* círculo *m* polar; **nördlicher/südlicher ~** círculo polar ártico/antártico

Pole, -in ['po:lə] *m, f* <-n, -n; -nen> pola-

P

co, -a *m, f*

Polemik [po'leːmɪk] *f* <-en> polémica *f*

Polen ['poːlən] *nt* <-s> Polonia *f*

Police [po'liːs(ə)] *f* <-n> póliza *f* (del seguro)

polieren* [po'liːrən] *vt* pulir; (*Schuhe, Möbel*) sacar brillo (a)

Politik [poli'tiːk, poli'tɪk] *f* política *f*

Politiker(in) [po'liːtikɐ] *m(f)* <-s, -; -nen> político, -a *m, f*

politisch [po'liːtɪʃ, po'lɪtɪʃ] *adj* político

Politologie [politolo'giː] *f* ciencias *fpl* políticas

Politur [poli'tuːɐ] *f* <-en> **1.** (*~schicht*) capa *f* de pulimento **2.** (*Mittel*) abrillantador *m*

Polizei [poli'tsaɪ] *f* <-en> policía *f*; **er ist bei der ~** es policía; **Polizeiaufgebot** *nt* despliegue *m* policial; **Polizeibeamte(r)** *mf*, **-beamtin** *f* funcionario, -a *m, f* de policía; **Polizeidienststelle** *f* comisaría *f* de policía

polizeilich **I.** *adj* policial **II.** *adv* por la policía; **das ist ~ verboten** está prohibido por la policía

Polizeipräsidium *nt* Jefatura *f* Superior de Policía; **Polizeirevier** *nt* comisaría *f* (de policía); **Polizeistaat** *m* estado *m* de régimen policial; **Polizeiwache** *f* comisaría *f* (de policía)

Polizist(in) [poli'tsɪst] *m(f)* <-en, -en; -nen> policía *mf*

Pollen ['pɔlən] *m* <-s, -> (BOT) polen *m*

polnisch ['pɔlnɪʃ] *adj* polaco

Polster ['pɔlstɐ] *nt* <-s, -> colchón *m*; **ein finanzielles ~** ahorros *mpl*; **Polstergarnitur** *f* tresillo *m*

polstern ['pɔlstɐn] *vt* (*beziehen*) tapizar; (*ausstopfen*) acolchar

> Con el nombre de **Polterabend** se designa la tarde anterior al día de la boda de una pareja de novios. Ésta se suele celebrar con amigos y familiares. Durante la celebración es costumbre romper piezas de vajilla para que los novios las barran, pues se supone que este ritual les traerá suerte.

poltern ['pɔltɐn] *vi* **1.** *haben* (*lärmen*) hacer ruido **2.** *sein* (*sich bewegen*) moverse con ruido; (*fallen*) caerse con estrépito

Polyester [poly'ɛstɐ] *m* <-s, -> poliéster *m*

Pomade [po'maːdə] *f* <-n> pomada *f* para el pelo

Pommern ['pɔmɐn] *nt* <-s> Pomerania *f*

Pommes frites [pɔm'frɪt] *pl* patatas *fpl* fritas

pompös [pɔm'pøːs] *adj* pomposo

Pony[1] ['pɔni] *nt* <-s, -s> (*Pferd*) poney *m*

Pony[2] ['pɔni] *m* <-s, -s> (*Frisur*) flequillo *m*

Pool [puːl] *m* <-s, -s> (*Schwimmbad*) piscina *f*

Popcorn ['pɔpkɔrn] *nt* <-s, *ohne pl*> palomitas *fpl* (de maíz)

pop(e)lig *adj* (*fam*) **1.** (*armselig*) mísero, pobre **2.** (*gewöhnlich*) normal y corriente

Popmusik ['pɔpmuziːk] *f* música *f* pop

Popo [po'poː, '--] *m* <-s, -s> (*fam*) trasero *m*

populär [popu'lɛːɐ] *adj* popular

Popularität [populari'tɛːt] *f* popularidad *f*

populärwissenschaftlich *adj* pseudocientífico

Pore ['poːrə] *f* <-n> poro *m*

Pornografie[RR] *f*, **Pornographie** [pɔrnogra'fiː] *f* pornografía *f*

porös [po'røːs] *adj* poroso

Porree ['pɔre] *m* <-s, -s> puerro *m*

Portemonnaie [pɔrtmɔ'neː] *nt* <-s, -s> *s.* **Portmonee**

Porti ['pɔrti] *pl von* **Porto**

Portier [pɔr'tjeː] *m* <-s, -s> portero *m*

Portion [pɔr'tsjoːn] *f* <-en> ración *f*, porción *f*; **eine halbe ~** (*fam*) poquita cosa

Portmonee[RR] [pɔrtmɔ'neː] *nt* <-s, -s> monedero *m*

Porto ['pɔrto] *nt* <-s, -s *o* Porti> franqueo *m*; (*Versandkosten*) gastos *mpl* de envío

Porträt [pɔr'trɛː] *nt* <-s, -s> retrato *m*

Portugal ['pɔrtugal] *nt* <-s> Portugal *m*

Portugiese, -in [pɔrtu'giːzə] *m, f* <-n, -n; -nen> portugués, -esa *m, f*

portugiesisch *adj* portugués

Portwein ['pɔrtvaɪn] *m* (vino *m* de) Oporto *m*

Porzellan [pɔrtsɛ'laːn] *nt* <-s, -e> porcelana *f*

Posaune [po'zaʊnə] *f* <-n> trombón *m*

posieren* [po'ziːrən] *vi* posar

Position [pozi'tsjoːn] *f* <-en> (*Standpunkt, Lage*) posición *f*; (*im Beruf*) puesto *m*

positiv ['poːzitiːf] *adj* positivo

Possessivpronomen ['pɔsɛsiːf-, pɔsɛ-

'si:f-] *nt* pronombre *m* posesivo

possierlich [pɔ'si:ɐlɪç] *adj* gracioso

Post [pɔst] *f* (*Institution*) Correos *mpl;* (*~amt*) (oficina *f* de) Correos *mpl;* (*Sendung*) correo *m*; **einen Brief auf die ~ bringen** echar una carta en Correos; **etw mit der ~ verschicken** mandar algo por correo; **Postamt** *nt* (oficina *f* de) Correos *mpl;* **Postbote, -in** *m, f* cartero, -a *m, f*

Posten ['pɔstən] *m* <-s, -> **1.** (*Stellung, a.* MIL) puesto *m;* **nicht auf dem ~ sein** (*fam*) no estar bien de salud; **auf verlorenem ~ stehen** luchar por una causa perdida **2.** (*Person*) guardia *mf;* (MIL) centinela *f* **3.** (*Warenmenge*) lote *m* **4.** (*Einzel~*) partida *f*

Poster ['po:stɐ] *nt* <-s, -(s)> póster *m*

Postfach *nt* apartado *m* de Correos, casilla *f* (de correo) *Am;* **Postgirokonto** *nt* cuenta *f* corriente postal

postieren* [pɔs'ti:rən] *vt* colocar; (MIL) apostar

Postkarte *f* (tarjeta *f*) postal *f;* **Postleitzahl** *f* código *m* postal; **Postscheck** *m* cheque *m* postal; **Postsparkasse** *f* Caja *f* Postal de Ahorros; **Poststempel** *m* matasellos *m inv;* **postwendend** *adv* a vuelta de correo; **Postwertzeichen** *nt* sello *m* (de Correos), estampilla *f Am;* **Postwurfsendung** *f* envío *m* colectivo

potent [po'tɛnt] *adj* potente

potentiell [potɛn'tsjɛl] *adj s.* **potenziell**

Potenz [po'tɛnts] *f* <-en> **1.** (*a.* MATH) potencia *f* **2.** *ohne pl* (*Zeugungsfähigkeit*) facultad *f* procreadora

potenziellRR [potɛn'tsjɛl] *adj* potencial; **der ist ~ gefährlich** puede ser peligroso

potthässlichRR ['pɔt'hɛslɪç] *adj* (*fam*) más feo que el diablo

Power ['paʊɐ] *f* (*fam*) potencia *f,* fuerza *f*

PR-Abteilung [pe:'ʔɛr-] *f* departamento *m* de relaciones públicas

Pracht [praxt] *f* (*Glanz*) esplendor *m;* (*Prunk*) pompa *f*

prächtig ['prɛçtɪç] *adj* **1.** (*prunkvoll*) ostentoso; (*luxuriös*) lujoso **2.** (*großartig*) maravilloso

prädestinieren* [prɛdɛsti'ni:rən] *vt* (*geh*) predestinar (*zu +dat* a, *für +akk* para)

Prädikat [prɛdi'ka:t] *nt* <-(e)s, -e> (*Bewertung*) calificación *f;* (LING, PHILOS) predicado *m*

Präfix ['prɛ:fɪks, prɛ'fɪks] *nt* <-es, -e> prefijo *m*

prägen ['prɛ:gən] *vt* **1.** (*Münzen, Begriff*) acuñar **2.** (*Metall, Leder*) repujar; (*Papier*) gofrar; **etw prägt sich jdm ins Gedächtnis** algo se le graba a alguien en la memoria **3.** (*beeinflussen*) caracterizar

pragmatisch *adj* pragmático

prägnant [prɛ'gnant] *adj* (*knapp*) conciso; (*genau*) preciso

prähistorisch ['prɛ:hɪsto:rɪʃ, prɛhɪs'to:rɪʃ] *adj* prehistórico

prahlen ['pra:lən] *vi* jactarse (*mit +dat* de)

Prahlerei *f* <-en> (*abw*) jactancia *f*

Praktika *pl von* **Praktikum**

Praktikant(in) [prakti'kant] *m(f)* <-en, -en; -nen> persona *f* en período de prácticas

Praktikum ['praktikʊm] *nt* <-s, Praktika> (período *m* de) prácticas *fpl*

praktisch ['praktɪʃ] *adj* práctico

praktizieren* [prakti'tsi:rən] **I.** *vi* trabajar (*als +nom* como); **~der Arzt** médico en ejercicio **II.** *vt* (*durchführen*) poner en práctica

Praline [pra'li:nə] *f* <-n>, **Pralinee** [prali'ne:] *nt* <-s, -s> (*Österr, Schweiz*) bombón *m*

prall [pral] *adj* (*Ballon*) henchido; (*Körperteil*) fuerte; **in der ~en Sonne** a pleno sol

prallen ['pralən] *vi sein* (*anstoßen*) chocar (*gegen/an/auf +akk* contra); (*Sonne*) pegar

prallvoll ['-'-] *adj* (*fam*) rebosante

Prämie ['prɛ:mjə] *f* <-n> **1.** (*Vergütung*) premio *m;* (*Belohnung*) recompensa *f* **2.** (*bei Banken*) prima *f* **3.** (*Versicherungsbeitrag*) cuota *f*

präm(i)ieren* [prɛ'mi:rən, prɛmi'i:rən] *vt* premiar

Prämisse [prɛ'mɪsə] *f* <-n> premisa *f;* **nur unter der ~, dass ...** sólo con la condición de que... *+subj*

Pranger ['praŋɐ] *m* <-s, -> picota *f*

Präparat [prɛpa'ra:t] *nt* <-(e)s, -e> (*Substanz, Arznei*) preparado *m;* (BIOL, MED) preparación *f*

Präposition [prɛpozi'tsjo:n] *f* <-en> preposición *f*

Prärie [prɛ'ri:] *f* <-n> pradera *f*

Präsens ['prɛ:zɛns] *nt* <-, Präsentia *o* Präsenzien> presente *m*

präsentieren* [prɛzɛn'ti:rən] *vt* presentar

Präsenz [prɛ'zɛnts] *f* presencia *f*

Präsenzien *pl von* **Präsens**

P

Präser ['prɛːzɐ] *m* <-s, -> (*fam*), **Präservativ** [prɛzɛrva'tiːf] *nt* <-s, -e> preservativo *m*

Präsident(in) [prɛzi'dɛnt] *m(f)* <-en, -en; -nen> presidente, -a *m, f*

Präsidentschaft *f* <-en> presidencia *f*

prasseln ['prasəln] *vi* **1.** *sein* (*Regen*) golpear (*auf/gegen/an*), pegar (*auf/gegen/an* contra); (*Vorwürfe*) llover **2.** (*Feuer*) crepitar

Präteritum [prɛ'teːritʊm] *nt* <-s, Präterita> pretérito *m*

Prävention [prɛvɛn'tsjoːn] *f* <-en> prevención *f*

präventiv [prɛvɛn'tiːf] *adj* preventivo

Praxis ['praksɪs] *f* <Praxen> **1.** (*Arzt*) consultorio *m;* (*Rechtsanwalt*) bufete *m* **2.** *ohne pl* (*Anwendung, Erfahrung*) práctica *f;* **etw in die ~ umsetzen** poner algo en práctica

Präzedenzfall [prɛtse'dɛnts-] *m* precedente *m;* **einen ~ schaffen** sentar precedente

präzis(e) [prɛ'tsiːs, prɛ'tsiːzə] *adj* preciso

präzisieren* [prɛtsi'ziːrən] *vt* precisar

Präzision [prɛtsi'zjoːn] *f* precisión *f*

predigen ['preːdɪgən] *vi, vt* predicar; **jdm etw ~** (*fam*) echar un sermón a alguien

Predigt ['preːdɪçt] *f* <-en> sermón *m*

Preis [praɪs] *m* <-es, -e> **1.** (*Kauf~*) precio *m;* **zum halben ~** a mitad de precio; **um keinen ~** de ninguna manera; **um jeden ~** cueste lo que cueste **2.** (*Auszeichnung*) premio *m*

Preisausschreiben *nt* <-s, -> concurso *m*

Preiselbeere ['praɪzəlbeːrə] *f* arándano *m* rojo

preisen ['praɪzən] <preist, pries, gepriesen> *vt* (*geh*) alabar; **sich glücklich ~ (können)** (poder) considerarse dichoso

preis|geben *irr vt* (*geh*) **1.** (*ausliefern*) exponer; **jdn der Lächerlichkeit ~** poner a alguien en ridículo **2.** (*verraten*) revelar

preisgekrönt *adj* premiado

preisgünstig **I.** *adj* de buen precio **II.** *adv* a buen precio; **Preisschild** *nt* etiqueta *f* del precio

Preisträger(in) *m(f)* premiado, -a *m, f*

preiswert **I.** *adj* barato **II.** *adv* a buen precio

prellen ['prɛlən] *vt* **1.** (*betrügen*) estafar; **er prellte ihn um seinen Lohn** le estafó su salario **2.** (*stoßen*): **sich** *dat* **etw ~** contusionarse algo **3.** (SPORT) hacer botar

Prellung *f* <-en> contusión *f*

Premiere [prə'mjeːrə] *f* <-n> estreno *m*

Premierminister(in) *m(f)* primer ministro *m,* primera ministra *f*

Presse ['prɛsə] *f* <-n> **1.** (TECH) prensa *f* **2.** (*Saft~*) exprimidor *m* **3.** *ohne pl* (*Medien*) prensa *f;* **eine gute ~ haben** tener buenas críticas; **Pressefreiheit** *f ohne pl* libertad *f* de prensa; **Pressekonferenz** *f* conferencia *f* de prensa

pressen ['prɛsən] **I.** *vt* **1.** (*in einer Presse*) prensar; (*Blumen*) secar **2.** (*aus~*) exprimir **3.** (*drücken*) apretar (*gegen/an +akk* contra); **etw durch ein Sieb ~** pasar algo por un colador **II.** *vi* (*Gebärende*) empujar

Pressesprecher(in) *m(f)* portavoz *mf* de prensa

Presslufthammer[RR] *m* martillo *m* neumático

Prestige [prɛs'tiːʒ] *nt* <-s, *ohne pl*> prestigio *m*

Preußen ['prɔɪsən] *nt* <-s> Prusia *f*

preußisch *adj* prusiano

prickeln ['prɪkəln] *vi* **1.** (*kribbeln*) sentir (un) hormigueo (en) **2.** (*kitzeln*) hacer cosquillas (*auf +dat* en) **3.** (*Getränk*) burbujear

prickelnd *adj* (*erregend*) excitante

pries [priːs] *3. imp von* **preisen**

Priester(in) ['priːstɐ] *m(f)* <-s, -; -nen> sacerdote, -isa *m, f*

prima ['priːma] **I.** *adj inv* (*fam*) estupendo **II.** *adv* (*fam*) muy bien

primär [pri'mɛːɐ] **I.** *adj* **1.** (*ursprünglich*) primario **2.** (*grundlegend*) elemental **II.** *adv* en primer lugar

Primel ['priːməl] *f* <-n> prímula *f*

primitiv [primi'tiːf] *adj* primitivo

Primzahl ['priːm-] *f* número *m* primo

Printmedien ['prɪnt-] *ntpl* medios *mpl* escritos

Prinz [prɪnts] *m,* **Prinzessin** *f* <-en, -en; -nen> príncipe *m,* princesa *f*

Prinzip [prɪn'tsiːp] *nt* <-s, -ien *o* -e> principio *m;* **im ~** en principio; **aus ~** por principio; **es geht ums ~** es una cuestión de principios

prinzipiell [prɪntsi'pjɛl] **I.** *adj* de principio **II.** *adv* por principio

Priorität [priori'tɛːt] *f* <-en> prioridad *f;* **~en setzen** establecer prioridades

Prise ['priːzə] *f* <-n> pizca *f;* **eine ~ Salz** una pizca de sal

Prisma ['prɪsma] *nt* <-s, Prismen> prisma *m*

Pritsche ['prɪtʃə] *f* <-n> (*Liege*) catre *m;* (*beim Lastwagen*) plataforma *f*

privat [pri'va:t] **I.** *adj* (*nicht öffentlich*) privado; (*nicht offiziell*) particular **II.** *adv* en privado; **ich bin ~ krankenversichert** estoy afiliado a un seguro de enfermedad privado; **Privatangelegenheit** *f* asunto *m* personal; **Privatdetektiv(in)** *m(f)* detective *mf* privado, -a

Privatisierung *f* <-en> privatización *f*

Privatleben *nt* <-s, *ohne pl*> vida *f* privada; **Privatsache** *f* asunto *m* personal; **Privatsphäre** *f* esfera *f* privada

Privileg [privi'le:k] *nt* <-(e)s, -ien> privilegio *m*

pro [pro:] **I.** *präp +akk* por; ~ **Kopf** por cabeza, per cápita; **80 km ~ Stunde** 80 km por hora **II.** *adv:* **bist du ~ oder kontra** (**eingestellt**)? ¿estás a favor o en contra?

Pro [pro:] *nt* <-, *ohne pl*> pro *m;* ~ **und Kontra** pro y contra

Probe ['pro:bə] *f* <-n> **1.** (*Versuch*) prueba *f;* **auf ~** a prueba; **etw auf die ~ stellen** poner algo a prueba **2.** (THEAT) ensayo *m* **3.** (*Prüfungsstück*) muestra *f;* **Probefahrt** *f* recorrido *m* de prueba

proben ['pro:bən] *vi, vt* ensayar

probeweise *adv* a modo de prueba; **Probezeit** *f* **1.** (*Testzeit*) período *m* de prueba **2.** (*Schweiz:* JUR: *Bewährungsfrist*) plazo *m* de prueba

probieren* [pro'bi:rən] *vt* probar

Problem [pro'ble:m] *nt* <-s, -e> problema *m*

Problematik [proble'ma:tɪk] *f* problemática *f*

problematisch *adj* problemático

problemlos *adj* sin problemas

Produkt [pro'dʊkt] *nt* <-(e)s, -e> producto *m*

Produktion [prodʊk'tsjo:n] *f* <-en> producción *f*

produktiv [prodʊk'ti:f] *adj* productivo

Produktpalette *f* gama *f* de productos

Produzent(in) [produ'tsɛnt] *m(f)* <-en, -en; -nen> productor(a) *m(f)*

produzieren* [produ'tsi:rən] **I.** *vt* producir **II.** *vr:* **sich ~** (*fam*) darse tono

professionell [profɛsjo'nɛl] *adj* profesional; **sie arbeiten sehr ~** trabajan con gran profesionalidad

Professor(in) [pro'fɛso:ɐ] *m(f)* <-s, -en; -nen> **1.** (*Universitäts~*) ≈profesor(a) *m(f)* numerario, -a; (*Ordinarius*) catedrático, -a *m, f* **2.** (*Österr: Gymnasiallehrer*) profesor(a) *m(f)* de enseñanza media

Profi ['pro:fi] *m* <-s, -s> profesional *mf*

Profil [pro'fi:l] *nt* <-s, -e> perfil *m;* (*Reifen~*) ranuras *fpl;* **an ~ verlieren** dañar su imagen pública

Profit [pro'fi:t] *m* <-(e)s, -e> provecho *m;* ~ **aus etw schlagen** obtener provecho de algo; **Profitgier** *f* (*abw*) afán *m* de lucro

profitieren* [profi'ti:rən] *vi* sacar provecho (*von/bei +dat* de)

Prognose [pro'gno:zə] *f* <-n> pronóstico *m*

Programm [pro'gram] *nt* <-s, -e> (*a.* INFOR) programa *m;* (RADIO, TV) cadena *f*

programmieren* [progra'mi:rən] *vi, vt* (*a.* INFOR) programar

Programmierer(in) *m(f)* <-s, -; -nen> (INFOR) programador(a) *m(f)*

Programmiersprache *f* (INFOR) lenguaje *m* de programación

progressiv [progrɛ'si:f] *adj* (*fortschrittlich*) progresista; (*allmählich steigend*) progresivo

Projekt [pro'jɛkt] *nt* <-(e)s, -e> proyecto *m*

Projektor [pro'jɛkto:ɐ] *m* <-s, -en> proyector *m*

projizieren* [proji'tsi:rən] *vt* (*geh*) proyectar

proklamieren* [prokla'mi:rən] *vt* proclamar

Pro-Kopf-Einkommen [pro:'kɔpf-] *nt* <-s, *ohne pl*> renta *f* per cápita

Proletariat [proletari'a:t] *nt* <-(e)s, -e> proletariado *m*

proletarisch [prole'ta:rɪʃ] *adj* proletario

Prolog [pro'lo:k] *m* <-(e)s, -e> prólogo *m*

Promenade [promə'na:də] *f* <-n> paseo *m*

Promi ['prɔmi] *m* <-s, -s> (*fam*) famoso, -a *m, f*

Promille [pro'mɪlə] *nt* <-(s), -> **1.** (*Tausendstel*) tanto *m* por mil **2.** *pl* (*fam: Alkoholgehalt im Blut*) grado *m* de alcoholemia

prominent [promi'nɛnt] *adj* prominente; (*berühmt*) famoso

Prominenz [promi'nɛnts] *f* personalidades

fpl

promoten* [prə'mɔʊtən] *vt* promover

Promotion [promo'tsjo:n] *f* <-en> doctorado *m*

promovieren* [promo'vi:rən] *vi* (*Doktorwürde erlangen*) doctorarse (*in +dat* en)

prompt [prɔmpt] **I.** *adj* inmediato **II.** *adv* en el acto

Pronomen [pro'no:mən] *nt* <-s, – *o* Pronomina> pronombre *m*

Propaganda [propa'ganda] *f* propaganda *f*

propagieren* [propa'gi:rən] *vt* propagar

Propangas *nt* <-es, *ohne pl*> gas *m* propano

Propeller [pro'pɛlɐ] *m* <-s, -> hélice *f*

Prophet(in) [pro'fe:t] *m(f)* <-en, -en; -nen> profeta, -isa *m, f*

prophezeien* [profe'tsaɪən] *vt* pronosticar; (REL) profetizar

prophylaktisch [profy'laktɪʃ] *adj* preventivo; (MED) profiláctico

Proportion [propɔr'tsjo:n] *f* <-en> (*a.* MATH) proporción *f*

Prosa ['pro:za] *f* prosa *f*

Prospekt [pro'spɛkt] *m* <-(e)s, -e> folleto *m*

prost [pro:st] *interj* (*fam*) salud, chinchín

prostituieren* [prostitu'i:rən] *vr:* **sich ~** prostituirse

Prostituierte(r) [prostitu'i:ɐtə, -tɐ] *mf* <-n, -n; -n> prostituto, -a *m, f*

Prostitution [prostitu'tsjo:n] *f* prostitución *f*

Protein [prote'i:n] *nt* <-s, -e> proteína *f*

Protektionismus [protɛktsjo'nɪsmʊs] *m* <-, *ohne pl*> proteccionismo *m*

Protest [pro'tɛst] *m* <-(e)s, -e> protesta *f*

Protestant(in) [protɛs'tant] *m(f)* <-en, -en; -nen> protestante *mf*

protestantisch *adj* protestante

protestieren* [protɛs'ti:rən] *vi* protestar

Prothese [pro'te:zə] *f* <-n> prótesis *f inv*

Protokoll [proto'kɔl] *nt* <-s, -e> **1.** (*Niederschrift*) protocolo *m;* **~ führen** redactar el acta; **etw zu ~ geben** hacer constar algo en acta **2.** (*reg: Strafmandat*) multa *f*

Prototyp ['pro:toty:p] *m* <-s, -en> prototipo *m*

protzen *vi* (*fam*) chulear (*mit +dat* de)

protzig *adj* (*fam: luxuriös*) ostentoso

Proviant [provi'ant] *m* <-s, -e> víveres *mpl*

Provinz [pro'vɪnts] *f* <-en> provincia *f*

provinziell [provɪn'tsjɛl] *adj* provinciano

Provision [provi'zjo:n] *f* <-en> comisión *f;* **auf ~ arbeiten** trabajar a comisión

provisorisch [provi'zo:rɪʃ] *adj* provisional

provokant [provo'kant] *adj* provocador

Provokation [provoka'tsjo:n] *f* <-en> provocación *f*

provozieren* [provo'tsi:rən] *vt* provocar

Prozedur [protse'du:ɐ] *f* <-en> procedimiento *m*

Prozent [pro'tsɛnt] *nt* <-(e)s, -e> **1.** (*Hundertstel*) tanto *m* por ciento; **50 ~ der Bevölkerung** el 50 por ciento de la población **2.** *pl* (*fam: Rabatt*) rebaja *f;* **Prozentsatz** *m* porcentaje *m*

prozentual [protsɛntu'a:l] *adj* porcentual

Prozess^RR [pro'tsɛs] *m* <-es, -e> proceso *m;* **gegen jdn einen ~ führen** litigar contra alguien; **mit jdm/etw** *dat* **kurzen ~ machen** (*fam*) cortar por lo sano con alguien/algo

Prozession [protsɛ'sjo:n] *f* <-en> procesión *f*

Prozessor [pro'tsɛso:ɐ] *m* <-s, -en> procesador *m*

prüde ['pry:də] *adj* pudibundo

prüfen ['pry:fən] *vt* examinar; (*über~, nach~*) comprobar; **staatlich geprüft** con diploma oficial; **jdn in Biologie ~** examinar a alguien de biología

Prüfer(in) *m(f)* <-s, -; -nen> (*Beruf*) inspector(a) *m(f);* (*Schule, Universität*) examinador(a) *m(f)*

Prüfling *m* <-s, -e> examinando, -a *m, f*

Prüfung *f* <-en> examen *m;* (*Über~*) inspección *f;* **nach ~ Ihrer Beschwerde** después de haber comprobado su queja

Prügel ['pry:gəl] *mpl* (*Schläge*) tunda *f;* **~ beziehen** recibir una paliza

Prügelei *f* <-en> pelea *f*

Prügelknabe *m* (*fam*) cabeza *f* de turco

prügeln ['pry:gəln] **I.** *vt* golpear; (*mit einem Stock*) apalear **II.** *vr:* **sich ~** pegarse; **sich um etw ~** pelearse por algo

Prunk [prʊŋk] *m* <-(e)s, *ohne pl*> suntuosidad *f;* **prunkvoll** *adj* suntuoso

PS [pe:'ʔɛs] **1.** *Abk. von* **Pferdestärke** CV **2.** *Abk. von* **Postskript(um)** P.D.

Psalm [psalm] *m* <-s, -en> salmo *m*

Pseudonym [psɔɪdo'ny:m] *nt* <-s, -e>

(p)seudónimo *m*
Psyche ['psy:çə] *f* <-n> (p)sique *f*
Psychiater(in) [psy'ç(j)a:tɐ] *m(f)* <-s, -; -nen> (p)siquiatra *mf*
Psychiatrie [psyç(j)a'tri:] *f* (p)siquiatría *f*
psychisch ['psy:çɪʃ] *adj* (p)síquico; ~ **krank** enfermo mental
Psychoanalyse [----'--] *f* (p)sicoanálisis *m inv*
Psychologie [psyçolo'gi:] *f* (p)sicología *f*
psychologisch *adj* (p)sicológico
Psychopath(in) [psyço'pa:t] *m(f)* <-en, -en; -nen> (p)sicópata *mf*
Psychose [psy'ço:zə] *f* <-n> (p)sicosis *f inv*
Psychotherapeut(in) [psyçotera'pɔɪt, 'psy:ço-] *m(f)* (p)sicoterapeuta *mf;* **Psychotherapie** [----'-, '-----] *f* (p)sicoterapia *f*
Pubertät [pubɛr'tɛ:t] *f* pubertad *f*
Publicity [pa'blɪsiti] *f* publicidad *f;* **negative** ~ mala publicidad
publik [pu'bli:k] *adj:* ~ **werden** salir a la luz; **etw** ~ **machen** dar a conocer algo
Publikation [publika'tsjo:n] *f* <-en> publicación *f*
Publikum ['pu:blikʊm] *nt* <-s, *ohne pl*> público *m*
Publizistik [publi'tsɪstɪk] *f* periodismo *m*
Pudding ['pʊdɪŋ] *m* <-s, -e *o* -s> budín *m*
Pudel ['pu:dəl] *m* <-s, -> caniche *m;* **wie ein begossener** ~ **dastehen** (*fam*) estar como tonto en vísperas; **pudelwohl** ['--'-] *adv* (*fam*): **sich** ~ **fühlen** estar como el pez en el agua
Puder ['pu:dɐ] *m o nt* <-s, -> polvos *mpl* (de tocador); (*Talkum*) (polvos *mpl* de) talco *m*
pudern ['pu:dɐn] *vt* empolvar
Puderzucker *m* azúcar *m* en polvo
Puertoricaner(in) [pu̯ɛrtori'ka:nɐ] *m(f)* <-s, -; -nen> puertorriqueño, -a *m, f*
puertoricanisch *adj* puertorriqueño
Puerto Rico ['pu̯ɛrto 'ri:ko] *nt* <-s> Puerto Rico *m*
Puff *m o nt* <-s, -s> (*fam: Bordell*) casa *f* de putas
Pufferspeicher *m* (INFOR) memoria *f* intermedia; **Pufferzone** *f* zona *f* neutral
Pulle ['pʊlə] *f* <-n> (*fam*) botella *f;* **volle** ~ (**fahren**) (*fam*) (ir) a toda pastilla
Pulli ['pʊli] *m* <-s, -s> (*fam*), **Pullover** [pʊ'lo:vɐ] *m* <-s, -> jersey *m,* pul(l)óver *m Am*
Pullunder [pʊ'lʊndɐ] *m* <-s, -> chaleco *m* de punto
Puls [pʊls] *m* <-es, -e> pulso *m;* **den** ~ **fühlen** tomar el pulso; **Pulsader** *f* arteria *f*
pulsieren* [pʊl'zi:rən] *vi* latir
Pulsschlag *m* pulsación *f*
Pult [pʊlt] *nt* <-(e)s, -e> (*Schreib~*) pupitre *m;* (*Noten~*) atril *m*
Pulver ['pʊlvɐ] *nt* <-s, -> polvo *m;* (*Schieß~*) pólvora *f*
pulv(e)rig *adj* pulverulento
Pulverkaffee *m* café *m* en polvo
pulvrig *adj s.* **pulv(e)rig**
Puma ['pu:ma] *m* <-s, -s> puma *m*
pummelig ['pʊməlɪç] *adj* (*fam*) gordito
Pumpe ['pʊmpə] *f* <-n> bomba *f*
pumpen *vt* bombear; **Luft in die Reifen** ~ inflar los neumáticos; **etw mit Luft voll** ~ llenar algo de aire
Punk [paŋk] *m* <-(s), -s>, **Punker(in)** ['paŋkɐ] *m(f)* <-s, -; -nen> punk *mf*
Punkt [pʊŋkt] *m* <-(e)s, -e> punto *m;* **um** ~ **sechs Uhr** a las seis en punto; **wunder** ~ punto flaco; **er hat es auf den** ~ **gebracht** ha dado en el clavo; **ohne** ~ **und Komma reden** (*fam*) hablar sin parar
pünktlich ['pʏŋktlɪç] *adj* puntual
Pünktlichkeit *f* puntualidad *f*
Punktzahl *f* puntuación *f*
Pupille [pu'pɪlə] *f* <-n> pupila *f*
Puppe ['pʊpə] *f* <-n> **1.** (*Spielzeug*) muñeca *f;* (*Marionette*) títere *m* **2.** (ZOOL) crisálida *f;* **Puppentheater** *nt* teatro *m* de guiñol; (*mit Marionetten*) teatro *m* de títeres
pupsen *vi* (*fam*) soltar pedos
pur [pu:ɐ] *adj* **1.** (*rein*) puro; **den Whisky** ~ **trinken** beber el whisky a secas **2.** (*fam: bloß*) mero; **~er Wahnsinn/Zufall** pura locura/mera coincidencia
Püree [py're:] *nt* <-s, -s> puré *m*
Purpur ['pu:ɐpu:ɐ] *m* <-s, *ohne pl*> púrpura *f*
Purzelbaum ['pʊrtsəl-] *m* (*fam*) voltereta *f;* **einen** ~ **schlagen** dar una voltereta
Puste ['pu:stə] *f* (*fam*) aliento *m;* **Pusteblume** *f* diente *m* de león
Pustel ['pʊstəl] *f* <-n> pústula *f*
pusten ['pu:stən] *vi* (*fam*) soplar
Pute ['pu:tə] *f* <-n> (*a. fig*) pava *f*
Puter ['pu:tɐ] *m* <-s, -> pavo *m*
Putsch [pʊtʃ] *m* <-(e)s, -e> golpe *m* de es-

tado

Putschist(in) [pʊ'tʃɪst] *m(f)* <-en, -en; -nen> golpista *mf*

Putz [pʊts] *m* <-es, *ohne pl*> revoque *m;* **unter ~** enyesado; **auf den ~ hauen** (*fam: feiern*) montar una juerga a lo grande

putzen ['pʊtsən] *vt* limpiar; (*scheuern*) fregar; **sich** *dat* **die Nase ~** limpiarse la nariz; **sich** *dat* **die Zähne ~** lavarse los dientes

Putzfrau *f* mujer *f* de la limpieza

putzig ['pʊtsɪç] *adj* (*fam: niedlich*) mono

Putzlappen *m* trapo *m;* (*Scheuerlappen*) bayeta *f;* **Putzmittel** *nt* producto *m* de limpieza, detergente *m;* **putzmunter** ['-'--] *adj* (*fam*) muy despabilado

Puzzle ['pazəl] *nt* <-s, -s> rompecabezas *m inv*

PVC [pe:faʊ'tse:] *nt* <-(s), -s> *Abk. von* **Polyvinylchlorid** PVC *m*

Pyjama [py'(d)ʒa:ma] *m* <-s, -s> pijama *m,* piyama *m Am*

Pyramide [pyra'mi:də] *f* <-n> pirámide *f*

Pyrenäen [pyre'nɛ:ən] *pl* Pirineos *mpl*

Python ['py:tɔn] *m* <-s, -s *o* -en> pitón *m*

Q

Q, q [ku:] *nt* <-, -> Q, q *f*

Quacksalber(in) ['kvakzalbɐ] *m(f)* <-s, -; -nen> (*abw*) curandero, -a *m, f*

Quadrat [kva'dra:t] *nt* <-(e)s, -e> cuadrado *m*

quadratisch *adj* cuadrado; **~e Gleichung** (MATH) ecuación de segundo grado

Quadratmeter *m o nt* metro *m* cuadrado

quaken ['kva:kən] *vi* (*Frosch*) croar; (*Ente*) graznar

Qual [kva:l] *f* <-en> (*a. fig: Quälerei*) tortura *f;* (*Leiden*) suplicio *m;* **unter großen ~en** con grandes penas

quälen ['kvɛ:lən] **I.** *vt* maltratar; (*seelisch*) atormentar; **~der Durst** sed espantosa **II.** *vr:* **sich ~** (*mit Arbeit*) ajetrearse

Quälerei *f* <-en> tortura *f*

Qualifikation [kvalifika'tsjo:n] *f* <-en> (*Befähigung*) capacidad *f;* (SPORT) clasificación *f*

qualifizieren* [kvalifi'tsi:rən] **I.** *vt* capacitar (*für +akk* para); **hoch qualifiziert** altamente cualificado **II.** *vr:* **sich ~** (*a.* SPORT) calificarse (*für +akk* para)

Qualität [kvali'tɛ:t] *f* <-en> (*Beschaffenheit, Waren~*) calidad *f;* (*Eigenschaft*) cualidad *f*

qualitativ [kvalita'ti:f, '----] **I.** *adj* cualitativo **II.** *adv* en cuanto a la calidad; **~ besser** de mejor calidad

Qualitätsarbeit *f* trabajo *m* de (alta) calidad; **Qualitätserzeugnis** *nt* producto *m* de (alta) calidad; **Qualitätssiegel** *nt* sello *m* de calidad

Qualle ['kvalə] *f* <-n> medusa *f*

Qualm [kvalm] *m* <-(e)s, *ohne pl*> humareda *f*

qualmen *vi* (*Schornstein*) humear; (*fam: Mensch*) fumar

qualvoll ['kva:lfɔl] *adj* **1.** (*mit Qualen*) lastimoso; (*schmerzlich*) doloroso **2.** (*bedrückend*) atormentador

Quäntchen[RR] ['kvɛntçən] *nt* <-s, -> poquito *m;* **das letzte ~ Hoffnung** la última pizca de esperanza

Quantität [kvanti'tɛ:t] *f* cantidad *f*

quantitativ [kvantita'ti:f, '----] **I.** *adj* cuantitativo **II.** *adv* en cuanto a la cantidad

Quarantäne [karan'tɛ:nə] *f* <-n> cuarentena *f*

Quark [kvark] *m* <-s, *ohne pl*> ≈requesón *m,* quesillo *m Am*

Quartal [kvar'ta:l] *nt* <-s, -e> trimestre *m*

Quartett [kvar'tɛt] *nt* <-(e)s, -e> (*Kartenspiel*) ≈juego *m* de las familias; (MUS) cuarteto *m*

Quartier [kvar'ti:ɐ] *nt* <-s, -e> (*Unterkunft*) alojamiento *m;* (*Schweiz: Stadtviertel*) barrio *m*

Quarz [kva:ɐts] *m* <-es, -e> cuarzo *m*

quasi ['kva:zi] *adv* (*sozusagen*) por así decirlo; (*gewissermaßen*) en cierto sentido

Quatsch [kvatʃ] *m* <-(e)s, *ohne pl*> (*fam abw*) tonterías *fpl*

quatschen *vi* (*fam*) **1.** (*abw: tratschen*) cotillear **2.** (*sich unterhalten*) charlar **3.** (*verraten*) contar; **wer hat gequatscht?** ¿quién se ha ido de la lengua?

Quatschkopf *m* (*fam abw*) imbécil *mf*

Quecksilber ['kvɛk-] *nt* mercurio *m*

Quelle ['kvɛlə] *f* <-n> fuente *f;* **heiße ~n** fuentes termales; **an der ~ sitzen** (*fam*) tener buenos contactos (*para conseguir algo*)

quellen ['kvɛlən] <quillt, quoll, gequollen> *vi sein* **1.** (*Holz*) hincharse; **~ lassen** (*Hülsenfrüchte*) poner a remojo **2.** (*heraus~*) brotar (*aus +dat* de)

Quellenangabe *f* indicación *f* de las fuentes

Quellwasser *nt* <-s, *ohne pl*> agua *f* de manantial

quengeln ['kvɛŋəln] *vi* (*fam*) dar la lata; (*weinerlich*) lloriquear

Quentchen *nt* <-s, -> *s.* **Quäntchen**

quer [kveːɐ] *adv* en sentido transversal; **~ gestreift** de rayas horizontales; **das Auto stand ~ auf der Straße** el coche estaba atravesado en la calle; **~ durch ...** a través de...; **sich ~ legen** [*o* **stellen**] (*fam*) oponerse

Quere ['kveːrə] *f* (*fam*): **jdm in die ~ kommen** (*stören*) contrariar los proyectos de alguien; (*treffen*) cruzarse con alguien

Querele [kve'reːlə] *f* <-n> querella *f*

querfeldein [kveːɐfɛlt'ʔaɪn] *adv* a campo traviesa

Querflöte *f* flauta *f* travesera; **quergestreift** *adj s.* **quer**; **quer|legen** *irr vr:* **sich ~** *s.* **quer**

Querschnitt *m* (*Schnitt*) sección *f* transversal; (*Überblick*) muestra *f* representativa; **Querschnitt(s)lähmung** *f* paraplejia *f*

quer|stellen *vr:* **sich ~** *s.* **quer**; **Querstraße** *f* calle *f* transversal

Querverbindung *f* conexión *f* transversal

quetschen ['kvɛtʃən] **I.** *vt* **1.** (*drücken*) apretar (*gegen/an +akk* contra) **2.** (*in einen Koffer*) apretujar **3.** (*verletzen*): **sich** *dat* **etw ~** pillarse algo **II.** *vr:* **sich ~** (*sich zwängen*) apretujarse

Quetschung *f* <-en> contusión *f*

quicklebendig ['kvɪkle'bɛndɪç] *adj* vivo, avispado

quietschen ['kviːtʃən] *vi* (*Tür, Reifen*) chirriar; (*fam: Mensch*) chillar

quillt [kvɪlt] *3. präs von* **quellen**

Quintessenz ['kvɪntɛsɛnts] *f* quintaesencia *f*

Quintett [kvɪn'tɛt] *nt* <-(e)s, -e> quinteto *m*

Quirl [kvɪrl] *m* <-(e)s, -e> molinillo *m*

quirlen *vt* batir

quitt [kvɪt] *adj inv* (*fam*): **mit jdm ~ sein** estar en paz con alguien

Quitte ['kvɪtə] *f* <-n> membrillo *m*

quittieren* [kvɪ'tiːrən] *vt* **1.** (*Empfang*) acusar recibo (de); (*Betrag*) extender un recibo (por) **2.** (*aufgeben*): **den Dienst ~** presentar su dimisión

Quittung *f* <-en> recibo *m;* **gegen ~** contra recibo

Quiz [kvɪs] *nt* <-, -> concurso *m* de preguntas y respuestas

quoll [kvɔl] *3. imp von* **quellen**

Quote ['kvoːtə] *f* <-n> cuota *f;* **Quotenregelung** *f* normativa *f* de cuotas

Quotient [kvo'tsjɛnt] *m* <-en, -en> cociente *m*

R

R

R, r [ɛr] *nt* <-, -> R, r *f*

Rabatt [ra'bat] *m* <-(e)s, -e> rebaja *f;* **auf etw ~ geben** hacer una rebaja en algo

Rabbi ['rabi] *m* <-(s), -s *o* Rabbinen> rabí *m*

Rabe ['raːbə] *m* <-n, -n> cuervo *m;* **Rabenmutter** *f* <-mütter> (*fam abw*) mala madre *f;* **rabenschwarz** ['--'-] *adj* negro como el azabache

rabiat [rabi'aːt] *adj* (*gewalttätig*) violento; (*Methode*) riguroso

Rache ['raxə] *f* venganza *f* (*für +akk* por); (**an jdm**) **~ üben** vengarse (de alguien); **Racheakt** *m* (*geh*) acto *m* de venganza

Rachen ['raxən] *m* <-s, -> (*des Menschen*) faringe *f;* (*bei Tieren*) fauces *fpl*

rächen ['rɛçən] *vt, vr:* **sich ~** vengar(se) (*an +dat* de, *für +akk* por)

Rachitis [ra'xiːtɪs] *f* <Rachitiden> raquitis *f inv*

rachsüchtig *adj* (*geh*) vengativo

Rad [raːt] *nt* <-(e)s, Räder> rueda *f;* **ein ~**

schlagen (*Mensch*) dar una voltereta; ~ **fahren** (*fam*) ir en bici

Radar [ra'da:ɐ] *m o nt* <-s, -e> radar *m;* **Radargerät** *nt* equipo *m* de radar

Radau [ra'daʊ] *m* <-s, *ohne pl*> (*fam*) jaleo *m;* ~ **machen** armar jaleo

radeln ['ra:dəln] *vi sein* (*fam*) ir en bici (*nach/zu* a)

rad|fahren *irr vi sein s.* **Rad**; **Radfahrer(in)** *m(f)* ciclista *mf;* **Radfahrweg** *m* carril *m* para bicicletas, carril-bici *m fam*

Radien *pl von* **Radius**

radieren* [ra'di:rən] *vi, vt* (*aus~*) borrar; (KUNST) grabar (al agua fuerte)

Radiergummi *m* <-s, -s> goma *f* de borrar

Radierung *f* <-en> (*Kunstwerk*) aguafuerte *m*

Radieschen [ra'di:sçən] *nt* <-s, -> rabanito *m*

radikal [radi'ka:l] *adj* radical

Radio ['ra:dio] *nt* <-s, -s> radio *f;* **das ~ einschalten** poner la radio; ~ **hören** escuchar la radio

radioaktiv [----'-] *adj* radi(o)activo; **Radioaktivität** [radioʔaktivi'tɛ:t] *f ohne pl* radi(o)actividad *f*

Radiorekorder ['ra:diorekɔrdɐ] *m* radiocas(s)et(t)e *m*

Radium ['ra:diʊm] *nt* <-s, *ohne pl*> radio *m*

Radius ['ra:diʊs] *m* <-, Radien> (MATH) radio *m;* (*Reichweite*) radio *m* de acción

Radrennen *nt* carrera *f* ciclista; **Radsport** *m* <-(e)s, -e> ciclismo *m;* **Radtour** *f* excursión *f* en bicicleta; **Radweg** *m s.* **Radfahrweg**

raffen ['rafən] *vt* **1.** (*abw: gierig ergreifen*) acaparar; **etw an sich** ~ apoderarse de algo **2.** (*in Falten legen*) plisar **3.** (*Abhandlung*) abreviar; **etw gerafft wiedergeben** resumir algo **4.** (*fam: verstehen*) coger; **hast du's nun endlich gerafft?** ¿te has enterado de una vez?

Raffgier *f* avaricia *f;* **raffgierig** *adj* avaricioso

Raffinerie [rafinə'ri:] *f* <-n> refinería *f*

Raffinesse [rafi'nɛsə] *f* <-n> **1.** (*Feinheit*) refinamiento *m;* **mit technischen ~n ausgestattet** provisto de refinamientos técnicos **2.** *ohne pl* (*Schlauheit*) astucia *f*

raffiniert [rafi'ni:ɐt] *adj* (*schlau*) astuto; (*ausgeklügelt*) sofisticado; (*verfeinert*) refinado

Rage ['ra:ʒə] *f* (*fam*) rabia *f;* **in ~ kommen** ponerse furioso

ragen ['ra:gən] *vi* sobresalir (*aus +dat* de); **die Berge ragten in der Ferne** los montes se elevaban a lo lejos

Rahm [ra:m] *m* <-(e)s, *ohne pl*> (*Schweiz, Österr, südd*) nata *f*

rahmen ['ra:mən] *vt* enmarcar

Rahmen ['ra:mən] *m* <-s, -> **1.** (*Bilder~, Tür~*) marco *m* **2.** (*Fahrrad~*) cuadro *m;* (AUTO) armazón *m o f* **3.** *ohne pl* (*Bereich*) ámbito *m;* **im kleineren** ~ a escala reducida; **im ~ des Möglichen** dentro de lo posible; **im ~ der geltenden Gesetze** en el marco de la legalidad vigente; **aus dem ~ fallen** salirse de lo común; **den ~ sprengen** rebasar los límites; **sich im ~ halten** (*fam*) no pasarse de rosca

räkeln ['rɛ:kəln] *vr:* **sich ~** *s.* **rekeln**

Rakete [ra'ke:tə] *f* <-n> (MIL) misil *m;* (*Raumfahrt, Feuerwerks~*) cohete *m;* **Raketenabwehrsystem** *nt* (MIL) sistema *m* antimisil

Rallye ['rɛli] *f* <-s> rally *m*

RAM [ram] *nt* <-(s), -(s)> (INFOR) *Abk. von* **random access memory** RAM *m*

rammen ['ramən] *vt* **1.** (*in den Boden*) clavar (*in +akk* en) **2.** (*stoßen*) chocar (*gegen +akk* contra); (*Schiff*) abordar

Rampe ['rampə] *f* <-n> (*Auffahrt*) rampa *f;* (*zum Be- und Entladen*) muelle *m* de carga; **Rampenlicht** *nt* <-(e)s, *ohne pl*> (THEAT) candilejas *fpl;* **im ~ stehen** estar en primera plana

Ramsch [ramʃ] *m* <-(e)s, -e> (*fam abw: Ausschussware*) baratillo *m;* (*Kram*) cachivaches *mpl*

RAM-Speicher *m* (INFOR) RAM *m,* memoria *f* RAM

Rand [rant] *m* <-(e)s, Ränder> **1.** (*an Gefäß, Straße, Abgrund, a. fig*) borde *m;* (*Tisch~*) canto *m;* **am ~(e) des Ruins** al borde de la ruina; **dunkle Ränder um die Augen haben** tener ojeras; **etw am ~e bemerken** decir algo de paso; **außer ~ und Band sein** (*fam*) estar fuera de quicio; **mit jdm/mit etw** *dat* **nicht zu ~e kommen** (*fam*) no poder con alguien/con algo **2.** (TYPO) margen *m*

randalieren* [randa'li:rən] *vi* alborotar

Randbemerkung *f* (*schriftlich*) nota *f*

marginal; (*mündlich*) comentario *m* dicho de paso; **Randgruppe** *f* grupo *m* marginal; **Randstreifen** *m* arcén *m*

rang [raŋ] *3. imp von* **ringen**

Rang [raŋ] *m* <-(e)s, Ränge> **1.** (*Grad*) rango *m;* (MIL) grado *m;* (*Stellung*) posición *f;* **alles, was ~ und Namen hat** la alta sociedad **2.** (THEAT) palco *m;* **im ersten ~** en el palco principal **3.** (SPORT) lugar *m;* **Rangfolge** *f* jerarquía *f*

rangieren* [rãˈʒiːrən, raŋˈʒiːrən] **I.** *vi* (*Rang einnehmen*) figurar (*an +dat* en); **sie rangiert an letzter Stelle** ocupa el último puesto **II.** *vt* (*Waggons*) cambiar de vía

Rangordnung *f* <-en> jerarquía *f*

ran|halten *irr vr:* **sich ~** (*fam*) **1.** (*sich beeilen*) darse prisa **2.** (*rasch zugreifen*) reaccionar rápidamente

ranken [ˈraŋkən] *vr:* **sich ~** trepar

ran|klotzen *vi* (*fam*) deslomarse; **ran|kommen** *irr vi sein* (*fam*) **1.** (*sich nähern*) acercarse (*an* a) **2.** (*heranreichen*) alcanzar (*an*) **3.** (*Zugang haben*) tener acceso (*an* a); (*kaufen*) poder adquirir (*an*); **ran|machen** *vr:* **sich ~** (*fam*) **1.** (*beginnen*) ponerse (*an* a *+inf*) **2.** (*an Person*) rondar (*an* a)

rann [ran] *3. imp von* **rinnen**

rannte [ˈrantə] *3. imp von* **rennen**

Ranzen [ˈrantsən] *m* <-s, -> cartera *f* del colegio (*para llevar a la espalda*)

ranzig [ˈrantsɪç] *adj* rancio

Raps [raps] *m* <-es, -e> colza *f*

rar [raːɐ] *adj* escaso; **sich ~ machen** (*fam*) no dejarse ver el pelo

Rarität [rariˈtɛːt] *f* <-en> rareza *f*

rasant [raˈzant] **I.** *adj* (*fam: Fahrt, Entwicklung*) rapidísimo; (*Tempo*) tremendo; (*schnittig*) aerodinámico **II.** *adv* (*fam: schnell*) como un rayo

rasch [raʃ] **I.** *adj* rápido **II.** *adv* de prisa

rascheln [ˈraʃəln] *vi* (*Seide, Laub, Stroh*) crujir; (*Maus, Papier*) hacer ruido

rasen [ˈraːzən] *vi* **1.** *sein* (*fam: Person, Fahrzeug*) ir a toda mecha; **mein Puls rast** tengo el pulso a cien; **die Zeit rast** el tiempo pasa volando **2.** (*toben*) enfurecerse (*vor +dat* de); **du machst mich ~d** me vuelves loco

Rasen [ˈraːzən] *m* <-s, -> césped *m*

rasend **I.** *adj* **1.** (*Geschwindigkeit*) vertiginoso **2.** (*Beifall*) frenético; (*Schmerzen*) atroz **II.** *adv* (*fam: sehr*) muy; **ich würde es ~ gern probieren** me gustaría muchísimo intentarlo

Rasenmäher *m* <-s, -> cortacésped *m o f*

Raserei *f* <-en> **1.** (*das Wüten*) furia *f;* **jdn zur ~ bringen** poner furioso a alguien **2.** (*fam: schnelles Fahren*) velocidad *f* vertiginosa

Rasierapparat *m* maquinilla *f* de afeitar; (*elektrisch*) máquina *f* de afeitar

rasieren* [raˈziːrən] *vt, vr:* **sich ~** afeitar(se); **sich nass/trocken ~** afeitarse a navaja/con la maquinilla; **glatt rasiert** bien afeitado

Rasierer *m* <-s, -> (*fam*) *s.* **Rasierapparat**

Rasierklinge *f* hoja *f* de afeitar; **Rasierpinsel** *m* brocha *f* de afeitar; **Rasierwasser** *nt* loción *f* para después del afeitado

Rasse [ˈrasə] *f* <-n> raza *f*

Rassel [ˈrasəl] *f* <-n> (MUS) matraca *f;* (*Kinderspielzeug*) sonajero *m*

rasseln [ˈrasəln] *vi* **1.** *haben* (*Wecker*) sonar con ruido metálico; (*Kette*) hacer un ruido metálico **2.** *sein* (*fam*): **durch ein Examen ~** catear un examen

Rassendiskriminierung *f* discriminación *f* racial

Rassismus [raˈsɪsmʊs] *m* <-, *ohne pl*> racismo *m*

Rassist(in) [raˈsɪst] *m(f)* <-en, -en; -nen> racista *mf*

rassistisch *adj* racista

Rast [rast] *f* <-en> descanso *m;* **~ machen** descansar

rasten [ˈrastən] *vi* descansar

Raster[1] [ˈrastɐ] *m* <-s, -> (TYPO: *zur Zerlegung einer Bildfläche*) reticulador *m;* (*Linienetz*) retícula *f*

Raster[2] *nt* <-s, -> **1.** (TV) trama *f* **2.** (*System*) sistema *m;* **etw in ein ~ einordnen** clasificar algo

rastlos *adj* **1.** (*ununterbrochen*) incesante; (*unermüdlich*) incansable **2.** (*unstet*) inconstante; **Raststätte** *f* <-n> restaurante *m* de autopista

Rasur [raˈzuːɐ] *f* <-en> afeitado *m*

Rat[1] *m* <-(e)s, Räte> **1.** (*Gremium*) consejo *m;* (*kommunal*) concejo *m;* **Großer ~** (*Schweiz*) parlamento cantonal suizo **2.** *ohne pl* (*Empfehlung*) consejo *m;* **etw/jdn zu ~e ziehen** consultar algo/a alguien

Rat[2] [raːt] *m,* **Rätin** *f* <-(e)s, Räte; -nen>

R

consejero, -a *m, f*

rät [rɛ:t] *3. präs von* **raten**

Rate ['ra:tə] *f* <-n> **1.** (*bei Kauf*) plazo *m;* **etw auf ~n kaufen** comprar algo a plazos; **in ~n zahlen** pagar a plazos **2.** (*Verhältniszahl, Preis*) tasa *f*

raten ['ra:tən] <rät, riet, geraten> *vi, vt* **1.** (*empfehlen*) aconsejar; **jdm zu etw** *dat* **~** aconsejar algo a alguien **2.** (*erraten*) adivinar; **richtig ~** acertar

Ratenzahlung *f* pago *m* a plazos

Ratgeber *m* <-s, -> (*Buch*) guía *f*

Rathaus *nt* ayuntamiento *m,* municipalidad *f Am*

Rätin *f* <-nen> *s.* **Rat**[2]

Ration [ra'tsjo:n] *f* <-en> ración *f*

rational [ratsjo'na:l] *adj* racional

rationalisieren* [ratsjonali'zi:rən] *vi, vt* racionalizar

rationell [ratsjo'nɛl] *adj* racional; (*sparsam*) económico

rationieren* [ratsjo'ni:rən] *vt* racionar

ratlos *adj* desorientado; (*verwirrt*) desconcertado; **~ sein** no saber qué hacer; **ratsam** ['ra:tza:m] *adj* aconsejable; **Ratschlag** *m* consejo *m*

Rätsel ['rɛ:tsəl] *nt* <-s, -> **1.** (*Denkaufgabe*) adivinanza *f;* (*Bilder~*) jeroglífico *m;* (*Kreuzwort~*) crucigrama *m;* (*Silben~*) charada *f;* **~ raten** jugar a las adivinanzas; **ein ~ aufgeben** proponer una adivinanza **2.** (*Geheimnis*) enigma *m;* **das ist des ~s Lösung** ahí está el quid de la cuestión; **rätselhaft** *adj* misterioso; **das ist mir ~** no me lo explico

rätseln *vi* especular (*über* sobre)

Ratte ['ratə] *f* <-n> rata *f*

rattern ['ratɐn] *vi* **1.** *haben* (*Zug*) traquetear; (*Maschinengewehr*) tabletear **2.** *sein* (*fortbewegen*) traquetear (*über/durch +akk* por)

rau[RR] [raʊ] *adj* **1.** (*Papier, Haut*) áspero **2.** (*Stimme*) ronco; (*Hals*) inflamado **3.** (*Klima*) duro; (*Luft*) frío; (*Gegend*) salvaje **4.** (*Mensch*) rudo **5.** (*Wend*): **in ~en Mengen** (*fam*) en masas

Raub [raʊp] *m* <-(e)s, -e> **1.** (*das Rauben*) robo *m;* (*Entführung*) secuestro *m* **2.** (*Beute*) presa *f*

rauben ['raʊbən] *vi, vt* robar; (*entführen*) secuestrar; **das raubt mir den Schlaf** (*geh*) esto me quita el sueño

Räuber(in) ['rɔɪbɐ] *m(f)* <-s, -; -nen> ladrón, -ona *m, f*

räuberisch *adj* de ladrones; **~e Erpressung** extorsión *f*

Raubkopie *f* copia *f* pirata; **Raubtier** *nt* (animal *m*) carnívoro *m;* **Raubüberfall** *m* asalto *m;* **einen ~ auf jdn begehen** asaltar a alguien; **Raubvogel** *m* ave *f* de rapiña

Rauch [raʊx] *m* <-(e)s, *ohne pl*> humo *m;* **sich in ~ auflösen** (*fig*) desvanecerse

rauchen I. *vi* (*Person*) fumar; (*Feuer*) echar humo **II.** *vt* fumar

Raucher(in) *m(f)* <-s, -; -nen> fumador(a) *m(f)*

räuchern ['rɔɪçɐn] *vt* ahumar

rauchig *adj* (*raucherfüllt*) lleno de humo; (*Stimme*) ronco; (*Geschmack*) ahumado

Rauchmelder *m* <-s, -> detector *m* de humos; **Rauchverbot** *nt* prohibición *f* de fumar; **hier herrscht ~** aquí no se puede fumar

räudig *adj* sarnoso

rauf [raʊf] *adv* (*fam*) hacia arriba; *s. a.* **hinauf, herauf**

raufen ['raʊfən] *vi, vr:* **sich ~** pelearse (*mit +dat* con, *um +akk* por)

rauh *adj s.* **rau**

Rauhreif *m s.* **Raureif**

Raum [raʊm] *m* <-(e)s, Räume> **1.** (*a.* PHILOS, MATH) espacio *m* **2.** (*Zimmer*) habitación *f,* pieza *f Am;* (*Räumlichkeit*) local *m;* **eine Frage steht im ~** una cuestión está pendiente **3.** (*Gebiet*) zona *f;* **im ~ Frankfurt** en la zona de Francfort **4.** *ohne pl* (*a.* ASTR, PHYS) espacio *m;* **luftleerer ~** vacío *m* **5.** *ohne pl* (*Platz*) sitio *m;* **zu viel ~ einnehmen** ocupar demasiado sitio

räumen ['rɔɪmən] *vt* **1.** (*weg~*) retirar (*von +dat* de); (*Schnee*) quitar; (*ein~*) poner (*in +akk* en); (*aus~*) sacar (*aus +dat* de) **2.** (*Gebäude*) desalojar; (*Straße*) desocupar; **das Lager ~** liquidar las existencias

Raumfahrt *f ohne pl* astronáutica *f;* **Raumflug** *m* vuelo *m* espacial

Rauminhalt *m* (MATH) volumen *m*

räumlich ['rɔɪmlɪç] *adj* (*den Raum betreffend*) espacial; (*dreidimensional*) tridimensional

Raumschiff *nt* nave *f* espacial; **Raumstation** *f* estación *f* espacial

Räumung ['rɔɪmʊŋ] *f* <-en> **1.** (*einer Wohnung*) desalojo *m;* (*durch Polizei*) despejo *m* **2.** (*eines Lagers*) liquidación *f* de existencias; **Räumungsarbeiten** *fpl* labores *mpl* de desescombro; **Räumungsverkauf** *m* liquidación *f*

Raupe ['raʊpə] *f* <-n> (*des Schmetterlings, auch* ~*nkette*) oruga *f;* (*Planier*~) aplanadora *f*

RaureifRR *m* escarcha *f*

raus [raʊs] *adv* (*fam*) (hacia) fuera; ~ **da!** ¡fuera de ahí!; *s. a.* **heraus, hinaus; raus|bekommen*** *irr vt* (*fam*) **1.** (*Wechselgeld*) recibir de vuelta **2.** (*Aufgabe*) resolver; (*Geheimnis*) descubrir **3.** (MATH) sacar **4.** (*Fleck*) poder quitar; (*Nagel*) poder sacar **5.** (*erfahren*) llegar a saber

Rausch [raʊʃ] *m* <-(e)s, Räusche> (*Trunkenheit*) embriaguez *f;* (*Ekstase*) éxtasis *m inv*

rauschen ['raʊʃən] *vi* (*Baum, Wind, Bach*) murmurar; (*Meer*) bramar; (*Telefon*) haber interferencias; (*Seide*) crujir; ~**der Beifall** aplauso tempestuoso; **ein** ~**des Fest** una fiesta a lo grande

Rauschgift *nt* estupefaciente *m;* **Rauschgiftsüchtige(r)** *mf* <-n, -n; -n> toxicómano, -a *m, f*

raus|ekeln *vt* (*fam*): **jdn** ~ hacer la vida imposible a alguien (hasta que se va); **raus|fliegen** *irr vi sein* (*fam: Person*) ser echado (*aus* de); **raus|geben** *irr vt* (*fam*) **1.** (*herausreichen*) entregar, dar **2.** (*aushändigen*) entregar **3.** (*Wechselgeld*) dar de vuelta; **sie haben mir falsch rausgegeben** me han dado mal la vuelta **4.** (*Buch*) editar

räuspern ['rɔɪspɐn] *vr:* **sich** ~ carraspear

Raute ['raʊtə] *f* <-n> (BOT) ruda *f;* (MATH) rombo *m*

Razzia ['ratsja] *f* <Razzien> redada *f*

Reagenzglas [rea'gɛnts-] *nt* tubo *m* de ensayo

reagieren* [rea'gi:rən] *vi* (*Person*) reaccionar (*auf +akk* a/ante); (CHEM) producir una reacción

Reaktion [reak'tsjo:n] *f* <-en> reacción *f*

reaktionär [reaktsjo'nɛ:ɐ] *adj* (*abw*) reaccionario

Reaktor [re'akto:ɐ] *m* <-s, -en> reactor *m;* **Reaktorsicherheit** *f* seguridad *f* de reactores nucleares

real [re'a:l] *adj* real

realisieren* [reali'zi:rən] *vt* realizar

Realismus [rea'lɪsmʊs] *m* <-, *ohne pl*> realismo *m*

Realist(in) [rea'lɪst] *m(f)* <-en, -en; -nen> realista *mf*

realistisch *adj* realista; ~ **betrachtet** visto con realismo

Realität [reali'tɛ:t] *f* <-en> **1.** (*Wirklichkeit*) realidad *f;* **virtuelle** ~ realidad virtual **2.** *pl* (*Österr: Immobilien*) inmuebles *mpl*

Realschule *f* ≈instituto *m* de enseñanza media (*escuela secundaria – de los 10 a los 16 años – de grado inferior al Gymnasium*)

Rebe ['re:bə] *f* <-n> vid *f*

Rebell(in) [re'bɛl] *m(f)* <-en, -en; -nen> rebelde *mf*

rebellieren* [rebɛ'li:rən] *vi* rebelarse (*gegen +akk* contra)

Rebellion [rebɛ'ljo:n] *f* <-en> rebelión *f*

rebellisch [re'bɛlɪʃ] *adj* rebelde

Rebhuhn ['re:p-] *nt* perdiz *f*

Rechen ['rɛçən] *m* <-s, -> (*Schweiz, Österr, reg*) rastrillo *m*

Rechenaufgabe *f* problema *m* de aritmética; **Rechenfehler** *m* error *m* de cálculo

Rechenschaft *f* cuentas *fpl;* **jdm über etw** ~ **schuldig sein** deber a alguien una explicación acerca de algo; **jdn für etw zur** ~ **ziehen** hacer a alguien responsable de algo

Rechenschieber *m* <-s, -> regla *f* de cálculo

Recherche [re'ʃɛrʃə, rə'ʃɛrʃə] *f* <-n> pesquisa *f*

recherchieren* [reʃɛr'ʃi:rən, rəʃɛr'ʃi:rən] *vi, vt* investigar

rechnen ['rɛçnən] **I.** *vi* **1.** (MATH) calcular; **im Kopf** ~ calcular mentalmente **2.** (*sich verlassen*) contar (*mit +dat, auf +akk* con); **damit** ~**, dass ...** contar con que... *+subj* **II.** *vt* **1.** (*Aufgabe*) hacer, calcular **2.** (*zählen*) contar (*zu +dat* entre); **jdn/etw zu jdm/etw** *dat* ~ incluir a alguien/algo entre alguien/algo **III.** *vr:* **sich** ~ ser rentable

Rechner *m* <-s, -> calculadora *f;* (INFOR: *Computer*) ordenador *m,* computadora *f Am;* **rechnergesteuert** *adj* (INFOR) dirigido por ordenador; **rechnergestützt** *adj* (INFOR) asistido por ordenador

rechnerisch *adj* aritmético; **rein** ~ ateniéndose a las cifras

Rechnung *f* <-en> **1.** (*das Rechnen*) cálculo *m* **2.** (*Ab*~) cuenta *f;* (*Waren*~) factura *f;* **eine** ~ **über 1000 Mark** una cuenta de 1000 marcos; **jdm etw in** ~ **stellen** cargar algo en la cuenta de alguien; **auf eigene** ~

R

por cuenta propia; **das geht auf meine ~** esto va de mi cuenta; **etw** *dat* **~ tragen** considerar algo

recht [rɛçt] **I.** *adj* **1.** (*geeignet*) adecuado; **der ~e Augenblick** el momento oportuno **2.** (*richtig*) correcto; **nach dem Rechten sehen** controlar si todo está en orden; **hier geht es nicht mit ~en Dingen zu** aquí hay gato encerrado; **es ist nur ~ und billig** no es sino lo justo; **alles, was ~ ist, aber ...** todo lo que quiera(s), pero... **II.** *adv* **1.** (*sehr*) muy; **~ herzlichen Dank** muchísimas gracias **2.** (*ziemlich*) bastante; **~ viel/oft** bastante/bastante a menudo **3.** (*richtig, genehm*) bien; **jetzt erst ~!** ¡sobre todo ahora!; **jetzt erst ~ nicht!** ¡ahora menos que nunca!; **wenn ich es ~ überlege ...** si lo pienso bien...; **ist es dir ~ wenn ...?** ¿te parece bien si...?; **das geschieht ihm ~** (*fam*) le está bien (empleado); **man kann ihm nichts ~ machen** no se conforma con nada

Recht [rɛçt] *nt* <-(e)s, -e> **1.** (*Anspruch*) derecho *m* (*auf* + *dat* a); **sein ~ fordern** reclamar sus derechos; **jdm ~ geben** dar(le) a alguien la razón; **zu seinem ~ kommen** hacer valer sus derechos; **zu ~** con razón; **~ haben** tener razón **2.** *ohne pl* (*Rechtsordnung*) derecho *m;* (*Gesetze*) legislación *f,* leyes *fpl;* **gegen das ~ verstoßen** infringir las leyes; **~ sprechen** hacer justicia

rechte(r, s) *adj* **1.** (*Seite*) derecho; (POL) de derecha(s); **~r Hand** a mano derecha; **auf der ~n Seite** a la derecha **2.** (MATH) recto; **ein ~r Winkel** un ángulo recto

Rechte [ˈrɛçtə] *f* <-n, -n> (*a.* POL) derecha *f;* **zu ihrer ~n** a su derecha

Rechteck *nt* <-(e)s, -e> rectángulo *m;* **rechteckig** *adj* rectangular

rechtfertigen [ˈ----] *vt, vr:* **sich ~** justificar(se) (*für* + *akk* por, *vor* + *dat* ante)

Rechtfertigung *f* <-en> justificación *f;* **was sagt er zu seiner ~?** ¿y él que alega?

rechthaberisch *adj* (*abw*): **~ sein** querer tener siempre la razón

rechtlich *adj* legal; (*gesetzlich*) jurídico

rechtmäßig *adj* legítimo; **etw für ~ erklären** declarar algo legal

rechts [rɛçts] **I.** *adv* (a) la derecha; **nach ~** hacia la derecha; **von ~ kommen** venir por la derecha; **~ vor links** la derecha tiene preferencia **II.** *präp* + *gen* a la derecha

Rechtsanwalt, -wältin *m, f* abogado, -a *m, f;* **sich** *dat* **einen ~ nehmen** contratar a un abogado; **Rechtsberatung** *f* asesoramiento *m* jurídico

rechtsbündig *adj* (TYPO, INFOR) fijo a la derecha

rechtschaffen [ˈrɛçtʃafən] *adj* honrado

Rechtschreibfehler *m* falta *f* de ortografía

Rechtschreibung *f* ortografía *f*

> El 1 de julio de 1996 se acuerda en Viena la reforma de la **Rechtschreibung** del alemán. Las nuevas reglas entraron en vigor el 1 de agosto de 1998. Sin embargo el acuerdo contempla una fase de transición, según la cual hasta el 2005 tienen validez las antiguas y las nuevas reglas simultáneamente.

Rechtsextremist(in) *m(f)* (POL) ultraderechista *mf;* **rechtsextremistisch** *adj* (POL) de extrema derecha

Rechtshänder(in) [ˈ-hɛndɐ] *m(f)* <-s, -; -nen> diestro, -a *m, f*

rechtskräftig *adj* (jurídicamente) válido; **~ werden** entrar en vigor

Rechtsprechung *f* <-en> jurisprudencia *f*

rechtsradikal *adj* (POL) de extrema derecha, ultraderechista

rechtswidrig *adj* ilegal

rechtwink(e)lig *adj* rectangular

rechtzeitig **I.** *adj* puntual **II.** *adv* a tiempo

Reck [rɛk] *nt* <-(e)s, -e *o* -s> barra *f* fija

recken [ˈrɛkən] **I.** *vt* alargar; **den Kopf ~** alargar el cuello **II.** *vr:* **sich ~** estirarse

Recorder *m* <-s, -> *s.* **Rekorder**

recyceln* [riˈsaɪkəln] *vt* reciclar

Recycling [riˈsaɪklɪŋ] *nt* <-s, *ohne pl*> reciclaje *m;* **Recyclingpapier** *nt* <-s, *ohne pl*> papel *m* reciclado

Redakteur(in) [redakˈtøːɐ] *m(f)* <-s, -e; -nen> redactor(a) *m(f)*

Redaktion [redakˈtsjoːn] *f* <-en> redacción *f*

Rede [ˈreːdə] *f* <-n> (*Ansprache*) discurso *m;* (*Gespräch*) conversación *f;* **eine ~ halten** pronunciar un discurso; **das ist nicht der ~ wert** no merece la pena comentarlo; **es ist die ~ von ...** se habla de...; **jdn zur ~ stellen** pedir cuentas a alguien; **jdm ~ und Antwort stehen** dar cuentas a alguien; **direkte/indirekte ~** (LING) estilo directo/indirecto

Redefreiheit *f ohne pl* libertad *f* de expresión; **redegewandt** *adj* elocuente

reden ['re:dən] *vi, vt* hablar (*mit* +*dat* con, *über*+*akk* sobre, *von*+*dat* de); **Unsinn** ~ decir tonterías; (**viel**) **von sich** *dat* ~ **machen** dar mucho que hablar; **darüber lässt sich** ~ se puede hablar de ello; **so lasse ich nicht mit mir** ~ no consiento que me hablen así; **ein ernstes Wort mit jdm** ~ hablar en serio con alguien

Redensart *f* locución *f*

Redewendung *f* giro *m*

redlich ['re:tlɪç] *adj* honrado

Redner(in) ['re:dnɐ] *m(f)* <-s, -; -nen> orador(a) *m(f)*

redselig *adj* locuaz

reduzieren* [redu'tsi:rən] *vt, vr:* **sich** ~ reducir(se) (*auf*+*akk* a)

Reederei *f* <-en> compañía *f* naviera

reell [re'ɛl] *adj* (*ehrlich*) honesto; (*fam: Preis*) razonable; (*wirklich, a.* MATH) real

Referat [refe'ra:t] *nt* <-(e)s, -e> (*Vortrag*) ponencia *f;* (*Abteilung*) sección *f*

Referent(in) [refe'rɛnt] *m(f)* <-en, -en; -nen> **1.** (*eines Vortrages*) conferenciante *mf;* (*eines Referats*) ponente *mf* **2.** (*Referatsleiter*) jefe, -a *m, f* de negociado

Referenzen [refe'rɛnts] *fpl* referencias *fpl*

referieren* [refe'ri:rən] **I.** *vi* **1.** (*Referat halten*) exponer (una ponencia) (*über* sobre) **2.** (*berichten*) hablar (*über* sobre/de) **II.** *vt* (*berichten*) presentar

reflektieren* [reflɛk'ti:rən] *vi, vt* (*Licht*) reflejar

Reflektor [re'flɛkto:ɐ] *m* <-s, -en> reflector *m*

Reflex [re'flɛks] *m* <-es, -e> reflejo *m;* **Reflexbewegung** *f* movimiento *m* reflejo

reflexiv [reflɛ'ksi:f] *adj* reflexivo; **Reflexivpronomen** *nt* pronombre *m* reflexivo

Reform [re'fɔrm] *f* <-en> reforma *f*

Reformation [refɔrma'tsjo:n] *f* Reforma *f*

Reformhaus *nt* tienda *f* de productos dietéticos y biológicos

reformieren* [refɔr'mi:rən] *vt* reformar

Refrain [rə'frɛ̃:] *m* <-s, -s> estribillo *m*

Regal [re'ga:l] *nt* <-s, -e> (*Ablage, Gestell*) estantería *f;* (*Bücher~*) librería *f*

Regatta [re'gata] *f* <Regatten> regata *f*

rege ['re:gə] *adj* **1.** (*Verkehr, Briefwechsel, Betrieb*) intenso; (*Nachfrage, Interesse*) grande; (*Handel*) floreciente; ~ **Beteiligung** participación activa **2.** (*Unterhaltung*) animado; (*Fantasie*) vivo

Regel ['re:gəl] *f* <-n> **1.** (*Vorschrift, a.* LING) regla *f;* **in der** ~ por regla general; **sich** *dat* **etw zur** ~ **machen** tomar algo por costumbre **2.** (*Menstruation*) regla *f;* **Regelfall** *m* <-(e)s, *ohne pl*> caso *m* normal; **regelmäßig** **I.** *adj* regular **II.** *adv* con regularidad

regeln ['re:gəln] **I.** *vt* regular; (*in Ordnung bringen*) arreglar; **das lässt sich** ~ esto se puede arreglar **II.** *vr:* **sich** ~ arreglarse

Regelung *f* <-en> **1.** (*das Festlegen*) reglamentación *f;* (*Erledigung*) tramitación *f* **2.** (*der Temperatur*) regulación *f*

regelwidrig *adj* contrario a las reglas

regen ['re:gən] *vt, vr:* **sich** ~ mover(se); **kein Lüftchen regte sich** no corría ni una brisa

Regen ['re:gən] *m* <-s, -> lluvia *f;* (*feiner*) llovizna *f;* **saurer** ~ lluvia ácida; **vom** ~ **in die Traufe kommen** (*fam fig*) salir de Guatemala y entrar en Guatepeor

Regenbogen *m* arco *m* iris; **Regenbogenpresse** *f* prensa *f* amarilla

regenerieren* [regene'ri:rən] *vr:* **sich** ~ regenerar(se)

Regenfälle *mpl* lluvias *fpl;* **starke/anhaltende** ~ lluvias fuertes/persistentes; **Regenmantel** *m* gabardina *f;* (*Cape*) impermeable *m;* **Regenrinne** *f* canalón *m;* **Regenschauer** *m* chubasco *m;* **Regenschirm** *m* paraguas *m inv;* **Regenwald** *m* selva *f* tropical; **Regenwetter** *nt* tiempo *m* lluvioso; **bei** ~ cuando llueve; **Regenwurm** *m* lombriz *f* de tierra; **Regenzeit** *f* época *f* de las lluvias

Regie [re'ʒi:] *f* (*a.* FILM, THEAT) dirección *f;* **etw in eigener** ~ **tun** (*fam*) hacer algo por cuenta propia

regieren* [re'gi:rən] **I.** *vi* gobernar (*über*); (*herrschen*) reinar (*über* +*akk* sobre) **II.** *vt* (*Land, Staat*) gobernar; (LING) regir

Regierung *f* <-en> gobierno *m;* **an der** ~ **sein** estar en el poder; **an die** ~ **kommen** acceder al poder; **Regierungsbezirk** *m* distrito *m* administrativo; **Regierungschef(in)** *m(f)* jefe, -a *m, f* de gobierno; **Regierungspartei** *f* partido *m* gubernamental; **Regierungssprecher(in)** *m(f)* portavoz *mf* del gobierno; **Regierungszeit** *f* mandato *m;* (*eines Königs*) reinado *m*

Regime [re'ʒi:m] *nt* <-s, -(s)> régimen *m;* **Regimekritiker(in)** *m(f)* disidente *mf*

R

Regiment *nt* <-(e)s, -er> (MIL) regimiento *m*

Region [re'gjo:n] *f* <-en> región *f*

regional [regjo'na:l] *adj* regional

Regisseur(in) [reʒɪ'sø:ɐ] *m(f)* <-s, -e; -nen> director(a) *m(f)*

Register [re'gɪstɐ] *nt* <-s, -> registro *m;* **alle ~ ziehen** (*fig*) tocar todos los registros

registrieren* [regɪs'tri:rən] *vt* registrar

Regler ['re:glɐ] *m* <-s, -> regulador *m;* (*Temperatur~*) termostato *m*

regnen ['re:gnən] *vunpers* llover; **es regnet in Strömen** llueve a cántaros

regnerisch *adj* lluvioso

regulär [regu'lɛ:ɐ] *adj* regular

regulieren* [regu'li:rən] *vt* regular

Regung ['re:gʊŋ] *f* <-en> (*geh*) movimiento *m;* (*Gefühls~*) emoción *f;* **regungslos** *adj* inmóvil

Reh [re:] *nt* <-(e)s, -e> corzo *m*

Rehabilitation [rehabilita'tsjo:n] *f* <-en> rehabilitación *f*

rehabilitieren* [rehabili'ti:rən] *vt* rehabilitar; (*wieder eingliedern*) reintegrar

Reibe ['raɪbə] *f* <-n> rallador *m*

reiben ['raɪbən] <reibt, rieb, gerieben> *vt* **1.** (*aneinander ~*) frotar; **etw blank ~** sacar brillo a algo **2.** (*zerkleinern*) rallar

Reibereien *fpl* peleas *fpl*

Reibung *f* <-en> fricción *f;* **reibungslos** *adj* sin dificultades; **etw verläuft ~** algo va de maravilla

reich [raɪç] *adj* rico (*an +dat* en); **~ werden** enriquecerse; **~ geschmückt** lujosamente adornado

Reich [raɪç] *nt* <-(e)s, -e> imperio *m;* (*König~, a. fig*) reino *m;* **das Dritte ~** el Tercer Reich; **das ~ der Tiere** el reino animal

reichen ['raɪçən] **I.** *vi* **1.** (*aus~*) bastar; **mir reicht's!** (*fam*) ¡estoy harto! **2.** (*sich erstrecken*) llegar (*bis +dat* a); **weit ~d** (*Entfernung*) de gran alcance; (*umfassend*) extenso; **so weit das Auge reicht** lo que alcanza la vista **II.** *vt* **1.** (*anbieten*) servir **2.** (*geben*): **jdm etw ~** pasar algo a alguien; **sich** *dat* **die Hand ~** tenderse la mano

reichhaltig *adj* abundante; (*umfangreich*) amplio

reichlich **I.** *adj* abundante; (*umfangreich*) amplio **II.** *adv* **1.** (*ausreichend*) en abundancia; **alles ist ~ vorhanden** hay de todo en abundancia **2.** (*fam: ziemlich*) bastante

> El **Reichstag**, creado durante el Imperio Alemán, acogió, durante la República de Weimar, a diputados que eran elegidos por un mandato de cuatro años, de acuerdo con la constitución. Desde 1994 el antiguo edificio del **Reichstag** se utiliza como nueva sede del gobierno federal, al trasladarse la misma desde Bonn a Berlín tras la reunificación. Históricamente el **Reichstag** era el órgano en el que se reunían los representantes de la nobleza a petición del rey o emperador. A partir del año 1663 el **Reichstag** continuó celebrando sus reuniones en Regensburg.

Reichtum *m* <-s, -tümer> **1.** (*Besitz*) riqueza *f* (*an +dat* en) **2.** *ohne pl* (*Vielfalt*) gran variedad *f* (*an +dat* de); **der ~ an Arten** la gran variedad de especies

Reichweite *f* alcance *m;* **außer ~ sein** estar fuera de alcance; **etw liegt in ~** algo está al alcance de la mano

reif [raɪf] *adj* maduro; **die Zeit ist ~ (für etwas)** ha llegado el momento (de algo); **eine ~e Leistung** (*fam*) un trabajo bien hecho

Reif [raɪf] *m* <-(e)s, *ohne pl*> (*Rau~*) escarcha *f*

Reife [raɪfə] *f* madurez *f*

reifen ['raɪfən] *vi sein* madurar

Reifen ['raɪfən] *m* <-s, -> (*Auto~, Fahrrad~*) neumático *m;* (*Spielzeug, Fass~*) aro *m;* **Reifenpanne** *f* pinchazo *m*

Reifeprüfung *f* ≈examen *m* de bachillerato

reiflich **I.** *adj* detenido **II.** *adv* detenidamente; **das habe ich mir ~ überlegt** he considerado esto detenidamente

Reihe ['raɪə] *f* <-n> **1.** (*allgemein*) fila *f;* (*Baum~*) hilera *f;* **sich in einer ~ aufstellen** ponerse en fila; **aus der ~ tanzen** (*fam fig*) hacer rancho aparte; **in Reih und Glied stehen** estar en formación **2.** (*Anzahl*) serie *f;* (*Buch~*) colección *f;* **er kaufte eine ganze ~ Bücher** compró una serie de libros **3.** *ohne pl* (*Reihenfolge*) turno *m;* **du bist an der ~** (*fam*) te toca (a ti); **der ~ nach** por turno

reihen ['raɪən] **I.** *vt* (*geh*): **etw an etw ~** poner algo en fila con algo; **Perlen auf eine Schnur ~** ensartar perlas en un hilo **II.** *vr:* **sich ~** (*geh: zeitlich*) sucederse

Reihenfolge *f* orden *m;* **in alphabetischer ~** por orden alfabético; **Reihenhaus** *nt* chalé *m* adosado; **reihenweise** *adv*

1. (*fam: viele*) en serie **2.** (*in Reihen*) en filas

Reiher ['raɪɐ] *m* <-s, -> garza *f*

reihern ['raɪɐn] *vi* (*fam: erbrechen*) vomitar

reihum [raɪ'ʔʊm] *adv* por turno; ~ **gehen** pasar de mano en mano

Reim [raɪm] *m* <-(e)s, -e> rima *f*; **ich kann mir keinen ~ darauf machen** no me lo explico

reimen *vt, vr:* **sich ~** rimar(se) (*auf +akk* con)

rein [raɪn] **I.** *adj* **1.** (*pur*) puro; (*Freude*) verdadero; **sie ist das ~ste Genie** es un verdadero genio **2.** (*sauber*) limpio; **etw ~ halten** mantener algo limpio; **etw ins Reine schreiben** pasar algo a limpio; **mit sich** *dat* **selbst ins Reine kommen** sincerarse consigo mismo **3.** (*ohne Ausnahme*) neto; **eine ~e Industriestadt** una ciudad netamente industrial **II.** *adv* **1.** (*lediglich*) netamente; **aus ~ privaten Gründen** por razones estrictamente privadas; ~ **gar nichts** nada de nada **2.** (*fam: herein, hinein*) adentro, hacia dentro; *s. a.* **herein, hinein**

Reinfall *m* (*fam*) chasco *m*

rein|fallen *irr vi sein* (*fam*) **1.** (*in Loch*) caer (*in* en); (*Licht*) entrar (*in* en/a) **2.** (*sich täuschen lassen*) dejarse engañar (*auf* por) **3.** (*erfolglos sein*) llevarse un chasco (*mit* con)

Reingewinn *m* beneficio *m* neto

Reinhaltung *f ohne pl* limpieza *f*

Reinheit *f* (*Unverfälschtheit*) pureza *f*; (*Sauberkeit*) limpieza *f*

> La **Reinheitsgebot** alemana es una de las leyes de alimentación más antiguas de Alemania. Entró en vigor en 1516 y establece los únicos ingredientes que se pueden utilizar en la producción de cerveza: cebada extraída de la malta, lúpulo, agua y recientemente también levadura.

reinigen ['raɪnɪgən] *vt* limpiar; (*Abwässer*) depurar; (*Kleidung*) lavar en seco

Reinigung *f* <-en> **1.** (*Unternehmen*) tintorería *f* **2.** (*das Reinigen*) limpieza *f*; (*von Abwässern*) depuración *f*; (*von Kleidung*) lavado *m* en seco; **Reinigungsmittel** *nt* detergente *m*

reinlich *adj* limpio

reinrassig *adj* de pura raza

Reis [raɪs] *m* <-es, -e> arroz *m*

Reise ['raɪzə] *f* <-n> viaje *m* (*nach +dat, in +akk* a); **auf ~n sein** estar de viaje; **gute ~!** ¡buen viaje!; **Reisebüro** *nt* agencia *f* de viajes; **Reiseführer** *m* guía *f* turística; **Reiseleiter(in)** *m(f)* guía *mf* turístico, -a

reisen ['raɪzən] *vi sein* viajar (*nach +dat, in +akk* a)

ReisepassRR *m* pasaporte *m*; **Reisetasche** *f* bolsa *f* de viaje; **Reiseveranstalter** *m* agente *m* de viajes; **Reiseverkehr** *m* tráfico *m* de viajeros, turismo *m*; **Reiseversicherung** *f* seguro *m* de viaje; **Reiseziel** *nt* punto *m* de destino

Reisig ['raɪzɪç] *nt* <-s, *ohne pl*> ramas *fpl* secas

Reißaus [raɪs'ʔaʊs] *m* (*fam*): ~ **nehmen** poner pies en polvorosa

reißen ['raɪsən] <reißt, riss, gerissen> **I.** *vi* tirar (*an +dat* de) **II.** *vt* **1.** (*zer~*) romper; (*in Fetzen*) desgarrar; **etw in Stücke ~** romper algo en pedazos **2.** (*weg~, aus~*) arrancar (*aus +dat* de); **er wurde aus dem Schlaf gerissen** le sacaron del sueño; **etw an sich ~** hacerse con algo **III.** *vr:* **sich ~** (*fam*): **sich um etw ~** pegarse por algo

reißend *adj* fuerte; **~en Absatz finden** tener muy buena acogida

reißerisch *adj* (*abw*) sensacionalista

ReißverschlussRR *m* cremallera *f*; **Reißzwecke** *f* chincheta *f*

reiten ['raɪtən] <reitet, ritt, geritten> **I.** *vi sein* cabalgar; (*auf einem Pferd*) montar a caballo; (*als Sport*) practicar la equitación; **im Galopp ~** ir al galope **II.** *vt haben* montar

Reiter(in) *m(f)* <-s, -; -nen> jinete *m*, amazona *f*

Reitpferd *nt* caballo *m* de silla

Reiz [raɪts] *m* <-es, -e> **1.** (*physiologisch*) estímulo *m* **2.** (*Verlockung*) atractivo *m*; **einen ~ auf jdn ausüben** fascinar a alguien **3.** (*Schönheit*) encanto *m*

reizbar *adj* irritable; **er ist leicht ~** se irrita fácilmente

reizen ['raɪtsən] **I.** *vt* **1.** (*provozieren*) provocar; **jdn bis zur Weißglut ~** (*fam*) sacar a alguien de quicio **2.** (MED) irritar **3.** (*anziehen*) atraer **II.** *vi* (*beim Kartenspiel*) pujar

reizend *adj* precioso; (*Mensch*) encantador

reizlos *adj* sin gracia; **Reizthema** *nt* tema *m* delicado; **reizvoll** *adj* (*schön*) encantador; (*verlockend*) tentador; **Reizwäsche** *f* ropa *f* (interior) sexy

R

rekeln ['re:kəln] *vr:* **sich ~** (*fam*) estirarse

Reklamation [reklama'tsjo:n] *f* <-en> reclamación *f*

Reklame [re'kla:mə] *f* <-n> publicidad *f;* **für jdn/etw ~ machen** hacer publicidad por alguien/para algo

reklamieren* [rekla'mi:rən] *vi, vt* reclamar (*gegen +akk* contra)

rekonstruieren* [rekɔnstru'i:rən] *vt* reconstruir (*aus +dat* con)

Rekord [re'kɔrt] *m* <-(e)s, -e> récord *m;* **einen ~ einstellen/aufstellen/brechen** igualar/establecer/batir un récord

Rekorder [re'kɔrdɐ] *m* <-s, -> magnetofón *m,* grabadora *f Am*

Rekrut(in) [re'kru:t] *m(f)* <-en, -en; -nen> recluta *mf*

Rektor(in) ['rɛkto:ɐ] *m(f)* <-s, -en; -nen> (SCH) director(a) *m(f);* (UNIV) rector(a) *m(f)*

Relation [relɑ'tsjo:n] *f* <-en> relación *f*

relativ [rela'ti:f, 're:lati:f, 'rɛlati:f] *adj* relativo; **~ oft** bastante a menudo; **ein ~ kalter Sommer** un verano relativamente frío

relativieren* [relati'vi:rən] *vt* relativizar

Relativpronomen *nt* pronombre *m* relativo; **Relativsatz** *m* oración *f* relativa

relaxen* [ri'lɛksən] *vi* relajar

relevant [rele'vant] *adj* relevante

Relief [re'ljɛf] *nt* <-s, -s *o* -e> relieve *m*

Religion [reli'gjo:n] *f* <-en> religión *f;* **Religionsfreiheit** *f ohne pl* libertad *f* de culto

religiös [reli'gjø:s] *adj* religioso

Religiosität [religjozi'tɛ:t] *f* religiosidad *f*

Reling ['re:lɪŋ] *f* <-s *o* -e> borda *f*

Reliquie [re'li:kviə] *f* <-n> reliquia *f*

Renaissance [rənɛ'sã:s] *f* Renacimiento *m*

Rendezvous [rãde'vu:] *nt* <-, -> cita *f*

Rendite [rɛn'di:tə] *f* <-n> rédito *m*

Rennbahn *f* pista *f* de carreras; (*Pferde~*) hipódromo *m*

rennen ['rɛnən] <rennt, rannte, gerannt> *vi sein* correr; **um die Wette ~** echar una carrera; **gegen etw ~** estrellarse contra algo

Rennen *nt* <-s, -> carrera *f;* **das ~ machen** (*fam*) salir vencedor; **gut im ~ liegen** ir a buen ritmo

Rennrad *nt* bicicleta *f* de carreras; **Rennwagen** *m* coche *m* de carreras

renommiert [renɔ'mi:ɐt] *adj* prestigioso

renovieren* [reno'vi:rən] *vt* renovar

rentabel [rɛn'ta:bəl] *adj* rentable

Rente ['rɛntə] *f* <-n> pensión *f;* **in ~ gehen** (*fam*) jubilarse; **Rentenversicherung** *f* seguro *m* de pensiones

rentieren* [rɛn'ti:rən] *vr:* **sich ~** valer la pena; (*finanziell*) ser rentable

Rentner(in) ['rɛntnɐ] *m(f)* <-s, -; -nen> pensionista *mf*

Reparatur [repara'tu:ɐ] *f* <-en> (*Gerät*) arreglo *m;* (*Auto*) reparación *f;* **etw in ~ geben** mandar algo a arreglar; **Reparaturwerkstatt** *f* taller *m* de reparaciones

reparieren* [repa'ri:rən] *vt* reparar

Report [re'pɔrt] *m* <-(e)s, -e> informe *m*

Reportage [repɔr'ta:ʒə] *f* <-n> reportaje *m* (*über +akk* sobre)

Reporter(in) [re'pɔrtɐ] *m(f)* <-s, -; -nen> reportero, -a *m, f*

Repräsentant(in) [reprɛzɛn'tant] *m(f)* <-en, -en; -nen> representante *mf*

repräsentativ [reprɛzɛnta'ti:f] *adj* representativo (*für* de)

repräsentieren* [reprɛzɛn'ti:rən] *vi, vt* representar

Repressalie [reprɛ'sa:liə] *f* <-n> represalia *f*

Reptil [rɛp'ti:l] *nt* <-s, -ien> reptil *m*

Republik [repu'bli:k] *f* <-en> república *f*

Republikaner(in) [republi'ka:nɐ] *m(f)* <-s, -; -nen> republicano, -a *m, f;* (*in Deutschland*) miembro *m* del partido ultraderechista alemán

Requiem ['re:kviɛm] *nt* <-s, -s> (REL) misa *f* de difuntos; (MUS) réquiem *m*

Requisit [rekvi'zi:t] *nt* <-(e)s, -en> **1.** (*Zubehör*) requisito *m* **2.** *pl* (THEAT) atrez(z)o *m*

Reservat [rezɛr'va:t] *nt* <-(e)s, -e> reserva *f*

Reserve [re'zɛrvə] *f* <-n> reserva *f;* **jdn aus der ~ locken** intentar sacar a alguien de su cascarón

reservieren* [rezɛr'vi:rən] *vt* reservar

Reservoir [rezɛr'vo̯a:ɐ] *nt* <-s, -e> depósito *m*

Residenz [rezi'dɛnts] *f* <-en> residencia *f*

Resignation [rezɪgna'tsjo:n] *f* <-en> resignación *f*

resignieren* [rezɪ'gni:rən] *vi* resignarse

resolut [rezo'lu:t] *adj* resuelto

Resonanz [rezo'nants] *f* <-en> resonancia *f;* **~ finden** tener resonancia

Resozialisierung *f* <-en> reinserción *f*

social

Respekt [re'spɛkt, rɛs'pɛkt] *m* <-(e)s, *ohne pl*> respeto *m* (*vor* + *dat* a); **sich** *dat* ~ **verschaffen** hacerse respetar

respektabel [respɛk'ta:bəl, rɛspɛk'ta:bəl] *adj* respetable

respektieren* [respɛk'ti:rən, rɛspɛk'ti:rən] *vt* respetar

respektlos *adj* irrespetuoso (*gegenüber* + *dat* (para) con); **respektvoll** *adj* respetuoso (*gegenüber* + *dat* (para) con)

Ressort [rɛ'so:ɐ] *nt* <-s, -s> **1.** (*Zuständigkeitsbereich*) competencia *f;* **das fällt nicht in mein** ~ eso no pertenece al ámbito de mis competencias **2.** (*Abteilung*) sección *f*

Ressourcen [rɛ'sʊrsən] *fpl* recursos *mpl*

Rest [rɛst] *m* <-(e)s, -e> resto *m;* (*Stoff*~) retal *m;* **der letzte** ~ lo último que queda; **das hat ihm den** ~ **gegeben** (*fam*) esto le acabó de desmoronar

Restaurant [rɛsto'rã:] *nt* <-s, -s> restaurante *m*

restaurieren* [restaʊ'ri:rən, rɛstaʊ'ri:rən] *vt* restaurar, refaccionar *Am*

restlich *adj* (*noch ausstehend*) restante; (*nach Verbrauch*) sobrante

restlos *adv* por completo; **Restposten** *m* remanente *m;* **Restrisiko** *nt* <-s, -risiken> riesgo *m* (que permanece)

Resultat [rezʊl'ta:t] *nt* <-(e)s, -e> resultado *m*

resultieren* [rezʊl'ti:rən] *vi* resultar (*aus* de)

Resümee [rezy'me:] *nt* <-s, -s> resumen *m*

Retorte [re'tɔrtə] *f* <-n> retorta *f;* **aus der** ~ (*fam*) artificial; **Retortenbaby** *nt* (*fam*) bebé-probeta *m*

retour [re'tu:ɐ] *adv* (*reg, Schweiz, Österr*) de vuelta; **jdm etw** ~ **geben** devolver algo a alguien

retten ['rɛtən] *vt, vr:* **sich** ~ salvar(se) (*vor* + *dat* de); (*bergen*) rescatar (*aus* + *dat* de); **sich vor Arbeit nicht mehr** ~ **können** estar hasta el cuello de tanto trabajo

Retter(in) *m(f)* <-s, -; -nen> salvador(a) *m(f)*

Rettich ['rɛtɪç] *m* <-s, -e> rábano *m* largo

Rettung *f* <-en> salvación *f;* (*Bergung*) rescate *m;* **du bist meine letzte** ~**!** (*fam*) ¡eres mi última esperanza!; **Rettungsaktion** *f* operación *f* de rescate; **Rettungsboot** *nt* bote *m* salvavidas; **Rettungsdienst** *m* servicio *m* de socorro; **Rettungsring** *m* salvavidas *m inv;* **Rettungsschwimmer(in)** *m(f)* socorrista *mf;* **Rettungswagen** *m* ambulancia *f*

Reue ['rɔɪə] *f* arrepentimiento *m*

Revanche [re'vã:ʃ(ə)] *f* <-n> (*Rache*) revancha *f;* (*bei einem Spiel*) desquite *m;* **jdm** ~ **geben** dar(le) revancha a alguien

revanchieren* [revã'ʃi:rən] *vr:* **sich** ~ **1.** (*sich rächen*) vengarse (*für* + *akk, bei* + *dat* de) **2.** (*sich erkenntlich zeigen*) corresponder (*für* + *akk* a)

Revers [re've:ɐ, re'vɛ:ɐ] *nt, Österr: m* <-, -> solapa *f*

revidieren* [revi'di:rən] *vt* revisar

Revier [re'vi:ɐ] *nt* <-s, -e> (*Polizei*~) comisaría *f;* (ZOOL) territorio *m;* (*Jagd*~) coto *m* de caza

Revision [revi'zjo:n] *f* <-en> **1.** (*Kontrolle*) revisión *f;* (*von Gepäck*) registro *m* **2.** (JUR) recurso *m* de casación

Revolte [re'vɔltə] *f* <-n> sublevación *f*

Revolution [revolu'tsjo:n] *f* <-en> revolución *f*

revolutionär [revolutsjo'nɛ:ɐ] *adj* revolucionario

Revolver [re'vɔlvɐ] *m* <-s, -> revólver *m*

Revue [rə'vy:] *f* <-n> (*a.* THEAT, PUBL) revista *f;* **etw** ~ **passieren lassen** (*fig*) pasar revista a algo

rezensieren* [retsɛn'zi:rən] *vt* reseñar

Rezension [retsɛn'zjo:n] *f* <-en> reseña *f*

Rezept [re'tsɛpt] *nt* <-(e)s, -e> receta *f;* **etw auf** ~ **bekommen** recibir algo con receta; **rezeptfrei** *adj* sin receta médica

Rezeption [retsɛp'tsjo:n] *f* <-en> (*Hotel*~) recepción *f*

rezeptpflichtig *adj* de prescripción (médica) obligatoria; (*auf Packung*) con receta médica

Rezession [retsɛ'sjo:n] *f* <-en> recesión *f*

R-Gespräch ['ɛrgəʃprɛ:ç] *nt* llamada *f* a cobro revertido

Rhabarber [ra'barbɐ] *m* <-s, *ohne pl*> ruibarbo *m*

Rhein [raɪn] *m* <-s> Rin *m*

Rheinland *nt* <-(e)s> Renania *f*

Rheinland-Pfalz ['--'-] *nt* <-> Renania *f* Palatinado

Rhesusfaktor *m* <-s, *ohne pl*> factor *m* Rhesus; ~ **positiv/negativ** RH positivo/negativo

Rhetorik [re'to:rɪk] *f* retórica *f*

Rheuma ['rɔɪma] *nt* <-s, *ohne pl*> (*fam*) reuma *m o f;* **an ~ leiden** padecer reuma

Rhythmen *pl von* **Rhythmus**

rhythmisch ['rʏtmɪʃ] *adj* rítmico

Rhythmus ['rʏtmʊs] *m* <-, Rhythmen> ritmo *m*

richten ['rɪçtən] **I.** *vt* dirigir (*an/auf+akk* a, *gegen +akk* contra); (*Waffe*) apuntar (*auf +akk* a); (*Aufmerksamkeit*) concentrar (*auf +akk* en); (*Blick*) fijar (*auf +akk* en); **das Wort an jdn ~** dirigir la palabra a alguien **II.** *vr:* **sich nach etw** *dat*/**jdm ~** seguir algo/orientarse por alguien

Richter(in) *m(f)* <-s, -; -nen> juez(a) *m(f)*

richterlich *adj* judicial

Richtgeschwindigkeit *f* velocidad *f* (máxima) aconsejada

richtig ['rɪçtɪç] **I.** *adj* **1.** (*zutreffend*) exacto; (*korrekt*) correcto **2.** (*regelrecht*) verdadero; **ein ~es Durcheinander** un verdadero caos **3.** (*geeignet*) justo; **zur ~en Zeit** en el momento oportuno **II.** *adv* **1.** (*korrekt*) bien; **das hat er ~ gemacht** lo ha hecho bien **2.** (*~gehend*) verdaderamente; **er war ~ nett** fue verdaderamente amable

richtiggehend *adj* (*wirklich*) verdadero; **jdn ~ betrügen** (*fam*) estafar a alguien en toda regla

richtig|stellen *vt s.* **stellen I.5.**

Richtlinie *f* norma *f,* pauta *f*

Richtung *f* <-en> dirección *f;* **in die entgegengesetzte ~ fahren** ir en sentido contrario; **der Zug ~ Vigo** el tren con destino a Vigo; **die Leute kommen aus allen ~en** la gente viene de todas partes; **sie gab dem Gespräch eine andere ~** cambió el rumbo de la conversación; **in dieser ~ habe ich nichts unternommen** no tomé medidas al respecto; **richtung(s)weisend** *adj* orientador, que sirve de modelo

Richtwert *m* valor *m* indicativo

rieb [ri:p] *3. imp von* **reiben**

riechen ['ri:çən] <riecht, roch, gerochen> *vi, vt* oler (*nach+dat* a); **übel ~d** maloliente; **an einem Gewürz ~** oler una especia; **es riecht angebrannt** huele a quemado; **aus dem Mund ~** tener mal aliento; **jdn nicht ~ können** (*fam*) no tragar a alguien

Riecher *m* <-s, -> (*fam: Nase*) nariz *f;* (*Geruchssinn*) olfato *m;* **den richtigen ~ für etw haben** tener muy buen olfato para algo

rief [ri:f] *3. imp von* **rufen**

Riegel ['ri:gəl] *m* <-s, -> **1.** (*Tür~*) cerrojo *m;* (*im Türschloss*) pestillo *m;* **etw** *dat* **einen ~ vorschieben** poner freno a algo **2.** (*Schokoladen~*) barrita *f*

Riemen ['ri:mən] *m* <-s, -> correa *f;* **sich am ~ reißen** (*fam*) hacer un esfuerzo

Riese, -in ['ri:zə] *m, f* <-n, -n; -nen> gigante, -a *m, f*

rieseln ['ri:zəln] *vi sein* (*Schnee, Sand*) caer; (*Wasser*) correr

riesengroß ['--'-] *adj* (*fam*) gigantesco

Riesenrad *nt* noria *f*

riesig **I.** *adj* enorme **II.** *adv* (*fam: sehr*) enormemente

riet [ri:t] *3. imp von* **raten**

Riff [rɪf] *nt* <-(e)s, -e> arrecife *m*

rigoros [rigo'ro:s] *adj* riguroso

Rille ['rɪlə] *f* <-n> ranura *f;* (*Schallplatten~*) surco *m*

Rind [rɪnt] *nt* <-(e)s, -er> **1.** (*Tier*) vacuno *m,* res *f Am* **2.** (ZOOL) bóvidos *mpl* **3.** *ohne pl* (*fam: ~fleisch*) carne *f* de vaca

Rinde ['rɪndə] *f* <-n> corteza *f*

Rinderwahnsinn *m* enfermdedad *f* de las vacas locas

Rindfleisch *nt* carne *f* de vaca; **Rindvieh** *nt* <-(e)s, -viecher> (*fam abw: Mensch*) animal *m*

Ring [rɪŋ] *m* <-(e)s, -e> **1.** (*allgemein*) aro *m;* (*Finger~*) anillo *m;* **~e unter den Augen haben** tener ojeras **2.** *pl* (*Turngerät*) anillas *fpl* **3.** (*Box~*) ring *m;* **Ringbuch** *nt* cuaderno *m* de anillas

Ringelblume *f* caléndula *f;* **Ringelnatter** *f* serpiente *f* de collar

ringen ['rɪŋən] <ringt, rang, gerungen> *vi* (*a.* SPORT) luchar (*mit +dat* con, *um +akk, nach +dat* por); **nach Luft ~** jadear; **mit dem Tod ~** agonizar

Ringer(in) *m(f)* <-s, -; -nen> luchador(a) *m(f)*

Ringfinger *m* (dedo *m*) anular *m*

Ringrichter(in) *m(f)* árbitro, -a *m, f* del ring de boxeo

rings [rɪŋs] *adv* alrededor (*an/um* de)

ringsherum ['rɪŋshɛ'rʊm] *adv,* **ringsumher** ['rɪŋsʔʊm'he:ɐ] *adv* alrededor; (*überall*) por todas partes

Rinne ['rɪnə] *f* <-n> **1.** (*im Boden*) cauce *m;* (*Bewässerungs~*) acequia *f* **2.** (*Dach~*)

canalón *m*

rinnen ['rɪnən] <rinnt, rann, geronnen> *vi sein* manar

Rinnsal ['rɪnza:l] *nt* <-(e)s, -e> (*geh: Gewässer*) riachuelo *m;* (*Blut~*) reguero *m*

Rinnstein *m* (*Gosse*) cuneta *f;* (*Bordstein*) bordillo *m*

Rippe ['rɪpə] *f* <-n> costilla *f*

Risiko ['ri:ziko] *nt* <-s, -s *o* Risiken> riesgo *m;* **kein/ein ~ eingehen** no correr riesgo/correr un riesgo

riskant [rɪs'kant] *adj* arriesgado

riskieren* [rɪs'ki:rən] *vt* arriesgar

riss[RR] [rɪs] *3. imp von* **reißen**

Riss[RR] [rɪs] *m* <-es, -e> **1.** (*Ein~*) desgarro *m;* (*in Stoff, Papier*) rasgadura *f;* (*in Wand, Erde, Haut*) grieta *f;* (*in Porzellan*) resquebrajadura *f;* (*Spalt*) hendidura *f* **2.** (TECH) plano *m*

rissig ['rɪsɪç] *adj* (*Wand, Haut*) agrietado; (*Stoff*) rasgado; (*Porzellan*) resquebrajado

ritt [rɪt] *3. imp von* **reiten**

Ritt [rɪt] *m* <-(e)s, -e> cabalgada *f*

Ritter ['rɪtɐ] *m* <-s, -> caballero *m*

ritterlich *adj* caballeresco

rittlings ['rɪtlɪŋs] *adv* a horcajadas

Ritual [ritu'a:l] *nt* <-s, -e *o* -ien> ritual *m*

Ritze ['rɪtsə] *f* <-n> ranura *f;* (*im Boden*) hendidura *f*

ritzen ['rɪtsən] *vt* (*Glas, Kupfer*) tallar; (*eingravieren*) grabar (*in +akk* en)

Rivale, -in [ri'va:lə] *m, f* <-n, -n; -nen> rival *mf*

rivalisieren* [rivali'zi:rən] *vi* rivalizar (*mit +dat* con, *um +akk* por)

Rivalität [rivali'tɛ:t] *f* <-en> rivalidad *f*

Robbe ['rɔbə] *f* <-n> foca *f*

Roboter ['rɔbɔtɐ] *m* <-s, -> robot *m*

robust [ro'bʊst] *adj* robusto

roch [rɔx] *3. imp von* **riechen**

röcheln ['rœçəln] *vi* resollar

Rock [rɔk] *m* <-(e)s, Röcke> falda *f,* pollera *f Am;* (*Schweiz: Kleid*) vestido *m;* (*reg: Jackett*) chaqueta *f*

Rocker(in) ['rɔkɐ] *m(f)* <-s, -; -nen> rockero, -a *m, f*

Rockgruppe *f* grupo *m* de rock

rodeln ['ro:dəln] *vi haben o sein* (*reg*) ir en trineo

roden ['ro:dən] *vt* (*Gebiet*) desmontar; (*Baum*) talar

Rodung *f* <-en> desmonte *m*

Roggen ['rɔgən] *m* <-s, -> centeno *m*

roh [ro:] *adj* (*ungekocht*) crudo; (*unbearbeitet*) sin labrar; (*grob*) bruto; **Rohkost** *f* verdura *f* cruda; **Rohöl** *nt* (petróleo *m*) crudo *m*

Rohr [ro:ɐ] *nt* <-(e)s, -e> tubo *m*

Röhre ['rø:rə] *f* <-n> (*a.* TV, ELEK) tubo *m;* **in die ~ gucken** (*fam*) ver la tele

Rohrleitung *f* tubería *f*

Rohrzucker *m* azúcar *m* de caña

Rohstoff *m* materia *f* prima

Rokoko ['rɔkoko] *nt* <-(s), *ohne pl*> Rococó *m*

Rolladen *m s.* **Rollladen**

Rolle ['rɔlə] *f* <-n> **1.** (*Gerolltes*) rollo *m;* (*um etw darauf zu wickeln*) bobina *f;* (*Geld~*) cartucho *m;* (*Garn~*) carrete *m* **2.** (*an Möbeln*) rueda *f;* (*am Flaschenzug*) polea *f* **3.** (SPORT) voltereta *f* **4.** (THEAT, FILM: *a. fig*) papel *m;* **sie spielte die ~ der Königin** representó el papel de la reina; **es spielt keine ~, ob ...** no importa si...; **aus der ~ fallen** (*fig*) salirse de tono

rollen ['rɔlən] **I.** *vi sein* rodar; **etw kommt ins Rollen** (*fam*) algo empieza a funcionar **II.** *vt haben* (*bewegen*) hacer rodar; (*Teig*) extender **III.** *vr:* **sich ~** enrollarse

Roller *m* <-s, -> **1.** (*für Kinder*) patinete *m* **2.** (*Motor~*) vespa® *f* **3.** (*Österr: Rollo*) persiana *f* enrollable

Rollkragen *m* cuello *m* alto; **Rollkragenpullover** *m* jersey *m* de cuello alto

Rollladen[RR] *m* persiana *f*

Rollo ['rɔlo] *nt* <-s, -s> persiana *f*

Rollschuh *m* patín *m* sobre ruedas; **~ laufen** patinar (sobre ruedas); **Rollstuhl** *m* silla *f* de ruedas; **Rolltreppe** *f* escalera *f* mecánica

ROM [rɔm] *nt* <-(s), -(s)> (INFOR) *Abk. von* **Read Only Memory** ROM *m*

Roman [ro'ma:n] *m* <-s, -e> novela *f*

Romanistik [roma'nɪstɪk] *f* filología *f* románica

Romantik [ro'mantɪk] *f* (LIT, KUNST) Romanticismo *m*

romantisch *adj* romántico

Romanze [ro'mantsə] *f* <-n> romance *m*

Römer(in) ['rø:mɐ] *m(f)* <-s, -; -nen> romano, -a *m, f*

ROM-Speicher *m* (INFOR) ROM *m,* memoria *f* ROM

röntgen ['rœntgən] *vt* hacer una radiografía (de); **Röntgenaufnahme** *f* radiografía *f;* **Röntgenstrahlen** *mpl* rayos *mpl* X

rosa ['ro:za] *adj inv* rosado; **rosarot** ['--'-] *adj* (de color de) rosa; **die Welt durch eine ~e Brille sehen** (*fig*) ver el mundo de color de rosa

Rose ['ro:zə] *f* <-n> rosa *f;* **Rosenkohl** *m* col *f* de Bruselas; **Rosenkranz** *m* (REL) rosario *m;* **Rosenmontag** [(')--'--] *m* lunes *m* de Carnaval

rosig *adj* (*Haut*) sonrosado; (*erfreulich*) de color de rosa

Rosine [ro'zi:nə] *f* <-n> (uva *f*) pasa *f*

Rosmarin ['ro:smari:n] *m* <-s, *ohne pl*> romero *m*

Ross[RR] [rɔs] *nt* <-es, Rösser> (*reg*) caballo *m;* **auf dem hohen ~ sitzen** tener muchos humos

Rost [rɔst] *m* <-(e)s, -e> **1.** (*für Grill*) parrilla *f;* (*Gitter~*) rejilla *f;* (*Latten~*) somier *m* **2.** *ohne pl* (*auf Metall*) orín *m;* **~ ansetzen** oxidarse

rosten ['rɔstən] *vi sein* oxidarse

rösten ['rœstən] *vt* tostar

rostfrei *adj* inoxidable

> Con el nombre de **Rösti** se conoce una especialidad gastronómica suiza consistente en finas láminas de patata cruda o cocida, acompañadas de cebollas y hierbas, salteadas por ambos lados en la sartén.

rostig *adj* oxidado

Rostschutzmittel *nt* antioxidante *m*

rot [ro:t] *adj* <röter, röteste> rojo; (POL) socialista; **~ werden** enrojecer

Röte ['rø:tə] *f* (*von Himmel, Haut*) arrebol *m;* (*Schames~*) rubor *m*

Röteln ['rø:təln] *pl* rubeola *f*

rothaarig *adj* pelirrojo

rotieren* [ro'ti:rən] *vi* **1.** (*sich drehen*) girar (*um +akk* alrededor de) **2.** (*fam: hektisch sein*) estar a cien

Rotkäppchen ['ro:tkɛpçən] *nt* <-s> Caperucita *f* Roja; **Rotkehlchen** ['ro:tke:lçən] *nt* <-s, -> petirrojo *m;* **Rotkohl** *m* lombarda *f*

rötlich ['rø:tlɪç] *adj* rojizo

Rotlichtviertel *nt* (*fam*) barrio *m* chino

rot|sehen *irr vi* (*fam*) perder el control; **Rotstift** *m* lápiz *m* rojo; **den ~ ansetzen** economizar; **Rotwein** *m* <-(e)s, -e> vino *m* tinto

Rotz [rɔts] *m* <-es, *ohne pl*> (*vulg*) moco *m;* **~ und Wasser heulen** (*fam*) llorar a moco tendido; **rotzfrech** ['-'-] *adj* (*fam*) descarado

Rouge [ru:ʒ] *nt* <-s, -s> colorete *m*

Roulette [ru'lɛt] *nt* <-s, -s> ruleta *f*

Route ['ru:tə] *f* <-n> ruta *f*

Routine [ru'ti:nə] *f* rutina *f*

routiniert [ruti'ni:ɐt] *adj* experimentado, experto

Rowdy ['raʊdi] *m* <-s, -s> (*abw*) gamberro *m*

rubbeln ['rʊbəln] *vi, vt* frotar

Rübe ['ry:bə] *f* <-n> nabo *m;* **Gelbe ~n** (*reg*) zanahorias *fpl;* **Rote ~** remolacha *f*

Rubel ['ru:bəl] *m* <-s, -> rublo *m*

rüber ['ry:bɐ] *adv* (*fam*) **1.** (*herüber*) hacia aquí **2.** (*hinüber*) hacia allá; **da ~!** ¡(por) allí enfrente!

Rubin [ru'bi:n] *m* <-s, -e> rubí *m*

Rubrik [ru'bri:k] *f* <-en> (*Kategorie*) categoría *f;* (*in Tabelle, Zeitung*) columna *f*

ruck [rʊk] *adv:* **~, zuck** (*fam*) en un abrir y cerrar de ojos

Ruck [rʊk] *m* <-(e)s, -e> tirón *m;* **mit einem ~** de un tirón; **sich** *dat* **einen ~ geben** (*fam*) hacer un esfuerzo; **ruckartig I.** *adj* brusco **II.** *adv* de golpe

Rückblende *f* (FILM) retrospectiva *f;* **rückblickend** *adj* retrospectivo; **~ lässt sich sagen, dass ...** retrospectivamente se puede decir que...

rücken ['rʏkən] **I.** *vi sein* correrse; (*näher~*) acercarse (*an +akk* a); **in den Mittelpunkt des Interesses ~** convertirse en el centro de interés **II.** *vt haben* correr (*nach +dat* hacia); (*weg~*) apartar (*von +dat* de); (*näher~*) acercar (*an +akk* a)

Rücken ['rʏkən] *m* <-s, -> espalda *f;* (*Buch~, Tier~*) lomo *m;* (*Hand~*) dorso *m* de la mano; (*Fuß~*) empeine *m;* **jdm den ~ stärken** respaldar a alguien; **jdm in den ~ fallen** dejar a alguien en la estacada; **hinter jds ~** a espaldas de alguien; **Rückenlehne** *f* respaldo *m;* **Rückenmark** *nt* médula *f* espinal; **Rückenschmerzen** *mpl* dolores *mpl* de espalda; **Rückenwind** *m* <-(e)s, *ohne pl*> viento *m* a favor; (NAUT) viento *m* de popa

rückerstatten* *vt* (FIN) devolver; **Rückerstattung** *f* reintegro *m;* (FIN) devolución *f*

Rückfahrkarte *f* billete *m* de ida y vuelta; **Rückfahrt** *f* (viaje *m* de) vuelta *f;* **auf der ~** a la vuelta; **Rückfall** *m* (MED) recaída *f;* (JUR) reincidencia *f;* **rückfällig** *adj* **1.** (*a.* MED): **~ werden** recaer **2.** (JUR) reincidente; **Rückfrage** *f* pregunta *f;* **für ~n wenden Sie sich bitte an ...** en caso de duda diríjase a...; **Rückgabe** *f* devolución *f* (*an* + *akk* a); **Rückgang** *m* descenso *m;* **im ~ begriffen sein** estar en descenso

rückgängig [-gɛŋɪç] *adj:* **~ machen** (*Vertrag*) anular; (*Verabredung*) cancelar

Rückgrat ['rʏkgra:t] *nt* <-(e)s, -e> espina *f* dorsal

Rückhalt *m* <-(e)s, -e> respaldo *m;* **jdm ~ geben** respaldar a alguien; **rückhaltlos** **I.** *adj* incondicional **II.** *adv* sin reservas

Rückkehr *f* regreso *m;* **Rücklage** *f* ahorros *mpl*

rückläufig *adj* decreciente, descendente; **~e Tendenz** tendencia regresiva

Rücklicht *nt* luz *f* trasera; **rück|melden** *vr:* **sich ~** (UNIV) matricularse para el próximo semestre; **Rücknahme** [-na:mə] *f* <-n> (*von Versprechen, Klage*) retirada *f;* **Rückreise** *f* (viaje *m* de) regreso *m;* **auf der ~** a la vuelta; **Rückruf** *m* (TEL) llamada *f* de contestación

Rucksack ['rʊk-] *m* mochila *f*

Rückschlag *m* contratiempo *m;* **Rückschluss**[RR] *m* conclusión *f;* **Rückschlüsse aus etw** *dat* **ziehen** sacar conclusiones de algo; **Rückschritt** *m* paso *m* atrás

rückschrittlich *adj* retrógrado

Rückseite *f* (*eines Gebäudes*) parte *f* posterior; (*eines Blattes*) dorso *m;* (*einer Münze*) reverso *m;* (*eines Stoffes*) revés *m;* **siehe ~** véase al dorso

Rücksicht *f* <-en> consideración *f;* **mit ~ auf ...** teniendo en cuenta...; **auf jdn/etw ~ nehmen** tener consideración con alguien/respetar algo

Rücksichtnahme *f ohne pl* respeto *m*

rücksichtslos **I.** *adj* desconsiderado **II.** *adv* sin consideración

Rücksichtslosigkeit *f* <-en> desconsideración *f*

rücksichtsvoll *adj* considerado

Rücksitz *m* asiento *m* trasero; **Rückspiegel** *m* (espejo *m*) retrovisor *m;* **Rückstand** *m* **1.** (*Rest*) residuo *m* **2.** *pl* (*bei Zahlung*) atrasos *mpl* **3.** (*Verzug*) retraso *m;* **mit der Lieferung im ~ sein** retrasarse en la entrega; **mit 0 zu 2 im ~ liegen** (SPORT) ir perdiendo 0 a 2

rückständig *adj* (*rückschrittlich*) anticuado; (*unterentwickelt*) subdesarrollado; (WIRTSCH: *überfällig*) vencido

Rücktritt *m* dimisión *f;* **seinen ~ erklären** presentar su dimisión; **Rücktrittbremse** *f* freno *m* de pedal

Rückwand *f* parte *f* posterior

rückwärts [-vɛrts] *adv* hacia atrás; **~ einparken** aparcar marcha atrás; **Rückwärtsgang** *m* marcha *f* atrás

Rückweg *m* (camino *m* de) vuelta *f;* **auf dem ~** a la vuelta

rückwirkend **I.** *adj* retroactivo **II.** *adv* con efecto retroactivo; **das Gesetz tritt ~ vom 1.Januar in Kraft** la ley entra en vigor con efectos retroactivos a partir del 1 de enero

Rückzahlung *f* reembolso *m*

Rückzieher *m* <-s, -> (*fam*) paso *m* atrás; **einen ~ machen** dar marcha atrás

Rückzug *m* retirada *f;* **den ~ antreten** emprender la retirada

rüde ['ry:də] *adj* rudo

Rüde ['ry:də] *m* <-n, -n> perro *m* macho

Rudel ['ru:dəl] *nt* <-s, -> manada *f*

Ruder ['ru:dɐ] *nt* <-s, -> **1.** (*von ~boot*) remo *m;* **sich in die ~ legen** remar con fuerza; (*fig*) ponerse manos a la obra **2.** (*Steuer~*) timón *m;* **Ruderboot** *nt* bote *m* de remos

Ruderer, -in *m, f* <-s, -; -nen> remero, -a *m, f*

rudern ['ru:dɐn] *vi* (*Ruder bewegen*) remar; **mit den Armen ~** (*fam*) bracear

rudimentär [rudimɛn'tɛ:ɐ] *adj* rudimentario

Ruf [ru:f] *m* <-(e)s, -e> **1.** (*Aus~*) grito *m* **2.** *ohne pl* (*Auf~*) llamada *f;* **sie erhielt einen ~** (UNIV) le ofrecieron una cátedra **3.** (*Ansehen*) reputación *f;* **einen guten ~ haben** tener una buena reputación; **in dem ~ stehen zu ...** tener fama de...; **jdn in schlechten ~ bringen** desacreditar a alguien

rufen ['ru:fən] <ruft, rief, gerufen> *vi, vt* llamar; **nach jdm ~** llamar a alguien; **um Hilfe ~** dar voces de socorro; **etw ~** gritar algo; **jdn ~ lassen** hacer venir a alguien; **das kommt mir wie ge~** (*fam*) esto me viene de maravilla

Rüffel ['rʏfəl] *m* <-s, -> (*fam*) bronca *f;* **ei-**

nen ~ bekommen llevarse una bronca

Rufmord *m* difamación *f;* **Rufname** *m* nombre *m* de pila; **Rufnummer** *f* número *m* de teléfono; **Rufzeichen** *nt* **1.** (TEL) señal *f* (de llamada) **2.** (*reg: Ausrufezeichen*) signo *m* de exclamación

Rugby ['rakbi] *nt* <-(s), *ohne pl*> rugby *m*

Rüge ['ry:gə] *f* <-n> reprimenda *f;* **jdm eine ~ erteilen** reprender a alguien

rügen ['ry:gən] *vt:* **jdn ~** reprender a alguien; **etw ~** criticar algo

Ruhe ['ru:ə] *f* **1.** (*Unbewegtheit*) calma *f* **2.** (*Schweigen*) silencio *m;* **~ bitte!** ¡silencio, por favor! **3.** (*Entspannung*) descanso *m;* (*Bett~*) reposo *m;* **sich zur ~ setzen** jubilarse; **jdn zur letzten ~ betten** (*geh*) dar sepultura a alguien **4.** (*Frieden*) paz *f;* (*innere ~*) serenidad *f;* **lass mich in ~!** (*fam*) ¡déjame en paz!; **das lässt ihm keine ~** eso le inquieta; **in aller ~** con toda calma; **sich durch nichts aus der ~ bringen lassen** no alterarse por nada; **~ bewahren** conservar la calma; **immer mit der ~!** ¡calma, calma!; **ruhelos** *adj* inquieto

ruhen ['ru:ən] *vi* **1.** (*aus~*) descansar (*auf +dat* en); **der Teig muss ~** la masa tiene que reposar; **„ruhe in Frieden!“** “¡descanse en paz!” **2.** (*Arbeit*) estar suspendido; (*Verkehr*) estar paralizado; (*Angelegenheit*) quedar postergado; **etw ~ lassen** posponer algo; **ru|hen|lassen*** *irr vt s.* **ruhen 2.**

Ruhepause *f* descanso *m;* **Ruhestand** *m* <-(e)s, *ohne pl*> jubilación *f;* **Ruhestörung** *f* disturbio *m;* **Ruhetag** *m* día *m* de descanso

ruhig ['ru:ɪç] *adj* **1.** (*bewegungslos, leise*) quieto; **sitz doch ~!** ¡estate quieto!; **eine ~e Hand haben** tener un pulso seguro **2.** (*geräuschlos, gelassen*) tranquilo; (*schweigsam*) callado; **nur ~ Blut!** ¡tranquilo!; **ein ~es Gewissen haben** tener la conciencia tranquila; **~ verlaufen** transcurrir sin incidentes

Ruhm [ru:m] *m* <-(e)s, *ohne pl*> gloria *f*

rühmen ['ry:mən] **I.** *vt* elogiar **II.** *vr:* **sich etw** *gen* **~** vanagloriarse de algo

ruhmreich *adj* glorioso

Ruhr [ru:ɐ] *f* <-en> (MED) disentería *f*

Rührei ['ry:ɐʔaɪ] *nt* huevos *mpl* revueltos

rühren ['ry:rən] **I.** *vt* **1.** (*um~*) remover; **die Eier in den Teig ~** mezclar los huevos con la masa **2.** (*bewegen*) mover; **keinen Finger ~** no mover ni un dedo **3.** (*emotional*) conmover **II.** *vi* **1.** (*um~*) remover **2.** (*geh: her~*) deberse (*von +dat* a); **das rührt daher, dass ...** esto se debe a que... **III.** *vr:* **sich ~** moverse; **sich nicht vom Fleck ~** no moverse del sitio; **ich klingelte, aber es rührte sich nichts** toqué el timbre, pero no pasó nada

rührend *adj* conmovedor; **das ist wirklich ~ von Ihnen** es todo un detalle por su parte

Ruhrgebiet *nt* <-(e)s> Cuenca *f* del Ruhr

Rührteig *m* masa *f* de bizcocho

Rührung *f* emoción *f*

Ruin [ru'i:n] *m* <-s, *ohne pl*> ruina *f;* **vor dem ~ stehen** estar al borde de la ruina

Ruine [ru'i:nə] *f* <-n> ruina *f*

ruinieren* [rui'ni:rən] *vt* (*vernichten*) arruinar; (*beschädigen*) estropear

rülpsen ['rʏlpsən] *vi* (*fam*) eructar

rum [rʊm] *adv* (*fam*) *s.* **herum**

Rum [rʊm] *m* <-s, -s, *Österr, Schweiz:* -e> ron *m*

Rumäne, -in [ru'mɛ:nə] *m, f* <-n, -n; -nen> rumano, -a *m, f*

Rumänien [ru'mɛ:niən] *nt* <-s> Rumanía *f*

rumänisch *adj* rumano

rum|kriegen ['rʊm-] *vt* (*fam*) **1.** (*Zeit*) pasar **2.** (*überreden*) convencer **3.** (*verführen*) seducir

Rummel ['rʊməl] *m* <-s, *ohne pl*> (*fam*) **1.** (*Betriebsamkeit*) ajetreo *m;* **großen ~ um etw/jdn machen** armar un escándalo por algo/alguien **2.** (*Jahrmarkt*) feria *f;* **Rummelplatz** *m* (*fam*) feria *f*

Rumpelkammer ['rʊmpəl-] *f* (*fam*) (cuarto *m*) trastero *m*

Rumpf [rʊmpf] *m* <-(e)s, Rümpfe> **1.** (*des Menschen*) tronco *m;* (*einer Statue*) torso *m* **2.** (NAUT) casco *m* **3.** (AERO) fuselaje *m*

rümpfen ['rʏmpfən] *vi:* **die Nase über etw ~** mirar algo con desprecio

rum|treiben *irr vr:* **sich ~** (*fam abw*) vagabundear (*auf/in* por); (*auf der Straße*) callejear (*auf/in* por); **wo hast du dich wieder rumgetrieben?** ¿por dónde te has metido?

Run [ran] *m* <-s, -s> gran demanda *f* (*auf* de)

rund [rʊnt] *adj* redondo; **ein ~es Dutzend Leute** (*fam*) aproximadamente una docena de personas; **~ um die Uhr** las 24 horas del día

Rundbrief *m* circular *f*

Runde ['rʊndə] *f* <-n> **1.** (*Gesellschaft*) reunión *f;* **in die ~ blicken** mirar alrededor **2.** (*Rundgang, a.* SPORT) vuelta *f;* (*von Polizei*) ronda *f;* **über die ~n kommen** (*fam*) ir tirando

Rundfahrt *f* vuelta *f*

Rundfunk *m* radiodifusión *f;* **im ~** en la radio; **Rundfunksender** *m* emisora *f* de radio, radiodifusora *f Arg*

Rundgang *m* vuelta *f;* **einen ~ machen** dar una vuelta

rund|gehen *irr vi sein* **1.** (*herumgereicht werden*) pasar de mano en mano; (*erzählt werden*) ir de boca en boca **2.** (*fam: turbulent werden*) haber jaleo; **jetzt geht's rund** ahora empieza lo bueno

rundheraus ['--'-] *adv* sin rodeos; **~ gesagt** dicho francamente; **rundherum** ['--'-] *adv* (*räumlich*) alrededor (*um +akk* de); (*völlig*) completamente

rundlich *adj* (*annähernd rund*) redondeado; (*dicklich*) rechoncho

Rundreise *f* gira *f;* **Rundschreiben** *nt* circular *f*

rundum ['-'-] *adv s.* **rundherum**

Rundung *f* <-en> curvatura *f*

rundweg ['rʊnt'vɛk] *adv* rotundamente

runter ['rʊntɐ] *adv* (*fam*) (hacia) abajo; *s. a.* **herunter, hinunter**

Runzel ['rʊntsəl] *f* <-n> arruga *f*

runz(e)lig *adj* arrugado

runzeln ['rʊntsəln] *vt, vr:* **sich ~** arrugar(se)

runzlig *adj s.* **runz(e)lig**

Rüpel ['ry:pəl] *m* <-s, -> (*abw*) maleducado, -a *m, f;* **rüpelhaft** *adj* (*abw*) grosero, descarado

rupfen ['rʊpfən] *vt* (*Geflügel, a. fig*) desplumar; (*Gras, Unkraut*) arrancar

Rüsche ['ry:ʃə] *f* <-n> volante *m*

Ruß [ru:s] *m* <-es, -e> hollín *m*

Russe, -in ['rʊsə] *m, f* <-n, -n; -nen> ruso, -a *m, f*

Rüssel ['rʏsəl] *m* <-s, -> (*von Insekt, Elefant*) trompa *f;* (*von Schwein*) hocico *m*

russisch *adj* ruso

RusslandRR ['rʊslant] *nt* <-s> Rusia *f;* **Russlanddeutsche(r)**RR *mf* ruso, -a *m, f* de ascendencia alemana

rüsten ['rʏstən] **I.** *vi* (MIL) armar **II.** *vr:* **sich ~** (*geh*) prepararse (*zu +dat, für +akk* a/para)

rüstig ['rʏstɪç] *adj* ágil

rustikal [rʊsti'ka:l] *adj* rústico

Rüstung *f* <-en> (*Ritter~*) armadura *f;* (MIL) armamento *m*

Rute ['ru:tə] *f* <-n> **1.** (*Stock*) vara *f;* (*Angel~*) caña *f* de pescar **2.** (*Schwanz*) cola *f*

Rutsch [rʊtʃ] *m* (*fam*): **in einem ~** de un golpe; **guten ~ ins neue Jahr!** (*fam*) ¡Feliz Año Nuevo!; **Rutschbahn** *f* tobogán *m*

Rutsche ['rʊtʃə] *f* <-n> tobogán *m*

rutschen ['rʊtʃən] *vi sein* **1.** (*gleiten*) resbalar; (*Auto*) patinar **2.** (*fam: rücken*) correrse **3.** (*herunter~*) caerse; (*Erdmassen*) desprenderse

rutschfest *adj* antideslizante

rutschig *adj* resbaladizo

rütteln ['rʏtəln] **I.** *vi* (*an Türklinke, Gitter*) dar sacudidas (*an +dat* a); **daran gibt es nichts zu ~** (*fam*) es así, y punto **II.** *vt* sacudir

S

S

S, s [ɛs] *nt* <-, -> S, s *f*

s. *Abk. von* **siehe** v.

S *Abk. von* **Süden** S

S. *Abk. von* **Seite** pág.

Saal [za:l] *m* <-(e)s, Säle> sala *f*

Saarland *nt* <-(e)s> (territorio *m* del) Sarre *m*

Saat [za:t] *f* (*das Aussäen*) siembra *f;* (*~gut*) simientes *fpl*

Sabbat ['zabat] *m* <-s, -e> sab(b)ath *m*

Säbel ['zɛ:bəl] *m* <-s, -> sable *m*

Sabotage [zabo'ta:ʒə] *f* <-n> sabotaje *m*

Saboteur(in) [zabo'tø:ɐ] *m(f)* <-s, -e; -nen> saboteador(a) *m(f)*

sabotieren* [zabo'ti:rən] *vt* sabotear

Sachbearbeiter(in) *m(f)* oficial(a) *m(f)* encargado, -a; **Sachbeschädigung** *f* (JUR) daños *mpl* materiales; **Sachbuch** *nt* libro *m* de divulgación

Sache ['zaxə] *f* <-n> (*Ding*) cosa *f;* (*Ange-

legenheit) asunto *m;* **das ist eine ~ des Geschmacks** es una cuestión de gustos; **das ist eine ~ für sich** es cosa aparte; **das ist deine ~!** ¡es tu problema!; **mit jdm gemeinsame ~ machen** hacer causa común con alguien; (**kommen Sie**) **zur ~!** ¡vaya Ud. al grano!

Sachgebiet *nt* materia *f;* **sachgemäß** *adj* adecuado; **sachkundig** *adj* experto; **Sachlage** *f ohne pl* estado *m* de cosas

sachlich *adj* (*objektiv*) objetivo; (*nüchtern*) realista

sächlich ['zɛçlɪç] *adj* neutro

Sachschaden *m* daño *m* material

Sachsen ['zaksən] *nt* <-s> Sajonia *f;* **Sachsen-Anhalt** ['zaksən'ʔanhalt] *nt* <-s> Sajonia-Anhalt *f*

sächsisch ['zɛksɪʃ] *adj* sajón

sacht [zaxt] *adj* suave; (*unmerklich*) imperceptible

sachte ['zaxtə] **I.** *adj s.* **sacht II.** *adv* (*fam*) **1.** (*behutsam*) suavemente; (*vorsichtig*) con cuidado **2.** (*unmerklich*) imperceptiblemente **3.** (*langsam*) despacio **4.** (*allmählich*) poco a poco

Sachverhalt ['zaxvɛɐhalt] *m* <-(e)s, -e> circunstancias *fpl;* **Sachverständige(r)** *mf* <-n, -n; -n> perito, -a *m, f*

Sack [zak] *m* <-(e)s, Säcke> saco *m;* **mit ~ und Pack** con todo lo que tiene

Sackgasse *f* callejón *m* sin salida

Sadismus [za'dɪsmʊs] *m* <-, *ohne pl*> sadismo *m*

sadistisch *adj* sádico

säen ['zɛːən] *vt* sembrar; **Zwietracht ~** sembrar la discordia; **dünn gesät sein** ser escaso

Safe [sɛɪf] *m o nt* <-s, -s> caja *f* fuerte

Safran ['zafra(ː)n] *m* <-s, -e> azafrán *m*

Saft [zaft] *m* <-(e)s, Säfte> zumo *m,* jugo *m Am*

saftig *adj* jugoso

Sage ['zaːgə] *f* <-n> leyenda *f*

Säge ['zɛːgə] *f* <-n> sierra *f;* **Sägemehl** *nt* <-(e)s, *ohne pl*> serrín *m*

sagen ['zaːgən] *vt* decir (*zu+dat* acerca de/sobre, *von +dat* de); **Gute Nacht ~** dar las buenas noches; **Ja ~** decir que sí; **sagt dir der Name etwas?** ¿te suena el nombre?; **nichts ~d** (*Argument*) insustancial; (*Worte*) vacío; **offen gesagt** a decir verdad; **das Sagen haben** (*fam*) mandar; **gesagt, getan** dicho y hecho; **unter uns gesagt** entre nosotros; **sag bloß!** (*fam*) ¡no me digas!; **viel ~d** significativo

sägen ['zɛːgən] *vt* serrar

sagenhaft *adj* (*legendär*) legendario

Sägewerk *nt* aserradero *m*

sah [zaː] *3. imp von* **sehen**

Sahne ['zaːnə] *f* nata *f;* **süße ~** nata líquida; **~ steif schlagen** montar nata

Saison [zɛ'zõː, zɛ'zɔŋ] *f* <-s, *Österr:* -en> temporada *f;* **Saisonarbeit** *f* trabajo *m* estacional; **Saisonarbeiter(in)** *m(f)* temporero, -a *m, f*

Saite ['zaɪtə] *f* <-n> cuerda *f;* **andere ~n aufziehen** (*fig*) apretar las tuercas; **Saiteninstrument** *nt* instrumento *m* de cuerda

Sakko ['zako] *m o nt* <-s, -s> americana *f*

sakral [za'kraːl] *adj* (*a.* ANAT) sacro

Sakrament [zakra'mɛnt] *nt* <-(e)s, -e> sacramento *m*

Salami [za'laːmi] *f* <-(s)> salami *m;* (*luftgetrocknet*) ≈salchichón *m*

Salat [za'laːt] *m* <-(e)s, -e> **1.** (*Blatt~, Kopf~*) lechuga *f* **2.** (*Speise*) ensalada *f;* **da haben wir den ~!** ¡ahora estamos frescos!; **Salatschüssel** *f* ensaladera *f*

Salbe ['zalbə] *f* <-n> pomada *f*

Salbei ['zalbaɪ, -'-] *m* <-s, *ohne pl*> salvia *f*

Saldo ['zaldo] *m* <-s, Salden *o* -s *o* Saldi> saldo *m*

Säle ['zɛːlə] *pl von* **Saal**

Salmiak [zal'mjak, '--] *m o nt* <-s, *ohne pl*> sal *f* amoníaca

Salmonelle [zalmo'nɛlə] *f* <-n> salmonela *f*

Salon [za'lõː, za'lɔŋ] *m* <-s, -s> salón *m*

salopp [za'lɔp] *adj* (*Sprache*) coloquial; (*Kleidung*) informal

Salto ['zalto] *m* <-s, -s *o* Salti> salto *m;* **einen ~ rückwärts machen** dar una voltereta hacia atrás

Salvadorianer(in) [zalvadori'aːnɐ] *m(f)* <-s, -; -nen> salvadoreño, -a *m, f*

salvadorianisch [zalvadori'aːnɪʃ] *adj* salvadoreño

Salz [zalts] *nt* <-es, -e> sal *f*

Los **Salzburger Festspiele** comenzaron su andadura en agosto de 1920. De sus comienzos destaca, entre otros muchos, el éxito de Max Reinhardt con sus representaciones de Shakespeare. Las representaciones de la obra **Jedermann** que tienen lugar cada año en la escalinata de la catedral de Salzburgo son también mundialmente famosas.

salzen ['zaltsən] *vt* salar

salzig *adj* salado

Salzkartoffeln *fpl* patatas *fpl* cocidas sin piel; **Salzsäure** *f* ácido *m* clorhídrico; **Salzstreuer** *m* <-s, -> salero *m;* **Salzwasser** *nt* <-s, *ohne pl*> agua *f* salada; (*Meerwasser*) agua *f* de mar

Samen ['za:mən] *m* <-s, -> **1.** (*Samenkorn*) semilla *f* **2.** *ohne pl* (*Saat*) simiente *f* **3.** *ohne pl* (*Sperma*) semen *m*

Sammelband *m* antología *f;* **Sammelbehälter** *m* depósito *m;* **Sammelbestellung** *f* pedido *m* colectivo

sammeln ['zaməln] **I.** *vt* recoger; (*Beeren*) recolectar; (*Geld*) recaudar; **Briefmarken ~** coleccionar sellos; **Erfahrungen ~** reunir experiencias **II.** *vr:* **sich ~** (*Menschen*) reunirse; (*Dinge*) acumularse

Sammler(in) ['zamlɐ] *m(f)* <-s, -; -nen> coleccionista *mf*

Sammlung *f* <-en> (*von Geld*) recaudación *f;* (*Kunst~*) colección *f*

Samstag ['zamsta:k] *m* <-(e)s, -e> sábado *m; s. a.* **Montag**

samstags ['zamsta:ks] *adv* los sábados

samt [zamt] *präp +dat* (junto) con

Samt [zamt] *m* <-(e)s, -e> terciopelo *m*

sämtlich ['zɛmtlɪç] *pron indef* todo; **~e Unterlagen** todos los documentos

Sanatorium [zana'to:riʊm] *nt* <-s, Sanatorien> sanatorio *m*

Sand [zant] *m* <-(e)s, *ohne pl*> arena *f;* **wie ~ am Meer** (*fam*) a mares; **im ~ verlaufen** (*fig*) irse a pique

Sandale [zan'da:lə] *f* <-n> sandalia *f*

Sandbank *f* <-bänke> banco *m* de arena

sandig *adj* arenoso

Sandkasten *m* cajón *m* de arena; **Sandsack** *m* saco *m* de arena; **Sandsturm** *m* tormenta *f* de arena

sandte ['zantə] *3. imp von* **senden**

Sanduhr *f* reloj *m* de arena

Sandwich ['sɛntvɪtʃ] *m o nt* <-(e)s, -(e)s *o* -e> sandwich *m*

sanft [zanft] *adj* suave

sanftmütig [-my:tɪç] *adj* apacible, pacífico

sang [zaŋ] *3. imp von* **singen**

Sänger(in) ['zɛŋɐ] *m(f)* <-s, -; -nen> cantante *mf*

sanieren* [za'ni:rən] *vt* (ARCHIT) rehabilitar; (ÖKOL, WIRTSCH) sanear

sanitär [zani'tɛ:ɐ] *adj* sanitario

Sanitäter(in) [zani'tɛ:tɐ] *m(f)* <-s, -; -nen> sanitario, -a *m, f*

sank [zaŋk] *3. imp von* **sinken**

Sankt [zaŋkt] *adj inv* San

Sanktion [zaŋk'tsjo:n] *f* <-en> **1.** (*Zustimmung*) sanción *f* **2.** *pl* (*Strafmaßnahmen*) sanciones *fpl;* **~en gegen jdn verhängen** imponer sanciones a alguien

sanktionieren* [zaŋktsjo'ni:rən] *vt* sancionar

sann [zan] *3. imp von* **sinnen**

Saphir [za'fi:ɐ] *m* <-s, -e> zafiro *m*

Sardelle [zar'dɛlə] *f* <-n> boquerón *m*

Sardine [zar'di:nə] *f* <-n> sardina *f*

Sardinien [zar'di:niən] *nt* <-s> Cerdeña *f*

Sarg [zark] *m* <-(e)s, Särge> ataúd *m*

Sarkasmus [zar'kasmʊs] *m* <-, Sarkasmen> sarcasmo *m*

sarkastisch [zar'kastɪʃ] *adj* sarcástico

saß [za:s] *3. imp von* **sitzen**

Satan ['za:tan] *m* <-s, *ohne pl*> Satanás *m*

Satellit [zatɛ'li:t] *m* <-en, -en> satélite *m;* **Satellitenfernsehen** *nt* televisión *f* vía satélite; **Satellitenschüssel** *f* (*fam*) antena *f* parabólica

Satin [za'tɛ̃:] *m* <-s, -s> raso *m*

Satire [za'ti:rə] *f* <-n> sátira *f*

satirisch *adj* satírico

satt [zat] *adj* **1.** (*nicht hungrig*) satisfecho; **sich** (**an etw** *dat*) **~ essen** hartarse (de algo); **sich an etw** *dat* **nicht ~ sehen können** no cansarse de ver algo; **jdn/etw ~ haben** (*fam*) estar harto de alguien/algo **2.** (*Farbe*) intenso

Sattel ['zatəl] *m* <-s, Sättel> (*Reit~*) silla *f* de montar; (*Fahrrad~*) sillín *m*

satteln *vt* ensillar

sättigen ['zɛtɪgən] **I.** *vi* saciar **II.** *vt* (*geh: satt machen*) satisfacer; (*Markt, a.* CHEM) saturar

Saturn [za'tʊrn] *m* <-s> Saturno *m*

Satz [zats] *m* <-es, Sätze> **1.** (LING) oración *f* **2.** (MUS) parte *f* **3.** (*Quote*) tasa *f* **4.** (*zusammengehörige Dinge*) juego *m* **5.** (*Tennis*) set *m* **6.** (*Sprung*) salto *m;* **einen großen ~ machen** dar un gran salto **7.** *ohne pl* (TYPO) composición *f*

Satzung *f* <-en> estatutos *mpl*

S

Satzzeichen *nt* signo *m* de puntuación
Sau [zaʊ] *f* <Säue> (*Tier*) cerda *f*; (*fam abw: Mensch*) cochino, -a *m, f*
sauber ['zaʊbɐ] *adj* limpio; **etw ~ machen** limpiar algo
Sauberkeit *f* limpieza *f*
säuberlich ['zɔɪbɐlɪç] **I.** *adj* (*sorgfältig*) esmerado **II.** *adv* con esmero
sauber|machen *vi, vt s.* **sauber**
säubern ['zɔɪbɐn] *vt* limpiar; (*Wunde*) absterger
Sauce ['zo:sə] *f* <-n> salsa *f*
sauer ['zaʊɐ] *adj* ácido; **~ werden** (*Milch*) agriarse; **ich bin ~ auf ihn** (*fam*) estoy enfadado con él
Sauerei [zaʊə'raɪ] *f* <-en> (*fam abw*) porquería *f*
Sauerkraut *nt* <-(e)s, *ohne pl*> choucroute *f*
säuerlich ['zɔɪɐlɪç] *adj* (*Miene*) avinagrado
Sauerstoff *m* <-(e)s, *ohne pl*> oxígeno *m*; **Sauerstoffmaske** *f* máscara *f* de oxígeno
saufen ['zaʊfən] <säuft, soff, gesoffen> **I.** *vi* (*alkoholsüchtig sein*) ser alcohólico **II.** *vt* (*Tier*) beber
Säufer(in) ['zɔɪfɐ] *m(f)* <-s, -; -nen> (*fam abw*) bebedor(a) *m(f)*
säuft [zɔɪft] *3. präs von* **saufen**
saugen[1] ['zaʊgən] <saugt, sog *o* saugte, gesogen *o* gesaugt> **I.** *vi* (*an einer Pfeife*) chupar (*an +dat*); (*an der Brust*) mamar (*an +dat*) **II.** *vt* (*ein~*) chupar (*aus +dat* de); (*auf~*) absorber **III.** *vr:* **sich mit etw voll ~** absorber algo
saugen[2] *vi, vt* (*staub~*) pasar la aspiradora (a)
säugen ['zɔɪgən] *vt* amamantar
Sauger *m* <-s, -> (*auf einer Flasche*) tetilla *f*
Säugetier *nt* mamífero *m*
saugfähig *adj* absorbente
Säugling ['zɔɪklɪŋ] *m* <-s, -e> lactante *mf*
saukalt ['-'-] *adj* (*fam*) muy frío; **es ist ~** hace un frío que pela
Säule ['zɔɪlə] *f* <-n> columna *f*
Saum [zaʊm] *m* <-(e)s, Säume> (*umgenähter Rand*) dobladillo *m*
saumäßig **I.** *adj* (*fam*) **1.** (*viel*) enorme **2.** (*sehr schlecht*) muy malo **II.** *adv* (*fam: sehr*) terriblemente
Sauna ['zaʊna] *f* <Saunen> sauna *f*
Säure ['zɔɪrə] *f* <-n> **1.** (CHEM) ácido *m* **2.** *ohne pl* (*saurer Geschmack*) acidez *f*
Saus [zaʊs] *m:* **in ~ und Braus leben** vivir a pata ancha
säuseln ['zɔɪzəln] *vi, vt* susurrar
sausen ['zaʊzən] *vi sein* (*Mensch*) ir pitando; (*Fahrzeug*) ir a toda mecha; **etw ~ lassen** (*fam*) abandonar algo
Saustall *m* (*a. fig, abw*) pocilga *f*; **sauwohl** ['-'-] *adv* (*fam*): **sich ~ fühlen** sentirse de puta madre
Saxofon[RR] [zakso'fo:n, '---] *nt* <-s, -e>, **Saxophon** *nt* <-s, -e> saxofón *m*
SB [ɛs'be:] *Abk. von* **Selbstbedienung** autoservicio *m*
S-Bahn ['ɛsba:n] *f* ≈suburbano *m*
Scanner ['skɛnɐ] *m* <-s, -> escáner *m*
schaben ['ʃa:bən] *vt* raspar
schäbig ['ʃɛ:bɪç] *adj* (*abw: unansehnlich*) deslucido; (*armselig, gemein*) miserable
Schablone [ʃa'blo:nə] *f* <-n> patrón *m*
Schach[1] [ʃax] *nt* <-s, *ohne pl*> (*Spiel*) ajedrez *m*; **~ spielen** jugar al ajedrez
Schach[2] *nt* <-s, -s> (*Spielstellung*) jaque *m*
schachmatt ['-'-] *adj* jaque mate; **jdn ~ setzen** dar jaque mate a alguien
Schacht [ʃaxt] *m* <-(e)s, Schächte> pozo *m*
Schachtel ['ʃaxtəl] *f* <-n> caja *f*
schade ['ʃa:də] *adj inv:* **es ist ~, dass ...** es una lástima que... *+subj;* **das ist aber ~!** ¡qué lástima!
Schädel ['ʃɛ:dəl] *m* <-s, -> cráneo *m*
schaden ['ʃa:dən] *vi:* **jdm/etw** *dat* **~** dañar a alguien/algo
Schaden ['ʃa:dən] *m* <-s, Schäden> daño *m* (*an +dat* de); **jdm ~ zufügen** hacer daño a alguien; **zu ~ kommen** sufrir perjuicios; **Schadenersatz** *m* indemnización *f* por daños y perjuicios; **Schadenfreude** *f* alegría *f* del mal ajeno; **schadenfroh** *adj* malicioso
schadhaft *adj* defectuoso
schädigen ['ʃɛ:dɪgən] *vt* perjudicar
schädlich ['ʃɛ:tlɪç] *adj* perjudicial (*für +akk* para)
Schädling ['ʃɛ:tlɪŋ] *m* <-s, -e> parásito *m*; **Schädlingsbekämpfungsmittel** *nt* pesticida *m*
Schadstoff *m* sustancia *f* nociva; **schadstoffarm** *adj* poco contaminante
Schaf [ʃa:f] *nt* <-(e)s, -e> oveja *f*
Schäfchen ['ʃɛ:fçən] *nt* <-s, -> corderito

m; **sein ~ ins Trockene bringen** (*fam fig*) hacer su agosto

Schäfer(in) ['ʃɛːfɐ] *m(f)* <-s, -; -nen> pastor(a) *m(f);* **Schäferhund** *m* perro *m* pastor, ovejero *m Am;* (*Deutscher ~*) pastor *m* alemán

schaffen[1] ['ʃafən] <schafft, schuf, geschaffen> *vt* crear; (*Platz, Ordnung*) hacer

schaffen[2] **I.** *vt* **1.** (*erreichen*) lograr; **eine Prüfung ~** aprobar un examen **2.** (*weg~*) llevar; (*herbei~*) traer **II.** *vi* (*südd, reg: arbeiten*) trabajar; **damit habe ich nichts zu ~** no tengo nada que ver con eso

Schaffner(in) ['ʃafnɐ] *m(f)* <-s, -; -nen> (*Kontrolleur*) revisor(a) *m(f)*

Schaft [ʃaft] *m* <-(e)s, Schäfte> **1.** (*Stiefel~*) caña *f* de la bota **2.** (*Gewehr~*) caja *f* del fusil **3.** (BOT) tallo *m* **4.** (*für Messer*) mango *m*

Schakal [ʃa'kaːl] *m* <-s, -e> chacal *m*

Schal [ʃaːl] *m* <-s, -s *o* -e> bufanda *f*

Schale ['ʃaːlə] *f* <-n> **1.** (*Obst~, Kartoffel~*) piel *f;* (*Nuss~, Eier~*) cáscara *f;* (*Muschel~*) concha *f;* (*von Hülsenfrüchten*) vaina *f;* **sich in ~ werfen** (*fam*) ponerse de punta en blanco **2.** (*Gefäß*) fuente *f* **3.** (*Waag~*) platillo *m*

schälen ['ʃɛːlən] **I.** *vt* (*Obst, Kartoffel*) pelar; (*Ei, Nuss*) quitar la cáscara (a); (*Baum*) descortezar **II.** *vr:* **sich ~** (*Haut*) pelarse

Schalentier *nt* crustáceo *m*

Schall [ʃal] *m* <-(e)s, *ohne pl*> (*geh: Geräusch*) sonido *m;* (PHYS) resonancia *f;* **Schalldämpfer** *m* (TECH) silenciador *m;* (MUS) sordina *f;* **schalldicht** *adj* insonoro

schallen ['ʃalən] *vi* resonar; **~des Gelächter** risas atronadoras

Schallgeschwindigkeit *f* velocidad *f* del sonido; **Schallmauer** *f* barrera *f* del sonido; **Schallplatte** *f* disco *m;* **Schallwelle** *f* (PHYS) onda *f* sonora

schalt [ʃalt] *3. imp von* **schelten**

schalten ['ʃaltən] *vi* **1.** (AUTO) cambiar de marcha; **in den dritten Gang ~** cambiar a tercera **2.** (*um~*) ponerse; (RADIO, TV) conectar (*zu +dat* con)

Schalter *m* <-s, -> **1.** (TECH) interruptor *m* **2.** (*Post~*) ventanilla *f;* (*Fahrkarten~*) taquilla *f*

Schalthebel *m* palanca *f* de mando; **Schaltjahr** *nt* año *m* bisiesto; **Schalttafel** *f* panel *m* de control

Schaltung *f* <-en> (ELEK) circuito *m;* (TEL) conexión *f;* (AUTO) caja *f* de cambios

Scham [ʃaːm] *f* vergüenza *f;* (*~gefühl*) pudor *m;* (ANAT) pubis *m inv*

schämen ['ʃɛːmən] *vr:* **sich ~** avergonzarse (*wegen +gen, für +akk* de, *vor +dat* ante); **du solltest dich ~!** ¡deberías avergonzarte!

Schamgefühl *nt* <-(e)s, *ohne pl*> pudor *m,* vergüenza *f;* **Schamhaar** *nt* <-(e)s, *ohne pl*> vello *m* púbico; **schamhaft** *adj* pudoroso; **schamlos** *adj* (*unanständig*) impúdico; (*dreist*) desvergonzado

Schande ['ʃandə] *f* (*Beschämung*) vergüenza *f;* (*Schmach*) infamia *f;* **das ist eine ~!** ¡es una vergüenza!; **das ist doch keine ~** no es ninguna deshonra

schänden ['ʃɛndən] *vt* **1.** (*entehren*) deshonrar, embarrar *Am;* (*sexuell*) abusar (de) **2.** (*entweihen*) profanar

Schandfleck *m* mancha *f;* (*für die Ehre*) deshonra *f*

schändlich ['ʃɛntlɪç] *adj* vergonzoso

Schandtat *f* vileza *f,* infamia *f;* **zu jeder ~ bereit sein** (*fam iron*) estar dispuesto a cualquier broma

Schändung *f* <-en> (*Grab*) profanación *f;* (*Ehre*) difamación *f*

Schanze ['ʃantsə] *f* <-n> trampolín *m*

Schar [ʃaːɐ] *f* <-en> (*Menge*) multitud *f;* (*Vogel~*) bandada *f;* **in ~en** en masas

scharen ['ʃaːrən] *vr:* **sich um jdn/etw ~** (*geh*) arremolinarse en torno a alguien/a algo

scharenweise *adv* a manadas, en masa

scharf [ʃarf] *adj* <schärfer, am schärfsten> **1.** (*Messer*) afilado; (*Kante*) vivo **2.** (*Speise*) picante; (*Geruch*) acre **3.** (*Ton*) estridente **4.** (FOTO) nítido; (*Umrisse*) (bien) marcado **5.** (*Gehör*) fino; (*Verstand*) agudo; **~ nachdenken** hacer memoria **6.** (*Kurve*) cerrado; **~ abbiegen** hacer un giro brusco; **~ bremsen** dar un frenazo **7.** (*Kritik*) mordaz; (*Antwort*) tajante **8.** (*Hund*) mordedor **9.** (*fam: geil*) cachondo (*auf +akk* por) **10.** (*Munition*) explosivo

Scharfblick *m* <-(e)s, *ohne pl*> perspicacia *f*

schärfen *vt* **1.** (*Messer*) afilar **2.** (*Verstand, Gehör*) aguzar

Scharfschütze, -in *m, f* tirador(a) *m(f)* de alta precisión; **Scharfsinn** *m* <-(e)s, *ohne pl*> sagacidad *f*

S

Scharlach ['ʃarlax] *m* <-s, *ohne pl*> escarlatina *f*

Scharlatan ['ʃarlatan] *m* <-s, -e> (*abw*) charlatán, -ana *m, f*

Scharnier [ʃar'niːɐ] *nt* <-s, -e> bisagra *f*

Scharte ['ʃartə] *f* <-n> (*Kerbe*) mella *f;* (*Schieß~*) tronera *f*

Schaschlik ['ʃaʃlɪk] *m o nt* <-s, -s> pincho *m* de carne

Schatten ['ʃatən] *m* <-s, -> sombra *f;* **35 Grad im ~** 35 grados a la sombra; **~ spenden** dar sombra

schattieren* [ʃa'tiːrən] *vt* sombrear

schattig *adj* sombrío

Schatulle [ʃa'tʊlə] *f* <-n> cofre *m*

Schatz [ʃats] *m* <-es, Schätze> (*a. fig*) tesoro *m*

schätzen ['ʃɛtsən] *vt* **1.** (*Wert*) estimar (*auf +akk* en) **2.** (*fam: annehmen*) suponer; **ich schätze, dass ...** supongo que... **3.** (*würdigen*) apreciar; **ich weiß das zu ~** sé apreciarlo

Schätzung *f* <-en> cálculo *m;* (*des Wertes*) valoración *f;* **nach meiner ~** según mis cálculos; **schätzungsweise** *adv* aproximadamente

Schau [ʃaʊ] *f* <-en> exposición *f;* **etw zur ~ stellen** exponer algo; **jdm die ~ stehlen** robar el protagonismo a alguien

Schauder ['ʃaʊdɐ] *m* <-s, -> (*geh*) escalofrío *m;* **schauderhaft** *adj* horroroso

schaudern ['ʃaʊdɐn] *vi* estremecerse (*bei/vor +dat* ante); **es schauderte mich beim Anblick** me sobrecogió la escena

schauen ['ʃaʊən] *vi* **1.** (*blicken*) mirar; **auf die Uhr ~** mirar el reloj; **schau mal!** ¡mira! **2.** (*Österr, Schweiz, südd: sich kümmern*) mirar (*nach +dat* por)

Schauer ['ʃaʊɐ] *m* <-s, -> (METEO) chubasco *m;* (*geh: Schauder*) escalofrío *m*

schauerlich *adj* (*gruselig*) escalofriante; (*fam: grässlich*) horrible

Schaufel ['ʃaʊfəl] *f* <-n> pala *f*

schaufeln **I.** *vi* palear **II.** *vt* (*Schnee*) quitar con la pala; (*Loch*) cavar (con la pala)

Schaufenster *nt* escaparate *m;* **Schaufensterpuppe** *f* maniquí *m*

Schaukel ['ʃaʊkəl] *f* <-n> columpio *m*

schaukeln **I.** *vi* balancearse; (*auf einer Schaukel*) columpiarse **II.** *vt* (*wiegen*) mecer

Schaukelpferd *nt* caballo *m* de balancín; **Schaukelstuhl** *m* mecedora *f*

schaulustig *adj* curioso

Schaum [ʃaʊm] *m* <-(e)s, Schäume> espuma *f;* **Schaumbad** *nt* baño *m* de espuma

schäumen ['ʃɔɪmən] *vi* producir espuma

Schaumgummi *m* gomaespuma *f*

schaumig *adj* espumoso

Schaumstoff *m* gomaespuma *f;* **Schaumwein** *m* vino *m* espumoso

Schauplatz *m* escenario *m*

schaurig ['ʃaʊrɪç] *adj* (*gruselig*) escalofriante; (*fam: schlecht*) horrible

Schauspiel *nt* (THEAT) función *f;* (*geh: Vorgang*) espectáculo *m;* **Schauspieler(in)** *m(f)* actor *m,* actriz *f*

Schauspielhaus *nt* teatro *m*

Scheck [ʃɛk] *m* <-s, -s> cheque *m;* **einen ~ einlösen** cobrar un cheque; **einen ~ über 100 Mark ausstellen** extender un cheque por valor de 100 marcos; **Scheckkarte** *f* tarjeta *f* bancaria

scheffeln ['ʃɛfəln] *vt* (*fam abw*) acaparar; **Geld ~** forrarse

Scheibe ['ʃaɪbə] *f* <-n> **1.** (*allgemein*) disco *m* **2.** (*Brot~*) rebanada *f;* (*Wurst~*) rodaja *f;* (*Käse~*) loncha *f;* (*Melonen~*) raja *f;* **etw in ~n schneiden** cortar algo en rodajas **3.** (*Glas~*) cristal *m;* (*Schaufenster~*) luna *f;* **Scheibenwischer** *m* <-s, -> limpiaparabrisas *m inv*

Scheich [ʃaɪç] *m* <-(e)s, -e *o* -s> jeque *m*

Scheide ['ʃaɪdə] *f* <-n> (*Vagina*) vagina *f;* (*für Schwert*) vaina *f*

scheiden ['ʃaɪdən] <scheidet, schied, geschieden> **I.** *vt haben* (*Ehe*) divorciar; **sich (von jdm) ~ lassen** divorciarse (de alguien) **II.** *vi sein* **1.** (*aufgeben*): **aus dem Amt ~** jubilarse **2.** (*sich trennen*) separarse

Scheidung *f* <-en> divorcio *m;* **die ~ einreichen** presentar la demanda de divorcio

Schein [ʃaɪn] *m* <-(e)s, -e> **1.** (*Bescheinigung*) certificado *m;* (UNIV) papeleta *f;* (*Geld~*) billete *m* **2.** *ohne pl* (*von Licht*) luz *f;* (*Glanz*) brillo *m* **3.** *ohne pl* (*An~*) apariencia *f;* **der ~ trügt** las apariencias engañan; **den ~ wahren** guardar las apariencias

En la universidad alemana un **Schein** funciona como un documento acreditativo del trabajo realizado por el estudiante en un seminario. Una vez que el alumno ha conseguido un número determinado de estas certificaciones de los tipos establecidos por cada universidad, se puede presentar al **Zwischenprüfung** (examen intermedio que se suele realizar en torno al ecuador de la carrera) o al **Examensprüfung** (examen de final de carrera).

scheinbar **I.** *adj* aparente **II.** *adv* (*fam*) al parecer

scheinen [ˈʃaɪnən] <scheint, schien, geschienen> *vi* **1.** (*glänzen*) brillar; **die Sonne scheint** hace sol; **uns schien die Sonne ins Gesicht** el sol nos dió en la cara **2.** (*den Anschein haben*) parecer; **es scheint, dass ...** parece que...

Scheinfirma *f* empresa *f* fantasma; **scheinheilig** *adj* (*fam abw*) hipócrita; **scheintot** *adj* **1.** (MED) aparentemente muerto **2.** (*fam: uralt*) más muerto que vivo

Scheinwerfer *m* <-s, -> (AUTO) faro; (THEAT) foco *m*

Scheiße [ˈʃaɪsə] *f* (*vulg*) mierda *f;* **das Buch ist scheiße** este libro es una mierda

scheißen <scheißt, schiss, geschissen> *vi* (*vulg*) cagar

Scheißkerl *m* (*vulg*) hijo *m* de puta

Scheitel [ˈʃaɪtəl] *m* <-s, -> raya *f;* **vom ~ bis zur Sohle** de pies a cabeza

Scheiterhaufen [ˈʃaɪtɐ-] *m* hoguera *f*

scheitern [ˈʃaɪtɐn] *vi sein* fracasar (*an +dat* a causa de)

schelmisch *adj* pícaro

schelten [ˈʃɛltən] <schilt, schalt, gescholten> *vt* (*geh: schimpfen*) reprender; (*nennen*) tachar (de)

Schema [ˈʃeːma] *nt* <-s, Schemata *o* Schemen> (*Konzept*) esquema *m;* (*Schaubild*) diagrama *m*

schematisch [ʃeˈmaːtɪʃ] *adj* esquemático

Schemel [ˈʃeːməl] *m* <-s, -> taburete *m*

Schemen[1] *pl von* **Schema**

Schemen[2] [ˈʃeːmən] *m o nt* <-s, -> (*geh: Umriss*) contorno *m*

Schenkel [ˈʃɛŋkəl] *m* <-s, -> (ANAT) muslo *m;* (MATH) lado *m*

schenken [ˈʃɛŋkən] *vt* regalar; **jdm Aufmerksamkeit ~** dedicar atención a alguien

Schenkung *f* <-en> donación *f*

Scherbe [ˈʃɛrbə] *f* <-n> (*Glas~*) pedazo *m* de vidrio; **in ~n gehen** hacerse añicos

Schere [ˈʃeːrə] *f* <-n> (*Werkzeug*) tijera(s) *f(pl);* (*von Krebsen*) pinza *f*

scheren[1] [ˈʃeːrən] <schert, schor, geschoren> *vt* (*Schaf*) esquilar

scheren[2] [ˈʃeːrən] *vr:* **sich nicht um etw ~** importar(le) algo a alguien un comino; **scher dich zum Teufel!** ¡vete al diablo!

Schererei [ʃeːrəˈraɪ] *f* <-en> (*fam*) molestia *f,* fastidio *m;* **mit jdm ~en bekommen** (**wegen etw**) tener un disgusto con alguien (por algo)

Scherz [ʃɛrts] *m* <-es, -e> broma *f;* **sich** *dat* **mit jdm einen ~ erlauben** gastarle una broma a alguien

scherzen [ˈʃɛrtsən] *vi* bromear, chancear *Am;* **damit ist nicht zu ~** no es cosa de broma

scherzhaft *adj* chistoso

scheu [ʃɔɪ] *adj* (*schüchtern*) tímido; (*Tier*) espantadizo

scheuchen [ˈʃɔɪçən] *vt* espantar

scheuen [ˈʃɔɪən] **I.** *vi* (*Pferd*) desbocarse (*vor +dat* ante) **II.** *vt* (*Verantwortung*) huir (de); **keine Ausgaben ~** no reparar en gastos

Scheuerlappen *m* bayeta *f*

scheuern [ˈʃɔɪɐn] **I.** *vt* fregar; **jdm eine ~** (*fam*) darle una bofetada a alguien **II.** *vi* (*Schuhe, Kleidung*) rozar

Scheuklappe [ˈʃɔɪ-] *f* anteojera *f;* **~n haben** (*fig*) ser estrecho de miras

Scheune [ˈʃɔɪnə] *f* <-n> granero *m*

Scheusal [ˈʃɔɪzaːl] *nt* <-s, -e> (*abw*) monstruo *m*

scheußlich [ˈʃɔɪslɪç] *adj* horrible

Schi [ʃiː] *m* <-s, -(er)> *s.* **Ski**

Schicht [ʃɪçt] *f* <-en> **1.** (*Luft~, Farb~*) capa *f* **2.** (*Gesellschafts~*) clase *f* **3.** (*Arbeits~*) turno *m;* **er arbeitet ~** trabaja por turnos; **Schichtarbeit** *f ohne pl* trabajo *m* por turnos; **Schichtwechsel** *m* cambio *m* de turno

schick [ʃɪk] *adj* chic; **sich ~ machen** vestirse elegantemente

schicken [ˈʃɪkən] **I.** *vt* mandar; (*mit der Post*) enviar **II.** *vr:* **sich ~** (*sich gehören*): **das schickt sich nicht** esto no se hace

Schickeria [ʃɪkəˈriːa] *f* gente *f* guapa

Schicksal [ˈʃɪkzaːl] *nt* <-s, -e> destino *m;* **jdn seinem ~ überlassen** abandonar a alguien a su suerte

Schicksalsschlag *m* golpe *m* del destino

Schiebedach *nt* techo *m* corredizo

schieben [ˈʃiːbən] <schiebt, schob, ge-

schoben> *vt* **1.**(*bewegen*) empujar; **die Schuld auf jdn ~** echarle la culpa a alguien; **etw vor sich** *dat* **her ~** (*fig*) aplazar algo continuamente **2.**(*stecken*) meter (*in +akk* en)

Schiebetür *f* (puerta *f*) corredera *f*

schied [ʃiːt] *3. imp von* **scheiden**

Schiedsrichter(in) *m(f)* árbitro *mf*

schief [ʃiːf] *adj* (*krumm*) torcido; (*nicht senkrecht*) inclinado; **jdn ~ ansehen** (*fam*) mirar a alguien de reojo

Schiefer [ˈʃiːfɐ] *m* <-s, -> pizarra *f*

schief|gehen *irr vi sein s.* **gehen**; **schief|lachen** *vr:* **sich ~** (*fam*) desternillarse de risa

schielen [ˈʃiːlən] *vi* ser bizco *fam;* **sie schielt auf dem linken Auge** tuerce el ojo izquierdo

schien [ʃiːn] *3. imp von* **scheinen**

Schienbein *nt* tibia *f*

Schiene [ˈʃiːnə] *f* <-n> (*Eisenbahn~*) carril *m;* (MED) tablilla *f*

schienen [ˈʃiːnən] *vt* entablillar

Schienennetz *nt* red *f* ferroviaria

schier [ʃiːɐ] **I.** *adj* (*reg*) puro **II.** *adv* casi

Schießbude *f* barraca *f* de tiro (al blanco)

schießen [ˈʃiːsən] <schießt, schoss, geschossen> **I.** *vi* **1.** *haben* (*Schütze*) disparar (*auf +akk* a/contra); (SPORT) tirar **2.** *sein* (*sich schnell bewegen*) moverse como un rayo; **in die Höhe ~** crecer rápidamente **II.** *vt* **1.**(*Geschoss*) disparar **2.**(*Rakete, Ball*) lanzar; **ein Tor ~** meter un gol

Schießerei *f* <-en> tiroteo *m*

Schießplatz *m* campo *m* de tiro; **Schießpulver** *nt* pólvora *f*

Schiff [ʃɪf] *nt* <-(e)s, -e> barco *m;* **Schiffahrt** *f s.* **Schifffahrt**; **Schiffbruch** *m* naufragio *m;* **~ erleiden** naufragar; (*fig*) fracasar; **Schifffahrt**^RR^ *f ohne pl* navegación *f*

Schiffsjunge *m* grumete *m*

Schiit(in) [ʃiˈiːt] *m(f)* <-en, -en; -nen> chiíta *mf*

Schikane [ʃiˈkaːnə] *f* <-n> traba *f;* **mit allen ~n** (*fam*) por todo lo alto

schikanieren* [ʃikaˈniːrən] *vt* fastidiar; (*quälen*) hacer la vida imposible (a)

Schild[1] [ʃɪlt] *m* <-(e)s, -e> (*Schutz~*) escudo *m;* **etw im ~e führen** tramar algo

Schild[2] [ʃɪlt] *nt* <-(e)s, -er> (*Verkehrs~*) señal *f* (de tráfico); (*Hinweis~*) letrero *m;* (*Preis~*) etiqueta *f*

Schilddrüse *f* (glándula *f*) tiroides *m inv*

schildern [ˈʃɪldɐn] *vt* (*erzählen*) narrar; (*beschreiben*) describir

Schilderung *f* <-en> (*Erzählung*) relato *m;* (*Beschreibung*) descripción *f*

Schildkröte *f* tortuga *f*

Schilf [ʃɪlf] *nt* <-(e)s, -e> (*Pflanze*) caña *f;* (*Röhricht*) cañaveral *m*

schillern [ˈʃɪlɐn] *vi* irisar

Schilling [ˈʃɪlɪŋ] *m* <-s, -e> chelín *m*

schilt [ʃɪlt] *3. präs von* **schelten**

Schimmel [ˈʃɪməl] *m* <-s, -> **1.**(*Tier*) caballo *m* blanco **2.** *ohne pl* (*~pilz*) moho *m*

schimmelig *adj* enmohecido

schimmeln *vi haben o sein* enmohecer(se)

Schimmer [ˈʃɪmɐ] *m* <-s, -> resplandor *m;* **keinen (blassen) ~ von etw haben** (*fam*) no tener ni (la más remota) idea de algo

schimmern [ˈʃɪmɐn] *vi* (*Licht*) lucir (tenuemente); (*glänzen*) relucir

schimmlig *adj s.* **schimmelig**

Schimpanse [ʃɪmˈpanzə] *m* <-n, -n> chimpancé *m*

schimpfen [ˈʃɪmpfən] *vi* reñir (*mit +dat* a); (*kritisieren*) criticar (*auf/über +akk* a)

Schimpfwort *nt* <-(e)s, -wörter> palabrota *f*

schinden [ˈʃɪndən] <schindet, schindete *o* schund, geschunden> **I.** *vt* (*quälen*) maltratar; **Zeit ~** ganar tiempo; **Eindruck bei jdm ~** causar una buena impresión a alguien **II.** *vr:* **sich ~** (*fam*) afanarse

Schinderei *f* <-en> (*abw: Strapaze*) paliza *f;* (*Plackerei*) ajetreo *m*

Schindluder [ˈʃɪntluːdɐ] *nt* (*fam*): **mit jdm ~ treiben** abusar de alguien

Schinken [ˈʃɪŋkən] *m* <-s, -> (*Fleisch*) jamón *m;* (*fam abw: Buch*) mamotreto *m*

Schirm [ʃɪrm] *m* <-(e)s, -e> **1.**(*Regen~*) paraguas *m inv;* (*Sonnen~*) sombrilla *f* **2.**(*Lampen~*) pantalla *f*

Schirmherrschaft *f* patrocinio *m*

Schirmmütze *f* gorra *f* de visera

schiss^RR^ [ʃɪs] *3. imp von* **scheißen**

Schiss^RR^ [ʃɪs] *m* <-es, *ohne pl*> (*fam: Angst*) cagalera *f;* **~ haben** cagarse de miedo

schizophren [ʃitsoˈfreːn] *adj* esquizofrénico

Schlacht [ʃlaxt] *f* <-en> (*a. fig*) batalla *f*

schlachten [ˈʃlaxtən] *vt* matar

Schlachtenbummler(in) *m(f)* <-s, -; -nen> hincha *mf* (*que viaja a todos los lugares donde juega su equipo*)
Schlachtfeld *nt* campo *m* de batalla
Schlachthof *m* matadero *m*
Schlachtplan *m* (*fam a.* MIL) plan *m* de acción
Schlachtvieh *nt* reses *fpl* de matadero
Schlacke ['ʃlakə] *f* <-n> escoria *f*
Schlaf [ʃla:f] *m* <-(e)s, *ohne pl*> sueño *m;* **keinen ~ finden** (*geh*) no conciliar el sueño; **Schlafanzug** *m* pijama *m,* piyama *m Am*
Schläfe ['ʃlɛ:fə] *f* <-n> sien *f;* **graue ~n** sienes plateadas
schlafen ['ʃlafən] <schläft, schlief, geschlafen> *vi* dormir; **bei jdm ~** dormir en casa de alguien; **mit jdm ~** acostarse con alguien
schlaff [ʃlaf] *adj* flojo; (*Haut*) flá(c)cido
schlaflos *adj* (*Person*) insomne; (*Nacht*) en vela
Schlaflosigkeit *f* insomnio *m*
Schlafmittel *nt* somnífero *m;* **Schlafmütze** *f* (*fam*) **1.** (*Langschläfer*) dormilón, -ona *m, f* **2.** (*abw: träger Mensch*) plasta *mf*
schläfrig ['ʃlɛ:frɪç] *adj* soñoliento
Schlafsack *m* saco *m* de dormir
schläft [ʃlɛ:ft] *3. präs von* **schlafen**
Schlaftablette *f* somnífero *m;* **schlaftrunken** ['ʃla:ftrʊŋkən] *adj* (*geh*) soñoliento; **Schlafwagen** *m* coche-cama *m;* **schlafwandeln** *vi haben o sein* padecer sonambulismo; **Schlafzimmer** *nt* dormitorio *m*
Schlag [ʃla:k] *m* <-(e)s, Schläge> **1.** (*a. Schicksals~*) golpe *m;* **~ auf ~** ininterrumpidamente; **keinen ~ tun** (*fam fig*) no dar ni golpe; **mit einem ~** (*fam*) de golpe **2.** (*Herz~*) latido *m;* (*Puls~*) pulsación *f* **3.** (*Stromstoß*) calambre *m* **4.** (*Tauben~*) palomar *m* **5.** (*Menschen~*) tipo *m;* **Schlagabtausch** *m* <-(e)s, *ohne pl*> **1.** (*beim Boxen*) intercambio *m* de golpes **2.** (*Auseinandersetzung*) disputa *f;* **Schlagader** *f* arteria *f;* **Schlaganfall** *m* ataque *m* de apoplejía; **schlagartig I.** *adj* brusco **II.** *adv* de un golpe
schlagen ['ʃla:gən] <schlägt, schlug, geschlagen> **I.** *vt* **1.** (*hauen*) pegar; (*klopfen*) golpear; **alles kurz und klein ~** hacer todo trizas **2.** (*Gegner*) ganar (a); (*Rekord*) batir; **er gab sich ge~** se dio por vencido **3.** (*befestigen*) clavar; **einen Nagel in die Wand ~** clavar un clavo en la pared **4.** (*Eiweiß, Sahne*) batir **5.** (*Uhrzeit*) dar; **eine ge~e Stunde** una hora entera **II.** *vi* (*Herz*) latir; (*Uhr, Glocke*) tocar **III.** *vr:* **sich ~** (*sich prügeln*) pegarse (*um +akk* por)
Schlager ['ʃla:gɐ] *m* <-s, -> (*Lied*) canción *f* de moda; (*Verkaufs~*) artículo *m* de gran éxito
Schläger ['ʃlɛ:gɐ] *m* <-s, -> (*Tennis~*) raqueta *f;* (*Golf~*) stick *m*
Schlägerei *f* <-en> pelea *f*
schlagfertig *adj* sagaz; **Schlagfertigkeit** *f ohne pl* capacidad *f* de réplica; **Schlaginstrument** *nt* instrumento *m* de percusión; **schlagkräftig** *adj* **1.** (*Person*) fuerte; (*Armee*) combativo **2.** (*Argument*) contundente; **Schlagloch** *nt* bache *m;* **Schlagsahne** *f* (*flüssig*) nata *f* líquida; (*geschlagen*) nata *f* montada, crema *f Am*
schlägt [ʃlɛ:kt] *3. präs von* **schlagen**
Schlagwort *nt* (*Parole*) (e)slogan *m;* (*Gemeinplatz*) tópico *m;* **Schlagzeile** *f* titular *m*
Schlagzeug *nt* <-(e)s, -e> percusión *f;* (*einer Rockband*) batería *f*
Schlamm [ʃlam] *m* <-(e)s, Schlämme *o* -e> lodo *m*
schlammig *adj* lodoso
Schlampe ['ʃlampə] *f* <-n> (*fam abw*) dejada *f*
Schlamperei *f* <-en> **1.** (*fam abw: schlechte Arbeit*) chapuza *f* **2.** *ohne pl* (*fam: Unordnung*) desorden *m*
schlampig *adj* (*fam abw*) **1.** (*unordentlich*) desordenado; (*Aussehen*) descuidado **2.** (*Arbeit*) chapucero
schlang [ʃlaŋ] *3. imp von* **schlingen**
Schlange ['ʃlaŋə] *f* <-n> **1.** (*Tier*) serpiente *f* **2.** (*Menschen~*) cola *f;* (*Fahrzeug~*) caravana *f* (de coches); **~ stehen** hacer cola
schlängeln ['ʃlɛŋəln] *vr:* **sich ~** (*Schlange, Weg*) serpentear; (*Mensch*) abrirse camino (*durch +akk* por entre)
Schlangenlinie *f* línea *f* sinuosa
schlank [ʃlaŋk] *adj* delgado
Schlankheitskur *f* cura *f* para adelgazar
schlapp [ʃlap] *adj* (*ohne Kraft*) flojo; (*erschöpft*) agotado
Schlappe ['ʃlapə] *f* <-n> derrota *f*
schlapp|machen *vi* (*fam*) tirar la toalla;

S

Schlappschwanz *m* (*fam abw*) calzonazos *m inv*

Schlaraffenland [ʃla'rafən-] *nt* <-(e)s, *ohne pl*> (país *m* de) Jauja *f*

schlau [ʃlaʊ] *adj* **1.** (*listig*) astuto **2.** (*fam: klug*) listo; **aus jdm/etw** *dat* **nicht ~ werden** no entender a alguien/algo

Schlauch [ʃlaʊx] *m* <-(e)s, Schläuche> **1.** (*Wasser~*) manguera *f;* (*Gas~*) tubo *m* flexible; **auf dem ~ stehen** (*fam fig*) estar desorientado **2.** (*Reifen~*) cámara *f* de aire; **Schlauchboot** *nt* bote *m* neumático

Schlaufe ['ʃlaʊfə] *f* <-n> **1.** (*zum Tragen*) lazo *m* **2.** (*am Gürtel*) pasador *m*

schlecht [ʃlɛçt] **I.** *adj* mal(o); **mir ist ~** me siento mal **II.** *adv* mal; **mehr ~ als recht** con más pena que gloria; **nicht ~!** ¡no está mal!; **schlecht|gehen** *irr vunpers sein s.* **gehen**; **schlechtgelaunt** *adj s.* **gelaunt**

schlechthin ['-'-] *adv* (*an sich*) por antonomasia; (*geradezu*) simplemente

schlecht|machen *vt s.* **machen I.**

schleichen ['ʃlaɪçən] <schleicht, schlich, geschlichen> **I.** *vi sein* **1.** (*leise*) avanzar a hurtadillas **2.** (*langsam*) ir a paso lento **II.** *vr:* **sich ~** *haben* (*hinein~*) entrar a hurtadillas (*in +akk* en/a); (*hinaus~*) salir a hurtadillas (*aus +dat* de)

schleichend *adj* (*Krankheit*) lento; (*Inflation*) latente

Schleichweg [-veːk] *m* camino *m* secreto; **Schleichwerbung** *f ohne pl* publicidad *f* encubierta

Schleier ['ʃlaɪɐ] *m* <-s, -> velo *m;* (*Dunst*) cortina *f;* **schleierhaft** *adj:* **es ist mir ~, wie ...** no me explico cómo…

Schleife ['ʃlaɪfə] *f* <-n> lazo *m;* (*beim Schuhebinden*) nudo *m*

schleifen[1] ['ʃlaɪfən] *vt* **1.** (*ziehen*) arrastrar; **etw ~ lassen** (*fam*) no ocuparse de algo **2.** (*niederreißen*) arrasar

schleifen[2] <schleift, schliff, geschliffen> *vt* **1.** (*Messer*) afilar **2.** (*Glas*) esmerilar; (*Edelstein*) tallar; **geschliffene Reden** discursos muy esmerados

Schleim [ʃlaɪm] *m* <-(e)s, -e> (*Sekret*) moco *m*

schleimen *vi* (*fam abw: schmeicheln*) hacer la pelota

Schleimhaut *f* (MED) (membrana *f*) mucosa *f*

schleimig *adj* **1.** (*Absonderung*) mucoso; (*klebrig*) viscoso **2.** (*abw: kriecherisch*) zalamero

schlemmen ['ʃlɛmən] *vi, vt* comer opíparamente

schlendern ['ʃlɛndɐn] *vi sein* deambular (*durch +akk* por)

schleppen ['ʃlɛpən] **I.** *vt* **1.** (*ziehen*) arrastrar **2.** (*tragen*) cargar (con) **II.** *vr:* **sich ~** **1.** (*sich fortbewegen*) andar a trancas y barrancas (*über +akk* por, *in +akk,* (*bis*) *zu +dat* hasta) **2.** (*sich hinziehen*) durar (mucho tiempo)

schleppend *adj* lento; (*Unterhaltung*) pesado

Schlesien ['ʃleːziən] *nt* <-s> Silesia *f*

schlesisch *adj* silesio

Schleswig-Holstein ['ʃleːsvɪç'hɔlʃtaɪn] *nt* <-s> Schleswig-Holstein *m*

Schleuder ['ʃlɔɪdɐ] *f* <-n> (*für Geschosse*) honda *f;* (*Wäsche~*) centrifugadora *f*

schleudern ['ʃlɔɪdɐn] **I.** *vi sein* (*Auto*) patinar **II.** *vt haben* (*werfen*) lanzar; (*Wäsche*) centrifugar

Schleuderpreis *m* (*fam*) precio *m* tirado; **Schleudersitz** *m* asiento *m* proyectable

schleunigst ['ʃlɔɪnɪçst] *adv* ahora mismo

Schleuse ['ʃlɔɪzə] *f* <-n> esclusa *f*

schlich [ʃlɪç] *3. imp von* **schleichen**

Schlich *m* <-(e)s, -e> truco *m;* **jdm auf die ~e kommen** ver(le) a alguien el juego

schlicht [ʃlɪçt] *adj* sencillo

schlichten ['ʃlɪçtən] *vt* (*Streit*) mediar (en)

Schlichtung *f* <-en> conciliación *f*

schlief [ʃliːf] *3. imp von* **schlafen**

schließen ['ʃliːsən] <schließt, schloss, geschlossen> **I.** *vt* **1.** (*zumachen*) cerrar; **eine Lücke ~** tapar un hueco **2.** (*beenden*) concluir; (*Kongress*) clausurar; **eine Sitzung ~** levantar la sesión **3.** (*Vertrag*) firmar; (*Ehe*) contraer; **jdn in die Arme ~** abrazar a alguien **II.** *vi* (*Geschäft*) cerrar; (*folgern*) deducir (*aus +dat* de)

Schließfach *nt* **1.** (*bei der Post*) apartado *m* de correos; (*bei einer Bank*) caja *f* fuerte **2.** (*für Gepäck*) consigna *f* automática

schließlich *adv* (*am Ende*) finalmente; (*im Grunde*) al fin y al cabo

schliff [ʃlɪf] *3. imp von* **schleifen**

schlimm [ʃlɪm] **I.** *adj* (*schlecht*) mal(o); (*schrecklich*) terrible; (*schwerwiegend*) grave; **es gibt Schlimmeres** hay cosas peores **II.** *adv* mal; **~ enden** acabar mal

schlimmstenfalls [ˈʃlɪmstənfals] *adv* en el peor de los casos

Schlinge [ˈʃlɪŋə] *f* <-n> lazo *m;* (*Arm~*) cabestrillo *m*

schlingen [ˈʃlɪŋən] <schlingt, schlang, geschlungen> **I.** *vi* (*beim Essen*) zampar **II.** *vt* (*binden*) atar (*um +akk* alrededor de) **III.** *vr:* **sich ~** (*Pflanze*) trepar (*um+akk* por)

Schlingpflanze *f* (planta *f*) trepadora *f*

Schlips [ʃlɪps] *m* <-es, -e> (*fam*) corbata *f*

Schlitten [ˈʃlɪtən] *m* <-s, -> trineo *m*

schlittern [ˈʃlɪtɐn] *vi sein* patinar (*auf+dat* sobre, *über+akk* por)

Schlittschuh *m* patín *m* para hielo; **~ laufen** patinar (sobre hielo)

Schlitz [ʃlɪts] *m* <-es, -e> **1.** (*an Automaten, Briefkasten*) ranura *f;* (*Spalt*) hendidura *f* **2.** (*an Kleidung*) raja *f;* **Schlitzaugen** *ntpl* ojos *mpl* rasgados

schlitzen [ˈʃlɪtsən] *vt* rajar

Schlitzohr *nt* (*fam*) zorro, -a *m, f*

schloss[RR] [ʃlɔs] *3. imp von* **schließen**

Schloss[RR] [ʃlɔs] *nt* <-es, Schlösser> **1.** (*Burg*) castillo *m;* (*Palast*) palacio *m* **2.** (*Tür~*) cerradura *f;* (*Vorhänge~*) cerrojo *m;* **hinter ~ und Riegel** (*fam*) a buen recaudo

Schlosser(in) [ˈʃlɔsɐ] *m(f)* <-s, -; -nen> cerrajero, -a *m, f*

Schlot [ʃloːt] *m* <-(e)s, -e> (*reg*) chimenea *f;* **rauchen wie ein ~** (*fam fig*) fumar como un carretero

Schlucht [ʃlʊxt] *f* <-en> barranco *m*

schluchzen [ˈʃlʊxtsən] *vi* sollozar

Schluck [ʃlʊk] *m* <-(e)s, -e> trago *m;* **einen ~ nehmen** dar un sorbo

Schluckauf [ʃlʊkˈʔaʊf] *m* <-s, *ohne pl*> hipo *m*

schlucken [ˈʃlʊkən] *vi, vt* tragar(se)

Schlucker *m* <-s, -> (*fam*): **armer ~** pobre diablo *m*

schludern [ˈʃluːdɐn] *vi* (*fam abw*) hacer una chapuza

schlug [ʃluːk] *3. imp von* **schlagen**

schlummern [ˈʃlʊmɐn] *vi* (*geh: schlafen*) dormitar; (*Talent*) estar oculto

Schlund [ʃlʊnt] *m* <-(e)s, Schlünde> garganta *f;* (*eines Tieres*) fauces *fpl*

schlüpfen [ˈʃlʏpfən] *vi sein* **1.** (*hinein~, hindurch~*) pasar (*in +akk* a, *durch +akk* por); (*hinaus~*) salir (*aus +dat* de) **2.** (*Küken*): (**aus dem Ei**) **~** salir (del huevo)

Schlüpfer *m* <-s, -> braga *f*

schlüpfrig [ˈʃlʏpfrɪç] *adj* (*rutschig*) resbaladizo; (*abw: anstößig*) obsceno

Schlupfwinkel *m* escondrijo *m*

schlurfen [ˈʃlʊrfən] *vi sein* arrastrar los pies

schlürfen [ˈʃlʏrfən] *vi, vt* sorber con ruido

Schluss[RR] [ʃlʊs] *m* <-es, Schlüsse> **1.** (*Ende*) fin *m;* **~ für heute!** ¡basta por hoy!; **zum ~** al final; **mit jdm ~ machen** romper con alguien **2.** (*Folgerung*) conclusión *f;* **zu dem ~ kommen, dass …** llegar a la conclusión de que…

Schlüssel [ˈʃlʏsəl] *m* <-s, -> llave *f;* (*Noten~*) clave *f;* **Schlüsselanhänger** *m* llavero *m;* **Schlüsselbein** *nt* clavícula *f;* **Schlüsselbund** *m o nt* <-(e)s, -e> manojo *m* de llaves; **Schlüsselloch** *nt* ojo *m* de la cerradura

schlussfolgern[RR] *vt* concluir (*aus +dat* de); **Schlussfolgerung**[RR] *f* conclusión *f;* **aus etw ~en ziehen** sacar conclusiones de algo

schlüssig [ˈʃlʏsɪç] *adj* concluyente; **sich** *dat* (**über etw**) **~ werden** tomar una resolución (respecto a algo)

Schlusslicht[RR] *nt* (AUTO) luz *f* trasera; **Schlussstrich**[RR] *m* punto *m* final; **einen ~ ziehen** hacer borrón y cuenta nueva; **Schlussverkauf**[RR] *m* rebajas *fpl* de fin de temporada; **Schlusswort**[RR] *nt* <-(e)s, -e> comentario *m* final

schmächtig [ˈʃmɛçtɪç] *adj* flaco

schmackhaft [ˈʃmakhaft] *adj* sabroso; **jdm etw ~ machen** (*fam*) hacer a alguien la boca agua con algo

schmal [ʃmaːl] *adj* (*schlank*) delgado; (*eng*) estrecho

schmälern [ˈʃmɛːlɐn] *vt* disminuir

Schmalz [ʃmalts] *nt* <-es, -e> manteca *f*

schmarotzen* [ʃmaˈrɔtsən] *vi* vivir como un parásito (*auf/in +dat* en)

Schmarotzer *m* <-s, -> parásito *m*

schmatzen [ˈʃmatsən] *vi* hacer ruido al comer

schmausen [ˈʃmaʊzən] *vi* comer con placer

schmecken [ˈʃmɛkən] **I.** *vi* saber (*nach +dat* a); **schmeckt dir die Suppe?** ¿te gusta la sopa?; **es hat gut geschmeckt** estaba rico **II.** *vt* (*kosten*) probar

Schmeichelei [ʃmaɪçəˈlaɪ] *f* <-en> lisonja *f*

schmeichelhaft *adj* lisonjero; **das ist we-**

S

nig ~ für ihn no le va a gustar nada

schmeicheln ['ʃmaɪçəln] *vi* lisonjear

schmeißen ['ʃmaɪsən] <schmeißt, schmiss, geschmissen> *vt* (*fam*) tirar; **jdn aus dem Haus ~** echar a alguien de la casa; **den Laden ~** encargarse de todo

schmelzen ['ʃmɛltsən] <schmilzt, schmolz, geschmolzen> **I.** *vi sein* (*Butter, Eis*) derretirse; (*Käse, Metall*) fundirse **II.** *vt haben* (*Butter*) derretir; (*Metall*) fundir

Schmelzkäse *m* queso *m* fundido; **Schmelzpunkt** *m* punto *m* de fusión

Schmerz [ʃmɛrts] *m* <-es, -en> dolor *m*; **schmerzempfindlich** *adj* sensible al dolor

schmerzen ['ʃmɛrtsən] *vi, vt* doler (a)

Schmerzensgeld *nt* indemnización *f* por daño personal

Schmerzgrenze *f* (*fig*) límite *m* (máximo); **die ~ überschreiten** pasarse de la raya; **schmerzhaft** *adj* doloroso

schmerzlich *adj* penoso

schmerzlos *adj* sin dolores; **Schmerzmittel** *nt* analgésico *m*; **schmerzstillend** *adj* analgésico; **Schmerztablette** *f* analgésico *m*

Schmetterling ['ʃmɛtɐlɪŋ] *m* <-s, -e> mariposa *f*

schmettern ['ʃmɛtɐn] *vt* (*werfen*) arrojar

Schmied [ʃmiːt] *m* <-(e)s, -e> herrero *m*; (*Huf~*) herrador *m*

schmieden ['ʃmiːdən] *vt* (*Eisen*) forjar; (*Pläne*) urdir

schmiegen ['ʃmiːgən] *vr*: **sich ~** (*Kleidung*) ajustarse (*an +akk* a); (*Mensch*) arrimarse cariñosamente (*an +akk* a)

schmieren ['ʃmiːrən] **I.** *vt* **1.** (*mit Fett*) engrasar; **es läuft wie geschmiert** (*fam*) marcha como la seda **2.** (*Brötchen*) untar **3.** (*fam abw: bestechen*) sobornar **4.** (*fam abw: beschmutzen*) garabatear **II.** *vi* (*fam: Stift*) manchar; (*abw: beim Schreiben*) hacer garabatos

Schmiergeld *nt* <-(e)s, -er> (*fam abw*) unto *m* de rana

schmierig *adj* **1.** (*feuchtklebrig*) resbaladizo **2.** (*schmutzig*) mugriento; (*fettig*) pringoso **3.** (*abw: schmeichlerisch*) zalamero

Schmieröl *nt* aceite *m* lubri(fi)cante; **Schmierseife** *f* jabón *m* verde

schmilzt [ʃmɪltst] *3. präs von* **schmelzen**

Schminke ['ʃmɪŋkə] *f* <-n> maquillaje *m*

schminken ['ʃmɪŋkən] *vt, vr*: **sich ~** maquillar(se)

schmirgeln ['ʃmɪrgəln] *vt* lijar

Schmirgelpapier *nt* papel *m* de lija

schmissRR [ʃmɪs] *3. imp von* **schmeißen**

Schmöker ['ʃmøːkɐ] *m* <-s, -> (*fam*) novelón *m*

schmollen ['ʃmɔlən] *vi* estar de morros

schmolz [ʃmɔlts] *3. imp von* **schmelzen**

schmoren ['ʃmoːrən] **I.** *vi* (*Fleisch*) cocerse (a fuego lento) **II.** *vt* estofar; **jdn ~ lassen** (*fam*) tener a alguien en ascuas

Schmuck [ʃmʊk] *m* <-(e)s, *ohne pl*> **1.** (*Juwelen*) joyas *fpl*; (*Mode~*) bisutería *f* **2.** (*Verzierung*) adorno *m*

schmücken ['ʃmʏkən] *vt* adornar

schmucklos *adj* sin adorno; (*Raum*) austero; **Schmuckstück** *nt* alhaja *f*

schmudd(e)lig ['ʃmʊd(ə)lɪç] *adj* (*fam abw: Person*) desaliñado; (*Ding*) mugriento

Schmuggel ['ʃmʊgəl] *m* <-s, *ohne pl*> contrabando *m*

schmuggeln **I.** *vi* hacer contrabando **II.** *vt* pasar de contrabando; **jdn außer Landes ~** ayudar a alguien a salir del país ilegalmente

Schmuggler(in) *m(f)* <-s, -; -nen> contrabandista *mf*

schmunzeln ['ʃmʊntsəln] *vi* sonreírse (satisfecho) (*über +akk* de)

schmusen ['ʃmuːzən] *vi* (*fam*) besuquearse

Schmutz [ʃmʊts] *m* <-es, *ohne pl*> suciedad *f*; **Schmutzfleck** *m* mancha *f*

schmutzig *adj* sucio

Schnabel ['ʃnaːbəl] *m* <-s, Schnäbel> **1.** (*eines Vogels*) pico *m*; **halt den ~!** (*fam*) ¡cierra el pico! **2.** (*an einer Kanne*) pitorro *m*

Schnake ['ʃnaːkə] *f* <-n> (*reg*) mosquito *m*

Schnalle ['ʃnalə] *f* <-n> hebilla *f*

schnallen *vt* (*fest~*) atar (*auf +akk* a); (*los~*) soltar; **den Gürtel enger ~** (*fam fig*) apretarse el cinturón

schnalzen ['ʃnaltsən] *vi* (*mit der Zunge*) chasquear; (*mit den Fingern*) castañetear

Schnäppchen ['ʃnɛpçən] *nt* <-s, -> (*reg: fam*) ganga *f*

schnappen ['ʃnapən] **I.** *vi* (intentar) pillar (*nach +dat*); **nach Luft ~** (*fam*) jadear **II.** *vt* (*packen*) coger

SchnappschussRR *m* instantánea *f*

Schnaps [ʃnaps] *m* <-es, Schnäpse>

aguardiente *m;* **Schnapsidee** *f* (*fam*) idea *f* descabellada

schnarchen ['ʃnarçən] *vi* roncar

schnattern ['ʃnatɐn] *vi* (*Gans, Ente*) graznar

schnauben ['ʃnaʊbən] *vi* (*Mensch*) resoplar; (*Tier*) bufar

schnaufen ['ʃnaʊfən] *vi* resollar

Schnauzbart *m* bigote *m*

Schnauze ['ʃnaʊtsə] *f* <-n> **1.** (*vom Tier*) hocico *m* **2.** (*fam abw: Mund*) morro *m;* **eine große ~ haben** ser un bocazas; **die ~ voll haben** estar hasta el gorro; **mit etw auf die ~ fallen** (*fig*) llevarse un chasco con algo

schnäuzen[RR] ['ʃnɔɪtsən] *vr:* **sich ~** sonarse

Schnecke ['ʃnɛkə] *f* <-n> caracol *m;* **jdn zur ~ machen** (*fam*) cantar(le) las cuarenta a alguien; **Schneckenhaus** *nt* concha *f* del caracol; **Schneckentempo** *nt* (*fam*): **im ~** a paso de tortuga

Schnee [ʃneː] *m* <-s, *ohne pl*> nieve *f;* **das ist ~ von gestern** (*fam fig*) eso ya pasó a la historia; **Eiweiß zu ~ schlagen** batir las claras a punto de nieve; **Schneebesen** *m* varillas *fpl;* **Schneefall** *m* nevada *f;* **Schneeflocke** *f* copo *m* de nieve; **Schneeketten** *fpl* cadenas *fpl* antideslizantes; **Schneemann** *m* muñeco *m* de nieve; **Schneepflug** *m* (máquina *f*) quitanieve(s) *m(pl);* **Schneeregen** *m* aguanieve *f;* **Schneeschmelze** *f* deshielo *m;* **Schneesturm** *m* temporal *m* de nieve; **schneeweiß** ['-'-] *adj* blanco como la nieve

Schneewittchen [ʃneː'vɪtçən] *nt* <-s> Blancanieves *f*

Schneid [ʃnaɪt] *m* <-(e)s, *ohne pl*> (*fam*) agallas *fpl,* coraje *m;* **jdm den ~ abkaufen** desanimar a alguien

Schneide [ʃnaɪdə] *f* <-n> filo *m;* (*Klinge*) cuchilla *f*

schneiden ['ʃnaɪdən] <schneidet, schnitt, geschnitten> *vt, vr:* **sich ~** cortar(se); **etw klein ~** cortar algo (en trozos pequeños)

schneidend *adj* (*Schmerz*) agudo; (*Kälte*) penetrante

Schneider(in) *m(f)* <-s, -; -nen> sastre, -a *m, f;* (*Damen~*) modisto, -a *m, f*

schneidern ['ʃnaɪdɐn] *vt* confeccionar

Schneidezahn *m* (diente *m*) incisivo *m*

schneien ['ʃnaɪən] *vunpers* nevar; **es schneit** está nevando

Schneise ['ʃnaɪzə] *f* <-n> (*Feuer~*) cortafuego *m;* (*Flug~*) pasillo *m* aéreo

schnell [ʃnɛl] **I.** *adj* rápido; **auf die Schnelle** (*fam*) deprisa y corriendo **II.** *adv* de prisa; **mach ~!** (*fam*) ¡date prisa!

schnellebig *adj s.* **schnelllebig**

Schnellhefter *m* carpeta *f*

Schnelligkeit *f* rapidez *f*

Schnellimbiss[RR] *m* snack-bar *m;* **Schnellkochtopf** *m* olla *f* a presión

schnelllebig[RR] *adj* (*hektisch*) agitado; (*kurzlebig*) efímero

schnellstens ['ʃnɛlstəns] *adv* lo más rápido posible

Schnellstraße *f* autovía *f;* **Schnellzug** *m* (tren *m*) expreso *m*

schneuzen ['ʃnɔɪtsən] *vr:* **sich ~** *s.* **schnäuzen**

schnippisch ['ʃnɪpɪʃ] *adj* (*abw*) respondón

Schnipsel ['ʃnɪpsəl] *m o nt* <-s, -> recorte *m*

schnitt [ʃnɪt] *3. imp von* **schneiden**

Schnitt [ʃnɪt] *m* <-(e)s, -e> corte *m;* (*~muster*) patrón *m;* **der goldene ~** (MATH) la sección áurea; **im ~** (*fam*) por término medio

schnittig *adj* de línea elegante

Schnittlauch *m* <-(e)s, *ohne pl*> cebollino *m;* **Schnittmuster** *nt* patrón *m;* **Schnittpunkt** *m* (*a.* MATH) (punto *m* de) intersección *f;* **Schnittstelle** *f* (INFOR) interfaz *m;* **Schnittwunde** *f* corte *m*

Schnitzel[1] ['ʃnɪtsəl] *nt* <-s, -> (GASTR) escalope *m;* **paniertes ~** escalope rebozado, milanesa *f Am*

Schnitzel[2] *m o nt* <-s, -> (*Papier~*) pedacito *m* (de papel)

schnitzen ['ʃnɪtsən] *vi, vt* tallar (en madera) (*aus +dat* de, *in +dat* en)

Schnorchel ['ʃnɔrçəl] *m* <-s, -> tubo *m* de respiración

Schnörkel ['ʃnœrkəl] *m* <-s, -> (*an Möbeln*) voluta *f;* (*bei der Unterschrift*) rúbrica *f*

schnorren ['ʃnɔrən] **I.** *vt* (*fam*) gorronear **II.** *vi* **1.** (*fam: erbetteln*) pedir **2.** (*Schweiz: abw: daherreden*) hablar sin ton ni son

schnüffeln ['ʃnʏfəln] *vi* **1.** (*schnuppern*) olisquear (*an +dat*) **2.** (*fam abw: spionieren*) husmear (*in +dat* en) **3.** (*fam: Klebstoff*) esnifar

Schnüffler(in) *m(f)* <-s, -; -nen> (*abw: Spion*) espía *mf;* (*Neugieriger*) fisgón, -ona *m, f*

Schnuller ['ʃnʊlɐ] *m* <-s, -> chupete *m*

schnulzig *adj* (*fam abw*) sentimental(oide)

Schnupfen ['ʃnʊpfən] *m* <-s, -> constipado *m;* ~ **haben** estar resfriado

schnuppe ['ʃnʊpə] *adj* (*fam*): **das ist mir ~** me importa un rábano

schnuppern ['ʃnʊpɐn] *vi* olfatear (*an*)

Schnur [ʃnuːɐ] *f* <Schnüre> cuerda *f;* (*dünn*) cordel *m*

Schnürchen ['ʃnyːɐçən] *nt* (*fam*): **wie am ~** a las mil maravillas

schnüren ['ʃnyːrən] *vt* atar

schnurlos *adj* (*Telefon*) inalámbrico

Schnurrbart ['ʃnʊrbaːɐt] *m* bigote *m*

schnurren ['ʃnʊrən] *vi* (*Katze*) ronronear

Schnürsenkel ['ʃnyːɐzɛŋkəl] *m* <-s, -> (*nordd, reg*) cordón *m* para zapatos

schnurstracks ['ʃnuːɐ'ʃtraks] *adv* (*fam*) directamente; (*sofort*) en el acto

schob [ʃoːp] *3. imp von* **schieben**

Schock [ʃɔk] *m* <-(e)s, -s> shock *m;* **unter ~ stehen** estar bajo (los efectos de un) shock

schockieren* [ʃɔ'kiːrən] *vt* chocar; (*moralisch*) escandalizar

Schokolade [ʃoko'laːdə] *f* <-n> chocolate *m*

Scholle ['ʃɔlə] *f* <-n> (*Eis~*) témpano *m;* (*Erd~*) terrón *m*

schon [ʃoːn] *adv* ya; ~ **wieder** otra vez; **nun mach ~!** (*fam*) ¡apúrate ya!; **das ist ~ möglich** de hecho es posible; **na, wenn ~!** ¿y qué más da?

schön [ʃøːn] **I.** *adj* bonito, lindo *Am;* **das Wetter ist ~** hace buen tiempo; **~es Wochenende!** ¡buen fin de semana!; **das wäre ja noch ~er!** (*fam*) ¡ni hablar!; **das sind ja ~e Aussichten!** (*fam*) ¡menudas perspectivas! **II.** *adv* bien; **sie singt ~** canta bien; **sei ~ brav!** (*fam*) ¡pórtate bien!; **danke ~** muchas gracias; **bitte ~** de nada

schonen ['ʃoːnən] **I.** *vt* tratar con cuidado; (*Kräfte*) ahorrar; **seine Gesundheit ~** cuidarse; **du musst es ihr ~d beibringen** debes decírselo con mucha precaución **II.** *vr:* **sich ~** cuidarse

Schönheit *f* <-en> belleza *f;* **Schönheitsfehler** *m* imperfección *f;* **Schönheitsoperation** *f* operación *f* de cirugía estética

Schonkost *f* dieta *f*

Schonung *f* <-en> **1.** (*im Wald*) coto *m* de bosque recién plantado **2.** *ohne pl* (*Sorgfalt*) cuidado *m;* **schonungslos I.** *adj* despiadado **II.** *adv* sin piedad

Schonzeit *f* (tiempo *m* de) veda *f*

schöpfen ['ʃœpfən] *vt* **1.** (*Flüssigkeit*) sacar (*aus +dat* de) **2.** (*Mut*) cobrar **3.** (*geh: Atem*) respirar

Schöpfer(in) *m(f)* <-s, -; -nen> creador(a) *m(f)*

schöpferisch *adj* creativo

Schöpfkelle *f* cazo *m;* **Schöpflöffel** *m* cucharón *m*

Schöpfung *f* <-en> **1.** (*geh: Kunstwerk*) creación *f* **2.** *ohne pl* (REL) génesis *f inv*

schor [ʃoːɐ] *3. imp von* **scheren**

Schorf [ʃɔrf] *m* <-(e)s, -e> costra *f*

Schornstein ['ʃɔrnʃtaɪn] *m* chimenea *f;* **Schornsteinfeger(in)** *m(f)* <-s, -; -nen> deshollinador(a) *m(f)*

schossRR [ʃɔs] *3. imp von* **schießen**

Schoß [ʃoːs] *m* <-es, Schöße> regazo *m;* **jdn auf den ~ nehmen** tomar a alguien en el regazo; **das ist ihr nicht in den ~ gefallen** (*fam fig*) no le ha llovido del cielo; **Schoßhund** ['ʃoːs-] *m* perro *m* faldero

Schote ['ʃoːtə] *f* <-n> vaina *f*

Schotte, -in ['ʃɔtə] *m, f* <-n, -n; -nen> escocés, -esa *m, f*

Schotter ['ʃɔtɐ] *m* <-s, -> (*Straßen~*) grava *f*

schottisch *adj* escocés

Schottland *nt* <-s> Escocia *f*

schräg [ʃrɛːk] **I.** *adj* oblicuo; (*geneigt*) inclinado; (*diagonal*) diagonal **II.** *adv* al sesgo; **jdn ~ ansehen** (*fam*) mirar a alguien de reojo; **Schrägstrich** *m* barra *f*

Schramme ['ʃramə] *f* <-n> rasguño *m*

Schrank [ʃraŋk] *m* <-(e)s, Schränke> armario *m*

Schranke ['ʃraŋkə] *f* <-n>, **Schranken** ['ʃraŋkən] *m* <-s, -> (*Österr*) barrera *f;* **jdn in seine ~n weisen** parar los pies a alguien

Schrankwand *f* pared *f* estantería

Schraube ['ʃraʊbə] *f* <-n> tornillo *m;* **bei ihm ist eine ~ locker** (*fam fig*) le falta un tornillo

schrauben ['ʃraʊbən] *vt* atornillar (*an +akk* a/en); **fester ~** apretar el tornillo

Schraubenschlüssel *m* llave *f* de tuercas; **Schraubenzieher** *m* <-s, -> destornillador *m*, desatornillador *m Am*

Schraubverschluss[RR] *m* cierre *m* de rosca

Schreck [ʃrɛk] *m* <-(e)s, -e> susto *m;* **einen ~ bekommen** llevarse un susto

Schrecken [ˈʃrɛkən] *m* <-s, -> **1.** (*Schreck*) susto *m;* **~ erregend** espantoso **2.** *pl* (*des Krieges*) horrores *mpl;* **schreckenerregend** *adj s.* **Schrecken 1.**

Schreckgespenst *nt* espectro *m;* **schreckhaft** *adj* asustadizo

schrecklich *adj* horrible

Schrei [ʃraɪ] *m* <-(e)s, -e> grito *m;* **einen ~ ausstoßen** lanzar un grito; **der letzte ~** (*fam*) el último grito

Schreibblock *m* <-(e)s, -blöcke> bloc *m* (de notas)

schreiben [ˈʃraɪbən] <schreibt, schrieb, geschrieben> *vi, vt, vr:* **sich ~** escribir(se) (*auf* + *dat* en); **jdm/an jdn (einen Brief) ~** escribir (una carta) a alguien

Schreiben [ˈʃraɪbən] *nt* <-s, -> escrito *m;* **Ihr ~ vom ...** su carta del...

Schreibfehler *m* falta *f* de ortografía; **Schreibkraft** *f* mecanógrafo, -a *m, f;* **Schreibmaschine** *f* máquina *f* de escribir; **~ schreiben** escribir a máquina; **schreibschützen** *vt* (INFOR) proteger contra sobreescritura; **Schreibtisch** *m* escritorio *m;* **Schreibwaren** *fpl* artículos *mpl* de papelería; **Schreibweise** *f* **1.** (*Orthographie*) grafía *f* **2.** (*Stil*) estilo *m*

schreien [ˈʃraɪən] <schreit, schrie, geschrie(e)n> *vi, vt* gritar; **nach etw** *dat*/**jdm ~** pedir algo/llamar a alguien a gritos

schreiend *adj* (*Farbe*) chillón; (*Unrecht*) manifiesto

Schreiner(in) [ˈʃraɪnɐ] *m(f)* <-s, -; -nen> carpintero, -a *m, f*

Schreinerei *f* <-en> carpintería *f*

schreiten [ˈʃraɪtən] <schreitet, schritt, geschritten> *vi sein* (*geh*) **1.** (*gehen*) caminar (solemnemente) **2.** (*beginnen*): **zu etw** *dat* **~** pasar a algo

schrie [ʃriː] *3. imp von* **schreien**

schrieb [ʃriːp] *3. imp von* **schreiben**

Schrift [ʃrɪft] *f* <-en> **1.** (*Hand~*) letra *f* **2.** (*Text*) escrito *m;* **die Heilige ~** las Sagradas Escrituras

schriftlich *adj* por escrito

Schriftsprache *f* lenguaje *m* literario; (*Hochdeutsch*) alemán *m* estándar

Schriftsteller(in) *m(f)* <-s, -; -nen> escritor(a) *m(f)*

Schriftstück *nt* documento *m;* **Schriftwechsel** *m* correspondencia *f*

schrill [ʃrɪl] *adj* (*Ton*) estridente; (*fam: Aufmachung*) estrafalario

schritt [ʃrɪt] *3. imp von* **schreiten**

Schritt [ʃrɪt] *m* <-(e)s, -e> paso *m;* **mit schnellen ~en** a paso ligero; **auf ~ und Tritt** a cada paso; **mit jdm ~ halten** seguir la marcha de alguien; **den ersten ~ tun** dar el primer paso; **~e in die Wege leiten** iniciar trámites; **Schrittempo** *nt,* **Schritttempo**[RR] *nt:* **(im) ~ fahren** avanzar al paso; **schrittweise** *adv* paso a paso

schroff [ʃrɔf] *adj* **1.** (*Abhang*) escarpado; (*jäh abfallend*) abrupto **2.** (*Mensch*) rudo; **etw ~ ablehnen** rechazar algo categóricamente

Schrot [ʃroːt] *m o nt* <-(e)s, -e> **1.** (*Getreide~*) grano *m* partido; **von altem ~ und Korn** de buena cepa **2.** (*Munition*) perdigones *mpl*

Schrott [ʃrɔt] *m* <-(e)s, *ohne pl*> (*Altmetall*) chatarra *f;* (*fam: Unbrauchbares*) cachivaches *mpl;* **Schrottplatz** *m* depósito *m* de chatarra

schrubben [ˈʃrʊbən] *vt* (*Ding*) fregar; (*Person, Körperteil*) frotar

Schrubber *m* <-s, -> (*fam*) escobillón *m*

schrump(e)lig [ˈʃrʊmp(ə)lɪç] *adj* (*fam*) arrugado

schrumpfen [ˈʃrʊmpfən] *vi sein* (*Gewebe*) encoger; (*Vorräte*) disminuir

schrumplig *adj s.* **schrump(e)lig**

Schub [ʃuːp] *m* <-(e)s, Schübe> empujón *m;* (PHYS, TECH) empuje *m;* **Schubkarren** *m* carretilla *f;* **Schublade** *f* <-n> cajón *m*

Schubs [ʃʊps] *m* <-es, -e> (*fam*) empujón *m*

schubsen [ˈʃʊpsən] *vt* (*fam*) empujar

schubweise [ˈʃuːpvaɪzə] *adv* por partes

schüchtern [ˈʃʏçtɐn] *adj* tímido

Schüchternheit *f* timidez *f*

schuf [ʃuːf] *3. imp von* **schaffen**

Schuft [ʃʊft] *m* <-(e)s, -e> (*abw*) canalla *mf*

schuften [ˈʃʊftən] *vi* (*fam*) currar

Schuh [ʃuː] *m* <-(e)s, -e> zapato *m;* **jdm etw in die ~e schieben** (*fam*) echar a alguien la culpa de algo; **Schuhcreme** *f* betún *m;* **Schuhgeschäft** *nt* zapatería *f;* **Schuhgröße** *f* número *m* del calzado; **Schuhmacher(in)** *m(f)* <-s, -; -nen> zapatero, -a *m, f*

Schularbeiten *fpl* deberes *mpl;* **Schulbildung** *f* formación *f* escolar; **Schulbuch** *nt* libro *m* de texto

schuld [ʃʊlt] *adj:* **an etw ~ sein** tener la culpa de algo

Schuld [ʃʊlt] *f* <-en> **1.** (*Geldbetrag*) deuda *f;* **ich stehe in deiner ~** (*geh*) estoy en deuda contigo **2.** *ohne pl* (*Verantwortung*) culpa *f* (*an +dat* de); **sich** *dat* **etw zu ~en kommen lassen** cometer un error; **jdm ~ geben** echar la culpa a alguien; **die ~ auf sich nehmen** declararse culpable; **schuldbewusst**[RR] *adj* consciente de su culpabilidad

schulden [ˈʃʊldən] *vt* deber; **jdm etw ~** deber algo a alguien

Schuldfrage *f* cuestión *f* de culpabilidad; **Schuldgefühl** *nt* sentimiento *m* de culpabilidad

schuldig [ˈʃʊldɪç] *adj* **1.** (*a.* JUR) culpable (*an +dat* de); **sich ~ bekennen** declararse culpable **2.** (*Geld*): **jdm etw ~ sein** deber algo a alguien

Schuldige(r) *mf* <-n, -n; -n> culpable *mf*

schuldlos *adj:* **~ sein** no tener la culpa (*an +dat* de)

Schuldner(in) [ˈʃʊldnɐ] *m(f)* <-s, -; -nen> deudor(a) *m(f)*

Schuldschein *m* pagaré *m;* **Schuldzuweisung** *f* (*a.* JUR) acusación *f*

Schule [ˈʃuːlə] *f* <-n> escuela *f;* **in die ~ kommen** ser escolarizado; **~ haben** tener clase; **ein Richter der alten ~** un juez de la vieja escuela

schulen *vt* **1.** (*Mitarbeiter*) formar **2.** (*Gedächtnis*) entrenar; **mit geschultem Blick** con ojo experto

Schüler(in) [ˈʃyːlɐ] *m(f)* <-s, -; -nen> alumno, -a *m, f;* (*Anhänger*) discípulo, -a *m, f*

Schulferien *pl* vacaciones *fpl* escolares; **Schulfreund(in)** *m(f)* compañero, -a *m, f* de clase; **Schulgeld** *nt* cuota *f* escolar; **Schuljahr** *nt* (*Zeitraum*) año *m* escolar; (*Klasse*) curso *m;* **Schulkind** *nt* escolar *mf;* **Schulmedizin** *f ohne pl* medicina *f* convencional; **Schulpflicht** *f ohne pl* enseñanza *f* obligatoria; **schulpflichtig** *adj* en edad escolar; **Schultasche** *f* cartera *f*

Schulter [ˈʃʊltɐ] *f* <-n> hombro *m;* **mit den ~n zucken** encogerse de hombros; **etw auf die leichte ~ nehmen** tomar algo a la ligera; **Schulterblatt** *nt* omoplato *m*

Schulung [ˈʃuːlʊŋ] *f* <-en> **1.** (*von Personal*) formación *f;* (*der Stimme*) entrenamiento *m* **2.** (*Lehrgang*) cursillo *m*

Schulweg *m* camino *m* a la escuela

Schuppe [ˈʃʊpə] *f* <-n> **1.** (*bei Tieren*) escama *f* **2.** *pl* (*beim Menschen*) caspa *f;* **mir fiel es wie ~n von den Augen** (*fig*) se me cayó la venda de los ojos

Schuppen [ˈʃʊpən] *m* <-s, -> cobertizo *m,* galpón *m Am*

schüren [ˈʃyːrən] *vt* (*Feuer*) atizar; (*Hass*) alimentar

Schürfwunde *f* excoriación *f*

Schurke, -in [ˈʃʊrkə] *m, f* <-n, -n; -nen> (*abw*) bellaco, -a *m, f*

Schurwolle *f* lana *f* virgen

Schürze [ˈʃʏrtsə] *f* <-n> delantal *m*

Schuss[RR] [ʃʊs] *m* <-es, Schüsse> **1.** (*aus einer Waffe*) disparo *m;* **der ~ ging nach hinten los** (*fam*) salió el tiro por la culata; **weit vom ~ sein** (*fam*) estar en el quinto pino; **etw in ~ bringen** (*fam*) poner algo a punto; **etw in ~ halten** (*fam*) mantener algo en buen estado **2.** (*Fußball*) tiro *m* **3.** (*sl: Drogeninjektion*) chute *m;* **sich** *dat* **einen ~ setzen** chutarse

Schüssel [ˈʃʏsəl] *f* <-n> **1.** (*Servier~*) fuente *f;* (*Salat~*) ensaladera *f;* (*Suppen~*) sopera *f;* (*Wasch~*) palangana *f* **2.** (*fam: WC-Becken*) inodoro *m*

schuss(e)lig[RR] [ˈʃʊs(ə)lɪç] *adj* (*fam abw*) despistado

Schusswaffe[RR] *f* arma *f* de fuego; **Schusswechsel**[RR] *m* tiroteo *m*

Schuster(in) [ˈʃuːstɐ] *m(f)* <-s, -; -nen> zapatero, -a *m, f*

Schutt [ʃʊt] *m* <-(e)s, *ohne pl*> escombros *mpl;* **eine Stadt in ~ und Asche legen** reducir una ciudad a cenizas

Schüttelfrost *m* <-(e)s, *ohne pl*> escalofríos *mpl*

schütteln [ˈʃʏtəln] **I.** *vt* (*Kissen*) sacudir; (*Gefäß*) agitar; (*Kopf*) mover; **„vor Gebrauch ~"** "agítese antes de usar" **II.** *vr:* **sich ~** sacudirse; **sich vor Ekel ~** estremecerse de asco; **er schüttelte sich vor Lachen** se desternilló de risa

schütten [ˈʃʏtən] *vt* (*gießen*) verter (*in*

+*akk* en)

schütter ['ʃʏtɐ] *adj* ralo

Schutz [ʃʊts] *m* <-es, *ohne pl*> protección *f* (*vor* +*dat*, *gegen* +*akk* contra); **im ~e der Dunkelheit** al amparo de la oscuridad; **sich in jds ~ begeben** acogerse al amparo de alguien; **in einem Haus ~ suchen** refugiarse en una casa; **jdn in ~ nehmen** defender a alguien; **Schutzanzug** *m* traje *m* protector; **Schutzblech** *nt* (*am Fahrrad*) guardabarros *m inv;* (*an Maschinen*) chapa *f* de protección; **Schutzbrille** *f* gafas *fpl* protectoras

Schütze[1] *m* <-n, -n> (ASTR) Sagitario *m*

Schütze, -in[2] ['ʃʏtsə] *m, f* <-n, -n; -nen> tirador(a) *m(f)*

schützen ['ʃʏtsən] *vt, vr:* **sich ~** proteger(se) (*vor* +*dat*, *gegen* +*akk* de/contra); **gesetzlich geschützt** protegido por la ley

> Las sociedades de tiro suelen celebrar en otoño una fiesta cuyo objetivo consiste en darse a conocer a la sociedad. En la **Schützenfest** se abren al público las instalaciones para la práctica del tiro y se celebra una competición abierta a todos aquellos que quieran participar aunque no pertenezcan a la sociedad.

Schutzengel *m* ángel *m* de la guarda; **Schutzgeld** *nt* <-(e)s, -er> cuota *f* de protección; **~er erpressen** extorsionar cuotas de protección; **Schutzhelm** *m* casco *m* protector; **Schutzimpfung** *f* vacuna(ción) *f* preventiva

Schützling ['ʃʏtslɪŋ] *m* <-s, -e> protegido, -a *m, f*

schutzlos *adj* sin amparo; **jdm/etw** *dat* **~ ausgeliefert sein** estar indefenso ante alguien/algo; **Schutzumschlag** *m* sobrecubierta *f*

schwabb(e)lig ['ʃvab(ə)lɪç] *adj* (*fam*) fofo

Schwaben ['ʃva:bən] *nt* <-s> Suabia *f*

schwäbisch ['ʃvɛ:bɪʃ] *adj* suabo

schwach [ʃvax] *adj* <schwächer, am schwächsten> débil; (*Getränk, Argument*) flojo; (*Gesundheit*) frágil; (*Hoffnung*) vago; (*Licht*) tenue; **ein ~er Redner** un orador mediocre; **bei Torten wird sie immer ~** las tartas son su debilidad

Schwäche ['ʃvɛçə] *f* <-n> debilidad *f;* **eine ~ für etw haben** tener debilidad por algo

schwächen ['ʃvɛçən] *vt* debilitar

Schwachkopf *m* (*abw*) imbécil *mf;* **Schwachsinn** *m* <-(e)s, *ohne pl*> (MED) demencia *f;* (*fam abw: Blödsinn*) imbecilidad *f;* **schwachsinnig** *adj* (MED) deficiente mental; (*fam abw: blödsinnig*) imbécil; **Schwachstelle** *f* punto *m* débil

Schwächung *f* <-en> debilitación *f*

Schwager ['ʃva:gɐ] *m*, **Schwägerin** *f* <-s, Schwäger; -nen> cuñado, -a *m, f*

Schwalbe ['ʃvalbə] *f* <-n> golondrina *f*

Schwall [ʃval] *m* <-(e)s, -e> aluvión *m*

schwamm [ʃvam] *3. imp von* **schwimmen**

Schwamm [ʃvam] *m* <-(e)s, Schwämme> esponja *f;* **~ drüber!** (*fam*) ¡borrón y cuenta nueva!

schwammig *adj* (*abw: Gesicht, Körper*) fofo; (*Begriff*) vago

Schwan [ʃva:n] *m* <-(e)s, Schwäne> cisne *m*

schwand [ʃvant] *3. imp von* **schwinden**

schwang [ʃvaŋ] *3. imp von* **schwingen**

schwanger ['ʃvaŋɐ] *adj* embarazada

schwängern ['ʃvɛŋɐn] *vt* dejar embarazada; **mit Rauch geschwängerte Luft** aire cargado de humo

Schwangerschaft *f* <-en> embarazo *m;* **Schwangerschaftsabbruch** *m* interrupción *f* del embarazo

schwanken ['ʃvaŋkən] *vi* **1.** *sein* (*torkeln*) ir haciendo eses **2.** *haben* (*Preise, Temperatur*) oscilar **3.** *haben* (*zögern*) vacilar

Schwankung *f* <-en> oscilación *f*

Schwanz [ʃvants] *m* <-es, Schwänze> cola *f*

schwänzen ['ʃvɛntsən] **I.** *vi* (*fam*) hacer novillos **II.** *vt* (*fam*): **Biologie ~** fumarse la clase de biología

Schwarm [ʃvarm] *m* <-(e)s, Schwärme> **1.** (*Bienen~, Menschen~*) enjambre *m;* (*Vogel~, Sardinen~*) bandada *f* **2.** (*Mensch*) persona *f* adorada

schwärmen ['ʃvɛrmən] *vi* **1.** *sein* (*Insekten*) zumbar; (*Menschen*) ir en masa (*zu* +*dat*, *in* +*akk* a) **2.** *haben* (*begeistert sein*) entusiasmarse (*für* +*akk* por); **ins Schwärmen kommen** apasionarse

schwärmerisch *adj* (*begeistert*) entusiasta; (*träumerisch*) soñador

schwarz [ʃvarts] *adj* <schwärzer, am schwärzesten> negro; **das kann ich dir ~ auf weiß geben** (*fam*) te lo puedo dar por

S

escrito; **er hat sich ~ geärgert** (*fam*) se ha puesto negro; **mit etw ins Schwarze treffen** (*fam*) dar en el clavo con algo; **auf der ~en Liste stehen** estar fichado

Schwarzarbeit *f* trabajo *m* clandestino

Schwarzbrot *nt* pan *m* negro

schwarz|fahren *irr vi sein* (*ohne Fahrkarte*) viajar sin billete; **Schwarzhandel** *m* mercado *m* negro, estraperlo *m;* **mit etw ~ treiben** negociar de estraperlo con algo; **Schwarzmarkt** *m* mercado *m* negro

Schwarzwald *m* <-(e)s> Selva *f* Negra

schwarzweiß *adj,* **schwarz-weiß**[RR] [ˈ-ˈ-] *adj* (en) blanco y negro

schwatzen *vi, vt,* **schwätzen** [ˈʃvɛtsən] *vi, vt* (*reg*) charlar (*über +akk* de)

Schwätzer(in) *m(f)* <-s, -; -nen> (*abw*) charlatán, -ana *m, f*

schwatzhaft *adj* (*abw*) parlanchín

Schwebebalken *m* barra *f* de equilibrios

schweben [ˈʃveːbən] *vi sein* flotar

Schwede, -in *m, f* <-n, -n; -nen> sueco, -a *m, f*

Schweden [ˈʃveːdən] *nt* <-s> Suecia *f*

schwedisch *adj* sueco

Schwefel [ˈʃveːfəl] *m* <-s, *ohne pl*> azufre *m;* **Schwefelsäure** *f* ácido *m* sulfúrico

Schweif [ʃvaɪf] *m* <-(e)s, -e> (*geh*) cola *f*

schweifen *vi sein* (*geh*) vagar (*durch +akk* por); **seine Gedanken ~ lassen** dar rienda suelta a sus pensamientos

schweigen [ˈʃvaɪgən] <schweigt, schwieg, geschwiegen> *vi* callar(se) (*zu +dat, über +akk* ante, *vor/aus +dat* de/por); **ganz zu ~ von ...** sin mencionar...

Schweigen *nt* <-s, *ohne pl*> silencio *m;* **jdn zum ~ bringen** hacer callar a alguien

Schweigepflicht *f ohne pl* secreto *m* profesional; **der ~ unterliegen** estar obligado al secreto profesional

schweigsam *adj* callado

Schweigsamkeit *f* taciturnidad *f*

Schwein [ʃvaɪn] *nt* <-(e)s, -e> cerdo *m,* chancho *m Am;* **~ haben** (*fam*) tener suerte; **Schweinehund** *m* (*vulg*) hijo *m* de puta; **seinen inneren ~ überwinden** dominar los bajos instintos

Schweinerei *f* <-en> (*fam*) porquería *f*

Schweinestall *m* (*a. fig*) pocilga *f*

schweinisch *adj* (*fam*) guarro

Schweiß [ʃvaɪs] *m* <-es, *ohne pl*> sudor *m;* **im ~e meines Angesichts** con el sudor de mi frente

Schweißbrenner *m* soplete *m* para soldar

schweißen [ˈʃvaɪsən] *vt* soldar

schweißgebadet [ˈ--ˈ--] *adj* bañado en sudor; **schweißnass**[RR] [ˈ-ˈ-] *adj* empapado en sudor; **schweißtreibend** *adj* sudorífico

Schweiz [ʃvaɪts] *f* Suiza *f;* **in die ~ fahren** ir a Suiza

Schweizer(in) *m(f)* <-s, -; -nen> suizo, -a *m, f;* **Schweizerdeutsch** *nt* suizo-alemán *m*

schweizerisch [ˈʃvaɪtsərɪʃ] *adj* suizo

schwelgen [ˈʃvɛlgən] *vi* **1.** (*gut essen*) banquetear **2.** (*in Gedanken*) deleitarse (*in +dat* en/con); **im Überfluss ~** nadar en la abundancia

Schwelle [ˈʃvɛlə] *f* <-n> **1.** (*Tür~*) umbral *m;* **an der ~ zum 21. Jahrhundert** en el umbral del siglo XXI **2.** (*Bahn~*) traviesa *f*

schwellen [ˈʃvɛlən] <schwillt, schwoll, geschwollen> *vi sein* hincharse

Schwellenland *nt* país *m* emergente

Schwellung *f* <-en> hinchazón *f*

schwenken [ˈʃvɛŋkən] **I.** *vi sein* girar **II.** *vt haben* **1.** (*drehen*) virar **2.** (*ausspülen*) aclarar **3.** (*Arme*) mover; (*Fahne*) (hacer) ondear **4.** (GASTR) saltear

schwer [ʃveːɐ] **I.** *adj* **1.** (*Gewicht*) pesado **2.** (*schlimm*) grave; (*Enttäuschung*) grande **3.** (*Tag, Arbeit*) duro **4.** (*schwierig*) difícil; **das ist ~ zu sagen** es difícil decirlo; **sie hat es ~ mit ihm** pasa lo suyo con él **II.** *adv* (*sehr: + Adjektiv*) muy; (*+ Verb*) mucho; **ich bin ~ enttäuscht** estoy muy decepcionado; **~ verletzt sein** estar gravemente herido; **~ atmen** respirar con dificultad; **~ bewaffnet** fuertemente armado; **Schwerarbeit** *f* trabajo *m* pesado; **Schwerbehinderte(r)** *mf* minusválido, -a *m, f* grave

schwerelos *adj* ingrávido

schwererziehbar [ˈ--ˈ--] *adj s.* **erziehbar;** **schwer|fallen** *irr vi sein s.* **fallen 7.**

schwerfällig [-fɛlɪç] *adj* (*Bewegung*) torpe; (*Stil*) pesado

Schwergewicht *nt* <-(e)s, *ohne pl*> **1.** (*Nachdruck*): **das ~ auf etw legen** centrar su atención en algo **2.** (SPORT: *Gewichtsklasse*) peso *m* pesado

schwerhörig *adj* (algo) sordo

Schwerkraft *f* gravitación *f;* **schwerkrank** [ˈ-ˈ-] *adj s.* **krank**

schwerlich *adv* difícilmente

schwer|machen *vt s.* **machen I.**; **Schwermetall** *nt* metal *m* pesado; **schwermütig** *adj* melancólico; **schwer|nehmen** *irr vt s.* **nehmen 7.**; **Schwerpunkt** *m* (PHYS) centro *m* de gravedad; **den ~ auf etw setzen** (*fig*) conceder prioridad a algo

Schwert [ʃveːɐt] *nt* <-(e)s, -er> espada *f*

Schwerverbrecher(in) *m(f)* criminal *mf* peligroso, -a; **schwerverletzt** *adj s.* **verletzen I.1.**; **Schwerverletzte(r)** *mf* herido, -a *m, f* grave; **schwerwiegend** *adj* grave

Schwester [ˈʃvɛstɐ] *f* <-n> (*Verwandte*) hermana *f*; (*Kranken~*) enfermera *f*

schwesterlich *adj* fraternal

schwieg [ʃviːk] *3. imp von* **schweigen**

Schwiegereltern [ˈʃviːgɐ-] *pl* suegros *mpl*; **Schwiegermutter** *f* <-mütter> suegra *f*; **Schwiegersohn** *m* yerno *m*; **Schwiegertochter** *f* nuera *f*; **Schwiegervater** *m* suegro *m*

Schwiele [ˈʃviːlə] *f* <-n> callo *m*

schwierig [ˈʃviːrɪç] *adj* difícil

Schwierigkeit *f* <-en> dificultad *f*; **jdn in ~en bringen** meter a alguien en líos

schwillt [ʃvɪlt] *3. präs von* **schwellen**

Schwimmbad *nt* piscina *f*; **Schwimmbecken** *nt* piscina *f*

schwimmen [ˈʃvɪmən] <schwimmt, schwamm, geschwommen> *vi haben o sein* **1.** (*Person, Fisch*) nadar; **über den See ~** cruzar el lago a nado; **ins Schwimmen geraten** (*fig*) encasquillarse **2.** (*Ding*) flotar (*auf* +*dat* en)

Schwimmer[1] *m* <-s, -> (TECH) flotador *m*

Schwimmer(in)[2] *m(f)* <-s, -; -nen> nadador(a) *m(f)*

Schwimmflosse *f* aleta *f*; **Schwimmsport** *m* natación *f*; **Schwimmweste** *f* chaleco *m* salvavidas

Schwindel [ˈʃvɪndəl] *m* <-s, *ohne pl*> **1.** (*~gefühl*) mareo *m*; (*vor einem Abgrund*) vértigo *m*; **~ erregend** vertiginoso **2.** (*fam abw: Betrug*) timo *m*; (*Lüge*) embuste *m*; **schwindelerregend** *adj s.* **Schwindel 1.**; **schwindelfrei** *adj*: **~ sein** no tener vértigo

schwindelig *adj* mareado; **mir ist ~** estoy mareado

schwindeln [ˈʃvɪndəln] *vi* (*fam*) mentir

schwinden [ˈʃvɪndən] <schwindet, schwand, geschwunden> *vi sein* (*geh: abnehmen*) disminuir; (*ver~*) desaparecer

Schwindler(in) [ˈʃvɪndlɐ] *m(f)* <-s, -; -nen> (*abw*) embustero, -a *m, f*

schwindlig *adj s.* **schwindelig**

schwingen [ˈʃvɪŋən] <schwingt, schwang, geschwungen> **I.** *vi* **1.** *haben o sein* (*Schaukel, Person*) bambolearse; (*Pendel*) oscilar **2.** (*vibrieren*) vibrar **II.** *vt* mover; (*Fahne*) (hacer) ondear; (*Stock*) agitar; **große Reden ~** pronunciar discursos **III.** *vr*: **sich auf etw ~** montar(se) en algo; **sich über etw ~** saltar algo; **sich in die Lüfte ~** remontar el vuelo

Schwingung *f* <-en> (*a.* PHYS) oscilación *f*; (*Vibration*) vibración *f*

Schwips [ʃvɪps] *m* <-es, -e> (*fam*) chispa *f*; **sich** *dat* **einen ~ antrinken** coger una mona

schwirren [ˈʃvɪrən] *vi sein* (*Mücken, Gedanken*) zumbar; (*Pfeil, Kugel*) silbar

schwitzen [ˈʃvɪtsən] *vi, vt* sudar

schwoll [ʃvɔl] *3. imp von* **schwellen**

schwor [ʃvoːɐ] *3. imp von* **schwören**

schwören [ˈʃvøːrən] <schwört, schwor, geschworen> *vi, vt* jurar (*auf* +*akk*, *bei* +*dat* por); **auf etw/jdn ~** confiar ciegamente en algo/alguien

schwul [ʃvuːl] *adj* (*fam*) maricón *abw*

schwül [ʃvyːl] *adj* bochornoso

Schwule(r) *m* <-n, -n> (*fam*) marica *m*

schwulstig [ˈʃvʊlstɪç] *adj* (*Österr: abw*), **schwülstig** [ˈʃvʏlstɪç] *adj* (*abw*) pomposo

Schwund [ʃvʊnt] *m* <-(e)s, *ohne pl*> (*Abnahme*) merma *f*

Schwung [ʃvʊŋ] *m* <-(e)s, Schwünge> **1.** (*Drehung*) giro *m* **2.** *ohne pl* (*Antrieb*) impulso *m*; **~ holen** coger impulso; **in ~ kommen** (*fam*) animarse; **schwungvoll** *adj* dinámico

Schwur [ʃvuːɐ] *m* <-(e)s, Schwüre> juramento *m*; **Schwurgericht** *nt* jurado *m*

Sciencefiction[RR] [saɪnsˈfɪktʃən] *f* ciencia ficción *f*

sechs [zɛks] *adj inv* seis; *s. a.* **acht**[1]

Sechs *f* <-en> seis *m*; (*Schulnote*) insuficiente *m*

sechsfach **I.** *adj* séxtuplo **II.** *adv* seis veces; *s. a.* **achtfach**

sechshundert [ˈ-ˈ--] *adj inv* seiscientos; *s. a.* **achthundert**

sechste(r, s) *adj* sexto; *s. a.* **achte(r, s)**

S

sechstel ['zɛkstəl] *adj inv* sexto; *s. a.* **achtel**

sechstens ['zɛkstəns] *adv* en sexto lugar; (*bei einer Aufzählung*) sexto; *s. a.* **achtens**

sechzehn ['zɛçtse:n] *adj inv* dieciséis; *s. a.* **acht**[1]

sechzig ['zɛçtsɪç] *adj inv* sesenta; *s. a.* **achtzig**

sechzigste(r, s) *adj* sexagésimo; *s. a.* **achtzigste(r, s)**

Secondhandladen [sɛkənt'hɛ(:)nt-] *m* tienda *f* de artículos de segunda mano

See[1] [ze:] *m* <-s, -n> (*Binnengewässer*) lago *m;* **der Genfer** ~ el Lago Leman

See[2] *f ohne pl* (*Meer*) mar *m o f;* **auf hoher** ~ en alta mar; **an die** ~ **fahren** ir a la costa; **in** ~ **stechen** hacerse a la mar

Seegang *m* <-(e)s, *ohne pl*> marejada *f;* **Seehund** *m* foca *f;* **seekrank** *adj* mareado; **Seelachs** *m* abadejo *m*

Seele ['ze:lə] *f* <-n> alma *f;* **mit ganzer** ~ con toda el alma; **jdm aus der** ~ **sprechen** (*fam*) decir exactamente lo que el otro piensa; **Seelenfriede(n)** *m* <-(n)s, *ohne pl*> paz *f* interior; **Seelenruhe** ['----, '--'--] *f:* **in aller** ~ con toda tranquilidad; **seelenruhig** ['--'--] *adv* con mucha calma

Seeleute *pl* marineros *mpl*

seelisch *adj* mental; ~ **bedingt** psicogénico

Seelsorger *m* <-s, -> (REL) padre *m* espiritual

Seeluft *f ohne pl* aire *m* de mar; **Seemann** *m* <-(e)s, -leute> marinero *m;* **Seemeile** *f* milla *f* marítima; **Seenot** *f* peligro *m* marítimo; **in** ~ **geraten** estar en peligro de zozobrar; **Seepferdchen** *nt* <-s, -> caballito *m* de mar; **Seeräuber(in)** *m(f)* pirata *mf;* **Seerose** *f* nenúfar *m;* **Seestern** *m* estrella *f* marina; **Seeweg** *m* vía *f* marítima; **auf dem** ~ **reisen** viajar por mar

Segel ['ze:gəl] *nt* <-s, -> vela *f;* **Segelboot** *nt* velero *m;* **Segelflugzeug** *nt* planeador *m*

segeln ['ze:gəln] *vi sein* navegar a vela; (*Vogel, Segelflugzeug*) planear

Segelschiff *nt s.* **Segelboot**; **Segeltuch** *nt* <-(e)s, -e> lona *f*

Segen ['ze:gən] *m* <-s, *ohne pl*> (*a.* REL) bendición *f;* **seinen** ~ **zu etw geben** (*fam*) dar su bendición a algo; **es ist ein** ~**, dass ...** es una bendición que... +*subj*

Segler(in) *m(f)* <-s, -; -nen> balandrista *mf*

segnen ['ze:gnən] *vt* bendecir

sehbehindert *adj* que ve mal; **leicht/stark** ~ **sein** tener una deficiencia óptica leve/grave

sehen ['ze:ən] <sieht, sah, gesehen> *vt, vi* ver; **jdn wieder** ~ volver a ver a alguien; **nicht gern ge**~ **sein** no estar bien visto; **die Gefahr kommen** ~ ver venir el peligro; **sich gezwungen** ~ **zu ...** verse obligado a...; **ich sehe es nicht gern, wenn ...** no me gusta que... +*subj;* **nach jdm** ~ cuidar a alguien; **nach dem Rechten** ~ ver si todo está en orden; **wir kennen uns vom Sehen** nos conocemos de vista; **sieh mal!** ¡mira!; **du wirst schon** ~ (*fam*) ya verás; **siehe oben** véase arriba; **siehste!** (*fam*) ¡ves!; **sehenswert** *adj* digno de verse; **Sehenswürdigkeit** *f* <-en> monumento *m*

Sehkraft *f ohne pl* vista *f*

Sehne ['ze:nə] *f* <-n> (MED) tendón *m;* (MATH) cuerda *f*

sehnen ['ze:nən] *vr:* **sich nach etw** *dat*/**jdm** ~ añorar algo/a alguien

sehnlich *adj* ardiente, vehemente

Sehnsucht *f* <-süchte> ansiedad *f* (*nach +dat* de); (*nach Vergangenem*) nostalgia *f* (*nach +dat* de); ~ **nach jdm/etw** *dat* **haben** tener añoranza de alguien/algo

sehnsüchtig *adj,* **sehnsuchtsvoll** *adj* (*geh*) ansioso; (*Wunsch*) ardiente

sehr [ze:ɐ] <mehr, am meisten> *adv* (*mit Adjektiv*) muy; (*mit Verb*) mucho; ~ **freundlich!** ¡muy amable!; ~ **viel** muchísimo; ~ **erfreut!** ¡encantado!; **so** ~ **sie sich auch bemühte ...** por mucho que se esforzó...

seicht [zaɪçt] *adj* (*Gewässer*) vadeable; (*abw: banal*) trivial

seid [zaɪt] *2. präs Pl von* **sein**

Seide ['zaɪdə] *f* <-n> seda *f*

seiden ['zaɪdən] *adj* (*aus Seide*) de seda; (*wie Seide*) sedoso

Seife ['zaɪfə] *f* <-n> jabón *m;* **ein Stück** ~ una pastilla de jabón; **Seifenoper** *f* serial *m*

seifig *adj* jabonoso

Seil [zaɪl] *nt* <-(e)s, -e> cuerda *f;* **Seilbahn** *f* funicular *m;* **seil|springen** *irr vi sein* saltar a la comba

sein [zaɪn] <ist, war, gewesen> *vi sein* **1.** (*Eigenschaften, Zeitangabe*) ser; **mir ist kalt** tengo frío; **bist du's?** ¿eres tú?; **wir**

sind Freunde somos amigos; **sie ist Türkin** es turca; **ich bin aus Dortmund** soy de Dortmund; **ich bin 25** tengo 25 años; **sie ist Polizistin** es policía; **es ist 14.30 Uhr** son las dos y media; **heute ist Montag** hoy es lunes; **es ist schlechtes Wetter** hace mal tiempo; **nun sei doch nicht so!** ¡no te pongas así!; **das war's** se acabó; **lass es ~!** ¡déjalo!; **es sei denn, dass ...** a no ser que... +*subj;* **kann ~!** ¡puede ser!; **was ist?** ¿qué pasa? **2.** (*Zustand, örtlich*) estar; **sie ist verheiratet** está casada, es casada *Am;* **wo warst du so lange?** ¿dónde estuviste durante tanto tiempo? **3.** (*vorhanden ~*) haber; **ist da jemand?** ¿hay alguien allí?; **es waren viele Leute da** había mucha gente; **es war einmal ...** érase una vez **4.** (*Hilfsverb*) haber; **ich bin krank gewesen** he estado enfermo; **wenn er nicht gewesen wäre** si no hubiera sido por él

sein, seine, sein [zaɪn, 'zaɪnə, zaɪn] *pron poss* (*adjektivisch*) su, sus *pl;* ~ **Sohn** su hijo; ~**e Freundin/Kinder** su novia/sus hijos

seine(r, s) [zaɪnə, -nɐ, -nəs] *pron poss* (el) suyo *m,* (la) suya *f,* (los) suyos *mpl,* (las) suyas *fpl; s. a.* **sein, seine, sein**

seiner *pron pers gen von* **er, es** de él

seinerseits *adv* por su parte

seinerzeit *adv* en aquel tiempo

seinesgleichen ['--'--] *pron indef inv* sus semejantes, de su condición; **er behandelte ihn wie** ~ lo trataba como si fuera de su condición

seinetwegen ['zaɪnət'veːgən] *adv* por él; (*negativ*) por su culpa

seinetwillen ['zaɪnət'vɪlən] *adv:* **um** ~ por él

sein|lassen *irr vt s.* **lassen[2]**

Seismograf[RR] *m* <-en, -en>, **Seismograph** [zaɪsmo'graːf] *m* <-en, -en> sismógrafo *m*

seit [zaɪt] **I.** *präp +dat* (*Zeitpunkt*) desde; (*Zeitraum*) desde hace; ~ **wann ...?** ¿desde cuándo...?; ~ **kurzem** desde hace poco **II.** *konj* desde que

seitdem [-'-] **I.** *adv* desde entonces **II.** *konj* desde que

Seite ['zaɪtə] *f* <-n> **1.** (*allgemein*) lado *m;* (*Stoff~, Schallplatten~*) cara *f;* **auf beiden ~n** a ambos lados; **von allen ~n** de todas partes; **zur ~ gehen** apartarse; **jdn auf seiner ~ haben** tener a alguien de su parte; **jdm zur ~ stehen** apoyar a alguien; **auf der einen ~ ..., auf der anderen ~ ...** por una parte..., por otra...; **sich von seiner besten ~ zeigen** mostrar su mejor cara **2.** (*Buch~*) página *f;* **die gelben ~n** las páginas amarillas

seiten ['zaɪtən] *s.* **aufseiten, vonseiten**

Seitenansicht *f* vista *f* lateral; **Seitenhieb** *m* (*fam: Kritik*) indirecta *f;* **seitenlang I.** *adj* de varias páginas **II.** *adv* en páginas enteras

seitens ['zaɪtəns] *präp +gen* por parte de

Seitensprung *m* (*fig*): **einen ~ machen** ser infiel; **Seitenstraße** *f* calle *f* lateral; **Seitenstreifen** *m* arcén *m,* berma *f Am;* **seitenverkehrt** *adj* invertido lateralmente

seither [-'-] *adv* desde entonces

seitlich I. *adj* lateral; ~ **von ...** al lado de... **II.** *adv* de lado; ~ **abfallen** descender lateralmente **III.** *präp +gen* a un lado de

seitwärts ['zaɪtvɛrts] *adv* hacia un lado

Sekretär[1] *m* <-s, -e> (*Möbelstück*) secreter *m*

Sekretär(in)[2] [zekre'tɛːɐ] *m(f)* <-s, -e; -nen> secretario, -a *m, f*

Sekretariat [zekretari'aːt] *nt* <-(e)s, -e> secretaría *f*

Sekt [zɛkt] *m* <-(e)s, -e> cava *m*

Sekte ['zɛktə] *f* <-n> secta *f*

Sektor ['zɛktoːɐ] *m* <-s, -en> sector *m*

sekundär [zekʊn'dɛːɐ] *adj* secundario

Sekunde [ze'kʊndə] *f* <-n> segundo *m;* **auf die ~ genau** al segundo; **Sekundenzeiger** *m* segundero *m*

selbe(r, s) ['zɛlbə, -bɐ, -bəs] *adj* mismo; **im ~n Haus** en la misma casa

selber ['zɛlbɐ] *pron dem inv* (*fam*) *s.* **selbst**

selbst [zɛlpst] **I.** *pron dem inv* mismo; **ich/sie/wir** ~ yo mismo/ella misma/nosotros mismos; **das versteht sich von** ~ esto se entiende por sí solo; **er ist die Ruhe** ~ es la calma en persona **II.** *adv* (*sogar*) hasta; ~ **wenn** incluso si +*subj;* **Selbstachtung** *f* autoestima *f*

selbständig ['zɛlpʃtɛndɪç] *adj o adv s.* **selbstständig**

Selbständigkeit *f s.* **Selbstständigkeit**

Selbstbedienung *f ohne pl* autoservicio

S

m; **Selbstbefriedigung** *f* masturbación *f;* **Selbstbeherrschung** *f* autocontrol *m;* **Selbstbestimmung** *f* autodeterminación *f;* **selbstbewusst**^{RR} *adj* seguro de sí mismo

Selbsterhaltungstrieb *m* instinto *m* de autoconservación

selbstgefällig I. *adj* (*abw*) autosuficiente II. *adv* (*abw*) con autosuficiencia; **selbstgerecht** *adj* ególatra; (*eingebildet*) engreído, vanidoso; **Selbstgespräch** *nt* monólogo *m;* **~e führen** monologar; **Selbsthilfe** *f ohne pl* autoayuda *f;* **zur ~ greifen** tomarse la justicia por su mano; **selbstklebend** *adj* autoadhesivo

Selbstkostenpreis *m* precio *m* de coste

selbstkritisch *adj* autocrítico; **selbstlos** *adj* altruista; **Selbstmitleid** *nt* (*abw*) autocompasión *f;* **Selbstmord** *m* suicidio *m;* **~ begehen** suicidarse; **Selbstmörder(in)** *m(f)* suicida *mf;* **selbstsicher** *adj* seguro de sí mismo

selbstständig^{RR} I. *adj* independiente; **sich ~ machen** establecerse por su cuenta II. *adv* por sí solo

Selbstständigkeit^{RR} *f* independencia *f*

selbstsüchtig *adj* egoísta; **selbstverschuldet** *adj* por culpa propia; **selbstverständlich** ['--(')--] I. *adj* natural; **das ist doch ~!** ¡esto se sobreentiende!; **etw für ~ halten** dar algo por hecho II. *adv* desde luego; **~ (nicht)!** ¡por supuesto (que no)!; **Selbstverständlichkeit** ['--(')---] *f* <-en> (*Unbefangenheit*) naturalidad *f;* (*Offensichtlichkeit*) evidencia *f;* **das war doch eine ~** no faltaba más; **etw für eine ~ halten** considerar algo como lo más natural del mundo; **Selbstverteidigung** *f* autodefensa *f;* **Selbstvertrauen** *nt* confianza *f* en sí mismo

Selbstwertgefühl *nt* <-(e)s, *ohne pl*> autoestima *f*

Selbstzweck *m* <-(e)s, *ohne pl*> fin *m* absoluto

selektieren* [zelɛk'tiːrən] *vt* seleccionar

Selen [ze'leːn] *nt* <-s, *ohne pl*> selenio *m*

selig ['zeːlɪç] *adj* 1. (*glücklich*) feliz 2. (REL) bienaventurado; **Gott hab ihn ~!** ¡Dios lo tenga en su gloria!; **ihr ~er Vater** su padre que en paz descanse

Seligkeit *f* (REL) bienaventuranza *f* (eterna); (*Glück*) felicidad *f*

Sellerie ['zɛləri] *m* <-s, -(s)>, *f* <-> apio *m*

selten ['zɛltən] I. *adj* raro II. *adv* raras veces

Seltenheit *f* <-en> 1. (*Stück*) curiosidad *f* 2. *ohne pl* (*Vorkommen*) rareza *f*

seltsam ['zɛltzaːm] *adj* extraño

seltsamerweise ['zɛltzaːmɐ'vaɪzə] *adv* curiosamente

Semester [ze'mɛstɐ] *nt* <-s, -> semestre *m*

Semikolon [zemi'koːlɔn] *nt* <-s, -s *o* Semikola> punto *m* y coma

Seminar [zemi'naːɐ] *nt* <-s, -e> seminario *m;* (*Institut*) departamento *m*

Semmel ['zɛməl] *f* <-n> (*Österr, südd, reg*) panecillo *m;* **weggehen wie warme ~n** (*fam*) venderse como rosquillas

Senat [ze'naːt] *m* <-(e)s, -e> senado *m*

Senator(in) [ze'naːtoːɐ] *m(f)* <-s, -en; -nen> senador(a) *m(f)*

Sendegebiet *nt* (RADIO, TV) zona *f* de emisión

senden ['zɛndən] <sendet, sandte *o* sendete, gesandt *o* gesendet> *vt* (*geh: schicken*) enviar (*nach/zu +dat* a); (*ausstrahlen*) emitir

Sender *m* <-s, -> (estación *f*) emisora *f*

Sendereihe *f* serial *m*

Sendung *f* <-en> 1. (*Waren~*) envío *m* 2. (RADIO, TV: *das Senden*) emisión *f;* (*einzelne ~*) programa *m;* **auf ~ sein** estar en el aire

Senf [zɛnf] *m* <-(e)s, -e> mostaza *f*

sengen ['zɛŋən] *vt* chamuscar; **in der ~den Sonne** bajo el sol abrasador

senil [ze'niːl] *adj* senil

senior ['zeːnjoːɐ] *adj:* **Karl Meyer ~** Karl Meyer padre

Senior(in) ['zeːnjoːɐ] *m(f)* <-s, -en; -nen> 1. (*Rentner*) persona *f* de la tercera edad 2. (SPORT) sénior *mf;* **Seniorenheim** *nt* residencia *f* para la tercera edad

Senke ['zɛŋkə] *f* <-n> depresión *f* en un terreno

senken ['zɛŋkən] *vt* bajar; (*Kopf*) inclinar; (*Kosten*) reducir; (*Preise*) rebajar; **die Stimme ~** bajar la voz

senkrecht *adj* vertical; (MATH) perpendicular (*zu +dat* a)

Sensation [zɛnza'tsjoːn] *f* <-en> sensación *f*

sensationell [zɛnzatsjo'nɛl] *adj* sensacional

Sense ['zɛnzə] *f* <-n> guadaña *f*

sensibel [zɛn'ziːbəl] *adj* sensible
Sensibilität [zɛnzibili'tɛːt] *f* sensibilidad *f*
Sensor ['zɛnzoːɐ] *m* <-s, -en> sensor *m*
sentimental [zɛntimɛn'taːl] *adj* sentimental
Sentimentalität [zɛntimɛntali'tɛːt] *f* sentimentalismo *m*
separat [zepa'raːt] **I.** *adj* separado; (*Eingang*) independiente **II.** *adv* aparte
September [zɛp'tɛmbɐ] *m* <-(s), -> se(p)tiembre *m; s. a.* **März**
Sera *pl von* **Serum**
Serbien ['zɛrbiən] *nt* <-s> Serbia *f*
serbisch *adj* serbio
serbokroatisch [zɛrbokro'aːtɪʃ] *adj* serbocroata
Seren *pl von* **Serum**
Serie ['zeːriə] *f* <-n> serie *f;* **serienmäßig** **I.** *adj* en serie; (AUTO: *Ausstattung*) de serie **II.** *adv* en serie
seriös [zeri'øːs] *adj* serio; (*gediegen*) formal
Serum ['zeːrʊm] *nt* <-s, Seren *o* Sera> suero *m*
Server ['sœːvɐ] *m* <-s, -> (INFOR) server *m,* servidor *m*
Service[1] [zɛr'viːs] *nt* <-(s), -> (*Geschirr*) juego *m* de café
Service[2] ['sœːvɪs] *m* <-, *ohne pl*> (*Bedienung*) servicio *m;* (*Kundendienst*) asistencia *f* técnica
servieren* [zɛr'viːrən] *vt, vi* servir
Serviette [zɛr'vjɛtə, zɛrvi'ɛtə] *f* <-n> servilleta *f*
Servolenkung *f* dirección *f* asistida
Sessel ['zɛsəl] *m* <-s, -> sillón *m;* (*im Kino*) butaca *f;* **Sessellift** *m* telesilla *f*
sesshaft[RR] ['zɛshaft] *adj* sedentario; **in einem Ort ~ werden** asentarse en un lugar
Set [sɛt] *m o nt* <-(s), -s> conjunto *m*
setzen ['zɛtsən] **I.** *vt* poner (*auf+akk* en/sobre); (*stellen*) colocar (*auf +akk* en/sobre); (*Denkmal*) erigir; (*Frist*) fijar; (*Geld*) apostar (*auf +akk* por); **etw an den Mund ~** llevar(se) algo a la boca; **etw** *dat* **ein Ende ~** poner fin a algo; **sich** *dat* **ein Ziel ~** ponerse una meta; **ein Kind in die Welt ~** (*fam*) traer un hijo al mundo **II.** *vr:* **sich ~ 1.** (*Person*) sentarse; **bitte, ~ Sie sich!** ¡siéntese, por favor! **2.** (*Flüssigkeit*) posarse **III.** *vi* **1.** (*im Spiel*) jugar **2.** (*überqueren*): **über etw ~** cruzar algo
Setzer(in) *m(f)* <-s, -; -nen> (TYPO) cajista *mf*
Setzerei *f* <-en> taller *m* de composición
Seuche ['zɔɪçə] *f* <-n> epidemia *f*
seufzen ['zɔɪftsən] *vi* suspirar
Seufzer *m* <-s, -> suspiro *m*
Sex [sɛks] *m* <-(es), *ohne pl*> (*fam*) sexo *m*
sexistisch *adj* sexista
Sextelefon *nt* línea *f* erótica
Sexualität [sɛksuali'tɛːt, zɛksuali'tɛːt] *f* sexualidad *f*
Sexualleben *nt* <-s, *ohne pl*> vida *f* sexual; **Sexualverbrechen** *nt* delito *m* sexual
sexuell [sɛksu'ɛl, zɛksu'ɛl] *adj* sexual; **jdn ~ missbrauchen** abusar sexualmente de alguien
sexy ['sɛksi, 'zɛksi] *adj inv* (*fam*) sexy
sezieren* [ze'tsiːrən] *vt* diseccionar
Shampoo ['ʃampu] *nt* <-s, -s> champú *m*
Sherry ['ʃɛri] *m* <-s, -s> jerez *m*
Shorts [ʃɔːts, ʃɔrts] *pl* pantalones *mpl* cortos
Show [ʃɔʊ] *f* <-s> espectáculo *m;* **Showgeschäft** *nt* <-(e)s, *ohne pl*> mundo *m* del espectáculo; **Showmaster(in)** [-maːstɐ] *m(f)* <-s, -; -nen> presentador(a) *m(f)*
sich [zɪç] *pron refl akk/dat von* **er, sie, es, Sie** *akk/dat von Pl* **sie, Sie** se; (*betont*) a sí...(se); (*mit Präposition*) sí; **er denkt nur an ~** sólo piensa en sí (mismo); **sie hat kein Geld bei ~** no lleva dinero consigo; **jeder für ~** cada cual por su cuenta
Sichel ['zɪçəl] *f* <-n> hoz *f*
sicher ['zɪçɐ] **I.** *adj* seguro; **bist du dir ~?** ¿estás seguro? **II.** *adv* **1.** (*wahrscheinlich*) seguramente **2.** (*gewiss*) con seguridad; **ja, ~ (doch)!** (*fam*) ¡pues claro!; **sicher|gehen** *irr vi sein* ir sobre seguro, estar seguro; **er will ganz ~, dass ...** quiere estar seguro de que... *+subj*
Sicherheit *f* <-en> **1.** (WIRTSCH) garantía *f* **2.** *ohne pl* (*ohne Gefahr*) seguridad *f;* **jdn/etw in ~ bringen** salvar a alguien/algo; **sich in ~ befinden** estar a salvo **3.** (*im Auftreten*) aplomo *m* **4.** (*Gewissheit*) certeza *f;* **Sicherheitsabstand** *m* distancia *f* de seguridad; **Sicherheitsgurt** *m* cinturón *m* de seguridad; **sicherheitshalber** [-halbɐ] *adv* para estar seguro; **Sicherheitsnadel** *f* imperdible *m*
sicherlich *adv* seguramente

S

sichern ['zɪçɐn] **I.** *vt* **1.** (*schützen*) proteger (*gegen +akk, vor +dat* contra); (*sicherstellen*) asegurar; **sich** *dat* **etw** ~ reservarse algo **2.** (*Gewehr*) asegurar **3.** (INFOR: *speichern*) almacenar **II.** *vr:* **sich** ~ (*beim Bergsteigen*) asegurarse

sicher|stellen *vt* (*beschlagnahmen*) intervenir; (*gewährleisten*) asegurar

Sicherung *f* <-en> (ELEK) fusible *m;* (*bei Waffen*) seguro *m;* **Sicherungskasten** *m* (ELEK) caja *f* de fusibles

Sicherungskopie *f* (INFOR) copia *f* de seguridad

Sicht [zɪçt] *f* **1.** (~*verhältnisse*) visibilidad *f;* (*Ausblick*) vista *f;* **klare** ~ buena visibilidad; **auf lange** ~ a largo plazo **2.** (~*weise*) (punto *m* de) vista *f;* **aus heutiger** ~ desde el punto de vista actual

sichtbar *adj* visible; ~ **werden** (*fig*) manifestarse

sichten ['zɪçtən] *vt* (*erblicken*) avistar; (*durchsehen*) revisar

sichtlich *adj* (*offenkundig*) evidente; **er hat sich** ~ **gefreut** se alegró visiblemente

Sichtverhältnisse *ntpl* (condiciones *fpl* de) visibilidad *f;* **Sichtvermerk** *m* visado *m;* **Sichtweite** *f* visibilidad *f;* **außer** ~ **sein** estar fuera del alcance de la vista

sickern ['zɪkɐn] *vi sein* (*durch*~) colarse (*durch +akk* por); (*hinein*~) infiltrarse (*in +akk* en)

sie [ziː] *pron pers* **1.** *nom 3. Sg f* ella **2.** *nom 3. Pl m o f* ellos *mpl,* ellas *fpl* **3.** *akk von Sg* **sie** la; (*betont*) a ella (la); (*mit Präposition*) ella; **ich treffe** ~ **heute Abend** la veo esta noche **4.** *akk von Pl* **sie** (*auf Menschen bezogen*) los *mpl;* (*nur auf Frauen bezogen*) las *fpl;* (*auf Sachen bezogen*) los *mpl,* las *fpl;* (*betont: Menschen*) a ellos (los) *mpl,* a ellas (las) *fpl;* (*mit Präposition: Menschen*) ellos *mpl,* ellas *fpl;* **wir machen alles nur für** ~ lo hacemos todo por ellos

Sie [ziː] *pron pers* (*Höflichkeitsform*) **1.** *nom* (*eine Person*) usted, Ud.; (*mehrere Personen*) ustedes, Uds. **2.** *akk von* **Sie** (*einen Mann*) lo; (*eine Frau*) la; (*mehrere Personen*) los *mpl;* (*mehrere Frauen*) las *fpl;* (*betont*) a usted (lo) *m,* a usted (la) *f,* a ustedes (los) *mpl,* a ustedes (las) *fpl;* (*mit Präposition: einer Person*) usted, Ud.; (*mehrere Personen*) ustedes, Uds.; **darf ich** ~ **mal stören?** ¿puedo molestarle(s)/molestarla(s) un momento?

Sieb [ziːp] *nt* <-(e)s, -e> (*Sand*~) criba *f;* (*feines* ~) tamiz *m;* (*für Flüssigkeiten*) colador *m;* (*für Nudeln*) escurridor *m*

sieben[1] ['ziːbən] *vt* **1.** (*Sand*) cribar; (*Mehl*) tamizar **2.** (*auswählen*) seleccionar

sieben[2] ['ziːbən] *adj inv* siete; *s. a.* **acht**[1]

siebenfach **I.** *adj* séptuplo **II.** *adv* siete veces; *s. a.* **achtfach**

siebenhundert ['--'--] *adj inv* setecientos; *s. a.* **achthundert**

siebte(r, s) ['ziːptə, -tɐ, -təs] *adj* séptimo; *s. a.* **achte(r, s)**

siebtel ['ziːptəl] *adj inv* séptimo; *s. a.* **achtel**

siebtens ['ziːptəns] *adv* en séptimo lugar; (*bei einer Aufzählung*) séptimo; *s. a.* **achtens**

siebzehn ['ziːptseːn] *adj inv* diecisiete; *s. a.* **acht**[1]

siebzig ['ziːptsɪç] *adj inv* setenta; *s. a.* **achtzig**

siebzigste(r, s) *adj* septuagésimo; *s. a.* **achtzigste(r, s)**

sieden ['ziːdən] <siedet, sott *o* siedete, gesotten *o* gesiedet> *vi* hervir

Siedepunkt *m* punto *m* de ebullición

Siedler(in) ['ziːdlɐ] *m(f)* <-s, -; -nen> colono, -a *m, f*

Siedlung ['ziːdlʊŋ] *f* <-en> (*Wohn*~) urbanización *f;* (*Kolonie*) colonia *f*

Sieg [ziːk] *m* <-(e)s, -e> triunfo *m* (*über +akk* sobre); **den** ~ **davontragen** conseguir la victoria

Siegel ['ziːgəl] *nt* <-s, -> sello *m;* **unter dem** ~ **der Verschwiegenheit** bajo la condición de guardar el secreto

siegen ['ziːgən] *vi* ganar (*über +akk* a); **mit 1:3** ~ ganar por 1:3

Sieger(in) *m(f)* <-s, -; -nen> vencedor(a) *m(f);* (*im Sport*) campeón, -ona *m, f;* **die dreimalige** ~**in** la tres veces campeona; **Siegerehrung** *f* ceremonia *f* de entrega de (los) premios

siegessicher *adj* seguro de triunfar; **Siegeszug** *m* cortejo *m* triunfal

siegreich *adj* victorioso; (SPORT) ganador; **aus etw** ~ **hervorgehen** salir vencedor de algo

sieht [ziːt] *3. präs von* **sehen**

siezen ['ziːtsən] *vt* tratar de usted

Signal [zɪ'gnaːl] *nt* <-s, -e> señal *f*

signalisieren* [zɪgnali'ziːrən] *vt* (*andeu-*

ten) señalar; (*Schweiz: ausschildern*) señalizar

Silbe ['zɪlbə] *f* <-n> sílaba *f*

Silber ['zɪlbɐ] *nt* <-s, *ohne pl*> plata *f;* **Silberhochzeit** *f* bodas *fpl* de plata; **Silbermedaille** *f* medalla *f* de plata

silbern ['zɪlbɐn] *adj* (*aus Silber*) de plata; (*Farbton*) plateado

Silhouette [zilu'ɛtə] *f* <-n> silueta *f*

Silikon [zili'ko:n] *nt* <-s, -e> silicona *f*

Silizium [zi'li:tsiʊm] *nt* <-s, *ohne pl*> silicio *m*

Silo ['zi:lo] *m o nt* <-s, -s> silo *m*

Silvester [zɪl'vɛstɐ] *m o nt* <-s, -> Nochevieja *f*

simpel ['zɪmpəl] *adj* simple

Sims [zɪms] *m o nt* <-es, -e> (*Kamin~*) repisa *f;* (*Fenster~*) moldura *f*

Simulant(in) [zimu'lant] *m(f)* <-en, -en; -nen> simulador(a) *m(f)*

simulieren* [zimu'li:rən] *vi, vt* simular

simultan [zimʊl'ta:n] *adj* simultáneo

sind [zɪnt] *1. o 3. Pl präs von* **sein**

Sinfonie [zɪnfo'ni:] *f* <-n> sinfonía *f;* **Sinfonieorchester** *nt* orquesta *f* sinfónica

singen ['zɪŋən] <singt, sang, gesungen> *vi, vt* cantar; **falsch** ~ desafinar

Single[1] ['sɪŋ(g)əl] *f* <-(s)> (*Schallplatte*) (disco *m*) sencillo *m*

Single[2] ['sɪŋ(g)əl] *m* <-(s), -s> (*Person*) soltero, -a *m, f* (y sin pareja)

Singular ['zɪŋgula:ɐ] *m* <-s, -e> singular *m*

Singvogel *m* pájaro *m* cantor

sinken ['zɪŋkən] <sinkt, sank, gesunken> *vi sein* **1.** (*nieder~*) descender; (*Schiff*) hundirse **2.** (*abnehmen*) bajar; (*Einfluss, Hoffnung*) disminuir

Sinn [zɪn] *m* <-(e)s, -e> sentido *m;* **die fünf ~e** los cinco sentidos; **von ~en sein** no estar en su sano juicio; ~ **für Humor haben** tener sentido del humor; **das hat keinen ~** eso no tiene sentido; **in wahrsten ~e des Wortes** en el más amplio sentido de la palabra; **in gewissem ~** en cierto sentido; **etw im ~ haben** tener la intención de hacer algo; **das ist nicht in seinem ~** no es de su gusto; **Sinnbild** *nt* símbolo *m* (*für +akk* de); **sinnbildlich** *adj* simbólico

sinnen ['zɪnən] <sinnt, sann, gesonnen> *vi* (*geh*) **1.** (*nachdenken*) recapacitar (*über +akk* sobre) **2.** (*trachten*) aspirar (*auf +akk* a)

Sinneseindruck *m* impresión *f;* **Sinnesorgan** *nt* órgano *m* sensorial; **Sinnestäuschung** *f* alucinación *f;* **Sinneswahrnehmung** *f* percepción *f* sensorial; **Sinneswandel** *m* cambio *m* de opinión

sinngemäß *adj* conforme al sentido

sinnlich *adj* (*auf Sinnesorgane bezogen*) sensorial; (*Mensch, Genuss*) sensual

sinnlos *adj* (*unsinnig*) sin sentido; (*zwecklos*) inútil; **sinnvoll** *adj* (*vernünftig*) sensato; (*nützlich*) útil; **sinnwidrig** *adj* (*geh*) absurdo

Sintflut ['zɪntflu:t] *f* diluvio *m;* **nach mir die ~** y luego que caiga quien caiga

Sippe ['zɪpə] *f* <-n> clan *m;* (*Verwandtschaft*) parentela *f*

Sirene [zi're:nə] *f* <-n> sirena *f*

Sirup ['zi:rʊp] *m* <-s, -e> jarabe *m*

Sitte ['zɪtə] *f* <-n> costumbre *f;* **ein Verstoß gegen die guten ~n** un agravio a las buenas costumbres; **Sittenstrolch** *m* delincuente *m* sexual; **sittenwidrig** *adj* (JUR) inmoral, contrario a la moral

sittlich *adj* moral

Sittlichkeit *f* moral *f;* **Sittlichkeitsverbrechen** *nt* delito *m* sexual

Situation [zitua'tsjo:n] *f* <-en> situación *f;* **eine ausweglose ~** un callejón sin salida

situieren* *vt* situar; **gut situiert sein** (*finanziell*) estar acomodado

Sitz [zɪts] *m* <-es, -e> **1.** (*~gelegenheit*) asiento *m;* (*im Kino*) butaca *f* **2.** (POL) escaño *m* **3.** (*einer Firma*) sede *f*

sitzen ['zɪtsən] <sitzt, saß, gesessen> *vi haben o südd, Österr, Schweiz: sein* **1.** (*Person*) estar sentado (*auf+dat* en, *an+dat* en/al lado de); **am Tisch ~** estar sentado a la mesa; **er hat lange an dieser Arbeit gesessen** ha estado ocupado mucho tiempo con este trabajo; ~ **bleiben** (*fam: in der Schule*) repetir curso; **auf einer Ware ~ bleiben** (*fam*) no poder vender una mercancía; **jdn ~ lassen** (*fam*) dejar plantado a alguien **2.** (*sich befinden*) hallarse; (*Firma*) tener su sede (*in +dat* en) **3.** (*Kleidung*) quedar (bien); **der Hut sitzt schief** el sombrero está ladeado; **sitzen\|bleiben** *irr vi sein s.* **sitzen 1.**; **sitzen\|lassen** *irr vt s.* **sitzen 1.**

Sitzgelegenheit *f,* **Sitzplatz** *m* asiento *m*

Sitzung *f* <-en> sesión *f*

Skala ['ska:la] *f* <-s *o* Skalen> escala *f*
Skalpell [skal'pɛl] *nt* <-s, -e> escalpelo *m*
Skandal [skan'da:l] *m* <-s, -e> escándalo *m*
skandalös [skanda'lø:s] *adj* escandaloso
Skandinavien [skandi'na:viən] *nt* <-s> Escandinavia *f*
Skateboard ['skɛɪtbɔ:t] *nt* <-s, -s> monopatín *m*
Skelett [ske'lɛt] *nt* <-(e)s, -e> esqueleto *m*
Skepsis ['skɛpsɪs] *f* escepticismo *m*
skeptisch ['skɛptɪʃ] *adj* escéptico
Ski [ʃi:] *m* <-s, -(er)> esquí *m;* ~ **laufen** esquiar; **Skifahrer(in)** *m(f)* esquiador(a) *m(f)*
Skinhead ['skɪnhɛt] *m* <-s, -s> cabeza *m* rapada
Skispringen *nt* <-s, *ohne pl*> saltos *mpl* de esquí; **Skistock** *m* <-(e)s, -stöcke> bastón *m* de esquí
Skizze ['skɪtsə] *f* <-n> (*Zeichnung*) boceto *m;* (*Entwurf*) esbozo *m*
skizzieren* [skɪ'tsi:rən] *vt* esbozar
Sklave, -in ['skla:və] *m, f* <-n, -n; -nen> esclavo, -a *m, f*
Sklaverei *f* esclavitud *f*
Skonto ['skɔnto] *m o nt* <-s, -s *o* Skonti> descuento *m*
Skorpion [skɔr'pjo:n] *m* <-s, -e> (ZOOL) escorpión *m;* (ASTR) Escorpio *m*
Skrupel ['skru:pəl] *m* <-s, -> escrúpulo *m;* **skrupellos** *adj* sin escrúpulos
Skulptur [skʊlp'tu:ɐ] *f* <-en> escultura *f*
Slalom ['sla:lɔm] *m* <-s, -s> eslálom *m*
Slang [slɛŋ] *m* <-s, *ohne pl*> (*Jargon*) jerga *f*
slawisch *adj* eslavo
Slip [slɪp] *m* <-s, -s> braga *f*
Slogan ['slɔʊgən] *m* <-s, -s> eslogan *m*
Slowake, -in [slo'va:kə] *m, f* <-n, -n; -nen> eslovaco, -a *m, f*
Slowakei [slova'kaɪ] *f* Eslovaquia *f*
slowakisch *adj* eslovaco; **Slowakische Republik** República Eslovaca
Slowene, -in [slo've:nə] *m, f* <-n, -n; -nen> esloveno, -a *m, f*
Slowenien [slo've:niən] *nt* <-s> Eslovenia *f*
slowenisch *adj* esloveno
Slum [slam] *m* <-s, -s> barrio *m* de chabolas
SmalltalkRR ['smɔ:ltɔ:k] *m* <-s, -s> charloteo *m*
Smaragd [sma'rakt] *m* <-(e)s, -e> esmeralda *f*
Smog [smɔk] *m* <-(s), -s> smog *m*
Smoking ['smo:kɪŋ] *m* <-s, -s> esmoquin *m*
Snob [snɔp] *m* <-s, -s> (*abw*) (e)snob *mf*
so [zo:] **I.** *adv* **1.** (*auf diese Weise*) así; ~ **ist es nun mal** así son las cosas; ~ **gesehen, hast du Recht** visto de esta manera tienes razón; **gut ~!** ¡bien hecho!; ~ **oder** ~ (*unterschiedlich*) de una manera o de otra; (*auf jeden Fall*) de todas maneras **2.** (*Zustand, Maß, Eigenschaft: bei Adjektiv + Adverb*) tan; (*bei Verb*) tanto; **sie tut mir ~ Leid** me da tanta pena; ~ **früh wie möglich** tan pronto como sea posible **3.** (*fam: solch*) semejante; ~ **ein Zufall!** ¡qué coincidencia! **4.** (*fam: ungefähr*) más o menos; **er heißt Traugott oder** ~ se llama Traugott o algo parecido; **ich komme ~ gegen acht** vengo a las ocho más o menos **II.** *konj:* ~ **dass ...** de modo que...; ~ **..., dass ...** tan(to)... que...
s.o. *Abk. von* **siehe oben** véase arriba
sobald [zo'balt] *konj* en cuanto +*subj*
Socke ['zɔkə] *f* <-n> calcetín *m*
Sockel ['zɔkəl] *m* <-s, -> zócalo *m*
sodassRR [zo'das] *konj* de modo que, de manera que
Sodbrennen ['zo:t-] *nt* <-s, *ohne pl*> acidez *f* de estómago
soeben [zo'ʔe:bən] *adv* en este momento
Sofa ['zo:fa] *nt* <-s, -s> sofá *m*
sofern [zo'fɛrn] *konj* siempre y cuando +*subj;* ~ **nicht** a no ser que +*subj*
soff [zɔf] *3. imp von* **saufen**
sofort [zo'fɔrt] *adv* enseguida
sofortige(r, s) *adj* inmediato; **mit ~r Wirkung** con efecto inmediato
Software ['sɔftwɛ:ɐ] *f* <-s> software *m;* **Softwarepaket** *nt* paquete *m* de software
sog [zo:k] *3. imp von* **saugen**
sog. *Abk. von* **so genannt** así llamado
sogar [zo'ga:ɐ] *adv* incluso
sogenannt ['zo:gənant] *adj s.* **nennen**
Sohle ['zo:lə] *f* <-n> **1.** (*Fuß~*) planta *f* **2.** (*Schuh~*) suela *f;* **auf leisen ~n** a la chita callando
Sohn [zo:n] *m* <-(e)s, Söhne> hijo *m;* **der verlorene** ~ (REL) el hijo pródigo

Soja ['zo:ja] *f* <Sojen> soja *f*

solang(e) [zo'laŋ(ə)] **I.** *adv* entretanto **II.** *konj* mientras (que) *+subj;* ~ **bis ...** hasta que... *+subj;* ~ **du willst** todo el tiempo que quieras

Solarenergie *f* energía *f* solar

Solarium [zo'lɑ:riʊm] *nt* <-s, Solarien> solárium *m*

solch [zɔlç] *adj inv* (*geh*) tal; *s. a.* **solche(r, s)**

solche(r, s) *adj* **1.** (*so beschaffen*) tal; **ein ~r Mensch** semejante persona **2.** (*Intensität: adjektivisch*) tanto; (*adverbiell*) tan; **ich habe ~n Durst** tengo tanta sed; **das macht ~n Spaß!** ¡es tan divertido! **3.** (*allein stehend*) tal; **die Natur als ~** la naturaleza como tal

Soldat(in) [zɔl'da:t] *m(f)* <-en, -en; -nen> soldado *mf*

Söldner(in) ['zœldnɐ] *m(f)* <-s, -; -nen> mercenario, -a *m, f*

Soli *pl von* **Solo**

solid(e) [zo'li:t, zo'li:də] *adj* **1.** (*Bauweise, Kenntnisse*) sólido **2.** (*Leben*) ordenado; (*Person*) serio

solidarisch [zoli'da:rɪʃ] *adj* solidario

solidarisieren* [zolidari'zi:rən] *vr:* **sich ~** soldarizarse

Solidarität [zolidari'tɛ:t] *f* solidaridad *f*

solide *adj s.* **solid(e)**

Solist(in) [zo'lɪst] *m(f)* <-en, -en; -nen> solista *mf*

Soll [zɔl] *nt* <-(s), -(s)> **1.** (FIN) debe *m;* **~ und Haben** debe y haber **2.** (*Plan~*) norma *f* de producción; **sein ~ erfüllen** alcanzar la norma de producción

sollen ['zɔlən] <soll, sollte, sollen> *Modalverb* deber; **was soll ich tun?** ¿qué debo hacer?; **du sollst nicht töten** (REL) no matarás; **man sollte mehr sparen** habría que ahorrar más; **soll ich auf dich warten?** ¿quieres que te espere?; **es soll morgen schneien** parece que mañana va a nevar; **was soll das heißen?** ¿qué quiere decir eso?

Solo ['zo:lo] *nt* <-s, -s *o* Soli> solo *m*

somit ['zo:mɪt, zo'mɪt] *adv* por lo tanto

Sommer ['zɔmɐ] *m* <-s, -> verano *m;* **den ~ über** durante el verano; **Sommerferien** *pl* vacaciones *fpl* de verano

sommerlich *adj* veraniego

Sommerschlussverkauf[RR] *m* rebajas *fpl* de verano; **Sommersprosse** *f* peca *f;* **Sommerzeit** *f* <-en> **1.** (*Uhrzeit*) horario *m* de verano **2.** *ohne pl* (*Jahreszeit*) (temporada *f* de) verano *m*

Sonate [zo'na:tə] *f* <-n> sonata *f*

Sonde ['zɔndə] *f* <-n> sonda *f*

Sonderangebot ['zɔndɐ-] *nt* oferta *f* especial; **im ~ sein** estar de oferta

sonderbar *adj* raro

Sonderfall *m* (*Ausnahme*) excepción *f;* **Sondergenehmigung** *f* autorización *f* especial; **Sondermüll** *m* residuos *mpl* tóxicos

sondern ['zɔndɐn] *konj* sino; **nicht nur ..., ~ auch ...** no sólo... sino también...

Sonderpreis *m* precio *m* de oferta; **Sonderrecht** *nt* privilegio *m;* **Sonderregelung** *f* reglamentación *f* especial; **Sonderschule** *f* escuela *f* de educación especial

sondieren* [zɔn'di:rən] *vt* (*Lage, Markt*) sondear; (MED, TECH) sondar

Sonett [zo'nɛt] *nt* <-(e)s, -e> soneto *m*

Sonnabend ['zɔnʔa:bənt] *m* (*nordd, reg*) sábado *m; s. a.* **Montag**

Sonne ['zɔnə] *f* <-n> sol *m;* **die ~ geht auf/unter** el sol sale/se pone; **die ~ scheint** hace sol

sonnen *vr:* **sich ~** tomar el sol; **sich in seinem Ruhm ~** recrearse en su fama

Sonnenaufgang *m* salida *f* del sol; **Sonnenblume** *f* girasol *m;* **Sonnenbrand** *m* quemadura *f* del sol; **Sonnenbrille** *f* gafas *fpl* de sol; **Sonnenenergie** *f* energía *f* solar; **Sonnenfinsternis** *f* eclipse *m* solar; **sonnenklar** *adj* (*fam*) **1.** (*hell und sonnig*) claro y soleado **2.** (*eindeutig*) claro como el agua; **Sonnenlicht** *nt* <-(e)s, *ohne pl*> luz *f* del sol; **Sonnenschein** *m* <-(e)s, *ohne pl*> luz *f* del sol; **bei strahlendem ~** con sol; **Sonnenschirm** *m* sombrilla *f;* **Sonnenseite** *f* lado *m* expuesto al sol; **die ~ des Lebens** el lado alegre de la vida; **Sonnenstich** *m* insolación *f;* **Sonnenuntergang** *m* puesta *f* del sol

sonnig *adj* (*Wetter, Tag*) soleado; (*Gemüt*) alegre

Sonntag ['zɔnta:k] *m* <-(e)s, -e> domingo *m; s. a.* **Montag**

sonntäglich *adj* dominical

sonntags ['zɔnta:ks] *adv* los domingos; **sonn- und feiertags** domingos y festivos

sonst [zɔnst] *adv* **1.** (*außerdem*) más; (*im*

Übrigen) por lo demás; ~ **nichts** nada más; ~ **noch Fragen?** ¿alguna pregunta más? **2.** (*für gewöhnlich*) normalmente; **genau wie** ~ igual que siempre; **mehr als** ~ más que normalmente **3.** (*andernfalls*) si no; **wie denn ~?** (*fam*) ¿cómo si no? **4.** (*unbestimmt*): **da kann ja ~ was passieren** puede suceder cualquier cosa; ~ **wer** (*fam*) cualquiera; **er bildet sich** *dat* **ein, ~ wer zu sein** (*etwas Besonderes*) se cree que es alguien

sonstige(r, s) *adj* otro; **Sonstiges** varios

sonstwas ['zɔnstvas] *pron indef s.* **sonst 4.**; **sonstwer** ['zɔnstveːɐ] *pron indef s.* **sonst 4.**

sooft [zo'ʔɔft] *konj* cada vez que

Sopran [zo'praːn] *m* <-s, -e> soprano *m*

Sorge ['zɔrgə] *f* <-n> preocupación *f* (*um +akk* por); **keine ~!** ¡no te preocupes!

sorgen ['zɔrgən] **I.** *vi* preocuparse (*für +akk* de); **für jdn ~** cuidar a alguien; **dafür ~, dass ...** ocuparse de que *+subj* **II.** *vr:* **sich ~** preocuparse (*um +akk* por)

Sorgerecht *nt* <-(e)s, *ohne pl*> custodia *f*

Sorgfalt ['zɔrkfalt] *f* esmero *m*

sorgfältig [-fɛltɪç] *adj* esmerado

sorglos *adj* (*unachtsam*) despreocupado; (*sorgenfrei*) sin preocupaciones

sorgsam *adj* diligente

Sorte ['zɔrtə] *f* <-n> tipo *m*

sortieren* [zɔr'tiːrən] *vt* clasificar (*nach +dat* por)

Sortiment [zɔrti'mɛnt] *nt* <-(e)s, -e> surtido *m*

SOS [ɛsʔoː'ʔɛs] *nt* <-, *ohne pl*> *Abk. von* **save our souls** S.O.S. *m;* ~ **funken** mandar un S.O.S.

sosehr [zo'zeːɐ] *konj* por mucho que (*+subj*)

Soße ['zoːsə] *f* <-n> salsa *f*

sott [zɔt] *3. imp von* **sieden**

Souffleur, -euse [zu'fløːɐ] *m, f* <-s, -e; -n> apuntador(a) *m(f)*

Soundkarte ['saʊnt-] *f* (INFOR) tarjeta *f* de sonido

Souvenir [zuvə'niːɐ] *nt* <-s, -s> recuerdo *m*

souverän [zuvə'rɛːn] **I.** *adj* (POL) soberano; (*geh: überlegen*) superior **II.** *adv* con superioridad

Souveränität [zuvərɛni'tɛːt] *f* (*von Staaten*) soberanía *f;* (*geh: Überlegenheit*) superioridad *f*

soviel [zo'fiːl] **I.** *adv s.* **viel I. II.** *konj* **1.** (*soweit*) por lo que; ~ **ich weiß ...** por lo que yo sé... **2.** (*sosehr*) por mucho que; **soweit** [zo'vaɪt] **I.** *adv s.* **weit I.4. II.** *konj* por lo que; ~ **ich sehen kann, ...** por lo que puedo observar...; **sowenig** [zo'veːnɪç] **I.** *adv s.* **wenig II.** *konj* por poco que *+subj*

sowie [zo'viː] *konj* (*sobald*) en cuanto *+subj;* (*außerdem*) así como

sowieso [zovi'zoː, 'zoːvizo] *adv* (*ohnehin*) de todas maneras; (*Schweiz: selbstverständlich*) por supuesto

Sowjetunion [zɔ'vjɛt-, 'zɔvjɛt-] *f* Unión *f* Soviética

sowohl [zo'voːl] *konj:* ~ **... als auch ...** tanto... como...

sozial [zo'tsjaːl] *adj* social; **Sozialabgaben** *fpl* cuotas *fpl* sociales; **Sozialamt** *nt* departamento *m* de asistencia social; **sozialdemokratisch** *adj* socialdemócrata; **Sozialhilfe** *f* ayuda *f* social

Sozialismus [zotsja'lɪsmʊs] *m* <-, *ohne pl*> socialismo *m*

Sozialpolitik *f* política *f* social; **Sozialversicherung** *f* seguro *m* social; **Sozialwohnung** *f* vivienda *f* de protección oficial

Soziologie [zotsjolo'giː] *f* sociología *f*

sozusagen [zoːtsu'zaːgən, '----] *adv* por así decir

Spachtel ['ʃpaxtəl] *m* <-s, -> espátula *f*

Spagetti[RR] *pl,* **Spaghetti** [ʃpa'gɛti] *pl* espaguetis *mpl*

Spalt [ʃpalt] *m* <-(e)s, -e> rendija *f;* (*Riss*) grieta *f;* **die Tür einen ~ öffnen** entreabrir la puerta

Spalte ['ʃpaltə] *f* <-n> **1.** (*Öffnung*) raja *f;* (*Riss*) grieta *f* **2.** (TYPO) columna *f*

spalten ['ʃpaltən] <spaltet, spaltete, gespalten *o* gespaltet> *vt* partir; (*Partei, Gruppe*) escindir; (CHEM) descomponer; (PHYS) desintegrar

Span [ʃpaːn] *m* <-(e)s, Späne> astilla *f*

Spange ['ʃpaŋə] *f* <-n> (*Haar~*) horquilla *f;* (*Zahn~*) aparato *m* de ortodoncia

Spanien ['ʃpaːniən] *nt* <-s> España *f*

Spanier(in) ['ʃpaːniɐ] *m(f)* <-s, -; -nen> español(a) *m(f)*

spanisch *adj* español

Spanisch *nt* <-(s), *ohne pl*> español *m,* castellano *m*

spanischsprachig *adj* hispanohablante;

~**e Länder** países de habla hispana
spann [ʃpan] *3. imp von* **spinnen**
Spanne ['ʃpanə] *f* <-n> (*Zeit~*) intervalo *m;* (*Handels~*) margen *m*
spannen ['spanən] **I.** *vt* (*dehnen*) estirar; (*Seil, Muskeln*) tensar; (*Leine, Netz*) tender **II.** *vi* (*Kleidung*) quedar estrecho; (*Haut*) tirar
spannend *adj* (*fesselnd*) cautivador; (*Buch, Film*) de suspense
Spannkraft *f* elasticidad *f*
Spannung *f* <-en> **1.** (*Stromstärke*) voltaje *m* **2.** *ohne pl* (*Erwartung, innere ~, a.* PHYS) tensión *f;* **etw mit ~ erwarten** esperar algo con impaciencia **3.** *ohne pl* (*eines Films*) suspense *m*
Spannweite *f* (*Vogel, Flugzeug*) envergadura *f;* (ARCHIT) luz *f*
Sparbuch *nt* libreta *f* de ahorro; **Sparbüchse** *f* hucha *f*
sparen ['ʃpa:rən] *vt, vi* ahorrar
Sparflamme *f:* **auf ~** (*a. fig*) a medio gas
Spargel ['ʃpargəl] *m* <-s, -> espárrago *m*
Sparguthaben *nt* ahorros *mpl;* **Sparkasse** *f* caja *f* de ahorros; **Sparkonto** *nt* cuenta *f* de ahorro
spärlich ['ʃpɛ:ɐlɪç] *adj* escaso
sparsam *adj* económico; (*Person*) poco gastador; **~ mit etw umgehen** ser ahorrativo con algo
Sparsamkeit *f* economía *f*
Sparschwein *nt* hucha *f* (en forma de cerdo)
Sparte ['ʃpartə] *f* <-n> (*Gebiet*) rama *f;* (*Rubrik*) sección *f*
Spaß [ʃpa:s] *m* <-es, Späße> **1.** (*Scherz*) broma *f;* (**keinen**) **~ verstehen** tener (poca) correa **2.** *ohne pl* (*Vergnügen*) diversión *f;* **~ machen** gustar; **jdm den ~ verderben** aguar(le) la fiesta a alguien; **viel ~!** ¡que te diviertas!
spaßen ['ʃpa:sən] *vi* bromear
spaßig *adj* divertido
Spaßverderber(in) *m(f)* <-s, -; -nen> aguafiestas *mf inv;* **Spaßvogel** *m* bromista *mf*
spät [ʃpɛ:t] **I.** *adj* tardío; **am ~en Vormittag** a última hora de la mañana; **von früh bis ~** desde la mañana hasta la noche **II.** *adv* tarde; **wie ~ ist es?** ¿qué hora es?; **Spätaussiedler(in)** *m(f) emigrante de origen alemán de los estados de Europa del Este*
Spaten ['ʃpa:tən] *m* <-s, -> laya *f*
später ['ʃpɛ:tɐ] **I.** *adj* posterior **II.** *adv* más tarde; **bis ~!** ¡hasta luego!; **einige Stunden ~** unas horas después
spätestens ['ʃpɛ:təstəns] *adv* lo más tarde; **~ in einer Stunde** a más tardar dentro de una hora
Spätfolge *f* efecto *m* tardío; **Spätschicht** *f* turno *m* de tarde
Spatz [ʃpats] *m* <-en *o* -es, -en> gorrión *m*

> Los **Spätzle** son una especialidad gastronómica de Suabia y Algoia: Se corta la pasta recién hecha en finas tiras sobre una tabla de madera. A medida que se van cortando se van introduciendo en agua con sal hirviendo; se cuecen hasta que estén listas.

spazieren* [ʃpa'tsi:rən] *vi sein* pasear (*durch +akk* por); (**im Auto**) **~ fahren** dar una vuelta (en coche); **jdn** (**im Auto**) **~ fahren** pasear a alguien (en coche); **im Wald ~ gehen** pasear(se) por el bosque; **spazieren|fahren** *irr* **I.** *vi sein s.* **spazieren II.** *vt s.* **spazieren**; **spazieren|gehen** *irr vi sein s.* **spazieren**
Spaziergang *m* paseo *m;* **einen ~ machen** dar un paseo
Specht [ʃpɛçt] *m* <-(e)s, -e> pájaro *m* carpintero
Speck [ʃpɛk] *m* <-(e)s, -e> **1.** (GASTR) tocino *m;* (*geräuchert*) bacon *m* **2.** (*fam: bei Menschen*) grasa *f;* **~ ansetzen** echar carnes
Spediteur(in) [ʃpedi'tø:ɐ] *m(f)* <-(e)s, -e; -nen> transportista *mf*
Spedition [ʃpedi'tsjo:n] *f* <-en> empresa *f* de transportes
Speed [spi:t] *nt* <-s, -s> (*sl: Droge*) espid *m*
Speer [ʃpe:ɐ] *m* <-(e)s, -e> lanza *f;* (SPORT) jabalina *f*
Speiche ['ʃpaɪçə] *f* <-n> (*a.* MED) radio *m*
Speichel ['ʃpaɪçəl] *m* <-s, *ohne pl*> saliva *f*
Speicher ['ʃpaɪçɐ] *m* <-s, -> **1.** (*Lager*) almacén *m;* (*Getreide~*) granero *m* **2.** (*Dachboden*) desván *m* **3.** (*Wasser~*) depósito *m* **4.** (INFOR) memoria *f*
speichern ['ʃpaɪçɐn] *vi, vt* (*a.* INFOR) almacenar; **Daten auf Diskette ~** almacenar datos en un disquete
Speicherplatz *m* <-es, *ohne pl*> (INFOR)

S

espacio *m* de memoria

Speise ['ʃpaɪzə] *f* <-n> comida *f;* (*Gericht*) plato *m;* **Speisekammer** *f* despensa *f;* **Speisekarte** *f* carta *f* (del menú); **Speiseröhre** *f* esófago *m;* **Speisewagen** *m* coche *m* restaurante

Spektakel [ʃpɛk'taːkəl] *m* <-s, -> (*fam: Lärm*) jaleo *m*

spektakulär [ʃpɛktaku'lɛːɐ] *adj* espectacular

Spektrum ['ʃpɛktrʊm] *nt* <-s, Spektren *o* Spektra> (*a.* PHYS) espectro *m*

Spekulation [ʃpekula'tsjoːn] *f* <-en> especulación *f*

spekulieren* [ʃpeku'liːrən] *vi* especular (*mit +dat* con, *in +dat* en, *über +akk* sobre); **auf etw ~** (*fam*) contar con algo

Spende ['ʃpɛndə] *f* <-n> (*Geld~*) donativo *m;* (*Schenkung*) donación *f*

spenden *vt* (*Geld, Blut*) donar; (*geh: Wärme, Schatten*) dar

Spender[1] *m* <-s, -> (*Gerät*) distribuidor *m*

Spender(in)[2] *m(f)* <-s, -; -nen> (*Person*) donador(a) *m(f)*

spendieren* [ʃpɛn'diːrən] *vt* (*fam*) pagar; **jdm ein Eis ~** invitar a alguien a tomar un helado

Sperma ['ʃpɛrma] *nt* <-s, Spermen *o* -ta> esperma *m o f*

sperrangelweit ['-'--'-] *adv:* **~ offen** abierto de par en par

Sperre ['ʃpɛrə] *f* <-n> **1.** (*Schranke*) barrera *f;* (*Straßen~*) barricada *f* **2.** (*Embargo*) bloqueo *m;* (*Nachrichten~*) censura *f*

sperren ['ʃpɛrən] *vt* **1.** (*für den Verkehr*) cerrar **2.** (*Telefon, Strom*) cortar; (*Konto*) bloquear; (*Daten*) inhibir **3.** (*ein~*): **jdn in etw ~** encerrar a alguien en algo

Sperrgebiet *nt* zona *f* prohibida; **Sperrholz** *nt* <-(e)s, *ohne pl*> contrachapado *m*

sperrig *adj* voluminoso

Sperrmüll *m* basura *f* voluminosa; **Sperrstunde** *f* hora *f* de cierre

Spesen ['ʃpeːzən] *pl* dietas *fpl*

Spezialgebiet *nt* especialidad *f*

spezialisieren* [ʃpetsjali'ziːrən] *vr:* **sich ~** especializarse (*auf +akk* en)

Spezialist(in) [ʃpetsja'lɪst] *m(f)* <-en, -en; -nen> especialista *mf* (*für +akk* en)

Spezialität [ʃpetsjali'tɛːt] *f* <-en> especialidad *f*

speziell [ʃpe'tsjɛl] *adj* especial

spezifisch [ʃpe'tsiːfɪʃ] *adj* específico

spezifizieren* [ʃpetsifi'tsiːrən] *vt* especificar

Sphäre ['sfɛːrə] *f* <-n> esfera *f*

spicken ['ʃpɪkən] **I.** *vt* **1.** (GASTR) mechar **2.** (*fam: reichlich versehen*) llenar (*mit +dat* de) **II.** *vi* (*reg: fam: abschreiben*) chuletear

Spickzettel *m* (*reg: fam*) chuleta *f*

Spiegel ['ʃpiːgəl] *m* <-s, -> espejo *m;* (*Wasser~*) nivel *m;* **Spiegelbild** *nt* imagen *f* reflejada; (*fig*) reflejo *m*

Spiegelei *nt* huevo *m* frito

spiegeln *vi, vt, vr:* **sich ~** reflejar(se) (*in +dat* en)

spiegelverkehrt *adj* invertido lateralmente

Spiel [ʃpiːl] *nt* <-(e)s, -e> juego *m;* (SPORT) partido; **leichtes ~ mit jdm haben** vencer a alguien fácilmente; **auf dem ~ stehen** (*fig*) estar en juego; **etw aufs ~ setzen** (*fig*) jugarse algo; **Spielautomat** *m* (máquina *f*) tragaperras *f inv;* **Spielbrett** *nt* tablero *m* (de juego)

spielen ['ʃpiːlən] **I.** *vt* **1.** (*Spiel*) jugar **2.** (*Instrument*) tocar; **eine Platte ~** (*fam*) poner un disco **3.** (*aufführen*) dar **4.** (*Rolle*) interpretar **II.** *vi* **1.** (*Spiel, a.* SPORT) jugar; **um hohe Summen ~** jugar grandes sumas **2.** (*herum~*) juguetear (*mit/an +dat* con) **3.** (*sich zutragen*) tener lugar (*in +dat* en)

spielend *adv* con facilidad

Spieler(in) *m(f)* <-s, -; -nen> jugador(a) *m(f)*

Spielfeld *nt* terreno *m* de juego; (*Tennis*) pista *f;* **Spielfilm** *m* largometraje *m;* **Spielhalle** *f* salón *m* recreativo; **Spielplan** *m* (THEAT) cartelera *f;* **auf dem ~ stehen** estar en cartel; **Spielplatz** *m* parque *m* infantil; **Spielraum** *m* <-(e)s, *ohne pl*> espacio *m;* (*Bewegungs~*) libertad *f* de movimiento; (*fig*) margen *m;* **Spielregel** *f* regla *f* de juego; **Spielsachen** *fpl* juguetes *mpl;* **Spielsucht** *f ohne pl* ludopatía *f;* **Spielwaren** *fpl* juguetes *mpl;* **Spielzeug** *nt* <-(e)s, -e> juguete *m*

Spieß [ʃpiːs] *m* <-es, -e> **1.** (*Waffe*) pica *f* **2.** (*Brat~*) asador *m;* (*Speise*) pincho *m*

Spießbürger(in) *m(f)* (*abw*) burgués, -esa *m, f*

spießen ['ʃpiːsən] *vt* clavar (*auf +akk* en); (*auf eine Gabel*) pinchar (*auf +akk* con)

Spießer(in) *m(f)* <-s, -; -nen> (*fam abw*)

burgués, -esa *m, f*

spießig *adj* (*fam abw*) burgués

Spinat [ʃpiˈnaːt] *m* <-(e)s, -e> espinaca *f*

Spinne [ˈʃpɪnə] *f* <-n> araña *f*

spinnen [ˈʃpɪnən] <spinnt, spann, gesponnen> **I.** *vi* (*Garn*) hilar; (*fam abw: verrückt sein*) estar loco **II.** *vt* (*Garn*) hilar; (*Spinne*) tejer

Spinnennetz *nt* telaraña *f*

Spinner(in) *m(f)* <-s, -; -nen> (*fam abw: Verrückter*) loco, -a *m, f*, chiflado, -a *m, f*

Spinnrad *nt* rueca *f*

Spion[1] *m* <-s, -e> (*Guckloch*) mirilla *f*

Spion(in)[2] [ʃpiˈoːn] *m(f)* <-s, -e; -nen> (*Agent*) espía *mf*

Spionage [ʃpioˈnaːʒə] *f* espionaje *m*

spionieren* [ʃpioˈniːrən] *vi* espiar

Spirale [ʃpiˈraːlə] *f* <-n> espiral *f*

spirituell [ʃpirituˈɛl, spiri-] *adj* espiritual

Spirituose *f* <-n> bebida *f* alcohólica

Spiritus [ˈʃpiːritʊs] *m* <-, -se> alcohol *m* (de quemar)

Spital [ʃpiˈtaːl] *nt* <-s, -täler> (*Schweiz*) hospital *m*

spitz [ʃpɪts] *adj* **1.** (*Gegenstand, a.* MATH) (punti)agudo; (*Kinn*) afilado **2.** (*spöttisch*) mordaz

Spitzbube, -bübin *m, f* <-n, -n; -nen> (*fam: Schelm*) pillo, -a *m, f*

Spitze [ˈʃpɪtsə] *f* <-n> **1.** (*eines Gegenstandes*) punta *f;* **etw auf die ~ treiben** llevar algo al extremo **2.** (*Berg~*) cima *f* **3.** (*Führung*) cabeza *f;* (*von Unternehmen*) dirección *f;* **an der ~ stehen/liegen** estar a la cabeza **4.** (*Gewebe*) encaje *m*

Spitzel [ˈʃpɪtsəl] *m* <-s, -> (*abw*) espía *mf*

spitzen [ˈʃpɪtsən] *vt* sacar punta (a); **die Ohren ~** aguzar el oído

Spitzenklasse *f* primera categoría *f;* **spitzenmäßig** *adj* (*fam*) guay; **Spitzenreiter** *m* (*Ware, Schlager*) éxito *m;* (SPORT) líder *m*

Spitzer *m* <-s, -> (*fam*) sacapuntas *m inv*

spitzfindig *adj* (*abw*) sutil

spitz|kriegen *vt* (*fam*) enterarse (de)

Spitzname *m* apodo *m*

Spleen [ʃpliːn] *m* <-s, -e *o* -s> manía *f*

Splitter [ˈʃplɪtɐ] *m* <-s, -> (*Holz~*) astilla *f;* (*Glas-/Knochen~*) esquirla *f;* (*Granaten~*) metralla *f*

splittern [ˈʃplɪtɐn] *vi sein* (*zerbrechen*) hacerse pedazos; (*Holz*) astillarse

splitternackt *adj* (*fam*) en pelota(s)

Spoiler [ˈʃpɔɪlɐ] *m* <-s, -> alerón *m*

sponsern [ˈʃpɔnzɐn] *vt* patrocinar

Sponsor(in) [ˈʃpɔnzɐ, ˈʃpɔnzoːɐ] *m(f)* <-s, -en; -nen> patrocinador(a) *m(f)*, propiciador(a) *m(f) Am*

spontan [ʃpɔnˈtaːn] *adj* espontáneo

sporadisch [ʃpoˈraːdɪʃ] **I.** *adj* esporádico **II.** *adv* de vez en cuando

Sport [ʃpɔrt] *m* <-(e)s, *ohne pl*> deporte *m;* (*als Schulfach*) educación *f* física; **~ treiben** practicar deporte; **Sportart** *f* disciplina *f* (deportiva)

Sportler(in) [ˈʃpɔrtlɐ] *m(f)* <-s, -; -nen> deportista *mf*

sportlich [ˈʃpɔrtlɪç] *adj* deportivo

Sportplatz *m* campo *m* de deportes; **Sportverein** *m* club *m* deportivo; **Sportwagen** *m* **1.** (*Auto*) coche *m* deportivo **2.** (*Kinderwagen*) cochecito *m*, carrito *m*

Spot [spɔt] *m* <-s, -s> anuncio *m*

Spott [ʃpɔt] *m* <-(e)s, *ohne pl*> burla *f;* **spottbillig** [ˈ-ˈ--] **I.** *adj* (*fam*) tirado, regalado **II.** *adv* (*fam*) a precio tirado

spotten [ˈʃpɔtən] *vi* burlarse (*über +akk* de)

spöttisch *adj* burlón

Spottpreis *m* (*fam*) precio *m* tirado; **zu einem ~** a precio tirado

sprach [ʃpraːx] *3. imp von* **sprechen**

Sprache [ˈʃpraːxə] *f* <-n> **1.** (*Sprachsystem*) idioma *m;* **lebende/tote ~** lengua viva/muerta **2.** *ohne pl* (*Ausdrucksweise*) lenguaje *m;* **etw zur ~ bringen** poner algo sobre la mesa

Spracherkennung *f ohne pl* (INFOR) reconocimiento *m* de la palabra; **Sprachfehler** *m* defecto *m* de articulación; **Sprachführer** *m* manual *m* de conversación; **Sprachkurs** *m* curso *m* de idioma

sprachlich *adj* lingüístico

sprachlos *adj:* **~ sein** quedarse sin habla; **Sprachraum** *m* área *f* lingüística; **im deutschen ~** en los países de habla alemana; **Sprachrohr** *nt* megáfono *m;* (*fig*) portavoz *mf;* **Sprachwissenschaft** *f* lingüística *f*

sprang [ʃpraŋ] *3. imp von* **springen**

Spray [ʃpreː, ʃprɛɪ, sprɛɪ] *m o nt* <-s, -s> (e)spray *m;* **Spraydose** *f* pulverizador *m*

Sprechanlage *f* intercomunicador *m;* (*an der Haustür*) portero *m* automático

sprechen [ˈʃprɛçən] <spricht, sprach,

S

gesprochen> *vi, vt* hablar (*von +dat, über +akk* de/sobre); **frei** ~ improvisar; **Spanisch** [*o* **spanisch**] ~ hablar español; **das spricht für ihre Intelligenz** es una prueba de su inteligencia; **es sprach alles gegen ihn** todo estaba en su contra; **jdn** ~ hablar con alguien

Sprecher(in) *m(f)* <-s, -; -nen> (*Redner*) orador(a) *m(f)*; (TV, RADIO) locutor(a) *m(f)*; (*Presse*~) portavoz *mf*

Sprechstunde *f* **1.** (*Öffnungszeit*) horario *m* de atención **2.** (*Arzt*) (hora *f* de) consulta *f*; ~ **haben** pasar consulta; **Sprechzimmer** *nt* despacho *m*; (*Arzt*) consultorio *m*

spreizen ['ʃpraɪtsən] *vt* (*Beine, Finger*) abrir; (*Flügel*) desplegar

sprengen ['ʃprɛŋən] *vt* (*mit Sprengstoff*) volar; (*Rasen*) regar

Sprengkopf *m* cabeza *f* (explosiva); **nuklearer** ~ cabeza nuclear; **Sprengkörper** *m* <-s, -> artefacto *m* explosivo

Sprengstoff *m* explosivo *m*; **Sprengstoffanschlag** *m* atentado *m* con explosivos

spricht [ʃprɪçt] *3. präs von* **sprechen**

Sprichwort ['ʃprɪç-] *nt* <-(e)s, -wörter> refrán *m*

sprießen ['ʃpri:sən] <sprießt, spross, gesprossen> *vi sein* (*geh*) brotar

Springbrunnen *m* fuente *f*

springen ['ʃprɪŋən] <springt, sprang, gesprungen> *vi sein* saltar; **über ein Hindernis** ~ saltar un obstáculo; **die Ampel springt auf Grün** el semáforo cambia a verde; **ins Auge** ~ (*fig*) saltar a la vista

Sprit [ʃprɪt] *m* <-s, *ohne pl*> (*fam: Benzin*) gasolina *f*

Spritze ['ʃprɪtsə] *f* <-n> jeringa *f*; **eine** ~ **geben** poner una inyección

spritzen ['ʃprɪtsə] *vt* **1.** (*Flüssigkeit*) salpicar; (*mit Pflanzenschutzmitteln*) tratar con pesticida; (*lackieren*) barnizar con pistola **2.** (*Schmerzmittel*) inyectar

spröde ['ʃprø:də] *adj* (*Material*) quebradizo; (*Haar*) seco; (*Person*) reservado

spross[RR] [ʃprɔs] *3. imp von* **sprießen**

Spross[RR] [ʃprɔs] *m* <-es, -e> (*junger Trieb*) renuevo *m*; (*geh: Nachkomme*) retoño *m*

Sprosse ['ʃprɔsə] *f* <-n> (*Leiter*~) travesaño *m*

Sprössling[RR] ['ʃprœslɪŋ] *m* <-s, -e> (*fam*) retoño *m*

Spruch [ʃprʊx] *m* <-(e)s, Sprüche> **1.** (*Aus*~) dicho *m*; **Sprüche klopfen** (*fam abw*) fanfarronear **2.** (*Urteils*~) sentencia *f*

Sprudel ['ʃpru:dəl] *m* <-s, -> agua *f* mineral con gas

sprudeln *vi* **1.** *sein* (*hervorquellen*) salir a borbotones (*aus +dat* de); (*Quelle*) brotar (*aus +dat* de) **2.** (*Limonade*) burbujear

sprühen ['ʃpry:ən] **I.** *vi* **1.** (*Funken*) saltar; (*Wasser*) salpicar **2.** (*überquellen*) rebosar (*vor +dat* de) **II.** *vt* (*zerstäuben*) pulverizar; (*Wasser*) rociar

Sprühregen *m* <-s, *ohne pl*> llovizna *f*, brizna *f Am*

Sprung [ʃprʊŋ] *m* <-(e)s, Sprünge> **1.** (*a.* SPORT) salto *m*; (*ins Wasser*) zambullida *f*; **auf dem** ~ **sein** (*fam*) estar con prisa; **jdm auf die Sprünge helfen** (*fam*) dar(le) a alguien una indicación **2.** (*Riss*) raja *f*; **Sprungbrett** *nt* trampolín *m*; **sprunghaft** *adj* (*unstet*) versátil

Spucke ['ʃpʊkə] *f* (*fam*) saliva *f*

spucken ['ʃpʊkən] *vi, vt* escupir

Spuk [ʃpu:k] *m* <-(e)s, *ohne pl*> aparición *f* (de fantasmas)

spuken ['ʃpu:kən] *vi* trasguear; **hier spukt es** aquí hay fantasmas

Spülbecken *nt* fregadero *m*

Spule ['ʃpu:lə] *f* <-n> (*Film*~, *a.* ELEK) bobina *f*; (*Garn*~) carrete *m*

Spüle ['ʃpy:lə] *f* <-n> fregadero *m*

spülen ['ʃpy:lən] **I.** *vi* **1.** (*Geschirr*) fregar; (*Waschmaschine*) enjuagar **2.** (*Toilette*) tirar de la cadena **II.** *vt* (*Geschirr*) fregar; (*Wäsche*) aclarar

Spülmaschine *f* lavavajillas *m inv*; **Spülmittel** *nt* (líquido *m*) lavavajillas *m inv*

Spülung *f* <-en> (MED) lavado *m*; (*Toiletten*~) descarga *f* de agua

Spur [ʃpu:ɐ] *f* <-en> **1.** (*Abdruck*) huella *f*; (*Anzeichen*) rastro *m*; (*Fährte*) pista *f*; **jdm auf der** ~ **sein** seguir la pista de alguien; **jdm auf die** ~ **kommen** descubrir a alguien **2.** (*Fahr*~) carril *m*, pista *f Am*

spürbar *adj* palpable; (*offensichtlich*) patente; ~ **werden** hacerse sentir

spüren ['ʃpy:rən] *vt* (*wahrnehmen*) sentir; (*merken*) notar

Spurenelement *nt* oligoelemento *m*

spurlos *adv* sin dejar huella; ~ **verschwinden** desaparecer sin dejar rastro

Spürsinn *m* <-(e)s, *ohne pl*> (*a. fig*) olfato *m*

Spurt [ʃpʊrt] *m* <-s, -s> esprint *m;* **zum ~ ansetzen** hacer un esprint

Staat [ʃtaːt] *m* <-(e)s, -en> (POL) Estado *m;* (ZOOL) colonia *f;* **staatenlos** *adj* apátrida

staatlich I. *adj* estatal **II.** *adv* por el Estado; **~ anerkannt** reconocido oficialmente

Staatsangehörigkeit *f* <-en> nacionalidad *f;* **Staatsanwalt, -anwältin** *m, f* fiscal *mf;* **Staatsbesuch** *m* visita *f* oficial; **Staatsbürger(in)** *m(f)* ciudadano, -a *m, f;* **Staatsbürgerschaft** *f* <-en> ciudadanía *f,* nacionalidad *f;* **Staatschef(in)** *m(f)* jefe, -a *m, f* de Estado; **Staatshaushalt** *m* presupuesto *m* nacional; **Staatsoberhaupt** *nt* jefe, -a *m, f* de Estado; **Staatssekretär(in)** *m(f)* secretario, -a *m, f* de Estado; **Staatsstreich** *m* golpe *m* de Estado

Stab [ʃtaːp] *m* <-(e)s, Stäbe> (*Stock*) palo *m;* (*Mitarbeiter~*) plantilla *f;* (MIL) Estado *m* Mayor; **Stabhochsprung** *m* salto *m* con pértiga

stabil [ʃta'biːl] *adj* (*Material*) sólido; (*Währung*) estable; (*Gesundheit*) robusto

stabilisieren* [ʃtabili'ziːrən] *vt, vr:* **sich ~** estabilizar(se)

Stabilität [ʃtabili'tɛːt] *f* estabilidad *f*

stach [ʃtaːx] *3. imp von* **stechen**

Stachel ['ʃtaxəl] *m* <-s, -> **1.** (*einer Pflanze*) espina *f* **2.** (*eines Igels*) púa *f;* (*von Insekten*) aguijón *m;* **Stachelbeere** *f* uva *f* espinosa; **Stacheldraht** *m* alambre *m* de espino

stach(e)lig *adj* espinoso

Stadien *pl von* **Stadion, Stadium**

Stadion ['ʃtaːdiɔn] *nt* <-s, Stadien> estadio *m*

Stadium ['ʃtaːdiʊm] *nt* <-s, Stadien> etapa *f*

Stadt [ʃtat] *f* <Städte> ciudad *f;* **die ~ Sevilla** la ciudad de Sevilla; **stadtbekannt** ['--'-] *adj* conocido en toda la ciudad

Städtepartnerschaft *f* hermanamiento *m* de ciudades

Stadthalle *f* auditorio *m* municipal, sala *f* de congresos

städtisch ['ʃtɛ(ː)tɪʃ] *adj* (*kommunal*) municipal; (*urban*) urbano

Stadtmitte *f* centro *m* (de la) ciudad; **Stadtplan** *m* plano *m* de la ciudad; **Stadtrand** *m* periferia *f;* **Stadtstaat** *m* ciudad-Estado *f;* **Stadtteil** *m* barrio *m;* **Stadtverwaltung** *f* administración *f* municipal; **Stadtwerke** *ntpl* compañía *f* (municipal) de electricidad, gas, agua y transportes públicos

Staffel ['ʃtafəl] *f* <-n> (MIL, AERO) escuadrilla *f;* (SPORT) relevo *m*

Stagnation [ʃtagna'tsjoːn] *f* <-en> estancamiento *m*

stagnieren* [ʃta'gniːrən] *vi* estancarse

stahl [ʃtaːl] *3. imp von* **stehlen**

Stahl [ʃtaːl] *m* <-(e)s, Stähle> acero *m;* **Stahlbeton** *m* <-s, *ohne pl*> hormigón *m* armado

stak [ʃtaːk] *3. imp von* **stecken**

Stall [ʃtal] *m* <-(e)s, Ställe> establo *m;* (*Hühner~*) gallinero *m;* (*Pferde~*) cuadra *f*

Stamm [ʃtam] *m* <-(e)s, Stämme> **1.** (*Baum~*) tronco *m* **2.** (*Volks~*) tribu *f* **3.** (LING) radical *m* **4.** *ohne pl* (*Kunden~*) clientela *f* fija; **Stammbaum** *m* árbol *m* genealógico; (*eines Tieres*) pedigrí *m;* **Stammbuch** *nt* libro *m* de familia

stammeln ['ʃtaməln] *vi, vt* balbucear

stammen ['ʃtamən] *vi* provenir (*aus/von +dat* de); (*örtlich*) ser (natural) (*aus/von +dat* de)

Stammgast *m* cliente, -a *m, f* habitual

stämmig ['ʃtɛmɪç] *adj* fornido

Stammkneipe *f* (*fam*) bar *m* habitual; **Stammkunde, -in** *m, f* cliente, -a *m, f* fijo, -a

> Casi en cualquier cafetería o restaurante se puede encontrar una **Stammtisch**. Está señalizada con un letrero y casi siempre está reservada para la clientela habitual del local.

stampfen ['ʃtampfən] **I.** *vi* **1.** *haben* (*vor Wut*) patalear **2.** *sein* (*stapfen*) caminar pesadamente **II.** *vt* **1.** (*zerkleinern*) machacar; (*Trauben*) pisar **2.** (*festtreten*) pisotear

stand [ʃtant] *3. imp von* **stehen**

Stand [ʃtant] *m* <-(e)s, Stände> **1.** (*Verkaufs~*) puesto *m;* (*Messe~*) (e)stand *m;* (*Taxi~*) parada *f* **2.** (*Wasser~*) nivel *m* **3.** *ohne pl* (*Stehen*) posición *f* vertical; **etw zu ~e bringen** lograr algo; **zu ~e kommen** llevarse a cabo; **nicht zu ~e kommen** malograrse **4.** *ohne pl* (*Entwicklungs~*) nivel *m;* (*Zu~*) situación *f;* **im ~e sein etw zu tun** ser capaz de hacer algo; **etw auf den neuesten**

S

~ **bringen** actualizar algo; **etw in ~ setzen/halten** arreglar/conservar algo; **gut in ~ sein** estar en buen estado

Standard ['ʃtandart] *m* <-s, -s> estándar *m*

Ständer ['ʃtɛndɐ] *m* <-s, -> (*Kleider~*) perchero *m;* (*Noten~*) atril *m*

Standesamt *nt* registro *m* civil; **standesamtlich I.** *adj:* **~e Trauung** matrimonio civil **II.** *adv:* **~ heiraten** casarse por lo civil

standhaft I. *adj* firme **II.** *adv* con firmeza

stand|halten *irr vi* resistir

ständig ['ʃtɛndɪç] *adj* (*Ärger*) continuo; (*Mitarbeiter*) permanente; (*Wohnsitz*) fijo

Standlicht *nt* <-(e)s, *ohne pl*> luz *f* de cruce

Standort *m* sitio *m;* (*Industrie*) emplazamiento *m;* **Standpauke** *f* (*fam*) sermón *m;* **jdm eine ~ halten** echar(le) un sermón a alguien; **Standpunkt** *m* punto *m* de vista; **ich stehe auf dem ~, dass ...** yo opino que...; **Standspur** *f* arcén *m*

Stange ['ʃtaŋə] *f* <-n> **1.** (*Stab*) vara *f;* (*Kleider~*) barra *f;* **etw von der ~ kaufen** (*fam*) comprar algo de confección; **bei der ~ bleiben** (*fam*) seguir haciendo algo; **jdn bei der ~ halten** (*fam*) apoyar a alguien (hasta que acabe) **2.** (*Zigaretten~*) cartón *m*

Stängel[RR] ['ʃtɛŋəl] *m* <-s, -> tallo *m*

stank [ʃtaŋk] *3. imp von* **stinken**

stanzen ['ʃtantsən] *vt* (*prägen*) estampar; (*Loch*) punzonar

Stapel ['ʃta:pəl] *m* <-s, -> **1.** (*Haufen*) pila *f* **2.** (NAUT) grada *f;* **vom ~ lassen** lanzar al agua

stapeln ['ʃta:pəln] *vt, vr:* **sich ~** amontonar(se)

Star[1] [ʃta:ɐ] *m* <-(e)s, -e> **1.** (ZOOL) estornino *m* **2.** (MED): **grüner ~** glaucoma *m;* **grauer ~** catarata *f*

Star[2] [sta:ɐ] *m* <-s, -s> (*Person*) estrella *f*

starb [ʃtarp] *3. imp von* **sterben**

stark [ʃtark] <stärker, am stärksten> **I.** *adj* fuerte; **~e Schmerzen haben** tener dolores fuertes **II.** *adv* (+ *Adjektiv*) muy; (+ *Verb*) mucho; **~ erkältet sein** tener un fuerte resfriado; **~ schneien** nevar mucho

Stärke ['ʃtɛrkə] *f* <-n> **1.** (*allgemein*) fuerza *f;* (*Leistung*) potencia *f* **2.** (*Dicke*) grueso *m* **3.** (*Intensität*) intensidad *f;* (*von Erdbeben*) magnitud *f* **4.** (*Fähigkeit*) (punto *m*) fuerte *m* **5.** (*Substanz*) fécula *f;* (*Wäsche~*) almidón *m*

stärken ['ʃtɛrkən] **I.** *vt* (*Körper, Position*) fortalecer; (*Wäsche*) almidonar **II.** *vr:* **sich ~** fortalecerse

Stärkung *f* <-en> **1.** (*Erfrischung*) refresco *m;* (*Imbiss*) tentempié *m* **2.** *ohne pl* (*das Kräftigen*) fortalecimiento *m*

starr [ʃtar] *adj* **1.** (*allgemein, a.* TECH) rígido; (*steif*) tieso **2.** (*Blick*) fijo; **~ vor Entsetzen** paralizado de terror **3.** (*unbeugsam*) inflexible

starren ['ʃtarən] *vi* (*blicken*) clavar los ojos (*auf* +*akk* en)

starrsinnig *adj* (*abw*) terco

Start [ʃtart] *m* <-(e)s, -s> **1.** (SPORT) salida *f* **2.** (*Flugzeug~*) despegue *m;* (*Auto*) arranque *m;* (*Raketen~*) lanzamiento *m* **3.** (*Beginn*) comienzo *m;* **Startbahn** *f* pista *f* de despegue

starten ['ʃtartən] **I.** *vi sein* **1.** (*beginnen*) comenzar; (SPORT) tomar salida **2.** (*Flugzeug*) despegar **II.** *vt* **1.** (*Auto, Motor*) arrancar **2.** (*Rakete*) lanzar **3.** (*Kampagne*) comenzar **4.** (*Computer*) poner en marcha; (*Programm*) iniciar

Startkapital *nt* capital *m* inicial

Station [ʃta'tsjo:n] *f* <-en> (*Haltestelle*) parada *f;* (*Wetter~*) estación *f;* (*Krankenhaus~*) unidad *f*

stationär [ʃtatsjo'nɛ:ɐ] *adj* (MED): **~e Behandlung** tratamiento clínico

stationieren* [ʃtatsjo'ni:rən] *vt* estacionar

Stationsarzt, -ärztin *m, f* médico, -a *m, f* jefe de sección

statisch ['ʃta:tɪʃ] *adj* estático

Statist(in) [ʃta'tɪst] *m(f)* <-en, -en; -nen> comparsa *mf*

Statistik [ʃta'tɪstɪk] *f* <-en> estadística *f*

statistisch [ʃta'tɪstɪʃ] *adj* estadístico

statt [ʃtat] **I.** *präp* +*gen* en vez de **II.** *konj:* **~ zu ...** en lugar de...; **stattdessen**[RR] *adv* en lugar de eso

statt|finden *irr vi* tener lugar

stattlich ['ʃtatlɪç] *adj* (*beeindruckend*) imponente; (*Betrag*) considerable

Statue ['ʃta:tuə] *f* <-n> estatua *f*

Statur [ʃta'tu:ɐ] *f* <-en> estatura *f*

Status ['ʃta:tʊs] *m* <-, -> estatus *m inv;* **Statussymbol** *nt* símbolo *m* de categoría social; **Statuszeile** *f* (INFOR) línea *f* de estado

Stau [ʃtaʊ] *m* <-(e)s, -s *o* -e> (*Verkehrs~*) atasco *m;* (*im Wasser*) estancamiento *m*

Staub [ʃtaʊp] *m* <-(e)s, -e *o* Stäube> polvo *m;* ~ **wischen** limpiar el polvo; **sich aus dem ~ machen** (*fam fig*) poner pies en polvorosa

staubig *adj* polvoriento

staub|saugen ['---] *vi, vt* pasar la aspiradora (a); **Staubsauger** *m* aspiradora *f*

Staudamm *m* presa *f*

stauen ['ʃtaʊən] *vr:* **sich ~** (*Wasser*) embalsarse; (*Verkehr*) atascarse; (*Ärger*) acumularse; (*Menschen*) agolparse

staunen ['ʃtaʊnən] *vi* asombrarse (*über +akk* de/por); (*verwundert sein*) estar asombrado (*über +akk* de/por)

Stausee *m* embalse *m*

Steak [ste:k] *nt* <-s, -s> bistec *m,* bife *m Am*

stechen ['ʃtɛçən] <sticht, stach, gestochen> **I.** *vt* pinchar; (*Insekt*) picar; (*mit einem Messer*) acuchillar **II.** *vi* picar; **ins Auge ~** saltar a la vista **III.** *vr:* **sich ~** pincharse (*an +dat* con, *in +akk* en)

stechend *adj* (*Blick, Geruch*) penetrante; (*Schmerz*) punzante

Stechuhr *f* reloj *m* para fichar

Steckdose *f* enchufe *m*

stecken[1] ['ʃtɛkən] *vt* (*hinein~*) meter (*in +akk* en); (*fest~*) fijar (*an +dat* a/en)

stecken[2] <steckt, steckte, *geh:* stak, gesteckt> *vi* estar metido (*in +dat* en); **du musst zeigen, was in dir steckt** tienes que mostrar lo que hay en ti; **wo steckt er?** (*fam: Person*) ¿dónde se ha metido?

stecken|bleiben *irr vi sein s.* **bleiben**; **stecken|lassen** *irr vt s.* **lassen**[2]

Stecker *m* <-s, -> enchufe *m*

Stecknadel *f* alfiler *m*

Steg [ʃte:k] *m* <-(e)s, -e> (*Brücke*) pasarela *f;* (*Boots~*) (des)embarcadero *m*

Stegreif ['ʃte:kraɪf] *m:* **aus dem ~** improvisando

stehen ['ʃte:ən] <steht, stand, gestanden> *haben o südd, Österr, Schweiz: sein* **I.** *vi* **1.** (*aufrecht: Mensch*) estar de pie; **im Stehen** de pie **2.** (*sein*) estar; **wir ~ kurz vor einem Krieg** estamos a punto de entrar en guerra; **auf welcher Seite stehst du?** ¿de qué lado estás?; **die Sache steht schlecht** el asunto está mal; **das Frühstück ~ lassen** no tocar el desayuno; **einen Stuhl ~ lassen** dejar una silla (en su sitio); **offen ~** (*Tür, Fenster*) estar abierto; (*Rechnung*) estar pendiente; (*zugänglich sein*) estar abierto; **unter Drogen ~** estar bajo los efectos de las drogas; **jdm nahe ~** tener una relación estrecha con alguien; **wie stehst du zu dem Plan?** ¿qué te parece el plan?; **zu seinen Fehlern ~** reconocer sus errores; **hinter jdm ~** apoyar a alguien **3.** (*still~*) estar parado; (*Verkehr*) estar paralizado; **zum Stehen bringen** parar **4.** (*kleiden*) sentar; **der Bart steht dir gut** la barba te queda bien **II.** *vt:* **Wache ~** estar de guardia; **Modell ~** posar; **stehen|bleiben** *irr vi sein s.* **bleiben**

stehend *adj* **1.** (*aufrecht*) en pie, de pie **2.** (*nicht in Bewegung*) parado; (*Gewässer*) estancado **3.** (*Wend*): **ein leer ~es Haus** una casa deshabitada

stehen|lassen *irr vt s.* **stehen I.2.**

Stehkragen *m* cuello *m* alzado; **Stehlampe** *f* lámpara *f* de pie

stehlen ['ʃte:lən] <stiehlt, stahl, gestohlen> *vt, vi* robar

Stehvermögen *nt* <-s, *ohne pl*> **1.** (*Ausdauer*) aguante *m* **2.** (*Durchhaltevermögen*) firmeza *f*

Steiermark ['ʃtaɪɐmark] *f* Estiria *f*

steif [ʃtaɪf] *adj* **1.** (*starr*) tieso; (*Eiweiß*) a punto de nieve; **~er Hals** tortícolis *m inv* **2.** (*förmlich*) formal

Steigbügel *m* estribo *m*

steigen ['ʃtaɪgən] <steigt, stieg, gestiegen> *vi sein* subir; **in den/aus dem Bus ~** subir al/bajar del autobús; **aufs Fahrrad/vom Fahrrad ~** montarse en/bajarse de la bicicleta; **aus dem Bett ~** levantarse de la cama; **einen Drachen ~ lassen** hacer subir una cometa; **zu Kopf ~** subir a la cabeza; **im Preis ~** subir de precio

steigend *adj* (*zunehmend*) creciente; (*Preise*) en aumento; **~e Tendenz** tendencia alcista

steigern ['ʃtaɪgɐn] *vt, vr:* **sich ~** aumentar (*um +akk* en)

Steigerung *f* <-en> (*Zunahme*) aumento *m* (*um +akk* de); (LING) comparación *f*

Steigung *f* <-en> (*im Gelände*) elevación *f;* (*einer Straße*) cuesta *f*

steil [ʃtaɪl] *adj* (*Treppe*) empinado; (*Gelände*) escarpado; **Steilküste** *f* acantilado *m*

Stein [ʃtaɪn] *m* <-(e)s, -e> **1.** (*allgemein*)

S

piedra *f;* **den ~ ins Rollen bringen** (*fam fig*) desencadenar algo **2.** (MED) cálculo *m* **3.** (*Spiel~*) ficha *f;* (*bei Brettspielen*) pieza *f;* **bei jdm einen ~ im Brett haben** (*fam fig*) hacer buenas migas con alguien; **steinalt** ['-'-] *adj* más viejo que Matusalén; **Steinbock** *m* (ZOOL) cabra *f* montés; (ASTR) Capricornio *m;* **Steinbruch** *m* cantera *f*

steinern ['ʃtaɪnɐn] *adj* (*a. fig*) de piedra

steinhart ['-'-] *adj* duro como una piedra

steinig *adj* pedregoso

Steinkohle *f* hulla *f;* **Steinmetz(in)** ['ʃtaɪnmɛts] *m(f)* <-en, -en; -nen> cantero *mf;* **steinreich** ['-'-] *adj* riquísimo; **Steinzeit** *f* Edad *f* de Piedra

Steißbein *nt* coxis *m inv*

Stelle ['ʃtɛlə] *f* <-n> **1.** (*Ort*) lugar *m;* **an erster ~** en primer lugar; **an ~ von etw** en vez de algo; **auf der ~ treten** (*fam*) no avanzar; **auf der ~** inmediatamente; **sich nicht von der ~ rühren** no moverse de su sitio; **zur ~ sein** estar presente **2.** (*Text~*) parte *f;* (*Abschnitt*) pasaje *m* **3.** (*Arbeits~*) puesto *m* (de trabajo); **freie ~** vacante *f* **4.** (*Dienst~*) autoridad *f;* **sich an höherer ~ beschweren** quejarse a instancias superiores

stellen ['ʃtɛlən] **I.** *vt* **1.** (*hin~*) poner (*auf +akk* en); (*auf~*) colocar (*auf +akk* en) **2.** (*regulieren*) regular; **stell das Radio leiser/lauter** baja/sube la radio; **die Uhr ~** poner el reloj en hora; **etw ruhig ~** (MED: *Arm, Bein*) inmovilizar algo; **jdn ruhig ~** (MED) administrar tranquilizantes a alguien **3.** (*bereit~*) poner a disposición **4.** (*Verbrecher*) capturar **5.** (*Frage*) hacer; (*Aufgabe*) poner; (*Antrag*) presentar; **etw in Frage ~** poner algo en duda; **etw richtig ~** rectificar algo **II.** *vr:* **sich ~ 1.** (*sich hin~*) ponerse (de pie) (*auf +akk* en); **sich gut ~** llevarse bien **2.** (*vortäuschen*) fingir; **sich taub ~** hacerse el sordo **3.** (*der Polizei*) entregarse **4.** (*nicht ausweichen*): **sich etw** *dat* **~** enfrentarse a algo **5.** (*Frage*) surgir; (*Aufgabe*) plantearse

Stellenangebot *nt* oferta *f* de empleo; **Stellengesuch** *nt* demanda *f* de empleo; **Stellenvermittlung** *f* (*Einrichtung*) agencia *f* de empleo

Stellenwert *m* valor *m;* (*Bedeutung*) importancia *f*

Stellung *f* <-en> **1.** (*Körperhaltung*) postura *f* **2.** (*Anordnung*) posición *f* **3.** (*beruflich*) puesto *m;* (*Amt*) cargo *m* **4.** (*sozial*) condición *f* **5.** (*Ein~*) opinión *f;* **zu etw ~ nehmen** tomar cartas en un asunto

Stellungnahme *f* <-n> toma *f* de posición; **eine ~ zu etw abgeben** opinar respecto a algo

stellvertretend *adj* suplente; **~e Vorsitzende** vicepresidenta en funciones; **~ für jdn sprechen** hablar representando a alguien

Stellvertreter(in) *m(f)* suplente *mf;* (ADMIN) interino, -a *m, f*

Stelze ['ʃtɛltsə] *f* <-n> (*Holzgestell*) zanco *m*

stemmen ['ʃtɛmən] **I.** *vt* (*Gewichte*) levantar; **die Arme in die Hüften ~** estar puesto en jarras **II.** *vr:* **sich ~** apoyarse (pesadamente) (*gegen +akk* contra)

Stempel ['ʃtɛmpəl] *m* <-s, -> sello *m;* (*Post~*) matasellos *m inv;* **etw** *dat* **seinen ~ aufdrücken** (*fig*) dar(le) a algo un toque personal

stempeln *vt* sellar; (*postalisch*) matasellar; **jdn zu etw ~** tachar a alguien de algo

Stengel ['ʃtɛŋəl] *m* <-s, -> *s.* **Stängel**

Stenografie *f* <-n>, **Stenographie** [ʃtenogra'fiː] *f* <-n> taquigrafía *f*

Steppdecke *f* edredón *m*

Steppe ['ʃtɛpə] *f* <-n> estepa *f*

Sterbehilfe *f ohne pl* (*Euthanasie*) eutanasia *f*

sterben ['ʃtɛrbən] <stirbt, starb, gestorben> *vi* morir (*an +dat* de), morirse (*an/vor +dat* de, *für +akk* por) *fam,* fallecer *geh;* **im Sterben liegen** estar agonizando

sterblich *adj* mortal

Stereoanlage *f* equipo *m* estereofónico

stereotyp [ʃtereo'tyːp] *adj* estereotipado

steril [ʃte'riːl] *adj* estéril

sterilisieren* [ʃterili'ziːrən] *vt* esterilizar

Stern [ʃtɛrn] *m* <-(e)s, -e> estrella *f;* **Sternbild** *nt* constelación *f*

sternhagelvoll ['---'-] *adj* (*fam*) borracho como una cuba

Sternschnuppe *f* <-n> estrella *f* fugaz; **Sternwarte** *f* observatorio *m* astronómico

stetig *adj* continuo

stets [ʃteːts] *adv* siempre

Steuer[1] ['ʃtɔɪɐ] *nt* <-s, -> (*Auto, Flugzeug*) volante *m;* (*Schiff*) timón *m;* **am ~ sitzen** ir al volante

Steuer[2] *f* <-n> (*Abgaben*) impuesto *m;* **~n hinterziehen** defraudar impuestos

Steuerberater(in) *m(f)* asesor(a) *m(f)* fiscal; **Steuerbescheid** *m* liquidación *f* de impuestos
steuerbord(s) ['ʃtɔɪɐbɔrt(s)] *adv* a estribor
Steuererklärung *f* declaración *f* de la renta; **steuerfrei** *adj* libre de impuestos; **Steuergelder** *ntpl* fondos *mpl* recaudados; **Steuerhinterziehung** *f* <-en> fraude *m* fiscal
steuerlich *adj* fiscal
steuern ['ʃtɔɪɐn] *vt* **1.** (*Auto*) conducir, manejar *Am;* (*Schiff, Flugzeug*) pilotar **2.** (TECH) controlar
steuerpflichtig *adj* sujeto a impuesto
Steuerung *f* <-en> **1.** (AUTO) dirección *f;* (ELEK) mando *m* **2.** *ohne pl* (TECH) control *m*
Steuerzahler(in) *m(f)* contribuyente *mf*
Steuerzeichen *nt* (INFOR) carácter *m* de mando
Steward ['stjuːɐt] *m* <-s, -s> (AERO) auxiliar *m* de vuelo; (NAUT) camarero *m*
Stewardess[RR] ['stjuːɐdɛs] *f* <-en> (AERO) azafata *f;* (NAUT) camarera *f*
stibitzen* [ʃti'bɪtsən] *vt* (*fam*) birlar
Stich [ʃtɪç] *m* <-(e)s, -e> **1.** (*Dorn, Stachel, Nadel*) pinchazo *m;* (*Insekten~*) picadura *f;* (*Messer~*) cuchillada *f;* (*Schmerz*) punzada *f* **2.** (*Näh~*) puntada *f;* (MED) punto *m* de sutura **3.** (KUNST) grabado *m* **4.** *ohne pl* (*Farbschimmer*): **einen ~ ins Gelbe haben** tirar a amarillo **5.** *ohne pl* (*Wend*): **jdn im ~ lassen** dejar a alguien en la estacada
stichhaltig *adj* (*überzeugend*) convincente
Stichprobe *f* prueba *f* al azar
sticht [ʃtɪçt] *3. präs von* **stechen**
Stichwahl *f* segunda vuelta *f* (electoral)
Stichwort[1] *nt* <-(e)s, -wörter> (*im Wörterbuch*) entrada *f;* (*im ~register*) voz *f* guía
Stichwort[2] *nt* <-(e)s, -e> (*Schlüsselwort*) palabra *f* clave; (*Gedächtnisstütze*) apunte *m*
stichwortartig *adj* por puntos; (*bündig*) breve; **~ zusammenfassen** resumir brevemente
sticken ['ʃtɪkən] *vi, vt* bordar
stickig ['ʃtɪkɪç] *adj* sofocante
Stickstoff *m* <-(e)s, *ohne pl*> nitrógeno *m*
Stiefbruder ['ʃtiːf-] *m* hermanastro *m*
Stiefel ['ʃtiːfəl] *m* <-s, -> bota *f*
Stiefeltern *pl* padrastros *mpl;* **Stiefkind** *nt* hijastro, -a *m, f;* **Stiefmutter** *f* <-mütter> madrastra *f;* **Stiefschwester** *f* hermanastra *f;* **Stiefvater** *m* padrastro *m*
stieg [ʃtiːk] *3. imp von* **steigen**
stiehlt [ʃtiːlt] *3. präs von* **stehlen**
Stiel [ʃtiːl] *m* <-(e)s, -e> **1.** (*Griff*) mango *m;* (*Besen~*) palo *m;* (*am Weinglas*) pie *m* **2.** (*Blumen~*) tallo *m;* **Stielaugen** *ntpl* (*fam*): **er bekam/machte ~** se le pusieron/puso los ojos como platos
Stier *m* <-(e)s, -e> (*Tier*) toro *m;* (ASTR) Tauro *m;* **Stierkampf** *m* (*~kunst*) tauromaquia *f;* (*Veranstaltung*) corrida *f* (de toros); **Stierkämpfer(in)** *m(f)* torero, -a *m, f*
stieß [ʃtiːs] *3. imp von* **stoßen**
Stift [ʃtɪft] *m* <-(e)s, -e> (*Schreib~*) lápiz *m;* (*Metall~, Holz~*) espiga *f*
stiften ['ʃtɪftən] *vt* (*spenden*) donar; (*bewirken*) causar
Stiftung *f* <-en> (*Institution*) fundación *f;* (*Spende*) donación *f*
Stil [ʃtiːl] *m* <-(e)s, -e> estilo *m;* **im großen ~** en gran escala
stilistisch [ʃti'lɪstɪʃ] *adj* estilístico
still [ʃtɪl] *adj* (*lautlos*) silencioso; (*ruhig*) tranquilo; (**sei**) **~!** ¡calla!; **~ und heimlich** a la chita callando; (*reglos*) quieto
Stille ['ʃtɪlə] *f* (*Schweigen*) silencio *m;* (*Ruhe*) tranquilidad *f;* **in aller ~** (*im engsten Kreis*) en la intimidad
Stilleben *nt s.* **Stillleben**
stillegen <legt still, legte still, stillgelegt> *vt s.* **stilllegen**
stillen ['ʃtɪlən] **I.** *vi* dar de mamar **II.** *vt* **1.** (*Säugling*) dar el pecho (a) **2.** (*Blutung*) cortar; (*Schmerz*) mitigar **3.** (*Hunger, Durst*) saciar; (*Neugier*) satisfacer
still|halten *irr vi* (*sich nicht bewegen*) quedarse quieto; (*sich nicht wehren*) aguantar
stilliegen *irr vi s.* **stillliegen**
Stillleben[RR] *nt* bodegón *m;* **still|legen**[RR] *irr vt* (*Betrieb, Strecke*) cerrar; (*Fahrzeug*) retirar del servicio; **still|liegen**[RR] *irr vi* (*Betrieb*) estar cerrado
stillos ['ʃtiːlloːs] *adj* sin estilo
Stillschweigen *nt* silencio *m;* **über etw ~ bewahren** guardar silencio respecto a algo; **stillschweigend** *adj* tácito; **etw ~ akzeptieren** aceptar algo tácitamente; **still|sitzen** *irr vi* estar(se) quieto; **Stillstand** *m* <-(e)s, *ohne pl*> (*Entwicklung*) estancamiento *m;* (*Produktion*) paralización *f;* **zum ~ kommen** detenerse; **still|stehen** *irr vi* (*Mensch, Maschine*) estar parado; (*Ent-*

wicklung, Produktion, Verkehr) estar paralizado; **stillgestanden!** (MIL) ¡firmes!

Stilmöbel *nt* mueble *m* de época; **stilvoll** *adj* con gusto

Stimmband *nt* cuerda *f* vocal; **stimmberechtigt** *adj* con derecho a voto; **Stimmbruch** *m* <-(e)s, *ohne pl*> muda *f;* **im ~ sein** estar de muda

Stimme ['ʃtɪmə] *f* <-n> **1.** (*menschliche ~*) voz *f;* **kritische ~n** opiniones críticas **2.** (*bei einer Wahl*) voto *m;* **sich der ~ enthalten** abstenerse del voto; **jdm seine ~ geben** votar por alguien

stimmen ['ʃtɪmən] **I.** *vi* **1.** (*richtig sein*) ser correcto; (*wahr sein*) ser verdad; **stimmt!** ¡exacto!; **stimmt es, dass ...?** ¿es verdad que...?; **irgendetwas stimmt nicht mit ihr** algo le pasa **2.** (*wählen*): **für/gegen jdn/etw ~** votar por/contra alguien/algo **II.** *vt* (*Instrument*) afinar; **jdn versöhnlich/traurig ~** conciliar/entristecer a alguien

stimmhaft *adj* sonoro

stimmig *adj* armónico

Stimmlage *f* registro *m;* **stimmlos** *adj* (*tonlos*) afónico; (LING) sordo; **Stimmrecht** *nt* <-(e)s, *ohne pl*> derecho *m* de voto; (**kein**) **~ haben** (no) tener derecho a voto

Stimmung *f* <-en> **1.** (*Gemütsverfassung*) estado *m* de ánimo; **in guter/schlechter ~** de buen/mal humor; **nicht in der ~ sein etw zu tun** no estar de vena para hacer algo; **in ~ kommen** (*fam*) animarse **2.** (*einer Gesellschaft*) ambiente *m;* **~ in etw bringen** animar algo; **Stimmungsumschwung** *m* (*Person*) cambio *m* de humor

Stimmzettel *m* (*a.* POL) (papeleta *f* de) voto *m*

stimulieren* [ʃtimu'liːrən] *vt* estimular

stinken ['ʃtɪŋkən] <stinkt, stank, gestunken> *vi* oler mal; **das stinkt nach Verrat** (*fam*) huele a traición; **mir stinkt's!** (*fam*) ¡estoy harto!

stinkfaul ['-'-] *adj* (*fam*) muy vago; **stinklangweilig** ['-'---] *adj* (*fam*) aburridísimo; **Stinktier** *nt* mofeta *f;* **Stinkwut** ['-'-] *f* (*fam*) rabia *f* tremenda

Stipendium [ʃti'pɛndiʊm] *nt* <-s, Stipendien> beca *f*

stirbt [ʃtɪrpt] *3. präs von* **sterben**

Stirn [ʃtɪrn] *f* <-en> frente *f;* **die ~ runzeln** fruncir las cejas; **jdm die ~ bieten** hacer frente a alguien; **die ~ besitzen etw zu tun** tener la poca vergüenza de hacer algo; **Stirnhöhle** *f* seno *m* frontal; **Stirnseite** *f* frente *m*

stöbern ['ʃtøːbɐn] *vi* (*fam*) revolver (*in +dat* en)

stochern ['ʃtɔxɐn] *vi* hurgar (*in +dat* en); **im Essen ~** comer sin apetito; **in den Zähnen ~** hurgarse los dientes con un palillo

Stock[1] [ʃtɔk] *m* <-(e)s, Stöcke> **1.** (*Stab*) palo *m;* (*Spazier~*) bastón *m;* (*Takt~*) batuta *f;* (*Billard~*) taco *m* **2.** (*Pflanze*) planta *f;* (*Baumstumpf*) tocón *m*

Stock[2] *m* <-(e)s, -> (*~werk*) piso *m*

stockbesoffen ['--'--] *adj* (*fam*) borracho como una cuba

Stöckelschuh *m* zapato *m* de tacón alto

stocken ['ʃtɔkən] *vi* **1.** (*stillstehen*) pararse; (*Atmung*) cortarse **2.** (*Verkehr, beim Sprechen*) atascarse; (*Verhandlungen*) estar paralizado; **ins Stocken geraten** no adelantar **3.** (*reg: gerinnen*) cuajar

stockend *adj* (*Sprechweise*) entrecortado; **~er Verkehr** atasco *m*

stockfinster ['-'--] *adj* (*fam*) oscuro como la boca de lobo; **~e Nacht** noche cerrada

Stockfisch *m* bacalao *m* (salado)

stockkonservativ ['-'----] *adj* (*fam*) ultraconservador; **stocksauer** ['-'--] *adj* (*fam*) de un humor de perros; **stocksteif** ['-'-] *adj* (*fam*) tieso como una tabla

Stockwerk *nt* piso *m*

Stoff [ʃtɔf] *m* <-(e)s, -e> **1.** (*Gewebe*) tela *f* **2.** (*Substanz*) su(b)stancia *f;* **wieder verwertbare ~e** materiales recuperables **3.** (*Unterrichts~*) materia *f;* **Stofftier** *nt* animal *m* de trapo; (*Plüschtier*) animal *m* de peluche; **Stoffwechsel** *m* metabolismo *m*

stöhnen ['ʃtøːnən] *vi* gemir (*vor +dat* a causa de); (*klagen*) quejarse (*über +akk* de)

Stola ['ʃtoːla, 'stoːla] *f* <Stolen> estola *f*

Stollen ['ʃtɔlən] *m* <-s, -> (BERGB) galería *f;* (GASTR) *pastel navideño de pasas, almendras y especias*

stolpern ['ʃtɔlpɐn] *vi sein* tropezar (*über +akk* con); **zufällig über etw ~** (*fam*) toparse por casualidad con algo

stolz [ʃtɔlts] *adj* orgulloso (*auf +akk* de)

Stolz *m* <-es, *ohne pl*> orgullo *m*

stolzieren* [ʃtɔl'tsiːrən] *vi sein* pavonearse (*durch/über +akk* por)

stop [ʃtɔp] *interj* alto

stopfen ['ʃtɔpfən] **I.** *vt* **1.** (*Kleidung*) zurcir **2.** (*Loch*) tapar **3.** (*hinein~*) meter (a la fuerza) (*in +akk* en); **etw voll ~** atiborrar algo **II.** *vi* **1.** (*fam: schlingen*) zampar **2.** (*fam: sättigen*) llenar **3.** (*die Verdauung hemmen*) estreñir

stopp [ʃtɔp] *interj* alto

Stopp [ʃtɔp] *m* <-s, -s> **1.** (*Auto*) parada *f;* (*Flugzeug*) escala *f* **2.** (*Import, Export, Löhne*) congelación *f*

Stoppel ['ʃtɔpəl] *f* <-n> **1.** (*Getreide~*) rastrojo *m* **2.** (*fam: Bart~*) cañón *m;* **Stoppelbart** *m* (*fam*) barba *f* de tres días

stoppen ['ʃtɔpən] *vi, vt* parar(se); **die Zeit ~** cronometrar

Stoppschild *nt* señal *f* de stop; **Stoppuhr** *f* cronómetro *m*

Stöpsel ['ʃtœpsəl] *m* <-s, -> tapón *m*

Storch [ʃtɔrç] *m* <-(e)s, Störche> cigüeña *f*

stören ['ʃtøːrən] **I.** *vi, vt* molestar; (*Frieden, Verkehr*) perturbar; (*Ordnung*) alterar; (*Gespräch*) interrumpir; **störe ich?** ¿molesto?; **bitte nicht ~!** ¡no molestar, por favor!; **etw als ~d empfinden** sentir algo como molesto **II.** *vr:* **sich ~** (*fam*) escandalizarse (*an +dat* por)

Störenfried [-friːt] *m* <-(e)s, -e> buscapleitos *mf inv*

Störfall *m* incidente *m*

Storni *pl von* **Storno**

stornieren* [ʃtɔr'niːrən, stɔr'niːrən] *vt* (*Auftrag*) anular; (FIN) rescontrar

Storno ['ʃtɔrno] *m o nt* <-s, Storni> asiento *m* cancelatorio

störrisch ['ʃtœrɪʃ] *adj* terco

Störung *f* <-en> molestia *f;* (*der Ordnung*) alteración *f;* (*eines Gesprächs*) interrupción *f;* (*Verkehrs~, a.* RADIO) perturbación *f;* **technische ~** avería *f;* **gesundheitliche ~** irregularidad *f*

Stoß [ʃtoːs] *m* <-es, Stöße> **1.** (*Schubs*) empujón *m;* (*Schlag*) golpe *m* **2.** (*Stapel*) montón *m* (de); **Stoßdämpfer** *m* amortiguador *m*

stoßen ['ʃtoːsən] <stößt, stieß, gestoßen> **I.** *vt haben* (*schubsen*) empujar; **jdn vor den Kopf ~** (*fam fig*) ofender a alguien **II.** *vi sein* **1.** (*prallen*) chocar (*an/gegen +akk* contra/con/en) **2.** *sein* (*treffen*) dar (*auf +akk* con); **zu jdm ~** unirse a alguien **III.** *vr:* **sich ~** **1.** (*anprallen*) darse; **sich am Schrank ~** darse contra el armario **2.** (*Anstoß nehmen*): **sich an etw** *dat* **~** ofenderse por algo

Stoßstange *f* parachoques *m inv*

stößt [ʃtøːst] *3. präs von* **stoßen**

Stoßzahn *m* colmillo *m*

Stoßzeit *f* hora *f* punta

stottern ['ʃtɔtɐn] *vi* tartamudear

Str. *Abk. von* **Straße** C/

Strafanstalt *f* penitenciaría *f;* **Strafanzeige** *f* denuncia *f;* **~ gegen jdn erstatten** presentar una denuncia contra alguien; **Strafarbeit** *f* castigo *m;* **strafbar** *adj* punible; **sich ~ machen** incurrir en un delito

Strafe ['ʃtraːfə] *f* <-n> castigo *m;* (*Freiheits~*) pena *f;* (*Geld~*) multa *f;* **etw unter ~ stellen** poner algo bajo pena; **zur ~** como castigo; **eine ~ absitzen** cumplir una pena; **eine ~ zur Bewährung aussetzen** conceder remisión condicional

strafen ['ʃtraːfən] *vt* castigar (*für +akk* por); (*mit einer Geldstrafe*) multar

straff [ʃtraf] *adj* (*gespannt*) tenso; (*Disziplin*) riguroso; **etw ~ ziehen** tensar algo

straffällig ['ʃtraːffɛlɪç] *adj* criminal; **~ werden** incurrir en un delito

straffen ['ʃtrafən] *vt* tensar; (*Haut*) estirar

straffrei *adj* impune; **Strafgefangene(r)** *mf* preso, -a *m, f;* **Strafgesetzbuch** *nt* código *m* penal

sträflich ['ʃtrɛːflɪç] *adj* censurable

Sträfling ['ʃtrɛːflɪŋ] *m* <-s, -e> preso, -a *m, f*

straflos *adj* impune; **~ ausgehen** quedar impune; **Strafmaß** *nt* pena *f;* **Strafpredigt** *f* (*fam*) sermón *m;* **jdm eine ~ halten** echar(le) un sermón a alguien; **Strafraum** *m* <-(e)s, *ohne pl*> (SPORT) área *f* de penalti; **Strafrecht** *nt* <-(e)s, *ohne pl*> derecho *m* penal; **Strafstoß** *m* (SPORT) penalti *m;* **Straftat** *f* delito *m;* **Straftäter(in)** *m(f)* delincuente *mf;* **Strafzettel** *m* (*fam*) multa *f*

Strahl [ʃtraːl] *m* <-(e)s, -en> (*Licht~*) rayo *m;* (*Wasser~*) chorro *m*

strahlen ['ʃtraːlən] *vi* brillar; (*radioaktiv*) despedir rayos radiactivos; **auf etw ~** iluminar algo; **ein ~des Weiß** un blanco radiante

Strahler *m* <-s, -> **1.** (*Heiz~*) radiador *m* **2.** (*Licht~*) reflector *m*

Strähnchen ['ʃtrɛːnçən] *ntpl* mechas *fpl*

Strähne ['ʃtrɛːnə] *f* <-n> **1.**(*Haar~*) greña *f* *abw;* (*graue ~*) mechón *m* **2.**(*Phase*) fase *f*

stramm [ʃtram] *adj* **1.**(*straff*) tenso; **~ sitzen** venir justo; **~ ziehen** estirar **2.**(*kräftig*) robusto; **stramm|stehen** *irr vi* cuadrarse

strampeln ['ʃtrampəln] *vi* (*Baby*) patalear

Strand [ʃtrant] *m* <-(e)s, Strände> playa *f;* **am ~ liegen** estar en la playa

stranden ['ʃtrandən] *vi sein* (*Schiff*) encallar; (*geh: scheitern*) fracasar

Strandkorb *m* sillón *m* de playa

> Los **Strandkörbe**, cómodos y estables sillones de mimbre de dos plazas, son característicos del paisaje de las playas del Mar del Norte y del Mar Báltico. Su función es proteger a sus ocupantes del frío, la ventisca, la lluvia e incluso, en ocasiones, de las fuertes radiaciones solares.

Strang [ʃtraŋ] *m* <-(e)s, Stränge> (*Seil*) cuerda *f;* **über die Stränge schlagen** (*fam fig*) pasarse de rosca

strangulieren* [ʃtraŋgu'liːrən] *vt* estrangular

Strapaze [ʃtra'paːtsə] *f* <-n> esfuerzo *m* (enorme)

strapazieren* [ʃtrapa'tsiːrən] *vt* **1.**(*Material*) gastar **2.**(*Person*) agotar; (*Augen*) cansar (mucho); (*Geduld*) poner a prueba

strapazierfähig *adj* resistente

Straps [ʃtraps] *m* <-es, -e> liguero *m*

Straße ['ʃtraːsə] *f* <-n> **1.**(*in einer Ortschaft*) calle *f;* (*Land~*) carretera *f;* **auf offener ~** en plena calle; **auf die ~ gehen** salir a la calle; **jdn auf die ~ setzen** (*fam*) poner a alguien de patitas en la calle **2.**(*Meeresenge*) estrecho *m;* **Straßenbahn** *f* tranvía *m;* **Straßenfest** *nt* fiesta *f* en la calle; **Straßengraben** *m* cuneta *f;* **Straßenkarte** *f* mapa *m* de carreteras; **Straßenkreuzung** *f* cruce *m;* **Straßenlaterne** *f* farol *m;* **Straßenrand** *m* margen *m* de la calle; **Straßenschild** *nt* letrero *m;* (*Verkehrsschild*) señal *f* indicadora; **Straßenseite** *f* lado *m* de la calle

Straßenverkehr *m* tráfico *m* (rodado); **Straßenverkehrsordnung** ['---'---] *f* código *m* de circulación

Strategie [ʃtrate'giː] *f* <-n> estrategia *f*

strategisch *adj* estratégico

sträuben ['ʃtrɔɪbən] **I.** *vr:* **sich ~** (*Haare, Fell*) ponerse de punta; (*sich wehren*) oponerse (*gegen +akk* a) **II.** *vt* erizar; (*Gefieder*) hinchar; (*Fell*) poner de punta

Strauch [ʃtraʊx] *m* <-(e)s, Sträucher> arbusto *m*

Strauß[1] [ʃtraʊs] *m* <-es, -e> (*Vogel*) avestruz *m*

Strauß[2] [ʃtraʊs] *m* <-es, Sträuße> (*Blumen~*) ramo *m* (de flores)

streben ['ʃtreːbən] *vi* **1.** *sein* (*sich bewegen*) dirigirse (*zu/nach +dat* hacia) **2.** *haben* (*sich bemühen*): **nach etw** *dat* **~** aspirar a algo

Streber(in) *m(f)* <-s, -; -nen> (*abw*) arribista *mf;* (*in der Schule*) empollón, -ona *m, f*

strebsam *adj* aplicado; (*ehrgeizig*) ambicioso

Strecke ['ʃtrɛkə] *f* <-n> (*Wegabschnitt*) trayecto *m;* (*Eisenbahn~*) línea *f;* (SPORT) recorrido *m;* **auf der ~ bleiben** (*fam fig*) quedarse en la estacada

strecken ['ʃtrɛkən] *vt, vr:* **sich ~** estirar(se); **lang gestreckt** alargado; **den Kopf aus dem Fenster ~** asomar la cabeza por la ventana; **der Weg streckt sich** (*fam*) el camino se hace largo

streckenweise *adv* (*a. fig*) en (algunas) partes

Streich [ʃtraɪç] *m* <-(e)s, -e> (*Schabernack*) jugarreta *f;* **jdm einen ~ spielen** hacer(le) una jugarreta a alguien

Streicheleinheiten *fpl* (*fam*) caricias *fpl*

streicheln ['ʃtraɪçəln] *vt* acariciar

streichen ['ʃtraɪçən] <streicht, strich, gestrichen> **I.** *vt haben* **1.**(*an~*) pintar; **frisch gestrichen!** ¡recién pintado! **2.**(*durch~*) tachar; (*Auftrag*) anular; **„Nichtzutreffendes ~"** "táchese lo que no corresponda" **3.**(*Butter*) untar; (*Brötchen*) preparar **4.**(*Stoff, Haare*): **glatt ~** alisar **II.** *vi* **1.** *sein* (*umherstreifen*) vagar (*durch +akk* por) **2.**(*darüber ~*) pasar (la mano) (*durch/über +akk* por); (*zärtlich*) acariciar (*durch/über +akk*)

Streichholz *nt* cerilla *f;* **Streichinstrument** *nt* instrumento *m* de cuerda

Streife ['ʃtraɪfə] *f* <-n> patrulla *f;* **auf ~ gehen** andar de patrulla

streifen ['ʃtraɪfən] **I.** *vt haben* **1.**(*berühren*) rozar; (*Frage, Problem*) tocar de pasada **2.**(*abziehen*) sacar (*von +dat* de) **II.** *vi sein:*

durch ein Gebiet ~ recorrer una región

Streifen [ˈʃtraɪfən] *m* <-s, -> (*Linie*) línea *f;* (*aus Stoff, Papier*) tira *f*

Streifenwagen *m* coche *m* patrulla

Streik [ʃtraɪk] *m* <-(e)s, -s> huelga *f;* **in (den) ~ treten** declararse en huelga

Streikbrecher(in) *m(f)* <-s, -; -nen> esquirol *mf*

streiken [ˈʃtraɪkən] *vi* estar en huelga (*für +akk* para)

Streikposten *m* piquete *m* (de huelga)

Streit [ʃtraɪt] *m* <-(e)s, -e> disputa *f* (*um +akk* por, *über +akk* sobre)

streiten [ˈʃtraɪtən] <streitet, stritt, gestritten> **I.** *vi* **1.** (*zanken*) pelear (*um +akk* por) **2.** (*mit Worten*) discutir (*über +akk* sobre); **darüber lässt sich ~** esto es discutible **II.** *vr:* **sich ~** pelearse (*um +akk, wegen +gen* por)

Streiterei *f* <-en> (*abw*) querellas *fpl;* (*mit Worten*) disputas *fpl*

streitig *adj* **1.** (JUR) litigioso **2.** (*strittig*) controvertido; **jdm etw ~ machen** disputar algo a alguien

Streitigkeit *f* <-en> riña *f,* contienda *f*

Streitkräfte *fpl* fuerzas *fpl* armadas; **streitsüchtig** *adj* pendenciero

streng [ʃtrɛŋ] *adj* severo; (*hart*) duro; (*Geruch*) acre; (*schmucklos*) austero; **~ genommen** en rigor; **das ist ~ verboten!** ¡eso está terminantemente prohibido!; **~ geheim** bajo absoluta discreción

Strenge [ˈʃtrɛŋə] *f* **1.** (*Striktheit*) severidad *f;* (*Exaktheit*) exactitud *f* **2.** (*Schmucklosigkeit*) austeridad *f* **3.** (*eines Geruchs, Geschmacks*) acritud *f* **4.** (*des Winters*) rigor *m*

strenggenommen *adv s.* **streng**

StressRR [ʃtrɛs] *m* <-es, *ohne pl*> estrés *m*

stressen [ˈʃtrɛsən] *vi, vt* (*fam*) estresar

stressig *adj* (*fam*) estresante

streuen [ˈʃtrɔɪən] *vt* esparcir (*durch/auf +akk* por); **Gerüchte ~** levantar rumores

streunen [ˈʃtrɔɪnən] *vi sein* vagabundear (*durch +akk* por); **durch die Stadt ~** callejear

strich [ʃtrɪç] *3. imp von* **streichen**

Strich [ʃtrɪç] *m* <-(e)s, -e> **1.** (*Linie*) raya *f;* **jdm einen ~ durch die Rechnung machen** (*fam fig*) desbaratar los proyectos de alguien; **einen ~ unter etw ziehen** (*fig*) poner punto final a algo **2.** *ohne pl* (*der Haare*) sentido *m;* **das geht mir gegen den ~** (*fam*) eso me viene a contrapelo **3.** (*fam: Prostitution*) prostitución *f* callejera; **auf den ~ gehen** hacer la carrera; **Strichcode** *m* código *m* de barras

Stricher(in) *m(f)* <-s, -; -nen> (*fam*) puto, -a *m, f* callejero, -a

Strichkode *m s.* **Strichcode**; **Strichmädchen** *nt* (*fam*) puta *f* callejera; **Strichmännchen** *nt* monigote *m;* **strichweise** *adv* en algunas partes; **~ Schneefall** nevadas locales

Strick [ʃtrɪk] *m* <-(e)s, -e> cuerda *f;* **wenn alle ~e reißen** (*fam*) en el peor de los casos; **jdm aus etw einen ~ drehen** utilizar algo en contra de alguien

stricken [ˈʃtrɪkən] *vi, vt* hacer punto; **einen Pullover ~** hacer un jersey de punto

Strickleiter *f* escala *f* de cuerda

Stricknadel *f* aguja *f* para hacer punto

Strieme [ˈʃtriːmə] *f* <-n>, **Striemen** [ˈʃtriːmən] *m* <-s, -> verdugón *m*

strikt [ʃtrɪkt] *adj* estricto

Strip [strɪp] *m* <-s, -s> strip-tease *m*

Strippe [ˈʃtrɪpə] *f* <-n> (*fam*) cordón *m;* **jdn an der ~ haben** tener a alguien al teléfono

stritt [ʃtrɪt] *3. imp von* **streiten**

strittig [ˈʃtrɪtɪç] *adj* disputable; (*umstritten*) discutido

Stroh [ʃtroː] *nt* <-(e)s, *ohne pl*> paja *f;* **strohdumm** [ˈ-ˈ-] *adj* (*fam*) tonto; **Strohhalm** *m* (*Trink~*) pajita *f;* **Strohmann** *m* testaferro *m;* **Strohwitwe** *f* (*fam*): **~ sein** estar sin marido; **Strohwitwer** *m* (*fam*): **~ sein** estar de Rodríguez

Strolch [ʃtrɔlç] *m* <-(e)s, -e> (*fam*) golfo, -a *m, f*

Strom [ʃtroːm] *m* <-(e)s, Ströme> (*Strömung, a.* ELEK) corriente *f;* (*a. fig*) río *m;* **der Wein floss in Strömen** el vino corría a raudales; **mit dem ~ schwimmen** (*fig*) dejarse llevar por la corriente

stromabwärts [-ˈ--] *adv* río abajo; **stromaufwärts** [-ˈ--] *adv* río arriba

Stromausfall *m* apagón *m*

strömen [ˈʃtrøːmən] *vi sein* (*Fluss*) fluir; (*Blut, Wasser*) correr

Stromerzeugung *f* generación *f* de corriente; **Stromkabel** *nt* línea *f* eléctrica

Strömung *f* <-en> corriente *f*

Stromversorgung *f* suministro *m* de corriente

Strophe ['ʃtro:fə] *f* <-n> estrofa *f*

strotzen ['ʃtrɔtsən] *vi* (*vor Freude, Gesundheit*) rebosar (*von/vor +dat* de); (*voll sein*) estar lleno (*von/vor +dat* de)

strubb(e)lig ['ʃtrʊbəlɪç] *adj* desgreñado

Strudel ['ʃtru:dəl] *m* <-s, -> (*im Wasser*) remolino *m*

Struktur [ʃtrʊk'tu:ɐ] *f* <-en> estructura *f*

strukturell [ʃtrʊktu'rɛl] *adj* estructural

strukturieren* [ʃtrʊktu'ri:rən] *vt* estructurar

Strumpf [ʃtrʊmpf] *m* <-(e)s, Strümpfe> media *f;* (*kurzer*) calcetín *m;* **Strumpfhose** *f* panty *m*

struppig ['ʃtrʊpɪç] *adj* hirsuto

Stube ['ʃtu:bə] *f* <-n> cuarto *m;* **die gute ~** el salón; **stubenrein** *adj* (*Tier*) aseado

Stuck [ʃtʊk] *m* <-(e)s, *ohne pl*> (*Material*) estuco *m;* (*~arbeit*) estucado *m*

Stück [ʃtʏk] *nt* <-(e)s, -e> (*a.* THEAT) pieza *f;* (*Teil*) trozo *m;* **drei Mark das ~** tres marcos cada uno; **~ Land** parcela *f;* **aus freien ~en** voluntariamente; **große ~e auf jdn halten** (*fam*) estimar mucho a alguien; **stückweise** *adv* por piezas; **Stückzahl** *f* (WIRTSCH) número *m* de piezas

Student(in) [ʃtu'dɛnt] *m(f)* <-en, -en; -nen> estudiante *mf;* **Studentenausweis** *m* carné *m* de estudiante; **Studentenwohnheim** *nt* residencia *f* estudiantil

Studie ['ʃtu:diə] *f* <-n> (*Entwurf*) esbozo *m;* (*Untersuchung*) estudio *m*

Studien *pl von* **Studie, Studium**

Studienfach *nt* asignatura *f;* **Studiengang** *m* carrera *f;* **Studiengebühr** *f* (derechos *mpl* de) matrícula *f;* **Studienplatz** *m* plaza *f* (universitaria)

studieren* [ʃtu'di:rən] *vi, vt* estudiar (*an/in +dat* en)

Studio ['ʃtu:dio] *nt* <-s, -s> estudio *m*

Studium ['ʃtu:diʊm] *nt* <-s, Studien> **1.** (*Erforschung*) estudio *m* **2.** *ohne pl* (*akademische Ausbildung*) carrera *f*

Stufe ['ʃtu:fə] *f* <-n> **1.** (*Treppen~*) escalón *m* **2.** (*Ebene*) nivel *m;* (*Rang*) grado *m;* **sich mit jdm auf eine ~ stellen** equipararse con alguien **3.** (*Abschnitt*) fase *f;* **stufenweise** *adj* gradual

Stuhl [ʃtu:l] *m* <-(e)s, Stühle> silla *f;* **der Heilige ~** la Santa Sede; **zwischen zwei Stühlen sitzen** (*fig*) nadar entre dos aguas

Stuhlgang *m* <-(e)s, *ohne pl*> defecación *f;* **~ haben** defecar

stumm [ʃtʊm] *adj* mudo; **jdn ~ ansehen** mirar a alguien sin decir palabra

Stummel ['ʃtʊməl] *m* <-s, -> (*Bleistift~*) pedazo *m;* (*Kerzen~*) cabo *m;* (*Zigaretten~*) colilla *f*

Stummfilm *m* película *f* muda

Stümper(in) ['ʃtʏmpɐ] *m(f)* <-s, -; -nen> (*abw*) chapucero, -a *m, f*

stumpf [ʃtʊmpf] *adj* **1.** (*nicht scharf*) desafilado; (*nicht spitz*) romo **2.** (*glanzlos*) opaco **3.** (MATH: *Winkel*) obtuso **4.** (*teilnahmslos*) apático

Stumpf [ʃtʊmpf] *m* <-(e)s, Stümpfe> (*Baum~*) tocón *m;* (*Kerzen~*) cabo *m;* (*von Gliedmaßen*) muñón *m*

Stumpfsinn *m* <-(e)s, *ohne pl*> (*Teilnahmslosigkeit*) apatía *f;* (*Monotonie*) monotonía *f;* **stumpfsinnig** *adj* **1.** (*teilnahmslos*) apático **2.** (*monoton*) monótono

Stunde ['ʃtʊndə] *f* <-n> hora *f;* (*Unterrichts~*) clase *f;* **drei viertel ~n** tres cuartos de hora; **vor einer halben ~** hace media hora; **25 DM pro ~** 25 marcos la hora

stunden ['ʃtʊndən] *vt:* **jdm etw ~** conceder a alguien una prórroga para algo

stundenlang **I.** *adj* de varias horas **II.** *adv* horas y horas; **Stundenlohn** *m* salario *m* por hora; **Stundenplan** *m* horario *m;* **stundenweise** *adv* por horas

stündlich ['ʃtʏntlɪç] **I.** *adj* horario **II.** *adv* cada hora; **dreimal ~** tres veces por hora

stupid(e) [ʃtu'pi:t, ʃtu'pi:də] *adj* (*abw: Person*) estúpido; (*Tätigkeit*) monótono

Stupsnase *f* nariz *f* respingona

stur [ʃtu:ɐ] *adj* testarudo

Sturm [ʃtʊrm] *m* <-(e)s, Stürme> **1.** (*Unwetter*) tormenta *f;* (*Wind*) tempestad *f;* **~ klingeln** (*fam*) tocar a rebato **2.** (*Angriff*) asalto *m* (*auf +akk* a) **3.** (SPORT) delantera *f*

stürmen ['ʃtʏrmən] *vt* tomar por asalto; (*Bank, Geschäfte*) asaltar

Stürmer(in) *m(f)* <-s, -; -nen> delantero *mf*

Sturmflut *f* marea *f* muy alta

stürmisch *adj* **1.** (*Wetter*) tempestuoso; (*Meer*) agitado **2.** (*ungestüm*) impetuoso; (*heftig*) violento; (*Liebhaber*) apasionado; (*Entwicklung*) rápido; (*Beifall*) frenético

Sturz [ʃtʊrts] *m* <-es, Stürze> (*a. fig*) caída *f* (*von +dat* de, *aus +dat* por); (*einer Regierung*) derrocamiento *m*

stürzen ['ʃtʏrtsən] **I.** *vi sein* **1.** (*fallen*) caer(se); (*in die Tiefe*) despeñarse; **zu Boden ~** caer al suelo **2.** (*rennen*) precipitarse (*zu +dat, an +akk* hacia, *in +akk* a) **II.** *vt haben* (*um~*) derribar; (*umkippen*) volcar; (*Regierung*) derrocar **III.** *vr:* **sich ~** arrojarse (*aus +dat* por); **sich auf jdn ~** abalanzarse sobre alguien; **sich auf/in etw ~** lanzarse sobre/a algo

Sturzflug *m* vuelo *m* en picado; **im ~** en picado; **Sturzhelm** *m* casco *m* (protector)

Stuss[RR] [ʃtʊs] *m* <-es, *ohne pl*> (*fam abw*) disparates *mpl*

Stute *f* <-n> yegua *f*

Stütze ['ʃtʏtsə] *f* <-n> (*a. fig*) apoyo *m;* (ARCHIT) soporte *m*

stutzen ['ʃtʊtsən] **I.** *vi* (*innehalten*) interrumpirse **II.** *vt* cortar; (*Baum*) podar; (*Flügel, Schwanz*) recortar

stützen ['ʃtʏtsən] *vt, vr:* **sich ~** apoyar(se) (*auf +akk* en)

stutzig *adj:* **~ werden** sorprenderse; **~ machen** (*argwöhnisch machen*) hacer sospechar; (*verwirren*) desconcertar

Stützpunkt *m* (MIL) base *f*

stylen ['staɪlən] **I.** *vt* (*gestalten*) diseñar; **sich** *dat* **die Haare ~** arreglarse el pelo **II.** *vr:* **sich ~** (*fam*) ponerse (guapo)

Styropor® [ʃtyro'poːɐ, styro-] *nt* <-s, *ohne pl*> poliestireno *m*

Subjekt [zʊp'jɛkt] *nt* <-(e)s, -e> sujeto *m*

subjektiv [zʊpjɛk'tiːf] *adj* subjetivo

Substantiv ['zʊpstantiːf] *nt* <-s, -e> sustantivo *m*

Substanz [zʊp'stants] *f* <-en> sustancia *f*

subtil [zʊp'tiːl] *adj* sutil

subtrahieren* [zʊptra'hiːrən] *vt* restar (*von +dat* a)

Subtraktion [zʊptrak'tsjoːn] *f* <-en> (MATH) sustracción *f*, resta *f*

subtropisch *adj* subtropical

Subvention [zʊpvɛn'tsjoːn] *f* <-n> subvención *f*

subventionieren* [zʊpvɛntsjo'niːrən] *vt* subvencionar

subversiv [zʊpvɛr'ziːf] *adj* subversivo

Suchaktion *f* operación *f* de búsqueda

Suche ['zuːxə] *f* <-n> búsqueda *f;* **sich auf die ~ nach jdm/etw** *dat* **machen** salir en busca de alguien/algo

suchen ['zuːxən] *vi, vt* buscar

Suchfunktion *f* (INFOR) función *f* de búsqueda

Sucht [zʊxt] *f* <-en *o* Süchte> adicción *f*

süchtig ['zʏçtɪç] *adj* **1.** (*alkohol~, tabletten~*) adicto (*nach +dat* a); (*drogen~*) toxicómano **2.** (*begierig*) ávido (*nach +dat* de)

Suchtkranke(r) *mf* adicto, -a *m, f;* (*durch Drogen*) toxicómano, -a *m, f*

Südamerika ['--'---] *nt* América *f* del Sur; **südamerikanisch** ['----'--] *adj* sudamericano; **Süddeutschland** *nt* Alemania *f* del Sur

Süden ['zyːdən] *m* <-s, *ohne pl*> sur *m;* **im ~** en el sur; **im ~ von ...** (*südlich von*) al sur de...; (*im südlichen Teil von*) en el sur de; **von ~** del sur; **nach/in den ~** hacia el sur

Südeuropa ['--'--] *nt* Europa *f* del Sur; **Südfrucht** *f* fruta *f* tropical; **Südhalbkugel** *f ohne pl* hemisferio *m* sur

südlich ['zyːtlɪç] **I.** *adj* meridional; **in ~er Richtung** en dirección sur; **52 Grad ~e Breite** 52 grados latitud sur **II.** *präp +gen* al sur de; **~ von Granada** al sur de Granada

Südosten [-'--] *m* sudeste *m;* **Südpol** *m* <-s, *ohne pl*> polo *m* sur; **Südwesten** [-'--] *m* sudoeste *m*

Sühne ['zyːnə] *f* (*geh*) expiación *f*

sühnen ['zyːnən] *vt* (*geh*) expiar

Summe ['zʊmə] *f* <-n> suma *f*

summen ['zʊmən] **I.** *vi* (*Insekten*) zumbar; (*Mensch*) tararear una melodía **II.** *vt* (*Melodie*) tararear

summieren* [zʊ'miːrən] **I.** *vt* sumar **II.** *vr:* **sich ~** acumularse

Sumpf [zʊmpf] *m* <-(e)s, Sümpfe> pantano *m*

sumpfig *adj* pantanoso

Sünde ['zʏndə] *f* <-n> pecado *m;* **eine ~ begehen** cometer un pecado; **Sündenbock** *m* (*fam*) cabeza *f* de turco

Sünder(in) *m(f)* <-s, -; -nen> pecador(a) *m(f)*

sündhaft *adj* pecaminoso; **~ teuer** carísimo

sündigen ['zʏndɪgən] *vi* pecar

super ['zuːpɐ] **I.** *adj inv* (*fam*) fantástico **II.** *adv* de maravilla

Superlativ ['zuːpelatiːf] *m* <-s, -e> superlativo *m*

Supermarkt *m* supermercado *m*

Suppe ['zʊpə] *f* <-n> sopa *f;* (*klare ~*) consomé *m;* **die ~ auslöffeln müssen** (*fam fig*) pagar el pato

Surfbrett ['sœːf-] *nt* tabla *f* de surf

surfen ['sœːfən] *vi* **1.** (SPORT) practicar el surf **2.** (INFOR) surfear, navegar por la red
Surfer(in) ['sœːfɐ] *m(f)* **1.** (SPORT) surfista *mf* **2.** (INFOR) cibernauta *mf*
surren ['zʊrən] *vi* zumbar
suspekt [zʊs'pɛkt] *adj* sospechoso
suspendieren* [zʊspɛn'diːrən] *vt* suspender (*von* +*dat* de)
süß [zyːs] *adj* dulce; (*niedlich*) mono; **Süßholz** *nt:* ~ **raspeln** (*fam*) echar piropos
Süßigkeit *f* <-en> dulce *m*
süßlich *adj* dulzón
süßsauer ['-'--] *adj* agridulce; **Süßstoff** *m* edulcorante *m;* **Süßwaren** *fpl* dulces *mpl;* **Süßwasser** *nt* agua *f* dulce
Sweatshirt ['swɛtʃœːt] *nt* <-s, -s> sudadera *f*
Swimmingpool ['swɪmɪŋpuːl, 'svɪmɪŋ-] *m* piscina *f,* pileta *f Am*
Symbol [zʏm'boːl] *nt* <-s, -e> símbolo *m* (*für* +*akk* de)
symbolisch *adj* simbólico (*für* de)
symbolisieren* [zʏmboli'ziːrən] *vt* simbolizar
Symbolleiste *f* (INFOR) barra *f* de trabajo
Symmetrie [zʏme'triː] *f* <-n> simetría *f*
symmetrisch [zʏ'meːtrɪʃ] *adj* simétrico
Sympathie [zʏmpa'tiː] *f* <-n> simpatía *f* (*für* +*akk* por)
Sympathisant(in) [zʏmpati'zant] *m(f)* <-en, -en; -nen> simpatizante *mf*
sympathisch [zʏm'paːtɪʃ] *adj* simpático
sympathisieren* [zʏmpati'ziːrən] *vi* simpatizar (*mit* +*dat* con)
Symphonie [zʏmfo'niː] *f* <-n> sinfonía *f*
Symptom [zʏmp'toːm] *nt* <-s, -e> síntoma *m* (*für* +*akk* de)
Synagoge [zyna'goːgə] *f* <-n> sinagoga *f*
synchron [zʏn'kroːn] *adj* sincrónico
Synchronisation [zʏnkroniza'tsjoːn] *f* <-en> (TECH) sincronización *f;* (FILM) doblaje *m*
synchronisieren* [zʏnkroni'ziːrən] *vt* (TECH) sincronizar; (FILM) doblar
Syndikat [zʏndi'kaːt] *nt* <-(e)s, -e> consorcio *m*
Syndrom [zʏn'droːm] *nt* <-s, -e> síndrome *m*
synonym [zyno'nyːm] *adj* sinónimo (*zu* +*dat* de)
Synonym [zyno'nyːm] *nt* <-s, -e *o* -a> sinónimo *m*
Syntax ['zʏntaks] *f* <-en> sintaxis *f inv*
Synthese [zʏn'teːzə] *f* <-n> síntesis *f inv*
Synthesizer ['sʏntəsaɪzɐ] *m* <-s, -> sintetizador *m*
Synthetik [zʏn'teːtɪk] *nt* <-s, *ohne pl*> (*Gewebe*) tejido *m* sintético
synthetisch [zʏn'teːtɪʃ] *adj* sintético
Syphilis ['zyːfilɪs] *f* sífilis *f*
System [zʏs'teːm] *nt* <-s, -e> sistema *m*
systematisch [zʏste'maːtɪʃ] *adj* sistemático
Systemfehler *m* (INFOR) error *m* del sistema; **Systemkritiker(in)** *m(f)* (*a.* POL, WIRTSCH) disidente *mf*
Szene ['stseːnə] *f* <-n> escena *f;* **ein Stück in ~ setzen** poner una obra en escena; **sich in ~ setzen** lucirse; **jdm eine ~ machen** montar(le) a alguien una escena

T

T, t [teː] *nt* <-, -> T, t *f*
Tabak ['tabak] *m* <-s, -e> tabaco *m*
tabellarisch [tabɛ'laːrɪʃ] *adj* en forma de cuadro
Tabelle [ta'bɛlə] *f* <-n> cuadro *m*
Tablett [ta'blɛt] *nt* <-(e)s, -s *o* -e> bandeja *f*
Tablette [ta'blɛtə] *f* <-n> pastilla *f*
tabu [ta'buː] *adj inv:* ~ **sein** ser un tabú
Tabu [ta'buː] *nt* <-s, -s> tabú *m*
Tabulator [tabu'laːtoːɐ] *m* <-s, -en> tabulador *m*
Tacho ['taxo] *m* <-s, -s> (*fam*), **Tachometer** [taxo'meːtɐ] *m o nt* velocímetro *m*
Tadel ['taːdəl] *m* <-s, -> reprimenda *f;* **tadellos** *adj* impecable
tadeln ['taːdəln] *vt* reprender (*wegen* +*gen* por)
Tadschikistan [ta'dʒiːkista(ː)n] *nt* <-s> Tayikistán *m*
Tafel ['taːfəl] *f* <-n> **1.** (*Brett, Anzeige~*) tabla *f;* (*Gedenk~*) placa *f* (conmemorativa)

2. (*in der Schule*) pizarra *f* **3.** (*Schokoladen~*) tableta *f* **4.** (*Illustration*) lámina *f* **5.** (*geh: Esstisch*) mesa *f*; **Tafelwein** *m* vino *m* de mesa

Tag [ta:k] *m* <-(e)s, -e> día *m*; (*im Verlauf*) jornada *f*; **es wird ~** amanece; **jeden dritten ~** cada tres días; **zweimal am ~** dos veces al día; **den ganzen ~ lang** durante todo el día; **vor 5 ~en** hace 5 días; **in 8 ~en** dentro de 8 días; **~ für ~** día tras día; **guten ~!** ¡buenos días!; **in den ~ hinein leben** vivir al día; **sie hat ihre ~e** tiene la regla; **unter/über ~e arbeiten** (BERGB) trabajar en la mina/a cielo abierto

A partir del 3 de octubre de 1990 la RDA se convirtió en una parte de la RFA. El 12 de septiembre las cuatro potencias vencedoras de la II Guerra Mundial, la RFA y el presidente de gobierno de la RDA habían firmado en Moscú el acuerdo sobre la última regulación en relación con Alemania. Desde entonces el 3 de octubre se celebra el **Tag der deutschen Einheit**.

tagaus [-'-] *adv*: **~, tagein** todos los días

Tagebuch *nt* diario *m*; **tagelang** **I.** *adj* de varios días **II.** *adv* durante días enteros

tagen ['ta:gən] *vi* (*konferieren*) reunirse (en sesión)

Tagesanbruch *m* amanecer *m*; **Tagesgeschehen** *nt* acontecimientos *mpl* del día; **Tageslicht** *nt* <-(e)s, *ohne pl*> luz *f* del día; **bei ~** de día; **Tagesmutter** *f* <-mütter> niñera *f* (*que cuida a niños en su propia casa*); **Tagesordnung** *f* <-en> orden *m* del día; **an der ~ sein** ser el pan de cada día; **zur ~ übergehen** volver a la actividad diaria; **Tagesschau** *f* telediario *m*; **Tageszeit** *f* hora *f* del día; **zu jeder Tages- und Nachtzeit** día y noche; **Tageszeitung** *f* diario *m*

tageweise ['ta:gəvaɪzə] *adv* por días

taghell ['-'-] *adj* claro como el día; **es ist schon ~** ya es (de) día

täglich ['tɛ:klɪç] **I.** *adj* diario **II.** *adv* todos los días; **dreimal ~** tres veces al día

tagsüber ['---] *adv* durante el día

tagtäglich ['-'--] **I.** *adj* diario, de todos los días **II.** *adv* todos los días, a diario

Tagung ['ta:gʊŋ] *f* <-en> congreso *m*

Taille ['taljə] *f* <-n> cintura *f*

Takt [takt] *m* <-(e)s, -e> **1.** (MUS) compás *m*; **im ~ der Musik** al compás de la música; **den ~ schlagen** marcar el compás; **aus dem ~ kommen** perder el compás **2.** *ohne pl* (*~gefühl*) tacto *m*

Taktik ['taktɪk] *f* <-en> táctica *f*

taktisch *adj* táctico

taktlos *adj* indiscreto

Taktlosigkeit *f* <-en> falta *f* de tacto

Taktstock *m* <-(e)s, -stöcke> batuta *f*

taktvoll *adj* con (mucho) tacto

Tal [ta:l] *nt* <-(e)s, Täler> valle *m*

Talent [ta'lɛnt] *nt* <-(e)s, -e> talento *m* (*zu +dat* para)

talentiert [talɛn'ti:ɐt] *adj* dotado

Talg [talk] *m* <-(e)s, -e> sebo *m*; **Talgdrüse** *f* glándula *f* sebácea

Talisman ['ta:lɪsman] *m* <-s, -e> talismán *m*

TalkshowRR ['tɔ:kʃɔʊ] *f* talk show *m*

Talsperre *f* presa *f*

Tampon ['tampɔn] *m* <-s, -s> tampón *m*

Tandem ['tandɛm] *nt* <-s, -s> tándem *m*

Tang [taŋ] *m* <-(e)s, -e> algas *fpl* marinas

Tanga ['taŋga] *m* <-s, -s> tanga *m*

Tangente [taŋ'gɛntə] *f* <-n> tangente *f*

Tank [taŋk] *m* <-s, -s *o* -e> depósito *m*

tanken *vi, vt* echar gasolina; **voll ~** llenar el depósito; **frische Luft ~** (*fam*) respirar aire fresco

Tanker *m* <-s, -> buque *m* cisterna

Tanksäule *f* surtidor *m* de gasolina; **Tankstelle** *f* gasolinera *f*; **Tankwart(in)** ['-vart] *m(f)* <-(e)s, -e; -nen> empleado, -a *m, f* de una gasolinera

Tanne ['tanə] *f* <-n> abeto *m*; **Tannenbaum** *m* **1.** (*Tanne*) abeto *m* **2.** (*fam: Weihnachtsbaum*) árbol *m* de Navidad; **Tannenzapfen** *m* piña *f* de abeto

Tante ['tantə] *f* <-n> tía *f*

Tanz [tants] *m* <-es, Tänze> baile *m*; **jdn zum ~ auffordern** sacar a alguien a bailar

tanzen *vi, vt* bailar

Tänzer(in) ['tɛntsɐ] *m(f)* <-s, -; -nen> bailador(a) *m(f)*; (*professionell*) bailarín, -ina *m, f*; (*Flamenco~*) bailaor(a) *m(f)*

Tanzschule *f* escuela *f* de baile

Tapete [ta'pe:tə] *f* <-n> papel *m* pintado; **Tapetenwechsel** *m* (*fam fig*) cambio *m* de aires

tapezieren* [tape'tsi:rən] *vi, vt* empapelar

tapfer ['tapfɐ] *adj* valiente; **sich ~ schlagen** defenderse con bravura

T

Tapferkeit *f* valentía *f*

Tarif [ta'ri:f] *m* <-s, -e> tarifa *f;* **Tariflohn** *m* salario *m* según el convenio colectivo; **Tarifvertrag** *m* convenio *m* colectivo

tarnen ['tarnən] **I.** *vt* camuflar (*mit +dat* con, *gegen +akk* contra) **II.** *vr:* **sich ~** camuflarse (*als +nom* de)

Tarnung *f* <-en> camuflaje *m*

Tasche ['taʃə] *f* <-n> **1.** (*an Kleidung*) bolsillo *m* **2.** (*Hand~*) bolso *m;* (*Reise~*) bolsa *f* (de viaje); (*Schul~*) cartera *f;* **jdm auf der ~ liegen** (*fam*) vivir a costa de alguien; **tief in die ~ greifen** (*fam fig*) aflojar la mosca; **Taschenbuch** *nt* libro *m* de bolsillo; **Taschencomputer** *m* ordenador *m* de bolsillo; **Taschendieb(in)** *m(f)* carterista *mf;* **Taschengeld** *nt* <-(e)s, -er> dinero *m* para (pequeños) gastos personales; **Taschenlampe** *f* linterna *f;* **Taschenmesser** *nt* navaja *f;* **Taschenrechner** *m* calculadora *f* (de bolsillo); **Taschentuch** *nt* <-(e)s, -tücher> pañuelo *m*

Tasse ['tasə] *f* <-n> taza *f;* **eine ~ Kaffee** una taza de café; **er hat nicht alle ~n im Schrank** (*fam*) le falta un tornillo

Tastatur [tasta'tu:ɐ] *f* <-en> teclado *m*

Taste ['tastə] *f* <-n> tecla *f*

tasten ['tastən] **I.** *vi:* **nach etw** *dat* **~** buscar algo a tientas **II.** *vt* (*er~*) palpar **III.** *vr:* **sich ~** andar a tientas (*über/durch +akk* por)

Tastsinn *m* <-(e)s, *ohne pl*> (sentido *m* del) tacto *m*

tat [ta:t] *3. imp von* **tun**

Tat [ta:t] *f* <-en> (*das Handeln*) acción *f;* (*Handlung*) acto *m;* **etw in die ~ umsetzen** poner algo en práctica; **zur ~ schreiten** pasar a los hechos; **jdn auf frischer ~ ertappen** coger a alguien con las manos en la masa; **in der ~!** ¡en efecto!; **Tatendrang** *m* dinamismo *m;* **tatenlos I.** *adj* inactivo **II.** *adv* de brazos cruzados

Täter(in) ['tɛ:tɐ] *m(f)* <-s, -; -nen> autor(a) *m(f)* de un delito

tätig ['tɛ:tɪç] *adj* activo; **~ sein** (*Person*) trabajar (*für +akk* para, *bei +dat* en, *als +nom* de); **in einer Sache ~ werden** intervenir en un asunto

Tätigkeit *f* <-en> actividad *f* (*als +nom* como); (*Arbeit*) trabajo *m;* **Tätigkeitsbereich** *m* campo *m* de acción

Tatkraft *f ohne pl* energía *f,* dinamismo *m;* **tatkräftig** *adj* enérgico

tätlich ['tɛ:tlɪç] *adj* de hecho; **gegen jdn ~ werden** hacer uso de la violencia física contra alguien

Tatmotiv *nt* móvil *m* del crimen; **Tatort** *m* lugar *m* de los hechos

tätowieren* [tɛto'vi:rən] *vt* tatuar; **sich ~ lassen** hacerse un tatuaje

Tätowierung *f* <-en> tatuaje *m*

Tatsache *f* hecho *m;* **vor vollendeten ~n stehen** enfrentarse a hechos consumados

tatsächlich ['---, -'--] **I.** *adj* real **II.** *adv* de hecho; **er ist es ~** efectivamente es él

Tatze ['tatsə] *f* <-n> zarpa *f*

Tau[1] [taʊ] *m* <-(e)s, *ohne pl*> rocío *m*

Tau[2] *nt* <-(e)s, -e> (NAUT) cabo *m*

taub [taʊp] *adj* **1.** (*gehörlos*) sordo; **sich ~ stellen** hacerse el sordo **2.** (*Körperteil*) entumecido

Taube ['taʊbə] *f* <-n> paloma *f*

taubstumm ['--] *adj* sordomudo

tauchen ['taʊxən] **I.** *vi haben o sein* (*Mensch*) bucear (*nach +dat*); (*Ente, U-Boot*) sumergirse (*in +akk* en) **II.** *vt haben* sumergir (*in +akk* en); (*hineinhalten*) mojar (*in +akk* en)

Taucher(in) *m(f)* <-s, -; -nen> buceador(a) *m(f);* (*Berufs~*) buzo *mf;* **Taucherbrille** *f* gafas *fpl* de bucear

Tauchsieder ['-zi:dɐ] *m* <-s, -> calentador *m* de líquidos (por inmersión)

tauen ['taʊən] **I.** *vi sein* (*Schnee, Eis*) derretirse; (*Fluss*) deshelarse **II.** *vunpers:* **es taut** se está derritiendo la nieve

Taufe *f* <-n> bautizo *m;* **etw aus der ~ heben** fundar algo

taufen ['taʊfən] *vt* bautizar

Taufpate, -in *m, f* padrino *m* de bautismo, madrina *f* de bautismo

taugen [taʊgən] *vi* servir (*für +akk* para, *zu +dat* para); **etw taugt nichts** algo no sirve para nada

Taugenichts ['taʊgənɪçts] *m* <-(es), -e> (*abw*) inútil *mf*

tauglich *adj* apto (*für +akk* para)

Taumel ['taʊməl] *m* <-s, -> **1.** (*Schwindel*) vértigo *m* **2.** (*Rausch*) delirio *m;* **im ~ der Begeisterung** en el éxtasis de la emoción

taumeln ['taʊməln] *vi haben o sein* tambalearse

Tausch [taʊʃ] *m* <-(e)s, -e> cambio *m;* **im ~ gegen etw** a cambio de algo

tauschen ['taʊʃən] *vi, vt* cambiar (*gegen*

+*akk* por); **ich möchte nicht mit ihm** ~ no quisiera estar en su lugar; **Blicke** ~ cruzar las miradas

täuschen ['tɔɪʃən] **I.** *vi, vt* engañar; **das täuscht** esto engaña; **wenn mich nicht alles täuscht ...** si no me equivoco... **II.** *vr:* **sich** ~ equivocarse; **sich in jdm** ~ equivocarse con alguien

Täuschung *f* <-en> engaño *m;* (*Betrug*) fraude *m;* **optische** ~ ilusión óptica; **Täuschungsmanöver** *nt* truco *m*

tausend ['taʊzənt] *adj inv* mil; ~ **Dank** un millón de gracias

Tausend *nt* <-s, -e> millar *m;* ~**e von ...** miles de...

Tausendfüßler ['--fyːslɐ] *m* <-s, -> ciempiés *m inv*

tausendjährig *adj* milenario

Tausendstel *nt* <-s, -> milésimo *m*

Tauwetter *nt* deshielo *m*

Tauziehen *nt* <-s, *ohne pl*> **1.** (*Spiel*) juego *m* de la cuerda **2.** (*Hin und Her*) lucha *f*

Taxi ['taksi] *nt* <-s, -s> taxi *m;* **Taxifahrer(in)** *m(f)* taxista *mf*

Team [tiːm] *nt* <-s, -s> equipo *m;* **Teamarbeit** *f ohne pl* trabajo *m* en equipo

Technik ['tɛçnɪk] *f* <-en> **1.** (*Arbeitsweise*) técnica *f;* (*Methode*) método *m* **2.** *ohne pl* (*Technologie*) tecnología *f;* (*Ausstattung*) instalaciones *fpl* técnicas; **der neueste Stand der** ~ lo último en tecnología

Techniker(in) ['tɛçnikɐ] *m(f)* <-s, -; -nen> técnico, -a *m, f*

technisch *adj* técnico; **Technische Hochschule** Escuela Superior Técnica; ~**er Leiter** ingeniero jefe

Techno ['tɛkno] *m o nt* <-(s), *ohne pl*> (MUS) bakalao *m*

Technologie *f* <-n> tecnología *f*

technologisch *adj* tecnológico

Teddybär ['tɛdibɛːɐ] *m* osito *m* de peluche

Tee [teː] *m* <-s, -s> té *m;* (*Kräuter~*) infusión *f;* **Teekanne** *f* tetera *f;* **Teelöffel** *m* cucharilla *f* de té

Teenager ['tiːnɛɪdʒɐ] *m* <-s, -> adolescente *mf*

Teeny ['tiːni] *m* <-s, -s> (*fam*) joven *mf*

Teer [teːɐ] *m* <-(e)s, -e> alquitrán *m*

Teich [taɪç] *m* <-(e)s, -e> estanque *m*

Teig [taɪk] *m* <-(e)s, -e> masa *f;* **Teigwaren** *fpl* pastas *fpl*

Teil[1] [taɪl] *m* <-(e)s, -e> parte *f;* (*Bestand~*) componente *m;* **weite** ~**e des Landes** amplias partes del país; **zum** ~ en parte

Teil[2] *nt* <-(e)s, -e> pieza *f;* (*Ersatz~*) recambio *m*

Teil[3] *m o nt* <-(e)s, -e> (*Anteil*) parte *f;* **sich** *dat* **sein(en)** ~ **denken** pensarse lo suyo; **zu gleichen** ~**en** a partes iguales

teilbar ['-baːɐ] *adj* divisible (*durch* +*akk* por)

Teilbereich *m* parte *f,* sector *m;* **Teilbetrag** *m* suma *f* parcial, parte *f*

Teilchen ['taɪlçən] *nt* <-s, -> (PHYS) partícula *f;* (*reg: Gebäck*) dulce *m*

teilen I. *vt* **1.** (*zer~*) partir (*in* +*akk* en); (*in mehrere Teile*) dividir (*in* +*akk* en); (*auf~*) repartir (*unter* +*dat* entre); **sich** *dat* **etw** (**mit jdm**) ~ compartir algo (con alguien); **die Meinungen waren geteilt** las opiniones estaban divididas **2.** (MATH) dividir (*durch* +*akk* por) **II.** *vr:* **sich** ~ **1.** (*auseinander gehen*) dividirse (*in* +*akk* en); (*Partei*) escindirse **2.** (*Straße, Fluss*) bifurcarse

teil|haben *irr vi* participar (*an* +*dat* en)

Teilhaber(in) *m(f)* <-s, -; -nen> socio, -a *m, f*

Teilnahme ['-naːmə] *f* **1.** (*allgemein*) participación *f* (*an* +*dat* en); (*an einem Kurs*) asistencia *f* (*an* +*dat* a) **2.** (*Interesse*) interés *m;* (*geh: Mitgefühl*) simpatía *f;* **seine** ~ **aussprechen** dar el pésame; **teilnahmslos** ['taɪlnaːmsloːs] *adj* indiferente

teil|nehmen *irr vi* participar (*an* +*dat* en); (*an einem Kurs*) asistir (*an* +*dat* a)

Teilnehmer(in) *m(f)* <-s, -; -nen> participante *mf;* (TEL) abonado, -a *m, f*

teils [taɪls] *adv* en parte; ~ **...,** ~ **...** por un lado..., por otro...

Teilung *f* <-en> división *f;* (*einer Partei*) escisión *f;* (*eines Wegs*) bifurcación *f*

teilweise ['-vaɪzə] **I.** *adj* parcial **II.** *adv* en parte

Teilzeitarbeit *f* trabajo *m* de jornada reducida; **teilzeitbeschäftigt** *adj* empleado a tiempo parcial

Teint [tɛ̃ː] *m* <-s, -s> tez *f*

Telebanking *nt* <-, *ohne pl*> (INFOR) telebanca *f*

Telefax ['teːlefaks] *nt* telefax *m inv*

Teleheimarbeit *f* teletrabajo *m;* **Teleshopping** *nt* telecompra *f*

Telefon ['teːlefoːn, tele'foːn] *nt* <-s, -e> teléfono *m;* **schnurloses** ~ teléfono inalámbrico; **ans ~ gehen** coger el teléfono, atender al teléfono *Am*

Telefonat [telefo'na:t] *nt* <-(e)s, -e> llamada *f* telefónica

Telefonbuch *nt* guía *f* telefónica

telefonieren* [telefo'ni:rən] *vi* **1.** (*sprechen*) hablar por teléfono **2.** (*anrufen*) llamar por teléfono; **kann ich bei Ihnen mal ~?** ¿puedo utilizar su teléfono?

telefonisch [tele'fo:nɪʃ] **I.** *adj* telefónico **II.** *adv* por teléfono

Telefonkarte *f* tarjeta *f* telefónica; **Telefonleitung** *f* línea *f* telefónica; **Telefonnummer** *f* (número *m* de) teléfono *m;* **Telefonzelle** *f* cabina *f* telefónica

telegrafieren* [telegra'fi:rən] *vi, vt* telegrafiar

Telegramm [tele'gram] *nt* <-s, -e> telegrama *m;* **ein ~ aufgeben** enviar un telegrama

Telekommunikation *f* telecomunicación *f*

Teleobjektiv *nt* teleobjetivo *m*

Telepathie [telepa'ti:] *f* telepatía *f*

Teleskop [tele'sko:p] *nt* <-s, -e> telescopio *m*

Telespiel *nt* videojuego *m*

Telex ['te:lɛks] *nt* <-, -(e)> télex *m inv*

Teller ['tɛlɐ] *m* <-s, -> plato *m;* **ein ~ Suppe** un plato de sopa

Tempel ['tɛmpəl] *m* <-s, -> templo *m*

Temperament [tɛmp(ə)ra'mɛnt] *nt* <-(e)s, -e> temperamento *m;* **temperamentvoll** *adj* (*lebhaft*) vivo; (*ungestüm*) temperamental

Temperatur [tɛmpəra'tu:ɐ] *f* <-en> temperatura *f;* (**erhöhte**) **~ haben** tener fiebre

Tempo[1] ['tɛmpo] *nt* <-s, -s> velocidad *f*

Tempo®[2] ['tɛmpo] *nt* <-s, -s> (*fam*) pañuelo *m* de papel, kleenex® *m*

Tempolimit *nt* límite *m* de velocidad

Tendenz [tɛn'dɛnts] *f* <-en> tendencia *f* (*zu +dat* a); **steigende ~** tendencia al alza

tendieren* [tɛn'di:rən] *vi* tender (*zu/nach* a)

Teneriffa [tene'rɪfa] *nt* <-s> Tenerife *m;* **aus ~** tinerfeño

Tennis ['tɛnɪs] *nt* <-, *ohne pl*> tenis *m;* **Tennisschläger** *m* raqueta *f* (de tenis)

Tenor [te'no:ɐ] *m* <-s, Tenöre> (MUS) tenor *m*

Teppich ['tɛpɪç] *m* <-s, -e> alfombra *f;* **auf dem ~ bleiben** (*fig*) tener los pies en tierra; **etw unter den ~ kehren** (*fig*) disimular algo; **Teppichboden** *m* moqueta *f,* alfombrado *m Am*

Termin [tɛr'mi:n] *m* <-(e)s, -e> **1.** (*Frist*) plazo *m;* **einen ~ einhalten** cumplir un plazo **2.** (*Zeitpunkt*) fecha *f* **3.** (*beim Arzt*) cita *f;* **einen ~ beim Zahnarzt haben** tener hora en el dentista

Terminal[1] ['tœ:minəl] *m o nt* <-s, -s> (*Flughafen*) terminal *f*

Terminal[2] ['tœ:minəl] *nt* <-s, -s> (INFOR) terminal *m*

Termindruck *m* <-(e)s, *ohne pl*> agobio *m* de tiempo; **termingerecht** *adj* en el plazo fijado; **Terminkalender** *m* agenda *f*

Terminologie [tɛrminolo'gi:] *f* <-n> terminología *f*

Terpentin [tɛrpɛn'ti:n, tɛrpən'ti:n] *nt* <-s, -e> trementina *f*

Terrain [tɛ'rɛ̃:] *nt* <-s, -s> terreno *m*

Terrasse [tɛ'rasə] *f* <-n> terraza *f*

Terrier ['tɛriɐ] *m* <-s, -> (perro *m*) terrier *m*

Territorium [tɛri'to:riʊm] *nt* <-s, Territorien> territorio *m*

Terror ['tɛro:ɐ] *m* <-s, *ohne pl*> terror *m;* **Terroranschlag** *m* atentado *m* terrorista

terrorisieren* [tɛrori'zi:rən] *vt* aterrorizar

Terrorismus [tɛro'rɪsmʊs] *m* <-, *ohne pl*> terrorismo *m*

Terrorist(in) [tɛro'rɪst] *m(f)* <-en, -en; -nen> terrorista *mf*

Tesafilm® ['te:za-] *m* <-(e)s, *ohne pl*> tesafilm® *m*

Tessin [tɛ'si:n] *nt* <-s> Tesino *m*

Test [tɛst] *m* <-(e)s, -s *o* -e> prueba *f*

Testament [tɛsta'mɛnt] *nt* <-(e)s, -e> testamento *m;* **das ~ eröffnen** abrir el testamento

testen ['tɛstən] *vt* examinar; (*überprüfen*) comprobar

Testergebnis *nt* resultado *m* de una prueba; **Testperson** *f* persona *f* objeto de pruebas

Tetanus ['tɛtanʊs, 'te:tanʊs] *m* <-, *ohne pl*> tétano(s) *m* (*inv*)

teuer ['tɔɪɐ] *adj* caro; **wie ~ ist das?** ¿cuánto vale?; **teurer werden** subir de precio; **etw kommt jdm ~ zu stehen** algo le resulta caro a alguien; **ein ~ erkaufter Sieg** una victoria pagada a un precio muy alto

Teuerungsrate *f* inflación *f*

Teufel ['tɔɪfəl] *m* <-s, -> diablo *m;* **scher dich zum ~!** (*fam*) ¡vete al demonio!; **auf ~ komm raus** (*fam*) cueste lo que cueste; **wenn man vom ~ spricht(, kommt er)** (*fam*) hablando del ruin de Roma (por la puerta asoma); **Teufelskreis** *m* círculo *m* vicioso

teuflisch *adj* diabólico

Text [tɛkst] *m* <-(e)s, -e> (*im Buch*) texto *m;* (*Lied~*) letra *f;* (*unter einer Abbildung*) leyenda *f*

texten ['tɛkstən] *vt* redactar

Textilien [tɛks'ti:liən] *pl* (productos *mpl*) textiles *mpl*

Textmarker ['-markɐ] *m* <-s, -> rotulador *m* fluorescente

Textverarbeitung *f* (INFOR) tratamiento *m* de textos; **Textverarbeitungsprogramm** *nt* (INFOR) (programa *m* de) tratamiento *m* de textos

Theater [te'a:tɐ] *nt* <-s, -> teatro *m;* **ins ~ gehen** ir al teatro; **zum ~ gehen** hacerse actriz de teatro; **Theaterstück** *nt* obra *f* de teatro

theatralisch [tea'tra:lɪʃ] *adj* teatral

Theke ['te:kə] *f* <-n> (*in einer Gaststätte*) barra *f;* (*Ladentisch*) mostrador *m*

Thema ['te:ma] *nt* <-s, Themen> tema *m;* **vom ~ abschweifen** desviarse del tema; **das ~ ist für mich erledigt** para mí el asunto está concluido

Thematik [te'ma:tɪk] *f* <-en> temática *f*

Themen ['te:mən] *pl von* **Thema**

Theologie [teolo'gi:] *f* teología *f*

theoretisch *adj* teórico

Theorie [teo'ri:] *f* <-n> teoría *f*

Therapeut(in) [tera'pɔɪt] *m(f)* <-en, -en; -nen> terapeuta *mf*

therapeutisch *adj* terapéutico

Therapie [tera'pi:] *f* <-n> terapia *f*

Thermometer [tɛrmo'me:tɐ] *nt* <-s, -> termómetro *m*

Thermosflasche ['tɛrmɔs-] *f* termo *m*

Thermostat [tɛrmo'sta:t] *m* <-(e)s *o* -en, -e(n)> termostato *m*

These ['te:zə] *f* <-n> tesis *f inv;* **eine ~ aufstellen** formular una tesis

Thriller ['θrɪlɐ] *m* <-s, -> (*Film*) película *f* de suspense; (*Buch*) novela *f* de suspense

Thrombose [trɔm'bo:zə] *f* <-n> trombosis *f inv*

Thron [tro:n] *m* <-(e)s, -e> trono *m;* **den ~ besteigen** subir al trono

Thunfisch ['tu:n-] *m* atún *m*

Thüringen ['ty:rɪŋən] *nt* <-s> Turingia *f*

Thymian ['ty:mia:n] *m* <-s, -e> tomillo *m*

Tick [tɪk] *m* <-(e)s, -s> **1.** (MED) tic *m* **2.** (*fam: Eigenart*) manía *f;* **einen ~ haben** estar tocado

ticken ['tɪkən] *vi* (*Uhr*) hacer tictac; **bei dir tickt's ja nicht richtig!** (*fam*) ¡no estás bien de la cabeza!

tief [ti:f] **I.** *adj* **1.** (*nicht flach*) profundo, hondo; **zwei Meter ~** dos metros de profundidad; **fünf Meter ~ fallen** caer desde una altura de cinco metros; **~er Schnee** nieve alta; **im ~sten Afrika** en lo más profundo de África; **aus ~stem Herzen** de todo corazón; **im ~sten Winter** en pleno invierno **2.** (*niedrig*) bajo; **~e Temperaturen** temperaturas bajas **3.** (*Ton*) bajo; (*Stimme*) grave **II.** *adv* profundamente; **sie wohnt ~ in den Bergen** vive montañas adentro; **~ ausgeschnitten** (*Kleidung*) muy escotado; **bis ~ in die Nacht hinein** hasta bien entrada la noche

Tief [ti:f] *nt* <-s, -s> (METEO) depresión *f* atmosférica; (PSYCH) depresión *f*

Tiefbau *m* <-(e)s, *ohne pl*> ingeniería *f* de caminos

tiefbetrübt ['--'-] *adj s.* **betrübt**

Tiefe ['ti:fə] *f* <-n> profundidad *f*

Tiefebene *f* llanura *f*

tiefgekühlt *adj* congelado

tiefgreifend *adj s.* **greifen I.2.**

Tiefkühlkost *f* alimentos *mpl* congelados; **Tiefkühltruhe** *f* congelador *m*

Tiefpunkt *m* punto *m* más bajo; **Tiefschlaf** *m* sueño *m* profundo; **Tiefschlag** *m* (SPORT) golpe *m* bajo

tiefsinnig *adj* profundo

Tier [ti:ɐ] *nt* <-(e)s, -e> animal *m;* **ein hohes ~** (*fam fig*) un pez gordo; **Tierart** *f* especie *f* animal; **Tierarzt, -ärztin** *m, f* veterinario, -a *m, f;* **Tiergarten** *m* parque *m* zoológico

tierisch ['ti:rɪʃ] *adj* **1.** (*Tiere betreffend*) animal **2.** (*fam: sehr*) bestial; **ich habe ~en Durst** tengo una sed bestial

Tierkreiszeichen *nt* signo *m* del zodíaco

Tierquälerei ['---'-] *f* maltrato *m* de animales; **Tierreich** *nt* <-(e)s, *ohne pl*> reino *m* animal; **Tierschützer(in)** *m(f)* <-s, -; -nen> protector(a) *m(f)* de animales

Tierschutzverein *m* asociación *f* protecto-

T

ra de animales

Tierversuch *m* experimento *m* en animales; **Tierwelt** *f ohne pl* fauna *f*

Tiger ['tiːgɐ] *m* <-s, -> tigre *m*

Tilde ['tɪldə] *f* <-n> **1.** (*über Buchstaben*) tilde *f* **2.** (*in Wörterbüchern*) signo *m* de repetición

tilgen ['tɪlgən] *vt* (*Schulden*) liquidar; (*geh: beseitigen*) eliminar (*aus +dat* de)

Timing ['taɪmɪŋ] *nt* <-s, -s> cálculo *m* del tiempo; **das war perfektes ~!** ¡la coordinación ha sido perfecta!

Tinktur [tɪŋk'tuːɐ] *f* <-en> tintura *f*

Tinte ['tɪntə] *f* <-n> tinta *f*; **in der ~ sitzen** (*fam*) verse en apuros; **Tintenfass**[RR] *nt* tintero *m*; **Tintenfisch** *m* sepia *f*; (*kleiner*) calamar *m*, chipirón *m*

Tintenstrahldrucker *m* impresora *f* de inyección de tinta

Tip *m* <-s, -s>, **Tipp**[RR] [tɪp] *m* <-s, -s> (*fam: Rat*) consejo *m*; (SPORT) pronóstico *m*

tippen ['tɪpən] **I.** *vi* **1.** (*berühren*) tocar (ligeramente) (*auf/an +akk*) **2.** (*fam: Maschine schreiben*) escribir a máquina **3.** (*fam: wetten*) apostar (*auf +akk* por) **II.** *vt* (*fam: Text*) pasar a máquina; (*im Lotto*) apostar (por)

Tippfehler *m* errata *f*

tipptopp ['tɪp'tɔp] *adj* (*fam*) impecable

Tirol [ti'roːl] *nt* <-s> Tirol *m*

Tisch [tɪʃ] *m* <-(e)s, -e> mesa *f*; **den ~ decken** poner la mesa; **am ~ sitzen** estar sentados a la mesa; **sich an den gedeckten ~ setzen** (*fig*) vivir a cuerpo de rey; **etw unter den ~ fallen lassen** (*fam*) pasar algo por alto; **reinen ~ machen** (*fam*) hacer tabla rasa; **jdn über den ~ ziehen** (*fam fig*) dar a alguien gato por liebre; **Tischdecke** *f* mantel *m*

Tischler(in) *m(f)* <-s, -; -nen> carpintero, -a *m, f*

Tischtennis *nt* ping-pong *m*

Titel ['tiːtəl] *m* <-s, -> título *m*; **akademischer ~** título académico; **um den ~ spielen** (SPORT) competir por el título; **Titelblatt** *nt* portada *f*; **Titelrolle** *f* (FILM, THEAT) papel *m* principal

Titte ['tɪtə] *f* <-n> (*vulg*) teta *f*

Toast [toːst] *m* <-(e)s, -e *o* -s> **1.** (*~scheibe*) tostada *f*; (*~brot*) pan *m* para tostar **2.** (*Trinkspruch*) brindis *m inv*; **einen ~ auf jdn ausbringen** brindar por alguien

toasten ['toːstən] *vt* (*Brot*) tostar

Toaster *m* <-s, -> tostadora *f*

toben ['toːbən] *vi* **1.** (*vor Wut*) rabiar **2.** (*Kinder*) alborotar **3.** (*Sturm*) bramar; (*Meer*) embravecerse

tobsüchtig *adj* furioso

Tochter ['tɔxtɐ] *f* <Töchter> hija *f*; **Tochtergesellschaft** *f* (sociedad *f*) filial *f*

Tod [toːt] *m* <-(e)s, -e> muerte *f*; **jdn zum ~e verurteilen** condenar a alguien a muerte; **sich zu ~e langweilen** (*fam*) aburrirse como una ostra; **todernst** ['-'-] *adj* (*fam*) más serio que un poste

Todesangst *f* miedo *m* de muerte; **Todesanzeige** *f* esquela *f* (mortuaria); **Todesfall** *m* defunción *f*; **todesmutig** *adj* temerario; **Todesopfer** *nt* víctima *f* (mortal); **Todesstrafe** *f* pena *f* de muerte; **bei ~** bajo pena de muerte; **Todestag** *m* día *m* de la muerte; (*Jahrestag*) aniversario *m* de la muerte; **Todesursache** *f* causa *f* de la muerte; **Todesurteil** *nt* sentencia *f* de muerte

Todfeind(in) *m(f)* enemigo, -a *m, f* mortal; **todkrank** ['-'-] *adj* enfermo de muerte; **todlangweilig** ['-'---] *adj* aburridísimo

tödlich ['tøːtlɪç] **I.** *adj* mortal; **Unfall mit ~em Ausgang** accidente con desenlace fatal **II.** *adv* a muerte; **~ verletzt** herido mortalmente; **~ verunglücken** morir en un accidente

todmüde ['-'--] *adj* (*fam*) muerto de sueño; **todsicher** ['-'--] **I.** *adj* (*fam*) segurísimo **II.** *adv* (*fam: auf jeden Fall*) sin falta; (*zweifellos*) indudablemente; **Todsünde** *f* pecado *m* mortal

Toilette [to̯a'lɛtə] *f* <-n> **1.** (*WC*) servicio *m*; **öffentliche ~n** servicios públicos; **auf die ~ gehen** ir al baño **2.** *ohne pl* (*geh: Körperpflege*) aseo *m*; **Toilettenpapier** *nt* papel *m* higiénico

tolerant [tole'rant] *adj* tolerante

Toleranz [tole'rants] *f* <-en> tolerancia *f*

tolerieren* [tole'riːrən] *vt* (*a.* TECH) tolerar; (*dulden*) consentir

toll [tɔl] *adj* (*fam*) genial

tollkühn *adj* audaz

Tollpatsch[RR] ['tɔlpatʃ] *m* <-(e)s, -e> torpe *mf*

Tollwut *f* rabia *f*

Tolpatsch *m* <-(e)s, -e> *s.* **Tollpatsch**

Tölpel ['tœlpəl] *m* <-s, -> (*abw*) cateto, -a *m, f*

Tomate [to'maːtə] *f* <-n> tomate *m*; **treu-**

lose ~ (*fam*) amigo infiel; **Tomatenmark** *nt* concentrado *m* de tomate

Tombola ['tɔmbola] *f* <-s> tómbola *f*

Ton[1] [to:n] *m* <-(e)s, -e> (*Erde*) arcilla *f;* (*zum Töpfern*) barro *m*

Ton[2] [to:n] *m* <-(e)s, Töne> **1.** (*Klang*) sonido *m* **2.** (*Farb~, Sprechweise, a.* MUS) tono *m;* **der gute** ~ las buenas formas; **den** ~ **angeben** llevar la voz cantante; **jdn in den höchsten Tönen loben** poner a alguien por las nubes

Tonart *f* (MUS) tonalidad *f;* (*Tonfall*) tono *m*

Tonband *nt* cinta *f* magnetofónica; **Tonbandaufnahme** *f* grabación *f* magnetofónica; **Tonbandgerät** *nt* magnetófono *m*

tönen ['tø:nən] **I.** *vi* sonar **II.** *vt* color(e)ar

Tonfall *m* (*Sprachmelodie*) acento *m,* tonada *f Am;* (*Art des Sprechens*) tono *m;* **Tonleiter** *f* escala *f* musical; **tonlos** *adj* (*unbetont*) átono; (*Stimme*) apagado

Tonne ['tɔnə] *f* <-n> **1.** (*Behälter*) tonel *m;* (*Regen~*) bidón *m* **2.** (*Maßeinheit*) tonelada *f;* **tonnenweise** *adv* por toneladas

Tonstudio *nt* estudio *m* de grabación

Top [tɔp] *nt* <-s, -s> top *m*

Topf [tɔpf] *m* <-(e)s, Töpfe> (*Koch~*) olla *f;* (*Nacht~*) orinal *m;* (*Blumen~*) maceta *f*

Töpfer(in) ['tœpfɐ] *m(f)* <-s, -; -nen> alfarero, -a *m, f*

topfit ['tɔp'fɪt] *adj* (*fam*) a tope

Topflappen *m* agarrador *m;* **Topfpflanze** *f* planta *f* de maceta

Tor [to:ɐ] *nt* <-(e)s, -e> **1.** (*große Tür*) portal *m* **2.** (SPORT: *Gehäuse*) portería *f;* (*Treffer*) gol *m;* **ein** ~ **schießen** marcar un gol

Torf [tɔrf] *m* <-(e)s, -e> turba *f*

Torfrau *f s.* **Torwart**

Torheit *f* <-en> (*geh*) necedad *f*

töricht ['tø:rɪçt] *adj* (*abw: unvernünftig*) insensato; (*einfältig*) corto; (*unsinnig*) estúpido

torkeln ['tɔrkəln] *vi sein* tambalearse

Tornado [tɔr'na:do] *m* <-s, -s> tornado *m*

torpedieren* [tɔrpe'di:rən] *vt* torpedear

Torpedo [tɔr'pe:do] *m* <-s, -s> torpedo *m*

Torte ['tɔrtə] *f* <-n> tarta *f*

Tortur [tɔr'tu:ɐ] *f* <-en> tortura *f*

Torwart, -frau ['to:ɐvart] *m, f* <-(e)s, -e; -en> portero, -a *m, f,* arquero, -a *m, f Am*

tosen ['to:zən] *vi* (*Meer, Sturm*) rugir; **~der Beifall** aplauso frenético

tot [to:t] *adj* muerto; **halb** ~ medio muerto; **das Tote Meer** el Mar Muerto; **er war auf der Stelle** ~ falleció en el acto

total [to'ta:l] **I.** *adj* **1.** (*vollständig*) total **2.** (*fam: völlig*) completo; **das ist ja ~er Wahnsinn** esto es una verdadera locura **II.** *adv* por completo

totalitär [totali'tɛ:ɐ] *adj* totalitario

Totalschaden *m* siniestro *m* total

tot|arbeiten *vr:* **sich** ~ (*fam*) matarse a trabajar; **tot|ärgern** *vr:* **sich** ~ (*fam*) reventar de rabia

Tote(r) ['to:tɐ] *mf* <-n, -n; -n> muerto, -a *m, f*

töten ['tø:tən] *vt* matar

Totenkopf *m* calavera *f;* **totenstill** ['--'-] *adj:* **es war** ~ (*fam*) reinaba un silencio sepulcral

tot|lachen *vr:* **sich** ~ (*fam*) morirse de (la) risa

Toto ['to:to] *m o nt* <-s, -s> quiniela *f*

Totschlag *m* <-(e)s, *ohne pl*> homicidio *m;* **tot|schlagen** *irr vt* matar (a palos); **die Zeit** ~ (*fam*) matar el tiempo

Toupet [tu'pe:] *nt* <-s, -s> bisoñé *m*

toupieren* [tu'pi:rən] *vt* cardar

Tour [tu:ɐ] *f* <-en> **1.** (*Ausflug*) excursión *f;* (*Rundfahrt*) vuelta *f* (*durch +akk* por) **2.** (*Strecke*) recorrido *m* **3.** (TECH: *Umdrehung*) revolución *f;* **auf vollen ~en arbeiten** trabajar a toda máquina

Tourismus [tu'rɪsmʊs] *m* <-, *ohne pl*> turismo *m*

Tourist(in) [tu'rɪst] *m(f)* <-en, -en; -nen> turista *mf;* **Touristenzentrum** *nt* centro *m* turístico

Touristik [tu'rɪstɪk] *f* turismo *m*

touristisch *adj* turístico

Tournee [tʊr'ne:] *f* <-s *o* -n> gira *f;* **auf** ~ **gehen** salir de gira

Tower ['taʊɐ] *m* <-s, -> (AERO) torre *f* de control

toxisch ['tɔksɪʃ] *adj* tóxico

Trab [tra:p] *m* <-(e)s, *ohne pl*> trote *m;* **im** ~ al trote; **jdn auf** ~ **bringen** meter prisa a alguien

Trabant [tra'bant] *m* <-en, -en> satélite *m;* **Trabantenstadt** *f* ciudad *f* satélite

traben ['tra:bən] *vi haben o sein* trotar

Tracht [traxt] *f* <-en> **1.** (*von Berufsgruppen*) uniforme *m;* (*bei Volksgruppen*) traje *m* regional **2.** (*Wend*): **eine** ~ **Prügel** (*fam*) una tunda

T

trachten ['traxtən] *vi* (*geh*): **nach etw** *dat* ~ anhelar algo; **jdm nach dem Leben** ~ atentar contra la vida de alguien
trächtig ['trɛçtɪç] *adj* preñado
Tradition [tradi'tsjo:n] *f* <-en> tradición *f*
traditionell [traditsjo'nɛl] *adj* tradicional
traf [tra:f] *3. imp von* **treffen**
Tragbahre *f* camilla *f*
tragbar *adj* (*Geräte*) portátil; (*erträglich*) soportable
träge ['trɛ:gə] *adj* **1.** (*langsam*) lento; (*faul*) perezoso **2.** (PHYS) inerte
tragen ['tra:gən] <trägt, trug, getragen> **I.** *vt* llevar; (*stützen*) sostener; (*Verantwortung*) asumir; (*Verlust*) responder (de); (*Kosten*) hacerse cargo (de); **auf dem Arm/auf dem Rücken** ~ llevar en brazos/a cuestas **II.** *vi* **1.** (*Eis*) resistir **2.** (*Baum, Acker*) dar frutos **3.** (*Tier*) estar preñado **4.** (*Kleidung*) llevarse
Träger[1] ['trɛgɐ] *m* <-s, -> **1.** (ARCHIT) viga *f* **2.** (*an Kleidung*) tirante *m* **3.** (*Institution*) entidad *f* responsable
Träger(in)[2] *m(f)* <-s, -; -nen> **1.** (*Gepäck~*) mozo, -a *m, f* **2.** (*einer Entwicklung*) representante *mf* **3.** (*einer Krankheit*) portador(a) *m(f)*
Trägerrakete *f* cohete *m* portador
Tragetasche *f* **1.** (*Einkaufstasche*) bolsa *f* de la compra **2.** (*Plastiktüte*) bolsa *f* de plástico
Tragfläche *f* (AERO) plano *m* de sustentación
Trägheit ['trɛ:khaɪt] *f* **1.** (*Faulheit*) pereza *f;* (*Langsamkeit*) lentitud *f* **2.** (PHYS) inercia *f*
tragisch ['tra:gɪʃ] *adj* trágico; **nimm's nicht so** ~ (*fam*) no te lo tomes tan a la tremenda
Tragödie [tra'gø:djə] *f* <-n> tragedia *f*
trägt *3. präs von* **tragen**
Tragweite *f* alcance *m*
Trainer(in) ['trɛ:nɐ] *m(f)* <-s, -; -nen> entrenador(a) *m(f)*
trainieren* [trɛ'ni:rən, tre'ni:rən] *vt, vi* entrenar(se)
Training ['trɛ:nɪŋ] *nt* <-s, -s> entrenamiento *m;* **Trainingsanzug** *m* chándal *m*
Traktor ['trakto:ɐ] *m* <-s, -en> tractor *m*
Trampel ['trampəl] *m o nt* <-s, -> (*fam abw*) patán, -ana *m, f*
trampeln ['trampəln] **I.** *vi* patear **II.** *vt:* **etw platt** ~ pisotear algo
trampen ['trɛmpən] *vi sein* hacer autostop
Tramper(in) ['trɛmpɐ] *m(f)* <-s, -; -nen> autoestopista *mf*
Trampolin ['trampoli:n, --'-] *nt* <-s, -e> trampolín *m*
Tran [tra:n] *m* <-(e)s, -e> (*vom Wal*) aceite *m* de ballena; (*vom Fisch*) aceite *m* de hígado de bacalao; **wie im** ~ (*fam: benommen*) confuso
Trance ['trɑ̃s(ə)] *f* <-n> trance *m*
Träne ['trɛ:nə] *f* <-n> lágrima *f;* **den ~n nahe sein** estar a punto de romper a llorar; **zu ~n gerührt sein** estar muy conmovido; **in ~n aufgelöst** hecho un mar de lágrimas
tränen *vi* lagrimear; **mir** ~ **die Augen** me lloran los ojos
Tränengas *nt* <-es, *ohne pl*> gas *m* lacrimógeno
trank [traŋk] *3. imp von* **trinken**
Tränke ['trɛŋkə] *f* <-n> abrevadero *m*
tränken ['trɛŋkən] *vt* (*Tiere*) abrevar; (*durchnässen*) empapar (*in +dat* en, *mit +dat* de)
Transformator [transfɔr'ma:to:ɐ] *m* <-s, -en> transformador *m*
Transfusion [transfu'zjo:n] *f* <-en> tra(n)sfusión *f* (de sangre)
Transistor [tran'zɪsto:ɐ] *m* <-s, -en> transistor *m*
Transit [tran'zi:t, tran'zɪt] *m* <-s, -e> tránsito *m*
transitiv ['tranziti:f, --'-] *adj* transitivo
Transitverkehr *m* tráfico *m* de tránsito
transparent [transpa'rɛnt] *adj* tra(n)sparente
Transparent [transpa'rɛnt] *nt* <-(e)s, -e> (*Spruchband*) pancarta *f*
Transplantation [transplanta'tsjo:n] *f* <-en> trasplante *m*
Transport [trans'pɔrt] *m* <-(e)s, -e> tra(n)sporte *m*
Transporter *m* <-s, -> vehículo *m* de tra(n)sporte
transportieren* [transpɔr'ti:rən] *vt* (*Waren*) tra(n)sportar; (*Personen*) trasladar
Transportmittel *nt* medio *m* de tra(n)sporte
transsexuell [transsɛksu'ɛl] *adj* transexual
Transvestit [transvɛs'ti:t] *m* <-en, -en> travestí *m*
Trapez [tra'pe:ts] *nt* <-es, -e> (*a.* MATH) trapecio *m*

trat [tra:t] *3. imp von* **treten**

Tratsch ['tra:tʃ] *m* <-(e)s, *ohne pl*> (*fam abw*) cotilleo *m*

tratschen ['tra:tʃən] *vi* (*fam abw*) cotillear (*über* sobre)

Traube ['traʊbə] *f* <-n> **1.** (*Wein~*) uva *f;* **blaue/grüne ~n** uvas negras/blancas **2.** (BOT) racimo *m* **3.** (*Menschen~*) grupo *m;* **Traubenzucker** *m* glucosa *f*

trauen ['traʊən] **I.** *vi* confiar; **jdm/etw** *dat* **~** confiar en alguien/algo; **ich traute meinen Ohren nicht** no podía dar crédito a mis oídos **II.** *vt* casar; **sich ~ lassen** casarse **III.** *vr:* **sich ~** atreverse; **sich ~ etw zu tun** atreverse a hacer algo

Trauer ['traʊɐ] *f* tristeza *f;* (*um Tote*) luto *m;* **~ tragen** llevar luto; **Trauerfeier** *f* funeral *m*

trauern ['traʊɐn] *vi* llevar luto; **um jdn ~** llorar la muerte de alguien

Trauerspiel *nt* (*a. fig*) tragedia *f*

träufeln ['trɔɪfəln] *vt* verter gota a gota (*in +akk* en)

Traum [traʊm] *m* <-(e)s, Träume> sueño *m;* **im ~ reden** hablar en sueños; **das war schon immer mein ~** siempre soñé con eso

Trauma ['traʊma] *nt* <-s, Traumen *o* Traumata> trauma *m*

traumatisch [traʊ'ma:tɪʃ] *adj* traumático

Traumen ['traʊmən] *pl von* **Trauma**

träumen ['trɔɪmən] *vi* soñar (*von +dat* con)

Träumer(in) *m(f)* <-s, -; -nen> soñador(a) *m(f)*

Träumerei *f* <-en> fantasías *fpl*

traumhaft *adj* (*wie im Traum*) de ensueño; (*fam: wunderbar*) maravilloso; **Traumpaar** *nt* pareja *f* ideal

traurig ['traʊrɪç] *adj* triste; **jdn ~ machen** entristecer a alguien; **~ werden** ponerse triste

Traurigkeit *f* tristeza *f*

Trauring *m* alianza *f*

Trauung ['traʊʊŋ] *f* <-en> boda *f;* **standesamtliche ~** matrimonio *m* civil

Trauzeuge, -in *m, f* testigo *mf* de matrimonio

treffen ['trɛfən] <trifft, traf, getroffen> **I.** *vi* (*Ziel*) acertar **II.** *vt* **1.** (*begegnen*) encontrar; (*zufällig*) encontrarse (con) **2.** (*erreichen*) acertar; **das Ziel ~** dar en el blanco **3.** (*kränken*) ofender **4.** (*be~*) afectar; **mich trifft keine Schuld** yo no tengo la culpa **5.** (*ergreifen*): **Maßnahmen gegen etw ~** adoptar medidas contra algo; **eine Vereinbarung ~** llegar a un acuerdo **III.** *vr:* **sich ~** encontrarse; (*sich versammeln*) reunirse; **das trifft sich gut!** ¡eso me viene muy bien!

Treffen ['trɛfən] *nt* <-s, -> encuentro *m*

treffend **I.** *adj* (*richtig*) justo; (*angemessen*) adecuado **II.** *adv* con exactitud

Treffer *m* <-s, -> **1.** (*Schießen*) tiro *m* certero; (*Ballspiele*) gol *m;* (*Boxen*) golpe *m* certero; (*Einschuss*) impacto *m* **2.** (*in einer Lotterie*) premio *m* **3.** (*Erfolg*) exitazo *m*

Treffpunkt *m* lugar *m* de encuentro

Treibeis ['traɪp-] *nt* témpano *m*

treiben ['traɪbən] <treibt, trieb, getrieben> **I.** *vt haben* **1.** (*hinbringen*) llevar; (*schieben*) empujar; (*mit Zwang*) hacer avanzar; **sich (von der Strömung) ~ lassen** dejarse llevar (por la corriente); **die Preise in die Höhe ~** hacer subir los precios **2.** (*an~*) apremiar (*zu +dat* a); **jdn zur Eile ~** meterle prisa a alguien; **jdn zum Wahnsinn ~** volver loco a alguien **3.** (*hineinschlagen*) clavar (*in +akk* en) **4.** (*be~, tun*) dedicarse (a); (SPORT) practicar; **dummes Zeug ~** (*fam*) hacer tonterías; **es zu weit ~** ir demasiado lejos; **es mit jdm ~** (*fam*) tener relaciones sexuales con alguien **5.** (*Knospen*) echar **II.** *vi* **1.** *sein* (*fortbewegt werden*) ser llevado; (*von der Strömung*) ser arrastrado (por la corriente); (*auf Wasser*) flotar (*auf/in +dat* en) **2.** (*Pflanze*) brotar **3.** (*fam: Bier, Kaffee*) ser diurético

treibend *adj:* **die ~e Kraft** la fuerza motriz

Treibhaus *nt* invernadero *m;* **Treibhauseffekt** *m* <-(e)s, *ohne pl*> efecto *m* invernadero

Treibstoff *m* combustible *m*

Trend [trɛnt] *m* <-s, -s> tendencia *f* (*zu +dat* a); **modischer ~** moda *f;* **mit etw** *dat* **voll im ~ liegen** (*fam*) ir con algo completamente a la moda

trennen ['trɛnən] **I.** *vt* separar (*von +dat* de); (*absondern*) apartar; (*Begriffe*) distinguir; (*Silben*) dividir **II.** *vr:* **sich ~** **1.** (*auseinander gehen*) separarse (*von +dat* de); **sie haben sich getrennt** se separaron **2.** (*weggeben*) desprenderse (*von +dat* de)

Trennung *f* <-en> separación *f;* (*Teilung*) división *f;* (*Absonderung*) aislamiento *m;* **Trennungsstrich** *m* guión *m*

Treppe ['trɛpə] *f* <-n> escalera *f;* **die ~ hi-**

T

nauf-/hinuntergehen subir/bajar la(s) escalera(s); **Treppenhaus** *nt* (caja *f* de la) escalera *f*

Tresen ['tre:zən] *m* <-s, -> (*nordd*) **1.** (*in einer Gaststätte*) barra *f* **2.** (*Ladentisch*) mostrador *m*

Tresor [tre'zo:ɐ] *m* <-s, -e> caja *f* fuerte

Tretboot *nt* patín *m* a pedales

treten ['tre:tən] <tritt, trat, getreten> **I.** *vi* **1.** *sein* (*hinaus~*) salir (*auf+akk* a); (*ein~*) entrar (*in +akk* a/en); (*sich stellen*) ponerse (*vor +akk* delante de, *hinter +akk* detrás de, *neben +akk* al lado de); **in Aktion** ~ entrar en acción; **auf die Bremse** ~ pisar el freno; **ans Fenster** ~ asomarse a la ventana; **in jds Leben** ~ entrar en la vida de alguien; **in den Ruhestand** ~ jubilarse; **zur Seite** ~ apartarse; **an jds Stelle** ~ sustituir a alguien; **über die Ufer** ~ (*Fluss*) desbordarse; ~ **Sie näher!** ¡acérquese! **2.** *sein* (*mit dem Fuß*) pisar; (*absichtlich*) pisotear **3.** *haben* (*Tritt versetzen*) dar una patada (*gegen +akk* contra, *nach +dat* a) **4.** *haben* (*beim Radfahren*) pedalear **II.** *vt* (*Person, Tier, Pedal*) pisar; (*Tritt geben*) dar una patada

treu [trɔɪ] *adj* fiel; **jdm ~ sein** ser fiel a alguien

Treue ['trɔɪə] *f* fidelidad *f*

treuherzig *adj* ingenuo

treulos *adj* infiel

Tribüne [tri'by:nə] *f* <-n> tribuna *f*, palco *m Am*

Tribut [tri'bu:t] *m* <-(e)s, -e> tributo *m;* **jdm/etw** *dat* **~ zollen** elogiar a alguien/algo

Trichter ['trɪçtɐ] *m* <-s, -> **1.** (*zum Einfüllen*) embudo *m* **2.** (*Schall~*) bocina *f;* (*an Musikinstrumenten*) pabellón *m*

Trick [trɪk] *m* <-s, -s> truco *m;* **Trickfilm** *m* dibujos *mpl* animados

trieb [tri:p] *3. imp von* **treiben**

Trieb [tri:p] *m* <-(e)s, -e> **1.** (PSYCH, BIOL) impulsión *f;* (*Instinkt*) instinto *m* **2.** (BOT) brote *m*

Triebkraft *f* fuerza *f* motriz; **Triebtäter** *m* delincuente *m* sexual; **Triebwerk** *nt* (*a.* AERO) motores *mpl*

triefen ['tri:fən] <trieft, triefte *o* troff, getrieft *o* getroffen> *vi* **1.** *sein* (*rinnen*) chorrear (*aus/von +dat* por/de) **2.** *haben* (*nass sein*) estar empapado (*von/vor* de/por); **sie war ~d nass** estaba calada hasta los huesos

trifft [trɪft] *3. präs von* **treffen**

triftig ['trɪftɪç] *adj* (*überzeugend*) convincente; (*begründet*) bien fundado

Trikot [tri'ko:] *nt* <-s, -s> camiseta *f*

Trillerpfeife *f* pito *m*

trimmen ['trɪmən] **I.** *vt* (*durch Sport*) entrenar; (*Hund, Rasen: scheren*) esquilar **II.** *vr:* **sich** ~ mantenerse en forma

trinken ['trɪŋkən] <trinkt, trank, getrunken> *vi, vt* beber (*aus +dat* de/por, *auf+akk* a); (*Kaffee, Tee*) tomar; **aus der Flasche** ~ beber de la botella; **auf jds Wohl** ~ beber a la salud de alguien

Trinker(in) *m(f)* <-s, -; -nen> bebedor(a) *m(f)*

Trinkgeld *nt* <-(e)s, -er> propina *f;*

> Dado que en el sector servicios los salarios de los empleados son con frecuencia bastante bajos, dejar **Trinkgeld**, si se está contento con el servicio recibido, es normal y esperado, aunque no obligatorio. En cafeterías o restaurantes la propina suele alcanzar del 5 al 10% del total de la cuenta, en Austria hasta un 15%.

Trinkwasser *nt* <-s, -wässer> agua *f* potable; **kein ~!** ¡no potable!

Trio ['tri:o] *nt* <-s, -s> trío *m*

Trip [trɪp] *m* <-s, -s> (*fam*) **1.** (*Reise*) excursión *f* **2.** (*durch Drogen*) pedal *m;* **auf einem ~ sein** flipar

tritt [trɪt] *3. präs von* **treten**

Tritt [trɪt] *m* <-(e)s, -e> puntapié *m;* **jdm einen ~ versetzen** dar un puntapié a alguien

Trittbrett *nt* estribo *m*

Triumph [tri'ʊmf] *m* <-(e)s, -e> triunfo *m;* **einen ~ erringen** triunfar

triumphieren* [triʊm'fi:rən] *vi* triunfar (*über+akk* sobre)

trivial [tri'vja:l] *adj* trivial

trocken ['trɔkən] *adj* seco

Trockenheit *f* <-en> aridez *f;* (*Dürrezeit*) sequía *f*

trocken|legen *vt* (*Sumpf*) drenar; **Trockenmilch** *f* leche *f* en polvo; **Trockenzeit** *f* (temporada *f* de) sequía *f*

trocknen ['trɔknən] **I.** *vi sein* secarse **II.** *vt haben* secar

Trockner *m* <-s, -> secadora *f*

Trödel ['trø:dəl] *m* <-s, *ohne pl*> (*fam*) cachivaches *mpl;* **Trödelmarkt** *m* mercadillo

trödeln ['trø:dəln] *vi* (*fam a. abw*) perder el tiempo, demorarse (mucho) *Am*

troff [trɔf] *3. imp von* **triefen**

trog [tro:k] *3. imp von* **trügen**

Trog [tro:k, 'trø:gə] *m* <-(e)s, Tröge> artesa *f*, canoa *f Am*

Trommel ['trɔməl] *f* <-n> tambor *m;* **Trommelfell** *nt* tímpano *m*

trommeln *vi* tocar el tambor; (*mit den Fingern*) tamborilear (*auf+dat* sobre)

Trommler(in) ['trɔmlɐ] *m(f)* <-s, -; -nen> tamborilero, -a *m, f*

Trompete [trɔm'pe:tə] *f* <-n> trompeta *f*

trompeten* [trɔm'pe:tən] *vi* tocar la trompeta; (*Elefant*) barritar

Tropen ['tro:pən] *pl* trópicos *mpl*

Tropf [trɔpf] *m* <-(e)s, -e> gotero *m* intravenoso; **am ~ hängen** (*fam*) tener el gotero puesto

tropfen ['trɔpfən] *vi* gotear

Tropfen *m* <-s, -> gota *f;* **das ist (nur) ein ~ auf den heißen Stein** (*fam*) (sólo) es una gota en medio del océano

Trophäe [tro'fɛ:ə] *f* <-n> trofeo *m*

tropisch ['tro:pɪʃ] *adj* tropical

Trost [tro:st] *m* <-(e)s, *ohne pl*> consuelo *m;* **nicht ganz bei ~ sein** (*fam*) no estar muy bien de la cabeza

trösten ['trø:stən] *vt, vr:* **sich ~** consolar(se)

tröstlich ['trø:stlɪç] *adj* consolador

trostlos *adj* (*Person*) desconsolado; (*Ding, Zustand*) desesperante

Trott [trɔt] *m* <-(e)s, -e> **1.** (*Gangart*) trote *m* **2.** (*Routine*) rutina *f;* **(wieder) in den alten ~ verfallen** caer (de nuevo) en la vieja rutina

Trottel ['trɔtəl] *m* <-s, -> (*fam abw*) imbécil *mf*

trotz *präp +gen/dat* a pesar de; **~ alle(de)m** a pesar de todo

Trotz *m* <-es, *ohne pl*> obstinación *f;* **aus ~** por despecho; **allen Warnungen zum ~** a pesar de todas las advertencias; **Trotzalter** *nt* edad *f* del pavo

trotzdem ['--, -'-] *konj* no obstante

trotzen ['trɔtsən] *vi* **1.** (*Kind*) emperrarse, estar de morros *fam* **2.** (*geh: widerstehen*) hacer frente (a)

trotzig *adj* obstinado

trüb(e) [try:p, 'try:bə] *adj* **1.** (*Flüssigkeit*) turbio; (*Glas, Licht*) opaco; (*Farbe*) apagado **2.** (*Tag*) nublado; (*Himmel*) cubierto; (*Wetter*) nuboso **3.** (*Stimmung*) melancólico; **im Trüben fischen** (*fam*) pescar en río revuelto

Trubel ['tru:bəl] *m* <-s, *ohne pl*> barullo *m*

trüben ['try:bən] **I.** *vt* **1.** (*Flüssigkeit*) enturbiar; (*Glas*) empañar; **kein Wässerchen ~ können** (*fam*) no haber roto nunca un plato **2.** (*Freude*) nublar **II.** *vr:* **sich ~ 1.** (*Flüssigkeit, Stimmung*) enturbiarse; (*Glas*) empañarse; (*Bewusstsein*) nublarse **2.** (*Himmel*) oscurecerse

Trübsal *f* (*geh: Schwermut*) melancolía *f;* **~ blasen** (*fam*) estar triste

trübselig *adj* melancólico; (*düster*) lóbrego

trübsinnig *adj* melancólico; (*bekümmert*) afligido

Trüffel ['trʏfəl] *f* <-n> trufa *f*

trug [tru:k] *3. imp von* **tragen**

trügen ['try:gən] <trügt, trog, getrogen> *vi, vt* engañar; **wenn mich nicht alles trügt** si no me equivoco

trügerisch ['try:gərɪʃ] *adj* engañoso

Trugschluss[RR] *m* conclusión *f* errónea

Truhe ['tru:ə] *f* <-n> arca *f*

Trümmer ['trʏmɐ] *pl* ruinas *fpl;* (*Schutt*) escombros *mpl;* **etw liegt in ~n** algo está en ruinas

Trumpf [trʊmpf] *m* <-(e)s, Trümpfe> triunfo *m;* **seinen letzten ~ ausspielen** (*fig*) quemar el último cartucho; **einen ~ in der Hand haben** (*fig*) tener un as en la manga

Trunkenbold [-bɔlt] *m* <-(e)s, -e> (*abw*) borracho, -a *m, f*

Trunkenheit *f* embriaguez *f*

Trunksucht *f ohne pl* alcoholismo *m*

Truppe ['trʊpə] *f* <-n> (MIL) tropa *f;* (*Schauspiel~*) compañía *f*

Truthahn, -henne ['tru:t-] *m, f* pavo, -a *m, f*

Tscheche, -in ['tʃɛçə] *m, f* <-n, -n; -nen> checo, -a *m, f*

Tschechien ['tʃɛçiən] *nt* <-s> Chequia *f*

tschechisch *adj* checo; **Tschechische Republik** República Checa

Tschechoslowakei [-slova'kaɪ] *f* Checoslovaquia *f*

tschüs *interj,* **tschüss**[RR] [tʃʏs] *interj* hasta luego, chau *Am*

T-Shirt ['ti:ʃœ:t] *nt* <-s, -s> camiseta *f*, polera *f Am*

TU [te:'ʔu:] *f* <-s> *Abk. von* **Technische**

T

Universität Universidad *f* Técnica

Tube ['tu:bə] *f* <-n> tubo *m*

Tuberkulose [tubɛrku'lo:zə] *f* <-n> tuberculosis *f inv*

Tübingen ['ty:bɪŋən] *nt* <-s> Tubinga *f*

Tuch[1] [tu:x] *nt* <-(e)s, -e> (*Stoff*) paño *m*

Tuch[2] [tu:x] *nt* <-(e)s, Tücher> (*Hals~, Kopf~*) pañuelo *m;* (*Wisch~*) trapo *m;* (*für Stierkampf*) capote *m*

tüchtig ['tʏçtɪç] *adj* aplicado

Tücke ['tʏkə] *f* <-n> **1.** (*Mangel*) defecto *m* **2.** *ohne pl* (*Bosheit*) malicia *f*

tückisch ['tʏkɪʃ] *adj* (*boshaft*) malicioso; (*unberechenbar*) imprevisible; (*gefährlich*) peligroso

Tugend ['tu:gənt] *f* <-en> virtud *f;* **tugendhaft** *adj* virtuoso

Tüll [tʏl] *m* <-s, -e> tul *m*

Tulpe ['tʊlpə] *f* <-n> tulipán *m*

tummeln ['tʊməln] *vr:* **sich** ~ corretear

Tumor [tu'mo:ɐ] *m* <-s, -en> tumor *m*

Tümpel ['tʏmpəl] *m* <-s, -> charca *f*

Tumult [tu'mʊlt] *m* <-(e)s, -e> tumulto *m*

tun [tu:n] <tut, tat, getan> *vi, vt* hacer; **gut** ~ sentar bien; **wohl** ~ (*geh*) sentar bien; **ich habe noch zu** ~ todavía tengo que hacer; **damit ist es nicht getan** con esto no basta; **was kann ich für Sie ~?** ¿en qué puedo ayudarle?; **wir haben es hier mit einem Mörder zu** ~ nos enfrentamos a un asesino; **er bekam es mit der Angst zu** ~ le entró miedo; **damit habe ich nichts zu** ~ no tengo nada que ver con ello; **so ~, als ob …** hacer como si… *+subj*

Tuner ['tju:nɐ] *m* <-s, -> sintonizador *m*

Tunesien [tu'ne:ziən] *nt* <-s> Túnez *m*

Tunfisch[RR] *m s.* **Thunfisch**

Tunnel ['tʊnəl] *m* <-s, -(s)> túnel *m*

Tupfen ['tʊpfən] *m* <-s, -> (*Fleck*) mancha *f;* (*Punkt*) punto *m;* (*auf Stoff*) lunar *m*

Tupfer *m* <-s, -> **1.** (*fam: Punkt*) punto *m;* (*auf Stoff*) lunar *m* **2.** (*Wattebausch*) torunda *f*

Tür [ty:ɐ] *f* <-en> puerta *f;* **kurz vor der ~ stehen** (*fig*) estar a la vuelta de la esquina; **jdn vor die ~ setzen** (*fam*) poner a alguien de patitas en la calle; **mit der ~ ins Haus fallen** (*fam*) ir directamente al grano; **zwischen ~ und Angel** (*fam*) a toda prisa

Turban ['tʊrba:n] *m* <-s, -e> turbante *m*

Turbine [tʊr'bi:nə] *f* <-n> turbina *f*

turbulent [tʊrbu'lɛnt] *adj* turbulento

Türke, -in ['tʏrkə] *m, f* <-n, -n; -nen> turco, -a *m, f*

Türkei [-'-] *f* Turquía *f*

türkis *adj inv* (de color) turquesa

türkisch *adj* turco

Türklinke *f* pestillo *m* de la puerta

Turm [tʊrm] *m* <-(e)s, Türme> (*Bauwerk, Schachfigur*) torre *f;* (*Glocken~*) campanario *m*

türmen ['tʏrmən] **I.** *vt haben* amontonar **II.** *vi sein* (*fam*) poner pies en polvorosa **III.** *vr:* **sich** ~ acumularse

turnen *vi, vt* hacer gimnasia

Turnen ['tʊrnən] *nt* <-s, *ohne pl*> gimnasia *f;* (*Turnunterricht*) (clase *f* de) educación *f* física

Turner(in) *m(f)* <-s, -; -nen> gimnasta *mf*

Turnhalle *f* gimnasio *m*

Turnier [tʊr'ni:ɐ] *nt* <-s, -e> torneo *m;* (*Wettkampf*) competición *f*

Turnschuh *m* tenis *m inv,* zapatilla *f Am*

Turnus ['tʊrnʊs] *m* <-, -se> turno *m;* **im ~ von drei Jahren** cada tres años

Tusche ['tʊʃə] *f* <-n> tinta *f* china

tuscheln ['tʊʃəln] *vi, vt* (*fam a. abw*) cuchichear

Tussi ['tʊsi] *f* <-s> (*fam abw*) tía *f* exagerada

tut [tu:t] *3. präs von* **tun**

Tüte ['ty:tə] *f* <-n> bolsa *f;* **Suppe aus der** ~ sopa de sobre; **das kommt nicht in die ~!** (*fam*) ¡ni hablar del peluquín!

tuten ['tu:tən] *vi* tocar la bocina, pitar *Am;* **von Tuten und Blasen keine Ahnung haben** (*fam*) no saber ni jota

TÜV [tʏf] *m* <-, *ohne pl*> *Abk. von* **Technischer Überwachungs-Verein** ITV *f*

> Las siglas **TÜV** se corresponden con la expresión **Technischer Überwachungs-Verein**. Cualquier vehículo que quiere ser autorizado a circular por la vía pública tiene que pasar por la ITV. Si en el control técnico se comprueba que el vehículo está en buenas condiciones y no tiene nada defectuoso, se le entrega la etiqueta de la ITV que tiene una validez de dos años y debe ser colocada en la matrícula trasera.

Typ [ty:p] *m* <-s, -en> **1.** (*Art*) tipo *m;* **er ist nicht mein** ~ (*fam*) no es mi tipo **2.** (*fam: Mann*) tío *m*

Type ['ty:pə] *f* <-n> (TYPO) letra *f* de molde;

(*fam: Mensch*) tipejo, -a *m, f*
Typhus ['ty:fʊs] *m* <-, *ohne pl*> tifus *m inv* (vulgar)
typisch ['ty:pɪʃ] *adj* típico (*für* +*akk* de)
Tyrann(in) [ty'ran] *m(f)* <-en, -en; -nen> tirano, -a *m, f*
tyrannisch *adj* tiránico
tyrannisieren* [tyrani'zi:rən] *vt* tiranizar

U

U, u [u:] *nt* <-, -> U, u *f*
u. *Abk. von* **und** y
u. a. 1. *Abk. von* **und andere(s)** y más 2. *Abk. von* **unter anderem/anderen** entre otros
U-Bahn ['u:ba:n] *f* metro *m*
übel ['y:bəl] I. *adj* <übler, am übelsten> (*schlecht*) mal(o); (*unangenehm*) desagradable; **mir wird ~** me dan náuseas; **ein übler Bursche** un tipo de cuidado; **nicht ~** (*fam*) bastante bien II. *adv* mal; **~ dran sein** estar en una situación difícil; **jdm ~ mitspielen** jugarle una mala pasada a alguien
Übel *nt* <-s, -> mal *m;* **zu allem ~ ...** para colmo de males...
übelgelaunt *adj s.* **gelaunt**
Übelkeit *f* náuseas *fpl;* **~ erregend** nauseabundo
übel|nehmen *irr vt s.* **nehmen 7.**
übelriechend *adj s.* **riechen**
Übeltäter(in) *m(f)* malhechor(a) *m(f)*
üben ['y:bən] *vi, vt* practicar; **mit geübtem Auge** con ojo experto; **sich in etw** *dat* **~** iniciarse en algo
über ['y:bɐ] I. *präp* +*dat* sobre; **zwei Grad ~ Null** dos grados sobre cero; **~ jdm stehen** estar por encima de alguien; **~ all der Aufregung habe ich ganz vergessen, dass ...** debido a todo el jaleo olvidé por completo que... II. *präp* +*akk* 1. (*räumlich*) por; **nach Münster ~ Dortmund** a Münster vía Dortmund; **~ die Straße gehen** cruzar la calle; **~ die Grenze fahren** pasar la frontera; **~ eine Mauer springen** saltar un muro 2. (*zeitlich*): **~ Nacht** durante la noche; **~ 3 Jahre** más de 3 años; **~ ... hinaus** más allá de... 3. (*von, betreffend*) acerca de; **was wissen Sie ~ ihn?** ¿qué sabe Ud. sobre él? 4. (*in Höhe von*) por; **ein Scheck ~ 4000 Mark** un cheque por valor de 4000 marcos; **ein Rennen ~ 2000 Meter** una carrera de 2000 metros 5. (*von mehr als*) de más de; **Kinder ~ 12 Jahre** niños de más de 12 años 6. (*mittels*) por medio de; **~ ein Inserat** por medio de un anuncio 7. (*Überordnung*): **~ jdn herrschen** reinar sobre alguien 8. (*vor, wichtiger als*): **es geht nichts ~ Fußball** no hay nada mejor que el fútbol; **jdn/etw ~ alles lieben** querer a alguien/algo más que a nadie/nada III. *adv* 1. (*mehr als*) (de) más de; **~ zwei Meter lang** de más de dos metros de largo 2. (*Zeitraum*): **die ganze Zeit ~** durante todo el tiempo
überall ['y:bɐ'ʔal] *adv* por todas partes; **~ in Deutschland** en toda Alemania; **überallher** ['---'-] *adv* de todas partes; **überallhin** ['---'-] *adv* a todas partes
überanstrengen* I. *vt* cansar excesivamente II. *vr:* **sich ~** hacer un esfuerzo excesivo
überarbeiten* I. *vt* revisar II. *vr:* **sich ~** trabajar en exceso
überaus ['---, --'-] *adv* sumamente
Überbevölkerung *f ohne pl* superpoblación *f;* **überbewerten*** ['-----] *vt* sobrevalorar
überbieten* *irr* I. *vt* (*übertreffen*) sobrepujar (*an* +*dat, um* +*akk* en); (*Rekord*) batir; **nicht zu ~ sein** ser insuperable II. *vr:* **sich ~** superarse (*an* +*dat* en)
Überbleibsel ['y:bɐblaɪpsəl] *nt* <-s, -> (*fam*) resto *m*
Überblick ['---] *m* <-(e)s, -e> (*über Zusammenhänge*) visión *f* de conjunto; **den ~ verlieren** perder la orientación; **sich** *dat* **einen ~ über etw verschaffen** hacerse una idea general de algo; **überblicken*** *vt* 1. (*sehen*) abarcar con la vista 2. (*Zusammenhänge*) comprender; (*Situation*) controlar
überboten *pp von* **überbieten**
überbracht *pp von* **überbringen**
überbringen* *irr vt* (*geh*) entregar; (*Nachricht*) transmitir

überbrücken* *vt* (*Frist*) franquear; (*Gegensätze*) superar; (ELEK) puentear

überdacht *pp von* **überdenken**

überdauern* *vt* perdurar

überdecken* *vt* **1.** (*bedecken*) cubrir (*mit* de) **2.** (*verdecken*) ocultar

überdenken* *irr vt* reflexionar (sobre)

überdies [--'-] *adv* aparte de eso

überdimensional *adj* enorme, gigantesco

Überdosis *f* sobredosis *f inv* (*an* +*dat* de)

überdreht *adj* (*fam*) sobreexcitado

Überdruss[RR] ['y:bɐdrʊs] *m* <-es, *ohne pl*> tedio *m* (*an* +*dat* por); **bis zum ~** hasta la saciedad

überdrüssig ['y:bɐdrʏsɪç] *adj:* **jds/etw** *gen* **~ werden** hartarse de alguien/algo

überdurchschnittlich *adj* superior al promedio

übereilen* *vt* precipitar

übereilt *adj* (*Aufbruch*) precipitado; (*Entschluss*) irreflexivo

übereinander [---'--] *adv* **1.** (*räumlich*) uno encima del otro; **~ legen** poner encima de otro; **~ schlagen** (*Arme, Beine*) cruzar **2.** (*von sich*) uno del otro; **übereinander|legen** *vt s.* **übereinander 1.**; **übereinander|schlagen** *irr vt s.* **übereinander 1.**

überein|kommen [y:bɐ'ʔaɪn-] *irr vi sein* (*geh*) convenir (*zu* +*dat* en)

Übereinkommen *nt* <-s, -> acuerdo *m;* **ein ~ erzielen** llegar a un acuerdo

überein|stimmen [y:bɐ'ʔaɪn-] *vi* **1.** (*einer Meinung sein*) estar de acuerdo (*in* +*dat* sobre) **2.** (*gleich sein*) coincidir (*in* +*dat* en)

übereinstimmend *adj* (*einhellig*) unánime; (*gleich*) idéntico; **sie erklärten ~, dass ...** declararon unánimemente que...

Übereinstimmung *f* <-en> coincidencia *f;* (*Einklang*) armonía *f;* (*von Meinungen*) consenso *m;* **in ~ mit ...** acorde con...

überempfindlich *adj* hipersensible

überfahren* *irr vt* (*Person, Tier*) atropellar; (*Ampel*) saltar(se)

Überfall ['---] *m* <-(e)s, -fälle> asalto *m* (*auf* +*akk* a); **überfallen*** *irr vt* **1.** (*angreifen*) atacar; (*Bank, Person*) asaltar; (*bewaffnet*) atracar; **jdn mit Fragen ~** acosar a alguien con preguntas **2.** (*Müdigkeit, Gefühle*) acometer; (*überraschend*) coger desprevenido

überfällig *adj* **1.** (*Verkehrsmittel*) retrasado, con retraso **2.** (*Rate*) vencido; (*Entschuldigung*) tardío

überfliegen* *irr vt* **1.** (*mit dem Flugzeug*) sobrevolar **2.** (*Text*) echar una ojeada (a)

überflogen *pp von* **überfliegen**

Überfluss[RR] *m* <-es, *ohne pl*> (super)abundancia *f* (*an* +*dat* de); **im ~ leben** vivir en la abundancia; **zu allem ~** para colmo

überflüssig *adj* superfluo; **sich** *dat* **~ vorkommen** sentirse de más

überfordern* *vt* exigir demasiado (de); **ich bin mit dieser Arbeit überfordert** este trabajo me exige demasiado

Überfremdung [--'--] *f* <-en> extranjerización *f*

überfüllt [--'-] *adj* repleto

Übergabe ['----] *f* <-n> entrega *f*

Übergang ['---] *m* <-(e)s, -gänge> **1.** (*über einen Fluss*) puente *m;* (*über ein Bahngleis*) paso *m* a nivel; (*über einen Berg*) paso *m* **2.** (*von Besitz*) traspaso *m* (*zu* +*dat* a)

übergangen *pp von* **übergehen**[1]

Übergangslösung *f* solución *f* transitoria

übergeben* *irr* **I.** *vt* entregar; (*Angelegenheit*) poner en manos (de); (*Amt*) transferir; (*Geschäft*) traspasar **II.** *vr:* **sich ~** vomitar

übergehen*[1] *irr vt* pasar por alto; **sich übergangen fühlen** sentirse ignorado

über|gehen[2] *irr vi sein* **1.** (*Besitzer wechseln*) pasar (*auf* +*akk* a) **2.** (*sich verwandeln*) convertirse (*in* +*akk* en); **die Farben gehen ineinander über** los colores se esfuman uno en el otro

übergeordnet *adj* de mayor importancia

übergeschnappt ['y:bɐgəʃnapt] *adj* (*fam*) chiflado

Übergewicht *nt* <-(e)s, *ohne pl*> exceso *m* de peso

überglücklich *adj* loco de alegría

über|greifen *irr vi* extenderse (*auf* a); (*Feuer*) propagarse (*auf* a)

Übergriff *m* <-(e)s, -e> intrusión *f* (*auf* en)

überhand[RR] [y:bɐ'hant] *adv:* **~ nehmen** aumentar excesivamente; **überhand|nehmen** *irr vi s.* **überhand**

überhäufen* *vt* colmar (*mit* +*dat* de); **jdn mit Vorwürfen ~** abrumar a alguien con reproches

überhaupt [y:bɐ'haʊpt, '---] *adv* **1.** (*im Allgemeinen*) en general **2.** (*eigentlich*) en realidad 3. (bei Verneinung): ~ nicht en absoluto; ~ keine Möglichkeit ninguna posibilidad 4. (überdies) además; wenn ~, dann ... dado el caso, entonces...

überheblich [yːbɐ'heːplɪç] adj presuntuoso

überholen* vt (Fahrzeug) adelantar; (überprüfen) revisar, chequear Am

überholt [--'-] adj anticuado

überhören* vt no oír; (absichtlich) pasar por alto; das möchte ich überhört haben prefiero pasarlo por alto

überirdisch adj sobrenatural

überlassen* irr vt: jdm etw ~ (abgeben) dejar algo a alguien; (anvertrauen) confiarle algo a alguien; es ist dir ~, das zu entscheiden es cosa tuya decidirlo; überlass das bitte mir! ¡déjamelo a mí!; jdn sich dat selbst ~ abandonar a alguien

überlasten* vt sobrecargar; sie ist überlastet está agobiada de trabajo

überlaufen[1] irr vt (Gefühl) sentir; (Angst) invadir; es überlief ihn (heiß und) kalt le dieron escalofríos

über|laufen[2] irr vi sein 1. (Flüssigkeit) desbordarse; ineinander ~ (Farben) mezclarse 2. (die Seiten wechseln) pasarse (zu +dat a); zum Feind ~ pasarse a las filas enemigas

überleben* I. vi sobrevivir; (Dinge) perdurar II. vt sobrevivir (a)

Überlebende(r) [--'---] mf <-n, -n; -n> superviviente mf

überlegen[1] I. adj superior; jdm (in/an etw dat) ~ sein ser superior a alguien (en algo) II. adv con aire de superioridad

überlegen*[2] vi, vt reflexionar (sobre); wohl überlegt handeln obrar con mesura; ich habe es mir anders überlegt he cambiado de opinión; ich werde es mir ~ me lo pensaré

Überlegenheit f superioridad f (in +dat en)

Überlegung [--'--] f <-en> reflexión f; (Erwägung) consideración f

Überlieferung f <-en> (Tradition) tradición f

überlisten* vt engañar

überm ['yːbɐm] (fam) = über dem s. über

Übermacht f ohne pl (Überlegenheit) superioridad f; (Vorherrschaft) predominio m; übermächtig adj 1. (Institution) prepotente; (Gegner) superior 2. (Gefühl) fuerte; (Verlangen) irresistible

Übermaß nt <-es, ohne pl> exceso m (an/von +dat de); etw im ~ haben tener algo en abundancia; im ~ excesivamente; übermäßig I. adj excesivo II. adv (zu viel) demasiado

übermenschlich adj sobrehumano

übermitteln* vt transmitir

übermorgen ['----] adv pasado mañana

übermüdet [--'--] adj agotado, hecho polvo fam

Übermut m <-(e)s, ohne pl> (Fröhlichkeit) alegría f desbordante; (Mutwille) travesura f

übermütig adj (fröhlich) loco de alegría; (mutwillig) travieso

übern ['yːbɐn] (fam) = über den s. über

übernächste(r, s) adj subsiguiente; in der ~n Woche dentro de dos semanas; ~n Sonntag el domingo de la semana que viene

übernachten* vi pasar la noche (in +dat en, bei +dat en casa de) fam

Übernahme ['----] f toma f; (eines Amts) toma f de posesión; (einer Methode, Meinung) adopción f; (von Verantwortung) asunción f

übernatürlich ['-----] adj sobrenatural

übernehmen* irr I. vt 1. (Geschäft, Aufgabe) encargarse (de); (Amt) tomar posesión (de); (Kosten) correr (con); (Methode) adoptar; (Verantwortung) asumir 2. (entgegennehmen) recibir; (annehmen) aceptar II. vr: sich ~ excederse

übernommen pp von übernehmen

überprüfen* vt 1. (kontrollieren) revisar; (amtlich) controlar 2. (INFOR) chequear

überqueren* vt cruzar

überragen* vt (an Größe) descollar (por encima de); (Person) superar en altura (um +akk)

überragend [--'--] adj extraordinario

überraschen* [yːbɐ'raʃən] vt sorprender

überraschend [--'--] I. adj sorprendente, sorpresivo Am; (unerwartet) inesperado II. adv inesperadamente; das kam für mich völlig ~ me cogió totalmente de sorpresa

Überraschung [yːbɐ'raʃʊŋ] f <-en> sorpresa f

überreden* vt persuadir; sich ~ lassen dejarse convencer

überreichen* vt entregar; überreicht von ... cortesía de...

Überreste mpl 1. (Zurückgebliebenes) restos *mpl;* **die sterblichen** ~ los restos mortales **2.** (*Ruinen*) ruinas *fpl*

überrumpeln* *vt* coger de sorpresa, sorprender

übers ['y:bɐs] (*fam*) = **über das** *s.* **über**

überschatten* *vt* (*trüben*) empañar

überschätzen* *vt* sobrevalorar

überschaubar *adj* (*Kosten, Risiko*) apreciable; (*Firma*) abarcable

überschlafen* *irr vt* consultar con la almohada *fam*

überschlagen* *irr* **I.** *vt* (*schätzen*) calcular aproximadamente **II.** *vr:* **sich** ~ **1.** (*Fahrzeug*) volcar, voltearse *Am;* **ihre Stimme überschlug sich** soltó un gallo **2.** (*Ereignisse*) precipitarse

über|schnappen *vi sein* (*fam*) volverse loco

überschneiden* *irr vr:* **sich** ~ (*Linien*) (entre)cruzarse; (*Termine*) coincidir

überschnitten *pp von* **überschneiden**

überschreiben* *irr vt* **1.** (*übertragen*) transferir (*auf* a); (*Geschäft*) traspasar (*auf* a) **2.** (*betiteln*) titular **3.** (INFOR: *Datei*) sobreescribir

überschreiten* *irr vt* (*Anzahl*) pasar (de); (*Kräfte, Fähigkeiten*) superar; (*Befugnisse*) abusar (de); (*Geschwindigkeit*) rebasar; (*überqueren*) atravesar

überschrieben *pp von* **überschreiben**

Überschrift *f* <-en> título *m*

überschritten *pp von* **überschreiten**

Überschuss[RR] *m* <-es, -schüsse> excedente *m*

überschütten* *vt* **1.** (*bedecken*) cubrir (*mit* +*dat* con/de) **2.** (*überhäufen*) colmar (*mit* +*dat* de); **jdn mit Fragen** ~ acosar a alguien a preguntas

überschwänglich[RR] ['y:bɐʃvɛŋlɪç] *adj* exaltado

Überschwemmung [--'--] *f* <-en> inundación *f*

überschwenglich *adj s.* **überschwänglich**

Übersee ['---] *f:* **aus** ~ de ultramar

übersehen* *irr vt* **1.** (*Gegend*) abarcar con la vista **2.** (*Zusammenhänge sehen*) entender; (*Folgen*) calcular; **soweit ich die Angelegenheit übersehe, ...** según tengo entendido... **3.** (*nicht sehen*) no ver; (*absichtlich*) pasar por alto; **etw stillschweigend** ~ hacer caso omiso de algo

übersetzen* *vt* traducir (*von/aus* +*dat* de, *in* +*akk* a)

Übersetzer(in) [--'--] *m(f)* <-s, -; -nen> traductor(a) *m(f)*

Übersetzung [--'--] *f* <-en> traducción *f*

Übersicht ['---] *f* <-en> **1.** (*Überblick*) visión *f* general (*über* +*akk* de); (*über Zusammenhänge*) visión *f* de conjunto (*über* +*akk* de) **2.** (*Resümee*) resumen *m* (*über* +*akk* de)

übersichtlich *adj* **1.** (*räumlich*) fácil de abarcar (con la vista); (*Gelände*) abierto **2.** (*deutlich*) claro

überspielen* *vt* (RADIO, TV) grabar (*auf* +*akk* en); (*verstecken*) disimular

überspitzt [--'-] *adj* exagerado

überspringen*[1] *irr vt* **1.** (*Hindernis*) saltar; **eine Pfütze** ~ saltar un charco **2.** (*auslassen*) saltarse

über|springen[2] *irr vi sein* (*übergehen*) saltar (*auf* +*akk* a); (*Feuer*) pasar (*auf* +*akk* a); (*Begeisterung*) transmitirse (*auf* +*akk* a); (*Infektion*) extenderse (*auf* +*akk* a)

übersprungen *pp von* **überspringen**[1]

überstanden *pp von* **überstehen**

überstehen* *irr vt* (*hinter sich bringen*) superar; **das Schlimmste ist jetzt überstanden** lo peor ya pasó

übersteigen* *irr vt* **1.** (*Zaun*) pasar por encima (de) **2.** (*übertreffen*) exceder; **das überstieg alle unsere Erwartungen** superó todas nuestras expectativas

überstiegen *pp von* **übersteigen**

überstrapazieren* *vt* desgastar en exceso; **ich möchte ihre Geduld nicht** ~ no quiero acabar con su paciencia

Überstunde *f* <-n> hora *f* extra; **~n machen** hacer horas extraordinarias

überstürzen* *vt, vr:* **sich** ~ precipitar(se)

übertragen* *irr* **I.** *vt* **1.** (*Begeisterung, Krankheit, a.* RADIO, TV, TECH) transmitir (*auf* +*akk* a); **live** ~ transmitir en directo **2.** (*anwenden*) aplicar (*auf* +*akk* a); **in ~er Bedeutung** en sentido figurado **3.** (*Besitz*) transferir; (*Verantwortung*) conferir; (*Vollmacht*) otorgar; (*Aufgabe*) asignar **4.** (*abschreiben*) copiar **II.** *vr:* **sich** ~ transmitirse (*auf* +*akk* a)

übertreffen* *irr vt, vr:* **sich** ~ superar(se); **sich selbst mit etw** *dat* ~ superarse a sí mismo con algo

übertreiben* *irr vi, vt* exagerar

Übertreibung [--'--] *f* <-en> exageración *f*

übertreten*[1] *irr vt* (*Grenze*) pasar; (*Ge-

setz) transgredir

über|treten² *irr vi sein* **1.** (*Gewässer*) desbordarse **2.** (*zu einer Religion*) convertirse (*zu +dat* a); **zum Islam** ~ convertirse al islam

übertrieben [y:bɐ'tri:bən] **I.** *pp von* **übertreiben II.** *adj* exagerado; (*Preise*) exorbitante **III.** *adv* en exceso

übertroffen *pp von* **übertreffen**

überwachen* *vt* (*beobachten*) vigilar; (*kontrollieren*) controlar; (*mit Monitor*) monitorizar

überwältigen* [y:bɐ'vɛltɪgən] *vt* **1.** (*bezwingen*) vencer **2.** (*beeindrucken*) impresionar; (*Angst*) apoderarse (de)

überwältigend [--'---] *adj* impresionante; (*großartig*) grandioso; (*Mehrheit*) abrumador

überweisen* *irr vt* (*Geld*) transferir; (*Patient*) mandar (*zu +dat* a)

Überweisung [--'--] *f* <-en> (*von Geld*) transferencia *f;* (*vom Arzt*) volante *m* médico

überwiegen* *irr vi* predominar

überwiegend *adv* principalmente

überwiesen *pp von* **überweisen**

überwinden* *irr* **I.** *vt* (*Misstrauen, Hindernis*) superar; (*Gegner*) vencer **II.** *vr:* **sich** ~ **etw zu tun** hacer un esfuerzo para hacer algo

Überwindung [--'--] *f ohne pl* **1.** (*einer Schwierigkeit*) superación *f* **2.** (*Selbst~*) esfuerzo *m;* **es kostete ihn große ~, dorthin zu gehen** tuvo que hacer un gran esfuerzo para ir allí

überwogen *pp von* **überwiegen**

überwunden *pp von* **überwinden**

Überzahl *f ohne pl* mayoría *f*

überzählig ['y:bɐtsɛ:lɪç] *adj* excedente; ~ **sein** sobrar

überzeugen* *vt, vr:* **sich** ~ convencer(se) (*von +dat* de); **von sich** *dat* **überzeugt sein** estar seguro de sí mismo

überzeugend *adj* convincente; (*Beweis*) contundente

Überzeugung [--'--] *f* <-en> convencimiento *m,* (*fester Glaube*) convicción *f;* **politische** ~ convicciones políticas

überziehen*¹ *irr vt* **1.** (*bedecken*) cubrir (*mit* de); (*mit Stoff*) revestir (*mit* de); (*mit Schokolade*) bañar (*mit* con) **2.** (*Konto*) dejar al descubierto; **er hat sein Konto um 2.000 DM überzogen** tiene una deuda de 2.000 marcos en el banco **3.** (*Zeit*) rebasar (la hora) (*um* por) **4.** (*mit Forderungen, Prozessen*) exagerar; (*mit Krieg*) invadir

über|ziehen² *irr vt* (*Kleidungsstück*) ponerse; **jdm eins** ~ pegar una torta a alguien

überzogen *pp von* **überziehen¹**

Überzug *m* <-(e)s, -züge> **1.** (*Schicht*) capa *f;* (*Glasur*) baño *m* **2.** (*Bezug*) funda *f;* (*Verkleidung*) revestimiento *m*

üblich ['y:plɪç] *adj* usual; **wie** ~ como siempre; **das ist hier so** ~ ésta es la costumbre aquí; **es ist bei uns ~, dass ...** acostumbramos a... *+inf*

U-Boot ['u:bo:t] *nt* submarino *m*

übrig ['y:brɪç] *adj* restante; ~ **bleiben** sobrar; **ihm bleibt nichts anderes ~, als ...** no tiene más remedio que...; ~ **lassen** dejar; **für jdn/etw nicht viel ~ haben** no simpatizar con alguien/algo; **im Übrigen** por lo demás; **die Übrigen** los demás; **ich habe noch 2.000 Peseten** ~ todavía me quedan 2.000 pesetas; **übrig|bleiben** *irr vi sein s.* **übrig**

übrigens ['y:brɪgəns] *adv* por cierto; (*beiläufig*) dicho sea de paso

übrig|lassen *irr vt s.* **übrig**

Übung ['y:bʊŋ] *f* <-en> **1.** (*a.* SPORT, MUS) ejercicio *m* **2.** *ohne pl* (*Erfahrung*) práctica *f;* **aus der ~ kommen** perder la práctica

UdSSR [u:de:ʔɛsʔɛs'ʔɛr] *f Abk. von* **Union der Sozialistischen Sowjetrepubliken** URSS *f*

Ufer ['u:fɐ] *nt* <-s, -> orilla *f;* **am** ~ en la orilla; **über die ~ treten** desbordarse; **uferlos** *adj* desmesurado

Ufo ['u:fo] *nt* <-s, -s> *Abk. von* **Unbekanntes Flugobjekt** ovni *m*

Uhr [u:ɐ] *f* <-en> **1.** (*Gerät*) reloj *m;* **die ~ aufziehen** dar cuerda al reloj; **rund um die ~** (*fam*) las 24 horas del día **2.** (*bei Zeitangabe*) hora *f;* **wie viel ~ ist es?** ¿qué hora es?; **es ist genau acht ~** son las ocho en punto; **neun ~ drei** las nueve y tres minutos; **Uhrmacher(in)** *m(f)* <-s, -; -nen> relojero, -a *m, f*

Uhrzeiger *m* aguja *f* de(l) reloj; **Uhrzeigersinn** *m* <-(e)s, *ohne pl*>: **im** ~ en el sentido de las agujas del reloj; **gegen den** ~ en sentido contrario a las agujas del reloj

Uhrzeit *f* hora *f*

Uhu ['u:hu] *m* <-s, -s> búho *m*

Ukraine [ukra'i:nə, u'kraɪnə] *f* Ucrania *f*

U

ukrainisch [ukra'iːnɪʃ, u'kraɪnɪʃ] *adj* ucrani(an)o

UKW [uːkaː'veː] *Abk. von* **Ultrakurzwelle** onda *f* ultracorta

ulkig *adj* (*fam*) **1.** (*lustig*) gracioso **2.** (*seltsam*) extraño

Ultimatum [ʊltɪ'maːtʊm] *nt* <-s, -s *o* Ultimaten> ultimátum *m;* **jdm ein ~ stellen** dar a alguien un ultimátum

Ultraschall *m* <-(e)s, *ohne pl*> ultrasonido *m;* **Ultraschalluntersuchung** *f* ecografía *f*

um [ʊm] **I.** *präp +akk* **1.** (*räumlich*): **~ ... (herum)** alrededor de; (*in der Nähe*) cerca de; **sie ging ~ den Tisch (herum)** dio una vuelta a la mesa; **er hat gern Freunde ~ sich** le gusta tener amigos a su alrededor; **~ die Ecke** a la vuelta de la esquina; **sie legte den Arm ~ ihn** le pasó el brazo por encima del hombro; **die Gegend ~ Freiburg** los alrededores de Friburgo; **sie schlug ~ sich** se puso a dar puñetazos a diestro y siniestro **2.** (*bei Uhrzeit*) a; **~ drei Uhr** a las tres **3.** (*ungefähr*) hacia; **sie kommt so ~ den Fünfzehnten** viene sobre el quince **4.** (*Wiederholung*) tras; **es verging Woche ~ Woche** pasó semana tras semana **5.** (*Differenz*) en; **sie ist ~ einiges überlegen** es bastante superior; **die Ausgaben ~ 10% senken** reducir los gastos en un 10% **6.** (*bezüglich*) de; **es geht ~s Geld** se trata del dinero **7.** (*wegen*) por; **~ keinen Preis** por nada del mundo; **sich ~ jdn kümmern** cuidar de alguien **II.** *präp +gen:* **~ ... willen** por...; **~ Himmels willen!** ¡cielos! **III.** *konj* **1.** (*final*): **~ ... zu** para *+inf* **2.** (*konsekutiv*): **~ ... zu** como para *+inf;* **er ist klug genug, ~ seinen Fehler zuzugeben** es lo suficientemente inteligente como para admitir su error **IV.** *adv* (*ungefähr*) aproximadamente

umarmen* *vt, vr:* **sich ~** abrazar(se)

Umbau *m* <-(e)s, -ten> reformas *fpl;* **um|bauen** *vt* reformar; **eine Wohnung zu einem Büro ~** transformar una vivienda en una oficina

um|benennen* *irr vt* cambiar de nombre

um|blättern *vi* volver la hoja

um|bringen *irr* **I.** *vt* matar (*durch +akk, mit +dat* a/con) **II.** *vr:* **sich ~** (*Selbstmord begehen*) suicidarse; (*übereifrig sein*) matarse (*vor +dat* por)

Umbruch *m* <-(e)s, -brüche> **1.** (*Wandel*) cambio *m* (radical); **etw ist im ~** algo está cambiando **2.** *ohne pl* (TYPO) compaginación *f*

um|denken *irr vi* cambiar su modo de pensar, reorientarse

um|drehen I. *vt haben* volver; (*Schlüssel*) dar vuelta (a); **jdm den Hals ~** retorcerle el cuello a alguien **II.** *vi haben o sein* dar la vuelta **III.** *vr:* **sich ~** volverse (*nach +dat* hacia); **mir dreht sich der Magen um** se me revuelve el estómago

Umdrehung [-'--] *f* <-en> vuelta *f;* (*um eine Achse*) rotación *f;* (*eines Motors*) revolución *f*

umfahren*[1] *irr vt* **1.** (*umkreisen*) dar la vuelta (a) **2.** (*ausweichen*) esquivar, evitar

um|fahren[2] *irr vt* derribar; (*Person*) atropellar

um|fallen *irr vi sein* caerse

Umfang *m* <-(e)s, -fänge> **1.** (*Ausdehnung*) extensión *f;* (*Dicke*) volumen *m;* (*Größe*) tamaño *m* **2.** (*Kreis~*) circunferencia *f* **3.** (*Ausmaß*) dimensiones *fpl;* **in großem ~** a gran escala; **umfangreich** *adj* amplio

umfassen* *vt* (*bestehen aus*) abarcar

umfassend *adj* amplio

Umfeld *nt* <-(e)s, -er> entorno *m*

um|formen *vt* (*umändern*) transformar; (ELEK) convertir

Umfrage *f* <-n> encuesta *f*

Umgang *m* <-(e)s, *ohne pl*> (*mit Personen*) trato *m;* (*mit Dingen*) manejo *m;* **im ~ mit Kindern** en el trato con niños; **sie ist kein ~ für dich** (*fam*) es mala compañía para ti; **mit jdm ~ haben/pflegen** tener/mantener relaciones con alguien

umgangen *pp von* **umgehen**[1]

umgänglich ['ʊmgɛŋlɪç] *adj* afable

Umgangsformen *fpl* modales *mpl;* **Umgangssprache** *f* lenguaje *m* familiar

umgeben* *irr vt* rodear

Umgebung [-'--] *f* <-en> **1.** (*Gebiet*) alrededores *mpl;* (*Nachbarschaft*) vecindad *f* **2.** (*Milieu*) entorno *m*

umgehen*[1] *irr vt* (*herumgehen*) pasar alrededor (de); (*vermeiden*) evitar; (*nicht beachten*) eludir

um|gehen[2] *irr vi sein* **1.** (*Gerücht*) correr; (*Gespenst*) andar **2.** (*mit Personen*) tratar (*mit +dat* a); (*mit Dingen*) manejar (*mit +dat*); **sparsam mit etw** *dat* **~** economizar algo

umgehend ['---] I. *adj* inmediato II. *adv* de inmediato
umgekehrt I. *adj* 1. (*umgedreht*) invertido 2. (*entgegengesetzt*) contrario; **in ~er Richtung** en sentido contrario II. *adv* (*umgedreht*) a la inversa; (*entgegengesetzt*) al revés
um|gewöhnen* *vr:* **sich ~** acostumbrarse a algo nuevo
Umhang *m* <-(e)s, -hänge> capa *f*
umher [ʊm'heːɐ] *adv* (*hier und da*) por aquí, por allá; (*überall*) por todas partes
um|hören *vr:* **sich ~** informarse; **ich werde mich danach ~** voy a ver si me entero de algo al respecto
um|kehren I. *vi sein* volver II. *vt haben* (*umdrehen*) dar vuelta (a); (*ins Gegenteil verkehren*) invertir
um|kippen I. *vi sein* 1. (*umfallen*) caerse; (*Wagen*) volcar; (*Boot*) zozobrar 2. (*fam: Gewässer*) contaminarse; (*Wein*) volverse II. *vt* derribar
Umkleideraum ['----] *m* vestuario *m*
um|knicken I. *vi sein* 1. (*Mast, Baum*) doblarse 2. (*Fuß*) torcerse el pie; **ich bin** (**mit dem Fuß**) **umgeknickt** me he torcido el pie II. *vt* doblar; (*brechen*) partir
um|kommen *irr vi sein* morir (*vor +dat* de)
Umkreis *m* <-es, *ohne pl*> alrededores *mpl;* **im ~ von fünf Kilometern** en un radio de cinco kilómetros
um|krempeln ['ʊmkrɛmpəln] *vt* (*Ärmel*) (ar)remangarse; (*durchwühlen*) revolver
um|laden *irr vt* tra(n)sbordar
Umlauf *m* <-(e)s, *ohne pl*> circulación *f;* **in ~ bringen** poner en circulación; **Umlaufbahn** *f* órbita *f*
Umlaut *m* <-(e)s, -e> vocal *f* modificada
Umleitung *f* <-en> desvío *m*
umliegend *adj* vecino
um|rechnen *vt* (*Maßeinheiten*) convertir (*in +akk* en); (*Währungen*) calcular en otra moneda
umreißen* *irr vt* esbozar; **ein Problem kurz ~** exponer un problema a grandes rasgos
Umriss[RR] ['--] *m* <-es, -e> contorno *m;* **etw in groben Umrissen darstellen** exponer algo a grandes rasgos
umrissen [ʊm'rɪsən] I. *pp von* **umreißen**[1] II. *adj:* **scharf ~** claramente definido
um|rühren *vt* remover
ums [ʊms] = **um das** *s.* **um**
Umsatz *m* <-es, -sätze> volumen *m* de ventas
um|schalten I. *vi* (RADIO, TV) cambiar de canal II. *vt* (ELEK) conmutar
Umschlag *m* <-(e)s, -schläge> 1. (*Buch~*) cubierta *f* 2. (*Brief~*) sobre *m* 3. (MED) compresa *f;* (*heiß*) cataplasma *m*
umschreiben* *irr vt* 1. (*festlegen*) delimitar 2. (*mit anderen Worten*) parafrasear 3. (MATH) circunscribir
umschrieben *pp von* **umschreiben**
um|schulen *vt* 1. (*Kind*) cambiar de colegio 2. (*beruflich*) readaptar (profesionalmente)
Umschweife *mpl* rodeos *mpl;* **ohne ~** sin rodeos
Umschwung *m* <-(e)s, -schwünge> cambio *m* (brusco)
um|sehen *irr vr:* **sich ~** 1. (*zurückblicken*) mirar hacia atrás; **sich nach jdm ~** seguir a alguien con la mirada 2. (*herumsehen*) mirar alrededor; **ich sehe mich nur mal um** voy a echar solamente un vistazo; **du wirst dich noch ~!** (*fam*) ¡ya verás lo que es bueno! 3. (*suchen*) buscar (*nach*)
umseitig ['ʊmzaɪtɪç] *adj* al dorso
um|setzen I. *vt* 1. (*anders setzen*) poner en otro sitio; (*Pflanzen*) trasplantar 2. (*verkaufen*) vender 3. (*umwandeln*) transformar (*in* en); **ein Theaterstück filmisch ~** plasmar una obra de teatro cinematográficamente 4. (*anwenden*) realizar; **etw in die Tat ~** llevar algo a la práctica II. *vr:* **sich ~** sentarse en otro sitio
umsichtig *adj* cauteloso
um|siedeln I. *vi sein* trasladarse (*nach +dat, in +akk* a) II. *vt haben* trasladar
umso[RR] ['ʊmzo] *konj* tanto más
umsonst [ʊm'zɔnst] *adv* 1. (*unentgeltlich*) gratis 2. (*vergeblich*) en vano 3. (*grundlos*) sin motivo; **das hat er nicht ~ getan** por algo lo hizo
Umstand *m* <-(e)s, -stände> (*Tatsache*) hecho *m;* (*Verhältnisse*) circunstancias *fpl;* (*Mühe, Aufwand*) molestia *f;* **mildernde Umstände** (JUR) circunstancias atenuantes; **unter Umständen** tal vez; **unter keinen Umständen** de ningún modo; **unter diesen Umständen** dadas las circunstancias; **unter allen Umständen** cueste lo que cueste; **in anderen Umständen sein** estar encinta; **das macht gar keine Umstände** no es nin-

U

guna molestia
umständlich *adj* complicado
Umstandskleid *nt* vestido *m* (de) premamá
um|steigen *irr vi sein* (*Fahrzeug wechseln*) hacer tra(n)sbordo; (*fam: überwechseln*) pasar (*auf+akk* a)
umstellen*[1] *vt* rodear, cercar
um|stellen[2] **I.** *vt* **1.** (*Dinge*) poner en otro sitio; (*Reihenfolge*) invertir; **die Uhr** ~ cambiar la hora **2.** (*Betrieb*) reorganizar; (*Ernährung*) cambiar (*auf +akk* a); **etw auf Maschinenbetrieb/auf Computer** ~ mecanizar/computerizar algo **II.** *vr:* **sich** ~ adaptarse (*auf+akk* a)
Umstellung ['---] *f* <-en> (*Anpassung*) adaptación *f* (*auf+akk* a); (*eines Betriebs*) reorganización *f;* ~ **auf Computer** computarización *f*
um|stimmen *vt* persuadir
umstritten [-'--] *adj* controvertido
Umsturz *m* <-es, -stürze> revolución *f*
Umtausch *m* <-(e)s, -e> cambio *m;* **die Waren sind vom ~ ausgeschlossen** las mercancías no se pueden cambiar; **um|tauschen** *vt* cambiar (*gegen +akk* por)
um|wandeln *vt* transformar (*in +akk* en); **Sie sind wie umgewandelt** Ud. parece otro
Umweg *m* <-(e)s, -e> rodeo *m;* **auf ~en** por vía indirecta
Umwelt *f* entorno *m;* (ÖKOL) medio *m* ambiente; **umweltbelastend** *adj* contaminante; **Umweltbelastung** *f* contaminación *f* del medio ambiente; **umweltfreundlich** *adj* no contaminante; **umweltgerecht** *adj* acorde con el medio ambiente; **Umweltkatastrophe** *f* desastre *m* ecológico; **Umweltschäden** *mpl* daños *mpl* ecológicos; **Umweltschutz** *m* protección *f* del medio ambiente; **Umweltschützer(in)** *m(f)* <-s, -; -nen> defensor(a) *m(f)* del medio ambiente, ecologista *mf;* **Umweltverschmutzung** *f* contaminación *f* del medio ambiente; **umweltverträglich** *adj* compatible con el medio ambiente
umwerfend *adj* impresionante
um|ziehen *irr* **I.** *vi sein* mudarse (*nach +dat* a) **II.** *vr:* **sich** ~ cambiarse (de ropa)
Umzug *m* <-(e)s, -züge> (*Wohnungswechsel*) mudanza *f;* (*Festzug*) desfile *m*
UN [uː'ʔɛn] *f Abk. von* **United Nations** NU *fpl*
unabhängig *adj* independiente (*von +dat* de); (*Staat*) autónomo; **sich von jdm/etw** *dat* ~ **machen** independizarse de alguien/algo
Unabhängigkeit *f ohne pl* independencia *f* (*von +dat* de)
unablässig ['--'--] **I.** *adj* incesante **II.** *adv* sin cesar
unabsehbar ['--'--] *adj* **1.** (*Folgen*) incalculable; **auf ~e Zeit** por tiempo indefinido **2.** (*räumlich*) vasto; **unachtsam** *adj* (*unaufmerksam*) desatento; (*nachlässig*) descuidado; **unangebracht** *adj* inoportuno; **ich halte es für ~ …** me parece inoportuno…; **unangemessen** *adj* inadecuado; **unangenehm** *adj* desagradable; (*lästig*) molesto; ~ **auffallen** causar una mala impresión; **es ist mir sehr ~, dass …** me da mucha vergüenza que… *+subj*
Unannehmlichkeit *f* <-en> (*Mühe*) molestia *f;* (*Ärger*) disgusto *m;* **jdm ~en bereiten** causar molestias a alguien
unansehnlich *adj* de aspecto desagradable; **unanständig** *adj* indecente; (*obszön*) obsceno; **unantastbar** ['--'--] *adj* intangible; (JUR) inviolable; (REL) sagrado
Unart ['ʊnʔaːɐt] *f* <-en> **1.** (*Angewohnheit*) mala costumbre *f* **2.** (*eines Kindes*) travesura *f*
unästhetisch *adj* antiestético; **unauffällig** *adj* (*Kleidung, Verhalten*) discreto; (*unbemerkt*) disimulado; **unauffindbar** ['--'--] *adj* ilocalizable
unaufhaltsam ['--'--] *adj* incontenible
unaufhörlich ['--'--] **I.** *adj* incesante **II.** *adv* sin cesar
unaufmerksam *adj* **1.** (*nicht aufmerksam*) desatento; (*zerstreut*) despistado **2.** (*nicht zuvorkommend*) descortés
unaussprechlich ['--'--] *adj* (*Gefühl*) inefable; (*Elend, Freude*) increíble
unausstehlich ['--'--] *adj* insoportable
unausweichlich ['--'--] *adj* inevitable
unbändig ['ʊnbɛndɪç] *adj* (*wild*) desenfrenado; (*heftig*) incontenible
unbarmherzig *adj* despiadado; **unbeabsichtigt** **I.** *adj* impremeditado **II.** *adv* sin querer; **unbeachtet** *adj* inadvertido; **das darf man nicht ~ lassen** esto no puede pasar inadvertido; **unbedenklich** **I.** *adj* inofensivo **II.** *adv* sin reparo; **unbedeutend**

adj (*unwichtig*) insignificante; (*geringfügig*) mínimo

unbedingt ['---, '--'-] **I.** *adj* absoluto; (*bedingungslos*) incondicional **II.** *adv* sin falta; **ist das ~ nötig?** ¿es realmente indispensable?; **nicht ~** no necesariamente

unbefangen *adj* **1.** (*ungehemmt*) despreocupado; (*natürlich*) natural **2.** (*unvoreingenommen*) imparcial; **unbefriedigend** *adj* no satisfactorio; **unbefristet** *adj* ilimitado

Unbefugte(r) *mf* <-n, -n; -n> persona *f* no autorizada; **~n ist das Betreten verboten** entrada prohibida a personas ajenas al servicio

unbegreiflich ['--'--] *adj* inconcebible; **es ist mir ~, wie das passieren konnte** no me explico cómo pudo ocurrir esto; **unbegrenzt** *adj* ilimitado; **unbegründet** *adj* injustificado

Unbehagen ['ʊnbəha:gən] *nt* <-s, *ohne pl*> malestar *m*

unbehaglich *adj* desagradable; **sich ~ fühlen** no estar a gusto

unbeholfen ['ʊnbəhɔlfən] *adj* torpe

unbeirrbar ['--'--] *adj,* **unbeirrt** *adj* imperturbable, inalterable

unbekannt *adj* desconocido; **~ verzogen** (domicilio) desconocido; **unbekümmert** *adj* despreocupado; **seien Sie ganz ~!** ¡no se preocupe usted en absoluto!; **unbeliebt** *adj* que goza de pocas simpatías (*bei* + *dat* entre); **sich ~ machen** hacerse impopular; **er ist bei allen ~** le cae mal a todos; **unbequem** *adj* incómodo; **unberechenbar** ['--'---] *adj* incalculable; **er ist ~** es imprevisible; **unbeschränkt** *adj* ilimitado; (*Macht*) absoluto

unbeschreiblich ['--'--] **I.** *adj* indescriptible **II.** *adv* extremamente

unbeschwert *adj* libre de toda preocupación; (*Kindheit*) despreocupado; **unbesonnen** *adj* (*unüberlegt*) irreflexivo; (*unvorsichtig*) imprudente; **unbeständig** *adj* **1.** (*Person*) inconstante **2.** (*wechselhaft*) inestable; (*Wetter*) variable; **unbestimmt** *adj* **1.** (*unklar*) vago; (*ungenau*) impreciso **2.** (*nicht festgelegt, a.* LING) indefinido; **auf ~e Zeit** por tiempo indefinido; **unbestreitbar** ['--'--] *adj* innegable; **unbeteiligt** *adj* **1.** (*desinteressiert*) indiferente **2.** (*nicht teilnehmend*) ajeno; **an etw** *dat* **~ sein** no haber participado en algo; **unbetont** *adj* átono; **unbeweglich** *adj* (*bewegungslos*) inmóvil; (*nicht zu bewegen*) inmovible; (*geistig*) inflexible; **unbewusst**RR *adj* inconsciente; **unbezahlbar** ['--'--] *adj* **1.** (*teuer*) impagable **2.** (*wertvoll*) valioso; (*unersetzlich*) inapreciable; **unbrauchbar** ['---] *adj* inutilizable; (*ungeeignet*) no apropiado; (*Person*) inútil; **unbürokratisch** *adj* poco burocrático; **~e Hilfe** ayuda espontánea

und [ʊnt] *konj* y; (*vor* (*h*)*i*) e; (MATH) más; **~ so weiter** etcétera

undankbar *adj* (*Mensch*) desagradecido; (*Aufgabe*) ingrato; **undefinierbar** ['---'--] *adj* indefinible; **undenkbar** ['--'--] *adj* impensable; **undeutlich** *adj* **1.** (*ungenau*) impreciso **2.** (*Umrisse*) indistinto; (FOTO) borroso; (*Schrift*) ilegible; **undicht** *adj* permeable; **~ sein** tener escape; **~e Stelle** fuga *f;* **uneben** *adj* (*Oberfläche, Straße*) desigual; (*Gelände*) accidentado; **unehelich** *adj* ilegítimo; **uneigennützig** *adj* desinteresado; **uneingeschränkt** *adj* ilimitado; **wir stimmen ~ zu** estamos absolutamente de acuerdo; **uneinig** *adj* desavenido; **mit jdm über etw ~ sein** no estar de acuerdo con alguien en algo; **uneinsichtig** *adj* obstinado; **unempfindlich** *adj* insensible (*gegen* + *akk* a)

unendlich [-'--] **I.** *adj* infinito **II.** *adv* tremendamente; **~ viel** un sinfín de

unentbehrlich ['--'--] *adj* imprescindible; **unentgeltlich** ['--'--] **I.** *adj* gratuito **II.** *adv* gratis; **unentschieden** *adj* (SPORT) empatado; **sie spielten 0:0 ~** empataron a cero; **unentschlossen** *adj* indeciso

unentwegt ['--'-] **I.** *adj* constante **II.** *adv* sin parar

unerbittlich ['--'--] *adj* inexorable

unerfahren *adj* inexperto (*in* en), novato (*in* en) *fam;* **unerfreulich** *adj* desagradable; **unerheblich** *adj* (*geringfügig*) insignificante; (*unwichtig*) irrelevante

unerhört ['--'-] **I.** *adj* **1.** (*gewaltig*) tremendo **2.** (*abw: empörend*) escandaloso; **das ist ja ~!** ¡habráse visto! **II.** *adv* extremadamente; **~ viel** muchísimo

unerkannt *adv* sin ser reconocido

unerklärlich ['--'--] *adj* inexplicable

unerlässlichRR ['--'--] *adj* imprescindible

unerlaubt *adj* **1.** (*nicht zulässig*) prohibido **2.** (*gesetzwidrig*) ilícito **3.** (*ohne Erlaubnis*) sin permiso

unermüdlich ['--'--] *adj* incansable

unersättlich ['--'--] *adj* insaciable

unerschöpflich ['--'--] *adj* inagotable

unerschrocken *adj* intrépido

unerschütterlich ['--'---] *adj* inquebrantable

unerschwinglich ['--'--] *adj* (*Preis*) desorbitado; (*Ware*) inasequible

unerträglich ['--'--] *adj* insoportable; **unerwartet** **I.** *adj* inesperado; (*unvorhergesehen*) imprevisto **II.** *adv* de improviso; **unerwünscht** *adj* indeseado; **unfähig** *adj* (*nicht imstande*) incapaz (*zu +dat* de); (*beruflich*) incompetente; **unfair** *adj* injusto; (SPORT) sucio

Unfall *m* <-(e)s, -fälle> accidente *m;* **einen tödlichen ~ haben** morir en un accidente

unfassbar[RR] ['-'--] *adj* inconcebible

unfehlbar ['-'--] *adj* infalible

unförmig ['ʊnfœrmɪç] *adj* deforme

unfreiwillig *adj* involuntario; **unfreundlich** *adj* (*Person*) poco amable; (*Wetter*) desapacible; **unfruchtbar** *adj* estéril

Unfug ['ʊnfu:k] *m* <-(e)s, *ohne pl*> (*Handlung*) bobada *f;* (*Äußerung*) disparate *m;* **~ treiben** hacer bobadas

Ungar(in) ['ʊŋga:ɐ] *m(f)* <-n, -n; -nen> húngaro, -a *m, f*

ungarisch ['ʊŋgarɪʃ] *adj* húngaro

Ungarn ['ʊŋgarn] *nt* <-s> Hungría *f*

ungeachtet ['--'--] *präp +gen* (*geh*) a pesar de; **dessen ~** no obstante

ungeahnt ['--'-] *adj* inesperado

ungebildet *adj* inculto; **ungebräuchlich** *adj* poco corriente

Ungeduld *f* impaciencia *f;* **ungeduldig** *adj* impaciente

ungeeignet *adj* inadecuado (*für +akk* para); (*Moment*) inoportuno

ungefähr ['ʊngəfɛ:ɐ, '--'-] **I.** *adj* aproximado **II.** *adv* aproximadamente; **~ 300 Peseten** unas 300 pesetas; **nicht von ~** por una buena razón; **so ~ habe ich mir das vorgestellt** más o menos así me lo he imaginado

ungefährlich *adj* no peligroso; (*harmlos*) inofensivo

ungehalten *adj* (*geh*) disgustado (*über +akk, wegen +gen* por)

ungeheuer ['----, '--'--] *adj* enorme

Ungeheuer *nt* <-s, -> monstruo *m*

ungeheuerlich ['--'---] *adj* (*abw*) escandaloso; (*schrecklich*) atroz; (*unerhört*) inaudito

ungehorsam *adj* desobediente; **ungelegen** **I.** *adj* inoportuno **II.** *adv* a deshora; **komme ich ~?** ¿llego en mal momento?; **ungelenkig** *adj* poco ágil; **ungelernt** *adj* que no ha cursado estudios; **~e Arbeitskräfte** mano de obra no cualificada

ungemein ['--'-] **I.** *adj* extraordinario **II.** *adv* sobremanera

ungemütlich *adj* **1.** (*Stuhl*) incómodo **2.** (*Mensch, Atmosphäre*) desagradable; (*Wetter*) desapacible; **ungenau** *adj* impreciso; **ungeniert** ['ʊnʒe(')ni:ɐt] *adj* desenvuelto; **ganz ~ reden** hablar sin inhibiciones; **ungenießbar** ['--'--] *adj* **1.** (*Speise*) incomible; (*Getränk*) no bebible **2.** (*fam: Person*) insoportable; **ungenügend** *adj* (*a. Note*) insuficiente; **ungenutzt** *adj* desaprovechado; **eine Chance ~ verstreichen lassen** desaprovechar una ocasión; **ungepflegt** *adj* descuidado; (*Person*) desaseado; **ungerade** *adj* (MATH) impar; **ungerecht** *adj* injusto; **ungerechtfertigt** *adj* injustificado

Ungerechtigkeit *f* <-en> injusticia *f*

ungern *adv* de mala gana

ungeschehen *adj:* **etw ~ machen** deshacer lo hecho

ungeschickt *adj* torpe; **ungestört** **I.** *adj* tranquilo **II.** *adv* en paz

ungestüm ['ʊngəʃty:m] **I.** *adj* (*geh*) impetuoso **II.** *adv* (*geh*) con ímpetu

ungesund *adj* (*Speise, Lebensweise*) poco sano; (*schädlich*) perjudicial (para la salud); **ungewiss**[RR] *adj* incierto; **jdn über etw im Ungewissen lassen** dejar a alguien en la incertidumbre respecto a algo; **ungewöhnlich** *adj* (*außergewöhnlich*) insólito; (*außerordentlich*) extraordinario; **ungewohnt** *adj* (*fremd*) extraño; (*unüblich*) poco habitual; **ungewollt** *adj* sin querer; **~e Schwangerschaft** embarazo no deseado

Ungeziefer ['ʊngətsi:fɐ] *nt* <-s, *ohne pl*> bichos *mpl*

ungezogen *adj* maleducado

ungezwungen **I.** *adj* natural; (*ohne Hemmungen*) desenvuelto **II.** *adv* con naturalidad

unglaublich [-'--, '-'--] *adj* increíble

unglaubwürdig *adj* (*Person*) de poco crédito; (*Aussage*) inverosímil; **ungleich** *adj* desigual; **ungleichmäßig** *adj* (*nicht gleich*) desigual; (*nicht regelmäßig*) irregular

Unglück *nt* <-(e)s, -e> 1. (*Unheil*) desgracia *f*; **jd/etw bringt jdm ~** alguien/algo trae mala suerte a alguien; **jdn ins ~ stürzen** hundir a alguien en la miseria; **zu allem ~ ...** para colmo (de las desdichas)... **2.** (*Unfall*) accidente *m*

unglücklich *adj* infeliz; **~ verliebt sein** estar enamorado y no ser correspondido; **~ ausgehen** acabar mal

unglücklicherweise ['----'--] *adv* desgraciadamente

Unglücksfall *m* siniestro *m*, catástrofe *f*

ungültig *adj* no válido; (*Pass*) caducado; (*Stimmzettel*) nulo; **ungünstig** *adj* desfavorable; (*Aussichten*) poco propicio; (*Moment*) inoportuno; **ungut** *adj* (*unbehaglich*) desagradable; (*schlecht*) mal(o); **ein ~es Gefühl haben** tener un mal presentimiento; **nichts für ~!** ¡no te enfades!; **unhandlich** *adj* poco práctico

Unheil *nt* <-s, *ohne pl*> (*geh*) desgracia *f*; **~ anrichten** causar una desgracia

unheilbar ['---, '-'--] *adj* incurable

unheilvoll *adj* funesto

unheimlich **I.** *adj* (*beängstigend*) inquietante; (*düster*) lúgubre **II.** *adv* (*sehr*) muy; **~ viel** un montón (de)

unhöflich *adj* mal educado; **unhygienisch** *adj* antihigiénico

uni ['ʊni] *adj inv* de un solo color

Uni ['ʊni] *f* <-s> (*fam*) uni *f*, universidad *f*

Uniform [uni'fɔrm, 'ʊnifɔrm] *f* <-en> uniforme *m*

uninteressant *adj* poco interesante

Universität [univɛrzi'tɛːt] *f* <-en> universidad *f*

Universum [uni'vɛrzʊm] *nt* <-s, *ohne pl*> universo *m*

unkenntlich ['ʊnkɛntlɪç] *adj* desfigurado; (*Inschrift*) no descifrable

unklar *adj* **1.** (*undeutlich*) poco claro; (*verschwommen*) borroso; (*Umrisse*) indistinto **2.** (*unbestimmt*) vago **3.** (*unverständlich*) incomprensible **4.** (*ungewiss*) incierto; (*fraglich*) dudoso; **sich** *dat* **über etw im Unklaren sein** tener dudas sobre algo; **jdn im Unklaren über etw lassen/halten** dejar/tener a alguien a oscuras respecto a algo; **unklug** *adj* poco inteligente; **sich ~ verhalten** tener un comportamiento poco táctico; **unkompliziert** *adj* sencillo; **unkonventionell** *adj* extraordinario; (*ungewöhnlich*) inusual; **unkonzentriert** *adj* distraído (*bei* en)

Unkosten *pl* gastos *mpl*; **sich in ~ stürzen** gastar un dineral

Unkraut *nt* <-(e)s, -kräuter> mala hierba *f*; **~ vergeht nicht** (*prov*) hierba mala nunca muere; **Unkrautvertilgungsmittel** *nt* herbicida *m*

unlängst *adv* hace poco

unleserlich *adj* ilegible; **unlogisch** *adj* ilógico; **unlösbar** ['---, '-'--] *adj* (*Aufgabe*) insoluble

unmäßig *adj* desmesurado

Unmenge *f* <-n> gran cantidad *f* (*an/von* +*dat* de)

Unmensch *m* <-en, -en> (*abw*) bestia *f*, monstruo *m*; **unmenschlich** *adj* inhumano

unmerklich ['---, '-'--] *adj* imperceptible; **unmissverständlich**[RR] **I.** *adj* inequívoco **II.** *adv* rotundamente

unmittelbar *adj* **1.** (*direkt*) directo **2.** (*zeitlich*) inmediato; **~ danach** inmediatamente después; **~ bevorstehen** ser inminente

unmöglich ['-'--] **I.** *adj* imposible; **er benimmt sich ~** su comportamiento es inadmisible **II.** *adv* (*fam: auf keinen Fall*) de ninguna manera; **unmoralisch** *adj* inmoral

Unmut *m* <-(e)s, *ohne pl*> (*geh: Missfallen*) descontento *m*; (*Ärger*) disgusto *m*

unnachahmlich ['--'--] *adj* inimitable; (*einzigartig*) único

unnachgiebig *adj* (*Person*) intransigente; (*Material*) inflexible

unnahbar ['-'--] *adj* (*Person*) inaccesible

unnatürlich *adj* **1.** (*nicht natürlich*) poco natural; (*künstlich*) artificial **2.** (*gekünstelt*) afectado; **unnötig** **I.** *adj* innecesario **II.** *adv* sin necesidad

unnütz *adj* inútil

UNO ['uːno] *f Abk. von* **United Nations Organization** ONU *f*

unordentlich *adj* desordenado; (*Kleidung*) descuidado; **Unordnung** *f* desorden *m*; (*Durcheinander*) confusión *f*; **etw in ~ bringen** poner algo en desorden

unparteiisch *adj* imparcial; **unpassend** *adj* (*Zeitpunkt*) inoportuno; (*Bemerkung*) inconveniente; **unpersönlich** *adj* impersonal; **unpraktisch** *adj* poco práctico; **un-**

U

problematisch *adj* poco problemático; **unpünktlich** *adj* impuntual

Unrat *m* <-(e)s, *ohne pl*> (*geh*) inmundicias *fpl*

unrealistisch *adj* no realista; **unrecht** *adj:* **jdm ~ tun** ser injusto con alguien

Unrecht *nt* <-(e)s, *ohne pl*> injusticia *f;* **zu ~** injustamente; **im ~ sein** no tener razón

unregelmäßig *adj* irregular; **unreif** *adj* (*Person*) inmaduro; (*Obst*) verde; **unrein** *adj* (*a.* REL) impuro; (*schmutzig*) sucio

Unruhe *f* inquietud *f;* **~ stiften** causar alboroto; **innere ~** desasosiego; **~n** (*Krawalle*) disturbios *mpl*

unruhig *adj* inquieto; (*Meer*) agitado; (*Zeiten*) turbulento

uns [ʊns] **I.** *pron pers dat/akk von s.* **wir** nos; (*betont*) a nosotros/nosotras… (nos); (*mit Präposition*) nosotros/nosotras; **~ gehört das nicht** esto no es nuestro **II.** *pron refl dat/akk von s.* **wir** nos; **wir kümmern ~ schon darum** nos ocuparemos de ello

unsachlich *adj* subjetivo; **werden Sie nicht ~!** ¡aténgase a los hechos!; **unsagbar** ['---, '-'--] *adj* indecible; (*unbeschreiblich*) indescriptible; (*Schmerzen*) atroz; **unsanft** *adj* rudo; **unsauber** *adj* **1.** (*schmutzig*) sucio **2.** (*nachlässig*) inexacto; **~ arbeiten** hacer chapuzas **3.** (*Geschäfte*) turbio; **unschädlich** *adj* inofensivo; (*für den Menschen*) no dañino; **unscharf** *adj* **1.** (FOTO) borroso **2.** (*ungenau*) impreciso; (*Erinnerung*) borroso; **unschätzbar** ['---, '-'--] *adj* incalculable

unscheinbar *adj* (*unauffällig*) poco llamativo; (*bescheiden*) modesto

unschlagbar ['-'--] *adj* invencible; **unschlüssig** *adj* indeciso; **sich** *dat* **über etw ~ sein** no poder tomar una decisión respecto a algo

Unschuld *f ohne pl* (*a.* JUR) inocencia *f;* (*Jungfräulichkeit*) virginidad *f*

unschuldig *adj* **1.** (*a.* JUR) inocente (*an +dat* de); **für ~ erklären** declarar inocente **2.** (*jungfräulich*) virgen

Unschuldsmiene *f* cara *f* de inocente

unselbständig *adj,* **unselbstständig**[RR] *adj* dependiente; **~e Arbeit** trabajo asalariado; **er ist so ~** no puede hacer nada solo

unselig *adj* (*geh*) desdichado

unser ['ʊnzɐ] *pron pers gen von* **wir** de nosotros/nosotras

unser, unsere, unser *pron poss* (*adjektivisch*) nuestro *m,* nuestra *f,* nuestros *mpl,* nuestras *fpl;* **~ Leben** nuestra vida; **uns(e)re Verwandten** nuestros parientes

unsere(r, s) ['ʊnz(ə)rə, -rɐ, -rəs] *pron poss* (*substantivisch*) (el) nuestro *m,* (la) nuestra *f,* (los) nuestros *mpl,* (las) nuestras *fpl;* **der rote Koffer ist ~r** la maleta roja es (la) nuestra; *s. a.* **unser, unsere, unser**

uns(e)rerseits ['ʊnz(ə)rɐzaɪts] *adv* de nuestra parte

unseresgleichen ['ʊnz(ə)rəs'glaɪçən] *pron indef* de nuestra condición

unseretwegen ['ʊnzərət've:gən] *adv* por nosotros; (*negativ*) por nuestra culpa

unseriös *adj* (*Geschäfte*) dudoso; (*Person*) poco cabal; (*Studie*) poco serio

unsertwegen ['ʊnzɐt've:gən] *adv s.* **unseretwegen**

unsicher *adj* **1.** (*ungewiss*) incierto **2.** (*nicht selbstbewusst*) inseguro; **du machst mich ganz ~** me pones nervioso **3.** (*gefährdet*) inestable

Unsicherheit *f* <-en> inseguridad *f;* (*Ungewissheit*) incertidumbre *f*

unsichtbar *adj* invisible (*für +akk* a)

Unsinn *m* <-(e)s, *ohne pl*>: **mach keinen ~** no hagas tonterías

unsinnig *adj* absurdo

Unsitte *f* <-n> mala costumbre *f*

unsittlich *adj* deshonesto; (*unmoralisch*) inmoral; **jdn ~ berühren** manosear a alguien

unsre(r, s) ['ʊnzrə, -rɐ, -rəs] *pron poss s.* **unser, unsere(r, s)**

unsrerseits *adv s.* **unsererseits**

unsterblich [(')-'--] *adj* inmortal; **~ verliebt** locamente enamorado

Unstimmigkeit *f* <-en> (*Ungenauigkeit*) imprecisión *f;* (*Meinungsverschiedenheit*) divergencias *fpl*

Unsumme *f* <-n> dineral *m fam*

unsympathisch *adj* antipático

untad(e)lig *adj* impecable

untätig *adj* inactivo; **~ zusehen** mirar pasivamente; **untauglich** *adj* (*Gerät*) no apto (*für +akk* para); (*Person*) inepto (*für +akk* para); **unteilbar** ['-'--, '---] *adj* indivisible

unten ['ʊntən] *adv* abajo; **von oben bis ~** de arriba a abajo; **mit dem Gesicht nach ~** boca abajo; **weiter ~** (*im Text*) más adelante; **untenerwähnt** *adj s.* **erwähnen; un-**

tengenannt *adj s.* nennen

unter ['ʊntɐ] **I.** *präp +dat* **1.** (*unterhalb*) debajo de, bajo **2.** (*inmitten*) entre; ~ **anderem** entre otras cosas; ~ **uns gesagt** dicho en confianza **3.** (*weniger als*) menos de; **Kinder ~ 12 Jahren** niños menores de 12 años **4.** (*Art und Weise*): ~ **Tränen** llorando; ~ **allen Umständen** en todo caso; ~ **falschem Namen** con nombre falso **5.** (*Zustand*) bajo; ~ **Strom** bajo corriente; **das Haus steht ~ Denkmalschutz** la casa es patrimonio nacional **6.** (*Zuordnung*) bajo; **was verstehen Sie ~ ...?** ¿qué entiende Ud. por...? **II.** *präp +akk* (*Richtung*): **er nahm das Paket ~ den Arm** tomó el paquete bajo el brazo

Unterarm *m* antebrazo *m*

unterbewerten* ['-----] *vt* infravalorar

Unterbewusstsein^RR *nt* subconsciente *m*

unterbinden* *irr vt* impedir

unterbleiben* *irr vi sein* (*nicht geschehen*) no suceder; (*aufhören*) acabar

unterblieben *pp von* **unterbleiben**

unterbrechen* *irr vt* interrumpir; (*Stromzufuhr*) cortar

Unterbrechung [--'--] *f* <-en> interrupción *f*

unterbreiten* *vt* (*geh*): **jdm etw ~** presentar algo a alguien

unter|bringen *irr vt* (*verstauen*) meter; (*einquartieren*) alojar; (*fam: Stellung beschaffen*) acomodar

unterbrochen *pp von* **unterbrechen**

unterbunden *pp von* **unterbinden**

unterdessen [--'--] *adv* mientras tanto

unterdrücken* *vt* **1.** (*Gefühle, Aufstand*) reprimir; (*Seufzer, Tränen*) contener **2.** (*Information*) ocultar **3.** (*Menschen*) oprimir

untere(r, s) ['ʊntərə, -rɐ, -rəs] *adj* inferior

untereinander [---'--] *adv* **1.** (*räumlich*) uno debajo del otro **2.** (*miteinander*) entre sí; (*gegenseitig*) mutuamente; **das können wir ~ ausmachen** esto lo podemos fijar entre nosotros

unterentwickelt *adj* (*geistig und körperlich*) atrasado; (POL) subdesarrollado; **unterernährt** *adj* desnutrido

Unterführung [--'--] *f* <-en> paso *m* subterráneo

Untergang *m* <-(e)s, -gänge> **1.** (*von Schiffen*) naufragio *m* **2.** (*von Gestirnen*) puesta *f* **3.** (*Verderb*) ruina *f;* (*von Kulturen*) extinción *f;* (*von Reichen*) caída *f*

Untergebene(r) [--'---] *mf* <-n, -n; -n> subalterno, -a *m, f*

unter|gehen *irr vi sein* **1.** (*Schiff*) naufragar **2.** (*Gestirn*) ponerse **3.** (*zugrunde gehen*) desmoronarse; (*Kultur*) extinguirse; (*Reich*) caer **4.** (*Ruf*) perderse (*in +dat* en)

untergeordnet *adj* subordinado; (*zweitrangig*) secundario

Untergeschoss^RR *nt* piso *m* bajo

Untergrund *m* <-(e)s, *ohne pl*> **1.** (AGR) subsuelo *m* **2.** (POL) clandestinidad *f;* **in den ~ gehen** pasar a la clandestinidad

unterhalb *präp +gen* por debajo de

Unterhalt *m* <-(e)s, *ohne pl*> **1.** (*Lebens~*) sustento *m;* **für jds ~ aufkommen** mantener a alguien **2.** (*~szahlungen*) alimentos *mpl*

unterhalten* *irr* **I.** *vt* **1.** (*versorgen*) mantener **2.** (*Bauwerk*) conservar **3.** (*Kontakte*) mantener **4.** (*vergnügen*) entretener **II.** *vr:* **sich ~** (*sprechen*) hablar (*über +akk* sobre/de)

unterhaltsam [--'--] *adj* entretenido

Unterhaltung *f* <-en> **1.** (*Gespräch*) conversación *f* (*über +akk* sobre/de); **eine ~ mit jdm führen** conversar con alguien **2.** (*Vergnügen*) entretenimiento *m;* **wir wünschen angenehme ~** esperamos que lo pasen bien

Unterhändler(in) ['----] *m(f)* <-s, -; -nen> (POL) negociador(a) *m(f)*

Unterhemd *nt* camiseta *f*

Unterhose *f* (*für Herren*) calzoncillos *mpl,* bombacha *f CSur;* (*für Damen*) bragas *fpl*

unterirdisch *adj* subterráneo

Unterkiefer *m* mandíbula *f* inferior

unter|kommen *irr vi sein* **1.** (*Unterkunft finden*) alojarse (*bei/in +dat* en) **2.** (*fam: Arbeit finden*) colocarse (*bei/in +dat* en) **3.** (*reg: begegnen*) pasar

unter|kriegen *vt* (*fam*) doblegar; **lass dich nicht ~** no te dejes doblegar

Unterkunft ['ʊntɐkʊnft] *f* <-künfte> alojamiento *m;* **~ und Verpflegung** casa y comida

Unterlage *f* <-n> **1.** (*Schreib~*) carpeta *f;* (*Kissen*) cojín *m* **2.** *pl* (*Dokumente*) documentos *mpl*

unterlassen* *irr vt* **1.** (*absichtlich nicht tun*) dejar; **~e Hilfeleistung** denegación de auxilio **2.** (*versäumen*) omitir

unterlaufen* *irr* **I.** *vi sein:* **jdm unterläuft**

U

ein Fehler alguien comete una falta **II.** *vt haben* (*Hindernis*) esquivar; (*Zensur*) burlar; (*Gesetz*) infringir

unterlegen [--'--] **I.** *pp von* **unterliegen** **II.** *adj* inferior; **jdm ~ sein** ser inferior a alguien

Unterleib *m* <-(e)s, -e> bajo vientre *m*

unterliegen* *irr vi* **1.** *sein* (*verlieren*) perder (contra); (*Versuchung, Krankheit*) sucumbir (a) **2.** (*unterworfen sein*) estar sujeto (+*dat* a)

unterm ['ʊntɐm] (*fam*) = **unter dem** *s.* **unter**

Untermenü *nt* (INFOR) submenú *m*

Untermiete *f ohne pl* subarriendo *m;* **bei jdm zur ~ wohnen** ser subinquilino de alguien

untern ['ʊntɐn] (*fam*) = **unter den** *s.* **unter**

unternehmen* *irr vt* hacer; (*Reise*) emprender; **etw zusammen ~** salir y hacer algo juntos; **etw gegen jdn/etw ~** hacer algo contra alguien/algo

Unternehmen [--'--] *nt* <-s, -> (*Vorhaben*) proyecto *m;* (*Firma*) empresa *f*

Unternehmer(in) [--'--] *m(f)* <-s, -; -nen> empresario, -a *m, f*

unternommen *pp von* **unternehmen**

unter|ordnen *vt, vr:* **sich ~** someter(se)

Unterredung [--'--] *f* <-en> entrevista *f;* **eine ~ mit jdm haben** entrevistarse con alguien

Unterricht ['ʊntɐrɪçt] *m* <-(e)s, -e> (*das Unterrichten*) enseñanza *f;* (*~sstunde*) clase *f;* **jdm ~ geben** dar clases a alguien

unterrichten* *vt* **1.** (*Fach*) dar clase(s) (de); (*Schüler*) dar clase(s) (a); **Deutsch ~** dar clases de alemán **2.** (*informieren*) informar (*über* +*akk* sobre, *von* +*dat* de)

Unterrock *m* enaguas *fpl*

unters ['ʊntɐs] (*fam*) = **unter das** *s.* **unter**

untersagen* *vt* prohibir

unterschätzen* *vt* subestimar

unterscheiden* *irr* **I.** *vt, vr:* **sich ~** distinguir(se) (*von* +*dat* de); **woran kann man sie ~?** ¿cómo se les puede diferenciar? **II.** *vi* hacer una distinción (*zwischen* +*dat* entre)

Unterschied ['ʊntɐʃiːt] *m* <-(e)s, -e> diferencia *f* (*zwischen* +*dat* entre); **einen ~ machen** hacer una distinción; **das macht keinen ~** esto no cambia nada; **im ~ zu etw** *dat*/**jdm** a diferencia de algo/alguien

unterschieden *pp von* **unterscheiden**

unterschiedlich *adj* diferente; **~ groß sein** ser de distinto tamaño; **~ reagieren** reaccionar de diferente manera

unterschlagen* *irr vt* **1.** (*Geld*) malversar; (*Brief*) interceptar **2.** (*verschweigen*) ocultar

Unterschlupf ['ʊntɐʃlʊpf] *m* <-(e)s, -e> refugio *m*

unterschreiben* *irr vt* firmar

unterschrieben *pp von* **unterschreiben**

Unterschrift ['---] *f* <-en> firma *f*

unterschwellig ['ʊntɐʃvɛlɪç] *adj* subliminal

Unterseite *f* parte *f* inferior

untersetzt [--'-] *adj* robusto

unterstanden *pp von* **unterstehen**

unterste(r, s) ['ʊntɐstə, -tɐ, -təs] *adj superl von* **untere(r, s)**

unterstehen* *irr* **I.** *vi* (*unterliegen*) estar sujeto (a); **jdm ~** estar subordinado a alguien; (MIL) estar bajo las órdenes de alguien **II.** *vr:* **sich ~ etw zu tun** atreverse a hacer algo

unterstellen*[1] *vt* **1.** (*annehmen*) suponer; **wir wollen einmal ~, dass ...** supongamos que... **2.** (*unterordnen*) subordinar (a) **3.** (*unterschieben*) atribuir (falsamente)

unter|stellen[2] **I.** *vt* (*abstellen*) dejar (*in* +*dat* en) **II.** *vr:* **sich ~** refugiarse (*in* +*dat* en)

Unterstellung *f* <-en> imputación *f*

unterstreichen* *irr vt* (*Strich ziehen*) subrayar; (*betonen*) poner de relieve

unterstrichen *pp von* **unterstreichen**

unterstützen* *vt* **1.** (*Beistand leisten*) apoyar (*bei/in* +*dat* en) **2.** (*fördern*) fomentar (*bei* +*dat* en); (*mit Geld*) subvencionar

Unterstützung [--'--] *f* <-en> apoyo *m;* (*Hilfe*) ayuda *f;* (*finanziell*) subvención *f*

untersuchen* *vt* **1.** (*analysieren*) analizar; (*wissenschaftlich*) investigar **2.** (*prüfen*) controlar; (*Gelände, Gepäck*) inspeccionar **3.** (*Kranke*) examinar (*auf* +*akk* de), chequear *Am;* **sich ärztlich ~ lassen** someterse a un examen médico

Untersuchung [--'--] *f* <-en> **1.** (*Analyse*) análisis *m inv;* (*a.* JUR) investigación *f* **2.** (*Überprüfung*) inspección *f* **3.** (MED) examen *m* (médico)

Untertasse *f* platillo *m;* **fliegende ~** platillo volante

unter|tauchen **I.** *vi sein* **1.** (*Schwimmer, Vogel*) sumergirse **2.** (*verschwinden*) desaparecer; (POL) pasar a la clandestinidad; **bei Freunden** ~ esconderse en casa de amigos **II.** *vt haben* sumergir

Unterteil *nt* parte *f* inferior

unterteilen* *vt* subdividir (*in +akk* en)

Untertitel *m* subtítulo *m*

untervermieten* ['-----] *vt* subarrendar

Unterwäsche *f* ropa *f* interior

unterwegs [ʊntɐ'veːks] *adv* **1.** (*auf dem Weg*) en camino; (*auf Reisen*) de viaje; ~ **nach ...** camino de...; **ich bin ~ zu dir** voy hacia tu casa; **bei ihr ist ein Kind** ~ (*fam*) está embarazada **2.** (*während der Reise*) en el camino; **für** ~ para el camino

unterwerfen* *irr vt, vr:* **sich** ~ someter(se); **etw** *dat* **unterworfen sein** estar sujeto a algo

unterworfen *pp von* **unterwerfen**

unterwürfig ['ʊntɐvʏrfɪç, --'--] *adj* (*abw*) sumiso

unterzeichnen* *vt* firmar

unterziehen* *irr vt, vr:* **sich** ~ someter(se) (*+dat* a); **etw einer Qualitätskontrolle** ~ someter algo a un control de calidad; **etw einer Prüfung** ~ examinar algo

unterzogen *pp von* **unterziehen**

untragbar ['-'--] *adj* (*nicht finanzierbar*) incosteable; (*unerträglich*) insostenible; **untreu** *adj* infiel; **sich** *dat* **selbst ~ werden** apartarse de sus principios; **untröstlich** ['---, -'--] *adj* desconsolado (*über +akk* por); **unüberlegt** *adj* imprudente; ~ **handeln** actuar sin pensar; **unübersehbar** ['---'--] *adj* **1.** (*groß*) inmenso; (*nicht zu übersehen*) que salta a la vista **2.** (*nicht abschätzbar*) incalculable; **unübersichtlich** *adj* poco claro; (*komplex*) complejo

unübertrefflich ['---'--] *adj* insuperable

unüberwindlich ['---'--] *adj* (*Gegner*) invencible; (*Gegensätze, Probleme*) insuperable

unüblich *adj* poco común; (*stärker*) fuera de lo común

unumgänglich ['--'--] *adj* indispensable

ununterbrochen ['---'--] **I.** *adj* ininterrumpido; (*durchgehend*) continuo **II.** *adv* sin parar; **unveränderlich** ['-----, '--'---] *adj* invariable; **unverantwortlich** ['-----, '--'---] *adj* irresponsable

unverbesserlich ['--'---] *adj* incorregible

unverbindlich *adj* sin compromiso; **unverbleit** *adj* sin plomo; **unverblümt I.** *adj* franco **II.** *adv* sin rodeos; **unverdrossen** *adj* incansable; **unvereinbar** ['--'--] *adj* incompatible

unverfroren *adj* descarado

unvergänglich *adj* eterno; **unvergesslich**[RR] ['--'--] *adj* inolvidable

unvergleichlich ['--'--] *adj* incomparable

unverheiratet *adj* soltero

unverhofft ['--'-] *adj* inesperado

unverkennbar ['--'--] *adj* (*eindeutig*) evidente; (*nicht zu verwechseln*) inconfundible; **es ist ~, dass ...** es obvio que... *+subj*

unvermeidbar ['--'--] *adj,* **unvermeidlich** ['--'--] *adj* inevitable; **unvermindert** *adj* constante; ~ **anhalten** seguir; **mit ~er Härte** con la misma dureza

unvermittelt I. *adj* súbito **II.** *adv* de repente

unvermutet *adj* imprevisto

Unvernunft *f* falta *f* de juicio; **unvernünftig** *adj* insensato

unverschämt ['ʊnfɐʃɛːmt, '--'-] *adj* **1.** (*Benehmen, Mensch*) desvergonzado **2.** (*fam: außerordentlich*) extraordinario; (*Preis*) exorbitante; **Unverschämtheit** ['----, '--'--] *f* <-en> desfachatez *f*

unversehens *adv* de repente

unversehrt *adj* (*Person*) ileso; (*Ding*) intacto; **unversöhnlich** ['--'--] *adj* irreconciliable; **unverständlich** ['----, '--'--] *adj* (*nicht hörbar*) inaudible; (*nicht begreifbar*) incomprensible

Unverständnis *nt* <-ses, *ohne pl*> falta *f* de comprensión

unversucht *adj:* **nichts ~ lassen** no omitir esfuerzos (*um* para); **unverwechselbar** ['--'---] *adj* inconfundible; **unverwüstlich** ['--'--] *adj* (*Dinge*) indestructible; (*Mensch*) inquebrantable; **unverzeihlich** ['--'--] *adj* imperdonable

unverzüglich ['--'--] **I.** *adj* inmediato **II.** *adv* de inmediato

unvollständig *adj* incompleto; **unvoreingenommen** *adj* objetivo; **unvorhergesehen** ['--'----] *adj* imprevisto; **unvorsichtig** *adj* imprudente; **unvorstellbar** ['--'--] *adj* inimaginable; **unwahr** *adj* falso; **unwahrscheinlich** ['----, '--'--] *adj* (*kaum möglich*) improbable; (*unglaubhaft*) inverosímil; (*fam: groß, viel*) increíble

unweigerlich *adv* sin falta

unweit *präp +gen* no lejos de

unwesentlich *adj* irrelevante; **er ist nur ~ dicker als du** es sólo un poco más gordo que tú

Unwetter *nt* <-s, -> temporal *m*

unwichtig *adj* sin importancia

unwiderstehlich ['---'--] *adj* irresistible

unwillig I. *adj* indignado; (*ärgerlich*) enojado **II.** *adv* (*widerwillig*) de mala gana

unwillkürlich *adj* involuntario; (*automatisch*) automático; **unwirksam** *adj* inefectivo

unwirsch ['ʊnvɪrʃ] *adj* malhumorado; (*unfreundlich*) descortés

unwissend *adj* ignorante; (*unerfahren*) inexperto; (*Kind*) naiv; **unwohl** *adj* **1.** (*gesundheitlich*) indispuesto **2.** (*unbehaglich*) mal; **sich ~ fühlen** no estar a gusto

Unwohlsein *nt* <-s, *ohne pl*> malestar *m*

unzählig *adj* innumerable; **~e Mal** infinitas veces

unzähligemal ['ʊntsɛːlɪɡə'maːl] *adv s.* **unzählig**

unzeitgemäß *adj* anacrónico; **unzerbrechlich** ['--'--] *adj* irrompible; **unzertrennlich** ['--'--] *adj* inseparable

Unzucht *f* (JUR) abusos *mpl* deshonestos; **~ mit Kindern** abuso de menores

unzüchtig *adj* impúdico; (*obszön*) obsceno

unzufrieden *adj* descontento (*mit +dat* de/con/por); **unzugänglich** *adj* inaccesible

unzulänglich *adj* (*geh*) insuficiente

unzulässig *adj* inadmisible; **unzusammenhängend** *adj* incoherente; **unzuverlässig** *adj* (*Person*) de poca confianza; (*Wetter*) inestable; **~ sein** no ser de fiar

Update ['apdɛɪt] *nt* <-s, -s> (INFOR) **1.** (*Updaten*) actualización *f* **2.** (*aktualisierte Version*) versión *f* actualizada

üppig ['ʏpɪç] *adj* (*Vegetation*) exuberante; (*Essen*) abundante; **eine ~e Figur haben** ser gordito

uralt ['uːɐ'alt] *adj* vetusto; (*Person*) viejísimo

Uran [u'raːn] *nt* <-s, *ohne pl*> uranio *m*

Uraufführung *f* estreno *m*

Ureinwohner(in) *m(f)* indígena *mf*

Urenkel(in) *m(f)* bisnieto, -a *m, f*

Urgeschichte *f ohne pl* prehistoria *f*

Urgroßeltern *pl* bisabuelos *mpl;* **Urgroßmutter** *f* <-mütter> bisabuela *f;* **Urgroßvater** *m* bisabuelo *m*

Urheber(in) *m(f)* <-s, -; -nen> autor(a) *m(f);* **Urheberrecht** *nt* derechos *mpl* de autor (*an +dat* sobre)

Urin [u'riːn] *m* <-s, -e> orina *f*

Urkunde ['uːɐkʊndə] *f* <-n> documento *m;* (*Bescheinigung*) certificado *m;* (*Akte*) acta *f*

URL *Abk. von* **Uniform Resource Locator** URL

Urlaub ['uːɐlaʊp] *m* <-(e)s, -e> vacaciones *fpl;* (MIL) licencia *f;* **unbezahlter ~** vacaciones no remuneradas; **urlaubsreif** *adj* (*fam*): **~ sein** necesitar unas vacaciones

Urne ['ʊrnə] *f* <-n> urna *f*

Urologie [urolo'giː] *f* urología *f*

urplötzlich ['-'--] **I.** *adj* repentino **II.** *adv* de repente

Ursache *f* <-n> causa *f;* **keine ~!** ¡no hay de qué!

Ursprung *m* <-(e)s, -sprünge> origen *m;* (*Herkunft*) procedencia *f;* (*Anfang*) principio *m;* **seinen ~ in etw** *dat* **haben** tener su origen en algo

ursprünglich ['uːɐʃprʏŋlɪç] **I.** *adj* (*anfänglich*) inicial **II.** *adv* al principio

Urteil ['ʊrtaɪl] *nt* <-s, -e> **1.** (*Meinung*) opinión *f;* (*Beurteilung*) juicio *m;* **nach meinem ~** en mi opinión; **sich** *dat* **ein ~ über etw erlauben** permitirse opinar sobre algo; **ein ~ über jdn fällen** emitir un juicio sobre alguien; **sich** *dat* **ein ~ über jdn/etw bilden** formarse una idea de alguien/algo **2.** (JUR) sentencia *f;* **das ~ über jdn sprechen** dictar sentencia sobre alguien

urteilen ['ʊrtaɪlən] *vi* juzgar; (*meinen*) opinar; **nach seinem Aussehen zu ~ ...** a juzgar por su aspecto exterior...

Uruguay [uru'gu̯aɪ] *nt* <-s> Uruguay *m*

Uruguayer(in) [uru'gu̯aːjɐ] *m(f)* <-s, -; -nen> uruguayo, -a *m, f*

uruguayisch [uru'gu̯aːjɪʃ] *adj* uruguayo

Ururenkel(in) ['uːɐʔuːɐ-] *m(f)* tataranieto, -a *m, f;* **Ururgroßmutter** *f* <-mütter> tatarabuela *f;* **Ururgroßvater** *m* tatarabuelo *m*

Urwald ['uːɐvalt] *m* <-(e)s, -wälder> selva *f*

Urzeit *f* <-en> tiempos *mpl* primitivos; (HIST) prehistoria *f;* **seit ~en** desde que el mundo existe

USA [uːʔɛs'ʔaː] *f Abk. von* **United States of America** EE.UU. *mpl*

usbekisch *adj* uzbeko

Usbekistan [ʊs'beːkistaːn] *nt* <-s> Uzbekistán *m*
usw. *Abk. von* **und so weiter** etc.
Utensil *nt* <-s, -ien> utensilio *m*
Utopie [uto'piː] *f* <-n> utopía *f*
utopisch [u'toːpɪʃ] *adj* utópico
u. U. *Abk. von* **unter Umständen** dado el caso
UV-Strahlen [uː'faʊ-] *mpl* radiaciones *fpl* ultravioletas

V

V, v [faʊ] *nt* <-, -> V, v *f*
Vagabund(in) [vaga'bʊnt] *m(f)* <-en, -en; -nen> vagabundo, -a *m, f*
vage [vaːgə] *adj* vago
Vagina [va'giːna] *f* <Vaginen> vagina *f*
Vakuum ['vaːkuʊm] *nt* <-s, Vakua *o* Vakuen> vacío *m;* **vakuumverpackt** *adj* envasado al vacío
Vampir [vam'piːɐ] *m* <-s, -e> vampiro *m*
Vanille [va'nɪl(j)ə] *f* vainilla *f*
Variante [vari'antə] *f* <-n> variante *f*
Variation [varia'tsjoːn] *f* <-en> variación *f*
Varieté *nt* <-s, -s>, **Varietee**[RR] [varie'teː] *nt* <-s, -s> (espectáculo *m* de) variedades *fpl*
variieren* [vari'iːrən] *vt, vi* variar
Vase ['vaːzə] *f* <-n> jarrón *m;* (*Blumen~*) florero *m*
Vater ['faːtɐ] *m* <-s, Väter> padre *m;* **Vaterland** *nt* (*geh*) patria *f*
väterlich ['fɛːtɐlɪç] *adj* (*vom Vater*) paterno; (*wie ein Vater*) paternal
väterlicherseits [-zaɪts] *adv* por parte del padre; **meine Großeltern** ~ mis abuelos paternos
Vaterschaft *f* <-en> paternidad *f*
Vatertag *m* día *m* del padre
Vaterunser ['--'--, --'--] *nt* <-s, -> padrenuestro *m*
Vati ['faːti] *m* <-s, -s> (*fam*) papi *m*, tata *m* *Am*
Vatikan [vati'kaːn] *m* <-s> Vaticano *m*
V-Ausschnitt ['faʊʔaʊsʃnɪt] *m* escote *m* de pico
v. Chr. *Abk. von* **vor Christus** a.C., a. de C.
Vegetarier(in) [vege'taːriɐ] *m(f)* <-s, -; -nen> vegetariano, -a *m, f*
vegetarisch *adj* vegetariano
Vegetation [vegeta'tsjoːn] *f* <-en> vegetación *f*
vegetativ [vegeta'tiːf] *adj* vegetativo
Veilchen ['faɪlçən] *nt* <-s, -> violeta *f*
Velo ['veːlo] *nt* <-s, -s> (*Schweiz*) bicicleta *f*
Vene ['veːnə] *f* <-n> vena *f*
Venezolaner(in) [venetso'laːnɐ] *m(f)* <-s, -; -nen> venezolano, -a *m, f*
venezolanisch *adj* venezolano
Venezuela [venetsu'eːla] *nt* <-s> Venezuela *f*
Ventil [vɛn'tiːl] *nt* <-s, -e> válvula *f*
Ventilator [vɛnti'laːtoːɐ] *m* <-s, -en> ventilador *m*
verabreden* [fɛɐ'ʔapreːdən] **I.** *vt* convenir; (*Zeit, Ort*) fijar; **wir haben verabredet, dass ...** quedamos en que...; **mit jdm verabredet sein** tener una cita con alguien **II.** *vr:* **sich** ~ citarse; **sich um acht** ~ quedar a las ocho
Verabredung *f* <-en> (*Treffen*) cita *f*
verabreichen* *vt* (*Medizin*) administrar
verabscheuen* *vt* aborrecer
verabschieden* [fɛɐ'ʔapʃiːdən] **I.** *vt* (*Person*) despedir; (*Gesetz*) aprobar **II.** *vr:* **sich** ~ despedirse (*von* + *dat* de)
verachten* *vt* despreciar
verächtlich [fɛɐ'ʔɛçtlɪç] **I.** *adj* despectivo **II.** *adv* con desprecio
Verachtung *f* desprecio *m*
verallgemeinern* [---'--] *vt* generalizar
veraltet [fɛɐ'ʔaltət] *adj* (*Gerät*) anticuado; (*Ansichten*) pasado de moda
Veranda [ve'randa] *f* <Veranden> galería *f*
veränderlich [fɛɐ'ʔɛndɐlɪç] *adj* variable
verändern* *vt, vr:* **sich** ~ cambiar; **sich zu seinem Nachteil** ~ cambiar para peor
verängstigen* *vt* intimidar
veranlagt [fɛɐ'ʔanlaːkt] *adj:* **für etw ~ sein** tener predisposición para algo; **künstlerisch ~ sein** tener talento artístico; **praktisch ~ sein** ser un manitas

Veranlagung *f* <-en> predisposición (*zu* +*dat* para/a)

veranlassen* *vt* **1.**(*anordnen*) disponer **2.**(*bewirken*) motivar; **sich zu etw** *dat* **veranlasst sehen** verse obligado a hacer algo

Veranlassung *f* <-en> **1.**(*Grund*) motivo *m* **2.**(*Anordnung*) orden *f;* (*Anregung*) iniciativa *f*

veranschaulichen* *vt* ilustrar; (INFOR) visualizar

veranschlagen* *vt* (*Zeit*) calcular (*für* para); (*Kosten*) evaluar (*mit/auf* en)

veranstalten* *vt* (*planen*) organizar; (*durchführen*) realizar

Veranstalter(in) *m(f)* <-s, -; -nen> organizador(a) *m(f)*

Veranstaltung *f* <-en> acto *m*

verantworten* **I.** *vt* responder (de); **das kann ich nicht ~** no asumo la responsabilidad; **es ist nicht zu ~, dass ...** es irresponsable que... +*subj* **II.** *vr:* **sich ~** justificarse (*für* +*akk, wegen* +*gen* por)

verantwortlich *adj* **1.**(*Person*) responsable (*für* +*akk* de); **jdn für etw ~ machen** responsabilizar a alguien de algo **2.**(*Tätigkeit*) de responsabilidad

Verantwortung *f* <-en> responsabilidad *f* (*für* +*akk* de); **jdn für etw zur ~ ziehen** hacer a alguien responsable de algo; **die ~ für etw übernehmen** asumir la responsabilidad de algo; **verantwortungslos** *adj* irresponsable; **verantwortungsvoll** *adj* **1.**(*Aufgabe, Tat*) de gran responsabilidad **2.**(*Person*) muy responsable

verarbeiten* *vt* **1.**(*Material*) utilizar **2.**(*bearbeiten*) trabajar, manufacturar; (*umwandeln*) transformar (*zu* +*akk* en)

Verarbeitung *f* <-en> **1.**(*Bearbeitung*) trabajo *m;* (*von Daten*) tratamiento *m,* procesamiento *m;* (*Umwandlung*) transformación *f* **2.**(*Verdauung*) digestión *f* **3.**(*Aussehen, Ausführung*) acabado *m*

verärgern* *vt* enfadar

verausgaben* [-ˈ---] *vr:* **sich ~** agotar sus fuerzas

Verb [vɛrp] *nt* <-s, -en> verbo *m*

verbal [vɛrˈbaːl] *adj* verbal

Verband *m* <-(e)s, -bände> (MED) vendaje *m;* (*Vereinigung*) asociación *f;* **Verband(s)kasten** *m* botiquín *m*

verbannen* [fɛɐˈbanən] *vt* desterrar (*aus* +*dat* de)

verbergen* *irr vt* esconder (*vor* +*dat* ante); **ich habe nichts zu ~** no tengo nada que ocultar

verbessern* *vt, vr:* **sich ~** mejorar

Verbesserung *f* <-en> (*Änderung*) mejora *f;* (*Korrektur*) corrección *f*

verbeten *pp von* **verbitten**

verbiegen* *irr vt, vr:* **sich ~** torcer(se)

verbieten* *irr vt* prohibir

verbinden* *irr vt* **1.**(*zusammenfügen*) unir (*mit* +*dat* con) **2.**(TEL) comunicar (*mit* +*dat* con); **Sie sind falsch verbunden** se ha equivocado de número **3.**(*assoziieren*) asociar (*mit* +*dat* con) **4.**(MED) vendar

verbindlich *adj* (*bindend*) vinculante; (*verpflichtend*) obligatorio

Verbindung *f* <-en> **1.**(*Beziehung*) relación *f* (*zwischen* +*dat* entre, *mit* +*dat* con); **in ~ mit** junto con; **sich mit jdm in ~ setzen** ponerse en contacto con alguien **2.**(*Verkehrsweg, a.* TEL) comunicación *f*

verbissen [fɛɐˈbɪsən] **I.** *adj* **1.**(*hartnäckig*) obstinado **2.**(*Gesichtsausdruck*) avinagrado **II.** *adv* con obstinación; **man darf das nicht so ~ sehen** (*fam*) no hay que tomarlo tan al pie de la letra

verbitten *irr vt:* **sich** *dat* **etw ~** no tolerar algo

verbittern* *vt* amargar

verblassen* *vi sein* **1.**(*Stoff, Foto*) perder (el) color; (*Farbe*) apagarse **2.**(*geh: Eindrücke*) desvanecerse

verbleiben* *irr vi sein* quedar en; **wir sind so verblieben, dass ...** hemos quedado en que...; **in Erwartung Ihrer Antwort verbleibe ich ...** quedo en espera de su respuesta...

verbleit [fɛɐˈblaɪt] *adj* con plomo

verblieben *pp von* **verbleiben**

verblöden* [fɛɐˈbløːdən] **I.** *vi sein* (*fam*) atontarse **II.** *vt* (*fam*) atontar

verblüffen* [fɛɐˈblʏfən] *vt* dejar perplejo

verblühen* *vi sein* marchitarse

verbluten* *vi sein* desangrarse

verbogen *pp von* **verbiegen**

verborgen [fɛɐˈbɔrgən] **I.** *pp von* **verbergen** **II.** *adj* oculto; (*versteckt*) escondido; **etw ~ halten** tener algo oculto; **das ist mir nicht ~ geblieben** ya me he enterado; **im Verborgenen bleiben** permanecer oculto

Verbot [fɛɐˈboːt] *nt* <-(e)s, -e> prohibición *f*

verboten [fɛɐ'bo:tən] **I.** *pp von* **verbieten** **II.** *adj* **1.** (*untersagt*) prohibido **2.** (*fam: unmöglich*) fatal

Verbotsschild *nt* señal *f* de prohibición

verbracht *pp von* **verbringen**

verbrannt *pp von* **verbrennen**

Verbrauch *m* <-(e)s, *ohne pl*> consumo *m* (*an* +*dat* de)

verbrauchen* *vt* consumir

Verbraucher(in) *m(f)* <-s, -; -nen> consumidor(a) *m(f)*

verbraucht *adj* gastado; (*Luft*) viciado

verbrechen* *irr vt* (*fam*): **was habe ich denn jetzt schon wieder verbrochen?** ¿qué mal he hecho esta vez?

Verbrechen *nt* <-s, -> delito *m;* **ein ~ begehen** cometer un delito

Verbrecher(in) *m(f)* <-s, -; -nen> delincuente *mf*

verbrecherisch [fɛɐ'brɛçərɪʃ] *adj* criminal

verbreiten* *vt, vr:* **sich ~** (*Nachricht*) difundir(se); (*Krankheit*) transmitir(se)

verbreitet *adj* extendido; (*Krankheit, Meinung*) común

Verbreitung *f* (*von Nachrichten*) difusión *f;* (*von Krankheiten*) propagación *f*

verbrennen* *irr* **I.** *vi sein* quemarse; (*Person*) morir abrasado **II.** *vt, vr:* **sich ~** quemar(se) (*an* +*dat* con)

Verbrennung *f* <-en> **1.** (*das Verbrennen*) combustión *f;* (*Leichen~, Müll~*) incineración *f* **2.** (MED) quemadura *f*

verbringen* *irr vt* pasar (*mit* +*dat* con)

verbrochen [fɛɐ'brɔxən] *pp von* **verbrechen**

verbuchen* *vt* (FIN) contabilizar; **einen Erfolg für sich ~** (*fam*) apuntarse un éxito

verbunden [fɛɐ'bʊndən] **I.** *pp von* **verbinden** **II.** *adj* **1.** (*verknüpft*) unido (*mit* +*dat* a); **damit sind Probleme ~** esto supone problemas **2.** (*dankbar*): **ich bin Ihnen sehr ~** le estoy muy agradecido

verbünden* [fɛɐ'bʏndən] *vr:* **sich ~** aliarse (*mit* +*dat* con)

Verbündete(r) *mf* <-n, -n; -n> aliado, -a *m, f*

Verdacht [fɛɐ'daxt] *m* <-(e)s, -e> sospecha *f* (*auf* +*akk* de)

verdächtig [fɛɐ'dɛçtɪç] *adj* sospechoso

verdächtigen* *vt* sospechar (de); **er wird des Diebstahls verdächtigt** es sospechoso del robo

verdammt **I.** *adj* (*fam abw*) maldito; **~ noch mal!** ¡maldita sea!, ¡concho! *Am;* **~e Scheiße!** (*vulg*) ¡me cago en la mierda! **II.** *adv* (*fam abw*) terriblemente; **~ gut** de putamadre *vulg*

verdanken* *vt* **1.** (*dankbar sein*): **jdm etw ~** deber algo a alguien; **das ist ihm zu ~** eso hay que agradecérselo a él **2.** (*Schweiz: Dank aussprechen*) agradecer

verdarb [fɛɐ'darp] *3. imp von* **verderben**

verdauen* [fɛɐ'daʊən] *vt* (*Nahrung*) digerir; (*fam: Nachricht*) asimilar, digerir

Verdauung *f* digestión *f*

verdecken* *vt* **1.** (*bedecken*) tapar; **die Aussicht ~** tapar la vista **2.** (*verheimlichen*) ocultar

verdeckt *adj* **1.** (*nicht sichtbar*) tapado **2.** (*verborgen*) oculto; **~e Ermittlungen** pesquisas encubiertas

verderben [fɛɐ'dɛrbən] <verdirbt, verdarb, verdorben> **I.** *vi sein* echarse a perder **II.** *vt haben* estropear; (*moralisch*) corromper

Verderben *nt* <-s, *ohne pl*> ruina *f;* **jdn ins ~ stürzen** arruinar a alguien

verderblich [fɛɐ'dɛrplɪç] *adj* (*Lebensmittel*) perecedero

verdeutlichen* *vt* aclarar

verdienen* *vt* **1.** (*Lohn*) ganar; **leicht verdientes Geld** dinero fácil **2.** (*Lob, Strafe*) merecer

Verdienst[1] *nt* <-(e)s, -e> mérito *m*

Verdienst[2] *m* <-(e)s, -e> (*Einkommen*) sueldo *m*

verdient *adj* **1.** (*Person*) de gran mérito **2.** (*Sieg, Lohn, Strafe*) merecido; **sich um etw ~ machen** comprometerse con algo

verdirbt [fɛɐ'dɪrpt] *3. präs von* **verderben**

verdoppeln* *vt, vr:* **sich ~** duplicar(se) (*auf* +*akk* a)

verdorben [fɛɐ'dɔrbən] **I.** *pp von* **verderben** **II.** *adj* **1.** (*Fest, Lebensmittel*) estropeado **2.** (*moralisch*) depravado

verdrängen* *vt* **1.** (*wegdrängen*) echar (*aus* +*dat* de); (*aus Amt*) suplantar (*aus* de) **2.** (PSYCH) reprimir

verdrehen* *vt* **1.** (*Glieder*) (re)torcer; **die Augen ~** torcer los ojos **2.** (*fam abw: falsch darstellen*) tergiversar

verdreifachen* *vt* triplicar

verdrossen [fɛɐ'drɔsən] **I.** *adj* malhumorado; (*unzufrieden*) descontento **II.** *adv* con disgusto

verdrücken* **I.** *vt* (*fam: essen*) tragar **II.** *vr:* **sich** ~ (*fam: verschwinden*) largarse

Verdruss[RR] [fɛɐ'drʊs] *m* <-es, -e> disgusto *m*

verdunkeln* *vt, vr:* **sich** ~ oscurecer(se)

verdünnen* *vt* diluir; (*Sauce*) rebajar; (*Wein*) aguar

verdunsten* *vi sein* evaporarse

verdursten* *vi sein* morir(se) de sed

verdutzt [fɛɐ'dʊtst] *adj* perplejo

verehren* *vt* (*a.* REL) venerar; (*anbeten*) adorar; **verehrte Anwesende!** ¡señoras y señores!

Verehrer(in) *m(f)* <-s, -; -nen> admirador(a) *m(f)*

vereidigen* [fɛɐ'ʔaɪdɪgən] *vt* juramentar

Verein [fɛɐ'ʔaɪn] *m* <-(e)s, -e> asociación *f;* **gemeinnütziger** ~ asociación no lucrativa

vereinbar *adj* compatible (*mit* +*dat* con)

vereinbaren* *vt* **1.** (*verabreden*) acordar; (*festlegen*) fijar **2.** (*in Einklang bringen*) conciliar (*mit* +*dat* con); **das kann ich nicht mit meinem Gewissen vereinbaren** no puedo conciliarlo con mi conciencia

Vereinbarung *f* <-en> acuerdo *m;* (*schriftlich*) convenio *m;* **Sprechstunde nach** ~ consulta previa cita

vereinen* **I.** *vt* (*geh*) unir; (*zusammenführen*) reunir; (*in Einklang bringen*) conciliar; **mit vereinten Kräften** todos juntos **II.** *vr:* **sich** ~ (*geh*) reunirse

vereinfachen* *vt* simplificar

vereinigen* *vt, vr:* **sich** ~ (re)unir(se); (**sich**) **wieder** ~ reunificar(se)

Vereinigung *f* <-en> (*das Vereinigen*) (re)unión *f;* (*Organisation*) asociación *f*

vereinnahmen* [fɛɐ'ʔaɪnna:mən] *vt* (*Person*) acaparar

Vereinsamung *f* aislamiento *m*

vereiteln* [fɛɐ'ʔaɪtəln] *vt* frustrar

vererben* **I.** *vt* (*hinterlassen*) dejar (en herencia); (BIOL, MED) transmitir por herencia (*auf*+*akk* a) **II.** *vr:* **sich** ~ transmitirse por herencia

verfahren[1] *adj* sin salida

verfahren*[2] *irr vi sein* (*vorgehen*) proceder (*nach* +*dat* según); **wie sollen wir weiter ~?** ¿cómo hemos de proceder?

Verfahren *nt* <-s, -> **1.** (*Vorgehen*) procedimiento *m;* (*Methode*) método *m* **2.** (JUR: *Prozess*) causa *f;* **ein ~ gegen jdn einleiten** instruir una causa contra alguien

Verfall *m* <-(e)s, *ohne pl*> **1.** (*von Gebäude*) desmoronamiento *m* **2.** (*geistig, gesundheitlich*) decaimiento *m* **3.** (*Niedergang*) decadencia *f* **4.** (*Eintrittskarte*) caducidad *f*

verfallen* *irr vi sein* **1.** (*Gebäude*) desmoronarse **2.** (*körperlich, geistig, kulturell*) decaer **3.** (*ungültig werden*) caducar **4.** (*abhängig werden*) depender (+*dat* de); **in alte Fehler** ~ recaer en viejos errores

Verfallsdatum *nt* fecha *f* de caducidad

verfälschen* *vt* (*Lebensmittel, Wein*) adulterar; (*Wahrheit, Daten*) falsificar

verfänglich [fɛɐ'fɛŋlɪç] *adj* (*Frage*) capcioso; (*Situation*) embarazoso

verfärben* *vr:* **sich** ~ cambiar de color; (*Kleidung*) desteñirse

verfassen* *vt* redactar

Verfasser(in) *m(f)* <-s, -; -nen> autor(a) *m(f)*

Verfassung *f* <-en> **1.** (POL) constitución *f* **2.** (*Zustand*) condición *f;* (*seelisch*) estado *m* de ánimo; **Verfassungsgericht** *nt* tribunal *m* constitucional

verfaulen* *vi sein* pudrirse

verfechten* *irr vt* defender

Verfechter(in) *m(f)* <-s, -; -nen> defensor(a) *m(f)*

verfehlen* *vt* **1.** (*Zug*) perder; (*Person*) no encontrar **2.** (*Ziel, Zweck*) no conseguir; (*Schütze*) fallar (el blanco); **seine Wirkung** ~ no surtir efecto; **das Thema** ~ no acertar el tema

verfehlt *adj* (*nicht angebracht*) inadecuado; (*falsch*) falso

verfeinern* [fɛɐ'faɪnɐn] *vt* (*Geschmack*) refinar; (*Methode*) perfeccionar

verfilmen* *vt* llevar a la pantalla

verfliegen* *irr vi sein* (*Duft, Alkohol*) evaporarse; (*Ärger, Begeisterung*) desvanecerse

verflixt [fɛɐ'flɪkst] *adj* (*fam*) endemoniado; ~ **und zugenäht!** ¡maldito sea!

verflogen *pp von* **verfliegen**

verfluchen* *vt* maldecir

verflucht *adj* (*fam*) maldito; ~ **noch mal!** ¡joder!

verfochten *pp von* **verfechten**

verfolgen* *vt* perseguir; (*Handlung*) observar; (*Unterricht*) seguir

Verfolgung *f* <-en> persecución *f;* **Verfolgungswahn** *m* manía *f* persecutoria

verfrüht *adj* prematuro
verfügbar *adj* disponible
verfügen* **I.** *vi* (*Zeit, Besitz*) disponer (*über +akk* de); (*ausgestattet sein*) estar provisto (*über +akk* de) **II.** *vt* ordenar
Verfügung *f* <-en> **1.** (*Anordnung*) orden *f* **2.** (*Disposition*) disposición *f;* **jdm etw zur ~ stellen** poner algo a disposición de alguien
verführen* *vt* (*anstiften*) inducir (*zu +dat* a); (*sexuell*) seducir
verführerisch *adj* seductor; (*reizvoll*) tentador
Verführung *f* <-en> seducción *f;* **~ Minderjähriger** corrupción de menores
vergangen [fɛɐ'gaŋən] *pp von* **vergehen**
Vergangenheit *f* pasado *m;* (LING) pretérito *m*
vergänglich [fɛɐ'gɛŋlɪç] *adj* pasajero; (*flüchtig*) efímero
Vergaser *m* <-s, -> carburador *m*
vergaß [fɛɐ'ga:s] *3. imp von* **vergessen**
vergeben* *irr vt* **1.** (*zuweisen*) adjudicar; (*Stipendium, Preis*) conceder **2.** (*geh: verzeihen*) perdonar
vergebens [fɛɐ'ge:bəns] *adv* en vano
vergeblich **I.** *adj* inútil **II.** *adv* en vano
Vergebung *f* <-en> (*geh*) perdón *m;* (*von Sünden*) remisión *f;* **jdn für etw um ~ bitten** pedir perdón a alguien por algo
vergehen* *irr* **I.** *vi sein* **1.** (*Zeit*) pasar; **vergangene Woche** la semana pasada **2.** (*verschwinden*) desaparecer; **mir ist der Appetit vergangen** se me ha quitado el apetito **3.** (*schmachten*) morirse (*vor +dat* de) **II.** *vr:* **sich ~** infringir (*gegen +akk*); **sich an jdm ~** abusar de alguien
Vergehen *nt* <-s, -> infracción *f* (*gegen +akk* de)
Vergeltung *f* <-en> (*Rache*) desquite *m;* **~ für etw üben** desquitarse de algo
vergessen [fɛɐ'gɛsən] <vergisst, vergaß, vergessen> *vt* olvidar
Vergessenheit *f* olvido *m;* **in ~ geraten** caer en el olvido
vergesslich[RR] *adj* olvidadizo
Vergesslichkeit[RR] *f* falta *f* de memoria
vergeuden* [fɛɐ'gɔɪdən] *vt* desperdiciar; (*Geld*) despilfarrar
vergewaltigen* [fɛɐgə'valtɪgən] *vt* violar
Vergewaltigung *f* <-en> violación *f*
vergewissern* [fɛɐgə'vɪsɐn] *vr:* **sich ~** cerciorarse (*+gen* de)
vergießen* *irr vt* derramar
vergiften* *vt, vr:* **sich ~** intoxicar(se); (*tödlich*) envenenar(se)
Vergissmeinnicht[RR] [fɛɐ'gɪsmaɪnɪçt] *nt* <-(e)s, -(e)> nomeolvides *m inv*
vergisst[RR] [fɛɐ'gɪst] *3. präs von* **vergessen**
Vergleich *m* <-(e)s, -e> comparación *f;* **~e ziehen** establecer una comparación; **im ~ zu jdm/etw** *dat* en comparación con alguien/algo
vergleichbar *adj* comparable (*mit +dat* a)
vergleichen* *irr vt, vr:* **sich ~** comparar(se) (*mit +dat* con)
vergleichsweise *adv* en comparación
verglichen *pp von* **vergleichen**
vergnügen* [fɛɐ'gny:gən] *vt, vr:* **sich ~** divertir(se)
Vergnügen [fɛɐ'gny:gən] *nt* <-s, -> **1.** (*Zeitvertreib*) diversión *f;* **sich ins ~ stürzen** (*fam*) entregarse de lleno al placer **2.** *ohne pl* (*Freude*) placer *m;* **es ist ein ~ ihm zuzusehen** da gusto verle; **viel ~!** ¡que lo pase(s) bien!; **mit ~** con mucho gusto
vergnügt *adj* alegre (*über* por)
Vergnügungspark *m* parque *m* de atracciones
vergossen *pp von* **vergießen**
vergöttern* [fɛɐ'gœtɐn] *vt* adorar
vergraben* *irr vt* enterrar
vergraulen* [fɛɐ'graʊlən] *vt* (*fam*) ahuyentar
vergreifen* *irr vr:* **sich ~ 1.** (*danebengreifen*) equivocarse **2.** (*angreifen*): **sich an jdm ~** atacar a alguien; (*sexuell*) abusar de alguien; **sich an etw** *dat* **~** usurpar algo **3.** (*sich unpassend ausdrücken*) equivocarse (*in* con)
vergriffen [fɛɐ'grɪfən] **I.** *pp von* **vergreifen** **II.** *adj* (*Ware*) agotado
vergrößern* [fɛɐ'grø:sɐn] **I.** *vt* **1.** (*räumlich*) agrandar; (*erweitern*) ampliar **2.** (*Lupe, Linse*) aumentar **II.** *vr:* **sich ~ 1.** (*sich erweitern*) ampliarse; (*Pupille, Organ*) dilatarse **2.** (*zunehmen*) aumentar
Vergrößerungsglas *nt* cristal *m* de aumento
vergucken* *vr:* **sich ~** (*fam*) **1.** (*irren*) equivocarse **2.** (*verlieben*) enamorarse (*in* de)
Vergünstigung *f* <-en> ventaja *f;* (*bei Preis*) rebaja *f*

vergüten* [fɛɐ'gy:tən] *vt* (*Arbeit*) remunerar; (*erstatten*) reembolsar

Vergütung *f* <-en> (*für Arbeit*) remuneración *f;* (*Rückerstattung*) reembolso *m*

verhaften* [fɛɐ'haftən] *vt* detener

verhalten* *irr vr:* **sich ~ 1.** (*sich benehmen*) comportarse **2.** (*Sache, a.* MATH) ser (*zu +dat* a); **wie verhält es sich mit ...?** ¿qué pasa con...?

Verhalten *nt* <-s, *ohne pl*> (*Benehmen*) comportamiento *m;* (*Haltung*) actitud *f;* **verhaltensgestört** *adj* trastornado

Verhältnis [fɛɐ'hɛltnɪs] *nt* <-ses, -se> **1.** (*Beziehung*) relación *f;* **im ~ zu** en relación a; **ein freundschaftliches ~** una relación amistosa; **ein ~ mit jdm haben** (*fam*) tener un lío con alguien **2.** *pl* (*Umstände*) condiciones *fpl;* **sie lebt über ihre ~se** vive por encima de sus posibilidades; **in bescheidenen ~sen leben** vivir modestamente; **klare ~se schaffen** poner las cosas en claro

verhältnismäßig *adv* (*relativ*) relativamente; (*proportional*) proporcionalmente

verhandeln* *vi* negociar (*über +akk*)

Verhandlung *f* <-en> negociación *f;* **~en führen** negociar

verhängen* *vt* **1.** (*zuhängen*) cubrir **2.** (JUR: *Strafe*) imponer (*über+akk* a); (*Embargo*) ordenar (*über +akk* para)

Verhängnis *nt* <-ses, -se> perdición *f;* (*Katastrophe*) desastre *m;* **verhängnisvoll** *adj* fatal

verharmlosen* *vt* minimizar

verharren* *vi* (*geh*): **auf etw** *dat* **~** perseverar en algo; **in einer Stellung ~** perseverar en una posición

verhasstRR [fɛɐ'hast] *adj* odiado

verhätscheln* [fɛɐ'hɛtʃəln] *vt* malcriar

verhauen <verhaut, verhaute, verhauen> **I.** *vt* (*fam*) **1.** (*prügeln*) dar una paliza **2.** (*schlecht machen*): **die Klausur hab' ich ~!** ¡el examen me salió de pena! **II.** *vr:* **sich ~** (*fam*) meter la pata

verheddern* [fɛɐ'hɛdɐn] *vr:* **sich ~** (*fam*) **1.** (*Fäden*) enredarse (*in* en) **2.** (*sich versprechen*) atascarse

verheerend *adj* (*furchtbar*) desastroso; (*fam: scheußlich*) espantoso

verheilen* *vi sein* (*Wunde*) cerrarse; (*vernarben*) cicatrizar

verheimlichen* *vt* ocultar

verheiraten* *vt, vr:* **sich ~** casar(se); **jung verheiratet** recién casado

verheißen* *irr vt* (*geh*) prometer

verhelfen* *irr vi:* **jdm zu etw** *dat* **~** ayudar a alguien a conseguir algo; **jdm zur Flucht ~** ayudar a alguien a fugarse

verherrlichen* *vt* glorificar

verhexen* *vt* embrujar

verhindern* *vt* impedir; **das lässt sich nicht ~** esto no se puede evitar; **ich war gestern dienstlich verhindert** ayer no pude venir por razones de trabajo

verholfen *pp von* **verhelfen**

Verhör [fɛɐ'hø:ɐ] *nt* <-(e)s, -e> interrogatorio *m;* **jdn ins ~ nehmen** (*fam*) pedir(le) cuentas a alguien

verhören* **I.** *vt* interrogar **II.** *vr:* **sich ~** entender mal

verhüllen* *vt* **1.** (*bedecken*) cubrir **2.** (*verbergen*) ocultar; (*beschönigen*) disimular; **eine verhüllte Morddrohung** una amenaza de muerte disimulada

verhungern* *vi sein* morir de hambre

verhüten* *vt* (*Schaden, Krankheit*) prevenir; (*verhindern*) impedir; **die Empfängnis ~** usar métodos anticonceptivos

Verhütung *f* <-en> prevención *f;* (*Empfängnis~*) contracepción *f;* **Verhütungsmittel** *nt* anticonceptivo *m*

verirren* *vr:* **sich ~** perderse

verjagen* *vt* ahuyentar

verjähren* [fɛɐ'jɛ:rən] *vi sein* prescribir

verkabeln* *vt* tender cables

Verkabelung *f* <-en> cableado *m*

verkalken* *vi sein* **1.** (*Maschine*) cubrirse de cal **2.** (MED) calcificarse **3.** (*fam: Person*) volverse chocho

verkalkulieren* *vr:* **sich ~** equivocarse en el cálculo (*bei/in +dat* de)

verkannt [fɛɐ'kant] **I.** *pp von* **verkennen** **II.** *adj* no apreciado

Verkauf *m* <-(e)s, -käufe> **1.** (*das Verkaufen*) venta *f;* **zum ~ stehen** estar en venta **2.** *ohne pl* (*~sabteilung*) departamento *m* de ventas

verkaufen* *vt, vr:* **sich ~** vender(se) (*an +akk* a, *für +akk* por); **zu ~** se vende; **sich gut ~** venderse bien

Verkäufer(in) *m(f)* <-s, -; -nen> vendedor(a) *m(f);* (*in Geschäft*) dependiente, -a *m, f*

verkäuflich *adj* en venta; **nicht ~ sein** no estar en venta; **schwer ~ sein** venderse mal

Verkaufspreis *m* precio *m* de venta

Verkehr [fɛɐ'ke:ɐ] *m* <-(e)s, *ohne pl*> **1.** (*Fahrzeug~, Güter~*) tráfico *m;* (*Straßen~*) circulación *f;* **etw aus dem ~ ziehen** retirar algo de la circulación; (*Fahrzeug*) retirar del servicio **2.** (*Geschlechts~*) relaciones *fpl* sexuales

verkehren* *vi* **1.** *haben o sein* (*Verkehrsmittel*) circular **2.** (*sich aufhalten*) frecuentar; **in dem Lokal verkehre ich nicht** no frecuento este local; **mit jdm ~** tener trato con alguien

Verkehrsampel *f* semáforo *m;* **Verkehrsaufkommen** *nt* <-s, *ohne pl*> volumen *m* de tráfico; **Verkehrsmittel** *nt* medio *m* de transporte; **die öffentlichen ~** los medios de transporte públicos; **Verkehrsregel** *f* norma *f* de tráfico; **Verkehrsschild** *nt* señal *f* de tráfico; **Verkehrsunfall** *m* accidente *m* de tráfico; **Verkehrszeichen** *nt* señal *f* de tráfico

verkehrt [fɛɐ'ke:ɐt] **I.** *adj* equivocado; (*falsch*) erróneo **II.** *adv* (*umgekehrt*) al revés; (*falsch*) mal; **~ herum** al revés; **etw ~ machen** hacer algo mal

verkennen* *irr vt* (*falsch beurteilen*) juzgar mal; (*unterschätzen*) subestimar; **du verkennst den Ernst der Lage** no te das cuenta de lo grave de la situación

verklagen* *vt:* **jdn ~** entablar un pleito contra alguien (*auf +akk, wegen +gen* por)

verklärt [fɛɐ'klɛ:ɐt] *adj* transfigurado

verkleiden* **I.** *vt* (*Wand*) revestir (*mit +dat* de); (*kostümieren*) disfrazar (*als +nom* de) **II.** *vr:* **sich ~** disfrazarse (*als +nom* de)

Verkleidung *f* <-en> (*von Person*) disfraz *m;* (*von Wand*) revestimiento *m*

verkleinern* [fɛɐ'klaɪnɐn] *vt, vr:* **sich ~** reducir(se); (*vermindern, abnehmen*) disminuir(se) (*um +akk* en); **etw um die Hälfte ~** reducir algo a la mitad

Verkleinerungsform *f* diminutivo *m*

verklemmt *adj* (*Tür*) atascado; (*Person*) cohibido

verknallen* *vr:* **sich ~** (*fam*) enamorarse locamente (*in* de)

verkneifen* *irr vr:* **sich** *dat* **etw ~** (*fam: verzichten*) renunciar a algo; (*unterdrücken*) contener algo

verkniffen [fɛɐ'knɪfən] **I.** *pp von* **verkneifen II.** *adj* (*abw*) amargado; **du siehst das zu ~** (*fam*) te lo tomas demasiado a pecho

verknittern* *vt* arrugar

verknoten* *vt, vr:* **sich ~** anudar(se)

verknüpfen* *vt* **1.** (*verknoten*) enlazar **2.** (*in Beziehung setzen*) relacionar **3.** (*verbinden*) combinar **4.** (INFOR: *Programme*) ligar

verkohlen* **I.** *vi sein* (*Holz*) carbonizarse **II.** *vt* (*fam: Person*) tomar el pelo

verkommen[1] *adj* **1.** (*Gebäude*) desmoronado; (*Sachen*) en mal estado; (*Sitten*) decaído **2.** (*Person*) venido a menos

verkommen*[2] *irr vi sein* **1.** (*verderben*) corromperse **2.** (*Gebäude*) desmoronarse; (*Sachen*) echarse a perder; (*Sitten*) decaer **3.** (*Person: moralisch*) pervertirse; (*äußerlich*) descuidar (su aspecto); (*soziale Stellung*) venir a menos

verkorkst *adj* (*fam*) estropeado; **ein total ~er Abend** una tarde desastrosa

verkörpern* *vt* (*symbolisieren*) encarnar; (THEAT, FILM) representar

verkraften* *vt* (*Arbeit*) poder (con); (*Schock*) resistir; (*Belastung*) soportar

verkrampfen* *vr:* **sich ~** (*Muskel*) contraerse; (*Mensch*) ponerse tenso

verkriechen* *irr vr:* **sich ~** (*verstecken*) esconderse; (*isolieren*) encerrarse

verkrochen *pp von* **verkriechen**

verkrüppelt *adj* (*Arm, Fuß*) tullido; (*Baum, Strauch*) achaparrado

verkümmern* *vi sein* **1.** (*Glied, Organ*) atrofiarse; (*Pflanze*) marchitarse **2.** (*Talent*) venir a menos

verkünden* *vt* (*geh*), **verkündigen*** *vt* (*geh*) anunciar; (*Urteil*) pronunciar

verkürzen* **I.** *vt* acortar; (*Zeit, Weg, Text*) abreviar **II.** *vr:* **sich ~** acortarse

verladen* *irr vt* cargar (*auf +akk* en); (*auf Schiffe*) embarcar

Verlag [fɛɐ'la:k] *m* <-(e)s, -e> editorial *f*

verlagern* **I.** *vt* cambiar; (*Waren*) almacenar en otro lugar; (*örtlich*) trasladar (*auf* a); **seine Interessen ~** cambiar de intereses **II.** *vr:* **sich ~** desplazarse; (METEO) moverse; **das Problem verlagert sich auf ...** el problema recae sobre...

verlangen* [fɛɐ'laŋən] **I.** *vt* **1.** (*fordern*) exigir; **ist das nicht ein bisschen viel verlangt?** ¿no es pedir demasiado? **2.** (*erfordern*) requerir **II.** *vi:* **nach etw** *dat* **~** pedir algo; (*sich sehnen*) anhelar algo

Verlangen *nt* <-s, -> (*geh*) **1.** (*Wunsch*)

deseo *m;* (*Bedürfnis*) ansia *f* **2.** (*Forderung*) petición *f;* **auf ~** cuando se requiere

verlängern* [fɛɐ'lɛŋɐn] **I.** *vi* (SPORT) establecer una prórroga **II.** *vt* (*räumlich*) alargar; (*zeitlich*) prolongar (*um +akk*); (*Vertrag, Pass*) renovar; (*Frist*) prorrogar (*um +akk*) **III.** *vr:* **sich ~ 1.** (*räumlich*) alargarse (*um +akk*) **2.** (*zeitlich*) prolongar (*um +akk*)

Verlängerung *f* <-en> alargamiento *m;* (*zeitlich*) prolongación *f;* (SPORT) prórroga *f;*

Verlängerungsschnur *f* cable *m* alargador

verlangsamen* *vt, vr:* **sich ~** (*Geschwindigkeit*) reducir(se); (*Entwicklung*) retardar(se)

Verlass[RR] [fɛɐ'las] *m:* **auf jdn/etw ist (kein) ~** (no) se puede contar con alguien/algo

verlassen[1] *adj* **1.** (*einsam*) solitario; (*öde*) desierto **2.** (*zurückgelassen*) abandonado

verlassen*[2] *irr* **I.** *vt* abandonar; **sie hat ihren Mann ~** ha dejado a su marido **II.** *vr:* **sich ~** confiar (*auf +akk* en); **darauf können Sie sich ~** puede estar seguro de ello

verlässlich[RR] [fɛɐ'lɛslɪç] *adj* seguro; (*Person*) fiable

Verlauf *m* <-(e)s, -läufe> **1.** (*zeitlich*) (trans)curso *m;* (*Entwicklung*) desarrollo *m;* (*von Krankheit*) curso *m;* **im ~ der letzten Monate** en el transcurso de los últimos meses; **im weiteren ~** a continuación; **einen unerwarteten ~ nehmen** tomar un rumbo imprevisto **2.** (*von Straße, Grenze*) trazado *m;* (*von Fluss*) curso *m*

verlaufen* *irr* **I.** *vi sein* **1.** (*ablaufen*) desarrollarse; (*Zeitraum*) transcurrir **2.** (*Grenze, Weg*) pasar (*durch +akk* por) **3.** (*sich verlieren*) perderse; **im Sand ~** (*fam*) quedar sin efecto **4.** (*Butter*) derretirse; (*Farbe*) correrse **II.** *vr:* **sich ~** (*sich verirren*) perderse; (*Menschenmenge*) dispersarse

verleben* *vt* (*verbringen*) pasar

verlegen[1] *adj* avergonzado; **nie um eine Ausrede ~ sein** tener siempre una excusa

verlegen*[2] **I.** *vt* **1.** (*örtlich*) cambiar de lugar; (*Geschäft, Patient*) trasladar **2.** (*Termin*) aplazar (*von +dat* de, *auf +akk* para) **3.** (*an falsche Stelle*) no encontrar **4.** (*Kabel*) tender; (*Teppichboden*) colocar **5.** (*herausgeben*) editar **II.** *vr:* **sich ~** dedicarse (*auf+akk* a)

Verlegenheit *f* <-en> bochorno *m;* **jdn in ~ bringen** abochornar a alguien; **jdm aus einer ~ helfen** sacar a alguien de un apuro

Verleger(in) *m(f)* <-s, -; -nen> editor(a) *m(f)*

verleihen* *irr vt* **1.** (*ausleihen*) prestar (*an +akk* a) **2.** (*Preis*) conceder (*an +akk* a); (*Titel*) conferir (*an +akk* a); **etw** *dat* **Nachdruck ~** poner énfasis en algo; **seiner Empörung Ausdruck ~** dar rienda suelta a su enfado

verleiten* *vt* inducir (*zu +dat* a)

verlernen* *vt* perder la práctica (de); (*völlig*) olvidar

verlesen* *irr vt* **1.** (*Text*) leer **2.** (*Gemüse*) limpiar; (*Körner*) seleccionar

verletzen* [fɛɐ'lɛtsən] **I.** *vt* **1.** (*verwunden*) herir (*an +dat* en); **leicht/schwer verletzt** levemente/gravemente herido **2.** (*beleidigen*) ofender **3.** (*Gesetz*) violar **II.** *vr:* **sich ~** herirse (*an +dat* en)

verletzend *adj* ofensivo

verletzlich *adj* vulnerable

Verletzte(r) *mf* <-n, -n; -n> herido, -a *m, f*

Verletzung *f* <-en> **1.** (*Wunde*) herida *f;* **innere ~en** contusiones internas **2.** (*Beleidigung*) ofensa *f*

verleugnen* *vt* negar; **er ließ sich ~** mandó decir que no estaba en casa

verleumden* [fɛɐ'lɔɪmdən] *vt* difamar

Verleumdung *f* <-en> difamación *f*

verlieben* *vr:* **sich ~** enamorarse (*in +akk* de)

verliebt *adj* enamorado

verliehen *pp von* **verleihen**

verlieren [fɛɐ'liːrən] <verliert, verlor, verloren> **I.** *vt* perder; **die Beherrschung ~** perder la serenidad; **kein Wort darüber ~** no decir nada al respecto **II.** *vr:* **sich ~** perderse (*in +dat* en) **III.** *vi* perder (*an +dat*)

Verlierer(in) *m(f)* <-s, -; -nen> perdedor(a) *m(f)*

verloben* *vr:* **sich ~** prometerse (*mit +dat* con)

Verlobte(r) *mf* <-n, -n; -n> prometido, -a *m, f*

Verlobung *f* <-en> compromiso *m* matrimonial

verlocken* *vt* (*geh*) tentar (*zu +dat* a); (*verführen*) seducir (*zu +dat* a)

verlockend *adj* tentador; (*verführend*) seductor; **das klingt ~** suena tentador; **ein ~es Angebot** una oferta tentadora

Verlockung *f* <-en> tentación *f*

verlogen [fɛɐ̯'lo:gən] *adj* (*abw: Person*) mentiroso; (*Aussage*) falaz

verlor [fɛɐ̯'lo:ɐ̯] *3. imp von* **verlieren**

verloren [fɛɐ̯'lo:rən] **I.** *pp von* **verlieren** **II.** *adj* perdido; **jdn/etw ~ geben** dar a alguien/algo por perdido

verlosen* [fɛɐ̯'lo:zən] *vt* sortear

Verlosung *f* <-en> sorteo *m*

Verlust [fɛɐ̯'lʊst] *m* <-(e)s, -e> pérdida *f;* **ohne Rücksicht auf ~e** sin miramientos

vermachen* *vt:* **jdm etw ~** legar algo a alguien

Vermächtnis [fɛɐ̯'mɛçtnɪs] *nt* <-ses, -se> legado *m*

vermarkten* *vt* comercializar

vermasseln* [fɛɐ̯'masəln] *vt* (*fam*) estropear; **eine Prüfung ~** hacer un examen de pena; **er hat mir alles vermasselt** me ha estropeado todos los planes

vermehren* **I.** *vt* acrecentar; (*zahlenmäßig*) multiplicar (*um +akk* por) **II.** *vr:* **sich ~** (*zunehmen*) incrementar (*um +akk, auf* a); (*sich fortpflanzen*) reproducirse

Vermehrung *f* <-en> **1.** (*Zunahme*) incremento *m;* (*Vervielfachung*) multiplicación *f* **2.** (*Fortpflanzung*) reproducción *f;* (*von Pflanzen*) propagación *f*

vermeiden* *irr vt* evitar; (*umgehen*) eludir

vermeintlich [fɛɐ̯'maɪntlɪç] *adj* presunto

Vermerk *m* <-(e)s, -e> nota *f*

vermerken* *vt* (*notieren*) anotar

Vermessung *f* <-en> medición *f;* (*Land~*) agrimensura *f;* (*Tiefen~*) sondeo *m*

vermieden *pp von* **vermeiden**

vermiesen* [fɛɐ̯'mi:zən] *vt* (*fam*): **jdm etw ~** estropear(le) algo a alguien

vermieten* *vt* alquilar (*an +akk* a); **Zimmer zu ~** se alquilan habitaciones

Vermieter(in) *m(f)* <-s, -; -nen> (*von Haus*) dueño, -a *m, f* de la casa; (*von Wohnung*) dueño, -a *m, f* del piso

vermindern* *vt, vr:* **sich ~** reducir(se) (*um +akk, auf +akk* a)

Verminderung *f* <-en> disminución *f*

vermischen* *vt, vr:* **sich ~** mezclar(se)

vermissen* [fɛɐ̯'mɪsən] *vt* echar de menos, extrañar *Am;* **jdn als vermisst melden** dar a alguien por desaparecido; **er vermisst seine Schlüssel** no encuentra sus llaves

Vermisste(r) RR *mf* <-n, -n; -n> desaparecido, -a *m, f*

vermitteln* **I.** *vt* (*Treffen, Ehe*) arreglar; (*amtlich*) gestionar; (*Eindruck*) ofrecer; (*Wissen*) transmitir; **ein Gespräch ~** (TEL) poner línea **II.** *vi* mediar (*zwischen +dat* entre); **~de Worte** palabras conciliadoras

Vermittler(in) *m(f)* <-s, -; -nen> (POL) mediador(a) *m(f);* (WIRTSCH) intermediario, -a *m, f*

Vermittlung *f* <-en> **1.** (*bei Streit*) mediación *f* (*zwischen +dat* entre) **2.** (*von Treffen*) arreglo *m;* (*amtlich*) gestión *f* **3.** (TEL) centralita *f*

Vermögen [fɛɐ̯'mø:gən] *nt* <-s, -> **1.** (*Besitz*) bienes *mpl;* (*Reichtum*) fortuna *f* **2.** *ohne pl* (*geh: Fähigkeit*) capacidad *f*

vermögend *adj* adinerado

vermummt *adj* (*Demonstrant*) encapuchado; (*warm angezogen*) bien abrigado

vermuten* [fɛɐ̯'mu:tən] *vt* suponer; **das hatte ich nicht vermutet** no me lo había esperado

vermutlich **I.** *adj* presunto **II.** *adv* (*wahrscheinlich*) probablemente

Vermutung *f* <-en> suposición *f*

vernachlässigen* [fɛɐ̯'na:xlɛsɪgən] *vt* descuidar; **sie fühlt sich von ihm vernachlässigt** se siente abandonada por él

vernarben* *vi sein* cicatrizar

vernehmen* *irr vt* (JUR: *verhören*) interrogar (*zu +dat* sobre)

verneigen* *vr:* **sich ~** inclinarse (*vor +dat* ante)

verneinen* [fɛɐ̯'naɪnən] *vt* **1.** (*Frage*) contestar negativamente; **eine ~de Antwort** una respuesta negativa **2.** (*leugnen*) negar

vernetzen* *vt* (*verbinden*) conectar (*mit +dat* con); (INFOR) integrar en la red

vernichten* [fɛɐ̯'nɪçtən] *vt* aniquilar

vernichtend *adj* (*Kritik, Niederlage*) abrumador; (*Blick*) fulminante

vernommen *pp von* **vernehmen**

Vernunft [fɛɐ̯'nʊnft] *f* razón *f;* **jdn zur ~ bringen** hacer entrar a alguien en razón

vernünftig [fɛɐ̯'nʏnftɪç] *adj* razonable

veröffentlichen* *vt* publicar

Verordnung *f* <-en> **1.** (*von Arzt*) prescripción *f;* **nach ärztlicher ~** según prescripción médica **2.** (*Anordnung*) decreto *m*

verpachten* *vt* arrendar (*an +akk* a)

verpacken* *vt* embalar; (*in Pakete*) empaquetar

Verpackung *f* <-en> embalaje *m;* **Verpa-**

V

ckungsmüll *m* embalajes *mpl* desechados

verpassen* *vt* **1.** (*Zug*) perder; (*Person*) no encontrar **2.** (*Gelegenheit*) desaprovechar

verpflegen* *vt* alimentar

Verpflegung *f* <-en> **1.** (*Essen*) manutención *f;* **mit voller ~** en pensión completa **2.** *ohne pl* (*das Verpflegen*) alimentación *f*

verpflichten* *vt, vr:* **sich ~** comprometer(se) (*zu +dat* a)

Verpflichtung *f* <-en> obligación *f*

verplempern* [fɛɐ'plɛmpɐn] *vt* (*fam*) **1.** (*Geld*) malgastar; (*Zeit*) perder **2.** (*reg: verschütten*) derramar

verpönt [fɛɐ'pø:nt] *adj:* **~ sein** ser mal visto (*bei* por)

verprügeln* *vt* zurrar

Verputz *m* <-es, *ohne pl*> revoque *m*

Verrat [fɛɐ'ra:t] *m* <-(e)s, *ohne pl*> traición *f;* **~ üben** cometer traición

verraten* *irr* **I.** *vt* (*preisgeben*) revelar; (*Treue brechen*) traicionar; (*zu erkennen geben*) delatar **II.** *vr:* **sich ~** (*durch Geste, Sprache*) delatarse

Verräter(in) [fɛɐ'rɛ:tɐ] *m(f)* <-s, -; -nen> traidor(a) *m(f)*

verrechnen* **I.** *vt* (*gutschreiben*) abonar en cuenta; **die Gewinne mit den Verlusten ~** compensar las ganancias con las pérdidas **II.** *vr:* **sich ~** equivocarse en el cálculo; **sich um fünf Mark ~** equivocarse en cinco marcos

Verrechnungsscheck *m* (FIN) cheque *m* cruzado

verrecken* [fɛɐ'rɛkən] *vi sein* (*fam*) **1.** (*Tier, Mensch*) estirar la pata; **verreck doch!** (*abw*) ¡muérete!; **ums Verrecken nicht** ni a tiros **2.** (*kaputtgehen*) echarse a perder

verregnet *adj* lluvioso

verreisen* *vi sein* irse de viaje (*nach +dat* a)

verrenken* [fɛɐ'rɛŋkən] **I.** *vt* torcer; **sich** *dat* **den Knöchel ~** torcerse el tobillo **II.** *vr:* **sich ~** retorcerse

verriegeln* *vt* cerrar con cerrojo

verringern* [fɛɐ'rɪŋɐn] **I.** *vt* reducir (*um +akk* en) **II.** *vr:* **sich ~** disminuir

Verringerung *f* <-en> reducción *f;* (*Abnahme*) disminución *f*

verrosten* *vi sein* oxidarse

verrucht [fɛɐ'ru:xt] *adj* (*Ort*) de mala fama; (*Blick*) malvado; (*Schurke*) vil

verrückt *adj* loco; **jdn ~ machen** volver loco a alguien

Verrückte(r) *mf* <-n, -n; -n> loco, -a *m, f*

Verruf *m:* **in ~ geraten** caer en descrédito; **etw/jdn in ~ bringen** desacreditar algo/a alguien

verrufen *adj* de mala fama; **~ sein** tener mala fama

Vers [fɛrs] *m* <-es, -e> verso *m;* (*Bibel~*) versículo *m*

versagen* **I.** *vi* **1.** (*Maschine*) fallar **2.** (*Mensch*) fracasar **II.** *vt:* **jdm etw ~** negar algo a alguien; **sich** *dat* **etw ~** renunciar a algo

Versagen *nt* <-s, *ohne pl*> (*von Maschine*) avería *f;* (*von Mensch*) fracaso *m;* (*von Organ*) deficiencia *f;* **menschliches ~** error humano

Versager(in) *m(f)* <-s, -; -nen> fracasado, -a *m, f*

versammeln* *vt, vr:* **sich ~** reunir(se)

Versammlung *f* <-en> reunión *f*

Versand [fɛɐ'zant] *m* <-(e)s, *ohne pl*> (*das Versenden*) envío *m;* (*~abteilung*) departamento *m* de expedición; **Versandhaus** *nt* empresa *f* de venta por catálogo

versäumen* [fɛɐ'zɔɪmən] *vt* **1.** (*Gelegenheit*) perder **2.** (*Pflicht, Unterricht*) faltar (a); **das Versäumte nachholen** recuperar lo perdido; **es nicht ~ sich zu bedanken** no omitir dar las gracias

verschaffen* *vt* proporcionar; **sich** *dat* **etw ~** conseguir algo; **sich** *dat* **Respekt ~** hacerse respetar

verschämt [fɛɐ'ʃɛ:mt] *adj* avergonzado

verschärfen* *vt, vr:* **sich ~** ((*sich*) *verschlimmern*) agravar(se); (*Spannung*) aumentar; **verschärfte Vorschriften** órdenes más severas

verschätzen* *vr:* **sich ~** equivocarse (*um* en, *in* con)

verschenken* *vt* regalar (*an +akk* a)

verscherzen* *vr:* **sich** *dat* **etw ~** perder algo por una tontería; **es sich** *dat* **mit jdm ~** perder las simpatías de alguien

verscheuchen* [fɛɐ'ʃɔɪçən] *vt* espantar

verschicken* *vt* mandar; (*mit der Post*) enviar

verschieben* *irr* **I.** *vt* (*verrücken*) desplazar; (*verlegen*) aplazar (*auf +akk* para) **II.** *vr:* **sich ~** (*verrutschen*) correrse; (*zeitlich*) aplazarse (*um +akk*)

verschieden [fɛɐ'ʃi:dən] *adj* **1.** (*unterschiedlich*) diferente; **auf ~e Weise** de distinta manera **2.** *pl* (*mehrere*) diversos; **~e Leute meldeten sich** llamaron varias personas

verschiedenartig *adj* (*verschieden*) distinto; (*mannigfaltig*) diverso

verschimmeln* *vi sein* enmohecer(se)

verschlafen[1] *adj* (medio) dormido; (*Städtchen*) aburrido

verschlafen*[2] *irr* **I.** *vi* quedarse dormido **II.** *vt* **1.** (*Tag*) pasar durmiendo **2.** (*fam: versäumen*) perder; (*Termin*) olvidar

verschlechtern* [fɛɐ'ʃlɛçtɐn] *vt, vr:* **sich ~** empeorar; **sie hat sich finanziell verschlechtert** económicamente le va peor

verschleiern* *vt* **1.** (*Gesicht*) cubrir con un velo **2.** (*Skandal*) encubrir

Verschleiß [fɛɐ'ʃlaɪs] *m* <-es, *ohne pl*> desgaste *m;* **einem ständigen ~ unterliegen** estar sometido a un desgaste continuo

verschleißen [fɛɐ'ʃlaɪsən] <verschleißt, verschliss, verschlissen> **I.** *vt haben* (des)gastar **II.** *vi sein* (des)gastarse

verschleppen* *vt* (*Personen*) deportar; (*Krankheit*) curar mal

verschließen* *irr vt* cerrar; **hinter verschlossenen Türen** a puerta cerrada

verschlimmern* [fɛɐ'ʃlɪmɐn] *vt, vr:* **sich ~** agravar(se)

verschlingen* *irr vt* (*a. fig*) devorar

verschlissRR [fɛɐ'ʃlɪs] *3. imp von* **verschleißen**

verschlissen [fɛɐ'ʃlɪsən] **I.** *pp von* **verschleißen II.** *adj* desgastado

verschlossen [fɛɐ'ʃlɔsən] **I.** *pp von* **verschließen II.** *adj* (*Person*) reservado

verschlucken* **I.** *vt* tragar(se) **II.** *vr:* **sich ~** atragantarse (*an +dat* con)

verschlungen [fɛɐ'ʃlʊŋən] **I.** *pp von* **verschlingen II.** *adj* (*Weg*) sinuoso

VerschlussRR [fɛɐ'ʃlʊs] *m* <-es, -schlüsse> cierre *m;* (*Stöpsel*) tapón *m;* **etw unter ~ halten** tener algo bajo llave

verschlüsseln* *vt* codificar

verschmähen* [fɛɐ'ʃmɛːən] *vt* (*geh*) rechazar; (*verachten*) despreciar

verschmerzen* *vt* reponerse (de); (*vergessen*) olvidar

verschmutzen* **I.** *vi sein* ensuciar(se) **II.** *vt haben* ensuciar; (*Umwelt*) contaminar

Verschmutzung *f* <-en> ensuciamiento *m;* (*der Umwelt*) contaminación *f*

verschnaufen* *vi* tomar aliento

verschneit [fɛɐ'ʃnaɪt] *adj* cubierto de nieve

verschnupft [fɛɐ'ʃnʊpft] *adj* resfriado

verschoben *pp von* **verschieben**

verschollen [fɛɐ'ʃɔlən] *adj* desaparecido

verschonen* *vt* no afectar; **verschont werden** (**von etw** *dat*) librarse (de algo); **jdn mit etw** *dat* **~** dejar a alguien en paz con algo

verschönern* [fɛɐ'ʃøːnɐn] *vt* embellecer

verschränken* [fɛɐ'ʃrɛŋkən] *vt* (*Beine, Arme*) cruzar

verschreiben* *irr* **I.** *vt* (*Medikament*) recetar **II.** *vr:* **sich ~** equivocarse al escribir; **sich einer Tätigkeit ~** dedicarse plenamente a una actividad

verschrieben *pp von* **verschreiben**

verschrie(e)n [fɛɐ'ʃriː(ə)n] *adj* mal visto; **~ sein als ...** tener (la mala) fama de...

verschrotten* *vt* desguazar

verschrumpelt *adj* (*fam*) arrugado

verschulden* **I.** *vt* causar **II.** *vr:* **sich ~** endeudarse

Verschulden *nt* <-s, *ohne pl*> culpa *f;* **durch eigenes ~** por propia culpa; **es ist ohne mein ~ passiert** yo no tengo culpa de eso

verschütten* *vt* (*Flüssigkeit*) derramar; (*unter sich begraben*) enterrar

verschweigen* *irr vt:* **jdm etw ~** callar algo a alguien

verschwenden* [fɛɐ'ʃvɛndən] *vt* (*Geld*) derrochar; (*Zeit*) perder; (*Energie*) despilfarrar

verschwenderisch *adj* derrochador; (*üppig*) opulento

Verschwendung *f* <-en> derroche *m*

verschwiegen [fɛɐ'ʃviːgən] **I.** *pp von* **verschweigen II.** *adj* (*Person*) discreto

verschwinden* *irr vi sein* desaparecer; **verschwinde!** (*fam*) ¡lárgate!

verschwommen [fɛɐ'ʃvɔmən] *adj* (*Aussage*) impreciso; (*Licht*) difuso; (*Foto*) borroso; **alles ~ sehen** ver(lo) todo borroso

verschworen [fɛɐ'ʃvoːrən] *pp von* **verschwören**

verschwören* *irr vr:* **sich ~** conspirar (*gegen +akk* contra)

Verschwörung *f* <-en> conspiración *f*

verschwunden *pp von* **verschwinden**

versehen* *irr vt* (*ausstatten*) proveer (*mit +dat* de); **etw mit einem Stempel ~** sellar algo

Versehen *nt* <-s, ->: **etw aus ~ tun** hacer algo sin querer
versehentlich *adv* por descuido
versenken* *vt* (*Schiff*) hundir; (*in Flüssigkeit*) sumergir (*in +dat* en)
versessen [fɛɐ'zɛsən] *adj:* **auf etw ~ sein** estar obsesionado por algo
versetzen* I. *vt* 1. (*umsetzen*) desplazar 2. (*beruflich*) trasladar 3. (SCH) hacer pasar al curso siguiente; **er wird nicht versetzt** tiene que repetir el curso 4. (*vermischen*) mezclar; **etw mit Alkohol ~** añadir alcohol a algo 5. (*fam: warten lassen*) dar un plantón 6. (*in Zustand bringen*): **jdn in Zorn ~** enfurecer a alguien II. *vr:* **sich in jds Lage ~** ponerse en la situación de alguien
verseuchen* [fɛɐ'zɔɪçən] *vt* contaminar
versichern* *vt, vr:* **sich ~** asegurar(se) (*+gen* de, *gegen +akk* contra); **jdm etw ~** asegurar algo a alguien
Versicherung *f* <-en> 1. (*Vertrag*) seguro *m* (*gegen +akk* contra) 2. (*~sgesellschaft*) compañía *f* de seguros 3. (*Versprechen*) promesa *f;* (*Behauptung*) afirmación *f*
versiegeln* *vt* (*Brief, Boden*) sellar
versiegen* *vi sein* (*Quelle*) secarse; (*Kräfte*) agotarse; (*Gespräch*) terminarse
versiert [vɛr'ziːɐt] *adj* versado; **in etw** *dat* **~ sein** ser versado en algo
versinken* *irr vi sein* hundirse (*in +dat* en); **in Gedanken versunken** absorto en sus pensamientos
Version [vɛr'zjoːn] *f* <-en> versión *f*
versöhnen* [fɛɐ'zøːnən] *vt, vr:* **sich ~** reconciliar(se)
versöhnlich *adj* conciliador; **jdn ~ stimmen** apaciguar a alguien
Versöhnung *f* <-en> reconciliación *f*
versorgen* I. *vt* 1. (*beliefern*) proveer (*mit +dat* de) 2. (*unterhalten*) mantener 3. (*betreuen*) cuidar (de) II. *vr:* **sich ~** abastecerse (*mit +dat* de); **sich selbst ~** autoabastecerse
Versorgung *f* 1. (*Belieferung*) aprovisionamiento *m* (*mit +dat* de) 2. (*Unterhalt*) manutención *f;* (*Rente*) pensión *f* 3. (*Betreuung*) cuidados *mpl;* **ärztliche ~** asistencia médica
verspäten* *vr:* **sich ~** retrasarse; **sich um eine Stunde ~** llegar con una hora de retraso
verspätet I. *adj* atrasado II. *adv* con retraso
Verspätung *f* <-en> retraso *m;* **zehn Minuten ~ haben** tener diez minutos de retraso
versperren* *vt* obstruir; **die Durchfahrt/die Sicht ~** cerrar el paso/quitar la vista
verspielen* *vt* (*Geld*) perder en el juego; (*Chance*) perder
verspielt *adj* (*Kind, Tier*) juguetón
verspotten* *vt* burlarse (de)
versprechen* *irr* I. *vt* prometer; **viel ~d** (muy) prometedor; **sich** *dat* **etw ~** esperar algo (*von +dat* de) II. *vr:* **sich ~** equivocarse al hablar
Versprechen *nt* <-s, -> promesa *f;* **jdm ein ~ geben** prometer(le) algo a alguien; **ein ~ einhalten** cumplir una promesa
Versprechung *f* <-en> promesa *f;* **leere ~en machen** hacer falsas promesas
versprochen *pp von* **versprechen**
verspüren* *vt* sentir
verstaatlichen* *vt* nacionalizar
verstand [fɛɐ'ʃtant] *3. imp von* **verstehen**
Verstand [fɛɐ'ʃtant] *m* <-(e)s, *ohne pl*> inteligencia *f;* **den ~ verlieren** perder la razón
verstanden [fɛɐ'ʃtandən] *pp von* **verstehen**
verständigen* [fɛɐ'ʃtɛndɪgən] I. *vt* informar (*von +dat* de/sobre) II. *vr:* **sich ~** (*kommunizieren*) entenderse; (*sich einigen*) llegar a un acuerdo (*über +akk* sobre)
Verständigung *f* <-en> 1. (*Benachrichtigung*) información *f* 2. (*Kommunikation*) comunicación *f* 3. (*Einigung*) acuerdo *m*
verständlich [fɛɐ'ʃtɛntlɪç] *adj* comprensible; **leicht/schwer ~** fácil/difícil de comprender; **sich ~ machen** explicarse; **sich ~ ausdrücken** expresarse claramente
verständlicherweise [-'---'--] *adv* con razón
Verständnis [fɛɐ'ʃtɛntnɪs] *nt* <-ses, *ohne pl*> comprensión *f;* **wir bitten um Ihr ~** rogamos su comprensión; **dafür hast du mein vollstes ~** tienes todas mis simpatías con respecto a eso; **verständnislos** *adj* incomprensivo; **verständnisvoll** *adj* comprensivo
verstärken* I. *vt* reforzar; (*Instrumente*) amplificar II. *vr:* **sich ~** intensificarse
Verstärker *m* <-s, -> amplificador *m*
Verstärkung *f* <-en> (*der Stabilität*) refuerzo *m;* (*Vergrößerung*) aumento *m;* (*a.* MIL: *Personengruppe*) refuerzos *mpl*

verstauchen* [fɛɐ'ʃtaʊxən] *vt:* **sich** *dat* **etw** ~ torcerse algo
verstauen* *vt* guardar (*in* +*dat* en)
Versteck [fɛɐ'ʃtɛk] *nt* <-(e)s, -e> escondite *m;* ~ **spielen** jugar al escondite
verstecken* *vt, vr:* **sich** ~ esconder(se) (*vor* +*dat* de)
versteckt *adj* oculto; (*Anspielung*) indirecto
verstehen <versteht, verstand, verstanden> **I.** *vt* (*hören*) entender; (*begreifen*) comprender; **verstanden?** ¿entendido?; **versteh mich recht** no me malinterpretes; **ich verstehe deinen Ärger** puedo comprender tu rabia; **was verstehst du unter diesem Begriff?** ¿qué entiendes por este término?; **er versteht es, mit Kindern umzugehen** sabe cómo tratar a los niños **II.** *vr:* **sich** ~ **1.** (*auskommen*) llevarse bien; **ich verstehe mich gut mit ihr** me llevo bien con ella **2.** (*zu verstehen sein*): **das versteht sich doch von selbst** eso es evidente
versteifen* *vr:* **sich** ~ obstinarse (*auf* +*akk* en)
versteigern* *vt* subastar, rematar *Am*
Versteigerung *f* <-en> subasta *f,* remate *m Am*
verstellbar *adj* graduable; **in der Höhe** ~ de altura graduable
verstellen* **I.** *vt* **1.** (*örtlich*) cambiar (de sitio) **2.** (*einstellen*) ajustar; (*regulieren*) regular **3.** (*versperren*) bloquear; **jdm den Weg** ~ atajar el paso a alguien **4.** (*Stimme*) disimular **II.** *vr:* **sich** ~ (*Person*) fingir
versteuern* *vt* pagar impuestos (por)
verstimmt *adj* **1.** (*Instrument*) desafinado **2.** (*Person*) enfadado; **einen ~en Magen haben** tener una indigestión
verstockt [fɛɐ'ʃtɔkt] *adj* (*abw*) obstinado
verstohlen [fɛɐ'ʃto:lən] *adj* disimulado
verstopfen* **I.** *vi sein* obstruirse **II.** *vt haben* (*Loch*) obturar; (*Abfluss*) atascar
Verstopfung *f* <-en> **1.** (*eines Lochs*) obstrucción *f;* (*von Abfluss*) atasco *m* **2.** (MED) estreñimiento *m*
verstorben [fɛɐ'ʃtɔrbən] *adj* fallecido
Verstorbene(r) *mf* <-n, -n; -n> difunto, -a *m, f*
verstört [fɛɐ'ʃtø:ɐt] *adj* aturdido
Verstoß *m* <-es, -stöße> infracción *f* (*gegen* +*akk* contra)
verstoßen* *irr* **I.** *vi* faltar (*gegen* +*akk* a); (*gegen Gesetz*) infringir **II.** *vt* expulsar
verstrahlt *adj* contaminado por radioactividad
verstreichen* *irr vi sein* (*geh: Zeit*) pasar; (*Frist*) vencer
verstrichen *pp von* **verstreichen**
verstümmeln* [fɛɐ'ʃtʏməln] *vt* mutilar
verstummen* *vi sein* (*geh: Person*) callar(se); (*Geräusch*) cesar
Versuch [fɛɐ'zu:x] *m* <-(e)s, -e> (*Handlung, a.* SPORT) intento *m;* (*Test*) prueba *f*
versuchen* **I.** *vt* intentar **II.** *vr:* **sich in etw** *dat* ~ intentar algo
Versuchskaninchen *nt* (*fam abw*) conejillo *m* de Indias; **versuchsweise** [-vaɪzə] *adv* a modo de prueba
Versuchung *f* <-en> tentación *f;* **jdn in** ~ **führen** tentar a alguien; **in** ~ **kommen** caer en la tentación
versunken [fɛɐ'zʊŋkən] **I.** *pp von* **versinken II.** *adj* **1.** (*Kultur*) desaparecido **2.** (*vertieft*) absorto (*in* en); **in Gedanken** ~ absorto en sus pensamientos
versüßen* *vt* endulzar
vertagen* [fɛɐ'ta:gən] *vt* aplazar (*auf* +*akk* para)
vertan *pp von* **vertun**
vertauschen* *vt* **1.** (*verwechseln*) confundir (*mit* +*dat* con) **2.** (*austauschen*) cambiar (*gegen* +*akk, mit* +*dat* por)
verteidigen* [fɛɐ'taɪdɪgən] *vt, vr:* **sich** ~ defender(se) (*mit* +*dat* con, *gegen* +*akk* de/contra)
Verteidiger(in) *m(f)* <-s, -; -nen> (SPORT) defensa *mf;* (JUR) abogado, -a *m, f* defensor(a)
Verteidigung *f* <-en> defensa *f;* **Verteidigungsministerium** *nt* Ministerio *m* de Defensa
verteilen* **I.** *vt* **1.** (*austeilen*) repartir (*unter* +*dat, an* +*akk* entre); **übers ganze Land verteilt** repartido por todo el país **2.** (*ausbreiten*) extender **II.** *vr:* **sich** ~ extenderse (*auf* +*akk* en/sobre)
Verteiler *m* <-s, -> distribuidor *m;* **Verteilerkasten** *m* (ELEK) distribuidor *m* de corriente
verteuern* **I.** *vt* encarecer (*um* +*akk, auf* +*akk* a) **II.** *vr:* **sich** ~ subir de precio (*um* +*akk, auf* +*akk* a)
verteufeln* *vt* (*abw*) condenar
vertiefen* **I.** *vt* profundizar **II.** *vr:* **sich** ~ (*tiefer werden*) hacerse más profundo; **sich**

in etw ~ sumergirse en algo; **in etw vertieft sein** estar absorto en algo

Vertiefung *f* <-en> (*von Graben, Thema*) profundización *f;* (*im Gelände*) depresión *f*

vertikal [vɛrti'ka:l, '---] *adj* vertical

vertilgen* *vt* (*Unkraut*) exterminar

Vertrag [fɛɐ'tra:k] *m* <-(e)s, -träge> contrato *m;* **einen** ~ **schließen** firmar un contrato; **jdn unter** ~ **nehmen** contratar a alguien

vertragen* *irr* **I.** *vt* **1.** (*Klima, Aufregung*) soportar **2.** (*Speisen, Medikamente*) tolerar; **ich vertrage keine Milch** la leche me sienta mal **II.** *vr:* **sich** ~ **1.** (*Personen*) llevarse bien; **wir haben uns wieder** ~ hemos hecho las paces **2.** (*vereinbar sein*) ser compatible

vertraglich **I.** *adj* contractual **II.** *adv* por contrato; ~ **gebunden sein** estar sujeto a un contrato

verträglich [fɛɐ'trɛ:klɪç] *adj* (*Speisen*) digerible; (*Personen*) sociable

vertragsbrüchig *adj* refractario; ~ **werden** romper un contrato; **Vertragspartner(in)** *m(f)* (parte *f*) contratante *mf*

vertrauen* *vi:* **jdm/etw** *dat* ~ confiar en alguien/de algo

Vertrauen *nt* <-s, *ohne pl*> confianza *f;* **jdn ins** ~ **ziehen** confiarse a alguien; ~ **zu jdm haben** tener confianza en alguien; **vertrauenerweckend** *adj s.* **erwecken**

Vertrauensbruch *m* abuso *m* de confianza; **Vertrauenssache** *f* **1.** (*zur vertraulichen Behandlung*) asunto *m* confidencial **2.** *ohne pl* (*Frage des Vertrauens*) cuestión *f* de confianza; **vertrauensselig** *adj* (demasiado) confiado; **vertrauensvoll** **I.** *adj* confiado **II.** *adv* con toda confianza; **vertrauenswürdig** *adj* fiable

vertraulich *adj* **1.** (*geheim*) confidencial; ~**e Mitteilung** confidencia *f* **2.** (*persönlich*) íntimo; ~ **werden** confraternizar

Vertraulichkeit *f* <-en> **1.** (*Aufdringlichkeit*) indiscreción *f;* **plumpe** ~**en** excesiva confianza **2.** *ohne pl* (*Eigenschaft*) carácter *m* confidencial; **es wird absolute** ~ **zugesagt** se garantiza absoluta discreción

verträumt [fɛɐ'trɔɪmt] *adj* (*Person*) soñador; (*Ort*) romántico

vertraut [fɛɐ'traʊt] *adj* **1.** (*eng verbunden*) familiarizado; ~ **miteinander sein** tenerse confianza **2.** (*bekannt*) familiar; **sich mit etw** *dat* ~ **machen** familiarizarse con algo

Vertraute(r) *mf* <-n, -n; -n> confidente *mf*

vertreiben* *irr vt* **1.** (*Personen*) echar (*aus* +*dat* de); (*Mücken*) ahuyentar; **sich** *dat* **die Zeit** ~ entretenerse **2.** (*verkaufen*) vender

Vertreibung *f* <-en> expulsión *f* (*aus* de)

vertretbar *adj* **1.** (*Maßnahme*) justificable **2.** (JUR) fungible

vertreten* *irr vt* **1.** (*ersetzen*) sustituir **2.** (*als Beauftragter*) representar; (*als Anwalt*) defender (la causa de) **3.** (*Interessen*) velar (por); (*Ansicht, These*) sostener

Vertreter(in) *m(f)* <-s, -; -nen> **1.** (*Stell~*) sustituto, -a *m, f* **2.** (*Beauftragter*) representante *mf* **3.** (*Verfechter*) defensor(a) *m(f)*

Vertretung *f* <-en> **1.** (*Stell~*) su(b)stitución *f;* (*Person*) su(b)stituto, -a *m, f;* **in** ~ **von jdm handeln** actuar en representación de alguien **2.** (*Delegation*) representación *f;* **die diplomatische** ~ (POL) la misión diplomática **3.** (*Niederlassung*) agencia *f*

Vertrieb [fɛɐ'tri:p] *m* <-(e)s, *ohne pl*> **1.** (*von Waren*) venta *f;* **den** ~ **für etw haben** ser distribuidor de algo **2.** (*Abteilung*) departamento *m* de venta(s)

vertrieben *pp von* **vertreiben**

Vertriebene(r) [fɛɐ'tri:bənɐ] *mf* <-n, -n; -n> expulsado, -a *m, f*

vertrocknen* *vi sein* secarse

vertrödeln* *vt* (*fam abw: Zeit*) perder; (*Termin*) olvidarse (de)

vertrösten* *vt:* **jdn** ~ hacer esperar a alguien

vertun* *irr* **I.** *vt* malgastar; **eine vertane Gelegenheit** una oportunidad desaprovechada **II.** *vr:* **sich** ~ (*fam*) equivocarse

vertuschen* [fɛɐ'tʊʃən] *vt* ocultar

verüben* *vt* cometer; **Selbstmord** ~ suicidarse

verunglücken* *vi sein* (*Unfall haben*) tener un accidente; **tödlich** ~ morir en un accidente

verunreinigen* [fɛɐ'ʔʊnraɪnɪgən] *vt* ensuciar; (*Umwelt*) contaminar

verunsichern* *vt* confundir

verunstalten* [fɛɐ'ʔʊnʃtaltən] *vt* desfigurar

Veruntreuung *f* <-en> (JUR: *öffentlicher Mittel*) malversación *f*

verursachen* [fɛɐ'ʔu:ɐzaxən] *vt* causar

verurteilen* [fɛɐ'ʔʊrtaɪlən] *vt* condenar (*zu* +*dat* a); **er wurde zum Tode verurteilt**

fue condenado a muerte; **zum Scheitern verurteilt sein** estar condenado al fracaso
Verurteilung *f* <-en> (*a.* JUR) condena *f*
vervielfältigen* [fɛɐ̯ˈfiːlfɛltɪgən] *vt* (TYPO) reproducir; (*fotokopieren*) fotocopiar
vervollkommnen* [fɛɐ̯ˈfɔlkɔmnən] *vt, vr:* **sich** ~ perfeccionar (*auf* +*akk, in* +*dat*)
vervollständigen* *vt* completar
verwahren* [fɛɐ̯ˈvaːrən] **I.** *vt* (*aufbewahren*) guardar **II.** *vr:* **sich** ~ protestar (*gegen* +*akk* contra)
verwahrlosen* [fɛɐ̯ˈvaːɐ̯loːzən] *vi sein* venir a menos
verwahrlost [fɛɐ̯ˈvaːɐ̯loːst] *adj* **1.** (*vernachlässigt*) abandonado; (*ungepflegt*) descuidado **2.** (*moralisch*) depravado
verwaist [fɛɐ̯ˈvaɪst] *adj* (*Mensch*) huérfano; (*Ort*) desierto
verwalten* *vt* administrar; (*Amt*) desempeñar; (INFOR) actualizar
Verwalter(in) *m(f)* <-s, -; -nen> administrador(a) *m(f)*
Verwaltung *f* <-en> administración *f;* (INFOR) actualización *f*
verwandeln* **I.** *vt* transformar (*in* +*akk* en); (*verhexen*) convertir (*in* +*akk* en); **er ist wie verwandelt** parece otro **II.** *vr:* **sich** ~ transformarse (*in* +*akk* en)
Verwandlung *f* <-en> transformación *f*
verwandt [fɛɐ̯ˈvant] *adj* (*ähnlich*) similar (*mit* +*dat* a); **mit jdm ~ sein** ser pariente de alguien; **sie sind (miteinander) ~** son parientes
Verwandte(r) *mf* <-n, -n; -n> pariente *mf*
Verwandtschaft *f* <-en> **1.** (*das Verwandtsein*) parentesco *m* **2.** (*Ähnlichkeit*) semejanza *f* **3.** *ohne pl* (*Angehörige*) parientes *mpl*
verwarnen* *vt* advertir; **jdn gebührenpflichtig** ~ multar a alguien
verwechseln* *vt* confundir; **sie sehen sich** *dat* **zum Verwechseln ähnlich** se parecen como dos gotas de agua
verwegen [fɛɐ̯ˈveːgən] *adj* osado
verwehren* *vt:* **jdm etw** ~ prohibir algo a alguien
verweigern* *vt* rehusar; **jdm etw** ~ negar algo a alguien; **den Kriegsdienst** ~ ser objetor de conciencia, objetar *fam*
Verweigerung *f* <-en> (*Ablehnung*) rechazo *m;* (*Absage*) negativa *f*
verweilen* *vi* (*geh*) permanecer; (*stehen bleiben*) detenerse
Verweis [fɛɐ̯ˈvaɪs] *m* <-es, -e> **1.** (*Rüge*) reprimenda *f;* **jdm einen ~ erteilen** reprender a alguien **2.** (*Hinweis*) referencia *f* (*auf* +*akk* a)
verweisen* *irr vt* **1.** (*hinweisen*) remitir (*auf/an* +*akk* a) **2.** (*ausweisen*) expulsar (*aus* +*dat* de) **3.** (*geh: rügen*) reprender
verwelken* *vi sein* marchitarse
verwendbar *adj* utilizable (*zu* +*dat, für* +*akk* para); **mehrfach** ~ de uso múltiple; **wieder verwendbar** reutilizable
verwenden* *vt* usar (*zu* +*dat, für* +*akk* para, *bei* +*dat* en); (*Methode, Mittel*) emplear (*zu* +*dat, für* +*akk* para, *bei* +*dat* en)
Verwendung *f* <-en> empleo *m,* uso *m;* ~ **finden** ser utilizado; **ich habe dafür keine** ~ no sé qué hacer con eso
verwerfen* *irr vt* (*aufgeben*) desechar; (JUR: *zurückweisen*) reprobar
verwerflich *adj* reprobable
verwerten* *vt* utilizar
verwesen* [fɛɐ̯ˈveːzən] *vi sein* descomponerse
verwickeln* **I.** *vt:* **jdn in etw** ~ envolver a alguien en algo **II.** *vr:* **sich** ~ (*a. fig*) enredarse; **sich in Widersprüche** ~ incurrir en contradicciones
verwiesen *pp von* **verweisen**
verwildern* [fɛɐ̯ˈvɪldɐn] *vi sein* (*Garten*) estar abandonado; (*Haustier*) volverse salvaje; (*Sitten*) degenerar
verwirklichen* **I.** *vt* realizar **II.** *vr:* **sich** ~ (*Wirklichkeit werden*) hacerse realidad; (*Mensch*) realizarse
Verwirklichung *f* <-en> realización *f*
verwirren* [fɛɐ̯ˈvɪrən] **I.** *vt* **1.** (*Fäden*) enredar; (*Haare*) enmarañar **2.** (*verunsichern*) confundir **II.** *vr:* **sich** ~ **1.** (*Fäden*) enredarse; (*Haare*) enmarañarse **2.** (*Sinne*) turbarse
verwirrend *adj* confuso
verwirrt *adj* **1.** (*Fäden, Angelegenheit*) enredado **2.** (*Person*) confuso
Verwirrung *f* <-en> (*Durcheinander*) confusión *f;* (*Verstörtheit*) turbación *f*
verwischen* **I.** *vt* (*Schrift*) emborronar; (*beim Malen*) difuminar **II.** *vr:* **sich** ~ (*Erinnerung, Umrisse*) desdibujarse; (*Grenzen*) borrarse
verwitwet [fɛɐ̯ˈvɪtvət] *adj* viudo
verwöhnen* [fɛɐ̯ˈvøːnən] *vt* mimar
verwöhnt [fɛɐ̯ˈvøːnt] *adj* **1.** (*Kind*) mima-

V

do, engreído *Am* **2.** (*anspruchsvoll*) exigente; (*Geschmack*) refinado

verworfen [fɛɐ'vɔrfən] *pp von* **verwerfen**

verworren [fɛɐ'vɔrən] *adj* confuso

verwundbar *adj* vulnerable

verwunden* [fɛɐ'vʊndən] *vt* herir

verwunderlich [fɛɐ'vʊndɐlɪç] *adj* (*erstaunlich*) sorprendente; (*sonderbar*) raro

Verwunderung *f* asombro *m;* **zu meiner ~** para mi sorpresa

Verwundete(r) *mf* <-n, -n; -n> herido, -a *m, f*

verwunschen [fɛɐ'vʊnʃən] *adj* encantado

verwünschen* *vt* maldecir

verwüsten* [fɛɐ'vy:stən] *vt* devastar

verzählen* *vr:* **sich ~** equivocarse al contar

verzaubern* *vt* encantar; **jdn in etw ~** transformar a alguien en algo

verzehren* **I.** *vt* consumir **II.** *vr* (*geh*): **sich nach etw** *dat* **~** suspirar por algo; **sich vor Sehnsucht nach etw** *dat* **~** consumirse en deseos de algo

verzeichnen* *vt* anotar; (*aufzeichnen*) registrar; **große Erfolge ~** registrar grandes éxitos

Verzeichnis *nt* <-ses, -se> lista *f;* (*im Buch*) índice *m*

verzeihen [fɛɐ'tsaɪən] <verzeiht, verzieh, verziehen> *vt* perdonar; **~ Sie!** ¡perdone!

Verzeihung *f* perdón *m;* **jdn um ~ bitten** pedir(le) perdón a alguien

verzerren* *vt* **1.** (*Gesicht*) desfigurar **2.** (*Sehne, Lautsprecher*) distorsionar **3.** (*Spiegel*) desfigurar **4.** (*Ereignisse*) tergiversar; **etw verzerrt wiedergeben** contar algo trastocándolo

Verzicht [fɛɐ'tsɪçt] *m* <-(e)s, -e> renuncia *f* (*auf* + *akk* a)

verzichten* *vi* renunciar (*auf* + *akk* a)

verzieh [fɛɐ'tsi:] *3. imp von* **verzeihen**

verziehen[1] *pp von* **verzeihen**

verziehen*[2] *irr* **I.** *vi sein* (*umziehen*) mudarse (*nach* a) **II.** *vt* **1.** (*Kind*) malcriar **2.** (*Mund, Züge*) torcer **III.** *vr:* **sich ~ 1.** (*Holz, Tür*) alabearse; (*Stoff*) dar de sí **2.** (*Gesicht*) desfigurarse **3.** (*Nebel, Wolken*) disiparse; (*Gewitter*) pasar **4.** (*fam: weggehen*) largarse; (*heimlich*) esfumarse; **los, verzieh dich!** ¡lárgate!

verzieren* *vt* adornar

Verzierung *f* <-en> adorno *m*

verzinsen* [fɛɐ'tsɪnzən] *vt* pagar intereses (*mit* + *dat* de); **etw mit fünf Prozent ~** pagar intereses del cinco por ciento por algo

verzogen [fɛɐ'tso:gən] **I.** *pp von* **verziehen**[2] **II.** *adj* **1.** (*Holz, Tür*) alabeado **2.** (*Kind*) malcriado **3.** (*umgezogen*): **~ sein** haber cambiado de domicilio; **unbekannt ~** destinatario desconocido

verzögern* *vt, vr:* **sich ~** retrasar(se) (*um* + *akk*)

Verzögerung *f* <-en> retraso *m* (*von* + *dat* de)

verzollen* [fɛɐ'tsɔlən] *vt* pagar aduana (por); **haben Sie etwas zu ~?** ¿tiene algo que declarar?

Verzug [fɛɐ'tsu:k] *m* <-(e)s, *ohne pl*> (*bei Lieferung*) demora *f;* (*bei Zahlung*) retraso *m;* **in ~ geraten** retrasarse; **es ist Gefahr im ~** se avecina un peligro

verzweifeln* *vi sein* desesperar; **es ist zum Verzweifeln** es para desesperarse

verzweifelt *adj* desesperado

Verzweiflung *f* <-en> desesperación *f;* **jdn zur ~ treiben** llevar a alguien a la desesperación

verzweigen* [fɛɐ'tsvaɪgən] *vr:* **sich ~** ramificarse; (*in zwei Richtungen*) bifurcarse

verzwickt [fɛɐ'tsvɪkt] *adj* (*fam*) lioso

Vesper *f* <-n> (REL) vísperas *fpl*

Veteran [vete'ra:n] *m* <-en, -en> veterano *m*

Veto ['ve:to] *nt* <-s, -s> (POL) veto *m;* **sein ~ gegen etw einlegen** poner el veto a algo

Vetter ['fɛtɐ] *m* <-s, -n> primo *m;* **Vetternwirtschaft** *f* (*abw*) nepotismo *m*

vgl. *Abk. von* **vergleiche** cf.

VHS [faʊha:'ʔɛs] *f Abk. von* **Volkshochschule** universidad *f* popular

Vibration [vibra'tsjo:n] *f* <-en> vibración *f*

vibrieren* [vi'bri:rən] *vi* vibrar

Video ['vi:deo] *nt* <-s, -s> vídeo *m,* video *m Am;* **Videokamera** *f* cámara *f* de vídeo; **Videokassette** *f* videocas(s)et(t)e *f;* **Videokonferenz** *f* conferencia *f* por vídeo; **Videorecorder** *m* (aparato *m* de) vídeo *m;* **Videospiel** *nt* videojuego *m;* **Videotext** *m* videotexto *m*

Videothek [video'te:k] *f* <-en> videoteca *f*

Videoüberwachung *f* vigilancia *f* por (cámara de) vídeo; **Videoverleih**[RR] *m* <-(e)s, -e> videoclub *m*

Vieh [fiː] *nt* <-(e)s, *ohne pl*> ganado *m;* (*einzelnes*) res *f;* **Viehzucht** *f* ganadería *f*

viel [fiːl] **I.** *adj o pron indef* <mehr, am meisten> mucho; ~ **Spaß!** ¡que lo pases bien!; **so** ~ tanto; **noch mal so** ~ otro tanto; **halb/doppelt so** ~ **Arbeit** la mitad/el doble de trabajo; **wie ~?** ¿cuánto?; **wie** ~ **kostet das?** ¿cuánto vale eso?; **wie** ~ **Uhr ist es?** ¿qué hora es?; **wie ~e Leute waren da?** ¿cuántas personas había?; **zu** ~ demasiado; **eine zu** ~ una de más **II.** *adv* **1.** (*häufig*) (muy) a menudo **2.** (*wesentlich*) considerablemente; ~ **teurer** mucho más caro; ~ **zu** ~ demasiado; **vielbeschäftigt** *adj s.* **beschäftigt 1.**

vieldeutig ['fiːldɔɪtɪç] *adj* ambiguo; (LING) polisémico

vielerlei ['fiːlɐ'laɪ] *adj inv* **1.** (*attributiv*) diverso **2.** (*allein stehend*) mucho; ~ **gesehen haben** haber visto mucho

vielerorts ['fiːlɐ'ʔɔrts] *adv* en muchos sitios

vielfach ['fiːlfax] **I.** *adj* **1.** (*viele Male*) múltiple; (*wiederholt*) reiterado; **auf ~en Wunsch** a petición general **2.** (*vielfältig*) diverso **II.** *adv* con frecuencia; **größer als** ~ **angenommen** mayor de lo que a menudo se piensa

Vielfalt ['fiːlfalt] *f* variedad *f* (*von/an +dat* de)

vielfältig ['fiːlfɛltɪç] *adj* variado; (*Mensch*) polifacético

Vielfraß ['fiːlfraːs] *m* <-es, -e> (ZOOL) glotón *m;* (*fam: Person*) tragón, -ona *m, f*

vielgeliebt *adj s.* **lieben**

vielleicht [fi'laɪçt] *adv* tal vez; **hast du** ~ **meinen Schlüssel gesehen?** ¿has visto por casualidad mi llave?; **soll ich** ~ **alles alleine machen ?** ¿acaso tengo que hacerlo todo yo solo?; **es waren** ~ **500 Leute dort** habría más o menos 500 personas allí

vielmals ['-maːls] *adv:* **danke ~!** ¡mil gracias!

vielmehr ['--] *adv* más bien; **ich glaube ~, dass ...** creo más bien que...

vielsagend *adj s.* **sagen**

vielseitig *adj* **1.** (*umfassend*) amplio; (*abwechslungsreich*) variado; ~ **anwendbar** de uso múltiple; ~ **interessiert** con intereses variados **2.** (*Mensch*) polifacético

vielversprechend *adj s.* **versprechen I.**

Vielzahl *f ohne pl* sinnúmero *m* (*an/von +dat* de)

vier [fiːɐ] *adj inv* cuatro; **jdn unter** ~ **Augen sprechen** hablar con alguien a solas; **auf allen ~en** (*fam*) a gatas; *s. a.* **acht**[1]

Vier *f* <-en> cuatro *m;* (*Schulnote*) suficiente *m*

Vierbeiner *m* <-s, -> cuadrúpedo *m*

vierblätt(e)rig ['fiːɐblɛt(ə)rɪç] *adj* cuadrifolio

Viereck ['fiːɐʔɛk] *nt* <-(e)s, -e> cuadrilátero *m;* (*Quadrat*) cuadrado *m;* **viereckig** *adj* cuadrangular; (*quadratisch*) cuadrado

vierfach ['fiːɐfax] **I.** *adj* cuádruplo; ~ **vorhanden sein** estar disponible cuatro veces **II.** *adv* cuatro veces; *s. a.* **achtfach**

vierhundert ['-'--] *adj inv* cuatrocientos; *s. a.* **achthundert**

Vierlinge ['fiːɐlɪŋə] *mpl* cuatrillizos *mpl*

vierspurig ['-ʃpuːrɪç] *adj* de cuatro carriles

Viertaktmotor *m* motor *m* de cuatro tiempos

vierte(r, s) ['fiːɐtə, -tɐ, -təs] *adj* cuarto; *s. a.* **achte(r, s)**

viertel ['fɪrtəl] *adj inv* cuarto; *s. a.* **achtel**

Viertel ['fɪrtəl] *nt* <-s, -> **1.** (*Maß*) cuarto *m;* **ein** ~ **Wein** un cuartillo **2.** (*Teil*) cuarta parte *f;* ~ **nach drei** las tres y cuarto **3.** (*Stadt~*) barrio *m;* **Vierteljahr** ['--'-] *nt* trimestre *m;* **Viertelstunde** ['--'--] *f* cuarto *m* de hora

viertens ['fiːɐtəns] *adv* en cuarto lugar; (*bei Aufzählung*) cuarto; *s. a.* **achtens**

vierzehn ['fɪrtseːn] *adj inv* catorce; **in** ~ **Tagen** en quince días; *s. a.* **acht**[1]

vierzehnte(r, s) *adj* decimocuarto; *s. a.* **achte(r, s)**

vierzig ['fɪrtsɪç] *adj inv* cuarenta; *s. a.* **achtzig**

vierzigste(r, s) ['fɪrtsɪçstə, -tɐ, -təs] *adj* cuadragésimo; *s. a.* **achtzigste(r, s)**

Villa ['vɪla] *f* <Villen> villa *f*

Villenviertel *nt* barrio *m* residencial de lujo

violett [vio'lɛt] *adj* morado

Violine [vio'liːnə] *f* <-n> violín *m*

Violinschlüssel *m* clave *f* de sol

Viper ['viːpɐ] *f* <-n> víbora *f*

Viren ['viːrən] *pl von* **Virus**; **Virensuchprogramm** *nt* (INFOR) programa *m* cazavirus

virtuell [vɪrtu'ɛl] *adj* (INFOR) virtual; **~er Raum** espacio virtual

Virus ['vi:rʊs] *m o nt* <-, Viren> (*a.* INFOR) virus *m inv;* **Virusinfektion** *f* infección *f* vírica

Visa ['vi:za], **Visen** ['vi:zən] *pl von* **Visum**

Visier [vi'zi:ɐ] *nt* <-s, -e> **1.** (*am Helm*) visera *f* **2.** (*am Gewehr*) (punto *m* de) mira *f;* **jdn/etw ins ~ nehmen** fijar su atención en alguien/algo

Vision [vi'zjo:n] *f* <-en> visión *f*

Visite [vi'zi:tə] *f* <-n> (MED) visita *f;* **~ machen** pasar visita; **Visitenkarte** *f* tarjeta *f* de visita

Viskose [vɪs'ko:zə] *f* viscosa *f*

visuell [vizu'ɛl] *adj* visual

Visum ['vi:zʊm] *nt* <-s, Visa *o* Visen> visado *m,* visa *f Am*

vital [vi'ta:l] *adj* vital

Vitamin [vita'mi:n] *nt* <-s, -e> vitamina *f*

Vitrine [vi'tri:nə] *f* <-n> vitrina *f*

Vizepräsident(in) *m(f)* vicepresidente, -a *m, f*

Vogel ['fo:gəl] *m* <-s, Vögel> pájaro *m;* **einen ~ haben** (*fam*) estar chiflado; **vogelfrei** *adj* fuera de la ley; **Vogelkäfig** *m* jaula *f*

vögeln ['fø:gəln] *vi, vt* (*vulg*) follar, coger *Am*

Vogelscheuche *f* <-n> espantapájaros *m inv*

Vokabel [vo'ka:bəl] *f* <-n> vocablo *m*

Vokabular [vokabu'la:ɐ] *nt* <-s, -e> vocabulario *m*

Vokal [vo'ka:l] *m* <-s, -e> vocal *f*

Volk [fɔlk] *nt* <-(e)s, Völker> pueblo *m;* (*Nation*) nación *f;* **etw unters ~ bringen** divulgar algo; **sich unters ~ mischen** mezclarse con la gente

Völkerkunde *f* etnología *f;* **Völkermord** *m* genocidio *m;* **Völkerrecht** *nt* <-(e)s, *ohne pl*> derecho *m* internacional; **Völkerverständigung** *f* entendimiento *m* entre los pueblos

La **Volkshochschule** alemana es un centro público y autónomo de formación continua. Su oferta va desde cursos de informática, pasando por cursos de idiomas, hasta cursos de danza o de filosofía. Estos cursos están pensados para todos los segmentos sociales y para todas las edades. Es cada vez más frecuente el reconocimiento de estos cursos como formación continua de profesionales de los más diversos sectores.

Volkslied *nt* canción *f* popular; **Volksmund** *m* <-(e)s, *ohne pl*> lenguaje *m* popular; **Volksmusik** *f* música *f* folklórica; **Volksrepublik** *f* república *f* popular; **Volksschule** *f* escuela *f* de enseñanza primaria

volkstümlich ['fɔlksty:mlɪç] *adj* popular

Volkswirtschaft *f* economía *f* política

voll [fɔl] **I.** *adj* lleno (*von/mit + dat* de); **halb ~** medio lleno; **~(er) Freude** rebosante de alegría; **~es Haar haben** tener mucho pelo; **eine ~e Stunde** una hora entera; **in ~er Größe** de cuerpo entero; **das ~e Ausmaß der Katastrophe** el alcance total de la catástrofe; **in ~er Fahrt** en plena marcha **II.** *adv* completamente; **~ bezahlen** pagar a precio regular; **~ und ganz** completamente

vollauf ['-'-] *adv* absolutamente

vollautomatisch ['---'--] *adj* completamente automático

Vollbart *m* barba *f* cerrada; **Vollbeschäftigung** *f* pleno empleo *m*

vollbracht *pp von* **vollbringen**

vollbringen* [-'--] *irr vt* (*geh*) realizar

vollenden* *vt* **1.** (*abschließen*) concluir; (*Lebensalter*) cumplir; **jdn vor vollendete Tatsachen stellen** presentar(le) a alguien un hecho consumado **2.** (*vervollständigen*) completar

vollendet [fɔl'ʔɛndət] *adj* perfecto

vollends ['fɔlɛnts] *adv* completamente

Vollendung *f* <-en> **1.** (*Beendung*) terminación *f;* **mit** [*o* **nach**] **~ des 18. Lebensjahres** con 18 años cumplidos **2.** *ohne pl* (*Vollkommenheit*) perfección *f*

voller ['fɔlɐ] *adj inv* **1.** (*gefüllt, bedeckt*) lleno (de) **2.** (*erfüllt*) rebosante (de)

Volleyball ['vɔlibal] *m* **1.** (*Ball*) pelota *f* de voleibol **2.** *ohne pl* (SPORT) voleibol *m*

vollführen* *vt* llevar a cabo; (*verwirklichen*) realizar

Vollgas *nt:* **mit ~ fahren** ir a toda velocidad

voll|gießen *irr vt s.* **gießen I.3.**

Vollidiot(in) *m(f)* (*fam abw*) idiota *mf* completo, -a

völlig ['fœlɪç] **I.** *adj* completo **II.** *adv* completamente; **er hat ~ Recht** tiene toda la razón

volljährig ['-jɛ:rɪç] *adj* mayor de edad

En Alemania se dice que un joven es **volljährig** y responsable legalmente a los 18 años, mientras que en Austria la mayoría de edad se alcanza a los 19 y en Suiza a los 20.

Vollkaskoversicherung *f* seguro *m* a todo riesgo
vollkommen [-'--] *adj* **1.** (*unübertrefflich*) perfecto; (*vollständig*) completo **2.** (*völlig*) absoluto; **ich bin ~ deiner Meinung** estoy absolutamente de acuerdo contigo
Vollkornbrot *nt* pan *m* integral
voll|machen *vt s.* **machen I.**
Vollmacht *f* <-en> autorización *f;* **jdm eine ~ erteilen** otorgar a alguien plenos poderes
Vollmilch *f* leche *f* entera; **Vollmond** *m* luna *f* llena; **Vollpension** *f* pensión *f* completa
voll|pumpen *vt s.* **pumpen**; **voll|saugen** *irr vr:* **sich ~** *s.* **saugen[1] III.**
vollschlank *adj* metido en carnes
vollständig *adj* (*komplett*) completo; (*gänzlich*) total
Vollständigkeit *f* integridad *f;* **der ~ halber** para completar
voll|stopfen *vt s.* **stopfen I.3.**
vollstrecken* *vt* ejecutar; (*Urteil*) llevar a efecto
voll|tanken *vi, vt s.* **tanken**
Volltreffer *m* impacto *m* total; (*beim Schießen*) impacto *m* en la diana
Vollwertkost *f* alimentos *mpl* integrales
vollzählig ['fɔltsɛːlɪç] *adj* completo
vollziehen* *irr* **I.** *vt* (*ausführen*) llevar a cabo; (JUR) ejecutar **II.** *vr:* **sich ~** efectuarse
vollzogen *pp von* **vollziehen**
Volt [vɔlt] *nt* <- *o* -(e)s, -> voltio *m*
Volumen [vo'luːmən] *nt* <-s, -> volumen *m*
voluminös [volumi'nøːs] *adj* voluminoso
vom [fɔm] = **von dem** *s.* **von**
von [fɔn] *präp* + *dat* **1.** (*allgemein, räumlich*) de; **~ oben nach unten** de arriba abajo; **~ hier aus** desde aquí; **das Kind ist ~ ihm** el niño es suyo; **~ allein** por sí solo; **Tausende ~ Menschen** miles de personas; **im Alter ~ 40 Jahren** a la edad de 40 años; **~ Seiten** de parte de **2.** (*zeitlich*) desde; **~ nun an** de ahora en adelante; **~ vorn anfangen** empezar desde el principio; **~ morgens bis abends** de la mañana a la noche; **~ Zeit zu Zeit** de tiempo en tiempo **3.** (*beim Passiv*) por; **der Kurs wird ~ Johannes geleitet** el curso es dirigido por Johannes
voneinander [--'--] *adv* el uno del otro
vonseiten[RR] [fɔn'zaɪtən] por parte de; **~ der Regierung** por parte del gobierno
vonstatten [fɔn'ʃtatən] *adv:* **~ gehen** tener lugar, desarrollarse
vor [foːɐ] **I.** *präp* + *dat* **1.** (*räumlich*) delante de; **sie ging ~ ihm her** iba delante de él **2.** (*zeitlich*) antes de; (*Zeitraum*) hace; (*bei Uhrzeit*) menos; (*zukünftig*) por delante; **~ kurzem** hace poco **3.** (*über*) sobre; **~ allem** sobre todo **4.** (*gegenüber*) ante; **Angst ~ jdm haben** tener(le) miedo a alguien; **Schutz ~ etw** *dat* **suchen** buscar protección contra algo **5.** (*bedingt durch*): **~ Kälte** de frío; **~ lauter Arbeit** de tanto trabajo **II.** *präp* + *akk* (*Richtung*): **etw ~ das Haus stellen** poner algo delante de la casa; **~ sich hin pfeifen** silbar para sí **III.** *adv* adelante; **~ und zurück** adelante y atrás; **Freiwillige ~!** ¿quién se ofrece voluntario?
vorab [foːɐ'ʔap] *adv* (*zuerst*) ante todo; (*im Voraus*) de antemano
Vorabend *m* víspera *f;* **am ~ der Uraufführung** en vísperas del estreno; **Vorahnung** *f* presentimiento *m*
voran [fo'ran] *adv* (*vorwärts*) hacia delante; **voran|gehen** *irr vi sein* **1.** (*vorne gehen*) ir delante, ir en cabeza **2.** (*zeitlich*) preceder **3.** (*Fortschritte machen*) avanzar; **voran|kommen** *irr vi sein* avanzar (*mit* + *dat* en)
voraus [fo'raʊs] *adv* (*vorne*) delante; (*an der Spitze*) a la cabeza; **er war uns schon weit ~** nos llevaba una gran ventaja; **im Voraus** de antemano; **voraus|gehen** *irr vi sein* (*vorne gehen*) ir delante; (*früher geschehen*) preceder; **vorausgesetzt** [fo'raʊsgəzɛtst] *adj:* **~, dass ...** siempre que... + *subj;* **voraus|haben** *irr vt:* **jdm etw ~** aventajar a alguien en algo
Voraussage *f* <-n> pronóstico *m;* **eine ~ machen** realizar un pronóstico
voraus|sagen *vt* pronosticar; **voraus|schicken** *vt* **1.** (*Paket*) mandar con anticipación **2.** (*Bemerkung*) anticipar; **etwas ~** hacer una observación previa; **voraus|sehen** *irr vt* prever; **das war ja vorauszusehen** esto se veía venir; **vo-**

V

raus|setzen *vt* (*annehmen*) presuponer; (*verlangen*) requerir; **das setze ich als bekannt voraus** esto lo doy por sabido; **vorausgesetzt, dass ...** siempre que... *+subj*

Voraussetzung *f* <-en> **1.** (*Annahme*) suposición *f* **2.** (*Vorbedingung*) condición *f* previa; **unter der ~, dass ...** bajo la condición de que... *+subj* **3.** (*Anforderung*) requisito *m;* **die ~en erfüllen** cumplir los requisitos

Voraussicht [-'--] *f ohne pl* previsión *f;* **aller ~ nach** según todos los indicios

voraussichtlich I. *adj* previsto **II.** *adv* probablemente

Vorbau *m* <-(e)s, -ten> **1.** (ARCHIT) voladizo *m* **2.** (*sl: Busen*) delantera *f*

Vorbedacht ['-bədaxt] *m:* **mit/ohne ~** con/sin premeditación

Vorbehalt ['-bəhalt] *m* <-(e)s, -e> reserva *f;* **unter dem ~, dass ...** con la salvedad de que... *+subj;* **ohne/unter ~** sin/con reservas

vor|behalten* *irr vt:* **sich** *dat* **etw ~** reservarse (el derecho de hacer) algo; **Änderungen ~** salvo modificaciones

vorbehaltlos I. *adj* incondicional **II.** *adv* incondicionalmente

vorbei [foːɐ'baɪ, fɔr'baɪ] *adv* pasado; **sie möchte hier ~** quiere pasar por aquí; **es ist drei Uhr ~** son las tres pasadas; **aus und ~** acabado y más que acabado; **vorbei|fahren** *irr vi sein* **1.** (*entlangfahren*) pasar (en coche) (*an* por (delante de)) **2.** (*nicht anhalten*) pasar de largo; **im Vorbeifahren** al pasar (en coche) **3.** (*fam: aufsuchen*) pasar (*bei* por casa de); **vorbei|gehen** *irr vi sein* (*entlanggehen*) pasar (*an +dat* por (delante de)); **im Vorbeigehen** de pasada; **bei jdm ~** (*fam*) pasar por casa de alguien; **vorbei|kommen** *irr vi sein* **1.** (*entlangkommen*) pasar (*an* por) **2.** (*an Hindernis*) poder pasar (*an* por) **3.** (*fam: besuchen*) pasar (*bei* por casa de); **vorbei|lassen** *irr vt* (*fam*) dejar pasar; **vorbei|reden** *vi:* **an etw** *dat* **~** irse por las ramas; **wir haben aneinander vorbeigeredet** hablamos sin entendernos

vorbelastet *adj* con antecedentes; **erheblich ~ sein** tener muchos antecedentes; **erblich ~ sein** llevar una tara hereditaria

Vorbemerkung *f* advertencia *f* preliminar

vor|bereiten* *vt, vr:* **sich ~** preparar(se) (*auf +dat* para)

Vorbereitung *f* <-en> (*Tätigkeit*) preparación *f;* (*Maßnahme*) preparativo *m;* **~en für etw treffen** hacer preparativos para algo

vor|bestellen* *vt* reservar

vorbestraft *adj* con antecedentes penales

vor|beugen I. *vi* (*a.* MED) prevenir **II.** *vt, vr:* **sich ~** inclinar(se) hacia delante

vorbeugend *adj* preventivo

Vorbeugung *f* prevención *f* (*gegen +akk* de)

Vorbild *nt* <-(e)s, -er> (*Beispiel*) ejemplo *m;* **sich** *dat* **jdn zum ~ nehmen** tomar a alguien como ejemplo; **als ~ dienen** servir de modelo

vorbildlich *adj* ejemplar

vor|bringen *irr vt* (*Wunsch, Einwand*) manifestar; (*Gründe*) aducir

vordere(r, s) ['fɔrdərə, -rɐ, -rəs] *adj* delantero

Vordergrund *m* <-(e)s, -gründe> primer plano *m;* **im ~ stehen** tener prioridad; **in den ~ treten** ganar importancia

vordergründig ['fɔrdɐgrʏndɪç] *adj* superficial

Vordermann *m* persona *f* que precede a otra; **mein ~** el que me precede; **jdn/etw auf ~ bringen** (*fam*) dar(le) caña a alguien/poner algo a flote

Vorderrad *nt* rueda *f* delantera; **Vorderradantrieb** *m* tracción *f* delantera

Vorderseite *f* parte *f* delantera

Vordiplom *nt* (UNIV) examen *m* intermedio (*de diplomatura, que permite el acceso al segundo ciclo*)

vor|drängeln *vr:* **sich ~** (*fam*) colarse

Vordruck *m* <-(e)s, -e> formulario *m*

voreilig *adj* precipitado

voreingenommen *adj* lleno de prejuicios

vor|enthalten* *irr vt* retener; **jdm etw ~** (*Information*) ocultar algo a alguien; (*Rechte*) privar a alguien de algo

vorerst ['foːɐʔeːɐst, -'-] *adv* de momento

Vorfahr(in) ['foːɐfaːɐ] *m(f)* <-en, -en; -nen> antepasado, -a *m, f*

vor|fahren *irr sein* **I.** *vi* **1.** (*ankommen*) llegar (*mit/in* en); **vor etw** *dat* **~** parar delante de algo; **mit dem Taxi ~** llegar en taxi **2.** (*vorne fahren*) ir delante; (*vorausfahren*) adelantarse **3.** (*nach vorne fahren*) avanzar **II.** *vt* (*vorrücken*) avanzar

Vorfahrt *f ohne pl* prioridad *f* (de paso); **die ~ beachten** ceder el paso; **~ haben** tener preferencia

Vorfall *m* <-(e)s, -fälle> (*Ereignis*) suceso *m*

vor|fallen *irr vi sein* (*geschehen*) suceder

Vorfeld *nt* <-(e)s, -er> preludio *m;* **im ~ der Veranstaltung** antes de dar comienzo al acto

vor|finden *irr vt* encontrarse (con)

Vorfreude *f* <-n> alegría *f* previa

vor|führen *vt* (*zeigen*) enseñar; (*Kunststück*) presentar; (*Versuch, Gerät*) demostrar; (*Film*) proyectar

Vorführung *f* <-en> (*Vorstellung*) representación *f;* (*von Film*) proyección *f;* (*von Kunststück*) presentación *f*

Vorgang *m* <-(e)s, -gänge> **1.** (*Ereignis*) suceso *m;* (*Ablauf, a.* CHEM, TECH) proceso *m* **2.** (*Akten~*) expediente *m*

Vorgänger(in) ['-gɛŋɐ] *m(f)* <-s, -; -nen> predecesor(a) *m(f)*

vor|geben *irr vt* **1.** (*behaupten*) poner como pretexto; (*vortäuschen*) fingir; **sie gab vor, müde zu sein** puso como pretexto que estaba cansada **2.** (*festsetzen*) fijar

vorgefasstRR ['-gəfast] *adj* preconcebido; **~e Meinungen** opiniones preconcebidas

vor|gehen *irr vi sein* **1.** (*nach vorne gehen*) pasar adelante; (*vorne gehen*) ir delante **2.** (*Uhr*) adelantar **3.** (*handeln*) obrar; (*verfahren*) proceder; **gegen etw ~** adoptar medidas contra algo **4.** (*geschehen*) suceder; **was geht hier vor?** ¿qué está ocurriendo aquí? **5.** (*Vorrang haben*) tener prioridad

Vorgehensweise *f* manera *f* de proceder

Vorgeschmack *m* <-(e)s, *ohne pl*> prueba *f;* **das gibt uns einen ~ von dem, was uns bevorsteht** esto nos da una idea de lo que nos espera

Vorgesetzte(r) *mf* <-n, -n; -n> superior *mf*

vorgestern *adv* anteayer

vor|haben *irr vt* tener la intención (*zu +dat* de); **hast du heute Abend schon etwas vor?** ¿tienes algún plan para esta noche?

Vorhaben *nt* <-s, -> **1.** (*Absicht*) intención *f* **2.** (*Plan*) plan *m*, proyecto *m*

vor|halten *irr vt* **1.** (*davor halten*) poner delante **2.** (*vorwerfen*): **jdm etw ~** reprochar algo a alguien

Vorhaltung *f* <-en> reproche *m;* **jdm (wegen etw** *gen/dat*) **~en machen** hacer(le) reproches a alguien (por algo)

vorhanden [foːɐ'handən] *adj* (*existierend*) existente; (*verfügbar*) disponible

Vorhang *m* <-(e)s, -hänge> (*an Fenster*) cortina *f;* (THEAT) telón *m*

Vorhaut *f* <-häute> prepucio *m*

vorher [foːɐ'heːɐ, '--] *adv* antes; (*im Voraus*) de antemano; **kurz ~** poco antes; **am Tag ~** el día anterior

vorhergehend *adj* anterior

vorherige(r, s) *adj* previo

Vorherrschaft *f* predominio *m*

vor|herrschen *vi* predominar; **die ~de Meinung** la opinión predominante

Vorhersage *f* <-n> pronóstico *m;* **vorher|sagen** [-'---] *vt* pronosticar; **vorher|sehen** [-'---] *irr vt* prever

vorhin [foːɐ'hɪn, '--] *adv* hace un momento

vorige(r, s) ['foːrɪgə, -gɐ, -gəs] *adj* anterior; **~ Woche** la semana pasada; **das ~ Mal** la otra vez

Vorjahr *nt* año *m* pasado; **im ~** el año pasado

Vorkehrung ['foːɐkeːrʊŋ] *f* <-en> precaución *f;* **~en treffen** tomar precauciones

Vorkenntnis *f* <-se> conocimiento(s) *m(pl)* previo(s)

vor|kommen *irr vi sein* **1.** (*nach vorne kommen*) venir hacia delante **2.** (*sich ereignen*) ocurrir; **das kommt schon mal vor** son cosas que pasan; **das wird nicht wieder ~** esto no volverá a repetirse **3.** (*scheinen*) parecer; **sie kommt mir bekannt vor** me resulta conocida

Vorkommen *nt* <-s, -> **1.** (*von Rohstoffen*) yacimiento *m* **2.** *ohne pl* (*Vorhandensein*) existencia *f*

Vorladung *f* <-en> citación *f*

Vorlage *f* <-n> **1.** (*Gesetzes~*) proyecto *m* (de ley) **2.** (*Muster*) modelo *m;* (*für Handarbeit*) patrón *m* **3.** *ohne pl* (*das Vorlegen*) presentación *f;* **gegen ~ einer Bescheinigung** previa presentación de un certificado

Vorläufer(in) *m(f)* <-s, -; -nen> precursor(a) *m(f)*

vorläufig **I.** *adj* provisional **II.** *adv* provisionalmente; (*fürs Erste*) por el momento

vorlaut *adj* impertinente

vor|legen *vt* (*zeigen*) enseñar; (*Ausweis, Gesetzentwurf*) presentar

vor|lesen *irr vt* leer en voz alta; **jdm etw ~** leer algo a alguien

Vorlesung *f* <-en> (*Universität*) clase *f;*

V

(*Vortrag*) conferencia *f;* (*~sreihe*) curso *m*

vorletzte(r, s) *adj* penúltimo; ~ **Woche** la semana anterior

vorliebRR [foːɐ'liːp] *adv:* **mit jdm/etw** *dat* ~ **nehmen** contentarse con alguien/algo

Vorliebe *f* <-n> preferencia *f* (*für*+*akk* por); **etw mit ~ tun** hacer algo con muchísimo gusto

vorlieb\|nehmen *irr vi s.* **vorlieb**

vor\|liegen *irr vi* haber; **es liegt nichts gegen ihn vor** no se le acusa de nada; **hier muss ein Irrtum ~** debe de haber un error; **im ~den Fall** en el presente caso

vor\|machen *vt* (*fam*) **1.** (*zeigen*) mostrar **2.** (*täuschen*) engañar; **er macht sich** *dat* **selbst was vor** se engaña a sí mismo

vor\|merken *vt:* **sich** *dat* **etw ~** apuntarse algo; **sich für etw ~ lassen** apuntarse para algo

vormittag *adv s.* **Vormittag**

Vormittag *m* mañana *f;* **am ~** por la mañana

vormittags *adv* por la mañana

Vormund *m* <-(e)s, -e *o* -münder> tutor(a) *m(f);* **Vormundschaft** *f* <-en> tutela *f;* **jdn unter ~ stellen** poner a alguien bajo tutela

vorn [fɔrn] *adv* **1.** (*an vorderer Stelle*) delante; (*am vorderen Ende*) en la parte delantera; (*im Vordergrund*) en el primer plano; (*auf der Vorderseite*) por delante; **wir saßen ganz ~** estábamos sentados delante del todo; **von/nach ~** de/hacia delante; **weiter ~** más adelante; **von ~ bis hinten** de delante atrás; (*fam*) completamente; **das Zimmer liegt nach ~** (*fam*) el cuarto da a la calle **2.** (*an der Spitze*) a la cabeza (de); **~ liegen** estar a la cabeza **3.** (*am Anfang*) al principio; **von ~** de nuevo; **weiter ~** (*im Text*) más arriba

Vorname *m* nombre *m* (de pila); **Vor- und Zuname** nombre y apellido

vorne *adv s.* **vorn**

vornehm ['foːɐneːm] *adj* (*fein*) distinguido; (*elegant*) elegante

vor\|nehmen *irr vt:* **sich** *dat* **etw ~** proponerse algo; **sich** *dat* **jdn ~** (*fam*) echar una bronca a alguien

vornehmlich *adv* (*geh*) principalmente

vornherein ['--'-] *adv:* **von ~** desde el principio

Vorort *m* suburbio *m*

Vorrang ['foːɐraŋ] *m* <-(e)s, *ohne pl*> prioridad *f* (*vor* +*dat* sobre); **den ~ vor etw** *dat* **haben** tener primacía sobre algo; **jdm/etw** *dat* **den ~ geben** dar trato preferente a alguien/algo

vorrangig *adj* prioritario; **~ sein** tener prioridad

Vorrat ['foːɐraːt] *m* <-(e)s, -räte> provisión *f* (*an* +*dat* de); **solange der ~ reicht** hasta que se agoten las existencias

vorrätig ['foːɐrɛːtɪç] *adj* disponible; **etw ~ haben** tener algo en almacén

Vorrecht *nt* privilegio *m*

Vorrichtung *f* <-en> dispositivo *m*

Vorruhestand *m* <-(e)s, *ohne pl*> jubilación *f* anticipada

vor\|sagen *vt* **1.** (*vorsprechen*) decir; (*Gedicht*) recitar **2.** (*in Prüfung*) soplar

Vorsaison *f* temporada *f* baja

Vorsatz *m* <-es, -sätze> intención *f;* **den ~ haben etw zu tun** tener la intención de hacer algo; **einen ~ fassen** tomar una decisión

vorsätzlich ['foːɐzɛtslɪç] **I.** *adj* premeditado **II.** *adv* a propósito

Vorschau *f* <-en> avance *m* informativo (*auf*+*akk* acerca de)

Vorschein *m:* **zum ~ kommen/bringen** salir/sacar a la luz

vor\|schieben *irr vt* **1.** (*nach vorn schieben*) empujar hacia delante **2.** (*Riegel*) correr **3.** (*zur Entschuldigung*) poner como pretexto

Vorschlag *m* <-(e)s, -schläge> propuesta *f;* **auf ~ von …** a propuesta de…

vor\|schlagen *irr vt* proponer (*für*+*akk* para, *als* +*akk* como)

vorschnell *adj* precipitado

vor\|schreiben *irr vt* (*anordnen*) prescribir

Vorschrift *f* <-en> prescripción *f;* **sich an die ~en halten** atenerse a las instrucciones; **das verstößt gegen die ~** esto va en contra del reglamento; **vorschriftsmäßig I.** *adj* reglamentario **II.** *adv* conforme a las ordenanzas

Vorschub *m:* **etw** *dat* **~ leisten** apoyar algo

Vorschulalter *nt* <-s, *ohne pl*> edad *f* preescolar

En Suiza todos los niños tienen derecho al menos a uno o dos años de **Vorschule**. Este derecho es libre y gratuito. En la mayoría de los cantones los niños pasan entre cuatro y cinco horas en los centros de educación preescolar donde se preparan para acceder a la escuela.

Vorschuss[RR] *m* <-es, -schüsse> anticipo *m;* **auf etw einen ~ leisten** pagar un anticipo de algo

vor|schützen *vt* poner como pretexto; **nur keine Müdigkeit ~!** ¡no hay cansancio que valga!

vor|schweben *vi:* **jdm schwebt etw vor** alguien se imagina algo

vor|sehen *irr* **I.** *vt* **1.** (*planen*) prever (*für +akk* para); **wie vorgesehen** según lo previsto **2.** (*bestimmen*) destinar (*für +akk* a); **die Gelder sind für die Forschung vorgesehen** el dinero está destinado a la investigación **II.** *vr:* **sich ~** precaverse (*vor +dat* de)

Vorsehung *f* providencia *f*

Vorsicht *f* cuidado *m;* **~ Glas!** ¡frágil!

vorsichtig **I.** *adj* prudente; **sehr ~ sein** tener mucho cuidado **II.** *adv* con cuidado

vorsichtshalber [-halbɐ] *adv* por si acaso

Vorsichtsmaßnahme *f* medida *f* de precaución; **~n treffen** tomar medidas preventivas

Vorsilbe *f* prefijo *m*

Vorsitz *m* <-es, -e> presidencia *f;* **den ~ haben** presidir

Vorsitzende(r) *mf* <-n, -n; -n> presidente, -a *m, f*

Vorsorge *f* previsión *f;* **~ treffen** tomar precauciones; **Vorsorgeuntersuchung** *f* chequeo *m* preventivo

vorsorglich **I.** *adj* preventivo **II.** *adv* por precaución

Vorspeise *f* entrada *f*

Vorspiegelung *f* <-en> simulación *f;* **unter ~ falscher Tatsachen** bajo falsas apariencias

Vorspiel *nt* <-(e)s, -e> **1.** (MUS) preludio *m;* (THEAT) prólogo *m* **2.** (*sexuell*) juegos *mpl* eróticos previos

vor|spielen *vt* **1.** (*Lied*) tocar; **jdm etw ~** tocar algo para alguien **2.** (*Sketch*) representar **3.** (*vortäuschen*) fingir; **jdm etw ~** hacer creer algo a alguien

Vorsprung *m* <-(e)s, -sprünge> **1.** (*Fels~*) saliente *m* **2.** (*Abstand*) ventaja *f* (*vor +dat* sobre, *von +dat* de); **~ haben** llevar ventaja

Vorstadt *f* suburbio *m*

Vorstand *m* <-(e)s, -stände> (*Gremium*) (junta *f*) directiva *f;* (*~smitglied*) miembro *mf* de la junta directiva

vor|stehen *irr vi* **1.** (*hervorragen*) resaltar **2.** (*geh: leiten*): **etw** *dat* **~** dirigir algo

vor|stellen **I.** *vt* **1.** (*Uhr*) adelantar **2.** (*bekannt machen*) presentar; **darf ich Ihnen Frau Müller ~?** permítame presentarle a la Sra. Müller **3.** (*darstellen*) representar **4.** (*ausmalen*): **sich** *dat* **etw ~** imaginarse algo; **darunter kann ich mir nichts ~** eso no me dice nada **II.** *vr:* **sich ~** (*sich bekannt machen*) presentarse

Vorstellung *f* <-en> **1.** (*Bekanntmachung*) presentación *f* **2.** (*Bild*) idea *f;* **sich** *dat* **eine falsche ~ von etw** *dat* **machen** formarse una idea equivocada de algo **3.** (THEAT) función *f;* (FILM) sesión *f* **4.** *ohne pl* (*Fantasie*) imaginación *f;* **Vorstellungsgespräch** *nt* entrevista *f* (de trabajo)

Vorstrafe *f* antecedente *m* penal

vor|strecken *vt* (*Arme*) (ex)tender hacia delante; (*Geld*) anticipar

Vorstufe *f* fase *f* previa

vor|täuschen *vt* simular; **jdm etw ~** aparentar algo ante alguien

Vorteil ['fɔrtaɪl] *m* <-(e)s, -e> ventaja *f;* **auf seinen ~ bedacht sein** pensar en el propio provecho; **das ist für dich von ~** a ti te conviene; **gegenüber jdm im ~ sein** llevar ventaja sobre alguien; **sich zu seinem ~ verändern** cambiar para mejor; **vorteilhaft** *adj* ventajoso; (*Kleidung*) favorecedor

Vortrag ['foːɐtraːk] *m* <-(e)s, -träge> conferencia *f;* **einen ~ halten** dar una conferencia (*über +akk* acerca de/sobre)

vor|tragen *irr vt* (*Gedicht*) recitar; (*Meinung*) exponer

vortrefflich [foːɐ'trɛflɪç] *adj* excelente

Vortritt *m* <-(e)s, *ohne pl*> precedencia *f;* **jdm den ~ lassen** ceder(le) a alguien el paso

vorüber [vo'ryːbɐ] *adv* pasado; **vorüber|gehen** *irr vi sein* **1.** (*aufhören*) cesar **2.** (*örtlich*) pasar (*an +dat* por (delante de)); **im Vorübergehen** de pasada

vorübergehend *adj* pasajero

Vorurteil *nt* prejuicio *m* (*gegen +akk* contra)

Vorverkauf *m* <-(e)s, *ohne pl*> venta *f* anticipada

vorvorletzte(r, s) ['----] *adj* antepenúltimo

Vorwahl *f* <-en> (TEL) prefijo *m*
Vorwand *m* <-(e)s, -wände> pretexto *m;* **unter dem ~, dass ...** con el pretexto de que... +*subj*
Vorwarnung *f* advertencia *f;* **ohne ~** sin previo aviso
vorwärts ['foːɐvɛrts, 'fɔrvɛrts] *adv* hacia adelante; **~!** ¡adelante!; **~ kommen** avanzar; **vorwärts|kommen** *irr vi sein s.* **vorwärts**
Vorwäsche *f* prelavado *m*
vorweg [foːɐ'vɛk] *adv* (*im Voraus*) por adelantado; (*an der Spitze*) a la cabeza; **vorweg|nehmen** *irr vt* anticipar
vor|weisen *irr vt* (*Kenntnisse*) mostrar; **etw ~ können** tener algo
vor|werfen *irr vt:* **jdm etw ~** reprochar algo a alguien
vorwiegend *adv* principalmente
vorwitzig *adj* (*neugierig*) curioso; (*vorlaut*) cargante
Vorwort *nt* <-(e)s, -e> prólogo *m*
Vorwurf *m* <-(e)s, -würfe> reproche *m;* **jdm etw zum ~ machen** echar en cara algo a alguien; **vorwurfsvoll** *adj* lleno de reproche
Vorzeichen *nt* (*Omen*) presagio *m;* (MATH) signo *m*
vor|zeigen *vt* enseñar; (*Pass etc.*) presentar
vorzeitig I. *adj* anticipado **II.** *adv* con anticipación
vor|ziehen *irr vt* **1.** (*Gardine*) correr **2.** (*vorverlegen*) adelantar; **vorgezogene Wahlen** elecciones anticipadas **3.** (*bevorzugen*) preferir
Vorzug *m* <-(e)s, -züge> **1.** (*Vorrecht*) privilegio *m* **2.** (*Vorteil*) ventaja *f;* **den ~ haben, dass ...** tener la ventaja de que... **3.** *ohne pl* (*Vorrang*) prioridad *f;* **etw** *dat/* **jdm den ~ geben** preferir algo/a alguien
vorzüglich [foːɐ'tsyːklɪç] *adj* excelente; (*Speisen*) exquisito
vorzugsweise *adv* preferentemente
Votum ['voːtʊm] *nt* <-s, Voten *o* Vota> voto *m*
Voyeur(in) [vo̯a'jøːɐ] *m(f)* mirón, -ona *m, f*
vulgär [vʊl'gɛːɐ] *adj* vulgar
Vulkan [vʊl'kaːn] *m* <-s, -e> volcán *m;* **Vulkanausbruch** *m* erupción *f* volcánica
vulkanisch *adj* volcánico

W

W, w [veː] *nt* <-, -> W, w *f*
W *Abk. von* **Westen** O
Waage ['vaːgə] *f* <-n> (*Gerät*) balanza *f;* (ASTR) Libra *f*
waagerecht *adj* horizontal
Wabe ['vaːbə] *f* <-n> panal *m*
wach [vax] *adj* despierto; **~ werden** despertarse
Wache ['vaxə] *f* <-n> **1.** (*Wachdienst, Gebäude*) guardia *f;* (*Kranken~*) vela *f;* (*Polizei~*) comisaría *f* **2.** (*Person*) guardia *mf*
wachen ['vaxən] *vi* velar (*über* +*akk* por); **bei jdm ~** velar a alguien
Wachhund *m* perro *m* guardián; **Wachmann** *m* <-(e)s, -männer *o* -leute> **1.** (*Wächter*) guarda *m* **2.** (*Österr: Polizist*) policía *m;* **Wachposten** *m* centinela *m*
wach|rufen *irr vt* despertar; (*Erinnerungen*) evocar
Wachs [vaks] *nt* <-es, -e> cera *f*
wachsam ['-zaːm] *adj* atento
wachsen[1] ['vaksən] <wächst, wuchs, gewachsen> *vi sein* crecer; (*zunehmen*) aumentar; **in die Breite/Höhe ~** crecer a lo ancho/en altura; **sich** *dat* **einen Bart ~ lassen** dejarse crecer la barba; **mit ~der Begeisterung** con creciente entusiasmo; **jdm ge~ sein** poder con alguien; **etw** *dat* **ge~ sein** ser capaz de cumplir con algo
wachsen[2] *vt* (*Fußboden*) encerar
Wachsmalkreide *f* lápiz *m* de cera
wächst [vɛkst] *3. präs von* **wachsen**[1]
Wachstum ['vakstuːm] *nt* <-s, *ohne pl*> crecimiento *m;* **Wachstumsrate** *f* (WIRTSCH) índice *m* de crecimiento
Wachtel ['vaxtəl] *f* <-n> codorniz *f*
Wächter(in) ['vɛçtɐ] *m(f)* <-s, -; -nen> guarda *mf*
Wach(t)turm *m* atalaya *f*
wackelig ['vakəlɪç] *adj* (*Person*) tambaleante; (*Tisch*) cojo; (*Zahn*) flojo; **er ist noch ~ auf den Beinen** anda todavía con paso va-

cilante

Wackelkontakt *m* contacto *m* flojo

wackeln ['vakəln] *vi* tambalearse; (*Möbel*) cojear; (*Zahn*) moverse

wacklig *adj s.* **wackelig**

Wade ['vaːdə] *f* <-n> pantorrilla *f*

Waffe ['vafə] *f* <-n> arma *f;* **eine ~ tragen** portar un arma; **zu den ~n greifen** tomar las armas

Waffel ['vafəl] *f* <-n> (*Eistüte*) barquillo *m;* (*Gebäck*) gofre *m*

Waffenruhe *f* tregua *f;* **Waffenstillstand** *m* armisticio *m*

wagemutig *adj* osado

wagen ['vaːgən] *vt* (*riskieren*) arriesgar; (*sich getrauen*) atreverse (*zu* +*dat* a +*inf*)

Wagen ['vaːgən] *m* <-s, -> **1.** (*PKW*) coche *m;* (*Eisenbahn~*) vagón *m* **2.** (*an der Schreibmaschine*) carro *m* **3.** (ASTR): **der Kleine/Große ~** la Osa Menor/Mayor

Waggon [va'gɔŋ, va'gõː] *m* <-s, -s> vagón *m*

waghalsig ['vaːkhalzɪç] *adj* (*Mensch*) temerario; (*Unternehmen*) arriesgado

Wagnis ['vaːknɪs] *nt* <-ses, -se> (*Vorhaben*) empresa *f* arriesgada; (*Risiko*) riesgo *m*

Wagon[RR] *m* <-s, -s> *s.* **Waggon**

Wahl [vaːl] *f* <-en> (*a.* POL) elección *f;* (*zwischen zwei Möglichkeiten*) opción *f;* **geheime/freie ~en** elecciones secretas/libres; **ich habe keine andere ~** no tengo otra alternativa; **in die engere ~ kommen** pasar a la fase siguiente; **erste ~** primera calidad; **zur ~ gehen** ir a votar; **sich zur ~ stellen** presentarse como candidato; **wahlberechtigt** *adj* con derecho a voto; **Wahlbeteiligung** *f* participación *f* electoral

wählen ['vɛːlən] *vi, vt* **1.** (POL) votar; **sie wurde zur Präsidentin gewählt** fue elegida presidenta **2.** (*aus~*) elegir **3.** (TEL) marcar

Wähler(in) *m(f)* <-s, -; -nen> elector(a) *m(f)*

Wahlergebnis *nt* resultado *m* electoral

wählerisch *adj* exigente

Wählerschaft *f* <-en> electorado *m*

Wahlfach *nt* asignatura *f* optativa

Wahlgang *m* votación *f;* **im ersten ~** en la primera vuelta electoral; **Wahlkampf** *m* campaña *f* electoral; **Wahllokal** *nt* colegio *m* electoral

wahllos *adv* sin orden ni concierto

Wahlrecht *nt* <-(e)s, *ohne pl*> derecho *m* de voto; **allgemeines ~** sufragio universal

Wählscheibe *f* dial *m*

wahlweise *adv* alternativamente

Wahn [vaːn] *m* <-(e)s, *ohne pl*> (*geh: Einbildung*) ilusión *f;* (MED) manía *f*

Wahnsinn ['vaːnzɪn] *m* <-(e)s, *ohne pl*> demencia *f;* (*fam: Unvernunft*) locura *f;* **wahnsinnig I.** *adj* **1.** (*geistesgestört*) maníaco; (MED) demente; **das macht mich ~** (*fam*) esto me vuelve loco **2.** (*fam: groß*) tremendo **II.** *adv* (*fam: sehr*) tremendamente

Wahnvorstellung *f* alucinación *f*

wahr [vaːɐ] *adj* verdadero; (*wahrheitsgetreu*) verídico; **nicht ~?** ¿verdad?; **etw ~ machen** realizar algo; **so ~ ich hier stehe** tan cierto como que estoy aquí; **ein ~er Freund** un amigo de verdad; **im ~sten Sinne des Wortes** en toda la extensión de la palabra

wahren ['vaːrən] *vt* (*geh*) **1.** (*be~*) guardar; **den Schein ~** guardar las apariencias **2.** (*Rechte*) defender

während ['vɛːrənt] **I.** *präp* +*gen; fam:* +*dat* durante **II.** *konj* (*zeitlich*) mientras; (*wohingegen*) mientras que

währenddessen [vɛːrənt'dɛsən] *adv* mientras tanto

wahrhaben ['---] *vt:* **etw nicht ~ wollen** no querer admitir algo

wahrhaftig [-'--] **I.** *adj* (*geh*) verdadero **II.** *adv* (*geh: tatsächlich*) realmente

Wahrheit *f* <-en> verdad *f;* **die halbe/volle ~** la verdad a medias/toda la verdad; **um die ~ zu sagen ...** a decir verdad...; **wahrheitsgetreu I.** *adj* verídico **II.** *adv* conforme a la verdad

wahrlich *adv* (*geh*) realmente

wahr|nehmen *irr vt* **1.** (*bemerken*) notar; (*Sinneseindrücke*) percibir **2.** (*Gelegenheit*) aprovechar **3.** (*Interessen*) defender; **einen Termin ~** acudir a una cita

Wahrnehmung *f* <-en> **1.** (*Sinnes~*) percepción *f* **2.** (*von Interessen*) salvaguardia *f;* (*eines Termins*) asistencia *f* (a); (*einer Frist*) observación *f*

wahr|sagen I. *vi* decir la buenaventura **II.** *vt:* **jdm etw ~** profetizar algo a alguien

Wahrsager(in) *m(f)* <-s, -; -nen> adivino, -a *m, f*

wahrscheinlich [vaːɐ'ʃaɪnlɪç] **I.** *adj* probable **II.** *adv* probablemente

Wahrscheinlichkeit *f* <-en> probabili-

W

dad *f*

Währung ['vɛːrʊŋ] *f* <-en> moneda *f;* **Währungseinheit** *f* unidad *f* monetaria; **Währungsfonds** *m* fondo *f* monetario; **Währungsreform** *f* reforma *f* monetaria; **Währungsunion** *f* unión *f* monetaria; **Europäische** ~ Unión Monetaria Europea

Waise ['vaɪzə] *f* <-n> huérfano, -a *m, f;* **Waisenhaus** *nt* orfanato *m;* **Waisenkind** *nt* huérfano, -a *m, f*

Wal [vaːl] *m* <-(e)s, -e> ballena *f*

Wald [valt] *m* <-(e)s, Wälder> bosque *m;* **Waldsterben** *nt* <-s, *ohne pl*> muerte *f* de los bosques (a causa de la polución del medio ambiente); **Waldweg** *m* camino *m* forestal

Wales [wɛɪls] *nt* <-> (país *m* de) Gales *m*

Walkie-Talkie^RR^ ['wɔːkitɔːki] *nt* <-(s), -s> walkie-talkie *m*

Walkman® ['wɔːkmɛ(ː)n] *m* <-s, -men> walkman® *m*

Wall [val] *m* <-(e)s, Wälle> (*Erd~*) terraplén *m;* (*Schutz~*) muralla *f*

Wallfahrt *f* peregrinación *f;* **Wallfahrtsort** *m* lugar *m* de peregrinación

Wallung ['valʊŋ] *f* <-en> ebullición *f;* **in ~ geraten** acalorarse

Walnuss^RR^ ['vaːl-] *f* (*Frucht*) nuez *f;* (*Baum*) nogal *m*

La noche del 1 de mayo es el momento en el que, según la tradición popular, las brujas hacen sus rituales. Para ello se reúnen en **Blocksberg**, una montaña situada en la cordillera llamada Harz, y que se conoce también como **Brocken**. Actualmente son los jóvenes y los niños los que principalmente celebran la **Walpurgisnacht** haciendo alguna trastada al vecino.

Walross^RR^ ['vaːl-] *nt* <-es, -e> morsa *f*

walten ['valtən] *vi* (*geh*) reinar; **seines Amtes ~** ejercer su cargo

Walze ['valtsə] *f* <-n> (*an Maschinen*) rodillo *m;* (*Straßen~*) apisonadora *f*

wälzen ['vɛltsən] **I.** *vt* **1.** (*rollen*) hacer rodar; **die Schuld auf jdn ~** echar la culpa a alguien **2.** (GASTR): **etw in etw** *dat* **~** cubrir algo de algo; (*in Paniermehl*) empanar algo **3.** (*fam: Bücher*) consultar; (*Probleme*) dar vueltas (a) **II.** *vr:* **sich ~** (*Lawine*) rodar; (*Tier, Person*) revolcarse (*in +dat* en)

Walzer ['valtsɐ] *m* <-s, -> vals *m*

Wampe ['vampə] *f* <-n> (*fam abw*) panza *f*

wand [vant] *3. imp von* **winden**

Wand [vant] *f* <Wände> pared *f;* **spanische ~** mampara *f;* **mit dem Kopf durch die ~ wollen** querer lo imposible

Wandel ['vandəl] *m* <-s, *ohne pl*> cambio *m*

wandeln ['vandəln] **I.** *vi sein* (*geh*) andar **II.** *vt, vr:* **sich ~** cambiar

Wanderer, -in *m, f* <-s, -; -nen> excursionista *mf*

wandern ['vandɐn] *vi sein* **1.** (*Wanderung machen*) hacer una excursión (a pie); (*Völker*) migrar; (*Düne*) ser movedizo **2.** (*herumgehen*) caminar (*in +dat, durch +akk* por); (*Blick*) vagar (*in +dat* por)

Wanderschaft *f:* **auf ~ gehen** ir a correr mundo; **auf ~ sein** correr mundo

Wanderung *f* <-en> **1.** (*Ausflug*) caminata *f;* **eine ~ machen** salir de excursión **2.** (*von Tieren, Völkern*) migración *f*

Wandlung ['vandlʊŋ] *f* <-en> (*Veränderung*) cambio *m;* (*Verwandlung*) transformación *f*

Wandschrank *m* armario *m* empotrado

wandte ['vantə] *3. imp von* **wenden²**

Wange ['vaŋə] *f* <-n> (*geh*) mejilla *f*

wankelmütig *adj* (*geh abw*) versátil

wanken ['vaŋkən] *vi* **1.** *haben* (*schwanken*) vacilar; **ins Wanken geraten** empezar a tambalearse **2.** *sein* (*schwankend gehen*) tambalearse

wann [van] *adv* **1.** (*interrogativ*) ¿cuándo? **2.** (*Wend*): **~ (auch) immer** cuando sea; **dann und ~** de vez en cuando

Wanne ['vanə] *f* <-n> tina *f;* (*Bade~*) bañera *f*

Wanst [vanst] *m* <-(e)s, Wänste> (*fam abw*) barriga *f;* **sich** *dat* **den ~ voll schlagen** llenarse la barriga

Wanze ['vantsə] *f* <-n> (ZOOL) chinche *f;* (*sl: Abhör~*) micrófono *m* oculto

Wappen ['vapən] *nt* <-s, -> escudo *m* (de armas)

wappnen ['vapnən] *vr:* **sich gegen etw ~** (*geh*) prepararse para algo; **sich mit etw** *dat* **~** armarse de algo

war [vaːɐ] *3. imp von* **sein**

warb [varp] *3. imp von* **werben**

Ware ['vaːrə] *f* <-n> mercancía *f;* **heiße ~** (*sl*) artículo ilegal; **Warenautomat** *m* dispensador *m* automático; **Warenhaus** *nt* grandes almacenes *mpl;* **Warenzeichen** *nt* marca *f* de fábrica; **eingetragenes** ~ marca registrada

warf [varf] *3. imp von* **werfen**

warm [varm] *adj* <wärmer, am wärmsten> caliente; (*Farbe, Klima*) cálido; (*Wetter*) caluroso; **etw** ~ **machen** calentar algo; **mir ist** ~ tengo calor; **sich** ~ **anziehen** abrigarse; **sich** ~ **laufen** hacer el calentamiento

Wärme ['vɛrmə] *f* calor *m;* **Wärmekraftwerk** *nt* central *f* térmica

wärmen ['vɛrmən] **I.** *vi* (*Ofen*) calentar; (*Kleidung*) abrigar **II.** *vr:* **sich** ~ calentarse

Wärmflasche *f* bolsa *f* de agua

warm|halten *irr vt:* **sich** *dat* **jdn** ~ conservar las simpatías de alguien

Warmhalteplatte *f* calientaplatos *m inv*

warmherzig *adj* cariñoso

Warmluft *f ohne pl* aire *m* caliente; **Warmstart** *m* (INFOR) reinicio *m*

Warnblinkanlage *f* dispositivo *m* de luces de aviso intermitentes

Warndreieck *nt* triángulo *m* de emergencia

warnen ['varnən] *vt* advertir (*vor* + *dat* de); **die Polizei warnt vor Schneeglätte** la policía avisa que hay peligro de deslizamiento; **vor ... wird gewarnt!** ¡cuidado con...!

Warnschild *nt* señal *f* de aviso; (*Verkehrsschild*) señal *m* de peligro; **Warnschuss**[RR] *m* tiro *m* al aire; **Warnsignal** *nt* señal *f* de aviso; **Warnstreik** *m* huelga *f* de advertencia

Warnung *f* <-en> advertencia *f* (*vor* + *dat* de); **ohne vorherige** ~ sin previo aviso; **lass dir das eine** ~ **sein!** ¡que te sirva de lección!

Warnzeichen *nt s.* **Warnschild**

Warschau ['varʃaʊ] *nt* <-s> Varsovia *f*

warten ['vartən] **I.** *vi* esperar (*auf* + *akk* a); **etw lässt nicht lange auf sich** ~ algo no tarda mucho en llegar **II.** *vt* (TECH) inspeccionar

Wärter(in) ['vɛrtɐ] *m(f)* <-s, -; -nen> guardián, -ana *m, f*

Wartesaal *m* sala *f* de espera; **Wartezeit** *f* tiempo *m* de espera; **Wartezimmer** *nt* sala *f* de espera

Wartung *f* <-en> inspección *f*

warum [va'rʊm] *adv* por qué

Warze ['vartsə] *f* <-n> verruga *f*

was [vas] **I.** *pron inter* qué; ~ **heißt „Haus" auf Spanisch?** ¿cómo se dice "Haus" en castellano?; ~ **für eine Hitze** ¡qué calor!; **ach** ~! (*fam*) ¡qué va! **II.** *pron rel* (lo) que; **alles,** ~ **du willst** todo lo que quieras **III.** *pron indef* (*fam: etwas*) algo; **das ist** ~ **anderes** eso es otra cosa

Waschanlage *f* (*Auto~*) tren *m* de lavado de coches; **waschbar** *adj* lavable; **Waschbecken** *nt* lavabo *m*

Wäsche ['vɛʃə] *f* <-n> **1.** (*das Waschen*) lavado *m;* **etw in die** ~ **geben** dar algo a lavar **2.** *ohne pl* (*Unter~, Bett~*) ropa *f;* (*zu waschende Textilien*) ropa *f* sucia; ~ **waschen** lavar la ropa; **seine schmutzige** ~ (**vor anderen Leuten**) **waschen** (*fig*) sacar los trapos sucios a relucir (delante de otros)

waschecht *adj* (*Kleidung*) resistente al lavado; (*fam: typisch*) de pura cepa

Wäscheklammer *f* pinza *f* para la ropa; **Wäscheleine** *f* cuerda *f* de la ropa

waschen ['vaʃən] <wäscht, wusch, gewaschen> *vt, vr:* **sich** ~ lavar(se); **sich** *dat* **die Hände** ~ lavarse las manos; **sich kalt** ~ lavarse con agua fría

Wäscherei [vɛʃə'raɪ] *f* <-en> lavandería *f*

Wäscheschrank *m* ropero *m;* **Wäscheständer** *m* tendedero *m;* **Wäschetrockner** *m* (*elektrisch*) secadora *f* para ropa; (*Wäscheständer*) tendedero *m*

Waschküche *f* lavadero *m;* **Waschlappen** *m* (*zum Waschen*) manopla *f* para baño; (*fam abw: Mensch*) cobarde *mf;* **Waschmaschine** *f* lavadora *f;* **Waschmittel** *nt* detergente *m;* **Waschpulver** *nt* detergente *m* en polvo; **Waschsalon** *m* lavandería *f*

wäscht [vɛʃt] *3. präs von* **waschen**

Wasser ['vasɐ] *nt* <-s, -> agua *f;* **stilles** ~ agua sin gas; ~ **lassen** orinar; **sich über** ~ **halten** (*fam*) mantenerse a flote; **etw unter** ~ **setzen** inundar algo; **ins** ~ **fallen** (*fam*) no tener lugar; **er kann ihr nicht das** ~ **reichen** (*fig*) no le llega ni a la suela del zapato; **mit allen ~n gewaschen sein** (*fam*) tener mucha mili; **da wird auch nur mit** ~ **gekocht** (*fam fig*) en todas partes se cuecen habas; **das** ~ **läuft mir im Mund zusammen** (*fam*) se me hace la boca agua; **Wasseranschluss**[RR] *m* toma *f* de agua; **Wasserbad** *nt* (GASTR) baño *m* María; **etw im** ~ **erhitzen** calentar algo al baño María; **Wasserball** *m* <-(e)s, *ohne pl*> (SPORT) waterpolo *m;* **Wasserbett** *nt* cama *f* de agua; **Wasserdampf** *m* vapor *m* de agua;

wasserdicht *adj* (*Uhr*) resistente al agua; (*Kleidung*) impermeable; **Wasserfall** *m* cascada *f;* (*größer*) catarata *f;* **Wasserfarbe** *f* acuarelas *mpl;* **wasserfest** *adj* resistente al agua; **Wasserhahn** *m* grifo *m,* llave *f* del agua

wässerig ['vɛsərɪç] *adj* (*verdünnt*) aguado; (*Wasser enthaltend*) acuoso; (*fade*) insípido

Wasserkraftwerk *nt* central *f* hidroeléctrica; **Wasserleitung** *f* cañería *f* de agua; **wasserlöslich** *adj* soluble; **Wassermann** *m* (ASTR) Acuario *m;* **Wassermelone** *f* sandía *f;* **Wassermühle** *f* molino *m* de agua; **Wasserpfeife** *f* narguile *m;* **Wasserpflanze** *f* planta *f* acuática; **Wasserrohr** *nt* tubería *f* de(l) agua; **Wasserski** *nt* <-s, *ohne pl*> esquí *m* acuático; **Wasserspiegel** *m* (*Wasseroberfläche*) superficie *f* del agua; (*Wasserstand*) nivel *m* del agua; **Wassersport** *m* <-(e)s, -e> deporte *m* acuático; **Wasserspülung** *f* cisterna *f;* **Wasserstand** *m* nivel *m* del agua; **Wasserstoff** *m* <-(e)s, *ohne pl*> hidrógeno *m;* **Wasserstrahl** *m* chorro *m* de agua; **Wasserverschmutzung** *f* contaminación *f* del agua; **Wasserversorgung** *f* abastecimiento *m* de agua; **Wasserwaage** *f* (TECH) nivel *m* de agua; **Wasserwerk** *nt* central *f* de abastecimiento de aguas

wässrig[RR] ['vɛsrɪç] *adj s.* **wässerig**

Watt[1] *nt* <-s, -> (PHYS, TECH) vatio *m*

Watt[2] *nt* <-(e)s, -en> (*am Meer*) marisma *f*

> Con el nombre de **Watt** se alude a un accidente geográfico característico del paisaje costero del Mar del Norte. Se trata de un espacio de costa dominado por la bajamar y la pleamar. Cuando la marea está baja la arena queda al descubierto y se puede pasear por ella. Por el contrario, cuando sube la marea, todo ese espacio queda cubierto por metros de agua marina, por donde incluso navegan barcos costeros de quilla plana.

Watte ['vatə] *f* <-n> algodón *m;* **Wattestäbchen** [-ʃtɛːpçən] *nt* <-s, -> bastoncillo *m* de algodón

weben ['veːbən] <webt, wob, gewoben> *vt, vi* (*a. fig*) tejer

Web-Seite ['wɛp-] *f* (INFOR) página *f* web

Webstuhl *m* telar *m*

Wechsel ['vɛksəl] *m* <-s, -> **1.** (*das Wechseln*) cambio *m;* **im ~ mit ...** alternando con... **2.** (FIN) letra *f* de cambio; **Wechselbeziehung** *f* correlación *f;* **in ~ zueinander stehen** estar correlacionado; **Wechselgeld** *nt* vuelta *f;* (*Kleingeld*) cambio *m;* **wechselhaft** *adj* inestable; (*Wetter*) variable; (*Person*) inconstante; **Wechseljahre** *ntpl* climaterio *m;* (*der Frau*) menopausia *f;* **Wechselkurs** *m* tipo *m* de cambio; **Wechselkursschwankungen** *fpl* variación *f* de los tipos de cambio

wechseln ['vɛksəln] *vi, vt* cambiar; **zu einer anderen Firma ~** cambiar de empresa; **200 Mark in Peseten ~** cambiar 200 marcos en pesetas

wechselnd *adj* **1.** (*im Wechsel*) cambiante; (*ab~*) alterno; (*Stimmung, Charakter*) variable **2.** (*unterschiedlich*) diferente

wechselseitig *adj* recíproco

Wechselstrom *m* corriente *f* alterna; **Wechselstube** *f* oficina *f* de cambio; **Wechselwirkung** *f* interacción *f;* **in ~ zueinander stehen** estar interaccionado

wecken ['vɛkən] *vt* despertar; **jds Interesse ~** despertar el interés de alguien

Wecker *m* <-s, -> despertador *m;* **jdm auf den ~ gehen** (*fam*) dar(le) la lata a alguien

wedeln ['veːdəln] *vi:* **mit etw** *dat* **~** mover algo; **mit dem Schwanz ~** menear la cola

weder ['veːdɐ] *konj:* **~ ... noch ...** ni... ni...

weg [vɛk] *adv* **1.** (*abwesend*) ausente; (*verloren*) perdido; (*verschwunden*) desaparecido; **ich müsste schon längst ~ sein** me tendría que haber ido hace tiempo; **weit ~ von hier** muy lejos de aquí; **drüber ~ sein** (*fam*) haberlo superado; **hin und ~ sein** (*fam*) estar completamente entusiasmado **2.** (*bei Aufforderung*) fuera; **~ da!** ¡fuera de allí!; **Finger ~!** ¡fuera los dedos!

Weg [veːk] *m* <-(e)s, -e> camino *m;* (*Strecke*) trayecto *m;* (*Reise~*) ruta *f;* (*Durchgang*) paso *m;* (*Mittel*) vía *f;* **auf dem ~ liegen** estar de camino; **sich auf den ~ machen** ponerse en camino; **auf legalem ~** por vía legal; **auf schriftlichem ~e** por escrito; **auf dem besten ~ sein etw zu tun** estar a punto de hacer algo; **etw zu ~e bringen** conseguir algo; **etw in die ~e leiten** poner algo en marcha; **jdm über den ~ laufen** tropezar con alguien; **jdn/etw aus dem ~ räumen** (*fam*) quitar a alguien/algo de en medio; **jdm aus dem ~ gehen** evitar a alguien;

jdm im ~ stehen estorbar a alguien; **daran führt kein ~ vorbei** no hay más remedio que afrontarlo

Wegbereiter(in) ['veːk-] *m(f)* <-s, -; -nen> precursor(a) *m(f)*

weg|bleiben *irr vi sein* (*fam*) no venir (más); **lange ~** tardar en venir; **weg|denken** *irr vt:* **sich** *dat* **etw ~** imaginarse algo sin algo; **der Computer ist aus unserem Leben nicht mehr wegzudenken** ya no nos es posible imaginarnos una vida sin ordenadores

wegen ['veːgən] *präp +gen/dat* **1.** (*aufgrund von*) a causa de; **~ des schlechten Wetters** debido al mal tiempo **2.** (*bezüglich*) respecto a; **von ~!** (*fam*) ¡ni hablar!

weg|fahren *irr* **I.** *vi sein* partir (*nach +dat* para); **der Bus fuhr ihr vor der Nase weg** perdió el autobús por un pelo **II.** *vt haben* llevar; **weg|fallen** *irr vi sein* (*ausgelassen werden*) omitirse; (*abgeschafft werden*) suprimirse; **weg|geben** *irr vt* dar; **etw zur Reparatur ~** llevar algo a reparar; **weg|gehen** *irr vi sein* irse; (*Fleck*) salir; (*sich verkaufen*) venderse; **geh weg!** ¡lárgate!; **über etw ~** ignorar algo; **weg|hören** *vi* hacerse el sordo; **weg|jagen** *vt* ahuyentar, espantar; **weg|kommen** *irr vi sein* (*fam*) **1.** (*abhanden kommen*) perderse **2.** (*sich entfernen*) irse (*von* de); **mach, dass du wegkommst!** (*fam*) ¡lárgate!; **über etw ~** superar algo **3.** (*loskommen*) abandonar; **gut/schlecht bei etw** *dat* **~** salir bien/mal librado de algo; **weg|lassen** *irr vt* **1.** (*gehen lassen*) dejar ir(se) **2.** (*fam: auslassen*) omitir; (*Zutaten*) no poner; **weg|laufen** *irr vi sein* **1.** (*fortlaufen*) echar a correr; **das läuft mir nicht weg** eso no corre prisa; **vor etw** *dat*/**jdm ~** huir de algo/alguien **2.** (*fam: ausreißen*) escaparse; **weg|legen** *vt* poner aparte; **weg|machen** **I.** *vt* (*fam*) quitar **II.** *vr:* **sich ~** (*fam*) largarse; **weg|müssen** *irr vi* (*fam*) tener que irse; **die Kiste muss hier weg** hay que quitar la caja de en medio; **weg|nehmen** *irr vt* quitar; (*Platz*) ocupar; **jdm etw ~** quitar algo a alguien; **weg|räumen** *vt* recoger; (*Hindernisse*) quitar; **weg|rennen** *irr vi sein s.* **weglaufen**; **weg|schicken** *vt* (*Person*) mandar fuera; (*Brief*) enviar; **weg|schmeißen** *irr vt* (*fam*) tirar; **weg|schütten** *vt* tirar, botar *Am;* **weg|sehen** *irr vi* apartar la vista; **über etw ~** (*fam*) hacer la vista gorda a algo; **weg|setzen** **I.** *vt* cambiar de sitio **II.** *vr:* **sich ~ 1.** (*umsetzen*) sentarse en otro lugar **2.** (*fam: ignorieren*): **sich über etw ~** no hacer caso de algo; **weg|stecken** *vt* (*fam*) **1.** (*aufbewahren*) guardar; (*heimlich*) esconder **2.** (*hinnehmen*) tragar, asimilar; **weg|tun** *irr vt* **1.** (*wegräumen*) recoger; (*wegnehmen*) quitar **2.** (*wegschmeißen*) tirar, botar *Am*

Wegweiser ['veːk-] *m* <-s, -> indicador *m* de camino

weg|werfen *irr vt* tirar

Wegwerfgesellschaft *f* (*abw*) sociedad *f* de consumo

weg|ziehen *irr* **I.** *vi sein* (*Wohnort wechseln*) cambiar de domicilio; (*Zugvögel*) migrar **II.** *vt haben* apartar tirando

Wehe ['veːə] *f* <-n> **1.** *pl* (*bei einer Geburt*) dolores *mpl* de parto; **in den ~n liegen** tener contracciones **2.** (*Schnee~*) nevisca *f*

wehen ['veːən] *vi* (*Wind*) soplar; (*Fahne*) ondear; **mit ~den Fahnen** con banderas ondeantes

wehleidig *adj* (*abw: Person*) quejica; (*Stimme*) quejicoso

wehmütig *adj* melancólico

Wehr[1] [veːɐ] *f ohne pl:* **sich zur ~ setzen** defenderse

Wehr[2] *nt* <-(e)s, -e> (*Stau~*) presa *f*

Wehrdienst *m* <-(e)s, *ohne pl*> servicio *m* militar (en la ex-RFA); **Wehrdienstverweigerung** *f* objeción *f* de conciencia

wehren ['veːrən] *vr:* **sich ~ 1.** (*sich verteidigen*) defenderse (*gegen +akk* contra) **2.** (*sich sträuben*) oponer resistencia (*gegen +akk* a)

Wehrersatzdienst *m* prestación *f* social sustitutoria; **wehrlos** *adj* indefenso; **Wehrpflicht** *f ohne pl* servicio *m* militar obligatorio

weh|tun[RR] *vi* doler; **sich** *dat* **~** hacerse daño

Weib [vaɪp] *nt* <-(e)s, -er> (*a. abw*) mujer *f*

Weibchen ['vaɪpçən] *nt* <-s, -> (ZOOL) hembra *f*

Weiberheld *m* (*abw*) tenorio *m*

weibisch *adj* afeminado

weiblich *adj* femenino

weich [vaɪç] *adj* blando; (*zart, wollig*) suave; (*formbar*) flexible; (*nicht zäh*) tierno; (*Ei*) pasado por agua; **er wird ~** empieza a ceder

W

Weiche ['vaɪçə] *f* <-n> (*an Schienen*) aguja *f;* **die ~n für etw stellen** encauzar algo

weichen ['vaɪçən] <weicht, wich, gewichen> *vi sein* **1.** (*sich entfernen*) alejarse **2.** (*zurück~*) retroceder (*vor +dat* frente a); (*Platz machen*) hacer sitio **3.** (*nachlassen*) cesar

weichgekocht *adj s.* **kochen II.1.**

weichherzig *adj* blando de corazón; (*mitfühlend*) compasivo

Weichspüler *m* <-s, -> suavizante *m*

Weichtiere *ntpl* moluscos *mpl*

Weide ['vaɪdə] *f* <-n> (*Vieh~*) pasto *m;* (*Baum*) sauce *m*

weiden ['vaɪdən] **I.** *vi, vt* pastar **II.** *vr:* **sich an etw** *dat* **~** recrearse con algo; (*schadenfroh*) regodearse con algo

weigern ['vaɪgɐn] *vr:* **sich ~** negarse (*zu +dat* a)

weihen ['vaɪən] *vt* (REL) consagrar

Weiher ['vaɪɐ] *m* <-s, -> (*reg*) estanque *m*

Weihnachten ['vaɪnaxtən] *nt* <-, -> Navidad(es) *f(pl);* **fröhliche ~** feliz Navidad

weihnachtlich *adj* navideño

Weihnachtsabend *m* Nochebuena *f;* **Weihnachtsbaum** *m* árbol *m* de Navidad; **Weihnachtsgeld** *nt* <-(e)s, -er> paga *f* extra de Navidad; **Weihnachtslied** *nt* villancico *m;* **Weihnachtsmann** *m* Papá *m* Noel

> El **Weihnachtsmarkt** más famoso de Alemania es el de Nuremberg. Sin embargo estos mercadillos navideños se pueden encontrar en muchas otras ciudades alemanas. Dependiendo de los lugares funcionan durante unos días determinados o durante todo el Adviento. En ellos se pueden adquirir desde todo tipo de regalos de Navidad y objetos para la decoración navideña de las casas, hasta artículos de menaje y otras cosas. Es muy típica además la venta de **Glühwein** (vino tinto caliente aromatizado) y **Maronen** (castañas asadas).

Weihrauch *m* incienso *m*

weil [vaɪl] *konj* porque; (*aufgrund von*) debido a que

Weile ['vaɪlə] *f* rato *m*

Wein [vaɪn] *m* <-(e)s, -e> vino *m;* **lieblicher/trockener ~** vino dulce/seco; **Weinbau** *m* <-(e)s, *ohne pl*> viticultura *f;* **Weinberg** *m* viña *f;* **Weinbrand** *m* brandi *m*

weinen ['vaɪnən] *vi, vt* llorar (*vor/aus +dat* de); **bittere Tränen ~** llorar amargamente

weinerlich *adj* (*Person*) llorón; (*Stimme*) lloroso

Weinkeller *m* bodega *f;* **Weinlese** *f* vendimia *f;* **Weinprobe** *f* cata *f* de vinos; **Weinrebe** *f* vid *f;* **weinrot** ['-'-] *adj* burdeos; **Weintraube** *f* uva *f*

weise ['vaɪzə] *adj* sabio

Weise *f* <-n> **1.** (*Art*) manera *f;* **in gewisser ~** en cierto modo; **auf diese ~** de esta manera **2.** (*Melodie*) melodía *f*

Weise(r) *mf* <-n, -n; -n> sabio, -a *m, f*

weisen ['vaɪzən] <weist, wies, gewiesen> **I.** *vi:* **auf etw ~** señalar algo **II.** *vt:* **jdm etw ~** indicar(le) algo a alguien; **etw von sich** *dat* **~** rechazar algo; **jdn aus dem Saal ~** expulsar a alguien de la sala

Weisheit *f* sabiduría *f;* **mit seiner ~ am Ende sein** ya no saber qué hacer; **Weisheitszahn** *m* muela *f* del juicio

weis|machen *vt* (*fam*): **jdm etw ~** hacer creer algo a alguien

weiß[1] *3. präs* **wissen**

weiß[2] [vaɪs] *adj* blanco; **ihr Gesicht wurde ~** se volvió pálida

weissagen ['---] *vt* (*voraussagen*) predecir; (*prophezeien*) profetizar

Weissagung *f* <-en> profecía *f*

Weißbrot *nt* pan *m* blanco

Weiße(r) *mf* <-n, -n; -n> (*Rasse*) blanco, -a *m, f*

Weißglut *f ohne pl* incandescencia *f;* **jdn zur ~ bringen** (*fam*) poner a alguien al rojo vivo; **Weißkohl** *m* repollo *m;* **Weißrussland**[RR] *nt* Bielorrusia *f;* **Weißwein** *m* vino *m* blanco

> Con el nombre de **Weißwurstäquator** se alude de forma humorística a una línea fronteriza que trazan los ríos Meno y Danubio y que separa Baviera y el dialecto bávaro, del espacio de habla prusiana y por tanto, de los dialectos no bávaros. Pero además, este término sirve para delimitar el espacio donde se produce y consume la típica salchicha bávara blanca, hecha de carne de ternera y especias.

Weisung ['vaɪzʊŋ] *f* <-en> (*Befehl*) orden *f;* (*geh: An~*) instrucción *f*

weit [vaɪt] **I.** *adj* **1.** (*räumlich ausgedehnt*)

extenso; (*breit*) amplio; (*groß*) grande; (*geräumig*) espacioso; (*Kleidung*) ancho; **etw ~ öffnen** abrir algo de par en par; **~ herumkommen** correr mundo; **das Weite suchen** (*geh*) esfumarse **2.** (*entfernt*) lejano; (*Reise, Weg*) largo; **ist es noch ~?** ¿falta mucho todavía?; **von ~em** de lejos; **~ entfernt** remoto; **das ist ~ weg** (*fam*) eso queda muy lejos; **es ist ~ und breit niemand zu sehen** no se ve a nadie en varias millas a la redonda **3.** (*zeitlich*) largo; **das liegt ~ zurück** de esto hace mucho tiempo; **bis ~ in den Morgen** hasta bien entrada la mañana **4.** (*Wend*): **bei ~em besser** mejor con distancia; **so ~** (*im Allgemeinen*) en general; (*bis jetzt*) por ahora; **es ist so ~** ya está; **bist du so ~?** (*fam*) ¿estás listo?; **sie wird es noch ~ bringen** hará carrera; **das geht zu ~!** ¡esto ya pasa de la raya! **II.** *adv* (*erheblich*) mucho; **~ besser** mucho mejor; **er ist ~ über sechzig** tiene bastante más de sesenta años; **~ verbreitet** muy extendido

weitab ['vaɪt'ʔap] *adv* muy lejos (*von* de)

weitaus ['-'-] *adv* mucho

Weitblick *m* <-(e)s, *ohne pl*> visión *f* de futuro; (*Scharfsinn*) perspicacia *f*

Weite ['vaɪtə] *f* <-n> **1.** (*Ausdehnung*) extensión *f* **2.** (*Entfernung*) distancia *f* **3.** (*Durchmesser*) diámetro *m;* (*Größe*) tamaño *m;* (*bei Kleidung*) ancho *m*

weiter ['vaɪtɐ] **I.** *adj* (*zusätzlich*) más; (*zeitlich*) posterior; **~e fünf Jahre** otros cinco años; **die ~e Entwicklung** el desarrollo posterior; **alles Weitere** todo lo demás; **bis auf ~es** hasta nuevo aviso; **ohne ~es** sin más **II.** *adv* **1.** (*im Anschluss*) a continuación; (*danach*) después **2.** (*außerdem*) además; (*sonst*) más; **und so ~** etcétera; **~!** ¡adelante!

weiter|bilden **I.** *vt* perfeccionar **II.** *vr:* **sich ~** ampliar sus conocimientos; (*in einem Kurs*) hacer un curso de perfeccionamiento; **Weiterbildung** *f* ampliación *f* de estudios; (*als Kurs*) cursos *mpl* de perfeccionamiento

weiter|bringen *irr vt* llevar adelante; **das bringt uns auch nicht weiter** con eso no ganamos nada; **weiter|empfehlen*** *irr vt* recomendar (a otros); **weiter|entwickeln*** **I.** *vt* perfeccionar **II.** *vr:* **sich ~** hacer progresos, desarrollarse; **weiter|erzählen*** *vt* contar (a otros); **weiter|geben** *irr vt* dar (*an +akk* a); (*Erfahrungen*) transmitir (*an +akk* a); **weiter|gehen** *irr vi sein* **1.** (*seinen Weg*) seguir (andando) **2.** (*andauern*) continuar; **so kann es nicht ~!** ¡esto no puede continuar así!; **weiter|helfen** *irr vi:* **jdm ~** ayudar a alguien (*in/bei* en/a)

weiterhin *adv* (*künftig*) en adelante; (*außerdem*) además; (*immer noch*) todavía

weiter|kommen *irr vi sein* avanzar; **so kommen wir nicht weiter** así no llegamos a ninguna parte; **weiter|machen** *vi* (*fam*) continuar; **mach nur weiter so!** ¡sigue así!; **weiter|sagen** *vt* decir a otros; (*verbreiten*) divulgar; **weiter|verarbeiten*** *vt* tratar, elaborar

weitgehend <weiter gehend *o* weitgehender *Schweiz:* weitergehend, am weitestgehenden *o* am weitgehendsten> **I.** *adj* amplio **II.** *adv* en gran parte

weiträumig *adj* espacioso

weitreichend *adj* (*für große Entfernung*) de gran alcance; (*umfassend*) amplio

weitschweifig *adj* prolijo

Weitsicht *f s.* **Weitblick**

weitsichtig *adj* (MED) hipermétrope; (*umsichtig*) previsor

Weitsprung *m* <-(e)s, *ohne pl*> salto *m* de longitud

weitverbreitet ['--'--] *adj* muy frecuente; (*Meinung*) muy divulgado

Weitwinkelobjektiv *nt* objetivo *m* gran angular

Weizen ['vaɪtsən] *m* <-s, -> trigo *m*

welch *pron inter:* **~ eine(r, s)** qué; **~ eine Freude!** ¡qué alegría!; *s. a.* **welche(r, s)**

welche(r, s) ['vɛlçə, -çɐ, -çəs] **I.** *pron inter* (*adjektivisch*) qué; (*substantivisch*) cuál; (*in Ausrufen*) vaya; **~ Tasche?** ¿qué bolso?; **~r von den beiden?** ¿cuál de los dos?; **~ Freude!** ¡qué alegría! **II.** *pron rel* que; (*in weiterführenden Relativsätzen*) el/la/lo cual, los/las cuales *pl* **III.** *pron indef* algunos; **es gibt ~, die glauben, dass …** hay algunos que piensan que…; **ich habe kein Papier dabei, hast du ~s?** no tengo papel, ¿tienes tú alguno?

welk [vɛlk] *adj* (*a. fig*) lacio; (*verwelkt*) marchito

welken ['vɛlkən] *vi sein* (*a. fig*) marchitarse

Welle ['vɛlə] *f* <-n> **1.** (*im Wasser, a. fig*) ola *f;* **hohe ~n schlagen** causar sensación; **die neue ~** la nueva ola **2.** (*im Haar*) ondulación *f* **3.** (PHYS, RADIO) onda *f* **4.** (TECH) eje *m*

wellen *vt, vr:* **sich** ~ ondular(se)

Wellenbrecher *m* rompeolas *m inv;* **Wellengang** *m* <-(e)s, *ohne pl*> oleaje *m;* **Wellenlänge** *f* longitud *f* de onda; **sie haben die gleiche** ~ (*fam*) están en la misma onda; **Wellensittich** *m* <-s, -e> periquito *m*

wellig *adj* ondulado

Welpe ['vɛlpə] *m* <-n, -n> cachorro *m*

Welt [vɛlt] *f* <-en> mundo *m;* (*Erde*) tierra *f;* **auf die** ~ **kommen** venir al mundo; **aus aller** ~ de todo el mundo; **die Dritte** ~ el Tercer Mundo; **vor aller** ~ (*fam*) delante de todo el mundo; **was in aller** ~ **hast du dir denn dabei gedacht?** (*fam*) ¿en qué diablos estabas pensando al hacer esto?; **Weltall** *nt* <-s, *ohne pl*> universo *m;* **Weltanschauung** *f* ideología *f;* **weltberühmt** ['--'-] *adj* famoso en el mundo entero; **weltbewegend** *adj* revolucionario

Weltenbummler(in) [-bʊmlɐ] *m(f)* <-s, -; -nen> trotamundos *mf inv*

weltfremd *adj* ajeno al mundo; (*naiv*) ingenuo; **Weltgeschichte** *f ohne pl* historia *f* universal; **in der** ~ **herumfahren** (*fam*) recorrer mundo; **Weltkarte** *f* mapamundi *m;* **Weltkrieg** *m* guerra *f* mundial

weltlich *adj* (*irdisch*) mundano; (*nicht kirchlich*) laico

Weltmacht *f* potencia *f* mundial; **Weltmarkt** *m* <-(e)s, *ohne pl*> (WIRTSCH) mercado *m* mundial; **Weltmeister(in)** *m(f)* campeón, -ona *m, f* del mundo; **Weltmeisterschaft** *f* (*Wettkampf*) campeonato *m* mundial, mundial(es) *m(pl) fam;* (*Titel*) copa *f* del mundo; **Weltraum** *m* <-(e)s, *ohne pl*> espacio *m* sideral; **Weltreich** *nt* imperio *m;* **Weltreise** *f* viaje *m* alrededor del mundo; **Weltrekord** *m* récord *m* mundial; **Weltsicherheitsrat** [-'----] *m* Consejo *m* de Seguridad de las Naciones Unidas; **Weltsprache** *f* idioma *m* universal; **Weltstadt** *f* metrópoli *f;* **Weltstar** *m* <-s, -s> estrella *f* mundial

Weltuntergang *m* fin *m* del mundo; **Weltuntergangsstimmung** *f* catastrofismo *m*

weltweit ['-'-, '--] **I.** *adj* mundial **II.** *adv* a escala mundial

Weltwirtschaft *f* economía *f* mundial; **Weltwirtschaftskrise** *f* crisis *f inv* económica mundial

Weltwunder *nt* maravilla *f* del mundo

wem [veːm] **I.** *pron inter dat von* **wer** a quién, a quiénes *pl;* **mit/von** ~**?** ¿con/de quién? **II.** *pron rel dat von* **wer** a quien, al que, a quienes, a los que *pl*

wen [veːn] **I.** *pron inter akk von* **wer** a quién, a quiénes *pl;* **an/für** ~**?** ¿a/para quién? **II.** *pron rel akk von* **wer** a quien, al que, a quienes, a los que *pl*

Wende ['vɛndə] *f* <-n> **1.** (*Veränderung*) cambio *m* **2.** (*Schwimmen, Segeln*) viraje *m;* (*Turnen, Eiskunstlauf*) vuelta *f;* **Wendekreis** *m* **1.** (GEO) trópico *m;* **der** ~ **des Krebses** el trópico de Cáncer **2.** (TECH) radio *m* de giro

Wendeltreppe ['vɛndəl-] *f* escalera *f* de caracol

wenden[1] **I.** *vi* (*Auto*) girar; (NAUT) virar **II.** *vt* (*Braten, Blatt, Kleidung*) dar la vuelta (a); **bitte** ~**!** ¡véase al dorso!

wenden[2] ['vɛndən] <wendet, wendete *o* wandte, gewendet *o* gewandt> **I.** *vt* **1.** (*Kopf*) volver **2.** (*Blick*) dirigir; **den Blick nicht von etw** *dat* ~ no apartar la vista de algo **II.** *vr:* **sich** ~ (*Richtung einschlagen*) dirigirse (*zu +dat* a); (*von jdm weg*) apartarse (*von +dat* de); **es wird sich alles zum Guten** ~ todo saldrá bien; **sich an jdn** ~ dirigirse a alguien; **sich gegen etw** ~ oponerse a algo; **sich gegen jdn** ~ volverse en contra de alguien

Wendepunkt *m* **1.** (*Zeitpunkt*) momento *m* decisivo **2.** (ASTR) solsticio *m;* (MATH) punto *m* de inflexión

wendig *adj* (*Auto*) manejable; (*Person*) ágil

Wendung *f* <-en> **1.** (*Drehung*) vuelta *f* **2.** (*Veränderung*) cambio *m;* **eine** ~ **zum Guten/zum Schlechten nehmen** tomar un giro favorable/tomar mal cariz **3.** (*Rede~*) modismo *m*

wenig ['veːnɪç] *adj o adv o pron indef* poco; **ein klein** ~ un poquito; **sehr** ~ poquísimo; **mit** ~**en Ausnahmen** salvo pocas excepciones; **so** ~ tan poco; **so** ~ **wie möglich** lo menos posible; **zu** ~ muy poco; **11 DM zu** ~ faltan 11 marcos

weniger ['veːnɪgɐ] **I.** *adj o adv o pron indef kompar von* **wenig** menos; ~ **als** menos que; (*bei Zahlen*) menos de; (*vor Verben*) menos de lo que; **immer** ~ cada vez menos; ~ **werden** disminuir; **um so** ~ tanto menos **II.** *konj* menos; **zehn** ~ **drei ist sieben** diez menos tres son siete

wenigste ['veːnɪçstə, 'veːnɪkstə] *pron indef superl von* **wenig** **1.** (*kleinste Anzahl*): **die ~n** los menos, la menor parte; (*die Minderheit*) la minoría **2.** (*kleinste Menge*): **das ~** lo menos

wenigstens ['veːnɪçstəns, 'veːnɪkstəns] *adv* (*zumindest*) por lo menos; (*mindestens*) como mínimo

wenn [vɛn] *konj* **1.** (*zeitlich*) cuando; **jedesmal, ~ ...** cada vez que... **2.** (*konditional*) si; (*falls*) en caso de que *+subj* **3.** (*konzessiv*): **~ auch** si bien **4.** (*Wunsch*): **~ ... nur** ojalá *+subj*

wenngleich [-'-] *konj* aunque, si bien

wer [veːɐ] **I.** *pron inter* quién, quiénes *pl* **II.** *pron rel* quien, el que, quienes, los que *pl;* **~ auch immer** quienquiera que sea

Werbeagentur *f* agencia *f* de publicidad; **Werbefernsehen** *nt* publicidad *f* televisada

werben ['vɛrbən] <wirbt, warb, geworben> **I.** *vi* (*für eine Ware*) hacer publicidad (*für +akk* para); (*für eine Partei*) hacer propaganda (*für +akk* para); **um etw ~** (*geh*) tratar de ganarse algo **II.** *vt* (*Arbeitskräfte*) contratar; (*Mitglieder*) afiliar; (*Kunden*) atraer

Werbespot ['vɛrbespɔt] *m* anuncio *m* publicitario; **werbewirksam** *adj* de gran efecto publicitario

Werbung *f* <-en> **1.** (*das Anwerben*) reclutamiento *m* **2.** *ohne pl* (*Reklame*) publicidad *f*

Werdegang *m* desarrollo *m;* **der berufliche ~** la carrera profesional

werden[1] ['veːɐdən] <wird, wurde, geworden> *vi sein* **1.** (*Zustandsveränderung, Verwandlung*) volverse; **alt ~** hacerse viejo; **krank ~** ponerse enfermo; **kalt ~** enfriar(se); **es wird Frühling** llega la primavera; **zum Verräter ~** convertirse en traidor **2.** (*Entwicklung*) llegar a ser; **~de Mutter** futura madre; **es wird ein Junge** será un niño; **besser/schlechter ~** mejorar/empeorar; **was willst du einmal ~?** ¿qué quieres ser de mayor? **3.** (*Resultat*) salir; **die Fotos sind gut geworden** las fotos salieron bien; **er ist 40 geworden** cumplió 40 años

werden[2] <wird, wurde, *ohne pp*> *aux* **1.** (*zur Bildung des Futurs*): **ich werde es tun** lo haré; **es wird gleich regnen** va a empezar a llover **2.** (*zur Bildung des Konjunktivs II*): **würden Sie bitte mal kommen?** ¿podría venir un momento, por favor? **3.** (*Vermutung*): **es wird schon stimmen** será correcto; **er wird wohl ausgegangen sein** habrá salido

werden[3] <wird, wurde, worden> *aux* (*zur Bildung des Passivs*) ser; **sie ist entführt worden** ha sido secuestrada; **hier wird nicht geraucht!** ¡aquí no se fuma!; **mir wurde gesagt, dass ...** me han dicho que...

werfen ['vɛrfən] <wirft, warf, geworfen> **I.** *vt* **1.** (*allgemein*) tirar; (*schleudern*) lanzar; **nicht ~!** ¡frágil!; **eine Münze ~** echar a suertes **2.** (*bilden*) formar; **die Flüssigkeit wirft Blasen** el líquido burbujea **3.** (*Tierjunge*) parir **II.** *vr:* **sich ~** (*sich stürzen*) lanzarse (*auf +akk* sobre); (*sich fallen lassen*) echarse (*auf +akk* sobre) **III.** *vi* (*a.* SPORT) lanzar; (*Tier*) parir

Werft [vɛrft] *f* <-en> (NAUT) astillero *m;* (AERO) hangar *m*

Werk [vɛrk] *nt* <-(e)s, -e> **1.** (*Geschaffenes, Handlung*) obra *f;* (*Arbeit*) trabajo *m* **2.** (*Fabrik*) fábrica *f;* **Lieferung ab ~** entrega en fábrica **3.** (*Mechanismus*) mecanismo *m*

Werkstatt ['-ʃtat] *f* <-stätten> taller *m;* **Werktag** *m* día *m* laborable; **werktags** *adv* los días laborales; **werktätig** *adj* trabajador; **die ~e Bevölkerung** la población activa

Werkzeug *nt* <-(e)s, -e> herramienta *f*

wert [veːɐt] *adj:* **etwas ~ sein** valer algo; **einer Sache ~ sein** merecer algo

Wert [veːɐt] *m* <-(e)s, -e> **1.** (*a. fig*) valor *m;* **großen ~ auf etw legen** dar mucha importancia a algo **2.** (*Ergebnis*) resultado *m;* (TECH) datos *mpl*

werten ['veːɐtən] *vt* valorar; (*einschätzen*) calificar (*als +akk* de/como); (SPORT) dar como válido

Wertgegenstand *m* objeto *m* de valor; **wertlos** *adj* sin valor; **Wertpapier** *nt* (FIN) valor *m,* efecto *m;* **Wertsache** *f* objeto *m* de valor; **Wertstoff** *m* desecho *m* reciclable

Wertung *f* <-en> valoración *f;* (SPORT) puntuación *f*

wertvoll *adj* valioso; **Wertvorstellung** *f* concepto *m* de valores

Wesen *nt* <-s, -> **1.** (*Lebe~*) ser *m;* (*Mensch*) persona *f;* **ein menschliches ~**

un ser humano **2.** *ohne pl* (*Grundeigenschaft*) esencia *f;* **das liegt im ~ der Sache** es propio del asunto mismo **3.** *ohne pl* (*Charakter*) naturaleza *f;* **sein wahres ~ zeigen** quitarse la máscara

wesentlich ['veːzəntlɪç] **I.** *adj* esencial; (*grundlegend*) fundamental; **nichts Wesentliches** nada de importancia **II.** *adv* (*sehr, viel*) mucho; **es wäre mir ~ lieber, wenn ...** preferiría mucho más que... *+subj*

weshalb [vɛs'halp, '--] *adv* **1.** (*fragend*) por qué **2.** (*relativisch*) por lo que; **der Grund ~ ...** la razón por la cual...

Wespe ['vɛspə] *f* <-n> avispa *f*

wessen ['vɛsən] **I.** *pron inter* **1.** *gen von* **wer** de quién **2.** *gen von* **was** de qué; **~ wird sie beschuldigt?** ¿de qué se la acusa? **II.** *pron rel* de quien, del que, de quienes, de los que *pl*

Wessi ['vɛsi] *mf* <-s, -s; -s> (*fam*) *habitante de los estados federados del oeste de Alemania*

Westdeutschland *nt* Oeste *m* de Alemania

Weste ['vɛstə] *f* <-n> chaleco *m;* **eine reine ~ haben** (*fam fig*) tener las manos limpias

Westen ['vɛstən] *m* <-s, *ohne pl*> oeste *m;* **im ~** en el oeste; **von ~** del oeste; **in den ~** al oeste

Westentasche *f* bolsillo *m* del chaleco; **etw wie seine ~ kennen** (*fam*) conocer algo como la palma de la mano

Western ['vɛstɐn] *m* <-s, -> película *f* del Oeste

Westeuropa ['--'--] *nt* Europa *f* Occidental

Westfalen [vɛst'faːlən] *nt* <-s> Westfalia *f*

westfälisch *adj* westfaliano

westlich **I.** *adj* del oeste; **~ von Berlin** al oeste de Berlín; **in ~er Richtung** en dirección oeste; **52 Grad ~er Länge** 52 grados longitud oeste **II.** *präp +gen* al oeste de

Westmächte ['vɛstmɛçtə] *fpl* potencias *fpl* occidentales

weswegen [vɛs'veːgən] *adv s.* **weshalb**

Wettbewerb ['vɛtbəvɛrp] *m* <-(e)s, -e> **1.** (*Veranstaltung*) concurso *m;* (SPORT) competición *f* **2.** *ohne pl* (WIRTSCH) competencia *f;* **wettbewerbsfähig** *adj* competitivo

Wette ['vɛtə] *f* <-n> apuesta *f;* **eine ~ mit jdm abschließen** hacer una apuesta con alguien; **um die ~** (*fam*) a porfía

wetteifern ['---] *vi:* **mit jdm um etw ~** competir con alguien por algo

wetten ['vɛtən] *vi, vt* apostar (*auf +akk* por, *um +akk*); (**mit jdm**) **um etw ~** apostar algo (con alguien); **ich wette mit dir um fünf Mark, dass ...** te apuesto cinco marcos a que...; **~, dass ich schneller bin?** (*fam*) ¿qué te apuestas a que soy más rápido?; **worum ~ wir?** ¿qué apuestas?

Wetter ['vɛtɐ] *nt* <-s, *ohne pl*> tiempo *m;* **es ist schönes ~** hace buen tiempo; **Wetterbericht** *m* parte *m* meteorológico; **Wetterkarte** *f* mapa *m* meteorológico; **Wetterlage** *f* situación *f* meteorológica

wettern ['vɛtɐn] *vi* (*fam*) echar pestes; **gegen etw ~** maldecir algo

Wetterumschwung *m* cambio *m* brusco del tiempo; **Wettervorhersage** *f* pronóstico *m* del tiempo

Wettkampf *m* competición *f;* **Wettlauf** *m* carrera *f* de velocidad

wett|machen ['vɛt-] *vt* (*fam*) compensar; (*Fehler*) corregir; (*Rückstand*) recuperar

Wettrennen *nt* carrera *f* de velocidad

WG [veː'geː] *f* <-s> *Abk. von* **Wohngemeinschaft** comuna *f*

Whisky ['wɪski] *m* <-s, -s> whisky *m*

wich [vɪç] *3. imp von* **weichen**

wichtig ['vɪçtɪç] *adj* importante; **etw ~ nehmen** dar importancia a algo

Wichtigkeit *f* importancia *f;* **eine Sache von höchster ~** un asunto de suma importancia

Wichtigtuer(in) [-tuːɐ] *m(f)* <-s, -; -nen> (*fam a. abw*) farolero, -a *m, f*

wickeln ['vɪkəln] *vt* **1.** (*auf~*) arrollar; (*auf eine Spule*) bobinar; (*zu einem Knäuel*) ovillar **2.** (*ein~*) envolver (*in +akk* en); **sich** *dat* **einen Schal um den Hals ~** ponerse un pañuelo alrededor del cuello **3.** (*Säugling*) cambiar los pañales (a)

Widder ['vɪdɐ] *m* <-s, -> (ZOOL) carnero *m;* (ASTR) Aries *m*

wider ['viːdɐ] *präp +akk* (*geh*) contra; **~ Erwarten** contra lo que era de esperar

widerfahren* [--'--] *irr vi sein* (*geh*) ocurrir

Widerhaken ['----] *m* garfio *m;* (*an einer Angel*) púa *f*

Widerhall *m* <-(e)s, -e> resonancia *f;* **~ finden** tener eco

widerlegen* *vt* rebatir

widerlich ['viːdɐlɪç] *adj* (*Ekel erregend*)

asqueroso; (*abstoßend*) repugnante

widerrechtlich *adj* ilegal; **sich** *dat* **etw ~ aneignen** apropiarse de algo ilícitamente

Widerrede *f* protesta *f;* **sie duldet keine ~** no admite protesta

Widerruf *m* revocación *f;* **bis auf ~** hasta nuevo aviso; **widerrufen*** *irr vt* (*Urteil*) revocar; (*Aussage*) retractarse (de); (*Nachricht*) desmentir; (*Auftrag*) anular

Widersacher(in) *m(f)* <-s, -; -nen> adversario, -a *m, f*

widersetzen* *vr:* **sich ~** oponerse (a)

widerspenstig ['viːdɐʃpɛnstɪç] *adj* rebelde; (*trotzig*) terco

wider|spiegeln *vt, vr:* **sich ~** reflejar(se)

widersprechen* *irr vi:* **jdm ~** contradecir a alguien; **etw** *dat* **~** ir en contra de algo

widersprochen *pp von* **widersprechen**

Widerspruch *m* **1.** (*Gegensätzlichkeit*) contradicción *f* (*zu +dat* con); **sich in Widersprüche verwickeln** incurrir en contradicciones **2.** *ohne pl* (*Widerrede*) réplica *f;* **ohne ~** sin protestar; **seine Äußerungen stießen auf ~** hubo protestas a causa de sus declaraciones

widersprüchlich [-ʃprʏçlɪç] *adj* contradictorio

widerspruchslos *adj* sin objeción alguna

Widerstand *m* (*a.* PHYS, ELEK) resistencia *f* (*gegen +akk* a); **~ leisten** oponer resistencia; **auf ~ stoßen** encontrar resistencia

widerstanden *pp von* **widerstehen**

widerstandsfähig *adj* resistente (*gegen +akk* a); **Widerstandskraft** *f* (fuerza *f* de) resistencia *f*

widerstehen* *irr vi* resistir (*+dat* a)

widerstreben* *vi* **1.** (*zuwider sein*) repugnar; **es widerstrebt mir, das zu tun** me repugna hacerlo **2.** (*geh: sich widersetzen*): **jdm/etw** *dat* **~** oponerse a alguien/algo

widerwärtig ['viːdɐvɛrtɪç] *adj* asqueroso

Widerwille *m* <-ns, *ohne pl*> (*Abneigung*) aversión *f* (*gegen +akk* a); **etw mit größtem ~n tun** hacer algo de muy mala gana; **widerwillig I.** *adj* indignado **II.** *adv* de mala gana

widmen ['vɪtmən] **I.** *vt* dedicar; **jdm etw ~** dedicar algo a alguien; **er widmete sein Leben der Wissenschaft** consagró su vida a la ciencia **II.** *vr:* **sich jdm ~** atender a alguien; **sich etw** *dat* **~** dedicarse a algo

Widmung *f* <-en> dedicatoria *f*

widrig ['viːdrɪç] *adj* desfavorable

wie [viː] **I.** *adv* **1.** (*interrogativ: auf welche Art*) ¿cómo?; (*mit welchen Merkmalen, in welchem Grad*) ¿qué?; (*in welcher Weise*) ¿de qué manera?; **~ bitte?** ¿cómo (dice)?; **~ geht's?** ¿qué tal?; **~ oft?** ¿cuántas veces?; **~ viel?** ¿cuánto?; **~ alt bist du?** ¿cuántos años tienes?; **~ spät ist es?** ¿qué hora es?; **~ auch immer** sea como sea; **~ dem auch sei** sea como fuere **2.** (*relativisch: auf welche Art*) como; (*in welchem Grad*) que; **die Art, ~ sie spricht** la manera como habla **3.** (*Ausruf*) ¡cómo!; **~ schade!** ¡qué lástima! **II.** *konj* **1.** (*Vergleich*) como; **weiß ~ Schnee** blanco como la nieve; **~ immer** como siempre **2.** (*sowie*): **einer ~ der andere** uno igual que el otro **3.** (*mit Objektsatz*) cómo; **ich sah, ~ er das Fenster öffnete** vi cómo abría la ventana

wieder ['viːdɐ] *adv* otra vez; **immer ~** una y otra vez; **nie ~** nunca más; **gib ihm das ~ zurück** devuélveselo; **da bin ich ~** aquí estoy de nuevo; **das ist auch ~ wahr** por otra parte esto también es cierto

Wiederaufbau [--'--] *m* <-(e)s, *ohne pl*> reconstrucción *f*

wieder|auf|bereiten* *vt s.* **aufbereiten 2.**; **Wiederaufbereitung** [--'----] *f* reprocesamiento *m*

wiederaufladbar [--'-------] *adj s.* **aufladbar**

Wiederaufnahme [--'---] *f* (*einer Tätigkeit*) reanudación *f;* (*eines Gerichtsverfahrens*) revisión *f;* (*eines Theaterstücks*) reestreno *m;* (*in eine Gruppe*) readmisión *f;* **wieder|auf|nehmen** *irr vt s.* **aufnehmen 5.**

wieder|bekommen* *irr vt* recuperar

wieder|beleben* *vt s.* **beleben I.**; **Wiederbelebung** *f* (*Person*) reanimación *f;* (*Wirtschaft*) reactivación *f*

wieder|bringen *irr vt* devolver; **wieder|entdecken*** *vt s.* **entdecken**; **wieder|erkennen*** *irr vt s.* **erkennen 2.**

Wiedereröffnung *f* reapertura *f*

wieder|finden *irr vt s.* **finden I.1.**

Wiedergabe *f* <-n> **1.** (*einer Rede*) relato *m;* (*einer Äußerung*) repetición *f;* (*Schilderung*) descripción *f* **2.** (*Aufführung*) representación *f;* (*eines Musikstücks*) ejecución *f* **3.** (*in Bild, Ton, a.* TYPO) reproducción *f*

wieder|geben *irr vt* **1.** (*zurückgeben*) de-

W

volver **2.** (*schildern*) describir; (*erzählen*) relatar **3.** (*ausdrücken*) expresar **4.** (*wiederholen*) repetir; (*zitieren*) citar **5.** (*darstellen, a.* TYPO) reproducir

wieder|gut|machen *vt s.* **gutmachen**

wieder|her|stellen [--'---] *vt* (*Ordnung*) restablecer; (*reparieren*) restaurar

wiederholen*[1] **I.** *vt* repetir; (*Lernstoff*) repasar; **ich muss die Klasse ~** tengo que repetir el curso **II.** *vr:* **sich ~** repetirse

wieder|holen[2] *vt* (*zurückholen*) ir a buscar otra vez

wiederholt [--'-] **I.** *adj* repetido; **zum ~en Male** por milésima vez **II.** *adv* en reiteradas ocasiones

Wiederholung [--'--] *f* <-en> repetición *f;* (*von Lernstoff*) repaso *m*

Wiederkäuer *m* <-s, -> rumiante *m*

wieder|kehren *vi sein* (*geh*) regresar (*von/aus +dat* de); **wieder|kommen** *irr vi sein* (*zurückkommen*) volver (*von +dat* de); (*sich wiederholen*) repetirse

wieder|sehen *irr vt s.* **sehen**

Wiedersehen *nt* <-s, -> reencuentro *m;* **auf ~!** ¡hasta luego!

wiederum ['vi:dərʊm] *adv* (*nochmals*) de nuevo; (*andererseits*) por el contrario

wieder|vereinigen* *vt, vr:* **sich ~** *s.* **vereinigen**; **Wiedervereinigung** *f* reunificación *f*

wiederverwendbar *adj s.* **verwendbar**; **Wiederverwertung** *f* <-en> reciclaje *m*

Wiege ['vi:gə] *f* <-n> cuna *f*

wiegen[1] ['vi:gən] **I.** *vt* **1.** (*bewegen*) mover; (*Kind*) mecer **2.** (*zerkleinern*) picar **II.** *vr:* **sich ~** balancearse

wiegen[2] <wiegt, wog, gewogen> *vi, vt* pesar; **das Argument wiegt schwer** (*fig*) es un argumento de peso

wiehern ['vi:ɐn] *vi* relinchar

Wien [vi:n] *nt* <-s> Viena *f*

wies [vi:s] *3. imp von* **weisen**

Wiese ['vi:zə] *f* <-n> prado *m*

Wiesel ['vi:zəl] *nt* <-s, -> comadreja *f;* **er ist flink wie ein ~** corre como una gacela

wieso [vi'zo:] *adv* por qué

wieviel [vi'fi:l, '--] *adv s.* **viel I.**

wievielte(r, s) ['vi:vi:ltə, -tɐ, -təs] *adj:* **zum ~n Mal bist du schon in Spanien?** ¿cuántas veces has estado ya en España?; **den Wievielten haben wir heute?** ¿a qué día estamos hoy?; **die Wievielte bist du?** ¿en qué lugar estás?

wild [vɪlt] *adj* **1.** (*Tier, Landschaft*) salvaje; (*Pflanze*) silvestre; **~er Wein** viña virgen; **~ wachsend** silvestre **2.** (*heftig*) impetuoso; (*lebhaft*) turbulento; (*Kinder*) travieso; (*wütend*) furioso; **ein ~es Durcheinander** un caos terrible; **~ entschlossen** (*fam*) totalmente decidido; **~ auf etw sein** (*fam*) estar loco por algo; **das ist halb so ~** (*fam*) no es para tanto **3.** (*unkontrolliert*) incontrolado; (*illegal*) ilícito; **~ zelten** acampar ilegalmente

Wild *nt* <-(e)s, *ohne pl*> caza *f;* **Wildbahn** *f:* **in freier ~** en libertad

wildern ['vɪldɐn] *vi* cazar furtivamente

wildfremd ['-'-] *adj* totalmente desconocido; **Wildkatze** *f* gato *m* montés; **Wildleder** *nt* ante *m*

Wildnis *f* lugar *m* salvaje; (*Urwald*) selva *f*

Wildschwein *nt* jabalí *m;* **wildwachsend** *adj s.* **wild 1.**

will [vɪl] *3. präs von* **wollen**

Wille ['vɪlə] *m* <-ns, -n> voluntad *f;* (*Absicht*) intención *f;* **das hätte ich beim besten ~n nicht machen können** no hubiera podido hacerlo por más que hubiese querido; **es war dein freier ~, das zu tun** hacerlo fue tu decisión; **der letzte ~** (*Testament*) la última voluntad; **wider ~n** de mala gana

willen ['vɪlən] *präp +gen:* **um jds/etw** *gen* **~** por alguien/algo

willenlos *adj* sin voluntad (propia); **etw über sich ergehen lassen** soportar algo sin rechistar

Willenskraft *f* fuerza *f* de voluntad

willig I. *adj* servicial; (*gehorsam*) obediente **II.** *adv* de buena voluntad

willkommen [-'--] *adj* (*Person*) bienvenido; (*Sache*) oportuno; **jdn ~ heißen** dar la bienvenida a alguien

Willkür ['vɪlky:ɐ] *f ohne pl* arbitrariedad *f;* **sie sind seiner ~ ausgeliefert** están a su merced

willkürlich *adj* (*Maßnahme*) arbitrario; (*zufällig*) casual; (*gewollt*) voluntario

wimmeln ['vɪməln] *vi* pulular (*von*), bullir; **das Buch wimmelt von Fehlern** (*fam*) el libro está lleno de errores

wimmern ['vɪmɐn] *vi* gemir

Wimper ['vɪmpɐ] *f* <-n> pestaña *f;* **ohne mit der ~ zu zucken** (*fig*) a sangre fría; **Wimperntusche** *f* rímel® *m*

Wind [vɪnt] *m* <-(e)s, -e> viento *m;* ~ **und Wetter ausgesetzt sein** estar a la intemperie; ~ **von etw** *dat* **bekommen** (*fam*) enterarse de algo; **viel** ~ (**um etw**) **machen** (*fam*) armar mucho escándalo (a propósito de algo)

Windel ['vɪndəl] *f* <-n> pañal *m;* **windelweich** ['--'-] *adj* (*fam*): **jdn** ~ **schlagen** moler a alguien a palos

winden ['vɪndən] <windet, wand, gewunden> **I.** *vt* **1.** (*geh: Kranz*) hacer; **etw um etw** ~ poner algo alrededor de algo **2.** (*wegnehmen*) quitar; **jdm etw aus der Hand** ~ arrancarle a alguien algo de las manos **II.** *vr:* **sich** ~ **1.** (*Pflanze*) enredarse (*um +akk* por) **2.** (*Schlange*) deslizarse (*in +dat* por) **3.** (*sich krümmen*) retorcerse **4.** (*sich schlängeln*) serpentear (*durch +akk* entre) **5.** (*Ausflüchte suchen*) buscar pretextos

Windenergie *f ohne pl* energía *f* eólica; **windgeschützt** *adj* protegido del viento

windig *adj* (*Wetter*) ventoso; (*Ort*) expuesto al viento; **es ist** ~ hace viento

Windjacke *f* cazadora *f;* **Windkraftwerk** *nt* central *f* eólica; **Windmühle** *f* molino *m* de viento

Windpocken *fpl* varicela *f*

Windrichtung *f* dirección *f* del viento; **Windschutzscheibe** *f* parabrisas *m inv;* **Windstärke** *f* fuerza *f* del viento; **windstill** *adj:* **es ist** ~ no hace viento; **Windsurfer(in)** *m(f)* surfista *mf*

Wink [vɪŋk] *m* <-(e)s, -e> (*Zeichen*) seña *f;* (*Äußerung*) indicación *f;* (*Rat*) consejo *m;* (*Warnung*) advertencia *f;* **jdm einen** ~ **geben** hacer(le) una indicación a alguien; **ein** ~ **mit dem Zaunpfahl** una indirecta

Winkel ['vɪŋkəl] *m* <-s, -> **1.** (MATH) ángulo *m;* **spitzer/stumpfer/rechter** ~ ángulo agudo/obtuso/recto **2.** (*Ecke*) rincón *m;* **Winkelmesser** *m* <-s, -> goniómetro *m*

winken ['vɪŋkən] <winkt, winkte, gewinkt *reg:* gewunken> **I.** *vi* **1.** (*Zeichen geben*) hacer señas **2.** (*erwarten*): **jdm winkt etw** algo le espera a alguien **II.** *vt:* **jdn zu sich** *dat* ~ llamar a alguien

winseln ['vɪnzəln] *vi* gemir

Winter ['vɪntɐ] *m* <-s, -> invierno *m;* **Wintereinbruch** *m* comienzo *m* brusco del invierno; **Wintergarten** *m* invernadero *m*

winterlich *adj* invernal

Winterreifen *m* neumático *m* de invierno; **Winterschlaf** *m* hibernación *f;* ~ **halten** hibernar; **Winterschlussverkauf**[RR] *m* rebajas *fpl* de enero; **Wintersport** *m* <-(e)s, -e> deporte *m* de invierno

Winzer(in) ['vɪntsɐ] *m(f)* <-s, -; -nen> viticultor(a) *m(f)*

winzig ['vɪntsɪç] *adj* minúsculo

Wipfel ['vɪpfəl] *m* <-s, -> cima *f*

Wippe ['vɪpə] *f* <-n> balancín *m*

wir [viːɐ] *pron pers 1. Pl* nosotros *mpl,* nosotras *fpl;* ~ **beiden** nosotros/nosotras dos

Wirbel ['vɪrbəl] *m* <-s, -> **1.** (*Wasser~, Haar~*) remolino *m* **2.** (*Trubel*) torbellino *m;* ~ **um etw machen** armar un escándalo a propósito de algo **3.** (*Knochen*) vértebra *f*

wirbeln ['vɪrbəln] **I.** *vi sein* (*Staub*) arremolinarse; **durch die Luft** ~ revolotear por el aire **II.** *vt* (*in die Luft*) revolotear

Wirbelsäule *f* columna *f* vertebral

Wirbelsturm *m* ciclón *m*

Wirbeltier *nt* vertebrado *m*

Wirbelwind *m* (*a. fig*) torbellino *m*

wirbt [vɪrpt] *3. präs von* **werben**

wird [vɪrt] *3. präs von* **werden**

wirft [vɪrft] *3. präs von* **werfen**

wirken ['vɪrkən] *vi* **1.** (*Wirkung haben*) surtir efecto (*bei +dat* con, *auf +akk* en); **beruhigend** ~ tener un efecto calmante **2.** (*Eindruck machen*) parecer; **lächerlich** ~ ser ridículo **3.** (*zur Geltung kommen*) resaltar; **etw auf sich** ~ **lassen** degustar algo

wirklich ['vɪrklɪç] **I.** *adj* verdadero; **im ~en Leben** en la vida real **II.** *adv* de verdad; **das ist** ~ **nett von Ihnen** es realmente muy amable de su parte

Wirklichkeit *f* <-en> realidad *f*

wirksam *adj* eficaz; ~ **sein** (*formal: gültig*) ser vigente

Wirksamkeit *f* eficacia *f;* (*Gültigkeit*) vigencia *f*

Wirkstoff *m* su(b)stancia *f* activa

Wirkung *f* <-en> efecto *m;* **eine durchschlagende** ~ **haben** tener un efecto radical; **mit** ~ **vom ersten April** con efecto a partir del uno de abril; **wirkungslos** *adj* ineficaz; ~ **bleiben** no surtir efecto; **wirkungsvoll** *adj* eficaz; ~ **sein** surtir efecto

wirr [vɪr] *adj* confuso; (*ungeordnet*) desordenado; (*durcheinander*) revuelto; **~es Zeug reden** decir disparates

Wirrwarr ['vɪrvar] *m* <-s, *ohne pl*> caos *m inv,* follón *m fam*

Wirt(in) [vɪrt] *m(f)* <-(e)s, -e; -nen>

(*Gast~*) dueño, -a *m, f* de un restaurante; (BIOL) huésped *m*

Wirtschaft ['vɪrtʃaft] *f* <-en> **1.** (*Volks~*) economía *f;* **er ist in der ~ tätig** trabaja en la industria **2.** (*Gast~*) restaurante *m*

wirtschaftlich *adj* económico

Wirtschaftlichkeit *f* rentabilidad *f*

Wirtschaftsflüchtling *m* refugiado, -a *m, f* económico, -a; **Wirtschaftskrise** *f* crisis *f inv* económica; **Wirtschaftslage** *f ohne pl* situación *f* económica; **Wirtschaftsministerium** *nt* Ministerio *m* de Economía; **Wirtschaftswissenschaft** *f* ciencias *fpl* económicas

wischen ['vɪʃən] *vt* **1.** (*reinigen*) limpiar; (*Boden*) fregar (el suelo) **2.** (*weg~*) quitar (*von +dat* de) **3.** (*Schweiz: fegen*) barrer

wispern ['vɪspɐn] *vi, vt* susurrar

wissbegierig^RR *adj* ávido de saber; (*neugierig*) curioso

wissen ['vɪsən] <weiß, wusste, gewusst> **I.** *vt* saber; **mit jdm umzugehen ~** saber cómo tratar a alguien; **woher weißt du das?** ¿cómo lo sabes?; **soviel ich weiß, ist er noch da** por lo que yo sé, sigue estando allí; **... und was weiß ich noch alles** (*fam*) ... y no sé cuántas cosas más; **weißt du noch, wie schön es war?** ¿te acuerdas de lo bonito que era?; **ich weiß sie in guten Händen** (*geh*) sé que está en buenas manos; **weißt du einen guten Arzt?** ¿sabes de un buen médico? **II.** *vi* (*informiert sein*) estar al corriente; **von etw** *dat* **~** estar al corriente de algo; **nicht, dass ich wüsste** no que yo sepa

Wissen *nt* <-s, *ohne pl*> saber *m;* (*Kenntnisse*) conocimientos *mpl;* **etw nach bestem ~ und Gewissen tun** hacer algo de buena fe

Wissenschaft *f* <-en> ciencia *f*

Wissenschaftler(in) *m(f)* <-s, -; -nen> científico, -a *m, f*

wissenschaftlich *adj* científico

Wissensdrang *m,* **Wissensdurst** *m* afán *m* de saber; **Wissenslücke** *f* laguna *f* del saber; **wissenswert** *adj* interesante

wittern ['vɪtɐn] *vt* **1.** (*Wild*) ventear **2.** (*ahnen*) sospechar; **Verrat ~** sospechar la traición

Witterung *f* <-en> **1.** (*Wetter*) tiempo *m* **2.** (*Geruchssinn*) olfato *m;* (*Geruch*) viento *m;* **Witterungsverhältnisse** *ntpl* condiciones *fpl* meteorológicas

Witwe ['vɪtvə] *f* <-n> viuda *f*

Witwer ['vɪtvɐ] *m* <-s, -> viudo *m*

Witz [vɪts] *m* <-es, -e> **1.** (*mit Pointe*) chiste *m;* (*Scherz*) broma *f;* **~e machen** bromear **2.** *ohne pl* (*Geist*) gracia *f;* **sie hat (viel) ~** tiene (mucha) gracia

Witzbold ['vɪtsbɔlt] *m* <-(e)s, -e> (*fam*) gracioso, -a *m, f*

Witzfigur *f* hazmerreír *m*

witzig *adj* gracioso

witzlos *adj* **1.** (*ohne Witz*) soso, sin gracia **2.** (*fam: sinnlos*) sin sentido, inútil

WM [veːˈʔɛm] *f* <-s> *Abk. von* **Weltmeisterschaft** campeonato *m* mundial

wo [voː] *adv* **1.** (*interrogativ*) dónde **2.** (*relativisch*) donde; (*zeitlich*) cuando; **~ auch immer** donde sea *+subj;* **jetzt, ~ ich Zeit habe** ahora que tengo tiempo

woanders [-ˈ--] *adv* en otra parte

wob *3. imp von* **weben**

wobei [voˈbaɪ] *adv* **1.** (*interrogativ*) ¿cómo?; **~ bist du gerade?** ¿qué estás haciendo? **2.** (*relativisch*) a lo cual; **~ mir gerade einfällt ...** lo que me hace recordar...

Woche ['vɔxə] *f* <-n> semana *f;* **unter der ~** durante la semana; **zweimal in der ~** dos veces a la semana; **Wochenende** *nt* fin *m* de semana; **ein langes ~ haben** tener un puente (de fin de semana); **wochenlang I.** *adj* que dura semanas **II.** *adv* semanas enteras; **Wochentag** *m* día *m* de la semana

wochentags *adv* los días laborables

wöchentlich ['vœçəntlɪç] **I.** *adj* semanal **II.** *adv* cada semana; **zweimal ~** dos veces la semana

Wochenzeitung *f* semanario *m*

Wodka ['vɔtka] *m* <-s, -s> vodka *m*

wodurch [voˈdʊrç] *adv* (*interrogativ*) ¿cómo?; (*relativisch*) por lo cual

wofür [voˈfyːɐ] *adv* **1.** (*interrogativ*) ¿para qué?; **~ hältst du mich?** ¿por quién me tomas? **2.** (*relativisch*) por lo cual

wog [voːk] *3. imp von* **wiegen**

Woge ['voːgə] *f* <-n> (*geh*) ola *f;* **wenn sich die ~n geglättet haben** en cuanto los ánimos se hayan calmado

wogegen [voˈgeːgən] **I.** *adv* **1.** (*interrogativ*) ¿contra qué? **2.** (*relativisch*) contra lo cual **II.** *konj* mientras que

woher [voˈheːɐ] *adv* **1.** (*interrogativ*) ¿de dónde?; (*auf welche Weise*) ¿cómo?; **~ kommt es eigentlich, dass ...?** ¿cómo es que…? **2.** (*relativisch*) del cual

wohin [vo'hɪn] *adv* **1.** (*interrogativ*) ¿adónde? **2.** (*relativisch*) adonde; ~ **man auch sieht** se mire por donde se mire

wohingegen [vohɪn'geːgən] *konj* mientras que

wohl [voːl] *adv* **1.** (*gut*) bien; (*angenehm*) a gusto; **sich ~ fühlen** encontrarse a gusto; (*gesundheitlich*) sentirse bien; ~ **oder übel** por las buenas o por las malas; **leb ~!** ¡que te vaya bien! **2.** (*durchaus*) perfectamente; **das weiß ich sehr ~** lo sé perfectamente; ~ **kaum** difícilmente; **willst du ~ aufhören!** ¡quieres parar de una vez! **3.** (*etwa*) cerca de **4.** (*wahrscheinlich*) probablemente; **das wird ~ das Beste sein** eso será probablemente lo mejor

Wohl *nt* <-(e)s, *ohne pl*> bien *m;* (*~ergehen*) bienestar *m;* **auf jds ~ trinken** brindar por la salud de alguien; **auf dein ~!** ¡a tu salud!; **zum ~!** ¡salud!

wohlauf [voːl'ʔaʊf, vo'laʊf] *adv* (*geh*): ~ **sein** estar bien

Wohlbefinden *nt* bienestar *m;* (*Gesundheit*) salud *f*

wohlbehalten ['--'--] *adj* (*unverletzt*) sano y salvo; (*unbeschädigt*) intacto

Wohlfahrt *f ohne pl* servicio *m* de beneficencia pública; **Wohlfahrtsstaat** *m* estado *m* de bienestar

Wohlgefallen *nt* <-s, *ohne pl*> (*Gefallen*) agrado *m;* (*Vergnügen*) placer *m;* (*Zufriedenheit*) complacencia *f;* **mit ~** con agrado; ~ **an etw** *dat* **finden** complacerse en algo; **sich in ~ auflösen** (*fam: zufrieden stellend ausgehen*) quedar en agua de borrajas

wohlgemerkt *adv* a saber

wohlhabend *adj* acomodado

wohlig *adj* agradable

Wohlstand *m* <-(e)s, *ohne pl*> bienestar *m;* **Wohlstandsgesellschaft** *f* (*abw*) sociedad *f* del bienestar

Wohltat *f* (*Genuss*) placer *m;* (*Erleichterung*) alivio *m;* **Wohltäter(in)** *m(f)* bienhechor(a) *m(f);* **wohltätig** *adj* benéfico; **für ~e Zwecke** para fines caritativos; **Wohltätigkeit** *f ohne pl* beneficencia *f;* **wohltuend** *adj* agradable; **wohl|tun** *irr vi s.* **tun**

wohlüberlegt ['---'-] *adj s.* **überlegen**[1]; **wohlverdient** ['--'-] *adj* bien merecido

Wohlwollen *nt* <-s, *ohne pl*> benevolencia *f;* (*Geneigtheit*) simpatía *f;* **bei allem ~** con la mejor voluntad

wohlwollend *adj* benévolo; **jdm/etw** *dat* **~ gegenüberstehen** ver a alguien/algo con buenos ojos

Wohnbezirk *m* área *f* residencial; **Wohncontainer** *m* contenedor *m* habitable

wohnen ['voːnən] *vi* vivir (*in +dat* en, *bei +dat* en casa de); (*vorübergehend*) estar alojado (*in +dat* en, *bei +dat* en casa de)

Wohnfläche *f* superficie *f* habitable; **Wohngegend** *f* zona *f* residencial; **Wohngemeinschaft** *f* comuna *f;* **in einer ~ leben** compartir un piso

wohnhaft *adj* (*formal*) residente (*in +dat* en)

Wohnheim *nt* residencia *f;* **Wohnmobil** *nt* <-s, -e> coche *m* caravana; **Wohnort** *m* domicilio *m;* **Wohnraum** *m* **1.** (*Raum*) habitación *f* **2.** *ohne pl* (*Wohnungen*) viviendas *fpl;* **Wohnsitz** *m* domicilio *m;* **ohne festen ~** sin domicilio fijo

Wohnung *f* <-en> piso *m,* departamento *m Am;* **Wohnungsbau** *m* <-(e)s, *ohne pl*> construcción *f* de viviendas; **sozialer ~** construcción de viviendas sociales; **Wohnungsmarkt** *m* mercado *m* de viviendas [*o* inmobiliario]; **der freie ~** el mercado libre de viviendas; **Wohnungssuche** *f* búsqueda *f* de piso; **auf ~ sein** buscar piso

Wohnviertel *nt* barrio *m* residencial; **Wohnwagen** *m* caravana *f;* **Wohnzimmer** *nt* cuarto *m* de estar, living *m Am*

wölben ['vœlbən] *vt, vr:* **sich ~** arquear(se)

Wolf [vɔlf] *m* <-(e)s, Wölfe> **1.** (ZOOL) lobo *m* **2.** (*Fleisch~*) picadora *f* de carne; **Fleisch durch den ~ drehen** picar carne

Wolfram ['vɔlfram] *nt* <-s, *ohne pl*> wolframio *m*

Wolke ['vɔlkə] *f* <-n> nube *f;* **aus allen ~n fallen** (*fam*) quedarse de una pieza; **Wolkenbruch** *m* chaparrón *m;* **Wolkenkratzer** *m* rascacielos *m inv;* **wolkenlos** *adj* despejado

wolkig *adj* nuboso

Wolle ['vɔlə] *f* <-n> lana *f*

wollen[1] ['vɔlən] <will, wollte, wollen> (*Modalverb*) querer; **etw machen ~** querer hacer algo; **komme, was wolle** pase lo que pase; **ich wollte gerade gehen** estaba a punto de irme; **er will dich gestern gesehen haben** dice haberte visto ayer; **das will**

W

ich meinen eso digo; **wenn Sie bitte Platz nehmen** ~ siéntese, por favor; **das will gelernt sein** esto requiere experiencia; **das will ich nicht gehört haben** lo doy por no oído; **was will man da machen?** ¿qué se le va a hacer?

wollen[2] ['vɔlən] <will, wollte, gewollt> *vi, vt* querer; **lieber** ~ preferir; **ob du willst oder nicht** quieras o no (quieras); **wir** ~ **keine Kinder** no queremos tener hijos; **das habe ich nicht gewollt** no era mi intención

wollen[3] *adj* de lana

Wollust ['vɔlʊst] *f ohne pl* (*geh*) voluptuosidad *f*

womit [vo'mɪt] *adv* **1.** (*interrogativ*) ¿con qué?; ~ **kann ich dienen?** ¿en qué puedo servirle? **2.** (*relativisch*) con lo cual

womöglich [vo'mø:klɪç] *adv* quizás +*subj*

wonach [vo'na:x] *adv* **1.** (*interrogativ*) ¿qué?; ~ **riecht das?** ¿a qué huele esto? **2.** (*relativisch*) por lo que; (*gemäß*) según lo cual

Wonne ['vɔnə] *f* <-n> delicia *f;* (*Freude*) placer *m*

woran [vo'ran] *adv* **1.** (*interrogativ*) ¿en qué?; ~ **denkst du?** ¿en qué piensas?; ~ **liegt es?** ¿a qué se debe?; ~ **sind sie gestorben?** ¿de qué murieron? **2.** (*relativisch*) en el cual; **wenn ich nur wüsste,** ~ **das liegt** si supiera a que se debe

worauf [vo'raʊf] *adv* **1.** (*interrogativ*) ¿a qué?; (*räumlich*) ¿sobre qué? **2.** (*relativisch*) sobre el cual; (*zeitlich*) después de lo cual; ~ **du dich verlassen kannst** de eso puedes estar seguro

woraufhin [voraʊf'hɪn] *adv* **1.** (*interrogativ*) ¿por qué razón? **2.** (*relativisch*) con lo cual

woraus [vo'raʊs] *adv* (*interrogativ*) ¿de qué?; (*relativisch*) del cual

worden ['vɔrdən] *pp von* **werden**[3]

worin [vo'rɪn] *adv* **1.** (*interrogativ*) ¿en qué?; ~ **besteht der Nachteil?** ¿dónde está la desventaja? **2.** (*relativisch*) en el cual

Workaholic [wœ:kə'hɔlɪk] *m* <-s, -s> (*sl*) esclavo *m* del trabajo

Workshop ['wɔ:kʃɔp] *m* <-s, -s> taller *m*

Wort [vɔrt] *nt* <-(e)s, -e *o* Wörter> palabra *f;* **im wahrsten Sinne des ~es** literalmente; **jdn (nicht) zu** ~ **kommen lassen** (no) dejar hablar a alguien; **für jdn ein gutes** ~ **einlegen** interceder por alguien; **jdm ins** ~ **fallen** interrumpir a alguien; **das glaube ich dir aufs** ~ te lo creo a pies juntillas

Wörterbuch *nt* diccionario *m;* **Wörterbuchcomputer** *m* diccionario *m* electrónico

Wörterverzeichnis *nt* glosario *m*

wortgewandt *adj* elocuente; **wortkarg** *adj* (*Person*) de pocas palabras; (*Äußerung*) lacónico; **Wortlaut** *m* <-(e)s, *ohne pl*> texto *m;* **der genaue** ~ **einer Rede** el texto literal de un discurso; **... hat folgenden ~:** ... ... dice así:...

wörtlich ['vœrtlɪç] **I.** *adj* literal **II.** *adv* **1.** (*dem Text entsprechend*) literalmente; ~ **zitieren** citar textualmente **2.** (*in der eigentlichen Bedeutung*) al pie de la letra

wortlos **I.** *adj* silencioso **II.** *adv* sin decir nada; **Wortschatz** *m* vocabulario *m;* **wortwörtlich** ['-'--] *adj o adv s.* **wörtlich**

worüber [vo'ry:bɐ] *adv* (*interrogativ*) ¿de qué?; (*relativisch*) sobre el cual

worum [vo'rʊm] *adv* **1.** (*interrogativ*) ¿sobre qué?; ~ **handelt es sich?** ¿de qué se trata? **2.** (*relativisch*) de que, sobre el cual

worunter [vo'rʊntɐ] *adv* **1.** (*interrogativ*) ¿debajo de qué? **2.** (*relativisch*) debajo del cual; (*dazwischen*) entre los que

wovon [vo'fɔn] *adv* (*interrogativ*) ¿de qué?; (*relativisch*) de lo cual

wovor [vo'fo:ɐ] *adv* **1.** (*interrogativ*) ¿de qué?; (*räumlich*) ¿delante de qué? **2.** (*relativisch*) ante el cual; **das einzige,** ~ **ich mich fürchte, ...** lo único de lo que tengo miedo...

wozu [vo'tsu:] *adv* **1.** (*interrogativ*) ¿para qué? **2.** (*relativisch*) a lo cual, al que; (*Zweck*) para lo cual; **das,** ~ **ich am meisten Lust hätte, ...** aquello de lo que más ganas tengo...

Wrack [vrak] *nt* <-(e)s, -s *o* -e> (*Schiff*) barco *m* naufragado; (*Auto*) coche *m* de desguace; **ein menschliches** ~ una piltrafa (humana)

wrang [vraŋ] *3. imp von* **wringen**

wringen ['vrɪŋən] <wringt, wrang, gewrungen> *vt* escurrir

Wucher ['vu:xɐ] *m* <-s, *ohne pl*> (*abw*) usura *f;* ~ **treiben** usurar

wuchern ['vu:xɐn] *vi* **1.** *haben o sein* (*Pflanzen*) crecer excesivamente; (MED) proliferar **2.** (*Wucher treiben*) usurar

Wucherung *f* <-en> (*Gebilde*) excrecencia *f*

wuchs [vu:ks] *3. imp von* **wachsen**[1]

Wucht [vʊxt] *f* fuerza *f;* **mit voller ~** con toda fuerza; **das ist eine ~** (*fam*) es fenomenal

wuchtig *adj* (*kräftig*) fuerte; (*groß*) grande

wühlen ['vy:lən] **I.** *vi* hurgar (*in +dat* en); (*graben*) cavar; (*mit der Schnauze*) hozar (*nach +dat*) **II.** *vr:* **sich durch etw ~** abrirse camino a través de algo

Wühltisch *m* (*fam*) mesa *f* con géneros rebajados

Wulst [vʊlst] *m* <-(e)s, Wülste>, *f* <Wülste> bulto *m;* (MED) protuberancia *f*

wund [vʊnt] *adj* escocido; **sich ~ liegen** llagarse

Wunde ['vʊndə] *f* <-n> (*a. fig*) herida *f*

Wunder ['vʊndɐ] *nt* <-s, -> maravilla *f;* (*übernatürlich*) milagro *m;* **etw wirkt ~** (*fam*) algo obra milagros; **wie durch ein ~** como por arte de magia; **wunderbar** *adj* maravilloso; **Wunderkind** *nt* niño, -a *m, f* prodigio

wunderlich *adj* raro

wundern ['vʊndɐn] *vt, vr:* **sich ~** sorprender(se) (*über +akk* de); **es wundert mich, dass ...** me sorprende que... *+subj*

wunderschön ['--(')-] *adj* hermosísimo; **wundervoll** *adj* maravilloso

wund\|liegen *irr vr:* **sich ~** *s.* **wund**

Wunsch [vʊnʃ] *m* <-(e)s, Wünsche> deseo *m* (*nach +dat* de); **auf ~** a petición; (**ganz**) **nach ~** (totalmente) a su gusto; **jdm einen ~ erfüllen** satisfacer a alguien un deseo; **mit den besten Wünschen** con los mejores deseos

wünschen [vʏnʃən] *vt* desear; **jdm etw ~** desear algo a alguien; (**ganz**) **wie Sie ~** como Ud. quiera; **Sie ~?** ¿en qué puedo servirle?; **sie wünschte, sie hätte das nie gesagt** querría no haberlo dicho nunca; **sich** *dat* **etw von jdm ~** pedir algo a alguien; **sein Benehmen lässt viel zu ~ übrig** su comportamiento deja mucho que desear; **wünschenswert** *adj* deseable; **es ist ~** es de desear

wunschlos *adj:* **~ glücklich sein** ser totalmente feliz; **Wunschtraum** *m* ilusión *f*

wurde ['vʊrdə] *3. imp von* **werden**

Würde ['vʏrdə] *f* <-n> **1.** (*Rang*) categoría *f* **2.** *ohne pl* (*Wert, Haltung*) dignidad *f;* **unter aller ~** malísimo; **das ist unter meiner ~** lo considero indigno para mí; **würdelos** *adj* indigno; **würdevoll I.** *adj* digno **II.** *adv* con dignidad

würdig *adj* **1.** (*ehrbar*) respetable **2.** (*wert*) digno; **sich jds/etw** *gen* **~ erweisen** ser digno de alguien/algo

würdigen ['vʏrdɪgən] *vt* **1.** (*anerkennen*) apreciar; (*Verdienste*) reconocer **2.** (*für wert halten*) considerar digno (de)

Wurf [vʊrf] *m* <-(e)s, Würfe> **1.** (*das Werfen*) tiro *m;* (SPORT) lanzamiento *m;* (*beim Würfeln*) jugada *f* **2.** (ZOOL) camada *f*

Würfel ['vʏrfəl] *m* <-s, -> **1.** (*Eis~, a.* MATH) cubo *m* **2.** (*Spiel~*) dado *m;* **die ~ sind gefallen** la suerte está echada

würfeln I. *vi* jugar a los dados **II.** *vt* **1.** (*in Würfel schneiden*) cortar en cuadraditos **2.** (*eine Zahl*) tirar

Würfelzucker *m* azúcar *m* en terrones

würgen ['vʏrgən] **I.** *vt* estrangular **II.** *vi* (*Brechreiz haben*) tener náuseas; **an etw** *dat* **~** intentar tragar algo

Wurm [vʊrm, 'vʏrmɐ] *m* <-(e)s, Würmer> gusano *m;* **Würmer haben** tener lombrices

wurmen ['vʊrmən] *vt* (*fam*) dar rabia; **es wurmt mich, dass ...** me da rabia que... *+subj*

Wurst [vʊrst, 'vʏrstə] *f* <Würste> embutido *m;* (*Würstchen*) salchicha *f;* **das ist mir ~** (*fam*) me importa un pepino

Würstchen ['vʏrstçən] *nt* <-s, -> salchicha *f;* **heiße ~** perritos calientes

Würzburg ['vʏrtsbʊrk] *nt* <-s> Wurtzburgo *m*

Würze ['vʏrtsə] *f* <-n> (*Substanz*) condimento *m;* (*Aroma*) aroma *m*

Wurzel ['vʊrtsəl] *f* <-n> (*a. fig*) raíz *f;* **~n schlagen** echar raíces; **die ~ ziehen** (*a.* MATH) extraer la raíz (*aus +dat* de); **das Übel an der ~ packen** cortar el mal de raíz

wurzeln *vi* (*a. fig*) arraigar (*in +dat* en)

würzen ['vʏrtsən] *vt* condimentar

würzig *adj* bien condimentado

wusch [vu:ʃ] *3. imp von* **waschen**

wusste[RR] ['vʊstə] *3. imp von* **wissen**

wüst [vy:st] *adj* **1.** (*öde*) desierto; (*unbebaut*) yermo **2.** (*unordentlich*) desordenado; (*wirr*) confuso; **hier sieht es ja ~ aus!** ¡qué desorden! **3.** (*abw: rüde*) grosero **4.** (*schlimm*) terrible

Wüste ['vyːstə] *f* <-n> desierto *m*

Wut [vuːt] *f* rabia *f;* **seine ~ an jdm/etw** *dat* **auslassen** desahogar su rabia en alguien/algo; **in ~ geraten** enfurecerse; **Wutanfall** *m* ataque *m* de rabia

wüten ['vyːtən] *vi* (*Krieg, Sturm*) hacer estragos; **gegen etw ~** rabiar contra algo

wütend *adj* furioso (*über+akk* por, *auf+akk* con/contra); **auf jdn ~ sein** tener rabia a alguien; **~ werden** enfurecerse (*auf+akk* contra)

wutentbrannt ['vuːtʔɛnt'brant] *adj* furibundo

WWW *nt Abk. von* **World Wide Web** WWW *f*

X

X, x [ɪks] *nt* <-, -> X, x *f*

x-Achse *f* (MATH) eje *m* de abscisas

X-Beine *ntpl* piernas *fpl* zambas

x-beliebig *adj* (*fam*) cualquiera

x-mal ['ɪksmaːl] *adv* (*fam*) mil veces

x-te(r, s) ['ɪkstə, -tɐ, -təs] *adj* (*fam*) enésimo; **das ~ Mal** la enésima vez

Xylofon[RR] *nt* <-s, -e>, **Xylophon** [ksylo'foːn] *nt* <-s, -e> xilófono *m*

Y

Y, y ['ʏpsilɔn] *nt* <-, -> Y, y *f*

y-Achse *f* (MATH) eje *m* de las ordenadas

Yacht [jaxt] *f* <-en> yate *m*

Yoga ['joːga] *m o nt* <-(s), *ohne pl*> yoga *m*

Ypsilon ['ʏpsilɔn] *nt* <-(s), -s> (*lateinisches Alphabet*) i *f* griega; (*griechisches Alphabet*) ípsilon *f*

Yuppie ['jʊpi] *m* <-s, -s> yuppie *mf*

Z

Z, z [tsɛt] *nt* <-, -> Z, z *f*

Zacke ['tsakə] *f* <-n> diente *m;* (*Gabel*) púa *f*

zackig ['tsakɪç] *adj* **1.** (*gezackt*) dentado **2.** (*Bewegung*) brioso; (*Person*) resoluto

zaghaft *adj* vacilante

zäh [tsɛː] *adj* (*Fleisch*) correoso; (*schleppend*) lento; (*widerstandsfähig*) resistente; **zähflüssig** *adj* viscoso; (*Verkehr*) denso

Zahl [tsaːl] *f* <-en> número *m;* **gerade/ungerade/ganze ~n** números pares/impares/enteros; **rote ~en schreiben** (*fig*) estar en números rojos

zahlbar *adj* pagadero

zahlen ['tsaːlən] *vi, vt* pagar; **Herr Ober, bitte ~!** camarero, ¡la cuenta, por favor!

zählen ['tsɛːlən] *vi, vt* contar; **das zählt nicht** eso no cuenta; **auf jdn/etw ~** contar con alguien/algo; **zu etw** *dat* **~** figurar entre algo

zahlenmäßig *adj* numérico; **~ überlegen** superior en número

Zähler *m* <-s, -> (*Zählwerk*) contador *m;* (MATH) numerador *m;* **Zählerstand** *m* nivel *m* del contador

zahllos *adj* innumerable; **zahlreich I.** *adj* numeroso **II.** *adv* en gran número

Zahlung *f* <-en> pago *m;* **etw in ~ geben** ofrecer algo como pago parcial; **eine ~ leisten** efectuar un pago

Zählung *f* <-en> recuento *m;* (*Volks~*) censo *m*

zahlungsfähig *adj* solvente; **Zahlungsmittel** *nt* medio *m* de pago; **zahlungsun-**

fähig *adj* insolvente; **Zahlungsverkehr** *m* servicio *m* de pagos; **bargeldloser** ~ servicio de pagos sin efectivo

Zahlwort *nt* <-(e)s, -wörter> numeral *m*

zahm [tsaːm] *adj* (*Tier*) manso; (*gezähmt*) domesticado

zähmen ['tsɛːmən] *vt* **1.** (*Tier*) amansar; (*zum Haustier*) domesticar **2.** (*geh: Ungeduld*) refrenar

Zahn [tsaːn] *m* <-(e)s, Zähne> diente *m;* **die dritten Zähne** la dentadura postiza; **sich** *dat* **die Zähne putzen** cepillarse los dientes; **mit den Zähnen klappern/knirschen** castañetear/rechinar los dientes; **der ~ der Zeit** (*fam*) los estragos del tiempo; **sich** *dat* **die Zähne an etw** *dat* **ausbeißen** (*fam*) dejarse la piel en algo; **Zahnarzt, -ärztin** *m, f* dentista *mf;* **Zahnbelag** *m* sarro; **Zahnbürste** *f* cepillo *m* de dientes

zähneknirschend *adv* rechinando los dientes; (*unwillig*) a regañadientes; **sich ~ fügen** obedecer a regañadientes

Zahnersatz *m* dentadura *f* postiza; **Zahnfleisch** *nt* encía(s) *f(pl);* **Zahnpasta** ['tsaːnpasta] *f* <-pasten> pasta *f* dentífrica; **Zahnrad** *nt* rueda *f* dentada; **Zahnschmelz** *m* esmalte *m* dental; **Zahnschmerz** *m* dolor *m* de muelas; **Zahnseide** *f* seda *f* dental; **Zahnspange** *f* aparato *m* ortodóncico; **Zahnstein** *m* <-(e)s, *ohne pl*> placa *f* (bacteriana); **Zahnstocher** [-ʃtɔxɐ] *m* <-s, -> palillo *m*

Zange ['tsaŋə] *f* <-n> **1.** (*Werkzeug*) tenaza(s) *f(pl);* **jdn in die ~ nehmen** apretar las clavijas a alguien **2.** (*fam: von Tieren*) pinzas *fpl*

zanken ['tsaŋkən] *vi, vr:* **sich ~** pelearse

Zäpfchen ['tsɛpfçən] *nt* <-s, -> (ANAT) úvula *f;* (*Medikament*) supositorio *m*

Zapfsäule *f* surtidor *m* de gasolina

zappelig ['tsap(ə)lɪç] *adj* (*fam*) inquieto

zappeln ['tsapəln] *vi* (*mit den Beinen*) patalear (*mit* +*dat*); (*unruhig sein*) no parar quieto; **jdn ~ lassen** (*fam*) tener a alguien en vilo

zappen ['tsapən] *vi* (*sl*) hacer zap(p)ing

zapplig *adj* (*fam*) inquieto

Zar(in) [tsaːɐ] *m(f)* <-en, -en; -nen> zar *m,* zarina *f*

zart [tsaːɐt] *adj* **1.** (*Fleisch*) tierno **2.** (*fein*) fino; (*empfindlich*) sensible; (*Gesundheit*) delicado **3.** (*Farbe, Berührung*) suave; **zartbesaitet** ['--'--] *adj* sensible

zärtlich ['tsɛːɐtlɪç] **I.** *adj* cariñoso **II.** *adv* con cariño

Zärtlichkeit *f* <-en> **1.** (*Liebkosung*) caricia *f;* **~en austauschen** acariciarse **2.** *ohne pl* (*Zuneigung*) ternura *f*

Zauber ['tsaʊbɐ] *m* <-s, *ohne pl*> **1.** (*~bann*) hechizo *m;* (*~kraft*) magia *f;* **fauler ~** (*fam abw*) embuste *m* **2.** (*Reiz*) encanto *m*

Zauberei [tsaʊbə'raɪ] *f* <-en> **1.** (*Kunststück*) hechicería *f* **2.** *ohne pl* (*Magie*) magia *f;* **an ~ grenzen** parecer cosa de brujería

Zauberer, -in ['tsaʊbərɐ] *m, f* <-s, -; -nen> mago, -a *m, f*

zauberhaft *adj* encantador; **Zauberkünstler(in)** *m(f)* mago, -a *m, f;* (*Illusionist*) ilusionista *mf;* **Zauberkunststück** *nt* juego *m* de manos

zaubern ['tsaʊbɐn] *vi* (*Magie betreiben*) practicar la magia; (*als Zauberkünstler*) hacer juegos de prestidigitación; **ich kann doch nicht ~** (*fam*) no puedo hacer milagros

Zauberstab *m* varita *f* mágica; **Zauberwort** *nt* <-(e)s, -e> palabra *f* mágica

zaudern ['tsaʊdɐn] *vi* vacilar

Zaum [tsaʊm] *m* <-(e)s, Zäume> brida *f;* **jdn im ~ halten** (*fig*) atar corto a alguien; **sich im ~ halten** contenerse

Zaun [tsaʊn] *m* <-(e)s, Zäune> cerca *f;* **einen Streit vom ~ brechen** buscar camorra; **Zaunpfahl** *m* estaca *f*

z. B. *Abk. von* **zum Beispiel** p.ej.

Zebra ['tseːbra] *nt* <-s, -s> cebra *f;* **Zebrastreifen** *m* paso *m* (de) cebra

Zeche ['tsɛçə] *f* <-n> **1.** (*Bergwerk*) mina *f* **2.** (*Rechnung*) cuenta *f;* **die ~ prellen** (*fam*) irse sin pagar

Zecke ['tsɛkə] *f* <-n> garrapata *f*

Zeh [tseː] *m* <-s, -en> dedo *m* del pie

Zehe ['tseːə] *f* <-n> **1.** (*Körperteil*) dedo *m* del pie; **die große ~** el dedo gordo del pie **2.** (*Knoblauch~*) diente *m;* **Zehenspitze** *f* punta *f* del pie; **sich auf die ~n stellen** ponerse de puntillas

zehn [tseːn] *adj inv* diez; *s. a.* **acht**[1]

zehnfach **I.** *adj* diez veces más **II.** *adv* diez veces; *s. a.* **achtfach**

zehntausend *adj inv* diez mil; **die oberen ~** la flor y nata de la sociedad

zehnte(r, s) ['tseːntə, -tɐ, -təs] *adj* décimo; *s. a.* **achte(r, s)**

Z

zehntel ['tse:ntəl] *adj inv* décimo; *s. a.* **achtel**

zehntens ['tse:ntəns] *adv* en décimo lugar; (*bei einer Aufzählung*) décimo; *s. a.* **achtens**

zehren ['tse:rən] *vi* consumir (*an*); (*schwächen*) debilitar; **von etw** *dat* ~ alimentarse de algo

Zeichen ['tsaɪçən] *nt* <-s, -> **1.** (*a.* ASTR, LING, MUS) signo *m;* (*Akten~*) referencia *f;* **sie ist im ~ des Löwen geboren** nació bajo el signo de Leo **2.** (*Signal*) señal *f;* (*mit der Hand*) seña *f;* (*Beweis*) prueba *f;* **ein ~ setzen** sentar un precedente; **zum ~, dass ...** en señal de...; **zum ~ der Versöhnung** como prueba de reconciliación **3.** (*An~*) indicio *m;* **Zeichenerklärung** *f* leyenda *f*

Zeichensetzung *f* puntuación *f*

Zeichensprache *f* lenguaje *m* por señas; **Zeichentrickfilm** *m* (película *f* de) dibujos *mpl* animados

zeichnen ['tsaɪçnən] *vt, vi* dibujar (*an* +*dat*); **gezeichnet Müller** firmado Müller

Zeichner(in) *m(f)* <-s, -; -nen> dibujante *mf;* **technischer ~/technische ~in** delineante *mf*

Zeichnung *f* <-en> dibujo *m*

Zeigefinger *m* (dedo *m*) índice *m*

zeigen ['tsaɪgən] **I.** *vt* mostrar; (*vorführen*) exhibir; (*Film*) poner; **dem hab ich's gezeigt!** (*fam*) ¡le he dado una buena lección!; **das Thermometer zeigt zwei Grad** el termómetro marca dos grados **II.** *vi* señalar (*nach* +*dat* hacia); **auf etw/jdn ~** señalar algo/a alguien; **zeig mal!** ¡déjame ver! **III.** *vr:* **sich ~** mostrarse; **sich jdm erkenntlich ~** mostrarle su agradecimiento a alguien; **das wird sich ~** eso ya se verá

Zeiger *m* <-s, -> indicador *m;* **der große/kleine ~** (*Uhr*) la aguja de las horas/los minutos

Zeile ['tsaɪlə] *f* <-n> renglón *m;* **jdm ein paar ~n schreiben** poner(le) a alguien unas letras; **neue ~** (*beim Diktat*) punto y aparte; **zwischen den ~n lesen** leer entre líneas

zeit [tsaɪt] *präp* +*gen:* **~ meines/seines Lebens** durante toda mi/su vida

Zeit [tsaɪt] *f* <-en> tiempo *m;* (*~punkt*) momento *m;* (*~raum*) período *m;* (*~alter*) época *f;* (*Uhr~*) hora *f;* **zu jeder ~** a cualquier hora; **zu keiner ~** en ningún momento; **eine ~ lang** durante algún tiempo; (*eine Weile*) un rato; (**keine**) **~ haben** (no) tener tiempo (*für* +*akk* para); **das hat ~** eso no corre prisa; **es wird** (**allmählich**) **~** (ya) va siendo hora; **zur rechten ~** en el momento oportuno; **von ~ zu ~** de vez en cuando; **in letzter ~** últimamente; **für alle ~en** para siempre; **zu meiner ~** en mis tiempos; **du liebe ~!** ¡Dios mío!; **Zeitalter** *nt* <-s, -> era *f;* **Zeitangabe** *f* **1.** (*Uhrzeit*) hora *f;* (*Datum*) fecha *f* **2.** (LING) complemento *m* temporal; **Zeitarbeit** *f* trabajo *m* temporal; **Zeitaufwand** *m* inversión *f* de tiempo; **mit möglichst geringem ~** en el menor tiempo posible; **zeitaufwändig**[RR] *adj,* **zeitaufwendig** *adj* que requiere mucho tiempo; **Zeitbombe** *f* bomba *f* con detonador de tiempo; **Zeitdruck** *m* <-(e)s, *ohne pl*> premura *f* de tiempo; **unter ~ stehen** estar corto de tiempo; **jdn unter ~ setzen** apremiar a alguien; **zeitgemäß** *adj* conforme a la época; **Zeitgenosse, -in** *m, f* contemporáneo, -a *m, f*

zeitgenössisch *adj* comtemporáneo

Zeitgeschehen *nt* actualidad *f*

zeitig **I.** *adj* temprano **II.** *adv* a tiempo

Zeitlang *f s.* **Zeit**

zeitlich *adj* temporal; **~ zusammenfallen** coincidir; **etw ist ~ begrenzt** hay un plazo limitado para algo

zeitlos *adj* intemporal

Zeitlupe *f* cámara *f* lenta; **in ~** a cámara lenta; **Zeitlupentempo** *nt:* **im ~** a paso de tortuga

Zeitmangel *m* <-s, *ohne pl*> falta *f* de tiempo; **aus ~** por falta de tiempo; **Zeitnot** *f:* **in ~ sein** estar corto de tiempo; **Zeitplan** *m* horario *m;* **einen ~ einhalten/aufstellen** atenerse a/fijar un horario; **Zeitpunkt** *m* momento *m;* **Zeitraffer** [-rafɐ] *m* <-s, *ohne pl*> cámara *f* rápida; **im ~** a cámara rápida; **Zeitraum** *m* período *m;* **in einem ~ von mehreren Monaten** en un espacio de tiempo de varios meses; **Zeitrechnung** *f* cronología *f;* **nach jüdischer ~** según el calendario judío; **vor unserer ~** antes de nuestra era

Zeitschrift *f* revista *f*

Zeitspanne *f* lapso *m* de tiempo, período *m*

Zeitung ['tsaɪtʊŋ] *f* <-en> periódico *m;* (*Tages~*) diario *m;* **Zeitungsartikel** *m* artículo *m* de periódico

Zeitverschwendung *f* pérdida *f* de tiempo; **reine ~** sólo tiempo perdido; **Zeitvertreib** *m* <-(e)s, -e> pasatiempo *m*

zeitweilig ['tsaɪtvaɪlɪç] **I.** *adj* momentáneo, temporal **II.** *adv* **1.** (*vorübergehend*) durante algún tiempo **2.** (*manchmal*) a veces

zeitweise ['tsaɪtvaɪzə] *adv* (*manchmal*) a veces; (*vorübergehend*) por momentos; **Zeitwort** *nt* <-(e)s, -wörter> verbo *m;* **Zeitzone** *f* huso *m* horario; **Zeitzünder** *m* espoleta *f* retardada

Zelle ['tsɛlə] *f* <-n> (*a.* BIOL, ELEK) célula *f;* (*Gefängnis~*) celda *f;* **Zellstoff** *m* celulosa *f*

Zelt [tsɛlt] *nt* <-(e)s, -e> tienda *f* de campaña; (*Zirkus~*) carpa *f;* **seine ~e aufschlagen/abbrechen** (*fam*) establecerse/marcharse

zelten ['tsɛltən] *vi* acampar

Zeltplatz *m* lugar *m* de acampada; (*Campingplatz*) camping *m*

Zement [tse'mɛnt] *m* <-(e)s, -e> cemento *m*

zensieren* [tsɛn'zi:rən] *vt* (*der Zensur unterwerfen*) censurar; (*benoten*) calificar

Zensur [tsɛn'zu:ɐ] *f* <-en> **1.** (*Note*) nota *f* **2.** *ohne pl* (*Kontrolle*) censura *f*

Zentimeter [tsɛnti-, 'tsɛnti-] *m o nt* centímetro *m;* **Zentimetermaß** *nt* cinta *f* métrica

Zentner ['tsɛntnɐ] *m* <-s, -> (*50 kg*) quintal *m;* (*Österr, Schweiz: 100 kg*) quintal *m* métrico

zentral [tsɛn'tra:l] *adj* central; **~ gelegen** céntrico; **in ~er Lage** en zona céntrica; **Zentralamerika** [-'--'---] *nt* América *f* Central

Zentrale [tsɛn'tra:lə] *f* <-n> central *f;* (*Telefon~*) centralita *f*

Zentralheizung *f* calefacción *f* central

zentralisieren* [tsɛntrali'zi:rən] *vt* centralizar

Zentralrechner *m* (INFOR) calculadora *f* central; **Zentralverriegelung** *f* <-en> (AUTO) cierre *m* centralizado

Zentren ['tsɛntrən] *pl von* **Zentrum**

zentrieren* [tsɛn'tri:rən] *vt* centrar

Zentrum ['tsɛntrʊm] *nt* <-s, Zentren> centro *m*

Zeppelin ['tsɛpəli:n] *m* <-s, -e> zepelín *m*

Zepter ['tsɛptɐ] *m o nt* <-s, -> cetro *m*

zerbrechen* *irr* **I.** *vt haben* (*zerstören*) romper **II.** *vi sein* (*entzweibrechen*) romper(se)

zerbrechlich *adj* frágil

zerbrochen *pp von* **zerbrechen**

zerdrücken* *vt* aplastar

Zeremonie [tseremo'ni:, tsere'mo:niə] *f* <-n> ceremonia *f*

zerfallen* *irr vi sein* **1.** (*Gebäude*) desmoronarse; **zu Staub ~** convertirse en polvo **2.** (*Kultur*) hundirse **3.** (CHEM) descomponerse; (PHYS) desintegrarse **4.** (*sich gliedern*): **in etw ~** dividirse en algo

zerfetzen* *vt* (des)garrar

zerfleischen* *vt* despedazar

zergangen *pp von* **zergehen**

zergehen* *irr vi sein* deshacerse; **auf der Zunge ~** deshacerse en la lengua

zerkleinern* *vt* desmenuzar; (*in Stücke*) trocear; (*Holz*) partir

zerknirscht *adj* compungido; (*reuig*) arrepentido

zerkratzen* *vt* (*Dinge*) rascar; (*Haut*) arañar

zerlegen* *vt* **1.** (*Maschine*) desmontar **2.** (*Wild*) descuartizar; (*Fleisch*) cortar

zermürben* *vt* (*körperlich*) cansar; (*seelisch*) desmoralizar

zerquetschen* *vt* aplastar

zerreden* *vt* tratar demasiado

zerreißen* *irr* **I.** *vi sein* romperse **II.** *vt haben* romper; (*in Stücke*) hacer pedazos

zerren ['tsɛrən] **I.** *vi* tirar violentamente (*an +dat* de); **das zerrt an meinen Nerven** esto me destroza los nervios **II.** *vt* **1.** (*schleppen*) arrastrar **2.** (*überdehnen*): **sich** *dat* **etw ~** distenderse algo

zerrissen [tsɛɐ'rɪsən] **I.** *pp von* **zerreißen** **II.** *adj* roto; (*Menschen*) dividido

Zerrung ['tsɛrʊŋ] *f* <-en> distensión *f*

zerrütten* [tsɛɐ'rʏtən] *vt* (*Gesundheit*) quebrantar; (*Ordnung*) arruinar; (*Nerven*) destrozar

zerschlagen* *irr* **I.** *vt* (*zerstören*) destrozar; (*Organisation*) desintegrar **II.** *vr:* **sich ~** quedar en nada

zerschlissen [tsɛɐ'ʃlɪsən] *adj* desgastado

zerschneiden* *irr vt* cortar

zerschnitten *pp von* **zerschneiden**

zersetzen* **I.** *vt* (*auflösen*) descomponer; (*untergraben*) minar **II.** *vr:* **sich ~** descomponerse

Zerstäuber *m* <-s, -> pulverizador *m;* (*von Flüssigkeit*) atomizador *m*

zerstören* *vt* destruir

Zerstörung *f* <-en> destrucción *f*

zerstreuen* **I.** *vt* dispersar; (*Bedenken*) disipar **II.** *vr:* **sich ~ 1.** (*Menschenmenge*) dispersarse; (*Bedenken*) disiparse **2.** (*sich unterhalten*) distraerse

zerstreut [tsɛɐ'ʃtrɔɪt] *adj* distraído

Zerstreuung *f* **1.** (*einer Menschenmenge*) dispersión *f;* (*eines Verdachts*) disipación *f* **2.** (*Ablenkung*) distracción *f*

zerteilen* *vt* dividir (*in* en); (*in Stücke*) trocear

Zertifikat [tsɛrtifi'ka:t] *nt* <-(e)s, -e> certificado *m*

zertrümmern* *vt* destrozar

zerzausen* [tsɛɐ'tsaʊzən] *vt* desgreñar

Zettel ['tsɛtəl] *m* <-s, -> papel *m;* (*Notiz*) nota *f;* (*Kassen~*) tique *m*

Zeug [tsɔɪk] *nt* <-(e)s, *ohne pl*> (*fam*) cosas *fpl;* (*wertloses ~*) trastos *mpl;* **red kein dummes ~!** (*fam*) ¡no digas tonterías!; **das ~ zu etw** *dat* **haben** (*fam*) tener madera de algo; **sich für jdn ins ~ legen** (*fam*) defender a alguien contra viento y marea

Zeuge, -in ['tsɔɪgə] *m, f* <-n, -n; -nen> testigo *mf*

zeugen ['tsɔɪgən] **I.** *vi* testificar (*für +akk* a favor de, *gegen +akk* contra); **von etw** *dat* **~** demostrar algo **II.** *vt* (*Kind*) engendrar

Zeugenaussage *f* declaración *f* del testigo; **seine ~ machen** prestar declaración testimonial

Zeugnis ['tsɔɪknɪs] *nt* <-ses, -se> (*Schul~*) notas *fpl;* (*Arbeits~*) certificado *m;* **ein amtliches/ärztliches ~** un dictamen oficial/un certificado médico

Zeugung *f* <-en> engendramiento *m*

z.H(d). *Abk. von* **zu Händen von** a la atención de

Ziege ['tsi:gə] *f* <-n> cabra *f*

Ziegel ['tsi:gəl] *m* <-s, -> ladrillo *m;* (*Dach~*) teja *f;* **Ziegelstein** *m* ladrillo

ziehen ['tsi:ən] <zieht, zog, gezogen> **I.** *vt haben* **1.** (*allgemein*) tirar (*an +dat* de); (*zerren*) arrastrar; (*dehnen*) estirar; **jdn auf seine Seite ~** conquistar a alguien para sus fines; **etw nach sich** *dat* **~** (*fig*) acarrear algo; **die Aufmerksamkeit auf sich ~** atraer sobre sí la atención **2.** (*heraus~*) sacar (*aus +dat* de); (*Wurzeln*) arrancar (*aus* de); **aus dem Verkehr ~** (*Auto*) retirar del servicio; (*Geld*) retirar de la circulación; **einen Vorteil aus etw** *dat* **~** sacar una ventaja de algo **3.** (*heran~*) acercar (tirando) (*an/auf +akk* a); **das Boot ans Ufer ~** acercar el barco a la orilla; **mich zieht überhaupt nichts nach Schweden** en Suecia no hay nada que me atraiga **4.** (*Linie*) trazar; **sich** *dat* **einen Scheitel ~** hacerse una raya **5.** (*Graben*) abrir; (*Grenze*) establecer; (*Zaun*) levantar **6.** (*Pflanzen*) cultivar; (*Tiere*) criar **7.** (*Zahn, a.* MATH) extraer; **die Wurzel aus einer Zahl ~** extraer la raíz de un número **II.** *vi* **1.** *haben* (*a.* AUTO) tirar; **der Kamin zieht gut** (*fam*) la chimenea tira bien **2.** *sein* (*um~*) mudarse (*nach +dat, in +akk, auf +akk* a); (*zu jdm*) irse a vivir (*zu +dat* con); **sie ~ aufs Land** se van a vivir al campo **3.** *sein* (*wandern*) caminar (*zu/nach +dat* a); (*durchqueren*) atravesar (*durch +akk* por); (*Vögel*) migrar; **in den Krieg ~** ir a la guerra; **die Jahre zogen ins Land** pasaron los años **4.** (*im Spiel*) mover; **mit dem Turm ~** mover la torre **5.** (*Tee*) reposar **III.** *vr:* **sich ~** extenderse **IV.** *vunpers:* **es zieht!** ¡hay corriente!

Ziehharmonika *f* acordeón *m*

Ziel [tsi:l] *nt* <-(e)s, -e> **1.** (*Reise~*) destino *m* **2.** (SPORT) meta *f;* **ins ~ kommen** cruzar la meta **3.** (*beim Schießen*) blanco *m;* **ins ~ treffen** dar en el blanco **4.** (*Zweck*) fin *m;* **ein klares ~ vor Augen haben** perseguir una meta fija; **sich** *dat* **ein ~ setzen** proponerse una meta

zielen *vi* **1.** (*Mensch*) apuntar (*auf +akk* a) **2.** (*Bemerkung*) referirse (*auf +akk* a) **3.** (*zum Ziel haben*) tener como objetivo (*auf +akk*)

ziellos *adj* sin rumbo fijo

Zielscheibe *f* blanco *m*

Zielsetzung *f* <-en> objetivo *m*

zielstrebig **I.** *adj* perseverante **II.** *adv* con determinación

ziemlich ['tsi:mlɪç] **I.** *adj* considerable; **mit ~er Sicherheit** con bastante seguridad **II.** *adv* bastante; **~ lange** bastante tiempo; **~ viel** bastante (cantidad); **so ~ alles** casi todo

zieren ['tsi:rən] *vr:* **sich ~** (*abw*) hacerse de rogar

zierlich *adj* grácil; (*fein*) fino

Zierpflanze *f* planta *f* ornamental

Ziffer ['tsɪfɐ] *f* <-n> cifra *f;* **römische/arabische ~n** números romanos/arábigos; **Zifferblatt** *nt* esfera *f*

Zigarette [tsiga'rɛtə] *f* <-n> cigarrillo *m;* **Zigarettenschachtel** *f* cajetilla *f*

Zigarre [tsi'garə] *f* <-n> puro *m*

Zigeuner(in) [tsi'gɔɪnɐ] *m(f)* <-s, -; -nen> gitano, -a *m, f*

zigmal ['tsɪçmaːl] *adv* (*fam*) mil veces
Zimmer ['tsɪmɐ] *nt* <-s, -> habitación *f*, pieza *f Am*
Zimmermann *m* <-(e)s, -leute> carpintero *m* de obra
Zimmerpflanze *f* planta *f* de interior; **Zimmertemperatur** *f* temperatura *f* ambiente
zimperlich ['tsɪmpɐlɪç] *adj* (*abw*) remilgado; (*Kind*) ñoño
Zimt [tsɪmt] *m* <-(e)s, -e> canela *f*
Zink [tsɪŋk] *nt* <-(e)s, *ohne pl*> cinc *m*
Zinke ['tsɪŋkə] *f* <-n> púa *f*
Zinn [tsɪn] *nt* <-(e)s, *ohne pl*> estaño *m*
Zins [tsɪns] *m* <-es, -en> interés *m*; **~en bringen** producir intereses; **zinslos** *adj* libre de interés; **Zinssatz** *m* tipo *m* de interés
Zipfel ['tsɪpfəl] *m* <-s, -> punta *f*; **Zipfelmütze** *f* gorro *m* con borla
zirka ['tsɪrka] *adv* cerca de; **in ~ zwei Wochen** en dos semanas aproximadamente
Zirkel ['tsɪrkəl] *m* <-s, -> (*Gerät*) compás *m*; (*Gruppe*) círculo *m*
zirkulieren* [tsɪrku'liːrən] *vi haben o sein* circular
Zirkus ['tsɪrkʊs] *m* <-, -se> circo *m*
zischen ['tsɪʃən] *vi* (*Schlange*) silbar
Zitat [tsi'taːt] *nt* <-(e)s, -e> cita *f*
zitieren* [tsi'tiːrən] *vt* citar (*aus +dat* de); **jdn zu sich** *dat* **~** llamar a alguien
Zitrone [tsi'troːnə] *f* <-n> limón *m*
Zitrusfrucht ['tsiːtrʊs-] *f* cítrico *m*
zittern ['tsɪtɐn] *vi* temblar (*vor +dat* de)
Zitze ['tsɪtsə] *f* <-n> teta *f*
Zivi ['tsiːvi] *m* <-(s), -s> (*fam*) **1.** *Abk. von* **Zivildienstleistende(r)** objetor *m* de conciencia (*prestando su servicio social*) **2.** *Abk. von* **Zivilpolizist(in)** policía *mf* de paisano
zivil [tsi'viːl] *adj* civil; **Zivilbevölkerung** *f* población *f* civil
Zivildienst *m* <-(e)s, *ohne pl*> prestación *f* social sustitutoria

En Alemania, los objetores de conciencia, en lugar del servicio militar, realizan el **Zivildienst** que dura trece meses. Las tareas en las que suele trabajar el objetor alemán van desde el cuidado de ancianos, la asistencia a minusválidos o la colaboración en albergues juveniles. Este servicio social sustitutorio se introdujo en Suiza en 1997, donde se realiza, la mayoría de las veces, en el sector sanitario. La duración de este servicio en Austria y Suiza es de doce meses.

Zivildienstleistende(r) *m* <-n, -n> objetor *m* de conciencia (*prestando su servicio social*)
Zivilisation [tsiviliza'tsjoːn] *f* <-en> civilización *f*
zivilisieren* [tsivili'ziːrən] *vt* civilizar
Zivilist(in) [tsivi'lɪst] *m(f)* <-en, -en; -nen> paisano, -a *m, f*
Zivilrecht *nt* <-(e)s, *ohne pl*> derecho *m* civil
zog [tsoːk] *3. imp von* **ziehen**
zögerlich ['tsøːgɐlɪç] *adj* dudoso, vacilante
zögern ['tsøːgɐn] *vi* vacilar
Zoll [tsɔl] *m* <-(e)s, Zölle> **1.** (*Abgabe*) derechos *mpl* de aduana **2.** *ohne pl* (*Behörde*) aduana *f*; **Zollbeamte(r)** *mf*, **-beamtin** *f* funcionario, -a *m,f* de aduanas; **zollfrei** *adj* libre de derechos de aduana; **Zollkontrolle** *f* control *m* aduanero; **zollpflichtig** *adj* sujeto a derechos de aduana
Zollstock *m* <-(e)s, -stöcke> metro *m* plegable
Zollunion *f* unión *f* aduanera
Zone ['tsoːnə] *f* <-n> zona *f*
Zoo [tsoː] *m* <-s, -s> zoo *m*
Zoologie [tsoolo'giː] *f* zoología *f*
zoologisch *adj* zoológico
Zoom [zuːm] *nt* <-s, -s> (FILM, FOTO) zoom *m*
Zopf [tsɔpf] *m* <-(e)s, Zöpfe> trenza *f*
Zorn [tsɔrn] *m* <-(e)s, *ohne pl*> ira *f*
zornig I. *adj* colérico **II.** *adv* con ira
zottig ['tsɔtɪç] *adj* (*Fell*) hirsuto; (*abw: Haare*) desgreñado
z.T. *Abk. von* **zum Teil** en parte
zu [tsuː] **I.** *präp +dat* **1.** (*Richtung, Lage, Verhältnis*) a; **~ Hause** en casa; **sie kommt ~ mir** viene a mi casa; **er geht ~m Bahnhof** va a la estación; **es fiel ~ Boden** cayó al suelo; **~ jdm hinsehen** mirar a alguien; **das Zimmer liegt ~r Straße hin** la habitación da a la calle **2.** (*hin~, da~*) con; **er setzte sich ~ den anderen** se sentó con los demás; **nehmen Sie Wein ~m Essen?** ¿toma Ud. vino con la comida? **3.** (*zeitlich*): **~ jener Zeit** en aquel tiempo; **~ Anfang** al principio; **~ Ostern/Weihnachten** en Semana Santa/por Navidades; **~m ersten Mal** por primera

vez; ~ **Mittag/Abend essen** almorzar/cenar **4.** (*Menge, Häufigkeit*): **~m Teil** en parte; **in Kisten ~ (je) hundert Stück** en cajas de a cien; **~m halben Preis** a mitad de precio; **Briefmarken ~ 60 Peseten** sellos de 60 pesetas; **das Kilo ~ drei Mark** a tres marcos el kilo **5.** (*Art und Weise*): **~ Recht** con razón; **~ Fuß** a pie **6.** (*Zweck*) para; **~m Glück** por suerte; **~ allem Unglück** para colmo de desgracias; **etw ~m Schreiben** algo para escribir; **kommst du ~m Frühstück?** ¿vienes a desayunar?; **jdm ~m Geburtstag gratulieren** felicitar a alguien por el cumpleaños **7.** (*Verhältnis*) contra; **die Chancen stehen eins ~ zehn** hay una posibilidad contra diez; **eins ~ null für Real Madrid** uno a cero para el Real Madrid **8.** (*Verwandlung*) en; **das Wasser wurde ~ Eis** el agua se convirtió en hielo **II.** *adv* **1.** (*allzu*) demasiado; **~ sehr/viel** demasiado; **~ schnell** demasiado rápido **2.** (*fam: geschlossen*) cerrado; **~ sein** estar cerrado **3.** (*zeitlich*): **ab und ~** de vez en cuando; **von Zeit ~ Zeit** de tiempo en tiempo **III.** *konj* **1.** (*mit Infinitiv*): **es ist leicht ~ finden** es fácil de encontrar **2.** (*mit Partizip Präsens*): **die ~ erledigende Post** el correo por despachar

zuallererst [-'--'-] *adv* ante todo, en primer lugar

zuallerletzt [-'--'-] *adv* por último, en último lugar

Zubehör ['tsu:bəhø:ɐ] *nt* <-(e)s, -e> accesorios *mpl*

zu|beißen *irr vi* morder

zu|bereiten* *vt* preparar

zu|billigen *vt:* **jdm etw ~** conceder algo a alguien

zu|binden *irr vt* (*Schuhe*) atar; (*Augen*) vendar

zu|bringen *irr vt* (*verbringen*) pasar

Zubringer *m* <-s, -> (*Straße*) vía *f* de acceso; (*Verkehrsmittel*) enlace *m*

Zucht [tsʊxt] *f* <-en> **1.** (*von Tieren*) cría *f;* (*von Pflanzen, Bakterien*) cultivo *m* **2.** (*Disziplin*) disciplina *f;* **hier herrscht ~ und Ordnung** aquí reina una disciplina severa

züchten ['tsʏçtən] *vt* (*Tiere*) criar; (*Pflanzen, Bakterien*) cultivar

Zuchthaus *nt* penitenciaría *f;* **er hat 3 Jahre ~ bekommen** le condenaron a 3 años de reclusión

züchtigen ['tsʏçtɪgən] *vt* (*geh*) castigar (con golpes)

zucken ['tsʊkən] *vi* **1.** (*zusammenfahren*) trepidar; (*Muskel*) contraerse **2.** (*Blitz*) centellear

Zucker ['tsʊkɐ] *m* <-s, -> azúcar *m;* **ein Stück ~** un terrón de azúcar; **Zuckerdose** *f* azucarero *m;* **zuckerkrank** *adj* diabético; **Zuckerkrankheit** *f ohne pl* diabetes *f inv*

zuckern ['tsʊkɐn] *vt* azucarar

Zuckerrohr *nt* <-(e)s, *ohne pl*> caña *f* de azúcar; **Zuckerrübe** *f* remolacha *f* azucarera; **Zuckerwatte** *f* nube(s) *f(pl)* de azúcar

zu|decken *vt* tapar

zudem [tsu'de:m] *adv* (*geh*) además

zu|drehen *vt* **1.** (*Wasserhahn*) cerrar; (*Schraube*) apretar **2.** (*zuwenden*) volver; **sie drehte ihm den Rücken zu** le volvió la espalda

zudringlich ['tsu:drɪŋlɪç] *adj* impertinente

zu|drücken *vt* cerrar (empujando); **ein Auge ~** (*fig*) hacer la vista gorda; **jdm die Kehle ~** estrangular a alguien

zueinander [tsuʔaɪ'nandɐ] *adv* el uno con el otro; **sie passen gut ~** hacen buena pareja; **seid nett ~** sed amables el uno con el otro

zuerst [-'-] *adv* **1.** (*als Erstes, Erster*) primero; (*vorrangig*) en primer lugar; **ich war ~ da** yo llegué primero **2.** (*anfangs*) al principio

Zufahrt *f* <-en> vía *f* de acceso (*zu* +*dat* a)

Zufall *m* <-(e)s, -fälle> casualidad *f;* **etw dem ~ überlassen** dejar algo al azar

zu|fallen *irr vi sein* (*Tür*) cerrarse (de golpe); (*Aufgabe*) corresponder

zufällig **I.** *adj* casual; **das war rein ~** fue pura casualidad **II.** *adv* por casualidad

zufälligerweise ['----'--] *adv* por casualidad

Zuflucht *f* refugio *m* (*vor* +*dat* de); **zu etw *dat* ~ nehmen** recurrir a algo

Zufluss[RR] *m* <-es, -flüsse> afluente *m*

zu|flüstern *vt* decir al oído

zufolge [tsu'fɔlgə] *präp* +*gen* (*nachgestellt:* +*dat*) según; **dem Bericht ~** de acuerdo con el informe

zufrieden [tsu'fri:dən] *adj* satisfecho; **sich (mit wenig) ~ geben** contentarse (con poco); **jdn ~ lassen** dejar a alguien en paz; **jdn ~ stellen** contentar a alguien; **~ stellend sein** ser satisfactorio; **zufrieden|geben** *irr vr:* **sich ~** *s.* **zufrieden**

Zufriedenheit *f* satisfacción *f*

zufrieden|lassen *irr vt s.* **zufrieden**; **zufrieden|stellen** *vt s.* **zufrieden**; **zufriedenstellend** *adj s.* **zufrieden**

zu|frieren *irr vi sein* helarse (por completo)

zu|fügen *vt* añadir; **jdm Leid ~** hacer sufrir a alguien

Zufuhr ['tsu:fu:ɐ] *f* (*Versorgung*) suministro *m*

Zug [tsu:k] *m* <-(e)s, Züge> **1.** (*Eisenbahn*) tren *m*; **mit dem ~ fahren** ir en tren **2.** (*Tendenz*) tendencia *f*; **im ~e der neuen Entwicklung** como consecuencia de los últimos desarrollos **3.** (*Geleit~*) séquito *m*; (*Um~*) desfile *m*; (*von Fahrzeugen*) convoy *m*; (*Fest~*) cortejo *m* **4.** (*Atem~*) respiración *f*; (*beim Rauchen*) calada *f*; (*Pfeife*) chupada *f*; **in einem ~** de un tirón; **das Glas in einem ~ austrinken** vaciar la copa de un trago; **etw in vollen Zügen genießen** disfrutar plenamente de algo; **in den letzten Zügen liegen** (*fam*) estar en las últimas **5.** (*bei Brettspielen*) jugada *f*; **du bist am ~** te toca (a ti) **6.** (*beim Schwimmen*) brazada *f* **7.** (*Schrift~, Gesichts~*) rasgo *m*; **etw in groben Zügen umreißen** trazar algo a grandes rasgos **8.** (*Krafteinwirkung*) tracción *f* **9.** *ohne pl* (*Luft~*) corriente *f* (de aire); (*im Ofen*) tiro *m*

Zugabe *f* <-n> extra *m*; (*bei einer Veranstaltung*) bis *m*; **~, ~!** ¡otra, otra!

Zugang *m* <-(e)s, -gänge> **1.** (*Zugriff*) acceso *m* (*zu +dat* a) **2.** (*von Waren*) llegada *f*; (*von Büchern*) adquisición *f*; (*von Schülern*) entrada *f*; (*von Patienten*) ingreso *m*

zugänglich ['tsu:gɛŋlɪç] *adj* **1.** (*aufgeschlossen*) accesible **2.** (*verfügbar*) disponible; **jdm etw ~ machen** poner algo al alcance de alguien

Zugbrücke *f* puente *m* levadizo

zu|geben *irr vt* (*hinzufügen*) añadir; (*einräumen*) admitir

zu|gehen *irr* **I.** *vi sein* **1.** (*hingehen*) dirigirse (*auf +akk* a); **auf jdn ~** acercarse a alguien; **er geht auf die siebzig zu** ronda los setenta **2.** (*fam: sich schließen lassen*) cerrar(se) **II.** *vunpers sein:* **bei der Diskussion ging es lebhaft zu** fue una discusión muy viva

zugehörig *adj* correspondiente

Zugehörigkeit *f* pertenencia *f* (*zu +dat* a); (*zu einem Verein*) afiliación *f* (*zu +dat* a)

Zügel ['tsy:gəl] *m* <-s, -> rienda *f*; **die ~ fest in der Hand haben** (*fig*) tener la sartén por el mango; **zügellos I.** *adj* desenfrenado **II.** *adv* a rienda suelta

zügeln I. *vt* (*Pferd*) refrenar; (*Zorn*) contener **II.** *vr:* **sich ~** contenerse

Zugeständnis *nt* <-ses, -se> concesión *f* (*an +akk* a); **jdm ein ~ machen** conceder algo a alguien

zu|gestehen* *irr vt* **1.** (*zugeben*) admitir **2.** (*bewilligen*) conceder; **jdm etw ~** conceder algo a alguien

zügig I. *adj* (*rasch*) rápido **II.** *adv* a buen paso

zugleich [-'-] *adv* al mismo tiempo

Zugluft *f ohne pl* corriente *f* de aire

Zugmaschine *f* tractor *m*

zu|greifen *irr vi* coger; **greifen Sie zu!** ¡sírvase!; **bei solch einer Gelegenheit muss man ~** hay que aprovechar semejante ocasión

Zugriff *m* <-(e)s, -e> **1.** (*das Zugreifen*) toma *f*; **sich dem ~ der Polizei entziehen** escapar a la detención de la policía **2.** (INFOR) acceso *m*; **Zugriffsgeschwindigkeit** *f* (INFOR) velocidad *f* de acceso; **Zugriffsrecht** *nt* (INFOR) derecho *m* de acceso

zugrunde [tsu'grʊndə] *adv:* **~ legen** tomar por base; **~ liegen** basarse en; **~ gehen** irse a pique; **jdn/etw ~ richten** arruinar a alguien/estropear algo

zugunsten [-'--] *präp +gen* a favor de

zugute [-'--] *adv* (*geh*): **~ halten** tener en consideración; **jdm/etw** *dat* **~ kommen** favorecer a alguien/algo

Zugverbindung *f* **1.** (*zwischen zwei Orten*) enlace *m* ferroviario **2.** (*Anschluss*) comunicación *f* ferroviaria

Zugvogel *m* ave *f* migratoria

zu|haben *irr* **I.** *vi* (*fam*) estar cerrado **II.** *vt* (*fam*) tener cerrado; **die Augen ~** tener los ojos cerrados

zu|halten *vt* mantener cerrado; (*Augen, Ohren*) tapar

Zuhälter ['tsu:hɛltɐ] *m* <-s, -> chulo *m fam*

Zuhause [tsu'haʊzə] *nt* <-s, *ohne pl*> casa *f*

Zuhilfenahme [-'----] *f:* **ohne/unter ~ von ...** sin/con ayuda de...

zu|hören *vi* escuchar

Zuhörer(in) *m(f)* <-s, -; -nen> oyente *mf*

Z

zu|jubeln *vi:* **jdm ~** aclamar a alguien

zu|klappen I. *vi sein* cerrarse (de golpe) II. *vt* cerrar (de golpe)

zu|kleben *vt* (*Loch*) tapar; (*Umschlag*) cerrar

zu|knöpfen *vt* abrochar

zu|kommen *irr vi sein* **1.** (*sich nähern*) acercarse (*auf* +*akk* a); (*Problem*) avecinarse **2.** (*gebühren*) corresponder; **dem kommt eine große Bedeutung zu** esto tiene mucha importancia **3.** (*geh: übermitteln*): **jdm etw ~ lassen** hacer llegar algo a alguien

Zukunft ['tsu:kʊnft] *f* porvenir *m;* (*a.* LING) futuro *m;* **in ferner ~** en un futuro lejano

zukünftig I. *adj* futuro II. *adv* en el futuro

Zukunftsaussichten *fpl* perspectivas *fpl* para el futuro; **Zukunftsperspektive** *f* perspectiva *f* para el futuro; **zukunftsträchtig** *adj* prometedor; **zukunftsweisend** *adj* progresista

Zulage *f* <-n> plus *m*

zu|lassen *irr vt* **1.** (*gestatten*) permitir; (*dulden*) consentir; **keinen Zweifel ~** no dejar lugar a dudas **2.** (*Zugang gewähren*) admitir; **ein Auto auf jdn ~** matricular un coche a nombre de alguien **3.** (*fam: geschlossen lassen*) dejar cerrado

zulässig ['tsu:lɛsɪç] *adj* admisible; **~e Höchstgeschwindigkeit** velocidad máxima autorizada

Zulassung *f* <-en> **1.** (*fam: KFZ-Schein*) documentación *f* del coche **2.** *ohne pl* (*Gewährung von Zugang*) admisión *f;* (*als Anwalt*) habilitación *f;* (*Auto*) matrícula *f;* **Zulassungspapiere** *ntpl* documentación *f* del coche

zu|laufen *irr vi sein* correr (*auf* +*akk* hacia); **jdm ~** (*Tiere*) venir a casa de alguien; **spitz ~** acabar en punta

zu|legen *vt* (*fam: anschaffen*): **sich** *dat* **etw ~** comprar(se) algo; **sie hat sich** *dat* **einen Geliebten zugelegt** se ha buscado un amante

zuleide [-'--] *adv:* **jdm etwas ~ tun** causar daño a alguien

zuletzt [-'-] *adv* **1.** (*als Letztes*) por último; **ganz ~** a última hora; **wir blieben bis ~** nos quedamos hasta el final; **nicht ~ wegen ...** no sólo por... **2.** (*als Letzter*) el último

zuliebe [-'--] *präp* +*dat:* **jdm/etw** *dat* **~** por (amor a) alguien/algo

zum [tsʊm] = **zu dem** *s.* **zu**

zu|machen *vi, vt* (*fam*) cerrar; **ein Loch ~** tapar un agujero

zumal [-'-] I. *adv* sobre todo II. *konj* sobro todo porque

zumeist [-'-] *adv* la mayoría de las veces

zumindest [-'--] *adv* por lo menos; (*wenigstens*) como mínimo

zumutbar *adj* exigible, justo (*für* para)

zumute [-'--] *adv:* **mir ist nicht zum Lachen ~** no estoy para bromas

zu|muten ['tsu:mu:tən] *vt:* **jdm etw ~** exigir algo a alguien; **jdm zu viel ~** pedir demasiado a alguien

Zumutung *f* <-en> exigencia *f* exagerada; (*Unverschämtheit*) frescura *f*

zunächst [-'-] *adv* (*anfangs*) al principio; (*vorläufig*) de momento

Zunahme ['tsu:na:mə] *f* <-n> aumento *m* (*an* +*dat* de); **eine ~ um 10 %** un incremento del 10 %

Zuname ['tsu:na:mə] *m* <-ns, -n> apellido *m*

zünden ['tsʏndən] *vt* (*Sprengkörper*) activar; (*Rakete*) lanzar; (*Feuerwerk*) hacer estallar

zündend *adj* brillante

Zünder ['tsʏndɐ] *m* <-s, -> detonador *m*

Zündholz *nt* (*südd, Österr*) cerilla *f;* **Zündschlüssel** *m* llave *f* de contacto; **Zündschnur** *f* mecha *f;* **Zündstoff** *m* **1.** (*Sprengstoff*) materia *f* inflamable **2.** (*Konfliktstoff*) motivo *m* de conflicto

Zündung *f* <-en> (AUTO) encendido *m*

zu|nehmen *irr vi* aumentar (*an* +*dat* de); (*dicker werden*) engordar

zunehmend I. *adj* creciente; **in ~em Maße** cada vez más; **mit ~em Alter** con los años II. *adv* (*sichtbar*) visiblemente; (*fortschreitend*) progresivamente

Zuneigung *f* <-en> afecto *m* (*für* +*akk* por)

Zunge ['tsʊŋə] *f* <-n> **1.** (*Organ, Land~*) lengua *f;* **es liegt mir auf der ~** (*fig*) lo tengo en la punta de la lengua **2.** (*Lasche, a.* MUS) lengüeta *f;* **Zungenbrecher** *m* <-s, -> (*fam*) trabalenguas *m inv*

zunichte [-'--] *adv:* **etw ~ machen** estropear algo; (*Hoffnungen*) frustar

zu|nicken *vi:* **jdm ~** hacer a alguien una seña con la cabeza; (*zum Gruß*) saludar a alguien con la cabeza

zunutze [-'--] *adv:* **sich** *dat* **etw ~ machen** aprovechar algo

zu|ordnen *vt* clasificar, encasillar
zupfen ['tsʊpfən] *vt* **1.** (*ziehen*) tirar (*an* +*dat* de) **2.** (*Unkraut*) arrancar; **sich** *dat* **die Augenbrauen** ~ depilarse las cejas **3.** (*Instrument*) puntear
zur [tsuːɐ] = **zu der** *s.* **zu**
zurande[RR] *adv:* **mit jdm/etw** *dat* (**nicht**) ~ **kommen** (*fam*) (no) poder con alguien/algo
zurate[RR] *adv:* **etw/jdn ~ ziehen** consultar algo/a alguien
zurechnungsfähig *adj* en plena posesión de sus facultades mentales
zurecht|biegen [tsu'rɛçt-] *irr vt* **1.** (*Draht*) enderezar **2.** (*fam: Angelegenheit*) arreglar; **zurecht|finden** *irr vr:* **sich** ~ (*in einer Stadt*) orientarse (*in* +*dat* en); (*vertraut werden*) familiarizarse; **zurecht|kommen** *irr vi sein* (*mit einem Gerät*) apañarse *fam;* (*mit einer Person*) entenderse; (*finanziell*) arreglárselas; **sieh selbst zu, wie du zurechtkommst!** ¡apáñatelas como puedas!; **zurecht|legen** *vt* preparar; **sich** *dat* **eine Ausrede** ~ tener preparada una excusa; **zurecht|machen I.** *vt* (*fam: Essen*) preparar; (*Zimmer*) arreglar **II.** *vr:* **sich** ~ (*fam*) arreglarse; **zurecht|weisen** *irr vt* reprender
zu|reden *vi* instar; **jdm gut** ~ animar a alguien
Zürich ['tsyːrɪç] *nt* <-s> Zurich *m*
zurück [tsu'rʏk] *adv* **1.** (*zum Ausgangspunkt*) de vuelta; **hin und** ~ ida y vuelta; **es gibt kein Zurück mehr** ya no se puede dar marcha atrás **2.** (*nach hinten*) (hacia) atrás; **zwei Schritte ~!** ¡dos pasos atrás!; **zurück|bekommen*** *irr vt* recobrar; (*Wechselgeld*) recibir de vuelta; **ich habe alles** ~ me lo han devuelto todo; **zurück|bleiben** *vi sein* **1.** (*hinten bleiben*) quedarse atrás; **hinter den Erwartungen** ~ no corresponder a las expectativas **2.** (*übrig bleiben*) quedar; **zurück|blicken** *vi* **1.** (*sich umsehen*) mirar (hacia) atrás **2.** (*auf Vergangenes*) pasar revista (*auf* a); **zurück|bringen** *irr vt* (*zurückgeben*) devolver; (*zurückbegleiten*) llevar (a casa); **zurück|denken** *irr vi* recordar el pasado; **an etw** ~ recordar algo; **zurück|fahren** *irr* **I.** *vi sein* **1.** (*zurückkehren*) volver **2.** (*rückwärts fahren*) dar marcha atrás **3.** (*zurückschrecken*) retroceder (asustado) **II.** *vt haben* (*Person*) llevar a casa; **zurück|fallen** *irr vi sein* (*in eine Gewohnheit*) recaer (*in* +*akk* en); (SPORT) quedar(se) atrás; **zurück|finden** *irr vi* encontrar el camino de vuelta (*zu* a); **zurück|fordern** *vt* reclamar; (*Recht*) reivindicar; **zurück|führen I.** *vi* volver (*zu* +*dat* a); **es führt kein Weg zurück** no hay vuelta de hoja **II.** *vt* (*die Folge sein*) deberse (*auf* +*akk* a); **das ist darauf zurückzuführen, dass ...** esto se debe a que...; **zurück|geben** *irr vt* devolver; (*Wechselgeld*) dar (la vuelta)
zurückgeblieben *adj* retrasado; **geistig** ~ retrasado mental
zurück|gehen *irr vi sein* **1.** (*zurückkehren*) volver; **etw ~ lassen** devolver algo; **zwei Schritte** ~ dar dos pasos atrás; **auf etw** ~ tener su origen en algo **2.** (*nachlassen*) disminuir
zurückgezogen *adj* retirado; ~ **leben** llevar una vida retirada
zurück|greifen *irr vi:* **auf etw** ~ recurrir a algo; **zurück|halten** *irr* **I.** *vt* retener; (*Tränen*) contener; **etw für jdn** ~ reservar algo para alguien; **jdn von etw** *dat* ~ hacer desistir a alguien de algo **II.** *vr:* **sich** ~ contenerse; **er hält sich mit Lob zurück** no hace grandes elogios **III.** *vi:* **mit etw** *dat* ~ abstenerse de hacer algo
zurückhaltend *adj* **1.** (*reserviert*) reservado **2.** (*unaufdringlich*) discreto; (*gemäßigt*) moderado
Zurückhaltung *f ohne pl* **1.** (*Reserviertheit*) reserva *f* **2.** (*Unaufdringlichkeit*) discreción *f;* (*Bescheidenheit*) moderación *f;* ~ **üben** moderarse
zurück|holen *vt* ir a buscar; **zurück|kehren** *vi sein* (*geh*) regresar (*aus/von* +*dat* de, *nach/zu* +*dat* a); **zurück|kommen** *irr vi sein* volver (*aus/von* +*dat* de, *nach/zu* +*dat* a); **auf etw** ~ volver sobre algo; **zurück|lassen** *irr vt* dejar; (*zurückkehren lassen*) dejar regresar; **zurück|legen** *vt* **1.** (*an seinen Platz*) volver a poner en su sitio **2.** (*Waren*) reservar **3.** (*Strecke*) recorrer; **zurück|lehnen** *vr:* **sich** ~ recostarse; **zurück|liegen** *irr vi* haber sucedido tiempo atrás; **das liegt schon Jahre zurück** esto sucedió hace ya años; **in den ~den Jahren** en los últimos años; **zurück|nehmen** *irr vt* **1.** (*Ware*) aceptar la devolución (de) **2.** (*Behauptung*) retirar; (*Bestellung*) anular; **zurück|reichen I.** *vi* (*Erinnerung*) remontarse (*bis* a) **II.** *vt* devolver; **zurück|rufen** *irr* **I.** *vi, vt* volver a llamar **II.** *vt* hacer volver;

Z

sich *dat* **etw ins Gedächtnis** ~ recordar algo; **zurück|schauen** *vi s.* **zurückblicken**; **zurück|schicken** *vt* mandar de vuelta; **zurück|schrecken** *irr vi sein* retroceder (espantado); **vor etw** *dat* ~ arredrarse ante algo; **zurück|stellen** *vt* **1.** (*an einen Platz*) volver a poner en su sitio **2.** (*nach hinten*) poner atrás; (*Uhr*) retrasar; (*Heizung*) bajar **3.** (*aufschieben*) aplazar; (*Wünsche*) postergar; **seine Bedenken** ~ dejar atrás sus reparos; **zurück|treten** *irr vi sein* **1.** (*nach hinten*) retroceder **2.** (*weniger wichtig werden*) perder importancia **3.** (*von einem Amt*) dimitir (*von +dat* de); (*von einem Vertrag*) desistir (*von +dat* de); **zurück|verfolgen*** *vt* buscar los orígenes (de); **zurück|weisen** *irr vt* (*Person*) rechazar; (*Einladung*) rehusar; (*mit Argumenten*) refutar; **zurück|wollen** *irr* **I.** *vi* querer volver (*nach* a) **II.** *vt* (*fam*) querer de vuelta; **ich will mein Geld zurück** quiero que me devuelvan mi dinero; **zurück|zahlen** *vt* devolver; (*Ausgaben*) reembolsar; **das werd' ich ihm** ~! (*fam*) ¡me lo pagará!; **zurück|ziehen** *irr* **I.** *vt* **1.** (*Körperteil*) retirar; (*Vorhang*) correr **2.** (*widerrufen*) retirar; (*Ansprüche*) desistir (de); (*Bestellung*) anular **II.** *vr:* **sich** ~ retirarse (*von +dat* de)

zu|rufen *irr vt:* **jdm etw** ~ gritar algo a alguien

zurzeit[RR] [tsuːɐ'tsaɪt] *adv* actualmente

Zusage ['---] *f* <-n> (*positive Antwort*) contestación *f* afirmativa; (*Bestätigung*) confirmación *f;* (*Versprechen*) promesa *f;* **eine** ~ **geben** contestar afirmativamente

zu|sagen **I.** *vi* **1.** (*Einverständnis erklären*) contestar afirmativamente; (*Einladung*) aceptar una invitación **2.** (*gefallen*): **jdm** ~ gustar a alguien **II.** *vt* prometer

zusammen [tsu'zamən] *adv* (*miteinander*) juntos; (*gleichzeitig*) al mismo tiempo; ~ **mit** (junto) con; ~ **sein** estar juntos; **alle** ~ todos juntos; **das macht** ~ **14 Mark** son 14 marcos en total

Zusammenarbeit *f* cooperación *f;* **in** ~ **mit** en colaboración con

zusammen|arbeiten *vi* cooperar; **zusammen|bauen** *vt* montar; **zusammen|bleiben** *irr vi sein* quedar juntos; (*weiterhin*) seguir juntos; **zusammen|brechen** *irr vi sein* derrumbarse; (*Mensch*) sufrir un colapso; (*Wirtschaft*) quebrarse; (*Verkehr*) colapsarse; **für ihn ist eine Welt zusammengebrochen** su mundo se vino abajo; **zusammen|bringen** *irr vt* (*Geld, Personen*) juntar

Zusammenbruch *m* derrumbamiento *m;* (*Bankrott*) quiebra *f;* (*gesundheitlich, des Verkehrs*) colapso *m*

zusammen|fallen *irr vi sein* **1.** (*einstürzen*) hundirse **2.** (*Termine*) coincidir; **zusammen|fassen** *vt* (*Bericht*) resumir; ~**d lässt sich sagen, dass ...** en resumen se puede decir que...

Zusammenfassung *f* (*Resümee*) resumen *m*

zusammen|gehören* *vi* (*fam: Gegenstände*) hacer juego; (*paarweise*) hacer pareja

zusammengesetzt *adj* compuesto; ~ **sein aus ...** componerse de...

Zusammenhalt *m* <-(e)s, *ohne pl*> **1.** (*von Teilen*) cohesión *f* **2.** (*Bindung*) solidaridad *f,* unión *f*

zusammen|halten *irr* **I.** *vi* ser solidario; (*in der Not*) ayudarse mutuamente **II.** *vt* (*Gruppe*) mantener juntos; (*verbinden*) unir

Zusammenhang *m* <-(e)s, -hänge> relación *f* (*zwischen/von +dat* entre); **in** ~ **mit etw** *dat* **stehen** estar en relación con algo

zusammen|hängen *irr vi* (*in Beziehung stehen*) estar relacionado; **das hängt damit zusammen, dass ...** esto está relacionado con...

zusammenhang(s)los *adj* incoherente

Zusammenkunft [tsu'zamənkʊnft] *f* <-künfte> encuentro *m;* (*Versammlung*) reunión *f*

zusammen|leben *vi* convivir; **wir leben zusammen** vivimos juntos

Zusammenleben *nt* <-s, *ohne pl*> convivencia *f*

zusammen|legen *vt* **1.** (*falten*) doblar **2.** (*vereinigen*) juntar; (*Firmen*) fusionar; (*Termine*) fijar a una misma hora; **zusammen|nehmen** *irr* **I.** *vt* reunir; **alles zusammengenommen** en total; **er nahm seinen ganzen Mut zusammen** hizo acopio de todo su coraje **II.** *vr:* **sich** ~ controlarse; **zusammen|passen** *vi* (*Personen*) congeniar; (*Paar*) hacer (una) buena pareja; (*Gegenstände*) hacer juego; **zusammen|reißen** *irr vr:* **sich** ~ (*fam*) controlarse; **zusammen|schlagen** *irr vt* **1.** (*fam:*

zerstören) destrozar; (*verprügeln*) moler a palos **2.** (*gegeneinander schlagen*): **sie schlug die Hände über dem Kopf zusammen** se llevó las manos a la cabeza; **zusammen|schließen** *irr vr:* **sich** ~ agruparse; (*Firmen*) fusionarse; **zusammen|schreiben** *irr vt* **1.** (*Wörter*) escribir junto **2.** (*fam abw: verfassen*) borronear; **wer hat denn diesen Unsinn zusammengeschrieben?** ¿quién ha escrito este montón de tonterías?; **zusammen|sein** *irr vi sein s.* **zusammen**; **zusammen|setzen I.** *vt* (*montieren*) montar **II.** *vr:* **sich** ~ (*bestehen*) componerse (*aus +dat* de)

Zusammensetzung *f* <-en> **1.** (*Struktur*) composición *f;* **eine ~ aus ...** una combinación de... **2.** (LING) palabra *f* compuesta

zusammen|stellen *vt* **1.** (*nebeneinander stellen*) colocar juntos **2.** (*anordnen*) componer; (*Farben, Menü*) combinar; (*Unterlagen*) reunir; (*Liste*) hacer

Zusammenstellung *f* <-en> (*Zusammensetzung*) composición *f;* (*Übersicht*) cuadro *m* sinóptico

Zusammenstoß *m* **1.** (*von Fahrzeugen*) choque *m,* quiñazo *m Am* **2.** (*fam: Streit*) disputa *f;* (*Auseinandersetzung*) enfrentamiento *m*

zusammen|stoßen *irr vi sein* (*kollidieren*) chocar; **zusammen|stürzen** *vi sein* (*Gebäude*) derrumbarse; (*Plan*) venirse abajo; **zusammen|treffen** *irr vi sein* (*Menschen*) encontrarse; (*Ereignisse*) coincidir; **zusammen|tun** *irr* **I.** *vt* (*fam*) meter junto **II.** *vr:* **sich** ~ (*fam*) unirse; (*sich verbünden*) aliarse; **zusammen|zählen** *vt* sumar; **zusammen|ziehen** *irr* **I.** *vt* **1.** (*enger machen*) estrechar; (*durch Säure*) astringir; (*Muskeln*) contraer **2.** (*addieren*) sumar **II.** *vr:* **sich** ~ (*kleiner werden*) contraerse; (*Gewitter*) cernirse **III.** *vi sein:* **mit jdm** ~ ir a vivir con alguien; **zusammen|zucken** *vi sein* estremecerse (*vor* de)

Zusatz *m* <-es, -sätze> **1.** (*Substanz*) aditamento *m;* (*Lebensmittel~*) aditivo *m;* **ohne ~ von Konservierungsstoffen** sin conservantes ni colorantes **2.** (*zu einem Text*) apéndice *m*

zusätzlich ['tsuːzɛtslɪç] **I.** *adj* adicional **II.** *adv* más

zu|schauen *vi s.* **zusehen**

Zuschauer(in) *m(f)* <-s, -; -nen> espectador(a) *m(f);* (*Fernseh~*) telespectador(a) *m(f);* **die ~ waren begeistert** el público estaba entusiasmado

zu|schicken *vt* enviar

Zuschlag *m* <-(e)s, -schläge> (*auf einen Preis*) suplemento *m;* (*bei einer Versteigerung*) remate *m*

zu|schlagen *irr* **I.** *vi* **1.** *sein* (*Tür*) cerrarse de golpe **2.** *haben* (*fam: zugreifen*) aprovechar la oportunidad; (*beim Essen*) atiborrarse **II.** *vt haben* (*Tür, Buch*) cerrar (de golpe)

zu|schließen *irr vt* cerrar (con llave)

zu|schneiden *irr vt* cortar; **die Stelle war ganz auf ihn zugeschnitten** el puesto de trabajo estaba hecho a su medida

zu|schnüren *vt* atar; **die Angst schnürte ihm die Kehle zu** el miedo le oprimía la garganta

zu|schrauben *vt* (*mit Schrauben*) atornillar; (*durch Drehen*) cerrar

zu|schreiben *irr vt* atribuir; (*Eigentum*) transferir; **das hast du dir selbst zuzuschreiben** es culpa tuya

Zuschrift *f* <-en> carta *f;* (*amtlich*) comunicación *f*

zuschulden [-'--] *adv:* **sich** *dat* **etwas ~ kommen lassen** cometer un error

Zuschuss[RR] *m* <-es, -schüsse> subsidio *m;* (*staatlich*) subvención *f*

zu|schütten I. *vt* **1.** (*mit Erde*) rellenar **2.** (*fam: dazugeben*) añadir **II.** *vr:* **sich** ~ (*fam*) emborracharse

zu|sehen *irr vi* mirar; **~, dass ...** procurar que... *+subj;* **sieh mal zu, was du machen kannst!** ¡mira a ver qué puedes hacer!

zusehends ['tsuːzeːənts] *adv* a ojos vista; **es geht ihm ~ besser** mejora ostensiblemente

zu|sein *irr vi sein s.* **zu II.2.**

zu|senden *irr vt s.* **zuschicken**

zu|setzen I. *vi* **1.** (*bedrängen*) atosigar; (*belästigen*) molestar, dar la lata *fam* **2.** (*verletzen*) herir **3.** (*Krankheit*) afectar **II.** *vt* (*hinzufügen*) añadir (*zu* a)

zu|sichern *vt* asegurar; (*Versprechen*) prometer

zu|spielen *vt* (*a.* SPORT) pasar

zu|spitzen *vr:* **sich** ~ (*Situation*) agudizarse

Zuspruch *m* <-(e)s, *ohne pl*> (*geh*) **1.** (*Trost*) consuelo *m* **2.** (*Zulauf*) concurrencia *f;* **etw erfreut sich großen ~s** algo está muy concurrido

Zustand ['--] *m* <-(e)s, -stände> estado *m;* (*Lage*) situación *f;* **Zustände kriegen** (*fam*) volverse loco; **das ist doch kein ~!** (*fam*) ¡eso no puede quedar así!
zustande [-'--] *adv:* **etw ~ bringen** lograr algo; **~ kommen** llevarse a cabo
zuständig *adj* competente (*für +akk* para); (*verantwortlich*) responsable (*für +akk* de)
Zuständigkeit *f* <-en> atribuciones *fpl;* (*Kompetenz*) competencia *f;* **das fällt nicht in meine ~** eso no corresponde a mis atribuciones
zu|stehen *irr vi* corresponder
zu|stellen *vt* **1.** (*versperren*) bloquear **2.** (*formal: schicken*) enviar; (*Post*) repartir
Zustellung *f* <-en> (*formal*) entrega *f*
zu|stimmen *vi* estar de acuerdo (con); **etw** *dat* **~** aprobar algo
Zustimmung *f* <-en> aprobación *f;* **~ finden** tener una buena acogida
zu|stoßen *irr vi sein* (*passieren*) ocurrir; **für den Fall, dass mir etwas zustößt** por si me ocurre algo
Zustrom *m* <-(e)s, *ohne pl*> (*von Menschen*) afluencia *f*
zutage [-'--] *adv:* **etw ~ fördern** sacar algo a la luz; **~ kommen** aparecer
Zutat *f* <-en> ingrediente *m*
zu|teilen *vt* (*austeilen*) repartir; (*Aufgabe*) asignar
zutiefst [-'-] *adv* profundamente; **etw ~ bereuen** sentir algo de todo corazón
zu|trauen *vt:* **jdm etw ~** creer a alguien capaz de algo; **ihm ist alles zuzutrauen** de él se puede esperar cualquier cosa; **traust du dir das zu?** ¿crees que eres capaz?
Zutrauen *nt* <-s, *ohne pl*> confianza *f* (*zu +dat* en)
zutraulich *adj* confiado; (*Tier*) manso
zu|treffen *irr vi* **1.** (*richtig sein*) ser correcto; (*wahr sein*) ser verdad **2.** (*gelten*) valer (*für/auf +akk* para)
zutreffend *adj* acertado; **Zutreffendes bitte ankreuzen** (*formal*) márquese lo que corresponda
Zutritt *m* <-(e)s, *ohne pl*> (*Zugang*) acceso *m* (*zu +dat* a); (*Eingang*) entrada *f* (*zu +dat* a); **kein ~!** ¡prohibida la entrada!; (**freien**) **~ haben** tener (libre) acceso; **sich** *dat* **~ verschaffen** conseguir entrar
Zutun *nt:* **ohne mein ~** sin mi intervención
zuverlässig ['tsu:fɛɐlɛsɪç] *adj* (*Person*) de confianza; (*Mittel*) eficaz
Zuverlässigkeit *f* (*einer Person*) fiabilidad *f;* (*eines Mittels*) eficacia *f*
Zuversicht ['tsu:fɛɐzɪçt] *f* (absoluta) confianza *f;* **voller ~** lleno de optimismo
zuversichtlich *adj* confiado; (*optimistisch*) optimista
zuviel [-'-] *adv s.* **viel I.**
zuvor [-'-] *adv* antes; **kurz ~** poco antes; **am Tag ~** el día anterior; **zuvor|kommen** *irr vi sein* adelantarse; **ich bin ihm zuvorgekommen** me adelanté a él; **etw** *dat* **~** anticiparse a algo
zuvorkommend *adj* cortés
Zuwachs ['tsu:vaks] *m* <-es, -wächse> incremento *m* (*um/an +akk* de); **~ bekommen** (*fam*) estar esperando familia
zu|wachsen *irr vi sein* **1.** (*mit Pflanzen*) cubrirse de vegetación **2.** (*geh: zuteil werden*): **jdm ~** corresponder a alguien
zuwege [-'--] *adv:* **etw ~ bringen** conseguir algo
zuweilen [-'--] *adv* (*geh*) en ocasiones
zu|weisen *irr vt* asignar
zu|wenden *irr* **I.** *vt* **1.** (*Rücken*) volver; **sie wandte ihm ihr Gesicht zu** volvió el rostro hacia él; **jdm seine Aufmerksamkeit ~** prestar atención a alguien **2.** (*zukommen lassen*) donar **II.** *vr:* **sich jdm/etw** *dat* **~** dedicarse a alguien/algo
Zuwendung *f* <-en> **1.** (*Geld*) subsidio *m;* (*Schenkung*) donación *f* **2.** *ohne pl* (*Liebe*) cariño *m;* (*Aufmerksamkeit*) atención *f*
zuwenig [-'--] *adv s.* **wenig**
zuwider [-'--] *adv:* **~ sein** repugnar; **zuwider|handeln** *vi* (*dem Gesetz*) infringir; (*einem Prinzip*) contravenir
zu|ziehen *irr* **I.** *vt haben* **1.** (*Tür*) cerrar; (*Vorhang*) correr; (*Knoten*) apretar **2.** (*um Rat fragen*) consultar **3.** (*bekommen*): **sich** *dat* **etw ~** contraer algo; **sich** *dat* **jds Zorn ~** atraerse las iras de alguien **II.** *vi sein* venirse a vivir (aquí) **III.** *vr:* **sich ~** (*Himmel*) cubrirse
zuzüglich ['tsu:tsy:klɪç] *präp +gen* más
zwang [tsvaŋ] *3. imp von* **zwingen**
Zwang [tsvaŋ] *m* <-(e)s, Zwänge> **1.** (*Druck*) presión *f;* **~ auf jdn ausüben** presionar a alguien; **tu dir keinen ~ an** déjate de cumplidos; **gesellschaftliche Zwänge** presiones sociales **2.** (*Notwendigkeit*) necesidad *f;* **zwanghaft** *adj* (*gezwungen*) forzoso; (*erzwungen*) artificial; **zwanglos I.** *adj*

desenvuelto **II.** *adv* sin ceremonias

Zwangslage *f* apuro *m*

zwangsläufig **I.** *adj* obligatorio; (*unvermeidbar*) inevitable **II.** *adv* automáticamente

Zwangsmaßnahme *f* medida *f* coercitiva; **zwangsweise** *adv* (*erzwungen*) a la fuerza; (*zwangsläufig*) inevitablemente

zwanzig ['tsvantsɪç] *adj inv* veinte; *s. a.* **achtzig**

zwanzigste(**r**, **s**) *adj* vigésimo; *s. a.* **achtzigste**(**r, s**)

zwar [tsvaːɐ] *adv* **1.** (*einräumend*): **das ist ~ wahr, aber …** esto es cierto pero… **2.** (*erklärend*): **und ~** a saber; **ich habe noch etwas mitzuteilen, und ~ …** tengo algo más que decir, y es que…

Zweck ['tsvɛk] *m* <-(e)s, -e> fin *m;* (*Sinn*) sentido *m;* **einem guten ~ dienen** servir a un buen fin; **das erfüllt seinen ~** cumple su finalidad; **es hat ja doch keinen ~ mehr** eso ya no tiene sentido; **zu welchem ~ geschieht das?** ¿qué propósito se persigue con esto?

Zwecke ['tsvɛkə] *f* <-n> (*reg*) tachuela *f*

zwecklos *adj* inútil; **es ist ~** no tiene sentido; **zweckmäßig** *adj* apropiado

zwecks [tsvɛks] *präp +gen* (*formal*) con el fin de

zwei [tsvaɪ] *adj inv* dos; *s. a.* **acht**[1]

Zwei *f* <-en> dos *m;* (*Schulnote*) notable

zweideutig ['tsvaɪdɔɪtɪç] *adj* (*unklar*) ambiguo; (*anstößig*) picante

zweidimensional ['tsvaɪdimɛnzjonaːl] *adj* bidimensional

Zweierbeziehung *f* relación *f* de pareja

zweierlei ['tsvaɪɐ'laɪ] *adj inv* de dos clases diferentes, dos clases (diferentes) de; *s. a.* **achterlei**

zweifach **I.** *adj* doble; **in ~er Ausfertigung** por duplicado **II.** *adv* dos veces; *s. a.* **achtfach**

Zweifel ['tsvaɪfəl] *m* <-s, -> duda *f;* **etw in ~ ziehen** poner algo en duda; **es steht für mich außer ~, dass …** para mí está claro que…; **daran besteht kein ~** no cabe la menor duda; **zweifelhaft** *adj* dudoso; (*verdächtig*) sospechoso; **zweifellos** *adv* sin duda

zweifeln ['tsvaɪfəln] *vi* dudar (*an +dat* de)

Zweifelsfall *m* caso *m* de duda; **im ~** en caso de duda; **zweifelsfrei** **I.** *adj* incuestionable, indiscutible **II.** *adv* indudablemente; **zweifelsohne** ['--'--] *adv* sin duda alguna

Zweig [tsvaɪk] *m* <-(e)s, -e> **1.** (*Ast*) rama *f;* **auf keinen grünen ~ kommen** (*fam*) no tener éxito (en la vida) **2.** (*Sparte*) sector *m* **3.** (SCH, UNIV: *Fachrichtung*) ramo *m*

Zweigstelle *f* sucursal *f*

zweihundert ['-'--] *adj inv* doscientos; *s. a.* **achthundert**

zweijährig ['tsvaɪjɛːrɪç] *adj* (*zwei Jahre alt*) de dos años; (*zwei Jahre dauernd*) bienal

Zweikampf *m* duelo *m;* **jdn zum ~ herausfordern** retar a alguien a un duelo

zweimal *adv* dos veces; **sich** *dat* **etwas nicht ~ sagen lassen** no hacerse de rogar

zweireihig **I.** *adj* (*in zwei Reihen*) de dos filas; (*Anzug*) cruzado **II.** *adv* en dos filas

zweisprachig *adj* bilingüe; **~ aufwachsen** educarse bilingüe

zweistellig *adj* de dos cifras

zweit [tsvaɪt]: **zu ~** (a) dos

Zweitaktmotor *m* motor *m* de dos tiempos

zweitbeste(**r**, **s**) *adj* segundo mejor; **sie wurde Zweitbeste** quedó segunda

zweite(**r, s**) *adj* segundo; **wie kein Zweiter** como ningún otro; *s. a.* **achte**(**r, s**)

zweiteilig *adj* de dos partes; (*Kleid*) de dos piezas

zweitens ['tsvaɪtəns] *adv* en segundo lugar; (*bei einer Aufzählung*) segundo; *s. a.* **achtens**

zweitklassig *adj* (*abw*) de segunda categoría

zweitletzte(**r**, **s**) *adj* penúltimo

zweitrangig *adj* (*weniger wichtig*) secundario; (*abw: zweitklassig*) de segunda categoría

Zwerchfell ['tsvɛrçfɛl] *nt* diafragma *m*

Zwerg(**in**) [tsvɛrk] *m(f)* <-(e)s, -e; -nen> enano, -a *m, f*

Zwetsch(**g**)**e** *f* <-n> ciruela *f*

zwicken ['tsvɪkən] **I.** *vi* (*Kleidung*) apretar **II.** *vt* pellizcar

Zwickmühle *f* (*fam*) dilema *m;* **in der ~ sitzen** estar entre la espada y la pared

Zwieback ['tsviːbak] *m* <-(e)s, -bäcke *o* -e> pan *m* a la brasa

Zwiebel ['tsviːbəl] *f* <-n> (*Gemüse*) cebolla *f;* (*Knolle*) bulbo *m*

Zwielicht *nt* <-(e)s, *ohne pl*> luz *f* crepuscular; **im ~** entre dos luces; **ins ~ geraten**

estar en una situación embarazosa

zwielichtig *adj* sospechoso

Zwiespalt *m* <-(e)s, -e *o* -spälte> dilema *m;* **in einem ~ sein** estar ante un dilema

Zwietracht *f ohne pl* (*geh*) discordia *f*

Zwilling ['tsvɪlɪŋ] *m* <-s, -e> **1.** (*Mensch*) gemelo, -a *m, f;* **eineiige/zweieiige ~e** gemelos homocigóticos/heterocigóticos **2.** *pl* (ASTR) Géminis *m inv;* **Zwillingsbruder** *m* hermano *m* gemelo; **Zwillingsschwester** *f* hermana *f* gemela

zwingen ['tsvɪŋən] <zwingt, zwang, gezwungen> *vt, vr:* **sich ~** obligar(se) (*zu* +*dat* a); **jdn zu Boden ~** tumbar a alguien por la fuerza

zwingend *adj* (*unerlässlich*) ineludible; (*dringend*) apremiante; **ein ~er Schluss** una conclusión lógica

zwinkern ['tsvɪŋkɐn] *vi* guiñar; **mit den Augen ~** guiñar el ojo

Zwirn [tsvɪrn] *m* <-(e)s, -e> hilo *m*

zwischen ['tsvɪʃən] **I.** *präp* +*dat* entre; (*in der Mitte*) en medio de **II.** *präp* +*akk* (*Richtung*) entre; (*in die Mitte*) en medio de

Zwischenbemerkung *f* observación *f* entre paréntesis; **eine ~ machen** hacer una interrupción; **Zwischenbericht** *m* informe *m* parcial

zwischendrin ['--'-] *adv* en medio

zwischendurch ['--'-] *adv* **1.** (*immer wieder*) entremedias; (*gleichzeitig*) a la vez **2.** (*in der Zwischenzeit*) entretanto **3.** (*räumlich*) en medio

Zwischenfall *m* incidente *m;* **Zwischenlager** *nt* almacén *m* provisional; **Zwischenlandung** *f* escala *f;* **zwischenmenschlich** *adj* interpersonal; **Zwischenprüfung** *f* examen *m* intermedio; **Zwischenraum** *m* **1.** (*zeitlich*) intervalo *m* **2.** (*räumlich*) espacio *m* intermedio; **einen ~ lassen** dejar un espacio (libre); **zwischenstaatlich** *adj* interestatal; **Zwischenzeit** *f* **1.** (*Zeitraum*) intervalo *m;* **in der ~** entretanto **2.** (SPORT) la media; **zwischenzeitlich** *adj* entretanto

zwitschern ['tsvɪtʃɐn] *vi* gorjear

zwölf [tsvœlf] *adj inv* doce; *s. a.* **acht**[1]

zwölfte(r, s) ['tsvœlftə, -tɐ, -təs] *adj* duodécimo; *s. a.* **achte(r, s)**

Zyankali [tsyan'ka:li] *nt* <-s, *ohne pl*> cianuro *m* potásico

Zyklus ['tsy:klʊs] *m* <-, Zyklen> ciclo *m*

Zylinder [tsi'lɪndɐ, tsy'lɪndɐ] *m* <-s, -> (MATH, TECH) cilindro *m;* (*Hut*) sombrero *m* de copa

Zyniker(in) ['tsy:nikɐ] *m(f)* <-s, -; -nen> cínico, -a *m, f*

zynisch ['tsy:nɪʃ] *adj* cínico

Zynismus [tsy'nɪsmʊs] *m* <-, *ohne pl*> cinismo *m*

Zypern ['tsy:pɐn] *nt* <-s> Chipre *m*

Zyprer(in) *m(f)* <-s, -; -nen> chipriota *mf*

Zypresse [tsy'prɛsə] *f* <-n> ciprés *m*

Zyprier(in) *m(f)* <-s, -; -nen> chipriota *mf*

zyprisch ['tsy:prɪʃ] *adj* chipriota

Zyste ['tsʏstə] *f* <-n> quiste *m*

z.Z(t). *Abk. von* **zur Zeit** por el momento

Anhang II

Apéndice II

Spanische Kurzgrammatik
Gramática sucinta de la lengua española

I. Artikel

Im Spanischen wird zwischen bestimmtem und unbestimmtem Artikel unterschieden:

		bestimmter Artikel	unbestimmter Artikel
Singular	Maskulinum	**el** amigo	**un** amigo
	Femininum	**la** rosa	**una** rosa
Plural	Maskulinum	**los** amigos	**unos** amigos
	Femininum	**las** rosas	**unas** rosas

Feminine Substantive, die mit betontem *a* (oder *ha*) anfangen, haben im Singular den Artikel *el*, im Plural *las*.

el alma	**las** almas

Neutrum *lo* wird zur Substantivierung von Adjektiven, Partizipien, Possessivpronomen und manchmal auch von adverbialen Ausdrücken gebraucht.

lo bueno	**lo** hablado	**lo** mío	**lo** maravillosamente

II. Substantiv

Singular und Plural

Substantive, die im Singular auf einen Konsonanten oder auf die betonten Vokale *-í* oder *-ú* enden, bilden ihren Plural mit *-es*. Substantive, die im Singular auf einen unbetonten Vokal oder auf die betonten Vokale *-é* oder *-ó* enden, bilden ihren Plural mit *-s*. Substantive, die im Singular nach einem unbetonten Vokal auf *-s* enden, bleiben im Plural unverändert. Sowohl maskuline als auch feminine Substantive, die auf der letzten Silbe einen Akzent tragen, verlieren diesen im Plural.

Maskulinum

Singular	Plural	Singular	Plural
el libr**o**	los libro**s**	el poet**a**	los poeta**s**
el coch**e**	los coche**s**	el caf**é**	los café**s**
el domin**ó**	los dominó**s**	el rub**í**	los rubí**es**
el tab**ú**	los tabú**es**	el mens**aje**	los mensaje**s**
el árbo**l**	los árbol**es**	el past**or**	los pastor**es**
el bast**ón**	los bast**ones**	el cora**zón**	los coraz**ones**
el gal**án**	los gala**nes**	el parlanch**ín**	los parlanch**ines**
el marte**s**	los marte**s**	el tur**ista**	los turista**s**
el arro**z**	los arro**ces**	el fi**ambre**	los fiambre**s**
el ac**tor**	los acto**res**	el av**ión**	los avi**ones**

Femininum

Singular	Plural	Singular	Plural
la radi**o**	las radio**s**	la mes**a**	las mesa**s**
la lent**e**	las lente**s**	la na**ción**	las naci**ones**
la ver**dad**	las verdad**es**	la liber**tad**	las libertad**es**
la multi**tud**	las multitud**es**	la espec**ie**	las especie**s**
la ac**triz**	las actri**ces**	la certid**umbre**	las certidumbre**s**
la parlanch**ina**	las parlanchina**s**	la burl**ona**	las burlona**s**
la trabajad**ora**	las trabajadora**s**	la cri**s**is	las cri**s**is
la tur**ista**	las turista**s**	la can**ción**	las canci**ones**
la lu**z**	las lu**ces**	la ra**zón**	las raz**ones**

Besonderheiten

Ferner gibt es solche Substantive, die im Plural eine zweite Bedeutung haben.

1. Bedeutung im Singular	2. Bedeutung im Plural
el padre – der Vater	los padres – die Eltern
la letra – der Buchstabe	las Letras – die Geisteswissenschaften

Darüber hinaus gibt es Substantive, die sowohl feminin als auch maskulin sein können, aber ganz verschiedene Bedeutungen haben.

1. Bedeutung im Maskulinum	2. Bedeutung im Femininum
el capital – das Kapital	la capital – die Hauptstadt
el cura – der Priester	la cura – die Behandlung/Kur

Nominativ – Genitiv – Dativ – Akkusativ

Die spanischen Substantive bilden – anders als im Deutschen – keine Deklinationsformen.

Nominativ	**El coche** corre.	Genitiv	El piso **de María** es caro.
Dativ	Doy la mano **a mi amigo.**	Akkusativ	Juan compra **el coche**.

Der **Genitiv** hat die Präposition *de* und der **Dativ** die Präposition *a* (oder *para*). Beide Präpositionen werden mit dem bestimmten Artikel des Singular maskulinum zusammengezogen, so dass *a* + *el* zu *al* und *de* + *el* zu *del* wird.

Voy **al** cine.	Viene **del** jardín.

Im **Akkusativ** steht die Präposition *a* vor Namen von genau bestimmten Personen oder Lebewesen. Eine Ausnahme bilden hier die Verben *tener*, *necesitar*, *buscar* und *encontrar*, nach denen in der Regel keine Präposition *a* steht.

Acompaño **a** Pilar.	¿Entiendes **al** profesor?
Tengo muchos amigos.	Necesitamos un médico.

Die Präposition *de*

Die Präposition *de* steht im Spanischen
- für zusammengesetzte Substantive im Deutschen,

mesa **de** mármol	máquina **de** escribir

- nach Substantiven, die Menge, Maß oder Anzahl bezeichnen,

dos kilos **de** manzanas	un litro **de** leche

- für Bezeichnung der Herkunft, Ursache oder näheren Bestimmung.

Soy **de** Valencia.	María tiembla **de** miedo.

Verkleinerungs- und Vergrößerungsformen

Die Endungen *-ito, -cito, -ico, -illo* bilden im Spanischen die Verkleinerungsformen.

pajar**ito**	coche**cito**
pajar**ico**	pajar**illo**

Diese können auch Ausdruck von Zärtlichkeit oder Sympathie sein.

¡Hola, Pedr**ito**!

Die Endungen *-ón, -tón, -azo, -ote* bilden im Spanischen die Vergrößerungsformen.

hombr**ón**	hombr**ote**

Die Endungen *-aco, -acho, -ucho* drücken Geringschätzung aus.

libr**aco**	amig**acho**

III. Adjektiv

Genus und Numerus des Adjektivs

Die Adjektive passen sich in **Genus** und **Numerus** dem Substantiv an.

el muchach**o** hermos**o**	la muchach**a** hermos**a**
los muchach**os** rubi**os**	las muchach**as** rubi**as**

Bei maskulinen Adjektiven auf *-or, -án, -ín, -ón* wird die feminine Form durch die Hinzufügung eines *a* gebildet. Bei Adjektiven mit einem Akzent auf der letzten Silbe fällt dieser bei der Bildung der femininen Form weg.

trabajad**or**	trabajad**ora**	harag**án**	harag**ana**
parlanch**ín**	parlanch**ina**	burl**ón**	burl**ona**

Bei Adjektiven, die eine Nationalität ausdrücken, bildet man die feminine Form auf *-a*. Unverandert bleiben hingegen Adjektive mit den Endungen *-í* und *-e*.

españ**ol**	españ**ola**	alem**án**	alem**ana**
árab**e**	árab**e**	marroqu**í**	marroqu**í**

Bei einigen Adjektiven gibt es für beide Geschlechter nur eine Form.

el tiempo/la vida brev**e**	el traje/la camisa gris

Für die Pluralbildung des Adjektivs gelten dieselben Regeln wie für die Pluralbildung des Substantivs.

Stellung des Adjektivs

Das Adjektiv steht im Allgemeinen hinter dem Substantiv.

el traje **negro/azul/gris**	un abrigo **alemán/inglés**

Die Bedeutung des Adjektivs kann durch seine Position im Satz bestimmt sein. Im Allgemeinen bewerten nachgestellte Adjektive das Substantiv objektiv und logisch. Vorangestellte Adjektive hingegen haben eine explikative Funktion, indem sie subjektiv und affektiv bewerten.

un hombre **pobre**	aber	un **pobre** hombre
ein armer Mensch (ohne Geld)		ein armer (bedauernswerter) Mensch

Stehen die Adjektive *bueno* und *malo* vor einem Substantiv, verlieren sie im Singular maskulinum die Endung *-o*.

un **buen** comienzo	aber	un comienzo **bueno**
un **mal** día	aber	un día **malo**

Steht das Adjektiv *grande* vor einem Substantiv, verliert es im Singular maskulinum oder femininum die Endung *-de*.

un **gran** hombre	aber	un hombre **grande**
una **gran** mujer	aber	una mujer **grande**

Die Adjektive *mucho, poco* und *otro* werden dem Substantiv immer vorangestellt.

mucha suerte	**poca** paciencia
otro vaso	

IV. Adverb

Das unveränderliche Adverb hilft, Adjektive, Verben und Adverbien näher zu bestimmen.

Neben ursprünglichen Adverbien wie *bien*, *mal*, *pronto* und *aquí* gibt es adverbiale Ausdrücke wie *sin embargo* und *de repente*.

Juan llegará **pronto.**	**De repente** Juan se cayó.

Adverbien können auch vom Adjektiv abgeleitet werden. Hierzu wird an die feminine Form Singular des Adjektivs die Endung *-mente* angehängt.

Lo he hecho **rápidamente.**	Hace un día **terriblemente** frío.

Während das Adverb *muy* vor Adjektiven oder Adverbien steht, können *mucho* und *poco* auch alleine beim Verb stehen.

Es un vino **muy** bueno.	Hemos llegado **muy** tarde.
Juan escribe **muy** lentamente.	Los camareros ganan **poco**.
Esta película es **mucho** más interesante.	Marisa escribe **mucho**.

V. Steigerung und Vergleich

Regelmäßige Steigerungsformen

Die regelmäßige Steigerung der Adjektive.

caro	1. Las rosas son **caras**. (Positiv)
	2. Esas rosas son **más caras** que los claveles. (Komparativ)
	3. Aquellas rosas son **las más caras**. (Superlativ)
	4. Estas rosas son **carísimas**. (Elativ)

Die regelmäßige Steigerung der Adverbien.

maravillosa-mente	1. María canta **maravillosamente**. (Positiv)
	2. María canta **más maravillosamente** que Juana. (Komparativ)
	3. María es **la que** canta **más maravillosamente**. (Superlativ)
	4. María canta **lo más maravillosamente posible**. (Elativ)

Unregelmäßige Steigerungsformen

Die unregelmäßige Steigerung der Adjektive *bueno, malo, grande* und *pequeño.*

bueno	mejor/más bueno	buenísimo	el mejor
malo	peor/más malo	malísimo	el peor
grande	mayor/más grande	grandísimo	el mayor
pequeño	menor/más pequeño	pequeñísimo	el menor

Die unregelmäßige Steigerung der Adverbien *bien* und *mal.*

bien	mejor	el mejor
mal	peor	el peor

Adjektive, die auf *-ble, -co, -guo, -go* enden, können im Superlativ orthographische und phonetische Veränderungen aufzeigen:

ama**ble**	más amable	ama**bilísimo**	el más amble
ri**co**	más rico	ri**quísimo**	el más rico
anti**guo**	más antiguo	anti**quísimo**	el más antiguo
amar**go**	más amargo	amar**guísimo**	el más amargo

Vergleichsformen

Gleichheit

Um Eigenschaften zu vergleichen, werden adjektivische bzw. adverbiale Konstruktionen von *tan ... como, tanto/tanta/tantos/tantas ... como* gebildet.

Cose **tan** bien **como** tú.	Es **tan** alta **como** Juan.
¿Quién tiene **tantos** amigos **como** Julia?	Gana **tanto como** él.

Negative und positve Vergleiche

Für negative Konstruktionen des Vergleichs werden *menos ... que*, für positive Konstruktionen *más ... que* verwendet.

menos tiempo **que** ayer	una casa **más** grande **que** la tuya

VI. Verb

Regelmäßige Verben

Im Spanischen wird zwischen den Konjugationen des 'Indicativo' (Wirklichkeitsform) und des 'Subjuntivo' (Möglichkeitsform) unterschieden. In den Kapiteln VI.1.–5. wird die Bildung der verschiedenen Zeiten im 'Indicativo' dargestellt.

Generell werden die spanischen Verben nach drei verschiedenen Gruppen entsprechend ihrer Infinitivendungen unterschieden (*-ar, -er, -ir*). Verben, die bei der Konjugation Vokalveränderungen, orthographische Abweichungen, Betonungsverschiebungen oder die Auslassung des unbetonten *i* aufweisen, werden am Ende dieser Grammatik separat in einer Liste dargestellt.

Unregelmäßige Verben

Auf die unregelmäßigen Verben wird hier nicht näher eingegangen, weil diese sehr ausführlich in einer Liste am Ende der Grammatik aufgeführt sind.

1. Präsens

	-ar	-er	-ir
	hablar	**comprender**	**recibir**
yo	habl**o**	comprend**o**	recib**o**
tú	habl**as**	comprend**es**	recib**es**
él/ella/usted	habl**a**	comprend**e**	recib**e**
nosotros/nosotras	habl**amos**	comprend**emos**	recib**imos**
vosotros/vosotras	habl**áis**	comprend**éis**	recib**ís**
ellos/ellas/ustedes	habl**an**	comprend**en**	recib**en**

Das Präsens beschreibt Zustände und Vorgänge in der Gegenwart sowie allgemeingültige Sachverhalte.

En este momento **leo** un libro.	En julio **hace** mucho calor.

2. Imperfekt – 'Indefinido' – Perfekt

Imperfekt

	hablar	**comprender**	**recibir**
yo	habl**aba**	comprend**ía**	recib**ía**
tú	habl**abas**	comprend**ías**	recib**ías**
él/ella/usted	habl**aba**	comprend**ía**	recib**ía**
nosotros/nosotras	habl**ábamos**	comprend**íamos**	recib**íamos**
vosotros/vosotras	habl**abais**	comprend**íais**	recib**íais**
ellos/ellas/ustedes	habl**aban**	comprend**ían**	recib**ían**

'Indefinido'

	hablar	**comprender**	**recibir**
yo	habl**é**	comprend**í**	recib**í**
tú	habl**aste**	comprend**iste**	recib**iste**
él/ella/usted	habl**ó**	comprend**ió**	recib**ió**
nosotros/nosotras	habl**amos**	comprend**imos**	recib**imos**
vosotros/vosotras	habl**asteis**	comprend**isteis**	recib**isteis**
ellos/ellas/ustedes	habl**aron**	comprend**ieron**	recib**ieron**

Perfekt

	hablar	**comprender**	**recibir**
yo	he habl**ado**	he comprend**ido**	he recib**ido**

'Indefinido' und Imperfekt im Vergleich

Das **Imperfekt** wird hauptsächlich zur Beschreibung eines Zustandes verwendet, außerdem für wiederholte und zeitlich nicht deutlich begrenzte Vorgänge oder Handlungen in der Vergangenheit.

Der **'Indefinido'** wird für in der Vergangenheit abgeschlossene Handlungen benutzt, die zu einem bestimmten Zeitpunkt oder in einer bestimmten Zeitspanne erfolgt sind.

Imperfekt	**'Indefinido'**
Cuando **iba** a dormirme …	… **sonó** el teléfono.
Quería ser médico …	… pero no **terminó** la carrera.
Sabías mis señas …	… pero no **escribiste.**
Cuando **estábamos** durmiendo …	… **llamó** por teléfono.

'Indefinido' und Perfekt im Vergleich

Das **Perfekt** (immer mit *haber* als Hilfsverb gebildet) wird für vergangene, abgeschlossene Handlungen gebraucht, wenn sie in Verbindung mit der Gegenwart stehen.

Der **'Indefinido'** dagegen wird für solche Handlungen gebraucht, die in Verbindung mit der Vergangenheit stehen.

Das **Perfekt** wird immer in Verbindung mit folgenden Temporalbestimmungen gebraucht: *hoy, esta semana/este mes/este año, nunca* usw.; der '**Indefinido**' hingegen mit: *ayer, anoche, la semana pasada, el mes pasado, el año pasado* usw.

Perfekt	**'Indefinido'**
Este año **he tenido** suerte.	Ayer **vi** a Juan en el concierto.
Nunca **he estado** en tu casa.	El sábado pasado **dormimos** hasta las 10.

3. Futur

	hablar	**comprender**	**recibir**
yo	hablar**é**	comprender**é**	recibir**é**
tú	hablar**ás**	comprender**ás**	recibir**ás**
él/ella/usted	hablar**á**	comprender**á**	recibir**á**
nosotros/nosotras	hablar**emos**	comprender**emos**	recibir**emos**
vosotros/vosotras	hablar**éis**	comprender**éis**	recibir**éis**
ellos/ellas/ustedes	hablar**án**	comprender**án**	recibir**án**

Anstatt der Futurformen gebraucht man sehr oft für die nahe Zukunft das Präsens von *ir* + *a* + Infinitiv.

Voy a hablar con Pedro.	¿**Vas a leer** pronto el libro?

4. Konditional

	hablar	**comprender**	**recibir**
yo	hablar**ía**	comprender**ía**	recibir**ía**
tú	hablar**ías**	comprender**ías**	recibir**ías**
él/ella/usted	hablar**ía**	comprender**ía**	recibir**ía**
nosotros/nosotras	hablar**íamos**	comprender**íamos**	recibir**íamos**
vosotros/vosotras	hablar**íais**	comprender**íais**	recibir**íais**
ellos/ellas/ustedes	hablar**ían**	comprender**ían**	recibir**ían**

Der Konditional wird oft in höflichen Wendungen gebraucht.

¿**Podría** usted ayudarme?	**Querría** pedirle algo.
Si lo tuviera, te lo **daría.**	

5. Imperativ

Bejahte Formen

	hablar	**comprender**	**recibir**
tú	habl**a**	comprend**e**	recib**e**
él/ella/usted	habl**e**	comprend**a**	recib**a**
nosotros/nosotras	habl**emos**	comprend**amos**	recib**amos**
vosotros/vosotras	habl**ad**	comprende**d**	recib**id**
ellos/ellas/ustedes	habl**en**	comprend**an**	recib**an**

In Lateinamerika wird in der Regel statt *vosotros* die *ustedes*-Form benutzt.

No **hablen** tan alto, niños.

Verneinte Formen

	hablar	**comprender**	**recibir**
tú	no habl**es**	no comprend**as**	no recib**as**
él/ella/usted	no habl**e**	no comprend**a**	no recib**a**
nosotros/nosotras	habl**emos**	no comprend**amos**	no recib**amos**
vosotros/vosotras	no habl**éis**	no comprend**áis**	no recib**áis**
ellos/ellas/ustedes	no habl**en**	no comprend**an**	no recib**an**

6. 'Subjuntivo'

Im Gegensatz zum 'Indicativo' (vgl. VI.1. – 5.) handelt es sich bei dem spanischen 'Subjuntivo' um eine Möglichkeitsform, die nicht mit dem deutschen Konjunktiv verwechselt werden darf. Genauso wie der 'Indicativo' kann auch der 'Subjuntivo' in verschiedenen Zeiten gebildet werden.

Präsens

	hablar	**comprender**	**recibir**
yo	habl**e**	comprend**a**	recib**a**
tu	habl**es**	comprend**as**	recib**as**
él/ella/usted	habl**e**	comprend**a**	recib**a**
nosotros/nosotras	habl**emos**	comprend**amos**	recib**amos**
vosotros/vosotras	habl**éis**	comprend**áis**	recib**áis**
ellos/ellas/ustedes	habl**en**	comprend**an**	recib**an**

Imperfekt

Das Imperfekt kann zwei verschiedene Formen haben, wobei die hier dargestellte die geläufigere Form ist. In der Verbliste auf S. 431 wird auf beide Formen eingegangen.

	hablar	**comprender**	**recibir**
yo	habl**ara**	comprend**iera**	recib**iera**
tu	habl**aras**	comprend**ieras**	recib**ieras**
él/ella/usted	habl**ara**	comprend**iera**	recib**iera**
nosotros/nosotras	habl**áramos**	comprend**iéramos**	recib**iéramos**
vosotros/vosotras	habl**arais**	comprend**ierais**	recib**ierais**
ellos/ellas/ustedes	habl**aran**	comprend**ieran**	recib**ieran**

Die Perfekt- und Plusquamperfektformen des 'Subjuntivo' werden mit der entsprechenden Form des Hilfsverbs *haber* und dem jeweiligen Partizip gebildet.

Perfekt	haya	hayamos	hablado
	hayas	hayáis	comprendido
	haya	hayan	recibido
Plusquamperfekt	hubiera	hubiéramos	hablado
	hubieras	hubierais	comprendido
	hubiera	hubieran	recibido

Der 'Subjuntivo' wird im Hauptsatz verwendet, wenn er einen Wunsch oder eine Wahrscheinlichkeit ausdrückt.

Ojalá **llueva** pronto.	Quizás **venga** mañana mi abuela.

Der 'Subjuntivo' wird ebenfalls in Relativsätzen gebraucht, wenn er Wünsche oder Bedingungen ausdrücken soll.

Busco una casa que **tenga** un jardín grande.

Nach einleitendem **que** steht der 'Subjuntivo' im Nebensatz, wenn er bestimmte Sachverhalte ausdrückt.

1. Wunsch, Verlangen	Quiero que **salga** el sol.
2. Befehl, Rat, Erlaubnis, Bitte	Te aconsejo que **escribas** la carta.
3. Zweifel, Verneinung	Dudo que **haya dicho** la verdad.
4. Unpersönliche Redewendungen	Es necesario que **comprenda** esto.

7. Partizip

Das Partizip ist unveränderlich.

habl**ado**	comprend**ido**	recib**ido**

Das Partizip bildet in Verbindung mit *ser* und *estar* das Vorgangs- und Zustandspassiv.

La carta **fue escrita** por mi padre.	**Soy invitado** por mi novia.
La carta **está escrita** por mi padre.	**Estoy invitado** por mi novia.

Das Partizip bildet in Verbindung mit dem Hilfsverb *haber* die zusammengesetzten Zeiten.

El estreno no me **ha gustado.**	**Había llovido** mucho.

Das Partizip nach *estar* bezieht sich auf einen abgeschlossenen Vorgang mit Bezug zur Gegenwart.

Concha **está sentada** en una butaca.	El reloj **está roto.**

8. Gerundium

cantar – cant**ando**	comer – com**iendo**	escribir – escrib**iendo**
reír – **riendo**	leer – le**yendo**	oír – o**yendo**
pedir – p**i**d**iendo**	sentir – s**i**nt**iendo**	dormir – d**u**rm**iendo**

Das Gerundium wird mit den Verben *estar, ir oder seguir* gebildet. Es wird für Handlungen verwendet, die gerade vor sich gehen.

Siempre **está cantando.**	¿Todavía **estás comiendo**?
Voy organizando mi viaje a Sudamérica.	¡**Siga** usted **leyendo**!
Seguimos preparando la comida.	**Leyendo** se aprende mucho.

9. *Ser* und *Estar*

Das Verb *ser*

- benennt wesentliche, dauerhafte, charakteristische Eigenschaften
- wird vor Substantiven gebraucht
- wird verwendet für die Angabe der Uhrzeit, des Tages, des Berufs, der Verwandtschaft, der Staatsangehörigkeit oder der Religion

Juan **es inteligente.**	La puerta **es de madera.**
Vámonos, ya **es la una.**	Mañana **es domingo**, ¡qué bien!
Carmen **es médica.**	¿Tú **eres español** o argentino?

Das Verb *estar*

- bedeutet „irgendwo sein“, „liegen“ oder „stehen“
- drückt die Bedeutung von „sich befinden“, „sich fühlen“ aus
- drückt vor einem Adjektiv oder einem Partizip eine vorübergehende Eigenschaft, einen Zustand oder eine bereits stattgefundene Veränderung aus

Fernando **está en Berlin.**	Segovia **está en España.**
Marisa **está** hoy **mejor.**	¿Por qué **está** Luisa **triste**?
La puerta **está abierta.**	La sopa **está** muy **salada.**

Ser und *estar* im Vergleich

ser = an sich sein, so sein	**estar** = vorübergehend sein, so aussehen
Luis **es un hombre enfermo**. *Luis ist ein kranker Mensch.*	Maria **está enferma**. *Maria ist krank.*
Luis **es generoso**. *Luis ist großzügig.*	María **está** muy **generosa**. *Maria ist (heute) sehr großzügig.*
Luis **es joven**. *Luis ist jung.*	María **está joven**. *Maria sieht jung aus.*

VII. Pronomen

1. Personalpronomen

Dativ	Akkusativ	nach Präposition
me	me	sobre **mí**
te	te	sobre **ti**
le	le/la/lo	sobre **él/ella/usted**
nos	nos	sobre **nosotros**
os	os	sobre **vosotros**
les	les/las/los	sobre **ellos/ellas/ustedes**

Dativ- und Akkusativpronomen ohne Präposition stehen immer unmittelbar vor dem Verb, wobei der Akkusativ immer dem Dativ folgt.

¿Quién **me** llama?	Siempre **me lo** dice.

Steht ein Substantiv als direktes oder indirektes Objekt vor dem Verb, so muss auch noch das entsprechende Pronomen verwendet werden.

La maleta **la** lleva Pedro.	A Juan no **le** he dado dinero.

Das Personalpronomen kann an den Infinitiv und an das Gerundium angehängt werden oder vorangestellt werden. An den bejahten Imperativ muss das Personalpronomen immer angehängt werden.

¿Quieres ver**lo**?	¿**Lo** quieres ver?
Está haciéndo**lo**.	**Lo** está haciendo.
¡Dáme**lo**, por favor!	

Der Dativ *le, les* vor dem Akkusativ *lo, los, la, las* wird zu *se*.

¿La llave? **Se** la he dado a tu hermano.	¿El libro? Mañana **se** lo doy.

2. Reflexivpronomen und reflexive Verben

		acostumbrarse
yo	me	acostumbro
tú	te	acostumbras
él/ella/usted	se	acostumbra
nosotros/nosotras	nos	acostumbramos
vosotros/vosotras	os	acostumbráis
ellos/ellas/ustedes	se	acostumbran

Das Reflexivpronomen steht vor dem Haupt- oder Hilfsverb und hinter der Verneinung. Es kann an den Infinitiv und an das Gerundium angehängt oder vorangestellt werden. An den bejahten Imperativ muss es immer angehängt werden.

Pedro no **se** quiere peinar.	¿**Se** ha levantado ya Luis?
¿No quieres afeitar**te**?	¿No **te** quieres afeitar?
Isabel está levantándo**se**.	Isabel **se** está levantando.
¡Tranquilíza**te**, hombre!	

Bei der 2. Person Plural des bejahten Imperativs wird beim reflexiven Verb das *-d-* eliminiert.

¡March**ad**!	aber	¡March**aos**!

Die unpersönliche Form wird bei nicht reflexiven Verben in der 3. Person mit *se* gebildet, bei reflexiven Verben in der 3. Person mit *uno se*. Es handelt sich hierbei um eine Umschreibung des Passivs.

Aquí **se respira** mucho mejor.	**Uno se siente** cansado.
Se alquilan coches.	

Es gibt Verben im Spanischen, die **reflexiv** und **nicht reflexiv** gebraucht werden können. Bei einigen von ihnen wird durch die reflexive Form eine stärkere gefühlsmäßige Anteilnahme des Sprechers ausgedrückt.

El general **murió** en 1975.	Esta mañana **se ha muerto**.
Der General starb 1975.	Er/Sie ist heute Morgen gestorben.

Bei anderen Verben kommt es zu einer Bedeutungsveränderung.

cambiar	(sich) ändern, wechseln	cambiarse	sich umziehen
dormir	schlafen	dormirse	einschlafen
ir	gehen, fahren	irse	weggehen
parecer	scheinen	parecerse	sich ähneln
quedar	übrigbleiben	quedarse	bleiben

3. Possessivpronomen

unbetonte Formen		betonte Formen
mi	trabajo	**mío(s), mía(s)**
tu	amigo	**tuyo(s), tuya(s)**
su	jardín	**suyo(s), suya(s)**
nuestro	padre	**nuestro(s), nuestra(s)**
vuestro	tren	**vuestro(s), vuestra(s)**
su	coche	**suyo(s), suya(s)**

Die betonte Form des Possessivpronomens steht nach einem Substantiv, nach dem Verb *ser* oder nach dem bestimmten Artikel.

Tengo unas cartas **tuyas**.	Ese diccionario es **mío.**
Estas son las **suyas**.	Los libros son **nuestros**.

4. Relativpronomen

Que, das häufigste Relativpronomen, ist unveränderlich. Nach einer Präposition steht oft vor *que* der bestimmte Artikel.

Tengo el libro **que** buscas.
El diccionario **con el que** traduzco.

Quien, quienes wird ausschließlich für Personen gebraucht und steht fast nur nach Präpositionen. *El cual, la cual, los cuales, las cuales* bezieht sich auf Personen oder Sachen und wird seltener verwendet.

El amigo **con quien** viajo.
Tengo la cadena **la cual** me regalaste.

Cuyo, cuya, cuyos, cuyas richtet sich im Gegensatz zum Deutschen in Geschlecht und Numerus nicht nach dem vorangehenden, sondern nach dem folgenden Substantiv.

La escritora **cuyo libro** apareció ayer es muy famosa.
El escritor **cuya novela** apareció el año pasado no es famoso.

Die präpositionale Ergänzung des Verbs steht jeweils vor den Relativpronomen.

Mi amigo, **en cuya casa** estuve ayer, es médico.
La señora, **a cuyos padres** te presenté, es la mujer de Juan.

Die Adverbien *donde, como, cuando, cuanto* können ein Relativpronomen ersetzen.

La casa **en la que/en la cual/donde** vivo.
No me gusta el modo **con que/como** te mira.
Todo **lo que/cuanto** decía era divertido.
Recordaba los años **en que/cuando** íbamos juntos a la escuela.

5. Demonstrativpronomen

éste	ése	aquél
ésta	ésa	aquélla
éstos	ésos	aquéllos
éstas	ésas	aquéllas
esto	eso	aquello

Éste, ésta, éstos, éstas und *esto* weisen auf alles hin, was im Bereich und in greifbarer Nähe des Sprechers liegt.

Ése, ésa, ésos, ésas und *eso* weisen auf alles hin, was in der Nähe des Sprechers liegt, aber nicht greifbar ist.

Aquél, aquélla, aquéllos, aquéllas und *aquello* weisen auf alles hin, was weder in der Nähe des Sprechers noch des Angesprochenen liegt:

Ésta es una silla nueva.	¿Cuándo dijiste **aquello**?
¿Son **ésos** los señores que llamaron?	¿Qué es **eso**?

Demonstrativpronomen können auch adjektivisch gebraucht werden.

Aquel día ocurrió el accidente.	Me gusta **esa** flor.
Este libro es caro.	**Aquellas** casas son caras.

6. Fragepronomen und Fragewörter

Alle Fragepronomen, Fragewörter und auch Ausrufewörter tragen einen Akzent.

quién	¿**Quién** ha llamado? ¿A **quién** esperas?	qué	¿**Qué** has dicho? ¿De **qué** se trata?
cuánto	¿**Cuánto** dinero necesitas? ¿**Cuántas** chaquetas tienes?	dónde	¿**Dónde** estudias español? ¿**Dónde** está la parada?
adónde	¿**Adónde** quieren ir ustedes? ¿**Adónde** vas tan pronto?	de dónde	¿**De dónde** vienes? ¿**De dónde** es esa muchacha?
cuál	¿**Cuál** es la capital? ¿**Cuál** de las dos quieres?	cómo	¿**Cómo** te llamas? ¿**Cómo** está su señora?
por qué	¿**Por qué** os vais ya? No sé **por qué** está tan triste.		

7. Indefinite Pronomen

Bei den indefiniten Pronomen ist zu beachten, dass *alguno* und *ninguno* vor maskulinen Substantiven im Singular zu *algún* und *ningún* werden. Die Wortstellung von *nada, nadie, ninguno* wird auch in Kapitel VIII behandelt.

Steht *todo* vor einem Substantiv, so muss meistens der bestimmte Artikel zwischen *todo* und dem Substantiv gebraucht werden. Der Artikel kann entfallen, wenn es sich um eine Verallgemeinerung handelt.

algo	Mejor es **algo** que nada.	nada	¿Por qué no dices **nada**?
alguien	¿Ha llamado **alguien**?	nadie	No ha llamdo **nadie**.
alguno	¿**Alguno** de vosotros lo sabe? ¿Vive aquí **algún** médico?	ninguno	No he visto **ninguno**. Aquí no hay **ningún** libro.
todo	Aquí **todo** está limpio. Inés limpia **toda** la casa. **Todo** hombre es mortal.		

VIII. Verneinung

No steht vor dem Verb und dem mit ihm verbundenen Personal- und Reflexivpronomen.
Nada steht in der Regel hinter dem Verb während *nadie, ninguno, nunca* vor oder nach dem Verb stehen können.
Auch wenn die Verneinung durch *nada, nadie, ninguno,* oder *nunca* ausgedrückt wird, muss *no* vor dem Verb stehen.

Pablo **no** volverá hoy.	Este chico **no** aprende **nada**.
Laura **no** volverá **nunca** más.	**Nunca** más volverá Laura.
Mi hija **no** me lo ha dado.	¿**No** tienes **ninguna** foto de él?

Die regelmäßigen und unregelmäßigen spanischen Verben

Los verbos regulares e irregulares españoles

Folgende Abkürzungen werden in der Verbtabelle verwendet:

pret. ind.	pretérito indefinido
subj. fut.	subjuntivo futuro
subj. imp.	subjuntivo imperfecto
subj. pres.	subjuntivo presente

Die regelmäßigen Verben auf *-ar, -er* und *-ir*

hablar

presente	imperfecto	pret. ind.	futuro	
hablo	hablaba	hablé	hablaré	**gerundio**
hablas	hablabas	hablaste	hablarás	hablando
habla	hablaba	habló	hablará	
hablamos	hablábamos	hablamos	hablaremos	**participio**
habláis	hablabais	hablasteis	hablaréis	hablado
hablan	hablaban	hablaron	hablarán	

condicional	subj. pres.	subj. imp.	subj. fut.	imperativo
hablaría	hable	hablara/-ase	hablare	
hablarías	hables	hablaras/-ases	hablares	habla
hablaría	hable	hablara/-ase	hablare	hable
hablaríamos	hablemos	habláramos/-ásemos	habláremos	hablemos
hablaríais	habléis	hablarais/-aseis	hablareis	hablad
hablarían	hablen	hablaran/-asen	hablaren	hablen

comprender

presente	imperfecto	pret. ind.	futuro	
comprendo	comprendía	comprendí	comprenderé	**gerundio**
comprendes	comprendías	comprendiste	comprenderás	comprendiendo
comprende	comprendía	comprendió	comprenderá	
comprendemos	comprendíamos	comprendimos	comprenderemos	**participio**
comprendéis	comprendíais	comprendisteis	comprenderéis	comprendido
comprenden	comprendían	comprendieron	comprenderán	

condicional	subj. pres.	subj. imp.	subj. fut.	imperativo
comprendería	comprenda	comprendiera/ -iese	comprendiere	
comprenderías	comprendas	comprendieras/ -ieses	comprendieres	comprende
comprendería	comprenda	comprendiera/ -iese	comprendiere	comprenda
comprenderíamos	comprendamos	comprendiéramos/-iésemos	comprendiéremos	comprendamos
comprenderíais	comprendáis	comprendierais/ -ieseis	comprendiereis	comprended
comprenderían	comprendan	comprendiera/ -iesen	comprendieren	comprendan

recibir

presente	imperfecto	pret. ind.	futuro	
recibo	recibía	recibí	recibiré	**gerundio**
recibes	recibías	recibiste	recibirás	recibiendo
recibe	recibía	recibió	recibirá	
recibimos	recibíamos	recibimos	recibiremos	**participio**
recibís	recibíais	recibisteis	recibiréis	recibido
reciben	recibían	recibieron	recibirán	

condicional	subj. pres.	subj. imp.	subj. fut.	imperativo
recibiría	reciba	recibiera/-iese	recibiere	
recibirías	recibas	recibieras/-ieses	recibieres	recibe
recibiría	reciba	recibiera/-iese	recibiere	reciba
recibiríamos	recibamos	recibiéramos/ -iésemos	recibiéremos	recibamos
recibiríais	recibáis	reciebierais/ -ieseis	recibiereis	recibid
recibirían	reciban	recibieran/-iesen	recibieren	reciban

Verben mit Vokalveränderung

<e → ie> pensar

presente	imperfecto	pret. ind.	futuro	
pienso	pensaba	pensé	pensaré	**gerundio**
piensas	pensabas	pensaste	pensarás	pensando
piensa	pensaba	pensó	pensará	
pensamos	pensábamos	pensamos	pensaremos	**participio**
pensáis	pensabais	pensasteis	pensaréis	pensado
piensan	pensaban	pensaron	pensarán	

condicional	subj. pres.	subj. imp.	subj. fut.	imperativo
pensaría	piense	pensara/-ase	pensare	
pensarías	pienses	pensaras/-ases	pensares	piensa
pensaría	piense	pensara/-ase	pensare	piense
pensaríamos	pensemos	pensáramos/ -ásemos	pensáremos	pensemos
pensaríais	penséis	pensarais/-aseis	pensareis	pensad
pensarían	piensen	pensaran/-asen	pensaren	piensen

<o → ue> contar

presente	imperfecto	pret. ind.	futuro	
cuento	contaba	conté	contaré	**gerundio**
cuentas	contabas	contaste	contarás	contando
cuenta	contaba	contó	contará	
contamos	contábamos	contamos	contaremos	**participio**
contáis	contabais	contasteis	contaréis	contado
cuentan	contaban	contaron	contaron	

condicional	subj. pres.	subj. imp.	subj. fut.	imperativo
contaría	cuente	contara/-ase	contare	
contarías	cuentes	contaras/-ases	contares	cuenta
contaría	cuente	contara/-ase	contare	cuente
contaríamos	contemos	contáramos/ -ásemos	contáremos	contemos
contaríais	contéis	contarais/-aseis	contareis	contad
contarían	cuenten	contaran	contaren	cuenten

<e → i> pedir

presente	imperfecto	pret. ind.	futuro	
pido	pedía	pedí	pediré	**gerundio**
pides	pedías	pediste	pedirás	pidiendo
pide	pedía	pidió	pedirá	
pedimos	pedíamos	pedimos	pediremos	**participio**
pedís	pedíais	pedisteis	pediréis	pedido
piden	pedían	pidieron	pedirán	

condicional	subj. pres.	subj. imp.	subj. fut.	imperativo
pediría	pida	pidiera/-iese	pidiere	
pedirías	pidas	pidieras/-ieses	pidieres	pide
pediría	pida	pidiera/-iese	pidiere	pida
pediríamos	pidamos	pidiéramos/ -iésemos	pidiéremos	pidamos
pediríais	pidáis	pidierais/-ieseis	pidiereis	pedid
pedirían	pidan	pidieran/-iesen	pidieren	pidan

Verben mit orthographischen Abweichungen

<c → qu> atacar

presente	imperfecto	pret. ind.	futuro	
ataco	atacaba	ataqué	atacaré	**gerundio**
atacas	atacabas	atacaste	atacarás	atacando
ataca	atacaba	atacó	atacará	
atacamos	atacábamos	atacamos	atacaremos	**participio**
atacáis	atacabais	atacasteis	atacaréis	atacado
atacan	atacaban	atacaron	atacarán	

condicional	subj. pres.	subj. imp.	subj. fut.	imperativo
atacaría	ataque	atacara/-ase	atacare	
atacarías	ataques	atacaras/-ases	atacares	ataca
atacaría	ataque	atacara/-ase	atacare	ataque
atacaríamos	ataquemos	atacáramos/ -ásemos	atacáremos	ataquemos
atacaríais	ataquéis	atacarais/-aseis	atacareis	atacad
atacarían	ataquen	atacaran/-asen	atacaren	ataquen

<g → gu> pagar

presente	imperfecto	pret. ind.	futuro	
pago	pagaba	pagué	pagaré	**gerundio**
pagas	pagabas	pagaste	pagarás	pagando
paga	pagaba	pagó	pagará	
pagamos	pagábamos	pagamos	pagaremos	**participio**
pagáis	pagabais	pagasteis	pagaréis	pagado
pagan	pagaban	pagaron	pagarán	

condicional	subj. pres.	subj. imp.	subj. fut.	imperativo
pagaría	pague	pagara/-ase	pagare	
pagarías	pagues	pagaras/-ases	pagares	paga
pagaría	pague	pagara/-ase	pagare	pague
pagaríamos	paguemos	pagáramos/ -ásemos	pagáremos	paguemos
pagaríais	paguéis	pagarais/-aseis	pagareis	pagad
pagarían	paguen	pagaran/-asen	pagaren	paguen

<z → c> cazar

presente	imperfecto	pret. ind.	futuro	
cazo	cazaba	cacé	cazaré	**gerundio**
cazas	cazabas	cazaste	cazarás	cazando
caza	cazaba	cazó	cazará	
cazamos	cazábamos	cazamos	cazaremos	**participio**
cazáis	cazabais	cazasteis	cazaréis	cazado
cazan	cazaban	cazaron	cazarán	

condicional	subj. pres.	subj. imp.	subj. fut.	imperativo
cazaría	cace	cazara/-ase	cazare	
cazarías	caces	cazaras/-ases	cazares	caza
cazaría	cace	cazara/-ase	cazare	cace
cazaríamos	cacemos	cazáramos/ -ásemos	cazáremos	cacemos
cazaríais	cacéis	cazarais/-aseis	cazareis	cazad
cazarían	cacen	cazaran/-asen	cazaren	cacen

<gu → gü> averiguar

presente	imperfecto	pret. ind.	futuro	
averiguo	averiguaba	averigüé	averiguaré	**gerundio**
averiguas	averiguabas	averiguaste	averiguarás	averiguando
averigua	averiguaba	averiguó	averiguará	
averiguamos	averiguábamos	averiguamos	averiguaremos	**participio**
averiguáis	averiguabais	averiguasteis	averiguaréis	averiguado
averiguan	averiguaban	averiguaron	averiguarán	

condicional	subj. pres.	subj. imp.	subj. fut.	imperativo
averiguaría	averigüe	averiguara/-ase	averiguare	
averiguarías	averigües	averiguaras/ -ases	averiguares	averigua
averiguaría	averigüe	averiguara/-ase	averiguare	averigüe
averiguaríamos	averigüemos	averiguáramos/ -ásemos	averiguáremos	averigüemos
averiguaríais	averigüéis	averiguarais/ -aseis	averiguareis	averiguad
averiguarían	averigüen	averiguaran/ -asen	averiguaren	averigüen

<c → z> vencer

presente	imperfecto	pret. ind.	futuro	
venzo	vencía	vencí	venceré	**gerundio**
vences	vencías	venciste	vencerás	venciendo
vence	vencía	venció	vencerá	
vencemos	vencíamos	vencimos	venceremos	**participio**
vencéis	vencíais	vencisteis	venceréis	vencido
vencen	vencían	vencieron	vencerán	

condicional	subj. pres.	subj. imp.	subj. fut.	imperativo
vencería	venza	venciera/-iese	venciere	
vencerías	venzas	vencieras/-ieses	vencieres	vence
vencería	venza	venciera/-iese	venciere	venza
venceríamos	venzamos	venciéramos/ -iésemos	venciéremos	venzamos
venceríais	venzáis	vencierais/ -ieseis	venciereis	venced
vencerían	venzan	vencieran/-iesen	vencieren	venzan

<g → j> coger

presente	imperfecto	pret. ind.	futuro	
cojo	cogía	cogí	cogeré	**gerundio**
coges	cogías	cogiste	cogerás	cogiendo
coge	cogía	cogió	cogerá	
cogemos	cogíamos	cogimos	cogeremos	**participio**
cogéis	cogíais	cogisteis	cogeréis	cogido
cogen	cogían	cogieron	cogerán	

condicional	subj. pres.	subj. imp.	subj. fut.	imperativo
cogería	coja	cogiera/-iese	cogiere	
cogerías	cojas	cogieras/-ieses	cogieres	coge
cogería	coja	cogiera/-iese	cogiere	coja
cogeríamos	cojamos	cogiéramos/ -iésemos	cogiéremos	cojamos
cogeríais	cojáis	cogierais/-ieseis	cogiereis	coged
cogerían	cojan	cogieran/-iesen	cogieren	cojan

<gu → g> distinguir

presente	imperfecto	pret. ind.	futuro	
distingo	distinguía	distinguí	distinguiré	**gerundio**
distingues	distinguías	distinguiste	distinguirás	distinguiendo
distingue	distinguía	distinguió	distinguirá	
distinguimos	distinguíamos	distinguimos	distinguiremos	**participio**
distinguís	distinguíais	distinguisteis	distinguiréis	distinguido
distinguen	distinguían	distinguieron	distinguirán	

condicional	subj. pres.	subj. imp.	subj. fut.	imperativo
distinguiría	distinga	distinguiera/ -iese	distinguiere	
distinguirías	distingas	distinguieras/ -ieses	distinguieres	distingue
distinguiría	distinga	distinguiera/ -iese	distinguiere	distinga
distinguiríamos	distingamos	distinguiéra- mos/iésemos	distinguiéremos	distingamos
distinguiríais	distingáis	distinguierais/ -ieseis	distinguiereis	distinguid
distinguirían	distingan	distinguieran/ -iesen	distinguieren	distingan

<qu → c> delinquir

presente	imperfecto	pret. ind.	futuro	
delinco	delinquía	delinquí	delinquiré	**gerundio**
delinques	delinquías	delinquiste	delinquirás	delinquiendo
delinque	delinquía	delinquió	delinquirá	
delinquimos	delinquíamos	delinquimos	delinquiremos	**participio**
delinquís	delinquíais	delinquisteis	delinquiréis	delinquido
delinquen	delinquían	delinquieron	delinquirán	

condicional	subj. pres.	subj. imp.	subj. fut.	imperativo
delinquiría	delinca	delinquiera/ -iese	delinquiere	
delinquirías	delincas	delinquieras/ -ieses	delinquieres	delinque
delinquiría	delinca	delinquiera/ -iese	delinquiere	delinca
delinquiríamos	delincamos	delinquiéramos/ -iésemos	delinquiéremos	delincamos
delinquiríais	delincáis	delinquierais/ -ieseis	delinquiereis	delinquid
delinquirían	delincan	delinquieran/ -iesen	delinquieren	delincan

Verben mit Betonungsverschiebung

<1. pres: envío> enviar

presente	imperfecto	pret. ind.	futuro	
envío	enviaba	envié	enviaré	**gerundio**
envías	enviabas	enviaste	enviarás	enviando
envía	enviaba	envió	enviará	
enviamos	enviábamos	enviamos	enviaremos	**participio**
enviáis	enviabais	enviasteis	enviaréis	enviado
envían	enviaban	enviaron	enviarán	

condicional	subj. pres.	subj. imp.	subj. fut.	imperativo
enviaría	envíe	enviara/-iase	enviare	
enviarías	envíes	enviaras/-iases	enviares	envía
enviaría	envíe	enviara/-iase	enviare	envíe
enviaríamos	enviemos	enviáramos/ -iásemos	enviáremos	enviemos
enviaríais	enviéis	enviarais/-iaseis	enviareis	enviad
enviarían	envíen	enviaran/-iasen	enviaren	envíen

<1. pres: continúo> continuar

presente	imperfecto	pret. ind.	futuro	
continúo	continuaba	continué	continuaré	**gerundio**
continúas	continuabas	continuaste	continuarás	continuando
continúa	continuaba	continuó	continuará	
continuamos	continuábamos	continuamos	continuaremos	**participio**
continuáis	continuabais	continuasteis	continuaréis	continuado
continúan	continuaban	continuaron	continuarán	

condicional	subj. pres.	subj. imp.	subj. fut.	imperativo
continuaría	continúe	continuara/-ase	continuare	
continuarías	continúes	continuaras/ -ases	continuares	continúa
continuaría	continúe	continuara/-ase	continuare	continúe
continuaríamos	continuemos	continuáramos/ -ásemos	continuáremos	continuemos
continuaríais	continuéis	continuarais/ -aseis	continuareis	continuad
continuarían	continúen	continuaran/ -asen	continuaren	continúen

Verben, bei denen das unbetonte *i* wegfällt

<3. pret: tañó> tañer

presente	imperfecto	pret. ind.	futuro	
taño	tañía	tañí	tañeré	**gerundio**
tañes	tañías	tañiste	tañerás	tañendo
tañe	tañía	tañó	tañerá	
tañemos	tañíamos	tañimos	tañeremos	**participio**
tañéis	tañíais	tañisteis	tañeréis	tañido
tañen	tañían	tañeron	tañerán	

condicional	subj. pres.	subj. imp.	subj. fut.	imperativo
tañería	taña	tañera/-ese	tañere	
tañerías	tañas	tañeras/-eses	tañeres	tañe
tañería	taña	tañera/-ese	tañere	taña
tañeríamos	tañamos	tañéramos/ -ésemos	tañéremos	tañamos
tañeríais	tañáis	tañerais/-eseis	tañereis	tañed
tañerían	tañan	tañeran/-esen	tañeren	tañan

<3. pret: gruñó> gruñir

presente	imperfecto	pret. ind.	futuro	
gruño	gruñía	gruñí	gruñiré	**gerundio**
gruñes	gruñías	gruñiste	gruñirás	gruñendo
gruñe	gruñía	gruñó	gruñirá	
gruñimos	gruñíamos	gruñimos	gruñiremos	**participio**
gruñís	gruñíais	gruñisteis	gruñiréis	gruñido
gruñen	gruñían	gruñeron	gruñirán	

condicional	subj. pres.	subj. imp.	subj. fut.	imperativo
gruñiría	gruña	gruñera/-ese	gruñere	
gruñirías	gruñas	gruñeras/-eses	gruñeres	gruñe
gruñiría	gruña	gruñera/-ese	gruñere	gruña
gruñiríamos	gruñamos	gruñéramos/ -ésemos	gruñéremos	gruñamos
gruñiríais	gruñáis	gruñerais/-eseis	gruñereis	gruñid
gruñirían	gruñan	gruñeran/-esen	gruñeren	gruñan

Die unregelmäßigen Verben

abolir

presente	subj. pres.	imperativo	
–	–		**gerundio**
–	–	–	aboliendo
–	–	–	
abolimos	–	–	**participio**
abolís	–	abolid	abolido
–	–	–	

abrir

participio :	abierto

adquirir

presente	imperativo	
adquiero		**gerundio**
adquieres	adquiere	adquiriendo
adquiere	adquiera	
adquirimos	adquiramos	**participio**
adquirís	adquirid	adquirido
adquieren	adquieran	

airar

presente	
aíro	**gerundio**
aíras	airando
aíra	
airamos	**participio**
airáis	airado
aíran	

andar

presente	pret. ind.	
ando	anduve	**gerundio**
andas	anduviste	andando
anda	anduvo	
andamos	anduvimos	**participio**
andáis	anduvisteis	andado
andan	anduvieron	

asir

presente	imperativo	
asgo		**gerundio**
ases	ase	asiendo
ase	asga	
asimos	asgamos	**participio**
asís	asid	asido
asen	asgan	

aullar

presente	imperativo	
aúllo		**gerundio**
aúllas	aúlla	aullando
aúlla	aúlle	
aullamos	aullemos	**participio**
aulláis	aullad	aullado
aúllan	aúllen	

avergonzar

presente	pret. ind.	imperativo	
avergüenzo	avergoncé		**gerundio**
avergüenzas	avergonzaste	avergüenza	avergonzando
avergüenza	avergonzó	avergüence	
avergonzamos	avergonzamos	avergoncemos	**participio**
avergonzáis	avergonzasteis	avergonzad	avergonzado
avergüenzan	avergonzaron	avergüencen	

caber

presente	pret. ind.	futuro	condicional	
quepo	cupe	cabré	cabría	**gerundio**
cabes	cupiste	cabrás	cabrías	cabiendo
cabe	cupo	cabrá	cabría	
cabemos	cupimos	cabremos	cabríamos	**participio**
cabéis	cupisteis	cabréis	cabríais	cabido
caben	cupieron	cabrán	cabrían	

caer

presente	pret. ind.	
caigo	caí	**gerundio**
caes	caíste	cayendo
cae	cayó	
caemos	caímos	**participio**
caéis	caísteis	caído
caen	cayeron	

ceñir

presente	pret. ind.	imperativo	
ciño	ceñí		**gerundio**
ciñes	ceñiste	ciñe	ciñendo
ciñe	ciñó	ciña	
ceñimos	ceñimos	ciñamos	**participio**
ceñís	ceñisteis	ceñid	ceñido
ciñen	ciñeron	ciñan	

cernir

presente	imperativo	
cierno		**gerundio**
ciernes	cierne	cerniendo
cierne	cierna	
cernimos	cernamos	**participio**
cernís	cernid	cernido
ciernen	ciernan	

cocer

presente	imperativo	
cuezo		**gerundio**
cueces	cuece	cociendo
cuece	cueza	
cocemos	cozamos	**participio**
cocéis	coced	cocido
cuecen	cuezan	

colgar

presente	pret. ind.	imperativo	
cuelgo	colgué		**gerundio**
cuelgas	colgaste	cuelga	colgando
cuelga	colgó	cuelgue	
colgamos	colgamos	colgamos	**participio**
colgáis	colgasteis	colgad	colgado
cuelgan	colgaron	cuelguen	

crecer

presente	imperativo	
crezco		**gerundio**
creces	crece	creciendo
crece	crezca	
crecemos	crezcamos	**participio**
crecéis	creced	crecido
crecen	crezcan	

dar

presente	pret. ind.	subj. pres.	subj. imp.	subj. fut.
doy	di	dé	diera/-ese	diere
das	diste	des	dieras/-eses	dieres
da	dio	dé	diera/-ese	diere
damos	dimos	demos	diéramos/ -ésemos	diéremos
dais	disteis	deis	dierais/-eseis	diereis
dan	dieron	den	dieran/-esen	dieren

imperativo				
	gerundio			
da	dando			
dé				
demos	**participio**			
dad	dado			
den				

decir

presente	imperfecto	pret. ind.	futuro	
digo	decía	dije	diré	**gerundio**
dices	decías	dijiste	dirás	diciendo
dice	decía	dijo	dirá	
decimos	decíamos	dijimos	diremos	**participio**
decís	decíais	dijisteis	diréis	dicho
dicen	decían	dijeron	dirán	

condicional	subj. pres.	subj. imp.	subj. fut.	imperativo
diría	diga	dijera/-ese	dijere	
dirías	digas	dijeras/-eses	dijeres	di
diría	diga	dijera/-ese	dijere	diga
diríamos	digamos	dijéramos/ -ésemos	dijéremos	digamos
diríais	digáis	dijerais/-eseis	dijereis	decid
dirían	digan	dijeran/-esen	dijeren	digan

dormir

presente	pret. ind.	imperativo	
duermo	dormí		**gerundio**
duermes	dormiste	duerme	durmiendo
duerme	durmió	duerma	
dormimos	dormimos	durmamos	**participio**
dormís	dormisteis	dormid	dormido
duermen	durmieron	duerman	

elegir

presente	pret. ind.	imperativo	
elijo	elegí		**gerundio**
eliges	elegiste	elige	eligiendo
elige	eligió	elija	
elegimos	elegimos	elijamos	**participio**
elegís	elegisteis	elegid	elegido
eligen	eligieron	elijan	

empezar

presente	pret. ind.	imperativo	
empiezo	empecé		**gerundio**
empiezas	empezaste	empieza	empezando
empieza	empezó	empiece	
empezamos	empezamos	empecemos	**participio**
empezáis	empezasteis	empezad	empezado
empiezan	empezaron	empiecen	

enraizar

presente	pret. ind.	imperativo	
enraízo	enraicé		**gerundio**
enraízas	enraizaste	enraíza	enraizando
enraíza	enraizó	enraíce	
enraizamos	enraizamos	enraicemos	**participio**
enraizáis	enraizasteis	enraizad	enraizado
enraízan	enraizaron	enraícen	

erguir

presente	pret. ind.	subj. pres	subj. imp.	subj. fut.
yergo	erguí	yerga	irguiera/-ese	irguiere
yergues	erguiste	yergas	irguieras/-eses	irguieres
yergue	irguió	yerga	irguiera/-ese	irguiere
erguimos	erguimos	yergamos	irguiéramos/ -ésemos	irguiéremos
erguís	erguisteis	yergáis	irguierais/-eseis	irguiereis
yerguen	irguieron	yergan	irguieran/-esen	irguieren

imperativo				
	gerundio			
yergue	irguiendo			
yerga				
yergamos	**participio**			
erguid	erguido			
yergan				

errar

presente	pret. ind.	imperativo	
yerro	erré		**gerundio**
yerras	erraste	yerra	errando
yerra	erró	yerre	
erramos	erramos	erremos	**participio**
erráis	errasteis	errad	errado
yerran	erraron	yerren	

escribir

participio :	escrito

estar

presente	imperfecto	pret. ind.	futuro	
estoy	estaba	estuve	estaré	**gerundio**
estás	estabas	estuviste	estarás	estando
está	estaba	estuvo	estará	
estamos	estábamos	estuvimos	estaremos	**participio**
estáis	estabais	estuvisteis	estaréis	estado
están	estaban	estuvieron	estarán	

condicional	subj. pres.	subj. imp.	subj. fut.	imperativo
estaría	esté	estuviera/-ese	estuviere	
estarías	estés	estuvieras/-eses	estuvieres	está
estaría	esté	estuviera/-ese	estuviere	esté
estaríamos	estemos	estuviéramos/ -ésemos	estuviéremos	estemos
estaríais	estéis	estuvierais/ -eseis	estuviereis	estad
estarían	estén	estuvieran/-esen	estuvieren	estén

forzar

presente	pret. ind.	imperativo	
fuerzo	forcé		**gerundio**
fuerzas	forzaste	fuerza	forzando
fuerza	forzó	fuerce	
forzamos	forzamos	forcemos	**participio**
forzáis	forzasteis	forzad	forzado
fuerzan	forzaron	fuercen	

fregar

presente	pret. ind.	imperativo	
friego	fregué		**gerundio**
friegas	fregaste	friega	fregando
friega	fregó	friegue	
fregamos	fregamos	freguemos	**participio**
fregáis	fregasteis	fregad	fregado
friegan	fregaron	frieguen	

freír

presente	pret. ind.	imperativo	
frío	freí		**gerundio**
fríes	freíste	fríe	friendo
fríe	frió	fría	
freímos	freímos	friamos	**participio**
freís	freísteis	freíd	frito
fríen	frieron	frían	

haber

presente	imperfecto	pret. ind.	futuro	
he	había	hube	habré	**gerundio**
has	habías	hubiste	habrás	habiendo
ha	había	hubo	habrá	
hemos	habíamos	hubimos	habremos	**participio**
habéis	habíais	hubisteis	habréis	habido
han	habían	hubieron	habrán	

condicional	subj. pres.	subj. imp.	subj. fut.	imperativo
habría	haya	hubiera/-iese	hubiere	
habrías	hayas	hubieras/-ieses	hubieres	he
habría	haya	hubiera/-iese	hubiere	haya
habríamos	hayamos	hubiéramos/ -iésemos	hubiéremos	hayamos
habríais	hayáis	hubierais/-ieseis	hubiereis	habed
habrían	hayan	hubieran/-iesen	hubieren	hayan

hacer

presente	imperfecto	pret. ind.	futuro	
hago	hacía	hice	haré	**gerundio**
haces	hacías	hiciste	harás	haciendo
hace	hacía	hizo	hará	
hacemos	hacíamos	hicimos	haremos	**participio**
hacéis	hacíais	hicisteis	haréis	hecho
hacen	hacían	hicieron	harán	

condicional	subj. pres.	subj. imp.	subj. fut.	imperativo
haría	haga	hiciera/-iese	hiciere	
harías	hagas	hicieras/-ieses	hicieres	haz
haría	haga	hiciera/-iese	hiciere	haga
haríamos	hagamos	hiciéramos/ -iésemos	hiciéremos	hagamos
haríais	hagáis	hicierais/-ieseis	hiciereis	haced
harían	hagan	hicieran/-iesen	hicieren	hagan

hartar

participio :	hartado – *gesättigt* harto (*nur attributiv*): estoy harto – *ich bin satt*

huir

presente	pret. ind.	imperativo	
huyo	huí		**gerundio**
huyes	huiste	huye	huyendo
huye	huyó	huya	
huimos	huimos	huyamos	**participio**
huís	huisteis	huid	huido
huyen	huyeron	huyan	

imprimir

participio :	impreso

ir

presente	imperfecto	pret. ind.	subj. pres.	subj. imp.
voy	iba	fui	vaya	fuera/-ese
vas	ibas	fuiste	vayas	fueras/-eses
va	iba	fue	vaya	fuera/-ese
vamos	íbamos	fuimos	vayamos	fuéramos/ -ésemos
vais	ibais	fuisteis	vayáis	fuerais/-eseis
van	iban	fueron	vayan	fueran/-esen

subj. fut.	imperativo	
fuere		**gerundio**
fueres	ve	yendo
fuere	vaya	
fuéremos	vayamos	**participio**
fuereis	id	ido
fueren	vayan	

jugar

presente	pret. ind.	subj. pres.	imperativo	
juego	jugué	juegue		**gerundio**
juegas	jugaste	juegues	juega	jugando
juega	jugó	juegue	juegue	
jugamos	jugamos	juguemos	juguemos	**participio**
jugáis	jugasteis	juguéis	jugad	jugado
juegan	jugaron	jueguen	jueguen	

leer

presente	pret. ind.	
leo	leí	**gerundio**
lees	leíste	leyendo
lee	leyó	
leemos	leímos	**participio**
leéis	leísteis	leído
leen	leyeron	

lucir

presente	imperativo	
luzco		**gerundio**
luces	luce	luciendo
luce	luzca	
lucimos	luzcamos	**participio**
lucís	lucid	lucido
lucen	luzcan	

maldecir

presente	pret. ind.	imperativo		
maldigo	maldije		**gerundio**	
maldices	maldijiste	maldice	maldiciendo	
maldice	maldijo	maldiga		
maldecimos	maldijimos	maldigamos	**participio**	
maldecís	maldijisteis	maldecid	maldecido	verflucht
maldicen	maldijeron	maldigan	maldito	Substantiv, Adjektiv

morir

presente	pret. ind.	imperativo	
muero	morí		**gerundio**
mueres	moriste	muere	muriendo
muere	murió	muera	
morimos	morimos	muramos	**participio**
morís	moristeis	morid	muerto
mueren	murieron	mueran	

oir, oír

presente	pret. ind.	imperativo	subj. imp.	subj. fut.
oigo	oí		oyera/-ese	oyere
oyes	oiste	oye	oyeras/-eses	oyeres
oye	oyó	oiga	oyera/-ese	oyere
oímos	oímos	oigamos	oyéramos/ -ésemos	oyéremos
oís	oísteis	oid	oyerais/-eseis	oyereis
oyen	oyeron	oigan	oyeran/-esen	oyeren

gerundio	participio
oyendo	oído

oler

presente	imperativo	
huelo		**gerundio**
hueles	huele	oliendo
huele	huela	
olemos	olamos	**participio**
oléis	oled	olido
huelen	huelan	

pedir

presente	pret. ind.	imperativo	
pido	pedí		**gerundio**
pides	pediste	pide	pidiendo
pide	pidió	pidas	
pedimos	pedimos	pidamos	**participio**
pedís	pedisteis	pedid	pedido
piden	pidieron	pidan	

poder

presente	pret. ind.	futuro	condicional	
puedo	pude	podré	podría	**gerundio**
puedes	pudiste	podrás	podrías	pudiendo
puede	pudo	podrá	podría	
podemos	pudimos	podremos	podríamos	**participio**
podéis	pudisteis	podréis	podríais	podido
pueden	pudieron	podrán	podrían	

podrir, pudrir

presente	imperfecto	pret. ind.	futuro	condicional
pudro	pudría	pudrí	pudriré	pudriría
pudres	pudrías	pudriste	pudrirás	pudrirías
pudre	pudría	pudrió	pudrirá	pudriría
pudrimos	pudríamos	pudrimos	pudriremos	pudriríamos
pudrís	pudríais	pudristeis	pudriréis	pudriríais
pudren	pudrían	pudrieron	pudrirán	pudrirían

imperativo		
	gerundio	
pudre	pudriendo	
pudra		
pudramos	**participio**	
pudrid	podrido	
pudran		

poner

presente	pret. ind.	futuro	condicional	imperativo
pongo	puse	pondré	pondría	
pones	pusiste	pondrás	pondrías	pon
pone	puso	pondrá	pondría	ponga
ponemos	pusimos	pondremos	pondríamos	pongamos
ponéis	pusisteis	pondréis	pondríais	poned
ponen	pusieron	pondrán	pondrían	pongan

gerundio	participio
poniendo	puesto

prohibir

presente	imperativo	
prohíbo		**gerundio**
prohíbes	prohíbe	prohibiendo
prohíbe	prohíba	
prohibimos	prohibamos	**participio**
prohibís	prohibid	prohibido
prohíben	prohíban	

proveer

presente	pret. ind.	
proveo	proveí	**gerundio**
provees	proveíste	proveyendo
provee	proveyó	
proveemos	proveímos	**participio**
proveéis	proveísteis	provisto
proveen	proveyeron	

pudrir *siehe* **podrir**

querer

presente	pret. ind.	futuro	condicional	imperativo
quiero	quise	querré	querría	
quieres	quisiste	querrás	querrías	quiere
quiere	quiso	querrá	querría	quiera
queremos	quisimos	querremos	querríamos	queramos
queréis	quisisteis	querréis	querríais	quered
quieren	quisieron	querrán	querrían	quieran

gerundio	participio
queriendo	querido

raer

presente	pret. ind.	
raigo/rayo	raí	**gerundio**
raes	raíste	rayendo
rae	rayó	
raemos	raímos	**participio**
raéis	raísteis	raído
raen	rayeron	

reír

presente	pret. ind.	imperativo	
río	reí		**gerundio**
ríes	reíste	ríe	riendo
ríe	rió	ría	
reímos	reímos	riamos	**participio**
reís	reísteis	reíd	reído
ríen	rieron	rían	

reunir

presente	imperativo	
reúno		**gerundio**
reúnes	reúne	reuniendo
reúne	reúna	
reunimos	reunamos	**participio**
reunís	reunid	reunido
reúnen	reúnan	

roer

presente	pret. ind.	subj. pres.	subj. imp.	subj. fut.
roo/roigo/royo	roí	roa/roiga/roya	royera/-ese	royere
roes	roíste	roas/roigas/ royas	royeras/-eses	royeres
roe	royó	roa/roiga/roya	royera/-ese	royere
roemos	roímos	roamos/roiga- mos/royamos	royéramos/ -ésemos	royéremos
roéis	roísteis	roáis/roigáis/ royáis	royerais/-eseis	royereis
roen	royeron	roan/roigan/ royan	royeran/-esen	royeren

imperativo	
	gerundio
roe	royendo
roa/roiga/roya	
roamos/roiga- mos/royamos	**participio**
roed	roído
roan/roigan/ royan	

saber

presente	pret. ind.	futuro	condicional	subj. pres.
sé	supe	sabré	sabría	sepa
sabes	supiste	sabrás	sabrías	sepas
sabe	supo	sabrá	sabría	sepa
sabemos	supimos	sabremos	sabríamos	sepamos
sabéis	supisteis	sabréis	sabríais	sepáis
saben	supieron	sabrán	sabrían	sepan

imperativo	
	gerundio
sabe	sabiendo
sepa	
sepamos	**participio**
sabed	sabido
sepan	

salir

presente	futuro	condicional	imperativo	
salgo	saldré	saldría		**gerundio**
sales	saldrás	saldrías	sal	saliendo
sale	saldrá	saldría	salga	
salimos	saldremos	saldríamos	salgamos	**participio**
salís	saldréis	saldríais	salid	salido
salen	saldrán	saldrían	salgan	

seguir

presente	pret. ind.	subj. pres.	subj. imp.	subj. fut.
sigo	seguí	siga	siguiera/-ese	siguiere
sigues	seguiste	sigas	siguieras/-eses	siguieres
sigue	siguió	siga	siguiera/-ese	siguiere
seguimos	seguimos	sigamos	siguéramos/ -ésemos	siguiéremos
seguís	seguisteis	sigáis	siguierais/-eseis	siguiereis
siguen	siguieron	sigan	siguieran/-esen	siguieren

imperativo	
	gerundio
sigue	siguiendo
siga	
sigamos	**participio**
seguid	seguido
sigan	

sentir

presente	pret. ind.	subj. pres.	subj. imp.	subj. fut.
siento	sentí	sienta	sintiera/-ese	sintiere
sientes	sentiste	sientas	sintieras/-eses	sintieres
siente	sintió	sienta	sintiera/-ese	sintiere
sentimos	sentimos	sintamos	sintiéramos/ -ésemos	sintiéremos
sentís	sentisteis	sintáis	sintierais/-eseis	sintiereis
sienten	sintieron	sientan	sintieran/-esen	sintieren

imperativo	
	gerundio
siente	sintiendo
sienta	
sintamos	**participio**
sentid	sentido
sientan	

ser

presente	imperfecto	pret. ind.	futuro	
soy	era	fui	seré	**gerundio**
eres	eras	fuiste	serás	siendo
es	era	fue	será	
somos	éramos	fuimos	seremos	**participio**
sois	erais	fuisteis	seréis	sido
son	eran	fueron	serán	

condicional	subj. pres.	subj. imp.	subj. fut.	imperativo
sería	sea	fuera/-ese	fuere	
serías	seas	fueras/-eses	fueres	sé
sería	sea	fuera/-ese	fuere	sea
seríamos	seamos	fuéramos/ -ésemos	fuéremos	seamos
seríais	seáis	fuerais/-eseis	fuereis	sed
serían	sean	fueran/-esen	fueren	sean

soltar

presente	imperativo	
suelto		**gerundio**
sueltas	suelta	soltando
suelta	suelte	
soltamos	soltemos	**participio**
soltáis	soltad	soltado
sueltan	suelten	

tener

presente	pret. ind.	futuro	condicional	imperativo
tengo	tuve	tendré	tendría	
tienes	tuviste	tendrás	tendrías	ten
tiene	tuvo	tendrá	tendría	tenga
tenemos	tuvimos	tendremos	tendríamos	tengamos
tenéis	tuvisteis	tendréis	tendríais	tened
tienen	tuvieron	tendrán	tendrían	tengan

gerundio	participio
teniendo	tenido

traducir

presente	pret. ind.	imperativo	
traduzco	traduje		**gerundio**
traduces	tradujiste	traduce	traduciendo
traduce	tradujo	traduzca	
traducimos	tradujimos	traduzcamos	**participio**
traducís	tradujisteis	traducid	traducido
traducen	tradujeron	traduzcan	

traer

presente	pret. ind.	imperativo	
traigo	traje		**gerundio**
traes	trajiste	trae	trayendo
trae	trajo	traiga	
traemos	trajimos	traigamos	**participio**
traéis	trajisteis	traed	traído
traen	trajeron	traigan	

valer

presente	futuro	imperativo	
valgo	valdré		**gerundio**
vales	valdrás	vale	valiendo
vale	valdrá	valga	
valemos	valdremos	valgamos	**participio**
valéis	valdréis	valed	valido
valen	valdrán	valgan	

venir

presente	pret. ind.	futuro	condicional	imperativo
vengo	vine	vendré	vendría	
vienes	viniste	vendrás	vendrías	ven
viene	vino	vendrá	vendría	venga
venimos	vinimos	vendremos	vendríamos	vengamos
venís	vinisteis	vendréis	vendríais	venid
vienen	vinieron	vendrán	vendrían	vengan

gerundio	participio
viniendo	venido

ver

presente	imperfecto	pret. ind.	subj. imp.	subj. fut.
veo	veía	vi	viera/-ese	viere
ves	veías	viste	vieras/-eses	vieres
ve	veía	vio	viera/-ese	viere
vemos	veíamos	vimos	viéramos/ -ésemos	viéremos
veis	veíais	visteis	vierais/-eseis	viereis
ven	veían	vieron	vieran/-esen	vieren

gerundio	participio
viendo	visto

volcar

presente	pret. ind.	imperativo	
vuelco	volqué		**gerundio**
vuelcas	volcaste	vuelca	volcando
vuelca	volcó	vuelque	
volcamos	volcamos	volquemos	**participio**
volcáis	volcasteis	volcad	volcado
vuelcan	volcaron	vuelquen	

volver

presente	imperativo	
vuelvo		**gerundio**
vuelves	vuelve	volviendo
vuelve	vuelva	
volvemos	volvamos	**participio**
volvéis	volved	vuelto
vuelven	vuelvan	

yacer

presente	subj. pres.	imperativo	
yazco/yazgo/ yago	yazca/yazga/ yaga		**gerundio** yaciendo
yaces	yazcas/yazgas/ yagas	yace/yaz	
yace	yazca/yazga/ yaga	yazca/yazga/ yaga	
yacemos	yazcamos/ yazgamos/ yagamos	yazcamos/ yazgamos/ yagamos	**participio** yacido
yacéis	yazcáis/yazgáis yagáis	yaced	
yacen	yazcan/yazgan/ yagan	yazcan/yazgan/ yagan	

Deutsche Kurzgrammatik
Gramática sucinta de la lengua alemana

I. El artículo

Un sustantivo alemán puede ser **masculino, femenino** o **neutro.** El **género** del sustantivo se puede reconocer en los siguientes artículos: *der, die* o *das.*

	artículo determinado				**artículo indeterminado**			
	m	**f**	**nt**	**pl**	**m**	**f**	**nt**	**pl**
nom.	der	die	das	die	ein	eine	ein	*no hay*
gen.	des	der	des	der	eines	einer	eines	*en alemán*
dat.	dem	der	dem	den	einem	einer	einem	
acus.	den	die	das	die	einen	eine	ein	

II. El sustantivo

En alemán hay una **declinación** fuerte, una **débil** y una **mixta** del sustantivo (compárese también la declinación del adjetivo). Los sustantivos de la declinación mixta se declinan en singular como sustantivos fuertes y en plural como débiles.

Declinación fuerte: masculino y neutro

	plural en ~e	**plural en ¨~e**	**plural en ~er**	**plural en ¨~er**
singular				
nom.	der Tag	der Traum	das Kind	das Dach
gen.	des Tag(e)s	des Traum(e)s	des Kind(e)s	des Dach(e)s
dat.	dem Tag(e)	dem Traum(e)	dem Kind(e)	dem Dach(e)
acus.	den Tag	den Traum	das Kind	das Dach
plural				
nom.	die Tage	die Träume	die Kinder	die Dächer
gen.	der Tage	der Träume	der Kinder	der Dächer
dat.	den Tagen	den Träumen	den Kindern	den Dächern
acus.	die Tage	die Träume	die Kinder	die Dächer

	plural en ~s	**plural sin final ¨~**	**plural sin final**	**plural sin final**
singular				
nom.	das Auto	der Vogel	der Tischler	der Lappen
gen.	des Autos	des Vogels	des Tischlers	des Lappens
dat.	dem Auto	dem Vogel	dem Tischler	dem Lappen
acus.	das Auto	den Vogel	den Tischler	den Lappen

plural				
nom.	die Autos	die Vögel	die Tischler	die Lappen
gen.	der Autos	der Vögel	der Tischler	der Lappen
dat.	den Autos	den Vögeln	den Tischlern	den Lappen
acus.	die Autos	die Vögel	die Tischler	die Lappen

Declinación fuerte: femenino

	plural en ¨~e	**plural sin final ¨~**	**plural en ~s**
singular			
nom.	die Wand	die Mutter	die Bar
gen.	der Wand	der Mutter	der Bar
dat.	der Wand	der Mutter	der Bar
acus.	die Wand	die Mutter	die Bar
plural			
nom.	die Wände	die Mütter	die Bars
gen.	der Wände	der Mütter	der Bars
dat.	den Wänden	den Müttern	den Bars
acus.	die Wände	die Mütter	die Bars

Declinación débil: masculino

	plural en ~n	**plural en ~en**	**plural en ~n**
singular			
nom.	der Bauer	der Bär	der Hase
gen.	des Bauern	des Bären	des Hasen
dat.	dem Bauern	dem Bären	dem Hasen
acus.	den Bauern	den Bären	den Hasen
plural			
nom.	die Bauern	die Bären	die Hasen
gen.	der Bauern	der Bären	der Hasen
dat.	den Bauern	den Bären	den Hasen
acus.	die Bauern	die Bären	die Hasen

Declinación débil: femenino

	plural en ~en	plural en ~n	plural en ~n	plural en ~nen
singular				
nom.	die Uhr	die Feder	die Gabe	die Ärztin
gen.	der Uhr	der Feder	der Gabe	der Ärztin
dat.	der Uhr	der Feder	der Gabe	der Ärztin
acus.	die Uhr	die Feder	die Gabe	die Ärztin
plural				
nom.	die Uhren	die Federn	die Gaben	die Ärztinnen
gen.	der Uhren	der Federn	der Gaben	der Ärztinnen
dat.	den Uhren	den Federn	den Gaben	den Ärztinnen
acus.	die Uhren	die Federn	die Gaben	die Ärztinnen

Declinación mixta: masculino y femenino

	plural en ~n	plural en ~en	plural en ~n	plural en ~en
singular				
nom.	das Auge	das Ohr	der Name	das Herz
gen.	des Auges	des Ohr(e)s	des Namens	des Herzens
dat.	dem Auge	dem Ohr(e)	dem Namen	dem Herzen
acus.	das Auge	das Ohr	den Namen	das Herz
plural				
nom.	die Augen	die Ohren	die Namen	die Herzen
gen.	der Augen	der Ohren	der Namen	der Herzen
dat.	den Augen	den Ohren	den Namen	den Herzen
acus.	die Augen	die Ohren	die Namen	die Herzen

Declinación adjetiva

	masculino con artículo determinado	masculino con artículo indeterminado
singular		
nom.	der Reisende	ein Reisender
gen.	des Reisenden	eines Reisenden
dat.	dem Reisenden	einem Reisenden
acus.	den Reisenden	einen Reisenden

plural		
nom.	die Reisenden	Reisende
gen.	der Reisenden	Reisender
dat.	den Reisenden	Reisenden
acus.	die Reisenden	Reisende

	femenino con artículo determinado	**femenino con artículo indeterminado**
singular		
nom.	die Reisende	eine Reisende
gen.	der Reisenden	einer Reisenden
dat.	der Reisenden	einer Reisenden
acus.	die Reisende	eine Reisende
plural		
nom.	die Reisenden	Reisende
gen.	der Reisenden	Reisender
dat.	den Reisenden	Reisenden
acus.	die Reisenden	Reisende

	neutro con artículo determinado	**neutro con artículo indeterminado**
singular		
nom.	das Neugeborene	ein Neugeborenes
gen.	des Neugeborenen	eines Neugeborenen
dat.	dem Neugeborenen	einem Neugeborenen
acus.	das Neugeborene	ein Neugeborenes
plural		
nom.	die Neugeborenen	Neugeborene
gen.	der Neugeborenen	Neugeborener
dat.	den Neugeborenen	Neugeborenen
acus.	die Neugeborenen	Neugeborene

Declinación de los nombres propios

El genitivo de los nombres propios sigue diversas reglas:

- El nombre propio con artículo no varía:
  der María, des (schönen) Berlin
- En el nombre propio sin artículo se añade una *s* final: Marias Auto, die Straßen Berlins
- En el nombre propio terminado en *-s, -ss, -ß, -x, -z* se añade un apóstrofo:
  Aristoteles' (Schriften), die Straßen Calais'

- Con varios nombres propios seguidos se añade una *s* al último nombre:
  Johann Sebastian Bachs (Musik)
- El nombre propio con aposición se declina como un sustantivo:
  nom. Karl der Große
  gen. Karls des Großen
  dat. Karl dem Großen
  acus. Karl den Großen
- Los nombres de familia tienen una *-s* en plural:
  die Schneiders
- Si el nombre de familia termina en *-s*, -ss, *-ß*, *-x* o *-z*, se añade un apóstrofo o se pone detrás una perífrasis en forma de *von* + dativo:
  die Schmitz'
  das Auto von Schmitz

III. El adjetivo

Si un adjetivo se encuentra *delante* de un sustantivo, concordará con este en **género**, **caso** y **número**. Por lo tanto, se declina. Al igual que en los sustantivos se diferencia entre la **declinación fuerte**, la **débil** y la **mixta**.

1. La declinación regular

La declinación fuerte

Se aplica la declinación fuerte:

- cuando el adjetivo va unido a un sustantivo sin artículo
- si el adjetivo está precedido por una palabra que no indica el género
  mehrere liebe Kinder, manch guter Wein
- después de números cardinales y *ein paar, ein bisschen*
  Sie hörte zwei laute Schritte.
  Wir machen eine Reise mit ein paar guten Freunden.
  Mit einem bisschen guten Willen schaffst du das.

	masculino	**femenino**	**neutro**
singular			
nom.	guter Wein	schöne Frau	liebes Kind
gen.	guten Wein(e)s	schöner Frau	lieben Kindes
dat.	gutem Wein	schönen Frau	liebem Kind
acus.	guten Wein	schöne Frau	liebes Kind
plural			
nom.	gute Weine	schöne Frauen	liebe Kinder
gen.	guter Weine	schöner Frauen	lieber Kinder
dat.	guten Weinen	schönen Frauen	lieben Kindern
acus.	gute Weine	schöne Frauen	liebe Kinder

La declinación débil

Se aplica la declinación débil:

- cuando el adjetivo va unido a un sustantivo con artículo determinado: *der, die, das.*
- con pronombres que indican el género del sustantivo: *diese(r, s), folgende(r, s), jede(r, s), welche(r, s).*

	masculino	femenino	neutro
singular			
nom.	der gute Wein	die schöne Frau	das liebe Kind
gen.	des guten Wein(e)s	der schönen Frau	des lieben Kindes
dat.	dem guten Wein	der schönen Frau	dem lieben Kind
acus.	den guten Wein	die schöne Frau	das liebe Kind
plural			
nom.	die guten Weine	die schönen Frauen	die lieben Kinder
gen.	der guten Weine	der schönen Frauen	der lieben Kinder
dat.	den guten Weinen	den schönen Frauen	den lieben Kindern
acus.	die guten Weine	die schönen Frauen	die lieben Kinder

La declinación mixta

Se aplica la declinación mixta:

- cuando un adjetivo va unido a un sustantivo, masculino o neutro en singular, con el artículo indeterminado: *ein, kein*
- en los pronombres posesivos: *dein, sein, unser, euer, ihr*

	masculino	neutro
singular		
nom.	ein guter Wein	ein liebes Kind
gen.	eines guten Wein(e)s	eines lieben Kindes
dat.	einem guten Wein	einem lieben Kind
acus.	einen guten Wein	ein liebes Kind

2. La declinación irregular

Adjetivos terminados en *-abel, -ibel* y *-el*

Los adjetivos terminados en *-abel*, *-ibel* y *-el* pierden la *e* en la declinación.

	miserabel	**penibel**	**heikel**
singular			
nom.	ein miserabler Stil	eine penible Frau	ein heikles Problem
gen.	eines miserablen Stils	einer peniblen Frau	eines heiklen Problems
dat.	einem miserablen Stil	einer peniblen Frau	einem heiklen Problem
acus.	einen miserablen Stil	eine penible Frau	ein heikles Problem
plural			
nom.	miserable Stile	penible Frauen	heikle Probleme
gen.	miserabler Stile	penibler Frauen	heikler Probleme
dat.	miserablen Stilen	peniblen Frauen	heiklen Problemen
acus.	miserable Stile	penible Frauen	heikle Probleme

Adjetivos terminados en *-er* y *-en*

Los adjetivos terminados en *-er* y *-en* conservan la *e* en la forma declinada salvo en los siguientes casos:

- en la lengua culta o en el estilo literario
  finster seine finstren Züge
- con los adjetivos que no provienen del alemán
  makaber eine makabre Geschichte
  integer ein integrer Beamter

Adjetivos terminados en *-auer, -euer*

Los adjetivos terminados en *-auer* y *-euer* pierden la *e* en la forma declinada:
teuer ein teures Geschenk
sauer saure Gurken

3. La gradación regular

Las cualidades pueden compararse entre sí. Hay tres grados de comparación:

	m	**f**	**nt**
positivo	ein schöner Film	eine schöne Vase	ein schönes Haus
comparativo	ein schönerer Film	eine schönere Vase	ein schöneres Haus
superlativo	der schönste Film	die schönste Vase	das schönste Haus

Para las formas comparativas o de gradación en genitivo, dativo y acusativo sirven las mismas reglas de declinación aplicadas a un adjetivo en grado positivo con un sustantivo:
der Garten mit den schönsten Blumen (*dativo, plural*)

4. La gradación irregular

A los adjetivos y adverbios se les añade una *e* delante de la terminación del superlativo:

- en los monosílabos
- si el acento recae en la última sílaba
- si terminan en *-s, -ss, -ß, -st, -x, -z* (siempre)
- si terminan en *-d, -t, -sch* (casi siempre)

spitz	adj.	spitzeste(r, s)
	adv.	am spitzesten
beliebt	adj.	beliebteste(r, s)
	adv.	am beliebtesten

La misma regla se aplica a los adjetivos y adverbios compuestos y a los que tienen un prefijo, no importando donde recaiga el acento:

unsanft	adj.	unsanfteste(r, s)
	adv.	am unsanftesten

Los adjetivos monosílabos con la vocal radical *a, o, u* llevan 'Umlaut' en el comparativo y en el superlativo:

arm	ärmer	ärmste(r, s)
groß	größer	größte(r, s)
klug	klüger	klügste(r, s)

Las formas completamente irregulares de gradación de adjetivos y adverbios son las siguientes:

gut	besser	am besten
viel	mehr	am meisten
gern	lieber	am liebsten
bald	eher	am ehesten

IV. El adverbio

En su uso adverbial los adjetivos no sufren modificación:

Er singt gut.
Sie schreibt schön.
Er läuft schnell.

Para la gradación de los adverbios sirven las mismas reglas que para la de los adjetivos:

Er singt besser.
Sie schreibt schöner.
Er läuft schneller.

La mayoría de los adverbios forman el superlativo siguiendo la estructura *am ...sten*:

Er singt am besten.
Sie schreibt am schönsten.
Er läuft am schnellsten.

V. El verbo

1. El presente

Con el presente se expresa en alemán una acción en el presente, un hecho generalmente aceptado o un suceso en el futuro:

Was machst du? Ich lese.
Die Erde dreht sich um die Sonne.
Morgen habe ich frei.

Verbos regulares (conjugación débil)

	machen	**legen**	**sagen**	**sammeln**
ich	mache	lege	sage	sammle
du	machst	legst	sagst	sammelst
er/sie/es	macht	legt	sagt	sammelt
wir	machen	legen	sagen	sammeln
ihr	macht	legt	sagt	sammelt
sie	machen	legen	sagen	sammeln

Verbos cuya raíz termina en *s*, *ss*, *ß* y *z:*

	rasen	**küssen**	**grüßen**	**reizen**
ich	rase	küsse	grüße	reize
du	rast	küsst	grüßt	reizt
er/sie/es	rast	küsst	grüßt	reizt
wir	rasen	küssen	grüßen	reizen
ihr	rast	küsst	grüßt	reizt
sie	rasen	küssen	grüßen	reizen

En los verbos cuya raíz termina en *d* o *t*, con consonante *+m* o con consonante *+n*, se añade una *e* en la 2ª persona del singular:

	reden	**wetten**	**atmen**	**trocknen**
ich	rede	wette	atme	trockne
du	redest	wettest	atmest	trocknest
er/sie/es	redet	wettet	atmet	trocknet
wir	reden	wetten	atmen	trocknen
ihr	redet	wettet	atmet	trocknet
sie	reden	wetten	atmen	trocknen

Verbos cuya raíz termina en *el* o *er* átonas pierden la *e* en la 1ª persona del singular:

angeln → ich angle
zittern → ich zittre

Verbos irregulares (conjugación fuerte)

En los verbos irregulares la vocal radical cambia en la mayoría de los casos:

	tragen	**blasen**	**laufen**	**essen**
ich	trage	blase	laufe	esse
du	trägst	bläst	läufst	isst
er/sie/es	trägt	bläst	läuft	isst
wir	tragen	blasen	laufen	essen
ihr	tragt	blast	lauft	esst
sie	tragen	blasen	laufen	essen

→ Veáse también los verbos irregulares en el cuerpo del diccionario y en la lista de la página 484.

2. El pretérito

Con el pretérito se expresa en alemán un suceso pasado:
Letztes Jahr reisten wir nach Spanien.

Verbos regulares

	machen	**sammeln**	**küssen**	**grüßen**	**reizen**
ich	machte	sammelte	küsste	grüßte	reizte
du	machtest	sammeltest	küsstest	grüßtest	reiztest
er/sie/es	machte	sammelte	küsste	grüßte	reizte
wir	machten	sammelten	küssten	grüßten	reizten
ihr	machtet	sammeltet	küsstet	grüßtet	reiztet
sie	machten	sammelten	küssten	grüßten	reizten

Verbos cuya raíz termina en *d*, *t*, con consonante + *m* o con consonante + *n:*

	reden	**wetten**	**atmen**	**trocknen**
ich	redete	wettete	atmete	trocknete
du	redetest	wettetest	atmetest	trocknetest
er/sie/es	redete	wettete	atmete	trocknete
wir	redeten	wetteten	atmeten	trockneten
ihr	redetet	wettetet	atmetet	trocknetet
sie	redeten	wetteten	atmeten	trockneten

Verbos irregulares

	tragen	blasen	laufen	essen
ich	trug	blies	lief	aß
du	trugst	bliest	liefst	aßt
er/sie/es	trug	blies	lief	aß
wir	trugen	bliesen	liefen	aßen
ihr	trugt	bliest	lieft	aßt
sie	trugen	bliesen	liefen	aßen

→ Veáse también los verbos irregulares en el cuerpo del diccionario y en la lista de la página 484.

3. El pretérito perfecto

Con el pretérito perfecto se expresa un suceso acabado o un estado. Se construye con las formas del presente de los verbos auxiliares *haben* o *sein* y el participio pasado.
Der Zug ist abgefahren.
Heute Nacht hat es geregnet.

Verbos que expresan movimiento

Los verbos que expresan movimiento o un cambio de estado forman el pretérito con *sein*:

	radeln	fahren	verstummen	sterben
ich	bin geradelt	bin gefahren	bin verstummt	bin gestorben
du	bist geradelt	bist gefahren	bist verstummt	bist gestorben
er/sie/es	ist geradelt	ist gefahren	ist verstummt	ist gestorben
wir	sind geradelt	sind gefahren	sind verstummt	sind gestorben
ihr	seid geradelt	seid gefahren	seid verstummt	seid gestorben
sie	sind geradelt	sind gefahren	sind verstummt	sind gestorben

Verbos transitivos, intransitivos, reflexivos e impersonales

Los verbos transitivos, reflexivos e impersonales, así como los verbos intransitivos que expresan un estado permanente, forman el pretérito perfecto con *haben:*

	legen	**sich freuen**	**regnen**	**leben**
ich	habe gelegt	habe mich gefreut		habe gelebt
du	hast gelegt	hast dich gefreut		hast gelebt
er/sie/es	hat gelegt	hat sich gefreut	es hat geregnet	hat gelebt
wir	haben gelegt	haben uns gefreut		haben gelebt
ihr	habt gelegt	habt euch gefreut		habt gelebt
sie	haben gelegt	haben sich gefreut		haben gelebt

4. El pluscuamperfecto

Con el pluscuamperfecto se expresa en alemán un suceso anterior a otro pasado. Se forma con las formas del pretérito de *haben* o *sein* y el *participio pasado*, aplicándose las mismas reglas para el uso de los auxiliares que para el pretérito perfecto:

Als er im Kino ankam, hatte der Film schon begonnen.

	fahren	**sterben**	**legen**	**leben**
ich	war gefahren	war gestorben	hatte gelegt	hatte gelebt
du	warst gefahren	warst gestorben	hattest gelegt	hattest gelebt
er/sie/es	war gefahren	war gestorben	hatte gelegt	hatte gelebt
wir	waren gefahren	waren gestorben	hatten gelegt	hatten gelebt
ihr	wart gefahren	wart gestorben	hattet gelegt	hattet gelebt
sie	waren gefahren	waren gestorben	hatten gelegt	hatten gelebt

5. El futuro

Con el futuro se expresan circunstancias o hechos que se refieren al futuro (anuncios, intenciones, suposiciones, promesas etc.). Se forma con las formas del presente del auxiliar *werden* y el *infinitivo del verbo:*

Morgen wird es schneien. (*indicación temporal*)
Er wird noch im Urlaub sein. (*suposición*)
Ich werde dich immer lieben. (*promesa, intención*)

	legen	fahren	sein	haben	können
ich	werde legen	werde fahren	werde sein	werde haben	werde können
du	wirst legen	wirst fahren	wirst sein	wirst haben	wirst können
er/sie/es	wird legen	wird fahren	wird sein	wird haben	wird können
wir	werden legen	werden fahren	werden sein	werden haben	werden können
ihr	werdet legen	werdet fahren	werdet sein	werdet haben	werdet können
sie	werden legen	werden fahren	werden sein	werden haben	werden können

6. El 'Konjunktiv I' y el 'Konjunktiv II'

El 'Konjunktiv I' (forma de posibilidad)

El 'Konjunktiv I' se forma con *la raíz del verbo en presente* a la que se añaden los finales *-e*, *-est*, *-e*, *-en*, *-et*, *-en*. Con el 'Konjunktiv I' se expresa el estilo indirecto:

Kannst du mir helfen? (*estilo directo*)
Er fragt sie, ob sie ihm helfen könne. (*estilo indirecto*)

Aunque en algunos verbos irregulares cambia en indicativo el 'Umlaut' o la vocal, esto no sucede en el 'Konjunktiv I':

	infinitivo	presente indicativo	'Konjunktiv I'
	fallen	du fällst	du fallest
	geben	du gibst	du gebest

Además de en el estilo indirecto, el 'Konjunktiv I' se utiliza en algunas frases hechas:

Er lebe hoch!
Gott sei Dank!
Man nehme Salz, Mehl und Butter...

	legen	hassen	küssen	reden
ich	lege	hasse	küsse	rede
du	legst	hassest	küssest	redest
er/sie/es	lege	hasse	küsse	rede
wir	legen	hassen	küssen	reden
ihr	leget	hasset	küsset	redet
sie	legen	hassen	küssen	reden

El 'Konjunktiv I' de los verbos auxiliares *sein*, *haben* y *werden* se forma de la manera siguiente:

	sein	**haben**	**werden**
ich	sei	habe	werde
du	seist	habest	werdest
er/sie/es	sei	habe	werde
wir	seien	haben	werden
ihr	seiet	habet	werdet
sie	seien	haben	werden

El 'Konjunktiv II'

Verbos regulares

El 'Konjunktiv II' se forma con la raíz del pretérito a la que se añaden los finales *-e*, *-(e)st*, *-e*, *-en*, *-(e)t*, *-en*. En los verbos regulares, el 'Konjunktiv II' es igual que el pretérito de indicativo; en los irregulares con *i* o *ie* en las formas del pretérito, se conservan *i* e *ie* asimismo en el 'Konjunktiv II'. El 'Konjunktiv II' se utiliza en enunciados irreales, en comparaciones y en expresiones de cortesía:

Wenn ich Zeit hätte, ginge ich heute mit dir ins Kino. (irreal)
Die Leiter schwankte so, als fiele sie gleich um. (comparativo)
Können Sie uns bitte eine Auskunft geben? (cortés)

	gehen / ging	**rufen / rief**	**greifen / griff**
ich	ginge	riefe	griffe
du	ging(e)st	rief(e)st	griff(e)st
er/sie/es	ginge	riefe	griffe
wir	gingen	riefen	griffen
ihr	ging(e)t	rief(e)t	griff(e)t
sie	gingen	riefen	griffen

Verbos con las vocales *a, o, u*

Los verbos con las vocales *a, o, u* en el pretérito indicativo tienen 'Umlaut' en el 'Konjunktiv II'.

	singen/ sang	**fliegen/ flog**	**fahren/ fuhr**	**sein/war**	**haben/ hatte**	**werden/ wurde**
ich	sänge	flöge	führe	wäre	hätte	würde
du	säng(e)st	flög(e)st	führ(e)st	wär(e)st	hättest	würdest
er/sie/es	sänge	flöge	führe	wäre	hätte	würde
wir	sängen	flögen	führen	wären	hätten	würden
ihr	säng(e)t	flög(e)t	führ(e)t	wär(e)t	hättet	würdet
sie	sängen	flögen	führen	wären	hätten	würden

Lista de las formas más importantes del 'Konjunktiv II'

befehlen	– beföhle	**graben**	– grübe	**schwingen**	– schwänge
beginnen	– begänne	**haben**	– hätte	**schwören**	– schwüre
bergen	– bärge	**heben**	– höbe	**sehen**	– sähe
bersten	– bärste	**helfen**	– hülfe	**sein**	– wäre
bewegen	– bewöge	**klingen**	– klänge	**singen**	– sänge
biegen	– böge	**kommen**	– käme	**sinken**	– sänke
bieten	– böte	**können**	– könne	**sinnen**	– sänne
binden	– bände	**kriechen**	– kröche	**sitzen**	– säße
bitten	– bäte	**laden**	– lüde	**spinnen**	– spänne
brechen	– bräche	**lesen**	– läse	**sprechen**	– spräche
brennen	– brennte	**liegen**	– läge	**sprießen**	– sprösse
bringen	– brächte	**löschen**	– lösche	**springen**	– spränge
denken	– dächte	**lügen**	– löge	**stechen**	– stäche
dreschen	– drösche	**melken**	– mölke	**stehen**	– stünde/stände
dringen	– dränge	**messen**	– mäße	**stehlen**	– stähle
dürfen	– dürfte	**misslingen**	– misslänge	**sterben**	– stürbe
empfehlen	– empföhle	**mögen**	– möchte	**stinken**	– stänke
empfinden	– empfände	**müssen**	– müsste	**tragen**	– trüge
essen	– äße	**nehmen**	– nähme	**treffen**	– träfe
fahren	– führe	**quellen**	– quölle	**treten**	– träte
finden	– fände	**riechen**	– röche	**trinken**	– tränke
flechten	– flöchte	**ringen**	– ränge	**trügen**	– tröge
fliegen	– flöge	**rinnen**	– ränne	**tun**	– täte
fliehen	– flöhe	**saufen**	– söffe	**verderben**	– verdürbe
fließen	– flösse	**schaffen**	– schüfe	**vergessen**	– vergäße
fressen	– fräße	**schelten**	– schölte	**verlieren**	– verlöre
frieren	– fröre	**scheren**	– schöre	**wachsen**	– wüchse
gären	– gäre	**schieben**	– schöbe	**wiegen**	– wöge
gebären	– gebäre	**schießen**	– schösse	**waschen**	– wüsche
geben	– gäbe	**schinden**	– schünde	**werben**	– würbe
gelingen	– gelänge	**schlagen**	– schlüge	**werden**	– würde
gelten	– gälte	**schließen**	– schlösse	**werfen**	– würfe
genießen	– genösse	**schlingen**	– schlänge	**wiegen**	– wöge
geschehen	– geschähe	**schmelzen**	– schmölze	**winden**	– wände
gewinnen	– gewönne	**schwellen**	– schwölle	**wissen**	– wüsste
gießen	– gösse	**schwimmen**	– schwömme	**ziehen**	– zöge
glimmen	– glömme	**schwinden**	– schwände	**zwingen**	– zwänge

La frase condicional

El 'Konjunktiv II' de *werden* expresa junto con el *infinitivo* circunstancias o hechos que están sujetos a determinadas condiciones y que no se han realizado todavía:

Wenn ihr uns einladen würdet, würden wir fahren.

Las formas poco usadas y las anticuadas del 'Konjunktiv II' se expresan actualmente con el 'Konjunktiv II' de *werden* + *infinitivo:*

Wenn Flugzeuge nicht umweltfreundlicher fliegen würden, würde es bald keine saubere Luft mehr geben.

	legen	**fahren**
ich	würde legen	würde fahren
du	würdest legen	würdest fahren
er/sie/es	würde legen	würde fahren
wir	würden legen	würden fahren
ihr	würdet legen	würdet fahren
sie	würden legen	würden fahren

7. El imperativo

El imperativo expresa una orden, una petición, una advertencia, etc. o una prohibición. Se usa en las formas la de 2ª persona del singular y del plural.

Verbos regulares

En los verbos regulares se añade en singular una *e* y en plural una *t* a la raíz verbal. La forma de plural del imperativo es idéntica a la de la 2ª persona de plural del presente de indicativo. En la forma de cortesía con *Sie* se invierte el orden normal de las palabras (o sea, el predicado se pone delante del sujeto):

Sie schreiben einen Brief. (*una constatación / indicativo*)
Schreiben Sie einen Brief! (*una orden / imperativo*)

infinitivo	**singular**	**plural**	**forma de cortesía**
schreiben	schreib	schreibt	schreiben Sie
singen	sing	singt	singen Sie
trinken	trink	trinkt	trinken Sie
atmen	atme	atmet	atmen Sie
reden	red	redet	reden Sie

Los verbos que finalizan con *-eln*, *-ern* pueden perder la *e* en el singular:

infinitivo	**singular**	**plural**	**forma de cortesía**
sammeln	samm(e)le	sammelt	sammeln Sie
fördern	förd(e)re	fördert	fördern Sie
handeln	hand(e)le	handelt	handeln Sie

Si la raíz verbal termina en *-m* o *-n* precedida por *m, n, r, l, h*, puede perder la *e* en el singular:

infinitivo	singular	plural	forma de cortesía
kämmen	kämm(e)	kämmt	kämmen Sie
rennen	renn(e)	rennt	rennen Sie
lernen	lern(e)	lernt	lernen Sie
qualmen	qualm(e)	qualmt	qualmen Sie
rühmen	rühm(e)	rühmt	rühmen Sie

Si delante de *m* o *n* hay otra consonante, la desinencia *-e* debe conservarse:
atme, rechne

Verbos irregulares

Los verbos irregulares sin cambio vocálico en *i* o *ie* en el presente forman el imperativo según las mismas reglas que los verbos regulares.

→ Las formas del imperativo se indican en la lista de los verbos irregulares en la página 484.

Cambio vocálico en *i* o *ie:*

infinitivo	singular	plural	forma de cortesía
lesen	lies	lest	lesen Sie
werfen	wirf	werft	werfen Sie
sterben	stirb	sterbt	sterben Sie
essen	iss	esst	essen Sie
sehen	sieh	seht	sehen Sie

Los verbos auxiliares *sein*, *haben* y *werden*:

infinitivo	singular	plural	forma de cortesía
sein	sei	seid	seien Sie
haben	habe	habt	haben Sie
werden	werde	werdet	werden Sie

8. Activa y pasiva

En *activa* una acción es contemplada por el sujeto que realiza la acción; en *pasiva* , en cambio, el suceso mismo está en un primer plano sin que el sujeto que realiza la acción tenga que ser siempre nombrado:

Die Parlamentarier wählen den Präsidenten. (*activa*)
Der Präsident wird von den Parlamentariern gewählt. (*pasiva*)

La pasiva se forma con *werden* y el participio pasado:

presente	pretérito
ich werde geliebt	ich wurde geliebt
ich werde geschlagen	ich wurde geschlagen

9. Los verbos auxiliares *haben, sein* y *werden*

Se denominan *verbos auxiliares* porque con su ayuda se forman determinados tiempos de los verbos (p. ej. el pretérito perfecto, pluscuamperfecto, futuro) y la pasiva.

El presente de los verbos auxiliares:

	sein	**haben**	**werden**
ich	bin	habe	werde
du	bist	hast	wirst
er/sie/es	ist	hat	wird
wir	sind	haben	werden
ihr	seid	habt	werdet
sie	sind	haben	werden

El pretérito y participio de los verbos auxiliares:

	sein	**haben**	**werden**
ich	war	hatte	wurde
du	warst	hattest	wurdest
er/sie/es	war	hatte	wurde
wir	waren	hatten	wurden
ihr	wart	hattet	wurdet
sie	waren	hatten	wurden
participio	gewesen	gehabt	geworden

10. El participio presente y pasado

El participio presente ('Partizip I')

El participio presente se forma añadiendo *-d* al *infinitivo del verbo:*
singend, lachend

El participio presente expresa de manera abreviada una oración subordinada:
Er saß in der Badewanne und sang. – Er saß *singend* in der Badewanne.
Sie öffnete die Tür und lachte. – Sie öffnete *lachend* die Tür.

El participio pasado ('Partizip II')

El participio pasado de los verbos regulares se forma según las siguientes reglas:

	prefijo	**+ raíz**	**+ desinencia**
machen	**ge-**	**+ -mach-**	**+ -t**

legen	**ge**leg**t**
sagen	**ge**sag**t**
vierteln	**ge**viertel**t**
rasen	**ge**ras**t**
hassen	**ge**hass**t**
küssen	**ge**küss**t**
rußen	**ge**ruß**t**
reizen	**ge**reiz**t**
reden	**ge**rede**t**
trocknen	**ge**trockne**t**
wetten	**ge**wette**t**

En los verbos terminados en *-ieren,* al igual que en los verbos con los prefijos *be-*, *em-*, *ent-*, er-, *ver-*, y *zer-*, se suprime el prefijo *ge-*. Estos verbos están señalados con * en el cuerpo del diccionario alemán-español. Las reglas válidas para los mismos son las siguientes:

	raíz	**+ desinencia**
manövr*ieren**	**manövrier**	**+ t**

*em*pören*	empör**t**
*ent*giften*	entgifte**t**
*er*setzen*	ersetz**t**
*ver*trösten*	vertröste**t**
*zer*reden*	zerrede**t**

La *ge-* se suprime igualmente en los verbos compuestos inseparables. Estos verbos están señalados asimismo con *:

übersetzen*	übersetz**t**
unterlegen*	unterleg**t**
umarmen*	umarm**t**

El participio pasado de los verbos compuestos separables (p. ej. *durchmachen*) se forma según las siguientes reglas:

	prefijo verbal	**+ prefijo *ge-***	**+ raíz verbal**	**+ desinencia *t***
durchmachen	**durch**	**+ ge**	+ mach	+ t

anbeten	an**ge**bete**t**
überschnappen	über**ge**schnapp**t**

→ Todos los verbos alemanes separables están señalados en el diccionario con '|'. Las formas irregulares siguen entre paréntesis triangulares a la entrada. Sin embargo no se da la indicación de las bases de las que derivan los verbos compuestos y prefijados. Estos se señalan con *irr*; los verbos irregulares más importantes están registrados en el diccionario en una lista en la página 484.

VI. El pronombre

Los pronombres se declinan en alemán como los artículos, los sustantivos, los adjetivos y los adverbios.

1. El pronombre personal

Designa a la persona que habla o sobre la que se habla en la frase.

nominativo	genitivo	dativo	acusativo
ich	meiner	mir	mich
du	deiner	dir	dich
er	seiner	ihm	ihn
sie	ihrer	ihr	sie
es	seiner	ihm	es
wir	unser	uns	uns
ihr	euer	euch	euch
sie	ihrer	ihnen	sie

2. El pronombre reflexivo

Se refiere al sujeto de una frase y debe concordar en **persona** y **número** con éste:
ich wasche mich
du wäschst dich
er/sie/es wäscht sich
wir waschen uns
ihr wascht euch
sie waschen sich

3. El pronombre posesivo

Indica una relación de pertenencia o de posesión y concuerda en **caso, género** y **número** con el sustantivo al que se refiere. Puede aparecer como un adjetivo delante de un sustantivo o también sustituyendo a un sustantivo.

El uso adjetivo del pronombre posesivo:

	m	f	nt	pl
1. p. sing.				
nom.	mein	meine	mein	meine
gen.	meines	meiner	meines	meiner
dat.	meinem	meiner	meinem	meinen
acus.	meinen	meine	mein	meine
2. p. sing.	dein	deine *se declina como* **mein**	dein	deine
3. p. sing. (m)	sein	seine *se declina como* **mein**	sein	seine
3. p. sing. (f)	ihr	ihre *se declina como* **mein**	ihr	ihre
3. p. sing. (nt)	sein	seine *se declina como* **mein**	sein	seine
1. p. pl.				
nom.	unser	uns(e)re	unser	uns(e)re
gen.	uns(e)res	uns(e)rer	uns(e)res	uns(e)rer
dat.	uns(e)rem	uns(e)rer unserm	uns(e)rem	uns(e)ren unserm
acus.	uns(e)ren	uns(e)re unsern	unser	unsre
2. p. pl.				
nom.	euer	eure	euer	eure
gen.	eures	eurer	eures	eurer
dat.	eurem	eurer	eurem	euren
acus.	euren	eure	euer	eure
3. p. pl.				
nom.	ihr	ihre	ihr	ihre
gen.	ihres	ihrer	ihres	ihrer
dat.	ihrem	ihrer	ihrem	ihren
acus.	ihren	ihre	ihr	ihre

El uso sustantivo del pronombre posesivo:

	m	f	nt	pl
1. p. sing.	meiner	meine	mein(e)s	meine
2. p. sing.	deiner	deine	dein(e)s	deine
3. p. sing. (m, nt)	seiner	seine	sein(e)s	seine
3. p. sing. (f)	ihrer	ihre	ihr(e)s	ihre
1. p. pl.	uns(e)rer	uns(e)re	uns(e)res	uns(e)re
2. p. pl.	eurer	eure	eures, euers	eure
3. p. pl.	ihrer	ihre	ihr(e)s	ihre

4. El pronombre demostrativo

Alude en la frase a algo de lo cual ya se ha hablado.

	m	f	nt	Plural
nom.	dieser	diese	dieses	diese
gen.	dieses	dieser	dieses	dieser
dat.	diesem	dieser	diesem	diesen
acus.	diesen	diese	dieses	diese
nom.	jener	jene	jenes	jene
gen.	jenes	jener	jenes	jener
dat.	jenem	jener	jenem	jenen
acus.	jenen	jene	jenes	jene
nom.	derjenige	diejenige	dasjenige	diejenigen
gen.	desjenigen	derjenigen	desjenigen	derjenigen
dat.	demjenigen	derjenigen	demjenigen	denjenigen
acus.	denjenigen	diejenigen	dasjenige	diejenigen
nom.	derselbe	dieselbe	dasselbe	dieselben
gen.	desselben	derselben	desselben	derselben
dat.	demselben	derselben	demselben	denselben
acus.	denselben	dieselbe	dasselbe	dieselben

Dieser hace referencia a algo cercano; *jener* a algo más lejano.
El artículo determinado *der*, *die*, *das* también se utiliza como pronombre demostrativo.

5. El pronombre relativo

Las formas más usadas de pronombres relativos son *der, die, das*; menos usadas son *welcher, welche, welches*. Todas introducen una oración subordinada en la que se dice algo que completa la frase principal. El **género** y el **número** de los pronombres relativos concuerda con el de su antecedente:

Er putzt sein neues Auto, das/welches er sich gekauft hat.

	m	f	nt	plural
nom.	welcher	welche	welches	welche
gen.	dessen	deren	dessen	deren
dat.	welchem	welcher	welchem	welchen
acus.	welchen	welche	welches	welche

Wer y *was* se pueden emplear también como pronombres relativos:

Wer das behauptet, lügt.
Mach doch, was du willst!

6. El pronombre interrogativo

El pronombre interrogativo diferencia entre una persona (*wer*) y una cosa (*was*). Sólo tiene formas de singular.

	persona	cosa
nom.	Wer spielt mit?	Was ist das?
gen.	Wessen Haus ist das?	
dat.	Wem gehört das Haus?	
acus.	Wen liebst du?	Was höre ich da?

El genitivo del pronombre interrogativo *wessen* se va sustituyendo cada vez más por el dativo *wem*:

Wem gehört das Haus?

Con *was für ein(er)* se pregunta por el tipo característico que una persona o cosa es:

Was für ein Mensch ist Peter eigentlich?
Was für einen Anzug möchten Sie?

Con el pronombre interrogativo *welcher, welche* y *welches* se pregunta por una persona o cosa concreta de un grupo:

Welche Schuhe soll ich nehmen? (Die braunen oder die schwarzen?)
Mit welchem Bus kommst du? (Mit dem um 16 oder um 17 Uhr?)
Welches Eis schmeckt dir besser? (Erdbeer- oder Schokoladeneis?)

	m	f	nt	plural
nom.	welcher	welche	welches	welche
gen.	welches	welcher	welches	welcher
dat.	welchem	welcher	welchem	welchen
acus.	welchen	welche	welches	welche

VII. Las preposiciones

Las preposiciones se usan en dativo y/o en acusativo:

– en **dativo**:	ab	aus
	außer	bei
	binnen	entgegen
	entsprechend	gegenüber
	gemäß	mit
	nach	nächst
	nahe	nebst
	samt	seit
	von	zu
	zufolge	zuwider
– en **acusativo**:	bis	wider
	durch	für
	gegen	je
	ohne	pro
	um	
– en **acusativo/dativo***:	an	auf
	entlang	hinter
	in	neben
	über	unter
	vor	zwischen

* Para movimiento o cambios de dirección se usa el acusativo (¿a dónde?); para indicaciones de lugar (¿dónde?) el dativo:

Er hängt die Uhr an die Wand. (Wohin?)
Die Uhr hängt an der Wand. (Wo?)

→ En el diccionario se indica tras cada preposición el caso correspondiente.

Algunas preposiciones se pueden contraer en una palabra con formas gramaticales del artículo:

an/in	+ **dem**	se convierte en	**am/im**
bei	+ **dem**		**beim**
von	+ **dem**		**vom**
zu	+ **dem/der**		**zum/zur**
an/in	+ **das**		**ans/ins**

Liste der wichtigsten unregelmäßigen Verben im Deutschen

Lista de los principales verbos irregulares del alemán

Las formas de los verbos derivados con los prefijos *auf-*, *ab-*, *be-*, *er-*, *zer-*, etc. corresponden a las de sus respectivos verbos en forma no derivada. Se añade a la forma de infinitivo la 2ª persona del singular si hay 'Umlaut' o cambio vocálico *e/i*. Igualmente se indica en la forma del participio pasado ('Partizip II') el verbo auxiliar con que se forma.

1. Infinitivo	2. Pretérito	3. participio pasado ('Partizip II')	4. Imperativo sing./pl.
backen bäckst, backst	backte	hat gebacken	back(e)/backt
befehlen befiehlst	befahl	hat befohlen	befiehl/befehlt
beginnen	begann	hat begonnen	beginn(e)/beginnt
beißen	biss	hat gebissen	beiß(e)/beißt
bergen birgst	barg	hat geborgen	birg/bergt
bersten birst	barst	ist geborsten	birst/berstet
bewegen	bewog	hat bewogen	beweg(e)/bewegt
biegen	bog	hat/ist gebogen	bieg(e)/bewegt
bieten	bot	hat geboten	biet(e)/bietet
binden	band	hat gebunden	bind(e)/bindet
bitten	bat	hat gebeten	bitt(e)/bittet
blasen bläst	blies	hat geblasen	blas(e)/blast
bleiben	blieb	ist geblieben	bleib(e)/bleibt
braten brätst	briet	hat gebraten	brat(e)/bratet
brechen brichst	brach	hat/ist gebrochen	brich/brecht
brennen	brannte	hat gebrannt	brenn(e)/brennt
bringen	brachte	hat gebracht	bring/bringt
denken	dachte	hat gedacht	denk(e)/denkt
dreschen drischst	drosch	hat gedroschen	drisch/drescht
dringen	drang	ist gedrungen	dring(e)/dringt
dürfen darfst	durfte	hat gedurft	
empfangen empfängst	empfing	hat empfangen	empfang(e)/empfangt
empfehlen empfiehlst	empfahl	hat empfohlen	empfiehl/empfehlt
empfinden	empfand	hat empfunden	empfind(e)/empfindet

erschrecken erschrickst	erschrak	hat/ist erschrocken	erschrick/erschreckt
essen isst	aß	hat gegessen	iss/esst
fahren fährst	fuhr	hat/ist gefahren	fahr(e)/fahrt
fallen fällst	fiel	ist gefallen	fall(e)/fallt
fangen fängst	fing	hat gefangen	fang(e)/fangt
fechten fichst	focht	hat gefochten	ficht/fechtet
finden	fand	hat gefunden	find(e)/findet
flechten	flocht	hat geflochten	flicht/flechtet
fliegen	flog	hat/ist geflogen	flieg(e)/fliegt
fliehen	floh	ist geflohen	flieh(e)/flieht
fließen	floss	ist geflossen	fließ(e)/fließt
fressen frisst	fraß	hat gefressen	friss/fresst
frieren	fror	hat/ist gefroren	frier(e)/friert
gären	gor/gärte	hat gegoren/gegärt	gär(e)/gärt
gebären gebierst	gebar	hat/ist geboren	gebier/gebärt
geben gibst	gab	hat gegeben	gib/gebt
gedeihen	gedieh	ist gediehen	gedeih(e)/gedeiht
gehen	ging	ist gegangen	geh(e)/geht
gelingen	gelang	ist gelungen	geling(e)/gelingt
gelten giltst	galt	hat gegolten	gilt/geltet
genießen	genoss	hat genossen	genieß(e)/genießt
geschehen geschieht	geschah	ist geschehen	geschieh/gescheht
gewinnen	gewann	hat gewonnen	gewinn(e)/gewinnt
gießen	goss	hat gegossen	gieß(e)/gießt
gleichen	glich	hat geglichen	gleich(e)/gleicht
gleiten	glitt	ist geglitten	gleit(e)/gleitet
glimmen	glomm	hat geglommen	glimm(e)/glimmt
graben gräbst	grub	hat gegraben	grab(e)/grabt
greifen	griff	hat gegriffen	greif(e)/greift
haben hast	hatte	hat gehabt	hab(e)/habt
halten hältst	hielt	hat gehalten	halt(e)/haltet
hängen	hing	hat gehangen	häng(e)/hängt

hauen	haute hieb	hat gehauen/gehaut	hau(e)/haut
heben	hob hub	hat gehoben	heb(e)/hebt
heißen	hieß	hat geheißen	heiß(e)/heißt
helfen hilfst	half	hat geholfen	hilf/helft
kennen	kannte	hat gekannt	kenn(e)/kennt
klingen	klang	hat geklungen	kling(e)/klingt
kneifen	kniff	hat gekniffen	kneif(e)/kneift
kommen	kam	ist gekommen	komm(e)/kommt
können kannst	konnte	hat gekonnt	
kriechen	kroch	ist gekrochen	kriech(e)/kriecht
küren	kürte/kor	hat gekürt/gekoren	kür(e)/kürt
laden lädst	lud	hat geladen	lad(e)/ladet
lassen lässt	ließ	hat gelassen	lass/lasst
laufen läuft	lief	ist gelaufen	lauf(e)/lauft
leiden	litt	hat gelitten	leid(e)/leidet
leihen	lieh	hat geliehen	leih(e)/leiht
lesen liest	las	hat gelesen	lies/lest
liegen	lag	hat gelegen	lieg(e)/liegt
löschen llschst	losch	hat gelöscht	lisch/löscht
lügen	log	hat gelogen	lüg(e)/lügt
mahlen	mahlte	hat gemahlen	mahl(e)/mahlt
meiden	mied	hat gemieden	meid(e)/meidet
melken	molk/melkte	hat gemolken/ gemelkt	melk(e), milk/melkt
messen misst	maß	hat gemessen	miss/messt
misslingen	misslang	ist misslungen	
mögen magst	mochte	hat gemocht	
müssen musst	musste	hat gemusst	
nehmen nimmst	nahm	hat genommen	nimm/nehmt
nennen	nannte	hat genannt	nenn(e)/nennt
pfeifen	pfiff	hat gepfiffen	pfeif(e)/pfeift
preisen	pries	hat gepriesen	preis(e)/preist

quellen quillst	quoll	ist gequollen	quill/quellt
raten rätst	riet	hat geraten	rat(e)/ratet
reiben	rieb	hat gerieben	reib(e)/reibt
reißen	riss	hat/ist gerissen	reiß/reißt
reiten	ritt	hat/ist geritten	reit(e)/reitet
rennen	rannte	ist gerannt	renn(e)/rennt
riechen	roch	hat gerochen	riech(e)/riecht
ringen	rang	hat gerungen	ring(e)/ringt
rinnen	rann	ist geronnen	rinn(e)/rinnt
rufen	rief	hat gerufen	ruf(e)/ruft
saufen säufst	soff	hat gesoffen	sauf(e)/sauft
schaffen	schuf	hat geschaffen	schaff(e)/schafft
scheiden	schied	hat/ist geschieden	scheid(e)/scheidet
scheinen	schien	hat geschienen	schein(e)/scheinet
scheißen	schiss	hat geschissen	scheiß(e)/scheißt
schelten schiltst	schalt	hat gescholten	schilt/scheltet
scheren	schor	hat geschoren/ geschert	scher(e)/schert
schieben	schob	hat geschoben	schieb(e)/schiebt
schießen	schoss	hat/ist geschossen	schieß(e)/schießt
schinden	schindete	hat geschunden	schind(e)/schindet
schlafen schläfst	schlief	hat geschlafen	schlaf(e)/schlaft
schlagen schlägst	schlug	hat geschlagen	schlag(e)/schlagt
schleichen	schlich	ist geschlichen	schleich(e)/schleicht
schleifen	schliff	hat geschliffen	schleif(e)/schleift
schließen	schloss	hat geschlossen	schließ(e)/schließt
schlingen	schlang	hat geschlungen	schling(e)/schlingt
schmeißen	schmiss	hat geschmissen	schmeiß(e)/schmeißt
schmelzen schmilzt	schmolz	ist geschmolzen	schmilz/schmelzt
schneiden	schnitt	hat geschnitten	schneid(e)/schneidet
schrecken schrickst	schreckte	hat geschreckt	schrick/schreckt
schreiben	schrieb	hat geschrieben	schreib(e)/schreibt
schreien	schrie	hat geschrie(e)n	schrei(e)/schreit
schreiten	schritt	ist geschritten	schreit(e)/schreitet
schweigen	schwieg	hat geschwiegen	schweig(e)/schweigt
schwellen schwillst	schwoll	ist geschwollen	schwill/schwellt

schwimmen	schwamm	hat/ist geschwommen	schwimm(e)/schwimmt
schwinden	schwand	ist geschwunden	schwind(e)/schwindet
schwingen	schwang	hat geschwungen	schwing(e)/schwingt
schwören	schwor	hat geschworen	schwör(e)/schwört
sehen siehst	sah	hat gesehen	sieh/seht
sein ist	war	ist gewesen	sei/seid
senden	sandte/sendete	hat gesandt/gesendet	send(e)/sendet
singen	sang	hat gesungen	sing(e)/singt
sinken	sank	ist gesunken	sink(e)/sinkt
sinnen	sann	hat gesonnen	sinn(e)/sinnt
sitzen	saß	hat gesessen	sitz(e)/sitzt
sollen	sollte	hat sollen	
spalten	spaltete	hat gespalten/gespaltet	spalt(e)/spaltet
speien	spie	hat gespie(e)n	spei(e)/speit
spinnen	spann	hat gesponnen	spinn(e)/spinnt
sprechen sprichst	sprach	hat gesprochen	sprich/sprecht
sprießen	spross/sprießte	ist gesprossen/gesprießt	sprieß(e)/sprießt
springen	sprang	ist gesprungen	spring(e)/springt
stechen stichst	stach	hat gestochen	stich/stecht
stecken	steckte/stak	hat gesteckt	steck(e)/steckt
stehen	stand	hat gestanden	steh(e)/steht
stehlen stiehlst	stahl	hat gestohlen	stiehl/stehlt
steigen	stieg	ist gestiegen	steig(e)/steigt
sterben stirbst	starb	ist gestorben	stirb/sterbt
stinken	stank	hat gestunken	stink(e)/stinkt
stoßen stößt	stieß	hat gestoßen	stoß(e)/stoßt
streichen	strich	hat gestrichen	streich(e)/streicht
streiten	stritt	hat gestritten	streit(e)/streitet
tragen trägst	trug	hat getragen	trag(e)/tragt
treffen triffst	traf	hat getroffen	triff/trefft
treiben	trieb	hat getrieben	treib(e)/treibt
treten trittst	trat	hat getreten	tritt/tretet

triefen	triefte	hat getrieft	trief(e)/trieft
trinken	trank	hat getrunken	trink(e)/trinkt
trügen	trog	hat getrogen	trüg(e)/trügt
tun	tat	hat getan	tu(e)/tut
verderben verdirbst	verdarb	hat/ist verdorben	verdirb/verderbt
vergessen vergisst	vergaß	hat vergessen	vergiss/vergesst
verlieren	verlor	hat verloren	verlier(e)/verliert
verlöschen verlischst	verlosch/verlösch-te	ist verloschen	verlisch/verlöscht
verzeihen	verzieh	hat verziehen	verzeih(e)/verzeiht
wachsen wächst	wuchs	ist gewachsen	wachs(e)/wachst
wägen	wog	hat gewogen	wäg(e)/wägt
waschen wäscht	wusch	hat gewaschen	wasch(e)/wascht
weben	wob	hat gewoben/gewebt	web(e)/webt
weichen	wich	ist gewichen	weich(e)/weicht
weisen	wies	hat gewiesen	weis(e)/weist
wenden	wendete/wandte	hat gewendet/ gewandt	wend(e)/wendet
werben wirbst	warb	hat geworben	wirb/werbt
werden wirst	wurde	ist geworden	werd(e)/werdet
werfen wirfst	warf	hat geworfen	wirf/werft
wiegen	wog	hat gewogen	wieg(e)/wiegt
winden	wand	hat gewunden	wind(e)/windet
winken	winkte	hat gewunken	wink(e)/winkt
wissen weißt	wusste	hat gewusst	wisse/wisset
wollen willst	wollte	hat gewollt	wolle/wollt
ziehen	zog	hat gezogen	zieh(e)/zieht
zwingen	zwang	hat gezwungen	zwing(e)/zwingt

Falsche Freunde

Die falschen Freunde – d. h. Wörter oder Ausdrücke, die aufgrund ihrer ähnlichen Schreibung und/oder Aussprache in zwei Sprachen falsch interpretiert werden können – sind alphabetisch geordnet. Ausschlaggebend ist dabei die spanische Schreibung. In solchen Fällen, in denen das deutsche Äquivalent aufgrund einer divergierenden Schreibung diese Ordnung durchbricht, wird das Stichwort kursiv dargestellt.

Falsos amigos

Los falsos amigos – es decir, palabras o expresiones que, debido a su similitud gráfica y/o fonética, pueden interpretarse incorrectamente en dos lenguas dadas – figuran en orden alfabético, partiendo siempre de las entradas españolas. En aquellos casos en que las entradas alemanas no siguen este mismo orden, se señalará en letra cursiva.

Bedeutung des spanischen Ausdrucks	**Falsche Freunde / Falsos amigos – español**	**alemán**	**Significado de la expresión alemana**
1) bezahlen 2) düngen	**abonar**	**abonnieren**	suscribirse
1) Zuneigung 2) Gemütsbewegung	**afecto**	**Affekt**	arrebato (pasional)
1) Vertreter(in) 2) Polizist(in) 3) Spion(in)	**agente**	**Agent**	espía
Krankenwagen	**ambulancia**	**Ambulanz**	ambulatorio
1) einzigartig 2) separat	**aparte**	**apart**	atractivo, atrayente
1) Sand 2) Arena	**arena**	**Arena**	1) arena, ruedo 2) plaza de toros
1) Asyl 2) Altenheim 3) Waisenhaus	**asilo**	**Asyl**	asilo (político)
1) Zuhörerschaft 2) Audienz 3) Gerichtssitzung	**audiencia**	**Audienz**	audiencia, auditorio
1) Klassenzimmer 2) Hörsaal	**aula**	**Aula**	aula magna, salón de actos, paraninfo
1) Helfer(in), Gehilfe, -in 2) Assistent(in)	**ayudante**	**Adjutant(in)**	oficial adjunto
1) schaukeln 2) ins Gleichgewicht bringen	**balancear**	**balancieren**	hacer equilibrios
1) Waage 2) Bilanz	**balanza**	**Balance**	equilibrio
(*Am*) Banane	**banana**	**Banane**	plátano

1) Musikkapelle 2) Band, Streifen 3) Bande 4) casete	**banda**	**Band**	1) conjunto musical 2) tomo, volumen 3) cinta, lazo
1) (Auto)batterie 2) Schlagzeug 3) (Koch)topf-Set	**batería**	**Batterie**	1) pila 2) batería (de coche)
1) weiß 2) bleich 3) puro	**blanco**	**blank**	1) reluciente, brillante 2) desnudo
1) Praline 2) schönes Mädchen	**bombón**	**Bonbon**	caramelo
1) Brief 2) Spielkarte 3) (Speise)karte 4) billete, entrada 5) naipe	**carta**	**Karte**	1) tarjeta 2) (tarjeta)postal 3) carta (del menú)
Zigarette	**cigarro**	**Zigarre**	puro, habano
1) Truhe 2) (*Méx*) Kofferraum	**cofre**	**Koffer**	maleta
1) Konkurrenz 2) Kompetenz 3) Zuständigkeit	**competencia**	**Kompetenz**	acción de competir
1) Zusammentreffen 2) Beteiligung 3) Publikum	**concurrencia**	**Konkurrenz**	1) competencia 2) concurso
1) Wettbewerb 2) öffentliche Ausschreibung 3) Zusammentreffen	**concurso**	**Konkurs**	quiebra
1) Pfarrer, Priester 2) Heilung 3) Kur	**cura**	**Kur**	1) cura, tratamiento 2) tratamiento balneoterapéutico
1) Beweis(führung) 2) Vorführung	**demostración**	**Demonstration**	manifestación
1) Schauspiel 2) Anblick 3) Spektakel, Szene	**espectáculo**	**Spektakel**	1) alboroto, jaleo 2) espectáculo, suceso
Prüfung	**examen**	**Examen**	examen (final de carrera)
1) Form- 2) seriös, vernünftig 3) förmlich	**formal**	**formell**	1) relativo a la forma 2) oficial

1) Garage 2) Autowerkstatt	**garaje**	**Garage**	garaje, cochera
1) Gas 2) Kohlensäure 3) Blähungen	**gas**	**Gas**	gas (químico)
1) Turnhalle 2) Fitnessstudio	**gimnasio**	**Gymnasium**	instituto (de Enseñanza Media)
1) (Kräuter)tee 2) Infusion	**infusión**	**Infusion**	(MED) infusión
1) Interpret(in) 2) Darsteller(in), Schauspieler(in) 3) Dolmetscher(in)	**intérprete**	**Interpret(in)**	(*artista*) intérprete
1) (Honig)melone 2) Dummkopf	**melón**	**Melone**	1) (*fruta*) melón 2) (*sombrero*) hongo
1) ad(e)lig 2) edel 3) gutmütig 4) generoso	**noble**	**nobel**	1) bondadoso 2) elegante 3) lujoso
1) Widerstand 2) Opposition 3) Einwendung 4) Gegensatz 5) Auswahlprüfung für den öffentlichen Dienst	**oposición**	**Opposition**	oposición (política)
1) Ordnung 2) Reihenfolge 3) Rang(ordnung) 4) (REL) Weihe 5) Befehl 6) Bestellung, Order, Auftrag 7) (REL) Orden 8) Auszeichnung	**orden**	**Orden**	1) orden religiosa 2) condecoración
1) Panda(bär) 2) Bande, Clique	**panda**	**Panda**	(oso) panda
1) Park(anlage) 2) Lager 3) Bestand 4) Laufstall	**parque**	**Park**	1) jardín 2) depósito

1) (REL) Pastor(in), Seelsorger(in) 2) (Vieh)hirt(in), Schäfer(in)	**pastor(a)**	**Pastor(in)**	(REL) pastor(a)
1) Parfüm 2) Duft	**perfume**	**Parfüm**	perfume, colonia
(ZOOL) Pony	**póney, poni**	**Pony**	1) (ZOOL) póney 2) flequillo
Teil, Portion	**porción**	**Portion**	ración
1) (Gymnasial)lehrer(in) 2) Dozent(in)	**profesor(a)**	**Professor(in)**	catedrático, -a
1) (Be)förderung 2) Aufstieg 3) Jahrgang 4) Sonderangebot	**promoción**	**Promotion**	1) doctorado 2) (*Schweiz*) traslado 3) (*Schweiz*) ascenso
1) rein, sauber 2) echt 3) keusch, rein	**puro**	**pur**	1) puro, limpio 2) puro, mero
1) Schläger 2) Schneeschuh	**raqueta**	**Rakete**	1) misil 2) cohete
1) komisch, seltsam 2) selten 3) rar 4) sonderbar	**raro**	**rar**	raro, escaso
1) wirklich, tatsächlich 2) königlich, Königs- 3) (PHILOS) real 4) (ECON) real, Real	**real**	**real**	(ökon) real
1) Lineal 2) Regel, Vorschrift 3) Maß 4) Menstruation	**regla**	**Regel**	1) regla, norma 2) menstruación
1) Einkommen 2) Rente, Ruhegeld 3) Miete, Pacht	**renta**	**Rente**	1) pensión 2) renta, rédito
1) reparieren, ausbessern 2) ersetzen, wieder gutmachen 3) wahrnehmen, merken 4) wiederherstellen	**reparar**	**reparieren**	reparar, arreglar
(*Am*) Reporter(in)	**repórter**	**Reporter(in)**	periodista

1) Wohnsitz 2) Aufenthalt(sort) 3) Residenz, Sitz 4) Heim, Internat 5) Pension, Gästehaus	**residencia**	**Residenz**	residencia, domicilio
Sack	**saco**	**Sakko**	americana
1) Soße 2) Reiz 3) lateinamerikanischer Tanz	**salsa**	**Salsa**	baile latinoamericano
Sprung	**salto**	**Salto**	(sport) salto
1) Aderlass 2) (INFOR) Einrücken 3) spanische Rotwein-bowle	**sangría**	**Sangria**	(*bebida*) sangría
1) Sinnspruch 2) Urteil	**sentencia**	**Sentenz**	proverbio
1) ernst(haft) 2) streng 3) seriös 4) verantwortungsbewusst	**serio**	**seriös**	serio, formal
1) Dienst 2) Hauspersonal 3) Toilette 4) Aufschlag 5) Dienstleistung	**servicio**	**Service**	1) juego de café 2) asistencia técnica 3) saque
1) Anfangsbuchstabe 2) Akronym	**sigla**	**Siegel**	sello
1) einfach 2) leicht 3) einfältig	**simple**	**simpel**	simple, simplón
Gewerkschaft	**sindicato**	**Syndikat**	consorcio
1) Tabak 2) Zigaretten	**tabaco**	**Tabak**	(planta del) tabaco
1) Tablette 2) Tafel (Schokolade)	**tableta**	**Tablette**	pastilla, comprimido
1) Stempelkissen 2) Tampon	**tampón**	**Tampon**	1) tampón 2) tapón
1) Panzer 2) Tank(wagen)	**tanque**	**Tank**	depósito
Tischtuch	**tapete**	**Tapete**	papel pintado

(schwarzer) Tee	**té Tee**	1) té 2) infusión
1) These 2) Doktorarbeit, Dissertation	**tesis These**	tesis, proposición
1) Titel 2) Diplom 3) Wertpapier	**título Titel**	título
1) Tonlage 2) Ton(art)	**tono Ton**	1) arcilla, barro 2) sonido 3) tono
1) Kuchen, Torte 2) Ohrfeige	**torta Torte**	tarta
Toast(brot)	**tostada Toast**	1) tostada, pan para tostar 2) brindis
1) Verkehr 2) (illegaler) Handel	**tráfico Trafik**	(*A*) estanco
1) Dreieck 2) Triangel	**triángulo Triangel**	(mus) triángulo
1) Triumph, Sieg 2) Trumpf	**triunfo Triumph**	triunfo, éxito
1) Sicht 2) Sehvermögen 3) Vision, Erscheinung, Halluzination	**visión Vision**	visión, aparición
1) vital, Lebens- 2) lebensnotwendig 3) vital, lebhaft	**vital vital**	vital, alegre
1) gewöhnlich 2) ordinär 3) pöbelhaft 4) oberflächlich	**vulgar vulgär**	vulgar, ordinario

Die Zahlwörter / Los numerales

Die Grundzahlen / Los numerales cardinales

null	0	cero
einer, eine, eins; ein, eine, ein	1	uno (*apócope* un), una
zwei	2	dos
drei	3	tres
vier	4	cuatro
fünf	5	cinco
sechs	6	seis
sieben	7	siete
acht	8	ocho
neun	9	nueve
zehn	10	diez
elf	11	once
zwölf	12	doce
dreizehn	13	trece
vierzehn	14	catorce
fünfzehn	15	quince
sechzehn	16	dieciséis
siebzehn	17	diecisiete
achtzehn	18	dieciocho
neunzehn	19	diecinueve
zwanzig	20	veinte
einundzwanzig	21	veintiuno (*apócope* veintiún), -a
zweiundzwanzig	22	veintidós
dreiundzwanzig	23	veintitrés
vierundzwanzig	24	veinticuatro
fünfundzwanzig	25	veinticinco
dreißig	30	treinta
einunddreißig	31	treinta y uno (*apócope* treinta y un), -a
zweiunddreißig	32	treinta y dos
dreiunddreißig	33	treinta y tres
vierzig	40	cuarenta
einundvierzig	41	cuarenta y uno (*apócope* cuarenta y un), -a
zweiundvierzig	42	cuarenta y dos
fünfzig	50	cincuenta
einundfünfzig	51	cincuenta y uno (*apócope* cincuenta y un), -a
zweiundfünfzig	52	cincuenta y dos
sechzig	60	sesenta

einundsechzig	61	sesenta y uno (*apócope* sesenta y un), -a
zweiundsechzig	62	sesenta y dos
siebzig	70	setenta
einundsiebzig	71	setenta y uno (*apócope* setenta y un), -a
zweiundsiebzig	72	setenta y dos
fünfundsiebzig	75	setenta y cinco
neunundsiebzig	79	setenta y nueve
achtzig	80	ochenta
einundachtzig	81	ochenta y uno (*apócope* ochenta y un), -a
zweiundachtzig	82	ochenta y dos
fünfundachtzig	85	ochenta y cinco
neunzig	90	noventa
einundneunzig	91	noventa y uno (*apócope* noventa y un), -a
zweiundneunzig	92	noventa y dos
neunundneunzig	99	noventa y nueve
hundert	100	cien
hundert(und)eins	101	ciento uno (*apócope* ciento un), -a
hundert(und)zwei	102	ciento dos
hundert(und)zehn	110	ciento diez
hundert(und)zwanzig	120	ciento veinte
hundert(und)neunundneunzig	199	ciento noventa y nueve
zweihundert	200	doscientos, -as
zweihundert(und)eins	201	doscientos, -as uno (*apócope* doscientos un), -a
zweihundert(und)zweiund-zwanzig	222	doscientos, -as veintidós
dreihundert	300	trescientos, -as
vierhundert	400	cuatrocientos, -as
fünfhundert	500	quinientos, -as
sechshundert	600	seiscientos, -as
siebenhundert	700	setecientos, -as
achthundert	800	ochocientos, -as
neunhundert	900	novecientos, -as
tausend	1 000	mil
tausend(und)eins	1 001	mil uno (*apócope* mil un), -a
tausend(und)zehn	1 010	mil diez
tausend(und)einhundert	1 100	mil cien
zweitausend	2 000	dos mil
zehntausend	10 000	diez mil
hunderttausend	100 000	cien mil

eine Million	1 000 000	un millón
zwei Millionen	2 000 000	dos millones
zwei Millionen fünfhunderttausend	2 500 000	dos millones quinientos, -as mil
eine Milliarde	1 000 000 000	mil millones
eine Billion	1 000 000 000 000	un billón

Die Ordnungszahlen **Los numerales ordinales**

(der, die, das)			**(el, la)**
erste	1.	1º, 1ª	primero (*apócope* primer), -a
zweite	2.	2º, 2ª	segundo, -a
dritte	3.	3º, 3ª	tercero (*apócope* tercer), -a
vierte	4.	4º, 4ª	cuarto, -a
fünfte	5.	5º, 5ª	quinto, -a
sechste	6.	6º, 6ª	sexto, -a
siebte	7.	7º, 7ª	séptimo, -a
achte	8.	8º, 8ª	octavo, -a
neunte	9.	9º, 9ª	noveno, -a
zehnte	10.	10º, 10ª	décimo, -a
elfte	11.	11º, 11ª	undécimo, -a
zwölfte	12.	12º, 12ª	duodécimo, -a
dreizehnte	13.	13º, 13ª	decimotercero, -a
vierzehnte	14.	14º, 14ª	decimocuarto, -a
fünfzehnte	15.	15º, 15ª	decimoquinto, -a
sechzehnte	16.	16º, 16ª	decimosexto, -a
siebzehnte	17.	17º, 17ª	decimoséptimo, -a
achtzehnte	18.	18º, 18ª	decimoctavo, -a
neunzehnte	19.	19º, 19ª	decimonoveno, -a
zwanzigste	20.	20º, 20ª	vigésimo, -a
einundzwanzigste	21.	21º, 21ª	vigésimo, -a primero, -a (o vigesimoprimero, -a)
zweiundzwanzigste	22.	22º, 22ª	vigésimo, -a segundo, -a (o vigesimosegundo, -a)
dreiundzwanzigste	23.	23º, 23ª	vigésimo, -a tercero, -a (o vigesimotercero, -a)
dreißigste	30.	30º, 30ª	trigésimo, -a
einunddreißigste	31.	31º, 31ª	trigésimo, -a primero, -a
zweiunddreißigste	32.	32º, 32ª	trigésimo, -a segundo, -a
vierzigste	40.	40º, 40ª	cuadragésimo, -a
fünfzigste	50.	50º, 50ª	quincuagésimo, -a
sechzigste	60.	60º, 60ª	sexagésimo, -a
siebzigste	70.	70º, 70ª	septuagésimo, -a
einundsiebzigste	71.	71º, 71ª	septuagésimo, -a primero, -a
zweiundsiebzigste	72.	72º, 72ª	septuagésimo, -a segundo, -a

neunundsiebzigste	79.	79º, 79ª	septuagésimo, -a noveno, -a
achtzigste	80.	80º, 80ª	octogésimo, -a
einundachtzigste	81.	81º, 81ª	octogésimo, -a primero, -a
zweiundachtzigste	82.	82º, 82ª	octogésimo, -a segundo, -a
neunzigste	90.	90º, 90ª	nonagésimo, -a
einundneunzigste	91.	91º, 91ª	nonagésimo, -a primero, -a
neunundneunzigste	99.	99º, 99ª	nonagésimo, -a noveno, -a
hundertste	100.	100º, 100ª	centésimo, -a
hundertunderste	101.	101º, 101ª	centésimo, -a primero, -a
hundertundzehnte	110.	110º, 110ª	centésimo, -a décimo, -a
hundertundfünfund-neunzigste	195.	195º, 195ª	centésimo, -a nonagésimo, -a quinto, -a
zweihundertste	200.	200º, 200ª	ducentésimo, -a
dreihundertste	300.	300º, 300ª	tricentésimo, -a
fünfhundertste	500.	500º, 500ª	quingentésimo, -a
tausendste	1 000.	1 000º, 1 000ª	milésimo, -a
zweitausendste	2 000.	2 000º, 2 000ª	dosmilésimo, -a
millionste	1 000 000.	1 000 000º, 1 000 000ª	millonésimo, -a
zehnmillionste	10 000 000.	10 000 000º, 10 000 000ª	diezmillonésimo, -a

Die Bruchzahlen — Números fraccionarios (o quebrados)

ein halb	$^1/_2$	mitad; medio, -a
ein Drittel	$^1/_3$	un tercio
ein Viertel	$^1/_4$	un cuarto
ein Fünftel	$^1/_5$	un quinto
ein Zehntel	$^1/_{10}$	un décimo
ein Hundertstel	$^1/_{100}$	un céntesimo
ein Tausendstel	$^1/_{1000}$	un milésimo
ein Millionstel	$^1/_{1\,000\,000}$	un millonésimo
zwei Drittel	$^2/_3$	dos tercios
drei Viertel	$^3/_4$	tres cuartos
zwei Fünftel	$^2/_5$	dos quintos
drei Zehntel	$^3/_{10}$	tres décimos
anderthalb, ein(und)einhalb	$1\,^1/_2$	uno y medio
zwei(und)einhalb	$2\,^1/_2$	dos y medio
fünf drei Achtel	$5\,^3/_8$	cinco tres octavos
eins Komma eins	1,1	uno coma uno

Maße und Gewichte / Medidas y pesos

Dezimalsystem / Sistema (de numeración) decimal

Mega-	1 000 000	M	mega-
Hektokilo-	100 000	hk	hectokilo
Myria-	10 000	Ma	miria-
Kilo-	1 000	K	kilo
Hekto-	100	H	hecto-
Deka-	10	da	deca- (o decá-)
Dezi-	0,1	d	deci- (o decí-)
Zenti-	0,01	c	centi- (o centí-)
Milli-	0,001	m	mili-
Dezimilli-	0,000 1	dm	decimili-
Zentimilli-	0,000 01	cm	centimili-
Mikro-	0,000 001	µ	micro-

Längenmaße / Medidas de longitud

Seemeile	1 852 m	-	milla marina
Kilometer	1 000 m	km	kilómetro
Hektometer	100 m	hm	hectómetro
Dekameter	10 m	dam	decámetro
Meter	1 m	m	metro
Dezimeter	0,1 m	dm	decímetro
Zentimeter	0,01 m	cm	centímetro
Millimeter	0,001 m	mm	milímetro
Mikron, My	0,000 001 m	µ	micrón, micra
Millimikron, -my	0,000 000 001 m	mµ	milimicrón
Ångströmeinheit	0,000 000 000 1 m	Å	ángstrom

Flächenmaße / Medidas de superficie

Quadratkilometer	1 000 000 m^2	km^2	kilómetro cuadrado
Quadrathektometer	10 000 m^2	hm^2	hectómetro cuadrado
Hektar		ha	hectárea
Quadratdekameter	100 m^2	dam^2	decámetro cuadrado
Ar		a	área
Quadratmeter	1 m^2	m^2	metro cuadrado
Quadratdezimeter	0,01 m^2	dm^2	decímetro cuadrado
Quadratzentimeter	0,000 1 m^2	cm^2	centímetro cuadrado
Quadratmillimeter	0,000 001 m^2	mm^2	milímetro cuadrado

Kubik- und Hohlmaße / Medidas de volumen y capacidad

Kubikkilometer	1 000 000 000 m^3	km^3	kilómetro cúbico
Kubikmeter	1 m^3	m^3	metro cúbico
Ster		st	estéreo
Hektoliter	0,1 m^3	hl	hectolitro
Dekaliter	0,01 m^3	dal	decalitro
Kubikdezimeter	0,001 m^3	dm^3	decímetro cúbico
Liter		l	litro
Deziliter	0,000 1 m^3	dl	decilitro
Zentiliter	0,000 01 m^3	cl	centilitro
Kubikzentimeter	0,000 001 m^3	cm^3	centímetro cúbico
Milliliter	0,000 001 m^3	ml	mililitro
Kubikmillimeter	0,000 000 001 m^3	mm^3	milímetro cúbico

Gewichte / Pesos

Tonne	1 000 kg	t	tonelada
Doppelzentner	100 kg	q	quintal métrico
Kilogramm	1 000 g	kg	kilogramo
Hektogramm	100 g	hg	hectogramo
Dekagramm	10 g	dag	decagramo
Gramm	1 g	g	gramo
Karat	0,2 g	–	quilate
Dezigramm	0,1 g	dg	decigramo (o decagramo)
Zentigramm	0,01 g	cg	centigramo
Milligramm	0,001 g	mg	miligramo
Mikrogramm	0,000 001 g	µg, g	microgramo

Deutschland | Alemania

Länder (und Hauptstädte)	Länder (y capitales)
Baden-Württemberg (Stuttgart)	Baden-Wurtemberg (Stuttgart)
Bayern (München)	Baviera (Munich)
Berlin (Berlin)	Berlín (Berlín)
Brandenburg (Potsdam)	Brandeburgo (Potsdam)
Bremen (Bremen)	Brema (Brema)
Hamburg (Hamburg)	Hamburgo (Hamburgo)
Hessen (Wiesbaden)	Hesse (Wiesbaden)
Mecklenburg-Vorpommern (Schwerin)	Meclemburgo-Pomerania occidental (Schwerin)
Niedersachsen (Hannover)	Baja Sajonia (Hannóver)
Nordrhein-Westfalen (Düsseldorf)	Renania del Norte-Westfalia (Düsseldorf)
Rheinland-Pfalz (Mainz)	Renania-Palatinado (Maguncia)
Saarland (Saarbrücken)	Saarland/Sarre (Saarbrücken)
Sachsen (Dresden)	Sajonia (Dresde)
Sachsen-Anhalt (Magdeburg)	Sajonia-Anhalt (Magdeburgo)
Schleswig-Holstein (Kiel)	Schleswig-Holstein (Kiel)
Thüringen (Erfurt)	Turingia (Erfurt)

Österreich / Austria

Bundesländer (und Hauptstädte)	Estados (y capitales)
Burgenland (Eisenstadt)	Burgenland (Eisenstadt)
Kärnten (Klagenfurt)	Carintia (Klagenfurt)
Niederösterreich (St. Pölten)	Baja Austria (Sankt Pölten)
Oberösterreich (Linz)	Alta Austria (Linz)
Salzburg (Salzburg)	Salzburgo (Salzburgo)
Steiermark (Graz)	Estiria (Graz)
Tirol (Innsbruck)	Tirolo (Innsbruck)
Vorarlberg (Bregenz)	Vorarlberg (Bregenz)
Wien (Wien)	Viena (Viena)

Die Schweiz / Suiza

Kantone (und Hauptorte)	Cantones (y capitales)
Aargau (Aarau)	Argovia (Aarau)
Appenzell Ausser-Rhoden (Herisau)	Appenzell Rhodes Exterior (Herisau)
Appenzell Inner-Rhoden (Appenzell)	Appenzell Rhodes Interior (Appenzell)
Basel-Landschaft (Liestal)	Basilea-Campaña (Liestal)
Basel-Stadt (Basel)	Basilea-Ciudad (Basilea)
Bern (Bern)	Berna (Berna)
Freiburg (Freiburg)	Friburgo (Friburgo)
Genf (Genf)	Ginebra (Ginebra)
Glarus (Glarus)	Glarus (Glarus)
Graubünden (Chur)	Grisones (Coira)

Jura (Delémont)	Jura (Delémont)
Luzern (Luzern)	Lucerna (Lucerna)
Neuenburg (Neuenburg)	Neuchatel (Neuchatel)
Sankt Gallen (Sankt Gallen)	Sankt Gallen (Sankt Gallen)
Schaffhausen (Schaffhausen)	Schaffhausen (Schaffhausen)
Schwyz (Schwyz)	Schwyz (Schwyz)
Solothurn (Solothurn)	Solothurn (Solothurn)
Tessin (Bellinzona)	Tesino (Bellinzona)
Thurgau (Frauenfeld)	Turgovia (Frauenfeld)
Nidwalden (Stans)	Nidwalden (Stans)
Obwalden (Sarnen)	Obwalden (Sarnen)
Uri (Altdorf)	Uri (Altdorf)
Waadt (Lausanne)	Vaud (Lausana)
Wallis (Sitten)	Valais (Sion)
Zug (Zug)	Zug (Zug)
Zürich (Zürich)	Zurich (Zurich)

España / Spanien

Comunidades Autónomas (y capitales) / Autonome Regionen (und Hauptstädte)

Comunidades Autónomas (y capitales)	Autonome Regionen (und Hauptstädte)
Andalucía (Sevilla)	Andalusien (Sevilla)
Aragón (Zaragoza)	Aragonien (Zaragoza)
Baleares (Palma de Mallorca)	Balearen (Palma de Mallorca)
Canarias (Santa Cruz de Tenerife)	Kanaren (Santa Cruz de Tenerife)
Cantabria (Santander)	Kantabrien (Santander)
Castilla-La Mancha (Toledo)	Südkastilien (Toledo)
Castilla y León (Valladolid)	Nordkastilien (Valladolid)
Cataluña (Barcelona)	Katalonien (Barcelona)
Comunidad de Madrid (Madrid)	Madrid (Madrid)
Comunidad Foral de Navarra (Pamplona)	Navarra (Pamplona)
Comunidad Valenciana (Valencia)	Valencia (Valencia)
Extremadura (Mérida)	Estremadura (Mérida)
Galicia (Santiago de Compostela)	Galicien (Santiago de Compostela)
La Rioja (Logroño)	La Rioja (Logroño)
País Vasco (Vitoria)	Baskenland (Vitoria)
Principado de Asturias (Oviedo)	Asturien (Oviedo)
Región de Murcia (Murcia)	Murcia (Murcia)

Hispanoamérica

Hispanoamerikanische Länder

Países (y capitales)	Länder (und Hauptstädte)
Argentina (Buenos Aires)	Argentinien (Buenos Aires)
Bolivia (La Paz)	Bolivien (La Paz)
Chile (Santiago de Chile)	Chile (Santiago de Chile)
Colombia (Santa Fe de Bogotá)	Kolumbien (Bogotá)
Costa Rica (San José)	Costa Rica (San José)
Cuba (La Habana)	Kuba (Havanna)
Ecuador (Quito)	Ecuador (Quito)
El Salvador (San Salvador)	El Salvador (San Salvador)
Guatemala (Guatemala)	Guatemala (Guatemala)
Honduras (Tegucigalpa)	Honduras (Tegucigalpa)
México (México)	Mexiko (Mexiko)
Nicaragua (Managua)	Nicaragua (Managua)
Panamá (Panamá)	Panama (Panama)
Paraguay (Asunción)	Paraguay (Asunción)
Perú (Lima)	Peru (Lima)
Puerto Rico (San Juan)	Puerto Rico (San Juan)
República Dominicana (Santo Domingo)	Dominikanische Republik (Santo Domingo)
Uruguay (Montevideo)	Uruguay (Montevideo)
Venezuela (Caracas)	Venezuela (Caracas)

Contenido y orden Alemán-Español –

Todas las **entradas** están ordenadas alfabéticamente y se destacan en color.

Abk. *Abk. von* **Abkürzung** ab
ab|kapseln *vr:* **sich** ~ aislars

Las cifras arábigas voladas diferencian palabras diferentes, escritas de igual manera (**homógrafos**).

beschaffen¹ *adj:* **so** ~ **sein,**
que...
beschaffen*² *vt* proporciona

Los términos de grafía antigua se señalan mediante un **fondo azul**, los de grafía reformada con el signo **RR**.

klar|werden *irr vr:* **sich** ~ *se*
KokosnussRR *f* coco *m*

La **tilde** sustituye en los ejemplos ilustrativos y modismos a la entrada anterior.

taub [taʊp] *adj* **1.** (*gehörlos*)
sordo **2.** (*Körperteil*) entumec

Se indica la **forma feminina** de los sustantivos.

Lehrer(in) *m(f)* <-s, -; -nen:
Prinz [prɪnts] *m*, **Prinzessi**
Pate, -in ['paːtə] *m, f* <-n, -

Las indicaciones de los **plurales irregulares** se encuentran inmediatamente después de la entrada.

Epos ['eːpɔs] *nt* <-, Epen>

En los verbos alemanes se señala un **prefijo separable** mediante |.

ab|ändern *vt* modificar

Los verbos alemanes cuyo **participio** se forma **sin ge-** se señalan con un * detrás de la entrada.

ab|bestellen* *vt* anular; (*Te*

En los sustantivos se indican las **desinencias flexivas**: En los sustantivos femininos se indica el nominativo plural, en los masculinos y neutros el genitivo singular y el nominativo plural.

Liege ['liːgə] *f* <-n>
Hase ['haːzə] *m* <-n, -n>
Ballett [ba'lɛt] *nt* <-(e)s, -e

Las **cifras romanas** indican las distintas partes de la oración.
Las **cifras arábigas** señalan las distintas acepciones.

ein|bürgern **I.** *vt* **1.** (*Person*
aclimatar **3.** (*Brauch*) introduc
wort) generalizarse

Numerosas **indicaciones** llevan a la traducción correcta:

- indicaciones de **especialidad**

sanieren* [za'niːrən] *vt* (AR
sanear

- **definiciones** y **sinónimos**, **sujetos** y **complementos** típicos y otras **explicaciones**

schälen ['ʃɛːlən] **I.** *vt* (*Obst,*
tar la cáscara (a); (*Baum*) desc
arse

- indicaciones de **uso regional**

Fasching ['faʃɪŋ] *m* <-s, -s

- indicaciones de **estilo**

Kanne ['kanə] *f* <-n> jarra *f*;